D1683513

Karl-Heinz Brodbeck
Die Herrschaft des Geldes

Karl-Heinz Brodbeck

Die Herrschaft des Geldes

Geschichte und Systematik

Die Deutsche Nationalbibliothek verzeichnet diese Publikation
in der Deutschen Nationalbibliografie;
detaillierte bibliografische Daten sind im Internet über
http://dnb.d-nb.de abrufbar.

Das Werk ist in allen seinen Teilen urheberrechtlich geschützt.
Jede Verwertung ist ohne Zustimmung des Verlags unzulässig.
Das gilt insbesondere für Vervielfältigungen,
Übersetzungen, Mikroverfilmungen und die Einspeicherung in
und Verarbeitung durch elektronische Systeme.

© 2009 by WBG (Wissenschaftliche Buchgesellschaft), Darmstadt
Die Herausgabe dieses Werks wurde durch
die Vereinsmitglieder der WBG ermöglicht.
Gedruckt auf säurefreiem und alterungsbeständigem Papier
Printed in Germany

Besuchen Sie uns im Internet: www.wbg-darmstadt.de

ISBN 978-3-534-22080-9

Inhalt

VORWORT 1

1 ZUR ALLGEMEINEN THEORIE DER GESELLSCHAFT 14
    1.1 Die Logik der Vergesellschaftung 14
    1.2 Die cartesianische Denkform und ihr Mangel 50
    1.3 Zur Kritik sozialwissenschaftlicher Methoden 79

2 BEDEUTUNG ALS SOZIALER PROZESS 171
    2.1 Identitätsbildung und Vergesellschaftung 171
    2.2 Aspekte der sozialen Grundstruktur 216
    2.3 Zur Theorie des Spiels 248
    2.4 Vergesellschaftung durch das Sprechen 263

3 TAUSCH UND GELD 296
    3.1 Der einfache Tausch 296
    3.2 Die zirkuläre Struktur des Geldes 334

4 ZUR KRITIK UND GESCHICHTE DER TAUSCH- UND GELDTHEORIEN 398
    4.1 Überblick 398
    4.2 Platon, Aristoteles und die Scholastik 402
    4.3 Die Wert- und Geldlehre der Klassiker 460
    4.4 Karl Marx und der Marxismus 517
    4.5 Die historisch-ethische Schule 602
    4.6 Die Schule der subjektiven Wertlehre 640
    4.7 Zur mathematischen Ökonomik 716
    4.8 Wertkritiker 806

5 GELDSUBJEKT UND GELDGIER 848
    5.1 Die Ordnung der Bedürfnisse 851
    5.2 Das Geld als Denkform 871
    5.3 Die Herrschaft der Geldgier 893
    5.4 Theorien über das Geldsubjekt 947

6 THEORIE UND KRITIK DES ZINSES 984
    6.1 Zur Lösung des Zinsrätsels 984
    6.2 Kritik der Zinstheorien I: Systematische Fragen 1012
    6.3 Kritik der Zinstheorien II: Zur Geschichte der Zinstheorien 1054

7 KRITIK DER ZUKUNFT 1115

LITERATUR 1139

DETAILVERZEICHNIS 1188

Vorwort

Niemand zweifelt heute mehr ernsthaft an dem schlichten Satz: „Geld regiert die Welt"[1]. Was dem klassischen Altertum allerdings nur eine von Komödiendichtern augenzwinkernd formulierte Übertreibung war, ist in der Gegenwart die *wörtlich* zu nehmende Wahrheit über den globalen Kapitalismus.

Die Herrschaft des Geldes ist eine totale geworden. Der ganze Planet, tradierte Kulturen, Lebensräume von Menschen und Tieren wurden von diesem Despoten vereinnahmt: Einige Zentren prosperierenden Wachstums sind umkränzt von Elend und Verwüstung. Es ist auf bittere Weise, wenn auch gänzlich wider die eigene Intention, wahr geworden, was die Hohepriesterin des Kapitalismus, Ayn Rand, einem ihrer Helden in den Mund legte: „*...over the desolate earth* he traced in space the sign of the dollar."[2] Nicht der Dollar *rettete* eine desolate Erde, das Denken und Handeln aus dem Geist des Geldes – gleich in welchem nationalen Währungskleid – brachte erst die Verwüstung des Planeten. Das Geld ist in seinem Wesen gleich-gültig. Denkformen, die sich ihm bis in die subtilsten Formen der Logik, Mathematik und Wissenschaft gleich gemacht haben, verwandeln alle Dinge und Lebewesen in Objekte der berechnenden Beherrschung. Die globale ökologische Krise oder das soziale Elend in den rapide wachsenden Slums sind der vollkommene Spiegel dieser leeren Ratio des Geldes, die als Lenker menschlichen Tuns uneingeschränkt und planetarisch herrscht: „Die Wüste wächst: weh Dem, der Wüsten birgt!"[3]

Es gibt kein Refugium mehr, das sich dieser totalen Herrschaft des Geldes entzöge. Auch keine der großen moralischen Autoritäten oder Institutionen auf unserem Planeten gewinnt ihr alltägliches Leben außerhalb der Geldwirtschaft. Keine Religion, Philosophie oder Wissenschaft organisiert sich mehr außerhalb der Geldökonomie, sondern stets in sie eingebettet. Noch der subtilste Geist muss sich um Fragen seiner monetären Reproduktion, der Finanzierung seines Lebens kümmern. Das hat Spuren im Denken hinterlassen – überdeutliche Spuren. Und mögen sich politische oder religiöse Systeme auch bis an die Zähne bewaffnet gewalttätig um Ideologisches streiten, stets haben sich ihre Vertreter zuvor tief vor dem Geld und der Regentschaft des Marktes als dem gemeinsam anerkannten Herren der Erde verneigt: Auf den Märkten kaufen und verkaufen sie ihre Waffen und finanzieren ihre Organisationen.

Die Herrschaft des Geldes und das Streben nach seiner Vermehrung ist so allgemein geworden, ist jedem Denken so nahe, ist stets heimlich vorausgesetzt, dass man es als Selbstverständlichkeit, als eine Naturmacht betrachtet, über die nachzudenken sich erübrige. Das Nachdenken ist vielmehr selbst ein Geschäft geworden, das man Experten überlässt, die zahlungsfähige Kunden bei der Geldanlage beraten. Tatsächlich kreisen die Alltagsgespräche, mit wacher Achtsamkeit belauscht, fast nur um eben dieses Eine: Das Geld, das man nicht oder zu wenig hat und von dem man auf jeden Fall *mehr* haben möchte. Vor jede Entscheidung tritt ein monetäres Aber, das ein bestimmendes Mitspracherecht einfordert. Und die Gewohnheit, alle Dinge in abstrakten Einheiten zu bewerten, zu berechnen und mit einem Preis zu versehen, gilt als höchster Ausweis menschlicher Ratio, nicht als Vorschein einer Irrationalität.

---

[1] Chremylos in Aristophanes Komödie „Plutos", Aristophanes (1963: 2), S. 305; vgl. *Sola pecunia regnat* („Allein das Geld herrscht"), Petronius, Satyricon 14,2; *Pecuniae uni regimen est rerum omnium* („Geld allein hat die Herrschaft über alles"), Publilius Syrus, Sententiae 458.

[2] A. Rand (1957), S. 1069; meine Hervorhebung.

[3] F. Nietzsche (1969: 3), S. 540.

Die Festredner der pekuniären Herrschaft sprechen weniger häufig vom Geld; sie reden vom *Markt*. Als oberster Wert gilt *dessen* Freiheit: „Freie Märkte" sind das Ideal der Herren und Ideologen dieses geschundenen Planeten. Die Freiheit des Wettbewerbs gilt zugleich als Lösung all jener anstehenden Probleme, die Märkte doch nur selbst schaffen. Die Ironie in der Denkfigur „freier Markt" wird nicht bemerkt. Die *Märkte*, nicht die Menschen sind *frei*. Die Menschen sind frei zur Selbstversklavung an den globalen Wettbewerb. Beklagt wird gelegentlich nur ein *Marktversagen*. „Market failure" ist der *terminus technicus* der ökonomischen Wissenschaft für die Diagnose, dass *Märkte* vermeintlich nicht *effizient* funktionieren. Der Inhalt dieses Gedankens ist von banaler Grausamkeit: Man beklagt die mangelnde Anpassung der zur Flexibilität gezwungenen Menschen an die Renditenmaximierung, beklagt die unzureichende Fesselung der Bevölkerung des Planeten an den Markt. Er ist die Gottheit der Gegenwart, der man Opfer zu bringen hat. *Market failure* ist also ganz anderes zu übersetzen: „*Markets fail People*"[4]. Die Perversion der globalen Ökonomie ist die exakte Verkehrung der Verhältnisse. Als Maßstab gilt nicht, ob Märkte den Menschen dienen, gefordert ist der Kotau vor ihnen.

Es gab immer wieder die Hoffnung, man könne die Märkte *regieren*. Sozialismus, Ordoliberalismus und Keynesianismus bergen die gemeinsame Hoffnung, man könne die Märkte zähmen, könne dem Marktspiel Spielregeln durch einen „rechtlichen Rahmen" vorschreiben und dabei sogar noch ethische Vorstellungen zur Geltung bringen. Diese Hoffnung zerschellte am globalen Wettbewerb, der ethische Regeln und soziale Systeme in eine Abwärtsspirale der Deregulierung trieb. Man erkannte nicht den Widerspruch zwischen der *Freiheit der Menschen* und der *Freiheit des Marktes*, der zu huldigen die neoliberale Konterrevolution als globale Religion verordnet hat. Wer den *Markt* ordnet, ordnet sich *ihm unter* – nicht umgekehrt.

Das gilt auch für *das Negativ* des neoliberalen Mythos, der hinter allen ökonomischen Verhältnissen nicht eine klug gewählte oder evolutionär entstandene *gute* Ordnung, sondern die *böse* Verschwörung einer kleinen Gruppe vermutet. Gewiss: *Es gibt viele Mauscheleien in Politik, Finanzsystem und Industrie, auch solche, denen Menschenrechte völlig gleichgültig sind und die über Leichen gehen. Es gibt Korruption, inszenierte Krisen, profitable Kriege und alle Varianten von medialen Lügen*. Doch *erstens* stehen solche Verschwörungen global in Wettbewerb zueinander und hören damit auf, eine kausale Erklärung zu bieten, *zweitens* – und das ist der wichtigere Punkt – bewegen sich solche Inszenierungen in einer *vorausgesetzten* Form, die durch den pekuniären Inhalt von Kabale und Konspiration je schon anerkannt ist. Keine der beteiligten *Personen* bringt die Vergesellschaftung durch das Geld, kein Staat, keine Clique bringt die Märkte und die Geldgier hervor, denen sie in Wahrheit dienen, gerade wenn sie in ihnen manipulativ oder ordnend aktiv werden. Die Globalisierung, „the *New World Order*", ist nur die *alte* Geldherrschaft. *Wer* in ihr herrscht, ist für die *Erkenntnis* des Geldes belanglos.

Es bleibt also richtig: *Die Märkte* versklaven Menschen, und die Märkte sind ihrerseits versklavt durch das Geld. Das Geld indes ist keine abstrakte, noch höhere Gottheit über dem Wettbewerb der Individuen, Unternehmen, Staaten und Cliquen, sondern nur eine *Denkform*, in der sich die Menschen bewegen und so sich selbst unaufhörlich das antun, wofür sie Sachzwänge oder Institutionen beschuldigen. Sie wissen es nicht, aber sie tun es: Die Menschen herrschen tatsächlich über die Märkte, dies aber in der Denkform, die ihrerseits den Geist beherrscht und die nur deshalb allmächtig scheint, weil sie unverstanden ist. Das Geld ist kein Ding, das Geld ist eine universalisierte Denkform.

---

[4] Vgl. A. Curry-Stevens (2001).

Die Geldgier *bewegt* den in dieser Form gründenden Denkfehler, der im Wort „Globalisierung" inkognito gemeine Sprachmünze geworden ist. Hinter dem vermeintlich rationalen Kleid der Geldform verbirgt sich die Banalität einer mechanischen Leidenschaft, die *so einfach* und *dumm*, so *nah* und *gewöhnlich* ist, dass sie auch dem erkennenden Blick verborgen zu bleiben scheint.

Denn ungeachtet dieser pekuniären Allgegenwart des Sachwalters aller Geschäfte auf diesem Planeten, ist die *Wissenschaft vom Geld* – wider den Anschein ökonomischer Lehrbücher und einiger, eher doch spärlich auftretender philosophischer Traktate – in den Kinderschuhen stecken geblieben. Genauer formuliert: Die *moderne Wirtschaftswissenschaft*, die eine Wissenschaft von Tausch und Geld sein möchte, hat es nicht vermocht, das Geld zu erklären, das Wesen ihres Gegenstands zu erhellen. Und eben dieser Mangel, den kritisch aufzudecken und durch eine positive Erklärung zu ersetzen sich dieses Buch als Aufgabe vorgenommen hat, ist der *Grund* für die vermeintlich selbstverständliche Herrschaft des Geldes, die als „freier Markt" täglich den Planeten mit „Sachzwängen" überhäuft. *Eine* Leistung allerdings hat die ökonomische Wissenschaft dennoch vollbracht: Es ist ihr gelungen, das Loblied auf den Markt vielstimmig zu komponieren, und darum herum fügen Psychologie, Soziologie und Philosophie in der Nachhut weitere Töne hinzu. Die Welt denkt in einer Form, von der sie beherrscht wird und die *eben deshalb* ihre Macht entfalten kann, weil sie unerkannt ist. Das Geld ist das Apriori der Denkformen, die beim Versuch, es zu erklären, scheitern, weil sie immer das schon voraussetzen, was ihren Gegenstand ausmacht. Das Geld kann menschliche Handlungen nur beherrschen, weil sein leeres Wesen und der ihm eigentümliche Schein nicht erkannt werden: Das ist die Kernthese, die ich auf den nachfolgenden Seiten systematisch entfalten und durch die Kritik der zahlreichen Entwürfe der Tausch- und Geldtheorie aus der Dogmengeschichte vertiefen werde.

Ich bin mir der Provokation, die in dieser These liegt, durchaus bewusst. Eine Theorie zu kritisieren, um in einem vorgegebenen Rahmen eine Alternative anzubieten, ist eine Sache. Einer ganzen Wissenschaft – der modernen Ökonomik – vorzuwerfen, sie sei gar keine, ist schon starker Tobak. Allerdings hat sich diese Einsicht aufgrund der leeren Worthülsen dieser Disziplin, die nur *hinterher* immer alles ganz genau weiß, im *vorhinein* aber mit dem prognostischen Irrtum verheiratet ist, inzwischen immer mehr herumgesprochen.[5] Hier wiederholt sich ein Muster, das in der Astrologie seine archetypische Form gefunden hat: Im Umkreis der Astrologen war der Gedanke, Astrologie sei keine Wissenschaft, nicht minder eine ketzerische Provokation, wie es die Behauptung ist, die Ökonomik verfehle *prinzipiell* ihren Gegenstand.

Tatsächlich, das wird sich zeigen, ist dieser Vergleich mit der Astrologie keineswegs nur eine metaphorische Umschreibung; er ist vielmehr in einem wörtlichen Sinn zutreffend: Die Ökonomik – wenigstens in der weit überwiegenden Mehrzahl ihrer Ansätze – behauptet, die Wirtschaft werde durch Quasi-Naturgesetze regiert, deren Wirken im großen und ganzen entschlüsselt sei. Darin liegt – spezifischer gesagt – die Behauptung, die schier unendliche Vielfalt menschlicher Handlungen im Umgang mit Waren und Geld sei individuell, wenigstens aber in großen Massen auf eine Weise determiniert, die entlang einer „Zeitachse" als mathematische Funktion dargestellt werden könne. Diese *Charts* sind medial allgegenwärtig. Nun ist aber die Zeitmessung nichts anderes als der auf die Erde heruntergeholte Lauf der Planeten. Es wird also behauptet, die Gesetze der Wirtschaft ließen sich als eindeutige Funktionen ökonomischer Variablen abhängig von der Kalenderzeit, von der Bewegung der Erde um die Sonne darstellen. Und darin liegt

---

[5] Vgl. P. Mirowski (1989); P. Ormerod (1994); S. Keen (2001); K.-H. Brodbeck (1986; 1996a; 2000a).

auch die Behauptung, man könne die Bewegungen ökonomischer Größen (der Preise, der Zinsen, der Wechselkurse usw.) aufgrund ihrer gesetzmäßigen Verknüpfung mit der Zeit auch *prognostizieren*. Entfernt man hier den mathematischen Fetischismus der Modelle, so besagt das: Die Masse der ökonomischen Handlungen der Menschen wird durch die Bewegung der Planeten mechanisch-kausal bestimmt. Das *ist* Astrologie, keine Wissenschaft vom wirtschaftlichen Handeln und vom Geld.

Nun gibt es, ich beeile mich das bereits hier herauszustreichen, gewiss wichtige Wirtschaftswissenschaftler oder Philosophen, die den grundlegend täuschenden Charakter der vermeintlichen „Naturgesetze" in der Wirtschaft durchschaut haben. Am Anfang der Ökonomik, in der aristotelischen Theorie, bestand hier überhaupt kein Zweifel: Wirtschaft ist keine „Natur". Die scholastische Theorie hat daran immer noch in gewissen Grenzen festgehalten, und Marx oder die historische Schule haben die spezifisch soziale Natur wirtschaftlicher Prozesse nachdrücklich und kritisch herausgestrichen. Die Theorie des Geldes kann und muss daran anknüpfen. Gleichwohl bleibt es ihr nicht erspart, die auch in den kritischen ökonomischen Theorien vorherrschenden Illusionen zu entzaubern. Der Grund, weshalb der Versuch, die Geldgier oder den Zins ethisch-politisch kontrollieren zu wollen, gescheitert ist, weshalb die Alternative zum Kapitalismus – der Kommunismus – nach Jahrzehnten der Experimente schließlich vor der globalen Macht des Geldes kapituliert hat, dieser Grund ist in den Mängeln, Halbheiten und Denkfehlern auch der Theoretiker zu suchen, die sich um eine wirkliche kategoriale Erkenntnis des Geldes bemüht haben. Meine hier vorgelegte Theorie und Kritik steht nur auf den Schultern dieser Geistes-Riesen; doch aus dieser Position können, nach einem Wort von Abaelard, auch Zwerge weiter blicken.

Andererseits: Die Theoretiker des Geldes sind auch keine bloßen Charaktermasken einer je aparten Ideologie – wie Marx meinte. Ich nehme sie vielmehr *als Gesprächspartner* ernst, die ihrer Gedanken mächtig sind, und prüfe ihre Argumente. Falls sich Denkfehler finden, gilt es sie aufzudecken. Biographisches und Historisches greife ich aus diesen Gründen nur sporadisch und illustrativ auf. Vor allem aber: Meine Kritik zielt nur auf die Gedanken, die Argumente, nicht die Personen.[6]

Das Geld zu erklären, ist deshalb ein so verwickeltes Unterfangen, weil die *Form* der Erklärung sich einer Struktur verdankt, die aus der Ratio der Geldverwendung selbst hervorgegangen ist. Es ist viel über das „Geheimnis", das „Rätsel" des Geldes geschrieben worden, und ebenso häufig wurden Rezepte zur Geldreform angeboten; sie reichen von seiner Einbettung in Institutionen, der völligen Freigabe des Geldwettbewerbs, der Rückkehr zum Goldstandard, der Erhebung einer Benutzungsgebühr für seine Verwendung bis zur Forderung nach der völligen Abschaffung des Geldes. Blickt man ein wenig hinter die vermeintliche Vielfalt der Geldtheorien und hört auf die Kategorien, in denen hier gedacht wird, so zeigt sich allerdings ein weit weniger differenziertes Bild. Alle Geldtheorien erheben den Anspruch, das Geld aus etwas anderem zu erklären. Es werden ihm allerlei Funktion zugeschrieben, die man zu eben dem Zweck einführt, das Geld als Lösung erfundener Probleme aus dem wissenschaftlichen Hut zu zaubern. Es gibt eigentlich nur zwei große Ausnahmen in diesem Grau in Grau der Theorien: Aristo-

---

[6] Es gilt, was Thomas von Aquin im Anschluss an Aristoteles sehr schön sagt, „dass wir beide lieben müssen, jene, deren Meinung wir befolgen, und jene, deren Meinung wir zurückweisen. Beide haben die Wahrheit gesucht und uns dabei geholfen." Thomas von Aquin: In Metaphysicam, n.2566; Thomas von Aquin (1993), S. LXIII. Vgl.: Eine Lehre „führt den Schüler durch alle jene Irrtümer, die das Streben nach Erkenntnis mit sich gebracht hat (...) Jedenfalls aber lehrt sie ihn kennen: die Art, wie gesucht wurde (...). Dadurch sind sie in der Lage, ihn selbst die Irrtümer lieben zu lehren", A. Schönberg (1911), S. 33.

teles und Karl Marx, wobei letzterer seine Theorie in produktiver Reibung an ersterem formulierte. Die Fragen, die beide gestellt haben, erweisen sich als die wirklich tragfähigen im Verständnis des Geldes. Aristoteles und Marx haben erkannt, dass das Geld nicht ein Ding, nicht *physis* ist; es erfüllt aber auch nicht eine vorausgesetzte *Funktion*. Geld ist eine spezifische Form der Vergesellschaftung der Menschen. Bis zu diesem Punkt geht die hier entwickelte Theorie von derselben Voraussetzung aus und knüpft kritisch an Aristoteles und Marx an. Die Wege trennen sich allerdings sehr bald, weil die im Geld handelnd vollzogene Vergesellschaftung erst dann erkannt wird, wenn verstanden ist, wie der Geld*wert* als Bedeutung in einen allgemeinen Prozess der Bedeutung eingebettet und aus ihm hervorgegangen ist. Kurz: Das Geld als Form menschlicher Vergesellschaftung lässt sich nur dann verstehen, wenn der Prozess der Bedeutungserzeugung – untrennbar mit der menschlichen Sprache verknüpft – in seinen Grundzügen entwickelt wird. Deshalb firmiert die hier zu entwickelnde Theorie unter dem doppelten Vorzeichen einer Vergesellschaftung durch *Sprache und Tausch*.

Das Geld ist kein Ding, zu dem man unterschiedliche Theorien oder Anschauungen hinzuerfinden könnte. Das unterscheidet das Geld von allen natürlichen Gegenständen. Die Struktur von Geld und Sprache liegen *vor* dem, was die Philosophie und ihre Ausläufer in den diversen wissenschaftlichen Methodenlehren als Dualität von Subjekt und Objekt, von Theorie und Realität beschrieben haben. Wer über Sprache nachdenkt, der spricht schon (mit sich selber); wer über das Geld grübelt, der bewegt sich schon in den durch das Geld konstituierten Kategorien des rechnenden Denkens. Man kann weder das Geld noch die Sprache aus etwas anderem ableiten. Es handelt sich um *primäre* Phänomene, die man nur *teilnehmend* an ihnen selbst und in ihnen selbst reflektieren kann. Das erkennende Bewusstsein lässt sich nicht in einen vorsprachlichen, vor allen Rechnungen liegenden Zustand zurückversetzen, um aus der Anschauung anderer Gegenstände dann Sprache und Geld „abzuleiten". Dieser Versuch, wiewohl immer wieder unternommen, ist absurd. Sprache und Geld sind kategorial ein *Novum*, und es charakterisiert jedes kategoriale Novum, dass man es nicht in und aus etwas anderem *erkennen* kann. So wenig man das Bewusstsein aus Bewusstlosem, so wenig kann man Geld aus dem Nichtgeld oder Sprache aus dem Unsagbaren „ableiten".

Mehr noch. Sprache und Geld sind nicht nur keine Gegenstände eines reflektierenden, berechnenden Denkens, vielmehr ist das reflektierende und berechnende Denken selbst der Modus, in dem sich Sprache und die Kalkulation in Geld *bewegen*. Das Geld und die Sprache sind kein außerbewusstes Sein, zu dem eine Theorie, ein reflektierendes Bewusstsein erst *nachträglich* als Erkenntnis hinzukommen müsste. Vielmehr sind beide sozialen Phänomene selbst das Medium, in dem sich die Erkenntnis bewegt. Sprache und Geld können also nur auf dem Wege der *Reflexion* – reflektiert an anderem sich selbst erkennend –, damit zugleich als Selbstaufklärung und Selbstkritik in ihrem Begriff gewonnen werden.

Die Sprache lässt sich nicht ohne Zirkel aus einer künstlichen, einer Metasprache, einer Logik oder einem anderen Zeichensystem ableiten; die Alltagssprache, die man nur durch Teilnahme, also performativ in ihrer Bedeutung erlernt, bleibt die oberste Metasprache aller Sprachmodelle und -theorien. Gleichfalls kann man das Geld nicht aus anderen quantitativen Formen deduzieren, weil die Geldrechnung die alltägliche und praktische Form war und ist, in der sich das Rechnen durch Teilnahme gesellschaftlich reproduziert. Die Lehre von den Zahlen ist uno actu als Reflexion der Geldrechnung entstanden, wie die Lehre vom Logos die Selbstreflexion dessen ist, was man sprechend je schon tut. Die Theorie des Geldes enthält also sehr viel mehr und reicht weiter, als das die meisten ökonomischen Theorien – auf die großen Ausnahmen komme ich zu sprechen – auch nur als Ahnung enthalten. Das Geld ist so wenig wie die

Sprache ein Erkenntnisgegenstand neben vielen anderen. Vielmehr ist das Denken in der Sprache ebenso wie das Rechnen mit Bezug auf Geld- und Maßgrößen der *Vollzug* dessen, was die zwei Grundformen der Erkenntnis ausmacht: Logik und Mathematik.

Die Theorie des Geldes muss sehr viel mehr leisten, als nur scheinbar nahe liegende Gegenstände zu behandeln. Sie hat es mit einer Vernunftform zu tun, als deren Selbstreflexion sie überhaupt erst einmal zu sich kommen muss, um zu begreifen, dass man je schon tut, was man erst verstehen möchte. Andererseits kommt die Theorie des Geldes nicht umhin, spezifisch *ökonomische* Fragen im selben Erkenntnisgang zu beantworten. Es zeigt sich dann, dass die faktische Verfassung der menschlichen Gesellschaft auf unserem Planeten – die *universelle Herrschaft der Geldgier* – keine zufällige Entgleisung, sondern die dem Geld eigentümliche Form der Vergesellschaftung ist. Mein Text knüpft deshalb in einem Punkt an eine kritische Tradition wieder an, die sich nicht ausreden lässt: Die Vergesellschaftung durch das Geld bleibt nicht die letzte Antwort, zu der die menschliche Kreativität fähig ist. Alle sozialen Grenzen, die in der globalen Geldökonomie, in der totalen Herrschaft des rechnenden Denkens in allen Lebensbereichen, sichtbar geworden sind und die man als *äußere Schranken* interpretiert, sind in Wahrheit Schranken der Erkenntnis. Die Menschen wissen einfach nicht, was sie tun, wenn sie sich durch das Geld hindurch vergesellschaften und sich darin selbst versklaven – und eben deshalb *beherrscht das Geld den Planeten.*

Die heute herrschende Wirtschaftswissenschaft hat sich devot in die Aufgabe geschickt, in einer *Naturalisierung des Geldes* einen Kult der Verneigung vor dem fiktiven Gott der berechnenden Herrschaft zu etablieren. Ökonomik ist zur *Theologie des Geldes* geworden. Dass es sich hierbei ungeachtet des formalen Rüstzeugs *nicht* um eine Wissenschaft im Sinn der *science* handelt, bemerkt jeder, der über einen etwas längeren Zeitraum die ökonomischen Prognosen mit den späteren Daten vergleicht. Die Ökonomik als *science* ist grandios gescheitert und wiederholt dieses Scheitern täglich von neuem. Wenn sie immer noch mächtig ist und das Denken bis in den letzten Winkel der Politik bestimmt, so liegt diese Macht nicht in ihrer Fähigkeit, richtige Aussagen zu machen, sondern einfach darin, der Geldgier (mehr oder weniger mathematisierte) Ausreden zu liefern, die *Marktgehorsam* einfordern.

Der Ausdruck „Ideologie" wäre dafür zu schwach. Ideologien werden als Ausdruck objektiver Verhältnisse gedeutet, denen sie eine Scheinlegitimation liefern. Nun liefert auch die neoliberale Ökonomik eine Scheinlegitimation. Doch die Pointe liegt darin, dass es überhaupt keine objektiven Verhältnisse jenseits ihrer ideologischen Reproduktion gibt. Vielmehr ist die Borniertheit der Gedanken über die Wirtschaft die Form der *Reproduktion ihrer Wirklichkeit*. Die Geldwirtschaft, Zins und Gewinn *beruhen* auf dem Nichtwissen der Beteiligten. Und dieses Nichtwissen sprechen die Wirtschaftswissenschaften als Denkform aus, die vorgibt, einen getrennten, objektiven Gegenstand zu beschreiben. Diese grundlegend *totalitäre Haltung*, in der Ökonomen ihre Mitmenschen auf *Anreizobjekte,* auf kommunikationsunfähige *Verhaltensroboter* reduzieren, wird im vorliegenden Text aus der Geldform selbst rekonstruiert und bis in die theoretischen Verästelungen auseinander gelegt.

Ich folge den ökonomischen Theorien auf den Spuren der *eigenen* Gedanken. Deshalb nimmt eine detaillierte und kritische Analyse der historisch entfalteten Tausch- und Geldtheorien einen großen Teil des Textes ein. Niemand soll sich hinter der Mauer eines scheinbar arbeitsteilig getrennten „Fachwissens" verschanzen können, worin man den „Experten" ob seiner höheren Einsichten zu respektieren habe, wenn er in öder Monotonie über die Jahrzehnte hinweg doch nur Markthörigkeit predigt. Diese seichte Moral bleibt nur deshalb unerkannt, weil sie sich hinter einem Begriffsapparat verbirgt, der ebenso vielfältig wie sachlich falsch ist. Es wiederholt sich immer wieder ein Fehler: Man projiziert das, worin man sich denkend und handelnd je schon bewegt (die Geldrechnung) auf tatsächliche oder erfundenen Gegenstände, umkleidet sie eventuell mit einer eleganten mathematischen Hülle und gelangt am Ende doch nur dazu, nichts zu verstehen, sondern nur zu rechnen. Meine kritische Absicht ist also eine radikale: Ich möchte nicht nur zeigen, dass das eine oder andere ökonomische Modell einseitig, falsch oder wenig hilfreich ist. Die *Disziplin* „Ökonomik" erweist sich in ihrer Hauptmasse, ihren Hauptvertretern vielmehr als eine wissenschaftliche Fehlgeburt. Sie erfüllt zwar eine Funktion, aber sie erkennt nichts. Schon der bloße Gedanke, man könne *Modelle* getrennt von der wirtschaftlichen Alltagswelt der Menschen für das formulieren, was sie darin *beherrscht*, offenbart ein totalitäres Verständnis der menschlichen Gesellschaft. Das Ergebnis ist täglich den Medien zu entnehmen. Was die Märkte global *alljährlich* an wechselnden Standorten veranstalten, ist einem Holocaust zu vergleichen, der – verborgen hinter Wertpapierkursen – durch die Geldrechnung inszeniert wird. Die elektronische Distanz zu Hunger und Elend nimmt nicht die Verantwortung für die Kontaminierung des Denkens. Im Gegenteil. Denn dass die Art und Weise, wie wir Menschen, gelenkt durch die Geldgier, den Planeten organisieren, sehr rasch durch eine vernünftige Verwendung der Ressourcen zur Beseitigung von Hunger und ökologischen Schäden ersetzt werden könnte, daran zweifelt nur, wer den Aberglauben ökonomischer Theorien teilt, alles *müsse* über Märkte und bewaffnete Staaten organisiert werden.

Noch ein Hinweis vorab zu der in den Wirtschaftswissenschaften zur Geltung kommenden Methode und Logik – ausführlich wird dies im ersten Teil in kritischer Durchsicht sozialwissenschaftlicher Methodenlehren entwickelt. Das vorliegende Buch stellt sich in die Tradition der Vernunftkritik, wie sie in Indien von Nagarjuna, Asanga, Dignaga, Dharmakirti bis zu Candrakirti und Shantaraksiti, in Europa von der griechischen Skepsis über Kant bis zu Marx und der Kritischen Theorie formuliert wurde. Kritik der menschlichen Vernunft kann nur heißen: Selbstreflexion, denn sie vollzieht sich in jenem Medium, das in Frage steht. Doch die Vernunft ist darin keine einheitliche, mit sich identische Entität. Vielmehr lassen sich in dem, was in der europäischen Tradition *Ratio* heißt, *zwei* sehr unterschiedliche Formen ihres Vollzugs unterscheiden: Die Sprache und die Rechnung, die sich aufeinander oder auf sinnliche Anschauungen und vorgestellte Inhalte bezeichnend beziehen. Beide Formen sind zugleich unterschiedliche Weisen menschlicher Vergesellschaftung. Während das deutsche Wort „Vernunft" auf das *Vernehmen* des inneren Sprechens verweist, auf das Sich-Zuhören beim inneren Dialog, lässt sich in der römischen *Ratio* von Anbeginn der Bezug auf die Geldrechnung als ihre Bewegungsform nachweisen. Darin liegt die erste Schwierigkeit einer Vernunftkritik: Beide Formen wurden nicht nur immer wieder verwechselt, es lässt sich – parallel zum historischen Prozess – auch eine wachsende Subsumtion der sprachlichen durch die rechnende Vernunft beobachten, die wohl Hobbes zuerst klar ausgesprochen hat, wenn er sagt, Vernunft heiße Berechnung. Auch die Logik, zunächst eine organisierte Form des Sprachdenkens, wurde im 19. Jahrhundert – nach Vorarbeiten von Leibniz – der Mathematik einverleibt und ist in der modernen Wissenschaftssprache zum Kalkül geworden.

Es ist das zentrale Anliegen des vorliegenden Textes, diese beiden Vernunftformen an dem Ort aufzusuchen, an dem sie ihre Bedeutung *gewinnen*. Das sind einerseits alle Formen, in denen Sprechen und Handeln Bedeutung konstituieren, andererseits ist es die Rechnung in Geld. Dass es sich hierbei nicht um zwei heterogene Gegenstandsgebiete handelt, die man getrennt voneinander mit je eigenen Methoden traktieren könnte, lässt sich an der stillschweigenden Voraussetzung erkennen, die in den Untersuchungen von Sprache und Geld gemacht werden: Einem je schon unterstellten Sinn von Bedeutung. Es wird sich zeigen, dass die Bedeutung von sprachlichen Elementen und von ökonomischen Werten weder Dingen noch Subjekten und ihrem Geist zukommen, sondern in einem eigentümlichen sozialen Prozess gründen, dessen Sinn nur *teilnehmend*, nicht aber objektivierend erkannt werden kann.

Was Reden und Rechnen, Sprache und Geld hierbei gemeinsam charakterisiert, ist ein Prozess, in dem sich die *Identität* der Dinge und Subjekte jeweils sozial konstituiert. Der scheinbar rein *logische* Satz der Identität erweist sich, als Prozess der Bedeutung rekonstruiert, als wichtigste Stütze der Täuschungen über die menschliche Gesellschaft. Es gibt keine den Dingen oder Subjekten primär zukommende Identität. Vielmehr ist die Identität ein sozialer Prozess in der Auseinandersetzung mit der Natur, *deren* Identität technisch vermittelt im selben Prozess erst konstituiert wird. Die Vernunft steht nicht einsam der Natur oder den Gegenständen ihres Erkennens gegenüber, sondern sie geht immer durch den Anderen und das Andere hindurch. Sie wird in diesem Durchgang erst das, was dann als Begriff reflektierte Bedeutung erhält.

Ich knüpfe hier an die buddhistische Vernunftkritik an, wie sie auf der Grundlage älterer Traditionen von Nagarjuna und seinen Nachfolgern entwickelt wurde, liefert sie doch die wesentliche Voraussetzung: Die Kritik der Denkformen ohne Satz der Identität und ohne Substanzbegriff durchzuführen.[7] Die übermächtige Rolle des *rechnenden Denkens* indes konnte in dieser Denkform aus dem ersten Jahrhundert unserer Zeitrechnung naturgemäß nicht eingehend gewürdigt werden. Hier ist auf die abendländische Tradition zurückzugreifen. Die an Hume und Kant anknüpfende Vernunftkritik hat sich nicht zufällig zur *sprach*analytischen Philosophie gemausert, versteht doch auch diese Tradition die Vernunft als Selbstreflexion der Sprache. Allerdings hat der logische Positivismus mathematische Denkformen als unhinterfragtes Instrument seiner physikalistischen Denkweise übernommen, ohne auch nur zu *ahnen*, inwiefern Rechnung und sozialer Prozess aufeinander verweisen. Neben einigen Ansätzen hierzu bei Marx, Nietzsche und Simmel haben vor allem Adorno und Sohn-Rethel versucht, diesen Zusammenhang zu rekonstruieren. Sie stießen auf die *innere Verwandtschaft* zwischen der rechnenden Denkform und dem sozialen Prozess der Vergesellschaftung über das Geld. Der Kritischen Theorie ist es einschließlich ihrer Transformation in eine Kommunikationstheorie durch Habermas allerdings nicht gelungen, Sprache und Geld in ihrer kategorialen Struktur, d.h. in der gemeinsamen Konstitution von Bedeutung zu rekonstruieren; Adornos „Tauschabstraktion" und das „kommunikative Handeln" bei Habermas stehen unvermittelt und konkurrierend als Grundkategorien nebeneinander.

Es ist hier zur Durchführung dieser Aufgabe unerlässlich, die Selbstreflexion der Geldverwendung *als* ökonomische Theorie einer grundlegenden Kritik zu unterwerfen. Erst wenn das geleistet ist, wenn man aufhört, die Ökonomik als „Fachwissenschaft" auf sich beruhen zu lassen und nur gelegentlich einige ihrer Aussagen zu importieren – wie Durkheim, Simmel, Weber, Parsons, Luhmann oder Habermas –, kann die eigentümliche Vernunftform des *Geldsubjekts* entschlüsselt werden. Hier zeigt sich dann nicht nur, weshalb die Wirtschaftswissenschaften *als Wissenschaften* gemessen an ihrem eigenen Anspruch als *science* gescheitert sind, es lässt sich auch erkennen, dass Geld und Geldgier nur kraft des Nichtwissens der Vielen über das Geld zur herrschenden Macht dieses Planeten werden konnte. Die Geldform der Vernunft hat nicht nur *äußerlich* durch Naturwissenschaft und Technik, durch die Allgegenwart eines ökonomischen *Controlling* die Macht über die kommunikative, moralische, religiöse und traditionelle Vergesellschaftung übernommen, sie hat vor allem die Subjekte selbst

---

[7] Vgl. als Vorarbeit und Grundlage hierzu K.-H. Brodbeck (1995; 2002a; 2002b; 2004c; 2005a).

verwandelt. Ihre reife Form in der Moderne lässt sich in der Philosophie von Descartes erkennen, deren Kritik ich deshalb einige Aufmerksamkeit schenken werde.

Noch ein paar Hinweise zur *Kritik* der Geldherrschaft. Zweifellos wurde das Geld als *Herrschaftsform* schon früh erkannt. Die Versuche, sich der Herrschaft des Geldes überhaupt zu entledigen, sind allerdings erst in den letzten rund 150 Jahren, parallel mit seiner zunehmenden Macht, aufgekommen. Der Marxismus war die bislang gewaltigste Eruption. Seine heruntergekommene Form im russischen Bolschewismus hat nicht nur ihn selbst, sondern damit auch zugleich alle anderen Formen des Bemühens, die Herrschaft des Geldes als abstrakte, globale Macht zu beenden, desavouiert. Neben dem Marxismus gab es einige Reformbemühungen, die durch sozialstaatliche Maßnahmen versuchten, die ärgsten Auswüchse der Geldökonomie einzugrenzen. Sie sind inzwischen nahezu ausnahmslos wieder zurückgenommen worden im planetarischen Kotau vor dem Wahn des Geldsubjekts und seiner grenzenlosen Gier. Die letzte Form des Widerstands gegen die Herrschaft des Geldes hat sich – nach zögerlichen, und immer wieder verworfenen christlichen Versuchen – in den Islam geflüchtet.

All diesen Versuchen ist gemeinsam, dass sie die innere Struktur des Geldes als sozialen Prozess nicht oder (wie Marx und die Kritische Theorie) nur ungenügend durchschauen und deshalb die Logik des Geldsubjekts sich immer wieder durch die Hintertür einer berechnenden Ratio geltend macht. Die Idee einer Ersetzung der Geldwirtschaft durch die Verwandlung von Staaten in Betriebe, die man einer naturalen Planung unterwirft, scheiterte einfach daran, dass der Zentralplan die abstrakte Identität des Geldes nur reproduzierte, nicht aufhob. Die religiöse Geldkritik beschränkt sich auf die Geld*gier*, nicht bemerkend, wie die Geldgier als soziale Struktur aus den Kaufakten selbst erwächst und deshalb nicht *von außen* aufgehoben werden kann. Das ist der grundlegende Irrtum aller Versuche, den Kapitalismus zu zähmen: Durch eine staatliche Ordnung, moralische Werte oder keynesianische Wirtschaftspolitik. Der Kapitalismus ist kein äußeres Ding, sondern eine *Denkform*, die sich in der Geldverwendung immer wieder neu erschafft und reproduziert. Nur weil ein stalinistischer Zentralplan einen anderen Dialekt verwendete, reproduzierte er die abstrakte Gewalt der Geldherrschaft nicht minder als jene globalen Finanzmassen, die sich im rationalen Kleid der Geldgier die Länder auf unserem Planeten gefügig machen – unter dem Applaus einer Ökonomik, die an den Schreibtischen von IMF, Weltbank, WTO und lokalen Instituten die Köpfe beherrscht.

Die Herrschaft des Geldes endet nur, wenn die Subjekte aufhören, sie *als ihre Subjektform* zu reproduzieren, wenn die Schulen, Hochschulen und Medien ihre Märchen von den Sachzwängen der Märkte beenden. Diese Sachzwänge, das ist die zentrale These meines Buches, gibt es nur als *Täuschung*; allerdings als eine sehr mächtige Täuschung, die ihre Macht dadurch gewinnt, dass sich die Vielen ihr unterwerfen. Das ist kein hochkomplexer Vorgang, der einer psychoanalytischen Erhellung bedürfte, sondern etwas von erhabener Einfachheit: Indem die Menschen alltäglich in Geld rechnen, anerkennen und *erzeugen* sie dessen Geltung, damit aber auch alle daraus entspringenden irrationalen Leidenschaften und Institutionalisierungen wie den Zins und die Finanzmärkte. Dies zu dechiffrieren und ihrer ideologischen Ummantelungen zu entkleiden, ist die Aufgabe der nachfolgenden Seiten. Die Denkform des Geldsubjekts ist von höchster Einfachheit und Abstraktheit. Eben dies verleiht ihr eine große Überzeugungskraft und Stabilität. Die schlichte Frage vor jeder Handlung: „Was bringt es mir?", das Reiben von Daumen und Zeigefinger in der Imagination gezählter Geldscheine, verweist auf die fast unausrottbare Macht über das Denken, das sich hier ausspricht.

Doch diese Denkform, planetarisch universalisiert und inzwischen in alle Lebensbereiche eingedrungen, hat kein Wesen aus sich. Sie ist der Vollzug einer globalen Täuschung des Wertes – eine Täuschung, die immer wieder, beim nächsten Börsencrash, in Wirtschaftskrisen, Inflationen oder leeren Staatskassen, zeigt was sie ist. Doch hier kommen eilends die Apologeten der Geldherrschaft herbei, erfinden allerlei Sonderfaktoren, einmalige Einflüsse, exogene Ereignisse und vor allem staatliche oder gewerkschaftliche Eingriffe, die die Krise erklären sollen. Nur eines tritt nicht ins Bewusstsein: Dass sich eine in einer Täuschung vollzogene Vergesellschaftung immer wieder genau als das erweisen muss, was sie ist. Um diesen erfundenen Erklärungen die Grundlage zu entziehen, widmet sich mein Buch sehr umfangreich all jenen Theorien, die *in ihrer eigenen Logik* an der Erklärung des Geldes gescheitert sind. Die *philosophisch* eigentlich viel spannenderen Fragen, wie die Geldform und die Vernunftform des rechnenden Denkens, der mathematisch formulierten Naturerklärung usw. mit den sozialen Prozessen zusammenzudenken ist, habe ich zwar aufgegriffen, sie aber auf jenes Maß beschränkt, das nur die Grundzüge der erforderlichen Argumentation erkennbar macht. Es dürfte allerdings deutlich genug werden, dass die *Arbeitsteilung* zwischen Philosophie, mathematischen Naturwissenschaften und ökonomischer Theorie für eine Erkenntnis ihres inneren Zusammenhangs fatale Folgen hatte. Es ist gerade diese Arbeitsteilung, die es verhindert, dass in den jeweiligen Sparten der je eigene „Gegenstand" in seinen Grundkategorien enträtselt wird. Der allgemeine Begriff für dieses Rätsel ist der *Satz der Identität*, der jeder Spezialwissenschaft vorausgeht. Er bleibt auch in der Philosophie ein Rätsel, solange sie sich selbst als Denkform vom dem trennt, worin Bedeutung sozial als Akt vollzogen, nicht je schon vorausgesetzt wird. Wer seinen Blick in den Höhlen des Denkens fesselt, der sieht nur Schatten. Bedeutung ist nicht der einsame Blick des Bewusstseins auf einen Gegenstand, sondern immer Vollzug *mit anderen*. Getrennt von diesem Vollzug, kann nichts gewusst werden. Wie dieser Schwierigkeit des Denkens zu entkommen ist, das wird nachfolgend zu zeigen sein.

Mein Buch ist wie folgt organisiert: Der gesamte Text gliedert sich in sechs Hauptstücke, ergänzt um ein kürzeres siebtes Kapitel, das die Kategorie der Zukunft durchleuchtet, um eine verbreitete Täuschung über die Aufgabe wissenschaftlicher Analyse abschließend und zusammenfassend zu dechiffrieren.

(1) Da die hier vorgetragene Untersuchung der Bedeutungsprozesse in der Gesellschaft den Anspruch erhebt, den vor allem im Geld erkennbaren Schein nicht nur zu entschlüsseln, sondern ihn als logische Form der Wissenschaft von der Gesellschaft selbst abzuleiten, ist es notwendig, die stillschweigenden methodischen und logischen Prämissen, die den traditionellen Theorien zugrunde liegen, vorab darzustellen und kritisch zu durchleuchten. Das geschieht im ersten Teil, der eine allgemeine Logik der Vergesellschaftung und eine Kritik der sozialwissenschaftlichen Methodenlehren bietet. Als Schlüssel erweist sich hierbei die Philosophie von Descartes, in der das, was später im Text als *Geldsubjekt* dargestellt wird, ihre – freilich der eigenen Herkunft nicht mächtige – exemplarische Form gefunden hat.

(2) Mit diesem neuen Blick auf den logischen Sachverhalt in der Beschreibung der menschlichen Gesellschaft als Voraussetzung entwickelt dann der zweite Teil eine allgemeine Theorie der Bedeutung *als sozialer Prozess*. Am Anfang steht hierbei der Prozess der *Identität*, die nicht länger als „logischer Grundsatz" vorausgesetzt, sondern als sozialer Sachverhalt entfaltet wird. Die darin gewonnene Denkerfahrung erlaubt es dann, die sozialen Bedeutungsprozesse in ihrer einfachsten Form zu studieren, der ich den Namen „soziale Grundstruktur" gegeben habe. Diese Struktur lässt sich in verschiedenen sozialen Formen wiederfinden, so in dem, was man als Theorie des Spiels umschrieben hat, vor allem aber in der Vergesellschaftung durch das Sprechen. Damit ist die Grundlage für das Verständnis sozialer Bedeutungsprozesse und den ihr zukommenden Formen der menschlichen Vernunft gelegt.

(3) Der Tausch und das Geld, die im dritten Hauptstück systematisch entfaltet werden, erweisen sich dann als spezifische Form der genannten sozialen Grundstruktur. Der Tausch zeigt sich dabei als innere Modifikation anderer Formen, nicht als originäre und ursprüngliche Form der Vergesellschaftung. Dies ergibt sich aus der Analyse seiner Struktur, nicht als äußere Interpretation vorausgesetzter Tauschakte. Der Tausch ist kein Geldverkehr. Es zeigt sich, dass das Geld auch nicht aus dem Tausch abgeleitet, durch ihn nicht erklärt werden kann. Das Geld ist ein *kategoriales Novum*, das zugleich eine innere Modifikation der Vergesellschaftung in der Tauschstruktur darstellt und diese überlagert. Dies systematisch und mit kritischem Seitenblick auf angebliche „Funktionen" des Geldes darzustellen, ist die zentrale Aufgabe dieses dritten Hauptstücks.

(4) Der – gemessen an der Seitenzahl – umfangreichste Teil vier ist in kritischer Absicht geschrieben. Hier werden die wichtigen, aber auch weniger bekannten Theorien des Tauschs und des Geldes vorgestellt und kritisch analysiert. Die Darstellung folgt nur teilweise der historischen Abfolge. Sie setzt ein mit antiken Theorien bei Platon und Aristoteles, ihrer arabischen und mittelalterlichen Rezeption sowie deren Spätformen wie der wichtigen Geldlehre von Nicolas von Oresme. Daran schließt die Tausch- und Geldlehre der klassischen Ökonomie (Smith, Ricardo) an, vorbereitet durch viele heute teilweise vergessene, teilweise beinahe unbekannt gebliebene Theoretiker von Kopernikus über Petty zu Law, ohne deren Vorarbeit die klassische Geldlehre aber nicht verständlich wäre. Die Vollendung des klassischen Systems bildet die Lehre von Karl Marx, die ich in einem eigenen Kapitel kritisch würdige. Die Darstellung der historischen Schule (Schäffle, Roscher, Schmoller etc.) und der subjektiven Wertlehre (Gossen, Menger, Mises etc.) schließen sich daran an. Danach bricht die Chronologie der Darstellung ab. Die Darstellung der Grundlagen der *mathematischen Ökonomik* ist ein systematischer Exkurs, worin neben den Neoricardianern auch die Theorien jener Ökonomen genauer behandelt und ihre Theorie kritisch analysiert werden, die man sonst der subjektiven Schule zurechnet (Jevons, Walras, Edgeworth u.a.) und die sich vorwiegend mathematischer Mittel bedienen. Der vierte Teil endet mit einem kleineren Kapitel zu den Kritikern des Wertes, von denen wenigstens zwei Vertreter (Liefmann, Gottl-Ottlilienfeld) in der Gegenwart nahezu völlig vergessen sind.

(5) Die Teile drei und vier haben – mit Ausnahme der Darstellung der aristotelischen Theorie – die Fragen nach Tausch und Geld systematisch getrennt von den Erklärungen des Zinses. Darin ist eine zweifache These enthalten: Einmal ist damit gesagt, dass das Zinsphänomen zwar nicht aus dem Tausch erklärbar ist, zum anderen aber, dass der Zins notwendig die Geldform voraussetzt und nur vor ihrem Hintergrund analysiert werden kann. Der fünfte Teil untersucht systematisch auf der Grundlage der Theorie des Geldes aus den Teilen drei und vier die Veränderung der menschlichen Subjektivität durch die Geldrechnung. Hier wird das Geld als Denkform mit seinen philosophischen, mathematischen und wissenschaftlichen Ausstrahlungen entfaltet und aus diesem Grund die Geldgier als Grundkategorie abgeleitet. Es zeigt sich dabei, dass Zins, Profit, Gewinn usw. in einer veränderten Denkform gründen, deren Hauptkennzeichen die dem Geld eigentümliche *Täuschung* eines Wertes ist. Eine kritische Darstellung der Philosophien des Geldsubjekts (des *homo oeconomicus*, des „Geistes des Kapitalismus", der Soziologie des Geldes) schließt diesen Teil ab.

(6) Der sechste Hauptteil widmet sich schließlich der Theorie und Kritik des Zinses im engeren Sinn, also der *institutionalisierten* Form der Geldgier. Hierbei wird zunächst das Zinsrätsel gelüftet, was für Sachkenner eine Ent-Täuschung bedeuten wird – und genau das ist beabsichtigt, denn „hinter" dem Phänomen des Zinses verbirgt sich als

Geheimnis nur eine Form kollektiver Blindheit, keine wie immer geartete Natur. Die Darstellung der inneren Organisation einer dem Wucher – der alte, präzise *Begriff* für die Geldgier – subsumierten Wirtschaft schließt sich daran an. Diese Theorie des Wuchers wird dann ergänzt in zwei kritischen Streifzügen durch diverse Erklärungen des Zinses, einmal entwickelt an den systematisch zu beobachtenden Fehlern der Zinstheoretiker, wobei die österreichische Theorie vom „Realzins" im Mittelpunkt steht; zum anderen in einer historischen Revue von Zinstheorien, die den Zins aus verschiedenen Ursachen zu erklären versuchen – von Bentham, der Ausbeutungstheorie über Keynes und Schumpeter bis zu Silvio Gesell.

(7) Das Buch wird durch ein Kapitel abgeschlossen, das Gründe dafür liefert, weshalb die Forderung – wenn man denn schon so massive Kritik übe, wie der vorliegende Text zweifellos für sich beansprucht – nach „positiven Alternativen für die Zukunft" selbst Teil jener irrtümlichen Denkform ist, die es zu entschlüsseln galt. Darin bleibt auch dieses Buch den Folgerungen meiner früheren Publikation[8] treu, nicht die Welt als Maschine zu betrachten, die nur eines alternativen *Programms* bedürfe, um wieder in Ordnung zu kommen. Eben diese Forderung setzt die Vergegenständlichung der Gesellschaft als fremdes, zu programmierendes Objekt voraus, die als Denkform zu kritisieren meinen Text motiviert.

Noch ein formaler Hinweis: Ich habe die Schreibweise aus älteren Publikationen moderat der gegenwärtigen angepasst; mein Interesse gilt den *Argumenten* und ist keine dogmengeschichtliche Quellenkunde, die andere Regeln zu beachten hätte. Die englischen Quellen habe ich – soweit nicht anders vermerkt – im laufenden Text in der Regel selber übersetzt und Originalzitate auf die Fußnoten verwiesen. Andere Übersetzungen sind stets angeführt. Die Hervorhebungen, soweit nicht anders in der Note vermerkt, stammen von den angeführten Autoren.

Auch wenn man es dem fertigen Buch mit einer doch noch stattlichen Seitenzahl vielleicht nicht ansieht – wenigstens ein Drittel des ursprünglichen noch viel umfangreicheren Textes habe ich aus Platzgründen gestrichen, so eine umfassendere Handlungstheorie und eine Kritik weiterer soziologischer Schulen. Eine große Unterstützung und Hilfe sowohl beim Schreiben wie bei zahlreichen Verbesserungen waren viele Freunde. Und ohne die Ermutigung durch Elisabeth Müller-Brodbeck wäre das Buch nicht das geworden, was es nun ist. Dank an alle.

Meine ersten Entwürfe einer Sprach- und Geldtheorie datieren auf das Ende der 70er Jahre; ich habe sie mit Freunden in einem Philosophie-Zirkel in München („Dienstags-Arbeitsgruppe") streitbar diskutiert. Fast ebenso lange stehe ich auch in engem Austausch mit meinem alten Freund Dr. Alex Schomandl, der mehr als jeder andere das vorliegende Buch von seinen ersten Anfängen und ihren Vorläufern her kritisch begleitet und bereichert hat. Mit dem Marxismus ebenso bestens vertraut wie mit Neoklassikern und Neoricardianern, waren mir viele seiner Hinweise eine echte Hilfe. Seine treffenden, gänzlich moralinfreien Kommentare, immer an der Sache und ohne Rücksicht auf evtl. damit verknüpften Sentimentalitäten haben mir sehr geholfen, vieles zu entrümpeln, anderes zu straffen und zu ergänzen.

Dr. Silja Graupe hat die Entstehung meines Textes stets freundschaftlich-geduldig und ermunternd-anspornend begleitet – was mir vor allem dann eine Hilfe wurde, als der Umfang allmählich beängstigende Ausmaße annahm und ich mehr und mehr streichen musste. Dr. Dr. Rudolf Matzka, ein alter Freund aus Münchener Universitätstagen,

---

[8] Vgl. K.-H. Brodbeck (1979; 1986; 1996a; 2000a; 2002b; 2006b).

hat mir geholfen, in einigen logischen Partien dieses Buchs Fehler zu vermeiden (die evtl. verbliebenen gehen restlos auf mich zurück).

Eine Vielzahl von weiteren Hinweisen konnte ich nach Vorträgen aufnehmen, die ich in den letzten Jahren an verschiedensten Institutionen gehalten habe. In einem Seminar zusammen mit Prof. Dr. Margret Kennedy in Steyerberg habe ich viele hilfreiche Anregungen von allen Teilnehmern erhalten. Bei den Kongressen der Finance & Ethics Academy in Diex/Kärnten bekam ich durch die Diskussionen mit GF Richard Lernbass, mit den Kollegen Prof. Dr. Jörg Finsinger (Universität Wien), Prof. Dr. Peter Heintel (Universität Klagenfurt) und Prof. Dr. Gerhard Larcher (Universität Linz) und in Gesprächen mit Fachleuten aus dem Bank- und Fondsmanagement viele wertvolle Hinweise zum Verständnis der Finanzmärkte. Ferner bin ich – in alphabetischer Reihenfolge – Prof. Dr. Walter Eisenbeis, Dr. Wolfgang Hartl, Birgit Justl, Dr. Harald Klimenta, Olaf Lismann, Johannes Litsch, Prof. Dr. Walter Ötsch und Prof. Dr. Ulrich Scheiper für ihre Ermutigung und viele Anregungen verpflichtet. Viele Fragen und Hinweise meiner Studentinnen und Studenten in Würzburg und München gaben mir immer wieder Anlass, die Grundprobleme der Ethik, Geldtheorie und Geldpolitik neu zu durchdenken. Last not least bedanke ich mich ganz herzlich bei Dr. Bernd Villhauer von der Wissenschaftlichen Buchgesellschaft, ohne dessen Engagement dieses Buch nicht in dieser Form hätte erscheinen können.

Gröbenzell, 5. August 2008

Homepage: www.khbrodbeck.homepage.t-online.de

1 Zur allgemeinen Theorie der Gesellschaft

1.1 Die Logik der Vergesellschaftung

1.1.1 Vorbemerkung

Die Ökonomik und andere Sozialwissenschaften haben in ihrer großen Mehrzahl den Theoriebegriff der Naturwissenschaften übernommen. Hierbei stellt man „Theorie" und „Realität" einander gegenüber. Aufgabe der Theorie sei es, die Realität mehr oder weniger genau „abzubilden", sie wenigstens in kleinen Schritten zu „erraten". Nun *sind* aber Theorien Denk- und Sprachformen. Durch die Sprache hindurch vollzieht sich die menschliche Vergesellschaftung. Auch das Rechnen ist eine Sprachform. Die menschliche Gesellschaft wird über die Sprache, das Rechnen mit Geld, die Anerkennung von Macht, von Moral- und Rechtsregeln zu einer Einheit. Also besitzt das, was man als *Gegenstand* der Sozialwissenschaften beschreibt, dieselbe Form wie dessen Theorie. Jede Theorie ist als vollzogene Handlung ein *soziales Ereignis*. Auch wer allein reflektiert und nachdenkt, bewegt sich in einem inneren Dialog, damit in einer Sprachform, einem sozialen Medium. Über Sprache zu sprechen, das alltägliche Rechnen mit Geld seinerseits in Modellen zu berechnen, nach logischen Regeln über geregeltes Verhalten nachzudenken – all dies ist zugleich „Theorie" *und* „Realität" der Gesellschaft.

Wenn Sozialwissenschaftler also Theorien entwickeln, so bewegen sie sich dabei bereits in jener Sphäre, die sie zugleich beschreiben oder erklären wollen. Es ist aber bemerkenswert, dass darüber in der wohl wichtigsten Sozialwissenschaft – der Ökonomik (auch Volkswirtschaftslehre, Nationalökonomie oder Wirtschaftswissenschaft genannt) – so gut wie kein Wissen vorliegt. Ökonomen unterschiedlichster Schulen betrachten die Wirtschaft als ein vorhandenes Ding, als einen Gegenstand, den man mit geeigneten Modellen „abbilden" und – in der mathematischen Schule – ebenso berechnen möchte wie die Umlaufbahn eines Satelliten um die Erde. Auch jene Sozialwissenschaften, die Theorien explizit zum Gegenstand machen – die Wissenssoziologie und vergleichbare Schulen –, behandeln modal jeweils eine Theorie als Gegenstand, die von einem Theoretiker von außen „beobachtet" wird, ohne dabei in einem zweiten Schritt auch die eigene Theorie als sozialen Akt zu erkennen. Man bemerkt zwar gelegentlich, dass man selbst Teil dessen war, was man beschrieben hat. Doch die Form, in der dieser Sachverhalt jeweils gedacht wird, verbleibt in der Gegenüberstellung von Beobachter und Gegenstand, von System und Umwelt, getrennt durch eine charakteristische Distanz.

Der Theoretiker der Gesellschaft ist aber *nie* – weder institutionell noch in einer wissenschaftlichen Rolle – von dem getrennt, was er untersucht. Er hat je schon das *vollzogen*, was er in einem Akt des Nachdenkens später reflektiert. Wer über Sprache nachdenkt, kann schon sprechen; wer über Tausch und Geld spricht, lebt in einer Geldökonomie und kennt das, worüber er spricht, aus seinen täglichen Handlungen. Theorie der Gesellschaft ist also nicht die Rede über Fremdes, sondern die *Reflexion* dessen, was man als Akt täglich je schon mit anderen vollzieht. Niemand kann sich *aus der Gesellschaft* heraus begeben, um diese als ein fremdes Gegenüber zu betrachten; wer das versuchte, würde seine Sprache, seine Erfahrungen, alles, was ihn zu einem *menschlichen* Individuum macht, mitnehmen. Theorie der Gesellschaft ist also, wenn sie dem angemessen sein soll, was die menschliche Gesellschaft ausmacht, *Selbstreflexion*.

Nun ist es kein Geheimnis, dass die Menschen sich in dem, was sie über sich selbst wissen, vielfach täuschen. Man beseitigt individuell eine Täuschung, indem man sich jene Momente seines Denkens, Fühlens und Handelns zu Bewusstsein bringt, die zwar das eigene Erleben bestimmt haben, nicht aber *als* diese bestimmende Macht erkannt wurden. Sich etwas zu Bewusstsein zu bringen, das heißt nicht nur etwas anders sehen, sondern vor allem, es in eine Sprachform zu bringen. Menschen erkennen sich, indem sie sich im Spiegel des sozialen Mediums der Sprache denkend bewegen. Sich im Medium der Sprache zu reflektieren, heißt aber auch, sich am Anderen, am Gesprächspartner zu reflektieren. Mangelnde Selbsterkenntnis ist deshalb stets auch die Bewegung in Denkformen, die den Blick auf den Andern verdunkeln und so durch eine fehlende Reflexion am Du das Ich an der Selbsterkenntnis hindern. Denkformen, die sich im Ego verschließen und sich so einem getrennten Gegenstand gegenüberstellen, sind Täuschungen; von einem reflektierenden Standpunkt aus kann man sie deshalb *falsch* nennen. Falsch ist eine Denkform dann, wenn sie einen daran hindert, das zu erreichen, was man möchte: Jene Gedanken zu identifizieren, die das Handeln zwar lenken, aber zu unerwünschten Resultaten für einen selbst und andere führen.

Was für jedes Individuum gilt, das gilt – da Individualität nur als Reflexion in und an sozialen Formen zu verstehen ist – für die Gesellschaft insgesamt. Auch hier werden die sozialen Handlungen von Gedanken bestimmt, die vielfache Täuschungen enthalten. Diese Täuschungen beruhen auf Denkfehlern, die man identifizieren kann. Das zu leisten, wäre die Aufgabe der Sozialwissenschaften. Als Selbstreflexion der Gesellschaft sind sie gehalten, den Menschen dabei zu helfen, in ihrem Denken und Handeln jene Illusionen auszusondern, die zu für die Vielen unerwünschten Resultaten führen. In der Gesellschaft kommt hier – im Unterschied zum Individuum – allerdings eine Komplikation hinzu: Nicht alle Denkformen haben für alle Menschen dieselben Konsequenzen. Einige Denkformen sind für eine kritische Reflexion offenkundig als Täuschungen nachzuweisen; gleichwohl herrschen sie, weil sie jenen nützen, die *in ihnen* herrschen. Traditionell nennt man solche Denkformen „Ideologien".

Es lässt sich also nicht *positiv* sagen, welche Denkformen *für die Vielen* „richtig" oder „gut" sind. Wer sich solches anmaßt, stellt sich *über* die Gesellschaft, über die Vielen. Allerdings ist gerade solch eine Anmaßung allgegenwärtig. Wissenschaftlich lässt sich aber umgekehrt sehr wohl erkennen, welche Denkformen den Vielen *Schaden* zufügen, Leiden verursachen und *insofern* „falsch" genannt werden können. Sie werden nicht durch objektive Tatsachen falsifiziert, sondern durch das Leiden vieler Menschen negiert. Doch bedarf es dieses Einspruchs der Betroffenen gar nicht. Es lässt sich, das wird zu zeigen sein, die ideologische Theorieproduktion in aller Regel schon *an ihren eigenen Voraussetzungen* widerlegen. So wird es eine Hauptaufgabe der nachfolgenden Kapitel sein, zu zeigen, dass es der Ökonomik bislang nicht gelungen ist, eine aus ihren eigenen Voraussetzungen schlüssige Theorie des Geldes zu entwickeln. Der Grund dafür reicht allerdings tiefer, als die tradierte Ökonomik ihren Gegenstand begreift, und um diesen Grund aufdecken zu können, ist es notwendig, die im Geld vollzogene Vergesellschaftung in ihrer Einbettung in die Sprachform und die Differenz zur sprachlichen Vergesellschaftung herauszuarbeiten. Dazu ist es erfordert – das zu leisten ist die Aufgabe dieses ersten Kapitels –, die für das Nachdenken über die menschliche Gesellschaft eigentümliche *logische Form* explizit zu entfalten und auf ihrer Grundlage auch die wichtigsten Bausteine zum Verständnis der Vergesellschaftung von Handlungen durch Bedeutungsprozesse zu entwickeln. Diese Einsicht werde ich im zweiten Teil dann systematisch für die sprachliche Vergesellschaftung und im dritten Teil in der Analyse von Tausch und Geld entwickeln. Insofern – um es traditionell auszudrücken – formulieren die nachfolgenden Seiten nicht nur eine „negative" Kritik der Ökonomik einschließlich ihrer philosophischen und soziologischen Umrandungen, sondern sie entwickeln ausdrücklich auch die kategorialen Grundlagen für eine „positive" Theorie der Wirtschaft und Gesellschaft.

Die arbeitsteilige Theorieproduktion hat sich durch ihre methodische Grundhaltung auch institutionell von denen getrennt, *über die* Theorien entwickelt werden. Der Ökonom, der Grenzprodukte den Löhnen gleichsetzt und diese Erfindung auf eine Welt projiziert, in der Frauen und Kinder in eingezäunten Blechhütten an den billigen Standorten des Globus jene Güter produzieren, die auch er konsumiert, verhält sich *faktisch* – was immer er subjektiv glauben mag – als Komplize jener, die solches unter dem Deckmantel der Geldform inszenieren. Den Betroffenen der herrschenden Denkformen fehlen in aller Regel die Mittel, das, was ihnen angetan wird, was sie als „Sachzwang" am eigenen Leib erfahren, als Folge der Gedanken zu erkennen, die in einer bestimmten Form herrschen. Es ist deshalb die *ethische* Pflicht der Wissenschaft von der Gesellschaft, die Kritik täuschender Denkformen zu leisten. Da *jede* Denkform eine soziale ist, ist auch jede Denkform, die Handlungen beeinflusst und lenkt, eine implizite Ethik. Niemand kann eine Theorie der Gesellschaft entwickeln, ohne nicht zugleich eine Ethik zu formulieren. In einer seltsamen Arbeitsteilung haben sich jedoch die Sozialwissenschaften weitgehend – Ausnahmen werden zur Sprache kommen – dieser ethischen Verantwortung entzogen. Mehr noch, durch ihre Theorieproduktion tragen sie zur Reproduktion falscher – also für eine große Mehrheit von Menschen auf diesem Planeten nachteilige – Denkformen bei. Und im Herz dieser Illusionsproduktion stehen die Wirtschaftswissenschaften. *Deren* Mitte wiederum ist die Theorie des Geldes.

Nun ist diese ökonomische Theorieproduktion sicher nicht so zu beschreiben, als wären Ökonomen Monster, die in finsterer *Absicht* einigen herrschenden Schurken die Denkwerkzeuge liefern würden. Viele Wirtschaftswissenschaftler *glauben* an die Denkfehler, die sie reproduzieren. Und es ist dieser Glaube, der alle Täuschungen enthält, von denen hier und im ganzen nachfolgenden Text die Rede sein wird. Die *Form* dieser Täuschung ist, vor allen Inhalten, das Festhalten einer *Methode*. Kern dieser Methode ist der physikalistische Glaube, man sei als Theoretiker von seinem Gegenstand getrennt, könne frei über seine Methoden verfügen, die Kategorien zur Erklärung selbst festlegen und sei ansonsten dazu beauftragt, möglichst genaue Erklärungen – d.h. Prognosen – des Wirtschaftsablaufs zu liefern.

Dass *dieser* Glaube eine offensichtliche Täuschung ist, wissen fast alle Beobachter des Treibens der Ökonomen, nur sie selbst wollen es nicht wissen, höbe doch diese Erkenntnis *ihre* ökonomische Grundlage auf. Dennoch kann ich – sozusagen als Whistleblower aus der Mitte der Zunft – ihnen die Kritik nicht ersparen, dass es *erstens* keine Sozialwissenschaft geschafft hat, ihrer Methode folgend auch nur halbwegs zutreffende Prognosen zu formulieren. Die jeweils prognostisch erfundene Zukunft trifft nie als künftiges Ereignis ein. Es herrscht also in der Gegenwart permanent eine *falsche* Zukunft. *Zweitens* widersprechen sich die Sozialwissenschaftler und kommen zu völlig gegensätzlichen Aussagen. In der Spannweite zwischen Marx und Hayek finden sich ebenso viele Schulen wie in jener zwischen Durkheim, Habermas oder Parsons. Während aber die kritische Theorie sich immerhin darauf verpflichtet, an der Aufgabe der Selbstaufklärung der Menschen weiterzuarbeiten, haben die meisten anderen Spielarten von Theorieentwürfen dies längst in ironischer Distanz aufgegeben.

Diese ironische Distanz, der strukturelle Mangel an Mitgefühl mit denen, die Opfer jener Handlungen sind, die von falschen Gedanken gelenkt werden, lässt sich allgemein in einer methodischen Grundhaltung charakterisieren: Theorien, die stillschweigend davon ausgehen, dass ihre theoretische Form von der Gesellschaft, die sie beschreiben wollen, im jeweils vollzogenen theoretischen Akt getrennt ist, folgen einer Philosophie, die durch Descartes ihren reinen Begriff gefunden hat. Diese Haltung gegenüber dem „Gegenstand" Gesellschaft, die davon ausgeht, die Begriffe für ihre Grundkategorien getrennt von der Gesellschaft bestimmen und formulieren zu können, die sich also als

Beobachter der Gesellschaft von dem trennt, worin sie sich bewegt, kann deshalb „cartesianisch" genannt werden. Einen Beobachter, der davon ausgeht, in seinen Beobachtungen eine äußere Distanz zu seinem Gegenstand einnehmen zu können, bezeichne ich durch den Begriff „cartesianischer Beobachter". Um diese Namensgebung zu begründen, werde ich im Kapitel 1.2 die cartesianische Haltung aus Descartes' eigenen Texten rekonstruieren.

Es wird sich als Resultat der nachfolgenden Untersuchungen zeigen, dass diese methodische Voraussetzung des *cartesianischen Beobachters* in einem besonderen Subjekttypus gründet, der durch die Geldverwendung geformt wird und den ich deshalb „das Geldsubjekt" nenne. Insofern erscheint die Gewohnheit in den Sozialwissenschaften, ihren Untersuchungen eine methodische Reflexion voranzustellen, als eine durch ihren „Gegenstand" bedingte Haltung, in der sich eine charakteristische Täuschung über die Vergesellschaftung durch Geld und Märkte verbirgt.[1] Was also hier in diesem einleitenden Kapitel als vorausgesetzte *Kritik* an einer Methodologie erscheint, erweist sich am Ende als Resultat der positiven Darstellung dessen, wie die Vergesellschaftung durch das Geld die menschliche Subjektivität verändert und auf der Grundlage dieser Veränderung einen besonderen *Wissenschaftstypus* begründet.

Die den Theorien, von ihnen selbst getrennt, vorangestellten Untersuchungen zur Methode sind der Zufluchtsort, an dem wenigstens in einigen Ansätzen die Grundbegriffe der Sozialwissenschaften bewusst werden, die in den Modellen die theoretische Arbeit als Rahmen lenken, ohne eigens reflektiert zu werden. Der philosophische Begriff für diesen Rahmen, in dem gedacht wird, lautet traditionell „Metaphysik" – also das, was der Physik als kategoriale Form vorausgeht, ihr zugrunde liegt. Nun gibt es auch in den Sozialwissenschaften – und dies an zentralen Punkten – Kategorien, *in denen* gedacht, die aber nicht selbst *als Kategorien* beachtet werden. Wenn es allerdings verfehlt ist, in den Sozialwissenschaften die theoretische Reflexion als getrennt von ihrem Gegenstand vorauszusetzen, wenn also, mit anderen Worten, die menschliche Gesellschaft keine *physis* im griechischen Wortsinn ist, dann ist in den Sozialwissenschaften auch eine Trennung von Metaphysik und Theorie verfehlt. Die Reflexion der eigenen Kategorien ist vielmehr der tatsächliche *Vollzug* der Theorie, und diese Kategorien sind keine Erfindungen eines – von seinem als *physis* interpretierten Gegenstand – getrennten Wissenschaftsegos, sondern die innere Form, *in der* sich die Gesellschaft selbst in ihren Subjekten als Denkprozess bewegt und reproduziert.

1.1.2 Syntax und Semantik des Sozialen

Die Einheit der Gesellschaft vollzieht sich durch die Subjekte (die Vielen) hindurch als *deren* Prozess. Gesellschaft heißt, formal definiert, Eines *und* Vieles. Die Betonung liegt auf dem kopulativen „und". Die Grundfrage der Philosophie der Gesellschaft lautet deshalb: Wie kann eine Vielheit von Menschen zugleich eine Einheit sein? Die Einheit wird nicht *an ihnen* als etwas Fremdes hergestellt. In semiotischer Terminologie kann man sagen: Die Einheit der Gesellschaft wird von den traditionellen Sozialwissenschaften als *Syntax* beschrieben, während sich in Wahrheit ihre Einheit auf der Ebene der Bedeutung, der *Semantik* herstellt. Wenn man Einheit und Vielheit abstrakt einander gegenüberstellt als aparte Entitäten, so reduziert man als äußerer Beobachter dieser Gegenüberstellung die Vielheit auf eine *Menge*, deren Einheit die äußere Organisation

---

[1] Max Weber spricht von der „Vergesellschaftung durch Tausch", M. Weber (1980), S. 382. Bei Marx und Engels steht der Begriff in der Regel für „Vergesellschaftung der Arbeit"; vgl. MEW 23, S. 789-791.

dieser Menge darstellt. Der häufig verwendete Begriff zur Beschreibung solch einer *äußeren*, in einer syntaktischen Grammatik beschriebenen Einheit, ist der „Mechanismus". Die Syntax beschreibt eine *vorhandene* Struktur; die Semantik benötigt einen Interpreten, um eine semiotische Beziehung der Bedeutung herzustellen. Der allgemeine Begriff dieser ontologisch auf eine *Menge* reduzierten Vielheit, wenn ihre *Bewegungen* als mechanische beschrieben werden, ist dann das „Verhalten" oder, im Systemjargon, die „Systemoperation".[2] Verhalten einer Vielheit – das heißt: die *Bedeutung* der untersuchten Prozesse wird vom cartesianischen Beobachter von außen zugeschrieben, sie ist nicht für das *Handeln* der Vielen konstitutiv als *deren* vollzogener Prozess der Bedeutung. Der Verhaltensbegriff besagt: Der semiotische Prozess liegt im „Geist" des Beobachters, nicht im Bewusstsein der vielen Subjekte, die die Gesellschaft als Akt *vollziehen*, also handeln.

Faktisch kann aber keine dieser Theorien die je eigene Ontologie der Trennung von Beobachtungssubjekt und Gegenstand in der Durchführung aufrechterhalten. Jede Theorie der Gesellschaft setzt eine Erfahrung voraus, wie die zentralen Formen der Vergesellschaftung zu verstehen sind, welche Bedeutung sie haben. Niemand kennt die Sprache, den Geldgebrauch, die Wirkung von Moralregeln usw. *empirisch*, also durch äußere, distanzierte Beobachtung, so, wie Naturgegenstände gewusst und erkannt werden. Die cartesianische Beobachterposition liefert kein Wissen über die Formen der Vergesellschaftung, nur die *vollzogene Teilnahme* erschließt diese Bedeutungen. Man versteht also *empirisches Material*, das aus historischen Dokumenten oder aus der empirischen Sozialforschung vorliegt, nur durch dessen Übersetzung in das erworbene Wissen durch *Teilnahme*. Der cartesianisch äußere Blick auf die Gesellschaft, die reine Verhaltensbeobachtung, liefert zweifellos ein Wissen – doch dessen *Bedeutung* kann nur erschlossen werden durch die je eigene Handlungserfahrung in der Gesellschaft. Diese Voraussetzung und Grundlage des sozialen Wissens lässt sich nicht eskamotieren, durch kein Verfahren der Objektivierung. Sie aber zu ignorieren, führt notwendig zu Fehlern, wenigstens zur Ignoranz gegenüber wichtigen Sachverhalten. Da Theorien aber wiederum Handlungen lenken und beeinflussen, ist solches Nichtwissen der Grund für alle von den Menschen selbst verursachten Formen einer falschen, d.h. nur erlittenen, also Leiden verursachenden Praxis. Es ist diese Erkenntnis, die es unmöglich macht, die Wissenschaft von der Gesellschaft nach einem cartesianischen Modell durchzuführen und so von der Ethik zu trennen.

Wenn man der als Menge – sozialpsychologisch als „Masse" – beschriebenen Vielheit ein Subjekt gegenüberstellt, so entspricht dies durchaus *auch* einer sozialen Struktur: Beim Militär, beim Verhältnis Management-Mitarbeiter, in der PR-Arbeit usw. Die Einheit wird hier *imperativ* hergestellt, durch das Kommando, durch die mittels einer Exekutive durchgesetzte Norm oder durch Suggestionstechniken (vgl. 2.2.2). Diese Sozialstruktur des Kommandos reproduziert die cartesianische Position, sofern sich der Beobachter mit dem Befehlsgeber identifiziert oder sich auf innere Weise mit ihm verbunden weiß. Das ist die Pointe der Forderung, dass Könige „Philosophen" sein sollten, die in der Gegenwart durch eine meist wenig bedeutende Figur als „Repräsentant" in

---

[2] Habermas spricht bei Kommunikationsprozessen von „Koordinations*mechanismen* für andere Handlungen", J. Habermas (1981: 1), S. 397; Parsons vom „*Verhaltens*system des Handelnden", T. Parsons (1967), S. 155; Luhmann von Systemoperationen, jeweils von einem Beobachter beobachtet; die Ökonomen sprechen vom „Verhalten des *homo oeconomicus*", das zu mechanischen Marktgesetzen führt; Foucault spricht von Mechanismen der Macht; das Amtsblatt der Europäischen Union vom 11.06.2005 kennt sogar einen „Mechanismus des Rechts".

1.1.2 Syntax und Semantik des Sozialen

der Mitte (z.B. ein US-Präsident), umgeben von Beratern und PR-Experten, reproduziert wird. Politische Bewegungen haben diesen Platonismus als Dolmetscher des vermeintlich von ihnen erkannten Weltgeistes in der Avantgarde einer Kaderpartei als Quelle späterer Kommandos für die Vielen reproduziert. Hier wie dort beruht die Einheit der Vielen auf einer *Macht*, die sie zur „Masse" macht.[3]

Doch wie sich an der Struktur der Macht noch genauer zeigen wird, beruhen auch diese mechanischen Versuche, die Vielen in eine Einheit zu kommandieren, auf einer *zirkulären Relation* zwischen Herr und Knecht, Führer und Gefolgschaft. Die Funktion von Über- und Unterordnung *beruht* auf einer Wechselseitigkeit, die *als diese* jeder Hierarchie vorausgesetzt ist. Das wird sich in den Analysen des zweiten Kapitels noch näher zeigen. Tatsächlich hat also die cartesianische Form, die ein Subjekt den Vielen gegenüberstellt, durchaus eine reale Entsprechung in der Gesellschaft. Doch gerade die darin sich entfaltenden reflexiven und zirkulären Strukturen bleiben bei dieser Perspektive unerkannt und verdeckt.

Aus den Verkürzungen der cartesianischen Beobachterperspektive erwachsen alle ungelösten Probleme der Sozialwissenschaften oder der Gesellschaftstheorie. Sie haben dies gemeinsam, die Einheit der Vielen nicht als Bedeutungsprozess zu erkennen, der durch die Subjekte hindurchgeht und nur von ihnen vollzogen werden kann. In diesem „Durchgang" andererseits werden die Subjekte auf spezifische Weise zu gesellschaftlichen Wesen: Sie vollziehen ihren Ego-Prozess in Formen der Gesellschaft. Das geschieht durch das innere Sprechen als subjektive Form der sozialen Kommunikation, als berechnendes Planen, die innere Form der Geldrechnung, als Subsumtion der je eigenen Triebnatur unter diese Prozesse der Ratio, als innere Übernahme äußerer Normen in der Moral usw. Stets aber geht die Gesellschaft durch die Subjekte, durch deren Denken hindurch. Noch der Knecht muss sich *unterwerfen*, um einen Herrn zu haben. Diese Unterwerfung ist kein rein objektiver Akt; sie kann nicht *äußerlich* an den Menschen vollzogen werden. Genauer, geschieht dies durch bloße Gewalt, werden Menschen auf bloßes Verhalten von Körpern reduziert, dann endet die Einheit der Gesellschaft und fällt zurück in die vorgesellschaftliche Stufe gewaltsamer Bemächtigung. Bereits die Sklaverei allerdings, die diese vorgesellschaftliche Stufe gewaltsamer Bemächtigung in sich aufnimmt, setzt über die Kommandos an die Sklaven deren Subjektivität und die darin liegende Subsumtion voraus.

Jede Gesellschaft vermittelt durch ihre Bedeutungsprozesse die vielen Subjekte, doch jedes Subjekt vollzieht *darin* zugleich einen besonderen Prozess, worin Inneres und Äußeres vermittelt sind. Diese mehrfache Vermittlung vollziehen die Subjekte jeweils *zugleich*. Und in der Erkenntnis dieser Einheit des vereinzelten und sozialen Aktes liegt die eigentliche Schwierigkeit der Logik der Gesellschaft. Ich möchte das deshalb schrittweise entwickeln. Das lässt sich am besten dadurch bewerkstelligen, dass

---

[3] Hofstätter sagt, der Fehler von Le Bon – vgl. Le Bon (1938) – und der Massenpsychologie im allgemeinen bestehe „in der willkürlichen Zerschneidung des Ordnungsgefüges einer Gruppe", P. R. Hofstätter (1957a), S. 25. Hofstätter beruft sich auf Gehlens Begriff der „Gegenseitigkeit", vgl. A. Gehlen (2004), S. 49ff. Gehlen versteht darunter eine Form der „Reziprozität", die einen wichtigen Sachverhalt betont und seine Denkform der Meadschen Tauschanalyse verdankt, die ich später untersuche (Kapitel 3.1.4). Die Gleichsetzung mit Paretos Begriff der „Interdependenz" verrät bei Hofstätter, dass er die Differenz von Semantik und Syntax in der Beschreibung von Gruppen nicht gesehen hat; vgl. auch Hofstätter (1957), S. 26. Die Auseinandersetzung mit Le Bon, die Adaption bei Sigmund Freud (1972), die Darstellung von Ortega y Gasset (1956) und Walter Lippmann (1997), sowie die Fruchtbarmachung dieser Denkbewegung durch Edward Bernays, kann ich im vorliegenden Text nur punktuell leisten; vgl. die Studien von S. Ewen (1996) und L. Tye (1998).

ich von einem charakteristischen Fehler ausgehe, der sich in den Wissenschaften von der Gesellschaft durchgehend findet.[4]

1.1.3 Der Fehler der erkenntnistheoretischen Robinsonaden

Betrachtet man ein Subjekt als Individuum, so *steht* dieses Subjekt – abstrakt gesprochen – nicht einer Welt der Objekte gegenüber, sondern es vermittelt dieses Gegenüberstehen vielmehr *zweifach*. Einmal wirken Subjekte *aktiv* auf Objekte in ihrem Handeln; sie verändern, beherrschen sie, kämpfen mit ihren Tücken usw. Ich lasse hier zunächst völlig offen, *was* mit einem Objekt gemeint ist, ob es sich um einen Naturgegenstand, Pflanzen, Tiere oder einen anderen Menschen handelt. Es kommt zunächst auf die rein logische Struktur dieser Beziehung an: Das Subjekt behandelt das Objekt, d.h. es vermittelt ein Inneres (einen Gedanken, ein Ziel, einen Zweck) mit einem Äußeren durch einen Akt. Zum anderen steht aber das Subjekt selbst in der Position eines *Erleidens*, dann, wenn es Objekte erkennt und deren Form voraussetzt, als etwas Gegebenes nimmt, oder wenn es Bedürfnisse oder Leidenschaften mit diesem Objekt verbindet.

Subjekt und Objekt sind also doppelt vermittelt, als handelnder Akt und als passive Abhängigkeit: „Von den Formen unseres geistigen Verhaltens zu den Objekten haben die einen eine *praktische*, die anderen eine theoretische Richtung. Im ersten Fall liegt der Beziehungspunkt unsers Verhaltens in uns selbst, im zweiten im Objekt. Dort ordnen wir das Objekt uns unter, hier uns dem Objekt."[5] *Vergessen* ist in dieser Beschreibung Geysers, dass sowohl die Subjekte wie die Objekte ihrerseits eine *Vielheit* darstellen, die *uno actu* in *beiden* Formen – dem Tun und Erleiden der Dualität von Subjekt und Objekt – auch *untereinander* vermittelt sind. Und es ist schon hier der Hinweis notwendig, dass dies, wie die Subjekte untereinander vermittelt sind (als ihre Vergesellschaftung) und die Vermittlung der Objekte (die erkannten Naturprozesse) nicht *getrennt* erscheinen. Die Einheit *der Vielen* (der Subjekte) stellt sich zugleich her mit der Einheit *des Vielen* (der Objekte). Geht man aber von der Vielheit als einer aparten Entität aus, beschreibt man sie als Menge (von Menschen oder Dingen), begibt man sich also in eine cartesianische Beobachterposition, die sich auf das *Verhalten* von Elementen einer Menge bezieht, dann bleibt diese innere Vermittlung der Einheit *der und des Vielen* verborgen.

Die Form, in der diese Verbergung geschieht, wird *ökonomisch* in den *Robinsonaden* gedacht, *erkenntnistheoretisch* entspricht ihr der Solipsismus. Sofern die Sozialwissenschaften beide Haltungen vereinen, sind sie dem Begriff nach rein cartesianische Wissenschaften. Wenn andere Wissenschaften, auch die Naturwissenschaft, sich in einem cartesianischen Ego von ihren Gegenständen ebenso getrennt wähnen wie von den übrigen Handlungen der Menschen, bewegen sie sich erkenntnistheoretisch und praktisch im selben Horizont, allerdings mit ganz anderen Konsequenzen. Ich möchte

---

[4] Die „Logik" als Denkform wird im Verlauf der nachfolgenden Untersuchungen kategorial noch näher bestimmt werden. „Logik" bedeutet im vorliegenden Kontext die Organisation der Zeichen, in denen über Gesellschaft gesprochen wird, wobei sich in dieser Organisation bestimmte Eigenschaften aus der Erfahrung der *Teilnahme* an der Gesellschaft aufdrängen. Dass und weshalb sich dieses Verständnis von „Logik" sowohl von der aristotelischen Form wie ihrer späteren Mathematisierung unterscheidet, ist selbst Gegenstand der nachfolgenden Kapitel (vgl. 2.4.8, 4.7.1 und 5.3.4). „Logik" im hier verwendeten Wortsinn bedeutet dasselbe wie „Metaphysik", sofern man darunter die Matrix und Organisation der Kategorien versteht, in denen sich jede Erkenntnis denkend bewegt.

[5] J. Geyser (1922), S. 2.

1.1.3 Der Fehler der erkenntnistheoretischen Robinsonaden

das illustrieren. Walter Eucken verteidigt das Robinsonmodell, das Ökonomen von Gossen bis Marx als Erkenntnishorizont verwendet haben[6], wie folgt:

> „Hier (sc. im Robinsonmodell), wo ein Mensch allein die Fragen der Wirtschaft zu bewältigen hat, tritt der Grundtatbestand des Wirtschaftens mit besonderer Eindringlichkeit zutage. Die Beziehung Subjekt – Objekt ist hier klar und deutlich erkennbar."[7]

Eucken benennt seinen Denkfehler dankenswerterweise selbst: Er sieht, dass die Wirtschaft eine Beziehung zwischen Subjekt und Objekt *vermittelt*. Doch er verkennt, dass hierbei *zugleich* ein Prozess zwischen *vielen* Subjekten und *vielen* Objekten vollzogen wird. Geht man von einem cartesianischen Modell aus, dann ist das Subjekt aber nur ein einsames, weltfernes Ego, das sich *eine* Welt der Objekte gegenüberstellt. Diese Gegenüberstellung erfolgt kognitiv vereinsamt und wird erkenntnistheoretisch beschrieben als „methodischer Solipsismus"[8]. Die Ökonomen sprechen bilderreich von „Robinson" oder, begrifflich abstrakter, vom „methodologischen Individualismus"[9].

Dieser Cartesianismus in der Erkenntnistheorie bleibt gewahrt, wenn man das Subjekt in eine andere Sprache übersetzt, ontologisch aber den Gedanken einer *Identität*, die dem Subjekt von sich her zukommt, beibehält. Das ist immer dann der Fall, wenn man ein System einer Umwelt gegenüberstellt oder eine Wissenschaft *der* Empirie. In der Ökonomik wurde dieser Fehler am verhängnisvollsten von Marx begangen, von dem das Gerücht geht, er habe doch stets den gesellschaftlichen Zusammenhang der Menschen betont und hinter allen ökonomischen Phänomenen als deren eigentlichen Grund behauptet. Es ist richtig, dass Marx das *sagte*, nicht aber, dass er es in seiner *logischen Struktur* bewältigt hätte. Da sein Denkfehler gleichsam Modellcharakter für viele Sozialtheorien hat, will ich ihn hier einleitend kurz skizzieren; genauere Nachweise finden sich im Kapitel 4.4.

Marx bestimmt die Einheit der Vielen, die Einheit der Gesellschaft durch die Kategorie der Arbeit (Produktion). Er fasst diese Einheit zugleich aber als eine Substanz, die sogar *messbar* sein soll. Diese Arbeitssubstanz ist die „gesellschaftliche Substanz", gemessen an der durchschnittlich-notwendigen *Zeit*, um bestimmte Produkte herzustellen. Diese Arbeitssubstanz auf verschiedene Produktionszweige zu verteilen, nennt

---

[6] Ich werde das im Teil 4 im Detail herausarbeiten.
[7] W. Eucken (1959a), S. 152. Vgl.: „Der volkswirtschaftliche Standpunkt fasst dagegen die Summe aller in einem Volke lebenden natürlichen Subjekte als ein einheitliches Gesamtsubjekt auf." E. v. Böhm-Bawerk (1927), S. 20f.
[8] R. Carnap (1974), S. XI.
[9] J. A. Schumpeter (1908), S. 88. Die sozial *selektive Funktion* dieser vorausgesetzten Metaphysik betont Arrow mit Nachdruck: „It is a touchstone of accepted economics that all explanations must run in terms of the actions and reactions of individuals. Our behavior in judging economic research, in peer review of papers and research, and in promotions, includes the criterion that in principle the behavior we explain and the policies we propose are explicable in terms of individuals, not of other social categories." K. J. Arrow (1994), S. 1. Andere Forschung als die skizzierte wird ausgegrenzt. Arrow betont dagegen aber zu Recht: „… that social categories are in fact used in economic analysis all the time", aaO. Er bezieht dies allerdings nicht auf die *Grundkategorien*, sondern er betont, dass *Informationen* stets einen privaten und einen öffentlichen Aspekt besitzen, der in der Tradition nicht klar herausgestellt wurde, vgl. aaO, S. 8. Damit ist der erkenntnistheoretische Irrweg der traditionellen Theorie allerdings noch nicht einmal erahnt.

Marx ein „Naturgesetz"[10], das unabhängig von der besondern Form der Gesellschaft gelten soll. Die Arbeit, die als diese Substanz verteilt wird, bestimmt Marx rein mechanisch („Verausgabung von Hirn, Muskel, Nerv etc."). Der Vollzug dieser Verteilung der Arbeitssubstanz auf verschiedene Produktionszweige erfolgt im Kapitalismus durch den Markt, das „Wertgesetz"; im Kommunismus ist es die durch Kommando, den Zentralplan verteilte Arbeit. Die Differenz der verschiedenen Arbeiten wird durch die Denkfigur beseitigt, dass zwar jede konkrete Arbeit ein anderes konkretes Produkt hervorbringt, der „Nutzeffekt" dieser Arbeit aber wiederum einem Kollektiv namens „freier Verein der Produzenten" entsprechen soll.

Marx erschleicht sich also die Einheit der Vielen durch eine Entität namens Arbeitssubstanz, der eine andere Entität namens „Nutzeffekt" oder „gesellschaftliches Bedürfnis" gegenübersteht. Eben *deshalb* kann er die Vergesellschaftung als Robinson denken und sagen, dass in der *reinen Verwirklichung der Vergesellschaftung der Menschen –* im Kommunismus – begrifflich die Bestimmungen der Robinsonade gültig sind: „Alle Bestimmungen von Robinsons Arbeit wiederholen sich hier, nur gesellschaftlich statt individuell."[11] Dieses „nur" ist mehr als ein Euphemismus. Denn hier wird behauptet, dass das, was man am vereinzelten Subjekt-Objekt-Verhältnis in cartesianischer Perspektive beobachten kann, *hinreichend* sei, um Vergesellschaftung zu verstehen. Deshalb hält Marx aus dem Begriff der Arbeit jede wirklich *gesellschaftliche* Bestimmung fern, freilich nicht, ohne sich dabei in einen Widerspruch zu verwickeln.

Marx leugnet (1) für die Arbeit eine intersubjektive Relation Subjekt-Subjekt, schreibt aber der Arbeit (2) *zugleich* eine teleologische Struktur zu, die „Ideen" realisiert. (1) und (2) widersprechen sich aber, was sich wie folgt zeigen lässt. Marx akzeptiert zunächst einen Gedanken, der sich schon bei Platon findet: Denken ist inneres Sprechen, weshalb man Ideen nur in der Sprache formulieren kann:

„Die Ideen werden nicht in der Sprache verwandelt, so dass ihre Eigentümlichkeit aufgelöst und ihr gesellschaftlicher Charakter neben ihnen in der Sprache existierte, wie die Preise neben den Waren. Die Ideen existieren nicht getrennt von der Sprache."[12]

Und die Sprache? Marx sagt:

„Die Sprache selbst ist ebenso das Produkt eines Gemeinwesens, wie sie in andrer Hinsicht selbst das Dasein des Gemeinwesens"[13].

Die Ideen gehören also nicht einem *einzelnen Individuum*. Kategorial ist ihre Struktur durch die Sprache eine soziale. Gehört die Idee aber, damit die Sprache zur *Kategorie* der Arbeit, so muss im Begriff der Arbeit die intersubjektive Relation der Subjekte bestimmt werden, im Widerspruch zur These (1). Wenn also Ideen dem Tun des Arbeiters vorausgehen[14], wenn das Realisieren von Zwecken die Arbeit als Handlung defi-

---

[10] K. Marx, MEW 32, S. 553.
[11] K. Marx, MEW 23, S. 92f.
[12] K. Marx (1953), S. 80.
[13] K. Marx (1953), S. 390.
[14] „Was aber von vornherein den schlechtesten Baumeister vor der besten Biene auszeichnet, ist, dass er die Zelle in seinem Kopf gebaut hat, bevor er sie in Wachs baut. Am Ende des Arbeitsprozesses kommt ein Resultat heraus, das beim Beginn desselben schon in der Vorstellung des Arbeiters, also schon ideell vorhanden war." K. Marx, MEW 23, S. 193.

niert, dann ist jeder „energetische" oder bloß „technische" Arbeitsbegriff, jeder Begriff von Arbeit als Tun eines Robinsons ein Kategorienfehler. Marx bestimmt aber die Arbeit als körperliche Relation zwischen einem vereinzelten Arbeiter und Naturdingen; das ist seine Übersetzung für die Subjekt-Objekt-Relation der cartesianischen Denkform. Deshalb, so sagt er, habe er es auch

> „nicht nötig, den Arbeiter im Verhältnis zu andren Arbeitern darzustellen. Der Mensch und seine Arbeit auf der einen, die Natur und ihre Stoffe auf der andren Seite genügten."[15]

Der Widerspruch ist offenkundig.

Im menschlichen Handeln sind *untrennbar* die Ideen vieler Menschen untereinander, ihre formende Funktion für das technische Handeln, der Umgang mit der Natur und die Auseinandersetzung mit den je anderen Menschen *in einem Akt* verknüpft. Diese Verknüpfung ist eine *kategoriale*, und der Begriff der Arbeit *und* der Kommunikation gründen in dieser doppelten Bestimmung. Man kann beides – Arbeit und Kommunikation – zwar *modal* trennen, nicht aber als zwei verschiedene *Typen* von Handlung oder Subsystemen des Sozialen aus je eigenem Recht entwickeln. Wenn die Soziologie und Philosophie in einem *linguistic turn* die menschliche Sprache wieder entdeckten – die Bestimmung des menschlichen Wesens als *zoon logon* ist schon sehr alt –, dann haben sie es gerade durch die Hinwendung zu Kommunikationsprozessen versäumt, den Handlungsbegriff als sozialen zu erkennen. Luhmann klammert die Handlungssubjekte aus seiner Theorie ebenso aus wie die ökonomischen Modelle der Marktmechanik. Und Habermas bleibt ganz im Bann von Marx, wenn er sagt:

> „Eine Zurückführung der Interaktion auf Arbeit oder eine Ableitung der Arbeit aus Interaktion ist nicht möglich."[16]

Damit wird die cartesianische Position im *Handlungsbegriff* nicht überwunden; man fügt ihm nur additiv etwas Anderes hinzu und behauptet *zwei* Handlungstypen, die unvermittelt nebeneinander bestehen: Kommunikation und Arbeit. Wie jedoch der Marxsche Widerspruch offenbart, lässt sich die Arbeit nicht vom Denken trennen, das Denken aber nicht von der Sprache. So besteht der *linguistic turn* in den Sozialwissenschaften nur aus Wendemanövern in der von Marx vorgezeichneten Sackgasse.

1.1.4 Verdoppelte Vielheiten: Handlungen und Bedürfnisse[17]

Wenn man schon bei der eingeschränkten Perspektive einer Beschreibung der Vergesellschaftung von *außen* verbleiben möchte, dann stellt sich die Frage *wenigstens* so: Eine Vielzahl von Tätigkeiten (Handlungsprogrammen) wird auf eine Vielheit von Individuen verteilt. Es geht also um eine *doppelte Vielheit*: die Vielheit der Tätigkeiten und die Vielheit der Bedürfnisse – obwohl Tätigkeiten und Bedürfnisse zufällig durchaus *in einer* Person vereinigt sein können, ein Extrem, das als Modell etabliert irreführende Robinsonaden nach sich zog. Die Handlungsprogramme zielen auf die Herstellung von Produkten, wobei diese Produkte und Handlungsprogramme in der Regel untereinander *rein sachlich* verknüpft sind, unabhängig von ihren spezifischen Trägern (den Individu-

---

[15] K. Marx, MEW 23, S. 198f.
[16] J. Habermas (1969), S. 33.
[17] Vgl. hierzu ausführlicher Kapitel 4.2.2.4 und 5.2.

en). Diese vernetzte Struktur von Handlungsprogrammen führt zu einer Reihe von Produkten, die wiederum den *Bedürfnissen* der vielen Individuen entsprechen. Die Vergesellschaftung der Vielen leistet also die Vermittlung der Handlungsprogramme untereinander (die Struktur der Produktion oder der Arbeit); sie ist darin aber auf die Bedürfnisse der Vielen bezogen.[18] Vielheit meint: Ein Individuum hat viele Bedürfnisse, und viele Individuen haben viele Bedürfnisse. Aber auch: Ein Individuum vollführt viele Tätigkeiten, ist aber zugleich nur Element einer sozialen Arbeitsteilung. Die Vergesellschaftung muss also *beide* Vielheiten vermitteln, soll sich die Gesellschaft langfristig reproduzieren können: Die Vielheit der Handlungen und die Vielheit der Bedürfnisse. Diese Vermittlung heißt in ihrem allgemeinen Begriff *Wirtschaft*.

Bei Robinson oder einem solipsistischen Beobachter sind diese Fragen weitgehend verschwunden. Sie reduzieren sich auf die abstrakte Dualität von Subjekt und Objekt, die einmal *aktiv* als ökonomisches Handeln und zum anderen *passiv* als Erkenntnis und Konsum beschrieben werden. Robinson muss dann nur überlegen, wie er als Ego die Erkenntnis der umgebenden Naturprozesse bewältigt, wie er seine ihm wohlbekannten Bedürfnisse gegen die zu erbringenden Arbeitsleistungen abwägt und darin seine Handlungen lenkt. Gerade das, was die Vorsilbe „Ver" im Begriff der *Ver*gesellschaftung ausdrückt, ist hier verschwunden. Man kann sich natürlich um das Problem dadurch herummogeln, dass man einfach den Handlungen Robinsons ein „gesellschaftlich" als Adjektiv hinzufügt. Doch das ist ein fades und durchsichtiges Manöver, das sich um die kategoriale Erarbeitung der Vermittlung zwischen vielen Subjekten und vielen Objekten, die den Gesellschaftsprozess ausmacht, einfach drückt. Karl Marx verwendet das Adjektiv „gesellschaftlich", ohne damit etwas zu erklären (vgl. 4.4.10). Die Inflation des Adjektivs „sozial" im Jargon von Psychologie und Soziologie tritt dieses Erbe an. Bürgerliche Ökonomen wie Ludwig von Mises verlegen gleich gänzlich den intersubjektiven Austauschs ins rationale Ego eines solipsistischen Wirtschafters.

In beiden Fällen, in der bürgerlichen Sozialwissenschaft und ihrem radikalsten Kritiker, bleibt die *Ver*gesellschaftung dunkel und unerkannt. Denn falls man die Vermittlungsprozesse der Vergesellschaftung nicht versteht, wird die Einheit faktisch als herrschende Macht gesetzt: Entweder durch Markt und Geld oder durch Plan und Kommando. In ihren äußersten Gegensätzen (Marx ↔ Mises) bleibt der Grund ihrer cartesianischen Grundposition verdeckt – mit all den totalitären Folgen, die in den letzten gut hundert Jahren zu beobachten waren und die sich wahlweise hinter dem Begriff des „Naturgesetzes in der Wirtschaft" oder dem „Sachzwang" verbergen. Der vermeintliche Sachzwang, der sich in den Marktprozessen oder im gewaltsamen Kommando einer Zentrale zeigt, wird nicht von Sachen verübt, sondern gründet *nur* in den (falschen) Gedanken der Vielen, die von den bürgerlichen Ökonomen und den Marxisten ideologisch verdichtet und darin reproduziert werden. Die Soziologie und Teile der Philosophie laufen hier jeweils dann hinterher und liefern nachträgliche Kommentare, wie man das Ganze auch noch „anders" darstellen oder in Metaphern verpacken könne.

---

[18] Da im vorliegenden Text die *Vergesellschaftung* im Vordergrund steht, formuliere ich handlungstheoretische Aspekte jeweils nur insoweit, als sie zur Erhellung sozialer Prozesse vorauszusetzen sind. Eine explizite Theorie des Handelns habe ich an anderer Stelle formuliert: K.-H. Brodbeck (1979); (1986); (1996a), Teil II; (2000a), Teil 5; (2002a), Kapitel 8.7; (2002c) und (2005a), Teil 2, worin vor allem die Rolle des Bewusstseins, die Bildung von Gewohnheiten, die ontologische Struktur des Zweck-Mittel-Verhältnisses usw. näher diskutiert werden. Man kann allerdings allgemein sagen: Die Theorie des Handelns ist *uno actu* eine Theorie der Vergesellschaftung.

Mit der eben skizzierten Struktur der Vergesellschaftung, die viele Zwecksetzungen vielen Individuen organisiert zuordnet und dabei diesen Prozess mit den Bedürfnissen der Vielen und der Erkenntnis der Vielheit der Welt der Objekte vermittelt, ist allerdings die eigentliche Pointe noch nicht erfasst, auch wenn die gröberen Irrtümer der Robinsonaden vermieden werden. Ein wesentlicher Aspekt bleibt völlig unerkannt vor der dunklen Brille des Robinsonmodells: Robinson vermittelt in seinen Handlungen und Bedürfnissen stets auch eine *Innen-* und eine *Außenperspektive*. Dieses Innen ist im solipsistischen Begriff einfach ein Nicht-Außen; oder: das Außen ist das Nicht-Ich. Noch die Philosophie Fichtes hat sich in dieser Dualität bewegt. Doch der *soziale* Sinn von Nicht-Innen ist keineswegs nur „Natur", sondern stets auch ein *anderes* Innen, also kein Es, sondern ein Du.

1.1.5 Der Ort (das Worin) der Gesellschaft

Vergesellschaftung heißt also immer auch eine Vermittlung von Innen und Außen – in dem Doppelsinn, dass sich Ich und Du kommunikativ verständigen und dass sie in dieser Verständigung ihre Beziehung zu einem Es (Objekt) vermitteln. Diese doppelte Innen-Außen-Vermittlung ist nun nicht ihrerseits als ein *Gegenstand* darstellbar; im Gegenteil, jede „Theorie" der Gesellschaft *ist* solch eine Vermittlung schon in ihrer Voraussetzung, in dem, was sie als Theorie „tut". Diese Vermittlung von Innen und Außen zwischen Ich und Du, jeweils mit einem Bezug auf Objekte, das gilt es an konkreten Formen solcher Vermittlungen aufzudecken – eingedenk der Tatsache, dass der Theoretiker, der hier etwas *beschreibt*, darin selbst einen gesellschaftlichen Prozess, also die Übersetzung seines Handlungswissens in eine theoretische Form vollzieht. Die wichtigsten allgemeinen Formen der Vermittlung sind Kommunikationen: das Gespräch und der Tausch. Sprache und Geld erscheinen damit als herausragende Formen der Vergesellschaftung, und es gilt deshalb, beide Formen an ihnen selbst zu untersuchen, als Selbstreflexion dessen, der darin immer schon einen gesellschaftlichen Prozess *vollzieht*.

Da Vergesellschaftung eben diese Vermittlung von Innen und Außen als Prozess leistet, muss die *Theorie* der Gesellschaft als Teilnehmer am gesellschaftlichen Prozess diese Vermittlung selbst reflektieren. Es wäre deshalb seinerseits ein Fehlschluss, aus der Erkenntnis, dass die cartesianische Beobachterposition auf einer ontologischen Unmöglichkeit beruht, dem Objektivismus einen *Subjektivismus* der Einfühlung oder der Innerlichkeit als adäquate Methode entgegenzustellen.[19] Einfühlung heißt immer, an der *eigenen Handlungserfahrung* das zu reflektieren, was sich bei anderen oder am historischen Material zeigt. Ein Objektivismus, der die Gesellschaft als *physis*, als empirischen Gegenstand betrachtet, ist deshalb ein ebensolcher methodischer Irrtum wie ein Subjektivismus, der objektive Strukturen der Gesellschaft für sinnlos erklärt und auf Innerlichkeit pocht. Der Witz an der Vergesellschaftung ist ja gerade die *Vermittlung*

---

[19] Vgl. „Die Natur können wir nur von außen beobachten, geradeso wie der Naturforscher die Erscheinungen; die psychologische Methode dagegen beobachtet sie vor allem vom Innern des Bewusstseins aus. Sie tut es, weil sie von diesem Standpunkt aus unvergleichlich mehr und eindringlicher beobachten kann als von außen. Die Natur können wir nur von außen beobachten, uns selber aber auch noch von innen, und warum sollten wir darauf verzichten, wenn wir es können?" F. Wieser (1929), S. 17. Wieser wendet sich hier gegen Schumpeters Physikalismus in der Ökonomik (vgl. 4.6.4). Wieser hat Recht, verbleibt aber in der Dualität von innen/außen, die nicht fähig ist, *Intersubjektivität* adäquat zu verstehen. Das „Bewusstsein" ist kein einem getrennten *Ego* zukommendes Phänomen; die Sprache allein wäre darauf ein Hinweis (vgl. 1.1.4-5 und 1.2.4 sowie Teil 2).

von Subjekt und Objekt, also das Erkennen und Handeln, die Kommunikation und die Produktion. Die kategorialen Grundstrukturen des Vergesellschaftungsprozesses enthalten stets diese Vermittlung von Teilnahme und Beobachtung, von Ich und Du im Bezug auf ein Es. Die Haltung der Objektivität wird falsch, wenn man Objekte als Verhalten eines Gegenstands, als Mechanismus beschreibt; die Haltung der Subjektivität wird falsch, wenn man aus der vereinzelten Besonderheit des Erlebens auf die Struktur der Gesellschaft schließen möchte.

Damit komme ich zum wichtigsten Punkt: Die Philosophien oder Wissenschaften der Gesellschaft haben im vorherrschenden Cartesianismus ihrer Denkform die entscheidende Frage nicht gestellt: Was ist der *Ort* der Vergesellschaftung? Was ist das *Worin* dessen, was wir als Vergesellschaftung beschreiben? Gesellschaft ist eine vermittelte Vielheit in einer Einheit. Die Einheit ist aber nicht der Ort dieser Vermittlung. Die Sprache offenbart im Schweigen, dass sie nicht ein Erstes oder Letztes, kein Ursprungsort der Vergesellschaftung sein kann. Der Tausch erweist dies unmittelbar, falls er scheitert oder in andere Formen (Verhandlungen, Gewalt, Raub usw.) übergeht. Der Übergang vom Gelingen zum Scheitern oder umgekehrt vollzieht sich *in etwas*, einem unerhellten Worin. In der Vergesellschaftung verdichtet, vermittelt sich also auf jeweils spezifische Weise eine Einheit der Vielen – doch das *Worin* dieser Einheit bleibt in den Sozialwissenschaften ungedacht.

In der Phänomenologie und bei Heidegger, trat diese Frage – wenn auch nicht mit dem primären Blick auf die menschliche Gesellschaft – in der Kategorie der „Welt" hervor.[20] Die Klärung der „Welt" als das je schon vorausgesetzte Worin allen Handelns und Erkennens war eine der wichtigsten Leistungen in Heideggers „Sein und Zeit", die Husserls Horizontbegriff phänomenologisch-kritisch entfaltete.[21] Die Welt als Worin allen Erkennens und Tuns, als „Lichtung des Seienden"[22], ist ein Offenes, in dem Subjekt und Objekt, Sprache und Tun, Systemfunktion und Referenz der Funktion usw. unterschieden und vereint sind. All dies ist in einem Worin, wird aber nicht von ihm als Dualität hervorgebracht. „Welt" ist der Ort des Handelns, worin Wissen und Ding – passiv erkennend, aktiv tätig – aufeinander bezogen sind. Dieses Worin liegt als Ort *vor* jeder Dualität, die in der Gesellschaft als Bedeutung aufscheint. Noch die cartesianische Denkform bewahrt im postulierten Ego die Notwendigkeit, eine Einheit vorauszusetzen. Kant spricht von der „ursprünglich-synthetischen Einheit der Apperzeption"[23], setzt sie aber in cartesianischer Tradition mit dem *ego cogito* gleich.

Das transzendentale Ego spielt als Einheit der Apperzeption die Rolle, die Einheit des Einen und der Vielen herzustellen. Auch in der Semiotik wurde dies als Mangel der dyadischen Zeichenmodelle empfunden. Wenn man, wie Saussure, die Semiotik dual aufbaut, aus Zeichen und Bezeichnetem, aus Signifikant und Signifikat, dann bleibt unerhellt, *worin* die Relation von Zeichen und Bezeichneten sich entfaltet. Peirce hatte darauf die Antwort gegeben: Im „Interpretanten", dem Subjekt oder dem Denken. Da-

---

[20] Heidegger bestimmt „Welt" als „etwas, ,worin' das Dasein als Seiendes je schon *war*", M. Heidegger (1972a), S. 76. Die von der phänomenologischen Schule verwendeten Kategorien der Umwelt, Sozialwelt, Mitwelt, Vorwelt, Nachwelt usw. bewahren meist den von Husserl transportierten cartesianischen Standpunkt, weshalb ich diese Begriffssprache weitgehend vermeide; zu Alfred Schütz vgl. Kapitel 1.3.6.

[21] Vgl. M. Heidegger (1972a), § 11-21.

[22] „Inmitten des Seienden im Ganzen west eine offene Stelle. Eine Lichtung ist. Sie ist, vom Seienden her gedacht, seiender als das Seiende. Diese offene Mitte ist daher nicht vom Seienden umschlossen, sondern die lichtende Mitte selbst umkreist wie das Nichts, das wir kaum kennen, alles Seiende." M. Heidegger (1972), S. 41.

[23] I. Kant, WW 3, S. 136.

1.1.5 Der Ort (das Worin) der Gesellschaft

mit verbleibt auch die *triadische* Semiotik im cartesianischen Horizont, worin jede Synthesis sich im *ego cogito* vollzieht – wie immer man dieses Ego auch nennt: Es ist eine *Einheit* aus sich selbst. Max Adler hat konsequent Kant so interpretiert, dass das Kantsche Apriori als *Sozialapriori* zu begreifen sei.[24] Doch in Adlers Sozialapriori taucht der Gedanke einer *intersubjektiven Vermittlung* so wenig auf wie das Worin einer Vermittlung des Sozialen mit der Natur. Der Ort, worin Subjekt und Objekt, worin ein Subjekt mit einem anderen vermittelt ist, kann nicht seinerseits in einem – wie immer ins Allgemeine transzendierten – Subjekt liegen.[25] Das *ego cogito* ist also gerade die *Verdeckung* des Ortes, worin Subjekte und die erkannten, bearbeiteten Objekte miteinander vermittelt sind.

Das Worin der Vergesellschaftung ist auch nicht – ein anderer, nahe liegender und dennoch verkehrter Gedanke – die *Natur*. Unsere gesamte Naturerkenntnis, verdichtet in der Wissenschaft und der Vielfalt der Erfahrungen aus dem praktisch-technischen Bezug auf Natürliches, wissen wir nur *in der Form unserer Subjektivität* – eben das war die große Entdeckung von Asanga und Vashubandu in Indien im 4. Jahrhundert, von Berkeley und Kant im 17. und 18. Jahrhundert in Europa[26]. Die Form der Subjektivität kristallisiert sich aber nur aus der Gesellschaft als deren Privation; sie ist kein Letztes und Ursprüngliches in all dem, was man an ihr als Struktur entdecken kann. Also hat der Begriff der „Natur", *ohne* ihn als das zu verstehen, worin Natur gesellschaftlich begriffen (tätig erfasst in Arbeit und Technik) und kommuniziert wird, überhaupt keinen Inhalt und keinen Sinn. Folglich ist die Natur auch nicht der Ort, *in dem* sich Menschen vergesellschaften und auf die Natur technisch beziehen.[27]

Zweifellos bleibt richtig: Das, was den Menschen als Naturwesen zukommt, bleibt eingebettet in die übrige Natur. Und in der Auslegung dieser Einbettung und der Betonung der darin vollzogenen Differenz liegt das „Wesen des Menschen". Doch das, was die Menschen *als Naturwesen* miteinander und mit Pflanzen, Tieren und dem Planeten Erde, dem Kosmos verknüpft, macht nicht ihre Vergesellschaftung *als* Vergesellschaftung aus. Sicherlich setzt sich in der menschlichen Gesellschaft auch Natur fort. Doch man versteht die menschliche Gesellschaft – die sich ja ganz wesentlich durch ihren tätigen, erkennenden, produktiven Bezug auf die übrige Natur als Differenz *definiert* – gerade *nicht*, sofern man das, worauf sie sich bezieht, zum Modell für die Einheit der Vielen verwendet. Naturkategorien beschreiben nicht die Vergesellschaftung. Präziser gesagt: Beschreibt man die Gesellschaft in den Kategorien, in denen sich die menschliche Gesellschaft *einseitig* auf das für sie Andere, das Äußere, die Natur bezieht und dieses Andere aus diesem Bezug erkennt, dann verfehlt man das Wichtigste.

Subjekt und Objekt sind unterschieden, aber sie sind auch immer verbunden, und die Weise ihrer Verbindung ist die Vergesellschaftung – als Prozess des Wissens und des Handelns. Doch der Ort, das *Worin* dieser Einheit der Verbindung und der Reproduktion ihrer Differenz, bleibt, wie sich zeigte, dunkel. Die theologische Tradition gab diesem Ort den Namen „Gott"; die Aufklärung säkularisierte ihn zu einer „Vernunft", die als Naturgesetz die Welt beherrscht. Stets bleibt hier aber eine am Modell des Ichs

---

[24] Vgl. die reife Darstellung seines früh formulierten Gedankens in: M. Adler (1936).
[25] Hartmann hat dies als „Projektion" bei Kant herausgearbeitet: „So ist auch der Begriff des Subjekts überhaupt nach Analogie des empirischen Subjekts gebildet." N. Hartmann (1957), S. 286. Das Subjekt überhaupt (transzendentales Ego) *funktioniert* im philosophischen Argument wie ein Einzelsubjekt, soll aber zugleich die Rolle des *Worin* aller Einzelsubjekte spielen, das diese auf dunkle Weise in sich birgt.
[26] Vgl. K.-H. Brodbeck (1995; 2002a; 2004a; 2005a).
[27] Vgl. K.-H. Brodbeck (2007).

gebildete Spur erhalten, die das Worin der Einheit von Subjekt und Objekt verfehlt. Descartes spricht in seiner Philosophie dieses grundlegende Vergessen des Worin, des Ortes der Vergesellschaftung, dadurch aus, dass er ihn mit einem abstrakten, eigentlich alle Subjekte umfassenden Begriff des *ego cogito* beschreibt. Doch *ontologisch* ist dieser Gedanke unhaltbar, weil bei diesem *ego cogito* – wie immer man diesen Begriff transzendental oder theologisch deutet – stets der Bezug auf ein Objekt mitgedacht wird und die Beziehung zum Du vergessen bleibt.

Die Kritik an diesem Gedanken hat vielfach versucht, dessen Mangel aufzuheben, ist aber durch einseitige Totalisierungen gescheitert. Entweder verwandelt man das Subjekt in ein universales Wesen, das die in sich differenzierte Struktur der Welt als Substanz oder objektiven Geist aus sich entfaltet, oder man vermutet eine Totalität des Objekts am Werke, die fallweise als Materialismus oder als wissenschaftlicher Reduktionismus erscheint. Darin ist der Ort der Differenz von Subjekt und Objekt, von Innen und Außen, der in der Vergesellschaftung einer vielfältigen Privation unterworfen wird, nicht begriffen. Vielmehr versucht man das Ganze durch eine Totalisierung eines der dualen Teile zu gewinnen, Teile, die sich aber trennen *und* vereinigen in einem Prozess der Vergesellschaftung, der sie hervorbringt und gleichwohl durch sie hindurch verläuft.

In der abendländischen Philosophie wurde der Ort der Vergesellschaftung erst spät erkannt, auch wenn sich in der theologischen Tradition immer wieder eine Ahnung davon findet. Erst Heidegger hat den Mangel in seiner Kritik an Descartes erkannt und dadurch überwunden, dass er ontologisch das Vorhandensein von der Kategorie des Daseins trennte und den Ort, in dem sie ihre Bedeutung gewinnen, die „Lichtung" oder „das Offene" nannte.[28] In den asiatischen Traditionen ist das Wissen davon sehr viel älter, auch wenn eine Konkretisierung für die Gesellschaftswissenschaften dort nur sehr rudimentär bleibt.[29] Dieses Worin ist keine Substanz, sondern leere Offenheit, sofern man aus dem Blickwinkel der Suche nach einer Entität danach fragt. Dennoch zeigt sich diese Offenheit durchaus an sozialen Phänomenen. In der Logik der Vergesellschaftung erscheint dieses Worin immer in der *Durchführung* der Argumente an verschiedenen Sachstrukturen: Beim Schweigen, der Offenheit oder Spontaneität von Entscheidungen, beim Umkippen einer Form der Vergesellschaftung in eine Andere (z.B. von Moral in Gewalt, Diskurs in Rechtsformen usw.), allgemein in den kreativen Prozessen und ihrer Nichtdeterminierbarkeit sowie in deren Spiegel, den Unbestimmtheiten in der Naturwissenschaft, bei der Differenz von Scheitern oder Gelingen eines Tauschs, der Befolgung oder Nichtbefolgung einer moralischen oder Rechtsregel usw.

Der allgemeine Begriff für das Worin der Vergesellschaftung kristallisiert sich in einer anderen Kategorie, an der *Bedeutung*. Die Vergesellschaftung vollzieht sich immer durch Subjekte hindurch als deren Denkprozess, der Handlungen formt. Das ist, hatte ich gesagt, nur durch *Teilnahme* erkennbar. Teilnahme heißt aber, die *Bedeutung* dieser Prozesse zu verstehen, nicht ihnen von außen als „Verhalten", als „Empirie" den Sinn

---

[28] „Wir meinen zwar, ein Seiendes werde dadurch zugänglich, dass ein Ich als Subjekt ein Objekt vorstellt. Als ob hierzu nicht vorher schon ein Offenes walten müsste, innerhalb von dessen Offenheit etwas als Objekt für ein Subjekt zugänglich und die Zugänglichkeit selbst noch als erfahrbare durchfahren werden kann!" M. Heidegger (1961: 2), S. 138.

[29] „Da das Ich aber nur dem Nicht-Ich (*higa*) gegenüber gedacht werden kann, muss es etwas geben, das das Gegenüberstehen von Ich und Nicht-Ich in sich umfasst und die sogenannten Bewusstseinsphänome in seinem Inneren zustande kommen lässt." K. Nishida (1999), S. 72. Vgl. zum Ort oder Worin von Subjekt und Objekt K.-H. Brodbeck (1995), S. 11f.; (2005a), Kapitel 2.4; ferner ausführlich die glänzende Studie von S. Graupe (2005). Zum Worin, sofern es in der Kategorie der *Leerheit* beschrieben und erkannt wird, vgl. K.-H. Brodbeck (1995; 2002a; 2003c; 2004a) und, (2005a), Teil 4.

eines vom solipsistischen Wissenschaftler erfundenen Modells zuzuschreiben. Genauer gesagt: Die Massenhaftigkeit dieses Fehlers ist *seinerseits* ein soziales Phänomen, das es zu erkennen gilt. Es muss sich aber, falls eine Theorie der Vergesellschaftung etwas taugen soll, aus dieser Theorie selbst entwickeln lassen. Ich werde die Verhaltensbeobachtung selbst als Struktur ableiten (vgl. 2.2.3) und die cartesianische Denkform als Resultat der Veränderung des Subjekts durch die Geldverwendung rekonstruieren (vgl. 5.2.3). Also auch der *Fehler* des sozialwissenschaftlichen Cartesianismus mit seinen totalitären Konsequenzen, die bereits John Stuart Mill an Auguste Comte kritisierte[30], lässt sich noch als Prozess der Bedeutung, als Bewusstseinsprozess dechiffrieren.

Damit sind auch mit einem Schlag die Rätsel der Ideologietheorie, der Rede vom „falschen Bewusstsein", vom „kollektiven Unbewussten" usw. aufgelöst, denen es, wie der Wissenssoziologie, nicht gelingt, das Verhältnis von Denken und sozialem Sein zu vermitteln. Der Fehler liegt in der Frage. Vergesellschaftung ist niemals die *äußere Zusammenfassung* einer Menge von Gegenständen, nicht die Einheit des mechanischen Verhaltens von Individuen, nicht ein empirischer Gegenstand des solipsistischen Wissenschaftlers, nicht die sprachliche Koordination vorher getrennter Subjekte – Vergesellschaftung ist immer ein Prozess der Bedeutung, der sich durch das Bewusstsein, das Denken *hindurch* bewegt. Die Bedeutung dieses Prozesses wird durch ihren *Vollzug* verstanden. Die Weise, *wie* in diesem Vollzug gedacht wird, leistet zugleich die soziale Koordination der Vielen. Dieses Denken kommt nicht zu etwas hinzu, das *außerhalb* des Bewusstseins objektiv vorliegt: durch genetische, neurologisch determinierte oder objektiv seelische Prozesse, durch eine Tauschabstraktion hinter dem Rücken der Beteiligten, die Spontaneität des Marktes, angeborene Muster des Verhaltens usw. Vielmehr vollziehen die Subjekte ihre Vergesellschaftung *in ihrem Denken*. Wie das Denken beschaffen ist, ebenso *ist* die Gesellschaft.

Zwar liegt darin vieles, was an mechanische Prozesse gemahnt. Doch der Grund dafür ist etwas *im* menschlichen Bewusstsein, nämlich die Bildung von Gewohnheiten, die Selbstaufgabe der Kontrolle über das eigene Denken beim wiederholten Ausführen von Handlungen im Vollzug von Gedanken, die Herrschaft von leeren Abstraktionen. Diese Gewohnheiten werden durch wechselseitige Spiegelung und Nachahmung in der Gesellschaft diskursiv und in den Medien reproduziert und nehmen dadurch die scheinbare Form einer Objektivität an. Dennoch – auch wenn sie ins Unbewusste sinken, auch wenn die durch Nachahmung reproduzierten Denkformen nicht jeweils individuell reflektiert, sondern nur reproduziert werden, so *bleibt* all dies ein Bewusstseinsprozess. Deshalb verändern sich Formen der Vergesellschaftung immer nur durch das Bewusstsein der Vielen hindurch. Nur weil die Menschen anfingen, in der Geldeinheit zu *rechnen*, die äußere Kommunikation als *inneres Sprechen* zu reproduzieren, weil sie auf diese Weise verschiedene Typen von Subjektivität als Privation ihrer Vergesellschaftung hervorbrachten, deshalb herrschen Geldverhältnisse oder Medien, Ideologien oder politische Formen. Nur wenn das gesehen wird, kann die logische Struktur der wichtigsten Kategorien der Vergesellschaftung verstanden werden.

1.1.6 Die Theorie der Relation und die Metaphysik der Kategorien

Das Worin der Gesellschaft, der sozialen Bedeutungsprozesse, offenbart sich in den Relationen zwischen den Subjekten und zur Natur. In einer Theorie der Gesellschaft,

---

[30] In seiner Autobiographie nennt Mill Comtes letztes Werk „the completest system of spiritual and temporal despotism which ever yet emanated from a human brain, unless possibly that of Ignatius Loyola", J. St. Mill (1989), S. 163.

die um dieses Worin weiß, rückt deshalb die „Relation" in eine neue, ganz andere Position, die sie von der traditionellen Relationslogik trennt. Die aristotelische Logik unterscheidet strikt zwischen Wesens- und Relationsbegriffen.[31] Das lateinische *relatio* bedeutet das *Zurücktragen, Zurückbringen*, was logisch zuvor die Entfernung von einem Ort, also eine Dualität voraussetzt. Die lateinische Wortwurzel verweist einmal auf ein sprachliches Phänomen (Erwiderung, Erzählung, Bericht), zum anderen auf rechtliche Formen (Vergeltung). Der *relator* ist der Berichterstatter; von ihm geht die *relatio* aus. Avicenna, der Kantianismus u.a. beschreiben die Relation als Denkakt (Dinge an sich stehen nicht in Relation). Die traditionelle Logik kennt dagegen einen äußeren Bezugspunkt der Relation (*fundamentum relationis*). Auch Hume unterscheidet einen Doppelsinn von Relation, je nach denkendem Vollzug und seinem vermeinten Bezugspunkt. Es besteht also bei aller Vielfalt der Auslegung die vorherrschende Überzeugung, man müsse die Relation als Kategorie selbst relativieren, sie auf etwas anderes zurückführen. Der Relation *als* Relation wird durch solch einen Reduktionismus im Fortwirken der aristotelischen Tradition eine bestimmende Macht abgesprochen.

Diese traditionelle Logik der Relation besagt: Es gibt vorausgesetzt zwei (oder mehr) mit sich identische Individuen (Dinge, Personen) A und B. Diese treten *nachträglich* in eine Relation R ein, so dass gilt: A R B. Beispiele: „A tauscht mit B"; „A spricht mit B"; „A befiehlt B", „A liebt B", „A erkennt B". In einer objektivierenden Sprache gilt das dann auch für die dynamischen Strukturen von Objekten, die man zunächst in Mengen von *Einzelwesen* einteilt und *dann* ihre Relationen diskutiert. Unterschieden werden verschiedene Relationstypen (formale: Reflexivität, Symmetrie, Transitivität etc.; inhaltliche: Kausalität, Teleologie etc.). Beispiele: „A wirkt auf B"; „A verwirklicht B"; „A löst sich in B auf"; „A ist mit B, B mit C verbunden" etc. Das allgemeine Axiom dieser logischen Formen ist die *vorausgesetzte* Identität von A, B, C usw.

Der formale Begriff für diese Sprache ist die Menge von Elementen, wobei Elemente jeweils als mit sich identische Entitäten gedacht werden, die ein – nicht thematisierter – Beobachter zu einer Einheit zusammenfasst, wie dies dem Mengenbegriff der tradierten Mengenlehre entspricht: „Eine Menge ist die Zusammenfassung von Gegenständen des Denkens oder der Erfahrung zu einer Einheit." Die Menge M ist die Einheit, ausgedrückt durch die Klammern { }, der je für sich seienden, mit sich identischen Elemente A, B, C usw.: M = {A, B, C, etc.}. Man kann bezüglich solcher Mengen Strukturen definieren, die aus *Relationen* zwischen diesen Elementen bestehen, wobei sich viele Relationstypen denken lassen. Diese Relationstypen wiederum werden *auch* als Entitäten interpretiert, die zwar nicht als Dinge oder Einheiten einen Sinn haben, dennoch aber einen einheitlichen Typus charakterisieren, der zwischen verschiedenen Elementen von Mengen bezeichenbar oder – kognitiv ausgedrückt – „erkennbar" ist. Bezeichnet man solche Relationstypen mit R_1, R_2, R_3 etc., so ergibt sich aus der Menge der Relationen R = {R_1, R_2, R_3 etc.} und der Menge der Elemente M ein *Modell* [M; R]. Dieses

---

[31] Aristoteles rechnet die Relation (das Relative, *pros ti*) zu den Kategorien, bestreitet aber, dass ihr ein *Wesen* zukomme: Kein Wesen könne ein Relatives sein (Metaphysik 1088b 2). Die aristotelische Theorie der Relation wird von Thomas reproduziert, der sagt, dass die Relation „im Hinblick auf ihr Sein den letzten Rang ein(nimmt)"; sie sei „höchst unvollkommen: sie kommt zuletzt, weil sie nicht nur das Sein der Substanz, sondern auch das der anderen Akzidentien voraussetzt." Thomas von Aquin (1996), S. 123 (Summe gegen die Heiden IV, 14). Michelitsch wiederholt im Geist dieser Schulphilosophie: „(D)ie Beziehung hat eine *tangentiale Seinsweise*, ein schwächeres Sein als die anderen Kategorien", A. Michelitsch (1922), S. 62. Auch Peirce verbleibt im Horizont der traditionellen Relationslogik; vgl. C. S. Peirce (2000: 1), S. 276f. Siehe auch L. Wirz (1965): S. 28f zur Bedeutung von Relationen in den Sozialwissenschaften.

1.1.6 Die Theorie der Relation und die Metaphysik der Kategorien 31

Modell wird dann in einem für das Modell transzendenten Akt auf „die Realität" bezogen. Allerdings muss zuvor diese „Realität" in eine dem Modell *vergleichbare* Form gebracht, also *beschrieben* werden.

Nur wenn die Realität eine *Sprachform* geworden ist, kann sie mit der Modellform – einer anderen Sprache – *verglichen*, d.h. in diese Sprache übersetzt werden. Gelingt diese Übersetzung, mehr noch, gelingt es, aus der Modellform Sätze abzuleiten, die auch in einem „empirischen" Kontext Sinn machen, dann kann man aus einem Modell eine Prognose ableiten, die das Verhalten der „Realität" abbilden soll. Gelingt solch eine Übersetzung in empirische Aussagen prinzipiell nicht, dann nennt die moderne Wissenschaftstheorie solche Modelle oder Modellelemente „Logik", „Ästhetik" oder „Metaphysik".

Auf ein weiteres Strukturmerkmal der traditionellen Logik der Relationen möchte ich hinweisen. Die *Organisation* von Elementen in Mengen, also die jeweilige *Struktur* der Menge, die die Grundgesamtheit theoretischer Beschreibungsentitäten bilden, wird durch die Menge an Relationen bewältigt. Die *wichtigste* Form hierbei ist die Hierarchiebildung. Man fasst bestimmte Teilmengen zusammen und gibt ihnen einen gemeinsamen Namen, ordnet einen „abstrakten Begriff" zu. Dieser Begriff soll dann die Abstraktion dieser Elemente sein. Teilt man eine Menge M in Teilmengen M_1, M_2 usw., so kann man diese Teilmengen jeweils mit einem Namen versehen und mit „Klasse" oder „Typus" benennen. Spricht man dann den Namen solch einer Klasse aus, so ist damit stets die darunter befasste Menge zu verstehen. Die *Einheit* der Teilmengen erhält somit einen Namen, und nun kann man mit diesen Namen, die ja Zeichen sind, wieder so operieren, wie man dies mit den Elementen der Menge zuvor tat. Nur kommt jetzt ein spezifisch ökonomisches Moment ins Spiel. Anstatt z.B. bei jeder natürlichen Zahl zu prüfen, ob sie durch „2" teilbar ist, kann man den Begriff der *geraden* Zahl verwenden und hat damit die Eigenschaften von sehr vielen (unendlich vielen) Zahlen in einem Wort beschrieben, das eine einfache Operation als Inhalt besitzt („teile durch 2 und prüfe das Ergebnis"). Man „beherrscht" also durch die Abstraktion eine Vielheit. Diese *Herrschaft* der Abstraktion über die Vielheit drückt zugleich deren Einheit aus.

Es fällt hier schon auf, dass der Begriff der Abstraktion eine ausgesprochen *soziale* Sprache spricht, sofern von Prinzip (= das Herrschende), von Operation (= Tätigkeit, Arbeit), von logischer Subsumtion (= Unterordnung) usw. die Rede ist. Dass es sich aber hierbei nicht nur um eine äußere Analogie handelt, sondern dass eine gesellschaftliche Praxis ihr Denken vollzieht und nur dieses Denken *an ihm selber* – getrennt von dieser Praxis – im Wortsinne „reflektiert", das lässt sich zeigen, wenn auch nur schrittweise. Es wird erst dann deutlich werden, wenn ich den sozialen Prozess der Identitätsbildung – auch von Begriffen – dargestellt habe, denn um in der Relation zu „herrschen", was den Inhalt jeder Abstraktion ausmacht, ist ja vorausgesetzt, dass nicht nur der beherrschende Name, der Typus, das Prinzip mit sich identisch ist (also auch von anderen Typen klar unterscheidbar bleibt), sondern dass auch die beherrschten Elemente je von sich her als Identität bestimmt sind. Diese Voraussetzung ist der grundlegende Schein, die grundlegende Täuschung aller Denkprozesse. Und dieser Schein hat als Täuschung seinen Grund im sozialen Prozess der Identität.

Die tradierte Interpretation von „Relation" als Beziehung zwischen vorausgesetzten, mit sich je identischen Polen oder Entitäten (Relaten) bestimmt auch den Begriff der *Kategorie*. Die Wissenschaft von den Kategorien ist die Metaphysik. Kategorien sind dadurch charakterisiert, dass sie *herrschen*; sie beherrschen als allgemein verstandene Einheit eine Vielheit. Insofern ist eine Kategorie als objektive Allgemeinheit so etwas wie der begriffliche Herr, der König der vielen Dinge. Die Kategorie verweist also auf eine *soziale Relation*, und diese Bestimmung des Begriffs „Kategorie" lässt sich auch an den Spuren seiner Herkunft nachzeichnen. Das griechische Wort „Kategorie" (*kategoria*) bedeutete ursprünglich „Anklage" und stammt aus der Gerichtssprache, auch als Verb „anklagen" (*kategorein*). Eine darin liegende Bedeutungsschicht enthält ferner auch „etwas kundtun, behaupten". Falls jemand einen anderen *anklagt*, dann beschuldigt er ihn einer *Handlung*. „Kategorie" ist also – wenn wir ihren nackten logischen Inhalt betrachten – eine Sprachform, worin jemand das Handeln eines anderen auf eine Sache, ein Etwas bezieht.[32]

Mit der Geburt dieses Begriffs der „Kategorie" ist aber die *Relation*, die in der Kategorie waltet, von Anfang an *einseitig* bestimmt worden. Wenn ein Ankläger einen Angeklagten für etwas verantwortlich macht, dann konstituieren sich die beiden Subjekte Ankläger-Angeklagter *dual* in der Relation der „Anklage". Sie sind außerhalb ihres Verhältnisses im Prozess, in der Anklage, weder das eine noch das andere. Der Akt des Anklagens als vollzogene Relation geht also sowohl dem Ankläger wie dem Angeklagten voraus. Von dieser logischen Struktur lebt auch jede Kategorie als das, was einen besonderen Sachverhalt bestimmt. Die metaphysische Tradition hat Kategorien aber nicht in diesem relationalen Sinn interpretiert, sondern sie zu einem Herrschaftspol verdinglicht: Die Kategorie *beherrscht* die vielen Dinge, die in einem Sachverhalt auftauchen. Ihr werden ein Sein und eine Identität zugesprochen, *unabhängig* von ihrer Beziehung zu dem, was sie angeblich beherrscht. Blickt man nun reflexiv einseitig auf das Beherrschende als Denkform, so erhält man die allgemeine Form der *Metaphysik*.

Mit der vermeintlichen *Kritik* der Metaphysik in der Moderne ist auch der Begriff der Kategorie aus der Wissenschaftsphilosophie weitgehend verschwunden. Man wird eine gründliche Erörterung des Begriffs „Kategorie" z.B. in Poppers „Logik der Forschung" nicht finden. Im „Handbuch wissenschaftstheoretischer Begriffe"[33] wird man „Kategorie" ebenso vergeblich suchen wie in Wolfgang Stegmüllers umfänglichem Band „Wissenschaftliche Erklärung und Begründung"[34], obwohl Stegmüller mit der Kategorienanalyse Nicolai Hartmanns durchaus vertraut war.[35] Bezüglich der im engeren Sinn *sozialwissenschaftlichen* Methodologien, die auf den genannten Formen der Wissenschaftstheorie aufbauen, findet sich deshalb – kaum verwunderlich – keine Spur einer Kategorialanalyse oder auch nur des Kategorienbegriffs. Es ist fast überflüssig zu sagen, dass „Kategorie" bei den Ökonomen der Gegenwart als *terminus technicus* keine Rolle spielt.[36] Bei älteren ökonomischen Schriftstellern, auch im englischsprachigen Raum, war das im 19. Jahrhundert noch anders. So verwendet John Neville Keynes in seinem berühmten Methodenbuch den Begriff *category* durchaus im Sinn der philosophischen Tradition.[37] Ludwig von Mises ist vermutlich unter den „bürgerlichen" Sozi-

---

[32] Diese ursprüngliche Bedeutungsschicht lässt sich in der Rhetorik bei Aristoteles nachweisen, worin er eine „Rede" definiert durch einen Redner, Zuhörer und einen Sachverhalt, über den verhandelt wird; Aristoteles (1959), Rhetorik 1358 b11, S. 41. Die Bedeutung von „behaupten" etc. findet sich bei Platon. In der Kategorienschrift definiert Aristoteles „Kategorie" in reduzierter Form als „etwas über etwas aussagen"; hier ist das Sprechen-zu-jemand bereits eliminiert; vgl. zu den Belegstellen: O. Höffe (2005), S. 303f. Vgl. zum griechischen Begriff der Kategorie auch M. Heidegger (1961: 2), S. 71-80.

[33] J. Speck (1980).

[34] W. Stegmüller (1974).

[35] W. Stegmüller (1969), S. 263ff.

[36] Vgl. als Beispiel für das Fehlen des Kategorienbegriffs E. Topitsch (1971); M. Brodbeck (1968). Auch in Alberts Texten taucht „Kategorie" nicht als *Begriff* auf; vgl. z.B. H. Albert (1967a); (1991).

[37] J. N. Keynes (1917).

1.1.6 Die Theorie der Relation und die Metaphysik der Kategorien

alwissenschaftlern der letzte, bei dem – allerdings in einem kantianischen Sinn – Kategorien noch reflektiert werden.

Die Ursachen für diesen Mangel an Reflexion sind mehrfach zu bestimmen. Als *sozialer* Prozess kann man darin bemerken, dass die Hierarchie, in der die Gesellschaft im Mittelalter und weitgehend in den griechischen Fürstentümern organisiert war, gleichsam natürlich den Gedanken nahe legte, dass auch die Welt der Begriffe von Fürsten – Kategorien – regiert werde. Das darin liegende *reflexive* und *zirkuläre* Verhältnis blieb unerkannt[38]; man sprach in der Metaphysik der aristotelischen Tradition von Kategorien als von Herren, die keiner Knechte bedürfen, um *Herren* zu sein. Der allgemeinste Begriff dafür ist ein theologischer: Er findet seine Bestimmung in einem für sich seienden Gott, in dessen Geist alle Ideen (Kategorien) eins sind und der die Regierung der Kategorien als *Schöpfungsakt* der Welt in Gang setzt. Spiegel dieser Struktur ist sowohl das Königtum wie die kirchliche Hierarchie.

Die vordringenden Märkte, die neue Herrschaft des Geldes und des Subjekts der Moderne (des Geldsubjekts) beendeten diese Herrschaft schrittweise. In ihrer religiösen Form erschien dies als protestantischer Widerstand gegen die aristotelische Metaphysik, damit auch als das Außerkraftsetzen der Vorstellung von „herrschenden Kategorien". Luther und Calvin waren die Speerspitze der Entmachtung des Kategorienbegriffs, in eins gedacht mit aristotelischer Metaphysik. Aristoteles wurde von Luther als ein „verdampter, hochmutiger, schalckhafftiger heide mit seinen falschen worten"[39] beerdigt. Diese „falschen Worte" waren für ihn die Begriffe der Metaphysik, die Sprache der Kategorien – gleichsam der Papst als Herr der geglaubten Bedeutungen (Meinungen). Diese Geisteshaltung, die heute in den USA „kreationistische" Urständ feiert, gepaart, wie bei Luther, mit offener Gewaltbereitschaft[40], ist die anti-metaphysische Zwillingsgeburt der modernen Denkformen. Ihr gleichwohl *metaphysischer* Schibboleth ist die gemeinsame Feindschaft gegen die aristotelische Kategorienanalyse.

Die Sozialwissenschaften, allen voran die Ökonomik, treten in diese Fußstapfen der Metaphysikfeindschaft. Für David Hume sind Kategorien nur *subjektiv-individuelle* Gewohnheiten, die durch die Assoziationen von erinnerten sinnlichen Eindrücken mechanisch verknüpft werden. Humes Freund Adam Smith hat diese antimetaphysische Haltung in der Ökonomik zur Geltung gebracht. Eine *Kategorienanalyse* gilt dem Empirismus als metaphysisches Schreckgespenst:

> „Waren aber schon auf weiten Gebieten der Metaphysik oder des Pneumatismus Spitzfindigkeit und Sophismus vorherrschend, so bestand die ganze Hirngespinst-Wissenschaft Ontologie, mitunter ebenfalls als Metaphysik bezeichnet, ausschließlich daraus."[41]

---

[38] Obwohl Gehlen die zentrale Stellung der Kategorie der Gegenseitigkeit betont, hat er deren innere Struktur wohl nicht durchschaut, denn auch er reduziert die *Relation* auf ein Drittes: „Das Bedürfnis nach sozialem Zusammenhang (…) erfüllt sich also primär in allem auf Gegenseitigkeit und Dauer gestellten Handeln." A. Gehlen (2004), S. 54. Hier ist das *Bedürfnis* nach Zusammenhang der *Grund* des sozialen Zusammenhangs. Gehlen verwendet diese Logik häufig, die einen *Mangel* zum positiven *Grund* macht (vgl. seine „Organmangeltheorie"). Das ist als Kategorienanalyse nicht nur dürftig, sondern einfach unhaltbar.

[39] M. Luther (1917: 1), S. 218.

[40] Bei Luther klingt das so: „Es soll und mus das welltlich schwerd rod und blutrünstig seyn, denn die welt will und mus (!) böse seyn, So ist das schwerd Gottis rute und rache uber sie." M. Luther (1917: 2), S. 201.

[41] Vgl. A. Smith (1978), S. 654.

Doch dass auch Smith durchaus Kategorien benötigte und dies gelegentlich auch bemerkte, sagt er an anderer Stelle. In seinem wenig bekannten Aufsatz *The Principles which lead and direct Philosophical Enquiries* schreibt Smith:

„Metaphysik betrachtet die allgemeine Natur der Universalien und die unterschiedlichen Arten oder Klassen, in welche sie eingeteilt werden mögen."[42]

Metaphysik wird hier verstanden als ein allgemeiner Denkrahmen, *in dem* zwar gedacht wird, der aber *als dieser Rahmen selbst* in der Wissenschaft nicht explizit ist. Auch Leibniz sagt: „Metaphysik ist das was der Architekt im Verhältnis zu den Arbeitern ist."[43] Leibniz spielt hier *sozial* auf eine Trennung von Hand- und Kopfarbeit an. Die allgemeinen Kategorien sind die *herrschenden*. Sie heißen nicht zufällig *Prinzipien*. Man kann deshalb die Moderne durchaus im wörtlichen Sinn als *Revolution* gegen herrschende Prinzipien bestimmen. Doch diese Revolution schüttete das sprichwörtliche Kind mit dem Bade aus. Der Kampf gegen eine *bestimmte Fassung* des Kategorienbegriffs wurde so umgesetzt, dass damit *alle* Kategorien *als* Kategorien negiert wurden. Smith ahnte, dass das nur *beschränkt* möglich war, weil er dennoch an *Universalien* des Denkens festhielt. Für die Moderne wurden nur *neue* Kategorien bestimmend. Es ist nicht ohne Ironie, dass diese *neuen* Kategorien – die sich nicht zuletzt der Geldform verdanken – gerade dadurch zur Geltung gelangten, dass in ihnen *alle metaphysischen Kategorien* außer Kraft gesetzt schienen. Und das heißt vor allem, dass die *aristotelischen* Kategorien ihres Prinzipiencharakters beraubt wurden.

Die Moderne hat darin *einen* Geburtsfehler des aristotelischen Kategorienbegriffs bemerkt und aufgehoben: Die Kategorie *beherrscht* nicht aus einem Punkt, einem Pol die Vielheit. Kategorie ist ein *Relationsbegriff*. Wie alle Relationen hat auch die Kategorie ihren Ort im sozialen Prozess der Bedeutung – eben deshalb die strukturelle Isomorphie zwischen Kategorienbegriff und Sozialstruktur. Wenn man nun – zu Recht – bestreitet, dass den Kategorien und ihrer Wissenschaft, der Metaphysik, gleichsam ein Herrschaftsrecht von Geburt an zustehe, dass die Metaphysik also nicht aus sich selbst die Vielfalt der Kategorien hervorbringen und bestimmen kann, dann wird verkannt, dass zum Herrschen immer das Beherrschte gehört, um eine *Relation* der Herrschaft bilden zu können. Es ist deshalb ein Trugschluss, wenn man glaubt, das Relationsverhältnis zwischen der herrschenden, allgemeinen Kategorie und der sinnlichen Vielfalt einfach *umkehren* zu können, um nun umgekehrt die sinnliche Vielfalt zur herrschenden Macht zu erheben, während die Kategorien nur noch „Namen" sein sollen (= Nominalismus), der Herrschaft der sinnlichen Vielfalt (der Empirie) unterworfen und ohne

---

[42] „Metaphysics considered the general nature of Universals, and the different sorts or species into which they might be divided", A. Smith (1795), S. 117. Vgl. Kant: „(D)ie Philosophie der reinen Vernunft", „das ganze (wahre sowohl als scheinbare) philosophische Erkenntnis aus reiner Vernunft im systematischen Zusammenhange (…) heißt Metaphysik", I. Kant, WW 4, S. 702.

[43] G. W. Leibniz (1971), S. 515. Vgl. „Die Hand des Arbeiters dient ja dem Architekten nur als Werkzeug. Ein Architekt wird der sein, behaupte ich, der gelernt hat, mittels eines bestimmten und bewundernswerten Planes und Weges sowohl in Gedanken und Gefühl zu bestimmen, als auch in der Tat auszuführen, was unter der Bewegung von Lasten und der Vereinigung und Zusammenfügung von Körpern den hervorragendsten menschlichen Bedürfnissen am ehesten entspricht und dessen (möglichste) Erwerbung und Kenntnis unter allen wertvollen und besten Sachen nötig ist. Derart wird also ein Architekt sein." L. B. Alberti (1912), Vorrede.

1.1.6 Die Theorie der Relation und die Metaphysik der Kategorien

andere Bedeutung als die ihnen sinnlich verliehene. Doch eben dieser Fehlschluss realisierte sich im Widerstand gegen die aristotelische Metaphysik im Empirismus.

Kategorien sind aber *Relationen*, weder mit sich identische, herrschende Allgemeinheiten – letztlich im Geist Gottes zuhause –, noch sind sie bloße *Namen*, wie die nominalistische Revolution wider die Metaphysik annahm, während die empirische Vielheit nun als metaphysischer Grund der Welt behauptet wurde. Mehr noch, Kategorien sind in ihrer Bedeutung nicht nur der sozialen Struktur der Vergesellschaftung „analog", sondern *in ihnen* vollzieht sich diese Vergesellschaftung, sofern sich in den grundlegenden Denkformen die Subjekte als Individuen *der Gesellschaft* reproduzieren. Sie sind immer schon *früher* als das individuelle Denken, das sich in ihm bewegt. Die kategoriale Matrix ist das *Apriori* der Gesellschaft, für jeden einzelnen etwas, in das er sich je schon eingetaucht findet, dennoch wird sie von der Gesellschaft insgesamt als Prozess der Bedeutung und der Identität reproduziert und verändert.

Als *Phänomen* dringt dieser Sachverhalt immer wieder ins Bewusstsein: Obwohl die Handlungen durch das Denken der Vielen hindurchgehen, hat doch kein *einzelner* Macht über diese für ihn je vorausgesetzte Struktur. Diese Struktur taucht immer dann auf, wenn die Einheit der Vielen, ihre Vergesellschaftung ihnen als scheinbar fremde Macht entgegentritt, wenn die Relationen der Vergesellschaftung zu vermeinten Entitäten werden. So vermeint man das Sprechen als Bewegung in der Entität „Sprache", mit je eigener Struktur; den Vollzug des Austauschs durch eine Rechnung verdinglicht man in der Entität „Geld"; die Zirkularität der Herrschaft erscheint als Eigenschaft eines Subjekts, eines „Herrschers", und die gemeinsame Macht der Vielen in der Produktion verehren sie in einem getrennten Wesen namens „Creator" oder „Demiurg". *Richtig* ist an diesen Verdinglichungen erkannt, dass die kategoriale Matrix, in der sich die Vielen denkend und handelnd bewegen, für jedes *Individuum* „gegeben", insofern „objektiv" ist. Da sich diese Vergesellschaftungsformen aber durch das Denken *hindurch* vollziehen, findet diese Objektivität jeder in seinem Denken als das Vorausgesetzte, das Frühere, als *Apriori*.

Das, was Kant *dem* Bewusstsein (= transzendentales Ego) zugeschrieben hat, das seltsam zwischen Individualität und Allgemeinheit schillert, was Hegel und später Nicolai Hartman als „objektiven Geist" untersucht haben, was Max Adler als Sozialapriori an seinen Ort – die Gesellschaft – wenigstens als Grundgedanken zurückholte, was bei Heidegger die je schon bestimmenden Existenzialien des Daseins sind, was Mises neben Kants Apriori als ein Apriori menschlicher Praxis wieder ins Individuum verlegte, Apel als das Apriori der Kommunikationsgemeinschaft im Diskurs beschreibt, Sohn-Rethel im Geld als Apriori aller Abstraktion vermutete, Chomsky in eine angeborene Grammatik[44] und Levi-Strauss in eine transkulturelle Struktur als Grundlage aller Kulturen verlegen[45] – all dies sind Gedanken, die die für jedes Individuum vorausgesetzte Herrschaft der Kategorien zum Ausdruck bringen, wenn auch in einer begrenzten, d.h. in der Durchführung nicht haltbaren Perspektive. Es kommt mir nachfolgend darauf an, dieses Apriori im sozialen Bedeutungsprozess *vor* seiner Auseinanderfaltung in sprachliche, ökonomische, wissenschaftliche, moralische oder kulturelle Kategorien am Ort

---

[44] „We may say, that the basic properties of cognitive systems are innate in the mind, part of human biological endowment", N. Chomsky (1991), S. 15.

[45] „Eines der vielen Ergebnisse der ethnologischen Forschung ist wohl die Erkenntnis, dass der menschliche Geist, ungeachtet der Kulturunterschiede zwischen den verschiedenen Teilen der Menschheit, überall der gleiche ist und die gleichen Fähigkeiten besitzt." C. Lévi-Strauss (1980), S. 31; vgl. (1973), S. 285.

seiner Entfaltung und Reproduktion zu erkennen. Darin werden die verschiedenen Formen eines Apriori als das entdeckt, was die Vielen zu einer Einheit vergesellschaftet.

Diese seltsame Struktur zeigt sich durchaus empirisch, so etwa bei Massenphänomenen, bei der Entdeckung der Ökologen und Ökonomen, dass das, was dem Einzelnen einen Vorteil zu bringen scheint, dann, wenn es massenhaft verfolgt wird, *allen* zum Nachteil gereicht – in exakter Umkehrung der liberalen Täuschung, der Egoismus aller bringe die Wohlfahrt aller zuwege. Gerrett Hardin nannte dies *The Tragedy of the Commons*[46]. Sie zeigt sich, wenn wider individuelles Vermeinen sich im sozialen Prozess das Gegenteil des Erwarteten realisiert. Man hat diese Struktur dahingehend gedeutet, dass ein Geist *über* den Menschen walte, Gott, der Weltgeist oder der objektive Geist. Materialistisch umgekehrt lautet der Gedanke, dass die Vergesellschaftung sich *ohne Bewusstsein* vollziehe, dass Bewusstsein nur ein privates, ideologisch zu nennendes Epiphänomen sei.

In diesen je einseitigen Totalisierungen ist immerhin gesehen, dass zwischen den individuellen Denkformen, der individuellen *Macht* des Denkens über das Handeln, und der Herrschaft sozialer Formen eine wesentliche Differenz besteht. Die Theorie vom objektiven Geist bewahrt wenigstens die wichtige Einsicht, dass das Apriori, die je schon das Denken und Handeln bestimmende „Grammatik", obwohl nicht individuell erschaffen, so doch nur im *Denken* zugänglich ist. Der Materialismus der Wissenschaften scheitert, auf die Gesellschaft angewendet, immer wieder am Unvermögen, die eigene Voraussetzung – die die „Kräfte" der Vergesellschaftung als Nicht-Bewusstes behauptet – rückgängig zu machen und aus Nicht-Bewusstem das Bewusstsein, aus Nicht-Sinn den Sinn, aus dem Bedeutungslosen die Bedeutung erklären zu wollen, was offenkundig eine logische Unmöglichkeit ist. Das soziale Apriori *ist im Denken*, nicht aber *aus* dem individuellen Denkprozess hervorgegangen. Aber es ist deshalb weder unveränderlich, noch ist es anders als *durch* das Denken zu erkennen und zu erreichen.[47] Man versteht die Normen der Sprache nur durch das Sprechen, die Bedeutung von Geld nur durch die Rechnung und das Tauschen in seiner Einheit. In der traditionellen Dualität, die „dem" Denken einen Gegenstand gegenüberstellt, ist dieses Apriori aber ein bleibendes Rätsel.

1.1.7 Logik, Mathematik und Naturwissenschaft als sozialer Prozess

Ich möchte deshalb, bevor ich die Logik der Vergesellschaftung dieser traditionellen Denkform gegenüberstelle, ihren inneren Mangel in Umrissen explizit machen. Weitere, an sozialen Sachverhalten wie dem Sprechen, dem Tauschen, der Geldverwendung, dem Spiel, der Macht usw. exemplifizierte Mängel tradierter logischer Formen entwickele ich später in den einzelnen Abschnitten, die vor allem auch der Dogmengeschichte ökonomischen Denkens gewidmet sind. Hier zunächst einige Hinweise zur Logik und Naturwissenschaft.

Im Begriff der Menge ist eine Stelle dunkel geblieben – auch hier ist es das vergessene *Worin* der Einheit der Elemente. Wenn man eine Menge so definiert: M = {A, B, C, etc.}, dann schreibt man zunächst einfach Buchstaben aufs Papier (oder, wie in meinem

---

[46] G. Hardin (1968).

[47] Auch gilt, dass große Persönlichkeiten, wenn sie an der geeigneten Stelle in der gesellschaftlichen Organisation wirken, durchaus aus einem *Einzelbewusstsein* die ganze Gesellschaft verändern können. Doch dies vollzieht sich immer so, dass eine *bereits bestehende* soziale Machtstruktur durch neue Denkformen reprogrammiert wird. Kein Einzelner bringt seine eigene *Wirksamkeit* mit seinem Denken hervor.

1.1.7 Logik, Mathematik und Naturwissenschaft als sozialer Prozess

Fall, auf die Tastatur des Computers mit Blick auf den Bildschirm). Die *Einheit* von M ist also durch *meine* Beobachtung, meinen Denkprozess gestiftet. Ohne diesen Denkprozess, ohne im Ort meines Bewusstseins Bedeutung zu haben, wäre M keine Einheit von A, B, C, etc., sondern ein physisches Phänomen *ohne* andere Bedeutung. Im M verbirgt sich also das *ego cogito* des cartesianischen, solipsistischen Theoretikers. Es ist die dunkle, nicht explizierte Rückseite dieses Begriffs der Menge. Doch diese Verdeckung des hier vorliegenden Verhältnisses geht noch weiter. Die Buchstaben A, B, C usw. sind nur *als Buchstaben* voneinander unterschieden und mit sich identisch, weil ich, der Beobachter, diese Identität behaupte oder voraussetze – und Sie, die Leserin, der Leser, sie nachlesend reproduzieren als Identität *Ihres* denkenden Bewusstseins. Da wir als solipsistische Beobachter auch je ein einsames Ego sind, *verleihen* jeweils unsere vermeinten Ich-Identitäten als Beobachter der beobachteten Entität die ihr eigene Identität. Von sich her ist Druckerschwärze auf dem Papier, ein Lichtmuster auf dem Bildschirm mit sich identisch noch von etwas anderem verschieden und gewiss kein „A", „B" etc. „Identität" und „Differenz" sind vielmehr immer nur *kognitiv* konstituierte Begriffe.

Dieser blinde Fleck, die verborgene subjektive Rückseite aller *gegenständlich* gedachten Begriffe, zeigt sich in der Durchführung mathematischer Beweise.[48] Wenn man in der Mathematik z.B. sagt: „N sei die Menge der natürlichen Zahlen" und als Definition anfügt: N = {1, 2, 3 etc.}, so sagt man etwas Unmögliches. Denn das Geheimnis verbirgt sich im „etc." der Mengendefinition. Es wird als *Zeichen* gelesen, das man als ein Ding, ein Objekt als solipsistischer Mathematiker bei Hantieren damit betrachtet. Das ist insofern richtig, als die Buchstabenfolge und die durch diese Buchstabenfolge definierte Menge N tatsächlich ein vorhandenes Ding sind, auf das sich ein cartesianischer Beobachter als sein Objekt beziehen kann: Man kann N anschreiben und mit diesem Zeichen allerlei Operationen ausführen. Doch in diesen Operationen wird *implizit* etwas Unmögliches behauptet, nämlich dies, *durch das Hantieren mit N* verfüge man über *die* Menge natürlicher Zahlen. Bekanntlich ist diese Menge „unendlich". Es scheint also, als ob man durch diesen Trick, durch die Klammern {} und die Abkürzung „etc." über etwas *Unendliches* operativ verfügen könnte, z.B. den Beweis führen, dass die Menge der natürlichen Zahlen und die Menge der ganzen Zahlen gleich mächtig sei. Doch niemand *verfügt* aktual oder operativ über eine gegenständliche Unendlichkeit „N". Man hantiert immer nur mit dem sehr endlichen Zeichen „N".[49] Die so konstruierten Mengen und ihre Mächtigkeit haben nicht nur, wie John von Neumann sagt, „kaum irgendeine Beziehung zu dieser Welt."[50] Sie haben *als infinite Gegenstände* nicht einmal ein *ideales* Sein, weil es nur *vergegenständlichte Operationen*, also Fiktionen sind.

Im „etc." oder *ad infinitum* verbirgt sich nicht eine mit sich identische Entität, sondern eine *Operation*, also eine menschliche Tätigkeit: Das *Zählen*. Diese Operation ist endlos, sie kann durchaus auch als Operation endlos definiert werden durch die Aufforderung: „Füge der vorhergehenden Zahl die Zahl 1 hinzu". Man kann diese Operation

---

[48] Vgl. hierzu K.-H. Brodbeck (2002a), Kapitel 2.12.

[49] Russell schreibt „1, 2, 3, 4, 5, *ad infinitum*" und „2, 4, 6, 8, 10, *ad infinitum*" einfach untereinander und sieht darin einen „Beweis", dass es „genau so viele Zahlen in der unteren wie in der oberen Reihe" gebe, B. Russell (1952), S. 87. Russell nennt das „offenbar"; doch was *sichtbar ist* – die beiden Zeichenketten sind nur im sichtbaren Ausschnitt gleich lang –, hat nicht denselben *operationalen* Sinn des Zählens, weil „ad infinitum" weder Akt noch Anschauung ist. Es ist leere Spekulation in einer formalen Sprache, weil „ad infinitum" nicht infinit *ist*. Es ist operational als zählbare eine *offene* Menge, also eine *Möglichkeit*, nicht eine *aktuale Unendlichkeit*. Nur die *Tätigkeit* des Zählens ist gleich, nicht das gezählte Objekt.

[50] J. v. Neumann (1974), S. 41.

beliebig lange ausführen, aber man kann sie nicht *unendlich* oft ausführen. „Unendlich" ist kein faktisches Etwas, über das man *verfügen* kann, genauer: Man kann nicht *Operationen*, also *Handlungen*, wie Dinge behandeln. Man kann das Greifen nicht ergreifen. Man kann also nicht eine *operationale Sprache* in eine Ding-Ontologie mit unendlichen Gegenständen übersetzen. Was immer man dabei auch zu begreifen vermeint, es ist nicht das Greifen, sondern ein *Produkt*, etwas Fertiges. Das ist ebenso gültig für die menschliche Sprache. Man kann das Sprechen der Vielen nicht als eine Identität erfassen. Was immer man „Sprache" nennt, es ist nicht das lebendige Sprechen, der Prozess der Kommunikation; was immer man „Rechnen" nennt, es ist keine fixierbare Entität. Man *versteht* derartige Akte nicht als *Objekte*, die einem (anderen) Akt entgegenstehen, sondern nur durch den *Vollzug des Aktes*. Um „Schwimmen" zu verstehen, muss man schwimmen, um „Rechnen", „Sprechen" oder „Tauschen" zu verstehen, muss man rechnen, sprechen oder tauschen.

Eine ähnliche Schwierigkeit ergibt sich in der Physik. Alle Objekte der Naturwissenschaft erhalten ihre Identität nur als Bedeutungen in einem sozialen Prozess der Identitätsbildung. Wenn dieser Gedanke richtig ist, dann muss sich an der Durchführung der Naturwissenschaften selbst zeigen, inwiefern die Identitätsbildung der beobachteten Dinge nicht in der Theorie und der durch die Theorie gelenkten experimentellen Handlungen *vorausgesetzt* werden kann. Es scheint bei großen Objekten keine Frage zu sein, dass ein Stein mit sich identisch ist, ob man ihn nun beobachtet oder nicht. Doch dieser naive Realismus ist deshalb naiv, weil er das Worin des Beobachtens vergisst. In einem *anderen* kognitiven System oder vermittelt durch *andere* technische Prozesse – anders als die natürliche Ausstattung des Menschen mit Augen und Händen, die eine Identität von Steinen sehen oder tasten –, erweist sich die Identität des untersuchten Objekts als eine Illusion. Relativ zu einer Säurelösung ist ein „Stein" ebenso wenig eine vorauszusetzende Entität wie relativ zum Auge von Tieren. So kann eine Fliege die *Differenz* zwischen einem Buch und dem Schreibtisch, auf dem es liegt, nicht oder nicht in *unserem* Sinn wahrnehmen, nämlich in einem taktilen Sinn der Vorhandenheit: Ich hebe das Buch hoch und blättere darin.

Der Sinn der Identität von Naturgegenständen ist also auch für grob materielle Objekte immer nur *relativ* zu einer technischen Vermittlung bzw. einem kognitiven System zu beschreiben. Deshalb ist die Frage, ob die Natur „an sich" – von ihrer Seite – in ihren wichtigsten Elementen die Verfassung von mit sich identischen Elementarteilchen oder die Struktur kontinuierlicher Energien in Wellenform besitzt, unsinnig. Der Natur kommt kein Ansich zu, das sich in einer Identität ihrer Teile ausdrückt. Identität ist keine Naturkategorie. Vielmehr zeigt sich die Identität immer nur in einer besonderen Vermittlung, einer besonderen Relation, die durch die *Technik* gestiftet wird. Eine neue Technik zeigt eine ganz andere Natur, die zu neuen Beschreibungen (Theorien) führt, die ihrerseits wiederum neue Techniken ermöglichen, auf deren Grundlage wiederum Anderes sichtbar werden kann. Man kann auch Vermutungen über die Struktur der Natur anstellen und diese Vermutungen in Aussagen über ein „Ansich" der Natur kleiden. Doch die Vermutung ist solange wertlos, solange sie nicht experimentell, also durch ein technisch vermitteltes Handeln überprüft werden kann. Vermutungen geben durchaus Anlass, bestimmte technische Geräte neu zu entwerfen. Das *Objektive* der Natur zeigt sich dann daran, dass bestimmte technische Geräte *funktionieren*, andere Versuche der Herstellung eines Naturzusammenhangs dagegen scheitern. Das, was man dann als „Ansich" der Natur, als ihre Identität mit sich selbst *meint*, ist die Summe der *gelungenen* technischen Operationen, die in einer bestimmten Denkform ausgeführt werden (vgl. 5.2.3).

1.1.7 Logik, Mathematik und Naturwissenschaft als sozialer Prozess

Die *Einheit* dieser Naturformen liegt nicht in der „Natur", sondern in dem sozialen Prozess des Wissens, in dem diese verschiedenen Formen in ein – mehr oder minder – harmonisches System gebracht werden. Tatsächlich gab es in den Naturwissenschaften aber immer Unvereinbarkeiten und Brüche, die man nur durch einige Bilder, nicht aber faktisch überbrücken konnte. So bleibt ein Unterschied zwischen Physik und Chemie, obwohl letztere versucht, ihre Begriffe in erstere übersetzbar zu formulieren. Eine wirkliche Synthese zwischen Quantenmechanik und Relativitätstheorie ist noch nicht gelungen; was als Synthese angeboten wird, lässt sich wiederum in anderen Konsequenzen experimentell (bislang) nicht erproben, wie die Theorie von den Superstrings. Eine noch tiefere Kluft zeigt sich zwischen Biologie und Physik oder Chemie, und auch *innerhalb* der Biologie gibt es verschiedene, nur partiell vereinbare Denkschulen, wie die Verhaltenswissenschaften und die Genetik.

Diese bezüglich der Naturwissenschaften hier sehr kursorisch und sehr oberflächlich skizzierten Bemerkungen haben nur den Sinn, darauf hinzuweisen, dass das Wissen von der Natur dann fehlgedeutet wird, wenn man die Natur als ein in sich geschlossenes, mit sich identisches System von Formen oder Gesetzen begreift und die Vermittlung zur Natur, also die *Relation* Mensch-Natur, als daraus *abgeleitet* bestimmt.[51] Der Gedanke sieht dann so aus, dass man der Natur ein Ansich zuschreibt, erkennbar in ihren mit sich identischen, ewigen Gesetzen und Naturkonstanten, und die *Technik* nur als eine Relation auf der Grundlage dieses Ansich beschreibt, die aus der Erkenntnis, dem richtigen Erraten des „Inneren der Natur" hervorgehen soll. Die Identität der Natur mit sich selber kommt aber nicht der Natur *unabhängig* von ihrer Beschreibung zu, sondern ist die Modalität ihrer technisch vermittelten Beschreibung; und dies ist ein sozialer Prozess.

Abhängig von der *Relation*, die wir in unseren technisch vermittelten Handlungen zur Natur entfalten, zeigt sich jeweils ein anderes Objekt, eine andere Natur. Und auch das Subjekt, die Wissenschaft, verändert sich durch eine andere Vermittlung. Die Technik ist also weder aus einem an sich bestehenden, mit sich identischen Geist, einem *ego cogito*, als dessen Emanation abzuleiten, noch ist das Objekt, die Natur in sich und mit sich *vor* der Vermittlung identisch so strukturiert, wie sie sich uns dann auf der Grundlage einer bestimmten Technik zeigt. Die Natur gibt eine Wellenantwort, wenn wir technisch vermittelt eine Wellenfrage stellen; sie gibt eine Korpuskelantwort, wenn wir eine Korpuskelfrage stellen. Und wenn es eines Tages gelingt, technisch „String-Fragen" zu stellen, wird sie wiederum eine Antwort geben – oder die Antwort verweigern, wie bei der Suche nach einem Wärmestoff (Phlogiston) oder einer Vital-Energie. Wenn man in den Molekülen *Informationen* sucht, dann findet man auch Informationen (= genetische Information), und urplötzlich scheint es so zu sein, als ob etwas originär Geistiges in der Natur waltet und sich reproduziert. Denn zwar sind die Träger Moleküle, nicht aber die *Bedeutung*, also das situative Erleben eines fertigen Lebewesens in seiner Umwelt.

Man kann, etwas allgemeiner gesagt, nicht davon sprechen, ein Sachverhalt habe eine bestimmte Struktur, ohne die Weise, *in* der dieser Sachverhalt erkannt und behandelt wird, zu kennen. Die Dinge haben weder eine Identität noch eine Vielheit *außerhalb* des sozialen Prozesses ihrer Erfassung. Sie sind weder mit sich identisch, noch sind sie eine Vielheit, sind also weder durch Chaos oder Komplexität gekennzeichnet, noch haben sie Formen *für sich*. Zu sagen, dass ein Modell nur die Komplexität des modellierten Sach-

---

[51] Die Unterscheidung zwischen „laws of nature" und „laws of science", vgl. F. Weinert (1995), reproduziert die Dualität von Signifikant und Signifikat. Die *Geltung* einer Naturbeschreibung ist ein sozialer Prozess – die Relation ist also früher als die Dualität von „Science" und „Nature"; vgl. 5.1.3. Zu einer ähnlichen Klassifikation vgl. M Hampe (2007), S. 44.

verhalts „reduziere", ist also eine gedankenlose Rede. Man kann nichts reduzieren, was einer Entität gar nicht zukommt: Komplexität ist keine inhärente Eigenschaft von Objekten, wie Sozialwissenschaftler ideologieübergreifend voraussetzen.[52] Gar von der *Gesellschaft* zu sagen, sie *sei* komplex, ist ebenso sinnlos wie die Behauptung, ihr komme „Identität" zu – ohne den Prozess anzugeben, in dem sich die Identität und Komplexität *als sozialer Prozess* vermitteln. Keine Theorie *reduziert* die Komplexität der *Dinge*, weil Dingen kein Ansich namens „Komplexität" zukommt.[53] Wohl aber kann eine Theorie innerhalb einer Beschreibung die Relationstypen definieren und klassifizieren. Doch das ist eine *Übersetzung* zwischen Sprachen, zwischen Formen, nicht der Akt der Formung durch Komplexitätsreduktion. Was man als Relationen innerhalb einer Beschreibungssprache zusammenfasst, typisiert, logisch organisiert usw., das *beruht* schon auf der Relation, die *in der Beschreibungssprache* zu den Objekten eingenommen wird.

Fasst man diese Überlegungen zusammen, so zeigt sich: Sogar in der Logik, der Mathematik und in den Naturwissenschaften lässt sich zeigen, dass der Relation kein ontologisch *nachträglicher* Rang zukommt, der sich nur zwischen identischen Entitäten entfaltet. Vielmehr erweist sich die Relation, damit das *Worin*, der *Ort*, in dem sich Relationen *als Bedeutungen* entfalten, sowohl als sozialer Ort wie als das, was den Relaten *vorausgeht*. Das, was in der „Subjekt-Objekt-Relation" sich konkret *als* Subjekt- und Objektform zeigt, hängt ab von der *Vermittlung* zwischen beiden. Diese Vermittlung ist untrennbar vom Prozess der Identitätsbildung auf der Seite von Subjekt *und* Objekt. Zugleich legt diese Vermittlung aber auch die Struktur der Vielheit als Beschreibungssprache auseinander. Wenn man die Vielheit einer Einheit durch Identität bestimmt, dann legt man zugleich die Struktur ihrer Vielheit *als* Vielheit fest. Wenn A = A gilt, dann muss *zugleich* A von B, C usw. unterschieden werden. Wenn A *nur* mit sich selbst identisch ist, dann kann es nirgendwo erscheinen, erfahren oder gewusst werden, denn „erscheinen" heißt, sich in einer Relation zu befinden, und Wissen ist immer zugleich Wissen-von-..., also eine Relation. Wenn all dies richtig, und wenn ferner dies die *eigentliche* logische Entfaltung des Begriffs von Vergesellschaftung ist, dann müssen auch die sozialen Grundkategorien diese Struktur besitzen. Das möchte ich hier an einigen Beispielen skizzieren; die nachfolgenden Kapitel werden das dann systematisch entfalten, mit dem Schwerpunkt „Wirtschaft". Doch gerade die Wirtschaft kann nicht als bloßes Subsystem verstanden werden, wenn man den in ihr vollzogenen Bedeutungsprozess nicht kennt und nicht weiß, wie sich die Bedeutung als sozialer Prozess vollzieht.

1.1.8 Die Priorität der Relation vor den Relaten

Für soziale Relationen verbietet es sich, die klassische Relationslogik als Beziehung zwischen jeweils mit sich identischen Entitäten zu verwenden, und dies zeigen die

---

[52] Hayek kennt „Strukturen inhärenter Komplexität", F. A. Hayek (1996), S. 6, Habermas eine „Komplexität natürlicher Situationen", an die man sich theoretisch „annähern" könne; er setzt also eine theorieunabhängige „strukturelle Komplexität der Lebenswelt" voraus, J. Habermas (1981: 1), S. 210 und 441. Luhmann spricht von einer „nicht erfasste(n) Komplexität der Welt außerhalb der Reichweite des menschlichen Handelns", N. Luhmann (1973), S. 155.

[53] „Die wissenschaftliche Erklärung besteht nicht darin, von der Komplexität zur Einfachheit überzugehen, sondern darin, eine besser verständliche Komplexität an die Stelle einer weniger verständlichen zu setzen." C. Lévi-Strauss (1973), S. 285.

1.1.8 Die Priorität der Relation vor den Relaten

Sachverhalte selbst. Da die *Bedeutung* sozialer Relationen nur durch *Teilnahme*, durch den Aktvollzug verstanden wird, kann man sehr einfach bemerken, dass das Vollziehen eine eigene soziale Erfahrungsgrundlage besitzt. Das Tauschen, Kaufen, Sprechen, aber auch Gehorsam, Pflichterfüllung oder das Rechnen sind Handlungen, die jeder *erlernen* muss. Man muss sie *als* Handlungen erlernen. Das bedeutet, sie entspringen weder einem Subjekt, das mit dem Sinn dieser Handlungen je schon ausgestattet ist, noch erwachsen die Handlungen aus den Objekten, mit denen sie sich befassen. Ein Buch lehrt nicht das Lesen, und ein Säugling kann noch nicht sprechen. Weder eine vorausgesetzte Subjekt- noch eine Objektstruktur entlassen also aus der ihr unabhängig davon zukommenden Identität die Relationen, die sozial bestimmend werden. Vielmehr werden diese Relationen als *Prozesse*, als *Akte* erlernt und eingeübt.

Dass den Relationen eine generative Funktion zukommt, erkennt man auch daran, dass die Vollzüge nicht an Objekte und Subjekte *gebunden* sind.[54] Dieselbe Operation kann von vielen Menschen ausgeführt werden, wie auch umgekehrt viele Objekte durch eine Form des Aktvollzugs erfasst werden. Die sprachliche Logik eines Satzes, den jeder subjektiv und individualisiert vollzieht als inneren Dialog, ist vom Subjekt insofern unabhängig, als *jeder* sprachfähige Mensch dieselbe Logik nachvollziehen kann; ebenso verhält es sich bei einfachen Rechenoperationen, technischen Handgriffen usw. Der Akt ist also insofern früher als Subjekt und Objekt des jeweiligen Aktes, als dem Akt (dem Prozess, dem vollzogenen Handlungsprogramm) eine eigene Wirklichkeit zukommt. Das Sein dieser Wirklichkeit, die mit dem Begriff des „objektiven Geistes" umschrieben wurde, ist allerdings von besonderer Natur. Dieses Sein ist *erstens* nur im Akt selbst wirklich, kann deshalb *zweitens* nur sozial als Kommunikationsprozess durch kooperiertes Handeln weitergegeben oder reproduziert werden, und *drittens* ist die Wirklichkeit dieser sozialen Sachverhalte immer auch an materiellen Objekten realisiert. Doch diese Form der Realisierung erzeugt nicht den *Sinn* des Aktvollzugs. Sprache gerinnt in Texten; aber Texte müssen *gelesen und verstanden* werden, um ihr Sein als Bedeutungsprozess zu bewahren. Geld ist immer nur an materiellen Formen wirklich (Münze, Papier, Computer); doch die *Bedeutung* als Rechnungseinheit muss jeweils von Subjekten aktualisiert sein, um zu gelten. Alte Münzen oder Geldscheine sind kein *Geld*, auch wenn an ihnen vielleicht einmal Wertungen und Rechnungen vollzogen wurden – so wenig, wie ein Text in unbekannter Sprache, solange er unentschlüsselt (also nicht in gegenwärtiger Bedeutung rekonstruiert) bleibt, verstanden ist.

All dies sind unmittelbar am Phänomen sozialer Sachverhalte sich zeigende Hinweise darauf, dass der *Sinn* sozialer Relationen im Vollzug, nicht in einer Verkörperung oder einem Artefakt zu suchen ist. Jedes Artefakt wird nur dann als solches erkennbar, wenn man den Prozess seines Werdens *als Handlung* rekonstruieren kann. Ich verwen-

---

[54] Paul Natorp nähert sich der ersten Einsicht, fällt dann aber doch wieder auf die Bewusstseinsphilosophie zurück, die Relationen auf das Denken reduziert, das Denken aber als Ich-Bewusstsein interpretiert. Er sagt zunächst sehr richtig: „(D)ie Relata werden erst gesetzt durch die Relation und fallen daher weg, sobald die Relation wegfällt", P. Natorp (1921a), S. 276, kann aber dann doch „ihren Ursprung nur im Denken suchen; es gibt keinen anderen", aaO. Er spricht an anderer Stelle auch von der „Bewusstheit" als *ursprünglicher* Relation zwischen Subjekt und Objekt; betrachtet aber auch hier in kantianischer Tradition *jede* Beziehung als Bewusstseinsakt, wobei von ihm das „Subjekt" bedeutungsgleich als „Ich" und als „das grammatische Subjekt verstanden wird", P. Natorp (1912), S. 26. Damit ist die Grammatik (die Sprachlogik) aber die *stillschweigend vorausgesetzte* Metaphysik der Relationslogik zwischen Subjekt und Objekt (Ego und Entität), was notwendig in Zirkel mündet oder „sich nur tautologisch umschreiben", P. Natorp (1912), S. 28, lässt. Vgl. zur Relation von Ego und Entität: K.-H. Brodbeck (2002a), Kapitel 3.9.4.

de deshalb für die in der Sprache unvermeidliche Objektivierung von Prozessen in der Gesellschaft den Ausdruck „Sach-Verhalt". Damit ist gesagt, dass die *Relation* – der „Verhalt" – im Vordergrund steht, wenn es den Sinn einer Sache zu enträtseln gilt.

Den Gedanken, dass man es bei sozialen Phänomenen mit etwas anderem als dem Verhalten von Naturgegenständen zu tun hat, haben Theoretiker der Gesellschaft unterschiedlich ausgedrückt. Meist wird dafür eine neben der Natur liegende *getrennte* Substanz verantwortlich gemacht. Ich spreche von „Substanz" in einem onto-*logischen* Sinn, also von der Weise, wie vom Sein dieser Dinge *gesprochen* wird. Man braucht dazu nicht ontisch eine besondere Substanz des Geistigen oder Werthaltigen vorauszusetzen. In den Argumenten funktionieren aber solche Entitäten dann doch wie eine neben dem Naturstoff vorkommende getrennte Substanz. So spricht man von „Geisteswissenschaften", in Übersetzung des Millschen Begriffs der *moral sciences*. Dem Geistigen wird ein eigener Gegenstandsbereich eingeräumt, der durch von der Natur verschiedene Eigenschaften charakterisiert wird: Werte und Normen neben den Tatsachen[55], Einzelheit statt gesetzmäßiger Allgemeinheit, historische Besonderheit, Subjektivität usw. Die wichtigste dieser vermeintlich getrennten Substanzen ist der „Wert" (im Plural auch als „Werte" gedeutet), durch die Soziales im Unterschied zu Natürlichem gekennzeichnet sein soll. Doch bei der Durchführung erweisen sich diese Kategorien allesamt als Leerbegriffe, wie das Adjektiv „gesellschaftlich" in vielen Argumenten der Soziologie.

Der in den Sozialwissenschaften gemachte Fehler wurde oben an einem scheinbar ganz anderen Sachverhalt – der Mathematik und Logik – umrissen. Wie dort, werden auch hier *Prozesse*, die ihre Bedeutung nur im Vollzug haben, zu gegenständlichen Entitäten: „Gesellschaft", „Wert", „Geist", „Kultur" usw. Darin liegt zunächst die durchaus richtige Behauptung, dass soziale Sachverhalte keine Natur (*physis*) sind. Doch bleibt diese Behauptung leer, wenn man unter Beibehaltung der cartesianischen Beobachterposition nun von gesellschaftlichen „Gegenständen" so spricht wie von Naturgegenständen. Naturgegenstände sind das, was bei sozial vermittelten Akten *entgegen-steht*. Der *Vollzug* dieser Akte kann deshalb nun nicht *seinerseits* ein logisch und ontologisch gleich zu behandelnder Gegenstand (= Widerstand) sein. Der Aktvollzug ist nicht das, was ihm entgegensteht. Deshalb „stehen" Werte nicht neben Tatsachen, die Kultur nicht neben der Natur, der Geist nicht neben den Dingen. Man kann beides aber auch nicht reduktionistisch aufeinander zurückführen. Es ist schon dem Begriff nach unsinnig, den Vollzug einer Bedeutung als Denkakt auf das *Verhalten eines im Denken und Handeln* entgegenstehenden Objektes reduzieren zu wollen. Das ist *unsinnig*, weil die Bedeutung von „Objekt" sich jeweils selbst nur in der Relation zu ihm eröffnet – wie oben kurz am Beispiel von Naturgegenständen und Technik skizziert.[56]

Das Worin der Bedeutung dessen, was man „Realität", „Außenwelt", „Natur" usw. nennt, ist ein sozialer Prozess. Man kann deshalb nicht diesen Prozess – den sozial vermittelten Denk- und Handlungsprozess – auf eine lokale Bedeutung *in ihm* zurückführen. Solch lokale Bedeutungen sind nicht nur Naturgesetze, sondern auch Entitäten wie „Erbfaktoren", „Gehirn" usw. Man braucht nur jeweils ein Dutzend Wissenschaftler zu fragen, wie sie diese angeblich mit sich identischen, außerbewussten und objektiven Dinge beschreiben oder definieren. An der Vielfalt sich widersprechender Antworten kann einem sofort klar werden, dass das, was wir als „Außerhalb" glauben, als eine an

---

[55] Dem „konkreten Kausalzusammenhange aller Tatsachen und Veränderungen" stellt Dilthey ein „System der Werte und Imperative" gegenüber, W. Dilthey, GS 1, S. 89; vgl. H. Rickert (1926).

[56] Vor dem Eintritt in ein Entsprechungsverhältnis „haben Subjekt und Objekt als solche noch gar nicht existiert." I. Kôyama (1990), S. 310.

1.1.8 Die Priorität der Relation vor den Relaten

sich, unabhängig von der Gesellschaft und der in ihr offenbaren Bedeutung liegende, mit sich identische Entität nur eine Illusion ist.[57] *Wirklich* ist daran nur, was das vom Denken geformte Handeln als Akt vollzieht und darin als Widerstand erfährt, d.h. in bestimmten Begriffen auslegt und so erklärt.

Fakten sind, wie die lateinische Wortwurzel sagt, *das Ergriffene*. Die gesellschaftliche Form der Fakten liegt im Greifen, im Be-Griff. Der Begriff der Gesellschaft bezieht sich also auf einen kognitiven und handelnden Prozess *uno actu*, worin die Vielen sich selbst und die Natur zu einer Einheit vermitteln. Die Einheit – der Gesellschaft, der Natur, des Denkens – ist nicht vorauszusetzen, sondern vollzieht sich als dieser Prozess selbst. Deshalb kann die Logik der Gesellschaft den Satz der Identität nicht voraussetzen; vielmehr ist der Vollzug und die Herstellung der Identität, auch der darin ergriffenen, begriffenen und so erscheinenden Naturgegenstände, ein Prozess des Wissens, das sich immer wieder neu als eine Einheit organisiert. Bereits hier wird deutlich, dass das Wissen von der Natur und das Wissen der Gesellschaft von sich selbst nicht getrennt werden können. Eine andere Gesellschaft hat auch ein anderes Wissen von der Natur.

Bei Aristoteles heißt es:

„Anaxagoras sagt nun zwar, dass der Mensch, weil er Hände besitzt, das klügste der lebenden Wesen sei, logisch aber ist es, dass er Hände bekam, weil er das klügste Wesen ist."[58]

Hier wird Klugheit und Hand, Geist und Körper getrennt und dann das eine auf das andere zurückgeführt. Die Relate gehen der Relation voraus, Klugheit hier, Hand dort. Ich sage demgegenüber, dass weder Anaxagoras noch Aristoteles den Punkt trifft: Die *Handlung*, der Prozess der Vermittlung selbst ist der Ort, an dem sich Klugheit und Hand entwickelt haben. Subjekt und Objekt wurden *durch* ihre Vermittlung und aus ihrer Vermittlung. Ist die Handlung eine andere, so auch die „Hand" und die „Klugheit". Das Wirken geht der subjektiven und objektiven Wirklichkeit voraus.

„Schon die Worterklärung von existentia machte deutlich, dass actualitas auf ein Handeln irgendeines unbestimmten Subjektes zurückweist (...). Auch die scheinbar objektive Interpretation des Seins als actualitas weist im Grunde auf das Subjekt zurück, aber nicht, wie bei Kant, auf das erfassende Subjekt im Sinne der Beziehung des res zu den Erkenntniskräften, sondern im Sinne einer Beziehung zu unserem Dasein als einem handelnden, genauer gesprochen als einem schaffenden, herstellenden."[59]

Der frühe Heidegger geht hier nicht den letzten Schritt, zu bemerken, dass das Schaffen, das Herstellen der Vollzug erst die Relate Objekt und Subjekt nicht nur hinsichtlich ihres „als" in der semiotischen Relation, sondern auch hinsichtlich ihrer Identität hervorbringt; wobei auch dem Schaffen dabei keine Identität als Seiendes zu-

---

[57] Vgl. zur Kritik der naiven Auffassung vom Gelten von Naturgesetzen N. Cartwright (1983); R. B. Laughlin (2007).
[58] Aristoteles (1853), S. 225 (Über die Teile der Tiere 687a).
[59] M. Heidegger, GA 24, S. 143. Raimundus Lullus sagte: „Homo est animal homificans." R. Lullus (1999), S. 62. Alles kommt darauf an, wie man hier *homo* bestimmt: „Der Mensch ist, wozu er sich macht." J. P. Sartre (1966), S. 11.

kommt.⁶⁰ Schöpfungsmythen und Theologie haben *diese* Einsicht ausgesprochen, allerdings in einer entfremdeten Form, sofern sie dem Schaffen wiederum den Rang eines Subjektes (*creator*) zuschreiben und darin das Handeln eines Handwerkers erblicken, der ein Chaos formt und dabei von Ideen, vom Wort gelenkt wird. In der Karma-Theorie des Buddhismus ist dieses Hindernis des Denkens beseitigt, sofern die Handlung, die Tat, der Vollzug als das Primäre erscheint:

„Bloß Taten gibt es, doch kein Täter findet sich."⁶¹

Logisch ausgedrückt heißt das: Die Relation hat Priorität vor den Relaten⁶², während das europäische Denken – wie das Zitat von Aristoteles belegt – einen Jahrtausende währenden Streit darüber führte, welchem der Relate *in der Relation* der Vorrang gebühre, welches der Relate das je andere bestimme, bedinge usw.⁶³ Wenn man Verben wie „bestimmen" oder „bedingen" verwendet, dann sagt man als *logische Form*: Das Relat *handelt* (in seinen Verben). Doch der Akt ist nicht von dem her zu bestimmen, was er vollbringt: Das Resultat. Das Subjekt *lebt* in den Verben, und ein totes Subjekt ist keines. Die Relation ist Vollzug eines Prozesses und nicht zu vergegenständlichen. Deshalb sind *Kategorien* Relationen, die jeweils nur als Vollzug Bedeutung haben, wenn man die Relate – das Allgemeine und das Einzelne, den Begriff und die sinnliche Mannigfaltigkeit, das Eine und das Viele – nicht trennt und ihnen eine getrennte Identität zuspricht, sondern als das begreift, was im Prozess der Beziehung, der Relation sich erst konstituiert. Und all dies ist kein platonisches Jenseits (*chorismus*), kein abgetrennter Himmel der Ideen, sondern die Relationen handeln *in den Subjekten*, die darin ihre Vergesellschaftung in je besonderen Formen vollziehen. Der Ort der Kategorien ist das Denken der Vielen; ihr Prozess ist deren Handeln.

1.1.9 Zirkuläre Beziehungen und menschliche Freiheit

Mit diesen Bemerkungen bin ich gewappnet, die eigentliche Logik der Vergesellschaftung präziser darzustellen. Die Relationen, durch die die Vielen zu einer sich wandeln-

---

⁶⁰ Heidegger hat immer wieder mit dem Gedanken gekämpft, dass die Relation als Prozess, als Zeit, das logisch Frühere, das Apriori („vom Früheren herkommend") ist und im Begriff des Ereignisses als Bezug von Mensch und Sein zu denken versucht. Wenn Heidegger das Wesen indes als *Verb* (wesen), wenn er das Tao (sprachlich korrekt) nicht als Entität „Weg", sondern allemannisch als *wëgen*, den Prozess des Wegemachens liest, dann sagt er in eine einfache logische Form übersetzt: Der *Prozess des Beziehens*, also die Relation, bestimmt, nicht ein Relat *durch* das Verb hindurch. Im Buddhismus nennt man den Glauben, dass vorausgesetzte, identische Entitäten in den Verben handeln, *avidya*, Nichtwissen. Vgl.: „Das grundlegende Prinzip der Buddhisten besteht darin, dass auch der logischste Verstand (*susiksito'pi*) nicht in das Wesen der Dinge eindringen und sie bestimmen kann, er kann nur ihre Beziehungen bestimmen." T. Stcherbatsky (1924), S. 109.

⁶¹ Nyanatiloka (1952), S. 597.

⁶² „In der Beziehung haben wir in letzter Analyse das, worauf jede Erscheinung, jede Wirklichkeit, jede Kraft, jede Existenz zurückzuführen ist." P. J. Proudhon (1963), S. 177.

⁶³ Noch Heidegger räumte, wie zitiert, dem Subjekt einen Vorrang ein, auch wenn er dieses Subjekt schon als *handelndes* auslegte. Sein Widerpart Adorno spricht vom „Vorrang des Objekts", T. W. Adorno, GS 6, S. 185 und an 43 weiteren Stellen der 20bändigen Werkausgabe. Berkeley führt für die Aufklärung fort, was die mittelalterliche Ontologie bestimmte: „Wir irren uns sehr, wenn wir die Beziehungen von Dingen studieren, bevor wir sie absolut und für sich selbst studieren." G. Berkeley (1979), S. 73 (§ 540).

1.1.9 Zirkuläre Beziehungen und menschliche Freiheit

den Einheit werden, erschaffen sowohl ihre Bedeutung, wie sie die faktische Vergesellschaftung vollziehen. Betrachten wir eine einfache Handlung, in der ein bestimmter Zweck (ein Handlungsprogramm) realisiert wird. Gleichgültig, was zu dieser Handlung *unmittelbar* den Anlass gibt, in ihrem Aktvollzug muss sich der Handelnde – soll die Handlung gelingen – dem Handlungsprogramm unterordnen. Dieses Subsumtionsverhältnis, die Disziplin seines Tuns, ist aber kein *äußeres* Verhältnis, sondern eine vom Handelnden selbst hergestellte Relation. Eine Handlung kann deshalb aus zwei Gründen scheitern: Einmal, weil das Handlungsprogramm in einer bestimmten Situation von *äußeren Widerständen* zurückgewiesen wird, zum anderen weil der Handelnde seine Subsumtion unter den Zweck der Handlung aufgibt. Im ersten Aspekt erscheint das, was wir als „Natur", als „das Äußere" auslegen;[64] im zweiten Aspekt erscheint das Worin der Handlung, ihr offener Raum.

Für die Logik der Vergesellschaftung ist vor allem der zweite Aspekt wichtig: Die Subsumtion unter einen Zweck. Vom alltäglichen „keine Lust auf Arbeit" bis zur reflektierten Verweigerung eines Tuns aus bestimmten rationalen oder ethischen Gründen *misslingt* die Verwirklichung des Zwecks. Darin zeigt sich also eine *Offenheit*. Der Handelnde muss, um *Mittel eines Zwecks* zu sein, um sich der Disziplin der Realisierung eines Handlungsprogramms zu unterwerfen, in diese Unterwerfung *einwilligen*. Selbst bei äußerster Nötigung bleibt die wenigstens prinzipielle Möglichkeit eines „Nein!" erhalten. Dieses Verhältnis ist ein wichtiger Aspekt der „Freiheit des Handelns". An dieser Freiheit zeigt sich die Offenheit des Worin, in der sich jede Vergesellschaftung vollzieht.

Weshalb liegt hier eine Vergesellschaftung, nicht der isolierte Akt eines Robinsons vor? Jeder Zweck, jedes Handlungsprogramm hat eine *soziale Form*, die allerdings auf ihrem Weg durch das Subjekt hindurch eine Privation erfährt. Wer sich eine bestimmte Handlung vornimmt und sie im inneren Dialog mit einem idealisierten Du – das man durchaus auch intentional selbst sein kann – vorbereitet, der zeigt in seinem bewussten Akt seine Einbindung in die Gesellschaft. Dies selbst dann, wenn der verfolgte Zweck rein privater Natur sein sollte, also nur im individuellen Erfahrungskontinuum einen Sinn gewinnt. Dieser Sinn ist intentional ein privater, in seiner *Form* aber ein sozialer. Es gibt deshalb nicht nur keine Privatsprache, wie Wittgenstein zeigte[65], es gibt keinen individuellen Handlungsvollzug, der sich nicht in einer sozialen Form bewegen würde. Die Disziplin, einen bestimmten Zweck zu realisieren, sich einem eigenen Entschluss zu beugen, auch jeder bewusste Willensakt bedeutet zugleich die Subsumtion unter eine soziale Form, die je schon anerkannt wurde. Wer überlegt und mit sich selbst spricht, der hat sich selbst schon *als* soziales Wesen ausgesprochen, gleichgültig was der konkrete Inhalt seiner Überlegungen sein mag.

Es ist also kein Rätsel, wie die *Einheit* der Gesellschaft sich in den *Vielen* herstellt. Das bleibt jeweils ein Akt der Subjekte selbst, die sich in sozialen Formen *als* Selbst, als Individuen vermeinen. Ein *vor* der Gesellschaft existierendes Individuum ist ein Unbegriff, weil Individualität nur in Differenz zu anderen Individuen gedacht werden kann. Darin wird also eine *Vielheit* vorausgesetzt. Doch diese Vielheit ist nicht von einem äußeren Beobachter als eine „Menge von Individuen" zusammengefasst[66], sondern in den Akten der Individualisierung, dem inneren Dialog, dem Rechnen mit Werten, dem

---

[64] Vgl. das Kapitel „Widerstand und Gegenstand des rationalen Ego" in: K.-H. Brodbeck (2000a), S. 130ff.
[65] L. Wittgenstein (1980), S. 393-398.
[66] „Als Mitwelt (…) lässt die Menschheit sich nicht auf eine abzählbare Menge von Individuen zurückführen." B. Waldenfels (2006), S. 77.

Anerkennen oder Abweisen von Normen usw. vollzieht sich *uno actu* die Individualisierung und die Vergesellschaftung. Individuum *und* Gesellschaft ist deshalb eine unzulässige Gegenüberstellung. *Ver*gesellschaftung vollzieht sich nie an Individuen, die ohne diese Vergesellschaftung schon eine definierte Bedeutung oder Identität besitzen würden. Selbst ihre *biologische* Identität wird in sozialen Akten reproduziert (Arbeiten, Kommunizieren und Konsumieren). Die Hobbessche Vorstellung einer Menge von Individuenatomen, die gegeneinander gewaltsam konkurrieren, ist eine leere Konstruktion, mehr noch, eine Extrapolation des Krieges und der frühkapitalistischen Konkurrenz der Eigentümer. Säuglinge hängen von Müttern ab, sie konkurrieren nicht; und noch der gewalttätigste Krieger benötigt Bauern und Handwerker oder eine Industrie, die ihn und seine Mittel erhalten.

An den individuellen Formen finden sich also selbst vielfältige Verweise auf je andere. Diese Verweise können mehr oder weniger zufällig sein – wie die Beziehung zwischen einem Kaufhaus und dem T-Shirt, das man dort gekauft hat und trägt. „Zufall" heißt hier aber nur: Austauschbarkeit. Wer kein T-Shirt trägt, trägt vielleicht ein Hemd, er trägt aber ein Kleidungsstück, und in den allerwenigsten Fällen haben sie oder er dieses Kleidungsstück selbst gefertigt. Hat sich jemand etwas selbst geschneidert, dann stammt der Stoff von anderen. Nur ein Robinson wäre Produzent und Konsument in einem. Doch er könnte überhaupt nur planvoll und rational handeln, wenn er denken, also *sprechen* könnte. Das kann er aber nicht allein auf seiner Insel lernen. Also auch Robinson trägt die Spuren der Gesellschaft in seinem Begriff als Individuum. Subtrahiert man alles Gesellschaftliche an ihm, so subtrahiert man Robinson – der ohnehin nur eine soziale Wirklichkeit als *Erfindung* besitzt.

Also *alle* gesellschaftlichen Kategorien enthalten vielfältige Hinweise jeweils auf den anderen, ein Du der Kommunikation oder einen Partner der Arbeit. Doch damit nicht genug. Viele Kategorien, die man in der Erklärung von Prozessen der Vergesellschaftung verwenden muss, tragen *an ihrer logischen Struktur* selbst das Merkmal, ein sozialer Sachverhalt zu *sein*, nicht nur einen solchen Sachverhalt zu *bezeichnen*. Semiotische Prozesse werde ich später behandeln. Doch gerade dies wird die Pointe sein: Zeichenprozesse entsprechen nur dann dem Vollzug einer Bedeutung, falls sie zugleich soziale, also intersubjektive Prozesse sind.

Das wird an einigen Kategorien sofort deutlich, die bereits früh das Denken bewegt haben. Die bekannteste ist wohl die von Heraklit und Nagarjuna gleichermaßen als Musterbeispiel verwendete Beziehung zwischen Vater und Kind.[67] Im Augenblick der Geburt treten Vater und Kind in eine Relation ein, so dass in gewisser Weise (wie Heraklit und Nagarjuna sagen) auch das Kind den Vater „zeugt", nicht nur umgekehrt. Genauer gesagt: Die *Relation* der Vaterschaft erzeugt zwei Subjekttypen, die sowohl ein *logisches* wie ein reales, soziales Verhältnis bezeichnen. Man kann zudem, einmal in diese Relation eingetreten, *als Vater* oder *als Kind* nicht mehr aus ihr austreten. Stirbt der Vater oder das Kind, so bleiben beide doch dual aufeinander bezogen: Auch das Kind eines *toten* Vaters bleibt Kind dieses Vaters. Der Eintritt in die Gesellschaft ist unumkehrbar, weil jeder „aus Gesellschaft" besteht: denkend, sich ernährend, handelnd.

Die traditionelle Logik der Entitäten scheitert an zirkulären Relationen. Wenn man die Relate als mit sich identische Entitäten voraussetzt, ist Zirkularität schlicht ein *Denkfehler*: Etwas ist A oder es ist nicht A. Dass das „ist" in diesem Satz seinen Sinn durch die Relation zu einem B gewinnen könnte, ist als *Denknotwendigkeit* in der linearen, aristotelischen Logik undenkbar oder „Unsinn". So sagt auch Russell, es gebe „nur einen Fall, in dem die Existenz von A *logisch* von der Existenz eines B abhängt, und

---

[67] Vgl. K.-H. Brodbeck (2002a), S. 136-139.

1.1.9 Zirkuläre Beziehungen und menschliche Freiheit

zwar dann, wenn B ein Teil von A ist."[68] Nun ist aber ein Kind weder Teil des Vaters noch umgekehrt. Russell selbst verwendet ein zirkuläres Beispiel, den Ehemann, und sagt: „ein Mann wird zum Ehemann, wenn er eine Ehe eingeht"[69].

Und tatsächlich folgt aus „Mann" weder „Ehemann" noch „Vater". Doch sobald ein Mann – z.B. in einer Ehe – in die Relation „Vater" eintritt *durch* die Geburt seines Kindes, ist zirkulär mit dem Begriff „Kind" auch „Vater" bestimmt – und umgekehrt. Und diese Bestimmung ist keineswegs nur eine logische, sondern sie erhält ihren Sinn sozial durch *Teilnahme*. A und B – in Russells Beispiel – werden also *durch* eine Relation zu dem, was sie *sind*, ohne wechselseitig Teilmengen oder linear-logische Voraussetzung des anderen zu sein. Nicht A „erzeugt" B oder umgekehrt, weil A und B *vor* der Relation und außerhalb der Relation überhaupt kein Sein zukommt. Man kann nicht sagen: Der Vater *ist*. Punkt. Und *dann* ist auch der Sohn – oder umgekehrt. Die Relate produzieren hier nichts:

„Wenn der Sohn vom Vater erzeugt wird, und wenn dieser Vater von eben diesem Sohn erzeugt wird, sage mir, wer von diesen produziert welchen anderen?"[70]

Die Relationen des Sozialen sind zwar stets zirkulär und reflektieren einander, doch sie sind keineswegs immer *dual*, wie Vater ↔ Kind. Besonders wichtig ist hier die triadische Struktur von Ich, Du und Es. Man kann dual immer dem Ich ein Nicht-Ich entgegenstellen. Doch der *Sinn* des Nicht-Ich ist ein völlig anderer, ob man es mit einem Es oder einem Du gleichsetzt. Das gilt auch für die Subjekt-Objekt-Dualität. Sie ist nur uneigentlich oder in einer falschen Abstraktion *dual*, weil sowohl das Subjekt wie das Objekt jeweils vielfältig erscheinen. Die *Intersubjektivität* lässt sich nicht auf eine Subjekt-Objekt-Dualität zurückführen; sie kann aber andererseits auch nicht *ohne* Subjektbegriff bestimmt werden. Diese Beispiele zeigen, dass jeweils der Relationstyp zugleich die Relate bestimmt, genauer gesagt: Das *Worin* der Relation legt auch die Relate in sozialen Beziehungen fest. Die Ich-Du-Relation bewegt sich in einem Bedeutungsraum, der zwar jeweils auf ein Es Bezug hat, doch die Weise dieser Bezugnahme ist eine ganz andere als z.B. in technisch vermittelten Ich-Es- oder Subjekt-Objekt-Relationen. Es wird also deutlich, dass man mit der Relation als grundlegender Sozialbeziehung zugleich die Bedeutung der Relate festlegt. Das ist kein externer Akt eines Theoretikers, sondern dies vollzieht jeder Handelnde in seinem Tun, seinem begleitenden Denken, sofern er sich in einer bestimmten sozialen Relation bewegt. Allerdings müssen – und werden – diese eher vagen Bemerkungen in den nachfolgenden Kapiteln sehr viel genauer zu konkretisieren sein. Hierzu werde ich im nächsten Kapitel den Begriff der „sozialen Grundstruktur" einführen, der diese Relationsverhältnisse in sich differenziert und für verschiedene Vergesellschaftungsformen näher zu bestimmen erlaubt.

Ich möchte hier die logische Priorität der Relation vor den Relaten zunächst noch an einem anderen Beispiel verdeutlichen, das es mir zugleich erlaubt, das *Worin* der sozialen Relationen näher als Offenheit und Freiheit zu bestimmen. Ein solches Beispiel ist die Relation von König und Untertanen (die ich übrigens noch mehrfach als Modell für diesen Typus aufgreifen werde). Zum Begriff des Königs gehören Untertanen – und umgekehrt. Man mag dieses Verhältnis „dialektisch" nennen, es ist vor allem in seiner Logik zugleich ein *soziales Phänomen*. Ich werde zeigen, inwiefern Zeichen, Rechtsre-

---

[68] B. Russell (1952), S. 152.
[69] B. Russell (1952), S. 149.
[70] Nagarjuna (1998), S. 123.

geln, vor allem aber das Geld nur in dieser Logik zu verstehen sind. Die Pointe ist hierbei stets: Die soziale Form der Vergesellschaftung *beruht* auf einer im Denken mitvollzogenen logischen Beziehung. Man muss sich selbst als Untertan auslegen, um einem König faktisch als Untertan dienen zu können. Dasselbe gilt bei Herr und Knecht, aber auch in allen *Machtverhältnissen*. Macht ist stets eine *zirkuläre* Beziehung, die nicht äußerlich, also durch Gewalt hergestellt werden kann. Bei der übertragenen Bedeutung spricht man zwar von einer Macht über Dinge, Bewegungen oder Gedanken. Darin ist aber ein unscharfer Begriffsinhalt bezeichnet; Dinge leisten wohl Widerstand gegen das Ansinnen, sie beherrschen zu wollen. Sie tun dies aber aus Trägheit, nicht aus Freiheit. Der Sklave, der sich seinem Herrn widersetzt, weil er bemerkt, dass dessen Macht über ihn auf seinem Gehorsam beruht, handelt in einem Akt der Erkenntnis: Er wird sich dessen gewahr, dass die Relation zu seinem Herrn eine rein kognitive war, dass sie eine Privation in einem offenen Worin darstellt, das durch *andere* Entscheidungen völlig anders erfüllt werden kann. Diese Einsicht und die Bewegung gemäß dieser Einsicht ist der Vollzug der Freiheit als Akt.

Es ist insofern durchaus richtig, dass man die wichtigste Differenz zwischen Natur und menschlicher Gesellschaft im Begriff der *Freiheit* sieht. Allerdings darf man die Freiheit nicht als Attribut eines mit sich identischen Individuums interpretieren. Ein mit sich identisches Individuum könnte nie *frei*, also offen zu etwas anderem und anderen hin sein. Es wäre im Gefängnis seines *ego cogito* gefangen. Wie *künstlich* diese Fesselung ist, macht Platon in seinem berühmten Höhlengleichnis am Beginn des siebten Buches seiner *Politeia* deutlich, wenn er die Welt des Scheins dadurch erzeugt denkt, dass er die Beobachter des *Handelns*, also des Vollzugs ihrer Freiheit beraubt und sie sich an Händen und Füßen gefesselt vorstellt.[71] Die Fesseln sind in sozialen Relationen stets nur falsche Gedanken. Allerdings – und darin liegt die eigentliche Tragik der Menschen – bildet sich im Aktvollzug stets auch eine *Gewohnheit* heraus durch Widerholung. „Gewöhnung" heißt, die freie Bewegung im Offenen, im Worin des Handelns wird vergessen, der Akt wird unbewusst, die Achtsamkeit wird von ihm abgezogen. Diese seltsame Struktur, massenhaft wechselseitig gespiegelt, durch Institutionen reproduziert und durch Gewaltmittel eingeschüchtert, macht die Handelnden zu unfreien Wesen, zu Sklaven ihrer Denk- und Handlungsgewohnheiten.

Doch Gewohnheiten sind stets *bewusstseinsfähig*. Man braucht sie nur zu reflektieren, um sie wieder ins Licht der Achtsamkeit zu heben und darin zu verflüssigen. Deshalb ist keine Struktur der menschlichen Gesellschaft von solcher Gewalt, dass sie nicht einer Änderung fähig wäre. Es ist entweder eine PR-Lüge oder Blindheit, für die menschliche Gesellschaft so etwas wie „Naturgesetze" zu behaupten und darin sogar eine Analogie zur Physik herstellen zu wollen – auch wenn dieser Gedanke in der Ökonomik allgegenwärtig ist.[72] Unglücklicherweise hängen an diesem Gedanken sowohl die jeweiligen Apologeten bestehender Ordnungen wie ihre schärfsten Kritiker. Wie verheißungsvoll hatte der junge Marx den Albtraum alter Bewusstseinsformen kritisiert,

---

[71] „Stelle dir nämlich Menschen vor in einer höhlenartigen Wohnung unter der Erde, die einen nach dem Lichte zu geöffneten und längs der ganzen Höhle hingehenden Eingang habe, Menschen, die von Jugend auf an Schenkeln und Hälsen in Fesseln eingeschmiedet sind, so dass sie dort unbeweglich sitzenbleiben und nur vorwärts schauen, aber links und rechts die Köpfe wegen der Fesselung nicht umzudrehen vermögen", Platon (1940: 2), S. 249 (514a-515d).

[72] „There is a close analogy between theoretical economics and theoretical physics." F. H. Knight (1935), S. 138. Vgl. zur Kritik: P. Mirowski (1989); K.-H. Brodbeck (1986); (1999c); (2000a); (2006b). Mehr dazu im Kapitel 4.7.

und wie elend stürzte er ab in seiner Behauptung von „ewigen Naturbedingungen menschlichen Lebens" und „Naturgesetzen" in der Gesellschaft. Wie großartig setzte der philosophische Gedanke ein, als er sich in der aristotelischen Philosophie dessen versicherte, dass die Gesellschaft keine *physis*, sondern *nomos* sei, also von Menschen setz- und veränderbar. Und was haben die Nachahmer daraus gemacht? Göttliche Naturgesetze in der Menschenwelt, offenbart auf den Märkten, denen deshalb Gehorsam zu leisten sei, *weil* es Naturgesetze (oder, gleichrangig, göttliche Gebote) seien. In all diesen Denkfehlern, mit höchsten Weihen der Wissenschaft versehen, mathematisch und statistisch reichlich garniert, drückt sich gleichwohl nur ein zirkuläres Verhältnis aus: Herrschaft in der Gesellschaft gibt es nur auf der Grundlage der Bereitschaft, sich unterzuordnen. Die *Form* der Herrschaft ist aber stets ein Gedanke.

Besteht diese Bereitschaft in der dienenden Nächstenliebe, im aktiven Mitgefühl, so vollzieht sich das Handeln in Freiheit. Liegt diese Bereitschaft aber in der Unwissenheit, in der fehlenden Kraft der Reflexion des Vollzugs eigener Handlungen, dann sind die Menschen nur die bedauernswerten Opfer ihrer eigenen Selbstversklavung. Insofern bedeutet die Erkenntnis der zirkulären Logik der Vergesellschaftung die Möglichkeit, sich nicht nur von dem Gedanken einer Herrschaft der Natur *in der Gesellschaft*, sondern von dieser Herrschaft selbst zu befreien. Man muss diese Struktur in dieser allgemeinen Form aussprechen. Nur wenn die *grundlegende Möglichkeit* wieder erkennbar wird, nimmt man den Schergen der Gewalt ihre wichtigste Basis: Die Macht des falschen Gedankens.

Es ist heute real möglich, eine Welt *wenigstens* ohne Hunger zu schaffen. Was uns von dieser real möglichen Welt trennt, sind Gedanken, in die sich Untugenden eingenistet haben. Diese Welt mit dem Hinweis auf Sachzwänge, Notwendigkeiten, Naturgesetze oder Gesetze der Wirtschaft abzustreiten und damit performativ ihre Möglichkeit zu *verhindern*, macht jene, die diese falschen Gedanken reproduzieren, zu den Schreibtischtätern der Gegenwart. Sie planen keine Vernichtungslager; sie drücken nur, gelenkt von ihrer Geldgier, ein paar Knöpfe auf dem PC. Das gute Gewissen, das ihnen eine Pseudo-Wissenschaft der mechanischen Vergesellschaftung dabei verleiht, möchte ich auf den nachfolgenden Seiten gründlich versalzen. Handelte es sich nur um vergangene Denkformen, so könnte man sie einfach in Bibliotheken verstauben lassen. Doch die fehlende Erkenntnis der Logik der Vergesellschaftung *ermöglicht* eine Vielzahl von Gesellschaftstheorien, vor allem der Ökonomik, deren Wirkung in der Formung der Selbstreflexion der Öffentlichkeit eine äußerst destruktive und für täglich Hunderttausende tödliche ist. Dieser falschen – weil Menschen falsifiziert werden –, das globale Elend also vermehrenden „Wissenschaft" möchte ich die wichtigste Waffe aus der Hand nehmen: Den Glauben, ihre Gedanken beruhten auf *nachvollziehbaren* Argumenten. Eine mitfühlende Sozialwissenschaft ist gehalten, jenen im abgegrenzten Territorium der Wissenschaft eine Stimme zu verleihen, die von der eigenen Zunft methodologisch als Dinge ausgegrenzt und als Anreizobjekte totalitär behandelt werden. Da jedoch die Welt der Täuschungen sehr vielfältig ist, muss auch die Widerlegung in die Breite gehen. Ob ich in meiner Untersuchung vor Hegels Urteil bestehen kann, dies zu entscheiden muss ich der Leserin und dem Leser überlassen: „Die Kraft des Geistes ist nur so groß als ihre Äußerung, seine Tiefe nur so tief, als er in seiner Auslegung sich auszubreiten und sich zu verlieren getraut."[73]

---

[73] G. W. F. Hegel, WW 3, S. 18.

1.2 Die cartesianische Denkform und ihr Mangel

1.2.1 Descartes' Denkmodell

Jene oben eingeführte Denkfigur – der „cartesianische Beobachter" –, die bei Descartes nur einen Höhepunkt erreicht und ihren eigentlichen Begriff gefunden hat, möchte ich nun kritisch darstellen und ihre Konsequenzen diskutieren. Sie wird in den nachfolgenden Untersuchungen eine wichtige Rolle spielen. Descartes hat einen Denkstil teils begründet, teils vollendet, der doppelt zu verstehen ist: Einmal als eine kritische Denkmethode, zum anderen aber – daraus hervorgehend – als eine Metaphysik der Kategorien, die sich in wesentlichen Punkten von der scholastischen Tradition unterscheidet, gleichwohl aber von dieser abhängig ist und daran anknüpft. Es ist wichtig, einen Blick auf die Quelle – Descartes selbst – zu werfen, um die Konsequenzen dieses Denkstils deutlich machen zu können. Das Denkmodell, in dem Descartes seine neue Denkform vorstellt, ist beredt, bleibt es doch in einer wesentlichen begrifflichen Hinsicht der platonisch-aristotelischen Tradition verbunden. Die Philosophie von Platon und Aristoteles lässt sich in vielen Teilen rekonstruieren als ein *Modell des Modells*. „Modell" ist der Ausdruck der Architekten, mit denen sie ihre, den später gebauten und verwirklichten Häusern vorausgehenden, Entwürfe in Form von Plänen bezeichneten. Der griechische Begriff für „Modell" ist *idea*. In der Architektur ist sinnlich sichtbar, wie sich Modell und Wirklichkeit zueinander verhalten; auch leuchtet ein, weshalb die Übertragung dieses Modells auf das Ganze des Seienden zu der Idee eines Welthandwerkers verleitet, aus dessen Geist alles hervorgeht.

Ich erinnere hier nur kurz an diese Zusammenhänge[1], um die Isomorphie der Stellung zur Welt bei Descartes aufzuzeigen. Descartes schildert, wie er zu seiner neuen Erkenntnismethode bei seinem Aufenthalt in Deutschland gelangte. Zunächst nennt Descartes hier eine wichtige Voraussetzung der *Situation* seines Denkens:

> „... wo ich, da ich keine zerstreuende Unterhaltung fand und mich überdies glücklicherweise keine Sorgen oder Leidenschaften störten, den ganzen Tag *allein* in einer warmen Stube eingeschlossen blieb und hier all die Muße fand, um *mich mit meinen Gedanken zu unterhalten*."[2]

Descartes' methodischer Ausgangspunkt ist also der radikal einsame, nur auf sich selbst gestellte innere Dialog, der sich vornimmt, nichts, was ihn bislang bestimmt hat, ohne kritische Prüfung gelten zu lassen. Einer der ersten Gedanken, der ihm hierbei in den Sinn kam, war

> „derjenige, dass die aus mehreren Stücken zusammengesetzten und durch die Hand verschiedener Meister erstellten Werke oft nicht so vollkommen sind wie diejenigen, an denen nur ein einzelner gearbeitet hat. Ebenso sieht man, dass Bauten, die ein Architekt allein unternommen und vollendet hat, für gewöhnlich schöner und besser geordnet sind als solche, die mehrere zu verbessern versucht haben, indem sie sich alter Mauern bedienten, die zu anderen Zwecken gebaut worden waren."[3]

---

[1] Vgl. K.-H. Brodbeck (2000a), 5.2; (2002a), 2.7-2.9; (2004c), S. 136ff.
[2] R. Descartes (2001), S. 27; meine Hervorhebung.
[3] R. Descartes (2001), S. 29.

1.2.1 Descartes' Denkmodell

Descartes bleibt also im Denkhorizont der metaphysischen Tradition, die sich die Welt als einen *Bau* vorstellt; ist doch – ich habe das bereits zitiert –, wie Leibniz später sagen wird, die Metaphysik das, „was der Architekt im Verhältnis zu den Arbeitern ist."[4] Mit dem Blick des Architekten auf die Baupläne der Tradition schien es für Descartes so zu sein, dass das bisherige Wissen ein Flickwerk der Gedanken sei, dass sich

> „die Wissenschaften, die sich in den Büchern finden, zumindest die, deren Gründe bloß wahrscheinlich sind, die keine Beweise anführen und die sich nur aus Meinungen mehrerer verschiedener Personen nach und nach zusammengesetzt haben und dadurch angewachsen sind, sich der Wahrheit nicht so annähern wie die einfachen Überlegungen, die ein Mann von gesundem Verstand auf natürliche Weise hinsichtlich der sich zeigenden Dinge anstellen kann."[5]

Meinungen werden hier mit *individuellen* Ansichten gleichgesetzt. Deshalb ist die Quantität, die *Mehrheit der Meinungen* kein Argument für die *Wahrheit* eines Gedankens.

> „Stimmen zu zählen, um der Meinung beizutreten, die mehr Autoritäten für sich hat, würde auch nichts nützen; denn wenn es sich um einen schwierigen Streitpunkt handelt, so ist es glaublicher, dass seine Wahrheit von wenigen gefunden werden konnte als von vielen"[6],

sagt Descartes in seinen *Regeln*, und im *Discours* lautet derselbe Gedanke:

> „da die Menge der Stimmen dennoch kein Beweis ist, der bei ein wenig schwerer zu entdeckenden Wahrheit etwas wert ist – denn es ist viel wahrscheinlicher, dass ein Mann allein sie findet als ein ganzes Volk"[7].

Dieser Gedanke ist nun keineswegs (nur) eine *psychologische* Begründung, er ist von grundlegender Bedeutung für die Wahrheitstheorie der Moderne. Descartes *trennt* hier Wahrheit und Tradition, Wahrheit und *Aussage* auf eine vermeintlich neue und radikale Weise. Wahr ist nicht, was viele glauben, wofür viele Autoritäten eintreten; Wahrheit ist in ihrem Wesen ebenso wenig ein Resultat der Kommunikation wie demokratischer Prozesse. *Methodisch* bedeutet dies, dass die Wahrheit die eines *Einzigen*, also ihrer Natur nach *solipsistisch* verfasst ist. Descartes begründet hier, was auch durch die Kritik der Philosophie des Deutschen Idealismus hindurch sich bis zum Positivismus Carnaps als „methodischer Solipsismus" behauptet hat.

Das ist nun nicht so zu verstehen, dass Descartes *seine* individuellen Vorstellungen, gründend in seiner Lebensgeschichte, als Maßstab setzt. Es handelt sich um ein idealisiertes Subjekt, ein Allgemeines, das jeder *prinzipiell* in sich findet, mit dem man aber nur als *rein Denkender* identisch ist. Wahrheit wird somit für ein unbestimmtes, *beliebiges* Subjekt definiert. Es ist die Wahrheit eines *Durchschnittssubjekts*, des *common sense* oder einer tendenziell unendlichen Subjektreihe. Der Bruch mit der Tradition bei Descartes, der Versuch, das Wissen aus sich selbst neu zu begründen, rückt auch den Subjektbegriff in eine andere, neue Stellung. Die Scholastik verstand Wahrheit immer

---

[4] G. W. Leibniz (1971), S. 515.
[5] R. Descartes (2001), S. 29f.
[6] R. Descartes (1972), S. 9.
[7] R. Descartes (2001), S. 35.

auch als *tradierte*; jede Veränderung ist Neuauslegung der Tradition und die Fortführung des Dialogs mit den „Autoritäten". Descartes versucht einen *radikalen* Traditionsbruch. Und aus seinem Neuentwurf versucht er auch zugleich eine neue Welt zu konstruieren:

> „Die von uns gefundenen Prinzipien sind aber von solcher Tragweite und Fruchtbarkeit, dass viel mehr aus ihnen folgt, als die sichtbare Welt enthält"[8].

Descartes trennt sich von der Tradition und formuliert damit *den* Begriff der „Moderne", die aus sich selbst, auf sich selbst gestützt, ohne weiteren Dialog mit der Vergangenheit – über die sie je schon *fort-schrittlich* „fortgeschritten" ist – eine neue Welt erschaffen will. Das Subjekt, das dies vollbringt, ist ein Durchschnittssubjekt, das gleichwohl in jedem angelegt ist, auch in jenen, die ganz andere „Gesinnungen" haben, die scheinbar „den unseren" ganz zuwiderlaufen, und die „deshalb weder Barbaren noch Wilde sind, sondern (...) die Vernunft ebenso sehr oder mehr als wir gebrauchen"[9].

Die Anerkennung anderer ist also eine rein abstrakte, nämlich die Anerkennung derselben Vernunft, die auch je in mir ist: Der andere ist nur *auch* ein allgemeines Ich, das dieselben Prinzipien in sich trägt. Der andere hört auf, ein *Einzelner*, ein Gesprächspartner zu sein. Der Bruch mit der Tradition bei Descartes – das wird vielfach nicht verstanden – ist auch ein Bruch mit der Einbettung der Wahrheit in die Tradition und in den Geist des anderen. Der Neuanfang bei Descartes, der damit vollzogene Traditionsbruch, ist *kategorial* die Ersetzung des Dialogs durch das Selbstgespräch. Bei Descartes spricht sich also ein Bewusstsein aus, worin die Vergesellschaftung nicht mehr in der kommunikativen Beziehung zum je anderen ihre tragende Grundlage hat, sondern in einem isolierten Subjekt, für das der Andere nur ein Abstraktum ist. Und in dieser Trennung vom Anderen trennt sich das Denken auch von der sinnlichen Gewissheit, von der Erfahrung des Anderen – von Mensch und Natur.

Descartes *verweigert* den Diskurs als *Methode*, mit dem Hinweis, dass er „niemals diese streitsüchtigen und unruhigen Gemüter gutheißen"[10] könne. Er wollte sich nur „mit seinen Gedanken unterhalten", nicht mit den Texten der Tradition, nicht mit anderen. In der radikalen Isolation von anderen, von der Kommunikation und der Überlieferung gründet nach Descartes die wahre Philosophie, der kategoriale Neubau der Welt. *Die vier Regeln*, die er dabei für sich selbst aufstellte, bringen diese Haltung konsequent zum Ausdruck: (1) „Die erste Vorschrift besagte, niemals irgendeine Sache als wahr zu akzeptieren, die ich nicht evidentermaßen als solche erkenne", wobei „Evidenz" für Descartes etwas heißt, das sich „klar und deutlich meinem Geist vorstellt"[11]. (2) Die zweite Regel fordert auf, *analytisch* vorzugehen, also jedes Problem „in so viele Teile zu zerlegen, wie es möglich und wie es erforderlich ist". Was ist hierbei das Kriterium? Wiederum die klare und deutliche Vorstellung. Man zerlegt die Sachverhalte solange, bis sie *übersichtlich* werden. (3) Die dritte Regel ist dazu die subjektive Ergänzung, sofern Descartes auffordert, mit „den am einfachsten und am leichtesten zu erkennenden Dingen" zu beginnen, um dann „stufenweise, bis zu den am meisten zusammengesetz-

---

[8] R. Descartes (1955), S. 65.
[9] R. Descartes (2001), S. 35.
[10] R. Descartes (2001), S. 33.
[11] R. Descartes (2001), S. 39.

1.2.1 Descartes' Denkmodell

ten aufzusteigen"[12]. (4) Die vierte Regel besteht auf *Vollständigkeit*, also systematische Erkenntnis durch „allgemeine Übersichten"[13].

Ausgangspunkt der neuen Gewissheit ist also der kleinste analytische Teil. Es ist die Gewissheit des *Buchhalters*, der alle Vorgänge in *ein* Rechnungssystem einordnet, unterscheidet und nur das versteht, was sich darin zeigt und berechnen lässt, denn die *einfachste* und *klarste* (weil geistlose) Einheit ist die Zahl. Die Einzelheit, die man den Beobachtungsobjekten als ihre Natur zuspricht, ist einerseits das Ergebnis des analytischen Prozesses, der zuerst alle Sachverhalte auf Gegenständliches und dann das Gegenständliche auf *klare Teile* reduziert; andererseits spiegelt sich in jeder analytischen Einzelheit als stillschweigende Voraussetzung das vereinzelte Ego des Wissenschaftlers. Das Axiom der Moderne, im Nominalismus ausgesprochen, besteht in der These, dass das *Reale* immer individuell ist: „Alles, was in der Welt ist, ist individuell, einzeln."[14] Für die Sozialwissenschaften ergibt sich daraus die einfache Konsequenz des *methodologischen Individualismus*.[15] Gerade weil man die Gesellschaft als *Gegenstand* eines *cartesianischen Beobachters* betrachtet, sind die Atome dieses Gegenstandes wiederum Einzelwesen, „Individuen".

Der logische *Endpunkt* der Zergliederung (Analyse) sind Teile, die keine Eigenschaften mehr besitzen, denn jede Eigenschaft bewahrt eine Form; Formen aber kann man erneut teilen. Der cartesianische Beobachter, das *ego cogito*, wird von Bois-Reymond als „Laplacescher Geist" in diesem Sinn rekonstruiert. Nach seiner Auffassung stellt dieser Geist

> „die höchste denkbare Stufe unseres eigenen Naturerkennens vor, und bei der Untersuchung über die Grenzen dieses Erkennens können wir jenes zugrunde legen. Was der *Laplace*sche Geist nicht zu durchschauen vermöchte, das wird vollends unserem in so viel engeren Schranken eingeschlossenen Geiste verborgen bleiben."[16]

Wenn dieser „Geist" erkennt, wenn er nach dem cartesianischen Verfahren analytisch zu Werke geht, gelangt er schließlich an letzte Einheiten, die keine Eigenschaften mehr sein können: „die objektive Welt des Laplaceschen Geistes (bleibt) eigenschaftslos"[17]. Damit entschwindet aber auch aller Sinn, alle Bedeutung, jede *Qualität* vor dem Auge des cartesianischen Beobachters. Und dieser Naturwissenschaftsgeist vermag nur noch zu sagen, dass „es in Wirklichkeit keine Qualitäten gibt", und dies „folgt aus der Zergliederung unserer Sinneswahrnehmungen."[18] Die letzte Wirklichkeit ist die qualitätslose Einheit, die Zahl.

Es ist nicht schwer, in dieser metaphysischen Denkform die Grundstruktur der modernen Forschungsmethoden wiederzuerkennen. Descartes sagt nichts darüber aus, inwiefern solche Erkenntnis als *wahr* überprüft werden könnte. Die Wahrheit ist ihm durch die Methode verbürgt, und sie gründet nur in der *subjektiven Gewissheit* des

---

[12] R. Descartes (2001), S. 39.
[13] R. Descartes (2001), S. 41.
[14] J. M. Bochenski (1959), S. 13. Suarez sagt, es sei undenkbar, „eine reale Entität, sofern sie real existiert, sei nicht singulär und individuell", F. Suarez (1976), S. 11.
[15] Der Begriff wurde von Schumpeter eingeführt, J. A. Schumpeter (1908), S. 88. Hayek spricht vom „wahren Individualismus" = „Nominalismus", vgl. F. A. Hayek (1948), S. 49f.
[16] E. Du Bois-Reymond (1974), S. 59.
[17] E. Du Bois-Reymond (1974), S. 73.
[18] E. Du Bois-Reymond (1974), S. 58.

Gedachten, in der *Klarheit und Distinktheit* der Ideen. Descartes reduziert also Wahrheit auf die subjektive Gewissheit des „ich denke". Dieser Gedanke wurde in der Nachfolge modifiziert und der Wahrheitsbegriff damit zugleich verändert und differenziert, ohne seine Grundlage aufzugeben. Dem ersten, cartesianischen Wahrheitsbegriff (Wahrheit = subjektive Gewissheit durch klare, distinkte Anschauung) setzt Giambattista Vico einen zweiten Wahrheitsbegriff entgegen. Er kritisierte Descartes Voraussetzung:

> „Dazu sage ich jedoch, dass dieses ‚Ich denke' zwar unbezweifelbares Zeichen meines Seins ist; es ist jedoch nicht Grund meines Seins, und deshalb erschließt es mir auch kein Wissen vom Sein."[19]

Vicos Kriterium für die Wahrheit liegt deshalb nicht im Denken, sondern im *Handeln*: Wahr ist, was wir tun können, wahr ist das „Geschaffenhaben"[20]. Einen dritten Wahrheitsbegriff kennt der (englische) Empirismus; er betonte als Kriterium der Wahrheit die *sinnliche Erfahrung*. Der differenzierte Wahrheitsbegriff der Moderne *zerreist* also die Einheit der gemeinsamen Erfahrung im Handeln, die sich aus einer Tradition und im Gespräch mit anderen ihrer Sachen versichert. Das vereinsamte Ich findet die Wahrheit entweder *in sich*, in der Macht des Subjekts über seine eigenen Gedanken, oder in der Macht des Objekts über das Subjekt, der Macht der Sinnlichkeit, der Empirie (Objekt). Vico bewahrt diesen Horizont der Bemächtigung und sieht die Wahrheit in der *Macht*, das Objekt aus dem Subjekt *herstellen* zu können.

Diese *drei Schichten des Wahrheitsbegriffes der Moderne* beruhen also auf einer abstrakten Entgegensetzung von Subjekt und Objekt im Horizont der *Bemächtigung*, aus der die anderen Subjekte verschwunden sind und die ihr Ideal in der leeren Identität der Zahl besitzen (Ich, Atom).[21] Sie bleiben je in sich dual, d.h. als Relation durch die identisch vermeinten Relate von Ich und Es, von *ego cogito* und *res extensa* definiert. Descartes sieht die Wahrheit im *klar vorgestellten* Es; Vico im durch ein Ich erfolgreich *hergestellten* Es, der Empirismus im klar *wahrgenommenen* Es. Damit hat die Kritik an Descartes nicht seine grundlegende Voraussetzung aufgehoben, die für die Philosophie und damit die Wissenschaftslehre der Moderne charakteristisch ist: Die cartesianische Position Ich ↔ Es den Dingen gegenüber, solange man sich theoretisch verhält. Das Ich *stellt* sich *vor* seinen Gegenstand, um diesen äußerlich *vorzustellen* (= englischer Empirismus), innerlich *vorzustellen* (= Descartes) oder *herzustellen* (= Vico).

Kant eliminiert später Vicos Wahrheitsbegriff[22] und vereinigt den Empirismus und Descartes: Alles Sinnliche *ist* Vorstellung in den dem Ego a priori zukommenden Formen. Ungedacht bleibt auch bei ihm die metaphysische Grundposition. Sie ist im Begriff des „Gegenstands" und der „Vorstellung" als geläufigen Kategorien der Wissenschaftssprache deutlich ausgedrückt. Jedoch ist man so sehr auf das Objekt der Erkenntnis fixiert, dass man den Beobachter – sich selbst als erkennendes, sprechendes, handelndes, denkendes Wesen – vergisst. An seine Stelle tritt ein abstraktes Subjekt, das vorwiegend damit beschäftigt ist, die Dinge zu *berechnen* in Distanz zu ihnen. Der cartesianische Beobachter *trennt* sich von seinem Gegenstand, er schafft eine Distanz

---

[19] G. Vico (1979), S. 164f.

[20] G. Vico (1979), S. 45.

[21] Vico hält deshalb allein die mathematischen für wahrheitsfähige Wissenschaften; dies „(sind) die wahren operativen Wissenschaften (…). Von allen menschlichen Wissenschaften nämlich verfahren sie allein ähnlich wie das göttliche Wissen", G. Vico (1979), S. 167.

[22] Er findet erst wieder (wenn auch ohne explizite Bezugnahme) in Heideggers Philosophie und teilweise im Pragmatismus eine Wiedergeburt.

1.2.1 Descartes' Denkmodell

zwischen sich und ihm, um ihn als *gegen-stehend* klar analysieren zu können und aus den logischen Atomen seiner Analyse dann, wie ein Baumeister, ein neues Theoriegebäude zu errichten, das die gegebene Welt überwindet und *mehr* erschafft, „als die sichtbare Welt enthält"[23]. Darin stimmen im Wesentlichen alle Spielarten der an Descartes anschließenden philosophischen Systeme überein.

Im Bestreben von Descartes, einen radikalen Neuanfang zu versuchen, findet ein Bruch statt, der sich immer dann aufs Neue performativ wiederholt, wenn man der cartesianischen Denkform folgt. In der immer wieder neu gesetzten – voraus-gesetzten – Trennung vom zu-Erkennenden liegt ein Bruch auch mit der Geschichte dessen, was man untersucht. Subjekt und Objekte treten in eine fiktive Zeitlosigkeit auseinander.

Und „in der Tat ist seit Descartes die Philosophie an diesen Stil gebunden: traditionsloser Anfang, künstlich hergestellter Erfahrungsverzicht, vernünftiges und scheinevidentes Konstruieren einer Welt, deren wesentliche Inhalte nach allen Bedingungen in dieses Denken gar nicht eingehen können. Jetzt tritt eine gewaltige Neutralisierung der Philosophie und der Wissenschaften ein, ihr selbstgenügsames Sichausbreiten aus selbstgesetzten Motiven, ihre kalte Vorurteilslosigkeit gegenüber dem eigenen Anspruch und Gewicht der Inhalte, ihr nivellierendes Aufzwingen der eigenen Gesichtspunkte, und alles über einer abgeschnürten menschlichen Wirklichkeit"[24].

Diese Denkweise eröffnet zweifellos neue Möglichkeiten. Sie ist nicht mehr auf den Diskurs mit der Tradition angewiesen; jeder kann ungeniert einen Neuanfang aus *eigenem* Recht versuchen. Die *Kreativität* wird hier in der Tat auf ungeahnte Weise von Hemmungen befreit: den Hemmungen der Herkunft und den Hemmungen einer Bindung an das, worauf sich das Erkennen oder Konstruieren richtet. Dass damit für jede *mathematische Form* ein entscheidender Freiraum geschaffen wurde, steht völlig außer Frage. In der cartesianischen Haltung, sich von allen Inhalten zu trennen, nur im freien Konstruieren dem eigenen Ego zu vertrauen, findet *die* formale Wissenschaft (Mathematik) ihren reinsten Begriff. Descartes hat durch seine konstruierende Geometrie die *Anschauung* von der Sinnlichkeit getrennt und durch die klare Vorstellung ersetzt; Kant ist ihm darin gefolgt. Im cartesischen Koordinatensystem entsteht eine eigene, beliebig aus mathematischen Beziehungen konstruierbare Welt, frei von allen Qualitäten.

Doch *ontologisch* ist darin immer eine *Trennung* von der Welt, in der auch der Theoretiker lebt, unterstellt. Der Erfolg der Naturwissenschaften besteht darin, dass sie diese Trennung im Experiment voraussetzen *und* auf kontrollierte Weise zurücknehmen. Der Theoretiker tritt der Natur nur auf eine *abstrakte* Weise gegenüber, die es erlaubt, die Einflüsse auf das zu reduzieren, was im vorkonstruierten mathematischen Modell als bestimmende Größe unterstellt wurde. Man missversteht Experimente, wenn man darin *einfache* Formen der Erfahrungsgewinnung erblickt. Die Natur wird hier im Modell der Hl. Inquisition einer Befragung unterworfen, nach Bacons berühmter Metapher auf „die Folterbank gespannt". Hierin vollzieht sich eine wirkende und wirkliche Abstraktion, in der die *vorausgesetzte* Wirklichkeit nach Hegels Diktum ge- und zerstört wird. Man muss die Naturformen ihrer natürlichen Umgebung, *ihrer* Situation entreißen, damit sie in reiner Einseitigkeit jene Seite zeigen, die – durch Instrumente erfasst – sich dem formalen Schema der Chemie oder der mathematischen Physik einfügt.

---

[23] R. Descartes (1965), S. 65.
[24] A. Gehlen (1980: 2), S. 369.

1.2.2 Die ptolemäische Spur im cartesianischen Denken

Ich werde darstellen, dass die cartesianische Bestimmung des menschlichen Subjekts als einer singulären, abstrakten Einheit, deren höchster Begriff die Rechnung ist und die in der Einheit der Zahl ihre Identität findet, dass also dieses *rechnende, solipsistische Ego* die Selbstreflexion des Geldsubjekts ist. Gleichwohl erkennt man, dass im Geldsubjekt, in der Vergesellschaftung durch das Geld und innerhalb der in der Sprache schon vollzogenen Vergesellschaftung zugleich auch mit dem Bezug auf die Natur diese Natur selbst auf eine einseitige Weise zu sich kommt. Der Ort, an dem sich die Natur selbst denkt, ist die menschliche Subjektivität im Umgang mit ihr. Deshalb ist die Denkform des Geldsubjekts, das berechnende Denken, nicht etwas, das der Natur völlig fremd wäre. Wäre dies der Fall, so würde eine berechnete Natur, in Experimenten oder der menschlichen Produktion der Kontrolle einer mathematischen Beschreibung unterworfen, *ihre* Natur entgegensetzen; denn Gegenstand, also Widerstand zu *sein*, ist diese Natur. Sie würde sich also der berechnenden Unterwerfung, der Vorstellung, sie sei durch Zahlen organisiert, widersetzten.

Nun hat die Natur ihre quantitative, diskrete und in gleichen Teilen erfahrbare Seite durchaus nicht nur dem Blick offenbart, den das berechnende Subjekt, das Geldsubjekt auf die Natur wirft. In der Geldform kommt etwas zu sich, das auch *anders* zugänglich war und ist. Es gibt ein Naturphänomen, das für den unvermittelten Blick dieser abstrakten Reinheit sehr nahe kommt: die sichtbaren Bewegungen der Sterne und Planeten am Nachthimmel. Die Grundfrage der Astronomie ist in ihrer *logischen Struktur* dem Begriff der Gesellschaft, damit auch der Vergesellschaftung durch die Einheit des Geldes analog: Wie ist die Einheit der Vielen (Sterne und Planeten) vermittelt? Wie kann man ihre Einheit denken, und wie stehen wir Menschen in Bezug zu dieser Vielheit? Das ptolemäische System identifiziert die Stellung des Beobachters mit der Erde und bezieht die Vielheit der Gestirne auf dieses gleichsam materialisierte *ego cogito* der Position des Astronomen. Hier wird der Beobachter auf etwas bezogen, das ihm *als* Beobachter gar nicht zukommt, ganz so, wie man die Einheit der Geldrechnung mit dem Geldmaterial der Münze (= Gold, Silber) identifizierte. Hier wie dort vollzog sich historisch eine Trennung des abstrakten Subjekts der Rechnung, der Beobachtung von dem konkreten Ort, dem Material, an dem und durch das die Beobachtung vollzogen und erklärt wurde.

Dass Descartes die Wahrheit so bestimmt, etwas *klar und distinkt* zu sehen, hat sein Urbild in der Astronomie. Der *klare* nächtliche Sternhimmel liefert das Modell einer Punktmenge, die durch Linien verbunden werden kann, um auf diese Weise das Geheimnis ihrer Anordnung zu verraten. Man kann im ptolemäischen Modell ein Vorbild dessen erblicken, was Descartes dann zum *allgemeinen* philosophischen System ausbaute und in seiner analytischen Geometrie in einer Selbstreflexion auf den Begriff brachte:

„Die Umrisszeichnungen der einzelnen Sternbilder werden wir so einfach als möglich ausführen, indem wir die unter dasselbe Bild fallenden Sterne nur durch Linien umreißen, und zwar durch Linien, die sich von der Farbe, in welcher der ganze Globus gehalten ist, nicht allzusehr abheben, damit weder der praktische Zweck, der sich aus dieser charakteristischen Linienführung ergeben soll, verfehlt werde, noch die Aufsetzung bunter Farben die Ähnlichkeit des Bildes mit der Wirklichkeit beeinträchtige. Dadurch erreichen wir, dass der auf den ersten Blick in das Auge fallende Vergleich uns leicht werde und unschwer im Gedächtnis zu

1.2.2 Die ptolemäische Spur im cartesianischen Denken

behalten sei, sobald wir uns schon bei dem Bilde, welches der Globus bietet, daran gewöhnen, in den Konstellationen bloße Phantasiegebilde zu erblicken."[25]

Hier ist bereits all das enthalten, was Descartes dann zur *reinen Form der Wissenschaft* ausbaut. Ptolemäus weiß um den abstrakten Charakter der Abbildung – obwohl der Nachthimmel auf den Sternkarten, den Globen, seinem Nachbild sehr nahe kommt und vermutlich, die Sternbilder belegen das, auch bereits früh als eine Art Modell für andere, „irdische" Fragen diente. Die Trennung zwischen Himmel und Erde ist hier gleichsam das Urmodell der Dualität von Modell und (irdischer) Wirklichkeit, von Subjekt und Objekt. Ptolemäus weiß auch, dass das Modell, um Übersichtlichkeit zu gewähren, der irdischen Farben entbehren muss.

Er hat allerdings noch weit mehr geleistet für die Modelltheorie der Moderne. Ptolemäus setzte eine vermutlich ältere Tradition fort, die versuchte, die Himmelskarten als *Globen* nachzubauen. Hierbei wurden, nach dem Himmelsmodell des Aristoteles, die beobachtbaren *Bewegungen* am Himmel durch ineinander liegende Sphären rekonstruiert, die gegeneinander beweglich waren und jeweils die Bahn eines Planeten (eines „Wandelsterns") darstellten. Auf diese Weise wurde durch Konstruktion die Himmelsbewegung als Modell auf die Erde geholt. Ptolemäus beklagt hierbei allerdings noch die *technische* Schwierigkeit des Nachbaus, der im Vergleich zur „reibungslosen Bewegung" der Himmelskörper unvollkommen erscheint:

> „Gerade in dem bei der Verschiedenartigkeit der Bewegungen so überaus komplizierten Ineinandergreifen dieser Umschwünge erblicken wir bei der Konstruktion der bei uns üblichen Himmelsgloben ein höchst mühsames und schwer zu bewältigendes Stück Arbeit, wenn es gilt, den ungehemmten Verlauf der Bewegungen zu erzielen, während wir am Himmel dieses Ineinandergreifen nirgends auch nur im geringsten von der Schwierigkeit einer derartigen Vermischung der Bewegungen nachteilig beeinflusst sehen."[26]

Zugleich wird hier ein *Ideal* geboren: Das Ideal des vollkommenen mechanischen Apparates, der reibungslos funktioniert, die *ideale Maschine*. Das Modell des Himmels hat eine eigene, *technische* Wirklichkeit. Und tatsächlich kann man vermuten, dass die ersten Uhren aus dem Bau von Himmelsgloben, der Bewegung der Sphären hervorgegangen sind, währen die Uhr wiederum das Paradigma der selbstbewegten Maschine wurde.

Diese *technische Wirklichkeit* des Modells in der Uhr, der Maschine wurde *ihrerseits* zum Modell der Modelle, weshalb Descartes in der Maschine die exakte Entsprechung seiner konstruierenden Denkform erblickte. In der Ökonomik fand diese Denkform bei Adam Smith Eingang, der vom „großen System der Regierung" sprach, wobei sich frei von Hemmungen – die ontische Entsprechung des kognitiven Begriffs der „Klarheit" bei Descartes – „die Räder der Staatsmaschine (…) in größerer Harmonie und größerer Leichtigkeit zu bewegen (scheinen). Es macht uns Vergnügen, die Vervollkommnung eines so schönen und großartigen Systems zu betrachten"[27]. In seiner *History of Astronomy* formuliert Smith einen Systembegriff, der auch für seine Ökono-

---

[25] Ptolemäus (1963: 2), S. 74f.
[26] Ptolemäus (1963: 2), S. 333f.
[27] A. Smith (1977), S. 318.

mik Geltung besitzt.[28] Die Reinheit der Funktion heißt in der Mechanik „Abstraktion von der Reibung", und eben dies bewahrt auch die moderne Konzeption von Wirtschaft, die in ihren Modellen die Abstraktion der reinen Anschauung bewahren: Wir nehmen „von den kleinen verwirrenden Nebenumständen vorläufig Abstand, wie dies auch in der Physik und Mechanik gelegentlich des Widerstands des Mediums, der Reibung usw. geschieht"[29]. Hemmung, Reibung, unvollkommene Funktion der Maschine (der Himmelsgloben) – das ist der Begriff einer metaphysischen Haltung, die in der Klarheit die Wahrheit erblickt und alles subjektive Meinen dadurch von sich schieben möchte.

Hierdurch lässt sich illustrieren, dass in der Denkform, blickt man auf das bei Ptolemäus bereits Gedachte, eine wirksame Tendenz aus der Astronomie herkommend *verallgemeinert* wurde, die Descartes erkenntnistheoretisch radikalisierte. Ptolemäus hat vieles vorweggenommen, auch das, was die Wissenschaftstheorie später als *Occam's Razor* bezeichnete[30], das Abschneiden überflüssiger Wesenheiten oder Gründe in einer Erklärung. Er hat den *abstrakten* Charakter des Modells sehr klar verstanden und darin auch ein *ökonomisches* Prinzip betont, mit dem er seine Lehre von den kreisförmigen Bewegungen der Himmelskörper begründete, nämlich weil seine Methode „einfacher ist, insofern sie mit *einer* Bewegung, und nicht mit *zweien*, zum Ziel gelangt."[31] Das Modell des Ptolemäus, obgleich der Himmel auf den ersten Blick eine klar differenzierte Struktur darstellt (helle Punkte vor einem schwarzen Nachthimmel), musste, um die *Bewegungen* der Planeten zu erklären, auf etwas zurückgreifen, das *nicht mehr sichtbar* ist. An die Stelle des Beobachtbaren trat also die Anschauung im Modell, die sich vom Beobachteten *unterscheiden* musste, sollte sie die fragliche Erklärung liefern. Hierbei konnte dann nicht mehr die *Anschauung* das Kriterium dafür liefern, wie verschiedene Hypothesen über die Bewegung zu unterscheiden sind.

Ptolemäus sagt, man solle zunächst mit solchen Hypothesen beginnen, die mit der Anschauung übereinstimmen, um die Himmelsbewegung zu erklären; „wenn dies aber durchaus nicht gelingen will, so soll man zu den Hypothesen schreiten, welche diese Möglichkeit bieten"[32], d.h. solche, die *Erklärungen* liefern. Er schlug ein induktives Verfahren vor durch eine gründliche Beobachtung von Aufzeichnungen über Himmelsbewegungen. Doch bereits hier zeigte sich das Problem aller Modellierung: Weil die Aufzeichnungen immer unvollständig sind – das, was man braucht, wurde gerade nicht beobachtet – oder über zu kurze Zeiträume verlaufen, deshalb lässt sich „für eine unvergleichlich längere Zeit nur eine recht unsichere Voraussage"[33] machen.

Ich habe Ptolemäus ausführlich zitiert, weil seine Denkform eine große Ähnlichkeit mit der cartesianischen aufweist und *zugleich* die Grundlage deutlich macht, auf der naturwissenschaftliche Modelle funktionieren. Der Beobachter als Person wird hier scheinbar fast ganz eliminiert. Er ist aber gegenwärtig – auf doppelte Weise: *Erstens* durch seinen Standort als Mittelpunkt der beobachteten Welt; jedes cartesianische Ego stellt sich unbewegt in ein Zentrum. Da es aber stets nur *verkörpert* beobachtet, ergibt

---

[28] Vgl. A. Smith (1980), S. 66. Ich gehe auf den Systembegriff im Abschnitt über Smith noch genauer ein.

[29] L. Walras (1881), S. 7.

[30] Vgl. H. Hahn (1930). Bei Ockham heißt es: „...überflüssigerweise wird etwas durch mehrere gemacht, was durch wenigere gemacht werden kann." W. von Ockham (1984), S. 59 (Summa Logicae I, 12.5); vgl. auch Sent. I, dist. 30, q. 1. In der englischen Tradition firmierte dieses Prinzip auch als *rule of Newton*, „not to admit more causes than are necessary to the solution of the phenomena we are considering", T. R. Malthus (1836), S. 5f.

[31] Ptolemäus (1963: 1), S. 166.

[32] Ptolemäus (1963: 2), S. 333.

[33] Ptolemäus (1963: 2), S. 94.

1.2.2 Die ptolemäische Spur im cartesianischen Denken

sich hieraus für die Naturerkenntnis eine dogmatische Festlegung, die in der Astronomie später in der kopernikanischen Wende aufgehoben wurde. Als *ideales* Zentrum bleibt das *ego cogitio* aber gleichwohl gewahrt. Dass *in der sozialen Erkenntnis* auch ein *sozialer Ort* vorausgesetzt wird, in dessen Zentrum sich der cartesianische Beobachter wähnt, ist die bislang in den Sozialwissenschaften noch nicht erkannte Voraussetzung. *Zweitens* ist der Beobachter als Person im Modell gleichfalls gegenwärtig im *freien Konstruieren* von Modellen. Da man einem frei konstruierten, deshalb abstrakten Modell (einem Text, einer Formel, einer Zeichnung usw.) in seiner Trennung von der Situation seines Entwurfs und seiner Bezüge zu beobachteten Sachverhalten nicht ansieht, woher es stammt, wird in der cartesianischen Denkform die entwerfende Person, der *Urheber* wichtig. Der Bruch mit der Tradition trennt den Urheber vom historischen Diskurs; er wird personal zum „Eigentümer" seines Modells. Während in den der Tradition verpflichteten Denksystemen oftmals die Autorschaft fragwürdig oder unbekannt bleibt, tritt das erkennende Ich als vermeintliche Quelle in der Moderne ins Zentrum.

Die Beziehung zwischen Erkenntnis und Objekt (Ich und Es) wird nicht durch die Erfahrung der *Tradition* – durch die Bindung an ein Du – vermittelt. Das Ego, das sich vom Gespräch mit der Tradition trennt, ist *allein* und ohne Halt: Es zweifelt. Die Quelle der Erkenntnis – da man den Sinneserfahrungen nicht trauen kann, wie auch Ptolemäus wusste – wird selbst fragwürdig. Doch Ptolemäus weiß sich noch eingebettet in eine Tradition der Erfahrung, und für diese Tradition steht zwar eine einzelne Erfahrung, nie aber alles Seiende im Zweifel. Einzelne Erfahrungen sind fragwürdig, nicht aber *die* Erfahrung aller. Bei Descartes wird die Fragwürdigkeit zur Totalität, weil er sich von allen Traditionen trennt und im *Zweifel* sich selbst als Totalität des *ego cogito* setzt. Er *trennte* sich bewusst von aller Tradition, von den anderen Menschen, von der sinnlich gegebenen Natur, um *nur aus sich selbst* sich eine Gewissheit zu verschaffen. Diese Gewissheit fand er dann in einem klaren und distinkten Denken, das sich nur dem eigenen, *ontologisch* radikal getrennt gedachten Ego verdanken sollte. Das je andere Subjekt spielt hierbei keine Rolle; gleichwohl bleibt es als „Rest" aufbewahrt, wenn Descartes mit Gewissheit die Spuren *des* Subjektes – Gott – in seinem Geist zu entdecken glaubte.

Anders als bei Ptolemäus, der von einer sinnlich erfahrbaren *Trennung* – nämlich der zwischen Himmel und Erde – ausging und die Himmelsbewegungen in Modellen *irdisch greifbar* machen wollte, damit aber auf einen klaren Untersuchungsgegenstand *beschränkt blieb*, totalisierte Descartes diese Trennung radikal und ontologisch. Er verdinglichte den von ihm selbst methodisch *vollzogenen* Akt der Trennung von der Tradition – also den Meinungen anderer, dem Diskus mit ihnen, von der Natur, wie sie sinnlich erfahren wird – zu einer Trennung des *Seins*, der Dualität von *res cogitans* und *res extensa*, dem erkennenden Ego und der Körperwelt. Diese Körperwelt war nun *alles*, was sich außerhalb des Denkens finden sollte. Alles – die Natur, andere Lebewesen, auch der menschliche Leib – wurde zur Körperwelt. Und diese Körperwelt rekonstruierte er wiederum durch einen ausgedachten Entwurf, nämlich als *Maschine*. Die von Ptolemäus auf die Erde geholte, aber durch die verändernde Phantasie hindurchgehende Himmelsbewegung, die in den Uhren, später den anderen Maschinen dann eine technisch-irdische Gestalt annahm, diese auch von Adam Smith als allgemeinen Systembegriff akzeptierte Vorstellung, wurde bei Descartes zu einem *allgemeinen* Wirklichkeitsbegriff. Die Kybernetik und Systemtheorie der Gegenwart vollenden nur das cartesianische Projekt.

In diesem Wirklichkeitsbegriff ist aber *ontologisch* immer die Trennung vom Gegenstand *vorausgesetzt* – der umgekehrt nur ein Gegen-Stand ist *aufgrund* der Trennung. Tatsächlich ist diese Trennung aber ganz unmöglich. Die einsame Selbstvergewisserung vollzieht Descartes – wie zitiert – in einem inneren Dialog, in dem er sich in einer sozialen Form bewegt und als ein höchst soziales, mit anderen verbundenes Wesen erweist: Er pflegte sich „mit seinen Gedanken zu unterhalten."[34] Er denkt in Wörtern und den in der Sprache transportierten Kategorien der Tradition. Descartes hätte radikal *schweigen* müssen, um diese Trennung *denkend* zu vollziehen. Nur der Tod hätte ihm garantiert, dass er diese Trennung auch *körperlich* verwirklicht hätte, denn sein Körper war – wie unser aller Körper – nach wie vor von Luft, Wasser, Licht, Nahrung usw. *vollkommen abhängig*. Sein lebendiges Wesen *ist* diese „Abhängigkeit".

Was Descartes also *kategorial* als ontologische Trennung setzt und voraussetzt, ist eine reine Fiktion. In dieser Fiktion liegt ein *Gewaltakt*, wie in jeder vollzogenen Trennung. „Analyse" ist Trennung und damit das denkende Tun dieses Gewaltaktes. Nun mag es einem Stein keinen Schmerz zufügen, wenn man ihn zerteilt und chemisch analysiert. Dasselbe gilt für die leblosen Gegenstände der Mechanik. *Hier* erweist der ptolemäische Entwurf, den Descartes in seinem Maschinenmodell der Welt adaptiert, seine große Wirksamkeit und Macht, die in den Ergebnissen moderner Forschung jedem vor Augen stehen. Doch die cartesianische Trennung ist eine *ontologische*. Wird die Trennung zwischen Subjekt und Objekt als allgemeines methodisches Prinzip ausgesprochen, so vollzieht ein Wissenschaftler im Befolgen dieser Methode immer wieder neu den Gewaltakt, sich neben und über andere zu setzen, von denen er in seinem Denken und Sprechen, seiner körperlichen Reproduktion doch *vollständig abhängig* ist. Die cartesianische Wissenschaftsform begründet kraft dieser ontologischen Prämisse die „Wissenschaften ohne Du"[35].

1.2.3 Der ethische Mangel der cartesianischen Denkform

Wird diese Denkform *beibehalten*, wird sie zu *der* wissenschaftlichen Denkform überhaupt, zum Modell der *science*, so vollzieht man allein aufgrund ihrer impliziten Metaphysik einen *ethischen Akt*, sobald man Wissenschaft betreibt. Die cartesianische Wissenschaftsform, auf die menschliche Gesellschaft, auf historische Tatbestände angewandt, hat sich als *Voraussetzung* von dem, worauf sie sich bezieht, vorgängig und *kategorial* bereits abgeschnitten. Es ist eine Denkform ohne Dialog, ein *methodischer* Verzicht auf „Teilnahme" – was *empirisch* unmöglich und *allein deshalb* methodisch unsinnig ist. Es ist nicht ohne Ironie, wenn Pareto diese Haltung einem Mönch vergleicht:

„Es versteht sich hingegen, dass ein Mönch sich nicht um die profane Welt kümmern darf, noch ein Anhänger der Erfahrungswissenschaft um die Praxis und dass er nimmermehr daran teilhaben darf."[36]

---

[34] R. Descartes (2001), S. 27.
[35] C. F. v. Weizsäcker (1958), S. 177.
[36] V. Pareto (1976), S. 391. Er schrieb dies am 10. Dezember 1916 an Maffeo Pantaleoni.

1.2.3 Der ethische Mangel der cartesianischen Denkform

Der *ethische Begriff* dieser Wissenschaftsform ist ihr *struktureller Mangel an Mitgefühl*.[37]

Man mag in seinem privaten Meinen *neben* seinem wissenschaftlichen Tun denken und fühlen, was immer die eigene Überzeugung ausdrückt: Sobald man die cartesianische Denkform als *wissenschaftliche Form* verwendet, hat man einen radikalen Bruch mit der Geschichte und mit anderen Menschen vollzogen. Dieser Bruch hat inzwischen *selbst* eine eigene Tradition begründet, deren endogene Reproduktion ihr strukturelles Defizit verdeckt: *Die Moderne*. Durch einen erneuten Bruch mit *dieser* Tradition, durch eine *postmoderne* Abgrenzung wird die Grundlage der cartesianischen Denkform nicht aufgehoben. Kategoriale Pluralität an Stelle einer Dualität zu setzen, bedeutet nur die *Inflation* des Geburtsfehlers, nicht seine Aufhebung. Andererseits verbietet sich eine *prämoderne* Restauration einfach deshalb, weil sich jede *äußere* Gegnerschaft zur Moderne nur ihrer Mittel bedient. Der Fundamentalismus heute ist eine Bewegungsform der Moderne, als christliche Begleitmusik der amerikanischen Verkehrsform oder als islamischer, hinduistischer etc. Dialekt ihrer Gegner. Das ist kein *Rückfall* hinter die Moderne, sondern die Offenbarung ihres totalitären Kerns in einem religiösen Jargon.

Die cartesianische Denkform wird auch nicht überwunden, wenn man Natur- und Geisteswissenschaften unterscheidet. Die Dualität von Geisteswissenschaft und Naturwissenschaft ist keineswegs aufgrund des intentionalen *Gegenstands* (Natur-Geschichte, Ding-Person usw.) gestiftet. Sobald man eine Geisteswissenschaft in der cartesianischen Denkform betreibt, hat man *ontologisch* bereits das vollzogen, was der Gegenstand verbietet: Wir knüpfen immer an eine Tradition an, werden in sie hineingeboren, denken und fühlen in ihr, und wir sind – Wissenschaftler oder andere Menschen – stets in eine Gesellschaft, auch eine Natur eingebettet.

Dies zu ignorieren, und zwar *kategorial* zu ignorieren, indem man einem Erkenntnissubjekt ein Objekt entgegenstellt, bedeutet *performativ* ein moralisches Urteil: „Jedes Du, jedes Lebewesen, jede Tradition ist mir *gleich-gültig* als Gegen-Stand." In dieser borniertern Denkform kann man dann auch immer nur Sachverhalte entdecken, die sich als „Maschinen", als „Systeme" modellieren lassen. Man baut von anderen Menschen, von der menschlichen Gesellschaft, von der Psyche, von der Geschichte, aber auch von ökologischen Systemen Modelle, die sich nur dem freien Entwurf, der Phantasie – oder auch nur dem Opportunismus des Wissenschaftsbetriebs und seinen Karrieremöglichkeiten – verdanken. An die Stelle des gedachten, gesprochenen, tätig täglich vollzogenen Zusammenhangs mit anderen Menschen und Lebewesen tritt der abstrakte Rückzug auf ein erfundenes Ego, einen Ego-Prozess.

Dieser Ego-Prozess braucht keineswegs nur personal oder individuell interpretiert zu werden. Entscheidend ist seine *ontologische* Struktur: Man vollzieht stets eine Differenz zwischen Ich und den oder dem Anderen. Man leugnet das Offensichtliche, und diese Leugnung ist *uno actu* eine Verblendung und ein implizit ethisches Urteil. Sofern sich diese Wissenschaftshaltung mit einer Macht paart, wird daraus eine totalitäre Form. Es gibt in jeder Gesellschaft Subsumtionsverhältnisse. Doch diese Subsumtionsverhältnisse sind solange ethisch neutral, solange man darin einfach die Struktur des Handelns erkennt. Paaren sich Subsumtionsverhältnisse aber mit der cartesianischen Denkform, so wird daraus eine Macht, deren totalitäres Potenzial nur durch die moralische Integrität

---

[37] Ich verwende den Begriff „Mitgefühl" zur Charakterisierung des Aktvollzugs, der Teilnahme an der Gesellschaft. Die phänomenologischen Begriffe der Mitwelt usw. neigen trotz Heideggers Einspruch dazu, Mit-sein nicht als Vollzug, sondern als *Gegenstand* eines Erkenntnissubjekts zu begreifen. Vgl. zur Theorie des Mitgefühls K.-H. Brodbeck (2002a), Kapitel 4.6 und (2002b), Kapitel 4.3.

der Handelnden im Zaum gehalten wird. Und all dies vollzieht sich keineswegs *intentional*, nicht aus irgendeiner bösen Absicht, einer Verschwörung oder anderen niederen Motiven. Dies vollzieht sich *strukturell* durch die Form, in der gedacht wird.

Das totalitäre Potenzial, das sich in der Moderne schrittweise auch politisch entfaltet und in den globalen Märkten in einer reinen, anonymen, als „Sachzwang" erscheinenden Form durchgesetzt hat, gründet in einer Denkform, die zwar durchaus eine lange Tradition hat, in ihrer *Universalisierung* als zweifelsfreie Selbstversicherung aber erst durch Descartes auf den Begriff gebracht wurde. Obgleich man bei Descartes einige seltsame Geheimbündeleien rekonstruieren kann – er hatte offenbar engen und wiederholten Kontakt mit den Rosenkreuzern[38] –, sind seine Motive sicher nicht die Ursache dieser Denkform. Er war das Produkt einer Tradition, die ihm gerade dadurch die Stichworte und die Kraft verlieh, dass er sie *verleugnen* wollte durch seinen „radikalen Zweifel". Und wie zu zeigen sein wird, kommt bei Descartes noch etwas ganz anderes zu sich: Das *Geldsubjekt*, das im vorliegenden Text eine zentrale Bedeutung gewinnen wird (vgl. 5.2 und 5.4).

Die implizite Gewalt der cartesianischen Denkform hat unzählige Schüler gefunden. Pareto gebührt das Verdienst, diese implizite Gewalt unter dem Einfluss von Georges Sorel *offen* expliziert zu haben. Zunächst reduziert er die Gesellschaft auf das mechanische Problem einer „Gleichförmigkeit", eines mechanischen Gleichgewichts durch diverse „Derivationen" (wörtlich als mathematische Ableitungen von mechanischen Funktionen interpretiert). Die Menschen werden nur als Objekte untersucht, die man „von außen betrachtet, ohne ihre innere Bedeutung zu untersuchen"[39]. Zur Herstellung der Gleichförmigkeit werden die Menschen – beim ihm sind menschliche Regungen ohnehin nur „Residuen" – durch eine totalitäre Gewalt vergesellschaftet. Und Pareto geniert sich nicht, dies klar auszusprechen. Die *Erhaltung* der Gleichförmigkeit der bestehenden Ordnung bedarf der Gewalt; was man schon daran erkenne, dass ihre *Beseitigung* auch nur gewaltsam erfolgen könne:

> „Die Streitfrage, ob man in der Gesellschaft Gewalt anwenden solle oder nicht, ob das vorteilhaft sei oder nicht, hat keinen Sinn, denn Gewalt wird immer angewendet; von denen, die bestimmte Gleichförmigkeiten erhalten wollen, ebensosehr wie von denen, die diese durchbrechen wollen, und die Gewalt dieser widersetzt sich der Gewalt jener und greift sie an. In der Tat, wer auf Seiten der herrschenden Klasse die Anwendung von Gewalt verwirft, verwirft in Wirklichkeit nur die Gewaltanwendung der Gegner, die sich den Regeln der Gleichförmigkeit entziehen wollen, und wenn er die Anwendung von Gewalt billigt, so billigt er in Wirklichkeit nur die der Behörden, um die Gegner zur Gleichförmigkeit zu zwingen."[40]

Gewalt wird eine Frage von Vor- und Nachteil, utilitaristisches Kalkül des Geldsubjekts. Das *Dass* der Gewalt steht bei Pareto ganz außer Frage. Der Gedanke, ob es eine Vergesellschaftung gibt, die keine der *Gleichförmigkeit* ist und deshalb auch nicht der Abs-

---

[38] Vgl. A. Gehlen (1980: 2), S. 365ff.
[39] V. Pareto (2006), S. 25.
[40] V. Pareto (2006), S. 265. Die Logik dieses Arguments wird vielfach reproduziert: Der Staat könne die Wirtschaft nicht anders denn durch wirtschaftliche Akte beeinflussen. Luhmann meint, man könne die Meinungen in den Kommunikationsmedien nur durch alternative Meinungen, nicht durch „Wahrheit" kritisieren usw. Insgesamt bekundet sich hier nur der Opportunismus, die je bestehende Form eines Sozialsystems und seine endogene Logik als Natur anzuerkennen – sei es die Gewalt oder die mediale Form.

1.2.3 Der ethische Mangel der cartesianischen Denkform

traktion eines staatlichen Gewaltaktes als Komplement zur gewalttätigen Abstraktion der Geldrechnung bedarf, kommt diesem urbürgerlichen Ökonomen überhaupt nicht mehr in den Sinn. Die Doktrin des Leninismus, dass die Anwendung von Gewalt – die man glaubt, durch das Adjektiv „revolutionär" zieren zu müssen – eine Frage der Zweckmäßigkeit sei, spricht die innigste Übereinstimmung mit Pareto aus.

Nun mag man den Eindruck haben, dass sich nach der Erfahrung des Stalinismus und des Faschismus die Sozialwissenschaftler und Sozialphilosophen von der Barbarei solchen Denkens verabschiedet hätten. Doch dieser Eindruck täuscht. Wie skizziert, beruht der totalitäre Wahn des 20. und vorläufig noch des 21. Jahrhunderts auf einer sehr grundlegenden *Denkform*. Wer sich in dieser Denkform bewegt, reproduziert die kategorialen Grundlagen totalitärer Gewalt, auch wenn man sich oberflächlich davon distanziert. Das wird – um dies an einem auf den ersten Blick vielleicht überraschenden Beispiel zu demonstrieren – besonders deutlich am kritischen Rationalismus.

Popper vertritt in den Augen seiner Anhänger und in seiner Selbstdarstellung eine vermeintlich schroff anti-totalitäre Haltung; auch hat er scheinbar die Gewalt *in der Gesellschaft* kritisiert und einer gewaltfreien Konfliktregelung das Wort geredet. Gleichwohl verwendet er *erkenntnistheoretisch* – damit auf einer Ebene, die in seinem Denken bestimmend wirkt, aber von ihm nicht reflektiert wird – eine gewalttätige Terminologie:

> „Die Theorie ist das Netz, das wir auswerfen, um ,die Welt' einzufangen – sie zu rationalisieren, zu erklären und zu beherrschen. Wir arbeiten daran, die Maschen des Netzes immer enger zu machen."[41]

Die Welt zu beherrschen und die Maschen des Netzes enger zu machen – das heißt für die „Menschenwelt", für die Gesellschaft das Programm ihrer *Beherrschung* und *Fesselung* zu formulieren und das erkenntnistheoretisch nachzuliefern, was Pareto eher platt, aber wenigstens ehrlich aussprach. Popper betonte nachdrücklich, dass es *wissenschaftstheoretisch* keinen Unterschied zwischen Natur- und Sozialwissenschaften gäbe, wodurch seine Erkenntnistheorie ausdrücklich auch bezüglich der menschlichen Gesellschaft Geltung beansprucht.[42]

Wenn man sich auf die erkenntnistheoretische Form einlässt, so kann man folgenden Fehler identifizieren: Kein Gedanke wird von Popper und seinen Anhängern daran verschwendet, inwiefern das Denken und sein Gegenstand denn überhaupt *getrennt* sein können. Wenn man schon die Naturwissenschaft als Vorbild preist, hätte man sich wenigstens dort etwas gründlicher umsehen können. Dass das Erkennen stets nur *Entitäten* erfasst, in die man die Dinge, die „Gegenstände" erst einmal einfügen muss, dass man dadurch die Gegenstände *verändert*, das bleibt zunächst nur eine negative Voraussetzung. Wenn diese Voraussetzung dann für die Theorie selbst wichtig wird – wie in der Quantenphysik –, ist die Verwunderung groß und es setzen endlose Debatten darüber ein, wie die „Wechselwirkung" zwischen Bewusstsein und Gegenstand zu beschreiben sei. *Neu* war diese Erkenntnis aber zu keinem Zeitpunkt, nur vergessen, und so sagt Peirce lange vor der „Kopenhagener Deutung" der Quantenphysik:

---

[41] K. R. Popper (1989), S. 31.
[42] Das hatten die Ökonomen immer wieder betont: „... no differences could be found between political economy and the other sciences." V. Pareto (1971), S. 19.

"Es gibt anscheinend einige mumifizierte Pedanten, die die Wahrheit immer noch nicht begriffen haben, dass der Akt, in dem ich ein reales Objekt erkenne, es verändert."[43]

Jede Wissenschaft ist zudem auch ein Sprechen-zu-jemand, ist in einen Kommunikationsprozess eingebettet, der ihrer Praxis vorausgeht und sie auch bestimmt. Die seit rund 150 Jahren kursierenden sozialwissenschaftlichen Methodenlehren sind vorwiegend dadurch gekennzeichnet, dies zu vergessen. Die *Sozialwissenschaften*, sofern sie sich dem cartesianischen Wissenschaftsideal verpflichten, teilen noch vor jeder eigentlichen Methodenreflexion das cartesianische Verständnis von Objektivität. Mit diesem *ontologischen* Hintergrund, herkommend aus der cartesianischen Metaphysik, wird *zugleich* der „Gegenstand" *als* Gegenstand bestimmt. Die handelnden Menschen werden durch diesen „wissenschaftlichen" Erkenntnisblick, der *etwas* erklären möchte, aber nicht bemerkt, dass er *zu jemand* spricht, in einem metaphysischen Vor-Urteil *definiert* als reine Objekte, wie auch Knight sagt: „Der Begriff ‚Mensch' bezeichnet eine sehr reale und distinkte Klasse von ‚Objekten'".[44]

Nun *sind* aber Menschen nicht reine Objekte, die man beobachten kann wie die Kristallisation von Salz aus einer Salzlösung. Wenn man menschliches Handeln *als* einen Gegenstand behandelt, dann wird dieser Gegenstand verfälscht und im höchsten Maße „vereinseitigt". Genauer gesagt: Eine wirklich konsequente *objektive* Sozialwissenschaft muss ihren Gegenstand auf das an den sozialen Phänomenen begrenzen, was *nicht* durch das Wissen (das Bewusstsein) bedingt ist. Popper hat in einem gewissen Gespür für dieses Problem – und vermutlich mit Blick auf die Ökonomik – deshalb gesagt:

> Die „Hauptaufgabe der theoretischen Sozialwissenschaften (…) besteht in der Feststellung *unbeabsichtigter* sozialer Rückwirkungen absichtgeleiteter menschlicher Handlungen." Diese Auffassung „führt diese Wissenschaften sehr nahe an die experimentellen Naturwissenschaften heran."[45]

Hans Albert ergänzt:

> „Eine den Spielregeln der empirischen Wissenschaft entsprechend konstruierte Theorie erlaubt grundsätzlich wissenschaftliche Vorhersagen des zukünftigen Geschehens in ihrem Objektbereich, gleichgültig, ob es sich um physikalische Ereig-

---

[43] C. S. Peirce (1991), S. 494. Vgl.: „Das Objekt wird bei der Erkenntnis in seinem realen Sein nicht verändert." A. Michelitsch (1910), S. 17.

[44] „The term ‚man' denotes a very real and distinct class of ‚object'; seldom is there disagreement as to whether any particular specimen belongs to the class." F. H. Knight (1935), S. 121.

[45] K. R. Popper (1971b), S. 120 und 121; meine Hervorhebung. Hayek formuliert die Aufgabe der Sozialwissenschaften ganz ähnlich: „They are concerned with man's actions, and their aim is to explain the unintended or undesigned results of the actions of many man." F. A. Hayek (1952a), S. 25. Vgl. „Every step and every movement of the multitude, even in what are termed enlightened ages, are made with equal blindness to the future; and nations stumble upon establishments, which are indeed the result of human action, but not the execution of any human design." A. Ferguson (1782), S. 205.

1.2.3 Der ethische Mangel der cartesianischen Denkform 65

nisse, vitale Prozesse oder die Entwicklung sozialer Beziehungen zwischen Menschen und Menschengruppen handelt."[46]

Popper bestimmt den Gegenstand der Sozialwissenschaften so, dass er alle *beabsichtigten* Elemente ausschließt. Damit soll jeder „Teleologie" in den Sozialwissenschaften der Kampf angesagt werden. Doch er stellt sich nicht die Frage, *was* er dann überhaupt noch als „Gegenstand" bestimmt. Was bleibt, wenn man jede Absicht, jeden Zweck ausklammert? Es bleibt das Verhalten eines Gegenstandes, der *ontologisch* als Körper zu bestimmen ist. Seine Bewegung wird durch Ursachen gesteuert, die als diese Ursachen dem Handelnden nicht bekannt sind.

Poppers und Alberts Bestimmung des „Gegenstands" der Sozialwissenschaft ist aber schlicht unhaltbar. Was ist eine „Feststellung unbeabsichtigter sozialer Rückwirkungen"? Betrachten wir die logische Struktur der Popper-Albertschen Theorie und wenden wir sie auf ihre eigene Theorie an: Was ist eine nach „den Spielregeln empirischer Wissenschaft" festgestellte „Beziehung zwischen Menschen"?[47] Es handelt sich um *Feststellungen*, Theorien, also *Formen des Wissens*. Wenden wir diesen Gedanken auf sich selbst an: Es gibt in der Gesellschaft Wissenschaftler, die Theorien formulieren, in denen *unbeabsichtigte Handlungsresultate* beschrieben werden, z.B. Karl Popper. *Deren* Wissen ist dieser These zufolge entweder ein *unbeabsichtigtes Handlungsresultat* der Forschung; dann ist es kritisch nicht geprüft, also kein Wissen. Denn Kritik verfolgt die *Absicht*, die Gültigkeit eines Wissens zu überprüfen. Oder es ist ein kritisch überprüftes Wissen, dann ist es kein unbeabsichtigtes Handlungsresultat. Nun ist aber wissenschaftliches Handeln ein soziales Handeln, Teil des „Gegenstands" Gesellschaft. Also *entweder* erfasst eine Wissenschaft des popperischen Typs ihren Gegenstand nicht, oder sie ist nicht kritisch überprüft. In beiden Fällen ist es überhaupt kein Wissen. Eine objektivierend-empirische Sozialwissenschaft verfehlt also *durch ihre kategoriale Form* ihren Gegenstand.[48]

Es ist hier keine Hilfe, wenn man dem Wissenschaftssubjekt eine *Ganzheit* als Objekt gegenüberstellt. Insofern hat Popper durchaus Recht, wenn er kritisiert, dass der Versuch, eine soziale *Ganzheit* zu denken, auf einen „unendlichen Regress" führen

---

[46] H. Albert (1971), S. 130. Hayek, sonst Popper als Schüler zugetan, widerspricht hier in einem zentralen Punkt: „It (sc. the theory of the social sciences) can (...) never be verified or falsified by reference to facts. All that we can and must verify is the presence of our assumptions in the particular case." F. A. Hayek (1943), S. 11. Das heißt aber, zu Ende gedacht: Ökonomik ist die Selbstkritik des Denkens in der Wirtschaft; Ökonomie *ist* Ethik. An seinen *assumptions* hat Hayek keinen Zweifel gelassen und sie in wirksamer PR vertreten.

[47] Vgl. „Auch in den Sozialwissenschaften werden wir also danach streben, allgemeine, empirisch gehaltvolle und damit prinzipiell überprüfbare Theorien zu finden, um die Erscheinungen zu erklären und damit unsere (?) Probleme zu lösen." Hans Albert an Karl Popper vom 19.09.1961; in: H. Albert, K. Popper (2005), S. 53. *Wer* versteckt sich hinter diesem „unsere"? Albert und Popper, die der Gesellschaft *als* empirischem Gegenstand gegenübertreten und sich *in dieser metaphysischen Haltung* jeder Kritik *a priori* verweigern?

[48] Flüchtet man sich in die These, die kritische Prüfung erfolge in einer Metasprache, so wird verkannt, dass das logische Verhältnis von Metasprache und Objektsprache nur ein anderer Name für den verfehlten cartesianischen Standpunkt ist: Keine Sprache ist transmundan. Die *Geltung* einer Metasprache ist *sozial* ein Herrschaftsverhältnis.

müsse, denn „ein solcher Versuch müsste sich selbst einschließen."[49] Doch Popper und Albert beharren dogmatisch auf dem cartesianischen Standpunkt und nehmen sich jeweils selbst *aus* von dem, was sie als Gegenstand definieren. Sie vermögen Sachverhalte nur als *Objekte* eines getrennten Egos zu denken, nicht als kommunikativen und handelnden Vollzug einer *Teilnahme* – was beide übrigens performativ gleichwohl tun, wenn sie Bücher für andere schreiben und dabei auf kritischen Diskurs pochen. Deshalb geht ihnen nicht auf, dass Zirkel nur dann unvermeidlich sind, wenn man sich in der Objektivierung ausnimmt, um dann – unter Beibehaltung der objektivierenden Denkform – nachträglich sich selbst zum Objekt zu machen und sich dabei ebenso zu verfehlen wie alle anderen Mitmenschen. Die Pointe besteht darin, dass cartesianischen Wissenschaftsphilosophien ganz einfach die Denkmittel fehlen, die es erlauben würden, das „In-sein" in einer Form zu denken, die den Zirkel nicht zum Mangel, sondern zur reflexiven Voraussetzung sozialer Teilnahme macht. „Da mithin dieser Zirkel unvermeidlich ist, so muss man ihn reinlich begehen"[50].

Wer Zirkel, also reflexive oder dialektische Beziehungen vermeiden möchte, verfehlt den Sachverhalt, der das Soziale kategorial kennzeichnet. Darauf habe ich einleitend hingewiesen: Beziehungen wie die zwischen Zeichen und Bezeichnetem, Herr und Knecht, Vater und Sohn, König und Untertan, Herrschen der Rechnungseinheit Geld und Anerkennung eines Geldwertes – all diese Sachverhalte sind cartesianisch-objektivierend nicht verstehbar. Aber sie *sind dennoch verständlich*. Jeder kennt sie, auch wenn nicht jeder ihren Inhalt entfaltet und reflektiert – zuallerletzt tun dies aber die analytischen, positivistischen oder kritisch-rationalen Wissenschaftsphilosophen.

Das „Verfehlen des Gegenstandes" zeigt sich in der von Popper charakterisierten Denkform auch ganz einfach oder *empirisch*. Denn die auffälligsten sozialen Phänomene der Gesellschaft sind die Sprache, der Tausch, die Medien, der politische Diskurs usw. All dies sind soziale Formen, die nicht nur in Kommunikationsprozesse eingebettet sind, sie haben überhaupt nur Sinn, sofern die Beteiligten die *Differenz* zwischen ihren beabsichtigten Zielen und unbeabsichtigten Ergebnissen *kennen*, darauf reagieren und an dieser Differenz ihr Handeln ausrichten. Wer einen hohen Preis beim Verkauf seiner Waren erzielen möchte, durch den Wettbewerb aber zu Preissenkungen gezwungen wird, der orientiert sein weiteres Handeln *an dieser Differenz*. Wer zu jemand spricht und nicht verstanden wird – also eine *unbeabsichtigte Reaktion* erfährt –, der setzt den Diskurs fort, *um* verstanden zu werden. Diese Beispiele reichen hin, daran zu erinnern, dass eine Reduktion des Sozialen auf unbeabsichtigte (= mechanische) Prozesse nichts weniger als das eliminiert, was die *menschliche* Gesellschaft ausmacht. Menschen und menschliches Handeln auf *objektive, unbeabsichtigte Prozesse* zu reduzieren, die Menschenwelt in einem Netz einzufangen und „die Maschen des Netzes immer enger zu machen", um über diese Prozesse *Gewalt* zu haben – wie man Gewalt über Naturprozesse durch die *Technik* erlangen möchte –, das ist der reine Begriff *totalitären Denkens*. Diese totalitäre Denkform liegt in der kategorialen, der metaphysischen Form, *in der gedacht* wird, nicht in einer besonderen Absicht oder einem besonderen Inhalt.

Popper hat sich hier in einen heillosen Widerspruch verstrickt. Seine ontologische Bestimmung von „Sozialwissenschaft" ist totalitär, während er ontisch seine Emphase darein legt, den Totalitarismus zu bekämpfen. Dem Totalitarismus hält Popper – völlig

---

[49] K. R. Popper (1971b), S. 64. Horkheimer formulierte diesen Gedanken bereits 1934 als Kritik an Lukács: „Erkenntnis der Totalität ist ein sich selbst widersprechender Begriff." M. Horkheimer (1968: 1), S. 150.

[50] R. H. Lotze (1912), S. 525. Vgl. zur ausführlichen Diskussion dieser Frage und zur Kritik von Alberts angeblichem „Trilemma": K.-H. Brodbeck (2002a), S. 30ff und Kapitel 3.5.

1.2.3 Der ethische Mangel der cartesianischen Denkform

zu Recht – die allgemeine Freiheit entgegen, „dass jedermann kritisieren kann"[51]. Damit ist aber als *Grundhaltung* ein *Gesprächspartner* unterstellt, zu dem und mit dem man spricht, nicht ein absichtsloses Etwas, das man in cartesianischer Metaphysik als zu behandelndes Ding beschreibt. Doch genau das tut Popper, wenn er auf einer *Technik* beharrt, einer „Sozialtechnik"[52], die das Engermachen der Maschen des theoretischen Netzes in praktische Gewalt einem Objekt gegenüber umsetzt – denn exakt das ist der Sinn von „Technik": *Herrschaft* über ein getrenntes, als unbewusstes Objekt *behandeltes* Ding.

Was Popper nach dem Zweiten Weltkrieg in philosophischer Nachhut propagierte, das *social engeneering* – formuliert in seinem 1945 erschienen Buch *The Open Society and its Enemies* –, gehört zu den Innovationen der politischen und ökonomischen Propagandatechnik, die Edward Bernays in den 20er Jahren entwickelte und die schrittweise von der Industrie und der Politik übernommen wurde als *engineering of consent*.[53] Popper reduziert die Gesellschaft zuerst auf ein Ding, das durch „absichtsloses Verhalten" metaphysisch implizit als mechanischer Körper bestimmt wird, um dann dieses „Material" einer technischen Ratio und Zwecksetzung unterworfen zu denken. Bernays, der die propagandistische Praxis für das *Big Business* vielfältig verfeinert hat und seine Methoden später Präsidenten und Regierungsorganisationen verkaufte, macht kein Hehl daraus, was damit faktisch ausgesagt wird: Das Objekt der Manipulation von „Experten", von sozialen Ingenieuren sei eine willenlose, triebgesteuerte Masse. Was bei Popper „Feststellung unbeabsichtigter sozialer Rückwirkungen absichtgeleiteter menschlicher Handlungen" heißt, das übersetzt Bernays freudianisch: die sich durch die vermeintlich vernünftigen Handlungen durchsetzende irrationale Triebstruktur. Dabei verschweigt Popper, welche implizite Position jene, die die Zwecke formulieren, um sich zur Gesellschaft technisch-instrumentell zu verhalten, in der Gesellschaft einnehmen. Bernays lässt darüber keinen Zweifel aufkommen: Die Massen sind unfähig zur Selbstbestimmung und bedürfen in „gelenkten Demokratien" der Gestaltung durch PR-Experten, bedürfen eines *engeneering of consent*, wodurch jeder Information *der Spin* verliehen wird, der den gewünschten ökonomischen oder politischen Effekt zu erreichen erlaubt.[54] Die „moderne Kommunikation ist nicht nur als ein hoch organisiertes mechanisches Netz zu erkennen, sondern als eine potente Gewalt"[55]. Für Bernays ist es klar, *wer* das festzulegen hat, was er „sound social ends"[56] nennt: Es ist das *invisible government*, ein Gebräu aus Macht-Cliquen und Medien, das diesen „unsichtbaren Mechanismus der Gesellschaft" zu beherrschen trachtet.[57]

Bei aller verheerenden Wirkung, die Bernays´ längst verwirklichte und verfeinerte Medientechnik inzwischen besitzt, so haben seine Texte doch den Vorzug der Ehrlichkeit und Direktheit. Er redet nicht drumherum und entzündet kein kritisch-philo-

---

[51] K. R. Popper (1973: 2), S. 272; Vgl. H. Albert (1991).
[52] K. R. Popper (1973: 2), S. 273.
[53] So lautet der Titel eines Essays, den Bernays 1935 geschrieben hatte; E. Bernays (1952), S. 157-168; vgl. L. Tye (1998), S. 100ff; S. Ewen (1996), S. 373ff.
[54] „The conscious and intelligent manipulation of the organized habits and opinions of the masses is an important element in democratic society." E. Bernays (1995), S. 37. Das, was Bernays „conscious and intelligent manipulation" nennt, ist exakt der Begriff dessen, was *engineering* bei Popper meint.
[55] E. Bernays (1952), S. 158.
[56] E. Bernays (1952), S. 158.
[57] Bei Bernays heißt es unmissverständlich: „Those who manipulate this unseen mechanism of society constitute an *invisible government* which is the true ruling power of our country." E. Bernays (2005), S. 37; meine Hervorhebung.

sophisches Feuerwerk, wie die Mitglieder der Mont Pèlerin Society. Popper verkauft diese Reduktion von Menschen auf ein Material für Ingenieure der Massen auf dem Markt der Meinungen sogar als Ausweis eines kritischen Rationalismus, als „offene Gesellschaft" und als „Stückwerktechnik"[58]. Menschen aber stückweise – durch ökonomische Anreize oder politische und ökonomische PR-Strategien – als Dinge, nicht als Mitmenschen, nicht als fühlende Wesen oder als Gesprächspartner zu behandeln, ist nicht besser als ein totalitärer Gesamtentwurf, den Popper von Platon über Hegel bis Marx entdeckt haben will, während er in den USA die Propagandatechnik eines Bernays – „Propaganda" ist der Titel des schon zitierten Buchs von Bernays – geflissentlich übersah.

Entgegnet man hier, dass das Subjekt, das die Gesellschaft hier instrumentell behandelt, der demokratische Staat sei, und sagt man weiter, dieser Staat werde durch eine legitime, gewählte Regierung charakterisiert, so hebt man seine eigene Voraussetzung auf: Falls die Menschen sich tatsächlich selbst regieren, sind sie auch theoretisch als bewusste Subjekte zu unterstellen, die sich zu sich selbst kommunikativ verhalten. Dann ist aber die Behauptung, die Gesellschaft sei durch „unbeabsichtigte Handlungsresultate" wissenschaftlich korrekt beschrieben, schlicht falsch.

Es gilt vielmehr das Umgekehrte: Wenn ein demokratischer Staat seine Bürger instrumentell behandelt, dann unterwirft er sich der totalitären Logik des Marktes, der Menschen durch Sachzwänge, PR und Anreize „steuert". Wenn der Kapitalismus über das Geld, die Märkte und Preise als Vergesellschaftungsform totalitär strukturiert ist, dann bedeutet eine „Sozialtechnik" die Verneigung vor diesem Totalitarismus, den das oberflächliche Denken positivistischer Philosophien nur an totalitären Staatsformen entdecken will – mit dem einfachen Grund, dass sich „totalitäre Staatsformen" mitunter der Instrumentalisierung durch die Märkte verweigern. Und nur das wirft ihnen der Liberalismus der Mont Pèlerin Society, der Popper und sein Schüler Hayek angehörten, eigentlich vor.[59]

Der Totalitarismus des Marktes wird von Hayek und der Schule des Neoliberalismus implizit zugegeben, wenn sie den Marktprozess als Befehlsmechanismus beschreiben. Und als Befehlsmechanismus muss der Markt naturgemäß zu jeder anderen „Befehlswirtschaft" in unmittelbaren, auch politischen Gegensatz geraten. Hayeks Totalitarismus des Marktes kann sich nur deshalb als Individualismus tarnen, weil er zwar kein Subjekt, keinen Diktator als Person kennt, dafür aber die Anonymität des Marktes, der in seinen Preisen Befehle erteilt. Das Preissystem ist nur eine *andere* „Befehlswirtschaft"[60], denn Preise funktionieren als Befehlsgeber, die *„den Menschen sagen, was sie tun sollen"*[61]. Ähnlich meint Mises: „Der Markt weist dem Handeln der Einzelnen die Wege"[62]. Und Röpke ergänzt den Gedanken um Zuckerbrot und Peitsche: „Gehorsam gegenüber den Weisungen des Marktes wird belohnt, Ungehorsam bestraft"[63]. Die spontane Ordnung der Regeln und der Preisbildung fordert also *Gehorsam*, fordert

---

[58] K. R. Popper (1971a), S. 54.
[59] Vgl. die informative Studie von B. Walpen (2004).
[60] F. A. Hayek (1991), S. 298.
[61] F. A. Hayek (1996), S. 272; meine Hervorhebung; vgl. F. A. Hayek (1980-81: 2), S. 160; (1980-81: 3), S. 229, wo es heißt, Preise sagen, was Menschen tun *müssen*. Diese Befehlsstruktur der Preisherrschaft unterscheidet sich logisch *in nichts* von anderen Herrschaftsformen, die Rothbard völlig korrekt so charakterisiert: „...that all exercise of power rests on the consent to obey by most of the inhabitants", M. Rothbard (1951), S. 181.
[62] L. v. Mises (1940), S. 205.
[63] W. Röpke (1942), s. 146f.

1.2.3 Der ethische Mangel der cartesianischen Denkform

„die Bereitschaft, sich in der Regel den Ergebnissen eines sozialen Prozesses zu unterwerfen, den niemand entworfen hat und dessen Gründe niemand verstehen mag"[64].

Der Liberalismus der *Mont Pèlerin Society*, den Popper, Hayek und andere Neoliberale sozialphilosophisch vertreten, lässt sich also als alternativer Totalitarismus des Sachzwangs präzise auf den Begriff bringen.

Ich möchte das kurz etwas genauer erläutern. Hayeks konsequente Vollendung des Subjektivismus in der Wertlehre führt zur Selbstaufhebung des eigenen Systems. Die klassischen Ökonomen, das wird noch ausführlich zu zeigen sein, behaupten hinter allen Preisen eine objektive, gesellschaftliche Struktur, die deren Höhe determiniere. Dagegen wendete sich die österreichische Schule in ihrer subjektiven Wertlehre (vgl. 4.6). Für Böhm-Bawerk ist die Konkurrenz nur „eine Art Sammelname für all die psychischen Antriebe und Motive, von denen sich die Marktparteien bei ihrem Benehmen leiten lassen".[65] Hayek radikalisiert diese These bezüglich aller „Daten" auf den Märkten und sagt, es handle sich bei den Preisbestimmungsgründen um „not in any sense objective facts."[66] Wissen sei immer subjektiv und könne nur in den Preisen erscheinen.

Doch genau in diesem Punkt verstrickt sich Hayeks Theorie vom totalitären Preiskommando in einen unauflöslichen Widerspruch: Wenn alles Wissen nur rein subjektiv ist, wenn es atomisiert und verteilt ist auf die verschiedenen Individuen und in deren Psyche haust, dann gilt dies notwendig auch für das Wissen, das sich auf die Preise und das „Gut Geld" bezieht. Ist aber in dieser Tradition „die Güterqualität nichts den Gütern Anhaftendes, (...) keine Eigenschaft derselben",[67] und ist, mehr noch, alles Wissen nur subjektiv und bezieht sich auf „not in any sense objective facts", dann gilt das auch für alle Preise und Güter: Preise sind folglich keine objektiven Fakten, sondern subjektive Wahrnehmungen. Wie können dann die Menschen *gemeinsam verstehen*, wenn ihnen die Preise „sagen, was sie tun sollen"? Jeder verstünde etwas anderes; ein Markt, eine menschliche Gesellschaft wäre undenkbar. So ist die Hayeksche These von der Preiskommandowirtschaft mit seinen eigenen subjektivistischen Voraussetzungen nicht zu verteidigen und erweist sich damit als reine Ideologie des totalitären Marktkommandos, dem man zu gehorchen habe.[68]

Wenn Horkheimer und Adorno sagen: „Aufklärung ist totalitär"[69], so charakterisiert diese Aussage auch die hier kritisierte cartesianische Denkform, sofern sie die Methodologie der Sozialwissenschaften bestimmt. Der Totalitarismus ist insofern als *politische* Form – der Begriff „totalitär" wurde von Mussolini verwendet und später von Carl Schmitt ins Deutsche importiert[70] – nur ein Kondensat dessen, was in der metaphysischen Denkform vorbereitet ist und weiter wirkt. Diese kategorial-totalitäre Form, der

---

[64] F. A. Hayek (1952), S. 37.
[65] E. v. Böhm-Bawerk (1973), S. 103.
[66] F. A. Hayek (1937), S. 36. Er bezieht dies auch auf die Technik und die Produktion: „(A)ll the ‚physical laws of production' (...) are not physical laws in the sense of the physical sciences but people´s beliefs about what they can do." Hayek (1952a), S. 31. Vgl. dagegen: „The order of sensory qualities exists therefore also outside the realm of consciousness." F. A. Hayek (1976b), S. 24. Zu Hayeks widersprüchlicher Erkenntnistheorie vgl. K.-H. Brodbeck (2001a).
[67] Menger (1871), S. 3, Note.
[68] Vgl. zur Kritik der Theorie Hayeks genauer K.-H. Brodbeck (2001a; 2006c, S. 224-229).
[69] T. W. Adorno, M. Horkheimer (1968), S. 22.
[70] Die Entstehung des politischen Totalitarismusbegriffs kann ich hier nicht weiter verfolgen; vgl. J. Petersen (1978); J. Habermas (2000), S. 7.

in der Gesellschaft geltend gemachte Standpunkt, alle anderen Menschen als Dinge, als Mechanismus, als System oder als „Material für Sozialtechniken" zu betrachten, einigt Denkformen, die sich in ihrer *politischen* Erscheinung heftig zu befehden scheinen. In ihrer totalitären Haltung waren sich die Hauptkontrahenten des ideologischen Kampfs im 20. Jahrhundert je schon einig; so wie sich alle Kriegsgegner einig sind, die vor der Schlacht den Massenmord, zu dem ihre Gewaltbereitschaft keine Alternative sehen will, je schon performativ anerkannt haben. Insofern bleibt auch die Diagnose der „Dialektik der Aufklärung" uneingeschränkt gültig:

> „Denn Aufklärung ist totalitär wie nur irgendein System. Nicht was ihre romantischen Feinde ihr seit je vorgeworfen haben, analytische Methode, Rückgang auf Elemente, Zersetzung durch Reflexion ist ihre Unwahrheit, sondern dass für sie der Prozess von vornherein entschieden ist. Wenn im mathematischen Verfahren das Unbekannte zum Unbekannten einer Gleichung wird, ist es damit zum Altbekannten gestempelt, ehe noch ein Wert eingesetzt ist."[71]

Was hier allgemein formuliert wird, lässt sich besonders in der *mathematischen Ökonomie* im Detail nachweisen (vgl. 4.7). Kein Irrtum könnte größer sein als der Glaube, der Totalitarismus sei mit dem Untergang von Faschismus oder Kommunismus erledigt.[72] Der Beobachtung des nahtlosen Übergangs der sowjetischen Nomenklatura in die Monopolmafia (Oligarchen) einer Marktwirtschaft und der vergleichbare Vorgang im modernen China verrät mehr über die Natur der Märkte als jedes politische Lehrbuch über den „Totalitarismus". Insofern ist einzuschränken, was Hannah Arendt sagt, die den Totalitarismusbegriff ausschließlich politisch begreift: „(D)as, was macht, dass ein Mensch ein Mensch ist, und was die Philosophie des achtzehnten Jahrhunderts die ‚Menschenwürde' nannte, kann nur verlieren, wenn man ihn auch der Menschheit überhaupt, und das heißt konkret aus jeglicher politischen Gemeinschaft, entfernt."[73] Dieses Urteil übersieht, dass es sehr wohl innerhalb einer politischen Gemeinschaft einen Totalitarismus des Marktes geben kann, der Menschen – mit formalen Rechten ausgestattet – an der Marktschranke verhungern lässt, weil die Ausübung des Menschenrechts an pekuniäre Bedingungen geknüpft bleibt. Gerade für diese *ökonomische Versklavung* gilt,

> „dass das grundsätzliche Verbrechen der Sklaverei nicht darin bestand, dass Sklaven die Freiheit verloren (...), sondern darin, dass ein System geschaffen wurde, in dem ein Kampf für Freiheit unmöglich wurde, und *eine Institution, in der man den Verlust der Freiheit als ein naturgegebenes Faktum verstand*"[74].

Was hier in der Vergangenheitsform gesagt wird, charakterisiert sehr präzise die Gegenwart globaler Märkte. Den Markt als Natur auszulegen, das ist exakt die ideologische Form des ökonomischen Totalitarismus, die in ihrem Kategorienfehler aufzudecken die Aufgabe der nachfolgenden Kapitel dieses Buches ist.

Derartige Konsequenzen können allerdings nur durchschaut werden, wenn die *ökonomischen Vermittlungen* über Marktprozesse und das Geld näher bestimmt und erkannt

---

[71] T. W. Adorno, M. Horkheimer (1968), S. 41.

[72] „Die Gesellschaft ist integral, schon ehe sie totalitär regiert wird. Ihre Organisation umgreift noch die, welche sie befehden, und normt ihr Bewusstsein." T. W. Adorno, GS 4, S. 235.

[73] H. Arendt (1955), S. 477.

[74] H. Arendt (1955), S. 477; meine Hervorhebung.

1.2.3 Der ethische Mangel der cartesianischen Denkform

sind. Gleichwohl findet die Wirklichkeit der politischen und ökonomischen Welt ihre bestimmende Matrix in einer Denkform, die zunächst an ihr selbst zu erhellen ist. Diese totalitäre Denkform kann an ihrem eigenen Mangel illustriert werden. Die kategoriale Trennung vom Gegenstand, das *Reden-über-...*, ist ihre Keimzelle.

Wer *über etwas* redet, spricht immer *zu jemand*. Diese *ethische Einbettung* bleibt für *jede* Wissenschaft erhalten. Die Absicht, von allen *bewussten* Prozessen abzusehen, die menschlichen Handlungen auf ihre äußeren, unbewussten Verhaltensaspekte zu reduzieren, ist nicht eine schlichte methodische Prämisse. Sie *impliziert* eine bestimmte Haltung anderen Menschen gegenüber. Denn jede Wissenschaft *ist* ein soziales Phänomen, auch die Sozialwissenschaft. Die menschliche Gesellschaft als ein Prozess, in dem sich auch *Wissen* reproduziert, in dem sich *Bedeutung* oder *Sinn* konstituieren – z.B. durch diskursive Kritik –, enthält die Sozialwissenschaft als Teilmoment. Jeder Wissenschaftler ist ein Teilnehmer der Gesellschaft. Wer nun die Gesellschaft im Modell der cartesianischen Wissenschaft („empirische Wissenschaft") beschreibt, der *handelt in der Gesellschaft*. Darin *behandelt* er aber Mit-Menschen so, als wären sie Dinge, absichtslose Körper, die sich verhalten, Systeme, die durch „Operationen" definiert sind usw. Da sich dieser Wissenschaftstypus aber *kraft seiner Struktur* in einer sozialen Kommunikation bewegt, spricht er zugleich *implizit zu anderen*. Deshalb ist *jede* Sozialwissenschaft eine Ethik; sie ist eine *implizite* Ethik, sofern sie davon kein Wissen hat oder dieses Wissen „methodisch" ausklammert.

Die implizit ethische Form bleibt *in jeder* Wissenschaft gewahrt, gleichgültig, welchen methodischen Prinzipien sie huldigt: Sie spricht *zu jemand*. Taucht das Sprechen-zu-jemand in den Naturwissenschaften nur bei Fragen der Verifikation von Theorien auf, die als objektive auch *intersubjektive* Geltung beanspruchen, so ist für die Sozialwissenschaften dieses Sprechen-zu-jemand notwendig der *Inhalt* dessen, was es zu beschreiben gilt. Da aber andererseits die Sozialwissenschaften seit Thomas Hobbes in ihrem Hauptstrom der cartesianischen Denkform folgen und insofern nur *implizite* Ethik geblieben sind, ergibt sich eingedenk der erkannten Besonderheit des „Gegenstands Gesellschaft" eine *doppelte* Konsequenz: *Erstens* gilt es, in einer kategorialen Grundlagenforschung die besondere Natur jener Kategorien herauszuarbeiten, die für die menschliche Gesellschaft bestimmend sind. *Zweitens* – daran anknüpfend – besteht die Hauptaufgabe der Sozialphilosophie darin, jene Theorien kritisch zu überprüfen, die durch untaugliche Kategorien die Gesellschaft *beschreiben*. Bliebe es bei einer Gelehrtenspielerei, so könnte man über sie als private Schrulligkeit hinwegsehen. Doch diese kategorial falsch fundierten Theorien *funktionieren* in der Gesellschaft, sie strukturieren den Diskurs und die Reproduktion des Wissens und offenbaren darin immer wieder auch *praktisch* ihren totalitären Kern. Deshalb bestimme ich die Sozialwissenschaften *methodisch* und *begrifflich* auch als „kritische Ethik".[75] Als kategoriale Grundlagenforschung ist die Ethik in der aristotelischen Tradition eine *Handlungswissenschaft*; in der Analyse der Theorien aus der cartesianischen Tradition ist diese Ethik aber *Kritik*.

Der Mangel dieser cartesianischen Tradition ist also nicht etwas, das man als methodische Belanglosigkeit abtun könnte. Denn die cartesianische Beobachterhaltung drückt sich in der Begriffssprache aus, also in der vermeintlichen Verfügungsmacht über Kategorien, die ihrem Wesen nach eine *soziale Bedeutung* verkörpern. Die distanzierte Haltung ist der *Urfehler* der Sozialwissenschaften, die auf den Spuren von Descartes wandeln. Es handelt sich hier um einen *ontologischen* Fehler, der nicht davon abhängig ist, ob jemand das cartesianische Bewusstseinsmodell *ontisch* kritisiert oder nicht. So spricht Luhmann z.B. überhaupt nicht von Motiven, Handlungen, Bewusstsein

---

[75] Vgl. K.-H. Brodbeck (2004d).

usw. als bestimmenden Kategorien der Gesellschaft. Er glaubt sich damit des Subjektivismus enthoben. Gleichwohl reproduziert gerade er die cartesianische Beobachterposition in reiner Form, wenn er sagt:

> „Man kann (...) immer noch wählen, ob man Darstellungsformen bevorzugt, die Betroffensein und Mitleiden zum Ausdruck bringen, was ohne Parteinahme in der Sache selbst kaum möglich ist, oder ob man die Reflexionsform der (romantischen) Ironie bevorzugt, die das Verwickeltsein in die Angelegenheiten malgré tout als Distanz zum Ausdruck bringt."[76]

Man muss Luhmann zugute halten, dass er den Zusammenhang zwischen „Betroffensein" und „Parteinahme" erkennt. Der *Verzicht* auf Mitleiden ist aber keineswegs nur eine Darstellungsform, sondern eine soziale Praxis, die man als *Theoretiker* in Kategorien der Distanz verpackt, also der *Gleichgültigkeit gegenüber dem Erleiden von Umständen bei anderen Menschen*. Wer in solchen Denkformen sein Handeln organisiert, braucht sich nicht zu wundern, wenn die Resultate die Leiden anderer nur vermehren. Jeder *kategoriale* Verzicht auf Mitleiden und Betroffenheit bewegt sich in einem berechnenden, dinglichen, technischen Horizont der Gesellschaft gegenüber. Etwas „als Distanz zum Ausdruck bringen", eben das ist die cartesianische Beobachterposition, von der aus Luhmann – in ungebrochener Tradition der totalitären Reflexionsform – den „unübersichtlichen" und „komplexen" Gegenstand Gesellschaft in erfundene Begriffe wie Subsysteme mit eigenen Umwelten und Codierungen zerlegt. Am Ende steht dann aber nicht – nach Descartes' vierter Regel – so etwas wie eine *Ordnung*, sondern nur eine *„neue* Unübersichtlichkeit", rekonstruiert in einem systemtheoretischen Jargon.

Wenn Luhmann von der Soziologie sagt: „Sie kann die Gesellschaft nicht von außen beobachten, sie operiert in der Gesellschaft; und gerade sie sollte das wissen"[77], darf die Pointe nicht überhört werden: Der Wissenschaftler *operiert* in der Gesellschaft; er wird also reflexiv im eigenen Modell beschrieben – fern jedes „Beteiligtseins". Auch sich selbst verdinglicht damit der Soziologe zu einer Systemoperation, die so konzipiert ist, dass sie Mitleiden, Mitfühlen, Liebe usw. auf Systemfunktionen reduziert und damit einerseits ihren Gegenstand phänomenologisch verfehlt, zum anderen kraft ihrer theoretischen Form der abstrakten Arroganz der Macht ideologische Schützenhilfe als Schreibtischtäter leistet.[78]

Wer dagegen auf dem Beteiligtsein als einfacher sozialer Tatsache wissenschaftlichen Tuns beharrt, wer bemerkt, dass man sich *bewusst und individuell* durch all die erfundenen Subsysteme der Gesellschaft *frei hindurchbewegen* kann – als *Teilnehmer* –, wer vor Gericht juristische Argumente, im Museum ästhetische, als Käufer ökonomische und als Wähler politische „Systemoperationen" vollzieht und von all dem nicht nur *weiß*, sondern auch nicht vergisst, dass er dabei jeweils anderen Menschen begegnet, ist für eine solche Theorie natürlich ein reichlich vormoderner Mensch, der offenbar weder

---

[76] N. Luhmann (1997), S. 1129. Solche Rede zehrt vom Ruhm der sokratischen Ironie. Doch das Erborgte ist bei Luhmann Gerede, keineswegs die Bescheidenheit des Wissens an seinen Grenzen: „(D)ie innere Nichtigkeit, welche von der Theorie der Ironie gefordert wird, führt hier auf dasjenige, worauf die Mittelmäßigkeit von selbst gerät", G. W. F. Hegel, WW 11, S. 214.

[77] N. Luhmann (2003), S. 14.

[78] „Der Wissenschaftler ist nie nur Wissenschaftler. Er ist zugleich lebendiger Mensch, er ist Glied der menschlichen Gemeinschaft. (...) Er muss sich fragen: Was bedeutet meine Forschung für das Leben meiner Mitmenschen? Kann ich die Wirkungen verantworten, die mein Tun im Leben der Menschheit auslöst?" C. F. von Weizsäcker (1992), S. 6.

die neue Unübersichtlichkeit noch die Komplexität der Welt verstanden hat. Der Gedanke, dass vielleicht gerade *dieses Denkmodell* der Grund für die Übermacht undurchschaubarer Systeme – wie der Geldwirtschaft – ist, ist von der hier eingenommenen Beobachterposition aus allerdings nicht zu erkennen. Dazu muss man um sein Beteiligtsein, seine Betroffenheit *in* der Gesellschaft nicht *nur* wissen. Doch dies einmal verstanden, wird man sich um eine *Kritik* dieser Form der Vergesellschaftung nicht mehr drücken können, es sei denn um den Preis eines kühlen Zynismus, der sich womöglich eines Tages eine *praktische* Kritik durch die Betroffenen gefallen lassen muss. Es wäre klug, das eigene Denken zuvor selbst von diesem Fehler zu befreien.

1.2.4 Zwei- oder dreiwertige Logik? Günthers Kritik an Descartes

Descartes, der einen radikalen Bruch mit der aristotelischen Philosophie versucht hat, ist in Wahrheit ein Vollender der bei Aristoteles begründeten Logik. Ich werde den Übergang von der Dialektik bei Platon als einem *Prozess des denkerischen Streits* zwischen verschiedenen Personen oder Subjekten zur aristotelischen Logik als der Bewegung *in einem Bewusstsein* später noch genauer darstellen (vgl. 2.4.9). Tatsächlich ist die dialogische Tradition (Dialektik im platonischen Sinn) neben der aristotelischen Logik nie ganz abgebrochen. Die platonische Tradition der Dialektik bewahrte stets das Bewusstsein, dass das Sprechen und das Einander-Wider-Sprechen ein Prozess mit offenem Ausgang ist. Besonders Schleiermacher hat diese Tradition wieder aufgegriffen und in seiner *Dialektik* eine Diskursphilosophie entwickelt, die *zugleich* wesentliche Elemente einer Sozialtheorie enthält.[79] An dieser Stelle hier kommt es mir nur auf den Kern der sichtbar werdenden Struktur an, und diese Struktur wird in den Versuchen einer mehrwertigen Logik im Anschluss an die Philosophie des Deutschen Idealismus durch Gotthard Günther besonders deutlich.

Günther rekonstruiert das Denkmodell Descartes' so: Ein Subjekt S steht einem Objekt O gegenüber. Dieses Subjekt S ist zwar in viele Subjekte S, S,, S,,, usw. differenziert. Doch Descartes interpretiere die Situation so, dass S „die logischen Ansprüche aller beliebigen Iche (S, S,, S,,, ...) vertritt." Und Günther fährt fort:

„Es ist unvermeidlich, dass in diesem Schema des Denkens ‚S' (ohne Index) die Rolle Gottes übernimmt."[80]

Nach Günthers Interpretation löst Descartes die Vielheit der Individuen bezüglich ihrer Stellung zum Gegenstand so auf, dass sich nur noch ein singuläres Subjekt S und ein Objekt *kategorial* gegenüberstehen.

Descartes steht durchaus in der theologischen Tradition, nach deren Auslegung alle Objekte *Geschöpfe* sind, also aus dem Geist Gottes *hervorgehen*. Das ist für ihn gerade der Grund, weshalb sie *verstehbar* sind, sofern wir auch die Idee „Gott" in unserem

---

[79] Vgl. zu Schleiermachers Theorie K.-H. Brodbeck (2002a), Kapitel 2.5; (2003a), Kapitel 2.3-2.4 und 4.2 und 4.4.

[80] G. Günther (1978), S. 65. Max Adler hatte diesen Gedanken schon so rekonstruiert, dass das Subjekt als *Sozialapriori* zu interpretieren sei, als „unabzählbare Pluralität von notwendig übereinstimmenden Subjekten", M. Adler (1936), S. 105. Adlers „notwendige Übereinstimmung" bleibt hier aber eine leere Forderung; ontologisch tritt bei ihm der Begriff „das Soziale" an die Stelle des göttlichen Intellekts. Das *Du* wird von ihm so wenig wie die Sprache als *kategoriale* Bedingung des sozialen Subjekts durchschaut. Vgl. auch: „(D)ie Einheit von Ich und Du ist Gott", L. Feuerbach (1950), S. 168.

Geist haben. Tatsächlich rekonstruiert Descartes hier nur die Denkform des Thomas von Aquin, der den Schöpfungsbegriff metaphysisch radikalisierte: Wenn alle Dinge Geschöpfe Gottes sind und aus seinem Geist hervorgehen, dann ist ihre innere Natur „rational". Wahr ist, was mit seiner Idee übereinstimmt. Da alle Dinge aber aus dem Geist Gottes kausal als *creatio* hervorgehen, enthalten sie *nur* das, was Gott in sie gelegt hat: Seine Vernunft. Deshalb sind die Dinge *innerlich wahr*.[81] Allerdings besteht eine Differenz zwischen dem Geist der Menschen und dem Gottes. Die Menschen können die Formen der Dinge nur *aus diesen* erkennen, während Gott die Dinge dadurch erkennt, dass er sie hervorbringt. Doch zwischen dem Geist Gottes und dem menschlichen Intellekt waltet eine Beziehung der „Analogie". Eine Analogie ist eine Gleichheit *mit einer Differenz*. Der Sinn dieser Differenz ist in der theistischen Logik eine *Subjektdifferenz*: Gott ist *Person* und die Menschen sind Person. Also, so könnte man sagen, formuliert die Theologie ein *triadisches* Modell: Gott-Mensch-Ding.

Günther interpretiert die Identitätsphilosophie des Deutschen Idealismus vor diesem Hintergrund. Descartes *reduziert* die Differenz zwischen Mensch und Gott, sofern der *Begriff* Gottes durch das bestimmt ist, was die „vielen Iche" verbindet. Die rationalistische Grundposition behauptet dann, dass aufgrund dieser Struktur das so ideal konstituierte Subjekt S (als Vertreter der vielen Subjekte S, S,, S,,, etc.) *identisch* ist mit dem Objekt in seiner inneren Wahrheit – durchaus in der scholastischen Tradition. Es genügt dann, wenn eine Idee „klar und distinkt" zu erkennen ist, weil allein *dies* garantiert, dass sie auch *wahr* ist. Das ideale Subjekt ist *metaphysisch* mit dem Wesen der Dinge identisch. Es hat Teil am Denken Gottes und erkennt deshalb, wenn es sich dem eigenen Geist zuwendet, das, was sich Gott bei der Erschaffung der Dinge *dachte*. Diese Ausdrucksweise, die explizit erst Hegel verwendet, macht den Kern der Umdeutung von Descartes durch Spinoza aus. Doch sie liegt in der Struktur des cartesianischen Denkens, das die Differenz zwischen Mensch und Gott *aufhebt*.

Kant errichtet zwischen Subjekt und Objekt insofern wieder eine ontologische Differenz, als er vom „Kern" aller Objekte – vom *Ding an sich* – sagt, er sei „unerkennbar". Dieser Gedanke wird später kritisch vertieft und damit die Kluft zwischen Subjekt und Objekt als eine *ontologische Differenz* wieder aufgerissen, die in den theistischen Systemen überbrückt schien. In der neueren Wissenschaftstheorie wird auf ein transzendentales Subjekt ganz verzichtet, wodurch nur die Differenz zwischen der Wissensform (dem Begriffsschema) und einer mehr oder weniger erkennbaren Wirklichkeit, die in der Erfahrung gegeben ist, übrig bleibt. Doch als *Ideal* bleibt die Identität von Subjekt und Objekt erhalten. Man deutet die Differenz zwischen Wissen und Ding an sich *temporal*: Der *Fortschritt* der Erkenntnis soll diese Differenz schrittweise aufheben. Als Limes, als Grenzwert soll ein Wissen erreicht werden, das ganz mit seinem Gegenstand übereinstimmt: S = O. *Wie* dieser Prozess zu beschreiben sei, ist strittig; auch gibt es Skeptiker, die bezweifeln, dass der Endpunkt S = O denkbar ist. Doch die Idee der Vermittlung zwischen Subjekt und Objekt beruht auf einer *dualen* Gegenüberstellung, die in den verschiedenen wissenschaftstheoretischen Varianten nicht aufgehoben wird.

Was in der Theologie noch in der Differenz der Subjekte Gott und Mensch ahnbar war, was in der Kategorie der „Analogie" immer auch als unüberbrückbare, also kategorial zu berücksichtigende *Differenz* bewahrt wurde, das ist in der cartesianischen Dualität S ↔ O verschwunden. Günther drückt diese Einsicht so aus, dass er das Fehlen der Kategorie „Du" herausstellt:

---

[81] Vgl. J. Pieper (1951).

1.2.4 Zwei- oder dreiwertige Logik? Günthers Kritik an Descartes

„,Subjekt' und ‚Ich' sind die dominierenden Termini des spekulativen Idealismus. Um so merkwürdiger muss es berühren, dass ‚Du' als philosophischer Begriff in dieser Philosophie überhaupt nicht existiert. Und nicht nur im spekulativen Idealismus. Alle bisherige Philosophie im Orient sowohl wie im Okzident ist durch diese merkwürdige Ignorierung des ‚Du' als Index für ein eigenständiges philosophisches Motiv gekennzeichnet. Das ‚Es' steht in der ganzen Entwicklung des Denkens dem ‚Ich' an Gewichtigkeit und philosophischer Konsequenz nicht nach. Aber alles metaphysische Denken geht vom Ich stets unmittelbar zum Es über und von dort zum Ich zurück."[82]

Nun ist diese Diagnose zwar historisch nicht haltbar; Dharmakirti hat eine ausdrückliche Diskurslogik formuliert, wie auf andere Weise Schleiermacher. Und Martin Buber, Ferdinand Ebner, Franz Rosenzweig und andere Begründer der „dialogischen Bewegung" rückten neben die Ich-Es die Ich-Du Beziehung ins Zentrum[83], die bereits Feuerbach als Kategorie für *den* Menschen verwendet hatte[84]. Als Charakterisierung der cartesianischen Wissenschaftsform ist Günthers Aussage gleichwohl zutreffend.

Günther identifiziert die Ich-Es-Logik mit der aristotelischen Logik. In Anknüpfung an Überlegungen Schellings formuliert Günther gegen diese Logik zwei Postulate:

„I. Sein und Denken sind nur partiell identisch. II. Das Objekt hat eine, das Subjekt hat zwei metaphysische Wurzeln."[85]

Günther legt das so aus, dass einem Objekt eigentlich *zwei* Subjekte gegenüberstehen, die *ihrerseits* wieder zueinander neue Relationstypen definieren: Ich-Es, Du-Es, Ich-Du. Vor dem Hintergrund des triadischen Modells Ich-Du-Es ergeben sich für Günther neue Fragestellungen. Die aristotelische (und die cartesianische) Denkform kennt die Differenz von Ich und Du nur als eine von „Subjekten", die „alle als denkendes *Ich* interpretiert" werden. In diesem Modell ist man – so wird implizit unterstellt –

„in der Lage, die Reihe der ‚S,', ‚S,,', ‚S,,,' ... beliebig, d.h. bis ins Unendliche, fortzusetzen. Diese unendliche Reihe suggerierte dann die Idee des universalen, unendlichen Subjekts, das hinter der Vielheit der Einzelche stand. Fehlt aber das universale Subjekt als Garant allgemeiner Subjektivität, dann sind wir nicht mehr berechtigt, von dem Ich-Charakter des denkenden Subjekts auf den Ich-Charakter des gedachten Subjekts zu schließen. D.h. für jedes jeweilig denkende Ich ist jedes andere Ich *nicht* als Ich, sondern ausschließlich als Du (als Objekt in der Welt) gegeben. Zwei beliebige Iche sind einander niemals logisch äquivalent, da im logischen System das eine immer das denkende, das andere das gedachte sein muss."[86]

---

[82] G. Günther (1978), S. 69.
[83] „Der Mensch wird am Du zum Ich." M. Buber (1973), S. 32; vgl. F. Ebner (1963), S. 265ff; F. Rosenzweig (1988), S. 75ff; M. Theunissen (1981); M. Heidegger (1972a), S. 124.
[84] „Das Wesen des Menschen ist nur in der Gemeinschaft, in der Einheit des Menschen mit dem Menschen enthalten – eine Einheit, die sich aber nur auf die Realität des Unterschiedes von Ich und Du stützt." L. Feuerbach (1950), S. 168.
[85] G. Günther (1978), S. 85.
[86] G. Günther (1978), S. 86. Sohn-Rethel führt diese Vielheit der Einzelsubjekte auf die Geldform zurück, die *ein* Erkenntnissubjekt hervorbringe, „dem im Felde seiner Erkenntnis kein andres Subjekt begegnet, weil es selbst die Geltungsidentität aller möglichen Subjekte ist." A. Sohn-Rethel (1978), S. 82f. Das ist eine – Sohn-Rethel würde wohl sagen – „vulgärmaterialistische" Verkürzung, die das *Sprachsubjekt*, das bei Günther im Vordergrund

Günther sieht hier also vor allem ein *logisches* Problem. Ein Du als Gegenüber eines Ich ist nicht ein Ich in der Modalität eines Subjekts, sondern eines Objekts. Doch dieses „Objekt" unterscheidet sich vom Es-Objekt. Das Es-Objekt ist für Günther ein „objektives Objekt" (bei Günther: O°), für beide Subjektkategorien gleich gültig. Ihm stehen zwei Subjekttypen gegenüber: S^s das subjektive Subjekt („Ich") und S° das objektive Subjekt („Du"). Es ergibt sich eine triadische Struktur. Aus dieser triadischen Struktur leitet Günther seine Forderung nach einer neuen, nicht-aristotelischen *Logik* ab. Das Anwendungsgebiet dieser neuen Logik ist unbestimmt, doch Günther blickt zweifellos auch auf die Sozialwissenschaften.[87]

Seine Absicht ist aber allgemeinerer Natur, sofern er eine neue Logik mit einer triadischen Struktur der Wahrheitswerte anvisiert. Diese Logik beruht auf einer *Onto*logik, sofern die Subjekt-Objekt-Dualität in eine Triade umgedeutet wird. Es gibt bei Günther neben dem logischen Subjekt, dem „subjektiven Subjekt", *zwei* Objekte: „Erstens das bona-fide-Objekt (O) und zweitens das Pseudo-Objekt (S°)."[88] Die Relation zwischen subjektivem Subjekt (Ich; S^s) und objektivem Objekt (Es, O°) beschreibt Günther in der Tradition der aristotelischen Philosophie, sofern er O° auch „Inhalt" (*hyle*) nennt (vgl. Abbildung 1.1).

Das logische Novum besteht in der Relation zwischen subjektivem Subjekt (S^s) und objektivem Subjekt (S°), wodurch eine zweite Gegenstandsklasse definiert wird: „im Ich ist Subjektivität Form und das Gegenständliche Material; im Du ist Subjektivität Material und die Gegenständlichkeit Form für unser Denken."[89] Dadurch wird der *Wahrheitsbegriff* gespalten: „‚Wahr' ist deshalb kein einfacher logischer Wert mehr, weil das Wahre in der Ich ↔ Du Relation eine andere logische Struktur zeigen muss als in der Ich ↔ Es oder Du ↔ Es Beziehung."[90] Entwürfe zu solch einer mehrwertigen Logik hat Günther vorgelegt; einige seiner Schüler haben versucht, diesen Ansatz weiterzutreiben – was ich hier nicht weiter verfolgen möchte, denn außer einem Wust umständlicher Kalküle ohne wirklichen Versuch einer sozialwissenschaftlichen *Anwendung* ist daraus nichts hervorgegangen. Auch Luhmann hat sich einige Male auf Günther berufen, ohne je den Versuch unternommen zu haben, dessen *logische* und *ontologische* Voraussetzungen darzustellen, zu interpretieren oder überhaupt zu rezipieren.

Obwohl Günther in seinem Hinweis auf eine triadische Struktur der Kategorien einen wichtigen Beitrag leistet, verbleibt er doch *ontologisch* in der Tradition, ohne das zu bemerken. Das lässt sich am leichtesten dadurch erkennen, dass bei ihm zwar neben das „objektive Objekt" noch ein zweites Objekt tritt – das objektive Subjekt, das Du –, doch was es mit der Subjekt-Objekt-Relation als *Dualität* auf sich hat, ist damit auf keine

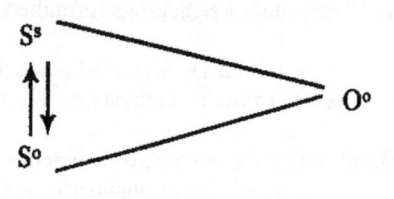

Abb. 1.1
Quelle: G. Günther (1978), S. 86

---

steht, in das Geldsubjekt auflöst. Geld bewegt sich in einer Sprachform – dem Rechnen –, nicht aber umgekehrt. Die Geltung der sprachlichen Bedeutung geht dem Geld voraus.

[87] Vgl. G. Günther: Logische Voraussetzungen und philosophische Sprache in den Sozialwissenschaften; in: G. Günther (1980), S. 57-72.

[88] G. Günther (1980), S. 69.

[89] G. Günther (1980), S. 69.

[90] G. Günther (1976), S. 27.

1.2.4 Zwei- oder dreiwertige Logik? Günthers Kritik an Descartes

Weise geklärt. Ein Du als Objekt eines Ich zu betrachten, bewahrt onto*logisch* dieselbe Blickrichtung wie die cartesianische Tradition. Genauer gesagt: Indem Günther eine Reform der *Logik* anstrebt, will er die Stellung der Logik im Reich des Wissens in keiner Weise verändern. Es handelt sich um ein Operieren mit Symbolen, um ein Kalkül, das von den idealisierten Gegenständen ebenso getrennt ist wie das Es vom Ich in Günthers Terminologie. Er möchte die Einsichten des Deutschen Idealismus für eine Weltöffentlichkeit fruchtbar machen, *deren* Maßstab Günther uneingeschränkt übernimmt.[91]

Er sah – zur jener Zeit, als auch Ökonomen „Konvergenztheorien" entwickelten – hinter dem Gegensatz zwischen den USA und der Sowjetunion eine Gemeinsamkeit, eine objektive Tendenz zum Abschied von der aristotelischen Logik, sofern beide die Hoffnung aufgeben, „im tiefsten Grund der Welt das Geheimnis einer Rangordnung von Subjekt und Objekt (zu) entdecken."[92] Es herrsche ein „transklassisches Weltgefühl", wie es in der Science-Fiction einen Ausdruck und in der Kybernetik ihren Begriff finde. Günther ging so weit, in einer verallgemeinerten Kybernetik, wie sie russische Autoren als Synthese mit dem Marxismus versucht haben, die Grundlage einer völlig neuen, die traditionelle Metaphysik ablösende Theorie zu erblicken. Er bemühte sich, zu zeigen,

„dass die Kybernetik im Begriff ist, einen neuen Wissenschaftsbegriff zu liefern, in dem die klassische Konzeption von Wissen überhaupt endgültig überholt ist."[93]

Tatsächlich war Günther wohl einer der wenigen Autoren, die tatsächlich so etwas wie ein logisch-dialektisches Kalkül entwickelten und somit der Kybernetik tatsächlich eine „nacharistotelische", damit eine „nachcartesianische" Form verleihen wollten. Seine Kritik an der Habermasschen Verteidigung hermeneutischer und – im traditionellen Wortsinn – dialektischer Denkformen und die Forderung nach einer präzisen Begriffssprache bleibt gleichwohl ein leeres Versprechen:

„Die Ablehnung einer Präzisionssprache für diese Wissensgebiete (sc. die Handlungs- und Geisteswissenschaften) macht sich in der Habermasschen Diktion deutlich bemerkbar. Sie beruht auf der an und für sich richtigen Einsicht, dass der Gewinn an Präzision mit einem Verlust an philosophischer Tiefe bezahlt wird. Aber dieser Verlust ist ein vorläufiger; unter jeder an die Oberfläche gestiegenen Tiefe, die man zu verlieren gewillt war, tun sich größere Tiefen auf, die der Intuition bisher unerreichbar waren."[94]

Die Vielzahl von Günthers Versuchen, eine *präzise* Sprache zu erfinden, zeigt aber, dass die *Wahl* und die *Erfindung* eines Kalküls nicht durch ein Kalkül zu präzisieren ist. Das ist der entscheidende Punkt: Es gibt aus *logischen Gründen* keine formale Theorie der Kreativität. Übersetzt man also „Dialektik" mit „Beschreibung kreativer Prozesse", so wird sofort deutlich, dass kein *Modell*, kein *Kalkül* den *Vollzug* der Handlung erset-

---

[91] „Die Beweislast aber liegt bei dem Deutschen Idealismus. Er hat durch Reduktion seiner Einsichten auf die internationale Sprache des Kalküls zu demonstrieren, dass er etwas zu bieten hat, was wert (!) ist, überall auf dem Planeten gehört zu werden, wo sich menschliche Institutionen befinden." G. Günther (1976), S. 65. Die Antwort auf die Frage, wie sich ein Kalkül zu dem verhält, was es beschreiben und wo es angewandt werden soll, würde rasch zutage fördern, dass in dieser Relation die cartesianische Dualität ungebrochen reproduziert wird.
[92] G. Günther (1975), S. 67ff.
[93] G. Günther (1968), S. 341.
[94] G. Günther (1968), S. 341.

zen kann. Jedes Modell, gleichgültig, welches seine formale Struktur sein mag, bleibt immer vom Modellierten getrennt. Nur Menschen können die Gedanken handelnd vollziehen und dabei verändern.

Deshalb bleibt auch Günther an zentralen Punkten, bei allen Ausreißversuchen, *metaphysisch* der cartesianischen Position verhaftet: Wenn man die cartesianische Dualität nur *ergänzt*, zugleich aber sich selbst aus den logischen Operationen ausnimmt, reproduziert man sie in Wahrheit. Günther wird bewegt durch die „neue Idee von der Ebenbürtigkeit von Subjekt und Objekt"; er spricht von einem „ontologischen Umtauschverhältnis" beider.[95] Doch was vertauscht werden kann, wird erstens *in etwas* vertauscht, das nicht thematisiert ist (ein Worin), und zweitens bleibt die Frage offen, *wer* diese Vertauschung vornimmt oder beobachtet. So kehrt bei Günther, bei allen kreativen Denkexperimenten, die er durchaus anregend unternimmt, die cartesianische Position wieder; am deutlichsten in dem Gedanken, dass man derartige Sachverhalte in einem *Kalkül* ausdrücken könne. Es gibt aber nur ein „Kalkül", das im Vollzug seiner „Operationen" um diesen Vollzug weiß, aus diesem Wissen den Vollzug selbst verändert und sich dabei mit anderen Kalkülformen verbindet: Sein Name ist „Mensch". Und wenn man wissen will, wie kreative Handlungsprozesse funktionieren, tut man gut daran, sie selbst auszuüben. Insofern ist der *Vollzug* der Gedanken, die sich bei Günther (oder anderen Autoren) finden, die in Texten fixiert erscheinen, stets ein Beleg dafür, dass das so Gedachte nicht die Denkbewegung erfasst. Günthers Kritik an Descartes bleibt deshalb ganz im Bann von dessen Metaphysik, weil ihre angebliche Überwindung mit deren *ontologischen* Mittel versucht wird: Der vom Gegenstand getrennten Logik.

---

[95] G. Günther (1975), S. 68.

1.3 Zur Kritik sozialwissenschaftlicher Methoden

1.3.1 Vorbemerkung

Die Gewohnheit, den sozialwissenschaftlichen Untersuchungen ein Kapitel oder einen Abschnitt über die angewandte *Methode* voranzustellen, verdankt sich dem cartesianischen Wissenschaftsideal, das Methode und Gegenstand als Spiegel der ontologischen Differenz von *res cogitans* und *res extensa* trennt. So hat sich besonders in der Soziologie eine eigene Methodentradition entwickelt, die teilweise kaum oder gar nicht auf konkrete Untersuchungsgegenstände angewandt wird; die methodische Sphäre hat sich hier verselbständigt. Ähnliches konnte man übrigens in der frühen deutschen Betriebswirtschaftslehre beobachten, die inzwischen wieder einer pragmatischen Handwerkelei von „Managementtechniken" gewichen ist.

In der Soziologie hat zuerst *Comte* eine distanzierte Haltung zum Objekt, die in der Struktur der cartesianischen Theorieform liegt, ausgesprochen und auch durchgeführt. Comte hat diese Haltung allerdings eher *beiläufig* notiert, nicht systematisch entwickelt, wenn er bemerkt, dass „man in der Regel nur gut beobachtet, wenn man sich außerhalb stellt"[1]. Dieser Fernblick auf die Gesellschaft gelte auch und gerade für die Sozialwissenschaft, der Comte eine Priorität vor allen anderen Wissenschaften einräumt:

> „Anstatt die Sozialwissenschaft in der schwankenden und unfruchtbaren Isolierung zu lassen, in die sie bisher die Theologie und die Metaphysik setzen, ordnet (der Geist des Positivismus) sie schließlich für immer den übrigen grundlegenden Wissenschaften systematisch ein, die allmählich gegenüber dieser abschließenden Wissenschaft unentbehrliche Einführungen darstellen"[2].

Der Abschied von der Metaphysik verwandelt die Sozialwissenschaft, damit auch die Ethik, in eine Wissenschaft cartesianischer Sicherheit, die „bei gebührender Behandlung ganz ebenso gewisse Schlüsse zulässt wie die selbst der Geometrie."[3] Dass hier Menschen zu von außen verorteten Dingen werden, gibt Comte indirekt zu, wenn er daraus imperative Schlussfolgerungen zieht. Das in seiner Haltung – die bis in die Ökonomik der Gegenwart gültig ist, die ökonomische Sachverhalte topologisch, d.h. geometrisch rekonstruiert – liegende *totalitäre* Verhältnis zur Gesellschaft führte ihn zu der Forderung, bei moralischen Regeln notfalls auch „mit Nachdruck an die grundlegenden Maximen zu erinnern"[4]. Das ist eine elegante Umschreibung für einen moralisch motivierten Gewaltakt gegen jene, die einer anderen Moralregel folgen.[5]

Den Comteschen Fernblick haben Ökonomik und Soziologie übernommen. Durkheim hat ihn systematisch in eine *Methode* verwandelt, deren erkenntnistheoretisches Axiom lautet:

> „Die erste und grundlegendste Regel besteht darin, die soziologischen Tatbestände wie Dinge zu betrachten"[6].

---

[1] A. Comte, zitiert nach: H. Mauss (1967), S. 21f.
[2] A. Comte (1915), S. 68f.
[3] A. Comte (1915), S. 83.
[4] A. Comte (1915), S. 84.
[5] Vgl. J. St. Mill (1989), S. 163.
[6] E. Durkheim (1976), S. 115.

Die Taten von Menschen und die Menschen selbst *als* Dinge zu betrachten, ist das methodische Kleid eines Gewaltakts in der Gesellschaft – sieht man ab von der gedanklichen Beschränktheit dieser Forderung, die mangelndes Mitgefühl und Kommunikationsunfähigkeit *als Wissenschaft* tarnt. Hier zeigt sich ein Methodenverständnis, das in der Ökonomik von Jevons, Walras und Menger nicht nur als Programm verkündet, sondern explizit als *mechanisches Modell* der Wirtschaft durchgeführt wurde. Dieses Methodenverständnis ist nicht nur, mit Walter Benjamin gesagt, ein „Umweg"[7], es ist vielmehr überhaupt kein Weg (*methodos* = *meta*, nach + *hodos* = Weg), wohl aber ein Katalog der Hilfsdienste für jene, die Menschen *praktisch* so behandeln, wie Comte, Durkheim oder die Mehrzahl der Ökonomen dies *methodisch* von ihren „Gegenständen" fordern.

Explizite Methodenreflexionen in der Ökonomik finden sich zuerst in John St. Mills *Unsettled Questions*[8], Ansätze, die später von J. E. Cairnes und John N. Keynes im englischen Sprachraum tradiert und weiterentwickelt wurden.[9] Marx, ein deutscher Denker, der in England lebte und arbeitete, stand zwischen allen Traditionen – die Marxisten sagen: Er stand *über* ihnen. Seine Überlegungen zur Methode fanden allerdings teilweise auf dem Umweg über die historische Schule Eingang in die Diskussion – Spuren sind z.B. bei Carl Knies erkennbar –, wurden aber erst später Gegenstand zahlreicher Auseinandersetzungen. Auch der Einfluss der englischen Schule, besonders der Einfluss John St. Mills, ist in der Regel kein direkter. Aber viele seiner Denkfiguren, auch sofern sie eher Comte referieren, haben die nachfolgende Ökonomik beeinflusst.

Im deutschsprachigen Raum hat vor allem Carl Menger in zwei Texten die Methodendiskussion wesentlich angeregt, mit zahlreichen Ausstrahlungen in die Soziologie und auch auf die anglo-amerikanische Ökonomik; John Neville Keynes rezipierte z.B. Mengers Diskussion mit Schmoller ausführlich.[10] Ich werde Mengers und Schmollers Theorie noch genauer untersuchen (vgl. 4.5.6 und 4.6.3) und beschränke mich hier auf wenige methodologische Aspekte bei Menger, die für die nachfolgende ökonomische Theorie und ihre soziologische Adaption bedeutend wurden. Max Weber ist auf besondere Weise von Menger abhängig, aber auch Georg Simmel ist von Menger deutlich beeinflusst, und über Max Weber macht sich dieser Einfluss auch auf Talcott Parsons und die neuere Soziologie bemerkbar. Die weitreichendsten Folgen in der Ökonomik hatte indes die Übernahme der Popperschen „Logik der Forschung". Diese Theorie kann in ihrer eigenen Denkform kritisiert werden[11]; auf ihrem impliziten Totalitarismus habe ich bereits hingewiesen.

Die von ihrem Gegenstand getrennte Methodik in der englischen Tradition hat allerdings auch parallel vielfältige Kritik erfahren. Diese Kritik wurde teilweise im Rahmen von alternativen ökonomischen Theorien vorgetragen – wie bei Marx oder Keynes. Sie findet sich aber auch bereits früh als parallele Tradition zur englischen vorwiegend im deutschsprachigen Schrifttum. Marx hat die einflussreichste *methodische* Kritik formuliert, dies aber so, dass er die Trennung von Methode und Gegenstand selbst kritisierte und seine Kritik als inhaltliche Durchführung einer *alternativen* Tausch- und Geldtheorie vorstellte. Erst später haben Marxisten daraus eine „dialektische Methode" destilliert, die als Alternative zur ökonomischen und soziologischen Tradition im cartesianischen Geist angeboten wird. Besonders die verschiedenen Varianten der „Kritischen Theo-

---

[7] „Methode ist Umweg", W. Benjamin (1972), S. 8.
[8] J. St. Mill (1874), fünfter Essay.
[9] Vgl. J. E. Cairness (1888); J. N. Keynes (1917).
[10] Vgl. C. Menger (1883; 1884); G. Schmoller (1904), S. 263-364.
[11] Vgl. ausführlich dazu K.-H. Brodbeck (2002a), Kapitel 3.5.

rie" sind hier zu nennen. Verwandt damit, wenn auch politisch auf der anderen Seite des Spektrums einzuordnen, ist die Methodenlehre der „romantischen Volkswirtschaftslehre", wie sie Adam Müller und Othmar Spann vertreten haben. Eine gewisse Nähe zu dieser Analyse lässt sich bei der historisch-rechtlichen Schule nachweisen (Stammler, Stolzmann, Diehl u.a.). Vielfach verwickelte sich diese Richtung in einen bloßen Methodenstreit, der selten zur Sache kam; ich gehe hierauf nur insoweit ein, als sich einige Bausteine darin für die Tausch- und Geldtheorie im engeren Sinn verwerten lassen.

Die genannten Methodenlehren sollen hier nur insofern betrachtet werden, als sich ihre Aussagen vom Untersuchungsgegenstand faktisch trennen oder trennen lassen. Der Form nach besitzen Methodenreflexionen einen *philosophischen* Charakter. Auch wenn die Aufgabe, die leitenden Grundkategorien als soziale Formen zu rekonstruieren, in diesen Methodenlehren vielfach nicht erkannt wird, so sprechen sie doch *implizit* stets eine metaphysische Haltung aus, die ganz offenkundig ihrem Gegenstand vorausgeht. Das ist gewiss der Fall bei den dialektischen Theorien der Frankfurter Schule, aber auch in der Ganzheitslehre von Spann, der als einziger unter den Ökonomen nicht nur eine explizite Kategorienlehre verfasst hat, sondern auf dieser Grundlage ein ganzes philosophisches System errichtete. Aber auch die englisch-neoklassische Ökonomik bettet ihre vorausgesetzten Kategorien in methodische Erörterungen ein, deren einflussreichste jene von Milton Friedman geworden ist. Marx kann man, wie gesagt, nicht in diese Reihe stellen; zwar wollte auch er eine „Dialektik" schreiben, hat das aber doch unterlassen und seine methodischen Reflexionen stets *am Gegenstand* – der Waren- und Geldanalyse – formuliert. Ebenso kann man die historische Schule nur dort wirklich verstehen, wo sie sich in das historische Material vertieft und dabei auch methodische Gesichtspunkte zur Geltung bringt. Dasselbe gilt andererseits für die Schule der mathematischen Ökonomen. Ich werde deshalb diese Methoden erst später *am Gegenstand* reflektieren, wenn die verschiedenen Tausch- und Geldtheorien in ihren Inhalten zur Sprache kommen. Im vorliegenden Kapitel wähle ich nur die Schulen aus, die explizite Methodenlehren und für die Ökonomik oder Soziologie charakteristische Positionen formulierten.

1.3.2 John Stuart Mill

Mill behandelt die Methode der Sozialwissenschaften (*moral sciences*) ausführlich im sechsten Buch seiner „Logik", wobei er auf seinen frühen Text, die *Unsettled Questions*, zurückgreift. Im Verhältnis zur deutschen Tradition wird bereits die *Übersetzung* zum Problem. Die erste deutsche Übersetzung von Mills „System of Logic" verwendet für *moral sciences* den Begriff „Geisteswissenschaften"[12], ein Begriff, der sich durch Dilthey, Rickert u.a. in eine völlig andere Richtung entwickelt hat, die mit dem Millschen Wissenschaftsbegriff einer *moral sciences* nichts mehr zu tun hatte. Es wäre gewiss falsch oder – in englischer Diktion – *unfair*, wenn man Mill einfach als „Positivist" verrechnen würde. Zwar hat er in seiner zeitweiligen Nähe zu Comte sehr viel von dessen „Geist des Positivismus" übernommen; doch die Differenzen, gerade in der Ethik, sind teils gravierend.[13] Gleichwohl hat Mill für die Ökonomik und Soziologie *kategorial* einige Bestimmungen aus der Tradition der klassischen Ökonomie zusammengefasst oder konzentriert, die für die nachfolgenden Schulen der „positiven" Sozialwissenschaf-

---

[12] Vgl. das Kapitel „Von der Logik der Geisteswissenschaften"; in: J. St. Mill (1868: 2), S. 435ff.

[13] Vgl. zur Beurteilung Mills den Sammelband von P. Ulrich und M. Aßländer (2006), der auch einen Beitrag des Verfassers enthält: K.-H. Brodbeck (2006c).

ten bestimmend blieben. Eine Kategorienanalyse fehlt bei Mill wie auch bei nahezu allen englischen Schulen der Philosophie fast völlig. Der von Smith *bewusst* angewandte cartesianische Standpunkt (vgl. 4.3.2.1) ist bei Mill als Denkhorizont beständig gegenwärtig.

Er tritt als äußerer Beobachter der Gesellschaft auf, der die Frage stellt, wie der beobachtete Gegenstand zu erklären sei. Der Horizont der *Kausalerklärung* ist für ihn dabei selbstverständlich. Die menschlichen Handlungen sind für Mill durch eine Notwendigkeit bestimmt, die sie für „unvermeidlich" erklärt. Allerdings relativiert er diesen kausalen Determinismus immer wieder und rückt in der Kategorie der *Gewohnheit* den Gedanken einer *Veränderbarkeit* sozialer Strukturen durchaus in den Vordergrund. Seine Überlegungen in diesem Punkt wurden vielfach missverstanden; doch ich kann diese Frage hier nicht vertiefen.[14]

Einflussreich wurde seine *implizite* kategoriale Festlegung, die den – später so genannten – methodologischen Individualismus als sozialwissenschaftliche Forschungsmethode formulierte. Das wird sofort am Aufbau des sechsten Kapitels seiner *Logik* deutlich. Nachdem er zunächst das Verhältnis zwischen Willensfreiheit und Notwendigkeit zu klären versucht, setzt er mit Reflexionen über die menschliche Natur ein, baut darauf seine Überlegungen zu „Gesetzen des Geistes" und der „Charakterbildung" auf und gelangt erst dann zu eigentlich *sozialen* Fragen. Mill leitet das Wesen des Menschen aus einem idealisierten Einzelwesen mit bestimmten Eigenschaften ab. Die „Wissenschaft vom Einzelmenschen" geht für Mill der „Wissenschaft vom Menschen in Gesellschaft" logisch voraus.[15] Hierdurch ist die Methode festgelegt: Man findet die Gesetze der Gesellschaft auf der Grundlage jener Gesetze, die für einen idealisierten Einzelmenschen gelten:

„Die Gesetze der gesellschaftlichen Phänomene sind und können nichts anderes sein als die Gesetze des Tuns und Leidens menschlicher Wesen, die durch den gesellschaftlichen Zustand miteinander verbunden sind. Menschen sind jedoch auch im Gesellschaftszustand immer Menschen, ihr Tun und Leiden gehorcht den Gesetzen der individuellen menschlichen Natur."[16]

Damit ist in diesem Reduktionismus der kategoriale (Irr-)Weg der modernen Ökonomik und einiger Teile auch der Soziologie auf bündige Weise zusammengefasst. Die Nachfolger bauen auf dieser Grundlage auf, die selbst nicht mehr hinterfragt wird. Es liegt hier ein analoges Verhältnis der Abhängigkeit vor, das Marx einmal für die Philosophie so charakterisierte:

„So schloss sich Fichte an Kant, Schelling an Fichte, Hegel an Schelling an, ohne dass weder Fichte, Schelling, Hegel die allgemeine Grundlage Kants, i.e. den Idealismus überhaupt untersucht hätten; sie hätten ihn sonst nicht fortentwickeln können."[17]

Die Sukzession von Mill bis zu den Methodenlehren der Neoklassiker über Menger, Mises bis Friedman beruht auf der Grundlage des sozialen Atomismus, der den Libera-

---

[14] Vgl. hierzu K.-H. Brodbeck (2006c), S. 214-223.
[15] Vgl. J. St. Mill (1997), S. 86.
[16] Vgl. J. St. Mill (1997), S. 91.
[17] K. Marx (1974), S. 138.

1.3.2 John Stuart Mill

lismus charakterisiert und der bereits früh von Adam Müller bei Smith identifiziert und kritisiert wurde.

Mills methodische Voraussetzung formuliert gerade durch die *Ablehnung* einer kategorialen Bestimmung eine implizite Kategorienlehre des Sozialen. Das Erbe des positivistischen Geistes verbietet es Mill, Wesensfragen zu stellen: „Die Frage: was ist der Geist, oder was ist die Materie? ist den Zwecken dieses Werkes ebenso fremd wie jede andere Frage nach den Dingen an sich, im Unterschiede zu ihren wahrnehmbaren Äußerungen."[18] Die Abweisung eines „Dings an sich" beruht auf einer Kantschen Vorstellung, die Noumen und Phänomen trennt, ohne die Diskussion dieser Frage in der Nachfolge überhaupt zur Kenntnis zu nehmen. Kategorien sind keine „Dinge an sich". Wenigstens dies hätte Mill von Kant lernen können, dass sich die Sinnlichkeit (*sensible manifestations*) nicht frei von Kategorien beschreiben lässt.

Ungeachtet dieses misslungenen metaphysischen Exkurses bei Mill bleibt gleichwohl *positiv* ein kategorialer Inhalt formuliert, der *exakt* dem widerspricht, was Mill selbst zu sagen vermeint: Die Gesellschaft sei in ihrem *Wesen* so zu bestimmen, dass man vom Einzelmenschen ausgeht und soziale Phänomene aus diesen Atomen als deren komplexe Wechselwirkung beschreibt. Hier wird also eine Aussage über das *Wesen* des Menschen (*noumen*) gemacht, die als *metaphysische* gar nicht mehr erkannt wird. Die Frage, ob zum „Wesen" des Menschen als Einzelwesen nicht *notwendig* soziale Kategorien heranzuziehen sind, stellt Mill sowenig wie seine Nachfolger. Dass jeder Eltern hat, eine Sprache spricht und nur so einen Charakter ausbildet – den Mill in einer *vorgängigen* Charakterwissenschaft (*Ethologie*) empirisch gehaltvoll bestimmen möchte –, dass also ein Mensch nur *als* ein Wesen *in der Gesellschaft* bestimmt werden kann, leuchtet diesem Atomismus nicht ein.

Eine weitere kategoriale Vorentscheidung trifft Mill – im Geist fast aller Theoretiker der Gesellschaft im 19. Jahrhundert – dadurch, dass er das Gelten von *Gesetzen* behauptet. Es sind „ursächliche Gesetze", die die empirischen Phänomene determinieren, auch das Denken und Handeln der Menschen.[19] Die erst später in der historischen Schule und – in einer seltsamen Ironie der Begriffsgeschichte – in der Schule der *Geisteswissenschaften* herausgearbeitete Frage, ob in der sozialen Welt *überhaupt* Gesetze gelten können nach Analogie von Naturgesetzen, stellen sich weder Mill noch seine Nachfolger, die diese Gesetze nach dem Vorbild der Mechanik zu beschreiben versuchen.[20]

Methodisch drückt sich hier der cartesianische Blick auf die Gesellschaft aus, der eine komplexe, unüberschaubare Wirklichkeit beschreiben möchte. Mill hat nachdrücklich betont, dass die Komplexität der menschlichen Gesellschaft es unmöglich macht, Prognosen zu formulieren. Auch das, was er „Differenzmethode" nennt, sei hier nicht anwendbar: Ein Vergleich von Zuständen, bei denen nur *ein* Faktor variiert wird (*ceteris paribus*). Hier ist der deutliche Einfluss von Comte bemerkbar, der den *consensus* als

---

[18] Vgl. J. St. Mill (1997), S. 57. „What the Mind is, as well as what Matter is, or any other question respecting Things in themselves, as distinguished from their sensible manifestations, it would be foreign to the purposes of this treatise to consider." J. St. Mill, CW VI.4 § 1.

[19] Vgl. J. St. Mill (1997), S. 72.

[20] W. Meyer meldet hier Bedenken an: „Brodbecks Charakterisierung der Naturgesetze (…) ist nicht unproblematisch. Sie erweckt teilweise den Eindruck, als ob die Existenz von Naturgesetzen von dem empirischen Nachweis ihrer Existenz abhängen würde. Aber Unkenntnis impliziert nicht das Fehlen von Wirkungszusammenhängen.", W. Meyer (2000), S. 131. Diese Aussage bezieht sich auf K.-H. Brodbeck (2000a), S. 149f. Die Berufung auf „unerkannte Wirkungszusammenhänge" ohne erkannte Geltung ist nur Esoterik. Zudem: *Gäbe* es Gesetze der Wirtschaft, so höbe ihre Erkenntnis ihre Geltung auf; vgl. im von Meyer zitierten Text S. 70ff und K.-H. Brodbeck (2002c), Anhang I und Kapitel 1.1, Note 51.

zentrale Kategorie der Gesellschaft verwendet hat. Doch Mill bemerkt nicht, dass er sich in seinen Aussagen dadurch selbst widerspricht. Wenn nämlich die Bewegung der Gesellschaft durch Gesetze regiert wird, dann wäre es – wie bei Wetterprognosen – nur ein Problem der *Komplexität* der Modelle, das inzwischen durch Computer zu bewältigen ist. Doch Mill sieht hier eine *prinzipielle* Unmöglichkeit, dass ein cartesianischer Beobachter die Bewegung einer ganzen Gesellschaft *empirisch* vorhersagen kann – was übrigens, wenn auch aus ganz anderen Gründen, völlig richtig ist. Bei Mill herrscht hier ein rein mechanisches Bild vor:

> „Wenn alle Hilfsquellen der Wissenschaft nicht hinreichen, um uns die Wechselwirkung dreier, gegeneinander gravitierender, Körper mit vollkommener Genauigkeit *a priori* berechnen zu lassen, so mag man ermessen, mit wieviel Aussicht auf Erfolg wir uns bemühen würden, das Ergebnis der widerstreitenden Tendenzen zu berechnen, die in einem gegebenen Augenblick innerhalb einer gegebenen Gesellschaft in tausend verschiedenen Richtungen wirken und tausend verschiedene Veränderungen hervorrufen."[21]

Hier geht Mill, wie seinen Nachfolgern, gar nicht auf, dass in dieser Aussage *kategoriale* Festlegungen, „Wesensdefinitionen" enthalten sind, die man sonst gerade vermeiden möchte. Die Gesellschaft wird als komplexes mechanisches System vorgestellt, das als Wechselwirkung von logischen Punkten (Atomen) zu beschreiben sei. Es ist, wie man heute weiß, völlig richtig, dass selbst bei *deterministischen* mechanischen Systemen Nichtlinearitäten auftreten, die eine Vorhersage unmöglich machen (Theorie des deterministischen Chaos). Doch die Pointe liegt in einem anderen Punkt, denn Mill formuliert hier nur als allgemeine Methode, was Smith erstmals in klarer Form ausgesprochen hat: Die Wirtschaft ist ein System nach Analogie astronomischer Systeme, beschrieben von einem weltfernen Beobachter, der in seinem Geist die Gesetze „draußen" in einer mehr oder weniger mathematischen Form zu rekonstruieren versucht.

Das hierbei angewandte Verfahren ist für Mill dann die Deduktion, die von bestimmten allgemeinen Annahmen ausgeht, Annahmen, die ihrerseits keinen unmittelbar empirischen oder experimentell überprüfbaren Gehalt haben sollen.

> „In der Definition, die wir vorgeschlagen haben, um die Wissenschaft der Politischen Ökonomie zu umreißen, haben wir sie wesentlich als eine *abstrakte* Wissenschaft definiert, und ihre Methode als Methode *a priori*. So war zweifellos ihr Charakter, wie er verstanden und gelehrt wurde von den herausragendsten Lehrern. (Die Politische Ökonomie) schlussfolgert und, wie wir zugestehen, *muss notwendig schlussfolgern, ausgehend von Annahmen, nicht von Fakten*."[22]

Nur am Rande sei auch hier vermerkt, dass Mill in Widerspruch zum eingangs zitierten empiristischen Standpunkt gerät, der Wesensbegriffe vermeiden möchte: „Fakten" sind Vorkommnisse sinnlicher Erfahrung, „Annahmen" sind Bausteine in Modellkonstruktionen, also funktional „Wesensbegriffe". Und die Konstruktionen selbst folgen einem einfachen metaphysischen Bauprinzip der Maschine. Friedman spricht (vgl. unten Kapitel 1.3.4) dann die logische Konsequenz daraus aus: „Annahmen" sind, gemessen an den „Fakten", schlicht *falsch* – was aber weder Mill noch Friedman veranlasst, ihre heimliche Metaphysik zu überdenken.

---

[21] Vgl. J. St. Mill (1997), S. 112.
[22] J. St. Mill (1874), S. 101; meine Hervorhebung.

Die soziale Welt erscheint als determinierte Maschine, und man kann sich in dieser kategorialen Grundlegung dann zwar streiten, wie diese Maschine gedanklich *rekonstruiert* werden soll, am metaphysischen Rahmen der Maschinentheorie besteht aber kein Zweifel. So fahren die modernen Wirtschaftswissenschaften exakt in diesem Fahrwasser, das Smith vorformte und Mill methodisch reflektierte. Die Diskussionen in der Ökonomik bestehen nahezu ausschließlich in den Streitfragen, wie man ideale Wirtschaftsmaschinen zu konstruieren habe: Ob man einfache mechanische Gleichungen verwendet wie Jevons oder Walras, ob man die mathematischen Systeme geometrisch (topologisch), linear oder nichtlinear beschreibt, ob man Modelle mit indeterminierten Zuständen wie Edgeworth, mit einer Vielzahl von möglichen Gleichgewichten wie in der stochastischen Theorie und der Spieltheorie oder ob man mit evolutionärer Selektion von bestimmten Regeln durch Computersimulationen arbeitet – all dies ändert an der kategorialen Grundlegung so wenig, wie – nach dem zitierten Satz von Marx – Fichte, Schelling oder Hegel die idealistische Grundlage Kants verändert haben.

Mill, das möchte ich betonen, lässt sich nicht bruchlos von seinen Nachfolgern her auf deren Simplifikationen verrechnen; Friedman ist ohne Mill undenkbar, aber umgekehrt versteht man von Mill fast nichts mehr, wenn man ihn durch eine Chicagobrille liest. Der Mangel der Kategorienanalyse hat Mill immer wieder gezwungen, seine Reflexionen an Grenzen zu führen, die ihm *eigentlich* hätten etwas anderes zeigen können. So kommt er z.B. in seinen Bemerkungen zur menschlichen Freiheit oder in seiner Verteidigung des Utilitarismus beständig mit den simplifizierten Voraussetzungen in Konflikt, die er von seinen Vorgängern als Ausgangspunkt übernimmt. Seine *cartesianische Grundhaltung* und damit der latent totalitäre Charakter seiner *Methode* – gegen den seine Ethik unaufhörlich rebelliert – sind aber nie in Frage gestellt. Die Nachfolger haben dann ethische Skrupel endgültig durchgestrichen und nur das von Mill übernommen, was sich dem logischen Atomismus ihrer Modelle einfügen ließ.[23]

1.3.3 Menger, Pareto, Eucken und Ammon

Mit Carl Menger vollzieht die in Mills Tradition stehende Ökonomik einen endgültigen Bruch mit jeder Kategorienanalyse. Zwar spricht auch noch Menger von einem „Wesen" der volkswirtschaftlichen Erscheinungen, doch diese Erscheinungen werden als vom erkennenden Bewusstsein unabhängige Entitäten betrachtet, zu denen die *Begriffe* nur äußerlich hinzutreten:

„Die theoretische Volkswirtschaftslehre hat das *generelle Wesen* und den *generellen Zusammenhang* der volkswirtschaftlichen Erscheinungen zu erforschen, nicht etwa die volkswirtschaftlichen *Begriffe* zu analysieren und aus dieser Analyse sich ergebenden Konsequenzen zu ziehen. Die Erscheinungen, beziehungsweise bestimmte Seiten derselben, und nicht ihr sprachliches Abbild, die Begriffe, sind das Objekt der theoretischen Forschung auf dem Gebiete der Volkswirtschaft."[24]

---

[23] Die Millschen Anschauungen zum Sozialismus lassen sich hier einfügen; vgl. K.-H. Brodbeck (2006c).
[24] C. Menger (1883), S. 6, Note 4. Mengers Stil in seinen methodischen Schriften ist so voll kindischer Ranküne und persönlichen Angriffen – vgl. O. Weinberger (1948), S. 182 –, dass die Freilegung des Arguments einiger Detektivarbeit bedarf.

Das generelle Wesen ist für Menger *mehr* als nur die Erforschung der „Gesetze" der Wirtschaft[25]; doch er sagt nicht, was er unter einem „Wesen" versteht. In der *Durchführung* der Wissenschaft wird jedoch das atomistisch-kausale Verständnis deutlich, das sich in der Methode von Mill explizit ausgesprochen hatte. Die Frage, *wem* Erscheinungen erscheinen, *worin* – in welchem kategorialen Rahmen – sie erscheinen, ob man von Erscheinungen *unabhängig* von ihrem begrifflichen Rahmen überhaupt sinnvoll *sprechen* kann, derartige Fragen lässt Menger gar nicht erst aufkommen. Vielmehr wirft er seinen Gegnern vor, sie verstünden nicht, dass Begriffe nur „sprachliche Abbilder" der Erscheinungen seien. Diese denkbar naive Abbildtheorie, die sich um die *Form*, in der Erscheinungen in der sozialen Welt vorliegen, überhaupt nicht bekümmert, ist für die *reine Ökonomik* bestimmend geworden.

Immerhin liegt in Mengers Abbildtheorie noch eine gewisse Ahnung davon, dass Begriffe in den Sozialwissenschaften, in der Ökonomik nicht *beliebig* bestimmt werden können. Zwar wirft er der historischen Schule der Nationalökonomie vor, sie würde „nur Begriffsanalysen" vornehmen, wenn sie „Untersuchungen über das *Wesen* des Gutes, über das *Wesen* der Wirtschaft, das *Wesen* des Wertes, des Preises u. dergl. m."[26] anstelle. Doch *erstens* führt auch Menger Wesensbestimmungen als Definitionen in seinen Untersuchungen ein, *zweitens* bemerkt er nicht, dass die von ihm genannten Begriffe nicht beliebig erfunden sind. Sie bilden nicht etwas ab – sprachliche Zeichen sind keine Abbilder –, sie können aber auch nicht vom Theoretiker beliebig festgelegt werden. Der inadäquate Begriff der Abbildung, die Begriffe gegenüber den Erscheinungen angeblich leisten, bewahrt davon wenigstens noch eine Ahnung. Denn Menger gesteht in seiner verfehlten Wortwahl („Abbildung") immerhin zu, dass die *Grundkategorien* des Wirtschaftens bereits eine begrifflich *vorgeformte* Gestalt besitzen, sofern auch im wirtschaftlichen Alltag das Wort, der Begriff und ein gewisses damit verbundenes Verständnis bei den Marktteilnehmern vorliegt, die „Geld", „Wert", „Preis" usw. als Wörter verwenden.

In der mit der Wortverwendung verbundenen Erfahrung der Teilnehmer am Wirtschaftsprozess ist zugleich eine soziale Struktur gegeben, die eben durch diese verwendeten Begriffe auch *kategorial* bestimmt ist. Das ist das „Wesen" dieser Begriffe. Und man kann dieses Wesen durchaus analysieren, sofern die mit diesen Begriffen verbundene Erfahrung jedem *Teilnehmer* am Wirtschaftsprozess alltäglich vorliegt. Daraus erhellt: Es gibt nur je schon verstandene, begrifflich vorgeprägte Erscheinungen in der Wirtschaft, denn das Wesen, das hier erscheint, ist nicht *vorhanden*, es west als Erfahrung von jedermann. Menger verwendet stillschweigend den Begriff der Erscheinung im Sinn dessen, was einem cartesianischen Beobachter *entgegensteht* als Gegenstand. Er beantwortet damit in seinen Argumenten implizit die Frage „*Wem* erscheint dieser Gegenstand?", nicht durch den Satz: „Jedem Teilnehmer am Wirtschaftsprozess", sondern durch: „*Dem Theoretiker*". Menger schränkt zunächst noch sehr richtig ein:

„Wir Menschen sind auf dem Gebiete der Wirtschaft eben nicht nur beobachtende, wenn ich so sagen darf (,) historisierende, sondern auch handelnde Wesen."

Doch er fährt fort:

---

[25] C. Menger (1883), S. 204.
[26] C. Menger (1883), S. 7, Fortsetzung von Note 4.

1.3.3 Menger, Pareto, Eucken und Ammon

> „Die Ergebnisse der exakten Nationalökonomie sind für unser (?) Urteil und für unser (?) Handeln zugleich ein Leitstern der Wirtschaftlichkeit, *eine Direktive, welche uns die bloße Beobachtung nicht zu bieten vermag.*"[27]

Die cartesianische Haltung wird a priori vorausgesetzt, um dann den Menschen *Direktiven* zu erteilen, wie sie handeln sollen. Das ist eine Morallehre im Geist von Comte, die Vernunft und Moral mit *Ökonomik* gleichsetzt. Explizit ausgesprochen hat das dann Ludwig von Mises. Hayek geht hier noch weiter, eliminiert oder naturalisiert die Vernunft und übersetzt diesen Gedanken in den schon zitierten Satz vom Preiskommando, das „den Menschen sagt, was sie tun sollen". Der Fehler liegt aber beim Gründungsvater dieser Schule: Menger bemerkt nicht, dass ihm der „Gegenstand Wirtschaft" nur durch eine diskursive Anknüpfung an Schriften *anderer* Theoretiker (oder durch statistisches Material) vorliegt, verbunden mit einigen eigenen Erfahrungen; er bemerkt nicht, dass die Erscheinungen also Elemente in einem Prozess der Kommunikation sind, nicht Dinge, die *nachträglich* in Begriffen „abgebildet" werden.

Menger ist nur auf den ersten Blick eine Ausnahme im Umkreis cartesianischer Theoretiker, wenn er für die Werttheorie *subjektive* Bestimmungsgründe ins Feld führt. Das Subjekt ist für ihn aber kein *Du* des theoretisierenden Ich, sondern, wie dies Durkheim ausdrückt, ein „Ding". Die Subjektivität wird vollständig objektiviert, und für das Subjekt-Ding sollen dann ebensolche „Gesetze" wie für Naturverhältnisse gelten. Wie Mill geht auch Menger davon aus, dass alle sozialen Phänomene, einschließlich der vereinzelten Subjektivität, als *kausale Notwendigkeit* zu bestimmen sind:

> „Alle Dinge stehen unter dem Gesetze von Ursache und Wirkung. (…) Auch unsere eigene Persönlichkeit und jeder Zustand derselben sind Glieder dieses großen Weltzusammenhanges und der Übergang unserer Person aus einem Zustande in einen hievon verschiedenen ist in anderer Weise undenkbar, als unter dem Gesetze der Kausalität."[28]

Aus Durkheims Mund erklingt das soziologische Echo in dem Satz, „dass die soziologische Erklärung ausschließlich darin besteht, Kausalitätsbeziehungen aufzustellen"[29]. Der Theoretiker beobachtet *gesellschaftliche* Verhältnisse und bemüht sich, für seinen so betrachteten Gegenstand *Gesetze* zu entdecken. Menger blickt auf die Wirtschaft, erfasst sie als ein System gesetzmäßiger Organisation, einer „Gesetzmäßigkeit der von dem menschlichen Willen gänzlich unabhängigen Erscheinungen", die demgemäß den „Gegenstand unserer Wissenschaft"[30] bilden. Sein Ausgangspunkt ist wie bei Mill das Individuum als Atom der Gesellschaft[31], aus dem alle anderen Strukturen abzuleiten

---

[27] C. Menger, WW 3, S. 129; meine Hervorhebung. Der Text erschien zuerst unter dem Titel „Zur Kritik der Politischen Ökonomie", Wien 1887, dort S. 29. Ähnlich normativ interpretiert O. v. Zwiedineck-Südenhorst (1955), S. 289, diese Denkfigur als homo oeconomicus.

[28] C. Menger (1871), S. 1.

[29] E. Durkheim (1976), S. 205.

[30] C. Menger (1871), S. IX.

[31] Die Wissenschaftliche Methode bestehe darin, die komplizierten Phänomene „auf die Singularerscheinungen der menschlichen Wirtschaft zurückzuführen", C. Menger (1883), S. 146, und dies bedeute „das exakte (das atomistische) Verständnis des Ursprungs" C. Menger (1883), S. 171 (Mengers Einfügung), dieser Phänomene. Simmel hat hiergegen den richtigen Einwand vorgebracht: „Ist die Gesellschaft nur eine in unserer Betrachtungsweise vor sich gehende Zusammenfassung von Einzelnen, die die eigentlichen Realitäten sind, so bilden

seien. All dies führt zur Vorstellung einer völligen Dualität von Theorie und sozialer Wirklichkeit. Die Theorie hat nur eine Bildfunktion. Erscheinungen der Gesellschaft, der Wirtschaft werden erkannt, „wenn das geistige Abbild derselben zu unserem Bewusstsein gelangt ist"[32].

Diese naive Abbildtheorie ist für weite Teile der Sozialwissenschaften bestimmend geblieben. Sie findet sich auch bei – um zwei Extreme zu nennen – Lenin und Popper. Lenin forderte, dass „das menschliche Denken (...) die objektive Wahrheit richtig widerspiegelt"[33], wobei er tautologisch sagt: Das Objektive ist *wahr*, weil es „objektiv" ist, auch wenn wir diese Wahrheit nur als Tendenz kennen: „Erkenntnis ist die ewige, unendliche Annäherung des Denkens an das Objekt"[34]. Popper hat das fast wörtlich übernommen:

> „Die Wahrheit ist absolut und objektiv, nur haben wir sie nicht in der Tasche. Es ist etwas, das wir dauernd suchen und oft nur schwer finden; und unsere Annäherung an die Wahrheit versuchen wir dauernd zu verbessern."[35]

Auch wenn so verschiedene Autoren wie Menger, Popper und Lenin ihn teilen – dieser Gedanke bleibt ontologisch ein Irrtum. Nicht weil Wahrheit „subjektiv" wäre, sondern *weil die Identität der Wahrheit der Prozess ihrer Herstellung ist*, kein vorgegebenobjektives Etwas, dem man sich *nähern* könnte. Die *Dualität* ist der Fehler. Gegenüber der Grundstellung, die Theorie und Realität als zwei Seinssphären konfrontiert, ist die Frage, wie Theorien an der Realität überprüft werden, zweitrangig. Der Fehler liegt schon in der ontologischen Dualität als Voraussetzung.

Die Auffassung Paretos über das Verhältnis von Theorie und Realität fasst diese irrtümliche Vorstellungen auf eine Weise zusammen, die für die *Praxis* der meisten empirischen Sozialwissenschaftler charakteristisch sein dürfte und das *Äußerste* an kategorialer Reflexion enthält, derer sie sich befleißigen:

> „Jedes soziologische Phänomen hat zwei distinkte und oft völlig verschiedene Formen: eine objektive Form, die die objektiven Relationen zwischen realen Objekten determiniert, und eine subjektive Form, die die Relationen zwischen psychologischen Zuständen determiniert."[36]

Hier stehen kategorial zwei Reiche gegenüber, die in der Erkenntnis miteinander verknüpft werden sollen. Pareto denkt das Verhältnis als *Widerspiegelung*, weshalb er Probleme am Bild eines gekrümmten Spiegels erläutert, der die „objektive Form" nur verzerrt wiedergibt.[37] Das ist denn auch kategorial das Verständnis der empirischen

---

diese und ihr Verhalten auch das eigentliche Objekt der Wissenschaft, und der Begriff der Gesellschaft verflüchtigt sich." G. Simmel (1890), S. 10f.

[32] C. Menger (1883), S. 14.
[33] W. I. Lenin (1970b), S. 166.
[34] W. I. Lenin (1964), S. 185.
[35] K. R. Popper (2002), S. 143.
[36] V. Pareto (1991), S. 27. Pareto verwechselt die Begriffe „psychisch" und „psychologisch", „sozial" und „soziologisch".
[37] V. Pareto (1991), S. 27ff. In seiner Spätschrift, der *Allgemeinen Soziologie*, reproduziert Pareto diese Vorstellung im Detail. Er geht von einer „Erscheinung" O aus, zerlegt sie – cartesianisch – in Teile, „in verschiedene Tatsachen" c, e, g usw. und stellt dann die Frage, ob eine Theorie *alle* Tatsachen beschreiben müsse – was Pareto verneint; eine Theorie erkläre eben „nur einen Teil der Erscheinungen O", V. Pareto (2006), S. 31. Dass die „analytische

1.3.3 Menger, Pareto, Eucken und Ammon

Sozialforschung: Man stellt eine Verbindung zwischen Realitätsformen und Denkformen her, wobei diese Verbindung durch allerlei Rauschen gestört sein kann, das dann durch *stochastische* Methoden und eine Fehlerrechnung eingegrenzt werden soll. *Mehr* gibt die sozialwissenschaftliche Methodenreflexion des Mainstreams nicht her.

Die von Pareto genannte ontologische Dualität wird – in kantianischer Diktion – auch durch die Differenz von Anschauung und Begriff charakterisiert. Steigt man induktiv von der Anschauung auf, so erhält man eine „anschauliche Theorie", sagt Arthur Spiethoff.[38] Geht man von hypothetischen Voraussetzungen aus und konstruiert deduktiv ein Denkmodell, so verfährt man nach den Prinzipien der „reinen Theorie". Da sich beide Verfahren grundlegend unterscheiden, bleibt hier Paretos Differenz zwischen subjektiver und objektiver Form auch im Theorietypus gewahrt. Obwohl beide Theorietypen – die „anschauliche" und die „reine" – *Theorien* sind, also Abstraktionen verwenden (nicht Deskription historischer Einzelheiten sind), so lassen sie sich doch nicht, sagt Spiethoff, ineinander überführen:

> „(K)eine noch so starke Steigerung macht anschauliche zu reiner Theorie. Die reine Theorie arbeitet, auch abgesehen von den wirklichkeitsfremden reinen Konstruktionen, immer mit für bestimmte Aufgaben zu Recht gemachten Gegebenheiten, und selbst wenn die Abstraktion noch so sehr abgeschwächt wird, sie erreicht nie die Wirklichkeit."[39]

Die Naivität dieser Reflexion ist bezeichnend. Wenn man eine *ontologische* Dualität zwischen Theorie und Anschauung behauptet, wie soll dann je die Anschauung als *Nicht-Theorie* zur Theorie werden? Tatsächlich gibt es nur einen Bezug auf die „Anschauung", auf die Sinnlichkeit: dann, wenn die Sinnlichkeit *beschrieben* wird. Das ist kein Verhältnis von Nähe oder Ferne – in welchem *Raum* sollten sich denn Theorie und Realität annähern? –, weil die Dualität stets schon als *kategoriale* vorausgesetzt ist. Wenn Walter Eucken dagegen sagt: „Anschaulichste Anschauung führt zur Theorie"[40], so bleibt dieser Gedanke auch dann naiv, wenn man ihn phänomenologisch wendet.[41] Eucken sagt an anderer Stelle zugleich im genauen Gegenteil: „Erfahrung, auch Alltagserfahrung ohne *Begriffe* ist unmöglich."[42] Ein Begriff ist aber überhaupt keine Anschauung, und durch keine Steigerung der Anschauung gelangt man zur Nicht-Anschauung, also zum Begriff.

Jeder Begriff ist Nicht-Anschauung, weil *erstens* Anschauung stets ein individueller Akt bleibt. Begriffe haben eine *intersubjektive* Form – weshalb Wissenschaftstheoretiker von korrekten Aussagen zu Recht eine *intersubjektive Überprüfbarkeit* verlangen. *Zweitens* ist eine Anschauung ihrer Natur nach als *Sinnlichkeit* (ob aktuell oder vorgestellt) keine Sprachform, und ein Begriff ohne Sprache kann nichts *besagen*. Eucken wendet sich, wie implizit Pareto, explizit Menger, Spiethoff und Ammon, gegen „Begriffsnationalökonomen"[43]. Durch eine Begriffsanalyse werde die Wirklichkeit nicht

---

Zerlegung" einer Erscheinung bereits eine Theorie voraussetzt, erkennt Pareto in seinem naiven Physikalismus ebenso wenig, wie ihm einleuchtet, dass Dinge nicht aus mit sich identischen Teiltatsachen *bestehen*.

[38] A. Spiethoff (1948).
[39] A. Spiethoff (1948), S. 571.
[40] W. Eucken (1947), S. 33.
[41] Eucken bezieht sich gelegentlich auf Husserl; vgl. W. Eucken (1959a), S. 245, 253-54, 271.
[42] W. Eucken (1959a), S. 7.
[43] W. Eucken (1959a), S. 27ff.

verstanden. Doch wenn zwischen Theorie und Wirklichkeit eine ontologische Dualität waltet, wie soll dann eine noch so „anschauliche", gleichwohl immer noch abstrakte Theorie „die" Wirklichkeit erreichen oder sich ihr auch nur nähern? Auch hier widerspricht sich Eucken – ein Hinweis auf die zirkuläre Natur der hier behandelten Sachverhalte –, wenn er an anderer Stelle umgekehrt sagt:

> „Die wirtschaftliche Wirklichkeit, wie die wirkliche Welt überhaupt, kann nur *der Fragende* erkennen. Sammlung von Material und Beobachtung der Fakten kann nur sinnvoll erfolgen, wenn zunächst bestimmte Probleme gestellt sind."[44]

Eucken scheint nicht zu bemerken, dass Fragen stets *in einer bestimmten Form* formuliert, also kategorial strukturiert sind. Und diese Struktur ist nicht in das konstruktive Belieben des Theoretikers übergeben, der *sich* „sinnvolle" Probleme stellt. Probleme ergeben sich, sie *sind* nicht je schon gestellt und werden nicht hergestellt. *Fragen* dagegen werden gestellt und enthalten ein aktives Suchen. Probleme *ergeben sich*, aber sie ergeben sich immer für *jemand*. Und dieser Jemand lebt *in der Gesellschaft*, bewegt sich je schon in ihren kategorialen Verhältnissen und kann Kategorien deshalb nicht als „sinnvolle" Begriffe einfach konstruieren. Zudem zeigt auch Eucken performativ, dass er sich in einem unaufhörlichen Diskurs mit der Tradition bewegt und deshalb stets *anknüpft*, Probleme aufgreift und daraus Fragen formuliert. Das *ist* Teilnahme, die nicht als *bewusster* Akt in die Theorie eingeholt wird.

Das hier gedachte Denkmodell ist also *ontologisch* immer noch von der durchsichtigen Simplizität, in die der cartesianische Beobachter durch die ökonomischen Methodologen umgegossen wurde und die Pareto einfach und naiv ausgesprochen hat. Man will mit der Theorie „anschauen", bemerkt aber, dass Begriffe unanschaulich sind und Abstraktionen sein müssen. Die eigentliche Schwierigkeit jeder empirischen Theorie, dass die „Anschauung" erst *in Sprache ausgedrückt werden muss*, dass also nur eine beschriebene, erfasste Anschauung als ein Zeichen- oder Satzsystem mit theoretischen Aussagen *vergleichbar* ist, diese schlichte Einsicht der wissenschaftstheoretischen Diskussion ging an den ökonomischen Methodenlehren völlig vorbei.

Mehr noch. Um ein soziales Phänomen für eine theoretische Analyse vorzubereiten, wird es aus der vereinzelten Anschauung in die Allgemeinheit der Kommunikation gehoben, z.B. durch die Verwendung von Preisstatistiken oder Kennzahlen aus der volkswirtschaftlichen Gesamtrechnung. Damit hört jede Anschauung auf. Das bedeutet: Das „empirische Material" besitzt als Vergleichsbasis für Theorien stets schon nicht nur eine allgemeine, abstrakte Form, sie erscheint nicht einfach nur in einer begrifflichen, sondern zugleich als eine besondere *soziale Form* der Kommunikation. Diese Kommunikation ist strukturiert, sie bezieht Sachverhalte ein und hat vieles je schon ausgeklammert, worin sich die *ethische Struktur* dieser kommunizierten „Fakten" erweist. Wer durch den Filter der volkswirtschaftlichen Gesamtrechnung auf ein Land blickt und z.B. Informationen über die dort herrschende Armut gewinnen möchte, der hat darin das Werturteil ausgesprochen, dass nur *marktfähige Leistungen*, also in Geld gemessene Waren und Dienste, Grundlage für ein Urteil bilden sollen.[45] Kategorien sind keine Erfindungen kantianischer Subjekte, sondern intersubjektive Wirklichkeit.

Wenn man also der Erkenntnis der begrifflichen Prägung von Erfahrungen den Gedanken hinzufügt: Für jede Theorie gilt, dass die wirtschaftlichen Phänomene nur durch *Teilnahme* erfahrbar sind – der Theoretiker bewegt sich selbst in der Wirklichkeit, von

---

[44] W. Eucken (1959a), S. 35.
[45] Vgl. K.-H. Brodbeck (2005b), S. 76ff.

der er sich zugleich durch seine Theorie *trennen* möchte –, dann wird deutlich, auf welch oberflächlichem Fahrwasser sich die ökonomische Methodenreflexion bewegt. Wenn Eucken kritisiert, dass man durch Begriffsanalyse nicht die Anschauung der Wirklichkeit erreicht, dann vergisst er ganz einfach seine cartesianische Position. Tatsächlich finden sich nämlich im Alltagsbewusstsein sehr wohl *Kategorien*, die für den je Einzelnen vorausgesetzt, insofern *a priori* sind. Um sie zu erkennen, ist eine Begriffsanalyse unentbehrlich, so dass das genaue Gegenteil richtig ist: Ohne „Begriffsnationalökonomie" zu betreiben, verfehlt man seinen „Gegenstand".

Autoren wie Eucken oder Ammon, die sich einerseits noch ein Restbewusstsein der Notwendigkeit einer Begriffsanalyse bewahrt haben, bleiben andererseits einem naiven Cartesianismus verhaftet, der das Moment der *Denknotwendigkeit*, das Begriffe bei Kant haben, einfach durchstreicht und die Begriffe ins Belieben des Erkenntnissubjekts setzt. Ammon sagt:

> „Begriffe sind Denkwerkzeuge. (...) Der Grundfehler, dem man bisher fast immer bei der Bestimmung nationalökonomischer und volkswirtschaftlicher Begriffe verfallen ist, ist der Ausgang von dem naiven Glauben, die Begriffe existierten schon irgendwie oder irgendwo ganz unabhängig von unserem Denken, und es gelte nur, sie zu finden und richtig zu erkennen. Aber es gibt keine Begriffe, die einfach existierten. Alle Begriffe sind Gebilde unseres (?) Denkens. Wir (?) machen sie, wir finden sie nicht, wir bilden sie, wir ‚erkennen' sie nicht. Erst mittels ihrer erkennen wir."[46]

Die Naivität dieser Reflexion wird sofort erkennbar, wenn man Ammon die Frage stellt, wer denn nun eigentlich mit dem „unser" und fünffachen „wir" gemeint ist. Richtig an dem zitierten Gedanken ist wohl, dass die Begriffe als Namen für Kategorien nicht *unabhängig* von „unserem" Denken existieren. Sie existieren aber *im Denken* der Handelnden in einer Gesellschaft, reproduzieren sich darin durchaus vielfach unbewusst und werden erst durch eine Reflexion „entdeckt", d.h. aus ihrer verborgenen Funktion in das begriffliche Bewusstsein gehoben. Das „wir", von dem Ammon hier redet, ist eine Kommunikationsgemeinschaft, und die ist in völlig anderen Strukturen zu beschreiben als ein *Einzelbewusstsein*, das sich beliebige Begriffe „erfindet". Die Anmaßung liegt darin, sich als Theoretiker als jenes Subjekt – wie der Gott der christlichen Theologie – zu setzen, das Begriffe *hervorbringt*.

Sicher kann Ammon oder ein anderer Ökonom oder Soziologe Begriffe *erfinden und vorschlagen*. Doch ob sie dann eine *Funktion* im sozialen Prozess der Erkenntnis erfüllen, ist eine völlig andere Frage. Zudem ist jede Erfindung immer auch ein *Anknüpfen* an eine Tradition, und sei es nur dadurch, dass man sich von ihr abgrenzt. Wer hat den Begriff „Rechnungseinheit" für das Geld „erfunden", und zwar so, dass dann auch tatsächlich mit Geld alltäglich *gerechnet* wird? Wer hat die Grammatik erfunden, in der Ammon seine Sätze schreibt? Die Pointe liegt eben darin, dass die Wirtschaft und die Gesellschaft keine *Gegenstände* sind. In welchen Begriffen das Handeln der Menschen sich selbst versteht, das steht nicht im Belieben des cartesianischen Beobachters „Ammon" (oder sonst eines Theoretikers), sondern ist ein begriffliches Bewusstsein „im Gegenstand Gesellschaft".[47]

---

[46] A. Amonn (1944), S. 4f.
[47] Auch die von Ammon betonte Bestimmung der Volkswirtschaftslehre als *Sozialwissenschaft* hilft hier nicht weiter, wenn man die sozialen Beziehungen *ontologisch* wie Objekte behandelt, die von sich her keine begriffliche Struktur besitzen und erst durch den Theoreti-

1.3.4 Methode heißt, Fehler machen: Milton Friedman

Die von Mill vorbereitete, bei Menger, Pareto, Eucken, Spiethoff oder Ammon weiter explizierte methodische Position gewinnt ihre nach dem Zweiten Weltkrieg weitgehend akzeptierte und kanonisierte Form an der Universität von Chicago. Milton Friedman hat diese Reflexionsform in einem Methodenaufsatz zur *positiven Ökonomik* zu einer Konsequenz fortentwickelt, die für die Ökonomik, indirekt aber auch für Teile der Soziologie (z.B. Colemans) von zentraler Bedeutung wurde und von Ökonomen teils hymnisch gelobt wird.[48] Die positive Ökonomik will eine rein *objektive* Wissenschaft sein. Die Theorie sei völlig frei von Wertungen. Zwar erkennt Friedman, dass der Theoretiker „selbst in einem viel intimeren Sinn Teil des Gegenstandes ist, den er untersucht, als ein Naturwissenschaftler, und dies ruft spezielle Schwierigkeiten in der Erreichung von Objektivität hervor"[49], doch auf den Gedanken, dass sich angesichts dieses Strukturverhältnisses die *Kategorie* Objektivität als Gegenständlichkeit überhaupt nicht anwenden lässt, kommt Friedman nicht. Dass vielleicht die Herstellung von reiner Objektivität – die Anwendung des methodischen Prinzips, soziale „Tatbestände wie Dinge zu betrachten" – nichts weniger als eine *totalitäre* Position gegenüber den Menschen bedeutet, die *weder* Dinge *noch* reine Objekte sind, dieser Gedanke ist der positiven Ökonomik und der empirischen Soziologie ebenso fremd wie den Philosophen Popper und Albert.[50]

Friedmans Methodenreflexion ist beredt. Für ihn ist Theorie „eine Sprache". Eine

> „Theorie hat keinen substanziellen Inhalt; sie ist eine Menge von Tautologien. Ihre Funktion ist es, als ein Karteikartensystem zu dienen, um das empirische Material zu organisieren und unser Verständnis davon zu erleichtern. Und die Kriterien, mit denen man (eine Theorie) beurteilt, entsprechen jenen, die einem Karteikartensystem entsprechen: Sind die Kategorien klar und präzise definiert? Sind sie erschöpfend? Wissen wir, wohin jedes einzelne Element einzusortieren ist, oder gibt es eine beträchtliche Doppeldeutigkeit?"[51]

Man muss Friedman zugestehen, dass er sich ein sicheres Gespür für die Herkunft des von ihm geschilderten cartesianischen Theoriebegriffs bewahrt hat: Sie erwächst aus der berechnenden Haltung des Geldsubjekts gegenüber der Welt. Der Philosoph wird zum Buchhalter, und Theorie wird zur Buchführung mittels eines Ablagesystems. Die Frage, in welcher *Form* das „empirische Material" vorliegt – für die analytische Philosophie von Neurath bis Davidson immerhin eine zentrale Frage –, spielt für *den* Methodologen der modernen Ökonomik überhaupt keine Rolle. Auf den Gedanken, dass dieses „Material" immer schon in einer *beschriebenen* Form vorliegt, dass einer Beschreibung ein System von Kategorien zugrunde liegt, die intentional als *wirklich* vermeint werden,

---

ker „in Form" gebracht werden. Vgl. Ammons Polemik gegen Schumpeters „methodologischen Individualismus", an dem Ammon allerdings zu Recht kritisiert, dass man soziale Relationen nicht aus Individuen ableiten kann, A. Amonn (1927), S. 178f.

[48] „(T)he methodological Bible", J. D. Hammond, zitiert nach: T. Mayer (1993), S. 213; „Friedman's essay is considered authoritative by almost every textbook writer who wishes to discuss the methodology of economics." L. Boland (1979), S. 503. „(S)entences from Milton's pen still provide the philosophical stage directions for the field." D. McCloskey (1989), S. 226.

[49] M. Friedman (1953), S. 4f.

[50] H. Albert stellt eine „mit der *Logik der Forschung* in wesentlichen Punkten übereinstimmende Methodologie der Friedman-Schule" fest; H. Albert, K. Popper (2005), S. 54.

[51] M. Friedman (1953), S. 6.

dass die *Auswahl* aus verschiedenen Beschreibungssystemen ein *Werturteil* darstellt[52], dass man empirische *Zusammenhänge* überhaupt nicht in Karteikästchen einteilen kann usw. – solche Fragen quälen Friedman in keiner Weise. Er bemerkt nicht, was Gunnar Myrdal zu Recht betont: „Fakten fügen sich nicht von sich aus zu Begriffen und Theorien; außerhalb von Begriffen und Theorien gibt es keine wissenschaftlichen Fakten, sondern nur ein Chaos"[53]. Ein in Karteikästen gesammeltes Chaos bleibt ein Chaos, das seine Ordnung dem völlig äußerlichen System der Karteikästen verdankt. Die „Schaubilder" vieler Lehrbücher der Gegenwart belegen dies und befolgen Friedmans Methode: Man zieht zwischen erfundenen Entitäten beliebige Striche und nennt dies „System" oder „Modell".[54]

Theorien stehen aber nicht *bloßen* Fakten gegenüber, sondern je schon *beschriebenen*, damit *interpretierten* Fakten. Interpretierte Fakten haben eine Struktur, und diese Struktur kann dem, was man theoretisch „erfindet", schon im Begriffssystem widersprechen, noch bevor man empirisch zu arbeiten begonnen hat. In Friedmans Methodenreflexion kommt eine Tradition ans Ende ihrer falschen Voraussetzungen, die mit Ricardos *faktisch* eingeführter, von Mill reflektierter Methode einsetzte: Theorien seien *fiktiv* und *leer*. Eine Sozialtheorie setze nicht bei erkannten empirischen Formen in ihrer Reflexion ein, sondern bei *Annahmen*, und diese Annahmen haben oft den Charakter von *Axiomen*, aus denen dann logisch Hypothesen deduziert werden. Theorien seien also – metaphysisch ausgedrückt – *Fiktionen*. Mill spricht, wie gezeigt, von *Annahmen* (*assumptions*); den Ausdruck Fiktion verwendet er nicht. Allerdings liegt die Friedmansche Übersetzung des Millschen Gedankens offenbar nahe, weil die cartesianische Form mehr und mehr die kategoriale Reflexion aufgegeben hat, damit jede *Bindung* der Denkform löste und in das Belieben des Philosophen oder Wissenschaftlers setzte.

Friedman übersetzt Mills Gedanken durch seinen pragmatischen Hintergrund, indem er „Annahme" mit „Falschheit" gleichsetzt und sagt: „Je mehr eine Theorie Signifikanz aufweist, desto unrealistischer sind die Annahmen"[55]. In diesem Sinn nennt er die Annahmen in einer Theorie zur Ableitung von Hypothesen schlicht „falsch":

„Eine Hypothese muss in ihren Annahmen deskriptiv falsch sein"[56].

---

[52] Ökonomische Sachverhalte sind *historische*, keine natürlichen. Da es aber „Werte (.) sind, welche die Auswahl des historischen Stoffes und damit alle historische Begriffsbildung leiten", H. Rickert (1926), S. 132, hebt diese Auswahl die Trennung von Fakten und Werten auf.

[53] G. Myrdal (1976), S. XI.

[54] „Auf Grund von wahllos und ziellos zusammengelesenen Schriften werden dann große Tafeln und Fächer entworfen, in die die ganze Welt verpackt wird, wenn möglich mit recht vielen Zahlen, Figuren und Pfeilen versehen. Und es gibt Leute und Stellen, die solches Zeug ernstnehmen und fördern. Aber das Verhängnisvolle ist (…), dass man meint, so ein beliebig zusammengeflicktes Fächernetz von Titeln stelle die einzig wahre Gestalt eines ‚Systems' dar", M. Heidegger (1971), S. 32.

[55] M. Friedman (1953), S. 14.

[56] M. Friedman (1953), S. 14. „Despite the apparent falsity of the ‚assumptions' of the hypothesis, it has great plausibility because of the conformity of its implications with observation", M. Friedman (1953), S. 20. Das hat offenbar in Chicago Tradition. „All theory is abstract and more or less unrealistic", F. H. Knight (1961), S. 189; zum fiktiven Robinsonmodell bei Knight siehe auch M. Friedman (1953a), S. 279ff. Vgl. dagegen „It is no service to knowledge to make things simpler than they are", L. Robbins (1930), S. 23.

Es komme nicht darauf an, ob Annahmen richtig sind; in einer „komplexen" Welt könne ohnehin niemand alles erfassen. Wichtig sei nur, ob eine Theorie „ihren Zweck erfüllt"[57].

Wenn aber das Empirische ein Chaos ist, dann kann es überhaupt keine *falsche* Deskription geben, weil es keine *richtige* gibt. Wie soll man dann jemals eine *Hypothese* überprüfen können? Dazu muss man *richtige* Deskriptionen voraussetzen. Diese richtigen Beschreibungen müssen als logisch wahre Folgerungen aus der Hypothese abgeleitet werden, soll die Hypothese etwas „erklären". Wie kann man aus *deskriptiv* falschen Annahmen durch richtige logische Schlüsse dann zu deskriptiv richtigen Urteilen gelangen? Friedman scheint einfach „Abstraktion", also Sätze über Klassen von Gegenständen, mit Sätzen über Gegenstände zu verwechseln: Gewiss, Abstraktionen sind keine empirische Deskription. Doch hier muss man wie Platon dem Antisthenes antworten:

> „Ja, mein lieber Platon, ein Pferd sehe ich wohl, aber eine Pferdheit sehe ich nicht, worauf Platon erwidert hätte, das komme daher, dass Antisthenes zwar Augen habe, aber keinen Verstand."[58]

Abstraktionen organisieren Klassen von Begriffen einer empirischen Beschreibung; auch ohne Platoniker zu sein, könnte einem klar sein, dass Klassennamen nicht logisch-empirischen Einzelheiten entsprechen. Sie sind deswegen aber nicht „deskriptiv falsch".

Der subtilere Gedanke, dass man es in Fragen der Ökonomie *mit Menschen*, nicht mit einer chaotischen „Empirie" zu tun hat, die man in die Karteikasten seiner Fiktionen einsortiert, der Gedanke also, dass das – nach Friedmans eigener Voraussetzung –, was er durch eine Theorie zu beschreiben gedenkt, ökonomische, d.h. *soziale* Sachverhalte sind, dass also eine Zuschreibung an ein *Handeln* adressiert wird, das von sich her motiviert und bewusst ist, dass ferner ein Handelnder also einfach der „deskriptiv falschen Annahme" in einem Diskurs *widersprechen* könnte, ist durch die Trivialisierung der cartesianischen Haltung in Chicago nicht einmal in Reichweite solcher methodischen Erkenntnismöglichkeiten gerückt.

Diese Denkform, für die Friedman nur ein besonders charakteristisches Beispiel darstellt, gründet letztlich in einer unverstandenen Metaphysik, die als *Matrix der Begriffe* das Denken *in einer Form* lenkt, von der die Sozialwissenschaftler gar nichts mehr bemerken. So ist es für Friedman „eine fundamentale Hypothese der Wissenschaft, dass Erscheinungen täuschend" und dass „Phänomene Manifestationen einer fundamentaleren und relativ einfacheren Struktur" sind.[59] Dieser naive Platonismus der Ökonomen – Walras beruft sich sogar explizit auf die „Platonische Philosophie"[60] – ist das kategoriale Gerüst, auf dem das methodische Konstrukt errichtet wird. Bei Friedman liegt darin der Widerspruch, dass die „Phänomene" allerdings als wahr und richtig gelten, während die verborgenen Ideen, die sie unterirdisch regieren, von ihm – verpackt in Modellan-

---

[57] „(G)ood approximations for the purpose in hand", M. Friedman (1953), S. 15. Nagel interpretiert die Annahmen der Theorie in diesem Sinn konsequent pragmatisch als „rules which are instrumental for drawing inferences from genuine statements but which cannot be properly characterized as true or false", E. Nagel (1963), S. 213. Melitz sagt hier zu Recht: „Thus, even supposing that the construal of empirical postulates as rules disposes of the question of their ‚truth', ‚falsehood', ‚confirmation' or ‚disconfirmation', the issue of the ‚usefulness', ‚adequacy', ‚reliability' or ‚correctness' of the postulates will still remain", J. Melitz (1965), S. 59. Vgl. auch J. Frank (1976), S. 77ff.
[58] J. Hirschberger (1991: 1), S. 70.
[59] M. Friedman (1953), S. 33.
[60] L. Walras (1954), S. 61.

1.3.4 Methode heißt, Fehler machen: Milton Friedman

nahmen – explizit „falsch" genannt werden. Doch diesen auf den Kopf gestellten Platonismus, der noch jede Pointe abbricht, näher zu kritisieren, würde bei Friedman ein philosophisches Potenzial unterstellen, das man vergeblich suchen wird.[61]

Es genügt ein einfacher, höchst pragmatischer Hinweis, um diese Methode an ihrem eigenen Maß zu messen und *ad absurdum* zu führen: Annahmen sind für Friedman dann *nützlich*, wenn sie zu *bestätigten* Prognosen führen.[62] Doch gerade *das* ist weder Ökonomen noch Soziologen gelungen. Nichts ist alberner, als das jährliche Prognoseritual der Ökonomen, der Sachverständigenräte und Wirtschaftsforschungsinstitute, und das Eingeständnis, sich „aufgrund von Sonderfaktoren" wieder einmal verrechnet zu haben. Nichts ist sicherer als die Fehlprognose in der Ökonomie.

Auf die Gründe habe ich mehrfach hingewiesen.[63] Der *allgemeine* Grund dafür ist die methodisch unhaltbare Voraussetzung der Mainstream-Ökonomik und der empirischen Sozialforschung, sie hätten es mit einem „Objekt" zu tun, das ontologisch ebenso zu beschreiben sei wie Naturgegenstände. Anders als bei Naturgegenständen gilt hier nämlich: „Veröffentlichte Prognosen haben die Tendenz, sich selbst zu *falsifizieren*."[64] Das wiederum ist nur der Vorschein der durch die Prognostiker implizit verwendeten, völlig unzureichenden *kategorialen* Bestimmung dessen, was eine Sozialwissenschaft ist. Der cartesianische Standpunkt ist hier nicht nur naiv, sondern vor allem äußerst *unheilvoll*, sofern Menschen als Dinge modelliert und auch so „sozial-technisch" oder politisch behandelt werden. Die Prognose wird zum Denkrahmen, in dem Handlungen geplant werden; die *explizit falsche* Annahme, aus der bei logisch korrekter Folgerung nur falsche Hypothesen folgen *können*, führt zum Versagen einer ganzen Wissenschaft.

Doch das bedeutet nicht, dass solche Prognosen ohne *Wirkung* bleiben würden. Es ist gleichgültig, ob man hier eine *Einzelheit* („die Wachstumsrate des realen BIP beträgt nächstes Jahr 2,4 %") oder ein „Muster" vorhersagt. Hayek hat im Unterschied zu Friedman ersteres als Möglichkeit verneint, die *Mustervorhersage* aber als gültige Methode der Sozialwissenschaften nachdrücklich verteidigt.[65] Er verkennt hierbei den implizit normativen Charakter. Wenn er von Mustern sagt, ihre Selektion hänge von einem „Mechanismus der Vervielfachung" ab, die Vorhersage beziehe sich auf ein „Muster dieser allgemeinen Art", und dies wiederum beruhe auf „sehr allgemeinen Annahmen über Tatsachen"[66], so übersieht er die implizite Gewalt dieser Vorstellung: Z.B. „sich beruflich betätigen" (nach Hayek ist das eine Tatsache) enthält die sehr konkrete Aufforderung, sich auf dem Mark *verkaufen* zu müssen; und das „Muster" Markt – wirtschaftspolitisch *durchgesetzt* (wie Hayeks Ratschläge in England und den USA in en 80er Jahren des vorigen Jahrhunderts umgesetzt wurden) – zwingt Subjekte in eine Form. Hier entsteht nichts spontan; Prognose ist vielmehr der *politische Akt* der Deregulierung, ein *Eingriff*. Das „Muster" ist also in der Gesellschaft nichts weniger als eine neutrale Form, die der erkennende Geist an die Dinge heranträgt, um deren „Verhal-

---

[61] Ich danke Prof. Dr. Walter Eisenbeis, Granville, Ohio, für den sehr erhellenden Bericht über seine Erfahrungen als Philosoph in Friedmans Seminaren.

[62] „(T)o make correct predictions", M. Friedman (1953), S. 4. Friedman steht hier in der Tradition der Chicago-Schule: „… the ability to predict is the final test of science", I. Fisher (1906), S. 260. Noch die kritische Theorie hält an diesem Wissenschaftsbegriff fest: „Die Möglichkeit der Voraussicht ist der Prüfstein für jede Wissenschaft vom Wirklichen." M. Horkheimer (1968: 1), S. 110.

[63] Vgl. K.-H. Brodbeck (2002d); (2000a), S. 70ff.

[64] K.-H. Brodbeck (2002d), S. 59.

[65] F. A. Hayek (1996), S. 288ff, 292ff. Vgl. K.-H. Brodbeck (2001a); (2002c), Anhang II.

[66] F. A. Hayek (1996), S. 293 und S. 297.

ten" zu prognostizieren, sondern die Form eines Imperativs, erdacht von wenigen Köpfen, die Gehorsam gegenüber den Märkten und den Preisen *fordern*.

Sofern Prognosen nicht ohnehin als bewusste *Lügen* – in täuschendem statistischen Rüstzeug versteht sich – zu politischen Zwecken lanciert werden[67], ist ihre „wissenschaftliche" Form die totalitäre Maßgabe, Menschen als Anreizroboter zu modellieren. Ist es tatsächlich erstaunlich, dass aus *explizit* falschen Gedanken eine falsche Praxis folgt und dass bei so viel theoretischem Elend des Gedankens auch die dadurch hergestellte Welt sich für die Betroffenen elend präsentiert? Mit der Theorie weiß aber auch der Theoretiker und sein institutionelles Umfeld in Chicago und andernorts sich wohlgenährt von jenen Weltgegenden zu trennen, die hungernde Opfer seiner Denkfehler sind. Diese Zustände kognitiv in ein wohlfeiles und von ihm selbst zugegeben falsches „Ablagesystem" einzusortieren, um sie als *wirkliche* zu reproduzieren, *dazu* eignet sich Friedmans Methodenreflexion nun allerdings glänzend. Dies nur „Ideologie" zu nennen, wäre indes eine verharmlosende Untertreibung.

1.3.5 Die Zerlegung der „ethischen Welt" in Subsysteme

Die Soziologen befinden sich hier in keiner komfortableren Position als die Ökonomen, die sich permanent, am eigenen Anspruch gemessen, prognostisch blamieren. Mengers Methodenreflexion ist für die Soziologie bestimmender geworden, als dies vielen Soziologen bewusst ist. Die Idee der „Rolle" – wenn auch nicht der Begriff – wurde von Mill zuerst systematisch entwickelt und dann von Menger zu einem Programm der Sozialwissenschaften ausgebaut. Das Urmodell einer sozialen Rolle, die damit auch *methodologisch* diesen soziologischen Grundbegriff definiert, ist der *homo oeconomicus*.[68]

Mill hat hierzu eine Denkfigur eingeführt, die seine Methode, aus *Annahmen* soziale Formen zu rekonstruieren, auch auf konstruierte „Menschen" zurückführt. Weil die Gesellschaft das Resultat von *Handlungen* von Individuen sei, weil ferner die Wirtschaft eine *besondere* Struktur aufweise, geht Mill nicht von der Vielfalt empirischer Handlungen aus. Er konstruiert einen einseitigen, *besonderen Menschentypus*, den *homo oeconomicus*. Mill spricht aus, was die klassische Ökonomik stillschweigend vorausgesetzt hat:

> Die Politische Ökonomie „behandelt nicht die Gesamtheit der menschlichen Natur, auf die ein gesellschaftlicher Zustand einwirkt, und ebenso wenig die Gesamtheit menschlichen Verhaltens in der Gesellschaft. Sie beschäftigt sich mit dem Menschen lediglich in seiner Eigenschaft als ein Wesen, das Reichtum besitzen möchte und das die relative Effizienz der Mittel zum Erreichen dieses Zieles beurteilen kann. *Sie sagt nur solche Phänomene des gesellschaftlichen Zustandes voraus, die aus dem Streben nach Reichtum resultieren.* Sie abstrahiert völlig von allen anderen Leidenschaften oder Motiven des Menschen mit Ausnahme solcher, die als dem Streben nach Reichtum beständig entgegengesetzte Grundsätze angesehen werden können, nämlich Abneigung gegen Arbeit und der Wunsch nach der sofortigen Befriedigung kostspieliger Bedürfnisse."[69]

---

[67] Vgl. J. Perkins (2005), S. 181ff. „Zur Warnung vor Fehlentwicklungen eben schon mal eine Fehlprognose!" E. Helmstädter im Handelsblatt vom 23. Januar 1995. Und was, bitte, ist eine *Fehl*entwicklung? Vgl.: „(E)conomic and social statistics are frequently based on evasive answers and *deliberate lies* of various types." O. Morgenstern (1965), S. 17.

[68] Vgl. V. Pareto (1971), S. 12.

[69] J. St. Mill (1976), S. 161; meine Hervorhebung.

1.3.5 Die Zerlegung der „ethischen Welt" in Subsysteme

Dieses methodische Prinzip, die Gesellschaft aus *Individuen* aufzubauen, diese Individuen aber in „Rollen", in einseitigen Abstraktionen als fiktive Wesen – wie „die berühmte Fiktion des homo oeconomicus"[70] – zu konstruieren, wird von Mill nicht als empirische *Realaussage* verstanden. Er wäre nie, wie zeitgenössische Ökonomen, auf den Gedanken gekommen, überprüfen zu wollen, ob sich Menschen *tatsächlich* so verhalten: „Nicht, dass jemals ein politischer Ökonom so töricht gewesen wäre, anzunehmen, die Menschheit sei wirklich so beschaffen, sondern vielmehr, weil dies die Art und Weise ist, wie eine Wissenschaft zwangsläufig (?) vorgehen muss."[71] Die Albernheit dieses Gedankens wird noch deutlicher, wenn wir einen seiner Apologeten – Walter Bagehot – hören. Wohlgemerkt völlig ernst, nicht als Karikatur auf die Möglichkeiten *englischen* Denkens kommentiert Bagehot in seinen *Postulates of English Political Economy* diesen Gedanken so:

> „Natürlich wissen wir, dass es nicht so ist, dass Menschen nicht so sind. Aber wir nehmen das *aus Gründen der Einfachheit* an, als Hypothese. Und das täuscht viele ausgezeichnete Leute; weit davon entfernt, an einer mangelhaften Ausbildung zu leiden, haben sie sehr unzutreffende Ideen, was eine abstrakte Wissenschaft ausmacht. Kompetentere Personen allerdings haben verstanden, dass die *Englische Politische Ökonomie* nicht von realen, sondern *von imaginären Menschen* spricht: Nicht von Menschen, wie wir sie beobachten, sondern von Menschen, von denen *es für uns bequem ist*, anzunehmen, wie sie sind."[72]

Diese Vorstellung – *very british* – davon, was „Wissenschaft" sei, wird von einem nobelpreisgekürten Ökonomen so ins Amerikanische übersetzt:

> „Die Wirtschaftstheorie ist eine Methode, menschliches Verhalten zu verstehen, bei der so verfahren wird, dass man künstliche, fiktive Menschen – Roboter könnte man sagen – konstruiert und das Funktionieren künstlicher Wirtschaftsordnungen, die sich aus solchen Akteuren zusammensetzen, untersucht."[73]

Es ist diese Vorstellung, die Friedman sagen lässt, die Ökonomen gingen von *falschen* Annahmen aus (vgl. 1.3.4).

Doch mit dieser Methode geriet schon Mill in einen unauflösbaren Widerspruch: Wenn die Annahme des *economical man* nur Zustände voraussagen erlaubt, die aus dem Streben nach Reichtum hervorgehen, dann ist damit behauptet, die Entwicklung der Gesellschaft lasse sich doch ceteris paribus in isolierbare Wirkungen zerlegen – was er an anderer Stelle, wie oben gezeigt, ausdrücklich bestreitet. Der mechanische oder

---

[70] F. A. Hayek (1991), S. 76. Hayek verteidigt gegen den *homo oeconomicus* einen Irrationalismus, den er „evolutionär" nennt.

[71] J. St. Mill (1976), S. 162.

[72] W. Bagehot (1885), S. 8, meine Hervorhebungen. Wer also dem Unsinn solchen Denkens nicht folgt, muss sich sagen lassen, dass es ihm an Kompetenz mangle. Alfred Marshall bescheinigt diesem Autor, der die intellektuelle Überlegenheit nicht nur der englischen Ökonomie, sondern auch der „Anglo-Saxon race", aaO, S. 9, herausstellt, im Vorwort: „He had a well-trained scientific mind", aaO, S. vi. Vgl. aber A. Marshall (1961), S. v, wo er dem *homo oeconomicus* von Bagehot eine glatte Absage erteilt – Widersprüche zu ertragen, gehört offenbar zum Pragmatismus eines *well-trained scientific mind*.

[73] R. E. Lucas (1993), S. 75. In einem Interview sagt Lucas ähnlich: „Wir programmieren Roboterimitationen von Menschen, und daraus lassen sich nur begrenzte Einsichten gewinnen", WirtschaftsWoche 43/19.10.1995, S. 54.

logische Atomismus bedeutet *kategorial*, dass die Gesamtbewegung der Gesellschaft sich als Resultante individueller Bewegungen ergibt. Wenn das Ganze aber nur die *Summe der Teile* ist, dann lassen sich individuelle Tendenzen – wie die, die aus den Entscheidungen des *economical man* hervorgehen – auch als individuelle Tatsachen isolieren und prognostizieren. Der Ausgangspunkt vom Einzelmenschen führt *methodisch* zum idealisierten Menschen, zur „Rolle", zum Roboter, und man bestimmt dann die Gesellschaft als Summe der Wirkungen des Handelns von isolierten Rollenträgern. Der Gedanke, dass die Gesellschaft als Tausch- *und* Kommunikationsprozess, als Wirtschafts- *und* Rechtssystem, als Wissenschafts- *und* Religionssystem – kurz, dass die Gesellschaft als Prozess der *Bedeutung* insgesamt eine *ganze* Entwicklung zeigt, die sich nicht additiv aus Subsystemen errechnen lässt, liegt dieser soziologischen Prämisse fern.[74]

Carl Menger hat diese Methode der Individualisierung sozialer Teilsysteme zu einem allgemeinen soziologischen Prinzip gemacht, nämlich durch Abstraktion „zu einer Reihe von Sozialtheorien" zu kommen, die jeweils „nur das Verständnis einer besonderen Seite der Erscheinungen menschlicher Tätigkeit eröffnen", „deren Gesamtheit indes uns die ethische Welt in ähnlicher Weise verstehen lehrt, wie jene theoretischen Wissenschaften, welche das Ergebnis einer analogen Betrachtung der Natur sind."[75] Die Gesellschaft, die „ethische Welt", wird in Subsysteme zerlegt, und für jedes Subsystem definiert man als Systemfunktion einen *Rollentypus*, einen fiktiven Menschen. Aus diesen fiktiven *logischen* Atomen konstruiert man dann Modelle der Interaktion zwischen diesen Robotern und gelangt so zu „Erklärungen" sozialer Systeme. Diese Roboter werden schrittweise immer abstrakter: In der mathematischen Ökonomik sind Handlungssubjekte völlig durch Funktionen ersetzt (Nutzen- und Produktionsfunktionen), andere Soziologen definieren abstrakte Systemfunktionen als Elemente. Bei Luhmann sind es jeweils differenzierte Codierungen von Subsystemen, die ausdifferenziert wurden, in einer endogenen, autopoietischen Logik geschlossen sein sollen und sich zueinander als „Umwelten" verhalten. Er geht dabei von einem metaphysisch schon *zuvor* vereinseitigten Menschen aus, der *nur* kommuniziert, weshalb soziale Systeme deshalb als in sich differenzierte Kommunikationssysteme erscheinen. Die Gesellschaft bleibt hier das Zerrbild eines Verhältnisses von Ego-Prozessen, gleichgültig, ob man diese als Roboter oder als Subsysteme auslegt, ob man kybernetische Prozesse *berechnet* oder die Kybernetik nur als *Jargon* übernimmt.

Welcher Dialekt aber hier auch immer gesprochen wird, die Grammatik wurde von den klassischen Nationalökonomen geschrieben, von Mill reflektiert und von Menger methodisch ausgearbeitet, auch wenn erst Schumpeter diesem Verfahren den Namen „methodologischer Individualismus" gibt.[76] Mengers Methode zielte auf *alle* Sozialwissenschaften; im Resultat wären Soziologie, Ökonomik, Jura, Politikwissenschaften, Wirtschaftsgeschichte und Ethik ein Komplex von Theorien:

---

[74] Vgl.: „One is grossly mistaken then when he accuses a person who studies economic actions – or *homo oeconomicus* – of neglecting, or even of scorning moral, religious, etc., actions – that is the *homo ethicus*, the *homo religiosus*, etc. –; it would be the same as saying that geometry neglects and scorns the chemical properties of substances, their physical properties, etc. The same error is committed when political economy is accused of not taking morality into account." V. Pareto (1971), S. 13. Pareto vergisst einfach, dass Menschen weder Dreiecke noch zerlegbare chemische Substanzen sind.

[75] C. Menger (1883), S. 77f.

[76] J. A. Schumpeter (1908), S. 88; vgl. M. Brodbeck (1968). E. K. Hunt und J. G. Schwartz bezeichnen diese Grundlage der modernen Ökonomik als „a bombastic, antiquated individualism", E. K. Hunt, J. G. Schwartz (1972), S. 8.

1.3.5 Die Zerlegung der „ethischen Welt" in Subsysteme

„So gelangen wir zu einer Reihe von Wissenschaften, welche uns strenge Typen und typische Relationen (exakte Gesetze) der Erscheinungen und zwar nicht nur rücksichtlich ihres *Wesens*, sondern auch ihres *Maßes* lehren, zu Wissenschaften, von welchen keine einzelne uns die volle empirische Wirklichkeit, sondern nur besondere Seiten derselben verstehen lehrt und deshalb auch vernünftigerweise nicht unter dem Gesichtspunkte des einseitigen empirischen Realismus beurteilt werden darf, deren Gesamtheit uns indes ein ebenso eigenartiges als tiefes Verständnis der realen Welt vermittelt."[77]

Menger gibt zu, dass die *Einzeltheorien* aufgrund ihrer Einseitigkeit in ihren Aussagen notwendig abstrakt sein müssen. Erst die *Gesamtheit* aller Teilmodelle der Gesellschaft liefert ein Gesamtbild und erlaubt damit eine Erklärung der Wirklichkeit. Das reale Konkrete ist die Summe oder der Mengendurchschnitt (so genau lässt sich Menger darüber nicht aus) der abstrakten Teilmodelle. Doch die wichtigste Frage bleibt unbeantwortet: Nach welchen Kriterien, nach welchem Kategoriensystem wird die konkrete Gesellschaft abstrakt in Teilmodelle aufgeteilt? Vergisst man eine Teilkategorie, so verfehlt man nach dieser Vorstellung auch die „Gesamtbewegung". Und wer sagt, dass die *Interaktion* der Teilsysteme nicht die vereinzelte Funktion „stört" und eine gänzliche andere Funktionsweise ergibt? Schon die einfache Beobachtung staatlicher Eingriffe und Regelungen in der Wirtschaft hätte deutlich machen können, dass ein Rechtssystem, das Märkte regelt, anders funktioniert, als eines, das sich selbst als Planungsbehörde versteht, dass die Kommunikation auf Märkten ebenso eine andere wird wie in der politischen Debatte usw. Die Einheit der Gesellschaft kann also nicht durch das zusammenfassende, erkenntnistheoretische Ego des Soziologen, der Teilsysteme zuvor in abstrakter Isolierung untersucht, rekonstruiert werden. Zudem unterstellt Menger stillschweigend eine synthetische Metawissenschaft, die alle Teiltheorien zu umfassen und zu begreifen versucht. Diese Wissenschaft gibt es nicht, genauer, es gibt sie nicht als eine *cartesianische* – auch wenn solche Konstruktionen immer wieder versucht wurden und werden.

Die Synthesis der Teiltheorien aus einer Perspektive der Vergegenständlichung misslingt, weil die vorausgehende Aufteilung der Gesellschaft in abstrakte Teile und ihre Zusammenfassung in den konstruktiven Akt des cartesianischen Beobachters verlegt wird, während tatsächlich jeder *teilnehmend* in sich sprechend, tauschend, moralisch oder ästhetisch urteilend unaufhörlich in seinem Denken und Handeln sich in einer Fülle von kategorialen Bestimmungen bewegt. Vor allem aber: Es lässt sich *in der Handlungserfahrung* sehr wohl eine *herrschende Abstraktion* beobachten – in der Sprache, im Rechnen mit Geld, im Eigentumsrecht, der Moral. Doch diese Abstraktion ist kein *getrenntes Teilsystem*, das in sich geschlossen wäre, sondern ein Herrschaftsprinzip in konkreten Handlungen, wie die Geldrechnung den Tausch, die Grammatik und die Logik die Kategorien die Sprache bestimmen. Man kann die Kategorien also durchaus dort reflektieren, wo sie wirken und die Kraft ihrer Abstraktion leisten: In den alltäglichen Prozessen der Erzeugung und Reproduktion von Bedeutung. Die *Einheit der Gesellschaft* ist nicht die äußere Zusammenfassung von Individuen nach bestimmten, von

---

[77] C. Menger (1883), S. 42f. Menger fährt auch hier mit dem Hinweis auf das Gebiet „der ethischen Welt" in seiner Darstellung fort; die „reale Welt" der Gesellschaft ist diese „ethische Welt". Übrigens kündigt Menger in einer Note eine kritische Schrift zur Induktionstheorie Bacons an, um die Frage zu klären, inwiefern die genannten „exakten Gesetze" *experimentell* überprüfbar sein können. Nach meiner Kenntnis wurde diese Ankündigung nie verwirklicht, vgl. C. Menger (1883), S. 43, Note 19.

außen herangetragenen Modellabstraktionen, die ihrerseits zusammengefasst die „gesamte ethische Welt" ergeben würden. Diese Einheit wird vielmehr von jedem Teilnehmer der Gesellschaft *an ihm selber* in Beziehung zu anderen Menschen alltäglich in seinem Sprechen, im inneren Dialog, im Rechnen mit Werten, in moralischen Urteilen usw. vollzogen und dadurch reproduziert. Erst *dort* kann man dann Spezialisierungen, „Rollen" entdecken, die sich als innere Modifikation der Alltagssituationen ergeben, nicht als *äußere, fiktive* Zuschreibung durch „Annahmen" des cartesianischen Beobachters, wie bei Mill oder Menger.

Wenn sich Soziologen wie Luhmann weit von Mengers methodischem Prinzip entfernt wähnen, so liegt diese irrtümliche Selbstdarstellung darin, dass sie es verabsäumen, ihre *Denkform* kategorial zu rekonstruieren. Wenn man „Subsysteme" wie die Wirtschaft mit *einer* Codierung beschreiben möchte und die gesamte Gesellschaft in solche Subsysteme zerlegt, um *die* Gesellschaft als Verhältnis von im logischen Sinn atomistisch gedachten Subsystemen zu beschreiben, die sich zueinander nur äußerlich als Umwelten verhalten, dann bewegt man sich immer noch *ontologisch* im Denkhorizont von Mill, Menger oder Friedman. Die *Einheit* der Gesellschaft soll bei Luhmann durch den Begriff „Welt" gestiftet sein, auch hier ganz in der Tradition von Menger, der diese Einheit auch in der „ethischen Welt" behauptete, ohne die Welt als Ort der Gesellschaft zu beschreiben und sich als Teilnehmer darin zu erkennen, ohne also den Ort der Bedeutungsprozesse zu kennen und zu reflektieren. Diese Konstruktion ist also *ontologisch* und auch in ihrem synthetischen „Letztbegriff Welt" kein Fortschritt der wissenschaftlichen Erkenntnis gegenüber Menger.[78] Sie bewegt sich in denselben Kategorien, die nicht gedacht werden: Das Ganze wird zerlegt in Teile, die sich als Teile zu einander als das *je andere* verhalten. Die Teile wiederum werden beherrscht durch eine Formsubstanz, ein Prinzip, das als „Rolle" oder „Systemfunktion" beschrieben wird. Und diese ganze Konstruktion erfolgt in einem Kopf (oder in einem System von „Karteikärtchen" bei Friedman, einem „Zettelkasten" bei Luhmann[79]), der sich selbst von der Gesellschaft getrennt wähnt.

Man kann nachträglich das eigene Denken, das zuvor *kategorial* von der Gesellschaft getrennt wurde, in einen gesellschaftlichen, d.h. historischen Prozess einreihen. Dies geschieht in der Ökonomik durch die „Dogmengeschichte"; Luhmann schrieb statt dessen eine „Gesellschaft der Gesellschaft", also die Deskription ihrer Selbstbeobachtung. Doch derartige Versuche sind erstens wiederum nur neue Konstruktionen, worin die je eigene Position als Höhepunkt und Abschluss erscheint – ein fortwirkendes Erbe Hegels; zweitens wird gar nicht erst der Versuch unternommen, das, was Menger die „ethische Welt" nennt, *als* ethische Welt zu begreifen, nämlich sich selbst als Teilnehmer, der nicht nur beobachtet und über etwas redet, sondern der *mit jemand zu sprechen versucht* – um von der Liebe oder dem Mitgefühl als *Vollzug* (nicht als Begriff) zu schweigen.

---

[78] In Luhmanns Theorie gilt „Welt" als „differenzloser Letztbegriff", N. Luhmann (1987), S. 283. Der Sinn von „das Letzte" lebt von der Differenz; ein Letztbegriff ohne Differenz ist kein Begriff. Luhmanns Erläuterung hierzu liest sich wie eine Karikatur auf philosophisches Denken: „Jede Differenz wird so zum Weltzentrum, und gerade das macht die Welt nötig: Sie integriert für jede System/Umwelt-Differenz alle System/Umwelt-Differenzen, die jedes System in sich selbst und in seiner Umwelt vorfindet (?)." N. Luhmann (1987), S. 284. Die logische Struktur dieser Denkfiguren lautet: Jedes D ist Zentrum von W, und dies macht W nötig – ein Gedanke, der leider *nur* originell ist.

[79] Vgl. hierzu K.-H. Brodbeck (2002a), S. 259ff.

1.3.6 Menschen ohne „Hier": Alfred Schütz

Bei Luhmann erreicht die Atomisierung in abstrakte Teile ihren vorläufigen Höhepunkt, nicht ohne sich selbst *ad absurdum* zu führen. Denn das Sprechen-mit-jemand wird von Luhmann nur etwas, das er aus dem Blickwinkel seines Zettelkastens, in den er sich eingeschlossen wähnt, in ironischer Arroganz als jene „Geräusche, die psychische Systeme erzeugen bei ihren Versuchen zu kommunizieren"[80], bezeichnet. Übrigens ist das auch ein Urteil darüber, was Luhmann von seinen eigenen literarischen Produktionen hielt, denn dieser Satz steht immerhin in seinem soziologischen Hauptwerk, in dem er etwas zu *sagen* versucht. So nimmt es nicht Wunder, dass Luhmann Sozialwissenschaft nur *spielt*, wie Kinder spielen; man ahmt einen *Stil* mimetisch nach: Die Soziologie „muss auf ‚Wissenschaftlichkeit' achten, was nicht zuletzt eine Stilfrage ist."[81] Ob man Wissenschaft nur als Stil *spielt*, oder ob man sich dabei im tiefen Ernst der Forschung wähnt, wie Menger, der Soziologe positioniert sich in ironischer oder todernster Distanz außerhalb der Gesellschaft, um sie als Demiurg nachzukonstruieren aus abstrakten Teilgesellschaften, die *ontologisch* nichts anderes sind als in sich geschlossene Entitäten, als Monaden – Leibniz' früher Begriff für „autopoietische Systeme". Die Einheit dieser Teilsysteme (Nutzenroboter, Subsysteme usw.) kann dann nicht mehr erklärt werden, wird aber auch gar nicht erst zur Frage, weil sie durch das extramundane Ego des Beobachters je schon vorausgesetzt wurde.

1.3.6 Menschen ohne „Hier": Alfred Schütz

Das vielleicht klarste Verständnis für das hier skizzierte methodische Prinzip hat Alfred Schütz gezeigt. Sein auf Comte zurückgehendes Motto lautet: „Der Sozialwissenschaftler als desinteressierter Beobachter"[82]. Das wäre eine alternative Definition des *cartesianischen Beobachters*, mit einer doppelten Implikation: (1) Der Sozialwissenschaftler ist *ontologisch* ein von seinem Gegenstand getrennter Beobachter, ein *ego cogito* neben einer *res extensa*. (2) Er ist *ethisch* „desinteressiert", was bedeutet, dass er jegliches Mitgefühl einer Privation unterwirft und sich *methodisch* verbietet; sofern er als Mensch überhaupt dazu fähig ist – schon einige Jahre Ökonomik zu betreiben, verdirbt den Charakter.[83] Damit wird der *Vollzug* als Erkenntnisquelle des Sozialen von vorneherein ausgeschlossen.

Man weiß um den Selbstvollzug aber auf ganz andere Weise als auf jene der objektivierenden Beobachtung von *Gegen-ständen*.[84] Ich kann das „ich *mache* X" nicht als Objekt beobachten, kann mein Hören nicht hören, mein Sehen nicht sehen. Genauer, was man sieht, wenn man einen Hörer beobachtet, ist nicht das Hören als Akt; auch wenn man das eigene Denken *denkt*, vollzieht man bereits wieder einen anderen, neuen Akt, als dies der gedachte Akt war, und man bezieht sich nur auf dessen Resultate: Den

---

[80] N. Luhmann (1987a), S. 292.
[81] N. Luhmann (1997), S. 1129.
[82] A. Schütz (1971), S. 41.
[83] Vgl. R. H. Frank, T. Gilovich, D. T. Regan (1993).
[84] Auch wenn dieser Beobachter sich selbst reflektiert, so geschieht auch dies wiederum in einer Reproduktion dieser Position: Als Beobachtung des „Beobachters". Dies ist eine Unmöglichkeit, weil sich immer nur Beobachtetes, nicht aber das Beobachtende beobachten lässt. Dieser Verwechslung von Schütz erliegt auch Luhmann: „Einerseits beobachtet der Beobachter Operationen, andererseits ist er selber eine Operation. Anders denn als Operation kann er gar nicht vorkommen. Er ist ein Gebilde, das sich aus der Verkettung von Operationen bildet." N. Luhmann (2004), S. 143. Was heißt hier „einerseits-andererseits"? Mit Bezug worauf und worin? Der kategoriale Sinn von „Operation" ist ein Akt. Ein Akt ist nur in dem wissenschaftlich beobachtbar, worin er sich äußert, nicht in seinem Selbstvollzug.

1.3 Zur Kritik sozialwissenschaftlicher Methoden

Satz, das Urteil usw. Man kann das *Tun* des Beobachtens nicht beobachten, sondern nur *tun*. Es gibt kein „Feedback" von *Bedeutung*, die in einer Beobachtung erscheint (vgl. 1.1.7). Luhmanns „Kybernetik zweiter Ordnung", die das Beobachten beobachtet, ist nur ein Meta-Cartesianismus, der notwendig das *verdinglicht*, was er dann beobachtet.[85] Aus dieser zirkulären Grundstruktur gibt es keinen Ausweg – es sei denn, man erkennt sich selbst als Teilnehmer und die Theorie schon im Akt der Reflexion als Teilnahme; doch dann wird Sozialwissenschaft wieder zur *Ethik* und gibt ihre „ironische Distanz" auf.

Schütz hat gewusst, dass sich in der theoretischen Form selbst eine Entfremdung vom Phänomen vollzieht und hat dies sehr klar beschrieben.

„Der Sozialwissenschaftler ersetzt mit besonderen methodologischen Hilfsmitteln (…) die gedanklichen Gegenstände des Alltagsdenkens, die auf einzigartige Ereignisse und Erscheinungen verweisen: er konstruiert ein Modell eines Sektors der Sozialwelt, in dem einzig die typisierten Ereignisse auftreten, die für das besondere, gerade untersuchte Problem des Wissenschaftlers relevant sind."[86]

Schütz hat verstanden, dass der Beobachter sich hierbei *zunächst* nicht ausklammern kann. Doch er bemerkt nicht die *ethische* Vorentscheidung, die bereits in dieser Denkfigur liegt. Wenn ein Wissenschaftler einen „Sektor" der Sozialwelt durch Typisierung „konstruiert", so geschieht dies unter einem Horizont von Fragen, die *für ihn* (den Beobachter) relevant sind. Darin liegt eine Abstraktion, die zugleich eine Wertentscheidung ist: Wer Moral als „Code" konstruiert oder wirtschaftliche Entscheidungen im generalisierten Modell der Geldgier – dem *homo oeconomicus* –, der vereinseitigt nicht nur seinen Blick, sondern schafft eine *Theorie als soziale Wirklichkeit*, die diese Werthaltung in ihren Kategorien transportiert. Schütz sagt:

Der Sozialwissenschaftler „ist nicht in die beobachtete Situation einbezogen, die ihn nicht praktisch, sondern nur kognitiv interessiert. Sie ist nicht der Schauplatz seiner Tätigkeiten, sondern nur der Gegenstand seiner Kontemplation. Er handelt in ihr nicht und hat kein vitales Interesse am Ergebnis seines Handelns; keine Hoffnungen und Befürchtungen verknüpfen sich mit den Konsequenzen seines Handelns. Er schaut auf die Sozialwelt mit demselben kühlen Gleichmut, mit dem der Naturwissenschaftler die Ereignisse in seinem Laboratorium verfolgt."[87]

Was Schütz hier als *methodisches* Prinzip formuliert, ist aber in seinem Ergebnis eben kein *methodisches* Prinzip, sondern eine *Moral*. Wer mit „kühlem Gleichmut" auf unbelebte Naturphänomene blickt, der steht in keinem *ethischen* Verhältnis – wenn auch vielleicht in einem *emotionalen* Verhältnis, denn Naturwissenschaftler sind kei-

---

[85] Luhmann sagt: „Die Operation Beobachten kann nicht sich selber beobachten, sondern nur das, was sie als Operation unterscheidet", N. Luhmann (2003), S. 116. Eben deshalb kann man nicht in einem zweiten Schritt, der „second order cybernetics", in der „Terminologie des Beobachtens von Beobachtern", aaO., das Beobachten beobachten. Der *Sinn* von Beobachten *als Tun* ist nicht gegenständlich, ist nichts Beobachtetes. Bei einer Operation sieht man immer nur, was sie *herstellt* oder ihren äußeren Vollzug. Ihren *Sinn* kann man nicht beobachten, wohl aber ist der Sinn kommunizierbar in wechselseitiger Auslegung. Doch um dies einzusehen, muss erst der Prozess der Identität entschlüsselt werden; vgl. 2.1.4-2.1.7.
[86] A. Schütz (1971), S. 41.
[87] A. Schütz (1971), S. 41f.

1.3.6 Menschen ohne „Hier": Alfred Schütz

neswegs gleichmütig der Natur gegenüber. Doch wer „kühlen Gleichmut" der *Gesellschaft* gegenüber zeigt, der formuliert nicht ein methodisches Prinzip, sondern unterwirft sein natürliches Mitgefühl einer Privation. Die Theorieform *ist kategorial* eine ethische Form, eben *weil* sie sich real – als wirksame Theorie – in der Gesellschaft bewegt, weil sie immer ein Sagen-zu-jemand ist, nicht ein Sagen-über-… Es ist deshalb schlicht falsch zu sagen:

„Der Sozialwissenschaftler hat kein ‚Hier' in der Sozialwelt"[88].

Er hat ein „Hier" – sowohl *als Mensch* wie in seiner „Rolle" als Wissenschaftler.

Schütz hat das auch durchaus gewusst und durch eine nicht minder „kühle" Entscheidung dennoch seine Fortsetzung der Mill-Mengerschen Tradition verteidigt:

„Natürlich bleibt der Sozialwissenschaftler in seinem Alltag ein menschliches Wesen, ein unter Mitmenschen lebender Mensch, mit denen er in vielerlei Weisen verbunden ist. Zweifellos tritt wissenschaftliche Arbeit innerhalb einer Tradition sozial abgeleiteten Wissens auf und gründet sich auf die Zusammenarbeit mit anderen Wissenschaftlern, verlangt gegenseitige Bestätigung und Kritik und kann nur in sozialem Handeln mitgeteilt werden. Aber insofern wissenschaftliches Arbeiten sozial fundiert ist, ist es nur eine Tätigkeit unter allen anderen, die in der Sozialwelt auftreten. Der Umgang mit der Wissenschaft und mit wissenschaftlichen Angelegenheiten innerhalb der Sozialwelt ist *eine* Sache, die spezifisch wissenschaftliche Einstellung des Wissenschaftlers auf seinen Gegenstand ist etwas *anderes*"[89].

Was Schütz aber nicht bemerken will, ist die *ethische Entscheidung*, die mit der Parteinahme für die cartesianische Wissenschaftsposition verknüpft ist. Mehr noch. Die *kategoriale Form* einer „Wissenschaft", die nach den von Menger oder Schütz skizzierten methodischen Prinzipien durchgeführt wird, beruht auf einem Irrtum. Schütz bemerkt nicht, dass die *Unterscheidung* zwischen einem Wissenschaftler als „menschliches Wesen" und einem Wissenschaftler *als* Wissenschaftler sich bereits jenes „kühlen Gleichmuts" des cartesianischen Beobachters verdankt. Nur *von außen* beobachtend kann man einen Wissenschaftler *zerlegen* in eine menschliche Alltagssubstanz und seine Rolle als Theorieproduzent. Solange diese Rolle sich in einem technischen Naturverhältnis entfaltet, ist diese *Vorentscheidung* nicht – wenigstens nicht auf den ersten Blick: Ökologie oder Tierversuche belehren eines anderen – vordrängend. Bei einer „Theorie der Gesellschaft" ist aber das Vergessen dieser verborgenen Intentionalität ein grober Fehler – gerade für jemand wie Schütz, der phänomenologisch geschult war. Die *Unterscheidung* zwischen „Alltagsperson" und „Wissenschaftler", die kategoriale Vor-

---

[88] A. Schütz (1971), S. 45.
[89] A. Schütz (1971), S. 42. Luhmann wiederholt hier exakt die Position von Schütz: „Wir sind externe Beobachter. Natürlich wissen wir, dass wir gesellschaftliche Existenzen sind, dass wir in einer bestimmten Zeit leben, Gehälter beziehen, Rentenerwartungen haben und so weiter oder auch Bücher gelesen haben, in denen andere schon das meiste von dem geschrieben haben, was wir selber schreiben wollen. Natürlich führen wir eine gesellschaftliche Existenz, aber wir können als Soziologen die Gesellschaft so betrachten, als ob es von außen wäre. Ungeachtet der Tatsache, dass wir selber kommunizieren, um das anderen Leuten beizubringen, können wir sagen, dass wir die Gesellschaft beobachten und sehen, dass sich die Gesellschaft als ein sich selber beschreibendes System darstellt." N. Luhmann (2004), S. 89.

aussetzung der *Konstruktion* der Methode des reinen Wissenschaftstypus, ist selbst bereits ein Resultat jener Haltung, die *durch* die Unterscheidung erst bestimmt sein soll. Diese *petitio principii* ist *wissenschaftlich*, d.h. aus einer cartesianischen Perspektive, nie auflösbar, denn es handelt sich in seinem Wesen um eine implizit *ethische Vorentscheidung*.

Die Parteinahme für die metaphysische Grundposition der „kühlen Beobachtung", also die darin liegende *Norm*, seinem Gegenstand gegenüber *keinerlei Mitgefühl zu zeigen*, ist eine Privation anderer moralische Haltungen, die natürlichen Personen zukommen. Diese Haltung ist zugleich verlogen und heuchlerisch, weil die Wissenschaftler ja dennoch *aus dieser Haltung* der „kühlen Distanz", der „romantischen Ironie"[90], mit der „Unterkühltheit der theoretisch erzwungenen (?) Abstraktionen als Ausdruckform"[91] *Handlungsempfehlungen* geben – und sei die Handlungsempfehlung auch nur die neoliberale, sich von *Eingriffen* fernzuhalten und den Markt regieren zu lassen. Der cartesianische Beobachter *will handeln*, und er handelt faktisch durch seine Theorieproduktion. Er nimmt also Teil an seinem „Gegenstand", verändert ihn, will seine Position durchsetzen und in Handlungsprogramme verwandeln.

Wissenschaftler, die diese methodische Position vertreten, finden sich zuhauf in Beratungsgremien der Politik. Das legt zumindest den *prinzipiellen* Verdacht nahe, dass die beobachtbare Alltagswelt mit globaler Armut, mit Hunger, Elend und Naturzerstörung usw. nicht ein Faktum, sondern vielmehr das *Resultat* dieser scheinbar unschuldig-methodologischen Position ist. Und die einzige Möglichkeit, eine Theorieproduktion aus der „kühlen Distanz" bereits im Akt der Erzeugung einer Theorie zu verhindern, ist *erstens* die bewusste ethische Reflexion auf das eigene Tun, *zweitens* die *Kritik* all jener Theorien, die – auch ohne das zu bemerken – im Kleid einer Wissenschaft auf andere Menschen *losgehen* und ihnen durch „Anreize", „Gestaltungswillen", „Visionen" oder wie der Business-Jargon dies sonst benennen mag, *Gewalt* anzutun.

Was diese Theorieform *kraft ihrer kategorialen Struktur* auch immer an „Handlungsempfehlungen" geben kann, sie können nur die faktische Gewalt transportieren, die in den Kategorien *dann* zur Geltung kommt, wenn diese auf *wirkliche* Menschen bezogen werden, wenn sie also in der Alltagswelt der Gesellschaft zur Geltung gebracht werden. Schütz sagt ungerührt in der Nachfolge von Menger:

> „Diese Modelle von Handelnden sind jedoch keine menschlichen Wesen, die in ihrer biographischen Situation in der alltäglichen Sozialwelt leben (…); sie sind in eine Situation gesetzt worden, die nicht von ihnen, sondern von ihrem Schöpfer, dem Sozialwissenschaftler, definiert wurde. Er hat diese Figuren, die Homunculi, geschaffen, um sie nach seinen Vorstellungen manipulieren zu können."

> „Er beobachtet gewisse Tatsachen und Ereignisse in der sozialen Wirklichkeit, die auf menschliches Handeln verweisen, und er konstruiert typische Muster des Verhaltens oder des Handlungsablaufs aus dem, was er beobachtet hat. Daraufhin ordnet er diesen typischen Mustern des Handlungsablaufs jeweils Modelle eines oder mehrerer idealer Handelnder zu, die er sich mit Bewusstsein ausgestattet vorstellt. Es ist jedoch dieses Bewusstsein so weit eingeschränkt, dass es nichts weiter enthält, als was für die Ausführung des beobachteten Musters des Handlungsablaufs

---

[90] Auch Horkheimer spricht von der „kritische(n) Ironie der Marxschen Begrifflichkeit", M. Horkheimer (1985), S. 402.
[91] N. Luhmann (1997), S. 1129.

1.3.6 Menschen ohne „Hier": Alfred Schütz

relevant ist. (...) Diese Figur, dieser Homunculus, soll mit anderen Homunculi, die ähnlich konstruiert sind, in Mustern von Wechselbeziehungen verbunden sein."[92]

Die Brutalität dieser Denkform wird von ihrem Philosophen offenbar gar nicht bemerkt. Falls derart absonderliches Denken sich im stillen Kämmerlein vollzöge, worin ein spintisierender Theoretiker sich Roboter oder Homunculi ausdenkt, die in fiktiven Welten leben, so wäre dies gleichgültig oder Gegenstand literaturkritischer Geschwätzigkeit. Immerhin hätte selbst dieser Theoretiker sich dafür zu rechtfertigen, weshalb *andere* Menschen für ihn Häuser, Möbel und Lebensmittel herstellen sollten, ohne von ihm sozial eine Gegengabe dafür in Form einer *richtigen* Erkenntnis oder *wenigstens* unterhaltsamer Science-Fiction zu erhalten. Doch wenn eine Theorie auf dem *Prinzip* basiert, Menschen zu vereinseitigen, ihnen ein dingliches Verhalten zuzuschreiben, damit „sie nach den Vorstellungen des Theoretikers manipuliert werden können", dann hat solch eine Theorie in ihrer *kategorialen Grundstruktur* einen totalitären Charakter. Denn *wie immer* sie angewandt wird, den Makel des *Gewaltverhältnisses* wird sie nicht mehr los, auch dann nicht, wenn man nachträglich dieser Theorie noch Werte additiv hinzufügt. Besonders Ökonomen sind darin souverän.

Es ist nicht so, dass Schütz es nicht *besser* gewusst hätte. Er wirft den Positivisten vor, dass sie die soziale Welt als *empirischen* Gegenstand missverstehen. Und völlig zutreffend sagt Schütz, bereits George H. Mead habe „darauf hingewiesen, dass selbst ein ideal vervollständigter Behaviorismus nur das Verhalten des Beobachteten, aber nicht das des beobachtenden Verhaltensforschers erklären kann."[93] Doch dies ist nur der Vorschein des eigentlichen Problems. Selbst *falls* – in einer, wie Luhmann sagt, „Beobachtung zweiter Ordnung" – das Verhalten des Verhaltensforschers *erklärt* würde, bliebe die kategoriale *Form* der Erklärung unverändert. Allerdings könnte an damit verbundenen *Paradoxien* immerhin aufgehen, dass der Theorietypus mit einem ontologischen Geburtsfehler behaftet ist, der totalitäre Konsequenzen nicht *zufällig*, sondern notwendig nach sich zieht.

Eine Ausrede bietet hier die Ideologietheorie, die zwar mit dem Gestus der Aufklärung Denkformen in ihrer ökonomischen oder sozialen Bedingtheit betrachtet, damit aber auch jenen, die solche Denkformen *vertreten*, die Entschuldigung liefert, die sie in ihrer Verantwortung entbindet. Die Ideologietheorie, die Denkformen *kategorial* als Produkte betrachtet, verkennt nicht nur deren Wirkungen, sie verkennt vor allem den *ethischen Charakter* ihrer eigenen Aussage: Wenn Gedanken nur Nebelgebilde im Überbau sind, für die eine Basis die Ursache, wenigstens die Bedingung sei, dann entfällt jede ethische Verantwortung für das Handeln. Das wird auch in der dünneren Form der Ideologietheorie als *Interessentheorie* noch reproduziert. Wer z.B. als Politiker einfach die Interessen einer bestimmten sozialen Gruppe oder Klasse vertritt, der ist als bloßes Produkt dieser Interessen „entschuldigt", vor allem deshalb, weil die „Interessen" zwar Motive des Handelns sind, aber niemand dafür die Verantwortung übernimmt. Die Ideologietheorie ist also die Ausrede ihrer eigenen Anwendung.

Zudem steht die Ideologietheorie vor dem Zirkel, als Theorie selbst Ideologie zu sein. Sind ideologische Aussagen *falsch*, weil sie falsches Bewusstsein sind, so hebt sich die Ideologietheorie selbst auf: Engels sagt, die Ideologie sei *falsches* Bewusstsein[94]. Hier liegt ein performativer Widerspruch vor, weil dieser Satz ja wahr sein will

---

[92] A. Schütz (1971), S. 46f. und S. 74. Die Wiederholung des Gedankens zeigt, dass dies keine unglückliche Formulierung, sondern bitterer Ernst ist.
[93] A. Schütz (1971), S. 62.
[94] F. Engels: Brief an Franz Mehring vom 14. Juli 1893, MEW 29, S. 97.

und beansprucht, den Trick zu durchschauen, die eigentlichen Triebkräfte also zu kennen. Derselbe Zirkel ergibt sich im „ökonomischen Ansatz", den Gary S. Becker propagiert hat. Becker behauptet, dieser Ansatz (ein simples Nutzenkalkül für alle Handlungen, die Mathematisierung des Pragmatismus) biete „einen wertvollen, einheitlichen Bezugsrahmen für das Verständnis *allen* menschlichen Verhaltens"[95]. Wenn das *wahr* ist, dann ist die Theorie „ökonomischer Ansatz" selbst durch ein Nutzenkalkül erklärt. Sie ist also nur darin wahr, dass sie einem Theoretiker *Nutzen* bringt. Was einem Hochschullehrer oder jenen Firmen nützt, die Forschungsaufträge vergeben, ist deswegen noch lange nicht wahr. Ist also Beckers Theorie *wahr*, dann ist sie selbst nur nützliche Privatäußerung und damit *nicht wahr*. Aus diesem Zirkel gibt es für diesen Ansatz keinen Ausweg.

Derartige Zirkel oder Paradoxien sind *kategorial* eine Folge der theoretischen Haltung, die sich zu Menschen als *Dingen* verhält, sie durch Rollen oder als Homunculi modelliert und auf der Grundlage dieser Modellierungen *Handlungsempfehlungen* ausspricht an jene, die je andere Menschen dann auf entsprechende Weise *behandeln* (durch Anreize manipulieren, auf ein bestimmtes Marktsystem oder eine andere totalitäre Ordnung verpflichten usw.). Eine cartesianische Theorie kann sich nie selbst erklären, nimmt sich selbst vom erklärten Gegenstand aus, behandelt ihn überhaupt erst *als* gegenständliches Ding. Und eben darin liegt eine implizite Ethik, die in den erkenntnistheoretischen *Grundbegriffen* haust, den Kategorien, in denen Gesellschaft gedacht wird. Wenn man Abstraktionen von einem *Ding* trennt, dann wird es nur vereinseitigt und auf der Grundlage dieser Abstraktion auch einseitig behandelt. Bereits *das* ist bei Naturgegenständen vielfach verhängnisvoll, und die ökologische Krise der Gegenwart ist die Erfahrung dieses Fehlers. Auf *Menschen* dieselbe Denkform angewandt, erzeugt das, was im 20. Jahrhundert reichlich zu beobachten war: Die totalitäre Gewalt der Abstraktionen.

1.3.7 Keynes, Hayek und die zirkuläre Logik der Modelle

In England führte Keynes in den 30er Jahren des 20. Jahrhunderts einen Kampf gegen ein spezifisches Verständnis der ökonomischen Methode, der sich in einigen Punkten mit der grundlegenden Kritik, die von der kritischen Theorie auf der einen, von Othmar Spann und einigen Neoromantikern auf der anderen Seite geführt wurde, berührt. Besonders was Keynes zur Natur ökonomischer *Modelle* sagte, ist hier von Interesse, unterscheidet es sich doch grundlegend von dem, was Ökonomen wie Friedman oder die Ökonometriker der Gegenwart praktizieren, die der stochastischen Übung ihrer komplexen Modelle eine völlige Ignoranz gegenüber ihren falschen prognostischen Leistungen zur Seite stellen.

Anfang der 30er Jahre des 20. Jahrhunderts reagierten die Ökonomen auf die unverstandene Weltwirtschaftskrise in der Folge des Börsenzusammenbruchs von 1929 durchaus mit Zweifeln an den Grundlagen ihrer Wissenschaft. Während Marxisten die Überlegenheit ihrer Analyse behaupteten und Eugen Varga, der Chefökonom der Dritten Kommunistischen Internationalen, die Wirtschaftskrise von 1929 wenigstens gut erraten hatte[96], glänzte die bürgerliche Ökonomik durch völlige Überraschung. Die Reaktion auf die Weltwirtschaftskrise war dann eine doppelte: Der liberale Flügel bemühte sich, die traditionelle Argumentation zu rekonstruieren, dass die Krise nur das Ergebnis einer Reihe von die Märkte störenden *äußeren* Einflüssen durch soziale Siche-

---

[95] G. S. Becker (1982), S. 15; Beckers Hervorhebung.
[96] Vgl. E. Altvater (1969); E. Varga (1969), S. 88-197.

rungssysteme, die Gewerkschaften und eine falsche Zentralbankpolitik gewesen sei. Hierbei bemerkt man aber dennoch eine deutliche Verunsicherung, die zu einer erneuten Methodenreflexion Anlass gab, wie sie sich in der entwickeltsten Form bei Ludwig von Mises findet, der aus der Ökonomik eine apriorische Vernunftwissenschaft zu machen versuchte (vgl. 4.6.5). Ähnliche Überlegungen finden sich bei Frank H. Knight in den USA[97] und im englischsprachigen Raum am einflussreichsten in einem Text zur Grundlegung der Ökonomik durch Lionel Robbins.[98]

Robbins rekonstruierte die Ökonomik als reine Wissenschaft der Knappheit, wobei er die *Ziele* des Handelns – wie Mises – als für die Analyse „gegeben" betrachtete und daraus notwendige Relationen zwischen Gütermengen abzuleiten versuchte. Er berief sich hierbei nicht nur auf eine strikte Trennung von Fakten und Werten, sondern rekonstruierte die Ökonomik methodisch als Quasi-Naturwissenschaft, allerdings anders als Walras und seine Schule nicht in explizit mathematischer Form, sondern als reine Vernunftwissenschaft. Die Ökonomik „ist das Studium der formalen Implikationen der Relation zwischen Zielen und Mitteln auf der Grundlage verschiedener Annahmen bezüglich der Natur der letzten Daten." Robbins knüpft hier an Mengers Unterscheidung an und trennt Theorie von Geschichte: „Die ökonomische Theorie beschreibt Formen, die Wirtschaftsgeschichte die Substanz."[99] Er wendete sich gegen eine „ökonomische" Erklärung der Geschichte, wie Marxisten sie versuchen. Im Kern sieht er die Geschichte als eine Folge von einzelnen Entwicklungen, die keinem ökonomischen Gesetz folgen, denn ihr Inhalt sei nicht ökonomisch, sondern gehöre zur *Technik*.[100] Während man die Knappheit apriorisch beschreiben könne, ließen sich technische Mittel und ihre Veränderung nicht so erklären. Deshalb lehnte Robbins den Geschichtsmaterialismus ausdrücklich ab.[101]

Aus dieser methodischen Konzeption von Robbins insgesamt ergibt sich die einfache Folgerung, dass der Verzicht auf Werturteile die Ökonomen auch davon abhalten sollte, konkrete staatliche Eingriffe zur Lösung der Wirtschaftskrise zu empfehlen.[102] Sein Buch, inmitten der Weltwirtschaftskrise erschienen, begnügt sich deshalb mit Reflexionen über die apriorische Natur der Ziel-Mittel-Abwägungen.[103] Darin gleicht sein Ansatz im Detail der Vorstellungswelt von Ludwig von Mises, der 1931 unverdrossen inmitten von weltweit Millionen Arbeitslosen verkündete: „(E)s kann nicht dazu kommen, dass Arbeitsfähige längere Zeit, viele Monate oder gar Jahre Arbeit suchen, ohne welche zu finden. Wenn der Arbeiter längere Zeit hindurch nicht die Arbeit findet, die er sucht, dann muss (!) er entweder seine Lohnansprüche herabsetzen oder sich einer anderen Beschäftigung zu wenden, wo er höheren Lohn zu erhalten hofft

---

[97] Vgl. F. H. Knight (1971) und vor allem (1935).
[98] L. C. Robbins (1935); die erste Auflage erschien 1932.
[99] L. C. Robbins (1935), S. 38f.
[100] Die durchaus vergleichbare Kritik von so verschiedenen Autoren wie Friedrich von Gottl-Ottlilienfeld und Robert Liefmann wurde in England überhaupt nicht zur Kenntnis genommen.
[101] L. C. Robbins (1935), S. 43. Die technische Entwicklung „is not to be deduced from any law of theoretical economics", S. 44.
[102] Robbins und andere, schreibt Keynes, „believe that it (sc. the post-was monetary system) has an inherent tendency towards self-adjustment, if it is not interfered with", J. M. Keynes, CW XIV, S. 487.
[103] Zunächst vertrat Robbins konsequent den neoklassischen Standpunkt, noch in: L. C. Robbins (1934). Während und nach dem 2. Weltkrieg hat er die Keynessche Position ausdrücklich übernommen und verteidigt.

(!).“¹⁰⁴ Dass es nach einigen „Herabsetzungen" eine Lohnhöhe gibt, bei der man verhungert, ist Mises dabei offenbar glatt entgangen.

Die sich daraus ergebende liberale These, man müsse eine Wirtschaftskrise einfach aussitzen, der Markt werde sie früher oder später wieder bereinigen, diese *Arroganz* gegenüber den Opfern der Märkte wollte John Maynard Keynes nicht teilen. Auch er setzt bei einer methodischen Reflexion an, doch kam es ihm vor allem darauf an, Modelle zu entwickeln, anhand derer man aktuelle Wirtschaftsprobleme lösen können sollte. Er war im Unterschied zu den Liberalen vom Typ (des frühen) Robbins oder Mises nicht überzeugt, dass die Märkte ewige Naturgegebenheiten waren und eine Kritik des Kapitalismus deshalb eine Form von Geisteskrankheit sei – seien doch Marktgesetze „a priori" gültig. Die herkömmliche Kritik des Kapitalismus, den Marxismus als Alternative, lehnte der *politisch* liberale Keynes gleichfalls ab.¹⁰⁵ Er versuchte eine Methode zu entwickeln, die es erlauben sollte, die *Krisen* des Kapitalismus abzuschaffen, ohne den Kapitalismus selbst zu beseitigen.¹⁰⁶

Keynes versuchte dabei stets auch, den Grund zu finden, weshalb die traditionelle Ökonomik, die für ihn in der Theorie Alfred Marshalls eine klassische Gestalt angenommen hatte, die Weltwirtschaftskrise nicht erklären konnte. Die auch heute wieder verbreitete neoliberale Haltung, wider die Tatsachen der globalen Arbeitslosigkeit einfach auf der Funktionsweise der Märkte zu beharren und „flexible" Löhne zu fordern, mussten Keynes einfach nur zynisch erscheinen. Ich möchte seine Kritik an der neoklassischen Theorie hier nicht rekonstruieren und mich nur auf seinen *methodischen* Aspekt konzentrieren.¹⁰⁷ Man kann seine Methode in einem Satz zusammenfassen, der sich in einem Brief an Harrod von 6. Juli 1938 findet. Keynes sagt hier „gegen Robbins: Die Ökonomik ist wesentlich eine Moralwissenschaft und nicht eine Naturwissenschaft. Das bedeutet, sie verwendet Introspektion und Werturteile."¹⁰⁸

Diese Rückbesinnung auf die Sozialwissenschaft als Morallehre hat auch Konsequenzen für die inhaltliche Konzeption von Wirtschaft. Anders als die tradierte Ökonomik hat Keynes die menschliche Subjektivität, damit auch die *Ziele* der Wirtschaftssubjekte, nicht als „Daten" behandelt. Ihm war klar, dass die Wirtschaft in einen gesellschaftlichen Prozess eingebettet ist, den er zwar nicht explizit als Kommunikationsprozess beschrieb, gleichwohl aber wichtige Aspekte davon aufgriff. Menschen handeln nicht einfach nach gegebenen Zielen, sie bilden *Erwartungen* bezüglich ihrer Situation. Erwartungen sind eine Form des Wissens, die Handlungen kognitiv formen und die zugleich auch untereinander sozial abhängig sind. Deshalb gewinnt die Erwartungsbildung bei Keynes eine eigenständige Macht im ökonomischen Prozess. Der „Zustand langfris-

---

[104] L. v. Mises (1931b), S. 15; meine Einfügungen.

[105] „But Marxian socialism must always remain a portent to the historians of opinion – how a doctrine so illogical and so dull can have exercised so powerful and enduring an influence over the minds of men and, through them, the events of history." J. M. Keynes, CW IX, S. 285. Ein mutiges Urteil über die Texte von Marx, gibt Keynes doch zu: „(I)n German I can only clearly understand what I know already!" J. M. Keynes, CW V, S. 178, Note 2. Hier gilt von Keynes, was Otto Willmann über den englischen Denkstil am Beispiel Lockes sagte: „Der Gedanke, dass das Nichtverstehen der älteren Denkarbeit an ihm liegen könnte", liegt dem Autor fern, O. Willmann (1907: 3), S. 322.

[106] Vgl. „Wie damals, ist auch heute wirtschaftliche Einsicht als Grundlage politischer Bildung vonnöten, nicht um den Kapitalismus, sondern um seine Krisenerscheinungen (…) zu überwinden." B. Schefold (1983), S. 20.

[107] Vgl. Kapitel 6.3.6 und K.-H. Brodbeck (1998a), Teil III; (2000a), S. 96ff.

[108] J. M. Keynes, CW XIV, S. 297.

1.3.7 Keynes, Hayek und die zirkuläre Logik der Modelle

tiger Erwartungen"[109], in dem sich auch Erwartungen über Erwartungen bilden, wird für Investitions-, aber auch für Konsumentscheidungen bestimmend. Hier taucht im ökonomischen Prozess ein subjektives Moment auf, das nicht durch apriorische Knappheitsreflexion wegrationalisiert wird, sondern offenbart, dass wirtschaftliche Wirklichkeit ein Ergebnis von *Bedeutungsprozessen* ist, in denen diese Wirklichkeit selbst erst durch Erwartungen entworfen und auf der Grundlage dieser Entwürfe gestaltet wird. Methodisch bedeutet dies, dass man die Wirtschaft nicht durch eine Maschine oder mathematische Modelle beschreiben kann:

> „Gegenstand unserer Analyse ist es nicht, eine Maschine oder eine Methode blinder Manipulation bereitzustellen, die uns mit einer unfehlbaren Antwort ausstattet, sondern uns selbst mit einer organisierten und geordneten Methode des Denkens über bestimmte Probleme zu versehen".[110]

Den Fortschritt über die Tradition hinaus sah Keynes zuerst in seiner Methode, einer anderen Art von *Modellbildung*.

> „Der *Fortschritt* in den Wirtschaftswissenschaften besteht immer gänzlich in einer fortschrittlichen Vervollkommnung in der Wahl der Modelle. Der Hauptfehler der späteren klassischen Schule, beispielsweise verkörpert von Pigou, war die Überstrapazierung von zu einfachen oder veralteten Modellen, nicht erkennend, dass ein Fortschritt in der Verbesserung der Modelle liegt; während Marshall öfter seine Modelle durcheinander brachte."[111]

Die Weiterentwicklung der Modellbildung bei Keynes hat einen doppelten Aspekt: *Erstens* formulierte er tatsächlich neue Fragestellungen, die der Tradition unbekannt waren und die auch wichtige Einsichten in den Wirtschaftsprozess enthalten. *Zweitens* aber hat Keynes gerade dadurch – dazu später mehr – die Rolle und die Handhabung der Modelle *als Modelle* sowie ihre Wirkung in der Gesellschaft nicht hinterfragt und darin eine verhängnisvolle Tradition nur fortgeführt. Ein neues Spiel zu entwickeln, heißt immer noch zu spielen, ohne die *Natur* des Spielens zu verstehen. Die kategoriale Matrix, die ein Modell erkenntnistheoretisch *als Modell* strukturiert, bleibt ungedacht.

In diesem Sinn sagt Keynes auch, Wirtschaftswissenschaft (*economics*) „ist ein Teil der Logik, eine Art zu denken"[112]. In dieser Bestimmung scheint Keynes auf den ersten Blick Robbins nahe zu stehen, der auch die Ökonomik als *Denkform* definierte. Doch eine wichtige Differenz ist unübersehbar: Keynes spricht ausschließlich von der Ökonomik als Wissenschaft, die er als eine „Art Logik" bezeichnet, geeignete Modelle zu produzieren, während Robbins oder Mises *vom Gegenstand*, den Wirtschaftssubjekten sprechen, die ihrem Handeln angeblich die wirtschaftliche Logik der Rationalmodelle *a priori* unterlegen. Dem hat Keynes widersprochen. Die Erwartungen der Wirtschaftssubjekte kann man nicht auflösen in eine Folge rationaler Kalkulationen, eben weil sie auf *Ungewissheit* beruhen. Ungewissheit – Keynes unterscheidet dies strikt von „Risi-

---

[109] Vgl. Kapitel 12 „The State of long-term Expectations" in J. M. Keynes, CW VII, S. 147ff.
[110] J. M. Keynes, CW VII, S. 297.
[111] J. M. Keynes, CW XIV, S. 286. Vgl. „Economics is a science of thinking in terms of models joined to the art of choosing models which are relevant to the contemporary world." CW XIV, S. 296.
[112] J. M. Keynes, CW XIV, S. 296.

ko" – lässt sich aber nicht berechnen und damit auf ein apriorisches Kalkül zurückführen.[113] Die *Gründe* für diese Ungewissheit lassen sich unterschiedlich bestimmen; der wichtigste Punkt ist die menschliche Freiheit und Kreativität in ihrer *sozialen Form*. Denn die wirklich freie oder kreative Entscheidung von A ist für B, wenn beide nicht darüber kommunizieren und nur durch Märkte und Geld vergesellschaftet sind, nicht antizipierbar und erzeugt damit „Ungewissheit".[114] Dieser Punkt ist in der Keynesschen Theorie zwar implizit vorhanden, wurde von ihm aber nicht ausdrücklich herausgearbeitet; dazu in einem späteren Kapitel über die Zinserklärung mehr (vgl. 6.3.5).

Die Vertreter der neoklassischen Theorie glauben, dass Erwartungen *erklärbar* sind, also auf ein Rationalkalkül zurückgeführt werden können. Durch diesen Reduktionismus wird menschliches Handeln dann auf einige Formeln oder Schemata reduziert, die wirtschaftliche Abläufe erklären sollen. Der angebliche Subjektivismus der österreichischen Schule von Menger, Mises und Hayek negierte zwar auch die Möglichkeit einer tatsächlichen Berechnung, behielt aber *dennoch* die rationale Dualität bei, derzufolge sich die Entscheidungen auf „Dinge" beziehen, sie bewerten und sich daraus soziale Zustände wie „Gleichgewichte" auf den Märkten als ideale Tendenz realisieren. Selbst in ihrer reflektiertesten Form bei Hayek wird dieser Reduktionismus beibehalten, denn Hayek versucht gerade den Gleichgewichtsbegriff so zu rekonstruieren, dass er weiterhin analytisch verfügbar bleibt als ein *objektiver Zustand*.

Hayek unterscheidet sehr richtig zwischen den Daten, die einem Wirtschaftssubjekt, und jenen, die dem Beobachter (dem Ökonomen) „gegeben" sind.[115] Doch nimmt man diese Unterscheidung wirklich ernst, dann zeigt sich, dass der Begriff des „Faktums" keinen Sinn mehr hat, getrennt von dem *Kommunikationsprozess*, von dem Raum der Bedeutung, in dem Fakten erzeugt, also beschrieben werden. Wenn man das ökonomische „Gleichgewicht" definiert als „Kompatibilität zwischen verschiedenen Plänen der Individuen zu einer bestimmten Zeit"[116], dann ist das interaktive System dieser Pläne wiederum *objektiv* von einem cartesianischen Beobachter vorgestellt, auch wenn dieser Beobachter – im Unterschied zur neoklassischen Schule – nicht beansprucht, dieses Gleichgewicht *aktuell* ausrechnen zu können. *Ontologisch* bleibt dieselbe Position gewahrt; Modell und Wirklichkeit stehen sich wie Geist und Ding gegenüber.

Ganz entgegen der unter Ökonomen verbreiteten Legende, ignoriert gerade Hayeks Theorie – formuliert als mechanische Theorie der Selektion von Regeln –, das Subjektive im Wirtschaftsprozess als bestimmende Größe. Niemand – außer vielleicht Luhmann – hat unter den Soziologen oder Sozialwissenschaftlern so konsequent das *Individuum* eliminiert wie Hayek.[117] Wirtschaftliche und kulturelle Entwicklung wird bei ihm zum mechanischen Selektionsprozess; er sucht einen „überbewussten Mechanismus, der bezüglich der Inhalte des Bewusstseins operiert, der aber selbst nicht bewusst sein kann."[118] Dieser Mechanismus ist ein Evolutionsprozess, der sich über den Köpfen der

---

[113] Vgl. J. M. Keynes, CW XIV, S. 113f. „I conclude, then, that the application of the mathematical methods (…) to the general problem of statistical inference is invalid. Our state of knowledge about our material must be positive, not negative, before we can proceed to such definite conclusions as they purport to justify." J. M. Keynes, CW III, S. 419.

[114] Vgl. K.-H. Brodbeck (1996a), Kapitel 10 und 17; (1996b); (2002c).

[115] Ökonomen sprechen von „given data", sagt Hayek: „But this does not solve the question whether the facts referred to are supposed to be given to the observing economist, or to the persons whose action he wants to explain", F. A. Hayek (1937), S. 39.

[116] F. A. Hayek (1937), S. 41.

[117] Auch in seinen Versuchen einer psychologischen Theorie; vgl. F. A. Hayek (1976b).

[118] A „supra-conscious mechanism which operates upon the contents of consciousness but which cannot itself be conscious." F. A. Hayek (1967), S. 61. Wie kann dann aber Hayeks

1.3.7 Keynes, Hayek und die zirkuläre Logik der Modelle

Individuen und ohne ihr Wissen abspielt: Ein „Selektionsprozess in der kulturellen Entwicklung ist vor allem eine Gruppenselektion"[119], bei dem nicht „die bewusste Ebene die höchste Ebene"[120] sein soll: „Die Vernunft führt nicht, sie wird geführt."[121] Woraus ein Gehorsam gegenüber Marktpreisen als implizite Moral abgeleitet wird.

Hayek bemerkt so wenig wie die Neoklassiker, dass der Beobachter selbst ein Teilnehmer ist, kein Gottesauge, das auf die Wirtschaft blickt und darin eine übermächtig komplexe „Natur" sieht – ganz in der Tradition der Physiokratie: Verneigung vor der Naturherrschaft in der Gesellschaft.[122] Einer Natur als dem *Gegenstand* des cartesianischen Egos spricht man das Bewusstsein „natürlich" ab. Das ist aber ganz offenkundig unsinnig: Die Mitglieder der Gesellschaft können miteinander sprechen und so ihr Verhalten, ihre Weltbilder oder Erwartungen wechselseitig beeinflussen. Welche soziale Regel, welche „sozialen Gesetze"[123] man auch immer für die Vielen als Naturgesetz behaupten mag: Sie können dieser Regel *widersprechen* und sie so auch außer Kraft setzen, wie die Massen in einer Revolution den Herrschenden ihre Macht einfach dadurch entziehen, dass sie den Glauben an die „Natur" der Herrschaft aufkündigen und *damit* aufheben. Es gibt in der Gesellschaft als Gesellschaft keinen „objektiven", gar einen „suprabewussten" Prozess, weil Gesellschaft ein Prozess der Bedeutung ist, sich also auf einer *semantischen*, nicht einer syntaktischen Ebene reproduziert.

Man muss hier differenzieren; der Begriff der Objektivität ist *doppelt* zu verstehen: Einmal ist objektiv das, was *intersubjektiv* gilt.[124] Zum anderen kann man damit cartesianisch etwas meinen, das *außerhalb* des Bewusstseins oder des Geistes als ontologisch getrennte Entität (*res extensa*) existiert. Im ersten Sinn gibt es in der Wirtschaft und Gesellschaft sehr wohl „Objektivität", im zweiten Sinn nicht, weil die Interaktion der Handlungen kein Ding ist. Deshalb bleibt jeder Modellbegriff, der die Differenz von Subjekt und Objekt *cartesianisch* deutet, in den Sozialwissenschaften ein Fehlgriff. Die Fakten des cartesianischen Beobachters, des Ökonomen sind ontologisch in der sozialen Welt keine Dinge, die ihm als *ego cogito* gegenüberstehen. Es sind vielmehr *Bedeutungsprozesse*, Meinungen, Erwartungen, Glaubensüberzeugungen usw., die das Han-

---

Einzelbewusstsein überhaupt davon wissen? Der cartesianische Beobachter spielt auch hier die Rolle eines Gottesauges.

[119] F. A. Hayek (1980-81: 1), S. 95; auch (1980-81: 3), S. 231. Vgl. zur österreichischen Evolutionstheorie H. Geue (1997). Hayek hat den frühen Entwurf einer Evolutionstheorie ethischer Regeln bei Schäffle ignoriert; vgl. Kapitel 4.5.5.1. Dass Hayek Schäffles Schriften nicht gekannt hat, ist auszuschließen. Es sind ideologische Gründe dafür verantwortlich.

[120] F. A. Hayek (1967), S. 61.

[121] F. A. Hayek (1996), S. 86. Derartige Sätze sind nur die ideologische Übersetzung der *faktischen* Massenkontrolle auf den Märkten im Stil von Bernays oder Domizlaff. Sie betrachtet Menschen als „denkunfähige Geschöpfe", die „zu 99 Prozent (…) Naturtrieben unterworfen sind." H. Domizlaff (1982), S. 374. Wie Hayek sagt Domizlaff: „Die Vernunft ist immer unselbständig und nur Mittel zur Erreichung unvernünftiger Ziele, die naturhaft unvernünftig aufgestellt werden." H. Domizlaff (1946), S. 16; vgl. (1957), S. 108.

[122] Hayek kritisiert den Rationalismus von Descartes, F. A. Hayek (1989-1: 1), S. 24ff, ohne dessen determinierende Matrix in den eigenen Grundkategorien auch nur zu ahnen.

[123] E. v. Böhm-Bawerk (1886), S. 78; vgl. E. v. Böhm-Bawerk (1914), S. 1f.

[124] „Die Objektivität der wissenschaftlichen Sätze liegt darin, dass sie intersubjektiv nachprüfbar sein müssen"; Popper ergänzt später: „die intersubjektive Nachprüfung ist nur ein sehr wichtiger Aspekt des allgemeineren Gedankens der intersubjektiven Kritik" K. R. Popper (1989), S. 18, Note *1. Das sagte auch Husserl: „Objektiv gültige, – das besagt doch nichts anderes als durch wechselseitige Kritik geläuterte und jeder Kritik standhaltende Resultate." E. Husserl (1969), S. 7.

deln formen und lenken. In der *Technik*, auch beim Konsum stehen die Individuen durchaus Naturdingen gegenüber, die für sie Fakten sind. Doch die Pläne anderer Menschen, über die beständig (keineswegs nur über Geld und Preise) kommuniziert wird, sind keine Dinge. Deshalb versteht man Fakten nur, falls man die Teilnehmerperspektive auch als *Theoretiker* bemerkt und kategorial berücksichtigt.

Der Schritt hin zu dieser Erkenntnis ist das uneingelöste Erbe dessen, woran Keynes arbeitete. Er nähert sich diesem erkenntnistheoretisch zentralen Punkt immerhin durch seinen Erwartungsbegriff. Keynes hält dem Reduktionismus der klassischen Schule, die glaubt, dass Erwartungen nur durch gewisse „Beobachtungsfehler" von der wirtschaftlichen Wirklichkeit abweichen und durch etwas Stochastik korrigierbar seien, entgegen, dass Erwartungen auf wirklicher Ungewissheit basieren und damit nicht vom konkreten Subjekt, das diese Erwartungen hegt, getrennt werden können. Gleichwohl können Erwartungen *untereinander* vielfältige Wechselwirkungen eingehen – z.B. an den Börsen – und so eine eigene Wirklichkeit schaffen. Diese Wirklichkeit ist primär eine *kommunikative* und *kognitive*. Die Erwartungen, das war Keynes' wichtige Einsicht, beziehen sich nicht auf Dinge außerhalb, sondern *ihrerseits* wieder auf „Erwartungen" anderer Menschen. Und dieser endogene Prozess der Bedeutung erzeugt eine ganz andere Wirklichkeit, als dies dem cartesianischen Begriff entspricht (eine erkenntnistheoretische Konsequenz, die Keynes allerdings so wenig gezogen hat wie Hayek). Darin liegt zugleich eine Möglichkeit für Wirtschaftskrisen, sofern die auf monetäre Werte bezogenen Erwartungen eine endogene Welt erzeugen, die *technische* Prozesse lenken und fehlleiten.

Keynes entwickelte Denkmodelle, die derartige Prozesse durch einige einfache Kausalbeziehungen erklärbar machen sollten, wobei er jeweils den „Zustand der langfristigen Erwartungen" als eine für den Theoretiker gegebene Größe voraussetzte. Da diese Erwartungen sich auf die *Zukunft* beziehen, können sie immer nur durch neue Erwartungen abgelöst werden, die eine *andere* Zukunft erwarten. Sie werden sich aber nie auflösen und durch eine Abbildung der Wirklichkeit ersetzt. Vielmehr ist – das ist die metaphysische Konsequenz aus Keynes' Überlegungen – die wirtschaftliche „Wirklichkeit" als Interaktion von Handlungen, die auf Erwartungen beruhen, selbst eine scheinhafte, fiktive: *Der Schein ist die Wirklichkeit.*[125] Wenn alle Investoren „positive Erwartungen" hegen, *erzeugen* sie eine Wirklichkeit, die ihnen entspricht; aber negative Erwartungen führen ebenso sicher zu Krisen. Und hier suchte Keynes nach Möglichkeiten des Staates, diese Krisen durch ein *bewusstes* Gegensteuern gegen allgemeine Erwartungstrends zu managen, vorwiegend über die Finanzierung des Staatshaushalts (*deficit spending*).

Ich vertiefe diese Frage an dieser Stelle nicht inhaltlich; ihre Darstellung gehört zum Grundbestand der makroökonomischen Lehrbuchliteratur. Drei methodische Konsequenzen sind hieraus aber zu ziehen. *Erstens*, und das hat Keynes mit Nachdruck betont, lassen sich Denkmodelle nicht als Abbilder der Wirklichkeit begreifen. Wenn man einfache kausale Zusammenhänge zwischen abstrakten Größen wie „Sozialprodukt", „Investitionen", „Konsum", „Zinssatz" usw. als Denkmodell konstruiert, dann entspricht diesen Abstraktionen keine reale Entität. Der Versuch, sie „ökonometrisch" zu messen, ist unsinnig, und Keynes hat dies gehörig aufs Korn genommen.[126] Ökono-

---

[125] Vgl. K.-H. Brodbeck (2002a), 2.10, 3.6 und 8.8; (2002b), 4.2.2.; (2000c; 2004c).

[126] Vgl. „To say that net output to-day is greater, but the price-level lower, than ten years ago or one year ago, is a proposition of a similar character to the statement that Queen Victoria was a better queen but not a happier woman than Queen Elizabeth – a proposition not

1.3.7 Keynes, Hayek und die zirkuläre Logik der Modelle

metrie, der Versuch, abstrakte Modelle statistisch zu testen, ist insgesamt ein Irrtum, der darauf beruht, das menschliche Handeln, soziale Denk- und Erwartungsprozesse durch physikalistische Modelle beschreiben zu wollen. *Zweitens* ergibt sich, dass Bedeutungsprozesse in der Wirtschaft nicht von anderen sozialen Kommunikationsprozessen zu trennen sind, bilden sich doch *in diesen Prozessen* die Erwartungen, die ihrerseits wirtschaftliche Wirklichkeit aus dem Schein ihrer Geltung erzeugen. *Drittens* – und diese Konsequenz nicht gezogen zu haben, wurde der Keynesschen Theorie zum Verhängnis – sind *alle* Vorschläge, die aufgrund von ökonomischen Denkmodellen gemacht werden, *auch* Teil der sozialen Kommunikation und beeinflussen damit die Entscheidungen der Wirtschaftssubjekte.

Dieser dritte Punkt kennzeichnet *erkenntnistheoretisch* den zentralen Mangel der Keynesschen Modelltheorie. Er betrachtete Modelle als Hilfen, relativ „konstante Faktoren von jenen, die nur vorübergehend oder fluktuierend sind" zu unterscheiden, um auf der Grundlage dieser Unterscheidung Modelle zu entwickeln, die es erlauben, über „letztere nachzudenken und die zeitlichen Sequenzen zu verstehen, zu welchen letztere in Einzelfällen führen"[127]. Nun ist aber erstens diese Unterscheidung nur möglich, wenn man konstante Faktoren im menschlichen Handeln auch *ontologisch* entschlüsselt hat. Es sind keine Naturkonstanten; das war Keynes klar. Doch was verursacht dann langfristige Stabilität in einem *prinzipiell* freien und kreativen Handlungsprozess? Die Antwort lautet: Der Prozess der Gewohnheitsbildung. Doch gerade dieser Prozess ist auch als sozialer Prozess zu entschlüsseln, die darin liegenden objektiven Sinnstrukturen muss man erst erkennen und daraus Konsequenzen bezüglich ökonomischer Bedeutungsprozesse wie beim Tausch und Geld ziehen. Die Differenz von „konstant" oder „veränderlich" fällt bei Keynes hinter die eigene Einsicht zurück, sofern *diese* Differenz wieder cartesianisch bestimmt wird als „Vorhandenheit".

Gleichfalls auf den cartesianischen Standpunkt ist der grundlegende Denkfehler der keynesianischen Globalsteuerung zurückzuführen. Die Nachfolger von Keynes – besonders Hicks in England und Samuelson in den USA haben sich hervorgetan – beeilten sich, die von Keynes zweifellos missverständlich verwendeten Modellierungen zu mathematisieren und daraus „*das*" allgemeine Modell" der wirtschaftlichen Globalsteuerung (IS-LM-Modell) zu entwickeln.[128] Keynes selbst neigte gelegentlich dazu, seine *qualitativ* gemeinten Größen *doch* exakt zu berechnen. Das nahmen seine Nachfolger begierig auf und formulierten daraus das, was heute als „Makroökonomik" die Lehrbücher füllt.

Das wurde möglich, weil Keynes die Wirkung seiner *eigenen Theorie* nicht reflektierte. Er vergaß wie alle anderen Ökonomen seiner Zeit ganz einfach seine *Teilnahme* an der Gesellschaft. Wenn auf der Grundlage eines – wie immer vagen – Programms zur Konjunktursteuerung die Politik wirtschaftliche Prozesse zu beeinflussen versucht, so ist das *Programm* selbst eine kommunikative Wirklichkeit. Es verändert den realen Prozess der Erwartungsbildung. Wenn Investoren z.B. von staatlichen Programmen zur Konjunkturförderung wissen, so zögern sie ihre ohnehin geplanten Investitionen hinaus, oder Konsumenten warten mit längerfristigen Konsumausgaben, bis eine Steuersenkung wirksam wird („Mitnahmeeffekte") – das Volumen der Ausgaben steigt dadurch kaum.

---

without meaning and not without interest, but unsuitable as material for the differential calculus." J. M. Keynes, CW VII, S. 40.

[127] J. M. Keynes, CW XIV, S. 297.

[128] Vgl. J. R. Hicks (1937). Keynes äußerte sich sehr kritisch in einem Brief an Hicks vom 8. September 1936 zu dessen Interpretation, die später Lehrbuchstandard wurde; vgl. J. M. Keynes, CW XIV, S. 74ff. Im Kern hat Hicks Ungewissheit mit Risiko verwechselt – ein bis heute verhängnisvoll wirkender Geburtsfehler der „modernen Makroökonomik".

Auch gegenteilige Reaktionen sind möglich, wenn im öffentlichen Diskurs Liberale die Alarmglocken schrillen lassen und bei einem Konjunkturprogramm den Staatsbankrott an die Wand malen. Auch wenn die *tatsächlichen* Ausgaben in jedem Fall Wirkung zeigen, führen sie doch auch zu einer unvorhersehbaren Änderung der Erwartungen.

Dieser Aspekt des Keynesianismus wird später von der Theorie „rationaler Erwartungen" zu Recht kritisch betont[129], während modelltheoretisch diese Schule zur Neoklassik zurückkehrt. Neu war diese Einsicht nicht; sie wurde schon früher von Kybernetikern und Wissenschaftstheoretikern herausgestellt:

> „Eine Untersuchung der Effektenbörse würde wahrscheinlich die Effektenbörse völlig durcheinander bringen. Wir sind zu sehr im Einklang mit den Objekten unserer Untersuchung, um gute Sonden zu sein"[130],

meinte Norbert Wiener 1948, lange vor der nobelpreisgekürten Rationaltheorie[131]; Ernst Topitsch sagte 1963:

> „dagegen geht etwa eine Theorie über die Entstehung von Wirtschaftskrisen oder die Voraussage einer Depression auf dem Wege durch das Motivationsbewusstsein und das Handeln der beteiligten Menschen als Faktor in das tatsächliche ökonomische Geschehen ein und kann dieses nicht unbeträchtlich verändern."[132]

Kenneth E. Boulding bestimmte den Einfluss etwas genauer:

> „Der einzige Punkt, an dem das Wissen das soziale System beeinflussen kann, ist durch den Einfluss auf Entscheidungen. Dieser Einfluss kann groß oder klein sein, abhängig von der Relevanz des fraglichen Wissens."[133]

Die richtige Grundstruktur des Gedankens, den Muth, Lucas, Sargent und andere aufgriffen, lag also bereits fertig entwickelt vor.

Die Autoren der Schule der rationalen Erwartungen reproduzierten allerdings trotz dieser Vorarbeit den naiven Realismus, dass es so etwas wie *die* „wirtschaftliche Wirklichkeit" gebe, an der Erwartungen *gemessen* werden. Muth bringt das sehr klar zum Ausdruck:

> „Wenn die Vorhersagen der Theorie substantiell besser als die Erwartungen der Firmen sind, dann gibt es Gelegenheiten für Insider, von diesem Wissen durch Spekulationen über Erfindungen, das Betreiben einer Firma oder durch den Verkauf von Vorhersagen an Firmen zu profitieren. Diese Gewinnmöglichkeiten entfallen, wenn die Gesamterwartungen der Firmen dieselben sind wie die Vorhersagen der Theorie."[134]

Diese Aussage, die ich *ökonomisch* hier nicht kommentiere, enthält *erkenntnistheoretisch* die cartesianische Voraussetzung, dass es eine von den Vorhersagen *unabhängi-*

---

[129] Vgl. R. E. Lucas, T. J. Sargent (1988); R. E. Lucas (1981).
[130] N. Wiener (1968), S. 201.
[131] R. E. Lucas (1969); ferner J. F. Muth (1988).
[132] E. Topitsch (1971), S. 66
[133] K. E. Boulding (1971), S. 30.
[134] J. F. Muth (1988), S. 318.

1.3.7 Keynes, Hayek und die zirkuläre Logik der Modelle

ge Wirklichkeit gibt, an die sich Prognosen anpassen könnten. Diese vermeinte Wirklichkeit verwechseln Muth, Lucas, Sargent und andere mit ihren stochastischen Modellen. Muth zielt nur, in der von Hayek erstmals beschriebenen Differenz, auf den Unterschied zwischen Modell und privaten Plänen. Doch diese Pläne *und* das Modell (so es öffentlich wird) bewegen sich gemeinsam in einer kommunikativen Sphäre, die *insgesamt* nicht durch das beschrieben wird, was das Modell *oder* die Pläne aussagen. Soziale Wirklichkeit ist ein semiotischer Prozess, keine außerbewusste Natur, der man sich nur erkennend anzuschmiegen brauchte. Der Schein der Erwartungen ist zunächst nur ein Glaube, doch da dieser Glaube das Handeln der Vielen bestimmt, weil „soziale Wirklichkeit" eben das Handeln der Vielen ist, deshalb ist der Schein auch Wirklichkeit: Der Schein wirkt, weil alle daran glauben, und alle glauben daran, weil er wirkt. Diese zirkuläre Logik hat Keynes geahnt, aber nicht zur notwendigen methodischen Konsequenz fortgeführt, die es verbietet, Modelle getrennt von ihrem Gegenstand anzusiedeln. Die Geisteshaltung der englischen Eliteschulen mag diese Haltung noch zusätzlich unterstützt haben; ihre *metaphysische* Wurzel liegt allerdings sehr viel tiefer.[135]

Die Einsicht der „Theorie der rationalen Erwartungen" ist also richtig, dass Modelle durch die Politik, die Medien usw. *öffentlich bekannt* werden und damit das fundamental beeinflussen, was sie angeblich modellieren. Doch diese Theoretiker glauben, dass damit nur die *Keynesschen* Modelle falsifiziert würden, weil sich die Wirtschaftsubjekte, so glaubt diese Schule, gemäß der von ihren Modellwelten beschriebenen Rationalfunktionen verhalten. Das ist eine unhaltbare Vorstellung, die sich übrigens auch formal widerlegen lässt.[136] Der Kern liegt in der Verwechslung von Wirklichkeit und einer *alternativen* Modellierung, an der gemessen die keynesianischen Modelle scheitern, wenn die Erwartungen der Wirtschaftssubjekte nach dem neoklassischen Modell gebildet werden. Wenn *keynesianische* Modelle über Prognosen oder die Wirtschaftspolitik die Erwartungen der Wirtschaftssubjekte verändern – eine völlig richtige Erkenntnis –, dann gilt dies für *jede* Modellierung, die in der Beratung handlungslenkend fungiert und öffentlich diskutiert wird. Das wird z.B. in der Geldpolitik in „Goodhearts Law" implizit anerkannt. Dieses „Gesetz" besagt, „that any observed statistical regularity will tend to collapse once pressure its placed upon it for control purposes."[137]

Keineswegs nur in der Ökonomik, auch in der Psychologie wurde die Einsicht der Untrennbarkeit von Subjekt und Objekt, von Modell und Wirklichkeit teilweise klar ausgesprochen. Stanley Milgrams berühmte Experimente zum Gehorsam gegenüber Autoritäten[138] zeigten dies ebenso wie die in der Organisationspsychologie nicht minder einflussreichen Hawthorne-Experimente durch Elton Mayo.[139] Hocking hatte bereits früh diesen Gedanken so zusammengefasst:

„Wie wahr immer ein kausales Gesetz menschlichen Verhaltens im Augenblick seiner Entdeckung sein mag, die Entdeckung, die Feststellung eines kausalen Prinzips hat die sichere Tendenz, sich selbst *unwahr* zu machen."[140]

---

[135] M. N. Rothbard (1992) ergeht sich in mit Invektiven reichen Vermutungen, die das „Übel des Keynesianismus" in Keynes „Arroganz" und „Pseudooriginalität", eingeimpft in Eliteschulen, erblicken möchte.
[136] Vgl. K.-H. Brodbeck (2002c), Anhang I.
[137] C. A. E. Goodheart (1984), S. 96.
[138] S. Milgram (1974).
[139] E. Mayo (1950).
[140] Zitiert nach H. Driesch (1954), S. 132.

Dies erstreckt sich, wie man durch zahlreiche pädagogische Experimente feststellen konnte, auch auf ganze Weltbilder. Dorothy S. Thomas und William I. Thomas fassen dies in dem häufig zitierten Satz zusammen:

„If men define situations as real, they are real in their consequences".

Robert K. Merton legte diesen Gedanken seiner Theorie der *self-fulfilling prophecy* zugrunde und spricht vom „Thomas Theorem".[141]

Jedes soziale Modell ist eine Form der sozialen Wirklichkeit, kehrt in die Kommunikation zurück. Deshalb ist das „ganze System" – das Modell plus das Modellierte – nicht durch das Modell beschrieben, das nicht sich und seine eigene Wirkung enthält. Dieses „ganze System" aus Modell und Wirklichkeit ist vielmehr überhaupt nicht mehr nach der cartesianischen Logik zu beschreiben, weil hier *erkenntnistheoretisch* Subjekt und Objekt nicht mehr getrennt sind. Eben deshalb sind alle ökonomischen (oder soziologischen) Modelle, die in die „Wirklichkeit" kommunikativ zurückkehren, *strukturell falsch*. Sie verfehlen sich notwendig immer selbst. Wollte man das *ganze* System (Modell *und* modellierte Wirklichkeit) meta-modellieren, so würde für das cartesianische Metamodell dasselbe gelten: Zurückgekehrt in die soziale Kommunikation, ergäbe sich wiederum eine unerklärte Struktur.

Grundberg und Modigliani versuchten, diese Konsequenz zu vermeiden und führten eine Reaktionsfunktion der Aktoren auf Prognosen ein.[142] Sie unterstellten dabei ein abgeschlossenes Prognoseintervall mit definierter oberer und unterer Grenze und zeigten dann, dass (unter Verwendung des Browerschen Fixpunktsatzes) ein Gleichgewicht zwischen Prognose und Verhalten der Aktoren existiert. Grunberg und Modigliani reproduzieren damit das Problem aber nur auf der Metaebene: Sie unterstellen, dass die Reaktionsfunktion der Aktoren auf die Prognose nur den Theoretikern bekannt sei, reproduzieren also nur erneut die Trennung von Modell und Realität. Zudem ist die Annahme einer oberen oder unteren Grenze für Reaktionsfunktionen wie die Existenz solch einer Funktion überhaupt nur die Reproduktion des Fehlers der Neoklassiker: Sie unterstellt, Erwartungen ließen sich auf ein mechanisches Reagieren der Aktoren reduzieren. Wer zudem die obere Grenze einer Reaktionsfunktion kennen würde, wäre z.B. in der Lage, den Aktienkurs vorauszusagen, bei dem eine Hausse in eine Baisse umkippt – ein Crash, der nur dann richtig prognostiziert werden kann, wenn ihn wichtige Anleger selbst provozieren. Kommunikationsprozesse, soziale Sinnstrukturen, der kognitive Rahmen des Handelns (= Erwartungen) usw. lassen sich eben *überhaupt nicht* cartesianisch modellieren. Und diesen strukturellen Mangel ökonomischer Erkenntnis teilt Keynes mit der von ihm bekämpften Tradition. Keine „ethische Ergänzung" kann einen erkenntnistheoretischen Mangel aufheben, der *in sich* ein getrenntes Verhältnis zu einem Gegenstand voraussetzt.

Das Versäumnis von Keynes, seine richtigen Ahnungen bezüglich der Erwartungsbildung erkenntnistheoretisch und kategorial zu analysieren und damit zur Einsicht zu gelangen, *warum* die Ökonomik eine Moralwissenschaft ist, sein implizites Festhalten am Cartesianismus zeigt sich auch in einem *ethischen Mangel*, und darin liegt zugleich der eigentliche Grund für das historische Scheitern des Keynesianismus als Utopie des Wohlfahrtstaates. Keynes, der Moores Ethik verehrte, bekannte zugleich, dass er und seine Freunde aus Bloomsbury das fünfte Kapitel von dessen *Principia Ethica*, das von

---

[141] Vgl. W. I. Thomas, D. S. Thomas (1928), S. 572; R. K Merton (1995).
[142] E. Grunberg, F. Modigliani (1954).

1.3.7 Keynes, Hayek und die zirkuläre Logik der Modelle

der *sozialen Ethik*, der eigentlichen Moral handelt[143], „überhaupt nicht beachteten. Wir akzeptierten sozusagen Moores Religion und verwarfen seine Moral."[144] Noch viel später sagte Keynes: „Ich bin und bleibe ein Immoralist."[145] Der *ethische* Mangel liegt in der Denkform, die Keynes wie die meisten Ökonomen in ihren Modellen *strukturierte*, ohne davon etwas zu bemerken. Zwar erkannte Keynes in der Ökonomik das Fortwirken einer irrigen Tradition[146], auch bemerkte er, dass nicht nur in der Wirtschaft die Erwartungen, sondern auch in der Politik die falschen Ideen eine große Macht besitzen.[147] Doch der *methodische Mangel* seiner Theorie gründet viel tiefer, in einer metaphysischen Überzeugung, deren cartesianische Quelle deshalb unerkennbar blieb, weil sie zur allgegenwärtigen kategorialen Matrix geworden war und sich auch alle seine Kritiker darin bewegten.

Die *totalitäre Form*, die in dieser kategorialen Matrix strukturiert wird, hat übrigens Keynes *explizit* ausgesprochen. Im Vorwort zur deutschen Ausgabe seiner *General Theory* schreibt er: „Trotzdem kann die Theorie der Produktion als Ganzes, die den Zweck des folgenden Buches bildet, viel leichter den Verhältnissen eines totalen Staates angepasst werden als die Theorie der Erzeugung und Verteilung einer gegebenen, unter Bedingungen des freien Wettbewerbes und eines großen Maßes von *laissez-faire* erstellten Produktion." Seine Theorie, sagt Keynes weiter, sei besonders „auf Zustände anwendbar, in denen die staatliche Führung ausgeprägter ist."[148] Kennedys *leadership* hat diese opportunistische Botschaft totalitärer Anbiederung später ins Amerikanische übersetzt und den Keynesianismus für zwei Jahrzehnte zur ökonomischen Staatsreligion erhoben. Der Begriff des Totalitarismus ist hier ontologisch aus der *Theorie* zu erschließen, die als Modellform vorführt, was eine staatliche Administration – gleichgültig welchem nationalen Kult sie huldigt – praktiziert. Dass ein „großes Maß an *laissez-faire*" dem Totalitarismus entgegenstünde, diesem Irrtum hing Keynes erbitterter Gegner Friedrich A. Hayek ebenso an wie er selbst. Hayek drehte nur den Spieß gegen den Keynesianismus um und redete einem *neuen* Liberalismus das Wort.

---

[143] Vgl. G. E. Moore (1970), S. 204ff. Die ersten Teile des Buches beantworten die Frage: „Was ist gut?", das fünfte Kapitel stellt die Kantsche Frage: „Was sollen wir tun?" G. E. Moore (1970), S. 208.

[144] J. M. Keynes (2004), S. 101. Vgl. R. F. Harrod (1951), S. 76-82. Mit „Religion" bezeichnete Keynes und sein Bloomsbury-Freundeskreis etwas, das sie aus dem erstem Teil von Moores Buch herauslasen, nämlich *keine* Moral haben, keiner Regel folgen zu müssen. Tatsächlich wehrte sich Moore aber nur gegen die Schlussfolgerung, dass aus „Dies soll sein" gefolgert werden könne: „Dies ist geboten", denn – so Moore – dann „wäre nichts gut, wenn es nicht geboten würde" G. E. Moore (1970), S. 186. Eine Moralregel ist keine sanktionsbewährte Rechtsnorm. Diese Aussage aber ist etwas ganz anderes als ein Immoralismus.

[145] J. M. Keynes (2004), S. 118.

[146] Über seine ökonomischen Ideen sagte er: „Why should this method of approach appear to so many people to be novel and odd and paradoxical? I can only find the answer in the fact that all our ideas about economics, instilled into us by education and atmosphere and tradition are, whether we are conscious of it or not, soaked with theoretical presuppositions which are only properly applicable to a society which is in equilibrium", J. M. Keynes CW IX, S. 349.

[147] Vgl. den Schluss seiner *General Theory*: „I am sure that the power of vested interests is vastly exaggerated compared with the gradual encroachment of ideas. (...) But, soon or late, it is ideas, not vested interests, which are dangerous for good or evil." J. M. Keynes CW VII, S. 383f.

[148] J. M. Keynes (1936), S. IX.

Beide *teilten* aber in ihrem methodischen Standpunkt den strukturellen Immoralismus, zu dem sich Keynes ausdrücklich bekennt und den Hayek so ausdrückt:

„Ich muss gestehen, (...), dass ich nicht sozial denken kann"[149].

„Sozial denken", das heißt moralisch denken, das heißt *mit anderen sprechen*, nicht über sie verfügen: durch einen totalitären Staat, eine – wie das amerikanisch heißt – „starke Führung", oder durch die Mechanismen der Märkte, die Preisbefehle erteilen, da es doch (wie schon zitiert) „die Funktion der Preise die ist, den Menschen zu sagen, was sie tun sollen"[150]. Die metaphysische Denkform – auch wenn die *Art* der Modelle sich bei Keynes von den neoklassischen unterscheidet und einige Sprengsätze enthält, die jene Modelle auch *endogen* aufheben – bleibt bei Keynesianismus und Neoliberalismus dieselbe.[151] Die Ansätze bei Keynes, die soziale Rolle der Subjektivität neu zu durchdenken, seine Einsichten über die Struktur der *Erwartungen* in der Wirtschaft, all dies hat nicht dazu geführt, die kategorialen Grundlagen einer Tradition zu hinterfragen, deren *Konsequenzen* er sehr viel deutlicher bemerkte als jene, die ihn heute kritisieren. Die Unfähigkeit, *ethisch* zu denken, die zu einer „Barbarei der Kategorien"[152] führt, machte es möglich, aus dem Keynesianismus ein amerikanisches Machtinstrument zu machen, das auch dann noch funktionierte, als man es in „Reagonomics" umgetauft hatte. Und eben diese gemeinsame *metaphysische* Grundlage des Immoralismus führt heute zu einem Nebeneinander von keynesianischem „Pragmatismus" in der Geld- und Fiskalpolitik, begleitet von einer neoliberalen Ideologie, die den je anderen Staaten auf dem Globus den Teufel des Wettbewerbs auf den Leib hetzt und selbst am „starken Staat" des globalen Imperiums feilt.

1.3.8 Kritische Theorie und die Totalität des Verblendungszusammenhangs

Die Kritische Theorie Horkheimers und Adornos hat einiges von der traditionellen Theorieform bemerkt und sie in eine „Dialektik der Aufklärung" als historischen Prozess eingereiht. „Im Augenblick ihrer Vollendung ist die Vernunft irrational und dumm geworden."[153] In Weiterentwicklung der Marxschen Argumente sehen die Frankfurter Kritiker den Grund in einer Verdinglichung, die Marx im *Tausch* verortet. Ich werde diesen kritischen Impuls nicht nur aufgreifen, sondern zeigen, dass die bislang *misslungene* Kritik an diesen Strukturen ihren Grund in der Marxschen Theorie selbst hat. Dazu ist es notwendig, weitgehend den ganzen Corpus der ökonomischen Theorie zu betrach-

---

[149] F. A. Hayek (1996), S. 277. Als 1944 Hayeks *The Road to Serfdom* – vgl. F. A. Hayek (1976a) – erschien, schrieb Keynes am 28. Juni 1944 an Hayek: „You will not expect me to accept quite all the economic dicta in it. But morally and philosophically I find myself in agreement with virtually the whole of it; and not only in agreement with it, but in a deeply moved agreement"; zitiert nach: Roy F. Harrod (1951), S. 436. Der gemeinsame Blick auf Faschismus und Kommunismus machte beide blind gegenüber der eigenen Grundhaltung eines Immoralismus.

[150] F. A. Hayek (1996), S. 272.

[151] M. N. Rothbard verkennt diese gemeinsame Quelle des auch von Keynes akzeptierten ideologischen Liberalismus, wenn er den Keynesianismus ausschließlich *personalisiert* und sagt: Keynes war „a charming but power-driven statist Machiavelli, who embodied some of the most malevolent trends and institutions of the twentieth century." M. N. Rothbard (1992), S. 198.

[152] G. W. F. Hegel, WW 9, S. 117.

[153] M. Horkheimer (1974), S. 124.

1.3.8 Kritische Theorie und die Totalität des Verblendungszusammenhangs 119

ten und ihre soziologischen Ableger mit einzubeziehen (vgl. Teil 4). Denn es sind diese Denkformen, die heute soziale Wirklichkeit geschaffen haben, nicht eine bewusstlose „ökonomische Basis". Wenn die Wissenschaften Modelle von Handelnden *konstruieren*, die „überhaupt keine Biographie oder Geschichte"[154] haben, ist es nicht verwunderlich, dass die von solchen Gedanken hervorgebrachte soziale Welt auch *genau so* aussieht: „Das Individuum hat keine persönliche Geschichte mehr."[155]

Horkheimer hat in der Methode der Soziologie und Ökonomik zutreffend den *Mechanismus* als kategoriales Schema erkannt. Die „philosophische Verabsolutierung der mechanischen Naturwissenschaft" wird von ihm in der marxistischen Tradition als „der ideologische Reflex der bürgerlichen Gesellschaft"[156] bestimmt. Als methodische Gegenposition wird von der Kritischen Theorie die „Dialektik" empfohlen. In dieser materialistisch gefärbten Dialektik, die sich bemüht, keinen Vulgärmarxismus zu reproduzieren, herrscht keine einfache Widerspiegelung der sozialen Verhältnisse, die selbst bewusstlos gedeutet würden. Adorno bestimmt das Verhältnis zwischen Subjekt und Objekt als gegenseitige Vermittlung, betont *darin* aber einen „Vorrang des Objekts"[157]. Dieser Gedanke ist aber keineswegs so weit von Lenin entfernt, von dem er sich nachdrücklich distanziert, wie Adorno wähnt: „Ein Unterschied zwischen dem Subjektiven und dem Objektiven besteht, *aber auch er hat seine Grenzen.*"[158]

Hier zeigt sich die grundlegende Schwäche einer „dialektischen" Bestimmung: Entweder gelangt man ohnehin nur zur Aussage, dass bei einem widersprüchlichen Sachverhalt irgendwie beides zutreffe, oder man differenziert dieses Zutreffen, indem man eine Seite besonders heraushebt, von ihrem Vorrang spricht. Ein „Vorrang des Objekts" ist eine leere Bestimmung und unterscheidet sich *kategorial* z.B. nicht von Maos „hauptsächlicher Seite des Widerspruchs"[159]. Worin wäre ein Rang bestimmt – und *woraufhin*? Ob eine Seite des Widerspruchs eine Haupt- oder Nebensache ist, das könnte, wenn überhaupt, sich nur *im widersprüchlichen Verhältnis* selbst zeigen. „Vorrang" ist also keine *Kategorie*, sondern nur eine Flucht vor dem Eingeständnis, die Vermittlung von Subjekt und Objekt, von Theorie und Realität, von Denken und Sein so wenig durchsichtig machen zu können wie der gescholtene Positivismus, der auf einer strikten *Differenz* von Theorie und Realität beharrt. Nur am Rande möchte ich *hier* erwähnen, dass derartige Denkfiguren in der Logik von *Nagarjuna* vor knapp 2000 Jahren vollständig in ihrem täuschenden Charakter dechiffriert wurden, auch wenn die Kritische Theorie in diesem Punkt durch Nichtwissen und Invektiven glänzt.[160]

---

[154] A. Schütz (1971), S. 46.

[155] M. Horkheimer (1974), S. 150.

[156] M. Horkheimer (1968: 1), S. 259. Eine analoge, schon viel früher formulierte Kritik am Mechanismus in der Soziologie von Adam Müller und Othmar Spann hat Horkheimer nicht zur Kenntnis genommen.

[157] T. W. Adorno, GS 6, S. 185, Note 9.

[158] W. I. Lenin (1964), S. 90. Vgl. Adornos Kritik an Lenins Erkenntnistheorie T. W. Adorno, GS 6, S. 205f.

[159] Mao Tse-tung (1968), S. 51.

[160] Vgl. B. Weber-Brosamer, D. M. Back (1997); K.-H. Brodbeck (2005a), Teil 3. Horkheimer zählt den Buddhismus zu den „billigen Sorten vergangener Philosophien", M. Horkheimer (1974), S. 66, und Habermas setzt den Zen-Buddhismus" mit „sonstigen pseudowissenschaftlichen, mit Yoga, Selbsthypnose und Gruppendynamik arbeitenden Therapien" gleich, die er „Regressionsformen des religiösen Bewusstseins" nennt, J. Habermas (1976), S. 107. Ich vermute, Habermas´ „Urteil" beruht auf einem besonders gründlichen Studium von Dogens *Shobogenzo* oder des *Fo Xing Lun* ...

Habermas knüpft zunächst an die Dialektik an und verteidigt sie als Methode, ohne freilich – so wenig wie Adorno oder Horkheimer – zu zeigen, wie diese Denkform als *materialistische Dialektik* konkret aussehen könnte. Bekanntlich wollte Marx eine „Dialektik" schreiben. Dass er diesen Gedanken aufgab, ist vermutlich keineswegs nur auf unglückliche biografische Umstände zurückzuführen. Eine „materialistische Dialektik" endet doch nur bei Engels Projektion einiger Denkfiguren Hegels auf Naturverhältnisse, die Lenin noch weiter vereinfachte und Stalin schließlich in einen „Lehrgang" verwandelte, der nur noch ein Handbuch der Ausreden für Willkür und Gewalt lieferte.

Was Habermas als „Dialektik" vorführt, ist in Wahrheit, durchaus einem Motiv Horkheimers entsprechend, etwas ganz anderes, nämlich eine Kritik der naturwissenschaftlichen Methode, sofern sie *als Sozialwissenschaft* interpretiert wird:

„Sie (die dialektische Theorie, KHB) bezweifelt, dass die Wissenschaften in Ansehung der von Menschen hervorgebrachten Welt ebenso indifferent verfahren darf, wie es in den exakten Naturwissenschaften mit Erfolg geschieht. Die Sozialwissenschaften müssen sich vorgängig der Angemessenheit ihrer Kategorien an den Gegenstand versichern, weil Ordnungsschemata, denen sich kovariante Größen nur zufällig fügen, unser Interesse an der Gesellschaft verfehlen."[161]

Man mag den Gedanken, dass eine Theorie selbst *Element* der menschlichen Gesellschaft ist, „dialektisch" nennen, auch dies, dass die Selektion von Theorien von *Interessen*, also impliziten oder expliziten *Wertsetzungen* abhängt.[162] *Sachlich* wird dem Gedanken hierdurch nichts hinzugefügt, außer einem Etikett. Max Scheler hat diesen Gedanken der Interessenbindung übrigens sehr konsequent ohne jeden „dialektischen" Jargon durchgeführt.[163]

Habermas hat inzwischen die Redeweise von der „Dialektik" weitgehend aufgegeben und damit sein Urteil gesprochen. Ganz anders als Adorno, sieht er keinen umfassenden „Verblendungszusammenhang", sondern ein produktives Potenzial in der Moderne, das er als *kommunikative Vernunft* rekonstruiert. Man mag eine Spur dazu in Horkheimers Bestimmung der materialistischen Dialektik sehen, die immer auch ihr eigenes Bedingtsein mitzureflektieren hätte. Doch wird dieses Motiv von Horkheimer rasch abgebogen: „Das Bewusstsein der eigenen Bedingtheit, die das materialistische Denken kennzeichnet, ist beim gegenwärtigen Stand der Theorie identisch mit der Erkenntnis der gesellschaftlichen Bedingtheit der Individuen."[164] Die Floskel von der

---

[161] J. Habermas (1973), S. 11. Es ist bemerkenswert, dass Habermas in einer „Logik der Sozialwissenschaften" so gut wie kein Wort über die *ökonomischen Methodenlehren* verliert; J. St. Mill, J. N. Keynes, C. Menger, G. Schmoller, W. Sombart, L. von Mises etc. spielen bei ihm keine Rolle. Pareto, Parsons und Weber sind aber ohne diese Herkunft ebenso unverständlich wie Rickert ohne Mill, Dilthey oder Menger.

[162] Habermas verwendet den Begriff der Dialektik auch noch in anderem Sinn, z.B.: „Die Einheit von Erkenntnis und Interesse bewährt sich in einer Dialektik, die aus den geschichtlichen Spuren des unterdrückten Dialogs das Unterdrückte rekonstruiert." J. Habermas (1979, S. 349. Hier vermittelt eine „Dialektik" Erkenntnis und Interesse und wird historisch gedeutet. Doch was würde am Sinn des Satzes geändert, wenn man „Dialektik" streichen und stattdessen schreiben würde: „… bewährt sich in einer Rekonstruktion …"?

[163] Vgl. die Darstellung und Kritik von Schelers Denkmodell in K.-H. Brodbeck (2002a), Teil 7.

[164] M. Horkheimer (1969: 1), S. 150.

1.3.8 Kritische Theorie und die Totalität des Verblendungszusammenhangs

„gesellschaftlichen Bedingtheit" bleibt ein Gemeinplatz, wenn nicht rekonstruiert wird, wie sich die theoretische Reflexion durch die Individuen hindurch sozial reproduziert.

Das *Worin* dieser Reproduktion bestimmt Habermas in einem *sozialwissenschaftlich* gewendeten *linguistic turn* als Kommunikationsprozess. Apel und Habermas haben erkannt, dass man Sozialwissenschaft nicht mehr aus einer cartesianischen Perspektive betreiben kann. Habermas ist dazu in einen langjährigen Dialog vor allem mit der amerikanischen Sozialphilosophie getreten, worin die Adaption den kritischen Impuls allerdings oft überwiegt. Er hat mit Nachdruck betont, dass „Theorie" immer Kommunikation, und Kommunikation immer auch Ethik bedeutet. Mag man den Anspruch Apels an eine Letztbegründung der Ethik aus der transzendental-pragmatischen Position auch nicht teilen, so bleibt doch diese Positionierung jeder Sozialwissenschaft *in der Gesellschaft* eine in ihrer Bedeutung für Ökonomik und Soziologie unhintergehbare Voraussetzung.

Habermas bleibt dabei dem Motiv der Kritischen Theorie treu, die Moderne in ihrer inneren Struktur rekonstruieren zu wollen. Die damit verbundene Absicht ist aber eine völlig andere geworden. Adorno und Horkheimer leben eigentlich von dem leninistischen Impuls – auch wenn sie das *als konkretes Engagement* weit von sich wiesen –, dass nur eine radikale Änderung der bürgerlichen Gesellschaft deren hässliche Seiten aufheben könne. Doch „was einmal wissenschaftlich verbürgt schien, ist nur noch eine schwache, freilich unausrottbare Hoffnung."[165] Die Reste dieser Hoffnung, die in Ernst Blochs Philosophie eine Kristallisation fanden und in der Studentenbewegung nach 1968 nochmals als temporäre Eruption aufbrachen, haben sich in der Wahrnehmung der Philosophen diesseits und jenseits des Atlantiks verflüchtigt. In einer Zeit, „da wir Linksintellektuellen keine Leninisten mehr sein können"[166], versucht deshalb Habermas, dem Kapitalismus eine positive Seite abzugewinnen. Er stellt nur noch „die Frage: ob und gegebenenfalls wie die kapitalistische Modernisierung als ein Vorgang *vereinseitigter* Rationalisierung begriffen werden kann"[167]. Politisch entspricht dies der Hilfestellung für sozialdemokratische Reformpolitik, und Habermas habe, sagt Rorty, „für die sozialdemokratische Politik mehr (ge)leistet als jeder andere"[168].

Während Habermas für einen offensiven Reformismus eintritt, zog sich Adorno im Angesicht der aktuellen Unmöglichkeit einer „Revolution" auf die Position zurück, dass einzig noch die *Kunst* Widerstand leiste gegen die Allmacht dessen, was er „Verblendungszusammenhang" nannte.[169] Dieser Verblendungszusammenhang, den er ontisch nach Marx, Lukács und Sohn-Rethel auf den „Äquivalententausch", den „Fetischcharakter der Ware" verrechnet, hat die gesamte Gesellschaft so durchdrungen, dass reformistische Hoffnungen begraben scheinen. „Das Ganze ist das Unwahre."[170] Weil, wie Lukács sagt, die bürgerliche Gesellschaft eine *Totalität* sei, deshalb ist jede *Teilveränderung* Illusion. Die Totalität des Verblendungszusammenhangs nimmt der Theorie deshalb auch die Macht, *verändernd* zu wirken; nicht zuletzt, weil jede Theorie in eine Kommunikationssphäre eintreten müsste, die selbst den falschen Schein multipliziert.

---

[165] A. Schmidt (1968), S. 336.
[166] R. Rorty (2003), S. 332.
[167] J. Habermas (1981: 1), S. 202; meine Hervorhebung.
[168] R. Rorty (2003), S. 444.
[169] In der 20bändigen Ausgabe gesammelter Schriften verwendet Adorno diesen Ausdruck an 36 Stellen, der erstmals in der gemeinsam mit Horkheimer verfassten *Dialektik der Aufklärung* zu finden ist; vgl. „Schuld ist ein gesellschaftlicher Verblendungszusammenhang", T. W. Adorno, GS 3, S. 59 und S. 233.
[170] T. W. Adorno, GS 4, S. 55; vgl. auch GS 5, S. 324.

„Es gibt kein richtiges Leben im falschen."[171] Und gibt „es wirklich kein richtiges Leben im falschen, so kann es eigentlich auch kein richtiges Bewusstsein darin geben."[172] Damit ist nicht nur jeder Reformismus unmöglich, die Hoffnung, durch Bewusstseinsprozesse – und das sind immer *kommunikative* Prozesse – verändernd zu wirken, ist vertagt auf den Sanktnimmerleinstag. Es zeigt sich hier übrigens eine unerwartete Nähe zu Luhmanns Theorie der Massenmedien, die besagt, dass man die Medien immer nur *in den Medien* kritisieren könne und sie damit nur als System von Codierungen – z.B. der Differenz kritisch/affirmativ – reproduziere.[173]

Für Adorno hat die Theorie *weder* einen positiv erklärenden noch einen ethisch verändernden Charakter. Sie hat nur noch die Aufgabe, in Interpretationen der Kunst *deren* Versuch eines Ausbruchs aus dem Verblendungszusammenhang auf die Sprünge zu helfen. Wenn man einen kleinen Rest an gemeinsamer Grundlage zwischen Adorno und Horkheimer einerseits, Habermas andererseits, suchen möchte, dann läge es in dem – wichtigen und richtigen – Gedanken, dass Sozialwissenschaft der Form nach keine Naturwissenschaft ist. Adornos „Soziologie" ist überwiegend eine *Kritik der Soziologie* als Versuch, Naturwissenschaft der Gesellschaft zu betreiben. Doch diese Kritik bleibt *negativ*. Adorno hat an keiner Stelle so etwas wie eine *positive Kategorienanalyse* der Gesellschaft formuliert, genauer gesagt: Er fußt vollständig auf der *Marxschen* Theorie vom Warenfetischismus, die für ihn die *definitive* Erklärung des Grundes für jeden „Verblendungszusammenhang" ist. Allerdings findet sich aus seiner Feder auch keine systematische Rekonstruktion der Marxschen Theorie.[174]

Es ist deshalb nicht verwunderlich, dass Adorno auch die Kommunikation nicht als eine mögliche Sphäre sozialer Veränderung akzeptierte. In einer bemerkenswerten Reproduktion idealistischer Vorstellungen vom Denken sagt er: „Sprache, als Ausdruck der Sache, geht nicht in der Kommunikation, der Mitteilung an andere auf."[175] Das Motiv für diesen Gedanken, der mehr an Heideggers monologische Sprachauffassung denn an Hegels Begriffstheorie erinnert, liegt für Adorno im *allgemeinen Charakter* der Kategorien, die in der Sprache zur Geltung gelangen: „Das Moment der Allgemeinheit in der Sprache, ohne das keine wäre, verletzt unabdingbar die volle sachliche Bestimmtheit des Besonderen, das sie bestimmen will."[176]

Es ist dann nicht mehr verwunderlich, wenn Adorno – hier in seltsamer Harmonie mit der positivistischen Begriffstheorie, die in einem idealisierten, kommunikationslosen Subjekt verankert wird – das Sprechen und den Diskurs nur noch als Verblendungszusammenhang begreift, „was die pseudowissenschaftliche Ideologie Kommunikation nennt"[177]. Dieser äußerste Gegensatz zu allem, was eine *Theorie der kommunikativen*

---

[171] T. W. Adorno, GS 4, S. 43.
[172] T. W. Adorno, GS 10.2, S. 591.
[173] Vgl. N. Luhmann (1996), S. 213. Der Gedanke selbst ist unhaltbar: Menschen können die *Codierung* verändern, d.h. auch reflektieren und kritisieren. Die Differenz Monarchist/Republikaner hat in einer Monarchie einen völlig anderen Sinn als in einer Republik, und Revolutionen haben diesen Sinn drastisch verändert. Jede Behauptung unveränderlicher „Systemeigenschaften" ist eben nur Feigheit vor dem System und ein Missverständnis menschlicher Freiheit und Kreativität. Bei Adorno war es Resignation, bei Luhmann ein Kotau vor den Systemfunktion, beobachtet in ironischer Distanz aus dem Zettelkasten.
[174] Man könnte einen kleinen Notizzettel, eine Gesprächsnotiz mit Sohn-Rethel, als fragmentarische Skizze dazu lesen; vgl. „Notizen von einem Gespräch zwischen Th. W. Adorno und A. Sohn-Rethel am 16.4.1965"; in: A. Sohn-Rethel (1978), S. 137-141.
[175] T. W. Adorno, GS 5, S. 339.
[176] T. W. Adorno, GS 5, S. 340.
[177] T. W. Adorno, GS 7, S. 476.

Vernunft versucht, ist bei Adorno keine gelegentliche Äußerung; sie hat grundsätzlichen Charakter, denn „kein Gedanke ist immun gegen seine Kommunikation, und es genügt bereits, ihn an falscher Stelle und in falschem Einverständnis zu sagen, um seine Wahrheit zu unterhöhlen."[178] Deutlicher noch sagt Adorno: „Denn Kommunikation ist die Anpassung des Geistes an das Nützliche, durch welche er sich unter die Waren einreiht, und was heute Sinn heißt, partizipiert an diesem Unwesen."[179] Deshalb gelte, „der Kommunikation sich versagen, ist besser als Anpassung."[180]

Die Kritische Theorie, die also versuchte, ihre eigene Funktion in der Gesellschaft zu reflektieren, endet bei der inneren Emigration, die Adorno sich nicht scheut „Solipsismus" zu nennen: „Den Schein des Solipsismus zeitigt, dass offenbar in der gegenwärtigen Situation nur das noch den subjektivistischen Bann durchbricht, was sich von der allgemeinen Kommunikationsfreude der subjektiven Soziologie nicht begeistern lässt."[181] So kehrt der Versuch, den cartesianischen Fernblick auf die Welt und die zwischen Subjekt und Objekt geschobenen Abstraktionen des Verblendungszusammenhangs zu überwinden, ein in die Immigration des *ego cogito*, das sich der Kommunikation als *Monade* verweigert. Der zuletzt zitierte Satz steht in einem späten, einem *soziologischen* Text Adornos und markiert die Selbstaufgabe der Dialektik als Methode der Sozialwissenschaft. Adornos schließlich erreichte Position erinnert an das Diktum von Gorgias, von dem gesagt wurde: „Er behauptet, dass gar nichts sei; wenn doch etwas ist, sei es unerkennbar; wenn aber doch etwas sowohl ist als auch erkennbar ist, sei es jedoch anderen nicht zu verdeutlichen."[182] Adorno verharrte gleichsam in der dritten genannten Möglichkeit: In der Formel vom „Vorrang des Objekts" billigt er sozialen Sachverhalten immerhin so etwas wie „Existenz" zu, auch wenn die Vielen davon nichts wissen, weil dem Verblendungszusammenhang des Tauschs verfallen. Deshalb ist es auch sinnlos, mit ihnen kommunizieren zu wollen.

1.3.9 Habermas' Theorie des kommunikativen Handels

Habermas hat diese Konsequenz bemerkt und einen völlig anderen – und richtigen – Schluss gezogen: Die Vergesellschaftung durch die Waren und das Geld ist nicht die *einzige* Form sozialer Interaktion. Die „Lebenswelt" ist vor allem kommunikativer Alltag, und diese Vergesellschaftung durch Sprache rückt Habermas in den Mittelpunkt seines philosophischen Hauptwerks.[183] Neben diesem *grundlegenden* Motiv gibt es allerdings zahlreiche Überlagerungen, so etwa die Parteinahme für die Amerikanisierung Europas nach dem 2. Weltkrieg, die im ideologischen Gegensatz zum Leninismus das sozialdemokratische Markenzeichen im Kalten Krieg war. Auf dieser Grundlage ist seine „wohlwollende" Rezeption der amerikanischen Soziologie zu sehen. Habermas knüpft an zahlreiche Theorien der Moderne an, überwiegend philosophische und soziologische; ein Übergewicht des amerikanischen Dialekts ist aber unüberhörbar. Wichtigster Kronzeuge ist für ihn zunächst Max Weber, dessen (an seiner amerikanischen

---

[178] T. W. Adorno, GS 4, S. 26.
[179] T. W. Adorno, GS 7, S. 115. Vgl. „Alles, was heutzutage Kommunikation heißt, ausnahmslos, ist nur der Lärm, der die Stummheit der Gebannten übertönt.", T. W. Adorno, GS 6, S. 341.
[180] T. W. Adorno, GS 10.1, S. 237.
[181] T. W. Adorno, GS 8, S. 318.
[182] Gorgias von Leontinoi (1989), S. 41.
[183] Habermas hat in gewisser Weise im Spiegel der amerikanischen Soziologie Tönnies Entgegensetzung von Gemeinschaft und Gesellschaft als Dualität von Lebenswelt und System rekonstruiert; vgl. F. Tönnies (1979); J. Habermas (1981: 2), S. 334ff.

Rezeption reflektierten) Theorie des rationalen Handelns den Anstoß zu einer Vielzahl soziologischer Reflexionen zur Rationalität der Moderne gegeben hat. Parsons transformierte sie in eine Systemlogik, die schließlich Luhmann beerbte. Luhmanns Kritik an der Zweck-Mittel-Logik als Modell der Rationalität[184] hat Habermas wiederum übernommen: „Das Argument der Funktionalisten, wonach der Handlungsbegriff zur Analyse sozialer Prozesse allein nicht ausreiche, sei zu akzeptieren."[185]

Wie viele Soziologen, hat allerdings auch Habermas ein sehr distanziertes Verhältnis zur Ökonomik; doch ohne Menger ist Max Weber, ohne Marshall und Pareto ist Parsons kaum verständlich. Gleichwohl ist es Habermas gelungen, viele Schwächen aufzudecken. So sagt er etwa zu Parsons:

> „Parsons kennzeichnet also physische und kulturelle Gegenstände ontologisch, d.h. aus der Sicht eines erkennenden Subjekts; dabei entgeht ihm die aus der Perspektive des sprechenden und handelnden Subjekts wichtigere Differenz zwischen raumzeitlich individuierten *Gegenständen* und symbolisch verkörperten *Bedeutungen*."[186]

Habermas hat sich ein Verständnis für Kategorien bewahrt, das es ihm auch erlaubt, kommunikative Strukturen dort zu entdecken, wo scheinbar ganz andere Verhältnisse thematisiert scheinen. Gleichwohl bleibt seine Position schwankend, wobei sich sein bemühter Modernismus besonders als störend bemerkbar macht. In Hinweisen wie „... ist heute nicht mehr aktuell"[187] übernimmt er die Unsitte, Sachverhalte nach implizit ökonomischen Kriterien der Reife eines Produkts im Produktzyklus zu beurteilen. Philosophisch ist das ein Irrweg und völlig irrelevant.

Sein *methodisch* wichtigster Beitrag ist Habermas' grundlegende Differenz zur cartesianischen Haltung, sofern er den Theoretiker in eine Position als Diskurspartner versetzt, der *je sich selbst* mit in die Reflexion einbezieht. An die Stelle der frühen dialektischen Denkform tritt hier der Bezug auf „die Lebenswelt":

> „Der Sozialwissenschaftler hat zur Lebenswelt grundsätzlich keinen anderen Zugang als der sozialwissenschaftliche Laie. Er muss der Lebenswelt, deren Bestandteile er beschreiben möchte, in gewisser Weise schon angehören. Um sie zu beschreiben, muss er sie verstehen können; um sie zu verstehen, muss er grundsätzlich an ihrer Erzeugung teilnehmen können; und Teilnahme setzt Zugehörigkeit voraus."[188]

Diese Aussage ist von zentraler Bedeutung und – ungeachtet vieler Rücknahmen durch Habermas selbst – in der *hier* vorgelegten Untersuchung ohne Abstriche zur Geltung gebracht. Merkwürdigerweise hat Habermas sie aber nicht in ihrer kategorialen Struktur entfaltet, sondern von Anfang an auf eine Weise eingeschränkt, die ihre Sprengkraft aufhebt. Bei Habermas nistet sich nämlich eine seltsame Gleichung ein: Er identifiziert „Lebenswelt" mit „kommunikativem Handeln". Ursprünglich, parallel zu Apel, sieht Habermas, dass man sich durch die vorausgesetzte Teilnahme an der Gesellschaft den darin immer schon *mitvollzogenen* kategorialen Verhältnissen – Heideggers: *je schon* –

---

[184] N. Luhmann (1973).
[185] H. Joas, W. Knöbl (2004), S. 321.
[186] J. Habermas (1981: 2), S. 328.
[187] J. Habermas (1981: 1), S. 160.
[188] J. Habermas (1981: 1), S. 160.

1.3.9 Habermas' Theorie des kommunikativen Handels

nicht entziehen kann. Man kann sie nicht vergegenständlichen.[189] Doch die Kommunikation ist keine *eigene* Sozialsphäre, noch gibt es einen Typus „kommunikatives Handeln", der von anderen Handlungen durch eine Systemgrenze getrennt wäre. Ein „System" wie die Geldwirtschaft lässt sich nicht von der Alltagswelt, nicht einmal von der Konstitution der Subjektivität trennen: Sprechen und Rechnen in der Geldeinheit sind Prozesse, die die subjektive Reproduktion aller Gesellschaftsmitglieder alltäglich bestimmen (vgl. Kapitel 5.2-5.4). Die Herrschaft des Geldsubjekts hat die Lebenswelt schon seit ihren griechisch-asiatischen Anfängen unterworfen, „kolonisiert", um die Diktion von Habermas zu verwenden. Hierbei spielt die Logik der Geldrechnung *im Subjekt* eine imperiale Rolle. Zur Erkenntnis dieser Struktur bedarf es indes der präzisen Rekonstruktion der Einbettung der Vergesellschaftung durch die Geldrechnung in kommunikative und Handlungsprozesse – was sich ohne ein gründlich-kritisches Studium der Theorien des Geldes nicht bewältigen lässt. All dies *sind* Prozesse der *Bedeutung*, auf die Habermas zu Recht gegen Parsons hinweist, die allerdings nicht in einer besonderen Handlungssphäre angesiedelt sind, sondern *die* Vergesellschaftung charakterisieren.

Weil Habermas die Bedeutung nicht als *einen* sozialen Prozess rekonstruiert, sondern der Tradition der Mengerschen Aufteilung der „ethischen Welt" in Subsysteme folgt, stellt er Lebenswelt und System fremd einander gegenüber. Er setzt zunächst (in seinem Hauptwerk) „Lebenswelt" mit „kommunikativem Handeln" gleich, um dann in späteren Schriften schrittweise den Begriff des kommunikativen Handelns immer mehr dem demokratischen Diskurs anzunähern und seine rechtlichen oder moralischen Normierungen zu beschreiben. Darin reproduziert sich eine alte Dualität der Ökonomen, die Markt und Staat als Inhalt und Form unterscheiden und die Moral in den „Rahmen" verpacken wollen, der eine „Natur" namens Markt oder Kapitalismus zähmen soll. Orientiert man sich an dieser unhaltbaren Dualität, so reduziert man Kommunikation mehr und mehr auf parlamentarischen Streit und ersetzt Wahrheit durch Abstimmung – in Aufhebung der durchaus *richtigen* Einsicht von Descartes, dass durch Abstimmung oder Konvention nichts erkannt wird.

Die Habermassche „Lebenswelt" ist nicht die Lebenswelt der Vielen. Für sie gilt, was Heidegger – der vermutlich diesen Begriff der Lebenswelt zuerst verwendete – sagte: „Lebenswelten werden durch die Wissenschaft in eine Tendenz der Entlebung genommen und damit das faktische Leben gerade der eigentlichen lebendigen Möglichkeit seines faktisch lebendigen Vollzugs beraubt."[190] Habermas holt diese „Entlebung" begrifflich ein. Er bekundet in seinen Abstraktionen, in seinem „Verfassungspatriotismus" eine Parteinahme für demokratische Verfassungen, eine Parteinahme, die – darin Rorty durchaus verwandt – das *Prinzip* seiner Philosophie ausmacht. Rorty spricht ausdrücklich von einem „Vorrang der Demokratie vor der Philosophie"[191]. Dieses Ideal, das Habermas zum strikten Gegner „eines esoterischen Sonderdiskurses"[192] macht, hat neben politischen aber vor allem *methodische* Konsequenzen. Die Parteinahme für demokratische Institutionen rückt zwar *einen* Diskurs in den Mittelpunkt – zugleich aber prägt sie dessen allgemeines Modell.

---

[189] Auch wenn der Apelsche Horizont, dies unter dem Aspekt der *Letztbegründung* als logische Nötigung im Diskurs einzufordern, die cartesianische Begründungsform nur reproduziert, vgl. K.-O. Apel (2000), bleibt der von ihm betonte Horizont der Teilnahme bestimmend für jede Sozialwissenschaft, die ihres Begriffs mächtig ist.

[190] M. Heidegger, GA 58, S. 77f.

[191] R. Rorty (1988), S. 82ff.

[192] J. Habermas (1985), S. 219.

Sofern solche Überlegungen zum Diskurs in der vorausgesetzten politischen Parteinahme gründen, sind sie also *sachlich* ohne Interesse. Doch Habermas bemüht sich, seine Position aus einer Kritik an der Subjektphilosophie näher zu erläutern:

> „Nicht nur, dass die Beobachtungssprache von der Theoriesprache abhängig ist; *vor* der Wahl irgendeiner Theorieabhängigkeit muss sich der sozialwissenschaftliche ‚Beobachter' als Teilnehmer an den Verständigungsprozessen, über die er sich allein Zugang zu seinen Daten verschaffen kann, der im Objektbereich angetroffenen Sprache bedienen. Die *spezifische* Verstehensproblematik besteht darin, dass sich der Sozialwissenschaftler dieser im Objektbereich ‚vorgefundenen' Sprache nicht wie eines neutralen Instruments ‚bedienen' kann. Er kann in diese Sprache nicht ‚einsteigen', ohne auf das vortheoretische Wissen des Angehörigen einer, und zwar seiner eigenen Lebenswelt zurückzugreifen, das er als Laie intuitiv beherrscht und unanalysiert in jeden Verständigungsprozess einbringt."[193]

Diese Einsicht ist richtig und wichtig für alle Sozialwissenschaften. Ihre *Fruchtbarkeit* erweist sie allerdings erst in der konkreten Durchführung in jenen Feldern der Sozialwissenschaften, die zu den dominierenden geworden sind – und hier steht zweifellos die Theorie der Wirtschaft an erster Stelle. Habermas hat sich, durch die Gleichsetzung von Diskurs und Lebenswelt und die Frontstellung zu den Systemen „Wirtschaft" oder „Technik" um eine Theorie der Wirtschaft nicht gekümmert und sie nur indirekt über Max Weber und Talcott Parsons übernommen. Seine *Marxrezeption* andererseits vermeidet es tunlichst, wirklich *ökonomisch* relevante Fragen kritisch zu prüfen. So verlagerte Habermas den Schwerpunkt seiner Forschung mehr und mehr auf das, was den Diskurs in Demokratien *real* formt: Das Recht.

Durch die stillschweigende Gleichsetzung von Lebenswelt mit kommunikativem Handeln, nachfolgend von Kommunikation und demokratischem Diskurs, ergibt sich allerdings neben der weitgehenden Ignorierung dessen, was das „kolonisierende System" Wirtschaft tatsächlich in seinen Grundkategorien ausmacht, ein struktureller Mangel in Habermas´ Theorie. Denn der demokratische Diskurs hat die *Wahrheit* aufgegeben und durch die Konvention ersetzt. Habermas akzeptiert dies und versucht folgende Begründung:

> „Die *radikale Selbstanwendung* der Methodenkritik führt zu dem Schluss, dass interpretierende Wissenschaften den Anspruch, theoretisches Wissen zu erzeugen, preisgeben müssen. Die Einsicht, dass die Interpretation eines Handlungszusammenhanges die Teilnahme an und die konstruktive Einflussnahme auf diesen Kontext voraussetzt, bringt ein Dilemma lediglich zu Bewusstsein – sie löst es nicht auf. Die Einsicht in den unvermeidlich selbstbezüglichen Charakter der Forschungspraxis bahnt keinen Weg zu einem kontextunabhängigen Wissen. Deshalb sollte die Sozialforschung als eine partikulare Lebensform neben anderen Lebensformen gelten. Theoretische Arbeit ist, wie Religion oder Kunst, eine durch Reflexivität ausgezeichnete Tätigkeit; dadurch, dass sie die Interpretationsvorgänge, aus denen der Forscher schöpft, ausdrücklich zum Thema macht, löst sie jedoch ihre Situationsbindung nicht auf. Die Universalität des Wahrheitsanspruchs ist Schein; was jeweils als wahr akzeptiert wird, ist eine Sache der Konvention"[194].

---

[193] J. Habermas (1981: 1), S. 163.
[194] J. Habermas (1981: 1), S. 183.

1.3.9 Habermas´ Theorie des kommunikativen Handels

Hier wird sichtbar, wie aus der Einsicht in die zirkuläre Struktur, vor die sich die Sozialwissenschaft gestellt sieht, nichts weniger als die *Preisgabe* ihrer selbst *als* Wissenschaft gefolgert wird. Der Gedanke, dass die Wissenschaft vom Sozialen aufgrund dieser Struktur einer anderen Logik, anderer Kategorien und eines anderen Relationsbegriffs bedarf, dass also eine *andere Form von Wissenschaft* vonnöten ist, lässt Habermas als Denkmöglichkeit gar nicht zu bzw. hat sie durch die Gleichsetzung solch einer Alternative mit „Dialektik" in seiner Trennung von Adorno und Horkheimer als Aufgabe selbst verabschiedet. Die Formen, in denen die Menschen vergesellschaftet sind, sind immer zugleich Denkbewegungen. Sozialwissenschaft ist deshalb in ihrem eigentlichen Begriff Selbstkritik des Denkens. Aber es ist ein Fehlschluss, daraus zu folgern, dass die Kategorien des Sozialen, das, *worin* die Menschen sich selbst in der Gesellschaft denken, auf *Konvention* beruhen. Es ist vielmehr gerade zu untersuchen, was Kategorien eigentlich sind und wie sich das *Gelten* von Kategorien sozial reproduziert, nicht *dafür* ein Metamodell – in Habermasscher Diktion: einen „Interpretationsvorschlag" – zu konstruieren, für den man dann im Theorienwettstreit um Zustimmung wirbt.

Solch eine Theorie tritt eben nur *neben* das, was sie zu erklären trachtet. Man kann soziale Kategorien durch Teilnahme erkennen; sie sind kein Ding an sich – eben *weil* sich die sozialen Formen immer schon durch das Denken hindurch als Bedeutungsprozesse vollziehen –, ohne jenen zu folgen, die sich *über* diesen Prozess stellen, um ihm Bedeutungen von außen zuzuschreiben. Sofern dafür Theorien entwickelt wurden, sind sie an dem vollzogenen Bedeutungsprozess zu messen, den man nicht als „empirischen Gegenstand" erst erfinden müsste. Die Grundkategorien kennt jeder; nur wird diese Teilnahmeerfahrung an der Gesellschaft für *nichtig* erklärt und nur das als „Begriff" akzeptiert, was Theorien an Erfindungen anbieten. Die Sprache, das Geld, die Moral usw. *sind* immer schon Formen des Bewusstseins, nicht aber der Konvention. Ihre Struktur erschließt sich im Aktvollzug der Teilnahme, nicht als wissenschaftlicher *Gegenstand*.

Wahrheit ist tatsächlich ein Prozess, worin sich Ich und Du im Bezug auf ein Es so vermitteln, dass die *Identität* der Gegenstände des Handelns im Handeln selbst als Bedeutungsprozess erzeugt wird. Dies, *wie* sich darin aber durch Sprache, Moral, Geld usw. die Vergesellschaftung im Denken der Subjekte und *uno actu* in ihrer Selbstkonstitution als Individuen in einer Gesellschaft vollzieht, ist nicht leer oder beliebig, so dass ein cartesianischer Beobachter hierzu von außen *Begriffssysteme* hinzuerfinden könnte. Macht man dies dennoch, so begibt man sich nur in Wettbewerb mit jenen, die *auch* darauf verzichten, die Wahrheit dessen herauszufinden, *worin* sie sich je schon bewegen. Dieses bei Apel und dem frühen Habermas durchaus erkennbare Motiv, die Enträtselung eines gesellschaftlichen Apriori zu leisten – das auch Adorno und Sohn-Rethel versuchten und es nur nicht an der Kommunikation, sondern *nur* am Geld festmachen wollten –, hat Habermas später aufgegeben und mit der Zuwendung zur amerikanischen Philosophie auch deren implizite Metaphysik adaptiert.

Dies führte ihn, beeinflusst von Luhmann, zur Vorstellung von der Wahrheit als Konvention und der Neubeschreibung des Diskurses. Er begreift den Diskurs nicht mehr als Verständigung über die *Bedeutung*, sondern als Wettbewerb von Interpretationen, den man im Zweifel nur durch die Mechanik der Abstimmung beenden kann – wenn er nicht, international, in Gewalt übergeht. Ein „herrschaftsfreier Dialog"[195] ist ein unzureichender Begriff; auch der Hobbessche Dschungel ist frei von Herrschaft, sicher aber nicht frei von Gewalt. Es bedarf der *expliziten Option* für pazifistisches Denken,

---

[195] J. Habermas (1969), S. 164.

frei von Begriffsstrategien und anderen Bellizismen. Ein *gewaltfreier* Dialog wäre aber zu verstehen als gegenseitige Hilfe der Menschen, getragen von Mitgefühl und dem Motiv, *begreifen* zu wollen, eine *Klärung* der Kategorien zu erreichen, in denen wir uns je schon (*a priori*) bewegen und in denen wir durch diese Denkformen eine Welt erzeugen, die den Vielen nicht dient, sondern sie immer noch knechtet. Dieses einfache, *ethische* Motiv – Sozialwissenschaft *ist* eben kraft ihrer Struktur immer Ethik – ist im Weltbild der Ökonomik und der Soziologie in der Tradition von Weber, Parsons oder Luhmann eine vormoderne Naivität, über die man in „ironischer Distanz" immer schon hinaus ist. In den Habermasschen Frühschriften klingt das Motiv einer kritischen Ethik als Horizont durchaus an – ein Erbe der Kritischen Theorie. Doch die Adaption von Weber, Parsons und die reflexive Abgrenzung gegen Luhmann (*omnis determinatio est negatio*) führte Habermas zur schrittweisen Übernahme auch der darin liegenden metaphysischen Voraussetzungen, Begriffe seien Produkte eines Theoretikers, die auf dem Markt der Ideen konkurrieren müssten und „Interpretationsangebote" machten. Wahrheit ist Schall und Rauch oder eine Frage der Mehrheit; die Konvention dominiert. Wenn sich Ich und Du einigten, spiele das *wirkliche* (d.h. wirkende, tätige) Verhältnis zu einem Es keine Rolle mehr. Die Welt sei nur noch ein „intuitiv gewusster, unproblematischer und unzerlegbarer holistischer Hintergrund im Rücken."[196]

Ermöglicht wird diese Fehlentwicklung im Denken von Habermas, weil er seine Herkunft, die marxistischen Denkformen in der Kritischen Theorie, nicht ihrerseits einer systematischen Kritik unterwarf. Weil Habermas – worauf ich oben schon kurz hingewiesen habe – in Übernahme des Marxschen Arbeitsbegriffs aus der Arbeit, dem Verhältnis der Subjekte zur Natur, die Intersubjektivität fernhält, muss die Kommunikation als besonderer Handlungstypus *neben* die Arbeit, die Technik oder die ökonomische Rationalität treten. Der soziale Prozess der Bedeutung, der seine Inhalte durch *Teilnahme* der Subjekte reproduziert, wird hier zerrissen. Habermas trennt die innere Vermittlung von Ich-Du-Es in zwei Teiltheorien: Das kommunikative Handeln Ich-Du, dem er in Übernahme des Heidegger-Husserlschen Terminus den Namen „Lebenswelt" gibt, und das strategische Handeln, zunächst als „Technik" beschrieben, später, verallgemeinert und als „System" inklusive ökonomischer Beziehungen gedeutet, ontologisch eine Ich-Es-Relation. Diese Trennung von Lebenswelt und System, die Habermas in seiner Theorie des kommunikativen Handelns einführte und die aus der Differenzierung des sozialen Handelns in kommunikatives und strategisches Handeln hervorgeht, macht gerade das unsichtbar, *worin* sich die Wirtschaft als Prozess der Bedeutung vollzieht.

Wenn man wirtschaftliches Handeln, wie in der subjektiven Wertlehre, auf das Tun eines Individuums reduziert, das Ziele und Mittel monologisch abwägt und darin die Knappheit als Grundprinzip entdeckt, dann verbleibt man im cartesianischen Horizont und verfehlt, wie Marx, die gesellschaftliche Natur der Arbeit, der Produktion und damit der Wirtschaft. Das Geld, *in der Sprache* als rechnende Modifikation der Kommunikation wirklich, kann nicht in eine „fremde" Lebenswelt eindringen und sie kolonisieren, weil es nur *in dieser Lebenswelt* seine Bedeutung gewinnt. Mit anderen Worten: Man kann nicht die Denkform eines getrennten, „ausdifferenzierten" Systems von den Ökonomen oder Soziologen wie Parsons oder Luhmann *übernehmen*, um dann die Kolonisierung der Lebenswelt durch das System *nachtäglich* zu beklagen. Was Habermas an Parsons oder Weber *richtig* kritisiert, dass sie die intersubjektive Vermittlung aus ihrem Handlungsbegriff entfernt haben, das macht er nicht fruchtbar für die Erkenntnis der gesellschaftlichen Natur der Arbeit, die *gerade nicht* durch einen „Mecha-

---

[196] J. Habermas (1986), S. 348.

1.3.9 Habermas' Theorie des kommunikativen Handels 129

nismus" der Kommunikation „koordiniert" wird, sondern schon in der Zwecksetzung sozialer Natur ist.

Habermas übersieht in seiner Bestimmung des zweckrationalen Handelns als Tun eines monologischen Subjekts[197] – um seinen eigenen Vorwurf an Frege aufzugreifen und gegen ihn zu kehren – „die kommunikative Dimension der Sprache"[198]. Sprache ist nicht, wie Heidegger meinte, *Monolog*.[199] Genauer, noch jeder Monolog reproduziert den sozialen Zusammenhang mit den Vielen in der *Form* des inneren Sprechens, ebenso bei allen abgeleiteten Formen der Planung, zu schweigen von den intersubjektiven Planungsprozessen zur Formulierung von Handlungsprogrammen (Zwecken) beim Handeln in Organisationen. In einer erstaunlichen Widersprüchlichkeit vergisst Habermas immer wieder seine eigenen Einsichten, konstruiert eine monologische Rationalität der Zweckrealisierung oder rekonstruiert die Wissenschaft im Horizont des *Wettbewerbs* der Ideen, nicht der Verständigung – also der Reproduktion des Egos, nicht seiner Aufgabe in der intersubjektiven Erkenntnis. Es war diese Idee des Wettbewerbs, die kategorial die Ökonomen auf den fatalen Abweg geführt hatte, die Gesellschaft insgesamt als Mechanismus rekonstruieren zu wollen.

Diesen metaphysischen Horizont übernimmt Habermas und sucht in seiner Theorie nach der „Aufklärung des Mechanismus, der die Koordinationsleistungen von Sprechhandlungen betrifft"[200]. Hier ist die „Sprechhandlung" zum Substitut dessen geworden, was für die Ökonomen der Tausch und das Geld leisten. Sein Gedanke ist durchsichtig und reproduziert die Kritik Durkheims an Adam Smith: Eine arbeitsteilige Gesellschaft wird nur dadurch zu einer Einheit, dass die Teilung eine korrespondierende Synthesis findet, die Soziologen additiv noch „in etwas anderem" als dem Tausch, dem Geldverkehr entdecken. Das war *methodisch* auch der Ausgangspunkt sowohl der liberalen wie der marxistischen Ökonomik, und Habermas reproduziert diese Fragestellung *in ihren Grundkategorien*, die er übernimmt, aber nicht klärt („Koordination", „Mechanismus"). So wird der wichtige Impuls, der im Blick auf die Teilnahmeerfahrung in Kommunikationsstrukturen bei Habermas und Apel zu finden ist, nur dann wirklich fruchtbar, wenn diese mechanischen Atavismen, wenn die Wiederkehr des *cartesianischen Beobachters* in den *ungedachten Kategorien* der Kommunikationstheorie nicht „aufgehoben", sondern aufgegeben wird.

Diese schrittweise Amerikanisierung, d.h. *Mechanisierung* seines Denkens, ermöglicht durch die Vorstellung, die Kategorie der Wahrheit sei durch Konvention zu ersetzen und Diskurs bedeute Wettstreit auf dem Ideenmarkt, hat Habermas sogar dazu geführt, die bellizistische Sprache in diesem Diskurs zu übernehmen. Der je andere ist nicht mehr ein Du, mit dem man *gemeinsam* einen Sachverhalt (ein Es) klärt und in dieser Absicht zu einer Einigung darüber kommt, welche unbewussten Denkformen unsere Handlungen als Apriori in die Irre führen – der Andere wird zum Gegner, den man durch Strategie und Taktik begrifflich zu überwältigen sucht. Es hinterlässt eben Spuren, wenn man glaubt, die Ideale des amerikanischen Imperiums könne man gegen dessen Gewaltakte herausdestillieren und diskursiv gegen es geltend machen. Die Parteinahme fürs Ideal verformt das Denken so, wie dieses Ideal in der „westlichen Werte-

---

[197] „Beim zweckrationalen Handeln wird lediglich unterstellt, dass jedes Handlungssubjekt für sich selbst (monologisch) bestimmten Präferenzen und Entscheidungsmaximen folgt", J. Habermas (1976), S. 33. Vgl. zur Theorie des Handelns als intersubjektivem Prozess: K.-H. Brodbeck (1979); (1996a); Teil II; (2000a), S. 197-220; (2005a), S. 72-101;
[198] J. Habermas (2004), S. 77.
[199] M. Heidegger (1971a), S. 241ff.
[200] J. Habermas (1981: 1), S. 401.

gemeinschaft" metaphysisch je schon verfasst ist. Und wie sich bei Popper die totalitäre Denkform als *Methode* reproduziert, so wird bei Habermas der Diskurs zu einem Theorienwettbewerb. Er spricht in martialischer Begriffsrüstung von „Strategien der Begriffsbildung", vom „genialen Handstreich", „begriffs*strategische(m) Zwang*", dem „*strategischen* Zug", „theorie*strategischen* Unterscheidungen" oder einem „*strategischen* Gesichtspunkt"[201] usw., wo es im Diskurs, falls er seinem Begriff entspricht, *nur* um eine kritische Diskussion über das korrekte Erfassen von Sachverhalten geht, in denen sich die Diskurspartner je schon denkend und handelnd bewegen und deren *Fehler* sie an ihrer falschen Praxis reflexiv als Sachzwänge bemerken. Der Abschied vom Erbe der Kritischen Theorie wird hier von Habermas als radikaler Bruch vollzogen.

Die richtige Einsicht in die unaufhebbare *Teilnahme* der Wissenschaft an dem, was sie erklären möchte, ist kein Mangel, sondern erlaubt vielmehr einen *unmittelbaren* Zugang zu diesen Sachverhalten, die im Bewusstsein als Denkgewohnheit ganz so funktionieren, wie die Grammatik der Sprache, die man je schon spricht, *bevor* man ihre Struktur durchschaut, wie die Geldrechnung, die man beherrscht, *bevor* man sich im je anderen in diesem Tun reflektiert und wiedererkennt. Deshalb muss man keine *neue* Grammatik „vorschlagen", in Wettbewerb zu anderen „Grammatiken" treten und mit ihnen strategisch orientierte Schlachten ausfechten. Es käme darauf an, das von den Formen der Vergesellschaftung in ein möglichst breites Bewusstsein zu heben, was in ihnen als kategoriale Matrix wirkt, ohne *als* diese Matrix reflektiert zu sein.

Mir geht es deshalb in den nachfolgenden Teilen weder um Strategie noch um Theorietaktik, sondern um eine *Selbstkritik der Rationalität*, die sich dem Diskurs und seinen Identitätsvoraussetzungen oder dem Geldsubjekt verdankt. Ich knüpfe hierbei an die Erfahrung der *Teilnahme* im alltäglichen Sprechen, in den Kaufakten einer Geldökonomie und den darin verwendeten Kategorien an. Andere Theorien, die die menschliche Praxis maßgeblich bestimmen und als globale ökonomische „Wirklichkeit der Sachzwänge" sich aufzutürmen scheinen, sind an dieser Teilnahmeerfahrung, die niemand sinnvoll bestreiten kann, zu messen und ihre dadurch erkennbaren Irrtümer aufzudecken. Es geht mir um kritische *Selbstreflexion*, damit um Wahrheit, d.h. *Vollziehbarkeit* der Gedanken, auch im Handeln. Hierbei kommt es darauf an, Gedanken, die das Handeln formen und bestimmen, aber diesem alltäglichen Handeln und den daran geknüpften Erwartungen *widersprechen*, tatsächlich als *falsche Gedanken* zu kritisieren. Sie sind falsch, weil man sich von diesem Handeln in cartesianischer Position entfernt hat, weil man „von oben" über der Sache zu stehen vermeint, die man als Gesellschaftswesen, als Theoretiker selbst *ist*, anstatt *in der Sache* denkend zu bleiben.

Ich ziehe also das Verwickeltsein in die menschlichen Angelegenheit der ironischen Distanz vor, weil ich – durchaus einer Einsicht von Apel und Habermas folgend – um die Unmöglichkeit weiß, sich der *Teilnahme* an der Gesellschaft, nicht nur der Sprache, sondern auch der ökonomischen Erfahrungen des Tauschs und der Geldverwendung, zu entziehen. Mir kommt es darauf an, auf „Begriffsstrategien", „Sozialtechnik", die Erfindung „komplexer Beschreibungsmodelle" usw. als theoretische Vorentscheidung zu verzichten, denn sie sind allesamt nur Privationen des Mitgefühls – also der *Erfahrung*, einer Gesellschaft notwendig anzugehören. Die Erkenntnis der unvermeidbaren *Teilnahme* an der Gesellschaft, die Einsicht in die gegenseitige Abhängigkeit der Menschen

---

[201] In der Reihenfolge der Zitate: J. Habermas (1981: 1), S. 210; (1981: 2), S. 492; (1975), S. 323; (2004), S. 84; (1985), S. 198 – die Liste ließe sich *beliebig* verlängern. Bei Adorno findet sich dieser Begriffsleninismus noch selten: GS 6, S. 432; GS 11, S. 528; GS 16, S. 240 und 393; Heidegger kritisiert den imperialen Gehalt dieses Begriffs und seine römische Herkunft ausdrücklich, vgl. M. Heidegger, GA 54, S. 57ff.

untereinander und von den natürlichen Prozessen, *fordert* eine Kritik der Denkfehler, die diese Voraussetzung unaufhörlich performativ bestreiten. Diese *ethische* Forderung erwächst aus der Verteidigung des Begriffs der Wahrheit als intersubjektive Übereinstimmung des Denkens mit sich selber und mit den erkannten Sachverhalten. Das ist möglich, weil die sozialen Sachverhalte je schon Denkformen sind, in denen sich auch der Theoretiker bewegt. Dann wird auch erkennbar, inwiefern die Privation der Rationalität durch das Geldsubjekt die metaphysischen Grundzüge der Moderne *erzeugt*. Und dieses Wissen wiederum ist die Voraussetzung, den falschen Gedanken wenigstens die Macht ihrer wissenschaftlichen Legitimation zu nehmen, die global drauf und dran ist, die Menschen und den Planeten zu ruinieren.

1.3.10 Bemerkungen zur Dialektik

Ich möchte im Anschluss an die Diskussion der Kritischen Theorie noch einige Anmerkungen zur These machen, dass die *Dialektik* die geeignete Denkmethode sei, um soziale Sachverhalte zu erfassen. Die Schwierigkeit dieser These liegt in der völligen Unbestimmtheit dessen, was „Dialektik" bedeutet. Wie so oft, spricht Adorno in einer gelungenen Formulierung eine richtige Ahnung aus, weicht vor der *Durchführung* aber aus. In seiner *Negativen Dialektik* steht der Satz: „Dialektik ist das konsequente Bewusstsein von Nichtidentität. Sie bezieht nicht vorweg einen Standpunkt."[202] Dieser Satz wird erst wahr, wenn der Prozess der Identität *als* Prozess der Täuschung tatsächlich rekonstruiert wird, wenn man nicht *über* die Nicht-Identität urteilt, sondern sich *in ihr* denkend bewegt. Als Begriff für die Entfaltung der Identitätsprozesse in der Vergesellschaftung durch Sprache und Geld könnte man also „Dialektik" als vorläufigen Titel durchaus akzeptieren. Doch eben in diesem Sinn wird diese Kategorie, trotz sporadischer Hinweise und dunkler Anmerkungen bei den Frankfurtern, kaum verwendet.[203]

„Dialektik" ist an der Oberfläche ein Markenzeichen, durch das sich bestimmte Theorietypen auf dem Markt der Meinungen selbst auszeichnen, besonders in der Charakterisierung der Sozialwissenschaften. Die Behauptung, dass *methodisch* eine Differenz zwischen Sozial- und Naturwissenschaften bestehe, wurde auf zwei Ebenen begründet: Einmal durch die Übernahme des Begriffs der *moral sciences*, deren Methode John St. Mill in seiner „Logik" zu entwickeln versuchte. Durch Dilthey und andere wurde daraus dann die „Geisteswissenschaft" mit einem eigenen Methodenkanon, bei dem sowohl die historische Individualität wie das „Verstehen", die Hermeneutik als fundamentale Prinzipien gelten. Von Marx und später von der Kritischen Theorie wurde zum anderen die Differenz zwischen Natur- und Sozialwissenschaften mit der Kategorie der „Dialektik" beschrieben. Gemeinsam mit der hermeneutischen Tradition ist der Dialektik die Behauptung, dass man soziale Sachverhalte nur als *historische* verstehen könne. Auch kann man darin eine Gemeinsamkeit erblicken, dass Marx jeder historischen Epoche eine Individualität zusprach, die auch kategorial nur ihr zukommen sollte – die Vorstellung *ewiger*, also überzeitlicher Entitäten lehnen Marxismus und herme-

---

[202] T. W. Adorno, GS 6, S. 17.
[203] Bei Adorno erscheint bezüglich der Identität dann doch nur eine marxistische Robinsonade: „Würde keinem Menschen mehr ein Teil seiner lebendigen Arbeit vorenthalten, so wäre rationale Identität erreicht, und die Gesellschaft wäre über das identifizierende Denken hinaus." T. W. Adorno, GS 6, S. 150. Dass im Begriff „*Teil* der lebendigen Arbeit" deren messbare Identität unterstellt ist, mit solchen Kleinigkeiten der Ökonomik hält sich Adorno gar nicht erst auf und ist immer schon dialektisch darüber hinaus; vgl. das Kapitel 4.4 „Marx und der Marxismus" für Details zu diesem Einwand.

neutisch gewendeter Historismus gemeinsam ab. Allerdings hat der späte Marx diese Historisierung in einigen wichtigen Kategorien aufgegeben; ich werde darauf im Kapitel über seine Tausch- und Geldtheorie noch genauer eingehen (vgl. 4.4.8-12).

Dennoch möchte man in der Regel mit dem Begriff der Dialektik noch anderes oder mehr aussagen. Doch dieses „Andere" oder „Mehr" ist schwer zu bestimmen, denn der Begriff der Dialektik ist hoffnungslos diffus. In ihm auch nur halbwegs einen Sinn zu reklamieren, ist nicht eben einfach. Ich möchte einige Elemente herausarbeiten, die meist durcheinander gehen und ineinander verstrickt sind. Hierbei werde ich einige der weniger bekannten Aspekte ausführlicher behandeln, während ich gebräuchliche oder an anderer Stelle ausführlicher dargestellte Modelle dialektischen Denkens nur kurz skizziere.

(i) *Dialektik als Diskurs*. Dialektik ist im ersten, ursprünglichen Sinn der Name für den *Diskurs*.[204] So hat Platon diesen Begriff verstanden[205], wobei allerdings bereits bei ihm etwas hervortritt, das erst durch die aristotelische Umdeutung des platonischen Denkens als *Differenz* zur formalen Logik erscheinen konnte: Die besondere Stellung des *Widerspruchs*, des Satzes vom Widerspruch. Wenn die Identität ein Prozess ist, dann ist mit ihr auch jede *Differenz* ein Prozess der Bedeutung. Deshalb kann ein *Satz* vom Widerspruch für diesen Prozess ebenso wenig formuliert werden wie ein Satz der Identität. Im platonischen Diskurs waren die Ideen als *werdende* bestimmt. Die platonischen Dialoge enden nicht mit einem Katalog von „Definitionen". Der Grund ist einfach: Die Diskurspartner *blieben* verschiedene, trotz einer partiellen Einigung, die aber mit einer Antwort nur eine *neue* Frage gebar. Die sokratische Geburtshilfe bringt nicht nur Antworten zur Welt, sie zeugt unentwegt neue Fragen.

Für einen Beobachter stellt sich dieser Prozess anders dar. Mit *seiner* Grenze sind auch die Sachverhalte begrenzt und somit *definierbar*. Man kann also sagen: Für einen cartesianischen Beobachter gilt *in seinem Bewusstseinsprozess* der Satz vom Widerspruch, sofern er *sich selbst* in der Identität seiner gedachten Gegenstände festhält. Dieser Satz gilt aber nicht als intersubjektive Identität. So hat auch Schleiermacher den Begriff der „Dialektik" rekonstruiert. Wie man bemerkt, ist darin Sozialtheorie und Denkform untrennbar verknüpft: Wenn man die Identität als intersubjektiven Prozess der Bedeutung durchschaut, dann ist der Widerspruch einfach der Prozess des Sich-Widersprechens der verschiedenen Subjekte. Für A mag dann gelten a=a, nicht aber für B.

(ii) *Hegels Dialektik von Sein und Nichts*. Die Urform der Dialektik bei Hegel[206] ist die der Kategorien „Sein" und „Nichts", worin er sein Modell des Dreischritts von These-Antithese-Synthese entwickelt. Auch bleibt diese Dialektik, wie Hegel sagt, in allen späteren, entfalteten Formen als Moment enthalten. Mit der Dialektik von Sein und Nichts steht und fällt also das ganze Hegelsche System. Hegel benötigt hierzu den Begriff der „leeren Anschauung", den er schon in der „Phänomenologie des Geistes" verwendet.[207] In seiner „Wissenschaft der Logik" – ähnlich später in der „Enzyklopädie der

---

[204] Vgl. „Die wahre Dialektik ist kein Monolog des einsamen Denkers mit sich selbst, sie ist ein Dialog zwischen Ich und Du." L. Feuerbach (1950), S. 169.

[205] Dies gilt bezüglich der Sprachform, dem *logos*. Dass die Dialektik bei Platon darüber hinaus eine *metaphysische*, vorbereitende Funktion zum Selbstgewahren besaß, die eigentliche, unsagbare Erkenntnis (des *nous*) vorzubereiten, kann ich hier nicht untersuchen; vgl. die bedeutende Studie von C. Schefer (2005), S. 30-41

[206] „Hegels Dialektik ist die Grundform aller Dialektik", K. Marx, MEW 32, S. 538.

[207] G. W. F. Hegel, WW 3, S. 584.

Philosophischen Wissenschaften" – argumentiert Hegel etwa wie folgt: Wenn man *das Sein rein* als Kategorie denkt, dann darf man es nicht als ein Irgendetwas denken. Aller Inhalt muss von diesem Begriff *ferngehalten* werden. Denn jeder Inhalt wäre schon ein besonderes Seiendes. Doch wenn man nun gleichsam einen Schritt zurückweicht, die Position eines cartesianischen Beobachters einnimmt und den Geist des Subjekts betrachtet, der eben diese Kategorie „Sein" dachte, dann entdeckt man, dass er keinen *Inhalt* denken kann, ohne den Begriff „Sein" zu verfehlen. „Es ist ebensowenig etwas in ihm zu denken, oder es ist ebenso nur dies leere Denken."[208] Also ist *nichts* im Geist des Denkenden zu entdecken. Damit ist der Begriff des reinen Seins ebenso das reine Nichts. Wenn man nun das *Nichts* denkt, dann erkennt man, sobald man sich aus seinem eigenen Denken wegbewegt und dieses Denken als cartesianischer Beobachter betrachtet, dass das Nichts denken immerhin noch ein *Denken* ist; es ist „das leere Anschauen und Denken selbst und dasselbe leere Anschauen oder Denken als das reine Sein."[209]

Diese logische Figur ist offenkundig nicht wirklich denkbar. Denn „das leere Anschauen und Denken" ist *ontologisch* natürlich nicht ein Nichts, sondern eben ein Anschauen und Denken. Es hat keinen intentionalen Inhalt, gleichwohl *ist* es Intention, *ist* es ein Denken. Das *Vermeinte* bleibt vom Vermeinenden verschieden, die Intention vom intentionalen Gehalt. Doch Hegel setzt das auf seltsame Weise identisch. Und er bestätigt dies dadurch, dass er über dieses leere Denken *als Gegenstand* (als Objekt eines cartesianischen Subjekts) denkt und schreibt. Die Dualität von Denkendem und Gedachtem wird nicht aufgehoben, wenn der Denkende „nichts" oder das „reine Sein" denkt. Huang Po sagt: „Denkst du an ‚etwas', dann schaffst du eine Wesenheit; denkst du an ‚nichts', schaffst du eine andere."[210] Entgegnet man darauf, dass sich das Denken hier auf einer grundlegenden Stufe befinde, auf der Subjekt und Objekt noch gar nicht geschieden seien, so ist dies nur eine leere Behauptung, weil für die Ableitung der Dialektik von Sein und Nichts gerade eben diese kategoriale Dualität vorausgesetzt wird.

Wichtig ist für den hier vorliegenden Zusammenhang nur folgendes: Wenn man versucht, die cartesianische Denkform gleichsam experimentell am *einfachsten* Gegenstand – dem leeren Geist = Sein = Nichts bei Hegel – zu rekonstruieren, dann bemerkt man, dass darin keine Kategorien gedacht, wohl aber vorausgesetzt werden. Warum verwendet Hegel für das Beobachten eines Subjekts mit leerem Geist ausgerechnet die Wörter „Sein" und „Nichts"? Er bleibt darin angebunden an eine Tradition und Sprechweise, die er in einer *vorausgesetzten* Bedeutung übernimmt und *darin* seine Beobachtungen beschreibt. Es ist also einfach *unmöglich*, aus sich so etwas wie Kategorien hervorzubringen, weil man sich darin immer schon – spätestens dann, wenn man sich ausspricht – in etwas bewegt, das man gerade *nicht* in seiner kategorialen Struktur erzeugt.

Hegel drückt dies indirekt in der Erfahrung aus, dass seine Kategorien einen „Kreis von Kreisen" bilden. Darin liegt eine wahre Aussage: Kategorien sind miteinander vernetzt. Doch dieses Netz stiftet nicht ein *ontologisch* als Ego zu bestimmendes denkendes Subjekt (= Hegel), sondern der Prozess der Gesellschaft. Die sozialen Kommunikations-, Denk- und Handlungsformen sind das *Worin* der Kategorien, nicht ein ontologisch vereinzelt gesetzter Geist, der in Berlin auf einer Lehrkanzel steht. Durch die Betonung der *Zirkularität* der Kategorien hat Hegel aber ein wesentliches Moment herausgearbeitet, das über die „Reflexionsphilosophie", wie er sie nennt, hinausgeht.

---

[208] G. W. F. Hegel, WW 5, S. 82f.
[209] G. W. F. Hegel, WW 5, S. 83.
[210] Huang Po (1983), S. 98; vgl. K.-H. Brodbeck (2002a), S. 215ff. Dem abendländischen Denken fehlt in diesem Punkt einfach die Denkerfahrung der Meditationspraxis, die die buddhistische Logik voraussetzt.

Auch vor und nach Hegel haben Philosophen Kategoriensysteme oder Kategorientafeln entwickelt. Doch die Ordnung dieser Tafeln war entweder das Nebeneinander vorhandener Wörter, die man einfach auf ein Blatt Papier schreibt, oder es waren *lineare* Ordnungen wie in der Mathematik, die von *Grund-Sätzen* (= Axiomen) ausgehen und darauf aufbauend eine *tautologische* Ordnung der Begriffe erzeugen. Hegel hat bemerkt, dass das unmöglich ist. Jedes Axiom ist als *festgesetztes* eben schon ein Resultat von *anderen* Operationen. Die Gesellschaft und ihr kategorialer Prozess sind *zirkulär* als Denkbewegung und in den Handlungen verknüpft. Wer ein Kategoriensystem mit neuen Axiomen aufschreibt, vollzieht denkend eine *Operation*, die sich an andere soziale Handlungen anfügt, sie voraussetzt und (eventuell) wieder zu ihnen kommunikativ zurückkehrt. Nur ist all dies keine reine Bewegung im Denken, sondern ein *denkendhandelnder* Prozess.

Auch wenn das bewegende Element – die Dialektik von Sein und Nichts – in der vorgeführten Form bei Hegel nicht als Gedanke vollziehbar ist, weil er das, was er erzeugen will, auf *ungedachte* Weise voraussetzt, so hat doch Hegel durch seine Verwandlung der Identität in einen logischen Prozess einen wichtigen Impuls in der europäischen Philosophie gegeben, kategoriale und damit auch logische Verhältnisse *als* Prozess zu begreifen:

„Aber beides, das identische und das negative Beziehen, ist ein und dasselbe; die Substanz ist nur in ihrem Gegenteil identisch mit sich selbst, und dies macht die absolute Identität der als zwei gesetzten Substanzen aus."[211]

Es bedürfte nur eines kleinen Schritts, eine so bestimmte Substanz auch noch als das zu erkennen, was sie schon zeigt: begriffliche Privation einer Offenheit zu sein, der jeder substanzielle Charakter mangelt. Dann sind aber soziale Kategorien nicht länger an ein Etwas namens „Substanz" gebunden und zeigen sich in ihrem gewordenen, damit aber auch veränderbaren Charakter.

Dass die *Einheit der Vielen*, der Begriff von „Gesellschaft" *und* der allgemeinen Kategorien, nicht im Durchschreiten eines Kreises historisch geschlossen ist, dass deshalb die Dialektik von Sein und Nichts die *Zeit* nicht erfasst, das hat erst Martin Heidegger herausgearbeitet, durchaus in kritischer Auseinandersetzung mit Hegel. Heidegger sagt: „Dieses, worin die Vielen übereinkommen, muss für sie ein Eines und das Selbe sein. Aber daraus folgt keineswegs, dass das Wesen in sich nicht wandelbar sein könne."[212] Die Negation als lebendiger Prozess des Denkens und Handelns verwandelt die Kategorien in ihrer inneren Struktur, wie sie auch die soziale Organisation der Vielen wandelt. Dialektik ist dagegen immer noch Bewegung *in Kategorien*, nicht aber Bewegung *der* Kategorien. Insofern bleibt Hegel an einer Türschwelle stehen, die er nicht zu öffnen vermochte, auch wenn er ahnte, welcher Blick sich hinter dieser Türe eröffnet.

Die Dialektik und auch die „Logik der Ganzheit", die ich anschließend noch darstellen werde (vgl. 1.3.11), präsentieren Bewegungen *in Kategorien*, deren innere Abhängigkeit Hegel erkannte und in seiner Logik rekonstruieren wollte. Doch das, was er tat, hat er dabei nicht reflektiert: In der Neuorganisation kategorialer Ordnungen *neue* Kategorien zu setzen, die vor allem auf dem Umweg über den Marxismus historisch verändernd wirkten. Geschichte ist darin nicht *Ent*faltung einer Ordnung, die zuvor (im Geist Gottes vor der Erschaffung der Welt) *ein*gefaltet ist, Geschichte wird zur Bewegung in einem Offenen, das *Neues* einräumt und damit neue kategoriale Verhältnisse und ihre

---

[211] G. W. F. Hegel, WW 6, S. 248.
[212] M. Heidegger (1961: 1), S. 173.

gesellschaftliche Wirklichkeit erlaubt. Dies ist – jedenfalls nicht im Sinne Hegels – allerdings *kein* „dialektischer" Prozess.

(iii) *Dialektik als logisches Kalkül.* Die Denkfiguren, die sich im Deutschen Idealismus finden und die Gotthard Günther und einige seiner Schüler zu formalisieren versuchten, lassen sich durch die Formeln „Einheit des Widerspruchs" als dritten Wahrheitswert oder als „Differenz in der Identität" charakterisieren. Diese Formeln kann man ohne Zweifel auch als *Kalkül* darstellen und sie *neben* der tradierten Logik ansiedeln. Man braucht es nur zu tun. Die Frage ist, ob dadurch etwas an Erkenntnis gewonnen wäre. Die formale, aristotelische Logik erlaubt durchaus bereits einen *dritten* Wahrheitswert zwischen wahr und falsch zu konstruieren: Die *Wahrscheinlichkeit.* Dieser dritte Wahrheitswert, der dann, wenn man ihn als Entität *verdinglicht,* zu allerlei Kuriositäten führt – wie „Schrödingers Katze" –, ist mit dem *technisch-berechnenden* Umgang mit der Natur sehr wohl zu vereinbaren. Dialektisch ist daran nichts, *obwohl* eine Wahrscheinlichkeit durch die Formel „wahr *und* falsch" beschrieben werden könnte.

Jedes *Kalkül* – wie übrigens jeder abstrakte Text über „Dialektik" als Zeichensystem – steht *neben* den Sachverhalten, die er beschreibt. Er bewahrt also die cartesianische Beobachterposition. Ich habe das an Günthers Versuch skizziert. Wie immer ein Kalkül auch genau beschaffen sein mag: Der Logiker oder Dialektiker verfährt nur mit einem *Zeichensystem.* Die Operationen sind getrennte Zeichenhandlungen. Die Voraussetzungen und Resultate dieses Tuns müssen, sollen sie eine *Bedeutung* bekommen, auf wirkliche Handlungen bezogen werden, sie müssen über die bloße Zeichenoperation hinausgehen. In diesem Akt eines äußeren Bezugs auf einen Gegenstand ist aber schon all das verfehlt, was Anlass geben könnte, um für die Gesellschaft so etwas wie „Dialektik" zu reklamieren. Wer nämlich ein Kalkül als Zeichensystem *auf etwas anderes bezieht,* der hat in diesem funktionalen Bezug eine Relation reproduziert, die dem menschlichen Handeln entspricht, sofern es als Verhältnis von Zweck und Mittel beschrieben wird. Damit ist aber jede Pointe abgebrochen, die man der „Dialektik" zuschreiben wollte.

Worauf es ankommt: In der Gesellschaft stellen die Handelnden *selbst* – als ihren Ego-Prozess, als die Bildung ihrer personalen Identität – die Verknüpfung sozialer Sachverhalte her. Und der *Sinn* dieser Verknüpfung ist die Handlung selbst, mit all ihrem kreativen Potenzial und der Unberechenbarkeit von freien Entscheidungen. Man kann also, wenn man so will, die verflochtene Beziehung zwischen Begriffen, die sprachlich als Urteil erscheinen, nur *insofern* „dialektisch" im Unterschied zu kausal-mechanisch bezeichnen, als *man selbst* den Bezug vollzieht. Doch gerade dieser Bezug ist ein *Tun,* das *nur in seinem Vollzug* seinen Sinn hat. Deshalb kann man diesen Sinn gerade *nicht* vom Vollzug trennen und in einem gesonderten Reich der Logik – gleichgültig, ob sie sich „dialektisch" oder „klassisch" nennt – reproduzieren. Es wäre so, als wollte man für einen anderen *freie Entscheidungen* treffen, als wollte man ein Kalkül für die „Kreativität" formulieren. Doch das *Neue* ist immer *faktisch,* nie logisch, genauer: Es kann immer nur *nachträglich* logisch einsortiert werden, vielleicht auch durch neue oder modifizierte Begriffe, aber nicht von diesen erzeugt. Eine formale Dialektik der Gesellschaft müsste also ein *Kalkül des Novums* sein[213], und das ist schlicht unmög-

---

[213] Der Begriff des Novums im *kategorialen* Sinn wurde von Nicolai Hartmann herausgearbeitet; vgl. N. Hartmann (1940), 53. Kapitel. Dieser Begriff des Novums ist sehr viel klarer als der verwandte der „Emergenz". Die gewöhnliche Definition von Emergenz in der Systemtheorie als die spontane Herausbildung von Phänomenen oder Strukturen auf der Makroebene eines Systems auf der Grundlage des Zusammenspiels seiner Elemente verdeckt hinter der Kategorie der „Spontaneität" die eigentliche Pointe: Die Neuheit. Der Beg-

lich. Es ist *logisch* unmöglich, weil etwas Neues durch ein Kalkül auszurechnen bedeuten würde, das Neue *als Akt* zu schaffen. Es ist *ontologisch* unmöglich, weil das Neue immer nur als Handlung vollziehbar ist, die keine Stellvertretung durch Zeichen kennt.

(iv) *Dialektik als Apoha-Prinzip.* In der Nicht-Identität der Identität zeigt sich etwas, das in der abendländischen Philosophie, außer in einem gelegentlichen Aufblitzen, unbekannt geblieben ist. Selbst ein *Einzelbewusstsein* kann keine Identität eines Sachverhalts durch sich selbst definieren. Jede Identitäts- oder Widerspruchsaussage ist ein *Urteil*. Ein Urteil verknüpft *differente* Entitäten (wenn auch vielleicht mit der Intention, darin *Gleichheiten* zu entdecken: a = b usw.). Was bedeutet das? Das bedeutet, dass jede Entität nur durch *andere* Entitäten *definiert* werden kann. Jede Entität *ist* nur das, was sie nicht ist, ist nur durch *anderes* definiert. Beispiel: „Was ist der Mensch?" – „Ein sprechendes Lebewesen?" Hier wird die Entität Mensch durch das, was er *nicht* ist, definiert: Mensch ≠ Sprache, und Mensch ≠ Lebewesen. Ein Buch ist eine Form von Sprache, aber kein Mensch; eine Ameise ist ein Lebewesen, aber kein Mensch. Erst die synthetische Einheit macht einen *definierten* Menschen daraus. Doch offenkundig ist dieser Prozess unendlich. Denn: „Was ist ein Lebewesen?" Entitäten sind also gegenseitig abhängig und verflochten, können nicht je auf sich gestellt werden. Darin erscheint in der logischen Form das, was die Identität ausmacht: Sie ist sozialer *Prozess* der Bedeutungserzeugung. Und da ferner Handlungen immer zugleich in Denkformen eingebettet sind und von ihnen geleitet werden, sind auch Handlungen nicht positiv definierbar. Die Struktur der Bedeutung ist also ein gegenseitig abhängiges Netz der Verflechtung, worin kein Element *für sich* und *mit sich* identisch existiert.

Dieser Gedanke ist in der Apoha-Theorie von Dignaga und Dharmakirti[214] entwickelt worden und seit etwa dem 8. Jahrhundert ebenso Allgemeingut in der buddhistischen Philosophie wie dem Abendland nur in einigen Elementen vertraut.[215] Nagarjuna hatte schon früher gezeigt, dass man mit sich identische *Gegenstände* gar nicht denken kann. Zum Beispiel: Ein Handelnder kann nicht als eine Entität bestimmt werden, wenn er nicht handelt.[216] Der Begriff „Handelnder" leitet sich von seinem Tun ab. Wenn es aber ohne die Handlung keinen Handelnden gibt, *wer* handelt dann? Kategorien, die Eigenschaften oder Tätigkeiten beschreiben, führen also immer auf Zirkel. Man kann nicht „Vater" denken, ohne „Kind" zu denken, nicht „Herr" ohne „Knecht". In den Naturwissenschaften lassen sich derartige zirkuläre Strukturen in Grenzen vermeiden[217],

---

riff der Emergenz stammt von Lloyd Morgan; er versteht darunter den Eintritt des Neuen, „the incoming of the new", C. Lloyd Morgan (1923), S. 1. Eben dies ist das *Novum*.

[214] Vgl. zur Apoha-Theorie: S. Mookerjee (1935); T. Stcherbatsky (1984); P. P. Gokhale (1993); G. B. J. Dreyfus (1997); J. D. Dunne (2004); K.-H. Brodbeck (2002b), 2.6.3; (2002a), 3.9.2.

[215] Ein Beispiel wäre Spinozas *omnis determinatio est negatio*; vgl. Baruch Spinoza: Brief an Jarig Jelles vom 2. Juni 1674, Spinoza (1977), S. 210, das Hegel jedoch völlig anders interpretierte, als im Apoha-Prinzip ausgesprochen ist, sofern die Gegensätze zu einer *positiven* Synthese gelangen. Die Apoha-Theorie entfaltet aus der Negativität der Determination den zentralen Begriff der *Offenheit* oder der *Leere*.

[216] Vgl. zu Nagarjuna: B. Weber-Brosamer, D. M. Back (1997), S. 30ff; S. H. Phillips (1997), S. 16-19.

[217] „In Grenzen", das heißt, man kann jede zirkuläre Bewegung durch *Konvention* abbrechen. Derartige Konventionen sind Standarddefinitionen, Normen- und Maßsysteme, mathematische Axiome usw. Damit übergibt die Naturwissenschaft die Frage aber nur an die Gesellschaft zurück, denn *Konvention* ist wiederum ein sozialer Prozess der konvergenten Identitätsbildung. Dieser Prozess bleibt offen. Deshalb gibt es nie eine *vollendete Physik*,

nicht aber in den Sozialwissenschaften. Was in Indien zwischen dem ersten und achten Jahrhundert an Denkformen entwickelt wurde, blieb ohne Einfluss auf die abendländische Entwicklung – von einigen Ausnahmen wie der Zahl „Null" abgesehen. Doch liegt gerade in diesen Denkformen der *Schlüssel* zum Verständnis sozialer Sachverhalte. Wollte man derartige Zirkularitäten in den Denkformen – ich werde noch ausführlich, vor allem beim Geld, Gelegenheit haben, ihre Geltung für soziale Strukturen aufzudecken – „Dialektik" nennen, so wäre dies eine für meine Erklärungsabsicht annehmbare Definition.

(v) *Dialektik als Jargon.* Die Dialektik als Jargon ist in den Sozialwissenschaften weitgehend verschwunden. Gleichwohl finden sich immer wieder Formulierungen, die eigentlich vor Widersprüchen kapitulieren, das Denken aufgeben und das uneigentliche Zusammen sich widersprechender Urteile dann eben „dialektisch" nennen. Hegel sagte in einem Gespräch mit Goethe, das Wesen der Dialektik „ist im Grunde nichts weiter (...) als der geregelte, methodisch ausgebildete Widerspruchsgeist"[218]. Die Betonung liegt aber auf „methodisch ausgebildet". Sich einen Gedanken zu ersparen und Begriffe, die aufeinander verweisen oder auf undurchsichtige Weise voneinander abhängen, einfach nebeneinander zu stellen und dies „Dialektik" zu nennen, das ist bloßer Jargon.

Zur Ausbildung eines eigenen Vokabulars für solch einen Jargon trugen vor allem die russischen Kommunisten bei, die es fertig brachten, die ohnehin schon kruden und grob vereinfachten Kategorien, die Friedrich Engels aus Hegels Logik übernommen und in bloßen Analogieschlüssen auf die Natur übertragen hatte[219], noch weiter zu vulgarisieren. Natürlich *kann* man das Kochen von Wasser als einen dialektischen Umschlag von Quantität (Temperaturerhöhung) in Qualität (Wasser wird Dampf) *beschreiben*. Doch was ist damit sachlich gewonnen? Es ist, genauer *war* nur ein Stil, eine Duftmarke für Parteimitglieder in kommunistischen Parteien, später in den sozialwissenschaftlichen Diskurs als dialektische Duftmarke linker Theoretiker diffundiert. *Erklärt* oder *verstanden* ist damit gar nichts. Als *wirkliche* Einsicht steckt darin nur, dass Naturformen offenbar *nicht* von ihrer Seite her mit sich identisch sind. Der Grund für ihre Nichtidentität ist aber konkret, und das heißt immer auch *technisch*, aufzudecken. Einige Techniken sind uns gleichsam in die Wiege gelegt: Jeder kann durch die Wärme seiner Hand Eis schmelzen und die „Nicht-Identität" von Eis über alle Situationen hinweg sinnlich erfahren. Doch derartige Erfahrungen führen gerade dazu, dass man den Satz der Identität für das Handeln *durchsetzt*. Und das gelingt dadurch, dass man hinter jedem Wandel doch eine „Identität" als Substanz behauptet, die sich nicht ändert (H_2O). Tauchen dann *neue* Phänomene durch *neue* Techniken auf, dann sucht man *tiefer liegende*, mit sich identische Elemente (H, O), die später wiederum in tiefer liegende identische Entitäten aufgelöst werden. Daran ist nichts „dialektisch", sondern es ist *exakt* das cartesianische Wissenschaftsprogramm.

Bliebe man bei der Engelsschen Dialektik *stehen*, so verstünde man gar nichts, denn Sprüche wie „dialektischer Umschlag" erklären so viel wie der modische Spruch vom „Quantensprung" – nämlich nichts –, wenigstens solange nicht, als man nicht versteht, wie ein solcher Umschlag oder Sprung *technisch* realisierbar ist, wie also seine *Wahr-*

---

weil sich ihre Axiome mit dem sozialen Prozess der Identitätsbildung wandeln, wie sie andererseits in der *technischen Realisierung* in die Gesellschaft eingebettet bleiben.

[218] J. P. Eckermann (1884: 3), S. 157.
[219] Vgl. die „Dialektik der Natur", F. Engels, MEW 22. Bei Lafargue, Dietzgen und Plechanow finden sich ähnliche Denkfiguren. Aber auch konservative Denker wie de Maistre zeigen eine Neigung zur begrifflichen Sophistik, die an Dialektik gemahnt.

heit gemacht werden kann. Diese „Dialektik" ist also bezüglich physischer Gegenstände nichts als ein Jargon, ohne irgendetwas zu erklären oder Urteile zu begründen; von empirischen Prognosen zu schweigen. Die *formale* Aussage, dass es in der Wirklichkeit Widersprüche gäbe, ist zudem sinnlos. Denn diese Widersprüche sind etwas, was nur in *Bedeutungsprozessen* erscheint. Eine bewusstseinsfremde Objektivität ist deshalb sinnlos, weil Objekt ein zirkulärer Korrelatbegriff zu Subjekt ist, also ohne Subjekt nicht gedacht werden kann. Die von Vulgärmaterialisten beschworene „Realität der Außenwelt unabhängig vom Bewusstsein" wäre eine *bedeutungslose* Realität, denn Bedeutung ist eine semiotische Relation *zu einem Objekt*.

Die Dinge sind weder von sich her identisch, noch tragen sie Widersprüche in sich. Das ist nur eine Fortführung der scholastischen Ontologie mit schlechteren Argumenten. Die Scholastiker beschreiben die Dinge als eine Substanz, die Eigenschaften in sich trägt. Das Dialektische daran wäre dann nur der Gedanke, dass Dinge nun auch noch Träger von Attributen namens „Widerspruch" seinen. Ein Beispiel für die Dialektik als Jargon ist das ideologietheoretische Verhältnis zwischen Basis und Überbau. Die Basis soll den Überbau bestimmen. Nun bemerkt man aber, dass Religion, Recht oder Philosophie doch irgendwie auch die Basis beeinflussen. Das widerspricht formal der These von der Priorität der Basis vor dem Überbau. Um mit diesem Widerspruch leben zu können, flüchtet man sich in die Denkfigur der Dialektik. Das Verhältnis sei eben ein „dialektisches", ein sowohl-als-auch, aber doch zugleich ein Bedingungsverhältnis, dialektisch, aber auch wieder nicht.[220]

Reduziert man „Dialektik" also, wie von Engels eingeleitet und von Stalin vollendet, auf *Naturbeziehungen*, so verwandelt sich „Dialektik" schließlich in eine Ontologie, die an die Scholastik gemahnt.[221] Lukács hat diesen Aspekt frühzeitig kritisiert, auch wenn er als Parteigänger der Bolschewiki nur von einem „Missverständnis" spricht:

> „Die Missverständnisse, die aus der Engelsschen Darstellung der Dialektik entstehen, beruhen wesentlich darauf, dass Engels – dem falschen Beispiel Hegels folgend – die dialektische Methode auch auf die Erkenntnis der Natur ausdehnt. Wo doch die entscheidenden Bestimmungen der Dialektik: Wechselwirkung von Subjekt und Objekt, Einheit von Theorie und Praxis, geschichtliche Veränderung des Substrats der Kategorien als Grundlage ihrer Veränderung im Denken etc. in der Naturerkenntnis nicht vorhanden sind."[222]

---

[220] Zwei Beispiele für solches Gerede: „Aber da ist ja eben die Dialektik in der Sache, dass erstens der Überbau, einmal geschaffen, selbst wieder (!) ein Faktor der Beeinflussung der Basis wird und dass diese Basis ihrerseits festesten Halt in diesem Überbau gewinnt", L. Trotzki (1923), S. 27; vgl. „Das Bewusstsein des Menschen widerspiegelt nicht nur die objektive Welt, sondern schafft sie auch (!)." W. I. Lenin (1964), S. 203. Dieses „wieder" oder „auch" zeigt, was Dialektik hier ist: Leerer Jargon im Sessel der Staatsgewalt.

[221] G. Wetter (1953).

[222] G. Lukács (1968), S. 63, Note 6. Sartre sagt: „Der dialektische Materialismus ist ganz einfach das, was wir Dialektik der Natur nennen." S. 22f. Und er benennt den entscheidenden Fehler hierbei: „Das bedeutet zunächst, dass jedweder Naturprozess grundsätzlich dialektisch ist; und zweitens, dass der Mensch in den Grenzen der Natur und die Dialektik seiner Geschichte selbst durch die Totalität der Naturtatsachen bedingt ist", S. 23. Mit anderen Worten: Freiheit ist auf keine Weise eine Natur oder Entität.

1.3.10 Bemerkungen zur Dialektik

Lukács bemerkt hier zwar den Mangel einer objektivierenden Naturdialektik, wie sie sich bei Bucharin oder Stalin findet.[223] Er kann aber, gefangen im Jargon der Dialektik, nicht sagen, was denn nun das spezifisch „Dialektische" an den von ihm genannten Sachverhalten sein soll. Wenn Lukács bezüglich der Relation von Subjekt und Objekt die Kategorie der *Wechselwirkung* verwendet, verrät er seinen cartesianischen Standpunkt, worin das Subjekt ontisch zu einer anderen Entität namens „Objekt" in eine modifizierte Kausalbeziehung tritt. Von Wechselwirkung sprechen auch kybernetische und andere „Erkenntnistheorien", und es ist sicher kein Zufall, dass in der Spätphase der Sowjet- und DDR-Philosophie die Kybernetik zu einer heimlichen Leitwissenschaft geworden war.[224] Doch „die dialektische Methode", sagt Sartre höflich, „hat bisher eigentlich nicht zur Erklärung der materiellen Gegebenheiten des Organismus beigetragen." Denn: Übersetzt man die weniger ontologisierenden Bemerkungen zur Dialektik, die sie als Prozess zwischen Mensch und Natur – hier aber *inhaltlich*, nicht mehr als „Methode" – zu beschreiben versuchen, dann „(ist) die Dialektik nichts anderes als die Praxis."[225] Doch eben damit ist genauso wenig gesagt, weil der Begriff „Praxis" nur auf andere Weise dunkel bleibt, wie auch die Kategorie „Arbeit" (vgl. Kapitel 1.1.3) oder „Wechselwirkung" (vgl. Kapitel 1.3.11 und den nächsten Abschnitt vi). Der Grund ist leicht zu durchschauen: Es wird darin nicht erkannt, was *Bedeutung* als sozialer Prozess beinhaltet (vgl. Teil 2). Ohne diese *inhaltliche* Explikation bleibt aber jede dialektische „Methode" nur Jargon.

(vi) *Dialektik als Totalität der Wechselwirkungen.* Wenn man die Position als cartesianischer Beobachter beibehält, dann zeigt jede „Analyse" zugleich immer auch *neue* Zusammenhänge. Insofern wird als „Dialektik" oft auch die Einsicht bezeichnet, dass man die Totalität aller Beziehungen anstreben solle, ohne sich auf wenige „Aspekte" zu fixieren. Georg Lukács hat in diesem Sinn den Begriff der „Totalität" als Grenzwert der Erkenntnis herausgearbeitet und dies „materialistisch" genannt. Nach Lukács betont die Dialektik „allen diesen isolierten und isolierenden Tatsachen und Teilsystemen gegenüber die konkrete Einheit des Ganzen"[226]. Diese „dialektische Totalitätsbetrachtung"[227] spricht sich selbst als paradoxer Begriff aus: „konkrete Totalität". In welchem Sinn besteht hier eine Einheit? Hegel hatte gesagt:

> „Dies Vernünftige ist daher, obwohl ein Gedachtes, auch Abstraktes, zugleich ein *Konkretes*, weil es nicht *einfache, formelle* Einheit, sondern *Einheit unterschiedener Bestimmungen* ist."[228]

Ähnlich sagt Marx:

---

[223] Vgl. „Die Revolutionen in der Gesellschaft *sind dasselbe*, wie die Sprünge in der Natur." N. Bucharin (1922), S. 84; meine Hervorhebung. „Im Gegensatz zur Metaphysik geht die (!) Dialektik davon aus, dass den Naturdingen, den Naturerscheinungen innere (!) Widersprüche eigen sind", sagt Stalin, und fügt hinzu: „denn sie alle haben ihre negative und positive Seite", J. Stalin (1947), S. 651. Dieser Blödsinn hat gleichwohl einen harten Kern: Die Gewalt, die Positives und Negatives *willkürlich* festlegt.

[224] Vor allem Georg Klaus (1968) vertrat diese Schule; vgl. auch Abschnitt vii in diesem Kapitel.

[225] J. P. Sartre (1965), S. 28 und 30.

[226] G. Lukács (1968), S. 66.

[227] G. Lukács (1968), S. 71.

[228] G. W. F. Hegel, WW 8, S. 176.

> „Das Konkrete ist konkret, weil es die Zusammenfassung vieler Bestimmungen ist, also Einheit des Mannigfaltigen."²²⁹

Diese Bestimmungen hängen allesamt am Begriff der „Einheit", damit der Identität des Ganzen mit sich selbst. *Einheit aber ist nur als Prozess denkbar.*

Lukács folgte in seinem Begriff den Spuren von Hegel, Marx und Lenin, aber auch von Max Weber, der dieselbe Struktur der *angeschauten Komplexität* allerdings nicht „Dialektik" nannte und den Begriff der Einheit als „Individualität" bestimmte:

> „Wir ständen", sagt Max Weber, „selbst mit der denkbar umfassendsten Kenntnis *aller* ‚Gesetze' des Geschehens, ratlos vor der Frage: wie ist *kausale Erklärung* einer *individuellen* Tatsache überhaupt *möglich?*, da schon eine *Beschreibung* selbst des kleinsten Ausschnittes der Wirklichkeit ja niemals erschöpfend denkbar ist. Die Zahl und Art der Ursachen, die irgendein individuelles Ereignis bestimmt haben, ist ja stets *unendlich*, und es gibt keinerlei in den Dingen selbst liegendes Merkmal, einen Teil von ihnen als allein in Betracht kommend auszusondern. (...) Die Wirklichkeit jeder einzelnen Wahrnehmung zeigt bei näherem Zusehen ja stets unendlich viele einzelne Bestandteile, die nie erschöpfend in Wahrnehmungsurteilen ausgesprochen werden können."²³⁰

Worauf Weber hier blickt, wird deutlich: Es gelingt nicht, eine *individuelle Tatsache* aus einer Komplexität von Abstraktionen, Gesetzen, von Ursache-Wirkungs-Beziehungen zu rekonstruieren. Eine individuelle Tatsache ist immer noch mehr und anderes als das, was durch eine Summe von *Abstraktion* an ihr entdeckt werden kann. *Kategorial* spricht hier Weber von der Differenz zwischen Anschauung und Begriff und stellt gleichsam staunend fest, dass Begriffe nicht die Anschauung, die Wahrnehmung ganz *erfassen* können, dass ihr Wesen Abstraktion, d.h. *Einseitigkeit* ist. Fordert man hier „Totalität" der Aspekte, so hilft das nicht weiter. Man verbleibt im Gestrüpp der Kausalität, die als *Beziehung zwischen abstrakten Entitäten* bestimmt wird.

Die Forderung nach „Allseitigkeit" wurde vielfach als „Dialektik" interpretiert, so auch von Lenin, der Bucharin vorhält: „‚Sowohl das eine als auch das andere', ‚einerseits-andererseits' das ist die theoretische Position Bucharins. Das ist eben Eklektizismus. Die Dialektik erheischt die allseitige Berücksichtigung der Wechselbeziehungen in ihrer konkreten Entwicklung, nicht aber das Herausreißen eines Stückchens von diesem, eines Stückchens von jenem."²³¹ Bucharins Dialektik als bloße Phrase – die Lenin völlig zu Recht kritisiert – stellt er eine allseitige Betrachtung, die dialektische Totalität gegenüber. Er schildert dies an einem einfachen Glas: „Ein Glas ist unstreitig sowohl ein Glaszylinder als auch ein Trinkgefäß. Das Glas besitzt aber nicht nur diese zwei Merkmale oder Eigenschaften oder Seiten, sondern eine unendliche Zahl anderer Merkmale, Eigenschaften, Seiten, Wechselbeziehungen". Und Lenin illustriert diesen Gedanken durch die zahlreichen Funktionen, in die ein Glas eintreten kann, sofern es „als Briefbeschwerer, als Behälter für einen gefangenen Schmetterling" usw. dienen kann. Doch Lenin begnügt sich nicht damit, sondern führt weitere Aspekte an; schließlich sagt er:

> „Die dialektische Logik verlangt, dass wir weitergehen. Um einen Gegenstand wirklich zu kennen, muss man all seine Seiten, alle Zusammenhänge und ‚Vermit-

---

[229] K. Marx, MEW 13, S. 632.
[230] M. Weber (1985), S. 177.
[231] W. I. Lenin (1970: 3), S. 612.

telungen' erfassen und erforschen. Wir werden das niemals vollständig erreichen, die Forderung der Allseitigkeit wird uns aber vor Fehlern und vor Erstarrung bewahren." Deshalb müsse „in die vollständige ‚Definition' eines Gegenstandes die ganze menschliche Praxis sowohl als Kriterium der Wahrheit wie auch als praktische Determinante des Zusammenhanges eines Gegenstandes mit dem, was der Mensch braucht, eingehen."[232]

Das Dialektische im Unterschied zu Max Weber ist hier die Forderung, man solle alles *als Prozess menschlicher Praxis* betrachten und dabei die Totalität gleichsam als Leitstern verwenden. Was Lenin hier formuliert, ist eine Denkweise, die auch in der *Ökologie* später als methodisches Prinzip vertreten wurde, ohne den Ausdruck „Dialektik" noch im Munde zu führen.[233] Im Unterschied zu der ökologischen Totalität und zur Beschreibung der Komplexität ist hier die historische Dimension eingefügt, worin jeder Gegenstand als historisches Resultat menschlicher Praxis zu interpretieren sei. Was Lenin hier formulierte, gehört zum Kernbestand der Aufklärungsphilosophie, die jeder Analyse eine Synthese folgen lässt. Der von Lenin vorgeführte Gedanke findet sich als Denkmodell auch bei Rousseau:

„‚Durch wie viele Hände mag dies alles, was du auf der Tafel siehst, gegangen sein, ehe es dieselbe schmücken konnte?' (...) Was wird er bei seinem gesunden Urteil, das noch nichts zu verderben imstande war, über den Luxus denken, wenn er sich davon überzeugen wird, dass alle Weltgegenden dazu haben beisteuern müssen, dass zwanzig Millionen Hände vielleicht lange daran gearbeitet haben, dass es vielleicht Tausenden von Menschen das Leben gekostet hat, und dies alles nur, damit ihm des Mittags darauf mit großer Pracht das aufgetafelt werden konnte, was er am Abend dem geheimen Gemach wieder übergeben wird."[234]

Hier wird, sachlich durchaus zutreffend, jeder soziale Sachverhalt auf sein *Werden*, sein produktives Gewordensein hin bestimmt. Wie man sieht, lässt sich dies ohne jeden Begriff von „Dialektik" durchführen; auch ist dazu kein eigenes *Verfahren* erforderlich. „Dialektik" wäre dann nur das regulative Prinzip bei Untersuchungen, nicht einseitig zu bleiben, sondern den Zusammenhängen auch mit Hinblick auf die menschliche Produktion nachzugehen. Die Rousseausche Blickweise ist für eine Welt globaler Tausch- und Informationsbeziehungen zweifellos unerlässlich, um zu einem *sachlich* zutreffenden Urteil zu gelangen. Eine eigene *Logik der Vergesellschaftung* ist dies aber nicht.

Denn: In dieser Forderung nach der Erkenntnis der Totalität aller Ursachen und Wechselwirkungen zeigt sich ein grundlegender Mangel, ein blinder Fleck. Das Ganze wird hier wohl als bewegtes, vielleicht historisches Geflecht betrachtet. Doch bleibt die cartesianische Metaphysik völlig gewahrt. In der Forderung nach Totalität der Betrachtung bemerkt der cartesianische Beobachter, dass sein Ego nicht *einem* Objekt, sondern einer in sich differenzierten Totalität der Bestimmungen gegenübersteht. Diese Totalität bleibt in der Analyse – nachdrücklich sichtbar in ökologischen Modellen – als *Gegenstand* bestimmt. Das Ganze dieser Summe von Wechselwirkungen, von historisch werdenden Verflechtungen und Abhängigkeiten ist dem ontologischen Sinn nach etwas Vorhandenes. Die darin beobachtete Vernetzung ist eine der abhängigen Aspekte, der

---

[232] W. I. Lenin (1970: 3), S. 614ff. Vgl. Horkheimers analogen Wahrheitsbegriff in M. Horkheimer (1968: 1), S. 261ff.
[233] Vgl. L. Trepl (1987).
[234] J.-J. Rousseau (1910: 2), S. 342.

Kausalität. Doch die Menschen in einer Gesellschaft stellen ihre Vergesellschaftung nicht nur als Vielfalt kausalen Schiebens und Stoßens her – das ist vielmehr der Verfall des Sozialen im Kapitalismus durch die komplexe Abhängigkeit konkurrierender Eigentümer im Hobbesschen Dschungel. Die sozialen Relationen sind *Bedeutungen*, sie gehen durch die Subjektivität hindurch, die jeweils die Totalität der Gesellschaft in sich lokal zentrieren, einer Privation und Individualisierung unterwerfen und aus dem Bewusstsein ihrer situativen Einbettung denken und handeln. „Die Tat des Denkens und die Tat des äußeren Handelns sind beide ein Tun."[235]

(vii) *Dialektik als Zirkularität der Bestimmungen*. Die wichtigste Frage, die es also bei der Aufdeckung von gegenseitigen Abhängigkeiten zu beantworten gilt, ist deren *Natur*. Kausale Zirkularität – wie eine technische Rückkopplung, z.B. durch ein Ventil und ein Temperaturmessgerät zur Heizungssteuerung – ist immer noch eine Form von *Kausalität*. Zwar treten hier neue Formen auf, doch all dies ist in der Regel auch mathematisch beschreibbar und enthält keine Spur von „Dialektik", auch wenn Gotthard Günther in der Kybernetik so etwas wie die Morgenröte einer dialektischen Logik erblicken wollte und seinem Vorbild zahlreiche Theoretiker der Systemtheorie gefolgt sind.[236] Die formalen Schwierigkeiten zur Beschreibung solcher Systeme sind längst gelöst, auch wenn sie einige neue mathematische Instrumente benötigten.[237] Der entscheidende Punkt bei einer Rückkopplung in kybernetischen Systemen ist die Möglichkeit, die Rückkopplung jederzeit *trennen* zu können.

Bei echter *begrifflicher Reflexivität*, wie ich sie am Beispiel des Apoha-Prinzips erläutert habe, ist das nicht möglich. Beides wird immer wieder verwechselt. Man kann z.B. jederzeit Spule und Kondensator eines elektrischen Schwingkreises auch wieder technisch *trennen* und damit die Rückkopplung, die Zirkularität aufheben. Spule und Kondensator zeigen dann wieder je für sich einen einfachen kausalen Zusammenhang, etwa zwischen elektrischem Strom und Widerstand. Das bedeutet, dass es sich bei Rückkopplungs-Mechanismen um eine *verknüpfte* Kausalität handelt, eine etwas *komplexere* Kausalität. Vielfach sieht man aber gerade im kybernetischen *Feedback* so etwas wie ein dialektisches Prinzip. Die Differenz zum Apoha-Prinzip ist aber offenkundig: Die reflexive Beziehung zwischen „König-Untertan" etc. ist *nicht* trennbar. Wenn sich soziale Verhältnisse in einer Struktur reproduzieren, die durch die Denkbewegung solch reflexiver Beziehungen bestimmt ist, dann tritt in der Tat ein völlig neues Phänomen hervor; dies wird sich beim Geld noch genauer zeigen.

Marx hat solche Reflexionsverhältnisse bemerkt. Doch er verwechselte hierbei die Möglichkeit, begriffliche Zirkularität auf Sachverhalte zu projizieren, mit der Zirkularität der Sachverhalte selbst. Eine wirklich reflexive Zirkularität (wie „König-Untertan") gibt es als *soziale Wirklichkeit* nur, wenn die Handelnden *in ihrem Denken* diese For-

---

[235] O. Spann (1928c), S. 153.
[236] Wird eine Wirkung y_t durch eine Ursache x_{t-1} zeitverzögert definiert: $y_t = f(x_{t-1})$, während umgekehrt die Wechselwirkung gilt: $x_t = g(y_{t-1})$, so ist bei nichtlinearen Funktion $f(.)$ und $g(.)$ neben einfachen Anpassungen auch ein Schwingungsverhalten oder ein chaotischer Funktionsverlauf möglich. Das System *insgesamt* ist gleichwohl klar definiert und determiniert, wenn die Anfangsbedingungen festliegen. Darin eine „Dialektik" zu sehen oder gar eine Vorform von *Subjektivität*, wie Günther, der meint, dass in einem Feedback-Mechanismus „alle Bedingungen für die Konstitution von Bewusstsein" gegeben seien, G. Günther (1976), S. 105, ist unhaltbar. Kausalität erzeugt auch als Wechselwirkung keine *Bedeutung*.
[237] Vgl. H. Haken (1990).

1.3.10 Bemerkungen zur Dialektik

men als Täuschung reproduzieren.[238] Es gibt für diese Täuschung keinen „materiellen" Grund. Deshalb sind Herrschaftsverhältnisse, die Bedeutung von Sachverhalten, das Geld, die Anerkennung einer Moral usw. nicht aus *anderen* Formen ableitbar. Sie haben nur Sinn *in ihrer inneren Zirkularität*, die aber jeweils von den Handelnden *im Denken*, in der kategorialen Struktur ihrer Denkformen reproduziert werden müssen, um real zu sein. Hört das allgemeine Vertrauen in einen König, eine Regierung, das Geld oder eine Moral auf, entziehen die Handelnden also einer Struktur dadurch ihre Macht, dass sie nicht mehr die Illusion reproduzieren, es handle sich hier um etwas, das *von sich her* einen substanziellen Gehalt besitzt („Geld *ist* wertvoll, also hat es Geltung"; „jemand *ist* ein König, also verneige ich mich vor ihm" usw.), so endet auch diese herrschende Form als soziale Wirklichkeit.

Es ist also etwas völlig anderes, wenn man in der oben aus dem Munde von Rousseau oder Lenin zitierten objektiven Vernetzung von Handlungen eine *Kausalitätsrichtung* entdecken möchte und zu einer Vorzugsrichtung erklärt. In allen objektivzirkulären Systemen ist jedes Ding *auch* Ursache aller anderen – das ist gerade der Witz an zirkulären Netzstrukturen. Was man als Ausgangspunkt wählt, liegt nicht im Sachverhalt, sondern in der *Darstellung*. Mandeville hat das erkannt und in die Sozialwissenschaften eine Denkform eingeführt, die Adam Smith nachdrücklich erschütterte – auch wenn er sie nicht von der Hand weisen konnte –, und die deutliche Spuren bei Marx hinterlassen hat. Mandeville formuliert in seiner Bienenfabel das Axiom: „Der Allerschlechteste sogar / Fürs Allgemeinwohl tätig war"[239], das er systematisch entfaltete und darin eine Umwertung aller Werte vornahm, worin Armut und Hunger gut, Verbrechen nützlich und Gewalt Bedingung des sozialen Friedens sind.

In Wahrheit tritt Mandeville hier nur das Erbe der Theologie, genauer der *Theodizee* an, die rechtfertigen sollte, weshalb es in der von einem guten Gott geschaffenen Welt überhaupt Leiden gibt. Die von Augustinus über Thomas von Aquin bis zu Leibniz tradierte Logik besagt: Weil durch das Leiden die Vollkommenheit der Gesamtschöpfung noch erhöht wird, was ohne Leid nicht möglich sei – für einen immerhin allmächtigen Gott. Dass dieser Gedanke, sieht man ab von seinem Zynismus, sich nicht schlüssig rekonstruieren lässt, ist offenkundig. Er wurde, nebenbei bemerkt, auch in Indien durch die buddhistische Schule, von Nagarjuna und anderen Madhyamakas, bündig widerlegt, denn auch die Theodizee hat indische Wurzeln. Was diese Denkform auszeichnet, ist ihr *struktureller Mangel an Mitgefühl*. Man fabuliert zwar über das Wohl *aller*, nicht aber über das des *Nächsten*. Die Entgegensetzung der fiktiven Entitäten „Ich" und „Alle" vergisst, dass alle sozialen Strukturen in einem *intersubjektiven* Ich-Du-Verhältnis gründen. Nur durch dieses Vergessen ist es möglich, das Wohl *aller* zu preisen, während man den *Nächsten* einfach vergisst.

---

[238] Vgl. K.-H. Brodbeck (2002a), S. 3.

[239] B. Mandeville (1980), S. 134. George Berkeley hat Mandevilles Text kritisiert, vgl. G. Berkeley (1996). Mandeville hat darauf wiederum in *A Letter to Dion* (London 1732) geantwortet: „They are silly People who imagine, that the Good of the Whole is consistent with the Good of every Individual", B. Mandeville (1954), S. 49. Der frühe Liberalismus hat dem noch direkt widersprochen: „(T)he Self-Love and Self-Interest of each Individual (...) will promote the public Welfare at the same Time", J. Tucker (1931), S. 251. Diese wichtige Differenz zwischen Mandeville und Tucker (bzw. analog Smith) wird in Hayeks Antirationalismus gänzlich eskamotiert; vgl. F. A. Hayek (1948), S. 25 und 51, der zudem Tucker verkürzt und falsch zitiert (aaO, S. 50; vgl. dagegen S. 59 in der zitierten Ausgabe von Schuyler). Tucker betont gerade die *bewusste* Übereinstimmung der Interessen, nicht einen „überbewussten Mechanismus", den Mandeville implizit und Hayek explizit unterstellen; vgl. F. A. Hayek (1967), S. 61.

Auch dieser strukturelle Mangel an Mitgefühl, der bei Mandeville methodisch eingefordert wird, hat tiefe Wurzeln im Christentum. Augustinus polemisiert gegen jene, die mit den Verdammten Mitleid empfinden:

„Um so schmählicher und um so mehr klaren Gottesworten zuwider irrt man, je milder man zu empfinden sich schmeichelt."[240]

Die „Vollkommenheit der Schöpfung" wird vom Liberalismus aus der Mandevilleschen Tradition durch das „Gesamtwohl aller" ersetzt; das Leiden, das schon die Schöpfung vervollkommnete, trägt *nun* zur Fiktion des „Wohls aller" bei, und die Verdammten, die zu bemitleiden Gottes Willen durchkreuzt, ist im Liberalismus durch die These ersetzt, man dürfe den Armen nicht helfen, Hungernde nicht füttern, weil man sonst den heiligen Markt an seinem Wirken hindere – denn all dies wären nur störende *Eingriffe*. Und wer Gottes oder des Marktes Wirken stört, begeht eine Sünde.[241]

Man erkennt leicht – bei allem bitteren Zynismus dieser Tradition von Augustinus bis Hayek – den *Mangel* dieses Gedankens. Die Entität *Wohl aller* ist eine Erfindung, die man ökonomisch hinter Durchschnitten und Aggregation wie „BIP per capita" versteckt.[242] Die Gesellschaft geht immer vom Ich zum Du, von Mir zum Nächsten, und wenn man diese Strukturen nicht erkennt und durchschaut, landet man bei der seltsamen Dialektik, die Mandeville aus der Theodizee-Lehre der Theologen destillierte. Doch damit nicht genug. Auch der vermeintlich schärfste *Kritiker* des Marktes verbleibt in dieser Tradition. Mandevilles These wurde von Marx in gehöriger Ironie aufgegriffen und unter Berufung auf ihn so reformuliert:

„Ein Philosoph produziert Ideen, ein Poet Gedichte, ein Pastor Predigten, ein Professor Kompendien usw. Ein Verbrecher produziert Verbrechen. Betrachtet man näher den Zusammenhang dieses letzteren Produktionszweigs mit dem Ganzen der Gesellschaft, so wird man von vielen Vorurteilen zurückkommen. Der Verbrecher produziert nicht nur Verbrechen, sondern auch das Kriminalrecht und damit auch den Professor, der Vorlesungen über das Kriminalrecht hält, und zudem das unvermeidliche Kompendium, worin dieser selbe Professor seine Vorträge als ‚Ware' auf den allgemeinen Markt wirft. Damit tritt Vermehrung des Nationalreichtums ein. Ganz abgesehen von dem Privatgenuss, den, wie uns ein kompetenter Zeuge, Prof. Roscher, sagt, das Manuskript des Kompendiums seinem Urheber selbst gewährt. (…) Der Verbrecher produziert ferner die ganze Polizei und Kriminaljustiz, Schergen, Richter, Henker, Geschworene usw.; und alle diese verschiednen Gewerbszweige, die ebenso viele Kategorien der gesellschaftlichen Teilung der Arbeit bilden, entwickeln verschiedne Fähigkeiten des menschlichen Geistes, schaffen neue Bedürfnisse und neue Weisen ihrer Befriedigung. Die Tortur allein hat zu den sinnreichsten mechanischen Erfindungen Anlass gegeben und

---

[240] Augustinus (1978: 2), S. 713; vgl. E. Benz (1955).
[241] Alles, was dem Mandeville-Schüler Hayek zum Hunger deshalb einfällt, ist der Gedanke, eine direkte Hilfe an Hungernde würde zu ihrer weiteren Vermehrung beitragen – unser wirkliches Geschenk an sie sei der Marktmechanismus, der die richtige Zahl schon durch Verhungern reguliere. Durch *Eingriffe* (= Hilfen) dagegen „übernehmen wir eine schreckliche Verantwortung", F. A. Hayek (1996), S. 100. Wer *hilft*, ist ein Übeltäter – der Hl. Martin, der teilt, begeht „ein Verbrechen", K. Homann (2003), S. 21. So geht *newspeak* im gelebten 1984.
[242] Vgl. ausführlich dazu K.-H. Brodbeck (1996a), Kapitel 3.

1.3.10 Bemerkungen zur Dialektik

in der Produktion ihrer Werkzeuge eine Masse ehrsamer Handwerksleute beschäftigt.
Der Verbrecher produziert einen Eindruck, teils moralisch, teils tragisch, je nachdem, und leistet so der Bewegung der moralischen und ästhetischen Gefühle des Publikums einen ‚Dienst'. Er produziert nicht nur Kompendien über das Kriminalrecht, nicht nur Strafgesetzbücher und damit Strafgesetzgeber, sondern auch Kunst, schöne Literatur, Romane und sogar Tragödien (...). Der Verbrecher unterbricht die Monotonie und Alltagssicherheit des bürgerlichen Lebens. Er bewahrt es damit vor Stagnation und ruft jene unruhige Spannung und Beweglichkeit hervor, ohne die selbst der Stachel der Konkurrenz abstumpfen würde. Er gibt so den produktiven Kräften einen Sporn."[243]

Das hörbare Lachen in diesem Text, das Marx gemeinsam mit Mandeville anstimmt – um gewiss ja nicht als vormoderner Spießer zu gelten –, ist *moralisch* ein Grundzug auch in vielen zeitgenössischen Wirtschaftsethiken geworden. *Ethisch* ist es nur die Wiederkehr der faden Theodizee – und Marx ahnt es nicht einmal. Man schaut mit einem Fernblick auf die Welt, die *moralisch* zu bessern man sich völlig abgewöhnt hat. Moral gilt als idealistisches Geschäft, das gegen die offenkundigen Fakten einen Standpunkt geltend machen möchte, der längst auf dem Müll der Geschichte gelandet sein soll. Die Moderne gefällt sich darin, diesen Blickwinkel „ironisch" zu nennen. Doch erstens ist jede Abweisung einer Moral ein moralisches Urteil, und zweitens ist die Denkfigur von Mandeville oder Marx *falsch*, weil sie in einer vernetzten Struktur *der Bedeutung* eine *kausale Vorzugsrichtung* behauptet. Sie verwechselt die Syntax eines Netzwerks mit seiner Semantik, setzt den als Vergesellschaftung vollzogenen semiotischen Prozess *ontologisch* mit materialer Kausalität gleich und kann sich *dann* die Freiheit herausnehmen, in diesen zirkulären Strukturen *Kausalitätsrichtungen* zu definieren, die einer polemischen oder ideologischen Absicht dienen.

Bei einer gegenseitigen Vernetzung von Handlungen kann man *immer* bei einer cartesianisch-kausalen Blickrichtung die Ursache-Wirkungs-Beziehungen auch umkehren: Das Gesetz produziert durch seine Klassifikationen den Verbrecher, der Verbrecher macht das Gesetz gültig und notwendig. Man bewegt sich denkend im Geflecht der sozialen Handlungen und betont dabei *eine* Richtung – sofern sie ungewohnt ist („der Verbrecher produziert Kompendien der Rechtsprofessoren" usw.), erweckt dies den Anschein, *geistreich* zu sein. Doch all dies ist trivial und jene Sorte *sophistischer Dialektik*, die nur das damit verbundene moralische Spiel als Inhalt besitzt. *Erklärt* ist damit gar nichts. Denn der Witz besteht in der Aufdeckung des genauen Verhältnisses zwischen Verbrecher und Gesetz, Armut und Reichtum usw. Hier zeigt sich nämlich rasch, dass das, was von außen – für den cartesianischen Beobachter – als spielerische Denkbewegung in der Vernetzung von Handlungen erscheint, einer genauen Analyse nicht standhält und sich als bloß rhetorische Phrase entpuppt. So ist z.B. das Verhältnis zwischen Gesetz und Anwendungsfall keineswegs symmetrisch. Zwar kann ein Gesetz jemand zum Verbrecher stempeln – z.B. Juden oder Homosexuelle –, es gibt aber keine „Verbrecher-Substanz", der ein Gesetz angemessen wäre. Es gibt immer wieder Regelungsbedarf in allen politischen und wirtschaftlichen Systemen. Doch die Regel geht nicht induktiv aus einem Problem hervor; sie muss ausgedacht oder erfunden werden.

Das Netz der Verflechtung wird immer wieder neu geflochten – durch das Denken und die Wahrnehmung der Handelnden. Vor allem: Eine *intersubjektive Verflechtung* hat auf keine Weise die Struktur der *Produktion*, der Herstellung eines Produkts, wie

---

[243] K. Marx, MEW 26.1, S. 363.

Marx behauptet. Eben deshalb ist die Kausalität auch umkehrbar, besteht sie doch nur in einer *kognitiven* Relation, in einer äußeren Zuschreibung des cartesianischen Beobachters. Der Verbrecher *produziert* also nichts; er gibt bestenfalls einen *Anlass* für etwas. Doch ein Anlass bedarf immer der Interpretation, der Motivation, also einer *Bedeutung*, die sich keiner kausalen Beschreibung fügt, wie sie im Produktionsakt gerade vorliegt. Man kann nicht eine Verbrechersubstanz *voraussetzen*, die die Gesetze ihrer sozialen Eingrenzung (Kriminalrecht) *produziert*, weil der Begriff „Verbrecher" überhaupt erst durch ein Gesetz *definiert* wird: Wer aus Hunger Brot stiehlt, ist ein Verbrecher, wer Aktienkurse manipuliert und Kleinanleger betrügt, ist ein Ehrenmann.

Die hier gemachten Bemerkungen sind nur Beispiele dafür, wie eine *genaue Analyse* der zirkulären Verhältnisse in einem vernetzten System von Handlungen ziemlich rasch ergibt, dass die äußere Beschreibung von Kausalitätsverhältnissen *innerhalb* der Zirkularität nur den Fehler wiederholt, sich seinem „Gegenstand" gegenüber gleichgültig zu verhalten – aus bei Mandeville und Marx sehr durchsichtigen moralischen Motiven, worin man umgekehrt die Scheinmoral der bürgerlichen Welt entlarven möchte. Das ist weder klug noch dialektisch. Vormals galt solches als Apercu im bürgerlichen Salon, heute als TV-Tiefsinn in einer Talk-Show, in der sich „Philosophen" bemühen, geistreich zu sein.

Als harter Kern für eine „dialektisch" zu nennende Methode bleibt die Erkenntnis, dass es in der objektiven Sinnstruktur der Gesellschaft *Reflexionsverhältnisse* gibt, die zwar nur im Denken funktionieren, damit aber gleichwohl soziale Wirklichkeit stiften und *darin* die Handlungen der Menschen koordinieren. Allgemeine Reden über Dialektik oder dialektische Methode helfen hier nicht weiter. Vielmehr muss am Sachverhalt selbst – an der Bedeutung von Zeichen, Handlungen, am Tausch, an Machtverhältnissen, am Geld usw. – solch eine Struktur aufgezeigt und mit der je eigenen Handlungserfahrung vermittelt werden. Jede soziale Logik, die sich nicht zugleich um die Erkenntnis von Sachverhalten bemüht, ist *wenigstens* überflüssig, mag sie sich „analytisch", „empirisch", „positivistisch" oder „dialektisch" nennen.

Insofern muss man es Marx wiederum hoch anrechnen, dass er die von ihm geplante „Dialektik" *nicht* geschrieben hat[244] – was seine Anhänger nicht daran hinderte, diese implizite Erkenntnis zu ignorieren und den dialektischen Jargon inflationär aufzublähen. Während Marx in den drei Bänden seines *Kapitals* den Begriff „Dialektik" nur an sechs Stellen verwendet – vier davon stehen im Nachwort zur 2. Auflage und nehmen auf einen Rezensenten Bezug –, lässt es sich z.B. Adorno nicht nehmen, allein in der 20bändigen Werkausgabe seiner Schriften den Begriff „Dialektik" 1148 mal zu verwenden. Dies in einer Vielfalt von Bedeutungen, die sich – zweifellos „dialektisch" – meist gegeneinander aufheben und weit eher den Eindruck eines bunten Schlagerpotpourris machen, denn den einer kunstvollen Komposition. Und Adorno meint sogar noch eine *Kritik* auszusprechen, wenn er den Vorwurf erhebt, dass man „den Begriff der

---

[244] Vgl. „Wenn ich die ökonomische Last abgeschüttelt, werde ich eine ‚Dialektik' schreiben. Die rechten Gesetze der Dialektik sind schon im Hegel enthalten; allerdings in mystischer Form. Es gilt diese Form abzustreifen". K. Marx, MEW 32, S. 547. Offenbar ist Marx aufgefallen, dass nach dem Abstreifen nichts verbleibt: Denn die Dialektik bei Hegel hat einen *Inhalt* und ist ohne die Selbstbewegung des Subjekts dieses Inhalts gar nicht zu verstehen – das macht gerade den Hegelschen *Idealismus* aus. Entfernt man also die „mystische" (= idealistische) Form, so steht man mit leeren Händen da. Marx hat das vermutlich bemerkt und ist nicht auf eine „Dialektik" als Jargon hereingefallen wie seine Nachfolger.

1.3.11 Die Logik der Ganzheit: Adam Müller und Othmar Spann

Dialektik selber zu undialektisch sich vorstellt"[245]. Deshalb ist doch wohl nur eine Konsequenz zu ziehen: Die wahre Dialektik kann auf ihren eigenen Begriff verzichten.

1.3.11 Die Logik der Ganzheit: Adam Müller und Othmar Spann

Politisch auf der Gegenseite jener Positionen, die von Vertretern der dialektischen Methode bezogen wurden, steht die Ganzheitslehre, wie sie Othmar Spann entwickelt hat.[246] Bei allen politischen Gegensätzen findet sich dennoch eine gemeinsame Zielrichtung der Kritik bei Spann und der kritischen Theorie Horkheimers und Adornos. Die Wurzeln für diesen kritischen Impuls sind in der *romantischen Nationalökonomie* zu finden, die durch die Arbeit Spanns nach Vorarbeiten Roschers als eigene Schule bekannt gemacht wurde.[247] Auch in den Kategorien findet sich eine Verwandtschaft. Betont Adorno in der Tradition von Lukács' *Geschichte und Klassenbewusstsein* den Gesichtspunkt der Totalität für das Verständnis der menschlichen Gesellschaft, so entwickelt Spann eine umfassende Logik der Ganzheit, die er als Fortführung der Mystik Eckharts, der Philosophie von Fichte und, für die Soziologie und Ökonomik, von Adam Müller begreift.[248]

In der Kritik eines mechanisch gedeuteten Individualismus und in der Betonung des Gesichtspunkts der Totalität zeigt sich hier eine gemeinsame *methodische* Gegnerschaft zum Liberalismus der bürgerlichen Ökonomik, auch wenn Spanns vorübergehende Sympathien mit dem Faschismus und die Nähe der frühen kritischen Theorie zum revolutionären Marxismus beide Denksysteme politisch schroff gegeneinander stellte. Es ist aber damit auch erklärlich, weshalb die methodischen Fragen, die von Spann oder der kritischen Theorie diskutiert wurden, vom „gemeinsamen Gegner", der bürgerlichen Ökonomik und Soziologie, mit völliger Ignoranz bedacht wurden und so im Meer des Vergessens versanken. Über Spann sagt Schumpeter: „Für uns aber ist weder seine Sozialphilosophie, noch seine Epistemologie, noch seine Soziologie von Interesse. Uns beschäftigt nur seine Theorie; und diese zeitigte keinerlei Resultate."[249] Ich werde, Schumpeters Beispiel nicht folgend, Spanns und Müllers Theorie, gerade weil sie heute kaum noch rezipiert wird, hier etwas genauer darstellen.

Spann kritisiert, anknüpfend an Müller, in seinen Texten nachdrücklich die *mechanische* Ökonomik:

„Der Gegenstand der Volkswirtschaftslehre ist als Gebäude von Mitteln für Ziele nicht durch bewusstlose (kausale) Vorgänge der Natur dargeboten, nicht durch mechanisch-physikalische Kräfte gebildet, sondern entsteht durch bewusstes Handeln der Menschen."[250]

Bei Müller heißt es, gegen die klassische Nationalökonomie gewendet, entsprechend:

---

[245] T. W. Adorno, GS 5, S. 372.

[246] Eine anbiedernde Nähe zum Faschismus und zum frühen Nationalsozialismus kennzeichnet einige Texte Spanns aus dem Anfang der 30er Jahre; vgl. seinen Vortrag „Die Bedeutung des ständischen Gedankens für die Gegenwart", in: O. Spann (1934), S. 3ff und 8ff.

[247] Vgl. W. Roscher (1870).

[248] Auch Robert Stolzmann hat einige dieser Motive übernommen: „Alle Philosophie geht auf die Erkenntnis des Ganzen." R. Stolzmann (1923), S. 6.

[249] J. A. Schumpeter (1965), S. 1044.

[250] O. Spann (1929b), S. 327.

„Aus allen diesen rohen, von dem eigentlichen Leben tot abstrahierenden Kräften und Zahlen bilden sie ein mechanisches Problem, das nach Art der Rechenexempel gelöst wird."[251]

Und wie Adam Müller, so versteht auch Othmar Spann seinen „Universalismus" als *Gegenentwurf* zu Adam Smith – worauf er auch sein Urteil über Müller gründet:

„Das unsterbliche Verdienst Adam Müllers ist, dass er inmitten einer aufklärerischen Zeit, inmitten einer rein individualistischen Denkrichtung, da Smith, Ricardo und ihre Schule überall die Siegesfahnen entrollten, da das Wesen der Wirtschaft aus Eigennutz und freier Willkür des Einzelnen erklärt, das Gedeihen Aller auf den freien Wettbewerb aufgebaut, der Staat aus dem Urvertrag der souveränen Individuen abgeleitet wurde – dass er inmitten einer solchen Zeit der Vereinzelung und Mechanisierung Eines sah: das Ganze über dem Einzelnen und jeglichem Vereinzelten, das Leben über dem Mechanismus."[252]

Obgleich sich bei beiden Autoren immer auch zahlreiche Analysen und Bemerkungen zu einzelnen ökonomischen Sachverhalten finden, ist ihr Programm doch vor allem ein *methodisches* Prinzip, das angewandt dann allerdings einen völlig anderen Blick auf die Wirtschaft ergibt, der für den Hauptstrom der liberalen Ökonomik schlicht unverständlich blieb. So ist auch Schumpeters Aussage über Spann zu verstehen, dessen Theorie „zeitige keinerlei Resultate"[253]. Gemessen am Theoriekonzept der liberalen Ökonomik liefert Spann tatsächlich keine „Resultate". Man benötigt die Bereitschaft, eine *andere Methode*, genauer eine andere Metaphysik wenigstens als Denkexperiment mitzuvollziehen, um von Spann (oder Müller) etwas lernen zu können. Spann liefert einen neuen begrifflichen *Rahmen*, der sich zwar historisch nicht durchsetzte als *wirksame* Denkform, der aber gleichwohl immer noch eine Vielzahl wertvoller Einsichten birgt, die der mechanischen Soziologie und Ökonomik verschlossen bleiben. In den 20er Jahren des 20. Jahrhunderts, als Spanns Theorie noch lebendig diskutiert wurde, kam vor diesem Hintergrund Hans Honegger denn auch zu einem völlig anderen Urteil als Schumpeter:

„Spanns volkswirtschaftliches System im besonderen ist eine der kühnsten Geistestaten der nationalökonomischen Theorie, der kaum etwas Ähnliches zur Seite gestellt werden kann."[254]

Schumpeters Aussagen über Spann, die nur von einer geringen Kenntnis seiner Texte getrübt sind, werden an Selbstbeschränkung in seinem Blick auf Adam Müller noch übertroffen. Ich greife seine grobschlächtige Fehldeutung auf, weil sie die intellektuellen Möglichkeiten, damit auch die methodischen Schranken der modernen Ökonomik in einem ihrer bekanntesten Köpfe als Schlaglicht aufzudecken erlaubt. Schumpeter sagt,

---

[251] A. Müller (1839), S. 52; zitiert bei W. A. Jöhr (1946), S. 20.
[252] O. Spann (1931), S. VII.
[253] J. A. Schumpeter (1965), S. 1044. Vgl. dagegen: „Die größte Leistung Spanns liegt aber entschieden auf dem Gebiete der *theoretischen Volkswirtschaftslehre*. Sein Unternehmen hier ist kein geringeres, als, von seiner *universalistischen* Philosophie ausgehend, ein neues ‚Fundament der Volkswirtschaftslehre' zu schaffen." T. Surányi-Unger (1926: 2), S. 155.
[254] H. Honegger (1925), S. 112. Während Honegger Spann ausführlich würdigt, erwähnt ihn Schumpeter in seinem Überblick „Die Wirtschaftstheorie der Gegenwart in Deutschland" (1927) mit keinem Wort; vgl. J. A. Schumpeter (1954), S. 255-284.

1.3.11 Die Logik der Ganzheit: Adam Müller und Othmar Spann 149

Müllers Theorie stelle nur „eine negative *Umbewertung* der Fakten (!) und Argumente von A. Smith – des Laissez-faire, des Freihandels, der Arbeitsteilung usw."[255] – dar. Das kann nur sagen, wer Müllers Texte einfach nicht gelesen hat, sieht man ab von der Frage, was denn die „Fakten von A. Smith" überhaupt sein sollen. Schumpeter, mit einem ganz anderen *kategorialen System* konfrontiert – der Logik der Ganzheit –, verrät aber mit dieser Aussage, worin die moderne Ökonomik tatsächlich *gründet*: Sie ist gerade in ihrer pseudowissenschaftlichen Form nur eine Morallehre. Wer an die Fundamente rührt – und eben dies tat Müller, wie auch Marx oder Spann –, der muss sich sagen lassen, dass sein Urteil nur eine *verkehrte Gesinnung* sei. Doch *wenn* man Smith´ Theorie tatsächlich nur einfach „umkehren", mit einem negativen Vorzeichen versehen könnte, dann *wäre* diese Theorie in ihrem Wesen auch nur eine verkappte Moral im Gewand der Wissenschaft. Nun ist das für die Neoklassik durchaus ein zutreffendes Urteil, sicher aber nicht für Smith (zu schweigen von Müller oder Spann), der seine zweifellos vorhandenen ideologischen Überzeugungen stets zu *begründen* versuchte – wie Müller die seinen.

Dass Müller sehr wohl sachliche *Gründe* gegen Smith anführte und ihn insofern wissenschaftlich *ernst* nahm, möchte ich kurz an einem – allerdings wichtigen – Beispiel illustrieren, das zugleich den Kern von Müllers Methode zu skizzieren erlaubt.[256] Die Pointe von Müllers Kritik an Smith ist der Gedanke, dass man das Nationaleinkommen nicht *kausal* aus Ursachen erklären kann, wenn man das vergisst, was Müller (später auch List) „geistiges Kapital" nannte[257]. Gerade diese Erkenntnis wurde durch *das negative Ergebnis* der neoklassischen Wachstumstheorie auch für einen nur empirisch denkenden Verstand erkennbar bestätigt: Die moderne neoklassische Wachstumstheorie ist daran *gescheitert*, das Wachstum aus Ursachen (Kapitalstock, Bevölkerung) zu erklären. Es bleibt stets ein überwiegender, unerklärter statistischer Rest, den Solow in einem wissenschaftstheoretischen Anfängerfehler in einen *positiven Faktor* „technischer Fortschritt" ohne jede Theorie seiner Herkunft umdeutete.[258]

Müller warf Smith vor, dass er eben die Erklärung der Gründe für die soziale, „geistige" Produktion nicht geliefert habe. Durch *Addition* von atomisierten Ursachen ist das geistigen Leistungen eigentümlich *Allgemeine* nicht erklärbar, wodurch die *Gemeinschaft*, kategorial von Spann als *Ganzheit* bestimmt, in den Mittelpunkt rückt:

---

[255] J. A. Schumpeter (1965), S. 525; meine Hervorhebung. Hildebrand drückt das Verhältnis zwischen Smith und Müller als Gegensatz aus: „Während Smith das Individuum von der sittlichen Idee des Gemeinwesens losriss und das Ganze nur als Summe einzelner Individuen betrachtete, entäußert Müller das Ganze von dem reichen Inhalte selbstschöpferischer Individualitäten und erkennt den Einzelnen nur insoweit an, als er für den Staat Wert besitzt." B. Hildebrand (1922), S. 42.

[256] Vgl. hierzu ausführlicher K.-H. Brodbeck (2000a), 4.9.

[257] Das „Kapital nun ist doppelter Natur, ein geistiges und ein physisches. Es gibt zwei große Gemeingüter der Menschen, welche alle Verbindungen und Trennungen unter den Mitgliedern der bürgerlichen Gesellschaft zu bestimmen und anzuordnen dienen: das eine dieser Gemeingüter ist ein mehr geistiges, die Sprache, das andere ein mehr physisches, das Geld." A. Müller (1936), S. 310. „Der jetzige Zustand der Nationen ist eine Folge der Anhäufung aller Entdeckungen, Erfindungen, Verbesserungen, Vervollkommnungen und Anstrengungen aller Generationen, die vor uns gelebt haben; sie bilden das geistige Kapital der lebenden Menschheit", F. List (1928), S. 229.

[258] R. M. Solow (1957); vgl. B. Gahlen (1972). Der „unerklärte" statistische Rest, den Solow „technischen Fortschritt" nannte, ist genau das, was Müller *methodisch* Smith als Fehler vorhielt: Smith vergaß die Produktivität geistiger Leistungen.

„Die idealischen Produkte nämlich, der schönste und erhabendste Gewinn einer Nation, die Erzeugnisse ihrer edelsten Geister hatten nach Adam Smith, wenn es auf einen Anschlag des Nationalreichtums ankam, keinen ökonomischen Wert."[259]

Verglichen mit Müllers Theorie und Spanns kategorialer Vertiefung ist die neoklassische Denkform und Schumpeters Kausalerklärung des Wachstums durch besondere „Menschentypen" (Unternehmer)[260] tatsächlich nur trivial: Für das, was man nicht erklären kann, erfindet man einen Faktor wie „technischen Fortschritt", „besondere Menschentypen", „Bildungsausgaben" oder auch schlicht die Geldmenge. Diese Denkform ist *kategorial* ohne jeden Geist: Das Unerklärte wird durch eine okkulte Qualität erklärt, der man die Macht zuschreibt, die unerklärte Wirkung hervorzubringen. Von den *Prozessen*, von der *Bedeutung* dessen, was durch menschliches Handeln entsteht, liegt hier kein Wissen vor. Man sucht einfach einen geeigneten Faktor, der die Wirkung hervorbringen soll, insgesamt aber nur darin besteht, *eben diese Wirkung* hervorzubringen.[261] Ich erwähne diese Frage aus der Wachstumstheorie als ein wichtiges Beispiel, wie fehlende methodische Erkenntnis *unmittelbar* auch durch den begrenzten Filter neoklassischer Modelle hindurch Ergebnisse zeitigt, die *im Rahmen* mechanischer Denkformen völlig unverständlich bleiben müssen.

Spann schließt an die Einsicht von Müller an und hebt sie immer wieder hervor, wenn er einzelne Phänomene wie Tausch, Preise, Zins usw. darstellt. Seine *primäre* Absicht ist hierbei zweifellos eine methodische oder philosophische. Spann kehrt immer wieder zu methodischen Grundfragen zurück, wobei stets *ein* leitender Gesichtspunkt erkennbar ist:

„Nach der bisherigen individualistischen, seit Smith maßgebenden Auffassung wäre der Tausch Ergebnis der wirtschaftlichen Selbständigkeit, des subjektiven Eigennutzes des einzelnen: jeder erzeugt was er will und tauscht auch was und wie er will. ‚Tausch' ist hier nicht ausgliedernd, sondern mechanische Ineinanderfügung der (autarken) Handlungen zweier Wirtschafter. Nach unserer Auffassung dagegen gilt: *der Tausch ist jene Lebensäußerung der Ganzheit*, in der sich die auf gegenseitiges Geben und Nehmen abgestimmte Ausgliederung der wirtschaftlichen Gebilde durch bestimmte Ergänzungen vollendet und dadurch erst die Güter zur nächsthöheren Verrichtungsstufe befördert."[262]

Spanns eigentliche Leistung liegt in der Ausarbeitung dieser methodischen Prinzipien, worin er Müllers intuitive Entwürfe kategorial systematisierte. Spann formuliert seine Theorie *umfassend*, als philosophische Kategorienlehre, auch wenn sich das Schwergewicht seiner Untersuchungen zweifellos auf die Staatslehre, Gesellschaftslehre und Ökonomik bezieht. Er knüpft an Müller an, macht ihn eigentlich überhaupt erst in den 20er Jahren des 20. Jahrhunderts wirklich bekannt und betrachtete ihn als herausragenden – er nennt ihn sogar einmal „den größten Volkswirt aller Zeiten"[263] – Ökonomen

---

[259] A. Müller (1931), S. 76.
[260] „Auch der ‚Unternehmer' ist hier kein Veränderungsfaktor, sondern Träger des Veränderungs*mechanismus*." J. A. Schumpeter (1952), S. 93.
[261] Vgl. das Beispiel von Poseidon und dem Sturm bei K. R. Popper (1964), S. 74.
[262] O. Spann (1929b), S. 129.
[263] Zitiert nach T. Surányi-Unger (1926), S. 152. In der 18. Auflage (1928b), S. 97, des von Surányi-Unger zitierten Buches heißt es abgeschwächt: „der größte Volkswirt seiner Zeit".

1.3.11 Die Logik der Ganzheit: Adam Müller und Othmar Spann

und Soziologen, dessen ihm oft vorgeworfene „mangelnde Begriffsschärfe" von der „Tiefe der Intuition" weit aufgewogen würde[264]. Gleichwohl schränkt Spann wohl zu Recht ein: „aber die begriffliche Ausarbeitung war seine Stärke nicht."[265] Seine hohe Überlegenheit über Adam Smith steht für Spann und seine Schule gleichwohl fest. Der Gegensatz zur Smithschule gründet in einem völlig anderen Blick auf die menschliche Gesellschaft, die dessen Individualismus einen Universalismus der Ganzheit entgegenstellt.[266] Am Marxismus andererseits kritisierte Spann das, was dieser mit der individualistisch-mechanischen Sozialphilosophie *gemeinsam* hat.

Methodisch zentral ist hierbei die Beurteilung von *Gegensätzen* in der Gesellschaft. Ich möchte das nur an einem Beispiel erläutern: Der Marxschen Exploitationstheorie. Für Marx ist der Wert eine durch Arbeitskräfte geschaffene Quantität, die durch Eigentumsrechte von Kapitalisten angeeignet wird. Der Gegensatz ist der mechanische einer Summe: Die Kapitalisten eignen sich an, was bereits geschaffen ist: Mehrwert = Gesamtwert minus direkte plus indirekte Arbeitskosten. Dies nennt Marx „Ausbeutung". Spann hält dem ein *schöpferisches Prinzip* entgegen. Die Arbeiter könnten überhaupt nur produktiv sein, weil sie sich die schöpferischen *geistigen* Leistungen gegenwärtiger und vergangener Generation aneignen. Diese „Umkehrung der Mehrwertlehre"[267] besagt, dass die gegenwärtige Generation die Leistungen der Vergangenheit, der Erfinder, der Lehrer usw. *nutzt*, ohne dafür ein Entgelt zu leisten. „Nur dadurch kann (die Wirtschaft) alle jene Leistungen, die der Vergangenheit entstammen, benützen, dass sie sie nicht mehr zu bezahlen braucht!"[268] Spann übersieht hier allerdings eine Kleinigkeit: Die Leistungen der Vorfahren bleiben unbestritten; sie stehen aber als – durch staatliche Machtmittel geschützte – geltend gemachte Eigentumsrechte in einem *gegenwärtigen* Gegensatz zu den Arbeitsleistungen, die heute erbracht werden. Wer immer aus dem Wissen und den Handlungsresultaten der Vergangenheit *heute* ein Eigentumsmonopol ableitet, bemächtigt sich nicht weniger einer unbezahlten Leistung wie die Arbeiter. Diese Umkehrung der Mehrwertlehre hat also bei Spann ein erkennbar ideologisches Motiv, das eher seinen politischen Überzeugungen als seinem Denken entsprang.

Gleichwohl ist Spanns Theorie nicht auf dieses ideologische Motiv reduzierbar. Sein Gedanke verläuft etwa so: Die Tradition, die Vergangenheit kristallisiert sich in einer *Ordnung* der Gesellschaft, und deshalb ist diese ständische Ordnung auch der Träger aller ursprünglichen Leistungen. Gegensätze sind stets in dieser Ordnung zu denken. Das Unterschiedene ist für Spann das *Eingeordnete* oder – in seiner Sprache – das „Ausgegliederte" aus der Ganzheit. Einheit ist nicht Addition von *aktuell* bestehenden individuellen Entitäten, sondern *gewordene* Einheit, die ihr Werden als fortschreitende Ausgliederung ihrer Teile vollzieht. *Das Ganze* ist das Schöpferische, nicht ein *Teil im Ganzen* – eine soziale Klasse (bei den Physiokraten, bei Smith oder bei Marx jeweils

---

[264] O. Spann (1928b), S. 98.

[265] O. Spann (1929a), S. 16.

[266] Pesch sagt: „Der philosophische Begriff des Universalen enthält jedoch kein soziales Element. Er führt zur Gattung, aber nicht zur Gesellschaft. Ein sozialphilosophisches System kann nicht auf dem Universalismus begründet werden." H. Pesch (1924), S. 201. Dieser Gedanke ist ein dialektischer Trick. Erstens ist Spanns „Universalismus" keine scholastische Kategorienlehre, zweitens *haben* Abstraktionen als Geltung eine *soziale* Form; vgl. Kapitel 2.2.4. Was Pesch entgegenstellt, die „moralisch-organische Einheit der Volkswirtschaft" aaO, ist nur begrifflich diffuser und fern einer kategorialen Klärung, um die sich Spann bemüht. Übrigens spricht Spann *auch* vom „organischen, universalistischen Charakter", O. Spann (1928b), S. 189, der Volkswirtschaft. Es bleibt bei Pesch nur das jesuitische Wortgefecht.

[267] O. Spann (1929a), S. 286.

[268] O. Spann (1929a), S. 286.

anders bestimmt), die zu anderen Teilen der Gesellschaft in einem *negierenden* Gegensatz steht. Vielmehr sind alle sozialen Formen Gliederungen, in eine Ganzheit eingeordnet und darin von einer zwar beweglich-lebendigen, aber stets alle Teile durchziehenden Notwendigkeit. Spann dehnt diesen Gedanken weit über die Gesellschaft hinaus bis in Naturverhältnisse aus und formuliert darauf gründend eine Ganzheitslehre, die er in intuitiven Umrissen bereits bei Adam Müller vorgeformt findet, bei dem auch der „Gegensatz" eine besondere Rolle spielt und eine andere Beurteilung als in der klassischen oder marxistischen Ökonomik erfährt. Auf diesen, für das methodische Verständnis in den Sozialwissenschaften wichtigen, Begriff möchte ich deshalb noch genauer eingehen.

Müller hatte in einer Jugendschrift eine *Lehre vom Gegensatz* entwickelt, die an einen vorkritischen Text Kants anknüpft[269]. Die Grundgedanken dieser Jugendschrift ziehen sich durch seine späteren Texte zur Ästhetik, zur Staatswissenschaft und Geldtheorie.[270] In seinem späteren Hauptwerk „Elemente der Staatskunst" schreibt er:

> „Die Natur hat (...) dem Menschen in allen Verhältnissen zwei Wesen im Widerstreit, im Gegensatz vorgelegt. Dieser Streit ist nie ganz aufzulösen: denn sonst würde die dann erreichte wirkliche, ewige Gleichheit eine tote und starre sein; dagegen hat sie uns die Einheit nicht als eine endliche, sondern als eine unendliche Aufgabe vorgelegt, damit der Mensch ohne Ende etwas zu vereinigen und aufzulösen habe und ein lebendiges Streben nach Einheit, worauf allein es ankommt, immer aufrechterhalten werden."[271]

Spann knüpft daran an, greift aber vor allem die erkennbare *Einheit* des Gegensatzes auf, den er als Gliedhaftigkeit und Rückbindung an das Ganze auslegt.[272] Er formuliert seine Ganzheitslehre, seinen Universalismus, durchaus auch als Gegenposition zur Dialektik Hegels, damit auch des Marxismus. Ich möchte zunächst *Spanns* Position skizzieren, die begrifflich schärfer als die Müllers herausgearbeitet ist. Für ihn besteht die wesentliche Differenz zu Hegel darin, dass er in einer Entgegensetzung keine *Negation* erblickt. Fichtes Setzung des Nicht-Ich durch das Ich kommentierend, sagt Spann:

> „Die ‚Gegensetzung' ist nämlich in Wahrheit keine eigentliche ‚Negation', sondern Position. Jede Position ist Bestimmung, sie hat zwar die Weise, etwas *anderes* als das zu sein, was vor ihr war, als das, was die erste Position noch nicht an sich hatte, also in diesem Sinne (des bloßen Unterschiedes) auch einen ‚Gegensatz' zu enthalten; aber sie ist darum noch keine Verneinung."[273]

Dieser Gedanke drückt für das Verständnis sozialer Sachverhalte eine zentrale Position aus, die in der mittelalterlichen Metaphysik gründet. Er besagt *logisch*, dass es eine *Negation* nicht als Realverhältnis geben kann, wie Hegel und ihm nachfolgend der

---

[269] Vgl. I. Kant, WW 2, S. 779-819.

[270] Vgl. A. Müller (1967: 2), S. 195-248. Müller schrieb diesen Text 1803.

[271] A. Müller (1936), S. 254.

[272] Vgl. „Worauf es also als Aufgabe ankommt, ist nicht, wie von reinökonomischer Seite gesagt worden ist, die Volkswirtschaft als ‚eindeutig bestimmtes Gleichungssystem von interdependenten Güterquantitäten', sondern als ein System sozialorganischer Interdependenz aus der Ganzheit und Gliedhaftigkeit in einem Zuge zu begründen." R. Stolzmann (1925a), S. 116f.

[273] O. Spann (1939), S. 35.

1.3.11 Die Logik der Ganzheit: Adam Müller und Othmar Spann 153

Marxismus behauptet. Es gebe nur die Ablösung des einen durch das andere. Darin spricht sich in Wahrheit ein alter metaphysischer Gedanke aus, dass nämlich jedes Ding das sei, was es ist und deshalb als *unterschieden* vom anderen gesetzt werde – *aliquid pro aliquo*.

Nun sagt Spinoza – in einer Wiederentdeckung des Apoha-Prinzips –, dass die Determination der Dinge durch Negation geschieht; Hegel hat dies zu seiner dialektischen Methode ausgeformt und betont damit das Gegenteil der scholastischen Negationslehre, die Spann reproduziert. Hegels Negationsbegriff zufolge ist schon jede *Position* eine Negation durch Verneinung des je anderen. „Verneinung" heißt hier „Aufhebung" in der von Hegel betonten mehrfachen Bedeutung, und darin liegt ein *negatives Verhalten* je gegen anderes. Das Positive geht in das Negative über, und umgekehrt, ein dynamischer Wandel, kein *Nebeneinander*. Der Prozess des Umschlagens ist selbst die Wahrheit der Aufhebung bei Hegel, und das *Negieren* ist hier ein Entwicklungsprinzip: Die Pflanze ist die Negation des Pflanzensamens, die Frucht die Negation (= Trennung von) der Pflanze usw.

Othmar Spanns Ganzheitslehre sieht dies anders. Für sie ist der Widerspruch „kein sich in kontradiktorischen Gegensätzen bewegender, wie der dialektische (...); sondern ein in sachlichen Ergänzungen fortschreitender, sich bewegender"[274]. Darin bewegt sich Spann auf den Spuren der vorkritischen Lehre Kants von den negativen Größen; Kants Schrift selbst hat Spann nicht rezipiert, dafür aber beruft sich Adam Müller explizit darauf.[275] Kant rekonstruiert in seiner Schrift über den Begriff der negativen Größen eine *Aufhebung* als Substitution *positiver* Bestimmungen. Wenn ein Gedanke „aufgehoben" wird, indem ich ihn nicht mehr denke, so – sagt Kant – vollzieht sich dies nur dadurch, dass ein *anderer* Gedanke an die Stelle des ersten tritt. Es ist also in *realen Bewegungen* keine echte Aufhebung, weder als Vollzug noch als Negation möglich:

> „Die Realrepugnanz (= der reale Widerspruch, KHB) findet nur statt, in so ferne zwei Dinge als *positive Gründe* eins die Folge des anderen aufhebt. Es sei Bewegkraft ein positiver Grund: so kann ein realer Widerstreit nur statt finden, in so ferne eine andere Bewegkraft mit ihr in Verknüpfung sich gegenseitig die Folge aufheben."[276]

Hier wird Entgegensetzung noch ganz in der scholastischen Tradition gedeutet, wonach jedes „Nichts" immer nur *Privation* eines Positiven sein kann.[277]

Adam Müller knüpft an Kant an und versucht, eine universelle Lehre vom Gegensatz zu formulieren. Er bleibt in seinen Begriffen eher unbestimmt; allerdings lässt sich ein Grundzug, den dann Spann aufgreift, deutlich erkennen. Müller sagt:

> „Negativ ist dasjenige, was dem Positiven entgegensteht, positiv dasjenige, was dem Negativen entgegensteht, und nichts weiter. Ein Positives ohne ein Negatives

---

[274] O. Spann (1957: 1), S. 71.
[275] In einer Rezension von Müllers ansonsten wenig beachteter Schrift aus der *Neuen Allgemeinen Deutschen Bibliothek* heißt es: „Veranlasst durch Kants kleinere Schrift: Versuch, den Begriff der negativen Größen in die Weltweisheit einzuführen, will unser Verfasser den Begriff des Negativen, den Kant bloß für nützlich und fruchtbar ansah, als *notwendige*, als Alles durchdringende und umfassende Formel in Philosophie, Welt und Leben einführen"; abgedruckt in: A. Müller (1967: 2), S. 538.
[276] I. Kant, WW 2, S. 788.
[277] Vgl. hierzu G. Kahl-Furthmann (1968); K.-H. Brodbeck (1995) für eine ausführliche Diskussion der Differenz zwischen Negation, differenter Setzung (*aliquod*) und Privation.

und umgekehrt oder eine absolute Identität des Positiven und Negativen sind unmöglich. Beide, Positives und Negatives, sind darin *verschieden*, dass jedes *einem* andern, und darin *gleich*, dass jedes *dem* andern entgegensteht; nur durch dieses Gemeinschaftliche wird jenes Entgegenstehen möglich; durch jenes Entgegenstehen allein dieses Gemeinschaftliche."[278]

Damit wird gesagt, dass die *reale* Negation – denn eine solche hat Müller im Auge – auch nur als Realität bestehen kann, wenn sie *mit* einem Positiven gemeinsam besteht. Die bei Kant unverkennbare Neigung, diese Struktur in Begriffen der *Buchführung* zu denken – er wählt immer wieder Beispiele, worin eine Forderung einer Schuld gegenübersteht und beide sich aufheben –, ist auch hier erkennbar. Die *ganze* Bilanz, worin Soll und Haben zusammen gestellt sind, ergibt erst einen Sinn. Ein Soll ohne Haben ist sinnlos, weil beide nur Aspekte eines Ganzen sind. Kant nennt Schulden „negative Kapitalien", betont aber, dass dies nicht bedeute, Schulden wären „Negationen oder bloße Verneinungen von Kapitalien"[279]. Was als Gleichung erscheint – 1000 € Schulden saldieren sich mit 1000 € Forderungen – und dann Null ergibt (Kant verwendet den Begriff „Zero" auch in einem qualitativen Sinn), ist, so kann man Müllers Adaption dieses Gedankens interpretieren, eine *Ganzheit*. Forderungen und Schulden sind Momente *eines* Austauschprozesses. Dieser Gedanke bei Kant wird von Müller universalisiert zu der Vorstellung, dass in jedem Ganzen Positives und Negatives als *Gegensatz* einander gegenüberstehen. Sie bilden gleichsam das innere Systemprinzip des Ganzen und verhindern damit auch, dass das Ganze je *statisch* würde.

Müller benutzt diesen Gedanken in seiner Theorie des Geldes und in seinen *Elementen der Staatskunst*, um die Wirtschaft als *dynamische* Einheit zu beschreiben. Während in einem mechanischen System 1+1 = 2 ist, gibt es eine *lebendige* Zusammensetzung, in der sich 3 und mehr ergibt. „Soll aber ein solches Drittes hinzu kommen, so müssen 1 und 1 auf dauerhafte Weise verbunden sein, denn alle Produktion braucht Zeit."[280] Das, was in einem Gegensatz verbunden ist, *lebt* und ist dadurch kreativ, es lebt in einem Ganzen, das Müller das „Gemeinschaftliche" nennt. Er sagt: „Was ist nun dieses Gemeinschaftliche, dieses gegenseitige Entgegenstehn vom Positiven und Negativen? – wir können es Antigegensatz nennen; aber es liegt im Worte wie in der Sache, dass es nicht ohne den Gegensatz gedacht werden könne, also immer nur ein neues Positives sei, dem der Gegensatz wieder als neues Negatives entgegensteht, und so ins Unendliche fort."[281] Der Gegensatz ist also Teil einer Ganzheit; er ist deren bewegendes, lebendiges Prinzip. Doch es ist eine je schon aufgehobene, nicht erst werdend sich aufhebende Ganzheit. Nicht die Gegensätze – wie bei Hegel oder Marx – treiben durch ihre negative Kraft das Ganze durch eine völlige Umkehr der in ihm erscheinenden Verhältnisse voran; das Ganze ist eher wie ein Organismus, der sich innerlich verändert und alle Glieder *zugleich* in ihrem Gegensatz vereint. Diese Vereinigung der Glieder nennt Müller den „Antigegensatz", Spann spricht schlicht von „Ganzheit". In Müllers Briefwechsel ist erkennbar, dass der Antigegensatz zugleich so etwas wie die Einfallspforte für seine katholische Kehre war, sofern in der Tradition einer ständischen Ordnung der Antigegensatz sich als reales Prinzip in der Welt gezeigt habe.[282]

---

[278] A. Müller (1967: 2), S. 222.
[279] I. Kant, WW 2, S. 787.
[280] Vgl. A. Müller (1922), S. 11.
[281] A. Müller (1967: 2), S. 222f.
[282] In seinem letzten Brief an Gentz vom 15. Dezember 1828 bezeichnet Müller ausdrücklich den Antigegensatz als „deutliches Grundgefühl meines Lebens", als „großes Geheimnis",

1.3.11 Die Logik der Ganzheit: Adam Müller und Othmar Spann

Es waren diese Momente, die Spann bei Müller herausgreift und systematisch entfaltet. Er rekonstruiert diesen Gedanken dann so, dass er Müllers *Gegensatz* unmittelbar übersetzt als „Gegenseitigkeit", und Gegenseitigkeit ist Gliederung einer Ganzheit, damit ein durch und durch *positiver* Prozess. Die Intention Spanns und die Rezeption der Müllerschen Gegensatztheorie zielen hierbei darauf, den Gegensatz als *Ausgliederung aus einer Ganzheit* zu begreifen, nicht im einzelnen Ding, dem etwas entgegengesetzt wird, anzusetzen. Spann nähert sich hier – und darin liegt sein wohl wichtigstes Verdienst – der Einsicht in die zirkuläre Natur sozialer Kategorien und Sachverhalte. Er bemerkt, dass dann, wenn man Gesellschaft als „Sinn" (als Bedeutungsprozess) begreift, Sinn*strukturen* zugleich auch wirkliche Strukturen sind. Sie besitzen ihre eigene kategoriale Logik und sind nicht aus anderen Kategorien abzuleiten oder darauf zu reduzieren. Insofern ist auch die Sozialwissenschaft nie *angewandte* Physik, Psychologie usw., sondern originäre Wissenschaft. Spann verdeutlicht dies in seiner *Gesellschaftslehre* durch die zirkulär-reflexive Beziehung zwischen Mutter und Kind:

> „Man darf hier sagen: *Das Kind schafft die Mütterlichkeit*; denn jene eigenartigen Gefühle, jene Ausbildung des geistigen Wesens, die aus der Frau eine Mutter macht, ist nur dadurch möglich, dass das Kind als geistiges Gegenglied gewirkt hat. Diese Umbildung von der Frau zur Mutter schafft der Strahl, der von dem Gemüt des Kindes ausgeht und das Gemüt der Mutter zu jener Rührung, zu jener neuen Empfindung bringt, aus der die Seele umgeändert hervorgeht. Das Kind winkt und lockt und spricht sein Wort so lange, bis das Werk vollendet ist. – Dabei ist der seelenwissenschaftliche (psychologische) und der gesellschaftswissenschaftliche (soziologische) Befund streng zu trennen. Ob Mütterlichkeit seelenwissenschaftlich als ‚Instinkt', ‚Trieb', ‚versteckter Egoismus' oder was immer zu erklären sei – das geben wir alles preis, es geht uns als Gesellschaftsforscher gar nichts an. Wesentlich für uns ist lediglich, dass diese seelischen Inhalte, wie überhaupt alles, was in uns an Geistigkeit beschlossen liegt, nur möglich ist durch das Verhältnis, das wir geistige ‚Gemeinschaft' oder ‚Gezweiung' nennen"[283].

Der kategoriale Sachverhalt einer zirkulären Sozialstruktur scheint hier von Spann erkannt zu sein. Die Beziehung des logischen Typs Mutter ↔ Kind ist nicht reduzierbar. Es ist eine *soziale* Relation, die sich zirkulär bestimmt, sofern das Kind ebenso die Mutter „macht", wie die Mutter „Mutter des Kindes" ist. Es ist dies derselbe Gedanke, den Heraklit in dem Satz aussprach:

> „Dadurch, dass er den Sohn erzeugt, erzeugt er vielmehr selbst erst sich als Vater"[284].

Spann hat allerdings die wirkliche Konsequenz aus der zitierten Einsicht nicht gezogen, und es waren vermutlich eher religiöse und politische Überzeugungen, die ihn daran hinderten. Deshalb benötigt er den „Geist" als ein Drittes, worin Mutter und Kind

---

A. Müller (1967: 2), S. 552, und setzt ihn mit den „Offenbarungen der Kirche Gottes" gleich. Es wäre deshalb falsch, den Gegensatz zu einer *eigenen* Kraft zu stempeln, weil er je schon aufgehoben ist im Antigegensatz. Dies unterscheidet Müller – wie auch Spann – radikal von allen Vorstellungen des Apoha-Prinzips.
[283] O. Spann (1923), S. 96. Vgl. die ähnlichen Beispiele in O. Spann (1938), S. 28. Hier spricht Spann von „geistiger Wechselseitigkeit", (1938), S. 29.
[284] Vgl. H.-G. Gadamer (1999), S. 24.

je schon vermittelt sind, als Vorschein der Ganzheit an diesen Teilen, der Familie. Zu der Erkenntnis, dass die zirkuläre Vermittlung *selbst* das sein könnte, was die Gesellschaft trägt, dass ihr Raum sich also in einem Offenen bewegt, dem die menschliche Freiheit korrespondiert, kann sich Spann so wenig wie – wenigstens der späte – Adam Müller durchringen. Beide benötigen einen Anhalt als einer Substanz des Ganzen, mag sie nun Gott, Geist, Antigegensatz oder „schöpferisches Sein" genannt werden.

Die Relation wird immer noch *relativ* gedacht und bedarf der Stütze durch eine Substanz. Der *ausgesprochene* und im Ausgesprochenen gegenwärtige Gedanke, dass die Relation die Relate *hervorbringt* – die Mutterschaft bringt Mutter *und* Kind als soziale Relation hervor –, klammert sich bei Müller und Spann an einen traditionellen Aristotelismus. Offenbar ist hier dasselbe Motiv bestimmend, das die in den 20er Jahren beobachtbare Rückkehr zu ontologischen Fragestellungen durch Nietzsches Nihilismus hervorgerufen hat: Man suchte nach dem Blick in den Abgrund einer Umwertung aller Werte einen Halt an einem Positiven.[285] Der *logische* Grund ist darin zu suchen, dass man gemeinsam mit Nietzsche das Offene, das Worin mit einem Nichts verwechselte. Die sozialen Relationen erzeugen nicht in einem Nichts die Relate, die Subjekte in ihrem subjektiven Vermeinen und die Objekte in ihrer Bedeutung, sondern in einem Offenen, das man nur negativ als Leerheit bestimmen kann. Diese Leerheit zeigt sich durchaus auch in dem, worauf Müller und Spann verweisen: In der kreativen Offenheit der wirtschaftlichen Entwicklung. Sie zeigt sich in der persönlichen Freiheit und Nichtdeterminiertheit bei Entscheidungen. Gerade *darin* liegt ja ihre offene „Natur", dass sie *nicht* determiniert, sondern Relationen sich selbst zu entfalten und Subjektivität und Objektivität darin zu bestimmen erlaubt. Verwandelt man diese Offenheit in ein *Identisch-Positives*, das von sich her existiert und die Gegensätze, die Teile *um- und erfasst*, so sind die Teile wiederum determiniert und die Offenheit, die in der Kreativität und Freiheit sichtbar wird, ist wieder verschwunden.

Dieser Mangel äußert sich auch in Spanns Kritik des Begriffs der „Wechselwirkung". Er interpretiert diesen Begriff als verdoppelte *Kausalrelation* zwischen „Individuen" oder „Atomen", die er seinem Ganzheitsbegriff entgegenstellt. Stolzmann folgt hier seiner Kritik, wenn er sagt: „Der in sich kreisende Zirkel der Wechselwirkung kann eben nur im Wege organisch-teleologischer Einheitsbetrachtung aufgelöst werden, im Sinne eines Organismus, wo jedes Glied Mittel und Zweck zugleich ist."[286] Hier ist das logische Problem einfach beiseite geschoben. In der von Spann genannten Relation zwischen Mutter und Kind liegt *cartesianisch beobachtet* ein Zirkel vor, weil der Begriff der Mutter nur durch den Begriff des Kindes erklärt werden kann; das Umgekehrte gilt für den Begriff des Kindes. Dies ist in der Tat keine *Kausalrelation*. „Mutter" und „Kind" sind keine trennbaren Entitäten, solange man vom kategorialen Verhältnis ausgeht, das darin durchaus – in allen Müttern und Kindern – *real* besteht. Der Sinn von „Mutterschaft" ist ihr *Vollzug*; Mütter und Kinder wissen darum, indem sie durch die Geburt in diese Relation eintreten. Spann verwendet dazu den Begriff der „Wechselseitigkeit", den er bestimmt als „das aufeinander Hingeordnet-Sein der Glieder", also „durch das Gegenteil von Vereinzeltheit und Stückhaftigkeit."[287] Doch Mütter und Kinder sind nicht Glieder eines *anderen Ganzen*. Mit der Geburt der Kinder wird eine soziale Relation „geboren", deren Bedeutung die Teilnahme an ihr ist – und die noch

---

[285] Darin gründet wohl auch die philosophische Blindheit gegenüber dem Marxismus und damit die vorübergehende Parteinahme für den Faschismus, bei Spann wie bei Heidegger: „(M)it Marx ist die Position des äußersten Nihilismus erreicht." M. Heidegger (1977), S. 131.
[286] R. Stolzmann (1925a), S. 117f.
[287] O. Spann (1939), S. 98.

1.3.11 Die Logik der Ganzheit: Adam Müller und Othmar Spann

jedem Retorten-Baby als *Mangel* einer leiblichen Mutter inmitten anderer Kinder fühlbar wird. Den Gedanken, dass die Wechselseitigkeit *selbst* ein soziales Verhältnis stiftet, ohne Glied oder Teil eines *vorgängigen* Ganzen zu sein, lässt Spann (und ihm nachfolgend Stolzmann) nicht zu; wider die eigene, formulierte Einsicht.

Das Erbe von Kants Lehre der negativen Größen und Müllers „Gegensatz" tradiert die scholastische Vorstellung, dass „Negation" stets nur eine *Beraubung* von Positivem sein kann, dass der Negation selbst aber – ganz anders als bei Hegel – keine selbständige Kraft zukommt. In Spanns Verständnis herrscht immer die Ganzheit als eine ursprüngliche Entität. Der Gedanke, dass sich das Ganze als zirkuläres Verhältnis in einer Offenheit bestimmt, die *nur* von Menschen und ihrer Teilhabe an dieser Offenheit durch ihre Denk- und Handlungsformen erfüllt ist, ist einem Substanztheoretiker nicht zugänglich.[288] Gleichwohl führt Spann sein Blick in den Sachverhalt immer wieder an die Grenze dessen, was in der Apoha-Theorie ausgesagt wird, weg von der scholastischen Metaphysik, in deren Bann er sonst uneingeschränkt steht.

Und Spann *ahnt*, wohin ihn dieser Gedanke führen müsste. Er sieht in der scholastischen Trennung von *essentia* und *existentia*, von Wesen und Sein bereits die Vorbereitung des Nominalismus, in dem sich das Wesen gänzlich zu verflüchtigen scheint und nur noch zum „Namen" der (sinnlichen) Einzelheit wird. Wenn man Sein und Wesen *trennt*, dann wäre das Sein nur die *allgemeinste Aussage*. Eben dies war Hegels Folgerung. Spann sagt: „Dieses Sein wäre darum, weil es den Dingen nichts hinzufügen könne, das Unterschiedslose, das Leere."[289] Nun sieht Spann in der Leere nur das Negative – er hätte aber von Meister Eckhart, auf den er sich beruft, lernen können, dass dies auch ganz anders begriffen werden kann. Wenn die „Wesenheiten", d.h. die kategorialen Bestimmungen des menschlichen Handelns, tatsächlich in einer *Leere* gründen, dann sind sie nicht ihrerseits *bestimmt* oder rückgebunden, sondern haben ihren Ort in einem Offenen, in dem sich die Menschen, sich und ihre Gesellschaft entwerfend, auch *frei* bewegen können. Das *Ganze* wäre dann entweder diese leere Offenheit oder eben ein Schein, der interpretativen Macht der Menschen unterworfen. Diese Konsequenz, die bei Hegel anklingt, wird von Marx, wenn auch unter historischen Gesetzen und Fesseln verschüttet, ausgesprochen. Als Begriff aber bestimmt erst Heidegger diese *atheistische* Konsequenz der Philosophie[290]. Dies war für Spann ebenso unannehmbar[291] wie für Müller, der seine Lehre vom Gegensatz schrittweise wieder gegen eine katholische Rückbindung an den „Antigegensatz" in ihrer ursprünglichen Radikalität zurücknahm.

---

[288] Heidegger schwankt hier in seinen Vorstellungen. Einmal bettet er das Seiende gleichsam in ein umgebendes Nichts: „Inmitten des Seienden im Ganzen west eine offene Stelle. Eine Lichtung ist. Sie ist, vom Seienden her gedacht, seiender als das Seiende. Diese offene Mitte ist daher nicht vom Seienden umschlossen, sondern die lichtende Mitte selbst umkreist wie das Nichts, das wir kaum kennen, alles Seiende." M. Heidegger (1972b), S. 41f. Dann sagt er aber wieder ganz traditionell: „Hätte der Mensch nicht schon das Sein im Blick, dann könnte er nicht einmal das Nichts denken", M. Heidegger, GA 54, S. 21; „das Nichts (gehört) zum Seyn." M. Heidegger, GA 65, S. 480. Vgl. dagegen R. E. Carter (1989) zu Nishidas völlig anderem Begriff des „absoluten Nichts".

[289] O. Spann (1928a), S. 109.

[290] „Die Philosophie selbst als solche ist atheistisch, wenn sie sich radikal versteht". M. Heidegger, GA 61, S. 199.

[291] Für Spann war es das logische Bindeglied, um den *ontologischen Gottesbeweis* neu zu formulieren: „Die Voraussetzung alles Wissens ist die Annahme, dass alle Wesen, die gedacht werden, auch sind, wenn sie richtig gedacht werden." O. Spann (1928a), S. 114. Dass er hier Hegel näher ist, als Spann offenbar bewusst war, sei nur am Rande vermerkt.

Die Ganzheit ist für Spann – und eben darin verbleibt er in der scholastisch-aristotelischen Tradition – stets *früher* und *vorgängig*: „Das Ganze ist vor den Gliedern."[292] Er betont zwar auch, dass die Ganzheit nur in ihren Teilen *besteht*. Da die Teile insofern bei aller Verschiedenheit und Gegensätzlichkeit aber nur ausgegliederte Organe einer Ganzheit sind, kommt ihnen kein negatives Moment zu. Sie haben ihr Sein im Gegeneinander*sein* – wobei die Emphase auf „Sein" hier bedeutet, dass ihr Gegeneinander in *einer* Ganzheit gründet. (In seiner „Kategorienlehre" tauchen die Begriffe „Negation" und „Verneinung" gar nicht mehr auf.) Der Satz von der Priorität des Ganzen darf nach Spann aber nicht so gedacht werden, dass das Ganze nun *neben* den Teilen besteht: „Das Ganze als solches hat kein Dasein."[293] Vielmehr bestehe das Ganze nur *in den Teilen*, es „wird in den Gliedern geboren"[294]. Dies versteht Spann als ontologische Grundaussage, mit wichtigen Konsequenzen für die sozialwissenschaftliche Analyse, die sich hier sogar mit Mills Einsicht berühren:

> „Die Dinge geben einander das Sein, sie werden aneinander, sie sind gegenseitig im ontologischen Sinne (in der geistig-gesellschaftlichen Welt heißt das Gemeinschaft oder Gezweiung). Darnach ist also in einer Ganzheit grundsätzlich nichts für sich veränderlich, es gibt grundsätzlich kein *ceteris paribus*."[295]

Spanns Ontologie ist dynamisch (auch wenn er diesen Comteschen Begriff nicht verwendet), wie die Entfaltung sozialer Beziehungen bei Adam Müller.[296] Deshalb definiert er das Sein so: „Alles Sein ist nur, indem es sich selber schafft"[297]. Diese Ontologie ist nun keineswegs eindeutig, weil der Begriff des Schaffens, der *Kreativität* an die Stelle des dunkleren Seinsbegriffs tritt. Sicher verbirgt sich bei Spann darin ein impliziter Gottesbegriff. Immerhin wird aber so viel deutlich, dass Spann die Natur und die Gesellschaft als einen *Prozess* begreift, der dem Mechanismus entgegensteht. Spann steht auch hier in direkter Tradition von Adam Müller, der gleichfalls die mechanische Beschreibung von Staat, Wirtschaft und Gesellschaft, wie sie der Smithschen Theorie zugrunde liegt, strikt ablehnt. Spann systematisiert diesen Gedanken zu einem ontologisch fundierten Denksystem, das er *Universalismus* nennt und im Gegensatz zum Individualismus so bestimmt:

> „Individualistisch ergab sich die Volkswirtschaft als ordre naturel, als eindeutig bestimmte *Kausalordnung*, und die Wissenschaft der Volkswirtschaftslehre daher als Wissenschaft von den Kausalgesetzten der Wirtschaft. Dass die Gesetze unse-

---

[292] O. Spann (1939), S. 66. Spann sagt, man dürfe das „vor" nicht zeitlich oder genetisch auffassen, sondern „logisch, begrifflich, also im Sinne von ‚dem Wesen nach'" O. Spann (1939), S. 66. Doch damit gibt er nur eine unzureichende Bestimmung, weil der Begriff des Wesens dunkel bleibt; vgl. zum Begriff des Wesens (der Entität) K.-H. Brodbeck (2002a), Kapitel 2.6-2.9 sowie die Teile 6 und 8.

[293] O. Spann (1939), S. 60.

[294] O. Spann (1939), S. 62. Er fügt hier hinzu: „es wird in den Gliedern geboren, geht aber in diesen nicht unter", O. Spann (1928a), S. 164.

[295] O. Spann (1937), S. 219.

[296] „Mit einem Wort, die Gesellschaft, die Volkswirtschaft müsse als etwas Werdendes, sich stets Entwickelndes und Bewegendes betrachtet und – um einen moderneren Ausdruck zu gebrauchen – nicht die Statik der Gegenwart, sondern die Dynamik der Geschichte müsse der maßgebende Gesichtspunkt sein, aus welchem gesellschaftliche und wirtschaftliche Dinge zu beurteilen seien", schreibt T. Surányi-Unger (1926: 2), S. 135, über Müller.

[297] O. Spann (1928a), S. 63.

1.3.11 Die Logik der Ganzheit: Adam Müller und Othmar Spann

rer Wissenschaft kausaler Art wären, ist die allgemeine Annahme auch in der Gegenwart. (...) Universalistisch gesehen, erscheint dagegen die Wirtschaft nicht als ordre naturel, weil überhaupt nicht mechanisch, sondern als eine Ganzheit, die durch lebendige Gegenseitigkeit gekennzeichnet ist. ‚Ganzheit', ‚Ganzes' heißt aber notwendigerweise immer in seinem inneren Gefüge: Zweckganzes (Kausalität dagegen ergibt: Mechanismus)."[298]

Die Wirtschaft ist nur ein ausdifferenzierter Teil des Ganzen der Gesellschaft. Deshalb könnte man Spanns Theorie nicht nur als „holistisch", sondern auch als *soziologische Wirtschaftswissenschaft* bezeichnen. Er sagt das so:

„Um zuletzt die unendlich vielfältige, die geschichtlich-gesellschaftliche Wirklichkeit zu verstehen, muss dann die Wirtschaft nicht nur in sich als Ganzes, sondern noch einmal als Teil des größeren Ganzen, der Gesellschaft, erkannt und erforscht werden. (...) Im Begriff der Wirtschaft ist daher notwendig eine gesellschaftswissenschaftliche Theorie enthalten"[299].

Die ontologische Bestimmung der Ganzheit als *Selbstschöpfung* wird von Spann als *Bedeutungsprozess* beschrieben, den er mit dem Begriff des „Sinns" umschreibt. Mechanische Systeme sind nicht durch *Sinn*, sondern durch Kausalität organisiert, auch dann, wenn man diese mechanischen Systeme durch Wechselwirkungen beschreibt, wie sie die Kybernetik kennt. Spann sieht deshalb – *zu Recht* – den zentralen Mangel der klassischen und neoklassischen Ökonomik sowie der auf ihren Spuren wandelnden Soziologie in einem *methodisch*, genauer ontologisch grundlegenden Fehler, der die Kategorien der Wirtschaft und Gesellschaft falsch bestimmt:

„Ihr grundsätzlicher Mangel besteht, kurz gesagt, darin: dass sie nicht das Sinnvolle der Gesellschaft und Wirtschaft, nicht die sinnvollen Zusammenhänge von Leistungen, welche in Wahrheit die Wirtschaft ausmachen, zum Gegenstande nehmen, nämlich die Leistungen der Mittel für Ziele (...); sondern dass sie vielmehr umgekehrt *in Nachahmung der Naturwissenschaft* die Mengen fälschlich als das Erste nehmen, sie mathematisch behandeln, und dadurch glauben, aus der Volkswirtschaftslehre und Gesellschaftslehre eine ‚soziale Physik' machen zu können. Indem sie aber das Abgeleitete, die Mengen, zum Ursprünglichen machen, verfehlen sie das Wesen der Sache, das Sinnvolle, Geistige; und darum sind alle ihre mathematischen ‚Gesetze' nur Schein und Trug. Alle Strenge, alle Exaktheit bleibt hier in Wahrheit am Äußerlichen hängen."[300]

---

[298] O. Spann (1929b), S. 373. Mises kritisiert Spanns Zweckbegriff: „Der (.) Umstand, der Spann in die Irre führt, ist seine grundsätzliche Ablehnung des Eudämonismus und des Utilitarismus. Jener letzte Endzweck, dem gegenüber alle anderen Zwecke nur Mittel sind, kann (!) kein anderer sein als der (!) Mensch selbst, als sein Wohlbefinden, seine Last. Wenn man in den Missverständnissen über den Eudämonismus, an denen die Ethik des Pflichtgedankens festhält, befangen ist, kann man allerdings zu diesem Schlusse nicht gelangen. Dann verschließt man sich den Zugang zur Erkenntnis des rationalen Handelns. Die Theorie des Handelns kann immer nur eudämonistisch und utilitaristisch sein." L. v. Mises (1922), S. 96. Der Fehler bei Mises gründet in einem Vulgärkantianismus, der Ego und Zwecksetzung identifiziert. Ich werde die Rationaltheorie Mises' im Kapitel 4.6.4 darstellen und einer kritischen Prüfung unterziehen.

[299] O. Spann (1929b), S. 335 und 336.

[300] O. Spann (1937), S. 8.

Es gibt keinen Grund, an diesen Gedanken auch nur einen Satz zu streichen. Spann hat die wichtigsten Bestimmungen, die Irrwege der Wirtschaftswissenschaft und Soziologie damit auf eine Weise charakterisiert, die in dieser *Allgemeinheit* den zentralen Punkt trifft. Man mag ihm vorhalten, dass er es versäumte, die Theorien der Klassiker oder der neueren, subjektiven Ökonomik, mit der er anfangs offenbar noch etwas sympathisierte, wirklich so durchzuarbeiten, dass deren *kategorialer* Irrweg oder Mangel erkennbar wird. Doch ändert dies nicht an der richtigen Erkenntnis, dass soziale Strukturen *Bedeutungsprozesse* sind, die nicht auf andere – auch andere Wissenschaften – reduziert werden können. Spann nennt dies „geistige Gegenseitigkeit und wesenhafte Verbundenheit"[301].

Er verwendet – wie Dilthey oder Rickert – also den Begriff des „Geistes", um Sinnprozesse zu bezeichnen. Darin liegt wohl der Grund, weshalb seine Theorie eher in die Nähe der historischen Schule und der ihr nahe stehenden hermeneutischen Traditionen gerückt wurde.[302] Doch der eigentliche Grund für das Vergessen seiner wichtigen methodischen Errungenschaften liegt in seinen *konkreteren* Vorschlägen zur Organisation der Gesellschaft. Hier folgt er katholisch-ständestaatlichen Vorstellungen, die sich auch bei Adam Müller schon als romantischer Gegenentwurf zum Smithschen Individualismus finden. Eben diese Vorstellungen brachten ihn politisch zeitweise in die unmittelbare Nähe des Faschismus, der aber als charakteristisch totalitäre Bewegung der Moderne solche Vorstellungen nur zurückwies.[303]

Obwohl sich bei Spann und Müller zahlreiche wertvolle Einsichten zur Tausch- und Geldtheorie finden, sind diese stets durchscheinenden ständischen Vorstellungen der Hauptgrund, weshalb sie keine Ökonomik oder Soziologie *der Moderne* zu liefern vermochten. Spanns Universalismus als Methode, seine Kategorienlehre und auch viele Überlegungen zu dynamischen Prozessen in der Wirtschaft enthalten aber Bausteine für eine Theorie der Bedeutungsprozesse in der Gesellschaft.[304] Viele seiner Überlegungen zur *Ausgliederung* von Teilsystemen formulieren dabei Gedanken, die zentrale Motive der soziologischen Systemtheorie auf einer kategorial weitaus tragfähigeren Grundlage formulieren, als dies später bei Parsons oder Luhmann geschehen ist. Indem der Mainstream der bürgerlichen Ökonomik und Soziologie Hegel und Marx auf der Linken,

---

[301] O. Spann (1928c), S. 12.

[302] Surányi-Unger spricht von „mannigfachen Berührungspunkten", die Spanns Theorie „im Grund mit (der historischen Schule) hat", T. Surányi-Unger (1926: 2), S. 152. Der Grund für Spanns Ablehnung dieser Theorie war das, was er deren „vollständige Theorielosigkeit" nannte, und er beklagt auch, dass diese Schule „ihre philosophischen Grundlagen ganz vernachlässigte", O. Spann (1928b), S. 147. Dieses Urteil wird im Kapitel über die Geld- und Tauschtheorie der Historischen Schule zu relativieren sein.

[303] Spann wurde 1938 in München verhaftet, mehrere Monate ins Gefängnis gesperrt, es wurde ihm jede Lehrtätigkeit verboten, woraufhin er sich auf seinen Landsitz im Burgenland zurückzog und er trotz Rehabilitierung nach 1945 aufhörte zu publizieren. Spätere Texte stammen aus seinem Nachlass; vgl. J. H. Pichler (1988), S. 63.

[304] Horkheimers Kritik an Spann, dem er „metaphysische Primitivität" M. Horkheimer (1968: 1), S. 160, vorwirft, ist Ausdruck mangelnder Kenntnis und eines Vorurteils. Müller und Spann vorzuwerfen, bei ihnen herrsche der „undynamische Gebrauch der Begriffe vom Ganzen und Teil" M. Horkheimer (1968: 1), ist völlig verfehlt. Horkheimer scheint nichts von der zirkulären Natur der Bestimmungen zwischen Ganzem und Teil zu ahnen, die Spann immerhin in wichtigen Aspekten entfaltete. Bei Horkheimer treten an der kritischen Stelle, worin sich soziale Bedeutung zirkulär vermittelt, nur dialektische Leerformeln. Im Unterschied zur „kritischen Theorie" hat Spann wenigstens versucht, die Totalität an ökonomischen Sachverhalten zu entwickeln, was man bei den Frankfurtern vergeblich suchen wird.

Müller und Spann auf der Rechten aus ihrem Methodenbewusstsein verdrängt hat – sieht man von dem temporären Revival des Marxismus in der Studentenbewegung einmal ab –, haben sich die Sozialwissenschaften für die *kategoriale Grundlagenforschung* ihrer besten Traditionen entledigt. In der nun leeren Mitte tummelt sich philosophische Halbbildung, die schon erschrickt und in einen abweisenden Starrkrampf verfällt, wenn sie nur die Wörter „Dialektik", „Begriff" oder „Geist" hört.

1.3.12 Die Moral der Wertfreiheit

Ich schließe meine kritische Darstellung der Methodologie mit einigen Bemerkungen zum Streit über die Wertfreiheit in den Sozialwissenschaften. Da man nichts über Wertfreiheit sagen kann, ohne zu verstehen, was ein „Wert" ist, wird sich allerdings vieles in den nachfolgenden Kapiteln zur Tausch- und Geldtheorie von selbst erledigen; deshalb hier nur einige prinzipielle Anmerkungen. Die Vorstellung einer wertfreien Wissenschaft der Gesellschaft ist das Ergebnis der sog. *reinen Ökonomie*, die ihr Vorbild in der Mechanik suchte. Die *moral science* im Sinn von Mill verwandelte sich dadurch als *Form* in eine mechanische *science*:

„Die Politische Ökonomie darf die Moral nicht einbeziehen."[305]

Max Weber adaptiert diesen Gedanken, vermutlich über den Einfluss von Carl Menger, für die Soziologie. Sein Angriff gegen „Kathederwertungen"[306] scheint zunächst durchaus „aus eigenem Recht" verständlich: Er forderte ganz einfach, dass Professoren nicht ihre soziale Position als Lehrer – in der Ausbildung gleichsam Monopolisten – zur Äußerung privater Glaubensüberzeugungen nutzen sollten. Während Schmoller daran festhielt, dass Professoren auf der Lehrkanzel wertende Empfehlungen aussprechen sollen und dürfen, hält dem Max Weber entgegen, dass in einer demokratischen Institution alle Parteien ein gleiches Recht besitzen, ihre Wertungen zu äußern: „Jedenfalls wäre aber die prinzipielle Inanspruchnahme des Rechtes der Kathederwertung m.E. nur dann konsequent, wenn zugleich Gewähr dafür geschaffen würde, dass alle Parteiwertungen Gelegenheit hätten, sich auf dem Katheder Geltung zu verschaffen."[307] Und Weber weist auch den Gedanken zurück, dass an Universitäten nur „staatstreu" gesinnte Beamte tätig seien, die schon die richtigen „Werturteile" aussprechen würden: „Damit würde man die Universität nicht etwa zu einer ‚Fachschule' (was vielen Dozenten so degradierend erscheint), sondern zu einem Priesterseminar machen"[308].

Dem hat Schmoller im Prinzip gar nicht widersprochen, wenn er sagt, dass „in ihrem Grundcharakter die ethischen Systeme doch etwas ähnliches wie die religiösen (bleiben)"[309]. Webers Bemerkung macht deutlich, dass die Diskussion um die Wertfreiheit untrennbar ist von der gleichzeitigen Beurteilung von Bildungsinstitutionen und politischen Systemen. Die Universität als „Fachschule" ist vollständig funktionalisiert für die aktuellen Interessen der Gesellschaft, die sich praktisch als Interessen der *Wirtschaft* erweisen – deutlicher gesagt: Die Universitäten werden zu *Instrumenten* des Marktes. Sie bilden für den Markt aus und entnehmen ihre Inhalte (und vielfach auch das Geld) den Wünschen „der Wirtschaft", also dem, was das Verwertungsinteresse aktuell dik-

---

[305] V. Pareto (1971), S. 13.
[306] M. Weber (1985), S. 491 und 494ff.
[307] M. Weber (1985), S. 495.
[308] M. Weber (1985), S. 496.
[309] G. Schmoller (1904), S. 288.

tiert. Heidegger diagnostizierte für die Universitäten später dann explizit eine „Übernahme (...) durch die Industrie"[310]. Er sagte genauer:

> „Die einzelnen Fakultäten der Universität wurden unaufhaltsam zu in sich geschlossenen Fachhochschulen. Jede entfaltete in sich einen großen und fruchtbaren Betrieb. Die einzelnen Wissenschaften suchten jetzt ihre Einheit in den internationalen Kongressen ihres Fachgebietes und der damit *noch* mehr gesteigerten Verbreitung. Jede strebte aus der ursprünglichen Einheit des Wissens weg. Die Universität verlor ihre geistige Geschlossenheit."[311]

Der Streit zwischen Schmoller und Weber war *auch* der erste große Streit in Deutschland um die Struktur der Bildung und ihre Institutionen. Die Verwandlung in eine Fachschule, die Weber im Auge hatte, stand von Anfang an unter dem möglichen Diktat des Marktes, während Schmoller als Kathedersozialist die Position verteidigte, dass Universitäten einen Bildungsauftrag besäßen, der nicht nur die Menschen, sondern auch die Wirtschaft zu formen hätte. Dieser Streit wurde *politisch* – die zitierten Passagen von Heidegger aus den 30er Jahren zeigen das – später auf einer ganz anderen Ebene geführt und von der methodologischen Fragestellung des „Werturteilsstreits"[312] fast gänzlich getrennt. Es lässt sich aber bis in die Gegenwart eine durchaus ähnliche Diskussion finden, wenn z.B. Richard Rorty fordert, die Philosophie der Demokratie *unterzuordnen*.[313]

Ein anderer Aspekt der Frage nach der Werturteilsfreiheit zielt auf die *Erklärungsform* von sozialen Sachverhalten. Max Weber hat bruchlos den Mechanismus der Nationalökonomie übernommen und damit jedes *teleologische Urteil* ausgeklammert. Alle sozialwissenschaftliche und historische Erklärung ist *kausal*, meint Weber, „sie durch irgendeine ‚Teleologie' zu ersetzen, ist unmöglich."[314] Weber kann dies sagen, weil er Teleologie und Kausalität in ein direktes Verhältnis setzt, wobei die Kausalität stets die *Grundlage* sein soll:

> „Denn es gibt zwar kausale Verknüpfung ohne Teleologie, aber keine teleologischen Begriffe ohne Kausalregeln."[315]

Schmollers Auffassung ist hier keineswegs so konträr, wie dies durch seine Verteidigung teleologischer Urteile in der Wissenschaft anmutet. Für ihn ist das teleologische Urteil unentbehrlich als *vorläufiges* Urteil: „Die teleologische Betrachtung ist die wichtigste Art, eine Summe von Erscheinungen, deren inneren kausalen Zusammenhang wir noch nicht kennen, als ein Ganzes zu begreifen."[316] Da wir die kausalen Verhältnisse aber nie vollständig erkennen werden – was übrigens auch Max Weber ausdrücklich betont –, können wir nicht auf teleologische Urteile verzichten. Sie nehmen für Schmoller einen *vorläufigen* Status ein, der durch schrittweise Kausalforschung zurückgeführt werden soll, aber nie verschwinden wird. Deshalb, so wäre daraus zu folgern, sind auch teleologische Urteile vor allem in den Sozialwissenschaften unvermeidlich – die Alter-

---

[310] M. Heidegger (1991), S. 9.
[311] M. Heidegger, GA 16, S. 296.
[312] Vgl. H. Albert, E. Topitsch (1979); H. H. Nau (1996).
[313] R. Rorty (1988), S. 82ff.
[314] M. Weber (1985), S. 183.
[315] M. Weber (1985), S. 86.
[316] G. Schmoller (1904), S. 287.

1.3.12 Die Moral der Wertfreiheit

native wäre nur das Schweigen, weil man die tatsächlichen Kausalverhältnisse nicht kennt. Und es besteht kein Zweifel, dass die Sozialwissenschaften sich *praktisch* weit eher nach diesen Gedanken von Schmoller denn nach Webers Wertfreiheits-Forderung richten. Niemand im Umkreis der Wissenschaften spricht heute ungenierter Werturteile aus, mit dem Vorwand, *Experte* zu sein, als Volkswirte.

Doch die hier wichtigen *philosophischen* Fragen sind damit noch nicht einmal gestreift. Wie man unschwer erkennt, ist die Wissenschaft in ihrer Urteilsform nur dann verständlich, wenn man geklärt hat, was „Teleologie", was also *Zwecke* für eine soziale Struktur repräsentieren. Die Methode kann hier eben nicht von der Untersuchung des Sachverhalts – dem sozialen Handeln – getrennt werden. Jede Methodenreflexion *vorab* setzt implizite Urteile darüber voraus, was „Teleologie", was also Zwecke im Denken und Handeln bedeuten, wie schon der Wertbegriff selbst aus der Ökonomik importiert wurde. Der Fehler im Werturteilsstreit ist also schlicht der, dass er als *Methodendiskussion* geführt wurde, die sich cartesianisch von ihrem Gegenstand je schon getrennt hat und ihn damit notwendig verfehlen *muss*, weil dieser „Gegenstand" nicht entgegen steht. Ich werde diese Frage deshalb in den nachfolgenden Kapiteln nicht als eine *methodologische* behandeln, sondern als eine Darstellung, die klärt und erklärt, wie „Werte", „Sinn", „Bedeutung", „Handlung" usw. kategorial zu bestimmen sind. Damit wird *uno actu* das in dieser Diskussion Strittige an den Ort zurückgeführt, an dem es seine Bedeutung gewinnt.

Wenn man sich allerdings auf die *logische Form* des Werturteils und das, was in der Wertfreiheit der wissenschaftlichen Urteile gefordert wird, *methodisch* einlässt – und das ist die Aufgabe dieses einleitenden Kapitels –, dann lassen sich darin einige Vorurteile dechiffrieren, die sich *ihrerseits* als implizite Moral entpuppen. Obgleich der Begriff der „Werte" im heute verwendeten ethischen oder philosophischen Sinn erst im 19. Jahrhundert durch Lotze terminologisch geprägt wurde, ist die Idee einer Trennung von Faktum und Wert ein Kern des Empirismus. Die auf Hume zurückgeführte Formel „*no ought from an is*"[317] bringt diese Trennung klar zum Ausdruck. Darin wird die Möglichkeit ausgeschlossen, aus einem Sein ein Sollen, aus einer Tatsache einen Zweck, aus Kausalität eine Teleologie abzuleiten. Dem objektiv-kausalen Weltgeschehen steht eine subjektive Welt der Werturteile gegenüber.

Die Differenz zwischen Sein und Sollen steht in direkter Beziehung zur cartesianischen Dualität.[318] Diese Dualität stellt ontologisch ein Reich des Geistes oder des Bewusstseins einem Reich der Körper gegenüber. Ein *Sollen*, ästhetische Wertungen, moralische Empfindungen usw. sind in dieser Dualität heimatlos geworden. Die traditionelle Ethik verortete moralische Urteile in der Vernunft; doch damit blieb unentschieden, ob auch die intentionalen Gehalte dieser Urteile rein vernünftiger Natur sind, ob also die Ethik der Logik gleichzustellen ist in ihrer Urteilsform: Das Sollen wäre dann eine *logische* Konsequenz aus den Grundsätzen der Vernunft. Doch Adam Smith sagt: „Nichts aber kann uns angenehm oder unangenehm um seiner selbst willen sein, das

---

[317] Vgl. D. Hume (1972), S. 203f.

[318] Das idealisierte cartesianische Subjekt als *reines Bewusstsein* hätte überhaupt keinen Zugang, so etwas wie „Wert" zu verstehen, meint Eduard Spranger: „Wer die Subjektivität der Werturteile dadurch ausschalten will, dass er als ihr Subjekt nur das rein wissenschaftliche Bewusstsein denkt, das Bewusstsein überhaupt, oder, metaphysisch gewandt: den Weltgeist, der erkauft diesen höchsten Standpunkt (.) damit, dass er den Begriff des Wertes ganz fallen lassen muss: denn ein solches Subjekt, von allem Anthropomorphismus gereinigt, wertet nicht", E. Spranger (1996), S. 138.

nicht durch eine unmittelbare Empfindung und ein Gefühl dazu gemacht wurde."[319] Smith beruft sich hier auf seinen Lehrer Hutcheson, der zuerst gezeigt hat, dass die moralischen Unterscheidungen in ihrem *Inhalt* nicht aus der Vernunft entspringen können, wiewohl die Vernunft diesen Inhalt beurteilt. Hutcheson postulierte deshalb gleichrangig zur Vernunft einen *moral sense*[320]. Smith bringt gegen diese Theorie, deren *Voraussetzung* (die Unterscheidung zwischen moralischer Empfindung und Vernunft) er teilte, zahlreiche Einwände vor, die ich hier ausklammere. Im Kern sagt Smith, dass zur Ableitung moralischer Gefühle wie der Sympathie kein *gesonderter* moralischer Sinn vorausgesetzt werden muss. Er scheidet den moralischen Sinn als „überflüssige Wesenheit" aus.

Doch die ontologische Dualität zwischen Moral und positiver Erklärung von Sachverhalten, die Hume postulierte, bleibt damit bestehen. Die nachfolgende Sozialphilosophie hat diese Frage immer wieder umkreist und im Werturteilsstreit, wesentlich ausgelöst durch die Kritik von Max Weber, ist diese Frage explizit worden und wird heute – wenn auch nur als Lippenbekenntnis – im Sinn von Max Weber von der großen Mehrzahl der Ökonomen und der Soziologen in der Variante des kritischen Rationalismus reproduziert. Nach Popper und Albert ist das einzig unvermeidliche Werturteil das Bekenntnis zur Wertfreiheit der (positiven) Wissenschaft.

In der Philosophie von Windelband[321], Rickert[322], Cohen und anderen wurde diese Frage zur ontologischen Differenz zwischen Sein und Sollen stilisiert. Max Scheler und Nicolai Hartmann haben dies dann so expliziert, dass neben dem Reich empirischer und rein vernünftiger Sachverhalte (wie der Logik usw.) ein *objektives Reich der Werte* existiere. Dieser Vorstellung, die gleichsam Hutchesons *moral sense* einen objektiven Gegenstand entgegen stellt, auf den er sich bezieht, sind die wenigsten Sozialwissenschaftler gefolgt. In der Denkform, die im ökonomischen Mainstream herrscht, wird alles Moralische mit subjektiver Beliebigkeit des Meinens gleichgesetzt. Ein Unterschied zwischen einem Urteil über Güter und über moralische Sachverhalte erscheint dann einhellig als das, was ein Subjekt zu objektiven Dingen *hinzufügt*, unvergleichbar untereinander wie die Präferenzen der Verbraucher bezüglich der gekauften Waren.

Diese subjektive Moralvorstellung korrespondiert der cartesianischen Haltung. In den moralischen Urteilen taucht das Subjekt ebenso auf wie in der subjektiven Wertlehre: Wenn von Subjektivität die Rede ist, dann nur, um sie sogleich wieder – in einer „Elimination der wirtschaftenden Person"[323] – aus der Wissenschaft zu *entfernen*. Reduziert die mathematische Schule der subjektiven Wertlehre die Präferenzen der Subjekte auf eine durch sie hindurchlaufende Kausalität, die schließlich auch objektiv be-

---

[319] A. Smith (1977), S. 113.

[320] Vgl.: „(T)his plain however, that our moral sense puts a much higher value upon abilities and dispositions immediately connected with virtuous affections, and which exclude the worst sorts of selfishness." F. Hutcheson (1755), S. 68.

[321] „Sollen und Sein, Wert und Wirklichkeit müssen verschieden sein. Fielen Norm und Realität zusammen, so hörte alles Werten auf, dessen alternativer Charakter in Bejahung und Verneinung jene Verschiedenheit voraussetzt." W. Windelband (1923), S. 426. Windelband übersieht, dass Alternativen eine Begriffsmatrix voraussetzen, die *als diese Matrix* erst alternative Entitäten zu unterscheiden ermöglicht. Die Matrix selbst ist aber nicht einfach gegeben, sondern kann selbst *gewählt* werden. Damit verliert die Dualität von Sollen und Sein ihr unterscheidendes Merkmal.

[322] „Sein und Sollen (...) stellen (...) sich wie die Wissenschaft als Zukunftsgüter dar und gehören zur un-endlichen Totalität." H. Rickert (1999), S. 91. Für Rickert ist deshalb auch die Wahrheit ein Wert und der Wert somit das Primäre.

[323] J. v. Kempski (1964), S. 245.

schrieben werden soll, so wird die moralische Wertung als private Zutat aus der Wissenschaft völlig verbannt. Als ethisches System entspricht dieser Haltung eine einfache Variante des Utilitarismus: Quelle jeder Moral ist die subjektive Bilanzierung von Lust und Leid; jeder ist ein Kaufmann, der in dieser Bilanz den Nutzen gegenüber dem Leid maximiert. Moral ist hier private Buchführung, wobei allerdings eine allgemeine Rechnungseinheit wie auf den Märkten – das Geld – fehlt. Weil sie fehlt, wird die Lust-Leid-Bilanz zu einer rein privaten Angelegenheit. Dies liefert aber umgekehrt den Ökonomen endlose Gelegenheit, den Fehler zu begehen, die Geldeinheit auf subjektive Tatbestände zu projizieren, um *doch* zu einem verbindenden moralischen Maßstab zu gelangen. Diese Irrwege zu verfolgen, wird sich in den nachfolgenden Kapiteln noch reichlich Gelegenheit ergeben.

Was sich, davon geleitet, auf äußere Produkte bezieht im Kaufakt, das wird durch Annahmen über Präferenzrelationen von einem cartesianischen Beobachter verdinglicht. Moralische Urteile, d.h. der Bezug auf *andere Menschen* und ihre Handlungsweise dagegen gelten als Privatsache, die in der Wissenschaft nichts zu suchen habe. Diese Subjektivierung der Moral ist eine notwendige Konsequenz der Position des cartesianischen Beobachters. Er bezieht sich auf *Dinge* – wobei er selbst ausgeklammert bleibt; auch jeder *andere* wird verdinglicht. Da es zum anderen deshalb keine Beziehung gibt, denn die Vergesellschaftung vollzieht sich über mechanische Tauschoperationen und die darauf bezogenen, an ihnen gemessenen Institutionen, kann es über den je anderen nur ein *dingliches*, d.h. „wissenschaftliches" Urteil geben. Jede moralische Empfindung bleibt eingemauert im cartesianischen Subjekt; ihre Äußerung ist ohne Bedeutung. Moralische Urteile *von vielen* werden ebenso äußerlich und mechanisch behandelt: Durch demokratische Abstimmung. Hier werden zwar unaufhörlich Wertungen ausgetauscht, doch *entschieden* wird nicht aufgrund der Qualität ethischer Urteile, sondern durch ein Wahlverfahren, das Stimmen zählt. Ethik spielt bestenfalls die Rolle, die Abstimmenden je subjektiv zu beraten. Eine ethische *Wahrheit*, die für viele verbindlich ist, gibt es nicht. Falls es ein Gelten ethischer Sätze gibt, so müssen sie wiederum *äußerlich*, d.h. durch Gesetze und staatliche Gewalt als geltende Normen gesetzt und durch Abstimmung in Kraft gesetzt werden.

Nun sind diese hier nur skizzierten Vorstellungen in ihrem impliziten *philosophischen* Urteil allerdings unhaltbar. Um das zu verdeutlichen, möchte ich nochmals auf die Diskussion zwischen Weber und Schmoller zurückgreifen und die *Urteilsform* des moralischen Urteils etwas genauer untersuchen. Die Schwierigkeit hierbei liegt darin, dass die eigentlich *begrifflichen* Gegensätze nicht eindeutig einer der diskutierenden Parteien zuordnen kann, weil sowohl Schmoller wie Weber sich dazu widersprüchlich geäußert haben; sie haben den Wert*begriff* hierbei nicht klar herausgearbeitet – ein Erbe der Ökonomie, der es nicht gelungen ist, den *Geldbegriff* zu klären. Denn wenn man die Urteilsform des Werturteils näher betrachtet und das ökonomische Werturteil mit dem *ethischen* vergleicht, dann entpuppt sich der Streit um die „Wertfreiheit" zunächst als einer um den *Wert*begriff.[324] Die Differenz zwischen Schmoller und Weber – der in der Tradition der subjektiven Wertlehre denkt – liegt darin, ob man den „Wert" in den Dingen oder im Subjekt sucht. Denn Schmoller sagt ausdrücklich, dass man nur deshalb den Dingen einen *subjektiven* Wert beilegen könne, weil die Dinge schon einen *objektiven* Wert haben. Schmoller charakterisiert die *allgemeine* Struktur eines *ökonomischen* Werturteils so: „Das Werturteil wird sich stets ausdrücken in einer Gleichsetzung des

---

[324] Ich werde den Wertbegriff im Teil 4 noch ausführlich und kritisch darstellen und hier im Kapitel über die Methodenfragen nur einige Grundstrukturen voraussetzen.

einen mit einem anderen als *in seinem Wert bekannt vorausgesetzten* Gute oder in einer Unter- oder Überordnung: a = b, a > b, a < b."³²⁵

Nimmt man dies als Modell eines *moralischen* Urteils, so unterstellt Schmoller, dass – allgemein ausgedrückt – den beurteilten Dingen, Menschen oder Sachverhalten je schon ein konventioneller Wert zukommt, der im *subjektiven* Werturteil nur seinen Ausdruck findet. Weber steht dagegen in der Tradition der subjektiven Wertlehre, die alle Werturteile im Individuum verankert, auch wenn er betont, dass dies nicht notwendig den „nur ‚subjektiven Charakter z.B. der Ethik"³²⁶ bedeute. Der Gegensatz zu Schmoller ist also nicht eindeutig, denn Schmoller sagt auch: „Alle Gefühlstätigkeit hat Werte zum Ergebnis"³²⁷, womit Werte doch auf individuelle Momente zurückgeführt und stillschweigend Hutchesons *moral sense* wieder eingeführt würde. Wenigstens bleibt dunkel, wie aus einer vereinzelten Gefühlstätigkeit „soziale Werte" hervorgehen sollen. Insgesamt betont allerdings Schmoller – und das durchaus zu Recht –, dass die Wirtschaft keine *Natur* besitzt. Es gibt „keine Naturordnung der Volkswirtschaft in dem älteren Sinne, darum ist es auch weiterhin falsch, die wirtschaftlichen Handlungen in ihren Folgen als sittlich indifferent zu bezeichnen."³²⁸ Demgemäß sind *ethische* Urteile in den Sozialwissenschaften unvermeidlich, denn aus Schmollers Satz ergibt sich, dass die „wertfreie" Beurteilung einer sittlichen Handlung selbst eine Wertung enthält: Vom moralischen Gehalt des Handelns zu abstrahieren, ist ein moralischer Akt.

Doch betrachten wir die Form des Urteils, das sich – positiv oder negativ – auf Werte bezieht, noch etwas genauer. Was ist das überhaupt: *ein Werturteil*? Darf man bei dieser Urteilsform überhaupt vom urteilenden Subjekt abstrahieren? In welchem Sinn ist es ein *Urteil*, also einem logischen Typus zugehörig – und in welcher Sprachform mit welcher Syntax wird hier geurteilt? Es ist ja von vornherein auffallend, dass die Norm der Wertfreiheit – die sozusagen als *letztes* Werturteil einer empirisch-kritischen Forschung ausgesprochen und angenommen wird – ein *negatives* Urteil darstellt. Die empirische Wissenschaft, die sich „wertfrei" nennt, *definiert sich* durch negative Abgrenzung gegen Werte. Ihr positiver Inhalt ist also nur negativ durch das bestimmt, was Werte sind. Nicht zu wissen, was ein Wert ist, bedeutet damit auch, nicht zu wissen, was *frei von Werten* sein soll. Dies ist – nebenbei gesagt – eine einfache logische Konsequenz aus dem Apoha-Prinzip. Der Versuch einer wertfreien Wissenschaft, die auf *sich selbst* gestellt ist, entpuppt sich damit als reine Illusion.

Wenn man in einem Urteil ein Werturteil von einem wertfreien Urteil unterscheidet, so ist *dieses* Urteil der Unterscheidung unklar.³²⁹ Man kann sich hier in die Ausrede einer Metasprache flüchten und sagen, dass die Unterscheidung zwischen Wert und Faktum einem Metasprachsystem angehört, das zwischen einem positiven und einem moralischen Sprachsystem unterscheidet. Doch das ist keine Lösung. Denn die Bedeutung der Begriffe „Faktum" und „Wert" in der Metasprache müssen übersetzbar sein, und hier erweist sich die Alltagssprache als oberste Metasprache. Doch gerade die Alltagssprache kennt die Dualität von Faktum und Wert nicht, sondern konfrontiert viele Meinungen mit einer moralisch unklaren Stellungnahme. Spezifiziert man eine Meinung, so ergibt sich der *Inhalt* der Differenz zwischen Fakten und Werten immer nur

---

[325] G. Schmoller (1920: 2), S. 113; meine Hervorhebung.
[326] M. Weber (1985), S. 501.
[327] G. Schmoller (1920: 2), S. 109.
[328] G. Schmoller (1904), S. 54.
[329] Adornos Auskunft: „Wert und Wertfreiheit sind dialektisch durch einander vermittelt", T. W. Adorno, GS 8, S. 348, erklärt rein gar nichts und zeigt, was dialektischer Jargon ist: Gerede, das nicht weniger ideologisch ist als der gegeißelte „Jargon der Eigentlichkeit".

1.3.12 Die Moral der Wertfreiheit

situativ. Doch damit ist dann das Grunderfordernis wissenschaftlichen Urteilens aufgehoben, das für seine Urteile *transsituative* Geltung beansprucht – die *Intersubjektivität* dieser Geltung ist nur ein Aspekt dabei. Nicht nur Meier und Müller müssen bei Experimenten auf denselben Wert für die Lichtgeschwindigkeit kommen, das Ergebnis muss auch über die Zeit und die Orte hinweg invariant bleiben – sonst handelte es sich nicht um die behauptete universelle Konstante.

Die Unterscheidbarkeit von Wert und Faktum ist bestreitbar und wird faktisch bestritten – also kann es sich nicht um ein unstrittiges Faktum handeln. Wenn man Wertfreiheit als *Qualitätsmerkmal* eines Faktums behauptet, dann müsste vorgängig erklärt werden, was Werte, was Werturteile *sind*. Man müsste „empirisch-wissenschaftliche" Urteile, sinnlose Aussagen, bloße Meinungen und metaphysische Denkformen klassifizieren, um sie untereinander und als Gruppe von *ethischen Sätzen* unterscheiden zu können. Der logische Positivismus hat aller Metaphysik Sinnlosigkeit bescheinigt und Meinungen zu *vorwissenschaftlichen* Sätzen herabgestuft. Es bleiben dann nur drei Klassen von Urteilen: Rein logische (die wahr sind durch Festlegung), empirische (die wahr sind durch intersubjektive Überprüfung) und rein subjektive Urteile (ethische, ästhetische). Doch diese Klassifikation hat sich als unhaltbar erwiesen, weil der Sinn von „Intersubjektivität" hierbei nicht klar expliziert werden kann. Damit ist auch nicht erklärt, was eine „empirisch" relevante Situation ist, wodurch auch der empirische Bezugspunkt – der immer einen Beobachter voraussetzt – unklar wird.[330]

Nun sind ethische Aussagen keine *sinnlosen* Aussagen, denn über Werte wird gestritten, man einigt sich und man kann in Moralsystemen durchaus eine innere Ordnung erkennen. Auch lässt sich nicht verteidigen, dass Moral eine Privatsache sei, weil Regeln für eine Privatmoral ebenso wenig sinnvoll formulierbar sind wie Regeln für eine Privatsprache. Und man kann nicht sagen, dass ethische Sätze keinen empirischen Inhalt hätten. Es lässt sich nicht einmal sagen, dass die der Ethik eigentümliche *teleologische* Urteilsform, die sich auf Ziele bezieht, nicht zugleich auch *kausal* beurteilt werden könnte. Zudem gibt es alltäglich immer wieder Übergänge von Werturteilen in Faktenaussagen und umgekehrt. Viele Wissenschaftler haben aus bestimmten Glaubensüberzeugungen Theorien formuliert, die erst sehr viel später überprüfbar wurden – folglich können (rein empirisch) aus „Werturteilen" auch „Sachurteile" hervorgehen. Andererseits kann man Moral auch rein *funktional* erklären und damit deutlich machen, dass Werte durchaus *auch* faktisch erklärbar sind.

Kants *kategorischer Imperativ* war von ihm selbst ursprünglich als funktionale Erklärung gedacht, wenn er sagt: „Das ist also eine unmoralische Handlung, deren Intention sich selbst aufhebt und zerstört, wenn sie zur allgemeinen Regel gemacht wird."[331] Damit, so kann man Kant übersetzen, ist gesagt: Die moralische Regel stabilisiert die Gesellschaft, dient ihrer Reproduktion. Moral hat also eine rein funktionale Aufgabe. Und gültige Werte sind solche, die eine langfristige Reproduktion der Gesellschaft erlauben. Zwar ist hier immer noch stillschweigend ein Wert vorausgesetzt („die menschliche Gesellschaft *soll* langfristig weiterexistieren"), doch kann dieser Wert

---

[330] Vgl. D. Davidson (1986), S. 281f. Davidson zeigt, dass – auf seiner stillschweigenden Grundlage des cartesianischen Beobachters – sich „Überzeugungen", also Meinungen nicht klar von wissenschaftlichen Aussagen unterscheiden lassen, weil es keinen klar definierbaren empirischen Bezugspunkt gibt. Diese Schwierigkeit ist allerdings eine Folge der metaphysischen Position des Wissenschaftssubjekts. Eine Erklärung der sozialen Situation, in der diskutiert wird, erlaubt hier eine Lösung.

[331] I. Kant (1990), S. 53; vgl. zur Rekonstruktion dieses Gedankens: K.-H. Brodbeck (2003a), S. 64ff.

durchaus in eine *hypothetische* Form gebracht werden. Das gilt auch für alle wissenschaftlichen Aussagen. Die Konstanz der Lichtgeschwindigkeit setzt den Begriff der *Konstanz* voraus. Wenn dieser Begriff vollständig expliziert wird, entdeckt man einen notwendigen Bezug auf einen Beobachter, wodurch die Aussage subjektiv relativiert wird. Kurz: Die Differenz zwischen Faktum und Wert kann nicht klar expliziert werden; an ihr festzuhalten, bleibt eine bloße *Meinung*.

Im Prinzip der Wertfreiheit zeigt sich damit noch eine zweite dunkle Stelle. Vielfach wird das „Werten" und das „Meinen" gleichgesetzt. Man kann ohne jeden Bezug auf eine explizite Moral eine Meinung z.B. über ein bestimmtes Kausalverhältnis ausdrücken. Diese Meinung ist kein *Wissen*, aber sie ist auch kein explizites Werturteil. Hier zeigt sich, dass der Objektivitätsbegriff der „wertfreien" Wissenschaft sehr viel mehr enthält, als ein cartesianischer Beobachter entdeckt. Dem Wissenschaftler steht nicht eine dingliche Objektivität gegenüber, bezüglich derer er Theorien und Hypothesen formuliert. Er steht als Wissenschaftler in einer Kommunikationssphäre mit anderen Wissenschaftlern, eine Sphäre, in der unaufhörlich Meinungen geäußert, geprüft, geglaubt oder verworfen werden. Das Meinen der Vielen ist durchaus etwas anderes als ihr Wissen – aber es ist kein explizites Werturteil. Vielmehr zeigt sich hier, dass die Gegenüberstellung von Wissen und Faktum einfach eine naive Verkürzung des sozialen Prozesses der Wissenschaft ist.

In der Meinung tritt eine durchaus *anerkannte* Form subjektiven Urteilens in die Wissenschaft selbst ein, die *logisch* zunächst nicht von einem Werturteil zu unterscheiden ist. Der kritische Rationalismus versucht hier eine Grenze durch den Begriff der „Überprüfbarkeit" zu ziehen. Meinungen, die *wissenschaftliche Vermutungen* sind, sollen sich jeweils von anderen überprüfen lassen; Meinungen, die nur Werturteile sind, können dagegen nicht durch intersubjektive Kritik überprüft werden. Doch diese Grenzziehung ist auch dann nicht haltbar, wenn man den Begriff der „Kritik" in einem weiten Sinn fasst. Dafür gibt es mehrere Gründe.

Erstens werden durch die Arbeitsteilung stets weite Teile des Wissens immunisiert; eine Kritik über die Fachgrenzen hinweg wird bestenfalls belächelt, ansonsten aber als Anmaßung zurückgewiesen. Kritik setzt zweifellos Wissen voraus. Doch mit dem Wissenserwerb wird man *sozial* Teil einer Gruppe, die als Gruppe ihr Wissen endogen organisiert und damit gegen äußere Kritik immunisiert. Eine Grenze zwischen irrationalem Festhalten an Glaubenssätzen und der schlichte Ausdruck höherer Fachkompetenz ist hier nicht klar zu ziehen.

Zweitens sind von Theorien immer nur kleinere Teile tatsächlich empirisch überprüfbar, ein Aspekt, der von Duhem und Quine betont wurde. Zu jeder Theorie als System gehören Elemente, die im Rahmen der Theorie eine Ordnungsfunktion erfüllen, nicht aber als gesonderte Hypothese testbar sind. Solche Annahmen haben immer einen axiomatischen Charakter, den man nur „glauben" kann.

Drittens bedeutet, wie Popper zu Recht sagt, eine *nicht* falsifizierte Hypothese nicht, dass sie dauerhaft gilt. Aber was nicht (dauerhaft) gilt, ist eben eine vorläufige Meinung und darin von einem subjektiv-wertenden Urteil nicht zu unterscheiden: Der Hinweis, dass die Aussage künftig falsifiziert werden könne, gilt auch für ethische Urteile, wenn jemand oder ganze Völker Erfahrungen machen, die sie zum Aufgeben einer ethischen Überzeugung bringen. Zudem können umgekehrt auch Hypothesen falsifiziert werden, obwohl die zugehörige Theorie insgesamt sich weiter bewährt und die Falsifikation sich vielleicht als nur unklug gewähltes Experiment erwiesen hat. Damit bleiben aber – bestätigte und bloß vermutete – Hypothesen, wendet man Poppers Kriterium der Falsifizierbarkeit strikt an, ununterscheidbar von Meinungen. Man weiß nie, ob man einer bloßen Meinung folgt, die nur ein subjektives Werturteil enthält, oder ob man an eine wissenschaftliche Hypothese glaubt, die sich vielleicht morgen als bloße Meinung erweist.

Viertens ist der positive oder prognostische Inhalt vieler Theorien in den Natur- und Sozialwissenschaften sehr langfristig; er umfasst oft mehrere Generationen von Menschen. Die kritische Überprüfung würde also einen Diskurs vieler Generationen umfassen – etwa bei Fragen der Klimaveränderungen, der Hoffnung auf Substitute für erschöpfbare Ressourcen, der langfristigen Auswirkung sozialer Reformen usw. –, ist also als Forderung rein fiktiv. Zudem können sich die natürlichen und die technischen Bedingungen teilweise rascher ändern als die durch eine Theorie erklärten Sachverhalte als Zeithorizont erfassen. Die darin liegende reale Abstraktion theoriegeleiteten Handelns lässt sich dann nicht mehr unterscheiden von einem nur durch moralische Regeln gelenkten Handeln.

Fünftens – vor allem aber: Das *positive Gelten* einer Theorie hat immer einen *sozialen* Inhalt. Sie wird von sehr vielen für wahr gehalten. In der Regel übernehmen die meisten Menschen solche Theorien wie Glaubenssysteme, erlernen sie aus Lehrbüchern und passen sich dem Gruppenzwang an. Das, was Thomas S. Kuhn die „normale Wissenschaft" nannte, ist hier nur der auf die Wissenschaftsgemeinde zutreffende Teil für dieses Phänomen; ein Pulk von Journalisten oder Medienproduzenten und eine riesige Schar von „Laien" bewegt sich in diesen „wissenschaftlichen" Glaubenssystemen wie Anhänger einer religiösen Sekte. Man hält die universale Konstanz der Lichtgeschwindigkeit für wahr, man glaubt der Einsteinschen Theorie, doch fast niemand überprüft den Sachgehalt dieser Annahme kritisch.[332] Man tritt einer Meinung bei und reproduziert sie wie ein Glaubenssystem. Deshalb besteht *formal* zwischen dem Festhalten an einer Theorie und einer moralischen Überzeugung in ihrer sozialen Funktion keine Differenz.

Auch wenn man die Differenz von Faktum und Wert von der Seite des Werts, der Moral her betrachtet, ergeben sich unlösbare Zirkel. Die Frage: „Warum moralisch *sein*?"[333], verkennt den *Prozesscharakter* der Moral. Niemand „ist" moralisch. Aus dem methodischen Solipsismus Descartes' bleibt Moral notwendig unverständlich, weil sie sich nur im Handeln verwirklicht, also einer *sozialen Äußerung* oder *Entfaltung* bedarf, um zu „sein". Niemand „ist" moralisch, wie er für einen äußeren Beobachter männlich, weiblich, blond oder 1,79 m groß ist. Der Ort der Moral ist die Offenheit des Handelns, nicht ein in sich eingeschlossenes Subjekt, auch wenn man an Überzeugungen *festhalten* kann. Doch damit ist immer gesagt, dass jemand in bestimmten Situationen auf eine bestimmte Weise gemäß einer Regel handelt, die als diese Regel kommunizierbar ist und insofern ihren Ort nicht im Subjekt besitzt, sondern sich nur durch es hindurch bewegt. Werte haben so wenig ein Sein, wie *das* Sein ein Wert ist.

Dies, wie sich das Wissen in der Gesellschaft kommunikativ und handelnd als Prozess der Bedeutung entfaltet und differenziert, ist nie aufteilbar in ein Gelten für Dinge und ein Gelten für Subjekte, in sachliches und moralisches Gelten. Ein *objektives* Wissen ist immer zugleich intersubjektive Geltung *und* Geltung bezüglich äußerer Sachverhalte. Und das intersubjektive Gelten lässt sich nicht trennen von dem, was die Vielen jeweils auf besondere Weise zu einer Gesellschaft vereint: ihre *moralische Form*[334]. Diese Form ist ebenso eingebettet in den sozialen Prozess der Bedeutung, wie sie ihn zugleich reproduziert.

---

[332] Besser: *Fast niemand*, vgl. J. Magueijo (2005).
[333] Vgl. die Beiträge in: K. Bayertz (2002).
[334] Vgl. dazu K.-H. Brodbeck (2003a), Kapitel 2.1: „Die Struktur der Moral".

Die Behauptung, es gäbe eine Differenz zwischen „Sein" und „Sollen" bleibt nur eine *metaphysische These*. Als metaphysische Aussage gehört sie in eine kategoriale Matrix, in der sich Menschen je schon denkend und handelnd bewegen. Diese radikale metaphysische Differenz konnte nur auf der Grundlage der cartesianischen Trennung von Bewusstsein und Ding errichtet werden und reproduziert vollständig deren Mangel. Wenn man wissenschaftliche Aussagen teilnehmend dort beobachtet, wo sie sich bewegen – in der Kommunikation –, dann entdeckt man rasch, dass die Trennung von Wertung und positiver Aussage nicht nachvollziehbar ist, weil sie nur durch eine *Norm* herbeigeführt werden könnte, die ihrerseits immer strittig ist. Sie liefe praktisch darauf hinaus, Wissenschaftlern *Meinungsäußerungen* zu verbieten, denn in einer Meinung sind wissenschaftliche Vermutung, ungeprüfte, aber dennoch hilfreiche Erfahrung und reines Werturteil nicht unterscheidbar.

Der eigentliche *Sinn* der Werturteilsdebatte, die ja vornehmlich von Ökonomen und Soziologen geführt wurde, und ihr bis heute ungelöster Ausgang[335] gründet in der Mechanisierung des sozialwissenschaftlichen Denkens im 19. Jahrhundert, das in der Gegenwart zu rein funktionalen Theoriesystemen ausgebaut wurde. Dieser Theorieform, die im kritischen Rationalismus ihre Metaphysik gefunden hat, liegt die cartesianische Denkform einer Trennung von Subjekt und Gegenstand zugrunde, die – wie gezeigt (vgl. 1.2.3) – in den Sozialwissenschaften totalitäre Konsequenzen nach sich zieht. Je andere Menschen ganz „wertfrei" wie Dinge zu beschreiben und damit eine theoretische Grundlage für eine zugehörige Praxis zu legen, ist die implizite Moral der Wertfreiheit in den Sozialwissenschaften. Im Sinn einer expliziten *Ethik* entspricht dieser Denkform der strukturelle Mangel an Mitgefühl, die Verweigerung der Kommunikation „mit dem Gegenstand". In der Wahl cartesianisch strukturierter Begriffssysteme wird das „Werturteil" ausgesprochen, dessen moralischer Inhalt sich als strukturelle Unmoral totalitären Denkens entpuppt. Um seine Teilnahme an der Gesellschaft immer – also auch in und während der wissenschaftlichen Reflexion – zu wissen, dieser Teilnahme auch einen *kategorialen* Ausdruck zu verleihen in seinen Denkformen, also immer auch daran zu denken, dass man nicht *über* andere, sondern vor allem *mit anderen* spricht, erst diese *explizite* Ethik kann das Verhängnis des cartesianischen Erbes beenden.

---

[335] Vgl. H. Putnam (2002).

2 Bedeutung als sozialer Prozess

2.1 Identitätsbildung und Vergesellschaftung

2.1.1 Die Bedeutung der Bedeutung

„Bedeutung" ist ein sozialer Prozess. Die Frage, welche Bedeutung Begriffe haben, alltägliche und wissenschaftliche, und die Frage, was „Werte" in der Wirtschaft bedeuten, haben nicht nur eine strukturelle Ähnlichkeit. Es handelt sich um denselben sozialen Prozess, der die allgemeine Bedeutung von Begriffen erzeugt, verändert, reproduziert und zugleich den Dingen einen ökonomischen Wert beilegt. Im sozialen Kommunikations- und Handlungsprozess reproduziert sich sowohl die Gesellschaft *ökonomisch* wie *semiotisch*. Anders gesagt: Semiotik und Ökonomik untersuchen eigentlich dasselbe Phänomen. Diese auf den ersten Blick vielleicht befremdlich wirkende These möchte ich zunächst durch eine Reihe gezielter Hinweise erläutern und sie dann in einem zweiten Schritt systematisch entwickeln.

Betrachten wir zunächst die einfache Wortverwendung der Begriffsgruppe „Bedeutung, Wert, Meinung oder Sinn". Es fällt auf, dass man sich bei der *Erläuterung* dieser Begriffe immer schon in ihrer Binnensphäre bewegt. Die Frage nach der „Bedeutung der Bedeutung"[1] setzt bereits ein Vorwissen darüber voraus, was Bedeutung ist und wie man die Bedeutung, den Sinn von Begriffen oder Sachverhalten, erschließt. Aus diesem „Zirkel des Wissens"[2] gibt es keinen Ausweg. Auch wenn Ökonomen nach der „Bedeutung des Wertbegriffs" fragen, bewegen sie sich in diesem Zirkel – nicht zuletzt deshalb, weil „Wert", wie Müller und Schäffle sagen, die „Bedeutung"[3] eines Gutes im Wirtschaftsprozess ist.

Wer nach der Bedeutung einer Sache fragt, der muss diese Sache zuerst als Entität erfassen, und das fällt im *sozialen Sinn* zusammen mit ihrer Beschreibung, also einem Akt der Kommunikation. Formal ist die Frage nach der „Bedeutung" von etwas also immer die Aufforderung, einen *Prozess* innerhalb der Binnensphäre der Bedeutung zu vollziehen. Bei diesem Prozess werden dann in Erklärungen oder Erläuterungen, in Definitionen oder Ableitungen Begriffe aufeinander bezogen durch Urteile, Sätze, Verweise usw. Darin bewegt man sich in der Sprache. Vollzieht sich dieser Prozess vereinzelt, so sprechen wir von „Denken". Öffentlich wird dieser Prozess in der Kommunikation und im Handeln. Wenn man nach dem *ökonomischen Wert* einer Sache fragt, dann vollzieht sich ein hierzu *isomorpher* Prozess. Individuell bleibt es bei einer „Wertschätzung", dem Vorziehen oder Ablehnen von Gütern. Sozial erscheint dieser Prozess durch das Geld und die Preise, worin Werte aufeinander bezogen werden als „Kosten", um wiederum neue Werte für Güter oder Dienste zu ermitteln.

Ebenso, wie man zwischen einer *privaten* Meinung (dem privaten Sinn einer Sache) und ihrer *öffentlichen* Bedeutung (der öffentlichen Meinung) unterscheiden muss, eben-

---

[1] Vgl. C. K. Ogden, I. A. Richards (1972); G. Petrović (1967), S. 194-212; H. Putnam (1979).
[2] Vgl. K.-H. Brodbeck (2002).
[3] „Der Wert einer Sache ist die Bedeutung, welche sie durch die größere oder geringere Gerechtigkeit des Verhältnisses, aus dem sie hervorgegangen (…) erhält." A. Müller (1922), S. 59; „Wert aber ist die Bedeutung, welche das Gut vermöge seiner Brauchbarkeit für das ökonomische Zweckbewusstsein der wirtschaftlichen Persönlichkeit hat." A. E. F. Schäffle (1862), S. 10.

so muss man zwischen privaten Wertschätzungen (Präferenzen) und dem sozialen oder ökonomischen Wert eines Dings differenzieren. Sowohl in der Semiotik wie in der Ökonomik wurden beide Sachverhalte aber immer wieder verwechselt. Die Bedeutung eines Zeichens wird vielfach mit einer *privaten Vorstellung*, die ein Lautbild begleitet, identifiziert. Bekannt ist Saussures Darstellung dieses Verhältnisses. Ihm zufolge ist die Bedeutung eines Wortes die Vereinigung von Lautbild und Vorstellung.[4] Für die heute vorherrschende subjektive Wertlehre in der Ökonomik ist analog der Wert ein subjektives Urteil, „welches sich die wirtschaftenden Individuen über die Bedeutung"[5] von äußeren Dingen bilden.

Trennt man die Bedeutung von ihrem sozialen Prozess und ordnet sie einem *Individuum* zu, so wird auch das Einzelsubjekt zur Quelle aller Werte und Bedeutungen.[6] Philosophisch entspricht diese Haltung der Vorstellung eines *transzendentalen Subjekts*, das aus sich alle Bedeutungen hervorbringt. Dem „transzendentalen Ego" der Philosophie stellen die Ökonomen ihren „Robinson Crusoe" zur Seite (vgl. 1.1.3). In beiden Vorstellungen liegt durchaus eine richtige Erfahrung: Beim *Nachdenken* bewegt sich jedes Subjekt in einer *vereinzelten* Sphäre der privaten Bedeutung. Dieser Prozess ist sowohl kognitiver wie wirtschaftlicher Natur, sofern sich im Denkprozess ein Spiel mit Wortbedeutungen und privaten Erfahrungen vollzieht, dem immer wieder auch ein Abwägen, ein subjektives Werten und Rechnen zur Seite gestellt ist. Doch diese Prozesse des vereinzelten Denkens und Wertens setzen bereits eine soziale Sphäre voraus, die einer *Privation* unterworfen werden kann. Man denkt in einer sozialen Struktur, wenn man individuell nachdenkt – wie auch Sokrates in Platons *Theaitetos* sagt, dass nämlich die Seele, „solange sie denkt, sie nichts anderes tut als sich unterreden, indem sie sich selbst fragt und antwortet, bejaht und verneint."[7] Wenn in diesen inneren Dialog Gefühle, Wertungen oder Rechnungen einfließen, dann vollzieht ein Subjekt jenen Prozess, den die Theoretiker der subjektiven Wertlehre im Auge haben. Doch dieses Werten bewegt sich hier schon in einer Sphäre *öffentlicher* Werte, die in den modernen Gesellschaften immer auch Preise und Geld voraussetzen. Der Schein, der durch die Privation sozialer Strukturen beim Nachdenken, beim privaten Abwägen entsteht, als handle es sich hier um einen Baustein, aus dem man die Bedeutung von Dingen *ableiten* könne, gründet in dieser vereinzelten Denkerfahrung. Doch ebenso, wie Bedürfnisse in der Regel auf etwas verweisen, das von *anderen* hergestellt wurde, ebenso verweisen Wörter auf einen Kommunikationsprozess.

Dem einen Extrem, das die Bedeutung im Subjekt zu verankern, sie aus der vereinzelten Erfahrung oder Vorstellung abzuleiten versucht, korrespondiert das andere Extrem, das die Bedeutung als völlig *objektiven Sachverhalt* interpretiert, worin „der Sinn

---

[4] „Das sprachliche Zeichen vereinigt in sich nicht einen Namen und eine Sache, sondern eine Vorstellung und ein Lautbild." F. de Saussure (1967), S. 77.

[5] C. Menger (1871), S. 86.

[6] Hans Reichenbach skizziert eine dyadische Zeichenrelation. Er stellt sich ein Lexikon vor, das Wörter und „Beispiele der wirklichen Gegenstände" verzeichnet; H. Reichenbach (1983), S. 21. Genauer sagt er dann, solch ein Lexikon wäre eher ein „zoologischer Garten". Was würde man wohl hinter den Käfigen mit den Aufschriften „Musterexemplare", „Zoo", „Anfang" oder „wirklich" für seltsame Tiere zu sehen bekommen? Und worauf *achtet* man im Zoo vor einem Käfig mit der Aufschrift „Gorilla": Auf die Gitterstäbe, die Rückwand, das Stroh am Boden, die Bananenschalen, oder die Haare, Augen, Hände usw. eines Gorilla? Riecht man? Hört man? Fühlt man die Atmosphäre oder achtet man auf seine ängstlichen Gedanken?

[7] Platon: Theaitetos 189e-190a; Werke Bd. IV, S. 157.

2.1.1 Die Bedeutung der Bedeutung

stets aus der Kombination von Elementen resultiert, die selber nicht sinnvoll sind."[8] Im Strukturalismus, in der Logik und Wissenschaftstheorie wird der Versuch unternommen, die Bedeutung von Begriffen von ihrem sozialen Prozess zu separieren und sie einerseits durch strenge logische Regeln, andererseits durch ein strenges Experimentaldesign von jedem privaten Meinen zu trennen. Das physikalistische Ideal versucht die Wissenschaftssprache rein logisch zu strukturieren und die Bedeutung von Sätzen ein-eindeutig mit experimentell geprüften Sachverhalten zu verkoppeln. In der Ökonomik entspricht dies dem Versuch, Werte aus objektiven Sachverhalten zu rekonstruieren: Arbeitsaufwendungen oder der technischen Verknüpfung der verschiedenen Produktionsprozesse. Auch das Subjekt wird hierbei in einen Rechenautomaten verwandelt, der sich durch die moderne Rationaltheorie völlig objektiviert beschreiben lassen soll. Am Ende steht dann ein Preisvektor im Gleichgewicht, in dem – so der Glaube der Mainstream-Ökonomen – die Werte der Güter aus technischen Informationen (Produktionsfunktionen) und objektivierten Präferenzfunktionen „abgeleitet" werden sollen.

In beiden Fällen und bei beiden Extremen – dem subjektivistischen und dem objektivistischen – wird die „Bedeutung der Bedeutung" verkannt. Kein Ding *hat* eine Bedeutung, wie auch kein Ding einen Wert hat. Dennoch ist die Bedeutung keine bloß subjektive, beliebige Zuschreibung. Das Geheimnis im *Prozess* der Bedeutung ist ihr sozialer Charakter. Menschen halten sich selbst an zwei Schein-Gewissheiten fest: Ihrem Ego und der Identität eines Dings, dem sie dadurch Dauer und Festigkeit zuschreiben. Den „Fakten", der „harten Realität" korrespondiert das Festhalten eines Egos. Beide Täuschungen über die Dauerhaftigkeit oder Substantialität von Ich und Ding werden endlos *enttäuscht*. Der Grund für diese Enttäuschung ist die Täuschung über die Prozessnatur der Bedeutung. Der alltägliche Handlungsprozess ist unaufhörlich damit befasst, die Bedeutung von Sachverhalten zu verändern, zu erneuern, sie in neuen Situationen zu reproduzieren. Jede gefundene wissenschaftliche Wahrheit wird unaufhörlich angewendet und *darin* ebenso bewährt wie verändert. Newtons Bewegungsgleichungen haben z.B. als Sonderfall der speziellen Relativitätstheorie eine *andere* Bedeutung erhalten. Mit jeder Anwendung von Theorien erweitert sich nicht nur das Feld der Erfahrungen, sondern damit auch die Bedeutung der Kategorien, durch die Wissenschaften als Matrix strukturiert werden. Die begriffliche Bewegung in dieser Matrix, die *spezifischen* Zuschreibungen von Bedeutungen über Begriffe, sind *uno actu* ein sozialer Handlungsprozess. Völlig isomorph dazu verläuft der Prozess in der Wirtschaft. Kein Ding hat je einen „bleibenden" Wert. Die Wertungen durch Geld und Preise ändern sich unaufhörlich. Es gibt nie ein Gleichgewicht, das erreicht würde, um dann eine Gesellschaft mit unveränderlichen Bedürfnissen, einer unveränderlichen Umwelt oder einem unveränderlichen technischen Wissen zu reproduzieren. Theorien, die die menschliche Produktion lenken, verändern sich im selben Prozess, in dem die hergestellten Güter getauscht und eine komplexe Struktur aus finanziellen und politischen Institutionen diesen Prozess zu steuern versucht.

Sowenig die Bedeutung von Begriffen jemals gegen ein fixes System *konvergiert*, das fortan als Kanon das menschliche Wissen repräsentieren würde, ebenso wenig konvergiert der Prozess der ökonomischen Bedeutungen – der Preise – gegen ein Gleichgewicht, in dem dann die Wirtschaft verharren würde. Der Prozess des *Wissens* und der Prozess des *Wirtschaftens* sind beide *ein* sozialer Prozess der Bildung und Verwandlung von *Bedeutungen*. Die Gesellschaft ist ebenso ein semiotischer wie die Semiotik ein sozialer Prozess.

---

[8] C. Lévi-Strauss (1980), S. 86.

Dieser Prozess der Bedeutung, der Reproduktion und Veränderung der Matrix der Kategorien, in denen die begriffliche Bedeutung strukturiert wird, ist der Schlüssel für das Verständnis sowohl des wirtschaftlichen wie des wissenschaftlichen „Fortschritts". Die Projektemacher, die Unternehmer der Renaissance, entdeckten die Möglichkeit, durch mechanische oder „philosophische Instrumente"[9] und die Vertiefung des Wissens über Produktionsverläufe, Geld zu verdienen. Die „wohl größte Annehmlichkeit", sagt Galilei, „welche uns die mechanischen Instrumente bringen, betrifft das Bewegende, indem wir uns entweder einer unbelebten Kraft wie eines Flusslaufes oder einer belebten Kraft bedienen, indes mit viel geringeren Kosten, als nötig wären, um menschliche Kräfte zu gebrauchen"[10]. An dieser Verschränkung von Ökonomie und Forschung hat sich bis heute nichts geändert; im Gegenteil. Eine „autonome Wissenschaft" ist nichts weiter als eine Fiktion – ein Umstand, der sich bis auf die Definition des Intelligenzbegriffs erstreckt.[11]

Der Zusammenhang zwischen Wirtschaft und Wissen ist kein äußerer, noch existieren hier einfache Kausalbeziehungen. Das Wissen ist nicht der ideologische Nebel im Überbau über einer ökonomischen Basis, noch ist die Wirtschaft die bloße Anwendung eines autonomen Wissensfortschritts. Vielmehr erweist sich die Wirtschaft als unabtrennbares Moment im sozialen Prozess der Bedeutung. Durch seine privaten und wissenschaftlichen Bedürfnisse und die darin liegenden Wertungen bleibt jeder Wissenschafter ebenso in den ökonomischen Prozess eingebettet, wie wirtschaftliche „Fakten" in einer kommunikativen Wirklichkeit als *Bedeutungen* reproduziert werden.

All dies wird noch genauer zu zeigen sein. Die Veränderung der Subjektivität und Rationalität durch die Geldrechnung werde ich ausführlich im fünften Teil darstellen. Ich möchte im vorliegenden Abschnitt zunächst nur ein paar Hinweise geben, die auf einen Zusammenhang zwischen Sprache und Geld verweisen.[12] Meist gehen derartige Vergleiche von einer *fertigen* Vorstellung entweder dessen aus, was Sprache oder was Geld ist; sie bewegen sich also in einer cartesianischen Position, worin zwei Gegenstände verglichen werden hinsichtlich ihrer Zugehörigkeit zu einer gemeinsamen Begriffsklasse oder von analogen Strukturen. Dass damit die Möglichkeit schon verbaut ist, die Bedeutung als Teilnehmer im gesellschaftlichen Prozess zu erkennen, füge ich bereits an dieser Stelle als Warnhinweis hinzu.

2.1.2 Sprache und Geld

Der Gedanke, dass Sprache und Geld tatsächlich einen gemeinsamen Grund haben, wird eher selten ausgesprochen. Hamann ist eine der Ausnahmen:

> „Das Geld und die Sprache sind zwei Gegenstände, deren Untersuchung so tiefsinnig und abstrakt, als ihr Gebrauch allgemein ist. Beide stehen in einer näheren Verwandtschaft, als man mutmaßen sollte. Die Theorie des einen erklärt die Theorie des andern; sie scheinen daher aus gemeinschaftlichen Gründen zu fließen."[13]

---

[9] Hegel rümpfte über diesen Sprachgebrauch die Nase: „bis in die Preiskurante der Instrumentenmacher herab heißen diejenigen Instrumente, die nicht unter eine besondere Rubrik magnetischen, elektrischen Apparats gebracht werden, die Thermometer, Barometer usf. philosophische Instrumente", G. W. F. Hegel, WW 8, S. 50.
[10] G. Galilei (1987: 1), S. 71.
[11] Vgl. K.-H. Brodbeck (2001b).
[12] Vgl. hierzu auch M. Shell (1993); E. Achermann (1997).
[13] J. G. Hamann (1997), S. 330; Schreibweise angepasst.

2.1.2 Sprache und Geld

Darin liegt ein wichtiger Hinweis: Die *Form* des Tauschs durch die Geldverwendung ist als Modell für die Sprache ebenso verwendet worden, wie umgekehrt das Geld als Zeichenprozess interpretiert wurde. Hamann sagt aber, dass dies nur möglich ist, weil beide Phänomene offenbar näher verwandt sind, als ein erster Blick vermuten lässt.

Allerdings zeigt sich, dass bei Hamann dieser Gedanke vor allem mit Analogien spielt, wenn er z.B. sagt: „Der Reichtum aller menschlichen Erkenntnis beruhet auf dem Wortwechsel"[14]. Sowohl der „Wort-Wechsel" wie der „Reichtum" sind hier Metaphern, die das wirkliche Verständnis dieser Prozesse kaum weiter bringen. Denn wenn Hamann sagt:

> „Alle Güter hingegen des bürgerlichen oder gesellschaftlichen Lebens beziehen sich auf das Geld als ihren allgemeinen Maßstab"[15],

so wäre zu klären, wie diese Struktur – Vieles bezieht sich auf Eines, weil es als *Bedeutung* gilt – verfasst ist. Geld und Sprache weisen eine Verwandtschaft auf, weil es *soziale Bedeutungen* sind, und erst wenn verstanden ist, wie sich soziale Bedeutung, wie sich die *Identität* von Sachverhalten konstituiert und reproduziert, kann die hier vorliegende Verwandtschaft auf das bezogen werden, *worin* Sprache und Geld verwandt sind.

Leibniz hat vor allem die Analogie zwischen Sprachzeichen und Münzen betont, wobei er offenbar die Struktur von Tausch und Geld als fertige Bedeutung voraussetzt und als Modell zur Erklärung von *Mitteilungen* verwendet.[16] Seine Vorstellung von den Zeichen in der logischen Operation, worin „Worte als Ziffern, oder als Rechen-Pfennige"[17] gelten, ist für die Verwandlung der modernen Subjektivität durch die Geldrechnung von zentraler Bedeutung geworden, auch bei der Formalisierung der Sprache. Hier wird offenbar für die Sprache bereits ein System von Bedeutungen vorausgesetzt, und Leibniz diskutiert das *rationale Denken* in der Sprache, wobei nicht nur „in den Gedanken und (im) innerlichen Selbst-Gespräch das Wort an die Stelle der Sache"[18] gesetzt wird, es erscheint das Zeichen im Verhältnis zu den Sachen sogar in strikter Analogie zum Verhältnis von Geld und Waren. Leibniz differenziert diesen Gedanken noch weiter, indem er die „Rechen-Pfennige" – also Zeichen für Geld – als vorläufige Haltepunkte begreift, wie man in der formalen Logik oder der Algebra abstrakte Symbole für Begriffe verwendet.

Was bei Leibniz am deutlichsten erkennbar wird, ist die Gleichsetzung von „etwas tauschen" mit dem „sprachlichen Austausch". Dass letzteres auch ein *Sich-Austauschen*, also einen Diskurs, einen Dialog bedeutet, dass weiter dieses Sich-Austauschen einen sozialen Bedeutungsprozess beinhaltet, der wiederum auf der Identität von Sachverhalten fußt, die – das wird zu zeigen sein – in diesem Austauschprozess überhaupt erst ihre Identität gewinnen, davon ist bei diesen Hinweisen auf eine funktionale Analogie zwischen Sprache und Geld kaum mehr als eine Ahnung zu entdecken. Zudem verbirgt die Leibnizsche Analogie zum Geld auch einen Zirkel, denn Münzen *gelten*, weil sie ein Zeichen tragen, das auf ihren Wert verweist – was beim Papiergeld noch deutlicher wird. Ihr „Gelten" beruht scheinbar auf einer Zeichenfunktion. In dieser Zirkularität – mit Hamann gesagt: „Die Theorie des einen erklärt die Theorie des andern" – liegt das

---

[14] J. G. Hamann (1997), S. 330.
[15] J. G. Hamann (1997), S. 330.
[16] G. W. Leibniz (1966: 2), S. 520.
[17] G. W. Leibniz (1966: 2), S. 521.
[18] G. W. Leibniz (1966: 2), S. 521.

eigentliche Geheimnis der Geltung eines Allgemeinen als Identität für Vieles und für Viele.[19]

Die wohl weitreichendste Theorie über die Einheit von Sprache und Geld hat *Adam Müller* entwickelt. Viele der später diskutierten *getrennten* Theorien der Vergesellschaftung durch Sprache und Geld, die Kommunikationstheorien und die ökonomischen Theorien, sind in Grundlegung und Fragestellung bei Adam Müller vereint, auch wenn sie *begrifflich* nur sehr unscharf und keineswegs eindeutig formuliert sind (vgl. 1.3.11). Ich möchte hier seinen Hauptgedanken herausstellen.

Adam Müller, der im ökonomischen Wert einen Prozess der Bedeutung erkennt, weiß – wie Hamann – um die *innere* Einheit von Sprache und Geld. Für Müller sind Staat, Wirtschaft und Gesellschaft nur äußere Formen einer inneren Einheit des Lebens, die ihrerseits an eine höhere Einheit angebunden ist. Diese Einheit faltet sich auseinander in der gesellschaftlichen Arbeit, die bei aller *Teilung* immer *Einheit* bleibt. Die Form der Einheit ist die Sprache und das Geld, beides ihrerseits vereint im Staat, so dass „die Sprachmünze ein ebenso politisch wichtiges Objekt ist wie die Geldmünze."[20] Mit der Teilung der Arbeit nimmt das „Bedürfnis der Vereinigung in der natürlichen Ordnung der Dinge" gleichfalls zu. Das Geld ist der „Repräsentant" des „höheren Verlangens nach der Vereinigung"[21]. Darin spricht sich eine Natur des *Zeichens*, ein semiotischer Prozess der Bedeutung aus.

Da Geld und Sprache eine *innere* Differenzierung einer Einheit darstellen, kann man nicht – wie Adam Smith – von Individuen ausgehen, die nach ihrer Einheit durch den Tausch streben. „Das Geld ist so wenig als der Staat, oder die Sprache eine Erfindung."[22] Im Geld wird den Menschen ihre Einheit bewusst, darin realisieren sie ihre Verbindung. Vollzogen wird diese Einheit der Menschen in ihrer gleichzeitigen Arbeitsteilung durch zwei Elemente:

„Unter den Sachen sind es die edeln Metalle, unter den persönlichen Kräften des Menschen ist es das Wort, von denen jedes in seiner Sphäre die Vereinigung vollzieht, die der Mensch unaufhörlich unter allen seinen persönlichen und sächlichen Angelegenheiten zu stiften strebt: die edeln Metalle sind das natürlichste Band unter den Sachen, das Wort ist das natürlichste Band unter allen persönlichen Kräften. Das *Wort* und das *edle Metall* sind also die beiden großen Formen, unter denen das Geld erscheint; die beiden großen Versinnlichungen des ökonomischen Staates."[23]

Müller fasst hier den Begriff des Geldes so weit, dass er auch das Wort umschließt. Zugleich verwendet er aber den Geldbegriff durchaus noch im konventionellen Sinn: Geld als Münze oder Papiergeld. Diese Amalgamierung des Begriffs macht Müllers Auffassung teilweise dunkel.

---

[19] Hamann kannte Law, den abendländischen „Erfinder des Papiergelds", über den er sagte: „Law, der berühmte Aktienhändler, hatte über das Geld als ein Weltweiser und Staatsmann studiert; er kannte den Handel besser als das Wagspiel, dem er zu Gefallen ein irrender Ritter wurde. Sein Herz aber war seinem Verstande nicht gewachsen; dies brach seinen Entwürfen den Hals und hat sein Andenken verhasst gemacht, dessen Ehrenrettung ich bloß auf seine hinterlassene Schriften einschränke." J. G. Hamann (1997), S. 331.
[20] A. Müller (1936), S. 311.
[21] A. Müller (1922), S. 138f.
[22] A. Müller (1922), S. 140.
[23] A. Müller (1922), S. 141.

2.1.2 Sprache und Geld

Die innere Verwandtschaft zwischen Geld und Sprache sieht Müller im *Zeichen*. Aber man darf, meint Müller, das Geld nicht darauf reduzieren – so wenig wie auf seine Metallform. Gleichwohl ist das Geld *auch* als „fixiertes Wort, im Münzstempel oder auf dem Papier zu begreifen"[24]. Müller betont neben Schleiermacher[25] als einer der ganz wenigen unter den großen Sozialphilosophen, dass man die Gesellschaft nicht durch *eine* Vergesellschaftungsform begreifen kann. Weder ist Gesellschaft nur das, was ein *Staat* durch Autorität oder Gewalt mechanisch zusammenschließt; die Wirklichkeit des Staates *ist* für Müller die Sprache und das Geld als Ausdruck der inneren Einheit. Noch kann man die Vergesellschaftung *entweder* als sprachliche *oder* als ökonomische (durch den Tausch) interpretieren. Interpersonaler Bezug und Sachbezug sind im Handeln immer *eins*: „Der Mensch steht in einem gleichwesentlichen Verhältnis zu den Personen und zu den Sachen", wobei gilt, „dass er um der Personen Willen in einem Verhältnis zu den Sachen, und um der Sachen Willen in einem Verhältnis zu den Personen steht, dass er keines dieser beiden Verhältnisse in einer absoluten Absonderung für sich behandeln könne"[26].

Müller betont vor allem für das Papiergeld, dass die intersubjektiv-kommunikative Vergesellschaftung nicht von der ökonomischen durch Tauschprozesse getrennt werden kann.[27] Auch das *Metallgeld* ist nur Geld aus dieser ungeteilten Perspektive *eines* Bedeutungsprozesses. Müller drückt dies in seiner Sprache so aus:

> „Wo also Metallgeld wirklich vorhanden ist, da muss es mit dem Worte schon versetzt sein: und, wo wirkliches Wortgeld (Schrift- oder Papiergeld) vorhanden ist, da muss es mit dem Metallgelde versetzt, und gleichsam dadurch beständig sein."[28]

Der von einer langen Reihe von Autoren beklagte Missbrauch des Geldes durch Münzverschlechterung oder hemmungslose Vermehrung des Papiergeldes ist für Müller nicht einfach eine *Fehlfunktion* des Geldes, sondern eine innere Veränderung der Natur der menschlichen Gesellschaft. „Solange noch das Wort selbst auf der Erde gegolten hat, so lange noch neben dem sparsamer verbreiteten Metallgelde ein eben so mächtiger persönlicher Glaube stand, so lange war ein Missbrauch des Metallgeldes unmöglich"[29]. Es wird sich zeigen, dass diese romantische Auffassung des Mittelalters unhaltbar ist, ist doch gerade die moderne Geldtheorie bei Oresme aus der Erfahrung dieses Missbrauchs im Mittelalter hervorgegangen. Müllers Romantisierung feudaler Verhältnisse, einer ständischen Ordnung, die bis zu Othmar Spanns vergleichbaren Bestrebungen ausstrahlt, hat seinen Grund in einer unzulänglichen Bestimmung des Geldes.

Denn: Zwar findet sich bei Müller der große Vorzug, in Sprache *und* Geld eine duale Weise der menschlichen Vergesellschaftung zu erkennen, nicht ein *Nebeneinander* der Systeme. Auch hat Müller (mehr geahnt als) gesehen, dass beiden Phänomenen *ein* Prozess der Bedeutung zugrunde liegt, worin intersubjektive Kommunikation und der

---

[24] A. Müller (1922), S. 141.
[25] Vgl. zu diesem Aspekt der Einheit von intersubjektivem Diskurs und der Beziehung zum „Sein" bei Schleiermacher: K.-H. Brodbeck (2002a), Kapitel 2.5.
[26] A. Müller (1922), S. 142f.
[27] Auch Buquoy sagt: Das Geld „darf das moralische Werkzeug und Verbindungsmittel in dem Wesen des totalen Welterzeugnisses und Weltgenusses genannt werden." G. v. Buquoy (1815-18), S. 10.
[28] A. Müller (1922), S. 143.
[29] A. Müller (1922), S. 145.

handelnde Bezug auf die Dinge *vermittelt* sind. Aber er wollte die *Einheit* dieser Vergesellschaftung immer wieder nur so denken, dass sie eine Art Ausstrahlung eines höheren Ganzen ist, das *vorgängig* existiert – ein Gedanke, den Spann dann in den Satz brachte: „Das Ganze ist *vor* den Gliedern."[30] Dass das Ganze sich in seinen Teilen auch *falsch* vermitteln und dennoch *sein* kann, dass also, wie Adorno dagegen sagt, gilt: „Das Ganze ist das Unwahre"[31], davon ist beim späten Adam Müller kein Blick mehr vorhanden. Allerdings strahlt der Impuls aus seiner frühen „Lehre vom Gegensatz"[32] immer wieder als produktive Kraft durch und führt ihn zu wichtigen Einsichten, die weit tiefer blicken, als die Systemtheorien der Gegenwart im Angesicht einer globalen Gesellschaft:

> „Maßstab, Begriff, Wort, Gesetz – kurz, jede Einheit, unter der sich eine Welt von Mannigfaltigkeiten ordnet, ist nie und an keiner Stelle abgesondert für sich gegeben, sondern sie lebt, webt und wächst, und bestimmt sich innerhalb dieser Mannigfaltigkeiten und unzertrennlich von ihnen. Die Einheit kann nur anordnen, in wie fern sie von den ihr untergebenen Mannigfaltigkeiten unaufhörlich selbst wieder angeordnet und berichtigt wird: daher die Schwierigkeit, ja Unmöglichkeit irgend einen lokalen Maßstab, irgend ein lokales Gesetz direkt auf ein anderes Lokal zu übertragen."[33]

Müllers *Fragestellung* ist wie eine noch unentschlüsselte Flaschenpost an die Gegenwart zu lesen: als eine Frage, die darauf abzielt, die *Einheit* der Gesellschaft als Bedeutung zu dechiffrieren, die Weisen der Vergesellschaftung nicht als fremde Teilsysteme oder als sprachlich vermittelte Lebenswelt und durch das Geld vermittelte Tauschwirtschaft nebeneinander zu stellen, sondern als *einen* Prozess zu begreifen, der das Denken ebenso strukturiert wie das Handeln. Diese Fragestellung bei Müller greift weit über das hinaus, was er in der *Durchführung* seiner Intuition tatsächlich in Angriff genommen hat. Die Grundintuition aber, dass man die gesellschaftliche Entwicklung, das Verständnis der Strukturen der Vergesellschaftung nur als *innere Differenzierung einer Einheit* begreifen kann, diesen Gedanken von Müller möchte ich nachfolgend aufgreifen und systematisch entfalten. Dass man diese Einheit, das Ganze weder *neben* die Teile noch über sie stellen kann, heißt nicht, dass diese Einheit sich nicht als *Prozess* der Teile bestimmen ließe. Das Ganze ist kein *statisches Sein* vor oder neben den Teilen, das Ganze ist ihr Prozess: Ihr „Sein" ist „Zeit"[34], und die Wahrheit des Ganzen ist deshalb seine Geschichte. Die späteren soziologischen und ökonomischen Entwürfe, die Müllers System nachfolgten, haben diese *kategorial grundlegende Frage* gar nicht mehr als Problem erkannt.

---

[30] O. Spann (1939), S. 66; meine Hervorhebung.

[31] T. W. Adorno, GS 4, S. 55.

[32] A. Müller (1967). Müller schrieb diesen Text 1803. Später hat Müller die Priorität des Gegensatzes schrittweise wieder in eine „höhere Einheit" eingebettet, woraus dann Othmar Spann seine „Ausgliederungsordnung" aus dem Ganzen entwickelte (vgl. Kapitel 1.3.11).

[33] A. Müller (1922), S. 170. Müller sagt weiter: Die „Welthaushaltung im Ganzen und Großen hat ihre eigene Achse, ihren eigenen Standard (…). Dieser Weltstandard und jener Nationalstandard müssen und werden in ewiger lebendiger Wechselwirkung bleiben." A. Müller (1922), S. 173.

[34] Das Ganze ist weder, noch ist es nicht, noch beides oder keines von beiden; vgl. systematisch dazu Nagarjuna: Mulamadhyamakakarika; in: B. Weber-Brosamer, D. M. Back (1997), und das „Weder-Eines-noch-Vieles"-Argument Santaraksitas; vgl. J. Blumenthal (2004). Dogen sagt: „‚Sein-Zeit' (Uji) bedeutet, dass Zeit Sein ist, d. h. ‚Zeit ist Existenz, Existenz ist Zeit'." Dogen Zenji (1975), S. 91.

2.1.2 Sprache und Geld

So weisen die Bemerkungen, die in neuerer Zeit zum Verhältnis von Sprache und Geld vorgebracht wurden, jenen Mangel auf, der sich bei Leibniz schon vorgezeichnet findet, sofern sie *entweder* von einer fertigen Semiotik ausgehen, die auf die Wirtschaft „angewendet" wird[35], oder sie wollen umgekehrt semiotische Strukturen als Ideologie *aus ökonomischen* „ableiten".[36] Ich möchte auch das einleitend kurz skizzieren. Marx, der Vater der Ideologietheorie, hat nur hin und wieder Geld und Sprache verglichen und darin bloß eine äußere Analogie entdeckt. Die Sprache ist für ihn keine eigene Struktur; sie bleibt eingebettet in den Erfahrungsprozess der menschlichen Produktion:

> „Aber diese sprachliche Bezeichnung drückt durchaus nur aus als Vorstellung, was wiederholte Betätigung zur Erfahrung gemacht hat, nämlich, dass den in einem gewissen gesellschaftlichen Zusammenhang bereits lebenden Menschen (dies der Sprache wegen notwendige Voraussetzung) gewisse äußere Dinge zur Befriedigung ihrer Bedürfnisse dienen. Die Menschen legen diesen Dingen nur einen besondern (generic) Namen bei, weil sie bereits wissen, dass dieselben ihrer Befriedigung ihrer Bedürfnisse dienen, weil sie ihrer durch mehr oder minder oft wiederholte Tätigkeit habhaft zu werden und sie daher auch in ihrem Besitz zu erhalten suchen".[37]

Dieses Argument verweist zwar auf die Sprache und ihre Einbettung in den sozialen Prozess. Es bleibt aber logisch äußerst dürftig, denn das „Beilegen" von Namen, die einen allgemeinen (generic) Charakter dadurch erhalten sollen, dass sich die Bedürfnisse und die hervorbringende Tätigkeit der Güterproduktion *wiederholen*, reproduziert metaphysisch nur die Lehre des Buchs „Genesis" in der Bibel, demzufolge es die Tätigkeit Adams war, den Dingen Namen „beizulegen". Das Rätsel sozialer Allgemeinheit, der Geltung von *einer* Bedeutung für *viele* Sachverhalte, wird von Marx nicht einmal geahnt. Die strukturelle Ähnlichkeit zum Geld, damit zum ökonomischen Prozess der Bedeutung, bestreitet Marx:

> „Die Ideen werden nicht in der Sprache verwandelt, so dass ihre Eigentümlichkeit aufgelöst und ihr gesellschaftlicher Charakter neben ihnen in der Sprache existierte, wie die Preise neben den Waren. Die Ideen existieren nicht getrennt von der Sprache."[38]

Immerhin findet sich bei Marx auch der von Leibniz explizit ausgesprochene Gedanke einer Analogie von *Logik* und Geld: „Die Logik – das Geld des Geistes"[39].

Doch die fixierte Logik ist bereits eine *Ableitung* aus der Sprache, nicht ihr Grund oder ihr Prozess. Die Sprache ist überhaupt kein aparter Gegenstand, sondern sie ist ihrerseits nur *wirklich* im Sprechen, wie Wilhelm von Humboldt sagte:

> „Die Sprache, in ihrem wirklichen Wesen aufgefasst, ist etwas beständig und in jedem Augenblicke Vorübergehendes. Selbst ihre Erhaltung durch die Schrift ist

---

[35] Vgl. die Beiträge in: K.-H. Reuß, H. Maskos (1972), die sich mit „der Anwendung der Semiotik in der Ökonomie" beschäftigen, und W. Nöth (2000), S. 529-532 und die dort zitierten Arbeiten.
[36] Vgl. z.B. G. Klaus (1972), S. 173f.
[37] K. Marx, MEW 19, S. 363.
[38] K. Marx (1953), S. 80.
[39] K. Marx, MEW 40, S. 571.

immer nur eine unvollständige, mumienartige Aufbewahrung, die es doch erst wieder bedarf, dass man dabei den lebendigen Vortrag zu versinnlichen sucht. Sie selbst ist kein Werk (Ergon), sondern eine Tätigkeit (Energeia)."[40]

Die Sprache als Tätigkeit, als Prozess der Bedeutung, ist aber kein getrennter Akt *neben* den anderen Handlungen der Menschen. Vielmehr sind die menschlichen Handlungen stets auch immer Sprechhandlungen. Die „Sprache der Werte und Preise" ist davon nicht getrennt. Es kommt also darauf an, zu verstehen, wie sich sprachliche Bedeutungen als sozialer Prozess vollziehen. Nur so wird auch deutlich werden, was den Gehalt *ökonomischer Bedeutungen*, also ökonomischer Werte ausmacht. Umgekehrt verweist die traditionelle Ökonomik zu Recht auf die *Interdependenz* dieser Bedeutungen und spricht damit über eine Struktur, die in der Semiotik nicht im Zentrum steht.

Es ist bekannt, dass die Beschreibung der Sprache bei Saussure als einer Struktur *hinter dem Sprechen* sich einem Denkmodell der Nationalökonomie verdankt.[41] Saussures Unterscheidung einer *synchronen* Struktur der Sprache von ihrem *diachronen* Wandel übernimmt er aus der Nationalökonomie. Die Isomorphie beider Denkformen führt Saussure auf den Wert zurück: Sie „kommt daher, dass hier wie bei der Nationalökonomie der Begriff des Wertes eine Rolle spielt; in beiden Wissenschaften handelt es sich um ein System von Gleichwertigkeiten zwischen Dingen verschiedener Ordnung, in der einen eine Arbeit und ein Lohn, in der andern ein Bezeichnetes und ein Bezeichnendes."[42] Saussure versuchte, völlig isomorph zur Ökonomik, die Sprache als statische Bedeutungs*struktur* zu rekonstruieren, „welche Beziehungen nachweist, die zwischen gleichzeitig bestehenden Dingen obwalten und bei denen jede Einwirkung der Zeit ausgeschlossen ist". Er stellt dieser Betrachtung die diachrone, also historische Analyse gegenüber, die in der Nationalökonomie unter dem Titel „Wirtschaftsgeschichte" firmiert.[43] So wie die Ökonomen sagen, dass die Wirtschaftsgeschichte nicht die Struktur der Wirtschaft als System von Angebots- und Nachfragegleichungen im Gleichgewicht zu erklären erlaube, ebenso trennt Saussure die Struktur der Sprache von der Sprachgeschichte. Und wie die Nationalökonomen die *Bedeutung* letztlich in der subjektiven Wertschätzung zu verankern versuchen, so sieht Saussure die Wortbedeutung in der *individuellen* Vorstellung, während die Sprache dem statischen Gleichgewicht der Preise entsprechen soll:

„Wie die Sprache nun aber einmal ist, kann es in ihr, von welcher Seite man auch an sie herantritt, nichts Einfaches geben; überall und immer dieses selbe beziehungsreiche Gleichgewicht von Gliedern, die sich gegenseitig bedingen."[44]

---

[40] W. v. Humboldt, WW III, S. 418.
[41] Vgl. zum Einfluss von Walras auf Saussure: E. F. K. Koerner (1973), S. 67, und J. Fehr (2003), S. 49.
[42] F. de Saussure (1967), S. 94.
[43] F. de Saussure (1967), S. 94.
[44] F. de Saussure (1967), S. 146. Tatsächlich stammt diese methodische Dichotomie von Comte, der den *consensus* als statische Struktur der Gesellschaft von ihrem Wandel unterschied. John St. Mill hat diese Unterscheidung aufgenommen, sein ökonomisches Hauptwerk nach diesen Prinzipien gegliedert und damit in der Volkswirtschaftslehre heimisch gemacht. Eine Beziehung zur Sprache sieht Mill hier nicht; er glaubte an deren Erfindung: „Es ist nun die Sprache eine (.) Erfindung." J. St. Mill (1868: 2), S. 225 – eine aus vielen Gründen ebenso unhaltbare Vorstellung wie der Gedanke einer Erfindung des Geldes.

2.1.2 Sprache und Geld

Karl Bühler knüpft teilweise an Saussure an, und auch er hat gelegentlich auf eine Analogie der Zeichen zum Geld hingewiesen. Er unterscheidet aber die *Vertretung* des Zeichens vom Geld, wenn er sagt, dass für „die stellvertretende Funktion des *Geldes* (…) die Verhältnisse noch einmal, wie ich glaube, (wenigstens in einigen Punkten) spezifisch anders liegen."[45] Worin diese Differenz genau liegt, sagt Bühler nicht. Sein „Prinzip der abstraktiven Relevanz" – ich werde es später nochmals aufgreifen – beansprucht aber gleichwohl Gültigkeit „für alles Zeichenhafte und darüber hinaus"[46]. Wie jeder, der über ein Zeichen verfügt, damit durch kooperative Anbindung an die Gesellschaft auch indirekt über die Erfahrungen oder Gedanken anderer mitverfügen kann, ebenso zeigt sich beim Geld eine abstrakte Verfügungsmacht über Produkte anderer.

Bei anderen Sprachwissenschaftlern und Semiotikern wird man in der Regel kaum einen Hinweis auf das Geld oder den ökonomischen Zeichenprozess finden. Umberto Eco definiert die Semiotik als Feld von Untersuchungen, das für ihn eine „nicht vereinheitlichte Ansammlung von Interessen ist"[47]. Dieses „semiotische Feld" bestimmt Eco durch eine Aufzählung von verschiedenen Gebieten oder Fragestellungen, von der *Kommunikation durch Berührung* über weitere Bereiche bis hin zu *musikalischen, kulturellen* oder *ästhetischen Codes*. Hierbei wird das *Geld* als Zeichen, als Codierung von ökonomischen Werten überhaupt nicht erwähnt.[48] Ecos Fragestellung, ob dieses so skizzierte „semiotische Feld" durch einen „einzigen Ansatz" beschreibbar ist, enthält den zentralen Mangel, dass die für die Moderne wichtigsten Zeichenprozesse, neben der öffentlichen Kommunikation in Medien und Politik, nämlich an den Finanzmärkten, überhaupt nicht als Gegenstand erkannt werden.

Trabant, der an Eco anknüpft und sich kritisch gegen Saussure wendet, zitiert Karl Bühler, dass man „nicht nur kommuniziert, um mit dem anderen in Verbindung zu treten, sondern ‚um einer dem anderen etwas mitzuteilen *über die Dinge*'"[49]. Jemand *etwas* mitzuteilen, etwas mit ihm zu teilen, zeigt als Handlung – Trabant versucht, eine „Theorie der Zeichen als Handlungen" zu entwickeln – auf einen intersubjektiven Akt, der im „Etwas" auf eine Sache verweist und darin deren Bedeutung entfaltet und reproduziert. Dass diese Struktur als Form der Vergesellschaft keine nur zufällige oder äußere Analogie zum Tausch aufweist, bleibt bei Trabant wie bei Eco ausgeklammert. So wenig man aber vom menschlichen Handeln das Sprechen als *besondere* Handlung abtrennen kann, so wenig kann man andere Austauschprozesse ausklammern, ohne den *Handlungsbegriff* zu verfehlen.

In den Zeichentheorien, die Charles S. Peirce folgen, wird man diesen Zusammenhang gleichfalls vermissen. Peirce spricht von „Wertigkeit", bringt diesen Begriff aber nicht – wie Saussure – zu ökonomischen Werten und damit zu einem allgemeinen sozialen Prozess der Bedeutung explizit in Beziehung.[50] George H. Mead, der in der pragmatischen Tradition von Peirce steht, interpretiert wirtschaftliche Sachverhalte gelegentlich in einer semiotischen Sprache, erweist sich darin aber als völlig abhängig von der ökonomischen Theorie:

---

[45] K. Bühler (1976), S. 32.
[46] K. Bühler (1976), S. 33.
[47] U. Eco (2002), S. 17.
[48] U. Eco (2002), S. 20-27. Auch Morris erhebt den Anspruch der Semiotik als allgemeine Grundlagenwissenschaft, ohne die besondere Bedeutung der *ökonomischen* Prozesse zu diskutieren oder einzubeziehen, trotz der Behauptung: „Die hier vertretene Konzeption lässt sich auf alle Zeichen anwenden, so einfach oder komplex sie auch sein mögen", C. W. Morris (1979), S. 28; siehe auch: S. 82-88.
[49] J. Trabant (1996), S. 81. Trabant zitiert hier K. Bühler (1965), S. 24.
[50] Vgl. C. S. Peirce (2000: 3), S. 115ff, (2000: 3), S. 410ff.

2.1 Identitätsbildung und Vergesellschaftung

„Wie uns die Volkswirtschaftler sagen, ist Geld nichts anderes als ein Symbol für einen gewissen Reichtum. Es ist ein Symbol für etwas, das von Menschen gewünscht wird, die zum Tausch bereit sind. Die Formen des Tausches sind dann die Kommunikationsmethoden, und die Tauschmittel werden zu Gesten, die es uns ermöglichen, diesen Prozess der Abgabe nicht gebrauchter Güter über große Distanzen hinweg abzuwickeln, um dafür die gewünschten Güter zu erhalten, indem man in sich selbst die Haltung der anderen Person auslöst. Die Mittel dieser Zeichen für Reichtum sind also innerhalb des Tauschprozesses eben solche Gesten und Symbole wie die Sprache in anderen Bereichen."[51]

Diese Aussagen sind nur grobe Analogien. Einmal sagen „*die* Volkswirtschaftler" in der Tat anderes und deutlich mehr zur Bestimmung der Natur des Geldes, zum anderen ist der Tausch hier kaum mehr als nur paraphrasiert. Zwar wird im ökonomischen Tauschakt Bedeutung erzeugt, findet ein semiotischer Prozess statt; doch es sind gerade nicht einfache „Kommunikationsmethoden", die hier zur Anwendung kämen. Mead differenziert aber auch Sprache und Ökonomie als Vergesellschaftungsformen:

„Die Sprache liefert eine Universalgemeinschaft, die der Wirtschaftsgemeinschaft ähnelt. (...) Der Sprachprozess ist in gewissem Sinn abstrakter als der Wirtschaftsprozess. Im Wirtschaftsprozess, beginnend mit dem einfachen Austausch, wird der Überschuss eines Individuums gegen den Überschuss eines anderen getauscht. Diese Prozesse wirken sofort auf den Produktionsprozess zurück und regen mehr oder weniger unvermeidlich jene Produktionsformen an, die zum profitablen Austausch führen. Bei der reinen Kommunikation auf der Grundlage signifikanter Symbole tendiert der Prozess selbst vielleicht nicht zu dieser Integration, doch wird der Kommunikationsprozess eben jene Prozesse mit sich tragen (oder zumindest anregen), in denen er als Medium dient."[52]

Diese vagen Bestimmungen des ökonomischen Prozesses brauche ich hier nicht näher zu kommentieren; sie hängen zu sehr von Vorstellungen von Ökonomen ab, die ich im vierten Teil an ihrer jeweiligen Quelle ausführlich und kritisch darstellen werde. Ich weise nur darauf hin, dass Mead hier vier Prozesse identifiziert (Kommunikationsprozess, Sprachprozess, Wirtschaftsprozess, Produktionsprozess), die *als Prozesse* in ihrer intersubjektiven Natur zunächst einmal unabhängig von ihrer besonderen Form zu entwickeln wären. Erst vor diesem Hintergrund eines entschlüsselten Prozesses der Bedeutung lassen sich differenzierte Sozialprozesse in ihrer Abhängigkeit, ihrem Ineinandersein usw. verstehen. Für Mead ist diese Frage von vornherein verstellt, weil er in der Tradition der meisten Ökonomen Gesellschaft als *Mechanismus* begreift und „Sprache" in diesem Kategoriensystem untersucht.

Wenn er sagt: „Sprache ist ein Teil des gesellschaftlichen Verhaltens"[53], so spricht sich darin ein cartesianischer Beobachter aus, der Verhalten von außen modelliert und deshalb folgende Frage stellt: „Was ist nun der grundlegende Mechanismus, durch den der gesellschaftliche Prozess angetrieben wird? Es ist der Mechanismus der Geste, der die passenden Reaktion auf das Verhalten der verschiedenen individuellen Organismen ermöglicht, die in einen solchen Prozess eingeschaltet sind."[54] In diesem kategorialen

---

[51] G. H. Mead (1968), S. 340.
[52] G. H. Mead (1968), S. 330f.
[53] G. H. Mead (1968), S. 52.
[54] G. H. Mead (1968), S. 52, Note 9.

Rahmen geht allerdings jede Möglichkeit verloren, soziale Prozesse *als Bedeutungsprozesse* zu verstehen. Mead definiert hier implizit seine Verwendung der Kategorie „Prozess", und verrät, dass er darunter – wie die Ökonomen – ein mechanisches Getriebe versteht. Sprache ist dann in dieser Maschine ebenso eine Art „Öl", wie Hume dies vom Geld in seiner Funktion in der Gesellschaftsmaschine behauptet hatte. Die innere Einheit von Sprache und Geld als Vergesellschaftungsformen wird hier in einer mechanischen Projektion gedacht, die der Theoretiker *auf* die Gesellschaft wirft, sie wird nicht aus der Erfahrung seiner Teilnahme als *Bedeutung* erkannt. Bedeutung ist aber mehr als nur ein äußerer, mechanischer Kontakt: Bedeutung erscheint in einer *Mitteilung über Etwas* zu *Jemand*.[55]

Auch *Ökonomen* haben auf die Strukturverwandtschaft von Sprache und Ökonomie gelegentlich hingewiesen, damit auf die Notwendigkeit ihrer wissenschaftlichen Behandlung. Ich greife einige Beispiele heraus. Gustav Schmoller baut sein System der Volkswirtschaftslehre so auf, dass die Wirtschaft als Einbettung in sittliche Tatbestände erscheint:

> „Indem der Niederschlag aller sittlichen Arbeit vergangener Zeiten durch Gewohnheit und Erziehung, durch die bestehenden Institutionen von Generation zu Generation überliefert wird, kommen alle natürlichen Kräfte der Volkswirtschaft nur innerhalb dieses Rahmens zur Geltung"[56].

Das, was in der sittlichen Institution erscheint, beruht aber auf einer formalen Voraussetzung: „Die Sprache (...) ist es, welche das eigentliche Band der menschlichen Gesellschaft knüpft."[57] Schmoller überschreibt den Abschnitt, in dem er dies unter Bezugnahme auf die Philosophie Herbarts näher auseinandersetzt, mit dem Titel: „Die Sprache als Vergesellschaftungsmittel"[58].

Die Sprache wird von Schmoller nicht nur als „Bindemittel der Gesellschaft" verstanden, sondern als „geistiges Verständigungsmittel", worin in der Gesellschaft bestimmte „geistige Bewusstseinskreise" gebildet werden.[59] Die Wirtschaft kristallisiert ihre Form in besonderen „wirtschaftlichen Bewusstseinskreisen", worin auch noch die Personen mit individuellem Gewinnstreben „in stärkerer oder schwächerer Weise einen Bewusstseinskreis bilden."[60] Im Begriffs des „Bewusstseinskreises", Schmollers Ausdruck für das, was in der Philosophie auch „objektiver Geist" genannt wird, den er aus der sprachlichen Vergesellschaftung entwickelt und bis zur Kategorie der Wirtschaft verdichtet, wird die Vergesellschaftung durch Tausch und Geld in die sprachliche Vergesellschaftung eingebettet. Schmoller bleibt aber in seiner Darstellung ebenso historisch reichhaltig wie begrifflich dürftig, auch wenn bei ihm ein Verständnis für die Rolle der *Bedeutungsprozesse* für die Ökonomie erkennbar ist.

In der Schule der subjektiven Wertlehre finden sich bei Liefmann und Hayek einige Hinweise auf den Zusammenhang zwischen Sprache und Ökonomie. Liefmann formuliert eine Art Gegenpol zur Darstellung bei Saussure, wenn er sagt:

---

[55] Vgl. zu dieser Differenz auch M. Heidegger (1971), S. 232ff.
[56] G. Schmoller (1920: 1), S. 61.
[57] G. Schmoller (1920: 1), S. 11. Sprache als *Band* ist eine Kategorie Humboldts.
[58] G. Schmoller (1920: 1), S. 11f.
[59] G. Schmoller (1920: 1), S. 15ff.
[60] G. Schmoller (1920: 1), S. 19.

„Vom Standpunkt einer allgemeinen Wissenschaftslehre scheint uns die Wirtschaftswissenschaft besonders eng verwandt mit der – Sprachwissenschaft." Und Liefmann fügt hinzu: „Das ist kein Scherz."[61]

Liefmann betont, dass Sprache und Tausch „zwar auf Zwecke der einzelnen Menschen" zutreffen, beide aber nicht „ein bewusstes Erzeugnis dieser Zwecke" sind, sondern „naturgesetzlich" hervorgehen. Liefmann glaubt, die Sprache sei „viel sozialer" als die Wirtschaft und der Tauschverkehr. Der Grund für dieses Urteil liegt darin, dass Liefmann alle wirtschaftlichen Phänomene aus einem individuellen Kosten-Nutzen-Kalkül hervorgehen lässt. Er fällt also, trotz seiner richtigen Beobachtung, auf den Fehler der subjektiven Wertlehre zurück, die *soziale Bedeutungen* aus *individuellen* Wertungen ableiten möchte[62] – ebenso, wie für Saussure die Wortbedeutung in der individuellen Vorstellung liegen soll.

Auch Hayek hat gelegentlich auf die Isomorphie von Sprache und Tausch hingewiesen. „Für mich ist der Markt völlig analog zur Sprache, zum Recht, zur Moral."[63] Er versucht, diese Ähnlichkeit im Begriff der „Regel" auszudrücken:

„Es kann kaum bezweifelt werden, dass sogar heute die Regeln, die in dieser Weise artikuliert worden sind und durch Sprache mitgeteilt werden können, nur ein Teil des ganzen Komplexes von Regeln sind, die die Handlungen des Menschen als eines gesellschaftlichen Wesens leiten."[64]

Weil Hayek aber im Markt doch die grundlegende *Synthesis* gesellschaftlicher Handlungen erblickte – was aus seinem lupenreinen Antisozialismus verständlich ist –, ist ihm der soziale Prozess der Bedeutung als *dynamische Form*, in der sich Regeln ebenso wie Werte oder Wortbedeutungen reproduzieren und verändern, verschlossen geblieben. Er reihte die Sprach-, Moral- und Marktentwicklung in ein darwinistisches Erklärungsmuster ein[65]. Deren innerer Zusammenhang bleibt aber bei ihm dunkel. Für Hayek sind Regeln „Abstraktionen", die zugleich weitgehend „unbewusst" sein sollen: „Wann immer ein Situations-*Typ* in einem Individuum eine *Disposition* zu einem gewissen Reaktions*muster* hervorruft, ist jene fundamentale Beziehung gegenwärtig, die als ‚abstrakt' bezeichnet wird."[66] Hayek bemerkt nicht, dass ein Typ von Situation bereits eine *abstrakte* Klassifikation voraussetzt – zu schweigen von der Frage, *für wen* diese Typologie gelten soll: den Handelnden oder den Beobachter der Handlung. Ein Muster ist ebenso eine abstrakte Bedeutung wie ein Situations-*Typ*. Der Versuch, den Abstraktionsprozess als Selektion von (unbewussten) Regeln zu beschreiben, scheitert an dieser *notwendigen* Zirkularität der Bedeutung. Man kann eine Bedeutung immer nur durch eine *andere* Bedeutung, nicht aber durch einen außer-bedeutenden („unbedeutenden") Sachverhalt wie einen mechanischen Selektionsprozess erklären.

---

[61] R. Liefmann (1917), S. 191.
[62] Vgl. zu Liefmann mehr in Kapitel 4.8.2.
[63] F. A. Hayek (1983), S. 21.
[64] F. A. Hayek (1980-81: 1), S. 109f.
[65] „Der Markt ist keine vom menschlichen Verstand geschaffene Tradition, sondern eine, die in einer der Darwinschen Entwicklung sehr ähnlichen Methode entstanden ist, aber nicht mit ihr verwechselt werden darf. (…) Die kulturelle Entwicklung (…) ist weder genetisch bestimmt noch von den Eltern genetisch ererbt, noch ist sei eine Eigenschaft von Individuen – sie ist eine Eigenschaft der Gruppen. Aber das Auswahlprinzip ist dasselbe." F. A. Hayek (1983), S. 21.
[66] F. A. Hayek (1980-81: 1), S. 48.

So viel zu einigen Versuchen, Sprache und Geld, Semiotik und Ökonomik einander anzunähern. Ergänzt werden diese Bemerkungen in den nachfolgenden Abschnitten, jeweils an spezifischen Fragestellungen oder bei der kritischen Behandlung von ökonomischen Theorien des Tauschs und des Geldes. Wichtig an den eben skizzierten Versuchen bleibt die mehr oder weniger explizit geäußerte *Ahnung* einer strukturellen Isomorphie zwischen Sprache und Geld. Den Grund für diese Isomorphie aufzudecken und ihr gemeinsames kategoriales Gerüst darzustellen, ist die Aufgabe der nachfolgenden Kapitel.

2.1.3 Der Mangel triadischer Strukturen

Die Hinweise, die sich aus dem Bezug von sprachlicher und ökonomischer Vergesellschaftung ergeben, kann man in einer Forderung zusammenfassen: Eine Theorie der Gesellschaft und der Wirtschaft vermeidet nur dann Zirkel, wenn sie sich selbst in die Mitte dieses Zirkels begibt und ihn als *Prozess der Bedeutung* erkennt. Dieser Prozess vermittelt aber stets zwei Pole: Einmal die Menschen untereinander durch Kommunikations- oder Interaktionsprozesse, zum anderen den Bezug auf Dinge oder die Natur im Handeln. Die Wirtschaft steht in ihren Grundkategorien genau *inmitten* dieser beiden Pole. Sie ist *weder* Technik, noch ist sie nur ein kommunikatives Handeln. Doch gleichursprünglich mit der Wirtschaft sind damit auch *Bedeutungsprozesse*, die zugleich Menschen untereinander und die behandelten Dinge verknüpften.

Man kann dies auf die Formel bringen, dass jede Theorie der Gesellschaft sowohl die Vermittlung zwischen Ich und Du als auch die Vermittlung zwischen {Ich ↔Du} und Es zu erklären hat. In diesem Vermittlungsprozess entfaltet sich die Bedeutung von Zeichen, findet die Wahrheit des Wissens ihren Ort. Die Wahrheit erweist sich als *polykognitiver Prozess*. Zugleich ist dies aber der soziale und ökonomische Prozess alltäglichen Handelns. Wenn man diesen Prozess also semiotisch begreifen will, wenn man verstehen will, wie sich darin Bedeutung reproduziert, so ist wenigstens von einer *triadischen* Struktur Ich-Du-Es auszugehen, die die traditionelle Subjekt-Objekt-Dualität des Erkennens und Handelns ablöst. Darin liegt eine soziale Grundstruktur, hinter deren minimale Komplexität keine Reflexion über Gesellschaft zurückfallen darf, will sie nicht das verfehlen, was Gesellschaft ausmacht.

Doch dieser Schritt weg von der Subjekt-Objekt-Dualität der tradierten Erkenntnis- und Handlungstheorie, hin zu einer triadischen Struktur, die neben die Ich-Es-Relation auch eine Ich-Du- und Du-Es-Relation kennt, ist noch nicht ausreichend. Wenn man die soziale Grundstruktur *triadisch* auffasst – nämlich als Ich-Du-Es-Struktur –, dann werden zwar der heimliche Solipsismus der Handlungs- und Erkenntnistheorie und die Robinsonaden der Ökonomen aufgehoben. Die Konstitution der *Bedeutung* bleibt aber in einem wesentlichen Punkt unerhellt. Und die hier erkennbare Dunkelheit gründet in einer impliziten Voraussetzung, einer erkenntnistheoretischen Naivität. Diese Voraussetzung ist zwar gelegentlich reflektiert und kritisiert worden; ihr *Zusammenhang* mit der sozialen Konstitution von Bedeutung wurde aber nicht erkannt. Und erst wenn dieser dunkle Punkt aufgehellt wird, kann man die Isomorphie zwischen dem semiotischen Prozess und dem sozialen Handeln oder der Tauschwirtschaft erkennen. Es ist dieser dunkle Punkt, der ebenso einerseits in den Sozialwissenschaften zu den unüberbrückten Dualitäten von Ordnung und Markt, Kommunikation und Tausch, Lebenswelt und System usw. führt, wie er andererseits in der Erkenntnistheorie die Dualität zwischen Nominalismus und Realismus der Begriffe aufreißt.

Im triadischen Modell gesagt: Der dunkle Punkt liegt in der stillschweigenden Voraussetzung, dass das Es von Ich *identisch* ist mit dem Es von Du, dass also Es(Ich) =

2.1 Identitätsbildung und Vergesellschaftung

Es(Du).[67] Diese Voraussetzung, die schon jede Beobachtung von alltäglichen Dialogen als unberechtigt erweist, gründet in einem impliziten erkenntnistheoretischen Realismus, der den Begriff „Realität" mit der *Identität der Gegenstände* gleichsetzt. Das gilt auch dann noch, wenn man den Gegenständen die Realität abspricht und sie für unerkennbar erklärt. Stets wird unterstellt, dass sich das intersubjektive Sprechen, Denken und Handeln auf einen mit sich identischen Gegenstand bezieht. Hierbei bleibt schon der elementare Umstand unbemerkt, dass die Identität von Dingen immer in einem *Satz* ausgesagt wird. Identität ist die elementarste Bedeutung jeder Entität. Diese elementare Bedeutung ist aber ein *Resultat*, nicht eine Voraussetzung. Die hier vorliegende, traditionelle Metaphysik besagt: Es gibt reale Dinge – äußere oder vorgestellte –, und die Realität dieser Dinge wird dadurch ausgedrückt, dass sie mit sich identisch sind. Die Identität kommt ihnen nicht als *Zuschreibung* zu, sondern macht ihre Entität aus.

Ich will das zunächst erläutern, denn an diesem Punkt hängt das Verständnis der Struktur, die anschließend zu diskutieren sein wird. Beispiel: Ich und Du trinken zusammen Kaffee (Es). Wir unterstellen darin *selbstverständlich* oder *gewöhnlich*, dass Du mit „Kaffee" dasselbe meinst wie Ich. Formal ausgedrückt: Kaffee(Ich) = Kaffee(Du), d.h. die *Bedeutung* von Kaffee für „Ich" und für „Du" ist eine stillschweigend vorausgesetzte Identität. Ich und Du – also Wir – bewegen uns in einer kommunikativen Sphäre, die *jenseits* einer realen Welt zu bestehen scheint, in der es Planeten, Kühe und eben auch Kaffee gibt. In der Semiotik entspricht dem Es das Objekt, und es wird im semiotischen Dreieck unterstellt, dass *jeder* Geist, jedes Subjekt fähig ist, das Zeichen „Kaffee" dem Objekt *Kaffee* zuzuordnen. Auch Tarski hat seine Wahrheitstheorie auf dieser einfachen Beziehung aufgebaut, ohne die Bedeutungsdifferenz der Subjekte zu bemerken.

Doch die Voraussetzung dieser Identität ist dogmatisch, und sie ist unhaltbar. Man braucht nur andere Kategorien als Beispiele anzuführen, um den Fehler dieser naiven Metaphysik der Identität, wonach Seiendes durch eine Identität zu charakterisieren sei, einzusehen. Wenn ein Buchhalter sich mit einem Physiker über *Quarks* unterhält, dann ist es offensichtlich, dass selbst bei der Verwendung derselben Zeichen, Ich und Du (Physiker und Buchhalter) sich nicht auf *dasselbe* Es beziehen. Auch ein Buchhalter kann nach einiger Lektüre eine ungefähre Vorstellung von Quarks gewinnen. Der *Bedeutungsgehalt* von „Quarks" wird dennoch für Ich und Du ein völlig anderer sein. Schon jeder Streit, der Emotionen oder Wertungen enthält, besitzt diese einfache Struktur der *Nichtidentität* dessen, *worüber* gesprochen wird, also das, worauf sich der Zeichenprozess bezieht.[68]

Das Sich-Beziehen-auf-… eines Zeichens ist also nicht durch dyadische oder triadische Relationen beschreibbar, weil das Etwas, das Objekt, *worauf* sich ein Zeichen bezieht, gar nicht *a priori* durch eine transsubjektive Identität zu charakterisieren ist.

---

[67] „Der alte englische Scherz, dass wenn Herr ‚Müller' und Herr ‚Meier' miteinander sprechen, immer nur Müllers Müller und Meiers Meier, dazu Müller immer nur zu Müllers Meier, Meier immer nur zu Meiers Müller spricht, während den ‚wirklichen' Müller und Meier und den ‚ganzen' Sinn ihres Gespräches nur der allwissende Gott voll überschaut und gleichsam hört, ist leider etwas mehr als ein schlechter Scherz – es kommt ihm wörtliche Wahrheit zu." M. Scheler (1948), S. 73. Mag ein Gott das überschauen und hören – *wir* haben davon keine Kenntnis.

[68] „Wenn es auch nur das leiseste Berührungsfeld, Übereinstimmung usw. unter Leuten gibt, so ist das bereits eine großartige Kommunikation. Die Idee völliger Identität ist undenkbar. Die meisten Leute stellen sich Kommunikation als etwas vor, was sich zwischen dem, was gesagt, und dem, was verstanden wird, bewegt. Tatsächlich aber ist Kommunikation etwas, was gemacht wird." M. McLuhan (1969), S. 346.

2.1.3 Der Mangel triadischer Strukturen

Vielmehr handelt es sich um eine *Bedeutungsmannigfaltigkeit*, die im Diskurs bei jedem Streitgespräch offenbar wird. Denn diese Bedeutungsmannigfaltigkeit der Objekte ist zunächst und zuerst dadurch charakterisiert, dass sie sich durch *verschiedene Subjekte* und deren jeweiligen Weltbezug hindurch vermittelt. Der *Sinn* der Identität eines Dings ist erst durch einen sozialen Prozess erkennbar; es ist keine gültige *Voraussetzung*.[69] Hinter der Voraussetzung der Bedeutungsgleichheit der Zeichen verbirgt sich eine metaphysische These, die besagt, dass Dinge (Objekte, Gegenstände) *von sich her* eine Identität besitzen:

„So gehört zur Natur des Seins der Charakter des ‚Objekts' in dem prägnanten Sinne der Einheit und Identität des Soseins gegenüber allen über dasselbe urteilenden Subjekten."[70]

Menschen haben, so besagt diese Denkform, zwar verschiedene *Meinungen*; diese Meinungen erreichen aber nicht „das Wesen" der Dinge, wie es z.B. in den Wissenschaften als endgültige Identität des Seins erkannt wird. Doch es handelt sich keineswegs nur darum, wie verschiedene Individuen die Dinge wahrnehmen durch subjektive Filter des Meinens. Zu dem, was die Dinge sind, unterhalten wir durchaus auch in verschiedenen Sozialstrukturen sehr verschiedene Beziehungen. Ein Physiker sieht an einem Küchenstuhl etwas anderes als ein Chemiker; der Schreiner wiederum etwas anderes als der Hausmann, und der Unternehmer, der Küchenstühle verkauft, hat davon wiederum einen völlig anderen Begriff als der Designer, der ihn entwirft. Was ist nun die „Identität" *des* Küchenstuhls? Inwiefern kann man überhaupt *sinnvoll* (mit welcher Bedeutung?) sagen, einem „Küchenstuhl" komme als einem Seienden dies zu, mit sich identisch zu sein?

Aristoteles unterscheidet im Begriff der Identität zwischen Art und Zahl:

„Wir nennen etwas identisch der Zahl oder der Art oder der Gattung nach: der Zahl nach identisch ist das, was mehr als einen Namen hat, aber nur ein Ding ist, wie Gewand und Kleid; der Art nach, was mehr als eines ist, aber keinen Unterschied in der Art aufweist, wie z.B. Mensch mit Mensch und Pferd mit Pferd identisch ist; denn man nennt solches der Art nach identisch, was unter dieselbe Art fällt. Ebenso nennt man der Gattung nach identisch, was unter dieselbe Gattung fällt, wie Pferd, verglichen mit Mensch."[71]

Die Identität der Zahl nach zielt auf die Einheit. Doch gerade die numerische Identität steht hier in Frage. Verweist man auf die Art, so ist die numerische Identität der Art vorausgesetzt, also nur in einer Begriffshierarchie eine oder einige Ebenen höher ange-

---

[69] Wittgenstein *verneint* jeden *Sinn* der Identität: „Beiläufig gesprochen: Von *zwei* Dingen zu sagen, sie seien identisch, ist ein Unsinn, und von *Einem* zu sagen, es sei identisch mit sich selbst, sagt gar nichts." L. Wittgenstein (1980), S. 60 (*Tractatus* 5.5303). Man kann von der Identität weder sagen, sie *habe* einen Sinn, noch das Gegenteil (noch beides zusammen oder keines von beiden). Warum? Weil die Identität der *Prozess* der „Sinnerzeugung" ist, der keinen Sinn *hat*. Deshalb können auch Sein und Erkennen nie „identisch" sein – es sind zwei Extreme einer Relation, die diese Relate erzeugt, nicht *voraussetzt*.

[70] J. Geyser (1922), S. 4. Vgl. „Jedes Ding ist sich selbst gleich, A ist A, B ist B usw. Wäre das nicht der Fall, so würde ein Dinge überhaupt nicht existieren." A. Michelitsch (1910), S. 91. Gemeint ist: Ein Ding würde ohne Identität nicht *unabhängig vom Erkanntsein* existieren (= scholastischer Realismus).

[71] Aristoteles (1922): Topik I 7, 103a, S. 9.

2.1 Identitätsbildung und Vergesellschaftung

siedelt. Wenn man im sozialen Diskurs von einer Vielheit der Subjekte ausgeht, so ist mit der Vielheit die fehlende Einheit behauptet: Denn die Vielheit lebt vom Unterschied, den die Einheit in sich aufhebt. Zugleich ist aber gesagt, dass die Vielen Mitglieder einer Gesellschaft sind, die in der Koordination ihres Handelns sich auf ein Etwas beziehen – und eben dieses Etwas (das Es von Ich und Du) steht hier bezüglich seiner Identität in Frage.

Nicolai Hartmann war einer der wenigen, die dieses Problem gesehen haben; allerdings hat er es auf die Identität des Geistes beschränkt, während er bezüglich der Dinge durchaus an der tradierten Identitätstheorie festhielt. Vom Geist sagt Hartmann zutreffend: „Er steht nicht nur im Prozess, er ‚ist' selbst Prozess."[72] Hartmann schreibt dem Geistigen „seine eigene kategoriale Form der Identität" zu. Der Geist ist nicht, er muss immer wieder neu seine Identität herstellen: „Der Geist muss sich immer erst mit sich selbst identifizieren – und zwar über die Zeitdistanz und über den eigenen inneren Wandel hinweg."[73] Damit ist ein wichtiger Hinweis gegeben, doch bleibt die Entität „Geist" weiter im Unklaren. Zudem sieht Hartmann nicht, dass dann, wenn der Geist seine Identität immer wieder neu selbst herstellen muss – was subjektiv als Denkprozess des Egos durchaus zutrifft –, die Identität des vom Geist gedachten Gegenstands zugleich schwankend wird: Wie werden verschiedene Erfahrungen oder Sinneseindrücke, zudem verschiedener Subjekte, so verknüpft, dass darin eine Identität erscheint?

Cornelius versucht folgenden Gedanken:

> „Erst durch die Identitätserkenntnis wird es möglich, von *einem bestimmten* vergangenen Erlebnis und von *einem bestimmten Gegenstande* zu sprechen. (...) Erst mit der Identitätserkenntnis wird also irgend ein Gegenstand als *ein* Gegenstand im Gegensatz zu anderen dauernd charakterisiert."[74]

Doch *was ist* eine „Identitätserkenntnis"? Cornelius bietet nur eine Tautologie als Erklärung an: „(D)a jedes Erlebnis als Glied einer Sukzession von Erlebnissen unterschieden wird, so ist auch der allgemeine Fall der Identitätserkenntnis eines Gegenstandes die Erkenntnis der *Identität der Folge der Erlebnisse*, der er angehörte."[75] Es ergibt sich also: Die Rückführung der fehlenden Identität der Dinge auf die Identität „eines Geistes" scheitert, weil – wie Hartmann sagt – die Identität des Geistes selbst ein Prozess ist; die empirische Rückführung auf Sinneseindrücke scheitert, weil deren Folge nicht als *identische* oder als Bewegung *in einem Identischen* (dem Geist) bestimmt werden kann.

Frege behilft sich in dieser Situation mit dem Wort „Ähnlichkeit":

---

[72] N. Hartmann (1949), S. 89.

[73] N. Hartmann (1949), S. 90. Malebranche sieht die Identität der Dinge durch die *Gleichzeitigkeit* ihrer Wahrnehmung im Gehirn verbürgt, die er „Identität der Zeit" nennt: „Die Identität der Zeit, zu welcher im Gehirn Eindrücke gemacht sind, verursacht ihre Gemeinschaft untereinander." N. Malebranche (1914), S. 188. Doch wie kann man *der Zeit* eine Identität zusprechen, ohne sie im „Zeitpunkt" als bloß numerische Identität nur zu behaupten?

[74] H. Cornelius (1916), S. 79; seine Hervorhebungen.

[75] H. Cornelius (1916), S. 82. Auch Gomperz, der die Identität auf einen *Gegenstand* differenter Erlebnisse bezieht, benötigt zirkulär ein identisches Ego als Grund der Identität: „(E)s wird dieses eingelegte Icheinheitsgefühl sich als ein gemeinsames Moment in allen Teilimpressionen nachweisen lassen, auf Grund deren wir von *Einem* Gegenstande sprechen." H. Gomperz (1905), S. 178.

2.1.3 Der Mangel triadischer Strukturen

> „Indem wir nämlich verschiedenen, aber ähnlichen Dingen dasselbe Zeichen geben, bezeichnen wir eigentlich nicht mehr das einzelne Ding, sondern das ihnen Gemeinsame, den Begriff. Und diesen gewinnen wir erst dadurch, dass wir ihn bezeichnen; denn da er an sich unanschaulich ist, bedarf er eines anschaulichen Vertreters, um uns erscheinen zu können. So erschließt uns das Sinnliche die Welt des Unsinnlichen."[76]

Frege benennt hier einen Zirkel: Das Zeichen eröffnet einen Blickwinkel, der Ähnlichkeiten zu entdecken erlaubt, die aber wiederum der eigentliche Bezugspunkt der Zeichen, „das Gemeinsame der Dinge" sein soll. Doch wie soll das gehen: Wie beziehen „wir" uns auf das *Gemeinsame* der Dinge, ohne es schon zu kennen? Das Wort „Ähnlichkeit" ist hier keine Hilfe. Als *Kategorie* gedacht, ist Ähnlichkeit die unbestimmte Mitte von Identität und Differenz. Diese schwankende Definition liegt darin, dass das „wir", das Frege verwendet, als blinder Fleck seines Arguments fungiert. Denn auch im Wir liegt die Differenz der wahrnehmenden Subjekte, die eine ganz andere Gleichheit zu vermitteln hätte als die Ähnlichkeit der Dinge.

Man könnte versucht sein, sich formal so zu behelfen: Ein Ding werde beschrieben durch eine Menge von Eigenschaften $E = \{E_1,...,E_n\}$. Seien E^a und E^b verschiedene Dinge; das Wort „ähnlich" könnte man dann definieren als Mengendurchschnitt, das heißt als: $E^a \cap E^b = E^{ähnlich}$. Doch das ist eine Scheinlösung. Denn hier setzt die Ähnlichkeit *Identitäten* schon voraus. Sei E_1 ein gemeinsames Element in den Mengen E^a und E^b, so ist für *dieses* Element Identität vorausgesetzt, während für andere die Differenz, die Nicht-Identität gilt. Das ist aber eine *petitio principii*, weil damit dasselbe Zeichen, das sich auf „das Gemeinsame" bezieht, wiederum *an den Dingen* etwas Identisches voraussetzt. Der Witz hierbei ist: Alle Zeichen der eben verwendeten Form haben ihren logischen Ort nicht in einem getrennten, cartesianischen Subjekt, das durch seine fiktive Identität als Ego den Zeichen *operativ* Identität verleiht – und zirkulär sich selbst durch deren Identität als identisches Ich reproduziert. Die verwendeten Zeichen haben dann, wenn sie *Sprache* sein sollen, einen *sozialen Ort*. Ihre Bedeutung ist nicht die isolierte Operation mit ihnen, sondern das, was sich im Handeln und im Diskurs als Identität ergibt. Und dieser Identitätsprozess hat möglicherweise eine konvergente Tendenz, nicht aber einen angebbaren *Gleichgewichtspunkt der Bedeutung*. Gerade darin liegt die Verwandtschaft der sprachlichen Zeichen mit ökonomischen Werten, die Saussure bemerkt hat.

Davidson reproduziert auf andere Weise Freges Ähnlichkeits-Argument. Er entwickelt hierbei ein triadisches Modell, worin zwei Organismen sich auf eine gemeinsame Sphäre der Objektivität beziehen. Davidson nennt dies „Triangulation".[77] Sein Gedanke dabei ist, am Beispiel des Erlernens von „Tisch" erläutert, dass vor jedem Denken in der Position Lehrer-Kind-Gegenstand ein Kind schon Erfahrung mit Reaktionen auf Tische gemacht haben muss.

> „So hat das Kind, welches das Wort ‚Tisch' lernt, im Grund bereits gemerkt, dass die Reaktionen des Lehrers ähnlich (nämlich belohnend) sind, sobald seine eigenen Reaktionen (Äußerungen des Wortes ‚Tisch') ähnlich sind. (...) Eine Bedingung dafür, dass man Sprecher oder Interpret sein kann, ist die, dass es andere geben muss, die einem selbst hinreichend ähnlich sind."[78]

---

[76] G. Frege (1969), S. 92.
[77] D. Davidson (1993), S. 12.
[78] D. Davidson (1993), S. 14.

Das ist natürlich keine Lösung, denn „Ähnlichkeit", wie eben zu Frege bemerkt, ist nur eine schwache Umschreibung für Identität – zu schweigen von der *petitio principii*, die darin liegt, dass die Ähnlichkeit der Dinge durch die Ähnlichkeit der Subjekte erklärt wird.

Vor allem aber ist hier zu fragen: *ähnlich für wen*? Wenn der Lehrer eine Ähnlichkeit bemerkt, kann sie völlig anderer Natur sein als jene, die das Kind bemerkt. Die „Triangulation" löst also das Problem nicht, zu schweigen davon, dass die saloppe Formulierung über Ähnlichkeiten nichts besagt: Wann ist eine Reaktion *ähnlich*? „Ähnlichkeit" ist, wie Wahrscheinlichkeit, eine unbestimmte Mitte zwischen Identität und Differenz, also *kategorial* so unscharf, dass man damit *alles* zeigen kann. Fordert jemand Identität, kann man sagen: Es genügt nur eine gewisse Ähnlichkeit. Beharrt man auf der Differenz und verweist als Folge davon auf Missverständnisse, scheiternde Koordinierung von Handlungen usw., dann betont man, dass Ähnlichkeit eben nicht Identität bedeutet, sondern nur ein „gewisses Maß an Gleichartigkeit". So drückt sich Davidson um eine Klärung der kategorialen Verhältnisse.

Habermas merkt kritisch zu Davidson an:

„Wie sollen sich jene beiden Organismen, die sich in derselben Umgebung befinden und sich gegenseitig bei ähnlichen Reaktionen auf jeweils *einen* Reiz aus dieser Umgebung beobachten, miteinander darüber verständigen können, dass sie *denselben* Reiz im Auge haben – es sei denn, sie verfügten schon über einen entsprechenden Begriff? Den erwerben sie aber erst mithilfe eines Kriteriums, das sie in derselben Weise anwenden – eben mithilfe eines Symbols, das für beide Seiten dieselbe Bedeutung hat. (…) Aus der wechselseitigen Wahrnehmung objektiv *ähnlicher* Reaktionen kann erst die gegenseitige Zuschreibung *desselben* Reaktionsmusters werden, wenn die Beteiligten *dasselbe* Kriterium anwenden. (…) Zur Angehörigkeit oder ‚Mitgliedschaft' gehört ein mit anderen Genossen vorgängig geteiltes Verständnis dessen, was die eigene Lebensweise zur gemeinsamen macht."[79]

Hier bewegt sich Habermas einen Schritt auf die Erhellung des Problems zu, um dann doch wiederum das Problem selbst durch eine *vorausgesetzte* Identität zu umschiffen. Wie sollen zwei Organismen *denselben* Reiz *als denselben* identifizieren, fragt Habermas völlig zu Recht. Die Identität ist kein Sachverhalt, der durch die Sinne gegeben wäre für *differente* Organismen mit differenter Sinnlichkeit. Habermas verweist darauf, dass die Sphäre der Identität eine *semiotische* ist. Doch anstatt hier nun die semiotische Struktur *herauszuarbeiten*, begnügt er sich mit einer *Unterstellung*: Das „Symbol" soll „für beide Seiten *dieselbe* Bedeutung" haben. Wie steht es aber um die Selbigkeit *dieser* Bedeutung?

Habermas betont ganz richtig, dass aus den *beobachteten* Reizen keine Identität folgt. Genauer gesagt: Die Identität, die ein cartesianischer Beobachter bei zwei Reizen ausmacht, ist *ihm*, d.h. seinem Beobachtungs-Ego geschuldet. *Er* stiftet die Identität und setzt sie so voraus. Als *Teilnehmer*, d.h. „als lebender Organismus" – wenn man diese seltsame Namensgebung von Davidson übernimmt – ist ein beobachteter Sachverhalt stets nur mit dem beobachteten anderen Organismus gegeben. Erst durch Interaktion mit ihm kann sich so etwas wie Identität herstellen. Doch „Interaktion" *ist* keine Entität, der ihrerseits „Identität" zukäme. Habermas sieht die Identität gestiftet durch die Zugehörigkeit zur *selben* Lebenswelt, das „vorgängig geteilte Verständnis dessen, was die

---

[79] J. Habermas (2005), S. 69f.

2.1.3 Der Mangel triadischer Strukturen

eigene Lebensweise zur gemeinsamen macht". Er bemerkt aber nicht, dass diese Gemeinsamkeit nicht vorausgesetzt werden kann. Genauer gesagt: Es ist nunmehr wiederum *Habermas* – sein Beobachter-Ego und die mitgebrachten Kategorien –, der am Sachverhalt eine Identität behauptet, die diesem von seiner Seite her nicht zukommt. Wie sonst könnte es gerade lebensweltlichen Streit um die Identität von Menschen oder Dingen geben, selbst bei homonymer Symbolisierung? Und auch dasselbe Symbol – wie die Erfahrung des „akustischen Missverstehens" ganz einfach zeigt – ist nur eine *Zuschreibung* von außen. Als *Teilnehmer* ist auch dessen Identität Prozess.

Metaphysisch ausgedrückt kann man sagen: Die Identität kommt nicht differenten Sachen zu, vielmehr bewegen sich differente Sachen *in einem Prozess der Identität*. Und dieser Prozess stiftet *mit der Identität* zugleich auch die Differenz. Denn nur was identisch ist, kann different sein, und umgekehrt. Die Triangulation, das triadische Modell liegt auch dann vor, wenn *ein Subjekt* zwei differente Dinge vorstellt oder sich handelnd darauf bezieht: Ego ↔ {a versus b}. Die *Differenz* liegt in dem Akt der Unterscheidung durch „Ego", das aber gerade dadurch als *tertium comparationis* die Identität von a und b *als vorgestellte Formen* stiftet. Anders ist das Verhältnis, wenn sich *zwei* Subjekte auf *einen* Gegenstand beziehen. Hier ist die Frage: Was heißt *ein* Gegenstand? Inwiefern kommt ihm Identität zu? Sagt man: Von seiner Seite, weil er als Ding mit sich identisch ist, so verkennt man, dass dieser Gegenstand immer *verschiedenen* Subjekten oder situativ verschieden erscheint. Die Frage lautet also: Wie kann durch die Verschiedenheit der Subjekte und Situationen hindurch so etwas wie Identität und Differenz erscheinen? Dies ist keineswegs eine abseitige philosophische Frage – wie sich noch genauer zeigen wird. Und die Lösung liegt zugleich in der Aufhebung der unterstellten Differenz der Subjekte.

Jede wissenschaftliche, wirtschaftliche oder alltägliche Unternehmung gründet in der impliziten Voraussetzung, dass Dinge mit sich identisch sind und man diese Identität *sinnvoll* durch Zeichen kommunizieren kann. Alles Nützliche gründet durch den Satz der Identität „überall auf etwas Nutzlosem."[80] Die Wissenschaften, die Semiotik und das alltägliche Sprechen gehen *metaphysisch* von der Vorstellung aus, die Identität sei „ein Zug im Sein". Heidegger hält dem – unter Auslegung eines Satzes von Parmenides – entgegen: „Das Sein ist von einer Identität her als ein Zug dieser Identität bestimmt."[81] Man kann erst sagen, dass und in welcher Modalität etwas *existiert*, wenn man dieses Etwas als mit sich identisch voraussetzt. Die bloße Verwendung des Wörtchens „ist" reicht dazu nicht aus. Heidegger kommt zu dem Ergebnis, dass das Denken und die Dinge (das Seiende) in der Identität zu dem bestimmt werden, was sie sind. Der Identität als Grundzug der Bedeutung – sowohl der Zeichen wie der Dinge – kommt damit eine ganz andere Rolle zu, als die, formales Kriterium der Logik zu sein. Und der Prozess der Bedeutung ist *uno actu* ein sozialer Prozess, in dem sich die Identität der Gesellschaft und *in ihm* die Identität der Subjekte konstituiert. Ich möchte noch ergänzen, dass die anderen logischen Grundgesetze (der Satz vom Widerspruch und der Satz vom ausgeschlossenen Dritten) im Satz der Identität *gründen*. Man kann weder einen Widerspruch noch die Eindeutigkeit eines Attributs ohne Identität des logischen Gegenstandes denken.

Betrachten wir als Beispiel eine logische Folgerung der Form: Aus p ∨ q und *non*-p folgt q („aus den Prämissen *non*-p und p oder (Lat. *vel*) q folgt q"). Für *ein* Ego ist die Identität von p und q im Akt des Schließens durch die vermeinte Ich-Identität, Grund der Identität der Zeichen und reflexiv an ihnen gewonnen, sichergestellt. Wenn aber A

---

[80] M. Heidegger (1957), S. 13.
[81] M. Heidegger (1957), S. 15.

feststellt: p ∨ q, und wenn B dann behauptet *non*-p, dann folgt nur dann q, wenn p(A) = p(B), q(A) = q(B) und auch das „oder" muss für beide denselben Sinn haben. Aus dem *logischen Schluss* wird ein *Diskurs*, und im Diskurs kann sich der identisch vermeinte Inhalt von p und q ändern, oder es kann sich die vermeinte vorgängige Übereinstimmung als Illusion erweisen. Ein Beispiel. A sagt: „Es ist entweder Kinowetter oder Wetter für einen Spaziergang." B sagt: „Heute ist kein Wetter für einen Spaziergang". Daraus folgt keineswegs, dass nun auch B ins Kino gehen möchte. Die *Oder-Relation* (p ∨ q) ist eine Gegenüberstellung in einem Bewusstsein (A), vor einem Erfahrungshorizont, die in einer anderen Denkmatrix (B) gar nicht oder nicht *so* zu existieren braucht. In *einem Bewusstsein* verpflichtet sich der Denkende dagegen auf die Identität der verwendeten Zeichen und verknüpft sie mit vermeinten Sachverhalten. Doch selbst hier kann sich *psychisch* ein erinnertes p heute ganz zeigen als in einer Woche. Die Identität der Zeichenverwendung legt keine Identität des Objektes fest, auch nicht monologisch. Im Diskurs muss man sich immer zunächst darauf einigen, welche Zeichen man wie verwenden möchte, um „ein Bewusstsein" zu konstituieren, auch wenn diese Einigung sehr häufig, auch und gerade in wissenschaftlichen Diskussionen, als „Selbstverständlichkeit" vorausgesetzt wird. Wenn Streitgespräche wirklich gründlich werden, ist diese Selbstverständlichkeit rasch als Illusion entlarvt; Libet und Edelmann verbinden z.B. je eine gänzlich andere sachliche Entität und deren Identität mit dem Wort *brain*. Ich halte also fest: Der Identitätsprozess geht stets anderen logischen Sätzen und Urteilen voraus.

Die Anthropologie, aber auch jede andere *historische* Forschung, die sehr verschiedene kulturelle Traditionen durch gemeinsame Bedeutungselemente zu beschreiben versucht, steht ganz praktisch vor dieser Frage. „Der schwierigste Punkt in der Methode der historischen Schule liegt in der Ermittlung der Identität von Kulturelementen."[82] Woran soll man erkennen, dass ein Grabstein ein *Grabstein*, eine Tonschüssel eine Opferschale oder ein Kochgerät ist? Malinowski sagt:

> „Man kann ein beliebiges Artefakt in seiner kulturellen Identität nur bestimmen, indem man zeigt, wie es im Kontext einer Institution funktioniert."[83]

Darin liegt der wichtige Gedanke, dass man die Identität von *Bedeutung* nicht von den sozialen Handlungssystemen trennen kann. Doch die Schwierigkeit ist mit dieser Einsicht noch nicht beseitigt. Denn *was* eine Institution ausmacht, wird wiederum durch *deren* Identität bestimmt. Identität wird aber *jeder* Entität zugesprochen, und dieser alltägliche Prozess, der in vielfältige Handlungen eingebettet ist, besitzt selbst eine eigentümliche Struktur der Bedeutungserzeugung. Ähnliche Hinweise wie aus der Anthropologie lassen sich in allen Wissenschaften finden: Die Identität ist ebenso Voraussetzung wie Resultat aller Denkprozesse, Voraussetzung aller Wissenschaft.[84]

Aber auch ohne diese Hinweise ist es auf den ersten Blick ein völliges Rätsel, weshalb mit sich identische Gegenstände einen *Satz der Identität* überhaupt notwendig machen sollten. Ein *Satz der Identität* hat nur einen Sinn, wenn er im Horizont einer *Nicht-Identität* gedacht wird. Inwiefern sind aber die Dinge stets auch durch eine *Nicht-Identität* bestimmt? Das oben genannte Beispiel „Küchenstuhl" kann das unschwer verdeutlichen: Die Wirklichkeit *aller* Dinge in ihrer *Bedeutung* ist eine soziale, auf viele Funktionen, Gruppen und Köpfe verteilt. Ich spreche von der *Bedeutung*; das *Sein* des

---

[82] B. Malinowski (1986), S. 75.
[83] B. Malinowski (1986), S. 78.
[84] „In solchem Sinne ist Denken und Erkennen überhaupt nichts als Tautologie, denn es ist, in allen Stadien, Setzung von Identitäten." P. Natorp (1921), S. 157.

Mondes vermeinen wir durchaus als etwas *Transsubjektives*. Doch diese vermeinte Transsubjektivität des Seins ist nicht identisch mit einer Bedeutung, die sich *intersubjektiv* in einem semiotischen Akt herstellt. Die erkenntnistheoretische Frage, inwiefern man sinnvoll von einem transsubjektiven Sein sprechen kann, möchte ich hier nicht explizit behandeln; Hinweise darauf ergeben sich nachfolgend in der Darstellung des Identitätsprozesses. Es zeigt sich hier, dass die richtige Antwort nur in einer Kritik der Frage bestehen kann.[85]

2.1.4 Das Modell der sozialen Grundstruktur

Um derartige Verhältnisse der Herstellung der Identität in der Bedeutung beschreiben und dabei die metaphysischen Vorurteile vermeiden zu können, ist ein Denkmodell notwendig, das als minimale Komplexität *vier* Pole aufweist. Im triadischen Modell könnte man diese vier Pole durch Ich, Du, Es(Ich) und Es(Du) bezeichnen. Ich verwende die traditionellen Begriffe „Subjekt" und „Objekt", werde ihren *Inhalt* aber schrittweise am Modell der sozialen Grundstruktur entwickeln. Das Modell der sozialen Grundstruktur lässt sich in der abgebildeten Form darstellen (vgl. Abbildung 2.1).

Es ist wichtig, dieses Modell in seiner zwar einfachen, aber dennoch mehrfach vermittelten Komplexität *ganz* zu betrachten. Als soziale Grundstruktur wird hier eine *Situation* beschrieben. Diese Situation umfasst (zunächst) zwei Subjekte A und B, die sich jeweils auf zwei Objekte a und b beziehen. Die Gesellschaft ist natürlich weitaus komplexer und umfasst viele Subjekte, die sich auf vielfältige Objekte erkennend und handelnd beziehen. Mit der Einsicht, dass Relate ihre Bedeutung nur in Relationen gewinnen (vgl. 1.1.8), ist zugleich klar geworden, dass der Sinn der Vergesellschaftung von den Relationen abhängt. Betrachtet man viele Subjekte und Objekte, so *wiederholen* sich Relationstypen. Sofern – wie in der Grammatik, Moral, Recht oder Geld – weitere Relationstypen zu beachten sind, die jeweils Populationen von Subjekten und ihren Objektbezug voraussetzen, lassen sich die hier diskutierten Relationen entsprechend ergänzen oder modifizieren. Das zunächst diskutierte elementare Modell weist *sechs* Grundrelationen auf, die in unterschiedlichen sozialen Situationen jeweils eine andere Einfärbung, eine andere Bedeutung erhalten. Das Modell ist also – unter Beibehaltung seiner minimalen Komplexität aus vier Polen – in seiner *Bedeutung* offen für unterschiedliche Situationen.

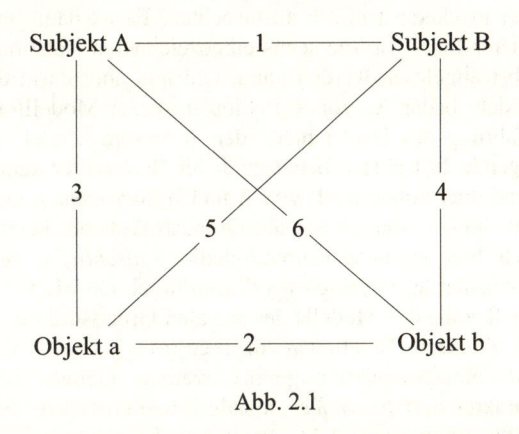

Als Skizze auf dem Papier ist dieses Modell auf den ersten Blick nur eine angeschaute Form im Auge des Lesers oder des Autors. Hier wird also – wie bei jedem Text – *zunächst* die cartesianische Position reproduziert. A und B unterscheiden sich als sinnlich wahrgenommene Buchstaben auf dem Papier; die Logik ihrer *Differenz* ist die

Abb. 2.1

---

[85] Diese Frage war unter vielen weiteren Aspekten Thema in meinem Buch: „Der Zirkel des Wissens" (2002a).

Anschauung oder als nachvollzogener Gedanke das temporale Nacheinander im inneren Dialog, der zu sich selbst A und B sagt. Die Subjekte A und B unterscheiden sich *im Modell* zunächst nur so, wie sich andere angeschaute Dinge auch unterscheiden. Besser gesagt: Was sich hier unterscheidet, *sind keine Subjekte*. Es sind nur angeschaute Formen. Um den in der Abbildung 2.1 verwendeten Zeichen und Linien eine *Bedeutung* zu geben, müssen sie in eine sprachliche Form aufgenommen werden. Würde man das skizzierte Modell nur als eine alternative Logik zur Beschreibung von *vorhandenen Gegenständen* verwenden, so würde nie die Subjektivität von A und B als Vollzug eines Aktes erreicht. Auch wäre a und b nicht das jeweilige Objekt von A und B, sondern nur die *Zuschreibung* des äußeren Beobachters, der dieses Modell verwendet, um einen Sachverhalt zu beschreiben. Die *entscheidende* Differenz liegt also nicht in der angeschauten Struktur, sondern in ihrer *Verwendung*.

Ich will hierzu eine möglichst genaue Instruktion (Gebrauchsanweisung) formulieren, um einerseits die Möglichkeiten des Modells zu erläutern, andererseits Fehlinterpretationen – das bedeutet immer einen Rückfall in dyadische Subjekt-Objekt-Modelle – zu vermeiden. Man kann, wie gesagt, durch dieses Modell hindurch (wie durch eine Brille) auf eine *vorhandene* Situation als Beobachter blicken; dies ist *zunächst* der cartesianische Blick. Das wäre z.B. der Fall, wenn A und B Tauschpartner sind, die zwei Produkte a und b austauschten. Es ist dann jeweils durch den Situationstyp ein anderer Inhalt für die sechs eingezeichneten Relationen gegeben, der am Situationstyp selbst abgelesen werden kann. Um nun aber darin den cartesianischen Irrtum zu vermeiden, bedarf es zur Reflexion in dieser Modellform jeweils der *Aktualisierung* der Erfahrung des Beobachters, der in diesem Modell denkt und erklärt. Dazu wird nur folgende Instruktion benötigt: Jeder Beobachter kann wahlweise auch die Rolle (erinnernd oder vorstellend) von A und B *übernehmen* und so gleichsam die Struktur selbst „bewohnen", die als soziale Grundstruktur erscheint. Damit ist ausgedrückt, dass ich mich hier an eine Kommunikation *anschließe*, sie voraussetze und nur eine Restrukturierung ihrer *Selbstreflexion* durch ein Modell vorschlage. Es ist wichtig für das Verständnis des Modells der sozialen Grundstruktur, dass für jeden Situationstyp wirklich alle sechs Relationen auf ihren (möglichen) Bedeutungsgehalt immer *auch* aus der Teilnehmerperspektive geprüft werden. Gerade die Einklammerung einer Relation charakterisiert *besondere* soziale Situationstypen, die man andererseits nur *durch* die Einklammerung versteht; „verstehen" heißt dann, sie *als* Einklammerung zu erkennen.

Die Teilnehmerperspektive kann durchaus allein oder vorstellend vollzogen werden. Entscheidend ist, dass dadurch immer mit der Anwendung des Modells der sozialen Grundstruktur ein *impliziter Imperativ* verbunden ist. Dieses „Sollen" kann *negativ* so beschrieben werden: „Wähne dich nie in der Illusion, man könnte durch äußere Beobachtung das Subjektive der Subjektivität und die darin liegende Beziehung auf Objekte erkennen." Es ist keineswegs notwendig, aktuell oder erinnernd *alle* denkbaren Formen der Teilnahme auch zu realisieren. Entscheidend ist die *Öffnung der Modellstruktur* für diese Teilnahme. Fehlende Erfahrung kann durch *Kommunikation* teilweise ersetzt werden, sofern *andere* ihre Erfahrung berichten. Ich könnte auch sagen: Die Gebrauchsanleitung zum Denken im Modell der sozialen Grundstruktur enthält die metaphysische Überzeugung, dass der Sinn, die Bedeutung von Objektivität für ein Subjekt immer nur *vollzogen* werden kann; man kann nicht *über* die Subjekt-Objekt-Relation sprechen, weil dies die Verdinglichung des Subjekts, damit seine *Aufhebung* bedeuten würde. Und der *Vollzug* der Subjektposition enthält immer zugleich die Beziehung auf ein anderes Subjekt: A thematisiert mit seinem Objekt a immer auch ein B.

Der *Sinn* von Subjektivität ist die situativ und sozial jeweils differenzierte *Teilnahme*, ein Handeln, das den *Inhalt* der Subjektivität *und die Differenz* zum je anderen

2.1.4 Das Modell der sozialen Grundstruktur

Subjekt mit dem Akt des Handelns konstituiert oder herstellt. A und B sind also nicht *vorgängig* different – wie die Buchstaben der Anschauung auf dem Papier einem cartesianischen Beobachter suggerieren; A und B konstituieren ihre Differenz erst durch das Handeln in bestimmten Situationen und deren charakteristische Struktur. Deshalb ist es nicht möglich, für die Differenz zwischen A und B *vor der spezifischen Situation* anzugeben, was diese Differenz ausmacht. Zwei Tauschpartner konstituieren ihre Differenz im Horizont der Tauschform als Eigentümer, während zwei Sprechende ihre Differenz als verständige, vernünftige Wesen herstellen und vollziehen. Dasselbe gilt für andere Formen der Intersubjektivität. Man kann also nicht sagen, dass A und B *vor dem Handeln* schon eine Identität mitbringen. Sie sind, was sie tun, und ohne Tat kein Täter, ohne Sprechen kein Sprachsubjekt, ohne Lieben kein Liebender usw.

Ich möchte, weil die *Bedeutung* sich jeweils situativ anders und neu zeigt, die sechs Relation des Modells der sozialen Grundstruktur hier nur kurz allgemein skizzieren; ihre Fruchtbarkeit zeigt sich dann bei spezifischeren Anwendungen und Diskussionen in den nachfolgenden Kapiteln. Die Relationen, wie sie in der Abbildung 2.1 nummeriert sind, werde ich im Text mit R1, R2 usw. bis R6 kennzeichnen. Die Relation R1 ist der logische Ort, worin sich A und B als Subjekte *unterscheiden*, zugleich aber sich darin auf *Gemeinsames* beziehen – z.B. die gemeinsame Kenntnis der Sprache, das gemeinsame Rechnen in der Geldeinheit, die Anerkennung einer gemeinsamen Moral usw. Dass diese Gemeinsamkeit sich nur *in der ganzen* Struktur entfalten kann und nicht als mit sich identische Entität vorausgesetzt werden darf, muss sich an situativen Anwendungen noch genauer zeigen; allgemeine Bemerkungen dazu sind wenig erhellend. Die zu R1 symmetrische Relation R2 drückt das aus, worin die Objekte *untereinander* vermittelt erscheinen. Weder Identität noch Differenz von a und b ist hierbei unmittelbar vorauszusetzen. Die Relation R2 geht immer durch die Relationen R5 und R6 hindurch. Die teilweise, nicht aber für jeden Fall, symmetrischen Relationen R3 bzw. R4 und R5 bzw. R6 könnte man mit „Selbstbezug" und „Fremdbezug" auf die Objekte a und b umschreiben.

Es darf hier aber nicht vergessen werden, dass die soziale Grundstruktur *ein Prozess* ist. Sie setzt sich nicht additiv aus vier Elementen zusammen, die nur für einen externen Beobachter diskrete Gegenstände sein können. Vielmehr entfaltet sich die *Bedeutung* der vier Elemente A, B und a, b nur *in der ganzen Struktur*. Hier *konkretisiert* sich der einleitend entwickelte Gedanke einer Priorität der Relation vor den Relaten (vgl. 1.1.8). „A" hat z.B. in einer konkreten Situation nur den Sinn, der sich über a, b *und* B vermittelt. So kann ein Subjekt zum „Sprecher", zum „Tauschenden", zum „Herr" (oder „Knecht") usw. werden. Die Bedeutung der sechs Relationen wird also nicht durch eine Entfaltung dessen erkannt, was inhärent in A oder B (oder a, b) schon vorausgesetzt existieren würde. Niemand ist *vor der Situation des Tauschens* oder außerhalb ihrer Struktur ein „Tauschsubjekt", niemand vor dem Sprechen ein Sprechsubjekt usw.[86] Die Pointe an der sozialen Grundstruktur ist gerade dies, dass ihre sechs Relationen formal von den vier Polen abhängen, die vier Pole (A, B, a, b) aber umgekehrt von den situativ entfalteten Relationen; es sind die sechs Relationen, die den vier Polen ihren situativen *Sinn*, ihre *Bedeutung* verleihen. Das ist *zirkulär*, doch diese Zirkularität ist das Wesen des Gesellschaftlichen. Die Vermeidung von Zirkeln leistet nur eines: Der Sachverhalt „Gesellschaft" wird verfehlt, wird zum „Gegen-Stand". So viel als erste Gruppe von

---

[86] Pfänder sagt: „Das denkende *Subjekt* kann an sich existieren auch dann, wenn es gerade nicht denkt." A. Pfänder (1921), S. 7. Wenn es als Subjekt *ohne* Denken existiert, dann ist es kein *denkendes* Subjekt. Behauptet man Denken und Subjektivität als *gleichursprünglich* (= *ego cogito*), dann ist wiederum die Aussage unhaltbar, es gäbe ein nicht-denkendes Subjekt.

Bemerkungen, mit der damit verbundenen Hoffnung, cartesianische Fehldeutungen – durch die falsche Suggestivkraft des Gewöhnlichen und Alltäglichen der Bedeutungsprozesse – zu vermeiden.

2.1.5 Der „Satz der Identität" und die soziale Grundstruktur

Ich möchte die soziale Grundstruktur zunächst als *semiotisches Modell* verwenden, das mir dazu dienen wird, den „Satz der Identität" als logisch-ontologischen Grund*satz* zu rekonstruieren und damit die stillschweigende Voraussetzung der dyadischen Ich-Es- und der triadischen Ich-Du-Es-Metaphysik aufzuheben, wie sie auch in wissenschaftstheoretischen, diskursethischen oder semiotischen Theorien immer noch fortwirkt.[87] Man kann dies auch so ausdrücken, dass ich dem Irrglauben entgegentreten möchte, eine Tautologie sei eine sinnlose logische Form.

Betrachten wir hierzu einen Diskurs zwischen A und B im Modell der sozialen Grundstruktur.[88] Zunächst möchte ich den Inhalt der sechs Relationen für diesen Fall klären. Der *Beobachter* eines Diskurses könnte sehen, wie sich A und B über einen gemeinsamen Gegenstand unterhalten. Ich betrachte einen schlichten, auf ein sinnliches Ding bezogenen Dialog: einen Salzstreuer auf dem Esstisch. Es ist sehr wichtig, nicht bereits an dieser Stelle den häufigsten erkenntnistheoretischen Fehler zu begehen, der sich in unübersehbarer Fülle in Wissenschaft und Alltag findet: die Verwechslung dessen, was ein Beobachter *beobachtet*, mit seinem eigenen Denkmodell.

Das lässt sich durch den einfachen Satz von Alexander Bryan Johnson illustrieren: „Wörter werden mit Dingen verwechselt", den Alfred Korzybski so übersetzt: „A map *is not* the territory."[89] Die scheinbare Trivialität dieses Satzes verdeckt seine Wichtigkeit. Wenn wir eine Landschaft betrachten, dann können wir die Position des Beobachters nur dadurch *partiell* überwinden, dass wir in der Landschaft *herumgehen*. Wir verändern unsere Position in der Landschaft und können so die Validität von Karten für diese Landschaft überprüfen. Was ich hier in Korzybskis Metapher sage, lässt sich unschwer auf alle Naturwissenschaften übertragen. Stets sprechen wir dort über etwas, was wir nicht *sind* und auch nie sein können. Anderes gilt für die soziale Grundstruktur. In der Karten-Metapher gesagt: Das Modell der sozialen Grundstruktur ist zwar auch eine Karte, doch wir können zu dieser Karte, genauer zu einem ihrer Elemente *werden*. Wir können die Subjekte A oder B *beobachten*, oder wir können selbst an einem Diskurs teilnehmen, uns selbst also *als* A vorstellen, die/der zu oder mit einer Person B spricht. Eine solche Identifikation ist keine Fiktion, wie es die Redeweise wäre: „ich als Zahnrad würde …" – obwohl auch das als *Kreativitätstechnik* hilfreich sein kann. In der Kommunikation verfügen alle über diese *Erfahrung* der Identifikation mit sich selbst.

Diese Differenz ist gravierend, und *unverstanden* ist es diese einfache Differenz, die in den Sozialwissenschaften eine heillose Fülle von Irrwegen eröffnet hat. Durch die ideelle (erinnernde) Teilnahme an einer Situation, die das Modell der sozialen Grundstruktur *erklärt*, erkennt man sofort, dass man *über* soziale Sachverhalte (Sprache,

---

[87] Vgl. als Überblick über die logischen Lehren zum Satz der Identität R. W. Göldel (1935).

[88] Vgl. die Diskussion über „the term *same*" bei G. Berkeley (1975), S. 236ff.

[89] A. Korzybski (1958), S. 750. Zu Johnson vgl. A. Rapoport (1972), S. 366ff. Vgl.: „For the most part we do not first see, and then define. We define first and then see." W. Lippmann (1997), S. 54f. Lippmann spricht von *Stereotypes*, auch eine Anlehnung an William James, der u.a. sagt: „(W)e are stereotyped creatures, imitators and copiers of our past selves" W. James (1899), S. 34. Eben das erlernte Vergangene dient als gegenwärtige Karte.

2.1.5 Der „Satz der Identität" und die soziale Grundstruktur

Technik, Wirtschaft usw.) nicht sprechen kann, ohne an einem Diskurs *teilzunehmen*, dessen besonderen Typus man als Objekt beschreiben möchte. Keine Sozialwissenschaft kann Karten für soziale Landschaften erstellen, ohne – implizit oder explizit – selbst zu einem Element in der Karte zu werden. Diese zirkuläre Struktur ist nur dann ein Problem, wenn man an einer Logik festhält, die glaubt, in einer endogenen, vom Objekt getrennten Struktur (Ich) eine äußere Welt (Es) beschreiben zu können.

Mit diesen Warnhinweisen bin ich nun gewappnet, die soziale Grundstruktur genauer zu erläutern. Betrachten wir also zwei Subjekte A und B im oben erwähnten Beispiel. Als *externer Beobachter* hören und sehen wir vielleicht folgenden Dialog und folgende einfache Handlung: A sagt zu B: „Bitte gibt mir doch das Salz", woraufhin B den Salzstreuer auf seiner Seite des Esstisches nimmt und ihn A gibt. Vom Standpunkt eines externen Beobachters aus, dessen beobachtendes „Ego" zugleich die scheinbare Identität der beobachteten Gegenstände gewährleistet, ist es keine Frage, dass sich A und B auf *ein* Objekt „Salzstreuer" beziehen. Im Modell setzt also ein externer Beobachter *sofort* das Objekt a (Salzstreuer in der Handlung und Wahrnehmung von A) mit dem Objekt b (Salzstreuer in der Handlung und Wahrnehmung von B) gleich. Und eben in dieser Position gründet auch die Illusion aller *triadischen* sozialen Modelle des Typs Ich-Du-Es. Das wird sofort deutlich, wenn wir uns vom Beobachter in einen *Teilnehmer* verwandeln. Wenn „Ich" nun das Subjekt A bin, fehlt mir eine externe, extramundane Position, von der aus ich die transsubjektive Identität des Gegenstands „Salzstreuer" (a = b) behaupten könnte. Vielmehr erkenne ich nun, dass diese Identität ein *Schein* war. Es war das mit sich identische Ding *für den Beobachter*, der A und B bei ihrem Dialog belauschte. Wenn wir in das Modell eintauchen und uns mit A *identifizieren*, erkennen wir die darin liegende Täuschung. Nun sehe ich selbst den Salzstreuer, den du (= B) mir reichst. Zwar werde ich alltäglich von der Identität dieses Dings ausgehen. Es wird aber damit auch erkennbar, weshalb diese Identität a = b (= Salzstreuer) keineswegs vorausgesetzt werden darf.[90]

Das wird auch für unser kleines Beispiel sofort deutlich, wenn ein externer Beobachter folgende Szene sieht: A spricht dieselbe Bitte aus („Bitte gibt mir doch das Salz"), woraufhin B ihm aber den Pfefferstreuer reicht. Es wird sich nun ein kleiner Disput daran anschließen, etwa der Gestalt: „Oh, verzeih´, ich habe beides verwechselt", sagt B; oder A sagt: „Es ist wohl etwas dunkel hier im Lokal; Du hast mir versehentlich den Pfefferstreuer gegeben" usw. Die Identität des Salzstreuers für A *und* B erscheint nun als das Ergebnis eines kurzen Diskurses, verbunden mit Korrekturhandlungen (B nimmt den Pfefferstreuer und gibt A den Salzstreuer). Es ist aber bereits an diesem einfachen Beispiel erkennbar, dass die Identität von Dingen nicht etwas ist, das man im semiotischen Prozess *voraussetzen* kann. Dasselbe gilt auch für die Relation R1, also die durch Zeichen vermittelte Sprechbeziehung zwischen A und B in unserem kleinen Beispiel. Wenn sich diese Szene etwa in einem Lokal mit lauter Hintergrundmusik abspielt, dann kann es sehr leicht sein, dass B einen Satz nicht versteht und z.B. illokutionär nur bemerkt, *dass* A etwas gesagt hat. Reicht B auf die Beobachtung hin, *dass* A etwas gesagt hat, nochmals den Vorspeisenteller oder die Wasserflasche, dann setzen

---

[90] Max Weber postuliert in seinem Begriff des „Einverständnishandelns", M. Weber (1985), S. 451 u.ö., stets schon die Identität der Bedeutungen, ohne den Prozess und die Struktur der Identität näher zu untersuchen. Wenn Ich und Du bezüglich einer Sache Es *Einverständnis* erzielen, so ist dies zwar ein Prozess, den man „Vergesellschaftungshandeln" aaO. nennen kann. *Zugleich* handelt es sich aber um einen semiotischen Prozess der Identitätsbildung, worin Es(A) mit Es(B) *als Differenz* vermittelt werden.

wiederum Korrekturhandlungen ein mit weiteren Zeichenprozessen (Zeigen auf den Salzstreuer) oder Dialogen (mit größerer Lautstärke).

Wir können aus dieser einfachen Szenerie eine wichtige Grundstruktur ablesen: Die Identität von Gegenständen konstituiert sich in der sozialen Grundstruktur durch einen Zeichenprozess, in dem Korrekturhandlungen und -dialoge sowohl die Identität der verwendeten Zeichen wie der bezeichneten Objekte sicherstellen sollen. Diese Korrekturhandlungen und Nachfolgediskurse zur Herstellung der *Identität* eines Sachverhalts brauchen keineswegs rasch gegen eine „gemeinsame" (= allgemeine) Bedeutung zu konvergieren. Die Diskurse und begleitenden Handlungen können auch *abgebrochen* werden, wenn keine Einigung erzielt wurde. Selbst wenn die Identität der verwendeten *Zeichen* sichergestellt wurde, braucht ein Diskurs nicht mit dem Ergebnis zu enden, dass die Gesprächspartner sich der Identität der besprochenen *Sache* versichert haben. Diskurse können so auf andere Situationen verweisen, die zu einer Erweiterung der Bedeutungsfeststellung von Sachverhalten führen, sie können aber auch einfach aufhören ohne Ergebnis. Kein „Satz der Identität" stellt sicher, dass Diskurse in der Feststellung von Bedeutungen *konvergieren* müssen. „Konvergenz" heißt im Modell der sozialen Grundstruktur gesagt: Die Diskurspartner sind sich *einig* (Relation R1), dass sich ihre Beschreibungen und Handlungen auf *denselben* Gegenstand beziehen. Diese Selbigkeit oder Identität ist, falls sie besteht, das Resultat eines semiotischen Prozesses, an dessen *Ende* erst ein Satz a = b formuliert werden kann.

Wenn man die Prozessnatur der Identität erkennt, wird auch die logische Paradoxie aufgelöst, wonach die in einfachen Handlungskoordinationen liegenden deiktischen Verweise, die Zeigehandlungen, die Identität der Geltung voraussetzen, die sie herstellen sollen. Zeigehandlungen, deiktische Verweise beruhen nicht auf einer *Sprache* und *sind* keine Sprache – sie sind *Momente des Sprechens*. Die Körpersprache hat keine in einem Zeichen abtrennbare Bedeutung. An ihr wird ein auch bei anderen Zeichen stets mitgegebenes Moment aber besonders deutlich erkennbar: Sie *zeigen* auf etwas. Zeigehandlungen stellen eine Relation *her*, sie sind die Kraft des Zeigens, die einem Zeichen eigentümlich zugesprochen wird. Deshalb ist übrigens auch das lebendige Sprechen immer noch von Gesten begleitet. Aber Zeigehandlungen sind keine Zeichen. Sie haben deshalb auch von sich her keine Bedeutung, sondern sind Aspekte in einer Bedeutungsrelation, worin die Handelnden ihre Kooperation herstellen. Es wäre also ein Fehler, von so etwas wie einer „deiktischen Ursprache" auszugehen.[91] Vielmehr stellt sich die Bedeutung des Zeigens mit dem Zeichen als *Prozess* der Identität immer wieder neu her. Anders gesagt: Die Bedeutung einer Zeigehandlung verändert sich mit dem Gezeigten und dem Zeichen. Als Momente gehören sie in den *Prozess* der Identität, der nie einen Punkt erreicht, auf den man dann *seinerseits* zeigen könnte. Die Identität ist unbezeichenbar, so wenig man den Raum räumlich darstellen kann. Die Identität ist die *Zeitlichkeit* des Zeichens.

Ich möchte meine Überlegungen deshalb noch um einen historischen Aspekt ergänzen. Dass Dinge *in der Zeit* nur auf fragwürdige Weise identisch sind, wurde in der

---

[91] Als „konstituierendes Merkmal von Zeigehandlungen ist die Interpersonalität der Zeigehandlungen erforderlich, denn um als sinnvolle Handlung von den Handlungspartnern durchführbar zu sein, müssen (…) zumindest die jeweilig Interagierenden Einigkeit über die Geltung der Zeigehandlungen erzielt haben." A. Eschbach (1977), S. 58. Hier ist zu fragen: Wie wird die *Geltung der Zeigehandlungen* erreicht? Durch andere Zeigehandlungen – ad infinitum? Erkenntnistheoretisch ist diese Frage in Dignagas und Dharmakirtis *Apoha*-Theorie gelöst, die auch meinen Überlegungen hier zugrunde liegt; vgl. K.-H. Brodbeck (2002a), Kapitel 3.9.2, und (2005a), Kapitel 2.

2.1.5 Der „Satz der Identität" und die soziale Grundstruktur

Philosophie immer wieder als Problem diskutiert. Gibt es *ewige*, d.h. außerzeitliche Entitäten, die mit sich identisch sind und bleiben, ungeachtet des Gangs der Geschichte? Man wird wenigstens bei den mathematischen Wahrheiten an solch eine Identität denken: Der Satz des Pythagoras galt doch im alten Griechenland ebenso wie in unseren Tagen. Oder? Offenbar ist dieses Problem abhängig vom Begriff der *Geltung*. Was heißt: „Der Satz *gilt* ewig oder überzeitlich"? Um dies festzustellen, müsste ein *Dialog* stattfinden zwischen zwei verschiedenen Zeiten, worin die Geltung der Zeichen als identische Tendenz bestimmbar ist. Am gleichen Operieren mit Zeichen, etwa beim Beweis des Satzes von Pythagoras, würden wir dann seine Identität messen. Doch hier wäre die Rede von *gleichen* Operationen. Gleichheit ist keine Identität. Aber die Identität wird als sozialer Prozess durch *vergleichbare* Handlungen hergestellt. Und was heißt das? Die Gleichheit zeigt sich in der *Koordination*, im Zusammen-Handeln, worin die Akteure jeweils ihre Handlungen symmetrisch am anderen spiegeln oder kontrollieren.

Bezüglich der *historischen* Identität ist das jedoch nicht möglich. Es ist jedenfalls nicht so möglich wie bei der Beurteilung der Frage nach der Identität eines gegenwärtigen Dings für zwei verschiedene Subjekte. Doch auch über die historische Zeit gibt es so etwas wie einen Prozess der (intersubjektiven) Identität. Er wird durch den Geschichtsprozess selbst gestiftet, durch das unaufhörliche Anknüpfen an Vergangenem. Wenn nachfolgende Generationen etwas aufgreifen, das früher bereits Geltung hatte, so *verwandeln* sie die Sache, zugleich aber wird sie erhalten oder „aufgehoben". Collingwood drückt dies so aus:

> „Die Identität ist die eines historischen Prozesses, und die Differenz ist die zwischen einem Ding, das sich im Verlauf dieses Prozesses in ein anderes verwandelt hat, und diesem anderen Ding, in das jenes übergegangen ist."[92]

Man kann den historischen Prozess nicht im Modell des *Dialogs* betrachten. Anders gesagt, es liegt bei der historischen Entwicklung eine *asymmetrische* soziale Grundstruktur vor. Die Intersubjektivität wird zwischen Lebenden und den Spuren, den dinglichen Hinterlassenschaften der Toten, der vergangenen Generationen gestiftet.

Darin liegt keineswegs nur ein *mechanisches* Anknüpfen, wie man einfach auf alten Straßen der Römer weiter spazieren geht – während sich diese Straßen durch neue Überlagerungen und Schichten völlig verwandelt haben. Wir knüpfen immer auch an die *Bedeutung* des früher Gedachten an, sofern der Prozess der Bedeutung stets ein historischer Prozess ist, z.B. beim Erlernen einer Sprache, der Bedeutung neuer Sachverhalte usw. Die Geschichte ist darin ein *innerer Bedeutungswandel*. Damit ist erkennbar, dass der *Prozess* der Identität überhaupt nicht vom historischen Prozess verschieden ist, sofern die Geschichte eine *innere Kontinuität* besitzt, worin spätere Generationen lernend an frühere anknüpfen. Ist eine Kultur allerdings ohne *innere Nachfolge* geblieben, so verwandeln sich deren Artefakte in vorhandene Dinge, die nur *in unserem* sozialen Prozess als Bedeutungen rekonstruiert werden können. Das gilt auch für die Entschlüsselung alter Sprachen. Ohne *innere Anknüpfung* – etwa weil griechische Fragmente von Übersetzungen aus dem Ägyptischen oder Babylonischen verfügbar sind – handelt es sich um eine Sinnrekonstruktion ausschließlich in den aktuellen Identitäten von analogisierten, also projizierten Sachverhalten.

„Innere Anknüpfung" – das heißt: Fortsetzung des Prozesses der Identität durch Teilnahme an der endogenen Bedeutung einer Gesellschaft. Ihr korrespondiert eine äußere Anknüpfung, in der zur Vergangenheit der Prozess der Identität abgebrochen ist.

---

[92] R. G. Collingwood (1955), S. 62.

Das innere Anknüpfen an Bedeutungen ging mit einer alten Kultur unter, und wir verhalten uns ihren Resten gegenüber wie gegenüber äußeren Dingen. Sofern wir allerdings erkennen, *dass* es sich um Artefakte handelt, rekonstruieren wir den Sinn solch vorhandener Dinge (bauliche Reste, Gebrauchsdinge usw.) aus dem Horizont *unseres* Gebrauchs. Dann zeigt sich, dass in den *Funktionen* auch ohne semiotische Anknüpfung offenbar Formen wiederkehren, die sich im menschlichen Handeln reproduzieren. Ob sich hier jeweils so etwas wie eine *mimetische* Anknüpfung, ein taktil vermittelter Prozess der Identität über viele Völker hinweg durchsetzt, lässt sich nicht allgemein sagen, wohl aber vermuten. Der Rätselcharakter vieler Artefakte liegt darin, dass wir nur das *Dass* menschlicher Produktion, nicht aber das *Was* kennen. Die oft mit phantastischen Konstruktionen erfüllten „Interpretationen" sind dagegen immer der Ausdruck dafür, dass die *innere Anknüpfung* an diese Kulturen unterbrochen wurde.

Der Prozess der Identität ist immer auch durch Sprache vermittelt, stellt sich doch darin die Vergesellschaftung über Zeichen und Handlungen her. Der kogntiv-denkende und der taktil-handelnde Aspekt dieses Prozesses sind aber *modal* getrennt; sie können eine relative Selbständigkeit erlangen. So kann sich die Identität als Prozess durchaus auch mehr oder weniger ausschließlich auf den taktilen Aspekt gleicher Operationen beziehen und in solchem *tacit knowledge* eine innere Bedeutung des Handelns vermitteln, die nicht explizit in sprachlicher Form erscheint. Es gibt im Prozess der Bedeutung nicht nur die *mündliche Tradition*, es gibt auch die *taktile* Tradition, etwa in Schulen von Musikern, Künstlern, Kampfschulen, aber auch in allen Formen des Handwerks. Die *innere Anknüpfung* im historischen Prozess der Identität ist also durchaus nicht mit der Tradition der Sprache und des Sprechens identisch, auch wenn sie in der Sprache ihren offenkundigsten, ihren „bewusstesten" Teil hat.

2.1.6 Handeln und Bedeutung

Ich kehre nochmals zur *logischen* Form des Identitätsprozesses zurück. Aus dem oben skizzierten Problemhorizont wird überhaupt erst erkennbar und verständlich, inwiefern der Satz der Identität ein *Satz* in der Kommunikation ist, der eine *Bedeutung* organisiert. Der Satz der Identität in seiner Form aus logischen und philosophischen Traktaten besagt A = A. Es müsste übersetzt werden: A(Ich) = A(Du) oder Es(Ich) = Es(Du). Und diese Identität ist durchaus zerbrechlich. Sie *beruht* nämlich auf der Konvergenz eines Diskurses. Zwar kann handelnd auch ein *taktiler* Sinn von Identität vermittelt werden; als *Gedanke*, der zum *Satz der Identität* führt, ist die Sprache jenes Handlungsmoment, an dem der Sinn von Identität sich reflektiert – und *ausspricht*. Die situativ konstatierte Identität kann in *anderen Situationen* jederzeit wieder aufbrechen und in eine Dualität zurückfallen. Es zeigt sich dann, dass das subjektive Meinen (in der sozialen Grundstruktur gesagt: A meint a, B meint b) nicht dem objektiven *Begriff* einer Sache gewichen ist, der zwei Meinungen in ein Wissen transformiert. Oder anders gesagt: Jeder *temporär* gelingende Versuch, subjektives Meinen von Vielen in *einen* Begriff durch einen Prozess der Identitätsbildung zu verwandeln, kann *in neuen Situationen* wieder zum Rückfall in die Vielheit des Meinens führen. Der „Satz der Identität" ist also der Vorschein für einen endlosen Prozess. Es mag in diesem Prozess immer wieder Konvergenzen der Bedeutung geben, die sehr lange „halten". Diese soziale Stabilisierung von Bedeutung geht meist Hand in Hand mit einer *Institutionalisierung* von Experten für bestimmte Bedeutungen, die von *anderen* einfach *als* Experten anerkannt werden und *deren* leichter zu bestimmende personale Identität dann für die Identität einer Sache steht („Einstein" für die mathematische Struktur allgemeiner Feldgleichungen usw.). Derartige Prozesse der Gewohnheitsbildung und Institutionalisierung sind für das Ver-

2.1.6 Handeln und Bedeutung

ständnis sozialer Strukturen grundlegend. Doch das Modell der sozialen Grundstruktur verdeutlicht, auf welch unsicherem Boden all dies errichtet wird.

Die Dynamik der Identitätsbildung bezüglich des Objekts (a = b) lässt sich anhand der Relationen R3 und R4 sowie R5 und R6 strukturell beschreiben. Hierbei ist zu beachten, dass die sechs Relationen jeweils einen *doppelten* Sinn aufweisen. Man kann R3 z.B. in zwei Reihenfolgen schreiben: R3 = Aa, aA (wobei die Reihenfolge der Buchstaben den Relationstypus bezeichnet). Die Beziehung Subjekt A ↔ Objekt a wäre dann zu lesen als „wirken auf a", „handeln mit a" usw., während die umgekehrte Relation Objekt a ↔ Subjekt A zu interpretieren wäre als: „Beobachten von a", „bedürfen von a" usw. Die Dualität der Subjekt-Objekt-Struktur als *aktive* Relation (= Handeln) und *passive* Relation (= Beobachten) kehrt in den sechs Relationen wieder und erhöht die Komplexität des Modells der sozialen Grundstruktur, insofern sich hinter den sechs Relationen eigentlich *zwölf* Beziehungsformen verbergen.

Die Identität von Gegenständen erweist sich vor dem Hintergrund dieser Modellierung als symmetrische Beziehung: Das von A erkannte und handelnd veränderbare Objekt a (R4) muss auch von B erkannt werden (R5), während symmetrisch dazu das Objekt b, auf das sich B erkennend und handelnd bezieht, auch von A erkannt wird (R6). Anschauung des Modells und Sprechweise sind hier vielleicht zunächst ungewohnt, weil in der Abbildung des Modells die Objekte a und b *als different* erscheinen. Doch genau das müssen wir voraussetzen, wenn wir *Teilnehmer* solch einer sozialen Struktur sind. Was uns dann jeweils gegeben ist, z.B. aus der Perspektive von A, die nun *wir* als Beobachter einnehmen wollen, ist nur *ein* Objekt a. Dass dies *auch* das Objekt von B ist (R4), ist aus der Beobachterperspektive von A nicht unmittelbar erkennbar. Erst das *koordinierte* Handeln von A und B, das die Kommunikation (R1) begleitet oder von ihr gelenkt wird, kann zeigen, dass sich A und B auf einen *identischen* Gegenstand beziehen. Der *Sinn* der Identität liegt also darin, dass eine symmetrische Relation zum Gegenstand vorliegt, die es erlaubt, die Identität a = b (R2) vorauszusetzen.

Es ergibt sich daraus auch eine Modifikation des Subjekt- und Objektbegriffs selbst. Wenn man von einem Sachverhalt „Objektivität" fordert, so kann dies *doppelt* gemeint sein: Einmal als *Intersubjektivität* im Sinn der Relation R1 und den symmetrischen Relationen R3 und R4. Zum anderen kann „Objektivität" aber auch bedeuten: Ein Ding existiert, identisch mit sich selbst, außerhalb der sozialen Grundstruktur. Dieser *letztere* Begriff von Objektivität, wie ihn der naive Realismus und der Objektivitätsbegriff in vielen Wissenschaften vertreten, ist unhaltbar. Denn ein mit sich identisches Objekt *außerhalb* der sozialen Grundstruktur kann es nicht geben, weil der *Sinn* von Identität sich nur als Prozess *in der sozialen Grundstruktur* konstituiert. Deshalb können sehr wohl „geistige" Sachverhalte (Sprache, Moral, Recht, Geldwerte usw.) *objektiv* = intersubjektiv als Identitätsprozess „existieren"; sie existieren aber nicht als ein Sein außerhalb der Identität – ein ohnehin *sinnloser* Ausdruck. Das Pochen auf Objektivität findet darin also seine kategoriale Grenze und der naive Realismus seine Kritik: Diese Metaphysik scheitert an der Unmöglichkeit, die *Identität* der von ihr behaupteten Dinge „jenseits des Bewusstseins" zu explizieren; „woraus zugleich erhellt, dass nichts durch sich selbst als Ding gesetzt sein kann, d.h. dass ein unbedingtes Ding ein Widerspruch ist."[93] Man wüsste nicht, ob „außerbewusste" (= außerhalb der sozialen Grundstruktur liegende) Dinge mit sich identisch sind oder nicht und könnte ihnen damit keinen Sinn von Sein als Identischsein-mit-sich (= nicht abhängig vom Bewusstsein, von der Gesellschaft, der Sprache usw.) zusprechen oder absprechen. „Dinge an sich" sind nicht unerkennbar, wie Kant meint, sie sind Unsinn.

---

[93] F. W. J. Schelling (1927), S. 90.

Ich möchte das kurz erläutern. Kant spricht den Erscheinungen ein „Bestehen vor sich" (= Identität) ab, was nur einem „Ding an sich" zukomme – er sagt dies aber nur als negative Implikation:

> „(D)ie Sinnenwelt ist nichts als eine Kette nach allgemeinen Gesetzen verknüpfter Erscheinungen, sie hat also kein Bestehen vor sich, sie ist eigentlich nicht das Ding an sich selbst"[94].

Die sinnliche Mannigfaltigkeit besitzt *von sich her* keine Einheit, keine Identität. Die Einheit der sinnlichen Welt erwächst aus einem anderen Grund. Kant beruft sich auf einen „platonischen Begriff von der Welt", „so fern sie, gar nicht als Gegenstand der Sinne, sondern als Ding an sich selbst betrachtet, bloß ein Gegenstand des Verstandes ist, der aber doch den Erscheinungen der Sinne zum Grunde liegt."[95] Die Identität der Welt aber *gewinnt* Kant aus der vorausgesetzten Selbst-Identität des *ego cogito*:

> „Nämlich diese durchgängige Identität der Apperzeption, eines in der Anschauung gegebenen Mannigfaltigen, enthält eine Synthesis der Vorstellungen, und ist nur durch das Bewusstsein dieser Synthesis möglich. (…) Also nur dadurch, dass ich ein Mannigfaltiges gegebener Vorstellungen in *einem* Bewusstsein verbinden kann, ist es möglich, dass ich mir die Identität des Bewusstseins in diesen Vorstellungen selbst vorstelle"[96].

Dieser Satz ist zentral für die gesamte an Kant anschließende Wissenschaftstheorie, die mit dieser auf der Voraussetzung eines cartesianischen Beobachters beruht. Hier wird gesagt: Nur weil das Bewusstsein als eines, als *identisches* „vorgestellt" wird von einem „Ich" (ich stelle mir die Identität des Bewusstseins vor), ist das sinnlich Mannigfaltige mit sich identisch. Doch woher gewinnt Kant die Identität des Ichs mit sich selbst? Er wendet auf das Ich den Satz der Identität an, den er als logischen Grundsatz unkritisch einfach als Denkgesetz voraussetzt:

> „Dieser Grundsatz, der notwendigen Einheit der Apperzeption, ist nun zwar selbst identisch, mithin ein analytischer Satz, erklärt aber doch eine Synthesis des in einer Anschauung gegebenen Mannigfaltigen als notwendig, ohne welche jene durchgängige Identität des Selbstbewusstseins nicht gedacht werden kann."[97]

Die Identität der Phänomene in der sinnlichen Welt wird also auf die Identität des Selbstbewusstseins zurückgeführt, deren Kern die „Einbildungskraft" sein soll, die aber ihrerseits als Identität wiederum auf der Einheit der sinnlichen Vielfalt beruht: „Die Synthesis der Vorstellungen beruht auf der Einbildungskraft, die synthetische Einheit derselben aber (die zum Urteile erforderlich ist) auf der Einheit der Apperzeption."[98] Diese *petitio principii* bei Kant gründet in der ungedachten Identität, die zum Bewusstsein (*ego cogito*) immer hinzugefügt, nicht aber aus ihm expliziert wird. Der Grund ist deutlich: Das Ich ist als identische Grundlage der Erkenntnis eine Fiktion; die Identität hat keinen „transzendentalen Ort", der aus sich eine transmundane Logik entlässt, die

---

[94] I. Kant, WW 5, S. 229.
[95] I. Kant, WW 9, S. 62.
[96] I. Kant, WW 3, S. 137; meine Hervorhebung.
[97] I. Kant, WW 3, S. 138.
[98] I. Kant, WW 3, S. 199.

2.1.6 Handeln und Bedeutung

einen „Satz der Identität" zu verkünden hätte.[99] Damit erweist sich die Identität aller Gegenstände als Schein in einem Prozess des Scheinens.

Kants Verständnis des Satzes der Identität ist *noch* naiv, aber auf klassische Weise in seiner Denkform, die bei Wissenschaftlern immer noch vorherrscht. Es ist eine Denkform, unberührt von Hegels Dialektik und den Fragen Nietzsches:

> „Gesetzt, es gäbe ein solches sich-selbst-identisches *A* gar nicht, wie es jeder Satz der Logik (auch der Mathematik) voraussetzt, das *A* wäre bereits eine *Scheinbarkeit,* so hätte die Logik eine bloß *scheinbare* Welt zur Voraussetzung. In der Tat glauben wir an jenen Satz unter dem Eindruck der unendlichen Empirie, welche ihn fortwährend zu *bestätigen* scheint. Das ‚Ding' – das ist das eigentliche Substrat zu *A; unser Glaube an Dinge* ist die Voraussetzung für den Glauben an die Logik. Das *A* der Logik ist wie das Atom eine Nachkonstruktion des ‚Dinges'..."[100]

Nach diesem kurzen Exkurs zum Satz der Identität, dem „Ding an sich" in der Kantschen Philosophie, die als Denkform – ausgehend von Descartes' erkenntnistheoretischer Position – weitgehend die Praxis der Forschung bestimmt, kehre ich zur inneren Struktur der sozialen Identität zurück. Beim *Erlernen einer Sprache* liegt genau diese Struktur des Identitätsprozesses vor. Ob das, was ein Kind A als „Ball" wahrnimmt (R3), identisch ist mit dem, was ein Erwachsener sieht (R4), zeigt sich erst durch ein Zeichenhandeln („Da! Ball!"), verbunden mit einem aktiven Hantieren mit den fraglichen Dingen (Spielen mit dem Ball). Erst die doppelte Koinzidenz der Relationen R5 und R6 zeigt im kooperierten Handeln, ob sich das Handeln, über das man sich zugleich kommunikativ verständigt (R1), auch tatsächlich *denselben* Gegenstand hat (R2 als Identitätsrelation a = b). Diese frühkindliche Struktur des Spracherlernens wiederholt sich in jeder Lernsituation.

Wenn man die skizzierten Erläuterungen zur sozialen Grundstruktur in das Modell selbst einträgt, ergibt sich ein verändertes Bild (vgl. Abbildung 2.2). Die Relationen R5 und R6 werden hier als *Akte* gelesen, während R3 und R4 (passiv) je als Kognition erscheinen. Handelt es sich um einen Gegenstand, den ein *externer* Beobachter als „identisch" bezeichnen würde (a = b), so erscheint diese funktionale Identität hier als symmetrische Beziehung sowohl der Kognition als auch der Akte. Nur wenn A in seinen Handlungen (Akt A) für B auch als jemand erscheint, der sich auf das Objekt b in seinem Akt bezieht, und wenn symmetrisch dazu dieselbe Rela-

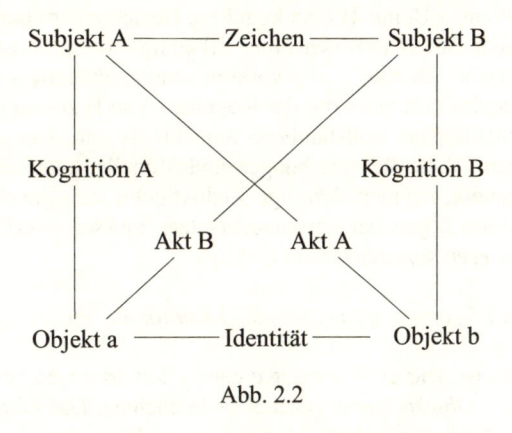

Subjekt A ——— Zeichen ——— Subjekt B

Kognition A   Kognition B

Akt B   Akt A

Objekt a ——— Identität ——— Objekt b

Abb. 2.2

---

[99] Auch der Personenbegriff beruht auf dieser ungedachten metaphysischen Voraussetzung, wenn Kant sagt: Die „Identität derselben (sc. Substanz), als intellektueller Substanz, gibt die *Personalität*", I. Kant, WW 3, S. 344. Darin ist der äußerste Punkt des abendländischen Irrwegs erreicht, eine Wiederkehr der Atman-Spekulationen in den Upanishaden, die Buddha vor 2500 Jahren widerlegt hat.

[100] F. Nietzsche (1969: 3), S. 538.

tion für das Objekt a gilt, dann ist in der Handlungskoordination die Identität des Gegenstandes (a = b) gewährleistet. Beide handelnden Individuen sind also hier *dual* modelliert, nämlich als *erkennende* und *handelnde* Subjekte.

Es ist unklar, ob Habermas die hier analysierte Struktur im Auge hat, wenn er sagt: „Kommunikation, als eine Verständigung über Gegenstände, (kommt) nur unter der Bedingung gleichzeitiger Metakommunikation, nämlich einer Verständigung auf der Ebene der Intersubjektivität über den bestimmten pragmatischen Sinn der Kommunikation, zustande".[101] Die Metakommunikation *ist* keine andere als der Diskurs über die Gegenstände des Handelns selbst. Damit ist auch der symmetrische Zeichenbezug auf die pragmatisch gegebenen Objekte a und b der beiden Kommunikationspartner gegeben. Erst dann, wenn die aus früherem Spracherlernen herrührende Zeichenverwendung mehrdeutig wird, entsteht ein Metadiskurs über den Inhalt der Zeichen selbst. Der Metadiskurs nimmt aber wieder die Form einer sozialen Grundstruktur an, weil es *darin* um die Identität des Begriffs, der Zeichen geht, die formal als *neue* Objekte a und b zu betrachten sind. Die „Metasprache" hierbei wäre die Alltagssprache, in der dieser Diskurs geführt wird. Darin liegt nur dann eine scheinbare Zirkularität, wenn man die „Sprache" als fertige Entität betrachtet, die sich im Diskurs „auf sich selbst" bezieht. Doch der Diskurs, die Herstellung von temporären, also *funktional vermeinten* Identitäten, ist ein Akt, in dem die *Bedeutung* der Sprache jeweils neu und situativ *geschaffen* wird. Eine fertige Entität „Sprache" existiert nicht getrennt von diesem Sprechen – auch keine Metasprache. Die *Identität* als semiotischer Prozess *und* als sozialer Prozess kann durch die Einführung von „Metaebenen" jedenfalls nicht erklärt werden.

Es gibt zahlreiche soziale Situationen, in denen die *Symmetrie* der vollständigen sozialen Grundstruktur nicht gewährleistet ist. Ich werde einige ihrer Grundaspekte im Kapitel 2.2 behandeln. Es sind gerade solche reduzierten Formen, die stillschweigend von vielen Theoretikern vorausgesetzt und als *die* soziale Struktur totalisiert werden. Wenn z.B. nur B eine kognitive Beziehung zu einem Gegenstand unterhält, während A sich darauf bezogen ohne Erkenntnis (ohne Wissen oder Bewusstsein) *verhält*, dann ergibt sich eine häufig vorkommende reduzierte soziale Form. Die Identität des Gegenstandes fällt dann mit der Kognition von B zusammen. Doch hierbei verliert dann A den Status eines vollständigen Subjekts. A wird hier zu einem sich bloß verhaltenden System. Viele Beschreibungen und Modelle, keineswegs nur in der Soziologie oder Ökonomik, nehmen derartige Reduktionen stillschweigend vor. Ich werde mich mit ihnen deshalb genauer auseinandersetzen müssen. Vorläufig verbleibe ich aber noch bei der *ganzen* sozialen Grundstruktur.

2.1.7 Arbeitsteilung und die Identität des Wissens

Es ist, wie die vorangegangenen Bemerkungen zeigen konnten, notwendig, den Begriff des *Objekts* etwas genauer zu betrachten. Das Objekt in einer Handlungs- und Kommunikationsbeziehung, wie sie durch die soziale Grundstruktur dargestellt wird, braucht keineswegs als sinnliche Entität gegeben zu sein. Gleichwohl gibt es diesen Fall im Alltag häufig. Bei *neuen Gegenständen* wiederholen wir in der Regel die Struktur des kindlichen Lernens, etwa beim Kauf eines neuen elektronischen Gerätes, dessen Funktionsweise wir uns durch einen Fachmann erklären lassen. Die Herstellung einer *Bedeutungsidentität* gelingt hier meist durch *deiktische Verweise*. Jemand zeigt ganz einfach, was man tun muss und verwendet dazu vielleicht auch einige neue Wörter. In dieser

---

[101] J. Habermas (1971), S. 106.

2.1.7 Arbeitsteilung und die Identität des Wissens

Handlungskoordination durch Sprache entwickeln sich dann *funktional identische* Bedeutungen.

Ich verwende den Ausdruck der „funktionalen Identität", um darauf hinzuweisen, dass die Bedeutung eines Objekts sich keineswegs in einem oder einigen Aspekten erschöpft. Die funktionale Identität ist hinreichend hergestellt, wenn A und B beim Wort „Lichtschalter" fähig sind, die wechselseitig anerkannte, gleiche Handlung auszuführen. Wenn A ein Elektroingenieur, B ein Schuhverkäufer ist, dann ist der Inhalt der Identität beim Wort „Lichtschalter" nur auf die Fähigkeit bezogen, Licht einschalten zu können. Zweifellos wird der Elektroingenieur über einen Lichtschalter *als Totalität des Objekts* sehr viel mehr zu sagen wissen als der Schuhverkäufer. (Während umgekehrt der Elektroingenieur weniger über Schuhe weiß.)

Es ist dieser Aspekt, auf den Hilary Putnam hingewiesen hat, wenn er sagt, „dass es eine *sprachliche Arbeitsteilung* gibt. Es wäre uns kaum möglich, solche Wörter wie ‚Ulme' und ‚Aluminium' zu verwenden, wenn niemand dazu imstande wäre, Ulmen oder Aluminium zu identifizieren; aber nicht jeder, dem diese Identifikation wichtig ist, muss zu ihr in der Lage sein."[102] Nun scheint mir Putnam allerdings einen wichtigen Punkt zu übersehen. Die Arbeitsteilung der Bedeutung ist nie eine *vollständige*. Denn die Kooperation der sozialen Handlungen fordert auch von jenen, die keine Spezialisten für die Bedeutung einer Sache sind, dennoch mit dieser Sache umzugehen. Es gibt also eine *funktionale Identität*, die allein durch die Tatsache, dass Menschen Handlungen über Sprache koordinieren können, sichtbar wird. Zwar werden nur wenige Menschen die *genauen* chemischen Eigenschaften von Aluminium kennen; sie können gleichwohl *funktional* einen Aluminium-Topf von einem aus Stahl unterscheiden. Die Identität der Bedeutung bezieht sich also nicht auf *Dinge*, sondern auf *Funktionen*.

Das hat naturgemäß wichtige Konsequenzen auch für die Erkenntnistheorie. Putnams „interner Realismus" verbleibt in der Vorstellung von Gegenständen, die dann als Gegenstände sprachlich benannt werden können, wenn ein Begriffsschema vorausgesetzt wird. Doch Putnam lässt hierbei den sozialen Prozess der Bedeutung außer Acht, denn durch ein Begriffsschema, durch einen Katalog von Wörtern, kann nicht die *Identität* der Gegenstände garantiert werden. Es ist ganz einfach unklar, *für wen* diese Gegenstände „Objekte" sind. Die Verwendung derselben Wörter garantiert nicht die Identität der Bedeutung. Deshalb können zwei Sprechende in einem Raum mit denselben Wörtern *höchst verschiedene* Gegenstände bezeichnen, solange nicht deren Identität durch doppelt-symmetrische Handlungen funktional erzeugt wird.

Die Identität der Bedeutung, die in der sozialen Grundstruktur erkennbar wird, ist also eine funktionale oder auch *abstrakte*; „abstrakt", weil stets nur einzelne Aspekte der Dinge oder Sachverhalte, die in einer koordinierten Handlung eine Rolle spielen, thematisiert werden. Der Hinweis auf die funktionale Identität macht sogleich noch etwas anderes deutlich: Die meisten Objekte, über die in sozialen Handlungen kommuniziert wird, haben selbst eine abstrakte Natur. Vielfach – wie zu zeigen sein wird: *eigentlich immer* – sprechen wir über *Prozesse* oder über *Funktionen*. Ich verwende dafür den Ausdruck „Handlungsprogramm" oder kurz auch nur „Programm".[103] Intuitiv ist aber auch bereits hier deutlich, dass durch die Herstellung einer *funktionalen Identität* – als Bedeutung der verwendeten Wörter und Sätze – die semiotische Struktur als ein Prozess erscheint.

Die Zuordnung von Zeichen und Objekt zeigt sich hier nicht als eine einmalige Leistung, die durch *ein* Subjekt hergestellt wird. Vielmehr entpuppt sich „*das* Subjekt" als

---

[102] H. Putnam (1979), S. 37.
[103] Diese Kategorie habe ich mehrfach diskutiert, z.B. in: K.-H. Brodbeck (1996a), Teil II.

Vielheit der Subjekte (wenigstens zwei) und die Zuordnung als ein Handlungsprozess, der eine doppelt-symmetrische Leistung erbringen muss, soll *eine* Bedeutung für ein Zeichen als *soziale* hergestellt und reproduziert werden. Die Alltagsdiskurse zeigen sich denn auch sehr häufig als dieser Versuch, eine funktionale Identität herzustellen, sich überhaupt darauf zu verständigen, *wovon* man redet. Das ist immer dann der Fall, wenn eine identische Bedeutung unabdingbar ist für eine gelingende Handlungskooperation. Es gilt auch für die reduzierten sozialen Formen, in denen sich zwei Subjekte nicht mehr als funktional Gleiche gegenüberstehen, sondern durch Spezialisierung und Hierarchisierung *Abhängigkeitsbeziehungen* entstehen. Auch eine Anweisung, ein Befehl, ein Auftrag usw. kann nur als Element einer kooperierten Handlung funktionieren, wenn die Bedeutungsidentität der Begriffe sichergestellt ist. Um eine Anweisung ausführen zu können, muss man sie *verstehen*. „Verstehen" heißt, die Zeichen (Handlungsprogramme) mit entsprechenden *Handlungen* verknüpfen zu können – und eben diese Fähigkeit ist der Vollzug ihrer *Bedeutung*.

Die *funktionale Einheit* der semiotischen Prozesse ist keine *konstruierte*, sondern das, was die Gesellschaft als Prozess des *Wissens* ausmacht. Die *Einheit* des Wissens durch seine Arbeitsteilung hindurch ist durchaus rätselhaft und nicht einfach zu bestimmen. In der philosophischen Tradition wird diese Einheit des Wissens als *objektiver Geist* bezeichnet. Hegel definiert diese Kategorie als Geist der „hervorzubringenden und hervorgebrachten Welt"[104]. Der Gedanke ist einfach: Wie jedes Handwerk zeigt, wird im hergestellten Produkt eine Idee, die zuvor nur als Gedanke existierte, *real*.[105] Diese Vorstellung bestimmte auch das Denken der scholastische Philosophie. Das *Subjekt* der Tätigkeit wird dort aber anders bestimmt: Es war der *Creator*, der die Welt aus Ideen schuf. Die *Einheit* des Wissens ist theologisch gewährleistet durch die Identität der Gottheit mit sich selbst *in ihren Ideen* – denn seit Augustinus wird die Lehre vertreten, dass die Ideen aller Dinge zunächst im Geist Gottes eins waren.[106] Wenn ein Gott als Prinzip der Identität des Wissens aber entfällt, was macht dann die *Einheit* des arbeitsteiligen Wissens aus? Hegel fasste den objektiven Geist, der sich historisch realisierte, durchaus wiederum als identisches Subjekt, als *Weltgeist*. Doch *real* sollte dieser objektive Geist nur im *Staat* sein. Die Individualität war deshalb auf ein bloßes Moment herabgesetzt. Indem der Staat „objektiver Geist ist, so hat das Individuum selbst nur Objektivität, Wahrheit und Sittlichkeit, als es ein Glied desselben ist."[107]

Es sind diese und verwandte Vorstellungen bei Comte, die den Liberalismus, besonders den Hayeks, zur Betonung des anderen Extrems geführt haben: Hayek verortet das Wissen der Gesellschaft in seiner Arbeitsteilung und in einer genauen Umkehrung Hegels nur noch in den Individuen.[108] Doch das Wissen der Gesellschaft ist keine Summe; der Begriff des „objektiven Geistes" ist nicht eine bloße Konstruktion oder ein ideologisches Zerrbild eines Glaubens an den allmächtigen Staat. Es gibt *gemeinsame* Formen der vielen Individuen in der Gesellschaft, die man nicht aus *Einzelpersonen*

---

[104] G. W. F. Hegel, WW 10, S. 32.

[105] Vgl. zu dieser Denkfigur des Handwerkers und ihrer Beziehung zu einem *Creator* bzw. einem „Nachbilder" (Maler) Platon: Politik X, 596a-598e.

[106] „Bei dir sind die Erstursachen aller vergänglichen Dinge, und aller veränderlichen Dinge unveränderliche Ursprünge ruhen in dir, und es leben in dir die ewig gültigen Begriffe alles Vernunftlosen und Zeitlichen", Augustinus (1952), S. 7; vgl. Augustinus (1978: 2), S. 20.

[107] G. W. F. Hegel, WW 7, S. 399. Vgl. auch das Verhältnis von Individuum und „Bewusstseinskreis" bei G. Schmoller (1920: 1), S. 15ff.

[108] Vgl. F. A. Hayek (1952a), S. 168ff. Zu einer alternativen Darstellung und Kritik Comte's mit ganz anderen Schlussfolgerungen vgl. J. St. Mill (1865).

2.1.7 Arbeitsteilung und die Identität des Wissens

ableiten kann (Geld, Grammatik, Moral etc.). Deshalb sah sich Hayek genötigt, den Begriff der „Regel" zu verwenden, der den objektiven Geist durch die Hintertüre wieder einführte. Dadurch musste er zugleich das Axiom aufgeben, dass *Individuen* die letzten Träger und die letzte Grundlage der Formen des Wissens seien. Die im Begriff des objektiven Geistes ausgedrückte *Einheit* des Wissens wird hier zur Regel *neben* den Individuen und reproduziert somit die im „objektiven Geist" liegende Aporie: Die Vermittlung zwischen Einheit und Vielheit, zwischen dem Einen und den Vielen. Der Prozess der Identität ist weder als Universalismus noch als Individualismus fassbar; auch Nominalismus und Realismus erweisen sich somit als irrtümliche Dualität.

Auch Simmel bot eine Lösung an, die sich genötigt sah, den Begriff des objektiven Geistes zu bewahren. Er bestimmte, in einem Schritt weg von Hegel, diesen Begriff jedoch anders: Die „Arbeitsteilung und Spezialisation, persönlichen wie sachlichen Sinnes", die den „großen Objektivationsprozess der modernsten Kultur tragen", beruht zwar auf Individuen, geht aus ihrem Denken und Handeln hervor, doch ebenso gehen die Individuen daraus hervor. Die Einheit der Kultur wird „immer mehr und immer gewusster *objektiver* Geist", „gegenüber nicht nur denen, die ihn aufnehmen, sondern auch denen, die ihn produzieren."[109] Damit wird als gedanklicher Fortschritt der objektive Geist sowohl von einem fiktiven Gesamtsubjekt (Gott, Staat) wie auch den Individuen unterschieden. *Ontologisch* bleibt er damit aber weiterhin unbestimmt, weil der soziale Prozess der Identitätsbildung nicht expliziert wird. Auch bei Frege findet sich die Vorstellung eines „objektiven Geistes", den er aber nicht *so* nennt:

> „Ich verstehe unter Gedanken nicht das subjektive Tun des Denkens, sondern dessen objektiven Inhalt, der fähig ist, gemeinsames Eigentum von vielen zu sein."[110]

In der Sprache der Phänomenologie würde man sagen, dass nach Frege der intentionale Gehalt, das *Gedachte*, eine intersubjektive Form annehmen kann, während die Intentionalität individuell zentriert bleibt.

Nicolai Hartmann hat diese Struktur des objektiven Wissens ontologisch weit präziser bestimmt. Sein Begriff des objektiven Geistes definiert das soziale Wissen als eine besondere, neuartige Kategorie, von der er sagt:

> Das gesamte Wissen „ist weit entfernt, eine bloße Abstraktion zu sein; es bildet nicht einen bloß idealen Querschnitt, der nirgends realisiert wäre. Er ist vielmehr durchaus real in der Zusammenarbeit der Wissenden und Forschenden einer Zeit. Ja, er ist eine lebendig fortschreitende, sich eigenartig entwickelnde Ganzheit. Und jeder einzelne wissenschaftliche Kopf, so wenig er sie inhaltlich ‚haben' mag, hat doch ein durchaus lebendiges Bewusstsein ihres Vorhandenseins und ist überdies bei jedem Schritt, den er tut, darauf angewiesen, sich in ihr zu orientieren und auf sie zu stützen. Den Stand des Problems, an dem er arbeitet, kann er nicht schaffen und nicht ändern; er kann ihn nur fortbewegen durch seine Arbeit, aber eben dazu muss er am übernommenen Stand ansetzen."[111]

Das Wissen einer Gesellschaft wird also durchaus, wenngleich regional spezialisiert, *als Ganzheit* gewusst. Es ist nur nicht *getrennt* in einem Bewusstsein – einem Lexikon, einem Datenträger usw. – als Entität zu fassen und zu sammeln. Prozesse lassen sich

---

[109] G. Simmel (1977), S. 524.
[110] G. Frege (1969), S. 46, Note 5.
[111] N. Hartmann (1949), S. 262.

nicht als getrennte Entität festhalten. Die enzyklopädische Bewegung war eine Gegenbewegung gegen die Arbeitsteilung des Wissens, die den stets vergeblichen Versuch unternahm, die *funktionale Identität* des sozialen Wissens von seinem sozialen Prozess abzulösen und als besondere Entität zu fixieren. Das Lexikon oder das Internet soll der Ersatz für den Geist Gottes sein, der alle Ideen in sich birgt.

Diese eigentümliche Struktur verweist darauf, dass der Satz der Identität nicht auf das soziale Wissen, auf das Wissen überhaupt, ja nicht einmal für eine *vereinzelte Form des Wissens* anwendbar ist. Wenn das Wissen durch *Begriffe* bestimmt ist, so mangelt dem sozialen Wissen als Gesamtheit, als Vernetzung die Identität. Weder ein „objektiver Geist", noch Begriffe, eine Norm oder eine Regel haben den Charakter einer mit sich identischen Entität – weshalb sie auch die Einheit der Vielen, also den *Prozess der Identität*, nicht zu fassen vermögen. Das Wissen *ist* der reale und soziale Prozess der Begriffe. „Von Identität kann man bei Begriffen eigentlich nicht reden."[112] Das soziale Wissen, die Vernetzung der Begriffe als Ausdruck der Kategorien, die Denken und Handeln als Matrix bestimmen, hat eine dynamische Seinsweise, von der jeder weiß und der man vertraut, wenn man Experten um Rat fragt. Diese Einheit kann nicht – darin liegt das richtige und kritische Moment der Tradition des schottischen Liberalismus – in einem Staat, Plan, in *einem* Geist versammelt werden. Gleichwohl aber ist diese Einheit *real*: Ein Ganzes ist der objektive Geist „nur im Kollektivum einer Zeitgenossenschaft. Aber gerade beisammen ist er auf diese Weise nicht. Eher noch könnte man sagen, dass er auf diese Weise auseinander gerissen in die Vielheit der Individuen ist. Als auseinander gerissener aber besteht er nicht als Einheit."[113] Und Hartmann sagt zu Recht – gegen den Liberalismus – vom objektiven Geist: „(S)eine Seinsform ist nicht die einer Summe von Individuen."[114]

Hier wie bei anderen sozialen Sachverhalten zeigt sich, dass eine Form von Einheit besteht, die nicht durch eine (statische) Identität begreifbar ist. Sie ist aber deswegen noch keineswegs ein bloßer Name, eine Fiktion. Deshalb sagt Hartmann:

> „Sie steht weder zur Vielheit der Individuen noch zu deren Gemeinschaft in Gegensatz, ist vielmehr von beiden getragen. Sie fällt aber als getragene in eine andere Ebene des Seins und hat deswegen ein von ihnen grundverschiedene Seinsweise. Und diese als solche lässt sich im Unterschied von Individuum und Kollektivum nur negativ umreißen. Seinsweisen eben sind etwas Letztes, Unzerlegbares. Sie lassen sich nicht definieren, sondern nur am Phänomen zur Anschauung bringen."[115]

Hartmanns letzter Satz ist von besonderer Bedeutung, auch wenn er selbst diese letzte Konsequenz nicht gezogen hat. Denn mit diesem Satz ist nichts weniger gesagt als dies:

---

[112] Frege an Linke 24.8.1919; in: G. Frege (1980), S. 115. Frege erläutert dies auch am Begriff der Einheit, der Bedeutung von „ein": „So misslingt denn jeder Versuch, die Eigenschaft ‚Ein' zu erklären, und wir müssen wohl darauf verzichten, in der Bezeichnung der Dinge als Einheiten eine nähere Bestimmung zu sehen." G. Frege (1987), S. 64. Der Versuch misslingt, weil „Einheit" – gleichursprünglich mit „Identität" – nicht eine *Eigenschaft* ist, die ein fiktives Ego sich als Gegenstand vorstellt, sondern ein transsubjektiver Prozess, in dem sich mit der Bedeutung der Entitäten auch das Ego *ver-meint*. Vgl. K.-H. Brodbeck (2002a), S. 232ff. Der Kategorie der Einheit liegt zudem die Überlagerung einer ganz anderen Struktur zugrunde, die ich später noch genauer untersuchen werde, vgl. Kapitel 5.3.4.

[113] N. Hartmann (1949), S. 259.

[114] N. Hartmann (1949), S. 260.

[115] N. Hartmann (1949), S. 260.

2.1.7 Arbeitsteilung und die Identität des Wissens

Nur die *Teilnahme*, der *Akt* des Wissens als sozialer Handlungs- und Kommunikationsprozess *erschließt* dieses Phänomen verteilten Wissens.

Und jede Teilnahme ist *Mit-Teilnahme* mit anderen. Der „objektive Geist" besitzt somit eine notwendig ihm zukommende *intersubjektive* Existenzweise, auch wenn er nicht von seiner Seite her existiert, sondern auf den Denkprozess der Individuen, die ihn reproduzieren, verwiesen bleibt. Othmar Spann hat sich diesem Gedanken – in der ihm eigentümlichen Terminologie der „Ausgliederung einer Ganzheit" – genähert: „Indem das Subjekt A nur als Mit-Ausgegliedertes bestehen kann und jede seiner Setzungen nur durch Mit-dabei-Sein eines anderen geistigen Subjekts B begriffen werden kann, sind sowohl A wie B Glieder einer höheren geistigen Gesamtganzheit (z.B. Staat und Kirche). Wir nennen sie überindividuelle geistige Ganzheit oder mit einem alten Hegelischen Worte ‚objektiver Geist'."[116] Spann steht hier, wie häufig, am Abgrund einer tiefen Einsicht, weicht dann aber auf gewohnt-theologische Gefilde aus. Er erkennt das, was Heidegger „Mit-sein" nennt, als Strukturmerkmals des sozialen Wissens, des „objektiven Geistes", fällt dann aber doch wieder auf den Gedanken zurück, dass das „Mit" rückgebunden sei in eine präexistente Ganzheit. Diese Ganzheit soll zwar nur in den Teilen real sein, sei aber doch eine Macht *über* den Vielen, nicht deren gemeinsames, wiewohl nicht *vereinzelbares* Ergebnis.

Hartmann erkennt dieses kategoriale Verhältnis sehr viel klarer: Zwar ist das *gemeinsame* Wissen, der „objektive Geist", gegenüber dem vereinzelten Wissen eine ontologisch als *Novum* zu bestimmende Kategorie. Doch das, was diese Kategorie enthält, besteht auch *nur* darin, von den Vielen getragen zu werden. Sie hängt nicht an einer dritten, übergeordneten Entität, einem Übermenschlichen (Gott, platonischer Ideenhimmel usw.); das objektive Wissen der Vielen ist nicht eine abtrennbare, diskrete Entität. Gerade weil die Wissensformen das Verbindende der Vielen in ihren Handlungen sind, besteht der „objektive Geist" nur im Prozess der Vernetzung dieser sozialen Denk- und Handlungsformen. Der Ort des „objektiven Geistes" bleibt somit die menschliche Freiheit – der objektive Geist hat keine Macht von seiner Seite her, sondern *beruht* auf der Subsumtion unter ihn, auf der *Illusion seiner Geltung*.

Daraus ergibt sich auch, dass die immer wieder untergenommenen Versuche, so etwas wie ein in sich selbst ruhendes *System der Wissenschaften* zu formulieren, zum Scheitern verurteilt sind. In einem Prozess arbeitsteiliger Vernetzung des Wissens ist *jede* Wissensform mögliches Modell jeder anderen. Zwar ist jede Wissenschaft, ja jeder alltägliche Erfahrungsbereich durch Kategorien strukturiert, auch sind diese Kategorien über die Handlungen zugleich vernetzt und gegenseitig abhängig. Doch aus demselben Grund ist die kategoriale Matrix stets nur insofern intern *hierarchisch* organisiert, als auch die in ihr ausgeführten Handlungen *sozial* solch eine Struktur aufweisen. Man kann nur so etwas wie einen Blick auf die regionalen Grundbegriffe oder ein Gehör für die Grundworte entwickeln, die lokal jeweils den Prozess des Wissens strukturieren. Doch von keinem Zentrum oder von keinem Grund her lässt sich das Netzwerk der Kategorien als ein System deduzieren. Alle Versuche, solch eine „Grundwissenschaft", ein „System ontischer Kategorien", eine „neue Metaphysik" zu entwickeln oder zu *entdecken*, scheitern an der Zirkularität, die sich aus der Vernetzung des Wissens ergibt. Das soziale Wissen ist weder eine aparte Entität noch ein Gegenstand als System der Begriffe. Da man diese Vernetzung immer nur denkend-handelnd *vollziehen* kann und da dieser Vollzug in vielen Köpfen geschieht, die zugleich auf vielfältige Weise vergesellschaftet sind, ist die bewegliche Matrix der Kategorien ebenso real wie ungegenständlich.

---

[116] O. Spann (1928a), S. 216.

2.1 Identitätsbildung und Vergesellschaftung

Der Versuch, eine bestimmte Denkform als „Grundwissenschaft" zu definieren, ist nur ein sozialer Akt der Machtbehauptung, keine Eigenschaft, die dem Wissen *als* Wissen, d.h. als vernetzter sozialer Prozess zukäme. Man kann versuchen, die Logik *psychologisch* zu rekonstruieren, wie man umgekehrt die Psyche als Folge logischer Operationen interpretieren kann – eine Interpretation, die immerhin technisch als Turing-Maschine realisierbar war und mit dieser Realisierung ein *neues* Teilsystem von Kategorien konstituierte. Es ist das Richtige an Kants Vorstellung des *Apriori*, dass wir denkend uns immer schon in Begriffen bewegen, die mit der *Bewegung* in ihnen nicht zugleich erschaffen – wiewohl reproduziert – werden. Das legt den Gedanken nahe, es gäbe so etwas wie einen schrittweisen Rückgang auf immer *noch grundlegendere* oder abstraktere Begriffe. Doch was in dieser Denkbewegung *als Akt* vollzogen wird, ist stets nur eine Weiterbewegung im sozialen Begriffsnetz, das durch diese Bewegung zugleich bewegt und gelegentlich durch neue Begriffe ergänzt wird.

Die Metaphysiker weisen zu Recht darauf hin, dass die Wissenschaften kein Wissen von ihren Grundkategorien haben, während die Wissenssoziologen den Metaphysikern vorwerfen, die soziale Bedingtheit ihrer Fragestellungen nicht zu durchschauen. Psychologen entdecken bei beiden allerlei psychische Motivation, die Genetiker oder Neurowissenschaftler wiederum auf physische Prozesse zurückführen wollen. Bei diesem Geschäft werfen ihnen Kritiker – zu Recht – Kategorienfehler vor, weil sie *fremde* kategoriale Verhältnisse auf ihre eigenen reduzieren wollen. Was sich hier aber nur zeigt, ist eine *Bewegung im Zirkel des Wissens*, denn das Ganze des Wissens, seine funktionale Identität, ist ein sozialer Prozess, worin alle Wissensformen *handelnd und denkend* vernetzt werden, wobei jede andere für die je eigene Wissensform *a priori* vorausgesetzt werden muss. Diesen Zirkel kann niemand verlassen. Deshalb werde ich immer wieder darauf hinweisen, dass z.B. Ökonomen und Soziologen den vergeblichen Versuch unternehmen, jene Kategorien, die ihre Sachverhalte strukturieren, aus *fremden* Wissensformen „abzuleiten" (der Mechanik, der Kybernetik, der Semiotik usw.) – ein Versuch, der scheitern *muss*, hat man die vernetzte Struktur des arbeitsteiligen Wissens erst einmal als sozialen Prozess durchschaut.

Der Kategorienfehler besteht darin, *je sich selbst* als sozial und damit kategorial bedingtes und mit anderen Menschen vernetztes, teilnehmend an der Gesellschaft mit ihnen verbundenes Wesen absolut zu setzen. Jedes Individuum ist ein „Zentrum", sofern es die sozialen Begriffsnetze in sich – z.B. in der Sprache – versammelt. Darin beruht sowohl der Schein des Ichs, das zwar leer ist, aber jeden Inhalt in sich versammeln kann, als auch die Täuschung, man könne aus diesem fiktiven Zentrum die Welt rekonstruieren. In einem Netz ist jeder Knoten ein Zentrum, das alle anderen „Knoten" um sich herum versammeln kann. Die Situation ist deshalb noch schwieriger zu durchschauen, weil jeder solch ein „Knoten" *ist*, ohne sich selbst darin zum Gegenstand machen zu können. Man kann dieses lokale Zentrum nur *sein*, sofern man denkt und handelt, und das heißt, sofern man sich zu anderen und anderem aktiv verhält. Der „Knoten" des sozialen Wissensnetzes ist keine Entität, sondern ein Prozess – ein Prozess, der fast *zu nah* ist, um ihn zu sehen. Jeder *lebt* diesen Prozess, denn er ist das individuelle Leben in der Gesellschaft: „Identität" von Dingen und Personen ist ein sozialer Prozess in einem Offenen, das keine Natur, keine Identität, kein Sein besitzt, aber all dies *einräumt*. An dieser Offenheit teilzuhaben, ist Freiheit.[117] Die gegenseitige Abhängigkeit aller Wesen

---

[117] Heidegger, gleichsam als Schatten der sozialen Grundstruktur, formuliert eine vierfältige Topologie, eine „vierfache Offenheit: 1. des Dinges, 2. des Bereiches zwischen dem Ding und dem Menschen, 3. des Menschen selbst für das Ding, 4. des Menschen zum Menschen." M. Heidegger, GA 45, S. 19.

darin zu erkennen, liefert den Grund jeder Ethik des Mitfühlens, die so im Wissen gründet. Deshalb ist jedes Berufen auf „objektive Strukturen", eine „Geltung der Natur in der Gesellschaft" usw. ein grober Irrtum. Die Grenze der Menschen ist nur die reproduzierte Selbstbeschränkung ihrer Unterwerfung unter die eigenen Täuschungen. Immer wieder wurden diese Schranken durchbrochen – eben das zeichnet das Werden des Denkens in der Geschichte und seiner beeindruckenden Leistungen aus; bislang jedoch nicht aus dem Bewusstsein dieser kreativen Fähigkeit, sondern meist erfahren in einem Vorwärtsstolpern mitten durch Katastrophen, gesäumt von Gier und Dummheit.

2.1.8 Abstraktion, Identität und Herrschaft

Die bislang untersuchten semiotischen Prozesse sind, das konnte deutlich werden, stets zugleich soziale Prozesse, Verknüpfungen von Handlungen. In der konvergenten Tendenz eines Begriffs auf eine identische Bedeutung hin organisiert sich *zugleich* und im selben Akt das Handeln der Vielen. Die Identität der Bedeutung hat deshalb keinen getrennten Ort im Wissen eines Handelnden, sondern findet sich im Prozess der Handlungskoordination durch das arbeitsteilige Wissen hindurch. Die Bedeutung ist eine *Bewegung* der Identität, und diese Bewegung vollzieht sich als koordinierte Handlung.

Nun organisiert das Wissen nicht nur gleichberechtigt, auf einer Ebene, verschiedene Subjekte zu einer gemeinsamen Handlung, vielmehr sind die Handlungen untereinander weiter differenziert. Das lässt sich an einer arbeitsteiligen Produktion verdeutlichen. Ein Haus wird nach einem Plan gebaut, der von Architekten entwickelt und von Bauingenieuren bezüglich der konstruktiven Details berechnet und konkretisiert wurde. Dieser Plan lenkt nun als Formursache vielfältige Handlungen. Hierbei herrschen mehrfach hierarchische Stufen, die sich bis zu den einfachsten Verrichtungen – je nach Umfang des Bauwerks – konkretisieren. Jeder, der in diesem arbeitsteiligen Komplex des Wissens mitwirkt und durch seine Tätigkeit den ursprünglichen Plan realisiert, verfügt sowohl über ein *lokales Wissen* wie ein *lokales Nicht-Wissen*.[118] Damit ist folgendes gemeint: Der einfache Maurer verfügt über Erfahrung und zahlreiche Fertigkeiten, wie eine Mauer, ein Türsturz, ein Fenster usw. konkret mit dem verfügbaren Material herzustellen sind. Seine verkörperte Erfahrung, sein *tacit knowledge* übersteigt in diesen spezifisch-arbeitsteiligen Fertigkeiten sowohl die Fähigkeiten des Architekten wie die eines Bauingenieurs (Ausnahmen mag es geben). Durch den Gesamtplan zur Herstellung des Hauses wird dieses lokale, verkörperte Wissen aktualisiert und in die Gesamtbewegung des Herstellungsprozesses eingebunden. Dieses lokale Wissen ist – mit Blick auf den Gesamtplan – zugleich ein lokales Nicht-Wissen. Ein Maurer kennt in der Regel weder die Berechnungen der Bauingenieure, die CAD-Entwürfe der Architekten, die Funktion der Mauer im Gesamtbauwerk, noch kennt er die spezifischen Inhalte der anderen am Bau beteiligten Mitarbeiter oder Handwerker. Er wird durch seine Einfügung in den Gesamtplan zu einem aktualisierten Teil des arbeitsteiligen Wissens, dessen Gesamtheit ihm ebenso unzugänglich bleibt wie dem Architekten die Vielfalt der Fertigkeiten der kooperierten Mitarbeiter.

Es ist eine *Sachstruktur*, die hier viele vereinzelte Handlungsprogramme koordiniert, die teilweise nur in einer verkörperten Erfahrungsform vorliegen und gar nicht in allen ihren Teilmomenten explizierbar sind. Alle diese Bewegungen werden von der Identität des Gesamtplans bewegt; doch dieser Gesamtplan hat als *sich realisierende Bedeutung* (= das werdende Haus) keinen vom Gesamtprozess getrennten sozialen oder logischen Ort. Was als Bauplan hierbei koordinierend fungiert, ist innerhalb des insgesamt sich

---

[118] Vgl. zur Differenz von Wissen und Nicht-Wissens K.-H. Brodbeck (2007a).

bewegenden Wissens nur eine *herrschende Abstraktion*. Am abstrakten Gesamtplan werden die Bewegungen der Wissensteile immer wieder korrigiert, und auch der Architekt subsumiert sich in der Durchführung dem eigenen Entwurf, um ihn zu realisieren und zur Geltung zu bringen.

Hier liegt also in der arbeitsteiligen Wissensform sowohl eine *werdende Identität* (das gebaute Haus) wie die Herrschaft einer Abstraktion vor, die sich – je nach Handlungstypus – über viele Stufen von Subjekten hindurch als bewegende, kontrollierende Macht durchsetzt. Die Herrschaft der Abstraktion ist jeweils durchaus verkörpert, hat einen sozialen Ort. Doch umfasst dieser Ort nicht die Gesamtbewegung, sondern unterhält zu den anderen Wissensformen vielfältige kommunikative Beziehungen, die je vereinzelt reduzierte Formen der sozialen Grundstruktur sind, im Gesamtkomplex des sich handelnd als Identität herstellenden Wissens jedoch eine besondere, herausgehobene Rolle spielen: Abstraktionen beherrschen funktional das, was ihnen tätig subsumiert wird. Die Form der Durchsetzung ist der Befehl, die Anweisung usw. Ich werde all dies im Anschluss anhand einiger typischer Formen der reduzierten sozialen Grundstruktur näher diskutieren. Hier skizziere ich nur das, was sich durch den Blick auf die Gesamtheit des sozialen Wissens zeigt, das sich in solchen Handlungskomplexen als konvergente Identität bewegt.

Abstraktionen haben im Komplex des sozialen Wissens eine organisierende Funktion. Eine arbeitsteilige Organisation ist, wie dies in der traditionellen Organisationstheorie zutreffend beschrieben wird, eine Hierarchie von Zwecken: Die Gliederung der Aufgaben; d.h. die Zerlegung einer Handlung in viele Teilprogramme liefert zugleich die formale Struktur einer Aufbauorganisation.[119] Nun sind Gesellschaften insgesamt keine *teleologisch* hergestellten Zweckverbände, wie ein Unternehmen oder eine Planwirtschaft. Die *Funktion* der Abstraktion in der Verknüpfung der koordinierten Tätigkeiten bleibt aber gleichwohl erhalten. Sie findet nur andere Formen der Durchsetzung. Neben kommunikative Prozesse wie in der Politik, der Wissenschaft oder in den Medien tritt der Markt, der über die Rechnung in Geld arbeitsteilige Prozesse koordiniert. Doch all diese Formen verändern nur die Struktur der *Verknüpfung* zwischen den beteiligten Subjekten, nicht die abstrakte Hierarchie der inneren Differenzierung komplexer Prozesse. Durch den Markt und die demokratische Fiktion, jeder könne per Abstimmung über alle Sachverhalte eine kompetente Meinung haben, wird die Illusion eines atomisierten, arbeitsteiligen Wissens erzeugt, das in sich keinen Prozess der Identität mehr zu vollziehen scheint, nur weil sich diese Identität nicht als personale *Herrschaft* in der Gesellschaft zu erkennen gibt.

Die verschiedenen sozialen Formen der Koordination von Handlungen – vor allem die politischen Prozesse, die Medien und der Tausch – bewahren bezüglich der in ihnen handelnden Personen aber durchaus jene Struktur, die ich eben am Beispiel eines Hausbaus skizziert habe. Der Prozess der Identität realisiert seine konvergente Tendenz durch viele Formen *hindurch* – sowohl durch die schon beschriebene Kommunikation *face to face*, wie durch Marktprozesse oder koordinierte Handlungen, die aber *in sich* wiederum differenziert sind durch hierarchische Strukturen. Der horizontale Prozess der Identität vollzieht sich auch durch vertikale soziale Strukturen, indem er sie funktional subsumiert. Es sind gerade diese hierarchische Strukturen, die es ermöglichen, dass sich sowohl neue herrschende Funktionen – wie die Geldgier – überlagern, wie andererseits *Individuen* in diesen Strukturen eine personale Herrschaft ausüben können. Wenn der König stirbt und die Untertanen seinen Nachfolger anerkennen, dann tritt ein anderes Individuum in eine abstrakte Herrschaftsform ein, ohne die es keine der ihm zuge-

---

[119] Vgl. E. Kosiol (1962), zweiter Teil.

2.1.8 Abstraktion, Identität und Herrschaft

schriebenen Bedeutungen haben könnte. Es ist aber die *Monarchie*, ein System von Relationen, die die Subjektformen der Könige und Untertanen hervorbringt. Diese dort einfach zu durchschauende logisch-soziale Form trifft auch auf viele andere Wissensformen zu, in denen sich *uno actu* eine Vergesellschaftung von Handlungen, damit die Identität „Gesellschaft" und die Bedeutung von Kategorien als herrschende realisiert. Die *Bedeutung* realisiert sich *als Vergesellschaftung* durch den Prozess der Identität hindurch – und dieser Prozess liegt kategorial *vor* dem, was Semiotik, Logik, Ethik, Metaphysik, Natur- oder Sozialwissenschaften je *getrennt* betrachten.

Es ist durchaus möglich, dass sich die menschlichen Handlungen in eine herrschende Struktur eingebunden finden, die sie erst nachträglich *als diese Herrschaft* entdecken. Das ist in der menschlichen Entwicklung in allen Perioden der Fall gewesen. Ein Beispiel: Gesellschaften, die vom Rhythmus von Regen und Trockenheit abhingen, haben nach und nach entdeckt, dass sich in diesen Rhythmen jahreszeitliche Gesetze zeigen, deren Kenntnis es jenen, die darüber verfügten, erlaubte, den Anbau von Getreide, die Viehhaltung, den Schutz vor Überschwemmungen usw. im Einklang mit diesem natürlichen Rhythmus zu organisieren. Das Wissen um diese Naturprozesse erlaubte eine Koordinierung von Tätigkeiten, worin die einzelne Handlung von dem genannten lokalen Nicht-Wissen bestimmt blieb, gleichzeitig aber durch die Herrschaft von Anweisung, Befehl usw. *in einer sozialen Hierarchie* sich in einen komplexen Prozess einfügte, der *insgesamt* die verbesserte Realisierung auch der individuellen Zielsetzungen (z.B. den Anbau von Getreide) erlaubte. Die Träger von Wissen, die sozial viele Formen der Herrschaft annahmen, erfüllten zugleich eine Funktion als Koordinatoren von Handlungen, die jeweils lokales Nicht-Wissen mit der vereinzelten Vielfalt von Erfahrung verknüpfen konnten. Es liegt nahe, viele religiöse und andere Denkformen in dieser Perspektive zu betrachten; eine Frage, die ich hier nicht näher verfolgen kann.[120]

Wichtig ist die hier zu gewinnende Einsicht, dass die *koordinierende* Funktion von hierarchischen Befehlsstrukturen, die semiotisch als Abstraktion von Kategorien oder Begriffen erscheinen, in einem Wissensprozess gründen. Diese Identität stellt sich her durch Stufen der sozialen Herrschaft hindurch, der jeweils semiotisch eine begriffliche Abstraktion korrespondiert. Die Identität ist in sich differenziert, gleichwohl aber nur *ein* ebenso semiotischer wie sozialer (Handlungs-)Prozess. Was jeweils in einer Hierarchie der Bedeutung die duale Rolle von Subjekt und Objekt spielt, ist sozial eine Herrschaftsform, weshalb *Prinzipien* in der Logik und Philosophie auch eine „Herrscherwürde im Reiche der Gedanken"[121] zugeschrieben wird. Horkheimer und Adorno sagen: „Die Distanz des Subjekts zum Objekt, Voraussetzung der Abstraktion, gründet in der Distanz zur Sache, die der Herr durch den Beherrschten gewinnt."[122] Diese Aussage legt den Gedanken nahe, dass die Herrschaft als *personale* dem Verhältnis von Abstraktionen vorausgeht. Das lässt sich aber nicht aufrechterhalten. Der König herrscht über seine Untertanen *real* in der Gesellschaft nur dadurch, dass alle Beteiligten die Kategorien der Monarchie als Bedeutungsprozess zirkulär anerkennen und somit reproduzieren. Gleichwohl ist eine strukturelle Isomorphie von Herrschaft und Abstraktion unabweisbar.

Es ist jedoch ein wichtiger Gedanke zu ergänzen, der erst die volle Tragweite der hier genannten sozialen Struktur des Wissens erkennen lässt, und es ist dieser Gedanke, der zur zentralen Voraussetzung in der Erkenntnis der Herrschaft des Geldes werden

---

[120] Vgl. E. Durkheim, M. Mauss (1963); D. Bloor (1981) und weitere Beiträge in N. Stehr, V. Meja (1981).
[121] A. Michelitsch (1910), S. 90.
[122] M. Horkheimer, T. W. Adorno (1974), S. 14.

wird (vgl. 5.3 und 6.1.3). Wer in einem in sich hierarchisch gegliederten Handlungsprogramm eine bestimmte Aufgabe übernimmt, der erfüllt – als Träger einer „Rolle" – hier eine Funktion in der Realisierung des gesamten Handlungsprogramms. Derartige hierarchische Funktionen in einer in sich gegliederten Handlung (wie dem Bau eines Hauses) bestehen in der Übernahme einer *Rolle*, die – gemäß der jeweiligen Fertigkeit – lokales Wissen und Nicht-Wissen vermittelt. Die Arbeitsteilung des Wissens und die darin liegende Steigerung der Produktivität der arbeitsteilig vergesellschafteten Individuen *bedingt* notwendig ein lokales Spezialistentum, gepaart mit der Unkenntnis der Gesamtstruktur dessen, was sich durch jedes tätige Individuum hindurch als Identität konvergent realisiert. Man kann sich unschwer vorstellen, dass die Individuen als gemeinsame Grundlage über kommunikative, gleichberechtigte Prozesse vergesellschaftet sind, gleichwohl in vielen Tätigkeiten *lokal* und *vorübergehend* die arbeitsteilige Rolle einnehmen, die nicht nur das Ziel der Handlung als Disziplin selbst je an ihnen realisiert, sondern auch als sachliche *Anweisung* entgegen nimmt. Das Verhältnis von abstrakter Herrschaft einer Anweisung und Ausführung bleibt hier rein funktional und begrenzt auf die Ausübung einer Tätigkeit – es ist keine soziale *Klassenstruktur*.

Offenbar waren alle Gesellschaftsformen stets von solch arbeitsteiligen Hierarchien durchzogen, ohne dass damit ein *dauerhafter Herrschaftsanspruch* notwendig verknüpft werden müsste. Doch wie sich unschwer zeigen lässt, wurde aus der *funktionalen* Spezialisierung vielfach eine *soziale Herrschaftsform*. Jene Gruppe, die arbeitsteilig in einer Gesamthandlung in der Stufenleiter der Abstraktion, der Befehlshierarchie höher gestellt ist, kann ihre Stellung *privatisieren* und somit die funktionale Arbeitsteilung von Anweisung und Ausführung in eine soziale Herrschaft verwandeln. Diese Form der Privation einer sozialen Funktion findet sich in tausendfachen Formen. Und es ist historisch zu vermuten, dass auch umgekehrt aus einer gewaltsam hergestellten Herrschaft sich auch *funktionale* Spezialisierungen ergeben haben. Dies historisch zu verfolgen, ist hier nicht meine Absicht. Ich verweise nur auf die darin liegende logische Form: Aus welchen Gründen auch immer jemand in einer funktional-hierarchischen Struktur eine bestimmte Stellung einnimmt, er kann diese Stellung einer Privation unterwerfen, d.h. seine hierarchische Wissensform zur privaten Machtausübung oder Bereicherung nutzen.

Zur Illustration einige Beispiele. Wenn eine Versammlung Gleichberechtigter für eine bestimmte Aufgabe einen aus ihrer Mitte wählt, dem die Koordination bestimmter Tätigkeiten übertragen wird, dann erfüllt diese Person zunächst nur einen Gruppenauftrag und bleibt der Gemeinschaft subsumiert. Gibt ihm diese Aufgabe der Koordination aber bestimmte Machtmittel in die Hand, so kann er seine neu gewonnene Funktion privat nutzen und durch geschicktes Taktieren seine Stellung festigen. Der ontologische Grund ist hier die soziale Form des Wissens, die lokales Wissen – verknüpft mit einer hierarchischen Funktion – und das Nicht-Wissen der Subsumierten als Prozess verknüpft: Die Stellung der Abstraktion *ermöglicht* ihren Missbrauch durch Privation. Es ist diese Denkfigur, die in der Kritik der Aufklärer, vor allem bei Rousseau, eine zentrale Rolle spielt. Die Privation abstrakt-funktionaler Herrschaft wiederholt sich auf vielfache Weise bei jeder Form des Ämtermissbrauchs, und man kann sogar die Forderung von Max Weber, dass Professoren auf Katheterwertungen verzichten sollten, in diesem Sinn lesen: Die Funktion als Lehrender kann jederzeit missbraucht werden, um aus seiner Stellung die Verbreitung von rein den eigenen Vorstellungen und Interessen dienenden Meinungen zu betreiben. Die bereits in der Antike geführte Diskussion, wie Staatsformen auf diese Weise von Demokratien in eine Tyrannei umschlagen, verweist auf denselben logischen Zusammenhang.

2.1.8 Abstraktion, Identität und Herrschaft

Wie sich zeigen wird, ist es auch diese Form einer Privation sozialer Strukturen, die das eigentliche Geheimnis der Geldherrschaft, der Herrschaft der Geldgier ausmacht. Eine aus durchaus anderen Gründen hervorgehende Form der Koordination von Handlungen wird historisch schrittweise einer zunehmenden Privation unterworfen, worin *in der Geldform* dann Individuen herrschen. Sie bringen die Geldform so wenig hervor, wie jemand, der die Kommunikation zur Manipulation von Meinungen verwendet, die Sprache hervorbringt. Individuen herrschen stets *in* Strukturen, die kraft ihrer Natur eine für die Gesellschaft hierarchische Form besitzen, also andere Tätigkeiten funktional subsumieren. Diese Herrschaft vollzieht sich aber nicht als *äußere*, mechanisch verübte Gewalt, die andere Menschen gleich einem Naturstoff formt und beherrscht. Sondern diese Herrschaft verläuft über die Denkprozesse *aller Beteiligten*, die in diesen Denkprozessen eine Subsumtion als psychische Struktur hervorbringen und dadurch auch die äußere Herrschaft reproduzieren. Es handelt sich hierbei um eine besondere Modifikation der sozialen Grundstruktur, die ebenso in diesen Modifikationen erhalten bleibt, wie sich zugleich die Bedeutung der in ihr vorliegenden Relationen verändern. Einige dieser besonderen Formen der Privation der sozialen Verhältnisse werde ich unter dem Begriff der *reduzierten Form* der sozialen Grundstruktur nunmehr genauer diskutieren.

2.2 Aspekte der sozialen Grundstruktur

Eine Gesellschaft besteht nicht nur aus zwei Individuen. Die soziale Grundstruktur kehrt also in vielen Formen wieder. Da eine Gesellschaft die Handlungen der Individuen vielfältig und mit einer historisch zunehmenden Tendenz differenziert, erfährt die soziale Grundstruktur durch solche *Spezialisierungen der Funktionen* eine vielfältige Modifikation. Wenn ich hier von „Modifikationen" spreche, so ist darin eine These enthalten. Diese These lautet: Die Spezialisierungen von Handlungen in einer Gesellschaft lassen sich im Modell der sozialen Grundstruktur rekonstruieren.

Eine Modifikation besteht einmal darin, dass in einem besonderen Situationstyp der *Inhalt* der Relationen der sozialen Grundstruktur sich jeweils anders und neu bestimmt. Zum anderen aber finden sich sehr häufig auch *Reduktionen*, bei denen einige funktionale Relationen außer Kraft gesetzt scheinen und nur als Möglichkeit im Hintergrund verbleiben. Wenn ich einige dieser Reduktionen nachfolgend explizit diskutiere, dann ist damit auch stets ein *kritisches Moment* verknüpft. Sofern man die soziale Grundstruktur nämlich als Referenzmodell verwendet, zeigt sich, dass eine *Totalisierung von reduzierten Formen* der wichtigste Grund dafür ist, weshalb soziale oder ökonomische Handlungen nur partiell, damit aber auf spezifisch beschränkte Weise analysiert werden. Dass das keineswegs nur für die Sozialwissenschaft gilt, möchte ich auch an einem bekannten Beispiel aus der Hirnforschung zeigen. Ich ziele vor allem darauf ab, die Möglichkeiten dieses Modells der sozialen Grundstruktur und sein kritisches Potenzial vorzustellen. Weitere Anwendungen lassen sich dann – durch die gegebene Gebrauchsanweisung – relativ leicht finden und so das Modell vielleicht künftig weiter fruchtbar machen.

2.2.1 Formale Eigenschaften der sozialen Grundstruktur

Die soziale Grundstruktur stellt eine *kategoriale Grundform* dar. Ihr Inhalt kann nicht *a priori* konstruiert werden, sondern lässt sich nur durch die teilnehmende Anschauung an verschiedenen Situationstypen ablesen. Die semiotische Identitätsbildung ist *eine* dieser Konkretisierungen der sozialen Grundstruktur, der Tausch eine *andere*. Hierbei ist folgendes zu unterscheiden: Die soziale Grundstruktur „färbt" sich situativ ein. So sind ein privates Gespräch und eine öffentliche Diskussion jeweils strukturell „Gespräche", haben aber einen völlig anderen Charakter, eine andere „Farbe". Daneben gibt es aber auch eine Veränderung der *inneren Struktur* sozialer Situationen. Ich spreche in solchen Fällen von „reduzierten Formen". Hier verändern sich die Binnenverhältnisse der sozialen Grundstruktur, indem einige Relationen (der sechs möglichen) aktuell keine Bedeutung haben oder unbewusst bleiben. Eine dritte Charakterisierung der sozialen Grundstruktur fasse ich in den Begriffen „offen" und „geschlossen" zusammen. Eine offene Situation gewinnt ihren Sinn durch ihre (vielleicht nur latente) Beziehung zu anderen, gleichartigen oder verschiedenen Situationen, während eine geschlossene soziale Grundstruktur auch den *kategorialen Inhalt* der Situation erschöpft. Ich werde gleich einige Beispiele dafür anführen.

Reduzierte Formen der sozialen Grundstruktur erhält man durch *Einklammerung* von Relationen. Das lässt sich zunächst rein formal behandeln, sofern die sechs Relationen der sozialen Grundstruktur in verschiedenen Kombinationen einer Einklammerung fähig sind. Fügt man die doppelte Richtung der Relationen R1 bis R6, z.B. durch die Überlagerung der Kategorien aktiv/passiv, hinzu, so ergeben sich noch weitaus mehr Fälle, die man in ihrer Relationsstruktur – wenn auch nicht in ihrem situativen Gehalt – *a priori* aus der gegebenen Grundstruktur ableiten kann.

2.2.1 Formale Eigenschaften der sozialen Grundstruktur

Lassen wir die duale Überlagerung aktiv/passiv außer Acht (sie führt jeweils zu einer Verdopplung der Anzahl), so ergeben sich bei Einklammerung von je n Relationen

$$\frac{6!}{n!(6-n)!}$$

reine Fälle bei Reduktionen, also Kombinationen der *nicht* eingeklammerten, jeweils „aktiven" Relationen.[1] Damit ist nicht gesagt, dass jede Kombination von Einklammerungen empirisch Sinn macht; doch das muss die jeweilige Analyse spezifischer Situationstypen ergeben. Es ist hilfreich, jeweils diese formalen Möglichkeiten durchzuspielen, um vielleicht verborgene – sonst übersehene – Relationstypen zu entdecken. Einige Beispiele für *eingeklammerte* Relationen und damit Reduktionen werde ich gleich anschließend diskutieren. Weitere Fälle ergeben sich dann in den nachfolgenden Analysen zum Handeln, Sprechen, Tauschen usw.

Die *Reduktion* der sozialen Grundstruktur durch Einklammerung von Relationen liefert also bereits eine Vielzahl von situativen Typen, die als modifizierte soziale Situationen erscheinen können. Neben dieser *inneren* Differenzierung der sozialen Grundstruktur durch Einklammerung gibt es noch eine weitere, gleichfalls grundlegende Differenzierung dieser Struktur. Die soziale Grundstruktur kann durch den situativen Typus *geschlossen* oder *offen* sein. Damit ist folgendes gemeint: In einer geschlossenen sozialen Grundstruktur ist die in dieser Struktur konstituierte Bedeutung von Kategorien ausschließlich aus der Struktur selbst abzulesen. Bei einem *offenen* Typus benötigt man für die Beurteilung mehrere Situationen der sozialen Grundstruktur, um die an einer elementaren Form erscheinende Modifikation zu verstehen.

Ich möchte das hier zunächst durch kleine Beispiele verdeutlichen; die Differenz zwischen offenen und geschlossenen Formen wird sich dann bei der nachfolgenden Analyse genauer zeigen. Vor allem beim Verständnis von Tausch, Kauf und der Geldverwendung wird sich diese Differenz als wichtiger Punkt erweisen. Prinzipiell kann man sagen, dass *alle* sozialen Strukturen offene Formen sind, schon deshalb, weil die in der sozialen Grundstruktur analysierte Beziehung zwischen zwei Personentypen stets nur eine *Besonderung* der Gesellschaft überhaupt sein kann. So ist ein Gespräch zwischen zwei Personen in seiner Struktur zwar geschlossen – etwa bei einer vertraulichen Aussprache. Man muss und kann sie in dieser Geschlossenheit auch analysieren, jedoch stets unter Voraussetzungen. Diese Voraussetzungen berühren die *Herkunft* der betrachteten Situation selbst. Ihre kategoriale Struktur erfüllt sich zwar an einer Vereinzelung (Gespräch, Tausch, Liebesbeziehung, Vertrag usw.), setzt jedoch immer schon Kategorien voraus, die ihre Bedeutung nur in der Totalität der Gesellschaft und ihrer Geschichte gewinnen. So ist ein Gespräch zwar in den *ihm* als Besonderheit zukommenden Kategorien (gegenseitiges Vertrauen, Anerkennung als gleichberechtigte Gesprächspartner usw.) durch die *vereinzelte* soziale Grundstruktur zu verstehen. Gleichwohl sind für solch eine Analyse zahlreiche soziale Sachverhalte in ihrer Bedeutung vorausgesetzt, die *nicht* aus dieser Grundform begriffen werden können. Die gesprochene Sprache konstituiert sich nicht im vereinzelten Dialog, sondern ist ebenso vorausgesetzt wie z.B. die ausreichende Ernährung der beteiligten Personen eine organische oder ökonomische

---

[1] Also für 1 Einklammerung, 6 Fälle; 2 → 15; 3 → 20; 4 → 15 und 5 → 6 Fälle. Der Fall n = 6 entspräche dem „Verschwinden" der sozialen Grundstruktur, n = 0 entspricht der ursprünglichen Form. Natürlich erhöht sich die formale Anzahl eingeklammerter Relationen, wenn wir jeweils *zwei* Relationstypen (z.B. aktiv/passiv) erlauben und somit formal *zwölf* Relationen erhalten, die [12!]/[n!(12-n)!] Kombinationen ergeben.

Voraussetzung dafür ist. Man kann in der sozialen Grundstruktur die Konstitution der Identität eines Begriffs analysieren – wie ich das in den vorausgehenden Abschnitten gezeigt habe. Aber die *Differenz* der Begriffe untereinander, die Grammatik der Sprache oder die vorausgesetzte, im Gespräch oder einer Handlung aktualisierte, jeweils persönliche *Erfahrung* der Personen wird nicht in dieser geschlossenen Form als Bedeutung konstituiert.

Auf derartige *transsituative* Bedeutungen des Sozialen verweist der Typus der *offenen* sozialen Grundstruktur. Der soziale Kommunikationsprozess besteht aus einer Vielzahl solcher offenen Situationen, worin Kategorien in einer vorläufigen, mitgebrachten Bedeutung in jeweils neuen Situationen erprobt und modifiziert werden. Die Grammatik oder moralische Regeln haben solch eine charakteristisch *offene* Struktur. Offene soziale Grundstrukturen verweisen in einigen ihrer Momente jeweils auf *andere* Situationen, so dass der in ihnen konstituierte Bedeutungsgehalt nur ein *vorübergehender* ist oder den Charakter einer *Vereinzelung* besitzt. Eine typische Struktur dieses Typs ist das *Geld*. Das Geld erfüllt sich in seiner Bedeutung nie in einem *vereinzelten* Tauschakt. Man kann es daher auch nicht aus einem vereinzelten Tauschakt ableiten oder verstehen. Die Momente, die in der *vereinzelten* Tauschform wirksam sind, müssen in solchen Fällen aber ihre Unbestimmtheit oder Offenheit an der sozialen Grundstruktur selbst zeigen. Wenn ein Produkt z.B. nur in einem vereinzelten Tauschakt faktisch erscheint, kann es kein Geld sein. Ebensowenig kann sich an einem vereinzelten Diskurs eine *logische* oder *grammatikalische* Form konstituieren. Dasselbe gilt für Rechtsregeln oder moralische Regeln. Offene soziale Grundstrukturen weisen sich an ihnen selbst aus als Element einer *Population von sozialen Situationen*, für die sie zwar kategorial *typisch* sind, nicht aber aus ihrer *vereinzelten* Form einen vollständigen Sinn ergeben.

Die Differenz zwischen offenen und geschlossenen sozialen Grundstrukturen ist nicht ganz einfach verstehbar und auch nicht auf den ersten Blick sichtbar. Das aus zwei Gründen: Erstens sind in der individuellen Erfahrung *immer* nur vereinzelte Situationen gegeben, ein Umstand, der die Illusion eines cartesianischen Egos als Weltmittelpunkt geradezu herbeiruft. Zweitens aber sind *Populationen* sozialer Situationen eines bestimmten Typs (Sprechakte, Tauschakte, moralische Wertungen, Rechtsprechung usw.) nicht als fertige Entitäten gegeben. Sie erschließen sich in ihrer Bedeutung nur dann in einer vollständigen Struktur, wenn man nicht der Versuchung erliegt, soziale Formen als *Gegenstände*, die *einem* Erkennenden gegenüberstehen, zu modellieren. Die Offenheit der Struktur, ihr impliziter Verweis auf andere Situationen eines *gleichen* Typs, ergibt sich erst durch eine genaue Analyse der vereinzelten Form selbst. So zeigt sich z.B. auch bei einem *vertraulichen Gespräch* zwischen zwei Personen, dass in diesem Gespräch nur dann Verständigung erreicht wird, wenn Strukturen reproduziert werden, die *allen* Diskursen gemeinsam sind (vorausgesetzte Wortkenntnis, also eine gewisse Erfahrung im Gebrauch dieser Wörter, grammatikalische Kenntnisse usw.). Das Gespräch ist dann eine *geschlossene* Form hinsichtlich des in ihm konstituierten vereinzelten Inhalts, sie ist aber *offen* als Sprachform. Ähnliches gilt beim Kauf, dem Tausch einer Ware gegen Geld. Zwar ist solch ein Kaufakt in sich geschlossen als *rechtliche Form* gegenseitiger Willenserklärungen, falls beide Tauschpartner in den Tausch einwilligen; er bleibt aber offen, sofern das darin verwendete *Geld* nur „Geld" sein kann, wenn es in *weiteren* Tauschakten verwendet wird, sich also als Element einer Klasse, als Individuum einer Population von Tauschakten erweist.

Diese vielleicht auf den ersten Blick verwirrende Dualität von Offenheit und Geschlossenheit wird sich in der Analyse jedes einzelnen Typs einer sozialen Grundstruktur jeweils leicht auflösen lassen. Ich möchte nur betonen, dass hier die Rede ist von Typen der sozialen Grundstruktur, nicht von Objekten und ihrer Klassenzugehörigkeit

2.2.1 Formale Eigenschaften der sozialen Grundstruktur

im Sinn einer formalen Logik. *Jeder* Typus einer sozialen Grundstruktur kann in seiner *inneren* kategorialen Verfassung nur durch *Teilnahme* verstanden werden, nicht durch äußere, objektivierende Modellierung im Sinn einer Verhaltensbeobachtung. Zwar ist die Außenperspektive immer ein Moment der Analyse, aber eben nur ein *Moment*, keine ontologische Verfassung der sozialen *Erkenntnis*. Das unterscheidet die vorliegende Untersuchung von allen systemtheoretischen Ansätzen, die über Systeme immer aus der Perspektive eines externen Beobachters sprechen, auch wenn sie einräumen, einen Beobachter beim Beobachten beobachten zu wollen – etwas, das sich als unmögliche Illusion nachweisen lässt.[2] Um zu verstehen, wie Sprache und Sprechen „funktionieren", muss man ebenso sprechen, wie man das Geld nur versteht, wenn man seine Verwendung auch aus situativer Erfahrung kennt. Zwar lässt sich für viele soziale Situationen auch durch Analogie einiges erschließen, und man kann – im Sinn der sozialen Arbeitsteilung des Wissens – auf präzise Deskriptionen durch andere zurückgreifen. Dennoch bedarf es zu einem *Verstehen* stets der Teilnahme am sozialen Kommunikationsprozess, und je geringer diese Teilnahme ist, desto geringer bleibt das Verständnis.[3]

Man kann das Verhältnis zwischen Geschlossenheit und Offenheit der sozialen Grundstruktur noch näher präzisieren. Jede (reduzierte oder vollständige) soziale Grundstruktur konstituiert in ihrem Vollzug einen bestimmten kategorialen Sinn, der sich *spezifisch* nur aus der vereinzelten Form selbst speist. Dieser Sinn erwächst aus dem *reziproken* Verhältnis, das den wichtigsten Typen sozialer Grundstrukturen eignet. Es gibt degenerierte Formen, die nicht nur die Symmetrie, sondern auch die reziproke Beziehung aufheben. Doch sie sind eben dadurch charakterisiert, dass es sich um Formen *im Übergang* handelt, an der begrifflichen Grenze des Sozialen überhaupt.

Reziprozität und Symmetrie darf nicht verwechselt werden. Eine Liebesbeziehung ist wie ein Vertrag oder ein Tauschakt *sowohl* reziprok wie symmetrisch. Eine Beziehung zwischen Befehlendem und Gehorchendem ist dagegen zwar noch reziprok, nicht aber symmetrisch. Derartige Formen sind vor allem deshalb von großer Wichtigkeit, weil sie *kategorial* eine besondere (logische) Klasse darstellen. Die klassische Form solch eines Verhältnisses ist die von Herr und Knecht, von Herrschaft und Knechtschaft. Die Relation zwischen Herr und Knecht ist *geschlossen*. Man kann Herr nur denken in Relation zu Knecht (oder Sklave). Die *Bedeutung* von „Herr" *konstituiert* sich nur in einer sozialen Form (es ist formal die von Befehlendem und Gehorchendem), in der *zugleich* die Bedeutung von „Knecht" gebildet wird.[4] Man kann dieses sozial-reziproke Verhältnis nicht kategorial trennen, ohne die Bedeutung der zugehörigen Begriffe aufzuheben.

---

[2] Vgl. K.-H. Brodbeck (2002a), Kapitel 4.

[3] Es handelt sich hier nicht um eine Dichotomie, ein Entweder-Oder, sondern um Grade der Erfahrung. Jeder Koch hat implizit Erfahrung damit, was ein chemisches Labor ausmacht; einem Fondmanager, der Chemieaktien in seinem Portfolio anbietet, dagegen bleibt das, worüber er gleichwohl ökonomisch verfügt, weitgehend ein Rätsel (Ausnahmen mag es geben).

[4] Der mittelalterliche Aristotelismus geriet in der Frage des Wesens der Relationen in tiefe Verwirrung (bewegt von Vater-Sohn-Spekulationen). Thomas sagt: „So etwa ist der Sklave einerseits etwas für sich Bestehendes, andererseits etwas in Bezug auf den Herrn." Thomas von Aquin (1993), S. 79 (PhS IV.10). Das ist ein leeres Einerseits-Andererseits-Gerede. Der Sklave ist *für sich* kein Sklave; erst die soziale Relation der Sklaverei erschafft die *Relate* „Sklave" und „Herr". Allerdings kann der Sklave in sich *selbst* seine Unterwerfung reproduzieren. Hier hat Lenin recht: „Doch der Sklave, der sich seiner Sklaverei bewusst geworden ist (…), hört bereits zur Hälfte auf, ein Sklave zu sein." W. I. Lenin, WW Bd. 10, S. 71.

Die *Herkunft* des sozialen Verhältnisses – sowohl in seiner spezifisch historischen Form (als griechisch-römische Sklaverei, als Leibeigenschaft oder als Arbeitsverhältnis in Sweat-Shops) wie in der persönlichen Geschichte von Herr und Knecht – ist für den kategorialen Gehalt dieser reziproken Beziehungen ohne Bedeutung.[5] Zwar verweisen psychische, situative oder kommunikative Voraussetzungen der Beziehung zwischen Herr und Knecht auf *andere* soziale Situationen und erweisen so auch diese reduzierte Form als *offene Struktur*. Gleichwohl kann der *spezifische Gehalt* der Kategorien selbst nur aus ihrer vereinzelten Struktur gewonnen werden. Hier scheint mir ein richtiger Kern des Strukturalismus zu liegen: Der synchrone Gehalt der reziproken Begriffe lässt sich nicht diachron rekonstruieren.[6] Die dem Geld eigentümliche Subsumtion unter seinen Wert wird in der Geldverwendung reproduziert; die historische Herkunft der Geldformen bestimmt nicht den kategorialen Gehalt. Ebenso ist es für die *Bedeutung* der Kategorien Herr-Knecht ohne Belang, ob die Knechtschaft durch Religion (als Kastensystem), durch Versklavung, durch freiwillige Unterwerfung oder vererbte Sozialstrukturen (wie bei der Leibeigenschaft) zustande kommt. Der Inhalt der *Struktur* wird durch die reduzierte soziale Grundstruktur bestimmt.

Damit wird folgendes deutlich: Der kategoriale Gehalt, die *spezifische* (reduzierte oder situative) Form der sozialen Grundstruktur, wird nur durch die Binnenverhältnisse der Struktur selbst festgelegt. Insofern ist der Bedeutungsgehalt *geschlossen*. Andere, latente oder mögliche *Grundformen* (eingeklammerte Relationen) verweisen auf *andere* soziale Situationen oder – dasselbe *temporal* ausgedrückt – auf die historische Entstehung einer sozialen Form und sind insofern *offen*. Die Bedeutung der Kategorien Herr-Knecht entspricht dem *geschlossenen* reziproken Inhalt beider Kategorien in dieser reduzierten sozialen Grundform; die in dieser Form stattfindende *Kommunikation* zwischen Herr und Knecht (z.B. bei einer Anweisung, einem Befehl usw.) erweist dieselbe soziale Form jedoch zugleich als *offene*, weil jede Kommunikation über den vereinzelten Diskurs hinausweist: Die Sprachkenntnis *erwächst* nicht aus dem kategorialen Verhältnis von Herr und Knecht, sondern ist vorausgesetzt.

Reziproke, gleichwohl asymmetrische Formen der reduzierten sozialen Grundstruktur kann man in vielen Bereichen der Gesellschaft finden. Während der Tausch ein symmetrisches Verhältnis darstellt, ist die Binnenstruktur der Organisationen, die auf den Märkten auftreten, charakteristischerweise asymmetrisch: Unternehmen sind in ihrer Binnenstruktur weder Demokratien noch Tauschverhältnisse, sondern Befehlsstrukturen. Schulen sind in den öffentlichen Kommunikationsprozess eingebettet; gleichwohl ist die Relation zwischen Lehrer und Schüler asymmetrisch und reziprok: Der semiotische Gehalt von „Lehrer" lässt sich nur in Relation zu „Schüler" verstehen. Ebenso ist zwar das Verhältnis von Ehepartnern kategorial in modernen Gesellschaften dem symmetrischen Vertragsverhältnis nachgebildet; die *kategoriale* (nicht die individuell-empirische) Beziehung zwischen Vater und Kind, Mutter und Kind ist dagegen reziprok-asymmetrisch. All diese Beispiele können zugleich verdeutlichen, inwiefern eine soziale Struktur semiotisch geschlossen und offen zugleich sein kann. Der Inhalt von „Vater" und „Kind" lässt sich nur reziprok bestimmen und verweist auf ein ge-

---

[5] Indem Hegel das begriffliche Verhältnis von Herr und Knecht als Resultat eines Kampfes bestimmt, mit dem Ergebnis einer *einseitigen* Negation, gelingt es ihm nicht, die *innere Struktur* dieses sozialen Verhältnisses zu erfassen. Die Dualität von Herrschaft und Knechtschaft ist für Hegel die erste Aufhebung der Freiheit; doch das, was *temporal* dem Werden des Verhältnisses zugehört, erfüllt nicht den *Begriff* des reziproken Verhältnisses selbst; vgl. G. W. F. Hegel, WW 3, S. 145ff und WW 10, S. 222ff.

[6] Vgl. C. Lévi-Strauss (1980), S. 86ff und 227ff.

schlossenes Kategorienpaar; das Gespräch zwischen Vater und Kind oder die Zusammenarbeit in der Familie aktualisieren ganz andere Momente der sozialen Grundstruktur und erweisen deren *Offenheit*.

2.2.2 Befehl, Rolle, Handlungsprogramm

Als erste reduzierte Form wähle ich eine Spezialisierung, die in hierarchischen Organisationen auftritt. Hier treten zwei Subjekte nicht mehr als freie und gleiche Kommunikationspartner einander gegenüber. Durch *Funktionalisierung* von Handlungen werden hier spezifische *Rollen* festgelegt. Eine „Rolle" ist hier zu definieren als die (freiwillige oder zwangsweise) Übernahme einer *funktionalen Spezialisierung*. Betrachten wir eine einfache Anweisungs- oder Befehlsstruktur. Die soziale Grundstruktur verliert hier ihre *Symmetrie*, sie wird zur *asymmetrischen* Struktur. Die funktionale Spezialisierung in einer Organisation, die zwischen Befehlendem und Gehorchendem unterscheidet[7], stellt gleichwohl nur eine Modifikation der sozialen Grundstruktur dar, sofern der *semiotische* Prozess der Erzeugung von identischen Bedeutungen hier schon als abgeschlossen vorausgesetzt wird.[8] Wer einen Befehl erteilt, erwartet, dass der Untergebene nicht nur *gehorcht*, sondern den Befehl auch klar versteht. Die vollständige soziale Grundstruktur taucht in dieser reduzierten Form gleichwohl auf, wenn ein Kommunikationsprozess darüber einsetzt, was der Befehl genau bedeutet. Die Nachfrage des Befehlsgebers: „Haben sie den Befehl klar verstanden?", leitet einen Kommunikationsprozess ein, der auf die Form der sozialen Grundstruktur zurückfällt, weil über die Identität von Bedeutungen kommuniziert wird. Diese jederzeit mögliche *Herauslösung* der sozialen Grundstruktur aus einer reduzierten Form zeigt, *dass* die reduzierte Form tatsächlich eine Spezialisierung der sozialen Grundstruktur darstellt.

Ich möchte die hier diskutierte reduzierte Struktur etwas verallgemeinern, um ihre Anwendungsmöglichkeiten zu erhöhen. Ein „Befehl" ist eine Handlungsanweisung. Jede Handlung besteht aus einer Folge, einer Sequenz von Handlungsschritten. In speziellen Fällen kann natürlich diese Sequenz auch nur aus einem Element bestehen – z.B. bei dem Befehl: „Schalten sie das Licht ein!"[9] Eine Sequenz von Handlungsschritten muss als Befehl *verstanden* werden. Wer einem Befehl folgt, *weiß*, was er tut. Das Bewusstsein der auszuführenden Handlungsschritte ist also ein unabtrennbarer Bestandteil dieser Struktur. Eine *bewusste* Vorschrift ist im präzisen griechischen Wortsinn ein *pro-gramm* (= Vor-Schrift). Ich nenne deshalb die *kognitive* Form von Handlungsschritten ein *Handlungsprogramm*, kurz auch nur Programm, wenn durch den Kontext sichergestellt ist, um welche Art Programm es sich handelt. Ein Befehl ist ein Handlungsprogramm; eine Arbeitsanweisung wäre ein anderes Beispiel für solch ein Programm. Aber auch eine Musikpartitur oder ein Buch können zu einem Handlungsprogramm werden, wenn sie in einer Situation *funktional* die Rolle eines Befehlsgebers spielen. Wer ein Musikstück vom Blatt spielt, der bemüht sich, den Anweisungen in der Form der Noten möglichst genau zu folgen. Er übernimmt also selbst die Rolle des „Befehlsempfängers" hinsichtlich des zu spielenden Programms.

---

[7] Ich verwende die militärische Ausdrucksweise als ursprüngliches Modell dieser Struktur.

[8] C. Lévi-Strauss sagt, „dass es in der Gesellschaft zwei Haupttypen von Strukturen gibt: Die Strukturen des Austausches, die zweiseitig sind, und die Strukturen der Unterordnung, die einseitig und unumkehrbar sind", (1980), S. 88. Es wird zu zeigen sein, dass es sich hier nicht um zwei Ontologien, sondern um die Spezialisierungen *einer* Struktur handelt.

[9] Eine *Bitte* („Bitte schalten sie das Licht ein") bleibt funktional ein Imperativ.

Ein Handlungsprogramm ist die *kognitive* Form einer Handlung, nicht die Handlung selbst. Im Sinn von Korzybskis „A map *is not* the territory" ist eine Karte zwar noch kein Handlungsprogramm. Doch kann *anhand* einer Karte ein Handlungsprogramm formuliert werden, etwa als *Route* in einer Karte. Handlungsprogramme gehören immer in eine kognitiv höhere Ordnung, die sie voraussetzen. Ebenso, wie ein Computerprogramm, das in Basic oder C+ geschrieben wurde, die Sprachen „Basic" oder „C+" voraussetzt, setzt jedes Handlungsprogramm einen *kategorialen Rahmen* (eine „Karte") voraus, *in dem* es formuliert wird. Dieser kategoriale Rahmen ist eine Wissenschaftssprache, die Alltagssprache oder ein anderes Zeichensystem (wie ein Computerprogramm, die Notenschrift, Verkehrsschilder usw.). Damit wird deutlich, dass ein Befehl, ein Programm für das Handeln immer schon in eine Sphäre der Bedeutung eingebettet ist. Jeder Satz „ich will ... dies oder das" beruht in den Kategorien, die für „dies oder das" stehen, auf einem sozialen Prozess der Bedeutung. Damit ist nichts weniger gesagt als dies: Jede reduzierte Form sozialen Handelns und Kommunizierens setzt die *allgemeine Struktur* voraus, wie sie in der (vollständigen) sozialen Grundstruktur ausgedrückt wird. Es ist zwar möglich, dass in einer Relation Programm ↔ Handlung auch neue Bedeutungselemente definiert werden; doch dies geschieht so, dass sich dann die reduzierte soziale Form wieder in die vollständige Grundstruktur zurückverwandelt, um eine Identität der Bedeutung zu produzieren.

Jede Kommunikation darüber, was eine Anweisung, ein Befehl, ein Programm *genau* bedeutet, hebt die Programm-Handlungs-Struktur als asymmetrische wieder auf und verwandelt das soziale Verhältnis zwischen den Menschen in die soziale Grundstruktur. Nur wenn jemand, der einen Befehl gibt, seinen Untergebenen bei der *Erläuterung* des Befehls als gleichberechtigten Kommunikationspartner betrachtet, kann eine Identität der Bedeutung hergestellt werden. In soziologischer Diktion gesagt: Jede Produktion von Bedeutung in einem System setzt „lebensweltliche Kommunikationsprozesse" nicht nur voraus, sondern jedes System kehrt zu solchen Kommunikationsprozessen wieder zurück, wenn die *Bedeutung der Systemfunktionen* festgestellt werden soll. Noch jeder Herr muss sich seinem Sklaven *verständlich* machen, will er ihm befehlen. Er muss also den Sklaven wenigstens soweit bilden, dass dieser Anweisungen verstehen kann. Der Lern- oder Bildungsprozess ist aber ein Kommunikationsprozess, der eine *vollständige Grundstruktur* benötigt, um die funktionale Identität der Bedeutungen von Anweisungen, Wörtern, Sätzen oder anderen Zeichen sicherzustellen. Jedes Sozialsystem gründet damit in einem semiotischen Prozess, der ebenso kooperativ und kommunikativ ist, wie *in der Funktion der Identitätsbildung* von Bedeutungen die Menschen wechselseitig die Rolle symmetrischer Kommunikationspartner einnehmen.

Sicher kann man durch Befehle auch Bedeutungen *erlernen*: Durch Nachahmung, durch mimetisches Verhalten. Auch der bloße Gewaltakt kann ein Verhalten erzwingen. Diese Verhältnisse finden aber – wiewohl sie vielleicht in der Kindheit unabtrennbar sind vom Spracherlernen und eben dadurch ein Kind noch nicht als volles Subjekt ausweisen – eine Grenze, wenn der Befehlsempfänger einem *Programm* folgen soll. Immer dann, wenn funktional jemand die kognitiv vermittelte Rolle einnimmt, einem Programm oder Befehl zu folgen, ist das *Verstehen von Bedeutung* vorausgesetzt. Und die Herstellung einer Identität von Bedeutung im Prozess der Verständigung ist eine ganze soziale Grundstruktur – enthält also das Moment der Gleichrangigkeit der Handlungs- und Gesprächspartner. Insofern verbirgt sich, ethisch ausgedrückt, unter allen hierarchischen Strukturen eine Schicht der Solidarität und Gleichheit der Menschen. Es zeigt sich, dass dieses Moment *in jeder Sozialstruktur* latent gegeben ist. Kommunikation ist nicht eine *besondere Handlungsweise* („kommunikatives Handeln"), nicht eine Lebenswelt *neben* den systemischen Strukturen der Gesellschaft. Wäre das der Fall, so

2.2.2 Befehl, Rolle, Handlungsprogramm

bliebe es ein Rätsel, wie Systemstrukturen *als* Kommunikationsstrukturen denkbar sein sollen – die sie zweifellos sind.

Doch betrachten wir die reduzierte Form einer *programmierten Handlung* genauer. Es gilt nämlich auch das Umgekehrte: Handlungsprogramme sind unabtrennbarer Bestandteil jeder Kommunikationsbeziehung. Es erweisen sich die reduzierten Formen der sozialen Grundstruktur also nicht als „Degenerationen" einer ursprünglichen reinen Form. Zwar ist die soziale Grundstruktur ein *Grund*, doch dieser Grund ist nichts ohne das, was er begründet. Auch hier liegt ein zirkuläres Verhältnis vor. Deshalb sind alle reduzierten sozialen Formen – wie die Struktur von Befehl und Gehorsam – auch umgekehrt ebenso latent in der sozialen Grundstruktur enthalten. Sie hätten sich sonst auch gar nicht *in ihr* (nicht: *aus ihr*) entwickeln können. Das wird deutlich, wenn wir diese reduzierte Struktur genauer untersuchen.

Ich hatte oben gesagt, dass man die sechs Relationen der sozialen Grundstruktur jeweils durch die Kategorien aktiv/passiv überlagern kann und damit ein Modell höherer Komplexität erhält. Gemeint ist folgendes: Die Beziehung zwischen Subjekt und Objekt lässt sich als *Handlung* (A handelt bezüglich a, B handelt bezüglich b) und als *Erkenntnis* (A erkennt, beobachtet a, B erkennt, beobachtet b) interpretieren. Durch eine Spezialisierung sozialer Funktionen werden von der vollständigen Grundstruktur jeweils einige Relationsformen eingeklammert: Sie bleiben latent in den jeweils reduzierten Formen, treten aber nicht *bestimmend*, als eigene Kategorie hervor. Ich möchte das nun an Abbildung 2.3 für das spezialisierte soziale Verhältnis einer Befehlsstruktur näher verdeutlichen. A ist nun zu lesen als „Befehlsgeber", als „Vorgesetzter" in einer Hierarchie. Das Verhältnis zu einem Ding oder einem Prozess, der als Akt, als *faktische Handlung* erscheint, das von einer *erkannten* Struktur gelenkt wird, erscheint hier in sozialer Trennung. Es gibt einen Träger des Befehls (Programm) – den Befehlsgeber –, und es gibt einen Ausführenden, der funktional auf die Rolle des *nur* Handelnden reduziert wird (Akt). A gibt also durch ein Programm an B eine *Anweisung* (R3), die ihrerseits den Akt steuert (R2). Diese Steuerung geschieht aber nicht *direkt*, sondern durch den Umweg über das Bewusstsein von B, der das Programm *versteht* (R5) und dann die Anweisung ausführt (R4). Die Beziehung zwischen Programm und Körperbewegung (Akt) vollzieht sich durch die Vermittlung eines Bewusstseinsaktes, in dem das Programm *verstanden* (decodiert) wird. In der Relation R6 zeigt sich dann die Kontrolle des Aktes durch den Befehlenden. Die *kommunikative* Beziehung zwischen A und B, die Verständigung über den Zeichengebrauch (R1), ist hierbei ausgeschaltet bzw. eingeklammert.

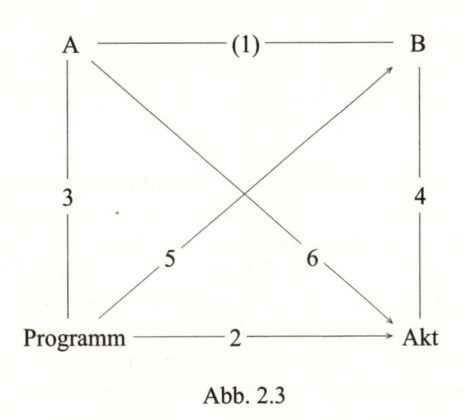

Abb. 2.3

Historisch kann man diese Form bereits sehr früh finden in der Analyse des Verhältnisses zwischen Herr und Sklave oder zwischen Auftraggeber und Handwerker; Platon und Aristoteles haben diese Verhältnisse an verschiedenen Stellen als Modelle aufgegriffen, um die *Funktion der Ideen* im sozialen Prozess zu erläutern.[10] Wichtig ist es,

---

[10] Vgl. K.-H. Brodbeck (2000a), Kapitel 5.2 und 5.5.1; (2002a), Kapitel 2 und 8.7; (2004c).

hier nochmals zu betonen: Die Möglichkeit, Handlungsprogramme als *Befehle* zu interpretieren, setzt voraus, dass beide – Vorgesetzter und ausführender Arbeiter – die im Programm vorkommenden Zeichen *kennen und verstehen*. Die Befehlsstruktur ist also auf eine Kommunikationsstruktur rückverwiesen, ohne die sie nicht bestehen könnte. Befehlender und Gehorchender bilden *gemeinsam* ein reflexives System, das sich nur in einem Dritten, einer Kommunikationssphäre, reproduzieren kann, die schon vorausgesetzt ist.

Die reduzierte Form, die hier vorliegt, kann jederzeit wieder das vollständige Potenzial einer sozialen Grundstruktur entfalten, wenn die Befehls- oder Programmstruktur es erforderlich macht, sich über die *Bedeutung* der im Programm verwendeten Zeichen zu verständigen. Die eingeklammerte Relation R1 wird dann aktualisiert. Umgekehrt gilt aber auch: Die soziale Grundstruktur, die ein *Verstehen* von Zeichen immer schon voraussetzt, wenn die Identität der Bedeutung *anderer* Zeichen hergestellt werden soll in einem Diskurs, verweist *individuell* oder situativ auf eine Vorgeschichte, die durchaus durch reduzierte Formen beschreibbar ist.

Ich möchte das erläutern. Beim Erlernen von Wörtern besteht zwischen Eltern und Kind durchaus formal eine *Befehlsstruktur*. Durch Befehle, das heißt Aufforderungen, etwas zu tun, werden Gegenstände in Situationen mit einem bestimmten Verhalten verknüpft und so schrittweise die Bedeutung von Wörtern hergestellt. Deshalb sagt Piaget:

„Die ersten Worte sind also ursprünglich Befehle. Das Wort ist zunächst an eine Handlung gebunden – es ist Bestandteil der Handlung. Später kann es allein die Handlung auslösen."[11]

Diese Befehlsstruktur, wie sie am Beispiel der Hypnose und der Suggestion unmittelbar erkennbar ist – wobei Suggestionen auch in der Alltagskommunikation beständig gegenwärtig sind –, verlängert durchaus eine soziale Struktur in die Identitätsbildung des Subjekts. Durch das Einüben der sozialen Rolle, auf Anweisung durch Sätze (Programme) bestimmte Akte auszuführen, entsteht eine Struktur der Subjektivität, die überhaupt erst das *vereinzelte Nachdenken* erlaubt. Durch ein inneres Sprechen können die mit den Begriffen verknüpften Erfahrungen – die in Handlungen, also aktiv gewonnen werden – vergegenwärtigt werden. Das ist eine ins Innere der Subjektivität verlängerte Struktur eines äußeren Handlungs- und Subsumtionsverhältnisses.

Gleichwohl bleibt die symmetrische Form der sozialen Grundstruktur, wie gesagt, stets in allen reduzierten Formen erhalten. Die Befehlsstruktur beim Erlernen eines Wortes, worauf Piaget verweist, reproduziert *latent* die Symmetrie der sozialen Grundstruktur. Um einen deiktischen Hinweis auf ein Ding *in der Bedeutung des Wortes* zu verstehen, genügt nicht ein einziger Akt. Lehrer und Kind müssen immer wieder in *gemeinsame*, also symmetrische Strukturen eintreten, um die Identität der Bedeutung als funktionale herzustellen. Ein Kind wird sehr viele *Fehler* machen in der Wortverwendung. Erwachsene machen dann die Handlung – z.B. mit einem Ball unter Verwendung des Wortes „Ball" – immer wieder vor. Nur in dieser symmetrischen Handlung entsteht dann auch die funktionale Identität in der Bedeutung eines Wortes. Der „Befehl" enthält also immer *zugleich* die ganze soziale Grundstruktur als latente Möglichkeit, und *Momente* dieser ganzen, nicht-reduzierten Struktur treten immer wieder als Elemente reduzierter Formen auf.

---

[11] J. Piaget (1976), S. 16f. Vgl. K.-H. Brodbeck (1999a), S. 159-163.

2.2.2 Befehl, Rolle, Handlungsprogramm

Doch es gilt nicht nur, dass die reduzierten Formen die ganze soziale Grundstruktur als mögliche Form bewahren; auch das Umgekehrte trifft zu. Die ganze soziale Grundstruktur, in der alle sechs Relationen ihre Funktion im Prozess der Bedeutung entfalten, kann auch Momente *reduzierter Formen* reproduzieren. Es wäre naiv, wenn man die soziale Grundstruktur so interpretieren würde, als wäre sie völlig frei von hierarchischen Verhältnissen. Im Gegenteil. Das darin immer schon vorausgesetzte Wort- oder Zeichenverständnis gründet in einer Genese, die sich immer *auch* reduzierten Befehlsformen verdankt. Eine bewusste, willentliche Entscheidung reproduziert als *innere*, subjektive Form das äußere Verhältnis der reduzierten Befehlsform: „Ich sage zu mir selbst, dass ich dies oder jenes will, tun werde, wünsche usw." Die Anweisung erfolgt hier an mich selbst.

Die reduzierte Form der sozialen Grundstruktur zeigt sich hiermit zugleich als Modell der Psyche, worin ein „Über-Ich" (Programm) die körperlichen Funktionen von innen über die begleitenden Empfindungen (Freuds „Es") steuert. Und im Wechselspiel von Programm und Akt konstituiert sich das Ego als *Prozess*, in dem Handlungsprogramme in sozialen Situationen erprobt oder angepasst werden. Freud reduziert das Über-Ich zunächst auf die „Elterninstanz"[12], dehnt diesen Begriff aber später auf alle kulturellen Formen aus, vor allem die Moral. Freud behauptet, dieses kulturelle Über-Ich habe auch Geltung für *Gemeinschaften*.[13] Das ist zwar in einem groben Sinn kaum zu bestreiten, lässt aber die Frage offen, wie sich intersubjektiv die *Bedeutung* von Handlungsprogrammen und ihre moralischen Beschränkungen erklären lassen. Der Hinweis auf die Rolle der Eltern, auch wenn man ihn ganz formal im Sinn des Spracherlernens interpretiert, ist hierbei keine Lösung, weil diese Antwort bei einem unendlichen Regress endet. Freuds Begriff des „Über-Ichs" kann aber aus der reduzierten Form der sozialen Grundstruktur und ihrer *Individualisierung* problemlos plausibel gemacht werden.

Man kann sagen, dass die reduzierte Form einer Befehlsstruktur *internalisiert* wird, dass also, formal im Modell ausgedrückt, A = B = Ich zum tendenziell identisches Subjekt wird. Hier zeigt sich, dass die Ich-Identität keine *Voraussetzung*, kein Hinweis auf eine metaphysische Substanz ist, sondern das Ergebnis eines *Prozesses* der Identitätsbildung.[14] Im „Ich-Sagen", im inneren Sprechen und Nachdenken etc. reproduzieren wir als subjektive Struktur ein soziales Verhältnis. Das Ich ist also schon ein synthetischer Begriff. Kant beschreibt das Selbstbewusstsein als etwas, das in der Produktion einer Vorstellung besteht. Das Subjekt hat Selbstbewusstsein, „indem es die Vorstellung Ich denke hervorbringt, die alle andere muss begleiten können, und in allem Bewusstsein ein und dasselbe ist"[15]. Was Kant hier nicht zu sehen scheint, ist die soziale Herkunft dieses Prozesses. Die „Vorstellung Ich" besteht schlicht darin, zu sich selbst „ich" in vielen Situationen zu *sagen*; und auf der Grundlage dieser subsumtiven Struktur, die einem inneren Befehl gleicht, der sich in Entscheidungen und Willensäußerungen kund

---

[12] S. Freud (1970), S. 280.

[13] „Man darf nämlich behaupten, dass auch die Gemeinschaft ein Über-Ich ausbildet, unter dessen Einfluss sich die Kulturentwicklung vollzieht." S. Freud (1965), S. 125.

[14] „Was ist denn dieses ‚Individuum'(,) dieses ‚Ich', welches sich anmaßt, die ganze Welt des Geistes und der Ethik vom egozentrischen Mittelpunkte seines Wesens aus zu bewegen?" R. Stolzmann (1909), S. 141. „Das ‚Ich-Bezeichnete' ist ein ursprünglicher, aber schon *sozialer* ‚Befund', sozial im weitesten Sinne des Wortes. Es kommt, wie *Avenarius* ausführt, nicht ohne ,Umgebung' vor." R. Stolzmann (1909), S. 143.

[15] I. Kant, WW 3, S. 136.

tut, reproduziert sich das Ich in seiner Identität. Das ist die Identifikation als Prozess, der die Zeichenidentität in der sozialen Grundstruktur herstellt.

Die subjektiven Zuschreibungen „ich bin dies oder das" *erwachsen* aus Handlungen, in denen man in meist reduzierten sozialen Formen eine bestimmte *Rolle* übernimmt, die durch das Handlungsprogramm und den in ihn eingeschriebenen Akt bestimmt werden. Auch auf den Begriff der „Rolle" fällt vor dem Hintergrund des hier entwickelten Modells ein etwas anderes Licht. Die sozialen Rollen sind Funktionen in Handlungen, die durch Programme strukturiert werden. Damit ist über den Status dieser Programme, ihr Zustandekommen, ihre Reproduktion und soziale Bedeutung überhaupt noch nichts ausgesagt. Zwar ist es möglich und wahrscheinlich, dass Handlungsprogramme als *Gewohnheiten* erstarren und somit das Fundament für soziale Institutionen bilden, doch damit ist nichts über die Stellung der jeweiligen Rolle ausgesagt. Ein Individuum kann viele Rollen spielen, kann an vielen „Systemen" teilnehmen. Es wird dadurch zugleich sich selbst formen und seine sich wandelnde Identität bilden. Solche Rollen können allerdings zu *erstarrten persönlichen* Gewohnheiten werden und *Charaktere* formen, die dann kaum noch verändert werden. Das gilt sogar teilweise als Ideal der „Standfestigkeit", „Charakterfestigkeit", „Prinzipientreue" usw. Sofern es sich um *ethische* Formen handelt, ist dagegen nur bedingt ein Einwand erforderlich. Im besten Fall handelt es sich um „lieb gewordene Gewohnheiten", im weniger günstigen Fall allerdings auch um ein hohes Maß an Inflexibilität, die allerlei Probleme nach sich zieht.

2.2.3 Verhaltensbeobachtung

Die eigentlich *erkenntnistheoretisch* problematische Reduktion der sozialen Grundstruktur ist die cartesianische Wissenschaftsform. Ich möchte diese Struktur hier als Reduktion der sozialen Grundstruktur rekonstruieren und damit auch zeigen, dass die cartesianische Form nicht einfach „falsch" ist, sondern ihr Mangel auch *erklärbar* wird. In dieser Form vergisst – als unbewusste Voraussetzung oder als bewusste Entscheidung zu vermeintlicher „Objektivität" – der Wissenschaftler einfach, dass er selbst Teilnehmer an einem sozialen Kommunikationsprozess ist. Er bemerkt nicht, dass eine *Verhaltensbeobachtung* nach dem Muster empirischer Wissenschaften sich in einer sozialen Grundstruktur vollzieht, die allerdings auf bemerkenswerte Weise reduziert wird. Wenn wir im Modell der sozialen Grundstruktur B als „Beobachter" bezeichnen, der die Handlungen eines Handelnden A erklären möchte, dann wird sofort deutlich, dass „beobachten" immer *Teilnahme* bedeutet. Die Illusion eines abgesonderten transzendentalen Egos reproduziert sich in der Struktur empirischer Wissenschaften, die menschliches Handeln als das *Verhalten von Systemstrukturen* beschreiben. Wenn man nämlich das Handeln *anderer* als ein Objekt betrachtet, dann setzt man dadurch sich selbst *uno actu* als absolutes Ego, das *seine* Kategorien, seine Identitätsbildungen von beobachteten Entitäten als Maß verwendet. Das eigentliche soziale Problem, wie sich Identitäten von Dingen oder Begriffen konstituieren, wird hier einfach eskamotiert. Wer Menschen oder Gesellschaften cartesianisch als *Sachen* modelliert, die empirisch durch den Filter des Wissenschaftsegos beobachtet werden, der versucht, aus der Kommunikationsgemeinschaft auszutreten. Das misslingt natürlich, weil wissenschaftliche Ergebnisse wiederum in den Kommunikationsprozess eintreten und *dann* in gegenseitiger Kritik zeigen müssen, ob die verwendeten Kategorien überhaupt eine soziale Identität konstituieren.

Die Verhaltensbeobachtung und die auf dem Verhalten als Grundkategorie entwickelten Theorien werden für soziale Strukturen zu einer schlechten Metaphysik des menschlichen Wesens, das auf seine *Äußerungen* reduziert wird. Darin spiegelt die

2.2.3 Verhaltensbeobachtung

Verhaltensbeobachtung die *Befehlsstruktur*, die ich eben diskutiert habe. Und in der Universalität dieser Befehlsstruktur sozialer Interaktion ist auch der Grund zu sehen, weshalb dieser verhängnisvolle Fehler sich unaufhörlich wiederholt. Die suggestive Kraft, sich selbst als Mittelpunkt, als Beobachter der Welt anzusetzen, beruht auf der Möglichkeit, seine eigene Identität im Ego als verinnerlichte soziale Form zu reproduzieren. Weil wir im Denken, in unseren Entscheidungen oder Willensakten in uns die duale Befehlsstruktur des *intersubjektiven Verhältnisses* zwischen Befehl und Gehorsam aktualisieren, deshalb entsteht der Schein, Macht zu haben über die *Bedeutung* von Kategorien. Tatsächlich ist es ein kreativer Akt, denkend Handlungsprogramme zu verändern und durchzuspielen. In der Internalisierung dieser sozialen Struktur liegt die große Kraft von Geldökonomien, die getrennte Identitäten als Individuen ausbilden. Doch *zugleich* liegt darin die Täuschung, als vereinzeltes Wissenschaftsego die Gesellschaft und ihre Individuen als Entität, als *vorhandenes Etwas* erklären oder beschreiben zu können. Es ist noch zu ergänzen, dass die hier zu diskutierende Struktur keineswegs nur in den Wissenschaften auftaucht; sie kehrt auch vielfältig im Alltag wieder.

Ich möchte diese Frage am Beispiel einer wissenschaftlichen Beobachtung im Modell der reduzierten sozialen Grundstruktur näher verdeutlichen, die sich nun modifiziert darstellt (vgl. Abbildung 2.4). Der Beobachter (Wissenschaftler) bezieht sich auf die Handlung von A, die sich in einer Betätigung von a *äußert* – wobei „a" auch einfach eine Körperbewegung von A sein kann. Die Relationen R1, R2, R4 und R6 habe ich in Klammern gesetzt, weil sie zwar latent *da* sind, nicht aber bewusst aktualisiert werden. Der Beobachter beschreibt A scheinbar durch ein Modell für a, das er in der Regel vorgefertigt als kategoriales System mitbringt. Er beobachtet also das Verhalten von A in einem Modell, in dem dann „a" als Verhaltensstruktur erscheint. Stimmt das beobachtete Verhalten mit den mitgebrachten kategorialen Formen überein, dann gilt ein zugehöriges Modell als „bestätigt".

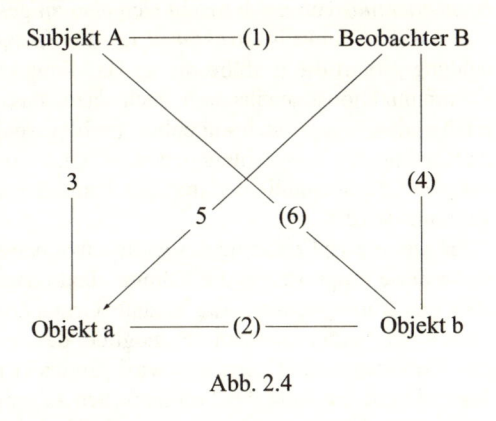

Abb. 2.4

Tatsächlich vollzieht sich aber etwas anderes. B tritt zu A in eine soziale Beziehung. Das ist auch dann der Fall, wenn A nicht physisch gegenwärtig ist, sondern nur als „Fall" eines Verhaltentyps modelliert wird. Der Verhaltensbeobachter klammert – nur so glaubt er, „objektive Wissenschaft" zu betreiben – die kommunikative Beziehung zu A (R1) aus. Als blinden Fleck kann man in dieser Struktur das Objekt b erkennen. B bemerkt in seiner Intention auf das Verhalten a (Relation R5) gar nicht, dass er sich in Wahrheit nicht auf das Objekt a richtet, das mit dem Subjekt A vorliegt, sondern auf *sein* Objekt b. Das, was ihm *als* Objekt a erscheint, ist in Wahrheit nur *sein Beobachtungsobjekt* b. Davon ist jedoch in diesem objektivierenden Verfahren jedes Wissen ausgeschaltet. Die Frage nach der Identität a = b kann deshalb überhaupt nicht auftauchen. Sie zeigt sich aber dann doch, wenn das Modell für a (= b), das B über A formuliert, *scheitert*. Dieser blinde Fleckt ist *letztlich* der Grund für das Scheitern aller sozialwissenschaftlichen Prognosen. Und nur *gültige Prognosen* zeichnen ein objektivierendes Erklärungsmodell für das Verhalten von Gegenständen aus.

Ich will das erläutern. *Verbleibt* B in seiner Ich-Identität und stellt subjektive Vermutungen über das Verhalten von A an, so spielt das (jedenfalls *wissenschaftlich*) keine Rolle. Das, was A in seinem Verhalten zeigt, wird von B beschrieben. Diese Beschreibung tritt aber nicht in eine kommunikative Beziehung zu A und kann deshalb dessen lenkendes *Handlungsprogramm* seiner Handlung (die äußerlich als Verhalten für B erscheint) nicht beeinflussen. Anders verhält es sich, wenn der beobachtende Wissenschaftler mit seinem Erklärungsmodell des Verhaltens von A *in die Kommunikationsgemeinschaft* zurückkehrt. Seine angebotene „Erklärung" des Verhaltens von A wird nun Teil der Kommunikation. Damit wird aber die eingeklammerte Relation R1, somit die vollständige soziale Grundstruktur wieder aktualisiert. Nun kann es sich *erstens* zeigen, dass die Modellierung des Verhaltens von A tatsächlich ein falsches Modell war, weil die Beschreibung „b" keineswegs identisch ist mit dem vollständigen Akt „a" – die fehlende Herstellung einer Identität der Bedeutung macht sich nun als Mangel der Erklärung geltend. Das kann sich an Sätzen des folgenden Typs zeigen: „Ich wollte mit a dies oder das erreichen; du hast mich völlig falsch verstanden, wenn du glaubtest, ich wolle b." Auf einer wissenschaftlichen Ebene stellt sich heraus, dass die Folgehandlungen von A (nämlich a´, a´´ usw.) nicht dem in b beschriebenen Muster entsprechen. Die *Nicht-Identität* von a = b macht sich also an gescheiterten Prognosen geltend. Zweitens – und dieser Punkt ist *strukturell* für die Sozialwissenschaften von grundlegender Bedeutung – führt die Einführung der Handlungserklärung für das Verhalten von A in die Kommunikationsgemeinschaft auch dazu, dass A *Kenntnis* von b erlangen kann. Er erfährt also, wie er sich angeblich (= b) verhalten würde, welchem „Gesetz" er nach Auffassung des Beobachters gehorche. Und hier zeigt sich dann sehr rasch, dass gerade *aufgrund* der Kenntnis der fremden Handlungserklärung die Handlung künftig *anders* verlaufen wird.[16]

Hinter dieser Erfahrung des endlosen Scheiterns sozialwissenschaftlicher Prognosen, wenn diese Prognosen in die Kommunikationsgemeinschaft zurückkehren, verbirgt sich also die Unmöglichkeit, die soziale Grundstruktur für wissenschaftliche Zwecke zu *reduzieren*. Sicher ist es immer möglich, dass Prognosen *unbekannt* bleiben und künftiges Verhalten richtig „erraten" wird. Entdeckt man dies in alten Texten, so neigt man dazu, sie mit der Aura des Prophetischen zu umgeben. Doch jede *verständliche* Prophezeiung, die *bekannt* wird, die also als Verhaltensbeschreibung Teil des (öffentlichen) Diskurses wird, führt zur Selbstaufhebung. Auch die *selffulfilling prophecy* gründet in dieser Struktur. Weil jede Verhaltensbeschreibung immer auch zu einem *Handlungsprogramm* werden kann, führt eine Rückkopplung von Beschreibung und Handlung möglicherweise gerade dadurch zur Erfüllung der Verhaltensbeschreibung. Wer steigende Börsenkurse prognostiziert, induziert Kaufprogramme, die zu steigenden Kursen führen – höher als die prognostizierten. Derartige Wirkungen beruhen auch auf der Vervielfachung durch mediale Prozesse. Sie lassen sich als Aspekt der reduzierten Form erkennen, die durch die Wissenschaft als Verhaltensbeobachtung erzeugt wird.

Ich möchte den hier zu beobachtenden Fehler an einem bekannten Experiment in der Hirnforschung demonstrieren, bei dem die darin vorliegende *soziale Struktur* nicht erkannt wird. Es wurde inzwischen durch viele andere Experimente ergänzt und ist im konkreten Experimentaldesign überholt, besitzt aber nach wie vor in seiner *Grundstruktur* einen paradigmatischen Charakter. Ich möchte daran auch zeigen, weshalb viele „philosophische" Schlussfolgerungen der Neuro*psychologie* schlicht unhaltbar sind. Es handelt sich bei diesen Interpretationen ebenso um eine modische Pseudowissenschaft wie im Fall der „reinen Ökonomik", der später noch ausführlich meine Aufmerksamkeit

---

[16] Vgl. für ökonomische Prognosen K.-H. Brodbeck (2002c), Anhang I.

2.2.3 Verhaltensbeobachtung

gelten wird. Das erwähnte Experiment wurde von Benjamin Libet durchgeführt und wird von einigen Neurowissenschaftlern mit philosophischen Ambitionen als Schibboleth ihrer negativen Aussagen über die menschliche Freiheit verwendet.

Als es Hans Berger 1930 gelungen war, die Prozesse im Gehirn durch die Registrierung der darin vorgehenden elektrischen Aktivität durch ein Elektroenzephalogramm (EEG) darzustellen, leitete dies eine neue Diskussion über das Verhältnis von Gehirn und Geist ein.[17] Die Idee war verlockend: Man konnte die Kurven des EEG wie eine Sprache interpretieren, und es lag der Gedanke nahe, dass man nur nach einer *Übersetzung* der Frequenzmuster in Sprache zu suchen hätte, um den Nachweis zu führen, dass die Naturprozesse im Gehirn „Geist" in seiner realen Modalität sind. Der Gedanke liegt auch deshalb nahe, weil es z.B. durch die Darstellung einer mathematischen Funktion im cartesianischen Koordinatensystem *auch* möglich ist, eine ein-eindeutige Beziehung zwischen grafischer und „sprachlicher" Form herzustellen. Wenn man erklingende Musik auf dem PC als Frequenzmuster darstellt, so besteht offenbar zwischen dem Gehörten und dem Gesehenen ein Zusammenhang. Doch die *Zuordnung*, die Übersetzung ist eben nur *technisch*, nicht *semantisch* möglich. Eine einfache Kadenz hat unabhängig von ihrer Realisierung auf einem Instrument einen musikalischen Sinn; doch das Frequenzmuster sieht völlig anders aus, wenn man die Kadenz eines Orchesters oder gespielt auf einem Klavier aufzeichnet.

Versucht man zwischen Frequenzmustern im EEG oder anderen Darstellungen bei moderneren bildgebenden Verfahren und dem Denken eine Identität herzustellen, so scheitert dies schon *empirisch* daran, dass das Gehirn auch dann aktiv ist, wenn ein vermessener Proband schläft, in Ohnmacht liegt usw.[18] Es liegt hier *logisch* dieselbe Struktur vor wie in der Beziehung zwischen der Lautgestalt und der Bedeutung eines Wortes.[19] Man kann nicht sagen, welches Frequenzmuster oder Bild eine bestimmte *Bedeutung* besitzt. Die Struktur des Musters ist zwar *technisch* dazustellen (beim Sprechen, Denken usw.), nicht aber *semantisch* übersetzbar. Dies nicht zu erkennen, ist der schlichte Fehler aller Versuche, durch ein vermessenes Gehirn Denkprozesse in *ihrer Bedeutung* verstehen zu wollen.

Benjamin Libet hat sich nun einen Trick ausgedacht, der diese Schwierigkeit scheinbar zu überwinden hilft. Er verzichtete auf eine Interpretation der *Bedeutung* des vermessenen Gehirns und konzentriert sich auf die *zeitliche Abfolge* zwischen Frequenzmuster und Denken oder Handeln. Die Grundstruktur der Libet-Experimente ist einfach zu schildern: Eine Versuchsperson wird von Libet aufgefordert, spontan eine Hand oder einen Finger zu bewegen und sich dabei die Zeigerstellung einer speziellen Uhr zu merken. Bei dieser Versuchsperson wird gleichzeitig ein EEG gemessen. Durch diese Versuchsanordnung soll sich die Möglichkeit ergeben, einen objektiv gemessenen neuronalen Prozess[20] mit einer subjektiven Willensentscheidung (die Bewegung von Hand oder Finger bei einer bestimmten Stellung des Uhrzeigers) zu vergleichen.

---

[17] Vgl. C. Borck (2005).
[18] Auch das Umgekehrte ist richtig: Es gibt auch Wahrnehmungen und Erfahrungen *ohne* Gehirnaktivität; zahlreiche gut dokumentierte Berichte zeigen, dass Menschen bei völligem Ausfall der Gehirnaktivität bei Nahtoderfahrungen gleichwohl von Erlebnissen berichten, die sich auf objektive, nachprüfbare Ereignisse beziehen; vgl. P. van Lommel, P. R. van Wees, V. Meyers, I. Elfferich (2001).
[19] Vgl. die Diskussion am Beispiel Saussures am Ende dieses Kapitels.
[20] Gemeint ist der Aufbau eines sog. Bereitschaftspotentials im Gehirn, also eines elektrisch messbaren Potentials, das charakteristisch für die motorische Steuerung einer Handbewegung ist.

Was konnte nun Libet hierbei beobachten? Sein wichtigstes Resultat besteht in der Aussage, dass eine halbe Sekunde vor dem eigentlichen Akt (= Bewegen einer Hand) sich das vollständige Bereitschaftspotential zur Steuerung dieser Bewegung bereits im Gehirn aufgebaut hat. Der bewusste Entschluss, die Hand zu bewegen, folgt 300 Millisekunden später, also 200 Millisekunden vor der tatsächlichen Bewegung der Hand. Der bewusst erlebte „Jetzt-Zustand" ist physikalisch bereits Vergangenheit. Das Bewusstsein, sagen Neurowissenschaftler, hinkt den neuronalen Aktivitäten zeitlich hinterher. Die Schlussfolgerung aus diesen Experimenten scheint nahe liegend und von *fast* zwingender Logik: Nicht das subjektive Bewusstsein ist der eigentlich Handelnde, vielmehr „handelt" das Gehirn offenbar aus eigenem Antrieb vor dem bewussten Entschluss.

Doch Libets Untersuchung ergab noch mehr. Er konnte zeigen, dass 100 ms vor dem tatsächlichen Akt (der ausgeführten Bewegung) trotz des bereits aufgebauten Bewegungsimpulses, des Bereitschaftspotenzials, eine Unterbrechung der eingeleiteten Handlung, ein Veto möglich ist. Damit ist gemeint: Die Versuchsperson kann den Handlungsimpuls unterdrücken. Das Ergebnis von Libet ist also ein Doppeltes: *Erstens*, sagt Libet, ergibt sich aus seinen Experimenten: „Ein bewusstes Selbst kann den Prozess einer willentlichen Handlung nicht initiieren."[21] *Zweitens*: „Der bewusste Wille kann entscheiden, den willentlichen Prozess zur Vollendung zu bringen, der sich aus dem motorischen Akt ergibt. Oder: Der bewusste Wille kann den Prozess blockieren oder ein Veto einlegen, so dass kein motorischer Akt erfolgt."[22]

Libet billigt dem Willen also nur noch die Rolle eines nachträglichen Vetos einer Handlung zu, die in ihrer Form, ihrem Handlungsprogramm, vom „Gehirn" initiiert worden sein soll. Die Interpreten von Libet lassen den zweiten Aspekt meist weg und ziehen aus der ersten Beobachtung schlicht den Schluss: Das „Gehirn", nicht das Bewusstsein handle. Freiheit sei eine Illusion. Der Versuch beweise, dass das Bewusstsein immer hinterherhinkt, dass ihm keine selbsttätige Kraft, kein Willensentschluss usw. zukomme. Ich möchte die Details und Voraussetzungen dieses Experiments und seiner Interpreten an dieser Stelle nicht weiter beschreiben.[23] Hier kommt es mir darauf an, die an dieses Experiment geknüpften Folgerungen als Denkfehler nachzuweisen, die aus einem Unverständnis der hier vorliegenden *sozialen Situation* hervorgehen.

Das Libet-Experiment stellt eine *soziale Situation* dar. Wir können diese Situation unschwer in Modell der sozialen Grundstruktur rekonstruieren (vgl. Abbildung 2.5). Es ergeben sich dann die abgebildeten Beziehungen – ich habe die Relationen durch die Aussagen des Libet-Modells ersetzt. Es handelt sich um eine Handlungssituation mit (wenigstens) zwei Personen. Libet *glaubt*, dass er sich in der Position der reinen Verhaltensbeobachtung befindet, negiert aber *performativ* durch *sein* Verhalten diese Voraus-

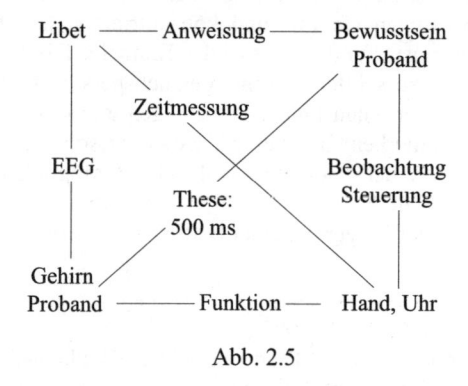

```
Libet ───── Anweisung ───── Bewusstsein
  │                              Proband
  │         Zeitmessung
  │                              │
EEG                          Beobachtung
  │         These:             Steuerung
  │         500 ms              │
Gehirn
Proband ───── Funktion ───── Hand, Uhr
```

Abb. 2.5

---

[21] B. Libet (2004), S. 136.
[22] B. Libet (2004), S. 138.
[23] Vgl. K.-H. Brodbeck (2004a); (2004b); dort finden sich auch zahlreiche weitere Literaturhinweise.

2.2.3 Verhaltensbeobachtung

setzung. Libet gibt seinem Probanden *Anweisungen*. Wir erkennen also hier die reduzierte Befehlsform wieder. Der Proband – das setzt Libet voraus, ohne auch nur ein Wort darüber zu verlieren – muss die Anweisung *verstehen*. Damit ist performativ gezeigt, dass es sich um eine *soziale Situation*, nicht um ein *naturwissenschaftliches* Experiment handelt. Proband und Experimentator müssen *gemeinsam* wenigstens den Sinn der auszuführenden Handlungen verstehen und kommunikative Bedeutungsidentität herstellen über die Handlungsprogramme (Bewegen einer Hand, Ablesen einer Uhr, Mitteilen der Beobachtung, Übersetzung der Beobachtung in Modellvariable: Beobachtungszeit = physikalisch gemessene Zeit). Der Proband macht eine Bewegung und liest eine Uhr ab (das ist hier die Konkretisierung des Aktes a). Libet beobachtet durch Zeitmessung objektivierend diese Bewegung, protokolliert die Uhr. Sein Modell besagt: Das Gehirn steuert diese Bewegung (dies entspricht der Relation „Funktion" in der Abbildung 2.5). Die These lautet dann: Zwischen der *verursachenden* Gehirnfunktion, die mittels EEG von Libet gemessen wird, und der bewussten Wahrnehmung des Probanden vergeht eine halbe Sekunde.

Ich möchte die *technischen* Eigenschaften des Messergebnisses hier nicht diskutieren.[24] Offenbar baut das Gehirn für Körperbewegungen ein *Bereitschaftspotenzial* auf, also eine Aktivierung des Gehirns in Vorbereitung einer Handlung, *ohne* dass dies als bewusste Selbsterfahrung initiiert wurde. Das ist – nebenbei bemerkt – auch gar keine neue Einsicht. Es ist für alle Sozialphilosophen sehr hilfreich, sich mit dem Phänomen der *Hypnose* auseinanderzusetzen. Denn gerade dort kann man beobachten, dass die Auslösung von Handlungsprogrammen keineswegs notwendig *von innen* kommen muss. Die Befehlsstruktur der Subjektivität, mittels derer man im inneren Dialog Willensentscheidungen vorbereitet, *reproduziert* – wie oben gesagt – ein soziales Verhältnis. Deshalb kann ein Hypnotiseur sich in die *innere Identitätsbildung* durch Suggestionen gleichsam einklinken; der Hypnotisierte gehorcht dann dem suggerierten Handlungsprogramm des Hypnotiseurs so, als hätte er es im Selbstgespräch als *eigenen* Befehl formuliert.

Dieselbe Struktur liegt beim Libet-Experiment vor. Wenn man die *ganze* soziale Situation betrachtet (Abbildung 2.5), dann bemerkt man, dass in der *Auslegung* dieses Experimentes die Neurowissenschaftler schlicht Libet selbst und seine Anweisung *vergessen*. Diese selbstverordnete Blindheit ist ein Resultat der *vermeintlichen Reduktion* der gesamten sozialen Grundstruktur auf ein reines „Beobachtungsverhältnis". Doch diese Reduktion misslingt *performativ*, weil sich das Experiment *ohne Anweisung* gar nicht durchführen ließe. Also geht den Aktivitäten des Gehirns eine *bewusste Anweisung* im kommunikativen Verhältnis zwischen Libet und Proband voraus. Ist der Experimentator selbst der Proband, der sich selbst zum Experiment die entsprechenden Instruktionen durch vorherige Überlegungen erteilt, so ändert dies nichts an den strukturellen *und zeitlichen* Verhältnissen. Die Anweisung, der Befehl geht dem gemessenen Bereitschaftspotential – z.B. im planenden Selbstgespräch – voraus. Der Befehl muss *bewusst verstanden* werden, um ihn auszuführen.

Nun könnte man einwenden, dass hier ein Henne-Ei-Verhältnis vorliege: Libets Anweisungen werden wieder von seinem „Gehirn" vorher erzeugt – ad infinitum. Doch dieser Einwand trifft nicht. Warum? Weil in der Interpretation und im Design dieses Experiments die hier vorliegende *soziale Struktur* überhaupt nicht erkannt wurde. „Bewusstsein" ist, was immer es sonst noch sein mag, an ein inneres Sprechen geknüpft.

---

[24] Auch hier waltet nicht immer die nötige Sorgfalt; das Design der Experimente und auch die Messergebnisse selbst sind in Frage gestellt worden; vgl. E. Pöppel (2004); K.-H. Brodbeck (2004a), S. 20-22.

Viele Philosophen setzen den inneren Dialog sogar ausschließlich mit dem gleich, was sie „Denken" oder „Vernunft" nennen, „da das Denken ohne Sprache einmal unmöglich ist".[25] Wie auch immer – bewusste Prozesse sind wenigstens *auch* Sprachprozesse, damit *in ihrer Form* soziale Prozesse. Bereits wer sagt: „Ich bin mir einer Sache bewusst", setzt eine Differenz zwischen die Sache und das Wissen von ihr. Hier vollzieht also das denkende Individuum als *inneren Prozess* jene Identitätsbildung, die in der sozialen Grundstruktur das Modell dafür liefert und das in vielfältigen Lernprozessen internalisiert wird. Das verkörperte Gehirn (ein Gehirn ohne Körper ist tot) ist Teil einer sozialen Handlung, die eingebettet ist in Kommunikationsstrukturen, die sich im Nachdenken als innerer Prozess fortsetzen. Ob nun bei einem körperlichen Akt das Gehirn Handlungsmuster früher aufbaut als die begleitende Identitätsbildung des „*ich handle*", relativ zu einem *äußeren* Beobachter, oder später, das ist für die hier vorliegende Struktur völlig ohne Bedeutung. Wenn Sprachprozesse als Befehle *von außen* ein „verkörpertes Gehirn" instruieren können, dies oder das zu tun, dann zeigt sich, von woher die „Steuerung" kommt. Es zeigt aber auch, dass ein rein privates Bewusstsein eine transzendentale Illusion ist. Das allerdings wussten auch Schleiermacher, Marx, Nietzsche und andere – zu schweigen von der buddhistischen Tradition, in der diese Erkenntnis seit zweieinhalb Jahrtausenden ein Gemeinplatz ist.[26]

Der entscheidende Punkt liegt auch hier – im Modell der sozialen Grundstruktur ausgedrückt – in der Relation R2, der *Identitätsbeziehung*. In der obigen Skizze habe ich hierfür das Wort „Funktion" verwendet: Das subjektive Bewusstsein, behaupten Hirnforscher auf dieser Grundlage, sei eine Funktion des Gehirns. Das ist offenkundig eine Interpretation, worin die soziale Grundstruktur als *intersubjektives* Verhältnis auf eine „beobachtete" Identität reduziert wird. Doch dem Beobachter ist das Bewusstsein des Probanden nicht als *Gegenstand* gegeben. Vielmehr tritt er zu ihm nur durch eine Kommunikation in Beziehung (die Relation R1: „Anweisung"). Was Libet und andere *beobachten*, ist ein auf seine Gegenständlichkeit reduzierter Mensch, der eine Hand bewegt und dessen Lebensäußerungen sich auch als EEG messen lassen – wie man seine Körpergröße oder sein Gewicht messen kann. Die „Funktion" – das Bewusstsein als Funktion des je einzelnen Gehirns – zeigt sich also als *Teilmoment* einer sozialen Situation. Wie die Analyse der Identitätsrelation zeigte, liegt hier keine vorausgesetzte Identität vor. Die Identität ist ein sozialer Prozess, im vorliegenden Fall wenigstens zwischen Experimentator und Proband.

Wenn man geistige Operationen als Wirkungen von Gehirnprozessen erklärt, so ist der *Sinn* dieser Zuschreibung dunkel. Selbst wenn „Geist" nur das subjektive *Erleben* der Gehirnprozesse wäre, so bliebe dieses subjektive Erleben für jeden erfahrbar etwas anderes als ein *beobachteter Vorgang* eines vermessenen Gehirns. Eine Identität „erfahrendes Gehirn" und „beobachtetes Gehirn" ist nicht einfach gegeben. Der Experimentator setzt z.B. die sprachlichen Äußerungen mit einem bildgebenden Verfahren gleich, um eine Identität herzustellen. Also *ist* die Identität „erlebter Gehirnprozess" und „beobachtetes Gehirn" nichts, was man voraussetzen oder als metaphysische These behaupten könnte, denn faktisch verbirgt sich darin der *intersubjektive* Prozess zwischen erle-

---

[25] W. v. Humboldt, WW 3, S. 89. Auch Heidegger sagt, „dass Vernunft immer zugleich Sprache ist", Martin Heidegger, GA 85, S. 156. Tatsächlich gibt es ein *reines* inneres Sprechen so wenig wie ein reines inneres Rechnen; die Modalitäten des Denkvollzugs sind stets in sich differenziert. Im Buddhismus werden hier sechs Bewusstseinsarten unterschieden; vgl. auch K.-H. Brodbeck (1999a), Kapitel 9-11 und (2002a), 2.11.

[26] Vgl. K.-H. Brodbeck (2005a), Kapitel 2.6.3 und 3.1.

bendem Subjekt und beobachtendem Subjekt, eine Differenz, die auch dann gewahrt bleibt, wenn man als Beobachter sein eigenes EEG usw. betrachtet.

Der *Ort* der Identität von Gehirn und Geist ist also weder der Geist des Experimentators noch das Gehirn des Probanden. Beides sind Entitäten, die ihre *Bedeutung* nur in einem sozialen Prozess gewinnen. Schon die Behauptung einer Identität verkennt also die hier vorliegende Situation grundlegend. Die neurowissenschaftliche Interpretation dieses Verhältnisses setzt stillschweigend das Bewusstsein des Beobachters absolut (= cartesianischer Beobachter). Dann ist die behauptete Identität von Gehirn und Geist beim Probanden aber nichts anderes als die vorausgesetzte und illusionäre *Ich-Identität* des Wissenschaftlers, der sich selbst in seiner sozialen Situation ausklammern möchte, ohne dies tatsächlich zu können. Die Fragen nach dem Verhältnis zwischen Geist und Gehirn, Geist und Materie, Bewusstsein und Körper usw. erweisen sich – hier in neuerer Form im Design der Libet-Experimente erläutert – als Suche nach einer Identität, die sich als intersubjektiver, sozialer Prozess darstellt, der nicht als Kausalrelation oder Parallelität zwischen zwei Entitäten bestimmt werden kann. Es sind also schlicht falsche Fragen, die in ihrer abstrakten Gestelztheit tiefsinnig daherkommen, in Wahrheit aber nur gedankenlose Meinungen sind.

Die Fehlinterpretationen der Neurowissenschaftler – die dann, wenn sie in ihrem Umfeld verbleiben, zweifellos wichtige Sachverhalte erkennen – gründen in dem Missverständnis der reduzierten Form einer Verhaltensbeobachtung, die vergisst, eine *soziale Struktur* zu sein, dies aber *performativ* dennoch voraussetzt. Diese Fehlinterpretation findet sich allerdings keineswegs nur in den Wissenschaften, auch wenn sie dort durch monströse Ansprüche wie in einem Hohlspiegel erscheint. Die alltägliche Kommunikation ist mit vergleichbaren Modellierungen durchsetzt. Hier spielen unentwegt in Streitgesprächen die Diskussionspartner wechselseitig allwissende Beobachter des Verhaltens anderer. Die hohen Ränge der Wissenschaft entpuppen sich damit nur als methodische Verdichtung eines allgemeinen Vorurteils.

Die Verhaltensbeobachtung ist die wissenschaftliche Form des cartesianischen Beobachters, der als *Subjekt der Moderne* mehr und mehr eine *alltägliche* Bedeutung besitzt. Obwohl die untersuchte Struktur in den Sozial- oder Neurowissenschaften besonders deutlich in ihrer ungedachten Voraussetzung hervortritt, zeigt sich in dem durch Geld und Märkte vermittelten Umgang der Menschen untereinander zugleich eine Universalisierung dieser Subjektform. Der je andere ist in sozialen Verhältnissen, die durch *Sachen* vermittelt sind, selbst bloß ein Ding. Die universelle wechselseitige Instrumentalisierung der Menschen auf den Märkten bedeutet jeweils eine Reduktion der in der sozialen Grundstruktur erkennbaren *vollständigen* intersubjektiven Verhältnisse. Jemand anderen *nur auf einen Zweck hin* zu instrumentalisieren, verwandelt ihn ebenso in ein bloßes Objekt, wie dies ein Neurowissenschaftler mit seinen Probanden vollzieht. Die faktische *Unmöglichkeit* dieser Reduktion – Libet ist durch seine Anweisung *Teilnehmer*, nicht transmundaner Beobachter –, die sich in den Wissenschaften als *Fehler* ausweist, erscheint alltäglich in einer Privation von Mitgefühl und einer Begünstigung egoistischer Moral. Dass dieser wechselseitige Umgang der Menschen miteinander zu *psychischen* Störungen führen muss, ist nur ein einfacher Folgesatz aus dieser Struktur.

Ich füge noch eine weitere kleine Ergänzung zum Begriff der Beobachtung hinzu, da sich womöglich jenen Leserinnen und Lesern, die sich von der Luhmannschen Systemtheorie beeindruckt zeigen, der Gedanke aufdrängt, dass es gerade eine Pointe einer „Kybernetik höherer Ordnung" sei, den Beobachter selbst einzubeziehen. Gelegentlich entdeckt also der cartesianische Beobachter, dass er beobachtet, und versucht dann, sich selbst in seinem Beobachten zu „beobachten". Doch das muss misslingen, weil die Struktur der Beobachtung nicht verstanden wird: Wer das „Beobachten" beobachten will, verwechselt Akte mit Resultaten von Akten, verwechselt Vollzug mit Beobachtetem. Der in Platons Höhle gefesselte Beobachter bleibt gefesselt, wenn er als Schatten an der Wand seinerseits gefesselte Beobachter beobachtet, also z.B. ein Video, das die in der Höhle sitzenden platonischen Wesen darstellt. Es ist ein dreifacher Unterschied, ob man auf dem Bildschirm jemand sieht, der einen Schwimmer beobachtet, ob man ihn selbst beobachtet oder ob man selbst schwimmt.

Das Beobachten *verbindet* Beobachter und das Beobachtete in einem Worin der Teilhabe; doch dieses Worin ist kein Gegenstand, so wenig die „Welt" ein Ding ist, in dem Aktor und Ding aufeinander bezogen sind. Man kann das gemeinsame Worin aus Beobachtung und Beoachtetem nicht seinerseits beobachten. Die *Relation* „Beobachten" ist nicht als *Relat* beobachtbar. Deshalb kann beim Vertauschen der Perspektive, wenn man sich selbst als Teilnehmer reflektiert, wohl das Äußere einer Handlung beobachtet werden, das darin dann logisch einem *Verhalten* entspricht: Man kann Videos oder Fotos von sich selbst betrachten, Beschreibungen eigenen Handelns lesen usw. Doch was man dabei beobachtet, ist nie der *Vollzug* der Handlung, also auch nicht der Vollzug der Beobachtung, sondern immer nur das Beobachtete. Die cartesianische Stellung wird nicht aufgehoben, wenn man nun den Beobachter zum Objekt macht, verdinglicht, aus dem Prozess, dem Akt entfernt und dann das an ihm beschreibt, was sich als *Äußerung* zeigt. Beobachten heißt, sich auf einer semantischen Ebene zu bewegen, die nie in Syntax übersetzbar ist.

Der Wiedereintritt einer Form in die Form im Sinn von Spencer-Brown funktioniert nur *innerhalb* der Modalität des „Beobachteten".[27] Es ist *eine* Sache, Striche auf weißes Papier zu malen und dabei Linien zu überschreiten, *eine ganz andere*, diese Operationen zu vollziehen. Als Vollzug können diese Operationen *als Operationen* nie ihrerseits als Folge von Zeichen auf weißem Papier erscheinen, und selbst als Video aufgezeichnet, erhielte man nur eine Folge von statischen Bildern, also Objekte, nicht den *Vollzug* des Aktes. Ein Zeichen ist in einer semiotischen Relation nie *zugleich* das Bezeichnete. Es gibt deshalb kein *reales* Re-Entry (in Luhmanns Jargon, nicht im Sinn von Spencer-Brown), das – am Beispiel des beobachteten Schwimmers auf dem Fernsehbildschirm gesagt – den Zuschauer hinter den Bildschirm ins Wasser werfen würde und selbst schwimmen ließe. Man kann, anhand der obigen Abbildung 2.4 gesagt, nie *zugleich* A und B sein. Und wenn man sich *erinnernd* auf eine frühere Beobachtung bezieht, sie auf Papier aufzeichnet, dann beobachtet man nicht die damalige Beobachtung, sondern vollzieht einen neuen Akt: Man beobachtet nur das am früheren Akt, was sich darin *äußerte*, also auch auf Papier als Bild repräsentieren lässt.[28]

2.2.4 Transsituative Bedeutung, Zeichen und abstrakte Geltung

Die Struktur der Bedeutung, soweit sie in der sozialen Grundstruktur erscheint, bleibt vereinzelt. Für eine Vielzahl von Zeichen, die auf die Identität eines Objekts verweisen, bleibt diese Identität auf eine oder wenige Situationen beschränkt. Viele private Formen der Bedeutung haben diesen Charakter. In langjährigen Beziehungen, im Zusammenwirken von Gruppen oder Organisationen für eine längere Dauer bilden sich Sinninhalte, die nur in diesen Beziehungen, Gruppen oder Organisationen eine *lokale* Bedeutung besitzen. Die hier verwendeten Zeichen können durchaus auch in anderen Kontexten in ihrer materialen Form auftreten; die an sie geknüpften Bedeutungen erhalten gleichwohl eine lokale Form in der sozialen Kommunikation. Ursprünglich ist jedes Erlernen von

---

[27] Vgl. G. Spencer-Brown (1997), S. 49f.
[28] Vgl. genauer zu Luhmanns Verwechslung: K.-H. Brodbeck (2002a), S. 136ff, 259ff.

2.2.4 Transsituative Bedeutung, Zeichen und abstrakte Geltung

Handlungsprogrammen mit solch lokalen oder situativen Bedeutungen verknüpft. Die Zeichen funktionieren auch hier in der Koordination von Handlungen, dies jedoch mit einem spezifisch situativen Gehalt.

Anders gesagt: Die anfängliche Zeichenverwendung enthält in der Regel weitaus mehr situative Inhalte als ihr späterer funktionaler Gebrauch aktualisiert. Wer in der Schule quadratische Gleichungen erlernt, der erlernt zugleich die Form, in der sie präsentiert wurden: Die Stimme und Erscheinung des Lehrers, die Situation in der Klasse, die dem Lernalter typische Gestimmtheit usw. Erst die Verwendung des Erlernten in vielen anderen Situationen *trennt* den Zeichengehalt und -gebrauch von diesen situativen Momenten. Die Bedeutung, die in der Identität der ursprünglich symmetrischen Lernsituation stets noch mitenthalten war (Persönlichkeit des Lehrers, Stimmung der Schule usw.), wird in anderen situativen Verwendungen ausgedünnt. Das erlernte Handlungsprogramm reduziert sich mehr und mehr auf eine abstrakte Kerngestalt, die es erlaubt, in *vielen* Situationen aktualisiert zu werden.

Jeder kann diese Erfahrung mit einfachen Wörtern machen, z.B. mit Namen. Mit jedem Namen verknüpft sich zunächst die Erfahrung einer besonderen Person. Bei Homonymie, wenn verschiedene Personen denselben Namen tragen, treten zunächst Verwechslungsmöglichkeiten auf – die mit den jeweiligen Namen verknüpften Handlungen und Erfahrungen interferieren. Die Kippfiguren der Gestaltpsychologie decken dieses Phänomen für visuelle Zeichen besonders deutlich auf. Beim Anblick einer Vase werden andere Erinnerungen und Handlungsprogramme latent aktualisiert als beim Anblick zweier Gesichter – um an die bekannte Kippfigur „Vase-Gesichter" zu erinnern. Bei *ikonografischen* Zeichen, die durch ihre materielle Form eine Form des Objekts signalisieren, ist eine Ausdünnung der Bedeutung nicht bis zur gänzlichen Abstraktion möglich, wie das für Sprachzeichen oft der Fall ist. Das Zahlzeichen kann sich völlig von der ursprünglichen Situation lösen, in der sich die Bedeutung anfänglich in einem Lernakt konstituierte. Zwar wird – die therapeutische Arbeit mit Sprachmustern kann das vielfach belegen – sich die ursprüngliche Lernsituation evtl. nie ganz in ihrer Bedeutungserzeugung beseitigen lassen. Das ist vor allem dann der Fall, wenn Handlungsprogramme für lange Zeit in einer spezifisch situativen Einfärbung erlernt und wiederholt wurden. Vom ersten Kuss bis zum ersten größeren Fehler in Gruppen, der mit Gefühlen der Beschämung oder gar pekuniären Konsequenzen verbunden war, prägen sich mit den Bedeutungen von Zeichen auch situative Momente ein, die nie völlig aus der Erinnerung verschwinden. Oftmals ist es gerade der mitgeschleppte Bedeutungsgehalt der Lernsituationen, der eine leichte und flüssige Ausführung von bestimmten Operationen verhindert. Wer mit mathematischen Operationen immer noch Stimmungen, Erinnerungen usw. mit aktualisiert, der wird kaum ein guter Mathematiker werden. Dasselbe gilt für alle Handlungsprogramme und Zeichenformen, die in vielen Situationen verwendet werden.

Die transsituative Geltung von Zeichen beruht also auf einer Abstraktion, in der Bedeutungsgehalte, die in konkreten Situationen immer mit gegeben sind, aus der Zeichenverwendung ausgeschlossen werden. Den meisten allgemeinen Sprachformen ist diese Abstraktion eigentümlich, auch wenn jede Sprachform stets einen Typus von Gestimmtheit bewahrt. Gebete, gleich welcher Religion und unabhängig von ihrer allgemeinen Verwendung, werden immer eine andere Klasse von Stimmungen wachrufen als die Lektüre von Gesetzestexten oder das Zählen von Objekten. „Bedeutung" enthält also immer die in der sozialen Grundform mitgegebenen intersubjektiven Beziehungen, die in Stimmungen, in situativen Einfärbungen präsent sind und einen besonderen Situationstypus charakterisieren. Auch „Nüchternheit" ist solch ein Stimmungstypus. Und eine nüchtern und rational verfolgte Gier nach mehr Geld bleibt ihrem Typus nach eine Begierde, wird also nie zu einem abstrakten Handeln.

Die Trennung der Bedeutung von *spezifischen* Situationstypen, die Konstitution transsituativer Bedeutungen, die Verwandlung von Zeichen in allgemeine Symbole usw. – dieser Abstraktionsvorgang für soziale Handlungen und ihre Diffusion in der Gesellschaft ist nie ein vollständiger. Die mit der sozialen Grundstruktur *mitgegebene* intersubjektive Beziehung, die *ganze* Beziehung auf die jeweiligen Objekte, geht niemals völlig verloren, auch wenn Bedeutungen in sehr vielen Situationen von derselben Person oder mit dem gleichen Zeichen von verschiedenen Personen reproduziert werden. Die abstrakte Ausdünnung der Bedeutungsgehalte, ihre Reduktion auf die Elementarform der Handlungsprogramme, ist niemals eine Trennung von der sozialen Grundstruktur, von den in ihr gegebenen intersubjektiven *und* dinglichen Relationen. Der Grund ist einfach: Jede noch so abstrakte Tätigkeit bleibt wiederum in der Reproduktion von Bedeutung eine am Modell der sozialen Grundstruktur erkennbare situative Einbindung.

Es gibt nicht den Typus „abstraktes Tun" oder „bloßes Nachdenken", der *neben* der sozialen Grundstruktur als isolierte Klasse von Handlungen abgetrennt von der Gesellschaft existieren würde. Weder kann man auf diesem Wege kommunikatives Handeln von anderen, z.B. technischen Handlungen ontologisch trennen, noch kommt es dem Denken, der Vernunft zu, sich in einem isolierten Reich des Geistes zu vollziehen. Wie sich bei der Identitätsbildung des Individuums und der Zeichen zeigte, ist „Nachdenken" oder „innerer Dialog" *strukturell* eine soziale Grundstruktur, auch wenn das jeweilige Du hier zu einem erinnerten oder vorgestellten Subjekt wird. Der Einwand, den man beim Denken sich selbst macht, reproduziert die Gegenrede von Du für Ich. Die der transsituativen Konstitution von Bedeutung eigentümliche Abstraktion lässt sich also nie von den in der sozialen Grundstruktur mitgegebenen Beziehungen zu einem anderen Subjekt und zugleich zu Objekten und der darin immer wieder neu vollzogenen Identitätsbildung von Ding und Ego trennen.

Der abstrakte, allgemeine Inhalt ist eine *transsituative Bedeutung*, nicht aber eine Bedeutung, die von den situativen Momenten *getrennt* wäre. Das wäre ein grundlegendes Missverständnis des sozial vollzogenen Abstraktionsprozesses. Übung, Wiederholung und Gewohnheitsbildung sind Handlungsprozesse, die zwar durch eine wachsende Ökonomie im Ablauf der Handlungsprogramme charakterisiert sind, durch eine Reduktion von situativen Einbindungen, die nicht direkt für die Aktualisierung eines Handlungsprogramms erforderlich sind; doch auch die abstrakteste intellektuelle Tätigkeit bleibt ein *situativer Prozess*. Es gibt keinen *actus purus*, kein reines Handeln außerhalb einer situativen Einbindung. Solch göttliches Tun ist der ins Unendliche verlängerte Abstraktionsprozess, der ein handelndes Subjekt von *allen* situativen Momenten zu trennen versucht, damit aber auch letztlich von der Struktur der Subjektivität selbst: Denn jedes Denken bleibt ein situatives Tun. An ihm bleiben immer die Momente der sozialen Grundstruktur erhalten: Das Objekt als vorgestellter Inhalt, meist ein Bild oder Gefühl, die Beziehung zum anderen Subjekt als inneres Sprechen. Und selbst der Gott der Genesis war vor aller Schöpfung ein *sprechendes* Wesen: „Gott sprach, und es ward ..." Der Schöpfergott der Bibel hatte offenbar Götter neben sich, denn nur als Relation zu anderen Subjekten hat das Wort Sprache einen Sinn.

Darin liegt noch ein zweites Moment der Abstraktion, das untrennbar auf die damit verknüpfte Sozialstruktur verweist. Der abstrakten Geltung entspricht eine hierarchische Über- und Unterordnung. Der abstrakte Begriff „beherrscht" die konkreten Begriffe, sofern er sie in Urteilen funktionalisiert. Mit Bezug auf die Situation, auf die individuelle Sinnlichkeit ist der abstrakte Begriff immer dünner oder ärmer; bezüglich seiner

2.2.4 Transsituative Bedeutung, Zeichen und abstrakte Geltung

sozialen Funktion ist er zugleich reicher und mächtiger. Karl Bühler hat für diesen Aspekt den Ausdruck „Prinzip der abstraktiven Relevanz"[29] geprägt, der sich so erläutern lässt: Wer ein Zeichen verwendet und damit dessen *abstrakte* Natur aktualisiert, der verfügt nicht mehr nur über die eigene Erfahrung, sondern zugleich über die Erfahrungen der anderen Menschen einer Sprachgemeinschaft. Bühler erläutert dies am Tierreich. Die ursprünglichen Laute haben bei Herdentieren eine koordinative Funktion. Wenn *ein* Tier eine Gefahr wahrnimmt, dann reagiert es nicht nur durch eine Körperbewegung auf die Gefahr, sondern reagiert „außer (mit) der Flucht mit einem ‚Schreckruf'". Die anderen Tiere, die Herdengenossen werden deshalb *durch den Schreckruf* so reagieren, „wie wenn sie alle denselben originären Gefahreindruck erhalten hätten."[30] Das bedeutet, dass jeder im Zeichen *unmittelbar* kraft dessen allgemeiner Geltung, also der Verwendung durch alle anderen Sprachgenossen, zugleich ideell über die Erfahrung *anderer* verfügt, ohne sie *aktuell* als eigene Erfahrung zu realisieren.[31]

Dieser Aspekt der Abstraktionsleistung von Zeichen ist gerade nur dadurch möglich, dass sich die Zeichen von der situativen – damit individuierten – Bedeutung *lösen* und somit nicht nur allen Situationen gemein sind, sondern zugleich allen Menschen, die in Situationen Erfahrungen sammeln. Die *All-gemein*heit ist also in jedem Zeichen eine doppelte: Sie vereint stets Vieles und Viele. Liegt in der Allgemeinheit bezüglich der Dinge eine *Trennung* von der individuellen Erfahrung, damit eine Verarmung dessen, was im (abstrakten) Zeichen ausgedrückt wird, so enthält die andere Bedeutung der Allgemeinheit (= allen Sprachgenossen gemein) eine *Bereicherung*, sofern man in der Sprache, in der in ihr angelegten Erfahrung durch die Bedeutungsextension von Begriffen zugleich individuell über die Erfahrung und das Wissen der Vielen verfügt oder verfügen kann. Man braucht sich dazu nur die in der Sprache, in den Zeichen liegende Struktur zu Bewusstsein zu bringen.

Das, was in der Arbeitsteilung der Bedeutung erscheint und was ich im Begriff der „funktionalen Identität" ausgedrückt habe, lässt sich in der von Bühler erkannten Teilhabe an der Erfahrung anderer durch den Zeichengebrauch wiedererkennen. Sein Prinzip der abstraktiven Relevanz, also die Verfügung über die Erfahrung Vieler im Zeichen, beruht gerade auf der abstrakten Einseitigkeit, die es erlaubt, im Handeln eine funktionale Identität herstellen zu können. Die Handlungskoordination gelingt, weil für *spezifische* Handlungen jeweils nur bestimmte Funktionen erfüllt zu sein brauchen, damit Zeichen symmetrisch verwendet werden können und insofern also eine *funktionale Identität* konstituieren. Darin liegt eine Abstraktion, und diese Abstraktion ist *vorausgesetzt*, damit die funktionale Identität hergestellt werden kann. Wäre ein Zeichen als Lautbild tatsächlich mit einer ganzen Vorstellung verknüpft, wie Saussure meinte, so wäre es mit Inhalten belastet, die eine koordinative Leistung unmöglich machten. Gerade die *Unanschaulichkeit* der Abstraktion, ihre reine Organisation von Handlungen, von Funktionen macht es möglich, dass *Viele* zugleich darüber verfügen können. Und deshalb sind in den Zeichen, in den Sätzen, Aussagen usw. trotz und gerade *wegen* ihrer

---

[29] K. Bühler (1976), S. 29 und 33-35.
[30] K. Bühler (1976), S. 27.
[31] Dies wird auch in der Erkenntnislehre von Steenberghen – allerdings unter ontologischen Vorzeichen – gesehen, wenn er sagt: „Irgendein Gegebenes als real begreifen, kommt dem einschlußweisen Miterkennen des gesamten Realen gleich. Denn ein Gegebenes als real verstehen, heißt gewahr werden, dass es im Ganzen der Wirklichkeit eine Stelle hat und dass es mit allem was existiert, durch reale Seinsverwandtschaft verbunden ist; es bedeutet, über die Grenzen meiner gegenwärtigen Erfahrung hinaus das gesamte All des wirklichen irgendwie, undeutlich, besitzen." F. Van Steenberghen (1950), S. 230f.

Abstraktheit die Erfahrungen der je anderen verfügbar – immer vorausgesetzt, ein Satz, ein Urteil beruht tatsächlich auf einer Deskription von Erfahrungen, worin Handlungen durch die verwendeten Zeichenfolgen organisiert waren.

Ich möchte das kurz erläutern, denn der hier vorliegende Sachverhalt ist als Erfahrung zu nah und als Gedanke zu ungewohnt, um beim ersten Durchdenken sofort in seinem ganzen Inhalt durchsichtig zu sein. Ein einfacher Satz wie: „Im Frühling sind die Wiesen grün" ist bezüglich der *Erfahrung* eine dürre, dünne Abstraktion. Die Erfahrung, das Erleben einer Wiese im Frühling enthält unendlich viel mehr als nur diese Abstraktion der grünen Farbe. Auch ist „grün" selbst eine äußerst dünne Bestimmung dessen, was an Grüntönen, Schattierungen, Formen usw. auch ohne Blumen auf der Wiese zu beobachten ist. Hier sind die Zeichen im Satz „Im Frühling sind die Wiesen grün" scheinbar eine völlige Verarmung. Doch diese Abstraktion enthält zweifellos auch eine positive Erfahrung, die ein Kind, das nur in den Steinwüsten einer Stadt aufgewachsen ist, nicht verfügbar hat. Dennoch ist es fähig, die in diesem einfachen, abstrakten Urteil liegende Erfahrung *anderer* zu nutzen und über sie zu verfügen. Die kreative Leistung der Vorstellung vermag auch ohne Kenntnis wirklicher Wiesen im Frühling *wenigstens* dies zu erkennen, dass Wiesen „grün" sind. Weitere Beschreibungen können so durch abstrakte Teilhabe eine vorgestellte Welt aufbauen. Jede Beschreibung lebt von diesem Moment der Erfahrungsteilhabe an anderen gerade *durch* die abstrakte Kraft der Zeichen. Was bezüglich der vereinzelten Situation der Wahrnehmung, der Sinnlichkeit mit Blick auf die bezeichneten Dinge als dürres Abstraktum erscheint, ist bezüglich der Erfahrung *anderer* ein sozialer Reichtum, an dem teilzuhaben mit der Sprache miterlernt wird. Nur auf der Grundlage dieser *doppelten Abstraktion* sind z.B. Erzählungen, Romane, aber auch die alltäglichen Unterhaltungen über Ereignisse möglich.

In dieser doppelten Abstraktion drücken sich jeweils und immer neu die in der sozialen Grundstruktur gegebenen kategorialen Verhältnisse aus, worin Objekte immer durch die Kommunikation der Subjekte vermittelt erscheinen und darin die Koordinationsleistung vollbringen, die die sprachliche und handelnde Vergesellschaftung charakterisiert. Die abstrakte Geltung und die Allgemeinheit der Zeichen sind also nur verständlich, wenn sie in der sozialen Einbettung erkannt werden, worin kooperative Handlungen stets mit dem Zeichengebrauch verknüpft sind. Und es zeigt sich, dass *Bedeutung* immer auf die Situation der sozialen Grundstruktur verwiesen bleibt, auch dann, wenn sie ihren Inhalt erst *transsituativ* entfaltet. Die darin liegende Abstraktion bedeutet: Allen-gemein, d.h. den zugehörigen, durch die abstrakte Bedeutung konstituierten Situations*typen*. „Allgemein" oder „abstrakt" bedeutet nicht „über" oder „neben" den Situationen, für die Symbole oder Zeichen ihre Bedeutung erhalten. Jede Abstraktion muss immer wieder in die konkrete Situation der sozialen Grundform eintauchen und darin ihre Bedeutung *reproduzieren*. Zeichen, die aufhören, ihre (abstrakte) Bedeutung in der sozialen Grundform zu aktualisieren, hören auf, „Zeichen" zu sein. Man versteht Formen, die man von früheren Kulturen findet, erst dann als Zeichen, wenn es gelingt, sie in *unseren* situativen Erfahrungsmomenten zu rekonstruieren. Gelingt dies nicht, so ist die Differenz zwischen Ornament und Zeichen, d.h. zwischen Selbstanzeige und Zeigen-auf-anderes nicht erkennbar.

Es kommt hier nicht einfach nur auf einen „Kontext" an; ein Kontext existiert erst, wenn es gelingt, ein betrachtetes Objekt situativ in seiner Bedeutung zu reproduzieren. Die Bedeutung eines Zeichens zu erlernen heißt, die zugehörige soziale Grundstruktur reproduzieren zu können. Man muss entschlüsseln, inwiefern es auf je einen anderen und ein in diesem Verweis als Bezug auf ein darin identisch konstituiertes Objekt bezogen ist. Der Nachweis einer bloß möglichen Relation genügt nicht, aus einer unbekann-

2.2.5 Identität und Differenz von Kategoriensystemen: Saussure und Simmel

ten Form ein Zeichen zu machen – *jede* Form ist von anderen Formen unterschieden und somit als Relation beschreibbar. Darin ist jede Form ein möglicher Kandidat für ein Zeichenmaterial, nie aber von sich her ein Zeichen.[32] Peirces unendliche Semiose[33], also die Einsicht, dass sich ein Zeichen immer nur auf etwas beziehen kann, das von sich her auch schon Zeichen ist, lässt sich als sozialer Prozess rekonstruieren. Zeichen beziehen sich immer nur auf Zeichen, nicht auf etwas Außerzeichenhaftes. Doch diese Einsicht wird erst dann vollständig entfaltet, wenn man das Zeichen in der tetradischen Form der sozialen Grundstruktur rekonstruiert. Ein Anschluss eines Zeichens an ein anderes ist nicht ein Prozess, worin vorhandene Entitäten miteinander verknüpft werden, wie in einem Computerprogramm. Die „Verknüpfung" ist vielmehr die *Konstitution der Bedeutung* in der sozialen Situation, damit der Aktualisierung ihrer sechs Grundrelationen und der offenen Tendenz auf eine – wiewohl nie erreichte – „Identität" des Vermeinten hin.

2.2.5 Identität und Differenz von Kategoriensystemen: Saussure und Simmel

Man kann nie etwas beschreiben, das nicht schon durch Kategorien strukturiert wäre, denn „Kategorie" ist die durch Teilnahme *vollzogene* Beziehung zu anderen und zu Dingen, wie sie in der sozialen Grundstruktur entfaltet sind. Beschreibt man nun eine Situation, so beschreibt man nicht ein vorhandenes, mit sich identisches Objekt, sondern aktualisiert nur eine *neue* Anknüpfung an frühere Bedeutungen und die ihr eigenen Kategorien. Jede Beschreibung ist deshalb eine *Übersetzung* zweier Kategoriensysteme oder von Binnenstrukturen innerhalb eines Kategoriensystems. Hier kann man an die Stelle von „Kategorie" fallweise „Zeichen" oder „Begriff" setzen, wenn man dabei die ganze soziale Struktur einbezieht.

Ein beobachtetes, damit strukturiertes Objekt, ist kein Ansich, nicht etwas, das sich außerhalb einer Zeichenrelation befände. Allein dies, ein *Objekt* zu sein, bedeutet eine Einbettung in eine situative Zeichenstruktur. Das, worauf sich *Zeichen* beziehen (= Objekt), ist selbst durch diesen Bezug schon etwas Zeichenhaftes. Ich möchte das an einer Problemstellung erläutern, die sich in einem nachgelassenen Text von Ferdinand de Saussure findet. Saussure sagt hier:

> „So denken viele Sprachwissenschaftler, sie hätten sich auf das Gebiet des Physiologisch-Akustischen begeben, wenn sie vom Sinn des Wortes abstrahieren, um seine lautlichen Elemente zu betrachten, wenn sie sagen, dass das Wort *champ* unter einem lautlichen Gesichtspunkt mit dem Wort *chant* identisch ist; wenn sie sagen, dass das Wort ein Lautsegment enthält, das man betrachtet, dann ein weiteres ... etc. Aber woher weiß man am Anfang, dass ein *Wort* vorliegt, das danach unter unterschiedlichen Gesichtspunkten betrachtet werden muss. Diese Vorstellung rührt selbst von einem bestimmten Gesichtspunkt her, denn ich kann unmöglich erkennen, dass das Wort – in allen seinen Verwendungsweisen – etwas Gegebenes ist, das sich mir aufdrängt wie die Wahrnehmung einer Farbe (...) So hört man in der Sprachwissenschaft nicht auf, in der Ordnung B Gegenstände der Art a zu betrachten, die nach A existieren, nach B aber nicht; in der Ordnung A Gegenstände der Art b, die nach B existieren, nach A aber nicht, etc. Tatsächlich verspürt man das Bedürfnis, für jede Ordnung den Gegenstand zu bestimmen; und um ihn zu

---

[32] „Daher ist jedes Zeichen auch irgend eine Sache; denn was keine Sache ist, das ist ganz und gar nichts: aber nicht jede Sache ist ein Zeichen." Augustinus (1877), S. 24.

[33] C. S. Peirce, CP 2.303, 2.92 ; vgl. W. Nöth (2000), S. 64.

bestimmen, bedient man sich automatisch irgendeiner zweiten Ordnung, weil sich – da konkrete Entitäten völlig fehlen – kein anderes Mittel anbietet".[34]

Was Saussure hier sagt, lässt sich im Modell der sozialen Grundstruktur rekonstruieren, denn was er hier „Ordnung A oder B" nennt, ist keine außerhalb jeder Anwendung liegende Ordnung, sondern eine, die im *Diskurs* verwendet wird – vielleicht durch dasselbe Subjekt im inneren Dialog, vielleicht auch durch verschiedene Subjekte. Jedenfalls übernimmt die Ordnung, also genauer gesagt das *Kategoriensystem* A oder B die *Funktion* eines Subjekts, einer Subjektstruktur, die einen Objektbereich kategorial *ordnet*. In die Abbildung des Modells der sozialen Grundstruktur übertragen, erhalten wir das in Abbildung 2.6 skizzierte Bild.

Saussure sagt nun – wenn man seinen Gedanken in die vorliegende Modellform übersetzt –, dass der Kategorientyp A unfähig ist, einen Objektbereich b zu strukturieren. Die dort vorgenommene Strukturierung setzt vielmehr immer schon die Klassifikationsweise des Typs A voraus: Wenn der Objektbereich b der *Phonetik* entspricht, so lässt sich im rein akustischen Objektbereich keine Einheit „Wort" finden. Vielmehr handelt es sich bei solch einer Annahme um eine Projektion im Modell der Kategorien des Typs A. Saussure klammert also die Relationen R5 und R6 ein und bestreitet damit die Möglichkeit einer Identitätsbildung gemäß der Relation R2.

Die Entität „Wort" kann demgemäß – folgt man Saussure – nicht im Objektbereich b (der reinen Akustik) entdeckt werden. Diese Aussage reproduziert stillschweigend die Position der Subjektphilosophie: Der Gegenstandsbereich wird durch das Begriffsschema A *oder* B strukturiert. Die in diesem Gegenstandsbereich vorkommenden Einheiten (Entitäten) können nur sinnvoll in je diesem Gegenstandsbereich strukturiert werden. Ein anderes Begriffsschema erzeugt eine andere Welt. Die verschiedenen kategorialen Welten können sich zueinander nur als *fremde* verhalten. In der Sprache der Luhmannschen Systemtheorie wird derselbe Gedanke reproduziert: Hier wäre der Objektbereich a die zum System A gehörige „Umwelt" mit einer je endogenen, autopoietisch geschlossenen Bedeutung, die im System B mit der Umwelt b nicht reproduziert werden kann. Auf Saussures Problem übertragen: Im Sprachsystem A hat die Entität „Wort" eine klare Bedeutung als Sinnelement oder Teil einer Bedeutungsfunktion; im akustischen System ist diese Entität dagegen ohne Bedeutung. Wer im akustischen System eine Bedeutungsentität „Wort" (wie bei *champ-chant*) entdecken möchte, der *verbleibt* implizit im System A. Er klassifiziert also zwar in einer Sprache, die aus dem System B genommen wird; doch die abgegrenzten Entitäten erhalten ihre Identität nur durch die Sinnelemente des Systems A.

Offenbar ist das Beispiel von Saussure von grundlegender Bedeutung für die Konstitution von Sinn. Die Behauptungen von Saussure, die Luhmann in seiner Soziologie

Kategorientyp A —— 1 —— Kategorientyp B

3   5   6   4

Objektbereich a —— 2 —— Objektbereich b

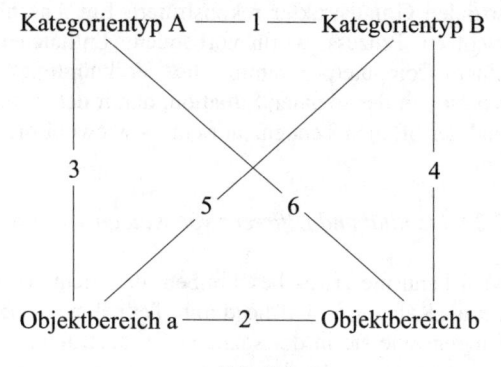

Abb. 2.6

---

[34] F. de Saussure (2003), S. 83.

2.2.5 Identität und Differenz von Kategoriensystemen: Saussure und Simmel

(ohne Bezug auf Saussure) systemtheoretisch reproduziert, beruhen jedoch auf einer stillschweigenden Einklammerung, auf dem fehlenden Blick auf die *ganze* soziale Grundstruktur. Das Problem ist folgendes: Zwar kann man z.B. durch eine Messung des Frequenzgangs eines gesprochenen Wortes jedem Wort ein bestimmtes Frequenzmuster zuordnen und insofern eine scheinbar eindeutige Relation zwischen der linguistischen Entität „Wort" (*chant*) und dem akustischen Lautbild herstellen. Doch Saussure betont zu Recht: *Nur* durch akustische, also dem Kategorientyp B angehörige Kategorien ist es *unmöglich*, eine Entität „Wort" rein durch akustische Mittel zu definieren. Bei einer völlig unbekannten Sprache, die akustisch aufgezeichnet würde, ließe sich nie durch akustische Mittel, durch Analyse der Frequenzmuster eine Bedeutungsentität „Wort" feststellen. Dasselbe trifft zu für ein vermessenes Gehirn und ein aufgezeichnetes EEG. Die Sprache der Akustik kennt keine Bedeutungselemente, so, wie die Sprache Wörter kennt. Ebenso könnte man mit Luhmann sagen: Im System „Psyche" lassen sich den Bedeutungselementen „Rechtssatz" oder „Zahlung" keine Elemente so zuordnen, dass sie aus psychischen Einheiten als elementare Vorkommnisse im psychischen System identifizierbar wären. Und zweifellos haben Saussure und Luhmann in dieser Beobachtung Recht. Im System „Wirtschaft" hat die wissenschaftstheoretische Kategorie „Wahrheit" ebenso wenig eine *funktionale* Bedeutung wie der Begriff „Verzinsung" sich auf Rechtssätze *im Rechtssystem* anwenden lässt. Rechtssätze ergeben keinen Zins, und in der Seele finden keine Zahlungen statt. All dies ist – auf den ersten Blick wenigstens – richtig und zutreffend.

Dennoch bleibt diese Beobachtung in einem wesentlichen Sinn unvollständig – und diese Unvollständigkeit beruht auf der stillschweigenden Einklammerung der Relationen R5 und R6 im Modell der sozialen Grundstruktur. Was nämlich in der kategorialen Denkform von Saussure oder von Luhmanns autopoietischen Systemen übersehen wird, ist folgendes: Auch innerhalb eines geschlossenen Kategorientyps („eines Systems") lassen sich Entitäten als Bedeutungseinheiten nicht abgrenzen. Im System „Sprache" lässt sich die Entität Wort nicht abgrenzen, ohne auf etwas anderes Bezug zu nehmen. Eine Sprache ist ein System geordneter Unterschiede, wenn wir sie in ihrer textlichen Form analysieren. Doch diese Ordnung von Unterschieden (z.B. Buchstaben auf dem Papier) *ist* keine Sprache. Die Struktur der Sprache *erscheint* nur an einem von ihrer Bedeutung verschiedenen Medium. Nur in der gesprochenen Sprache, im aufgezeichneten Text treten jene Unterschiede hervor, die *dort* – in der Sprache als Struktur, als Kategorientyp A – Bedeutungselemente bilden. Anders gesagt: Bedeutungen ergeben sich immer nur in der *ganzen sozialen Grundstruktur*, und das Wesen dieser Grundstruktur besteht darin, dass *verschiedene* Kategorientypen (Subjekte) auf *duale* Weise interagieren, nämlich kommunikativ *und* handelnd. Nur durch die Zuordnung von akustischen Differenzen in *Handlungen* entstehen Bedeutungseinheiten, die durch ihre akustische Differenz hindurch eine unterschiedliche Bedeutung als Entitäten oder Zeichen konstituieren. Identität setzt die Differenz der identifizierten Entitäten voraus. Noch anders gesagt: Nur durch die Differenz zu einem anderen Kategorientyp, zu einem anderen Subjekt, System usw. kann die Identität einer Bedeutungseinheit erzeugt werden. Auch die sprachliche Entität „Wort" gewinnt ihre Bedeutung nur durch die symmetrisch-reflexive Beziehung zu einem anderen Kategorientyp (der Akustik, der Gestik, der Schrift).

Ohne sich auf die Differenz der Druckerschwärze von weißem Papier, auf die Differenz zwischen Stille und Klangmuster zu stützen, kann auch die Entität „Wort" nicht als Bedeutungsentität erscheinen. Ein geschlossenes Kategoriensystem A wäre *in sich leer*. Deshalb ist auch die Idee einer Autopoiesis als geschlossener, kognitiver Blase eine sinnlose Vorstellung. Kein Kategoriensystem kann *in sich* geschlossen werden. Das ist auch der Kern dessen, was eines von Gödels Theoremen besagt.[35] So wie man „Ich" nur reflektierend an einem „Du" erkennen kann, ebenso gründet die Bedeutungsdifferenz in einem Kategoriensystem nur in seiner Spiegelung an der Kategoriendifferenz eines anderen Typs. Eben dies ist die unendliche Semiose, genauer die Leerheit aller Begriffsysteme (*apoha*) in einer eigenen Natur.

Saussures Kategoriensysteme A und B *unterscheiden* sich. Und nur weil sie sich unterscheiden, haben sie *je für sich* einen Sinn, denn dieser Sinn ist die Differenz zu anderem. Die endogene Logik des Rechts setzt voraus, dass sich das Recht von der Wirtschaft, der Moral, der Psyche usw. *unterscheidet*. Diese „äußere" Differenz setzt sich *endogen* fort, denn Sätze des Systems A beziehen sich auf Sachverhalte in *anderen* Systemen, z.B. ein Rechtssatz auf einen *Kauf*. Also wird die Differenz zwischen A und B jeweils auch immer *endogen* im Kategoriensystem A bzw. B reproduziert als *innere* Differenzierung. Um die Bedeutungseinheiten „Wort" in der Sprache zu unterscheiden, müssen sich die Differenzen zwischen Wörtern (oder Phonemen) auf etwas *stützen*: den gesprochenen Laut, das geschriebene Wort. Zwar ist der *Sinn* der Differenz zwischen „Stuhl" und „Tisch" nicht *akustisch* zu beschreiben; doch er wird nur erzeugt und reproduziert in Handlungen, die gesprochene Laute mit Dingen verknüpfen. Eben dies erscheint in den Relationen R5 und R6 der sozialen Grundstruktur und erweist sie als eine *intersubjektive*, als eine *soziale* Relation.

Ich möchte diese Überlegung noch durch zwei andere Kategoriensysteme ergänzen, die in der Ökonomik eine zentrale Rolle spielen: Die von Faktum und Wert (vgl. 1.3.12). Ich knüpfe an einige Überlegungen von Georg Simmel an, der diese Frage auf eine Weise formuliert, die das zugrunde liegende Problem sehr klar zu verdeutlichen erlaubt. In seinen einleitenden Überlegungen zur Werttheorie greift Simmel die schottische Tradition der Ökonomie auf, wie sie von den subjektiven Theoretikern – allen voran Carl Menger – rekonstruiert wurde. Hume hatte das Axiom formuliert: *no ought from an is*. Simmel bewegt sich nun in dieser Tradition, wenn er von zwei „Reihen" spricht, die nichts miteinander zu tun haben, sondern gänzlich fremd nebeneinander her laufen. Die eine Reihe bezeichnet er als „Naturmechanismus", die andere Reihe bezieht er auf Werte oder Wertungen. Humes Axiom klingt aus dem Munde von Simmel so:

> „Dass Gegenstände, Gedanken, Geschehnisse wertvoll sind, das ist aus ihrem bloß natürlichen Dasein und Inhalt niemals abzulesen; und ihre Ordnung, den Werten gemäß vollzogen, weicht von der natürlichen aufs weiteste ab. Unzählige Male vernichtet die Natur das, was vom Gesichtspunkt seines Wertes aus eine längste Dauer fordern könnte, und konserviert das Wertloseste, ja dasjenige, was dem Wertvollen den Existenzraum benimmt."[36]

Simmel spezifiziert diesen Gedanken – es ist die philosophische Übersetzung dessen, was Jevons, Walras und Menger zuvor gesagt haben – so, dass er die beiden Ordnungen, die er auch „Reihen" nennt, völlig voneinander trennt. Er sagt, dass zwischen der Naturreihe der Dinge und ihrer Wertreihe (oder Ordnung) auch keine „prinzipielle Gegnerschaft und durchgängiges Sich-Ausschließen beider Reihen gemeint"[37] sei. Denn Gegnerschaft oder Negation bedeutet das Eingebundensein in eine *gemeinsame* Ordnung, wie Plus und Minus oder himmlische und teuflische Welt, wie Simmel sagt. Vielmehr

---

[35] Vgl. K. Gödel (1931).
[36] G. Simmel (1977), S. 3.
[37] G. Simmel (1977), S. 4

2.2.5 Identität und Differenz von Kategoriensystemen: Saussure und Simmel

besteht zwischen beiden Reihen überhaupt keine Beziehung: „das Verhältnis zwischen beiden ist absolute Zufälligkeit."[38]

Nun ist diese Bestimmung *kategorial* reichlich dürftig, denn Simmel erlaubt offenbar zwischen Kategorien nur die Beziehungen von Identität, Gegensatz und völliger Verschiedenheit. Jede dialektische Beziehung wie bei Fichte oder Hegel, jede *Schichtung* von Kategorien, wie sie später Nicolai Hartmann ausführlich als Kategoriensystem entfaltet hat, ist damit ausgeschlossen. Doch in eben dieser einfachen kategorialen Welt denken auch viele Sozialwissenschaftler; deshalb lasse ich Simmels Kategorialanalyse hier unkommentiert und nehme seinen Gedanken in der einfachen Form auf, in der er ihn vorstellt. Ich möchte ihn nur etwas präzisieren unter Rückgriff auf die Sprache der modernen Präferenztheorie. Dort spricht man nicht von „Werten", wohl aber auch von *Reihen*, von Ordnungsrelationen, gemäß derer die Subjekte bestimmte Dinge präferieren (= subjektiv werten). Der Satz: „Peter zieht A gegenüber B vor" lässt sich dann so übersetzen: Peter: A v B; wobei „v" bedeutet: „Zieht vor oder ist wenigstens indifferent". Die Indifferenz, das Sich-nicht-entscheiden-können wird also hier als Sonderfall mit einbezogen.

Betrachten wir eine Menge X von k Objekten, die sich durch ihren Index angezeigt unterscheiden sollen: $X = \{x_1, x_2, x_3, ..., x_k\}$. Man könnte sich als Anschauung die Waren in einem Einkaufswagen beim Einkauf in einem Supermarkt vorstellen. Nun – so sagen die Theoretiker der subjektiven Wertlehre, gleichsam Simmels Aussage präzisierend – kann diese Objekte je ein Subjekt nach seinen individuellen Präferenzen ordnen. Ich wähle die Indexzahlen so, dass sich folgende Präferenzordnung, die Reihe R_W (W = Wert) ergibt:

$$R_W = \{x_1 \, v \, x_2 \, v \, x_3 \, v \, ... \, v \, x_k\}.$$

Damit ist gesagt, dass ein Wirtschaftssubjekt die Güter im Einkaufswagen in dieser Reihenfolge subjektiv bezüglich der Dringlichkeit der Bedürfnisse, der subjektiven Bedeutung oder Wertschätzung aufsteigend von links nach rechts ordnet. Ich füge hinzu, dass diese subjektive Reihe nicht notwendig den *Geldwerten* dieser Waren entsprechen würde, sofern wir die Warenmengen mit ihren Preisen multiplizieren und die Geldbeträge der Größe nach ordnen. Es kann sein, dass der *objektive ökonomische Wert* (= Preis) sich von der subjektiven Wertschätzung unterscheidet und man ein „Schnäppchen" macht. Der umgekehrte Fall wäre wenig sinnvoll, weil niemand *viel* für etwas bezahlt, das er subjektiv überhaupt nicht wertschätzt. Doch das sei nur ein kleiner Hinweis auf spätere Überlegungen zur Geldtheorie.

Hier ziele ich auf eine andere Frage ab, die Simmel implizit anschneidet. Simmel kennt ja noch eine *andere* „Reihe", die er mit dem Wort „Natur", „natürliches Dasein" oder auch „Naturmechanismus" umschreibt. Man kann diesen Gedanken so übersetzen: Die Menge der Gegenstände X im Einkaufskorb ist auch noch mit einer völlig anderen, von Simmel als nur zufällig mit der Wertreihe übereinstimmenden Ordnung zu beschreiben, nämlich durch die *natürlichen Eigenschaften* der Waren.

Simmel sagt, dass die *Werte* nicht eine *zusätzliche* natürliche Eigenschaft sind, sondern sich vielmehr auf die natürlichen Eigenschaften beziehen: „So wächst einem Dinge auch dadurch, dass ich es wertvoll nenne, durchaus keine neue Eigenschaft zu; denn wegen der Eigenschaften, die es besitzt, wird es ja gerade erst gewertet: genau sein schon allseitig bestimmtes Sein wird in die Sphäre des Wertes erhoben."[39] Deshalb kann

---

[38] G. Simmel (1977), S. 4.
[39] G. Simmel (1977), S. 5.

man aus den Eigenschaften der Dinge, die in einer Naturordnung erscheinen, nicht auf eine Reihe in den Wertungen schließen. Nehmen wir solch eine Naturreihe für die betrachtete Menge M, indem wir die Waren im oben erwähnten Einkaufskorb nach ihrem *Gewicht* ordnen. Wir erhalten dann, wenn ich die obige Indexierung beibehalte, z.B. folgende Reihe, die sich nach einem natürlichen Maß (Gewicht, Größe usw.) richtet:

$$R_N = \{x_2 > x_1 > x_k > ... > x_3\},$$

wobei das Suffix „N" hier für „natürlich" stehen soll, während „W" bei R_W für „Wert" steht. Was nun Simmel (und er vollendet hier nur die Tradition von Hume bis Menger) sagt, ist folgendes: Zwischen R_W und R_N gibt es keinerlei Zusammenhang. Das deutet er durch das Wort „zufällig" an. Die Reihenfolge in R_N stimmt nur zufällig mit der Reihe in R_W überein. Beide Ordnungen, die der Natur und die der Werte, ist völlig verschieden. Keine lässt sich auf die je andere zurückführen.

Simmel drückt seinen Gedanken auch so aus, dass beide Reihen zwei verschiedenen *Sprachen* angehören:

> „Die Wirklichkeit und der Wert sind gleichsam zwei verschiedene Sprachen, in denen die logisch zusammenhängenden, in ideeller Einheit gültigen Inhalte der Welt, das, was man ihr ‚Was' genannt hat, sich der einheitlichen Seele verständlich machen – oder auch die Sprachen, in denen die Seele das reine, an sich noch jenseits dieses Gegensatzes stehende Bild dieser Inhalte ausdrücken kann."[40]

Und hier wird deutlich, dass die *logische Struktur des Problems*, das Simmel hier formuliert und das grundlegend für die gesamte moderne Ökonomik und Sozialphilosophie geworden ist – die angebliche Dichotomie zwischen Faktum und Wert – strukturell denselben Gedanken reproduziert, den ich oben am Beispiel der Überlegungen von Saussure wiedergegeben habe. Saussure hat allerdings, im Unterschied zu Simmel, das hier vorliegende Problem *erkannt* und wenigstens teilweise zur Sprache gebracht. Simmel erweist sich dagegen als philosophisch sehr viel naiver. Wenn Simmel hier von zwei „Sprachen" spricht, einer Sprache der Werte und einer Sprache der Physik (oder einer anderen Sprache mit natürlichen Begriffen), die nicht zusammengehen, die sich nur zufällig aufeinander beziehen, dann stellt er einfach zwei Begriffsreihe nebeneinander und bestreitet *für den cartesianischen Beobachter* eine Übersetzbarkeit. Hier ist zu beachten: In einer einheitlichen Seele, dem cartesianischen Subjekt, sind beide Reihen zwar nicht aufeinander zurückführbar, aber doch in ihren *Entitäten* klar definiert. In der natürlichen und in der Wertordnung R_N und R_W gibt es vorausgesetzt eine *gemeinsame* Ordnung, die Simmel überhaupt nicht bemerkt: Es ist die Ordnung der Menge $X = \{x_1, x_2, x_3, ..., x_k\}$. Simmel behauptet, dass die Entitäten der Natur und die der subjektiven Wertung *als* Entitäten, als „Washeit" identisch sind: X ist die identische Substanz, die in R_N und R_W *gemeinsam* unterstellt wird.

Hier hat Saussure sehr klar verstanden, dass man die *Unterschiede*, die man zwischen den Entitäten macht, überhaupt nicht von einem Kategoriensystem in ein anderes übersetzen kann. Ich habe diese schroffe Dichotomie oben aufgelöst durch die Rückführung dieser Beziehungen auf die soziale Grundstruktur. Richtig bleibt aber an Saussures Überlegung, dass zwei heterogene kategoriale Ordnungen – auch in der Sprachtheorie ist es die zwischen einer *Bedeutung* und einer „natürlichen Ordnung", der Akustik – in ihrer *Verschiedenheit* überhaupt nicht bestimmt werden können, weil man die Identität

---

[40] G. Simmel (1977), S. 7.

2.2.5 Identität und Differenz von Kategoriensystemen: Saussure und Simmel

der jeweiligen Entitäten nicht in beiden Kategoriensystemen voraussetzen kann. Was *physikalisch* als 2 kg Waschpulver, 250 gr. Butter, 500 gr. Mehl etc. als Gewicht in einer Reihe geordnet werden kann, ist für die *subjektive Wertschätzung* durchaus nicht dieselbe Bedeutungsentität. Die Differenz auf der Waage hat *nur* den kategorialen Inhalt dessen, was durch das Wiegen als Tätigkeit gestiftet wird. „Butter", „Mehl" und „Waschmittel" sind als *Bedeutungen* etwas völlig anderes – sowohl qualitativ wie quantitativ.

Das wird sofort und schlagartig klar, wenn wir andere „Güter" betrachten, wie Zigaretten oder Fleisch, die Nichtraucher und Vegetarier gar nicht als *Güter* in ihren Begriffssystemen kennen. Das Problem liegt noch tiefer: Blicken wir auf eine Dienstleistung, einen Haarschnitt beim Friseur zum Beispiel. Dieses klar definierte, in der subjektiven Wertschätzung eindeutig zugeordnete Gut hätte in einer physikalischen Reihe überhaupt keinen Sinn. Man wüsste gar nicht, welche Einheit man hier ansetzen sollte: Die Bewegung der Schere, die Gehirnaktivität des Friseurs, die Bewegungsenergie des Schneidens? Die Frage zu stellen, heißt den Unsinn in der Überlegung bei Simmel zu durchschauen: Es gibt keine Washeit, die *transkategorial* als Identität oder Differenz existieren würde. Dies ist übrigens auch *erkenntnistheoretisch* der eigentliche Grund für die logisch-ontologische Unmöglichkeit der Nutzentheorie, die ich noch ausführlich und anhand ihrer Hauptvertreter darstellen werde. Die Identität der Güter ist als *physische* und als *subjektiver Wert* nicht zuordenbar – sowenig man nach Saussure die *Bedeutungsunterschiede* zwischen zwei verschiedenen Wörtern und ihrem akustischen Phänomen *a priori* zuordnen kann.

Simmel und Saussure formulieren gleichsam *zwei Extrempositionen*, die immer wieder in der Diskussion sozialer und erkenntnistheoretischer Sachverhalte auftauchen – so etwa auch bei der Frage, ob zwei verschiedene Kulturen überhaupt miteinander auf der Grundlage völlig verschiedener Wert- und Begriffssysteme sprechen können. Während Saussures Logik eine absolute Differenz behauptet, kennt Simmel einen identischen Kern jenseits kategorialer Differenzen (auch wenn ihm dieser Kern nicht bewusst war). Übersetzt man Simmels Überlegung in eine allgemeinere Sprache, so behauptet er (am Beispiel der Menge der Objekte X ausgedrückt) einen *identischen Kern* an Entitäten, an Washeiten (= X), auf die sich zwei verschiedene Sprachen, also im obigen Beispiel die Ordnungsrelationen der Werte und physische Relationen, beziehen. In Wahrheit ist dieser identische Kern X aber nur die Fiktion des cartesianischen Egos, das beide Sprachen als *Monolog* spricht. Saussure leugnet dagegen solch einen identischen Kern und stellt sich auf den Standpunkt einer *absoluten Differenz* – in seinem Beispiel der Kategoriensysteme „sprachliche Bedeutung" und „akustischer Wert". Formal betrachtet geht es hier um die Frage, ob zwei „Sprachen" übersetzbar sind oder nicht, ob zwei Kategoriensysteme absolut identisch oder absolut verschieden sind. Und beide Extreme sind falsch.

Die Frage kehrt z.B. in anderem Kleid (aber in derselben logisch-kategorialen Form) wieder in der These Poppers, dass der Gedanke an einen „Rahmen" ein Mythos sei, weil man prinzipiell doch *alle* Sachverhalte kritisch durchleuchten könne.[41] Popper wendet sich gegen die These von Sprachrelativismus, wie sie von Whorf entwickelt wurde.[42] Eine vergleichbare Diskussion kehrt wieder zwischen Habermas und MacIntyre[43], wobei Habermas einen Rationalitätskern in allen Kulturen behauptet (wie Simmel identi-

---

[41] Vgl. K. R. Popper (1994), besonders S. 33-64.
[42] Vgl. B. L. Whorf (1963).
[43] Vgl. J. Habermas (1991), S. 215ff; A. MacIntyre (1988); Vgl. auch meine Diskussion dieser Auseinandersetzung in: K.-H. Brodbeck (2003a), Kapitel 4.2.5.

sche Washeiten), die MacIntyre leugnet und die bei Habermas durch die Personalpronomina verbürgt sein sollen.[44]

Gemeinsam ist den jeweiligen Extrempositionen von Saussure und Simmel, Whorf und Popper oder MacIntyre und Habermas, wenn man sie auf den erkenntnistheoretischen bzw. ontologischen Kern reduziert, eine einfache Entgegensetzung: Der Position der (absoluten) Differenz stellt man die Position der (absoluten) Identität von Entitäten in zwei verschiedenen Kategoriensystemen (Sprachen, Kulturen, „Reihen") gegenüber und bemerkt gar nicht, *worin* man hier denkt. Auch wird nicht bemerkt, dass diese Gegensatzbeziehung von Kategoriensystemen eine *soziale Beziehung* ist, die in ihrer Grundstruktur zuerst entschlüsselt werden muss, will man hier ein gültiges Urteil formulieren. Doch gerade dabei zeigt sich, dass die Frage aus einer *cartesianischen Position* nicht erklärbar ist. Denn ein cartesianischer Beobachter kann – Simmel drückt das in aller wünschenswerten Naivität aus – immer unter Voraussetzung *seines* Ego-Prozesses verschiedene Sachverhalte aufeinander beziehen oder unterscheiden, wie es ihm beliebt. Doch diese Identität oder Differenz ist nicht die des sozialen Prozesses der Bedeutung. Wenn man also versucht, die Identität zweier Kategorien durch den Hinweis auf ihre Differenz zu kritisieren, wird man auf einen Prozess der Identitätsbildung stoßen. Versucht man dagegen, die Identität von etwas festzustellen, so erscheint eine Differenz, die sich *wiederum* als sozialer Prozess entschlüsseln lässt.

Zwei Kategoriensysteme sind sozial nur wirklich als *Akte*, in den Denk- und Handlungsformen, die sie strukturieren. Sie sind nicht nebeneinander wie Dinge vorhanden, wie die beiden Reihen in Simmels Überlegung. Zwei Reihen sind für *ein* beobachtendes Subjekt identisch oder different, weil sich das beobachtende Ego je schon als mit sich identisch vermeint und somit das Worin bildet, in dem sich das Differente aufeinander bezieht (das X in Simmels Beispiel ist in der Modalität des „Gegenstands" als Identität nur der Vorschein des beobachtenden Egos). Doch Werte und physische Eigenschaften von Produkten werden *intersubjektiv* – durch Maßsysteme, durch das Geld – aufeinander bezogen und erhalten so eine Bedeutung nur als Prozess. Damit zeigt sich, dass die semiotischen und ökonomischen Funktionen in denselben Prozess der Identitätsbildung verweisen, wie er in der sozialen Grundstruktur modelliert werden kann.

Bezieht man diese Frage auf *interkulturelle* Beziehungen – wie in der Diskussion zwischen Habermas und MacIntyre –, so entsteht der Schein eines identischen Rationalitätskerns durch die stillschweigende Identifizierung des Beobachters (als Wiedergeburt des transzendentalen Egos) mit den beiden Kulturen, die sich zueinander in ein Verhältnis setzen. Der gemeinsame „Rationalitätskern", der hier behauptet wird, sind die Kategorien des Beobachters beider Kulturen. Auch wenn man die absolute Differenz behauptet, so verbleibt man in dieser Beobachterposition und blickt auf die *Unterschiede* (wie Saussure). Die Position eines Metabeobachters ist in *beiden* Fällen vorausgesetzt. Diese Metaposition eines cartesianischen Beobachters ist aber nur ein *fiktives* Worin des Verhältnisses zwischen zwei Kategoriensystemen, zwei Kulturen, zwei Subjekten usw. Das Worin, in dem sich Unterschiede, Gegensätze und Identitätsprozesse

---

[44] Die Personalpronomina, die Habermas als *Identität* heranzieht, werden in anderen Sprachen in einem völlig anderen Sinn verwendet; A. MacIntyre (1988), S. 376ff. Dass man sie *nicht* verwendet, ist also eine ebenso extreme und falsche Position, wie die, dass sie mit identischer personaler Bedeutung verwendet werden. Habermas und MacIntyre bleiben hier der abendländischen Substanzmetaphysik verhaftet. Ihnen fehlt die Belehrung durch Nagarjuna, der diese Frage im zweiten Jahrhundert unserer Zeitrechnung gültig beantwortet hat. Meinen hier vorliegender Text lässt sich als Versuch einer sozialwissenschaftlichen Exposition des *catus coti* interpretieren; vgl. K.-H. Brodbeck (2005a), S. 101ff; (2004c), S. 141ff.

2.2.5 Identität und Differenz von Kategoriensystemen: Saussure und Simmel

vollziehen, ist keinem Metasubjekt angehörig. „Gott" war in der abendländischen Tradition der Name für die Fiktion solch eines Metasubjekts[45], und cartesianische Sozialwissenschaftler oder Philosophen begeben sich sehr rasch in diese fiktive Position eines Gottesauges.

Der *tatsächliche* kulturelle Austausch, die handelnd-kommunikative Beziehung zweier Kulturen ist dagegen etwas völlig anderes. Als Teilnehmer befindet man sich – wie im Modell der sozialen Grundstruktur – immer *nur* in der Position des A oder des B. Aber man *befindet* sich darin nicht starr und gefesselt wie die Beobachter in Platons Höhle, sondern der interkulturelle Prozess (des Gesprächs, des Tauschs, des Streits usw.) ist eine Folge von Akten und Bedeutungsprozessen, worin sich durch die Relationen R4 und R5 jeweils symmetrisch eine Identität von a und b vermittelt – die natürlich auch *scheitern* kann oder die nicht konvergiert. Doch auch ein nicht konvergierender Identitätsprozess ist ein Prozess wechselseitiger Beziehung, jeweils gedacht und erlebt aus der Perspektive von A oder B.

In diesem Prozess werden die inneren Bedeutungen der jeweiligen kulturellen Systeme a und b *verwandelt*, so dass nach einer „Kontaktaufnahme" keine der beiden Kulturen *unverändert* bleibt; sie hat durch die Einbeziehung der je anderen Kultur *ihren* kulturellen Prozess verändert. Was sich entwickelt, ist eine konvergente Tendenz, die weder absolute Verschiedenheit noch je Identität werden wird. Das hat sich historisch immer wieder und vielfältig gezeigt: Der chinesische Buddhismus unterschied sich vom indischen, ist weder absolut verschieden noch absolut identisch; das afrikanische oder südamerikanische Christentum ist nicht das Nordeuropas; ein von Japanern übernommenes amerikanisches Unternehmen wird weder „japanisch", noch bleibt es „amerikanisch". Und wenn Jugendliche in aller Welt einen amerikanischen Konsumdialekt sprechen, so ist es doch nicht die Kultur der übergewichtigen McDonalds-Menschen, die amerikanische Vorstädte bevölkern. Identität ist Prozess und die Selbstidentität von Kategoriensystem, Subjekten oder Kulturen ist Prozess – auch hier bestimmen die Relationen die Relate. Weder sind die Relate dabei absolute different noch absolut (in einem Kern) identisch. Hier gilt das Axiom der Madhyamaka-Philosophie: Weder ist, noch nicht-ist, noch beides, noch keines von beiden: Ein sozialer Prozess der Identität *ist* nicht (ontologisch), er bewegt sich nicht in gegenständlich vermeinten, Entitäten, in denen sich ein beobachtendes Ego spiegelt und das zirkulär an den Gegenständen seine vermeinte Gewissheit daraus ableitet. Und dennoch erzeugt dieser Prozess unaufhörlich den *Schein* solcher Identitäten – Subjekte und Objekte.

---

[45] Vgl. „Seine Aufmerksamkeit geht nicht von einem Gedanken zum anderen über, sondern seine unkörperliche Anschauung hält alles zugleich wissend umfasst." Augustinus (1978: 2), S. 33.

2.3 Zur Theorie des Spiels

2.3.1 Der Begriff des Spiels und der Spiel-Raum

Was sich bislang als Unterschied bis hin zum Gegensatz von Kategoriensystemen zeigte, konnte als Relation von intersubjektiven Handlungen im Modell der sozialen Grundstruktur rekonstruiert werden. Wie sich im vorhergehenden Kapitel zeigte: Die Frage, ob zwei Kulturen sich absolut unterscheiden oder einen gemeinsamen Rationalitätskern besitzen, lässt sich nur in ihrem *vollzogenen* Unterschied beurteilen. Vollzug bedeutet Teilnahme. Der Kern der hier vorliegenden Frage ist der nach dem Prozess, in dem Gegensätze – der Individuen, Kategoriensysteme oder Kulturen – ausgetragen werden. Und der Begriff für einen *realen* Gegensatz, der nicht durch ein beobachtendes cartesianisches Subjekt in einer illusionären Einheit vorstellend oder denkend ausgetragen wird, ist das *Spiel*. Ich gehe deshalb nun über zur Untersuchung des Prozesses, in dem sich kategoriale Gegensätze, das Verhältnis verschiedener Systeme, Kulturen oder Individuen gegenüberstehen und wähle als Modell, um dies zu untersuchen, das, was an einem *Spiel* als besonderer Form der sozialen Grundstruktur erkannt werden kann. Ich greife hierbei nur ganz am Rande auf das zurück, was als „Spieltheorie" eine ökonomische Disziplin geworden ist und konzentriere mich überwiegend auf den kategorialen Inhalt dessen, was sich aus der Erfahrung von Spielsituationen erschließen lässt.

Die *ökonomische Spieltheorie* versucht eine Analyse *strategischer* Interaktion, wobei dort wie in der neoklassischen Theorie ein besonderer Begriff der *Rationalität* verwendet wird. Man unterscheidet hierbei zwischen *kooperativen* Spielen, in denen auf Verhandlungslösungen abgezielt wird, von nichtkooperativen Spielen, in denen sich alle Spieler individuell rational verhalten. Kooperative Spiele sind nur eine andere Sprechweise für das, was in der Tausch- und Vertragstheorie schon zuvor, wenn auch mit einem anderen mathematischen Instrumentarium, untersucht wurde; ich werde diese Frage im Rahmen der Tauschstheorie als Tauschstruktur behandeln (vgl. 4.7.3.9). Hier ziele ich ab auf nichtkooperative Formen des Spiels, deren Extrem Kämpfe und kriegerische Auseinandersetzungen sind.

Der Rationalitätsbegriff der Ökonomen ist an dieser Stelle allerdings ohne Interesse, denn er enthält kategorial eine Fülle von Vorannahmen und Vor-Urteilen, die erst dann gänzlich durchschaubar sind, wenn der Rationalitätsbegriff selbst als Bestimmung des *Geldsubjektes* entwickelt sein wird. Der Kern der Fragestellung in der neueren Spieltheorie, die sich an den Entwurf von John von Neumann und Oskar Morgenstern anschließt, zielt auf die Klärung von Rationalitätsformen, die aus der Konkurrenz von Aktoren hervorgehen. Vorausgesetzt ist hier, was meine nachfolgende Analyse gerade in Frage stellt, nämlich eine strikte Selbstverpflichtung der Spieler auf bestimmte Rationalitätspostulate.[1] Die Differenz zwischen dem ursprünglichen Rationalitätsbegriff der Ökonomik und dem der Spieltheorie bezieht sich auf die Variablen, die durch die Handelnden kontrolliert werden. „Die Vorschrift, sich in bestimmter Weise zu verhalten, damit ein feststehendes Ziel (z.B. Maximum an Nutzen oder Gewinn) erreicht werde, setzt voraus, dass das Individuum *alle Variablen kontrolliert*, von denen das Ergebnis seines Verhaltens abhängt."[2] Bei einem Spiel gibt es dagegen so etwas wie „verteilte Rationalität"; die eigene Entscheidung hängt ab von der Verhaltensantwort des Spielpartners. Gleichwohl wird diese Struktur so modelliert, dass der *Spiel-Raum* durch

---

[1] Vgl. zu diesem Ansatz J. v. Neumann, O. Morgenstern (1961); O. Morgenstern (1950); J. Nash (1950), S. 48-49; J. Nash (1951); R. Selten (1990).

[2] O. Morgenstern (1950), S. 439.

2.3.1 Der Begriff des Spiels und der Spiel-Raum

Regeln definiert wird. Die Verpflichtung auf das Einhalten von Regeln, die Behauptung, ein cartesianischer Beobachter könne von außen den *Inhalt* dessen bestimmen, *worum* gespielt wird[3], all diese Voraussetzungen werden nachfolgend zunächst eingeklammert und dann als mit dem *reinen* Begriff des Kampf-Spiels unvereinbar nachgewiesen. Die Gemeinsamkeit der nachfolgenden Untersuchung mit der ökonomischen Spieltheorie beschränkt sich deshalb auf wenige *terminologische* Anknüpfungspunkte.

Der ursprüngliche Begriff des Spiels hat nur wenig Ähnlichkeit mit dem Spielbegriff der Spiel*theorie*. Einige Momente sind hierbei bedeutsam und sollten vorab herausgestellt werden. Das *Wort* „Spiel" hat im Deutschen ursprünglich die allgemeine Bedeutung einer Tätigkeit, die nicht um eines Zwecks willen, nicht zur Erreichung eines bestimmten Resultats ausgeübt wird. Dieser Gedanke ist in der Gegenüberstellung von „Ernst" und „Spiel" erhalten. Bei Spielen geht es gerade nicht um einen *fremden* Zweck. Das Spiel hat seinen Sinn im bloßen *Tun*, dem *Spielen*. Insofern scheint, handlungstheoretisch gesprochen, das Spiel der Arbeit als zweckmäßiger Tätigkeit direkt entgegengesetzt zu sein. Zum Begriff des *Handelns* ist die Beziehung auf den ersten Blick unbestimmt. Zwar ist auch das Spielen eine im höchsten Sinn *bewusste* Tätigkeit; eine äußere *causa finalis*, ein vorgängiges Ziel geht dem ursprünglichen Begriff des Spiels jedoch ab. Es hat in diesem frühen Sinn auch einen besonderen sozialen Ort, gehört zur Kindheit oder zu den Künsten: Musik, Theater usw. Sein Zweck ist der *Akt des Spielens*.

Eine weitere Bedeutung von „Spiel" ist auch der *Anschein*. Es ist in der Tätigkeit des Spielens etwas anderes gemeint, vorgespielt, z.B. auf einer Theaterbühne. Dem Spiel eignet damit ein enger Bezug zum Prozess der Bedeutung: Es wird im Spiel eine Bedeutung gezeigt, ohne gleichsam im intersubjektiven Ernst *vollzogen* zu werden. Kinder *spielen* „Kochen", „Mutter", „Polizist" usw. Die Bedeutung der *ernsten* Handlung ist gegenwärtig, ohne diese Bedeutung als *soziale* zu vollziehen. Insofern ist das Spielen ein Einüben von Fertigkeiten, die Ausbildung von Gewohnheiten getrennt von der Situation, in der sie dann ihre *eigentliche* Bedeutung erhalten sollen. Darin liegt kategorial das Moment der *Trennung* von den Zwecksetzungen des Alltags. Das Spiel ist von *anderen* Zwecken getrennt, die man gewöhnlich als Ernst (des Lebens) bezeichnet. Wie sich zeigen wird, bleibt dieses Moment der Trennung auch bei Spielen als durchaus *ernster* sozialer Interaktion gewahrt.

Ein weiterer Aspekt im ursprünglichen Begriff des Spiels ist jener, in dem das Spiel mit der menschlichen Kreativität und Freiheit zusammenfällt. In vielen Sprachen hat „Spiel" auch die Bedeutung von Spiel-Raum, wie dies etwa im Begriff „Spiel einer Schraube", „Spiel einer Radnabe" usw. erhalten ist.[4] Das Spiel bewegt sich in einem Raum, den es ausfüllt, der möglicherweise durch Regeln strukturiert ist. In jedem Fall ist dieser Spiel-Raum eine Offenheit, eine Nichtdeterminiertheit. In subjektiver Interpretation korrespondiert diesem Spiel-Raum die Freiheit, objektiv – aus einer Beobachterperspektive – erscheint dieser Spiel-Raum als *Zufall*. Das, was sich in diesem Spiel-Raum als Erfahrung zeigt, ist demgemäß das „Glück", im Sinn der lateinischen *Fortuna* (zufälliges Schicksal, Glücksfall, Los, Geschick). So hat man auch den Krieg als Spiel,

---

[3] John von Neumann und Oskar Morgenstern „(unterlegen) allen Spielern ausschließlich den Wunsch, Geld als ihren Profit zu gewinnen, als Motiv", J. v. Neumann, O. Morgenstern (1961), S. 47.
[4] Vgl. zur Bedeutungsvielfalt von „Spiel" in verschiedenen Sprachen: J. Huizinga (1956), S. 34ff.

genauer als *Glücksspiel* beschrieben.[5] Jeder Krieg ist in seinem Ausgang unberechenbar. Wir sehen, sagt Clausewitz,

> „wie sehr die objektive Natur des Krieges ihn zu einem Wahrscheinlichkeitskalkül macht; nun bedarf es nur noch eines einzigen Elementes, um ihn zum *Spiel* zu machen, und dieses Elementes entbehrt er gewiss nicht: es ist der *Zufall*. Es gibt keine menschliche Tätigkeit, welche mit dem Zufall so beständig und so allgemein in Berührung stände als der Krieg."[6]

Den Krieg als Spiel zu beschreiben, entspricht also durchaus der Natur des Spielens, des darin aufscheinenden nichtdeterministischen Charakters. Doch gleichgültig, ob man einen Krieg betrachtet oder ein ungezwungenes Kinderspiel – *gemeinsam* ist beiden Phänomenen ein Spiel-Raum, der als dieser Raum nicht zum Thema wird. Der Spiel-Raum hat die Spieler, auch wenn sie sich als Gegner, gar als *Feinde* betrachten, je schon vereinigt. Er räumt ihnen die Möglichkeit des Spiels ein, wie eine weite Wiese einem Ballspiel Raum gibt oder der Tonumfang eines Musikinstruments mögliche Melodielinien einräumt. Der Spiel-Raum des Spiels ist kein physikalisch erfassbarer Raum, auch keine Raum-Zeit. Es ist eine Offenheit, die deshalb nicht zum Thema wird, weil sie durch das Spiel *erfüllt* ist – wie die erklingende Musik die Stille erfüllt, *in der* sie erklingt. Dieser Spiel-Raum entspricht dem Schweigen, das wir als das Offene, das *Worin* des Sprechens, des Diskurses entdecken können (vgl. 2.4.4). Der Spiel-Raum wird nicht durch das Spiel *geschaffen* oder durch die Regeln definiert. Die Regeln vielmehr *erfüllen* den Spiel-Raum, unterwerfen ihn einer Privation. Dass es sich um eine Privation eines umfassenderen Raumes handelt, zeigt sich in der fast immer gegebenen Möglichkeit, die Regeln eines Spiels zu übersteigen, zu übertreten.

Gerade im Regelverstoß zeigt sich, dass sich jedes Spiel in einer Offenheit bewegt, die *nicht* durch Regeln erzeugt oder gesetzt wird. Mit jedem Regelverstoß wird vielleicht der *Charakter* des Spiels verändert, nicht aber die Natur des Spielens aufgehoben. Der Spiel-Raum wird andererseits nur offenbar durch das Spielen in ihm. Im Spiel zeigt sich die Bewegung *in einem Worin*, das dem spielerischen Tun die Freiheit einräumt. Diese Offenheit kann sich nur *temporal* entfalten – wie in der Musik, beim Streitgespräch usw. –, oder auch in einem physisch zu deutenden Raum – wie bei einem Fußballspiel. Stets ist aber das Spiel als Tun ein *temporales* Phänomen. Das ist ein Hinweis darauf, dass der Bewegungsraum der menschlichen Freiheit und Kreativität nicht physisch zu verorten ist nach Analogie einer Körperbewegung, wie Hobbes meinte.[7] Das Spiel kann als *Teilhabe am Offenen* bestimmt werden. Deshalb bedeutet Freiheit und Kreativität immer auch *Übersteigen* von Grenzen, Brechen von Regeln – ein Denken und Handeln *gegen* Regeln, Grenzen und Gesetze. Was als freie Bewegung im Spiel-Raum erfahren wird, erscheint für einen *äußeren* Beobachter als *Zufall*, d.h. als etwas, das sich den für seine Beobachtung zugrunde gelegten Gesetzen oder Regeln nicht fügt.

---

[5] „Der Krieg kann zunächst als ein Glücksspiel angesehen werden." F. G. Jünger (1959), S. 121.

[6] C. v. Clausewitz (1980), S. 31.

[7] „Werden aber die Wörter frei und Freiheit auf andere Dinge als auf Körper angewandt, so werden sie missbraucht, denn was nicht bewegt werden kann, kann auch nicht gehindert werden." T. Hobbes (1984), S. 163. Ein Gedanke kann ebenso gehindert werden wie ein Gefühl, ohne ein Körper zu sein. Und jemand durch ein „Nein!" an einer Handlung zu hindern, ist der Hinweis auf einen semiotischen Prozess, der nicht körperlich ist.

2.3.1 Der Begriff des Spiels und der Spiel-Raum

Der Zufall *begründet* deshalb nicht den Spiel-Raum, sondern offenbart seine nicht determinierte Natur nur aus einer *anderen*, aus einer *cartesianischen* Perspektive.

Die Entfaltung einer spielerischen Handlung *gegen* etwas anderes nimmt einen neuen Charakter an. „Der Katzen Spiel ist der Mäuse Tod", sagt ein altes Sprichwort. Die Bewegung einer Sache, einer Entität im Offenen ist als körperlicher Vorgang stets auch auf oder gegen etwas gerichtet. Das Spiel als nicht determinierte Bewegung im Offenen kann durchaus auch *von außen* erfahren werden: Das Schiff erfährt bei Sturm das Spiel der Wellen, jeder erfährt das Spiel des Wetters, das immer wieder einmal „verrückt spielt". In dieser Bedeutungsform wird das Spiel des je *anderen* (ob Person oder Ding) als passiver Beobachter, als Erleidender, erfahren, und *dieses* Spiel gilt dann als Zufall, als Geschick, als Glück oder Pech. Auch hier kann es Regeln geben, die teilweise eine recht genaue Form annehmen, etwa die Wahrscheinlichkeit, mit einem Würfel eine Sechs zu werfen. Auf das Zu-Spiel der Natur zu antworten, ist allerdings nur deshalb möglich, weil das menschliche Handeln sich im selben Spiel-Raum bewegt. Hier wird einem vielleicht „übel mitgespielt", doch das ist nur möglich, weil sich das Zuspiel – durch die Natur oder andere Lebewesen – dort bewegt, worin auch der spielt, den ein Geschick ereilt.

Der Blick auf diese seltsame Natur des Spiel-Raums als Voraussetzung *jedes* Spiels, damit auch jeder sozialen Interaktion, die man *als* Spiel begreifen möchte, verhindert die Vorstellung, das Spiel sei durch seine Regeln *determiniert*, der Spiel-Raum sei das, was sich als Matrix von Handlungsmöglichkeiten durch die Spielregeln ergibt. Das Spiel als freie Bewegung ist auch dann erkennbar, wenn man sich strikt an Regeln hält, wenn es *fair* gespielt wird, wenn sich die Kreativität nur auf die Formulierung von Spielzügen oder Strategien richtet. Nur wenn hierdurch eine Offenheit sichtbar wird, die sich nicht durch eine determinierende Gesetzmäßigkeit schließen lässt, kann man von einem *Spiel* sprechen. „Spiel", „Freiheit", „Kreativität" und „Zufall" verweisen damit *in einen Grund*, den ich mit „Offenheit" oder „das Worin" bezeichnet habe. Zwar mögen die verschiedenen Regeln den *Typus* eines Spiels charakterisieren, nicht aber das Wesen des *Spielens*.

Das ist der Grund, weshalb es Wittgenstein nicht gelungen ist, einen *Begriff* des Spiels zu definieren. Er sah bei den Spielen nur „Ähnlichkeiten im Großen und Kleinen" und sprach von „Familienähnlichkeiten" der Spiele, oder er verwendet das Bild eines Begriffs „mit verschwommenen Rändern"[8]. Diese Weise auf *Spiele* zu blicken, die Wittgenstein selbst als *Sprachspiel* charakterisiert und damit zirkulär bestimmt, verwechselt die Beobachter- mit der Teilnehmerperspektive. Er sieht selbst, dass die *Regeln* ein Spiel nicht vollständig determinieren: „Es ist nicht überall von Regeln begrenzt"[9]. Und eben *das* ist der Begriff des *Spielens* als Akt. Das Spielen ist eine *freie* Bewegung, und das Wesen der Freiheit ist ihre „Nichtdefinierbarkeit". Diese Bestimmung ist, wie sich gleich noch bei der Analyse von Kampfspielen zeigen wird, von zentraler Bedeutung. Auch „Nichtdefinierbarkeit" kann man formal als „Definition" bezeichnen[10], doch es ist eine Definition, die Grenzziehungen verhindert. Man mag ein *Spiel* durch seine Regeln definieren, nicht aber das *Spielen*, das sich zwar *frei darin* bewegen, als Teilhabe an der Offenheit des Spiel-Raums aber *zugleich* die Regeln über-

---

[8] L. Wittgenstein (1980), § 66-67, § 71, S. 324 und 326.
[9] L. Wittgenstein (1980), § 68, S. 325.
[10] Es liegt hier jenes Problem vor, das Augustinus an der Frage aufging, dass er Gott „unaussprechlich" nannte, dabei aber bemerkte, dass er performativ damit gleichwohl von Gott eine Definition formuliert hatte; vgl. Augustinus (1877), S. 27 (*de doctrina christina*, I, 6).

schreiten kann. Eben *das* haben alle Spiele gemein: Wenn sie gespielt werden, zeigt sich eine Offenheit der Bewegung, die jede Definition von *Spiel* überschreiten kann.

Darin liegt auch die Differenz zwischen einer Nichtdeterminiertheit in einem mechanischen System und einem wirklichen Spiel. Zwar spricht man auch bei mechanischen Zusammenhängen von einem „Spiel", wie etwa ein Wasserhahn ein gewisses „Spiel" hat, worin sich seine Bewegbarkeit zeigt. Doch ein mechanisch definierter Spiel-Raum kann immer dadurch determiniert werden, dass man das mechanische Objekt als Fall einer bestimmten Klasse betrachtet. Die mechanisch determinierte Wahrscheinlichkeit, mit einem Würfel eine „Sechs" zu werfen, wird durch sehr viele gleiche Würfel oder sehr viele Würfe gegen einen Grenzwert konvergieren, der determiniert ist (also die Wahrscheinlichkeit „1/6" für den Wurf einer „Sechs"). Wo immer der Spiel-Raum durch ein Gesetz, eine Regel überhaupt erst *eingeräumt* wird, gibt es kein „freies Spiel". Deshalb ist der Versuch, die menschliche Freiheit durch nichtdeterministische Vorgänge, also durch *Zufallsprozesse* zu erklären, völlig verfehlt. Zufällige Naturprozesse haben die Eigenschaft, in großen Populationen gegen ein *deterministisches* Gesetz zu konvergieren. Man kann nicht sagen, wann ein Atom einen Lichtstrahl emittiert, wohl aber lässt sich für sehr viele Atome eine Helligkeit exakt berechnen.

Das menschliche Spiel ist dagegen *nicht* durch die Regeln determiniert. Aus dem Spiel-Raum eines Musikinstruments kann man nicht durch ein Gesetz ermitteln, wie Musiker darauf improvisieren. Das menschliche Spiel ist nicht durch seine Regeln begrenzt oder determiniert. Es gibt Spiele, die Naturprozessen nahe kommen und deshalb auch *programmiert* werden können: Würfelspiele, Schach usw. Doch ein Spiel ist als Akt eben nicht durch seine Regeln *als Spiel* definiert – es ist das *Tun des Spielens*. Das Spielen ist die Bewegung in einer Offenheit, die zwar alle Regeln einräumt und erlaubt – wenn man sich darauf verpflichtet –, nicht aber hervorbringt. Deshalb setzt diese Offenheit, das Worin des Spielens, auch einem *Regelverstoß* keinen Widerstand entgegen, und eben der Regelverstoß gehört zum Spielen.

Genauer gesagt: Während des Spielens wird überhaupt erst das Spiel als *dieses* Spiel definiert, das gespielt wird. Und diese Definition kann sich ändern. Da mag z.B. ein sehr guter Schachspieler seinen Gegner mehrfach absichtlich gewinnen lassen, um eine *Mitleidsreaktion* bei ihm auszulösen, vielleicht um ihn für einen Kredit anzupumpen. Es wurde dann ein ganz anderes Spiel gespielt. „Spiel" bedeutet immer auch *Spiel mit der Selbstdefinition*, der *Identität* des Spiels.[11] *Welches* Spiel dann gespielt wird, ist keineswegs determiniert, womit sich auch die jeweilige Identität der Spieler verändert. Es ist nicht festgelegt, ob es sich überhaupt um ein *ökonomisches* Spiel handelt. Und dies zu beurteilen, ist einem cartesianischen Beobachter gar nicht zugänglich ohne Teilnahme. Gerade die Möglichkeit des Überstiegs aller Regeln, die im Spielen kategorial enthalten ist, erlaubt eine fließende Neudefinition des Spiels und der Spieler selbst. Das, *als was* ein Spiel wahrgenommen wird, *wie* eine Spielsituation kognitiv erfasst ist, kann nie durch Regeln bestimmt werden. Deshalb ist der Versuch, Spiele durch Regeln zu definieren, die Spieler auf eine bestimmte Form der „Rationalität" zu verpflichten, vergeblich, falls ein externer Beobachter damit Prognosen über den Spielverlauf erstellen möchte. Der Grund für dieses Scheitern ist die Verwechslung der Offenheit, *in der sich*

---

[11] Es ist ein Fortschritt, wenn Akerlof und Kranton die veränderbare Identität der Spieler mit Folgen für das Ergebnis des ökonomischen Prozesses einführen, vgl. G. A. Akerlof, R. E. Kranton (2000). Doch die Pointe ist kategorial eine Stufe tiefer anzusetzen: Mit der Konstitution der Identität der Personen konstituiert sich auch die Art des Spiels – deshalb ist die Modellierung dieser Frage im Rahmen der Spieltheorie von vorne herein zu kurz gegriffen.

das Spiel bewegt (das „Spielen" als ein Tun), mit der *Form* des Spiels (den Regeln, dem Verlauf, der Struktur usw.), die diese Offenheit jeweils erfüllt.

Man kann Spiele weder durch Regeln noch durch Zwecke definieren, die mit ihm vielleicht fallweise oder gelegentlich oder auch häufig verknüpft werden.

> „Die Untersuchungen des Spiels verfehlen ihren Gegenstand stets dann, wenn sie ihm Motive unterzuschieben versuchen oder Zwecke an ihn knüpfen. Auf beiden Wegen entfernt sich die Untersuchung vom Spiel; sie bindet es an Überlegungen, die mit ihm nichts zu schaffen haben."[12]

Deshalb ist jede Theorie der Spiele, die von *bestimmten* Motiven ausgeht, verfehlt.[13] Was immer an Motiven vorliegen mag, was immer man als *Alternativen für Entscheidungen* zugrunde legen mag – Spielen heißt, diese Motive oder Alternativen auch *übersteigen* zu können. Jede zweckmäßige Zuschreibung *beendet* den Spielcharakter. Doch das muss sich in der nachfolgenden Analyse noch genauer zeigen.

2.3.2 Spielstruktur und die Dynamik des Spielens

Auseinandersetzungen *zwischen* Individuen, Gruppen, Staaten usw. nehmen eine bestimmte Form an, die vor allem durch das bestimmt wird, wird hier „vergessen" oder eingeklammert wird. Ich verwende den Begriff des Spiels im vorliegenden Zusammenhang nur für jene Klasse von Spielen, worin eine *Gegnerschaft* bezüglich eines Ziels erkennbar ist – und in der Bestimmung dieses Ziels liegt gerade die Hauptaufgabe. Auch der Begriff des Kampfes bezieht sich in der hier formulierten Darstellung nur auf personale Gegensätze (Individuen oder Gruppen). Es wird also von metaphorischen Bedeutungen wie „mit etwas herumspielen", „beim Sport einen Kampf gegen die eigenen Müdigkeit führen" usw. abgesehen. In einer Situation der Auseinandersetzung, des Gegensatzes, nimmt die soziale Grundstruktur die reduzierte Form einer Kampf- oder Spielstruktur an. Diese Struktur ist charakterisiert durch die vorausgesetzte *Einklammerung* der Relation R1. Diese Relation wird *eingeklammert*, keineswegs aber aufgehoben. Diese Besonderheit macht den Kern eines Kampfes oder eines Kampf-Spiels aus. Ich werde in diesem engeren Sinn von „Spiel" sprechen. Die soziale Grundstruktur kann man somit in ihrer Modifikation wie in Abbildung 2.7 darstellen.

In einer Spielsituation, bei einem Kampf gegeneinander, stellen die Spieler ihre soziale Beziehung nicht

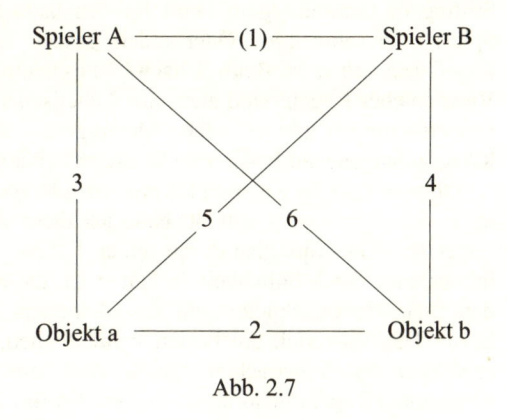

```
Spieler A ————— (1) ————— Spieler B
         \                /
          \              /
         3 \   5    6   / 4
            \  /    \  /
             \/      \/
             /\      /\
            /  \    /  \
           /    \  /    \
          /      \/      \
         /       /\       \
Objekt a ————— 2 ————— Objekt b
              Abb. 2.7
```

---

[12] F. G. Jünger (1959), S. 145.
[13] „Eine der Hauptschwierigkeiten liegt in der zutreffenden Beschreibung der Voraussetzungen, die man über die Motive des Individuums machen muss." J. v. Neumann, O. Morgenstern (1961), S. 8. Mit der formalen Definition der Motivationsstruktur sollen Spielzüge *kausal* aus Motiven abgeleitet werden. Doch damit verfehlt man den Begriff des Spiels und setzt ihn dem *Zufall* gleich, der durch die möglichen Alternativen *determiniert* ist.

durch kommunikative Interaktion in der Relation R1 *her*, wie etwa bei einem Gespräch. Hier sind allerdings verschiedene Klassen von Spielsituationen zu unterscheiden. Es gibt zahlreiche Spiele, in denen auf der Ebene der Relation R1 *gemeinsam* eine Anerkennung von vorausgesetzten Sachverhalten stattfindet. Man kann sich wechselseitig als ein bestimmter *Kämpfer* anerkennen, etwa Ringkämpfer, aber auch als Kriegsgegner. In dieser Typisierung liegt bereits eine explizite oder implizite Anerkennung von *Regeln* des Spiels. Zwei Schachspieler sind nur *insofern* Schachspieler, als sie die Regeln des „Schach" anerkennen.

Ich beginne meine Analyse zunächst mit dem einfachen Fall, in dem „Regeln" des Spiels klar expliziert werden können. Die Anerkennung der Spielregeln braucht nicht institutionalisiert zu sein. Sie kann durch die beiden Spieler gegenseitig überwacht werden. Es ist auch möglich, dass Spiele in der Relation R1 von Dritten überwacht werden. Doch diese Anerkennung von Regeln, die ein *besonderes* Spiel definiert, geht dem eigentlichen Spiel voraus. Die Regeln definierten nicht das *Spielen* als ein Tun. In der Spieltheorie werden die Spielregeln von der *Partie*, also dem durchgeführten Spiel unterschieden[14]; man kann auch von *Spielzügen* sprechen. Die Spielzüge oder die Partie sind das Spiel selbst als ein *Akt*. Wenn ein Spieler eine Folge von Spielzügen plant, also ein bestimmtes *Handlungsprogramm* verfolgt, dann spricht man auch von einer *Strategie*. Eine Strategie ist in einer Spielsituation ein mögliches Handlungsprogramm eines Spielers. Das Handlungsprogramm ist eine Folge von *erlaubten* Spielzügen. Jeder Schritt in der Ausführung des Handlungsprogramms muss dann klassifizierbar sein in „erlaubt" und „verboten".

Die Spielregeln können auch *mehrschichtig* sein. Es gibt Spielregeln, die den *Kern* eines Spiels ausmachen, also alle *erlaubten* Spielzüge umfassen. Bezüglich des als Akt durchgeführten Spiels, der Realisierung einer Strategie, kann es aber dann *weitere* Regeln geben, die nicht zum Kern der Spielregeln gehören, gleichwohl aber *meist* beachtet werden. Die Einhaltung solcher Metaspielregeln wird oft mit dem Begriff der *Fairness* umschrieben. Es gibt Spiele, für die der mögliche Bereich solcher Metaspielregeln für das Verhalten *beim* Befolgen der Regeln, nahezu völlig fehlt. Vielfach sind es auch Stilfragen, Benimmregeln beim Spielen usw. Sie *definieren* nicht den Typus eines Spiels, eher seine *Aura*. Oder anders gesagt: Es sind Metaspielregeln dafür, *wie eine Regel einzuhalten ist*. Beim Schach gibt es kaum solche Metaregeln, beim Fußball viele. Viele solcher Regeln sind auch nur ästhetischer Natur. Auch bei kriegerischen Auseinandersetzungen gibt es solche Metaregeln, etwa die, Zivilpersonen zu schonen oder Kriegsgefangene auf bestimmte Weise zu behandeln.

Obwohl also die Relation R1 eine *vorgängige* wechselseitige Anerkennung der Spieler in den Spielregeln enthält, habe ich diese Relation eingeklammert. Der Grund ist folgender: Jedes Spiel hat durch seinen *Vollzug* eine eigene kategoriale Struktur, in der immer auch die Möglichkeit enthalten ist, die Spielregeln zu *verletzen*. Dies geht aus dem Charakter des Spielens und des Charakters der als *Spieler* bestimmten Subjektivität bevor. Das lässt sich am besten verdeutlichen, wenn wir das äußerste Extrem eines *regellosen Spiels* betrachten. Spiele sind keineswegs nur dadurch „Spiele", dass sie bestimmten Regeln gehorchen. Das wird sofort deutlich, wenn wir bedenken, dass zum Begriff der Regel, die als *Akt* vollzogen wird – sofern also *gespielt* wird –, eine normative Verpflichtung gehört, diese Regel auch *einzuhalten*. Wie bei jeder Norm, ist damit die Freiheit vorausgesetzt, sich auch *nicht* an die Regeln halten zu können. Man bemerkt dies daran, dass viele Spielregeln einen *negativen* Charakter haben; wenigstens können sie negativ formuliert werden. Die Regeln für Schach schreiben ihren Figuren

---

[14] J. v. Neumann, O. Morgenstern (1961), S. 48ff.

Bewegungsrichtungen vor, verbieten damit zugleich bestimmte andere Bewegungen; oder beim Fußball sind bestimmte Konstellationen für die Spieler verboten („Abseits"; „Ball im Aus" usw.). Darin liegt aber die Anerkennung der Freiheit, damit der einfache Sinn: *Regeln können auch verletzt* werden.

Die Verletzung einer Regel hebt aber nicht das *Spielen* als Akt auf. Vielmehr wird durch eine Regelverletzung ein *anderes* Spiel sichtbar, in das ein *geregeltes Spiel* immer eingebettet bleibt. Und eben diese dynamische Möglichkeit ist es, die ein Spiel von einem Mechanismus unterscheidet. Lässt man Maschinen gegeneinander Schach spielen, so ergibt sich ein Mechanismus – in Bewegung gesetzt z.B. durch einige simulierte Zufallsprozesse. Maschinen *können* keine Regeln verletzten – selbst die Regelverletzung gehorchte dort einer Regel –, Menschen sehr wohl. Was sich hier zeigt, ist eine Struktur des menschlichen Handelns. Regeln sind *Gewohnheitsmuster*, und wie Gewohnheiten sind sie *von außen* betrachtet klar definiert und als mechanische Struktur beschreibbar. Doch im *Vollzug* gibt es immer eine kreative Öffnung, die Neudefinition der Spielsituation usw. Jedes geregelte Spiel kann *als mögliche Tendenz* in ein ungeregeltes Spiel umschlagen, sich zu einem ungeregelten Spiel hin öffnen. Weshalb diese Möglichkeit immer wieder auch Wirklichkeit wird, wird sich noch zeigen, wenn wir die besondere Subjektivität des „Spielers" genauer aus der Struktur des Spiels näher bestimmten.

2.3.3 Spiele ohne Regeln

Als mögliche Tendenz kann also jedes geregelte Spiel in ein ungeregeltes übergehen. Doch was heißt „ungeregelt"? Antwort: Ein Spiel, in dem die Relation R1 vollständig *eingeklammert* wird. In einem ungeregelten Spiel bezieht sich jeder der Spieler auf den je anderen nur auf dem Wege der Relationen R5 und R6. Das Spielobjekt wird auch hier vorläufig *dual* bestimmt, als a und b. Gemeinhin wird ein Kampf oder ein Spiel so vorgestellt, dass es um *eine gemeinsame* Sache geht, um die gekämpft oder gespielt wird. So können sich A und B auf eine Geldsumme, ein Stück Land, eine Frau, die Stimmenmehrheit bei einer Wahl, die Kunden auf einem Markt usw. beziehen. Viele Spiele gehen also scheinbar von *einem* Objekt aus, das von beiden Spielern als *Identität* anerkannt wird: a = b. Doch unsere bisherigen Analysen haben gezeigt, dass sich darin ein Vorurteil verbirgt, das durch einen vorgängigen *Satz* der Identität gestiftet wird. Gerade bei einem Spiel nimmt die Identität eine besondere Form an.

Zunächst gibt es auch Spielsituationen, in denen die *Nichtidentität* sogar die Voraussetzung des Spiels ist. Sind a und b jeweils *Körper*, nächstliegend der je eigene Körper, so kann das Spiel seinen Sinn darin offenbaren, dass jeder Spieler den je anderen Körper durch seinen eigenen zu überwinden trachtet. Das kann in einer geregelten Form geschehen, wie bei einem sportlichen Ring- oder Boxkampf, es kann sich auch völlig frei entfalten zwischen zwei Rivalen, die auf Leben und Tod kämpfen. Hier ist der *Sinn* des Spiels seine Aufhebung, die Aufhebung seiner Voraussetzung oder seiner Möglichkeit: der Körper des je anderen. Im reinen Gegensatz liegt der Sinn des Spiels darin, die *Möglichkeit* des Spiels aufzuheben. Die Körper können sich hierbei körperlich weiter bewaffnen; es können sich Gruppen von Spielern zu Armeen zusammenschließen usw. Beim reinen Kampf ist die Vernichtung des Gegners, wenigstens aber seine *Kampfunfähigkeit* das Ziel. Das bedeutet: Für reine Kampfspiele ist die Beendigung der *Spielmöglichkeit* des Gegners das Ziel, der Sinn des Spiels. Sobald es hier erkennbare Grenzen gibt, besitzt solch ein Kampfspiel wenigstens implizite Regeln, z.B. die zeitliche Dauer: Der Kampf wird nach einer bestimmten Zeit beendet. Die *reine Logik* des Spielens enthält aber auch dies, *jede* Schranke als Hindernis im Erreichen des Ziels zu beseitigen. Wenn der Sinn des Spiels *nur* darin besteht, den Spielgegner der Möglichkeit des

Weiterspielens zu berauben, so besteht die Tendenz, *alle* Regeln nur als Hindernis auf dem Weg zu dieser Zielerreichung zu betrachten – wie bei der *Vendetta*.

Viele Kämpfe haben diesen Charakter. Das Spiel beginnt mit einem Gegensatz *innerhalb einer Gemeinsamkeit*. Strukturell ist hier eine *Konkurrenz der Zwecke* als Voraussetzung gegeben. Zunächst können also *identisch* vermeinte Objekte der Grund des Gegensatzes sein: Auffassungen über Moralregeln, die Verfügungsgewalt über Territorien oder Menschen, die Kontrolle von Geldströmen usw. Indem man aber in eine Spielsituation eintritt, tauchen *neue* Zwecksetzungen auf.[15] Weil man das ursprüngliche Ziel, ein Objekt auf bestimmte Weise beherrschen zu können, nicht erreicht *aufgrund der Handlungen von Konkurrenten*, tritt eine Gegnerschaft, schließlich eine *Feindschaft* hervor. Das Festhalten am Ziel, ein bestimmtes Objekt *beherrschen* oder *kontrollieren* zu wollen – wenigstens sein Nutznießer zu sein –, führt bei einer Konkurrenzsituation zu einer *Gegnerschaft*. Der je andere will dasselbe. Der eigene Wille zur Kontrolle des strittigen Objekts begegnet sich wie in einem Spiegel im Willen des anderen. Was zunächst nur Mittel im Gegensatz des Spiels war, wird zu einem Zweck des Handelns.

Hierdurch wird das *Selbst* des Spielers oder des Kämpfers geboren. *Weil* er einerseits an seinem Ziel festhält, andererseits dabei auf denselben Willen in anderer Verkörperung trifft, *verwandelt* sich das Ziel. Es geht nun darum, dem Gegner eine Schranke zu setzen, die *dessen* Willen die Möglichkeit seiner Entfaltung nimmt. Dadurch wird das Ziel geboren, den Gegner *an seinem Handeln zu hindern*. Und darin zielt dieser Wille dann auf *dessen* Verkörperung (als Körper, als Inhaber von Ämtern, Leiter von Unternehmen oder auf kontrolliertes Kriegsgerät). Damit konstituiert sich in einem *reinen Spiel* ein Doppeltes: *Erstens* das *neue* Ziel, den je anderen Spieler an der Möglichkeit des Spielens zu hindern, *zweitens* verwandelt sich die Subjektivität der Handelnden in die des reinen Spielers. Sein Sinnen und Trachten zielt nunmehr rein negativ darauf, den je anderen in seinen Handlungen zu blockieren, bis hin zu dessen physischer Vernichtung. Was immer das *ursprüngliche* Motiv sein mochte, um ein bestimmtes Objekt kontrollieren zu können, tritt völlig zurück; das Motiv des Spiels hat einen gänzlich anderen Inhalt bekommen. Es ist nun *nur noch* auf den Gegner gerichtet. Wenn also am Beginn des Spiels eine Identität eines Objekts a* = b* stand, auf das *beide* Beteiligten abzielten, so verwandelt die Gegnerschaft die Situation grundlegend. Das ursprüngliche Objekt tritt als Voraussetzung in den Hintergrund, die jeweilige *Verkörperung* des Spielers tritt hervor und eine neue Dualität a ≠ b konstituiert sich als wechselseitig definiertes neues Ziel. A möchte B an einer Handlung b hindern; symmetrisch dazu möchte B den Spieler A an der Ausübung von a hindern.

In seiner reinen Form wird das Spiel dann zur *Feindschaft*. Die Feindschaft enthält die Bestimmung, dass zur Erreichung des Ziels – die Hinderung des Gegners an der Fortsetzung des Spiels – alle möglicherweise vorausgesetzten Regeln schrittweise oder auch auf einmal aufgehoben werden. Sie erweisen sich für jeden Spieler nur als Hindernis zur Erreichung des Ziels. Und solange das Spiel dauert, solange die Gegnerschaft beibehalten wird, solange also beide Spieler ihren Ego-Prozess fortsetzen, solange setzt sich das Spiel fort. Im Spiel offenbart sich der Ego-Prozess in seiner reinen, negierenden Form. Jede vorgängige Verbindung zum Anderen wird negiert. Der Feind hat als kategorialen Inhalt nur dies: Er ist nicht das eigene Ego. Deshalb ist am Feind die Natur des Egos rein gespiegelt. Die im Ego-Prozess gezogene Grenze wird hier zum Versuch, die Bedrohung des je eigenen Ego-Territoriums zu unterbinden, *ohne sich positiv* auf etwas zu beziehen, was dieses Territorium beinhaltet. Wenn zwei eifersüchtige Männer dieselbe Frau lieben, wenn diese Eifersucht zur Feindschaft fortgeht, dann tritt der Riva-

---

[15] Vgl. K.-H. Brodbeck (1979), Kapitel 2.7; (1986).

2.3.3 Spiele ohne Regeln

le als Feind *völlig* vor das ursprüngliche Objekt der Begierde. Die ursprüngliche Leidenschaft hat sich dann grundlegend gewandelt in den Hass gegen jenen, der sie zunächst nur an ihrer Entfaltung hinderte. Setzt sich diese Feindschaft *rein* fort als Kampfspiel, so kann sie zur Tötung des Feindes führen. Kategorial dieselbe Struktur liegt vor, wenn sich Banden um Territorien streiten – es können auch Staaten mit Armeen sein – oder wenn Unternehmen um Absatzgebiete kämpfen. Das reine, ungeregelte Spiel ist ein exaktes Modell des Ego-Prozesses, und darin liegt die kategorial wichtigste Seite einer Theorie des Spielens.

Damit erweist sich das Spiel ohne Regeln als mögliche Tendenz, in die das *Spielen* immer einmünden kann, sofern im Begriff des *Spielens* die Bewegung in einem offenen, nicht-determinierten Spiel-Raum erfasst ist. Darin liegt eine doppelte Bestimmung: *Erstens* gehört die Definition des Spiels (seines Charakters, seiner Form usw.) zum Spielen selbst. Im Spiel wird zugleich die Art des gespielten Spiels definiert. Wenn bestimmte Regeln eingehalten werden, so ist das *Einhalten*, die *Anerkennung* der Regeln die beständige Wiederholung der in den Regeln gegebenen Definition des Spiels. Bei einem Spiel ohne Regeln ist das Spielen selbst die Definition des Spielcharakters. *Zweitens* beruht aber die ergriffene Freiheit des Spielens – als Bewegung in einem offenen Spiel-Raum – bei einer *Gegnerschaft* zugleich auf einem fundamentalen Irrtum. Die *Gegner* eines Kampfspiels definieren ihr eigenes Territorium als Grenze zum je anderen. Dabei wird übersehen, dass jede Grenzziehung einen gemeinsamen Raum voraussetzt. Das Offene, der Spiel-Raum ist zugleich das Verbindende der Gegner. Sie sind darin vereint, und nur weil sie darin vereint sind, können sie ihre jeweilige Grenze gegen den Gegner ziehen.

Ich möchte diese sehr abstrakten Bemerkungen ein wenig erläutern. Wenn zwei gegnerische Politiker um Medienpräsenz buhlen und in Pressespiegeln usw. die Zahl der Nennungen vergleichen, so definieren sie dadurch ihr Spiel: Ein Spiel um öffentliche Aufmerksamkeit. Doch in dieser Gegnerschaft haben sie *beide* die Medienpräsenz als adäquates Mittel anerkannt, als den Raum, in dem sie einander gegenübertreten wollen. Sie akzeptieren, dass die kurze Nennung, das Schlagwort, das Bild usw. den Raum ihrer Gegnerschaft definiert, nicht etwa ein Diskurs, bei dem Ziele und Mittel verglichen werden. Ihre Gegnerschaft ist die tiefste Anerkennung der Medienmacht, die sich durch sie hindurch als ihr gemeinsamer Spiel-Raum artikuliert.

Ähnliches gilt für militärische Auseinandersetzungen. Die militärischen Gegner haben akzeptiert, dass sie andere Ziele zurückstellen und – im Sinn der Relationen R5 und R6 der oben abgebildeten Spielstruktur – sich darauf konzentrieren, die *militärische Macht* des Gegners zu beschränken oder zu vernichten. Diese Bornierung auf militärische Ziele hebt – in der Relation R1 – andere Formen sozialer Interaktion auf. Sie anerkennen sich darin gleichermaßen in ihrer Beschränktheit auf militärische Mittel und konstituieren durch Konfrontation eine qualitative *Identität* ihrer Kräfte (Relation R2), die nur noch auf *Quantitäten* zielt: Schneller im Angriff, mehr Schlagkraft, stärkere Waffen usw. Der *gemeinsame Raum* militärischer Dummheit ist eine drastische Einschränkung sozialer Interaktion. Die Offenheit, in der sie sich begegnen, wird *sofort* im borniertem Blick der militärischen Gegnerschaft eingeschränkt. Und nur selten gelingt es in solchen Konfrontationen, die in ihrer beschränkten Abstraktion stets auch eine Potenzierung der Dummheit der Gewalt ist, zu entdecken, dass die *verbindende Offenheit*, der gemeinsame Raum, in dem sie einander als Gegner gegenübertreten, auch noch durch ganz andere Formen sozialer Interaktion erfüllt werden könnte.

Auch wenn der gemeinsame Spiel-Raum stets nur als *strukturierter* Raum erscheint, erfüllt durch die Topologie der Strategien, der Spielzüge, so handelt es sich hierbei doch immer um eine *beschränkte Wahrnehmung* der gemeinsamen Situation. Jede Matrix von

Spielzügen und oder Strategieräumen ist eine *Privation* der Offenheit, in der sich das *Spielen* des Spiels je schon bewegt. Die aristotelische Kategorie „Privation" lässt sich mit „Beraubung" übersetzen. Die Definition des Spiels *beraubt* die Offenheit des Spiel-Raums eines Teils seiner Offenheit, durchzieht diesen Raum mit Regeln. Doch da das *Spielen* ein Akt der Freiheit ist, damit die Bewegung in einer nicht durch Regeln begrenzten Offenheit, stehen Spielen und Spiel, Offenheit und Regeln in einem steten Spannungsverhältnis. Jede Regelverletzung, jede kreative Änderung der Strategiematrix – die ein cartesianischer Beobachter dem Spieler unterstellt – ist eine Bewegung in der *nicht-determinierten* Offenheit des Spiel-Raums, damit eine *Rücknahme* der Beraubung der Offenheit durch Regeln.

2.3.4 Das Spiel mit der Natur

Ich habe diese Bemerkungen zum strukturellen Verhältnis von Spiel und *Spielen*, von Regel und Akt neutral formuliert, um nur das herauszuheben, was der Kategorie des Spiels zukommt. Zweifellos ist eine *moralische Regelverletzung* völlig anders zu beurteilen als die kreative Veränderung einer Gewohnheit, die das Handeln bisher begrenzte. Tatsächlich zeigt sich hier der gemeinsame Grund von Freiheit und Kreativität – die Offenheit des Spiel-Raums –, der *vor* jedem moralischen Urteil liegt. Die Ethik kann nur aus dieser Offenheit *als* Erkenntnis hervorgehen, wenn eine Einschränkung von Spiel-Räumen aus der Einsicht erwächst, dass die Spieler gemeinsam Schaden nehmen *ohne* Regeln.

Die von der Spieltheorie betonte Differenz zwischen „individueller Rationalität" und „kollektiver Rationalität" – befreit man diesen Gedanken von seiner Beschränkung auf einen messbaren Nutzen – enthält die richtige Einsicht, dass die *Bewegung* im Spiel-Raum immer für den *je anderen* Bedingungen setzt, die für diesen als Privation *seines* Spiel-Raums erscheinen. In dieser Struktur, dass *eine* Offenheit, *ein* Spiel-Raum immer *gesellschaftlich* durch den Akt des Spielens erfüllt wird, zeigt sich, dass die Menschen sich nicht in einer Dualität von Subjekt und Gegenstand bewegen, sondern sich jedes Ich nur über ein Du zu einem Es verhält. Aus diesem Verhältnis, den möglichen Gegensätzen, Konflikten usw. erwachsen denn auch alle gesellschaftlichen Institutionen, in denen sich die Schranken des *gemeinsamen* Spiels mit der Natur individuell jeweils als *Regel* zeigen.

Das Spiel mit der Natur kann deshalb nicht so verstanden werden, dass man den vielen Egos jeweils ein *Stückchen* Natur als Eigentum gegenüberstellt. Die *ganze* Gesellschaft bezieht sich auf die Naturprozesse und muss die darin liegenden Schranken zu jedem historischen Zeitpunkt akzeptieren bzw. in die soziale Binnenstruktur als *Regel* vermitteln. Zwar bewegt sich auch das Spiel mit der Natur in einem offenen Spiel-Raum, der nicht *a priori* von Regeln durchsetzt ist. Was in den Naturgesetzen und in den jeweiligen Schranken technischer Möglichkeiten erscheint, unterliegt einem historischen Wandel. Neue, veränderte Gesetze treten mit neuen Technologien hervor.[16] Doch

---

[16] In der technischen Relation erscheint das Naturgesetz durchaus als „objektives" Relat, wie dies sich in der Erfahrung der Physiker ausdrückt: „Ich habe das Gefühl, als Physiker entdeckt man Gesetze, die es ‚da draußen' irgendwie bereits gibt". Richard Feynman in: P. Davies, J. R. Brown (1992), S. 246. Das „Draußen" setzt aber ein *spezifisches* „Drinnen" voraus, das in einer *bestimmten* technischen Relation beobachtet und denkt. Schrödinger, inspiriert von der Vedanta-Philosophie, spricht hier vom „Schein": „(D)ie wahrgenommene Vielheit ist nur Schein, sie besteht in Wirklichkeit gar nicht." E. Schrödinger (1961), S. 40. Dies ist das andere, im Denken zu vermeidende Extrem: Die „Wirklichkeit" ist das

stets gibt es eine in die Gesellschaft vermittelte Naturschranke, die sich in der sozialen Binnenstruktur auch in den moralischen, ökonomischen oder rechtlichen Regeln zeigt. Mit dem Wandel des Verhältnisses zur Natur kann sich auch diese Binnenstruktur ändern – das Spiel der Gesellschaft mit der Natur erscheint auch in der ökonomischen und sozialen Struktur. Insofern „offenbart" auch die Ökonomie und die Moral jeweils den Umgang mit der Natur, nicht nur die Naturgesetze und die technologischen Spielregeln, die als „Buch der Natur" gelesen werden.

Wenn das Verhältnis zur Natur als *Kampfspiel* ausgelegt wird, wenn die Erde als *Feindin* erscheint[17], dann reproduziert sich dieses Verhältnis auch in der gesellschaftlichen Binnenstruktur. Denn die Definition auch dieses Spiels wird durch die Weise des Spielens festgelegt. Wird die Natur nur auf ihre Widerständigkeit und Überwindbarkeit hin berechnet, so drückt sich darin nur die Binnenstruktur des berechnenden Umgangs der Menschen *untereinander* aus. Es wäre also naiv, den Umgang mit der Natur auf der Grundlage der wechselseitigen Verdinglichung der sozialen Prozesse in den ökonomischen Spielen des Wettbewerbs reformieren oder verändern zu wollen. Die Gesellschaft steht nicht als cartesianisches Subjekt der Natur gegenüber, sondern stets als soziale Vielheit der Handelnden, die sich zur Natur genau so verhalten, wie sie sich wechselseitig behandeln. Wird diese Struktur durchschaut, so erhellt, dass die „Spielzüge der Natur" als Antwort auf unsere Gegnerschaft ihr gegenüber ebenso ausfallen, wie wir in der sozialen Binnenstruktur die Definition dieses Spiels in der Geldrechnung täglich neu formulieren.

Da sich auch das Verhältnis des Spiels der menschlichen Gesellschaft mit der Natur in einem *Offenen* bewegt, wird jeder rechnende Zugriff immer wieder durch „Spielzüge der Natur" überrascht werden, die *nicht* berechnet waren. Die Offenheit des Verhältnisses erlaubt auch den rechnerischen Zugriff, den das Geldsubjekt unentwegt der Naturforschung souffliert. Doch die Natur *erschöpft* sich nicht darin, sich in die Matrix des Strategieraums ihrer Eroberung einzufügen. Auch diese Matrix ist nur eine Privation der Offenheit des Spiels zwischen menschlicher Gesellschaft und Natur. Das, was sich der berechnenden Matrix entzieht, heißt dann „Zufall" oder „ökologische Komplexität" (die immer wieder neue, z.B. klimatische Überraschungen bereithält). Insofern ist es also durchaus hilfreich, das Verhältnis zur Natur durch die Kategorie des Spiels zu beschreiben, das im berechnenden Zugriff als *faktische Gegnerschaft* („Naturbeherrschung") seine Wirklichkeit besitzt.

Ich füge hier zur Vollständigkeit noch kurz einen Gedanken hinzu, den ich an anderer Stelle entwickelt habe.[18] Die pekuniär organisierte Binnenstruktur der menschlichen Gesellschaft, die zugleich im Geldsubjekt einen besonderen Rationalitätstypus ausprägt (vgl. 5.3.3), der die kategoriale Matrix zur berechnenden Auslegung der Natur bildet, ist gleichwohl nicht ein Letztes. Dies, bei der Realisierung von Zwecken mit Bezug auf Natürliches stets vor der Notwendigkeit zu stehen, *Mittel* einsetzen zu müssen, ist ein Zusammenhang, der von jeder Geldwirtschaft völlig unabhängig ist. Um aber dennoch im ökonomischen Jargon zu reden: Die Mittel sind der Preis, den die Natur für unser Ansinnen verlangt, sie durch unsere Zwecke beherrschen zu wollen. Darin liegt die Antwort darauf, jeweils ein selbst als Naturstoff *verkörpertes* Wesen zu sein, eingebunden in einen Körper, der seine Natur mit der äußeren Natur teilt. Zwar wird die Bedeu-

---

Wirken der technischen Relation. Deshalb ist das, was jeweils als Natur erscheint, nicht „nichts". Es besitzt aber auch keine Identität von seiner Seite her.

[17] Vgl. hierzu die Hinweise, die ich in (2000a) zitiert und diskutiert habe.

[18] K.-H. Brodbeck (1979), Kapitel 1.4 und 2.3-2.4; (1996), Kapitel 11 und (2000a), Teil: Natur.

tung dieses Körpers als *Leib* völlig anders denn als äußerer Gegenstand erfahren. Aber niemand kann von seiner Verkörperung abstrahieren, denn die praktische Abstraktion von dieser Verkörperung ist der Tod. Die Gegenüberstellung zur Natur, die in der menschlichen Gesellschaft in wachsender Distanz und als cartesianische Verdinglichung historisch vollzogen wurde, hat darin ihren blinden Fleck. Jeder menschliche Körper besteht nicht nur aus „Natur" (aus unzähligen transformierten Pflanzen- und Tierleichenteilen und Wasser), die Verbindung zur Natur bleibt in jeder Neudefinition des Spiels zwischen Gesellschaft und Natur erhalten.

Auch das Spiel mit der Natur bewegt sich in einem offenen Spiel-Raum, der beide – menschliche Gesellschaft und äußere Natur – umfasst. Dieser Spiel-Raum ist aber durch die menschliche Verkörperung je schon einer Privation unterworfen, auf die bezogen Natürliches überhaupt erst erscheint als das Andere, das Äußere der menschlichen Sinnlichkeit. Das Spiel mit der Natur erscheint deshalb in der Technik stets auch als Modifikation dieser Verkörperung, ein Sachverhalt, den man etwas schief „Organprojektion" genannt hat. In der Technik erscheint das Spielzeug des Spiels mit der Natur. Heidegger nannte dieses Zeug das *Ge-stell*. In der Technik stellen sich Mensch und Natur wechselseitig. Doch eben dieses „Stellen" (wie man einem Wild auf der Jagd nachstellt), wiewohl es zum Spiel mit der Natur wird, gehört zur Reproduktion der menschlichen Verkörperung. *Darin* hat sich kein Wandel der Technik vollzogen. Der Wandel des Verhältnisses zur Natur vollzog sich durch die *berechnende* Vorstellung des Spielpartners Natur, der darin zum abstrakten Feind mit definiertem Verhalten (sichtbar in den Naturgesetzen) wurde.

Dies, als Mensch notwendig verkörpert zu existieren und darin an die Natur zuinnerst angebunden zu bleiben, auch wenn wir diese Anbindung durch immer mehr technische Vermittlungen aufzulösen versuchen, erscheint so, als wäre der Spiel-Raum mit der Natur immer schon von Regeln durchzogen, als gäbe es im Spiel-Raum mit der Natur keine wirkliche Offenheit, wie dies ein Spiel charakterisiert. Man müsste, wäre das zutreffend, auch vom Begriff des Spiels mit der Natur als inadäquate Charakterisierung Abstand nehmen. Doch dieser erste Eindruck, der mit dem Hinweis auf „ewige Naturgesetze" an Gewicht zu gewinnen scheint, ist falsch.

Auch im Spiel mit der Natur offenbart der Spiel-Raum, eine Offenheit, in dem dieses Spiel gespielt wird, in der Technik und der Ökonomie. Diese Offenheit tritt als Notwendigkeit in den Naturgesetzen selbst zutage und trägt dort den Namen „Zufall"[19] oder „Unbestimmtheit"[20]. Ferner zeigt sich diese Offenheit vor allem in der Quantenmechanik darin, dass selbst die *Grundkategorien* der Naturphänomene unabhängig von der verwendeten Technik, mit der sie beobachtet werden, gar nicht bestimmbar sind. Ob man ein Feld oder Materieteilchen beobachtet, hängt ab von der technisch vermittelten Fragestellung, davon, welche *mögliche* Antwort das technische Gerät überhaupt offenbaren kann. Wer Wellen misst, misst nicht zugleich diskrete Teilchen, und umgekehrt. Also selbst in ihren qualitativen Grundlagen, in ihrer kategorialen Verfassung offenbart die Natur eine Offenheit, die nur durch unsere technischen Mittel einer Privation unterworfen wird. Besäße die Natur von ihrer Seite her, als ihre „Identität", eine bestimmte kategoriale Verfassung mit nur einer quantitativ-mathematischen Konkretisierung, so wäre solch eine Offenheit der kategorialen Zuordnung unmöglich. Tatsächlich zeigt uns aber die Natur immer die Seite, die wir durch technische Geräte an ihr herausfordern.

---

[19] Einstein wollte „nicht glauben (…), dass das Geschehen in der Natur (.) nach dem Modell eines Würfelspiels aufgefasst werden müsse", A. Einstein (1993), S. 121. Vgl. A. Zeilinger (2003).

[20] Vgl. W. Heisenberg (1965), S. 28ff; E. Schrödinger (1979), S. 125-131.

2.3.4 Das Spiel mit der Natur

Und die erste Herausforderung dieser Art ist die körperliche Einbettung durch die menschliche Sinnlichkeit.

Die Offenheit der Natur bezüglich der Zuordnung einer kategorialen Matrix – tatsächlich erklärt auch das Ptolemäische Modell die Planetenbewegungen, nur anders als das Newtonsche und wieder anders als das Einsteinsche –, die im objektiven Zufall und in der Quantenmechanik erkennbare Unbestimmtheit und Notwendigkeit einer stochastischen Naturbeschreibung, all dies zeigt, dass die Natur von ihrer Seite her keine Identität besitzt. Man kann nicht sinnvoll von einer Identität der Natur *mit sich selbst* sprechen, weil auch diese Identität ein Prozess ist, der sich im Spiel mit der Natur zeigt und zugleich verändert. Die Bewegungsform dieses Spiels ist die dingliche Technik und die Weise, wie die Natur betrachtet wird. Das verallgemeinerte Geldsubjekt, der Mathematiker, der die Dinge *beherrschen* will, entwirft ganz andere Spielregeln als ein Künstler, der die Natur malt. Ich greife diese Fragen nochmals im Spiegel der Mathematisierung der Naturphänomene durch das Geldsubjekt auf (vgl. 5.3.3).

Die Offenheit des Spiel-Raums, in dem sich das Spiel der Menschen mit der Natur vollzieht, zeigt sich noch auf ganz andere Weise. Das, *wie* die Natur den Menschen erscheint, wie sie die Natur kategorial denken, wandelt sich in der Geschichte. Jede Stufe in diesem Wandel hat aber zugleich durch Technik und Ökonomie die Beziehung zur Natur ermöglicht; die Menschheit hat bislang alle Stufen, die auf einem „veralteten Weltbild" beruhten, erfolgreich gemeistert. Man kann also nicht sagen, dass die Naturauslegung, die menschlichen Handlungen und das sie formende Denken irgendwann radikal „falsch" gewesen seien. Wäre dies der Fall gewesen, so hätte diese Falschheit die Falsifikation, das Zu-Fall-bringen der Menschheit bedeutet.

Ich schließe keineswegs aus, dass die angeblich viel höhere Form der Naturbetrachtung und die Technik, die Denkform, auf der sie beruht – also unsere gegenwärtige Naturwissenschaft –, es heute fertig bringen kann, die Menschheit zu vernichten und somit diese berechnende Haltung der Natur gegenüber als nicht reproduzierbare gültig zu falsifizieren. Die Möglichkeit dazu besitzen die Menschen inzwischen, und ihre ökologische Verwüstung der Erde, ihr eigenes völlig naturhaftes Wachstum zeigt, dass das Spiel mit der Natur von einem Spielpartner geführt wird, der zwar mit Wissenschaft und Technik hoch gerüstet erscheint, in Wahrheit weit davon entfernt ist, *seine eigene Identität* konvergent herstellen zu können. Die Menschen treten immer noch als loser Diskursverband, meist verknüpft durch Tauschhandlungen und gelegentliche militärische Spiele untereinander der Natur gegenüber. Was sich hier zeigt, ist also keine gespiegelte Identität der Natur, mangelt doch den Menschen gleichfalls diese Identität – und nur aus der Position eines Identischen könnte Identisches benannt werden. Auch das Spiel mit der Natur ist ein *Prozess der Identität*, dessen Konvergenz schon deshalb nicht gedacht werden kann, weil er sich in einer Offenheit ohne Spielregeln vollzieht.

Die offenkundige Tatsache, dass die menschliche Technik und die begleitenden Denkformen, in denen wir die Natur erklären, einem unaufhörlichen Wandel unterworfen sind, zeigt die Bewegung in einer Offenheit, die als diese Offenheit unerkannt bleibt. Sie ist der Raum der menschlichen Freiheit. In diesem Raum erscheinen sich wandelnde Naturphänomene, die durch immer raffiniertere Instrumente auf eine identische Natur hin entworfen werden, dabei aber vergessen lassen, dass die Instrumente selbst sich in einem Offenen wandeln, das diese Identität unmöglich macht. Es ist auch dieser offene Raum, in dem sich in der Natur *zufällige* Ereignisse zeigen und entsprechend wahrgenommen werden. Auch *die Art* des Zufalls, die Offenheit der Natur von ihrer Seite her, wandelt sich im Spiel mit der Natur. Mit jeder neuen Technik der Naturbeobachtung treten auch wieder neue „Zufälle", fremde Kategorien hervor – vor allem in der Kosmologie. Vom absoluten Zufall (dem *big bang*) über die Prozesse in den Sternen, die wir mit dem jeweils auf der Erde verfügbaren Wissen rekonstruieren, bis zu der Unbestimmtheit und Offenheit der Welt kleinster Teilchen, aber auch lange bekannter makroskopischer Strukturen wie das Klima – stets offenbart sich die Natur zwar mit Bezug auf unsere Spielzüge (die neuen technischen Geräte und Denkmodelle). Doch sie offenbart zugleich immer auch ihre Offenheit mit. In dieser Offenheit der Unbestimmtheit fundamentaler Kategorien und stochastischer oder chaotischer Prozesse blicken die Menschen in dieselbe Offenheit, die ihre Freiheit des Spiels ermöglicht: Die Freiheit, durch immer wieder neue technische Geräte das Spiel neu zu definieren.

Eine Konvergenz dieser Bewegung ist nicht zu erwarten, weil der Natur ebenso wie der menschlichen Freiheit die Offenheit eines Spiel-Raums eignet, die beide innig verbindet, auch wenn sie von dieser Offenheit nichts zu wissen scheinen oder nur gelegentlich von Weisheitslehrern unseres Planeten darauf verwiesen wurden. Die Offenheit, die „Leere", die „Lichtung", in der das Spiel mit der Natur gespielt wird und die auch im Binnenreich des Sozialen immer wieder erscheint – bei jedem gescheiterten Vertrag, bei abgebrochenen Diskursen, beim Vordringen von Innovationen – bleibt das nächstliegende Geheimnis jeder Philosophie des Menschen. Thematisch besetzt ist diese Offenheit als *getrennter* Gegenstand in den Religionen („Gott", das „Heilige" etc.). Doch wie könnte etwas getrennt von uns sein, wenn wir uns alltäglich sprachlich, technisch oder ökonomisch darin bewegen?

2.4 Vergesellschaftung durch das Sprechen

2.4.1 Handeln und gemeinsames Wissen

Das Gespräch ist eine soziale Struktur, in der einige neue Momente auftauchen, die nur an ihr selbst (damit in der denkenden Rekonstruktion teilnehmender Gesprächserfahrungen) entwickelt werden können. Ich werde diese Struktur zur Ordnung der Argumente wieder am Modell einer modifizierten sozialen Grundstruktur entwickeln. Hierbei arbeite ich zunächst die implizite Situationsdefinition des Sprechens heraus, untersuche das „Worin" des Sprechens, das am Schweigen erkennbar wird, um dann an der Äußerung von Meinungen den Prozess der Konstitution sprachlicher Subjektivität näher darzustellen. Hierbei greife ich einige Motive der Sprechakttheorie auf, um schließlich das *innere Sprechen* am Modell der Sprechsituation zu rekonstruieren. Hieraus lässt sich dann an der kurzen Darstellung des platonischen Dialogs und seiner Interpretation durch Aristoteles der Übergang vom *logos* zur Logik rekonstruieren. Als Rahmen meiner Darstellung verwende ich ein modifiziertes Modell der sozialen Grundstruktur, wie sie in der Abbildung 2.8 skizziert ist.

Ich beginne meine Analyse mit der *Äußerung* je eines Sprechers. Zunächst ist auch hier in den Äußerungen a und b eine *perspektivische* Differenz zu beachten. Das, was jemand sagt, oder das Signal, das er äußert, erscheint verdoppelt in den Relationen R3/R5 bzw. R4/R6. Diese Dualität lässt sich in einer ersten Bedeutungsschicht als die von Innen/Außen beschreiben. Die Subjekte A und B *äußern* etwas. Darin liegt eine Bewegung von innen nach außen. Das gesprochene Wort, der geäußerte Satz, das gegebene Zeichen überbrückt als Intention die Differenz zwischen Ich und Du. In dieser Intention ist der je andere aber zugleich *als ein Du* interpretiert. Es gibt reduzierte Formen, worin jemand zu einem Grab, einem Baum oder Gegenständen spricht; doch solch ein uneigentliches Sprechen, das keine Antwort, keine Ent-Gegnung erwartet, weil es sich nicht um eine Be-Gegnung mit einem *Du* handelt, stellt eine Privation des eigentlichen Gesprächs dar. Genauer: Hier wird die Sprecherfahrung *übertragen* auf Situationen, in denen das Sprechen jeden *dialogischen* Sinn verliert.

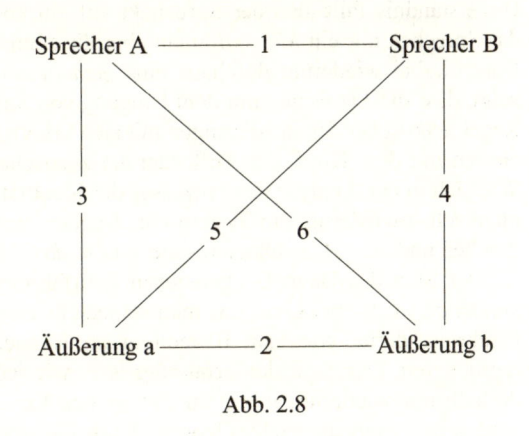

Abb. 2.8

Das, was sich an den Äußerungen a und b als *Dualität* zeigt, genauer, was daran als Innen- und als Außenverhältnis erscheint, lässt sich genauer ausdrücken als duale *Perspektive*. Ich äußere eine *Meinung*, die *Du* hörst. Hinter den Dualitäten R3/R5 bzw. R4/R6 verbirgt sich also als Innen-Außen-Beziehung zugleich eine *personale* Differenz. Die *Möglichkeiten*, a und b jeweils *unterschiedlich* aufzufassen, sind begründet in einer Dualität zwischen A und B. Ich greife diese Differenzen weiter unten nochmals genauer auf (vgl. 2.4.5) und konzentriere mich zunächst auf die Relation R1. Jeder Sprechende bekundet in seinem Sprechen eine implizite Voraussetzung allein durch die Faktizität seines Sprechens: Er geht davon aus, dass der je andere ihn *versteht*. Diese Voraussetzung verbirgt sich in der Relation R1. Jeder an einem Gespräch Beteiligte setzt die

Sprach-, damit Verständnisfähigkeit des je anderen voraus. Wenn im Sprechen deutlich wird, dass diese Voraussetzung *falsch* war, verändert sich die Situation: Das Gespräch *verwandelt* sich zu einer anderen Handlung. Sie besteht entweder in der *Trennung* vom je anderen, oder es wird ein Versuch eingeleitet, *gemeinsame* Sprachkompetenz herzustellen.

Hierbei ist zweierlei erforderlich: Einmal eine *gemeinsame* Sprecherfahrung, zum anderen muss der je andere *erkennen*, dass es *um das Sprechen*, um die Bedeutung von Wörtern geht – nicht etwa um einen aggressiven Akt oder den Versuch einer körperlichen Annäherung. Für das Sprechen ist eine gemeinsame Bedeutungserfahrung der Wörter vorausgesetzt. Im Gespräch können Wörter auch neu durch andere definiert werden, wie dies auch in der schriftlichen Form des Sprechens, dem Schreiben häufig erfolgt. Doch solches Definieren stößt rasch an Grenzen. Man braucht nur ein Wörterbuch zur Hand zu nehmen: Beim Versuch, alle Wörter in diesem Buch *durch andere Wörter* zu definieren, wird die Zirkularität offenbar. Hier ist unmittelbar erkennbar, dass Bedeutung nicht *innerhalb* einer Matrix der Begriffe erzeugt werden kann, sondern Bedeutungsprozesse voraussetzt.

Sobald deshalb erkannt wird, dass eine *neue Bedeutung* von sprachlichen Zeichen nicht in einem *sprachlichen Akt* konstituiert werden kann, endet das Gespräch über den fraglichen Inhalt, oder aber die Situation verwandelt sich in ein gemeinsames *Handeln*, das sich auf Objekte bezieht, deren Identität schrittweise neu erzeugt werden muss. Bei Unverständnis fällt also der Sprechakt auf ein kooperatives *Handeln* zurück, bei dem das Sprechen nur ein *Moment*, nicht aber die zentrale Intention des jeweiligen Aktes ist. Dass hierbei wiederum durchaus eine *gemeinsame* Zeichenkenntnis vorausgesetzt ist, zeigt, dass die *Erfahrung* mit dem Umgang von Sprache zugleich auch eine Reihe in der Regel *deiktischer* Signalisierungen mit sich bringt: Hinweise mit der Hand, hinweisende Gesten mit dem Kopf, die Aufforderung zuzuschauen, wenn man etwas vormacht etc. Wie sich in der Analyse des Prozesses der Identität zeigte, sind solche Zeigehandlungen nicht selbst wiederum ein System von Zeichen; ihre „Bedeutung" wandelt sich mit dem Zeichen und dem Bezeichneten – sie *sind ja das Zeigen* in dieser Relation.

Der Sinn des Begriffs „gemeinsame Erfahrungsgeschichte" ist also nicht ein *vorhandener*, nicht etwas, auf das man seinerseits zeigen könnte. Es ist die je gemeinsame Erfahrung darin, wie man Bedeutung im Handeln erfährt und vorstellend, denkend reproduziert. Der Sinn der Erfahrung ist – wie jede Identität – ein zeitlicher, der sich deshalb nur wiederum in einem *Tun* zeigen kann. Beim Nachdenken, beim Erinnern wird dies vereinzelt nachvollzogen; beim Gespräch kommt das neue Moment hinzu, dass die Aktivität sich jeweils auf *Antworten*, interpretierte Äußerungen eines Gesprächspartners stützt. Das Gemeinsame des Gesprächs ist die Erfahrung mit Bedeutungsprozessen, mit deren *Prozessstruktur*, d.h. der Verknüpfung von körperlichem Tun und Sprechen. In der Erinnerung erscheint dies dann als je neu aktivierte Verknüpfung situativer Momente (Gesehenes, Gehörtes, Gefühltes). Die Sprechenden bringen *diese Handlungserfahrung* mit; es ist ein Handlungswissen, kein kontemplatives Blicken auf gemeinsame Gegenstände, die vor-liegen.

In der Relation R1 verbirgt sich also ein *gemeinsames* Wissen um die Prozessstruktur, die in der jeweiligen Erfahrungsgeschichte der Sprechenden als stillschweigende Voraussetzung in jedem Gespräch geltend gemacht wird: Man erwartet von einem des Deutschen mächtigen Sprecher der Gegenwart, dass er Wörter wie „Baum", „Tagesschau" oder „Liebeskummer" kennt. Ferner gehört dazu eine gemeinsame Gewohnheit des Sprechens, die in der in der Regel *unbewusst* bleibenden Grammatik erkennbar ist. *Bewusst* wird diese Gewohnheit dann, wenn man gegen sie verstößt. So kann dann ein *bewusster* Verstoß dagegen auch als „Scherz" erkannt werden – der dissonante Eindruck beim Regelverstoß löst sich, nach Freuds Einsicht über den Witz, als spannungslösendes Lachen.

Man kann also sagen, dass die Relation R1 die gemeinsame kulturelle Erfahrungsgeschichte der beiden Sprecher enthält; die Grammatik ist dabei nur ein Element. Es ist eine Geschichte der Handlungserfahrung, die ihrerseits nur immer wieder *dynamisch* vergegenwärtig werden kann: Allein erinnernd, oder eben gemeinsam sprechend-erinnernd. Insofern wahrt das Gespräch ontologisch das dynamische Moment des Handelns, sofern es – und das ist keine Trivialität – nur als *Prozess* vollziehbar ist. Um Bedeutung sprechend zu entfalten, bedarf es wenigstens eines virtuellen Handelns, das sich allerdings auf reale körperliche Prozesse stützt und in den begleitenden Gesten, Augenbewegungen etc. immer noch auf die Bedeutungsherkunft verweist.

In der Relation R1 weist die Sprechsituation also zugleich über sich hinaus – zeitlich und räumlich – und erweist sich so als *historische*, als offene Struktur. In R1 enthalten sind allerdings auch all jene Momente, die beim Eintritt in ein Gespräch als dessen *spezifische* Form gewusst und erkannt werden. Die Erkenntnis des Gesprächs*typs* ist ein wichtiger *vorgängiger* Teil des eigentlichen Gesprächs. So kann einer Verhandlung die zwanglose Plauderei vorausgehen; ein Gespräch kann „umkippen", sobald beide Gesprächspartner bemerken, dass die vorgängige Unterhaltung in ein Behaupten von Positionen umschlägt, die zu einem *Streit* führen; man kann aber auch bei einer harmlosen Unterhaltung bemerken, dass die je andere Person „geschäftliche Interessen" (wie Schleiermacher diese Diskursform nennt) oder „strategische Interessen" (Habermas) verfolgt usw.

2.4.2 Situationsdefinition

Die nachfolgenden Überlegungen unternehmen aus prinzipiellen Gründen keinen äußeren Klassifikationsversuch von Handlungs- oder Sprechakttypen, sondern lassen sich von der einfachen Erfahrung leiten, dass die Gesprächsformen nicht nur häufig ineinander übergehen, sondern vielfach auch gar nicht getrennt werden können. Zudem ist eine solche Klassifikation immer eine *äußere* Zuschreibung eines cartesianischen Beobachters. Mit solch einer äußeren Klassifikation von Sprechakttypen oder Diskursformen wird eine zentrale Einsicht verdeckt: Zum Gespräch gehört immer auch die (vorgängige oder während des Gesprächsverlaufs entfaltete) Selbstdefinition des Typs von Gespräch, das man führt. Nicht selten ist *genau das* strittig oder selbst Element eines Dialogs. Mit dem *Gegenstand* des Gesprächs wird zugleich der Gesprächstypus implizit definiert. Deshalb gibt es ebenso viele Diskursformen wie Gesprächsgegenstände. Wollte man eine Diskussion zwischen Soziologen gemessen an jener zwischen Physikern als „wissenschaftlichen Diskurs" klassifizieren, so ginge der tatsächliche Unterschied verloren. Wenn man hier geneigt wäre, auf die deutsche Tradition der Unterscheidung zwischen Geistes- und Naturwissenschaften oder auf C. P. Snows *The Two Cultures*[1] zu verweisen, so ließe sich eine vergleichbare Differenz zwischen Physikern und Chemikern, Physikern und Biologen, bei den Biologen zwischen Genetikern und Biologen vom Typ Ernst Mayrs oder auf die Differenz zwischen Soziologen und Ökonomen, Neoklassikern und Keynesianern usw. aufdecken.

Damit ist eine erste wichtige Einsicht gewonnen: Das Gespräch ist immer zugleich durch die implizite Definition des Situationstyps charakterisiert, in dem es stattfindet. Ein „Typus von Sprechakt" ist dagegen eine *äußere* Zuschreibung; die Sprecher erleben sich sprechend in einer Situation – der Gesprächssituation –, und diese Situation ver-

---

[1] C. P. Snow (1998).

birgt immer *zugleich* auch ein Definitionspotenzial, worin geklärt wird, *was für eine Situation* vorliegt. Es ist für die Gesprächsführung, für die Sprecher (Diskurspartner, Redner und Zuhörer usw.) von grundlegender Bedeutung, sich im Gespräch immer zugleich des spezifischen Charakters des Gesprächs zu versichern. Es gibt hier zweifellos implizit vielfältige soziale Normierungen des Benehmens, dessen, was *man* in gewissen Situation tut oder sagt. In der Öffentlichkeit werden solche Gesprächstypen teilweise institutionalisiert: Das „Geschäftsessen" unterscheidet sich von der zwanglosen Unterhaltung im Büro ebenso wie ein moderiertes Gespräch auf einer Konferenz von einer Befragung an der Haustür.

Diese Hinweise sollten eigentlich genügen für die Einsicht: Ein cartesianischer Beobachter des Gesprächs kann nicht von außen festlegen, welchen Typus von Gespräch er vor sich sieht und hört. Genauer gesagt: Es gibt kein „Vorliegen" eines Gegenstands „Gespräch", „Diskurs" usw. Sicher lassen sich Experimentalbedingungen definieren, unter denen Gespräche (evtl. ohne Kenntnis der Gesprächspartner) auf Video aufgezeichnet und ausgewertet werden. Solch ein *äußerer* Blick auf das reine *Verhalten* während eines Gesprächs ist zweifellos höchst aufschlussreich – übrigens gerade dann, wenn man diese Perspektive nutzt, um seine *je eigene Äußerung* aus einer Fremdperspektive (z.B. auf Video) zu beobachten. Eine Verhaltensbeobachtung ist also auch *reflexiv* möglich und eine wichtige Quelle der Selbsterkenntnis. Ein solches Wissen ist hilfreich, um die eigene Rhetorik zu verbessern, Streitgespräche besser moderieren zu können, therapeutische Hilfen anzubieten usw. Doch darin wird nicht das Spezifische des Gesprächs erkannt, weil man sich selbst durch eine bewusste Entscheidung in eine reine Beobachterposition begibt – auch sich selbst gegenüber. Damit ist der semiotische Prozess aber aufgehoben und in einen physischen *Vorgang* verwandelt. Um die innere Struktur eines Gesprächs zu verstehen, muss man die Erfahrung der *Teilnahme* reflektieren, sich also immer wieder *in die Gesprächssituation* versetzen. „Objektivität" hieße hier nichts weniger als die *Verhinderung* einer korrekten Erkenntnis.

Die Relation R1 enthält damit nicht nur die Erfahrungsgeschichte, die Kenntnis der Zeichen, der Grammatik des Gesprächs, sie birgt auch stets die Möglichkeit, die Gesprächssituation reflexiv neu zu definieren oder eine Veränderung zu Bewusstsein zu bringen. Nicht zuletzt liegt darin auch die latente Möglichkeit, das Gespräch *abzubrechen*. Solch ein Gesprächsabbruch kann spontan erfolgen oder seinerseits durch bestimmte Regeln oder Normen institutionalisiert sein. So gilt z.B. in bestimmten Kontexten, dass eine emotionale Reaktion durch „laut werden" zum legitimen Gesprächsabbruch führt, während in anderen Kontexten solch eine Reaktion (sprechakttheoretisch: *perlokutiv*) provoziert wird, etwa für therapeutische Zwecke.

2.4.3 Gesprächsabbruch

Hier zeigt die Relation R1 auf eine weitere Besonderheit. In ihr ist die Kontrolle über den Gesprächs*verlauf*, also auch über Anfang, Pausen und Ende eines Gesprächs enthalten. Die darin liegende Normierung oder Regelung des Gesprächs hat aber keineswegs einen notwendig symmetrischen Charakter. Es gibt *hier* keine verbindliche soziale Norm. *Begründung*: Zwar ist für den Fortgang eines Gesprächs immer auch ein stillschweigendes Einverständnis in diese soziale Situation mit gegeben, und *dieses* Einverständnis ist durchaus *symmetrisch*. Das gilt aber nicht für die *Beendigung* eines Gesprächs. Hier genügt es, wenn *ein* Gesprächspartner das *im Gespräch* performativ gegebene Einverständnis, das Gespräch auch *führen* zu wollen, aufgibt. Zur Beendigung eines Gesprächs bedarf es nicht eines Einverständnisses der am Gespräch Beteiligten. Sieht man von *physischen* Einwirkungen ab, die ein Gespräch unterbrechen – wenn z.B.

die Telefonverbindung technisch getrennt wird –, so ist der Gesprächsabbruch *zugleich* der Abbruch der im Gespräch hergestellten sozialen Beziehung.

Gleichwohl ist der Abbruch des Gesprächs selbst latent mitgegeben als beständige *Möglichkeit*. Das Wissen *darum* ist allerdings ein *gemeinsames*. Es ist deshalb nicht paradox zu sagen, dass die Möglichkeit, das Gespräch zu beenden oder durch andere Formen sozialer Interaktion zu ersetzen, zur sozialen Grundstruktur gehört, die sich hier in der Modalität als Gesprächssituation zeigt. Die Möglichkeit der Trennung gehört zum *gemeinsamen Wissen* des Gesprächs. Das Ende des Gesprächs ist also nicht das Ende der sozialen Beziehung überhaupt. Es beendet nur eine Form sozialer Interaktion, um sie durch eine andere zu ersetzen – und auch das gegenseitige Ignorieren, die heimliche Intrige oder gar kriegerische Formen sind *soziale* Formen, durch die Kontrahenten immer verbunden bleiben.

Daran ist eine scheinbar einfache, dennoch zentrale Erkenntnis zu gewinnen: Das Gespräch (der Diskurs, die Kommunikation etc.) ist nicht *die* soziale Grundstruktur. Man kann eine Theorie der Gesellschaft nicht auf Sprechakten, Kommunikationen oder diskursiven Strukturen aufbauen, ohne entweder die Begriffe zu tautologisieren (alle Interaktion wird einfach *als* Kommunikation „definiert") oder die soziale Grundstruktur mit einer ihrer Modalitäten zu verwechseln. Zwar gibt es bei mimetisch-kooperativem Handeln, beim Tausch, bei technisch vermittelten Form sozialer Interaktion usw. immer auch „Aspekte", die man „kommunikativ" deuten kann, denen man jeweils *Zeichen* zuordnet oder sie *als* Zeichen interpretiert. Doch der Tausch von Gütern *ist* strukturell etwas anderes als ein Kommunikationsakt (obwohl er in einen solchen eingebettet bleibt), ein Befehl ist kein Diskurs, und der Krieg ist kein Gespräch, wohl aber eine sehr intensive soziale Interaktion.

Die jederzeit latente Möglichkeit, einen Diskurs *neu zu definieren*, ihn abzubrechen oder durch eine *andere* soziale Beziehung zu ersetzen, verweist unmittelbar darauf, dass sich jeder Diskurs *in etwas* bewegt, das er nicht ist, das aber gleichwohl notwendig vorausgesetzt wird. Ebenso setzt ein Kampf kooperative Organisationsformen voraus, die wenigstens *intern* eine kämpfende Partei sozial strukturieren. Und der Tausch wiederum ist kommunikativ eingebettet und deshalb kein *primäres* soziales Phänomen. All dies bewegt sich in einem „sozial offenen Raum", einem „Ort", einer „sozialen Dimension", *in der* sich jeder je schon bewegt, die aber nicht mit der jeweiligen Modalität identisch ist, auf die sich die Achtsamkeit der Teilnehmer am sozialen Prozess gerade richtet. Das Gespräch ist – wie der Tausch oder das Spiel – deshalb eine *Privation*, eine Beraubung jener Offenheit, die *als diese* nahezu nie zum Thema wird – auch wenn sie in *religiösen* Traditionen wiederum in einem Zeichen *fremd* gewusst wird.

2.4.4 Das Schweigen und die Offenheit

Heidegger hat dies im Phänomen des *Schweigens* aufgedeckt.[2] Tatsächlich kann man in jedem Gespräch *teilnehmend* die Offenheit, in der es sich vollzieht, immer dann unmittelbar wahrnehmen, wenn eine Pause eintritt. Das Schweigen wird vielfach als *Verlegenheit* empfunden. Denn die Intention des Sprechers ist auf eine *Antwort* gerichtet. Die Antwort bleibt beim Schweigen aus. Andererseits wird aber die Gesprächssituation auch nicht *beendet*. Im Schweigen wird die Stille hörbar, in der sich ein Diskus immer schon bewegt. Und im Schweigen wird erkennbar, dass die Gesprächspartner einen *Raum* teilen, ein Offenes, *in dem* sie ihr Gespräch führen, das sie verbindet, besser gesagt: in

---

[2] „Die Sprache gründet im Schweigen." M. Heidegger, GA 65, S. 510. Vgl. auch (1971a), S. 262f.; GA 60, S. 312; (1972a), S. 273.

dem sie je schon verbunden sind. Dieser Raum der Achtsamkeit ist nicht personal zu verorten. Jeder kennt die *Nähe*, die in einem Schweigen liegt, aber auch die hohe *Wachheit*, die damit verbunden ist.

Das Phänomen des Schweigens offenbart also etwas am Gespräch, das ihm je schon zugehört, das aber *als dieses Phänomen* nicht zum Thema wird. Oder anders gesagt: Das Schweigen wird im Diskurs immer nur *negativ* interpretiert, nämlich als Ausbleiben von Sprache, als Verweigerung des Sprechens, als Verlegenheit um eine Antwort usw. Das Schweigen gilt also als Mangel, oder es wird vom Sprechen her *als* Antwort gedeutet (als „illokutionärer Akt").[3] Doch dann wurde es schon wieder in Sprachbedeutung übersetzt, etwa in den einleitenden Floskeln: „Ich sage dazu nichts" – „Was soll man dazu noch sagen?" – „Es ist besser, ich schweige hierzu" usw. Dieses *uneigentliche* Schweigen erfüllt, wie eine Sprech- und Atempause, eine rhetorische Funktion, deren Sinn nur vom Sprechen her zu verstehen ist. Ich ziele aber hier auf ein Schweigen, das *als* Schweigen ins Bewusstsein tritt. Ein genauer Blick auf das Phänomen, die Erinnerung an die Gesprächserfahrung des Schweigens, zeigt folgendes: Das *Sprechen* ist je schon eine Beraubung der Stille, die im Schweigen liegt. Jedes Gespräch wahrt eine soziale Verbundenheit der Menschen *gerade im Schweigen*. Denn nur in ihm offenbart sich die Natur dieser Verbundenheit als *Grundlage* von jedem Sprechen.[4]

Ein Wissen darüber findet sich eigentlich nur noch in religiösen Traditionen, die Räume der Stille schaffen, worin sich das Je-schon der Verbundenheit der Menschen offenbart, die in der Stille erklingt. Wenn man also die Vernunft, das Bewusstsein durch die Sprache definiert, dann entgeht einem das Wichtigste: Der Grund. Sprechen ist eine Privation der Stille, die im Schweigen einen Raum der Achtsamkeit offenbar macht, der jeder Differenz zwischen Ego und Alter vorausliegt. *Wissenschaftlich* ist diese (soziale) Offenheit prinzipiell unzugänglich, d.h. für einen cartesianischen Beobachter nicht zu beobachten. Doch gerade dieser Beobachter ist *darin* – in dieser Offenheit – mit seinem „Gegenstand" verbunden. Sie ermöglicht ihm als kognitiver Raum die Beobachtung, auch wenn die Stille, der Raum dieser Achtsamkeit, das soziale Offene oder, wie Heidegger es nennt, die „Lichtung des Seins" nie beobachtbar ist. Der Beobachter als jemand, der *darin* ist und daran teilhat, ist nicht beobachtbar. Deshalb ist der Beobachter sich selbst immer verborgen – ein Sachverhalt, der in den Selbstbewusstseinstheorien dadurch umkreist wird, dass die Selbstbeobachtung das Selbst objektiviert und damit in etwas verwandelt, was es nicht ist.

Wenn man die Partei des Sprechens, der Sprache, der Kommunikation ergreift, wenn man sich also von dem, was eine Privation der sozialen Offenheit darstellt, in seinem Erkennen der Gesellschaft lenken lässt, erscheint die Rede vom Offenen schlicht als „unverständlich". Man kann die Stille nicht durch den Lärm verstehen, der sie erfüllt, der sie einer Privation unterwirft – nämlich der Privation des inneren Dialogs, des Ichsagens. „Dieses Schweigen ist nicht zu wollen (…); es ist nicht wiederholbar, nur jeweils ganz gegenwärtig"[5]. Das Geheimnis des Schweigens ist jedermann als Erfahrung gegenwärtig, der die Stille während eines Gesprächs als „peinlich" empfindet. Im

---

[3] Benjamin bestimmt die Natur des Schweigens vom Sprechen *her*, wenn er sagt: „Das Schweigen gebiert sich also selber aus dem Gespräche. (…) Das Schweigen ist die innere Grenze des Gesprächs." W. Benjamin (1977), S. 92.

[4] „Dieses Schweigen, das in der Offenbarkeit wirklichen Sprechens sich wird lösen können, übergreift ein anderes: ein tiefes, nichts im Dunkel lassendes, darum gleichsam *offenbares Schweigen* wird ein über das stille Verstehen, welches sich aussprechen *könnte*, hinausgelangendes Zueinandersein." K. Jaspers (1948), S. 359.

[5] K. Jaspers (1948), S. 360.

Schweigen rücken die Gesprächspartner einander seltsam nahe. Diese Annäherung ist aber die Offenbarung des Offenen, in dem man je schon verbunden war, als man durch das Sprechen die Dualität der Sprecher und ihr Ergreifen von Ich und Du mit dem ersten Satz *hervorgebracht* hat. „Der Ursprung im Schweigen verbindet, nicht das Gesagte"[6]. Das im Schweigen hörbare Offene, *in dem* gesprochen und gehandelt wird, verweigert sich einer Definition. Es ist das Undefinierte an jeder Situation, während *mit dem Sprechen* zugleich die Situation definiert wird; man weiß, um welche Art Gespräch es sich handelt und führt möglicherweise einen Diskurs über die Definition der Situation. Das Sprechen ist ein *Brechen des Schweigens*.

Mit dem Sprechen setzt zugleich auch das strukturierende Moment der Sprechstruktur wieder ein. Es werden die bestimmenden Kategorien des Sprechens „in Kraft" gesetzt. Und dieses In-Kraft-setzen ist zugleich die Definition des Gesprächscharakters, der Gesprächssituation. In der Definition der Situation macht sich die *Herkunft*, die Erfahrungsgeschichte der Sprecher bemerkbar. „Der biographische Zustand bestimmt die spontane Definition der Situation innerhalb des auferlegten ontologischen Rahmens."[7] Der ontologische Rahmen, von dem Schütz hier spricht, ist bereits eine Privation des Offenen, in dem sich das Gespräch vollzieht. Er umfasst die Matrix der Begriffe, deren *Bedeutung* sich im Gespräch aktualisiert und die dadurch auch verändert, nicht aber ursprünglich erzeugt wird. Die *Bedeutung* der im Gespräch auftauchenden Bedeutungen verweist auf die Biografie, die Vorgeschichte des Gesprächs zurück. Gespräche können keine *ursprünglichen* Bedeutungen erzeugen, wiewohl sie Bedeutungen *verändern*. Die ursprüngliche Bedeutung ist immer die kooperative oder allein vollzogene Handlung, die mit den verwendeten Zeichen verknüpft ist, also jener Prozess, den ich oben als „Identität" beschrieben habe. Durch Reden allein kann keine Bedeutung gewusst werden, da Bedeutung das je vollzogene Tun im Prozess des Wissens ist. Und beim *Gespräch* als besonderer Modalität der sozialen Grundstruktur ist das Handeln, das sich auf ein Drittes, einen „Gegenstand" bezieht, eingeklammert. Die „Gegenstände" sind vielmehr als *Erfahrungen* oder durch Zeichen gegenwärtig. Diese Trennung des Sprechens vom Tun zeigt sich im Verlauf des Gesprächs als dessen *prozessualer Mangel*.

2.4.5 Das Meinen

Dieser Mangel erscheint in seinem Inhalt, wenn wir die Relationen R3/R5 bzw. R4/R6 in Abbildung 2.8 in ihrer Dualität näher betrachten. Der Sprecher A äußert a. Er vollzieht darin zweifellos eine *Handlung*. Auch das Sprechen ist ein Tun, eine körperlich vermittelte Aktivität. Und vieles an diesem Sprechakt ist auch in seiner *rhetorischen* Form gelegentlich durch Gesten, begleitende Zeichen (Bilder, Texte etc.) eine Mimesis anderer Handlungen – wenn man mit den Händen Umrisse von beschriebenen Dingen nachzeichnet, die Position zu einem Ding durch eine links/rechts- oder vorne/hinten-Gestik unterstreicht etc. Die unvermeidlichen Gestiken beim Sprechen verweisen – wie gesagt – darauf, dass der *ursprüngliche Ort* des Sprechens ein körperliches, kooperiertes Tun ist, worin die Tätigkeit selbst das Modell für mimetische Akte wird. Das: „Ich zeige dir, wie es geht!" wird beim Sprechakt substituiert durch: „Ich erkläre dir, was ich meine!"

Gleichwohl ist das Sprechen eben kein reines Handeln, sondern ein abgeleitetes, ist die Beschränkung auf die Aktualität der *Form des Wissens*, in der sich das Handeln

---

[6] K. Jaspers (1948), S. 360.
[7] A. Schütz (1971: 3), S. 159.

bewegt. Im Sprechen trennt sich die Form des Handelns, das Handlungsprogramm, von der körperlichen Tat. Das Sprechen ist immer nur eine *Modalität* in der Gesamthandlung, die begleitenden, lenkenden Sprech- oder Denkbewegungen des Tuns und darin eine Körperbewegung neben einer anderen. Doch der im kooperativen Tun vollzogene Prozess der *Bedeutung* durch die tätige Identitätsbildung der das körperliche Tun begleitenden Zeichen, der sich *als Kooperation* mit anderen vollzieht, trennt am tätig-widerständig erfahrenen Ding eine soziale Bedeutung ab. Die Bedeutung konstituiert sich – das ergab unsere Analyse der Identität – in der tetradischen Struktur des Ich-Du-Es(Ich)-Es(Du). Beim *Gespräch* wird diese Struktur gewahrt, allerdings ihrer *tätigen* Dimension beraubt. Nur bei unlösbaren Streitfragen kehrt evtl. die *ganze* soziale Grundstruktur wieder hervor, wenn man *Erklärungen* von Äußerungen wieder durch ein *tätiges Zeigen* ersetzt. Das wissenschaftliche Experiment ist hiervon nur die institutionalisierte, methodisch kontrollierte Form.

Wenn also der Sprecher A sagt: a(A), dann wird diese Äußerung bewegt von der Erfahrungsgeschichte, aus der A kommt. Da Gespräche aber in ihrer sozialen Spezialisierung gleichfalls zur Erfahrungsgeschichte gehören, gibt es hier keinen *reinen* Zugang zu einer vergangenen Handlungserfahrung. Der erinnernde innere Dialog hat jede Erfahrung schon im Licht eines Diskurses neu geformt. Die Äußerung ist also keine einfache Wiedergabe von etwas, das als Erfahrung früher „gespeichert" wurde. Der Sprecher ruft nicht eine Information ab, die irgendwo in seinem Gehirn abgelegt ist, um sie dann über ein externes Gerät (die Stimmbänder oder die Hand, die einen Brief schreibt) zu „äußern". Die Äußerung als Akt ist zugleich *Konstruktion* eines Sachverhalts, worin sich immer auch der Sprecher in seiner Identität mitkonstruiert. Er sagt seine „Meinung" – und dieser Begriff ist doppeldeutig, im Sinn von „meinen" (= vermeinen, glauben, etwas *als etwas* interpretieren) und „mein" (= einem Subjekt zugehörig). *Erstens* ist eine geäußerte Meinung ein Satz in einer intersubjektiven Form, die auch dem Gesprächspartner zugänglich ist (Wortschatz, Grammatik, Ontologie der verwendeten Begriffsmatrix usw.). Der Sprecher unterwirft sich *uno actu* durch seine Äußerung diesen *gemeinsamen* Regeln und der Situationsdefinition. Insofern öffnet sich also der Sprecher den sozialen Formen, demonstriert seine Subsumtion unter sie und reproduziert diese Formen. *Zweitens* aber vermeint sich der Sprecher in seiner Meinung auch als Selbst. Er hat die sozialen Formen, die seine Äußerung strukturieren, sich zueigen gemacht, sie darin der Privation des „Mein" unterworfen, das nun *sich* in der Äußerung ausspricht. Gelegentlich wird dieser Aspekt einer Äußerung durch eine reflektierte Sprachfloskel besonders hervorgehoben: „Ich sage a, das ist meine Meinung"; „Ich glaube, die Sache verhält sich so ..."; „Ich schlage vor, es so zu betrachten ..." usw. Diese Floskeln sind semantisch redundant, denn jede Äußerung reproduziert das Selbst des Sprechers, der, indem er *Etwas* äußert, zugleich *sich* äußert.[8]

Dieser Aspekt der Äußerung, der in der Struktur des Gesprächs – ich diskutiere dies bezogen auf A; die Strukturen bezüglich B sind symmetrisch – in den Relationen R3 und R4 erscheint, vollzieht bereits notwendig eine Differenz, die keines *weiteren* Aktes der Unterscheidung mehr bedarf. Anders gesagt: Die hier genannte Differenz, die Dualität des Meinens als *etwas* meinen und es *selbst* meinen (zum Mein machen, ver-meinen) liegt nicht dem Sprechen *voraus*. Vielmehr *vollzieht* es sich in der Äußerung. Der Sprecher A wird *als* jenes Subjekt, das die Meinung a *äußert*, in dem Augenblick geboren,

---

[8] „Ich kann nicht selbst werden, ohne in Kommunikation zu treten", K. Jaspers (1948), S. 348. „Das Ich kann gar nicht ein wirkliches sein ohne sein Du und das Selbstbewusstsein nicht ohne das Bewusstsein des andern", F. Schleiermacher: Psychologie; zit. in: H. L. Stoltenberg (1930), S. 108.

2.4.5 Das Meinen

in dem er sich ausspricht. Das gebrochene Schweigen ist zugleich die Geburt des sprachlich definierten Egos – wie in der Antwort von B *dieser* als vermeinendes Sprachsubjekt, als Alter geboren wird. Ego und Alter des Diskurses liegen also nicht *vor* dem Sprechakt, sondern vollziehen *in ihm* jeweils ihren Ego-Prozess.[9]

Gewiss, man kann die Behauptung des eigenen Ich – das Ich-sagen im inneren Dialog – auch privativ reproduzieren. Das ist „die Vorstellung Ich denke", die nach Kant „alle andere muss begleiten können". Und ich würde Kant zustimmen, wenn er sagt, dass diese Vorstellung „in allem Bewusstsein ein und dasselbe ist"[10], sofern damit *phänomenologisch* einfach das Ich-sagen in der gemeinsamen Sprache der Menschen gemeint ist, die diese Sprache sprechen. Tatsächlich ist dieses „muss begleiten können" nur das triviale *Sagen* des Wortes „Ich" in Verbindung mit anderen Gedanken. Nur im *Gespräch*, in der geäußerten Meinung *vollzieht* sich das Meinen als Grund des Mein, das dann, wenn es *benannt* wird, mit dem Zeichen für „Ich" verknüpft wird. Es ist also umgekehrt: Nicht das Ich geht dem Meinen, das „Mein" des Meinens geht dem „Ich" voraus, und das Meinen wiederum konstituiert sich im Sprechen, im Gespräch als Meinungsäußerung. Das Sprechen als Prozess des Meinens ist eine dynamische Relation, in der die Relate – die Vermeinenden (= Subjekte) und das Vermeinte (= Objekte) – erst diskursiv erzeugt und reproduziert werden. Und dieser Prozess setzt sich im Selbstgespräch, im inneren Dialog fort als endlose Selbstdefinition des Egos.

Wenn ich also in dem obigen Modell des Sprechens einen Sprecher mit A und B bezeichne, so ist damit kein *vorhandenes Etwas* gemeint. Vielmehr konstituieren sich A und B erst im Gespräch *durch ihre geäußerten Meinungen* zu Sprachsubjekten. Dass sie für einen cartesianischen Beobachter auch darin ein *Verhalten* zeigen, das an vorhandene körperliche Funktionen gebunden ist, steht außer Frage. Doch diese *Vorhandenheit* konstituiert nicht die Sphäre der Bedeutung, der Bedeutsamkeit. Beispiele: Wer in einem Internet-Chat mehrere Namen annimmt, der ist jeweils in verschiedenen Dialogen als differente Person von anderen vermeint; die körperliche Identität ist die Äußerung auf dem Bildschirm. Ebenso sind Menschen je andere in verschiedenen Situationen. Die personale Identität ist ihrerseits eine unaufhörliche Konstruktion des Selbst, nicht abhängig von der körperlichen Identität für einen cartesianischen Beobachter. Was man bei einem Sprecher als körperliches Verhalten beobachtet, ist nicht das, was ihn zu einem Bedeutung verstehenden Subjekt macht – denn nur er selbst macht sich dazu als Ich, gespiegelt am Du des Gesprächspartners, nicht aber als passives Objekt einer Beobachtung. Diese Differenz zwischen vorhandenen und als Bedeutung erfassten Sachverhalten, also die Sphäre des In-seins der Bedeutsamkeit unterschieden von der Vorhandenheit der Dinge herausgearbeitet zu haben, ist wohl eine der wichtigsten Einsichten in Heideggers „Sein und Zeit".[11]

---

[9] Ayer sagt: „(A)us der Tatsache, dass die Beziehung der Zugehörigkeit zu der Sinnesgeschichte desselben Selbst symmetrisch und transitiv ist, folgt notwendig, dass die Serien der Sinneserfahrung, welche die Sinnesgeschichte verschiedener Selbstseiender konstituieren, keine gemeinsamen Glieder haben können; das aber bedeutet das gleiche, wie wenn ich sage, dass es einer Sinneserfahrung unmöglich ist, zur Sinnesgeschichte von mehr als einem einzigen Selbst zu gehören." A. J. Ayer (1970), S. 167. Das ist ein cartesianischer Irrtum, weil hier das „Selbst" dogmatisch vorausgesetzt wird, ohne es zu explizieren. Seine Explikation als Ver-meinen hebt es aber auf und zeigt, dass die Dualität „Einzelheit/Allgemeinheit" im Vermeinen des Beobachters gründet.

[10] I. Kant, WW 3, S. 136.

[11] M. Heidegger (1972a), §§ 9-18. Habermas steht dieser Einsicht Heideggers durchaus nahe, wenn er an Parsons kritisiert, dass dieser die „Differenz zwischen raumzeitlich indivi-

Aus dieser Differenz erhellt dann auch die am Gespräch implizit mit-ausgesprochene Bedeutung des Sprachsubjekts in seinem Vermeinen. Darin ist eine Subjektstruktur behauptet, die sich immer erst durch ein Tun – hier das Sprechen – zu dem macht, was es ist. „Jeder ist das, was er betreibt und besorgt."[12] Oder mit Ramon Lull gesagt: „Der Mensch ist ein Sinnenwesen, das sich zum Menschen macht."[13] Dieser durch Sartre zum Leitthema des Existenzialismus erhobene Gedanke wird dann verständlich, wenn man hier an der *besonderen*, gleichwohl für das Selbstverständnis des Menschen zentralen Handlung des Sprechens die Struktur des Meinens untersucht. Jeder Sprecher „ist" vor dem Sprechen nur das, was sich im Schweigen, im Raum der Achtsamkeit offenbart. Erst durch das Sprechen vollzieht er die Privation des Vermeinens. Er wird durch die *Äußerung* als Vermeinender geboren und reproduziert dieses „Mein" durch den fortgesetzten Prozess des Meinens.

2.4.6 Der Geltungsanspruch und die Bestreitbarkeit

Jeder vertritt also tatsächlich, wie Habermas, Apel und andere Diskursethiker nachdrücklich betonen, durch eine Äußerung einen *Geltungsanspruch*. Doch dieser Geltungsanspruch ist ein *mehrfacher*: Der Sprecher äußert *erstens* eine Meinung, die in einer intersubjektiven Zeichenform ausgedrückt ist und sich insofern in einer vorgängigen sozialen Sphäre bewegt. Damit anerkennt er implizit das Gelten dieser Sphäre, deren Privation er ja tätig vollzieht. *Zweitens* behauptet sich der Sprecher darin aber als vermeinendes Subjekt, das *seine* Meinung sagt und darin im Unterschied zur ersten Bedingung eine *Differenz* zu anderen behauptet, die das implizite Urteil enthält: der andere, der Gesprächspartner habe diese Meinung noch nicht, noch nicht bekundet oder habe eine andere, und *deshalb* sei er *der* Andere. In diesem *anders-Meinen* liegt das Anders-Sein als Alter gegenüber Ego. *Drittens* hat die geäußerte Meinung die Form einer Besonderheit in einer Allgemeinheit: Es ist ein besonderer Satz, ein Zeichen, ein Bild usw. *in einer allgemeinen* Sphäre.

Es wird darin also auch eine Identität eines Sachverhalts behauptet. Die Identität des Sachverhalts ist aber vorläufig *nur durch das Meinen* von Ego oder Alter (also den Sprechern, die eine Position äußern) gestiftet. Die Identität ist keine intersubjektive, sondern die vereinzelt vermeinte. In der Sprechstruktur (Abbildung 2.8) bleiben a und b zunächst Äußerungen, deren Identität sich nur jeweils intern für A und B konstituiert, die dem je anderen als mögliche Identität a = b präsentiert werden. Das ist zunächst die Bedeutung des Begriffs „Geltungsanspruch" im Diskurs. Da A sich aber mit a, B mit b auch als Subjekte, damit als Differenz von Ego ↔ Alter konstituieren, bedeutet die Herstellung der Identität a = b zugleich die im Gespräch *uno actu* vollzogene Aufforderung, die vermeinte Subjekt-Differenz von A und B (das Behaupten einer Position als je meiner) aufzugeben.

Im Geltungsanspruch durch die Teilnahme an einem Gespräch findet sich auch noch ein weiterer Aspekt, der regelmäßig übersehen wird. Wer eine Meinung äußert, erhebt einen Geltungsanspruch *in einem Gespräch*. Dazu gehört, dass der Sprecher eine Antwort erwartet, mit einer Antwort rechnet. Und er weiß damit auch, dass auf jeden Spruch ein Wider-Spruch erfolgen kann. Der Gesprächspartner kann nicht nur mit Ja oder Nein antworten. Diese Vorstellung, dass man eine Meinung äußere, dafür implizit

---

duierten *Gegenständen* und symbolisch verkörperten *Bedeutungen*" nicht erkenne, J. Habermas (1981: 2), S. 328.

[12] M. Heidegger, GA 24, S. 226.

[13] R. Lullus (1999), S. 62/63: „Homo est animal homificans."

2.4.6 Der Geltungsanspruch und die Bestreitbarkeit

einen Geltungsanspruch erhebe, zu dem andere dann Ja/Nein-Stellungnahmen abgeben können, ist wahrhaft eine armselige Vorstellung von einem Gespräch. Genauer, es ist die ziemlich heruntergekommene Gesprächsform der parlamentarischen *Debatte*, die hier als stillschweigendes Modell zu dienen scheint: Jemand – vorzüglich in herausragender Position – äußert eine „Meinung", und die anderen, die vielen „Alter" dieses Egos, haben dann das Recht, per Akklamation dazu ja oder nein sagen zu dürfen. Auch das ist ein Diskurs; das gebe ich zu. Doch diese Diskursform zu einem Modell *des kommunikativen Handelns* zu machen, gar zu *der* sozialen Grundform der „Lebenswelt", würde am Gespräch so ziemlich alle relevanten Strukturen einklammern.

Wer in einem Gespräch eine Meinung äußert, der hat durch seine Teilnahme zugleich die *Bestreitbarkeit* seiner Meinung performativ akzeptiert. Und wer auf die absolute Geltung seiner vereinzelten Aussage beharrt – deren Bestreitbarkeit also bestreitet –, der hat sich aus dem Diskurs entfernt und sich isoliert. Wer an einem Diskurs teilnimmt, riskiert immer die Bestreitbarkeit seiner Aussagen; jede Metaaussage über *den* Diskurs ist nur dessen totalitäre (d.h. cartesianische) Vereinnahmung.[14] Denn nur eine Fernsehansprache oder ein anderer einseitiger Kommunikationskanal wäre der Versuch, *nur* einen Geltungsanspruch zu erheben. Selbst wer ein Buch oder einen Aufsatz publiziert, rechnet mit Widerspruch. Sonst würde er sich nicht der Gefahr aussetzen, im Diskurs seine Meinung modifizieren zu müssen. Mit jedem Geltungsanspruch ist also zugleich die Anerkennung – so der Diskurs nicht *verlassen* wird – der *Bestreitbarkeit* verbunden. Gerade *darin* liegt das nicht-egoistische Moment des Gesprächs, die Anerkennung der sozialen Einbindung und Teilnahme. Diese Anerkennung der Bestreitbarkeit braucht keineswegs ein bewusster Prozess zu sein – so wenig dies ein Geltungsanspruch ist.

Mehr noch. Wer sich auf ein Gespräch einlässt, der setzt sich dem Risiko aus, in einer Situation gemeinsamen Schweigens – wenn entweder der Gesprächspartner zu einer Meinung schweigt oder wenn die Gesprächsteilnehmer *gemeinsam* im Verlauf des Gesprächs zu einer (vielleicht geteilten) Meinung *schweigen* – auf etwas zu stoßen, an etwas erinnert zu werden, das über die in den Gesprächen bewussten und streitbar ausgetauschten Gedanken, Normen, Zielsetzungen, Urteile usw. hinausweist. Wer sich auf ein Gespräch einlässt, der hat stillschweigend die Möglichkeit akzeptiert, dass er im Schweigen eine Erfahrung macht, die über jedes Sprechen und Handeln *hinausweist*. Diese – nennen wir es ruhig so – spirituelle Dimension jedes Sprechens ist mit dem Eintritt in ein Gespräch mit gegeben. Im Schweigen „spricht" auch die unmittelbare Erinnerung an die *Sterblichkeit*, das Hören als der Ausklang, das Auf-Hören. Dass die Moderne davon nichts mehr weiß und die Stille mit dem Lärm ihrer Geschwätzigkeit übertönt, macht dieses Phänomen nicht nichtig.

In der Stille, im Schweigen offenbart sich eine Täuschung des Meinens über sich selbst. Merleau-Ponty sagt, dass im Phänomen des sprachlichen Ausdrucks mit Bezug zum sprechenden Subjekt ein „Überstieg" liegt, der sich aber in diesem Akt selbst voll-

---

[14] Diese Einsicht hebt das auf, was Apel als „performativen Selbstwiderspruch" zu identifizieren versuchte; vgl. K.-O. Apel (2000). Ein Skeptiker würde auch den Sinn der Differenz zwischen Performation und Intention, von Lokution und Illokution bestreiten, die Apel als geltende Wahrheit voraussetzt, nicht aber ein Skeptiker. Wer z.B. sagt: „Ich lüge", der begebe sich, so Apel, in einen Selbstwiderspruch, weil er *performativ* die Gültigkeit seiner Aussage beanspruche, während er sie zugleich semantisch leugne. Doch das ist ein Denkfehler: Denn die *Bedeutung* einer Performation ist selbst strittig; sie ist nicht in *einem* Bewusstsein gegeben. *Wer* beurteilt sie? Ein cartesianischer Beobachter (= Apel)? Der illokutionäre Akt *hat* ohne Auslegung, d.h. ohne Diskurs*teilnahme* und riskierte Bestreitbarkeit, keine „Bedeutung"; vgl. K.-H. Brodbeck (2003a), S. 24-32 für eine tiefere Diskussion dieser Frage.

zieht: „Die Sprache transzendiert uns, gleichwohl aber sprechen wir."[15] Die *Sprache* transzendiert uns insofern, als sich an ihrer Form – im Einverständnis oder der Kritik des je anderen – eine das Ego je schon überstiegene Gemeinsamkeit äußert. Doch diese Gemeinsamkeit, die in der sozialen Form der Sprache liegt, verbirgt zugleich etwas: Das Erklingen einer Bedeutung versteckt den Klang der Stille, die im Schweigen offenbar wird. Merleau-Ponty kritisiert zu Recht, dass man der Sprache nicht ein „transzendentes Denken zur Seite" stellen kann, dem sie sich verdanken soll. Gleichwohl aber vollzieht sie sich in einem kognitiven Raum, der kein diskursives Denken ist, der in seiner Stille nur im Schweigen aufscheint. Versucht man dieses Phänomen zu vergegenständlichen, so entdeckt man ... nichts. Diese Leere birgt, aber sie steht nicht entgegen. Es ist jene Leere des Selbst, von der Merleau-Ponty im Anschluss an Sartre sagte: „(I)ch muss es als ‚Nichts', als ‚Leere' entdecken, die zur Fülle der Welt tauglich ist oder dieser vielmehr bedarf, um seine Nichtigkeit zu ertragen."[16]

2.4.7 Die Interpretation illokutionärer Akte

Doch zurück zur Analyse des Sprechens, das die genannte Leere strukturiert. Ich betrachte die Differenz, die durch die Relationen R3/R5 bzw. R4/R6 gekennzeichnet wird, noch etwas genauer. R3 bzw. R4 enthält all das, was ich eben zum „Geltungsanspruch" und in der Anerkennung der Bestreitbarkeit der je eigenen Meinung gesagt habe. Hier werden Ego und Alter als Sprachsubjekte, als Ego geboren, gleichzeitig aber bekunden sie performativ den Willen, die Ego-Position nicht als *absolute Geltung* zu behaupten. Diese Relativierung je eigenen Meinens spiegelt sich in den Relationen R5 und R6; beide sind symmetrisch, weshalb ich den Sachverhalt nur an Relation R5 erläutere. Hier hat der Sprecher A die Meinung a geäußert; B als *Hörer* (oder Leser) dieser Meinung versteht „a" nur, wenn es ihm gelingt, sie als sinnvollen Gedanken aus *seiner* Erfahrungsgeschichte und der Kenntnis der in R1 gemeinsam anerkannten Regeln der Sprache, der vorausgesetzten Begriffsmatrix usw. zu rekonstruieren. Das Hören von a durch B ist also – wie jede Erinnerung des Sprechers – ein *konstruktiver* Akt. B muss die Bedeutung aus dem Gehörten, aus dem als Verhalten beobachteten Handeln von A für *sich* rekonstruieren. Darin verwandelt sich a(A) in a(B).

Hier erscheint ein Problem, das im Anschluss an Austin die Sprachphilosophen und Diskurstheoretiker unter dem Begriff des „illokutionären" Aktes diskutiert haben. Austin erläutert den Begriff des illokutionären Aktes so: *Lokution* heißt die Äußerung selbst: „Das kannst du nicht tun!"; die *Illokution* besagt: „Er hat dagegen protestiert, dass ich das täte". Perlokution heißt dann der Sinn einer verknüpften Handlung („Er hat mir Einhalt geboten").[17] Die Perlokution wird von Sprachphilosophen skeptisch betrachtet, denn sie gehöre nicht zur eigentlichen Sprechhandlung, die eine Bedeutung signalisiere. So sagen Günther Grewendorf und Georg Meggle:

> „Ob der perlokutionäre Akt vollzogen wird, hängt davon ab, ob auf die gemachte Äußerung hin noch etwas weiteres passiert. (...) Ob der illokutionäre Akt vollzogen wird, hängt dagegen *lediglich von den Umständen ab*, unter denen die Äuße-

---

[15] M. Merleau-Ponty (1966), S. 446.
[16] M. Merleau-Ponty (1986), S. 77. In der buddhistischen Tradition heißt diese Leere *shunyata*; vgl. K.-H. Brodbeck (1995).
[17] J. L. Austin (1972), S. 117.

2.4.7 Die Interpretation illokutionärer Akte

rung gemacht wird. (...) Daraus folgt: Der perlokutionäre Aspekt einer Äußerung gehört nicht zu ihrer Bedeutung."[18]

Doch das „lediglich" ist ein Euphemismus, denn zu den „Umständen" gehört *jemand*, der die Perlokution *als diesen und nur diesen* illokutionären Akt *auslegt*. Um Austins Beispiel zu nehmen: „Das kannst du nicht tun!" kann sehr wohl ein ironischer Satz sein, es kann aber auch auf ein Unvermögen angespielt werden usw. Es gibt also zwischen Lokution und Illokution keine ein-eindeutige Beziehung, die einen objektiven Charakter hätte.[19]

Hier zeigt sich – in der von mir verwendeten Terminologie – das nicht geklärte Verhältnis zwischen der Relation R3 und R5 (bzw. R4 und R6). Die Bedeutung einer Äußerung wird vom Hörer der geäußerten Meinung, des Satzes usw. *in seinem Bewusstsein*, aus seiner Erfahrungsgeschichte ver-meint. Darin konstituiert sich die *neue* Bedeutung a(B) in Differenz zu a(A). Es handelt sich hierbei zunächst immer noch um die „lokutive" Bedeutung. Austin und viele seiner Interpreten gehen ganz selbstverständlich davon aus, dass die Bedeutung im *wörtlichen* Sinn für A und B dieselbe ist. Sie erkennen also nicht das Problem, wie sich die *Identität* von Bedeutung sozial konstituiert. Im Gespräch kann dies nicht zugleich mit der koordinativen Funktion von gemeinsamen Akten als Prozess hergestellt werden. Vielmehr bringen beide Sprecher je ihre Handlungserfahrung mit, aus der und in der sie die Bedeutung von Äußerungen wie a oder b erinnernd-konstruierend aufbauen. Austins Satz „Das kannst du nicht tun!" hat also nicht *eine* lokutive Bedeutung, sondern – genau gesagt – deren *drei*: Definieren wir diese Aussage: „Das kannst du nicht tun!" = a, so hat diese Aussage „Bedeutung für A" = a(A), eine davon verschiedene „Bedeutung für B" = a(B) und *drittens* eine Bedeutung als Beispiel im philosophischen Diskurs, worin der Philosoph (Austin) *über die Sprechenden* als cartesianischer Beobachter *seine* Bedeutung auf die Diskurspartner projiziert: a(Austin). Und weil er das tut, weil er nicht die *Teilnehmerperspektive* einnimmt, deshalb entgeht ihm die zentrale Differenz zwischen a(A) und a(B) – bzw. b(A) und b(B).

Das, worauf Austin und ihm nachfolgend Apel, Habermas und andere ihren Blick lenken, ist die *performative Bedeutung* dieses Satzes, also der „illokutionäre Akt". Doch obgleich Apel immer wieder – zu Recht – betont, dass ein Sozialwissenschaftler, ein Philosoph immer und *notwendig* Teilnehmer der Kommunikationsgemeinschaft bleibt[20], scheinen er und Habermas hier an dieser zentralen Stelle in eine Position als cartesianische Beobachter zurückzufallen.[21] Bei Habermas ist dies schon dadurch erkennbar, dass

---

[18] G. Grewendorf, G. Meggle (1974b), S. 19; meine Hervorhebung. Vgl. J. Habermas (1981: 1), S. 388ff.

[19] In der von der Informationstheorie beeinflussten Analyse des Gesprächs findet sich in der Differenz von „Inhaltsebene" und „Beziehungsebene" eine durchaus vergleichbare Unterscheidung, wie sie in der Differenz zwischen Lokution und Illokution ausgesprochen wird; P. Watzlawick, J. H. Beavin, D. D. Jackson (1969), S. 53-56. Die Theorie vom *double bind*, vgl. G. Bateson, D. D. Jackson, J. Haley und J. W. Weakland (1984), ließe sich übrigens strukturell als „performativer Selbstwiderspruch" im Sinn Apels interpretieren.

[20] Vgl. K.-O. Apel (1976).

[21] Forguson sagt: „Sehr oft beeinflussen unsere illokutionären Akte die Gedanken und Handlungen anderer", L. W. Forguson: Austins Handlungstheorie; in: G. Meggle (1985), S. 64. Das mag sein – nicht weniger wichtig ist aber die Einsicht, dass die „Gedanken und Handlungen anderer" die *Interpretation* dessen, *was* ein illokutionärer Akt bedeutet, „beeinflussen". Und die Frage lautet: *Wessen* Gedanken bilden den Kontext dieser Auslegung? Vgl. auch A. I. Goldman (1985); S. 332-353.

er vorschlägt, wie man den illokutionären Akt (in Differenz zu Austin, Searle und anderen) „interpretieren" solle. Hierbei wird aber der Diskurs in ein Objekt eines Beobachters verwandelt. Die Einheit der beobachteten Entität „Diskurs" ist dann nicht mehr ein Prozess der Identitätsbildung von Bedeutungen, in dem die Teilnehmer die Identität der Sachverhalte *und ihrer selbst* hervorbringen oder reproduzieren. Die Identität des Diskurses als zu beschreibende Entität wird gestiftet durch das Ego des cartesianischen Beobachters (Austin, Habermas).

Nehmen wir Austins eigene Erklärung für einen illokutionären Akt: „Er hat dagegen protestiert, dass ich das täte". Das ist eine Auslegung, eine Interpretation einer *Handlung*. Diese Handlung hat sicherlich eine Bedeutung, doch wie jede Handlung, vor allem aber wie *jede Sprechhandlung* definieren die Sprechenden selbst die Bedeutung der Handlungssituation. Die Äußerung von A in ihrer *interpretierten* Form – die von der Rekonstruktion des semantischen Gehalts von a durch B genau zu unterscheiden ist – beruht auf der jeweiligen Wahrnehmung, der Begriffsmatrix, in der sich der Beobachter bewegt. Zwar ist mit jedem Gespräch vorausgesetzt, dass beide Gesprächspartner eine *gemeinsame kategoriale Matrix* je schon zugrunde gelegt haben – sonst wäre die Aufnahme des Gesprächs schon gescheitert; auch liegt in gewisser Weise eine gemeinsame Situationsdefinition vor. Doch nichts von alledem ist unstrittig, „objektiv" gegeben. Das ist es nur in der Fiktion eines cartesianischen Beobachters. *Ob* der Satz „Das kannst du nicht tun!", den A äußert und den B in seinem einfachen Wortsinn durchaus verstehen mag, auch *für B* nun bedeutet: „Er hat dagegen protestiert, dass ich das täte", das ist eine völlig unbegründete Behauptung, eine äußere Anmaßung der Interpretationshoheit durch den externen Beobachter. Niemand, außer B, kann wissen, wie er die Äußerung von A interpretiert. Und jeder weiß aus seiner Sprach- und Gesprächserfahrung, dass gerade *darin* sehr viele Missverstehensmöglichkeiten liegen. Dies ist der einfache Beleg dafür, dass es so etwas wie „den" illokutionären Akt überhaupt nicht geben kann. Die Identität von „Illokution" ist, von außen zugeschrieben, eine Erfindung.

Sicherlich: Das *Phänomen* „Illokution" gibt es *im* Gespräch. Wir interpretieren unaufhörlich, was nun der Gesprächspartner *eigentlich* sagen wollte, wenn er dies oder das sagt. Wenn man im traditionellen Handlungsmodell denkt, dann mag man den illokutionären Akt auch als *Zweck* darstellen, den der Aktor A bei seiner Äußerung verfolgt: „Das illokutionäre Ziel, das ein Sprecher mit einer Äußerung verfolgt, geht aus der für Sprechhandlungen konstitutiven Bedeutung des Gesagten selbst hervor; Sprechakte sind in diesem Sinne selbstidentifizierend. Der Sprecher gibt mit Hilfe des illokutionären Aktes zu erkennen, dass er, was er sagt, als Gruß, Befehl, Ermahnung, Erklärung usw. verstanden wissen will."[22] Habermas erläutert hier aber nicht, wie er das „... gibt ... zu erkennen" versteht. Etwas zu erkennen *geben* und es als Erkanntes zu *nehmen* (wenn ich diese Tauschterminologie einmal übernehme), also etwas mitteilen zu wollen und darin verstanden zu werden, hängt ab vom Gesprächspartner. Wenn man also der Meinung a eine illokutionäre Bedeutung I(a) zusprechen möchte, die auf einer *Interpretation* durch ein Subjekt beruht, dann ist zu berücksichtigen, dass „a" selbst, wie eben gezeigt, *drei* Dimension besitzt a(A), a(B) und a(cB); mit „cB" = cartesianischer Beobachter des Diskurses. Entsprechend gibt es drei mögliche und keineswegs identische Bedeutungen der Illokution: $I(a_A) \neq I(a_B) \neq I(a_{cB})$.

Ferner wird, damit zusammenhängend, der zitierte Gedanke von Habermas nur verständlich, wenn man das Sprechen von A ontologisch als Handlung eines Egos auslegt, das Ziele verfolgt, die nur *individuell* bestimmt sind. Doch mit der *Äußerung* hat das Ziel, wie immer es zuvor privat als Absicht, als Motiv bestimmt sein mochte, eine ande-

---

[22] J. Habermas (1981: 1), S. 390.

re Form angenommen. Es hat sich in eine neue *soziale* Gestalt verwandelt, die sich dem Urteil des Hörers aussetzt. Nur bei reduzierten sozialen Grundformen wie der Anweisung oder dem Befehl ist das strukturell anders – und selbst *dort* zeigte sich, dass der Befehlende das Verständnis für den Befehl (im einfachen, semantischen Sinn) voraussetzt. Andernfalls verwandelt sich die Hierarchie des Befehlens wieder in eine soziale Grundstruktur, in der erst die Identität einer Bedeutung *hergestellt* werden muss.

Das „illokutionäre Ziel", das A verfolgen mag, würde sich also – wenn man schon in diesem reduzierten Modell des Handelns denken möchte – als a(A) nur für *ihn* in dieser Bedeutung darstellen; ob B dies so versteht, ist keineswegs klar. Gewiss gibt es viele alltägliche Situationen, in denen sich solche Dinge „von selbst" verstehen, etwa im Dialog: „Hast du Hunger?" – „Gut, gehen wir essen." Doch verlangt ein wirkliches Verständnis der Sprechsituation einen vollständigen Blick, genauer, eine weitgehend vollständige Erinnerung an *eigene Sprecherfahrungen*. Und hier wird jeder hinreichend Beispiele für *Missverständnisse* entdecken, die teilweise beseitigt werden können, teilweise auch etwas sehr viel Grundlegenderes offenbaren: Die in Relation R1 unterstellte Gemeinsamkeit wichtiger Elemente der Erfahrungsgeschichte der Gesprächspartner kann sich als Trug erweisen. Offenbar wird dies an der Nichtidentität der Äußerung a(A) ≠ a(B), an der kategorialen Differenz der Relationen R3 und R5. Dies kann sehr tief greifend sein, wenn es sich um unterschiedliche metaphysische Begriffsschemata handelt, die zugleich mit entsprechenden Werten verknüpft sind.

Austins Schema Lokution-Illokution-Perlokution ist gleichwohl durchaus eine Hilfe und kann als Hinweis dienen, die Achtsamkeit auf bestimmte Aspekte des Gesprächs zu lenken. Es stellt eine Beschreibung des Diskurses aus der Perspektive eines Metabeobachters dar, eine Perspektive, die einzunehmen auch für die Diskursteilnehmer gelegentlich hilfreich sein kann. Aus dieser Perspektive könnte man im obigen Schema sagen: Lokution = a(A), Illokution = a(B), Perlokution = b(B) = *neue* Lokution. Die Äußerung von B erscheint dann als *Wirkung* der Auslegung des Sprechaktes a durch B. Da die Auslegung dazwischen tritt, kann man den Dialog nicht kausal-mechanisch rekonstruieren. Die entscheidende Differenz liegt im Übergang a(A) → a(B) bzw. b(B) → b(A). In der darin sichtbar werdenden unterschiedlichen Weise des Vermeinens reproduziert sich auch die Subjektdifferenz zwischen A und B und verleiht dadurch dem Diskurs eine endlose dynamische Kraft.

2.4.8 Saussures Interpretation des Dialogs

Es ist an dieser Stelle nochmals nachdrücklich zu betonen, dass die Subjektdifferenz zwischen A und B *dem ontologischen Sinn* nach nicht als „Vorhandenheit" interpretiert werden darf. Die Bedeutung ist als innere Vergegenwärtigung nicht äußerlich anschaubar. Ich kann die Gefühle, inneren Bilder usw. meines Gesprächspartners nicht auf *seine* Weise erkennen, also fühlen, sehen etc. Diese *richtige* Beobachtung führt aber dann zu einem falschen Schluss, wenn man sagt, dass *aufgrund* der Verschiedenheit von Alter und Ego eben auch deren Innenwelt differiert. Hier wird verkannt, dass sich diese Differenz erst im Gespräch *als* Differenz zweier Sprachsubjekte konstituiert. Nur sofern sich Ego in seinem Meinen ausspricht, vermeint er sich *als* sprechendes Subjekt. Indem er spricht, erzeugt er sich selbst als sprechendes Subjekt, macht sich zu dem, was er „ist".

2.4 Vergesellschaftung durch das Sprechen

Ich will die hier vorliegende Schwierigkeit an der Sprachanalyse von Ferdinand de Saussure erläutern. In seinem Buch *Grundfragen der allgemeinen Sprachwissenschaft* findet sich die hier wiedergegebene Abbildung 2.9. Saussure erläutert dieses Bild so: Die Sprache gründe in einem Vorgang, den er den „Kreislauf des Sprechens"[23] nennt. Saussure geht scheinbar von derselben Situation aus, die auch der obigen Analyse zugrunde lag: „Wir nehmen also an zwei Personen, A und B, welche sich unterreden."[24] Soweit besteht in der Tat keine Differenz. Die Frage lautet nur:

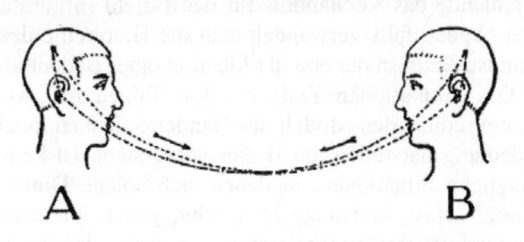

Abb. 2.9
Quelle: Saussure (1967), S. 14

Auf welche Weise bezieht sich hier Saussure selbst mit in seine Analyse ein. Wenn man Abbildungen wie die hier wiedergegebene oder auch das Modell, das ich oben schematisch zwischen A und B skizziert habe, verwendet, so ist es von der allergrößten Bedeutung, den daran anknüpfenden Denkprozess genau zu untersuchen. Der Autor und der Leser blicken auf die Abbildung. Die gezeichneten Köpfe bei Saussure legen die *Weise* dieses Blickens sofort klar: Wir blicken von außen auf die beiden Personen, wie auf ein Foto. Was wir also *sehen*, ist ein Abbild der Verkörperung beider Personen. Die *Bedeutung* dieses so Gesehenen erwächst aus der Erfahrung im Umgang mit Skizzen, mit eigenen Zeichenversuchen oder aus der Betrachtung von Bildern und Fotografien. Wir können die beiden Köpfe von A und B nur *als* Köpfe sehen, weil wir – je als cartesianische Beobachter – auf die obige Abbildung blicken und A und B gerade nicht „als Personen", sondern als äußere, körperliche Formen betrachten. Der Unterschied zwischen A und B, wie gezeichnet, ist hier ein sichtbar-räumlicher von schwarzen Linien.

Saussure geht aber noch weiter. Was er in dieser Abbildung erläutern möchte, ist der Kreislauf des Sprechens; dabei „(liegt) der Ausgangspunkt des Kreislaufs im Gehirn des Einen, z.B. A, wo die Bewusstseinsvorgänge, die wir Vorstellungen schlechthin nennen wollen, mit den Vorstellungen der sprachlichen Zeichen oder akustischen Bildern assoziiert sind, welche zu deren Ausdruck dienen."[25] Das Bild soll also besagen: A und B haben die Vorstellung einer Sache im Bewusstsein (das Saussure mit dem Gehirn gleichsetzt), beziehen diese Vorstellung auf die innere Repräsentation einer akustischen Gestalt, einen Klang, den er als „Lautbild" bezeichnet. Gemeint ist das, was wir *innerlich* hören, wenn wir zu uns selbst Wörter sprechen oder Gesprochenes aus dem Munde anderer hören. Auf der Grundlage dieser Beziehung zwischen Vorstellung einer Sache (Signifikat) – Saussure verwendet hier z.B. die Abbildung eines Baumes und schreibt darunter „Baum" – und dem Lautbild (Signifikant) verbinden sich Bezeichnetes und Zeichen. Das Zeichen wird von A als Laut geäußert, erreicht das Ohr von B, dessen Gehirn verwandelt das Zeichen in ein Lautbild, das nun B mit einer Vorstellung verbindet, darauf gründend antwortet usw. Das Gespräch kommt in Gang.

Saussure betont, dass es sich hier um einen „sozialen Vorgang"[26] handelt. Für meine Analyse ist hier nur die vorliegende *Denkform* der Sprachtheorie wichtig, *in der* sich

---

[23] F. de Saussure (1967), S. 13.
[24] F. de Saussure (1967), S. 13.
[25] F. de Saussure (1967), S. 14.
[26] F. de Saussure (1967), S. 15.

2.4.8 Saussures Interpretation des Dialogs 279

Saussure bewegt. Denn unmittelbar an dieser Stelle kann deutlich werden, dass die eigentliche Schwierigkeit von Saussure überhaupt nicht angesprochen wurde. Er geht stillschweigend davon aus, dass die Lautbilder von A und B einander „ähnlich" sind.[27] Denn nur aufgrund dieser Ähnlichkeit kann ein Kreislauf des Sprechens zustande kommen. Doch wodurch wird diese Ähnlichkeit garantiert? Saussure verwendet eine Denkfigur – er ist hier von den Ökonomen beeinflusst –, die in der Volkswirtschaftslehre häufig als Ausflucht verwendet wird: Um die Verschiedenheit der Individuen zu kaschieren, arbeitet man mit dem Begriff des „Durchschnitts" oder auch einer „Wahrscheinlichkeit".[28] Dahinter verbirgt sich immer die ungelöste Frage der *Identität*. Anstatt diese Frage zu stellen, also damit die in jeder Identität vorausliegende *Differenz* klar zu denken, flieht man in einen Durchschnitt, in die „Wahrscheinlichkeit" eines bestimmten Typs usw. Bei Saussure heißt das mit Blick auf die obige Abbildung: „Zwischen allen Individuen, die so durch die menschliche Rede verknüpft sind, bildet sich *eine Art Durchschnitt* aus: alle reproduzieren – allerdings nicht genau, aber annähernd – dieselben Zeichen, die an dieselben Vorstellungen geknüpft sind."[29] Wie leicht zu erkennen ist, wird hier die gesamte Struktur des Sprechens vernebelt und alle darin liegenden Fragen, die ich oben aufdecken konnte, *verdeckt*. Was heißt hier „Durchschnitt", was „nicht genau" oder „annähernd"? Was ist eine „nicht so genaue Identität" – wenn von *denselben* Zeichen, *denselben* Vorstellungen die Rede ist?

Ich brauche hier weder meine Analyse der Identität noch das bislang Entwickelte zur Sprechstruktur zu wiederholen, die genau auf diese Fragen eine Antwort gegeben haben. Hier möchte ich den Blick auf den *Grund* derartiger Denkfehler lenken, die in subtiler Form auch bei der Analyse illokutionärer Akte erkennbar waren. Der Grund ist benannt: Es ist die unreflektierte Position des cartesianischen Beobachters. Saussure blickt *auf* die beiden Subjekte A und B. Doch in dieser Draufsicht zeigt sich *weder* eine Vorstellung *noch* ein Lautbild. Was er hier als *Differenz* zwischen A und B erblickt, ist eine sichtbare Gestalt, eine räumliche Differenz. Sie entspricht der verschiedenen Verkörperung von A und B. Durch ihre verschiedenen Körper oder Gehirne sind A und B keine Sprachsubjekte. Man kann die Subjektivität des Sprechens nicht *anschauen* und äußerlich zuordnen. Doch genau das tut Saussure, in einer zweiten Skizze (Abbildung 2.10):

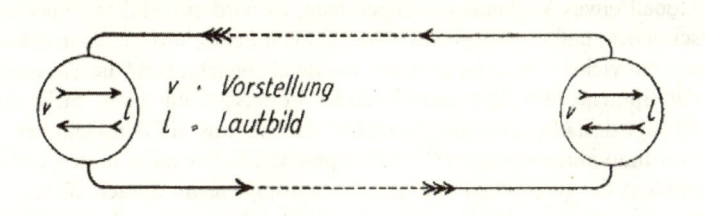

Abb. 2.10
Quelle: Saussure (1967), S. 14

---

[27] Erkenntnistheoretisch ist dies die Reproduktion des *Realismus* im Sinn der scholastischen Philosophie: „Unter Rückgriff auf Platons Ideenlehre verstehen die sog. *Realisten* die Bewusstseinsinhalte als für alle Menschen gleiche", J. Trabant (1996), S. 26.

[28] Max Weber nennt ganz ähnlich „Chance" die „mehr oder minder großen Wahrscheinlichkeit, dass ein sinnentsprechendes Handeln stattfindet" M. Weber (1980), S. 14. Diese „Chance" sei als das „Gelten einer *durchschnittlich* so und so verstandenen Ordnung", M. Weber (1980), S. 17, bestimmt.

[29] F. de Saussure (1967), S. 15 ; meine Hervorhebung.

Hier wird das Gehirn gleichsam geöffnet, um darin ein „v" und ein „l" zu erblicken. Doch in dieser Abbildung als Angeschaute sind „v" und „l" nur *vorhandene* Dinge, Zeichen auf dem Papier. Wenn die Neurowissenschaftler in derselben Haltung auf Geräteanzeigen des EEG oder anderer bildgebender Verfahren blicken, nehmen sie erkenntnistheoretisch *exakt* dieselbe Position ein, weshalb ihre Modellierung auch über Saussure hinaus keinen wissenschaftlichen Fortschritt bedeutet: sie blicken *auf etwas*, blicken aber nicht auf das „Blicken". Was in Abbildung 2.10 unsichtbar bleibt, ist das Wichtigste: Der Beobachter, der diese „Vorstellung" hat und innerlich sprechend kommentiert. Er ist unsichtbar – aber er *ist*. (Jeder Leser reproduziert dies gerade *jetzt*.)

Hier geht aber so ziemlich alles verloren, was das Sprechen ausmacht. *Erstens* kann man das Sprechen in seiner inneren Dimension der Bedeutung nur verstehen, wenn man es vollzieht. Es gibt hier nichts anzuschauen. Durch Kontemplation hat noch niemand eine Sprache erlernt. Das „Tun" bedeutet aber als dynamische Handlungskategorie zugleich, dass die erinnernde Konstruktion einer Vorstellung – wiewohl in ihr etwas angeschaut wird – nicht als ein Ding namens „Vorstellung" *seinerseits* angeschaut werden kann. Kein Metabeobachter würde hier je etwas zu sehen bekommen. Was er sieht, ist nur *seine* projizierte Vorstellung, die sich an der Abbildung im Buch orientiert und darin einen Anhalt findet. Die *Abbildung* ist die Vorstellung des cartesianischen Beobachters, nicht aber das, was die Sprechenden vorstellen oder als Lautbild hören. *Zweitens* aber, und das ist die Pointe, auf die ich hier abziele, „existiert" weder A noch B *vor dem Akt des Meinens, Vorstellens und Sprechens*.

Das, was „A" und „B" beim Sprechen bezeichnet, ist nicht der fotografierte Kopf beider, sondern ihr Selbstentwurf als Sprachsubjekte *im Akt des Sprechens*. Das kann man nur *tun*, sich daran erinnern, dass man es immer wieder tut – bei jedem „Meinen" oder „Ich-sagen" –, aber man kann es nicht *anschauen* oder als Vorhandenes anfassen. Die Subjekte A und B *sind* gar nicht, bevor sie sprechen. Sie entwerfen sich im Sprechen und Denken als das, zu was sie sich machen. Derartige Schaubilder wie das von Saussure oder mein oben skizziertes Modell können also nur mit der Gebrauchsanweisung verwendet werden: „A oder B sind als Akt bzw. als Erinnerung an diesen Akt je selbst zu vollziehen". Es sind Aufforderungen, eine *Teilnehmerperspektive* – wenn auch erinnernd oder virtuell – einzunehmen. Vergisst man diesen Beipackzettel, dann wird im Modell etwas Vorhandenes angeschaut, es wird ein Bild in seiner *räumlichen* Logik beschrieben, und es wird so eine Vielzahl von Fehlschlüssen daran geknüpft.

Saussure entwickelt aus seinem Blick als Metabeobachter *auf* die Sprechenden eine Theorie der Sprache, die diese *ontologische* Voraussetzung nicht mehr aufzuheben vermag. Er sagt deshalb, dass die „Sprache" das ist, was „in den Gehirnen einer Gesamtheit von Individuen (existiert)"[30]. Die Sprache ist aber nicht in den Gehirnen *vorhanden*, sondern die Individuen sind nur Sprachsubjekte im Sprachvollzug, und diese Akte lassen sich nicht als eine Summe oder ein Durchschnitt anschauen. Sie sind nicht für ein Metabewusstsein (hier: Saussure) vorhanden als Gegenstände, sondern sie konstituieren sich selbst im Akt ihres Vollzugs. Man kann daran nur teilnehmen und die Teilnahme reflektieren, nicht aber die Teilnahme ontologisch in ein vorliegendes Ding verwandeln, das sich durch Köpfe, die Buchstaben v oder l bezeichnen ließe.

Eben deshalb ist es durchaus richtig zu sagen, dass man die Sprache als sozialen Prozess nicht als „Funktion der sprechenden Person" erklären kann; Saussure nennt die Sprache ein „Produkt, welches das Individuum in passiver Weise einregistriert; sie setzt niemals eine vorherige Überlegung voraus"[31]. Dem lässt sich bedingt zustimmen, sofern

---

[30] F. de Saussure (1967), S. 16.
[31] F. de Saussure (1967), S. 16.

jede „Überlegung" bereits *in einer Sprachform* erfolgt. Es gibt kein vorsprachliches Innen, kein Sprachsubjekt ohne äußeres oder inneres Sprechen. Das ist auch ein Hinweis darauf, dass man das Sprechen nicht als rein teleologischen Akt beschreiben kann. Der vorausgehende Gedanke hat zwar oft bereits die Form des Mit-sich-sprechens. Man kann *vor dem Sprechen* durchaus in einem inneren Dialog „überlegen", was man sagt und es dann sagen. Aber man kann nicht vor der Sprache teleologisch etwas *ohne Sprechen* als Ziel „setzen". Daraus folgt aber auch umgekehrt: Teleologische Akte lassen sich nie verstehen, wenn man sie in *individuellen* Kategorien beschreibt. Das „Ich will ... dies oder das" bewegt sich bereits in der Sprachform, so dass man das Handeln nicht getrennt von der Struktur des Sprechens verstehen kann – wie umgekehrt das Sprechen nicht getrennt vom Handeln. Bei Saussure ist die kategoriale Trennung der Sprache vom Handeln bereits ganz vollzogen, wenn er zwar sagt, dass „bei einem Sprachzustand alles auf Beziehungen"[32] beruhe, diese Beziehungen von ihm aber im Sinn der ökonomischen Theorie – die hier sein Vorbild ist – als *statische Funktionsbeziehung* zwischen vorhandenen Gehirnen gedacht wird, worin sprachliche Werte ausgetauscht werden. Diese *Trennung* der Sprachstruktur vom Handeln, der Bruch mit der platonischen und rhetorischen Tradition, ist zugleich auch die Voraussetzung der Theorie der Sprechakte und der Grund für ihre Sackgassen.

2.4.9 Platonischer Dialog und aristotelischer Widerspruch

Hiermit erreiche ich in meiner Analyse den Punkt, an dem es gilt, die Relation R2 in Abbildung 2.8 der hier vorliegenden modifizierten sozialen Grundstruktur genauer zu betrachten. Wenn ich im eben skizzierten formalen Schema verbleibe, wie es sich für einen äußeren Beobachter darstellt, dann könnte man wie folgt argumentieren: Die in R1 gegebenen *gemeinsamen Voraussetzungen* des Diskurses erfahren durch A und B jeweils eine personale Zentrierung; das zeigt sich, aus dieser Differenz, in einem Gespräch, im Verlauf eines Diskurses. In der *Deskription des Diskurses, der Transformation der Zeitlichkeit des Sprechens in den Raum der Schrift*, erstarrt die Diskursstruktur in der Relation R2, trennt diese von den übrigen fünf Relationen und reduziert damit den lebendigen Diskurs auf die Beziehung a ↔ b, beobachtet von außen.

Ein Gesprächsverlauf, ein aufgezeichneter Dialog, ist dann die Bewegung, worin Meinungen konfrontiert und schrittweise aufgehoben werden. Das ist die Struktur des *platonischen Dialogs*. Die Auflösung von Meinungen in ein Wissen ist die Herstellung einer *intersubjektiven* Bedeutung. Der Inhalt dieser Bedeutung ist *a priori*, er kommt aus „dem Früheren", d.h. aus der Erfahrungsgeschichte der am Diskurs Beteiligten. Erkennen und Klären von Meinungen hat deshalb die Form einer *Wiedererinnerung*, einer gemeinsamen Anamnese. Umgekehrt sind die Meinungen, die am Anfang des platonischen Dialogs stehen, in seinem Fortgang sowohl entfaltet wie auch *gereinigt*. Die Diskurspartner lassen ihr Festhalten an der mitgebrachten Meinung *los*, sie vollziehen eine *Reinigung*. Heraklit, an den Platon anschloss[33], betonte, man solle dem *Logos*, dem Allgemeinen folgen, obgleich die Vielen so leben, „als hätten sie ein Denken für sich" (Fragment B 2). Wenn Platon das Wissen dem Meinen gegenüberstellt, das durch

---

[32] F. de Saussure (1967), S. 147.
[33] Platon „fasste die Lehren des Heraklit, der Pythagoräer und des Sokrates zur Einheit zusammen. Denn in seiner philosophischen Lehre wird die sinnliche Erkenntnis nach Heraklit, die gedachte Erkenntnis nach Pythagoras und die praktisch-politische nach Sokrates beurteilt." Diogenes Laertius (1967), S. 152. Vgl. K.-H. Brodbeck (2002a), Kapitel 2.7; (2004c), S. 135ff.

Reinigung zu gewinnen sei³⁴, so bleibt er in dieser Tradition, denn das Meinen ist das, was den Wahrnehmenden und Denkenden von der Gemeinschaft der Sprechenden und Handelnden *trennt*. Und diese Reinigung ist für Platon immer auch eine Reinigung vom Geltungsanspruch des Egos, das sich in seiner Meinung vermeint und darin als Subjekt von allen anderen in *Differenz* reproduziert.

Solch ein platonischer Dialog kann durchaus eine Mediation erfahren; Sokrates spielt bei Platon diese Rolle des Geburtshelfers; seine Mediation heißt deshalb auch „Hebammenkunst" (*maieutik*).³⁵ Der *Ort* des platonischen Dialogs ist eine Offenheit, genauer eine *Öffentlichkeit*, wie sie auf den *Marktplätzen* gegeben war. Die Form des Diskurses, die „unbegrenzte Kommunikations- und Argumentationsgemeinschaft"³⁶, verdankt sich als Denkmodell daher eigentlich einer *ökonomisch* vermittelten Sozialstruktur. Das im Gespräch, im Schweigen bemerkbare Offene hat hier bereits eine Privation als „Öffentlichkeit" erfahren, die sich von dem *her* ableitet, was sich *in ihr* vollzieht. Die Diskurstheorie in ihrer platonischen Herkunft verweist damit strukturell in denselben Grund, in dem sich auch der Tausch vollzieht. Allein diese Beobachtung verbietet es, zwischen Tausch- und Diskursgesellschaft eine ontologische Differenz wie die zwischen System und Lebenswelt zu vermuten.

Gleichwohl bleibt der platonische Dialog ein Paradigma. Denn in diesem Dialog wird nicht nur das vorausgesetzt Gemeinsame, die *koinonia*, der *consensus gentium* bei Cicero – was sich noch bis zu Comte und Mill als *consensus* fortsetzt³⁷ – vorausgesetzt, dieser *Ort* des Gesprächs ist auch der Ort der Gesellschaft und die insofern (meist ungedachte) Voraussetzung jeder Gesellschaftsphilosophie oder -theorie. Und Platon weist einen Weg, wie dieser Ort immer wieder *hervortreten* kann, wenn sich die Diskurspartner nur darauf einlassen, in ihrer Meinung eine *Reinigung* zu vollziehen, also auf Geltungsansprüche zu verzichten, die stets gleichursprünglich sind mit dem Vermeinen von Ego und Alter in einem trennenden Ego-Prozess. Man kann hier von „Dialektik" im ursprünglichen Sinn reden: Mit dem Eintritt in den Diskurs vertritt Ego einen Geltungsanspruch, mit dem er *zugleich* als eine Meinung-habend (als Sprachsubjekt) geboren wird. Der Geltungsanspruch zielt darauf, dass Alter die Meinung von Ego übernimmt, um so gemeinsames Wissen herzustellen. Also zielt der von Ego erhobene Geltungsanspruch darauf, sich selbst und mit ihm auch die Trennung der Subjekte aufzuheben. Das geschieht jedoch nur so, dass sich diese Bewegung im Offenen des Diskurses in einen *Prozess* verwandelt. Das „Wissen" ist nicht vorhanden, sondern vollzieht sich als Prozess der Identität, in dem sich Ego und Alter sowie ihr verändertes Meinen immer wieder neu konstituieren.

Aristoteles war der erste Metabeobachter des platonischen Diskurses. Durch seine *geronnene* – von Platon selbstkritisch beklagte *schriftliche* – Form konnte Aristoteles die Sätze als Dinge behandeln. Der Prozess, der sich an der Relation R2 erkennbar diskursiv vollzieht, ist durch seine *Deskription* zugleich ein *Gegenstand* geworden, worin die übrigen fünf Relationen *eingeklammert* sind. Zwar kann Aristoteles diesen

---

³⁴ „So sei es auch mit der Seele: das an sie herangetragene Wissen nütze ihr gar nichts, bevor nicht ein Prüfer den zu Prüfenden bis zur Selbstbeschämung gebracht habe. Dadurch würden die dem Wissen hinderlichen Meinungen ausgetrieben, (der Geprüfte) erschiene gereinigt, er glaube nur noch das zu wissen, was er (auch wirklich) weiß und nicht einen Deut mehr. (...) Aus all diesen Gründen, lieber Theätet, dürfte die prüfende Widerlegung die wichtigste und mächtigste Reinigung sein." Platon (1990): Sophistes, 230bf, S. 63f.

³⁵ Vgl. Platon: Theätet 148d-151d. Vgl. D. Krohn, D. Horster, J. Heinen-Tenrich (1989).

³⁶ Vgl. K.-O. Apel (1989); Gisela Raupach-Strey (2002).

³⁷ Vgl. J. St. Mill, CW VIII, S. 899; (1865), S. 89.

2.4.9 Platonischer Dialog und aristotelischer Widerspruch

Gegenstand „Text" = „aufgeschriebener Diskurs" auch nur *verstehen*, weil er selbst an solchen Diskursen teilgenommen hat. Doch in einer Vorbereitung des von Descartes dann endgültig vollzogenen Schrittes untersucht Aristoteles nun die Diskursform der Gesprächspartner *in einem (= seinem) Bewusstsein*. Der Mediator Sokrates wandelt sich vom *Helfer* im Diskurs zu seinem Theoretiker: dem Logiker. Das lebendige einander Wider-Sprechen, das schrittweise Aufheben des Meinens – in einem Akt der Reinigung vom Festhalten am je eigenen Geltungsanspruch zugunsten eines *gemeinsamen Wissens* – wird bei Aristoteles zur logischen Metaoperation. Das Wider-Sprechen kristallisiert sich zum „Satz vom Widerspruch", und der diskursive Prozess, in dem sich eine *Identität der Bedeutung* als Prozess vollzieht – ohne jemals, ohne Abbruch des Diskurses, gegen *eine* abtrennbare Entität „Bedeutung" zu konvergieren –, wird in der aristotelischen Logik zum „Satz der Identität".

Gerade das, was im Diskurs als *höchstes Ziel* erreichbar erscheint, nämlich die wechselseitige Versicherung, dass man ein gemeinsames Wissen erreicht hat, das man in Aussagen des Typs a(A) = a(B) reflexiv feststellt, wird bei Aristoteles zur leeren Tautologie a = a. Der Satz der Identität wird dadurch eigentlich unverständlich; seine Herkunft aus der Relation R2 der als Diskurs erscheinenden sozialen Grundstruktur ist an ihm verborgen. Hier ist in der Tat die Pointe abgebrochen, und Aristoteles kann in diesen logischen Sätzen dann nur noch *Normen* erblicken, die das Denken, also den *inneren, den vereinsamten Diskurs*, von außen formieren. Das Durchschreiten der Identitäten *durch verschiedene Subjekte*, die diese Identität je auch als eigenes Meinen sich zuzeigen machen, wird dann zur leeren, zirkulären Bewegung des Gedankens, die eine logische Norm als „Zirkelschluss" verbietet. Damit ist eine Grundlage gelegt, die allerdings erst in der cartesianischen Denkform ihre reife Blüte entfaltet durch die *Hochzeit der Logik mit der Geldrechnung*: Die innere Transformation der bei Aristoteles bereits verdinglichten Diskursform (in der Relation R2) durch das Geldsubjekt, das sich aller Gegenstände nicht nur tautologisch versichert, sondern sie auch als etwas bestimmt, was es *zu berechnen und zu quantifizieren* gilt.

Aristoteles kannte diese *Totalisierung* der Metaposition des Beobachters *und* seinen inneren Wandel zum berechnenden Geldsubjekt noch nicht, und es wäre verkehrt, seine logischen Schriften aus dieser Perspektive zu interpretieren.[38] Wenn Kant meinte, dass die Logik über Aristoteles hinaus keine Fortschritte gemacht habe, wenn moderne Logiker dann auf diesen Satz verweisen und sagen, dass seit Boole, Frege usw. der logische Fortschritt dessen Falschheit erwiesen habe, so wird der Kern verkannt: Bei Aristoteles gibt es *keine* Gleichsetzung von Berechnung und Logik, von Logik und Mathema-

---

[38] Allerdings verbirgt sich auch schon bei Aristoteles eine fiktive Einheit: Wenn er im sog. *elenchischen Beweis* (vgl. Metaphysik IV, 4; 1006 a) den Gegenbeweis führt, dass jemand, der dem Satz des Widerspruchs *widerspreche*, ihn performativ anerkenne (Apel macht daraus dann seinen „performativen Selbstwiderspruch"), dann verkennt er sein eigenes Dogma: Sagt man „A kann nicht zugleich A *und* Non-A sein", so verbirgt das „zugleich" eine nicht explizierte ontologische Voraussetzung. Es ist die *Einheit des denkenden Bewusstseins*, die Identität des Bewusstseins mit sich selbst (= Ego). Da sich aber Aristoteles implizit an einen „Gegner" richtet, für den er dann „elenchisch zeigt, dass das Gegenteil unmöglich ist" (aaO), so widerspricht er sich gemessen an seinem eigenen Kriterium *ontologisch*, weil er anerkennt, dass *zwei* Bewusstseinsformen im Dialog stehen und deshalb nicht *ein* Bewusstsein vorausgesetzt werden kann. Das „zugleich" im Satz vom Widerspruch hat also keine Grundlage und ist eine logische Fiktion, im vorliegenden Text entschlüsselt als konvergente Tendenz des Diskurses auf eine Identität hin, die aber nicht „ist" oder als Axiom vorausgesetzt werden kann, noch je empirisch vollkommen erreicht wird: Auch eine Überein-Stimmung, ein Einklang der Stimmen ist nur ein Gleiches, keine Identität.

tik. Was die moderne Logik vollzieht, ist die Subsumtion der bereits aus cartesianischer (hier zugleich aristotelischer) Perspektive beschriebenen Sprachformen als *vorhandene Zeichensysteme* unter das berechnende Geldsubjekt (vgl. dazu genauer Kapitel 5.3.4). Auch wenn Aristoteles im Dialog den cartesianischen Beobachter bereits vorwegnimmt als jemand, der *auf* einen Diskurs blickt und darin die logische Organisation der Zeichen als Gegenstand behandelt, so zeigt doch seine Tausch- und Geldanalyse noch eine ganz andere Blickweise auf die Vergesellschaftungsformen durch Sprache und Geld. In seiner Geldtheorie bestreitet Aristoteles gerade den Satz der Identität aufgrund eines vorliegenden Tauschverhältnisses zwischen zwei Waren und erweist seine Philosophie als eine Philosophie *im Werden*, nicht als fertiges, durchkonstruiertes System. Doch das wird sich noch genauer zeigen (vgl. 4.2.2).

2.4.10 Ego-Prozess und innerer Dialog

Die hier analysierte Form des Gesprächs kehrt auf eine unmittelbar erfahrbare Weise wieder beim *inneren Dialog*. Im inneren Dialog reproduzieren wir die Gesprächsform abgelöst von der tatsächlichen Gesprächssituation. Es ist ein innerer *Dialog*, kein Monolog, weil stets ein Ansprechpartner *fingiert*, teilweise auch – als Gefühl, als inneres Bild – vorgestellt wird. Am inneren Dialog als *dem* Modell dessen, was die Philosophie „Vernunft" nennt, lassen sich einige Axiome der Subjektphilosophie sehr ungezwungen und ohne metaphysischen Unterton rekonstruieren.[39] Wer mit sich selbst spricht, der *reproduziert* eine soziale Form, setzt sie aber zugleich immer schon voraus. Er „ist" sie – mit sich selbst sprechend –, ohne sie *hervorzubringen*, bewegt sich in ihr *a priori* und kann sie sich reflexiv zu Bewusstsein bringen als je schon vollzogene Denkform (Kategorien, Grammatik, logische Formen usw.). Sein innerer Dialog wird stets begleitet von einem Meinen, einem Mein- und Ich-sagen, und es ist nur je „meiner", sofern ein Ichsagen ihn „muss begleiten können".

Der innere Dialog *kommentiert* die Wahrnehmungen, hebt sie dadurch in ein vorausgesetztes, sprachlich präformiertes Wissen, das alle „Vorstellungen" mit dem inneren Sprechen verknüpft und insofern das „Chaos der sinnlichen Impressionen" *in Form bringt* – also in die Sprachform hebt und mit Wissen verknüpft (be-wisst macht). Das transzendentale Ego ist als „Vernunft" das Vernehmen des eigenen Sprechens im inneren Dialog, und insofern ist Max Adlers Gedanke, dass man Kants Transzendentalphilosophie als *Sozialapriori* zu rekonstruieren hätte, nur die Beschreibung der Kantschen Denkform selbst.[40] Niemand spricht eine Privatsprache mit eigenen Zeichen.[41] Auch das Ego, das sich in der *geäußerten* Meinung als Sprachsubjekt konstituiert, reproduziert

---

[39] Vgl. C. Hermann (1858), S. 209ff.

[40] Vgl. M. Adler (1936), S. 145ff. Adler hat die in diesem richtigen Gedanken liegenden Möglichkeiten allerdings nicht genutzt, weil er die *kommunikativen* Strukturen gänzlich ignorierte und Kants transzendentales Ego einfach ontologisch durch ein kollektives ersetzte.

[41] Frege hat durchaus Recht, wenn er sagt: „Man kann keinem verbieten, irgendeinen willkürlich hervorzubringenden Vorgang oder Gegenstand zum Zeichen für irgend etwas anzunehmen." G. Frege (1969), S. 40f. Die Frage ist nur, ob solche willkürlichen Zeichen *von jemand anderem* verstanden werden. Ist das nicht der Fall, beziehen andere diese Zeichen nicht in ihre Handlungen mit ein, so bleiben diese Zeichen *sinnlos*. So ist wohl auch Freges Frage zu verstehen: „Hat vielleicht ein Satz als Ganzes nur einen Sinn, aber keine Bedeutung?" G. Frege (1969), S. 47. Derartige Fragen tauchen auf, weil vorab nicht das *Subjekt*, der Sinn-Träger rekonstruiert wurde. Dieses „Subjekt" ist eben kein Ego, keine solipsistische Singularität, sondern sozialer Prozess.

2.4.10 Ego-Prozess und innerer Dialog

sich im Denkprozess durch den inneren Dialog. Hier begleitet das Ich-sagen die innere Sprachstruktur, und das ist der ganze *rationale* Gehalt des Egos.

Das, was als „Selbst" erfahren ist, lässt sich natürlich nicht auf das innere Sprechen *reduzieren*. Wie das Gespräch, vollzieht sich auch das innere Sprechen in einem vorausgesetzten *Worin*. Die Achtsamkeit, das Wach- oder Gewahrsein, das beim *Schweigen* im Diskurs sehr „laut" hörbar wird, ist auch beim inneren Dialog als beständiger Raum und Ort des inneren Sprechens gegenwärtig. *Erfahren* wird diese innere Offenheit in den Kulturen der Moderne fast gar nicht mehr – genauer gesagt: Sie wird als *negatives* Moment erlebt. Der Ego-Prozess orientiert sich so sehr an der Privation der inneren Stille durch ein endloses Geplapper, dass jede Abweichung von diesem unaufhörlichen Rauschen als bedrohlich empfunden wird. In einer Stille allein gelassen zu sein, verursacht für das moderne Bewusstsein *Angst*. Und diese Angst vor der Stille – die man als Nichtigkeit völlig missversteht – treibt unaufhörlich in den Lärm innerer Betriebsamkeit, die sich am inneren Dialog, den begleitenden Bildern und Gefühlen selbst antreibt.

Eben dies ist der *Ego-Prozess*, der sich in einer unerkannten Offenheit, einem Raum der Achtsamkeit bewegt, ihn voraussetzt, ihn aber dennoch beständig missachtet. Zugleich geht damit die Erfahrung verloren, dass der Raum der Achtsamkeit sich nicht personal verrechnen lässt – eben *das* offenbart sich beim Schweigen im Diskurs, in der dann vielfach sehr „laut" empfundenen Stille. Dieser Achtsamkeit sehr nahe sind die Stimmungen[42], die wie die Sprache eine Privation erfahren – als Emotion. Bei Stimmungen in Gruppen, an bestimmten Plätzen, bei großen Massen etc. sind sie dagegen unmittelbar als *objektives Phänomen* erfahrbar, d.h. als etwas, das wir zwar je individuell fühlen, nicht aber aus unserem Ego hervorbringen. Eine Stimmung „überfällt" einen, so, wie einem beim Denken eine Idee „kommt". Der Ego-Prozess kontrolliert oder macht hier nichts, er erleidet sich.

Wenn man diese nicht unmittelbar ins Auge springenden Erfahrungen, die sich zudem nur *teilnehmend*, niemals *objektivierend-beobachtend* mitteilen, berücksichtigt, dann zeigt sich, dass die Theorie des Handelns als *Tun eines Egos* verfehlt ist. In diesen Handlungsmodellen kann man die Moderne charakterisieren, und es ist deshalb nicht erstaunlich, dass auch Theoretiker, die ansonsten verstanden haben, dass Sozialwissenschaften immer *Teilnahme* voraussetzen, dass im Diskurs ein transpersonales Moment erscheint, in das wir notwendig eingebettet sind, *bevor* wir „Ich" sagen, dass eben diese Theoretiker dann doch immer wieder in die cartesianische Position zurückfallen, wenn es sich um das Verständnis des *Handelns* dreht, gerade weil sie *das* Vorurteil der Moderne teilen.

Das Phänomen des inneren Dialogs zeigt wie kein zweites, dass das Ich-sagen *kategorial* ein sozialer Prozess ist.[43] Insofern ist es durchaus richtig, wenn man sich mit Blick auf dieses Phänomen vom „Subjektparadigma" verabschieden möchte, das durch Descartes begründet wurde und bei Kant, Fichte und Husserl seine reife Gestalt erhielt.

---

[42] Vgl. M. Heidegger (1972a), §§ 29-30; GA 29/30, §§ 16-18; O. F. Bollnow (1980).

[43] Die Bedeutung des inneren Dialogs für die Konstitution der subjektiven Identität hat Mead betont: „Wir sagten, dass das innere Gespräch des Einzelnen mit sich selbst mit Hilfe von Wörtern oder signifikanten Gesten – das Gespräch, das den Prozess oder die Tätigkeit des Denkens auslöst – vom Einzelnen vom Standpunkt des ‚verallgemeinerten Anderen' aus abgewickelt wird." G. H. Mead (1968), S. 198, Note 8. Die Denkfigur des verallgemeinerten Anderen bei Mead, Kern seines Rollenbegriffs, bleibt indes diffus, weil er die kategoriale Form des Dialogs nicht näher untersucht hat. Vgl. seine Redeweise vom „Denkmechanismus", S. 196, Note 7, und den Gedanken, das Soziale sei ein Äußeres, das man in das Individuum „hereinholen" könne, S. 197.

2.4 Vergesellschaftung durch das Sprechen

Der innere Dialog verweist *unmittelbar* als Phänomen darauf, dass die bloße *Frage*, ob ein anderer Mensch „in der Außenwelt" ein *personales* Wesen sei – eine Frage, die auch Philosophen wie Russell oder Carnap mit einem *prinzipiellen* Fragezeichen beantworten –, wie also „Intersubjektivität" möglich sei, wie man *zum anderen* gelangen könne usw. einfach völlig konstruierte Fragestellungen sind.[44] Jeder hat das Sprechen von und mit anderen erlernt, hat dadurch überhaupt erst erlernt, selbst *Meinungen* zu vertreten und darauf basierend „Ich" zu sagen. Dieses Sprach-Wir und Handlungs-Wir geht jedem Ich und Du voraus, das sich im Gespräch besonders deutlich – wie sich zeigte – im *Meinen* überhaupt erst als *Differenz* konstituiert. Die Frage lautet also nicht: Wie gelangt ein Sprecher zur Person des Gesprächspartners, die Frage lautet umgekehrt: Wie konstituiert sich das Subjekt des Sprechens im Diskurs. Auch hier zeigt sich die Grundstruktur der Logik des Sozialen: Die Relation geht den Relaten voraus.

Es gibt kein „Selbst", das in einer abgegrenzten Privation *vor* den Prozessen der Abgrenzung gegen andere existierte. Etwas zu fühlen, das andere nicht fühlen – z.B. Magenschmerzen –, ist etwas völlig anderes, als sich durch ein „Ich" von einem „Du" oder „Ihr" zu unterscheiden. Die biologische Identität eines Menschen wiederum wird *als diese* Identität nur von außen erkennbar; es ist eine Identität im Wissenschaftsego der Objektivierung eines cartesianischen Beobachters, z.B. eines traditionellen Mediziners. Dass der erlebte Leib – der im Traum oder in Halluzinationen eine völlig fremde Form annehmen kann – etwas anderes ist als der Gegenstand „Körper" der Medizin, ist durch die Leibphänomenologie hinreichend deutlich herausgearbeitet worden.[45]

Diese hier nur sehr sporadisch skizzierten Hinweise mögen ausreichend sein, um zu verdeutlichen, dass dem inneren Dialog kein mit sich identisches „Selbst" vorausgesetzt ist, sondern sich umgekehrt darin überhaupt erst als „vernünftiges" (= die Sprache vernehmendes, hörendes) Subjekt reproduziert. Es reproduziert sich, indem es die im Gespräch erkennbare Konstitution des Meinens *uno actu* mit der *Äußerung* von Meinungen als inneres Gespräch reproduziert. Mit dem Wandel der Sprach- und Handlungsform wandelt sich auch der Subjekttypus. Es wird zu zeigen sein, inwiefern das berechnende Denken des Geldsubjekts solch einen Wandel vollzieht, der als innere Subsumtion unter die *besondere* Sprachform der Rechnung erscheint. Auch darin reproduziert sich im inneren Sprechen und Rechnen eine Subjektivität modal unterschieden von äußeren Handlungen. Ontologisch möglich ist diese Trennung des Sprechens vom äußeren Sprechakt, weil das Sprechen selbst nur eine Modalität in der Gesamtheit des Handelns darstellt, eine Modalität, die sich in der *Sprechsituation* (dem Sprechakt) vom übrigen Handeln trennt.

In dieser modalen Trennung steckt denn auch die Illusion, man könne die Sprechakte als ein eigenes, sich selbst erschaffendes Reich der Kommunikation betrachten – wobei dann besondere Sprach- oder Denkformen als besondere soziale Subsysteme begriffen werden (Kommunikationssphäre, *homo oeconomicus*, Wissenschaftssprache etc.). Dies ist in der Tat die *gemeinsame* ontologische Voraussetzung der Systemtheorie Luhmanns und der Diskurstheorie von Apel und Habermas. Obwohl Habermas dies weiß und auch immer wieder betont, fällt er doch zugleich ebenso regelmäßig in die

---

[44] „Das Mitsein wird in der Rede ‚ausdrücklich' geteilt, das heißt es ist schon, nur ungeteilt als nicht ergriffenes und zugeeignetes. (...) Redend spricht sich Dasein aus, nicht weil es zunächst als ‚Inneres' gegen ein Draußen abgekapselt ist, sondern weil es als In-der-Weltsein verstehend schon ‚draußen' ist." M. Heidegger (1972a), S. 162.

[45] Vgl. M. Heidegger (1987); M. Merleau-Ponty (1976); B. Waldenfels (2000); vgl. auch J.-P. Sartre (1993), S. 539-632. Ein früher Ansatz außerhalb der Phänomenologie findet sich bei W. Haas (1921), S. 145ff.

2.4.10 Ego-Prozess und innerer Dialog

Position zurück, die die Sprechakte „lebensweltlich" aus *eigenem* Recht begreifen möchte. Der Grund hierfür ist in die Position eines äußeren, cartesianischen Beobachters. Habermas wirft Austin vor: „Er hat nicht gesehen, dass Sprechhandlungen als Koordinationsmechanismen für *andere* Handlungen funktionieren."[46] Sprechhandlungen sind aber auf keine Weise ein *Mechanismus*. Den Jargon der Ökonomen, den die Soziologie übernommen hat, nicht kategorial zu erhellen, zieht die eigentliche Grenze zur philosophischen Reflexion. Die These, dass Sprechakte als „Koordinationsmechanismen für andere Handlungen funktionieren", ist eine Funktionszuschreibung durch einen äußeren Beobachter, der zuerst das Sprechen oder Berechnen von anderen Handlungen *trennt*, um dann beide funktional wieder zu verknüpfen, um also die vorhergehende Trennung eines zusammengehörenden Sachverhalts wieder rückgängig zu machen. Zuerst werden die Subjekte als Individuen beschrieben, die vereinzelte teleologische Akte ausführen, um sie dann *nachträglich* wieder durch „Kommunikation" zu vergesellschaften. Oder man trennt die Subjekte von ihrer Vergesellschaftung, verlegt die Geldrechnung als Nutzenkalkül in eine isolierte Individualität, um dann vor dem nachträglichen und unlösbaren Problem ihrer Vergesellschaftung durch Tausch und Geld zu stehen. *Der* Begriff für diesen *falschen* Versuch, *nachträglich* wieder etwas zu vereinigen, was zuvor von einem cartesianischen Beobachter getrennt wurde, ist der „Mechanismus". Doch diese mechanische Deutung ist ontologisch unmöglich, weil Sprechen oder Tauschen *Bedeutungen* von Zeichen voraussetzen, die Bedeutungen sich aber nur *in Handlungen* konstituieren, worin sich ihre *Identität* reproduziert. Es gibt keine vom Sprechen getrennten Handlungen, weshalb – sofern eine Trennung unterstellt wurde – die Einheit durch den Kategorienfehler des „Mechanismus" zu retten versucht wird.

Und da in allen Handlungen zugleich die Wahrnehmung der jeweiligen Handlungssituation, die Aktualisierung der die Handlung lenkenden kategorialen Matrix bedeutet, ist auch keine Handlung „wertfrei" oder „mechanisch" oder „nur instrumentell" verstehbar. Handlungen sind weder begrifflich noch als Erfahrung von Sprachprozessen zu trennen. Deshalb muss auch der Handlungsbegriff als ein semiotischer Prozess verstanden werden. Zwecke des Handelns sind kategorial nie individuell zu bestimmen, wiewohl man modal natürlich private Ziele verfolgen kann. Man kann auch im inneren Dialog höchst private und intime Dinge mit sich selbst besprechen – gleichwohl erwächst die *Bedeutung* dessen, was man hier mit sich selbst plaudernd durchgeht, nur aus dem Vorwissen, das man in *sozialen* Handlungen und ihren kommunikativen Einbettungen als Erfahrung gewonnen hat. Kein Bedürfnis, kein Gefühl, noch weniger ein Gedanke oder gar eine Norm, eine Präferenz kann von ihrer sozialen Form *getrennt* werden – weder ontologisch noch praktisch.

Jeder kann die Wahrheit des hier Behaupteten unmittelbar *jetzt* experimentell selbst überprüfen, indem man sich die Frage stellt, wie lange man fähig ist, während einer alltäglichen Handlung auf einen *inneren Dialog* zu verzichten. In der europäischen Denktradition sind solche Hinweise eher anstößig: Ein Philosoph oder Wissenschaftler *weiß*, was Denken heißt.[47] Punkt. Ich fürchte, das ist ein großer Irrtum. Wer über *Inhalte* nachdenkt, hat die *Macht* des Denkens keineswegs mitreflektiert, so wie ein Sprecher etwas klar und bewusst sagen kann, ohne die Grammatik seiner Sprache zu kennen oder seine auf Inhalte ausgerichtete Intentionalität zu bemerken. Aus dem europäischen Selbstbewusstsein und Stolz, die darin ohne Grund sind, erwächst die Verachtung von

---

[46] J. Habermas (1981: 1), S. 397.

[47] „(W)as der Mensch sich vorstellt, stellt er sich auch innerlich vor als gesprochen." G. W. F. Hegel, WW 20, S. 52. Dass Menschen auch in Bildern oder Gefühlen denken, gilt Hegel offenbar als nichts; von innerer Stille und Achtsamkeit zu schweigen.

Traditionen, die die *Performation* der Gedanken einer Achtsamkeitsübung unterziehen. Die z.B. im Buddhismus gepflegten Meditationstechniken sind Philosophen – wie vergleichbare Übungen bei Osuna, Johannes vom Kreuz oder der Hl. Theresa von Avila – weitgehend unbekannt. Doch gerade die *Unfähigkeit*, sein Denken *performativ* beherrschen zu können, zeigt etwas von der *gewöhnlichen* Struktur, in der das Handeln kategorial bestimmt werden muss. Es ist ganz einfach eine Illusion der Moderne, zu sagen: „Der Geist hat die Macht über alle seine Ideen und kann sie trennen, vereinigen, mixen und variieren, wie es ihm gefällt."[48] Die schlichte Unmöglichkeit des Vollzugs dieser Freiheit wird eben dann deutlich, wenn man das Sprachdenken auch nur für einige Minuten *unterbinden* möchte und daran scheitert – wenigstens in den ersten Jahren der Übung.

Man kann nur wissen, *was* das Denken als innere Bewegung *ist*, wenn man fähig ist, es vom *Nicht-Denken* zu unterscheiden. Die darin erfahrbare Macht der Gedanken, die Unfähigkeit, den Denkprozess zu *beenden*, zeigt, wie sehr die *subsumtive Struktur* des Handelns, worin wir selbst uns als Mittel einem in der Sprachstruktur vorliegenden Zweck unterordnen, zum alltäglichen, *gewöhnlichen* Handeln *erfahrbar* gehört. Die Souveränität über das Denken ist eine abendländische Selbsttäuschung. Auch wenn man einige Fertigkeit darin gewinnt, *besondere* Gedanken von anderen zu unterscheiden, *beherrscht* man das Denken als Prozess keineswegs. Der Witz hierbei ist: Wir *sind* das Denken; das Ego ist dieser Prozess. Es kann deshalb nicht als ein innerer Regent die Gedanken beherrschen, die es *ist*. Hier gilt strukturell dasselbe, was Leibniz von Gott aussagte, der nicht durch die Logik in seiner Freiheit zu erschaffen eingeschränkt ist, „weil Gott nicht etwa die Logik *will*, sondern weil er sie *verkörpert*."[49] Diese Selbstrelation gilt in gesteigertem Maße von der Herrschaft des Geldsubjekts, das sich in einer *inneren* Herrschaft des berechnenden Denkens über andere Gedanken, Gefühle und Bilder reproduziert. Die Ratio lässt sich nicht rational kontrollieren; eine Metakontrolle beendet nicht die Kontrolle, den Herrscher zu beherrschen beendet nicht die Herrschaft – zuletzt die *innere*.

Erst eine lange Übung, für die es in der Moderne keinen Raum mehr gibt, zeigt, dass das Denken nicht alle bewussten Prozesse umfasst, dass in der Achtsamkeit eine Form der Bewusstheit existiert, die fähig ist, auch den Prozess der Gedanken zu ändern. Die Achtsamkeit kann den Denkprozess auf eine nicht-sprachliche Weise bewusst machen und so seine *Performation*, damit in langer Übung auch die Abfolge seiner Inhalte verändern. Doch das ist kein Ego im Ego-Prozess, das wie ein König über Untertanen regiert, sondern ein nicht in sozialen Kategorien beschreibbares Erleben, das nur je an einem selbst erlernbar ist. Es gibt neben all den Denkfehlern, die einem beim Erkennen unterlaufen können, *einen* allgemeinen Grund für „falsches", d.h. dem Sachverhalt inadäquates Denken: Die Illusion, man sei vom Denkprozess getrennt, man könne beliebig *über* ihn verfügen. Das Denken kann nur – wenn ihm nicht beständig das Ichsagen dazwischen kommt – der in der jeweils in der Sprache geformten Handlungserfahrung vorstellend *folgen*, um eine *gegebene* Sache zu erkennen. Die Freiheit des Konstruierens, die in der modalen Trennung des Denkprozesses vom Handlungsprozess

---

[48] D. Hume (1962), S. 324. Dies kann nur denken, wer glaubt, „dass ich, der ich Bewusstsein habe, mich von meinem Bewusstsein unterscheide" R. Descartes (1915), S. 160, ein Gedanke, den Hume an anderer Stelle explizit *leugnet*: „I never can catch myself at any time without a perception". D. Hume (1962)., S. 301. Also *bin ich nicht* vom Prozess meines Denkens, meiner Wahrnehmungen verschieden, wie Descartes behauptet; vgl. K.-H. Brodbeck (2005a), Kapitel 2.3.

[49] H. Poser (2005), S. 45.

2.4.10 Ego-Prozess und innerer Dialog

liegt, erlaubt *kreative Veränderungen*. Doch in jedem kreativen Gedanken *trennt* man sich auch von der *gegebenen* Sachstruktur.

Hegel hat das noch gewusst. Was er das „räsonierende Verhalten" nennt, das in seiner „Eitelkeit" sich von der Sache trennt und deshalb „überhaupt nicht in der Sache, sondern immer darüber hinaus"[50] ist, charakterisiere ich im vorliegenden Text als die Position des cartesianischen Beobachters (des äußeren oder Metabeobachters). Hegel war von dieser Tradition nicht frei; doch sich davon zu befreien – das kann man als die von ihm hinterlassene Aufgabe betrachten.[51] Der allgemeine *Begriff* des genannten Denkfehlers ist der eigentlichen *Stärke* des Denkens geschuldet: Es kann sich von der Handlung trennen, die es als Wissen begleitet und formt. Dieses Wissen ist der Vollzug der Sachstruktur – und eben dies *ist* das Handeln. Die Erkenntnis, dass das Handeln, die Arbeit nicht von der Sprache getrennt werden können, dass man das Handeln stets als *einen semiotischen Prozess* der Bedeutungserzeugung *uno actu* mit der Performation eines Tuns betrachten muss, will man seine Sachstruktur nicht verfehlen, stellt einen radikalen Bruch mit der cartesianischen Tradition, ihren Quellen in der Ökonomie und ihren Ausläufern in den Sozialwissenschaften dar.

Dieser Bruch vollzog und vollzieht sich in der Philosophie und in der Soziologie nicht plötzlich, nicht als „Revolution", sondern als schrittweise Auflösung einer Täuschung, an die Hegel die Lunte gelegt hatte. Marx, Nietzsche, aber auch einige – noch zu diskutierende Ökonomen –, schließlich auch Wittgenstein, Apel, Habermas und andere haben an der Auflösung der cartesianischen Voraussetzung der Handlungstheorie gearbeitet. Ihre Versuche bleiben aber deshalb unbefriedigend, weil ihr Anspruch auf Modernität eben diese cartesianische Denkform zugleich reproduzierte. Wenn allerdings immer wieder behauptet wird, dass es erst der Theorie Apels, Habermas´ oder Luhmanns gelungen sei, Alternativen zum „Subjektparadigma" zu entwerfen, so liegt in dieser Aussage eine Kühnheit des Nichtwissens, die man bei Hegel noch verzeihen mag, nicht aber bei Sozialwissenschaftlern und Philosophen der Gegenwart.

Die umfangreichen Untersuchungen zur Kritik des Ego-Prozesses aus den ersten acht Jahrhunderten unserer Zeitrechnung von Nagarjuna, Chandrakirti, Dignaga, Dharmakirti, Vashubandu, Shantideva, Shantarakshita, von mittelalterlichen Autoren wie Dogen, Longchen Rabjam, Jikme Lingpa, Tsong khapa bis in die Gegenwart z.B. Dudjom Rinpoche in Tibet, Nyanaponika in Sri Lanka oder der Kyoto-Schule in Japan neben vielen anderen werden hierbei schlichtweg ignoriert. Ohne die Abkehr von der europäischen Illusion (amerikanisch reproduziert), man sei der Mittelpunkt der Welt, ohne die Bereitschaft, bei den genannten Traditionen in die Schule zu gehen, besteht kaum eine Chance, die Herrschaft einer unverstandenen Ratio über die menschliche Subjektivität – besser: *als diese Subjektivität* – zu verändern. Die Herrschaft des Geldsubjekts wird nicht durch einen äußeren Akt der Revolution beendet.

---

[50] G. W. F. Hegel, WW 3, S. 57.

[51] Adorno hat noch versucht, dieser Tradition gerecht zu werden: „Entäußerte wirklich der Gedanke sich an die Sache, gälte er dieser, nicht ihrer Kategorie, so begänne das Objekt unter dem verweilenden Blick des Gedankens selber zu reden." T. W. Adorno, GS 6, S. 38. Der „Blick des Gedankens" ist aber die *Bewegung* in der Struktur der Sache selbst – und die Struktur der *Sache*, das sind die Kategorien, die sich je schon in der Sprache ausgesprochen haben. *Alltäglich* bewegen sich die Menschen in diesen Kategorien deshalb durch ihr Sprechen und das darin liegende Verständnis.

2.4.11 Kommunikation und die „soziale Konstruktion der Welt"

Die zuletzt diskutierten Fragen der Unmöglichkeit, eine *rein* kommunikative Vergesellschaftung aus dem Diskurs zu entwickeln, bedeutet keineswegs, dass die Kommunikationssphäre sich nicht von den übrigen Formen der Vergesellschaftung dennoch trennen könnte. Zwar ist diese Trennung niemals als ontologischer Schnitt zu begreifen, der zwei Seinssphären – das Handeln und das Sprechen – separieren würde. Gleichwohl bietet die modale Trennung, die auf dem inneren Dialog und der im permanenten Selbstgespräch vollzogenen Reproduktion der Subjektivität beruht, eine Grundlage, auf der sich teilweise nahezu völlig isolierte Weltkonstruktionen entwickeln können. Diesen, durch die modernen Medien vermittelte Trennung der Kommunikationssphäre von den Handlungen, von der Technik, der moralischen Vergesellschaftung etc. reproduzierten Kommunikationsformen möchte ich mich abschließend noch durch einen kritischen Seitenblick zuwenden. Ich greife hierzu nochmals zurück auf die ursprüngliche Gesprächsbeziehung, worin sich zwei Subjekte mit ihren Gegenständen durch Äußerungen konstituieren.

Die in der Sprechstruktur erkennbare Relation R2 erweist sich für alle kommunikativen Formen als dunkle Voraussetzung. Wenn zwei Diskurspartner A und B sich *nur* in einem Sprechakt befinden, also alle Bedeutungen von Wörtern oder Zeichen nur aus der Erinnerung vergegenwärtigen und diskursiv neu ordnen oder interpretieren, dann ist der Handlungsbezug aufgehoben. Ich setze zur Erinnerung die Abbildung 2.11 der Diskursstruktur nochmals hierher und erinnere an den reinen Diskurs: Die Identität der Bedeutung der Äußerungen a und b kann *außerhalb* eines Handlungsbezugs im Diskurs nicht durch eine wechselseitige Überprüfung der Handlungen und ihrer kommunikativ versicherten gegenseitigen Überprüfung (R5 und R6) erfolgen. Vielmehr bezieht sich diese Überprüfung nur auf die Relation der inneren Bedeutungsbeziehung R3, die reflexiv an den Äußerungen des Gesprächspartners – also die Mitteilungen R1 über die Wahrnehmung von a durch B (R 5); entsprechend symmetrisch für R4 und R6. Die Identitätsrelation R2 hängt somit vollständig an den Relationen R5 und R6. Als durch *Handlungen* vollzogene Herstellung einer Identität ist R2 im direkten Gespräch außer Kraft gesetzt, und eben dies macht den strukturellen Mangel einer *nur* sprachlichen Vergesellschaftung aus.

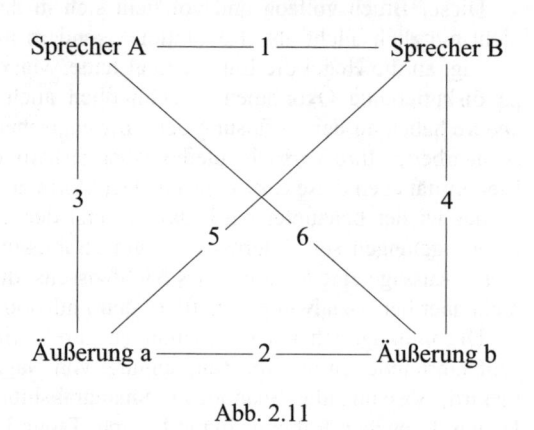

Was im vereinzelten Diskurs zu beobachten ist, das tritt *gesellschaftlich* als eigene kommunikative Sphäre *neben* die anderen Handlungen. In ihrer reifsten Form ist diese Trennung auch *institutionell* von allen anderen Handlungen getrennt. Das ist der Fall in vielen Formen des Wissens, der Religion, aber auch in den Medien. Wissensformen reproduzieren sich kommunikativ in den meisten Fällen über die Relationen R1 und R3/R5 bzw. R4/R6. Die hierdurch erreichte *Identität* der jeweils vermeinten Bedeutung ist damit vollständig auf den Prozess der Kommunikation verwiesen. Beim praktischen Alltagshandeln findet immer wieder eine auch sinnlich-taktile Überprüfung statt, sofern

Abb. 2.11

2.4.11 Kommunikation und die „soziale Konstruktion der Welt"

die Gesprächspartner entweder kooperativ in Handlungen eingebunden sind, die immer wieder die Bezugnahme auf *andere* Formen der Wahrnehmung oder Tätigkeiten enthalten, oder es liegt die Möglichkeit solch einer Bezugnahme in unmittelbarer Reichweite. Einfache Alltagsdialoge, die z.B. darüber geführt werden, ob eine bestimmte Sache vorhanden ist oder nicht, enden in einer schlichten Überprüfung, die ein vorausgehendes Streitgespräch beenden und somit *faktisch* eine Konvergenz der Bedeutung erreichen, sofern es sich um greifbare Dinge handelt. („Ist noch Milch im Kühlschrank?" – „Ich glaube nicht." – „Weißt du es nicht?" – „Sieh doch selbst nach!")

Die höheren Formen solch einer impliziten oder bewusst vorgenommenen Überprüfung finden sich bei wissenschaftlichen Experimenten. Aber auch abgeleitete Wissenschaftsformen haben diesen Charakter der unmittelbaren Überprüfbarkeit, so etwa die wissenschaftliche Sitte, Aussagen als Zitate genau zu belegen. Die Relationen R5 und R6 beziehen sich hier auf *Handlungen* des je anderen in einem gemeinsamen Handlungskontext, z.B. mit Bezug auf gemeinsam verwendete Instrumente oder literarische Quellen. In einem Zitat tritt an die Stelle der externen sinnlichen Prüfung zur Herstellung einer Identität der vermeinten Bedeutungen der Bezug auf eine *allgemein* zugängliche Quelle. Die einfache alltägliche Wahrnehmung, das Experiment oder das Zitat sind Formen, in denen die Identität von a und b in der Relation R2 gewährleistet werden soll. Doch wie die Analyse der Arbeitsteilung des Wissens gezeigt hat, ist die so hergestellte Identität nur ein vorläufig fixiertes Ergebnis in einem *Prozess* der Identitätsbildung. Was einige Experimente zeigen, kann sich bei etwas anderem Experimentaldesign als Trug erweisen; und ein Zitat mag zwar belegt sein, erweist sich aber bei genauer Prüfung als unzuverlässig, vielleicht weil die Quelle mehrfach vorliegt in verschiedenen Ausgaben oder eine Kette von Bezugnahmen irgendwo abbricht und sich als Erfindung entpuppt.

Diese einfachen Sachverhalte verweisen bereits auf die *Möglichkeit*, dass sich diskursive *Scheinidentitäten* entwickeln können. Jede Wissensform, die an einer bestimmten Stelle ihren Ausgang nahm, kann kommunikativ vervielfältigt werden, ohne hierbei jemals erneut eine in *Handlungen* begründete Identitätsbildung zu erfahren. Die nächstliegende Form ist das *Gerücht*. Jemand macht eine Aussage und erzeugt darin einen möglichen Sachverhalt. Die Form dieser Aussage ist die eines Urteils über eine Sache, deren *Identität* nur über einen Prozess wechselseitiger Kritik und Beobachtung als Tendenz hergestellt werden könnte. Doch die Kommunikation verläuft vielfach ganz anders. Aussagen werden *kraft ihrer logischen Form* als Aussagen über Sachverhalte genommen und auch so zitiert. Da hierbei die Quelle vielfach entfernt wird – die Person, von der man die Aussage gehört hat –, bricht die Kette der Bezugnahmen ab und eröffnet die Möglichkeit der Beliebigkeit und Manipulation.

Im Vertrauen auf die Aussagen anderer liegt zunächst durchaus das vernünftige (oder auch: *ökonomische*) Moment, dass nicht jeder jedes Wissen selbst erproben und überprüfen kann. Es herrscht beim Eintritt in eine Kommunikation die *prinzipielle* Illusion, dass alle Aussagen auch zutreffen oder wenigstens von irgendjemand überprüft wurden. Dieser Vertrauensvorschuss ist indes eine Illusion, nicht schon deshalb, weil es *Lügen* gibt – d.h. bewusst falsche Aussagen bei Kenntnis des Sachverhalts –, sondern weil alle Aussagen kraft ihrer abstrakten Form sich von der Anschauung je schon getrennt haben. Hinzu kommt die soziale Praxis einer Arbeitsteilung des Wissens. Man *vertraut* darauf, dass jemand, der in einer bestimmten Hinsicht als Experte gilt, sein geäußertes Wissen auf einer verlässlichen Grundlage erworben hat. Deshalb sind *Streitgespräche* oftmals darauf beschränkt, welchem „Experten" man nun *Vertrauen* schenken dürfe – weshalb auch *Wissenschaftsnormen* wie die Wertfreiheit, Ehrlichkeit, Überprüfbarkeit usw. in den Alltagsdiskurs diffundiert sind. Es gibt von der Unhaltbarkeit der impliziten Voraussetzung offenbar ein implizites Wissens, ein fundamentales Misstrauen.

In dieser Trennung der Kommunikation von dem Prozess der *handelnd* hergestellten Identitätsbildung entsteht ein kommunikativ vermitteltes Bild der Welt, dessen Inhalt vor allem durch wechselseitiges Zitieren, Spiegeln und Reproduzieren bestimmt wird. Die Relationen R5 und R6 beziehen sich hier – semiotisch gesagt – nicht mehr auf etwas Bezeichnetes, sondern selbst auf Zeichen, die zugleich als Objekte fungieren. Solange soziale Diskurse in überschaubaren lokalen Handlungszusammenhängen geführt wurden, war die latente Trennung von der unmittelbaren Erfahrung und den darin liegenden Identitätsprozessen gering. Wer in einem kleinen Dorf Lügen erzählt, wird relativ bald erwischt, sofern sich die Lügen auf Menschen oder Sachverhalte in der unmittelbaren Umgebung beziehen. Je ferner aber die Gegenstände rücken, über die gesprochen wird – sowohl in räumlich-zeitlicher wie in logischer Distanz durch wissenschaftliche Abstraktion –, desto weiter öffnet sich der Raum scheinhafter Bedeutungskonstruktionen. Diese Konstruktionen können sich reproduzieren allein durch die Rede und Wiedergabe, also durch das Zitat.

Es gibt eine Handlungsferne von den Gegenständen, die überhaupt jede Überprüfung unmöglich macht. Niemand kann theologische Aussagen anders als durch Zitat und wechselseitige Spiegelung überprüfen. Es gibt eine ganze Reihe fiktiver Gegenstände, über die so geredet wird, als handle es sich *prinzipiell* um Erfahrungsgegenstände, die im sozialen Bedeutungsprozess eine Identität gewinnen können auch bei Handlungen, die aber ihrer Natur nach unüberprüfbar bleiben. Die Esoterik aller Schulen und Epochen ist voll von solchen fiktiven Gegenständen, über die gesprochen wird, die sogar mit Handlungen verknüpft werden, die aber *als Gegenstände* niemals eine andere als eine kommunikative Scheinidentität erlangen können.

Viele dieser „Gegenstände" sind allerdings auch in dem angesiedelt, was unter einem anderen Aspekt der Arbeitsteilung des Wissens angehört. Wie verschiedene Menschen unterschiedliche Erfahrungen und damit ein unterschiedliches Expertenwissen haben, so verfügen sie auch über unterschiedlich verfeinerte Wahrnehmungen. Wovon ein geübter Musiker spricht, während Musik erklingt, mag einem wenig geübten Laien ein völliges Rätsel sein. Die bloße *Möglichkeit*, eine konvergente Identität der Bedeutung hierbei herzustellen, scheitert an der individuellen Differenz der Möglichkeiten und Fähigkeiten. Darin liegt eine unaufhebbare Differenz in jedem Prozess der Identitätsbildung. In der formalen Struktur des Gesprächs gesagt: In solchen Fällen scheitert die tendenzielle Herstellung einer Identität der Bedeutung schon daran, dass A vielleicht überhaupt kein „a" wahrnimmt (R3), während B als „b" davon spricht. Viele subtile Formen des Wissens in verschiedenen Bereichen haben diese Form, dass ein Diskurs notwendig *einseitig* geführt wird, wie ein Gespräch mit einem Blinden über Farben. Auch der Blinde wird mit den Wörtern „gelb", „blau", „rot" usw. eine innere Bedeutung verbinden, vielleicht einen Gefühlswert. Doch eine *Konvergenz* der Bedeutung kann nicht erzielt werden. Diese Differenz wiederholt sich in allen sozialen Formen, auch wenn sie nicht notwendig eine unüberbrückbare sein muss: Was B *noch* nicht sieht, hört, denkend erkennt, das kann er vielleicht durch wiederholte Hinweise von A *erlernen*.

Dennoch ist diese Struktur dafür verantwortlich, dass in der Kommunikation unentwegt Entitäten auftauchen, die zwar als Wort erkannt und wiederholt werden, die aber keinen intersubjektiven Inhalt haben, keine über das Sprechen hinausgehende Bedeutung. Das ist bei jedem Märchen der Fall: Einer erzählt, der andere hört, und bei beiden vollziehen sich innere Bedeutungsprozesse, doch kann darüber keine Identität hergestellt werden. Dasselbe gilt, wenn z.B. zwei Gläubige sich über ihre Glaubenserfahrungen austauschen und in dieser oder jener Situation Gottes Wirken verspürt zu haben

2.4.11 Kommunikation und die „soziale Konstruktion der Welt"

glauben. Obwohl dies subjektiv einen tiefen Sinn haben mag, so ist es doch keine jemals *intersubjektiv* herstellbare Bedeutung. Es ist unmöglich, dass über metaphysische Begriffe wie „Gott", „Gnade", „Freiheit" usw. jemals ein konvergenter Prozess der Identität erreicht werden kann. Immer wieder wäre das Gespräch auf eine *mitgeteilte* Erfahrung, also wiederum auf Wörter oder bestimmte Zeichen verwiesen. Dasselbe gilt für Dialoge über *Gefühle*. Obwohl viele Stimmungen durchaus einen objektiven, intersubjektiven Charakter haben – wie eine Begeisterung einer Menschenmasse beim Sport –, sind sie doch nicht als *Entitäten* mit je eigener Identität beschreibbar.

Genau genommen gilt dies von keiner Entität; jede Identität bleibt ein Prozess, der nur als Tendenz, nicht als aufweisbares Faktum konvergiert. An die Stelle einer Identität, auf die man gleichsam *zeigen* könnte, tritt dann sozial ein Zeichen, ein Urteil, ein Satz, ein Bild. Auch für die Identität des Zeichens gilt das, was für jede Entität zu sagen ist. Man kann auch von keinem Wort oder Bild *genau* sagen, was es als identisches mit sich selbst „ist". Doch sind Zeichen hinreichend genau von *anderen* unterscheidbar. So mag jeder einen anderen Eifelturm mit dem Wort „Paris" als Bild verknüpfen; die *Differenz* zu anderen Türmen oder Gebäuden ist aber hinreichend groß, um einen konvergenten Dialog zu führen.

Die äußerste Form einer Differenz ist die zwischen zwei Zahlen, z.B. zwischen Null und Eins. Diese Differenz ist zwar *leer* und hat nur den Inhalt, sich zu unterscheiden; dennoch erreicht das Denken darin gerade die höchste Präzision der intersubjektiven Unterscheidung. Mag ein Musiker noch viel genauer hören, ob eine Klaviersaite verstimmt ist; das Messgerät, auf dem Zahlen sichtbar sind, die für die Frequenz stehen, ist *jedem* ein sichtbarer Unterschied. Die Zahl erweckt dadurch den äußersten Schein eines Unterschieds und damit umgekehrt der unbestreitbaren Identität einer Sache. Die Verknüpfung von bestimmten Zeichen mit Zahlenwerten evoziert damit den Anschein *höchster* Genauigkeit und Individualität, die mit Wirklichkeit oder Faktizität gleichgesetzt wird.

Nun ist aber auch jede Messung, die einen Zahlenwert mit einem sinnlichen Vorkommnis verknüpft, ein *Konstrukt*. Die vermeintlich vorliegende Faktizität ist völlig abhängig vom Messgerät, allgemeiner: vom Kategoriensystem, in dem gemessen und gedacht wird. Also gerade durch Zahlen und Maße lässt sich ein vollendeter Schein von Faktizität und Wirklichkeit erzeugen. Es sind deshalb auch in der wissenschaftlichen Diskussion nicht jeweils individuell überprüfte Ergebnisse, die bestimmte Theorien stützen, sondern *kommunikativ reproduzierte*. Bestimmte Zahlenwerte, Abbildungen oder Schemata geistern mit monotoner Wiederkehr durch das Wissen einer bestimmten Periode, jeweils abgeschrieben oder kopiert, nicht aber selbst als Wissen erprobt und an anderen kritisch überprüft. Das ist ein endogenes Reich des Wissens, das Thomas S. Kuhn „Paradigma" nannte und das bereits früher Ludwik Fleck systematisch untersucht hat. Gegenwärtig werden diese Fragen unter dem Stichwort der „sozialen Konstruktion des Wissens" diskutiert. Ich kann diese Variante der Frage hier nicht behandeln.[52]

Wichtig ist die Einsicht, dass mit der modalen Trennung des Diskurses auch der Prozess der Identitätsbildung verändert wird. Was als Faktum, als eine mit sich identische Entität im sozialen Wissen erscheint, ist vielfach nur die mediale Reproduktion eines Systems von Zeichen ohne identifizierbares Objekt. Auch ohne jede Absicht führt die Arbeitsteilung des Wissens zu getrennten Wissensformen, die ihre Inhalte nur ihrer Reproduktion verdanken. Nun wird dieses Wissen in modernen Gesellschaften immer mehr durch *Medien* reproduziert, also auch als Bedeutung *hergestellt*. Kraft der allgemeinen Form, die jeder Information zukommt, ist solch ein Wissen auch rasch verall-

---

[52] Vgl. I. Hacking (1999) für einen Überblick.

gemeinerbar, d.h. kopierbar – durch Weitererzählen oder Abschreiben. Da es keine verbindliche Ebene des Empirischen gibt, auf die man allgemein Wissensformen intersubjektiv beziehen könnte, da ferner viele solche Wissenselemente sich überhaupt jedem Identitätsprozess entziehen, der über ein *Handeln* wenigstens als Tendenz hergestellt werden könnte, liegt in der Emanzipation der Reproduktion von Bedeutung durch vielfältige Medien auch der Grund für die Entstehung einer fiktiven Welt der Bedeutung.[53]

Und da diese fiktive Bedeutung *produziert* ist, da ferner aus diesen Bedeutungen wiederum Handlungen geformt und geplant werden, lässt sich durch eine Veränderung der Produktion von Bedeutung auch das Handeln und Denken der Menschen mittelbar und unmittelbar beeinflussen oder sogar steuern. Solange Kommunikationsformen vor allem diskursiven Charakter hatten und sich getrennte Bedeutungen nur über den Diskurs fortpflanzen konnten, war die Realitätskonstruktion der unmittelbaren Erfahrung immer noch sehr genau von Aussagen über „ferne" Gegenstände zu unterscheiden. Wie immer ein System von Glauben und Aberglauben derartige Scheinbedeutungen auch in den Alltag einbezogen haben mag, zwischen dem Gebet um eine gute Ernte und der tatsächlich eingefahrenen Ernte war die Differenz durchaus erkennbar, was die *Modalität* der jeweiligen Bedeutung anlangt.

Das hat sich durch die Vielfalt neuer Medien gründlich geändert. Die Menschen handeln immer mehr in einer konstruierten Welt der Bedeutung, deren Validität zu überprüfen ihnen in der Regel einfach die Mittel fehlen – wenn sie nicht, wie bei völlig virtuellen Realitäten im Internet, ohnehin *rein* konstruktiven Charakter besitzt. Der Film „The Matrix"[54] der Wachowski-Brüder hat diese Emanzipation von einer empirischen Grundlage auf sehr plastische Weise zur Anschauung gebracht. Zudem, das wird die Analyse des Geldsubjekts noch sehr viel genauer zeigen, kann durch gezielte Kontrolle der Informationsprozesse die Weltwahrnehmung jeweils so gelenkt und verändert werden, dass damit pekuniär erwünschte Resultate zu zeitigen sind. Wenn ein großer US-Nachrichtensender in Mehrheitsanteilen einer Aktiengesellschaft gehört, die zugleich Rüstungsaufträge der US-Regierung erhält, dann ist zu erwarten, dass die Produktion von Nachrichten gewinnträchtig geformt und selektiert wird. Aber auch ohne direkte Abhängigkeit funktioniert heute Propaganda als Herstellung einer Scheinwirklichkeit.[55]

Es wird zu zeigen sein, inwiefern diese Eroberung der *Produktion von Informationen* ebenso der Kontrolle durch das Geldsubjekt, der Geldgier unterworfen wird wie zu Zeiten der industriellen Revolution die handwerkliche Arbeit zuerst in Manufakturen, dann in Fabriken dem Kalkül der Kostenrechnung subsumiert wurde. Die Vergesellschaftung durch die Sprache, das als Möglichkeit aufzudecken war die Absicht dieses Abschnitts, wird so schrittweise durch die monetäre Vergesellschaftung erobert und transformiert. Dass dies nicht nur für die „Lebenswelt", sondern auch für alle staatlichen, demokratischen Prozesse von fundamentaler Bedeutung ist, das lässt sich auch ohne vertiefte Analyse der Geldprozesse erkennen. Damit steht aber schließlich auch das Wissen der Wissenschaften auf dem Spiel, und es lässt sich bereits hier gleichsam *a priori* deduzieren, dass die Denkformen über die Wirtschaft, die institutionell und mas-

---

[53] Vgl. zu den erkenntnistheoretischen Fragen, die mit der sozialen Produktion einer Wirklichkeit als Schein oder als Täuschung zu klären sind genauer K.-H. Brodbeck (2002a).

[54] The Matrix (1999); Regie: Andy Wachowski, Larry Wachowski. Morpheus sagt in dem Film: „Unfortunately, no one can be told what the Matrix is. You have to see it for yourself." Vgl. auch das Fernsehspiel von Rainer Werner Fassbinder „Welt am Draht" (1974).

[55] Vgl. E. Bernays (2005).

2.4.11 Kommunikation und die „soziale Konstruktion der Welt"

senhaft in Geldökonomien produziert und reproduziert werden, nicht an die Erkenntnis ihrer eigenen Produktionsbedingungen heranreichen.

Sofern Wissenschaft ein *Beruf* ist, kann über die Kontrolle der mit der Wissensproduktion verbundenen Geldströme auch das Wissen selbst kontrolliert werden. Dies geschieht nicht als äußerer Zwang, sondern als freiwillige Unterordnung. Kritiker der Wirtschaft waren zu allen Zeiten kaum besonders erfolgreich darin, ihre Erkenntnis in einer Geldökonomie *verkaufen zu können*. Wenn die Produktion von Wissen durch den letztlich monetären Erfolg – direkt in Unternehmen oder durch die Finanzierung der Forschung – gesteuert wird, wenn andererseits eine *Kritik* an der Geldökonomie keine Förderung erfährt, dann ist es sicher kein Rätsel mehr, weshalb die herrschende Theorie der Wirtschaft als Wissensform, wie strittig sie in Einzelheiten immer auch sein mag, bezüglich der *Grundvoraussetzung* mit den Interessen derer übereinstimmt, die aus den herrschenden Verhältnissen ihren Vorteil ziehen: „Freilich, nach der hier geltenden Sittlichkeit steht gerade das Umgekehrte im Preise, nämlich eine rasche Bildung, um bald ein geldverdienendes Wesen zu werden, und doch eine so gründliche Bildung, um ein sehr viel Geld verdienendes Wesen werden zu können. Dem Menschen wird nur so viel Kultur gestattet als im Interesse des allgemeinen Erwerbs und des Weltverkehrs ist, aber so viel wird auch von ihm gefordert."[56]

---

[56] F. Nietzsche (1969: 1), S. 331.

3 Tausch und Geld

3.1 Der einfache Tausch

3.1.1 Voraussetzungen und Grundbegriffe

Vom Tausch ist in diesem Kapitel ausschließlich in einem *ökonomischen* Sinn die Rede.[1] Das Wort „Tausch" hat einen bemerkenswerten Ursprung, denn mhd. *tüschen* bedeutet ursprünglich schlicht *lügen*, also unwahr reden, lügnerisch versichern, und entstammt derselben Wortwurzel wie *täuschen*. Die heutige Bedeutung von Tausch als rein wirtschaftlicher Vorgang bildete sich erst im 15. Jahrhundert. Auch das englische *barter*, vermutlich keltischen Ursprungs, hat die Bedeutung von *treachery* = betrügen, täuschen. Der Begriff *exchange* stammt aus einer vergleichbaren Wurzel: excambiare = ex (aus) + cambire, wobei die Wortwurzel *kamb- auch *to bend, crock* (= unehrlicher Trick, Schwindel) bedeutet. Mit dem Tauschen wird also gleichursprünglich auch das Vortäuschen, Scheinen, die Unehrlichkeit verknüpft. Es wird sich erst später zeigen, inwiefern die Veränderung der Subjektivität durch die Geldrechnung dieser Wortbedeutung recht genau entspricht. Schon hier lässt sich ein Hinweis entnehmen, dass der Tausch als Täuschung auf ein kognitives Phänomen verweist, auf einen Prozess der Bedeutung.

Eine nahe liegende Verbindung zur Semiotik scheint in folgender Differenz ausgedrückt zu werden: *Etwas* austauschen und *sich* austauschen. Doch diese Redeweise ist relativ späten Ursprungs, und die Differenz lässt sich auch ohne den Tauschbegriff formulieren. Tatsächlich aber haben beide Phänomene – der ökonomische Tausch und das Sprechen – etwas gemeinsam: den sozialen Bedeutungsprozess. Wie die Wortwurzel für Tauschen, *barter* oder *exchange* zeigt, hat das Tauschen und Sich-Austauschen durchaus im engeren Sinn einen gemeinsamen Grund, auch wenn der ökonomische Tausch eine *besondere* Form des Sich-Austauschens meint, nämlich das Vortäuschen, das Anders-Scheinen oder Betrügen. Allgemeiner – höflicher – gesagt: Wer Produkte austauscht, begibt sich in eine Position wechselseitiger Einschätzung ökonomischer Bedeutung; dies verbindet den ökonomischen Tausch mit Sprachprozessen. Doch es ist keines der beiden Phänomene auf das je andere reduzierbar. Erst eine konkrete Analyse anhand der sozialen Grundstruktur deckt Isomorphien auf, ohne dabei eine *inhaltliche* Bedeutungsidentität zu behaupten. Inwiefern beim Tausch symbolische Akte eine Rolle spielen, wird sich bei der Untersuchung des Geldes und im kritischen Durchgang der tausch- und geldtheoretischen Literatur genauer zeigen.

Der Tausch ist eine innere Modifikation der sozialen Grundstruktur, also kein *ursprüngliches* Sozialphänomen. Jeder Tausch ist *eingebettet* in andere gesellschaftliche Zusammenhänge, und jeder Tausch besteht in seiner Grundstruktur aus (wenigstens zwei) Tauschpartnern und den Objekten, die getauscht werden. Der „Markt" als *Ort* des Tauschs ist ein *sozialer*.[2] Auch wenn es immer wieder besondere Plätze für den Tausch

---

[1] Karl Polanyi hat als synthetisches Prinzip sozialer Arbeitsteilung drei Kategorien vorgeschlagen: Reziprozität, Redistribution und Tausch. Diese Unterscheidung ist nicht *exklusiv*, wie Polanyi deutlich macht, K. Polanyi (1976), S. 69. Bei der Analyse der Tauschstruktur wird sich zeigen, inwiefern in ihr reziproke und distribute Modi reproduziert werden. Polanyis Dreiteilung ist hierbei keineswegs kategorial erschöpfend.

[2] Der „Markt" wird „als der ökonomische Ort des Tausches definiert", A. E. Ott (1972), S. 32. Dagegen: Unter Markt „verstehen wir das regelmäßige Zusammentreffen oder In-Verbindung-Sein zwischen den Verkäufern und den Käufern desselben wirtschaftlichen

gibt und gegeben hat, so ist der Tausch *als* Tausch doch nicht durch seinen physischen Ort (= Marktplatz) bestimmt. Physische Inhalte einer Tauschoperation begleiten ihn zwar notwendig, andere sind ihm vorausgesetzt oder nachgelagert; doch keine physische Eigenschaft der am Tausch beobachtbaren Sachverhalte *definiert* die Tauschstruktur. Im Tausch tauchen die daran beteiligten Subjekte in eine *besondere* soziale Struktur ein, stellen diese Struktur durch ihren Tauschakt her oder reproduzieren sie. Die kategorialen Verhältnisse des Tauschs verändern also ihre bereits vorausgesetzten sozialen Beziehungen.

Diese *Voraussetzungen* sind auch beim Tausch selbst latent weiter gegeben. Sie bilden eine grundlegende kategoriale Schicht, die dann, wenn der Tausch beendet ist, unterbrochen wird oder misslingt, wieder hervortritt. Tauschen z.B. völlig Fremde, so ist doch zwischen ihnen bereits ein soziales Band vorausgesetzt, denn sie unterscheiden den Tausch sehr genau von anderen Interaktionen: Ignorieren, viele Formen der Kommunikation, Kampf oder Gewaltakte. Der Tausch konstituiert also nie als Grundlage, als unterste Schicht eine Gesellschaft, sondern er bewegt sich bereits *in gesellschaftlichen Strukturen*. Er ist deshalb auch vielfach ein *Substitut* für andere soziale Beziehungen – und umgekehrt. Ein Tauschakt kann ebenso in Streit, Gewalt wie in Freundschaft übergehen; er kann auch daraus hervorgehen. Solche Übergänge sind nur möglich, weil sich der Tausch je schon in einer sozialen Sphäre bewegt, die er weder erschafft noch reproduziert. Gleichwohl verwandelt der Tausch die *Struktur* dieser sozialen Sphäre, und diese verwandelte Struktur konstituiert eine Reihe neuer Kategorien, die sich nicht aus anderen sozialen Sachverhalten ableiten lassen.

Die häufigste Form von Tausch ist der *Kaufakt*. Hier wird Geld gegen eine Ware vertauscht. Beim Kaufakt kommen allerdings durch das Geld neue Bestimmungen hinzu, die wiederum den einfachen Tauschakt überlagern und modifizieren. Es ist deshalb notwendig, zunächst den Tauschakt als allgemeinen Tausch von Produkten näher zu untersuchen, wie er auch als Erfahrung immer wieder in modernen Gesellschaften vorkommt. Nur diese Erfahrung ist für die nachfolgenden Untersuchungen vorausgesetzt. *Mehr* vorauszusetzen, hieße auf den Tausch als sozialen Sachverhalt eine fremde Form zu projizieren und ihn damit als *Begriff* zu verfehlen.

Ich möchte, um nahe liegende Einwendungen vorab auszuräumen, noch ein paar Bemerkungen zu einigen Kategorien machen, die in der Analyse des Tauschs gewöhnlich verwendet werden. Der einfachste und klarste, von den Klassikern der Nationalökonomie auch häufig verwendete Begriff ist die „Ware" (*commodity*). Eine Ware ist eine auf dem Markt getauschte Entität, deren physische Natur, wie man sie aus einer Metaperspektive (als cartesianischer Beobachter) definieren oder erkennen mag, keine Rolle spielt. Genauer: Für die Käufer und Verkäufer spielt nur das eine Rolle, was sie *als* eine geldwerte, als gegen Geld eintauschbare Sache *interpretieren*. Sie, die Tauschenden, sind es, die darüber entscheiden, nicht das Klassifikationsschema eines Professors der Nationalökonomie. *Der* Fehler ist eben auch hier die cartesianische Beobachterposition. Was jemand, der den Tauschakt beschreibt, erklärt, modelliert, *von außen* für Kategorien verwendet, ist für den Tauschakt selbst ohne Bedeutung. Eine

---

Gutes." A. Amonn (1944), S. 126 – eine völlig ungenügende Bestimmung. Auch ein Verein kann diese Bedingung erfüllen, und *dasselbe* Gut kann nur einmal verkauft werden. An anderer Stelle heißt es bei Amonn nur lapidar: „Das „Zusammenspiel zwischen Angebot und Nachfrage (...) nennt man ‚Markt'." A. Amonn, Alfred (1961), S. 150. Angebot und Nachfrage sind aber keine Subjekte. Vgl. auch: „The market is a place where commodities are exchanged." L. Walras, Léon (1954), S. 83. Ein Markt ist also ein Ort, an dem austauschbare Produkte ... getauscht werden.

Ware in der alltäglichen Tauscherfahrung ist also einfach ein Handelsgegenstand, der *gegen Geld* eingetauscht wird. Die faktische Zahlung bestimmt die Warennatur, nichts weiter. Maß dafür sind die Tauschpartner, Käufer und Verkäufer.

Vor allem die deutsche Tradition der Nationalökonomie hat ihren Stolz darein gelegt, den Begriff des *Gutes* näher bestimmt zu haben. Dieser Begriff beerbt nicht nur den Begriff der Ware, es wurde auch eine in sich sehr differenzierte Güterlehre entwickelt. Hierbei wurden Fragen gestellt wie: Kommt der Nutzwert (ein Ausdruck von Herrmann) dem Gut zu oder dem Subjekt? Liegt er in der Relation zwischen beiden? Gibt es immaterielle Güter, oder müssen Güter immer physisch verkörpert sein?[3] Sind Güter immer nur *individuell* als Güter zu bezeichnen, oder gibt es soziale, gesellschaftliche, gemeinschaftliche Güter? Kommt einem Ding als Gut nur die subjektive Lustempfindung, der Nutzen des Subjekts zu, oder gründet die Bewertung *als* Gut auf einer intersubjektiven Moral? Ist nur das ein Gut, was durch einen *bewussten* Akt als Gut erkannt wird – oder sind Güter rein physische Reaktionen auf bestimmte Reize aus der Außenwelt? Ist die Lust- oder Nutzenempfindung eines Individuums interpersonal vergleichbar – oder nicht? Gibt es *Ungüter* – Güter, die einen negativen Nutzen haben (z.B. Arbeit)? In neuerer Zeit fügt man dem noch andere Fragen hinzu: Welche Informationsprozesse sind mit einem Gut verbunden? Wer kennt die Informationen über Güter – sind sie zwischen Käufer und Verkäufer symmetrisch oder asymmetrisch verteilt? Kann man Gütereigenschaften *unmittelbar* dem individuellen Nutzen, den Präferenzen zuordnen, oder muss man eine Transformation von Gütereigenschaften in individuelle Nutzeneigenschaften vornehmen („Konsumtechnologie")? Ich breche hier eine beliebig zu verlängernde Liste ab.

Karl Marx hat sich über die Güterlehre deutscher Ökonomen amüsiert und sie „professoral" gescholten, während die moderne Ökonomik darin einen wichtigen, wenn nicht den wichtigsten Beitrag der deutschen Tradition zur Wirtschaftswissenschaft erblickt. Die wenigen Überlegungen, die Marx auf den *Gebrauchswert* – wie bei ihm Güter in der englischen Tradition (*use value*) heißen – verwendet hat, enthalten einen richtigen Impuls, machen dann aber doch einen entscheidenden Fehler. Marx sagt, dass man über die Natur des Gebrauchswerts, eines Gutes, nichts *Allgemeines* sagen kann. Darin liegt die richtige Erkenntnis, dass auf den Märkten die *Formen* der getauschten Güter, ihre Funktionen und physischen oder anderen Eigenschaften ebenso mannigfaltig sind wie die Kultur des Kapitalismus. „Der Gebrauchswert in dieser Gleichgültigkeit gegen die ökonomische Formbestimmung, d.h. der Gebrauchswert als Gebrauchswert, liegt jenseits des Betrachtungskreises der politischen Ökonomie", sagt Marx, und fügt in einer Note hinzu:

> „Dies ist der Grund, warum deutsche Kompilatoren den unter dem Namen ‚Gut' fixierten Gebrauchswert *con amore* abhandeln. (...) Verständiges über ‚Güter' muss man suchen in ‚Anweisungen zur Warenkunde'."[4]

---

[3] Pareto beruft sich auf Ferrara, der sagte: „(A)ll products are material if the means by which they are manifested are considered; and all are immaterial if we consider the effect that they are destined to produce", zitiert bei V. Pareto (1971), S. 224. Hier wird die Differenz zwischen Produkt und Gut umkreist, aber nicht geklärt. Denn was soll z.B. an der Dienstleistung eines Rechtsberaters der „materielle Aspekt" sein? Der Anwalt, sein Gehirn, sein Anzug, das Papier beim Schriftverkehr? Und was soll der immaterielle Aspekt an einem Kunstwerk sein? Die Antwort auf solche Fragen liefert die Analyse des Prozesses *ökonomischer Bedeutung*.

[4] K. Marx, MEW 13, S. 16. Vgl. „Die Gebrauchswerte der Waren liefern das Material einer eignen Disziplin, der Warenkunde." In der Note hierzu steht: „In der bürgerlichen Ge-

3.1.1 Voraussetzungen und Grundbegriffe

In diesem Gestus, mit einem Handstreich den Gebrauchswert, das „Gut" vom Tisch zu wischen, indem man sagt, dass Güter gar nicht zum eigentlichen *Gegenstand* der Ökonomik gehören, liegt nun ebenso etwas Richtiges wie ein grundlegender Irrtum. Ich werde diesen Irrtum im Kapitel über die Tausch- und Geldlehre bei Marx näher untersuchen; hier nur einige allgemeine, für die Tauschtheorie notwendige Anmerkungen vorweg. Wenn Marx den Gebrauchswert aus der Analyse verbannt und sagt, dass er nicht in den Betrachtungskreis der Politischen Ökonomie gehöre, so ergänzt er immerhin in einem wichtigen Satz: „In ihren Kreis fällt er nur, wo er selbst Formbestimmung."[5] Der entscheidende Kritikpunkt der Vertreter der *subjektiven Wertlehre* liegt nun gerade in der Behauptung, *dass* der Gebrauchswert, also die Natur der „Güter", immer in diesen Betrachtungskreis fällt, ja sogar *konstitutiv* sei für die Tauschwerte.

Wenn man diese Positionen nur nebeneinander stellt, lässt sich diese Frage nicht klären. Ein wichtiger Fingerzeig findet sich in einer Bemerkung, die Schäffle macht: „Wert aber ist die *Bedeutung*, welche das Gut vermöge seiner Brauchbarkeit für das ökonomische Zweckbewusstsein der wirtschaftlichen Persönlichkeit hat."[6] Wenn wir den Begriff „Wert" in dieser Bemerkung vorläufig einklammern – darüber wird mehr zu sagen sein –, so liegt der entscheidende Hinweis im Begriff „Bedeutung". Menger hat Schäffles Bemerkung zitiert und in seinen Güterbegriff mit aufgenommen, sie aber zugleich durch einen radikalen Individualismus in ein falsches Licht gestellt. Man kann von Wert, Gebrauchswert, man kann von *Gütern* nur sprechen, wenn man geklärt hat, was „Bedeutung" bedeutet. Ein Gut ist offenbar etwas, das „etwas bedeutet". Damit ruht der Güterbegriff auf der Kategorie der *Bedeutung*. Güter werden zu Gütern in einem Prozess der „Bedeutungserzeugung".

Dieser Prozess nimmt in der Ökonomie eine eigentümliche Form an. Gleichwohl stellt dies nur eine *innere Modifikation* der sozialen Grundstruktur dar, die wir im zweiten Teil als praktischen und damit *logischen* Ort der Entstehung von Bedeutung identifizieren konnten. Was sich also *als Gut* im Tausch offenbart, das muss sich einmal als Modifikation der sozialen Grundstruktur, zum anderen aber – in seinem spezifisch kategorialen Inhalt – in der Tauschstruktur selbst zeigen. Und an dieser Stelle liegt der entscheidende Irrtum, sowohl von Marx wie von Menger. Niemand kann von außen, als cartesianischer Beobachter, darüber befinden, was ein Gut *ist* – das können nur die am Tausch beteiligten Tauschpartner. Sicher kennt jeder *als Teilnehmer* an Marktprozessen den Vorgang der „Bewertung", sei es der subjektiven Wertschätzung eines Gutes, das *ohne* solch eine Wertschätzung kein Gut ist – darin hat Menger völlig recht –, sei es in den durch den Tausch oder Kauf selbst gegebenen Voraussetzungen, die nicht von den Tauschpartnern kategorial gesetzt, sondern bereits *vorausgesetzt* sind – darin liegt die richtige Ahnung von Marx.

All dies lässt sich aber nicht vorab entscheiden, klassifizieren oder definieren. Es zeigt sich nur in der Erfahrung des Tauschs, des Kaufs selbst – doch es verfügt jeder Teilnehmer an der kapitalistischen Wirtschaft über diese Erfahrung. Der auch hier leicht erkennbare Grundfehler liegt in der stillschweigenden Position, die ein cartesianischer Beobachter einnimmt, der glaubt, er könne *von außen* bestimmen, *was* ein Gut ist. Das

---

sellschaft herrscht die fictio juris, dass jeder Mensch als Warenkäufer eine enzyklopädische Warenkenntnis besitzt." K. Marx, MEW 23, S. 50.

[5] K. Marx, MEW 13, S. 16.

[6] A. E. F. Schäffle (1862), S. 10. Vgl. „Wir definieren den privatwirtschaftlichen Wert als Bedeutung (Geltung) einer beschränkt vorhandenen äußeren Brauchlichkeit mit Rücksicht auf das günstige quantitative Verhältnis des Nutzens und der Kosten dieser Brauchlichkeit." A. E. F. Schäffle (1873: 1), S. 168.

ist nicht nur eine Frage des „interpersonellen Nutzenvergleichs", wie dies in der ökonomischen Theorie gehandelt wird. Es geht darum, ob eine Wissenschaft *kategorial* festlegen kann, *was* ein Gut ist. Und eben dies versuchen Marx *und* Menger gemeinsam. Meint Marx, dass die „nützlichen Eigenschaften" den Gütern *einwohnen* und nur durch „historische Tat"[7] entdeckt werden, so entgegnet Menger ganz richtig, „dass die Güterqualität nichts den Gütern Anhaftendes, das ist keine Eigenschaft derselben ist, sondern sich uns lediglich als eine Beziehung darstellt, in welcher sich gewisse Dinge zu den Menschen befinden, eine Beziehung, mit deren Verschwinden dieselben selbstverständlich auch aufhören, Güter zu sein."[8] Doch daraus folgt etwas ganz anderes, als Menger behauptet (vgl. 4.6.3). Tatsächlich folgt daraus das, was Marx wenigstens implizit sagt: Die Einklammerung von *bestimmten* Aussagen über Güter. Niemand kann von außen als Beobachter sagen, welche Eigenschaften Güter im *Allgemeinen* haben müssen, um „Güter" zu sein. Es ist immer der *faktische Tausch*, der festlegt, ob Tauschsubjekte einem Ding die Bedeutung *als* Gut zusprechen oder nicht.

Alle *technischen* Beziehungen zwischen „Gütern" haben mit den *ökonomischen* Eigenschaften nichts zu schaffen, die sich *im Tausch* zeigen. Was als *öffentliche* Eigenschaft von „Gütern" in der Kommunikation erscheint und worüber auch eine identische Bedeutung als sozialer Prozess hergestellt wird, ist zwar die *Voraussetzung* ökonomischer Handlungen, nicht aber ihr Inhalt. Es ist zur sprachlichen Klärung besser, hier von „Produkten" zu sprechen. Produkte haben *objektive*, d.h. intersubjektiv hergestellte Bedeutungen, wie sie in Produktbeschreibungen, Gebrauchsanleitungen, Beipackzetteln, Kataloganzeigen oder auch rechtlichen Normierungen (Inhaltsstoffe von Medikamenten, Lebensmitteln usw.) erkennbar sind. Hier stellt die Kommunikation eine *öffentliche* Bedeutung her, liefert Informationen über Produkte, die dann, wenn sie zum Kauf (Tausch gegen Geld) angeboten werden, auch „Waren" heißen können. Produkte und ihre Eigenschaften sind *Voraussetzungen* spezifisch ökonomischer Handlungen (Kauf der Produkte).

Zwischen *Produkten*, über die objektive Informationen technischer Natur vorliegen und auch immer wieder neu gefordert werden – dies ist auch oftmals Gegenstand der Verkaufsgespräche *vor* einer Kaufentscheidung –, lassen sich auch technische Beziehungen herstellen, sei es für die Produktion, sei es für den privaten Gebrauch. In diesen Bereich fallen alle technischen Normen, etwa Formate für Anschlüsse, Prozentanteile bestimmter Inhaltsstoffe, die Größe und Kapazität einer CD, das Format von Papier usw. Dieser Prozess der *Normierung von Produkten* erlaubt es also durchaus, *Ketten* von Produkten im Sinn von Kausalbeziehungen objektiv herzustellen: Um Musik aus einem Lautsprecher hören zu können, benötigt man einen CD-Player, für dieses Gerät eine Stromversorgung, dafür normierte Stromanschlüsse und Steckdosen, dies setzt wiederum Stromverteiler voraus, die Strom dieser Spannung liefern, wofür Kraftwerke nötig sind, die vielleicht Biostrom erzeugen, der wiederum den Anbau von Pflanzen voraussetzt, wofür Traktoren notwendig sind etc.

---

[7] „Jedes solches Ding ist ein Ganzes vieler Eigenschaften und kann daher nach verschiedenen Seiten nützlich sein. Diese verschiedenen Seiten und daher die mannigfachen Gebrauchsweisen der Dinge zu entdecken ist geschichtliche Tat." K. Marx, MEW 23, S. 49f. Marx *meint* das so wie er sagt: Der Nutzen steckt verborgen im Ding; vgl. Kapitel 4.4.

[8] C. Menger (1871), S. 3, Note. Vgl. Gossen, von dem Jevons sagt, dieser sei „careful to point out that there is no such thing as absolute utility, utility being purely a relation between a thing and a person." W. St. Jevons (1888), S. xxxiii. Der Gedanke wurde auch schon von Senior betont: „Utility, however, denotes *no intrinsic quality in the things* which we call useful; it merely expresses their relations to the pains and pleasures of mankind." N. W. Senior (1836), S. 7; meine Hervorhebung

3.1.1 Voraussetzungen und Grundbegriffe

Derartige Ketten zwischen Produkten, die hergestellten technischen Verknüpfungen – die übrigens in aller Regel *zirkulär* sind[9] –, sind keine Beziehungen zwischen *Gütern*, sondern objektiv technische Prozesse. Sie werden zwar jeweils durch *Entscheidungen von Menschen* verknüpft (denn zu jedem Zweck gibt es in der Regel viele Mittel, wie sich umgekehrt technische Mittel oft für viele Zwecke eignen); die hier zu beobachtende Kausalität mit Rückkopplungen ist also eine *hergestellte*. Die ablaufenden Prozesse bleiben aber gleichwohl weitgehend an Naturprozesse geknüpft, sind wie diese objektivierbar und intersubjektiv in ihrer Bedeutung prinzipiell öffentlich. Man kann das dazugehörige Wissen als Ingenieurwissenschaft studieren, die Produkteigenschaften in Lehrbüchern finden usw. *All dies sind aber keine ökonomischen Güter.*

Da Güter in diesem Sinn keine *Produkte* sind, lässt sich auch nie sagen, ob ein Gut *indirekt* ein Bedürfnis befriedigt. Marx meint: Ein Gebrauchswert ist ein „Ding, das durch seine Eigenschaften menschliche Bedürfnisse irgendeiner Art befriedigt." Und er fügt hinzu: „Es handelt sich hier auch nicht darum, wie die Sache das menschliche Bedürfnis befriedigt, ob unmittelbar als Lebensmittel, d.h. als Gegenstand des Genusses, oder *auf einem Umweg*, als Produktionsmittel."[10] Menger sagt das so: „Diejenigen Dinge, welche die Tauglichkeit haben, in Kausal-Zusammenhang mit der Befriedigung menschlicher Bedürfnisse gesetzt zu werden, nennen wir *Nützlichkeiten*, wofern wir diesen Kausal-Zusammenhang aber erkennen und es zugleich in unserer Macht haben, die in Rede stehenden Dinge zur Befriedigung unserer Bedürfnisse tatsächlich heranzuziehen, nennen wir sie *Güter*."[11] Und wie Marx kennt er auch eine *indirekte* Befriedigung menschlicher Bedürfnisse durch „Güter höherer Ordnung" – ein Gedanke, der auf Jean Baptist Say zurückgeht:

> „Es gibt eine mittelbare Brauchbarkeit und eine unmittelbare. Letztere ist diejenige, deren man gerade zu genießen kann: wie namentlich die von sämtlichen Konsumtions-Artikeln. Die mittelbare Brauchbarkeit ist die von solchen Objekten, die als Mittel zur Erlangung eines Gegenstandes von unmittelbaren Brauchbarkeiten einen Wert haben".[12]

Hier wird ein technischer Zusammenhang zwischen Produkten mit der Beziehung zwischen Gütern und Bedürfnissen verwechselt und durch einen Metabeobachter eine fiktionale Relation konstruiert, die sich als Erfahrung nicht reproduzieren lässt. Diese Reflexionen zeigen nur, dass alle Aussagen, die man *von außen* über „Güter" macht, immer schon einen Irrtum darstellen: Die soziale Bedeutung von „Gut" ist ein Marktprozess, der *selbst* seine Bedeutung erzeugt und deshalb kategorial auch so bestimmt werden muss. Nur der Markt ist der Ort, an dem die ökonomische Güternatur sich offenbart *für und durch* die Marktteilnehmer. Getrennt vom Markt ist kein Ding ein ökonomisches Gut, weshalb die äußeren Definitionen notwendig auf Widersprüche führen. Ein Atomkraftwerk z.B. ist ein „Gut höherer Ordnung". Es befriedigt *indirekt* Energie-

---

[9] Z.B. kann ein Kraftwerk, das Strom liefert, Informationen auf einer CD desselben Formats speichern, das sich auch auf einem PC für die eigene Musikanlage brennen lässt; Lastwagen transportieren Vorprodukte für den Fahrzeugbau usw.

[10] K. Marx, MEW 23 S. 49; meine Hervorhebung.

[11] C Menger (1871), S. 1. Menger greift hier implizit die metaphysische Bestimmung der Nützlichkeit als Relationsbegriff auf, wie sie Alexander Gottlieb Baumgarten definiert: „Die Nützlichkeit ist eine Güte, welche einem Dinge beziehungsweise zukommt." A. G. Baumgarten (1783), S. 97.

[12] J. B. Say (1830: 3), S. 208.

bedürfnisse, sagen cartesianische Beobachter im Geist von Say, Marx und Menger. Doch die Familien, die neben einem Atomkraftwerk wohnen und bei denen gehäuft Fälle von Leukämie auftreten, sehen das völlig anders; für sie wird hier weder direkt noch indirekt ein Bedürfnis befriedigt. Es gibt keine Möglichkeit, einem „Ding" – das ist in diesem Fall ein *Gegenstand für einen Metabeobachter* – bestimmte ökonomische Eigenschaften zuzusprechen, die es zum Gut oder nicht zum Gut machen. Nicht einmal die *Identität* kann man solch einem Ding zusprechen, denn das genannte Atomkraftwerk *ist* in seiner situativen Funktion für verschiedene Menschen etwas völlig anderes, hat eine andere *Bedeutung*.

Man kann nicht die Identität von Dingen voraussetzen, um sie dann zu – gleichfalls objektivierten – Individuen in eine objektive Beziehung zu bringen („Nutzenfunktion" etc.), noch kann man den Dingen selbst diese Nützlichkeiten zusprechen, die man „durch historische Tat" entdecken könne. Auch die *Warenkunde* des Einzelhandelskaufmanns gibt darüber keine Auskunft; sie stellt nur fest, was *gewöhnlich* als Ware in den Geschäften geführt wird. Nur der *faktische Tausch* legt fest, ob etwas ein Gut ist oder nicht. Wer für seinen Strom bezahlt und damit *implizit* die Leistung eines Atomkraftwerks anerkennt, der bestimmt dessen Güternatur ebenso wie eine Familie, die die Betreibergesellschaft auf Schadensersatz verklagt und dasselbe Atomkraftwerk ganz praktisch als *Ungut* behandelt. *Dieselbe* Familie kann sogar beides tun, ohne den „Widerspruch" zu bemerken; woraus erhellt, dass die Identität einer Person (Familie) nicht ihre soziale, ökonomische Funktion konstituiert. Gerade diese Erkenntnis macht deutlich, wie wichtig eine genaue *Kategorialanalyse* der Tauschstruktur selbst ist.

Das hier Gesagte gilt uneingeschränkt auch für den „Tauschwert", die Tauschrelation. Die nachfolgenden Abschnitte werden das zeigen. Wenn man erst einmal verstanden hat, dass der Fehler der Tausch- und Güterlehre dies ist, eine *äußere Lehre*, eine cartesianische Theorie zu sein, lösen sich sehr viele Streitfragen in der Ökonomik auf. Dazu muss man nur daran erinnern, dass derartige Streitfragen sich immer um die *Bedeutung* von Sachverhalten ranken, die sich beim Tausch- oder Kaufakt finden. Nimmt man hinzu, dass diese Bedeutung diesen Sachverhalten nicht *von außen* zugesprochen werden kann, weil sie nicht *in den Sachen* liegen (wie bei Naturformen, die man auf diese Weise *erraten* und dann experimentell überprüfen kann), dann erkennt man den Fehler verschiedener Ansätze bereits in der *Fragestellung*.

Die von Say angenommene, gegen die klassisch-schottische Nationalökonomie gerichtete These der Existenz immaterieller Güter oder die von Böhm-Bawerk umfänglich diskutierte Frage, ob *Rechte und Verhältnisse* Güter seien, löst sich auf diese Weise sehr einfach: Darüber haben weder Say noch Böhm-Bawerk zu entscheiden. Diese Frage entscheidet sich *performativ* durch die Tauschenden. Wenn jemand einen Rechtstitel – z.B. ein zur Verwertung übertragenes Urheberrecht an einer Komposition oder einem Text – in einem Kaufvertrag *als Gut* betrachtet und dafür bezahlt, dann *ist* das eine Ware, damit ein ökonomisches Gut. Das ist ganz unabhängig davon, ob Böhm-Bawerk als Metabeobachter dieser Szene feststellt, dass dieses Recht ja nur auf ein – in diesem Fall immaterielles – Gut verweist, das darin verwertet wird, also nicht noch im Sinn einer Verdopplung ein weiteres Gut bedeute. Es gibt zahllose solch abgeleiteter Güter, die sich auf „denselben" Sachverhalt beziehen, den ein Metabeobachter als „Identität" behauptet. Doch eben diese Identität der Sache als Quelle ihrer Nutzungen ist eine Illusion, genauer, etwas, das in einem sozialen Prozess der Bedeutung erst *konstituiert* wird – durchaus auf *vielfältige* Weise. Eben so, wie z.B. eine Zigarette – ein für einen cartesianischen Beobachter vermeintlich „identisches" Ding – *zugleich* Gut und Nicht-Gut, begehrtes Objekt oder gehasster Gegenstand, Gesundheitsrisiko und (z.B. in den Händen einer schönen Frau) Lustobjekt *zugleich* sein kann. Wichtig ist nur, ob die an einem ökonomischen Tauschakt Beteiligten die fragliche Sache *als Gut* betrachten, als eine *Ware*, die gegen Geld getauscht wird. Wenn sie es tun, dann liegt hier *performativ* ein Gut vor – wenn wir „Gut" einfach das nennen, was *in der Wahrnehmung der Tauschenden* als ein Gut identifiziert wird.

Im Sinn der Analyse der Identität, die ich im zweiten Teil entwickelt habe, sieht man hier die Wiederkehr der dort aufgedeckten Grundfrage: Was macht die *Identität* einer Sache aus? Wenn die Tauschpartner sich symmetrisch einig sind, einen Sachverhalt *als* Gegenstand ihres Tauschs oder eines Kaufvertrags anzusehen, dann ist diese Voraussetzung für die Analyse des Tauschs hinreichend, aber auch notwendig. Was immer sich darüber in einer gelehrten Arbeit als Klassifikationsschema finden mag, ist irrelevant – genauer gesagt: Es ist erst dann wieder relevant, wenn die Tauschpartner dieses Klassifikationsschema zufällig bei ihrem Tauschakt zugrunde legen. Das kann geschehen durch die Beachtung *rechtlicher Formen*, in die ein Tausch als *Vertrag* gekleidet ist. Diese Formen werden als Gesetze formuliert, und in Gesetze fließen immer Theorien ein, die dort formend als begriffliche Grundlage wirksam werden. *Dann* ist aber das Begriffsschema des Metabeobachters in die soziale Handlung und ihre Wahrnehmung *selbst* teilnehmend zurückgekehrt und hat *dann* auch darin eine formbestimmende Wirkung.

Damit wird deutlich, dass die Streitfragen der „Gütertheorie" eigentlich erledigt sind. Man mag *getrennt von der Welt des Tauschs* beliebige Modelle entwerfen, man kann diese Entwürfe auch endogen zirkulieren lassen oder streitbar diskutieren. Dieses Geschäft der Ökonomik *als Wissenschaft* ist aber belanglos, solange die darin verwendeten Kategorien keinen Eingang in die wirklichen Tauschakte finden. Doch Ökonomik ist als Wissenschaft ein gesellschaftlicher Prozess, keine unschuldige Elfenbeinveranstaltung. Deshalb finden – oft durch *think tanks* gepuscht – viele *in sich* unhaltbare Denkformen als Ideologie Eingang in die Entscheidungen der Tauschenden, und *nur das* macht die Analyse der Ökonomie „komplex". Als Prozess der Bedeutungserzeugung – der *ökonomischen Bedeutung* – reproduziert sich darin auch über Kommunikationsprozesse all der gedankliche Ballast, der in Jahrhunderten als Selbstreflexion der Wirtschaft produziert wurde. Zweifellos ist z.B. die Gleichgewichtstheorie oder die Theorie der Finanzmärkte, die in den letzten fünfzig Jahren entwickelt wurde, als „empirische Wissenschaft", die gültige Prognosen liefern will, definitiv falsifiziert. Als *Ideologie* fließt sie aber ein in die Tauschhandlungen, kehrt zurück in die Kommunikation, und darin formt diese Ideologie dann die Wahrnehmungen der Handelnden und wirkt so faktisch *bestimmend*. Diese Kontaminierung mit wenigstens *überflüssigen*, in der Regel aber *falschen* (am eigenen Anspruch gemessen) Gedanken ist eines der Hauptgebrechen der modernen ökonomischen Theorie und ihrer soziologisch-wissenschaftstheoretischen Randgebiete.

3.1.2 Das Grundmodell der Tauschstruktur

Der ökonomische Austausch ist ein Tausch von *Gütern*. „Güter" sind hier zirkulär einfach das, *was* getauscht wird: Waren, Geld, Rechte, Dienste usw. Wenn eine Entität im Tausch von den Tauschenden als etwas Nützliches, Wertvolles, Begehrenswertes usw. interpretiert wird, dann liegt ein Gut vor. Vereinbaren zwei Nachbarn, eine Autoreparatur gegen Nachhilfeunterricht zu tauschen, so sind dies zwei „Güter"; auch das ist ein Gütertausch. Doch derartige Grenzfälle stehen nicht im Zentrum der nachfolgenden Beschreibung. Ich betrachte den Tausch später vorwiegend in seiner *häufigsten* Form: Dem Kauf einer Ware, also dem Tausch einer Ware gegen Geld. Der Geldbesitz eines Eigentümers ist zwar ein ökonomisches Gut; es gibt aber auch Gütertausch ohne Geld.

Deshalb betrachte ich den Tausch zunächst ohne diesen spezifischen Inhalt eines Tauschs Ware gegen Geld.

Solch ein ökonomischer Austausch kann in seinem einfachsten Fall als ein Verhältnis zwischen zwei Personen beschrieben werden, die jeweils zwei Produkte zu Markte tragen. Dieses Verhältnis stellt – in dieser Abstraktion betrachtet – zunächst eine soziale Grundstruktur dar, die allerdings durch den Inhalt und die Tauschsituation eine spezifische Bedeutung erhält. Auch der Tausch ist eine Form des sozialen Handelns und der Konstitution von Bedeutung. Hier allerdings erhält die Kategorie der Bedeutung einen spezifischen Inhalt, nämlich den des *ökonomischen Werts*. Und auch hier wird sich zeigen, dass erst eine Analyse der ganzen sozialen Grundstruktur des Tauschs verhindert, dass dieser Prozess durch *reduzierte Formen* fehlgedeutet wird. Ich werde aus der vollständigen Struktur des Tauschs allerdings die reduzierten Formen ableiten und so ihre *relative* Bedeutung aufdecken können. Es wird sich ergeben, dass die meisten traditionellen Analysen des Austauschs zu charakterisieren sind als *reduzierte Formen* der sozialen Grundstruktur, und aus ihren jeweiligen Reduktionen lassen sich die unterschiedlichen, teils komplementären, teils sich widersprechenden Schlussfolgerungen für die ökonomische Theorie erkennen.

Die Situation des Tauschs kann zunächst im Modell der sozialen Grundstruktur ins Bild gebracht werden (Abbildung 3.1) – die impliziten Voraussetzungen für diese Tauschsituation werden sich dann durch eine Analyse der Strukturelemente ergeben. Der Inhalt der sozialen Grundstruktur ist im vorliegenden Fall des Austauschs zunächst nur dadurch bestimmt, dass die jeweiligen Elemente einen anderen Namen erhalten: „Person" und „Gut". Diese Namen müssen als *Begriff* erst durch den Inhalt der „Tauschstruktur" – so möchte ich die Form der sozialen Grundstruktur in der Situation des Gütertauschs nennen – näher bestimmt werden.

Das erste auffallende Merkmal, das auch die Tauschstruktur zu einer *sozialen* Struktur macht, ist die Beziehung zwischen den beiden Subjekten („Personen"). Diese Beziehung (R1) ist *auch* eine kommunikative, sofern über die zu tauschenden Güter verhandelt wird. Diese kommunikative Struktur ist

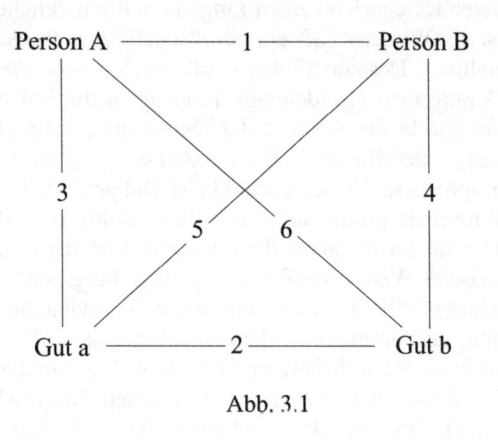

Person A ——— 1 ——— Person B

3   4
          5   6

Gut a ——— 2 ——— Gut b

Abb. 3.1

die Grundlage jeder sozialen Beziehung, und jede soziale Beziehung kann, je nach Situation, wieder auf diese Grundlage zurückfallen. Ich habe das z.B. an der Befehlsstruktur gezeigt, die immer dann, wenn der *Inhalt* des Befehls unklar ist, sich in eine Kommunikationsbeziehung zurückverwandelt. Ebenso bei der Tauschstruktur. Der Tausch *kristallisiert* sich aus einer kommunikativen Beziehung, die ebenso vorausgesetzt ist, wie sie während des Austauschs latent bleibt. Man kann hier also die in der Analyse des Dialogs geltenden Formen als *Voraussetzung* des Tauschs leicht wiedererkennen. Auch zeigt sich, dass sich die in einer Kommunikationsbeziehung liegende Voraussetzung gegenseitigen *Vertrauens* im Tausch als Grundlage wiederkehrt, dort

3.1.2 Das Grundmodell der Tauschstruktur

allerdings einen modifizierten Charakter erhält.[13] Doch diese *allgemeine* Voraussetzung reicht nicht hin, die Tauschstruktur zu charakterisieren. Umgekehrt gilt aber: Wird diese Grundlage vergessen, abstrahiert man von ihr, so ist die Tauschstruktur als spezifisch soziale Form bereits verfehlt.

Das führt zu einer weiteren Konsequenz: Das, was in vielen sozialen Handlungen *als* ökonomischer Tausch interpretiert wird, lässt sich nicht von außen festlegen. Auch die Bedeutung „Tausch" bildet sich als sozialer, semiotischer Prozess, in dem die *Beteiligten* bestimmen, was sie mit „Tausch", „Gut" usw. bezeichnen und was nicht. „Tausch" ist also keine von vorneherein festgelegte Entität. Wie ein Diskurs stets die Situationsdefinition als eine mitlaufende Form enthält, so impliziert jeder ökonomische Tauschakt die Definition der Situation *als* Tauschsituation. Auch dies lässt sich nicht durch äußere Merkmale eindeutig klassifizieren. Sachverhalte, die ein äußerer Beobachter als gleiche identifizieren würde, können für das innere Verständnis der Beteiligten durchaus etwas anderes sein. Eine Gefälligkeit, eine Nachbarschaftshilfe, ein Geschenk, aber auch der Versuch, jemand anderem Schaden zuzufügen, kann sich *durch den Tausch hindurch* vollziehen. Ökonomische Sachverhalte lassen sich nicht nur für andere Zwecke instrumentalisieren, die *Bedeutung*, ein ökonomischer Sachverhalt zu sein, beruht ausschließlich auf dem Bewusstsein, dem Verständnis, der Interpretation der *Teilnehmer*. Gewiss, bei einer großen Zahl von ökonomischen Tauschakten ist ihr Charakter keineswegs fraglich – z.B. ein Einkauf und vermutlich die meisten Transaktionen mit Geld. Dennoch ist es besonders wichtig, bereits bei der sehr grundlegenden Tauschstruktur zu erkennen, dass die Kategorie „Tausch" ihre Bedeutung nur in einem Kommunikationsprozess *jeweils neu gewinnt*, in dem Handlungen *als* Tausch interpretiert werden. Werden Handlungen als ökonomischer Austausch interpretiert, dann allerdings gelten die ihm eigentümlichen Kategorien.[14] Doch deren Gelten *beruht* auf anderen sozialen Formen; sie sind kommunikativ eingebettet, weil es sich um *semiotische Prozesse* handelt. Das „System Wirtschaft" bleibt auf die Auslegung der kommunizierenden, also anderweitig vergesellschafteten Subjekte *angewiesen* und kristallisiert sich täglich im Bewusstsein der Teilnehmer neu *als* Tausch – auch wenn hier Gewohnheiten die Erkenntnis verdunkeln.[15]

---

[13] „Aristoteles lehrte, dass es in jeder Art von Gemeinwesen (*koinonia*) eine Art von Vertrauensbasis (*philia*) unter ihren Mitgliedern gebe, die sich in Gegenseitigkeit (*antipeponthos*) ausdrücke." K. Polanyi (1976), S. 69.

[14] Das gilt für entfaltete Tauschsysteme, also Märkte in Geldökonomien, unverändert. Was ein „Markt" ist, lässt sich nicht *von außen* (durch einen cartesianischen Beobachter) determinieren. Alle auf einem Markt gehandelten Waren sind in *ihrer* Identität und Bedeutung Produkte eines semiotischen Prozesses, der zugleich die Grenzen eines Marktes begrifflich gegen andere Märkte abgrenzt. „Das, was ein ‚Markt' ist, wird immer wieder neu interpretiert." K.-H Brodbeck (2002c), S. 359.

[15] Luhmann verrät in einem schlüpfrigen Beispiel implizit, weshalb sein Gedanke einer Autopoiesis der Wirtschaft nicht haltbar ist. Er berichtet von einer Prostituierten, die „in ihrer Lehrzeit" Intimität mit einer Kommunikation verwechsle, die „sich als wirtschaftlich ausweisen" müsse: Die Wirtschaftssubjekte „*müssen*, was immer sie sonst leisten, immer auch das Wirtschaftssystem selbst reproduzieren", N. Luhmann (1988), S. 15. Wenn er nichts mehr erklären kann, versichert sich der cartesianische Beobachter der Gesellschaft eines *Müssens* und argumentiert normativ. Der Tausch kann immer in *andere* soziale Formen umschlagen – im vorliegenden Beispiel „Freier-Prostituierte" in Freundschaft, Ehe, Streit etc. Darüber entscheiden die Teilnehmer, nicht das Müssen einer erfundenen, subjektlosen Systemfunktion.

3.1.3 Güter, Produkte und Informationen

Die sechs Relationen der sozialen Grundstruktur erhalten im Tausch nicht nur modifizierte Inhalte, es liegt *semiotisch* auch ein anderer Prozess vor als bei der kommunikativen Konstitution identischer Bedeutungen. Tatsächlich findet im Tausch *keine* Konstitution der Identität von Gut a und Gut b statt. Im Gegenteil, der Tausch ist die Bewahrung ihrer Differenz als *Prozess*. Gut a besitzt kategorial und als Qualität einen völlig anderen Inhalt in der Relation R3 als bezüglich der Relation R5. R3 hat zwar als Relation zwischen Subjekt A und dem Gut a eine Bedeutung, die man traditionell mit „nützlich", „wertvoll" etc. bezeichnet – dasselbe gilt für die Relation R5: a ist „nützlich", „wertvoll" etc. auch für B. Doch eben in dieser Nützlichkeit findet sich keine *Identität*. Die *Bedeutung* von a besitzt im Urteil von A eine völlig andere Natur als im Urteil von B. Jedes Subjekt bezieht diese individuelle Beurteilung in die gesamte Erfahrungsgeschichte ein und verleiht so einem Ding Bedeutung. Die Weise des *Urteilens*, selbst wenn es sich in der intersubjektiven Modalität der Sprache (als innerer Dialog) bewegt, ist je unterschieden. Gerade darin *konstituiert* sich die Subjektivität des Subjekts, das *seine* Identität in seinen Urteilen auch über Güter, ihre Bewertung, herstellt. Ich bin jeweils das, wozu ich mich in meinen „Meinungen", also Wertungen mache. Darin vollzieht sich also strukturell ein Prozess der Privation, dessen Natur darin besteht, sich von anderen Menschen und Dingen tätig zu unterscheiden. Daran ändert sich nichts, wenn man bedenkt, dass viele dieser Urteile auch als „Wir" vollziehen: Wir als … tun, mögen, denken usw. dies oder das. Ontologisch vollzieht sich die Konstitution der Subjektivität als eine jeweilige Rückbeziehung auf die *eigene* (Ich- oder Wir-)Erfahrungsgeschichte, die gerade dadurch eine *eigene* ist, dass sie diesen Rückbezug (denkend, wertend etc.) vollzieht.

Man kann also nicht dieses Werten auf eine Entität namens „Wert" oder „Nutzen" beziehen, weil dieses Werten *uno actu* jener Prozess ist, in dem sich die Subjektivität von A und B *als differente* konstituiert. Der Gedanke, dass sich dieses Werten als eine Relation zwischen zwei Entitäten „Gut" und „Nutzen" beschreiben ließe, ist ein grundlegendes, ein ontologisches Missverständnis. Das Werten und die Reproduktion der Entitäten „Subjekt A", „Subjekt B" sind *derselbe* Prozess. Der Tausch hebt die Differenz zwischen den *wertenden Urteilsformen* – ausgedrückt im Unterschied zwischen den Relationen R3 und R5 bzw. R4 und R6 in der Abbildung 3.1 der Tauschstruktur – nicht auf; er *kann* dies ontologisch gar nicht, weil er die Differenz der Wertung voraussetzt. Der Tausch vermittelt also immer *zwei* Bedeutungsprozesse, er konstituiert nicht *eine* Bedeutung („Nutzen", „Wert" usw.). Das wäre ein elementares Missverständnis – was nicht heißt, dass es nicht als Missverständnis Grundlage diverser Theorien hätte werden können (wie zu zeigen sein wird).

Ich möchte das weiter differenzieren. Wenn man das *im* Tauschquadrat AaBb *mit* gegebene Dreieck ABa betrachtet (völlig symmetrisch: ABb), so verbirgt diese *tetradische* Struktur implizit eine reproduzierte soziale Grundstruktur. Um das zu verdeutlichen, falte ich das in der Tauschstruktur implizierte Dreieck zur vollständigen vierfachen Struktur auseinander:

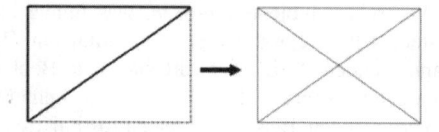

3.1.3 Güter, Produkte und Informationen

Die scheinbar mit sich identische Entität „a" (symmetrisch das Gut „b") erweist sich dadurch als eine soziale Vermittlung: Was für A ein Gut a ist, ist für B ein völlig anderes Ding; ich verwende dafür wieder die formale Schreibweise a(A) bzw. a(B) (= a als Gut für A bzw. für B). Hier kehrt das Problem der *Identität* als ein Teilmoment der Tauschstruktur wieder. Anders gesagt: In der Tauschstruktur ist *implizit* eine *verdoppelte soziale Grundstruktur* enthalten bezüglich der Natur und Identität dessen, was hier *getauscht* wird.[16] Wir erhalten unter Berücksichtigung dieses Sachverhalts die modifizierte Abbildung 3.2. Zur Unterscheidung von der Tauschstruktur (Abbildung 3.1) bezeichne ich hier die Relationen jeweils mit einem Sternchen.

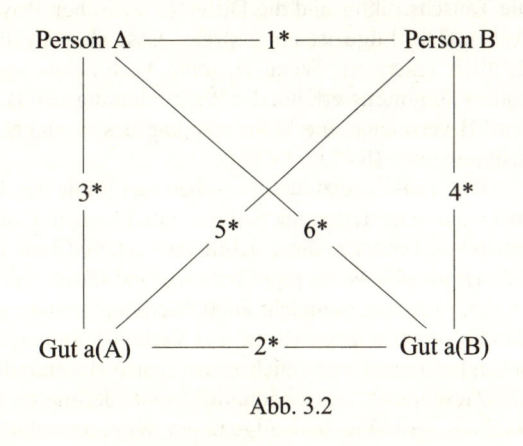

Abb. 3.2

Es ist wichtig, diese in der Tauschstruktur je implizierte Struktur zu *sehen*, um die Tauschstruktur selbst zu verstehen. Hier verbirgt sich in der Tat eines der vertracktesten Geheimnisse der Tauschanalyse. Die Frage lässt sich völlig symmetrisch für das Gut b skizzieren mit den vier Polen A-b(A)-b(B)-B; für die Darstellung der kategorialen Beziehungen reicht *eine* Form aus. In ökonomischer Hinsicht, in seinem Charakter als *Gut*, besteht hier in der Relation R2* keine Identität. Gut a(A) (das von A *als* Gut bewertete Gut a) und das Gut a(B) (das von B *als* Gut bewertete Gut a) sind *nicht* identisch; es wird hier keine Bedeutungsidentität konstituiert. Im genauen Gegenteil: Wenn A und B „dasselbe" Gut a voraussetzen würden, käme es nie zu einem Austausch. Als *Produkt* besteht aber zwischen A und B über die Bedeutung von „Produkt a" Einigkeit; dies gehört zur Konstitution des Tauschakts und drückt sich in der intersubjektiven Anerkennung des jeweiligen Wissens von A und B in R1* aus.

Der Differenz zwischen R3* und R6* entspricht die Innen- und Außenperspektive mit Blick auf das Gut. Gegenüber B wird A an a Vorzüge loben oder hervorheben (R6*), die für ihn selbst irrelevant sind (R3*) – und umgekehrt, z.B. bei einem Zwangsverkauf von einem lieb gewonnenen Gegenstand. Die im Tauschakt enthaltene *perspektivische Differenz* (R3* versus R6* und korrespondierend die Wahrnehmungsdifferenz R5* und R4*) definiert zugleich ein besonderes Verhältnis der Personen zueinander. Denn A wird seine Produktwahrnehmung nur dann kommunizieren, wenn dadurch der Tauschakt nicht gefährdet wird. Hier ist ein objektives Moment dafür erkennbar, dass dem Tausch kraft seiner eigenen Struktur ein Moment des Vortäuschens, des Scheins, der Lüge eignet, die in der gemeinsamen Wortwurzel von Tauschen und Täuschen eingangs erkennbar war. All das, was sich im Marketing, in der Werbung und bei diversen PR-Agenturen als entwickelte Praxis im modernen Kapitalismus zeigt – die Produktion von Produktlügen, die oft den sachlichen Gehalt der Produkteigenschaften völlig überdecken –, hat in dieser Struktur ihren kategorialen Grund.

---

[16] Ein Bewusstsein davon herrscht seit der aristotelischen Tauschanalyse, worin Aristoteles von zwei Verwendungsweisen z.B. von Schuhen spricht. Für A ist a ein Gut, um etwas einzutauschen, für b vielleicht unmittelbar ein nützlicher Gegenstand. Die *Art* dieser Differenz geht aber dem Tausch nicht voraus, sondern *konstituiert sich* mit und in ihm.

Der Tauschakt *erzeugt* eine besondere Überlagerung der Differenz in der Wahrnehmung und ihrer Kommunikation zwischen A und B. Dass nur eine *differente* Wahrnehmung und Beurteilung der Objekte den Tausch ermöglicht, reproduziert und vertieft die Tauschstruktur und die Differenz zwischen Privatheit und Öffentlichkeit, Innen und Außen. Die Lüge ist ein Extrem, lässt aber als Endpunkt diese Differenz besonders deutlich erkennen: Wenn A *seine* Wahrnehmung des eigenen Produkts a(A) völlig anders kommuniziert, um die Wahrnehmung von B als a(B) zu beeinflussen. Umgekehrt wird B versuchen, die Wahrnehmung des Produkts entsprechend von seiner eigenen zu differenzieren (R4* und R5*).

Der Tausch setzt also zwischen den Subjekten bezüglich der Beurteilung der Dinge nicht nur eine Differenz voraus, um überhaupt möglich zu sein; der Tausch hat die inhärente Tendenz, diese Kluft zu vertiefen und damit die Subjekte *relativ zu ihren Gütern* als *private* zu reproduzieren und diese Privatheit in der Tauschform zu modifizieren, teilweise vielleicht auch überhaupt erst zu erzeugen. Je mehr eine Gesellschaft durch Tauschprozesse (Kauf und Verkauf) dominiert wird, desto mehr wird der vorherrschende Subjekttyp auch seine aparte Besonderheit durch seine Relation zu *Gütern* als „Geschmack", „Individualität" usw. definieren. So wird die Paradoxie verständlich, weshalb abstrakte und allgemeine Werbebotschaften, die „Individualität" verheißen, auch „verstanden" werden. Sie sprechen nur die innere Subjekt-Differenz der Tauschstruktur und ihre Perpetuierung aus.

Doch die Tauschstruktur enthält nicht nur eine Tendenz, die Subjektdifferenz in der Vermittlung über Güter zu vertiefen. Die *Nicht-Identität* der *Güter* ist nur *möglich* auf der Grundlage einer *Identität* der Bedeutung. Um diese Differenz klar zu machen, verwende ich die beiden Ausdrücke „Gut" und „Produkt". Beide erweisen sich als differente Momente in *einem* Prozess der Bedeutung, der im Tausch implizit enthalten ist. A und B erkennen in „a" zwar nicht die Gütereigenschaften, wohl aber durchaus *dasselbe* Produkt mit bestimmten kommunikativ vermittelten, also objektiven Eigenschaften an. Diese Übereinstimmung wird – wenn auch nur als Ideal – vorausgesetzt: Produkt a(A) = Produkt a(B). Sie geht aber dem Tauschprozess *voraus*, gehört zu dessen kommunikativer Einbettung, wobei die Relation R1* hier (bezüglich der Produkte) mit der Relation R1 in der obigen Tauschstruktur übereinstimmt.

Diese genannte Identität der Produkte ist *rechtlich* verbürgt, teilweise Gegenstand von Kaufverträgen und kann evtl. auch durch Sanktionen eingeklagt werden – immer dann, wenn ein Tauschpartner Produkteigenschaften *vortäuscht* oder *verschweigt*. Hier ist der Ort, über „asymmetrische Informationen" usw. nachzudenken, wie dies in einigen ökonomischen Ansätzen geschieht: Der Markt für „Zitronen" gehört ebenso hierher wie die Diskussion in der Rechtstheorie darüber, worauf sich eigentlich *Willenserklärungen* bei Kaufverträgen beziehen.[17] Alle Informationsprozesse, die man in der Ökonomik diskutieren kann und muss, beziehen sich aber auf die dem Tausch voraus- oder zugrunde liegenden Identitätsprozesse. D.h. es geht hier um die intersubjektiv reproduzierte Identität von *Produkteigenschaften*.

Damit ist *nicht* ausgeschlossen, dass *Informationen über Produkte* ihrerseits zu „Gütern" werden können. Im Gegenteil. Da Produkte ihre intersubjektiv anerkannte Tauglichkeit durch die Informationen erhalten, die man über sie besitzt, werden die Informationen zu einer eigenen Entität, die wiederum in ökonomischen Handlungen

---

[17] G. Akerlof (1970); G. Radbruch (1970), S. 246ff; vgl. G. Schmoller (1920: 2), S. 120. Radbruch diskutiert die Auseinandersetzung zwischen der Willens- und Erklärungstheorie: Was ist verbindlich für einen Vertrag, der bekundete *Wille* eines Partners oder die *Erklärung*? Diese fällt *ökonomisch* mit der Differenz zwischen Gut und Produkt zusammen.

3.1.3 Güter, Produkte und Informationen

eine Rolle spielen können. Hierzu gehört auch das von Arrow entdeckte Informations-Paradoxon: Informationen können erst dann einen „ökonomischen Wert" erhalten, also zu *Gütern* werden, wenn sie *bekannt* sind. Doch Informationen haben als *Bedeutungen* eine subjektive Natur. Verfügt man erst einmal über sie, so ist dieses Verfügen selbst ihr „Wert". Man weiß es und kann es nutzen. *Ob* aber eine Information überhaupt Bedeutung hat, ob sie insofern *nützlich* sein kann, das kann man erst sagen, nachdem man über sie verfügt. Es gibt also keine Information über den Inhalt des *Produkts* „Information", die von der Information selbst verschieden wäre. Informationen als Produkte sind *selbst* das Produkt. Ihre Veröffentlichung ist zugleich ihre *Bereitstellung*.[18] Als *Produkte* haben Informationen eine *intersubjektive*, eine *öffentliche* Natur; die Verfügung über sie – der semantische Prozess – ist durch die soziale Struktur der Information als Kommunikationsform selbst ermöglicht.

Die Ökonomen sprechen hier von „öffentlichen Gütern". Die Informationen über Produkte besitzen eine *intersubjektive* Bedeutung. Diese Bedeutung kann jeweils individuell genutzt, also zum *Gut* werden. Bei einigen Typen von „Information" ist die Kenntnis der Bedeutung *zugleich* die mögliche Nutzung: Es bedarf keines begleitenden, materiellen Gutes mehr. Die Information selbst *wird zum Gut*. Das ist bei Texten, Bildern, Videos, Filmen, Musik usw. der Fall, und vor allem durch das Internet wurde dies ökonomisch zum Problem, eben weil die Information selbst das Produkt *ist*, genauer gesagt: Es bedarf nur noch einer allgemein verfügbaren Technologie, um ein Produkt daraus zu machen (Computerbildschirme, Kopiergeräte, einen DSL-Anschluss, CD-Brenner usw.).

Die damit verbundenen ökonomischen Spezialfragen möchte ich hier nicht behandeln und mich auf die kategoriale Analyse der Tauschstruktur konzentrieren.[19] Gleichwohl ist der Hinweis auf diese Sachverhalte wichtig, weil sich gerade *darin* die Differenz zwischen einer intersubjektiv hergestellten oder verfügbaren *Bedeutung* („Information") und ihrer *Privation* als Gut sehr genau zeigt. Ich möchte meine Überlegungen in zwei kurzen Formeln zusammenfassen:

$$\text{Produkt } a(A) = \text{Produkt } a(B)$$
$$\text{aber:}$$
$$\text{Gut } a(A) \neq \text{Gut } a(B).$$

Bezüglich der *Produkte* geht dem Tausch ein Bedeutungsprozess voraus, worin als Tendenz die Identität der Bedeutung: Produkt a(A) = Produkt a(B) hergestellt wird. Liegt diese Identität nicht vor, dann haben A und B über das Produkt a verschiedene Informationen („asymmetrische Informationen"). Ist das Produkt *selbst* die Information, so kann die *Bedeutung* (als je subjektive Realisierung ihres Inhalts) gleichwohl differieren. Die Frage *bei Produkten* reduziert sich – neben äußeren Erfordernissen (z.B. muss eine CD technisch intakt, ein Buch ohne fehlende Seiten sein) – auf die nach der Herstellung von identischen Bedeutungen, wie ich sie anhand der sozialen Grundstruktur analysiert habe. Als *Güter* unterscheiden sich die Produkte jeweils in der Wahrnehmung,

---

[18] „(T)here is a fundamental paradox in the determination of demand for information: its value for the purchaser is not known until he has the information, but then he has in effect acquired it without cost." K. J. Arrow (1971), S. 148. Dies lässt sich auch mit dem Satz umschreiben: Man kann nicht wissen, ob ein Geheimnis wertvoll ist, ohne es zu untersuchen. Wenn man es aber untersucht, hat man wenigstens einen Teil des Geheimnisses gelüftet.

[19] Vgl. K.-H. Brodbeck (2000b); (1996a), S. 255-259 und die dort jeweils zitierte Literatur.

im Urteil verschiedener Subjekte: Gut a(A) ≠ Gut a(B).[20] Sofern es sich hier um reine Informationen (Texte, Musik, Bilder etc.) handelt, zeigt sich in dieser Verschiedenheit die semantische Dimension, die je individuelle *Bedeutung*, die ein Gedanke, eine Wahrnehmung im Horizont der je eigenen Erfahrungsgeschichte hat. Man kann diese Frage auch als Differenz zwischen *Wissen* und *Information* darstellen, sofern „Wissen" einen personalen Charakter besitzt, worin Informationen in die Erfahrungsgeschichte eingebettet werden, während die bloße „Information" intersubjektiv existiert und nur ein *mögliches* Wissen darstellt. Ökonomisch gesagt: Wissen hat den Charakter eines Gutes, Informationen sind Produkte.

3.1.4 Gewaltfreiheit des Tauschs

Die Relation R1 der Tauschrelation erhält im Austausch eine weitere Modifikation. Es liegt hier nicht nur eine (über Zeichen vollzogene) kommunikative Beziehung vor; in dieser Beziehung ist – als grundlegendere Struktur vor dem Tauschakt – etwas vorausgesetzt: Die beiden Tauschsubjekte anerkennen sich wechselseitig als Personen und Eigentümer.[21] In dieser Anerkennung liegt die Abwesenheit von Gewalt. Man kann sich Güter, die in fremdem Eigentum sind, auch durch Gewalt (Krieg, Raub- und Beutezüge, Diebstahl, Betrug usw.) verschaffen. Die Tauschsubjekte haben also, noch ehe sie in den Austausch eintreten, je schon anerkannt, dass sie – wenigstens für den Akt des Austauschs – von jeglicher Gewalt absehen. Ein Gut, das dem Tauschpartner gehört, wird *nur* durch eine *Gegengabe* erlangt. Damit ist der Tauschakt auch kein *Geschenk*.

Geschenke sind *asymmetrisch*. Die *reine Gabe* verlangt, das macht ihre Struktur aus, keine Gegengabe. Sofern Gegengaben erwartet werden oder sogar – wie beim Potlatsch – institutionalisiert sind, erweist sich eine „Gabe" als Moment eines modifizierten, komplexen *Austauschs* oder als Moment eines Wettbewerbs, der durchaus eine beinahe gewaltsame Form annehmen kann.[22] „Gaben" sind dann keine mehr, wenn der Gebende damit einen eigenen Zweck verfolgt, etwa die Demonstration von Prestige, die Beeindruckung der Kunden durch Stiftungen, Sponsoring usw. Ein Geschenk mit dem Ziel, dadurch *Aufmerksamkeit auf dem Markt* zu erzeugen, ist ein vermittelter Tauschvorgang, weil der „Schenkende" keiner ist, sondern eine Gegengabe in der Form von erhöhten Umsätzen durch öffentliches Prestige erwartet.[23] Rein formal kann man sagen, dass einem Geschenk – vielleicht – der *Dank* entspricht. Dieser Dank ist aber kein zu einer Gabe *notwendig* gehörendes Element; er kann auch unterbleiben, ohne der Gabe ihren Charakter *als* Gabe zu nehmen. Im Gegenteil, eigentlich nur die *freie* Gabe aus Liebe ohne Forderung, ist reine Gabe.

---

[20] Pareto sagt deshalb zu Recht, „... that the physical identity of two things does not entail their economic identity", V. Pareto (1971), S. 224.

[21] „Der Vertrag setzt voraus, dass die darein Tretenden sich als Personen und Eigentümer anerkennen", G. W. F. Hegel, WW 7, S. 153.

[22] Diese Form der Ökonomie ist nicht in der Logik einer Tauschwirtschaft zu beschreiben. Büchner spricht von einem „Übergang vom Geschenke zum Tausche", K. Bücher (1922: 1), S. 63f. Marcel Mauss hat das zu Recht kritisiert und am *Potlatsch* eindringlich beschrieben; vgl. M. Mauss (1978), S. 130ff; auch M. Schmidt (1921: 2), S. 185ff; G. Thomson (1960), S. 243.

[23] In den Marketing-Lehrbüchern firmiert dies als Differenz zwischen „Werbung" und „Public Relations". Die Werbung weckt die Aufmerksamkeit für ein spezifisches Produkt, PR lenkt die Aufmerksamkeit auf den Hersteller, die Marke oder auch nur auf ein bestimmtes „Konsumgefühl".

3.1.4 Gewaltfreiheit des Tauschs

Der *reinen Gabe* korrespondiert die Haltung der Liebe und des Mitgefühls.[24] Und Liebe oder Mitgefühl sind als Form der Vergesellschaftung durch die Struktur des Tauschs ausgeklammert, die eine Gegengabe *einfordert*.[25] Der Tausch impliziert aber auch nicht notwendig einen Egoismus. Bezüglich der Güter könnte man sagen: Der *reine Egoismus* erwartet von allen anderen *Gaben*, ohne dafür selbst eine Gegengabe zu leisten; der *reine Altruismus* gibt, ohne nach einer Gegengabe zu verlangen. Der Tausch ist also ethisch weder das eine noch das andere. Er stellt eine soziale Struktur dar, die ihren *ethischen Gehalt* erst situativ gewinnt durch die Personen, die an ihm beteiligt sind. Es wird sich allerdings zeigen, dass durch das *Geld* der Tausch eine Modifikation erfährt, die darin besteht, die *Gegenseitigkeit* in zwei Akte zu trennen und damit eine Dominanz des reinen Egoismus zu ermöglichen, der als *Geldgier* heute die Märkte beherrscht.

Halten wir also vorläufig fest: Die Tauschstruktur *impliziert* ein gewaltfreies Verhältnis der Subjekte, das auf gegenseitiger Anerkennung und die Einwilligung in den Verzicht auf alle anderen Handlungsformen als die *Gegengabe* beruht.[26]

Ich sage „impliziert"; der Tausch *erzeugt* diese Gewaltfreiheit nicht, auch wenn er gewaltfreie Verhaltensweisen *begünstigt*. Die Sicherstellung der Gewaltfreiheit ist nicht durch den Tauschakt selbst gegeben; sie erweist ihn als Modifikation der sozialen Grundstruktur. Hier wird erkennbar, dass die Tauschstruktur eine soziale *Binnenstruktur* ist. Dem scheint zu widersprechen, dass es historisch auch vielfach Austausch *zwischen* Gemeinwesen gegeben hat. Dies wird sogar oftmals als *eigentliche* Quelle der Tauschgesellschaft angesehen. „Der Ursprung des Tauschhandels liegt in der Tat an den Grenzen der Gemeinschaft."[27] Die Analyse der Relation R1 verweist zwar auf ein Anerkennungsverhältnis, wie es *auch* innerhalb eines Staates durch den Schutz der Eigentumsrechte gegeben ist. Doch ist das keine notwendige, wiewohl eine hinreichende Bedingung. Es ist nur notwendig, dass die Tauschpartner bezüglich der Gewaltfreiheit übereinstimmen. Diese Übereinstimmung kann auch durch eine vorgängige Verhandlung, durch Tradition, eine gemeinsame Moral, Erfahrung und Gewohnheit hergestellt werden.[28] Die Anerkennung von Eigentumsrechten setzt diese Formen der Vergesellschaftung voraus, die andererseits im Eigentumsrecht als Norm wiederkehren.

Man kann auch historische Gründe anführen: Das Erlangen fremder Produkte durch Gewalt setzt voraus, dass Gemeinwesen existieren, die solche Produkte erzeugen. Sol-

---

[24] Sartre interpretiert auch den Potlatsch als reine Gabe: „Der Potlatsch hat eine der *Liebe* analoge Struktur. Er bemüht sich nicht darum, die Freiheit des anderen zu zerstören, sondern sie zu fesseln oder genauer, darum, dass sie sich selbst fesselt." J. P. Sartre (2005), S. 658.

[25] Thomas von Aquin sieht das anders: „Eine Gegenleistung jedoch, die man durch Geld nicht messen kann, darf man für das Geliehene erwarten, zum Beispiel das Wohlwollen oder die Liebe dessen, dem man geborgt hat, oder sonst etwas dergleichen." Thomas von Aquin: s.th. II-II.78.2, WW Bd. 18, S. 373. Vgl. dagegen: „Wenn du Almosen gibst, soll deine linke Hand nicht wissen, was deine recht tut." [Mt 6,3] „Ihr Gläubigen, macht euer Almosen nicht durch Vorhaltungen und Unrecht zunichte wie jener, der sein Vermögen ausgibt, um von den Menschen gesehen zu werden", [Koran 2:264].

[26] „Gewalt von keiner Seite; Setzen seiner als Mittel, oder als dienend, nur als Mittel, um sich als Selbstzweck, als das Herrschende und Übergreifende zu setzen", K Marx (1953), S. 156. „Beim Tausch oder bei gegenseitiger Hilfe nehmen Personen, die sich sonst feindselig gegenüberstehen würden, die Haltung der kooperativen Tätigkeit ein." G. H. Mead (1968), S. 305. „Ein Austausch besteht aus zwei gegenseitigen und *freiwilligen* Übertragungen", I. Fisher (1916), S. 2.

[27] H. Schack (1927), S. 53; vgl. K. Marx, MEW 13, S. 36f.

[28] „Ohne feste Sitten gibt es keinen Markt, keinen Tausch", G. Schmoller (1904), 47f.

che Gemeinwesen stellen für ein soziales Modell, das auf Krieg und Beutezüge setzt, eine *Ressource* dar. Diese Ressource ist aber erschöpfbar – die römische Herrschaft und das spätere Weltreich der Mongolen mussten diese Erfahrung machen. Sind Gemeinwesen erst erobert, so müssen sie *verwaltet* werden, sollen dort weiterhin Produkte erzeugt werden. Die Produktion *unter der Herrschaft* einer (fremden) Gewalt, wenn es eine arbeitsteilige Produktion ist, nimmt die Form eines Austauschs an, gleichgültig, ob dieser Austausch über relativ freie Märkte oder über eine zentrale Programmierung (wie teilweise in Babylon oder Ägypten) erfolgt. So führt das soziale Modell der Eroberung und der Gewalt bei knapper werdenden Ressourcen (d.h. noch nicht eroberten Gemeinwesen) selbst zu einer gewaltfreien Austauschform *unter der Schirmherrschaft staatlicher Gewalt*. Das Außenverhältnis der Gewalt wird zur sozialen Binnenstruktur, sofern der Austausch nunmehr einer staatlichen Gewalt subsumiert ist, die ihn gewaltfrei zu gestalten ermöglicht.

Hobbes vertritt die These, „dass das Eigentum erst mit den Staaten begonnen hat, und dass jedem nur das zu eigen ist, was er nach den Gesetzen und vermöge der ganzen Staatsmacht, d.h. durch den, dem die höchste Macht übertragen worden, für sich behalten kann."[29] Tatsächlich gibt es aber die Anerkennung von Besitz durch andere (= Eigentum) vor der Entstehung von Staaten als *Faktum* – nicht zuletzt dann, wenn sich der Besitzer mit Gewalt gegen Übergriffe zu wehren versteht. Die schlichte Verteidigung von Besitz durch die Demonstration der Bereitschaft, nötigenfalls Gewalt einzusetzen – eine die US-amerikanische Gesellschaft bis heute zutiefst durchdringende Haltung –, wird in der staatlichen Gewalt nur *aufgehoben* im Hegelschen Doppelsinn. Man kann auch die Moralregel des „du sollst nicht stehlen" als internalisierte Erfahrung interpretieren, die mögliche Gewaltbereitschaft von Besitzern nicht jedes Mal aufs Neue zu erproben. Allerdings kann diese Moralregel durchaus auch – wenn auch historisch vielleicht *nachträglich* – rational begründet werden, sofern man auf die Reproduzierbarkeit von Gesellschaften abstellt, die durch Märkte organisiert sind. Dass solch eine funktionale Erklärung von Moralregeln nicht ausreicht, möchte ich ausdrücklich betonen, kann das hier aber nicht näher vertiefen.[30]

Man kann versucht sein, diese Entwicklung evolutionstheoretisch zu rekonstruieren. Im Sinn der „Räuber-Beute-Modelle", wie sie von Lotka und anderen entwickelt wurden, könnte man zwei Interaktionsformen – „friedlicher Tausch" und „gewaltsamer Beutezug" – untersuchen und evolutionär stabile Strategien daraus ableiten, worin Tausch und Gewalt in einem bestimmten gleichgewichtigen Verhältnis nebeneinander bestehen würden. Das Problem mit dieser Denkform liegt darin, dass der Ort, an dem sich dieser Wettbewerb vollziehen soll, nicht klar definiert ist. Bestimmt man diesen Ort als „Weltmarkt", so wäre impliziert, dass global stets gewaltsame und friedliche Formen nebeneinander bestehen würden, also Kriege und friedlicher Handel einander abwechseln. Obgleich dies eine gewisse empirische Plausibilität aufweist, kann dadurch die *Struktur* des Tauschs nicht erklärt werden. Sie wird vielmehr immer schon vorausge-

---

[29] T. Hobbes (1918), S. 146. In einer Note wehrt Hobbes mögliche Einwände ab: „Man hat mir entgegnet, dass das Eigentum schon vor der Errichtung des Staates bei den Familien bestanden habe; doch dieser Einwand ist hinfällig, da ich bereits erklärt habe, dass eine Familie ein kleiner Staat ist." Das ist natürlich nur ein Begriffsspiel.

[30] Vgl. K.-H. Brodbeck (2003a), S. 33ff. Vgl.: „Die Furcht vor der in der Rechtsordnung angedrohten Strafe ist sicherlich nur einer der möglichen Gründe rechtmäßigen Verhaltens, dessen tatsächliche Verbreitung vollständig unkontrollierbar ist. Dies als den einzigen Grund – oder überhaupt einen einheitlichen Grund für die Erfüllung der Rechtspflichten anzunehmen, ist schlechterdings unzulässig", H. Kelsen (1923), S. 338. Kelsen begründet dies durch die „angeborene altruistische Disposition des Menschen", S. 339.

setzt. Und da die Tauschstruktur bereits Gewaltfreiheit zur Voraussetzung hat, wird das evolutionstheoretische Argument unbestimmt: Eine friedliche Verhaltensweise kann nicht *neben* der Gewalt bestehen, ohne eine staatliche Gewalt vorauszusetzen, die immer wieder neu das Recht durchsetzt, wenn sich unfriedliche Verhaltensweisen (Raub, Diebstahl usw.) zeigen. Also können friedliche und gewaltsame Verhaltensweisen nur dann nebeneinander bestehen, wenn eine *Metaregel* (der Rechtsstaat und seine Exekutive) beide Regeln definiert und damit ihre Reproduktion festlegt, z.B. Eigentumsrechte und Gesetze bei deren Missachtung. Doch dann ist der evolutionäre Wettbewerb der Regeln schon außer Kraft gesetzt.

Wie immer man die *Herkunft* der Gewaltfreiheit im Tausch und ihre aktuelle Form – sei sie durch Gewohnheit, Moral oder staatliche Gewalt garantiert – erklären mag, wichtig ist für die Analyse der Tauschstruktur nur, dass in der gegenseitigen Anerkennung der beiden Personen Gewaltfreiheit für den *Begriff des Tauschs* vorausgesetzt ist. Dieser Einsicht steht, wie ich an der Analyse des Austauschs bei Marx und Menger noch zeigen werde, ein anderer Gedanke entgegen: Nämlich die These, dass der Austausch eine *ursprüngliche soziale Struktur* darstellt, aus der andere „abgeleitet" werden müssten. Nun hat zwar Marx durchaus gesehen, dass dem Austausch ein historisches Moment einwohnt; er nennt ihn eine „transitorische Form". Gleichwohl billigt er der Tauschstruktur den Rang einer „Basis" zu, die einen Überbau „determiniert". Und bei Menger und den Nachfolgern der österreichischen Schule ist der Tausch der logische Ort, aus dem Institutionen „abgeleitet" werden sollen. Dieser ökonomische Materialismus, in dem sich Marxismus und österreichische Ökonomik *kategorial* nicht unterscheiden, ist aber aus der Tauschstruktur selbst als unhaltbar nachzuweisen.

Die dem Austausch eigentümliche *Gewaltfreiheit* wird nicht durch den Austausch *erzeugt*, sowenig wie die Kommunikation, in die jeder Tauschakt notwendig *eingebettet* ist. Der Tausch ist ein soziales *Binnenphänomen*, keine Grundlage oder Urform; er ist *bedingt*, auch wenn er in Wechselwirkung wiederum andere Sozialstrukturen durch spezifisch ökonomische Inhalte und Denkweisen formt. Neben anderen Argumenten zur Begründung ist das eingangs schon vorgetragene hinreichend: Es gibt einen *Übergang* von Tausch in andere Formen sozialer Interaktion (Freundschaft, Geschenk, Feindschaft, Gewalt etc.). Jeder Tausch kann immer auch *scheitern*, ohne damit die Vergesellschaftung zu beenden. Der Übergang von Tausch in Nicht-Tausch hebt nicht *die* Gesellschaft auf (weil nun die Basis sich auflöste), sondern zeigt, dass das *Worin* der Vergesellschaftung den Tausch nur als besondere kategoriale Schicht offenbart. Selbst eine Totalisierung der Aufhebung des Tauschs im Sozialismus vollzieht sich als Akt *innerhalb* einer Gesellschaft durch Kommunikation (= Agitation), Gewalt usw. – ebenso die Rücktransformation des Sozialismus in den Kapitalismus.

Der Austausch ist eine spezifische „Einfärbung" der sozialen Grundstruktur; er *ist* (ontologisch) aber nicht die soziale Grundstruktur. Diesen für das Verständnis der Wirtschaft und der Gesellschaft fundamentalen Zusammenhang werde ich noch an verschiedenen Stellen aufgreifen und vertiefen. Hier sollte klar werden: Man kann diese Einsicht aus der Analyse der Tauschstruktur selbst gewinnen. Die Tauschstruktur selbst *setzt* in ihrer spezifischen Bedeutung auch die spezifischen kategorialen Verhältnisse, in der sie dann analysiert werden kann – andere sind bereits vorausgesetzt. Ignoriert man diese kategorialen Verhältnisse, so ist solch eine Fehldeutung zwar als Denkform auch eine soziale Wirklichkeit – mitunter mit fatalen Folgen. Ihr eignet aber immer eine *Fremdheit* gegenüber dem, was im Austausch wirklich vollzogen und gewusst wird.

Der Tausch *verdeckt* durch seine Struktur deshalb die menschliche Freiheit im Sinn einer Teilhabe am Offenen, gerade dadurch, dass sie als gegenseitige Anerkennung von *Eigentumsverhältnissen* in ihm reproduziert und die Freiheit damit durch diese Verhältnisse gefesselt wird. Der Begriff der „individuellen Freiheit"[31] als eine Eigenschaft, die im *Individuum* verankert ist, bleibt sinnlos. Freiheit ist immer *anerkannte* Freiheit durch einen anderen.[32] Niemand kann allein frei sein. Die liberale Vorstellung von Freiheit, wie sie in der subjektiven Schule der Ökonomik (Menger, Mises, Hayek u.a.) entfaltet wurde, ist die der *Wahlfreiheit*. Ein Subjekt S wählt zwischen zwei Gütern a und b und wird in dieser Wahl nicht gehindert. Darin ist zweierlei ungedacht: *Erstens* bedeutet die Nicht-Hinderung einen negativen Bezug auf den je anderen (den sozialen Genossen) und übersteigt damit den Begriff der *individuellen* Freiheit; *zweitens* ist vorausgesetzt, dass sich eine Wahl *in einem Offenen* bewegt, das den Raum der Wahlmöglichkeiten einräumt. Dieses Offene ist nicht individuell oder personal zu verrechnen; vielmehr ist Individualität umgekehrt die immer wieder neu entworfene Kristallisation in dieser gesellschaftlich vermittelten Offenheit, worin sich die menschliche Kreativität des Handelns ebenso entfaltet, wie sich darin die Nichtdetermination der Welt der Objekte, der Natur, des „Zufalls" offenbart (vgl. 1.1.5 und 2.3.4). Jemand anderen nicht an einer freien Wahl zu hindern und seine Verfügung über Dinge als Eigentum *anzuerkennen*, das ist etwas ganz anderes als diese positive Teilhabe an einer Offenheit, die in den Sozialwissenschaften nie zum Thema wird – genauer: sie wird nur in der Privation einer *anerkannten Freiheit des je anderen* und im Eigentum erkannt.

Freiheit im Kontext der Vergesellschaftung durch den Tausch kann gar nicht als eine Relation zwischen einem cartesianischen Subjekt und einer Beziehung auf äußere Dinge verstanden werden, sondern nur als *anerkannte Freiheit*. S_1 anerkennt S_2 darin, Verfügungsgewalt über Dinge wie a, b usw. zu haben – und umgekehrt. Der Begriff der Freiheit geht also stets durch den je anderen hindurch, er zielt nicht isoliert auf Dinge oder Objekte. Der spezifisch ökonomisch vermittelte Begriff der Freiheit, wie ihn der Liberalismus entfaltet hat, stellt eine *Privation* der Offenheit dar, in der sich jedes Handeln ursprünglich bewegt, obwohl diese Philosophie *implizit* die soziale Einbettung des Freiheitsbegriffs voraussetzt. Es ist eine kontaminierte Freiheit, die auf anerkanntes Eigentum verpflichtet wird, keine primäre, sondern eine spezifisch ökonomische Qualität menschlichen Handelns.

3.1.5 Eigentumsrecht, Macht und Gewalt

Was im Eigentum wechselseitig anerkannt wird, beruht auf einer Modifikation der sozialen Grundstruktur. Einige Aspekte dieser Modifikation möchte ich näher skizzieren, bevor ich den Besitz- und Eigentumsbegriff als Grundlage der Tauschtheorie untersuche. Obwohl die Analyse vorwiegend auf den ökonomischen Prozess abzielt, verweisen die hier erkennbaren Strukturen doch über das hinaus, was die Universitäten in Fakultäten als Forschungsgebiete säuberlich trennen. Die Trennung selbst verbirgt vielmehr den Blick in eine Sache, deren einfache Form sich erst dann erschließt, wenn man sie aus der Umklammerung der „Disziplinen" Ökonomik, Jura, Rechts- und Staatsphilo-

---

[31] Vgl. z.B. Hayeks Begriff in: F. A. Hayek (1991), S. 21ff.

[32] „Die konkrete Rückkehr meiner in mich in der Äußerlichkeit ist, dass Ich, die unendliche Beziehung meiner auf mich, als Person die Repulsion meiner von mir selbst bin und in dem Sein anderer Personen, meiner Beziehung auf sie und dem Anerkanntsein von ihnen, das gegenseitig ist, das Dasein meiner Persönlichkeit habe." G. W. F. Hegel, WW 10, S. 307. „Endlich kann der isolierte Mensch kein Bewusstsein seiner Freiheit haben. Für den Menschen bedeutet frei sein, von einem anderen Menschen, von allen ihn umgebenden Menschen als frei anerkannt, betrachtet und behandelt werden. Die Freiheit ist also keineswegs Sache der Isolierung, sondern der gegenseitigen Anerkennung." M. Bakunin (1969), S. 139.

3.1.5 Eigentumsrecht, Macht und Gewalt

sophie löst. Die Trennung setzt die konstituierenden Begriffe bereits voraus. Ökonomische Kategorien sind nicht auf juristische, diese aber auch nicht auf erstere zurückführbar. Sie liegen außerhalb der Erkenntnisweise der Spezialwissenschaften[33] und kristallisieren sich in ihrer Bedeutung aus dem *gemeinsamen* Prozess der Vergesellschaftung, die in der sozialen Grundstruktur beschrieben ist. Ich knüpfe deshalb zunächst als Hinleitung zum Eigentumsbegriff nochmals an die Fragestellung des zweiten Kapitels kurz an.

In der sozialen Grundstruktur konnte deutlich werden, dass einige der sechs Grundrelationen nicht nur aus der Beziehung Subjekt-Gegenstand ihren Sinn empfangen, sondern nur in der *gleichzeitigen* Beziehung auf je ein anderes Subjekt bzw. dessen Gegenstand. Es gibt nun in sozialen Grundstrukturen Relationen, die nicht nur *von außen betrachtet* – also für einen cartesianischen Beobachter – als Element zur allgemeinen Klasse eines Relationstyps gehören, sondern die *in der Grundstruktur selbst* diese Allgemeinheit voraussetzen. Diesen Relationstypus, wie er in der Moral, im Recht und beim Eigentum vorliegt, möchte ich hier etwas betrachten. In diesen Relationen taucht der jeweils andere – als B gegenüber A – nicht in seiner personalen Identität oder Einzelheit als Individuum auf, sondern in einer abstrakten, allgemeinen Form. Ich möchte diese abstrakte Subjektivität – deren Inhalt ich nachfolgend erläutern werde – den „abstrakt Anderen" nennen. Wie jede Abstraktion, tritt der abstrakt Andere nicht als Individuum hervor. Gleichwohl hat es seine Spuren hinterlassen und konstituiert den Inhalt einer sozialen Kategorie, die gesellschaftliche Relationen als Verhältnis zu Abstraktionen in einem Prozess vollzieht.

Der *abstrakt Andere*[34] ist so präsent, wie der konkret Andere im Dialog: durch die Sprache. Der abstrakt Andere hat seinen *konkreten* Ort in einem Zeichensystem, in einem Satz, einem Text, einer Regel. Hinter dem abstrakt Anderen verbirgt sich auch jeweils ein anderer Mensch, doch nicht der konkrete Mensch, sondern *jedermann*. Damit ist folgendes gemeint: In die Relation zum abstrakt Anderen, der als sprachliches Zeichen, als festgesetzte Regel usw. präsent ist, kann nicht konkret der andere als Einzelner eintreten, vielmehr ist die Präsenz der Anderen (der Vielen) die, Teil der ganzen Gesellschaft zu sein. Der abstrakt Andere ist der allgemeine Genosse einer Gesellschaft, der allgemeine Mitmensch. Zwar *verkörpert* sich der abstrakt Andere immer wieder, sofern jemand die Rolle eines Auslegers oder der durchsetzenden Instanz einer Regel spielt: Ein Moralprediger, ein Richter, der einen Rechtssatz für einen bestimmten Fall als gültig setzt usw. Doch diese besonderen Subjekte spielen nur die *Rolle* des abstrakt Anderen, d.h. der *ganzen Gesellschaft* (oder einer Gruppe, einer Organisation).

Der abstrakt Andere ist auch in jedem sprachlichen Zeichen gegenwärtig. Der Sinn eines Satzes der Sprache ist ein Prozess, der in der Tendenz gegen eine Identität konvergiert. Die Identität ist die Herstellung einer Kooperation, also die Realisierung der Gesellschaft als einem neuen, gegenüber der Privatheit der Individuen andersartigen Phänomen. Also auch die Wortbedeutung – dies allerdings in einem Kontinuum an arbeitsteiliger Vernetzung – ist in dem Sinn eine allgemeine, als sie für *viele* Subjekte gilt, wobei die konkrete Einzelheit dieser Subjekte, ihr privates Meinen, gerade *nicht* als

---

[33] „Der Begriff des Rechts fällt daher seinem Werden nach außerhalb der Wissenschaft des Rechts", G. W. F. Hegel WW 7, S. 30. „Das Faktum der Entstehung und Zerstörung des Rechtes fällt außerhalb der Ebene der juristischen Erkenntnis, ist eine ihrer Voraussetzungen", H. Kelsen (1923), S. 334.

[34] Hegel kennt ein „allgemeines Subjekt"; es ist nicht der Einzelne für sich, sondern „zusammen mit dem Bewusstsein der Gemeine", G. W. F. Hegel, WW 3, S. 556; Mead spricht vom „verallgemeinerten Anderen", G. H. Mead (1968), S. 198.

Bedeutung erscheint. Es wird damit deutlich, dass die Denkfigur des abstrakt Anderen für nahezu alle Kommunikationsbeziehungen gilt. Kommunikationsprozesse organisieren über den Identitätsprozess der Bedeutung die sozialen Handlungen. Diese Prozesse finden sich in allen menschlichen Formen der Vergesellschaftung. Das, was sich als der abstrakt Andere in Moral, Recht und beim Eigentum zeigt, ist deshalb nicht ein kategoriales Novum, sondern die situative Konkretisierung der im Handeln und Sprechen je schon vollzogenen Vergesellschaftung. Insofern ist die Frage nach einem aparten *Ursprung* von Moral, Recht oder Eigentum eine kategoriale Verwechslung. Diesen Kategorien kommt nicht ein Sinn zu, den sie als Entitäten mit sich tragen, um dann zu einem bestimmten historischen Zeitpunkt, womöglich durch äußere Umstände veranlasst, als Sinngeber hervorzutreten. Vielmehr konstituiert sich der Sinn von Moral, Recht und Eigentum selbst mit dem Prozess der Identitätsbildung.

Gleichwohl gilt, dass sich in Moral, Recht und Eigentum stets nur die allgemeine Form der Vergesellschaftung zeigt, die in der sozialen Grundstruktur ihren Begriff findet. Es handelt sich um Weisen der Vergesellschaftung, und diese Weisen der Vergesellschaftung vollziehen in unterschiedlichen historischen Situationen auch jeweils verschiedene Identitätsprozesse. Gemeinsam ist diesen Prozessen allerdings dies, *dass* es sich um Prozesse der Vergesellschaftung handelt. In der Tauschstruktur nun werden besondere Kategorien konstituiert, die auf andere Formen der Vergesellschaftung verweisen. Hier konzentriere ich den Schwerpunkt auf das, was für den Tausch und das Geld wichtig ist.

Das Moment gegenseitiger Anerkennung, das in der Relation R1 der Tauschstruktur aufscheint und als Index für andere Formen der Vergesellschaftung zu lesen ist, nimmt aber gleichwohl eine *besondere* Form an. Diese besondere Form, die als Besitz und Eigentum kategorial näher bestimmt wird, erhält zwar einen neuen Sinn, *erzeugt* aber nicht das in der Anerkennung liegende soziale Verhältnis, sondern gibt ihm seine besondere kategoriale Farbe, die sowohl die Subjekte wie die Sachen als spezifischen Typus bestimmt. Besonders der Tausch gegen Geld wird sich hier nach und nach als zentraler Ort zur Kristallisation eines neuen und anderen Subjekttypus nachweisen lassen. Zunächst beschränke ich mich auf einige allgemeine Bestimmungen, die in den Begriffen „Besitz" und „Eigentum" als reproduzierte und in der Reproduktion veränderte Kategorien durch den Tausch erscheinen.

Unter dem *Besitz* einer Sache wird meist in der Philosophie und der Rechtsliteratur das faktische „Gewalthaben" über ein äußeres Ding verstanden.[35] Darin liegt ein *taktiles* Moment, das unaufhebbar bleibt. Man „bemächtigt" sich eines Dings und besitzt es dann: von der gepflückten Blume bis zu den Sklaven. Ein *Ding* wird hierbei kategorial bestimmt als das je *andere* des Personalen. Durch das Gewalthaben-über-... wird ein Etwas erst zu einem Ding, das man besitzt. Die Sklaventheorie des Aristoteles umkreist diese Frage und entpuppt sich dabei als mangelhafte kategoriale Reflexion, wie noch zu zeigen sein wird. Besitz ist also eine *Relation* zwischen zwei Entitäten, doch eigentlich steckt darin die Differenz zwischen Ego und Entität. Letzteres ist eine erkenntnistheoretische Dualität; hier geht es aber um eine Kategorie des *Handelns*, nicht primär des Erkennens. Man besitzt eine Sache auch dann, wenn man faktische Gewalt über sie hat, dies aber nicht erkennt („Ich war im Besitz von Fähigkeiten, die mir vor dieser Situation unbekannt waren" usw.). Die Relation des Besitzes R_B bezieht sich auf zwei Pole oder Extreme, die sie zu vermitteln scheint. Ich nenne sie „Besitzer" und „Besitz". Also ist das Verb „besitzen" formal definiert durch:

---

[35] „Eigentum ist die rechtliche Herrschaft über eine Sache. Besitz ist die tatsächliche Herrschaft über eine Sache." W. Grill, H. Percynski (1993), S. 262.

3.1.5 Eigentumsrecht, Macht und Gewalt

„besitzen" = Besitzer R_B Besitz

An dieser Relation kehrt ein Grundirrtum bei vielen sozialen Kategorien wieder, wenn man sie so interpretiert, als gäbe es Besitzer einerseits und Besitz andererseits, die dann – wie nebenbei – auch noch in die Relation R_B des Besitzes *eintreten* können. Natürlich können *Personen* in verschiedene kategoriale Strukturen eintreten, also Besitzer, Vater, Staatsbürger oder Tauschpartner sein. Doch sie bringen diese Rollen nicht als Individuen mit, sondern „färben sich ein" durch den Eintritt in eine soziale Situation. Es gibt keinen Besitz oder Besitzer und keinen Besitzer ohne Besitz. Die Relation R_B kommt nicht zu Besitzer und Besitz hinzu, sondern *privatisiert* den Raum ihrer möglichen Beziehung. „Besitzen" ist keine Relation, die einer expliziten Reflexion bedürfte. Man kann sie auch sozial isolieren, wie der einsame Waldgänger einen Stock besitzt oder der Bettelmönch seine Schale. Angezeigt wird der Besitz durch das Verb „haben". Der Besitzer *ist* nur das, was er hat – nur darin ist er Besitzer.

Das *Eigentum* ist in seiner einfachsten Form etwas kategorial Anderes[36]: Es ist der *anerkannte Besitz* von B durch A. „Es gilt zugleich für das Meinige, das alle anderen anerkennen und sich davon ausschließen."[37] Und diese Struktur erscheint in reiner Form in der sozialen Grundstruktur. Die *Anerkennung* kann bis zur Institutionalisierung fortgehen, sie kann kommunikativ hergestellt werden oder im Horizont einer Gewalt durchgesetzt werden. Zwei Menschen treten sich als Eigentümer gegenüber, falls sie wechselseitig ihre jeweiligen Besitzverhältnisse anerkennen.[38]

Doch hier kommt ein viel wichtigerer Punkt noch hinzu: Die Kategorien des Sozialen sind deshalb *wahr*, weil sie jeweils einen Subjekttypus prägen. Der Eintritt in eine soziale Situation, in der sich wechselseitig Eigentümer als Besitzer anerkennen und somit den Grund für die Kategorie „Eigentum" konstituieren, erschafft *zugleich* einen Subjekttypus: den „Eigentümer". Der Eigentümer *weiß* sich mit einem Ding verbunden als seinem Besitz und er weiß sich darin von anderen *anerkannt*. Der „freie Arbeiter", im Unterschied zum Sklaven, weiß wenigstens dies, dass er sein Arbeitsvermögen als

---

[36] G. Heinsohn, O. Steiger (2004) machen das Eigentum zur Substanz des Geldes. Formal ist es nur ein Substitut der Marxschen Wertsubstanz, deren übersinnlicher Fetisch des Wertes zur „immateriellen Prämie" wird, worin Geld aus der Geldwirtschaft als „Anrecht auf Gläubigereigentum" und der Zins als „Ausgleich für den Verlust der Eigentumsprämie", S. 182 und 190, tautologisch „erklärt" wird (eine Prämie = Agio *ist* nur eine *Form* des Zinses). Das Problem der *zirkulären Anerkennung* in der Rechnungseinheit und im Eigentumsbegriff als Form der Vergesellschaftung wird nicht gesehen. A. Schomandl hat die Thesen der beiden Autoren detailliert und richtig widerlegt; vgl. A. Schomandl (1985), S. 355-391.
[37] G. W. F. Hegel, WW 3, S. 318. Hegel fügt hinzu: „Aber darin, dass ich anerkannt bin, liegt vielmehr meine Gleichheit mit allen, das Gegenteil der Ausschließung" – meine Gleichheit aber nur als der *abstrakt Andere*; die Individualität ist darin jeweils negiert.
[38] Marx führt die beiden Begriffsmomente als *getrennte* an, ohne in der Einheit des Begriffs die Pointe zu bemerken: „Eigentum meint also ursprünglich nichts als Verhalten des Menschen zu seinen natürlichen Produktionsbedingungen als ihm gehörigen, als den seinen, als mit seinem eignen Dasein vorausgesetzten; Verhalten zu denselben als natürlichen Voraussetzungen seiner selbst, die sozusagen nur seinen verlängerten Leib bilden. (...) Das Eigentum meint also Gehören zu einem Stamm (Gemeinwesen) (in ihm subjektiv-objektive Existenz haben)" K. Marx, MEW 42, S. 400. Der Witz ist – abstrakt ausgedrückt – aber nicht ein {Ich → Es} *neben* einem {Ich ↔ Wir}, sondern ein durch ein abstraktes Du anerkanntes Verhältnis von {Ich → Es}, also: Du *anerkennst* {Ich → Es}. Die Zugehörigkeit zu einem Wir *ist* nur die abstrakte, wechselseitige Anerkennung als Eigentümer, für die auch gilt: Ich *anerkenne* {Du → Es} .

Dienstleistung frei verkaufen kann, dass seine Arbeitsfähigkeit nicht im Eigentum eines anderen liegt.

Kann man sich wechselseitig als Besitzer anerkennen, ohne sich als *Eigentümer* anzuerkennen? In der hier verwendeten Begriffsbestimmung ist das nicht möglich. Aber es ist denkbar, dass sich Menschen Dingen gegenüber auch anders verhalten, dass sie sich wechselseitig nur als *momentane Nutzer* einer Sache anerkennen, während der Eigentümer ein fiktives Subjekt namens „Staat", „Gemeinschaft", „Gesellschaft" oder einfach „Alle" sein kann. Der temporäre Nutzer einer Sache hat dann keine Gewalt über die *ganze Sache*; er nutzt sie nur im Rahmen einer Funktion. Beispiel: Im Modell der Gemeinschaftsfahrräder in einigen Städten gehören die Räder einem Verein. Der momentane „Besitzer" ist nur ein Nutzer, nicht ein „Gewalthaber". Als Privateigentümer darf er ein Fahrrad zerlegen und mit einem Schweißgerät ein Kunstwerk daraus machen oder es auch einfach im eigenen Keller verrosten lassen. Als temporärer Nutzer wird er verpflichtet, das Rad nach der spezifischen Nutzung (als Fortbewegungsmittel) wieder an einen gemeinsamen Ort zurückzubringen, um es dem Eigentümer, dem „Verein" zurückzugeben.

Es ist also in der gegenseitigen Anerkennung als „Besitzer" keineswegs notwendig ein *Eigentümer* anerkannt, der *Gewalt über eine Sache hat*, wie die Diktion der Juristen sagt.[39] Hierher gehört die Differenz zwischen Macht und Gewalt, die Hannah Arendt herausgearbeitet hat.[40] „Macht" ist jene zirkulär-reflexive Relation, die für viele Sozialstrukturen charakteristisch ist: Ein Mann hat als König nur Macht, weil sich die Untertanen zu ihm untertänig verhalten, während sie umgekehrt glauben, sich untertänig verhalten zu sollen, weil dieser Mann „König" ist. Eine logisch äquivalente Struktur wird uns im Geld begegnen. Die in dieser sozialen Relation der Macht liegende *Zirkularität* ist nicht symmetrisch. Das Anerkennung des Einen, das herrscht, vollzieht sich *individuell* (als Glaube den Eigenwert eines Königs, einer Regierung oder des Geldes). Der Zirkel wird erst erkennbar, wenn man *viele* beobachtet, die die in der Macht liegende Subsumtion vollziehen. Auch die *Reflexion* der Bedeutung aneinander (der König wird als Bedeutung an den Untertanen reflektiert – und umgekehrt) vollzieht sich asymmetrisch. Es bedarf immer *Vieler*, um dem *Einen* Geltung zu verleihen. Dennoch ist die Macht-Relation eben *zirkulär*; man kann keine „Seite" entfernen, ohne die Kategorie in ihrer Bedeutung aufzuheben.

Die *Gewalt* ist dagegen eine einseitige Relation, die einen Träger, ein Mittel und einen Betroffenen kennt. Man hat „Gewalt" über ein Ding, sofern das Ding einem Willen gehorcht. In der Gewalt über Menschen wird der Mensch auf seine physische Verkörperung reduziert. Gewalt ist die *Praxis des cartesianischen Beobachters*: Der Andere ist ein Ding, das von sich her weder Subjektivität noch Willen besitzt. Während in einer *Anweisung* durch einen Befehl an die Erkenntnisfähigkeit des Gehorchenden appelliert und diese vorausgesetzt wird – weshalb, wie sich zeigte, diese Form auch immer wieder in die soziale Grundstruktur zurückfallen kann –, ist beim Gewaltakt der Andere kein Du, sondern ein Es. *Ein Gewaltverhältnis ist keine soziale Grundstruktur*. Noch ein Sklave – gleichgültig, was hier antike Rechtslehren auch darüber gedacht haben mögen – ist ein kommunikationsfähiges Du. Zwar kann das Verhältnis zum Sklaven jederzeit in einen Gewaltakt umschlagen; die reine Subsumtion unter den Willen des Herrn bedarf aber der Vermittlung der Kommunikationsfähigkeit des Sklaven. Es gilt also,

---

[39] Vgl. K.-H. Brodbeck (2000a), Kapitel 4.1-4.4.
[40] H. Arendt (1970).

3.1.5 Eigentumsrecht, Macht und Gewalt

was Odysseus zu Neuptolemos, Sohn des Achilles, sagte: „Doch lehrte die Erfahrung mich, dass das Wort und nicht die Faust die Welt regiert".[41]

Der Gewaltakt setzt *faktisch* ein Du auf den Rang eines Es, eines Dings zurück. Zwar mag es manchmal gelingen, den Träger der Gewalt – den Soldaten, Polizisten, Angreifer, Verbrecher usw. – als Gegenwehr dadurch von seinem Vorhaben abzubringen, dass sich die Subjektivität des Betroffenen kenntlich macht. Der Gewalttäter erkennt dann die Täuschung, die in der Reduktion des Du auf ein Es liegt und verzichtet vielleicht auf seinen Gewaltakt. Deshalb, sagt Hannah Arendt zu Recht, kann sich keine Herrschaft *nur* auf Gewalt stützen. Sie bedarf immer der Exekutive, und die Exekutive – mag sie sich so brutal wie die Schergen Hitlers, Stalins, Maos oder ihrer Nachahmer, wie z.B. bei den von den USA installierten Oligarchien weltweit[42] verhalten – nimmt zum Herrschenden die Relation ein, die nur auf *Macht*, also einer zirkulär-reflexiven Anerkennung beruht. Nur eine Exekutive aus Robotern würde Macht und Gewalt vereinen.[43] Die *Anerkennung* einer faktischen oder angedrohten Gewalt enthält damit stets das Moment der Mittäterschaft. Wer als Bürger Regierungen ohne Widerstand duldet, die andere Länder mit Krieg oder der Bedrohung durch Atomwaffen terrorisiert, ist ebenso ein Mittäter, wie auch der vermeintlich harmlose Käufer eines Sonderangebots performativ durch die Zustimmung in der Form der *Zahlung* für diese Produkte die Gewalt von ausbeutenden Unternehmen in den Blechhallen Asiens, Südamerikas oder Osteuropas anerkennt.[44]

Das gilt auch noch in der subtilen Verfeinerung des Eigentumsrechtes.[45] Indem der je andere mein Gewalt-haben-über-... anerkennt – in der Tauschgesellschaft als symmetrische Erwartung, auch je in seiner Gewalt über die Sache anerkannt zu sein –, anerkennt er auch die Gewalt *als* Gewalt. Wer das Eigentum des anderen nur *respektiert*, bewegt sich erst in einer Sphäre der *Macht*. Die allgemeine, wechselseitige Anerkennung hat einen moralisch verbindlichen Charakter und besitzt insofern die Macht moralischer Regeln. Erst wenn sich diese Macht in der staatlichen Gewalt bewaffnet, wird im Eigentum des anderen auch diese Gewalt anerkannt. Diese Anerkennungsverhältnisse sind abstrakt – vor allem die Geldform, die nachfolgend zu behandeln sein wird, setzt hier einen historischen Abstraktionsprozess in Gang. Das heißt, man anerkennt das Recht des anderen, Gewalt über rechtmäßiges (also durch staatliche Gewalt sanktioniertes) Eigentum zu haben. Vom Inhalt der Ausübung dieser Gewalt wird hier abstrahiert, sofern andere gewaltsanktionierte Normen nicht verletzt werden.

Ein weiterer, hier unmittelbar anschließender Punkt geht aus der *Selbstdefinition* des Eigentümers hervor; diesmal bezieht er sich auf den sachlichen Pol: das „Gut". Um *körperlicher* Besitzer zu sein, muss der Sache eine Identität zugesprochen werden, wie auch der Eigentümer in seiner Identität (nämlich als Person „Eigentümer") erkennbar und anerkannt ist. Das ist keineswegs für alle „Güter" klar definierbar. Was in der Sprache der Ökonomen Informationsgüter, öffentliche Güter usw. genannt wird, belegt das

---

[41] Vgl. Sophokles: Philoktetes (1995: 2), S. 12; Übersetzung verändert nach A. Damaschke (1921), S. 2.

[42] Vgl. das Drehbuch solcher Gewalt: J. Perkins (2005).

[43] „Solange Roboter Menschen nicht ersetzt haben, hat kein einzelner Mensch ohne die Unterstützung von anderen je die Macht, Gewalt wirklich loszulassen." H. Arendt (1970), S. 52.

[44] Vgl. zu diesem Argument genauer: K.-H. Brodbeck (2004e), S. 35; (2006a), S. 144-149.

[45] „Eine Begriffsbestimmung der Rechtsnorm, durch die die spezifische Differenz zur Moralnorm angezeigt wird, scheint nicht ohne Zuhilfenahme des Zwangsmomentes möglich zu sein. Das Recht ist dem Wesen nach eine Zwangsnorm im Sinne einer die Zwangsanwendung unter Menschen regelnden, sohin zwanganordnenden Norm." H. Kelsen (1923), S. XI.

unmittelbar. Die Theorie der Eigentumsrechte löst diese Frage implizit aristotelisch, sofern zwischen Substanz und Attribut einer Sache im Besitz des Eigentümers unterschieden wird. Man definiert die Sachen *ökonomisch* als Ressourcen: „Was man besitzt, sind Rechte zum Gebrauch von Ressourcen, einschließlich des eigenen Körpers und Verstandes". Alchian und Demsetz betonen hierbei, dass sich daraus das Eigentumsrecht als ein „Bündel oder Ausschnitt von Rechten zur Nutzung der Ressource" darstellt: „An der gleichen Ressource können also mehr als nur eine Person einzelne Eigentumsrechte beanspruchen."[46]

Die „gleiche Ressource" besitzt aber nur eine Identität, wenn diese Identität für verschiedene Personen den Begriff der „gleichen Ressource" rechtfertigt. Das wird dann fragwürdig, wenn sich eine Nichtidentität zeigt und zu einem sozialen Prozess zur Herstellung der Identität, zur juristischen „Feststellung des Sachverhalts" führt. Was Eigentum werden kann, hat nicht von sich her eine Identität als Substanz („die gleiche Ressource"), der nur verschiedene Nutzungen (als Attribute) zugeschrieben werden. Vielmehr gehört zum Prozess der Eigentumsrechte immer auch die Herstellung der Identität der Sache selbst. Bei „geistigen Gütern" kann ein *faktischer* Besitz, der auch zu seiner ökonomischen Nutzung als Ressource führt, kein Eigentumsrecht begründen. Nur durch eine vorausgesetzte gegenseitige Anerkennung – man respektiert einfach aus moralischen Gründen, dass bestimmte Ausdrucksformen kreativer Prozesse mit einer Person verbunden bleiben –, oder, wie das heute gewöhnlich der Fall ist, durch künstliche Rechte (Copyright, Urheber- und Patentrecht), wird der Besitz zum *erlaubten*. Hier schafft das *Recht* erst die Identität einer Entität, die dann genutzt wird (musikalische Komposition, Text, Bild, technisches Verfahren usw.). Und tatsächlich kann eine Sache von vielen Personen ökonomisch *besessen*, also genutzt werden, auch wenn das Recht nur einem Eigentümer im Horizont staatlicher Gewalt und unter Androhung von Strafen für Verletzungen des Urheber- und Patentrechts zugesprochen wird.

Man kann also nicht voraussetzen, dass die Relation des Eigentums auf einer einfachen Besitzrelation *definierter* Subjekte und Sachen beruht, die *vorausgesetzt* schon mit sich identisch sind. Vielmehr vollzieht sich die Herstellung der Identität zugleich mit der Anerkennung des Eigentumsrechts. Es ist schon ein Unterschied, ob jemand als Sklave seine Identität besitzt, während er als Eigentum in der Gewalt seines Herrn bleibt, oder ob er Eigentümer seines Arbeitsvermögens ist, dafür aber kein allgemein anerkanntes Nutzungsrecht besitzt, weil der Arbeitsmarkt einen Zutritt verweigert. Die Relation R_B erzeugt deshalb aus sich ein doppeltes Problem: Was macht die Identität von Besitzer *und* Besitz als Grundlage von Eigentümer und Eigentum aus? Man erkennt hier unschwer, wie wichtig die Klärung von Identitätsprozessen in der Gesellschaft vorgängig ist.

Jeder *anerkannten* Besitzrelation = Eigentumsrelation geht eine *doppelte* Identitätsbildung voraus, oder sie vollzieht sich in der Situationsdefinition der Anerkennung. In modernen Rechtsstaaten ist dies teilweise ein komplexer juristischer Akt. Da auch Vereine, Unternehmen, Kirchen, der Staat etc. Eigentümer sein können, ist die Identität dieser Entitäten klar zu definieren und – das ist die Pointe hierbei – ist dadurch als *Prozess* erkennbar. Andere Rechtsformen oder, auf früheren Stufen, andere Gewohnheiten und kulturelle Prozesse bringen andere Identitäten hervor. Die Sache, die als Eigentum bestimmt wird, die andere Seite der Eigentumsrelation, ist in ihrer Identität wiederum ein Prozess, keine fertige Entität, die dem Satz der Identität genügen würde. Die mit einer Sache verbundenen Gebrauchs- oder Nutzungsmöglichkeiten sind *offen*. Die kreative Verwendung der Sache ist deshalb nie genau determiniert. Es gilt allerdings die

---

[46] A. A. Alchian, H. Demsetz (1970), S. 175.

3.1.5 Eigentumsrecht, Macht und Gewalt

negative Regel, dass ihre Nutzung – in einem Rechtsstaat – nicht die Rechte Dritter verletzen darf. Das ist ein Gebiet endlosen Rechtsstreits, das ich hier ausklammere.

Wichtig ist die Erkenntnis, dass es „Sachen" gibt, die kraft ihrer physischen Natur nicht einfach „besessen" werden können und insofern eine fragwürdige Identität besitzen. Böhm-Bawerk hat sich hier mit der Differenz zwischen Gütern und Rechten herumgeschlagen, ohne die Frage zu lösen. Schon Walras hat angemerkt, dass für *öffentliche Güter* sein Modell der freien Konkurrenz nicht funktioniert[47], eben weil die notwendige Voraussetzung der Identität privater Güter nicht gegeben ist. Hier zeigt sich aus seiner Herkunft die Grenze der Fiktion eines besitzbaren Territoriums, das man als *claim* abstecken und besitzen kann.

Dem Eigentum liegen also mehrfache Anerkennungsverhältnisse zugrunde: *Erstens* wird mit dem Eigentum auch das Recht des Gewalt-habens-über-die-Sache beim je andern anerkannt und für sich selbst eingefordert. *Zweitens* wird damit die Gewalt *als Gewalt*, als organisierende Grundlage des Zusammenlebens anerkannt. *Drittens* ist der je andere, als anerkannter Eigentümer, nicht ein konkretes Individuum, sondern ein abstraktes Wesen, der *abstrakt Andere*. In dieser Abstraktion gründen viele juristische Denkfiguren, die an den Anerkennungsverhältnissen im Tausch ihr Modell besitzen. *Viertens* ist beim Eigentum unterstellt, dass der Prozess der Identitätsbildung für Menschen und Dinge jeweils schon abgeschlossen ist oder Konvergenz erreicht hat. Da dies aber nicht der Fall sein kann, bedarf es eines *künstlichen*, also fiktiven Aktes, um eine Identität herzustellen.

In modernen Geldökonomien, in Rechtsstaaten ist dies eine der Haupttätigkeiten der Gerichte: Sie müssen im Einzelfall den abstrakt Anderen oder die abstrakte Gewalt über eine Sache durch den Besitzer festlegen und Kriterien ihrer Festlegung verkünden. So kann die Identität eines Menschen durch einen Pass, eine Zeugenaussage oder eine Speichelprobe definiert werden; die Identität der Sache bleibt in der Regel bei kritischen Fällen Aufgabe der „Experten". Eine Expertenmeinung als *rechtliche* Form lässt sich auf die Aussage einer Identifizierung zurückführen: Ein b ist ein a, und muss deshalb ein c nach sich ziehen. Alle drei Urteilsformen, a = b und a = b → c, können dann strittig sein und bedürfen einer gerichtlichen *Entscheidung*. Beispiel: c ist ein Unfall mit Geschädigten. Die Ursache dafür wird als b identifiziert, was sich durch Zeugenaussagen als a entschlüsseln lässt (etwa: c = Autounfall; b = Öl auf der Straße; a = Öl, ausgelaufen aus einem später identifizierten Tankwagen). Die richterliche Entscheidung ist „das letzte Wort", die normierende Herstellung von Identitäten und darauf gegründet von Kausalitäten. Was beim naturwissenschaftlichen Experiment die intersubjektive Anerkennung einer Mehrheitsmeinung, eines Paradigmas ist, wird unter der Perspektive von Eigentumsrechten vor Gericht zur normativen Festlegung nach Anhörung von Experten.

In der anerkannten Besitzrelation erweist sich also die allgemeine Struktur des sozialen Prozesses als eine *Bildung* von Identitäten – Personen und Sachen. Wenn man von fertigen Dingen und Individuen ausgeht, um Relationen zwischen ihnen zu definieren und diese Relationen als *soziale* charakterisieren möchte, so endet solch ein Versuch immer in einer kategorialen Sackgasse. Der Subjekttypus des Eigentümers, des Tauschpartners, des Geldbesitzers oder des Staatsbürgers lässt sich nicht aus einer vereinzelten Substanz (= menschliches Individuum) ableiten. Anderseits sind diese Subjekttypen, die sich in der Tauschrelation konkretisieren, auch keine *objektiven Systeme*, die ein

---

[47] „Deshalb ist der Grundsatz der freien Konkurrenz, so anwendbar er auf die Produktion der Gegenstände des Privat-Besten ist, nicht mehr anwendbar auf die Produktion der Gegenstände des allgemeinen Besten." L. Walras (1881), S. 63.

Beobachter von außen beschreiben könnte. Vielmehr erscheint die jeweilige Bedeutung als Akt von Individuen, die sich in ihrem Aktvollzug zu dem machen, was sie sind: Eigentümer, Tauschpartner usw.

Menschen sind prinzipiell darin frei, sich *als* ein besonderer Subjekttypus zu entwerfen und ihn als Rolle zu übernehmen, oder aber auch sich kreativ neu zu definieren. Sie sind *prinzipiell* frei und kreativ – das heißt, durch Gewohnheit, Anpassung an das Verhalten anderer, Absinken von Handlungen ins Unbewusste usw. trennen sie sich von ihrer Freiheit und geben sie an die Macht der Kategorien preis, in die sie alltäglich eintauchen. Zugleich bringen sie dadurch diese Kategorien als *geltende* hervor, nicht zuletzt das Privateigentum. Es ist aber nur ein dem cartesianischen Beobachter geschuldeter Zynismus, in dieser Unfreiheit unter dem Titel von „Rolle", „Funktion" oder „System" das eigentliche Wesen des Menschen erblicken zu wollen. Eigentum auf der Grundlage anerkannter Gewalt ist jedenfalls keine *Natur* – weder ein Naturrecht noch eine menschliche oder sonstige Natur. Dies gilt es bei der Analyse von Tausch und Geld immer im Gedächtnis zu behalten, um nicht in die begriffslos hochgezogenen Augenbrauen stillschweigend einzustimmen, die den Begriff der *Freiheit* tabuisieren, um einer erfundenen „Natur" des Menschen, der Gesellschaft oder der Wirtschaft das Wort zu reden und sie modisch als „Sachzwang" zu übersetzen. Und um sie gerade dadurch als *Macht* zu reproduzieren.

3.1.6 Tausch als Eigentums- oder Besitzwechsel

Damit kehre ich, nach der Analyse der besonderen Eigenschaften der in Relation der R1 vorausgesetzten Form der Vergesellschaftung durch das Eigentumsrecht, zurück zur Analyse der *ganzen* Tauschstruktur. Die in ihr gegebenen kategorialen Verhältnisse verraten nämlich noch sehr viel mehr. Ich setze die Abbildung 3.3 zur leichteren Orientierung nochmals hier in den Text. Es hat sich in der Diskussion der Eigentumsrelation als besonders wichtig erwiesen, zu verstehen, dass sich der *Sinn* (die Bedeutung) von Kategorien in der sozialen Grundform in all ihren Modifikationen im jeweiligen sozialen Verhältnis selbst konstituiert. Die Kategorien „Person" und „Gut" *gewinnen* also nur in dieser Struktur durch die Relationen, in die sie eingetaucht sind, ihren spezifischen Sinn. Man kann ihre Bedeutung nicht aus *anderen* (sozialen) Situationen importieren, ohne die *hier* vorliegende Bedeutung zu verfehlen.

Eine „Person" im Sinn der Tauschstruktur ist nicht eine biologische oder psychologische Entität. Sie steht im Tausch in einem

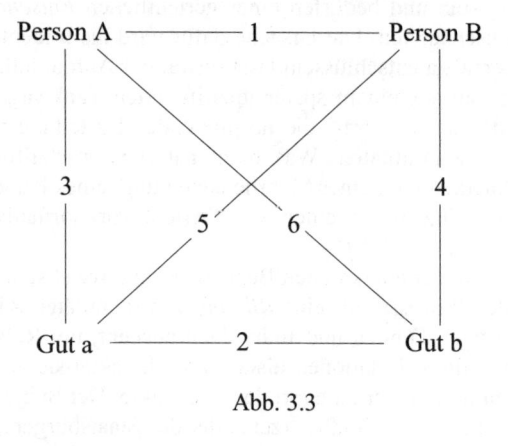

```
Person A ────── 1 ────── Person B
  │  \                  /  │
  │   \                /   │
  3    \      5  6    /    4
  │     \            /     │
  │      \          /      │
Gut a  ────── 2 ────── Gut b
```

Abb. 3.3

(gewaltfreien) gegenseitigen Anerkennungsverhältnis einer anderen Person gegenüber, als anerkennende und anerkannte. Aber anerkannt *worin*? Die Anerkennung bezieht sich *nur* auf den Inhalt der Tauschstruktur: A anerkennt B *als* Besitzer des Gutes b, B anerkennt A als Besitzer des Gutes a. Das ist die *Explikation* der in diesem Tauschverhältnis gegebenen Struktur. Die Relationen R3 und R4 erhalten also in diesem Verhältnis zu-

3.1.6 Tausch als Eigentums- oder Besitzwechsel

nächst die inhaltliche Bestimmung einer Besitzanzeige: „a gehört A", „b gehört B". Sofern die Tauschsituation im Rahmen staatlicher Normen verortet ist, wird dieses Anerkennungsverhältnis zur Respektierung des Eigentums, wie dies auch von Ökonomen definiert wird: „Das Eigentum ist ein anerkannter Besitz"[48]; R3 und R4 erhalten dann den Inhalt „Eigentum von ...". Die Relation R1 ist der Index für die gegenseitige Anerkennung als respektive Eigentümer der Güter a und b durch B und A, damit all jener Momente, die sich eben in der Analyse des Eigentumsrechts ergeben haben.

Es ist also auch hier wiederum festzustellen, dass der Tausch – wie oben gezeigt – die soziale Grundstruktur als *Moment* bewahrt, selbst aber *keine* Identität herstellt über den Wert oder die Bedeutung der Güter. Die Bedeutung ist reflexiv für die beiden Tauschpartner im Anerkennungsverhältnis mitgegeben. Die Anerkennung der Person als dem jeweils abstrakt Anderen enthält aber als Besonderheit die *Gleichgültigkeit* gegenüber der Bedeutung der Produkte für den je anderen. Für A hat a die Bedeutung „verkäuflich", „eintauschbar", für B dagegen die Bedeutung „begehrtes Gut". Der Tausch stellt hier also keine Identität her, weder a(A) = a(B) noch gar eine „Wertidentität" zwischen a und b. Es liegt nur eine *gemeinsame Willenserklärung* vor, die im *Vertrag* auch einen formalen, juristischen Ausdruck findet, sobald Tauschverhältnisse einmal zur Gewohnheit werden und in eine institutionelle Regelung eingebunden sind. Seinem *Inhalt* nach ist der Vertrag nur die äußere Form der gemeinsamen Willenserklärung und die symmetrische *Anerkennung* der je anderen Willenserklärung. Durkheim sagt: „Der Vertrag ist auf allgemeine Weise das Symbol des Tausches." Und er spricht von einem „Gleichgewicht der Willensakte, die der Vertrag festlegt und sanktioniert"[49]. Was an a und b wechselseitig *anerkannt* wird, ist keine *qualitative* oder *inhaltliche* Bestimmung der jeweiligen Produkte als *Güter*. Sie sind als *Produkte* in ihrer Bedeutung (den begleitenden Informationsprozessen) öffentlich und intersubjektiv präsent. Als *Güter* zeigt sich in der Tauschrelation nur das negative Moment, dass die Tauschpartner sie wechselseitig *als Tauschmittel* anerkennen. Nur *darin* sind sie „*gleichgültig*". Diese Gleichgültigkeit ist negativer Art und konstituiert keine positive Identität. Sie bezieht sich auf den wechselseitig bekundeten *Willen* zum Tausch.

Doch die Anerkennung ist nur das erste Moment eines *Prozesses*, seine Voraussetzung. Denn der Tausch löst nunmehr die Aufgabe, die gegenseitig *anerkannten* Eigentums- oder Besitzverhältnisse zu *ändern* – zu ändern in gegenseitigem Einverständnis. A und B trennen sich nach einem erfolgreichen Tausch von ihrem respektiven Besitz a und b – doch nur um den Preis der *Gegengabe*. Es findet also ein Besitz- oder Eigentumswechsel statt. Jeder Tausch enthält damit in seinem Begriff eine *Änderung* von Besitz- oder Eigentumsverhältnissen. Darin liegt ein dynamisches Element, das sich bereits hier zeigt: Eine *Reproduktion* von Besitz- oder Eigentumsverhältnissen kann in einer Tauschwirtschaft nur durch eine *Wiederholung* von Tauschoperationen gelingen. Der Tausch selbst ist eine stetige Quelle zur *Änderung* von Besitz- oder Eigentumsverhältnissen.[50]

Die Vorstellung von „Gleichgewicht", „Ruhe" usw. ist dem Tausch aus seiner Struktur her also fremd. Da ein Tauschakt seinem Inhalt nach immer ein *vereinzelter*

---

[48] J. B. Say (1830: 3), S. 215.
[49] E. Durkheim (1977), S. 165 und 424. Dass Durkheim zu seiner Begründung die traditionelle Arbeitswertlehre des Wertes voraussetzt, ist für diesen korrekten Vertragsbegriff ohne Bedeutung.
[50] Boethius (o.J.), S. 44, sagt, dass „kein einziges von all den Dingen, die du zu seinen Gütern rechnest, wirklich dein Eigentum sein kann." Dieser spirituell gemeinte Satz ist auf Märkten alltäglich wahr.

Akt ist, geht von ihm auch strukturell nichts aus, das auf einen *weiteren* sozialen Zusammenhalt verweisen würde. Die Gesellschaft ist vielmehr in ihrer arbeitsteiligen Struktur immer schon *vorausgesetzt*: Als Kommunikationsgemeinschaft, als Rechtssystem, wenigstens als System mit einigen gemeinsamen moralischen Überzeugungen (Abwesenheit von Gewalt), aber auch als Produktionsprozess. Die mitgebrachten Güter für den Austausch sind bereits produziert; die Produktion liegt als Vergangenheit hinter dem Tauschakt. Sie hat keinen *unmittelbar* bestimmenden Einfluss auf den Tauschakt selbst – unmittelbar meint: Durch die der Produktion eigentümliche Struktur eines Handlungsprozesses. Zwar kann in der *Vorstellung* der Tauschenden vielerlei einwirken, was sie in ihren Tauschentscheidungen beeinflusst. Doch da der Tausch immer nur als *gegenseitiger* zustande kommt, können solche *privaten* Vorstellungen, die *vereinzelte Historie* des Gutes a bzw. b als *Produkt*, keinen *determinierenden* Einfluss auf den Tauschakt selbst haben.

Das bedeutet: Die Tatsache, dass etwas produziert wurde, dass es schwer war, das Gut zu gewinnen, dass es in einer anderen, dem Tausch *fremden* Wertschätzung hoch oder niedrig veranschlagt wird – all dies ist für den Tauschakt selbst kein konstituierendes Moment. Warum? Weil er nur auf *gegenseitiger Basis* zustande kommt. Der Tauschpartner kommt je aus einer ganz anderen Geschichte her – nur *zufällig* kann es sein, dass diese Geschichte durch andere soziale Prozesse mit der des Tauschpartners abgestimmt wurde. Der Tauschstruktur selbst haftet also nichts an, was *über sie hinausweisen* würde *und* was sie in ihrer Struktur determinierte. Sicherlich *müssen* die Güter a und b zuvor produziert worden sein (auch das bloße „Finden" oder „Aneignen" wäre ein solcher Produktionsakt), sicherlich – wie sich zeigte – bewegen sich die Tauschpartner in einer gemeinsamen Kommunikationssphäre, einer gemeinsamen moralischen oder rechtlichen Sphäre.

Doch der Tauschakt bringt diese Verhältnisse, die über ihn hinausweisen oder ihm vorausliegen, auf keine Weise *hervor*. Er wird nicht von anderen Verhältnissen *erzeugt*. Sein Wesen besteht darin, dass er sich selbst konstituiert über die gegenseitigen Anerkennungsverhältnisse, die zu einem Besitz- oder Eigentumswechsel führen. *Ob* der Tauschakt zustande kommt oder nicht, wird durch keine Instanz bestimmt, die außerhalb seiner Form liegt. Die soziale Verknüpfung zwischen A und B, die ihm charakteristischerweise eignet, enthält also ein notwendiges Element des Zufalls, der Nichtdeterminiertheit. In dieser kategorialen Verfassung des Tauschakts selbst liegt bereits die *Möglichkeit* der Krisen in einer durch Märkte organisierten Wirtschaft – deren Wirklichkeit sich dann in der Geldgier als kategoriale Notwendigkeit erweisen wird (Teil 6). Jeder Versuch, in die Struktur des Tauschaktes so etwas wie eine „Gesetzmäßigkeit" hineinzudeuten, die über ihn hinausweisen würde, die ihn als „Fall" in eine allgemeine Klasse einordnete und daraus auf gesetzmäßige Verläufe schließen würde, müsste dieses *notwendig* zufällige Moment verkennen. Keine Wahrscheinlichkeitsverteilung kann festlegen, ob und mit welcher Wahrscheinlichkeit eine Gegenseitigkeit im Tausch zustande kommt.

Das gilt natürlich auch für alle *entwickelten* Tauschstrukturen, die Geld verwenden. Es gibt nichts und niemanden – sonst *wäre es kein Tauschprozess* – das einen Kaufakt von außen zu determinieren erlaubte, ohne ihn als freien, gegenseitigen Akt aufzuheben. Wenn ein Käufer nicht kauft, so bleibt das eine freie Entscheidung. Die *Zufälligkeit*, die dem Tauschakt also *wesentlich* zu Eigen ist, die ihn *kategorial* bestimmt, beruht auf der Freiheit der Entscheidung. Es ist keine naturhafte Zufälligkeit, die einer bestimmten Verteilungsfunktion (z.B. der Normalverteilung) gehorchen würde. Freiheit enthält immer das Moment der Spontaneität und Nichtvorhersagbarkeit durch einen anderen. A kann also letztlich nie prognostizieren, ob B in den Tauschakt einwilligen wird. „Letztlich" steht für: wenn B aus Freiheit entscheidet. Da die Freiheit aber immer auch auf die Stufe des Verhaltens, der bloßen Gewohnheit zurückfällt, kann ein *gewohntes* Verhalten durch einen cartesianischen Beobachter durchaus vorhersagbar sein. Doch auch die Umkehrung gilt: Jede gewohnte Handlung kann durch bewusste Prozesse kreativ verändert oder aufgehoben werden, und eben dies hebt die Prognosemöglichkeit wieder auf.

Hier zeigt sich wieder ein Phänomen, auf das ich schon mehrfach hingewiesen habe: *Strukturell* ist jede soziale Interaktion immer fähig, auf die Stufe der kommunikativen Beziehung „zurückzufallen". Jedes *gewohnte* Verhalten kann durch eine einfache Entscheidung in seiner „Regelmäßigkeit" unterbrochen werden durch den Handelnden selbst. Das geschieht vor allem durch *Kommunikationsprozesse*. Wer aus Gewohnheit immer wieder einen Kauf tätigt, der kann z.B. diese Gewohnheit *sehr rasch* aufheben, wenn er aus den Medien erfährt, dass die gekaufte Ware Giftstoffe enthält, die bislang unbekannt waren. Informationsprozesse verändern Gewohnheiten – aber sie tun dies auf eine meist nicht vorhersagbare Weise. Die dem Tauschakt eigentümliche Veränderung der menschlichen Freiheit und Kreativität reduziert sich auf das bloß negative Moment der Nicht-Einwilligung in den Tauschakt. Wenn dieses strukturelle Moment im Tausch verstanden wird, dann wird auch klar, dass alle Versuche, die Tauschprozesse und Märkte durch Modelle zu beschreiben, in denen menschliches Handeln – und der Tausch ist eine Handlung, kein Verhalten – auf die Regelmäßigkeit eines bloßen Objekts reduziert wird, in die Irre gehen. Im grundlegenden Missverständnis des Tauschprozesses gründen alle Fehlurteile in der Ökonomik, mit ihren ferneren Wirkungen auf die Sozialwissenschaften überhaupt.

3.1.7 Die leere Präferenz

Ich möchte nun die für den Tauschakt zentralen Relationen R5, R6 und R2 näher betrachten. Es waren diese Relationen, die in der ökonomischen Theorie meist fast ausschließlich ins Blickfeld gerieten. Die Relationen R5 und R6 kann man als die wechselseitige Präferenz von A und B jeweils nach den Gütern b und a interpretieren. Die Tauschstruktur setzt in ihren Relationen R5 und R6 voraus, dass – wenigstens für den betrachteten vereinzelten Tauschakt – faktisch eine Bereitschaft zur *Trennung* vom respektiven Besitz der Güter a und b bekundet wird. Die Eigentums- und Besitzverhältnisse von a und b *vor* dem Tauschakt gehören nur zu seiner Vorgeschichte, nicht zur kategorialen Bestimmung des Tauschs selbst. Insofern kann der Tausch auch von Stellvertretern vorgenommen werden, die nicht selbst Eigentümer ihrer Produkte sind. Darin liegt begrifflich bereits die Möglichkeit einer *Vermittlungsfunktion*, wie sie in entfalteten Tauschgesellschaften Händler und Kaufleute übernehmen. Neu zu den ursprünglichen Besitzverhältnissen kommt der Bezug auf das je andere Produkt *als* Gut hinzu. Person A offenbart durch den Eintritt in den Tauschakt eine Präferenz für das Gut im Besitz von B; und das Umgekehrte gilt für Person B bezüglich des Gutes a. Über den *Inhalt* dieser Präferenz kann aus der Tauschstruktur aber nichts erschlossen werden. Ob a für B ein dringendes Bedürfnis erfüllt, seiner Sammelleidenschaft, nur spekulativen Zwecken des Weiterverkaufs oder einfach dem Vergnügen am Feilschen dient – all dies zeigt der Tauschakt nicht.

Der in der Ökonomik gebräuchliche Begriff der „Präferenz" drückt diesen Sachverhalt dann korrekt aus, wenn den Beziehungen von Person B zu Gut a und von A zu Gut b keine *psychologische* oder andere Vermutung unterlegt wird.[51] Aus dem Tauschakt

---

[51] Graf von Buquoy meinte: „Wenn eine Sache A von bestimmter Quantität und Qualität gegen eine andere Sache B von bestimmter Quantität und Qualität in einer Gegend durchge-

lässt sich bezüglich der konkreten Motivation des Eintritts in eine Tauschbeziehung nichts erschließen. Ob konkrete Bedürfnisse nach dem respektiven Gut des je anderen oder eine ganz andere Motivation vorliegen, ist gleich-gültig. Der Tauschakt ist in allen Fällen, die als „Tausch" bezeichnet werden, *strukturell* gleich. Wenn zwei Werkzeuge gegeneinander getauscht werden, so haben diese Werkzeuge zwar eine Funktion in verschiedenen Handlungen; sie erfüllen aber (in der Regel) keine *persönlichen* Bedürfnisse – wenn man von Sammelleidenschaft und ähnlichen Motiven einmal absieht. Und ein Händler, der nur in einen Tauschakt eintritt, um das erworbene Gut *weiterzuverkaufen*, hat bezüglich der Qualitäten des eingetauschten Gutes überhaupt keine *persönlichen* Präferenzen artikuliert – außer eben jenen, die im Interesse des Weiterverkaufs liegen.

Die konkrete Motivation ist also für die formale, im Tausch geäußerte Präferenz nach dem symmetrisch jeweils anderen Gut unerheblich. Im Tauschakt offenbart sich nur das *Dass* solch einer Präferenz, nicht ihr persönliches *Was* bei den tauschenden Personen. Diese einfache kategoriale Bestimmung des Tauschs verbietet es, ihn als *Ausdruck* von – wie immer begründeten – Nützlichkeitserwägungen zu beschreiben. Oder anders gesagt: Wenn man sagt, dass das Gut a bzw. b jeweils für B bzw. A *nützlich* sein muss, damit der Tausch zustande kommt, dann ist der *Inhalt* des Begriffs „nützlich" oder „Nutzen" völlig leer. Diese Kategorie enthält nur die aus der Tauschstruktur hervorgehende Bestimmung, dass in den Relationen R5 und R6 eine *abstrakte Präferenz* offenbart wird. Diese Relation ist nur eine *Willenserklärung*: A will b, B will a besitzen. Der *Inhalt* dieses „Willens" ist nur das, was im Tauschakt offenbart wird in der vorausgehenden oder zugrunde liegenden Kommunikation. Nur *dieser* abstrakte Inhalt tritt auch für den jeweiligen Tauschpartner in die Öffentlichkeit eines intersubjektiven Diskurses. Die Präferenzen sind also *kategorial* im Tauschakt als *abstrakte oder leere* gesetzt.

Weil die Tauschstruktur nur eine *situative Modifikation* der sozialen Grundform darstellt, ist das, was sich in ihr zeigt, auch *kognitiv* nur die jeweilige Beobachterperspektive des je anderen Tauschpartners. A *weiß nichts* über die Motivation von B, und umgekehrt. Er braucht auch nichts darüber zu wissen, denn die bloße *Willenserklärung* ist für die vollständige Tauschstruktur – notwendig, aber auch – hinreichend. Wenn ein Theoretiker als „Metabeobachter" der Tauschstruktur in die Subjektivität der Tauschenden allerlei Motive hineingeheimnist, so ist das jedenfalls aus der Tauschstruktur selbst *kategorial* nicht ableitbar. Alle Aussagen darüber, welche „Voraussetzungen" Güter für die *Möglichkeit* eines Tauschs mitzubringen haben – sie sollen „einen Nutzen haben", sie sollen „einen höheren Nutzen für den Tauschpartner als für den Tauschenden selbst haben", sie sollen „menschliche Bedürfnisse" befriedigen usw. – sind *leer*. Sie sind leer, weil die Vielfalt der Tauschakte dies nicht offenbart. Es zeigt sich *nur* die leere Präferenz für das Gut im Besitz des je anderen, die mit einer – in rechtlichen Formen normierten – *Willenserklärung* einhergeht. Sofern das Recht also die Tauschakte normiert, ist sein *Inhalt* selbst als *abstrakte Willenserklärung* bestimmt.

---

hends eingetauscht werden kann, so besteht unter den Bewohnern dieser Gegend notwendig die stillschweigende Übereinkunft, dass der Gegenstand A dieselbe Quantität des Genusses gewähre, als der Gegenstand B, indem niemand beim Tausche etwas verlieren will." G. v. Buquoy (1815-18), S. 239. Der Nutzen einer Sache wäre dann durch lokalen Gebrauch objektiviert – eine Prämisse, für die Buquoy keinen Grund angeben kann. Der *Graf* von Buquoy hatte sicher *neben* Hausbediensteten lebend andere Präferenzen als diese.

3.1.8 Die Tauschrelation und die Illusion des Tausch„werts"

Der Tauschwert steht im Zentrum des Interesses aller bisherigen Tauschtheorien. Gerade hier ist jedoch Vorsicht angebracht und eine ruhige Analyse angeraten, um sich nicht vorschnell von allerlei eingebürgerten Assoziationen in der Achtsamkeit auf die reinen kategorialen Verhältnisse ablenken zu lassen. Ich stelle einige Momente der bisherigen Analyse vorab nochmals zusammen: Die Tauschstruktur ist eine durchaus *eigenständige* soziale Form als situative Modifikation der sozialen Grundstruktur. Sie kann nicht auf *andere* Strukturen reduziert werden (Nutzenerwägungen, Herstellungskosten usw.). Die Tauschstruktur ist *weder* aus der Produktion, der menschlichen *Arbeit* ableitbar, *noch* kann sie auf die Subjektivität der tauschenden Individuen reduziert werden. Die Tauschstruktur gibt in ihrer kategorialen Form keinen Anhalt für „subjektive" oder „objektive" Werttheorien, noch überhaupt für einen Wert. Das wird sofort deutlich, wenn wir schließlich die Relation R2 näher betrachten. Die sachliche Beziehung zwischen den beiden Produkten a und b steht am Ende unserer Analyse der Tauschrelation, weil sie *nur* durch die anderen Relationen der Tauschstruktur hindurch bestimmt werden kann. Hier zeigt sich eine Isomorphie zur kategorialen Prozess der Identität, die ich oben an der sozialen Grundform als *Resultat eines sozialen Prozesses* beschrieben habe. Die Tauschrelation R2 oder

$$\frac{\alpha \text{ Einheiten Produkt a}}{\beta \text{ Einheiten Produkt b}}$$

ist kategorial bedingt durch die fünf anderen Relationen der Tauschstruktur; es ist kein *Bruch* im algebraischen Sinn, weil die Einheiten eben verschieden sind und ihr Bezug *nur* durch die Tauschstruktur gestiftet wird. Die Tauschstruktur bestimmt zwar auch die *Mengenverhältnisse* der Produkte a und b; es werden bei den symmetrischen Willensakten auch *Quantitäten* der Produkte a und b im Tausch festgelegt. Doch diese Quantitäten sind *Teil*, sind ein *Moment* der hier zu klärenden kategorialen Verhältnisse. Es kommt ihnen keine vorgängige oder unabhängige – weder eine subjektive noch eine objektive – Qualität neben den offenbarten Präferenzen zur Einwilligung in den Tausch zu. Das *Maß* für die quantitativen Verhältnisse von a und b als *Produkten* bestimmt sich nicht im Tausch, sondern wird – wie die Bedeutung der in den Tauschverhandlungen verwendeten übrigen Begriffe – *mitgebracht*. Eben auch darin erweist sich der Tausch als Spezifikation der sozialen Grundstruktur in deren Offenheit. Die *Quantitäten* der Produkte a und b kommen ihnen ebenso zu wie ihre qualitativen Eigenschaften. Sie stammen aus der *Vorgeschichte* dieser Produkte. Doch eben diese Vorgeschichte ist für den Tauschakt selbst nicht konstitutiv.

Ich habe bereits darauf hingewiesen: Die Einheiten dieser Quantitäten als identisch anerkannte gehen aus dem sozialen Kommunikationsprozess und der darin liegenden Konstitution von Identitäten hervor. Es müssen keineswegs physische Entitäten sein, sofern ihre Einheit von den Tauschpartnern als diese anerkannt sind – wie z.B. Rechte oder auch ein „Ablass für die Sünden". Die *quantitativen* Verhältnisse der jeweiligen Mengen von a und b (a/b) sind nur für korrespondierende Produkte – wenn überhaupt – definierbar. Es ist auch ein Austausch rein *qualitativer* Leistungen denkbar, z.B. der Schutz einer Person als Gegenleistung für Geld oder ein anderes Produkt. Viele Tauschformen, die in anderen Gemeinwesen *impliziert* waren, hatten diesen Charakter, der auch den Vorformen von Verträgen entsprach. Für die meisten Produkte in der Marktwirtschaft gibt es definierte Quantitätsverhältnisse. Was für einen externen, cartesianischen Beobachter dann als *quantitative* Relation im Austausch erscheint, ist ein *Ver-*

hältnis von Produktquantitäten, keine Relation von *Gütermengen* oder „Gebrauchswerten" – diese Begriffe haben hier überhaupt keinen Sinn.

Genauer gesagt: Es liegt als *Güterrelation* gar nicht *eine Tauschrelation* vor, sondern jeweils *zwei* Relationen, je nach der Relation, in der a oder b stehen. Die quantitative Relation zweier Produktmengen, die *öffentlich* existiert und in einem Vertrag als gegenseitige Willenserklärung auch fixiert werden kann, steht die jeweils subjektive Bedeutung der Tauschrelationen aus der Perspektive von A und B *gegenüber*. Die öffentliche, objektive und intersubjektiv vertraglich normierte Relation der Produktmengen, die in der Tauschverhandlung (R1) vorausgesetzt wird, ist also keine *ökonomische* Beziehung: a(R1)/b(R1) sind Produktmengen, z.B. 2 Zentner Kartoffeln pro drei Tage Feldarbeit usw. Als *Güterrelation* kann diese Relation nicht gedeutet werden, denn hier liegen jeweils *zwei* Relationen vor:

$$\frac{a(R3)}{b(R6)} \quad \text{bzw.} \quad \frac{a(R5)}{b(R4)}$$

Dies wäre die *ausführliche* Schreibweise für das, worauf sich die Relation R2 – jeweils aus der Perspektive von A bzw. B – bezieht. R2 drückt also keine *Identität* aus, sondern ein doppeltes, reflexives Verhältnis. Die „Identität" dieser Relation ist nur die gegenseitige Einwilligung in den Tausch als Akt, die Anerkennung der vorausgesetzten Beziehungen, die in R1 auch bezüglich der Produkte a und b gegeben sind. Die beiden *Güter- oder Gebrauchswertverhältnisse* treten nicht in die Öffentlichkeit, erlangen keinen intersubjektiven Charakter.

Die Relation R2 wird also vollständig verfehlt, wenn man sie in quantitativen Kategorien durch einen *externen Metabeobachter* beschreibt, die in *anderen* Bereichen durchaus Sinn haben mögen. Der verhängnisvollste Fehler wurde von Karl Marx begangen, der darin eine „Gleichung" sah[52]:

$$\{\alpha \text{ Einheiten Produkt a}\} = \{\beta \text{ Einheiten Produkt b}\}$$

Marx spricht sofort von „Waren"; das ist ein ungeeigneter Begriff, weil Waren ihren Namen *Geldökonomien* verdanken, also dem Tausch von Produkten gegen Geld; ich werde mich mit seiner Theorie noch ausführlicher befassen (vgl. 4.4.6).

Nutzentheoretiker haben gegen die Marxsche Gleichung zwar richtig eingewandt, dass hier keine *Gleichheit* vorherrsche (sie führen das auf den verschiedenen Grenznutzen zurück, den die Güter a und b den reziproken Tauschpartnern angeblich stiften).[53] Doch sie folgen Marx in der Vorstellung, dass hier ein *tertium comparationis* vorliege, auf dessen Grundlage die Güter a und b *vergleichbar* sind in der „Dimension" des „Werts". Der Streit dreht sich um den *Inhalt* dieses Werts. In der Erklärung (und der verborgenen Ontologie darin) wird aber der Wert als eine Substanz vorgestellt, die den beiden Gütern a und b *unabhängig* vom aktuellen Tausch zukomme.[54] Selbst wenn man

---

[52] Aber auch Say sagt: „Man hat es stets in der Macht, zweierlei Produkte von gleichem Werte gegeneinander auszutauschen: denn sie wären ja nicht genau gleichwerthaltig, wenn man sie nicht beliebig gegeneinander umtauschen könnte." J. B. Say (1839: 3), S. 258f.

[53] „Tausch wirtschaftlicher Güter kann wirtschaftlicher Weise nur erfolgen, wenn beide Tauschgegner (sic!) dabei (nach ihrer subjektiven Schätzung) *gewinnen*", M. Weber (1990), S. 40.

[54] Knies schreibt diese Gleichung von Marx ab, interpretiert sie aber anders; vgl. K. Knies (1873), S. 121. Eine Kritik seiner Theorie folgt später (4.5.4). Cassel sagt: „Sobald man

3.1.8 Die Tauschrelation und die Illusion des Tausch„werts"

den Nutzen (Grenznutzen), der hier als eine identische Substanz vorgestellt wird, *nicht* als intersubjektiv vergleichbar unterstellt, behauptet man doch ein *Maßverhältnis* zwischen Nutzengröße und „Gütermenge", die man *zugleich* mit der *Produktmenge* verwechselt. Ich werde Gelegenheit haben, das bei verschiedenen Theoretikern nachzuweisen, besonders in der modernen mathematischen Ökonomik. Doch auch in der österreichischen Tradition, die von Menger inauguriert wurde, findet sich eine durchaus vergleichbare Vorstellung. *Faktisch* wird hier immer implizit bereits das Geld vorausgesetzt.[55] Ich werde das an markanten Beispielen aus der ökonomischen Theorie belegen und kritisch durchleuchten (vgl. Teil 4). Hier will ich rein bei dem verbleiben, was die kategoriale Verfassung der Tauschstruktur selbst am Tausch zu entdecken erlaubt.

Denn vergleicht man die vorliegende Kategorialanalyse mit den traditionellen Tauschtheorien, so zeigt sich eine wichtige Differenz. Die Tauschstruktur zeigt *mehr*, sofern deutlich wird, dass eine Reduktion auf *außerhalb* der Tauschstruktur liegende Kategorien unhaltbar ist. Der Tausch wird in seinem *Inhalt* – der etwas anderes ist als die Vorgeschichte der Tauschpartner und der Güter *als Produkte* – nur durch die Gegenseitigkeit der Tauschpartner, also durch eine situative Modifikation der sozialen Grundstruktur bestimmt. Man kann die Tauschstruktur nicht auf etwas anderes *reduzieren*: die Nützlichkeitserwägungen eines rationalen Subjekts, psychische Akte einerseits oder Strukturen der menschlichen Produktion, durch die die Produkte a und b hervorgebracht werden (Arbeitszeit, Produktivitäten usw.). Solch ein Reduktionismus ist zugleich immer eine Elimination der dem Tausch *eigentümlichen* Besonderheit als sozialer Struktur. Der Tausch ist notwendig eine *strukturelle Ganzheit*, die sozial subjektive und objektive Momente verknüpft (in den sechs Relationen der sozialen Grundstruktur). Der Versuch, diese ganze Struktur auf die Subjekte oder Objekte zu reduzieren, ist ebenso sinnlos wie es der Versuch wäre, die Eigenschaften von Benzol auf die von Wasserstoff und Kohlenstoff reduzieren zu wollen.

Die Tauschrelation lässt zwar eine inhaltliche Bestimmung der *Teilmomente* der *ganzen* Struktur zu. Doch es ist ebenso erkennbar, dass man aus diesen Teilmomenten der ganzen Struktur keine Kausalitäten ableiten kann. Man kann nicht die Relation R2 (die „Wertbeziehung") aus den Relationen R3 bzw. R4 oder R5 bzw. R6 „ableiten". Diese Relationen haben nur *Sinn* – also einen kategorialen Inhalt – als Relationen der *ganzen* sozialen Grundstruktur. Die Beziehung zwischen den beiden Produkten a und b in Relation R2, in der sich die *sachliche Dimension* ökonomischer „Wert" zeigt, entpuppt sich als *Bedeutungsrelation*. Das wird sofort deutlich, wenn man davon ausgeht, dass nicht jeweils eine bestimmte Quantität der Produktarten a und b getauscht werden, sondern *mehrere* Produkte zugleich. Dann werden a und b zu einer Menge von Produkten: a = {a_1, a_2, a_3 etc.}, b = {b_1, b_2, b_3 etc.}. Ein simples Beispiel: Zwei Nachbarn tauschen 5 Stunden Nachhilfe gegen 5 kg selbstgebackenes Brot *plus* 2 Stunden Babysitting. Hier verschwindet jede Möglichkeit, ein einfaches Quantitätsverhältnis herzustel-

---

tauscht, entsteht das Bedürfnis, zu beurteilen, wie viel von den beiden zu tauschenden Gütern im Tausche gegeben werden darf. Es muss mit anderen Worten eine Schätzung der beiden Güter vorgenommen werden." G. Cassel (1927), S. 39. Der zweite Satz ist ein Fehlschluss. Denn das Wieviel des *gegenseitigen* Gebens ist das quantitative Verhältnis *im Tausch*. Eine davon *verschiedene* „Schätzung der beiden Güter" durch einen cartesianischen Beobachter projiziert nur das Geld von außen *auf* den einfachen Tausch. Diese Schätzung zeigt sich nicht *in ihm* für die Teilnehmer am Tauschakt.

[55] „ But it will be found, that, in speaking of the value of A being equal to the value of B, we are led to use the expression by the constant reference which we unavoidably make to the relations of these commodities to other commodities, particularly to money", S. Bailey (1825), S. 7f.

len. Und derartig gemischte Tauschverhältnisse sind *außerhalb* der Geldökonomie durchaus nicht selten.

Der ökonomische Wert ist eine *Bedeutung*, die sich in der Tauschstruktur konstituiert – und *nur darin*. Der Wert offenbart hierin seine *kategoriale* Verwandtschaft mit der Identitätsrelation. Mehr noch, der Wert erweist sich als eine spezifische Form der Kategorie „Identität". Diese Tatsache ist der Grund dafür, dass man die Tauschrelation R2 immer wieder *fälschlich* als „Gleichung" interpretieren wollte. Die semiotische Identität zweier Begriffe (a = b) hat sich in der sozialen Grundstruktur als Resultat eines Prozesses erwiesen, dessen Prozesselemente sehr präzise aus dieser Grundstruktur in ihrer Stiftung von Bedeutung erklärt werden konnten. Birgt beim Satz der Identität die *Verschiedenheit* von a und b – also von Es(Ich) und Es(Du) – die eigentliche Verständnisschwierigkeit, so ist es bei der Tauschstruktur als Modifikation der sozialen Grundstruktur die *Identität*. Erst wenn man verstanden hat, dass „Identität" keine statische Gleichheit, sondern *soziale Funktion* ist, die die Subjekte herstellen, dann erscheint die kategoriale Struktur im Tausch und in der Kommunikation als von isomorphen Prinzipien beherrscht. Der Tausch offenbart in der Relation R2 eben keine tautologische Identität, noch wird darin Verschiedenes im Sinn einer physikalischen Gleichung „gleichgesetzt". Die „Gleichsetzung" enthält keine Gleichheit, sondern ist nur der sachliche Vorschein der gesamten Tauschstruktur – also das symmetrische Verhältnis zwischen den Tauschpartnern als soziale Beziehung. Das quantitative Verhältnis zweier Produkte im Tausch – sofern es überhaupt vorliegt –, lässt sich nicht übersetzen in den Satz: „a ist b *wert*". Anders gesagt: Wenn man die quantitativen Beziehungen der Produkte als Wertphänomen betrachtet, dann bleibt nur der dürftige Inhalt: Werte sind durch die *ganze* Tauschstruktur konstituiert und nicht als Abstraktion daraus abzuziehen. Darin liegt die Isomorphie zur Identitätsstruktur.

Die scheinbare „Gleichsetzung" von a und b in der Tauschstruktur ist eine Projektion des cartesianischen Beobachters des Tauschs, die sich einem mitgebrachten *Maß* verdankt: dem Geld. Tatsächlich findet auch beim Kaufakt, also bei einem Tausch von Gut gegen Geld, *keine* Gleichsetzung von irgendwelchen „Werten" statt, noch ist das Geld *Ausdruck* oder „Erscheinungsform" solch einer „verborgenen" Gleichheit oder eines „inneren Werts"[56]. Vielmehr kann die soziale Bedeutung von Geld überhaupt nicht aus einem vereinzelten Tauschakt erschlossen werden, noch verbirgt sich das Geheimnis des Geldes im isolierten Tauschakt. Ich werde das an der Geldtheorie in der liberalen und der marxistischen Tradition noch genauer zeigen. Hier ist vorläufig nur wichtig: Wenn ein *Metabeobachter*, der auf den Tauschakt wie auf ein *Objekt* blickt und damit all jene Fehler reproduziert, die in einer Objektivation sozialer Beziehung aus der Perspektive eines cartesianischen Beobachter-Egos liegen, dann projiziert er *seine* Identitäten der mitgebrachten Kategorien auf die Tauschstruktur.

---

[56] „(I)ntrinsic value of a thing is the measure of the quantity of land and of labour entering into its production", R. Cantillon (1959), S. 29. A. Smith spricht vom „real intrinsic value" A. Smith (1979a), S. 480, und er kennt „a species of money of which the intrinsic value is always the same" (1979a), S. 488; „the intrinsic value of the Coin", (1987), S. 151. Barbon sagt dagegen mit richtiger Ahnung: „Some Men have so great an Esteem for Gold and Silver, that they believe that they have an Intrinsick Value in themselves (…). It is only the Scarcity that keeps up the Value, and not any Intrinsick Vertue or Quality in the Metals". N. Barbon (1690), S. 18. Vgl. auch Ricardo zum Papiergeld, dem er im Unterschied zu anderen Waren einen *intrinsic value* abspricht: „Though it has no intrinsic value, yet, by limiting its quantity, its value in exchange is as great as an equal denomination of coin, or of bullion in that coin." , D. Ricardo, WW 1, S. 353.

3.1.8 Die Tauschrelation und die Illusion des Tausch„werts" 331

Für einen Metabeobachter mag sich die Relation R2 – wenn er sie an *seinem* mitgebrachten Geldmaßstab misst – als „Gleichheit" *eines* (Geld-)Werts darstellen.[57] Für ihn, den Metabeobachter, stellt sich a und b einfach als Ware dar, die *er* – mit den respektiven Preisen p_a und p_b multipliziert – als zufällige (keineswegs innerlich notwendige) *Wertgleichheit* ausdrücken kann: $p_a a = p_b b$. Daraus ergibt sich wohl auch ein *relativer Preis:* $p_a/p_b = b/a$.[58] Wie man bemerkt, ist im relativen Preis die Wertdimension wieder verschwunden (die Geldeinheit steht bei beiden Preisen im Zähler *und* Nenner). Hier wird die Tauschrelation aber aus der vorausgesetzten Geldeinheit *abgeleitet*; diese konstituiert nicht den vorausgesetzten Geldwert.

Dieses aus der Projektion der Geldrechnung abgeleitete relative Verhältnis spielt *im Tauschakt selbst*, den die Personen A und B durchführen, keine bestimmende Rolle. Wenn nämlich der Metabeobachter in die Rolle von A oder B schlüpft, fällt ihm sofort auf, dass er – mit welcher Rechnung und welchem Maß auch immer – seinen jeweiligen Tauschpartner nicht zur Einwilligung in den Tauschakt nötigen kann. Er mag berechnen, was er auch immer *für sich* an „Werten" vermutet. Das gilt uneingeschränkt auch dann, wenn Waren gegen Geld getauscht werden. Erst die *Einwilligung* des Tauschpartners konstituiert schließlich die *Mengen*, die tatsächlich getauscht werden. In dieser Erkenntnis wird der Schein aufgehoben, dass der Tausch hier ein *Maß* voraussetzt, an dem die Mengen „gemessen" werden. Doch geht dieser Schein aus der Tauschstruktur selbst hervor, der in der konstituierten sozialen Identität der „Werte" liegt. Tatsächlich ist es aber so, dass nur das *Ganze der Tauschstruktur* die Verhältnisse der getauschten Mengen festlegt. Ihre *Vorgeschichte* ist dafür völlig unerheblich, genauer: Sie ist nur eine *positive Bedingung* dafür, dass überhaupt Produkte existieren, die man tauschen kann.

Das wird wiederum besonders deutlich, wenn nicht zwei physisch klar definierte Objekte getauscht werden, sondern „Dienstleistungen" oder „immaterielle Güter" – ein quantitatives Verhältnis liegt dann gar nicht vor. Wer Informationen kauft, kann die Information nicht „messen". Oder genauer gesagt: Welches Maß man immer verwendet, es berührt nicht die Verhältnisse, die im Tausch als bestimmende hervortreten. Misst man eine Dienstleistung durch die Uhr, die Länge der Zeit – wie das zweifellos bei vielen Arbeitsformen geschieht –, so kommt solch einem Maß nur dann eine bestimmende Rolle zu, wenn sie im Tausch auch als diese bestimmende Größe in die Tauschverhandlungen eintritt. Gewerkschaften feilschen um die Länge des Arbeitstages mit den Arbeitgeberverbänden oder individuellen Unternehmen. Hier wird die *Identität des Tauschobjekts* also in der Tauschverhandlung selbst definiert – z.B. in einem Tarifvertrag, der Klauseln über die Länge von Pausen enthält. Viele andere Dienstleistungen werden durch das erbrachte Leistungsresultat gemessen, und wieder andere hängen von vereinbarten Folgewirkungen ab (z.B. die Anwaltsgebühr von der erzielten Schadensersatzsumme). In all diesen Verhältnissen ist nichts zu entdecken, das ein eindeutiges Maßverhältnis a/b überhaupt zu definieren erlaubte.

Noch unmittelbarer einsichtig wird das, wenn bestimmte Produkt- oder Leistungs*bündel* getauscht werden, wie die schon erwähnten Mengen a = {a_1, a_2, a_3 etc.}, b = {b_1, b_2, b_3 etc.}. Hier kann man selbst auf dem Umweg über die Geldrechnung kein einfaches quantitatives Verhältnis zwischen *Mengen* herstellen. Aus der Geldrechnung eines

---

[57] „Der Preis einer Ware und zwar der sogenannte absolute Preis ist das Austauschverhältnis des Geldes gegen die Ware. Der Preis besitzt demnach grundsätzlich die Dimension Geldmenge pro Mengeneinheit des betreffenden Gutes." A. E. Ott (1972), S. 12. Diese *Definition* ist brauchbar, wenn man „Gut" durch „Produkt" ersetzt.

[58] „Der relative Wert von zweien Produkten wird aus der Quantität eines jeden derselben erkannt, welche man um den nämlichen Preis erlangen kann." J. B. Say (1839: 2), S. 113.

Tauschs, der zwei Produkte a_1 und a_2 gegen ein Produkt b vergleicht durch die Preise: $p_{a1}a_1 + p_{a2}a_2 = p_b b$, ergibt sich kein *bestimmtes* quantitatives Verhältnis von a_1, a_2 und b. Also kann auch nicht eine „Naturform" *hinter* den in Geldökonomien beobachtbaren Tauschrelationen entdeckt werden. Viele Produkte werden aber als „Bündel" angeboten, wie z.B. ein Elektrogerät mit Reparaturgarantie plus Anschlusskabel für andere Systeme. Viele der im Kapitalismus gehandelten Produkte sind *Bündel* von Produkten, die durchaus auch einzeln gekauft werden können. Das gilt wiederum ebenfalls bei Diensten, worin die unmittelbare Dienstleistung mit weiteren Produkten verknüpft wird: Beratung, Herstellen von Kontakten, Abrufbereitschaft in Notfällen usw. All diese Produkte werden in Bündeln ebenso gehandelt wie einzeln, und schon auf dem Bazar gibt der Händler vielfach, um Einwilligung in einen Kauf zu erreichen, andere Güter als Dreingabe hinzu. Die Identität des Tauschobjekts, der getauschten Produkte ist also eine *mit dem Tauschakt* selbst konstituierte. Hier nimmt der soziale Prozess der Identitätsbildung für das getauschte Objekt die Form einer *Tauschverhandlung* an. Er kann nicht einfach vorausgesetzt werden, auch wenn man sich vielfach an das Gewohnte, das Übliche, das Normierte usw. hält – auch der Tauschakt wird zur wiederholten Routine.

Die Tauschrelation, die im *quantitativen Verhältnis* der Gütermengen liegt, gewinnt ihre *kategoriale Form und ihre Quantität* nur aus dem aktuellen Tauschakt selbst, nicht durch etwas, das diesem Tauschakt logisch oder historisch *vorausgeht*. Man kann ihn nicht in dem verankern, was ihn zwar *bedingt*, nicht aber *verursacht*, also nicht in seinen Begriff fällt. Wenn man den Aufwendungen („Produktionskosten") oder den Präferenzen eine unabhängige, bestimmende Rolle für die im Tausch erscheinende Tauschrelation zubilligt, die Tauschrelation also *logisch oder historisch* an etwas Anderes binden möchte, das sie *von außen* kommend bestimmt, dann wird die *ihr* zukommende Struktur schon verfehlt. Was immer dem Tausch vorausgehen mag, wenn er *aktuell* in seiner Relation R1 durch *andere* Informationen, ein anderes Wissen bestimmt wird, dann verlieren die angeblichen Gründe für den Tauschwert sogleich ihre Wirkung. Die Tauschrelation ergibt sich dann aus dem *aktuellen* Wissen der Tauschenden, kommt also durch einen *bewussten*, das ganze Verhältnis bestimmenden Akt zustande.

Das kann man an einigen einfachen Phänomenen unmittelbar erkennen. Ein Produkt, unter welchem Aufwand, welchen Kosten auch immer es produziert und wie stark es auch bisher präferiert wurde, verliert an Wert, wenn ein neues Produkt einige seiner Eigenschaften, d.h. der Funktionen in nachgelagerten Handlungsprogrammen, ersetzt oder durch weniger Aufwand erzeugt werden kann. Taschenrechner haben Rechenschieber und Logarithmentafeln über Nacht beinahe wertlos gemacht. Die *früheren* Aufwendungen spielen für die aktuellen Marktpreise so wenig eine Rolle, wie der nach wie vor vorhandene Nutzen, den man mit einem Rechenschieber verknüpfen kann. Wird bekannt, dass der Zusatzstoff bei einem Lebensmittel giftig ist oder Krebs auslöst, so verändert sich die Präferenzstruktur bezüglich dieses Gutes radikal und macht sich *aktuell* in den Käufen sofort geltend. Was immer also Menschen an Erfahrungen und damit Präferenzen mitbringen, was immer auch ein Produkt für eine Vorgeschichte in seiner Produktion besitzen mag: Erst der sich im Tauschakt und der darin vorgehenden Kommunikation vollzogene Prozess legt die tatsächlichen Tauschrelationen fest.

Das bedeutet auch: Man kann das in der Relation R1 sich zeigende *Bewusstsein* der Tauschenden, ihr kommunikatives, moralisches usw. Verhältnis nicht eliminieren, ohne den Tausch überhaupt in seinem Wesen zu verfehlen. Weder individuelle Reflexion („Vernunft"), psychologisch zu erklärende Präferenzen, noch objektive Gründe wie Kosten etc. bestimmen die Tauschrelation *durch das intersubjektiv konstituierte Be-*

3.1.8 Die Tauschrelation und die Illusion des Tausch„werts"

wusstsein hindurch.[59] Umgekehrt, das Bewusstsein der Tauschenden wird zum Nadelöhr jedes Tauschakts, damit – wie sich zeigen wird – auch jedes Kaufakts. Diesem Bewusstsein eignet mit der sozial darin gestifteten *Bedeutung* immer auch ein Moment der Freiheit oder Kreativität der Wahrnehmung. Von außen, für einen cartesianischen Beobachter zeigt sich diese Freiheit allerdings nur als „Zufälligkeit", damit aber auch als Abwesenheit eines bestimmenden Gesetzes.

Wenn sich in der *Wiederholung* der Tauschakte eine gewisse Regelmäßigkeit zeigt, dann ist dies der Einbettung der Tauschakte in die gesamte soziale Struktur geschuldet, wird aber nicht durch den Austausch hervorgebracht. Der Grund dafür ist die dem menschlichen Handeln eigentümliche Gewohnheitsbildung. Doch jede Gewohnheit kann durch *kognitive* und *kommunikative* Prozesse – mitunter sehr rasch und plötzlich – verändert werden. Dann fällt die Bildung der Tauschrelationen wieder vollständig zurück auf die Struktur der individuellen Tauschakte selbst.

Wichtig ist an dieser Stelle vorläufig die Einsicht: Dem Tauschakt und seiner Struktur ist eine Konstitution von ökonomischer Bedeutung (Wert) eigentümlich, die *getrennt vom vereinzelten Tauschakt* keine Eigenschaft besitzt, die sich aus anderen, dem Tauschakt selbst *fremden* Strukturen ableiten ließe. Auch die Bedeutung „Wert" entsteht in einer sozialen Grundstruktur, bleibt auf sie relativiert und verändert sich mit ihr. Wie bei anderen semiotischen Prozessen, ist ein *Reduktionismus* hier ausgeschlossen. Wenn sich für *viele Tauschakte* ein Zusammenhang ergibt, der auf *soziale Verhältnisse* hinweist, so muss dieser Zusammenhang doch immer durch das Nadelöhr des vereinzelten Tauschakts hindurch, um seine Wirkung zu entfalten.

Welches Gesetz auch immer für ökonomische Werte behauptet werden mag: Die individuellen Tauschpartner sind jederzeit in der Lage, dieses Gesetz Lügen zu strafen. Und da tauschende Subjekte immer auch *kommunizierende Individuen* sind, können sich *vereinzelte* Akte auch sehr rasch in ihren Bedeutungsgehalten in der ganzen Wirtschaft ausbreiten. Der Tausch erweist dann, dass er nur eine situative Modifikation der sozialen Grundstruktur darstellt, die in ihrer Produktion von sozialer Bedeutung immer die bestimmende Größe bleibt. Darin liegt auch die Möglichkeit, dass Tauschakte *gänzlich* durch andere Formen der sozialen Grundstruktur *ersetzt* werden können. Das ist möglich, weil der Tausch nur eine Modifikation dieser Struktur bleibt – trotz all der nur *ihm* eigentümlich zukommenden kategorialen Verhältnisse. Einmal als Akt vollzogen, kann man den Tausch nicht auf *andere* Strukturen reduzieren, weil der Tausch im Denken und Handeln der Tauschpartner seine eigenen kategorialen Verhältnisse konstituiert. Aber da diese Verhältnisse sich nur als *Modifikationen der sozialen Grundstruktur* erweisen, kann der Tausch *überhaupt* auch unterbleiben, d.h. durch andere Sozialstrukturen ersetzt werden. Für den Tausch gilt also, was sich auch für das Eigentum zeigte. Diese Erkenntnis hat für die Sozialphilosophie weitreichende Konsequenzen: Als *bedingte*, wiewohl in ihren Kategorien selbständige Strukturen sind Tausch und Eigentum *aufhebbar*, ohne damit *die* Gesellschaft aufzuheben. Darin liegt die Erkenntnis: Andere Gesellschaftsformen waren nicht nur faktisch historische Wirklichkeit, sie sind aus kategorialen Gründen auch jederzeit *möglich*.

---

[59] Sagt man wie Marx, dass in den Tauschwert „kein Atom Gebrauchswert", K. Marx, MEW 23, S. 52, einfließt, so entgegnen die Vertreter der subjektiven Schule zu Recht, dass man damit z.B. nicht erklären könne, weshalb Wein höherer Qualität teurer sei; vgl. H. Pesch (1924), S. 195. Doch daraus folgt nicht, dass man ein Maß des „Gebrauchswerts" (= Nutzen) *vor* dem Tausch angeben kann, das besagt, um *wie viel* teurer „besserer" Wein ist. Es kommt stets auf die Zahlungsfähigkeit des Käufers an, und beides – Geld und Bedürfnis – artikulieren sich nur durch den vereinzelten Kaufakt *hindurch*.

3.2 Die zirkuläre Struktur des Geldes

3.2.1 Zur Kategorialanalyse des Geldes

Auf den ersten Blick scheint das Geld etwas Einfaches und ungemein *Nützliches* zu sein, das als „geprägte Freiheit" (Dostojewski) gepriesen wird. Zu seiner Nützlichkeit gesellt sich eine weitere Eigenschaft: Geld ist sehr *bequem (convenient)*. Es bildet „einen bequemen Wertmaßstab aller übrigen Dinge"[1], meinte Thomas Hobbes. „Geld", sagt auch Thomas R. Malthus, „ist ohne jede Frage das bequemste praktische Maß des Wertes"[2]. Geld ist das „wohltätige Werkzeug alles Verkehrs", die „leichteste und bequemste Art (...), die für die bürgerlichen Beschäftigungen günstigste Weise"[3] des Tauschs, meint der Graf von Buquoy. „Es liegt eine offensichtliche *Bequemlichkeit* darin, wenn möglich eine besondere Substanz auszuwählen, die alle (Geld)Funktionen erfüllt."[4] William Brough ergänzt diese bequemen Einsichten so: „Man kann schwerlich die Wichtigkeit von Geld als Grund der Zivilisation in der Welt überbetonen", die „Menschen *müssen es haben*, oder sie fallen in die Barbarei zurück."[5] Deshalb verursache sein bloßes Haben auch „eine Beruhigung unserer Unruhe"[6].

Die anglo-amerikanische Tradition findet auf diesen Spuren entweder in der *Tautologie* oder der *Trivialität* den wahren Begriff des Geldes: „(W)hich does the money-work is the money-thing."[7] Milton Friedman macht diese Tautologie sinnlich nachvollziehbar und bietet folgende „sehr einfache Definition des Geldes": Mit „Geld" meint man einfach „die Geldscheine, die wir in unseren Taschen tragen."[8] Und wenn mit dem Geld, das doch eine so einfache, nützliche, bequeme und tautologisch vergewisserte Sache sei, etwas nicht in Ordnung ist, dann sind die Regierungen daran Schuld: „Wir hatten immer ein schlechtes Geld, weil es privaten Unternehmen nicht erlaubt worden war, uns ein besseres zu geben."[9] Geld sei also – folgt man diesem Gedanken in seinem Begriff – einfach etwas *Gemachtes*, ein ungemein praktisches *Produkt*. Es wird *hergestellt* wie Käse oder Toilettenpapier – produziert entweder durch Regierungen oder durch private Unternehmen, die es *uns* geben.

Neben diesem hemdsärmeligen Tiefsinn des ökonomischen Mainstreams hat man aber immer wieder auch viele geheimnisvolle Eigenschaften am Geld entdeckt. Geld als *besondere* Ware sei „ein sehr vertracktes Ding, voll metaphysischer Spitzfindigkeit und theologischer Mucken."[10] Neurath spricht von der „Mystik des Geldes"[11] – kein Wunder, ist es doch „aus einem Ding zu einer Vorstellung geworden"[12]. Auch die Ontologie muss dazu Bilder liefern: „Geld ist (...) ein ‚Nichts', das durch Konvention (...) die

---

[1] T. Hobbes (1984), S. 194.
[2] T. R. Malthus (1836), S. 122. Vgl. „The chief motives of business life can be measured indirectly in money." A. Marshall (1961), S. 12.
[3] G. v. Buquoy (1815-18), S. 235 und S. 10.
[4] W. S. Jevons (1875), S. 17; meine Hervorhebung.
[5] W. Brough (1894), S. 4; meine Hervorhebung. Brough spricht vom „natural law of money": „(I)t was not planned and brought into existence with an intelligent prevision", S. 1.
[6] J. M. Keynes (1987: 2), S. 116.
[7] F. A. Walker (1892), S. 123.
[8] M. Friedman (1976), S. 107.
[9] F. A. Hayek (1977), S. 128; vgl. F. A. Hayek (1980-81: 3), S. 86ff.
[10] K. Marx, MEW 23, S. 85.
[11] Zitiert nach A. W. Cohn (1920), S. 4.
[12] W. Gerloff (1952), S. 107.

3.2.1 Zur Kategorialanalyse des Geldes

Verfügung über ‚Etwas' erlaubt."[13] Das größte Rätsel bestehe allerdings in der Frage, weshalb das, womit jedermann täglichen Umgang pflegt, sich dem reflektierenden Geist als etwas Unverständliches offenbart und eher zu der Vermutung Anlass gibt, „dass die Menschen am wenigsten diejenigen Erscheinungen kennen, denen sie im Alltagsleben stets begegnen. Das Geld (...) erhält in den Augen der Masse geheimnisvolle unverständliche Eigenschaften, sobald die Lebensverhältnisse sie veranlassen, über seine Bedeutung nachzudenken."[14]

Wenn man vor dem Hintergrund dieser Reflexionen das Geheimnis des Geldes lüften möchte, so gibt es dafür zwei Wege: Einmal kann man entdecken, dass das Geheimnisvolle nur darin bestand, sich das, was man tut oder sieht, nicht zu Bewusstsein gebracht zu haben. Zum anderen kann aber mit dem Lüften eines Geheimnisses auch nur gemeint sein, dass man es durch ein *anderes* Geheimnis erklärt. Viele Ökonomen „erklären" das Geld durch andere Größen, die freilich nicht minder geheimnisvoll sind: Was jeweils Nutzen, abstrakte Arbeit oder auch nur Transaktionskosten (ohne sie in Geld zu berechnen) sein sollen, ist wenigstens so dunkel wie das Geld selbst, zu dessen Erklärung man es heranzieht.[15]

Es ist deshalb notwendig, um Missverständnisse zu vermeiden, einige Bemerkungen zur Struktur dessen, was „Erklärung" des Geldes überhaupt heißen kann, vorauszuschicken. Wenn man Geld „erklären" möchte, so besitzt solch eine Absicht eine vielfältige Bedeutung. Man kann damit das Ziel verfolgen, das Sein, die *Existenz* von Geld erklären zu wollen. Setzt man die Existenz von Geld bereits voraus, so mag man sich darauf konzentrieren, die Strukturen, die man am Geld entdecken kann, herauszuarbeiten. Überlagert man diesen Überlegungen die Vorstellung der Zeit, so kann man das *Werden* des Geldes sowohl in seiner Existenz wie in der Entfaltung seiner Strukturen darstellen wollen. Bemerkt man, dass das Geld Sachen und Personen *vermittelt*, so liegt die Vorstellung nahe, Geld sei ein *Medium*, vergleichbar der Sprache. Weiter kann man versuchen, das Geld aus anderen Strukturen abzuleiten und auf diese anderen Strukturen zu *reduzieren*. Man sagt dann, dass das Geld „eigentlich" nur diese oder jene Struktur in einer anderen Form sei. Schließlich kann „Erklärung" auch bedeuten, dass man nach „Funktionen" des Geldes fragt und daran einige Überlegungen knüpft: Etwa die, dass das Geld einige *nützliche* Funktionen für den Tausch erfüllt und – teleologisch argumentiert – deshalb *für diesen Zweck* „erfunden" oder „eingeführt" wurde. Man kann hier sogar die Existenz ganzer Wirtschaftsysteme rückwirkend an diese Erfindung koppeln.[16]

---

[13] H. Riese (1987), S. 195.

[14] W. Gelesnoff (1918), S. 266. Am Urteil von Scheel hat sich auch nach 140 Jahren nichts geändert, „dass nirgend in der wirtschaftlichen Entwicklung der Geldbegriff sich als ein rein und klar erkannter dargestellt hat", H. V. Scheel (1866), S. 29.

[15] „Die Verwendung einer Rechnungseinheit reduziert weiter die Kosten der Durchführung von Tauschhandlungen." K. Brunner, A. H. Meltzer (1974), S. 69. Und womit misst man diese Kosten? Durch intersubjektiv vergleichbaren Nutzen? Für die beiden Autoren entwickeln sich sogar schon *vor* der Rechnungseinheit „professionelle Transakteure wie Makler und andere Spezialisten", aaO. Das ist indes nur die absurde Konsequenz von Mengers Fehler, vgl. 4.6.3.5.

[16] Aristoteles wird der Gedanke einer Erfindung des Geldes zugeschrieben; Locke spricht von der „Erfindung des Geldes", J. Locke (1977), S. 229. Hodgskin kennt sogar „the *natural circumstance* which gave occasion to the invention, *first* of metallic, and *afterwards* of paper money", T. Hodgskin (1827), S. 179. Dagegen: „Das Geld ist so wenig als der Staat, oder die Sprache eine Erfindung." A. Müller (1922), S. 140; auch J. A. Schumpeter (1970), S. 19.

Alle diese „Erklärungen" leiden an einem grundlegenden Mangel, auf den ich *allgemein* als Fehler im Verständnis sozialer Strukturen schon hingewiesen habe. Ich werde diese allgemeinen Hinweise hier mit Bezug auf das Geld konkreter ausführen. Die Erklärungsmuster, die ich hier erwähnt habe, lassen sich unschwer als die Anwendung einer bestimmten *Metaphysik* auf den Gegenstand „Geld" erkennen. Man fragt nach dem *Sein* des Geldes oder nach seinem *Wesen*. Denkt man in Prozesskategorien, so kann man nach dem (historischen oder logischen) *Werden* des Geldes fragen – jeweils hinsichtlich seines Seins oder seines Wesens.[17] Die reduktionistische Erklärung geht von einer kategorialen Schichtung aus, wonach das Geld als Struktur aus anderen Kategorien abzuleiten sei. Je nach metaphysischer Vorstellung, kann man diese *anderen* Kategorien dann „über" dem Geld als allgemeinere Kategorien oder „unter" dem Geld als „Bedingungen" ansetzen. Geld erscheint dann als *Medium* von etwas anderem, das ein Fürsichsein besitzt und im Geld nur sichtbar wird, oder es wird als *Schein* eines Wesens, als dinglicher Fetisch menschlicher Verhältnisse gedacht. In einer semiotischen Deutung wäre das Geld das *Zeichen* einer anderen Sache, die als das Bezeichnete vorausgesetzt ist. Die mit dem Geld verknüpfte *Nützlichkeitserwägung* schließlich bewegt sich im metaphysischen Modell von Zweck und Mittel, das soziologisch durch den Begriff der „Funktion" rationalisiert wird. Es wäre nicht schwer, weitere metaphysische oder andere Denkmodelle heranzuziehen, um damit das Geld zu „erklären". Und wenn die Gedanken bei diesem Geschäft auf Widersprüche und Zirkel stoßen, lässt sich durch die Verwendung des Wortes „Dialektik" die Sackgasse, in die man denkend geraten ist, trefflich verdunkeln.

In diesen Vorgehensweisen liegt ein grundlegender Mangel. Wenn man das „Sein" des Geldes (logisch oder historisch) „ableiten" möchte, so verlangt man etwas Unmögliches: Man unterstellt einen Zustand, in dem niemand Geld verwendet und auch gar nicht *weiß*, was Geld ist. Doch offenbar ist das kein denkbarer Fall. Der Theoretiker, der Geld auf diese Weise „ableitet", kennt das Ziel seiner Ableitung – er verwendet als Mitglied der Gesellschaft das Geld alltäglich und kennt seine Formen und Funktionen daher sehr genau. Die *Bedeutung* des Geldes in seiner sozialen Funktion ist also nicht auf einen Zustand der Unkenntnis zurückführbar. Das Geld ist empirisch die *differentia specifica* der „Bewertungsgesellschaft"[18] – eine tautologische Aussage, weil es ohne Geld keinen getrennten Wert, keine *Geldwirtschaft* gibt. Es gibt keine *Wert*schöpfung, getrennt vom Geld. Man kann das Geld deshalb nicht aus Nichtgeld ableiten, oder: Man kann nicht aus Nichtwissen ein Wissen um das Geld ableiten. Insofern lässt sich der „Geldbegriff als das logische Apriori aller volkswirtschaftlichen Begriffe"[19] bezeichnen. Kiichiro Soda, der diese Formel geprägt hat, sagt weiter:

> „(D)er Geldbegriff (steht) mit den *Voraussetzungen* des heutigen Wirtschaftssystems – nämlich der Vertragsfreiheit, der Arbeitsteilung und dem Güteraustausch und Verkehr – in einem so engen sich gegenseitig bedingen Zusammenhang, dass

---

[17] Eine logisch-dialektische Genesis des Geldwesens formuliert Marx (vgl. Kapitel 4.4.9), eine evolutionäre Erklärung bietet Menger, auf den Schultern von Senior, der von „Selektion" spricht: „The commodity thus selected as the general instrument of exchange (...) is *money*", N. W. Senior (1836), S. 96. Kategorial kann man den Begriff der „Selektion" wiederum (wie Lamarck) teleologisch als „Erfindung" oder mechanisch (wie Darwin, Menger, Hayek etc.) als blinden Evolutionsprozess auslegen.
[18] K. Soda (1911), S. 116.
[19] K. Soda (1911), S. 60ff.

3.2.1 Zur Kategorialanalyse des Geldes

man den einen ohne die anderen und auch umgekehrt logisch gar nicht denken kann."[20]

Angenommen, das Geld *sei* durch eine „Erfindung" historisch entstanden. Dann liegt hier die Struktur eines *kreativen Aktes* vor. Das Geld war historisch in irgendeiner Situation etwas *Neues*. Das Neue ist aber niemals aus dem Alten ableitbar – gerade darin besteht das Wesen des kreativen Aktes.[21] Wenn also das Geld tatsächlich gegenüber anderen sozialen Formen *neuartig* ist – sowohl in seinem historischen Werden als auch in seinem Begriff –, dann ist jeder Versuch, es aus anderem „ableiten" oder „erklären" zu wollen, vergeblich. Wenn das, was als neue Struktur, als *Novum* untersucht werden soll, aus etwas *anderem* ableitbar ist, dann ist es kein Novum. Mit Bezug auf das Geld lässt sich exakt das sagen, was Nicolai Hartmann mit Bezug auf das geistige Sein so formuliert hat:

„Es müssen stets Momente seiner eigenen Sphäre mit dabei sein, und diese gerade machen das Eigentümliche an ihm aus. In ihnen liegt das Unvergleichbare, das kategoriale Novum".[22]

Diese Frage ist in der Erkenntnistheorie unter anderem Gesichtspunkt immer wieder aufgetaucht, vor allem beim *Induktionsproblem*. Jedes „Gesetz" ist gegenüber dem empirischen Material „neu". Deshalb kann kein Gesetz induktiv aus einer Vielheit von Fakten gewonnen werden. Das war der Kern von David Humes Argument gegen den induktiven Schluss. In der Biologie hat Darwin diesen Gedanken gleichsam wiederentdeckt, wenn er sagt, dass die Veränderung der Lebewesen in ihrer Form *nicht* induktiv aus ihrer Umwelt abgeleitet werden kann. So kann aus einer Nützlichkeit, einem Zweck usw. nie das Mittel hervorgehen, ihn zu befriedigen. Der Satz: „Das Bedürfnis schuf sich sein Organ"[23], ist schlicht unhaltbar. Dieselbe Denkfigur kehrt wieder bei Arnold Gehlen, der den Menschen als „Mängelwesen"[24] definiert. Um von einem *Mangel* sprechen zu können, muss man schon wissen, *woran* es einem Wesen mangelt. *Nachträglich*

---

[20] K. Soda (1911), S. 81. Soda formuliert einen Gedanken, der sich auch bei Marx findet: Die reife, gewordene Kategorie bildet die Grundlage für das Verständnis der früheren Formen: „In der Anatomie des Menschen ist ein Schlüssel zur Anatomie des Affen." K. Marx (1953), S. 26. Marx bezieht dies aber auf den Begriff der Arbeit, Soda dagegen – korrekt – auf das Geld: „Der Geldbegriff steht auf dem Gipfel der nationalökonomischen Pyramide. Wir behaupten aber hier wiederum, dass von diesem am spätesten entwickelten Geldbegriff aus rückwärts Bezug genommen werden muss, um ein bestimmtes Bedürfnis, bestimmte Güter, Tätigkeiten, Organisationen usw. ‚wirtschaftlich' nennen zu können." K. Soda (1911), S. 91.

[21] „Die im Werk sich eröffnende Wahrheit ist aus dem Bisherigen nie zu belegen und abzuleiten." M. Heidegger (1960), S. 86. „Wir können mit rational-wissenschaftlichen Methoden das zukünftige Anwachsen unserer wissenschaftlichen Erkenntnisse nicht vorhersagen." K. R. Popper (1971), S. XI. „Da der Fortschritt in der Auffindung des noch nicht Bekannten besteht, müssen die Ergebnisse unvoraussagbar sein." F. A. Hayek (1991), 51. Vgl. K.-H. Brodbeck (1999a), Kapitel 3; (2002a), Kapitel 3.8.

[22] N. Hartmann (1949), S. 62. Gerloff hat diesen Punkt gesehen: „Man könnte die Frage aufwerfen, ob diese (sc. anderen sozialen) Zusammenhänge nicht schon vorher da seien und im Gelde nur eine besondere Ausdrucksform fänden. Die Frage muss verneint werden." W. Gerloff (1952), S. 111.

[23] F. Engels, MEW 20, S. 446.

[24] A. Gehlen (1976), S. 20.

kann man immer sagen, dass ein Mittel geeignet war, einen Zweck zu realisieren. Doch aus keinem Zweck lässt sich das Mittel induktiv „erfinden". Herder hat diesen Gedanken an der Sprache, die darin erneut ihre strukturelle Ähnlichkeit zum Geld erweist, zurückgewiesen. Gleichsam *gegen* Engels und Gehlen sagt Herder: „Lücken und Mängel können doch nicht der Charakter seiner Gattung sein"[25].

Es liegt im Begriff der „Ableitung" oder „Erklärung" des Geldes also ein Missverständnis, wenn man damit den Versuch meint, seine *neue Eigenart* aus anderem erklären zu können. Gerade dieser Versuch verstellt den Blick auf das, was am Geld *als dem Geld* anders und einzigartig ist. Wäre das Geld aus anderem ableitbar, dann käme ihm kategorial kein Novum zu. Die „Erklärung" bestünde dann in der Beseitigung eines Scheins, nämlich des Glaubens, Geld sei etwas „Neuartiges", während es in Wahrheit etwas Bekanntes, gleichsam in Verkleidung sei. Diese zweite Form der „Erklärung" wäre die einzig sinnvolle – *wenn sie bezüglich des Geldes zuträfe*. Doch *dass* das Geld eine neue, einzigartige und nicht ableitbare Sozialstruktur darstellt, das muss sich an ihm selber, in der Beschreibung seiner Struktur zeigen. Nur daran kann deutlich werden, dass hier eine *Differenz* zu anderen sozialen Formen vorliegt, die man *nicht* aus diesen „ableiten" kann.

Häufig nimmt diese Frage auch einen pragmatischen Charakter an. Es sei, sagt Joan Robinson, zwar unmöglich, „sich eine geldlose kapitalistische Wirtschaft vorzustellen, ohne sofort in Widersprüche verwickelt zu werden", dennoch sei es „eine lehrreiche Übung, sich eine Wirtschaft vorzustellen, in der die verschiedenen Funktionen des Geldes verschiedenen Dingen übertragen werden."[26] Eine Übung wofür? Ein Verständnis für Geldökonomien ist dadurch jedenfalls nicht zu gewinnen. Der hier begangene Denkfehler ist *methodisch* sehr alt. Platon hat in seinem Spätwerk, den *Nomoi*, einen Idealstaat entworfen durch entsprechende Annahmen. Aristoteles hat zwar gesagt, dass solch ein Entwurf prinzipiell nicht zu tadeln sei, er wird jedoch methodisch unsinnig, wenn es dem Entwurf an *innerer Möglichkeit* fehlt. Aristoteles sagt hier klar und knapp: „Man darf nun zwar nach Wunsch Voraussetzungen schaffen, aber nichts Unmögliches."[27] Man kann nicht eine umfangreiche Population von Tauschakten *ohne Geld* – „Geld" dem Begriff nach – „annehmen", ohne etwas *Unmögliches* anzunehmen.

Das Geld ist nicht ein belangloser Schleier über „realen" Vorgängen, sondern selbst das Zentrum dieser Vorgänge, die ohne es gar nicht existierten.[28] Nun werde ich zu zeigen versuchen, dass das Geld ein Schein ist. *Dieser Schein ist sein Wesen*; denn er funktioniert als soziale Wirklichkeit. Das Wesen ist nicht etwas *anderes* als das Scheinen selbst; es ist, mit Hegel gesagt, das „Scheinen des Wesens". An der schulmetaphysischen Differenz des Scheins zu einem Wesen festzuhalten, wäre jedoch ein

---

[25] J. G. v. Herder (1978), S. 142.

[26] J. Robinson (1972), S. 36. Auch Max Weber sagt, die Theorie betrachte zunächst eine reine Tauschwirtschaft, „wobei zunächst die Institution des *Geldes* als nicht vorhanden fingiert wird", um dann aber doch von einer „historisch nirgends unvermischt anzutreffenden Vorstufe" einer „Geldwirtschaft" zu sprechen; M. Weber (1990), S. 44 und 47. Man kann auch Autos ohne Motor „fingieren" und dann feststellen, dass man sie nirgendwo vorfindet – außer in der Welt Harry Potters.

[27] Aristoteles (1989): Politik 1265a 17f, S. 121.

[28] „Die Gelderscheinungen sind das eigentliche Objekt der Volkswirtschaftslehre. An sie knüpfen alle wirtschaftlichen Probleme an, es würde ohne sie wohl kaum eine Wirtschaftswissenschaft geben, die von einer bloßen Technik verschieden ist." R. Liefmann (1919), S. 99.

3.2.1 Zur Kategorialanalyse des Geldes

hinderndes Vorurteil[29], an dem gleichwohl auch die Kritiker des Kapitalismus festgehalten haben und deshalb scheitern mussten. Die Frage ist eine doppelte: *Worin* ist die Differenz von Schein und Wesen des Geldes vollzogen oder gedacht? Und: *Für wen* ist diese Differenz von Schein und Wesen gegeben? Für einen cartesianischen Wissenschaftler, der sie erkennend aufheben möchte? Ist letzteres der Fall ist, dann bleiben die „Gegenstände" weiter von dieser Differenz bestimmt. Sind diese „Gegenstände" aber Menschen, so zeigt sich *an ihnen* die Differenz von Schein und Wesen – jedoch ontologisch völlig anders als für einen äußeren Beobachter. Sie selbst *vollziehen* aber diese Differenz als Täuschung über ihr eigenes Handeln. Das Handeln funktioniert *als* Täuschung über die Identität der Gegenstände im Sprechen und den Glauben an Werte in der Wirtschaft.

Darin liegt das Doppelte: Sie vollziehen zwar eine Täuschung, aber eben durch diese Täuschung des Scheins vollzieht sich zugleich ihre Vergesellschaftung.[30] Es gibt keine Vergesellschaftung *hinter* dem Schein, in dem sie sich vollzieht; es gibt kein Wesen der Gesellschaft *hinter* den Bedeutungsprozessen, in denen sich die Menschen handelnd und denkend vergesellschaften. Wer also den Schein „beseitigen" möchte, der möchte eine völlig andere Form der Vergesellschaftung. Es liegt nichts *hinter* dem Schein kein Wesen (keine Arbeit, keine Natur, keine Technik, kein göttlicher Wille usw.), das *neben* ihm die Vergesellschaftung leisten könnte. Hinter dem Geld liegt nicht noch eine *andere* ökonomische Vergesellschaftung, das sein Wesen, sein Ansich ausmachen würde. Der Witz ist also: Im Geld vollziehen die Menschen ihre Vergesellschaftung *als* Schein, als Täuschung – man mag *dies* sein Wesen nennen, doch es ist kein metaphysisches Wesen hinter einer Oberfläche des Scheins, einem Schleier des Geldes oder wie die bunten Metaphern hier alle lauten mögen.

Man kann nicht das Geld dadurch entzaubern und gleichsam von unten beherrschen wollen, dass man es als „bloßen" Ausdruck für „tiefer liegende Verhältnisse" betrachtet. Geld ist wohl ein Schein, doch einer, in dem sich soziale Wirklichkeit organisiert. Das kann man nur verstehen, wenn man einsieht, dass Geld als Geld nur seine Funktionen erfüllt, sofern mit ihm eine *neuartige* soziale Bedeutung konstituiert wird und sich darin eine *neuartige* Denkform und Subjektivität der Menschen reproduziert. Jede Bedeutung ist, sofern sie in einem offenen Prozess erzeugt wird, ein „Schein", d.h. ein vorübergehendes Moment, das sich situativ wandelt. Jedes Ding ist in seiner Identität das, was sich im sozialen Prozess der Identitätsbildung erzeugt und reproduziert. So ist auch Geld in seinem Wesen, seiner Bedeutung, seiner Identität nur das, was in einem sozialen Prozess erzeugt und reproduziert wird. *Insofern* ist das Geld also – wie andere Bedeutungen auch – in einem zirkulären Prozess des *Scheinens* von Bedeutung verwurzelt. Doch *als* dieses Scheinen vermittelt das Geld – wie andere Bedeutungen und Sachverhalte auch – zugleich das soziale Handeln. Und weil das Geld dies auf *spezifische* Weise tut, kann man seine Struktur auch unterscheidend analysieren, ohne in einen Reduktionismus zu verfallen.

Hinter der Frage nach der Ableitung oder Erklärung des Geldes – das zeigt sich durch diese Überlegungen – verbirgt sich unausgesprochen eine ganz andere: *Durch welche Kategorien wird das Geld beschrieben?* Es sind die unausgesprochenen, besser: die im Aussprechen nicht *beachteten* Kategorien, die das Sprechen über Geld festlegen,

---

[29] Vgl. zur Macht des Scheins und der Differenz von Wirklichkeit und Schein K.-H. Brodbeck (2000c; 2004c).
[30] Zur systematischen Entfaltung dieses Gedankens, der die Täuschung *uno actu* als Prozess der Selbstverblendung und der Vergesellschaftung in ihren verschiedensten Kategorien entfaltet, vgl. K.-H. Brodbeck (2002a).

mögliche Fragen eröffnen, andere verbergen. Entnimmt man diese Kategorien einem fremden Kontext, so wird das verfehlt, was dem Geld als *kategorialem Novum* zukommt. Denn der *Sinn* dessen, was dem Geld *als* Geld zukommt, kann nicht aus dem entnommen werden, wovon es sich unterscheidet. In einer objektivierenden Sprechweise wird dieser Sachverhalt gelegentlich – wenn man nicht ohnehin einem Reduktionismus das Wort redet – in der Manier scholastischer Philosophen ausgedrückt: Zwar kommt demnach dem Geld kategorial etwas Neues zu, man formuliert das aber als neue *Eigenschaft* einer bekannten Sache, nämlich als *unterscheidendes Merkmal*, als *differentia specifica*. So ist z.B. ein Mensch zwar ein „Lebewesen", aber ein *vernünftiges*. Die Sprache oder die Vernunft gelten als kategoriales Novum, das zu einer Kategorie, die das Lebendige überhaupt charakterisiert, *hinzukommt*. Diese Denkweise liegt auch noch vor, wenn man sagt, dass das Neue *evolutionär* hinzugekommen ist. Darwin denkt – *philosophisch* – nur in einer Dynamisierung der Kategorienlehre des Hl. Thomas.

Ich möchte die erkenntnistheoretische Schwierigkeit dieser Denkweise hier nicht betrachten. Entscheidend für das Verständnis *sozialer* Sachverhalte, damit auch des Geldes, ist etwas ganz anderes. Das kategoriale Novum, das, was Geld als Geld ausmacht, ist nicht eine hinzukommende Eigenschaft, sondern wird vielmehr *als Bedeutung* in einem sozialen Prozess erzeugt. Dieser Prozess ist *kategorial*, nicht historisch neu, verglichen mit anderen sozialen Prozessen. Man kann und muss ihn deshalb zwar auch anders beschreiben. Doch ist dabei zu beachten, dass dieser Prozess nur *teilnehmend* vollzogen werden kann. Der Streit darüber, was das Geld nun *eigentlich* „ist", kann also gar nicht beantwortet werden und ist auch historisch unbeantwortet geblieben. Warum? Weil der Sinn, die Bedeutung von Geld nur dann verstanden wird, wenn man ihn vollzieht und insofern das kategoriale Novum täglich – im Umgang mit Geld – neu entstehen lässt. Die „Neuartigkeit" des Geldes gegenüber anderen sozialen Phänomenen besteht nicht darin, dass irgendwann historisch ein Etwas namens „Geld" entdeckt oder erfunden wurde, das dann in seiner Bedeutung bekannt *vorhanden* wäre. Das Geld ist in dem, wie wir im und mit dem Geld handeln und denken, nie *vorhanden*.

Diese Schwierigkeit, die auch für andere soziale Sachverhalte zutrifft (Sprache, Moral, Recht), wurde immer wieder gesehen oder geahnt – doch Konsequenzen bezüglich einer Kategorialanalyse des Geldes wurden nicht daraus gezogen. Ich möchte das an einigen Überlegungen von Karl Polanyi illustrieren. Er sagt:

> „Geld ist kein vollständig einheitliches System, die Suche nach einem einzigen Zweck führt in eine Sackgasse. Dies erklärt die vielen fruchtlosen Versuche, ‚Natur und Wesen' des Geldes zu bestimmen. Wir müssen uns mit der Aufzählung der Zwecke zufrieden geben, für die jene als Geld bezeichneten quantifizierbaren Objekte tatsächlich Verwendung finden. Dies wird erreicht, indem wir auf die *Situation* verweisen, in der wir diese Objekte mit welchem Effekt verwenden."[31]

Polanyi fällt der Widerspruch, den er hier denkend *vollzieht*, offenbar so wenig auf wie all den anderen Geldtheoretikern, die das Geld durch die Zwecke erklären wollen, denen es dient. Zuerst sagt Polanyi, dass es so etwas wie eine Kategorie *des* Geldes gar nicht geben kann. Als Grund nennt er, dass es kein „vollständig einheitliches System" namens Geld gäbe. Doch wer nach einem „System Geld" fragt, formuliert diese Frage in einer kategorialen Form: Er fragt nach dem *System* Geld (was „System" hier

---

[31] K. Polanyi (1979), S. 317. Vgl. „Ein knapper, einheitlicher, aus einer einzigen (Haupt-)Funktion abgeleiteter Geldbegriff (…) lässt sich nicht richtig bilden", W. Gerloff (1952), S. 99.

3.2.1 Zur Kategorialanalyse des Geldes

genau bedeutet, lässt Polanyi offen). Damit ist aber das Geld kategorial schon *festgelegt*, nämlich als etwas, das ein „System" darstellt. Carl Menger würde das ebenso verneinen wie Karl Marx oder Carl Knies. Polanyi zieht daraus jedoch sofort den Schluss, dass deshalb das „Wesen des Geldes" nicht bestimmt werden könne. Das ist ebenso logisch wie trivial: Wenn „Wesen" = „System" bedeutet, dann enthält die Verneinung der Systemeigenschaften beim Geld auch die Verneinung eines Wesensbegriffs, also einer *Grundkategorie* für das Geld.

Doch damit nicht genug. Polanyi fährt fort, dass man *eben deshalb* sich mit der „Aufzählung der Zwecke" des Geldes zu begnügen habe. Unter den Zwecken des Geldes versteht er das, was er mit den anderen Ökonomen die Geld*funktionen* „als Zahlungsmittel, als Wertmesser, als Zwischentauschmittel"[32] benennt. Doch was sagt Polanyi hier im Gleichklang mit den Ökonomen, denen er im ersten Satz kritisch entgegengetreten ist? Er sagt kategorial: Das Wesen des Geldes besteht in seinen Zwecken, seinen Funktionen. Das *ist* die Wesensbestimmung, die er im Satz zuvor noch als fruchtlosen Versuch abgewiesen hat.[33]

Polanyi verwendet anschließend allerdings noch eine ganz andere Kategorie zur Erklärung des Geldes, die auch im Titel des zitierten Aufsatzes angezeigt wird, wenn er von einer *Semantik* in der Verwendung von Geld spricht. Dieser Gedanke *ist* zunächst eine Wesensbestimmung, sofern man Geld als *Zeichen* charakterisiert. Polanyi sagt zutreffend, dass man nicht die Erfahrung in den modernen Gesellschaften auf frühere, historische Formen übertragen dürfe. So ist keineswegs Gold oder Silber als Geldform notwendig immer das Zeichen, das andere, nämlich *Warengeldformen* nur symbolisiere – tatsächlich sind auch umgekehrte Fälle möglich:

> „Wir kennen auch Fälle, in denen reale Sklaven als Zahlungsmittel für den Tribut an einen fremden Herrscher verwendet werden, während Kaurimuscheln als heimisches Zahlungsmittel oder sogar als Tauschmittel fungieren."[34]

Wenn man Geld, Sprache und Schrift vergleicht, sagt Polanyi, so besitzen alle drei einen ausgefeilten „Regelkodex für die korrekte Anwendung der Symbole"[35]. Doch eben solch ein Regelkodex für die Zeichenverwendung liegt bei den frühen Formen des Geldes noch nicht vor; er kann deshalb auch nicht aus modernen entnommen und auf archaische Gesellschaften projiziert werden.

Polanyi fasst seine Überlegungen so zusammen, dass erst in modernen Gesellschaften das Geld „Allzweckgeld" wurde, „das heißt, das Tauschmittel wurde auch für alle anderen Formen der Geldverwendung benützt."[36] Nun braucht man diesen Gedanken, sowenig wie viele von Polanyis Analysen im historischen Detail, keineswegs zu bestreiten – *kategorial* aber bleibt diese Vorstellung ungenügend, obwohl Polanyi den wichti-

---

[32] K. Polanyi (1979), S. 317.
[33] Polanyi sagt, dass nicht dasselbe Ding (z.B. Gold) Träger *aller* „Geldfunktionen" zu sein braucht. Auch Schumpeter meinte, dass die „Wertmaßfunktion des Geldes (...) grundsätzlich unabhängig von der Tauschmittelfunktion" sei; J. A. Schumpeter (1970), S. 33. Eucken betont einen ähnlichen Punkt: „Viele Nationalökonomen sprechen davon, dass das Geld Tauschmittel *und* Wertmaß sei. Mit dieser Definition kommt man nicht weit. (...) *Eine* Geldart war höchstwahrscheinlich gleichzeitig auch ‚Wertmaß', die anderen nicht." W. Eucken (1959a), S. 114. Mises betont dagegen, dass *alle* Geldfunktionen auf die des Tauschmittels zurückzuführen seien; L. v. Mises (1924), S. 8.
[34] K. Polanyi (1979), S. 320.
[35] K. Polanyi (1979), S. 320.
[36] K. Polanyi (1979), S. 320.

gen Schritt zu einer semiotischen Geldanalyse vollzogen hat. Der Grund ist ein mehrfacher: *Erstens* verbleibt Polanyi einer sehr rudimentären Zeichentheorie verhaftet; *zweitens* betrachtet er die Bedeutung des Geldes als etwas, das ihm durch seine Funktionen zuzuschreiben sei, wobei er *drittens* zwar bemerkt, dass diese Bedeutung *situativ* erzeugt wird, er daraus aber keine Schlussfolgerung bezüglich der *Kategorie* Geld zieht. Geld bleibt für Polanyi, wie für viele Ökonomen, einfach durch die Zwecke definiert, denen es dient. Damit wird aber nichts anderes behauptet als ein Reduktionismus: Man könne Geld auf die Funktionen *reduzieren*, die es *erfüllt* – was nichts anderes heißt als dies: Geld wird durch etwas *anderes* bestimmt. Geld *als* Geld sei ein Unbegriff; so etwas gäbe es gar nicht. Das „Allzweckgeld" moderner Gesellschaften sei nur die Generalisierung *einer* Geldfunktion für alle Geldfunktion (nämlich der Tauschmittelfunktion).

Die einfache Frage, was es denn Polanyi und anderen erlaubt, die verschiedenen Funktionen des Geldes als *Geld*funktionen zu bezeichnen, wird gar nicht gestellt. Wie kann man aber wissen, dass etwas eine *Geld*funktion ist, wenn es gar keine Kategorie für Geld, kein „Wesen des Geldes" gibt? Sagt man also: *money is what money does*, so ist das – wie sich noch genauer zeigen wird – nur insofern richtig, als Geld eine Funktion *ist*. Doch um zu wissen, *was* dies für eine soziale Funktion *ist*, was also die Kategorie „Geld" für einen Inhalt besitzt, muss man überhaupt erst einmal unterscheiden können, welche Entität als diejenige zu identifizieren ist, die das, was sie tut, als *Geld* tut – und nicht als Rechtsform, moralische Regel, als Zeichen oder Kommunikationsprozess. Die *pragmatische* Reduktion der Kategorien auf den Zweck der Dinge ist also in Wahrheit nur eine schlechte Metaphysik der Zwecke. Es ist eine *schlechte* Metaphysik, weil sie von sich nichts weiß und deshalb in dieser Blindheit von Kategorien gelenkt wird, die sie weder durchschaut noch denkend beherrscht. Das wiederum hat durchaus *praktische* Konsequenzen, die aus dem fehlenden Wissen über das Geld erwachsen.

Mehr noch. Man kann sogar sagen, dass das Nichtwissen über das Geld für viele, vor allem die destruktiven, Funktionen des Geldes verantwortlich ist. Geld als *Kategorie* findet seine Bedeutung *als* Prozess der Bedeutungserzeugung. Erst wenn man in diesen Prozess nachdenkend und teilnehmend eintaucht, kann man die darin *konstituierte Kategorie* „Geld" erkennen. Das Geld *erfüllt* nicht eine Funktion, die ihm durch einen Zweck außerhalb seines sozialen Ortes vorgegeben wäre, in dem sich Geld reproduziert. Geld *ist* eine soziale Funktion. Allerdings muss man verstehen, was „Funktion" heißt – nämlich Prozess der Erzeugung von sozialer Bedeutung. Nur so ist verständlich, wie das Geld Selbstzweck werden konnte und heute als Selbstzweck die Welt, das menschliche Denken und die Gesellschaften *beherrscht* – als ein funktionierender Schein. Ich stimme Robert Liefmann zu, dass die Erklärung des Geldes nicht dadurch gelingen kann, dass man hinter den Schleier des Geldes blickt. Vielmehr gilt:

„*(D)er ‚Schleier' selber ist unser Objekt.*"[37]

Ein Schleier ist das, was sich durch das Bewusstsein, durch das Denken reproduziert: „Denken in Geld erzeugt Geld"[38]. Auch ein leeres Wesen kann – wie Heidegger sagt – *wesen*, also aktiv sein, *als* Schein etwas hervorbringen: Nichts weniger als die soziale Wirklichkeit der durch das Denken *in der* Geldeinheit und der Subsumtion *unter sie* gelenkten Märkte.

---

[37] R. Liefmann (1919), S. 100.
[38] O. Spengler (1971: 2), S. 1177.

3.2.2 Populationen von Tauschstrukturen

Das Geld als Kategorie kann man, wenn der Gedanke richtig ist, dass ihr Sinn situativ *erzeugt*, nicht durch einen cartesianischen Beobachter zugeschrieben wird, nur als soziale Situation beschrieben werden. Das Geld kommt nicht *isoliert* vor, sondern immer in einer Vielzahl sozialer Situationen zugleich. Die Strukturen des Geldes können wir nur dort beobachten und aufnehmen, wo sie *erfahrbar* sind, und das sind in modernen Gesellschaften die Märkte, an denen jeder teilnimmt. Märkte bestehen aber nicht aus Individuen, sondern aus sozialen Situationen. Ich gehe deshalb von einer *Population* sozialer Situationen aus, in denen das Geld alltäglich verwendet wird: Von einer Population von Tauschstrukturen.

Die Kategorie „Population" bedeutet keinen amorphen Gegenstand, den man erst durch ein Begriffsschema „in Form" bringen müsste. Populationen organisieren sich *von sich her*. Ihre Interaktionen liegen in den individuellen Formen einer Population. Nun verfällt man nur dann nicht in den Irrtum der cartesianischen Theorieform, wenn sich zeigen lässt, dass die „Individuen" einer sozialen Population keine Atome sind, sondern *in sich* soziale Strukturen. Deshalb gehe ich von Populationen von *sozialen Grundstrukturen* aus, nicht von Populationen aus Individuen, die durch bestimmte Merkmale klassifiziert werden. Dies, ein Mitglied einer sozialen Population zu sein, wird nicht *von außen* bestimmt, sondern durch die individuellen Formen selbst. Nur wenn die individuellen Formen schon *in sich* soziale Formen sind, wie sie durch die soziale Grundstruktur und ihre situativen Einfärbungen beschrieben werden, dann wird der cartesianische Standpunkt überwunden.

Das gilt vor allem für den Tausch und das Geld. Setzt man als Elemente der ökonomischen Erklärung tauschende *Individuen* an, die schließlich auch durch das *Geld* sozial verknüpft werden, dann hat man die sowohl dem Tausch wie dem Geld eigentümliche Struktur schon übersehen. Die Tauschstruktur ist, wie sich zeigte, kategorial in sich geschlossen. Damit ist auch gesagt, dass ein Tauschakt strukturell nicht von anderen Tauschakten abhängt. Er kann völlig vereinzelt bleiben, und viele – bereits durch das Geld vermittelte – Käufe besitzen diese Form der Vereinzelung. Der Grund dafür liegt in der Tauschstruktur selbst, d.h. in ihrer reziproken Symmetrie. Sie erfüllt sich, wenn der Besitzwechsel der Güter vollzogen ist, und er ist *als Tauschakt* damit abgeschlossen. Es liegt also nicht in der Tauschstruktur, aus sich eine Vielfalt, eine Population zu erzeugen.

Historisch mag es durchaus zutreffen, dass diese Vereinzelung, die den Tauschakt kategorial kennzeichnet, auch *empirisch* so anzutreffen war oder heute noch ist. Das ist dann der Fall, wenn Gesellschaften in sehr kleinen Gruppen organisiert sind, die sich fast ausschließlich durch die Gruppenstruktur und die darin liegenden Gewohnheitssysteme reproduzieren. Innerhalb solcher Sozialsysteme – die übrigens keineswegs nur Kleingruppen zu umfassen brauchen, sondern ganze Reiche bilden können – kann dann ein Tausch als zufälliges, vereinzeltes Ereignis auftreten. Das trifft zu bei dem oft beschriebenen Austausch von Überschüssen oder beim Tausch anlässlich besonderer Ereignisse (Hochzeiten, Feldzüge usw.).

Hier ist ein weiterer Hinweis notwendig. Populationen von Tauschakten werden von der tradierten Ökonomik in aller Regel als *Wettbewerbssysteme* beschrieben. Das ist durch die Vielheit der Tauschoperationen jedoch keineswegs notwendig vorausgesetzt. Zunächst ergeben sich durch die Vielheit der Tauschhandlungen nur viele Tauschmöglichkeiten. Damit ist das gesagt, was sich aus der Abwesenheit von Gewalt beim Tausch ergibt: Die Tauschenden sind frei darin, in den Tausch einzuwilligen. Treten sich nun *vor dem eigentlichen Tausch* viele Tauschpartner einander gegenüber, dann ergeben sich Alternativen. Die Nichtdeterminiertheit der Tauschrelation erscheint hier nun als Nichtdeterminiertheit der Zuordnung möglicher Tauschpartner. Bestehen nun bezüglich der auf den Markt gebrachten Waren *mehrfache* Präferenzen, so ergibt sich eine *Konkurrenz der Zwecke*.[39] Diese Konkurrenz der Zwecke nimmt hier eine *ökonomische Form* an. Doch all diese Verhältnisse können nur auftreten, wenn eine Population von Tauschakten *existiert*. Und solch eine Population existiert nicht ohne Geld. Also wird die Konkurrenz um Waren durch das Geld eine modifizierte Form annehmen. Diese Form möchte ich erst darstellen, wenn das *Geldsubjekt* in seiner Besonderheit näher untersucht wird (vgl. 5.3.1). Auf den Märkten nimmt die Konkurrenz der Zwecke jedenfalls immer eine *monetäre* Form an. Für *reine* Tauschsysteme ohne Geld ist der Begriff der Konkurrenz (gar der „vollkommenen Konkurrenz" unendlich vieler Marktteilnehmer wie in der Mikroökonomie oder bei Edgeworth) ein ebenso sinnloser Ausdruck wie die Lesegeschwindigkeit eines Analphabeten.

Worauf diese Hinweise deuten, ist ein doppelter Sachverhalt: *Erstens* können sich Tauschakte als lokale, vereinzelte Ereignisse vollziehen, weil es ihrer inneren Struktur entspricht, in sich geschlossen zu sein hinsichtlich der eigentlichen Tauschstruktur – auch wenn Tauschakte als Modifikationen der sozialen Grundstruktur zugleich offen bleiben, sofern sie andere soziale Formen voraussetzen. *Zweitens* zeigt sich, und das knüpft unmittelbar daran an, dass sich Tauschprozesse *innerhalb* von Gesellschaften oder sozialen Formen herausbilden. Sie bringen nicht Gesellschaft hervor, sondern verändern deren Prozess. Populationen von Tauschstrukturen bilden sich also in bereits *bestehenden*, und das heißt *vorgeformten* Gesellschaften; sie verändern deren Binnenstruktur und ermöglichen dadurch *neue* Formen gesellschaftlicher Organisation.

Die Tauschstrukturen erhalten ihre Form durch die Interaktion der an den Tauschprozessen beteiligten Individuen, die ihrerseits auf andere Weise bereits „vergesellschaftet" *sind*. Eine Population von Tauschstrukturen wird also *weder* durch die äußere Zuschreibung, durch das Begriffsschema eines Metabeobachters als Einheit gestiftet, noch sind die Tauschakte selbst *aus sich* fähig, ihren eigenen Zusammenhalt hervorzubringen. Sie setzen ihn vielmehr immer schon voraus. Genau dies ergibt sich aus der obigen Analyse des vereinzelten Tauschakts. Darin reproduziert sich die für die soziale Grundstruktur charakteristische Doppelnatur aus kategorialer Geschlossenheit: bezüglich jener Kategorien, die in ihrer Struktur sich neu konstituieren; und Offenheit: bezüglich der in diesen Formen agierenden Individuen. Alle diese sozialen Strukturen sind latent immer auch Kommunikationsbeziehungen und bewegen sich damit *in der Sprache*, die sie handelnd mit hervorbringen und modifiziert reproduzieren. Und da diese Kommunikationsbeziehungen *Bedeutungen* erzeugen und erhalten, sind die semiotischen Prozesse stets auf *Handlungen* bezogen.

Der Tausch ist kategorial geschlossen, weil durch seinen Vollzug die reziproksymmetrische Beziehung zwischen den Tauschenden im veränderten Besitzwechsel vollzogen und vollendet ist. Gleichwohl ist der Tausch eingebettet in eine Kommunikationsstruktur, in die Handlungen, die Produkte hervorbringen oder weiterverwenden, in Rechts- und Moralsysteme als Voraussetzung für den gewaltfreien Vollzug des Tauschs. Eine *Population* von Tauschakten ist deshalb in ihrem Zusammenhalt durch eben die genannten Sozialstrukturen bedingt. Daraus ergibt sich der für die Theorie des Geldes zentrale Schluss: Das Geld als Vermittlung von Tauschprozessen in einer Population von Tauschakten kann nicht aus dem Tausch selbst verstanden werden. Alles, was man als logische oder historische Genese des Geldes hier anbietet – diese dem Tausch *kate-*

---

[39] Vgl. zur Kategorie „Konkurrenz der Zwecke" K.-H. Brodbeck (1979), S. 87.96; (1986), S. 18-32.

gorial zukommende Struktur lässt sich nicht wegzaubern. Das Geld wird deshalb auch nicht verstanden, wenn man evolutionäre Prozesse innerhalb solcher Populationen von Tauschakten behauptet, die davon ausgehen, dass es Schwierigkeiten oder Hemmnisse beim Tausch gebe, die dann durch die clevere Erfindung des Geldes überwunden werden.[40] Genauer gesagt: Es wird zu zeigen sein, dass immer dann, wenn das dennoch versucht wird, die dem Geld eigentümliche *kategoriale* Struktur schon implizit vorausgesetzt wird. Hier rächt es sich, die Kategorien, in denen man denkt, nicht eigens geklärt zu haben – es rächt sich also, *nur* Ökonom oder Soziologe sein zu wollen und die Philosophie arbeitsteilig auszusondern. Doch so formuliert, bleibt das natürlich eine leere Behauptung; sie muss sich nun in der Durchführung bewähren.

3.2.3 Das Geld im Kaufakt

Wie gesagt: Der Versuch, das Geld *abzuleiten*, will es entweder „nacherfinden" – ein ebenso unsinniges Unterfangen wie der Versuch, das Rad oder die Sprache „nachzuerfinden".[41] Oder man *bestreitet* die dem Geld eigentümliche Struktur, das Novum, durch das Geld eben Geld und nicht Sprache, ein Tauschwert oder eine Rechtsform ist, indem man es auf andere soziale Formen *reduziert*. Ist der erste Versuch logisch *unmöglich*, so stehen dem zweiten Versuch zwar logisch keine Hindernisse im Weg; es wäre *möglich*, dass das Geld nur eine Rechtsform, ein Tauschwert oder eine besondere Sprachform ist. Dass das aber nicht der Fall ist, zeigt sich nur, wenn man die durch das Geld bestimmte soziale Struktur *selbst* in ihrem kategorialen Gehalt untersucht. Das ist nunmehr die Aufgabe, der ich mich zuwende.

Auch hier werde ich wieder mit der Analyse im Modell der sozialen Grundstruktur beginnen, nicht nur, um seine Fruchtbarkeit unter Beweis zu stellen, sondern vor allem zur Verhinderung von stillschweigenden „Einklammerungen", die eine cartesianische Beobachtung durch einen Metabeobachter immer mit sich bringt. Vorausgesetzt wird hierbei nur das, worüber jeder Mensch im globalen Kapitalismus verfügt: Erfahrung in der Verwendung von Geld. Ein „empirisches" Problem liegt hier nicht vor; ich brauche keine „Theorie" zu beweisen, zu veri- oder falsifizieren und was das cartesianische Wissenschaftsprogramm, soziale „Gegenstände" zu behandeln, noch anzubieten hat. Allerdings werde ich im Anschluss an dieses Kapitel an verschiedenen Erklärungen des Geldes diesen Mangel mit Blick auf bestimmte Modelle oder Theoretiker aufzeigen (vgl. Teil 4). Zunächst verbleibe ich ganz bei der Analyse der modifizierten sozialen Grundstruktur ohne Seitenblicke auf andere Fragestellungen und Antworten.

Die Geldverwendung auf den Märkten ist zweifellos ein *Tauschakt*. Die Tauschstruktur mit den ihr zukommenden Kategorien wird nicht dadurch aufgehoben, dass ein getauschtes Produkt „Geld" genannt wird. Auch bei der Verwendung von Geld kehren

---

[40] Die „Schwierigkeiten" als Ursachen des Geldes zu betrachten, ist ein alter, deswegen aber keineswegs richtiger Gedanke, vgl. Averroes (1996), S. 60. „Vervielfältigen sich die Bedürfnisse, so verknüpfen sich mit dem Tauschen, aus leicht begreiflichen Ursachen, mehrere Schwierigkeiten; um dieser willen ist das Geld eingeführt." J. Steuart (1769), S. 194. „Durch die Vermehrung und Vervielfältigung der Produkte entstanden vielfache Verwickelungen und Irrtümer im Austausch derselben. (…) Dadurch wurden der Bequemlichkeit des freien Austausches bedeutende Hindernisse in den Weg gelegt. Um diese nun zu beheben, kam man auf eine neue (!) Erfindung, nämlich die des *Geldes*." W. Weitling (1974), S. 48. Diese „neue Erfindung" hatte „fürchterliche Folgen", S. 48.

[41] Auch wenn dieses Unterfangen, die Kreativität modellieren zu wollen, unsinnig ist, es wird gleichwohl immer wieder unternommen; vgl. zum Beispiel M. A. Boden (1992); P. L., H. A. Simon et al. (1987); zur Kritik vgl. K.-H. Brodbeck (1999a), S. 48ff.

die in der Tauschstruktur sichtbaren kategorialen Verhältnisse wieder. Die *weitere Modifikation* der sozialen Grundstruktur, die auch beim Tausch vorliegt und die das Geld mit sich bringt, erwachsen aber – das haben unsere Überlegungen bisher gezeigt – nicht *aus* der Tauschstruktur selbst. Wir müssen also in der durch das Geld modifizierten Tauschstruktur selbst diese, falls es sie gibt, neuen kategorialen Verhältnisse entdecken können.

Zunächst nehme ich nur eine Änderung der Bezeichnungen vor. Die tauschenden Personen bleiben „Personen", doch die getauschten Güter – die ja als Dinge erst *in der Tauschstruktur* zu „Gütern" werden – erfahren eine weitere Modifikation. Das, was wir als „leere Präferenz" bezüglich des je anderen Gutes gekennzeichnet haben, tritt beim Geld nicht nur als formale Struktur hervor, sie wird selbst zum *Inhalt* der modifizierten Tauschstruktur. Das Gut wird zur verkäuflichen *Ware*, wobei „Ware" einfach heißt: „gegen Geld eintauschbares Gut". Das zweite, in der Tauschstruktur auftauchende Gut heißt fortan „Geld", wobei seine konkrete *Form* (ob Münzgeld, reines Rechengeld in einem Vertrag, Giralgeld oder eine Banknote) vorläufig ohne Interesse ist; ich konzentriere mich rein auf den *kategorialen*, nicht den *materialen* Inhalt. Die Tauschstruktur bei Geldverwendung wird nun zum *Kaufakt* aus der Perspektive des Käufers, des Geldbesitzers, zum Verkauf aus der Perspektive des Warenbesitzers. Da beide Akte in ihrer Bedeutung reziprok sind, werde ich abkürzend wahlweise je nur einen von beiden verwenden; der je andere Akt ist dann notwendig mitgedacht, wie man bei „Vater" auch „Kind" mitdenken *muss*, soll die Kategorie korrekt bestimmt sein. Diese *begriffliche* Reziprozität zwischen Kauf und Verkauf bedeutet natürlich auf keine Weise, dass in einer Population aus Tauschakten die Käufe in den erzielten *Geldsummen* der Summe der ausgegebenen Geldsummen entsprechen müssen. Für jeden vereinzelten Kauf trifft das zweifellos zu; nicht aber für eine Population von Kaufakten. Denn *wie viel* von seinem jeweilig besessenen Geld ein Geldbesitzer tatsächlich auch *ausgibt*, wird durch den Kauf selbst nicht determiniert. Ich ergänze noch eine weitere Begriffsbestimmung: Unter einem *Markt* verstehe ich nachfolgend eine durch das Geld organisierte Population von Tauschakten.

Die durch das Geld modifizierte Tauschstruktur lässt sich in die in der Abbildung 3.4 wiedergegebene Form bringen. Wie sich zeigte, ist auch für die Tauschrelation R2 die *quantitative* Bestimmung von zentraler Bedeutung (das, was traditionell und irreführend der „Tausch*wert*" genannt wird). Doch das Maß für die Quantität der getauschten Produkte wird aus dem natürlichen Zusammenhang genommen, wie er durch das Messen und Wiegen der Gegenstände vorausgesetzt ist, wenn Produkte in den Tausch eintreten. Es ist stets ein *Maß*, und ein Maß vereint eine *Zahl* und eine *Maßeinheit* (1 kg Kartoffeln vertauscht gegen 2 Ltr. Milch). Die im Tausch verwendete Zähl- und Rechenweise deckt sich teilweise mit jener in den Naturwissenschaften, die stets auch in Maßeinheiten und dem zugehörigen Zahlenwert denken.

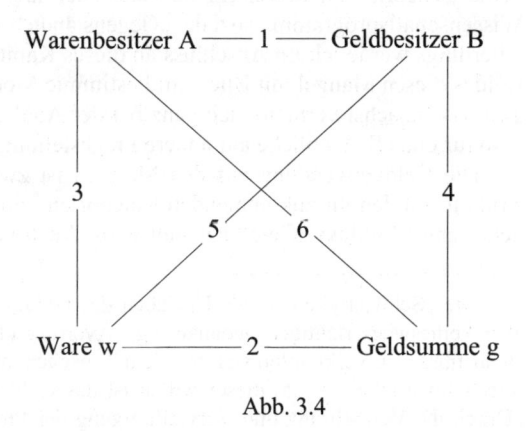

```
Warenbesitzer A ——— 1 ——— Geldbesitzer B
                  \       /
                   \     /
                3   \   /   4
                  5  \ /  6
                     / \
                    /   \
                   /     \
Ware w ——————— 2 ——————— Geldsumme g
```

Abb. 3.4

3.2.3 Das Geld im Kaufakt

Das Geld bringt hier eine erste, seltsame Modifikation der Tauschstruktur mit sich. Für den Kaufakt, für seinen gelingenden Vollzug, ist *nur* die abstrakte Zahl von Geldeinheiten relevant. Zwar unterscheiden sich Geldeinheiten von denen in *anderen* Gesellschaften: Die Goldmünze unterscheidet sich von der Banknote, der Dollar vom Euro usw. Doch *innerhalb* der Geldwirtschaft zählt nur die reine Quantität. Die *Qualität* der Geldeinheit beruht nicht auf ihren materiellen oder sonstigen Eigenschaften. Insofern hat die Quantität des Geldes, über die der Geldbesitzer verfügt, eine rein *kommunikative* Bedeutung. Es kommt nur darauf an, dass der Warenbesitzer und der Geldbesitzer darin symmetrisch *übereinstimmen*, in derselben (lokalen, nationalen usw.) Einheit zu rechnen.

Die physische Verkörperung dieser Einheit ist völlig belanglos – *sofern* sie von beiden Tauschpartnern gegenseitig *anerkannt* wird. Die Qualität der Recheneinheit „Geld" beruht also *nur* auf der gegenseitigen Anerkennung durch die beiden Tauschpartner. Und sofern Geld in einer ganzen Population von Tauschakten Verwendung findet, ist diese Anerkennung bei allen Tauschpartnern solch einer Population vorausgesetzt. Die *Anerkennung* stiftet den Inhalt der Recheneinheit. Er wird nicht aus etwas *anderem* abgeleitet oder ist daraus ableitbar. Die *Bedeutung* der Geldeinheit wird also in der modifizierten sozialen Grundform (dem durch Geld vermittelten Tausch) *gestiftet*, und zwar allein durch die jeweils symmetrisch-reziproke, gegenseitige Anerkennung.

Darin liegt allerdings noch mehr. Die Relationen R5 und R6, die das angesprochene reziproke Verhältnis anzeigen, *müssen* bezüglich der Anerkennungsverhältnisse *symmetrisch* sein. Es genügt nicht, dass A die Geldsumme in Händen von B *als* Geld anerkennt, B *muss* auch die Ware w *als marktfähig* anerkennen. Das hier ausgedrückte „Müssen" ist eine *Bedingung*, die einen Kaufakt überhaupt nur *ermöglicht* – es ist nicht ein „funktionales" oder „empirisches", gar „moralisches" Müssen, sondern rein *kategorialer* Natur: Man ist genötigt, dies mitzudenken, wenn man „Kaufakt" und die darin liegenden Anerkennungsverhältnisse denkt – wie man bei „Mutter" genötigt ist, „Kind" mitzudenken.[42] Diese Anerkennungsverhältnisse sind *qualitativer* Natur. B muss A als Warenbesitzer anerkennen, das heißt, er muss ihn als Besitzer von *verkäuflichem Gut* anerkennen. Die Verkäuflichkeit, die Marktfähigkeit, wie man gewöhnlich sagt, enthält nichts von spezifischen Präferenzen bezüglich der *physischen* (oder auch geistigen) Natur dessen, was da als Ware verkauft werden soll. Ein „Gebrauchswert" tritt hier auf keine Weise in Erscheinung. Die Anerkennung als *Ware* enthält *nur* die Verkäuflichkeit. Und hinter der Verkäuflichkeit verbirgt sich *nur* die Bereitschaft von B, eine bestimmte Geldsumme g für die Ware w auszugeben. Das Geld vermittelt nicht Gebrauchswerte oder *Güter*; das Geld vermittelt nur *Waren*, die eben nur dadurch (zirkulär definiert) Waren sind, *dass* sie verkäuflich erscheinen.

Im Kaufakt kommt es nur auf seine faktische Durchführung an; die *Motivation* der Käufer und Verkäufer als Individuum spielt vorläufig keine Rolle.[43] Man kann nur sagen: Die „leere Präferenz" der Tauschstruktur zeigt sich auch hier, nur erhält sie nun die seltsame Form, dass eine Präferenz des Verkäufers für eine Geldsumme besteht, die

---

[42] Ich könnte in kantianischer Sprechweise auch jeweils von einer „Möglichkeit" sprechen, die man *a priori* zu denken genötigt ist. Störend wäre nur, falls man dieses Apriori einer *vorgängigen* Vernunft zuspräche. Vielmehr liegt die Denknotwendigkeit hier in dem, was jeder *handelnd* mitvollzieht, wenn er tauscht und Geld verwendet. Außerhalb dieses Aktes gibt es keine Möglichkeitsbedingung, nur *in ihm*.

[43] Liefmann sagt deshalb, „dass Wirtschaften ein rein formales Prinzip unabhängig von den Motiven ist, mit denen man es regelmäßig verwechselt hat." R. Liefmann (1919), S. 100. Das ist richtig, wenn man „wirtschaften" mit „Geldverwendung" gleichsetzt.

keinen anderen Inhalt hat als die reine Quantität einer im Anerkennungsverhältnis vorausgesetzten Geldeinheit. Der Warenverkäufer will einfach eine bestimmte *Summe* der Geldeinheit; er zielt auf eine abstrakte Zahl, deren Inhalt nur ihre eigene Quantität ist. Deshalb kann das Geld nicht die Erscheinung von etwas anderem sein. Die Geldsumme in ihrer Funktion im Kauf und Verkauf hat *nur* den Inhalt, diesen Kauf oder Verkauf zu *vollziehen*. Insofern ist die Leerheit des Inhalts der Geldeinheit als *reine Funktion* zu bestimmen. Sie kann in dieser sozialen Funktion gar keinen *anderen* Inhalt repräsentieren oder „erscheinen" lassen. Das Geld ist an ihm selbst sein eigener Schein. Es kann nur scheinen, wenn es funktioniert, und es funktioniert, wenn es in seiner Funktion symmetrisch von den Tauschpartnern *anerkannt* wird.

Die Relation R1, das gegenseitige Anerkennungsverhältnis – das jeweils fallweise immer wieder auf die soziale Grundstruktur zurückfallen kann, wenn Bedeutungsinhalte des Kaufs in ihrer Identität unklar sind –, ist damit der qualitative Inhalt der *Geldeinheit*, die in einer bestimmten Summe vom Geldbesitzer in Händen gehalten wird. Wenn man schon nach einer „Substanz des Geldes" suchte, so könnte man sagen, dass sie sich in der Relation R1, dem symmetrischen Anerkennungsverhältnis verbirgt. In diesem Verhältnis liegt zugleich die Einigung, in einer bestimmten Einheit zu *rechnen*. Es liegt hier eine zur Tauschrelation vergleichbare, *eingebettete* Struktur vor, die sich in der – in der obigen Tauschstruktur erkennbaren – Form (ein Dreieck) von A-g-B verbirgt. Bei einem *Gut* a(A) ≠ a(B) bzw. b(A) ≠ b(B) in der Tauschstruktur kann die *Identität* bezüglich der Einschätzung *als* Gut nicht nur nicht vorausgesetzt werden, sie ist durch die Konstitution der Subjekte in dieser Struktur *ausgeschlossen*. Bezüglich der *Ware* w liegt hier derselbe Sachverhalt vor: Als Gut ist es für A und B notwendig different; als *Produkt* ist Identität vorausgesetzt – in jenem prozesshaften Sinn, den ich in der Analyse der Tauschstruktur skizziert habe.

Bezüglich der Relation zur *Geldeinheit* g ergibt sich nun eine vergleichbare, in den Kaufakt eingebettete Struktur (in der Abbildung 3.4 das Dreieck A-g-B), die ich hier bezüglich der Subjektrelation auseinanderfalte zu einer Bedeutungsrelation, d.h. als soziale Grundstruktur interpretiere (Abbildung 3.5). Zur Unterscheidung der Relationen verwende ich wieder Sternchen. Was wird hier angeschaut?

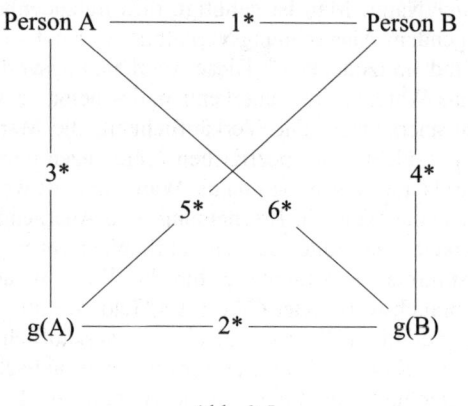

Abb. 3.5

Wir müssen die Frage stellen, welche *Bedeutung* hier bezüglich der *Einheit* des Geldes im Kaufakt konstituiert ist. Und obgleich Geld formal ein Tauschgut ist, trifft *hier* die notwendige Nichtidentität in der jeweiligen Beurteilung durch A und B *nicht* zu. Ganz im Gegenteil. Das Geld *als* Geld ist nur dadurch *anerkannt*, hat nur dadurch Geltung, dass A und B sich bezüglich der *Einheit* von g (als *anerkannte Recheneinheit*) einig sind.

Die Relationen R5* und R6* sind *hier* also tatsächlich symmetrisch, und in dieser Symmetrie liegt die *Einheit* der Recheneinheit. Anders gesagt: Jeder Kaufakt impliziert die hier skizzierte eingebettete Struktur des Geldes, das auf der Gleichheit der Relationen beruht (R3* und R6* bzw. R4* und R5* differieren nicht im *Glauben* der tauschen-

3.2.3 Das Geld im Kaufakt

den Personen). Tatsächlich ist diese Identität als geglaubte eine Fiktion, denn für A und B ist das Geld *als Gut* jeweils völlig verschieden. Welche Bedeutung Gold, Papiergeld oder Zahlen auf einem Kontoauszug jeweils *individuell* von A und B der physischen Verkörperung des Geldes, seiner sozialen Erscheinungsweise als Ding, zumessen, ist ebenso verschieden wie die Wahrnehmungen und Bedeutungen anderer Dinge.

Doch eben *diese* Differenz spielt in der impliziten Struktur der *Geldeinheit* in der Rechnung mit ihr keine Rolle. Die wahrgenommene Differenz der materiellen Geldform wird als *Akt* des Rechnens aufgehoben, sofern A und B durch den Handschlag beim Kauf zugleich zugestimmt haben, *dass* sie wechselseitig davon überzeugt sind, in derselben Einheit gerechnet zu haben. Der Kaufakt reproduziert also den geglaubten Schein der Geldeinheit, die völlige Symmetrie der Relationen R5* und R6*. Formal könnte man sagen: Weil R3* *als* identisch mit R6* *und* R4* *als* identisch mit R5* durch den Kaufvertrag, die Einwilligung in den Kauf *vollzogen* wird, reproduziert sich der Schein der Identität R2* als Geldeinheit.

Für die Ware w *als Gut* gilt weiterhin: w(A) ≠ w(B), auch wenn beide bezüglich der *Produkteinheit* – wie bei der Tauschstruktur analysiert – übereinstimmen müssen. Das Geld ist in seinen Eigenschaften ein *öffentlicher Gegenstand*, normiert oder definiert. *Zugleich* aber schätzen A und B das Geld a*ls Recheneinheit* identisch ein. Die Relation R2* ist also hier eine *Identität durch Anerkennung*, oder

$$g(A) = g(B).$$

Diese Identität ist *qualitativer* Natur, sofern die *Einheit* anerkannt wird, in der beide rechnen. Und bei diesem Rechnen ist die Differenz zwischen der Privatheit von A und B aufgehoben. Sie unterwerfen sich demselben Maß, nämlich der Recheneinheit des Geldes, und umgekehrt hat diese Recheneinheit *als* Einheit nur dadurch Bedeutung, *dass* beide sie rechnend, performativ anerkennen. Die Rechnungseinheit wird nicht vom Geist hervorgebracht oder liegt a priori in ihm, noch ist diese Einheit auf eine Zeiteinheit bei der *Hervorbringung* der Produkte (Arbeitszeit) zurückrechenbar. Gleichwohl *rechnen* die Tauschsubjekte bei der Geldverwendung, und dieses *Rechnen* macht den ganzen Inhalt des Kaufaktes aus. Dadurch wird das *Denken* ebenso in der Marktteilnahme verwandelt, wie das Denken durch die Sprache in ein inneres Sprechen transformiert wird. Tatsächlich verwandelt der Kaufakt die Tauschpartner für die Zeit des Verhandelns in bloße Rechenautomaten, die ihre übrige Subjektivität völlig *preisgeben*. Auf dieser Preisgabe *beruht* jede Preisbildung.

Kehren wir zur ursprünglichen Abbildung des Kaufaktes zurück, die ich zur Verdeutlichung nochmals einfüge (Abbildung 3.6). Trotz der Symmetrie der reziproken Anerkennung der *Geldeinheit* im Kaufakt zeigt sich durch die Geldverwendung eine grundlegende Modifikation der Tauschstruktur. Die Relationen R5 und R6 müssen zwar bezüglich der Anerkennungsverhältnisse, also be-

Warenbesitzer A ——— 1 ——— Geldbesitzer B

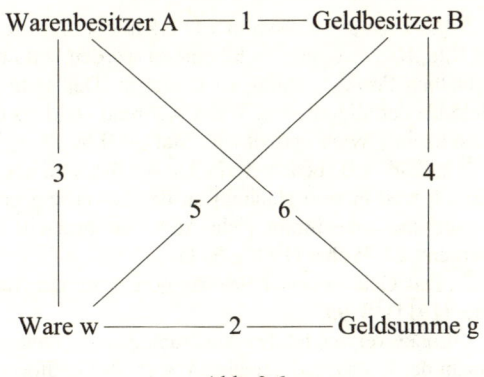

3   4

        5   6

Ware w ——— 2 ——— Geldsumme g

Abb. 3.6

züglich der Relation R1, worin das Geld als Einheit anerkannt ist, *symmetrisch* sein. *Zugleich* liegt aber in diesen beiden Relationen eine *Asymmetrie*, sofern wir die Relate „Ware" und „Geldsumme" betrachten. R5 und R6 sind nach oben – bezüglich R1 – symmetrisch; nach unten – bezüglich R2 – aber asymmetrisch, also mit Bezug auf w und g.[44] Dieses merkwürdige Verhältnis bedarf einer genaueren Analyse, um die darin liegenden Strukturen zu erkennen.

Wenn A und B als Käufer und Verkäufer einander gegenüber treten, haben sie in der Anerkennung der Geldeinheit auch anerkannt, *dass* sie Geld verwenden wollen, dass sie also die Warenform des Austauschs *akzeptieren*. Sie subsumieren sich einer sozialen, durch das Geld modifizierten Struktur. Und dieses Subsumtionsverhältnis ist durchaus symmetrisch. Die Personen A und B anerkennen sich darin nicht nur formal als Gleiche, als Besitzer oder Eigentümer – wie in der einfachen Tauschstruktur. Sie anerkennen sich als Individuen, die ihre Beziehungen *über Geld* abzuwickeln gedenken. Doch unter dem Mantel dieser gemeinsamen Subsumtion verbirgt sich ein durchaus *asymmetrisches* Verhältnis.

Diese Asymmetrie zeigt sich qualitativ und quantitativ. *Qualitativ* zeigt sie sich darin, dass in der gemeinsamen Anerkennung des Geldes als Verkehrseinheit (der sich A und B subsumieren) zugleich Waren- und Geldbesitzer ein ungleiches Verhältnis bilden. Da beide das Geld als Verkehrsform anerkennen, ist damit der *Geldbesitzer* in einer *anerkannten* Position. Er braucht sich bezüglich der Einheit dessen, was er besitzt, nicht zu erklären oder zu rechtfertigen. Das Geld, das er besitzt, ist ja *je schon* bei Eintritt in den Tauschakt in seiner Einheit, in seiner *Identität* anerkannt. Und diese Identität wiederum besteht zirkulär nur aus dieser Anerkennung.[45] Noch anders gesagt: Das Geld hat die Macht, den Tauschakt zu vermitteln, nur dadurch, dass sich die Tauschenden ihm je schon anerkennend subsumiert haben. Es liegt hier *logisch* eine Reflexionsbeziehung vor. Damit ist aber auch der Geldbesitzer in einer privilegierten Position: Das *allgemeine* Anerkennungsverhältnis[46], die allgemeine Bereitschaft, sich dem Geld als Tauschstruktur zu unterwerfen als universeller Rechnungseinheit, führt dazu, dass der *individuelle* Geldbesitzer zur lokalen, situativen *Verkörperung* dieser allgemeinen Macht wird. Er sitzt „am längeren Hebel", weil das, was *er* besitzt, nicht erst allgemeine Anerkennung erringen muss, sondern je schon allgemein anerkannt ist. Dem Geldbesitzer eröffnet sich der gesamte Kosmos der Waren; der Warenbesitzer muss um die Anerkennung durch die klingende Münze erst ringen. Wenn man das Geld eine „allgemeine Ware"[47] nennt, dann ist diese Formel doppelt zu verstehen: Einmal so, dass das Geld die allge-

---

[44] Marx hat diese Asymmetrie erkannt, reduziert sie aber logisch auf die Ebene der Relation R2: „Hier mag nur noch bemerkt werden, dass in W-G-W die beiden Extreme W nicht in derselben Formbeziehung zu G stehen. Das erste W verhält sich als besondere Ware zum Geld als der allgemeinen Ware, während Geld als die allgemeine Ware sich zum zweiten W als einzelner Ware verhält." K. Marx, MEW 13, S. 75f.

[45] „'Geld' z.B. bedeutet ein Tauschgut, welches der Handelnde beim Tausch deshalb annimmt, weil er sein Handeln an der Erwartung orientiert, dass sehr zahlreiche, aber unbekannte und unbestimmt viele Andre es ihrerseits künftig in Tausch zu nehmen bereit sein werden", M. Weber (1980), S. 11.

[46] „Das Geld in seiner Schärfe beruht auf der Sicherheit der Akzeptation", F. Schleiermacher (1911), S. 95.

[47] Locke verwendet den Ausdruck *general commodity* in: J. Locke (1923), S. 64. Bei Marx taucht der Begriff „allgemeine Ware" als Geldform mehrfach auf; er bezieht sich auf Bailey: „Geld ist die allgemeine Ware der Kontrakte", K. Marx, MEW 13, S. 120, Note 105. Vgl. auch: MEW 23, S. 104, Note 52 und G. W. F. Hegel, WW 4, S. 240: „Geld ist die allgemeine Ware, (...) der abstrakte Wert".

3.2.3 Das Geld im Kaufakt

meinste Form einer Ware darstellt, zum anderen aber auch so, dass sich dem Geld *jede beliebige* Ware aus dem Kosmos der Waren öffnet – sofern nur die hinreichende Quantität verfügbar ist.[48]

Zu dieser qualitativen Asymmetrie gesellt sich eine *quantitative*. Die Quantität der Geldeinheit, die Geldsumme, *ist ihr Wesen*. Man braucht nur mit ihr zu rechnen, man braucht sie nur zu *zählen*. Ihre Struktur *ist* die reine Zahl. Dagegen besitzt die *Ware*, welche Maßeinheit auch immer ihre Identität misst, keine sozial anerkannte Zahl. Ihr kommt nur individuell die Mengeneinheit zu, die der Warenbesitzer mit zum Markt trägt. Fest steht am Beginn des Kaufaktes nur, dass der Warenbesitzer (qualitativ) Geld für seine Ware zu erlangen sucht. Das *Wieviel* ist ebenso offen, wie es beim einfachen Tauschakt offen ist, ob oder in welchem Verhältnis getauscht wird. Die subjektive Schule hat diese Frage unter der Überschrift „Grenznutzen des Geldes" diskutiert. Die Fehler dieses Gedankens untersuche ich im Abschnitt über die mathematische Schule innerhalb der subjektiven Wertlehre (vgl. Kapitel 4.7.4). *Richtig* an dieser Überlegung ist allerdings folgendes: Als soziale Rechnungseinheit gilt für die hier vorliegende oder untersuchte Geldsumme g die von allen *geglaubte* und damit *als Illusion* hergestellte Identität g(A) = g(B), eine *qualitative* Einheit. Diese Einheit wird im Tauschakt nur *anerkannt* und damit reproduziert, nicht aber *als Geld* hervorgebracht. Käufer und Verkäufer sagen „ja" zu einer Einheit, die sie schon voraussetzen. Wie beide aber bezüglich ihrer Erfahrungsgeschichte und dem für sie verfügbaren Geldbesitz die Menge g *als Gut* einschätzen, ist keineswegs objektiv. Also als *Gut* gilt für das Geld dasselbe, was im Tausch für jedes Gut zu sagen war: g(A) ≠ g(B).[49] Während sich die Identität auf die Anerkennung der *Einheit* bezieht, beinhaltet die Nichtidentität die jeweils privat beurteilte Bedeutung der *Menge* Geld, die in „g" vorliegt und beurteilt wird.

Die *qualitative* Bestimmung des Geldes geht aber weit über die illusionäre Reproduktion der *Rechnungseinheit* hinaus. Die Ökonomen betrachten stets *gelingende* Käufe oder Tauschakte. Wenn aber – wie es sehr häufig der Fall ist – der Verkaufsakt *scheitert*, wenn sich kein Käufer für eine Ware findet, dann ist es dem Warenbesitzer nicht gelungen, am durch das Geld vermittelten Markt, an der Population der Tauschakte zu partizipieren. Der scheiternde *individuelle* Kaufakt versagt dem Warenbesitzer mit seiner Ware die *Marktteilnahme* – weil die Qualität der Ware oder der gebotene Preis ungenügend waren. Die asymmetrische Macht des Geldbesitzers, der bei einer fehlenden Einigung der Tauschpartner die *allgemeine Funktion* des Geldes in diesem individuellen Tauschakt repräsentiert, erscheint nunmehr als *Ausschlussprinzip* vom Markt.[50] Im Gegensatz dazu ist dem Geldbesitzer durch die allgemeine Subsumtion einer Population von Tauschakten unter das Geld, durch die *Anerkennung* der Geldeinheit als Recheneinheit, die Marktteilnahme je schon garantiert. Das Geld zieht also eine Grenze, die über Marktteilnahme oder Ausschluss entscheidet. Und diese Grenze verläuft stets

---

[48] „To be short, he that hath money hath, you may say, all worldly things that are to be had." G. Botero (1606) (Internet-Text).

[49] In der impliziten Bedeutungsrelation des Geldes, die ich oben abgebildet habe, gesagt: Bezüglich der *Einheit* als Qualität, als anerkannter, gilt für A: R3* = R6*, damit auch R3* = R4* (symmetrisch für B); nicht aber bezüglich der *privaten Bedeutung* von g: Hier ist g ein Gut, das für A und B je verschiedene Bedeutung hat: Ein Euro ist dem Bettler etwas völlig anderes als einem Reichen, der ihn in den Hut des Bettlers wirft. Insofern hat die subjektive Schule also recht, auch wenn dieser differente Nutzen des Geldes sich nicht im Maß einer *Funktion*, einer Nutzenfunktion u = f(g) darstellen lässt; dazu später im Teil über die Geschichte der Tausch- und Geldtheorie mehr.

[50] „Denn das Geld ist Element und Grenze des Tauschverkehrs." Aristoteles (1989): Politik 1257b 23, S. 95.

durch den *individuellen* Tauschakt und die ihm eigentümliche Vereinzelung und *Zufälligkeit* hindurch. Es gibt, mit anderen Worten, kein Gesetz, das die *spezifische* Marktteilnahme regelt.

Nun zeigt sich aber, dass die hier bestimmten Rollen des Waren- und Geldbesitzers keineswegs personal zu deuten sind. Es handelt sich um reine *Funktionen*. Die Individuen *vertauschen* diese Rollen, sobald sie Ware und Geld tauschen. Am Ende eines Kaufakts ist der Geldbesitzer zum Warenbesitzer, der Warenbesitzer aber zum Geldbesitzer geworden.[51] Dieser dem Kaufakt eigentümliche Rollentausch enthält damit ein dynamisches Element, das dem einfachen Tauschakt fehlt. Der zum Geldbesitzer gewordene Verkäufer nimmt auf dem Markt nun eine ganz andere Stellung ein, als dies *vor dem Verkauf* der Fall war. Es ist gerade der Rollenwechsel, den hier *Individuen* vollziehen, der unmittelbar deutlich macht, wie das Verhältnis von Individuum und Rolle zu interpretieren ist. Wenn man von den Individuen hierbei *abstrahiert*, wird die aus diesem Rollenwechsel hervorgehende Dynamik völlig unverständlich.

Dieser Rollenwechsel verwandelt nämlich *periodisch* mit den Kaufakten die Individuen in jemand, der die erneute Marktteilnahme *suchen* muss.[52] Der Markt als Wiederholung von Kauf und Verkauf verwandelt durch den Tausch von w gegen g immer ein Tauschsubjekt – den Käufer – in jemand, der auf eine bestimmte Geldsumme *verzichten* muss. Sofern er im Besitz eines großen Vermögens ist, spielt dieser *Zwang* zur erneuten Suche nach Marktteilnahme keine Rolle. Auch langfristige Vertragsbeziehungen (z.B. Arbeitsverträge) können diesen Zwang aufheben oder wenigstens mildern. Insgesamt aber zeigt die durch das Geld modifizierte Tauschstruktur eine seltsame Unabgeschlossenheit. Sofern der Kaufakt durch gütliche Einigung vollzogen wird, ist der Kauf eine in sich geschlossene Tauschstruktur, die ich bereits analysiert habe. Die reine Tauschstruktur war dabei offen hinsichtlich ihrer Fortsetzung; sie *nötigt* aber niemanden zur Fortsetzung.

Das Geld bewahrt diese Geschlossenheit nur für den vollzogenen Kauf, sofern damit *ein* Kaufakt in sich abgeschlossen ist. Er verlangt *als Tausch* nicht nach einer Fortsetzung. Doch sofern hier das *Geld* in seiner asymmetrischen Funktion im über den vereinzelten Tauschakt hinausweisenden Anerkennungsverhältnis der Geldeinheit, der Subsumtion unter die durch das Geld vermittelten Märkte, am Ende des Kaufs zu vertauschten *Rollen* führt, veranlasst sie den *Warenbesitzer* auf neuen Wegen die erneute Marktteilnahme zu erringen. Der in dieser Struktur liegende Zwang bezieht sich auf alle Individuen, die in einer Population von Tauschakten in wechselnden Rollen auf dem Markt auftreten.

In der bislang beibehaltenen allgemeinen Analyse des Geldes lässt sich also nur sagen, dass mit dem Geld kategorial eine permanente Sorge um Marktteilnahme verbunden ist. Wie diese Sorge sich konkret und für verschiedene soziale Gruppen höchst unterschiedlich zeigt, wird eine vertiefende Analyse ergeben. Wichtig ist es, das Strukturmoment, das hier zu beobachten ist, möglichst einfach und rein herauszuarbeiten. Was immer man dem Geld für Vorzüge zuschreiben mag, diese periodische Produktion

---

[51] Vielleicht hatte Luhmann diese Struktur vor Augen, als er versuchte, die Zahlung als *unit act* der Wirtschaft zu modellieren. Durch fehlende Achtsamkeit auf die hier auftauchenden Kategorien ist sein Versuch jedoch gescheitert. Vgl. meine Diskussion mit Niklas Luhmann: K.-H. Brodbeck (1991); N. Luhmann (1992); K.-H. Brodbeck (1992).

[52] Dies wird in der traditionellen Theorie nicht gesehen oder nur versteckt als *Eigenschaft* des Geldes beschrieben; z.B.: „Das Geld ist eine beständig im Umlaufe begriffene Ware: denn Niemand schafft es zum Behufe des Konsumierens an, sondern zum Wiedervertauschen." J. B. Say (1839: 3), S. 221.

von „Geldlosigkeit" auf einem Markt gehört zu seiner inneren Struktur. „Das Geld ist nichts, bleibt höchstens kurze Zeit bei uns."[53] Die ökonomischen Krisen im Kapitalismus, die Probleme einer Geldökonomie gründen als Möglichkeit in diesem einfachen Verhältnis. In ihm entfaltet sich das, was der Tauschstruktur als sozialer Form an Zufälligkeit und Vereinzelung anhaftet.

Darin liegt zugleich ein „gleichmachender" Zug des Geldverkehrs. Denn mit einem Kauf von Waren stellt sich immer eine partielle Geldlosigkeit ein. Abhängig von der *Höhe* der Ausgabe – z.B. bei einer Investition – ist damit immer das *Risiko* verbunden, die gekauften Waren (oder als Waren fungierende Investitionsobjekte wie Wertpapiere) nicht wieder oder nur mit erheblichem „Verlust" verkaufen zu können. Was für einen Kapitalisten ein pekuniäres Risiko, ist für einen armen Taglöhner ein riskiertes Leben. Die Kluft, die sich hier zeigt, beruht aber auf *einer* kategorialen Grundstruktur, einer Asymmetrie des Kaufaktes, der aus sich selbst partielle oder vollständige „Geldlosigkeit" durch einen Warenkauf erzeugt. Die einzige *Sicherheit* gegenüber dem im Kaufakt selbst liegenden objektiven Risiko ist nur eine möglichst hohe Geldsumme.[54] Es wird sich zeigen, dass dies zugleich ein objektiver Grund zur Ableitung der Geldgier (vgl. Kapitel 5.3.1) und des Zinses (vgl. Kapitel 5.3.5) ist.

Ich vertiefe diesen Gedanken der immanenten Asymmetrie des Kaufaktes unter einem anderen Aspekte und kehre nochmals zur formalen Analyse des Kaufakts anhand der durch das Geld modifizierten Tauschstruktur zurück. Die Relationen R3 und R4 werden durch das Geld im gegenseitigen Anerkennungsverhältnis kaum modifiziert. Formal ist der Besitz von Gütern oder Geld identisch. Dass die *Rechtsform* juristisch Geldbesitz und Geldeigentum nicht unterscheidet, hat zwar etwas mit der Natur des Geldes und seiner allgemeinen Anerkennung als Eintrittskarte für die Märkte zu tun, modifiziert aber nicht die Binnenstruktur der Tauschform. Allerdings verwandelt sich die *Symmetrie* der beiden Relation R3 und R4, vergleicht man den Kauf mit dem Tausch. Denn der „Geldbesitz" ist eben jene asymmetrische Anerkennung innerhalb einer Population von Tauschakten, die der Warenbesitzer in der Relation R3 vermisst. Diese *qualitative Differenz* in beiden Relationen wird aber, wie eben untersucht, gerade durch den Kaufakt selbst *umgedreht*. Der Geldverkehr verkehrt die sozialen Rollen, vertauscht damit die Subsumtionsverhältnisse, wie sie in den Relationen R3 und R4 gegeben sind.

Diese Asymmetrie zeigt sich auch in der letzten zu analysierenden Relation R2. Formal ist diese Relation der *Preis der Ware* p_w, also eine Geldsumme g für die Warenquantität w. Die geleistete Zahlung g ist damit definitorisch bestimmt durch p_w*w. Dieser Ausdruck ist im Kaufakt zugleich der *Geldwert der Ware*. Für den in der Kaufstruktur gebildeten Preis p_w gilt all das, was sich bereits für die Tauschstruktur zeigte. Der Preis p_w wird *nur* durch den Kaufakt selbst festgelegt; er leitet seine Größe *nur* daraus ab und partizipiert damit an der Vereinzelung und Zufälligkeit des einzelnen Tauschaktes. Die Verwendung von Geld als Gegengabe ändert an dieser Struktur nichts. Was immer man für eine Population von Tauschakten an objektiver Struktur der Preise entdecken mag, stets geht diese Struktur durch den einzelnen Kaufakt hindurch und kann damit jedes entdeckte „Gesetz" der Preise aufheben. Daraus folgt auch umgekehrt:

---

[53] Euripides (1979: 2), S. 88.
[54] „Money is dope, a tranquillizer against the effect of not knowing what to do." G. L. S. Shackle (1966), S. 128. Shackle verschweigt eine „Kleinigkeit": Derartige Probleme haben nur Menschen, die *zu viel* Geld besitzen und dafür eine Anlage suchen. Wer von einem Dollar pro Tag lebt, hat *diese* Sorge sicher nicht.

Aus dem vereinzelten Kaufakt, aus der Tausch*relation* lässt sich weder ein Tauschwert noch ein Preis ableiten.

Das ist eine Einsicht, die auch von der neoklassischen Ökonomik seit Edgeworth geteilt wird. Allerdings wird immer wieder behauptet, dass für Populationen von Tauschakten, also für *Märkte* so etwas wie ein „Gesetz" der Preise existiert. Diese Behauptung ist tatsächlich nicht grundlos. Doch sie kann nur dann in ihrem Inhalt verstanden werden, wenn erklärt wird, inwiefern ein Kaufakt sich in einer Population von anderen Käufen *wiederholen* muss. Sofern ein Kauf ein vereinzelter Akt bleibt – was ihm *kategorial* durch die Tauschstruktur zukommt –, lässt sich kein „Gesetz" der Preise feststellen. Vielmehr ist in der notwendigen Symmetrie der gegenseitigen Übereinkunft, die in einem Kauf liegt, *immer* ein Moment der Spontaneität und Freiheit enthalten, das sich *keinem* Gesetz fügt. Nur sofern diese Spontaneität einer *Gewohnheit* weicht, kann sich eine Regelmäßigkeit und Wiederholung zeigen, die ein cartesianischer Beobachter als „Gesetz" fehldeutet. Diese Gewohnheit kann in ein Netz von sozialen Gewohnheiten eingebettet sein. Man *erwartet* dann auf den Märkten bestimmte Preise und reduziert den Kaufakt auf eine gewohnte Handlung. Auf entwickelten Märkten ist das sogar der Regelfall. Doch wie immer sich solch eine Wiederholung eines bestimmten Musters von Tauschakten in einer Population auch erklären lässt, sie *gewinnt* ihre Stabilität nicht durch die Struktur des Tauschakts, durch Kauf und Verkauf.

Dieser Punkt ist für die Preistheorie von grundlegender Bedeutung: Alles, was sich an für längere Zeit stabilen *Marktstrukturen* beobachten lässt, *erwächst* nicht aus dem Markt oder individuellen Eigenschaften der Marktteilnehmer. Die Verkettung der Preise über die Kostenrechnung von Unternehmen, der Haushalte, die Einnahmen und Ausgaben kalkulieren, weist jeweils über die individuellen Kaufakte hinaus und zeigt eine soziale Struktur, die zwar durch die Märkte hindurch sich abwickelt, nicht aber von den Märkten hervorgebracht wird. Das ist der rationale Kern in den Überlegungen der ökonomischen Klassiker, die *hinter* den Tauschwerten auf den Märkten eine tiefere Wertstruktur vermutet hatten, die sie in den Arbeitswerten rechenbar machen wollten. Die Struktur der Lieferbeziehungen in der Produktion, die Konsumgewohnheiten, all dies ist eine Vernetzung, die auf technischen und Konsumgewohnheiten beruht, die jeweils Zwecke und Mittel verknüpfen.[55]

Da diese Strukturen zirkulär sind (was für den einen Einnahme, sind für andere Kosten), bestimmt die Struktur der Gewohnheiten – wie sie im Konsum und in der technischen Organisation von Unternehmen jeweils veränderlich vorliegt – auch die relativen Beziehungen der Geldrechnungen, damit der Preise. Doch diese Struktur ist nicht *hinter* den Märkten etwas Bleibendes, sondern eine sich beständig ändernde. Sie wird nicht durch Märkte hervorgebracht, aber immer durch sie hindurch vermittelt. Die Preise bilden sich durch das je individuelle Nadelöhr der Kaufakte hindurch und zeigen darin etwas „Objektives" – doch dieses Objektive ist nichts anderes als die Vernetzung der Tauschenden in Produktion und Konsum auf der Grundlage technischer und persönlicher Gewohnheiten. In den Preisen offenbart sich damit nicht nur das Geld als soziale Institution, sondern auch das jeweilige Gewohnheitssystem von Produktion und Konsum.

Wie sich zeigen wird (Teil 6), ist diese soziale Struktur der Gewohnheiten der unaufhörlichen Umwälzung von Produktion und Konsum durch die Geldgier unterworfen, so dass sich hier weder eine stabile Matrix von Beziehungen („Güterraum", „Produktions- und Präferenzfunktionen"), noch ein Maß *hinter* dem Geld zeigt. Richtig bleibt an

---

[55] Zu den *immer* zirkulären Beziehungen über das Geld, die für die Preisbestimmung vorausgesetzt sind, vgl. ausführliche K.-H. Brodbeck (1996a), Kapitel 12 und 14-16.

den Überlegungen der Klassiker – vor allem bei J. St. Mill lässt sich das aufdecken[56] –, dass die Tauschbeziehungen in ihrer Zufälligkeit von dieser gegenseitigen Abhängigkeit der Gewohnheitssysteme in Konsum und Produktion ein grundlegend verschiedener Sachverhalt sind. Man kann also nicht den sozialen Zusammenhalt im Kapitalismus aus den tauschenden Individuen „ableiten", wie dies die österreichische Schule versucht. Auch das jeweils anerkannte Geld ist vorausgesetzt, das die Kaufakte vermittelt; es erschafft nichts als Markt, wohl aber nötigt es die Marktteilnehmer, vermehrt *alle* Sozialbeziehungen über das Geldkalkül abzuwickeln.

Da das Geld beim Kauf in der gegenseitigen Anerkennung von Warenbesitzer und Geldbesitzer schon als soziale Struktur vorausgesetzt wird, tritt die *Qualität* der Geldeinheit beim Kaufakt überhaupt nicht in Erscheinung. Die Qualität der Geldeinheit – die, wie sich zeigte, ein Subsumtionsverhältnis verbirgt, das zirkulär auf seiner Anerkennung beruht – ist je schon vorausgesetzt in einer Geldökonomie. Das bedeutet aber auch, dass *Veränderungen* in der Bedeutung der Geldeinheit beim Kauf gar nicht in Erscheinung treten. Dieser Punkt wurde in der Geldtheorie mit dem Gedanken eines „Geldwerts" verbunden. Doch ein „Wert des Geldes" in einer *Binnenwirtschaft* ist ein Unbegriff. Sicher kann man *Währungen* gegeneinander austauschen und insofern von einem Geldwert („Außenwert") sprechen. Doch das Geld hat auf dem Binnenmarkt keinen Wert, sondern erfüllt nur eine bestimmte Funktion als Recheneinheit – ich werde das noch genauer diskutieren.

Hier ist also Vorsicht angebracht, die durch eine begriffliche Präzisierung leichter fällt. Der Geldbesitzer in der Relation R4 der Kaufstruktur verfügt über eine bestimmte Geld*summe*. Diese Verfügungsmacht wird beim Kauf nur *anerkannt*, nicht aber erzeugt. In der Anerkennung der Verfügungsmacht von B über g durch A – symmetrisch anerkennt B die Verfügungsmacht von A über w – wird nur im Tauschakt etwas bestätigt, was *vor* ihm bereits gegeben ist. A und B treten als Eigentümer einander gegenüber. Der Besitz einer bestimmten Geldsumme – die nur zu kleinen Teilen auf dem Markt in Erscheinung zu treten braucht – ist bei allgemeiner Anerkennung des Geldes, der allgemeinen Subsumtion unter Märkte zugleich eine anerkannte Kaufmacht. Diese bestehende Kaufmacht, worin der Geldbesitzer als Eigentümer anerkannt und in der Regel durch Gesetze und staatliche Gewalt *geschützt* ist, und ihre Entstehung gehen dem Kaufakt voraus. Sie bedürfen deshalb einer anderen Erklärung als der Analyse der Tauschstruktur. Summiert man über eine Anzahl von Individuen, die an einem Markt teilnehmen, deren Geldbesitz in der anerkannten Rechnungseinheit, so erhält man zwar eine *Geldmenge*, doch keineswegs die Geldmenge, die auf dem Markt als aktualisierte Kaufkraft auftritt.

3.2.4 Geldvermögen und Geld „wert"

Der Geldbesitz als *Vermögen*, das zu jedem Zeitpunkt für eine Population von Kaufakten einen bestimmten Wert annimmt und das durch verschiedene *Einkommensarten* erworben und verändert wird, ist zwar die Voraussetzung aller Käufe; dieses Vermögen wird aber immer nur nach Maßgabe vereinzelter Entscheidungen der Käufer auf dem Markt ausgegeben. Man kann also zwischen diesem Vermögen und den geleisteten

---

[56] Ich habe das mit kritischem Bezug auf die Preistheorie Böhm-Bawerks am Beispiel Mills entwickelt, vgl. K.-H. Brodbeck (2006c), S. 224-229. Zur zirkulären Beziehung von Gewohnheitssystemen, wie sie in den Preisen erscheinen, vgl. die ausführliche Entwicklung in K.-H. Brodbeck (1996a), Kapitel 14. Inwiefern hier die Neoricardianer die klassische Tradition durch die Verwendung der neoklassischen Sprache verlassen, vgl. Kapitel 4.7.5.5.

Zahlungen keinen Zusammenhang herstellen. Der Zusammenhang ist nur in den tatsächlich geleisteten Zahlungen auf dem Markt gegeben; doch gerade darin tritt immer nur ein Teil des aktuellen Geldvermögens in Erscheinung. Wie viel, das lässt sich nicht mit den Tauschakten in Verbindung bringen, weil die darauf bezogenen Entscheidungen jeweils jedem Kauf vorausgehen.[57]

Auch hier lassen sich natürlich Wiederholungen entdecken, die auf bestimmte *Gewohnheiten* verweisen oder die schlicht durch die einfache Not des Bedarfs diktiert werden. Wer ein sehr geringes Einkommen – durch welchen Warenverkauf auch immer, vor allem aber durch den Verkauf einfacher Arbeitskraft – bezieht, der wird den temporären Geldbesitz nicht lange als Vermögen in Händen halten, sondern sofort wieder in Waren verwandeln, die seiner Notwendigkeit zu leben entsprechen. Wer mehr Einkommen bezieht, der kann einen variablen Vermögensbestand aufbauen und daraus seine Zahlungen leisten. Daraus ergeben sich einige Regelmäßigkeiten mit zeitlich begrenzter Dauer, wie sie z.B. in einer bestimmten „Konsumneigung" in Abhängigkeit vom aggregierten Einkommen einer Wirtschaft oder in einer Preiselastizität zum Ausdruck kommen können.

Ein Zweites kommt hinzu. Viele Transaktionen verwenden das Geld zwar als Rechnungseinheit, schalten aber durch mehrfache Gegenrechnungen von Forderungen und Verbindlichkeiten in viele Käufe gar keine wirkliche Zahlung ein. Wenn Geld- und Warenströme zwischen verschiedenen Wirtschaftseinheiten in beide Richtungen fließen, so können Werte saldiert werden. Hinzu kommen Kredite in vielen Formen. Das Geld taucht dann nur als fiktive Rechnungseinheit auf, während in der Kostenrechnung und der Preiskalkulation Werte in Geld verbucht werden. Das gilt auch dann, wenn eine Kette von Zahlungen einfach verrechnet wird. Weite Teile solcher Transaktionen erscheinen vielleicht auf Girokonten, andere aber werden im bilateralen Verkehr direkt verrechnet, ohne als Zahlung jemals aufzutreten. Rechnete man solche Transaktionen in der gebräuchlichen Rechnungseinheit zur Geldmenge, so wäre dies ebenso ein Fehlgriff wie das Gegenteil, weil die Preise sehr wohl davon beeinflusst werden.

Aus all diesen Prozessen lässt sich deshalb kein „Geldwert" ableiten.[58] Der Wert einer Ware ist eine *relative* Bedeutung – für die tauschenden Individuen, gemessen jeweils an einer anderen Ware. Diese Bedeutung kommt keiner Ware vereinzelt zu. In einer Geldökonomie zeigt sich dieser Wert immer in einem Geldausdruck, also als *Preis*.[59] Der Preis ist die Recheneinheit, die im Kaufakt in symmetrischer Übereinstimmung von den Tauschpartnern einer Ware zugesprochen wird. Diese Bedeutung wird zwar vereinzelt und individuell als *Quantität* einer Ware zugesprochen, aber als Einheit, als im Kaufakt anerkannte Identität der Recheneinheit ist sie dem Tauschakt

---

[57] Wenn Simmel sagt, dass „das Geld, als der abstrakte Vermögenswert, nichts anderes ausdrückt, als die Relativität der Dinge, die eben den Wert ausmacht, und doch zugleich als der ruhende Pol den ewigen Bewegungen, Schwankungen, Ausgleichungen derselben gegenübersteht", G. Simmel (1977), S. 88f, so bleibt diese Bestimmung völlig dunkel. Der *Vermögens*wert sei die Relativität der Dinge, der aber dann „doch zugleich" ein Pol sein soll. Abstraktionen „stehen" nicht, und eine Relation ist kein Relat, also kein Pol. Noch kruder ist folgende Vorstellung: „Diese Relativität, wie sie im Naturaltausch unmittelbar praktisch wird, kristallisiert nun zu der Ausdrückbarkeit des Wertes in Geld." G. Simmel (1977), S. 88. Die Relativität „kristallisiert" zu einer ... „Ausdrückbarkeit"!

[58] Geld „hat an und für sich (...) keinen Wert", G. v. Buquoy (1815-18), S. 10; „man kann keinen ‚Wert' des Geldes in der Volkswirtschaft bestimmen. Denn einen solchen Ausdruck gibt es nicht." R. Liefmann (1916), S. 79. Vgl. G. F. Knapp (1921), S. 436ff.

[59] „Things are just worth so much, as they can be sold for", sagt Barbon schlicht und zutreffend; N. Barbon (1664), S. 16.

3.2.4 Geldvermögen und Geld „wert"

vorausgesetzt. A und B feilschen um die *Höhe* des Preises, und vielleicht können sie sich nicht einigen; doch sie haben – so oder so – darin bereits das Geld als Recheneinheit *anerkannt*. Und in eben dieser Anerkennung liegt reflexiv bestimmt die „Substanz" der Recheneinheit. Diese Anerkennung ist aber selbst keine Quantität und kann nicht gemessen werden. Deshalb ist „Geldwert" ein sinnloser Ausdruck.

Meist wird damit auch etwas völlig anderes gemeint, nämlich eine durchschnittliche Stabilität der Preise auf den Märkten einer Volkswirtschaft. Doch darin ist kein Wert des Geldes begriffen. Die Preise können allgemein sinken, obgleich das Geldvermögen in den Händen der Marktteilnehmer steigt – und umgekehrt. Es gibt hier keinen notwendigen Zusammenhang. Was die Quantitätstheoretiker im Auge haben, nämlich einen Zusammenhang zwischen „Geldmenge" und Güterpreisen, krankt an dem mangelnden Verständnis dessen, was „Geldmenge" hier bedeuten soll. Ich meine nicht eine der gebräuchlichen Definitionen von Zentralbankgeld, sondern ziele *kategorial* auf den Unterschied zwischen dem Geldvermögen im Eigentum der Geldbesitzer und einer abstrakt definierten „Geldmenge", die man im Banksystem und aus dem Geldumlauf zu ermitteln versucht.

Betrachtet man die meist verwendete Quantitätsgleichung $MV = PY$ (M = Geldmenge, V = Umlaufgeschwindigkeit, P = Preisniveau, Y = reales Bruttoinlandsprodukt, als verkürzter Index für die auf dem Markt gehandelten Waren = Transaktionsvolumen), so werden zwei völlig heterogene Sachverhalte verglichen. Was im Marktprozess *als* Geld anerkannt und verwendet ist, damit die *vermeinte Identität der Geldeinheit*, bleibt durch vielfältige Kreditbeziehungen dunkel. Zudem treten zahlreiche Substitute und Verrechnungen von beidseitigen Lieferungen und Leistungen gar nicht als Geld in Erscheinung, wiewohl sie Teil der Einkommens- und Preisrechnungen sind. Beschränkt man sich auf eine operational zugängliche Größe (Bargeldumlauf, Giralgeld), so wird eben nur ein Teil des funktionalen Geldes im Verhältnis zu den Märkten und Preisen einbezogen. Dem steht nur ein *Ausschnitt* aller Transaktionen gegenüber, die in Geld gerechnet werden: Das Bruttoinlandsprodukt (oder ein verwandtes Aggregat). Hier sind – das ist bekannt – die Vorleistungen herausgerechnet, die aber gleichwohl *Marktprozesse* umfassen, die über die Geldverwendung abgewickelt wird. Wichtiger ist, dass die Finanzmärkte oder viele Entlohnungen nicht dazugerechnet werden. Aktien werden ebenso durch Geld gekauft wie andere Finanztitel. In welche Marktsegmente also welche Form von Geld jeweils eintritt, bleibt im kategorialen Raster der Geldstatistik und der VGR verborgen. Damit erweist sich die „Geldmenge" immer als eine *beliebige* Konstruktion, wie Otmar Issing unnachahmlich hemdsärmelig zugibt:

> „Die Definition der Geldmenge wird damit zu einer Frage der Zweckmäßigkeit, d.h. die sinnvolle (!) Abgrenzung der Geldmenge hängt von dem Zweck ab, den man mit einer bestimmten Analyse verfolgt."[60]

Dann lässt sich aber *jedes* Ergebnis rechtfertigen, man braucht nur zu behaupten, man habe eben einen anderen „Zweck" verfolgt.

Den Mangel, im Begriff der „Geldmenge" keine kategoriale Grundlage zu besitzen, gleicht in den Modellen – um die Identität rechnerisch herzustellen – die „Umlaufgeschwindigkeit" (auch „Kreislaufgeschwindigkeit") aus. Hier handelt es sich um eine rein fiktive Größe:

---

[60] O. Issing (1993), S. 6.

"(D)ie Umlaufgeschwindigkeit ist – das haben frühere Nationalökonomen schon richtig erkannt – nicht festzustellen, und selbst das, was als Geldmenge zu betrachten ist, ist durchaus unsicher."[61]

Die Veränderung der Umlaufgeschwindigkeit kann tatsächlich dem geschuldet sein, was man wörtlich damit meint: Der Umlauf einer Münze oder eines Geldscheins verändert sich.[62] Doch als tautologisch definierte Größe – sie wird durch den Quotienten aus nominalem BIP PY und definierter Geldmenge M rechnerisch ermittelt – verbirgt sich in V qualitativ sehr viel mehr.[63] Wenn Geldströme z.B. von Gütermärkten auf Finanzmärkte umgelenkt werden, weil man Investitionen in reale Güter durch Finanzinvestitionen substituiert, dann verändert sich ebenso die Umlaufgeschwindigkeit wie bei der Substitution verschiedener Geldformen durch Kredittitel. Der kategoriale Inhalt der „Umlaufgeschwindigkeit" ist also völlig leer. Sie verrät, dass die Identität der Geldeinheit mit sich selbst ein sozialer Prozess ist. Als Prozesskategorie, die als Variable verwendet wird, um eine fiktive Geldmenge einem nominalen Verkaufsvolumen gleichzumachen, hat sie keinen Inhalt, keine „Identität" und erklärt damit nichts. Setzt man sie konstant, so hat man damit einfach die Konstanz des Verhältnisses von M/PY tautologisch behauptet.

Keynes hat völlig richtig darauf hingewiesen, dass Geld als Vermögenswert durchaus in verschiedene Töpfe wandern kann, wobei er als wichtigsten die Horte für Spekulationszwecke identifiziert („Spekulationskasse").[64] Doch das ist nur ein Aspekt der qualitativ *in sich* differenzierten Größe „Geldmenge", die *funktional* auf dem Markt

---

[61] R. Liefmann (1916), S. 55. Diese Erkenntnis ist in der Literatur verschwunden, obwohl man weiß: „Die Kreislaufgeschwindigkeit des Geldes bleibt jedoch im Zeitablauf keineswegs konstant. Insbesondere ihre konjunkturellen Schwankungen sind ausgeprägt", O. Issing (1993a), S. 170. Damit wäre diese Größe abhängig von einer *Definition* des Konjunkturzyklus. Man erkennt die Methode: Die fehlende Definition der Geldmenge wird durch die Umlaufgeschwindigkeit tautologisch ergänzt, die aber wiederum von der Konjunktur abhängt. Und die Konjunktur hängt vom Kreditvolumen, damit von der Geldmenge ab.

[62] „Die Umlaufgeschwindigkeit des Geldes ist als das Verhältnis des aufgewendeten Geldes zu dem durchschnittlich verfügbaren Gelde, d.h. als die Umsatzrate, definiert worden." I. Fisher (1916), S. 289.

[63] Auf die hierbei vielfältig aufgeworfene Frage einer Trennung nominaler und realer Komponenten bei einem Skalarprodukt aus Preisvektor p und dem Vektor der Gütermengen x (px) durch geeignete Preisindizes gehe ich hier nicht ein. Vor allem das Auftreten neuer und das Verschwinden alter Güter zeigt den illusionären Charakter solch einer Trennung, die selbst bei *unveränderter* Zahl der Güterarten nicht, wie Fisher noch glaubte, allgemein gelöst werden kann; vgl. W. Eichhorn, J. Voeller (1974), S. 74; K.-H. Brodbeck (2000a), S. 105-108.

[64] Vgl. J. M. Keynes (1973a), S. 199ff. „Spekulation" definiert Keynes durch das Motiv: „(T)he object of scuring profit from knowing better than the market what the future will bring forth." aaO, S. 170. Dies führt zu „wide fluctuations in liquidity-preference due to the speculative-motive." aaO, S. 171. Diese in der geldtheoretischen Literatur vielfach diskutierte Motiv – die Präferenz, Geld für spekulative Zwecke zu horten, in Abhängigkeit vom Geldmarktzins – und die darauf gegründete Theorie hat Keynes selber eher salopp betrachtet: „To speak of the 'liquidity-preference theory' of the rate of interest is, indeed, to dignify it too much. It is like speaking of the 'professorship theory' of Ohlin or the 'civil servant theory' of Hawtrey. I am simply stating what it is, the significant theories on the subject being subsequent." J. M. Keynes (1987: 2), S. 215. Zur zinstheoretischen Relevanz dieser Theorie vgl. das Kapitel 6.3.6.

3.2.4 Geldvermögen und Geld „wert"

viele Formen umfasst, in denen in Geld gerechnet und Käufe vereinbart und getätigt werden. Noch der erweiterte Kredit eines Barkeepers für einen Stammkunden verändert funktional die „Geldmenge", auch wenn dieser Kredit nicht als Wechsel diskontiert werden kann, sowenig wie viele Lieferanten- und andere Kredite, die *funktional* durchaus die Rolle von Geld spielen, also vertragliche Eigentumsübertragungen in einer vereinbarten Rechnungseinheit *faktisch* herstellen. Nur ein Teil all dieser Transaktionen *erscheint* in der volkswirtschaftlichen Gesamtrechnung. Was nur ein statistisches Problem zu sein scheint, ist aber in Wahrheit ein begriffliches, weil das kategoriale Raster der erfassten Vorgänge etwas anderes ist als das Funktionieren der vielfältigen Rechnungen und Kaufverträge in der Geldeinheit.

Die Quantitätstheoretiker verwechseln ihre Beobachterperspektive und das nur ihr zukommende Begriffsschema („gemessene Geldmenge") mit dem wirksamen Geldvermögen, das aus einer Teilnehmerperspektive nur als Einkommen gewonnen und als Zahlung wieder ausgegeben wird. Man kann nicht von einer bestimmten Geldmenge auf getätigte Käufe schließen, nicht einmal von einer durch einen Beobachter definierten Geldmenge auf das *wirksame* Geldvermögen in den Händen der Geldbesitzer. Als Teilnehmer weiß jeder selbst, dass und wie er darüber entscheidet, wie viel von seinem aktuellen Geldbesitz für Waren ausgegeben wird. Und die darin liegende Zufälligkeit und Freiheit der Entscheidung verhindert jede Kausalität, die ein *äußerer Beobachter* dem Kaufakt zuschreiben könnte. Nur die tatsächlich geleisteten Zahlungen bestimmten aber die jeweils vereinbarten Preise, deren Durchschnitt als Maßstab für die Identität des Geldes mit sich selbst, seine Einheit herhalten soll. Die darin liegende Identität einer Recheneinheit ist nun einmal keine Quantität, die *ihr* zukäme. Die Geldeinheit ist nur die anerkannte *Zahl*, in der gerechnet wird und die deshalb *allgemein* gilt, weil sich die Marktteilnehmer dieser Rechnung unterwerfen und sie durch den wiederholten Eintritt in Kaufstrukturen reproduzieren.

Eine völlig andere Frage ist die, wie die Geldbesitzer an ihren jeweiligen Geldbesitz gelangen. Ist Geld erst einmal in seiner Qualität als Recheneinheit anerkannt, wird es aber zugleich als Quantität durch einige Institutionen (vor allem die Zentralbank) beeinflusst, so kann auf diesem Wege ein Geldbesitz durch die Finanzierung staatlicher Ausgaben oder auf dem Kreditweg geschaffen werden. Geschieht dies extensiv, so vermehrt sich der *Geldbesitz*, und damit ist es durchaus plausibel, dass dann auch die Käufe vermehrt werden, folglich, sofern nicht das Warenangebot in Quantität und Qualität ebenso rasch zunimmt, auch die Preise steigen. Die Kaufmacht des Geldvermögens als Relation zum Warenkosmos wird durch steigende Preise tatsächlich *reduziert*. Doch das vollzieht sich durch alle differenzierten Formen dieses Vermögens hindurch und lässt sich nicht auf *eine* wirkende Summe „Geldmenge" zurückführen, die als diese Größe überhaupt nur aus der Perspektive eines Metabeobachter der Kaufakte existiert. Dieses statistische Kunstprodukt lässt sich in den durch Käufe wirksamen Geldvermögen nicht entdecken.

Das temporär existierende Geldvermögen, das jeweils in die vereinzelte Kaufstruktur als Güternachfrage eintritt, ist in sich sehr stark differenziert, sowohl in Größe wie in der Quelle der Einkommen. Der Taglöhner erfährt sehr rasch, dass der Kaufakt jeden Warenkäufer der Kaufmacht des Geldbesitzes entledigt und wieder auf einen Zustand zurückwirft, der die Anstrengung einer erneuten Marktteilnahme durch den Verkauf einfacher Arbeitskraft auf sich nehmen muss, wie es in einem alten indischen Spruch heißt: „Geld fängt man mit Geld, wie große Elefanten mit andern Elefanten; ein Armer kann ja keinen Handel treiben nach Wunsch."[65] Über diese Macht, mit Geld wieder Geld „zu fangen", verfügt die Kaufmacht großer Geldvermögen problemlos, die die

---

[65] O. Böthlingk (1966: 1), S. 116.

Eigentumsrechte so manipulieren kann, dass von den Marktteilnehmern Zinszahlungen oder von Unternehmen Gewinnausschüttungen erpresst werden. Hier wird das große Geldvermögen zur langfristig agierenden Monopolmacht des Eigentums, das kraft dieser Macht nicht nur ein großes Vermögen erhalten, sondern zusätzliches Einkommen durch Zinsen oder Gewinnausschüttungen oder Kurssteigerungen von Vermögenswerten erwerben kann (vgl. 6.1.2).

Formal treten all diese Geldbesitzer gleichberechtigt *nebeneinander* auf den Märkten auf. Der Prozess der Preisbildung wird von diesen, dem Kaufakt je vorausgehenden sozialen Machtverhältnissen wenigstens ebenso bestimmt wie die Schaffung von Geldvermögen durch Geldzahlungen an den Staat (aus der Notenpresse), durch den Kredit oder durch die tausendfachen Formen der spekulativen Geschäfte. All dies auf eine „Geldmenge" zu reduzieren, die ein externer Beobachter der Märkte – und das ist in dieser Funktion auch die Zentralbank, wenn sie die Geldmenge ermittelt – in einem fremden Begriffschema einordnet, ist völlig willkürlich. Zudem sind diese verschiedenen Geldformen, die material die „Geldmenge" bilden, durch ihre Eigentumsform, ihren Verbreitungsgrad und die Gebrauchsweisen auch durch verschiedene Geschwindigkeiten gekennzeichnet, mit der sie weitergereicht werden („Umlaufgeschwindigkeit"); vom Horten aus verschiedenen Motiven, bis zum genauen Gegenteil, wie Alberti schreibt: „Es gibt nichts Unsichereres, mit geringerer Widerstandsfähigkeit als das Geld. Eine unglaubliche Plage, Geld zu bewahren, eine Plage vor allem die eine Fülle von Verdacht, von Gefahren, eine Überfülle von Unannehmlichkeiten mit sich bringt. Auf keine Weise kann man das Geld eingeschlossen halten. Und wenn du es versperrst und versteckst, so nützt es weder dir noch den Deinen."[66]

Ebenso willkürlich wie ein Aggregat „Geldmenge" ist die Bildung von Durchschnittspreisen, die z.B. Aktienkurse, Löhne, Zertifikate, Zinsen, Dividenden usw. ausklammert. Hinzu kommt eine weitere Eigentümlichkeit der Preisbildung. Was als *Ware* in einem Kaufakt zu gelten hat, wird *nur* durch die gegenseitige Anerkennung der Tauschpartner bestimmt. Man kann völlig unsinnige Sachverhalte verkaufen, sofern sie nur als existierende Entitäten *geglaubt* werden. Dazu gehören Aktien für Unternehmen, die überhaupt nicht produzieren, Derivate, z.B. Zahlungsversprechen für unbekannte Ereignisse der Zukunft – wobei man *ein* Ereignis gleich vielfach in Derivate einbeziehen kann –, aber auch „reale" Güter, deren Funktionsweise oder Nutzen rätselhaft bleibt. Es genügt, dass sich Käufer und Verkäufer, Waren- und Geldbesitzer *einig* sind, dass hier eine wirtschaftliche Entität vorliegt. Die *Identität* dieser Dinge wird *als Ware*, d.h. als in Geld messbare Größe *nur* im Kaufakt selbst konstituiert. Sie liegt nicht *außerhalb* dieses Aktes. Diese Identitätsbildung von Entitäten beim Kaufakt, dem Tausch gegen Geld und der darin geschaffenen Bedeutung als „Preis der Ware", verweist auf den kategorialen Inhalt dessen, was ökonomische „Werte" ausmacht. Ein Ding hat genau dann „Wert", wenn sich ein Käufer findet, der dafür einen Preis entrichtet. Und dieses Ding *ist* genau dann und nur dann eine Ware.

---

[66] L. B. Alberti (1962), S. 322.

3.2.5 Anmerkungen zu den „Funktionen" des Geldes[67]

3.2.5.1 Zum Begriff der „Funktion"

Die Geldtheorie in der tradierten Form knüpft an *Funktionen* des Geldes an, um daraus den *Begriff* des Geldes zu entwickeln. Einige Stimmen dazu aus einem monotonen Akkord: „Wesen und Begriff des Geldes werden durch dessen Stellung in der Volkswirtschaft, durch seine Funktionen im Güterverkehre bestimmt."[68] „Der Begriff des Geldes liegt in seinen Funktionen eingeschlossen."[69] „Die Aufgabe der wirtschaftlichen Theorie des Geldes wäre also, das Wesen des Geldes seiner ökonomischen Funktion nach zu bestimmen"[70]. „Begriff und Wesen des Geldes ergeben sich aus den Geldfunktionen."[71] Geld hat „den Sinn, welcher in der Funktion des Geldes im wirtschaftlichen Lebensprozess liegt."[72]

Auch die Soziologie, die eine reine „Funktionsanalyse des Geldes" beabsichtigt, geht von derselben Voraussetzung aus: „Funktionsanalysen verlangen Relationsaussagen zwischen Systembedürfnissen oder Problemformeln eines Systems als Bezugskategorien und den einzelnen Strukturelementen und Steuerungsmechanismen als deren Erfüllungsmöglichkeiten."[73] Darin soll das Geld „aus einer isolierten Betrachtung" gelöst werden, um es in „Beziehung zu den sozialen Systemen (zu) setzen"[74]. Hier versucht ein cartesianischer Beobachter durch seine mitgebrachten kybernetischen Kategorien (Struktur, Steuerung, Mechanismen usw.) in der Gesellschaft eine *Ordnung* zu entdecken, die *er* begrifflich erzeugt. Die „Funktion" des Geldes, damit sein Begriff, ergibt sich dann nicht aus der Struktur der Tauschsituation, in der sich das Geld sozial und für einen Teilnehmer erfahrbar reproduziert, sondern aus einem behaupteten Zweck des „Gesamtsystems", den der Theoretiker für das System erfindet. Die zurückgewiesene „isolierte Betrachtung" verzichtet gerade darauf zu sagen, was das Geld *als das Geld* in seinem Begriff ist. Diese Abkehr vom Geld als Geld, die Konstruktion von angeblichen Aufgaben, die das Geld erfüllt, muss sich *in der Durchführung* – wenn, wie ich behaupte, durch diese Frage das Geld in seinem kategorialen Gehalt schon verfehlt wird – zeigen. Und es zeigt sich in der konkreten Durchführung dieses Gedankens und kann daran aufgedeckt werden. An dieser Stelle schicke ich einige allgemeine Bemerkungen zum Funktionsbegriff voraus, um dann die in der Literatur immer wieder behaupteten „Geldfunktionen" einzeln zu diskutieren.

In der Frage nach den „Funktionen" einer Sache zeigt sich eine verborgene *Teleologie*. Der Begriff der „Funktion" stammt aus der Mathematik und substituiert in den Sozialwissenschaften den Begriff des „Zwecks". Nun kommt auch einem Zweck durch-

---

[67] Zu den verschiedenen Auffassungen über die Funktionen des Geldes vgl.: A. Wagner (1857), S. 34ff; C. Knies (1873), S. 105ff; K. Helfferich (1903), S. 230ff; L. v. Mises (1924), S. 7ff; O. Spann (1929b), S. 181ff; A. Marshall (1965), S. 16ff; M. Friedman (1976), S. 11ff; O. Veit (1966), S. 51ff.

[68] C. Menger (1909), S. 92. Vgl.: „Das Geld gehört zu jenen Gegenständen, deren Wesen nur durch ihre Funktionen erklärt werden kann." W. Röpke (1961), S. 118.

[69] K. Wicksell (1922: 2), S. 6.

[70] F. Bendixen (1926), S. 15. Die erste Auflage dieses Buches erschein 1918.

[71] O. Veit (1966), S. 55.

[72] J. A. Schumpeter (1970), S. 14.

[73] K. Heinemann (1969), S. 18. Der Begriff der „funktionalen Bedürfnisse", den Heinemann hier im Anschluss an Luhmann verwendet, stammt von Parsons; vgl. T. Parsons (1994), S. 167ff.

[74] K. Heinemann (1969), S. 18.

aus ein rein sachlicher Inhalt zu, sofern man ihn als Handlungsprogramm interpretiert. Ein Handlungsprogramm organisiert in seinem sequentiellen Verlauf den Ablauf einer Handlung und kann deshalb auch als *Ursache* des Produkts der Handlung, des Handlungsresultats betrachtet werden (*causa formalis*). Doch diese Begriffe bleiben stets auf eine Situation und ihre Interpretation verwiesen, genauer: Sie haben nur Sinn *in* einer sozialen Grundstruktur. Das gilt auch dann noch, wenn man einer ganzen Gesellschaft eine „Zweckmäßigkeit" zuschreibt. Denn dann ist der Theoretiker der verborgene Beobachter der Gesellschaft, und der von ihm einer gesellschaftlichen Struktur zugeschriebene Zweck konstituiert sich zunächst *nur* in seiner Beobachterposition, nicht *in* der gesellschaftlichen Struktur als deren bewegendes Motiv.[75]

Diese methodische Unbestimmtheit erbt die Kategorie der „Funktion". Dinge erfüllen Funktionen in Handlungsprogrammen; es sind die Programme, die ihnen *funktionalen* Sinn verleihen. Und darin liegt immer ein bewusstes, ein teleologisches Moment. Subtrahiert man die Subjektivität und ersetzt man „Teleologie" durch „Teleonomie" – wie die Verhaltenswissenschaftler –, dann bleibt *ontologisch* (d.h. in der Denkform) die Teleologie dennoch gewahrt. Das Bewusstsein, das man aus der Erklärung des sozialen Sachverhalts *entfernt* hat, bleibt im Bewusstsein des Theoretikers erhalten, der überall „funktionalen Sinn" zu entdecken glaubt. *Keine* Theorie ist von dieser Einbettung des je eigenen Bewusstseins und seiner „Werte" auszunehmen; es gibt keine *wertfreie* Wissenschaft, schon gar nicht der Gesellschaft (vgl. 1.3.12). Bei der Analyse *sozialer* Strukturen kann dieser Sachverhalt aber *expliziert* werden, falls man bereit ist, sein eigenes „Theoretisieren" *als* soziale Grundstruktur zu begreifen.

Wenn man sagt: „Der Sachverhalt S erfüllt die Funktion F", dann ist diese logische Figur unvollständig. Denn „… eine Funktion F erfüllen" bedeutet, auf ein Handlungsprogramm, ein Ziel, also auf ein *Subjekt* – ein Individuum, eine Gruppe, Organisation, eine Fragestellung, eine Aufgabe usw. – *bezogen* zu sein. Das Subjekt kann selbst sozial agieren, es kann sich aber auch in der Beobachterposition des fernen Theoretikers verbergen. *Fehlen* wird dieses Subjekt nie. Man muss also die Formel der Funktion erweitern: „Der Sachverhalt S erfüllt die Funktion F für einen Beobachter B." Es kommt aber entscheidend darauf an, bei sozialen Sachverhalten ein *teilnehmender*, kein vermeintlich getrennter cartesianischer Beobachter zu sein.

Was bedeutet das nun für soziale Sachverhalte, was bedeutet es *hier* für die „Funktionen des Geldes"? Ich greife die wichtigsten diskutierten Geldfunktionen auf und stelle ihre Begründungen in kritischen Streifzügen kurz dar.

3.2.5.2 Geld als „Tauschmittel"

Wenn ein beobachtender Theoretiker eine Scheinwelt konstruiert, worin arbeitsteilig Individuen Güter zu Markte tragen und tauschen wollen, um die virtuellen Individuen dann vor die Schwierigkeit zu stellen, dass dieser Austausch gar nicht gelingen kann,

---

[75] Ich verschweige nicht, dass eine derartig cartesianische Positionen zur *herrschenden* werden kann und dann tatsächlich die Handlungen vieler Menschen totalitär einem Zweck subsumiert und so von *innen* bestimmt. Und dies keineswegs nur in sog. totalitären Gesellschaften, sondern auch in Demokratien: Wenn schon nicht im Kriegsfall, dann durch die alltäglich eingeforderte Subsumtion unter Märkte. Der erfundene Krieg gegen den „Terror" und die darin eingesponnenen Lügen der Medien sind ein besonders gravierendes Beispiel, wie sich die cartesianische Haltung gegenüber der Gesellschaft sehr wohl in eine reale Gewalt transformieren kann – solange die Menschen sich solche Zumutungen der *Spin-Doctors* gefallen lassen.

weil Geld noch nicht existiert – wenn weiter gesagt wird, dass diese Schwierigkeit das Geld in seiner „Tauschfunktion" auf den Plan gerufen habe (teleologisch: es wurde „erfunden"; evolutionär: es hat sich als besonders absatzfähige Ware „entwickelt"), dann wird einfach ein Märchen erzählt. Wie sollen für längere Zeit Menschen sich überhaupt arbeitsteilig reproduzieren, ihre Arbeitsteilung aufrechterhalten können, wenn der Tausch ohne Geld nicht gelingt? *Vor* der Geldverwendung kann es überhaupt keinen umfangreichen arbeitsteiligen Tausch geben. Also kann das Geld die „Funktion" eines Tauschvermittlers nur dann spielen, wenn es bereits Geld gibt. Diese Tautologie bedeutet: Die Funktion als „Tauschmittel" ist eine *äußere Zuschreibung*, nichts, das der inneren Struktur der Geldverwendung oder einer Tauschgesellschaft entspräche.

Die Frage, wie arbeitsteilig erzeugte Güter getauscht werden können, ist zweifellos keine Erfindung. Sie charakterisiert unmittelbar den Kaufakt, wie sich zeigte, in seiner *Asymmetrie* zwischen Ware und Geld. Doch diese Frage ist als sozialer Prozess nicht etwas, das ein von außen beobachtender Theoretiker als „Lösung des Tauschproblems" erfunden hat. Taucht man teilnehmend ein in den Tauschakt, dann ist dieses Problem ganz einfach: Der Warenverkäufer sucht die Marktteilnahme zu erreichen durch das Feilbieten seiner Ware – welcher auch immer, wie es in einem altindischen Spruch heißt: „Um Geld zu gewinnen, schmücken sich Toren ohne Unterlass wie käufliche Dirnen und geben sich Andern als Werkzeug hin."[76] Er sucht darin nicht die Lösung, arbeitsteilig erzeugte Güter *überhaupt* auszutauschen. Dieses Problem bezogen auf eine Population von Tauschakten existiert nur als Erfindung, weil es eine solche Population nur gibt, wenn dieses erfundene „Problem" durch die Geldverwendung je schon gelöst ist.[77]

Die Geldverwendung erlaubt überhaupt erst die *Fragestellung* für einen Beobachter einer Population von Tauschakten. Das Geld vermittelt also gar nichts, vielmehr vermitteln die tauschenden *Subjekte* durch ihre Rechnung in Geldeinheiten ihre Kaufakte *und* reproduzieren darin in wechselseitiger Anerkennung immer wieder neu die Bedeutung von Geld. Es sind die handelnden Subjekte, die ihre durch das Geld modifizierten sozialen Beziehungen untereinander durch Berechnung und allen daraus sich ergebenden Konsequenzen für die soziale Interaktion abwickeln. Das Geld tut gar nichts. Geld ist keine vorhandene Entität – es *ist* Funktion, kein Ding, das eine Funktion *erfüllt*.[78]

3.2.5.3 Geld als „Medium"

Diese Geldstruktur verbietet es auch, naiv Geld als bloßes „Medium" zu beschreiben.[79] Wie eine Funktion hat der Begriff des Mediums eine dreistellige Struktur: Etwas (A) ist ein Medium (M) für etwas anderes (B): A-M-B. Insofern besteht eine Analogie, als

---

[76] O. Böthlingk (1966: 1), S. 89.

[77] Wenn Schumpeter sagt: „Man beachte, dass der Tauschverkehr ohne ‚indirekten' Tausch überhaupt nicht zu dem sonst erreichbaren Nutzenmaximum für alle Beteiligten führen könnte", J. A. Schumpeter (1970), S. 19, Note 8, dann bemerkt er die Pointe nicht: ohne Geld findet *überhaupt kein* allgemeiner Tauschverkehr statt, von der Existenz eines erfundenen „Nutzen"-Maximums ganz zu schweigen.

[78] Ohno sagt, dass das Geld in seiner sozialen Funktion „den wirtschaftlichen Wert erst ermöglicht. Infolgedessen kann es selbst nicht wirtschaftlicher Wert sein." J. Ohno (1931), S. 67. Ohnos Lehrer Soda hatte formuliert: „Der *wirtschaftliche Wertbegriff* deckt sich allerdings unserer Ansicht nach mit dem *Geldbegriff* in seinem vollen Umfang." K. Soda (1911), S. 118. Streicht man „wirtschaftlich", so ist der Satz gänzlich korrekt, denn auch der *philosophischen* Begriff „Wert" ist ein Importgut aus der Ökonomik.

[79] J. St. Mill, CW III, S. 502ff verwendet den Begriff *circulating medium*.

auch das Geld in einer Relation gründet. Doch auch hier verdeckt die stillschweigend vorausgesetzte erkenntnistheoretische Position die zu erkennende Kategorie: Jenes „B" im Schema A-M-B ist nämlich in den Theorien vom Geld als Kommunikationsmedium nicht der Teilnehmer des Tauschs, sondern der cartesianische Beobachter. Die Soziologie von Parsons bis Habermas hat es verstanden, durch einen kommunikationstheoretischen Jargon hier einige zusätzliche Verwirrung zu erzeugen, ohne freilich der Erkenntnis des Geldes dadurch auf die Sprünge zu helfen.

Soziologen verwenden gerne die spezifischere Ausdrucksweise: „Geld als *Kommunikations*medium" oder sie sprechen vom Geld als „symbolisch generalisiertem Tauschmedium"[80]. Damit ist zunächst nur eine andere Ausdrucksweise verwendet als die weniger gespreizte der Ökonomen, die Geld als *Zeichen* für einen davon verschiedenen Wert betrachten (vgl. 3.2.5.6). „Tauschmedium" zu sein, das bedeutet nichts anderes, als den Tausch *faktisch* zu vermitteln, und für diese „Funktion" habe man das Geld als Zeichen „generalisiert" – die Ökonomen sagen schlicht: „praktischerweise erfunden". Mit solcher Redeweise ist aber von der Struktur der Geldverwendung nichts verstanden. Denn der Begriff „Tauschmedium" ist nur ein anderes Wort für „Funktion des Tauschvermittlers"; dazu habe ich das Notwendige schon gesagt.

Der eigentliche Witz ist das, was sich in dem Wort „generalisiert" vor „Tauschmedium" verbirgt. Der Tausch wird nämlich als dinglich-faktischer gedacht, das Geld *als* Kommunikationsmedium ist aber ein Prozess der Bedeutung. Es gilt also zu verstehen, inwiefern ein sozialer Prozess der Bedeutung *als* Tauschprozess mit Geldverwendung erscheinen kann. Nur wenn man am Kaufakt die semiotische Struktur erkennt, wie darin die Bedeutung der Rechnungseinheit Geld jeweils als zirkulär-reflexive Anerkennung, als kollektive Illusion reproduziert wird, kann deutlich werden, inwiefern Geld semiotisch zu charakterisieren ist. Von den in der sozialen Grundstruktur liegenden Bedeutungsprozessen unterscheidet sich das Geld: Zwar ist Geld nur Geld, sofern in der Geldeinheit gerechnet wird. Diese Rechnung ist insofern ein „Kommunikationsakt", als darin die Bedeutung der Geldeinheit immer wieder neu als Identität erzeugt wird. Darin liegt eine Analogie zum sozialen Bedeutungsprozess, der bezüglich von Sachverhalten sprechend und handelnd deren Identität als tendenziell konvergenten Prozess hervorbringt. Aber der Witz am Geld ist gerade das, was es von der gewöhnlichen Sprechhandlung unterscheidet. Wenn man nun entdeckt, dass *auch* das Geld soziale Bedeutung reproduziert und insofern ein „Medium" ist, dann sagt man, dass der Kaufakt eine soziale Grundstruktur ist. Das ist richtig: Man kann den Tauschakt nur verstehen, wenn man die in ihm liegende, kommunikativ vermittelte gegenseitige Anerkennung bemerkt. Man vergisst aber über der tiefsinnigen Entdeckung hinzuzufügen: Geld ist ein *spezifisch modifizierter* Kommunikationsprozess. Und die Erkenntnis dieser Modifikation macht die ganze Wissenschaft vom Geld aus.

Habermas knüpft wie Luhmann an Parsons Theorie der Kommunikationsmedien an. Parsons Theorie als Grundlage für die von Habermas versuchte Skizze zu einer Geldtheorie ist allerdings von vorneherein in eine Zirkularität verstrickt. Für Parsons ist ein „Sozialsystem immer durch ein institutionalisiertes Wertsystem gekennzeichnet"[81]. Der „Wert" als Kategorie kann aber auch von ihm nicht anders als im Horizont des Geldes gedacht werden, was Parsons sogar ausdrücklich zugesteht: „Für mich war Geld das Modell, von dem ich bei meinen Überlegungen zur Medientheorie ausging"[82]. Parsons Theorie, wie überhaupt die Soziologie des Geldes, hinkt ganz allgemein nur der öko-

---

[80] Vgl. N. Luhmann (1988), S. 230ff und S. 47.
[81] T. Parsons (1967), S. 163.
[82] T. Parsons (1999), S. 34.

3.2.5 Anmerkungen zu den „Funktionen" des Geldes

nomischen Theorie hinterher, stets bemüht, ihre Eigenständigkeit durch einen differenten, sich abgrenzenden Jargon zu erweisen, ohne sich doch wirklich auf eine Kritik der ökonomischen Grundkategorien einzulassen.[83] Auch Habermas hat die Ökonomik weitgehend auf sich beruhen lassen; er versucht sich dennoch an einer Stelle an einigen Überlegungen zur Geldtheorie, anknüpfend an Parsons.

Habermas hat aus der Perspektive der Kritischen Theorie die Frage gestellt, inwiefern das Geld als Kommunikationsmedium zu anderen Medien in Beziehung steht, genauer, ob „die Umstellung vorbürgerlicher, normativ organisierter Arbeitsbeziehungen auf das Medium Geld, ob also die Monetarisierung der Arbeitskraft einen Eingriff in Lebensverhältnisse und Interaktionsbereiche bedeutet hat"[84]. Er schließt sich an Parsons Vorstellung an, dass auch Macht ein „Medium" sei und geht von „strukturellen Analogien zwischen Geld und Macht"[85] aus, die Parsons Medienbegriff auch auf das Geld ausdehnen will.

Nun ist Parsons Geldbegriff nur eine schwache Adaption der Nutzentheorie, die keine gesonderte Auseinandersetzung neben den ökonomischen Vertretern dieser Theorie notwendig macht.[86] Habermas rekonstruiert – unter Rückgriff auf Luhmann – den Gedanken so, dass er Geld als Code beschreibt, als ein Medium der Informationsübertragung.[87] Das ist unhaltbar, weil Geld keine Informationen trägt oder überträgt. Wenn, dann sind es die Preise, die jedoch erst in eine Rechnung einbezogen werden müssen, um *Bedeutung* zu haben. Motiviert ist diese schiefe Vorstellung bei Habermas durch den Gedanken: „Der Geld-Code *schematisiert* mögliche Stellungnahmen von Alter in der Weise, dass dieser Egos Tauschangebot entweder annimmt oder ablehnt"[88]. Das ist nur der dünne Abglanz des richtigen Gedankens, dass die Rechnung in der Einheit des Geldes die Fiktion einer Identität erzeugt, in der sich reflexiv „Ego und Alter" (also Käufer und Verkäufer) jeweils schon bewegen. Dass sich darin aber die *Bedeutung* – die „Codierung" – überhaupt erst konstituiert, das wird nicht erkannt.

Wenn Habermas im Anschluss an Parsons Geld und Macht analogisiert, so liegt auch darin eine richtige Ahnung, die aber in der verdinglichten Systemsprache Luhmanns, an die Habermas anknüpft, von Anfang an eine wirkliche Einsicht verhindert.

---

[83] Parsons adaptiert V. Pareto und A. Marshall; M. Weber die österreichische Schule; G. Simmel gesteht sein mangelndes Verständnis zu, (vgl. W. Jung (1990), S. 57f), und Luhmann sagt in einem Interview mit sympathischer Offenheit: „Ich würde ganz gerne noch andere Sachen studieren, zum Beispiel Mathematik und Wirtschaftswissenschaften." N. Luhmann (1987b), S. 140.

[84] J. Habermas (1980), S. 84.

[85] J. Habermas (1980), S. 85.

[86] Die Aussage: „Utility, then, is the economic value of physical, social or cultural objects in accord with their significance as facilities for solving the adaptive problems of social systems. Wealth is the aggregate of this value for a given social system at a given time", T. Parsons, N. J. Smelser (1966), S. 22, erklärt gar nichts und reproduziert nur den Gedanken der Ökonomen, dass Tauschpopulationen „Probleme" schaffen, die durch die Wertfunktion gelöst werden sollen.

[87] J. Habermas (1980), S. 80: „Geld hat die Eigenschaften eines Codes, mit dessen Hilfe Informationen vom Sender zum Empfänger übertragen werden können. Das Geldmedium erlaubt die Erzeugung und Vermittlung symbolischer Ausdrücke mit eingebauter Präferenzstruktur. Sie können den Empfänger über ein Angebot informieren und ihn zu dessen Annahme veranlassen." Hier wird die Theorie von A. Müller-Armack (1990), S. 78 und Hayek reproduziert, der Preise als Signale = Befehle deutet, die Reaktionen der Marktteilnehmer auslösen (vgl. 1.2.3); genannt werden diese Quellen nicht.

[88] J. Habermas (1980), S. 81.

Auch Macht ist eine zirkulär-reflexive Struktur, und darin liegt tatsächlich eine Analogie zum Geld.[89] Allerdings macht Habermas daraus eine Trivialität: „Geld und Macht unterscheiden sich in den Eigenschaften der Messbarkeit, Zirkulationsfähigkeit und Deponierbarkeit nicht so stark, dass dadurch das Medienkonzept der Macht völlig entwertet würde. Berechtigt ist aber die komparative Feststellung, dass Macht sich nicht so gut kalkulieren lässt wie Geld."[90] Geld ist kein Ding, *mit* dem man kalkuliert, sondern eine intersubjektive Funktion der Bedeutung, *in der* gerechnet wird. Und gerade in der verallgemeinerten Rechnung liegt die Subsumtion unter das Geld, das ihm dadurch zirkulär fiktiven Wert verleiht.

Eben dies wäre die strukturelle Analogie zur Macht, nicht deren mangelhafte „Rechenbarkeit", die dann, wenn sie sich gewalttätiger Mittel bedient, durchaus gegeben ist und die strategischen Perversionen der Militärs in Atem hält. Habermas reproduziert mit Parsons die Illusion der Wertsubstanz (die an Marx nicht kritisiert zu haben, sich hier rächt), wenn er sagt, dass „Macht die symbolische Verkörperung (!) von Wertmengen (!) dar(stelle), ohne dass ihr selbst ein intrinsische Wert zukommt."[91] In der reflexiven Struktur der Macht – in der Zirkularität von Machthaber und den Personen, die Macht anerkennen oder performativ verleihen – hat der Begriff „Wert" nur einen verblasenen Sinn. Die Symbole der Macht (oftmals durch Demonstration von potenziellen Gewaltmitteln), die man entdecken kann, funktionieren nur auf der Grundlage des reflexivzirkulären Anerkennungsverhältnisses jener Strukturen und Menschen. Darin zeigt sich also bei den Symbolen der Macht eine gewisse Analogie zum Geld, z.B. als Papiergeld. Doch wenn nichts gerechnet wird, gibt es auch keine Werte.

Die Reflexionen von Habermas reproduzieren in ihrer Selbstfesselung durch den übernommenen soziologischen Jargon die darin implizierte Metaphysik, die soziale Relationen als Systemoperationen, Codes und Vermittlungsmedien zur Sprache in Analogie setzt, aber nicht auf den Begriff bringt. Dabei hätte Habermas selbst durch einen seiner eigenen Hinweise etwas bemerken können, wenn er anhand der Funktionsanalyse des Geldes eine „Substitution" bemerkt, worin das „Medium Geld sprachliche Kommunikation in bestimmten Situationen und in bestimmten Hinsichten (ersetzt)"[92]. Von dieser Einsicht aus wäre allerdings an eine wirklich philosophische, d.h. ihrer Kategorien mächtige Analyse die Forderung ergangen, zu zeigen, inwiefern der Kaufakt als Tauschstruktur *an ihm selbst* die Einbettung in Kommunikationsprozesse offenbart, wie also die Tauschstruktur der Möglichkeit nach immer in die soziale Grundstruktur und die darin vollzogenen Bedeutungsprozesse zurückfallen kann und zugleich aus ihr hervorgeht. Dann wäre deutlich geworden, dass Geld und Kommunikation, wie auch Geld und Macht, nicht Entitäten sind, die *nebeneinander* treten oder aufeinander folgen – für Habermas beerbt ja die Verteidigung der Lebenswelt gegen die Kolonisierung durch das Geldsystem das historische Nacheinander von Kapitalismus und sozialistischer Gesellschaft bei Marx. Nur von dieser Einsicht aus kann man erkennen, was sich im Geld für eine Vergesellschaftung vollzieht und inwiefern das durch es veränderte Denken Macht über seinen eigenen Prozess gewinnen kann. Die These also, Geld *erfülle* eine Funktion oder sei ein *alternatives* Medium der Kommunikation, die in der Ökonomik und Soziologie vertreten wird, vermag nicht, die Kategorie des Geldes in einen Begriff der Geldtheorie zu verwandeln.

---

[89] Vgl. zur Differenz von Macht und Gewalt (Kapitel 3.1.5).
[90] J. Habermas (1980), S. 87.
[91] J. Habermas (1980), S. 85.
[92] J. Habermas (1980), S. 77.

3.2.5.4 Geld als „technisches Hilfsmittel"

Als besonders verdinglichte Variante taucht dieser Typus von Erklärung des Geldes als Funktion von etwas anderem (Wert, Code, Nutzen, Tauschkosten etc.), von dem es sich seine *kategoriale Natur* nur ausleiht, in dem Gedanken auf, Geld sei ein *technisches Hilfsmittel*. Diesen Gedanken skizziere ich nur kurz, obgleich er in der Ökonomik sehr verbreitet ist und damit verdeutlicht, wie sehr die mechanischen Denkmodelle den Blick auf das Geld verstellen. In dieser *technischen* Deutung kommt die These vom Geld als Medium am Ende nur dort an, wo die ökonomische Theorie in ihrer krudesten Form ihren Ausgang nahm: Bei einer Gleichsetzung von „Funktion" mit einem Funktionsbestandteil in einer Maschine.

Die einzig verbleibende Frage ist dann die nach der *physischen* Natur des Tauschs, nach der Konstruktion der Wirtschaftsmaschine. Dieser Gedanke, der sich als Systembegriff bei Adam Smith entfaltet findet und den ich später systematisch darstellen werde (vgl. 4.3.2.4), wurde von David Hume so ausgedrückt, dass er das Geld als „Öl" in der Wirtschaftsmaschine beschreibt.[93] Ähnlich sagt auch Hodgskin in Anknüpfung an Adam Smith:

> Geld „ist tatsächlich nur ein Instrument, um das Kaufen und Verkaufen zu ermöglichen, und seine Untersuchung ist nicht mehr Teil der Wissenschaft der Politischen Ökonomie wie die Untersuchungen von Schiffen oder Dampfmaschinen oder von irgend einem anderen Instrument, das zur Erleichterung der Produktion und Verteilung des Reichtums dient."[94]

In dieser Reflexion wird der Funktionsbegriff rein mechanisch übersetzt und all das, was zum Geld als *Kategorie* zu sagen wäre, ist in denkbar weite Ferne gerückt. Ähnliche Bilder vom Geld im „Räderwerk des Tauschs" finden sich später immer wieder in der Literatur, bis zu den nur bedingt amüsanten Außenseitern der Geldkritik.[95]

---

[93] „Money is not, properly speaking, one of the subjects of commerce, but only the instrument which men have agreed upon to facilitate the exchange of one commodity for another. It is none of the wheels of trade: It is the oil which renders the motion of the wheels more smooth and easy." D. Hume (1826: 3), S. 317; vgl. D. Hume (1988: 2), S. 205. „Das Geld ist das Öl am Wagen des Handels", Antonio Genovesi, zit. nach Surányi-Unger (1923), S. 210. „Unter den vielen Gleichnissen, vermittelst welcher man die Natur und die Funktionen des Geldes zu veranschaulichen gesucht hat, ist das von dem *Öle in einer Maschine* aus mehreren Gesichtspunkten recht zutreffend; das Öl bildet keinen Teil der eigentlichen Maschine, ist weder treibende Kraft, noch ausführendes Werkzeug, und in einer absolut vollendeten Maschinerie würde ein Minimum an Schmiermitteln erforderlich sein." K. Wicksell (1922: 2), S. 4f. Hobbes spricht vom Geld als dem Blut im „Blutkreislauf des Staates", T. Hobbes (1984), S. 194.

[94] T. Hodgskin (1827), S. 178f. Auch Ammon sagt: „Volkswirtschaftlich gesehen dient das Geld der Aufrechterhaltung und dem Funktionieren des verkehrswirtschaftlichen Mechanismus", A. Ammon (1953), S. 668. Die Funktion des Geldes ist die Aufrechterhaltung des *mechanischen Funktionierens*; das Geld ist „eine Kombination von verschiedenen ‚Funktionen'". Der Begriff des Geldes leitet sich hier aus einem mechanischen Apriori ab.

[95] Vgl. z.B. die naiven Bilderchen bei I. Fisher (1916), S. 95 und bei H. Creutz (1997), S. 454f. – und jeweils an anderen Stellen.

3.2.5.5 Geld als „Zahlungsmittel"

Ein etwas reflektierterer Begriff ist jener, an der Funktion des Geldes als „Zahlungsmittel" anknüpft. Mit Geld wird im Kaufakt bezahlt. Ohne Geld gibt es keine entwickelte Tauschgesellschaft, also wird immer schon bezahlt, und Geld erfüllt immer schon die „Funktion als Zahlungsmittel". Wie sehr der Geldhorizont hier auch die juristische, politische und religiöse Sprache strukturiert, belegen die Begriffe „Schuld" und „Vergeltung", also das Abgelten einer Schuld durch Geld (vgl. 5.2.2).[96] Betrachtet man – in einem zweiten Schritt – komplexere Zahlungsvorgänge, bei denen die Zeitpunkte der Geld- und Warenübergabe *auseinander fallen*, also *Schuldverhältnisse* in einem Rechtssystem, dann dient die Zahlung dazu, ein Schuldverhältnis aufzuheben. Zweifellos ist das eine Funktion des Geldes in vielen Schuldverhältnissen, die durch Kaufverträge entstehen. Doch es ist eine Funktion des Geldes *in einer rechtlich definierten Situation*. Es ist die Funktion des Geldes *bezogen* auf eine juristische Handlung. (In der oben gegebenen Formel: „Das Geld erfüllt die Funktion der Aufhebung des Schuldverhältnisses für den Schuldner.")

Die einfache Zahlung im Kaufakt kann – bezogen auf das darin mitgegebene Rechtsverhältnis – also eine Funktion erfüllen, und sie erfüllt diese Funktion auch *bezogen auf das Rechtssystem*, das hierbei (im Schuldner als soziale Rolle gesetzt) aber vom Geld in seiner Einbettung in die Tauschstruktur verschieden ist. Diese „Geldfunktion" ist wiederum nur die innere Modifikation der sozialen Grundstruktur, d.h. die Verwandlung einer kommunikativ vermittelten Handlung in eine spezifisch ökonomische, die sich an Rechtsnormen orientiert.[97] Auch hier gibt es weder die Entität „Geld" noch die Entität „Recht", die sich aufeinander beziehen. Jeder „Bezug" ist die Handlung von Subjekten, nicht eine „systemische" Beziehung von Funktionen. Das Geld kann jedenfalls nicht aus einer Funktion in Vertragsbeziehungen „abgeleitet" werden, wenn diese Vertragsbeziehungen nur die Geldverwendung *regeln* und deshalb die Handlungen der Geldverwendung schon voraussetzen.

3.2.5.6 Geld als „Recheneinheit"

Die „Funktion des Geldes als Recheneinheit", eine weitere Geldfunktion neben jener der des Tausch- und Zahlungsmittels in der Sprache der ökonomischen Lehrbücher, ist wiederum etwas völlig anderes, Ausdruck einer ganz anderen Struktur. Da dieser Aspekt im Zentrum meiner obigen Darstellung stand, kann ich mich hier zusammenfassend kurz fassen. Das Geld als Recheneinheit, das hat sich aus der Analyse des Kaufaktes ergeben, *besteht* nur in einem gegenseitigen Anerkennungsverhältnis von Warenbesitzer und Geldbesitzer. Sie unterwerfen sich *durch* ihren Kauf und Verkauf performativ der Bedeutung „Geldeinheit", die ihnen dabei nur als reine Zahl, als Rechnung dient. Und dieser vollzogene Akt der Berechnung wiederum setzt zirkulär das, was „Geld" als

---

[96] Vgl. „Schon in dem Worte Vergeltung liegt der Begriff des Geldes", Albert Friedrich Berner, zitiert nach: A. H. Aure (2002), § 137. Judentum, Christentum und Islam leben von dem Gedanken, dass es mit Gott ein Schuldverhältnis gebe, das auf Gehorsam und Ungehorsam beruht, wofür ein positiver oder negativer Preis als Lohn oder Strafe empfangen wird.

[97] Mit einem Hinweis auf Aristoteles sagt W. Stark: „Money, however, is in essence a social bond: a man with a monetary income is in essence a social creature." W. Stark (1943), S. 210.

Recheneinheit *ist*.[98] Auch hier ist also das Geld keine aparte Entität, mit der die Individuen hantieren. Vielmehr ist das Geld eine Modifikation des sozialen Prozesses, also der Herstellung von Bedeutung und Identität eines sozialen Sachverhalts – erfahren aber nicht *als* dieser Identitätsprozess, wohl aber sichtbar am Kredit. Der *Kredit* ist die *sichtbare* Variabilität der Identität des Geldes als Rechnungseinheit mit sich selbst.

Die Verständnisschwierigkeit hierbei liegt in der reflexiven Beziehung, die – wenn man sie ausspricht – *logisch* als zirkulär erscheinen muss. Das, was Geld „ist", wird durch die Bedeutung erzeugt, die ihm durch die Handlungssubjekte in ihren Tauschakten als Bedeutung verleihen. Sie meinen umgekehrt, sie müssten sich der Geldeinheit und ihrer Bedeutung *unterwerfen*, weil das Geld die Bedeutung als Rechnungseinheit „hat". Und dieser Glaube an die Bedeutung der Rechnungseinheit konstituiert den illusionären Wert des Geldes. Die auf diese Weise als *Schein* erzeugte Entität Geld „ist" aber nur das, was sie ist, durch die zirkuläre Unterwerfung unter ihre „Funktionen". In dieser zirkulären Relation besteht auch keine Differenz zwischen einem individuellen und einem Massenphänomen (in der These, die massenhafte Subsumtion bedinge die individuelle Anerkennung): Wie die Analyse der Kaufstruktur zeigte, findet sich diese Anerkennung durchaus auch beim vereinzelten Tausch.

Die Subsumtion unter das Geld ist also tatsächlich ein individuell reproduzierter Schein. Die Funktionen *sind* die Unterwerfung unter sie. Ich erinnere – zur Illustration dieser logischen Struktur – wieder an die Metapher von „König" und „Untertan", die hierzu isomorph ist (vgl. Kapitel 1.1.9 und 4.4.7). Auch ein König ist „Schein" – wie sich bei einer Revolution, wenn sich die Bevölkerung von ihm abwendet, sehr rasch zeigt. Die Macht des sowjetischen Staates oder der DDR *beruhte* auf der Unterwerfung unter ihn; einige Demonstrationen veränderten das Bewusstsein derer, die sich früher unterworfen haben und dem Staat *dadurch* Macht verliehen. Das gilt natürlich auch für Demokratien, wie David Hume wusste.[99] Das Geld ist als soziales Phänomen von exakt dieser Struktur.

3.2.5.7 Geld als „Zeichen"

Geld ist deshalb auch kein *Zeichen* für etwas anderes. Es lässt nicht etwas von ihm Verschiedenes (den „Wert") erscheinen.[100] Die Güterpreise *zeigen* auf nichts, sondern sind nur die temporär fixierten Zwischenrechnungen des allgemeinen Geldgebrauchs im Austauschprozess. Der Gedanke, dass Geld ein Zeichen für etwas anderes sein soll, verdankt sich dem Goldstandard. Dort hat man die Banknoten als *Zeichen* für das „wirkliche" Geld, nämlich Gold, betrachtet. Doch das ist semiotisch unverständlich. Die

---

[98] Insofern sagt Mises richtig: „Die Geldrechnung ist keine ‚Funktion' des Geldes, so wenig die astronomische Ortsbestimmung eine ‚Funktion' der Gestirne ist." L. v. Mises (1933), S. 148.

[99] „Nothing appears more surprising to those who consider human affairs with a philosophical eye, than the easiness with which the many are governed by the few; and the implicit submission, with which men resign their own sentiments and passions to those of their rulers. When we inquire by what means this wonder is effected, we shall find, that, as Force is always on the side of the governed, the governors have nothing to support them but opinion." D. Hume (1826: 3), S. 31. Vgl. D. Hume (1988: 1), S. 25. Vgl.: „(D)er absoluteste Despot herrscht nicht auf Grund seiner eigenen Kraft, sondern nur auf Grund der Treue seiner Wachen und der Unterwürfigkeit seiner Untertanen." W. Lippmann (1945), S. 326.

[100] „Dass die Preise Wertausdrücke irgendwelcher Art seien, ist vielmehr einer der größten und folgenschwersten Irrtümer, die die heutige Nationalökonomie noch allgemein vertritt." R. Liefmann (1919), S. 201.

Papierzettel oder die Zahlen auf einem Konto *zeigen* auf nichts. Sie sind ihre eigene, leere Identität, eine Identität, die nur durch die allgemeine Anerkennung gestiftet wird. Zwar sind die Preise formal als Zeichen, also semiotisch interpretierbar, weil hier jeweils eine Warenquantität auf eine Geldquantität zeigt – und umgekehrt. Doch *wofür* sind Geldpreise „Zeichen"? Nur für *andere* Preise. Die Geldrechnung zieht eine notwendige Zirkularität nach sich, die der fiktiven Identität der Geldeinheit entspricht. Man kann immer nur sagen, dass ein für eine Ware erzielter Gegenwert in Geld – also eine einfache Zahl in der Geldeinheit – größer oder kleiner als ein anderer ist. Dieser Wert verweist also immer nur auf andere Preise, nicht auf etwas „Reales" dahinter.[101]

Papiergeld ist kein *Zeichen* für „wirkliches" Geld – z.B. Goldbarren oder Goldmünzen –, sondern an ihm selbst der Vollzug einer Rechnung. Und nur dieser Vollzug ist das, was dem Geld eigentümlich ist. Was historisch an der Münze und später am Papiergeld sichtbar wurde und eine semiotische Deutung nahe legte, ist vielmehr die Tatsache, dass das Geld seine *Funktion* nur *als* Bedeutungsprozess erfüllt. Indem die Menschen in Geld kalkulieren, Dinge taxieren, die so ermittelten Preise und Werte (also ein Preis multipliziert mit der Produktmenge) wieder aufeinander beziehen (als Einkommen, Kosten usw.), vollziehen sie einen semiotischen Prozess. Man kann allgemein ein „Zeichen" nicht auf eine Dualität von Zeichenmaterial und Bezugsobjekt (Signifikant und Signifikat) reduzieren, auch dann nicht, wenn man noch ein Subjekt hinzufügt, das diesen Bezug herstellt (vgl. 2.1.3). Weshalb? Weil der Bezug zwischen Zeichen und dem, worauf es sich bezieht, als ein *intersubjektiver Akt* vollzogen wird, weil Bedeutung immer zugleich *Identität* bedeutet, die sich erst in einem sozialen Prozess als endlose Tendenz zeigt. In der Geldrechnung vollzieht sich eingebettet ein Identitätsprozess, in dem die Geldeinheit immer wieder neu erzeugt wird zwischen Subjekten. Die scheinbar tautologische Gleichung 1 Euro = 1 Euro verbirgt tatsächlich die intersubjektive *Anerkennung* der Tauschsubjekte A und B, also: 1 Euro(A) = 1 Euro(B). Und diese Identität ist der Prozess der Geldeinheit und ihrer Geltung, Anerkennung und Reproduktion.

Deshalb verfehlt man die Zeichennatur, wenn man sich selbst als cartesianischer Beobachter aus der Intersubjektivität herausnimmt und Signifikant und Signifikat als dingliche Entitäten aufeinander bezieht. Weil Bedeutung ein intersubjektiver Prozess ist, worin sich immer wieder neu die Identität von Sachverhalten reproduziert, deshalb kann man das Geld durchaus als *semiotischen Prozess* beschreiben, ohne – wie in der Zeichentheorie von Augustinus bis zu Saussure – unterstellen zu müssen, dass dem Zeichengeld ein Objekt, ein „Wert" korrespondieren müsste. Vielmehr vollziehen die Tausch- oder Geldsubjekte im Geldkalkül immer wieder durch *faktische Subsumtion* unter die *Geltung* des Geldes dessen Identität als Rechnungseinheit. Die Bezugsobjekte – die berechneten, kalkulierten Dinge – sind hierbei nicht Gegenstand einer *Bezeichnung*, vielmehr gewinnen sie in der Geldrechnung *ökonomische Bedeutung*. Diese Bedeutung wird immer wieder neu durch kalkulierende Subjekte *hergestellt*; der Wert ist nur die Herstellung dieses Bezugs. Geld ist also *mehr* als ein „bloßer Name", weil seine

---

[101] Die „Anweisungstheorie" des Geldes bestreitet zwar einen *inneren* Wert des Geldes, sieht in ihm aber eine Anweisung auf den Wert der Güter; besonders klar formuliert vom Grafen Buquoy: „Das Geld ist wesentlich nicht selbst ein Gegenstand von innerem Werte, es ist eine Anweisung an Dinge von Wert. Die Anweisung ist vollkommen unbestimmt rücksichtlich der Qualitäten und bloß rücksichtlich der Quantitäten, selbst aber in dieser letzteren Hinsicht bloß insofern bestimmt, als Zeit und Ort gegeben sind, welche Bestimmung nicht in der Natur des Geldes, sondern in der jedesmaligen Meinung der Menschen ihren Grund hat." G. von Buquoy (1815), S. 237. Im „Meinungswert" nähert sich Buquoy begrifflich der Pointe des Geldwerts als einem zirkulär-reflexiven Verhältnis; vgl. auch B. Moll (1922), S. 40ff.

3.2.5 Anmerkungen zu den „Funktionen" des Geldes

Einheit intersubjektiver Anerkennung bedarf, um Geltung zu besitzen. Es ist aber auch „weniger", nicht ein getrenntes Zeichen für etwas Objektives an den Dingen, die in Geld bewertet werden. Nominalismus und Realismus sind also für das Verständnis des Geldes gleichermaßen irreführende philosophische Formeln. Das Gelten des Geldes liegt als Phänomen *vor* dieser Unterscheidung.[102]

Diese merkwürdige Struktur hat Philosophen und Ökonomen immer wieder gleichermaßen verwirrt. In der Geldtheorie heißt „Realismus" die These, dass das Geld eine Ware mit eigenem Wert neben anderen Waren ist und in ihrem Kreis nur eine besondere Tauschfunktion aufgrund bestimmter natürlicher Eigenschaften (wie die von Gold) spielt. Der *Nominalismus* in der Geldtheorie besagt dagegen, dass Geld nur ein *konventionelles* Zeichen sei, das entweder auf Vereinbarung beruhe oder von einer staatlichen Autorität in Geltung gesetzt werde. Als Stück Papier oder Metall brauche das Geld keinerlei Wert zu besitzen. Der *philosophische* Realismus behauptet, dass es *allgemeine Wesenheiten* in oder neben den Dingen gibt. In der Zeichentheorie besagt diese Auffassung, dass verschiedene Subjekte von den Dingen intersubjektiv allgemeine Vorstellungen haben. Marx verdinglicht diese Abstraktion zu einer „objektiven Allgemeinheit" (abstrakte Arbeit); den darin liegenden Fehler werde ich noch ausführlicher aufdecken (vgl. 4.4). Doch auch bei ihm bezeichnet der Geldname ein allgemeines Wesen, das vom Zeichen getrennt ist. Der *Nominalismus* behauptet dagegen, dass alle Dinge und Vorstellung immer nur Einzelheiten sind; nur die *Namen*, die Zeichen haben einen konventionell-allgemeinen Charakter. Der Punkt ist hierbei die völlig offene Frage, *wie* sich eine „Konvention", d.h. eine soziale Bedeutung als Prozess vollzieht.[103]

Die Verwirrung entsteht durch die Homonymie des Begriffs „Zeichen". Geld *ist kein Zeichen*. Es gibt kein Signifikat, zu dem Geld ein Signifikant wäre. Der Geldprozess zeigt nur auf sich selbst – gleichgültig, ob er Münzgeld, Papiergeld oder reines Rechengeld im Internet ist. Geld ist der Natur von *Zahlen* vergleichbar – und tatsächlich ist die Entwicklung der mathematischen Abstraktionen historisch untrennbar mit der Geldrechnung verknüpft. Eine Zahl ist kein Zeichen für etwas. Sie zeigt nur auf andere Zahlen in den Relationen „größer/kleiner", „teilbar" usw. Die „Einheit" der Rechnung beruht nur auf ihrer operationalen Verwendung; sie bezeichnet – ungeachtet metaphysischer Spekulationen – nichts. Was beim Geld im Unterschied zur reinen Zahl noch hinzukommt, ist die mit jeder Geldrechnung vollzogene und reproduzierte *intersubjektive* Anerkennung, die sich beim Kaufakt symmetrisch zwischen den Subjekten reflektiert. Wenn man Geldeinheiten auf eine Warenquantität bezieht, also *Preise* ausdrückt, so ist die Geldeinheit keine Bezeichnung einer Wareneigenschaft, sondern *nur* eine Relation: 2 Euro pro Stück a usw.

---

[102] Das gilt auch für die gleichbedeutende, von Knapp eingeführte Dualität „Metallismus-Nominalismus" oder „Metallismus-Antimetallismus"; vgl. für eine kritische Zuordnung der Metallisten (L. H. v. Jakob, Hufeland, Macleod und die Neueren wie Menger und Dühring): B. Moll (1922), S. 30ff.; auch O. Veit (1966), S. 5ff. Moll gesteht zu, dass es Schriftsteller gibt, „die weder als Metallisten, noch als Nominalisten" zu bezeichnen sind, S. 33, Note 1 – kein Wunder, denn der Geldbegriff fügt sich weder dem einen noch dem anderen Begriff.

[103] „Nominalisten machen den Fehler, dass sie alle Wörter als *Namen* deuten, also ihre Verwendung nicht wirklich beschreiben", L. Wittgenstein (1980), § 383 (S. 423).

3.2.5.8 Geld als „Maß der Werte"

Geld ist – in einer anderen Sprechweise, einem anderen „Sprachspiel" – auch kein *Maß der Werte*.[104] Der Geldprozess ist selbst der Wertprozess als ein *intersubjektiver*. Man kann von einem *individuellen* „Werten", von individuellen Präferenzen nicht auf einen *intersubjektiven* Wert schließen. Ein intersubjektiver, ein *sozialer* Wert haust aber deshalb auch nicht als Substanz in den Waren, vielmehr ist der Prozess des Ausdrucks der Geldbedeutungen im alltäglichen *Rechnen mit Geld* selbst die „Substanz" des Werts, der hier erscheint. Geld *überträgt* keinen Wert[105], und es *misst* keinen Wert. Der Gedanke, dass das Geld einen von ihm verschiedenen Wert *messen* würde, ist in der Ökonomik weit verbreitet.[106] Dieser Gedanke bleibt auch dann erhalten, wenn man nicht den Ausdruck „Maß", sondern „Mittel" verwendet, wie Gerloff, der sagt, dass der Begriff des Geldes darin besteht, „Ausdruck und Mittel sozialer und insbesondere ökonomischer Macht und Machtausübung" zu sein, „Mittel eines gewissen Wertverkehrs"[107]. Die Abstraktion *„ökonomische Macht"* als *ein* Begriff setzt eine Einheit *des Ökonomischen* voraus; aber diese abstrakte Einheit gibt es nur, sofern es Geld gibt, weil eben Geld diese Einheit ist. Zudem: Macht und Geld sind als zirkulär-reflexive Sozialbeziehungen zwar isomorph; aber man kann Geld nicht aus Macht ableiten, wohl aber beide Verhältnisse auf einen Prozess der Bedeutungserzeugung zurückführen.

Es gibt deshalb keinen Wert ohne Preis, keinen „Wertverkehr" ohne Geldverkehr, weil der abstrakte Begriff *des Wertes* als Einheit ohne die Geldeinheit gar nicht gedacht wurde. Der Preis aber reproduziert nur die Quantitätsverhältnisse, die in der einfachen Tauschrelation des direkten Gütertauschs gegeben sind. Es ist ein quantitatives Verhältnis, das in der Tauschstruktur und der ihr zukommenden Relation bestimmt wird. Darin vollzieht sich also ein intersubjektiver Prozess, der in der fraglichen Relation (R2 im Modell der Tauschstruktur) eine *Bedeutung* erschafft. Eine bestimmte Quantität eines Gutes *bedeutet* eine andere Güterquantität, 10 Pfund Zucker pro 1 Liter Wein. Die „Bedeutung" ist aber hier auf ihren nackten Kern reduziert: Die Relation zweier Relata. Beim Naturaltausch enthält dieser Ausdruck keinen weiteren Inhalt; er bedeutet, was als *Bezug* zwischen den Subjekten hergestellt wird. Beim Kauf, wenn diese Relation als Geldpreis erscheint, bleibt diese Leerheit gewahrt. Die Differenz liegt aber darin, dass die Geldeinheit in *allen* Tauschrelationen erscheint als universeller Bezugspunkt. Insofern bedeutet das Geld alle *auf dem Markt getauschten* Waren gleichzeitig. Jeder Inhalt ist ausgelöscht, bis auf diesen, *dass* die Waren eben gegen eine nur als Recheneinheit wirkliche Größe ausgetauscht werden.

---

[104] Vgl.: Die „Werthöhe der Dinge aber, welche zum Gebrauch bei den Menschen in Umlauf sind, wird bemessen nach dem bezahlten Preis. Dazu ist die Münze erfunden", Thomas von Aquin: s.th. II-II.78.1 ad 2; WW 18, S. 346. Money is „the universal measure of what is called value", J. Steuart (1767), I.6. „Money as I observed now serves two several purposes. It is first the measure of value." A. Smith (1978), S. 368; „The money of any particular country is, at any particular time and place, more or less an accurate measure of value", A. Smith (1979a), S. 63.

[105] „Geld (wird) dazu verwendet, die Übertragung von Werten von Einzelwirtschaft zu Einzelwirtschaft zu vermitteln und zu erleichtern. Das Geld wird nicht um seiner selbst willen genommen (…), sondern um früher oder später sei es behufs einseitiger Wertübertragungen, sei es im Austausch gegen andere Güter wieder weggeben zu werden." K. Helfferich (1903), S. 4.

[106] „Currency differs from all other commodities in this, that it is not only a commodity but a measure of value", J. E. Cairnes (1854), S. 33.

[107] Vgl. W. Gerloff (1947), S. 155.

3.2.5 Anmerkungen zu den „Funktionen" des Geldes

Das Geld ist also kein Maß und kein Zeichen, es ermöglicht aber den Tauschenden, im Warenpreis eine Bedeutung auszudrücken, worin Warenquantitäten *sozial* aufeinander bezogen werden. Diese Bedeutung ist nichts vom realisierten Preis Verschiedenes[108], denn im Preis realisiert sich zugleich der Marktzutritt des Warenverkäufers und die Anerkennung der Geldeinheit durch beide Tauschpartner, den Verkäufer und den Käufer. Nur insofern kann man sagen, dass Preise Zeichen sind. Sie *zeigen an*, wie viel von der Geldeinheit einem bestimmten Gut als Ware auf dem Markt – vereinzelt oder massenhaft, in vielen Tauschakten – zugesprochen wird. Die darin sichtbare Bedeutung ist *nur* die Quantität der entsprechenden Geldeinheit. Auf die Frage: „Was bedeutet *ökonomisch* ein Buch wie die Bibel?", lautet die Antwort: „19 Euro 90 Cent". Geld ist das, was den Waren universelle Bedeutung verleiht, weil es universelle Geltung besitzt. Und diese Geltung beruht auf seiner in der Geldverwendung performativ vollzogenen Anerkennung seiner Rechnungseinheit.

Wenn man also *hinter* den Preisen eine *weitere*, tiefere Bedeutung vermutet – einen sozialen Nutzen, Arbeitsleistungen, ethische Werte oder individuelle Lustempfindungen –, so hat man das, was die Geldform als soziale Struktur offenbart, bereits aus dem Blick verloren. Denn die Nützlichkeit eines Dings hat für sein Gelten als Geldwert keine Bedeutung, so wenig es eine Bedeutung hat, dass ein Ding durch Arbeit produziert wurde oder in einer utilitaristischen Lust-Leid-Bilanz eine Rolle spielt. Nur *weil* die soziale Bedeutung, die das Geld den Dingen im Preis verleiht, nichts als die reine Funktion des Austauschs enthält, als Einheit also *leer* ist, darum kann *jedes* Ding, jeder Sachverhalt, an den die Tauschenden *glauben* oder diesen Glauben wenigstens vortäuschen, einen Preis erlangen. Deshalb ist es kein Rätsel, wie und weshalb *immaterielle Güter* (also Rechte, Informationen, „geistiges Eigentum") einen *Preis* erhalten können. Es genügt, dass die Tauschpartner etwas als eine *Entität* interpretieren und ihm eine Identität zusprechen – ein Vorgang, der dem eigentlichen Kaufakt notwendig *vorausgeht* und seine strukturelle Offenheit signalisiert. Denn *jeder als Identität* sozial geglaubten Entität kann man einen Preis zusprechen. Nur *eine* Voraussetzung muss hinzukommen (die in der Relation R1 ausgedrückt ist): Die als „Gut" vermeinte Entität muss einem *Eigentümer* zugesprochen werden. Fehlt ein Eigentümer, den man einer (fiktiven) Entität eindeutig zuordnen kann, dann kann solch eine Entität auch keinen *Preis* erhalten, also in die Bedeutung der Geldwerte einbezogen werden.

Dieser Charakter, kein eindeutiges Eigentumsrecht einer Entität von *Irgendetwas* zuordnen zu können, zeigt sich bei öffentlichen Gütern und bei Informationen. Öffentliche Güter sind entweder als Struktur des Systems der natürlichen Umwelt nicht *lokalisierbar*, damit auch nicht – als Widerpart eines Individuums – als *Eigentum* definierbar; Informationen behalten ihre Qualität als reine Form, wenn sie beliebig, wenigstens aber leicht *kopierbar* sind. Hier versagt die Funktion des Geldes, als Recheneinheit fiktiver Ausdruck eines Wertes zu sein, der nur in der diskreten Zuordnung zu definierten Quantitäten oder wenigstens klar definierten Einheiten besteht. Deshalb haben öffentliche Güter oder Information auf den Märkten keinen Preis. Kein Eigentümer kann sie in ihrer spezifischen Struktur besitzen. Man kann nur *Verbote* (also Rechts- oder Moralregeln) definieren, die eine Nutzung solcher Güter oder die Teilhabe daran sanktionieren. Es sind hier moralische Regeln oder staatliche Gewalt, die jene Privation erzeugen, die bei jeder Entität vorausgesetzt ist, die im Geld einen Ausdruck als Preis finden soll.

---

[108] Buquoy sagt: „(H)undert Gulden, wofür ich heute an Ort und Stelle a Metzen Korn erhalte, gewähren mir morgen mehr oder weniger, je nachdem sich von heute auf morgen die Meinung der Menschen geändert hat." G. von Buquoy (1815-18), S. 10; vgl. B. Moll (1922), S. 38f.

Die Möglichkeit, durch Preise als Zeichen in Geld soziale Sachverhalte auszudrücken, findet also natürliche und sachliche Schranken. Ein Preis für holistische Strukturen der Natur, die in sich dynamische Systeme sind – Klima, Weltmeere, genetische Informationen usw. – offenbart die ganze Leerheit der Geldrechnung, wenn er denn durch internationale Verträge oder Gesetzesnormen *erzwungen* werden soll. Die menschliche Produktion vollzieht sich als Prozess in einem Natursystem unter natürlichen Voraussetzungen. Preise und Geld sind aber soziale *Binnenphänomene*. Der Versuch, die Natur in ein soziales Binnenphänomen zu verwandeln, der Bedeutung der Geldeinheit zu unterwerfen, offenbart den illusionären Charakter der Preise als Träger von „Wertbedeutungen".[109] Hier zeigt die Geldrechnung *unmittelbar* ihren totalitären Charakter, der auf der Binnenstruktur der Märkte verborgen bleibt, weil sich darin die allgemeine Unterwerfung unter die Geldeinheit je schon vollzogen hat. Nur an den *Rändern* der Märkte, wenn die Geldform aus strukturellen Gründen (wie bei öffentlichen Gütern oder Informationen) den Marktzutritt verweigert, offenbart sich die abstrakte Gewalt eines leeren Inhalts.[110] Die *Macht*, von der diese Gewalt zehrt, ist die allgemeine Unterwerfung unter sie.

Am Geld ist nichts Bleibendes, nichts Bewahrendes. Das Geld ist seinem Wesen nach – weil es als Schein leer ist – nicht nur eine leere Bedeutung, es ruft die endlose Aktivität hervor, dieser Leere durch erneute Marktteilnahme teilhaftig zu werden. Wir konnten sehen, wie der Kaufakt durch seine Struktur immer wieder und notwendig den Geldbesitzer in einen Besitzlosen verwandeln kann, sofern er die erworbene Ware als erste Lebensbedingung benötigt und als Konsum verzehren muss. Was in Geldökonomien als ein *Bleiben* erscheint, ist kein Wert, sondern nur die Dynamik, die eine Aktivität induziert, immer wieder aufs Neue Marktteilnahme zu erlangen durch verkäufliche Waren. Diese unaufhörliche Abstimmung aller Marktteilnehmer über die Marktteilnahme derer, die an den Rändern der Geldökonomie sich selbst und jede andere Ware feilbieten, nur um an *Geld* zu gelangen, ist das Bleibende, das Geheimnis hinter dem „Wert" des Geldes.

3.2.5.9 Geld als Schranke

Die wichtigste „Funktion des Geldes" ist also die einer *Grenzziehung*. Die Rechnung in Geld, die Unterwerfung unter die Geldeinheit durch die schlichte Performation dieser Rechnung, die Anerkennung des Geldes als Horizont aller wirtschaftlichen Prozesse trennt die Märkte und das in ihnen zirkulierende Geld von der übrigen Gesellschaft. Das Geld errichtet in der Unterordnung unter seine Geltung eine Marktzutrittsschranke, die jede Gesellschaft *teilt*. Die mit den Käufen verbundene Wiederkehr temporärer „Geldlosigkeit" – für all jene, die nicht über ein hinreichend großes Geldvermögen verfügen – ist zugleich das implizite Imperativ, sich um Geldbesitz zu bemühen. So schafft die Grenzziehung, wenn das Geld als eine vermeintlich selbsttätige Macht geglaubt wird,

---

[109] „Der Wert ist also ein reines Hirngespinst." S. Gesell (1931), S. 124. Gesell beruft sich hierbei auf die Arbeiten von Gottl-Ottlilienfeld, die ich später darstellen werde (vgl. 4.8.4; 6.3.6).

[110] Geld hat deshalb durchaus auch die Bedeutung einer *Eintrittskarte* für den Markt, ein Gedanke, den man bei Berkeley finden kann, wenn er die Frage stellt: „And whether the true idea of money, as such, be not altogether that of a ticket or counter?" G. Berkeley (1735), § 23. Tucker schreibt: „Money being merely the Ticket or Sign", J. Tucker (1931), S. 146, begründet dies aber durch den Gedanken, dass damit eine bestimmte Menge an Arbeit zertifiziert wird.

3.2.5 Anmerkungen zu den „Funktionen" des Geldes

durch diesen massenhaften Glauben auch eine unerbittliche Trennung von allen, die nicht über die nötigen Eintrittskarten für die Märkte verfügen.[111] Nur weil alle an den Wert des Geldes glauben und so sich wechselseitig dazu zwingen, ihre Leistungen gegen Geld zu erbringen, hat das Geld Macht als „Wert" – auch wenn diese Macht in der zirkulären Illusion gründet, der nur auf dem Glauben an diesen Wert beruht.

Das Geld ist nicht als *Ding* diese Schranke, sondern es sind die jeweils symmetrischen Erwartungen der Marktteilnehmer, ihre Teilnahme nur durch den permanenten Wechsel von Geldbesitz und Geldlosigkeit aufrechterhalten zu können. Die universalisierte Rechnung vollzieht sich in den Subjekten und verleiht dem Geld auch nur *dadurch* die Macht der abstrakten Ausgrenzung, die Reduktion des je anderen auf einen *möglichen* Geldbesitzer, der nicht als Gesprächspartner, sondern als mögliche Schranke der eigenen Marktteilnahme wahrgenommen und darauf hin in seinem Handeln berechnet wird: „Doch für den Markt braucht's Geld, nicht Reden"[112]. Die Geldschranke ist unterschiedlich hoch; sie besteht nur in einer *Quantität* und wird deshalb von der Höhe des Geldbesitzes gemessen. Die Rechtsfiktion einer identischen Geldeinheit, die von den Marktteilnehmern als illusionäre Einheit der Rechnung reproduziert wird, ist nur als *qualitative* Einheit bei den Marktteilnehmern gleich. Hinsichtlich der Funktion des Geldes, den Marktzutritt zu beschränken, zeigt sich diese Schranke als zu überwindende *quantitative* Höhe, relativ zu Geldbesitz, der sie überwinden möchte.

Die Ökonomen reduzieren auch diese Frage auf die Beziehung eines Individuums zur jeweiligen Geldmenge im Besitz eines Käufers, sofern sie diesem Geldbetrag einen bestimmten Grenznutzen zuschreiben. Doch der Nutzen des Geldbetrags besteht eben nur darin, am Verkäufer und der Preisforderung reflektiert einen Marktzutritt zu erreichen – es ist ein *intersubjektives* Verhältnis, keine Beziehung, die in der Relation von Geld und Geldbesitzer ihre Bedeutung entfaltet. Die Soziologie Luhmanns ist hier noch naiver, sofern sie von den Subjekten abstrahiert und dann – aus cartesianischer Perspektive – eine schlichte Tautologie behauptet: „Ein Preis von DM 3,50 ist nicht mehr und nicht weniger als DM 3,50."[113] Gerade die *soziale* Relation wird hierbei getilgt. Ein Preis stellt im Kaufakt eine *doppelte* Beziehung her: Einmal wird ein Geldbetrag pro Produkteinheit bestimmt, zum anderen – auf der Seite des Käufers – eine Relation zum Geldbesitz des Käufers erzeugt. In dieser zweiten, intersubjektiven Relation, die im Kaufakt sozial vermittelt wird, bewährt sich das Geld als Schranke und erzeugt *anhand* der quantitativen Differenz soziale Tatsachen. Wenn man schon von „Systemgrenze" sprechen will, dann zeigt sie sich genau hier durch die Unterscheidung von Marktzutritt oder ihrer Verweigerung *in Abhängigkeit von der Höhe des Geldbesitzes*, relativ zu den herrschenden Marktpreisen. Nietzsche hat das sehr klar ausgesprochen: „Ist Geld das eine Tauschobjekt, so ist zu erwägen, dass ein Frankentaler in der Hand eines reichen Erben, eines Tagelöhners, eines Kaufmannes, eines Studenten ganz ver-

---

[111] „Die Ware muss also gegen Geld verkauft werden, d. h., es besteht eine Zwangsnachfrage nach Geld, die genau ebenso groß ist, wie der Vorrat an Waren, und der Gebrauch des Geldes ist darum für alle genau ebenso unentbehrlich, wie die Arbeitsteilung für alle vorteilhaft ist. Je vorteilhafter die Arbeitsteilung, um so unentbehrlicher das Geld. Mit Ausnahme des Kleinbauers, der fast alles, was er erzeugt, selber verzehrt, unterliegen alle Bürger bedingungslos dem wirtschaftlichen Zwang, ihre Erzeugnisse gegen Geld zu verkaufen: Das Geld ist Voraussetzung der Arbeitsteilung, sobald der Umfang, den sie angenommen, den Tauschhandel ausschließt." S. Gesell (1931), S. 119.

[112] Menander / Herondas (1980), S. 331.

[113] N. Luhmann (1988), S. 20; vgl. meine Kritik K.-H. Brodbeck (1991), S. 322ff.

schiedene Dinge sind"[114]. Sie sind verschiedene Dinge, weil sie als Teile des Geldbesitzes *relativ* zu den Marktpreisen eine völlige andere Funktion entfalten.

3.2.5.10 Geld als „Wertaufbewahrungsmittel"

Deshalb gibt es – um den Reigen der Geldfunktionen zu beschließen – auch keine Geldfunktion namens „Wertaufbewahrungsmittel".[115] Geld ist keine objektive Entität, es *trägt* keinen und *hat* keinen Wert und kann deshalb auch keinen Wert aufbewahren. Das Geld ist in seinen verschiedenen Formen eine Zahl, die an eine Recheneinheit geknüpft wird. Diese Recheneinheit – darin liegt ihre Besonderheit – kann in ihrer materialisierten Form *besessen* werden und wird dann repräsentiert durch Münzen, Papierzettel oder Einträge auf Konten. Das Eigentum an Geld – weshalb es auch rechtlich besonders behandelt wird – ist von höchster Abstraktheit. Auf ihre logische Form reduziert besagt sie nur: „Der Person A gehört die Geldsumme g". Sofern eine Tauschgesellschaft *eine* Recheneinheit verwendet – gleichgültig ob man sie auf das Gold- oder Silbergewicht bezieht oder ob sie durch die Zentralbank und ein Gesetz *als* bestimmte Währungseinheit definiert wird –, ist der *Inhalt* dieser Einheit, ihre *Bedeutung*, nur die Subsumtion unter sie.[116]

Wie vollzieht sich diese Subsumtion? Schlicht dadurch, dass man immer wieder in Kaufakte eintritt und *darin* performativ die Geldeinheit zugrunde legt. Dass das Geld nur in diesem funktionalen Schein der Rechnung besteht, zeigt sich nicht nur bei einer Inflation oder bei Crashs an den Wertpapiermärkten, sondern auch daran, dass das *allgemeine Vertrauen* in eine Währung durch äußere Umstände (Kriege, Missbrauch des Geldes durch die Regierungen usw.) erschüttert werden kann. Dann sieht man unmittelbar, dass der „Wert" des Geldes nur im allgemeinen Vertrauen in seine fiktive Einheit bestand.[117] Wie ein König in seinen besten Tagen, ist auch das Geld nur mächtig, solange sich seine Untertanen in willigem Marktgehorsam ihm unterwerfen. Darin liegt seine Geltung.[118] *Das* ist der Inhalt seines Werts, nichts weiter. Und deshalb kann man diesen Wert natürlich auch nicht „aufbewahren".[119]

---

[114] F. Nietzsche (1969: 1), S. 889.

[115] „Auch die Rolle des *Wertbewahrers* charakterisiert das Geld als solches natürlich nicht; ja man kann sogar behaupten, dass das Geld diese Funktion niemals in volkswirtschaftlichem, sondern nur in privatwirtschaftlichem Sinne ausübe." K. Wicksell (1922: 2), S. 7. Vgl. dagegen: „Historically speaking, such a generally esteemed substance as gold seems to have served (…) as stored wealth"; erst an dritter und vierter Stelle nennt Jevons die Funktionen „medium of exchange" und „measure of value; W. S. Jevons (1875), S. 16.

[116] „Denn es kommt beim Besitze des Geldes jedem nur darauf an, dass jeder andere, mit welchem er in Verkehr kommen könnte, es von ihm um denselben Wert wieder annimmt, um welchen er es erhalten hat." J. G. Fichte, WW 3, S. 433. „Derselbe Wert" ist aber nur die in der Anerkennung der Rechnungseinheit sozial hergestellte Bedeutung „Geld", keine definierte Quantität.

[117] „Die Gewissheit des einzelnen, das Geld weitergeben zu können, beruht doch letzten Endes auf dem (…) Vertrauen, dass gerade auch der letzte Besitzer des Geldes, der es nicht weitergeben würde, etwas Wertvolles in der Hand behält." B. Moll (1922), S. 62. „Die Frage, was als Geld zirkuliert, wird schließlich durch das allgemeine Vertrauen in die Möglichkeit leichter Weiterbegebung des Geldes entschieden." W. Röpke (1961), S. 117.

[118] „Das Wesen des Geldes besteht also darin, dass ‚jeder es nimmt'." R. Liefmann (1919), S. 103.

[119] „Auf keine Weise kann man das Geld eingeschlossen halten." L. B. Alberti (1962), S. 322.

3.2.5 Anmerkungen zu den „Funktionen" des Geldes

Was mit der Wertaufbewahrungsfunktion eigentlich – wenn auch verkehrt – erfasst werden soll, ist ein ganz anderes Phänomen. Der Geldbesitz, also das deklarierte Eigentumsrecht an einer bestimmten Summe einer allgemein anerkannten Recheneinheit, ist an *äußere* Bedingungen geknüpft. Das Vermögen, das als Geldwert deklariert wird, setzt die Kontinuität des Eigentumsrechtes an der abstrakten Recheneinheit voraus. Wer über längere Zeit Geld auf einem Konto hält oder in der Form von Münzen unter seinem Bett versteckt, der *vertraut* darauf, dass er als Eigentümer von allen anderen Mitgliedern der Gesellschaft (außer den Dieben und den Steuerbehörden) *anerkannt* wird. Die Kontinuität dieser Anerkennung als Eigentümer verleiht seinem Festhalten an einer abstrakten Recheneinheit – in welcher materiellen Verkörperung auch immer – jene Dauer, die man fiktiv einer Entität namens „Geld" zuschreibt. Dass dieser Wert fiktiv ist, zeigt jeder Geldschein, der – außer Kurs gekommen – sich in einem alten Buch findet. Das Ding „Geldschein" hat seinen Wert ganz offenbar verloren (z.B. ein Geldschein, der auf „Reichsmark" lautet), weil ihm heute die allgemeine Anerkennung *als Rechnungseinheit* entzogen ist.

Findet man einige alte Goldmünzen, so haben diese Münzen nur dadurch einen Wert, dass man sie gegen aktuell gültige Geldeinheiten *verkauft*. Sie gewinnen ihren Wert also nur durch ihren Eintritt in eine Tauschstruktur der gegenwärtigen gesellschaftlichen Bedeutung von Geld. Das gilt übrigens auch dann, wenn man die Fiktion aufrechterhalten möchte, dass der *eigentliche* Wert des Geldes das Gold hinter den Papierzetteln sei, wie das beim Goldstandard der Fall war.[120] Die *sozial gültige* Rechnungseinheit reproduziert bei Golddeckung nur die auf die Papierzettel bezogene Bedeutung „Geld".[121] Das Gold dahinter erhält nur dann einen Geldwert, wenn es *verkauft*, also gegen gültige Papierzettel *eingetauscht* wird, entgegen dem umgekehrt vermuteten Verhältnis.

Sicherlich können sich in Zeiten, in denen von solchen Papierzetteln zur Herstellung von Vermögen für den Staat, verglichen mit den gehandelten Gütern, zu viele gedruckt werden, wenn also *Inflation* herrscht, einige ins Gold flüchten, so wie man sich in Sachwerte flüchtet. Doch diese Flucht ist keine Flucht in einen „Wert", sondern die Flucht in die Hoffnung, dass bei einer künftigen, wieder allgemein anerkannten Geldeinheit die auf diese Weise gehorteten Besitztümer sich *verkaufen*, also in das dann gültige Geld verwandeln lassen. Solange Geld sich allgemeiner Anerkennung erfreut, solange die in der Öffentlichkeit zur Reproduktion dieser Anerkennung erzeugten „Indikatoren" (Preisindizes, Geldmengendefinitionen) den Marktteilnehmern eine stabile Währung signalisieren, solange lässt sich auch durch das bloße Horten von Papierzetteln oder ihren Zahlenäquivalenten auf diversen Bankkonten „Wert" aufbewahren, also die Kontinuität des Eigentumsschutzes an der abstrakten Geldeinheit privat nutzen.

Alle Stabilität, die man beim Geld als Entität und ihren fiktiven Funktionen entdecken mag, ist nur die *Wiederholung* von Handlungen, sind die darin gepflegten Glaubensüberzeugungen an das Geld. Eben diese Glaubensüberzeugungen an den Schein des

---

[120] „Das Geld hat seinen Wert nicht vom Golde, sondern das Gold hat seinen Wert vom Gelde", F. Bendixen (1926), S. 50. Das ist *cum grano salis* korrekt: Geld „hat" indes überhaupt keinen Wert, sondern ist der soziale Ort, an dem Geldillusionen und damit Werte zirkulär entstehen.

[121] „(F)or having its sole Value from the Law, it is not Material upon what Metal the Stamp be set. Money hath the same Value, and performs the same Uses, if it be made of Brass, Copper, Tin, or any thing else." N. Barbon (1664), S. 17. „Das Geld ist ein Produkt der Menschen-Industrie. Gewöhnlich behält die Regierung sich das Recht zu dessen ausschließlicher Fabrikation vor", J. B. Say (1830: 3), S. 262.

Geldes machen aus diesem Schein soziale Wirklichkeit. Das Geld ist mächtig durch die Unterwerfung der Marktteilnehmer; es hat als Recheneinheit soziale Bedeutung durch die allgemeine Anerkennung, und diese Anerkennung wiederum beruht auf der einfachen alltäglichen Geldverwendung. Solange sie sich *fraglos* fortsetzt, bleibt das Geld mächtig, kann man seiner fiktiven Entität als Rechnungseinheit einen „Wert" zuschreiben und in ihm allerlei nützliche soziale Funktionen entdecken, die zuvor ein Beobachter des Marktes als zu lösende Aufgaben erfunden hat. Geld ist nicht, was *es* tut (*money is what money does*).[122] Das Geld tut nichts. Geld ist genau das, was die Subjekte, die mit ihm handeln und mit ihm rechnen, ihm als Bedeutung verleihen. Und weil sie ihm Bedeutung durch die Reproduktion dieses Denkens und Handelns verleihen, *hat* das Geld die Bedeutung, die ihm zugeschrieben wird. „Geld regiert die Welt", weil alle Marktteilnehmer durch ihre Unterwerfung unter seine Bedeutung mitregieren und dadurch diese Bedeutung immer wieder neu erschaffen.

Die hier aufgeworfenen Fragen werden sich weiter klären, wenn verschiedene Tausch- und Geldtheorien genauer dargestellt und kritisch durchleuchtet werden. Tatsächlich lässt sich vom Aufblitzen der richtigen Einsicht in das Geld bei Aristoteles eine Denkbewegung beobachten, die ungeachtet aller historischen Einflüsse, praktischen Fragen und interessierten, d.h. politischen oder ideologischen Deutungen die Arbeit an einer kategorialen Struktur offenbart, die *als diese Struktur* jeweils nur bruchstückhaft sichtbar wurde. Die Ökonomik muss hier Philosophie werden, um die eigene Matrix ihres Denkens zu erkennen.

3.2.6 Exkurs: Zur Lehre vom Wert

In diesem Abschnitt möchte ich einige Bemerkungen zur Kategorie des „ökonomischen Wertes" einfügen, aus jener Perspektive, die sich durch die Analyse des Tausch- und Kaufaktes ergibt. Die verschiedenen Auffassungen zum *Wert* werde ich in den Abschnitten, die einzelnen Theorien oder Theoretikern gewidmet sind, wieder aufgreifen und umfangreicher ergänzen. Die nachfolgende Diskussion des Wertbegriffs soll durch eine kurze Skizze tradierter Auffassungen die hier entwickelte These gleichsam von der Seite beleuchten: Der Begriff des „Werts" in seiner Abstraktion verweist nicht auf ein Wesen *hinter* dem Geld, sondern *ist* vielmehr dessen soziale Geltung.

Der *ökonomische* Begriff des Wertes[123] nimmt eine seltsame Zwischenstellung zwischen dem Begriff des Preises („Geldwert eines Gutes") und dem des Gutes selbst ein. Er ist darin dem Begriff des „Reichtums" verwandt, der gleichfalls als *monetärer* und realer Begriff verwendet wird.[124] Die Tauschlehre des Thomas von Aquin formuliert den Begriff des Wertes im Sinn des *justum pretium* als Differenz zum (Markt-)Preis, anknüpfend an die Frage: Darf man eine Sache über Wert verkaufen? (*ultrum aliquis licite possit vendere rem plus quam valeat*).[125] Der Wert *unterscheidet* sich hier kategorial vom Preis – eine Auffassung die für die ökonomische Klassik bis zu Marx bestimmend wurde.

---

[122] „Money is the medium of exchange. Whatever performs this function, does this work, is money, no matter what it is made of, and no matter how it came to be a medium at first, or why it continues to be such. (…) That which does the money-work is the money-thing." F. A. Walker (1892), S. 123.

[123] Vgl. H. v. Mangoldt (1868), S. 19ff; F. v. Wieser (1884), S. 33ff; F. v. Gottl-Ottlilienfeld (1925), S. 1-17; L. v. Mises, A. Spiethoff (Hg.) (1931).

[124] „The term *wealth* and *value* explain each other." J. Bentham, EW 2, S. 83.

[125] Thomas von Aquin: s.th. II-II.78.1, WW 18, S. 343.

3.2.6 Exkurs: Zur Lehre vom Wert

In der dogmengeschichtlichen Forschung wird die Sache meist so dargestellt: Der *Merkantilismus* setzte den Begriff des Wertes dem Schein des Geldes gleich; misst also den Reichtum eines Landes am *Geldbestand* – z.B. verkörpert im Gold oder Silbervorrat eines Landes.[126] Die *Physiokraten* setzten dagegen eine rein naturale Auffassung voraus und sagen, dass der Begriff des Reichtums, damit des Wertes im Boden und seinen Früchten seine reale Entsprechung habe.[127] Die Schule der klassischen Nationalökonomie sieht die Quelle aller Werte in der sie hervorbringenden *Arbeit* – wie dies im berühmten einleitenden Satz zu seinem *Wealth of Nations* von Adam Smith formuliert wurde: „Die jährliche Arbeit eines Volkes ist die Quelle, aus der es ursprünglich mit allen notwendigen und angenehmen Dingen des Lebens versorgt wird, die es im Jahr über verbraucht."[128] Die *subjektive Schule* („Grenznutzenschule") dagegen individualisiert den Wert und setzt ihn mit dem privaten *Nutzen* gleich.[129]

Adam Smith und seine Nachfolger lösen den Widerspruch zwischen einer am Geld und einer an den Dingen und/oder ihrer Quelle orientierten Bestimmung des Reichtums bzw. des Wertes durch eine *kategoriale Differenzierung*. Der Begriff „Wert" erhält eine duale Bestimmung als *Tausch*wert und *Gebrauchs*wert, eine Vorstellung, die man vielfach auch auf die *Politik* des Aristoteles projiziert hat, auch wenn Aristoteles den Begriff des „Wertes" im scholastischen oder modernen Wortsinn nicht kennt. Damit wird die Tauschstruktur in eine Differenz zweier Kategorien aufgelöst, wobei der Tauschwert den Gebrauchswert nur mehr zur *Voraussetzung* hat, nicht aber selbst wertbestimmend sein soll. Die Dualität beider Werte wird gleichfalls dual bestimmt: Einmal durch die *Verwendung* der Güter, also die Wertschätzung des Subjekts, zum anderen durch die *hervorbringende(n) Ursache(n)*. So schwankt der Begriff des *Gebrauchs*werts zwischen der Vorstellung, dass es sich um ein Ding handelt, das ein Bedürfnis befriedigt; als Produkt wird es aber durch technische oder natürliche Prozesse hervorgebracht. Neben die kategoriale Differenz von Gebrauchswert und Tauschwert, mit ihr aber untrennbar verknüpft, tritt dann die Differenz zwischen Bedürfnis und Tausch bzw. zwischen Technik und Wirtschaft. Entsprechend haben immer wieder Autoren darüber gestritten, inwiefern nun „Bedürfnisse" oder „technische Daten" in die Ökonomik als Wissenschaft einfließen sollen oder dürfen – oder aber ob es sich bei der Ökonomik um eine *reine* Tauschlehre (Katallaktik) handelt. Dies führte in der Folge auch zum Streit darüber, ob die Ökonomik *als Wissenschaft* auf der Technik, der Naturwissenschaft oder der Psychologie *aufbaue*, deren Ergebnisse voraussetze, oder ob die Ökonomik ein System *eigener* Kategorien darstelle.

Eben dies ist der Kern des Streits um den Wertbegriff, den man immer wieder entweder in *technische* Relationen (von Neumann, Sraffa, Neoricardianer u.a.), in die Psychologie (Jevons, Edgeworth, Liefmann u.a.) oder eine Verknüpfung zwischen beidem auflösen wollte. Eine andere Denktradition hat dagegen protestiert und das Eigentümliche des Ökonomischen herausgestellt. Während die ersteren betonen, dass

---

[126] Den Kern dieser Denkform hat bereits Aristoteles kritisiert: Aristoteles: Politik, 1257a.

[127] „Jedes Geldkapital oder jede beliebige Wertsumme ist das Äquivalent eines Grundstückes, dessen Ertrag einem festbestimmten Teile jener Summe gleich ist." A. R. J. Turgot (1903), S. 40.

[128] A. Smith (1974), S. 3.

[129] „Zunächst sei darauf hingewiesen, dass wir die Begriffe ‚Wert' und ‚Nutzen' nicht unterscheiden, vielmehr beide Termini ganz synonym verwenden." J. A. Schumpeter (1908), S. 99. „Damit Wert entstehe, muss sich zur Nützlichkeit auch *Seltenheit* gesellen; nicht absolute, sondern relative Seltenheit im Vergleiche zum Bedarf nach Gütern der betreffenden Art." E. v. Böhm-Bawerk (1921: II.1), S. 167. Vgl. Der „Preis ist der Maßstab der Brauchbarkeit, welche sie (sc. die Sache), im Auge des Menschen, hat", J. B. Say (1830: 3), S. 207.

der Wert kategorial aus *anderen* Gebieten und deren Kategoriensystem abgeleitet werden kann (Technik, Psychologie), betonen ihre Kritiker, dass die Ökonomik im Wertphänomen einen ganz *eigenen* Gegenstand habe, dessen Natur freilich völlig unterschiedlich bestimmt wird. Sieht Marx im Wert eine Fetischform sozialer Beziehungen zwischen geteilten Arbeiten, so ist für Ludwig von Mises der Wert ein Ausdruck der rationalen Erwägungen eines Individuums, die neben andere Vernunftformen als „Praxeologie" tritt.

Immerhin bleibt hier die Erkenntnis gewahrt, dass im „Wert" eine *neue* Kategorie erscheint. Der *Ort*, an dem sie ihre Bedeutung gewinnt, wird allerdings unzureichend bestimmt: Der Wert ist tatsächlich nicht auf die *Herkunft* der Güter, aber auch nicht auf die subjektive Wertschätzung der Individuen oder ihre Reflexion zu reduzieren. Der Wert ist – das ist der zweifellos richtige Kern der Marxschen Einsicht – ein *soziales Binnenphänomen*.[130] Er ist darin aber ein Phänomen, das im *Austausch* seine eigene Bedeutung konstituiert oder erschafft – als eine *soziale*. Und dies tritt als Tauschrelation schon beim einfachen Austausch, als soziale Dimension einer Rechnungseinheit aber im Geld hervor. Der Wert kann deshalb auf nichts anderes *reduziert* werden. Er stellt eine neue Kategorie dar, allerdings eine Kategorie, die sich nicht der begrifflichen Kreativität eines cartesianischen Beobachters verdankt, sondern die *im Rechnen und Vergleichen* des Tauschens täglich reproduziert wird – auch als rechnende Bewusstseinsform, als *Geldsubjekt*.

Ich möchte diese Frage noch etwas vertiefen und die Verselbständigung des Wertbegriffs in einigen Strichen weiter skizzieren. Die klassische Ökonomie hat in der Betonung *zweier* Werte, des Gebrauchswerts *und* des Tauschwerts, die in der Kaufstruktur liegende *kategoriale* Differenz in Ansätzen erkannt.[131] Marx vollendet diesen Gedanken, wenn er sagt, dass der Gebrauchswert zwar der *Träger* des Tauschwerts ist, der Tauschwert bildet aber – so könnte man das übersetzen – ein *kategoriales Novum*. Dass von Smith bis Marx dieses kategoriale Novum nicht *als dieses Novum* untersucht, sondern seinerseits wieder auf eine *andere* Ursache reduziert wurde (die menschliche Arbeit oder die Produktionskosten), hebt die Wichtigkeit dieser Entdeckung nicht auf: Die Klassiker machen nur verkehrten Gebrauch von ihr. Tatsächlich ist der Tauschwert als *intersubjektives* Verhältnis etwas völlig anderes als eine Beziehung zwischen einem Subjekt und einem Ding, das ihm *nützlich* erscheint. Die klassische Ökonomie unterscheidet insgesamt erstmals genau zwischen nützlichen Gütern (eine Relation Subjekt-Gut) und Tauschwerten (eine Relation zwischen Tauschenden und ihren Waren). Man könnte vereinfacht sagen: Gebrauchswerte verbergen eine Beziehung Mensch-Natur, Tauschwerte eine Beziehung zwischen den Menschen. Gebrauchswerte können als private aus dem sozialen Kreislauf herausfallen und tun dies beim Konsum gewöhnlich; Tauschwerte *bleiben* soziale Kategorien. Man kann also soziale Binnenstrukturen nicht auf Naturbeziehungen oder psychische Phänomene reduzieren.

---

[130] Der „Wert (ist) eine durch und durch *gesellschaftliche* Tatsache, ein *Ergebnis*, eine soziale Kategorie ‚par excellence'", R. Stolzmann (1925b), S. 198.

[131] In der Trennung von Tauschwert und Gebrauchswert greift Smith ein Prinzip der aristotelischen Tauschanalyse wieder auf, Aristoteles: Politik I.9 1257a5f, wobei bei Aristoteles die Kategorie „Wert" noch nicht vorkommt; vgl. 4.2.2-4.2.3 und 4.4.7. Die Begriffe *valeur usuelle* und *valeur vénale* finden sich auch bei Quesnay; vgl. zur Geschichte F. X. Weiss (1928), S. 991ff. Weiss folgt teils wörtlich der Auffassung von Böhm-Bawerk. Noch Barbon sagte: „The Value of all Wares arise from their Use; Things of no Use, have no Value, as the English Phrase is, They are good for nothing." N. Barbon (1664), S. 13.

3.2.6 Exkurs: Zur Lehre vom Wert

Ich möchte das nur durch ein Beispiel illustrieren. Schumpeter hat das hier vorliegende Problem wie folgt kommentiert:

„Außerdem aber führt der Versuch, die Werthypothese zu begründen, in Gebiete, die uns als Nationalökonomen fremd sind, nämlich in die der Psychologie und Physiologie. Man geht von den Bedürfnissen aus und definiert die wirtschaftlichen Güter als Dinge der Außenwelt, welche in einem Kausalverhältnisse zur Bedürfnisbefriedigung stehen. Aus der relativen Intensität der Bedürfnisregungen der tauschenden Wirtschaftssubjekte leitet man die Tauschrelationen ab, und zu diesem Zwecke werden die Gesetze der Wertung auf Grund psychologischer Beobachtungen festgestellt. Man sagt z.B., dass mit Fortschreiten in der Sättigung das Bedürfnis nach weiterer Nahrung abnehme, und daher das gesättigte Individuum nur einen immer geringeren Preis für jede weitere Menge zu zahlen bereit sein werde. Zu dieser Art des Vorgehens ist zu bemerken: Warum wird eine solche Erklärung gegeben?"[132]

Schumpeter spielt hier auf die Erklärungen bei Gossen, Jevons, Menger und Böhm-Bawerk an. Er spürt sehr deutlich die hier vorliegende Schwierigkeit. Doch anstatt eine Analyse der aufeinander bezogenen *Grundkategorien* vorzunehmen, flüchtet sich Schumpeter in den Gedanken, dass es gar nicht auf solch eine Erklärung ankomme, sondern nur darauf, „ein Schema anzugeben, das ein passendes Bild der ökonomischen Wirklichkeit gibt" – nur das sei „reine Ökonomie"[133]. Dass in dem Wort „passend" vor „Bild" das ganze Problem nur reproduziert wird, nun als „Wahrheitsproblem", bemerkt Schumpeter nicht.

Dabei lässt seine zitierte Reflexion den *Mangel* dieses Gedankens sehr leicht erkennen. Die „Dinge der Außenwelt" sollen in einem *Kausalverhältnis* zur Bedürfnisbefriedigung stehen – eine Formulierung von Carl Menger. Doch damit ist das Phänomen der subjektiven *Wertung* bereits verfehlt. Wenn die Dinge *kausal* so etwas wie Wertgefühle hervorbringen, dann sind Werte Teil der Physiologie, Teil der Naturwissenschaft oder – der zeitgenössischen Mode angepasst – der Neurowissenschaften. Damit ist das Phänomen der *Wertung* bereits völlig verkannt und verfehlt. Wie auch immer: Der Wert ist allerdings auch in diesem *falschen* Verständnis eine Relation zwischen einem *Individuum* und einem äußeren Gegenstand, einem physischen Ding. In der Analyse der Tauschstruktur sind das jeweils die Relationen R3 und R4 (bezogen auf die eigenen Güter der Tauschenden) bzw. R5 und R6 (bezogen auf das je andere Gut des Tauschpartners).

Von einem *vereinzelten* Verhältnis Individuum ↔ Ding oder Bedürfnis ↔ Gut kommt man allerdings nie zum *Austausch* als *intersubjektivem Verhältnis*.[134] Der Tausch ist offenbar hier als soziales Binnenphänomen eine *völlig neue Kategorie*. Woher kommt plötzlich in Schumpeters Räsonnement über ein *individuelles* Verhältnis Bedürfnis ↔ Gut eine *soziale*, eine *intersubjektive* Relation? Dazu kein Wort.[135] Doch

---

[132] J. A. Schumpeter (1908), S. 64.

[133] J. A. Schumpeter (1908), S. 68.

[134] Bendixen hat das betont: „Die Geldwirtschaft unter dem Gesichtspunkt des Tauschverkehrs individualistisch betrachten, heißt wirklich nichts anderes, als gerade das wesentliche Merkmal unserer Wirtschaftsordnung, nämlich das Geld(,) übersehen." F. Bendixen (1926), S. 57.

[135] Say, sonst keineswegs immer klar in seinen Begriffen, sagt hier sehr richtig: „Es ist einleuchtend, dass der *Umtausch*, oder die Umtauschbarkeit, zur Bestimmung vom *Wert*

eben *darin* liegt das kategoriale Novum der Bedeutung „ökonomischer Wert", die im individuellen Verhältnis zu einem Ding (das man physiologisch oder psychologisch beschreiben mag) überhaupt nicht *erscheint*. Die „Gesetze der Wertung aufgrund psychologischer Beobachtungen" – Schumpeter bemerkt hier, dass etwas nicht „stimmt", kann es aber nicht *sagen* – kehren wiederum zurück zum *Individuum*. Daraus kann man aber nur erschließen, *dass* Menschen für Güter auch Bedürfnisse empfinden. In der sozialen Tauschbeziehung offenbart sich nur eine leere Präferenz. Sie ist der Grund für das *soziale Wertphänomen*. Die individuelle Bedürfnisintensität ist aber kein Wert im ökonomischen Sinn, und er kann auch nicht darauf zurückgeführt werden.[136] Der Zwischenhändler zeigt eine Präferenz für eine Ware, ohne sie zu begehren; ebenso der Sammler, der nur *besitzen*, nicht nutzen möchte. Dennoch *kaufen* sie.

Erst durch das *Geld* kommt zum sozialen Phänomen des Wertes eine *Berechnung* hinzu, wird die Tauschrelation zu einem Maßverhältnis von Geld- und Produktquantität. Darin liegt in der Tat nicht nur ein *kategoriales* Novum, darin liegt auch ein innerer Wandel im Denken und Fühlen der beteiligten Tauschsubjekte. Tatsächlich – das wird sich im Kapitel über das „Geldsubjekt" noch näher zeigen (vgl. Kapitel 5) – kann man die *moderne Subjektivität* als den Versuch beschreiben, alles berechnen und dadurch kontrollieren zu wollen. Deshalb ist auch der moderne Begriff des *Wertes* nicht trennbar von diesem „Rechnen".

„Wo einmal der Wertgedanke aufgekommen ist, muss auch zugegeben werden, dass Werte nur ‚sind', wo gerechnet wird. Insgleichen wie es ‚Objekte' nur gibt für ein ‚Subjekt'. Von ‚Werten an sich' zu reden ist entweder eine Gedankenlosigkeit oder eine Falschmünzerei oder beides zugleich."[137]

Dieser aus der *Selbstreflexion des Geldsubjekts* hervorgehende Begriff „Wert" – in seiner heutigen Wortbedeutung und Verwendungsbreite – stammt erst aus dem 19. Jahrhundert. Durch die *Übertragung* in eine *allgemeine* Wortverwendung hat der Wertbegriff naturgemäß seine Bedeutung verwandelt. Gleichwohl bleibt der *kategoriale* Ursprung unverkennbar: „Alle Werte in der Welt", sagt Hugo Münsterberg in seiner *Philosophie der Werte*, sind „darauf zurückzuführen, dass Individuen als Individuen gewisse Dinge für sich begehren und bevorzugen"[138]. Diese Bestimmung deckt sich völlig mit der von Carl Menger oder Ludwig von Mises. „Primär drängt sich beim Terminus ‚Wert' der ökonomische Gesichtspunkt auf, von welchem er hergekommen ist"[139], sagt auch Nicolai Hartmann. Doch das Verhältnis blieb kein einseitiges. Man kann die Differenz zwischen klassischer Ökonomik und der subjektiven Wertlehre auch darin sehen, dass diese den Wertbegriff teilweise aus der Philosophie, genauer dem

---

einer Sache notwenig sei. Der Wert, welchen der Besitzer auf seine Sache legen würde, wäre willkürlich; er muss sich durch den Widerspruchskampf mit einer anderen Person, die ein entgegengesetztes Interesse hat, herausstellen." J. B. Say (1830: 3), S. 262f, Note.

[136] Das ist eine Einsicht, die sich schon bei Buquoy klar ausgesprochen und begründet findet: „Die Größe des Verlangens nach einem Gegenstande, folglich auch die Größe des Wertes, welchen ein Gegenstand für irgend Jemanden hat, lässt sich auf keine Weise messen; denn was soll man hier als Einheit des Maßes festsetzen?" G. v. Buquoy (1815-18), S. 445.

[137] M. Heidegger (1961: 2), S. 102. Vgl. „(D)as Dasein will lediglich zugegeben, anerkannt, bejaht sein und verlangt somit jene Unterordnung, die mit dem Gegebenen rechnet." H. Münsterberg (1908), S. 83.

[138] H. Münsterberg (1908), S. 23.

[139] N. Hartmann (1935), S. 227. Alle „klaren und fassbaren wirtschaftlichen Wertvorstellungen", sagt Schmoller, sind „durch das Geld entstanden", G. Schmoller (1920: 2), S. 168.

3.2.6 Exkurs: Zur Lehre vom Wert

Neukantianismus reimportiert hat. Nur so kann Böhm-Bawerk feststellen: „Der Begriff des Wertes gehört nicht der Wirtschaftswissenschaft allein an."[140]

Keiner der klassischen Nationalökonomen hätte je solch einen Satz formuliert, denn in seiner *philosophischen* Verwendung, in der man auch von *Werten im Plural* spricht, wurde der Wertbegriff erst von Rudolf Hermann Lotze eingeführt[141]. Schopenhauer hat sich kritisch mit dem Begriff des *absoluten (moralischen) Werts* auseinandergesetzt und dabei etwas gesagt, das in der Denk*form* durchaus für die Ökonomik relevant ist:

> „Jeder Wert ist eine Vergleichungsgröße, und sogar steht er notwendig in doppelter Relation: denn erstlich ist er *relativ*, indem er *für* Jemanden ist, und zweitens ist er *komparativ*, indem er im Vergleich mit etwas Anderm, wonach er geschätzt wird, ist. Aus diesen zwei Relationen hinausgesetzt, verliert der Begriff *Wert* allen Sinn und Bedeutung."[142]

Die Relativität *ökonomischer* Werte wurde immer wieder betont, so von Petty, Locke oder Barbon. Bezüglich des *Geldwerts* kehrt aber die Vorstellung zurück, dass es *absolute* Werte gibt:

> „Was unter klassischem Geld zu verstehen ist, dürfte klar sein. Es ist das Geld, das keinen Wertänderungen unterliegt, daher auch die Preise nicht beeinflusst, so dass man bei Preisschwankungen den Grund nur auf der Seite der Waren, nie auf der Seite des Geldes zu suchen hat. Wir sind auf der Suche nach dem klassischen Geld von absoluter Wertbeständigkeit."[143]

Diese Vorstellungsweise beim Geld färbte auch ab auf die Philosophie. Die spätere philosophische Redeweise von einem *System* der Werte, die aufeinander bezogen und *insofern* auch relativ sind, hat mit diesem Sachverhalt allerdings wenig zu schaffen, auf den Schopenhauer verweist und worin er eine für die subjektive Wertlehre wichtige Bestimmung vorwegnimmt. Bei Friedrich Nietzsche wird der Wertbegriff dann bereits ganz allgemein zum Begriff für das, was die tradierte Sprechweise mit Zweck oder Sinn ausdrückte. Der Neukantianismus formuliert darauf aufbauend ein ausgefeiltes „System der Werte"[144]. Rickert bestimmt sogar „die Philosophie *als* Wertlehre"[145].

---

[140] E. v. Böhm-Bawerk (1921: II.1), S. 159. Böhm-Bawerk sagt, die „gemeinsamen Wurzeln" der Wertauffassung herauszuarbeiten, sei „Aufgabe der Psychologie" – ein völliges kategoriales Missverständnis.

[141] Vgl. H. Lotze (1923: 3), S. 457. Wenn Adorno sagt: „Noch Kant und Hegel verwenden den in der politischen Ökonomie beheimateten Wertbegriff nicht", T. W. Adorno, GA 8, S. 560, so irrt er. Kant kennt einen „moralischen Wert", I. Kant, WW 2, S. 815, und Hegel spricht an vielen Stellen vom (nicht ökonomischen) Wert einer Sache. Was Lotze neu einführte, ist die *ontologische* Selbständigkeit der Werte im Plural, die auch Nietzsche kennt. Hier *trennen* sich die Werte von den Sachverhalten und imitieren den Geldbegriff, der einen Wert als Täuschung neben den Waren ansiedelt.

[142] A. Schopenhauer, WW VI, S. 201f. Schopenhauer übersieht hier allerdings, wie die Ökonomen, die Differenz zwischen einem „Jemand" = Ego und einer *intersubjektiven* Bedeutungsstruktur. Beim Wert handelt es sich nicht nur um die duale Struktur Ich ↔ Es („jemand") versus Es_1 ↔ Es_2 („Vergleich mit *etwas* Anderem"), sondern vor allem um die Differenz Es(Ich) ↔ Es(Du).

[143] F. Bendixen (1926), S. 15f.

[144] Vgl. H. Rickert: Vom System der Werte; in : H. Rickert (1999), S. 73-105.

[145] H. Rickert (1921), S. 142ff; meine Hervorhebung.

Das Werten im Sinn von Urteilen wird allerdings bereits viel früher als besondere Urteilsform erkannt. Die Unterscheidung zwischen dem, was heute die „Faktum/Wert-Dichotomie"[146] genannt wird, rückt mit dem Aufkommen der Philosophie des Empirismus in den Vordergrund.[147] Hatte der Katholizismus das Verhältnis zu Gott als ein Tauschgeschäft dargestellt, worin man für gute Handlungen auf Erden im Jenseits belohnt werde, so bestreitet der Protestantismus diese Beziehung zu Gott. Rechtfertigung erwachse nur aus dem Glauben, wodurch die Moral zu einer *irdischen* Angelegenheit wird, die das menschliche Verhalten organisiert. Darauf geht die heute zu einem universellen Dogma gewordene Trennung von Wissenschaft und Moral zurück, und auch die Religionen verstehen sich in einer Anpassung an die Moderne als Produzenten moralischer Werte.

Tatsächlich lässt sich beobachten, dass das von Kant radikalisierte Wissenschaftsprogramm des cartesianischen Beobachters – im 19. Jahrhundert zum allgemeinen Wissenschaftsideal erhoben – die Dinge sich selbst überlässt, sie also aus der subjektiven Sphäre, der Sphäre der *Bedeutung* herauszunehmen trachtet. Eigentlich meint man mit „objektiver Realität" – wenn man das *streng* denkt – eine Realität ohne *Bedeutung* (Sinn und Wert). Nietzsches Diagnose des Nihilismus ist insofern eine präzise Beschreibung: Es ist eine Welt ohne Sinn und Wert, eine Welt ohne *Bedeutung*, die sich dem Wissenschaftsego durch dessen isoliertes Selbstverständnis darbietet. Die Einheit von Sein und Wahrheit, Sein und Sinn wird damit zugleich zerrissen. Mit der aufgerissenen Kluft zwischen Subjekt und Objekt durch die cartesianische Beobachterposition tritt ein weiteres, für die Ökonomik grundlegendes Problem hervor. Heidegger drückt das so aus:

„Erst wo das Seiende zum Gegenstand des Vor-stellens geworden ist, geht das Seiende in gewisser Weise seines Seins verlustig. Dieser Verlust wird unklar und unsicher genug gespürt und entsprechend schnell dadurch ersetzt, dass man dem Gegenstand und dem so ausgelegten Seienden einen Wert zuspricht und überhaupt das Seiende nach Werten bemisst und die Werte selbst zum Ziel alles Tuns und Treibens macht."[148]

Die Rede von den Werten, die im 19. Jahrhundert die Ökonomik verlässt und mit der Philosophie den Alltagsdiskurs erreicht, erweist sich hier als *komplementäre* Struktur. Eben weil man den Dingen ihren Bezug auf menschliches Handeln, auf die *Bedeutung* menschlicher Akte genommen hat, gleichwohl aber bemerkt, dass so die Dinge alltäglich nicht erscheinen, hat man den Mangel durch eine *Addition* ergänzt: Die Werte werden nun zu den Fakten *hinzugefügt*. Tatsächlich erscheint hier im Wissenschaftsideal nur das wieder, was den ökonomischen Alltag durchzieht: Die Trennung zwischen den dinglichen Eigenschaften von Produkten und ihren in Geld veranschlagten Preis, die Trennung von Gebrauchswert und Tauschwert.

---

[146] Vgl. H. Putnam (2002).

[147] Berühmt ist die Unterscheidung zwischen *is* und *ought* bei Hume, D. Hume (1972), S. 203f. Hume sagt, dass 2+3 gleich der Hälfte von 10 ist, leuchte ihm ein. „Wenn man aber daraus einen Vergleich mit moralischen Relationen herleiten will, so gestehe ich, dass mir dafür jedes Verständnis abgeht." D. Hume (1972), S. 139.

[148] M. Heidegger (1972b), S. 93f. Vgl. „Wo dann mit der Machenschaft die Sinnlosigkeit zur Macht gelangt, muss das Niederhalten des Sinnes und damit jedes Erfragens der Wahrheit des Seins durch die machenschaftliche Aufstellung von ‚Zielen' (Werten) ersetzt werden." M. Heidegger (1961: 2), S. 21.

In dieser Funktion, neben der alltäglichen Bedeutung allen Dingen noch einen davon getrennten Wert beizumessen, sind die moralischen Werte kategorial dem Geld verwandt. Die moderne Ethik ist unverständlich, wenn man sie nicht als Ethik für Menschen betrachtet, deren Denkformen mehr und mehr durch Markt und Geld bestimmt wurden. Für diese ökonomische Herkunft des Wertbegriffs in seiner modernen Struktur spricht nichts weniger als das Wort selbst. „Wert" stammt von dem mittelhochdeutschen Wort *wert* ab, das vermutlich zur Wortgruppe um *werden* gehört. Der Spezialisierung auf die spezifisch ökonomische Bedeutung geht seit dem 12. Jahrhundert ein allgemeiner Wertbegriff im Sinn von „wertschätzen", vor allem von Personen, gleichbedeutend mit „edel", „teuer" und „herrlich"[149], voraus.

Ausdrucksformen von *Wertschätzung* sind keineswegs rein subjektiver Natur. Das Ansehen, das ein Edelmann, ein König oder auch ein guter Handwerker genießt, also die ihm zukommende Wertschätzung, ist eine durchaus *öffentliche* Form. Sie ist *weder* ein empirisches Faktum, noch kann man sie auf *individuelle* Wertschätzungen zurückführen. Hier liegt jene am Beispiel des reflexiven Verhältnisses von König ↔ Untertan sichtbare Struktur vor, die wir auch beim Geld entdecken konnten.[150] Das *individuelle* Werten im Sinn eines Geschmacksurteils, einer individuellen Präferenz ist kategorial von völlig anderer Natur. Man kann zwar durch Werturteile derartige Präferenzen *äußern*, macht damit aber keinen Wert als Gegenstand erkennbar. Es lässt sich nur kommunikativ festhalten: „A mag/schätzt/liebt/usw. X". Daraus lassen sich private Schlussfolgerungen ziehen, nicht aber allgemeine ökonomische Strukturen ableiten. Die ungelösten Rätsel der „Philosophie der Werte" sind erst lösbar, wenn die Quelle aller späteren Bedeutungen von „Wert" – das Geld – in ihrer reflexiven Struktur erkannt ist.

3.2.7 Das Gelten des Geldes

Erst im Geld tritt ein neuartiges Wertphänomen hervor, das allerdings *strukturell*, als reflexiv-zirkuläre Form, zu anderen öffentlichen Wertschätzungen – wie in König ↔ Untertan – verwandt ist. Die Wertschätzung ist in diesen Fällen *zugleich* eine soziale Struktur. Das sich darin konstituierende sozial Allgemeine ist zwar immer auch eine *individuelle* Wertschätzung: Auch die Untertanen respektieren, achten, lieben oder fürchten ihren König. Diese Wertschätzung besitzt aber einen völlig anderen Charakter, sofern ihr das Moment der *Freiheit* mangelt. Wenn man sich entschließt, Zigaretten fortan nicht mehr als Güter, sondern als deren Gegenteil (Ungüter) zu betrachten und das Rauchen aufhört, dann fallen die Änderung der individuellen Präferenz und das *Gelten* eines Dings *als* Wert für das Einzelsubjekt zusammen. Wenn man aufhört, mit einer Regierung zufrieden zu sein oder sich von einer früher wertgeschätzten politischen Partei abwendet, dann ergibt sich daraus für die *Geltung* dieser Regierung oder Partei noch gar nichts. Selbst die *massenhafte* Ablehnung einer Regierung, eines Königs kann *institutionell* unterbunden werden – wenn auch vermutlich nicht auf Dauer.

Das Phänomen des *sozialen Wertes* gehört also in eine andere, viel umfassendere Kategoriengruppe als die individuelle Wertung. Sie fällt zusammen mit der Erzeugung

---

[149] Vgl. die Beispiele in Deutsches Wörterbuch von Jacob und Wilhelm Grimm, Bd. 29, Spalte 444, 53 (zit. nach „Der digitale Grimm", Ausgabe Zweitausendeins) zu „Wert".

[150] Barbon hat diese *strukturelle* Isomorphie zwischen König und Geld geahnt, wenn er sagt: „The Common Objection, that a Publick Bank cannot be safe in a Monarchy, is not worth the Answering; As if Princes were not Governed by the same Rules of Policy, as States are, To do all things for the Well-fair of the Subjects, wherein their own Interest is concerned." N. Barbon (1664), S. 20.

von Bedeutung, wie wir sie auch in der Sprache bei der Analyse der sozialen Grundstruktur beobachten konnten. Niemand kann *individuell* die Bedeutung eines Wortes oder grammatikalische Regeln ändern, ohne *unverständlich* zu werden. Allerdings kann man bei der Entstehung *neuer* Wörter oder Regeln beobachten, wie sich soziale Bedeutung konstituiert. Ein neues Wort gelangt durch Nachahmung oder durch öffentliche Verwendung in den Medien, in der Wissenschaft usw. zur Geltung. Beide Formen scheinen unterschiedlich zu sein: Die erste Form entwickelt sich spontan oder evolutionär, die zweite beruht auf der bereits *bestehenden* institutionellen Anerkennung, die öffentliche Medien, die Wissenschaft oder eine bekannte Persönlichkeit genießen. Tatsächlich liegt hier aber dasselbe strukturelle Verhältnis vor. Denn auch die öffentliche Verwendung von Wörtern sichert nicht ihre nachahmende Anerkennung, und die evolutionäre Verbreitung neuer Wörter und Begriffe setzt immer schon ein Anerkennungsverhältnis voraus. Wenn Jugendliche einen eigenen Jargon entwickeln, dann wird dieser Jargon nur übernommen und gelangt so zur Geltung, weil bestimmte Personen in Jugendgruppen als besonders angesagt oder cool gelten und ihn verwenden.

Daraus ergibt sich: Der Wert einer Person oder einer Sache in der Gesellschaft beruht auf ihrer *Geltung*. Die Geltung aber beruht auf der massenhaften *Anerkennung* dessen, was gilt. Es liegt hier also eine *zirkuläre* Struktur vor, die sich als *Prozess-Struktur* der Bedeutung entpuppt.[151] Der *Ort*, an dem sich das alltäglich vollzieht, ist ein *sozialer*, ist eine intersubjektive Struktur (soziale Grundstruktur). Bedeutung kann deshalb nie aus individuellen Wertungen abgeleitet werden, auch wenn die soziale Bedeutung stets durch das individuelle Denken und Werten hindurch geht. Die soziale Geltung ist in ihrer eigentümlichen Zirkularität ein Prozess, worin das, *was* etwas gilt, nur zu dieser Geltung gelangt, wenn in einer Population von sozialen Situationen die Individuen diese Geltung durch *Subsumtion* vollziehen – also bestimmte Wörter tatsächlich verwenden, ihren König als Untertanen respektieren oder dem Geld einen Wert verleihen durch seine Verwendung und die Rechnung in seiner Einheit.[152] Soziale Werte sind also ein Prozess der Herstellung und Reproduktion von Bedeutung, damit von *Geltung*.

Diese kategoriale Struktur sozialer Werte gilt uneingeschränkt für alle ökonomischen Werte. Man kann sie nicht auf etwas zurückführen, das sich *außerhalb* des charakteristischen Tauschprozesses reproduziert: Individuen, Produktionsprozesse oder natürliche Bedingungen. Das Geld stiftet als Struktur eine Bedeutung, die ihren logischen und praktischen Ort in den Tauschprozessen besitzt. Zwar kann jeder ökonomische Wert, den man durch die Geldrechnung einer Sache zuschreibt, in eine *andere* Bedeutung eintreten und sich dort überlagern. Doch eine *andere* Geltung außerhalb der Tauschprozesse ist dann keine *ökonomische* Geltung mehr. Allerdings verweist diese Möglichkeit der vielfältigen Überlagerung auf eine strukturelle Verwandtschaft. Sie

---

[151] Tönnies sagt: „Die Gesellschaft produziert ihren eigenen Begriff als *Papiergeld* und bringt ihn in Umlauf, indem sie ihm Kurs gibt." Dem könnte man als metaphorische Ausdrucksweise zustimmen. Doch Tönnies fährt fort: „Dies gilt, insofern als der Begriff des Werts dem Begriffe der Gesellschaft als notwendiger Inhalt ihres Willens inhäriert. Denn Gesellschaft ist nichts als die abstrakte Vernunft – deren jedes vernünftige Wesen in seinem Begriffe teilhaftig ist – insofern dieselbe zu wollen und zu wirken gedacht wird." F. Tönnies (1979), S. 39. Damit wird nun gar nichts ausgesagt, weil der Begriff der Gesellschaft auf die Vernunft eines totalisierten Egos reduziert wird.

[152] Moll nähert sich – allerdings nur in einer Fußnote – bezüglich des Geldes dieser Einsicht, wenn er Nominalismus und Metallismus in der Geldtheorie mit dem Satz abweist: „Die Menschen haben Vertrauen zum Edelmetall, weil es wertvoll ist, und es wird wertvoller, weil man daran glaubt." B. Moll (1922), S. 69. Es wird nicht wert*voller*, sondern *jeder* Wert gründet in der hier geahnten Zirkularität.

3.2.7 Das Gelten des Geldes

liegt in der Eigentümlichkeit der sozialen Zirkularität, die alle Geltung charakterisiert. Ermöglicht wird dies durch die Offenheit der sozialen Grundstruktur, in der sich ihre kategoriale Geschlossenheit entfaltet.

Ich will das durch einige Beispiele erläutern. Der Geldbesitz kann sich durchaus den Machtverhältnissen in einer Gesellschaft überlagern. Die dem großen Reichtum eigentümliche Geltung wird vielfach zur Privation von *Machtverhältnissen* genutzt. So kann sich die Kaufmacht des Geldes durchaus der Macht der Medien, der Politik usw. bedienen, um diese wiederum für rein ökonomische Interessen zu instrumentalisieren. Geltendes Recht kann in korrupten Staaten gekauft werden. Das, was man in den USA den Drehtüreffekt nennt, worin politische Mächtige an die Spitzen im Management von Unternehmen wechseln und umgekehrt, verweist zwar auf eine sehr enge Verknüpfung von politischer Macht und der Kaufmacht, die aus Geldbesitz an den Märkten erwächst. Gleichwohl bleiben beide Sachverhalte als *soziale Phänomene* getrennt. Es ist auch die Umkehrung denkbar: Ökonomische Macht kann z.B. für die Kriegsführung, die von kulturellen, ethnischen, rassistischen oder nationalistischen Zielen bestimmt ist, instrumentalisiert werden.

Um politische Macht auf den Märkten zu artikulieren, muss sich eine Regierung auch *ökonomischer* Strukturen bedienen. Ein wichtiges Mittel hierbei ist das Recht der Geldemission durch Zentralbanken. Die Funktion des Geldes ändert sich nicht durch dieses Recht, auch nicht die Natur des Geldes, nur durch *Subsumtion* der vielen Marktteilnehmer unter seine Bedeutung einen Wert zu besitzen. Doch wie Fälscher Banknoten drucken können, so kann auch eine Regierung Geld drucken lassen, um durch diese Macht auf den Märkten als *Käufer* aufzutreten. Abhängig von der Struktur und aktuellen Verfassung der Märkte ergeben sich daraus unterschiedliche Wirkungen, wie sie im Streit zwischen Monetaristen und Keynesianern diskutiert werden. Führt das Gelddrucken nur zu einer Belebung von Investitionen, wie sie schon Hume vermutet hat, so bleibt die Geltung des Geldes erhalten. Steigen dagegen allgemein die Preise der Güter, so entziehen die Marktteilnehmer bei einer Inflation schrittweise ihr Vertrauen dem Geld, was schließlich den Zusammenbruch ganzer Geldsysteme nach sich ziehen kann. Insofern haben also jene Theoretiker Recht, die die These ablehnen, dass das Geld seinen Wert der *Normierung* eines Staates verdanke. Die Geltung des Geldes ist eine reflexive Struktur, die nur dadurch *besteht*, dass Viele sich ihr unterwerfen. Man kann also das Gelten weder von oben her (durch den Staat) normieren noch von unten (aus dem Markt) ableiten.[153] Allerdings knüpft dieses Gelten an ein *anderes* Gelten an, ja beruht darauf – wie die im Tausch vollzogene Kommunikation auf der Sprache und der vorausgesetzten Gewaltfreiheit beruht. Dennoch ist die Geltung des Geldes, die sich darin reproduziert, ein Novum und von spezifisch *ökonomischer* Form.[154]

---

[153] „(D)as Geld hat seinen ökonomischen Wert nicht kraft seines *Seins*, sondern seines gesellschaftlichen *Geltens* wegen." A. W. Cohn (1920), S. 21.

[154] Man hat das Wort Geld (*moneta*) auf Geltung (*moneo* = bedeuten, zu bedenken geben usw.) zurückzuführen versucht. So beruft sich z.B. Nicolas von Oresme im 13. Kapitel seines *Tractatus* auf Hugo (Huguccio de Pisa, Derivaciones magnas, fol. 114c, 11, 32-39) und diese Ableitung, N. v. Oresme (1994), S. 39. Vgl. auch die Hinweise zu *moneta* im Wörterbuch von Karl Ernst Georges (elektronische Ausgabe Berlin 2002). Der Name stammt von der römischen Göttin Iuno Moneta bzw. ihrem Tempel. Wie immer die etymologischen Wurzeln zu bestimmen sein mögen, auch mit dem Tempel, bei dem zudem eine Münzstätte angesiedelt war, ist eine *Anerkennung* oder *Geltung* verknüpft. Erklärt ist damit nichts, weil der Begriff der „Geltung" (Anerkennung, Bedeutung) als *zirkulärer* ungedacht bleibt, wenn man ihn auf ein *geltendes* Objekt („Göttin") reduziert und damit durch eine *petitio principii* bestimmt.

3.2 Die zirkuläre Struktur des Geldes

Das Geld *beruht* also nicht auf der Macht der Regierung, sondern auf der Anerkennung der Marktteilnehmer, die so wenig wie die dauerhafte *Macht* einer Regierung erzwungen werden kann. Selbst despotische Regierungen brauchen wenigstens eine Machtelite, die ihre Gewalt auch exekutiert. Anders als bei Märkten, ist die politische Anerkennung nicht an die große Mehrheit der tauschenden Individuen geknüpft; es genügt die Anerkennung einer Machtclique im Militär oder in den Medien. In diesem Fall ist eine Despotie sogar *durch demokratische Formen* hindurch möglich. Doch *gesichert* ist auch in diesem Fall keine Macht. Hitler brauchte die SS, Stalin den KGB, Mao die Roten Garden als Schergen, als Machtelite – für US-Präsidenten genügt oftmals *Fox-News*. Diese durch körperliche oder mediale Gewalt *erzwungene* Geltung bleibt also immer auf der Anerkennung jener begründet, die sich – durch Vorteile geködert oder durch falsche Gedanken gelenkt – unterwerfen. In modernen Demokratien nach US-amerikanischem Vorbild regieren so die Medien, ohne dass die Staaten auf die „bewährten Instrumente" weltpolitischer Normalität – Folter, Bestechung, Erpressung, Krieg und Mord – verzichten.[155]

Die in der Macht des Staates, einer Regierung, in der allgemeinen Anerkennung einer Religion oder Moral offenbare *Geltung* ist jener des Geldes isomorph. Aber diese Geltung *ist* keine ökonomische und kann deshalb auch keine ökonomische Geltung hervorbringen. Ein Zentralplan kann als Befehl mit Gewalt durchgesetzt werden, die Akzeptanz einer Rechnungseinheit auf dem Markt nicht. Das heißt aber nicht, dass nun umgekehrt die Geltung des Geldes aus dem Markt abzuleiten sei. Das ist unmöglich, weil es ohne Geld keinen Markt gibt, Geld aber andererseits einer allgemeinen Geltung bedarf, um seine ökonomische Funktion zu erfüllen. Die im Geld erkennbare neue kategoriale Struktur kann deshalb nur dann auftreten, wenn eine Form der allgemeinen Geltung (in einer Staatsform, unter einem Herrscher, in einer Theokratie, einem religiösen System usw.) Strukturen hervorbringt oder zulässt, die sich zu *Tauschsystemen* entwickeln. Der Witz dabei ist: Das spezifisch Neue am Geld – seine allgemeine *Geltung* auf einem *Markt* – verlangt die Entwicklung beider Begriffsinhalte, um Geldverkehr zu ermöglichen: Die Geltung des Geldes – damit die ihm zukommende ökonomische Bedeutung – und der Markt, auf dem sich diese Geltung entfaltet, entstehen immer *zusammen*, weil sie strukturell aufeinander verweisen.

Eben das zeigt die Tauschstruktur, denn die Kaufstruktur kann nur bestehen durch die Relation R1, die eine *andere* Form intersubjektiver Beziehung zwischen den Tauschenden voraussetzt und *verändert* reproduziert. In dieser Relation liegt die Geltung des Geldes, und sie ist strukturell offen, sich an eine andere Geltung *anzuschließen*. Welcher Art diese andere Form der Geltung ist, bleibt unbestimmt. Aber sie enthält all die bereits genannten Momente: Eine kommunikative Beziehung und die Abwesenheit von Gewalt durch gemeinsame Moralregeln oder die Subsumtion unter staatliche Gewalt (also ein Gelten staatlicher Normen). Diese Relation zwischen Personen, die im Tausch immer mit gesetzt und vorausgesetzt ist, bleibt in der Struktur des Geldes gewahrt. Erst *in ihr* können sich dann gelingende Kaufakte vollziehen, die in einem Preis ihren Ausdruck finden (Relation R2).

---

[155] Allerdings ist es verfehlt, nach einer Kausalität zwischen Medien, Politikern oder Industrie zu suchen. Die Medien herrschen *in einer Clique, in einem Racket* mit den Regierenden. „The conscious and intelligent manipulation of the organized habits and opinions of the masses is an important element in democratic society. Those who manipulate this unseen mechanism of society *constitute an invisible government* which is the true ruling power of our country." E. Bernays (2005), S. 37; meine Hervorhebung.

3.2.7 Das Gelten des Geldes

Zerreißt man diese Struktur, die zugleich den *Begriff des Geldes* als einen in sich differenzierten ausmacht, dann wird das Geld nicht verstanden. Andererseits wird aber auch sichtbar, warum die vielen „Ableitungen" des Geldes *nebeneinander* im ungelösten Widerstreit als Geldtheorien tradiert werden: Betont man den Aspekt des Geltens und bemerkt, dass sich darin ein *kommunikativer Prozess* (R1) verbirgt, so kann man das Geld als Resultat einer „Übereinkunft" erklären, wie Aristoteles oder Locke[156]. Blickt man jedoch *in anderer Perspektive* auf die in R1 vollzogene Subsumtion unter eine gemeinsame (staatliche oder moralische) Norm, so suggeriert dies den Gedanken, die darin offenbare *Rechtsform* normiere zugleich das Geld in seiner *ökonomischen* Funktion, wie von Barbon bis Knapp immer wieder behauptet wurde. Sieht man in der Geldstruktur nur die *Tauschform*, deren Modifikation sie ist, dann betrachtet man das Geld nur als eine *verallgemeinerte* Form eines Gütertauschs – das ist der Gedanke von Menger und den österreichischen Theoretikern. Blickt man dagegen auf den Preis als eine sachliche Relation zwischen Warenquantum und Geldeinheit, die sich im Kaufakt konstituiert, so erklärt man das Geld als besondere Form dieses *sachlichen* Tauschverhältnisses, wie dies Marx und ihm nachfolgend Knies taten. Das Gelten des Geldes ist also durch die Offenheit der Tauschstruktur immer schon mit einem anderen sozialen Gelten (Normen, Sprache) verknüpft, kann aber nicht darauf *reduziert* werden, ohne die in der Geldrechnung vollzogene *Veränderung* und das *Novum* als soziale Struktur kategorial zu verfehlen.

Die Geltung des Geldes kann sich deshalb durchaus mit anderen Formen sozialer Geltung verbinden, sie instrumentalisieren, aber auch von diesen instrumentalisiert werden. Der Streit zwischen Neoklassikern und Keynesianern dreht sich *eigentlich* genau um dieses Verhältnis: Soll der Staat dem Markt dienen und für den Markt instrumentalisiert werden (wie die Liberalen und die Monetaristen fordern), oder soll der Staat seine *ökonomische* Verbindung zu den Märkten durch die Steuerhoheit, die staatlichen Käufe, das Währungsmonopol und die Definitionshoheit, was erlaubte und verbotene Handlungen sind, nutzen, um sie an *anderen* als rein ökonomischen Zielen ausrichten (wie Gewerkschaften, Sozialpolitiker, Kirchen oder Sozialdemokraten fordern). Wie jede andere Überlagerung von Funktionen, so haben auch diese ihre Grenzen. Die globalen Märkte haben inzwischen weltweit die Politik instrumentalisiert, um Lohnsenkungen, den Verzicht auf ökologische Standards, die Reduktion der Kosten für Sozialsysteme usw. durchzusetzen. Ein Grund ist darin zu suchen, dass die Konkurrenz der Staaten, die das 19. und das 20. Jahrhundert charakterisiert hat, selbst zur Konkurrenz auf den Märkten als überlagerter Prozess in Wettbewerb getreten ist. In der *Konkurrenz* auf den Märkten vollzieht sich zwar auch eine Geltung, eine „negative Anerkennung". Sie besitzt aber einen ganz anderen Charakter als den, der *innerhalb* eines Gemeinwesens, das rechtlich normiert ist, auf den Märkten entfaltet wird.

Wir erhalten das Ergebnis: Das soziale Gelten, das ökonomische Werte *begründet*, lässt sich – auch wenn Überlagerungen möglich sind – nicht auf ein *anderes* Gelten zurückführen. Weder kann man das dem Geld als das dem ökonomischen Wert eigentümliche Gelten auf *individuelles* Gelten im Sinn von Präferenzen, noch auf *soziale Geltung* anderer Strukturen (Sprache, Recht, Anerkennung in den Medien usw.) zurückführen. Der Wert bewahrt seinen spezifisch *ökonomischen* Charakter, sofern sich die Geltung des Geldes immer nur auf den Märkten, durch die Population individueller Tauschakte hindurch, vollzieht.

---

[156] Vgl. Aristoteles: Politik 1257a 35. „Da aber Gold und Silber (...) ihren Wert nur von der Übereinkunft der Menschen erhalten haben ...", J. Locke (1977), S. 230.

Es gibt keinen ökonomischen Wert ohne Geld, und das Geld reproduziert sich als soziale Geltung, als Prozess der Bedeutung in einer eigentümlichen, ihm kategorial als Novum zugehörigen Struktur. *Verständlich* ist diese Struktur nie von außen, sondern nur durch die teilnehmende Erfahrung – über die aber in einer modernen Gesellschaft jeder verfügt, sofern er bereit ist, seine Erfahrung zu reflektieren und die darin liegenden Strukturen, vielleicht durch die Hilfe einer „Karte" wie der sozialen Grundstruktur, zu erkennen. Und diese Erfahrung zeigt ganz einfach, dass niemand, der den Wert einer Sache abschätzt, sich *außerhalb* der Geldrechnung bewegt. Im Wettbewerb mit anderen, die sich auch auf dieselbe Sache beziehen, wird dann sehr rasch deutlich, dass „Werten" kein individuelles, sondern ein *soziales* Geschäft ist. – Weitere Anmerkungen zu dieser Frage werden sich in der Darstellung und Kritik der ökonomischen Theorien des Tausches und Geldes im vierten Teil dieses Buches ergeben.

3.2.8 Das „Geldmaterial" und die Zahlungsversprechen

3.2.8.1 Zur Geltung von Geldmaterialien

Die Schwierigkeit in der Beurteilung des Geldes liegt also – die bisherigen Überlegungen zusammenfassend formuliert – in dem kategorialen Novum, durch das es charakterisiert ist. Man kann das Geld weder auf die Vorstellungen eines idealisierten Subjekts reduzieren, noch lässt sich das Geld *naturalisieren*, indem man behauptet, seine Funktionen wären eine Art „Natur", die mit dem Austausch gleichursprünglich gesetzt ist. Der Witz am Geld ist das kategoriale Novum im Rahmen sozialer Strukturen, also dies, dass seine Geltung reflexiv und zirkulär ist: Es gilt nur, wenn die Vielen sein Gelten akzeptieren und an einen Schein des Geldwerts glauben; die Vielen glauben aber nur daran, *wenn* und insofern Geld einen (stabilen) Wert für ihre täglichen Kalkulationen besitzt. Diese zirkuläre Struktur ist die Hauptschwierigkeit im Verständnis des Geldes.

Doch es kommt ein zweiter, wesentlicher Punkt hinzu. Wie die Analyse der Kaufstruktur zeigte, ist es für die Funktionsweise des Geldes als zirkulär geltender Rechnungseinheit unabdingbar, dass es im fortgesetzten Kreis der Käufer und Verkäufer als *Zwischenphase* immer wie ein Ding angeeignet und besessen werden kann. Geld ist nur Geld, wenn man an ihm ein *Eigentumsrecht* geltend machen kann. Es genügt nicht, dass es bloße Rechnungseinheit ist, um als Geld nicht nur anerkannt zu sein, sondern es muss auch durch die faktische Verwendung als Wert *besessen* werden zu können.[157] Geld ist nicht einfach ein *beliebiges* Zeichen, das man verwendet, um damit eine Rechnung zu vollführen. Geld ist also mehr und anderes als ein Informationsprozess in einem sozialen Computer.[158] Zu seiner allgemeinen Anerkennung, dem wechselseitigen Vertrauen der Tauschpartner in seine Geltung – die gerade *durch* dieses Vertrauen erzeugt wird – kommt immer auch das Erfordernis, dass das, was *als* Geld fungiert, auch angeeignet werden kann, also einer bestimmten dinglichen oder materiellen Form bedarf.

Daraus lassen sich zwei abstrakte Anforderungen an die Eigenschaften des Geldes ableiten: Erstens wird nur das Geld, was als diskrete Entität unterscheidbar ist, wobei es

---

[157] Keynes scheint diese Differenz im Auge zu haben, wenn er Geld als Rechnungseinheit (*money of account*) zwar „the primary concept of a theory of money" nennt, dann aber ergänzt: „Perhaps we may elucidate the distinction between *money* and *money of account* by saying that the money of account is the *description* or *title* and the money is the *thing* which answers to the description." J. M. Keynes, CW Bd. V, S. 3.

[158] Stellvertretend für viele sagt Shackle: „The market is a computer." G. L. S. Shackle (1966) S. 192. Lange hat das sogar ganz wörtlich genommen, vgl. O. Lange (1967).

3.2.8 Das „Geldmaterial" und die Zahlungsversprechen

von dieser diskreten Entität eine *gleichartige Vielfalt* geben muss. Bäume sind diskrete Entitäten, es gibt sie auch vielfältig, aber sie sind untereinander so verschieden, dass sie nicht als *Einheiten* denkbar sind. Die Einheiten, in denen *als* Geld gerechnet wird, müssen ein hohes Maß an *Gleichheit* aufweisen. Nur so kann die *reine Quantität* hervortreten, die nicht von qualitativen Differenzen getrübt wird. Ein Weiteres muss hinzukommen. Da das Geld im Kaufakt den Eigentümer wechselt, muss die Geldentität auch *dauerhaft* sein, wenigstens innerhalb menschlicher, genauer ökonomischer Zeitmaße. Als dritte Eigenschaft, die aus der Kaufstruktur hervorgeht, wäre die relative Seltenheit zu nennen. Wenn bestimmte Dinge jedermann leicht verfügbar sind und so gar nicht den Charakter eines gesuchten Produkts erhalten, dann können sie keine ökonomischen Güter werden. Zur gleichartigen, dauerhaften Vielheit muss zugleich eine gewisse *Knappheit* zukommen, damit ein Ding zum „Geld" werden kann. „Knappheit" bedeutet hier entweder die Schwierigkeit, solche Dinge erlangen zu können (weil sie selten sind), oder aber ihre Erreichbarkeit wird durch *Normen* begrenzt, die allgemein akzeptiert sind.

Es ist keineswegs notwendig, dass das, was *materiell* als „Geld" verwendet wird, in einem anderen sozialen Kontext als besonders geschätztes, wertvolles, geehrtes usw. Ding fungiert. Solch eine Wertschätzung eines Dings aus einem *anderen Kontext* ist durchaus geeignet, ihm eine Rolle als Geld zuzubilligen. Darin liegt aber keine *notwendige* Bedingung. Dies wirft ein Licht auf Laums These vom „heiligen Geld".[159] Sein Gedanke, wenn man ihn auf den *kategorialen* Kern reduziert, lautet: „Geld" kann nur ein Ding werden, das in der Gesellschaft bereits ein hohes, ein höchstes Maß an *Geltung* besitzt. Die *abstrakte Geltung* des Geldes kann sich also immer auch an das anschließen, was von den Menschen auch *außerhalb* des wirtschaftlichen Austauschs anerkannt wird.

Die historisch wichtigsten, frühsten Geldformen sind vermutlich untrennbar mit der Entwicklung der Metallurgie verbunden, der Gewinnung von Kupfer, später der Bronzelegierung. Die technische Funktion, die soziale Verwendung dieser Metalle und damit ihre besondere Stellung machten sie – weit mehr als Gold und Silber – zu Quellen des Denkens in quantitativer Einheiten, in denen Austauschprozesse oft über weite Strecken vollzogen wurden. Die homogene Natur von Kupfer oder Bronze macht sie zu einer *quasi-natürlichen* Entität, worin die soziale Geltung eine sinnliche Grundlage findet. Um die Metallherstellung, den Transport und Handel herum entwickelten sich Organisationsformen, *innerhalb* derer sich die Frühformen des Handels herausbildeten. Das *sozial-technische* Gelten von Metallen (auch als Waffen) tritt neben die tradierte Wertschätzung des natürlichen Reichtums (Tiere, Bernstein, Heilpflanzen etc.) und beginnt sie zu dominieren.[160] In all diesen Formen, vorrangig von der Einbettung der Metalle in die alltägliche Produktion und Kriegskunst sowie kultische Formen der Herrschaft, überträgt sich eine andere, vorausgesetzte *Geltung* auf das Geld und das Teilen und Rechnen im Tausch; es mutiert als geltende Bedeutung aus einer anderen Entität. Zugleich aber verändert sich auch die Geltung der tradierten Formen und verwandelt sie

---

[159] B. Laum (1924). Vgl. auch das „Zeremonialgeld" bei W. Gerloff ((1952), S. 38 und 93f. Gerloff betont, dass das Geld darin „Klassengeld" ist, d.h. zuerst bei den Herrschenden auftaucht.

[160] Es ist allerdings auffallend (und ein Hinweis auf Laums These), dass das Kupfer in einer Ochsenhautform zum Transport und Fernhandel aufbereitet wurde, wie dies im großen Schiffsfund „Uluburun" entdeckt wurde; vgl. Ü. Yalcin, C. Pulak, R. Slotta (2005), das Material bei: C. Pulak, George F. Bass (2008) und den Bericht von F.-L. Schmelzer, G. J. Rekel (2008).

schrittweise in die *Abstraktion* der Herrschaft von Königen und Gottheiten, die im Geldsubjekt ihren Begriff finden.[161]

Das *Gelten* des Geldes braucht aber nicht notwendig aus einem technisch bedeutsamen, einem heiligen Bezirk oder einer rechtlichen Normierung abgeleitet werden. Es kann auch einfach in gegenseitiger Anerkennung und Solidarität bestehen, wie etwa die Raphiaplüsche aus dem Kubareich. „Kuba" ist der afrikanische Name einer Gruppe von ungefähr siebzehn Ethnien, die der West-Kasai Region im heutigen Kongo entspricht.[162] Diese kunstvoll gefertigten Palmfaserstoffe werden gemeinsam gewebt und gestickt; sie „gelten als greifbarer Besitz für jedermann, entsprechend wird bei ihrer Fabrikation die Beteiligung aller Erwachsenen einer Gemeinschaft erwartet."[163] Hier ist „Geld" nur ein *temporärer*, genauer *funktionaler* Besitz im Austauschprozess. Sein Gelten beruht auf gemeinsamer Anerkennung, wobei die Gemeinschaft sich die Souveränität *über* das Gelten des Geldes bewahrt. Beim in Asien und Europa bis in die Neuzeit verwendeten Kerbholz (*tally stick*) wird das Gelten der gegenseitigen Anerkennung unmittelbar sichtbar: Die Tausch- oder Kaufmengen werden in einen Stock geritzt, dieser wird gespalten und erlaubt so die nichtschriftliche Dokumentation des Auseinanderfallens von Kauf und Zahlung. Der Inhaber des längeren Stücks (= *stockholder*) ist der Gläubiger, der andere der Schuldner, der einiges „auf seinem Kerbholz hat". Die Kerbhölzer wurden in frühen Rechtsformen zugleich als Vertragsdokument für eine einklagbare Schuld anerkannt: Ihre Geltung wurde also nicht erst durch eine Gerichtsinstanz, ein normiertes Recht gesetzt, sondern dafür schon vorausgesetzt.

Andere Geldformen wie Salz, die Kaurischnecke, Biberfelle, der Yap-Stein und verschiedenste Metallformen oder wertvoll geformte Steine, wie die Basaltstatuetten von schlafenden Enten, die 2400 v.u.Z. bei den Sumerern Verwendung fanden[164], weisen mehr oder minder entfaltet die begriffliche Bestimmung der Materialität von „Geld" auf: Zählbarkeit, also begrenzte, gleichartige Vielfalt, Haltbarkeit, Transportierbarkeit und soziale Geltung.[165] Es ist keineswegs ausgeschlossen, dass die soziale Geltung derartiger Geldmaterialien sich durch den Austausch verändert, gesteigert oder auch vermindert wird. Doch keine dieser Formen *gewinnt* ihre Geltung aus einem entwickelten Austausch, der *ohne sie* als entfaltete Form gar nicht möglich wäre. Dennoch verwandelt sich durch die Funktion als Geld auch die *Art der Geltung*, der Anerkennung der Geldmaterialien. Geld mag indes den Geruch des Heiligen bewahren, wie auch moderne Bankgebäude gelegentlich wie antike Tempel anmuten.[166]

Doch diese *Überlagerung* von Bedeutungen konstituiert nicht die dem *Geld* eigentümliche Geltung. Die Geltung als *Geld* bewährt sich erst in den Austauschprozessen, ohne aus diesen *ableitbar* zu sein. Geld lässt sich also nicht aus dem Austausch *induzieren* – auf ihn begrifflich *reduzieren* –, noch lässt sich seine Funktion im Austausch aus

---

[161] Die Tatsache, dass die frühen Metallkulturen der Kupfer- und Bronzezeit die Schrift noch nicht kannten, ist ein wichtiger Hinweis darauf, dass das Geld im Prozess der *Rationalisierung* durchaus den *sprachlichen* Formen gleichzustellen ist und ihnen in der *Abstraktheit* einer *leeren* Einheit sogar vorausgeht; vgl. Kapitel 5.3.

[162] Vgl. P. v. Wyss-Giacosa, S. Privitere (1999), S. 127.

[163] Vgl. P. v. Wyss-Giacosa, S. Privitere (1999), S. 86.

[164] Vgl. O. A. W. Dilke (1991), S. 96f.

[165] Vgl. W. Gerloff (1947), II. Kapitel.

[166] Juvenal konnte noch sagen: „(O)bgleich, unseliges Geld, du in Tempeln noch nicht wohnst, Altäre noch nicht wir den Münzen erbauten", Juvenal (1984), S. 334. Was im ersten Jahrhundert nicht einmal einem römischen Satiriker möglich schien, ist im globalen Kapitalismus das Herz der Städte geworden, abgetrennt in den heiligen Bankbezirken der Geldmetropolen, aber auch in jeder Kleinstadt präsent.

3.2.8 Das „Geldmaterial" und die Zahlungsversprechen

anderer Geltung (Metallurgie, Staat, Religion) *deduzieren.* Das zirkuläre Anerkennungsverhältnis, das im Geld als gültiger Täuschung liegt, kann sich an vielen materiellen Formen *entzünden,* nicht aber aus ihnen abgeleitet werden. In einer schon mehrfach verwendeten Metapher gesagt: Jeder Mensch, gleichgültig wie seine biologische oder körperliche Verfassung sein mag, kann in die Rolle von König oder Untertan *eintauchen.* Doch nichts an seiner natürlichen oder sonstigen kulturellen Ausstattung ist geeignet, eine Königs- oder Untertanennatur daraus abzuleiten. Vielmehr tritt mit der Rolle als König sozial ein *kategoriales Novum* auf, das nicht durch andere Strukturen bestimmt ist, wiewohl es immer an *empirischen Menschen* realisiert ist. Dieselbe Struktur gilt für das Geldmaterial.

Gerloff wendet sich (zu Recht) gegen Mengers These, dass Geld aus dem Tauschprozess entstanden sei: „Geld entsteht nicht im wirtschaftlichen Verkehr"[167]. Doch diese Aussage bleibt leer, wenn man nicht *begründet,* weshalb und inwiefern „wirtschaftlicher Verkehr" eine Population von Tauschakten umfasst, die es *ohne Geld* gar nicht geben kann. Vereinzelter Tausch führt nicht notwendig zum Geld, so wenig aus der biologischen Ausstattung eines Menschen notwendig König oder Untertan folgt. Doch ebenso wenig gilt, dass das Geld etwas dem Tausch *Fremdes* ist: „Geld hat ursprünglich überhaupt keinen" unmittelbaren wirtschaftlichen oder gar händlerischen Zweck"[168]. Wenn Geld ursprünglich keinen wirtschaftlichen Zweck hatte, dann war es in dieser Geltung gar kein *Geld.* Das eigentliche Rätsel, wie die *Kategorie* des Geldes aus einem *anderen* Zweck hervorgehen soll, bleibt damit ungelöst, selbst wenn man historisch oder empirisch den Übergang z.B. von Opferrindern zu „Rindergeld" oder von gegossenen Metallstücken als Rohmaterial für Werkzeuge oder Waffen zu Metallgeld nachweisen kann. Wiederum analog gesagt: Was ein König und ein Untertan ist, wird nicht verstanden, wenn sich die Krönung eines empirischen Menschen historisch nachweisen lässt, der z.B. Heerführer war oder anderweitiges Ansehen genoss. Kategorien lassen sich nicht verstehen, indem man ihre materiale oder empirische Ausprägung und Nähe zu anderen kategorialen Verhältnissen in eine Reihenfolge des Nacheinander bringt.[169]

Gewiss: Es gibt empirische oder materielle Realisationen des Geldes in den genannten abstrakten Funktionen der Teilbarkeit, Haltbarkeit, Seltenheit, Dauerhaftigkeit und der Eignung zu allgemeiner Wertschätzung, die dem Begriff des Geldes besser oder schlechter entsprechen. *Insofern* gibt es durchaus eine Evolution des Geldes, parallel mit der Entfaltung der Austauschprozesse, der Technik und den moderneren Verkehrsformen. Doch diese Evolution erklärt nicht den kategorialen Inhalt. Das kategoriale Novum des Geldes ist als *semiotischer Prozess* ein begrifflicher „Sprung", der nicht in

---

[167] Vgl. W. Gerloff (1947), S. 202.

[168] Vgl. W. Gerloff (1947), S. 203. Es ist, sagt auch Finley, „bemerkenswert, dass der Wertmaßstab selbst, das Vieh, nicht als Mittel des Tausches fungierte." M. I. Finley (1979), S. 68.

[169] Gerloff versucht immer wieder, die Aufgabe einer *kategorialen* Bestimmung des Geldes durch ein historisches Nach-und-Nach zu umschiffen, was stets auf eine Tautologie hinausläuft: „Die Entwicklung der Grundleistungen des Geldes zeigt die den sozialen Dingen innewohnende (?) Kraft der Entfaltung, Erweiterung und Steigerung über sich selbst hinaus bis zur Umwandlung in eine neue soziale Schöpfung." Wilhelm W. Gerloff (1947), S. 210. Anstatt den Begriffsinhalt dieses Neuen zu bestimmen, postuliert Gerloff eine „Kraft", die das Neue hervorbringt – ein gründliches Missverständnis kreativer Prozesse in der Gesellschaft, denn das Neue ist nie kausal auf Kräfte verrechenbar. Wenn er die „Grundleistung des Geldes" darin sieht, „soziales Auszeichnungsmittel zu sein", S. 211, so wird die Tautologisierung nur eine Stufe weiter getragen, denn es wäre der hier vorliegende *semiotische Prozess* zuerst zu erklären.

kleine Begriffshäppchen zerlegt werden kann, in Teilbedeutungen oder multiple Geldfunktionen. Man kann dem Geld allerlei Funktionen *zuschreiben*; ich habe das skizziert. Doch das Geld in seiner Geltung lässt sich nicht *aus diesen Funktionen* ableiten, weil umgekehrt die Funktionalität des Geldes *das Geld* schon voraussetzt. Warenmengen in Geldeinheiten zu taxieren, Forderungen zu begleichen, Schulden zu tilgen, Kosten zu ermitteln oder Preise abzuwägen – all dies ist das praktische Funktionieren des Geldes. Doch es gibt *ohne Geld* keine Funktion *in dieser Bedeutung*.

Es gibt zweifellos „Ränder", an denen der Begriff der *zirkulären Geltung*, der für das Geld vorauszusetzen ist, seine Bedeutung verwischt. Das gilt für frühe historische Formen und kleine Gemeinschaften, worin die Rechnungseinheit nur eine Randfunktion erfüllt. Sie gilt auch für den modernen Kapitalismus, in dem die Geldfunktion so sehr der Gier nach *mehr* subsumiert ist, dass die ursprüngliche Recheneinheit mehr und mehr ihre Funktionalität der Geldgier der Finanzmärkte opfert. Kategorien, auch als *kategoriales Novum*, haben also auch begriffliche Grenzen, ein historisches Werden und Vergehen. Doch innerhalb des Bereichs ihrer Geltung lässt sich der Inhalt so klar und scharf abgrenzen, dass eine vernünftige Diskussion dieses sozialen Phänomens möglich wird.

Das Geld hat die ihm kategorial zukommenden Momente historisch ohne Hinderung durch materielle Hemmnisse – wie der definierten Größe von Muscheln oder der Vergänglichkeit von Salz oder Biberfellen – entfalten können, als Herrscher daran gingen, *Münzen* zu prägen und später Papiergeld zu drucken. Hinzu kommt eine *parallele* Entwicklung, durch die unter Voraussetzung von Geld dessen doppelte Natur – Rechnungseinheit und Gegenstand zur Definition von Eigentumsrechten zu sein – einerseits gewahrt, andererseits sich von *aktuellen* materiellen Verkörperungen des Geldes trennen konnte: Durch *Zahlungsversprechen*. Dies möchte ich noch kurz kritisch beleuchten.

3.2.8.2 Zahlungsversprechen, „Geldmenge" und Preise

Ob durch Unterordnung unter eine Herrschaft oder durch gegenseitiges Vertrauen – stets beruht die Geldform in der Anerkennung der Rechnungseinheit auf einer intersubjektiven Grundlage, die über den einzelnen Kauf- oder Verkaufsakt hinausgeht. Die Geltung des Geldes besteht gerade darin, sich nicht im einzelnen Kaufakt zu erschöpfen, wie dies beim vereinzelten Tausch der Fall ist. Zwar wechseln im Kaufakt notwendig die Eigentums-, nicht aber die Anerkennungsverhältnisse. Der Verkäufer anerkennt im Geldbesitzer das Gelten des Geldes vor dem Kaufakt ebenso, wie er – zum Geldbesitzer geworden – das Geld in seinen Händen anerkennt. Diese transsituative Geltung des Geldes ist die Grundlage für *abgeleitete* Formen wechselseitigen Vertrauens, die sich *nur* auf das Geld beziehen.

Die Einigung bei einem Verkauf und die faktische Zahlung sind zwei Momente des Kaufakts, die ebenso begrifflich auseinander fallen, wie sie deshalb auch räumlich und zeitlich auseinander fallen können, ohne die Einheit des Kaufaktes aufzuheben oder zu verändern. Das *Zahlungsversprechen* ist in jedem Kaufakt ein Durchgangsmoment, das mit dem Handschlag, der Einigung beim Kauf zugleich gegeben wird. Die *Einlösung* des Zahlungsversprechens und das Versprechen selbst fallen begrifflich auseinander, auch wenn sie bei vielen Käufen räumlich und zeitlich sehr eng beieinander liegen. Ihre Verschiedenheit erlaubt jedenfalls auch die *empirische* Trennung. Hierbei ist die Form, in der ein Zahlungsversprechen gegeben wird, für seinen Inhalt zunächst gleichgültig.

Ein Weiteres kommt hinzu. Das Zahlungsversprechen hat nur das zum Inhalt, an eine bestimmte Person eine Zahlung faktisch – zu einem bestimmten, ausgehandelten Zeitpunkt und Ort – zu leisten. Zu seinem Begriff gehört nicht ein *bestimmtes Subjekt*,

3.2.8 Das „Geldmaterial" und die Zahlungsversprechen

das die Zahlung zu leisten hätte. Mag auch die *Vereinbarung*, der *Kaufvertrag* eine Beziehung zwischen *bestimmten* Personen sein, die *Zahlung* ist in diesem Akt nur ein sachliches Moment der Leistung, nicht gebunden an ein bestimmtes Subjekt. Aus dieser Struktur erhellt die Möglichkeit, dass Zahlungsversprechen sich vom faktischen Kaufvertrag nicht nur räumlich-zeitlich lösen, sondern davon auch *personal* trennen. Dies wird durch Schuldverschreibungen oder Wechsel gewährleistet, die übertragbar sind und nur den Ort, die Zeit und die Höhe der Leistung verzeichnen.

Nun sind solche Zahlungsversprechen, welches immer empirisch die Geldformen sein mögen, *selbst* Geldformen. Durch Zahlungsversprechen, die selbst wie Waren gehandelt werden, tritt neben die aktuelle Geldform (z.B. die Münze) eine andere, neue Geldform. Zwar lauten Zahlungsversprechen auf die *geltende Geldform*, sind also insofern *abgeleitet*. Doch sie können gleichwohl in ihrer Funktion in den Kaufakten durchaus *neben* das ursprüngliche Geld treten. Zahlungsversprechen sind zugleich als „Vertrauensvorschuss" in die spätere Zahlung eine monetäre Kreditform und historisch vermutlich auch eine der ältesten der Kreditformen. Da das Zahlungsversprechen, der Kredit als eine alternative Geldform neben dem eingeführten Geld auftritt, kann *darauf bezogen* wiederum ein Preis ausgehandelt werden, und eben dieser Preis gilt seit ältester Zeit als *Wucher* oder als *Zins*.[170] Jemand gewährt Zahlungsaufschub, verlangt dafür aber einen Preis. Die *spätere* Leistung oder die Leistung an einem anderen (vielleicht mit Risiken verbundenen) Ort führt zu einem Preis für die Zeit- oder Raumdifferenz, den *Zins*. Damit ist nur die äußere Form des Zinses beschrieben; erklärt ist damit noch nichts. Zeitlich auseinander fallende Zahlungen und Zins gehen aber aus dem Kaufakt selbst hervor durch Verselbständigung seiner Momente und sind nur insofern ein *neues* Phänomen, als derjenige, der Zahlungsaufschub gewährt, *dafür* ein Entgelt verlangt.

Die vielen Formen von Zahlungsaufschub, von Auseinanderfallen von Leistung im Sinn der Lieferung des Produkts und Zahlung – die natürlich in *beide* Richtungen auseinander fallen können – lassen inmitten des Geldverkehrs auf der Grundlage dessen, was das Gelten des Geldes bedingt, abgeleitete Geldformen entstehen, deren Vielfalt potenziell offen und damit „unendlich" ist. Die Entscheidung, wie ein Kauf abgewickelt wird, verbleibt immer bei den Vertragsparteien, wird also durch kein Gesetz gesteuert und ist unabhängig von der verwendeten Geldform und ihrer aktuell wirksamen Menge. Ein Kauf auf Kredit ist gleichwohl ein Kauf, und der gewährte Kredit fungiert als Geld: „Credit is Value raised by Opinion, it buys Goods as Money"[171], sagt Barbon. Deshalb ist die bereits kritisierte Vorstellung, man könne so etwas wie die „Geldmenge" bestimmen, indem man auf die *materielle Verkörperung* der Geldformen (Münzen, Banknoten, Sichteinlagen etc.) verweist, schlicht naiv.[172] Die Tauschakte erzeugen, ist erst einmal die allgemeine Geltung einer Geldeinheit eingeführt und wird sie zirkulär reproduziert, *endogen* unaufhörlich selbst „Geld" und beschleunigen oder verlangsamen so die Zirkulation der Waren in Relation zum fungiblen „Geld".

Insofern ist also die Lehre durchaus richtig, dass das Geld aus dem Tausch selbst entsteht – vorausgesetzt, es gibt bereits *geltende* Geldeinheiten. Auf der Grundlage einer anerkannten Geldeinheit lassen sich viele Grade und Stufen von geldähnlichen Formen ableiten und unaufhörlich neu schaffen. Wer in einem Kaufhaus Bonuspunkte auf einer

---

[170] Den Zusammenhang zwischen Zahlungsversprechen, Kredit und Zins werde ich in einem getrennten Abschnitt später noch genauer untersuchen, vgl. 6.2.1.
[171] N. Barbon (1664), S. 18.
[172] „Die Banknoten bilden nur eine und schwerlich die wichtigste Form der Geldsurrogate. Die einseitige Berücksichtigung der Banknoten ist daher nicht begreiflich." A. Wagner (1857), S. 143.

Karte sammelt, der verwendet, sobald er die Punkte einlöst, *Geld*. Die Karte wird zum Substitut, das Zahlung erlaubt und die Begleichung einer fälligen Geldsumme völlig substituieren kann. Vom Kredit bei einem Barkeeper bis zu subtilen Derivaten der modernen Finanzmärkte erzeugt die Geldökonomie unaufhörlich aus der allgemein anerkannten Recheneinheit neue Geldformen, die zu einer „Geldmenge" zu addieren ein sinnloses Unterfangen wäre. Da die Geldeinheit *unabhängig* vom Ort und dem Zeitpunkt der Zahlung *gilt*, kann die materielle Verkörperung der jeweiligen Geldeinheit ebenso sehr multipliziert werden durch Zahlungsversprechen, wie Geld durch Horte der Zirkulation entzogen werden kann. Da nur die tatsächlichen Zahlungen die Preise beeinflussen, ist der Versuch, zwischen einer – nicht definierbaren – Menge an Geld und den Preisen eine kausale Relation herzustellen, eine vergebliche Bemühung.

Dennoch enthält die *Quantitätstheorie des Geldes* einen richtigen Gedanken. Die Überlegungen zu *abgeleiteten Geldformen*, die im Marktprozess *zwischen* Vertragsparteien geschaffen werden, verändern durchaus die *fungible* Geldmenge, wenn sich entsprechende Praktiken neu ausbilden. Die faktisch wirksame Geldmenge ist unbekannt, weil sie aus vielen Formen besteht, die nur die Teilnehmer kennen und deren Wirkung sie ihren Entscheidungen zugrunde legen. Dennoch entsteht dadurch kein Zustrom an jenen Zahlungsmitteln, die als Grundlage der Geldrechnung selbst dienen. Dies sind z.B. die Münzen, die durch einen lokalen Fürsten geprägt werden oder das Zentralbankgeld, das nur durch das Monopol dieser Banken in Umlauf gebracht werden kann.

Nun stellt sich die Geldeinheit immer *doppelt* dar, als funktionierende Rechnungseinheit und als Einheit, bezüglich der *Eigentumsrechte* definiert sind. Als Rechnungseinheit kann das Geld beliebig vervielfacht werden, nicht aber als *Eigentumsrecht an seiner materiellen Verkörperung* (Münze, Banknote, Bankguthaben usw.). Für einen bestimmten Wirtschaftsraum mit definierter, also anerkannter Geldeinheit steht jedem Zahlungsaufschub und der daraus hervorgehenden temporären Liquidität einer Person die Forderung einer anderen Person gegenüber – sieht man von Zahlungsausfällen oder dem Einstellen in Geldhorte ab, wodurch die Bilanz sich nicht auf Null aufaddiert.

Anders steht es, wenn jene herrschende Macht, die das Monopol auf die Ausgabe von Geld besitzt, dieses Monopol nutzt, um *Einkommen* zu erzielen. Wenn ein Fürst zwar die zirkulierende *Goldmenge* unverändert lässt, den Münzen aber mehr von unedlen Metallen beimischt, so erhöht sich die *nominale* Geldmenge. Dasselbe geschieht, wenn eine emittierende Bank mehr Banknoten ausgibt. Die *vermehrten* Geldeinheiten sind für die Emittenten ein *Geldeinkommen*. Sie können dafür auf den Märkten Käufe tätigen. Diese Käufe treten *neben* die bereits fungierenden Geldvermögen, die für Käufe vorgesehen werden. Es entsteht also ein vermehrter Wettbewerb der Käufer und damit werden die *Preise* einiger oder aller Güter steigen. Nicht die abstrakte Menge bestimmt also das „Preisniveau", wie die Quantitätstheorie behauptet – diese abstrakte Menge ist vielmehr gar nicht definierbar. Wohl aber bedeutet der Missbrauch einer Monopolfunktion der Geldausgabe, worin die Definitionshoheit über die Geldeinheit benutzt wird, um zusätzliches *Einkommen* zu erzielen, ein *dynamisches* Element der Ausweitung der Käufe, das zu Preisänderungen führt. Dasselbe tritt ein, wenn aus anderen Gründen Geldvermögen gehortet wird und somit die Käufe zurückgehen, so dass die Verkäufer in verstärkten Wettbewerb eintreten, der zu Preissenkungen führen wird.

Dieser einfache Kern der Quantitätstheorie ist also zweifellos richtig, auch wenn es weder eine genau definierbare Geldmenge gibt noch eine *statische Beziehung* zwischen einer Geldmenge und der Fiktion eines Preisniveaus. Da Geld in allen ökonomischen Bereichen einer Wirtschaft als Rechen- und Kaufeinheit verwendet wird, müsste eine Analyse dieser Zusammenhänge auch *alle* Preise umfassen, keineswegs nur die in der volkswirtschaftlichen Gesamtrechnung verzeichneten. Das Geld wird auch bei Löhnen

3.2.8 Das „Geldmaterial" und die Zahlungsversprechen

oder Aktienkäufen wirksam, fließt in Form von Steuern und erscheint in vielfältigen Kreditformen, die allesamt einer fiktiven Geldmenge gegenübergestellt werden müssten. Die Crux des monetaristischen Arguments ist immer die „Umlaufgeschwindigkeit" *des* Geldes, ein variabler Fetischbegriff, hinter dem sich all diese genannten Verhältnisse verstecken, wenn man daran scheitert, zwischen einer definierten Geldmenge und einem nominalen Transaktionsvolumen eine kausale Relation herstellen zu wollen; im vierten Teil werden sich hierzu noch wichtige Belege aus der Literatur finden lassen.

Eine ganz andere Frage – die ich hier nur skizziere – zielt darauf, wofür eine durch zentrale Instanzen wie die Notenbanken eingeleitete Erhöhung der Geldmenge faktisch genutzt wird. Werden über das Banksystem Kredite vergeben, die wiederum Investitionen finanzieren, die von innovativen Prozessen begleitet sind, so verändert sich dadurch mit der „Geldmenge" auch das Warenangebot. Oder Kredite an Konsumenten erhöhen deren Ausgaben, die wiederum zu vermehrten Verkäufen von Unternehmen führen, die ihre Kapazitäten nicht ausgelastet haben und dadurch nicht nur Gewinne einfahren, sondern durch bessere Kapazitätsauslastung auch noch ihre Stückkosten senken. In beiden Fällen können die Preise durchaus konstant bleiben oder sogar sinken. Erst wenn sich solche Innovationsmöglichkeiten oder mangelnd ausgelastete Kapazitäten erschöpfen, gilt wieder die Regel einer *dynamischen* Quantitätstheorie.[173] Der entscheidende Punkt im Streit zwischen Currency- und Banking-Schule, zwischen Monetaristen und Keynesianern in dieser Frage liegt *vor* dem, was die Gemüter erhitzt, nämlich in der Frage, inwiefern die Menschen einer Monopolmacht wie der Zentralbank das Recht einräumen, in Kooperation mit Banken, Fonds oder einer Regierung *Geldeinkommen* aus dem Nichts durch ihre Definitionsmacht schaffen zu dürfen.

Wenn man hierbei irgendeine mechanische *Regel* einhält, die sich an wie immer definierten Größen orientiert, die allesamt nicht die lebendige Dynamik der Geldformen auf den Märkten erfassen können, dann unterwirft man nur die gesamte Geldökonomie einem fremden Zwang. Faktisch behalten alle Marktteilnehmer immer die Definitionshoheit über das Geld, auch wenn zugleich zum Gelten des Geldes gehört, dass sie dies unter der Hülle des Scheins eines Geldwerts zugleich vergessen: Sie glauben an den Wert des Geldes und verleihen ihm so Geltung – doch sie reflektieren dies nicht. Sie vergessen die Hoheit über das Geld *performativ*, einfach dadurch, dass sie in seiner Einheit rechnen, Werte taxieren und Produkte tauschen. Auf diesem Vergessen beruhen die Funktionen des modernen Geldsystems, der gewaltigen und gewalttätigen Macht eines *Scheins*. Und in eben diesem Schein kann sich eine Klasse von Geldbesitzern vorteilhaft zu eigenen Gunsten bewegen – auf dem Rücken einer verwüsteten Erde und ausgebeuteter Menschen. Nicht nur bewegen sich die Geldbesitzer allerdings *im Schein des Geldes*, sie reproduzieren diesen Schein vielmehr auf vielfältige Weise, und sie tun dies im Unterschied zu den übrigen Marktteilnehmern durch gezielte Manipulation der Märkte. Dies nach einem kritischen Durchgang durch die Vielfalt der Geld- und Tauschtheorien explizit zu zeigen, ist die Aufgabe der nachfolgenden Kapitel.

---

[173] „Wealth, we have said, is the produce of labour: when the fund of capacity for labour which exists in a community has been fully brought into action, a new quantity of money cannot produce more. The limit of the increase of wealth for a community is the point where the capacity for labour is used to its maximum. It is true that if all that capacity is employed, new capital may yet increase wealth if it serves to give greater effect to labour, if it render its employment more efficacious, if it imparts to it a more advantageous direction." J. Bentham, EW 3, S. 143f. Dieser Gedanke stammt von David Hume; vgl. K.-H. Brodbeck (1998b); siehe auch A. Hahn (1930).

4 Zur Kritik und Geschichte der Tausch- und Geldtheorien

4.1 Überblick

In den nachfolgenden Abschnitten greife ich wichtige Theorien des Tauschs und des Geldes heraus, die in der gegenwärtigen Diskussion – wie immer indirekt – wirksam geworden sind. Die Kritik der verschiedenen Auffassungen gibt mir zugleich die Möglichkeit, zentrale Punkte der oben entwickelten Theorie der sprachlichen und monetären Vergesellschaftung zu ergänzen und zu erläutern. Gemäß dem Aufbau des gesamten Textes werde ich Fragen der Zinstheorie weitgehend ausklammern und dieses Thema später gesondert anhand ausgewählter Zinstheorien aufgreifen (Kapitel 6.5). In dieser Trennung liegt zugleich eine These: Sie besagt, *dass* man das Zinsphänomen einmal nur unter Voraussetzung der Tausch- und Geldtheorie verstehen kann, zum anderen erweist sich der Zins als ein *überlagertes*, d.h. getrenntes Phänomen mit einem kategorialen Novum, das nicht auf Tauschprozesse zurückführbar ist. Diese thematische Aufspaltung werde ich allerdings im ersten, dem nachfolgenden Abschnitt über Platon, Aristoteles und die scholastische Geldlehre noch nicht einhalten, denn deren Theorie kann man sinnvoll nur unter Einbeziehung beider Fragestellungen darstellen. Zugleich ist damit auch die vorläufige Begründung geliefert, *inwiefern* man das Zinsphänomen vom Tausch und vom Geld trennen kann bzw. wie ersteres letztere voraussetzt.

Die Auswahl der Theorien und Theoretiker, deren Erklärungen ich nachfolgend kritisch durchleuchten möchte, beansprucht natürlich keine Vollständigkeit, noch geht es mir um einen sog. „neutralen" Überblick über historische, dogmengeschichtliche Verlaufslinien. Derartige Überblicke sind meist konstruiert, oder sie beruhen oft auf einem vorausgesetzten Standpunkt. Ich werde auch diese historischen Interpretationen (Schumpeter, Salin, Pribram und andere) gelegentlich als Kontrast aufgreifen, um eben einen stillschweigend vorausgesetzten Standpunkt ins Bewusstsein zu heben. Meine Absicht in der nachfolgenden Darstellung zielt auf eine *systematische* Vertiefung des bislang Entwickelten im Spiegel anderer Auffassungen, im Dialog mit der Tradition.

Hierbei bildet *erstens* der Einfluss auf die Denkformen der Gegenwart, *zweitens* der Grad der Vollständigkeit in der Beschreibung wichtiger Phänomene den Grund meiner Auswahl der Theorien. Leitbild ist der sich im vorhergehenden Teil über Tausch und Geld ergebende Problemhorizont. So ist z.B. Böhm-Bawerk in der Tauschtheorie keine eigenständige Figur neben Menger, und Knut Wicksells durchaus klare Präsentation der subjektiven Wert- und Zinslehre fügt den Vorläufern nichts hinzu, was die Einsicht in den kategorialen Irrweg dieser Schule weiter verdeutlichen könnte. Zahlreichen Autoren am Rande des Hauptstroms habe ich wenigstens in einigen Gedanken mit einbezogen, während von der formalen Ödnis der gegenwärtigen Literatur nur dann ein Text Eingang in meine Darstellung gefunden hat, wenn er in irgend einer Hinsicht *kategoriale* Verhältnisse zur Sprache bringt – dies vor allem im Kapitel 4.7: „Zur mathematischen Ökonomik". Ich werde im sechsten Teil, nach der Darstellung der Geldgier und des Zinses, einige der in diesem, dem vierten Teil unterschlagenen oder nur kurz behandelten Theorien bei der Diskussion des Zinses wieder aufgreifen. Trotz dieser methodischen Beschränkung darf ich wohl sagen, dass im nachfolgenden Teil 4 wohl nicht nur die wichtigsten Theorien, sondern auch vielfach vergessene Außenseiter Eingang in die vorliegende Präsentation der Geschichte der Geld- und Tauschtheorie gefunden haben.

Obgleich meine Darstellung überwiegend *kritisch* sein wird, bedeutet das keineswegs, dass die hier behandelten Autoren nicht den notwendigen Respekt erfahren: In

4.1 Überblick

der Wissenschaft, in der Philosophie kann nur der *kritische Ernst* in der Beurteilung des Inhalts, der Argumente das Maß abgeben, nicht ein übergestülptes Werturteil, gespeist aus privaten Befindlichkeiten. Überblickt man die Autoren und Theorien, die ich nachfolgend ausführlich selber zu Wort kommen lasse, so zeigt sich gleichwohl bezüglich des kategorialen Grundverständnisses eine Rangordnung. Neben Aristoteles hat eigentlich nur Marx die Höhe der Fragestellung – die Klärung der kategorialen Grundlagen der Wissenschaft von der Wirtschaft –, wenn auch durchsetzt mit Irrtümern, erfasst. Die österreichische Schule (Menger, Böhm-Bawerk, Wieser, Mises und Hayek) hat sich von den kategorialen Grundlagen der Wirtschaft bereits weit entfernt, während die Mechaniker unter den Ökonomen (Gossen, Jevons, Walras, Launhardt, Edgeworth usw.) nicht einmal mehr ein Verständnis für den Sinn der Frage nach den Grundkategorien der Wirtschaft zeigen und selbst keine Antwort mehr zu geben versucht haben.

Engels hatte in seiner Frühschrift „Umrisse zu einer Kritik der Nationalökonomie" geschrieben: „Je näher die Ökonomen der Gegenwart kommen, desto weiter entfernen sie sich von der Ehrlichkeit. Mit jedem Fortschritt der Zeit steigert sich notwendig die Sophisterei, um die Ökonomie auf der Höhe der Zeit zu erhalten."[1] Marx – mit erkennbarer Ranküne – sieht den Endpunkt dieser Entwicklung in dem erreicht, was er die „Professoralform" nennt:

„Die letzte Form ist die Professoralform, die ‚historisch' zu Werke geht und mit weiser Mäßigung überall das ‚Beste' zusammensucht, wobei es auf Widersprüche nicht ankommt, sondern auf Vollständigkeit. Es ist die Entgeistigung aller Systeme, denen überall die Pointe abgebrochen wird, und die sich friedlich im Kolletaneenheft zusammenfinden. Die Hitze der Apologetik wird hier gemäßigt durch die Gelehrsamkeit, die wohlwollend auf die Übertreibungen der ökonomischen Denker herabsieht und sie nur als Kuriosa in ihrem mittelmäßigen Brei herumschwimmen lässt. Da derartige Arbeiten erst auftreten, sobald der Kreis der politischen Ökonomie als Wissenschaft sein Ende erreicht hat, ist es die Grabesstätte dieser Wissenschaft."[2]

Diese Grabesstätte erreichte ihren toten Begriff in der mathematischen Mechanisierung des Denkens bei Jevons, Walras, der Neoklassik und in den ökonometrischen Wüsten gescheiterter Prognosen in der Gegenwart. Allerdings erfolgte diese Entwicklung alles andere als zufällig, denn die Fragestellungen der subjektiven Wertlehre, der die mathematische Schule meistens zuzurechnen ist, ergaben sich gerade aus dem *Mangel* der klassischen Theorie von Smith bis Mill und Marx. Wenn man also schon im Horizont historischer Reife argumentieren möchte, dann wurde der Höhepunkt bereits bei Aristoteles erreicht, was die *Grundlage* der Fragestellung angeht, die er in teils zu knapper, teils in noch unklarer Form in den Hauptzügen ausgesprochen hat. Marx kehrt nicht zufällig mehrfach zu Aristoteles zurück.[3] Auch hat Marx noch gewusst, dass man das Geld nicht als *physis* begreifen kann, wovon in der Gegenwart fast jedes Verständnis verschwunden ist. Doch gerade er fällt immer wieder hinter diese Einsicht auf einen materialistischen Reduktionismus zurück, der seine Erkenntnis erstickt; mehr dazu in Kapitel 4.3.

Das allgemeine Ergebnis meiner Untersuchung wird also sein, dass es auch Autoren mit einer kritischen Orientierung nicht verstanden haben, die kategorialen Grundlagen

---

[1] F. Engels, MEW 1, S. 501.
[2] K. Marx, MEW 26.3, S. 492.
[3] Vgl. die Fußnote 129 in K. Marx, MEW 23, S. 167.

des Tauschs und des Geldes hinreichend zu entwickeln, um die damit verbundenen Phänomene zu enträtseln, obwohl Aristoteles einige wichtige und nach wie vor gültige Hinweise lieferte. Der ökonomischen Wissenschaft ist es – trotz aufblitzend-richtiger Ansätze – nicht gelungen, ihren wichtigsten Gegenstand zu erklären: Das Geld.

Daran lässt sich die Erkenntnis knüpfen, die dann das fünfte und sechste Kapitel dieses Textes am Begriff des Geldsubjekts und darauf gründend der Geldgier und des Zinses weiter entfaltet, dass nämlich das Bestehen der globalen wirtschaftlichen Verhältnisse, die die Menschen in ihren vielfältig destruktiven Ausmaßen, aber auch in ihrem verzaubernden Schein erfahren, auf dem *Nichtwissen* darüber beruht, was das Geld ist. Die monetäre Vergesellschaftung vollzieht sich keineswegs – was liberale Autoren von Smith bis Hayek ebenso glaubten wie Karl Marx – *jenseits* des Bewusstseins als ein objektiver Prozess. Vielmehr besteht diese Vergesellschaftung in einer besonderen Denkform, die in den Geldwirtschaften als zirkulär-reflexive Illusion bezüglich der ökonomischen Werte jeweils *rechnend* reproduziert wird. Das Denken ist nicht nur durch „Erwartungen" (wie Keynes durchaus richtig beobachtete), sondern vor allem durch die Geldeinheit als ungedachte Grundlage im Denkprozess selbst *unmittelbare* Wirklichkeit in der Wirtschaft.

Deshalb ist hier auch der Einfluss *falscher* Gedanken so verhängnisvoll-bedeutend und für das, was das 20. Jahrhundert an ökonomischen Gegensätzen hervorgebracht hat, bestimmend geworden. Die Probleme der globalen Geldwirtschaft in der Gegenwart sehen sich einer völlig verdinglichten Theorie gegenüber, die weder ihre kategorialen Grundlagen noch die Macht ihres totalitären Einflusses kennt. Deshalb kann der Weg zu einer auch nur geringen Minderung des planetarisch verursachten Leidens durch Wirtschaftsprozesse nur durch eine präzise Kritik ihrer illusionären theoretischen Grundlagen hindurch verlaufen. Das sechste Kapitel wird dies noch um eine Kritik der Zinstheorien und der weitgehenden philosophischen Ignoranz dem Geld und Zins als einem vermeintlich „unwürdigen Gegenstand" gegenüber ergänzen.

Die nachfolgenden Kapitel sind wie folgt aufgebaut: In einem ersten Abschnitt wird die Grundlage der Ökonomik als Wissenschaft bei Platon und Aristoteles mit Blick auf Tausch, Geld und Zins dargestellt, woran sich Hinweise auf die arabische Tradition und die scholastische Weiterführung der aristotelischen Lehren anschließen. Den Abschluss bildet die Geldtheorie Oresmes, der gleichsam den Übergang zur Moderne in dieser Theorie markiert. Der zweite Hauptabschnitt umfasst die Entwicklung der Tausch- und Geldlehre bis zu den klassischen Ökonomen Smith und Ricardo, wobei deren Theorie an die Problemstellungen der Vorläufer (Kopernikus, Locke, Petty und Law) anknüpft. Ein eigenes Kapitel widmet sich der Marxschen Theorie, die eine Vollendung und Überwindung der klassischen Lehren versuchte, zugleich wiederum an einige Aspekte der aristotelischen Analyse anknüpfte und – eine Ausnahmestellung unter den Ökonomen – eine *Kategorienanalyse* von Tausch und Geld formulierte. Als Ausläufer und zugleich Sonderentwicklung werden im Anschluss daran dann einige Denkfiguren der historischen Schule in ihren wichtigen Vertretern (Roscher, Knies, Schmoller, Schäffle) diskutiert.

Damit ist zugleich der Übergang in die nachklassische Ökonomik markiert, die dem eigenen Anspruch dieser Schule entsprechend durch einen Subjektivismus in der Wert- und Geldtheorie charakterisiert werden kann. Etwas ausführlicher beschäftige ich mich hierbei mit Gossen, der vielfach als *der* Klassiker dieser Schule gilt. Bei Menger konzentriere ich mich überwiegend auf seine Geldtheorie, die auch als methodisches Prinzip Schule gemacht hat. Im vorliegenden Teil meiner Untersuchung stelle ich dann mit besonderem Blick auf solche methodischen Fragen noch zwei Ökonomen vor, die je-

4.1 Überblick

weils den Anspruch erhoben, eine *reine Ökonomik* aus rein rationalen Prinzipien zu formulieren: Schumpeter und Mises.

Die mathematische Richtung in der ökonomischen Theorie schließt sich daran an. Hierbei konzentriere ich vor allem auf die Beziehung zwischen Mathematik und Psychologie, die innere Konsequenz der Voraussetzungen dieser Schule und ihr schließliches Scheitern daran, eine *Geldökonomie* zu erklären. Die Kritik der Tausch- und Geldtheorien wird abgeschlossen durch drei ausgewählte Kritiker der Wertlehre, die heute weitgehend (wie Cassel) oder nahezu vollständig (wie Liefmann und Gottl-Ottlilienfeld) vergessen sind. Obgleich sich hier einige Anknüpfungspunkte ergeben, scheitert auch deren Kritik, das wird zu zeigen sein, wie die Marxsche, an der zentralen Stelle: dem Verständnis der zirkulär-reflexiven Struktur des Geldes. Zahlreiche andere Autoren werden noch jeweils vereinzelt thematisch zugeordnet, so dass ich glaube, in der Tausch- und Geldtheorie bezüglich der kategorialen Grundfragen weitgehend alle Autoren herangezogen zu haben, die wirklich etwas zu sagen hatten.

Auch wenn eine kritische philosophische Analyse ihrer Texte ein grundlegendes Scheitern ihrer Bemühungen ergeben wird, so lässt sich doch *ohne Kenntnis* ihrer Vorarbeiten keine Philosophie des Geldes und der Wirtschaft formulieren. Der Verzicht auf ein genaues und kritisches Studium der Literatur der Ökonomik ist von Simmel bis zu den „Frankfurtern"[4] als grundlegender Mangel in ihrer jeweils wenig ergiebigen Theorie der monetären Vergesellschaftung erkennbar – zu schweigen von jenen Philosophen, denen Geld von jeher ein viel zu schnöder Gegenstand war, dem zuzuwenden sich für die Universitätsphilosophie ohnehin nicht schickt. Die positive Darstellung im vorhergehenden Teil wäre ohne das gründliche Studium der herangezogenen Autoren unmöglich gewesen. Der in ihren Theorien erkennbaren sachlichen Nüchternheit (auf Ausnahmen werde ich hinweisen) wird man dann am besten gerecht, wenn man ihre Gedanken *ernst* nimmt, und das heißt eben, sie *kritisch* prüft. Gerade das, was sie umkreisen und als Mitte nicht erreichen, ist dennoch in ihren Texten präsent – allerdings, und das wird zu zeigen sein, mit jeweils erheblichem Unterschied im Niveau der Fragestellungen. *Ein* Maßstab dafür bleibt, ob und in wieweit sie Aristoteles rezipiert haben.

---

[4] Gemeint sind Adorno, Horkheimer und Habermas – auf Sohn-Rethel als Ausnahme gehe ich genauer ein. Habermas, der sich ausdrücklich um eine Theorie der Vergesellschaftung bemüht, zeigt sich zwar von Max Weber und Parsons abhängig, bemerkt aber nicht, dass man Weber und Parsons nur versteht, wenn man ihre Abhängigkeit von der Ökonomik (Menger, Marshall, Pareto usw.) auch tatsächlich in den Originalquellen zur Kenntnis nimmt. Adorno wiederum redete viel vom Tausch, hat dabei aber selbst die Marxsche Theorie, die in Lukács´ Deutung seinen Hintergrund bildet, nicht als ökonomische Theorie rekonstruiert.

4.2 Platon, Aristoteles und die Scholastik

4.2.1 Zur Hermeneutik tradierter Texte

Bei der Analyse von alten Texten ergibt sich eine prinzipielle Schwierigkeit, auf die ich einleitend kurz hinweisen möchte. Dilthey hat diese Frage nach der Auslegung früherer Texte so beantwortet: „Die Auslegung wäre unmöglich, wenn die Lebensäußerungen gänzlich fremd wären. Sie wäre unnötig, wenn in ihnen nichts fremd wäre. Zwischen diesen beiden äußersten Gegensätzen liegt sie also. Sie wird überall erfordert, wo etwas fremd ist, das die Kunst des Verstehens zu Eigen machen soll."[1] Das, was uns vom Verständnis alter Texte trennt, ist mehr als nur eine Frage der Übersetzung. Wenn wir eine fremde, heute gesprochene Sprache erlernen, so besteht prinzipiell die Möglichkeit, in die Handlungen einzutauchen, in denen diese Sprache funktioniert. Es konstituiert sich dann aktuell eine soziale Grundstruktur, mit der Tendenz, die Identität von Bedeutungen als Prozess herzustellen. Wie sich zeigte, setzt jede Identität einen Prozess der handelnden Teilnahme voraus. Doch eben dies ist uns verwehrt; wir können nicht als teilnehmende Beobachter in die Welt Platons oder von Nicolas von Oresme eintauchen.

Daraus ergibt sich jedoch auch nicht das *andere* Extrem, die völlige Unverständlichkeit, obwohl – ein Blick in die auslegende Literatur verrät das – die „Interpretationen" und „Übersetzungen" sehr weit divergieren und sich vielfach direkt widersprechen. Die Erkenntnis vergangener Texte ist aber deshalb möglich, weil unser kulturelles Verständnis aus der Antike und der mittelalterlichen Überlieferung hervorgegangen ist. Platon spricht in der Gegenwart immer noch mit. Es wäre ein Irrtum, ein Denksystem als eine geschlossene Entität zu begreifen. Platons Philosophie oder die anderer klassischer Autoren hat keine „scharfen Konturen". Die *Bedeutung* eines Textes ist keine fest umrissene Entität, die ein cartesianischer Beobachter einsortieren und vermessen könnte.

Deshalb ist es durchaus von Interesse, historische Umstände, in denen ein Gedanke entwickelt wurde, genauer zu kennen. Doch hierbei wird oft verkannt, dass sich das Problem dann nur auf einer weiteren Stufenleiter reproduziert: Das, was als „historische Realität" zur Erklärung der Bedeutung antiker Texte herangezogen wird, *ist selbst nur ein Text*, formuliert in den Kategorien und im Verständnis der *Gegenwart*. Das gilt für die Inhalte, die Kategorien, ebenso wie für die chronologische Ordnung von Gedanken.[2] Darin liegt auch der Grundirrtum der „materialistischen Methode", die das Denken auf die ökonomische Wirklichkeit zurückführen oder erklären möchte. Man kann das Bild, das man sich von einer Bedeutung von Sachverhalten in der Vergangenheit macht, dadurch zwar bereichern, aber keine Hierarchie der Gründe oder eine Kausalität der „Fakten" entdecken. Wir lesen in alten Texten *zunächst* immer nur, was wir schon wissen.

Hier ist es besonders wichtig, das Lesen als ein *Lernen* zu begreifen. Wie ist aber so etwas möglich? Jeder Text, besonders aber philosophische oder wissenschaftliche Texte, haben nicht nur in Relation zur gegenwärtigen Wortbedeutung eine übersetzte Ordnung, sie weisen auch *endogene* Strukturen auf. In den endogenen Strukturen machen sich *kategoriale* Verhältnisse bemerkbar. Diese kategorialen Verhältnisse als *Relationen* von Bedeutungen haben die Eigenschaft, auch dann, wenn sie unvollständig sind, für ihre „Leerstellen" gleichsam einen Ort anzugeben, der später ausgefüllt werden kann. Neh-

---

[1] W. Dilthey (1958), S. 225.

[2] Die historische Chronologie ist vielfach umstritten – mit guten Gründen. Entitäten und ihre räumlich-zeitliche Ordnung sind immer Identitätskonstruktionen, nicht etwas, das *von sich her* mit sich identisch und somit eindeutig wäre.

men wir einige Begriffe a, b, c usw. aus einem alten Text. Der Versuch, eine *Identität* mit modernen Entsprechungen a*, b*, c* usw. herstellen, also ein Wörterbuch zu formulieren mit a = a*, b = b*, c = c* usw. ist zwar bedingt möglich, muss aber letztlich immer an der Tatsache scheitern, dass zu jeder Identität ein *gemeinsamer* Prozess gehört, der diese Identität *herstellt*. Allerdings gibt es eine genetische, teils etymologische Abhängigkeit, sofern wir auf eine Folge von Übersetzungen zurückgreifen können, wie z.B. in der Folge: ethos → mores → Moral → Sitte usw. Genetische Abhängigkeit ist aber keine Identität. *Einzelheiten* sind überhaupt nicht übersetz- oder verstehbar. Man kann hier immer *nur* auf aktuelle, eigene Erfahrungen zurückgreifen.[3]

Doch ein Text ist als Bedeutungsstruktur mehr. In den Sätzen oder seiner Abfolge zeigt sich eine innere *Ordnung* – wenigstens bei bedeutenden Texten, von denen hier die Rede ist. Diese kategoriale Ordnung, die sich in *Relationen von Begriffen*, nicht im intentional vermeinten Inhalt eines Einzelbegriffs (einer Vorstellung, Bild etc.), zeigt, kann *als diese* Struktur im Durcharbeiten alter Texte erkannt werden. Sie erscheint auch meist dann wieder, wenn für die Übersetzung unterschiedliche Namen für *einzelne* Sachen verwendet werden. Ich werde nachfolgend und überhaupt in der Interpretation von Texten vor allem auf diese kategoriale Ordnung blicken und sie im jeweiligen Kontext herausarbeiten.

Ich möchte das durch ein Beispiel erläutern. Man kann auf viele Weisen bemerken, dass „4" größer ist als „3" – durch Fingerzählen, arabische Zahlen, Buchstaben, Schnüre oder Steine. Der Inhalt der Einzelheit – Stein, Schnur, Finger oder Druckerschwärze auf dem Papier – ist nicht „übersetzbar", wohl aber die *Relation* der Zahlen. Es fällt oft schwer, in alten mathematischen Abhandlungen die uns vertraute, meist sehr viel abstraktere und knappere Struktur zu erkennen; doch einmal erkannt, erweist sich ein Text in seiner *endogenen* Logik als schlüssig (oder auch nicht). Was bei mathematischen Sachverhalten relativ leicht einsichtig ist, ist bezüglich der *Kategorien* sehr viel schwieriger. Das Vorurteil der Moderne, Kategorien seien nur Begriffe, die sich Subjekte aus denkökonomischen Gründen zurechtlegen, ist das wichtigste Hindernis. Viele Kategorien weisen *endogene* Strukturen auf, die man nicht ins Belieben eines Subjekts legen kann. Wer die Kategorie „Vater" verstanden hat, weiß, dass er hier immer und notwendigerweise „Kind" mitdenken muss, will er den Sachverhalt nicht verfehlen. Und diese kategoriale Relation bleibt historisch erhalten, auch wenn sie nicht absolut, z.B. für andere Lebewesen wie Einzeller gilt. Ähnliche Kategorien wie Möglichkeit-Wirklichkeit, Zweck-Mittel etc. weisen eine verwandte Logik auf.

Vielfach treten Kategorien in dualer Form auf, wobei die dualen Kategorien eine *endogene* Struktur aufweisen, die es zu erkennen gilt. Die wichtigste Struktur ist die Zirkularität. Vater und Kind sind zirkuläre Strukturen. Sie sind immer auch *wirklich*, sofern ein Mann zum Vater wird. Mit der Geburt des Kindes tritt eine kategoriale Beziehung ein, die weder auf den empirischen Mann noch auf andere externe Inhalte zurückgeführt werden kann. Meine zentrale These zum Tausch, zur Sprache und zum Geld besagt, dass hier genau solche zirkulären Strukturen vorliegen. Wer sich denkend daran macht, diese Sachverhalte zu erkennen, wird früher oder später bemerken, dass die Sache – also die kategorialen Verhältnisse – ihm ein Denken aufnötigen, dem er sich nicht entziehen kann. Ich sage: Wer sich *denkend* daran macht. Man kann Sachverhalte auch mit fixen Vorstellungen überfallen und versuchen, sie in diese Vorstellungen ein-

---

[3] Vgl. als Beispiel einer Rekonstruktion ökonomischer Termini der griechischen Literatur die ausgezeichnete Untersuchung: F. Wagner (1969). Vor allem seine Rekonstruktion des Wortfeldes von *oikonomia*, F. Wagner (1969), S. 55ff, enthält eine Fülle wichtiger Einsichten.

zupassen. Eben dies ist das cartesianische Verfahren, das vor allem durch die Übersetzung in eine mathematische Sprache zur Geltung kommt. Der Sachverhalt kann solch eine Übersetzung durchaus erlauben; das muss aber das Durchdenken der Sache zeigen, geht ihr nicht voraus.

Insofern kann man bei antiken oder früheren Autoren kategoriale Strukturen entdecken, die eine endogene Ordnung aufweisen. Es bedarf dazu aber der Bereitschaft, sich davon belehren zu lassen. Diese Form der Hermeneutik benötigt nur eine Voraussetzung, nämlich der Annahme, dass auch die untersuchten Autoren sich an Sachverhalten denkend versuchten, die *von ihrer Seite her* strukturiert sind. Die cartesianische Position, die bei Kant in reiner Form ausgesprochen wird, geht im Unterschied dazu davon aus, dass eine beschriebene Sache formlos ist und erst durch den subjektiven Begriff geformt wird. Das ist aber – *wenigstens* – für soziale Sachverhalte völlig unplausibel, weil die „Sache" von ihrer Seite her selbst eine Bedeutungs- und Kommunikationsstruktur *ist*. Wir sprechen hier über Menschen, die handeln und dies *in einer Denkform* tun. Zwar mag uns diese Denkform als das, was ihr jeweils an sinnlicher Erfahrung entspricht, fremd sein – niemand weiß, wie sich konkret eine griechische „Vaterschaft" anfühlte –, sie enthält gleichwohl kategoriale Verhältnisse, die *erstens* den unseren nicht völlig fremd sind und *zweitens* durch ihre innere Ordnung selbst eine Bedeutung zeigen. Soviel als Erinnerung an das, was ich unter „kategorial" oder „Kategorienanalyse" verstehe, ergänzend zu dem, was in der Darstellung der sozialen Grundstruktur (zweiter Teil) und im ersten Teil schon gesagt wurde.

Im nachfolgenden Abschnitt über die griechische Geldtheorie werde ich, wie schon gesagt, mein Gliederungsprinzip, das für die spätere Darstellung anderer Ökonomen eingehalten wird, noch nicht zur Geltung bringen. Ich trenne später die Tauschanalyse und Geldtheorie prinzipiell von der Zinstheorie. Die Tausch- und Geldtheorie lässt sich *kategorial* stets von der Zinstheorie trennen. Das ist übrigens bereits ein wichtiger Hinweis auf die Funktionen des Zinses und seine Abhängigkeit von einer veränderten Form des *Subjekts* (des Geldsubjekts), das sich zwar durch das Rechnen mit Geld reproduziert, darin aber im Zins ein völlig neues Phänomen hervorbringt.

Bei Aristoteles und noch in der mittelalterlichen Scholastik sind beide Denkformen in einer klassischen Form vereint, die auch den Grund ihrer kategorialen Differenz deutlich macht. Deshalb werde ich zunächst *beide* Fragen behandeln – vorgreifend auf den späteren Teil meiner Analyse –, weil gerade bei Aristoteles auch deutlich werden kann, *warum* und *inwiefern* der Zins das Geld voraussetzt. Keine der späteren Theorien, mit einer gewissen Ausnahme bei Marx, hat das Niveau dieser Fragestellung je wieder erreicht. Ich werde die vielleicht sehr traditionell anmutende These verteidigen, dass in der Geld- und Zinstheorie über Aristoteles hinaus kaum ein Fortschritt der *kategorialen* Erkenntnis verwirklicht wurde, auch wenn zweifellos bei Platon und Aristoteles zwar das *Gerüst*, nicht aber die Ausführung des ganzen Bauwerks vorliegt. Es ist aber ein Bauplan, der bis heute von den Ökonomen noch kaum gelesen oder überhaupt als Fragestellung bemerkt wurde.

Ich erwähne einleitend kurz und gleichsam als abschreckendes Beispiel einige Bemerkungen von Schumpeter.[4] Er rechnet Aristoteles vor, was dieser im kategorialen Raster späterer, von Schumpeter nur höchst einseitig reproduzierter Theorien an „analy-

---

[4] Meikle führt eine Reihe weiterer Stimmen an, die explizit oder implizit durch das Eingeständnis glänzen, die aristotelische Geldtheorie in seiner *Ethik* sei „unverständlich"; S. Meikle (1995), S. 6ff. Auch Finley setzt sich mit diesem Vorwurf ausführlich auseinander, vgl. M. I. Finley (1971), S. 87ff. Da *Verstehen* eine Relation ist (*jemand* versteht *etwas* oder nicht), ist das Attribut „unverständlich" auch ein Urteil über das beurteilende Subjekt.

4.2.1 Zur Hermeneutik tradierter Texte

tischer Leistung"[5] vollbracht habe, um dann zu entdecken: „Wenn ich mich nicht täusche, suchte *Aristoteles* nach einer Arbeitskostentheorie des Preises, die er jedoch nicht explizite aufstellen konnte."[6] Schumpeter täuscht sich in der Tat. Diese und andere „Vermutungen" glänzen vor allem durch eine völlig fehlende Grundlage im aristotelischen Werk.[7] Schumpeter will bei Aristoteles nicht nur eine „normative" Ökonomik entdecken, in der „seine analytische Leistung nur zum geringen Teil ökonomischen Problemen"[8] gelte. Er setze „Monopolpreise mit Preisen"[9] gleich – doch auch dafür gibt es bei Aristoteles nicht den geringsten Hinweis. In der Geldtheorie definiere Aristoteles Geld als „Tauschmittel" und sei damit „nach der Klassifikation von Ludwig von Mises zu den ‚katallaktischen' Geldtheorien"[10] zu rechnen. Schumpeter will bei Aristoteles eine *genetische Form* in der Geldtheorie entdecken, worin dieser „den Werdegang des Geldes in seiner angeblich historischen Folge"[11] darstelle.

Insgesamt sei der alte Grieche blind gegenüber den Problemen: „Viele, wenn nicht die meisten Dinge, die dem Wirtschaftswissenschaftler späterer Zeiten zu ernsten Problemen werden sollten, nimmt er unbesehen hin, ganz im Geistes vorwissenschaftlichen gesunden Menschenverstandes"[12]. Dieser Stil, der sich immer schon über den jeweiligen Autor hinwegsetzt, der Schumpeter zutiefst charakterisierte, hat Tradition[13], auch in der österreichischen Schule. Menger, der sich noch um eine halbwegs sachliche Auseinandersetzung bemüht, gelingt es, durch geschickte Auslassung bei Zitaten Aristoteles *seine* Wertlehre zu unterschieben. Menger zitiert z.B. die später noch genauer zu analysierende, zentrale Stelle, worin Aristoteles gerade bemerkt, dass im Tausch den ausgetauschten Produkten *keine* gemeinsame Eigenschaft zukomme, was Menger in das glatte Gegenteil übersetzt: „Es muss Etwas geben, was Maß von Allem sein kann", und dieses Maß sei das Bedürfnis.[14] Diese Behauptung hindert aber Menger keineswegs daran, Aristoteles *zugleich* zu unterstellen, er wolle dieses Gemeinsame als Grundlage eines Maßverhältnisses „in gleichen auf diese Güter verwandten Arbeitsquantitäten"[15] suchen. Immerhin bemüht sich Menger noch um den Text, während Böhm-Bawerk schlicht feststellt, Aristoteles (wie auch Platon) ließen sich „auf eine theoretische Begründung ihres zinsfeindlichen Urteils gar nicht ein"[16]. Böhm-Bawerk übersieht hierbei schlicht zwei Bücher (*Nikomachische Ethik* V.8; *Politik* I.9; vgl. auch *Eudemische Ethik* IV.8),

---

[5] J. A. Schumpeter (1965), S. 96ff.
[6] J. A. Schumpeter (1965), S. 101, Note 10.
[7] „Aristoteles jedoch bezieht sich nicht einmal auf Lohnkosten oder Produktionskosten. Die Theologen des Mittelalters waren die ersten, die diese Erwägung als Grundlage für *ihre* Lehre vom gerechten Preis in die Diskussion geworfen haben", M. I. Finley (1971), S. 93.
[8] J. A. Schumpeter (1965), S. 97.
[9] J. A. Schumpeter (1965), S. 102. Diese Auffassung nennt Finley zu Recht einen „irrigen Gedanken", M. I. Finley (1971), S. 95.
[10] J. A. Schumpeter (1965), S. 103.
[11] J. A. Schumpeter (1965), S. 104.
[12] J. A. Schumpeter (1965), S. 105.
[13] „Überblicken wir die Geschichte wirtschaftlichen Forschung im Altertum, so zeigt sich, wie übrigens von vornherein zu erwarten (!) war, dass die auf diesem Gebiete von den griechischen und römischen Schriftstellern gewonnenen Ergebnisse nur spärliche sind." J. K. Ingram (1890), S. 29. Ingram schreibt dies, ohne auch nur einen Satz von Platon oder Aristoteles wörtlich oder auch nur sachlich anzuführen und zu untersuchen.
[14] C. Menger (1871), S. 108, Note.
[15] C. Menger (1871), S. 173, Note.
[16] E. v. Böhm-Bawerk (1921: I), S. 12.

die eine ausführliche Begründung für das „zinsfeindliche Urteil" liefern und die in der Scholastik vielfältig kommentiert wurden. Er hätte sie nur zu lesen brauchen.

Besonders bei Böhm-Bawerks Schüler Schumpeter wird deutlich, wie er völlig dogmatisch die Theoriegeschichte zurechtbürstet und sich anmaßt, alle Antworten immer schon zu kennen – wenige *seiner* Helden, wie Walras, ausgenommen. Dann werden ein paar Geschmacksurteile ausgesprochen und der Richterspruch über die Vergangenheit gefällt. Bei Gerloff, um ein letztes Beispiel zu nennen, findet sich dieses Vorurteil ins Ideologische gesteigert: „Aristoteles sieht nicht (...) was die Einführung des Geldes für die Befreiung der menschlichen Gesellschaft bedeutet, was für eine demokratische Revolution mit der Ausbreitung der Geldwirtschaft einsetzte."[17] Mit einem Wort: Gerloff wirft Aristoteles vor, nicht 2000 Jahre später gelebt zu haben – abgesehen von der empirisch schlicht falschen Implikation, dass Geldökonomien Demokratien „hervorbringen" würden.

Moses I. Finley hat einige Interpretationen der aristotelischen Geldanalyse zu Recht kritisiert. Doch er schüttet das Kind mit dem Bade aus, wenn er den Irrtum vieler Ökonomen darauf zurück führt, dass Aristoteles – in der *Nikomachischen Ethik* – überhaupt keine ökonomische Analyse betrieben habe, während sich in der aristotelischen *Politik* im ersten Buch durchaus Elemente solch einer Analyse fänden: „Kurz, in der *Ethik* gibt es keine dürftige und unangemessene, sondern genau genommen überhaupt *keine* ökonomische Analyse."[18] Finley bemerkt nicht, dass er das, was er anderen Interpreten implizit als Kategorienfehler (diesen Ausdruck verwendet er nicht) vorwirft, in dieser Aussage selbst vorführt. Es ist gewiss unzulässig, Aristoteles am Maßstab der Aussagen *späterer* theoretischer Entwürfe „zurechtzudeuten" – neben Schumpeter kritisiert Finley Marx, Soudek oder Polanyi. Doch die *Trennung* von Philosophie und ökonomischer Analyse ist nicht minder eine Projektion von Disziplinen auf eine Denkform, die gerade in der *fehlenden* Trennung fähig bleibt, Sachverhalte zu sehen, die *durch* die Trennung eskamotiert werden.

Der Grund, weshalb Finley keine „ökonomische" Analyse in der aristotelischen Ethik (die ja keineswegs von der *Politik* getrennt ist) entdeckt, ist die „moderne" Vorstellung, die unter „Ökonomie" immer schon mehr oder minder selbstverständlich eine *Gewinnorientierung* unterstellt, die Aristoteles *in beiden Büchern* kritisiert: In der *Politik* unmittelbar (dazu gleich mehr), in der *Ethik* durch die Entwicklung der für jede Gemeinschaft (*koinonia*) vorausgesetzte kategoriale Struktur des Handelns. „Nirgendwo in der *Politik* zieht Aristoteles die Regeln oder die Mechanik (!) des kommerziellen Austauschs in Betracht. Sein Beharren auf die Unnatürlichkeit des kommerziellen Gewinns schließt im Gegenteil die Möglichkeit solch einer Diskussion aus und erklärt auch die stark eingeschränkte Analyse in der *Ethik*. Von ökonomischer Analyse gibt es keine Spur."[19] Hier ist der Irrtum der Projektion klar ausgesprochen: Eine *Mechanik* des Austauschs kennt erst das 16. Jahrhundert, und die Einsicht in die „Unnatürlichkeit" des Gewinns ist nicht der *Mangel*, sondern *die Durchführung* der ökonomischen Analyse. Die Behauptung Finleys, „dass man ohne die Konzeption von relevanten ‚Gesetzen' (...) keine Konzeption der ‚Ökonomie' haben kann"[20], reproduziert nur das Vorurteil der mechanischen Denkweise von Walras bis Schumpeter, die noch nicht einmal die Kritik der historischen Schule zur Kenntnis nehmen will, die noch wusste, dass es keine

---

[17] W. Gerloff (1952), S. 114.
[18] M. I. Finley (1971), S. 97.
[19] M. I. Finley (1971), S. 99.
[20] M. I. Finley (1971), S. 103.

4.2.1 Zur Hermeneutik tradierter Texte

„Gesetze" der Wirtschaft gibt und dass Ökonomik deshalb keine „Gesetzeswissenschaft" sein kann.[21]

Über die Manier, Hegel vor dem Maßstab der „Gegenwart" zu taxieren, sagte Adorno einmal: „Nicht wird die umgekehrte Frage auch nur aufgeworfen, was die Gegenwart vor Hegel bedeutet"[22]. Adorno trifft hier den Kern. Die Arroganz der Späteren besteht darin, davon auszugehen, dass sie in *ihren Kategorien* das fassen könnten, was einer der Alten gesagt hat.[23] Es drückt sich hier in der Tat ein Vorurteil aus, das nicht nur ans Lächerliche grenzt, wie bei Schumpeters Dogmengeschichte „von oben herab", sondern sich die Möglichkeit nimmt, das, was Aristoteles über Geld und Tausch gedacht hat, als *Maß* für die späteren Theorien zu nehmen. Es ist nur ein billiges Vorurteil des „Fortschritts" zu glauben, dass Milton Friedman, nur weil er *später* lebte, mehr vom Geld und Zins verstanden habe als Aristoteles. Auf den Gedanken, dass das „Mehr" nur ein Mehr an *Irrtum* vor einem wachsenden Meer des Vergessens sein könnte, verfällt die Ökonomik der Moderne keinen Augenblick. Die darin liegende Arroganz ist allerdings Ausdruck eines Wissenschaftsstils, der mit der Tradition auch jeden Versuch über Bord geworfen hat, auf *philosophische* Weise zu denken.

Die nachfolgende Untersuchung ist eher von dem geleitet, was Werner Sombart – stellvertretend für die eher historisch orientierte Ökonomik am Wechsel vom 19. zum 20. Jahrhundert – so formulierte: „Aristoteles ist ja derjenige Denker, der am tiefsten auch die Probleme des Wirtschaftslebens erfasst hat und der mit seiner Art der Betrachtung auch für die Lehre von der Wirtschaft zweitausend Jahre hindurch die Richtlinien vorgezeichnet hat."[24] „Denn", so lässt sich mit Francis Bacon ergänzen, „wie das Wasser nicht höher steigen wird in seinem gewöhnlichen Laufe als die Quelle des Borns woraus es fließt; eben so wird die von Aristoteles hergeholte Lehre sich niemals über des Aristoteles Lehre erheben."[25] Gerade die Geldtheorie von Aristoteles ist „eine Theorie, die auch heute noch mit Recht als wahrhaft klassisch bezeichnet wird."[26]

Das von Adorno genannte methodische Prinzip, sich erst einmal von einem der großen Denker der Vergangenheit *belehren* zu lassen, das sich gerade auch bei Heideggers Lektüre alter Texte findet[27], nicht sie gedankenlos dort einzusortieren, wo man sich selbst auskennt, hat – wenn mir diese persönliche Bemerkung an dieser Stelle erlaubt sei – mir geholfen, einiges über Tausch und Geld herauszufinden[28], was im vorhergehenden „positiven" Teil meiner Darstellung als Struktur enthalten ist. In zeitgenössischen Werken war davon nichts zu finden.

---

[21] „Ein letztes einheitliches Gesetz volkswirtschaftlicher Kräftebetätigung gibt es nicht und kann es nicht geben" G. Schmoller (1920: 1), S. 110. „Eine ‚Eigengesetzlichkeit der Wirtschaft' gibt es *nicht*." W. Sombart (1932), S. 5.

[22] T. W. Adorno, GS 5, S. 251.

[23] Ein Beispiel solcher Verrechnung von Vergangenem: „*Lohnt sich* denn heute noch die Beschäftigung mit dem geldpolitischen Traktat und der geldpolitischen Wirksamkeit des Oresmius?" H. Tietmeyer, D. Lindenlaub (1995), S. 126; meine Hervorhebung.

[24] W. Sombart (1930), S. 24.

[25] F. Bacon (1783), S. 91.

[26] J. Žmavc (1902), S. 79.

[27] „Weder Platon noch Aristoteles ‚haben' ein ‚System' der Philosophie, weder in dem Sinne dass sie ein System ausgebaut, noch in dem Sinne, dass sie ein solches auch nur entworfen hätten." M. Heidegger (1971), S. 33.

[28] Vgl. K.-H. Brodbeck (1983c).

4.2.2 Platon

Obgleich Platon zur expliziten Analyse der *Kategorie* des Geldes relativ wenig geschrieben hat[29], so beruht doch die aristotelische Untersuchung auf methodischen Voraussetzungen, die Platon zu verdanken sind. Platon hat in seiner dialogischen Darstellung gleichsam noch den Schatten jener Herkunft bewahrt, worin Kategorien ihre Bedeutung offenbaren. Dennoch findet sich in der Reflexion, der Niederschrift erinnerter oder erfundener Dialoge ein *hypothetisches* Element, worin das, was ein Diskurs als offenes Ende – die Konvergenz – nur tendenziell hervorbringt, durch eine Konstruktion ersetzt. Platon konstruierte nicht nur Diskurse, er hat darin zugleich bemerkt, dass er damit *begriffliche Verhältnisse* festlegt. Dies ist der Kern der „methodischen" Neuerung, die sich in seiner *Politeia* findet, ausgedrückt in der berühmten Formulierung am Ende des zehnten Abschnitts im zweiten Buch: „in Gedanken eine Polis entstehen sehen"[30].

Hier wird eine bekannte Struktur, die jeder Staatsbürger als Teilnehmer kennt, in den strittigen Kategorien – bei Platon ist dies der Begriff der Gerechtigkeit – rekonstruiert, wobei Platon von einfachen Voraussetzungen zu immer komplexeren Folgerungen fortschreitet. Es wäre sicher falsch, darin eine „Utopie" zu sehen, wie häufig gesagt wird. Es geht Platon um eine begriffliche Rekonstruktion, eine *Ordnung* der Kategorien, die bereits bekannt, aber nicht in ihrem Zusammenhang erkannt sind. Die Form des Dialogs bewahrt wenigstens die Einsicht, dass diese kategorialen Verhältnisse nicht von einem Kopf *erfunden* werden, sondern sich in den Meinungen der Vielen verborgen als deren innerer Zusammenhang finden. Platon geht hier eliminativ vor: Er setzt zunächst nichts voraus, außer dem Wissen und der Erfahrung der Diskursteilnehmer, und stellt dann die Frage, was alles notwendig wäre, um als staatliche Gemeinschaft leben zu können. Hier entdeckt Platon, dass jeder Mensch der anderen bedarf, und sich daraus vielfältige Formen der Zusammenarbeit gemäß der vielen Bedürfnisse ergeben. Dass dies keine *historische* Ableitung ist, ist offenkundig, denn die Bedürfnisse sind bereits geformte, die den Zusammenhalt der Gemeinschaft voraussetzen. Platon will offenbar durch seine hypothetische Methode das ausscheiden, was nicht zur Grundstruktur der staatlichen Gemeinschaft gehört. Dieser Gedanke, dass es so etwas wie ein *Wesen* der Gesellschaft gibt, das sich unter der Oberfläche der Meinungen verbirgt, wird in der Nachfolge Platons zur allgemeinen Voraussetzung des Nachdenkens über Wirtschaft und Staat.

Ich verfolge nicht die einzelnen Schritte der platonischen Analyse und konzentriere mich auf den für die vorliegende Untersuchung wichtigsten Teil. Was Platon wesentlich zur ökonomischen Erkenntnis beiträgt, ist der Zusammenhang zwischen einer *Differenzierung der Bedürfnisse* und der *Arbeitsteilung* in einer Gesellschaft. Platon führt hier eine Reflexionsform ein, die durchaus das *Modelldenken* der Ökonomen antizipiert. Menschen brauchen Nahrung, Wohnung, Kleidung usw., das sind die angenommenen „Bedürfnisse", deren *Teilung* Platon als gegeben hinnimmt. Er stellt dann die Frage, wie Produkte zur Befriedigung dieser Bedürfnisse zustande kommen. Und er ordnet jedem Bedürfnis bzw. dem zugehörigen Produkt eine *Tätigkeitsart* zu: „Das eine regelt doch der Bauer, die andere ein Baumeister, ein Weber"[31] usw.

---

[29] „Bei Platon fehlten explizite geldtheoretische Analysen moderner Art", C. P. Baloglou (1994), S. 185. Nicht *modern* zu sein, wäre sicher kein Mangel.

[30] Politeia II.10, 369a; vgl. Platon, WW Bd. 3, S. 106.

[31] Platon (1982): Der Staat 369e, S. 140. Vermutlich griff Platon auf die Ökonomik von Bryson, einem Schüler des Pythagoras, zurück, worin die Arbeitsteilung als gegenseitige Abhängigkeit geschildert wird: „Die menschlichen Dinge stehen so miteinander in Verbin-

4.2.2 Platon

Dieser Zuordnung von Produktion und Bedürfnis fügt nun Platon eine *quantitative* Überlegung hinzu. Geht man von fünf Grundbedürfnissen aus, so bräuchte man fünf Männer für einen Staat. Dann müsste jeder der fünf alle Arbeit für jeden anderen leisten. Platon argumentiert hier weiter[32]: Nun sind aber Menschen verschieden, damit auch in ihren produktiven Fähigkeiten. Hinzu kommt, dass man *bessere* Arbeit leistet, wenn man sich spezialisiert, wenn man nur *eine* Tätigkeit ausübt, zudem je zum richtigen Zeitpunkt. „Als Folge davon werden mehr Werke geschaffen und sie schöner und leichter gearbeitet, wenn jeder nur ein Werk seiner Anlage entsprechend und zur richtigen Zeit schafft, unbesorgt um alle andern."[33] Diese Möglichkeit ist aber nur gegeben, wenn die *Zahl* der Bürger größer ist. Was Platon hier offenbar im Auge hat: Ein bestimmter Grad der Spezialisierung ist auch mit einer bestimmten *Produktivität* verbunden. Wenn ein Mann den ganzen Tag nur Schuhe produziert, dann erzeugt er sehr viel mehr, als die angenommene Anzahl (fünf Menschen) benötigt. Daraus ergibt sich, dass der Grad der Spezialisierung der *Größe des Staates*, der Zahl der Staatsbürger korrespondiert. Es ist nicht schwer, hier die Denkfigur wiederzuerkennen, die Adam Smith dann in dem Satz formuliert, dass der Grad der Arbeitsteilung von der Größe des Marktes abhängig ist.[34]

Platon rekonstruiert dies aber als *kategoriale Notwendigkeit*, was bei späteren Ökonomen, vor allem bei Smith, eher als empirische Verallgemeinerung erscheint. Es ergibt sich jedenfalls zwischen der *qualitativen Teilung* der Tätigkeiten, die symmetrisch einer Vielfalt von Bedürfnissen entspricht und durch Spezialisierung Werke schneller und schöner vollbringt, und der Quantität des Staatsgebildes, der Zahl seiner Bürger, ein Zusammenhang, der eine völlig neue Struktur offenbart. *Qualitative, soziale Differenzierung korrespondiert einer quantitativen Größe.* Doch mit der Größe verschwindet auch der einfache Zusammenhang zwischen Bedürfnis und Tätigkeit und bedarf einer *neuen Vermittlung*. Nach einer Abschweifung über den Außenhandel betrachtet Platon diese Vermittlung näher, indem er die Frage stellt: „Wie lassen sie nun im Staate selbst einander die Erzeugnisse ihrer Hand zukommen?" Platons Antwort: „Klarerweise durch Kauf und Verkauf"[35]. Nun führt Platon eine weitere Bestimmung ein, indem er daran erinnert, dass die Erzeugnisse und die Bedürfnisse nicht *zeitlich* zusammenfallen, selbst wenn man einen Marktplatz einräumt, auf dem der Tausch stattfindet.

Das *zeitliche* Auseinanderfallen der *funktional differenten* Arbeiten bedarf einer Vermittlung, die diese zeitliche Distanz überbrückt. Platon sieht sie in einer *weiteren* Spezialisierung. Die „Schwächlichen, die zu keiner anderen Arbeit taugen"[36], verweilen auf den Märkten, um diese Differenz zu vermitteln. Platon setzt sie umstandslos mit „Geldbesitzern" gleich, ohne sich die Frage zu stellen, welche spezifische Eigenschaft das Geld sonst noch besitzen muss. Es erscheint bei ihm als Garant der Dauer, als inter-

---

dung wie die Ringe einer Kette; diese bilden eine zusammenhängede Reihe, so dass, wenn man einen aufhebt, die ganze Kette, samt ihrem Anfange, nachfolgt." Bryson illustriert dies am Ackerbau, dem Bergbau usw.; zit. nach O. Willmann (1922), S. 101f.

[32] 369e-371d.

[33] Platon (1982): Der Staat 370c, S. 141. Marx, der Platon und Xenophon ausführlich exzerpierte und kommentierte, sieht bei Platon nur einen *qualitativen* Aspekt der Arbeitsteilung betont: „Der Hauptgesichtspunkt ist das *besser*: die Qualität." K. Marx (1976), S. 257. Wie die zitierte Stelle belegt, die auch Marx verwendet, trifft das aber nicht zu, denn die „Leichtigkeit" der Herstellung steigert auch *quantitativ* die Produktivität.

[34] Vgl. A. Smith (1978), S. 19ff.

[35] Platon (1982): Der Staat 371b, S. 142.

[36] Platon (1982): Der Staat 371c, s. 142.

temporaler Vermittler von Tätigkeiten, die in ihren Produkten zu unterschiedlichen Zeitpunkten wie die zugehörigen Bedürfnisse anfallen.

Hier ist zweierlei zu erkennen: *Erstens* stehen die Händler im Rang am niedrigsten; sie vermitteln den Kauf und Verkauf, weil sie sonst zu keiner anderen Arbeit fähig sind. Entkleidet man dieses Argument seines moralischen Vorurteils, so ist immerhin die positive Bestimmung darin enthalten, dass die Händler in ihrer Tätigkeit, im Inhalt ihres Tuns, auf keine andere Tätigkeit zurückgeführt werden können. Sie stellen ein kategoriales Novum dar, das sich aus der Größe des Staates und des Grades der Arbeitsteilung ergibt. *Zweitens* kommt dem Geld die wesentliche Eigenschaft zu, die *Zeit zu überbrücken*, also *außerzeitlich* zu existieren. Dies sind jedenfalls die beiden Bestimmungen, die in Platons Analyse *implizit* enthalten sind. Unbeantwortet bleibt bei Platon die Frage, wie die *Verschiedenheit* der Bedürfnisse und Tätigkeiten sich zur *Einheit* des Geldes verhält, dessen *quantitative Natur* zudem bei Platon nicht näher untersucht wird.

Platons Darstellung in den *Nomoi* greift einige Überlegungen der *Politeia* nochmals auf, ohne sie analytisch wesentlich zu vertiefen. Hier herrscht ein weit dogmatischerer Ton, der häufig Analyse durch Norm ersetzt. Bemerkenswert ist die Untersuchung zum Geld insofern, als er darin prinzipiell ein *Gemeinschaftsgut* erblickt: „gemeinsam (ist) aller Geldbesitz"[37]. Mit diesem Satz zielt Platon offenbar auf die Erfahrung, dass das Geld zu *privaten Zwecken* missbraucht wird.[38] Es dient dann nicht mehr als Vermittlung der Bedürfnisse und der spezialisierten Tätigkeiten, sondern wird zu einem Objekt individueller Begierde, die sich *gegen* die Gemeinschaft durch den Missbrauch einer gemeinschaftlichen Funktion als Vermittler richtet. Daran knüpft Platon die Forderung, dass die Geldverwendung für Private – also „Nichtbeamte" – überhaupt verboten wird, ein Gesetz, „welches keinem Nichtbeamten es gestattet, irgend Gold und Silber zu besitzen, wohl aber die Landesmünze des täglichen Umsatzes wegen, den zu betreiben für Handwerker fast unumgänglich ist sowie für alle, deren Geschäft es ist, Lohn darin an gemietete Sklaven und Fremde zu bezahlen."[39] Münzen, die nicht nur innerhalb eines Gebietes gelten und somit sich nicht darin erschöpfen, die Tauschhandlungen zu verknüpfen, bleiben in öffentlichem Besitz.

Die Geringschätzung des privaten Geldbesitzes, seine Verurteilung und die daran geknüpfte private Leidenschaft der Geldvermehrung wird also bei Platon sehr wohl rational begründet durch das Argument, dass hierdurch eine *soziale Funktion* privat missbraucht wird. Impliziert ist bei diesem Gedanken die These, dass die private Nutzung der Geldfunktion, um Geld zu *vermehren*, diese Funktion schädigt oder gar aufhebt. Platon bemerkt in den *Nomoi*, dass das arbeitsteilige Handwerk sich symmetrisch zum Austausch entwickelt und deshalb stets die Gefahr von „Wucher"[40] birgt. Er wollte durch eine Verankerung des Staats in der Landwirtschaft diesen Tendenzen entgegentreten. Man kann also Platons – vor allem späte – Geldtheorie als Versuch werten, sich argumentativ gegen die bereits erkennbare Veränderung der griechischen Polis zu wehren. Im Rang sieht Platon den „Gelderwerb" als niedrigste Erwerbsart an, dem „die letzte Stelle gebührt"[41], womit immerhin zugegeben ist, dass er sich wohl nicht ganz

---

[37] Platon: Nomoi 739c, WW Bd. 6, S. 117. Neben dem Geld sind für Platon in einem idealen Gemeinwesen auch die Frauen und die Kinder gemeinsam.

[38] In Sparta stand das private Horten von Edelmetall unter Todesstrafe: „Obwohl Privaten die Ansammlung von Edelmetall gesetzlich bei Todesstrafe untersagt war, so fingen von jener Zeit doch einzelne Bürger an, sich zu bereichern." M. Wirth (1884), S. 31.

[39] Platon: Nomoi 742a, WW Bd. 6, S. 119.

[40] Platon: Nomoi 743d, WW Bd. 6, S. 121.

[41] Platon: Nomoi 743e, WW Bd. 6, S. 121.

ausschalten lässt. So sieht Platon für den Tausch eine strenge gesetzliche Einbettung vor, die vor allem dazu dient, das *Vertrauen* zwischen den Tauschenden nicht zu trüben. Alles, was einen *Wucher* (also Zins) begünstigt, schließt Platon hier aus:

> „Was da einer bei dem andern durch Kauf oder Verkauf eintauscht, das hat er einzutauschen, indem er an der auf dem Markte für jegliches dazu angewiesenen Stelle den Preis dafür sogleich bezahlt oder empfängt, nicht aber irgend anderswo, noch den Kauf oder Verkauf auf eine Fristgestattung abschließt. Tauscht einer anderswie oder an anderer Stelle bei andern irgendetwas ein, dann tue er es im Vertrauen auf den, mit welchem er den Tausch trifft, indem dem Gesetze nach über das nicht in der angegebenen Weise Verkaufte keine Rechtsansprüche stattfinden."[42]

Werden höhere Preise verlangt oder falsche Angaben über die Qualität der verkauften Produkte gemacht, so gibt Platon den Zeugen solch eines Vertrags das Recht, den Verkäufer zu schlagen.[43] Aus dieser drastischen Forderung spricht die tiefe Ablehnung gegen jedes Streben, durch den Missbrauch der Geldfunktion sich privat einen Vorteil zu verschaffen, der dem Geist der Gemeinschaft – wie sie in den Gesetzen wirklich ist – widerspricht. Für die Überwachung der Preise bei nur mäßigem Gewinn sieht Platon „Marktaufseher"[44] vor, die offenbar im Griechenland zur Zeit von Platon und Aristoteles noch weit verbreitet waren. Aristoteles schildert in seiner Gesetzessammlung folgendes:

> „Es werden auch Marktaufseher ausgelost, fünf für die Stadt, fünf für den Piräus. Diese haben den Gesetzesauftrag, über alle Waren zu wachen, dass sie rein und unverfälscht verkauft werden. Auch zehn Eichbeamte werden ausgelost, fünf für die Stadt und für den Piräus; diese wachen über alle Maße und Gewichte, damit die Verkäufer sie richtig anwenden. Früher gab es zehn ausgeloste Getreideaufseher, fünf für den Piräus, fünf für die Stadt, heute sind es 20 für die Stadt und 15 für den Piräus. Diese haben darüber zu wachen, erstens, dass das weiße Getreide auf dem Markt zu einem gerechten Preis käuflich ist, zweitens, dass die Müller das Mehl in entsprechendem Verhältnis zum Kaufpreise des Getreides verkaufen und die Brotbäcker das Brot zum Kaufpreis des Mehls und nach dem Gewicht, das die Getreideaufseher festsetzen; nach dem Gesetz schreiben diese es vor."[45]

Dieser Gedanke markiert den Übergang zur und die Voraussetzung der Geldanalyse bei Aristoteles. Preise sind *überwachte*, damit in andere Sozialstrukturen *eingebettete* Phänomene, nicht Größen, die ursprünglich aus „eigenem Recht" bestehen. Sie bleiben, wie das Geld, dem Gemeinwesen *subsumiert* – das ist die gemeinsame Überzeugung von Platon und Aristoteles. Der zitierte Text und Platons Hinweis auf die Marktaufseher macht zugleich deutlich, dass die Preisbildung in ihrer entfalteten Geldform ursprünglich ein *soziales Binnenphänomen* war.

---

[42] Platon: Nomoi 915d-e, WW Bd. 6, S. 275.
[43] Platon: Nomoi 917c, WW Bd. 6, S. 277.
[44] Platon: Nomoi 920c, WW Bd. 6, S. 280.
[45] Aristoteles (1970), S. 56f. Ob Aristoteles selbst oder einer seiner Schüler den Text verfasst hat, ist für die Beurteilung seines bedeutsamen Inhalts ohne Belang. Den zitierten *Sachverhalt* hat Aristoteles sicherlich gekannt, verweist doch auch Platon darauf.

Die Gesetzgebung Hammurabis (18. Jahrhundert v.u.Z.) ist historisch ein weiterer Beleg dafür, dass die adäquate kategoriale Analyse des Geldes als soziales Binnenphänomen zu entwickeln ist. Dieser Gesetzeskodex, das älteste erhaltene Gesetzbuch überhaupt, legt in vielen Bestimmungen Preise und Zinssätze fest, die aber stets auf typische Lebenssituationen bezogen sind.[46] Die Preisliste umfasst Sklaven ebenso wie Schadensersatzleistungen für gebrochene Knochen, geschlagene Söhne, Ohrfeigen, Schwangerschaftsabbruch usw.[47] Hammurabis Kodex schreibt etwa vor, dass ein Pflüger 960, ein Ochsentreiber 720, ein Hirt für Groß- oder Kleinvieh 960 Liter Getreide pro Jahr erhalten soll; ein Rind zum Dreschen pro Tag kostete 8 Liter Getreide.[48] Die verfügbaren Dokumente verbieten es, von einem „Markt" in unserem Sinn auszugehen. Der „marktlose Handel zur Zeit Hammurabis"[49], bei dem es dennoch Kredit und Zins gab, verweist darauf, dass „Geld" keineswegs mit dem zu begreifen oder an dem zu bemessen ist, was die Ökonomen des 19. und 20. Jahrhunderts verkündeten. Herodot berichtet von einem Ausruf des Kyros, der die Griechen wegen ihrer Marktplätze lobte, „die sie zu Kauf und Verkauf gebrauchen; die Perser nämlich pflegen keine Märkte anzulegen und haben daher überhaupt keinen derartigen Platz."[50] Die „Freigabe" der Preise ist eine *späte* Entwicklung, ebenso wie der Wucher und der Zins als *Normalphänomen* der Geldökonomien; während offenbar das formal als „Zins" beschreibbare Phänomen in Babylon eine ganz andere Bedeutung hatte, weil es sich um einen *geplanten* oder wenigstens gesetzlichen Zinssatz handelte.

4.2.3 Aristoteles

4.2.3.1 Staat, Haushalt und Sklaverei

Aristoteles knüpft kritisch an Platon an. Er übernimmt insgesamt die Beurteilung von Wucher und Zins, mit einer verfeinerten Begründung. Auch verwendet er dasselbe hypothetische Verfahren, von bestimmten Formen ausgehend die Gesamtheit des Staates verstehen zu wollen, die „Erbauung der Polis in Gedanken". Gegen Platon schränkt er aber ein: „Man darf nun zwar nach Wunsch Voraussetzungen schaffen, aber nichts Unmögliches."[51] Dieser erst später von Kant wieder aufgegriffene Gedanke, dass eine Wissenschaft zunächst ihre eigene *Möglichkeit* abstecken muss, bedeutet, dass die Kategorien eine *innere Ordnung* haben, die sich auch in der begrifflichen Beschreibung zeigen muss. Für Aristoteles ist klar, dass diese begriffliche Ordnung zugleich die Ordnung der Dinge ist. Darin liegt der Gedanke, dass die kategorialen Verhältnisse, die sich durch die Denkformen und Meinungen hindurch äußern, tatsächlich existieren und *deshalb* auch möglich, also denkbar sein müssen.

Die kritische Auseinandersetzung mit Platon dreht sich um eine kategoriale Frage. Für Platon ist der Staat ebenso strukturiert wie die Hierarchie eines Hauswesens. Der Regent – gleich in welcher Regierungsform – steht für den Hausherrn; der Staat kennt Diener und Sklaven, Männer und Frauen und hat *ein* Ziel, wie das Hauswesen. Der Regent wird, da er über sehr viele Köpfe herrscht, bei Platon sogar den Göttern insofern

---

[46] Vgl. W. W. Struwe (1955), S. 237.
[47] W. W. Struwe (1955), S. 230f. (§§ 195ff).
[48] W. W. Struwe (1955), §§ 257, 258, 261 und 268; S. 235.
[49] K. Polanyi (1979), S. 300.
[50] Herodot (1961), I.153, S. 105.
[51] Aristoteles (1989): Politik 1265a 17f, S. 121.

angenähert, als er auch einen göttlichen Ursprung der Gesetze vermutet.[52] Platon prägt hier die Denkform, die später christlich und islamisch adaptiert wird, wonach die kategoriale Struktur der Gesellschaft durch die Gesetze bestimmt ist. Diese Gesetze sind die eines Staates, und ihre Einheit ist gewährleistet, weil sie dem einen Gott entsprungen sind, der damit auch die Einrichtung des Staates als teleologischen Akt *gewollt* hat. Darin ist immerhin das richtige Moment ausgedrückt, dass die bestimmenden Kategorien der Gesellschaft durchaus eine subjektive Natur haben, nicht aber in das Denken der Individuen aufzulösen sind. Die sozial bestimmende kategoriale Matrix wird als ein getrenntes, übergeordnetes Subjekt (Gott) interpretiert. Der Philosoph, der die Gesetze *nachkonstruiert*, blickt gleichsam in den Bauplan Gottes.

Obgleich sich also bei Platon die Umrisse eines Gedankens finden, der von islamischen und christlichen Autoren wie Augustinus später entfaltet wurde, so ist die Differenz doch unübersehbar. Auch wenn Platon den Gesetzen letztlich einen göttlichen Ursprung zuschreibt, wenn auch Aristoteles durchaus einen göttlichen Ursprung der Dinge vermutet, so sind dies Momente ihrer Philosophie – Schlussfolgerungen, nicht geglaubte Voraussetzungen. Insgesamt zeichnet das Denken von Platon und Aristoteles ein *experimenteller* Charakter aus, in dem verschiedene soziale Einrichtungen durchdacht und kritisch abgewogen werden. Dass die Menschen selbst ihre staatliche Ordnung „in der Hand" haben, steht an keiner Stelle in Frage. Sich einer anderen Macht als der Erkenntnis und dem gemeinsamen Zusammenwirken zu unterstellen, ist diesen Überlegungen fremd, auch wenn sie sich stets in Beziehung zu einer Götterwelt definiert.

Aristoteles hat noch sehr viel mehr Mühe als Platon darauf verwendet, den inneren Zusammenhang der objektiven Sinnstrukturen, wie sie in den Kategorien von Recht, Geld, Krieg usw. gegeben sind, genauer aufzudecken. Auch Aristoteles wird von der Frage bewegt, wie ein Staat Gerechtigkeit verwirklichen könne. Er teilt mit Platon die Auffassung, dass es für den Staat *insgesamt* so etwas wie *einen* Sinn, *ein* Ziel gibt, denn – so beginnt seine „Politik" – es ist eine Voraussetzung, dass „jeder Staat eine Gemeinschaft darstellt und jede Gemeinschaft um eines bestimmten Gutes willen besteht"[53]. Die Beziehung dieses *einen* Gutes zu den Handlungen der *Vielen* bestimmt die Grundstruktur des Staates, und eben diese *Struktur* ist die Matrix der Kategorien, in denen sich die Vielen bewegen. Die erste Frage lautet nun: Ist diese Struktur mit der eines Haushalt identisch? Ist das eine Ziel des Staates mit dem Ziel der Vielen identisch? Offenbar kann das nicht so einfach gedacht werden, weil der Staat in sich *differenziert* ist, weil die Bedürfnisse und die Tätigkeiten *geteilt* sind und damit die Frage offen bleibt, wie das *eine Gut* sich zu den vielen Gütern verhält.

Platon hat diese Frage im Wesentlichen so beantwortet, dass er forderte, alle Güter müssten *gemeinsam* sein, auch Frauen und Kinder. Hiergegen wendet Aristoteles ein, dass damit das Problem nicht gelöst wird. „Denn weil in den Genüssen und in den Arbeiten nicht alle gleich sind, sondern vielmehr ungleich, ergeben sich notwendigerweise Anklagen bei denen, die weniger erhalten, doch mehr arbeiten, denen gegenüber, die genießen oder viel erhalten, aber wenig arbeiten."[54] Der Kommunismus der Güter führt also zu Problemen, die einer Lösung bedürfen. Aristoteles verwirft Platons Entwurf nicht einfach, er versucht nur, die *innere Notwendigkeit* solch einer Form gemeinsamen Besitzes herauszuarbeiten. In einem Haushalt gibt es kein Privateigentum. Die Binnenstruktur ist bestimmt durch die Organisation der Arbeiten und die in dieser Organisation

---

[52] Platon: Nomoi 624a, WW Bd. 6, S. 10.
[53] Aristoteles (1989): Politik 1252a, S. 75.
[54] Aristoteles (1989): Politik 1263a, S. 115.

liegenden Ansprüche an jeweilige Produkte. Platon denkt in diesem Modell und überträgt es auf den gesamten Staat. Dagegen meldet Aristoteles seine Bedenken durch eine Vielzahl von Analysen an. Sein Haupteinwand kann so ausgedrückt werden: Ein Staat besteht aus vielen Häusern und unterscheidet sich deshalb strukturell von einem einzelnen Haus.

Aristoteles sieht auch wie Sokrates (in Platons Darstellung) eine *gewisse* Analogie zwischen Haus und Staat, *Oikos* und *Polis*, betont aber gerade die Differenzen: „Als Ursache der Fehlmeinung des Sokrates muss man die Voraussetzung ansehen, die eben nicht richtig ist. Denn es muss zwar in gewisser Hinsicht das Haus und der Staat eines sein, doch nicht gänzlich."[55] Aristoteles wendet sich dagegen, den Staat *neu* erfinden zu wollen. Seine Struktur zu durchdenken, heißt nicht, ihn zu *erschaffen*. Denn „alles ist nämlich beinahe schon erfunden, doch das eine ist noch nicht zusammengetragen, vom anderen macht man keinen Gebrauch, wiewohl man es kennt."[56] Die Intention ist klar: Aristoteles versteht die Erforschung des Staates so, dass man – sein Buch „Staat der Athener" als Teil einer Sammlung von Verfassungen ist dafür ein Beispiel – die kategorialen Verhältnisse daran prüft, ob und inwiefern sie schon einmal verwirklicht wurden. Mir scheint, darin bei Aristoteles eine *reaktionäre* Haltung zu vermuten, verkennt das Argument.[57] Er sagt eigentlich nur, dass man vor dem Erproben neuer Staatsformen prüfen sollte, ob es dazu nicht längst Erfahrungen gibt, aus denen zu lernen wäre. Es geht ihm nicht um eine *Neuschöpfung*, sondern um das Verstehen bestehender Ordnungen – was ihre Verbesserung keineswegs ausschließt.

Da Aristoteles in jedem Fall etwas bereits Verwirklichtes verstehen möchte, sieht er auch in der *genetischen* Betrachtung den eigentlichen Schlüssel. Wie Platon entwickelt er einen Staat in Gedanken, doch nicht als logische Neukonstruktion gemäß von Annahmen, sondern als das ideale Nachzeichnen des *Werdens wirklicher Staaten*. „Wenn man nun darauf sieht, wie die Dinge vom Anfang an heranwachsen (...), so dürfte es auch in diesen Fällen am richtigsten sein, auf diese Weise Beobachtungen anzustellen."[58]

Aristoteles teilt mit Sokrates das Ziel, dass ein Gesetzgeber die Menschen glücklich machen soll. „Es ist aber unmöglich, dass der gesamte Staat glücklich sei, wenn nicht alle, oder die meisten, oder wenigstens einige Teile über Glückseligkeit verfügen."[59] Er geht nun nicht so vor, dass er *a priori* einen Glücksstaat konstruiert, sondern er untersucht, inwiefern die Ansprüche der Vielen an die Gemeinschaft, verbunden mit ihren Pflichten, durch verschiedene Formen bereits *realisiert* sind und inwiefern diese Formen dem angegebenen Ziel des Glücks der Vielen – hier durchaus in gewisser Nähe zu dem, was der Utilitarismus Benthams oder Mills später formuliert – dienen oder nicht.

Wenn man die kritische Auseinandersetzung von Aristoteles mit Sokrates (Platon) und anderen Schriftstellern wie Phaleas oder Hippodamos sowie den Staatsverfassungen anderer Staaten betrachtet, worin er eine Vielzahl von Argumenten abwägt, die ich hier nicht diskutieren kann, so lässt sich folgende allgemeine Frage herausfiltern: Wie kann

---

[55] Aristoteles (1989): Politik 1264a, S. 117.
[56] Aristoteles (1989): Politik 1252a, S. 76.
[57] Finley knüpft dieses Urteil an das pseudo-aristotelische Buch *Oikonomkos*, in der aristotelischen Denkform „eine von vielen Formulierungen, in denen die Ideologie vom Landbesitz artikuliert wird, die die oberen Klassen der Antike vertraten." M. I. Finley (1977), S. 144f. Der Punkt ist: Mit solch kausalen Zuschreibungen ist rein gar nichts verstanden von dem, was Aristoteles herausgefunden hat über die Struktur der Gesellschaft.
[58] Aristoteles (1989): Politik 1267b, S. 129.
[59] Aristoteles (1989): Politik 1264b, S. 120.

4.2.3 Aristoteles

ein Mittleres, ein Ausgleichendes gefunden werden zwischen Unterschieden und widerstrebenden Wünschen? Die Erziehung der Menschen zur Einhaltung der Gesetze, ihre Bildung hat in erster Linie die Aufgabe, die individuellen Begierden so einzuschränken, dass ein Zusammenleben möglich ist. „Unermesslich ist nämlich die Begierde, zu deren Erfüllung allein die breite Masse lebt."[60] Diese Unermesslichkeit bedarf des Maßes, der Eingrenzung, und die Frage lautet, wie dies so zu bewerkstelligen ist, dass das Glück der Vielen darin gleichwohl verwirklicht werden kann. Die einfache Vergemeinschaftung löst die Frage nicht, weil sich *innerhalb* der Gemeinschaft Unterschiede zeigen, die einer Vermittlung bedürfen. Deshalb untersucht Aristoteles, wie *andere* Formen diese Aufgabe übernehmen. Und hier rückt an eine zentrale Stelle die Analyse von Austausch und Geld.

Aristoteles baut seine Argumentation so auf: Zuerst stellt er einige allgemeine Fragen zum Staat, kommt dann zum „Haus" (*Oikos*) als *Element* des Staates, als tragender Teil. Der Staat ist die *Interaktion* der Häuser, und gerade darin erblickt Aristoteles *kategorial neue* Formen, die sich nicht auf die innere Struktur des „Hauses" reduzieren lassen. Vom Haus kommt dann Aristoteles sofort zu der tragenden Grundlage der Arbeit des Hauses: Der Tätigkeit der Sklaven, und er knüpft daran einige Überlegungen zur Natur der Sklaverei.[61] Diese Überlegungen, die gemessen am Niveau seiner sonstigen Reflexionen reichlich dürftig sind, enthalten einen charakteristischen Denkfehler, der sich auch in seiner Metaphysik findet. Das Erstaunliche ist aber, dass Aristoteles diesen Denkfehler nicht *durchgängig* begeht, sondern gerade am *Geld* eine völlig andere Struktur erkennt. Es ist wichtig, diese kategorialen Differenzen genau herauszuheben, um die eigentliche Erkenntnis bei ihm auch als Entdeckung eines kategorialen Novums beschreiben zu können.

Ich spreche von folgendem Gedanken: Sklaven stehen Herren gegenüber. Hier liegt also sozial eine zirkuläre Struktur vor, denn der *Begriff* des Sklaven kann nicht ohne „Herr" gedacht werden, und umgekehrt (sofern „Herr" = „Sklavenhalter" bedeutet). Das ist eine Denknotwendigkeit, die aber *zugleich* soziale Wirklichkeit ist und gerade dadurch reproduziert wird, dass sich die Herren und Sklaven auf bestimmte Weise auch *denkend* reproduzieren.[62] Denn letztlich beruht jede Sklavenherrschaft auf einem Schein, einer falschen Denkform; durch nackte Gewalt lässt sich solch eine Herrschaft Weniger über Viele nicht aufrechterhalten. Die Herren würden Handlanger zur Ausübung der Gewalt benötigen, die sich zu ihnen wiederum – als logisches Verhältnis ausgedrückt –

---

[60] Aristoteles (1989): Politik 1267b, S. 129.

[61] Die beispiellose Menschenverachtung der Griechen in diesem Punkt ist immer wieder betont worden: „Die Alten haben selbst auf der höchsten Kulturstufe den schmählichen Missbrauch festgehalten, ihre Kriegsgefangenen zu Sklaven zu machen. Sind doch z.B. im Zeitalter des Sophokles, Euripides, Sokrates und Thukydides, als die Athener Melos erobert hatten, alle Männer daselbst getötet, ihre Weiber und Kinder verkauft worden. Bekannter noch ist das Schicksal Thebens, wo Alexander d. Gr. 30000 Menschen zu Sklaven machte. Wenn das gegen Hellenen geschah, wie mochte mit Barbaren umgegangen werden!" W. Roscher (1861), S. 41. Aristoteles war bekanntlich Alexanders Lehrer; so kann Philosophie „praktisch" werden, und Denkfehler können brutale Folgen nach sich ziehen.

[62] Patzig schreibt zum Begriff des Sklaven bei Aristoteles: Es „kommt auch für Aristoteles darauf an, als was wir die Dinge jeweils auffassen und ansprechen." G. Patzig (1973), S. 1221. Sieht man einmal ab von der Fehlinterpretation, wonach es bei Aristoteles „Auffassungsweisen", nicht *Kategorien* des *Seins* geben soll: Menschen *als* Sklaven „aufzufassen", ist eben nicht das Geschäft eines cartesianischen Beobachters, sondern diese „Auffassung" erzeugt *soziale Wirklichkeit*. Aristoteles wusste *das* durchaus; der logische Positivismus betritt hier noch nicht einmal den Vorhof der Erkenntnis.

wie „Sklaven" verhalten. Nur die Bereitschaft, einem Herren subsumiert zu sein, reproduziert die Sklaverei, denn *faktisch* kann die Herrschaft Weniger über Viele nicht als *physischer Gewaltakt* dauerhaft aufrechterhalten werden.

Herr und Sklave sind also *kategorial* als reflexive und zirkuläre Struktur zu bestimmen; *logisch* entspricht diesem Verhältnis die Denkform von König ↔ Untertan. Wie sich zeigte, liegt nun beim *Geld* exakt dieselbe logische Struktur vor. Und – um vorzugreifen – es ist erstaunlich, dass Aristoteles wichtige Elemente dieser kategorialen Struktur entdeckte, während er bei der Frage der Sklaverei teilweise – keineswegs durchgängig – auf eine Reihe sehr kruder Argumente zurückgreift. Dies als *historisch bedingten* Denkfehler zu entschuldigen, erscheint mir unangemessen, weil am Niveau des bei Aristoteles erreichten Denkens *selbst* diese Frage völlig anders zu beurteilen wäre. Hier – neben anderen Punkten – wird besonders deutlich, dass nichts verkehrter sein könnte, als die Philosophie des Aristoteles als in sich geschlossenes Denksystem zu interpretieren, wie dies im mittelalterlichen Aristotelismus dann vielfach geschehen ist.

Um die Natur des Sklaven zu bestimmen, verwendet Aristoteles das Denkmodell vom *Werkzeug*. Ein Sklave ist Werkzeug, und ein Werkzeug gehört sich nicht selbst, sondern ist durch den Zweck bestimmt, der es anwendet. Der Träger des Zwecks ist der Herr. Nun ist es sicher richtig, dass beim Arbeiten in der Realisierung eines Zwecks eine *Subsumtion* unter ihn erfolgt. Das ist in der Tat eine innere kategoriale Struktur des Arbeitens, die – wie Aristoteles sehr schön erkannte – nur aufgehoben werden kann, wenn der Zweck ein dingliches Werkzeug *unmittelbar* beherrschen könnte: „Wenn nämlich ein jedes Werkzeug in der Lage wäre, entweder auf einen Befehl hin oder indem es einen Befehl im voraus bemerkt, sein Werk zu vollführen (...), wenn auf diese Weise die Weberschiffchen selbst webten und die Plektra die Kitharen schlügen, dann benötigten wohl weder die Baumeister Handlanger noch die Herren Sklaven."[63] Was Aristoteles hier als Struktur im Blick hat – die Relation zwischen einem Programm und seiner sachlichen Ausführung –, antizipiert den Begriff der *automatischen Maschine*. Dieser Hinweis macht auf einfache Weise deutlich, dass die Beziehung zwischen bestimmten Kategorien – bei Aristoteles wäre dies die Formursache in Beziehung zur Wirkursache – erhalten bleiben kann, auch wenn ihr stofflicher oder sozialer Inhalt sich wandelt.

Es ist aber auch ein einfacher Hinweis darauf, dass die Vorstellung, es gäbe so etwas wie eine Herren- oder Sklaven*natur*, ein Denkfehler, wenn nicht schlicht eine ideologische Ausrede ist. Aristoteles sagt, Sklaven seien in ihrer Natur „von der Geburt her"[64] Sklaven. Wenn er behauptet, er habe den Begriff des Sklaven aus seiner „Natur" vernünftig entwickelt, so ist das schlicht unhaltbar, denn was er begrifflich anbietet – die Beziehung zwischen Seele und Körper etwa –, ist völlig ungeeignet, das Phänomen zu erfassen, obwohl er sich vornimmt, die Sklaverei auch darin zu betrachten, „was sich tatsächlich entwickelt"[65] hat. Das ist schon deshalb völlig ungenügend, weil Aristoteles sehr wohl wusste, dass auch ein griechischer „Herr" in Sklaverei geraten konnte und er andererseits sehr wohl bemerkte, dass man Sklaven, damit sie ihre Funktion erfüllen können, zuerst *lehren* muss, wozu eine eigene „Wissenschaft" gehört. Vor allem aber: Wer einen Sklaven *lehrt* – was Aristoteles ausdrücklich betont[66] –, muss sich zu ihm in eine soziale Beziehung begeben, die gerade *kein* Verhältnis von Herr und Knecht ist. Wer seinen Sklaven unterrichtet, ihm bestimmte Fähigkeiten beibringt, der stellt sich

---

[63] Aristoteles (1989): Politik 1254a, S. 81.
[64] Aristoteles (1989): Politik 1254a, S. 82.
[65] Aristoteles (1989): Politik 1254a, S. 82.
[66] Aristoteles (1989): Politik 1255b, S. 88.

ihm *faktisch* gleich, bis eine funktionale Identität der Bedeutungen der verwendeten Befehle und Aufgaben erreicht ist. Aristoteles hat das aber nicht bemerkt, sondern sich so herausgewunden, dass er diese Wissenschaften einfach *selbst* erniedrigte, denn die Wissenschaften, einen Sklaven zu lehren, „verfügt aber weder über Großes noch über Ehrwürdiges."[67] Dieser Trick ist durchsichtig.

Xenophon schildert in seinem *Oikonomikos*, wie Ischomachos dem Sokrates dessen Methode, Sklaven zu erziehen, erklärt. Zunächst wird hier eine Methode von Zuckerbrot und Peitsche geschildert, wie auch *Tiere* trainiert werden, und zwar so, dass der Trainer „sie streichelt, wenn sie folgsam sind, wenn sie aber ungehorsam sind, bekommen sie die Peitsche zu spüren." Und weiter heißt es: „für die Sklaven aber ist dieselbe Erziehungsweise geeignet, die man für die Tiere anwendet, um sie zum Gehorsam zu bringen."[68] Doch diese Aussage wird nicht durchgehalten; Xenophon schildert weiter, welche Rolle neben dem Wettbewerb um *Anerkennung* die Sprache hier spielt. Denn schließlich geht es auch darum, *Kenntnisse* zu vermitteln, und eben dies ist durch Lohn und Strafe allein nicht möglich, weil Kenntnisse für Anweisungen oder Befehle eine *identische Bedeutung* voraussetzen. Also auch ein rein *funktionales* Argument wie bei Xenophon erweist sich als ungenügend. Dies ist übrigens eine Diskussion, die sich ohne sehr viele Unterschiede in der Auseinandersetzung zwischen Skinner und Chomsky in der Moderne bezüglich des Erlernens von Sprache wiederholt hat.

Das aristotelische Argument läuft anders. Seine Aussage, die ein Argument damit begründet, dass etwas gemäß oder wider seine Natur (*physis*) so oder anders sei, arbeitet mit dem in seinem Werk sehr vieldeutigen Physis-Begriff. In der lexikalischen Form seiner *Metaphysik* (V 4) verwendet er eine Mehrzahl von Bestimmungen, die als Liste keineswegs vollständig ist. Man kann allerdings einen gemeinsamen Denkhorizont ausmachen. Wie bei Platon ist auch bei Aristoteles die handwerkliche Verwirklichung von Formen (*idea*) offenbar ein Referenzmodell für viele Überlegungen. Wenn man die ganze Welt in diesem Modell auslegt, dann hat jedes Ding sein Ziel, ist es doch etwas *Verwirklichtes* durch einen göttlichen Handwerker, d.h. realisierte Idee. Diese „realisierte Idee" im Ding ist dessen „Wesen" oder „Natur". Und da diese verwirklichte Form (*causa formalis*) einem Ziel (*telos*) gemäß verwirklicht wurde, hat auch jedes Ding einen „Zweck" (im modernen Wortsinn), dient also einer „Zielursache", da „die Natur nichts unvollendet schafft und nichts umsonst"[69]. Das „Werden" ist die Verwirklichung jener Natur, die einem Ziel dient.

Wenn man in diesem Denkmodell Sachverhalte beurteilt und so behauptet, eine Sache sei „von Natur" dies oder das, so legt man die Sache kategorial als eine (handwerklich) gemachte aus. Ich möchte hier nicht darauf eingehen, inwiefern sich diese Betrachtung auf die Natur, genauer die Biologie übertragen lässt – die ja immerhin wiederum eine *causa formalis* als Begriff verwendet (die genetische Information). Bezüglich *sozialer* Sachverhalte ist dieses Modell jedoch unangemessen. Dies schon deshalb, weil sich das Vorbild – das handwerkliche Tun – stets als *Teil* eines Gemeinwesens entfaltet und deshalb *dessen* kategoriale Struktur voraussetzt. Platon betrachtet den Staat als transponierten *Oikos*, genauer gesagt: Er ging davon aus, dass die kategorialen Verhältnisse im Hauswesen, damit auch im Handwerk, und in der *Polis* strukturell gleich sind. Aristoteles hat das – wie gesagt – kritisiert. Gleichwohl fällt er in der Beurteilung der Sklaverei *kategorial* genau auf diese Position zurück, sofern er die Stellung des Sklaven in der Gesellschaft so beurteilt, als handle es sich um eine Funktionsbeziehung *im*

---

[67] Aristoteles (1989): Politik 1255b, S. 88.
[68] Xenophon (1956), S. 281.
[69] Aristoteles (1989): Politik 1256b, S. 91.

Haushalt. Der angegebene *Grund* ist lächerlich: Weil die Sklaven als Werkzeuge behandelt werden, deshalb sei es ihre Natur, Werkzeug zu sein. Nur beim Geld, das innerhalb eines Hauses keine Funktion erfüllt, war ihm klar, dass diese Übertragung kategorialer Verhältnisse des Hauses nicht möglich ist, und darin liegt das immer noch radikal Neue seiner Geldtheorie.

Doch wie fast alle Fragen, so darf man auch hier das Denken von Aristoteles nicht auf Widerspruchsfreiheit des Systems hin bestimmen, sondern muss ihm einen experimentierenden Charakter zugestehen. Das ist daran erkennbar, dass Aristoteles an anderer Stelle, wo er sich um die kategoriale und logische Struktur des Begriffs „Sklave" bemüht, sehr wohl den korrekten Zusammenhang, sogar die zirkuläre Natur der Herr-Knecht-Relation sieht und betont. In seiner Kategorienschrift sagt er im siebten Buch: „Denn Sklave heißt so als Sklave des Herrn." Und etwas weiter: „(I)st der Herr, so ist der Knecht, und ist der Knecht, so ist der Herr"[70]. Doch gerade hier will Aristoteles einen *niedrigeren Seinsrang* entdecken, der darin gründet, dass er der Relation – die er gleichwohl zu den Kategorien rechnet – dies abspricht, ein *Wesen* zu haben oder zu sein. Die Relation passt nicht in seine duale Ontologie von Möglichkeit und Wirklichkeit: „Das Relative aber ist weder dem Vermögen nach noch der Verwirklichung nach ein Wesen. Es ist also unsinnig, vielmehr unmöglich, etwas, das kein Wesen ist, zum Element und zum Früheren für ein Wesen zu machen"[71]. Weil also die Relation als Kategorie nicht den Seinsrang eines Wesens erreicht, deshalb ist die zirkulär-reflexive Struktur von Herr und Sklave kein Sein; folglich müssen offenbar, so die metaphysische Konsequenz, Herr und Sklave ihr Wesen von einer anderen Bestimmung herholen, und Aristoteles sieht es in einer „Sklavennatur" gegeben.

Nun ist diese Reflexion im Rahmen seiner eigenen Metaphysik durchaus „schlüssig" zu nennen. Gleichwohl scheint – die besondere Rolle der Diskussion der Relation *am Beispiel* von Herr und Sklave in der Kategorienschrift belegt das – die Sache eher umgekehrt zu liegen: Weil Aristoteles überzeugt war von der Natürlichkeit des Sklaverei, weil ferner an der Relation von Herr und Sklave die sozial-generative Funktion der *Relation* unmittelbar deutlich wird in ihrer zirkulärer Struktur, deshalb versah Aristoteles die Relation *als metaphysische Kategorie* mit dem niedrigsten Seinsrang und sprach ihm die Wesensnatur ab. All dies wider die unmittelbare Erfahrung, dass in die Relation Herr-Sklave sehr wohl auch *Herren* eintreten können: Im Fall einer militärischen Niederlage und der Versklavung des unterlegenden Volkes.

Am Ende des siebten Buches seiner Kategorienschrift spricht Aristoteles ausdrücklich von seinen Zweifeln in dieser Frage. Zwar versucht er, durch einige Argumente die These zu retten, dass „keine Substanz relativ ist"[72]. Doch die diskutierten Beispiele verraten einige Unsicherheit in diesem Punkt, die darin gründet, dass die Relation mit etwas vergleicht, das *verwirklicht* ist. Sein Seinsbegriff ist das Verwirklicht-Sein, das Aristoteles im Horizont des Handelns von der vorgängigen Möglichkeit dieser Verwirklichung unterscheidet. Indem er aber so die Seinsfrage stellt – was *ist* Möglichkeit? was *ist* Verwirklichung? –, muss die Relation als etwas erscheinen, dessen Sein nur durch die Substanz gestiftet wird, die bereits *ist* und worauf das Relative bezogen erscheint. Doch dieser Seinsbegriff der *ruhenden* oder *beständigen Anwesenheit* vorhandener Sachverhalte verfehlt das Handeln als *Vollzug*. Der Übergang von der Möglichkeit in die Wirklichkeit ist das Wirken, die Tat, die Handlung. Und diese Handlung erhält ihren Sinn aus eben diesem Vollzug des Aktes, der weder Möglichkeit noch Wirklichkeit ist.

---

[70] Aristoteles (1925), S. 59 und S. 60.
[71] Aristoteles (1970a), Metaphysik 1088b, S. 364; Übersetzung leicht verändert.
[72] Aristoteles (1925), S. 63.

Der Handlungsvollzug *hat* kein Wesen, er *west* – um mit Heidegger zu sprechen. Folglich erweist sich das Handeln als die *wichtigste* Kategorie, eben sofern Handeln der tätige Vollzug einer *Relation* ist. Einen Zweck zu verwirklichen, eine Möglichkeit in die Wirklichkeit überführen, dabei auf Mittel zurückzugreifen – all dies ist eine *Relation*, aber nicht als ein totes Wesen, sondern als ein lebendiger Prozess. Es ist diese Relation, die ihren erstarrten Extremen erst den Seinssinn verleiht. Die Wirklichkeit verdankt ihren Begriff dem Wirken, das Wirken aber ist die aktive Relation. Diese Frage hat weitreichende Konsequenzen für eine Kritik der traditionellen Metaphysik. Ich habe hier nur jenen Aspekt aufgegriffen, der für die Geldtheorie von besonderer Bedeutung ist, denn hier – auch darin zeigt sich der offene, noch experimentierende Charakter des aristotelischen Denkens – erweist sich gerade eine Relation als jenes „Sein", das die Vergesellschaftung vollzieht.

4.2.3.2 Tausch und Geld

Aristoteles untersucht das Geld und den Tausch an zwei Stellen: im ersten Buch seiner *Politik* und im fünften Buch der *Nikomachischen Ethik*. Die Ausführungen in der *Eudemischen Ethik*[73] stimmen inhaltlich weitgehend mit der *Nikomachischen Ethik* überein. Man hat bei Aristoteles *mehrere* Geldtheorien entdecken wollen.[74] Tatsächlich lassen sich verschiedene *Fragestellungen* bei ihm finden, doch auf der Grundlage desselben kategorialen Gerüsts. In seiner *Politik* betrachtet Aristoteles das Geld unter dem Aspekt des *Erwerbs*, während in der Ethik die Frage nach der Gerechtigkeit gestellt wird, für die der Tausch mit Geld eine bestimmte Form darstellt. Beides sind zwar verschiedene Fragen, sie werden aber durchaus im Rahmen einer einheitlichen Denkstruktur beantwortet.

Das Geld ist eine Antwort auf die Frage, *wie* eine Gemeinschaft von Menschen bestehen kann.[75] Aristoteles geht wie Platon von der *Arbeits- und Bedürfnisteilung* zwischen den Menschen aus. Die Frage lautet, wie eine solche *Trennung* und qualitative Verschiedenheit dennoch zugleich wieder eine *Einheit* sein kann. Aristoteles beantwortet diese Frage unter der Zielvorstellung der „Gerechtigkeit". Hierbei ist für ihn „gerecht ein Handeln, welches den Zweck hat, das Glück sowie dessen Komponenten für das Gemeinwesen hervorzubringen und zu erhalten."[76] Es gibt aber *mehrere Formen* der Gerechtigkeit. Das ist hier so zu verstehen, dass sich die Frage, wie die Vielen zu einer staatlichen Einheit gelangen und dies an einem Ziel gemessen werden kann, verschieden beantworten lässt. Doch diese verschiedenen Antworten verweisen aufeinander: Die *rechtliche* Einheit steht nicht *alternativ* zum Tausch, wie sich auch innerhalb dieser Formen andere Verbindungen wie die zwischen Mann und Frau oder zwischen Freunden bilden. Wichtig ist hieran die Bestimmung, dass der Tausch für Aristoteles nicht *die* Form der Koordination vieler Bedürfnisse und Tätigkeiten ist, sondern dass diese Form in andere eingebettet bleibt.

Der *Erwerb* erfolgt im Rahmen dieser Formen, setzt deren kategoriale Struktur also voraus. Die *Ethik* als Handlungswissenschaft bildet die Grundlage, die *Politik* baut auf dieser Grundlage auf. Damit ist kein *chronologisches*, sondern ein logisches Verhältnis ausgesprochen. Die verschiedenen Verfassungen des Staates werden von Aristoteles auf der Grundlage der in der Ethik entwickelten Kategorien beurteilt, wobei er prüfen will –

---

[73] Vgl. Aristoteles (1954): Eudemische Ethik 1233a, S. 103ff.
[74] Vgl. S. Meikle (1994); vgl. auch ausführlicher: S. Meikle (1995).
[75] Vgl. Aristoteles: Nikomachische Ethik 1133a.
[76] Aristoteles (1969): Nikomachische Ethik 1129b, S. 121; vgl. Aristoteles (1985), S. 102.

so schreibt er am Schluss der *Nikomachischen Ethik* in der Überleitung zur *Politik* – „welche Momente die Polisgemeinden und welche Verfassungen – jede für sich genommen – erhalten und zerstören und welches die Ursachen sind, warum die einen gut und die anderen schlecht verwaltet werden."[77] Konkrete Formen wie der Erwerb durch *Zinseinkommen* sind erst zu beurteilen, wenn die kategoriale Grundstruktur des Geldes, wie sie in der Ethik dargestellt wird, verstanden ist. Es gibt also nicht zwei oder mehrere Geldtheorien bei Aristoteles, sondern ein Verhältnis von kategorialer Grundlegung und ihrer Überprüfung anhand konkreter Formen wie der des Gelderwerbs.

Das Gerechte findet seine Form in einem Rechtsverhältnis. Dieses Rechtsverhältnis, sagt Aristoteles, muss „vier Glieder aufweisen (...), an denen es in Erscheinung tritt"[78]: Zwei Personen (Menschen) und zwei zu verteilende Sachen. Aristoteles blickt hier also auf eine Struktur, die der *sozialen Grundstruktur* entspricht. Er verwendet diese elementare Form sowohl in der Analyse der Zuteilung der Güter wie für den Austausch. Besonders interessieren ihn hierbei nicht nur die *intersubjektiven* Beziehungen zwischen zwei Personen A und B, sondern auch die zwischen ihren Sachen a und b und die *diagonalen* Relationen. Aristoteles spricht hier von *Proportionalität* für die Verteilung von Gütern. Als „gerecht" gilt dann das *Mittlere* zwischen Extremen. Was die Bezugsbasis für den Vergleich einer Proportionalität ist, macht Aristoteles nicht besonders deutlich. Doch zweifellos liegt darin der Gedanke, dass sich das Zugeteilte in einer richtigen Proportion zur *Grundlage der Zuteilung* befinden muss.

Aristoteles spricht hier eine frühe Form des Leistungsprinzips aus: „(W)enn z.B. eine Geldverteilung aus öffentlichen Mitteln stattfindet, so muss sie nach dem Verhältnis geschehen, das die Leistungen der Bürger zueinander haben"[79]. Man muss dann den Personen A und B allerdings ein Maß zuordnen, *zu dem* die zu verteilenden Größen a und b ins Verhältnis zu setzen sind. Darin liegt – das ist der endlose Streitpunkt bei allen Fragen der distributiven Gerechtigkeit – nichts Objektives. Wenn Aristoteles „Proportionalität" fordert, so setzt diese Proportionalität ein Maßverhältnis m(.) voraus: m(A):a entspricht m(B):b, sofern, was Aristoteles ausdrücklich fordert, eine *geometrische* Proportionalität vorausgesetzt wird. Der kritische Akt der Zuordnung ist aber gerade das Messen von A und B, also das, was Aristoteles gegen Platons „Kommunismus" als Schwierigkeit vorgebracht hatte: die Verschiedenheit der Menschen, ihrer Bedürfnisse und Leistungen. Die Gerechtigkeit besteht darin, dass sich „Gewinn" und „Verlust" ausgleichen, dass es „zwischen dem Zuviel und dem Zuwenig" ein Gleiches ist, während „Gewinn und Verlust" je ein Zuviel und Zuwenig darstellen.[80]

Man kann nicht übersehen, dass bereits die *Fragestellung* bei Aristoteles, nämlich das *Messen von Eigenschaften*, sich einer ganz anderen Erfahrung und Kategorie verdankt, die er erst *später* darstellt: dem Geld. Und Aristoteles sagt dies völlig offen:

---

[77] Aristoteles (1969): Nikomachische Ethik 1181b, S. 302.

[78] Aristoteles (1969): Nikomachische Ethik 1131a, S. 126. Es ist völlig rätselhaft, wie Meikle behaupten kann: „It is characteristic of the chapter as a whole, in its thought and in its textual detail, that it bears exclusively on products and not at all on persons except as makers of their different products." S. Meikle (1995), S. 24. Die Personen erscheinen sowohl in der Vierheit des Austauschs wie als Träger des Bedarfs (*chreaia*), dem *Ziel* der Produktion und damit der *Definition* der Natur von Produkten. Vgl. auch: Bei Aristoteles sind die ökonomischen Verhältnisse „durch die ökonomischen Bestrebungen der Wirtschaftssubjekte, durch das Spiel des ökonomischen Interesses der im Verkehre mit einander stehenden Menschen" bestimmt; J. Žmavc (1902), S. 67.

[79] Aristoteles (1985): Nikomachische Ethik 1131b, S. 108. Biens Übersetzung interpretiert stärker als Dirlmeier, trifft aber sachlich den richtigen Punkt; vgl. Aristoteles (1969), S. 128.

[80] Aristoteles (1969): Nikomachische Ethik 1132a, S. 129.

4.2.3 Aristoteles

„Diese Begriffe – sowohl ‚Verlust' als auch ‚Gewinn' – stammen aus dem freiwilligen Gütertausch. Denn einen Zuwachs über den ursprünglichen Besitzstand hinaus nennt man ‚Gewinn' und die Verminderung des ursprünglichen heißt ‚Verlust erleiden'. Das kommt zum Beispiel vor bei Kauf und Verkauf und überall da, wo das Gesetz freie Hand lässt."[81] Diese Bemerkung ist in jeder Hinsicht von größter Bedeutung: Aristoteles sagt damit, dass *kategorial* der Begriff der distributiven Gerechtigkeit aus einer Form abzuleiten ist, die nicht durch Gesetze einfach konstruiert werden kann. Das eben genannte Maß m(A) bzw. m(B) der distributiven Gerechtigkeit wird schon in einem Horizont des Tauschs gedacht. Die darin zu vermissende *Gleichheit* – weil A und B als Personen verschieden sind – wird *vergleichbar* vor einem Gesetz, das in seiner „proportionalen Gerechtigkeit" eine Denkform verwendet, die aus dem Tausch und dem Geldverkehr entnommen ist. Man kann also nicht das Geld aus dem Begriff der „Gerechtigkeit" oder der Gleichheit der Menschen usw. „ableiten", weil jede Form von Zuteilung bereits eine Rechnungs- oder Maßeinheit unterstellt, die sich nur im Geld findet.

Deshalb folgt bei Aristoteles nun nach dieser Bemerkung die Analyse von Tausch und Geld. Er verwendet dabei das eben angesprochene Schema einer „Vierheit" aus zwei Personen A und B und zwei auszutauschenden Produkten a und b. Dirlmeier hat in seine Übersetzung eine Skizze aufgenommen, die einer unvollständigen Tauschstruktur entspricht.[82] Aristoteles entwickelt die Analyse des Tauschs in diesem Modell der Tauschstruktur, das er verbal darstellt, die aber ins Bild gebracht werden kann. Er betrachtet die „Gegengabe", den Austausch zwischen einem Schumacher und einem Baumeister, später zwischen Schumacher und Bauer; letzteres Beispiel habe ich skizziert (vgl. Abbildung 4.1).

Die erste Voraussetzung ist die *Verschiedenheit* von A und B; denn „es können nicht etwa zwei Ärzte eine Tauschgemeinschaft bilden"[83]. Der zweite Gedanke knüpft an Platon an. Aristoteles setzt hier offenbar die Analyse der Arbeitsteilung aus Platons *Staat* voraus, geht also nicht ausdrücklich auf den dort entwickelten Zusammenhang zwischen dem Grad der Spezialisierung und der Größe des Gemeinwesens ein – je *ein* Baumeister und Schumacher könnten keinen „Staat" bilden und es gäbe auch keine sinnvolle Austauschproportion. Aristoteles wählt das Beispiel, um die Besonderheit der hier vorliegenden Sozialstruktur zu erläutern. Der Verschiedenheit der *Produktion* und der sie vollziehenden Produzenten A und B entspricht eine Verschiedenheit der Produkte, die wiederum einer Differenzierung der *Bedürfnisse* gegenübersteht. Tauschpartner sind verschiedenartig, nicht gleich.[84]

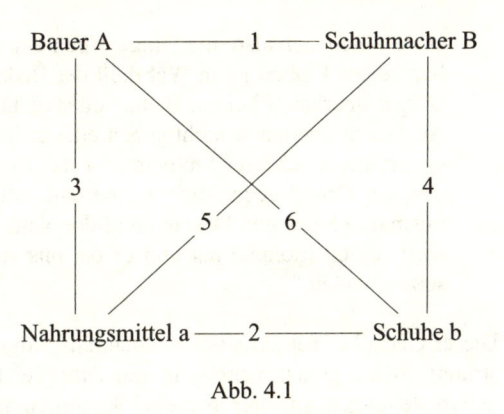

Abb. 4.1

---

[81] Aristoteles (1969): Nikomachische Ethik 1132b, S. 131.
[82] Aristoteles (1969): Nikomachische Ethik, S. 132. Dirlmeier verwendet nur die Diagonallinien der *ganzen* Struktur (Ab und Ba), nicht bemerkend, dass dadurch wichtige Elemente der Diskussion bei Aristoteles unter den Tisch fallen.
[83] Aristoteles (1969): Nikomachische Ethik 1133a, S. 133.
[84] Aristoteles (1969): Nikomachische Ethik 1133a, 132ff.

Doch darin liegt nun ein Problem: Die staatliche *Einheit* widerspricht der Vielheit der Tauschenden. Wie kann es *im Tausch* eine Einheit geben, bei der Verschiedenheit der Bedürfnisse und Produkte sowie der hervorbringenden Tätigkeiten? Wie kann also eine arbeits- und bedürfnisteilige Gesellschaft vermittelt werden? Aristoteles blickt hier auf die obige Relation R2, die *verschiedene Dinge* verbindet, und fragt nach der Natur dieser Verbindung. Die Gerechtigkeit ist eine *Mitte* zwischen den Extremen. Beim Austausch gibt es – weil es Quantitäten sind, die ausgetauscht werden (Schuhe, Nahrungsmittel) – eine quantitative Beziehung, ein Mehr oder Weniger, und dieses Mehr oder Weniger ist nur möglich, wenn es eine *qualitative* Mitte gibt, an der dies gemessen wird. Das, was ausgetauscht wird, stellt eine *Gemeinschaft* her, muss also *insofern* „irgendwie vergleichbar sein."[85] Diese Vergleichbarkeit wird durch das *Geld* bewerkstelligt. Das Geld ist die *messende* Einheit der verschiedenen Dinge; „es wird in gewissem Sinn zu einer Mittelinstanz, denn alles lässt sich an ihm messen, auch das Zuviel also und das Zuwenig, wie viel Schuhe denn etwa einem Haus oder Nahrungsmitteln gleichwertig sind."[86]

Das Geld ist seinem Begriff nach nichts, das etwas *an* einem Haus oder einem Schuh ausdrückt; es ist die *Einheit eines sozialen Verhältnisses*. Das Geld ist also zu entfalten aus der *ganzen Tauschstruktur*, auch wenn es – einmal gegeben – im Tausch wiederum zu einem Ding werden kann, auf das man sich, wie auf andere Dinge auch, bezieht. Man könnte sagen, das Geld als Kategorie ist das, was durch die *ganze* Tauschstruktur hindurch scheint. Gerade diese Tatsache führte dazu, dass man die aristotelische Theorie vielfach nicht verstanden hat. Doch nur so sind seine Argumente einsichtig. Aristoteles sagt:

> „Es müssen sich also alle Dinge durch eine bestimmte Einheit messen lassen (...). Nun, diese Einheit ist in Wahrheit der Bedarf: er hält alles zusammen – hätten die Bürger überhaupt keinen Bedarf oder nicht in gleicher Weise, so könnte es einen Austausch überhaupt nicht geben oder er liefe nicht auf Gleichheit hinaus – als eine Art austauschbarer Stellvertreter des Bedarfs aber ist das Geld geschaffen worden, auf Grund gegenseitiger Übereinkunft. Und es trägt den Namen ‚Geld' (nomisma), weil es sein Dasein nicht der Natur verdankt, sondern weil man es als *geltend* gesetzt (nomos) hat und es bei uns steht, ob wir es ändern oder außer Kurs setzen wollen."[87]

Dieser Gedanke, den Aristoteles nochmals aufgreift und aus der Tauschanalyse rekonstruiert – dazu gleich mehr –, ist nur dann verständlich, wenn man ihn nicht mit Modellvorstellungen späterer Nationalökonomen überfällt, sondern *dort* untersucht, wo Aristoteles ihn formuliert: Nämlich mit Blick auf das in der Tauschstruktur vorliegende soziale Verhältnis. Die Aussage ist also sorgfältig zu lesen:

1. Zunächst sagt Aristoteles, dass das Geld *nicht* von „Natur" sei. Das ist ein Gedanke von kaum zu überschätzender Wichtigkeit, weil darin ausgedrückt wird, dass im Geld ein *kategoriales Novum* auftaucht, das sich der menschlichen Gemeinschaft verdankt. Das Geld wird von *Menschen* gesetzt; sie sind die letzte Instanz seiner Geltung.

---

[85] Aristoteles (1969): Nikomachische Ethik 1133a, S. 133.
[86] Aristoteles (1969): Nikomachische Ethik 1133a, S. 133.
[87] Aristoteles (1969): Nikomachische Ethik 1133a, S. 133f.

2. Das Geld ist ein *Maß*, das aber *seinerseits* nicht durch etwas anderes gemessen wird, vielmehr ist es selbst das Messende.
3. Das Geld ist eine Kristallisation von etwas anderem, nämlich dem sozialen Zusammenhalt der Menschen, genauer: dem Zusammenhang ihres Bedarfs. Die Bedarfsteilung der Gesellschaft ist dennoch in ihrer Vielheit eine gegliedert Einheit, die durch das Geld gemessen und vermittelt wird. Im Geld zeigt und vollzieht sich der Prozess des Ausgleichs zwischen der differenzierten Bedarfsstruktur – und man müsste der Vollständigkeit des Gedankens halber hinzufügen: auch der Einheit der arbeitsteiligen Tätigkeiten. Doch da Aristoteles die Arbeit jeweils durch ihr *Ziel* definiert (*causa finalis*), dieses Ziel aber der *Bedarf* ist, deshalb ist letztlich die Struktur des differenzierten Bedarfs als *Einheit* das, was im Geld erscheint.
4. Die Menschen haben – ich füge hinzu: *prinzipiell* – die Macht über die Definition des Geldes. Da das Geld nicht „von Natur ist", da es kategorial nicht aus der Naturnotwendigkeit abgeleitet werden kann, beruht seine Geltung auf der Anerkennung der Menschen bzw. – symmetrisch dazu – der Normierung durch Gesetze. Hier liegt also ein zirkulär-reflexives Verhältnis vor: Das Geld gilt, weil es geltend gesetzt wird; es kann aber nur als *geltend* gesetzt werden – wie jedes anderes Gesetz –, wenn es auch *anerkannt* wird. Hier sagt Aristoteles nichts weiter zum Problem dieser Geltung. Doch offensichtlich ist in seiner Analyse eine Struktur angelegt, die sich gleichsam „selbst vervollständigt", wenn man erst einmal ihren Gehalt durchschaut hat. Das zentrale Moment hierbei ist die „Übereinstimmung". Nur durch den Gleichklang des Meinens, der Anerkennung (oder der Gewohnheit) *gilt* das Geld. Und deshalb kann man es auch gesetzlich ändern, Münzen prägen usw., was für Aristoteles offenkundig eine verbreitete Erfahrungsgrundlage bildete.

Doch Aristoteles begnügt sich nicht mit diesen *allgemeinen* Bestimmungen des Geldes, sondern entwickelt am Modell der Tauschstruktur dessen Eigenschaften noch sehr viel genauer. Er verändert sein Beispiel hierzu etwas und betrachtet einen Bauern A und einen Schuster B, mit den jeweiligen Produkten a und b (siehe Abbildung 4.1). Er knüpft daran nun folgende Analyse. Eine *Einheit* zwischen den beiden A und B – ausgedrückt in der Relation R1 – ist nur möglich, wenn ein *Ausgleich* der hier vorliegenden Differenzen stattfindet. Was die Tauschpartner zusammenführt, ist der wechselseitige Bedarf nach Produkten, über die der je andere verfügt. Die Relationen R5 und R6 sind also der *innere Zusammenhalt* dieser Tauschstruktur nach Aristoteles, worin sowohl die Relation R1 – die intersubjektive Beziehung – wie die Relation R2 – das Tauschverhältnis der Produkte – gründet.

> „Dass aber der Bedarf es ist, welcher als tatsächliche Einheit die Gemeinschaft gewährleistet, sieht man daran, dass die Partner, wenn sie keinen gegenseitigen Bedarf haben, das heißt, wenn beide Partner einander nicht brauchen oder einer von beiden den anderen nicht braucht, nicht in Austauschverbindung treten."[88]

Aristoteles greift hier einen Gedanken auf, der sich bereits in Platons *Politik* findet, auch wenn er ihn nicht expliziert, sondern nur voraussetzt. Denn Produktion und Bedarf fallen *zeitlich auseinander*. Die Einheit des Bedarfs, die als Geld erscheint, muss deshalb auch noch diesen Aspekt vermitteln. Aristoteles spricht hier vom Geld als einem „Garanten", dass man auch noch *später* seinen Bedarf decken kann, wenn man *heute* seine Produkte verkauft, so dass „der Austausch im Bedarfsfall immer stattfinden wird,

---

[88] Aristoteles (1969): Nikomachische Ethik 1133a, S. 134.

auch wenn im Augenblick nichts vonnöten ist. Denn wenn man Geld gibt, so muss es möglich sein, etwas dafür zu bekommen."[89] Doch das Geld selbst ist verkörpert, eine Münze etc., und derartige Geldformen unterliegen *ihrerseits* bestimmten Kursschwankungen. Aristoteles sieht diese Schwankungen als geringer an im Vergleich zu anderen Warenpreisen. Doch er leitet daraus die Forderung ab – die durch die „Marktaufseher", wie oben zitiert, praktisch realisiert war –, dass die Preise *festgesetzt* werden müssen, denn nur „so wird es immer Austausch geben und durch ihn Gemeinschaft."[90] Also auch hier bewahrt sich das Gemeinwesen die Souveränität über die soziale Funktion des Geldes.

Aristoteles fasst seinen Gedanken dann zusammen und gibt hier einen für die Kategorie des Geldes grundlegende Bestimmung:

„Geld also ist jenes Ding, das als Wertmesser Messbarkeit durch ein gemeinsames Maß und somit Gleichheit schafft. Denn ohne Austausch gäbe es keine Gemeinschaft, ohne Gleichheit keinen Austausch und ohne Messbarkeit keine Gleichheit. Dass so sehr verschiedene Dinge in Wahrheit durch ein gleiches Maß messbar werden, ist allerdings unmöglich, doch im Hinblick auf den Bedarf lässt es sich ausreichend verwirklichen."[91]

An diesem Gedanken haben sich die Interpreten die Zähne ausgebissen; auf Menger habe ich einleitend schon hingewiesen, die Marxsche Interpretation werde ich im Kapitel 4.3.7 genauer behandeln.[92]

Betrachten wir das aristotelische Zitat genauer: Auf den ersten Blick scheint es, als formuliere Aristoteles hier einen schlichten *Widerspruch*, oder er konstatiert ein unlösbares Problem.[93] Es scheint, als wolle er sagen: Eigentlich könne man qualitativ Verschiedenes nicht durch *ein* Maß messen; aber für „praktische Zwecke" sei das ausreichend. Geld soll als *Maß* etwas messen, nämlich die Verschiedenheit der Güter in ihrer Relationen bezüglich des Bedarfs. Nur so kann es einen Austausch, einen Ausgleich von Mehr oder Weniger geben. Doch offenkundig *sind die Dinge* ebenso verschieden wie der Bedarf. Damit enthält die Forderung, etwas „Gemeinsames" messen zu wollen, einen Widerspruch.

Aristoteles sagt nun gerade *nicht*, dass den verschiedenen Dingen – den Waren – *von Natur her* etwas Gemeinsames, damit *Messbares* zukommen müsse.[94] Das hatte er ja

---

[89] Aristoteles (1969): Nikomachische Ethik 1133b, S. 134.
[90] Aristoteles (1969): Nikomachische Ethik 1133b, S. 135.
[91] Aristoteles (1969): Nikomachische Ethik 1133b, S. 135; leicht verändert.
[92] Ein verwandter Blick in den Sachverhalt zeigt sich wohl nur bei Adam Müller; vgl. A. Müller (1922), S. 17 und 138.
[93] Marx betont, die fehlende Lösung beruhe auf der historischen Bedingtheit des Gedankens. Meikle schwächt das zu einem schlichten: ‚Er konnte es nicht lösen' ab: „At the end of it all, he has succeeded in formulating a problem to which he can find no acceptable solution." S. Meikle (1995), S. 27. Auf den Gedanken, in der angeblichen *Nichtlösbarkeit* eine falsche Frage zu suchen, die Aristoteles beseitigt und damit die richtige Antwort skizziert hat, kommt Meikle nicht.
[94] Das hat Meikle an anderer Stelle zu Recht betont: „For Aristotle, strictly, only a substance can have a nature. So, strictly, exchange value cannot have a nature because it is not a substance." S. Meikle (1995), S. 17. Meikle hat auch recht, dass deshalb dieser Sachverhalt kein *Nichts* ist, sondern ein *ti esti*, ein erklärbares *Etwas*. Doch gerade dies, keine *Natur* zu sein, verweist auf „die Natur des Geldes" als kategoriales Novum gegenüber Bedarf, Produktion usw. Systemtheoretisch formuliert: „Geld" ist eine emergente Systemeigenschaft,

schon durch den Gedanken ausgeschlossen, dass im Geld kein Sachverhalt erscheint, der *von Natur* zu erklären wäre. Geld *hat* keine „Natur", ist kein Ausdruck eines Wesens. Blickt man auf die Natur der getauschten Produkte, so ist es *unmöglich*, an ihnen etwas Gemeinsames zu entdecken, das ihrer Natur entspräche. Das Überraschende hierbei ist: Das Geld *vollzieht* das Unmögliche. Und es ist dazu in der Lage, weil es sich nicht auf die Produkte oder den Bedarf in ihrer natürlichen Form bezieht, sondern sie *sozial* verbindet. Was im Geld „gemessen" wird, ist die relative *soziale* Beziehung von Bedarfsmengen, und dieses Maß hat keine Grundlage in der Natur der Produkte.

Die Bedeutung dieses Gedanken kann gar nicht deutlich genug hervorgehoben werden: Die *Vergesellschaftung der Menschen* durch Geld und Tausch ist nicht auf technische Verhältnisse, auf die Produktion, auf die Psyche, die biologische Ausstattung der Menschen, auf rechtliche oder moralische Normen *reduzierbar* oder daraus – als ihrer Voraussetzung oder „Basis" – ableitbar. Geld und Tausch schaffen eine eigene, nur in ihrer inneren, immanenten Struktur liegende Form der Vergesellschaftung und des daran geknüpften, darin vermittelten Denkens – denn mit Geld zu Hantieren, *ist* ein Rechnen, ein Denken oder ein Bewusstseinsprozess: die später von den Römern so genannte *Ratio*. Im Geld sind Sachverhalte vermittelt, die von ihm notwendig verschieden sind – Güter, Bedürfnisse, Eigentumsrechte. Und dies zu vermitteln, sagt Aristoteles, ist die Aufgabe des Geldes, die durch ein Rechnen und Messen vollzogen wird. Geld hat zwar eine eigene, nur ihm angehörige *Bedeutung*, aber es wird als Wirklichkeit von Menschen *in Kraft* gesetzt und erhalten. Die Menschen sind der Creator der Kreatur „Geld" – eine Analogie, die später Nikolaus von Kues explizit auf Gott bezieht.[95]

Aristoteles spricht zuerst dieses schlichte Geheimnis des Geldes so aus, dass sein *Gelten* auf einer sozialen Übereinkunft beruht, einer – wie ich präzisieren möchte – zirkulären Anerkennung seiner Rechnungseinheit. Diese soziale Form der Anerkennung einer Rechnungseinheit hat *nur* einen sozialen Inhalt. Die Austausch- und Geldformen bilden also eine neue, andere Klasse von Kategorien, die nicht auf andere (technische, psychische, rechtliche etc.) reduziert werden kann. Der Inhalt dieser Kategorien lässt sich nicht aus der Natur der Produkte oder der Bedürfnisse ableiten, denen sie dienen. Eben *deshalb* ist das Geld ein Produkt „gültiger Übereinkunft"[96]. Hier ist etwas skizziert, das weiterer Erläuterung bedarf – denn wie stellt sich das Gelten her? Was ist Übereinkunft von Vielen über Eines (= Identität)? Doch zweifellos hat Aristoteles die Grundstruktur des Geldes klar erkannt: Seine „Natur" ist seine *Nicht-Natur*. Es ist die Erscheinung der Gemeinschaft (*koinonia*), der es unterworfen bleibt und insofern auf Konvention (*nomo*) beruht; es dient als Maß, ohne damit zu unterstellen, dass an Waren oder am Bedarf *von Natur her* ein Gemeinsames vorliegenden würde, das gemessen werden kann.[97] Das Gemessene ist vielmehr die soziale Einheit der Vielheit, die in Produkten und Bedürfnissen geteilt ist. *Der Akt des Rechnens*, des „Messens der Produkte in Geld", *ist die Herstellung der Einheit*, auch wenn den getauschten Dingen physisch und auch in ihrer nützlichen Verwendung jede *gemeinsame, messbare Eigenschaft* fehlt. Umgekehrt, die Verschiedenheit der getauschten Dinge ist die *Voraussetzung* für diese Art von „Einheit" im „Tauschwert".

---

die man nicht auf die Systemkomponenten *reduzieren* kann. Genau das aber versuchen subjektiven und objektiven Wertlehren: die Reduktion auf Bedürfnisse oder die Arbeit. Aristoteles hat das ausdrücklich verneint.

[95] Vgl. K. Flasch (2004), S. 8f.
[96] Aristoteles (1969): Nikomachische Ethik 1133b, S. 135.
[97] Vgl. „Der Preis ist die Rechnung des Unrechenbaren." O. Spann (1929a), S. 275.

Das „Messen" und „Rechnen" in Geld ist also etwas anderes als ein gewöhnliches Maßnehmen, etwa durch das Wiegen. Beim Wiegen wird zwischen Gewicht und gewogenem Gegenstand eine *reale* Beziehung der Gleichheit (= Waage) hergestellt. Die Waage *ist* diese Relation der Gleichheit. Doch zwischen Geld und Waren gibt es kein solches Verhältnis, weil dieses Verhältnis nur als ein *soziales* gestiftet wird. Das Messen und Rechnen in der Geldeinheit hat hier also eine völlige andere Bedeutung.[98] Und eben darauf weist Aristoteles hin, wenn er sagt, dass den verschiedenen Waren *von Natur* keine Gleichheit zukommt. Man könnte auch sagen: Was zum Prozess ihres Werdens gehört, worin Naturursachen wirken, ist bereits abgeschlossen und hat am Produkt keine Spur hinterlassen, die man nun *messen* könnte. Das Messen ist ein *rein intersubjektiver*, sozialer Vorgang, der weder zum Werden der Produkte noch zu dem Ziel der Produktion – dem Bedarf – in einer *natürlichen* Maßbeziehung steht.

Was Aristoteles *am Ende* des achten Abschnitts in Buch V der *Nikomachischen Ethik* dann noch skizziert und was meist bei den Ökonomen die vorwiegende Aufmerksamkeit erregte, ist nur als *Illustration* des Gesagten zu lesen, keineswegs als *Voraussetzung* – wie dies z.B. Karl Marx in seiner Interpretation darstellt. Aristoteles zeigt einfach an einem Rechenbeispiel, wie durch das Geld *tatsächlich* verschiedene Bedürfnisse oder korrespondierende Produkte aufeinander bezogen werden. Der Charakter eines Rechenbeispiels ist auch an der *hypothetischen Form* erkennbar:

> „Nehmen wir folgendes an: A ist ein Haus, B zehn Minen (= eine Geldeinheit), C ein Bett; dann ist A die Hälfte von B, wenn das Haus fünf Minen wert, d.h. gleich 5 Minen ist. Das Bett, also C, ist ein Zehntel von B. Somit ist klar, wie viele Betten dem Haus gleich sind, nämlich 5. Dass der Austausch auf diese Weise vor sich ging, bevor es das Geld gab, ist klar, denn es ist kein Unterschied, ob fünf Betten für das Haus gegeben werden oder der Geldwert von fünf Betten."[99]

Tatsächlich spricht hier Aristoteles von einer „Gleichung". Doch diese Gleichung setzt die Geldrechnung voraus. Das Geld vermittelt eine *Gegengabe*, stellt die Einheit der vielfältigen Produkte und Bedürfnisse her. Es drückt keine Eigenschaft aus, die an ihnen realisiert wäre. Die Funktion des Geldes kann auch *unmittelbar* durch den Austausch übernommen werden, sofern dadurch eine Einheit hergestellt wird. Sei g eine Geldsumme, p_a der Preis für ein Haus, p_c der Preis für ein Bett und A oder C die entsprechenden Mengen an Häusern oder Betten, so gibt es immer eine Geldsumme g, für die gilt: $g = p_a \cdot A = p_c \cdot C$. Diese Gleichheit ist aber die Gleichsetzung in der *Rechnungseinheit* „Minen", nicht etwas, das A oder C *von Natur* zukäme. Dass in der Relation R2 eine *quantitative Beziehung* beim einfachen Tausch vorliegt, z.B. A/C, steht außer Frage. Doch in dieser Relation liegt gerade keine *Gleichheit*. Erst durch das Geld ergibt sich eine Gleichheit. Das aristotelische Beispiel ist also für das Verständnis der Geldverwendung von geringer Bedeutung, weil es die vollständige Entwicklung des Geldbegriffs schon voraussetzt und nur als Exempel abschließt. Aristoteles bricht also hier nicht

---

[98] Allerdings ist daran zu erinnern, dass das Messen, Wiegen und Rechnen in der Physik *kein physikalischer Gegenstand* ist. Dieses soziale Tun ist kategorial vom Gemessenen ebenso verschieden wie das Rechnen in Geld vom Wiegen einer Ware. Aber Messendes und Gemessenes können in der Natur kategorial *gleichrangig* sein – wie Gewichte auf einer Waage auch „schwer" sind. Dieses *tertium comparationis* fehlt beim Geld.

[99] Aristoteles (1969): Nikomachische Ethik 1133b, S. 135; Übersetzung leicht verändert. Vgl. das gleiche Beispiel in der Aristoteles (1954): Eudemischen Ethik 1133b, S. 104f.

die Analyse „ab"[100] – aus Gründen, über die dann die Spekulation ins Kraut schießen könnte. Der Gedanke war *zuvor* schon entwickelt und wird durch ein Beispiel zusammengefasst und illustriert.

Das Geld ist die *Einheit* der arbeitsteiligen Tätigkeiten und ihrer Ziele – des vielfältigen Bedarfs – und deshalb mit keinem Element dieser Tätigkeit oder des Bedarfs vergleichbar. Das Geld ist als Maß *das Ganze* der arbeitsteiligen Vielfalt. In seiner Einheit ist es ohne Bezug auf eine Natur (*physis*) oder Substanz, weshalb diese Einheit auch *konventionell festgelegt werden kann*. Man kann das Geld deshalb nie aus der Produktion oder dem Konsum „ableiten" oder kategorial bestimmen.

Innerhalb eines Hauswesens, das eine Planwirtschaft mit direktiver Verteilung von Tätigkeiten und einer Zuordnung der Früchte der Arbeit ist, wird auch eine Einheit der Vielheit erzeugt. Diese Einheit liegt im gemeinsamen Plan oder in den Anweisungen des Herrn, also *in einem beherrschenden Bewusstseins*, dem sich viele andere unterordnen. Platon dachte noch den ganzen Staat in diesem Modell. Aristoteles hat am Geld allerdings entdeckt, dass diese Form der Einheit nicht vorliegt, weil der Austausch spontan erfolgt, sofern *in Geld* gerechnet wird. Also ist das Geld in gewisser Weise der kategoriale Vertreter der Einheit, die beim *Oikos* in einem herrschenden Subjekt liegt, das Arbeiten und Bedürfnisse verteilt und organisiert – auch wenn das Geld durchaus ein *Bewusstseinsprozess* bleibt. Darin liegt indes nur eine gewisse *Analogie*. Doch diese Analogie hat Grenzen, weil mit einem zunehmenden Umfang des Gemeinwesens jene Probleme auftreten, die Aristoteles dem Platonschen Kommunismus vorgerechnet hat. Die Geldrechnung bietet sich hier als Vermittlung an, in der eine Einheit hergestellt wird, ohne diese Einheit planend zu *antizipieren*. Man kann hier unschwer erkennen, dass das Niveau der Fragestellung bei Aristoteles all das vorwegnimmt, was in der Diskussion um die Möglichkeit des Sozialismus die beiden ersten Drittel des 20. Jahrhunderts bestimmt hat.

Man kann das Geld *weder* auf das reduzieren, was durch es gemessen wird, noch kann man die in der Geldrechnung von den Vielen vollzogene Koordination ihrer Handlungen und Bedürfnisse durch eine Rückführung in eine Haushaltsökonomie bewältigen. Es liegt im Geld zwar eine Einheit vor, sogar eine *rationale*, also rechnende. Doch diese Einheit ist nicht ihrerseits durch eine *vereinzelte Vernunftform* ersetzbar. Allerdings ist die Rechnung in Geld, damit das Geld selbst, keine *eigenständige Natur*. Vielmehr unterliegt sie der menschlichen Willkür, sofern sich die Gemeinschaft auf die Rechnungseinheit verständigt oder sie gesetzlich normiert. Das Geld ist also für Aristoteles nur so etwas wie ein Kunstgriff, durch den die vielen Bedürfnisse miteinander und mit den arbeitsteiligen Tätigkeiten vermittelt werden können. Gleichwohl bedarf das Geld – hat man erst einmal seine Struktur durchschaut – einer „empirischen Realisierung". Eben dies untersucht Aristoteles in seiner *Politik*, in der das Geldthema nunmehr unter dem Aspekt seiner *Realisierung* in konkreten Verfassungen behandelt wird.

4.2.3.3 Der Zins und der Missbrauch des Geldes

Aristoteles greift in der *Politik* auch die Analyse des Geldes nochmals kurz auf, hier allerdings, um empirische Erscheinungen des Geldes und des Gelderwerbs an seinem *Begriff* zu messen, wie er in der *Ethik* entwickelt wurde. Aristoteles entwickelt hier also keine zweite oder alternative Geldtheorie, sondern prüft vor dem in der Ethik Entwickelten – wie er das am Ende des zehnten Buches ankündigt – die *historisch realisierten* Staatsformen und den Geldgebrauch in ihnen.

---

[100] Vgl. S. Meikle (1995), S. 27.

Nachdem Aristoteles den allgemeinen Begriff des Staates entwickelt hat, stellt er – mit Blick auf die Fragestellungen, die er bei Platon kritisch beleuchtet – die „Wissenschaft vom Erwerb" als angewandte, praktische Disziplin dar. Die wichtigste Frage war für ihn hierbei die Beurteilung des Gelderwerbs. Wenn ein Haushalt (*Oikos*) mit seinen Produkten und Bedürfnissen auf dem Markt auftritt, dann tritt neben die bäuerliche Erwerbsform, die Produkte der Natur abgewinnt, eine neue Form des Erwerbs. Aristoteles nennt sie an dritter Stelle einer privaten Wirtschaftseinheit: „Die wichtigste Einnahme zieht sie aus der Landwirtschaft, die zweitwichtigste aus den übrigen regelmäßigen Verrichtungen, die dritte aus dem Geldertrag."[101] Daraus erwächst für die Hauswirtschaft eine Zielsetzung, die man heute „Kostendeckungsprinzip" nennt, „dass nämlich nie die Ausgaben die Einnahmen übersteigen dürfen."[102]

Scott Meikle schlägt hier eine Interpretation vor, die sich an den von Marx entwickelten Formen des Austauschs orientiert.[103] Marx untersucht den Austausch durch Geld in *zwei* Formen; sind W die Waren und ist G das Geld, so sind in einer Kette von durch das Geld vermittelten Tauschakten zwei Formen zu unterscheiden: W-G-W´ und G-W-G. Ein Austausch ohne Geld wäre W-W´; es gibt aber auch noch den – auf den ersten Blick sinnlosen – Austausch G-G als logische Möglichkeit. Diese vier Formen identifiziert Meikle auch bei Aristoteles : (i) reiner Tausch W-W´ ohne Vermittlung von Geld (*barter*), (ii) über Geld vermittelter Tausch W-G-W, der in die Elemente W-G und G-W zerfällt, die zeitlich und räumlich getrennt sind, (iii) die „unnatürliche" Form G-W-G´ (*chrematistike*) und schließlich (iv) die Form des Wuchers in der reduzierten Form G-G´ (*obolostatike*).

In einer zweiten Interpretationsfigur, die mit den Begriffen „Zweck" und „Mittel" arbeitet, sagt Meikle, dass man das Geld in der Form W-G-W als reines Tauschmittel zu interpretieren habe – er unterlegt diesen Gedanken der aristotelischen Analyse. Zweck des Tauschs sei der Gebrauchswert von W; das Geld ist nur ein Mittel. In der Form des Wuchers G-G´, genauer, da G´ einen Zuwachs enthält: G-(G+ΔG), hat sich dagegen die Zweck-Mittel-Relation verkehrt. Nun ist Geld der Zweck geworden, der Gebrauchswert wird zum Mittel. Und Meikle bestimmt die aristotelische Kritik am Zins gemäß dieser Verkehrung von Zweck und Mittel als eine *ethische* Kritik.[104]

---

[101] Aristoteles (1947): Oikonomikos 46a, S. 26. Die Echtheit dieser Schrift ist umstritten, vor allem das dritte, nur lateinisch überlieferte Buch. Doch zweifellos gehört das Buch zur aristotelischen Schule im engsten Sinn. Im zweiten Buch, im Anschluss an die zitierten allgemeinen Bemerkungen zum Gelderwerb – und dies ist durchaus sein Forschungsstil – zählt Aristoteles 41 Beispiele für Erwerbskünste auf, darunter zahlreiche des Gelderwerbs. Daraus erhellt, wie selbstverständlich die Geldrechnung bereits geworden war.

[102] Aristoteles (1947): Oikonomikos 46a, S. 26 Diese Formel findet sich wieder bei Alberti: „Haltet das fest, meine lieben Kinder: euere Ausgaben dürfen nie größer sein als euere Einnahmen." L. B. Alberti (1962), S. 339. Er ergänzt aber: „Darum tut so: euere Ausgaben seien gleich *oder geringer* als euere Einkünfte". Hier überlagert sich bereits ein neues Prinzip, das Streben nach *Gewinn*.

[103] S. Meikle (1995), S. 27ff. Vgl. K. Marx, MEW 23, S. 161ff.

[104] Vgl. zu dieser Argumentationsfigur auch J. Žmavc (1902), S. 65ff. Žmavc betont den nahtlosen Übergang vom Gelderwerb zum reinen Streben nach Geld. Moll meint: „Letzter Zweck jeder Wirtschaft bleibt aber die definitive Befriedigung" B. Moll (1922), S. 80. Deshalb gelte: „Der Besitz von Geld muss zu einer materiellen (immateriellen) Befriedigung führen", S. 61. Hier wird das Geld an seiner Ideologie *als Begriff* vorgeführt, die Kaufleute offenbar nicht kennt. Es ist bemerkenswert, dass Moll eine „Logik des Geldes" formulieren zu können glaubt, ohne auch nur im Ansatz auf die Frage des Zinses einzugehen. Aristoteles kommt bei ihm deshalb auch nicht vor.

4.2.3 Aristoteles

Diese Interpretation ist durchaus erhellend, bedarf aber einer Erläuterung. Der Zweckbegriff der Moderne beruht auf seiner Gleichsetzung mit der *subjektiven Motivation*. Zwecke sind hier subjektive Setzungen, und ein Vertauschen von Zweck und Mittel bedeutet, dass ein Subjekt nicht „rational" handelt und den Zweck nicht richtig bestimmt. Der Zweck bei Aristoteles ist jedoch keineswegs eine subjektive Zutat oder bloße Motivation. Jedes Ding ist bei ihm durch sein *Telos* bestimmt. Dieses innere Ziel, das die Natur (*physis*) einer Sache ausmacht, ist keine moralische Hinzufügung im Sinn eines subjektiven Werturteils, gerade so, als wollte Aristoteles einfach seine *persönliche Missbilligung* von Zins und Wucher zum Ausdruck bringen. Tatsächlich wird die Verurteilung des Zinses bei Platon und Aristoteles aber häufig genau so interpretiert und damit allerdings völlig fehlgedeutet.

Wenn Aristoteles beim Geld eine Verkehrung von Zweck und Mittel diagnostiziert, sofern das Geld, der Geldbesitz *selbst* zum letzten, unbeschränkten Ziel wird, dann ist der ethische Inhalt dieser Verurteilung eine aus der *Funktion des Geldes in der Gemeinschaft* erwachsendes Urteil, keine „moralische" Wertschätzung. Wenn das Geld nicht dem Austausch dient, dann entspricht es nicht seiner *eingeführten* Aufgabe. Möglich ist dies immer, weil es zwischen Zweck und Mittel keine *natürliche* Beziehung gibt, sondern es sich hierbei immer um eine *hergestellte* Relation handelt. Das drückt Aristoteles in der Vorstellung vom Geld als „Werkzeug" aus. Das Mittel, das Werkzeug beginnt im nach Zins strebenden Geldvermögen ein Eigenleben, das sich der Funktionalisierung für den Austausch entwindet, also seine Aufgabe nicht erfüllt. Man kann dies *zusätzlich* missbilligen. Doch zunächst ist die Diagnose eine reine Analyse der Funktion des Geldes im System des sozialen Handelns. Die „moralische" Missbilligung kann sich auf die Erkenntnis der Fehlfunktion des Geldes als *Ziel* stützen, es *begründet* aber nicht diese Form der Analyse.

Aristoteles wäre also völlig missverstanden, wenn man ihn jenen seiner späteren Interpreten gleichstellen würde, die den Zins aus *moralischen* Gründen verurteilen. Aristoteles argumentiert rein funktional und stellt zunächst nur die Frage, welche *Änderung* sich ergibt, wenn Ziel und Mittel beim Geld vertauscht werden.[105] Dies lässt sich in der Tat am besten in der von Marx eingeführten Formel W-G-W bzw. G-W-(G+ΔG) beschreiben. Und diese Fragestellung bildet das kategoriale Gerüst (ohne die formale Darstellung, die erst Marx verwendet) im achten Abschnitt des ersten Buches der *Politik*. Aristoteles blickt auf den *Oikos* und konfrontiert ihn mit dem reinen Gelderwerb. Hier stellt er fest, dass es viele Formen der Ernährung *ohne* Handel gibt. Vom Standpunkt eines Hauswesens aus hat also der Kauf und Verkauf immer sein Maß an den Zielen des Oikos. Diese Ziele sind *natural* definiert und haben im jeweiligen Bedarf ihr Maß. Im Hauswesen haben alle Werkzeuge ihre Schranken: „Kein Werkzeug ist nämlich bei irgendeiner Kunst unbegrenzt, weder nach Menge noch nach Größe". Die Erwerbskunst des Hausverwalters ist deswegen „eine naturgemäße"[106]. Denn „Natur" bedeutet hier *Grenze*, inneres Maß oder Wesen.

Nun ist aber das Geld *keine* Kategorie, die *von Natur* gilt. Sie wird festgelegt. Darin – so kann man ein fehlendes Zwischenglied der aristotelischen Argumentation rekonstruieren – liegt die *Möglichkeit* eines *Missbrauchs*. Das Gemeinwesen insgesamt hat durchaus ein Maß und eine Natur. So ist auch der berühmte Satz zu verstehen, dass der Mensch ein *zoon politikon*, ein auf die Gemeinschaft hin bestimmtes Lebewesen ist. Die *Natur* des Menschen ist gemeinschaftlich. Deshalb hat der Staat auch ein Maß, kennt

---

[105] Meikle stellt die Differenz zwischen der eher moralischen Verurteilung durch Platon und die nüchterne Analyse bei Aristoteles deutlich heraus, vgl. S. Meikle (1995), S. 68-74.

[106] Aristoteles (1973): Politik 1256b, S. 92.

Grenzen nach außen und Gesetze nach innen. Er formt durch Erziehung das Handeln der Menschen und begrenzt es durch moralische Regeln – weshalb Aristoteles Moral (*ethos*) und Gewohnheit kategorial als gleichrangig betrachtet. Der Staat hat zwar viele empirische Formen oder Verfassungen; doch jede dieser Formen ist – mehr oder minder gelungen – eine Verwirklichung der *Natur* des Gemeinwesens, also der inneren und äußeren Definition und Begrenzung. Der Austausch geht nun im Gemeinwesen, in seiner kategorialen Bestimmung und den hier geltenden *Grenzen* vor sich. Das Geld ist hierbei der Ausdruck der Einheit der Bedürfnisse in einer arbeitsteiligen Produktion der Lebensmittel. Insofern könnte man tatsächlich sagen, dass das Geld durch diese Funktion als *Mittel*, als *Werkzeug* definiert ist. Im Schoß dieser Tauschstruktur entwickelt sich aber eine ganz andere Form, die den Erwerb von Geld selbst zu einem Ziel macht.

Doch ich folge zunächst weiter der Argumentation von Aristoteles. Nachdem er bestimmt hat, was die *Natur* des Besitzes ausmacht – nämlich seine *Grenze*; für Aristoteles eine tautologische Bestimmung, weil „Natur" immer *Bestimmung*, also Eingrenzung bedeutet –, geht er zur Betrachtung des Geldbesitzes über. Es gibt, da es Geldbesitz gibt, auch eine *Kunst* des Gelderwerbs. Der Name dieser Kunst ist *Chrematistik*. Sie unterscheidet sich grundlegend von der *Oikonomia*, der Kunst der Haushaltsführung. Der Unterschied liegt darin, dass das Geld keine innere Grenze besitzt. Wer „Geldbesitz" als Ziel erstrebt, der strebt nach etwas, das keine *Natur* hat, also ohne Grenze ist. Das Streben nach Geld, die Kunst des Gelderwerbs (*Chrematistik*) ist es, „welche die Schuld daran trägt, dass es für Reichtum und Besitz keinerlei Grenze zu geben scheint"[107].

Aristoteles differenziert hier. Denn rein formal ist auch der *Verkauf* von Produkten durch ein Haus ein *Gelderwerb*, in der Marxschen Formelsprache: W-G. Darauf spielt Aristoteles an, wenn er sagt, dass jeder Besitz *doppelt* bestimmt werden kann. Nämlich einmal durch die dem Gegenstand eigentümlich Benutzung, wie z.B. Schuhe, die man trägt. Zum anderen aber kann ein Gegenstand auch als Tauschmittel verwendet werden. „Beides sind wirklich Benutzungsweisen des Schuhs, insofern auch der, welcher einem anderen, der eines Schuhs bedarf, einen solchen für Geld oder Lebensmittel zum Tausch gibt, damit den Schuh als Schuh benutzt, aber nicht in der demselben eigentümlichen Benutzungsweise, denn nicht zu dem Zweck ist der Schuh gemacht, als Tauschmittel zu dienen."[108]

Meikle merkt hier zu Recht an, dass diese Bestimmung noch zu einfach ist, auch gemessen an dem, was Aristoteles an anderer Stelle untersucht.[109] Denn es werden durchaus Dinge für den Austausch verfertigt und deshalb *schlechter* gestaltet, als man dies für den Eigenbedarf tun würde. Hier, so könnte man sagen, dringt allerdings das Ziel des Gelderwerbs, die Erzielung von Zins oder Gewinn, in die Organisation der Produktion ein und gestaltet sie um. Das ist für den modernen Kapitalismus ein geläufiges, sogar ein zentrales Phänomen. In der antiken Polis war es noch eine Randerscheinung. Richtig bleibt immerhin die Erkenntnis, dass die Aristoteles zugeschriebene Dualität von Gebrauchs- und Tauschwert, die den zitierten zweiten Abschnitt des ersten Buchs der *Politik* charakterisiert, ihre Grenzen hat und deshalb nicht als *ursprüngliche*

---

[107] Aristoteles (1994): Politik 1257a, S. 62. Schwarz verwendet für *Chrematistik* den Begriff „Kapitalerwerbswesen", ein in vielfacher Hinsicht – auch im Deutschen – schiefer und unbrauchbarer Begriff, weshalb ich hier seiner Übersetzung nicht folgen kann. Vgl. auch die Übersetzungen Aristoteles (1973), S. 59; O. Höffe (2005), S. 104f.

[108] Aristoteles (1994): Politik 1257a, S. 62.

[109] S. Meikle (1995), S. 29. Meikle verweist auf das delphische Messer, von dem Aristoteles spricht (1252b 1-5), dessen *Qualität* schlecht war gemessen am Maß des Gebrauchs.

4.2.3 Aristoteles

Kategorie verwendet werden kann. Ich lasse diese Frage hier auf sich beruhen, um sie später nochmals aufzugreifen.

Aristoteles bemerkt, dass es zur Ablösung des Gelderwerbs aus anderen Zielsetzungen nur in einem Austausch *zwischen* den Hauswesen kommen konnte. „In der ursprünglichsten Gemeinschaft (*koinonia*) daher, das ist im Hause, fand (der Tausch) offenbar noch gar keinen Platz, sondern erst in der bereits erweiterten Gemeinschaft." Die ursprüngliche Form des Austauschs *zwischen* den Privatwirtschaften, den „Häusern" ergänzt die autarke Produktion und ist „weder wider die Natur noch bildet er bereits eine Klasse der Kunst des Gelderwerbs, denn er entstand nur, um die Mängel aufzufüllen, die der natürlichen Autarkie des Lebens im Wege stehen." Aber, fügt Aristoteles hinzu, aus diesem Tauschhandel „entsprang jene Kunst (*Chrematistik*) in sehr begreiflicher Weise."[110]

Der ergänzende Austausch zwischen den Hauswirtschaften führt zum Geldgebrauch, und aus dem Geldgebrauch erwuchs jene „andere Art der Erwerbskunst, das Handelsgeschäft". Aristoteles wiederholt hier die Analyse von Platon, der das Geld aus der *praktischen* Notwendigkeit, dem Auseinanderfallen von Zeit und Raum zwischen Produktion und Bedarf durch Händler, ableitete, deren Tätigkeit gleichsam im Geld einen Ausdruck fand. Doch dann argumentiert Aristoteles anders. Da jeder Verkauf gegen Geld unvermeidlich den Gelderwerb als Moment des Tauschprozesses Ware gegen Geld enthält, erwächst „der Schein, als wäre die Erwerbskunst vorzugsweise auf das Geld gerichtet und die Aufgabe derselben, dass sie zu erkennen vermögen, woraus sich möglichst viel Geld ziehen lasse, sofern sie es ja in der Tat mit der Herbeischaffung von Reichtum und Vermögen zu tun habe."[111] Um in der Marxschen Terminologie zu sprechen, sagt Aristoteles hier, dass sich die Phase W-G, die das Streben nach Geld notwendig bei jedem Verkauf enthält, gleichsam als Moment verselbständigt hat, in dem dann das Geld Ausgangs- und Zielpunkt des Tauschens wird: G-G+ΔG. Dies ist bereits die Formel für jeden Zins oder Wucher: Aus einer bestimmten Geldsumme ist *scheinbar* mehr Geld geworden.

Aristoteles spricht hier von einem Schein, weil diese Geldfunktion nicht aus der mit der von den Menschen erstrebten Zielsetzung bei der Festlegung der Rechnungseinheit „Geld" durch Übereinstimmung oder Gesetz harmoniert. Er spricht auch von einem Schein, weil die abstrakte Form dieses Gelderwerbs sinnlos erscheint. Geld hat keinen anderen Nutzen als den, dafür Produkte im Austausch zu erwerben. Wenn Gold diese Geldfunktion erfüllt, dann führt bei einer Verkehrung von Zweck und Mittel das Streben nach Gold am Ende in die Situation von Midas, von dem „die Sage geht, indem ihm in Erfüllung seiner unersättlichen Wünsche alles ihm Vorgesetzte zu Gold wurde", er darüber verhungerte.[112] Die aristotelische Kritik am Zins als der sinnlos scheinenden Form: Geld ↔ *mehr* Geld (G-G+ΔG), argumentiert auf der Grundlage des „Natur- oder Wesensbegriffs". Die *Oikonomia*, die Haushaltskunst ist die *natürliche* oder naturgemäße Erwerbskunst, denn sie organisiert die Handlungen nach *definierten Zielen*. Die *Chrematistik* dagegen ist „künstlich", indem sie nicht auf den Vermögenserwerb überhaupt gerichtet ist, sondern auf das vermittelnde Element im Austausch. Der Austausch hat als „künstlicher" *in sich* keine Grenze; ihm müssen Grenzen gesetzt werden, „denn das Gesetz ist beim Handel das Element und die Grenze." Die Gelderwerbskunst hat, da keine eigene Natur, „in der Verfolgung ihres Ziels keine Grenze"[113].

---

[110] Aristoteles (1994): Politik 1257b, S. 63; leicht verändert.
[111] Aristoteles (1994): Politik 1257b, S. 63f.
[112] Aristoteles (1994): Politik 1257b, S. 64.
[113] Aristoteles (1994): Politik 1257b, S. 64.

4.2 Platon, Aristoteles und die Scholastik

Aus der Geldverwendung erwächst damit – wider dessen eigene Bestimmung, nämlich ein vereinbartes Rechnungsmittel des Tauschs zu sein, der Gemeinschaft zur Vermittlung der verschiedenen Handlungs- und Bedarfsformen zu *dienen* –, ein fremdes Ziel, das sich dennoch *empirisch verwirklicht* hat. Denn obwohl dem Begriff nach jeder Besitz eine Natur und damit eine innere Grenze hat, „(sehen wir) in der Wirklichkeit aber das Gegenteil eintreten, denn alle, die auf den Erwerb bedacht sind, suchen ihr Geld bis ins Grenzenlose zu vermehren."[114]

Wie lässt sich diese *Perversion* einer sozialen Form erklären? Aristoteles verwendet hier eine Denkfigur, die sich im Kern auch bei Platon findet. Menschliches Handeln wird von einem Streben motiviert, das auf Sinnengenuss abzielt. In der Ordnung der Tugenden ist dies das niedrigste Streben; gleichwohl kann man es als *empirische Gegebenheit* nicht leugnen.

> „Die Ursache solcher Denkweise aber liegt darin, dass die meisten Menschen nur um das Leben und nicht um das vollkommene Leben sorgen, und da nun die Lust zum Leben ins Endlose geht, so trachten sie auch, die Mittel zum Leben bis ins Endlose anzuhäufen. (…) Denn jeder Sinnengenuss hängt am Übermaß, und so trachten sie denn nach einer Kunst, die ihnen das Übermaß dieses Genusses verschafft; und können sie das durch die Erwerbskunst nicht erreichen, so jagen sie ihm auf einem andren Weg nach und wenden alle Fertigkeiten ihrer natürlichen Bestimmung entgegen zu diesem Zweck an. Denn die Tapferkeit ist nicht dazu da, Geld zu erzeugen"[115].

Der Grund dafür, weshalb sich eine *widernatürliche* Zielsetzung wie das Streben nach *mehr* Geld entwickeln konnte, beruht auf einer Instrumentalisierung des mit jedem Tausch verbundenen Moments des Gelderwerbs beim Verkauf einer Ware. Wird dieser Tausch nicht von einem definierten Bedürfnis oder Ziel aus bestimmt, das einfach zur Erreichung des Ziels eine bestimmte Menge eines Produkts zu erwerben trachtet, so ergibt sich eine seltsame Überlagerung von unbegrenztem Streben nach Sinnesgenuss, der sich des Geldes als Mittel zur Erreichung dieser Schrankenlosigkeit bedient. *Möglich* ist dies, weil beiden Bestrebungen ein *widernatürliches* Element einwohnt.[116]

Platon hat sich im *Gorgias* mit dem Gedanken auseinandergesetzt, weshalb eine *grenzenlose Lust* ihre eigene Unmöglichkeit erzeugt. Einfach gesagt, zerstört eine grenzenlose Begierde den Träger des Begehrens. Diese Erkenntnis des *individuellen Lebens*, dass nur eine *geordnete Leidenschaft* auf Dauer möglich ist, findet im Gemeinwesen seine Entsprechung darin, dass der Schrankenlosigkeit der Begierden durch *Regeln* oder Gesetze Grenzen gesetzt sind. Gerade dies macht die Struktur eines Gemeinwesens aus. Jeder trägt in der Moralregel, in der Gewohnheit, sich eines bestimmten Benehmens zu befleißigen, sozusagen das Ganze auch als Individuum in sich. Die Moralregel ist der Vorschein der Gemeinschaft am Individuum. Zugleich findet darin das Individuum selbst eine *Ordnung seiner Leidenschaften*. Ungeordnete Leidenschaft ist schlichtweg

---

[114] Aristoteles (1994): Politik 1258a, S. 65. Vgl.: „Der Reichtum, der keine Grenze hat, ist eine große Armut." Epikur (1949), S. 51.

[115] Aristoteles (1994): Politik 1258a, S. 65.

[116] „(D)a nun die Lust zum Leben ins Endlose geht, so trachten sie auch die Mittel zum Leben bis ins endlose anzuhäufen (…). (S)o richtet sich ihr ganzes Dichten und Trachten auf den Vermögenserwerb, und von hier aus ist denn jene andere (widernatürliche) Art von Bereicherungskunst aufgekommen." J. Žmavc (1902), S. 66.

der Ausdruck von fehlender Einsicht oder Dummheit, von mangelnder Erziehung oder Tugend.

In der Geldverwendung entdecken nun Platon und Aristoteles gleichsam eine Lücke, durch die sich die grenzenlose Leidenschaft wieder eine Bewegungsform verschaffen kann. Dies wird ermöglich durch die Geldform selbst, wie Aristoteles zeigt. Zugleich aber wird dadurch die Struktur des Geldes, nämlich die Einheit des arbeitsteiligen Gemeinwesens im Geld zu verwirklichen, ihrer eigentlichen Bestimmung beraubt. Diejenigen, die nach Zins streben, die das Geld dazu verwenden, *mehr* Geld zu erwirtschaften, *missbrauchen* eine soziale Einrichtung für ihre privaten Zwecke. Aristoteles hat noch keine Gründe dafür entwickelt, ob und inwiefern dieser Missbrauch auch tatsächlich der Gesellschaft Schaden zufügt. Ihm genügte die Erkenntnis, dass das Streben nach *mehr* Geld weder dem Begriff des Geldes noch dem eines vernünftigen, glücklichen Lebens entspricht, das sein Denken nicht an einen Nutzen versklavt.[117] Wer nach *mehr* Geld strebt, sinkt noch unter das Nützlichkeitsstreben, denn Geld als Zweck ist nutzlos; er versteht einfach nicht, was das gute Leben ausmacht. Allein das genügt Aristoteles, solch eine „Erwerbskunst" ad absurdum zu führen.

Das zentrale Verdienst der aristotelischen Analyse der Geldstruktur und des Zinses beruht aber nicht auf dieser Aussage zur Tugendlehre. Durch seine Grundlegung und einige zentrale Einsichten hat Aristoteles tatsächlich die Struktur des Geldes besser als alle seine Nachfolger durchschaut. Das Geld hat kein *Wesen* für sich. Es misst, lässt sich aber nicht an einer anderen Natur messen. Das bedeutet: Das Geld lässt sich nicht aus anderem „ableiten"; es ist eine eigene soziale Form. Da das Geld die *Einheit* der arbeits- und bedürfnisteiligen Gesellschaft durch die Rechnung in seiner Einheit beim Austausch ermöglicht, ist sein „Wesen" nur der Schein dieser Einheit. Und weil ihm kein Eigenwesen (*physis*) zukommt, deshalb ist das Geld auch prinzipiell der Willkür der Menschen unterworfen. Sie können seine Einheit festlegen und verändern. Deshalb kann das Geld auch nicht aus dem Tausch „hervorgehen".

Gleichwohl, gerade *weil* das Geld insofern ein Schein ist, als ihm ein Eigenwesen, ein inneres Ziel oder eine Bestimmung mangelt, kann es empirisch viele Formen, vor allem auch *pervertierte* Formen annehmen. Keine *innere Natur* hindert diese Entwicklung. Die wichtigste Perversion (als Verkehrung dessen, wozu das Geld als Instrument zur Vermittlung der Einheit des Bedarfs im Gemeinwesen eingeführt wird) ist das Streben nach *mehr* Geld. Dieses Streben ist *möglich*, weil im Verkauf formal das Ziel des Gelderwerbs immer mit gegeben ist: Wer ein Produkt verkauft, zielt *zunächst* darauf ab, Geld dafür zu erwerben. Wenn dieses Teilmoment des Austauschs sich verselbständigt, dann entsteht daraus der Gelderwerb als Kunst (*Chrematistik*). Getragen wird diese Entwicklung durch eine *Überlagerung* der durch Moral und Gewohnheit, durch Klugheit oder Erkenntnis gezügelten *schrankenlosen Leidenschaften*. Wenn sie sich dem Gelderwerb *überlagern*, dann entsteht daraus eine *unendliche Leidenschaft*, die *wirklich* werden kann. Während jede besondere Leidenschaft, ins Endlose gesteigert, den Menschen selbst körperlich an Grenzen führt und bei Nichtbeachtung dieser Grenzen verletzt oder tötet, ist das bei der *abstrakt gewordenen* Leidenschaft des Gelderwerbs nicht der Fall.

---

[117] Vgl. „Es ist in der Tat vollkommen lächerlich, überall einen Nutzen zu suchen, der von der Sache selbst verschieden wäre, und zu fragen: ‚Was nützt uns das?' und ‚Wozu können wir dieses gebrauchen?' Wer so spricht, der kommt tatsächlich, wie ich zu sagen pflege, keineswegs demjenigen gleich, der das Edle und Gute kennt und der zwischen Ursache und Mitursache zu unterscheiden vermag." Aristoteles (1969a), S. 49.

Aristoteles macht die Absurdität dieser Leidenschaft zwar durch seinen Hinweis auf die Midas-Legende deutlich, er arbeitet aber nicht das Moment der sozialen Verselbständigung dieser Form näher heraus. Doch es ist leicht einsichtig, dass sich diese Weiterführung seines Gedankens unschwer in die von ihm skizzierte kategoriale Matrix einfügt. Dass es sich hier nicht um eine *Konstruktion*, sondern die begriffliche Form einer sozialen Struktur mit großer Trägheit und Dauer, andererseits ungeahnter Entfaltungsmöglichkeit handelt, zeigte die Entwicklung der Zinswirtschaft und schließlich des Kapitalismus in reiner Form. Die größte Schwierigkeit im Verständnis der aristotelischen Geldtheorie liegt in dessen Erkenntnis, dass das Geld *keine Natur von seiner Seite her* besitzt. Seine Natur ist das, was die Menschen daraus in ihren Tauschhandlungen machen oder gesetzlich vorschreiben. Gleichwohl ist das Geld die *Quelle* aller „Werte", denn durch das Rechnen in seiner Einheit kann man jedem Ding eine Zahl, damit einen *Wert* zuordnen. Der *Inhalt* dieses „Werts" ist keine „Natur", kein Wesen, sondern jene Zuschreibung, deren reale Entsprechungen die Vielheit der Bedürfnisse oder die zu ihnen führenden Tätigkeiten sind. Das Geld *misst* nichts *an den Dingen* – weder eine individuelle noch eine soziale Natur. Das Messen ist vielmehr als Rechnung mit der Geldeinheit *uno actu* die Herstellung der Einheit der Gemeinschaft der arbeits- und bedürfnisteiligen Einzelwirtschaften (Haushalte).

Zweifellos ist diese Darstellung vielfältig zu ergänzen. Die kategoriale Matrix, die Aristoteles gleichsam in ihrem historischen Aufgang – dafür aber in besonderer Klarheit – zuerst entdeckt und erkannt hat, hat ihre innere Struktur erst im Lauf der Jahrhunderte in der Geldökonomien entfaltet, teilweise modifiziert, in den grundlegenden Bestimmungen aber nicht einfach nur reproduziert, sondern *verstärkt*.

Die mittelalterliche Lehre vom *justum pretium* hat das kritische Moment gegen den Wucher aus der aristotelischen *Politik* übernommen, dies aber so erklärt, dass dadurch eine Abweichung vom „wahren Preis" geschehe. Der wahre Preis wurde dann mehr und mehr als Eigenschaft des Dings interpretiert, nämlich als ein *ihm zukommender wahrer Wert* (= gerechter Preis). Die Festlegung und Überwachung der Preise durch Marktaufseher in der Polis, auf die Platon und Aristoteles verweisen, hatte die Aufgabe, einmal den möglicherweise schwankenden Kurs verschiedener Münzen auszugleichen, zum anderen aber auch wucherische Preisforderung durch eine gesetzliche Vorgabe zu verhindern. In der zweiten Aufgabe deckt sich diese Fragestellung mit der des Mittelalters nach dem *justum pretium*. Tatsächlich lässt Aristoteles völlig offen, wie die Preise festzulegen wären, die Marktaufseher überwachen. Seine *implizite Antwort* wäre wohl die, dass solche Preise einen *Ausgleich* zwischen den verschiedenen Bedarfsformen und deren Reproduktion ermöglichen müssen.

Diese Forderung nach einer Preisaufsicht lässt sich nur in einer Wirtschaft mit geringen Veränderungen in *Tradition* und *Gewohnheit* durchsetzen.[118] Doch faktisch *waren* die Preise nicht konstant. Aristoteles verweist selbst auf Beispiele, wie durch Kenntnis der Wetterentwicklung durch Thales Spekulationsgeschäfte mit Ölpressen möglich wurden.[119] Doch dies setzt Preis*änderung* voraus, deren Regel nicht bestimmt

---

[118] „Die Folgerung, dass die Tauschpreise durch Gewohnheitsrecht festgesetzt wurden und der Sitte entsprachen, scheint unvermeidlich. Das heißt, es gab keine eingesetzte Autorität mit der Macht, eine Liste von Entsprechungen festzusetzen – soviel von x für soviel von y. Vielmehr hatte die wirkliche Praxis des Tausches für lange Zeit die Grundverhältnisse bestimmt. Diese waren allgemein bekannt und wurden geachtet." M. I. Finley (1979), S. 68. Finley bezieht sich hier auf die vorsokratische Zeit, auf die „Welt des Odysseus". Doch in eben dieser Tradition stehen auch die aristotelischen Überlegungen.

[119] Vgl. Aristoteles: Politik 1259a.

ist. Tatsächlich verbirgt sich hinter der Idee *fixer* Preise der Gedanke an eine stationäre Ordnung, die durch Gewohnheiten bestimmt wird. Diese Vorstellung bestimmte auch das Mittelalter. Doch die aristotelische Geldanalyse setzt nicht durch Gewohnheit oder Gesetz fixierte Preise *voraus*, auch wenn sie als *Möglichkeit* von ihr abgedeckt werden. Bezüglich der *Veränderung* der Wirtschaft, der Rolle, die gerade darin das Geld und der Zins spielen, bleiben bei Aristoteles viele Fragen unbeantwortet, die man sich bei einer Lektüre seiner Text aus der Erfahrung der Moderne stellen mag. Doch die Lösung dieser Fragen kann durchaus auf der Grundlage seiner Theorie, genauer gesagt der von ihm skizzierten und entdeckten sozialen Grundstruktur und ihrer Realisierung im Tausch, durchgeführt werden.[120]

Das Diktum des Aristoteles, dass das Geld „unfruchtbar" sei, es sich im Zins aber von selbst vermehre – das Wort „Zins" = *tokos* leitet sich von *tiktein* = gebären ab[121] –, bleibt in seinem Kern eine richtige Einsicht. Doch sie erklärt nicht, wie es den Trägern der *Chrematistik* dennoch gelingt, durch Geldeinsatz *mehr* Geld zu erwerben. Wenn das Geld selbst diese Frucht schon durch seine kategoriale Verfassung her nicht erbringen kann, wenn andererseits aber ein *Profit* aus eingesetztem Geld (= Kapital) ein Faktum ist, dann stellt sich die Frage, wie es möglich ist, dass aus einem Schein profitable Wirklichkeit werden kann. Die Vermutung, dass dies nur möglich ist durch einen *Verstoß* gegen die aristotelischen Gerechtigkeitsprinzipien der Proportionalität („Leistungsgerechtigkeit"), schärfer formuliert: durch Ausbeutung, die von der klassischen Nationalökonomie und in systematischer Form von Karl Marx gegeben wurde, ist nahe liegend, auch wenn sie das Problem nicht erschöpfen kann.

Aristoteles setzt – wie gesagt – stillschweigend eine einfache *Reproduktion* des von ihm untersuchten Staatswesens voraus. Der Gedanke, dass das Zinsphänomen etwas mit einer permanenten *Veränderung*, einer kreativen Umwälzung der Bedarfsstrukturen und der sie versorgenden Produktionszweige zu tun haben könnte, war ihm wohl kaum greifbar. Doch dieser Gedanke widerspricht nicht der kategorialen Bestimmung des Geldes in seiner Analyse, so wenig die Einsicht in die Kreativität als Quelle des Zinses die Einsicht in seine destruktive Natur verhindert. Doch es ist erstaunlich, dass – von wenigen Ausnahmen abgesehen – die nachfolgende Ökonomik sich völlig in den Bahnen der *stationären Wirtschaft* als Referenz-Modell bewegte. Ausgerechnet jenes Moment, worin sich ein blinder Fleck in der Theorie des Aristoteles zeigte, wurde zu einem tragenden Grundstein der modernen „Gleichgewichtsökonomie". So ist Aristoteles selbst in seinen *Versäumnissen* ein Klassiker geblieben, wenn auch ganz anders, als dies den neoklassischen oder liberalen Ökonomen bewusst ist.

Die wichtigste Einsicht in der Auseinandersetzung um die globale Verwüstung durch die Geld- und Kapitalmärkte bleibt die aristotelische Erkenntnis, dass dem Geld kein *Wesen* zueigen ist. Es ist keine „Natur", auch nicht ein historisch notwendiger, falscher Schein, der gesellschaftliche Verhältnisse als unvermeidliche Durchgangsphase „verdinglicht" und darin gleichwohl einen *Gesetzescharakter* offenbart – also *doch* ein Wesen besitzt, das sich nicht ändern lässt. Wenn das Geld eine Wesensnatur besäße, also nicht der Gewalt der Menschen *unterworfen* wäre, dann müsste man tatsächlich die Gewalt des Weltmarktes einer Natur vergleichen.

Dann ist entweder – wie die neoliberalen Autoren behaupten – jede Bekämpfung der Auswüchse der Geldökonomie bloße Donquichoterie, oder es bleibt nur der Weg, das Geld *als Geld* abzuschaffen, wie dies der Kommunismus fordert. Doch gerade dieser

---

[120] Vgl. die früheren Entwürfe zu solch einer Theorie in: K.-H Brodbeck (1986); (1996), Kapitel 13-17; (2002c).
[121] Aristoteles: Politik 1258a.

Versuch ließ die Natur der *Rechnungseinheit* im sozialistischen Rechnungswesen wieder durch die Hintertür herein und offenbarte, dass man ein Gemeinwesen aus vielen arbeitsteiligen Produktionszweigen nicht in *einen* Oikos verwandeln kann. Eben dies war die zentrale Kritik von Aristoteles an Platon, der den Staat als Oikos rekonstruierte. Die Natur des Geldes bleibt solange ein Rätsel, solange man eine solche Natur *sucht*. Seine „Natur" besteht darin, im rechnenden Denken die Gesellschaft zu vermitteln. Doch damit bleibt das Geld *prinzipiell* der menschlichen Willkür unterworfen, und es besteht kein Grund, vor ihm zu kapitulieren. Besser gesagt: die Kapitulation vor seiner illusionären Macht ist der ganze Inhalt seines „Wesens". Aristoteles hat die Grundrisse dieser Erkenntnis skizziert, und darin überragt er *alle* anderen Geldtheoretiker. Nur Marx, *trotz* seiner Fehldeutungen, lässt noch gleiche Augenhöhe mit der aristotelischen Geldtheorie erkennen, und er war es auch, der ihm den tiefsten Respekt bezeugte.

4.2.3.4 Offene Fragen der antiken Theorie

In Griechenland sind das Geld und der Markt bereits auf bestimmende Weise ins Bewusstsein getreten, und es wurden in der Theorie von Platon und Aristoteles auch wichtige Grundformen erkannt. Aristoteles hatte dafür die Verdopplung der Erwerbskunst als Begriff verwendet: *Oikonomika* und *Chrematistik*. Aristoteles verteidigte noch wie Platon die Hauswirtschaft gegen den Gelderwerb, sowohl gegen die *seelische* Unterordnung unter den „schlechtesten Teil", die Leidenschaft der Gier, wie auch im Staat, der dem Gelderwerb lenkend übergeordnet bleiben sollte. Doch gerade in der Abwehr von Platon und Aristoteles macht sich das Vordringen einer neuen monetären Vergesellschaftung bemerkbar.

Die offenbar sich bereits *vertiefende* Unterordnung des Hauswesens, der Landwirtschaft unter die Zielsetzung des Gelderwerbs tritt bei *Xenophon*, der keine Kategorienanalyse der Wirtschaft formuliert hat, deutlicher als bei den eigentlichen „Philosophen" hervor. Dass er bereits eine in Ansätzen durchaus „moderne" Nützlichkeitsvorstellung von allen Handlungen entwickelte, beruht auf dem vordringenden Horizont der Geldwirtschaft. Diese Tatsache führte auch die Kategorialanalyse bei Aristoteles an ihre Grenzen und erweist ihren Mangel. Es ist deshalb hilfreich, diese *faktische* Subsumtion der landwirtschaftlichen und handwerklichen Arbeit unter den Gelderwerb anhand von Xenophons *Oikonomikos* kontrastierend aufzuzeigen – ein Text, den man neben die kleine Schrift von Aristoteles gleichen Titels stellen kann.[122] Die Kunst der Hausverwaltung schwankt bei Xenophon in seinem *Oikonomikos* zwischen der Verteidigung einer an den Bedürfnissen orientierten Nützlichkeit und der Funktionalisierung des Hauses für den Markt. Xenophon beginnt seinen Dialog gleich mit der Bemerkung des Sokrates, dass sich die Kunst der Hauswirtschaft für den Gelderwerb bestens eigne.[123] In seinen Ausführungen kommt es ihm darauf an, zu zeigen, wie Geldausgaben so getätigt werden, dass sie wiederum zu Einnahmen führen. Wenn jemand sein Geld nur ausgibt, „um sich ein Mädchen anzuschaffen, und wird dadurch ruiniert an Körper und Seele und an seinem Vermögen, wie könnte ihm dann das Geld nützlich sein?"[124]

---

[122] Vgl. Xenophon (1956); Aristoteles (1947). Obwohl in der Tat bei Xenophon „niemand ein Vorwiegen metaphysischer oder auch nur philosophischer Absichten argwöhnen wird", E. Salin (1951), S. 15, so findet sich gerade in seiner eher pragmatischen Erörterung das Vordringen der Geldwirtschaft auf viel unmittelbarere Weise ausgedrückt, als dies in den philosophisch bereits tief vermittelten Reflexionen von Platon und Aristoteles geschieht.

[123] Xenophon (1956), S. 238.

[124] Xenophon (1956), S. 300.

Auch die dialektischen Bemerkungen zu Armut und Reichtum bewegen sich schon im Horizont des Geldmaßes, etwa dann, wenn Sokrates seinen „Reichtum" gegenüber dem des Kritobulos betont, obgleich er beim Verkauf seines Besitzes nur „fünf Minen" bekommen würde, während der Verkauf des Besitzes seinem Gesprächspartner „das Hundertfache davon einbringen" würde.[125] Die kategoriale Abstraktion des „Besitzes" vollzieht sich also bereits im Horizont der Geldeinheit. Worauf Sokrates faktisch hinweist, sind die *Kosten*, die mit einem großen Besitz verbunden sind: Die Sitte, den Göttern bei Reichtum auch viel zu opfern oder viele Gäste aufzunehmen; ferner im Kriegsfall „Soldzahlungen und Steuern in solcher Höhe" zu leisten, dass Kritobulos „das Geld nicht leicht aufbringen" könne.[126] Worauf der Sokrates des Dialogs abzielt, ist so etwas wie ein rudimentärer *Kostenbegriff*: Wenn einem großen Reichtum hohe laufende Kosten gegenüberstehen, dann kann daraus durchaus „Armut", also ein *Verlust* entstehen.[127]

Was Xenophon dann zur Haushaltsführung selbst anführt, kann man zusammenfassend als das Prinzip der geordneten Kontrolle bezeichnen. Xenophon sieht in der *Ordnung* der Dinge und Abläufe die Hauptquelle für einen Erfolg im Erwerb von Besitz. „Schönheit" und „Nützlichkeit" stehen in der Beurteilung der Ordnung hierbei noch gleichberechtigt nebeneinander. Wie Platon lobt auch Xenophon die Arbeitsteilung, weil sie zur „Vollkommenheit" beiträgt.[128] Allerdings orientiert sich dieses antike Prinzip des *Controllings* eines Betriebes wie das Management in der Gegenwart an der Kriegsführung. Unordnung ist „ein unerfreulicher Anblick und etwas völlig Wertloses", wie ein Durcheinander der Krieger, die in der Realisierung ihres kriegerischen Geschäfts „sich gegenseitig behindern".[129] Eine Ordnung im Hauswesen dagegen „scheint ein Tanz von Geräten zu sein"[130].

Der Sokrates des Xenophonschen *Oikonomikos* bemüht sich am Ende sogar um den Nachweis, dass der Vater des Ischomachos, ein anderer Gesprächspartner, in seiner Landwirtschaft doch das Ziel des Gelderwerbs verfolgte, wenn er fragte: „behielt denn dein Vater alle Felder, die er verbessert hatte, oder verkaufte er auch welche, wenn er viel Geld dafür bekam?"[131] Die bejahende Antwort des Ischomachos führt dann Sokrates zur Feststellung, dass diese Art der Haushaltsführung „in Wahrheit" von derselben Natur sei wie das Erwerbsstreben der *Kaufleute*, die über die Meere segeln und Waren billig einkaufen, um sie „dort, wo es nach ihren Erkundungen am teuersten ist und wo man es am höchsten schätzt"[132], wieder zu verkaufen. Wenn Sokrates dann den Schluss zieht, „dass alle Menschen von Natur das lieben, wovon sie Nutzen für sich erwarten"[133], dann wird deutlich, dass der Begriff der „Nützlichkeit" bereits eine Transformation hin zur Moderne einleitet, die schließlich alle ästhetischen und andere Rücksichten in der Beurteilung von Handlungen und Besitz abstreift.

---

[125] Xenophon (1956), S. 243.
[126] Xenophon (1956), S. 243.
[127] Zweifellos sind die quantitativen Kategorien hier noch überhaupt nicht zureichend entwickelt, weil Bestandsgrößen und Stromgrößen ebenso durcheinander gehen wie Kosten, die bei der Erzeugung der Produkte entstehen, mit allgemeinen Verpflichtungen gegenüber der Öffentlichkeit vermengt werden.
[128] Platon, Politeia 370c; vgl. K.-H. Brodbeck (1981), S. 84f.
[129] Xenophon (1956), S. 264.
[130] Xenophon (1956), S. 267.
[131] Xenophon (1956), S. 267.
[132] Xenophon (1956), S. 300.
[133] Xenophon (1956), S. 300.

4.2 Platon, Aristoteles und die Scholastik

Trotz dieser Erkenntnis einer langsam dämmernden neuen Form der Vergesellschaftung, bleibt die griechische Wirtschaft eine ganz andere Wirtschaftsform, verglichen mit dem modernen Kapitalismus. Während des ganzen Mittelalters wurde das Nachdenken über Tausch und Geld neben den tradierten Fragestellungen und den neu hinzugekommenen religiösen Quellen durch eine Erfahrung bestimmt: Das schrittweise, von vielen Rückschlägen, aber auch immer wieder von Perioden rascher Entfaltung geprägte Vordringen der *Märkte*. Ausgangspunkt dieser Entwicklung waren zweifellos die Städte und der Fernhandel. Es ist notwendig, einige Elemente einer Organisation der Gesellschaft über Märkte hier hervorzuheben, die in der Moderne zur Erfahrungsgrundlage fast aller Menschen gehören, keineswegs aber in der Antike und dem mittelalterlichen Übergang. Auch hier betreibe ich keine Wirtschaftsgeschichte, sondern greife nur jene Momente heraus, die als Hintergrund für einige Reflexionen von Theoretikern in Erinnerung zu rufen sind.

Wenn man jene Parameter verwendet, mit denen Platon und Aristoteles argumentierten – Berufe und Bedarf –, so ist eine ökonomische *Einheit* der Gesellschaft nur möglich, wenn Berufe und Bedarf entsprechend aufeinander abgestimmt sind. Denken wir uns eine einfache Gesellschaft, die aus der Tradition über Infrastruktur und Produktionsanlagen verfügt, die Jahr für Jahr reproduziert werden. Die Berufswahl sei gleichfalls durch Tradition geregelt – z.B. innerhalb der Familien –; ebenso komme jeder sozialen Gruppe (= Berufsgruppe) ein bestimmter Bedarf an Produkten zu. Nun kann man im Geist des platonischen Kommunismus etwa wie folgt argumentieren: Von den jährlich erzeugten Produkten werden für gemeinsame Zwecke eine bestimmte Menge abgezogen; ferner werden jene Produkte abgezogen, die zur Instandhaltung der bislang verfügbaren Produktionsanlagen dienen oder öffentliche Aufgaben übernehmen, die zu der jeweiligen Kultur gehören (Religion usw.). Dann verbleibt als Aufgabe die Aufteilung des verbleibenden Vektors an Produkten auf die verschiedenen Bedarfe.

Vorausgesetzt ist hier zweierlei: *Erstens* muss die Produktion in sich konsistent sein, d.h. die von allen Berufen erbrachten Arbeitsleistungen müssen – bei gegebenem Stand der Anlagen, der Infrastruktur und der Bedarfsdeckung – tatsächlich in der Lage sein, die im Bedarf ausgedrückten Produkte zu erzeugen. Die Produktion und der Bedarf müssen also in sich *widerspruchsfrei* vermittelt sein. *Zweitens* ist vorausgesetzt, dass – die erste Voraussetzung gegeben – durch Tradition, Gewohnheit usw. niemand beabsichtigt, *entweder* seine Leistung *oder* seinen Bedarf zu verändern. Ein ökonomisches System wäre in sich konsistent und reproduktiv, wenn diese Bedingungen erfüllt sind.

Es ist dann bei einiger Übung in mathematischer Ökonomie nicht schwer, zu diesen Voraussetzungen ein System von *Preisen* zu ermitteln, mit denen die Produkte und die Arbeitsleistungen jeweils bewertet werden.[134] Das bedeutet: Man kann die Verteilung der Produkte auch über Märkte abwickeln, während die Arbeitsleistungen jeweils zu entsprechenden Löhnen entgolten werden. Doch diese formal mögliche Lösung, bei der den Preisen für Produkte und Arbeitsleistungen ein exakt der sozialen Bedarfs- und Tätigkeitsstruktur entsprechender Wert in Geldeinheiten zugemessen wird, ist funktio-

---

[134] Ich möchte das nur sehr grob skizzieren. Seien $i = 1,...,n$ die Produkte x_i, seien v_j mit $j = 1,...,m$ die Arbeitsleistungen der m Berufsgruppen und sei b_j der Bedarf der Berufsgruppe j, so erfordert mit den Produktpreisen p_i und den Löhnen q_j die individuelle Konsistenz des Haushalts j: $q_j v_j = \Sigma_i p_i b_{ij}$. Für den Produktionsprozess i muss Kostendeckung gelten: $p_i x_i = \Sigma_j q_j v_{ij}$. Unter bestimmten, hier nicht diskutierten Voraussetzungen ist dieses System in sich konsistent und erlaubt die Ermittlung der Preisvektoren $p = (p_1,...,p_n)$ und $q = (q_1,...,q_m)$, wenn man eine Rechnungseinheit („Geld") festlegt, z.B. $px + qv = 1$; x und v sind jeweils Spaltenvektoren der Produkte und Arbeitsleistungen der Länge n und m.

nal ohne Bedeutung. Diese Lösung setzt voraus, dass sie in sich konsistent und zeitlich invariant ist. Verändert eine soziale Gruppe ihren Bedarf oder ihre Leistung, so ergibt sich eine ungelöste Situation. Zwar könnte ein Zentralplaner für den neuen Bedarf wieder eine konsistente Lösung suchen, doch dieser Zentralplaner existiert nicht, jedenfalls nicht in größeren ökonomischen Einheiten. Zudem wäre, wenn die Planung von Bedarf und Leistungen bereits erfolgt ist, die Abwicklung über den Markt völlig überflüssig; zentrale Zuteilungsstellen oder einfach eine eingeübte Routine würden dasselbe Ergebnis erbringen.

Nun ist diese Überlegung natürlich völlig hypothetisch. Austausch und Preise, Arbeitsteilung und Geld wurden nicht als Instrumente der *Zentralplanung* eingeführt, auch wenn sich im frühen Babylon beide Formen offenbar überlagerten. Wenn sich über die Geldrechnung – wobei das Geld selbst, etwa als staatliche Münze, durchaus zentral eingeführt werden kann – und Märkte Preise bilden, so *verändert* sich die soziale Struktur. Die Tradition, die Moral und der Staat verlieren an Einfluss, ohne als tragendes Fundament der Tauschprozesse zu verschwinden. Sie erfüllen im Austausch dann nur eine ganz andere Rolle, wie sich aus der Analyse der Tauschstruktur ergeben hat. Mit der freien Preisbildung auf den Märkten, die als Regel nur die Verpflichtung übernehmen, im gegenseitigen Einvernehmen der Tauschenden die *Geldrechnung* als Orientierung ihrer Handlungen zu verwenden, geschieht Zweierlei: *Erstens* wird das gesamte soziale System flexibel gegenüber Änderungen. Wenn sich aufgrund von äußeren Einflüssen, in der Abfolge der Generationen und individueller Unterschiede auch Differenzen in Bedarf und Leistung ergeben, so können die Tauschverhandlungen die veränderten relativen Positionen berücksichtigen und neue Preise festsetzen. *Zweitens* entwickelt sich aber dann aus der Form W-G als Zwischenstufe *jedes* Kaufakts das Ziel, *Geld* zu erwerben. Dieses Ziel ergibt sich aus einem Marktprozess, der es mit *veränderlichen* Preisen zu tun hat. Und eben daraus erwächst schrittweise ein völlig neuer Typus von ökonomischer Organisation, der im Kapitalismus seinen Höhepunkt erreicht hat.

Hinter der Vorstellung *konstanter* Preise verbirgt sich also in Wahrheit die Voraussetzung eines in sich konsistenten, traditional bestimmten, vielleicht durch moralische und rechtliche Normen stabilisierten Systems von Berufen und Bedarfsstrukturen als „realer" Inhalt der Austauschverhältnisse. Aristoteles hat im Geld bemerkt, dass die wechselseitige Beziehung der Bedarfsstrukturen aufeinander (die Produktion ist durch das *Ziel*, also wiederum den Bedarf bestimmt) einen inneren Fixpunkt besitzt, der in der Geldeinheit eine konsistente Berechnung erlaubt. Doch das Geld ist, sobald es sich als dingliches Produkt, als Münze usw. *neben* den Produkten im Austausch etabliert hat, sobald damit auch *Eigentumsrechte* an einem bestimmten Geldbesitz wenigstens als *Durchgangsphase* des Austauschprozesses W-G-W sich herausbilden, nicht mehr durch die vorausgesetzte Bedarfsstruktur *determiniert*. Die Geldeinheit ist mit *jeder* Bedarfsstruktur kompatibel, und gerade darin liegt das revolutionär Neue der Geldrechnung. Man kann sie immer wieder erneut anstellen, auch wenn die Produktarten und -mengen auf den Märkten schwanken, wenn die erbrachten Leistungen sich ändern usw.

Das, was sich auf den Märkten deshalb an Austauschstruktur zwischen Produkten und Leistungen verschiedener Tätigkeiten oder Berufe ergibt, vermittelt durch die Rechnung in einer Geldeinheit Bedarfsstrukturen auch in ihrer *Veränderung*. Nun haben Platon und Aristoteles bemerkt, dass aus der Geldverwendung das Streben nach Zins, der Wucher hervorgeht. Doch hierbei gehen auch bei Aristoteles, der diese Frage bereits sehr detailliert untersucht, zwei Sachverhalte durcheinander. Wer wuchert, wer also einen überhöhten Preis fordert, der *verändert* offenbar die Preise (zu seinen Gunsten). Wenn aber sich die Preise auf den Märkten aus *anderen* Gründen verändern – etwa weil bei einer Missernte weniger Früchte einer bestimmten Sorte angeboten werden als in den Vorjahren –, dann braucht dem durchaus kein „Wucher" zu entsprechen, wenn die Käufer, also die Geldbesitzer in *Wettbewerb* zueinander treten und höhere Preise zu zahlen bereit sind, um ihren Bedarf zu befriedigen. Wenn sich Leistungen und/oder Bedarfsstrukturen ändern, dann *sind* die Preise nicht konstant. Wenn nun Marktaufseher bei Platon oder in den von Aristoteles geschilderten Verfassungen darauf drängen, dass die Preise *konstant* bleiben, dann entsteht ein Ungleichgewicht. Das Geld erfüllt dann *nicht* mehr die Aufgabe, den differenzierten Bedarf und die Leistungen aufeinander durch die Rechnung in einer Einheit abzubilden. Dasselbe trifft zu, wenn durch äußere Veränderungen, Seuchen, Kriege usw. sich der Bedarf und die Leistungen verändern müssten, um wieder eine *zirkuläre Einheit* der ganzen Ökonomie zu gewährleisten. Moralische, rechtliche Normen (die Festsetzung der Preise oder das Vorschreiben bestimmter Leistungs- und Berufsnormen) treten dann in Widerspruch zur Bewegung der Preise, die diese Anpassung durch *Veränderung* ausdrücken könnten.

Ich spreche hier immer noch von der rein aristotelischen Funktion des Geldes als jener fiktiven Recheneinheit, in der die Leistungen und die Bedarfsformen zirkulär aufeinander bezogen und dadurch *vermittelt* werden. Diese Leistung des Geldes ist durchaus *unabhängig* von der Frage der *Konstanz* der Preise, also der Reproduktion einer tradierten Ordnung der menschlichen Handlungen. Traditionen oder moralische, religiöse Normen können eine Ordnung der menschlichen Handlungen reproduzieren; man kann dies aber auch durch Märkte und die Geldrechnung vermitteln. Beides unterscheidet sich auf den *ersten Blick* nicht strukturell. Dennoch hat die Vermittlung über Märkte und die Geldrechnung gegenüber einer traditionalen Ordnung, die Handlungen durch Gewohnheiten und Regeln stabilisiert, offenbar einen historischen Vorzug: sie kann ohne Veränderung der *Vermittlung* sozialer Handlungen (über Geld und Märkte) sich Veränderungen in Bedarf und Leistungen anpassen.

Nun ist dieser Vorzug keineswegs „rein" zu haben. Man muss ihn allerdings rein herausarbeiten, um seine historische Bedeutung zu erkennen, um auch zu erkennen, weshalb Marktsysteme hinsichtlich der Anpassung an Veränderungen des Bedarfs und der Leistungen sehr flexibel sind. Historisch hat sich nämlich die Durchsetzung der Geldrechnung immer auch *zugleich* mit der Herausbildung jenes von Platon und Aristoteles gebrandmarkten *Missbrauchs* der Geldfunktion im Zins vollzogen. Zudem wurde das Moment des *Wettbewerbs* in der Preisbildung in der antiken Theorie kaum erkannt. Wenn ein Verkäufer mehreren Käufern gegenübersteht, von denen einige *höhere* Preise als die Marktpreise zu zahlen bereit sind, liegt dann „Wucher" vor? Solche Fragen wurden später von der scholastischen Wucherlehre aufgegriffen. Sie machen deutlich, dass der Wettbewerb um Güter oder umgekehrt um Käufer, der jeden Marktprozess charakterisiert, offenbar ein wichtiges Element ins Spiel bringt, das im Bild einer „stabilen Ordnung" als *realem Hintergrund* der Preisbildung unsichtbar bleibt.

Daraus ergeben sich zwei völlig verschiedene Fragestellungen: (1) Entspricht ein Preis den Gegebenheiten des Marktes? Oder (2) entspricht ein Preis den Gegebenheiten einer als Ideal postulierten *statischen Ordnung der Handlungen und des Bedarfs*? Die *römische* Rechtslehre ging umstandslos den Weg, die erste Frage einfach zu bejahen und die zweite Frage zu streichen: „Bekanntlich folgt das römische Recht durchaus diesem Grundsatz, dass die Preisbestimmung des Kaufgeschäfts Sache des rechtlich freien Willens ist; so sehr, dass jeder Kontrahent auch ungehindert versuchen mag, dem anderen einen Vorteil abzugewinnen."[135] Die Wirtschaftslehre des Islam, die zuerst Aristoteles rezipierte, sowie später die Scholastik, verneinte die erste Frage und übersetzte die zweite Frage so, dass der Begriff der „statischen Ordnung" als *göttliche Ord-*

---

[135] W. Endemann (1883: 2), S. 30.

nung ausgelegt wurde. Dieser göttlichen Ordnung entsprach dann eine objektive Struktur der „Stände" und des Brauchtums, der Sittlichkeit. Und diese veränderte *Natur* wurde dann – ganz anders als bei Aristoteles – so übersetzt, dass man den Produkten einen *wahren Wert*, einen ihnen objektiv zukommenden Wert zusprach, von dem durch *freie Vertragsvereinbarung* abzuweichen, schlicht verboten war. Der Begriff des (objektiven) Werts tritt also das Erbe der Vorstellung einer *hinter den Preisen und dem Geld* liegenden zirkulären, tradierten Ordnung der Reproduktion von Handlungen an. Bei Aristoteles gibt es keinen „Wert", und auch die islamische Wirtschaftslehre hat diesen Begriff nicht im Sinn der christlichen Scholastik verwendet. Andererseits ist dieser Begriff wiederum an die Moderne als ungedachtes Erbe weitergereicht worden, das den *kategorialen* Grund für diese Denkform nicht mehr kannte. Selbst die mathematische Reformulierung der ricardianischen und marxistischen Theorie hat den *Wertbegriff* neben der zirkulären Struktur der Produktion beibehalten. Doch der objektive Güterwert ist nichts anderes als die *Kategorie* für eine statische Ordnung – oder es ist ein illusionärer Leerbegriff.

4.2.4 Die scholastische Tausch- und Geldtheorie

4.2.4.1 Vorbemerkungen

Die Besonderheit der antiken Wirtschaftslehre ist ihr auf weiten Strecken undogmatischer Charakter. Zwar werden bestimmte soziale Einrichtungen nicht in Frage gestellt – allen voran die Sklaverei. Doch Platon und Aristoteles sehen in Staat und Wirtschaft eine *Einrichtung* der Menschen, die mit Willen und Absicht gestaltet und umgestaltet werden kann. Hierbei gelten Grundsätze, die als ethische Grundlegung zu verstehen sind und jeder konkreten Ausgestaltung einer bestimmten Staatsform oder einer Regelung in ihr vorausgehen. Bei aller Bindung an tradierte Vorstellungen hat die griechische Staats- und Wirtschafslehre einen *kreativen und experimentellen* Charakter, der weder Rechtsnormen noch wirtschaftliche Phänomene wie Preis und Zins als „Natur" begreift, d.h. als etwas, demgegenüber die Menschen keine Gestaltungsfreiheit besitzen.

Durch die Verbindung von römischer Staatsform und christlichem Glauben hat sich diese Einstellung grundlegend geändert. Die historischen Ursachen dafür klammere ich hier aus; wichtig ist nur, die mit dieser Veränderung verbundene *theoretische Haltung* zu verstehen. Die christliche, partiell auch die islamische Rechts- und Wirtschaftslehre ist hier zweifach zu charakterisieren: *Erstens* erscheinen nun Recht und Wirtschaft als Ausdruck *göttlicher Normen*. Als Geschöpf bringt auch die menschliche Ordnung einen göttlichen Willen zum Ausdruck, dem Gehorsam im Glauben zu leisten ist. Im *Dass* des Glaubens sind sich Juden, Christen und Moslems völlig einig, auch wenn sie sich im *Was* ihrer Glaubensinhalte Jahrhunderte lang teils blutig befehdeten.

Metaphysisch ist damit ein entscheidender Schritt verbunden. Ist bei Aristoteles zwar der Mensch *von Natur* auf Gemeinschaft hin angelegt, so ist doch die Form dieser Gemeinschaft durch Gewohnheit, Herkunft und Übereinkommen, durch *nomos* und *ethos* bestimmt. Die menschliche Freiheit erstreckt sich auf die Gestaltbarkeit ihrer eigenen Ordnung. Es gibt darin zwar einen Verstoß gegen die *Natur* – die Gemeinschaft –, sofern Gesetze oder Handlungen das Zusammenleben gefährden und damit der Naturanlage auf eine Gemeinschaft hin widersprechen. Doch die Vielheit der Staatsformen macht für Aristoteles deutlich, dass es zur Realisierung dieser Naturanlage nicht nur *eine* Verfassung gibt, mag man auch für die verschiedenen Verfassungen untereinander gemessen an ihrer Dienlichkeit für die Gemeinschaft eine Rangskala aufstellen.

In den theokratischen Systemen verschwindet dieser „Freiheitsgrad". Es gibt nur noch *eine* ideale, nämlich göttliche Ordnung, die nicht aus ihrer Wirklichkeit, sondern aus ihrer Offenbarung, der Auslegung der heiligen Texte erkannt wird. Dass diese Offenbarung wiederum eine *Vielheit* ist, dass es viele heilige Bücher und Religionsformen gibt, wird hier nicht ins Argument einbezogen. Argumentiert wird nur endogen *innerhalb* einer Glaubensform, die demgemäß auch nur eine Staats- und Wirtschaftsform kennt. Wie der im Mittelalter immer wieder auftauchende Gegensatz zwischen Juden, Moslems und Christen sowie zwischen verschiedenen christlichen Sekten zeigt, ist diese Voraussetzung eine Illusion. Die je eigene Religion als absolutes System zu setzen, aus dem auch Normen des Zusammenlebens hervorgehen, entfaltet sich deshalb *praktisch* als totalitärer Anspruch, der im Mittelalter allerdings vorwiegend Moslems und Christen charakterisierte, mit nur sehr wenigen Ausnahmen wie in der Philosophie von Ramon Lull.

Dieser totalitäre Anspruch enthält den Gedanken, dass es nur *eine* Staats- und Wirtschaftsform geben könne, da doch nur die je offenbarte wahrhaft göttlicher Natur sei. Die metaphysische *Form* dieses Gedankens bleibt gewahrt, wenn man der Wirtschafts- oder Staatsform eine anderweitige „Natur" zuspricht, von der abzuweichen in der Moderne vielleicht nicht mehr „Sünde" heißt, wohl aber den Rang einer ökonomischen Ketzerei einnimmt. Bei allen Innovationen, die sich unter der Oberfläche dieses Leichentuchs für den Gedanken dennoch vollzogen haben, bleibt dies der dunkle Fleck und das gänzlich unheilige Erbe des Mittelalters. In der cartesianischen Denkform überlebt diese metaphysische Haltung durch ihre moderne Metamorphose hindurch und wird zum metaphysischen Glauben jener, die sich nicht mehr Theologen, sondern „Wissenschaftler" nennen. Die wahre Größe mittelalterlicher Denker bestand darin, dass sie – wie Averroes, Avicenna, Ramon Lull, Nikolaus von Kues, Meister Eckhart, Nikolas von Oresme, Wilhelm Ockham und andere – unter der Voraussetzung ihrer Schranken den Zwang dieser Denkform bemerkten, teilweise höchst kreativ dagegen rebellierten und sich darin einen denkerischen Freiraum erkämpften, der ihnen teils überraschende Einsichten gewährte. In der Moderne dagegen ist der denkende Ketzer eine aussterbende Spezies.

4.2.4.2 Avicenna und Averroes

Die aristotelische Kritik am Zins wurde auch in der islamischen Philosophie, die Aristoteles zuerst adaptierte und tradierte, übernommen, allerdings mit einer deutlichen Verschiebung des Akzents. Während Platon und Aristoteles die Funktionen des Staates und der Ökonomie aus wenigen Prinzipien „in Gedanken" rekonstruieren wollten, formulieren die islamischen Philosophen – die darin Theologen blieben – eine *göttliche Norm*. So verkündet Avicenna (*Ibn Sina*) sogleich für das Leben in den Städten: „Der erste Zweck des Gesetzgebers, wenn er Satzungen aufstellt, ist, das Leben der Bürger einer Stadt in drei Gruppen zu ordnen, die Leitenden, die Arbeiter und die Beschützer."[136] Was bei Platon sich in der *Politeia* als schrittweise begriffliche Entwicklung ergibt, erscheint hier bereits als „offenbarte Norm" eines Gottes: „Glaube die Wahrheiten betreffs der göttlichen Strafen, die durch die Offenbarung und durch göttlichen Ratschluss über die im Koran erwähnten bösen Städte und über einzelne frevelhafte Personen verhängt wurden."[137] Gleichwohl findet sich in diesem theologischen Kleid durch-

---

[136] Avicenna (1907), S. 671.
[137] Avicenna (1907), S. 658.

4.2.4 Die scholastische Tausch- und Geldtheorie

aus eine philosophische Reflexion, die das wieder aufgreift, was bei Platon und Aristoteles formuliert wurde:

„Wir behaupten jetzt: es ist bekannt, dass der Mensch sich von den anderen belebten Wesen dadurch unterscheidet, dass sein Leben dann nicht in vollkommenere Weise geführt wird, wenn er als Individuum für sich allein dasteht und seine Verhältnisse ordnet, ohne dass er einen Gefährten hat, der ihm in Bezug auf die notwendigen Dinge des täglichen Lebens hilft. Der Mensch muss also unterstützt werden durch einen anderen, der der gleichen Art angehört, indem zugleich auch dieser andere wiederum durch den ersten unterstützt wird und zugleich durch einen weiteren. Dieser erste bringt z.B. die Früchte zu jenem, jener andere stellt für den ersten das Brot her. Dieser dritte verfertigt Kleidungsstücke für den anderen und letztere verfertigt die Nadel für jenen. Wenn sie sich alle zusammentun, so ist ihr Zusammenleben ausgestattet mit allem Notwendigen. Daher sind also die Menschen gezwungen, sich in Städten und Gemeinschaften zu vereinigen."[138]

Trotz dieser *begrifflichen* Notwendigkeit des Zusammenlebens sind aber die Menschen – darin liegt der neue Ton der theologischen Schulen in Islam und Christentum – dazu unfähig ohne göttliche Hilfe: „Sie würden sich nicht einigen können."[139] Deshalb benötigen die Menschen Gesetze und einen Gesetzgeber. Gott gibt den Menschen nicht nur „das Verlangen nach nützlichen Dingen" ein, er legt zugleich das „Fundament für diese nützlichen Dinge". Und dieses Fundament sind göttliche Gesetze. „Daher ist es notwendig, dass ein Prophet auftrete und ebenso ist es notwendig, dass dieser ein Mensch sei."[140] Es bedarf nur einer geringen Umformulierung, um daraus einen *christlichen* Gedanken zu machen, der in dieser systematischen Ordnung erst nach der (aus dem Arabischen übernommenen) Adaption aristotelischer Lehren erfolgte. Die Propheten reden nur „bildlich"; es ist Aufgabe der Philosophen, „die durch ihre Naturanlage für die philosophische Untersuchung begabt sind", die „Wahrheit wissenschaftlich zu erforschen."[141] Hierbei verweisen islamische Philosophen immer wieder auf die im Koran formulierte Pflicht zur Wissenschaft.[142]

Als rationelle Fragestellung erkennt man hier also den aristotelischen Ausgangspunkt einer arbeitsteiligen Stadt, die ihre *Einheit* zu verwirklichen hat. Diese Einheit wird nunmehr im Christentum und im Islam durch *göttliche Gesetze* gestiftet. Die Gemeinsamkeit aller ist ihre göttliche Bestimmung, die jeder Individualität übergeordnet ist. Aus dieser Perspektive wird auch der Austausch zwischen den arbeitsteiligen Prozessen beurteilt. Er dient nur dieser Gemeinschaft, deren Einheit „göttlich" ist. Es steht außer Frage, dass diese Denkform der aristotelischen zwar nicht im vermeinten Inhalt, wohl aber in der *metaphysischen Form* entspricht. Die Einheit der Vielen entspricht auch bei Aristoteles der *Natur* des Menschen, „denn der Mensch ist von Natur bestimmt für die Gemeinschaft."[143] Und vor dem Horizont dieser *metaphysischen Einheit* der Menschen, die hier als *göttlicher Wille* gedeutet wird, erscheinen sowohl Individualität wie Besitz und damit auch der Austausch nur als *Moment* dieser gemeinschaftlichen Ordnung.

---

[138] Avicenna (1907), S. 661f.
[139] Avicenna (1907), S. 663.
[140] Avicenna (1907), S. 663.
[141] Avicenna (1907), S. 666.
[142] Averroes beruft sich auf die Suren 59.2, 83.17 und 3.188; Averroes (1991), S. 1ff.
[143] Aristoteles (1969): Nikomachische Ethik 1097b, S. 15.

Allerdings, und darin liegt die erste Akzentverschiebung gegenüber der antiken Denkweise, wird diese Einheit nun nicht mehr der Willkür menschlichen Denkens und Entscheidens subsumiert, es gibt auch nicht *mehrere* Staatsverfassungen und damit ökonomische Ordnungen, wie dies bei Aristoteles eine charakteristische Fragestellung darstellt. Vielmehr ist die Einheit der Gesellschaft nun nurmehr *eine* mögliche, nämlich die gemäß der göttlichen Satzung. In der späteren Tradition – darin zwar in Übersetzung, aber mit völliger Verschiebung der Bedeutung des Begriffs der *physis* – entspricht dies auch ihrer „Natur". In der Moderne wird die Identität von „göttlicher Norm" und „Natur" mehr und mehr an den Rand gedrängt oder zu einer Frage des *privaten* Glaubens gemacht. *Metaphysisch* bleibt aber der Gedanke erhalten, dass es nur noch *eine Natur* gibt, die der Wirtschaft und damit dem „richtigen" Staat entspricht. Selbst bei Marx ist dieser Gedanke gewahrt, nur *temporalisiert* er dieses Wesen und weist ihm jeweils eine ökonomische Epoche zu mit eigenen Kategorien.

Avicenna sieht – wie später Thomas nach dem Vorbild der göttlichen Engelshierarchien – die Gesellschaft von oben nach unten geordnet. Die schon genannten drei Klassen von Menschen – die Leitenden, die Arbeiter und die Beschützer – haben jeweils ihre eigenen *Meister*, die wiederum in ihrer Gruppe sich andere unterordnen, „so dass von diesen beginnend eine Ordnung entsteht, die hinführt zu den niedrigsten Gruppen der Bürger. Dann besteht in der Stadt kein Mensch mehr, der unbeschäftigt wäre und der keinen für ihn bestimmt angegebenen Platz einnähme."[144] Jeder macht sich nützlich, und die göttlichen Regeln garantieren den täglichen Verkehr. Oberste Norm ist *Tätigkeit*, also ein Verbot der *Trägheit*[145] – eine, wie man leicht bemerkt, keineswegs erst *protestantische* Tugend. Da nach Avicenna der Fleiß der Tüchtigen die oberste Norm ist, folgt als Umkehrung, dass jede Aneignung von „nutzbringenden Gegenständen" *ohne Gegenleistung* verboten ist. Das ist z.B. das Glücksspiel. „Der Spieler nimmt ein Gut an sich, ohne dass er dem anderen irgendwelchen Nutzen gibt. Der Wechsel von Besitz muss vielmehr so vor sich gehen, dass der eine aus irgendwelcher Beschäftigung ein Gut gewinnt, so dass er zugleich durch seine Tätigkeit einem anderen einen Nutzen bringt, der an Stelle des erworbenen Gutes tritt."[146]

Und daraus ergibt sich als einfacher Folgesatz, dass auch jeder *Wucher* untersagt ist: „So verhält sich der Wucher. Der Wucherer verlangt einen allzu großen Gewinn, ohne dass er eine Tätigkeit ausübt, die diesen Gewinn ihm einbringt, selbst wenn seine Tätigkeit irgendwelchen Nutzen tatsächlich bringt."[147] Das ist so zu verstehen, dass die Tätigkeit des Kaufmanns als *Vermittler* eine wirkliche Leistung darstellt, die auch entgolten wird. Jede *Spekulation* („Glücksspiel") oder jeder überhöhte Preis dagegen hat keine Entsprechung in einer für das Gemeinwesen nützlichen Tätigkeit und ist deshalb einfach wider die göttliche Ordnung, also verboten.

Man erkennt hier unschwer eine einfache Orientierung des Urteils an der tatsächlichen Tätigkeit, d.h. an ihrer Wirkung *auf die Anderen*. Es ist eine öffentliche Beurteilung der Arbeit, die durch solche Gesetzgebung erfolgt. Der nur private oder individuelle Nutzen einer Tätigkeit fällt aus dem Betrachtungskreis dieser Wirtschaftslehre. Der Begriff der „Arbeit" ist hier in seinem Wesen in *sozialer*. Es ist Arbeit je für den anderen, nützlich für den anderen, also Arbeit einer *sozialen Arbeitsteilung*, die *als Einheit*

---

[144] Avicenna (1907), S. 671. Dass in dieser Auffassung nur das „geltende Religionsgesetz" mit „dem von Platon entworfenen Nomos identifiziert" werde, G. Strohmaier (1999), S. 107, lässt sich aus der Struktur des Arguments bei Avicenna nicht erkennen.
[145] Avicenna (1907), S. 672.
[146] Avicenna (1907), S. 673.
[147] Avicenna (1907), S. 673.

4.2.4 Die scholastische Tausch- und Geldtheorie

gedacht und im göttlichen Handwerker gleichsam „geschaut" werden kann, der alles hervorbrachte. Es ist auch erkennbar, dass die Form des Arguments nicht notwendig auf seinem theologischen Inhalt beruht, sondern nur von der Voraussetzung ausgeht, dass eine arbeitsteilige Gesellschaft als Norm ihres Handelns nur ihre *Einheit* besitzen kann. Jede Abweichung davon gefährdet die *ganze* Gesellschaft. Und es erhellt daraus auch, dass das Geld – das hier von Avicenna nicht näher bestimmt wird – gleichfalls nur eine *dienende* Rolle spielt, für die andere Gesetze stets *normativ* vorausgesetzt sind. Die Vorstellung eines Tauschs *außerhalb* einer Ordnung findet sich nur für die Ränder des Gemeinwesens. Dafür formuliert auch das Judentum eine *andere* Norm als innerhalb der Gemeinschaft, denn nach der Lehre des *Pentateuch* dürfen Juden vom „Bruder" keinen Zins nehmen, wohl aber vom Fremden [Dt 23, 20-21].[148]

Averroes hat in Anknüpfung an die arabische Tradition in Anmerkungen zur aristotelischen Theorie eine Interpretation geliefert, die die später immer wiederkehrenden „Ableitungen" des Geldes aus den Schwierigkeiten des Tauschs vollständig vorwegnimmt. Von Adam Smith über Carl Menger bis zu modernen Modellierungen z.B. bei Brunner und Meltzer wurde *kategorial* in dieser Frage über Averroes hinaus kein Fortschritt mehr erzielt. Sein Text war dem Mittelalter in dieser Form unbekannt. Er stammt aus einem Kommentar zu Platons *Politeia*; Avicenna fügte hier einige Anmerkung zur aristotelischen Geldlehre ein, und letztere kommentiert letztere wie folgt:

> „Wie in der Nikomachischen Ethik erklärt wird, braucht man Gold und Silber in den anderen Staaten wegen der Schwierigkeiten der Geschäfte. (...) Wenn zum Beispiel ein Bauer Pflugeisen braucht, kann er dem Schmied nur Lebensmittel geben. Wenn nun der Schmied keine Leibensmittel braucht, sondern ein Gewand oder sonst etwas, kommt der Handel unter ihnen nicht zustande. Also müssen sie etwas annehmen, das potentiell alles sein kann. Wenn dann der Bauer dem Schmied dies (sc. das Geld) gibt und das Pflugeisen erwirbt, hat der Schmied bereits alles, was er will und braucht."[149]

Wie man sieht, tauchen hier bereits alle *später* verwendeten Argumente in ihren kategorialen Grundlagen auf. Ausgangspunkt ist die Arbeitsteilung in einer Stadt (Staat). Der Austausch führt hier aber zu Koordinationsproblemen, weil die jeweiligen Tauschpartner nicht paarweise gefunden werden können. Diese Erfahrung führt die Händler dazu, durch *indirekten* Tausch eine dauerhafte Ware zu verwenden, die schließlich als Geld erscheint.

Das aristotelische Argument wird hier auf eine charakteristische und erst in der Neuzeit wieder aufgegriffene Weise umgedeutet. Averroes kommentiert nicht, sondern liefert eine *alternative* Erklärung, auch wenn er sich dabei auf Aristoteles beruft. Dessen Fragestellung nach der Schwierigkeit der *quantitativen* Zuordnung von Bedarf und

---

[148] Vgl. E. Klingenberg (1977), S. 14ff. Thomas sieht in der Erlaubnis, von Fremden Zins nehmen zu dürfen, nur ein Zugeständnis: „Dass sie aber von den Fremden Zins nahmen, war ihnen nicht gestattet als Erlaubnis, sondern als Zugeständnis, um größere Übel zu verhüten, nämlich dass sie nicht von den Juden, die Gott verehrten, Zins nahmen aus Geiz, dem sie verfallen waren", Thomas von Aquin: s.th. II-II.78.1 ad 2, WW Bd. 18, S. 367. Eine reichlich kuriose Begründung, wonach der Schaden, der Fremden entsteht, *deshalb* geringer wiegt, weil sie nicht „Gott verehren". Zudem ist dieses Gebot in sich inkonsistent: Seien J_a und J_b Juden, F ein Fremder. Wenn nun J_a dem F einen Kredit auf Zins gibt mit dem (impliziten) Auftrag, den Kredit an J_b gegen Zins weiterzugeben, so ist dem göttlichen Gebot Genüge getan, gleichwohl nimmt J_a dann von J_b indirekt einen Zins.

[149] Averroes (1996), S. 60.

Produktmenge in einer Rechnungseinheit, die *nicht* natürlichen Ursprungs (*physis*) ist, sondern die *koinonia* durch die in der Gesellschaft vorliegende Übereinkunft (also die darin vorgehenden Bedeutungsprozesse) erklärt, bleibt bei Averroes unerkannt – auch darin liefert er ein Modell der „kreativen Fehldeutung", die spätere Generationen zur modernen Tauschtheorie umformulieren. Die spezifisch religiös-ethische Einbettung im Argument von Averroes zeigt sich darin, dass er nicht *jeden* Handel für legitim erklärt. Das von ihm Aristoteles in den Mund gelegte Argument über die Schwierigkeiten des Austauschs soll sich nur auf das „notwendige Handwerk" beziehen, „nicht auf die unnötigen, die nur dem Vergnügen dienen, wie etwa die Kunst des Parfümiers, des Malers, des Bildhauers sowie des Herstellers von Ringen und anderer Dinge"[150].

Die *von außen* zugemessene Einheit des *justum pretium* im Mittelalter, der Versuch, *gerechte* Preise als Quantitäten zu definieren, spielt bei Averroes keine Rolle. Sein Argument ist rein qualitativer Natur: Das im Geld Vermittelte soll sich nur auf notwendige Güter beziehen, nicht auf Luxusdinge. Darin liegt der Gedanke, dass im Geld ein objektiver Wert ausgedrückt wird, der *moralisch* nur das Notwendige enthält. Auch in diesem Gedanken erweist sich Averroes' Kommentar als Vorahnung dessen, was in der klassischen Ökonomik unter dem Stichwort der *produktiven Arbeit* wieder aufgegriffen wurde: Nur bestimmte Typen von Arbeit sollen nach Ricardo, Mill und Marx *Wert* schaffen und somit in den Wertbildungsprozess eingehen. Galt für Averroes in dieser Interpretation die Herstellung von Luxusgütern als „unproduktive Arbeit" und damit aus der Geldrechnung auszuschließen, so sind dies bei Mill oder Marx die Dienstleistungen, die keine materielle Verkörperung finden. Gerade die bislang kaum für die Ökonomik rezipierten arabischen Texte – teils nur in hebräischer Übersetzung überliefert – legen die Bemerkung nahe, dass die Ökonomik, um ein Wort von Whitehead zu *variieren*, in der Geldtheorie nur aus einer Reihe von Fußnoten zu Aristoteles besteht.[151]

4.2.4.3 Wert und Preis in der scholastischen Lehre

Thomas von Aquin entwickelt seine Lehre vom Preis unter dem Horizont der „Sünden", „die bei freiwilligen Tauschhandlungen begangen werden."[152] Derartige Sünden sind der Betrug beim Kaufen und Verkaufen und der Wucher beim Kredit. Eine Sünde ist ein Verstoß gegen ein göttliches Gebot, die Artikulation eines *individuellen* Willens gegen den göttlichen Willen. In der christlichen Theologie ist den Menschen der freie Wille nur verliehen, um sich dem göttlichen Willen *frei* einzufügen. Der göttliche Wille ist in der Schöpfung wirklich und in den heiligen Texten offenbart. Die Frage, *welcher* heilige Text gewählt werden soll – denn auch das gehört zur Freiheit des Willens – bleibt aber offen. Gleichwohl sind der Islam und das Christentum darin durchaus gleich strukturiert. Ihre Logik gilt aber jeweils nur *endogen* im eigenen Glauben.

Die Gesellschaft ist auf andere Weise ein *Geschöpf* als die Natur. Die Naturdinge liegen uns fertig vor; wir können sie nur erkennen. Doch die menschliche Ordnung wird von Menschen gestaltet. Hier bekundet sich der göttliche Wille durch die *Herrschenden* und die Gesetze. Sie müssen in Harmonie sein mit dem *offenbarten* göttlichen Willen, also der Bibel (oder dem Koran). Die Struktur der Gesellschaft hat im offenbarten göttlichen Willen ihre wahre Natur. Dies unterscheidet die theologische von der philosophi-

---

[150] Averroes (1996), S. 60.

[151] „Die sicherste allgemeine Charakterisierung der philosophischen Tradition Europas lautet, dass sie aus einer Reihe von Fußnoten zu Platon besteht." A. N. Whitehead (1984), S. 91

[152] Thomas von Aquin: s.th. II-II.77, Einleitung; WW Bd. 18, S. 343.

4.2.4 Die scholastische Tausch- und Geldtheorie

schen Ethik, wie sie Aristoteles formuliert hat, der meinte: Das, was die Menschen an Verfassung, an Wirtschaft gestalten, geht aus ihrem Nachdenken, ihrem Willen usw. hervor und besitzt deshalb den Charakter eines *nomos*, eines Gesetzes oder einer Konvention, nicht den einer *physis*, einer gegebenen, d.h. hinzunehmenden Natur. Menschliche Gesetze beruhen auf Gewohnheiten und können wie diese verändert werden.

Nun akzeptiert auch die theologische Ethik, dass die menschliche Gesellschaft „von Menschen gemacht" wird. Auch Thomas sagt, dass der Staat „durch die menschliche Vernunft gebildet werden kann"[153]. Doch wenn auch Thomas wie Aristoteles den Zweck einer praktischen Wissenschaft darin sieht, wie „das Einzelne vervollkommnet werden kann"[154], ist die Vollkommenheit doch nur insofern durch die Vernunft begründet, als sie mit den Inhalten des Glaubens übereinstimmt. Denn alles menschliche Handeln steht unter einem göttlichen Gebot. Und nur ein Handeln gemäß göttlicher Gebote ist ein „wahres", „gerechtes", „objektives" usw. Handeln, ein Handeln *ohne Sünde*. Eine Ordnung der menschlichen Gesellschaft gemäß der göttlichen Gebote ist also die *wahre* Gesellschaft; in der göttlichen Ordnung findet sie ihre wahre Natur. Jede andere Einrichtung ist eine Abweichung vom göttlichen Willen und deshalb dem Untergang geweiht, früher oder später.

In der Wirtschaftslehre konkretisiert sich dieser Gedanke nun in vielen Details; ich verbleibe hier im Rahmen der Fragestellung nach Tausch und Geld. Der Tausch hat allerdings mehr als nur Modellcharakter, denn nirgendwo sonst wird in einer sozialen Struktur so sehr deutlich, wie der gegenseitige Wille der Handelnden das Ergebnis bestimmt. Hier tritt also für den Theologen die zentrale Frage hervor, ob der darin bekundete Wille mit dem Willen Gottes harmoniert. Der göttliche Wille muss im Tausch selbst als dessen wahre Natur in Erscheinung treten, auch wenn diese Natur – wie alle menschlichen Angelegenheiten – sich sozial nur als *Norm* zeigen kann. Und diese Norm ist der *gerechte Preis*. Diese Norm findet aber zugleich eine verdinglichte Vorstellung in dem Gedanken, dass der gerechte Preis so etwas ist wie der „wahre Wert" einer Sache.

Und eben diesen Gedanken stellt Thomas von Aquin an die Spitze seiner Überlegungen, wenn er die Frage stellt: „Darf man eine Sache über Wert verkaufen?"[155] Ich möchte das Augenmerk zunächst nicht auf die Intention dieser Frage, sondern vielmehr auf ihre metaphysische Form richten. Denn hier wird *implizit* gesagt, dass einer Sache ein Wert „zukommt". Er kommt ihr als wahre Natur zu, und diese wahre Natur ist der göttliche Wille, der auch im Austausch zu berücksichtigen ist. Selbst wenn man es ablehnt, einer Sache einen *inneren* Wert als Substanz zuzusprechen, so bleibt doch die Zuordnung von Sache und Wert eine *objektive*, wobei *hier* „Objektivität" bedeutet: In Harmonie mit dem Urprinzip der Welt (Gott). Die metaphysische Form beruht in der *Denkform*, nicht im vermeinten Inhalt. Thomas von Aquin spricht von der Metaphysik als der *scientia regulatrix*.[156] Es ist die Wissenschaft der Regeln, die das höchste Denken und die Dinge strukturiert. Der intentionale Gehalt ist hier zweitrangig. Der Gedanke, dass einem Ding ein *Wert* metaphysisch zukommt, ist deshalb ganz unabhängig davon, ob man diesen Wert *im Ding* ansiedelt oder in einer objektiven Norm, der die Bewertung dieses Dings zu gehorchen hat.

Die metaphysische Denkform bleibt gewahrt, wenn man den Wert „nur" als nominalistische, äußere Zuschreibung betrachtet, die aber *ihrerseits* einer inneren Natur zu

---

[153] Thomas v. Aquin (1993), S. 95.
[154] Thomas v. Aquin (1993), S. 97.
[155] Thomas von Aquin: s.th. II-II.77.1, WW Bd. 18, S. 343.
[156] Thomas v. Aquin (1993), S. 100. Vgl. auch M. Heidegger (1983), S. 70.

folgen hat, etwa einer ethischen oder religiösen Norm. Oswald von Nell-Breuning versucht sich dieses Problems zu entwinden, um es dann doch umso schärfer zu reproduzieren. In seiner Interpretation der scholastischen Preislehre geht er von einem Satz aus der Morallehre von Cathrein aus: „Der Kaufpreis muss gerecht sein (...), so dass Wertgleichheit herrscht zwischen Preis und Ware."[157] Gerechtigkeit wird also als *Äquivalenz* von *Verschiedenem* ausgelegt. Der Wert erscheint im Preis, ist aber doch in seinem Wesen davon verschieden. Wenn Nell-Breuning das, was er „gesunden Realismus der Patristik und Scholastik" nennt, gegen Karl Marx und seine „unmögliche Wertmetaphysik" kehrt, die nur „grimmigen Spott"[158] verdiene, so verkennt er den Charakter metaphysischer Denkformen. Zu behaupten, dass der Wert *in den Dingen* wohne – was Marx tatsächlich, wenn auch schwankend, so gesagt hat –, ist nur *eine besondere* Metaphysik. Die metaphysische Denkform verschwindet nicht, wenn man *nur* von einer Äquivalenz spricht, die sich zugleich gegen eine „nominalistische Unterschätzung der physischen (!) Seinsvollkommenheit des Dinges für die Bemessung seines Wertes bzw. Preises"[159] ausspricht.

Die Pointe besteht darin, *überhaupt* vom frei ausgehandelten Geldpreis einen Wert zu unterscheiden. Und eben *diese metaphysische These* bleibt auch dann gewahrt, wenn man statt „Wert" einfach „Gleichgewichtspreis" sagt, der durch ein mathematisches Modell im Stil von Walras, Debreu oder Sraffa-von-Neumann definiert ist. *Sachlich* verbirgt sich hinter dieser Frage ein rationeller Kern, sofern die frei ausgehandelten Preise durchaus einer *äußeren Schranke* unterworfen sein können. Andererseits bleibt in der scholastischen These einer Differenz zwischen Marktpreis und Wert hierbei der wichtige und richtige Gedanken gewahrt, dass dieser Wert nicht einem Ding *physisch* zukommen kann, sondern stets den Charakter einer *Norm* besitzt, wie immer diese Norm sich geltend macht. Die Frage, inwiefern die Preisbildung – etwa aufgrund der zirkulären Reproduktion von Preis und Kosten – aber einer *objektiv-physischen* Schranke unterliegt, ist eine Frage, die der Scholastik völlig fremd ist und die erst in der klassischen Nationalökonomie aufgedeckt wird.

Thomas sagt über die *Natur* des Wertes explizit sehr wenig. Die zunächst harmlos klingende Folgerung: „Also darf keiner dem anderen eine Sache teurer verkaufen, als sie wert ist"[160], verdeckt das Problem eher, als es zu erhellen. Denn: *Was ist eine Sache wert?* Thomas versucht hier das aristotelische Argument aus der *Politik* zu rekonstruieren, formuliert aber nur einen Zirkel, ohne zu bemerken, dass die Geldrechnung die Bewegung in diesem Zirkel *ist*. Thomas interpretiert Aristoteles so, dass ein Kaufvertrag „aufgrund des Gleichmaßes der Sachen" geschlossen wird. „Die Werthöhe der Dinge aber, welche zum Gebrauch bei den Menschen im Umlauf sind, wird bemessen nach dem bezahlten Preis."[161] Der Wert wird bemessen am Preis, aber der Preis soll den Wert ausdrücken. Thomas bemerkt hier nichts, aber er hinterlässt eine implizite Frage: Wodurch ist der Wert *unabhängig* vom Preis bestimmt? Nur wenn solch eine Bestimmung möglich ist, kann man überhaupt eine *Differenz* behaupten.

Der Mangel bei Thomas ist, dass er sich diese Frage einfach gar nicht gründlich gestellt hat. Er macht nur gelegentliche Hinweise, die einmal in Richtung der hervorbringenden Leistung (der Arbeit) verweisen, andererseits auf den *Nutzen* eines Dings. Deshalb haben auch immer wieder Vertreter der Arbeitswertlehre oder Nutzentheoretiker

---

[157] V. Cathrein (1924), S. 383; zitiert nach: O. v. Nell-Breuning (1928), S. 46.
[158] O. v. Nell-Breuning (1928), S. 46.
[159] O. v. Nell-Breuning (1928), S. 48.
[160] Thomas von Aquin: s.th. II-II.77.1, WW Bd. 18, S. 345.
[161] Thomas von Aquin: s.th. II-II.77.1, WW Bd. 18, S. 345f.

4.2.4 Die scholastische Tausch- und Geldtheorie

Thomas in ihrem Sinn zu vereinnahmen versucht. Die späteren katholischen Autoren wie Pesch oder Nell-Breuning unterstellen hier ein mutiges „sowohl-als-auch", ohne eine konsistente Argumentation vorzulegen. Nell-Breuning zitiert wieder die Moralphilosophie von Cathrein, in der es heißt: „Der Wert im vermögensrechtlichen Sinn (...) ist das *Verhältnis*, in dem ein wirtschaftliches Gut gegen andere wirtschaftliche Güter eingetauscht werden kann"[162]. Es gehört schon sehr viel Mut dazu, in dieser tautologischen Explikation „die einzig mögliche (!) Begriffsbestimmung des ökonomisches Wertes"[163] sehen zu wollen. Nell-Breuning sieht das Problem darin, die Vielheit der Tauschrelationen in *einem* Wert auszudrücken:

> „Immer und immer wieder hat man die Zauberei versucht, mathematisch gesprochen vektorielle in skalare Größen zu verwandeln; immer und immer wieder musste die ultrarealistische Werttheorie entweder Halbdunkel und Nebel um sich verbreiten, hinter denen das Geheimnisvolle sich vollziehen sollte, oder aber ihre unlösbaren Widersprüche offen aufdecken. Die scholastische Preislehre ist an diesen Klippen (im Allgemeinen wenigstens) glücklich vorbeigekommen."[164]

Das ist wacker gesprochen, besitzt aber nur den einfachen Mangel, dass Nell-Breuning nicht sagt, *wie* diese Umschiffung gelungen sein soll. Die scholastischen Texte geben das nicht her, und Nell-Breuning bezieht sich auch nur auf einen modernen Autor (Cassel), der nun allerdings etwas ganz anderes sagt – ich werde seine Theorie noch diskutieren.

Was hier *sachlich* als Problem erscheint, ist von anderer Art. Die aristotelische Frage war die nach der Möglichkeit, heterogene Leistungen und Bedürfnisse mit *einem* Maß messen zu können, das diesen heterogenen Sachverhalten gemeinsam zukommt. Seine Antwort war schlicht: Das ist nicht möglich. Dennoch werden aber *sozial* im Austausch Bedürfnisse und Leistungen aufeinander bezogen, indem Preise *in Geld* berechnet werden. Also ist das Geld eine – bezogen auf physische Eigenschaften – *fiktive* Größe, etwas von Menschen *in Geltung* Gesetztes, was mit seiner Funktion identisch ist. Hier werden nicht verschiedene „Werte" im Geld „gleichgemacht", sondern die Rechnung in Geld vollzieht die ökonomische Einheit der Gesellschaft durch die Köpfe der Tauschenden hindurch, die sich darin als *soziale* Wesen reproduzieren.

Einen „Vektor" von Tauschwerten als *Relationen* kann man in der Tat nicht in „einen" absoluten Tauschwert verwandeln. Doch wer hätte so etwas je versucht? Was die Ökonomen versuchen – und dies auf den Schultern der scholastischen Fragestellung – ist die Zurückführung der Tauschrelationen auf *ein* gemeinsames Maß (Arbeit oder Nutzen). Vorbild ist z.B. das Messen der Länge. Man kann sagen: Diese Frau ist doppelt so groß wie ihr Kind – also einen Relationsausdruck verwenden. Man kann aber auch sagen: Diese Frau ist 1,68 m, ihr Kind ist 84 cm groß. Den Naturdingen kommt solch ein Maß als *ihre Natur* zu, weshalb man auch bestimmte Naturformen wie die Wellenlänge von Licht zur Maßeinheit machen kann. Den *Waren* kommt solch eine gemeinsame Natur – eben das war das Ergebnis der aristotelischen Analyse – *nicht* zu. Das Messen der Preise ist vielmehr ein *sozialer* Akt, in dem *funktional* Leistungen und Bedürfnisse aufeinander bezogen werden. Hier liegt es in der Tat nahe, *in den Waren* – analog zur Länge – eine gemeinsame Eigenschaft zu suchen (Arbeitszeit), oder sie als gemeinsame Eigenschaft in die Tauschsubjekte zu verlegen (Nutzen). Was hierbei nicht

---

[162] V. Cathrein (1924), S. 383; zitiert nach: O. v. Nell-Breuning (1928), S. 51.
[163] O. v. Nell-Breuning (1928), S. 51.
[164] O. v. Nell-Breuning (1928), S. 51f.

verstanden wird, ist die *kategoriale* Differenz zwischen einer *physischen* Messung und der Geldrechnung, die gerade *kein* Messen ist. Doch der Gedanke, dass hier eine *Messung* vorliege, wurde gerade von der scholastischen Theorie formuliert, sofern vom aktuellen Marktpreis eine davon verschiedene Entität „Wert" postuliert wurde. Ob man diese Entität dann im Licht späterer Theorien eher auf der objektiven Seite der Arbeitswertlehre oder der subjektiven Seite einer Nutzentheorie positionierte oder sich in eklektischer Unbestimmtheit die Entscheidung vorbehält, das ist dann nur eine *nachgelagerte*, typisch *moderne* Frage, kein Problem der Scholastiker.

Fridolin Utz, Kommentator der deutschen Thomas-Ausgabe, hat im Anschluss an Nell-Breuning diese Frage aufgegriffen. Er gibt den wichtigen Hinweis, dass die *Quelle* der Fragestellung nach einer „Bewertung" bei Augustinus zu suchen sei. Augustinus erörtert im elften Buch seines „Gottesstaates" die Frage, welcher *Maßstab* bei der Stufenordnung der Wesen (Natur, Tiere, Mensch usw.) anzulegen ist. Hier handelt es sich um einen Maßstab, der offensichtlich *nicht* in den physischen Eigenschaften gefunden werden kann, denn die Differenz z.B. zwischen einem Heiligen und einem Sünder ist nicht in der körperlichen Verfassung beider zu suchen. Augustinus spricht deshalb auch bezüglich der physischen Dinge davon, dass dies „lediglich die Rangordnung der Natur" sei. Von dieser Naturskala der Werte unterscheidet Augustinus eine andere Wertung: „Es gibt aber auch eine andere Art der Wertung, nämlich je nach dem Nutzen, den irgendein Ding stiftet."[165] Und er fasst dies zusammen:

> „So ist denn, wenn frei geurteilt wird, ein erheblicher Unterschied zwischen der Schätzung prüfender Vernunft und der Schätzung, die durch den Zwang des Bedürfnisses oder die Lust des Begehrens bestimmt wird. Denn die Vernunft fragt danach, welcher Platz jedem Ding an sich in der Stufenreihe der Wesen zukommt, das Bedürfnis dagegen nach der Tauglichkeit eines Dings als Mittel zum Zweck. Die Vernunft schaut auf die Wahrheit, wie sie dem Geisteslicht erscheint, die Lust auf die Annehmlichkeit, wie sie den leiblichen Sinnen schmeichelt."[166]

Diese Differenz ist nur auf den ersten Blick klar, denn es bleibt völlig offen, was denn „Zukommen" bei einem Ding in einer Stufenreihe der Wesen bedeutet. Die scholastische Theologie hat darauf eine einfache Antwort: Es ist die aus der offenbarten Schrift zu entnehmende Rangfolge der Menschen und Dinge. Sie verleiht ihnen einen *objektiven* Wert. Doch wie soll sich dieser objektive Wert in der *Wirtschaft* geltend machen? Genauer, wie kann sich im Tauschgeschäft, das gerade nützliche Produkte tauscht und sich deshalb nicht an objektiven Werten orientiert, hier ein Maß finden?

Auf solche Weise durch einen Kirchenvater belehrt, sieht sich der scholastische Autor doch wieder auf seine eigene Vernunft verwiesen. Bei Thomas findet sich nun gerade neben der Vorstellung, dass es so etwas wie einen „Nutzwert" gibt, der „im Hinblick auf die allgemein menschliche Bedarfsdeckung gesehen"[167] wird, immer auch der Hinweis auf die Arbeit. Fridolin Utz zeigt sich einigermaßen verwirrt davon, dass Thomas an anderer Stelle auch anders urteilt. „Im Ethikkommentar (5. Buch, Lect. 9) findet sich zwar eine verdächtige Stelle: Beim Tausche von Schuhen gegen ein bestimmtes Quantum Getreide sollen die Schuhe an Zahl das Getreidequantum im gleichen Verhältnis überragen, in welchem die Arbeit und die Auslagen des Bauern die des Schusters über-

---

[165] A. Augustinus: (1985: 2), S. 27. Man vergleiche die verwandte Reflexion zu den beiden Reihen bei Georg Simmel, Kapitel 2.2.5.
[166] A. Augustinus: (1985: 2), S. 28.
[167] F. Utz: Kommentar zu Thomas von Aquin, WW Bd. 18, S. 540.

4.2.4 Die scholastische Tausch- und Geldtheorie

steigen. Doch sagt Thomas an derselben Stelle, dass verschiedene Waren ihre Vergleichsmöglichkeit durch ihren Nutzwert im Hinblick auf die Deckung menschlichen Bedarfs erhalten."[168] Was daraus erhellt ist jedoch keine Klärung, sondern nur der Ausdruck einer ungelösten Frage: Wie wird der Wert bestimmt? Die Antwort „gesellschaftlich bestimmter Nutzwert" ist eine leere Phrase, die Utz als Bedeutung Thomas unterschiebt, der sich diese Frage einfach gar nicht gestellt hat.

Thomas hat hier nicht das Problem studiert, sondern stets eine Lösung gesucht, die die Antwort auf die Frage nach dem richtigen Wert oder dem richtigen Maß in die *Entscheidungsgewalt* der Staatslenker verlegte:

> „Notwendigerweise sind die Maße für die käuflichen Dinge an den verschiedenen Orten verschieden, wegen der Verschiedenheit in der Fülle oder im Mangel der Dinge; denn wo die Dinge im Überfluss sind, sind die Maße gewöhnlich größer. An jedem Ort aber ist es Sache der Staatslenker festzulegen, welches die gerechten Maße für die käuflichen Sachen sein sollen, unter Berücksichtigung der Orte und Sachen. Und diese durch die öffentliche Gewalt oder durch Gewohnheit festgelegten Maße darf man nicht umgehen."[169]

Diese Antwort ist von kaum zu bezweifelnder Deutlichkeit. Was sagt Thomas hier? Er sagt *sachlich*, dass es nicht einen *universell* gültigen gerechten Preis gibt. Preise sind, das ist hier impliziert, offenbar doch von *objektiv-sachlichen* Verhältnissen bestimmt: Orangen sind in Ländern des Südens einfach reichlicher und deshalb billiger. Damit ist aber zugegeben, dass dem *Wert* als Maß der Preise keine innere ethische Norm zukommt. Vielmehr besteht das moralische Urteil hier in einer *Abweichung* von den sozialen und natürlichen Gegebenheiten der Preisbildung. Diese wird aber von Thomas nicht durch eine Theorie erklärt, sondern erscheint als Sache der Beurteilung der Staatenlenker. Die zentrale Frage, welche Prinzipien ein Staatenlenker dann aber bei der Festlegung der „richtigen" Preise zu beachten hat, beantwortet Thomas so wenig wie Aristoteles diese Frage bezüglich der Preisaufseher beantwortet.

Der einzige Hinweis, den Thomas gibt, ist die *Gewohnheit*, also das Herkommen, die Tradition der Preisbildung. Hier schimmert wieder die *eigentliche* Kategorie durch, die sich hinter allen Urteilen über „objektive Werte" oder „gerechte Preise" verbirgt: Die Idee einer reproduktiv-statischen Ordnung, die durch Tauschprozesse erhalten und nicht durch falsche Preise *gestört* werden darf. Eben dieser Gedanke findet sich bei Aristoteles ebenso wie bei Avicenna. Doch in diesem Gedanken erhält der „Wert" eben keinen objektivierbaren Charakter als gültiges *Maß*. Vielmehr wären hier die Preis an einer reproduktiv-statischen Ökonomie zu orientieren. Diese Frage kann man beantworten, sie wird aber den Märkten und der Geldwirtschaft als einem *funktionalen Prinzip der Vergesellschaftung* nicht gerecht. So bleibt von der scholastischen Preislehre nur eine in sich offene oder widersprüchliche Bestimmung dessen, was ein „gerechter Preis" sein soll.[170]

Man kann aus den Überlegungen scholastischer Autoren vier Motive rekonstruieren: (1) Der gerechte Preis ist ein konstanter Preis, der die Reproduktion der Gemeinschaft garantiert – jeweils lokal differenziert. (2) Der gerechte Preis ist jener Preis, den die Autoritäten gemäß ihrer (unerforschlichen) Ratschlüsse festlegen. (3) Der gerechte Preis ist jener, der auf irgendeine, nicht näher bestimmte Weise Nutzen und Arbeitsleistung

---

[168] F. Utz: Kommentar zu Thomas von Aquin, WW Bd. 18, S. 541.
[169] Thomas von Aquin: s.th. II-II.77.2 ad 2, , WW Bd. 18, S. 352.
[170] Vgl. auch W. Endemann (1883: 2), §§ 1-6.

entsprechend zum Ausdruck bringt und vergütet. (4) Der gerechte Preis ist – und dies ist allen Antworten gemeinsam – aber in jedem Fall ein von den frei festgelegten Marktpreisen verschiedener, moralischen Kriterien gehorchender Preis, und die Abweichung von ihm ist *Sünde*, weil sie dem offenbarten göttlichen Willen widerspricht.

4.2.4.4 Die scholastische Geldlehre und das Münzrecht

Thomas hat in der Geldlehre die aristotelischen Argumente nur insofern rezipiert, als sich diese Frage auf den Zins bezieht. Danach „besteht der eigentliche und hauptsächliche Gebrauch des Geldes in seinem Verbrauch oder im Ausgeben des Geldes, sofern es für Tauschgeschäfte aufgewandt wird. Und deshalb ist es an sich unerlaubt, für den Gebrauch des geliehenen Geldes eine Belohnung zu nehmen, die man Zins nennt."[171] Die Frage nach dem Geld *als Geld* wird hier nicht weiter gestellt. Thomas interessiert sich nur für den *Geldbesitz*, der auf dem Wege des Kredits Zinsforderungen als Wucher nach sich ziehen kann. Man könnte sagen, die scholastischen Autoren beschäftigten sich fast ausschließlich mit der logischen Form G-W-G+ΔG im Austausch, während in der Form W-G-W die Geldfunktion ausschließlich als Tauschvermittlung gesehen wird.

Nun gibt es allerdings noch eine Form von Wucher, die für Thomas einem moralischen Axiom widersprechen würde. Nach Paulus ist jede weltliche Macht von Gott eingesetzt, weshalb Thomas es auch den jeweiligen Regenten anvertraute, den „gerechten Preis" festzulegen. Der Gedanke, dass Staatslenker selbst Schurken sein könnten, die das Geld und Tausch für ihre „sündigen" Absichten verwenden, dies hätte wohl ein katholisches Grundverständnis erschüttert. Thomas schreibt das Münzrecht nachdrücklich dem Papst und dem Kaiser zu[172]; andere scholastische Autoren dehnen dies auf jeden *supremus princeps*, überhaupt auf jede höchste Landesobrigkeit aus.[173] Stillschweigend ist aber mit diesem Recht die moralische Pflicht der Fürsten oder Könige mitgedacht, dieses Privileg nicht zu missbrauchen – was nur ein frommer Wunsch geblieben ist. Für jeden anderen war ohnehin das Fälschen von Geld strikt untersagt.

Die Bedeutung des Verbots, Geld zu fälschen, ist daran erkennbar, dass dieses Verbot sogar für die Theologie zu einem Denkmodell werden konnte. In der im Mittelalter so zentralen Frage der Ketzerei oder der Häresie verwendet Thomas, ausgerechnet um eine *weltliche* Strafe zu rechtfertigen, das Modell der Geldfälschung. Er fordert für die Häresie der Ketzer die Todesstrafe:

> „Denn es ist weit schwerwiegender, den Glauben zu entstellen durch den die Seele ihr Leben hat, als Geld zu fälschen, das nur dem irdischen Leben dient. Wenn nun die Münzfälscher und andere Übeltäter ohne weiteres durch die weltlichen Fürsten *von Rechts wegen* dem Tod überliefert werden, so können um so mehr die Häretiker, sobald sie der Häresie überführt sind, nicht nur aus der Gemeinschaft ausgeschlossen, sondern auch rechtens getötet werden."[174]

Sieht man einmal ganz ab von der Brutalität dieser Denkform, die ethische Verkommenheit mit feiger Anbiederung an die weltliche Macht vereint[175], so wird deutlich, mit

---

[171] Thomas von Aquin: s.th. II-II.78.1, WW Bd. 18, S. 367.
[172] Thomas von Aquin: De regimine principum II c.13.
[173] Vgl. W. Endemann (1883: 2), S. 172.
[174] Thomas von Aquin: s.th. II-II 11.3, WW Bd. 15, S. 241; meine Hervorhebung.
[175] An dieser Haltung der katholischen Kirche hat sich bis in die Gegenwart nichts geändert, wenn es im Katechismus heißt, dass sie die „Pflicht der gesetzmäßigen öffentlichen

4.2.4 Die scholastische Tausch- und Geldtheorie

welcher Selbstverständlich der Begriff der *Falschheit* in seiner moralischen Konsequenz hier aus dem Geldbegriff erschlossen wird, wie sehr das Geld die *Denkform* hier zu bestimmen beginnt.[176]

Mit dem Münzrecht wurde der Gedanke verknüpft, dass damit auch der *Wert* des Geldes als unveränderlich gesetzt ist. Die Macht zur „Wertbeilegung" fand durch das Zeichen auf den Münzen seinen sinnlichen Ausdruck. Dieser festgelegte, im Zeichen auf den Münzen verbürgte Wert, der *valor impositus*, ist maßgebend. Der unveränderliche Wert hatte „also in dem Willen des höchsten Machthabers seine Quelle."[177] Darin erscheint der Gedanke, dass sich hinter dem *Wert* ursprünglich eigentlich die Vorstellung einer stabilen, reproduktiven Ordnung verbarg. Dies kehrt nun wieder in der Feststellung, dass die unbestrittene, von Gott eingesetzte Macht der Herrscher unmittelbar im Münzrecht auf den *Wert des Geldes* übertragen wurde. Der unveränderliche Geldwert ist nichts anderes als die unbestreitbare Macht der Herren. Verschwiegen ist hierbei, dass diese Macht nur ausgeübt werden kann, wenn die Tauschenden auch die geprägten Münzen tatsächlich verwenden, also sich ökonomisch bereits als Geldwirtschaft wenigstens partiell reproduzieren. Doch dieser reflexive Gedanke ist dem Mittelalter völlig fremd, und dieser Mangel strahlt ungebrochen auf die falsche Aura der Zentralbanken in der Gegenwart aus.

Durch die Setzung des Herrschers, so die scholastische Vorstellung, wird im Geld der feste Wertmaßstab aller Dinge garantiert. Das bedeutete praktisch einen *Zwangskurs* des vom Landesherrn geschlagenen Geldes. Die Untertanen mussten das Geld zum aufgeprägten Nominalwert akzeptieren. „So streng war diese Pflicht gemeint, dass nach Bartolus jeder Untertan, der die Landesmünze nicht zum Nominalwert gelten lassen wollte, der Strafe der Münzfälschung verfiel. Abgehen von dem *valor impositus* war Verfälschung des öffentlichen Wertmaßes, das seinem Wesen nach absolute Gültigkeit forderte."[178]

An diesem Gedanken zeigt sich sogleich ein Mangel, wenn man bedenkt, dass die Geltung des Geldes an der jedesmaligen Landesgrenze Halt macht. Die Zersplitterung des Münzwesens machte jedermann die Erfahrung möglich, dass die Geltung des absolut gesetzten Wertes gegenüber *anderen* Münzen keineswegs realisiert ist. Gleichwohl war jeder, der mit der Münze des eigenen Landes vertraut war, sofort in der Lage, in einer anderen Münze gleichfalls zu kaufen und zu verkaufen. An den Landesgrenzen zeigte sich, dass der „Wert" des Geldes, die Setzung eines absoluten Maßstabs, ein Schein ist, der darauf beruht, dass die „Untertanen" diese Setzung auch in ihrer Tauschpraxis mitmachen. Die Geltung des Geldes ist niemals *einseitig* herzustellen, welche Macht, Gewalt oder Drohung mit Höllenstrafen immer man diesem scheinbar „absoluten Wert" verleihen mochte. An der Landesgrenze zeigte sich die Geltung als reflexives Verhältnis, sofern die Untertanen durchaus in *anderen* Münzen ihre Geldgeschäfte abwickeln konnten.

Gewalt anerkannt, der Schwere des Verbrechens angemessene Strafen zu verhängen, ohne in schwerwiegendsten Fällen die Todesstrafe auszuschließen." Katechismus der Katholischen Kirche, § 2266. Der öffentliche Mord erscheint als *Pflicht*, ohne ein Wort über den *Inhalt* des angeblichen „Verbrechens" zu verlieren. Der Vatikanstaat hat die juristische Geltung der Todesstrafe erst 1969 endgültig abgeschafft.

[176] Vgl. weitere Belege für dieses prägende Denkmodell bei Thomas: K.-H. Brodbeck (2000a), S. 209ff.
[177] W. Endemann (1883: 2), S. 172.
[178] W. Endemann (1883: 2), S. 173.

Daraus erwuchs sofort der Versuch einer Regelung, sofern die Wechselkurse der Münzen in einem Land – da der Handel die Grenzen überschritt waren fremde Münzen notwendig im Umlauf – wiederum *fixiert* werden sollte. Dann „war es durchaus angezeigt, auch den fremden Münzen ihr Verhältnis zu den einheimischen, mit Zwangsnominalwert versehenen Münzen fest zu bestimmen. Sonst ging die Festigkeit des Preismaßes, die so sehr angestrebt wurde, verloren. Mithin stand es den Landesherrn zu und galt, wo nicht als Pflicht, doch mindestens als eine weise Maßregel, wenn sie wie den eigenen Münzen ihren Nennwert, so den fremden möglichst ihren festen Kurwert taxierten."[179] Doch eben diese Festlegung fand ihre Grenze an der Macht der anderen Münzherren, die Menge der geschlagenen Münzen *selbst* festlegen zu können.

Die Menge der Münzen, die ihre Geltung dem aufgeprägten *Nominalwert* verdankten, konnte vom verfügbaren Edelmetall durch unedle Beimischungen emanzipiert werden. Die Vorstellung eines inneren Werts des Geldes speist sich aus zwei Quellen: Einmal dem Gedanken einer dahinter stehenden unveränderlichen Ordnung und weltlichen Macht, zum anderen aber dem Gedanken, dass der Wert in einem edlen Metall *verkörpert* sei. Das Gelten des Geldes ist ein reflexives Verhältnis zwischen jenen, die über das Münzrecht verfügen, und den Teilnehmern an den Tauschprozessen. Diese Beziehung zweier zirkulär voneinander abhängigen Pole eines kategorialen Verhältnisses findet einen doppelten Ausdruck: Einmal in der Macht, die Rechnungseinheit dem Geld, der Münze (dem Papiergeld) aufzuprägen, zum anderen in der reflexiven Akzeptanz dieser Macht, sofern dem Geld ein *Wert* zugesprochen wird. Dieser Zuspruch erwächst aus der Geldverwendung und dem sich darin zeigenden Vertrauen. Dieses Vertrauen wiederum stützt sich *materiell* auf die „Güte" des Geldes, was bei einem Münzstandard mit dem Gehalt an Edelmetall (Gold, Silber) in den Münzen identisch ist. Doch auch hier erwächst nicht der „Wert" des Geldes aus einem fiktiven Metallwert. Umgekehrt, weil in verschieden Territorien verschiedene Münzen aus einem bestimmten Metall (Gold, Silber) als Geld gelten, ergibt sich daraus auch eine Geltung des Metalls als „Wert".

Doch beides kann offenkundig auseinander fallen, sofern die Münzherren einerseits den Zwangskurs durch die Prägung auf der Münze festlegen – ein *nominaler* Wert, geknüpft an ein Zeichen –, andererseits aber bei einer gegebenen Menge an Edelmetall die Zahl der Münzen durch Beimischungen verändern. Da auch in anderen Regionen Münzen aus Edelmetall geschlagen werden, wird der Metallgehalt zu einem *Vergleichswert* bei verschiedenen Münzen. Daraus erwächst die moralische Forderung, zur Aufrechterhaltung der Geltung des „Wertes" von Geld den aufgeprägten „Namen" zum Zeichen eines wahren Gehalts zu machen.

Auch dies hat Thomas von Aquin nachdrücklich gefordert, wenn er sagt, die Fürsten sollen nur gute Münzen emittieren und sich überhaupt jeder Münzveränderung enthalten. Sein Argument begründet er mit dem Nachteil für die Öffentlichkeit, wenn durch Münzverschlechterung der „wahre Maßstab" der Preis verändert wird.[180] Auch hier gilt, dass mit der Autorität der Herrscher, die das Münzrecht innehaben, sich ein *göttliches Gesetz* moralisch verwirklicht. Wenn der Münzherr die Qualität der Münze verschlechtert, dann *verändert* er das beim Kauf und Verkauf einzuhaltende *Gleichmaß* der Gerechtigkeit. „Deshalb wird es nach dem göttlichen Gesetz für unerlaubt gehalten, wenn bei Kauf und Verkauf nicht das Gleichmaß der Gerechtigkeit eingehalten wird."[181]

---

[179] W. Endemann (1883: 2), S. 174.
[180] Thomas von Aquin: De regimine principum II c.13.
[181] Thomas von Aquin: s.th. II-II.77.1, WW Bd. 18, S. 347.

Gleichwohl wurde die Politik der Münzverschlechterung zur Finanzierung fürstlicher Einkommen mehr und mehr alltägliche Praxis. Möglich ist dies, weil für die Geltung des Geldes eben nicht der Metallgehalt, ein Substanzwert, verantwortlich ist, sondern diese Geltung nur in dem reflexiven Vertrauen zwischen Geldbehörde und den Tauschenden besteht. Die geprägte Zahl auf der Münze, selbst wenn sie formal auf ein Metallgewicht lautet, ist *selbst* die Geldeinheit. Das Zeichen auf der Münze oder auf der Banknote bezeichnet nichts, sondern ist eine Einheit der Geld*rechnung*. „Materieller Träger" dieser Zeichen ist nicht das Ding (Gold oder Papier), sondern es sind die rechnenden, tauschenden Subjekte. Und diese Zeichen bezeichnen nur sich selbst, wie eine Zahl nur relativ zu einer anderen Zahl etwas „bedeutet", nicht Ausdruck oder Zeichen einer metaphysischen Entität namens „Menge", „Einheit" usw. ist. Das Material der Münze hat nur die Funktion, ein *Eigentumsrecht* an Geld neben der Rechnung mit ihm definieren und seine Veränderung im Kaufakt vollziehen zu können.

4.2.4.5 Nicolas von Oresme

Die reifste Geldtheorie in der Scholastik, zugleich aber auch schon in der Morgendämmerung der Neuzeit, findet sich bei Nicolas von Oresme. Das Vordringen des Geldverkehrs und der Münzen macht das Geld in der Spätscholastik zu einem heimlichen Denkmodell auch für theologische Fragen. Kurt Flasch zitiert eine sehr wichtige Stelle bei Nikolaus von Kues, worin das Geld als Denkmodell fungiert:

> „*Albrecht:* Das heißt ja wohl: Wenn wir und Gott als Geldhersteller vorstellen, dann ist die Vernunft gewissermaßen der Geldwechsler.
> *Der Kardinal:* Der Vergleich ist nicht schlecht, wenn du Gott gewissermaßen als allmächtigen Geldmacher denkst, der in seiner erhabenen und allmächtigen Kraft jede Münze hervorbringen kann. So, als wäre jemand von solcher Macht, dass er mit leichter Hand jede beliebige Münze hervorbringen könnte, aber dann einen Geldwechsler einsetzen würde, in dessen Kompetenz die Unterscheidung aller Geldstücke und die Kunst des Zählens läge. Sich selbst hätte er allein die Kunst der Geldherstellung vorbehalten. Der Geldwechsler würde dann den edlen Charakter und den Wert bekannt machen, also die Zahl, das Gewicht und das Maß, das die Münze von Gott hätte. Damit allein würde der Wert dieser Münze und dadurch die Macht des Geldherstellers bekannt."[182]

Und Nikolaus von Kues lässt Albrecht noch ergänzen: „die Kunst Gottes stünde unendlich über der Kunst des Geldwechslers. Denn die Kunst Gottes würde das Sein bewirken, die Kunst des Geldwechslers nur das Erkanntwerden."[183] Nikolaus von Kues schrieb dies 1465, ein knappes Jahrhundert nach der Niederschrift des geldtheoretischen Hauptwerks von Oresme: „Tractatus de origine et natura, iure & mutationibus monetarum" (1355).

Nicolas von Oresme (in der Literatur häufig in der lateinischen Form „Oresmius"), Bischof von Lisieux von 1377 bis zu seinem Tod 1382, wurde im 19. Jahrhundert wieder entdeckt. Roscher feiert ihn „als den größten scholastischen Volkswirt", dessen Geldtheorie auch vor dem Hintergrund der Einsichten des 19. Jahrhunderts noch „fast durchweg korrekt" sei.[184] Und weiter: „Den Oresmius können wir in doppelter Hinsicht

---

[182] Nikolaus von Kues: De ludo globi; zitiert nach K. Flasch (2004), S. 8f.
[183] K. Flasch (2004), S. 9.
[184] W. Roscher (1874), S. 25.

als den größten scholastischen Volkswirt bezeichnen: einmal wegen der Wahrheit und Klarheit seiner Ansichten, dann aber auch, weil er sich von der pseudotheologischen Systematik im Ganzen und von der pseudophilosophischen Durchführung im Einzelnen ebenso früh wie gründlich freigemacht hat."[185]

Endemann, bei aller Anerkennung von Oresmes Leistung, dämpft diesen Eindruck und versucht zu zeigen, dass Oresmes Traktat durchaus im Einklang mit der scholastischen Lehre stehe und seine Gedanken „im Wesentlichen dieselben (seien), welche Thomas von Aquino und nach ihm schon manche Andere ausgesprochen hatten."[186] Mag man dieses Urteil auch durchaus belegen können, so verkennt Endemann doch den Punkt: Die Fragen, die Oresme aufwirft, sind erstens durchaus anders begründet, sofern sich Oresme um eine an Aristoteles orientierte zunächst rein wissenschaftlichen Fragestellung bemüht, zweitens betont er auf systematisch entfaltete Weise Sachverhalte, die bei den Vorgängern nur als verstreute Randbemerkung und dort noch von zweifelhafter Interpretation vorliegen. Ohne Oresmes Abhandlung hätte auch Endemann bei den Vorläufern diese Sachverhalte gar nicht als Fragestellung entdeckt.

Oresmes Traktat „De Moneta" ist vor dem Hintergrund der Erfahrung geschrieben, dass einerseits die tradierte moralische Norm, wie sie z.B. Thomas ausspricht, das Gelten des Geldwertes durch die unveränderliche Qualität der Münzen zu garantieren sei, andererseits die Machthaber aber relativ ungeniert die Münzverschlechterung als Einkommensquelle für ihre Staatsfinanzen verwendeten. Oresme stellt dies so dar:

> „Bei manchen ist der Eindruck entstanden, ein König oder Fürst könne durch Recht oder Privileg ungehindert aufgrund seiner Machtgewalt die in seinem Herrschaftsgebiet im Umlauf befindlichen Zahlungsmittel ändern und nach freiem Gutdünken darüber befinden. Seinen Gewinn oder Verdienst möge er erwerben, wie es ihm beliebt. Anderen hingegen scheint das Gegenteil der Fall. In diesem Traktat nun möchte ich darüber handeln, was mir durch die Philosophie des Aristoteles vermittelt in den Grundzügen darüber sinnvoll erscheint."[187]

Oresme bemüht sich also um eine rein sachliche Analyse, nicht primär um die Anwendung einer religiösen Norm. Darin bekundet sich sein wissenschaftlicher Geist, den er auch auf anderen Gebieten (Mathematik, Astronomie, Physik) mehrfach bewiesen hat und der ihm den Ruf eintrug, ein Vorläufer der Moderne zu sein.

Die Argumente zum Geld entwickelt Oresme in folgender Ordnung. Er sieht die Quelle des Austauschs im Überschuss verschiedener Gemeinwesen und verschiedener Begabungen von Menschen. Der Tausch gleicht diese Differenzen zum Vorteil aller aus, ohne schon Geld zu benötigen. Oresme zählt das Geld dann zu den *künstlichen* Reichtümern, was offenbar die Übersetzung des aristotelischen Gedankens ist, dass dem Geld keine *Natur* zukomme. Es ist ein „künstlich geschaffenes Werkzeug, um natürliche Reichtümer leichter austauschen zu können."[188] Aus dieser Funktion leitet sich der

---

[185] W. Roscher (1863), S. 317. A. Oncken (1902), S. 129, Note 4, wirft Roscher eine historisch inadäquate Methode vor. Andere relativieren ebenfalls Roschers Urteil. So sagt Sombart, „die Predigt" von Oresme enthalte „nichts anderes, als was die Summae längst enthielten." W. Sombart (1930), S. 28. Zahlreiche weitere Stimmen zitiert O. Langholm (1995).

[186] Vgl. W. Endemann (1883: 2), S. 188.

[187] N. v. Oresme (1994), S. 3. Burckhardt verwendet den lateinischen Text, den M. L. Wolowski: Traictie de la première invention des monnoies de Nicole Oresme, Paris 1864 erstmals herausgegeben hat. Vgl. die alternative Übersetzung von Edgar Schorer: N. v. Oresme (1937).

[188] N. v. Oresme (1994), S. 5.

Begriff des Geldes ab, den Oresme sogleich mit dem Geldstoff in Verbindung bringt. Der Geldstoff muss geeignet sein, also wertvoll und doch nicht zu selten, teilbar und leicht transportierbar, wodurch sich die Vorzüge von Gold und Silber erklären. Geld ist „Mittel zum Warenaustausch"[189], und aus dieser Mittelfunktion bestimmen sich die Erfordernisse des Geldstoffs. Da die Waren vielfältig und unterschiedlich groß sind, muss auch für kleine Einheiten eine Münze geschaffen werden.

Generell ist eine Mischung „beim Münzstoff nicht zulässig", außer bei kleinen Geldeinheiten aus unedlem Metall. Geld wurde „schließlich erfunden", um „dem öffentlichen Nutzen" zu dienen. Deshalb gilt: „Es erweist sich aber weder als notwendig noch nützlich für die Gemeinschaft, eine Mischung bei Goldmünzen vorzunehmen, wo auch Silbermünzen im Umlauf sind. Und es scheint auch nicht in guter Absicht geschehen zu können und wurde auch nie in einem gut geordneten Staatswesen getan."[190] Hier taucht ein neuer Ton auf, denn Oresme nimmt zum Maßstab bei der Beurteilung des Münzwesens nicht einen abstrakten, extern begründeten Wert, sondern den Nutzen der Allgemeinheit. Er sagt sogar ausdrücklich:

„Obwohl der Fürst um des allgemeinen Nutzens halber die äußere Geldform festlegt, so ist er doch nicht Herr und Besitzer des in seinem Hoheitsgebiet umlaufenden Geldes. Das Geld wenigstens ist ein Mittel des Tausches, das den natürlichen Reichtümern an Wert entspricht (...). Es ist nun das Eigentum all jener, die im Besitze dessen sind, was für die Menschen als Reichtümer gilt. (...) Das Geld ist also nicht das alleinige Eigentum des Fürsten."[191]

Es wäre zu weit gegriffen, hier an eine vormoderne Forderung nach einer Demokratisierung des Geldsystems zu denken. Was Oresme hier ausspricht, ist die ursprünglich platonische Auffassung: „gemeinsam (ist) aller Geldbesitz"[192], die auch Aristoteles seiner Zinskritik zugrunde legt.

Endemann betont, dass es für die Auffassung von Oresme, dass das Geld nicht dem Fürsten gehöre, Vorläufer auch in der Scholastik gibt, ohne auf die eigentliche Quelle, die Oresme selbst benennt (Aristoteles), einzugehen. Am Anfang des 13. Jahrhunderts, als offenbar Fälle von Münzverschlechterung auftraten[193], wurde dem Papst Innozenz diese Frage vorgelegt. Innozenz bestreitet nicht das Recht der Fürsten, den Münzen ihren Wert beizulegen. Allerdings findet sich in seiner Antwort die Formulierung: *irrequisito assensu populi*, was von einigen Kommentatoren so ausgelegt wurde, dass damit gesagt sei, der Fürst dürfe „ohne Zustimmung des Volkes kursierende Münzen nicht ändern". Doch, wie Endemann ergänzt: „die Meisten verstanden dies nicht so. Gewiss zu Recht. Von vorn herein ist es unwahrscheinlich, dass Innozenz ein solches Erfordernis habe aufstellen wollen."[194] Es ist darum verwunderlich, weshalb Endemann wenige Seiten später dennoch betont, dass die Aussage von Oresme, die Münzänderung sei von der Zustimmung des Volks abhängig zu machen, dahingehend abschwächt, dass er mit dieser Ansicht „keineswegs allein"[195] stehe.

---

[189] N. v. Oresme (1994), S. 9.
[190] N. v. Oresme (1994), S. 11.
[191] N. v. Oresme (1994), S. 15ff.
[192] Platon: Nomoi 739c, WW Bd. 6, S. 117.
[193] Vgl. B. Schefold (1995b), S. 29ff.
[194] W. Endemann (1883: 2), S. 186.
[195] W. Endemann (1883: 2), S. 189.

Für die *Kategorie* des Geldes ist diese Frage in der von Oresme entwickelten Form gleichwohl höchst bedeutsam. Denn hier spricht sich – wenn auch eher nur ahnend denn explizit – der Gedanke aus, dass das Gelten des Geldes nicht *einseitig* von einem Fürsten gesetzt werden kann. Zwar kann ein Fürst durch Prägung und Metallqualität die stoffliche Seite der Münze bestimmen, nicht aber ihr *Gelten* im Tauschprozess, das zirkulär und reflexiv die Anerkennung dieser Geltung „durch das Volk" voraussetzt. Oresme hat zuerst ein klares Verständnis der Differenz zwischen geprägtem Wert als *Bedeutung* und dem Wert, den man dem „Metall" zuschreibt, entwickelt. Anfangs, so sagt er, verlief der Handel durch Münzen, die „noch kein Bildnis und keine Prägung" auswiesen, denn „das Gewicht bestimmte die Menge." Aus Gründen der Bequemlichkeit bildete sich die Gewohnheit heraus, die Münzen mit einer Prägung zu verstehen, die als „Wahrzeichen und Garantie des echten Stoffes und des wahren Gewichtes diente". Als Beleg führt Oresme alte Münznamen wie „das Pfund, der Solidus, der Denar, der Obulus und ähnliche Namen"[196] an.

Um die Gültigkeit dieser Prägung zu sichern und ihr Autorität zu verleihen, wird das Recht zu dieser Prägung nur wenigen, „von der Volksgemeinschaft hierzu bestimmten Personen" erlaubt. Und die dafür geeignete Person ist der Fürst als öffentliche Person mit großer Autorität. Wenn ein anderer Fürst solche Prägungen nachahmt – was nach Oresme verboten ist –, dann gibt solch ein Anlass sogar „das Recht, gegen einen solchen Fremden Krieg zu führen."[197] Daraus bestimmt sich aber die *übertragende* Aufgabe an den Fürsten. Er erfüllt eine Funktion für die Gemeinschaft, die für *seine* Zwecke zu privatisieren dieser Funktion widerspräche und *deshalb* verboten sein soll. Oresme verwendet also hier nicht ein Argument, das auf einen „wahren Wert" des Geldes, der Waren abzielt wie bei Thomas, sondern zurückkehrt zur aristotelischen Form der Begründung durch die Funktion, die das Geld erfüllen soll.

Daraus ergibt aber auch umgekehrt: „Wie also das Geld der Gemeinschaft gehört, so muss es auch auf Kosten der Gemeinschaft hergestellt werden."[198] Und Oresme schlägt vor, die Prägekosten auf die gesamte Geldproduktion zu beziehen. Falls bei der Prägung ein Münzgewinn entsteht – wenn also die Herstellung weniger kostet als die Münzen an Wert bedeuten (Seigniorage) –, dann steht diese Differenz „dem Verteiler und Ordner des Geldes, dem Fürsten oder Schatzmeister, gleichsam als Vergütung"[199] zu. Die Menge der Münzprägungen wird aber nicht durch diesen erzielbaren Gewinn bestimmt.

Oresme diskutiert in seinem Traktat dann verschiedene Möglichkeiten, die Münzen zu verändern und damit die Voraussetzung, im Interesse der Bevölkerung eines Landes zu handeln, zuwiderzulaufen. Neben einer Beimischung von fremden Metallen, einer Veränderung des Aufdrucks, des Namens (Kapitel 11), des Gewichts (Kapitel 12) kann man auch das Mischungsverhältnis der Münzen verändern (Kapitel 10). Generell gilt, dass ein Missbrauch des „Münzmonopols" durch solche Maßnahmen und zur Einkommenserzielung der Fürsten abzulehnen ist, weil es „für die Gemeinschaft nicht nur unnütz, sondern vielmehr kurzweg schädlich wäre."[200] Deshalb ergibt sich die einfache Schlussfolgerung: „Solche Geldmutationen sind an sich nicht zu erlauben"[201]. In dieser Folgerung stimmt Oresme mit anderen scholastischen Autoren völlig überein, doch

---

[196] N. v. Oresme (1994), S. 13.
[197] N. v. Oresme (1994), S. 15.
[198] Roscher übersetzte: „Wie die Münze dem Ganzen gehört ...", W. Roscher (1863), S. 310; Original: „Sicut ipsa moneta est communitatis ...".
[199] N. v. Oresme (1994), S. 19.
[200] N. v. Oresme (1994), S. 27.
[201] N. v. Oresme (1994), S. 45.

4.2.4 Die scholastische Tausch- und Geldtheorie

seine Begründung dafür ist keine metaphysische, die einen „konstanten Wert" als Norm postuliert, letztlich als Vorschein der göttlichen Ordnung in der Welt, sondern eine *funktional* argumentierende. Stets hat Oresme die „Übelstände, die sich auf Teile der Gemeinschaft beziehen"[202] als Norm vor Augen. Er lehnt einen durch Geldwertveränderungen erzeugten Gewinn vor allem auch deshalb ab, weil er das *Vertrauen* der Menschen stört und damit – da von einer staatlichen Autorität vollzogen – zugleich die Sittlichkeit eines Landes, die tradierten Gewohnheiten negativ verändert. Denn dadurch „gibt der Fürst durch derlei Veränderungen und Spitzfindigkeiten den Schlechten Anlass zur Geldfälschung; entweder weil es ihnen keine Gewissensbisse bereitet, Geld zu fälschen, weil es ja der Staat selbst zu tun scheint. Oder es belastet ihr Gewissen nicht, weil die Falschheit nicht so rasch entdeckt wird und sie können leichter mehrere Übertaten begehen, als wenn nur gutes Geld allein in Umlauf wäre."[203]

In einem letzten Schritt ergibt sich aus diesem Verfall des Vertrauens, auf dessen Grundlage das Geld nur seine *zirkuläre Bedeutung* besitzen kann, auch das Verbot für die Gemeinschaft insgesamt, den „Wert der Münzen" zu manipulieren. Zwar gehört das Geld der Gemeinschaft, so dass daraus scheinbar auch die Macht hervorgeht, „es irgendwie zu verändern oder davon zu nehmen, soviel ihr nur gefällt"[204]. Oresme sagt, dies stünde aber im Gegensatz zur Ehre der Nation. Hinter dieser Formulierung verbirgt sich die Ableitung der genannten Übelstände, die dadurch entstehen, dass die manipulative Veränderung des Geldes zu dem Zweck, zusätzliches Einkommen zu erzielen, die *Funktion des Geldes* selbst aufhebt. Sein Argument bleibt also auch in diesem ethischen Gewand noch an dem orientiert, was das Geld als *Bedeutung für die Vielen* ausmacht. In der Tat „modern" klingt der Satz aus dem Schlusskapitel des Geld-Traktats:

> „Eine freie Bürgergemeinschaft wird sich naturgemäß nie bewusst in Knechtschaft bringen und unter das Joch tyrannischer Herrschaft beugen. Wenn sie aber, selbst betrogen, in großem Schrecken oder Zwang, dem Staat solches zugesteht, ohne der daraus folgenden Übelstände zu gedenken und sich so blindlings unterworfen hat, so kann sie das sofort und auf jede Weise rückgängig machen."[205]

Was Oresme hier *sachlich* sagt, hat in der Tat bezüglich des Geldes zeitlose Gültigkeit. Denn er geht von der klaren Einsicht aus, dass das Geld unter der Gewalt der Gemeinschaft steht, sie sich also letztlich nie seiner Autorität – gleichgültig, wer ihm diese Autorität zu verleihen scheint – zu subsumieren hat. Die Menschen haben *prinzipiell* die Macht über das Geld, und jede Macht, es zu prägen oder zu definieren, verdankt sich zirkulär der Unterwerfung derer, die es im Austausch verwenden. In dieser Rückkehr zu einer aristotelischen Erkenntnis hat Oresme in der Scholastik in der Tat eine Höhe der Fragestellung erreicht, die bei allen Anklängen an andere Autoren doch einzigartig dasteht. *Insofern* ist das Urteil Roschers, prüft man es vor dem, was Oresme tatsächlich gesagt hat, durchaus berechtigt. Allerdings möchte ich ergänzen, dass die Einsicht in die *prinzipielle Macht der menschlichen Gemeinschaft über das Geld* eine Erkenntnis ist, die das 21. Jahrhundert erst wieder zu gewinnen hat, auch wenn sie im 19. Jahrhundert, darin hat Roscher wohl recht, gelegentlich aufblitzte.

---

[202] N. v. Oresme (1994), S. 53.
[203] N. v. Oresme (1994), S. 55.
[204] N. v. Oresme (1994), S. 57.
[205] N. v. Oresme (1994), S. 59.

4.3 Die Wert- und Geldlehre der Klassiker

4.3.1 Vorläufer

4.3.1.1 Die Grundfragen

Als Erbe des scholastischen Denkens hat die Wirtschaftslehre der Neuzeit zwei metaphysische Voraussetzungen übernommen und zugleich zu einem „Volksvorurteil"[1] verdinglicht. (1) Die aristotelische Erkenntnis, dass und auf welche Weise das Geld eine gesellschaftliche *Einheit* vermittelt, wurde in der Vorstellung des *Wertes* zu einer Wesenheit *neben* den Preisen, die zugleich deren inneres Gesetz sein sollte. (2) Der in der antiken Wirtschaftslehre und im Mittelalter bekämpfte Zins als Verkehrung von Mittel und Zweck wurde naturalisiert und zu einer *zweiten* Natur des Geldes neben seiner ersten als „Tauschvermittler" ontologisiert. Die frühe aristotelische Einsicht, dass das Geld keine innere Natur besitzt, bezeichnet oder ausdrückt, sondern in seiner Funktion prinzipiell der Macht der Menschen unterworfen bleibt, hat schrittweise der römischen Verkehrung Platz gemacht, die in geflügelten Worten wie „Geld regiert die Welt"[2] besser als in allen Abhandlungen ausgedrückt ist: „Allein das Geld herrscht" (*Sola pecunia regnat*), „Geld allein hat die Herrschaft über alles" (*Pecuniae uni regimen est rerum omnium*), „Der oberste Herrscher auf Erden ist heutzutage das Geld" (*In terra summus rex est hoc tempore nummus*), „Was sollen Gesetze, wo ausschließlich das Geld regiert?" (*Quid faciant leges, ubi sola pecunia regnat?*), „In menschlichen Dingen hält das Geld als König das Steuer" (*Rebus in humanis regina pecunia nauta est*) usw.[3]

Das Geld wurde als universelles Maß anerkannt, doch erbte die neuzeitliche Wirtschaftslehre von der Scholastik den Gedanken, dass dieses Maß durch eine besondere „Natur" in Kraft gesetzt werde. Der Gedanke, darin eine *göttliche* Gesetzgebung oder Maßnahme zu erblicken, wurde schrittweise auf die Vorstellung reduziert, dass hier – wenn schon keine göttliche, so doch wenigstens – eine *Natur* zu Geltung komme. Burke formuliert die Denkfigur zur Übersetzung beider Begriffswelten: „Die Gesetze des Handels, die Naturgesetze sind, sind folglich die Gesetze Gottes"[4]. Eine besondere Natur ist die Quelle des Maßes, das man im Geld als dem messenden Ding zu sehen glaubte. In der Physiokratie wurde dies sogar zum Begriff der ganzen Schule: „Herrschaft der Natur". Diese kategoriale Struktur, im Maß des Geldes eine verborgene *Natur* am Werke zu sehen, die sich menschlicher Willkür entzieht, hat sich schrittweise auf *alle Geldformen* ausgedehnt, nicht nur auf das „Tauschmittel", sondern auch auf die verdinglichte Geldgier – in der Marxschen Formel als G-W-G′ abgekürzt. Im Messen, das durch das Geld beim Tausch vollzogen wird, komme ebenso eine „Natur" zur Geltung wie im Zins.

Gleichwohl blieb das Bewusstsein einer *Trennung* der Tauschfunktion und des Missbrauchs, der Privation dieser Funktion durch das Streben nach Zins, erhalten. Die Tausch- und Geldtheorie bis in die Gegenwart wird *dual* formuliert, z.B. als Problem

---

[1] K. Marx, MEW 23, S 614.

[2] Aristophanes (1963: 2), S. 305

[3] Vgl. die Nachweise bei E. Bury (1999).

[4] „The laws of commerce, which are the laws of nature, and consequently the laws of God", E. Burke (1795), S. 81. Vgl. „Das Sittengesetz kann kein anderes sein als das Gesetz, das die Natur der Dinge beherrscht. Das ethische Gesetz herrscht in der Natur; das Naturgesetz ist das ethische; das Vernunftgesetz ist das anerkannte Naturgesetz. Es besteht eine vollkommene Harmonie zwischen Natur und Vernunft." L. Brentano (1923), S. 69.

der Geldmenge und des Preisniveaus einerseits, als Frage der Geldmenge und des Zinssatzes im Verhältnis zu Investition und Konsum andererseits. Dies ist der schwache Schatten, das Erbe der aristotelischen Erkenntnis, dass im Zins ein ganz *anderes* Phänomen vorliegt als beim einfachen, durch das Geld vermittelten Austausch. Turgot hat diese Dualität zum Ausdruck gebracht:

> „Das Geld hat im Verkehr zwei deutlich unterscheidbare Bewertungen. Die eine drückt aus die Menge Geldes, die man hingibt, um sich die verschiedenen Arten der Güter zu verschaffen; die andere drückt aus das Verhältnis einer Geldsumme zu dem Zins, den sie nach der Geschäftslage einbringt. Es scheint nach der Art, wie das Geld verkauft oder gegen einen jährlichen Zins vermietet wird, dass es zwei Arten der Bewertung des Geldes im Verkehre gibt. Bei Käufen und Verkäufen repräsentiert eine bestimmte Gewichtsmenge Silber eine bestimmte Menge von Werten oder Waren jeder Art. (…) Beim Ausleihen und im Geldhandel dagegen ist ein Kapital das Äquivalent einer Rente"[5].

Diese aus der antiken und mittelalterlichen Theorie übernommene Dualität setzt sich bis in die Gegenwart in der Trennung von Preis- und Zinstheorie fort, sofern auch darin der Zins als ein qualitativ anderes Phänomen erscheint wie der Austausch mit Geld.

Die *unmittelbar* an das Geld anknüpfende Fragestellung bleibt durchaus im Horizont jener Fragen, die Oresme zuerst in aller Klarheit gestellt und teilweise beantwortet hat. Neben die Verwendung von Geld als „Tauschmittel" und die wachsende Bedeutung von Kredit und Zins tritt die befremdliche Erfahrung, dass das *Maß* selbst keine Gültigkeit und Dauer besitzt, dass der „Wert des Geldes" sich *verändert*. Diese Erkenntnis nahm ihren Anfang bei den Münzen, die in den geprägten Zeichen ein Gewicht oder einen Metallgehalt zum Ausdruck brachten. In der Angabe des Metallgewichts als Zeichen auf dem Metall trennen sich ganz offenkundig Zeichen und Bezeichnetes. Diese Dualität ist *faktisch* eine Trennung des Zeichens für ein *Gewicht* vom Geldmaterial selbst. Allerdings wurde diese Dualität, herkommend aus der scholastischen Geld- und Wertlehre, nun als etwas *anderes* ausgelegt, nämlich als eine Dualität von „Wert" und Zeichen für einen Wert. Im edlen Metall sah man den *Wert* verkörpert, während die Prägung der Münze als bloßes *Zeichen* für diesen Wert angesehen wurde.

Diese These findet sich bereits in der Scholastik, bei Thomas und in modifizierter Form bei Oresme. Da jedoch dort der „Wert" noch untrennbar mit einer *Norm* verknüpft war, die göttliches Gebot im „gerechten Preis" zum Ausdruck bringen sollte und einer staatlichen Regulierung bedurfte – durchaus *neben* dem Wucherverbot –, hatte das Verhältnis von „Wert" und „Wertzeichen" noch nicht die rein semiotische Bedeutung, die es in der Moderne erlangte. Das klare Bewusstsein davon findet sich dann erstmals ausgesprochen in der Schrift „Betrachtungen über das Geld und den Handel" (1705) von John Law.[6] Was in der Münzprägung gleichsam noch eine *unmittelbare* Anbindung an das Metall zu besitzen scheint, das emanzipierte sich in den Zahlungsversprechen und den Banknoten schrittweise auch als gehandelte Entität im Papiergeld. In knapper Form fasst diese Erkenntnis Montesquieu (Baron de la Brède et de Montesquieu) in seinem Buch „Geist der Gesetze" (De l´esprit des lois, Genf 1748) zusammen:

> „Das Geld ist ein Zeichen, das den Wert aller Waren vertritt. Man nimmt dazu irgend ein Metall, damit das Zeichen dauerhaft ist, sich durch den Gebrauch wenig

---

[5] A R. J. Turgot (1903), S. 56f.
[6] Abgedruckt in: J. Law (1992). Zur Lebensgeschichte Laws vgl. E. Samhaber (1945).

abnutzt und, ohne zerstört zu werden, viele Teilungen zulässt. Man wählt ein wertvolles Metall, damit das Zeichen leicht von einem Ort zum andern gebracht werden kann. (…) Wie das Geld (= Münze) ein Zeichen für den Wert der Waren, so ist das Papier ein Zeichen für den Wert des Geldes"[7].

Verwirrend war für die Theoretiker die *Umkehrbarkeit* dieser Zeichenrelation. Wenn Geld ein Zeichen für den Wert der Waren ist, dann gilt auch das Umgekehrte:

> „Ebenso wie das Geld ein Zeichen einer Sache ist und sie vertritt, ist jede Sache ein Zeichen des Geldes und vertritt es"[8].

So sagt auch später Say:

> „Das Geld würde nur dann ein bloßes Zeichen sein, wenn es keinen Wert an sich selbst hätte; aber davon ist es so weit entfernt, dass man bei jedem Verkaufe oder Einkaufe lediglich seinen inneren Wert an ihm schätzt."[9]

Anders als Montesquieu sieht Say *nur* in der Banknote, im Papiergeld ein „Zeichen", während das Metallgeld selbst „Wert" besitzen soll und deshalb kein Zeichen, sondern das Bezeichnete ist:

> „Ein wahrhaftes *Zeichen* haben wir an den auf Sicht zahlbaren Banknoten: sie sind das Zeichen des Geldes, welches man zu jeder beliebigen Stunde, gegen Vorzeigung dieser Papiere, erheben kann. Hingegen das Geld, welches man auf dieselben an der Kasse der Bank empfängt, ist keineswegs ein *Zeichen*, sondern die bezeichnetes Sache selber."[10]

Damit ist die kategoriale Matrix skizziert, in der sich die Geldtheorie der Moderne bis zur Gegenwart bewegt, ohne diese Matrix selbst in ihrer Grundstruktur zu erkennen. Das zirkuläre Gelten des Geldes, das als „Substanz", als „Natur" nur die reflexive Struktur der Anerkennung eines Wertes durch die Tauschenden besitzt und als Wert eben nur diese Anerkennung *ist*, wurde in der Scholastik in eine metaphysische Dualität aufgespalten: Das Gelten bezog sich auf einen „Wert", der vom Geld selbst in seiner Münzform verschieden sein sollte. Durch das Papiergeld und die Erfahrungen, die nicht zuletzt durch Laws Vorschläge zur Geldreform gewonnen wurden, drängte sich der Gedanke vor, dass diese Dualität eine von Zeichen und Bezeichnetem ist.

Damit taucht der bis in die Gegenwart geltende Gedanke auf, dass man das Geld als bloßen „Namen", als *nominalen Wert* von einem „realen Wert" zu unterscheiden habe. Allerdings wird dieses Verhältnis von Zeichen und Bezeichnetem nicht als *semiotischer* Prozess entwickelt, als Prozess sozialer Bedeutung, sondern als *Nebeneinander* dinglicher Entitäten: Geldmenge und Gütermenge, vermittelt über die Preise. Verwirrend erscheint den Theoretikern dieses ungeklärte Verhältnis *zusätzlich* durch den Zins, d.h. durch die reflexive Beziehung von Geld auf sich selbst, durch die Geldgier der Kaufleute, der „Kapitalisten", „Spekulanten" oder „Wucherer". Hierbei gilt, dass *jeder* zum möglichen „Kaufmann" wird, der auf dem Markt Waren verkauft und insofern sich mit

---

[7] Montesquieu (1891), S. 328 (Buch XXII.2).
[8] Montesquieu (1891), S. 329.
[9] J. B. Say (1830: 2), S. 56.
[10] J. B. Say (1830: 2), S. 57.

"Gelderwerb" (W-G) befassen muss. Der reflexive Selbstbezug des Geldes auf sich selbst, das sich scheinbar im Zins selbst zeugt (*tiktein*), wird zur Formel für das *Kapital*, die bei Marx schließlich ausgesprochen wird: G – (G+ΔG). In ihr ist die *Vermittlung* über den Warenkauf und -verkauf getilgt im Kreditvertrag, in dem G verliehen und G plus Zins zurückgefordert wird.

Die Interpretation eines Verhältnisses von Zeichen und Bezeichnetem als *Kausalverhältnis* ist das Kennzeichen der Geldtheorie der Moderne. Das Zeichen – Papiergeld – wird als dingliche Entität *neben* die Waren und ihre Preise gestellt, um darin dann *Kausalverhältnisse* zu diskutieren. Diese in der Currency- und Banking-Debatte ausgefochtene Schlacht reproduziert *kategorial* den Fehler, zwischen Zeichen und Bezeichnetem eine Kausalbeziehung zu vermuten, die aber als *Wechselwirkung* – worauf Montaigne schon verwiesen hat – erscheint und insofern die Kausalitäts*richtung* zum endlosen Streitgegenstand macht: Ist die Menge der Zahlungsmittel, des Geldes die Ursache für steigende Preise, oder ziehen Preiserhöhungen eine steigende Nachfrage nach Geld nach sich? Was hier als Frage nach der Kausalität erscheint, ist nur die innere Natur des Geldes als *geltende Einheit*, die gerade in ihrer *Zirkularität* besteht und deshalb nicht in getrennte Entitäten auflösbar ist, so, wie man die Beziehung zwischen Vater und Kind, König und Untertan usw. nicht als eine *kausale* Relation diskutieren kann, ohne die Pointe zu übersehen.

Die zweite kategoriale Struktur als Erbe der scholastischen Theorie ist die Frage nach dem „wahren Wert des Geldes". Auch diese Frage ist in ihrer metaphysischen Form unsinnig, weil das Messende nicht seinerseits wiederum ein Maß besitzt. Anders gesagt: Wenn man behauptet, das Maß M messe den Gegenstand X und dabei – aufgrund der genannten *zirkulären* Verhältnisse – dann entdecken muss, dass X auch als Maß für M fungieren kann („ein Euro ist ein Ltr. Mineralwasser wert, ebenso: ein Ltr. Mineralwasser ist ein Euro wert"), dann erwächst daraus die doppelte Frage: *Erstens* was ist ein mögliches Maß für den „absoluten Wert", den man im Geld als geltend voraussetzt? *Zweitens* welche möglichen Ursachen beeinflussen den Wert des Geldes, sofern es sich praktisch *nicht* als absolutes Maß entpuppt? Dies sind die Fragen, die den Kern der *klassischen* Nationalökonomie ausmachen und von Smith über Ricardo bis zu den Geldtheoretikern der Gegenwart die Gemüter erhitzen. Die Energie dieser Erhitzung erwächst allerdings nur aus der Adaption der falschen Fragen, die als theologisches Erbe aus der Scholastik übernommen wurden.

4.3.1.2 Nikolaus Kopernikus

Die vorklassische Ökonomik war durch die bei Turgot ausgesprochene scheinbare Verdopplung der geldtheoretischen Fragen verwirrt. Geld wurde einerseits als Tauschmittel diskutiert und insofern den Waren gleichgestellt. Andererseits zeigte sich im Zins und den mehr und mehr aufkommenden *abgeleiteten* Geldformen eine ganz andere Rolle des Geldes, die man schwerlich unter einen Hut bringen konnte. Erst die klassische Ökonomie löste diese Frage dann durch eine neue Dichotomie: Man unterschied zwischen realen Werten und nominalem Geldausdruck. Dadurch konnte der Zins als *realökonomisches* Phänomen betrachtet und aus dem Geldbegriff herausgenommen werden. Doch diese Lösung scheiterte wiederum, weil Geld auch als Nominalwert eine vielfach instrumentalisierte *Kreditfunktion* übernimmt, die immer wieder auf deutlich sichtbare Weise die „Realwirtschaft" beeinflusst.[11]

---

[11] Das wird von neoklassischen Ökonomen in der Gegenwart immer noch nicht verstanden. Bei Krisen an den Finanzmärkten hört man immer wieder die tröstliche Versicherung, die

Blickt man auf die historische Wirksamkeit, so war es zuerst William Petty, der die menschliche Gesellschaft als rein quantitativen Naturprozess untersuchte. Politische Fragen werden nicht mehr aus eigenem Recht oder auf der Grundlage moralischer Prämissen gestellt, sondern stets schon aus der Perspektive des Marktes, der messenden Veranschlagung aller Dinge in Geld. Der Titel „Politische Arithmetik" (1687) seines Hauptwerks bringt diese perspektivische Umkehr zum Ausdruck. Um aber eine ganze Gesellschaft *quantitativ* erfassen zu können, benötigt man Wertmaßstäbe. Neben dem natürlichen Maß der Zahl (bei der Bevölkerung) oder Fläche (beim Boden) benötigt eine am Geld orientierte Politik vor allem ein korrektes *Geldmaß*. Gemeinhin unterstellt man nur dem „Merkantilismus" solch eine am Schein des Geldwerts orientierte Politik. Tatsächlich ist in diesem Sinn *jede* Politik der Neuzeit in wachsendem Maß „merkantil", sofern ein Land mit *einem* Maß – dem Geldwert der Produkte (z.B. BIP) – gemessen wird und darauf bezogen Handlungen definiert sind. Diese immer noch gestellten und aktuellen Fragen sowie die Blickrichtung zu ihrer Beantwortung lassen sich in wesentlichen Punkten auf William Petty zurückführen.

Doch Petty hatte einen wichtigen Vorläufer, dessen geldtheoretische Schriften allerdings erst in jüngerer Zeit entdeckt und herausgegeben wurden: *Nikolaus Kopernikus*.[12] Was sich später bei Adam Smith zeigte, die Analogisierung von Himmelsbewegungen als *System* und dem „System wirtschaftlicher Freiheit", das findet sich *faktisch* schon bei Kopernikus. Allerdings wendet Kopernikus nur die rationale Methode, reale Verhältnisse durch Quantitäten bestimmt zu beschreiben, auch auf das Geldwesen an. Es ist indes auch hier zu vermuten, dass die Anschauung der Rechnung in Geld umgekehrt das Vorbild für andere Fragestellungen lieferte: Kopernikus sah sich einem Münzsystem gegenüber, in dem die Fürsten durch schrittweise Veränderung des Silbergehalts unter Zugabe von Kupfer sich ein Einkommen zu verschaffen suchten.

Er entwickelt eine Geldtheorie, worin der Geldwert durch das Mischungsverhältnis der Metalle und die umlaufende Menge der Geldstücke zustande kommt. Der relative Kurswert der Münzen ist durch diese beiden Faktoren bestimmt, wobei Kopernikus stillschweigend voraussetzt, dass z.B. mit einer Verminderung des Silbergehalts auch die umlaufenden Geldstücke, die Geldmenge eines Münztyps, vermehrt werden. Der relative Wert der Münzarten zueinander wird durch die Käufer und Verkäufer, durch den Markt bestimmt. Die Geltung des Geldes kann nicht, das ist die wichtige Einsicht bei Kopernikus, einseitig durch die Könige und Fürsten festgelegt werden.

> „Es kann nämlich durch keine Wertfestsetzung und durch keine noch so strenge Verfügung erreicht und erzwungen werden, dass statt 40 Groschen oder 80 Halbgroschen der Gulden von jetzt an 30 beziehungsweise 60 Geldstücke kostet, wenn der vorige Silbergehalt beibehalten wird".[13]

„Realwirtschaft" sei „in Ordnung". Hier wird ganz einfach vergessen, dass es im Kapitalismus *nur* eine über das Geld vergesellschaftete Wirtschaft gibt. Eine Krise auf den Finanzmärkten bedeutet, dass die Instrumentalisierung dieser Vergesellschaftung durch eine irrationale Geldgier immer wieder (rational nicht kontrollierbare) „Probleme" erzeugt; vgl. Kapitel 6.1.1.-6.1.2.

[12] E. Sommerfeld (1978). Zum Vergleich: Sir Isaac Newtons Überlegungen zum Geld in einigen Briefen, I. Newton (1856), bleiben rein empirischer Natur. Eine leise Ahnung des von Kopernikus beschriebenen Mechanismus der Währungen kann man allenfalls in der Frage sehen: „Whether gold shall be lowered by the Government, or let alone ′till it falls of it self, by the Want of Silver Money?", S. 279.

[13] Nicolaus Copernicus: Brief der Räte Preußens an Ludwig Dietz; in: E. Sommerfeld (1978), S. 117.

4.3.1 Vorläufer

Kopernikus bemerkt, dass die bloße Änderung des Silbergehalts nicht den relativen Kurswert der Münzen verändert, solange die *alten*, geringwertigen Münzen noch im Umlauf sind. Eine Verbesserung des Geldwerts setzt voraus, dass die alten Münzen eingeschmolzen werden. Sind sie weiter im Kurs, so werden edle Metalle gar nicht in Verkehr gebracht; das Gold „verschwindet, bis es wieder zum richtigen Preis aufgewogen wird"[14]. Diese Überlegung wird erst sehr viel später als *Greshams Law* in die Ökonomik eingehen.

Kopernikus beschreibt die Funktion des Geldes durch die beiden Parameter des Metallgehalts und der umlaufenden Menge der Münzstücke. Die Verhältnisse der Geldarten zueinander, die Wechselkurse, sind dabei nicht autoritativ festzulegen, sondern werden durch die Marktprozesse bestimmt. Kopernikus war vermutlich der erste Ökonom – darin ganz Naturwissenschaftler –, der den Geldprozess als rein mechanisches Verhältnis der Mengen zueinander beschrieben hat. Das *Zeichen* auf den Münzen ist für ihn keine selbständige Größe, sondern nur Anlass, die Untertanen zu täuschen durch Münzverschlechterung, die er neben Krieg, Pest und Hungersnot zu den „schlimmsten vier Plagen" rechnet, die ein Gemeinwesen heimsuchen können.[15]

Er begründet dies aber nicht moralisch, sondern durch ein mechanisches Modell. Die Münze, sagt Kopernikus wie die scholastischen Autoren oder Oresme, ist ein Maß, „womit die Preise der käuflichen und verkäuflichen Dinge berechnet und gezahlt werden, je nach Festlegung durch das Gemeinwesen oder dessen Oberhaupt. Die Münze ist also gleichsam ein allgemeines Maß für Bewertungen." Dass Gold und Silber *als* wertvoll anerkannt werden, beruht auf der „Übereinkunft aller Menschen"[16]. Das Wiegen und Prüfen der Metalle erwies sich aber als „unbequem", und deshalb sind die Menschen dazu übergegangen „Münzen mit allgemeinverbindlichem Zeichen zu prägen, das bezeugen sollte, dass die richtige Gold- oder Silbermenge enthalten ist, und das Vertrauen zur amtlichen Beurkundung erwecken sollte."[17] Der Zeichenwert ist etwas höher als der Metallwert, weil durch die Differenz, so Kopernikus, „die Aufwendungen und Ausgaben der Münzwerkstatt"[18] ausgeglichen werden sollen. Doch wie Oresme beklagt er, dass die Fürsten diese Differenz mehr und mehr nutzten, durch Senkung des Edelmetallgehalts sich Einnahmen zu verschaffen (*Seigniorage*). Diese Darstellung enthält ziemlich genau das, was Oresme bereits entwickelt hatte, so dass die Vermutung, er habe Oresmes Schrift gekannt, begründet ist.[19]

Kopernikus führt aber nach seiner allgemeinen Darstellung ein neues Argument ein, das erst später Petty wieder mit allerdings teilweise anderen Folgerungen verwenden sollte. Man kann in seinen Überlegungen durchaus das geübte Denken in Modellen erkennen, die dem Astronomen vertraut sind.[20] Wenn ein Regent durch die Erhöhung der Differenz zwischen Zeichen- und Metallwert sich Staatseinnahmen verschafft, dann führt dies zu einer Vermehrung schlechter Münzen. Deren Kurswert gegenüber bereits umlaufenden oder ausländischen Münzen – Kopernikus verwendet als Vergleichsmaßstäbe ungarische Goldgulden oder böhmische Groschen – wird abgewertet. Nun werden bei nominal unveränderten Steuern die Steuereinnahmen dadurch real – in unveränder-

---

[14] E. Sommerfeld (1978), S. 117.
[15] Nicolaus Copernicus: Denkschrift von 1526; in: E. Sommerfeld (1978), S. 49.
[16] E. Sommerfeld (1978), S. 49.
[17] E. Sommerfeld (1978), S. 49.
[18] E. Sommerfeld (1978), S. 117.
[19] Vgl. die angeführten Belege im Kommentarteil in: E. Sommerfeld (1978), S. 129f.
[20] Kopernikus knüpft hier an die Denk*form* von Ptolemäus, das Kreismodell, durchaus an, auch wenn er ihren *Inhalt* völlig verändert; vgl. N. Kopernikus (1948), S. 9ff.

ter Währung gemessen – sinken, wodurch der durch die Münzverschlechterung erzielte Gewinn aufgewogen wird. Kopernikus stellt sich hier ganz auf den Standpunkt des Regenten. Dass dadurch die reale Steuerlast der Untertanen sinken müsste, betont er nicht. Dennoch sagt er:

> „Was für einen Nutzen für den König und die Allgemeinheit sie im Auge haben, mögen diejenigen überlegen, die dem Fürsten raten, aus der Münzprägung einen Gewinn zu ziehen, und welche wollen, dass sich seine Schatzkammer nach und nach leert, nicht füllt, und dass das Gemeinwesen zugrunde gerichtet, nicht gefördert wird!"[21]

Hier wird ein Mechanismus beschrieben, der – wenn man ihn abstrakt formuliert – durchaus dem entspricht, was der moderne Monetarismus behauptet: Der Versuch, durch Verschlechterung des Geldwertes Staatseinnahmen zu erzielen, verursacht langfristig soziale Kosten, die höher sind als die kurzfristigen Einnahmesteigerungen. Die besondere Rolle der *Gläubiger des Staates* betont später erst Petty. Bemerkenswert bei Kopernikus ist die wohl erstmals in dieser Reinheit angewandte mechanische Denkform zur Erklärung der verschiedenen Geldformen. Geld ist ein *zirkuläres* Verhältnis von Geltung und Anerkennung. Kopernikus betont hier zu Recht, dass die Geltung nicht *einseitig* in Kraft gesetzt werden kann. Die Anerkennung des Geldes beruht auf seiner *Verwendung* im Marktverkehr, und bei dieser Verwendung lässt sich zwar der Zeichenwert und der Metallgehalt administrieren, nicht aber die *relativen Tauschverhältnisse* zwischen verschiedenen Geldformen. Erst im 19. Jahrhundert wird der bei Kopernikus noch stets mitgedachte andere Pol des zirkulären Verhältnisses – die Normierung durch einen Regenten, durch den Staat – gänzlich ausgeklammert; vor allem Menger versuchte, die *Geltung* des Geldes aus der bloßen Verwendung im Marktprozess zu erklären. Doch dies scheitert ebenso wie der von Kopernikus erstmals sehr klar kritisierte Versuch, die Kurswerte der Münzen einseitig staatlich zu verordnen. Ich möchte noch ergänzen, dass Kopernikus den lateinischen Text seiner Denkschrift auch selbst ins Deutsche übersetzt hat[22] und damit wohl eine der ersten deutschsprachigen Abhandlungen in der theoretischen Ökonomik verfasste.

4.3.1.3 William Petty, John Locke und John Law

Die Schriften von Kopernikus blieben in der Ökonomik unbekannt. Sie können aber gleichsam als Brücke zwischen dem noch scholastisch gebundenen Text von Oresme und der modernen Ökonomik verstanden werden, die wesentlich mit Petty einsetzt. Petty übernimmt zunächst die Fragestellung der Scholastiker, die im unveränderten Edelmetall die gültige Grundlage des Geldwerts erblickten:

> „Geld, aus Gold und Silber gemacht, (ist) der beste Maßstab des Handels"[23].

Durch das Geld erwuchs aber den Regierenden eine neue Möglichkeit der Ausbeutung ihrer eigenen Bevölkerung. Was in alter Zeit Sklaven- oder Frondienste, Zehnter oder Naturabgaben leisteten, das wurde schrittweise durch das Geld ersetzt – auf dreifache Weise. *Erstens*, und diese Frage beschäftigte auch Petty, konnten mit zunehmendem

---

[21] E. Sommerfeld (1978), S. 115.
[22] E. Sommerfeld (1978), S. 33ff.
[23] W. Petty (1986), S. 287.

Handel Steuern *in Geld* erhoben werden.[24] Dadurch wurde nicht nur Geld aus privaten Taschen in die der Fürsten und Herrscher transferiert, die Untertanen wurden auch dazu gezwungen, sich ein *Geld*einkommen zu verschaffen, um Steuern begleichen zu können. Die Geldgier der Herrschenden beschleunigte auf diese Weise die Durchsetzung von Marktverhältnissen und der Geldverwendung. *Zweitens* aber erwuchs aus dem Geldprivileg die Möglichkeit, durch verschiedene Formen der Manipulation des Geldes sich zusätzliche Einnahmen zu verschaffen. Es war eben diese Form, die bereits die Scholastiker beschäftigte. *Drittens* – diese Form gewann im Frühkapitalismus der Renaissance zunehmende Bedeutung – erschienen Fürsten mehr und mehr selbst als *Marktteilnehmer*, indem sie *Kredite* bei privaten Geldgebern aufnahmen.

Petty bemerkte – wie Kopernikus – den darin liegenden Widerspruch: Wenn man den Reichtum einer Nation in *Geld* bemisst und erwartet, dass die „Untertanen" sich in zunehmendem Umfang auf den Märkten um Geldeinkommen bemühen, um auch Steuern bezahlen zu können, so setzt dies ein *funktionierendes*, kein manipuliertes Geld voraus. Ferner wäre zu erwarten, dass sich Regierungen ebenso verhalten wie Marktteilnehmer, nämlich das jedem Kaufakt zugrunde liegende Vertrauensverhältnis anzuerkennen.[25] Oresme hatte hier eine Vorbildfunktion der Regierenden eingefordert. Die Vermischung der Interessen bei den Regierungen, die aus der Marktteilnahme bei gleichzeitigem Recht der Geldprägung erwächst, wird zu einem der wichtigsten Fragen der Ökonomik. Wenn man, sagt Petty, den Geldwert durch Prägung ohne Veränderung des Metallgehalts, also nur *nominell* erhöht, so läuft dies „in der Tat und in Wahrheit auf nicht mehr hinaus als auf eine Steuer auf solche Leute, denen gegenüber der Staat verschuldet ist, oder auf einen Abzug von dem, was geschuldet wird."[26] Wenn eine Münzverschlechterung zu steigenden Preisen führt, werden dadurch die nominalen Forderungen der Gläubiger des Staates entwertet; die Inflationsrate entspräche einem Steuersatz. Wenn sich Staaten so verhalten, hätten sie gleich durch hoheitliche Maßnahmen einen Teil der Schuld streichen können, meint Petty.[27]

Es ist hier also vor allem der Missbrauch des Geldes durch die Regierenden selbst, der den Geldtheoretikern neue Fragen aufgibt. Der *private* Missbrauch des Geldes durch Wucher und Zins, der die Antike und das Mittelalter in Atem hielt, ist in der Neuzeit so allgemein geworden, dass man *darin* natürliche Formen zu erblicken begann (vgl. 4.4.6).

---

[24] Die Universalisierung der Geldrechnung als *gesamtwirtschaftliche* Wertrechnung findet bei Petty in seiner „Political Arithmetick" einen ersten klaren methodischen Ausdruck; vgl. K.-H. Brodbeck (2000a), S. 191ff. Die Veranschlagung in Geldwerten wurde allerdings schon in Rom praktiziert: „Die Vermögensberechnungen sind (.) der späteren, der sogenannten ‚klassischen Republik' abgewonnen, da die Einführung von Münzgeld als Berechnungseinheit des Steuerbürgers erst spät (4. Jh.?) gebräuchlich wurde. Vermutlich war Appius Claudius Caecus, Zensor des Jahres 312, der Erste, der Grundbesitz und andere Vermögensarten gleich bewertete, und erst seit 289 gibt es offiziell das Münzmeisteramt." I. König (2007), S. 54.

[25] Vgl. auch Pettys Verurteilung, „dass die nominelle Erhöhung oder Entwertung des Geldes eine äußerst elende und ungleiche Methode der Besteuerung der Bevölkerung und ein Zeichen dafür ist, dass der Staat untergeht, der an solchem Gestrüpp Halt sucht, das mit der schändlichen Aufprägung eines Fürstenbildes einhergeht, um gefälschte Waren und den Bruch des öffentlichen Vertrauens gutzuheißen, wie es die in Wahrheit unzutreffende Bezeichnung eines Dinges ist." W. Petty (1986), S. 103.

[26] W. Petty (1986), S. 96.

[27] Sie „hätten ebenso gut lediglich drei Viertel von dem bezahlen können, was sie schuldig waren als ihr Geld allgemein auf drei Viertel des vertrauten Gewichts und der Feinheit zu verkürzen." W. Petty (1986), S. 292.

Der Missbrauch des Geldes durch die Regierenden war zwar kein Novum – Oresmes Theorie markiert hier den Übergang –, doch waren Umfang und Häufigkeit offenbar ein Grund, der erneute theoretische Bemühungen hervorrief. Zugleich wurde das Geld dadurch mehr und mehr zu einem Rätsel. Der Geldtheoretiker muss sich deshalb in „den tiefen Ozean aller das Geld betreffenden Mysterien begeben"[28]. Und Mysterien werden aufgelöst, wenn man hinter den Schleier blickt und eine *natürliche* und vertraute Erklärung findet. Die „Natur" wurde das Antidotum gegen die nominalen Wirrnisse der Geldformen. Diese Suche nach „natürlichen Verhältnissen" hinter dem Mysterium lässt sich als zentrale Linie der theoretischen Bemühungen in der Geldtheorie erkennen. Dass dieses Bemühen vergeblich sein musste, ist gleichwohl offenkundig: Der Wert des Geldes selbst ist ein zirkulärer Schein, der sich als soziales *Verhältnis* nicht auf eine „Natur" (Boden, Arbeit, Bedürfnisse) zurückführen lässt, weil er keine Natur besitzt. Doch diese aristotelische Einsicht war auch bei den „Aristotelikern" wie Thomas von Aquin oder Oresme bereits verschüttet.

Petty konzentriert sich vorwiegend auf *pragmatische* Argumente, um davon zu überzeugen, dass Beimischungen zu Münzen schädlich sind. Zwar gesteht er zu, dass reines Gold aufgrund seiner Weichheit sich rascher abnutzt, doch darf hierbei ein bestimmter Wert an Beimischung nicht überschritten werden.[29] Er bemerkt aber auch, dass Geldwertmanipulationen keineswegs nur die Gläubiger schädigen. Eine nominelle Werterhöhung (durch Senkung des Gehalts an Gold oder Silber bei Münzen) ist für Petty nur eine Veränderung der *Recheneinheit*, z.B. bei einer Halbierung des Gold- oder Silbergehalts der Münzen:

„Was könnte dies für einen anderen Effekt haben, als dass alle Waren auf einen doppelten Preis steigen?"[30]

Damit ist eine einfache Form der *Quantitätstheorie* des Geldes formuliert. Alle Warenpreise werden in Geld gerechnet. Wenn man tatsächlich *rein nominell* in diesen Rechnungen eine andere Recheneinheit verwenden würde, so würde sich an den relativen Proportionen zwischen Geld und bewerteten Waren (Preis mal Menge) nichts ändern; die realen Austauschverhältnisse der Warenmengen blieben unverändert.

Doch eine bloß *ideelle* Veränderung der Recheneinheit und eine *reale* Manipulation des Geldwerts zur *Einkommenserzielung des Staates* sind zwei völlig verschiedene Sachverhalte. Petty hat das bemerkt, sofern er darauf verwies, dass von solch einer Wertänderung nicht alle Preise gleichermaßen betroffen sind. Die *Löhne* werden anders reagieren als die Warenpreise.

„Wenn nun proklamiert würde, die Löhne der Arbeiter sollten aufgrund dieser nominellen Werterhöhung des Geldes keineswegs steigen, dann würde diese Maßnahme nur eine Steuer für diese Arbeiter sein, die sie zum Verlust der Hälfte ihrer Löhne triebe."[31]

---

[28] William Petty: Eine Abhandlung über Steuern und Abgaben; in: W. Petty (1986), S. 96f. Vgl. „This business of money and coinage is by some men, and amongst them some very ingenious persons, thought a great mystery" J. Locke: (1923), S. 103.

[29] W. Petty (1986), S. 97.

[30] W. Petty (1986), S. 99.

[31] W. Petty (1986), S. 99.

Von einer bloß *nominellen* Veränderung des Geldwerts unterscheidet Petty relative Preisänderungen, die er auf eine Beziehung zwischen Arbeitsleistung und Bedürfnisse zurückführt, also auf die Frage, „ob weniger oder mehr Hände erforderlich sind, die natürlichen Bedürfnisse zu befriedigen"[32]. Barbon und Locke nennen diese Relation dann später „Knappheit".

Petty spricht den Gedanken der klassischen Nationalökonomen bereits in Klarheit aus, dass die Wirtschaft durch eine eigene *Natur* regiert wird, die sich nicht von Regierungen verändern lässt. Er sieht sich also nicht als Revolutionär: „Ich möchte nun noch die Welt davon in Kenntnis setzen, dass ich nicht meine, sie verbessern zu können". Am besten sei es, wenn „die Dinge ihren Lauf nehmen", weil sich „die Natur sich nicht überlisten lassen wird."[33] Eine Eigenschaft dieser inneren Natur ist es, dass der Reichtum auf den Märkten nicht von absoluten Wertgrößen, sondern von relativen Proportionen bestimmt ist.

> „Die *ratio formalis* des Reichtums liegt eher in der Verhältnismäßigkeit als in der Quantität."[34]

Und Petty hat wesentliche Elemente dessen entdeckt, was später als „Wirtschaftskreislauf" bezeichnet wurde und eigentlich *Quesnay* zugeschrieben wird, dessen Tableau économique (1758) ca. hundert Jahre nach Pettys „A Treatise of Taxes & Contributions" (London 1662) geschrieben wurde.

Vor dem Hintergrund der Einsicht in die Zirkularität der Geldströme sieht Petty noch eine ganz andere Aufgabe der Regierung, die Keynessche Überlegungen weitgehend antizipiert.[35] Wenn eine Regierung Geld ausgibt, um scheinbar nutzlose Dinge errichten zu lassen, so fließt dieses Geld wieder in die Märkte zurück. Der „Luxus" der Herrschenden – Sombart hat diese These später systematisch entfaltet[36] – zeigt sich hier als Wachstumsprogramm für die Märkte:

> „Die Menschen klagen sehr, wenn sie bedenken, dass das erhobene Geld für Unterhaltungen, prachtvolle Shows, Triumphbögen usw. ausgegeben wird. Darauf antworte ich, dass dies das Zurückerstatten der Gelder an die Gewerbetreibenden ist, die für diese Dinge arbeiten. Und obwohl diese Gewerbe nutzlos und nur für die Zierde da zu sein scheinen, unterhalten sie indessen wieder auf der Stelle die in höchsten Maße nützlichen Gewerbe, nämlich die Brauer, Bäcker, Schneider, Schuhmacher usw."[37].

Die Voraussetzung dafür ist, dass es *überzählige Arbeitskräfte* gibt, – eine Voraussetzung, die Keynes später zu einem Eckstein seiner Theorie macht und die Petty in der Existenz der Armen als gegeben ansah: Die Armen werden von Petty nicht als sozial

---

[32] W. Petty (1986), S. 102.
[33] W. Petty (1986), S. 15f. Diese Vorstellung vom „natürlichen Lauf der Dinge" wird bei Smith später zum Systemprinzip seiner Ökonomik.
[34] W. Petty (1986), S. 34; *ratio formalis* = der tatsächliche Sinn.
[35] „'To dig holes in the ground', paid for out of savings, will increase, not only employment, but the real national dividend of useful goods and services", J. M. Keynes, CW Bd. VII, S. 220.
[36] Vgl. W. Sombart (1992).
[37] W. Petty (1986), S. 41.

getrennte Klasse, sondern als unbeschäftigte Arbeitskräfte und somit als Wachstumspotenzial interpretiert.

Petty bleibt also bei der Beurteilung der Regierungstätigkeit auf bemerkenswerte Weise differenziert. Er blickt auf die *realen* Wirkungen und macht sie zum Maßstab in der Beurteilung des Geldes. Den Schluss, dass die Manipulation des Geldwerts, die Geldvermehrung durch andere Geldformen wie Papiergeld, *bewusst* als „Beschäftigungspolitik" eingesetzt werden könnte, hat Petty allerdings nicht explizit gezogen.[38] Er ist aber zweifellos in seiner Denkform als Möglichkeit enthalten. Erst *Law* hat dies in seinen Vorschlägen dann ausdrücklich so begründet, auch wenn er die damit verbundene implizite Geldvermehrung nicht als solche gekennzeichnet hat. Law vermutet die von Petty ausgedrückte Wirkung – er kannte Pettys Schriften[39] – in einer Beschleunigung des Handels:

„In Ländern, wo das Gold im Überfluss vorhanden ist, benutzt man es als Geld (…). In dem Maße, wie sich das Geld vermehrte, verringerten sich die Nachteile und Unbequemlichkeiten des Handels. Die Armen und Beschäftigungslosen fanden Arbeit, größere Bodenflächen wurden in Bebauung genommen, die Produktion wuchs an, die Manufakturen und der Handel vervollkommneten sich, und die niederen Bevölkerungsschichten wurden weniger abhängig von ihnen."[40]

Es bedurfte nur einer genauen Beobachtung der entwickelten *abgeleiteten* Geldformen, vor allem der Banknoten – also das gegen eine Sicherheit von Banken emittierte Papiergeld –, um daraus den Schluss zu ziehen, dass eine Vermehrung des Geldes all die genannten wohltätigen Wirkungen hervorbringen werde. Law hatte die Idee, dass der wahre Wert des Geldes durch Grund und Boden zu sichern sei, denn deren Menge verändert sich nicht und könne nur im Wert zunehmen. Nimmt man diesen Gedanken ernst, so dürfte eine Geldvermehrung allerdings nur in geringem Umfang möglich sein. Doch Law brachte hier Gegenargumente vor: Faktisch hängt die Geldmenge ja – zu seiner Zeit, als er diese Vorschläge machte (1705 und später) – vom umlaufenden *Edelmetall* ab, das, so Law, sich in Menge und Handhabung als Hemmnis herausgestellt habe und zudem vielfältigen Wertschwankungen unterworfen sei.

Laws Vorschlag an die Regierungen, besonders an den französischen König adressiert, sah wie folgt aus: Es wird eine Kommission berufen, die Wege aufzeigen sollte, wie man zu einer Notenemission gelangen kann. Law kannte die Antwort schon. Es sollte die Kommission bevollmächtigt werden, Noten in Höhe des Bodenwertes (oder eines Teils davon) herauszugeben. Als Wert veranschlagt Law z.B. 20 Jahresrenten. Eine andere Möglichkeit sah er darin, den Boden einfach gegen Noten zu verkaufen, „wobei der Boden nicht mehr zurückgekauft werden kann."[41] Für die Notenausgabe sah

---

[38] Hume deutet solch einen Zusammenhang an, wenn er sagt, dass eine Vermehrung der Geldmenge „zunächst den Fleiß jedes einzelnen beleben muss, bevor es den Preis der Arbeit steigert." D. Hume (1988: 2), S. 210. Eine Erhöhung der Geldmenge hat demzufolge zunächst reale Effekte, aber nur solange, bis sich die Preise an die neue Geldmenge angepasst haben. Langfristig ist für Hume das Geld neutral: „Aus der Gesamtheit dieser Argumentation können wir schließen, dass es in Hinsicht auf das innere Glück eines Staates völlig belanglos ist, ob die Geldmenge größer oder kleiner ist", D. Hume (1988: 2), S. 211. Pettys und Laws „keynesianische" Pointe, dass zuvor *nicht beschäftigte Arbeitskräfte* zusätzlich beschäftigt werden und insofern die Gesamtproduktion erhöhen, hat Hume nicht erfasst.
[39] J. Law (1992), S. 27.
[40] J. Law (1992), S. 19.
[41] J. Law (1992), S. 91.

Law bestimmte Grenzen vor. In der Begründung seines Vorschlags stellt Law allerdings einfach einige Behauptungen auf, die einer Prüfung nicht standhalten. So sollte sein „Bodengeld" aus Papier im Wert dem Silbergeld (Münzgeld) entsprechen. Vor allem aber glaubte Law:

> „Dieses Papiergeld wird nicht im Wert sinken, wie dies mit dem Silbergeld geschieht und auch weiterhin geschehen kann. Die Waren und das Münzgeld können an Wert verlieren, wenn ihre Menge zunimmt bzw. wenn die Nachfrage danach abnimmt. Demgegenüber behält das Papiergeld seinen Wert, indem die Kommission die jeweils nachgefragte Geldmenge ausgibt und indem sie die Beträge zurücknimmt, die zur Rückgabe eingebracht werden. Auf diese Weise wird man stets über so viel Geld verfügen, wie benötigt wird oder wie beschäftigt werden kann, und niemals mehr als das."[42]

Laws Kommission hätte dieselbe Aufgabe wie heute eine Zentralbank. Seine Aussage, dass Silbergeld im Wert schwanken kann, ist sicher richtig. Doch seine Argumente bezüglich des Papiergelds sind naiv. Es ist völlig offen, weshalb jemand Papiergeld *zurückgeben* sollte. Als geltendes Geld kann er es privat verleihen oder einfach horten.[43] Wenn die Bank Noten stets auf Nachfrage ausgibt, so wäre zu fragen, *wie* dies geschieht. Es kann nur in der Form eines *Kredits* erfolgen. Wie selbstverständlich unterstellt Law einen positiven Zins, ohne ihn mit der Kreditvergabe in Beziehung zu bringen. Die Möglichkeit, dass die „Nachfrage" durch steigende Kurswerte für Aktien oder Preise bedingt sein könnte, erwägt Law nicht. Und es sind letztlich jene spekulativen Prozesse, die schließlich sein in Frankreich realisiertes Bankexperiment scheitern ließ, auch wenn er vorübergehend der „reichste Mann aller Zeiten" genannt wurde.

Law amüsiert sich in seinem Text, der den genannten Vorschlag begründen soll, über John Locke, den er mit dem Gedanken zitiert, dass die Menschen dem Silber „einen imaginären Wert" zusprechen.[44] Der Wert von Geld (Silbergeld) kann, so Law, wohl kaum in der Imagination der Menschen eines Landes gründen, wenn andere Länder dieselbe „Imagination" teilen. Es muss, so der Gedanke, dem Wert des Geldes doch etwas *Objektives* entsprechen. Bei Ricardo ist das dann schon keine Frage mehr, sondern ein Axiom. Doch in der Auseinandersetzung Laws mit Locke wird eine wichtige Frage aufgegriffen, die später nicht mehr aufgetaucht ist und wenigstens einen *Schatten* dessen zeigt, was die kategoriale Verfassung des Geldes ausmacht. Der Locke von Law zugeschriebene Gedanke findet sich *so* nicht in Lockes Text; Locke sagt nicht, dass der Wert des Geldes reine Illusion sei. Es ist aber kein Wunder, weshalb Law ihn *so* auffasst. Er ahnt darin, wie in einem Spiegel, die fiktive Natur des *von ihm* vorgeschlagenen Papiergeldes. Um jeden Eindruck von Illusion oder bloß nominalem Schein vom Papiergeld abzuweisen, setzt er sich kritisch mit Lockes Formulierung auseinander. Doch was er ihr entgegensetzt, gilt gerade für das *Papiergeld* nicht.

Um welche Frage dreht sich hier die Diskussion? Die vorausgesetzte Vorstellung ist zunächst deutlich und, wie sich zeigte, sie findet sich schon bei den scholastischen Autoren. Es gibt viele Münzformen in verschiedenen Ländern oder Landstrichen. Die

---

[42] J. Law (1992), S. 94.
[43] Hume hat die Möglichkeit, Geld oder Waren zu horten und das davon ausgehende Ungleichgewicht betont; vgl. D. Hume (1988: 2), S. 214.
[44] J. Law (1992), S. 17. Vgl. „Geld hat hauptsächlich fiktiven Wert, und deshalb ist bei der Betrachtung einer einzelnen Nation belanglos, ob größere oder kleinere Mengen davon vorhanden sind." David Hume (1988: 2), S. 220.

Tatsache, dass man sie aber bei gegenseitigem Verkehr gleichwohl auch im Ausland akzeptiert, wird auf einen gemeinsamen *inneren Wert* des Geldes zurückgeführt. Und diesen *inneren Wert* sahen die Ökonomen immer wieder im Gehalt an Edelmetall (Gold oder Silber). Gold ist Träger des Geldwerts, die Prägung ist nur ein *Zeichen* dafür und kann sich, wie sprachliche Zeichen, in verschiedenen Ländern oder Landstrichen unterscheiden. Hier überträgt sich die semiotische Vorstellung auf das Geld: Wie – so der Gedanke – in der Sprache in verschiedenen Ländern verschiedene Wörter für dieselben Begriffe verwendet werden, so verschiedene Geldformen für denselben Wert. Wie man sieht, spielt hier der Wert die nämliche Rolle wie der Satz der Identität in der sprachlichen Vergesellschaftung; der Wert soll die Identität des Bezeichneten sein, dem viele Zeichen bloß nominal gegenüberstehen.

Für das Papiergeld wäre dieser Gedanke, vorausgesetzt er sei richtig, aber offensichtlich nicht zu verteidigen, denn dieses nominelle Geld hat keine nennenswerte materielle Substanz, die als Vergleich dienen könnte. Wenn also zwei oder viele Länder eine Papierwährung haben, so ist die gemeinsam erscheinende Eigenschaft des Geldes, einen (scheinbaren) Wert zu besitzen, offenkundig nicht auf das Geldmaterial zurückführbar. Spätere Ökonomen haben hierzu auf die Hilfskonstruktion zurückgegriffen, dass auch das Papiergeld eben nur *Zeichen* für wirkliches Geld – das bei Banken eingelagerte Gold – sei, ein Gedanke, der auch heute immer noch vertreten wird. Doch was sich hier zeigt, ist etwas ganz anderes. Erstens treiben Länder Handel miteinander. Bei grenzüberschreitendem Warenverkehr werden auch fremde Währungen (Devisen) ausgetauscht. Niemand betrachtet sie als wertloses Papier, nur weil sie im je *eigenen* Land nicht als Landeswährung gelten. Das Gemeinsame ist also keine Substanz, sondern die gewohnte Anerkennung der Marktteilnehmer von Geldeinheiten überhaupt als Grundlage des Warenverkehrs. Wer in Euro rechnen kann, kann dies auch in Dollar oder Yen. Und wenn man an diesen abstrakten Rechnungseinheiten in ihrer verkörperten Papierform auch *Eigentumsrechte* geltend machen kann, dann entpuppt sich die „Wertsubstanz" dieses Geldes als *soziale Geltung*. Laws Frage ist damit beantwortet:

> „Ich wüsste nicht zu sagen wie verschiedene Nationen übereinkommen konnten, irgendeiner Sache einen imaginären Wert zuzusprechen, und dies vornehmlich dem Silber, um daran dann alle anderen Waren zu messen, wenn doch kein Land etwas als Wert empfangen wollte, was nicht dem entsprach, für das man es ausgab, und ich wüsste ebenfalls nicht zu sagen, wie es möglich sein sollte, diesen vorgestellten Wert unter diesen Umständen aufrechtzuerhalten."[45]

Der Wert ist eben *anerkannte Geltung* und setzt *nur* die Rechnung mit der Geldeinheit voraus, ohne einen realen Inhalt zu haben. Die Geltung einer Devise in einem anderen Land beruht auf ihrer heimischen Geltung und wird von dieser abgeleitet.

Locke hat diese Einsicht umkreist. Die Menschheit, sagt er, „legt einen imaginären Wert auf Gold und Silber, aus Gründen, die in deren Dauer, Knappheit liegen und die nicht sehr leicht nachgemacht werden können; sie machte Gold und Silber, durch allgemeinen Konsens, zu einem gemeinsamen Pfand, wobei für die Menschen sichergestellt wurde, dass sie im Austausch dagegen gleich wertvolle Dinge erhalten (…). Dadurch entstand der Eindruck, dass der innere Wert in diesen Metallen liege". Doch hinter diesem Wert verbirgt sich jeweils nur „die Quantität, man dafür erhält". Denn

---

[45] J. Law (1992), S. 17.

diese Dinge wie Gold und Silber „haben *als Geld* keinen Wert, sondern dienen als Pfand für die Wünsche"[46].

Diese Überlegung ist nicht eindeutig; sie lässt aber den Gedanken zu, dass das Geld im Austausch in seiner Geltung auf die Meinung, den Glauben der Tauschsubjekte zurückzuführen ist und deshalb nur einen „imaginären" Charakter besitzt. Doch gleichzeitig hält Locke an der Vorstellung eines „inneren Wertes" (*intrinsic value*) fest, auch wenn er bereits sehr klar sieht, dass dieser Wert nicht absolut oder konstant sein kann, denn das Geld ist im Kreis der Waren nur eine *besondere* Ware.

> „Geld hat einen Wert, sofern es in der Lage ist, durch Austausch die Notwendigkeiten oder Bequemlichkeiten des Lebens zu verschaffen, und darin besitzt es die Natur einer Ware – allerdings mit der Differenz, dass es uns nur im Austausch dient, fast niemals durch ihren Konsum. Aber auch wenn der Gebrauch, den Menschen von Geld machen, nie in seinem Konsum besteht, so hat es doch auf keine Weise einen mehr bleibenden oder stabileren Wert im Austausch mit anderen Dingen als jede andere Ware. Aber eine besser bekannte und durch einen Namen fixierte Zahl und Gewicht erlauben uns, damit die Knappheit und Austauschbarkeit einer Ware gegen eine andere zu ermitteln."[47]

Was ist dann aber der *innere Wert* des Geldes? Locke sieht diesen Wert nicht im Material verkörpert, sondern – durchaus „modern" – in der Beziehung zu menschlichen Bedürfnissen. Gerade *deshalb* nennt er ihn „imaginär". Er sagt, dass

> „der innere (*intrinsic*), natürliche Wert jedes Dings in seiner Fähigkeit besteht, die Notwendigkeiten oder Bequemlichkeiten für das menschliche Leben zu bedienen. Je notwendiger es für unser Sein ist oder je mehr es zu unserem Wohlbefinden beiträgt, desto größer ist sein Wert."[48]

Der Gedanke ist hier einfach: Der Wert einer Ware – damit auch des Geldes – ist ein *relativer*. Er besteht nur in einer *Relation*, nicht in einer dinglichen Eigenschaft. Und in dieser Relation zeigt sich die Austauschbarkeit einer Ware; man könnte in moderner Ausdrucksweise auch sagen: ihre *Liquiditätsnähe*. In diesem Auf und Ab der Preise und Tauschwerte bleibt aber das Geld – das ja nicht für andere Zwecke dient – in seiner Quantität unverändert und ist *deshalb* ein feststehendes Maß (*standing measure*). Wenn man aber, sagt Locke, diese Quantität *verändert*, dann schlägt sich diese Veränderung im Geldwert nieder. Dann gilt: „Geld verändert seinen Wert"[49]. Doch die Menschen gehen weiterhin davon aus, dass Geld der Wertstandard ist, obwohl sich seine Quantität verändert hat.

Locke reformuliert hier also nur Pettys Quantitätstheorie, deren Kernaussage die *Identität* von Geldwert und Geldmenge bedeutet.[50] Stillschweigend wird eine *Ceterisparibus-Annahme* getroffen. Wert und Menge des Geldes sind dann identisch, wenn sich die *Warenmengen* nicht ändern. Bei Locke ist dieser Gedanke zweifellos impliziert, sofern er ausdrücklich den *Relationscharakter* des Geldes als Ware zu anderen Waren

---

[46] J. Locke (1923), S. 22.
[47] J. Locke (1923), S. 24.
[48] J. Locke (1923), S. 42.
[49] J. Locke (1923), S. 45.
[50] Vgl. „Das Geld (…) hat stets einen seiner Menge proportional bleibenden Wert.", W. Launhardt (1885), S. 54.

betont. Damit scheint aber die Formel gefunden zu sein, wie man den „Wert" des Geldes als ein Maß bestimmen kann: Der Wert ist eine *Relation* im Austausch, keine dingliche Eigenschaft. Der *innere Wert* der Dinge lässt sich nur wiederum auf eine Relation zurückführen, und Locke bestimmt diese Relation als *Knappheit* der Waren in Relation zu den Bedürfnissen („Notwendigkeiten und Bequemlichkeiten des menschlichen Lebens"). Erst Walras und Cassel werden wieder vergleichbare Gedanken formulieren. Da aber der „innere Wert" eine *Relation* bleibt, die durch *Knappheit* bestimmt ist, wird die *Menge* der Geldware zur bestimmenden Messgröße.

Lockes Sensualismus, der den Dingen nur eine begrenzte Eigennatur zuschreibt – eine Schranke, die Berkeley dann völlig beseitigt hat und alle Eigenschaften mit ihrem Wahrgenommenwerden gleichsetzt –, entdeckt diese Beziehung auch in der Wirtschaft. Auch hier gibt es keine „inneren Wesenheiten" in den Dingen. Ihre Natur ist ihre Relation, und *dies* nennt Locke *imaginary value*. Der *intrinsische Wert* ist die Geldmenge in dieser Tauschrelation, nicht eine besondere Eigenschaft „Wert" als metaphysische Entität.[51] Die Aufprägung beim Geld ist nur eine *Eigenschaftsbeschreibung* des Materials, seines Inhalts und Gewichts.[52] Das Problem der Trennung von Zeichen und Material hat Locke nicht eigens betont. Seine Überlegungen versuchen, den Geldwert auf eine sinnliche Eigenschaft im Austausch zurückzuführen, und er betont hierbei den Charakter der *Relationen*.

Allerdings kommt bei ihm zugleich noch ein anderer Geldbegriff zur Geltung, eine Dualität, die sich durch fast alle Untersuchungen der Neuzeit zieht. Nachdem man versucht hat, dem Geld eine „natürliche" Grundlage in seiner Relation zu anderen Waren zu geben, bemerkt man dann doch, dass das *Geld als Geld* gleichwohl eine soziale Bedeutung hat, nämlich im Zins. Wenn man die Geldmenge (= Silber- oder Goldmenge) zu den Waren in Beziehung setzt, erscheint *eine* Form des Geldwerts, der dieser einfachen Quantitätstheorie entspricht. Doch diese Geldmenge dient eben nicht nur dem Austausch, sie führt ein *Eigenleben* als Kredit. Hier scheint sich ein zweiter, alternativer „Wert" für Geld vorzudrängen: der Zins.

Und so schwankt auch Locke, wenn er neben den angegebenen Bestimmungen nun noch einen ganz anderen, konkurrierenden Begriff für den „natural value of money" anbietet, sofern das Geld „in der Lage ist, ein jährliches Einkommen durch Zins abzuwerfen", und diese Fähigkeit beruhe *auch* „auf der gesamten Quantität des verwendeten Geldes im Königreich." Diese alternative Bestimmung nimmt Locke auch wieder zurück und sieht die eigentliche Funktion des Geldes in seiner Fähigkeit, sich gegen andere Waren auszutauschen. Er bettet das Streben nach Zins in diesen Austauschprozess ein, denn die als Grund für die Zuschreibung einer bestimmten Geldsumme zu einer Ware genannten Bedürfnisse können auch der Grund dafür sein, „eine Ware *teurer* zu verkaufen", also einen Zins zu realisieren. Doch, fügt Locke hinzu, dies sei „nur ein vereinzelter Fall, der nicht gleichzeitig die allgemeine und konstante Regel (des Geldwerts) verändert."[53]

---

[51] „Silver is the instrument and measure of commerce in all the civilized and trading parts of the world. It is the instrument of commerce by its intrinsic value. The intrinsic value of silver, considered as money, is that estimate which common consent has placed on it", J. Locke (1923), S. 139.

[52] J. Locke (1923), S. 142.

[53] J. Locke (1923), S. 46. Bei Petty findet sich bereits ein Gedanke, der zwischen Zinssatz und Geldmenge eine Relation herstellt: „Vielmehr ist der natürliche Fall des Zinsfußes die Wirkung der Geldvermehrung." W. Petty (1986), S. 277.

Diese letztere Bemerkung lässt den Zins oder den Preiswucher als „erklärtes", natürliches Phänomen gelten; auch macht Locke deutlich, dass der Zins gleichfalls in Relation zur umlaufenden Geldmenge steht und insofern auch deren „Wert" ausdrückt oder beeinflusst. Doch er schiebt diese Einsicht an den Rand und sieht die Hauptfunktion des Geldes unverändert im Austausch. In dieser Haltung steht Locke sozusagen noch mit einem Bein in der scholastischen Tradition, von der sich dann, auf Lockes Vorarbeiten und den Arbeiten Pettys aufbauend, Law vollständig emanzipiert. Law bemerkt, dass das Zeichen nicht durch das bestimmt wird, was es bezeichnet – das Metallgewicht –, sondern eine selbständige Rolle übernehmen kann, die, verknüpft mit Pettys „keynesianischen Einsichten", sogar *real* wirken und als selbständige Entität fungieren kann.

Das praktische Scheitern des Lawschen Experiments, die Rückkehr Frankreichs zum Münzstandard[54], hat die bei Law *impliziten* Erkenntnisse, die Lockes Formel vom *imaginary value* in die Praxis umgesetzt hatten, für viele Jahrzehnte, gar Jahrhunderte verschüttet. Fortan galt John Law in der ökonomischen Zunft als Unperson, beruhend auf dem, was als Erfahrung „mit dem Kladderadatsch des Lawsystems"[55] in die Geldgeschichte einging. Smith und Ricardo erwähnen ihn gar nicht. Nur Schumpeter – vielleicht nicht ohne Sympathie, da er selbst an einem Bankprojekt in Österreich scheiterte – relativiert den von Law mit verursachten Bankzusammenbruch seiner *Banque Royale* und stellt ihn als Ökonomen „in die erste Reihe der Geldtheoretiker aller Zeiten"[56]. Keynes erwähnt Law nur – neben den frühen Versuchen im alten China – als „Vorläufer" bei der Einführung von Papiergeld.[57] Was bei Law allerdings tatsächlich aufbricht, ist die Vorstellung vom Geld als einem Zeichen, über das – und darin liegt seine richtige Einsicht – die Menschen selbst *gestaltend* verfügen können. Eben dies wird ihm als Todsünde angerechnet von fast allen Nachfolgern, die ihn entweder gar nicht beachteten oder einfach als Spinner abtun. Die Nachfolger waren bemüht, die Trennung von bloß nominalem Zeichenwert des Geldes und den „realen Werten", die dieses Zeichen repräsentiert, als eigene Entität herauszuarbeiten.

4.3.1.4 Die Fragestellungen am Übergang zur klassischen Ökonomik

Welches Ergebnis der ökonomischen Denkbewegung kann man – mit Blick auf diese vorklassische Periode – festhalten? Das Problem der zirkulären *Geltung* des Geldes, das bei Aristoteles bewusst ist und mit Bezug auf die *Vergesellschaftung* der Arbeiten und Bedürfnisse herausgearbeitet wurde, hat sich in der Scholastik gespalten. Das reflexive Verhältnis von Anerkennung des Geldes als Wert durch die Tauschenden und die In-

---

[54] Der Regent Herzog Philipp von Orleans erblickte in Laws Ideen eine Möglichkeit, sich seiner Schulden zu entledigen. Im Mai 1716 wurde die *Banque génerale* als Privatnotenbank Laws gegründet. 1717 fusionierte diese Bank mit der Mississippikompanie und wurde 1718 zur staatlichen Notenbank erhoben. Die in Verbindung mit Aktienspekulationen in Gang gesetzte Notenemission führte aber bald zu einem Kurssturz und schließlich dem Zusammenbruch des Lawschen Systems 1720, mit der Folge eines Staatsbankrotts (1721 und 1722) und der Flucht Laws. Daraufhin wurde der Münzstandard wieder eingeführt. Vgl. E. Samhaber (1945); O. Spann (1928b), S. 30ff.
[55] K. Marx, MEW 26.1, S. 30.
[56] J. A. Schumpeter (1954), S. 375. Menger sieht die Bedeutung von Law darin, dass dieser „die eigentümliche Stellung der edlen Metalle im Kreise der übrigen Waren, den Geldcharakter derselben aus den Eigentümlichkeiten der edlen Metalle, genetisch zu entwickeln" versuchte; C. Menger (1871), S. 258, Note. Dieser Gedanke findet sich, wie zitiert, wohl bei Locke – den Menger nur an einer Stelle erwähnt –, ist aber bei Law nur angedeutet.
[57] J. M. Keynes, CW V, S. 13.

kraftsetzung der Geltung durch das Prägen von Münzen wurde nicht mehr erkannt, sondern in seine beiden Extreme zerrissen. Die Geltung des Geldes *als Wert* wurde zunächst als moralische Natur im gerechten Preis objektiviert; später erscheint dieser Wert *verkörpert* in den Edelmetallen. Davon unterscheidet sich die Münzprägung oder das Papiergeld, das nun als *Zeichen* dieses Werts interpretiert wurde. Das reflexive Verhältnis, das kategorial dem Geld zukommt, erscheint damit nicht mehr als *Zusammengehörigkeit*, sondern in getrennten Entitäten, die zueinander ein Verhältnis von Signifikat (Edelmetall = realer Geldwert) und Signifikant (Prägung, Papier = nominaler Geldwert) unterhalten.

Die mittelalterliche Geldtheorie hat dazu wesentliche Vorarbeiten geleistet und in Oresmes Theorie die manipulativen Möglichkeiten des *nominalen Geldwerts* herausgestellt. Die mittelalterliche Geldtheorie bewahrt dabei immer noch den Gedanken, dass der *reale Wert* zugleich eine *ethische Norm* darstellt, die der Gegenwart göttlicher Gebote in der menschlichen Gesellschaft entspricht. Im metaphysischen Bruch mit der Theorie von Aristoteles wurde gerade durch die „Aristoteliker" also dem *Wert* eine *Natur* zugeschrieben. Zunächst war dies eine *göttliche* Natur. In der Renaissance und der Aufklärung wird diese Natur schrittweise zu einer selbständigen Entität, dem *eigentlichen* Realitätsprinzip. Die *menschlichen Gesetze* können mit dieser Natur übereinstimmen oder davon abweichen. *Metaphysisch*, d.h. in der Denk*form* entspricht dieser Gedanke *exakt* der scholastischen Vorstellung, befreit von ihrem theologischen Gehalt. Die Physiokratie spricht diese Dualität sehr klar aus in der Differenz von *ordre naturel* und *ordre positif*. Das göttliche Gebot wandelt sich in eine Naturordnung, die *von sich her* eine wissenschaftlich zu entdeckende Struktur aufweist, und die *menschlichen Satzungen* haben sich – im Idealfall – daran zu orientieren. In der metaphysischen Denkform bleibt die *Diagnose* dieser Frühform des Liberalismus rein theologisch: Eine Abweichung von der Naturordnung ist „Sünde", und diese Sünde wird durch die *Wissenschaft von der sozialen Natur* (= Politische Ökonomie) angeprangert, die das Erbe der Theologie antritt.

Besonders in der *Geldtheorie* wird diese Dualität deutlich; sie liefert das *Modell* dieser Denkform. Die Natur der edlen Metalle ist zugleich die Bürgschaft für den wahren Wert, das Papiergeld ist eine menschliche Satzung, ein *ordre positif*, der – sofern er sich vom realen Metallwert entfernt – die menschlichen Verhältnisse zerrüttet. Das *Problem* dieses Gedankens war allerdings: Der Wert der edlen Metall ist selbst nur ein *relativer*, besteht nur im Austausch zu anderen Waren, in deren Umkreis Gold und Silber nur *besondere*, allgemeine Waren sind. Daraus erwuchs eine doppelte Frage. *Erstens*: Was ist diese besondere Rolle der „allgemeinen Ware" Geld neben den anderen Waren? – Diese Frage führt schließlich zu Mengers Geldtheorie, die eine Evolution des Geldes aus dem Tausch zu formulieren versucht und das Geld damit vollständig naturalisiert. *Zweitens* ergibt sich die Frage, was der *Wert des Geldes* als Edelmetall tatsächlich ist, wenn man erkennt, dass der *Preis* dieser Metalle schwankt. – Auf diese Frage versuchte die klassische Ökonomik dadurch zu antworten, dass man den Wert in einem anderen, dritten Prinzip neben Geld und Waren vermutete: den Arbeitsleistungen. Eine *Vorform* dieser Naturalisierung des Wertes findet sich bei Law und den Physiokraten, die hinter dem wahren, realen Wert des Geldes die bearbeitete Natur, ausgelegt als Ertrag der Landwirtschaft, vermuteten.[58] Die kategoriale Struktur der Antwort ist dieselbe.

Neben diesem Realwert des Geldes findet sich aber der *Nominalwert*, der dem entspricht, was die Menschen durch das Recht positiv *setzen*, also die Münzprägungen, der

---

[58] „Der Landmann ist der einzige, dessen Arbeit noch über den Arbeitslohn hinaus einen Ertrag abwirft. Er ist also die alleinige Quelle alles Reichtums." A. R. J. Turgot (1903), S. 6.

Edelmetallgehalt pro geprägter Einheit oder schließlich das Papiergeld als Emanzipation des Zeichens vom Metall, die Law erstmals *konsequent* auch praktisch durchführte. In seltsamer Schwebe findet sich in diesen Vorstellungen der Gedanke eingemischt, dass der reale Wert des Geldes in seiner Metallform *durch dessen Quantität* bestimmt sei. Der Wert des Geldes ist demnach einfach die Menge an umlaufendem Edelmetall im Verhältnis zu den anderen Waren. Dies lenkt den Blick auf die *Produktion* dieser Metalle, auf das *Angebot*, und hier hat später Ricardo – in einer seltsamen Inkonsequenz seiner Wertlehre – ein Marginalprinzip zur Erklärung eingeführt, wonach der Geldwert durch die Produktionsbedingungen der gerade noch rentablen Gold- und Silberminen bestimmt sein soll. Diese Antwort führte später in einer Inflation des Gedankens zum neoklassischen Marginalismus, dem sich in der Moderne ein seltsamer Nominalismus des Geldes hinzugesellt hat.

Der Versuch, dem Wert, der hinter dem Gelten des Geldes vermutet wurde, ein absolutes Wertmaß zuzuordnen, war mit einem erst schrittweise erwachenden Bewusstsein für den Geldumlauf selbst verbunden. Locke hat darauf hingewiesen, dass die fungible Geldmenge durch die *Geschwindigkeit* des Umlaufs der Münzen beeinflusst wird.[59] Je rascher das Geld umläuft, desto „mehr" Geld wird wirksam. Law hatte ganz besonders die Erhöhung der Umlaufgeschwindigkeit des Geldes und damit der Tauschprozesse als Vorzug seines Papiergeldes herausgestellt. Doch mit der Umlaufgeschwindigkeit wurde in der Geldverwendung und im Tauschprozess ein Sachverhalt sichtbar, der so gar nicht zu den Substanz- oder Zeichenmodellen des Geldes passen wollte. Denn die Umlaufgeschwindigkeit beruht offenbar auf *Handlungen der Menschen*, nicht auf sachlichen oder nominalen Eigenschaften der Dinge. Umgekehrt können in den Geldhorten die Tauschenden das Geld auch aus eigener Macht dem Umlauf der Waren entziehen. In beiden Fällen tritt ein *subjektives Moment* in der Geldverwendung hervor, worin sich die Struktur des Geldes als ein reflexives Anerkennungsverhältnis wie ein ferner Schatten an einer Spezialfrage zeigt.

Damit sind die Probleme umrissen, und zugleich wird die offene Stelle der Geldtheorie deutlich, ein blinder Fleck, der in der klassischen Theorie zur allgemeinen Verblendung in einem Dschungel der Maschinenmodelle wurde. Erst die Kritik der subjektiven Wertlehre hat von der Struktur des Geldes das im Anerkennungsverhältnis liegende subjektive Moment der Wertschätzung wieder entdeckt, allerdings gerade so, dass einerseits die Subjekte selbst naturalisiert wurden zu kausal determinierten Nutzenrobotern, andererseits auch das *Anerkennungsverhältnis* im Geld vollständig mit der Funktion einer Ware identifiziert wurde.

Eine Ahnung der Geldverhältnisse lässt sich noch bei Barbon erkennen, der sagt:

> „Einige Menschen haben eine so große Wertschätzung für Gold und Silber, dass sie glauben, diese hätten einen inneren Wert (*intrinsic value*) in sich selbst und verleihen so den anderen Dingen Wert. Der Grund für diesen Fehler liegt darin, dass Geld aus Gold und Silber gemacht wird und sie deshalb nicht unterscheiden zwischen Geld und Gold oder Silber. Geld hat einen bestimmten Wert durch gesetzliche Festlegung; aber der Wert von Gold und Silber ist unsicher und verändert sich im Preis"[60].

---

[59] „This shows the necessity of some proportion of money to trade: but what proportion that is, is hard to determine; because it depends not barely on the quantity of money, but the quickness of its circulation." J. Locke (1923), S. 23.

[60] N. Barbon (1664), S. 18.

Dieser kurze Text ist bemerkenswert. Anders als Locke oder Law ist für Barbon das Gold und Silber *kein Geld*. Er hat noch ein klares Verständnis dafür, dass – um Geld zu sein – das Geld einer *Geltung* bedarf, und diese Geltung wird für Barbon nur durch das Gesetz, also die Hoheit über das Münzrecht ins Werk gesetzt. Er wirft seinen Zeitgenossen vor, die Gold und Silber als Wertfetisch betrachten, dass sie das Material mit der Geltung verwechseln. Weil die Geltung auf Meinung (*opinion*) beruht, kann auch eine abgeleitete Geldform wie der Kredit als Geld fungieren.[61]

Am Geld wird die innere Zirkularität des „Wertes" sichtbar. Doch der seit der Scholastik unternommene Versuch, den Wertbegriff aus *eigenem Recht* zu begründen und das Geld gleichsam als eine *nachgelagerte* Frage zu betrachten, hat die Problemstellung nachhaltig in jene Konfusion getrieben, die für die ökonomische Dogmengeschichte zutiefst charakteristisch ist. Barbon ist diesen Fragen noch in ihrem scholastischen Ursprung nahe und greift gleichzeitig weit in moderne Problemstellungen voraus. Er trennt das Moment des Geltens des Geldes *einseitig* ab und verankert es – durchaus in der scholastischen Tradition – *nur* beim Gesetzgeber. Geld hat *als Edelmetall* keinen Wert. Jeder Wert ist *gesetzt*.

> Deshalb „muss der Wert von Geld durch Gesetze sichergestellt werden, oder es gibt kein sicheres Maß, noch einen Austausch für den Wert aller Dinge."[62]

Barbon sieht die Funktion des Geldes im Austausch, worin verschiedene Bedarfsstrukturen vermittelt werden. So führt er auch den Wert auf diese *Beziehung* zurück: „Der Wert aller Waren entsteht aus ihrem Gebrauch"[63]. Die aristotelische Pointe, dass der Gebrauch kein gemeinsames Maß besitzt, dass die Arbeits- und Bedürfnisteilung aber einer sozialen Vermittlung bedarf, die durch die *Geldrechnung* hergestellt wird, ist hier verschwunden. Der Bedarf ist zu einer den verschiedenen Warenarten – die Barbon im ersten Kapitel seines *Discourse* aufzählt und in Vorwegnahme der späteren „Güterlehre" klassifiziert – entsprechenden objektiven Größe geworden.

Allerdings wird von der ursprünglichen Geldstruktur als einem sozial-reflexiven *Verhältnis* im Wertbegriff bei Barbon ein Moment bewahrt, das als dieses Moment erst in der Wertlehre der Neuzeit – bei Walras und Cassel – wieder in den Vordergrund gerückt wird: die *Knappheit* der Güter: „Es ist nur die Knappheit (*scarcity*), die den Wert aufrechterhält und nicht irgend ein intrinsischer Wert oder eine Qualität in den Metallen". Es ist der „Überfluss, der Waren billig macht, und Knappheit macht sie teuer."[64] Auch Locke sah in der Knappheit den zentralen Bestimmungsgrund der Preise[65], ohne sich auf Barbon zu berufen.

Doch daraus ergibt sich für die nachfolgende Ökonomik eine ungelöste Frage. Wenn der Wert nur eine *Relation* ist, die sich zudem mit den Marktprozessen unaufhörlich ändert, wenn sich der Preis als Spannungsbeziehung zwischen Angebot und Nachfrage erklären lässt, so bleibt völlig dunkel, worin eigentlich der Wert *als Wert* besteht. Marx drückt das später so aus:

> „Wenn Nachfrage und Zufuhr sich decken, hören sie auf zu wirken (…) Die wirklichen innern Gesetze der kapitalistischen Produktion können offenbar nicht aus

---

[61] „Credit is Value raised by Opinion, it buys Goods as Money", N. Barbon (1664), S. 18.
[62] N. Barbon (1664), S. 16.
[63] N. Barbon (1664), S. 13.
[64] N. Barbon (1664), S. 18 und 15; vgl. auch S. 41.
[65] J. Locke (1923), S. 22 und 34.

der Wechselwirkung von Nachfrage und Zufuhr erklärt werden (...), da diese Gesetze nur dann rein verwirklicht erscheinen, sobald Nachfrage und Zufuhr aufhören zu wirken, d.h. sich decken. Nachfrage und Zufuhr decken sich in der Tat niemals, oder wenn sie sich einmal decken, so ist es zufällig, also wissenschaftlich = 0 zu setzen, als nicht geschehn zu betrachten."[66]

Thünen sagt mit Bezug auf die Preisbildung der Arbeit dasselbe:

„Wir haben uns nun aber die Aufgabe gestellt, die Höhe des Arbeitslohns für den beharrenden Zustand der bürgerlichen Gesellschaft zu erforschen. In einem solchen Zustand sind Nachfrage und Angebot im Gleichgewicht; beide heben sich gewissermaßen auf, oder erscheinen als ruhend – und es geht schon hieraus hervor, dass in einem solchen Zustande ein anderer Bestimmungsgrund für die Höhe des Arbeitslohns vorhanden sein muss."[67]

In diesem Gedanken kann man den Übergang zur klassischen Nationalökonomie sehen. Barbon verlegt den Wert – zutreffend – in den *Geldprozess*, reduziert aber das Gelten des Geldes auf die Gesetzgebung; eine Voraussetzung, deren Unhaltbarkeit Kopernikus am Beispiel des Wechselkurses verschiedener Geldformen schon kritisiert hatte; seine Texte blieben aber unbekannt. Man kann in Barbons Theorie eine frühe Form dessen erblicken, was Knapp später die „staatliche Theorie des Geldes" nennen wird und in dem berühmten Satz zusammenfasst: „Das Geld ist ein Geschöpft der Rechtsordnung"[68]. Barbon, wie auch schon Oresme oder später Locke, setzen für die Untersuchung der *nominalen Geltung* des Geldes immer schon stillschweigend die Anerkennung von Gold und Silber *als Werte* voraus. Das ist auch das ungelöste Grundproblem der nominalistischen Theorie von Knapp, wenn es ihm nicht gelingt, das Gelten dessen, was er „hylisches Geld" nennt, zu erklären, weil es nicht durch eine Rechtsnorm „geltend" gesetzt wurde.[69] Geld kann nur geltend gesetzt werden, wenn die Tauschenden auf den Märkten es akzeptieren und seine Geltung in der alltäglichen Geldrechnung *reproduzieren*. Es war eben dieses Moment, das Menger und seine Schüler dazu trieb, nur noch die praktische Verwendung des Geldes als besonders leicht zu tauschende Ware zu betrachten und über Arbitragegeschäfte die Geldfunktion abzuleiten – ein Gedanke, den ich noch ausführlich darstellen und kritisieren werde (vgl. 4.6.3.4).

Das Dilemma ist unlösbar, wenn man nicht erkennt, dass jeder ökonomische Wert auf dem Geld beruht, das Geld aber eine *zirkuläre* Struktur von Gelten seines Wertes und der Subsumtion unter diese Geltung durch die alltägliche Verwendung darstellt. Im Begriff der „Knappheit" wird zwar die *Dualität* im Wert geahnt, aber auf ungenügende Weise ausgedrückt, die Marx und Thünen in den zitierten Gedanken kritisiert haben. Denn wenn Angebot und Nachfrage sich *decken*, so mag man zwar auf neoklassische

---

[66] K. Marx, MEW 25, S. 199. Vgl. „Nun, im selben Augenblick, wo diese entgegengesetzten Kräfte gleich werden, heben sie einander auf und wirken nicht mehr in der einen oder der andern Richtung. In dem Augenblick, wo Angebot und Nachfrage einander die Waage halten und daher zu wirken aufhören, fällt der Marktpreis einer Ware mit ihrem wirklichen Wert, mit dem Normalpreis zusammen, um den ihre Marktpreise oszillieren." K. Marx, MEW 16, S. 119.
[67] J. H. v. Thünen (1875: 2), S. 53.
[68] G. F. Knapp (1921), S. 1.
[69] Vgl. die Diskussion bei G. F. Knapp (1921), S. 46-68.

Weise durch das Festlegen entsprechender Funktion – wie das Alfred Marshall eingeführt hat – ein „Gleichgewicht" aus den Funktionen der *Abweichung* ableiten. Doch die *Bedeutung* des Wertes, der sich im „Gleichgewicht" zeigt, bleibt völlig dunkel: In welcher Einheit wird er gerechnet? Und *wer* rechnet hier in welcher Einheit? In welcher Einheit sind die Preise für Angebots- und Nachfragefunktionen von den *Marktteilnehmern*, deren Verhalten diese Funktionen ausdrücken sollen, kalkuliert? Walras führt hier eine abstrakte Recheneinheit (*numéraire*) ein, die er aus den Eigenschaften seiner Gleichungen erschließt und dabei doch nur wieder zirkulär das Geld voraussetzt; auch das werde ich ausführlich darstellen (vgl. 4.7.3.6).

Die *klassische* Nationalökonomie hat diese Frage anders gelöst. Sie geht von der Zeichenvorstellung aus, wonach beim Geld seine *nominale Geltung* – die durchaus von staatlichen Behörden in Kraft gesetzt werden kann – als Münzprägung oder Papier von den *realen Tauschwerten* unterschieden wird. Die realen Tauschwerte werden nicht aus dem Gelten des nominalen, gesetzlichen Zahlungsmittels abgeleitet, sondern kategorial auf die *Entstehung* der Produkte bezogen – physiokratisch auf die Natur, bei den klassischen Ökonomen auf die Arbeit. Hier trennt sich in der französischen und schottischen Schule der Ökonomik, was zunächst noch als *ein* Grund für den „realen Wert" gedacht wurde.

Die Dualität von Boden und Arbeit als Wertquelle wurde bei *Petty* und teilweise in der französischen Schule noch als undifferenzierte Einheit gedacht. Petty sagt, „dass Arbeit der Vater und das aktive Prinzip des Reichtums ist wie Erde die Mutter"[70]. Bei Cantillon wird, nach den Erfahrungen mit Laws System in Frankreich, dieser Gedanke einer Verankerung des Wertes in Natur und Arbeit so ausgedrückt: „Der reale oder intrinsische Wert der Metalle ist wie alles andere auch proportional zu dem Boden und der Arbeit, die in ihre Produktion einfließen."[71] Diese Bestimmung bleibt in jeder Hinsicht diffus, denn Boden *und* Arbeit kommt kein gemeinsames Maß zu, zu dem ein Metallwert „proportional" sein könnte. Doch es ist darin der Wille erkennbar, dem Geld *als* Wert ein Fundament in natürlichen Faktoren zu geben. Deshalb wendet sich auch Cantillon – wie übrigens schon Law – gegen Lockes Feststellung, dass Gold und Silber ihren Wert nur durch Konvention, also insofern einen *imaginären* Wert hätten.

> „Geld oder das gemeinsame Maß des Wertes muss faktisch und in der Realität dem (sc. der Menge) an Boden und Arbeit korrespondieren, gegen die Artikel ausgetauscht werden. Auf andere Weise hätte es nur einen imaginären Wert. (...) Mr. Locke sagt, dass die allgemeine Zustimmung der Menschheit Gold und Silber Wert verleiht. Das kann nicht bestritten werden, da eine absolute Notwendigkeit nicht geteilt werden kann. Es ist dieselbe Zustimmung, die jeden Tag der Spitze, Leinen, vornehmen Kleidern, Kupfer und anderem Metall einen Wert beilegte und noch beilegt. Man kann ohne diese Dinge existieren, aber es muss daraus nicht geschlossen werden, dass sie nur einen imaginären Wert besitzen."[72]

Die Rückbindung des Werts an die *Ursache der Produkte* (Boden und Arbeit), der Versuch, den Wert zu *naturalisieren* – historisch aus den ersten Erfahrungen mit dem exzessiven Gebrauch von Papiergeld verständlich –, hat jenes bei Locke noch anklingende Moment der Kategorie des Geldes aufgehoben, das auf die soziale Geltung aller

---

[70] W. Petty (1986), S. 79. Vgl. „Bodennutzungen und Arbeit sind die elementaren wirtschaftlichen Produktivkräfte." E. v. Böhm-Bawerk (1921: II.1), S. 110.
[71] R. Cantillon (1959), S. 87.
[72] R. Cantillon (1959), S. 111 und 113.

Werte verweist. Das Gelten einer Bedeutung wird durch Kausalität, *nomos* durch *physis* ersetzt. Die klassische Ökonomik baut auf dieser Voraussetzung weiter, auch wenn sie die duale Bestimmung der Natur des Wertes durch Boden *und* Arbeit aufgegeben hat. Die eigentliche Aufgabe besteht für diese Theorie nun darin zu zeigen, wie der reale Wert durch den nominalen Preisausdruck in Geld hindurch sich Geltung verschafft. Diese Frage findet bei Ricardo eine klassische Lösung: Er diskutiert den realen Wert vor dem Hintergrund einer reinen Metallwährung und fügt, darauf aufbauend, Regeln für die Definition des rein nominalen Geldes hinzu.

Dass diese Lösung nicht ohne Probleme bleibt – auf die Frage der Umlaufgeschwindigkeit hatte Locke, auf reale Effekte auch der bloßen Papiergeldmehrung Petty als Vorläufer von Hume und Keynes hingewiesen –, hat die Diskussion zwischen der Currency- und Banking-Schule im Anschluss an die ricardianische Theorie offenbart.[73] Die Currency-Schule, die Ricardos Vorschlägen folgte, wollte die Notenausgabe an die mögliche Konvertibilität in Metallgeld knüpfen und so beschränken. Damit sollten inflationäre Prozesse, wie sie in der Folge des Koalitionskrieges 1793 mit Frankreich durch ein uneingeschränktes Diskontieren von Wechseln und Kriegskredite ab 1800 zu beobachten waren, verhindert werden. Grundlage war also die These, dass die Trennung der nominalen Papiergeldmenge vom „realen" Geld Ursache von Preissteigerungen ist. Die Banking-Schule, die von John Fullarton und später von Thomas Tooke vertreten wurde, sah dagegen in den Banknoten nur temporäre Äquivalente von Wechseln mit Verfallsdatum, damit ohne inflationäre Wirkung. Offenkundig entspricht diese Position ziemlich genau jener von Law.

Der Streit führte aber nur zu wirren Ergebnissen. Thomas Tooke wollte in seiner fünfbändigen *History of Prices* – die zwischen 1823 bis 1857 erschien und die nicht zuletzt auch Marx sehr stark beeinflusst hat – zeigen, dass Preissteigerungen einer Ausweitung der Geldmenge *vorausgehen*, also andere Ursachen haben müssen. Dieser Streit um die *Kausalitätsrichtung* zwischen Geldmenge und Preisen ist bis heute nicht geschlichtet. Adolph Wagner, der Tookes Standpunkt teilte, sagte:

> „Wenn die Ursachen sich ändern, so wird auch in der Menge der Noten eine Veränderung vor sich gehen. Wenn man aber nachweisen kann, dass die Veränderung in den Ursachen die frühere gewesen ist, so wird man nicht daran zweifeln, was als Ursache und was als Wirkung anzusehen ist."[74]

Die zeitgenössische Ökonometrie ist *kategorial* mit ihrer Fragestellung keinen Schritt weiter; sie testet solche Zusammenhänge meist mit Hilfe der „Granger-Kausalität"[75]. Das Ergebnis ist allerdings weit davon entfernt, eindeutige Antworten im Sinn von Wagner zu liefern. Zwar besteht zwischen Preisniveau und den üblichen Definitionen der Geldmenge eine hohe Korrelation[76], doch die Richtung einer möglichen *Kausalität* bleibt offen. Die meisten Monetaristen sehen – wie die Currency-Schule – in der Geldmenge die Ursache; doch es gibt exakt gegenteilige empirische Ergebnisse.[77] Es gilt also immer noch, was Wicksell sagte, dass die in der Currency-Banking-Debatte sicht-

---

[73] Vgl. E. Cannan (1925), S. vii-xlvi.
[74] A. Wagner (1857), S. 137.
[75] C. W. J. Granger (1969).
[76] Vgl. G. T. McCandless Jr., W. E. Weber (1995).
[77] Vgl. z.B.: „The direction of causality (Granger) is also different. For the earlier period, we find that changes in prices lead changes in money." M. F. Gabrielli, G. McCandless, M. J. Roillett (2004), S. 201.

baren Divergenzen „unglücklicherweise trotz beinahe hundertjähriger Diskussion noch immer in der Schwebe"[78] sind – auch wenn inzwischen beinahe nochmals hundert Jahres ins Land gingen.

Was sich hier zeigte und in der Geldtheorie noch immer zeigt, ist das Missverständnis der *Bedeutung* von Geld durch die Behauptung *kausaler* Beziehungen in einer zirkulären Zeichenrelation. Geld ist ein Prozess der *Bedeutung*, der Geltung und Anerkennung. Daraus leiten sich alle ökonomischen Wertphänomene ab. Wenn man versucht, für diese Geltung *kausale Relationen* festmachen zu wollen, trennt man das, was *kategorial* nicht getrennt werden kann. Das mechanisch-mathematische Denken in der Ökonomik hat die Einsicht in diesen von Aristoteles erstmals geahnten Zusammenhang völlig verdeckt und die Geldtheorie in eine heillose Sackgasse geführt, worin Zeichen und Bezeichnetes, Geld als Rechnungsgrundlage und die Eigentumsrechte an Geld unaufhörlich vermengt werden. Die Geldrechnung als sozialen Akt kann keine objektivierte Kausalität oder funktionale „Wechselwirkung" erfassen. Für den cartesianischen Beobachter bleibt, auch bewaffnet mit bestem ökonometrischem Rüstzeug, der semiotische Prozess des Geldes rätselhaft.

Zu einem schier unentwirrbaren Knoten wird die Geldtheorie schließlich, wenn auch noch die *Zinstheorie* herangezogen wird, zu der sie immer schon in einem ungeklärten Verhältnis stand. Diese *zweite* Frage werde ich erst später wieder aufgreifen und die klassischen Ökonomen nur hinsichtlich ihrer Tausch- und Geldtheorie befragen (vgl. Teil 5 und 6). Das ist auch insofern ohne Hindernisse durchzuführen, weil Smith und Ricardo den Profit, Quelle aller Zinszahlungen, als ein *reales* Phänomen betrachteten, das durch den Schleier nominaler Geldrechnung in seinem Wesen nicht berührt sein sollte.

4.3.2 Adam Smith

4.3.2.1 Smith' cartesianischer Blick

Die klassische Ökonomik, inauguriert durch Adam Smith, beruht vor allem auf einer *methodischen* Revolution. Sie knüpft unmittelbar an Descartes an. Dessen Methode galt Adam Smith als bedeutendste innovative Leistung Frankreichs. Zwar bemängelte er in seiner *History of Astronomy* und in der *Theory of Moral Sentiments* zahlreiche *inhaltliche* Äußerungen von Descartes – dessen astronomische und naturphilosophische Aussagen hatte Smith in seiner *History* ausführlich kritisiert; er erwähnt ihn allein dort 18-mal. Seiner *Methode* dagegen zollte er den höchsten Respekt. In seinem *Letter to the Edinburgh Review* billigt er nur den *Meditationen* von Descartes innerhalb der philosophischen Literatur Frankreichs im 17./18. Jahrhundert den Rang der Originalität zu.[79] In seinen *Lectures on Rhetorik* sagt Smith schließlich emphatisch:

> „Die cartesianische Philosophie (...) – selbst wenn sie kein Wort der Wahrheit enthalten würde und uns, die wir in einem aufgeklärteren Zeitalter leben und mehr von diesen Dingen verstehen, so dass einige (sc. von Descartes Aussagen) ziemlich dubios erscheinen – sollte nichtsdestotrotz von allen Lernenden in Europa universell angenommen werden."[80]

---

[78] K. Wicksell (1922: 2), S. 200.
[79] A. Smith (1978), S. 250.
[80] A. Smith (1985), S. 146.

4.3.2 Adam Smith

Und Smith spricht ausdrücklich an derselben Stelle von „der großen Überlegenheit dieser Methode über die von Aristoteles, die bis dahin einzig bekannte"[81].

Dieses cartesianische Methodenbekenntnis von Smith – das er faktisch mit seinem Methodenbekenntnis zu Newton[82] gleichsetzte – ist für das Verständnis seiner ökonomischen Theorie grundlegend.[83] Man hat zu Recht festgestellt, dass für nahezu alle *inhaltlichen* Aussagen in Smith' ökonomischer Theorie Vorläufer zu finden sind und behauptet, dass sein Hauptwerk *Wealth of Nations* „keine wirklich neuen Ideen enthielt"[84]. Seine Leistung wird in der Zusammenfassung, der Verständlichkeit und Architektonik gesehen, während ihm andere gerade seinen „unsystematischen Charakter"[85] vorwerfen. Doch beides trifft nicht den Punkt. Denn Smith war tatsächlich der erste Wirtschaftswissenschaftler, der die *cartesianische Denkform* für die Ökonomik anwendbar machte. Dieser Punkt wird von den meisten Ökonomen deshalb nicht erkannt, weil sie selbst so sehr in dieser Tradition stehen, dass sie das *Nächstliegende* nicht sehen können. Für das *kategoriale* Verständnis der Smithschen Theorie ist diese Voraussetzung aber zentral, denn sie legt den Grund für die dann später von Ricardo methodisch bereits weitgehend vollendete Denkform der reinen Konstruktion von ökonomischen Sachverhalten.

Wie kann man, mit Blick auf Smith, Descartes' Methode näher charakterisieren? Descartes stellt sich als Beobachter *außerhalb* der Gesellschaft. Das nur sich selbst verantwortete Denken (*res cogitans*) steht einer äußeren Natur (*res extensa*) dual gegenüber. Der Beobachter verhält sich kühl und neutral. In der Adaption der cartesianischen Methode durch Smith' Freund David Hume führt dies zu der klaren Unterscheidung, die man in dem Satz zusammenfassen kann: *no ought from an is.*[86] Die darin begründete *Wertfreiheit* des wissenschaftlichen Blicks auf die Dinge, der Versuch, auch *soziale und ethische* Fragen im selben Denkhorizont des Nicht-Beteiligtseins, der kühlen Distanz zu erfassen, ist das Kennzeichen sowohl der Humeschen Philosophie wie der Smithschen Ökonomik.

In der cartesianischen Dualität *Ego ↔ Körper (Natur)* darf der andere Pol, die Natur nicht übersehen werden. Bei Descartes ist dieser *Gegenstand* des Egos keineswegs metaphysisch neutral, sondern durch ganz bestimmte Kategorien strukturiert, die eben den Inhalt seiner Philosophie, auch seiner Naturphilosophie ausmachen. Der Gegens-

---

[81] A. Smith (1985), S. 146.

[82] „The superior genius and sagacity of Sir Isaac Newton, therefore, made the most happy, and, we may now say, the greatest and most admirable improvement that was ever made in philosophy", A. Smith (1980), S. 98. Vgl.: „What was new in Adam Smith, what set him clearly apart from most economic thinkers of the seventeenth century, was that he could shape his new science of economics to fit the scientific model of Isaac Newton. Following the astonishingly powerful discoveries of Newton, many of the leading intellectuals of the Enlightenment concluded that science was capable of explaining the complete natural workings not only of the solar system and other elements of the physical universe but of the social universe as well." R. H. Nelson (2001), S. 280.

[83] Smith interpretierte Descartes offenbar im Licht von Newton, dessen Methode, aus Definitionen oder Axiomen allgemeine Sätze abzuleiten, Smith bewunderte und in *Wealth of Nations* – z.B. im Kapitel 7 des ersten Buches – auch anwandte. Obwohl ihm Descartes *Methode* vertraut war, ist seine Kenntnis der gesamten cartesianischen Schriften ungeklärt. Vgl. hierzu genauer: W. P. D. Wightman (1975), S. 55ff.

[84] J. A. Schumpeter (1965), S. 245.

[85] M. Dobb (1977), S. 77.

[86] Vgl. D Hume (1972), S. 203f. Smith übernimmt diese Blickrichtung auch für seine Moralphilosophie, von der er sagt, „that the present inquiry is not concerning a matter of right, if I may say so, but concerning a matter of fact." A. Smith (1979b), S. 77, Note.

tand des kühl erkennenden Egos, das auf klare und distinkte Strukturen achtet, wird in einer diskreten Form vorgestellt. Sein Begriff ist am besten umschrieben durch „mathematische Quantität" und „Maschine". Die Körperwelt ist durch ihre *Ausdehnung* charakterisiert, wobei die Ausdehnung von Descartes ihrer Qualität entkleidet und in der analytischen Geometrie auf die Quantität der *Zahl* reduziert wird. Die *Vielheit* von Körpern wiederum ist wie eine Maschine organisiert.

Adam Smith übernimmt nun diese methodische Haltung vollständig, übersetzt sie aber auf bestimmte, seinem Untersuchungsgegenstand gemäße Weise. Das beobachtende, kühl rechnende und abwägende Ego von Descartes wird bei Smith zum *teilnahmslosen Beobachter*, dem *impartial spectator*. Dieser Beobachter stellt sich eine Welt gegenüber, die als *Natur* zu beschreiben ist, auch und gerade als *soziale Natur*. Der Begriff des neutralen oder unparteiischen Beobachters ist das *allgemeine* Subjekt, wie dies auch Descartes voraussetzte. Es ist ein *austauschbarer* Beobachter.[87] Der Beobachter verhält sich zu den Dingen wie das Geld zu den Waren: *gleich-gültig*. Diesem modifizierten Subjekt (das sich als Geldsubjekt erweisen wird) steht nicht eine konkrete Natur der Qualitäten, der lebendigen Vielfalt gegenüber – zu schweigen von einem *Du* –, sondern eine gleichfalls abstrakte, eine *berechenbare* Natur, deren Begriff als „Körper" und „System" zu beschreiben ist. Diese Natur folgt *ihrem* Begriff, wenn man sie erst einmal unter dieser Perspektive wahrnimmt. Smith spricht vom *natural course of things*.[88] Aus der cartesianischen Dualität *res cogitans* ↔ *res extensa* wird bei Smith:

impartial spectator ↔ *natural course of things*.

Diese grundlegende Voraussetzung für das Verständnis von Smiths Theorie findet sich auch bei Hume, der sie vielleicht von Smith übernommen hat. In *An Enquiry Concerning Human Understanding* legt Hume diesen Ausdruck einem nicht genannten Freund in den Mund:

> „Du bewunderst, sagte mein Freund, als das einzigartige Glück der Philosophie, was aus dem natürlichen Gang der Dinge (*natural course of things*) zu stammen und unvermeidbar zu jeder Zeit und für jedes Volk zu sein scheint."[89]

Im Essay *Of Commerce* sagt Hume, dass eine Rückkehr zur antiken Politik unmöglich sei, „und zwar weil die antike Politik grausam war und dem eher natürlichen und gewöhnlichen Lauf der Dinge widersprach."[90] Die Verwendung der Phrase *natural course of things* macht deutlich, dass auch Hume hier vom Wirken einer Natur *innerhalb der menschlichen Gesellschaft* ausging.

Der *natural course of things* ist die reflexive Spiegelung der Kategorie des *impartial spectators*. Hier wird die metaphysische Stellung der *Theorie* und des *Gegenstands* auf eine Weise bestimmt, die als *kategoriale Vorentscheidung* alle weiteren Schlussfolge-

---

[87] „We endeavour to examine our own conduct as we imagine any other fair and impartial spectator would examine it." A. Smith (1979b), S. 110. Raphael reduziert diese Kategorie auf moralische Fragen – vgl. D. D. Raphael (1975), S. 83-99 –, während sie für Smith eine allgemeine methodische Voraussetzung ist, auch wenn er den Begriff in *Wealth of Nations* nur an einer Stelle verwendet; A. Smith (1979a), S. 945, so ist sie als cartesianische Haltung allgegenwärtig.

[88] Der Ausdruck „natural course of things" taucht im *Wealth of Nations* acht mal, in der *History* einmal, und in der *Theory* an zwei Stellen auf.

[89] D. Hume (1967), S. 169.

[90] D. Hume (1988: 2), S. 180.

4.3.2 Adam Smith

rungen im Rahmen des Smithschen Systems festlegt, und eigentlich wird Smith nur *dann* originell, wenn er sich außerhalb dieses selbst gesteckten Rahmens bewegt. Ansonsten besteht seine theoretische Leistung darin, in dieser neuen metaphysischen Perspektive die Erkenntnisse seiner Vorläufer systematisch zu beschreiben oder darzustellen. Gerade *darin* bestand auch historisch die Wirkung seiner Theorie: Sie entsprach dem Blick, den ein universalisiertes Geldsubjekt auf die soziale Welt richtet, sich über sie stellend und sich selbst vergessend.

Die kategoriale Bestimmung dessen, was der unparteiische Beobachter als Gegenstand beobachtet, die *Begriffsmatrix*, in die Smith seine Erkenntnisse einsortiert, ist von grundlegender Bedeutung für seine Schlussfolgerungen in der Ökonomik. In der *Theory of Moral Sentiments* heißt es:

> „Der natürliche Lauf der Dinge kann nicht vollständig von den ohnmächtigen Bestrebungen des Menschen kontrolliert werden: die Bewegung ist zu schnell und zu stark für ihn, um sie zu stoppen."[91]

Diese Aussage ist rein metaphysischer Natur, denn sie sagt etwas über *die* Natur *der* Dinge, über ihren *natural course*. Adam Smith hat sich über die Metaphysik, also die Sprache des Aristoteles, mehrdeutig geäußert; ich habe im ersten Teil bereits entsprechende Hinweise zitiert (vgl. 1.1.6). Die Natur der Dinge als *natural course* zu bestimmen, der nicht in der Gewalt der Menschen liegt, ist eine durch und durch *metaphysische* Bestimmung, gleichgültig, ob man sich sonst für oder gegen die Metaphysik ausspricht. Ihre Wahrheit, wenn man erst einmal *in dieser kategorialen Matrix denkt*, geht jedem Inhalt voraus. Die Frage ist nur: Kann man *soziale Sachverhalte* in dieser kategorialen Matrix beschreiben, ohne sie zu verfehlen? Aristoteles hatte gerade die Austauschverhältnisse und das Geld *nicht* durch eine metaphysische Substanzzuschreibung, sondern als *nomos* definiert, als etwas, das der Freiheit der Menschen wenigstens prinzipiell unterworfen ist. Wenn man diese aristotelische Bestimmung aufgibt und sie durch eine Dingmetaphysik ersetzt, die besagt, dass den Menschen die Macht über die Dinge weitgehend fehle, so ist *das* die entscheidende Voraussetzung aller weiteren Untersuchungen. Sie präformiert alle anderen Aussagen.

Wie sehr dies bei Adam Smith zutrifft, belegt ein Zitat aus einem frühen, posthum von Dugald Steward in dessen *Account of the Life and Writings of Adam Smith* in Auszügen publizierten Aufsatz von Adam Smith aus dem Jahre 1755 – also zeitlich noch vor den wichtigen Schriften der physiokratischen Schule geschrieben, die Smith später bei seinem Frankreichbesuch kennen lernte. Dort heißt es:

> „Wenig mehr ist nötig als Voraussetzung, um einen Staat aus dem niedrigsten Barbarentum zu seinem höchsten Grad an Reichtum zu führen, als Friede, leichte Steuern und eine tolerierbare Verwaltung der Justiz. Der Rest wird durch den *natürlichen* Lauf der Dinge (*natural course of things*) zuwege gebracht. Jede Regierung, die diesen *natürlichen* Kurs durchkreuzt, der die Dinge in ein anderes Fahrwasser bringt oder der bestrebt ist, den Fortschritt der Gesellschaft an einem be-

---

[91] „The natural course of things cannot be entirely controlled by the impotent endeavours of man: the current is too rapid and too strong for him to stop it", Ad. Smith (1979b). 1, S. 168. Bei Hayek lautet dieser liberale Aberglaube dann in mythologischer Schlichtheit: „Der Mensch ist und wird niemals der Herr seines Schicksals sein." F. A. Hayek (1996), S. 70

stimmten Punkt anzuhalten, ist *unnatürlich*, und sie zu unterstützen nötigen zu Unterdrückung und Tyrannei."[92]

Die Aussage dieses Textes ist eindeutig; seine Bedeutung kann gerade unter *kategorialen Gesichtspunkten* gar nicht hoch genug angesetzt werden für das grundlegende Verständnis der Smithschen Theorie und das, was sie als ökonomische Wissenschaft damit initiiert hat.

Betrachten wir die andere Seite der Dualität bei Smith, den *impartial spectator*. In seiner Moralphilosophie spielt der teilnahmslose Beobachter die Rolle eines *inneren Seelenrichters*. Smith verlängert die soziale Struktur, worin die Beziehung der Menschen einem Gesetzgeber subsumiert ist, ins Innere, verwandelt sie in eine *seelische Struktur*. Seine Denkform erweist sich hier als unmittelbarer Nachfahre der theologischen Ethik, und Smith hat – im Unterschied zu Hume – sich immer noch auf eine göttliche Quelle berufen. Der *impartial spectator* ist für ihn nicht nur eine gedankliche Konstruktion, er ist *wirklich* in jedem Menschen als der „Gerichtshof in unserer Brust", als der „innere Mensch".[93] Für Smith gibt es einen *direkten* Zugang zu diesem inneren Menschen bei den Menschen, dieser „Insasse ihrer Brust, dieser vorgestellte Mensch, dieser Stellvertreter der Menschheit und Statthalter der Gottheit, den die Natur zum obersten Schiedsrichter aller ihrer Handlungen eingesetzt hat"[94]. Doch gewöhnlich wenden sich die Menschen nicht an diesen inneren Gerichtshof, sondern erfahren das in ihrem Inneren vorhandene Gesetz der Natur nur in der Spiegelung an den anderen.[95]

Die Moralphilosophie entdeckt nur nachträglich, was den Menschen „durch die Natur eingeprägt worden ist", nämlich dies, dass „jene wichtigen Regeln der Sittlichkeit Gebote und Gesetze der Gottheit seien"[96]. Vom Einhalten dieser sittlichen Pflichten hängt „geradezu das Bestehen der menschlichen Gesellschaft ab, die in nichts zerfallen würde, wenn den Menschen nicht im allgemeinen die Achtung vor jenen wichtigen Gesetzen des Verhaltens im Innersten eingeprägt wäre."[97] Die Natur und ihr unveränderlicher Lauf hat also in des Menschen Brust eine Entsprechung. Diese innere Regierung wird aber nur erkannt, wenn der Beobachter sich nicht von Leidenschaften hinreißen lässt. Umgekehrt ist der Anblick der reinen Natur der Dinge selbst ein Wert, der die Menschen zu Nachforschungen veranlasst. Vor allem in seiner *History of Astronomy* hat Smith mit diesem Gedanken gearbeitet.

Für die Ökonomik geht daraus ein Doppeltes hervor: *Erstens* sind die sozialen Verhältnisse nicht von Menschen hergestellt, vielmehr kommt ihnen eine innere Natur und Harmonie zu. Die Menschen können diese Naturordnung aber *stören*. Diesen Gedanken hat Smith durchaus unabhängig von gleichlautenden Überlegungen der Physiokraten

---

[92] „Little else is requisite to carry a state to the highest degree of opulence from the lowest barbarism, but peace, easy taxes, and a tolerable administration of justice; all the rest being brought about by the natural course of things. All governments which thwart this natural course, which force things into another channel, or which endeavour to arrest the progress of society at a particular point, are unnatural, and to support themselves are obliged to be oppressive and tyrannical." D. Steward (1980), S. 322.

[93] A. Smith (1977), S. 279 und 298. Diese Stelle steht in der 5. Auflage; sie wurde in der 6. Auflage weggelassen. Kant dürfte davon beeinflusst sein, wenn er sagt: „Eine solche idealische Person (der autorisierte Gewissensrichter) muss ein Herzenskündiger sein; denn der Gerichtshof ist im Inneren des Menschen aufgeschlagen", I. Kant (1902: VI, S. 439.

[94] A. Smith (1977), S. 298.

[95] A. Smith (1977), S. 298.

[96] A. Smith (1977), S. 246.

[97] A. Smith (1977), S. 247.

4.3.2 Adam Smith

entwickelt. *Zweitens* erwächst daraus die Aufgabe, diese Naturordnung zu rekonstruieren und aus ihrer Erkenntnis den Regierungen Ratschläge für ihr Handeln zu erteilen. Der Theoretiker nimmt dabei als unparteiischer Beobachter die idealisierte Haltung eines Regierenden ein, der seine moralischen Regungen auch als „innerer Mensch" beherrscht. Nüchterner gesagt: Die Theorie stellt sich auf den Standpunkt jener Ziele, die die *Herrschenden* verfolgen, macht sich deren *Position zur Gesellschaft* zu eigen, rät dabei aber von Eingriffen ab, die der strikten Neutralität des *impartial spectators* widersprechen.

Wichtig ist die damit verbundene neue theoretische Haltung. Was Smith nicht bemerkt und was seine Nachfolger bis zur Gegenwart reproduzieren, wenn sie von „Politikberatung" sprechen, ist die metaphysische Voraussetzung dieser Denkweise. Hier wird unterstellt, dass es einen logischen Ort gibt, von dem aus man die Gesellschaft, die Wirtschaft *insgesamt* und neutral in den Blick bekommt. *Faktisch* verbirgt sich dahinter aber nur der abstrakte Zugang, der die Politik kennzeichnet. Diese Abstraktion ist zweifach: Regierungen beziehen sich auf Einzelpersonen nur bezüglich ihrer Rollen, ihrer rechtlich-allgemeinen Existenz. Auch in der Politik wird jede Person sofort zum Zeichen eines Allgemeinen, als „Repräsentant" selbst zum Zeichen. Darin liegt ferner, dass man die Menschen nur in ihren wirtschaftlichen Äußerungen, also in dem, was sie an geldgleichem Wert hervorbringen, beurteilt. Aus dieser Perspektive sind Menschen nicht nur abstrakte Rechtssubjekte, sie sind auch am Maß des Geldes, des Eigentums gemessen. Diese Haltung zur Gesellschaft ist in der Tat eine völlig andere als die antike oder die mittelalterliche. Hier hat sich das Geld als Abstraktion zwischen Regierende und Bürger geschoben, und Smith reflektiert diese neue, abstrakte Beziehung in einer Modifikation der cartesianischen Dualität im Begriff des teilnahmslosen Beobachters, der sich einem natürlichen Lauf der Dinge gegenübersieht.

Dass in dieser methodischen *Position* bereits über andere Menschen und den theoretischen Bezug zu ihnen ein *Vor-Urteil* ausgesprochen ist, das eine nicht minder totalitäre Form aufweist, als die von Smith bekämpfte Tyrannei von Fürsten, davon wird bis in die Gegenwart von den Ökonomen, die auf den Schultern von Smith stehen, nichts geahnt. Tatsächlich reflektiert diese methodische Position nicht nur die herrschende Abstraktion des Geldes, die alle Menschen und Dinge an seinem Maß gemessen *gleichgültig* behandelt, sie *reproduziert* auch in ihren Erklärungen, Denkformen und Handlungsanleitungen diese abstrakte Herrschaft. *Möglich* wurde diese Denkform erst, als sich auch praktisch die Geldform zu einem Volksvorurteil entwickelt hatte.

Ein zweites cartesianisches Erbe kommt hinzu. Descartes bestimmt die *Natur der Dinge* als Körper, ihren Zusammenhang aber als *Maschine*. Er hat „die Erde und die ganze sichtbare Welt nach Art einer Maschine beschrieben"[98]. Auch der Mensch ist in seiner Existenz ein duales System. „Die Maschine unseres Körpers"[99] wird durch einen Geist programmiert, der in sich aber nur die Prinzipien der Natur wiederfindet. Es dauerte eine Weile, bis die Ökonomen diese Denkform dann zu dem Gedanken zuspitzten, dass Handelnde ökonomische „Roboter" (Lucas) oder „Homunculi" (Schütz) seien[100], die durch Anreize gesteuert werden. Die Struktur des *Gedankens* dazu findet aber sich uneingeschränkt bei Adam Smith. Er verwendet dazu den Ausdruck *encouragement*, und nicht zuletzt in seiner *Theory* – keineswegs nur in *Wealth of Nations* – führt er Beispiele an, weshalb ein neutraler Beobachter von Anreizsystemen der Regierung beglückt sein sollte:

---

[98] R. Descartes (1955), S. 236.
[99] R. Descartes (1984), S. 59.
[100] Vgl. R. E. Lucas (1993), S. 74; A. Schütz (1971: 1), S. 46f. und S. 74.

> „Wenn die Regierung Prämien ausschreibt und andere Anreize (*encouragements*) setzt, um die Leinen- oder Wollmanufakturen zu fördern, so entspringt ein solches Vorgehen selten bloß der Sympathie für diejenigen, welche billige oder teuere Stoffe tragen, noch viel weniger aus Sympathie für die Fabrikanten oder Kaufleute. Die Vervollkommnung der Verwaltung, die Ausbreitung des Handels und der Manufaktur sind große und hochwichtige Angelegenheiten."[101]

Hier wird die Ausbreitung des Handels als Ziel stillschweigend vorausgesetzt. In eine moderne Sprache übersetzt kann man sagen, dass Smith Anreizsysteme zur *Wachstumsförderung* wärmstens begrüßt. Kategorial ist aber wichtig, dass der Theoretiker – Smith – hier die Wirtschaft als einen äußeren Gegenstand der Beobachtung betrachtet, für den eine *Teilnehmerperspektive* ausgeschlossen ist. Das *Erleiden* dieser Wachstumsförderung ist kein Thema für einen *impartial spectator*.

Für die Denkform ist aber noch weit wichtiger, was Smith im Anschluss an dieses Modell der Anreize für Menschenroboter sagt:

> Handel und Manufaktur „bilden einen Teil des großen Systems der Regierung(,) und die Räder der Staatsmaschine scheinen mit ihrer Hilfe sich in größerer Harmonie und größerer Leichtigkeit zu bewegen. Es macht uns Vergnügen, die Vervollkommnung eines so schönen und großartigen Systems zu betrachten(,) und wir sind nicht ruhig, bis wir jedes Hindernis, das auch nur im mindesten die Regelmäßigkeit seiner Bewegungen stören oder hemmen kann, beseitigt haben."[102]

Das methodische Prinzip ist die *ästhetische Bewunderung der „Natur"* durch den cartesianischen Beobachter, den *impartial spectator*, die als eine vollkommene Maschine erscheint, wenn man ihren Lauf nicht hindert. Das, was sich als „Macht und Reichtum" zeigt, sind in Wahrheit

> „Maschinen, die aus den feinsten und zartesten Federn zusammengesetzt sind, Maschinen, die mit der sorgfältigsten Aufmerksamkeit in Ordnung gehalten werden müssen."[103]

Es sind die sozialen Maschinen, die letztlich menschliche Bedürfnisse befriedigen können. Die Wirtschaft ist eine Ordnung „der regelmäßigen und harmonischen Bewegung des Systems, der Maschine oder der wirtschaftlichen Einrichtung"[104].

Doch hier taucht bei Smith eine merkwürdige Verdopplung auf, denn die Natur *zeigt sich nicht* in ihrem Wesen, in *ihrer* „Natur" – gleichsam nach Heraklits Diktum: „Die Natur versteckt sich gern" (B 123). Sie zeigt nur Reichtum und Wohlstand als Antrieb des Handelns, doch bewirkt sie dadurch noch etwas anderes, durch ihre *unsichtbare Hand*.[105] Smith lobt diese Täuschung der Natur:

---

[101] A. Smith (1977), S. 317; Übersetzung überarbeitet; vgl. A. Smith (1979b), S. 185.
[102] A. Smith (1977), S. 318.
[103] A. Smith (1977), S. 314.
[104] A. Smith (1977), S. 315.
[105] Die *invisible hand* taucht in der *Theory* ebenso auf wie im *Wealth of Nations*, vgl. A. Smith (1979b), S. 184; A. Smith (1979a), S. 456.

4.3.2 Adam Smith

„(E)s ist gut, dass die Natur uns in dieser Weise betrügt. Denn diese Täuschung ist es, was den Fleiß der Menschen erweckt und in beständiger Bewegung erhält."[106]

Das protestantische Arbeitsideal wird hier zu einer Natureigenschaft und der durch Anreize hergestellten Subsumtion unter die Gesetze dieser Natur, der vollkommenen Maschine. Durch die privaten, egoistischen Ziele werden die Menschen in die Maschine der Wirtschaft eingefügt und handeln nach einem „höheren Sinn", als dies ihren individuellen Zwecksetzungen entspricht. Die Begierden der Reichen z.B. nützen auch den Armen, und wie

> „von einer unsichtbaren Hand (…) fördern sie (die Reichen, KHB), ohne es zu beabsichtigen, ja ohne es zu wissen, das Interesse der Gesellschaft und gewähren die Mittel zur Vermehrung der Gattung."[107]

Die Privatinteressen werden harmonisch in eine Maschine der Wirtschaft eingefügt, die letztlich allen zugute kommt. Wie James Steuart bereits sagte: „Die Kombination aller verschiedenen Privatinteressen ist es eben, was die Wohlfahrt des Publici zuwege bringt"[108]. Smith denkt diese „Kombination" als *System der natürlichen Freiheit*.[109] Der Begriff der Freiheit ist hier – wie bei Hobbes – rein negativ formuliert, als Bewegungsfreiheit im Sinn einer *fehlenden* Einschränkung:

> „Unter Freiheit versteht man nach der eigentlichen Bedeutung des Wortes die Abwesenheit äußerer Hindernisse." – „*Freiheit* bedeutet genau genommen das Fehlen von Widerstand, wobei ich unter Widerstand äußere Bewegungshindernisse verstehe. Dieser Begriff kann ebensogut auf vernunft- und leblose Dinge wir auf vernünftige Geschöpfe angewandt werden. (…) Werden aber die Wörter *frei* und *Freiheit* auf andere Dinge als auf *Körper* angewandt, so werden sie missbraucht, denn was nicht bewegt werden kann, kann auch nicht gehindert werden."[110]

Kategorial wird also Freiheit hier als körperliche Bewegungsfreiheit definiert. Auch bei Smith wird diese ontologische Gleichstellung von Mensch und Körper in seinem *Systembegriff* bewahrt. Denn das „System der Freiheit" oder der „natürlichen Freiheit" ist *metaphysisch* als ein System im Sinn einer Maschine zu verstehen.

> „Systeme entsprechen in vielerlei Hinsicht Maschinen. Eine Maschine ist ein kleines System, das dazu erschaffen wurde, die verschiedenen Bewegungen und Effekte auszuführen und zu verbinden, die der Techniker beabsichtigte. Ein System ist eine imaginäre Maschine, die in der Vorstellung jene verschiedenen Bewegungen und Effekte verbindet, die in der Wirklichkeit ohnehin verbunden sind."[111]

---

[106] A. Smith (1977), S. 315; vgl. die analoge Denkfigur bei Gossen, Kapitel 4.6.2.6.
[107] A. Smith (1977), S. 316f.
[108] J. Steuart (1769), S. 180; vgl. „Consequently, the main Point to be aimed at, is neither to extinguish nor enfeeble Self-Love, but to give it such a Direction, that it may promote the public Interest by pursuing its own: And then the very Spirit of Monopoly will operate for the Good of the Whole", J. Tucker (1931), S. 59; der Text erschien 1755; vgl. auch S. 251.
[109] „System of natural liberty", A. Smith (1979a), S. 687. Den Ausdruck *system of liberty* verwendet Smith in Lectures on Jurisprudence, A. Smith (1978), S. 270-71 und S. 421, wo er auch von einem „rational system of liberty" spricht.
[110] T. Hobbes (1984), S. 99 und S. 163.
[111] A. Smith (1980), S. 66.

Die Doppeldeutigkeit des Systembegriffs, wenn Smith von „Systemen der Moral" oder „Systemen der Politischen Ökonomie" spricht, ist nur eine bedingte. Im letzteren Sinn spricht Smith von *Denksystemen*, während er die Himmelskörper oder den „sozialen Körper" (in einem Ausdruck von Hobbes) als *reale* Maschine, als reales System betrachtet. Die cartesianische Dualität, die bei Smith die Form: *impartial spectator* ↔ *natural system* annimmt, ist keine *absolute*. Das „große System der Regierung und die Räder der Staatsmaschine"[112], die Smith zu bewundern und zu bestaunen auffordert, lässt erkennen, dass die denkende Betrachtung aus einer cartesianischen Fernperspektive sich dem Innersten der Natur annähert. Darin liegt der metaphysische Satz, dass die Strukturen der Natur und des Denkens *isomorph* sind, dass *in den Dingen* selbst eine Ordnung liegt, die das Denken nur reproduziert. Um dies leisten zu können, muss das Denken von seinen privaten Interessen abstrahieren und sich der reinen, neutralen Schau hingeben, die subjektiv als *Bewunderung der Natur* erlebt wird.[113]

Für die wissenschaftliche Erkenntnis geht Smith wie selbstverständlich davon aus, dass ein *Blick* gepflegt wird, der von eigenen Interessen absieht; ganz anders als das gewöhnliche Wirtschaftssubjekt, dem Smith Interessenblindheit unterstellt. Wie kommt aber dieser neutrale, von eigenen Interessen abstrahierende Blick in der Wissenschaft zustande? Wenn die Wissenschaftler es fertig bringen, von ihren eigenen Interessen zu abstrahieren, mit altruistischer Motivation sich nur der Forschung verpflichten, weshalb sollte man dies dann nicht von jedermann auch in der Wirtschaft erwarten können? Hier zeigt sich, dass der cartesianische Blick nicht nur einen blinden Fleck besitzt, sondern von einer ausgesprochenen Doppelmoral gekennzeichnet ist. Doch dies bemerke ich hier nur am Rande.

4.3.2.2 Arbeitsteilung und natürliche Tauschneigung

Die eben skizzierte Vorüberlegung zur Smithschen Methode ist unerlässlich, um seine Darstellung von Tausch und Geld richtig beurteilen zu können. Blickt man nur auf die sachlichen Einzelheiten seiner Überlegungen, so lassen sich dafür Vorläufer finden. Doch keiner der Vorläufer hat Tausch und Geld als Eigenschaft einer *sozialen Maschine* beschrieben, als Systemfunktion, die sich einem neutralen Beobachter zeigt. Zugleich legt Smith mit dieser cartesianischen Blickweise die Spur für alle nachfolgenden Nationalökonomen und – auch wenn diese Quelle gerne ignoriert wird – für die soziologische Systemtheorie, die *kategorial* (also metaphysisch) keinen wirklichen Schritt über Smith hinaus vollzogen hat. Man muss dazu verstehen, dass für Smith die *Denkformen* sich in einer geordneten Natur bewegen, die der Bewegung des Systems der Gesellschaft selbst entspricht. Obwohl er sich mehrfach mit Fragen der Sprachwissenschaft auseinandergesetzt hat, tritt allerdings – und *das* unterscheidet ihn von modernen Ansätzen – die sprachliche Vergesellschaftung bei ihm nicht als eine bestimmende hervor. Das zeigt sich nicht zuletzt in seiner Tauschanalyse, die er völlig *naturalisiert*.

Was bei den scholastischen als *Wert* neben den Preis als selbständige Kategorie gerückt ist und was für die nachfolgende Diskussion eine bunte Vielfalt von Antworten bezüglich der Relation von Geldwert, Warenwert und Preis nach sich gezogen hat, das findet bei Smith auf der skizzierten methodischen Grundlage eine neue Perspektive. Zwar verwenden auch Smith und die nachfolgende Schule den Begriff des *Wertes*. Doch dieser Begriff erhält hier eine *besondere* Funktion. In der Scholastik steht der

---

[112] A. Smith (1977), S. 318.
[113] Vgl. auch die *General Introduction* der Herausgeber zu A. Smith (1979a), S. 2ff: „It is here especially that the sentiment of admiration becomes relevant".

Begriff des Wertes für die Ganzheit der Handlungen, die als moralische Ordnung göttlich gewollt ist und in der Norm des *justum pretium* sich im Tausch geltend machen sollte. Der Begriff des gerechten Preises kondensiert sozusagen die Ganzheit der Ökonomie, und das gelingt nur so, dass neben den Marktpreis eine Norm tritt, die im Begriff des „Wertes" ausgedrückt ist.

Smith ist ein Erbe dieser Entwicklung. Doch der Begriff der Ganzheit, der für die Scholastik „göttliche Ordnung" und moralisches Gesetz war, wird bei Smith zum *System* der Wirtschaft. Dieses System der Wirtschaft ist eine arbeitsteilige Maschine. Die theologischen Anklänge bleiben auch bei Smith erhalten, doch die göttliche Natur hat sich in dieser sozialen Maschine verkörpert und tritt nicht als Herrschaft neben sie. Der göttliche Welthandwerker ist im arbeitsteiligen Gesamtkörper der Gesellschaft inkarniert; der Theologe ist Nationalökonom geworden.

Der Begriff des Wertes wird aus dieser Perspektive als Systemfunktion bestimmt, und die Wirtschaft erscheint wie in den Naturwissenschaften als eine Maschine, die durch ihre *Arbeitsleistung* charakterisiert wird. „Arbeit" wird zum allgemeinen und zusammenfassenden Namen für die Ganzheit der Wirtschaftsmaschine, und diese Ganzheit muss sich auch in den Marktprozessen geltend machen. Das ist *kategorial* der Kern der „Arbeitswertlehre", die noch die Marxsche Theorie und seine Rede vom „Gesamtarbeiter"[114] bestimmt. Die Wirtschaft ist „Natur", und deshalb werden bei Smith alle ihre wesentlichen Elemente als „natürliche" Eigenschaften beschrieben, die sich durch das menschliche Handeln hindurch geltend machen. Smith beschreibt aber die Systemfunktionen immer schon im Horizont der „ganzen Maschine" des Staates, deren *einzelne* Teile zu erklären keineswegs Smith´ eigene theoretische Leistung darstellt.

Jene Elemente seiner Theorie, wofür Adam Smith gerühmt und zitiert wird, sind fast ausnahmslos bei seinen Vorgängern zu finden. Die Arbeitsteilung haben Platon, Xenophon, Avicenna, Petty und Ferguson sowohl als Arbeitsteilung im Betrieb („Haus") wie als gesellschaftliche Arbeitsteilung entwickelt. Was bei Smith die Nadel, ist bei Petty (wie schon bei Avicenna) die Uhr:

> „Denn in einer so großen Stadt werden die Manufakturen eine die andere hervorrufen und jede Ware wird in so viele Teile wie möglich geteilt werden, wodurch das Werk eines jeden Arbeiters einfach und leicht wird, z.B. beim Uhrmacher. Die Uhr wird wohlfeiler und besser sein, wenn ein Mann das Rad macht, ein anderer die Feder, ein dritter das Zifferblatt graviert, ein vierter das Gehäuse macht, als wenn das ganze Werk von einem einzigen Mann ausgeführt würde."[115]

Das berühmte „Bäcker-Zitat"[116], der Gedanke, dass der private Eigennutz die öffentliche Wohlfahrt fördere, findet sich – wie schon zitiert – bei Steuart und Tucker.[117] Und,

---

[114] K. Marx, MEW 23, S. 366.

[115] W. Petty (1986), S. 318

[116] „It is not from the benevolence of the butcher, the brewer, or the baker, that we expect our dinner, but from their regard to their own interest." A. Smith (1979a), S. 27. Vgl. „When you apply to a brewer or butcher for beer or for beef you do not explain to him how much you stand in need of these, but how much it would be your interest to allow you to have them for a certain price. You do not address his humanity, but his self-love." A. Smith (1978), S. 348.

[117] Vgl. J. Steuart (1769), S. 180; J. Tucker (1931), S. 59

um ein drittes Beispiel zu nennen, die Arbeitswertlehre war auf einfache Weise schon bei den scholastischen Autoren formuliert[118]; ebenso z.B. bei Petty oder Tucker.

Was Smith aus diesen Bausteinen, die er teilweise gar nicht aus erster Hand kannte, neu entwickelt hat in der Tausch und Geldtheorie, ist seiner cartesianischen Blickweise geschuldet. Für ihn ist die Wirtschaft ein System, das nach natürlichen Prinzipien zu erklären ist. Die Aufhebung des Eigennutzes durch Wettbewerb, Tausch und Geld sind *Systemfunktionen*, nicht Äußerungen von Willensentscheidungen, aber auch nicht Gestaltungselemente für Regierungen. Zwar mag man in diesem System die Spur eines Baumeisters erkennen, des „Autors der Natur"[119]; doch der natürliche Lauf der Dinge kann von Menschen nur verzögert oder behindert, nicht aber hervorgebracht oder verbessert werden. So wird auch das Geld zu einer Systemfunktion, zum „Öl, das die Räder leicht und glatt laufen lässt."[120]

Adam Smith analysiert in dieser Tradition den Tausch deshalb stets schon mit Blick auf die Einbettung in das ganze System der Wirtschaft, nicht als vereinzelten Akt. Sofern er den Subjekten hierbei eine Überlegung unterstellt, illustriert sie eigentlich nur ihre Rolle als Systemfunktion: Ihre Freiheit ist die Bewegung in dem Spielraum, der den Rädern der Wirtschaftsmaschine eingeräumt wird durch die je anderen Räder. Smith kennt allerdings durchaus eine *Genese* der Gesellschaft, doch in dieser Genese erblickt er bereits jene Funktionen, die er später als Organisationsmerkmale der Wirtschaft identifiziert. Zu einer phänomenologischen Analyse des Tauschs *in der Gesellschaft* gelangt Smith nicht.

Die Gesellschaft als Maschine besteht aus *Teilen*. Ihre Teilung ist deshalb die erste Voraussetzung der Analyse. In einem zweiten Schritt untersucht Smith dann die Einheit dieser Maschine, das *Wechselspiel* ihrer Teile. Die menschliche Gesellschaft als Wirtschaftsgesellschaft ist charakterisiert durch *Arbeit*. Was sich oberflächlich zeigt – der Reichtum, das Geld, – wird durch *Arbeit* hervorgebracht. Und so lautet der einleitende Satz in *Wealth of Nations*:

> „Die jährliche Arbeit eines Volkes ist die Quelle, aus der es ursprünglich mit allen notwendigen und angenehmen Dingen des Lebens versorgt wird, die es im Jahr über verbraucht."[121]

Diese Arbeit ist in verschiedenen Individuen verkörpert. Und in dieser Arbeitsteilung liegt ein doppeltes Prinzip: Einmal verweisen die arbeitsteiligen Tätigkeiten aufeinander, denn sie bilden *insgesamt* ein System. Die Vermittlung dieser Tätigkeiten wird durch den Austausch bewerkstelligt, und in dieser Funktion sind Austausch und Geld zu interpretieren. Zum anderen betont Smith einen Zusammenhang zwischen dem *Grad* der Arbeitsteilung und der *Produktivität* der Arbeit. Je mehr sich die Menschen in ihren Tätigkeiten spezialisieren, desto *produktiver* sind sie – ein Gedanke, der sich auch bei Platon und Petty findet. Und schon Platon hat einen Zusammenhang hergestellt zwischen dem Grad der Arbeitsteilung und der *Größe* der Gesellschaft. Adam Smith reformuliert diesen Gedanken mit Blick auf den Markt und drückt ihn in der Überschrift zum dritten Kapitel im ersten Buch von *Wealth of Nations* so aus, „dass die Teilung der

---

[118] Vgl. die Belege bei A Orel (1930: 1), S. 379ff und S. 401ff; vgl. J. Locke (1977), S. 215ff.
[119] „Author of nature", A. Smith (1979b), S. 77.
[120] D. Hume (1988: 2), S. 205.
[121] A. Smith (1974), S. 3.

Arbeit durch die Größe des Marktes begrenzt ist."[122] Die Systemfunktionen der Maschine Wirtschaft sind durch die Märkte vermittelt.

Wenn nun die Wirtschaft ein arbeitsteiliges System darstellt und der Grad der Arbeitsteilung von der Größe dieser Maschine abhängt, dann ist es ein notwendiger Gedanke, dass die *Vermittlung* der Systemfunktionen – die Tauschprozesse auf den Märkten – gleichfalls durch „Arbeit" bestimmt ist. Die Maschine Wirtschaft tauscht Arbeitsenergie aus, die in viele Teilfunktionen gegliedert ist. Dieser Austauschprozess ist ein *Naturprozess*, nicht etwas, das die Menschen *künstlich* herstellen. Deshalb sind ihre *sozialen* Handlungen, was immer die individuellen Motive sein mögen, durch Systemfunktionen gelenkt. Die wichtigste Systemfunktion für die Austauschprozesse sind die Preise. Ihre Höhe wird reguliert durch die Arbeit, die jeweils zur Herstellung einzelner Waren verwendet wird. Das Geld hat hier nur eine vermittelnde Funktion.

Wenn nun der Austausch nicht durch die Menschen, durch Gesetze oder den Willen der Regierenden bestimmt ist, dann liegen ihm auch *natürliche* Formen zugrunde. Anders gesagt: Der Austausch ist für Smith kein freier Willensakt, sondern eine *Naturfunktion*. In den Menschen findet sich eine Naturanlage, die sie für den Austausch determiniert. So lautet Smith´ Übersetzung der antiken Formel, dass der Mensch ein *zoon politicon*, ein auf Gemeinschaft hin angelegtes Lebewesen ist. Die Gemeinschaft ist, in der Menschennatur verankert, schon eine *Marktgemeinschaft*. Der Markt ist die Natur, weswegen die Neigung zum Tausch die Entfaltung dieser Natur darstellt:

> „Die Arbeitsteilung, die so viele Vorteile mit sich bringt, ist in ihrem Ursprung nicht etwa das Ergebnis menschlicher Erkenntnis, welche den allgemeinen Wohlstand, zu dem erstere führt, voraussieht und anstrebt. Sie entsteht vielmehr zwangsläufig, wenn auch langsam und schrittweise, aus einer *natürlichen* Neigung des Menschen, Handel zu treiben und Dinge gegeneinander auszutauschen."[123]

Smith lässt die Frage offen, ob die Tauschneigung „angeboren" ist oder zu den „nicht erklärbaren" Eigenschaften der menschlichen Natur gehört. Er sieht in ihr aber eine menschliche *differentia specifica*, denn Tiere tauschen nicht. Tiere mögen zwar einander oder dem Menschen schmeicheln, um etwas zu erhalten – der „Mensch verhält sich gelegentlich ebenso"[124] –, aber sie *tauschen* nicht. Denn nur der Mensch ist in seiner Struktur auf je andere Menschen angewiesen. Sich tauschend und damit arbeitsteilig zu verhalten, gehört zu seiner *menschlichen Natur*. Und

> „so gibt die Neigung zum Tausch letztlich auch den Anstoß zur Arbeitsteilung."[125]

Diese Bestimmung bei Smith ist vor allem deshalb wichtig, weil hier der Kern dafür liegt, die menschliche Gesellschaft *kategorial* als „Natur" auszulegen. Die menschliche Natur ist wie für die Tradition zwar die Gemeinschaft, aber die Gemeinschaft nimmt eine andere, „natürliche" Form an: den Austausch. Der Mensch wird nicht mehr als *sprechendes*, sondern als *tauschendes* Lebewesen bestimmt. In seinen sprachtheoreti-

---

[122] A. Smith (1979a), S. 31.
[123] A. Smith (1974), S. 16; Übersetzung leicht verändert nach: A. Smith (1979a), S. 25.
[124] A. Smith (1974), S. 16.
[125] A. Smith (1974), S. 17. Vgl. die exakte Umkehrung dieses Gedankens bei Walker: „The occasion for exchange arises out of the division of labor. (...) (T)he division of labor between the individuals of a community gives rise to exchange", F. A. Walker (1892), S. 79 und S. 81. Hier ist die Arbeitsteilung die ursprüngliche „Natur".

schen Überlegungen[126] entwickelt Smith eine – naive und „vernichtend kritisierte"[127] – Abstraktionstheorie der Substantive. Er verwendet hierbei die Denkfigur der „Erfindung" der Sprache; das *Sprechen* als intersubjektiver Akt spielt bei ihm keine Rolle. Der „Autor der Natur", der die „Ökonomie der Natur"[128], den Bauplan der Staatsmaschine entworfen hat, bestimmt die menschliche Natur vor allem als eine des *Tauschens*. Der Tausch, der Markt wird hier also *das* Vergesellschaftungsprinzip.

Das, was die Menschen in ihren besonderen Fähigkeiten, ihren Berufen sind, ist ein Ergebnis des Marktprozesses – nicht etwa umgekehrt. Die

> „menschliche Neigung zum Tausch prägt nicht nur die Vielfalt der Talente, die unter Menschen verschiedener Berufe so auffällt, sie macht diese Unterschiede auch nützlich und sinnvoll."[129]

Menschen sind in ihren Rollen *Produkte* ihrer Tauschneigung. Die Gattungen im Tierreich sind unveränderlich und können „sich weder gegenseitig ergänzen, noch im geringsten das Leben der Gattung verbessern helfen." Jedes Tier bleibt, was es ist, ist „allein und auf sich selbst gestellt (…). Im Gegensatz hierzu nützen unter Menschen die unterschiedlichsten Begabungen einander."[130]

Nun macht es wenig Sinn, diese krude Zoologie und Anthropologie zu kritisieren. Zweifellos gibt es im Tierreich „Spezialisierung" und gegenseitige Abhängigkeit, keineswegs nur in den „Insektenstaaten", sondern auch unter Säugetieren. Wenigstens die Arbeitsteilung bei der Brutpflege hätte Smith auffallen können. Doch das spielt hier keine Rolle für die *kategoriale Festlegung*, die vollzogen und von der nachfolgenden Ökonomik als Matrix reproduziert wird. Zwar haben spätere Ökonomen wie Ludwig von Mises nach dem Vorbild Gossens Smith darin kritisiert, dass er eine „Tauschneigung" *voraussetze* und versucht, den Austausch selbst *abzuleiten* aus anderen, allerdings gleichfalls als „menschliche Natur" konzipierten Bestimmungsgründen. Wichtig ist für unsere Analyse die Vorstellung, dass in der Wirtschaft nicht das Ergebnis einer gemeinsamen *Gestaltung* der Menschen zu beobachten sei, sondern eine *Natur*. Dies ist der eigentliche und radikale Bruch mit Aristoteles, der sich bei Petty, Locke und den physiokratischen Systemen vorbereitete, den aber Smith mit Berufung auf Descartes vollzogen und als System konsequent durchgeführt hat.

4.3.2.3 Egoismus und Sympathie als Menschennatur

Die Tausch- und Wertanalyse sowie die Geldtheorie bei Smith, die aus der Perspektive seiner Nachfolger viele Mängel aufweist, werden also methodisch als Natur, genauer als Maschine bestimmt, die ein cartesianischer Beobachter „neutral" von außen beschreibt. Das ist auch der Kern des in der *Theory of Moral Sentiments* zentralen Begriffs der „Sympathie". Man könnte zunächst versucht sein, in der Sympathie der Menschen untereinander ein *alternatives* Vergesellschaftungsprinzip zu vermuten, das dem Nützlichkeitskalkül der Egoisten auf den Märkten, die einander als Mittel privater Zwecke instrumentalisieren, zu widersprechen scheint. Tatsächlich widerspricht das Mitgefühl der egoistischen Abgrenzung, und Smith hat das durchaus auch genau so verstanden –

---

[126] Vgl. A. Smith (1985), S. 204ff.
[127] E. Coseriu (2003), S. 249.
[128] „Economy of nature", A. Smith (1979b), S. 77.
[129] A. Smith (1974), S. 18.
[130] A. Smith (1974), S. 18

4.3.2 Adam Smith

doch darf man die Pointe nicht überhören: „Mag man den Menschen für noch so egoistisch halten, es liegen doch offenbar gewisse Prinzipien in seiner Natur, die ihn dazu bestimmen, an dem Schicksal anderer Anteil zu nehmen"[131]. Die Betonung liegt auch hier auf der *Natur* des Menschen. Smith möchte in den menschlichen Handlungen das Wirken einer verborgenen Natur entschlüsseln, das Buch des „Autors der Natur" *lesen*. Und „Natur" als Kategorie heißt hier: Es ist eine in das menschliche Wesen gelegte *Bestimmung*, der er mehr oder minder adäquat gehorcht und der notfalls durch Strafen und Gesetze Geltung zu verschaffen ist.[132] Stets vermutet Smith – wie bei sexuellen Strebungen, die nur der Erhaltung der Art dienen[133] – eine *List* der Natur, die auf einer Täuschung der Menschen beruht.

Eine solche Naturanlage ist auch die Sympathie, bei dem die Menschen „keinen anderen Vorteil daraus zieh(en), als das Vergnügen, Zeuge davon zu sein."[134] Smith anerkennt dieses Prinzip, macht es zur Grundlage seiner *moralischen* Reflexionen, aber er sieht darin nicht *das* Prinzip der menschlichen Vergesellschaftung. Der Grund ist die fehlende Möglichkeit, die Sympathie als Gegenstand eines cartesianischen Beobachters zu analysieren. Wir können nämlich andere Menschen nicht in deren *Innerem* erkennen. Smith verbleibt *ontologisch* ganz beim empirischen Standpunkt, der nur das als wissenschaftliche Voraussetzung akzeptiert, was sich sinnlich beobachten lässt. Und „da wir keine unmittelbare Erfahrung von den Gefühlen anderer Menschen besitzen, können wir uns nur so ein Bild von der Art und Weise machen, wie eine bestimmte Situation auf sie einwirken mag, dass wir uns vorzustellen suchen, was wir selbst wohl in der gleichen Lage fühlen würden."[135] Wirklich ist, was durch eine *austauschbare*, d.h. *allgemeine* Subjektivität beobachtet wird. Diese allgemeine Subjektivität ist der *impartial spectator*.

Smith akzeptiert nicht das als wirkliche Voraussetzung, was sich aus dem Denken erschließt, er verwendet aber auch keinen Gedanken darauf, dass der beobachtete Andere ein *Mitmensch* in einer Gesellschaft ist. Wir können vielleicht nicht bei anderen deren Gefühle *fühlen*, aber wir können mit ihnen *sprechen*. Doch das taucht bei Smith – und darin legt er den Grund für die gesamte spätere Nationalökonomie und teilweise auch Soziologie – überhaupt nicht als Moment auf. Der Blick richtet sich auch nicht so sehr auf die *gezeigten* Affekte des je Anderen, sondern auf die *Situation*, die sie – im Urteil eines neutralen Beobachters – für einen *allgemeinen* Menschen auslösen. „Sympathie entspringt also nicht so sehr aus dem Anblick des Affektes, als vielmehr aus dem Anblick der Situation, die den Affekt auslöst."[136]

Der beobachtete Andere, der in der Moral als „Faktum" beschrieben – denn die Moralwissenschaft ist für Smith „eine Frage nach Tatsachen"[137] – und erklärt werden soll, ist durch seine Natur bestimmt. Diese Natur reagiert auf die Umstände, die Situation, und „Erklärung" heißt, diese Reaktion beschreiben zu können. In der Morallehre ist es

---

[131] A. Smith (1979b), S. 1. Die Versuche, das Selbstinteresse bei Smith anders denn als Egoismus zu erklären, lassen sich nicht halten. Es ist ein Grundzug englischer Philosophie, den Egoismus als Axiom zu betrachten: „(H)uman nature, in the main and in the mass, is egoistic, and in most circumstances a fair dose of egoism is necessary for survival." B. Russell (1976), S. 56. Der Zirkel, dass das *survival of the fittest* bereits den Egoismus konkurrierender Individuen kategorial voraussetzt, entgeht dem Logiker Russell.

[132] A. Smith (1977), S. 113.
[133] A. Smith (1977), S. 113.
[134] A. Smith (1977), S. 1.
[135] A. Smith (1977), S. 2.
[136] A. Smith (1977), S. 6.
[137] A. Smith (1977), S. 113, Note.

der Blick des neutralen Beobachters, der in sich die allgemeine Menschennatur findet und beim Anblick der Situation die mögliche Reaktion darauf *als seine eigene*, der Individualität entkleidete zu beschreiben versucht. In der Wirtschaft verwendet Smith hierzu die Denkfigur des egoistischen Interesses, das auf wirtschaftliche Sachverhalte reagiert und somit auch von Regierenden durch *Anreize* gesteuert werden kann.

Der unparteiische Beobachter kann durch seine Teilhabe an der „Natur" – die wiederum vom „Autor der Natur" so geschrieben wurde, dass sie harmonisch mit der übrigen Welt in Einklang steht – andere Menschen deshalb erkennen, weil er selbst Teil einer Maschine ist, die wiederum zu dem gehört, was „die große Maschine des Universums beständig zur Schau stellt, mit den verborgenen Rädern und Federn, die diese Erscheinungen hervorbringen, alle die allgemeinen Objekte der Wissenschaft und des Geschmacks"[138]. Sympathie erwacht, wenn wir beim anderen denselben neutralen Blick auf die Phänomene erkennen, „die von uns und unseren Gefährten als Gegenstände betrachtet werden, die außerhalb jeder besonderen Beziehung auf einen von uns beiden stehen."[139]

Ich verfolge Smith' Entwicklung aus seinen methodischen Prämissen in der Moralphilosophie hier nicht weiter. Es scheint mir aber wichtig zu sein, die *gemeinsame* methodische Position mit seiner Ökonomik hier deutlich herauszuheben, und diese methodische Position beruht auf der skizzierten cartesianischen Dualität, verbunden mit einem englischen Sensualismus, der Wirklichkeit auch in der Welt der Menschen nur dem Wahrnehmbaren zuerkennt, während die Kommunikation, die Vereinbarung, die Sprache kaum eine Rolle spielen. Die Sprache ist nur ein Instrument, Abstraktionen zu formulieren, die es erlauben, viele sinnliche Eindrücke unter einem Oberbegriff zusammenzufassen. Die Erkenntnis der Doppeldeutigkeit dieser Allgemeinheit als *Allen-Gemein-heit* ist bei Smith und auf ihm aufbauend in der nachfolgenden Ökonomik nicht – oder doch nur sehr sporadisch – zu finden.

4.3.2.4 Die Bewegungen der Wirtschaftsmaschine

Wenn Smith nun die Wirtschaft und den Austausch näher betrachtet, so geschieht dies stets schon unter der maßgebenden Vorstellung, ein Gesamtsystem der „Freiheit" zu untersuchen, das in seinen „Rädern und Federn" ineinander greift. In Differenz zu den von Menschen gebauten Maschinen, auch im Unterschied zu den kosmischen Systemen, die Smith auch untersuchte, ist die menschliche Gesellschaft eine *bewegte Maschine*. Sie entfaltet sich aus der ursprünglichen Menschennatur, die auf Tausch angelegt ist, in Fortsetzung und Vertiefung der Arbeitsteilung und vervollkommnet sich selbst. Die Bewegung der Maschine ist ihr Wachstum; für Smith entspricht die menschliche Gesellschaft nur als *wachsende* ihrem natürlichen Begriff.

Hier schleicht sich in seinen metaphysischen Horizont eine andere, ungedachte Größe ein, die Smith bereits als Naturprinzip betrachtet: der Zins. Ein Zinssatz kann – dazu wird noch mehr zu sagen sein – nur in einer *dynamischen Gesellschaft* auf Dauer existieren. Wenn über einen Kreditvertrag jemand mehr zurückbezahlen muss, als er erhalten hat, so muss es für diese Differenz eine Quelle geben. In einer statischen Gesellschaft, die sich in Handlungen und Produkten nur reproduziert, kann ein *Mehr* in den Händen einer Person nur durch ein *Weniger* bei anderen erworben werden – also durch unmittelbare *Ausbeutung*. Der Zins in einer statischen Gesellschaft hat denselben Cha-

---

[138] A. Smith (1977), S. 20.
[139] A. Smith (1977), S. 20.

rakter wie eine Steuer oder eine hoheitliche Abgabe, worin eine bestimmte Klasse von Personen durch andere finanziert wird.

Smith hat auch diesen *Umverteilungsaspekt* klar erkannt, sofern er – wie es in den Schriften von Mandeville, die Smith ziemlich beunruhigten[140], ungeniert ausgesprochen ist – zugestehen musste, dass die Reichen durchaus nicht nur die Armen „mitziehen" in ihren Begierden, was in der *Theory* als Wirken einer *invisible hand* beschrieben wird. Die Armen werden von den Reichen *ausgebeutet*. Smith hat dies faktisch anerkannt, wenn er sagt:

> „Wird also eine Regierungsgewalt zu dem Zwecke eingerichtet, das Eigentum zu sichern, so heißt das in Wirklichkeit nichts anderes, als die Besitzenden gegen Übergriffe der Besitzlosen zu schützen."[141]

Das wäre wohl kaum notwendig, wenn nicht ein Bewusstsein der Ausbeutung vorläge, auch wenn Smith sich redlich bemüht, die wohltätige Wirkung des Reichtums für die Armen als kluge Einrichtung der Natur zu preisen.

Ihm war aber klar, dass der Gegensatz von Arm und Reich durch eine *Wachstumsdynamik* gemildert wird, weshalb ihm ein *statischer Zustand* – ganz anders als Mill – als verabscheuungswürdig galt. Smith hat noch keine dynamische Theorie im eigentlichen Sinn entwickelt; der Begriff „stationary" bezieht sich bei ihm fast immer auf einen konkreten historischen Zustand. Besonders beunruhigt hat ihn hierbei China: „China war lange Zeit eines der reichsten, d.h. fruchtbarsten, am besten kultivierten, am meisten industrialisierten und bevölkerungsreichsten Land in der Welt. Es scheint dennoch, es war lange Zeit stationär."[142] Diese Beobachtung schien Smith zu verstören, denn für ihn war der Begriff des fortschreitenden Zustands („progressiv state") eindeutig mit einem positiven moralischen Wert versehen – wie sich dies auch in der modernen Wortbedeutung findet. Smith spricht seine Werthaltung ungeniert aus: „Der fortschreitende Zustand ist in Wirklichkeit der heitere und gesunde Zustand für alle Gesellschaftsordnungen. Der stationäre ist dumpf, im Niedergang befindlich und traurig."[143]

Da nun aber Märkte „natürlich" und „fortschrittlich" sind, China aber keine (reine) Marktwirtschaft, dennoch aber eine hoch entwickelte Nation war, entsteht für Smith ein Dilemma, das er nur durch eine reichlich durchsichtige Reflexion bewältigt: Wenn China eine über Märkte und Egoismus organisierte Gesellschaft gewesen *wäre*, dann *wäre* dieses Land *noch entwickelter* gewesen.[144] Märkte sind „Natur", und die Natur der kapitalistischen Maschine ist ihre Bewegung, ihre *Entwicklung*. Das ist für Smith bereits ein Axiom seines Denkens geworden, das sich *neben* seinen anderen methodischen Prinzipien geltend macht. Deshalb kann man aber auch den Austausch aus seiner Entwicklung verstehen, wobei am Anfang seine Prinzipien nur rudimentär, aber immer erkennbar vorhanden sind.

---

[140] Vgl. A. Smith (1977), S. 513-523 und 525; (1985), S. 251; (1978), S. 513 und die zahlreichen Verweise der Herausgeber in A. Smith (1979a).

[141] A. Smith (1974), S. 605. Vgl. „Laws and government may be considered in this and indeed in every case as a combination of the rich to oppress the poor, and preserve to themselves the inequality of the goods which would otherwise be soon destroyed by the attacks of the poor, who if not hindered by the government would soon reduce the others to an equality with themselves by open violence." A. Smith (1985), S. 208.

[142] A. Smith (1979a), S. 89.

[143] A. Smith (1979a), S. 99.

[144] A. Smith (1979a), S. 111f. Vgl. zur Diskussion dieser Frage und der Differenz von Smith´ Anschauungen zu John Stuart Mill: K.-H. Brodbeck (2006c), S. 229ff.

Betrachtet man eine relativ entwickelte Stufe des Austauschs, so ist die Spezialisierung so weit fortgeschritten, dass jeder nur noch „einen Bruchteil seines Bedarfs durch Produkte der eigenen Arbeit decken"[145] kann. Jeder lebt weitgehend von Produkten, die andere hergestellt haben. Jeder „wird in gewissem Sinne ein Kaufmann, und das Gemeinwesen entwickelt sich letztlich zu einer kommerziellen Gesellschaft."[146] Anfangs war der Austausch noch schleppend und schwierig. Und Smith formuliert hier in klassischer Weise jene Vorstellung, die später immer wieder reproduziert wird: Weil es so schwierig ist, einen entsprechenden Tauschpartner – auch noch zur richtigen Zeit – zu finden, hielten die Menschen einen Vorrat an bestimmten Waren nur für Austauschzwecke bereit. Anfangs diente dazu, wie alte Quellen (z.B. Homer) angeblich belegen, das Vieh. „Am Ende haben aber dann die Menschen in allen Ländern aus nicht abzuweisenden Gründen Metalle als Tauschmittel allen anderen Waren vorgezogen."[147]

Darin liegt der von Smith vollständig entwickelte Gedanke, dass das Geld nur eine Ware unter anderen ist, die sich durch besondere Vorzüge der Dauerhaftigkeit, Teilbarkeit usw. auszeichnet. Ihre Einführung ist das Resultat einer *Nützlichkeitserwägung*. Da die gesamte Wirtschaft schon als arbeitsteilige, damit aber *zusammengehörige* Maschine konzipiert wurde, ist die Interaktion der Teile durch die Konstruktion der Maschine festgelegt. In der logischen Reihenfolge: Neigung zum Austausch → Arbeitsteilung → Vertiefung des Austauschs → Vertiefung der Arbeitsteilung usw. als Entwicklungsgesetz spielt das Geld nur die Rolle als nützliches und praktisches Instrument, um diesen Austausch zu bewerkstelligen. Die Frage, wie ein komplexes System der Arbeitsteilung *vor dem Austausch* bestehen kann, um dann das Geld als *Lösung* der Austauschprobleme auf den Plan zu rufen, beantwortet Smith so wenig wie seine Nachfolger, die dieses Argument verfeinert haben.

4.3.2.5 Tausch, Wert und Preis

Die Kategorie „Neigung zum Austausch" hat zudem überhaupt keinen Sinn. Die Beispiele die Smith anführt – ein Metzger hat „zufällig" mehr Fleisch in seinem Laden, während auch Bäcker und Brauer von ihren Produkten „zufällig" mehr besitzen –, sind schlicht albern. Niemand produziert *regelmäßig* mehr von einem Produkt, wenn er nicht schon die Erfahrung der Austauschbarkeit täglich gemacht hat. Und niemand kann einen Bedarf nach einem Gut empfinden, das er noch gar nicht kennt. Also weder als Anbieter noch als Nachfrager kann man die „Neigung zum Austausch" von dem *konkreten Inhalt* dessen, *was* getauscht wird, trennen. Dieser Inhalt setzt aber die Produkte schon voraus, an denen sich das Bedürfnis entfaltet. Niemand hat ein „natürliches" Bedürfnis nach einer Pizza oder nach einem Handy, wenn ihm diese Produkte völlig unbekannt sind. Wenn aber solche Produkte für den Markt produziert werden, ist die *Erfahrung* des Austauschs, damit die Geldverwendung bereits vorausgesetzt.

Smith knüpft seine Bemerkungen zum Wertbegriff an die „Ableitung" des Geldes aus dem Austausch und stellt die Frage: „Was sind die Regeln, die Menschen beim Austausch von Gütern gegen Geld oder gegeneinander beachten?"[148] Und hier fügt Smith die berühmte Bemerkung an, worin er sagt, dass der Begriff des *Wertes* zwei Bedeutungen besitze. Einmal wird damit der „Nutzen eines bestimmten Objektes" (*utility of some particular object*) bezeichnet, zum anderen aber die „Fähigkeit, andere Güter

---

[145] A. Smith (1974), S. 22.
[146] A. Smith (1974), S. 23.
[147] A. Smith (1974), S. 23; verändert nach A. Smith (1979a), S. 38.
[148] A. Smith (1979a), S. 44.

zu kaufen" (*power of purchasing other goods*). Kurz heißen diese beiden Wertbegriffe auch „Gebrauchswert" (*value in use*) und „Tauschwert" (*value in exchange*).[149] Zur *Einheit* dieser Differenz – zum Wert *als Wert* – sagt Smith nichts, obgleich er seine Überlegung an die Diskussion des *Geldes* anschließt.

Der Grund dafür ist einfach: Smith kennt die Antwort. Der Austausch vermittelt die arbeitsteiligen Tätigkeiten. Was also im Austausch als *Wert* erscheint (*value in exchange*), muss durch die Struktur der Arbeitsteilung bestimmt sein. Im Geld erscheint ein Maßverhältnis, weshalb Smith – ohne darauf einzugehen – offenbar nach dem richtigen Maß für den Tauschwert sucht. Dabei will er auch die Frage beantworten, aus welchen „Bestandteilen" sich der Preis für eine Ware zusammensetzt.

Wenn Smith nun sagt: „Arbeit ist demnach das wahre oder tatsächliche Maß für den Tauschwert aller Güter"[150], so begründet er diesen logischen Schluss aus der Arbeitsteilung, und man kann diesen Schluss in folgende Schritte zerlegen: Der Reichtum der Nationen nimmt zu mit zunehmender Arbeitsteilung. Folglich ist Arbeit die Quelle des Reichtums. Da nun durch die Arbeitsteilung jeder nur noch einen kleinen Teil für sich selbst produziert, misst er den Wert anderer Produkte an der Arbeit, die er durch seine Geldsumme gleichsam „kommandiert".[151] Smith meint das durchaus wörtlich so, als Regel der Schätzung des Wertes für die Tauschenden. Da aber häufiger andere Waren als „Arbeit" gekauft werden, ist es „nur ganz natürlich, wenn man ihren Tauschwert nach der Menge einiger anderer Waren schätzt und nicht nach der Arbeitsmenge, die man damit kaufen kann."[152]

Smith leitet diese Regel zur Bestimmung des Tauschwerts nicht aus einer Analyse der Tauschstruktur ab, sondern setzt an ihre Stelle eine erfundene historische Situation:

> „Auf der untersten Entwicklungsstufe eines Landes, noch bevor es zur Kapitalbildung kommt und der Boden in Besitz genommen ist, ist das Verhältnis zwischen den Mengen Arbeit, die man einsetzen muss, um einzelne Gegenstände zu erlangen, offenbar der einzige Anhaltspunkt, um eine Regel für deren gegenseitigen Austausch ableiten zu können. Bedarf es beispielsweise in einem Jägervolk gewöhnlich doppelt so vieler Arbeit, einen Biber zu töten, als einen Hirsch zu erlegen, sollte natürlich im Tausch ein Biber zwei Hirsche wert sein."[153]

Die Inkonsequenz in dieser Überlegung ist offensichtlich. Wenn die Menschen für den Austausch eine *Regel* verwenden, dann stehen sie offenbar zunächst schon in einer sozialen Beziehung. Wie ist diese Beziehung zu beschreiben? Offenbar ist in dieser Beziehung eine Art von Gerechtigkeitsvorstellung realisiert, denn Smith erwägt hier gar nicht erst den Gedanken, dass sich die Jägervölker auch *kriegerisch* zueinander verhalten könnten. Das heißt: Wenn sie sich zu einem *Austausch* bereit erklären, wenn sie sich dabei sogar angeblich an *Regeln* halten, so wäre zu fragen, wie sich die Regeln *gemeinsam* bei ihren Völkern herstellen.

Doch diese Frage ist zweifellos überflüssig, weil Smith *kategorial* das Problem des Austauschs hier überhaupt nicht in den Blick bekommt. Er setzt ja bereits *von Natur* eine Neigung zum Austausch voraus, so dass für ihn nur noch die konkreten Modalitä-

---

[149] A. Smith (1979a), S. 44. Die Bemerkungen zum scheinbaren *Gegensatz* beider Wertbegriffe (Wertparadoxon) werde ich zusammenfassend später nochmals aufgreifen.
[150] A. Smith (1974), S. 28.
[151] „(T)he quantity of that labour which he can command", A. Smith (1979a), S. 47.
[152] A. Smith (1974), S. 29.
[153] A. Smith (1974), S. 42.

ten fragwürdig sind. Und hier setzt er völlig naiv darauf, dass sich diese Modalitäten auf dem Wege einer *rationalen Überlegung*, einer Regelanwendung bestimmen lassen. Damit ist aber nichts weniger gesagt, als dies: Die Menschen sind auf eine Weise *rational* bereits vor dem Austausch vergesellschaftet, wobei sich *innerhalb* dieser Form der Vergesellschaftung dann Fragen der Tauschrelationen, der Umrechnung auf Arbeitsstunden ganz einvernehmlich und diskursiv aushandeln lassen.

Sachlich ist die Smithsche Reflexion unhaltbar. Er spricht von „üblichen" Zeiten, die für die Jagd aufgewendet werden. Doch das setzt bereits ein hohes Maß an Kalkulation voraus, für die die vielfältigen und zufälligen Umstände des Jagens in frühen Gesellschaften kein gemeinsames Maß besitzen. Zudem werden gerade *zwischen* Gemeinwesen jene Waren getauscht, über die man jeweils nicht selbst verfügt, weshalb auch darüber keine *internen* Zeit- oder Maßverhältnisse vorliegen. Wenn in der Antike chinesisches Porzellan oder Seide importiert wurden, so fehlte für diesen Austausch jeder Vergleich. Der Austausch *qualitativ differenter* Arbeit besitzt eben kein inneres, natürliches Maß. *Das* waren die Pointe und die Erkenntnis, die Aristoteles gewonnen hatte. Gerade deshalb wird der Austausch nicht durch eine „Natur" regiert, und es gibt keine „natürliche Regel".

So wird bei Smith aus der Regel für den Austausch als Erklärung von *Tatsachen* nur eine dünne Moralregel ohne explizierbaren Inhalt: „Wenn eine Art von Arbeit schwerer ist als eine andere, dann wird eine bestimmte Entschädigung für diese größere Härte natürlich gemacht werden und das Produkt der einen Arbeitsstunde würde durchaus gegen die von zwei Arbeitsstunden einer anderen Arbeit ausgetauscht werden."[154] Das heißt, qualitativ verschiedene Arbeitsarten werden quantitativ ineinander umgerechnet *vor* dem Austausch als dessen Regel. Doch für eine *Vergleichbarkeit* dieser Arbeiten fehlt jede Grundlage. Also projiziert hier Smith schlicht die *Geldrechnung* auf den Begriff der Arbeitszeit. Diese Frage bleibt auch für die späteren Vertreter der Arbeitswertlehre unlösbar; ich werde sie in ihrer reifsten Form bei Ricardo und Marx genauer diskutieren.

Es bleibt damit bei Smith zunächst dunkel, ob das, was den Austausch „als Regel" bestimmt, eine *kausale Größe* ist, die sich auch – Stichwort: *invisible hand* – gegen den Willen und die individuellen Absichten der Tauschenden durchsetzt, oder ob darunter nur eine Übersetzung des *justum pretium* zu verstehen ist, ein idealer Wert, an den man sich „natürlicherweise" halten *sollte*. Beide Gedanken tauchen bei ihm nebeneinander auf. Was Adam Smith aber als *natürlichen Preis* definiert und näher diskutiert, scheint als eine *kausale Bestimmung* verstanden zu sein – modifiziert um die Idee eines „Durchschnitts" der Preise und ihrer Bestandteile. Smith bestimmt den Marktpreis als *Abweichung* vom „natürlichen Preis". Er verwendet durchaus schon die Idee eines „Durchschnitts", bezieht dies aber auf die Preis*bestandteile*, wie den „durchschnittlichen Satz für die Grundrente"[155]. Diese Durchschnittsgrößen nennt Smith auch die „natürlichen Sätze"[156] (*natural rates*), und sie sind Bestandteile des „natürlichen Preises".

Smith nimmt spätere Ideen vorweg, wenn er den natürlichen Preis auch als eine Art *Gravitationszentrum* der Bewegungen betrachtet.[157] Der natürliche Preis ist im System

---

[154] A. Smith (1979a), S. 65.
[155] A. Smith (1974), S. 48.
[156] A. Smith (1974), S. 48; vgl. A. Smith (1979a), S. 72.
[157] „The natural price, therefore, is, as it were, the central price, to which the prices of all commodities are continually gravitating. (...) But whatever may be the obstacles which hinder them from settling in this center of repose and continuance, they are constantly tend-

der Ökonomie ein Kraftzentrum, um das herum sich andere Größen nur als *Störungen* oder *Abweichungen* bewegen können. Diese Abweichungen werden durch die vielfältigen Ursachen von Nachfrage und Angebot verursacht, können aber nicht den *natürlichen Lauf der Dinge*, den *natural price* an seiner Wirkung hindern. Da die effektive Nachfrage das Angebot der Industrie begrenzt – wie die Arbeitsteilung insgesamt durch die Größe des Marktes beschränkt wird –, passen sich aber Angebot und Nachfrage im Trend immer wieder auf dem Niveau des natürlichen Preises aneinander an.

Die Preisschwankungen auf dem Markt betreffen vor allem die Lohn- und Gewinnbestandteile des Preises, während die Bodenrente als fester Satz bezahlt werden muss. Man könnte ergänzen: Dasselbe gilt für Zinszahlungen bei aufgenommenen Krediten. Gewinn und Lohn sind somit die „Puffer", worin sich die Marktpreise vom natürlichen Preis unterscheiden. Smith ist im *Detail* seiner Untersuchung oftmals sehr viel genauer und bewegt sich gelegentlich auch außerhalb des Schemas, das sein System bestimmt. So sind seine Reflexionen zu Monopolen in der Preisbildung ganz offensichtlich ein Hinweis darauf, dass die „natürlichen" Regeln sich keineswegs immer und teilweise langfristig auch gar nicht durchsetzen.[158] Das Gravitationszentrum, die Wirkung der „Natur" in der menschlichen Gesellschaft, wird hier offenbar ziemlich lange außer Kraft gesetzt – wie ja auch Regierungseingriffe wider das, was der „Autor der Natur" vorgeschrieben hat, sehr lange wirksam bleiben können. Smith bemerkt hier nicht die *kategoriale Inkonsequenz* seiner Gedanken: Wenn Angebot und Nachfrage zufällige, subjektive Momente zum Ausdruck bringen können, wenn Monopole oder andere Eingriffe in den Marktprozess dessen „Natur" sehr lange daran hindern können, gemäß seiner Regel oder seinem Gesetz zu funktionieren, so ist die Diagnose schlicht falsch, dass die Wirtschaft durch eine „Natur" gelenkt wird. Wodurch bestimmt sich hier das Verhältnis von Naturgesetz und teils dauerhafter Abweichung von ihm? Das *Verhältnis* von *ordre naturel* und *ordre positif* ergibt erst die empirische Preisbewegung, doch eben dieses Verhältnis bleibt unbestimmt. Die Natur („natürlicher Preis"[159]) und menschliche Entscheidungen („Schwankungen") sind keine trennbaren kausalen Bestandteile. Das bedeutet auch, dass die von Smith beschworenen „Naturanlagen" des Menschen – wie die Neigung zum Austausch – offenbar sich nicht ungebrochen entfalten, sondern durch etwas anderes vermittelt sind. Dieses „Andere" ist aber das, was von alters her als *das* Prinzip der Vergesellschaftung der Menschen *vor ihrem ökonomischen Austausch* bestimmt worden ist: Sprache, Verhandlungen, Moral, Recht usw.

Smith wird meist dort „originell", wo er sich eher auf seine Erfahrung und Beobachtung verlässt als auf sein Maschinenmodell der menschlichen Gesellschaft. Doch es war gerade dieses Maschinenmodell, das die Ökonomen bis in die Gegenwart inspirierte.[160] Das große Rätsel des Liberalismus bleibt bei seinem Hauptbegründer ungelöst: Wie kann sich eine „Natur" mit bestimmten Regeln *durch die menschliche Freiheit* hindurch als eigentliche Ursache jeder wirtschaftlichen Entwicklung entfalten? Das *system of natural liberty* erweist sich bereits bei Smith in seiner Durchführung als *contradictio in adjecto*. Es gibt kein „System der Freiheit" – zu schweigen von einer „Maschine der Freiheit". Smith wollte noch, durchaus gut scholastisch, diesen Gegensatz dadurch versöhnen, dass er in der menschlichen Gesellschaft einen Baumeister am Werke sah, dessen Spuren er auch in der menschlichen Seele und im Denken zu entdecken glaubte.

---

ing towards it." A. Smith (1979a), S. 75. Ein früher Versuch einer Formalisierung der Smithschen Überlegungen findet sich bei G. v. Buquoy (1815-18), S. 238-255.

[158] Vgl. A. Smith (1979a), S. 77ff.
[159] Vgl. A. Smith (1979a), Buch I, Kapitel 7.
[160] Vgl. K.-H. Brodbeck (2000a), Teil II.

Doch dieser „Autor der Natur", dessen Buch Smith lesen wollte, ist eine Fiktion. An diesem Buch schreiben sehr viele Menschen mit, und – um die Smithsche Metapher noch zu erweitern – vor ihrer Autorschaft steht ihre Sprachfähigkeit, eine ganz andere Form der Vergesellschaftung als jene über die „natürliche Neigung zum Tausch", die nur eine von Smith' Erfindungen darstellt.

4.3.3 David Ricardo

4.3.3.1 Der Modelltheoretiker: Ricardos Methode

Bei Ricardo sind zwei Eigenschaften der Ökonomik zu ihrem klassischen Höhepunkt entwickelt: Der völligen Entfremdung von den kategorialen Grundlagen der Ökonomik korrespondiert die völlige Klarheit der Analyse in kausal-arithmetischen Zusammenhängen.[161] Doch es ist gerade die Klarheit seiner Analyse, die nahezu vollkommen die wichtigsten Fragen der Wert-, Tausch- und Geldtheorie verdeckt. Was bei Smith noch ein Kampf um *kategoriale* Klärung war und im Begriff des „Systems" seinen reinen Ausdruck gefunden hat, das ist bei Ricardo schon keine Frage mehr. Die Wirtschaft ist ein durch Kausalrelationen zu erklärendes System von Beziehungen, die nur hinreichend deutlich und vollständig darzustellen sind, um ein Verständnis der Wirtschaft zu erreichen. Gleichzeitig ist Ricardo in seiner Denkweise vollkommen redlich, und es ist wohl diese Redlichkeit, die ihm Autorität verlieh – selbst dann noch, wenn man seine Antworten (wie die Arbeitswertlehre) ablehnte.

Philosophen erwähnt Ricardo, ganz anders als Smith, kaum.[162] Er zitiert neben Smith gelegentlich Montesquieus *Gesetze*, Lockes *Some Considerations* und Humes *Essays*. Sein dogmengeschichtliches Interesse ist gering, was seinem Denken durchaus eine Unbeschwertheit der Überlegung verleiht, die vielfach bewundert – aber auch kritisiert wurde. Für ihn zählt vor allem das, was er *authority of practical men*[163] nannte. Doch mit dieser Autorität ist es so eine Sache. Denn die „Praktiker" der Wirtschaft sind in ihrem Denken *völlig* abhängig von Kategorien, in denen sie sich bewegen, die sie aber nicht einmal *als Formen* bemerken. Wenn nun ein Theoretiker daran geht, einige der verwendeten Begriffe zu systematisieren, ohne sie *als* Kategorien zu erkennen, so entsteht durchaus ein verführerischer Schein pragmatischer Klarheit, der doch nur ein Dogmatismus des Ungedachten bleibt.

Smith wusste um seinen cartesianischen Erkenntnisblick und kannte dessen Herkunft; Ricardo bewegt sich in ihm, ohne den Vorschein einer Ahnung seiner Herkunft.

---

[161] Seine analytische Begabung wird auch von jenen bewundert, die ihn kritisieren: Ricardo „war vor die Aufgabe gestellt worden, ökonomische Theorie zu schreiben ohne jede wissenschaftliche Ausbildung, selbst ohne die Grundlagen allgemeiner Bildung, die in der englischen Oberklasse jener Zeit gang und gäbe waren. Obwohl seine Schriften unsystematisch angelegt und im Ausdruck oft dunkel sind, beweisen sie doch logische Schärfe und bedeuten sie den größten Schritt vorwärts, den die ökonomische Theorie jemals durch die wissenschaftliche Arbeit eines Mannes gemacht hat." G. Myrdal (1976), S. 74.

[162] James Mill gab Ricardo den Rat: „If you have not read, or not read lately, Locke's Essay on the Human Understanding, I think you should do so; both because it is perpetually referred to in all books, and in all speculative conversation, and also because it really is an excellent introduction to intellectual matters in general. Lockes mode of proceeding, trains the mind into paths of right inquiry; it gives you the end of the clue, and tells you how you may explore by yourself the labyrinth." James Mill an Ricardo vom 19. Oktober 1817, D. Ricardo, WW VII, S. 197.

[163] D. Ricardo: Pamphlets and Papers 1815-1823, WW IV, S. 188.

Es geht ihm immer darum, möglichst rasch *konkret* zu werden. Seine Analyse hat *metaphysisch* gleichwohl das Vorurteil zur Voraussetzung, dass nur das *Rechenbare* in der Wirtschaft von Bedeutung sei. So wird Ricardo der erste Ökonom, der konsequent und systematisch alle seine Gedanken als *Modelle* vorführt, wobei er allerdings nur arithmetische Beispiele verwendet. Doch es lassen sich seine Überlegungen fast immer in eine allgemeine mathematische Form bringen, was in seiner Nachfolge dann auch systematisch versucht wurde. Sein Verfahren, von der zeitgenössischen Ökonomik adaptiert, fand aber auch Kritiker, die im Unterschied zu den bei Smith immer wieder durchbrechenden historischen Analysen nur eine leere Konstruktion entdecken wollten.[164]

4.3.3.2 Wert und Geldwert

Man kann Ricardos theoretische Bemühung am besten durch den Titel eines Aufsatzes charakterisieren, der erst aus seinem Nachlass herausgegeben wurde: *Absolute Value and Exchangeable Value.*[165] Er war bemüht, durchaus aus praktisch-wirtschaftspolitischen Erwägungen, einen absoluten Wertmaßstab zu finden, der es auch erlauben sollte, der Geldpolitik, der Notenbank eine klare praktische Leitlinie an die Hand zu geben. Die Schwierigkeit bei diesem Versuch liegt darin, dass Ricardo *zwei* Wertbegriffe nebeneinander verwendet. Er lehnt es ab, den Wert mit dem Geldausdruck gleichzusetzen, wodurch die *Geldmenge* zum Wertmaß würde. Ricardo unterscheidet den *realen* Wert – in Übernahme einer Unterscheidung der vorklassischen Theorie – vom nominalen Papierwert. Dieser *reale* Wert wurde von ihm mit der notwendigen Arbeit zur Herstellung einer Ware identifiziert. Doch *ebenso* taucht bei ihm explizit noch ein anderer Wertbegriff auf, der an die von Locke (und Barbon, den Ricardo nicht zitiert) verwendete Kategorie der *Knappheit* anknüpft: Waren haben auch durch ihre *Seltenheit* einen positiven Preis. Und selbst bei den *reproduzierbaren* Produkten spielt die Knappheit eine Rolle, weil es unterschiedliche natürliche Produktionsbedingungen gibt.[166] Hier übernimmt Ricardo die Idee seines Freundes Malthus, der in der Begrenztheit des Bodens einen Hauptbestimmungspunkt für die Preisbildung sah. Ricardo übersetzt diesen Gedanken in seiner Rententheorie und für die Goldproduktion. Die Goldproduktion hängt nicht nur von der dafür aufgewendeten Arbeit ab, sondern auch von der Lage und Natur der Goldminen. Eine ungünstige Lage erhöht die Produktionskosten, damit den Wert jener Waren, die als Geld fungieren. Diese zwei Wertbegriffe tauchen bei Ricardo meist an verschiedenen Stellen auf, bei der Goldproduktion gelegentlich auch nahe zusammen. Dass darin *kategorial* jeweils eine völlig andere Struktur erscheint, dies hat Ricardo nicht gesehen, wie ihm auch der qualitative Inhalt des Begriff „Werts" keine Frage war, denn in der von ihm stillschweigend vorausgesetzten Metaphysik der Kausalität ist der Wert etwas, der durch etwas anderes *hervorgebracht* wird.

Ricardos Denkweise wird vielleicht am besten verdeutlicht, wenn ich eine seiner Parlamentsreden zitiere, in der er sich auch mit Locke auseinandersetzt. Ricardo sagte am 12. Juni 1822 in der Rede „Mr. Western's Motion concerning the resumption of Cash Payments" über ein mögliches Maß der Werte:

„Die ehrenwerten Mitglieder haben tatsächlich zur Unterstützung solch eines Maßes des Wertes die beiden Autoritäten von Locke und Adam Smith zitiert, die feststellten, dass der Durchschnittspreis von Getreide über eine Periode von zehn Jah-

---

[164] J. K. Ingram (1890), S. 166.
[165] D. Ricardo, WW VII, S. 357ff.
[166] D. Ricardo, WW I, S. 73 und S. 363.

ren als Standard weniger variierte als Gold (...). Aber der große Fehler im Argument war dieser: Um zu beweisen, dass Gold (im Preis) stärker als Getreide schwankte, müssen sie ihr Argument davon abhängig machen, dass (der Preis von) Gold konstant bleibt. Doch wenn nicht das Mittel, durch welches der Getreidepreis geschätzt wird, als konstant in seinem Wert vorausgesetzt werden kann, wie kann dann gesagt werden, der Getreidepreis habe sich nicht in seinem relativen Wert verändert? Wenn sie zugestehen müssen, dass das Medium variabel ist – und wer würde das verneinen? –, was wird dann aus dem Argument?"[167]

Hier zeigt sich die Klarheit und Einfachheit von Ricardos Argumenten. Es zeigt sich aber auch, dass er jeweils völlig unkritisch die vorausgesetzte *Frage* und gedankliche Matrix akzeptiert, dass es erstens überhaupt so etwas wie einen Wert *getrennt* vom Preis gibt und zweitens dass es dafür ein *Maß* geben müsse, das im Idealfall *absolut* gelten soll. Wenn aber Preise nur *Relationen* sind, welchen Sinn macht dann überhaupt die Frage nach einem *absoluten* Maß der Werte?

Ricardo spricht hier im Kern all jene Fragen an, die auch für die „modernen" Ansätze Geldtheorie unverändert gültig bleiben. Wenn man den Geldwert durch einen Preisindex misst, wenn als „Wert des Geldes" der *Kehrwert* eines Preisindexes definiert wird und damit die Rate der „Geldentwertung" gleich der Inflationsrate ist, dann wird von der Veränderung des Gemessenen auf eine Veränderung des Maßes geschlossen. Ist aber der Preis des Geldes nur der Kehrwert des Geldwerts der Waren, dann gibt es in dieser *Relativbeziehung* kein absolutes Maß. Da das Geld als Rechnungseinheit fungiert, ist der Preis jener Ware, die als Geld verwendet oder definiert wird, gleich „1". Der *Wert* des Geldes – wenn man „Wert" formal als Preis mal Menge definiert – ist damit die Preissumme der Geldwaren oder das Volumen des Goldes.[168]

Doch dies vorausgesetzt, wäre der Geldwert identisch mit der Geldmenge, und gerade dies möchte Ricardo widerlegen, bereits in seiner Erstlingsschrift *The High Price of Bullion*:

„Die wertvollen Metalle, die für die Zirkulation der Waren der Welt verwendet werden und die der Gründung der Banken vorausgehen, werden – wie die am meisten bewährten Autoren der Politischen Ökonomie annehmen – in bestimmten Proportionen unter den verschiedenen zivilisierten Nationen der Erde aufgeteilt, entsprechend des Zustands ihres Handels und Reichtums, und damit entsprechend der Zahl und der Häufigkeit der Zahlungen, die sie durchzuführen haben. Weil (die wertvollen Metalle) so aufgeteilt sind, bewahren sie überall denselben Wert, und sofern jedes Land einen gleichen Bedarf für die aktuell verwendete Quantität besitzt, kann es keine Versuchung zu ihrem Import oder Export geben."[169]

In dieser Vorstellung ist zunächst unklar, inwiefern die edlen Metalle von sich her einen „Wert" besitzen sollen. Ricardo spricht von *intrinsic value*, der den Geldwaren wie allen anderen Waren auch zukomme. Als Grund für diesen intrinsischen Wert nennt er drei Faktoren: Ihre Knappheit, die Arbeitsmenge zu ihrer Förderung und den Wert des

---

[167] D. Ricardo, WW V, S. 210f.

[168] Cannan drückt diese Haltung sehr klar aus, wenn er mit Blick auf die Geldmenge sagt: „(N)o economic truth had been longer or more generally recognised than that limitation of amount is essential to the preservation of the value of any article or service." E Cannan (1925), S. 1.

[169] D. Ricardo, WW III, S. 52.

4.3.3 David Ricardo

angewandten Kapitals.[170] Diese Bestimmung ist in jeder Hinsicht kurios. Denn die Knappheit genügt, um den Preis einer Ware völlig von ihren Produktionskosten zu trennen; zudem ist das Argument zirkulär, weil der Wert des angewandten Kapitals bereits in Geld gemessen wird und die Arbeitskosten vom Lohn abhängen – eine große Arbeitsmenge bei niedrigen Löhnen verursacht dieselben Kosten wie eine geringe Arbeitsmenge bei hohen Löhnen.

Doch Ricardo möchte auf einen anderen Punkt hinaus – die werttheoretischen Fragen hat er später in seinen *Principles* weiter geklärt und die frühe Konfusion vermieden. Er möchte zeigen, dass die Geldmenge als absolute Größe keine Bedeutung für den Wertbegriff besitzt. Denn ob die weltweite Menge an Edelmetall groß oder klein ist, sie erfüllt – entsprechend auf die Nationen aufgeteilt – in jedem Fall ihre Funktion als Mittel des Warenaustauschs. Eine größere oder kleinere Geldmenge „hätte keinen anderen Effekt, wenn die Waren, die dagegen ausgetauscht werden, entsprechend billiger oder teurer wären. Die kleinere Geldmenge (*quantity of money*) würde ihre Funktionen als Zirkulationsmedium ebenso gut erfüllen wie eine größere."[171]

Ricardo hat die Vorstellung, dass die durch das Geld zirkulierenden Waren einen bestimmten Wert *haben*.[172] Damit verbirgt sich in der Relation von Geld und Waren, also im Marktpreis, ein Verhältnis von *Werten*, die Gold und eine bestimmte Ware schon besitzen: der Geldwert „verglichen mit dem Wert der Waren"[173]. Doch der nüchterne Beobachter Ricardo bemerkt, dass dieses Verhältnis zweier Werte durch *andere* Größen beeinflusst wird. Er nennt die Umlaufgeschwindigkeit (*rapidity of circulation*), das durch andere Geldformen geschaffene Vertrauen, den Kredit zwischen den Händlern und vor allem das „kluge Handeln der Banken". Dadurch wird das Mengenverhältnis zwischen Geldwert und Waren reduziert, und dieses Verhältnis habe in England den niedrigsten praktizierbaren Wert angenommen.[174] Allerdings geht Ricardo offenbar davon aus, dass diese genannten, die Geldmenge im Verhältnis zum umlaufenden Warenwert reduzierenden Faktoren, weitgehend unverändert bleiben. Denn er diskutiert anschließend den Fall einer Veränderung des Angebots, wenn eine Goldmine ihre Produktion reduziert oder erhöht. Ricardo kommt dabei zu dem Ergebnis, dass – die genannten Faktoren als unveränderlich unterstellt – der Effekt einer Geldvermehrung (in Gold oder Papiergeld) rein *nominal* bleibt, also zu entsprechenden Preiserhöhungen führt; bei Geldverminderung gilt das Umgekehrte.

Dieses Axiom der Quantitätstheorie, die sich in dieser Form durchaus schon vollständig ausgebildet bei Petty und implizit bereits bei Oresme findet, hat bei Ricardo aber eine neue Form angenommen. Denn Ricardo denkt, bei aller Einbeziehung modifizierender Faktoren, in rein mechanischen Proportionen. Der Zusammenhang zwischen wirtschaftlichen Größen wie die zirkulierende Geldmenge, Waren, Preise usw. wird nicht als *Handeln von Menschen* dargestellt, sondern als eine mechanische, auch arithmetisch beschreibbare Beziehung von Dingen. Und eben darin macht sich die cartesianische Wende von Adam Smith bemerkbar, der bemüht war, menschliches Handeln, sogar die menschliche Freiheit als ein *System* zu beschreiben, das nach Analogie von „Rädern und Federn" funktioniert. Diese Elimination menschlicher Entscheidungen aus

---

[170] „Gold and silver, like other commodities, have an intrinsic value, which is not arbitrary, but is dependent on their scarcity, the quantity of labour bestowed in procuring them, and the value of the capital employed in the mines which produce them." D. Ricardo, WW III, S. 52

[171] D. Ricardo, WW III, S. 53.

[172] „(T)he value of the commodities which it circulates", D. Ricardo, WW III, S. 90.

[173] D. Ricardo, WW III, S. 90.

[174] D. Ricardo, WW III, S. 90

der Wirtschaft drückt sich dadurch aus, dass Ricardo der *tatsächlichen* Beeinflussung der Geldmenge durch menschliche Entscheidungen bestenfalls einen vorübergehenden Effekt zuschreibt, der *langfristig* aber nur nominale Auswirkungen besitze.

4.3.3.3 Gold und Papiergeld

Diese Vorstellung bei Ricardo wird selten genau beachtet. Dabei ist auffallend, wie er selbst, in seiner redlichen Art, alle Einflüsse getreulich aufzuzählen, selbst auf kategorial *völlig andere* Verhältnisse zu sprechen kommt. In den zitierten Abschnitten aus *The High Price of Bullion* spricht er vom Verhältnis von Geldwert zu Warenwert. Ist G der Wert des umlaufenden Geldes und W der aggregierte Warenwert, so diskutiert Ricardo das Verhältnis G/W. Seine Formulierung deutet darauf hin, dass G zu W deshalb ein Verhältnis eingehen kann, weil G und W je *für sich* und unabhängig voneinander schon einen *intrinsischen Wert* besitzen. Diesen Wert erklärt er durch die Arbeit, die zur Produktion der Geldware und der Waren benötigt wird.[175] Der Punkt ist hier folgender: Wenn G und W, Geld und Waren, *je für sich* einen Wert *haben*, dann kann man beide, also G und W, *absolut* in Beziehung bringen und z.B. die Frage stellen, ob G den Wert W *übersteigt* oder umgekehrt. Ist der Wert aber *nur* eine Relation, die durch den Tauschakt gesetzt wird, so ist G und W nicht kardinal skaliert und nicht vergleichbar. Ricardo sagt: Die *Relate* G und W haben eine Wertidentität für sich *vor dem Austausch*. Ihre Relation G/W wird durch die vorausgesetzte Wertidentität (*intrinsic value*) bestimmt. Ist aber G/W ein *soziales* Verhältnis, ist die *Relation* das Primäre als Form der Vergesellschaftung, dann kommt G und W *unabhängig* vom Tauschverhältnis kein intrinsischer Wert zu.

Ricardo bekommt diese grundlegende Frage allerdings nicht in den Blick. Seine Intention war auf eine ganz andere Frage gerichtet, darauf, das Verhältnis von *nominalem* Papiergeld – mit dem gesamten Wert N – ins Verhältnis zu G zu setzen. Und Ricardo lässt keinen Zweifel daran, dass *hier*, in der Festlegung der Relation N/G, menschliche Entscheidungen dazwischen treten. Im Verhältnis von G und W wirkt die „Natur des Werts" (die verkörperte Arbeit in Produkten); im Verhältnis von N und G bzw. W steckt nur die Entscheidung jener, die das Papiergeld in Geltung setzen.[176] Gold als Geld ist kategorial *physis*; Papiergeld ist dagegen *nomos*, beruht auf menschlicher Festlegung. Der bei Locke noch durchschimmernde Gedanke von Aristoteles, dass *jedes* Geld kategorial nur *nomos* ist, also im zirkulären Vertrauen und Konsens der Marktteilnehmer (wozu natürlich auch die Regierungen und die Banken gehören) *beruht*, klingt nicht mehr an. Er wurde schrittweise von Locke, Cantillon und anderen zugunsten einer wirksamen „Natur" ausgeblendet.

Ricardo sah im Papiergeld durchaus ein völliges Substitut für Gold, sofern es Geld von gleichem Wert wie das Gold war, sofern also das umlaufende Papiergeld exakt dem Goldvolumen entspricht. Im Gegenteil, es entsteht daraus für jedes Land sogar ein Vor-

---

[175] „Gold and silver, like all other commodities, are valuable only in proportion to the quantity of labour necessary to produce them, and bring them to market." D. Ricardo, WW I, S. 352. Marx folgt hier ganz den Spuren Ricardos: „Sobald es als Geld in die Zirkulation eintritt, ist sein Wert bereits gegeben." K. Marx, MEW 23, S. 107. *Wem* ist hier *was* „gegeben"?

[176] Auch hier blickt Ricardo nicht auf die Relation, sondern leitet die Geltung des Papiergeldes aus einem Pol ab: Der Autorität, die Papiergeld drucken kann. Die bestimmende Natur der Relation – Papiergeld muss in die Zirkulation gelangen und *angenommen*, d.h. für Käufe und Verkäufe verwendet werden – bleibt unerkannt.

teil, weil „durch den Gebrauch von Papiergeld das billigste Medium das teuerste substituiert, ohne Verlust für irgend ein Individuum", denn man kann nun das Gold, seiner Geldfunktion entkleidet, wieder für andere Zwecke nutzen, wodurch „sowohl der Reichtum wie sein Genuss zunehmen."[177] Wichtig bleibt nur, die richtige Proportion zu wahren. Wenn „vollkommene Sicherheit darin besteht, dass die Ausgabe von Papiergeld nicht missbraucht wird"[178], dann spielt es keine Rolle, *wer* es emittiert. Und Ricardo vermutete, dass eher eine Regierung als eine Bankgesellschaft Missbrauch betreiben würde.

Wie man sieht, tritt Ricardo in dieser Frage durchaus das Erbe der scholastischen Autoren an und bleibt *kategorial* zunächst völlig auf ihren Schultern stehen. Für die scholastischen Autoren war der wahre oder gerechte Wert durch den gerechten Preis bestimmt. Würden alle Waren zu einem gerechten Preis gehandelt und wäre das umlaufende Münzgeld unverfälscht, so würde die Relation G/W sozusagen den „gerechten Geldwert" ausdrücken. Durch die Smithsche Umdeutung der Ethik in eine *Natur*, ein System der Wirtschaft, hat sich diese Ausdrucksweise geändert, nicht aber die kategoriale Struktur. Ricardo spricht durchaus noch unverändert in der scholastischen Geldmetaphysik. Wenn Oresme den durch Fürsten veränderten nominalen Münzwert – was hier dem Wert N entspricht – zum tatsächlichen Wert G ins Verhältnis setzt und die Münzverschlechterung, also die Erhöhung von N/G, kritisiert, so entspricht dies logisch durchaus dem, was Ricardo im Verhältnis von Papiergeld zu den ungemünzten Edelmetallen Gold oder Silber (*bullion*) diskutiert. Nur verbirgt sich hinter W und G nun nicht mehr eine moralische *Norm*, sondern der Begriff des Wertes wurde vielmehr naturalisiert und verdinglicht als „Verausgabung von Arbeit".

Doch bei Ricardo kommt ein weiteres Moment hinzu. Sein eben zitiertes Argument besagt ja, dass das Verhältnis von G/W von der *Umlaufgeschwindigkeit* des Geldes, vom Verhalten der Banken, vom Kredit usw. abhängt. Diese Relation kann also *nicht* aus den in G (dem realen Inhalt von N) und W verkörperten *intrinsischen Werten* abhängen, wenn sie durch das *Handeln*, durch Vertrauen und Kredit, durch Bankpolitik und den Gewohnheiten des Geldverkehrs, damit der Umlaufgeschwindigkeit abhängig sind. Diese Größen sind *Handlungen*, die sich nur auf die Zirkulationssphäre der Waren und des Geldes beziehen, gleichwohl aber das *Wertverhältnis* von Geld zu den Waren beeinflussen. Wenn das aber zugegeben wird – und Ricardo hat es ausdrücklich betont –, dann ist es ein grundlegender *Kategorienfehler*, das Verhältnis von Geldwert zum aggregierten Warenwert von einem *intrinsischen Wert* in der Geldware oder in den übrigen Waren abhängig zu machen. Bereits an dieser Stelle wäre also zu erkennen, dass der Wert, wie er im Geld und den Warenpreisen erscheint, nicht zugleich im Geld erscheinen und *unabhängig von ihm* schon bestehen kann. Der Wert als im Geld vollzogene Vergesellschaftung kann als veränderliche *Relation*, die durch die Kauf- und Verkaufsakte konstituiert wird, nicht auf die Ursachen verrechnet werden, die beide Relate (Waren und Gold) hervorbringen. Doch eben dies ist die Auffassung Ricardos, aber auch seiner späteren Kritiker aus der Schule der subjektiven Wertlehre: Ist es dort ein Lust-Leid-Kalkül, das schon Bentham der Smithschen Arbeitswertlehre zur Seite stellte, so sucht auch Ricardo nach einem objektiven Grund *verkörpert in den Waren*, bevor sie den Markt betreten.

---

[177] D. Ricardo, WW I, S. 361.
[178] D. Ricardo, WW I, S. 362.

4.3.3.4 Arbeit – der Widerspruch im absoluten Wertmaß

Ausdruck dieser Theorie einer *objektiven* Wertbestimmung ist die These der Arbeitswertlehre: Alle Werte sind letztlich durch die verausgabte Arbeit bestimmt. Doch wenn das richtig ist, wie soll es dann möglich sein, dass durch intersubjektive, kommunikative Beziehungen – wie sie im Kredit oder bei der Papiergeldemission vorliegen – und die Umlaufgeschwindigkeit des Goldes als Geld, der Geldwert beeinflusst wird? Eine mögliche Antwort könnte darin bestehen, dass man dem Geld als Papiergeld, wie Ricardo in der Nachfolge zahlloser Vorläufer, nur eine rein *nominelle* Bedeutung zuschreibt. Dann würde zwar durch das Banksystem, durch den Kredit und durch andere Faktoren, die den Notenumlauf verändern, das Verhältnis von Geldmenge zu Warenwerten beeinflusst, nicht aber die *relativen Preise*, die man nach wie vor so erklären könnte, dass in ihnen die jeweils verkörperte Arbeit die Wertverhältnisse bestimmt. Doch diese Antwort – die Antwort Ricardos – ist unplausibel. Die Metapher vom Geld als dem Öl der Maschine greift in einem wesentlichen Punkt zu kurz: Sie unterstellt, dass die Maschine fertig konstruiert ist und in den Bezügen ihrer Teile unveränderlich bleibt. Dann wäre das „Öl" (= Geld) in dieser scheinbaren Hilfsfunktion wenigstens denkbar. Doch das Geld *als Kredit* führt zu Investitionen, diese wiederum zu einem „Umbau der Maschine"; alte Teile verschwinden, neue kommen hinzu. Ferner können externe Elemente in die Maschine mit einbezogen werden, wie die von Petty und Law diskutierten Armen.

Das Geld wirkt also nicht bei einer Veränderung seiner Menge zugleich und auf alle Sektoren gleichartig und gleichzeitig. Damit werden aber die realen Produktionsbedingungen und folglich auch die Austauschbeziehungen verändert. Das müsste man selbst dann zugestehen, wenn man darauf beharrte, dass alle *realen* Werte sich der Vergegenständlichung von Arbeit in den Waren verdanken. Ferner: Eine Veränderung der Geldmenge, eine Änderung der Geldformen würde die Dynamik der Wirtschaft verändern, also die Wachstumsraten beeinflussen. Ricardo hat das selbst ausdrücklich betont für den Übergang von Gold zu Papiergeld, was nach seinen eigenen Worten zu einem Anstieg des Reichtums führen müsste. Aus all dem geht hervor, dass die stillschweigend vorausgesetzte Vorstellung von der Wirtschaft als einem System von objektiven Beziehungen, das den handelnden Subjekten nur wenig Spielräume einräumt, nicht aufrechtzuerhalten ist. Mein hier vorgetragener Einwand beruht nicht auf Vorstellungen, die denen Ricardos *fremd* wären, sondern greift nur solche Gedanken auf, die er redlicherweise erwähnt, daraus aber keine *kategorialen* Konsequenzen zieht.

Für die klassische Nationalökonomie ist insgesamt charakteristisch, dass das menschliche Handeln schrittweise durch mechanische Metaphern substituiert wird. Doch dies geschieht paradoxerweise so, dass der zentrale Begriff des *Wertes* durch eine besondere Form des menschlichen Handelns – die Arbeit – erklärt wird. Hinter dem Begriff des Arbeitswerts verbirgt sich also ein fremder, verdinglichter Handlungsbegriff. Diese Denkbewegung der klassischen Ökonomie verläuft durchaus parallel zur Herausbildung des Begriffs der *physikalischen Arbeit*. Und auf weite Strecken kann man hier eine durchaus gleichartige Entwicklung beobachten.[179] Bei Marx erreicht diese seltsame Ambivalenz dann als krasser Gegensatz seinen Höhepunkt, wenn er den Begriff der Arbeit als *Wertsubstanz* rein mechanisch oder physikalistisch konzipiert, während er bei der Untersuchung des Arbeitsprozesses zugestehen muss, dass das Arbeiten ein *Handeln* ist, also ein Realisieren von Formen, Ideen und deshalb vom physikalischen Arbeitsbegriff völlig verschieden.

---

[179] Vgl. P. Mirowski (1989), besonders Kapitel 3 und S. 356ff.

4.3.3 David Ricardo

Ricardo ist von solchen Skrupeln aufgrund einer eher spärlichen Kenntnis der philosophischen Literatur nicht geplagt. Er verschwendet keinen Gedanken daran, dass das Arbeiten ein Prozess der *Formung*, der Gestaltung ist, dass darin sich ideelle Momente mit reellen Bedingungen mischen und dass die Arbeit deshalb als Prozess eine Struktur besitzt, die nur als *Handlung* adäquat beschreibbar ist. Er steht völlig auf den Schultern von Smith. Für Ricardo ist Arbeit, vorgreifend auf spätere physikalische Entwicklungen, durchaus nur die Energie der Wirtschaftsmaschine, die den Namen „Wert" bekommen hat. Ricardo eröffnet sein Hauptwerk mit folgender Definition:

> „Der Wert einer Ware oder die Quantität irgendeiner anderen Ware, gegen die er ausgetauscht wird, hängt ab von der relativen Quantität an Arbeit, die für ihre Produktion notwendig ist, und nicht von der größeren oder geringen Entlohnung, die für diese Arbeit bezahlt wird."[180]

Der letzte Satz wendet sich gegen Adam Smith, der in seiner Definition des Wertes nicht auf die *verausgabte Arbeit* abzielt, sondern auf die „kommandierte Arbeit". Damit ist gemeint, dass man für eine bestimmte Geldsumme, abhängig vom Lohnsatz, eine bestimmte Arbeitsmenge „kaufen" kann. Sofern man also auf dem Markt Waren kauft, „kommandiert" man indirekt eine bestimmte Menge Arbeit. Ricardo hält diese Wertbestimmung – kurz gesagt – für unbrauchbar, weil sie den Lohnsatz voraussetzt und insofern zirkulär ist. Zudem verwendet Smith daneben noch einen anderen Wertbegriff, wenn er z.B. die aufgewendete Arbeitszeit für zwei Produkte als Wertbestimmung heranzieht.[181]

Ricardo formuliert einen rein *energetischen* Wertbegriff; die Arbeitsenergie *gerinnt* im Produkt, deshalb ist der Wert gleich „der Quantität an Arbeit, die in einer Ware realisiert ist"[182]. Der *relative* Tauschwert zweier Produkte ist damit bestimmt durch die absoluten Arbeitsmengen, die jeweils in einer Ware „verkörpert" sind. Das ist ein anderer Wertbegriff als der des *Tauschs*. Denn ein Tauschwert ist immer ein relativer Begriff, was Mill mit Nachdruck betont hat:

> „Es kann keinen allgemeinen Anstieg des Wertes der Waren geben."[183]

Wenn man den Tauschwert als *Relation* zweier Produktquantitäten a und b, als a/b bestimmt, so hat der Begriff des absoluten Wertes keinen Sinn; einen absoluten Wert gibt es nur durch das Geld, und auch hier liegt eine *Relation* vor: Preis = Geldquantum pro Produktquantum. Geht man davon aus, dass in a und b respektive Werte „verkörpert" oder „realisiert" sind, gibt es also einen Wert w(a) und w(b), so lässt sich daraus

---

[180] D. Ricardo, WW I, S. 11.

[181] Ist A die Input-Output-Matrix für die n produzierten Güter und ist ℓ der Vektor der Arbeitsaufwendungen, so kann man reine Arbeitswerte λ (= Vektor der benötigten Arbeit zur Reproduktion der Waren) wie folgt berechnen: $\lambda = \lambda A + \ell$ oder $\lambda = \ell(I-A)^{-1}$. Sind nun p entsprechend die in Geld ausgedrückten Produktpreise und ist w der Lohnsatz, ist ferner π der Vektor der Profite in den n Produktionszweigen, so gilt: $p = pA + \pi + w\ell$. Preise in *commanded labour* nach Adam Smith wären auszudrücken durch p/w. Wir erhalten daraus: $p/w = (1 + \pi/w) \ell(I-A)^{-1}$. Wie man sieht, entspräche Ricardos Definition des Wertes der von Smith, also $\lambda = p/w$, nur für $\pi/w = [0]$. Also nur in einer Wirtschaft ohne Profite decken sich Ricardos Arbeitswerte mit der *commanded labour* nach Smith.

[182] Vgl. die Formulierung: „If the quantity of labour realized in commodities, regulate their exchangeable value ..." D. Ricardo, WW I, S. 13.

[183] J. St. Mill, CW III, S. 459.

zweifellos *auch* ein *relativer* Tauschwert ableiten: w(a)/w(b). Doch das *Niveau* des Wertes „kürzt" sich hier heraus, wie die Geldeinheit bei relativen Preisen p_a/p_b.

Wenn man nun die „Arbeit" als *Quelle* des Wertes betrachtet, der in a oder b „realisiert" sein soll, so ist das *Maß* der Arbeit – etwa die Zeiteinheit zur Messung einer Arbeitsstunde für den absoluten Wert – wichtig, nicht aber für den relativen Wert. Wenn z.B. ein Land für die beiden Produkte a und b jeweils *doppelt* so viel „Arbeit" als Quantität aufwendet als ein anderes Land, so können doch die Tauschwerte in beiden Ländern als relative Werte gleich sein. Bezüglich des Austauschs zwischen Ländern macht Ricardo in seiner Theorie vom komparativen Vorteil dies auch zur Grundlage seiner Überlegungen.[184] Doch wenn für die Tausch*relation* auch nur die *relative* Produktivität der Arbeit (Produkte pro Arbeitszeit) relevant ist, dann ist die Vorstellung, dass sich eine *absolute* Arbeitsmenge (gemessen durch die Arbeitszeit) im Produkt verkörpert, nicht nachzuvollziehen.

Ricardo suchte aber gerade nach einem *absoluten* Maß der Werte. Und er sucht dieses Maß *in* einer Entität, die selbst Wert *besitzt*: „Die einzig notwendige Qualität, um ein Maß des Wertes vollkommen zu machen, ist dies, dass es selbst Wert *haben* und dass dieser Wert selbst invariabel sein sollte – auf dieselbe Weise, wie ein perfektes Längenmaß selbst eine Länge besitzen und weder zu- noch abnehmen sollte."[185] Der Vergleich ist beredt. Ricardo kann sich offenbar *Relationen* nur so vorstellen, dass sie aus *absoluten* Eigenschaften abgeleitet werden – übrigens ein wichtiges metaphysisches Prinzip, das bei der Marxschen Adaption von Ricardos Theorie sogar explizit ausgesprochen wird; dazu später mehr. Betrachten wir den Vergleich zum Längenmaß näher.[186]

Dieser Gedanke bei Ricardo offenbart die unerkannte metaphysische Struktur des Arguments. Das Längenmaß gilt als Einheit *relativ zur gemessenen Länge*. Es kann sich nicht selbst messen; „messen" ist immer eine *Relation*. Etwas ist nur Einheit *in Relation* zu etwas anderem. Die Relation verleiht der Einheit ihren Charakter. Wählt man ein Stück Metall bei konstanter Temperatur als „Einheit der Länge", so setzt man dieses Maß ins Verhältnis zu anderen Längen, z.B. der Länge einer Straße. Das *Verhältnis* ist hier eine Ausdehnung im Raum. Man könnte dasselbe Stück Eisen aber auch als „Maßeinheit" für Gewicht, für elektrische Leitfähigkeit, für Elastizität oder Härte verwenden. Der *Sinn* des Verhältnisses, der in einer technischen Beziehung offenbar wird, ergibt sich erst als durch die *Handlungen*, in denen eine Entität als Maßverhältnis fungiert. Der Raum hat nur die Eigenschaft des Offenseins; ihm kommt kein geometrisches Maß als „Natur" zu. Erst die Bedeutungssphäre menschlicher Handlungen erschafft eine relative Maßbeziehung. Ist solch eine Bedeutungssphäre erst eröffnet, so entfaltet sich darin durchaus etwas Objektives, eine „Natur": das relative Gewicht zweier Dinge, worin eines als Maß fungiert, ist ein den Dingen *in dieser technischen Relation des Wiegens* zukommende Eigenschaft, keine menschliche Setzung. Aber die Wahl der Einheit hat nur Sinn als soziale Bedeutung, als kommunikative Wirklichkeit. Es ist nichts, das

---

[184] D. Ricardo, WW I, S. 134ff.

[185] D. Ricardo, WW IV, S. 361.

[186] Auch Marx verwendet übrigens einen ähnlichen geometrischen Vergleich: „Um den Flächeninhalt aller gradlinigen Figuren zu bestimmen und zu vergleichen, löst man sie in Dreiecke auf. Das Dreieck selbst reduziert man auf einen von seiner sichtbaren Figur ganz verschiednen Ausdruck – das halbe Produkt seiner Grundlinie mit seiner Höhe. Ebenso sind die Tauschwerte der Waren zu reduzieren auf ein Gemeinsames, wovon sie ein Mehr oder Minder darstellen." K. Marx, MEW 23, S. 51. Marx bemerkt nicht, dass dies keine *reale Reduktion* ist, sondern nur die *Definition* der Fläche. Tauschen ist nicht *Definieren* von Bedeutung, auch wenn der Tausch sich in einer Sphäre der Bedeutung je schon bewegt.

einem Ding als *innere Natur* zukäme. Die „Reduktion auf Maßeinheiten" ist also stets ein relativer, der Sphäre sozialer Bedeutungen zuzumessender Akt, keine „Natur".

Und das gilt durchaus gleichartig für die Wirtschaft. Gold könnte zu anderen Waren in ein Maßverhältnis des Gewichtes eintreten bei entsprechender Definition; ebenso lassen sich am Gold andere Eigenschaften relativ messen: Härte, Widerstand gegen Oxydation usw. All dies sind Bedeutungen, die *nur* im kommunikativen Kontext des menschlichen Handelns Sinn haben. Sie kommen den Dingen also nur relativ zu besonderen Handlungen zu: technischen Handlungen des Wiegens, aber auch ökonomischen Handlungen des Tauschens. Die Einheit der Länge beruht, wie die Einheit des Geldes, auf einer zirkulär-reflexiven Anerkennung. Um allgemein als Maß bei Messungen verwendet zu werden, bedarf ein Längenmaß allgemeiner Anerkennung. Werden verschieden Gewichtsmaße verwendet, so kann erst Kommunikation und *gemeinsame Handlung* (des Messens) eine Übersetzung der Maßverhältnisse herstellen, die je in einer Gruppe von Menschen verwendet wird. *Darin* – in der Struktur des Bedeutungsprozesses – besteht in der Tat keine Differenz zwischen Technik und Wirtschaft. Ricardos Vergleich ist also durchaus zulässig – nur führt eine genaue Analyse eben dieses Vergleichs zu einem völlig anderen Ergebnis. Auch dem Geld kommt nur die Bedeutung zu, die in einem sozialen Bedeutungsprozess als zirkulär-reflexives Verhältnis hergestellt und reproduziert wird.

Tatsächlich gibt es nur ein „absolutes" Maß der *Werte*, sofern die Vielen zirkulär dem Geld durch Subsumtion Bedeutung verleihen. Betrachtet man das Geld aber *naturalistisch*, so findet man auch dort – gleichgültig ob bei Münzen, Papiergeld oder anderen abgeleiteten Geldformen – nur Veränderbarkeit. Nach vielen Seiten der Reflexion über ein absolutes Maß der Werte, bei der Ricardo viele mögliche Lösungsvorschläge immer wieder selbst kritisiert und verwirft, sagt er schließlich:

„Es besteht das große Erfordernis in der Politischen Ökonomie, ein vollkommenes Maß des absoluten Wertes zu besitzen, um fähig zu sein, sicher zu stellen, in welcher Relation Waren zueinander in verschiedenen Perioden stehen. Jedes Ding, das einen Wert hat, ist ein gutes Maß des vergleichbaren Wertes von allen anderen Waren zur selben Zeit und am selben Platz. Aber es ist nutzlos, die Veränderung ihres absoluten Wertes zu verschiedenen Zeiten und Orten anzuzeigen."[187]

Aus dieser Überlegung geht zweierlei hervor: *Erstens* hält Ricardo, trotz seines wiederholten Scheiterns, an der Norm fest, die relativen Tauschwerte seien aus einem *absoluten* Wert abzuleiten. Er sagt zwar, dass auf einem gegebenen Marktplatz die aktuellen Tauschrelationen so substituiert werden können, dass jede Ware zum Wertmaß herangezogen werden kann. Doch er bemerkt, dass *zweitens* ein Wertvergleich über die Distanz von Zeit und Raum hinweg nicht möglich ist. Und Ricardo hat vergeblich versucht, in der Arbeit solch ein Maß zu finden, denn auch die Arbeiten variieren in Raum und Zeit quantitativ und qualitativ.[188]

---

[187] D. Ricardo, WW IV, S. 396.
[188] Für Ricardos mechanische Denkweise war die Einsicht verschlossen, dass es solch ein „absolutes Wertmaß" zweifellos gibt; es ist das Geld. Doch das Geld besitzt keine Substanz oder Dauer von Natur, sondern seine Dauer als geltendes Maß liegt nur in seiner zirkulären Anerkennung. Das lässt sich weder messen noch als Kausalität verrechnen. Und deshalb bleibt diese Einsicht einer Denkweise, die die Wirtschaft als System, als Maschine rekonstruiert, notwendig unzugänglich.

Somit zeigt sich als *Kern* des Versuchs, Werte aus der Vergegenständlichung von Arbeit abzuleiten, der zentrale Mangel, dass „Arbeit" *als Arbeit* nicht erklärt ist. Was *kategorial* hier beim Begriff der Arbeit gedacht werden soll, dazu lässt sich bei Ricardo kaum ein Hinweis finden, außer der dünnsten Kategorie: Arbeiten sind „qualitativ" verschieden, sofern sie verschiedenen Berufen oder Ausbildungsstufen zugehören. Was hier aber nur gesagt wird, ist dies, *dass* sich Arbeiten unterscheiden. Eine Formanalyse der Arbeit oder des Arbeitsprozesses rückt nicht einmal in den Horizont einer möglichen Fragestellung bei Ricardo. Allerdings formuliert er bezüglich der Lösung der Frage, wie es qualitativ verschiedene, unterschiedliche Arbeitsarten anstellen, *eine* qualitativ gleichartige Ursache für *den* Wert zu sein, einen klassischen Zirkel:

> „Wenn wir allerdings von Arbeit sprechen als dem, was die Grundlage für alle Werte bildet und davon, dass die relative Quantität der Arbeit ganz ausschließlich den relativen Wert der Waren determiniert, so darf man nicht glauben, ich sei unachtsam bezüglich der verschiedenen Qualitäten von Arbeit und der Schwierigkeit, eine Arbeitsstunde oder einen Arbeitstag in einem Beschäftigungszweig mit derselben Dauer von Arbeit in einem anderen vergleichen zu können. Die Schätzung, mit der verschiedene Qualitäten von Arbeit erfasst werden können, wird sofort auf dem Markt mit hinreichender Präzision angepasst für alle praktischen Zwecke"[189].

Diese Überlegung steht stellvertretend für viele Fragen der Werttheorie; Marx hat eine ähnliche Reflexion angestellt oder von Ricardo übernommen. Ricardo gesteht also zu, dass es zwischen verschiedenen Arbeiten eine *qualitative* Differenz gibt. Vergleichbar ist zwar formal die Arbeitszeit; doch dieser Vergleich, das sagt Ricardo sehr deutlich, ist insofern unangemessen, als verschiedene Beschäftigungen durchaus einen verschiedenen Inhalt und damit die Zeit eine andere Bedeutung besitzen. Doch dies veranlasst Ricardo nicht, sich prinzipiell zu fragen, welchen *Begriff von Arbeit* er hier verwendet und inwiefern Arbeit *als Grundlage und Ursache aller Werte* getrennt von den erscheinenden Preisen überhaupt gedacht werden kann. Der Begriff des Grundes – Arbeit = *Grund* der Werte – als der rationalen Form einer Ursache enthält wenigstens den Gedanken, dass der Grund unabhängig oder getrennt von dem besteht, *was* er begründet.

Doch das ist bezüglich der hier aufgezeigten qualitativen Differenzen unmöglich. Denn das Wertquantum soll bestimmt sein durch das Quantum an geleisteter Arbeit. Nun zeigt sich, dass dieses Quantum bezüglich verschiedener Waren überhaupt nicht vergleichbar ist. Ricardo belässt dieses Kategorienproblem in einer zutiefst charakteristischen und unphilosophischen Denkform: Für *praktische* Fragen sei dieses Problem leicht auflösbar. Die „Praxis" löst nur dann ein Kategorienproblem, wenn sie selbst ein kategorialer Prozess ist. Faktisch macht Ricardo Folgendes: Er behauptet, der Markt, also das Geld, löscht die qualitative Differenz der Arbeiten aus. Damit leistet das Geld *kategorial* etwas, worin das Verhältnis von Grund und Folge umgekehrt wird. Der Wert als verausgabtes Arbeitsquantum soll doch der *Grund* der relativen Preise sein. Doch erst durch den faktischen Austausch werden die Arbeitsarten gleichgesetzt. Der Austausch muss aber zu einer *bestimmten* Proportion erfolgen, damit diese Gleichsetzung hergestellt werden kann, damit es überhaupt ein *Tausch* ist. In welcher Proportion erfolgt dieser Tausch? Der relative Tauschwert soll durch die Arbeitsmengen bestimmt sein, während umgekehrt die qualitativ verschiedenen Arbeitsarten nur durch den Austausch vergleichbar werden.

---

[189] D. Ricardo, WW I, S. 20.

Daran ist leicht erkennbar, dass man den Wert nicht *kausal* auf Arbeit zurückführen kann, ohne in einen heillosen Zirkel zu geraten. Anders gesagt: Das Geld leistet bezüglich des Wertbegriffs in diesem Argument etwas, das Ricardo zwar „für praktische Zwecke" verwendet, nicht aber begrifflich reflektiert. Denn wenn Arbeit als *Quantität*, als verausgabte Arbeitszeit der Grund des Wertes, sein regelndes Gesetz sein soll, wenn aber zugleich zugestanden ist, dass es diese Quantität als allgemeinen, homogenen Begriff überhaupt *nicht gibt*, wenn weiter gesagt wird, dass der Markt für praktische Zwecke diese Gleichheit *herstellt*, sofern doch offensichtlich die *Produkte* über die Geldrechnung gleichgesetzt werden – dann hat dieses unlösbare Problem seinen Grund in der falschen Voraussetzung: Arbeit *kann* gar nicht der Grund des Wertes sein, weil überhaupt nicht gesagt werden kann, *was* diese Arbeit ist.

Ricardos *Erklärung* ist also leer und zirkulär. Denn wenn man sagt, dass der Tauschwert eines komplizierten, durch hoch qualifizierte Arbeit hergestellten Produkts gegen ein einfaches Produkt so getauscht wird, dass etwa eine Arbeitsstunde nur fünf Minuten entspricht und dass *deshalb* die Tauschrelation 12:1 sei, also etwa 12 € / 1 €, so ist das eine *petitio principii*. Denn *vor* dem Austausch besitzt man kein Maß, das die Relation 12:1 herzustellen erlaubte. Erst *durch* den faktischen Tausch, durch die Geldrechnung werden die Arbeitsstunden *rückwirkend* ins Verhältnis von 12:1 gesetzt. Wie will man dann behaupten, dass in beiden Produkten ein homogener Wert verkörpert sei, der sich nur zufällig bei der komplizierten Arbeit in einer zwölffachen Intensität pro Zeiteinheit ausdrückt? Das ist eine ganz und gar abgeschmackte Reflexion, ebenso „praktisch" wie unsinnig.[190]

Was sich an dieser Frage zeigt, ist etwas ganz Anderes: Offenbar ist die zurück gespiegelte Projektion von einer auf den Märkten, durch die Geldrechnung hergestellten Gleichheit auf die *Ursache* der Produkte zwar möglich – im Sinn einer Kostenrechnung. Sie kann aber nicht wiederum *umgekehrt* so interpretiert werden, als wäre das *Resultat* dieses Vergleichs die eigentliche Ursache. Hier zeigt sich vielmehr, dass die Kategorie des Wertes, die untrennbar am Geldbegriff hängt, als *soziale* Kategorie ihre Wahrheit und Geltung *nur* im Austauschprozess besitzt. Sie lässt sich nicht auf „natürliche" (oder andere soziale Ursachen) zurückführen. Woran Ricardo scheitert, ist das, was Aristoteles als *Voraussetzung* der Kategorie des Geldes erkannte: Ihr kommt keine *Natur* zu. Deshalb ist jeder Versuch, den ökonomischen Wert, die *Bedeutung des Geldes* auf natürliche oder kulturelle Prozesse (und die Arbeit ist solch ein Prozess) zu *reduzieren*, einfach Ausdruck des Unverständnisses der hier vorliegenden kategorialen Verhältnisse.

4.3.3.5 Der konkurrierende Wertbegriff

Dieser grundlegende Fehler, den Wert als „Natur" zu deuten – ein Fehler, der sich in der vorklassischen Theorie schrittweise vorbereitet hat und der durch die cartesianische Wende bei Smith in seiner Verblendung vollendet wurde – lässt sich abschließend noch

---

[190] Ein durchaus vergleichbares Problem lässt sich schon im 18. Jahrhundert, in der „Äquivalenztheorie" von Giammaria Ortes entdecken, der bei den Arbeiten Äquivalenz behauptet, beim Austausch dann aber doch andere Prinzipien anerkennen muss: „Jeder gibt dem andern nur soviel von der eigenen Arbeit, wie ihm von dem andern wiedererstattet wird", während der Austausch, wie Elisabet Bernhard interpretierend sagt, „nicht nach der absoluten Gleichwertigkeit der getauschten Güter, sondern nach der Meinung, die man von der Qualität und Notwendigkeit der Güter hat", erfolgt; E. Bernhard (1918), S. 16 und 18. Ortes liefert auch ein Musterbeispiel einer Robinsonade, worin auf eine Insel aus den Wolken eine Gruppe von Menschen herunterfällt und dann ökonomische Probleme löst, E. Bernhard (1918), S. 14ff.

an der schon erwähnten Ambivalenz von Ricardos Wertbegriff aufzeigen. Gleich im ersten Kapitel *On Value* schreibt Ricardo:

> „Vorausgesetzt, Waren besitzen einen Nutzen, so erhalten sie ihren Tauschwert aus zwei Quellen: Von ihrer Knappheit und von der Quantität an Arbeit, die erforderlich ist, um sie zu erlangen."[191]

Bei einigen Waren, sagt Ricardo weiter, wird ihr Wert „durch Knappheit allein determiniert"; als Beispiele nennt er seltene Gemälde, Statuen usw. Doch, so sagt Ricardo weiter, ihr Anteil am gesamten Warenvolumen ist gering. Wenn wir von Wert und von Waren sprechen, sagt Ricardo, so „beziehen wir uns nur auf Waren, die durch die menschliche Industrie vermehrt werden können."[192] Allerdings zeigt seine weitere Untersuchung, dass er diese strikte Dichotomie nicht aufrechterhalten kann. In der Sprache der neoklassischen Theorie könnte man sagen: Ricardo definiert die Knappheit im einleitenden Kapitel durch eine Angebotselastizität von Null. Die anderen Güter können beliebig vermehrt werden, sofern genügend Arbeit verfügbar ist, um sie herzustellen.

Doch Ricardo weiß genau, dass noch andere Faktoren in der Produktion auf diese Weise „knapp" werden können. Bezüglich der Bodenrente entwickelt er auf der Grundlage dieses Gedankens sogar eine Preistheorie für den Boden. Ähnlich spricht er an anderen Stellen von „Knappheit an Kapital", „Knappheit an ausländischer Nachfrage" usw. –, allesamt Belege dafür, dass es sich um ökonomische Sachverhalte handelt, die zwar relativ knapp, aber keineswegs – wie das Gemälde eines alten Meisters – *absolut* unvermehrbar sind. Anders gesagt: Wenn Ricardo recht hat, dass die Knappheit neben der Verkörperung von Arbeit ein gleichermaßen gültiges Prinzip ist, das „den Wert determiniert", dann kann man wohl sagen, dass in *jeder Ware* „knappe" Bestandteile enthalten sind: kultivierter Boden, nur langfristig vermehrbare Kapitalgüter wie Schiffe zum Transport oder Gebäude für die Produktion usw. Es ist dieser Mangel, der später die *neoklassische* Theorie Marshalls dazu führte, die Arbeit als Quelle des Wertes vollständig durch die Produktionskosten und die Knappheit der verwendeten Produktionsfaktoren zu ersetzen. John St. Mill hat diesen Gedanken bereits vorbereitet.

Doch mich interessiert für unsere Fragestellung ein ganz anderes, wiederum *kategoriales* Problem. Wenn „Knappheit" und „Arbeit" (was immer man darunter verstehen mag) auf *gleiche* Weise fähig sind, den Wert von Waren zu „determinieren", dann kommt beiden Begriffen offenbar ein *gemeinsames* Prinzip zu. Inwiefern ist die Verkörperung von Arbeitszeit in Waren *begrifflich* dasselbe wie die Relation einer Warenmenge zum Bedarf (= Knappheit)? Wie man leicht erkennt, liegt solch eine *gemeinsame* kategoriale Grundlage nicht vor. Die Neoklassik versuchte diese Frage später auf andere Weise zu lösen, indem Angebots- und Nachfragefunktionen den Begriff des „Wertes" ersetzen; ich werde zeigen, inwiefern auch das keine Lösung des Problems ist. Bei Ricardo jedenfalls ist diese Frage – obgleich, für seinen Denkstil charakteristisch, getreulich notiert – ungelöst und auch unlösbar. Marx hat sich später erst gar nicht mehr mit „knappen" Produkten aufgehalten und *nur noch* reproduzierbare Produkte untersucht. Ricardo ist hier ehrlicher und genauer, wenn auch begrifflich sehr viel naiver.

In der Nachfolge haben sich beide Wertbegriffe partiell getrennt, um in zwei getrennten Teilgebieten gelehrt zu werden: der Produktions- und der Konsumtheorie. Knappheit erscheint dann als *allgemeine* Relation zwischen Produktionsbedingungen und Konsumentennachfrage. Doch um diese Relation *herstellen* zu können, müssen die

---

[191] D. Ricardo, WW I, S. 12.
[192] D. Ricardo, WW I, S. 12

4.3.3 David Ricardo

Produktmengen auf Märkten ausgetauscht und rechnend aufeinander bezogen werden.[193] Die Knappheit wird in der *neoklassischen Ökonomik* als Grund aller Werte genannt. Die Ressourcen „sind" knapp in Relation zu den Bedürfnissen, die quantitativ unendlich „sind". Um letztere auf erstere zu begrenzen, gibt es Geld und Preise, und Märkte seien der Prozess dieser Begrenzung. Jedes Individuum stehe in seinen Entscheidungen vor dieser Knappheit: Um etwas zu erlangen, müsse man etwas aufgeben („Opportunitätskosten"), d.h. Kosten und Preise, Arbeit und Lohn kalkulieren. Hier wird verdunkelt, *dass der Wert eine soziale Relation ist*. Kein Ding *ist* knapp, sondern wird erst knapp in einem sozialen Prozess. Und viele Sozialstrukturen haben zudem einen völlig anderen Charakter: Wer Liebe gibt, gibt nichts auf; wer kommuniziert, gewinnt durch Rede *und* Antwort; wer Freundlichkeit und Großzügigkeit schenkt, findet allein darin Befriedigung und erhält Gleiches zurück; für viele ist Arbeiten eine Befriedigung, kein „Leid" usw. Es ist die Geldgier, die als Überlagerung der Märkte durch Privation erst die Knappheit erzeugt, die global als Armut erlitten wird (vgl. Teil 5 und 6). Menschen hungern nicht, weil die Ressourcen, sie satt zu machen, zu knapp wären, sondern weil die Märkte und Eigentumsrechte den Hunger produzieren – und das ist durchaus kein Geheimnis.[194] Gewiss gibt es in Gesellschaftsformen ohne Geld auch „Knappheit" von vielen Dingen, auch Hunger und Armut, ohne dass dies durch Märkte erst erzeugt würde. Doch ist es hier stets eine *spezifische* Knappheit, nicht die Knappheit *der* Güter, die zueinander in einer Relation von Opportunitätskosten stünden.[195] Eine *allgemeine* Austauschbarkeit von Alternativen in Entscheidungen vorauszusetzen, um Knappheit oder Kosten als Begriff zu illustrieren, unterstellt notwendig eine *allgemeine* Rechnungseinheit.

Wie man also unschwer erkennen kann, ist das Geld schon als kategoriale Grundlage aller „Wertungen" und „Knappheitsverhältnisse" vorausgesetzt – das wird sich für die subjektive Wertlehre und die mathematische Schule noch sehr viel genauer zeigen lassen. Die Grundlage der unbeantworteten Frage liegt aber schon in Ricardos doppeltem Wertbegriff, der nicht auf *einen* Begriff zurückgeführt werden kann, wenn man „natürliche" Eigenschaften im Blick hat.

All diese Konfusionen, die bei Ricardo tatsächlich eine *klassische* Form annehmen – sie werden genannt, bleiben aber gleichwohl völlig im Dunkel –, beruhen nur darauf, dass das Geld als sozialer Prozess der *Bedeutung* nicht verstanden wird, dass nicht erkannt ist, weshalb „Bedeutung" nicht auf „Natur" zurückgeführt werden kann, eine Einsicht, die sich gleichwohl an vielen Stellen immer wieder dann aufdrängt, wenn die klassische Theorie in begriffliche Konfusion geraten ist. Immerhin hat sie in der treuen Bewahrung der aristotelischen Differenz zwischen „Gebrauchswert" und „Tauschwert" davon noch eine Spur bewahrt, die jedoch deshalb nicht fruchtbar gemacht werden konnte, weil die Klassiker zugleich versuchten, den Tauschwert zu *naturalisieren*,

---

[193] Wirz sagt, dass die Knappheit eine objektive Relation ist, die nicht auf einem Urteil der Beteiligten beruht: „Den Wert einer Sache in der subjektiven Beurteilung eines Abschätzenden begründen, würde analog bedeuten, die Kindesrelation eines Sohnes zu seinem Vater davon abhängig zu machen, dass der Sohn dies Verhältnis kennt." L. Wirz (1965), S. 124. Das ist insofern richtig, als es für eine Bewertung nur auf den Akt der Zahlung, nicht das begleitende Urteil ankommt. *Zugleich* reproduziert sich darin die zirkuläre Geltung des Geldes – und diese Geltung ist ein Prozess der Bedeutung, des Denkens. Hier ist die Trennung von Sachverhalt und Urteil aufgehoben: Die Urteilsform *ist* der soziale Sachverhalt.

[194] Vgl. A. Sen (1984); K.-H. Brodbeck (2005b). Vgl.: „'This is the new face of hunger,' WFO head Josette Sheeran told reporters. 'There is food on shelves, but people are priced out of the market." R. Sheppard (2008).

[195] Vgl. z.B. die seltsamen Reflexionen bei Liefmann als Beispiel hierzu in Kapitel 4.8.2.6.

ihn also auf technische oder physikalistische Begriffe zu reduzieren. Die Nachfolger haben diesen Fehler nicht nur nicht erkannt, sondern unter dem Eindruck der aufblühenden physikalischen Mechanik zu einer mathematisierten Gestalt gesteigert, die unter der Oberfläche ihrer Eleganz und Nüchternheit die äußerste Form der Verblendung in der Erkenntnis der Vergesellschaftung der Menschen bedeutet.

4.4 Karl Marx und der Marxismus

4.4.1 Vorbemerkung

Marx vollendet die in der klassischen Ökonomik von Petty bis Ricardo angelegten kategorialen Bestimmungen gerade dadurch, dass er ihre historische Beschränktheit durchschaut. Gleichwohl bleibt er von dieser Tradition auf unheilvolle Weise abhängig. Es wäre aber verfehlt, seine Theorie als ein in sich geschlossenes System zu betrachten. Vielmehr sind seine unbeantwortet gebliebenen Fragen häufig fruchtbarer als viele seiner Antworten. Man wird deshalb der Marxschen Theorie dann gerecht, wenn man ihren eigenen Maßstab verwendet: „Jedes Urteil wissenschaftlicher Kritik ist mir willkommen."[1] Das gelingt nur dadurch, dass man die bei ihm selbst gegebene Denkform ernst nimmt und sie nicht mit einem wissenschaftstheoretischen Vorurteil verdeckt – zu *anderen* Vorurteilen hat Marx selbst das Nötige gesagt. Die ungebrochene und herausragende Bedeutung der Marxschen Ökonomik liegt darin, dass er als einer der wenigen Ökonomen eine *kategorial* fundierte Geldtheorie zu entwerfen versucht hat. Auf seine Kommentatoren werde ich nur dann eingehen, wenn sich tatsächlich eine Fragestellung bei Marx dadurch vertiefen oder erläutern lässt. Meine nachfolgende Kritik an Marx versteht sich – anders als beim Heer seiner bürgerlichen Kritiker –, nicht als eine weitere „Widerlegung" in durchsichtiger Absicht, sondern als *Radikalisierung* seiner Fragestellung.[2] Noch immer kann man von Aristoteles und Marx mehr über Ökonomie lernen als von allen späteren „bürgerlichen" Autoren.

Es wird allerdings zu zeigen sein, dass viele von Marx' *Antworten* einer ungedacht vorausgesetzten Metaphysik verhaftet bleiben, die er – bei aller Kritik – mit vielen Vertretern der bürgerlichen Ökonomik teilt. Heidegger sagt: „Mit der Umkehrung der Metaphysik, die bereits durch Karl Marx vollzogen wird, ist die äußerste Möglichkeit der Philosophie erreicht. Sie ist in ihr Ende eingegangen."[3] Ich teile dieses Urteil nicht, aus zwei Gründen: *Erstens* hat Marx die Metaphysik nicht umgekehrt, sondern sie in seiner Spätphilosophie als aristotelische Substanzmetaphysik restauriert. So ist auch, als Folge davon, die große intellektuelle Nähe des Stalinismus zum Neuthomismus erklärbar.[4] *Zweitens* ist die Philosophie nicht in ihr Ende eingegangen. Nicht aus dem Grund,

---

[1] K. Marx, MEW 23, S. 18.
[2] In einer Rezension meines Buchs *Die fragwürdigen Grundlagen der Ökonomie* war zu lesen: „Marx meinte, die Kritik des Kapitalismus müsse mit der Kritik der etablierten Ökonomie beginnen. Ähnliches nimmt Karl-Heinz Brodbeck in seiner Untersuchung der ‚fragwürdigen Grundlagen der Ökonomie' an. (…) Allerdings ist dem Autor das Marxsche Unterfangen, die Ökonomie neu zu gründen, noch nicht grundsätzlich genug gewesen", Schefczyk (1998). Der Rezensent hat Recht.
[3] M. Heidegger (1969), S. 63.
[4] Wetter spricht von einer „formalen Ähnlichkeit zwischen Sowjetphilosophie und katholischem Denken". „Wir glauben nicht zu übertreiben, wenn wir behaupten, dass der dialektische Materialismus in seiner heutigen offiziellen sowjetischen Fassung viel mehr Ähnlichkeit mit der scholastischen ‚*forma maentis*' hat als mit der hegelisch-dialektischen, trotz gewisser hegelianischer Ausdrücke und Begriffe", G. A. Wetter (1953), S. 576. Die Neuscholastiker veröffentlichten etwa zu jener Zeit, als Marx eine wesentliche Wende in seinem Denken hin zur traditionellen Metaphysik vollzog (vgl. 4.4.7), ihre einflussreichsten Werke, vor allem Joseph Kleutgen: „Philosophie der Vorzeit", 1. Auflage 1860-63; vgl. in J. Kleutgen (1878: 2) die Abschnitte „Von dem Urstoff" und „Von der Wesensform", S. 227-243. In dieser Neuscholastik zeigt sich zudem ein klarer Bruch mit der traditionellen Scholastik; vgl. D. Peitz (2006). Es ist *ein* „Zeitgeist", der Marx *und* die Neuscholastik erfasst hatte.

den Adorno im ersten Satz seiner *Negativen Dialektik* formulierte: „Philosophie, die einmal überholt schien, erhält sich am Leben, weil der Augenblick ihrer Verwirklichung versäumt ward."[5] Die Idee des jungen Marx, die Philosophie berge ein Potenzial, das es zu „verwirklichen" gälte, ist selbst nur ein metaphysisches Vorurteil. Vielmehr ist Philosophie die einzige Denkform, die es sich nicht nehmen lässt, ihre eigenen Grundlagen und darin die Grundlagen anderer Wissenschaften zu hinterfragen, ohne sich durch „Sachzwänge" oder vorher schon Gedachtes fesseln zu lassen. Sie lässt sich also weder ihr Ende noch ihre Denkform diktieren.

Der kritisch-philosophische Impuls war zweifellos bei Marx sehr mächtig. Deshalb liegt der besondere Charme seiner Theorie darin, dass er Voraussetzungen zu einer Kritik seiner eigenen Metaphysik in wichtigen Teilen *ebenfalls* formulierte. Das wird sich an einigen Stellen in der nachfolgenden Diskussion zeigen lassen. Was ihn jedoch mit den Grundüberzeugungen der Ökonomen verbindet, ist der Glaube, dass die Wirtschaft durch „Gesetze" regiert werde, denen er zwar teilweise eine nur *historische* Geltung zuschreibt, deren *Form* aber von ihm wie in den Modellen der bürgerlichen Ökonomen als „idealer Durchschnitt" und als „Gleichgewicht"[6] bestimmt wird. Er wirft den Wirtschaftswissenschaftlern „dilettantische Stümperhaftigkeit"[7] in der Geldtheorie vor, *teilt* aber zugleich den Denkhorizont, der nach einem *Gesetz* sucht, das von einem cartesianischen Beobachter der bürgerlichen Gesellschaft entdeckt und als aparte Wahrheit über den Kapitalismus formuliert werden soll.[8] Die Geldphänomene erscheinen zwar auf den ersten Blick chaotisch; es zeige sich „also alles, nur kein sich gleich bleibendes Gesetz"[9]. Dennoch besteht für Marx die Wissenschaft gerade darin, das diese scheinbar chaotischen Phänomene regelnde *Gesetz* zu entdecken und darzustellen.

4.4.2 Gesetz, Wesen und Oberfläche

Marx reproduziert hier die metaphysische Differenz zwischen Erscheinung und Wesen, die sich wie folgt bei ihm charakterisieren lässt: Das Wesen gilt als das *ruhende* Gesetz der Erscheinungen und ist deshalb in ihnen auch schwer zu entdecken. Doch

> „alle Wissenschaft wäre überflüssig, wenn die Erscheinungsform und das Wesen der Dinge unmittelbar zusammenfielen"[10].

Im Kapitalismus gibt es ein *Gesetz*, das ihn durchherrscht: Das *Wertgesetz*. Es besagt, dass die Preise der Waren durch die zu ihrer Produktion aufgewandte Arbeitszeit bestimmt sind. Zwar wurde dieses Wertgesetz schon von der klassisch-bürgerlichen Ökonomie formuliert. Adam Smith und David Ricardo sind aber nicht zu einer *Kategorien-*

---

[5] T. W. Adorno, GS 6, S. 15.

[6] K. Marx, MEW 25, S. 839. „Der Austausch oder Verkauf der Waren zu ihrem Wert ist das Rationelle, das natürliche Gesetz ihres Gleichgewichts; von ihm ausgehend, sind die Abweichungen zu erklären, nicht umgekehrt aus den Abweichungen das Gesetz selbst." K. Marx, MEW 25, S. 197.

[7] K. Marx (1953), S. 35.

[8] Marx benutzt den Ausdruck „bürgerliche Gesellschaft"; im „Kapital" taucht der alternative Begriff „Kapitalismus" nur an einer Stelle auf: K. Marx, MEW 24, S. 123. Er geht vermutlich auf die Redaktion von Friedrich Engels zurück. Bastiat und Proudhon verwenden dieses Wort schon häufiger. Als *wissenschaftlicher Begriff* wird „Kapitalismus" durch W. Sombart (1902) eingeführt. Vgl. auch F. Braudel (1986), S. 254ff.

[9] K. Marx (1953) S. 36.

[10] K. Marx, MEW 25, S. 825.

4.4.2 Gesetz, Wesen und Oberfläche

analyse des Wertes, damit des Geldes vorgedrungen. Das Wertgesetz entfaltet sich erst durch einen Komplex von Kategorien hindurch; es erscheint nicht *unmittelbar* auf der „Oberfläche"[11]. Was sich als *Phänomen* in der bürgerlichen Gesellschaft zeigt, weist eine eigentümliche *Umkehrung* auf. Und die Konkurrenz im Kapitalismus ist die „Bewegung dieser verkehrten Welt"[12].

Der Oberfläche der kapitalistischen Gesellschaft korrespondiert eine Denkform, die „oberflächlich" (= ideologisch) im Wortsinn ist, und jene Ökonomen, die sich gar nicht erst bemühen, das *innere Gesetz* – das Wertgesetz – zu erkennen, nennt Marx „Vulgärökonomen".[13] Die „Flachheit der Vulgärökonomie"[14] haftet am Nächstliegenden, am äußeren Schein, an jener Oberfläche, die sich im Kapitalismus als *Konkurrenz* zeigt.[15] Die Aufgabe der Ökonomie *als Wissenschaft* dagegen sei es, das „regelnde Gesetz"[16] aufzudecken und begrifflich streng zu formulieren.

> „Die Wissenschaft besteht eben darin, zu entwickeln, *wie* das Wertgesetz sich durchsetzt. Wollte man also von vornherein alle dem Gesetz scheinbar widersprechenden Phänomene ,erklären', so müsste man die Wissenschaft *vor* der Wissenschaft liefern. Es ist grade der Fehler Ricardos, dass er in seinem ersten Kapitel über den Wert alle möglichen Kategorien, die erst entwickelt werden sollen, *als gegeben* voraussetzt, um ihr Adäquatsein mit dem Wertgesetz nachzuweisen. (…) Der Vulgärökonom hat nicht die geringste Ahnung davon, dass die wirklichen, täglichen Austauschverhältnisse und die Wertgrößen *nicht unmittelbar identisch* sein können. Der Witz der bürgerlichen Gesellschaft besteht ja eben darin, dass a priori keine bewusste gesellschaftliche Regelung der Produktion stattfindet."[17]

Das Wertgesetz ist die im Kapitalismus sich blind durchsetzende Vernunft, die erst im Sozialismus, in der *bewussten Planung* des gesellschaftlichen Arbeitseinsatzes, zu sich kommen soll.[18] In der Entfaltung dessen, wie das „Wertgesetz" als kategoriale Struktur das bestimmt, was sich an der „Oberfläche" dann dem gewöhnlichen Verstand und seinem Übersetzer, dem „Vulgärökonomen", zeigt, wird nach Marx die *innere, vernünftige Natur* des Kapitalismus wissenschaftlich erfasst.

Von Anfang an stand für Marx in seinen Untersuchungen die Gültigkeit des Wertgesetzes fest, die dann in den drei Bänden des „Kapital" und einer Kritik der traditionellen Ökonomik („Theorien über den Mehrwert") systematisch entfaltet werden sollte:

---

[11] K. Marx, MEW 26.3, S. 474.
[12] K. Marx, MEW 26.3, S. 504.
[13] Dieser Begriff taucht an zahlreichen Stellen auf. Meist belegt Marx die Vulgärökonomen mit den vollmundigsten Invektiven, die er aufzubieten vermag, etwa: die „breimäuligen Faselhänse der deutschen Vulgärökonomie" K. Marx, MEW 23, S. 22, Note 1.
[14] K. Marx, MEW 23, S. 94, Note 31.
[15] Vgl. K. Marx, MEW 26.3, S. 504.
[16] K. Marx, MEW 16, S. 118.
[17] K. Marx, MEW 32, S. 553. Die „disponible Arbeitszeit der Gesellschaft" regelt die Produktion; dies geschieht im Kapitalismus „nicht durch direkte bewusste Kontrolle der Gesellschaft über ihre Arbeitszeit – was nur möglich bei Gemeineigentum", MEW 32, S. 12.
[18] „Es ist eben ein Naturgesetz, das auf der Bewusstlosigkeit der Beteiligten beruht", F. Engels, MEW 1, S. 514. Bei Marx heißt es, dass dieses Gesetz „hinter dem Rücken der wirklichen Arbeit" wirkt, K. Marx, MEW 23, S. 221; vgl. K. Marx (1953), S. 156. Dieser Gedanke wird von Marxisten endlos wiederholt: „… das ohne Bewusstsein der Menschen sich durchsetzende Marxsche Wertgesetz", T. W. Adorno, GS Bd. 6, S. 295. Vgl. auch zur Kritik: K.-H. Brodbeck (2000a), S. 56ff und Kapitel 5.4.3.

„(D)er *Wert* (der reale Tauschwert) aller Waren (die Arbeit eingeschlossen) ist durch ihre Produktionskosten bestimmt, in andren Worten, durch die Arbeitszeit, die zu ihrer Hervorbringung erheischt wird."

Doch, fährt Marx fort, an der Oberfläche erscheinen nur *Preise*:

„Der *Preis* ist dieser ihr Tauschwert in Geld ausgedrückt."[19]

Das Verhältnis von Wert und Preis, von Wesen und Erscheinung ist ein *kategoriales* Verhältnis, nicht eine *beobachtbare* Differenz; die Differenz zwischen Preis und Wert ist so zu bestimmen, dass „der letztre als Gesetz der Bewegungen erscheint, die der erstre durchläuft."[20] Damit ist das Programm – das Marx nur teilweise realisieren konnte; das „Kapital" blieb Fragment – formuliert: Es gilt, aus dem Wertgesetz das Gesetz der Preise zu entwickeln, deren Bewegung sich an der Oberfläche in der Konkurrenz als Geldausdruck zeigt. Das Geld versieht Marx hierbei mit der Rolle, das unter der Oberfläche Verborgene zur Erscheinung zu bringen; allerdings nicht in der *wahren* kategorialen Verfassung – nämlich als Ausdruck gesellschaftlicher Arbeit –, sondern in einer fremden, anderen Form.

Bevor ich auf die *Durchführung* dieses Programms bei Marx näher eingehe, möchte ich an die hier vorliegende implizite Denkform erinnern. Das behauptete, unter der Oberfläche wirksame, gleichwohl die oberflächliche Bewegung der Preiskonkurrenz bestimmende Gesetz, wird von Marx als etwas beschrieben, das die Bewegung der *Waren* beherrscht. Die tauschenden Subjekte treten hier ebenso wenig hervor wie die Produzenten der Waren. Während aber Marx den letzteren die Rolle zubilligt, durch die aufgewendete Arbeitszeit *letztlich* die Bewegung der Preise durch das Wertgesetz zu regeln, treten die ersteren – die eigentlichen Tauschsubjekte – überhaupt nicht als bestimmende *Subjekte* in Erscheinung. Das Soziale an den Märkten bezieht sich bei Marx auf ein Verhältnis der *Dinge*, der Waren, nicht der tauschenden Subjekte. Für die *Waren* gilt: „Der Wert ist *ihr* gesellschaftliches Verhältnis, *ihre* ökonomische Qualität."[21] Sie unterhalten also *aus sich* ein gesellschaftliches Verhältnis, das durch ihre *Herkunft* bestimmt wird (die in ihnen verkörperte Arbeitszeit). Die Tauschsubjekte sind für Marx *von diesen vorgängigen* Verhältnissen *bestimmt*. Marx untersucht all dies als cartesianischer Beobachter. Der Gedanke, dass seine eigene Denkform eine *soziale Form* darstellt, deren Teilnahme an der Gesellschaft durch die Übernahme der cartesianischen Beobachterposition eskamotiert ist, taucht bei Marx so wenig auf wie bei seinen bürgerlichen Kritikern. Diese vergessene Position, die den kategorialen Typus seiner ganzen Theorie von vornherein festlegt und beschränkt, kann als stillschweigendes *tertium comparationis* bürgerlicher und marxistischer Theorien betrachtet werden, die das 19. Jahrhundert hervorbrachte und deren Erben die zeitgenössischen Ökonomen sind.

Es ist hier äußerst hilfreich, die Entwicklung des Gedankens bei Marx selbst zu untersuchen. Denn gerade in seinen frühen Entwürfen hat Marx Fragen gestellt, die später, im „Kapital", verschwunden, nicht aber beantwortet sind. Man kann beobachten, wie Marx schrittweise die tauschenden Subjekte eliminiert – doch nur um den Preis, dass er den getauschten Waren selbst eine eigentümliche Subjektivität zuschreibt, um dann aus diesem „Warencharakter" wiederum die bürgerlichen Denkformen abzuleiten als „Ne-

---

[19] K. Marx (1953), S. 55; Klammerbemerkungen von Marx.
[20] K. Marx (1953), S. 56.
[21] K. Marx (1953), S. 59; meine Hervorhebung.

belbildungen im Gehirn der Menschen"[22]. Denn – und hier bewährt sich das metaphysische Vorurteil als vorausgesetztes „wissenschaftliches" Prinzip – aus den „jedesmaligen wirklichen Lebensverhältnissen ihre verhimmelten Formen zu entwickeln", dies „ist die einzig materialistische und daher (!) wissenschaftliche Methode."[23] Das „daher" in diesem Satz ist der prägnanteste Ausdruck für das metaphysische Vorurteil bei Marx und die Quelle aller Denkfehler bei den Marxisten. Eine Wissenschaft, die sich *vorab* auf die metaphysische Dualität von Materialismus und Idealismus verpflichtet, muss Fehler machen. Denn eben diese Dualität selbst bleibt als implizite Metaphysik der blinde Fleck, wenn man *in ihr* Partei ergreift und diesen Standpunkt als Ausweis von „Wissenschaftlichkeit" versteht. Der Begriff des „Standpunkts" impliziert einen logischen Ort, von dem aus man auf die menschliche Gesellschaft blickt und sich dabei von ihr durchaus getrennt weiß. Deshalb ist dies, einen – den materialistischen – *Standpunkt* zu haben, der Grund für das Scheitern der Wissenschaft vom Sozialen.[24] Das wird nun im Detail zu zeigen sein.

4.4.3 *Wert als Reflexion der Tauschsubjekte*

Marx setzt mit seinen Überlegungen im „Rohentwurf" von 1857-58 wie folgt ein: Ein Produkt wird auf dem Markt zur Ware, die Ware wird zum Tauschwert. Im Tauschwert der Ware vermutet Marx bereits „ihre immanente Geldeigenschaft"[25]. Diese *Eigenschaft* trennt sich von der Ware und wird zu einer „gesonderten sozialen Existenz". Doch wie kommt Marx dazu, der Ware bereits eine *immanente* Geldeigenschaft zuzuschreiben? Eine Ware als vereinzeltes Ding kann seine allgemeine Eigenschaft nur in Beziehung zu anderen Waren erscheinen lassen. Als Ware sei jedes Ding nur ein Gebrauchswert, ein sinnliches Ding. Bevor Marx diese Frage durch seine Wertformanalyse zu beantworten versucht, experimentiert er im „Rohentwurf" allerdings mit einem Gedanken, den er später offenbar verworfen hat, auch wenn sich eine Spur davon im „Kapital" finden lässt. Ich komme gleich darauf zurück.

Marx geht im „Rohentwurf" in seiner Analyse zunächst vom „rohen Tauschhandel" aus, „wenn zwei Waren gegeneinander ausgetauscht werden". Doch anstatt diese Tauschform in ihrer Struktur zu untersuchen, überfällt er die Anschauung sogleich mit einer *Interpretation*. Marx sagt: In diesem einfachen Austausch „wird jede (der beiden Waren, KHB) erst gleichgesetzt einem Zeichen, das ihren Tauschwert ausdrückt"[26]. Der Haken an dieser Überlegung: Das ist am einfachen Tauschakt nicht zu beobachten. Wenn zwei Subjekte tauschen, dann vollziehen sie – wenn man den Tausch teilnehmend untersucht – keinen solchen semiotischen Akt, denn ein *Drittes*, ein Zeichen ist beim isolierten Tausch zweier Waren überhaupt nicht gegeben. Das gilt für die Tauschenden selbst wie für einen externen Beobachter. Das von Marx herangezogene Beispiel ist eine reine Projektion, wenn er behauptet, „bei gewissen Negern an den westafrikanischen Küsten" würden Waren in „bar" getauscht. Es lässt sich nicht erkennen, auf welchen

---

[22] K. Marx, F. Engels, MEW 3, S. 26.
[23] K. Marx, MEW 23, S. 393, Note 89 (Fortsetzung).
[24] Vgl. „mein Standpunkt", K. Marx, MEW 23, S. 16. Wenn Marx in der 10. These über Feuerbach sagt: „Der Standpunkt des alten Materialismus ist die bürgerliche Gesellschaft, der Standpunkt des neuen die menschliche Gesellschaft oder die gesellschaftliche Menschheit", K. Marx, MEW 3, S. 7, so ist in diesem nebulösen Satz (Standpunkt = Gegenstand, Ausgangspunkt, Ziel, Utopie – oder was?) die banalisierte Denkform des leninistischen Kampfes der Ideologien bereits vorgezeichnet.
[25] K. Marx (1953), S. 65.
[26] K. Marx (1953), S. 61.

ethnologischen Befund sich hier Marx bezieht. Doch *wenn* Waren in einem Dritten, in „bar" berechnet werden, dann ist das kein Tauschhandel, sondern eine rudimentäre *Geldwirtschaft*. Marx knüpft daran folgende Überlegung:

> „Die Waren werden im Kopf erst und in der Sprache in bars verwandelt, bevor sie sich gegeneinander austauschen. Sie werden geschätzt, bevor sie ausgetauscht werden, und um sie zu schätzen, müssen sie in bestimmte Zahlenverhältnisse zueinander gebracht werden. Um sie in solche Zahlenverhältnisse zu bringen und sie kommensurabel zu machen, müssen sie dieselbe Denomination (Einheit) erhalten."[27]

Marx fügt noch hinzu: „Die bar besitzt eine bloß imaginäre Existenz"[28]. Es ist nicht schwer zu sehen, womit Marx hier kämpft: Er stellt sich einen einfachen Warenaustausch vor und möchte *darin* bereits eine *Gleichsetzung* entdecken. Diese Gleichsetzung liegt aber überhaupt nicht vor (wie sich bei der Analyse der Tauschstruktur ergeben hat). Marx benötigt diese Gleichsetzung aber, um ein *Drittes* im Tausch als *tertium comparationis*, als eine abstrakte Eigenschaft *in den Waren* entdecken und daraus die *abstrakte Ware* (= Geld) „ableiten" zu können.

In dieser Phase seiner Untersuchung sucht er das vergleichende Dritte im Austausch in der *Vorstellung der Tauschenden*.

> „Dies Dritte, von beiden verschieden, da es ein Verhältnis ausdrückt, existiert zunächst im Kopfe, in der Vorstellung, wie Verhältnisse überhaupt nur *gedacht* werden können, wenn sie fixiert werden sollen, im Unterschied von den Subjekten, die sich verhalten."[29]

Doch Marx bemerkt, dass er durch diesen Gedanken in Konflikt mit seinem materialistischen Vorurteil gerät. Das „Dritte" soll doch *real in den Waren* existieren, sofern sie Produkte von Arbeit sind, nämlich als Wertsubstanz der „verkörperten Arbeitszeit". Diesen Gedanken hat Marx von Ricardo als unhinterfragtes Dogma übernommen. Zunächst denkt Marx, dass die *doppelte* Eigenschaft der Ware als konkreter Gebrauchswert und als Arbeitsprodukt sich nur *im Kopf* verdoppeln kann, weil an dem Ding „Ware" nichts Doppeltes zu beobachten ist. Er sagt:

> „Dadurch, dass das Produkt Ware, die Ware Tauschwert wird, erhält es erst im Kopfe eine doppelte Existenz. Diese ideelle Verdopplung geht (und muss dazu fortgehen), dass die Ware im wirklichen Austausch doppelt erscheint: als natürli-

---

[27] K. Marx (1953), S. 61.
[28] K. Marx (1953), S. 61.
[29] K. Marx (1953), S. 61. Dieser Satz enthält eine Metaphysik, wonach Relationen nur im Bewusstsein des Beobachters existieren, nicht in den (getauschten) Dingen. Im Idealismus liegt die durch die Relation hergestellte Einheit im Subjekt, im *Ich denke*; vgl. I. Kant, WW 3, S. 136. „Ich ist der Inhalt der Beziehung und das Beziehen selbst", G. W. F. Hegel, WW 3, S. 137f. Doch im Tausch erscheint das Ich *doppelt*. Er vermittelt Ich mit Du *und* darin zwei getauschte Dinge. Es wäre also die Identität der Dinge (als Produkte) und die Relation der Subjekte zu klären. Marx schlägt sich hier noch auf die Seite des Bewusstseins („Vorstellung"), ohne zu klären, *wem* die „Vorstellung" angehört. Später kehrt er die Verhältnisse um, gelangt aber nicht zu einer Klärung der Relation *als* Relation, die den Relaten *vorausgeht*.

ches Produkt auf der einen Seite, als Tauschwert auf der andren. D.h. ihr Tauschwert erhält eine materiell von ihr getrennte Existenz."³⁰

Wie man unschwer erkennt, ist diese Reflexion unhaltbar. Weshalb soll sich im Kopf der *Tauschenden* die Tatsache verdoppeln, dass ein Ding ein Produkt *und* Tauschwert ist? Wenn zwei Personen isoliert tauschen, ist der *Produktcharakter* der getauschten Güter völlig ohne Bedeutung. Er tritt weder real noch im Kopf in Erscheinung.

Eine ähnliche Reflexion konnten wir bei Adam Smith finden, der den Austausch von erlegtem Biber und Hirsch als Beispiel wählte. Doch derartige Reflexionsformen sind das, was Marx mit anderer Blickrichtung „fade Kinderei"³¹ nannte – mit der Differenz, dass Marx hier selbst, bei der ersten Formulierung seiner Geldtheorie im „Rohentwurf", noch dieser Denkfigur unterliegt: Man projiziert auf ein erfundenes Beispiel als externer Beobachter eine Reflexion, die für die Teilnehmer daran völlig fremd ist. Das, was an Abstraktion, als „Regel", als allgemeine Eigenschaft von Smith entdeckt wurde und woraus er das Wertgesetz deduzierte, ist nur sein mitgebrachtes Vorurteil, das sich selbstredend aus der Erfahrung im Umgang mit Geld verdankt. Ist es bei Smith der Wunsch, *eine* Regel für den Austausch abzuleiten, so sucht Marx ein *Gesetz* des Austauschs. Eben diese Vorannahme verhindert den freien phänomenlogischen Blick auf die Tauschstruktur selbst, verhindert, sich selbst teilnehmend in dieser Tauschstruktur als Subjekt zu denken und dabei zu entdecken, dass der Tausch subjektiven Gründen subsumiert bleibt.

Marx hat diese frühen Überlegungen aufgegeben und in der Tauschstruktur *selbst* ein objektives Gesetz gesucht, aus dem sich das Geld ableiten lassen sollte. Dabei hat er allerdings das *richtige* Moment seiner Betrachtung zugleich eliminiert. Denn tatsächlich vollzieht sich ein Tausch *nie* ohne subjektive Reflexion. Nur bestreitet Marx in seinen späteren Texten, dass dieser Reflexion eine *bestimmende* Macht zukommen könnte. Da die Subjektivität mit der individuellen Zufälligkeit des Meinens gleichgesetzt wird, kann daraus natürlich auch kein *allgemeines Gesetz* abgeleitet werden. Der Gedanke, dass sich bei der Tauschstruktur gerade das Umgekehrte zeigt, die *Unmöglichkeit* eines allgemeinen Gesetzes, das sich durch die Subjekte hindurch als „Naturgesetz" geltend macht, darauf ist weder Marx noch Menger gestoßen. Wenn nämlich die Reflexion selbst eine bestimmende Größe des Tauschakts ist, dann verlieren die Tauschsubjekte *nur dann* die Macht über diesen sozialen Prozess, wenn ihre Denkform durch Gewohnheiten bestimmt wird. Es ist allerdings auch eine Denkgewohnheit, der Illusion zu folgen, die Tauschverhältnisse hätten *von sich her* eine Macht über die Subjekte. Doch gerade *davon* war Marx ebenso überzeugt wie seine bürgerlichen Kritiker.

4.4.4 Gebrauchswert und Wertform: Die durchgestrichenen Subjekte

Mit der Ausarbeitung „Zur Kritik der Politischen Ökonomie" (1858) erreicht Marx dann auch *ökonomisch* jene Position, die mit seiner materialistischen Metaphysik vollständig harmoniert, wonach Denkformen stets nur Ausdruck sozialer Verhältnisse sind, ohne *eigenständige* Macht. *Kategorial* ist das Denken nunmehr völlig als bestimmender ökonomischer Grund aus der Erklärung von Tausch und Geld verschwunden. Marx setzt der genannten Schrift ausdrücklich eine *persönliche Glaubensüberzeugung*, eine kurze Geschichte seiner Denkentwicklung voran – offenbar in dem vollen Bewusstsein, dass

---

³⁰ K. Marx (1953), S. 63. Der Satz ist grammatikalisch verunglückt, aber dennoch in seiner Intention verständlich.
³¹ K. Marx, MEW 23, S. 742.

diese nun abgeschlossen entwickelte Methode ihrem Gegenstand als metaphysische Gewissheit vorausgeht, die Marx in dem berühmten Satz zusammenfasst:

„Es ist nicht das Bewusstsein der Menschen, das ihr Sein, sondern umgekehrt ihr gesellschaftliches Sein, das ihr Bewusstsein bestimmt."[32]

Gleich auf der ersten Seite zur Wert- und Geldtheorie in der Schrift von 1858 ergibt sich aus diesem methodischen Prinzip eine absurde Konsequenz. Marx greift die Sprechweise der englischen Ökonomen auf, wonach eine Ware irgendein nützliches Ding sei, das er mit der Tradition „Gebrauchswert" nennt.[33] Doch er trifft in seinem materialistischen Bestreben, den *Dingen* alle Eigenschaften zuzuschreiben, nicht mehr der Beziehung zwischen ihnen oder zu den Menschen, eine gleich doppelt kuriose Feststellung über den Gebrauchswert:

„Die Summe seiner möglichen Nutzanwendungen jedoch ist zusammengefasst in seinem Dasein als Ding mit bestimmten Eigenschaften."[34]

Das besagt: Der Gebrauchswert *ist* nicht die Summe der Nutzanwendungen, er *besitzt* sie. Zudem ist das Dasein eines Dings *identisch* mit seinen *nützlichen* Eigenschaften. Die nützlichen Eigenschaften kommen dem Gebrauchswert natürlich, *als Ding* zu – das ist wenigstens philosophisch naiv und im strengen Wortsinn gänzlich unverständlich. Es öffnet zugleich die Tür für alle jene Kritiker aus den Reihen der „bürgerlichen Ökonomie", die *zu Recht* darauf beharren, dass ein Gebrauchswert immer eine *Relation* zu einem Subjekt voraussetzt; auch der Gebrauchs-Wert ist eine *Bedeutung*, keine „Natur". Das objektive Dasein eines Dings – seine Farbe, Gewicht, Härte etc. – kommen ihm natürlich zu und erscheinen vermittelt durch den praktischen Umgang mit ihm. *Nützlich* zu sein, ist keine dieser Eigenschaften. Zwar bewahrt auch ein Kühlschrank am Nordpol die Eigenschaft, etwas kühlen zu können. Doch diese Eigenschaft hat keinen Nutzen. Marx sagt später rechtfertigend, wenn auch weiterhin ahnungslos:

„Wenn man die ‚Ware' – das einfachste ökonomische Konkretum – zu analysieren hat, hat man alle Beziehungen fernzuhalten, die mit dem vorliegenden Objekt der Analyse nichts zu schaffen haben. Was aber von der Ware, soweit sie Gebrauchswert, zu sagen ist, habe ich daher in wenigen Zeilen gesagt".[35]

Diese Selbstbeschreibung ist beredt: Wenn man aus dem Begriff des Gebrauchswerts die *Beziehung* auf die Subjekte fernhält – wie Marx die Tauschsubjekte aus dem Wertbegriff fernhält –, dann redet man unverständlich oder artikuliert nur ein materialistisches Vorurteil. Was hier nach Marx mit dem Objekt der Analyse „nichts zu schaffen habe", ist vielmehr sein ganzer Begriffsinhalt.

---

[32] K. Marx, MEW 13, S. 9.

[33] Marx wusste in seinen früheren Schriften noch, dass damit eine *Bedeutung* verknüpft ist, wenn er gegen Proudhon sagt: „Was Herr Proudhon Gebrauchswert nennt, nennen andere Ökonomen mit ebensoviel Recht Meinungswert." K. Marx, MEW 4, S. 74. Diesem wichtigen Hinweis ist aber Marx nicht weiter gefolgt. Erst Schäffle bringt den Wert wieder mit der Kategorie der *Bedeutung* in Verbindung.

[34] K. Marx, MEW 13, S. 15.

[35] K. Marx, MEW 19, S. 369. Marx zitiert sich hier selbst: K. Marx, MEW 23, S. 55.

4.4.4 Gebrauchswert und Wertform: Die durchgestrichenen Subjekte

Die mangelhafte Bestimmung des Gebrauchswerts fällt zusammen mit dem Mangel im Begriff der „konkreten" oder „nützlichen" Arbeit. Marx sagt:

> „Der Rock ist ein Gebrauchswert, der ein besonderes Bedürfnis befriedigt. Um ihn hervorzubringen, bedarf es einer bestimmten Art produktiver Tätigkeit. Sie ist bestimmt durch ihren Zweck, Operationsweise, Gegenstand, Mittel und Resultat. Die Arbeit, deren Nützlichkeit sich so im Gebrauchswert ihres Produkts oder darin darstellt, dass ihr Produkt ein Gebrauchswert ist, nennen wir kurzweg nützliche Arbeit. Unter diesem Gesichtspunkt wird sie stets betrachtet mit Bezug auf ihren Nutzeffekt."[36]

Die Zuschreibung „Gebrauchswert" als Eigenschaft eines Produkts (= Rock) benötigt offenbar ein Drittes, „ein besonderes Bedürfnis". Also ist „Gebrauchswert" hier auch für Marx eine *zweistellige* Relation: Gebrauchswert = Produkt ↔ Bedürfnis. Diese, von der Nutzentheorie schon vor Marx systematisch aufgegriffene Bestimmung, kaschiert der Fortgang der Darstellung aber sofort wieder, nachgerade dann, wenn Marx dem Produkt den Gebrauchswert als *Eigenschaft* zuschreibt, in der bereits zitierten Formel: Gebrauchswert = „Summe seiner möglichen Nutzanwendungen", „zusammengefasst in seinem *Dasein als Ding* mit bestimmten Eigenschaften."[37] Marx bemerkt offenbar nicht, dass man *logisch* das Bedürfnis nicht aus der Relation zum Produkt entfernen kann, ohne dem Ding seinen *Gebrauchswert* zu nehmen. Die Kategorie „Möglichkeit" (das vorangestellte „möglich") rettet den Gedanken nicht, weil auch dies, nur *möglicherweise* ein Bedürfnis zu befriedigen, eine Relation zum bedürfenden Subjekt impliziert. Zudem ist die neutrale Formel vom „Bedürfnis" ungenügend, weil es immer ein Bedürfnis von *jemand* (oder einer Gruppe von Menschen) ist. „Hat" das Ding Tabak einen Gebrauchswert auch für Nichtraucher?

Man kann also nicht vom Subjekt abstrahieren, ohne vom *Gebrauchswert* zu abstrahieren. Doch Marx braucht diese Abstraktion, um einen *objektivierten* Begriff von Arbeit als nützlicher Arbeit zu konstruieren. Dadurch verlagert er aber die Nützlichkeit eines Dings vom Konsum oder seiner produktiven Verwendung *in den Akt* der Herstellung: Der Nutzen wird kausal zurückgeführt auf die Arbeit.

Marx benötigt deshalb den Unbegriff des „Nutzeffekts", den er im „Kapital" einführt. Ein Effekt, also eine Wirkung, ist etwas anderes als das Realisieren eines Zwecks. Marx *teilt* die Vorstellung, die später die Nutzentheoretiker explizit entwickeln, dass der Nutzen eine *Wirkung* sein soll, die durch ein bestimmtes Produkt kausal erzeugt wird. Nur unter dieser Voraussetzung ist der Nutzen ein Effekt, hat ein Ding einen „Nutzeffekt". In diesem Begriff wird also die *causa finalis* mit einer *causa efficiens* gleichgesetzt. Nur dann lässt sich auch *rückwirkend* eine Kausalität des Nutzens behaupten, wonach ein bestimmtes Arbeitsmittel *indirekt* ein Bedürfnis befriedigen soll.[38] Es gibt aber keine Kausalität zwischen einem Produktions- oder Arbeitsmittel und dem Nutzen des realisierten Produkts, weil zwischen Mittel und Zweck weder eine logische noch

---

[36] K. Marx, MEW 23, S. 56; vgl. auch MEW 13, S. 23, 28, 31 u.ö.

[37] K. Marx, MEW 13, S. 15. Meine Hervorhebung. Im Kapital wird der Fehler dieser falschen Metaphysik sogar als *ontologisch-logischer Fehlschluss* bekräftigt: „Jedes solches Ding ist (!) ein Ganzes vieler Eigenschaften und kann daher (!) nach verschiedenen Seiten nützlich sein." K. Marx, MEW 23, S. 49.

[38] Ich habe den Denkfehler von Say, Marx und Menger, dass Maschinen, Rohstoffe usw. kategorial als *indirekte* Bedürfnisbefriedigung, als Umweg zur Bedürfnisbefriedigung, K. Marx, MEW 23, S. 49, bestimmbar seien, schon kritisiert; vgl. 3.1.1.

eine kausale Relation hergestellt wird, sondern eine Beziehung vorliegt, die aus der Entscheidung über die *Wahl der Mittel* hervorgeht. Und Entscheidungen werden immer von *jemand* getroffen, wobei es keineswegs gleichgültig ist, wer und in welchem Verfahren. Betroffene durch das Management großer Konzerne kennen das so gut wie die „Objekte" der Direktiven einer Zentralplanung.

Indem Marx die Subjekte aus dem Begriff des Gebrauchswerts entfernt und in die „konkrete Arbeit" verlegt, begründet er alle Irrtümer in einer Zentralplanung. Engels sagt im „Anti-Dühring" in einem berühmten Satz:

> „Die Nutzeffekte der verschiednen Gebrauchsgegenstände, abgewogen untereinander und gegenüber den zu ihrer Herstellung nötigen Arbeitsmengen, werden den Plan schließlich bestimmen. Die Leute machen alles sehr einfach ab ohne Dazwischenkunft des vielberühmten ‚Werts'."[39]

Hier erkennt man, welch verhängnisvolle Rolle der Unbegriff des „Nutzeffekts" als Handlungsgrundlage spielt. Was für einen Nutzen ein Produkt als ein Gebrauchsgegenstand hat, das entscheiden *Subjekte*. Man kann wohl Produkte, aber nicht Güter oder einen Nutzen *objektiv* planen. Deshalb ist ein Abwägen von „Nutzen" gegeneinander ein *intersubjektiver*, ein *kommunikativer* Prozess zwischen verschiedenen Subjekten, die sich auf eine Handlung einigen – oder aber ein totalitärer Akt, in dem eine Zentrale vorgibt, *objektive* Nutzeffekte zu kennen, was darauf hinausläuft, den Nutzen von Produkten und den Arbeitseinsatz als Norm *vorzuschreiben*. Ferner ist das „Abwägen" ein Euphemismus, weil sich darin die bloße Kleinigkeit verbirgt, zu klären, wer wann wo und wie viel von welcher Arbeit mit welchen Mittel wie intensiv, wie lang und in welchem zeitlichen Rhythmus zu verrichten hat, welche Produkte erzeugt und welche Bedürfnisse befriedigt, welche nicht befriedigt werden und wie diese Produkte verteilt werden nach welchen Kriterien und mit welchen Rohstoffen – und all dies für die Arbeit auf dem ganzen Planeten. Der *Einigungsprozess* auf diese Abwägungen wird in Geldökonomien durch die Abstraktion des Geldes *gleich-gültig* vollzogen und ist darin „objektiv". Doch an den Produkten, den „Gebrauchsgegenständen" ist eben nur dies objektiv, Bezugspunkt in der Relation Produkt ↔ Bedürfnis zu sein.

Man sieht also bereits hier, dass in der Abstraktion vom Subjekt die totalitäre Abstraktion des Geldes *in* den Begriff des Produkts und der Arbeit aufgenommen wird. Dies geschieht mittels der Substitution des subjektiven Nutzens durch den scheinbar objektiven „Nutzeffekt", durch die Verortung der Nützlichkeit *in den Dingen* und die hervorbringende Arbeit. Daran knüpft sich der Fehlschluss von einer objektivierten Nützlichkeit auf eine nützliche Ursache – eine einfache Verwechslung der *causa finalis* mit einer *causa efficiens*. All dies liegt bereits in der *Begriffsmatrix*, in der Bestimmung „des Gebrauchswerts" durch einen objektiven „Nutzeffekt", durch die Ansiedlung des Nutzens *in den Dingen*, und dies strahlt auf den Begriff der Arbeit aus. Denn indem die Arbeit angeblich einen objektiven Prozess in der Produktion von „Nutzeffekten" vollzieht, ist die im Geld vollzogene totalitäre Gleich-Gültigkeit zwischen verschiedenen subjektiven Bedürfnissen und der sie hervorbringenden Arbeit (im Preis und im Lohn) auf den realen Arbeitsprozess projiziert.

Das materialistische Vorurteil birgt also bereits den Keim dessen, was dann Planwirtschaften nach kapitalistischem Vorbild *real* vollzogen haben: Die Rücksichtslosigkeit gegen die subjektiven Bedürfnisse und die Zumutungen von Arbeiten aus einer abstrakten, totalitären Zentrale durch einen Zentralplan. Die *Einheit* dieses Plans, der

---

[39] F. Engels, MEW 20, S. 288.

4.4.4 Gebrauchswert und Wertform: Die durchgestrichenen Subjekte

„Nutzeffekte" und „Arbeitszeiten" aufeinander bezieht, reproduziert nur die im Geld vollzogene totalitäre Einheit der Gesellschaft. Im materialistisch-objektivierenden *Begriff* des Gebrauchswerts, dessen Nutzeffekt sein „Dasein im Ding mit bestimmten Eigenschaften" habe und worauf eine „nützliche" Arbeit bezogen wird, die kausal „Nutzeffekte" hervorbringe, ist damit der Grund gelegt, die totalitäre Form der Geldherrschaft als „Planung" – wenn auch nie ganz ohne Dazwischenkunft des vielberühmten Werts – historisch zu reproduzieren. Der Stalinismus ist nicht die *Abweichung* vom Programm, das Engels formuliert hat, sondern seine genaue Realisierung. Ob dann bei der Planung noch „Hebel", ein „sozialistisches Wertgesetz", also *bürgerliche* Anreizinstrumente bemüht werden, spielt für den kategorial verankerten Totalitarismus keine Rolle, sondern ist einfach dessen logische Konsequenz.

Nicht nur in der Analyse des Gebrauchswerts, auch beim Tausch entfernt Marx die Subjekte aus den von ihm verwendeten Begriffen. Dieser vorgebliche Materialismus bei der Analyse des Gebrauchswerts setzt sich fort bis in die Analyse der „Wertform", der ich mich nun zuwenden möchte. Marx entwickelt den Tauschwert aus dem Austausch zweier Waren. Im Modell der Tauschstruktur fällt hier sogleich auf, dass Marx – ohne darüber ein Wort zu verlieren – die Tauschsubjekte eliminiert, denen er im „Rohentwurf" noch die zentrale Aufgabe zugewiesen hat, als *Rechnende* die Abstraktion der Recheneinheit neben den Gebrauchswerten zu vollziehen. In „Zur Kritik" und im „Kapital" fehlen sie in der Analyse der Wertform *fast* gänzlich. Ich sage „fast", denn sie tauchen später doch wieder auf. Doch hören wir Karl Marx selbst:

> „Tauschwert erscheint zunächst als quantitatives Verhältnis, worin Gebrauchswerte gegeneinander austauschbar. In solchem Verhältnis bilden sie dieselbe Tauschgröße. So mögen 1 Band Properz und 8 Unzen Schnupftabak derselbe Tauschwert sein, trotz der disparaten Gebrauchswerte von Tabak und Elegie. Als Tauschwert ist ein Gebrauchswert grade so viel wert wie der andere, wenn nur in richtiger Portion vorhanden."[40]

Marx's Sprache ist hier widersprüchlich, als ahnte er einen Mangel in seinem Gedanken. Er spricht beim *Akt* des Tauschens zugleich nur von einer *Möglichkeit* des Austauschs: Die Gebrauchswerte sind im Tauschwert austausch*bar*. Die Möglichkeit wird aber offenbar sogleich zur Wirklichkeit, wenn er dann sagt, dass die Gebrauchswerte im *Tauschverhältnis* „dieselbe Tauschgröße" bilden. Das Tauschverhältnis seines nachfolgenden Beispiels sagt: Es werden *aktuell* 1 Band Properz *gegen* 8 Unzen Schnupftabak ausgetauscht. Dieser Übergang ist willkürlich, denn die Differenz zwischen Möglichkeit und Wirklichkeit wird genau dann relevant, wenn der Tauschakt *scheitert*. Doch eben dies klammert Marx aus, weil im Fall des Scheiterns offenbar den *Subjekten* eine *bestimmende* Rolle zukommt. Auch dazu später noch mehr.

---

[40] K. Marx, MEW 13, S. 16. Dieses Beispiel für einen *isolierten* Tausch ist auch in seinen Gebrauchswerten beredt. Denn sowohl gedruckte Bücher (ein *Band* Properz) wie das Maß *Unze* sind bereits das Resultat der Geldverwendung. Mögen bei Smith Hirsch und Biber noch natürliche Einheiten sein, *Maßeinheiten* für Güter (wie Unzen) sind bereits das Resultat entwickelter Geldwirtschaften. „Während dem Zählen für die materielle Seite des Wirtschaftslebens der primitiven Völker verhältnismäßig nur wenig Bedeutung beizumessen ist, musste das Verkehrsleben der Menschen untereinander schon frühzeitig auf eine allmähliche Entwicklung der Zählkunst hinführen." M. Schmidt (1920: 1), S. 116. „Als einer der ersten Normierungsversuche kann wahrscheinlich die Praxis der Sumerer gelten, die ab etwa 2400 v. Chr. Basaltstatuetten von schlafenden Enten mit korrekten Gewichtsangaben versahen." O. A. W. Dilke (1991), S. 96.

Im vollzogenen Tausch liegt nun nichts von einer gemeinsamen Größe („... dieselbe Tauschgröße"). Eine gemeinsame Größe ist am Tauschverhältnis

1 Band Properz
8 Unzen Schnupftabak

nicht erkennbar. Die beiden Quantitäten sind nicht gleichgesetzt; sie werden *ausgetauscht*, nämlich von Subjekten. Was Marx hier als „gemeinsames Drittes" zu erkennen vermeint, ist er selbst. Er, als cartesianischer Beobachter, projiziert auf die ausgetauschten Dinge etwas Drittes, entdeckt eine „Gleichsetzung" darin. Die Tauschenden selbst aber vollziehen *hier* weder eine Gleichsetzung, noch wissen sie davon – wovon man sich leicht überzeugen kann, wenn man selbst als Tauschender an einem Austausch teilnimmt. Ohne *Geld* wird im Austausch zwar gefeilscht um Mengenverhältnisse, darin wird aber nichts *gleichgesetzt*. Eine „Tauschgröße" als gemeinsames Drittes ist eine reine Erfindung.[41] Es gibt hier keine „richtige" oder „falsche" Proportion, sondern nur die, die sich aus dem Feilschen der Tauschpartner zufällig ergibt.

Im „Kapital" verbessert Marx mit dem sprachlichen Ausdruck auch seinen Gedanken, ohne diesen Grundfehler aufzuheben. Hier sagt Marx:

> „Der Tauschwert erscheint zunächst als das quantitative Verhältnis, die Proportion, worin sich Gebrauchswerte einer Art gegen Gebrauchswerte anderer Art austauschen, ein Verhältnis, das beständig mit Zeit und Ort wechselt. Der Tauschwert scheint daher etwas Zufälliges und rein Relatives, ein der Ware innerlicher, immanenter Tauschwert (valeur intrinsèque) also eine contradictio in adjecto."[42]

Trotz des gedanklichen Fortschritts, der Einschränkung, die auf die *Zufälligkeit* des Tauschaktes verweist, bleibt der ursprüngliche Fehler erhalten, wenn Marx sagt: „... die Proportion, worin *sich* Gebrauchswerte ... austauschen". Marx weiß natürlich, dass „sich" Waren nicht austauschen. Aber er leitet mit dieser Formulierung eine objektivierende Analyse ein, ohne die sein Materialismus undurchführbar wäre.

4.4.5 Die Wiederkehr der Subjekte

Tatsächlich findet sich im „Kapital" ein logischer Bruch. Denn das zweite Kapitel über den Austauschprozess beginnt mit dem Satz: „Die Waren können nicht selbst zu Markte gehen und *sich nicht selbst austauschen*."[43] Was ist nun also richtig? Tauschen *sich* die Waren aus, oder *werden sie von Subjekten* getauscht? Marx leugnet nicht, dass Subjekte beteiligt sind.[44] Er bestreitet aber, dass sie zur *kategorialen Bestimmung* des Tauschs,

---

[41] Die Gleichung 20 Ellen Leinwand = 1 Rock übersetzt Marx auch so: „Die Warenart Rock ist gleicher Natur, gleicher Substanz mit der von ihr verschiedenen Warenart Leinwand. Man übersieht das meist (...). Man vergisst, dass die Größen verschiedner Dinge erst quantitativ vergleichbar sind nach ihrer Reduktion auf dieselbe Einheit. Nur als Ausdrücke derselben Einheit sind sie gleichnamige, daher kommensurable Größen." K. Marx (1867), S. 766.

[42] K. Marx, MEW 23, S. 50f.

[43] K. Marx, MEW 23, S. 99; meine Hervorhebung.

[44] In den Manuskripten von 1861-1863 heißt es an einer Stelle: „Als Werthe sind die Waaren gesellschaftliche Grössen, also etwas von ihren ‚properties' as ‚things' absolut verschiedenes. Sie stellen als values nur Verhältnisse der Menschen in ihrer productive activity dar. Value ‚implies' in der That ‚exchanges', aber exchanges sind exchanges of things between

4.4.5 Die Wiederkehr der Subjekte

des Wertes etwas beitragen. Im Gegenteil. Die Subjekte sind durch den Tausch determiniert, der wiederum als eine rein dingliche Kategorie gefasst wird. Das ganze Argument bei Marx geht so:

> „Die Waren können nicht selbst zu Markte gehn und sich nicht selbst austauschen. Wir müssen uns also nach ihren Hütern umsehn, den Warenbesitzern. Die Waren sind Dinge und daher widerstandslos gegen den Menschen. Wenn sie nicht willig, kann er Gewalt brauchen, in andren Worten, sie nehmen. Um diese Dinge als Waren aufeinander zu beziehn, müssen die Warenhüter sich zueinander als Personen verhalten, deren Willen in jenen Dingen haust, so dass der eine nur mit dem Willen des andren, also jeder nur vermittelst eines, beiden gemeinsamen Willensakts sich die fremde Ware aneignet, indem er die eigne veräußert. Sie müssen sich daher wechselseitig als Privateigentümer anerkennen. Dies Rechtsverhältnis, dessen Form der Vertrag ist, ob nun legal entwickelt oder nicht, ist ein Willensverhältnis, worin sich das ökonomische Verhältnis widerspiegelt. Der Inhalt dieses Rechts- oder Willensverhältnisses ist durch das ökonomische Verhältnis selbst gegeben. Die Personen existieren hier nur füreinander als Repräsentanten von Ware und daher als Warenbesitzer. Wir werden überhaupt im Fortgang der Entwicklung finden, dass die ökonomischen Charaktermasken der Personen nur die Personifikationen der ökonomischen Verhältnisse sind, als deren Träger sie sich gegenübertreten."[45]

Ich möchte die in dieser Überlegung von Marx implizierte Tauschstruktur explizieren. Sie nimmt hier die nachfolgende Gestalt (Abbildung 4.2) an.[46] Im ersten Satz gibt Marx zu erkennen, dass er die ganze Tauschstruktur vor Augen hat. Es sind die beiden Subjekte A und B (Marx nennt sie „Warenhüter"), die auf dem Markt einander gegenübertreten. Marx interpretiert sodann die Relationen R3 und R4 so, dass die Waren *machtlos* gegenüber der aneignenden Kraft der Warenhüter sind. Weshalb Marx hier ein *Gewaltverhältnis* den Dingen gegenüber ins Spiel bringt, ist auf den ersten Blick nicht zu erkennen – doch er teilt diese Auffassung mit fast allen Ökonomen des 19. Jahrhunderts.[47] Immerhin liegt darin die richtige

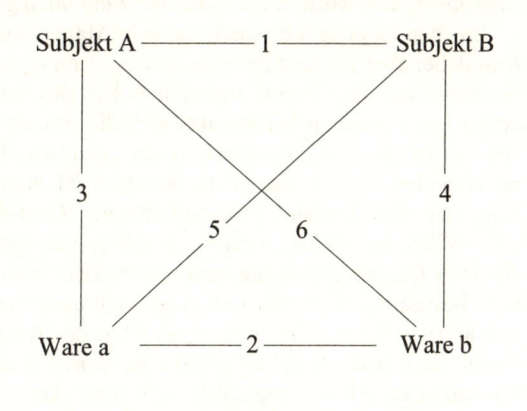

Abb. 4.2

---

men; exchanges, die die Dinge als solche absolut nichts angehn." K. Marx (1979), S. 1317. Der Austausch ist also auch „exchange of things between men" – für *Marktteilnehmer*, und gerade *diese*, damit die *darin* liegende spezifische Vergesellschaftung, ignoriert Marx.

[45] K. Marx, MEW 23, S. 99f.

[46] Vgl. auch die frühe Analyse in: K. Marx (1953), S. 155. Die Analyse des Geldes in der Tauschstruktur habe ich zuerst in einem Diskussionspapier (1983c) entwickelt; vgl. auch K.-H Brodbeck (1986), S. 29f. Alex Schomandl hat die Geldstruktur dann bei Marx rekonstruiert, vgl. A. Schomandl (1985), S. 301. Schomandls Text gibt darüber hinaus eine Fülle wichtiger, richtiger und kritischer Hinweise zur Marxschen Geldtheorie.

[47] Vgl. K.-H. Brodbeck (2000a), S. 125ff.

Bestimmung, dass das *aktive, soziale Verhältnis*, das hier betrachtet wird, von den beteiligten Personen ausgeht, *nicht* von den Dingen, den Waren. Und so sagt Marx völlig korrekt: „Um diese Dinge als Waren aufeinander zu beziehn, müssen die Warenhüter sich zueinander als Personen verhalten". Die Relation R2 *gründet* also auf dem Verhältnis, das in der Relation R1 ausgedrückt wird. Hier nun lässt sich bei Marx der Kern seines materialistischen Reduktionismus im Tausch so ausdrücken, dass er versucht, R1 auf R2 zurückzuführen. Doch dieser Reduktionismus bleibt nicht ohne Folgen.

Denn hier bricht die Klarheit des Gedankens ab, und Marx sagt etwas, das dem Wortsinn nach unverständlich bleibt. In der Relation R1 ist offenbar eine *personale* Beziehung vorausgesetzt. Denn wodurch sollte gewährleistet sein – wenn man im Horizont der Gewalt argumentiert – dass nicht A den B *als Ding*, z.B. als Sklaven oder einfach als dummen Touristen betrachtet, den man bestehlen kann? Das ist *nur* möglich, wenn die wechselseitige Anerkennung *als* Tauschpartner, die *Abwesenheit* von Gewalt gegeneinander schon *vorausgesetzt* ist. Zwar mögen die Subjekte A und B ein Bedürfnis je nach der Ware empfinden, die im Besitz des Tauschpartners ist – man kann die Relationen R5 und R6 als dieses symmetrische Bedürfnis beim Austausch betrachten.[48] Doch dieses Bedürfnis kann nicht *unmittelbar* befriedigt werden. Die je andere Ware unterliegt *nicht* der Gewalt des Tauschpartners, hier gilt nicht: „Wenn sie nicht willig, kann er Gewalt brauchen". Wenn er Gewalt gebraucht, hört der *Tausch* auf zu existieren. Also muss jeder der Tauschpartner, um überhaupt in den Tausch *eintreten* zu können, die *Differenz* zwischen den Relationen R3 und R6 bzw. R4 und R5 je schon anerkannt haben. Die Tauschstruktur erzeugt nicht diese Anerkennung. Dafür gibt es weder einen analytischen noch einen historischen oder empirischen Grund (es gibt aber zahlreiche Gegenbeispiele, worin diese Voraussetzung *nicht* gegeben ist).[49]

Im eben zitierten Textstück versucht Marx, seinen Gedanken näher zu begründen; er wird dabei aber schlicht unverständlich, wenn er sagt: „...deren Willen in jenen Dingen haust, so dass der eine nur mit dem Willen des andren, also jeder nur vermittelst eines, beiden gemeinsamen Willensakts sich die fremde Ware aneignet." Wie soll der Wille von A (was das ist, sagt Marx nicht) irgendwo „hausen"? Er wird *bekundet* in einem intersubjektiven Akt, der in der Relation R1 angedeutet ist als *kommunikative Beziehung* zwischen den beiden Warenbesitzern. Richtig ist die Aussage, dass eine *symmetrische* Willensbekundung notwendig ist: A muss sagen, dass er/sie die Ware b (in bestimmter Quantität) möchte, und symmetrisch dazu muss B sagen, dass er/sie die Ware a (in bestimmter Quantität) im Austausch erwerben möchte. Stimmen beide Willenserklärungen *symmetrisch überein*, so kann der Austausch vollzogen werden. Der Wille bezieht sich also als Inhalt auf die je *andere* Ware, richtet sich aber in der Form als kommunikative Erklärung *an ihren Besitzer*. Darin findet sich nichts Dingliches. Das ist eine reine Erfindung. Marx verwechselt einfach den *Inhalt* des Willens (der sich auf ein

---

[48] Ein solches Bedürfnis ist *möglich*, aber für den Tauschakt nicht konstitutiv, wie die Analyse der Tauschstruktur und die darin offenbarte *leere* Präferenz zeigten.

[49] Marx kommentiert dies später noch so: „Ich habe bei der Analyse der Warenzirkulation dargestellt, dass beim entwickelten Tauschhandel die Austauschenden sich stillschweigend als gleiche Personen und Eigentümer der resp. von ihnen auszutauschenden Güter anerkennen; sie tun das *schon während sie einander ihre Güter anbieten* und Handels miteinander einig werden." K. Marx, MEW 19, S. 377; meine Hervorhebung. Hier gibt Marx zu, dass die Anerkennung dem eigentlichen Handschlag, dem gelungenen Tausch schon vorausgeht, fügt dann aber ein unverständliches „... *und* Handels miteinander einig werden" hinzu. Was heißt hier „und"? Ist die Einigung ein kategoriales Moment der Anerkennung? Offenbar nicht, sonst könnten Tauschakte nicht auch scheitern. Also kann man nicht aus dem dinglichen Verhältnis der Produkte im *gelungenen* Tauschakt kategorial die Anerkennung „ableiten".

4.4.5 Die Wiederkehr der Subjekte

Ding bezieht) mit der *Bekundung* des Willens, die unverändert ein intersubjektives, kommunikatives Verhältnis bleibt.

Fährt Marx fort: „Sie müssen sich *daher* wechselseitig als Privateigentümer anerkennen", so ist das durch die hier vorliegende Struktur *als logischer Schluss* nicht nachvollziehbar. Die Anerkennung geht vielmehr jeder Willenserklärung schon *voraus*, denn nur darin liegt die Abwesenheit von Gewalt zwischen den Personen, die auch Marx dem Tauschakt zubilligt. Der Schluss ist also ein Fehlschluss. Zuerst verwechselt Marx die Willenserklärung mit dem intentionalen Inhalt des Willens (die je andere Ware), konstruiert daraus die Denkfigur, dass der Wille „in den Dingen haust", um *dann* auf ein juristisches Anerkennungsverhältnis zu schließen. Hier hat nur das materialistische Vorurteil gedacht; der Sachverhalt gibt das nicht her. Der nachfolgende Fehlschluss ist dann vorprogrammiert, wenn Marx hier „ein Willensverhältnis, worin sich das ökonomische Verhältnis widerspiegelt", entdecken will. Das „ökonomische Verhältnis" ist eben keines der Waren – die nicht allein zu Markte gehen können –, kein Verhältnis der Dinge, sondern eines der Menschen, die allerdings ihre Beziehung *in dem Verhältnis als Warenbesitzer* kategorial durchaus aus dieser besonderen Tauschstruktur bestimmen. Doch das vollzieht sich *durch das Bewusstsein der Tauschenden* und ihre Willensakte hindurch. Der Tausch führt zu anderen *Inhalten* des Bewusstseins; er denkt und spricht nicht *als Tausch* in einer „Warensprache". Das Bewusstsein bleibt für den Tauschakt auch *kategorial* bestimmend, was sich an den geäußerten Präferenzen für die je andere Ware und der sich daraus ergebenden Einzelheit und Zufälligkeit des Tauschs zeigt.

Richtig ist also, wenn Marx sagt: „Die Personen existieren hier nur füreinander als Repräsentanten von Ware und daher als Warenbesitzer." Das bedeutet, dass ein *anderes Interesse* aneinander als das, worauf sich der Wille (die je andere Ware) als Präferenz bezieht, hier nicht vorliegt. Doch ein auf diese Weise *verdinglichtes* Interesse ist immer noch ein Interesse, nicht etwas, das aus einer dinglichen Basis als „Nebel" der Ideologie aufsteigt. Die spezifisch ökonomische Struktur des Tauschs *verändert* die Beziehung der Menschen zueinander. Doch es *gibt* keine Beziehung von Dingen *ohne* die Subjekte. Tatsächlich bestimmen diese Verhältnisse eine spezifische Rolle, die Marx „Charaktermaske" nennt. All dies bleibt richtig. Und die Kritik an ihm wäre ein Herumreiten auf Worten, wenn Marx es bei dieser Erkenntnis belassen würde. Doch er nimmt seinen Gedanken in jeder Hinsicht *wörtlich*. Er analysiert tatsächlich die Tauschstruktur als *rein dingliches Verhältnis*, worin die *Waren* in die seltsame Position zueinander gebracht werden, die in der Tauschstruktur konstituierte *Bedeutung* als „Warensprache"[50] zu formulieren.

Im zitierten Abschnitt aus dem „Kapital" konkretisiert Marx einen Gedanken, den er im „Rohentwurf" so formulierte:

> „Gleichheit und Freiheit sind also nicht nur respektiert im Austausch, der auf Tauschwerten beruht, sondern der Austausch von Tauschwerten ist die produktive, reale Basis aller *Gleichheit* und *Freiheit*. Als reine Ideen sind sie bloß idealisierte Ausdrücke desselben; als entwickelt in juristischen, politischen, sozialen Beziehungen sind sie nur diese Basis in einer andren Potenz."[51]

---

[50] K. Marx, MEW 23, S. 66. „Nebenbei bemerkt, hat auch die Warensprache, außer dem Hebräischen, noch viele andre mehr oder minder korrekte Mundarten", K. Marx, MEW 23, S. 67.

[51] K Marx (1953), S. 156.

Marx bemerkt nicht, dass die *Dualität* von ideal/real nur von ihm von außen an den Sachverhalt des Austauschs *herangetragen* wird. Die Freiheit lässt sich überhaupt nicht mit einem determinierenden Inhalt denken, ohne aufzuhören, *Freiheit* zu sein. Beim zufälligen Tausch treten die Tauschpartner *freiwillig* einander gegenüber – oder auch wieder auseinander, wenn sie sich nicht einigen können. Die freie Entscheidung behält also die Oberhand über das *Ob* des Tauschs. Wie kann dann die Tauschstruktur die *Basis* für eine idealisierte „Freiheit" sein? Das bleibt auch noch beim Geldverkehr gewahrt, wie jeder Verkäufer bemerkt, der seine Waren nicht an den Mann oder an die Frau bringt. *Nichts* determiniert das Nein zum Kauf oder Tausch – und eben das ist mit dem Begriff der „Freiheit" in diesem Fall umschrieben. Dass die Kaufleute historisch die Protagonisten der Idee einer *politischen* Freiheit waren, bleibt von dieser Erkenntnis völlig unberührt. Die Forderung nach Deregulierung in der bürgerlichen Revolution, die Parole der Kaufleute in Frankreich, die sich gegen Colbert durch die Parole des *laissez faire, laissez passer* richteten, hatte einen konkreten *politischen* Inhalt.

Wie beim Willen, so verwechselt Marx auch hier den intentionalen Inhalt mit der Intention selbst. Der Inhalt ist immer durch das bestimmt, *worauf* sich ein Wille, worauf sich eine freie Entscheidung richtet. Der freie *Akt als Akt* ist unabhängig von seinem Inhalt – wie könnte sonst jemand zu etwas *Nein!* sagen? Wenn die Freiheit durch ihren intentionalen Inhalt *determiniert* wäre, als ökonomische „Basis in einer andren Potenz", dann wäre eine *Be-Freiung* vom Tausch unmöglich – oder, und zwischen diesen Alternativen schwankte der Marxismus als historische Bewegung unaufhörlich, die Be-Freiung wäre selbst ein deterministischer Prozess. So wie in der Physik der Raum mit der Topologie der Energie, die ihn erfüllt, verwechselt wird, so verwechselt Marx die Freiheit mit ihrer Privation. Der Grund dafür ist die fehlende Klärung dessen, was ökonomischen Kategorien *Geltung* verleiht.

In diesen Überlegungen wird folgendes erkennbar: Offenbar kann auch die Marxsche Verdinglichung des Austauschs – den er dann später als „verkehrte Natur" an ihm dechiffrieren möchte – als Verhältnis von Waren, die *sich* austauschen und darin kategorial eine „Warensprache" sprechen, nicht der Einsicht entbehren, *dass* sich im Wert eine *Bedeutung* konstituiert. Bedeutungen ohne Bedeutung verstehende Subjekte, die in und aus diesen Bedeutungen handeln – z.B. tauschen –, sind aber nicht einmal schlechte Metaphorik, sondern einfach nur *unverständlich*. Der Marxsche Versuch, die Tauschstruktur in ihren sechs Relationen auf *eine* Relation (R2) zu reduzieren, R1 als „ideelle Potenz" von R2 zu „erklären", ist misslungen. Doch damit dies keine leere Behauptung zu bleiben braucht, möchte ich nun noch die Analyse der Tauschform bei Marx schrittweise kritisch nachvollziehen.

4.4.6 Tauschwerte und die „unmögliche Gleichung"

Wie bereits zitiert, setzt Marx im „Kapital" ein mit einer gleich doppelt unnachvollziehbaren Aussage: „Der Tauschwert erscheint *zunächst* als das quantitative Verhältnis, die Proportion, worin *sich* Gebrauchswerte einer Art gegen Gebrauchswerte anderer Art austauschen"[52]. Dass das nicht zutrifft, haben wir eben aus dem Mund von Marx selbst vernommen, denn „Waren können nicht selbst zu Markte gehn und sich nicht selbst austauschen". Es ist auch *phänomenologisch* unhaltbar, selbst wenn man sich auf den Standpunkt des cartesianischen Beobachters einlässt, den Marx hier einnimmt. Die schlichte Frage: „*Wem* erscheint denn dies?", zeigt die Pointe. Was *genau* beobachtet Marx hier? Den Kapitalismus in England um 1867, den er – durch ein Selbstzitat be-

---

[52] K. Marx, MEW 23, S. 50f.; meine Hervorhebungen.

4.4.6 Tauschwerte und die „unmögliche Gleichung"

kräftigt – als „ungeheure Warensammlung"[53] charakterisiert? Nur: Was ist eine Ware? Marx bestimmt ihren Begriff als ein Ding, das „Gebrauchswert und Tauschwert" hat. Und was ist ein Tauschwert? Seine Antwort: Das „quantitative Verhältnis, die Proportion, worin *sich* Gebrauchswerte einer Art gegen Gebrauchswerte anderer Art austauschen". Doch wo im London um 1867, wo im heutigen Kapitalismus *erscheint* so eine Ware? Waren erscheinen je schon mit einem *Preiszettel* versehen, also in einer *Geldökonomie*. In einer Geldökonomie kann man natürlich unschwer Waren über ihre Preise in bestimmte Geldeinheiten („Werte") umrechnen und so ihren „Wert" quantitativ vergleichen. Man kann *dann* auch sagen, dass das Geld der große Gleichmacher ist, dass für das Geld alle Dinge *gleich-gültig* sind, sofern sie einen Preis haben, also auf das Geld bezogen werden. All das kann man sagen.

Doch dies hat mit einem naturalen *Tauschverhältnis* nichts zu tun, weil durch das Geld kategorial etwas völlig Neues in der Gesellschaft aufgetaucht ist, das man aus der vereinzelten Tauschrelation nicht ableiten kann. Marx versucht es trotzdem. Nachdem er mit dem phänomenologisch dreifach unhaltbaren Satz anfängt, wonach *erstens* Waren im Kapitalismus durch ihren Tauschwert zu charakterisieren seien, *zweitens* dieser Tauschwert eine *Tauschrelation* zwischen zwei Waren darstelle, der *drittens* darin bestehe, dass je zwei Waren *sich* austauschen, fügt er diesen drei verkehrten Gedanken einen *vierten* hinzu:

> „Die gültigen Tauschwerte derselben Ware drücken ein Gleiches aus."[54]

Hier schließt sich der Kreis: Zuerst abstrahiert Marx bei seinem Blick auf die ungeheure Warensammlung im Kapitalismus vom Geld, entdeckt dort nur *sich* tauschende Waren, verrät aber dann doch seinen durch das Geld bestimmten Blick als äußerer Beobachter, indem er in der Tauschrelation eine *Gleichung* erkennen will. Sagt Marx:

> „Der Tauschwert kann überhaupt nur die Ausdrucksweise, die ‚Erscheinungsform' eines von ihm unterscheidbaren Gehalts sein"[55],

so ist nicht nur das methodische Vorurteil erneut zur Geltung gebracht, wonach der Tauschwert als Erscheinung durch ein verborgenes Wesen regiert werde, sondern auch das Geld wird hier stillschweigend schon als „Erscheinung" von etwas anderem reduktionistisch vorbereitet. Doch folgen wir Marx noch einige Schritte weiter:

> „Nehmen wir ferner zwei Waren, z.B. Weizen und Eisen. Welches immer ihr Austauschverhältnis, es ist stets darstellbar in einer Gleichung, worin ein gegebenes

---

[53] K. Marx, MEW 23, S. 49; vgl. MEW 13, S. 15.

[54] K. Marx, MEW 23, S. 51. Die Denkfigur findet sich auch bei Hegel: „Im Vertrag bin ich auch Eigentümer, allein da tausche ich nur, ich bleibe *Eigentümer desselben Werts*. Ich erwerbe durch den Vertrag nicht mehr zur Befriedigung meiner Bedürfnisse, als ich schon habe." G. W. F. Hegel (2005), S. 192; meine Hervorhebung. Wie „dasselbe" beim Wert hier zu begreifen ist, verrät Hegel nicht. Das Erworbene wird ja offenbar *mehr* begehrt als das, was ich dafür gebe. Auch Hegel denkt also im Horizont des Geldwerts.

[55] K. Marx, MEW 23, S. 51. Dieser Gedanke wird von Marxisten nur nachgebetet und die Gleichsetzung der Waren im Tausch wird einfach von Marx abgeschrieben: „Im Tausch manifestiert sich die schon vorausgesetzte (!) Gleichheit der verschiedenen Gebrauchswerte". Projektgruppe zur Kritik der Politischen Ökonomie (1973), S. 55. Bei Ernest Mandel wird das dann zum völlig absurden Gedanken, es sei „das *Wertgesetz*, das den *äquivalenten* Warentausch erst *ermöglicht*", E. Mandel (1970), S. 73; meine Hervorhebungen.

Quantum Weizen irgendeinem Quantum Eisen gleichgesetzt wird, z.B. 1 Quarter Weizen = a Ztr. Eisen. Was besagt diese Gleichung? Dass ein Gemeinsames von derselben Größe in zwei verschiednen Dingen existiert, in 1 Quarter Weizen und ebenfalls in a Ztr. Eisen. Beide sind also gleich einem Dritten, das an und für sich weder das eine noch das andere ist. Jedes der beiden, soweit es Tauschwert, muss also auf dies Dritte reduzierbar sein."[56]

Hier bemerkt der cartesianische Beobachter „Marx" gar nicht, dass *er* es ist, in dessen Denken sich eine Gleichheit herstellt, die sich durch teilnehmende Beobachtung nicht zeigt. Die Behauptung, dass ein Tauschverhältnis *in einer Gleichung* darstellbar sein *muss*, ist leer. Die Formel „1 Quarter Weizen = a Ztr. Eisen" ist an der Tauschstruktur nicht zu erkennen. Die Relation R2 in Abbildung 4.2 ist keine Gleichung. Und *dass* es sich nicht um eine Gleichung handelt – solange keine Geldverwendung stattfindet – und damit alle daran geknüpften Fragen und „Rätsel" hinfällig werden, ist leicht erkennbar, wenn man den Tausch *als* Tausch begreift. Ein Quantum von etwas für etwas anderes *herzugeben*, hat weder als Phänomen noch kategorial etwas mit einer *Gleichsetzung* zu tun. Die von Marx formulierte Frage: „Was besagt diese Gleichung?" ist unsinnig; die Antwort besteht in der Kritik der Frage.

Es ist bemerkenswert, wie auch Marxisten, die sich einen kritischen Blick bewahrt haben, der Marxschen Suggestion verfallen.[57] So sagt Ulrich Krause, der eine der cleversten Formalisierungen der Marxschen Theorie versucht hat:

„In einem Tauschakt werden zwei Produkte – nicht mehr, nicht weniger – gegeneinander getauscht. Aus welchem Grund auch immer dieser Tausch stattfinden mag, wenn er stattfindet, ist das Resultat des Aktes, dass ein gewisses Quantum des einen Produkts gegen ein gewisses Quantum des anderen Produktes getauscht ist."[58]

Krause fährt dann ohne den Schatten eines Arguments fort:

„Werden die Produkte mit A und B, die entsprechenden Quantitäten mit x und y bezeichnet, so lässt sich also (?) die faktische (?) Gleichsetzung der Produkte im Tausch in seiner allgemeinen Gestalt symbolisieren als xA = yB. Diese Gleichsetzung ist hier ein bloßes Faktum, weswegen es einstweilen offen bleibt, was denn der Grund dafür sein mag, ob er in der Natur der Dinge, in den Neigungen der

---

[56] K. Marx, MEW 23, S. 51. „Es liegt zwar nahe, den Austausch von Getreide gegen Leinwand anzuschreiben: x Zentner Getreide = y Ellen Leinwand, aber es liegt für eine solche Gleichung nicht die geringste Veranlassung vor. Der in dieser Äquivalenztheorie liegende Irrtum ist (…) nur herbeigeführt worden durch den Geldtauschverkehr." R. Liefmann (1922), S. 140.

[57] Die Marx-Interpretationen, wie sie aus dem anglo-amerikanischen Sprachraum bekannt sind, klammere ich hier aus. Sie glänzen fast ausnahmslos durch eine Blindheit gegenüber der Kategorienanalyse bei Marx; vgl. z.B. M. Morishima (1973), 1ff und S. 10ff, worin Marx retrospektiv aus keynesianischer und walrasianischer Perspektive gedeutet wird. Vgl. auch die Texte in: H. G. Nutzinger, E. Wolfstetter (1974). P. M. Sweezy (1970), S. 49ff gibt sich wenigstens einige Mühe, Marx' Argumente zu *referieren*.

[58] U. Krause (1977), S. 146

4.4.6 Tauschwerte und die „unmögliche Gleichung"

Subjekte, in einer außerhalb von Dingen und Subjekten liegenden Fügung oder sonstwo liegt. Insbesondere ist die Bestimmung des Verhältnisses x/y offen."[59]

Krause verweist *indirekt* durch die Klammerbemerkung im ersten Zitat auf eine unhaltbare Voraussetzung: Weshalb soll es beim Naturaltausch *nur zwei* Produkte („nicht mehr, nicht weniger") geben? Weshalb können zwei Bauern nicht z.B. 10 Ltr. Milch plus 5 kg Brot gegen die Erlaubnis, einen Traktor ein paar Stunden benutzen zu dürfen, gegeneinander austauschen? Solche Tauschgeschäfte gibt es vielfältig. Krause schließt das auf den Spuren von Marx mit sicherem mathematischen Instinkt aus, weil dann, wenn xA *plus* yB *gegen* zC getauscht werden, sich eine Gleichung der *Produktmengen* verbietet. Dann wird *offensichtlich*, dass der Tausch gar nicht erklärt werden kann ohne die Subjekte, die ihn vollziehen, und die z.B. in ihrem Feilschen sich darin handelseinig werden, dass einer xA *plus* yB hergibt und dafür zC erhält. Die vermeintliche Grundlage für eine objektive Gleichsetzung ist dann *offensichtlich* verschwunden.

Die Intention der Formulierung in Krauses zweitem Zitat ist klar. Er will sagen: Sobald getauscht *wurde*, steht fest, welche Mengen getauscht wurden. Das sei ein „Faktum". Die *Genese* dieser Tauschrelation soll eliminiert werden; man blickt nur auf seine gewordene Geltung, der man *allein* Faktizität zuspricht. Die impliziten Hinweise auf die subjektive Wertlehre, die hier anklingen, machen den Gedanken aber nicht besser. Das „also" deutet einen *Schluss* an: Wenn zwei Subjekte Produkte miteinander tauschen, *dann* setzen sie die Produkte *gleich*. Wodurch soll dieser Schluss begründet sein? A gibt B ein Pfund Zucker und erhält zwei Liter Milch. Es ist, nach vielleicht anfänglichem Feilschen über die Mengen, ein Geben und Nehmen, das man nur versteht, wenn man die Subjekte als *Handelnde* mitdenkt. Wenn jeweils *mehr* als zwei Produkte getauscht werden, z.B. a = {a_1, a_2} gegen b, dann wird *sofort* erkennbar, dass keine Gleichsetzung erfolgt, weil B sowohl a_1 gegen a_2 als auch gegeben b abwägt – ebenso im Gegenzug A. Weder ein gemeinsamer, objektiver Nutzen noch eine andere objektive Eigenschaft an a_1, a_2 und b dient hier als *bestimmender* Faktor. Es ist das *Feilschen*, ein soziales Verhältnis, das die Relation {a_1, a_2} gegen b hervorbringt.

Zudem ist Krauses Satz logisch unklar: Wenn sich in dem „also" ein *Schluss* verbergen soll, dann ist das Adjektiv „faktisch" vor „Gleichsetzung" sinnlos. *Entweder* die Gleichsetzung ist *als Gleichsetzung* ein Faktum – *oder* die Gleichsetzung *erschließt* sich aus etwas an der Tauschstruktur. Wenn es ein *Faktum* ist: Wer beobachtet es? Wodurch ist es *gegeben* – schließlich *sieht* man nirgendwo Tauschgleichungen, sondern nur *Handlungen*, worin zwei Subjekte geben und nehmen. A schneidet B die Haare, während B für A kocht – was ist daran eine Gleichung? So etwas kann man nur dann entdecken, wenn z.B. A und B in einem Tauschring in einer *Rechnungseinheit* ihre Arbeitsstunden umrechnen, wenn es also *Geld* gibt. Wenn dagegen Krauses Satz ein logischer Schluss sein soll: Was ist der zureichende Grund? Natürlich konnte Krause diese beiden Fragen so wenig wie Marx beantworten. Aber ebenso natürlich ist eine „Gleichung" für einen Mathematiker eine wunderbare Voraussetzung für logische Spiele. Jevons und Walras haben diese Konsequenz auch *ohne* Wertsubstanz gezogen.[60]

---

[59] U. Krause (1977), S. 146. Vgl. die teils identischen Formulierungen in: U. Krause (1979), S. 20 – ein Hinweis darauf, dass Krause seine Formulierung offenbar *mehrfach* durchdacht hat, ohne etwas zu bemerken.

[60] Walras schließt ähnliches aus dem „Faktum" des Tauschs:, der Wert sei ein *natürliches* Phänomen: „Thus any value in exchange, once established, partakes of the character of a natural phenomen, natural in its origins, natural in its manifestations and natural in essence." L. Walras (1954), S. 69.

4.4.7 Marx' Substanzmetaphysik und die falsche Kritik an Aristoteles

Die seltsamen Denkwege seiner Nachfolger haben ihren Grund bei Marx und der von ihm in der Tauschanalyse – wider seine frühere Erkenntnis – neu ins Recht gesetzten *metaphysischen* Tradition einer Ding-Theorie, die nur deshalb nicht als *Metaphysik* erkannt wird, weil der Irrtum vorausgeht, „Materialismus" sei so etwas wie „Wissenschaft". Nach dieser Metaphysik gibt es Entitäten namens „Ding". Diese Entitäten weisen als „Dingbau" dieselbe Struktur auf wie der Satzbau: Sie *tun* etwas, handeln in ihren Verben. Ein Ding ist ein Ganzes aus Substanz und Attribut (Eigenschaft). Nach Aristoteles und seinen scholastischen Interpreten ist eine Relation (*prós ti*) eine *unselbständige* Seinsweise „und als solche auf die Substanz als ‚in ihr seiend' bezogen"[61].

Diese Metaphysik, die Marx in seiner Werttheorie verwendet, möchte ich erläutern und dabei zugleich zeigen, dass Marx immer wieder auch selbst sein bester Kritiker ist. Ich erläutere diese Metaphysik in der Metapher von König ↔ Untertan, die hier folgende Form annimmt: Der König *ist* König als Attribut seiner menschlichen Substanz; ebenso *ist* der Untertan deshalb *Untertan*. Jeder ist, was er ist, und diese *ontologische* Bestimmung ist die Denkform von Substanz und Attribut. Ihre „Relation" entfaltet nur das nach außen, was sie „innen" schon sind. Paul Ernst sagt:

> „Ein Mann ist König oder Proletarier, Bourgeois oder Maler, Kellner oder Handwerker: er ist es, keine Macht der Welt kann ihn zu etwas anderm machen, als er ist, und wenn man den Kellner auf den Thron setzt, so macht man ihn nicht zu einem König, sondern man setzt nur einen Kellner auf den Thron."[62]

Die Unsinnigkeit des Gedankens ist offenkundig: Wie Falschgeld gleichwohl *als Geld* funktioniert, so ist ein Kellner eben genau dann „König", wenn er Untertanen hat, die an ihn glauben. Es gibt aber keine „Königssubstanz", auch wenn Monarchisten das glauben mögen: Man kann das nicht *denken*. Marx wusste sehr genau, dass das völlig undenkbar ist, denn der König ist *nur* König in Relation zum Untertan, und umgekehrt:

> „Dieser Mensch ist z.B. nur König, weil sich andre Menschen als Untertanen zu ihm verhalten. Sie glauben umgekehrt Untertanen zu sein, weil er König ist."[63]

Zu sagen, dass die Relationen vom Typ König ↔ Untertan aus *Dingen* hervorgehen, ist also nach Marx' eigener Einsicht „falsche Metaphysik"[64].

---

[61] J. de Vries (1980), S. 37. Wirz hat aus neuscholastischer Perspektive diesen Sachverhalt bereits relativiert, auch wenn der Grundgedanke (die Relation ist ontologisch das Spätere) beibehalten wird: „Die Relation, dieses ‚dünnste' unter den Seienden, ist nur erkennbar, wenn man das Bezogene (Subjekt) und dasjenige, auf welches das Bezogene bezogen ist, und schließlich die Grundlage, d.h. den Grund, weswegen das Bezogene bezogen ist, kennt." L. Wirz (1965), S. 28.

[62] P. Ernst (1922), S. 3. Ähnlich sagt Oswald Spengler: Es gibt „von Natur (!) Befehlende und Gehorchende, Subjekte und Objekte der politischen oder wirtschaftlichen Verfahren." O. Spengler (1931), S. 50; er spricht auch von einem „geborenen (!) Führer", S. 82. Vgl. zur Kritik derartiger Denkfiguren, die eine Identität von Entitäten *voraussetzen*, Ju Mipham (2004), S. 567f.

[63] K. Marx, MEW 23, S. 72, Note.

[64] K. Marx (1970), S. 27; K. Marx, MEW 26.1, S. 60.

4.4.7 Marx' Substanzmetaphysik und die falsche Kritik an Aristoteles

Doch in der Analyse der *Wertform* – aus der das Zitat König-Untertan stammt –, reproduziert Marx völlig ungeniert einen scholastischen Aristotelismus, dem er den Namen „Materialismus" gibt. Er behauptet, dass

> die „Eigenschaften eines Dings nicht aus seinem Verhältnis zu andern Dingen entspringen, sich vielmehr in solchem Verhältnis nur betätigen"[65].

Die König-Untertan-Relation betätigt sich, in dieser Metapher gesagt, nur hervorgehend aus der Natur des Königs und des Untertanen. Deshalb können auch Tauschwerte nur die „verschiedene Materiatur derselben Wertsubstanz"[66] sein. Also – so lautet der metaphysische Fehlschluss – muss die Antwort auf die Frage nach der Tausch*relation* auch *in* den Dingen, den Waren gesucht werden.

Wie konnte ein so gründlich denkender Kopf wie Marx solch eine krude Metaphysik vertreten und den darin liegenden, selbst ausgesprochenen Widerspruch ertragen? Wer hier eine *Dialektik* am Werk vermutet, windet sich wohlfeil heraus, denn an der Marxschen „Ding-Metaphysik" ist nun einmal rein gar nichts „dialektisch". Dazu taucht die *Denkform* viel zu häufig und mit monotoner Wiederkehr im „Kapital" auf; nur einige Beispiele. Neben dem bereits zitierten urmetaphysischen Satz: „Da aber Eigenschaften eines Dings nicht aus seinem Verhältnis zu andern Dingen entspringen, sich vielmehr in solchem Verhältnis nur betätigen", heißt es immer wieder: „da jedes Ding vielerlei Eigenschaften *besitzt*"; „Gold und Silber *besitzen* aber diese Eigenschaften von Natur"; „dasselbe Individuum *besitzt* diese Eigenschaften"; oder im materialistischen Dialekt: „bestimmte Eigenschaften, die den Arbeitsmitteln *stofflich zukommen*"; ein Ding mit „seinen stofflichen Eigenschaften"; „mit besondern Eigenschaften begabte Stück des Erdkörpers"[67] – es ist keine leere Drohung, wenn ich sage, dass sich diese Liste mit Zitaten einer Dingmetaphysik beliebig verlängern ließe. Es gibt substanzielle Dinge (auch menschliche Individuen sind *metaphysisch* hier „Dinge"), und die *haben* Eigenschaften. Wenn die menschliche Gesellschaft in ihren Strukturen ontologisch *ebenso* verfasst ist, worin „das Ideelle nichts andres als das im Menschenkopf umgesetzte und übersetzte Materielle"[68] sein soll, dann haben *Reflexionsverhältnisse* keine *eigene* soziale Wirklichkeit, sondern sind immer *bedingt* durch eine „gesellschaftliche Substanz"[69].

Die Absurdität dieses Gedankens hat Marx dann, wenn er sich *nicht* auf die Wertsubstanz bezog, immer wieder – im Modell der Logik von König und Untertan – als zirkuläres Verhältnis erkannt und betont, so etwa beim *vorkapitalistischen* Grundeigentum: „Die Gemeinde existiert nur in der Beziehung dieser individuellen Grundeigentümer als solcher aufeinander." Und in ausdrücklicher *Ablehnung* der metaphysischen Denkform, die bei Marx im Kapital später massenhaft erscheint, sagt er weiter:

> „Weder ist die Gemeinde die Substanz, an der der einzelne nur als Akzidens erscheint; noch das Allgemeine, das als solches, sowohl in seiner Vorstellung wie in

---

[65] K. Marx, MEW 23, S. 72. Vgl. „Keine Relation nämlich kann ohne etwas für sich Bestehendes vorkommen, denn bei jedem Relativen hat man außer dem, was von ihm im Hinblick auf anderes ausgesagt wird, etwas anzunehmen, was man von ihm mit Bezug auf sich selbst aussagt." Thomas von Aquin (1993), S. 79 (Summe gegen die Heiden IV.10). Christian Wolff (Ontologie § 855) sagt: Es „fügt die Relation dem Wesen keine Realität hinzu, die es für sich betrachtet nicht hätte", zitiert nach H. Gomperz (1905), S. 189.
[66] K. Marx, MEW 13, S. 53.
[67] K. Marx, MEW 23, S. 197, 104 und 369; MEW 24, S. 164; 162; MEW 25, S. 783.
[68] K. Marx, MEW 23, S. 27.
[69] K. Marx, MEW 23, S. 4.

der Existenz der Stadt und ihrer städtischen Bedürfnisse im Unterschied von denen des einzelnen oder in ihrem städtischen Grund und Boden als ihrem besondren Dasein im Unterschied von dem besondren ökonomischen Dasein des Gemeindeglieds eine seiende Einheit ist"[70].

Dies ist im „Rohentwurf" zu lesen, der auch in der Tauschanalyse viele Elemente enthält, die ihrer späteren Ausformulierung im „Kapital" schroff widersprechen.

Was ist der Grund dafür, dass Marx teils nebeneinander, vor allem aber auch zeitlich nacheinander zwei völlig verschiedene metaphysische Denkformen verwendet, ohne etwas zu bemerken? Weshalb reißt auch bei ihm „die alte metaphysische Manier des Denkens bis auf die äußerste Wolffsche Plattheit wieder ein"[71]? Schlug im König-Untertan-Zitat in einer Fußnote nur plötzlich ein gleichsam hegelianisch-schlechtes Gewissen, das ihn früher und noch im „Rohentwurf" bewegte? Auch Engels schreibt Marx *zwei* methodische Prinzipien zu: die „materialistische Grundanschauung" und die ökonomische Methode, worin Marx „aus der Hegelschen Logik den Kern herauszuschälen"[72] versuchte, die er materialistisch „erst auf die Füße"[73] stellte. Die Substanz, die bei Hegel *Subjekt* war, wird bei Marx in der Analyse der „Wertform" wieder onto*logisch* materielle Substanz – auch wenn er ein „sozial" davor setzt: Eine Entität, die Eigenschaften *hat*. Das Denken ist nur, wie Engels das formuliert, „literarische Abspiegelung"[74]. Etwas *Bestimmendes* kommt ihm, damit auch den Tauschsubjekten, *nicht* zu. Sie werden von den Verhältnissen passiv gedacht, sie *denken* nicht in einem die Verhältnisse bestimmenden Akt.

Biografisch kann man vermuten, dass Marx tatsächlich vor der Abfassung von „Zur Kritik" erneut *Aristoteles* studiert hat: Während sich im Rohentwurf zunächst nur spärliche Hinweise finden und die „Nikomachische Ethik" nicht explizit diskutiert wird, widmet Marx in „Zur Kritik" viele Fußnoten dem fünften Buch des aristotelischen Werks, und im „Kapital" findet sich ein ganzer Abschnitt. Marx ist offenbar am Ende der Ausarbeitung des „Rohentwurfs" klar geworden, dass sich bei Aristoteles tatsächlich bereits vieles von dem findet, was er suchte: „Geld als versachlichtes Band der Gesellschaft". Diese Bemerkung notierte Marx in seinem Index zum eigenen Manuskript mit der Überschrift „Das Geld als Geld". Und diesen Gedanken knüpft er an etwas, das er Aristoteles zuschreibt: Geld als „gesellschaftliches Faustpfand"[75]. Diese Bemerkung bezieht sich auf eine eingeklammerte Stelle in den Grundrissen, worin Marx noch *Fragen* stellte – richtige und wichtige Fragen. Die Menschen, so sagen die Ökonomen, schenken dem Geld *Vertrauen*:

„Aber warum schenken sie der Sache das Vertrauen? Doch offenbar nur als *versachlichtem Verhältnis* der Personen untereinander".[76]

---

[70] K. Marx (1953), S. 378. Im *Kapital* spricht Marx dann schon anders über das Grundeigentum und zielt in der Grundrente auf eine durch Monopol angeeignete Wertsubstanz ab, die sich dem Wettbewerb der Profitraten entzieht.
[71] F. Engels, MEW 13, S. 472f.
[72] F. Engels, MEW 13, S. 474.
[73] K. Marx, MEW 23, S. 22 – übrigens eine sehr beredte Metapher: eine Logik auf den Füßen ist wie ein Rechnen mit Händen: es ist möglich, aber wohl doch etwas borniert.
[74] F. Engels, MEW 13, S. 474.
[75] K. Marx (1953), S. 866.
[76] K. Marx (1953), S. 78. Marx fährt fort: „… als versachtlichtem Tauschwert, und Tauschwert ist nichts als eine Beziehung der produktiven Tätigkeit der Personen untereinander." Hier erkennt man, wie er in die Irre geleitet wird: Er leugnet, dass das Verhältnis der

4.4.7 Marx' Substanzmetaphysik und die falsche Kritik an Aristoteles

Hier nähert sich Marx der zentralen Frage beim Geld: Wenn Geld in seinem Gelten *nur* darin besteht, dass die Vielen ihm durch „Vertrauen" Geltung verleihen, dann gründet der Geldwert in einem Reflexionsverhältnis wie dem zwischen König und Untertan, und zwar *beim Tausch*, nicht in der technisch-produktiven Genese der getauschten Produkte. Es gibt keine Königs- oder Untertanen-Substanz, die sich äußerlich entfaltet. Der *Sinn* von Herrschaft liegt in diesem Verhältnis selbst (das man, wenn man will, auch ein „dialektisches" nennen kann). Das war die Pointe der Geldanalyse von Aristoteles, der bemerkte, dass den ausgetauschten Waren *substanziell* kein Gemeinsames zukommen *konnte*. Doch wenn das so ist, dann ist die im Geld vollzogene Form der Vergesellschaftung eine ganz eigentümliche, nur ihr angehörige, ein Verhältnis der *Bedeutung*, der Täuschung der Subjekte. Und diese Täuschung der Subjekte, die einem *dinglichen Verhältnis* vertrauen, *ist* die „Substanz" des Geldes, womit „Substanz" keinen Geruch mehr von einem materiellen Träger bewahrt. Wenn das so ist, dann ist die *Arbeitswertlehre* schlicht falsch. Waren haben nicht einen Wert, weil sie durch ihre *Herkunft* aus der Produktion irgend etwas „vergegenständlicht" in sich tragen, sondern weil sie als Produkte in ein gesellschaftliches Verhältnis – den Geldtausch – eintreten, der ihnen eine ganz andere und neue Bewegungsform verleiht.[77]

Die eben aus dem Rohentwurf zitierte Reflexion von Marx zeigt, dass er an dieser Stelle – und offenbar nochmals durch eine Lektüre des fünften Buchs der Nikomachischen Ethik bestärkt – auf etwas stieß, das ihm undenkbar war: *Ricardo* irrt sich. Der vermeintliche Höhepunkt der bürgerlichen Ökonomik bringt nicht etwa die Erkenntnis an den Rand der Wahrheit, die dann im dialektischen Umschlag zur Grundlage der Arbeiterbewegung werden kann. Dieser vermeintliche Gipfel der bürgerlichen Ökonomik ist nur ein Höhepunkt der Täuschung, nur der Höhepunkt des falschen Gedankens der Wertsubstanz. Übrigens zeigte die spätere Entwicklung der bürgerlichen Ökonomik, in ihrer subjektiven Wende, dass sie selbst dies exakt so zum Ausdruck brachte. Marx sah hier gleichsam im rückblickenden Spiegel von Aristoteles nichts weniger als sein materialistisches Weltbild, das er mit Engels in der „Deutschen Ideologie" gefestigt hatte, an *der zentralen Stelle* – der Werttheorie – wanken. Deshalb die erneute Aristoteles-Lektüre, den er dann in umgekehrter Stoßrichtung so interpretierte, dass dieser an einer historischen Beschränkung seiner Denkmöglichkeiten gescheitert sei, weil er die *Substanz* des Werts – „Arbeit" – in einer Sklavenhaltergesellschaft nicht habe erkennen können. Das ist ein zweifach unsinniger Vorwurf, weil erstens das Denken nicht durch Verhältnisse produziert wird und zweitens die *Struktur des aristotelischen Gedankens*, wie im Kapitel über Aristoteles gezeigt (vgl. 4.3.2), durchaus *aus sich selbst* sinnvoll rekonstruiert werden kann.

Die eben zitierte Stelle aus dem „Rohentwurf" zeigt, wie sich Marx – vom Blick in den Abgrund der *tatsächlichen Tragweite* und Bedeutung von Reflexionsverhältnissen wie „König-Untertan" zurückweichend – zurückzieht und auf der materiellen Substanz wieder festen Boden unter den Füßen seiner materialistischen Logik sucht: Menschen können nur einem Etwas (Geld) „trauen", wenn sich dieses Etwas als „versachlichtes

---

Personen untereinander beim Tausch ein *besonderes* soziales Verhältnis ist, wenn er es ohne Grund auf ein Verhältnis von *produktiven Tätigkeiten* reduziert, und er übersieht damit das kategoriale Novum der Vergesellschaftung durch Geld und Tausch, das gerade *keine* Beziehung von Produktionsakten ist.

[77] „Die Herkunft der Waren gehört zur Geschichte, nicht zu den Eigenschaften der Waren", sagt S. Gesell (1931), S. 122, ganz richtig gegen Marx. Das ist offensichtlich in der Zeit der Marken und Logos: „Nicht der Fabrikant ist der Ausgangspunkt aller markentechnischen Berechnungen, sondern die Psyche des Kunden." H. Domizlaff (1982), S. 114.

Verhältnis" zeigt, das einen *materiellen* Grund hat: Die reale arbeitsteilige Produktion, die *Arbeit*. Genau deshalb musste für ihn das Geld als entfremdetes Ding, nicht als *Bedeutung* rekonstruiert werden. Doch das Geld ist gerade *nicht* so zu verstehen, dass etwas Geistiges zum Ding gemacht würde. Marx sieht zwar hinter dem Ding Geld *soziale Verhältnisse*. Aber diese Verhältnisse werden nicht von *Subjekten* gestiftet, noch weniger von deren Bewusstsein. Vielmehr ist es ihre arbeitsteilige *Produktion*, der materielle Akt der Verausgabung einer durchaus *mechanisch* interpretierten *Arbeit*. Was im Geld zum „Ding" verdinglicht wird, ist nur eine *andere* Substanz. Das Geld ist Vorschein der Arbeitsteilung als materieller (= gesellschaftlicher) Prozess. Nicht ein Gedanke wird für Marx zum Ding, *ein* dingliches Verhältnis (sozial geteilte Arbeit) erscheint als ein *anderes*. Die Waren werden in ihrem Austausch durch ihr materielles Werden, die „Vergegenständlichung von Arbeit" bestimmt, nicht durch die im Austausch sichtbar werdenden *Reflexionsformen*, die in der Subsumtion unter das Geld diesem zugleich *Bedeutung* verleihen. Das begleitende *Denken* beim Tausch ist für Marx nur ein Anhängsel, ein Epiphänomen, nicht etwas, das soziale *Bedeutung* konstituiert. In der Frage nach dem *Vertrauen in das Geld* ahnte Marx noch einen völlig anderen Zusammenhang, den zu sehen ihm aber sein Materialismus verbietet und den er deshalb – offenbar an Aristoteles reflektiert – nochmals affirmiert. *Deshalb* wird im Vorwort von „Zur Kritik" dieser Materialismus nachdrücklich als philosophische Position betont.

Im „Kapital" verwandelt Marx dann *seine* Erschütterung an dem, was ihm in der aristotelischen Analyse entgegentritt, in einen kritischen Gegenangriff, wobei er Aristoteles *seine* Denkform einfach unterschiebt, wenn er die Analyse im fünften Buch der Nikomachischen Ethik so beschreibt:

> „Aristoteles sagt uns also selbst, woran seine weitere Analyse scheitert, nämlich am Mangel des Wertbegriffs. Was ist das Gleiche, d.h. die gemeinschaftliche Substanz, die das Haus für den Polster im Wertausdruck des Polsters vorstellt?"[78]

Ironischerweise führt Marx *metaphysisch*, also in seiner von ihm ungedachten Matrix, die sein Denken formt, gegen Aristoteles *dessen* Substanztheorie ins Feld. Die *gemeinschaftliche Substanz* in getauschten Waren „stecke in ihnen". Und Aristoteles konnte das dummerweise – obwohl er doch diese *Metaphysik* entwickelt hat – nicht erkennen:

> „Das Geheimnis des Wertausdrucks, die Gleichheit und gleiche Gültigkeit aller Arbeiten, weil und insofern sie menschliche Arbeit überhaupt sind, kann nur entziffert werden, sobald der Begriff der menschlichen Gleichheit bereits die Festigkeit eines Volksvorurteils besitzt."[79]

Und Marx, der sich hier in die Augenhöhe von Aristoteles einreiht (übrigens durchaus zu Recht), wenn er sagt, dass „der Menschengeist seit mehr als 2000 Jahren vergeblich"[80] versucht habe, die Wertform zu entschlüsseln, verweist Aristoteles *materialistisch* in die Schranken:

> „Das Genie des Aristoteles glänzt grade darin, dass er im Wertausdruck der Waren ein Gleichheitsverhältnis entdeckt. Nur die historische Schranke der Gesellschaft,

---

[78] K. Marx, MEW 23, S. 74.
[79] K. Marx, MEW 23, S. 74.
[80] K. Marx, MEW 23, S. 12.

4.4.7 Marx' Substanzmetaphysik und die falsche Kritik an Aristoteles

worin er lebte, verhindert ihn herauszufinden, worin denn ‚in Wahrheit' dies Gleichheitsverhältnis besteht."[81]

Wenn Aristoteles tatsächlich – er war sicher ein Genie – ein „Gleichheitsverhältnis" entdeckt hätte, so wäre es einem Substanzmetaphysiker wie ihm doch *sehr nahe* gelegen, nach etwas Gemeinsamen *in den Waren* zu suchen. Tatsächlich *tat* Aristoteles das auch. Doch seine Antwort fiel *negativ* aus: Es gibt keine *gemeinsame Natur* (physis) in den ausgetauschten Waren, weil die Gemeinsamkeit als soziale durch eine *koinonia* gestiftet wird, eine reflexive Bedeutungsbeziehung, die im Geld als *konventionelle* Form erscheint. Gerade seine intellektuelle Redlichkeit verbot ihm die Anwendung seiner eigenen Metaphysik der Substanz. Aristoteles entdeckte – wie fragmentarisch auch immer –, dass der Gleichsetzung *im Geld* kein substanzieller oder physischer Inhalt entspricht, sondern sich darin *nur* eine intersubjektive Struktur verbirgt, eine soziale Bedeutung, die er in den Gedanken fasste, dass die Menschen die Geldeinheit *festlegen* können in ihrer Bedeutung, weil im Geld eben nichts *Dingliches* zu finden ist. Wollte man Marx' Denkform gegen ihn selbst wenden, so könnte man sagen: Die Geldverhältnisse seiner Zeit erlaubten es ihm angesichts der uneingeschränkten Herrschaft des Goldes *als Geldware* nicht, den reinen Bedeutungsgehalt von Geld, der sich im „Vertrauen in Geld" offenbart, zu erkennen – etwas, das im 20. Jahrhundert offensichtlich wurde. Doch diese materialistische Kausalverrechnung des Denkens, worin Verhältnisse erst ein „Volksvorurteil" erzeugen müssen, um „erkannt" zu werden, ist nicht haltbar. Marx hätte – er hatte dazu die Mittel und die richtigen Einsichten – das Reflexionsverhältnis Geldeinheit ↔ Käufer durchaus in der Denkform von König ↔ Untertan erkennen können, ist ihm doch beim *Grundeigentum* oder beim „fiktiven Kapital" das nämliche Verhältnis durchaus klar gewesen. Es war wohl doch die (materialistische) Parteinahme für eine bereits sterbende Tradition der Wertlehre, die sich zu seinen politischen Vorurteilen als „Führer der Arbeiterbewegung" trefflich fügten und die ihn *als Wissenschaftler* in die Irre führten, zurück zur Substanzmetaphysik.

Dieses metaphysische Vorurteil, dass Dinge nur Eigenschaften *entfalten* können, die in ihnen *stecken*, dass Kategorien also nicht in den *Relationen* verborgen sein können, verhindert den Blick auf die kategoriale Struktur des Tauschakts bei Marx, den ich nun auf den Spuren seiner Reflexion noch etwas näher betrachten möchte. Wenn er sagt:

„Die Gleichung: ‚20 Ellen Leinwand = 1 Rock oder: 20 Ellen Leinwand sind 1 Rock wert' setzt voraus, dass in 1 Rock gerade *so viel Wertsubstanz steckt* als in 20 Ellen Leinwand"[82],

dann verbirgt Marx die Relationen der Tauschstruktur in einer erfundenen Gleichung. Die *Einheit* der in der Gleichung verschieden behaupteten Dinge wird dann durch eine ihnen einwohnende, allgemeine Substanz metaphysisch rekonstruiert. Wie die Gleichung selbst, ist aber auch die verborgene Einheit des Differenten nur etwas, das der

---

[81] K. Marx, MEW 23, S. 74. Marx wird hier von seinen Interpreten, wie sehr auch sonst zurechtgedeutet, in diesem Punkt sklavisch rezipiert; vgl. L. Althusser, E. Balibar (1972: 1), S. 163. Der französische katholische Volkswirt C. Le Lièvre (Exposé des principes économiques de la sociéte chrétienne, Paris 1858, S. 316 und 390) schrieb analog zum Marxschen Argument: „Die menschliche Arbeit ist die fundamentale Einheit allen Werts. (…) Ein heidnischer Philosoph konnte zur Kenntnis dieser Wahrheit nicht gelangen, weil er im Sklaven, dem Produzenten, nicht die Menschheit sah"; zitiert nach: A. Orel (1930: 1), S. 400.

[82] K. Marx, MEW 23, S. 67; meine Hervorhebung.

Beobachter *Marx* den Dingen – den Waren – andichtet. Für einen vereinzelten, zufälligen Tauschakt ist das auf keine Weise gegeben.

Doch es geht hier nicht um einen bloßen Gegensatz möglicher metaphysischer Positionen. Vielmehr *zeigt sich* der Mangel der Marxschen Theorie an ihrer Durchführung. Denn Marx hatte selbst gesagt, dass der Tauschwert als „etwas Zufälliges und rein Relatives"[83] erscheint. Angenommen – für den Zweck des Arguments –, es würde sich beim je vereinzelten Tausch zweier Waren tatsächlich die behauptete Gleichung herstellen, angenommen ferner, diese Gleichung würde zeigen, dass beide Waren die Erscheinungsform von etwas „Drittem", einer „Wertsubstanz" sind. Wenn es so etwas wie ein *tertium comparationis* (das nicht nur im Auge des Beobachters und Erfinders der Szenerie liegt) geben soll, dann wäre dieses Dritte *eines*, soll es sich um etwas Objektives in allen Waren handeln. Doch wie Marx selbst sagt, gibt es gar nicht *eine* Tauschrelation, weil ihr etwas Zufälliges anhaftet. Der Punkt ist hier: Wenn zufällig zwei Waren an verschiedenen Plätzen von verschiedenen Personen getauscht werden, dann gibt es ebenso viele „Gleichungen" wie Plätze oder Tauschpartner. Was soll dann das „Gleiche" all dieser Gleichungen als ein Drittes (= Substanz) sein?[84]

In der ersten Auflage des „Kapital" entwickelt Marx diese Gedanken in einem Anhang. Hier findet sich die vielsagende Denkfigur:

> „Denken wir uns Tauschhandel zwischen Leinwandproduzent A und Rockproduzent B. (...) Endlich, nachdem sie lang gemarktet, stimmen sie überein. A sagt: 20 Ellen Leinwand sind 1 Rock wert, und B sagt: 1 Rock ist 20 Ellen Leinwand wert. Hier befinden sich beide, Leinwand und Rock, gleichzeitig in relativer Wertform und in Äquivalentform. Aber, notabene, für zwei verschiedene Personen und in zwei verschiedenen Wertausdrücken, welche nur gleichzeitig ins Leben treten."[85]

Hier verlegt also Marx *selbst* den schließlich erreichten Tauschwert in die Subjektivität der Tauschpartner A und B – im Modell der Tauschstruktur sind hier also die Subjekte in ihrer jeweiligen Beziehung auf die anderen Waren (Relationen R5 und R6) und ihrer kommunikativen Beziehung („... nachdem sie gemarktet") *kategorial bestimmend* für das quantitative Verhältnis, in dem die beiden Produkte – nicht *Waren* (es gibt hier kein Geld!) – gegeneinander ausgetauscht werden. Die Differenz, die Marx bei *sich tauschenden* Waren als kategoriale behauptet (eine Ware misst den Wert der anderen oder wird gemessen, befindet sich also in Marxscher Ausdrucksweise in „relativer Wertform" oder in „Äquivalentform"), hebt er hier wiederum auf. *Beide* Waren sind Maß und Gemessenes. Die *Differenz* zeigt sich hier als eine *personale* – wenn man schon von „Messen" sprechen möchte.

Doch tatsächlich findet hier gar kein Messen statt, oder anders gesagt: Man nimmt aneinander Maß hinsichtlich der Tauschbereitschaft des je anderen, man wartet oder

---

[83] K. Marx, MEW 23, S. 50.

[84] Marx wirft zudem „Gleichheit" und „Identität" durcheinander. Zwei differente Dinge sind *identisch* hinsichtlich einer ihnen einwohnenden Formsubstanz im Sinn der scholastischen Metaphysik; sie sind nur *gleich* mit Bezug auf ein cartesianisches Ego, das neuzeitlich an die Stelle der dinglichen Identität tritt. Die aristotelische Scholastik behauptet die Identität von Formsubstanz und Denkform, die durch *Abstraktion* gewonnen wird (= Realismus), während der bei Descartes vollendete Nominalismus einen Bruch vollzieht und die Formen einem Denken zuschreibt, das demgemäß dann auch beliebige „Gleichheiten" (= Allgemeinheiten) in den Dingen entdecken kann. Marx *sagt* „Gleichheit", bewegt sich aber zugleich metaphysisch in der Behauptung einer *identischen* Formsubstanz.

[85] K. Marx (1867), S. 765f.

hofft auf den *Handschlag*. Die Sprache, die Marx hier den beiden tauschenden Subjekten in den Mund legt – eine Personalisierung der „Warensprache" – offenbart ihre Unhaltbarkeit unmittelbar: Niemand denkt oder redet so; außer, man befindet sich bereits in einer *Geldökonomie* und veranschlagt Waren in einem Dritten, nämlich in Geld. *Dann* gibt es einen Preis, um den man feilscht. Beim *unmittelbaren* Produkttausch ist davon jedoch nichts zu finden. *Hier* fällt die Tauschrelation mit der sich zufällig ergebenden subjektiven Einschätzung von A und B zusammen. Ein *Maß* ist darin nicht zu entdecken (übrigens auch kein „Nutzenmaß"). Daraus geht hervor: Es gibt beliebig viele zufällige Tauschrelationen. Was immer sich als Ergebnis hier zeigen mag und selbst wenn ein Metabeobachter eine „Gleichung" darin sehen will – ein Gesetz des Tauschs lässt sich nicht entdecken.

Doch Marx fährt dann mit der so „gefundenen" Gleichung fort, als handle es sich um ein objektives Verhältnis zweier Dinge, die in einer „Warensprache" kategorial zueinander bestimmt sind. Die anschließende Analyse der „einfachen Wertform", die Unterscheidung der „Äquivalentform" – all dies beruht auf der dreifachen Erfindung, die die Austauschbeziehung zwischen zwei Menschen erstens auf ein quantitatives Produktverhältnis reduziert, zweitens dieses Verhältnis als Gleichung anschreibt und drittens das Ergebnis dieser Gleichung in seiner vereinzelten, logischen *Form* zum allgemeinen kategorialen Maß erhebt, obwohl Marx selbst zugibt, dass jede Form nur das zufällige Resultat dessen ist, was Adam Smith „the higgling and bargaining of the market"[86] nannte. Was immer man hier entdecken mag: Es bleibt eine Erfindung, keine kategoriale Analyse der wirklichen Tauschverhältnisse.

4.4.8 Der Arbeitswert und der Begriff der Arbeit

Der von Marx vollzogene Schluss auf dieses geheimnisvolle Dritte, das sich in der Gleichung zeigen soll, ist aufgrund der unzulässigen Voraussetzung hinfällig; gleichwohl ist er für das gesamte Marxsche System von zentraler Bedeutung. An ihm hängt nichts weniger als das „Wertgesetz" und die Arbeitswertlehre, damit der Grund für die vergängliche Form des Kapitalismus. Marx argumentiert wie folgt: In der Gleichsetzung zweier Waren, wie sie der Tausch angeblich zeige, verberge sich ein Drittes. Als *Erscheinung* zeige sich die Gleichsetzung zweier Dinge, zweier „Gebrauchswerte"; doch diese Erscheinung verberge ein anderes Wesen. Das in der Gleichsetzung zweier Waren verborgene Dritte müsse eine von den natürlichen Eigenschaften der Waren verschiedene Substanz sein, also eine *soziale*, keine natürliche Struktur zur Erscheinung bringen. Nun sind aber die Waren als Gebrauchswerte völlig verschieden, sagt Marx. Also kann ihnen nur diese eine Eigenschaft bleiben, ein *soziales* Produkt zu sein. Das heißt genauer: Weil die Tauschwirtschaft arbeitsteilige Prozesse vermittelt, ist die *qualitative* Identität darin zu suchen, dass die getauschten Produkte Resultate von *Arbeitsprozessen* sind. Auch dies reicht noch nicht hin, weil diese Arbeitsprozesse selbst sehr verschieden sind in ihren Inhalten. Doch, so sagt Marx, als *Prozesse* verlaufen sie in der Zeit. Also ist ihnen als Prozess dies gemeinsam, *Arbeitszeit* für jedes der auf den Markt gebrachten Produkte zu benötigen. Die Waren sind *gesellschaftlich* gleich darin, jeweils eine bestimmte Quantität an Arbeitszeit zu „verkörpern" als ihre Wertsubstanz. Die Verschiedenheit der einzelnen Prozesse wird hierbei in einem Durchschnitt nivelliert – Marx

---

[86] A. Smith (1979a), S. 49.

behauptet also als „Wertsubstanz" nur eine *durchschnittliche, gesellschaftlich notwendige* Arbeitszeit als wertbestimmend.[87]

Nun ist diese Denkfigur mit vielen Fehlern behaftet, die ich schon mehrfach kritisiert habe; ich kann mich hier auf eine Skizze beschränken.[88] Das Bild, das Marx vorschwebt, ist zunächst durchaus verständlich. Die *Einheit* der in viele arbeitsteilige Prozesse differenzierten Wirtschaft wird durch die Märkte hergestellt, nicht durch eine gemeinsame, vernünftige Planung aller Beteiligten. Da sich diese Einheit als *Austausch* vollzieht, bei dem Menschen über Dinge zueinander in Beziehung treten, findet darin eine Verdinglichung ihrer Verhältnisse statt. Sie erkennen im Austausch nicht mehr dessen Grund: Die arbeitsteiligen Tätigkeiten. Dieser Gedanke von Marx ist sehr wichtig und bleibt unverlierbar für jede nachfolgende Analyse der Wirtschaft.

Doch was Marx in diesem Bild verwechselt, ist eine *Geldökonomie* mit einer reinen Tauschwirtschaft. Als komplexe, arbeitsteilige Welt, als eine umfangreiche Population von Tauschakten *kann* solch eine Gesellschaft überhaupt nur bestehen, wenn sie ihren Tausch über die Geldrechnung abwickelt. Man kann also nicht die arbeitsteilige Struktur *voraussetzen*, um an deren dinglicher Entfaltung „das Geld" abzuleiten. Marx formuliert einen Gedanken, den viele Ökonomen teilen:

„In der Tat erscheint der Austauschprozess von Waren ursprünglich nicht im Schoß der naturwüchsigen Gemeinwesen, sondern da, wo sie aufhören, an ihren Grenzen, den wenigen Punkten, wo sie in Kontakt mit andern Gemeinwesen treten."[89]

Wenn aber der Austausch als *reiner* Tausch nur zufällig an den Rändern der Gemeinwesen stattfindet, also *bloßer Tausch* ist, dann gelten dafür gerade nicht kategorial jene Strukturen, die *innerhalb* einer arbeitsteiligen Geldökonomie wirksam sind.

Die Geldwirtschaft organisiert wohl arbeitsteilige Prozesse. Doch man kann das, was über den Markt als Produkt vermittelt wird, nicht auf bloße Arbeit reduzieren. Sagt man, dass die Arbeit aber das einzige *sozial* bestimmende und aktive Element der Produktionsprozesse ist, so handelt es sich um höchst *verschiedene* Arbeitsarten. Marx nennt sie „konkrete Arbeit", die „Gebrauchswerte hervorbringt". Doch diese Bestimmung ist schon unzulänglich: Es werden *Produkte* erzeugt, das ist richtig. Ob es sich allerdings um *Güter* handelt, erweist sich erst dann, wenn sie *nachgefragt* werden. Erst die Subjektivität der Käufer legt fest, was ein „Gebrauchswert" ist. Die Arbeit bringt also weder „Gebrauchswerte" hervor, noch lässt sich an den vielen konkreten Arbeiten etwas „Gemeinsames", gar „Abstraktes" entdecken, das als *Substanz* herhalten könnte. Zudem können die Arbeiter gar nicht voneinander und von ihren Maschinen, die sie bedienen, *getrennt* werden, ohne jeweils einen *ganzen* Produktionsprozess aufzuheben.

Auch die Arbeitszeit ist kein *abstraktes* Maß der Arbeit, wie Marx glaubt. Es ist immer die *konkrete Zeit* eines konkreten Arbeiters. Die Differenz zwischen der Tätigkeit eines Fließbandarbeiters und einer Sekretärin ist nicht zu eliminieren, indem ein

---

[87] In seinen früheren Entwürfen spricht Marx vom „Austausch von Äquivalenten" als einem „notwendigen Schein", K. Marx, MEW 42, S. 417, wobei Marx die seltsame Denkfigur anfügt, dass die gemeinsame Substanz, das Äquivalent nicht die Arbeit selbst ist, sondern nur durch die Arbeit *gemessen* wird; vgl. die Formel von den „durch die Arbeit gemessnen Äquivalenten". Hier wäre die Arbeit nur Maß, nicht das Gemessene. Dieser Gedanke taucht später in dieser Form nicht mehr bei Marx auf.

[88] Vgl. K.-H. Brodbeck (1980); (1981b); (1983a); (2002a), Kapitel 7.6.

[89] K. Marx, MEW 13, S. 36f.

4.4.8 Der Arbeitswert und der Begriff der Arbeit

externer Beobachter die „Arbeitszeit" mit seiner Uhr misst. Zudem fehlt der Zeitmessung als *naturwissenschaftlichem* Vorgang wiederum kategorial jener soziale Inhalt, der für den Wert verantwortlich ist. An der Arbeit ist also nichts Abstraktes zu entdecken, außer dem begriffsblinden Blick ihres Beobachters. Was daran „abstrakt" ist, ist einzig der *Geldrechnung* geschuldet, die sich aber an der Arbeit als eine *je fremde* Kostenrechnung geltend macht. Die Gewalt, die der Behandlung von Menschen als Kostenfaktoren durch die Geldrechnung angetan wird, wäre völlig unverständlich, wenn das Geld nur die „Erscheinungsform" dessen wäre, was die Arbeit *zuinnerst* als soziale Substanz charakterisiert.

Eine *durchschnittliche* Arbeitszeit ist ökonomisch sinnlos, wenn man diesen Begriff über alle Produktionszweige als gültig behauptet. Zwar kann man sagen, dass eine bestimmte konkrete Aufgabe, die Ausführung eines Handlungsprogramms, bei verschiedenen Menschen auch unterschiedliche Zeit in Anspruch nimmt, und man kann daraus einen Durchschnitt ermitteln. Doch diese Größe hat *ökonomisch* überhaupt keinen Inhalt, genauer, sie bekommt nur dann einen Inhalt, wenn solche Durchschnittswerte von Managern oder Zentralplanern im Sozialismus als *Norm* festgelegt werden und damit funktional als Bemessungsgrundlage für *Kostengrößen* dienen.

Die menschliche Arbeit kann nicht auf den *mechanischen* Begriff reduziert werden, den Marx verwendet: die

„produktive Verausgabung von menschlichem Hirn, Muskel, Nerv, Hand usw."[90]

Diese Bestimmung ist schon vom Wortsinn her völlig haltlos: Wie viel Hirn, Muskel oder Nerv „verausgabt" denn ein Mensch, der einen Brief auf einer Schreibmaschine schreibt? 14% Hirn, 30% Muskel, 7% Nerv und 49% Hand *stecken* dann wohl als Wertsubstanz im Brief! Selbst als *Metapher* ist diese Denkform blanker Unsinn – und sie ist Marx nicht einfach nur „herausgerutscht", wiederholt er sie doch an drei verschiedenen Stellen von „Zur Kritik" und im „Kapital".[91]

Der Arbeit kommt überhaupt keine Qualität zu, die man über alle konkreten Arbeitsformen hinweg quantifizieren könnte. *Die* Arbeit ist eine Abstraktion, kein Energiequantum, das man auf verschiedene Produktionszweige verteilen könnte – eine Vorstellung, die Marx wiederholt in unterschiedlichen Formen vorbringt.[92] Es ist auffallend, wie wenig auch die Marx-Kommentatoren sich diese Frage der *qualitativen Einheit* der Entität Arbeit überhaupt gestellt haben, die doch zugleich als *Grund* aller Werte gilt, also vor dem Austausch und unabhängig vom Geld kategorial bestimmt werden müsste. *Ein* Beispiel: Dieter Wolf sagt, dass (übrigens unabhängig von der spezifischen Gesellschaftsform des Kapitalismus) die „einzelnen Arbeiten als aliquote Teile der (!) Gesamtarbeitszeit gesetzt werden", um in verschiedensten Gesellschaftsformen als diese Substanz auf die Produktionszweige verteilt zu werden. Es wird stets die „dem Gemeinwesen zur Verfügung (?) stehende (?) Arbeitszeit verausgabt."[93] Hier wird die „Gesamtarbeitszeit" als eine Entität gedacht, der erstens eine Quantität zukommt und

---

[90] K. Marx, MEW 23, S. 58; vgl. zur Kritik dieser Denkfigur bei Marx und in der Neoklassik K.-H. Brodbeck (2000a), S. 109ff.

[91] MEW 13, S. 18; MEW 23, S. 58; MEW 23, S. 184.

[92] Vgl. MEW 32, S. 72, wo Marx die Kategorie der Substanz mit „Gesetz" (= Formsubstanz) gleichsetzt.

[93] D. Wolf (1985), S. 50. Wolf wiederholt diesen Gedanken in einer öden Beharrlichkeit, die von Marx noch jede Pointe durch Langeweile abbricht.

die zweitens auf verschiedene Produktionszweige oder Arbeitsarten verteilt werden kann. Doch was soll das für eine Entität sein: „*die* Gesamtarbeitszeit"?

Wolf zitiert Marx' Satz von der „proportionellen Verteilung der gesellschaftlichen Arbeit"[94]. Doch wie soll etwas, das gar nicht als Entität, als Aggregat *gedacht werden kann*, proportional verteilt werden – und proportional *zu was*? Die neoklassischen Ökonomen behelfen sich mit der Fiktion der *homogenen Arbeit*, die durch „Allokation" über die Märkte auf die Produktionszweige verteilt wird, wie andere nicht minder „homogen" gedeutete Produktionsfaktoren auch. Hier kann ich nur mit Aristoteles sagen: „Man darf nun zwar nach Wunsch Voraussetzungen schaffen, aber nichts Unmögliches."[95] Wenn es dagegen der *Austausch* sein soll, „worin die verschiedenen Arbeitszeiten miteinander verglichen und ihr respektives Gewicht (!) an der gesellschaftlichen Gesamtarbeitszeit festgesetzt"[96] werden, was sind dann diese „Gewichte" *ohne* Austausch, also ohne die qualitative Einheit des Geldes *neben* den Produkten als Rechnung der Tauschenden? Um ein „Gewichtsanteil" zu sein, muss das, wovon etwas „Teil" ist, als identische Qualität schon *vor* dem Austausch existieren,

„denn wir können erst dann die Dinge unter Zahlbegriffe bringen, wenn wir sie unter eine gemeinsame Gattung gebracht haben."[97]

Ist das nicht der Fall, dann ist der Begriff der „Gesamtarbeitszeit" leer und nur die Reproduktion des schon bei Ricardo ungelösten Reduktionsproblems.

Diesen mechanischen Vorstellungen ist ein völlig inadäquater Arbeitsbegriff supponiert, der sich Marx verdankt. Wenn man von „Aufteilung" (Allokation) *der* Arbeit spricht, dann übersieht man, dass die Aufteilung gerade ihre *qualitative Differenzierung*, ihre Ungleichmachung bedeutet. Ihre Aufteilung, ihre Allokation *ist die Spezialisierung* der Arbeit. Mit den Produktarten und Produktquantitäten nimmt die Spezialisierung *zu* – eben das war Platons von Smith rekonstruierte wichtige Erkenntnis. Der Begriff der Arbeits*teilung* enthält zugleich die Bestimmung der „Inhomogenität" der verschiedenen spezialisierten Tätigkeiten. Ihre Einheit existiert also nicht mehr an ihnen als eine „Natur" – sie wird in der Produktion überhaupt nicht mehr hergestellt. Erst der *soziale Austauschprozess* und die Rechnung in Geld stellt diese Einheit *nachträglich* her, so dass die Begriffe der „Einheit" und „Allgemeinheit" sich nur auf die Produkte, nicht auf die hervorbringende Ursache (Arbeit) beziehen.

„Arbeit" oder „Arbeitszeit" ohne die Qualität ihres Tuns hat nur als *physikalischer* Begriff einen Sinn. Energie, bestimmte chemische Stoffe, elektrischer Strom etc. sind homogene Quantitäten, die man proportional aufteilen kann: Wasser in Gläser, elektrischen Strom gemäß dem 1. Kirchhoffschen Gesetz usw. Voraussetzung dafür ist die *qualitative Einheit* dessen, was *quantitativ* verteilt werden soll (Wasser, elektrischer Strom usw.). Doch der „Arbeit" ermangelt diese qualitative Einheit, auch wenn man formal die Wochenarbeitszeiten von fünf Elektroingenieuren (200 Stunden), zwei Post-

---

[94] D. Wolf (1985), S. 53. Vgl. K. Marx, MEW 32, S. 553 und S. 12; siehe auch: „Verteilung der (!) Arbeitszeit auf die verschiednen Zweige der Produktion", K. Marx (1953), S. 89.
[95] Aristoteles (1989): Politik 1265a 17f, S. 121.
[96] D. Wolf (1985), S. 70. Wolf kann sich eine intellektuelle Auseinandersetzung mit Marx offenbar nur als Aktivität eines Spitzels vorstellen, wobei er es für ein Argument hält, zu sagen: „Er (gemeint ist Ernst Michael Lange, KHB) *denunziert* Marx' Ausführungen", D. Wolf (1985), S. 148. Nun kann man zwar eine Person, wohl aber kaum eine „Ausführung" denunzieren. Doch das Motiv ist auch durch verunglücktes Deutsch hindurch erkennbar: Wer Marx kritisiert, handelt aus *niedrigen Beweggründen* (= Denunziation).
[97] B. Spinoza (1977), 50. Brief an Jarig Jelles, Briefwechsel, S. 209.

4.4.8 Der Arbeitswert und der Begriff der Arbeit

boten (80 Stunden) und einer Kosmetikberaterin (40 Stunden) als cartesianischer Beobachter von außen „addieren" kann (ergibt: 320 Stunden „Gesamtarbeitszeit") – es kommt so oder so nur ein sinnloser Ausdruck zustande, auch dann, wenn man die verschiedenen Qualitäten „gewichtet". Sagt man, die Gewichte werden durch den *Markt* festgelegt (das war schon Ricardos Antwort), so gerät man in einen unaufhebbaren Zirkel – wie stets, wenn man sich denkend in der zirkulären Struktur des Geldes bewegt und darin eine *Kausalität* oder die Beziehung von Grund (= Wert) und Folge (= Preis) festzumachen versucht: Die gewichtete Summe soll die Wertsubstanz sein, die für die Preise verantwortlich ist; aber die *Gewichte* werden erst auf dem Markt als relative Preise festgelegt. Die *Folge* (die relativen Marktpreise) wird nun selbst zum *Grund* (dem Arbeitswert als abstrakt allgemeiner Durchschnittsarbeit).

Jeder Versuch, die Gewichte *unabhängig* von den Marktprozessen zu definieren, ist deshalb nur schlechte Metaphysik oder mathematische Spielerei.[98] Was Marx und seine Kommentatoren darüber sagen, ist *kategorial* nichts anderes als die Projektion der *Geldeinheit* auf das fertige Produkt und der rückwirkende Fehlschluss auf dessen hervorbringende Ursache. All dies ist der *Arbeit* als einer sozialen *Handlung* wesensfremd. Nur für die Geldrechnung und die ihr eigentümliche Abstraktion sind alle Arbeitsarten *gleich-gültig*. Doch *Kosten* sind keine *Ursachen* des (Geld-)Wertes, sondern *Ergebnis* der in ihm veranschlagten Rechnung.

Arbeit als Arbeit ist eine *formsetzende Tätigkeit*. Wer davon abstrahiert, der abstrahiert von der *Arbeit*. Für die Setzung von Formen gibt es aber weder einen Durchschnitt noch ein übergeordnetes *Zeitmaß*. Deshalb sind Arbeitsarten ihrem Wesen nach, nämlich als teleologische Setzungen, untereinander unvergleichbar. Das *Wesen der Arbeit* ist ein Formprozess. Auch „Vulgärökonomen", die Marx mit Häme überschüttete, haben das gelegentlich verstanden. So sagt Senior:

> „Arbeit ist die *absichtliche* Ausübung eines körperlichen oder geistigen Vermögens zum Zweck der Produktion."[99]

Arbeit ist durch die Form bestimmt, die als *causa formalis* dem Akt der Verwirklichung vorausgeht. Abstrahiert man von der Form und blickt auf den mechanischen Akt, so übersieht man, dass auch dieser *Akt* eine Form besitzt (als Realisation eines Handlungsprogramms). Man kann also den Akt nicht von seiner Form trennen, ohne den Begriff der Arbeit aufzuheben.

Bei Marx erscheint dies aus einer äußeren Perspektive betrachtet nur als *gradueller* Unterschied. Die qualitative Differenz zwischen Akt und Form wird bei ihm zur naiven Vorstellung, die formsetzende Tätigkeit sei mehr oder minder „kompliziert". Marx kennt also nicht nur die „einfache Durchschnittsarbeit", die zwar je nach Land und Kultur unterschiedlich, aber „in einer vorhandenen Gesellschaft gegeben" sei[100], sondern

---

[98] Krause versucht dieses Problem durch eine „Standard-Reduktion" der Arbeit zu lösen, die die verschiedenen Arbeitsarten in sich selbst produzierende Prozesse aufspaltet, mit einer Reduktions-Matrix H; vgl. U. Krause (1981), S. 174: „The entry of h_{ij} of H gives the amount of labour of type i required directly or indirectly to reproduce one unit labour-power of type j". Wieviele Einheiten h_{ij} an Input ökonomischer Weisheit, produziert in ökonomischen *Journals*, wohl erforderlich sind, um die Qualifikation einer Kaffeepflückerin zu „produzieren", die den Kaffee erntet, den jene für ihre Aufsätze konsumieren? Immerhin hat Krause die Inhomogenität der Arbeit *bemerkt*.
[99] N. W. Senior (1939), S. 57.
[100] K. Marx, MEW 23, S. 59. Vgl. „(E)ine bestimmte produktive Verausgabung von menschlichem Muskel, Nerv, Gehirn usw. Es ist einfache Arbeit, wozu jedes Durchschnitts-

auch das, was er „komplizierte Arbeit" nennt. Der *Begriff* „komplizierte Arbeit", den Marx hier verwendet, und der nur „potenzierte oder vielmehr multiplizierte einfache Arbeit" sein soll, sei jeweils auf „einfache Arbeit" reduzierbar. Dieser Gedanke enthält schon deshalb einen Widerspruch, weil, wenn überhaupt, auf dem Weltmarkt *verschiedene* Maßstäbe für *einfache* Arbeit vorliegen. Auf diesem Markt soll das geschehen, was für Marx als „Beweis" der Reduktion komplizierter auf einfache Arbeit gilt:

> „Dass diese Reduktion beständig vorgeht, zeigt die Erfahrung. Eine Ware mag das Produkt der kompliziertesten Arbeit sein. Ihr Wert setzt sie dem Produkt einfacher Arbeit gleich und stellt daher (!) selbst nur ein bestimmtes Quantum einfacher Arbeit dar."[101]

Ein glatter Fehlschluss, der auch dann offenkundig ist, wenn man den Wert aus der Arbeit ableiten, wenigstens aber mit ihrem Begriff harmonisieren möchte. Der Wert der Arbeit sei das, was die vereinzelten Arbeiter in verschiedensten Formen und Inhalten durch „Vergegenständlichung" ihrer mechanischen Bewegung, ihrer „Verausgabung von Hirn, Muskel, Nerv etc." den Produkten mitgeben.[102] An dieser Bewegung ist *nichts*, was „die Erfahrung zeigt". Was sich dagegen in einer Geldökonomie tatsächlich zeigt, ist nur dies, dass alle Produkte monoton in einer Einheit berechnet werden, durch die Multiplikation mit einem Geldpreis. *Das* zeigt die Erfahrung. Man kann diese Erfahrung so deuten, dass das Geld alle *Produkte* gleich macht. Dass damit auch alle *hervorbringenden Ursachen* in ihren Eigenschaften – die verschiedensten Arbeitsformen, das Management, die Funktion der Maschinen, die in den Produkten enthaltenden Rohstoffe, die genutzten Bodenflächen, ja, auch noch der Staat, der die Eigentümer in ihrer Produktion vor Dieben oder Plünderern schützt – „gleichgesetzt" werden, ist einfach nur schlechter mechanischer Determinismus.

Es ist richtig: Das Geld macht *alles* gleich, unterscheidet nicht, ob es sich um ein von hoch qualifizierter Arbeit hervorgebrachtes Kunstprodukt oder einen zufällig gefundenen Diamanten handelt. Die Gleich-Gültigkeit des Geldes bezieht sich aber nicht auf verschiedene Prozesse der *Hervorbringung* von Produkten, sondern nur auf die *Waren*, die auf dem Markt erscheinen. Ihre *Herkunft* ist je schon vergessen und eben

---

individuum abgerichtet werden kann und die es in der einen oder andern Form verrichten muss." K. Marx, MEW 13, S. 18. Kein Zweifel, ob Ingenieur oder Bäcker, als *Organismen* sind bei ihren Handlungen Gehirn, Nerven etc. beteiligt. Das gilt auch für Pferde oder Kühe in der Produktion. Als *Naturwesen* kommt Lebewesen dies zu – nicht als sozialen Wesen, nicht als Menschen.

[101] K. Marx, MEW 23, S. 59. Marx liefert hier übrigens die Urform eines Denkmodells, das in der Soziologie als „Komplexitätsreduktion" eine große Karriere machte. Doch so wenig es eine Substanz der Komplexität (= Informationsinhalt) *an sich* geben kann, so wenig reduzieren Modelle oder Zeichen Komplexität.

[102] Marx steht hier völlig im Bann von Ricardo und Mill, für die nur das Wert hat, was sich vergegenständlicht: „Arbeit von jemand, der ein Musikinstrument spielt, nennen wir unproduktiv", J. St. Mill (1976), S. 108. Das Klavier *hat* Wert, das Klavierspiel nicht; es ist „sowenig als die Arbeit des Narren produktiv (.), der Hirngespinste produziert", K. Marx (1953), S. 212, Note; Marx bezieht sich auf N. W. Senior (1836), S. 51 und verwechselt es mit Lists Beispiel, vgl. F. List (1928), S. 231. Der immanente Denkfehler hierbei: Höher qualifizierte Arbeit soll einen höheren Wert setzen als einfache Arbeit; die *Arbeit* der Qualifikation sei aber wertlos. Marx kannte Seniors und Lists Einwand – er steht schon bei A. Müller (1936), S. 231 –, antwortete aber nur mit hilflosen Invektiven. Er wusste kein Argument dagegen.

4.4.8 Der Arbeitswert und der Begriff der Arbeit

gleich-gültig. Die Gleichgültigkeit, die aus dem Geld ablesbar ist, bezieht sich *nur* auf fertige Produkte. Wenn die Geldrechnung die Produktion *organisiert* mit Hinblick auf die zu verkaufenden Produkte und alles in „Kosten" verwandelt, so verschwindet wiederum die qualitative Differenz zwischen „Arbeit" und „Maschine", „Rohstoff" oder z.B. auch der Dienstleistung eines Rechtsanwalts. Alles sind gleich-gültige Kosten, gerechnet in der vorausgesetzten Geldeinheit. Doch sie sind gleich *mit Bezug auf die Geldrechnung*, nicht von ihrer Seite her.[103] Nichts an ihnen, keine Eigenschaft, erscheint im Geld – eben dies ist die aristotelische Erkenntnis, dass dem, was im Geld erscheint, nichts an den Dingen, die auf es bezogen sind, als *physis* zukommt. Den hervorbringenden Ursachen *mangelt* physisch oder hinsichtlich anderer als monetärer Eigenschaften jede Gleichheit – und gerade deshalb liegt in der Geldrechnung ein gleichgültiger Gewaltakt, den Arbeiter sehr wohl erfahren, wenn sie zum Objekt der Kostenrechnung werden, die sie mit Arbeitern an anderen Standorten ebenso vergleicht wie mit Maschinen oder Industrierobotern.

Ferner: Wie unterscheidet sich ein Durchschnitt aus *qualitativ verschiedenen* Tätigkeiten von einer *Reduktion*?[104] Die qualitative Differenz konkreter Arbeiten beruht auf der je verschiedenen *Form*, die realisiert wird. Doch eben dies charakterisiert auch „komplizierte" Arbeit. Hier gehen also bei Marx viele Dinge durcheinander: Bei verschiedenen Arbeiten ist die realisierte *Form* verschieden; es kann aber auch die Weise der Realisierung der Form, die Technik des Arbeitens, verschieden sein; und innerhalb jeder bestimmten Tätigkeitsart wiederum gibt es *individuelle* Differenzen, die ihrerseits wieder aus kulturellen Unterschieden (Ausbildung, Umgebung etc.) bestehen. Dieses Verhältnis als *Reduktionsproblem* zu beschreiben, ist ein völliger Missgriff, weil Arbeit als Arbeit, als Formsetzung *auf keine Weise* aufeinander zu beziehen ist. Die Reduktion kommt vielmehr immer von *außen*, als *äußeres* Verhältnis, worin sich die durchaus abstrakte Geldrechnung an der konkreten Arbeit gewaltsam entfaltet: Der Austausch bestimmt also als Geldökonomie die Produktion, subsumiert die Formprozesse darin – der Arbeit als Arbeit kommt aber *keine* Qualität zu (weder eine natürliche noch eine „soziale"), die eine Umrechnung ineinander erlauben würde.

Kurz und zusammengefasst: Wenn man all dies im Wort „kompliziert" zu denken versucht, wird überhaupt kein Inhalt mehr *ausgesagt* – außer der Weisheit des Marktes, dass die Geldbesitzer all dem gegenüber *gleichgültig* sind, sofern die Resultate solch unterschiedlichen Tuns jeweils gegen *Geld* vertauscht werden. Doch das hat mit dem *Arbeiten* nicht das Geringste zu tun, weil nur *fertige* Produkte getauscht werden. Die Spur ihres Werdens ist an ihnen längst getilgt. Der gesellschaftliche Charakter kommt also nicht der hervorbringenden Tätigkeit zu, sondern jenen Handlungen, die mit Produkten und mit Geld hantieren: dem Kaufen und Verkaufen. Nur einem mechanistisch verengten Blick, der Arbeit *physikalistisch* interpretiert als *causa efficiens*, kann es in einer völlig determinierten Welt so scheinen, dass der Inhalt der Wirkungen *gänzlich* auf die Ursachen zurückführbar ist, Formprozesse keine Rolle spielen und – wie bei

---

[103] Marx sagt: „Der Vereinfachung halber gilt uns im Folgenden jede Art Arbeitskraft unmittelbar für einfache Arbeitskraft, wodurch nur die Mühe der Reduktion erspart wird." K. Marx, MEW 23, S. 59. Was soll *vor dem Geldausdruck* an den Arbeiten reduziert sein – und worauf? Wenn Marx von dieser Frage absieht und einfach etwas „annimmt", dann verlegt er die Gleichheit, die erst das Geld als Vergesellschaftung herstellt, in die Arbeit und macht daraus dann sogar eine „Wertsubstanz", die sich *im Geld* nur „darstellen" soll.

[104] Sowjetische Autoren haben sich mit dieser Frage herumgeschlagen und sie stalinistisch-administrativ beantwortet, wobei die „Methodik zur Berechnung und Anwendung der Reduktionskoeffizienten in gewissem Maße abhängig ist von den jeweiligen Zielen", J. Gomberg, M. Moschenski (1975), S. 314. Anders gesagt: Die Reduktion ist reine *Willkür*.

einer energetischen Transformation z.B. von Wärme in Bewegung – all diese mechanistisch konzipierten „Arbeiten" ineinander umrechenbar sein sollen in eine *allgemeine* Arbeitssubstanz, die den *Inhalt* des *sozialen Werts* bilden soll. Man sieht: All diese irrtümlichen Denkfiguren erwachsen aus der Projektion der *Geldrechnung* auf die tatsächliche Arbeit. Adam Smith hat in seinem methodischen Cartesianismus, der soziale Gegenstände als mechanische Entitäten (Maschinen) begreift, diesen Irrtum begründet und damit das Flussbett für einen Strom falscher Gedanken bereitet. Bei Marx taucht das je schon vorausgesetzte Geld kategorial sogar in die Struktur der Arbeit ein, liefert deren Begriff, um dann als „Wert" in der Ableitung des Geldes wiederum als *Grundlage* zu dienen. Bei anderen Autoren hätte Marx dies „abgeschmackt" genannt.

Bei Marx finden sich tatsächlich nebeneinander zwei unvermittelte Begriffe von „Arbeit", deren gegenseitige Abhängigkeit ihm offenbar nicht klar war;[105] das hat, wie sich gleich noch zeigen wird, auch unmittelbare Auswirkungen auf seinen Begriff von „Gesellschaft". In der oben zitierten Bestimmung der Arbeit als *Wertsubstanz* gilt ein rein physikalistischer Reduktionismus. Hier hat für Marx die Arbeit gänzlich einen *mechanischen* Sinn als „produktive Verausgabung von menschlichem Hirn, Muskel, Nerv, Hand usw."[106] Kategorial bestimmend ist der Gedanke, dass „Arbeiten" offenbar ein rein materieller Vorgang sein soll, ein Begriff, wie ihn auch die Physik verwendet. Wenn ein physikalistischer Inhalt, ein mechanischer Begriff zur *sozialen Substanz* erklärt wird, dann begeht man einen schlichten Kategorienfehler. Doch Marx, wie häufig, ist hier keineswegs konsequent. In seiner Analyse des Arbeitsprozesses findet sich ein ganz anderer Arbeitsbegriff. Hier sagt Marx:

> „Wir unterstellen die Arbeit in einer Form, worin sie dem Menschen ausschließlich angehört. Eine Spinne verrichtet Operationen, die denen des Webers ähneln, und eine Biene beschämt durch den Bau ihrer Wachszellen manchen menschlichen Baumeister. Was aber von vornherein den schlechtesten Baumeister vor der besten Biene auszeichnet, ist, dass er die Zelle in seinem Kopf gebaut hat, bevor er sie in Wachs baut. Am Ende des Arbeitsprozesses kommt ein Resultat heraus, das beim Beginn desselben schon in der Vorstellung des Arbeiters, also schon ideell vorhanden war. Nicht dass er nur eine Formveränderung des Natürlichen bewirkt; er verwirklicht im Natürlichen zugleich seinen Zweck, den er weiß, der die Art und Weise seines Tuns als Gesetz bestimmt und dem er seinen Willen unterordnen muss."[107]

Marx reproduziert *hier* die Struktur der Arbeit so, wie sie sich in der aristotelischen Tradition findet. Der Mangel dieser Tradition besteht in dem, was sie von der platonischen Denkform trennt: Bei Platon ist stets deutlich, dass die Idee im Diskurs einen sozialen Ort hat – seine Dialoge reproduzieren diese soziale Form der „Ideenfindung". Die Theologie verlegt diesen Ort ins Bewusstsein Gottes, an dem die Menschen nur durch Analogie teilhaben. Erst die neuzeitliche Philosophie hat dies dann im abstrakten Begriff „eines Bewusstseins" ausgedrückt, das mit *einem* menschlichen Individuum zusammenfällt. Bei Marx bleibt die *ontologische* Stellung der Zwecksetzung in der Arbeit unklar, sofern er von „*dem* Menschen" spricht. Es ist allerdings durchaus richtig, wenn er sagt, dass in der *Realisierung* der Idee der Arbeitende seinen Willen der Idee, dem Handlungsprogramm *unterzuordnen* hat. Doch die Idee hat weder empirisch noch

---

[105] Vgl. genauer dazu K.-H. Brodbeck (2002a), Teil 7.
[106] K. Marx, MEW 23, S. 58.
[107] K. Marx, MEW 23, S. 193.

kategorial ein Sein der Einzelheit, das man „dem Menschen" (dem Bewusstsein, dem Demiurgen) zuordnen könnte. Die Konfusion wird deutlich, wenn man Marx in der Bestimmung dessen, *was* eine Idee ist, weiter folgt. Ich habe das einleitend bereits skizziert und auf das Erbe dieses Gedankens bei Habermas hingewiesen (vgl. 1.1.3).

4.4.9 Der Fehler in der Geldableitung

Ungeachtet der Einwände gegen die Arbeit als Wertquelle möchte ich nun die Marxsche Darstellung des Übergangs zur Geldform noch unabhängig von dieser Kritik näher durchleuchten. In seiner Polemik gegen Proudhon sagte Marx:

> „Das Geld ist nicht eine Sache, sondern ein gesellschaftliches Verhältnis."[108]

Diese Formel ist korrekt und bleibt gleichsam noch begrifflich neutral, denn hier kommt alles darauf an, wie man den Begriff des „Gesellschaftlichen" entfaltet. Marx bestimmt das „Wesen des Geldes"[109] – durchaus in der metaphysischen Tradition – doppelt: Einmal sucht er die *Substanz* des Geldes, zum anderen seine spezifische *Form*. Diese Substanz definiert Marx bereits in den Manuskripten von 1844 so:

> „das Geld als der existierende und sich betätigende Begriff des Wertes"[110].

An dieser formalen Definition hat Marx nichts mehr geändert, auch wenn er später die „Wertsubstanz" als gesellschaftliche Durchschnittsarbeit näher bestimmt. Den *Formbegriff* in der Ableitung des Geldes entnimmt Marx dagegen vollständig dem Austausch. Die Personen sind, wie bemerkt, im „Kapital" gleich von Anfang an verschwunden. Marx geht hier wie folgt vor: Eine Ware a tauscht sich in bestimmter Relation gegen eine Ware b, in dritter Relation gegen eine Ware c usw. Schreibt man eine Reihe mit Waren untereinander, die sich alle in bestimmten Relationen z.B. gegen die Ware a tauschen, so nennt dies Marx die „allgemeine Wertform". Stets spricht er hier von einem Tun der Waren:

> „Die Waren stellen ihre Werte jetzt 1. einfach dar, weil in einer einzigen Ware und 2. einheitlich, weil in derselben Ware. Ihre Wertform ist einfach und gemeinschaftlich, daher allgemein."[111]

Nachdem Marx über Seiten hinweg jedes tätige Tauschsubjekt eliminiert hat, lässt er hier die Waren Tätigkeiten entfalten, die er in Formen einteilt und diese Formen in ihrem fröhlichen Dialog in der Warensprache als exogener Metabeobachter belauscht:

> „Man sieht, alles, was uns die Analyse des Warenwerts vorher sagte, sagt die Leinwand selbst, sobald sie in Umgang mit andrer Ware, dem Rock, tritt. Nur verrät sie ihre Gedanken in der ihr allein geläufigen Sprache, der Warensprache."[112]

---

[108] K. Marx, MEW 4, S. 107.
[109] K. Marx, MEW 19, S. 358. Vgl. A. Schomandl (1985), S. 96ff und S. 147ff.
[110] K. Marx, MEW 40, S. 566. Man beachte die hegelianische Phrase: Ein *Begriff* betätigt sich hier, nicht etwa die Menschen.
[111] K. Marx, MEW 23, S. 79.
[112] K. Marx, MEW 23, S. 66.

All diese Metamorphorik bedeutet nur eines: Marx bewegt sich nicht in einem Kaufakt im Kapitalismus, er untersucht auch keine Tauschstruktur, sondern er *konstruiert* aus dem Wissen um eine Geldökonomie Tauschprozesse von Dingen, aus denen er dann kategoriale Verhältnisse ableitet, die er je schon vorausgesetzt hat. Die „allgemeine Wertform" *kann* nicht als realer Tauschakt aus der vereinzelten Wertform „hervorgehen", weil die vereinzelte Wertform als Resultat des *higgling and bargaining of the market* in beliebig vielen Tauschrelationen besteht, die *zudem* keine Gleichungen darstellen.

Wenn man nur *Relationen* ordnen wollte, so wäre zwar der Fehler vermieden, im Tausch eine *Gleichung* finden zu wollen. *Geld* wäre daraus aber auch nicht ableitbar. Betrachten wir drei vereinzelte Tauschakte. Ich verzichte auf die Fehldeutung der Gleichung und unterstelle nur, dass drei Waren – wobei die kleinen Buchstaben jeweils Variablen für Quantitäten bezeichnen sollen – a, b und c in verschiedenen „einzelnen, zufälligen" Wertformen getauscht werden. Es ergeben sich drei Tauschrelationen: a/b, b/c und a/c. Wenn es sich um drei *kategorial vereinzelte* Tauschakte handelt (d.h. wenn wir nicht stillschweigend schon eine Geldökonomie voraussetzen), dann lässt sich aus den zwei Tauschakten a/b und b/c *nicht* der dritte Tauschwert ableiten. Es gilt also:

$$a/b * b/c \neq a/c.$$

Es gibt keine Transitivität der Tausch*akte*, wenn es tatsächliche, also *zufällige* Tauschverhältnisse sind. Denn diese Tauschverhältnisse sind durch ihre jeweilige Tauschsituation vereinzelt, und es wäre ein bloßer *Zufall*, wenn gelten würde: a/b * b/c = a/c. Man kann also nicht aus einer Aneinanderreihung von vereinzelten Tauschakten zu einer „allgemeinen Äquivalentform" gelangen, die „einfach und gemeinschaftlich, daher allgemein" wäre.[113]

Marx wollte sich gerade durch seine Analyse der Wert*form* von den bürgerlichen Ökonomen unterscheiden, scheitert aber am selben Punkt wie sie. Menger und andere standen vor derselben Frage, und sie haben bemerkt, dass zufällige Tauschakte keine transitive Kette ergeben, die man dann als Struktur der Geldökonomie interpretieren könnte. Es ist leichthin dahergeplaudert: „Warenproduktion und Warenaustausch (...) *zwingen* die auf ihnen beruhende Gesellschaft" zur Geldverwendung:

„Sie sondern aus dem gemeinen Warenpöbel eine fürstliche Ware aus, in der der Wert aller andern Waren ein für allemal ausdrückbar ist"[114].

Geld ist aber nicht ein besonderes Individuum neben den Vielen; die Metapher vom Fürsten vergisst die Untertanen und die in diesem Verhältnis liegende *zirkulär-reflexive* Struktur. Die „Aussonderung" einer fürstlichen Ware aus dem Warenpöbel der Tauschpopulation stellt *neben- und nacheinander*, was nur in *einem Begriff* gedacht werden kann. Die fehlende Transitivität der Tauschrelationen in willkürlichen Tauschpopulationen lässt sich weder durch eine „Formanalyse" noch „evolutionär" erschleichen. Men-

---

[113] Das Problem wurde wohl erstmals von K. Wicksell (1893), S. 50ff und K. Wicksell (1898), S. 19ff aufgegriffen. Krause hat am Beispiel dreier Tauschakte gleichfalls bemerkt, „dass *keine* notwendige Beziehung zwischen den Tauschproportionen der einzelnen Akte besteht." U. Krause (1977), S. 146. Vgl. auch U. Krause (1979), S. 21ff; A. Schomandl (1985), S. 158ff.
[114] F. Engels, MEW 20, S. 286f. Der Ausdruck „Warenpöbel" stammt von K. Marx, MEW 23, S. 247.

4.4.9 Der Fehler in der Geldableitung

ger geht von zufälligen Tauschwerten aus, führt aber einen *Arbitragehandel* ein, das bedeutet: Er unterstellt, dass Waren zum Zweck des Tauschs erworben und weiter veräußert werden, um einen „Tauschgewinn" zu realisieren. Der Wettbewerb der Arbitragehändler führe zu einem Gleichgewicht, wodurch dann *jede* Ware allgemeine Ware, also Geld werden könne. Ich werde im Abschnitt über Carl Menger zeigen, dass dieser Gedanke am selben Fehler wie die Marxsche Wertformanalyse scheitert: Jeweils wird eine Population von Tauschakten *vorausgesetzt*, die es *ohne Geld* gar nicht geben kann. Es gibt keinen Warenpöbel ohne den Fürsten des Geldes, weil die Masse des Pöbels nicht ohne fürstliches Regiment *gedacht* werden kann: Keine Masse von Untertanen ohne König, keine Tauschpopulation ohne Geld.

Auch die Geldableitung aus der Marxschen *Formanalyse* ist also nichts weiter als eine *petitio principii*: Wenn es schon Geld gibt, wenn alle Waren *Preise* haben und wenn *zusätzlich* angenommen wird (was keineswegs empirisch der Fall ist), dass die Preise in verschiedenen Situationen für dieselbe Warenqualität auch gleich sind, *dann* kann man bei diesen dreifachen Wenn's „Werte" (d.h. Rechnungen in Geldeinheiten) miteinander vergleichen. Existieren in einer Geldökonomie für die drei Warenquantitäten a, b und c jeweils drei Geldpreise p_a, p_b und p_c, so lässt sich (bei beliebiger Teilbarkeit der Güter) jeweils ein Warenquantum a´, b´ und c´ finden, das sich als Wert w *in Geldeinheiten* ausdrücken lässt. Es gilt dann:

$$p_a a' = p_b b' = p_c c' = w \text{ Geldeinheiten.}$$

Doch offensichtlich ist das erst dann möglich, wenn Geld als soziale Institution bereits eingeführt ist. Tauschakte sind nicht *transitiv*, sofern es sich um vereinzelte, zufällige Tauschformen handelt. Ihnen wohnt kein verbindendes Prinzip inne, kein inneres Gesetz. Und deshalb lässt sich das Geld daraus nicht ableiten. Die „Formanalyse", die Marx umfänglich und umständlich vorführt, ist von der ersten Zeile an unhaltbar, in der er die erste Tauschgleichung notiert, die er später im Kapitel über den Austauschprozess oder im Anhang zur 1. Auflage *performativ* wieder aufhebt.[115]

Die Reflexionen von Marx über die Vorzüge von *Gold* als Geldware unterscheiden sich nicht von denen anderer Ökonomen. Es sollte gerade die „Wertformanalyse" sein, die schließlich aus der „allgemeinen Äquivalentform" kategorial das Geld als äußeren Ausdruck einer „inneren Doppelnatur" der Ware erscheinen lässt. Nur so kann sich Marx in seinen Überlegungen zu den Vorzügen der *Goldware* von den Vulgärökonomen unterscheiden, für die das „Geld ein pfiffig ausgedachtes Auskunftsmittel"[116] ist. Doch die impliziten Fehler in der Kategorialanalyse heben gerade *diese* Differenz auf

---

[115] Rosdolsky bezeichnet die Marxsche „Ableitung" des Geldes ganz so, wie Menger seine Ableitung verstanden hatte, als „Ableitung des Geldes aus dem unmittelbaren Tauschhandel", R. Rosdolsky (1968), S. 148. Rosdolsky sagt weiter: Bei der vereinzelten, zufälligen Wertform sei „die Versachlichung der gesellschaftlichen Produktionsverhältnisse noch sehr schwer zu fassen. Erst in der Geldform erhält sie eine ausgeprägte, greifbare Gestalt." R. Rosdolsky (1968), S. 156. Eine hübsche Tautologie: Die „Versachlichung" (= rechnende Rationalisierung) setzt eben schon *allgemeine* Geldverwendung voraus. Am isolierten Tausch ist davon, wenn man ihn korrekt analysiert, nichts zu finden. Die „Versachlichung" ist also nicht „schwer", sondern gar nicht „zu fassen", und genau das macht die kategoriale Differenz zwischen Tausch und Geld aus.

[116] K. Marx, MEW 13, S. 36.

und machen Marx damit reflexiv zum Objekt seiner eigenen Invektiven, die er gegen Vulgärökonomen bereithält.[117]

Die Marxisten oder die doch – nennen wir sie – „wohlwollenden" Marxinterpreten haben sich um die *inneren* Probleme der Geldableitung aus der Wertform und den darin offenkundigen Gegensatz zum *Inhalt* des Wertbegriffs als *Arbeits*wert kaum gekümmert. Diese Aussage mag erstaunlich erscheinen, wenn man auf die Fülle von Kommentaren zum „Kapital" blickt, die im Gefolge der Studentenbewegung oder im Kielwasser der Kritischen Theorie geschrieben wurden. Adorno hat selbst keinen erkennbaren Gedanken zur Geld*theorie* formuliert. Die umfangreicheren Untersuchungen von Hans-Georg Backhaus zur „Dialektik der Wertform" greifen hier durchaus tiefer und zeigen das Bemühen, die bürgerlichen Ökonomen tatsächlich zu studieren. Doch eine wirkliche *Analyse* der Marxschen Denkform, die sich an dessen eigene Darstellung hält, hat auch er nicht vorgelegt. Er ist immer schon darüber hinaus und verfehlt damit den Marxschen Gedankengang – wenn auch teilweise durchaus „produktiv".

Ich möchte dies an einem kurzen Textstück zeigen, dessen *inhaltlicher* Aussage ich teilweise zustimmen könnte. Sie hat nur einen Mangel: Backhaus legt sie Marx in den Mund, der tatsächlich das Gegenteil sagt.

> „Marx wollte zeigen, dass sich der Begriff einer prämonetären und zugleich arbeitsteilig durchorganisierten Marktwirtschaft und damit auch das Modell einer Naturaltauschwirtschaft nicht widerspruchsfrei konstruieren lassen. Der Begriff einer prämonetären Ware sollte als ein *denkunmöglicher* erkannt werden. Dazu gehörte vor allem der Nachweis, dass die Konstruktion eines Austauschprozesses prämonetärer Waren notwendig *scheitern* muss. (…) Der Wert kann also nicht als eine für sich existierende prämonetäre Substanz gedacht werden, die äußerlich auf ein Drittes, genannt Geld, bezogen ist. Der Wert existiert nicht jenseits und unabhängig von seiner ‚adäquaten' Erscheinungsform."[118]

Wenn Backhaus sagt, Marx wolle zeigen, dass sich das „Modell" der Naturaltauschwirtschaft nicht „widerspruchsfrei" konstruieren lassen könne, so hat das jedenfalls mit *Marx* eigenen Untersuchungen nichts zu schaffen. Ganz im Gegenteil: Nur weil für ihn der prämonetäre Tausch schon als Ansich des Geldes durch den dualen Charakter der in den Waren angeblich vergegenständlichten Arbeit interpretiert wird, kann Marx von der einfachen, zufälligen zur allgemeinen Wertform und zum Geld „überleiten". Hätte Marx seinen Wertbegriff so entwickelt, wie Backhaus das rekonstruiert, so wäre zwar immer noch nicht gezeigt, weshalb der Naturaltausch als prämonetärer Tausch einen realen und kategorialen Widerspruch enthält; doch das wäre immerhin ein richtiger Anfang. In der Diskussion der Mengerschen Geldableitung wird sich zeigen, dass *für Menger* die Backhaussche Denkfigur viel eher passen würde. Menger entwickelt ein „Modell" und versucht darin Gründe aufzudecken, weshalb der Naturaltausch nicht auf dieser Stufe stehen bleiben kann, ohne „evolutionär" das Geld hervorbringen zu *müssen*. Das Geld löst bei Menger also die „Widersprüche" des Naturaltauschs. Doch mit *Marxens* Überlegungen hat Backhaus' Denkform tatsächlich nichts gemeinsam. Für Marx wird der Wert *geschaffen* („Wertschöpfung"). Doch es gibt keine *Wertschöpfung*, denn „Wert" ist eine vom Geld erzeugte Illusion.

---

[117] J. A Schumpeter (1950), S. 45, spricht von „Marxens ausgesprochen schwacher Leistung auf dem Gebiet des Geldes".

[118] H.-G. Backhaus (1978), S. 38; vgl. H.-G. Backhaus (1969; 1974; 1975). Diese Aufsätze erschienen später auch in Buchform.

4.4.9 Der Fehler in der Geldableitung

Marx hat durchaus auch eine *gewisse* Parallelität von Logik und Geschichte postuliert. Doch erst die reife Form sollte zeigen, wie das Werden sich zu ihr hin entfaltet hat. Das „Werden des Geldes" als *kategoriale Entfaltung*, als „Dialektik" wird an einer *abstrakten* Tauschsituation entwickelt, die Marx *ausdrücklich* mit dem einfachen, zufälligen und vereinzelten Tausch *identifiziert*. Was sich darin als *Widerspruch* zeigt, wird von ihm aber immer aus der Doppelnatur der Arbeit abgeleitet, gerade *nicht* aus der Warenform *als Austauschform*.

> „Das Beste an meinem Buch", schreibt Marx an Engels am 24.8.1867, „ist (darauf beruht *alles* Verständnis der facts) der gleich im *Ersten* Kapitel hervorgehobne *Doppelcharakter der Arbeit*, je nachdem sie sich in Gebrauchswert oder Tauschwert ausdrückt."[119]

Der Tausch interessierte Marx immer nur als *Vergesellschaftung der Arbeit*, nicht als soziale Struktur aus „eigenem Recht". Er hat andererseits – wie gezeigt – in den „Ideen", den Handlungsprogrammen, die die Arbeit als Prozess *formen*, deren sozialen Charakter ignoriert, wenn auch um den Preis des Widerspruchs, zu behaupten, dass Zwecktätigkeit begrifflich als *vereinzeltes* Tun der Realisierung von Ideen zu verstehen sei, die andererseits ihren Ort nur in der Sprache haben (vgl. 1.1.3).

Er hat das Geld nicht als kategoriales Novum begriffen, als *eigene Kategorie*, die nur *an ihr selbst* verstanden werden kann. Deshalb folgt die Geldableitung stets diesem Muster, die *Form der Arbeit* in ihren verschiedenen Metamorphosen, in den Formen der Oberfläche des Tauschs, die er auch „verrückt"[120] nennt, zu verfolgen – bis hin zum Warenfetischismus. Marx entwickelt überhaupt kein Modell – Kategorienanalyse ist keine Modelltheorie –, schon gar keines, das beweisen möchte, weshalb der Naturaltausch auf entfaltet-arbeitsteiliger Basis „nicht funktioniert" oder sich auch nur nicht *widerspruchsfrei* rekonstruieren lässt. Das sind Erfindungen von Backhaus.

Der Witz bei Marx besteht gerade darin – ich werde in der Besprechung des „Fetischcharakters der Ware" darauf nochmals zurückkommen –, dass schon an der *einfachen Tauschform* sich für ihn das Geld latent zeigt, weil sich die angeblich darin realisierte Arbeit sowohl als konkretes Tun wie als allgemeine Substanz ausdrücken soll. Sicher, das haben die bisherigen Überlegungen gezeigt, ist dieser Gedanke *falsch*. Im Tausch drückt sich überhaupt kein „Wesen" aus, das von dem, was *im Tauschakt selbst gegeben ist*, verschieden wäre. Die Genese der Ware, aber auch ihre Einbettung in ihre Herkunft *aus einer* Arbeitsteilung, hat mit dem *Wertphänomen* überhaupt nichts zu schaffen. Es ist also völlig richtig, wenn Backhaus sagt:

> „Der Wert kann also nicht als eine für sich existierende prämonetäre Substanz gedacht werden, die äußerlich auf ein Drittes, genannt Geld, bezogen ist"[121].

Doch *exakt das*, was hier negiert wird, *hat* Marx behauptet. Sicherlich, ganz *wohl* war ihm dabei nicht, und auch das lässt sich zeigen. In „Zur Kritik" hat Marx noch geschwankt, weil er folgendes Problem nicht lösen konnte: Wenn die „Wertsubstanz" ein Durchschnitt ist, wenn dieser Durchschnitt nur auf dem Markt *durch* den Austausch gebildet wird, dann kann dieser Durchschnitt nicht *seinerseits* die Bewegung der Preise *als Gesetz* regieren. Gerade das forderte aber Marx als Ziel seiner Erklärung

---

[119] K. Marx, MEW 31, S. 326.
[120] K. Marx, MEW 25, S. 390.
[121] H.-G. Backhaus (1978), S. 38.

der Preisbewegungen. Die Waren betreten *als* Arbeitsprodukte den Markt, als *verkörperte* Arbeit. Doch diese Arbeit soll ein *Durchschnitt* sein, der sich aber andererseits erst *nachträglich* – nämlich im Tausch – bilden kann.

Einerseits sollte diese Größe die Bewegung der Warenpreise *bestimmen*, andererseits war sie als „*werdendes Resultat*"[122] dieser Bewegung gedacht. In „Zur Kritik" flüchtete sich Marx angesichts dieses Widerspruchs in dialektische Leerformeln.[123] *Logisch* steht hier Marx vor dem Problem, dass das *metaphysische Verhältnis* von Gesetz und Erscheinung nichts Dialektisches an sich hat, wenn man Begriffe wie „Gleichgewicht" oder „Herrschen" verwendet.[124] Ein herrschendes Gesetz, das in seinem *Inhalt* erst durch das *wird*, was es „beherrscht", ist vielleicht ein „dialektischer" Gedanke. Doch er zeigt zugleich, dass die Dialektik immer dann vorgeschoben wird, wenn man aufhört, etwas wirklich zu denken.[125]

Von den Marx-Kommentatoren wurde dieser Punkt nur gelegentlich erkannt. In den Diskussionsprotokollen mit Erich Fromm, Julian Gumperz, Max Horkheimer, Herbert Marcuse, Franz L. Neumann und Friedrich Pollock, die im 12. Band der nachgelassenen Schriften Horkheimers abgedruckt sind, findet sich im Protokoll vom 24. April 1936 folgende Bemerkung, die sich auf die Geltung des Wertgesetzes bezieht:

> „Aber steckt in dieser Antwort nicht ein Zirkel, eine petitio principii? Der Wert soll bestimmt sein durch die gesellschaftlich notwendige Arbeitszeit. Was gesellschaftlich notwendige Arbeitszeit ist, soll sich im Tausch herausstellen. Und der Tausch selbst soll durch die gesellschaftlich notwendige Arbeitszeit geregelt werden. Die Begriffe Tausch und Arbeitszeit werden also wechselseitig durch einander bestimmt."[126]

---

[122] K. Marx, MEW 13, S. 32; meine Hervorhebung.

[123] So sagt Marx z.B.: die Ware „ist" zunächst Gebrauchswert, für den anderen aber ist sie „nicht" Gebrauchswert, also müsse sie als Gebrauchswert erst „werden", MEW 13, S. 28f. – ein durchsichtiges, nichts sagendes Sprachspiel mit dem Anfang der Logik von Hegel.

[124] „In welcher Weise immer die Preise der verschiednen Waren zuerst gegeneinander festgesetzt oder geregelt sein mögen, das Wertgesetz *beherrscht* ihre Bewegung." K. Marx, MEW 25, S. 186; meine Hervorhebung.

[125] In der Sprache der mathematischen Ökonomie könnte man den „Widerspruch" als zirkuläres Gleichgewicht rekonstruieren, sofern man die Preise mit *vorläufiger* Geltung in Periode t mit p_t einführt und eine *Anpassung* formuliert, etwa durch eine Leontiefmatrix A mit dem Arbeitseinsatzvektor ℓ, für die dann gelten müsste: $p_{t+1} = p_t A + \ell$. Dieses System würde gegen die Arbeitswerte $p_{t+1} = p_t = \lambda$ konvergieren; mit dem Vektor der Arbeitswerte definiert durch $\lambda = \lambda A + \ell = \ell(I-A)^{-1}$. So habe ich jedenfalls Marxens Gedanken rekonstruiert oder zu „retten" versucht, vgl. K.-H. Brodbeck (1980). Doch diese „Lösung" setzt *technische* Bedingungen (A, ℓ) voraus, die *kategorial* nur wieder die Rolle einer *Substanz* spielen. *Mein* Fehler war also der *Rettungs*versuch; vgl. zum Vektor λ: M. Morishima (1973), S. 10-20.

[126] M. Horkheimer (1985), S. 401f. Horkheimers Lösung ist keine: „Der Zirkel ist insofern nur scheinbar, als der Tausch selbst bei Marx nicht ein selbständiger oder gar auf psychologische Faktoren gegründeter Mechanismus ist. Sämtliche im Tausch wirksamen objektiven und subjektiven Elemente werden dadurch in einer bestimmten vorgegebenen Struktur gehalten, dass die Gesellschaft sich qua kapitalistische Gesellschaft reproduziert." M. Horkheimer (1985), S. 403f. Die *Gesellschaft* reproduziert ihre Struktur, weil sie sich qua kapitalistischer *Gesellschaft* reproduziert. Und wie geht das? So, dass sich ihre Struktur reproduziert. Ist das nun Dialektik – oder darf man das doch einfach nur Unsinn nennen?

4.4.9 Der Fehler in der Geldableitung

Das ist eine völlig richtige Frage, und die Antwort kann nur lauten, dass Marx den Begriff des *Durchschnitts* nicht erklären konnte: Einmal soll es ein Durchschnitt der *Arbeitszeiten* mit der Vorstellung einer Kausalität sein, zum anderen soll der Durchschnitt auf dem Markt überhaupt erst hergestellt werden durch eben das, was ihn regiert: Käufe und Verkäufe (nicht: „Tausch"). Die Diskussionsrunde fand keine Lösung, nur durchsichtige Ausflüchte in leere Aussagen. Dennoch ist in der Protokollnotiz das Problem ganz richtig angesprochen, das Marx in *Zur Kritik* noch nicht klären konnte.

Marx findet in der Tat später eine ganz andere „Lösung". Im „Kapital" ringt er sich angesichts des unlösbaren Zirkels durch zu einem entscheidenden Schritt *weg* von dialektischen Phrasen auf die Substanzmetaphysik zu. In der *ersten Auflage* von „Das Kapital" (1867) schreibt Marx *nun* über die beiden Waren und ihren Tauschwert als *tertium comparationis*:

> „Jedes der beiden, soweit es Tauschwert, muss also, *unabhängig* von dem andern, auf dies Dritte reduzierbar sein."[127]

Die *Emphase* lässt keinen Zweifel am Gedanken: Die Ware trägt *vor allem Austausch* den Wert als Substanz „bei sich"; das *Geld* entfaltet nur den inneren Widerspruch. Doch Marx schreckte dann doch in einer Ahnung dieser metaphysischen Scholastik zurück und schwächt seine Formulierung in der *zweiten* Auflage ab:

> „Jedes der beiden, soweit es Tauschwert, muss auf dies Dritte reduzierbar sein."[128]

Wie auch immer Marx sein Zaudern, Schwanken, seine dialektischen Wortspiele und kategorialen Verwirrungen selbst verstanden haben mag, die Interpretation von Backhaus – um ihn als reflektiertestes Beispiel unter den Marxkommentatoren stellvertretend zu nennen – lässt sich darin sicher nicht wiedererkennen.

Dennoch hat Backhaus völlig recht: Der Wert als *Kategorie* lässt sich nicht ohne das Geld bestimmen. Doch wenn das Geld nicht in dem falschen Schein dinglicher Besonderung der „Totalität" der Arbeit in der Goldware zu verstehen ist, weil die *Abstraktion* nicht sich *im Tausch offenbart*, sondern in ihm *vollzogen* wird – was *ist* dann das Geld? Es ist eine *Form*, in der sich denkende und handelnde Individuen *sozial* reproduzieren. Das Geld *ist* nicht die Gesellschaft, aber an ihm erscheint ein semiotischer Gehalt, der auf den *Prozess* der Bedeutung, auf den Prozess der *Identität* verweist, der Geld und Sprache *verbindet*. Die Marxinterpreten, die auf den abstrakten Charakter des Tauschs so großen Wert legen und – wie Lukács, Adorno, Horkheimer und Sohn-Rethel – sogar den mehr oder minder expliziten Schluss nahe legen, dass *jede* Form von Abstraktion aus dem Tausch erwachsen sei, haben sich nie die Mühe gemacht, die abstrakte Natur der sprachlichen Zeichen zu untersuchen, um die strukturelle Verwandtschaft des Identitätsprozesses mit dem Wert, aber auch seine grundlegende Differenz zu erkennen. Die Vergesellschaftung durch Sprache und Geld bleibt so unvermittelt nebeneinander stehen, oder sie erschöpft sich in der kuriosen Metamorphorik einer „Warensprache", die sich offenbar ihre Abstraktion aus der *Sprache* leiht.

---

[127] K. Marx (1867), S. 3; Hervorhebung von Marx! Krud substanzmetaphysisch denken auch viele Marxisten: „Werte sind geschaffen. Diese Werte sind kristallisiert in Dingen", E. Mandel: Diskussionsbeitrag; in: W. Euchner, A. Schmidt (1972): S. 138.

[128] K. Marx, MEW 23, S. 51. In der stalinistisch-sowjetischen Orthodoxie war die Frage ohnehin klar: „Der Wert der Ware existiert objektiv. Er muss seine Ausdrucksform unabhängig davon finden, ob Gold und Geld existieren." G. Soljus (1973), S. 81.

4.4.10 Der Zirkel im Marxschen Gesellschaftsbegriff

Es hat sich gezeigt, dass die heimliche Marxsche Metaphysik zwischen zwei Positionen schwankte: Der wohl frühe, vielleicht „dialektische" Gedanke, der *Relationen* ontologisch einen eigenen Rang einräumte, wurde mit der Ausarbeitung des „Kapital" durch eine scholastische Ding-Ontologie verdrängt, die Relationen wieder den Dingen zuschreibt. Nun ist aber die menschliche Gesellschaft ontologisch überhaupt nicht verstehbar, denn „Verstehen" ist weder ein Bezug zu Dingen noch zu Relationen, sondern der *Vollzug* einer Relation – der Bedeutung. Wird die darin liegende notwendige Zirkularität nicht erkannt, bewahrt man also die cartesianische Position erkenntnistheoretisch bei, so ergeben sich notwendig Widersprüche, das *Nebeneinander* von je unhaltbaren metaphysischen Positionen. Dies lässt sich bei Marx erkennen, auch wenn es hierzu einiger Detektivarbeit bedarf. Es zeigt sich vor allem an einer Kategorie, die bei ihm gerade am wenigsten *als* Kategorie gedacht wurde: „Gesellschaft". Was ist die Gesellschaft *als* Gesellschaft – nicht nur als *Adjektiv* „gesellschaftlich"? Ich werde diesen wichtigen Punkt an den *im Gesellschaftsbegriff* vermittelten Kategorien des „Individuums" und der „Gemeinschaft" bei Marx verdeutlichen.

Marx wirft den Vulgärökonomen, aber auch den Klassikern, zu Recht vor, dass sie eine *historische* soziale Form – den Kapitalismus – als *naturwüchsig* auslegen würden. Tatsächlich ist die menschliche Gesellschaft nicht dadurch zu erklären, dass man sie auf eine „Natur" reduziert, die ein cartesianischer Beobachter ihr zuschreibt. Doch eben diese Position nimmt auch Marx selbst ein. So ist auch das, was Marx die „wissenschaftliche Einsicht in die unvermeidbare und stetig *unter unseren Augen* vorgehende Zersetzung der herrschenden Gesellschaftsordnung"[129] nennt, eben doch nur äußere der Blick als cartesianischer Beobachter auf die Gesellschaft. Deshalb ist tatsächlich bei Marx kein Begriff so unbestimmt wie der der *Gesellschaft*. Im „Rohentwurf" sagt Marx an einer Stelle:

„Die Gesellschaft besteht nicht aus Individuen, sondern drückt die Summe der Beziehungen, Verhältnisse aus, worin diese Individuen zueinander stehn."[130]

Diese Bestimmung ist ungenügend, wäre aber – im Modell der sozialen Grundstruktur – ein möglicher Ausgangspunkt für eine kategoriale Grundlagendiskussion. Doch Marx hält diese Bestimmung nicht durch, weil er sich hier in einem latenten Widerspruch zu seinem Materialismus befindet. Denn, wie bereits zitiert, Marx formuliert auch den urmetaphysischen Satz, dass „Eigenschaften eines Dings nicht aus seinem Verhältnis zu andern Dingen entspringen, sich vielmehr in solchem Verhältnis nur betätigen". Wendet man dies auf den eben zitierten Gesellschaftsbegriff an, dann landet man bei der *liberalen These*, wonach gesellschaftliche Strukturen aus den Individuen und ihren Eigenschaften abzuleiten seien.

Nun könnte man sagen, dass menschliche Individuen keine Dinge sind. Das ist korrekt, verkennt aber die *logische* Struktur des hier vorliegenden Problems. Wenn *Eigenschaften* eine „Summe" darstellen, wenn jedes „Ding ein Ganzes vieler Eigenschaften"[131] *ist*, wenn „jedes Ding vielerlei Eigenschaften *besitzt*"[132], wenn also Marx eine

---

[129] K. Marx, MEW 35, S. 161; meine Hervorhebung.
[130] K. Marx (1953), S. 176. Vgl. G. Simmel (1977), S. 160: Tausch ist „eine Vergesellschaftung (…), deren Bestehen eine Summe von Individuen zu einer sozialen Gruppe macht, weil ‚Gesellschaft' mit der Summe dieser Beziehungen identisch ist."
[131] K. Marx, MEW 23, S. 49.

4.4.10 Der Zirkel im Marxschen Gesellschaftsbegriff

recht krude Metaphysik von Ding und Eigenschaften als Materialismus verteidigt, wie sollen dann *Beziehungen* in der Gesellschaft eine *bestimmende* Macht erhalten? Marx kämpft hier mit einer bei ihm ungedachten, schwankenden metaphysischen Bestimmung, die seiner späteren Adoption der scholastischen Substanzmetaphysik geschuldet ist: Sind Eigenschaften ihrem Sein nach *in oder an* den Dingen? Oder gehen Dinge aus Eigenschaften hervor? Treten Dinge in Relationen ein, oder bedingen Relationen die Dinge? Ist Relation etwas, das zu „Ding" hinzukommt, oder konstituiert sich der Begriffsinhalt von „Ding" überhaupt erst aus einer Relation als deren Relat?

Diese Fragen sind nur zu beantworten, wenn man begreift, dass man stillschweigend bei „Ding" oder „Individuum" immer eine *Identität* mitdenkt. Erst wenn klar wird, dass Identität selbst ein *Prozess* ist, löst sich der metaphysische Gegensatz auf, der im traditionellen Relationsbegriff verborgen ist. Eigenschaften *sind* immer Relationen, der Bezug einer Sache zu etwas anderem (einer anderen Sache, einem Beobachter). *Der* Witz am Begriff der Gesellschaft ist diese Struktur der Relationen, die sich sozial als *Prozess der Identität* entfaltet und damit durch den eigenen Prozess seine Elemente (Individuen, Sachen) hervorbringt. Der Sachverhalt geht der Sache voraus und erschafft ihre Bedeutung. Es gibt Partien in seinem Werk, darin sich Marx dieser Erkenntnis nähert; sein politischer Wille hat diese Erkenntnis dann jedoch immer wieder einer Privation unterworfen, wenn er der Arbeiterbewegung eine „objektive Gesetzmäßigkeit" als ideologische Stütze andienen wollte.

Bemerkt man diese grundlegende Struktur des Sozialen nicht, so ergeben sich Widersprüche, schlimmer noch, es ergeben sich – politisch gewendet – *brutale* Konsequenzen, auch bei Marx. In der sechsten These über Feuerbach sagt Marx:

> „Aber das menschliche Wesen ist kein dem einzelnen Individuum inwohnendes Abstraktum. In seiner Wirklichkeit ist es das *ensemble* der gesellschaftlichen Verhältnisse."[133]

Die Individualität *für sich* ist bei Marx – wie später auch in Paretos Soziologie systematisch als Begriff entfaltet[134] – nur noch Residuum, ein *Rest*:

> „Die vielgepriesene Individualität, aus allen politischen und sozialen Sphären verbannt, findet einen letzten Zufluchtsort in den Schrullen und Marotten des Privatlebens"[135].

Aus dieser Bestimmung des Individuums ergibt sich dann eine Gleichgültigkeit aus der Perspektive des implizit vorausgesetzten cartesianischen Beobachters, die ihre brutale Konsequenz ungeniert *so* ausspricht: Dass – wie Marx den Vulgärökonomen vorhält –,

> „die höhere Entwicklung der Individualität nur durch einen historischen Prozess erkauft wird, worin die Individuen geopfert werden, wird nicht verstanden."[136]

Stalin *hat* diesen Satz sehr genau verstanden. Michail Bakunin dagegen dechiffrierte die stalinistische Konsequenz im Marxschen Denken schon früh, und er hat – bei allen

---

[132] K. Marx, MEW 23, S. 197; meine Hervorhebung.
[133] K. Marx, MEW 3, S. 6.
[134] Vgl. V. Pareto (2006), S. 66-183.
[135] K. Marx, MEW 15, S. 464.
[136] K. Marx, MEW 26.2, S. 111.

Animositäten zwischen den beiden – den Punkt getroffen, wenn er bei Marx von einer „Tendenz zur Diktatur" sprach.[137]

Dem Materialismus, in dem Marx Eigenschaften den Dingen, nicht ihren Beziehungen zuspricht, korrespondiert ein Gesellschaftsbegriff, der umgekehrt die Individuen theoretisch und praktisch auflöst in die „Summe der Beziehungen, Verhältnisse, worin diese Individuen zueinander stehn". Wenn man die Relationen, in denen Individuen zueinander stehen, als etwas betrachtet, das *vor einem liegt*, das man nur *vorstellt*, als *Gegenstand*, dann ist das spezifisch *Gesellschaftliche* darin verschwunden. Denn Sprache, Kauf, Tausch, Recht usw. entfalten ihre *Bedeutung* nur durch den Vollzug, also durch *Teilnahme*. Der Gedanke, dass „Verhältnisse" das bestimmen, was in diesen Verhältnissen sozial organisiert ist, dass also die Relationen den Relaten vorausgehen, konkretisiert sich so, dass nur der *Vollzug* die Bedeutung der Relationen zugänglich macht. Wenn man cartesianisch *über* die Sprache, das Geld usw. spricht, ohne zu gewahren, inwiefern dieses Sprechen schon der *Vollzug* dessen ist, was man sich als Gegenstand vorstellt, dann wird der Begriff „Verhältnis", „Gesellschaft" usw. wiederum *verdinglicht*, also nur zum je anderen Pol eines cartesianischen Beobachters.

Marx spricht nur scheinbar vom Primat der Verhältnisse, denn er bestimmt diese sozialen Verhältnisse nicht in ihrer *sozialen* Charakteristik, die nur im Vollzug, nicht aber als wissenschaftlicher Gegenstand ihre Bedeutung zeigen. Diese Verdinglichung von „Gesellschaft" konkretisiert sich deshalb immer so, dass Marx die Subjekte, das Denken *relativiert*, also als abhängigen Pol von *Dingen* beschreibt, die als *Träger* der charakteristischen Eigenschaften erscheinen. Die konkrete Gesellschaftsform des Kapitalismus wird von ihm nicht durch Beziehungen zwischen Menschen, sondern durch die Beziehung zwischen *Waren* bestimmt, worin „*ihr* (d.h. der Waren, KHB) gesellschaftliches Verhältnis, ihre ökonomische Qualität"[138] ausmacht. Diese *Dinge* tragen Eigenschaften – natürliche und soziale – *bei sich* und entfalten diese im Austausch. In Relation zu anderen Dingen zeigen diese Dinge nur ihre Eigenschaften, die sie je schon besitzen, nicht *in den Relationen* erst erhalten – ganz anders als die menschlichen Individuen, die nur eine Summe dieser Relationen („Ensemble gesellschaftlicher Verhältnisse") sind.

Es ist entscheidend, das hier vorliegende *kategoriale* Problem genau zu erkennen. Zweifellos betont Marx immer wieder – und das völlig zu Recht –, dass die gesellschaftlichen Beziehungen im Kapitalismus die *Form* dinglicher Verhältnisse annehmen („Fetischismus"). Doch zugleich möchte er die Denkformen und Handlungsweisen der Menschen als *durch dingliche Strukturen* determiniert erklären. Wenn man aber den Waren ontologisch einen dinglichen Rang zuschreibt, um die Bewusstseinsformen darauf zu reduzieren, dann hören diese Dinge auf, eine menschliche oder gesellschaftliche Natur zu besitzen.[139] An die Stelle der werdenden Identität der Gesellschaft tritt ein Verhältnis von Oben und Unten, Überbau und Basis, wobei die Basis rein so analysiert wird, als wäre sie ein *vorhandener Gegenstand* eines cartesianischen Beobachters. Damit ist, bei aller gegenteiligen Versicherung, *ontologisch*, d.h. in der kategorialen Form, die Gesellschaft aber auf ein Ding neben Dingen reduziert, ganz so, wie die bürgerlichen Ökonomen die Wirtschaft als Mechanismus beschreiben. Die Einheit der

---

[137] Vgl. M. Bakunin (1969), S. 218 und S. 174ff. Dabei bescheinigt Bakunin Marx durchaus, „ein überlegener Geist", „besonders in ökonomischen Fragen", S. 218, zu sein.

[138] K. Marx (1953), S. 59.

[139] In der Tauschstruktur zeigt sich diese Reduktion in der Beschränkung auf die Analyse des Relationstyps R2, unter Ausklammerung der fünf anderen Relationen bzw. deren Reduktion auf dingliche *Eigenschaften* der beiden getauschten Produkte – sogar ihre Nützlichkeit wird im „Nutzeffekt" auf die „Eigenschaft" eines Dings reduziert.

4.4.10 Der Zirkel im Marxschen Gesellschaftsbegriff

Gesellschaft wird bei Marx *und* den bürgerlichen Ökonomen durch Dinge und *ihre* Beziehungen erklärt. Das Bewusstsein ist ein bloßes Anhängsel.

Doch „Gesellschaft" ist nicht in der Denkform von Vorhandenheit, von Oben und Unten, von Überbau und Basis, Oberfläche und Unterlage aufzuspalten, ohne die Pointe zu verfehlen. Kurz: Marx hat die *kategoriale Struktur* des Gesellschaftsbegriffs als einer *Einheit von Vielem* nicht durchschaut und verwendet *nebeneinander* sich widersprechende Bestimmungen. Deshalb taucht in Argumenten immer wieder das Adjektiv „gesellschaftlich" auf, ohne Klarheit darüber, was nun gemeint ist: Entfaltete Eigenschaften, die eine Entität schon *besitzt*, oder eine Eigenschaft, die aus einer Relation *erwächst* und in der Reflexivität solcher Relationen besteht (König ↔ Untertan).

Robert Liefmann hat darum durchaus recht, wenn er ironisch feststellt: Bei Marx wird der „gesellschaftliche Wert" durch „gesellschaftlich notwendige Arbeitszeit" erklärt, die wiederum dadurch definiert ist, dass die Arbeit ein „gesellschaftliches Bedürfnis befriedigen" soll. „Also der dritte ‚gesellschaftliche' Begriff!"[140] Eine derartige Zirkularität findet sich bei Marx häufig – und wie sich zeigte, liegt darin das Ergebnis eines Mangels kategorialer Klärung. Das zeigt sich an dem eben schon skizzierten Zirkel: Die gesellschaftlich notwendige Arbeitszeit soll den Wert bestimmen. Diese Größe ist aber eine Durchschnittsgröße. Ihr Durchschnitt wird erst auf dem Markt als Durchschnitt gebildet. Doch die Waren betreten den Markt *mit* einem Wert. Wenn sich dieser Wert erst auf dem Markt als Durchschnittsgröße bildet, dann hört er auf, ein Gesetz der Preise zu sein. Wir erhalten vielmehr eine *zirkuläre* Bestimmung. Marx steht immer wieder vor diesem Zirkel, versucht ihn zu lösen – um ihn kategorial und quantitativ in anderer Form erneut zu durchschreiten, ohne etwas zu bemerken. Er sagt:

„Es ist ein fehlerhafter Zirkel, Tauschwert zum Maß von Tauschwert zu machen, da der messende Tauschwert selbst wieder des Maßes bedarf."[141]

Der Gedanke, dass etwas ein Messen im Denken der rechnenden Subjekte vollzieht, ohne einen objektiven Anhalt an einem Maß zu haben – eben das ist das Wesen des Geldes –, kann unter dieser Voraussetzung nicht gedacht werden. Die Frage, ob das Geld, der Wert als *Bedeutung* nicht seinem *Wesen nach* eine zirkuläre Bestimmung ist, die keine Substanz besitzt, weil das Wesen der Prozess des *Scheinens* ist, diese Frage stellt Marx sowenig wie die neoklassischen Ökonomen.

Das lässt sich, um einen weiteren Beleg anzuführen, am Begriff des „Gemeinwesens" zeigen. „Gemeinwesen" ist ein anderer Begriff für „Gesellschaft". Doch dieser Begriff wird von Marx nicht *als dieser Begriff* gedacht, sondern immer schon in einer Bedeutung vorausgesetzt, die *anderen* Kategorien Sinn verleihen soll, also nur ontisch, nicht ontologisch. So sagt er im „Rohentwurf" über das Geld:

„Es selbst ist das *Gemeinwesen* und kann kein andres über ihm stehendes dulden."[142]

Wenig später sagt er nochmals differenzierend:

„Das Geld ist damit unmittelbar zugleich das *reale Gemeinwesen*, insofern es die allgemeine Substanz des Bestehns für alle ist, und zugleich das gesellschaftliche

---

[140] R. Liefmann (1917), S. 35.
[141] K. Marx, MEW 13, S. 47.
[142] K. Marx (1953), S. 134.

Produkt aller. Im Geld ist aber, wie wir gesehn haben, das Gemeinwesen zugleich bloße Abstraktion, bloße äußerliche, zufällige Sache für den Einzelnen, und zugleich bloß Mittel seiner Befriedigung als eines isolierten Einzelnen."[143]

Der Begriff „Geld" wird also hier bestimmt und abgeleitet aus einem Zusammenhang, worin der Begriff „Gemeinwesen" einen spezifischen Sinn *stiftet*, also vorausgesetzt ist: Geld ist reales Gemeinwesen, aber nicht jedes Gemeinwesen ist Geld. Wie hätte sonst der Warentausch, nach Marx, „an den Berührungspunkten verschiedner Gemeinwesen"[144] entspringen können? Mehr noch, Waren im Austausch mit anderen Gemeinwesen bilden das „erste Geld innerhalb der Gemeinwesen"[145], es entsteht aber *nicht* „im Schoß der naturwüchsigen Gemeinwesen"[146].

Wenn man diese Denkfiguren in ihrer logischen Struktur betrachtet, wird ihr blinder Fleck offenkundig: Marx sagt nicht, was ein Gemeinwesen *als* Gemeinwesen *ist* – unabhängig von seiner konkreten Bestimmung als „naturwüchsig", „abgegrenzt gegen andere Gemeinwesen", „abstraktes Gemeinwesen als Geld" usw. All diese Bestimmungen setzten einen *kategorialen Sinn* von „Gemeinwesen" voraus, also einen Begriff von Gesellschaft *als Gesellschaft*, den Marx aber nicht entwickelt. Es ist dieser Mangel, bei dem dann die Marxisten, auf seinen Schultern stehend, sich gar nicht mehr *zu fragen getrauen*, ob bei Marx vielleicht ein unbestimmter Begriff oder – Apage, Satana! – ein *Denkfehler* vorliegt. Es werden von Marx metaphysische Kategorien als *Sinnträger*, als abstrakte Matrix, die sein Denken bestimmen, vorausgesetzt, nicht aber *als diese kategoriale Matrix* reflektiert.

„Gemeinwesen" ist solch ein Begriff, der *in sich* eine Bedeutung und als Kategorie durchaus einen „realen" Grund hat. „Real" heißt, die Individuen vollziehen durch ihre *Handlung* in einer Denkform die Bewegung in der Kategorie. Im Handeln wäre also die Konstitution von *Identität* nachzuweisen, denn der einfache, logische Sinn von „Gemeinwesen" ist: *„Vieles ist zugleich Eines."* Wenn man sich hier nicht in leere Beteuerungen flüchtet, „Vieles" und „Eines" stünden eben in einem „dialektischen" Verhältnis, dann ist diese Struktur jeweils *konkret* zu entfalten. Ein Beispiel: Wenn eine Tierherde auf das Signal des Leittiers hin eine *gemeinsame* Fluchtbewegung vollführt, dann ist die einfache Bedingung für die Abstraktion eines Zeichens schon gegeben. Zeichen vollbringen eine koordinierende Leistung und vereinigen so Viele: Viele *als* Eines. Die Zeichen vollziehen eine Abstraktion in Relation zur individuellen Sinnlichkeit. Auch *darin* zeigt sich Gesellschaft. Im Geld als Novum, in gemeinsamen Glaubenssätzen oder Moralregeln reproduziert sich eine ähnliche Struktur. Es ist *diese* Struktur, die sich als *Sinn* von „Gemeinwesen" rekonstruieren lässt. Und diese Struktur verweist auf eine Zirkularität ebenso wie auf einen Prozess, in dem sich Identität vollzieht. Das kann man zwar – wie *hier* – auch allgemein oder abstrakt sagen; für eine wirkliche Erkenntnis sind aber die genaue Analyse der sozialen Grundstruktur und der Prozess der Identität darin *als* zirkulärer Prozess aufzudecken. Man kann nicht „Gemeinwesen" oder „Gesellschaft" (bzw. adjektivisch „gesellschaftlich") sagen, ohne einen Sinn vorauszusetzen. Ist dieser Sinn nicht erhellt, so wird das Denken von einer kategorialen Matrix struktu-

---

[143] K. Marx (1953), S. 137.
[144] K. Marx, MEW 13, S. 125.
[145] K. Marx, MEW 13, S. 125.
[146] K. Marx, MEW 13, S. 36.

4.4.10 Der Zirkel im Marxschen Gesellschaftsbegriff

riert, die eben deshalb als *Metaphysik* fungiert, *weil* ihr (sozialer) Sinn nicht erhellt ist.[147]

Logische Zirkel treten in den Sozialwissenschaften nur auf, wenn man sich als cartesianisches Wissenschaftsego aus der Gesellschaft entfernt, der man angehört, wenn man das Unmögliche versucht, nämlich soziale Strukturen wie das Geld oder die Sprache, „nachzuerfinden". Solch ein unmögliches Unterfangen endet immer in einem Zirkel. Die Marxsche Wertlehre und seine Geldtheorie formulieren genau das, was Marx andernorts als Kritik vorbrachte:

> „So stellt sich nicht nur ein fehlerhafter Zirkel von Problemen dar, indem die Lösung des einen die Lösung des andern voraussetzt, sondern ein Ganzes widersprechender Forderungen, indem die Erfüllung einer Bedingung unmittelbar gebunden ist an die Erfüllung ihres Gegenteils."[148]

Der *Fehler* im Zirkel liegt aber nicht im Zirkel des Gedankens, sondern in der absurden Vorstellung, man könne sich als Mitglied der Gesellschaft und unter Verwendung der ihr angehörigen Kategorien aus ihr entfernen, sie von außen beschreiben, um dann einem plötzlich fremden Gegenstand gegenüberzustehen, dessen „Oberfläche" von geheimnisvollen „unterirdischen Wesenheiten" bestimmt sein soll – die doch allesamt nur im Kopf des Metabeobachters existieren.

In der Metapher von der Oberfläche und den darunter liegenden Wesenskräften fällt Marx hinter das bei Hegel schon Erkannte zurück, der Gottlob Ernst Schulze einst vorwarf, dieser könne sich „das Vernünftige (…) gar nicht anders vorstellen als wie einen Felsen unter Schnee."[149] Es gibt nicht nur die empiristische Haltung, die in einem „bestialischen Anstieren der Welt"[150] besteht, man kann sich auch in seinen eigenen Konstruktionen verlieren und die konstruierte logische Form mit der Erfahrung *verwechseln*. Marx hat das, in anderem Zusammenhang und mit polemischer Blickrichtung auf andere, sehr genau gewusst:

> „Hat man erst in den logischen Kategorien das Wesen aller Dinge gefunden, so bildet man sich ein, in der logischen Formel der Bewegung die absolute Methode zu finden, die nicht nur alle Dinge erklärt, sondern die auch die Bewegung der Dinge umfasst."[151]

Zwar spricht Marx im Kapital nicht vom Wesen *aller* Dinge, wohl aber vom Wesen der Waren und ihres Wertes, ein Wesen unter einer Oberfläche, nicht aus Schnee, aber doch irgendwie „unterhalb", im Reich angeblicher Wesenheiten, dort, wohin die „Vulgärökonomie" mit ihrer „prinzipiell nur dem Schein huldigenden Flachheit"[152] nie zu blicken vermag.

---

[147] Dieser saloppe, ja *gleichgültige* Umgang mit Grundkategorien zeigt sich besonders bei Adorno. Er definiert in einer Gesprächsnotiz mit A. Sohn-Rethel: „Der Wert ist die (!) Einheit des Vielen, der sinnlich verschiedenen Dinge, der Gebrauchswerte." T. W. Adorno; in: A. Sohn-Rethel (1978), S. 138. Es hätte Adorno eigentlich auffallen können, dass dies auch in der Sprache zutrifft, und Wörter sind keine Werte.
[148] K. Marx, MEW 13, S. 36.
[149] G. W. F. Hegel, WW Bd. 2, S. 220.
[150] G. W. F. Hegel, WW Bd. 2, S. 221.
[151] K. Marx, MEW 4, S. 128.
[152] K. Marx, MEW 23, S. 561.

4.4.11 Der „Fetischcharakter der Waren"

Abschließend möchte ich die von Marx im Kapitel über den „Fetischcharakter der Waren" entwickelten Gedanken vor dem Hintergrund der obigen Kritik beleuchten. Dieses Kapitel ist für viele – mehr oder weniger orthodoxe – Marxisten zu so etwas wie dem Tabernakel auf dem Altar der Sozialwissenschaften geworden.[153] Robert Kurz meint, „die Marxsche Theorie (...) gewinnt erst jetzt ihren historischen Wahrheitsgehalt", wenn man erst einmal den „Arbeiterbewegungs-Marxismus" subtrahiere und ihn „endlich als radikale Kritik des modernen Fetischismus warenproduzierender Systeme" lese.[154] Sieht man ab von dem positivistischen Wissenschafts- und Wahrheitsbegriff – eine Theorie sei eine Denkform, die irgendwann später *wahr* werden kann; oder auch nicht –, so besteht der Witz am *Marxschen* Fetischbegriff gerade in dem, was Kurz von ihm subtrahieren möchte: Die Vergesellschaftung durch das Geld wird bei Marx als *Arbeitsgesellschaft* fehlgedeutet und ihr Fetischismus *daraus* abgeleitet.

So wird der Fetischbegriff selbst zu einem Fetisch, wenn man von der kategorialen Grundlage bei Marx abstrahiert. Auch „bürgerliche" Ökonomen konnten so diesem Begriff von Marx ihre Referenz erweisen. Stolzmann sagt:

> „Ganz zutreffend schildert dann auch Marx den ‚Fetischismus' der vulgär-ökonomischen Anschauung, nach welcher die Ware, die doch nur ein Produkt der menschlichen Hand sei, als eigenes, mit Leben begabtes und ihn beherrschendes mystisches Wesen betrachtet und angebetet werde, während es in der Wirklichkeit ‚nur das bestimmte gesellschaftliche Verhältnis selbst' sei, ‚welches für sie die phantasmagorische Form eines Verhältnisses von Dingen annimmt.'"[155]

Für Georg Lukács war

> „das Problem des Warenfetischismus ein *spezifisches* Problem unserer Epoche, des *modernen* Kapitalismus"[156].

Adorno übersetzt den Fetischismus in die durchaus glücklich gewählte Kategorie des „Verblendungszusammenhangs":

> „(D)er Fetischcharakter der Ware ist nicht subjektiv-irrendem Bewusstsein angekreidet, sondern aus dem gesellschaftlichen Apriori objektiv deduziert, dem Tauschvorgang."[157]

Wie es nun aber um diese „objektive Deduktion" steht, das hat sich in der Diskussion der Marxschen Wertlehre gezeigt. Tatsächlich ist die Formulierung des Fetischcharakters bei Marx doppeldeutig. Einmal enthält dieser Abschnitt nur die Fortsetzung der in

---

[153] „Das Kapitel über ‚den Fetischcharakter der Ware und sein Geheimnis' erscheint uns (.) als eines der wichtigsten des ‚Kapital'", K. Kautsky (1904), S. 15.

[154] R. Kurz (1999), S. 789. Dieses Buch von Kurz ist als amüsant geschriebene Phänomenologie des Kapitalismus durchaus lesenswert. Doch flotte Sprüche ersetzen nicht die kategoriale Arbeit des Gedankens, die Marx tatsächlich auf sich nahm, auch wenn er sich auf einigen Holzwegen verirrte.

[155] R. Stolzmann (1909), S. 73.

[156] G. Lukács (1968), S. 171.

[157] T. W. Adorno, GS Bd. 6, S. 190.

4.4.11 Der „Fetischcharakter der Waren"

seiner Tauschanalyse verwendeten Denkformen, die sich als unhaltbar herausgestellt haben. Zum anderen aber ist in einer ungeeigneten Sprache und unter dem Schleier der Arbeitswertlehre tatsächlich eine wichtige Struktur von Geldökonomien hier von Marx zuerst entdeckt worden. Ich möchte das etwas genauer erläutern.

Ein „Fetisch" (franz. Fétiche = Zaubermittel, lat. factituius = künstlich) ist ein Gegenstand, dem Zauberkraft zugesprochen wird. Den Begriff hat Charles de Brosses eingeführt.[158] Es wird damit die Verehrung lebloser Dinge bezeichnet. Marx verwendet diesen Begriff wohl erstmals in seiner Kritik eines Artikels der Kölnischen Zeitung. Er sagt dort:

> „Die Phantasie der Begierde gaukelt dem Fetischdiener vor, dass ein ‚lebloses Ding' seinen natürlichen Charakter aufgeben werde, um das Jawort seiner Gelüste zu sein. Die rohe Begierde des Fetischdieners zerschlägt daher den Fetisch, wenn er aufhört, ihr untertänigster Diener zu sein."[159]

Diese Bemerkung ist interessant, weil Marx hier zwei Denkfiguren verwendet: *Erstens* ist der Fetisch ein Objekt, das mit einem *irrtümlichen Glauben* verknüpft ist. *Zweitens* wird der Fetisch *zerschlagen*, wenn er seinen Dienst nicht mehr erfüllt. Marx erwähnt den Fetisch nochmals in anderem Zusammenhang, worin dieselbe Denkfigur erscheint: „Die Wilden von Kuba hielten das Gold für den Fetisch der Spanier. Sie feierten ihm ein Fest und sangen um ihn und warfen es dann ins Meer."[160] Also ist auch das *Gold* der Spanier – mit dem naiven, zugleich aber entlarvenden Blick eines „Wilden" betrachtet – ein *Fetisch*, den man, nachdem er seinen Dienst getan hat, wegwirft.

Das Denkmodell des Fetischs überträgt also Marx bereits früh auf die bürgerliche Gesellschaft, in der er einen „Fetischismus des alten äußerlichen, nur als Gegenstand existierenden Reichtums"[161] entdeckt. Im „Rohentwurf" und in „Zur Kritik" aus dem Jahre 1858 taucht der Begriff des Fetischs nur am Rande, allerdings bereits in der im „Kapital" verwendeten Bedeutung auf:

> „Die Natur produziert kein Geld, so wenig wie Bankiers oder einen Wechselkurs. Da die bürgerliche Produktion aber den Reichtum als Fetisch in der Form eines einzelnen Dings kristallisieren muss, sind Gold und Silber seine entsprechende Inkarnation."[162]

Es ist bei Marx bereits früh eine Denkfigur erkennbar, die den Fetischismus als – wiewohl historisch notwendige und unvermeidliche – Verdunkelung der Vernunft des Menschen zeigt. Der Kapitalismus ist ein Fetischismus des Reichtums, der das ursprüngliche Verhältnis der Menschen zueinander und zur Natur *zerreißt*. Auf einer bestimmten Stufe der historischen Entwicklung hört dieser Fetisch auf zu *funktionieren*; die kapitalistische Form des Reichtums wird zum Hemmnis, und deshalb muss diese

---

[158] C. de Brosses (1988) (Original 1760). Vgl. F. Schultze (1871); H. Böhme (2001).
[159] K. Marx, MEW 1, S. 91.
[160] K. Marx, MEW 1, S. 147.
[161] K. Marx, MEW 40, S. 532.
[162] K. Marx, MEW 13, S. 130f. Vgl. „Der grobe Materialismus der Ökonomen, die gesellschaftlichen Produktionsverhältnisse der Menschen und die Bestimmungen, die die Sachen erhalten, als unter diese Verhältnisse subsumiert, als *natürliche Eigenschaften* der Dinge zu betrachten, ist ein ebenso grober Idealismus, ja Fetischismus, der den Dingen gesellschaftliche Beziehungen als ihnen immanente Bestimmungen zuschreibt und sie so mystifiziert." K. Marx (1953), S. 579.

Form – wie ein Fetisch – auch gewaltsam zerschlagen werden. Der Kapitalismus wird immer mehr durch Krisen geschüttelt. Dies führt zu einer Wiederholung der im Kapitalismus „regelmäßig wiederkehrenden Katastrophen auf höherer Stufenleiter und schließlich zu seiner gewaltsamen Überwindung."[163]

Obwohl der Fetischismus der Waren für Marx bereits im einfachen Tausch vorliegt, erreicht er erst durch das Kapital und den Zins die höchste, der sozialen Grundlage am meisten entfremdete Form: „Im zinstragenden Kapital ist daher dieser automatische Fetisch rein herausgearbeitet, der sich selbst verwertende Wert, Geld heckendes Geld, und trägt es in dieser Form keine Narben seiner Entstehung mehr."[164] Im Fetischismus des Kapitalismus fällt das menschliche Bewusstsein hinter den bei den Griechen bereits erreichten Erkenntnisstand zurück:

„Das sinnliche Bewusstsein des Fetischdieners ist ein andres wie das des Griechen, weil sein sinnliches Dasein noch ein andres ist."[165]

Die griechische Form ist aber bestimmt durch eine „abstrakte Feindschaft zwischen Sinn und Geist"[166]. Der Warenfetischismus war deshalb historisch *notwendig*, weil erst durch die unter dem Fetischismus des Kapitalismus entwickelte Produktivkraft der Arbeit es möglich macht, auch diese Feindschaft zu überwinden. Der Fetischismus der bürgerlichen Gesellschaft besteht darin, dass

„ein gesellschaftliches Verhältnis als Verhältnis der Dinge unter sich erscheint (…). Diesen *Schein* nimmt unser Fetischdiener als etwas Wirkliches und glaubt in der Tat, dass der Tauschwert der Dinge durch ihre properties as things bestimmt ist, überhaupt a natural property derselben ist."[167]

Die *Vulgärökonomie* ist für Marx also dadurch zu charakterisieren, dass sie die fetischartige Form des Reichtums als ewige Naturbedingung akzeptiert, indem sie für den *Wert* der Waren *natürliche* Ursachen wie den Naturstoff usw. anführt. Vor allem den „Fetischismus deutscher ‚Denker'"[168] prangert Marx hier an.

„Wie sehr ein Teil der Ökonomen von dem der Warenwelt anklebenden Fetischismus oder dem gegenständlichen Schein der gesellschaftlichen Arbeitsbestimmungen getäuscht wird, beweist u.a. der langweilig abgeschmackte Zank über die Rolle der Natur in der Bildung des Tauschwerts. Da Tauschwert eine bestimmte gesellschaftliche Manier ist, die auf ein Ding verwandte Arbeit auszudrücken, kann er nicht mehr Naturstoff enthalten als etwa der Wechselkurs."[169]

Damit wird die zentrale Absicht von Marx in seiner Kritik des Fetischismus deutlich: Der Wert ist für Marx „etwas rein Gesellschaftliches"[170], nichts *Natürliches* oder der

---

[163] „Yet, these regularly recurring catastrophes lead to their repetition on a higher scale, and finally to its violent overthrow", K. Marx (1953), S. 636.
[164] K. Marx, MEW 25, S. 405.
[165] K. Marx, MEW 40, S. 552.
[166] K. Marx, MEW 40, S. 552
[167] K. Marx, MEW 26.3, S. 127. Marx erläutert dies am Beispiel der Theorie von Samuel Bailey.
[168] K. Marx, MEW 13, S. 22, Note.
[169] K. Marx, MEW 23, S. 97.
[170] K. Marx, MEW 23, S. 71.

4.4.11 Der „Fetischcharakter der Waren"

sinnlichen Natur des Individuums Zugehöriges. Wertverhältnisse *als* Natur zu betrachten, gehört zu den Verkehrungen, die den Fetischismus des Kapitalismus, von Geld und Zins, charakterisieren. Der Tauschwert ist in seinem Wesen ein *soziales Phänomen* und kann deshalb nicht durch den Hinweis auf etwas Natürliches „erklärt" werden. Doch diese Auskunft *bleibt* unbestimmt, denn wenn Marx von der Einheit des Werts beim Austausch der Waren sagt:

> „Diese Einheit entspringt nicht aus der Natur, sondern aus der Gesellschaft"[171],

so überhört man durch die *Entgegensetzung* die Pointe: Welchem Aspekt der Gesellschaft entspringt der Wert? Ist es die Herkunft der Produkte aus der Arbeit, der je für sich betrachtet gar nichts „Soziales" anhaftet, oder ist es nicht vielmehr die *im Geld* erkennbare soziale Form? Der Wert entspringt dem *Geldtausch*, der diesem angehörigen *gesellschaftlichen Form*, nicht der *Herkunft* der Produkte oder (wie in der Nutzentheorie) der Subjektivität der Tauschenden. Die Genese der Waren liefert keinen Grund für die *Geltung* des Wertes.

Der Gedanke, dass das Soziale „nichts Natürliches" ist, kann offenbar sehr gut nachvollzogen werden, *ohne* die Arbeitswertlehre vorauszusetzen. (Aristoteles hatte, wie gezeigt, ausdrücklich betont, dass Geld kategorial *nomos*, nichts *physis* ist.) Mehr noch, dieser Gedanke ist im Kontext der Theorie von Marx *nur* so nachvollziehbar, weil bei ihm die Arbeit als *vereinzeltes* Verhältnis zur Natur bestimmt ist und er es deshalb

> „nicht nötig (hatte), den Arbeiter im Verhältnis zu andren Arbeitern darzustellen"[172].

Zum Begriff der „Arbeit" gehören für Marx nicht ihre *Teilung* und ihre *Kooperation*. Sein Begriff der Arbeit ist eine Robinsonade, denn die „unveränderlichen Naturbedingungen menschliche Arbeit" zeigen sich „schlagend darin, dass sie für die unabhängig arbeitenden, nicht im Austausch mit der Gesellschaft, sondern nur im Austausch mit der Natur produzierenden Menschen gelten, Robinson usw."[173] Als Bestimmung *der* Arbeit, nämlich als teleologische Handlung, ist diese Aussage unhaltbar (vgl. 1.1.3). Gleichwohl enthält dieser Gedanke *insofern* ein richtiges Moment, als die vereinzelte Tätigkeit *als Tätigkeit* nicht auf den Austausch bezogen ist. Arbeit bleibt Arbeit in ihren Strukturmomenten, auch wenn ihr Produkt nie getauscht wird. An ihr ist nichts, das auf das *Geld* und die darin vollzogene Vergesellschaftung der Tauschenden verweisen würde, auch wenn sie unter der Regie der Geldrechnung vorgeht.

Doch: „Sehn wir näher zu", um eine von Marx Lieblingsphrasen zu verwenden. Zunächst fällt auf, dass der *Begriff* des Fetischs auch als Metapher in einem wesentlichen Punkt schief ist. Die Religionen, die künstliche oder natürliche Dinge *als* Fetisch verehren, bewahren sich immer noch die Souveränität in dieser Entscheidung. Der Fetisch ist der normierenden Kraft unterworfen und kann deshalb auch, wenn er sich als untauglich erweist, wieder verworfen werden. Dennoch verbirgt sich hier eine wichtige Erkenntnis: Wenn Wiederholung und Gewohnheit einen Fetisch lange Zeit gebrauchen, scheint er eine *selbständige* Macht zu werden. Im Götterglauben wird diese Verselbständigung endgültig vollzogen, wenn man die Götter aus dem sozialen Kontext löst, der ihnen Bedeutung verleiht, und sie als eigenständige Wesenheit definiert – sogar, wie den

---

[171] K. Marx (1867), S. 4.
[172] K. Marx, MEW 23, S. 198.
[173] K. Marx (1970) S. 48. Vgl. zur Kritik dieser Bestimmungen: K.-H. Brodbeck (1979).

jüdischen Gott Jahwe, über seine Stammesgrenzen hinaus. Ferner ist bei einem Fetisch bewusst, dass das Naturding oder das künstlich geschaffene Objekt nicht selbst in seiner materialen Verfassung der Fetisch ist. „Der Baum ist nicht der Fetisch. Der Fetisch ist ein *Geist* und unsichtbar, aber er hat sich hier in diesem Baume niedergelassen."[174]

Marx bewahrt diese Struktur insofern, als er zwischen „innerer Natur" und „Oberfläche" unterscheidet, die den Kapitalismus kennzeichne: „Eine Ware scheint auf den ersten Blick ein selbstverständliches, triviales Ding. Ihre Analyse ergibt, dass sie ein sehr vertracktes Ding ist, voll metaphysischer Spitzfindigkeit und theologischer Mucken."[175] Der Fetischcharakter, der auf der „Oberfläche" vor allem im zinstragenden Kapital erkennbar wird, verbirgt sich nach Marx bereits in der Struktur der Ware. Im Gebrauchswert will Marx „nichts Mysteriöses"[176] erkennen. Das ist wenigstens voreilig, denn gerade der Gebrauchswert ist durch die Bedürfnisse der Menschen bestimmt, die ihrerseits sehr wohl *gesellschaftlich vermittelt* sind. Das Bedürfnis nach Klingeltönen für Handys ist hierbei ebenso rätselhaft wie der Fernsehkonsum der Live-Übertragungen von Sportveranstaltungen. Dass es hier nichts Soziales und „Mysteriöses" zu entdecken geben soll, ist eine bloße Behauptung, besonders dann, wenn z.B. Adorno den Fetischismus in der Kunst wiederum zirkulär durch den Warenfetischismus „erklären" möchte.[177] Doch lasse ich diesen Punkt hier auf sich beruhen.

Marx sagt nun, dass der Gebrauchswert „auf dem Kopf" steht, „sobald er als Ware auftritt"[178]. Diese Aussage ist doppelt merkwürdig: *Erstens* kann der Gebrauchswert als Relation zwischen einem das Gut bedürfenden Subjekt und einem Ding gar nicht *als Tauschrelation zwischen verschiedenen Subjekten* auftreten – wiewohl bei einem einfachen Tausch die Produktquantitäten im Austauschverhältnis stehen. *Zweitens* kann ein Gebrauchswert *als Gebrauchswert* deshalb auch nicht *als* Ware auftreten; ein *Produkt* kann einen Preiszettel erhalten und so zur Ware werden, nicht aber ein Gebrauchswert. Getauscht wird z.B. ein Klavier, nicht das Spielen auf ihm. Und wird ein Konzertpianist bezahlt, dann ist sein Spiel nicht aus dem Klavier abzuleiten. Die schiere Unendlichkeit der Nutzungsmöglichkeiten von Produkten wird nicht getauscht; sie fällt in eine Sphäre, die dem Tausch notwendig *nachgelagert* ist. Eine Dienstleistung verwendet auch Produkte; doch schlummert deren Verwendung und Nützlichkeit nicht objektiv in den Geräten oder Maschinen. Ob ein Produkt überhaupt einen Gebrauchswert hat, ist ein ganz unabhängiger Aspekt – wovon auf den Märkten viele unverkäufliche Waren Zeugnis ablegen, für die sich keine Nachfrage finden lässt. Marx sagt:

> „Der mystische Charakter der Ware entspringt also nicht aus ihrem Gebrauchswert. Er entspringt ebenso wenig aus dem Inhalt der Wertbestimmungen. Denn erstens, wie verschieden die nützlichen Arbeiten oder produktiven Tätigkeiten sein mögen, es ist eine physiologische (!) *Wahrheit*, dass sie Funktionen des menschlichen Organismus sind und dass jede solche Funktion, welches immer ihr Inhalt und ihre Form, *wesentlich* Verausgabung von menschlichem Hirn, Nerv, Muskel, Sinnesorgan usw. ist. Was zweitens der Bestimmung der Wertgröße zugrunde

---

[174] Ein Baumverehrer, zitiert bei: A. Michelitsch (1930), S. 90.
[175] K. Marx, MEW 23, S. 85.
[176] K. Marx, MEW 23, S. 85
[177] „Von der Autonomie der Kunstwerke (…) ist nichts übrig als der Fetischcharakter der Ware, Regression auf den archaischen Fetischismus im Ursprung der Kunst"; T. W. Adorno, GS Bd. 7, S. 33 und öfter.
[178] K. Marx, MEW 23, S. 85.

4.4.11 Der „Fetischcharakter der Waren" 569

liegt, die Zeitdauer jener Verausgabung oder die Quantität der Arbeit, so ist die Quantität sogar sinnfällig von der Qualität der Arbeit unterscheidbar."[179]

Hier wiederholt Marx alle oben bereits kritisierten Fehler: Der Inhalt des Wertes als *Substanz* soll die verausgabte Arbeit in einem rein physisch-mechanischen Sinn sein. Das ist – wie gesagt – schon deshalb ein Fehler, weil eine *Formsetzung* keine „Verausgabung" ist und deshalb auch an dieser krud materiellen Betrachtung kein Maß findet. Die *Zeitdauer* der Arbeit ist zwar eine messbare Bestimmung an ihr, doch sie besitzt eine ebenso individuelle wie rein funktionale, aber keine *ökonomische* Qualität. Ob man allerdings sagen kann, dass in dieser rein *technischen Funktion* der Arbeit kein Geheimnis liegt, steht auf einem völlig anderen Blatt.

Die Technik ist vielmehr selbst ein – auch gesellschaftliches – Rätsel, wenn man erst einmal die naive Bestimmung aufgibt, Technik sei als *Mittel* für vorgegebene Zwecke hinreichend bestimmt. Vielmehr liegt gerade in der *Form* der Arbeit als einem sozialen Prozess, der inzwischen *offen sichtbar* weltweit vernetzt ist, eine soziale Struktur, die zwar immer noch durch ökonomische Momente überlagert und dominiert wird, die aber *an ihr selbst* durchaus eine keineswegs einfache, unmittelbar erkennbare Struktur aufweist. Der Versuch von Marx, den „Fetischismus" der Waren also gegen die durchsichtige Einfachheit eines Blicks auf Produkte und ihre technische Herstellung abzusetzen, ist kaum verständlich – übrigens auch nicht zur Zeit von Marx. Der Satz: „Die automatische Fabrik beseitigt die Spezialisten und den Fachidiotismus"[180] war zu keiner Zeit richtig. Jede neue Technik hat die soziale Differenzierung im Gegenteil erhöht und erweitert. Es ist also nicht nachvollziehbar, wenn man die „Einfachheit" der Gebrauchswertproduktion dem Mystizismus der Warenwelt entgegenstellt.

Marx sieht das anders. Er beantwortet die selbst gestellte Frage so:

„Woher entspringt also der rätselhafte Charakter des Arbeitsprodukts, sobald es Warenform annimmt? Offenbar aus dieser Form selbst. Die Gleichheit der menschlichen Arbeiten erhält die sachliche Form der gleichen Wertgegenständlichkeit der Arbeitsprodukte, das Maß der Verausgabung menschlicher Arbeitskraft durch ihre Zeitdauer erhält die Form der Wertgröße der Arbeitsprodukte, endlich die Verhältnisse der Produzenten, worin jene gesellschaftlichen Bestimmungen ihrer Arbeiten betätigt werden, erhalten die Form eines gesellschaftlichen Verhältnisses der Arbeitsprodukte."[181]

Die „Gleichheit der menschlichen Arbeiten" kann aber überhaupt keine, auch keine *sachliche* Form erhalten, weil es der Arbeit an dieser Gleichheit völlig mangelt. Vielmehr haben die im *Geld* erkennbaren Phänomene überhaupt keine Beziehung zur Arbeit. Der Arbeit eignet weder Abstraktion noch Gleichheit. Sie kann deshalb auch nicht *als abstrakte Arbeit* zur Substanz des Wertes erklärt werden. Der Begriff der „abstrakt gesellschaftlichen Arbeit, soweit er in der Warenanalyse erkennbar ist", ist deshalb ein „Fetischbegriff."[182] Das, was den Warenfetischismus *begründen* soll, wird selbst nur durch einen „Fetischbegriff" *erzeugt*, der sich der Struktur des Geldes verdankt.[183]

---

[179] K. Marx, MEW 23, S. 85; meine Hervorhebungen.
[180] K. Marx, MEW 4, S. 157.
[181] K. Marx, MEW 23, S. 86.
[182] A. Sohn-Rethel (1971a), S. 70. Ich stimme Sohn-Rethel allerdings nicht zu, dass dies ein spezifisch *Hegelsches* Motiv sei. Hegel selbst hat die Frage durchaus *anders* beantwortet, wenn er die Abstraktion unmittelbar an der Wirklichkeit des Geldes fest macht, nicht einer

Doch man darf nicht das Kind mit dem Bade ausschütten. Tatsächlich liegt in dem, was Marx hier sagt, durchaus auch eine tiefe, eine richtige Erkenntnis. Diese Erkenntnis besteht darin, dass die Menschen im Kapitalismus unter der Voraussetzung der Geldrechnung ihre Beziehungen untereinander über eine *abstrakte Form* – die Geldrechnung, die sich auf *Dinge* bezieht – abwickeln und ihre Selbstbestimmung in diesen Formen als Masken tragen. Wenn Marx sagt, dass

„das bestimmte gesellschaftliche Verhältnis der Menschen selbst (...) hier für sie die phantasmagorische Form eines Verhältnisses von Dingen annimmt"[184],

so ist dieser Satz völlig korrekt und ganz unabhängig von jeder Wertsubstanz. Man kann also durchaus sagen, dass zwar nicht die „Warenform", wohl aber der über das Geld vermittelte Tausch, das dem Geld eigentümliche kategoriale Novum, dazu führt, dass die Menschen ihre eigene gesellschaftliche Form

„als gesellschaftliche Natureigenschaften dieser Dinge zurückspiegeln (...), als ein außer ihnen existierendes gesellschaftliches Verhältnis von Gegenständen."[185]

Die Pointe hierbei liegt darin, dass sich die Verblendung *in den spezifischen Denkformen* vollzieht, die mit der Geldrechnung verknüpft sind. Die Verdinglichung liegt in der allgemeinen Orientierung an der Geldrechnung, am Geld als einer illusionären Macht, die darin *besteht*, dass Menschen sich ihr unterordnen. Die reflexive Beziehung König ↔ Untertan kommt den Waren beim einfachen Austausch gar nicht zu, denn dort *sind* die Tauschsubjekte die *Macht* des Tauschakts – wie sonst könnte ein Tausch *scheitern*, weil keine *Einigung* erzielt wird? Erst durch die *allgemeine* Subsumtion unter die Geldrechnung reproduzieren die Subjekte im Kapitalismus die Macht eines formalen Verhältnisses, *die nur in dieser Subsumtion besteht*. Insofern kann man also den „Fetischcharakter der Waren" bei Marx als Versuch lesen, diese besondere soziale Struktur zum Ausdruck zu bringen – wenngleich mit untauglichen logischen Mitteln.

4.4.12 Robinson Crusoe und der Kommunismus

Marx erlag der Illusion, die im einfachen Begriff des Fetischismus enthalten ist. Danach wird ein Ding (das Geldding, das Gold) zu einer sachlichen Macht, die – erst einmal zerbrochen – wieder einfache Verhältnisse hervortreten lässt. Der Fetischismus von Geld und Kapital sei eine historische Durchgangsphase, an deren Anfang die einfachen Verhältnisse Robinsons auf der Insel stehen, Verhältnisse, die nach der gewaltsamen kommunistischen Revolution *wieder* erreicht werden sollen. Marx sagt das mehr als deutlich: Bei „Robinson auf seiner Insel" sind die Verhältnisse ohne Schleier, weil sie in ihrer *Naturalform* erscheinen.

Abstraktion *dahinter*. Hegel sagt, es ist „*das Geld*, in welchem der abstrakte Wert aller Waren *wirklich ist*", G. W. F. Hegel, WW 7, S. 357; meine Hervorhebung. Hegel spricht vom „Geld als de(m) *existierenden* allgemeinen Wert der Dinge und der Leistungen", G. W. F. Hegel, WW 7, S. 466; meine Hervorhebung.

[183] Petry sagt mit entwaffnender Direktheit: „Wir müssen bei Interpretation dieses dunklen unklaren Begriffes aus den *Zwecken*, welchen dieser Begriff bei Marx zu dienen hat, unseren Ausgangspunkt nehmen", F. Petry (1916), S. 22. Wir können diese Zwecke aber auch einfach sich selbst überlassen.

[184] K. Marx, MEW 23, S. 86.
[185] K. Marx, MEW 23, S. 86.

4.4.12 Robinson Crusoe und der Kommunismus

„Alle Beziehungen zwischen Robinson und den Dingen, die seinen selbstgeschaffnen Reichtum bilden, sind hier (.) einfach und durchsichtig"[186].

Dieselben Verhältnisse sieht Marx noch im Mittelalter gegeben. Zwar gibt es auch hier „Charaktermasken" wie die „Pfaffen", doch „die gesellschaftlichen Verhältnisse der Personen in ihren Arbeiten erscheinen jedenfalls als ihre eignen persönlichen Verhältnisse und sind nicht verkleidet in gesellschaftliche Verhältnisse der Sachen"[187]. Nun knüpft Marx hieran eine entscheidende Reflexion. Wenn erst der Fetischismus der Warenwelt verschwunden ist, wenn an die Stelle des durch eine gewaltsame Revolution beseitigten Kapitalismus die „Produktion auf Grundlage freier und gleicher Assoziation der Produzenten" getreten ist, worin „die assoziierten Produzenten (…) ihren Stoffwechsel mit der Natur rationell regeln"[188], dann werden die Verhältnisse wieder einfach und klar; jeder Mystizismus ist verschwunden:

> „Stellen wir uns endlich, zur Abwechslung, einen Verein freier Menschen vor, die mit gemeinschaftlichen Produktionsmitteln arbeiten und ihre vielen individuellen Arbeitskräfte selbstbewusst als eine gesellschaftliche Arbeitskraft verausgaben. Alle (!) Bestimmungen von Robinsons Arbeit wiederholen sich hier, nur (!) gesellschaftlich statt individuell. (…) Das Gesamtprodukt des Vereins ist ein gesellschaftliches Produkt. Ein Teil dieses Produkts dient wieder als Produktionsmittel. Er bleibt gesellschaftlich. Aber ein anderer Teil wird als Lebensmittel von den Vereinsgliedern verzehrt. Er muss daher unter sie verteilt werden."[189]

Auch wenn bei Marx gelegentlich der Gedanke auftaucht, dass die durch die *Geldrechnung* vollzogene Verteilung der Produkte im Kapitalismus nicht *nur* eine mystifizierende Form, einen Fetischismus darstellt, sondern diese Verteilung als *Rechnung* faktisch organisiert, eine Aufgabe, vor die durchaus auch ein kommunistischer Verein freier Arbeiter gestellt wäre – so fehlt bei ihm jeder Vorschein des Gedankens, dass eine *andere Rechnungslegung* womöglich Probleme offenbart, die *von der Notwendigkeit der Koordination* abhängen, nicht vom „Geldfetisch", im Geld aber gleichwohl erscheinen. Wenigstens hätte Marx auffallen können, dass die „gesellschaftliche Bestimmung", die er hier entdecken will, nur eine *leere* Abstraktion ist. Denn tatsächlich müssen höchst ungleiche, höchst verschiedene – in Anstrengung und Ergebnis – Arbeiten in einer global arbeitsteiligen Wirtschaft *koordiniert* werden. Hier trägt die unheilvolle Abstraktion, die von einer „Gleichheit der menschlichen Arbeiten"[190] ausgeht und alle „Koordinationsprobleme" nur dem Geldfetisch zuschreibt, totalitäre Früchte.

Marx verlegt kategorial die Geldstruktur in die Arbeit, sofern er sie als „produktive Verausgabung von menschlichem Hirn, Muskel, Nerv, Hand usw."[191] missversteht. Diese mechanische Abstraktion ist ein Ergebnis der Organisation der Arbeit unter der abstrakten Regie des Geldes, der Kostenrechnung. In diesem Begriff erscheint das Geld in verkehrter Form, wie im Schöpfergott die Struktur der Arbeit als sozialer, teleologischer Akt in einem fremden Begriff angeschaut wird. Der Begriff der Arbeit überhaupt,

---

[186] K. Marx, MEW 23, S. 91.
[187] K. Marx, MEW 23, S. 91f.
[188] F. Engels, MEW 21, S. 168 und K. Marx, MEW 25, S. 828.
[189] K. Marx, MEW 23, S. 92f. Das hervorgehobene „alle" und „nur" sind wahrhaft Perlen des irrenden Gedankens: *Alle* Denkfehler des Kommunismus in *nur* zwei Worten.
[190] K. Marx, MEW 23, S. 86.
[191] K. Marx, MEW 23, S. 58.

als Abstraktion, ist das Resultat der schrittweisen Subsumtion der menschlichen Produktion unter die Geldökonomie. Marx hat das sehr genau gewusst:

> „Es war ein ungeheurer Fortschritt von Adam Smith, jede Bestimmtheit der Reichtum zeugenden Tätigkeit fortzuwerfen – Arbeit schlechthin, weder Manufaktur, noch kommerzielle, noch Agrikulturarbeit, aber sowohl die eine wie die andre. Mit der abstrakten Allgemeinheit der Reichtum schaffenden Tätigkeit nun auch die Allgemeinheit des als Reichtum bestimmten Gegenstandes, Produkt überhaupt, oder wieder Arbeit überhaupt, aber als vergangne, vergegenständlichte Arbeit. Wie schwer und groß dieser Übergang, geht daraus hervor, wie Adam Smith selbst noch von Zeit zu Zeit wieder in das physiokratische System zurückfällt. (…) Die einfachste Abstraktion also, welche die moderne Ökonomie an die Spitze stellt und die eine uralte und für alle Gesellschaftsformen gültige Beziehung ausdrückt, erscheint doch nur in dieser Abstraktion praktisch wahr als Kategorie der modernsten Gesellschaft."[192]

Das heißt, übersetzt, aber nichts anderes, als dies: Die Kategorie *der* Arbeit als einer Totalität der abstrakten Verausgabung von Kraft, die Marx als soziale Substanz in allen konkreten Arbeiten entdecken will, ist nichts anderes als die Wahrnehmung der konkreten Handlung von Menschen unter der abstrakten Macht der Geldeinheit.

Die Arbeit, ob man ein „gesellschaftlich" davor schreibt oder nicht, ist eine falsche Abstraktion, ein Fetisch, der sich der Subsumtion unter die Geldwirtschaft verdankt. Marx *bewahrt* diese Abstraktion, die er zugleich mit einem natürlichen Aspekt des Handlungsprozesses – dies, dass man ihn als zeitlichen Prozess mit einer Uhr messen kann – gleichsetzt. Dann erscheint die Sache so, als würde *in jeder Gesellschaft* dieses abstrakte Etwas „Gesamtarbeit" auf verschiedene Produktionszweige verteilt – im Kapitalismus durch Geld und Märkte, im Kommunismus durch einen gemeinsamen Plan. Der Plan ist aber nichts anderes als die auf einen Staat hin totalisierte Form der Buchhaltung in Geld, und es ist völlig albern, den Plan nun seinerseits *gegen* die Geldlogik ausspielen zu wollen. Eine sozialistische Planwirtschaft in der Marxschen Vorstellung sieht sich vor exakt dieselbe Aufgabe gestellt wie eine durch Geld und Märkte organisierte Wirtschaft, weshalb gilt,

> „dass die Regelung der Arbeitszeit und die Verteilung der gesellschaftlichen Arbeit unter die verschiednen Produktionsgruppen, endlich die Buchführung hierüber, wesentlicher denn je wird."[193]

Die sozialistische Planwirtschaft ist als Organisation „der" Arbeit am Leitbild ihrer Gleichheit, gemessen an der Arbeitszeit, *strukturell* dasselbe wie eine über die abstrakte Geldrechnung koordinierte Wirtschaft. Ich habe schon darauf hingewiesen, dass die im Geld liegende Gleich-Gültigkeit gegen die Subjekte und die Privatheit ihrer Bedürfnisse sich bei Marx und Engels *begrifflich* im „Nutzeffekt" reproduziert, einer völlig objektiven Kategorie aus dem äußeren Blickwinkel der Rechnung und Planung in der Geldeinheit. Die beim individuellen Tausch noch erkennbare Einbettung in kommunikative Verhältnisse wird durch die Geldrechnung in einer neuen Bedeutung aufgehoben, die alle Dinge und Handlungen mit einer totalitären Abstraktion der Berechenbarkeit überzieht. Diese Rationalisierung aller Verhältnisse schlägt sich nieder im *Begriff* der Ar-

---

[192] K. Marx (1953), S. 24f.
[193] K. Marx, MEW 25, S. 859.

beitszeit als jener Substanz, die angeblich unabhängig von der spezifischen Gesellschaftsform aufzuteilen sei. Wenn Marx hier das Geld (bei Engels: „das Wertgesetz") *direkt* mit der Zentralplanung vergleicht, gibt er zu, dass sich *Plan und Geld* demselben kategorialen Horizont verdanken. Genau *deshalb* ist in der praktischen Umsetzung dieses Kommunismus Stalins *totalitäre Gewalt* das vollkommene Substitut der totalitären Gewalt der – inzwischen wieder vollständig global hergestellten – Geldökonomie.

Was Marx nicht erkannte – er würde sagen: Aufgrund der historischen Beschränktheit seines Standpunkts nicht erkennen konnte –, ist dies, dass er in den Begriff der Arbeit den Geldbegriff transponiert hatte und dann der Täuschung erlag, man könne diese so bestimmte Arbeit als Verausgabung von Hirn, Muskel, Nerv etc., gemessen an der Arbeitszeit, von der *realen* Subsumtion unter das Geld und der fetischartigen Vergesellschaftung befreien und an ihr selbst *unmittelbar* ihre Vergesellschaftung organisieren. Er übersah, dass das, was er da organisiert wissen wollte, eben der bloße Spiegel der Abstraktion des Geldes war. Weshalb sich die äußere Gewalt des Geldes gegenüber menschlichen Handlungen im Kommunismus – eine Gesellschaft auf der Grundlage dieses falschen Begriffs organisiert – nur reproduzieren muss.

Eben deshalb war der marxistische Kommunismus von Anfang an eine *notwendige* Fehlgeburt, weil sich die reale Gewalt des Geldes in Konkurrenz mit ihrer geplanten Idealisierung als die adäquatere erwies. Der Bolschewismus kam deshalb nur als Donquichoterie auf den Stelzen der Gewalt zur Welt. Ganz wider den Marxschen Materialismus erweist sich auch hier, dass falsche Gedanken und eine falsche Metaphysik ungeheure praktische Konsequenzen haben, wenn sie das Tun der Menschen formen. Kein „Sein", das dieses täuschende und getäuschte Bewusstsein durch das erfundene Wirken eines „Bestimmens" entschuldigt. Und der Kernfehler dieser falschen Metaphysik war ein Begriff der Arbeit, dessen innere Struktur nur die des Geldes begrifflich reproduzierte – während Marx glaubte, aus diesem Begriff der Arbeit umgekehrt das Geld „ableiten" zu können. Der Nachweis des Scheiterns dieser Ableitung ist zugleich der Nachweis der Falschheit dieses verhängnisvollen Begriffs der Arbeit.

Keine *konkrete* produktive Tätigkeit ist *von sich her*, in ihrer spezifischen Form, „gesellschaftlich". Sie *wird* nur gesellschaftlich, wenn derartige Arbeiten koordiniert werden – sei es durch Märkte, durch Zentralpläne oder durch Wiederholung, also durch Tradition und Gewohnheit. Der Arbeit *als konkrete Tätigkeit* eignet in ihrer vereinzelten, technischen Form nichts „Ökonomisches". Arbeiten erfüllen eine Funktion in einem Handlungsprogramm, das sie organisiert und verbindet. Dieses Handlungsprogramm ist als Kommunikationsstruktur durchaus eine gesellschaftliche Form, allerdings keine *ökonomische*. Der konkrete Ablauf einer Arbeit, ihre *Bedeutung*, liegt weder in ihrer physischen noch in ihrer technischen Struktur – was schon daran erkennbar ist, dass die gleiche Tätigkeitsform höchst unterschiedlichen Zwecken dienen kann. Deshalb kann von ihr auch kein *bestimmendes* Moment in der Organisation der Gesellschaft ausgehen.

Marx verlegt die gesellschaftliche Form in die *Arbeit*, dies aber nicht durch eine genaue Analyse ihrer Organisation, sondern durch die Erfindung einer Entität namens „Gesamtarbeiter", deren häufige Verwendung die zentrale Bedeutung für die Marxsche Vorstellungswelt und ihre Sprachspiele dokumentiert.[194] Hier wird die wirkliche Vergesellschaftung der Arbeit in eine Fiktion verlegt, deren Einheit durch einen „Plan" erzeugt sein soll (im Kapitalismus ist es vorläufig nur der Betriebsplan – in den Kategorien des Geldes!) und der durch eine nicht minder fiktive Leerheit charakterisiert ist:

---

[194] Vgl. K. Marx, MEW 23, S. 248, 346, 359, 364, 369, 441, 531; MEW 24, S. 438-441, 445; MEW 25, S. 88.

„Im planmäßigen Zusammenwirken mit andern streift der Arbeiter seine individuellen Schranken ab und entwickelt sein Gattungsvermögen."[195]

Das ist nur leeres Geplauder – mit totalitären Konsequenzen. Das „Gattungsvermögen" *bleibt* differenziert, solange es eine Vielfalt von Tätigkeiten und gegliederte Handlungsprogramme gibt. Erst ein Ende der *Arbeitsteilung*, ein Ende der Arbeit überhaupt könnte die soziale Aufgabe beseitigen, verschiedene, arbeitsteilige Tätigkeiten *koordinieren* zu müssen – und dies auf dem gesamten Planeten.[196] Die verschiedenen Tätigkeiten in der globalen Produktion sind nicht jeweils durch die Grenzen des Privateigentums definiert, sondern durch die Struktur der Handlungsprogramme. Es gibt innerhalb der Eigentumsgrenzen ebenso Arbeitsteilung wie zwischen Privateigentümern. Keineswegs ist jedes Produkt im Kapitalismus Resultat der „Arbeit des Privatindividuums"[197]. Deshalb ist auch der Gedanke irrig, dass erst durch das Geld die „Privatarbeit" sich „unmittelbar darstellen (soll) als ihr Gegenteil, *gesellschaftliche* Arbeit."[198]

Im Geld stellt sich überhaupt nichts anderes dar als die allgemeine Subsumtion der Tauschsubjekte; diese Subsumtion ist die „Substanz" des Geldes. Das Geld lässt nichts erscheinen, ist kein Zeichen für etwas, noch ist es Ausdruck von etwas. Wenn Kaufleute schon in alter Zeit zahlreiche internationale Niederlassungen kannten, wenn heute die Arbeit global organisiert ist – z.B. bei virtuellen Unternehmen –, dann besitzt solch eine Arbeitsorganisation zweifellos einen gesellschaftlichen Charakter, sofern viele Arbeitsarten unter einer gemeinsamen Regie, einem gemeinsamen Plan vorgehen. All dies vollzog und vollzieht sich ohne „Dazwischenkunft des Geldes"[199] an durchaus differenzierten Tätigkeiten – und dies *inmitten* kapitalistisch organisierter Gesellschaften.

Der Begriff der „Privatarbeit" hat tatsächlich nur für Robinson einen Sinn – und der ist bekanntlich eine literarische Erfindung. Jede Arbeit vollzieht sich *auch* in einer *öffentlichen* Sphäre, ist also insofern *vielfältig* vergesellschaftet. Allerdings mangelt es diesen sozialen Formen an einer *Totalisierung* der Beziehungen. Die Sprache oder die Technik sind soziale Formen *innerhalb der Gesellschaft*; es sind keine Entitäten, die Gesellschaft *herstellen*. „Gesellschaft" ist immer der *Vollzug* der darin denkenden und handelnden Menschen. Das Geld stellt in und an diesen Formen der Vergesellschaftung eine *rechnende Privation* dar, durch eine abstrakte Totalisierung. Im Tausch oder Geld vollzieht sich die Vergesellschaftung der Subjekte auf neue, totalisierende Weise *durch sie hindurch*, durch das Handeln und Denken der Menschen, in Koordination ihrer Tätigkeiten. Die Gesellschaft („das Gesellschaftliche") ist aber nichts *dahinter* oder als Wesenheit darunter (unter der Oberfläche des Geldes) Liegendes. Folglich kann auch die Warenform oder das Geld nicht *den* gesellschaftlichen Charakter der Arbeit zur Erscheinung bringen. Das Geld stellt die Vergesellschaftung überhaupt erst her – als eine alle anderen sozialen Bereiche überlagerte, subsumierende Macht. Und das Eigentum ist nur der *Vollzug* dieser Macht und darin die Herstellung von Gesellschaft durch die Konkurrenz der Eigentümer, die sich in *einer* abstrakten Sphäre der Geldrechnung bewegen (= Kapitalismus).

---

[195] K. Marx, MEW 23, S. 249.

[196] „Der Kommunismus ist empirisch nur als die Tat der herrschenden Völker ‚auf einmal' und gleichzeitig möglich, was die universelle Entwicklung der Produktivkraft und den mit ihm zusammenhängenden Weltverkehr voraussetzt." K. Marx, F. Engels, MEW 23, S. 35.

[197] K. Marx, MEW 26.3, S. 133.

[198] K. Marx, MEW 26.3, S. 133.

[199] K. Marx, MEW 16, S. 117.

4.4.12 Robinson Crusoe und der Kommunismus

Deshalb ist es eine Illusion, mit der Aufhebung des Privateigentums sei die Voraussetzung für eine *unmittelbare Vergesellschaftung* geschaffen: In der Geldrechnung, der Reproduktion von Eigentumsverhältnissen durch Tauschakte hindurch *vollzieht sich der Prozess der Vergesellschaftung*, der sich *andere* Vergesellschaftungsformen (durch Kommando und Ausführung im Betrieb, durch Moral, Recht, Sprache etc.) subsumiert. Diese Subsumtion ist aber zugleich ihre reale *Herstellung*, nicht ein bloßer Nebel über einer Basis: Zwar ist die logistische Verknüpfung in multinationalen Unternehmen innerbetrieblich eine „Planwirtschaft", aber sie steht völlig unter der Herrschaft der Kostenrechnung. Entfernt man diese Herrschaft, so hebt man die globale Organisation auf, was diverse Mergers und das Outsourcing täglich zeigen. Es gibt keine ökonomische und keine technische Vergesellschaftung unter oder außerhalb der Geldform. Deshalb kann man das Geld nicht einfach beseitigen, ohne das, was *in der Geldrechnung* handelnd vollzogen wird, durch etwas *Anderes* zu ersetzen. Die Gesellschaft ist also nicht „schon da"; sie *muss hergestellt werden*. Die Gesellschaft ist nicht etwas darunter, noch ist das Geld eine Entität, die einen Akt ausführen könnte.[200] Es sind Handlungs- und Denkformen, die sich *in der Geldform* bewegen und darin die Rationalität des Geldsubjekts erzeugen und reproduzieren.

Hier kehrt der Denkfehler des Anfangs wieder, der sich als *metaphysischer* Fehler zeigte. Für Marx ist der Fetisch des Geldes die „Oberfläche" der bürgerlichen Gesellschaft, unter deren Hülle sich allerdings eine „Naturbeziehung" vorbereite, die – schließlich in einer Revolution – die Hülle wegsprengt. Diese krude Vorstellung von Form und Inhalt, die sich bereits im Begriff der Ware, genauer des Gebrauchswerts verbirgt, entfaltet hier ihren auch politisch illusionären Charakter, denn für Marx drückt der Gebrauchswert „die Naturbeziehung zwischen Dingen und Menschen aus", in Differenz zum Tauschwert, den er „das *gesellschaftliche* Dasein der Dinge"[201] nennt. Die gesellschaftliche Oberfläche habe einen „natürlichen" Kern, der allerdings (noch) nicht bestimmend hervortrete. Die dieser „Natur" zukommende „Vernunft" durchdringe die Oberfläche der kapitalistischen Fetischwelt nur in den Krisen, in denen sich das Wertgesetz als Lenker der Waren, als „das natürliche Gesetz ihres Gleichgewichts"[202] Geltung verschaffe.

„Das Vernünftige und Naturnotwendige setzt sich nur als blindwirkender Durchschnitt durch."[203]

Deshalb benötigt Marx die Arbeitswertlehre: Sie besagt, dass alle Werte *eigentlich* nur Formen der gesellschaftlichen Arbeit seien. Doch das Geld ist eine Vergesellschaftungsform *neben* der Arbeit, nicht ein *bloßer* Fetisch, ein Irrglaube, der nur *als Glaube* beseitigt werden müsse, um die „unbewusste Vergesellschaftung" in eine „bewusste" zu verwandeln. Wird der Fetisch der Oberfläche beseitigt, so trete wieder die „Natur" hervor, die als Kategorie dunkel bleibt, gleichgültig ob krud mechanisch gedeutet, wie bei den neoklassischen Ökonomen, oder mit einem Adjektiv „gesellschaftlich" versehen, wie bei Marx.

---

[200] Carey sagt einschränkend: Geld ist das Mittel, „das die Vorsehung zur Erleichterung der Assoziation und Kombination geliefert hat." H. C. Carey (1870), S. 319f. Bei Gerloff heißt es dagegen: „Das Geld *konstituiert* also Gesellschaft", Wilhelm Gerloff (1952), S. 111.
[201] K. Marx, MEW 26.3, S. 291.
[202] K. Marx, MEW 25, S. 197
[203] K. Marx, MEW 32, S. 553 (Marx an Ludwig Kugelmann vom 11. Juli 1868).

Wenn man aber die *ökonomische* Vergesellschaftung durch die Geldrechnung und das Privateigentum gewaltsam beseitigt, dann tritt *keine* darunter liegende „soziale Natur" hervor, sondern nur deren *Mangel*. Bei Marx und Engels kommt das einfach, locker und flockig daher; man organisiere „nur" die Arbeit gemäß ihrem Nutzeffekt – wie bereits zitiert: „Die Leute machen alles *sehr einfach* ab"[204], ohne Geldrechnung. Darin spricht sich die eigentliche Pointe ungeniert aus: „Einfach" ist nur die Abstraktion des Geldes; die wirklichen Arbeiten und die Bedürfnisse, ihre Koordination usw. sind gewiss nicht „einfach". Der natural definierte Zentralplan ist in der von ihm vollzogenen Abstraktion an die kommandierten Arbeiter deshalb das exakte Substitut des *monetären Totalitarismus*. Die Gewalt der Revolution ist nur ein *negativer*, kein befreiender Akt, weil es eine Wirtschaft, die aus den Fesseln der Geldherrschaft befreit werden könnte, gar nicht gibt.

Die gewaltsame Zerstörung der „Hülle" wurde gerechtfertigt durch die Behauptung, dass der Kapitalismus die Organisation der Produktion gar nicht mehr leiste, dass er in der „Periode seines Zerfalls" nicht mehr funktioniere. Bucharin sagte:

> „Die alte Gesellschaft spaltet sich, sowohl in ihrer Staats- wie in ihrer Produktionsgestaltung, zerfällt bis unten hinab, bis zu ihren tiefsten Tiefen. Noch niemals hat ein so gewaltiger Bruch stattgefunden. Aber anders könnte sich die Revolution des Proletariats nicht vollziehen, das aus den zerfallenden Elementen, in neuem Zusammenhang, in neuen Kombinationen, nach neuen Prinzipien, das Fundament der neuen Gesellschaft baut. Und dabei als Klassensubjekt baut, als organisierte Macht, die einen Plan besitzt und den höchsten Willen, diesen Plan zu verwirklichen, ungeachtet aller Hindernisse."[205]

In der Nachfolge von Marx und Engels, auf derselben begrifflichen Grundlage, verschweigt Bucharin die Pointe: Der Zerfall der wirtschaftlichen Organisation auf der Grundlage der Geldrechnung ist das Ergebnis eines *gewaltsamen Aktes* der Zerstörung der alten Ordnung. Das erfundene „Klassensubjekt" ist eine Partei gewaltbereiter Revolutionäre, die in dieser Situation einspringt, und der Plan ist ein exaktes Substitut für die gewaltsame Subsumtion unter das Geld und die staatlichen Formen, die das vorausgesetzte Privateigentum schützten. Die Spaltung der Gesellschaft, ihr Zerfallen in Bruchstücke ohne Ordnung ist ein Ergebnis der Revolution, die – in Russland – das Werk der Zerstörung im Krieg nur *fortsetzte*.

Es springt dann koordinierend *das* in die Lücke des ökonomischen Chaos, was dieses Chaos durch die Abschaffung des Geldes als Koordinationsform hervorgerufen hat: Die Gewalt. Deshalb haben Lenin und Trotzki nach der Oktoberrevolution propagiert:

> „Die Durchführung der Arbeitspflicht ist undenkbar ohne Anwendung der Methoden der *Militarisierung der Arbeit*". „Keine andere gesellschaftliche Organisation mit Ausnahme der Armee hat sich berechtigt gehalten, sich die Bürger in solchem Grade unterzuordnen, sie in solchem Maße von allen Seiten durch ihren Willen zu

---

[204] F. Engels, MEW 20, S. 288; meine Hervorhebung.
[205] N. Bucharin (1970), S. 7. Man beachte Bucharins euphemistisches „ungeachtet aller Hindernisse". Als Haupthindernis erwies sich, dass die Proletarier von ihren Führern die Nase sehr rasch voll hatten und dann nur noch *Objekte des gewaltsamen Kommandos* der Kommunisten wurden. Sie sind „Material" für fremde Zwecke geblieben, die sie herumkommandierten oder gleich erschießen ließen. Nur *Gewalt* hielt sie bei der Stange; die *Macht* (im vollen Begriffssinn) hatten die Bolschewiki nie erobert (vgl. 3.1.5).

4.4.12 Robinson Crusoe und der Kommunismus

umfassen, wie dies der Staat der proletarischen Diktatur tut und zu tun sich für berechtigt (!) hält."[206].

Es war nichts „unter der Oberfläche" an ökonomischer Organisation der *Gesellschaft*, das als „Natur" hervortreten konnte. Also setzt die *gewaltsame Aufhebung* einer Ordnung nur das fort, was dieser Akt bereits *ist*: Die *Gewalt*. Insofern war Stalins (oder Maos oder Pol Pots) Terror nur die konsequente Fortsetzung dessen, was sich als Revolution vollzogen hatte: Die Reproduktion der totalitären Gewalt einer abstrakten Koordination, die dem Geld eigentümlich war – gleichgültig, ob mit oder ohne „Preisplanung". Kein Wunder, dass Stalin dann das Wertgesetz als „sozialistisches" wiederentdeckt hat und es später in neuer Diktion hieß: „Das Geld ist ein notwendiges und wichtiges Instrument der volkswirtschaftlichen Planung"[207].

Ich möchte die brutalen Konsequenzen dieser Reflexionen illustrieren durch einige Äußerungen von Neostalinisten der Gegenwart, die sich ein besonders lupenreines *Dagegen* im Kapitalismus zugute halten und die Stalin *zu wenig* Stalinismus vorwerfen. Sie führen die Geldtheorie *nur noch* als Kritik des Staates vor, der angeblich das Geld in Geltung setzt. Dieser „Marxismus" in seiner Verfallsform kennt in der Geldanalyse deshalb die *Geltung des Geldes* nur als *Befehl*, als Kommando:

„Die modernen Souveräne (...) bekennen sich dazu, dass hinter der ‚Macht des Geldes' tatsächlich nichts anderes steckt als ihr hoheitliches Machtwort, mit dem sie (!) den materiellen Lebensprozess ihrer Gesellschaft, Produktion und Konsum, ausnahmslos dem *Kommando-Monopol des Eigentums* unterwerfen. Dieses Machtwort verselbständigen sie (!) zu einem Ding (...), setzen so das Geld *als* (!) den realen Vermittlungszusammenhang ihres Gemeinwesens in Kraft."[208]

In dem leninistischen Irrtum, der Macht und Gewalt verwechselt und ohne Wissen um die kategoriale Struktur des Kommandos, wird hier der „Fetischismus" bei Marx nur noch als Staatskritik begriffen; der Staat sei es, der Geld in Geltung setzte – völlig ignorant gegenüber dem, was Marx in seiner Geldableitung dazu zu sagen hatte.

Geld wird von den Nachfahren Stalins aus der kommunistischen Perspektive *rückblickend* als *staatliches* Kommando zur Ausbeutung von Arbeit interpretiert – was dann in der Umkehrung, das Kommando des Eigentums sei durch das Kommando der Kommunisten zu ersetzen, die leninistische Gewalt bereits Marx als Analyse unterjubelt. Diese hier zitierten Marxisten – früher „Marxistische Gruppe" – geben sich nicht zufällig heute den Organisationsnamen *Gegen-Standpunkt*: Die verborgene, gleichwohl gemeinsame Metaphysik der Geldfreunde *und* ihrer radikalen Gegner *ist* nun mal das Kommando einer Abstraktion (Omnis determinatio est negatio). Den Stalinismus als Apriori der eigenen „Geldableitung" will diese Variante des Marxismus nicht ganz so laut herausposaunen. Deshalb formuliert man das Lob des Stalinismus als höfliche *Kritik*, die das Ideal des reinen Kommandos gegen seine Realisierung verteidigt: „Die Brutalitäten der Stalinschen Kommandowirtschaft gehen restlos (!) darauf zurück, dass die ‚Sprache' des Kommandos *das Geld war*."[209] Wie jedermann weiß, wurden die Mil-

---

[206] L. Trotzki (1920), S. 113 und 116.
[207] S. Atlas (1957), S. 279.
[208] W. Möhl, T. Wentzke (2007), S. 50f; Hervorhebungen der Autoren; die Rufzeichen sind meine. Die implizite Anlehnung an F. G. Knapp bemerken die Autoren gar nicht mehr – sie kennen ihn vermutlich gar nicht.
[209] P. Decker, K. Held (1989), S. 262.

lionen Menschen in Russland und China und Kambodscha usw. *mit Geldscheinen ermordet* oder durchs Geldzählen in KZs zu Tode gelangweilt, oder? Darauf muss man freilich erst mal kommen. *Reines* Kommando sei eben angesagt. Diese aparte Denkform lebt bis in den Begriff hinein nur von der *Konkurrenz* mit der totalitären Gewalt des Geldes, der sie nur ein *anderes* Kommando als Gegenstandpunkt gegenüberstellen will. Deshalb geht die freundschaftliche Kritik an Stalin auch so: Er hätte *nur* „die Freiheit der revolutionären Gewalt" und sein „Kommando über (!) die Arbeiter"[210] nutzen und ohne Geldrechnung *geplant* erschießen lassen sollen.[211]

Dass diese brutale Konsequenz der leninistischen Denkform allerdings bereits bei Marx und Engels seine Quelle und Vorbereitung fand – obwohl Marx sich noch redliche Mühe gab, das Geld in seiner *Form* zu erklären – lässt sich leicht zeigen. Zwar hat Marx sicher nicht den Gedanken vertreten, dass das Geld nur kraft einer staatlichen Formbestimmung in Geltung gesetzt wird; gleichwohl wussten auch die Väter des Kommunismus um die im Plan liegende notwendige Gewalt. Es war also weder Lenins noch Trotzkis oder Stalins Erfindung. Friedrich Engels sagt:

> „Gleicher Arbeitszwang für alle Mitglieder der Gesellschaft bis zur vollständigen Aufhebung des Privateigentums. Bildung *industrieller Armeen*, besonders für die Agrikultur."[212]

Erreicht wird solch eine militärische Disziplinierung nicht durch freiwillige Subsumtion, wie Marx und Engels klar betonten, denn der *Wille* der Menschen, gar ihr Bedürfnis, ist völlig sekundär:

> „Es handelt sich nicht darum, was dieser oder jener Proletarier oder selbst das ganze Proletariat als Ziel sich einstweilen vorstellt. Es handelt sich darum, was es ist und was es *diesem Sein gemäß* geschichtlich zu tun gezwungen sein wird."[213]

Und das ist wenig idyllisch:

> „Ihr habt 15, 20, 50 Jahre Bürgerkrieg und Völkerkämpfe (!) durchzumachen, nicht nur um die Verhältnisse zu ändern, sondern um euch selbst zu ändern und zur politischen Herrschaft zu befähigen"[214].

---

[210] P. Decker, K. Held (1989), S. 206.

[211] „Statt nachzuzählen und die Kommandos zu geben, doktert sie (sc. die stalinistische Planung) an einem ‚ökonomischen Mechanismus' herum", MSZ 1987/10. „Die Morde, die falsche Politik (sc. die Stalins) zu verantworten hat, gewinnen (!) ihren Schrecken durch den Charakter der Willkür und des Zufalls, der ihnen anhaftet (!)." MSZ 4/74, S. 2.

[212] F. Engels, MEW 4, S. 373; meine Hervorhebung. Die Forderung Bakunins: „freie Organisation der Arbeitermassen von unten nach oben", M. Bakunin (1972), S. 615, kommentiert Marx im Manuskript mit: „Blödsinn!", K. Marx, MEW Bd. 18, S. 637. Es ist also durchaus korrekt, bei Marx (und Engels) eine „Tendenz zur Diktatur im Schoß der sozialrevolutionären Partei selbst", M. Bakunin (1969), S. 218, zu identifizieren.

[213] K. Marx, F. Engels, MEW 2, S. 38; meine Hervorhebung.

[214] K. Marx, MEW 8, S. 412. Revolution werden unter „sicher nicht idyllischen" Bedingungen, K. Marx, MEW 35, S. 161, vollzogen; aber eine „Revolution ist ein reines Naturphänomen" F. Engels, MEW 27, S. 190. Da entfällt dann *natürlich* jede ethische Verantwortung für Gewalttaten – man hat ja ein Naturgesetz als Ausrede.

4.4.12 Robinson Crusoe und der Kommunismus

Durch den Begriff der „Völkerkämpfe" hat Marx sogar noch einem kommunistischen Imperialismus das Stichwort geliefert: Export der Revolution durch Krieg.

Weit davon entfernt, als „Natur", als Organisation sich gegen die Fremdherrschaft des Geldes nur Geltung zu verschaffen, muss man – das geben Marx, Engels, Lenin, Trotzki und Stalin zu – die *ökonomische Neuorganisation* der Gesellschaft überhaupt erst *herstellen*, als teleologischen Akt[215], *gegen* den Willen derer, die die Arbeit tun sollen. Die Proletarier sollen erst in 15, 20, 50 Jahren Krieg *lernen*, dass es scheinbar außer der Gewalt militärischer Machtmittel nichts gibt, was als Alternative zur „Anarchie des Marktes" das Erbe der Vergesellschaftung durch das Geld antreten könnte. Hier trägt ein Denkfehler unmittelbar gewaltsame Früchte. Dass es außer Militär und Gewalt noch andere Weisen der Vergesellschaftung gibt, die auf Moral, auf Kommunikation oder Erziehung zu Liebe, Mitgefühl und Solidarität beruhen, das wurde nur von den unteren Rängen der Parteimitglieder einer kommunistischen Partei als Ideologie verbreitet. Unten plauderten Lukács, Brecht, Sartre und andere Intellektuelle über die Moral der Kommunisten, während die Herren in Russland oder China ihre Morde militärisch und strategisch *als* Morde organisierten.

Die kommunistische Gewalt *als Gewalt* zu kritisieren – als Grund braucht man dafür nur das Mitgefühl mit den Betroffenen, aber auch nicht weniger – nimmt der von kapitalistischen Staaten verübten Gewalt absolut nichts von deren Brutalität. Gewalt ist *als Mittel* zu kritisieren, denn, wie Marx in seiner Jugend noch sehr richtig sagt:

> „Aber ein Zweck, der unheiliger Mittel bedarf, ist kein heiliger Zweck"[216].

Gewalt ist nicht falsch, weil sie im Interesse der weltweiten Geldgeschäfte geübt wird, sondern weil es sich um *Gewalt* handelt. Die Verrechnung der Gewalt als Mittel, zur Durchsetzung von Geldgeschäften oder eines Zentralplans als Zweck – in diesem brutalen Fehler liegt *die* innere, die metaphysische Gemeinsamkeit von Geldökonomie und leninistischem Kommunismus = Stalinismus. Weil die Kategorien, in denen Marx die Vergesellschaftung dachte, falsch waren, weil sie nur den Schein der Geldform im Begriff der „Arbeit", des „Gesamtarbeiters", der „gesellschaftlichen Arbeit" usw. als Fiktion reproduzierten, deshalb konnte die *Realisierung* dieser Fiktion auch nur dieselben Mittel verwenden wie die *Wirklichkeit* der anderen Fiktion des globalen Geldes.

Dass also die unter der Oberfläche des Geldes sich vorbereitende „Natur" der Gesellschaft ein Reich der Freiheit eröffnen soll, dieser Gedanke selbst beruht *kategorial* auf einer unhaltbaren Bestimmung, einer falschen Metaphysik. Denn das Wesen dieser ökonomischen Natur unter dem Fetisch des Geldes besteht ja nach Marx gerade darin, *nur* unter der Oberfläche und durch den Fetisch hindurch seine „Vernünftigkeit" zu offenbaren. Alles, was diese Vernunft deshalb enthält, ist eine *Notwendigkeit* – und „Notwendigkeit" heißt politisch verdolmetscht „Gewalt":

> „Das Geschwatz über die Notwendigkeit, den Wertbegriff zu beweisen, beruht nur auf vollständiger Unwissenheit, sowohl über die Sache, um die es sich handelt, als die Methode der Wissenschaft. Dass jede Nation verrecken würde, die, ich will nicht sagen für ein Jahr, sondern für ein paar Wochen die Arbeit einstellte, weiß

---

[215] Im Geist Lenins sagt auch Horkheimer: „(D)er sozialistische Theoretiker (entwirft) ein Geschehen, das nur durch das Wollen der handelnden Menschen Wirklichkeit werden kann." M. Horkheimer (1985), S. 408. Und weiter: „Der Politiker will einen bestimmten Ablauf erzwingen und ist dabei selbst ein Faktor für sein Eintreten." S. 409.

[216] K. Marx, MEW 1, S. 60.

> jedes Kind. Ebenso weiß es, dass die den verschiednen Bedürfnismassen entsprechenden Massen von Produkten verschiedne und quantitativ bestimmte Massen der gesellschaftlichen Gesamtarbeit erheischen. (...) Dass diese *Notwendigkeit der Verteilung* der gesellschaftlichen Arbeit in bestimmten Proportionen durchaus nicht durch die *bestimmte Form* der gesellschaftlichen Produktion aufgehoben, sondern nur *ihre Erscheinungsweise* ändern kann, ist self-evident. Naturgesetze (!) können überhaupt nicht aufgehoben werden. Was sich in historisch verschiednen Zuständen ändern kann, ist nur die *Form*, worin jene Gesetze sich durchsetzen. Und die Form, worin sich diese proportionelle Verteilung der Arbeit durchsetzt in einem Gesellschaftszustand, worin der Zusammenhang der gesellschaftlichen Arbeit sich als *Privattausch* der individuellen Arbeitsprodukte geltend macht, ist eben der *Tauschwert* dieser Produkte."[217]

Hier versammelt Marx exakt die oben kritisierte Vorstellung: Arbeit als eine vorgängig gegebene, zu verteilende Entität, ein Wesen unter der Oberfläche der bürgerlichen Form. Zudem vergisst er, dass auch Rohstoffe, Bodenflächen etc. entsprechend aufzuteilen sind. Das Argument belegt also das Gegenteil dessen, was es intendiert: die Geltung der Arbeitswertlehre zu erweisen. Allokation erfolgt zwar durch das Geld organisiert, doch nur, indem die abstrakte Gewalt des Wertes *von außen* auferlegt wird. Den vielen Arbeiten ist diese Abstraktion so fremd wie dem Ökosystem der Erde. In diesem Gedanken, das Wertphänomen sei Erscheinung der Allokation von „Faktoren", kommt, wie in der bürgerlichen Ökonomik, die Gewalt der berechnenden Vergesellschaftung im ideologischen Gerüst als „Naturgesetz" daher, und Naturgesetze kann man *natürlich* nicht aufheben – eine wiederkehrende Ideologie zur Entschuldigung von Gewalt.

Wie leicht zu bemerken ist, bleibt hier das „Reich der Freiheit" eine leere Chimäre. Marx verspricht nur – wie die bürgerlichen Ökonomen – die vernünftige Einsicht in die Notwendigkeit, *Naturgesetze* anerkennen zu dürfen. Der Tausch mit seinen scheinbaren Freiheiten ist nur das *Instrument* des „Zusammenhangs der gesellschaftlichen Arbeit", den Marx als Entität *hinter* dem Tausch denkt, eine Entität, die den Akt der *Geltung* als Gesetz ausübt.[218] Das, was dem Wert als *Wesen* zugrunde liege, sei nicht historisch spezifisch zu beschreiben, sondern gründe in einer zeitlosen Ontologie der Entität Arbeit: Der Wert sei „nur eine bestimmte historische Form von *etwas*, was in allen Gesellschaftsformen existiert"[219]. Bei Marx heißt dieser *Creator* nicht mehr Gott, sondern „Arbeit" oder „Gesamtarbeiter". Metaphysisch wird hier aber dasselbe gedacht.

Man hat deshalb Marx missverstanden, wenn man sein „Reich der Freiheit" als *Freiheit* deutete. „Aber es bleibt dies immer ein Reich der Notwendigkeit. Jenseits desselben beginnt die menschliche Kraftentwicklung, die sich als Selbstzweck gilt, das wahre Reich der Freiheit, das aber nur auf jenem Reich der Notwendigkeit als seiner Basis aufblühn kann."[220] Das ist kurios formuliert. Die „ewige Naturbedingung Arbeit"[221] bleibe ein Reich der Notwendigkeit, denn – wie eben zitiert – „Naturgesetze

---

[217] K. Marx, MEW 32, S. 552f.

[218] Die Pointe ist freilich eine ganz andere: Der Austausch mit der darin sichtbaren und sich geltend machenden Freiheit ist gerade *nicht* das Instrument von etwas anderem, auch wenn die Menschen sich darin von Tausenden von „Sachzwängen" umstellt sehen, denen sie Macht verleihen, indem sie sich vor ihnen verneigen. Im Austausch erscheint kein Gesetz, nur eine gefesselte Freiheit.

[219] K. Marx, MEW 19, S. 377.

[220] K. Marx, MEW 25, S. 828.

[221] Vgl. „Die reale Arbeit, so weit sie Gebrauchswerte schafft, (...) ist allgemeine Bedingung des Stoffwechsels zwischen Natur und Mensch und als solche Naturbedingung des

können überhaupt nicht aufgehoben werden". Und Marx sagt zugleich: „Das Reich der Freiheit beginnt in der Tat erst da, wo das Arbeiten, das durch Not und äußere Zweckmäßigkeit bestimmt ist, aufhört"[222]. Doch wie soll eine arbeitsteilige Organisation der Produktion *ohne äußeren Zweck*, nur dem „inneren Gesetz" folgend, aufgebaut sein? Zum Begriff der Arbeit gehört die *zweckmäßige Koordination* von Tätigkeiten, und in dieser Struktur der Koordination liegt immer ein „äußerer" Zweck.

Bei Marx geht das kategorial durcheinander, sofern er die *äußere Zweckform* der koordinierten Arbeit als „Gesetz", sogar als *Naturgesetz* bestimmt. Immerhin ist darin noch erkannt, dass man die Arbeit nicht von ihrer Form, ihrer *äußeren* Zweckmäßigkeit, trennen kann. Man mag das „Gesetz" nennen. Nun hört aber ein „Naturgesetz" nicht auf zu wirken; eine *„ewige Naturbedingung* menschlicher Existenz" endet nicht. Wann also und wo soll das „Reich der Freiheit", aus dieser kategorialen Bestimmung entfaltet, beginnen? Die Beseitigung des Warenfetischismus reicht dazu ebenso wenig wie die Abschaffung des Privateigentums. Wenn tatsächlich Freiheit nur *jenseits* der Notwendigkeit der Arbeit und Produktion ein eigenes Reich bildete, dann wäre die Menschheit dazu verdammt, diese Freiheit immer nur einem ihrer *Teile* zu gewähren, während der übergroße Rest für die Herren im Reich der Notwendigkeit deren Freiheit bedient.[223] Tatsächlich haben viele Gesellschaftsformen – von der griechischen Sklaverei bis zum Kapitalismus – diese Struktur praktisch verwirklicht. Und es ist kein Zufall, dass die russische Revolution in ihrer Herrschaft der Parteibonzen und des roten Terrors sich sehr rasch anschickte, diese „Notwendigkeit" erneut unter Beweis zu stellen.

Der junge Marx hat dieses Problem noch geahnt und es mit einer *unmöglichen Forderung* vom Tisch gewischt, der Forderung nach einer *„Abschaffung* der Arbeit":

> „Die Aufhebung des Privateigentums wird also erst zu einer Wirklichkeit, wenn sie als Aufhebung der ‚Arbeit' gefasst wird, eine Aufhebung, die natürlich erst durch die Arbeit selbst möglich geworden ist, d.h. durch die materielle Tätigkeit der Gesellschaft möglich geworden, und keineswegs als Vertauschung einer Kategorie mit einer andern zu fassen ist. Eine ‚Organisation der Arbeit' ist daher ein Widerspruch. *Die* beste Organisation, welche die Arbeit erhalten kann, ist die jetzige Organisation, die freie Konkurrenz, die Auflösung aller frühern scheinbar ‚gesellschaftlichen' Organisation derselben."[224]

---

menschlichen Lebens von allen bestimmten gesellschaftlichen Formen desselben unabhängig, allen gleich gemeinsam." K. Marx (1976), S. 56; der Arbeitsprozess ist „ewige Naturbedingung des menschlichen Lebens", K. Marx, MEW 23, S. 199; „Arbeit ist ewige Naturbedingung menschlicher Existenz." K. Marx (1970), S. 26. Marx kennt eine „unveränderliche Naturbedingung der menschlichen Arbeit", gar „absolute (!) Bestimmungen der *menschlichen* Arbeit überhaupt" K. Marx, MEW 23, S. 48. Die „Ontologie der Arbeit" von Georg Lukács ist deshalb sicher *kein* „Revisionismus", vgl. G. Lukács (1971; 1972; 1973).

[222] K. Marx, MEW 25, S. 828.

[223] Vgl. dagegen: „Eine ‚Eigengesetzlichkeit der Wirtschaft' gibt es *nicht*. Für den ‚Sprung aus dem Reich der Notwendigkeit in das der Freiheit' brauchen wir *nicht* auf den Kommunismus zu warten. Das heißt: die Wirtschaft ist kein Naturprozess", W. Sombart (1932), S. 5.

[224] K. Marx, (1972), S. 436. Vgl. dagegen: „Die Arbeit kann nicht Spiel werden", K. Marx (1953), S. 599. Noch in der „Deutschen Ideologie" heißt es: Die Proletarier müssen, „um persönlich zur Geltung zu kommen, ihre eigne bisherige Existenzbedingung, die zugleich die der ganzen bisherigen Gesellschaft ist, die Arbeit, aufheben." K. Marx, F. Engels, MEW 3, S. 77. Vgl. „(D)as Leben krankt an diesem entmenschten Räderwerk und Mechanismus, an der ‚Unpersönlichkeit' des Arbeiters, an der falschen Ökonomie der ‚Teilung der Arbeit'." F Nietzsche (1969: 2), S. 1113.

Offenbar hat Marx später diesen Gedanken verworfen, hat die Arbeit *überhaupt* von *Lohnarbeit* unterschieden und dann *der* Arbeit kategorial den Rang einer zeitlosen Entität, einer „ewigen Naturbedingung menschlicher Existenz" oder eines „Naturgesetzes" zugebilligt – durchaus im Einklang mit jenen Ökonomen, die seit der zweiten Hälfte des 18. Jahrhunderts in der Wirtschaft ewige mechanische Gesetze am Werke sahen. Doch diese gesamte Reflexion beruht auf all jenen verkehrten Voraussetzungen, von denen Marx in seiner Analyse von Wert und Geld ausging. Die Entbehrlichkeit der Subjekte in der Wertform – eine Erfindung von Marx – führt zu der durchaus praktischen Konsequenz, die *realen Individuen* mit der nämlichen Gleichgültigkeit zu bedenken, die sich bei Marx zeigte.

Der Witz hierbei ist ein ganz anderer: Die Tauschstruktur ist sowenig wie die menschliche Arbeit ein quasi-mechanischer Prozess, eine als *Gesetz* beschreibbare Struktur. In der je schon vorausgesetzten Anerkennung, in der Produktion des Werts als *Bedeutung*, liegt vielmehr die immanent moralische Struktur der Wirtschaft. Wäre die Tauschstruktur, wäre die Anerkennung der Geldeinheit nicht eine innere Modifikation der sozialen Grundstruktur, eine Änderung der Ökonomie wäre in der Tat undenkbar und würde nur die Vorstellung reproduzieren, es gäbe ein Reich der Freiheit nur *jenseits* der Arbeit, der Produktion usw. Mit der schlichten Konsequenz, dass eine *Spaltung* der Gesellschaft in Freie und der Notwendigkeit Dienende immer wieder die unvermeidliche Konsequenz aller Bemühungen wäre, die Leiden der Menschen wie den globalen Hunger zu mindern oder das Leben der Menschen zu verbessern.

Nicht eine *Abschaffung* der Arbeit, vielmehr ihre innere Neuorganisation hebt den mechanischen und totalitären Charakter für die Arbeitenden auf, den ihr die Geldrechnung und Pläne, geschmiedet in Konzernzentralen oder bei staatlichen Planungsbehörden, täglich antun. Und das ist nur möglich, wenn die in der sozialen Grundstruktur erkennbare Beziehung zwischen Individuen, die gemeinsame Produktion von Bedeutung, zur *bestimmenden* Struktur wird. Die Tauschstruktur enthält kein Gesetz, dem die Subjekte zu parieren hätten. Im Gegenteil, sie zeigt in der Einbettung aller Tauschwerte in eine andere Form der Vergesellschaftung, dass die konkrete Form der Vermittlung arbeitsteiliger Prozesse nicht durch die Produktion determiniert ist. Die in der sozialen Grundstruktur, damit im Austausch der Produkte erkennbare *Offenheit* gewährt die Freiheit, worin der ethische Inhalt auch zur ethischen Form werden kann, weil Organisationen oder Märkte nur reduzierte soziale Grundformen sind. Und diese Formen gehen nicht nur durch das Bewusstsein hindurch, sie werden durch das Bewusstsein der Vielen zusammengehalten – auch wenn dieses Bewusstsein bislang noch den Charakter eines schlechten Traums besitzt, von dem der junge Karl Marx sagte:

„Die Reform des Bewusstseins besteht *nur* darin, dass man die Welt ihr Bewusstsein innewerden lässt, dass man sie aus dem Traum über sich selbst aufweckt, dass man ihre eigenen Aktionen ihr *erklärt*."[225]

Auch Nietzsche meinte:

„Aber die Menschen können mit Bewusstsein beschließen, sich zu einer neuen Kultur fortzuentwickeln, während sie sich früher unbewusst und zufällig entwickelten"[226].

---

[225] K. Marx, MEW 1, S. 346.
[226] F. Nietzsche (1969: 1), S. 465.

4.4.12 Robinson Crusoe und der Kommunismus

Diese neue Kultur wäre kein Paradies ohne Arbeit und Arbeitsteilung. Die Beseitigung von Lüge, Hunger, Gewalt und der Blindheit gegenüber der Erde, die schrittweise Ent-Fesselung eines *durch falsche Gedanken gehinderten Mitgefühls* wäre aber kein kleiner Schritt für die Menschen[227]: „Die Tradition aller toten Geschlechter lastet wie ein Alp auf dem Gehirne der Lebenden."[228] Kein Naturgesetz hindert sie daran, aus diesen Alptraum zu erwachen, nur die Logik des Träumens und ihre illusionäre Bedeutung.

Marx steht mit seinem Fernblick auf die Gesellschaft in der Tradition der Hegelschen Geschichts- und Rechtsphilosophie, die er zwar in der endogenen Organisation der Gedanken kritisierte, nicht aber in der erkenntnistheoretischen Grundhaltung ihrem Gegenstand gegenüber. Auch Nietzsche kultiviert diese erkenntnistheoretische Grundhaltung, ohne sie je in Frage zu stellen. Ihre einfache Formel lautet: „Die Weltgeschichte und ich, ihr Beobachter". Dieser totalitäre Blick, der sich je selbst als transmundanes Wesen voraussetzt, gegenüber dem Handeln der Menschen gepflegt, führt dann notwendig zu Gedanken, die auch die Menschen als bloßes Material betrachten.

Ich skizziere abschließend kurz diese Haltung bei Hegel und Marx als verborgene gemeinsame Mitte ihres Denkens. Die *Pointe* dieser Blickweise liegt in der Zurückweisung eines *ethischem Urteils*, das man als bloß geschmäcklerische und überflüssige Zutat einer die philosophische Reflexions*höhe* nicht erreichenden Perspektive eines mitfühlenden Teilnehmers betrachtet. (Die zeitgenössische Sozialwissenschaft nennt dies „Wertfreiheitspostulat".) Hegel blickte aus cartesianischer Fernperspektive auf die Weltgeschichte, die sich vermeintlich vor seinen Augen begrifflich-dialektisch entfaltete. Gleichwohl hat er immer wieder das Elend in der Welt gesehen, hat die Wahrheit all dieser schönen Worte – worin sich ein abstraktes Subjekt, ein philosophischer Robinson, mit sich selbst vermittelt, indem er sich in Begriffen auseinander legt, um dann doch als *eine* Idee im Staat zu gipfeln – durchbrochen und ausgesprochen. Um sich dann gleichsam selbst an die philosophische Nase zu fassen, moralische Anwandlung beiseite zu schieben und die Partei der allgemeinen Idee zu ergreifen, dessen Prophet zu sein er sich wähnte:

> „Das Prinzip der Besonderheit ist wesentlich vermittelt durch die Freiheit der anderen. Die Bedingung, sich zu befriedigen, ist die Freiheit anderer – auf allgemeingültige Weise. Darin liegt der Übergang vom Besonderen zum Allgemeinen. Dies muss man festhalten, sonst ist der Anblick des Lebens der Menschen in der Geschichte etwas Trauriges. Es ist ein schmerzlicher Anblick, wenn man mit der Vorstellung des Sittlichen an die Betrachtung solcher Zustände der Menschen geht, und es ist nur durch die Erkenntnis dessen, *was die Idee braucht, um sich zu realisieren*, was darüber Aufschluss und Befriedigung geben kann. *Tausende gelten wenig, wenn die Idee sie konsumiert, um sich geltend zu machen.* Es ist also das Prinzip der Besonderheit, das zur Allgemeinheit übergeht, und sie hat ihre positive Wirklichkeit nur in der Allgemeinheit selbst."[229]

---

[227] Die *Motivation*, die Marx persönlich bewegte, war von diesem Wunsch kaum weit entfernt; vgl. die Hinweise in: K.-H. Brodbeck (2002b), S. 107ff.

[228] K. Marx, MEW 8, S. 115. Vor allem gilt das für die ökonomischen Lehren, deren Opfer auch Marx war, der sich von Ricardo nie freimachen konnte. Auch für Marx eigenes Denken gilt sein Satz vom Alp früherer Geschlechter, den Keynes so formulierte: „Madmen in authority, who hear voices in the air, are distilling their frenzy from some academic scribbler of a few years back. I am sure that the power of vested interests is vastly exaggerated compared with the gradual encroachment of ideas." J. M. Keynes, CW Bd. VII, S. 383.

[229] G. W. F. Hegel (2005), S. 179; meine Hervorhebungen.

Diese Trauer über den gewalttätigen Gang der Weltgeschichte, die über Leichen, über die „unbedeutende Einzelheit" der Individuen hinweg geht, Menschen, die kein Recht haben sollen, ihre Vorstellung von „Sittlichkeit" gegen die gewalttätige Idee festzuhalten – all dies hat Marx später Ideologie genannt, und das sicher zu Recht. Doch dadurch, dass er die *Denkform* Hegels ontologisch beibehalten hat, damit auch die distanzierte Ferne zur Welt, die Ironie des cartesianischen Beobachters, hat er in seiner Alternative nur jenen die Ausreden geliefert, die „Weltgeist" einfach mit „Partei" übersetzten.

Alles, was Hegel einfiel, war nur der fade Gedanke, dass die Gewalttäter – allesamt für Hegel *welthistorische* „Persönlichkeiten" von Alexander bis Napoleon (zu schweigen von den Schurken des 20. Jahrhunderts und der Gegenwart) – auch *nicht glücklich* gewesen seien:

> „Werfen wir weiter einen Blick auf das Schicksal dieser welthistorischen Individuen, welche den Beruf hatten, die Geschäftsführer des Weltgeistes zu sein, so ist es kein glückliches gewesen."[230]

Was sich in der Wirtschaft realisiert, ob objektiver Geist, Weltgeist oder nur die „unterschiednen Organe des gesellschaftlichen Gesamtarbeiters"[231], die auch ihre Geschäftsführer gefunden haben und finden, diese Gleichgültigkeit gegenüber den Betroffenen liegt hier im *Kategorienfehler*, die soziale Welt als ein getrenntes, vorhandenes Ding zu betrachten. Gemeinsam ist den Formen dieses Fehlers das *Pathos des Gehorsams*:

> „Ich halte mich daran, dass der Weltgeist der Zeit das Kommandowort zu avancieren gegeben. Solchem Kommando wird pariert"[232].

Punkt. Die Frage ist nur, wer der *Dolmetscher* des Kommandos ist. Noch die jämmerlichsten Kreaturen wähnten sich im Besitz eines Funkemfängers für die Aussendungen des Senders: „Die Geschichte" (in jüngerer Zeit wieder ungeniert „Gott" oder „Allah"). Und es war stets gleichgültig, ob sie die Fäuste mit oder ohne Gewehr recken, mit Sprengstoffgürteln posieren oder bei Blasmusik, ob sie beim Präsentieren von farbigen Tüchern oder nationalen Symbolen feuchte Augen bekommen und die Hand aufs Herz legen. Die allgemeine Idee bedeckt dann als Leichentuch mit je aparten Farben und Symbolen die Särge des Gangs der Weltgeschichte.

Wenn Hegel sagt: „Tausende gelten wenig, wenn die Idee sie konsumiert, um sich geltend zu machen"[233], ruft Marx als Echo, dass „die höhere Entwicklung der Individualität nur durch einen historischen Prozess erkauft wird, worin die Individuen geopfert werden"[234]. Und nicht etwa nur *Einzelne* müssen *geopfert* werden:

> „Das jetzige Geschlecht gleicht den Juden, die Moses durch die Wüste führt. Es hat nicht nur eine neue Welt zu erobern, *es muss untergehen, um den Menschen Platz zu machen, die einer neuen Welt gewachsen sind.*"[235]

---

[230] G. W. F. Hegel, WW Bd. 12, S. 46.
[231] K. Marx, MEW 23, S. 366.
[232] G. W. F. Hegel (1953: 2), S. 85f.
[233] G. W. F. Hegel (2005), S. 179.
[234] K. Marx, MEW 26.2, S. 111.
[235] K. Marx, MEW 7, S. 79; meine Hervorhebung.

Das ist dann die *praktische* Wahrheit des Gedankens, dass sich hinter der sinnlichen Vielfalt der Arbeiten und Bedürfnisse ein „Wert", ein Gesetz, eine Wesenheit verberge, dem historischer Gehorsam zu leisten sei. Die Menschen werden zum ausführenden Organ. Es handelt sich nicht darum, was sie – in welcher sozialen Form auch immer – zu tun gedenken; es komme darauf an, was die Menschen *sind* und „diesem Sein gemäß geschichtlich zu tun gezwungen"[236] seien. Die Menschen sind auch bei Marx nur ausführendes Organ eines fremden Subjekts, eines Subjekts, dessen Natur zu kennen und zu reproduzieren sich der Philosoph cartesianischer Herkunft rühmt. Ist es bei Hegel der Weltgeist, so heißt es bei Marx „Geschichte", die zu exekutieren der Beruf der von ihm auserkorenen Gehilfen ist:

„Die Geschichte ist der Richter – ihr Urteilsvollstrecker der Proletarier."[237]

Diese Denkfiguren wurden dann von Nietzsche in seinen Dialekt übersetzt, der diese totalitäre Banalität für sich als eigene Innovation reklamierte: Der Mensch als gehorsamer Diener, als Sklave einer „Lüge" namens „wahre Welt", der Kommandos empfängt und selbst nur ein Übergang sei: „Was groß ist am Menschen, das ist, dass er eine Brücke und kein Zweck ist"[238]. Nicht mehr hungern zu müssen, kein Kriegsmaterial für die Gier Verrückter zu sein – dieser *traurige Gedanke* an die Weltgeschichte sei nur etwas zu Zertrampelndes: „was fällt, das soll man auch noch stoßen!"[239] In seinem „Zarathustra", auf dessen hypnotische Sprachmuster Generationen auch von Philosophen hereingefallen sind, kommt diese Verblendung zu sich: „Ihr sagt, die gute Sache sei es, die sogar den Krieg heilige? Ich sage euch: der gute Krieg ist es, der jede Sache heiligt."[240]

Der Fernblick des verrückt gewordenen Descartes auf die Welt, „sich selig preisend ob seines Mittags und Abends"[241], der Welt gegenüber mit der Maske der Lüge auftretend: „Freilich solle man Mitleid bezeugen, *aber sich hüten, es zu haben*"[242], „Mitleid soll Sünde für dich sein!"[243] – das ist dann die *ehrliche* Konsequenz der impliziten Ethik solchen Denkens. Sie kommt bei Nietzsche in einem Geist zu sich, der eine wunderbare Fähigkeit zu Kritik und Klarblick mit der dümmlichsten Moral des Großmenschentums vereinigte, und der diesen Widerspruch schließlich nicht ertrug.[244] *Sachlich* ist Nietzsche nur der moralische Kommentator zu dem, was bei Hegel und Marx gesagt wurde. Nicht mehr ein Gott oder Weltgeist, nicht die Erkenntnis eines Wesens unter der Oberfläche eines Fetischs gibt das Kommando, Nietzsche *selbst* in der Selbstsetzung eines prophetischen Egos, das alle Zweifel zerstreut, verkündet die transitorische Form der

---

[236] K. Marx, MEW 2, S. 38.
[237] K. Marx, MEW 12, S. 4.
[238] F. Nietzsche (1969: 2), S. 281.
[239] F. Nietzsche (1969: 2), S. 455.
[240] F. Nietzsche (1969: 2), S. 312.
[241] F. Nietzsche (1969: 2), S. 445.
[242] F. Nietzsche (1969: 1), S. 485; meine Hervorhebung.
[243] F. Nietzsche (1969: 2), S. 32.
[244] Übrigens scheint man kaum die Flucht vor dem *eigenen* Mitgefühl mit der leidenden Kreatur, die Unkraft, das eigene Lieben zu ertragen, bei Nietzsche bemerkt zu haben, ein Mitgefühl, das sich in seinem Zusammenbruch Bahn brach und ihn verzweifelt einen geschlagenen Gaul umarmen und vor seinem Peiniger in Schutz nehmen ließ. Kaum ist es einem Philosophen besser als ihm gelungen, im Pathos des leeren Wortgeklingels, das man am Zarathustra als „große Dichtung" rühmt, sich selbst besser zu tarnen und zu verbergen.

Weltgeschichte: „Ich will die Menschen den Sinn ihres Seins lehren: welcher ist der Übermensch"[245].

In der Gegenwart heißt dieses Subjekt der Weltgeschichte, dem man autonome Gewalt zuspricht, nicht mehr Gott, Weltgeist, Geschichte oder Zarathustra, sondern einfach nur noch *Markt* oder *Sachzwang der Globalisierung*. (Ich korrigiere mich: US-Präsidenten vernehmen immer noch Gottes Stimme aus dem brennenden Busch, den sie selbst tausendfach weltweit entzünden.) In dieser Begriffsmatrix zeigt die Moderne ihren totalitären Charakter. Sie ist, nachdem Stalins und Maos Kommunismus die innere Wahrheit eines auf die menschliche Arbeit projizierten Geldbegriffs als Gewalt offenbart haben, wieder zur reinen Form des Geldes zurückgekehrt. Mögen die Kategorien auch tatsächlich nicht vollständig bewusst sein, sie bestimmen das Denken gleichwohl einfach dadurch, dass man in ihrer Begriffsform und der ihr korrespondieren *Position* zu den Dingen die Welt erklärt. Dass der totalitäre Charakter dieser kategorialen Matrix sich allerdings nicht *zeige* oder als Wesen unerkennbar unter einer Oberfläche liege, ist ein Gerücht. In den Lagern, den KZs totalitärer Systeme, in den Mordwerkzeugen der Kriegsführung und im von „Sachzwängen der Märkte" und ihren Dienern erzeugten weltweiten Hunger, Elend und der Zerstörung der Erde hat sich diese Wahrheit – und nicht erst in jüngster Zeit – durchaus offenbart.

4.4.13 Gesellschaftliche Synthesis: Die Theorie Alfred Sohn-Rethels

Die Theorie Alfred Sohn-Rethels ist wohl der wichtigste und sicher originellste Versuch, die Marxsche Theorie vom Tausch und vom Geld weiterzuentwickeln. Trotz einer schüchtern vorgetragenen Kritik an Marx, bleibt der Mangel dieses Ansatzes der riesige Schatten Lenins, der nicht nur beim frühen Horkheimer und in der negativen Abwehr bei Adorno, sondern auch bei Sohn-Rethel noch spürbar ist und völlig richtige Gedanken jäh abstürzen lässt, um einer Metaphysik materialistischer Kausalverrechnung zu erliegen.

Ich möchte diesen leninistischen Einfluss auf das marxistische Denken kurz skizzieren. Bei verschiedenen Versuchen, die Marxsche Theorie weiterzuentwickeln und zu kommentieren, hat sich am verheerendsten die Ideologieproduktion der Bolschewiki auf den Marxismus ausgewirkt. Eingeschüchtert durch die praktische Gewalt der russischen Kommunisten, gingen auch gute Köpfe unter den Marxisten davon aus, dass man Marx nur *rückwirkend* über Lenins Marxismus verstehen könne: „Es ist unmöglich, das Denken von Marx anders zu erfassen als über das Denken (und Werk) Lenins; und die meisten Irrtümer und Missverständnisse ergeben sich daraus, dass man dieses wesentliche Kettenglied auslässt."[246] Von Stalin und Mao wurde das Nämliche behauptet, so dass der Marxismus gar nicht als eine *in sich* verstehbare Theorie erscheint, sondern nur noch als ideologischer Überbau des aktuellen Revolutionsprozesses. Wäre das richtig, dann lohnte es sich kaum noch, auch nur eine Zeile von Marx zu lesen.

---

[245] F. Nietzsche (1969: 2), S. 287.

[246] H. Lefèbvre (1969), S. 153; Lefèbvres Einfügung. Die Leninkritik Horkheimers verbleibt beim „gut gemeint, aber ...": „Was Lenin und die meisten seiner Genossen vor der Machtergreifung erstrebten, war eine freie und gerechte Gesellschaft. In der Realität bahnten sie den Weg für eine totalitäre Bürokratie, unter deren Herrschaft es nicht mehr Freiheit gibt als einst im Reich des Zaren." M. Horkheimer (1974), S. 264. Auf den Gedanken, dass der Gewaltakt der Revolution – den man billigend in Kauf nimmt – schon die Negation dessen ist, was man als Ziel sich vorsetzt, kommt Horkheimer nicht. Macht kann man nicht „ergreifen", weshalb Revolutionen eben *Gewaltakte* sind und Gewalt zur Vergesellschaftung wird.

4.4.13 Gesellschaftliche Synthesis: Die Theorie Alfred Sohn-Rethels

Ich will mich hier nicht auf diverse „Revisionismus"-Diskussionen einlassen, mit denen sich Marxisten wechselseitig kritisieren. Jedenfalls tragen die späteren Marxisten kaum zur Erhellung dessen bei, was sich bei Marx selbst findet. Auch die Puristen des Marxismus lieferten in ihrem Versuch, das unvollendet gebliebene Werk von Marx zu vollenden, nur einen von den gröbsten Irrtümern befreiten Leninismus. Wenn der Weg zum Verständnis von Marx nur über Lenin führte, erledigte sich die Beschäftigung mit der Marxschen Ökonomik so, wie dies gewöhnlich in der bürgerlichen Öffentlichkeit und Wissenschaft vollzogen wird: Man verweist einfach auf das gescheiterte „Experiment Kommunismus" in Russland und China. Das ist exakt der Spiegel jener Vorstellung, die Marx gar nicht als Wissenschaftler verstehen und widerlegen möchte, sondern dem Leninismus aufsitzt, der Marxismus als „Ideologie" definiert. Lenin sagt in einem oft zitierten Satz:

> „Kann nun von einer selbständigen, von den Arbeitermassen im Verlauf ihrer Bewegung selbst ausgearbeiteten Ideologie keine Rede sein, so kann die Frage *nur so* stehen: bürgerliche oder sozialistische Ideologie. Ein Mittelding gibt es hier nicht (denn eine ‚dritte Ideologie' hat die Menschheit nicht geschaffen, wie es überhaupt in einer Gesellschaft, die von Klassengegensätzen zerfleischt wird, niemals eine außerhalb der Klassen oder über den Klassen stehende Ideologie geben kann). Darum bedeutet *jede* Herabminderung der sozialistischen Ideologie, *jedes Abschwenken* von ihr zugleich eine Stärkung der bürgerlichen Ideologie."[247]

Nun kann offenbar Lenin bis zwei, aber nicht weiter zählen, denn wenn die Voraussetzung richtig wäre, dann kann es sehr wohl drei, vier und mehr Klassen geben, die je ihre aparte Ideologie hätten – und wenn der Klassenbegriff nicht a priori konstruiert wird, dann spricht einiges Erfahrungsmaterial dafür. Doch der für das Denken viel verheerendere Punkt liegt darin, dass die Wahrheit des Gedankens *als* Ideologie bestimmt wird und damit sich jeder Überprüfung entzieht. Das ist die schlechtest denkbare Form eines Idealismus. Wahr ist die Ideologie als Standpunkt, gegen den man nur einen Gegenstandpunkt beziehen kann, worin jedes Argument nur darin seine Wahrheit findet, lupenrein *dagegen* zu sein. „Fast das ganze schriftstellerische Werk Lenins ist polemischer Natur. Es spiegelt einen dauernden Kampf gegen alle von den eigenen Interpretationen des Marxismus und der geschichtlichen Situation abweichenden Einstellungen und Richtungen wider."[248]

Lenin spricht das sogar ungeniert aus, stellt Vicos Wahrheitsbegriff – wahr ist, was wir tun können – und nebenbei auch den Wahrheitsbegriff von Marx[249] auf den Kopf:

> „Die Lehre von Marx ist allmächtig, weil sie wahr ist."[250]

Dieser Satz ist Unsinn; er wird aber verständlich, wenn man seine ideologische Funktion begreift: Alles Denken ist nur funktionalisiert für eine je schon sanktionierte „Pra-

---

[247] W. I. Lenin (1970a: 1), S. 175.
[248] P. Mattick (1970), S. 10. Mattick bleibt in derselben Denkform gefangen, wenn er sagt, dass bezüglich Lenins Stil „nichts dagegen einzuwenden ist", S. 10.
[249] „Die Frage, ob dem menschlichen Denken gegenständliche Wahrheit zukomme – ist keine Frage der Theorie, sondern eine praktische Frage. In der Praxis muss der Mensch die Wahrheit, i.e. Wirklichkeit und Macht, Diesseitigkeit seines Denkens beweisen." K. Marx, MEW 3, S. 5.
[250] W. I. Lenin (1970: 1), S. 77.

xis" des Kampfes. Alles Denken in der bekämpften bürgerlichen Welt ist nur ideologischer Standpunkt, dem man einen Gegenstandpunkt entgegenhält. Und da diese bürgerliche Welt gleichwohl in realen Personen besteht, gilt es, deren Denken oder eben diese Personen auszuschalten.[251] Was sich „der Diktatur des Proletariats" (so nannte man Stalins Terror und seine Stasi-Kopie) entgegenstellt, bekommt die „Wahrheit" des ideologischen Kampfes praktisch zu spüren: Nach durch Folter erpresster Selbstkritik eine Kugel. Dieser völlig heruntergekommene Endpunkt sozialistischen Denkens hat zwar bei Marx seinen Ausgang genommen, sich aber auf dem Weg über den Leninismus in das verwandelt, was man am meisten zu bekämpfen vorgab: Eine idealistische Gewaltideologie, die ihrerseits eine „praktische" Kritik erfahren hat, was sicher kein Schaden ist. Allerdings hat sie nachhaltige Spuren hinterlassen und offenbar Marxisten so eingeschüchtert, dass der materialistische Glaube als unbezweifelbares Dogma sich auch in jene Köpfe eingebrannt hatte, die noch des Gedankens mächtig waren.

Es gab und gibt eine andere Marx-Rezeption, die versucht, den Marxismus als Philosophie zu begreifen und die ökonomischen Aspekte seines Werkes entweder stillschweigend als gültig vorauszusetzen oder auch einfach zu ignorieren. Dem Verzicht auf die Banalität des leninistischen Gegenstandpunkts korrespondiert in der philosophischen Marx-Auslegung die Gleichgültigkeit gegenüber der Marxschen *Ökonomik*. Zu dieser Schule gehören international zahlreiche Autoren, die angesichts einer sich vertiefenden Krise des verwirklichten Sozialismus ein „Zurück zu Marx!" forderten.[252] Georg Lukács, der sich in intellektueller Selbstversklavung an Lenin fesselte, entwarf in seiner Schrift *Geschichte und Klassenbewusstsein* die nachhaltigste philosophische Interpretation der Denkformen auf der Grundlage Marxscher Entwürfe.[253] Die Frankfurter Schule knüpfte unmittelbar daran an, wobei vor allem der „Fetischcharakter der Ware" auf dem Altar philosophischer Kritik als Hostienschrein verehrt wurde. Diese Bewegung reicht bis zu Habermas, der das „Zurück zu Marx!" als „Rekonstruktion des Historischen Materialismus" präsentiert.[254]

Charakteristisch ist bei diesen höchst heterogenen Entwürfen die weitgehende Ignoranz gegenüber den *eigentlich* ökonomischen Inhalten bei Marx. Man wird von den bolschewistischen Ideologen – Bucharin ausgenommen[255] – kaum einen finden, der Smith, Ricardo oder Menger wirklich studiert hätte. Dasselbe gilt für die „philosophische" Marxdeutung. Benjamin, Adorno, Horkheimer, Schmidt und Habermas haben darauf verzichtet, ihre Marxlektüre dahingehend zu aktualisieren, dass sie die *ökonomische Auseinandersetzung* mit dem Marxismus näher verfolgt hätten.[256] Zudem hat die bürgerliche Ökonomik seit den 70er Jahren des 19. Jahrhunderts eine ganz andere Wendung genommen, die nicht ignoriert werden kann. Der z.B. von Habermas viel zitierte

---

[251] In der leeren Leier des DDR-Philosophie-Betriebs tönte das so: „Der revolutionäre Charakter des Marxismus-Leninismus als einer Wissenschaft des Kampfes, des Klassenkampfes, impliziert die kontinuierlich geführte prinzipielle Auseinandersetzung mit allen Erscheinungsformen der bürgerlichen und revisionistischen Ideologie." M. Buhr (1972), S. 5.
[252] G. M. Bravo (1981); O. Negt (1981); T. Z. Nikolic (1988).
[253] G. Lukács (1968).
[254] J. Habermas (1976).
[255] Vgl. N. Bucharin (1926).
[256] Blickt man auf die Inhalte der Diskussionen im Umkreis des Instituts für Sozialforschung zwischen Adorno, Horkheimer Gomperz, Marcuse, Neumann, Pollock, Wittfogel und anderen, so sind eine sehr enge Bindung an die Monopolkapitalismustheorie und der lange Schatten Lenins erkennbar; nur gelegentlich werden „bürgerliche" Kritiker in die Diskussion einbezogen; vgl. M. Horkheimer (1985), S. 349-430.

4.4.13 Gesellschaftliche Synthesis: Die Theorie Alfred Sohn-Rethels

Max Weber ist ohne Carl Menger so wenig verständlich wie Marx ohne Ricardo.[257] Eine Soziologie oder Philosophie, die viel von Theorie und Praxis redet, aber zum Geld nichts zu sagen weiß, hat ganz einfach ihre Hausaufgaben nicht gemacht.

Eine wirkliche Ausnahme bildet nur Alfred Sohn-Rethel. Sohn-Rethel, der Adorno nachhaltig beeinflusste, bemüht sich tatsächlich, den Marxschen Gesamtentwurf, eine Theorie der Vergesellschaftung zu formulieren, aufzugreifen und die Frage ernster zu nehmen als Marx selbst: Er gelangte sogar zu einer Kritik an der Marxschen Wertlehre. Allerdings bleibt seine Bindung an den Marxismus als *Basis-Überbau-Metaphysik* durchwegs gewahrt, und eben dies hinderte ihn, die teilweise wichtigen Einsichten in seiner Theorie wirklich auszuführen. Vor allem versucht Sohn-Rethel, eine ökonomisch vermittelte Erkenntnistheorie zu entwickeln, die er bei Marx vorgezeichnet wähnt und die er bis hin zur wissenschaftlichen Begriffsbildung zu konkretisieren versucht. Zudem hat Sohn-Rethel wenigstens einige der bürgerlichen Ökonomen – besonders gründlich Schumpeter[258] – studiert und kritisiert, also tatsächlich die *Kritik der Politischen Ökonomie* fortgeführt und nicht für beendet erklärt.[259]

Sohn-Rethel sieht im Geld eine Form der „gesellschaftlichen Synthesis", die prinzipiell nicht auf andere Faktoren, besonders nicht die Arbeit zurückgeführt werden könne. Er hat sich, da diese These der Marxschen schroff widerspricht, in längeren, gewundenen Ausführungen, die sich immer wieder durch das eine oder andere Marxzitat ihrer Orthodoxie versichern wollen, erst langsam zu dem Satz durchgerungen:

„Im Funktionszusammenhang des Marktes herrscht nicht die abstrakte Arbeit, sondern die Abstraktion von der Arbeit."[260]

Darin ist der zentrale – und richtige – Gedanke ausgesprochen, dass im Geld eine Form der Vergesellschaftung („Synthesis" bei Sohn-Rethel) vollzogen wird, die sich nicht aus der menschlichen Produktion ableiten lässt. Im Vulgärmarxismus des Leninismus wird die Marxsche These, in der Abstraktion des Geldes zeige sich nur ein fetischartiger Zusammenhang der gesellschaftlichen Arbeit, die auch als *Wertsubstanz* bestimmend wirke, zu einer platten Identität: „Wie die Produktivkräfte, so müssen auch die Produktionsverhältnisse sein."[261] Das ist die Übersetzung des Gedankens, dass die durch das Geld hergestellte Vergesellschaftung ihr Wesen und ihren Grund in einer *dahinter liegenden* Vergesellschaftung der menschlichen Arbeit habe, für die Marx die Formel „hinter dem Rücken der Beteiligten" verwendet. Das Wesen des Wertes ist eine Basis

---

[257] Nur Hans-Georg Backhaus, dessen Interpretation ich bereits zitiert habe, macht im „Frankfurter" Umkreis eine gewisse Ausnahme.

[258] A. Sohn-Rethel (1936).

[259] *Mutatis mutandis* lässt sich auch von den Neoricardianern sagen, dass sie die Tradition der Kritik der Politischen Ökonomie fortsetzen; vgl. E. K. Hunt, J. G. Schwartz (1972); G. C. Harcourt, N. F. Lang (1971). Doch erstens kehren sie hinter Marx zu Ricardo zurück oder radikalisieren und adaptieren einige der Keynesschen Theorieelemente, zweitens rekonstruieren sie Marx in der Sprache der linearen Ökonomik und reproduzieren darin fast alle Fehler der modernen Gleichgewichtsökonomie, die im Begriff des Güterraums liegen; ich greife diesen Ansatz im Kapitel 4.7.5.5 nochmals auf.

[260] A. Sohn-Rethel (1971a), S. 70. Weiter sagt Sohn-Rethel, dass „zur Geltung des Wertgesetzes immer schon vorausgesetzt wird, dass der Warentausch überhaupt einen gesellschaftlichen Nexus zu stiften vermag (…), dass die Möglichkeit der gesellschaftlichen Synthesis vermittels des Warentauschs eine Voraussetzung, eine *voraus*gesetzte Bedingung des Wertverhältnisses (…) ist", S. 74.

[261] J. Stalin (1947), S. 669.

unter dem Überbau des Geldscheins. Sohn-Rethel hat die Unhaltbarkeit dieses Gedankens bemerkt:

> „Aber die Wertform der Waren, d.h. die Warenabstraktion, steht in keinem inhärenten Zusammenhang mit der zur Produktion der Waren erforderlichen Arbeit."[262]

Der durch das Geld vermittelte Tausch hat „keine inhärente Beziehung auf die Arbeit"[263], und Sohn-Rethel versucht – vergeblich – zu zeigen, dass dies durchaus mit der Marxschen Theorie harmoniere. Ich brauche die gegen die Marxsche Wertsubstanz „abstrakte Arbeit" oben vorgebrachten Argumente hier nicht zu wiederholen. Sohn-Rethel stand jedenfalls mehrfach an der Schwelle der Einsicht, dass das Geld *als vollzogene Abstraktion* von allen anderen sozialen Formen und der die Produkte hervorbringenden Ursachen tatsächlich eine Form „gesellschaftlicher Synthesis" darstellt, die nur aus ihrer Form selbst begriffen werden kann. Sohn-Rethel gelangt durch seine Fesselung an die Marxschen Vorstellungen aber nicht zu der Einsicht, dass das, was er das „Äquivalenzpostulat für die gesellschaftliche Synthesis durch Warentausch"[264] nennt, weder eine Äquivalenz noch eine bewusstlose Form darstellt.

Die Bindung an die Kategorie „Arbeit" verstellt Sohn-Rethel hier den freien Blick auf die Tauschstruktur und den Kaufakt. Seine wiederholte Abwehr gegen den Marxschen Gedanken einer „abstrakten Arbeit" *hinter* dem Geld ist durchaus richtig: „Die Arbeit abstraktifiziert sich nicht selber. Der Sitz der Abstraktion liegt außerhalb der Arbeit in der bestimmten gesellschaftlichen Verkehrsform des Austauschverhältnisses."[265] Doch damit ist noch nichts von der Tauschstruktur selbst und der Konstitution der rechnenden Subjektivität darin begriffen. In einem späten Text ringt sich Sohn-Rethel doch zu einer expliziten Marx-Kritik durch:

> „Ich halte den Begriff der abstrakt gesellschaftlichen Arbeit, soweit er in der Warenanalyse erkennbar ist, für einen dem Hegelschen Erbe geschuldeten Fetischbegriff. Er herrscht überall, wo die Vorstellung von der kapitalistischen Ökonomie als einem gesellschaftlichen ‚Arbeitszusammenhang' sich einstellt. (...) Man muss erst die richtige Erklärung der Realabstraktion gefunden haben bevor man sieht, was an der Marxschen falsch war. Halten wir also fest, die Arbeit spielt keine konstitutive Rolle in der gesellschaftlichen Synthesis vermittels des Warenaustauschs. Im Funktionszusammenhang des Marktes herrscht nicht die abstrakte Arbeit, sondern die Abstraktion von der Arbeit."[266]

---

[262] A. Sohn-Rethel (1972), S. 78f.

[263] A. Sohn-Rethel (1972), S. 76f.

[264] A. Sohn-Rethel (1972), S. 80. Bockelmann distanziert sich von Sohn-Rethel, reproduziert dabei aber doch nur dieselbe Äquivalenzvorstellung, die den Kernfehler der Marxschen Deduktion ausmacht: Ware werde gegen Geld getauscht; „und zwar werden sie da nicht in beliebigen Mengen das eine gegen das andere getauscht, sondern unter dem Prinzip (!) der Äquivalenz, das heißt: der gleichen Menge (!) an *Wert*." S. 177. Bockelmanns zentrale These vom „Geld als Ursprung des Taktrhythmus", S. 164, will ich hier nicht näher kommentieren. Nur so viel: Er klammert die nichteuropäische Musik aus und ignoriert die rhythmische Struktur des Arbeitens; vgl. K. Büchner (1909), S. Prajnanananda (1965). Zur Musik als Kommunikationssystem vgl. K.-H. Brodbeck (2003d).

[265] A. Sohn-Rethel (1972), S. 46.

[266] A. Sohn-Rethel (1971a), S. 70.

4.4.13 Gesellschaftliche Synthesis: Die Theorie Alfred Sohn-Rethels

Hier ist der zentrale Punkt erkannt: Das, was Sohn-Rethel „die Realabstraktion" im Tausch nennt, muss aus eigenem kategorialen Recht verstanden und kann nicht auf etwas anderes zurückgeführt werden. Doch wie schon der Begriff sagt, fesselt sich Sohn-Rethel gerade in seiner Kritik an der abstrakten Arbeit bei Marx nur umso stärker an dessen Metaphysik.

In der dualen Vorstellung von Idealismus und Materialismus gefangen, will Sohn-Rethel den Marxismus *verteidigen* als eine Kritik des Idealismus und als nun nur noch konsequenter durchgeführten Materialismus. Der Gedanke, dass die besonders von den Leninisten herausposaunte Dualität von Idealismus und Materialismus eine bloß metaphysische ist und dass man durch die Bindung an diese duale Metaphysik gerade die *gesellschaftliche Synthesis im Geld* – die zirkulär-reflexive Täuschung, in der sie gründet – nicht verstehen kann, bleibt Sohn-Rethel deshalb nur als Ahnung zugänglich. Er muss im Tausch selbst eine *objektive Abstraktion* suchen, die er als Grundlage für alle subjektiven Äquivalenz- und Quantitätsbegriffe interpretiert. Bei ihm zeigt sich übrigens durchaus dieselbe Schwierigkeit, mit der auch „im bürgerlichen Lager" in besonders klarer Form Ludwig von Mises gerungen hat; ich werde das im Abschnitt über dessen Theorie genauer darstellen. Auch Mises schwankte zwischen dem Gedanken, dass (idealistisch) das rationale Denken die Tausch- und Geldform erzeugt, und der ganz anderen (materialistischen) Vorstellung, dass Geld und Tausch überhaupt erst die Ratio der Moderne hervorgebracht haben.

Die Schwierigkeit hierbei ist eine *logisch-ontologische*, wenn das Primat der Relation nicht erkannt wird. Solange man in identischen Entitäten denkt, die zueinander in Beziehung treten, kann man gar nicht anders als in die Dualität von Basis und Überbau, Realität und Denken, Sein und Bewusstsein zu verfallen – um dann fallweise beide Entitäten aufeinander kausal zu verrechnen, sich um die Richtung der Kausalität zu streiten und in Verwirrung zu bleiben. Sohn-Rethel bleibt beim materialistischen Credo, indem er die Denkformen den gesellschaftlichen Verhältnissen und der Basis der Produktion zurechnet:

> „Das Wesen der materialistischen Methode (verlangt), dass in ihr keine Kategorien verwandt werden, von denen man nicht weiß, von welchen Produktionsverhältnissen sie bedingt sind."[267]

Doch sein Programm ist weitaus ehrgeiziger: Er möchte tatsächlich aus den *materiellen Gründen* die Denkformen *ableiten*. Genauer, er möchte zeigen, dass sich in der Abstraktion der durch das Geld vermittelten Tauschprozesse eine *objektive* Abstraktion vollziehe, die eine vorbewusste Grundlage für alle abstrakten, quantitativ-rechnenden Denkformen bilde. Und er unternimmt einige Versuche, dies auch an der historischen Durchsetzung des Kapitalismus in der Renaissance konkret vorzuführen.[268]

Dabei zielt Sohn-Rethel vor allem auf die kantianische Vorstellung, dass die Formen der menschlichen Vernunft überzeitlich-ewige seien. Und er stellt dieser Metaphysik eine Metaphysik des Werdens entgegen:

---

[267] A. Sohn-Rethel (1971b), S. 29.
[268] Z.B. in seinem Vortrag vom 27.5.1987: „Von der Wiedergeburt der Antike zur neuzeitlichen Naturwissenschaft" auf der CD: Alfred Sohn-Rethel, „Zeitlebens Außenseiter" (Radio Bremen 1998).

„Wenn die Bedingungen der Erkenntnisgeltung als genetische statt als transzendentale erwiesen wären, so würde damit die Wahrheit als geschichtlich bedingt oder zeitgebunden statt als zeitlos absolute erwiesen."[269]

Dieser Gedanke verrät die zentrale Schwäche. Sie beruht auf der Hegelschen Idee, dass die Wahrheit sich in ihrer Entwicklung zeigen und deshalb beim denkenden Nachvollzug auch eine *genetische* sein müsse. Die Historische Schule der Nationalökonomie hat diesen Gedanken ebenso übernommen wie Teile der Geschichtsphilosophie. Marx war in diesem Punkt vorsichtiger, weil sich die historische Entfaltung der Kategorien und ihre Stellung in der bürgerlichen Gesellschaft durchaus unterscheiden können. Die Stellung in einem System des Gewordenen braucht keineswegs – selbst die Hegelsche Voraussetzung prinzipiell akzeptiert – der historischen Folge des Werdens entsprechen.[270] Die materialistische Kausalität jedenfalls reduziert sich in diesem Gedanken nur darauf, dem historisch Gewordenen die Priorität vor der Denkform einzuräumen.

Doch damit ist unterstellt, dass die Geschichte ein wesentlich *bewusstloser* Prozess ist, dass die Handlungen der Menschen sich in dem, was sie wirklich auszeichnet, *außerhalb* des Bewusstseins vollziehen. Bei Marx findet sich diese Umkehrung Hegels, der darauf beharrte, dass mit dem Geschichtsprozess zugleich sich die philosophische Selbstreflexion dieses Prozesses vollziehe. Sohn-Rethel knüpft hier ganz an Marx an. Diesem Gedanken widerspricht aber nicht nur die einfache Tatsache, dass die Menschen ihre Handlungen seit alters her über Sprache und Denkprozesse koordinieren, sondern auch dies, dass von dem, was das Handeln der Menschen an sich sein soll, offenbar nur der cartesianische Beobachter weiß, also Marx oder Sohn-Rethel. Diese totalitäre Arroganz – die durchaus auch Hegels Vorstellung entspricht, in seiner Philosophie sei der Geschichtsprozess, ja sogar Gott zu sich gekommen – teilt die „materialistische Denkform" mit ihrem bürgerlichen Widerpart. Sie ist ein Grund dafür, dass die Kommunisten auf die Idee verfallen konnten, sie hätten als Avantgarde das richtige historische Bewusstsein, das sie zur Herrschaft befähige und das es auch erlaube, die *konkreten Arbeiter* – wie z.B. in Kronstadt durch Lenins und Trotzkis Befehl –, also jene Menschen, in deren Interesse man angeblich die Veranstaltung „Revolution" überhaupt durchzieht, gelegentlich auch einfach zu ermorden.[271]

---

[269] A. Sohn-Rethel (1971b), S. 28.

[270] „Es wäre also untubar und falsch, die ökonomischen Kategorien in der Folge aufeinander folgen zu lassen, in der sie historisch die bestimmenden waren. Vielmehr ist ihre Reihenfolge bestimmt durch die Beziehung, die sie in der modernen bürgerlichen Gesellschaft aufeinander haben, und die genau das umgekehrte von dem ist, was als ihre naturgemäße erscheint oder der Reihe der historischen Entwicklung entspricht." K. Marx (1953), S. 28. Vgl. dagegen: „Dies, was der Begriff lehrt, zeigt notwendig *ebenso* die Geschichte", G. W. F. Hegel, WW B 7, S. 28; meine Emphase. Allerdings beschränkte Hegel dies auf die Philosophiegeschichte; als Prozess „(gehört) Geschichtliches nicht der Philosophie an", G. W. F. Hegel, WW B 9, S. 347. F. Engels sagt gegen Marx und mit Hegel: „Die logische Betrachtungsweise (…) ist in der Tat nichts andres als die historische, nur entkleidet der historischen Form und der störenden Zufälligkeiten. Womit diese Geschichte anfängt, damit muss der Gedankengang ebenfalls anfangen, und sein weiterer Fortgang wird nichts sein als das Spiegelbild, in abstrakter und theoretisch konsequenter Form, des historischen Verlaufs", F. Engels, MEW 13, S. 475.

[271] In der Iswestija vom 8.3.1921 schreiben Kronstädter Arbeiter: „Als die Arbeiterklasse die Oktoberrevolution machte, hoffte sie, ihre Befreiung zu erlangen. Das Resultat war aber eine noch größere Versklavung der menschlichen Persönlichkeit. Die Macht der Polizeimo-

4.4.13 Gesellschaftliche Synthesis: Die Theorie Alfred Sohn-Rethels

Wenn Adorno in einem Brief an Sohn-Rethel dessen Ideen so kommentiert, „dass es uns konkret gelingt den Idealismus zu sprengen: nicht durch die ‚abstrakte' Antithesis von Praxis (wie noch Marx) sondern aus der eigenen Antinomik des Idealismus"[272], so vermeidet er diese brutale Konsequenz, möchte aber gleichwohl den Materialismus als *Denkform*, gleichsam als immanent-idealistischen Sprengsatz retten. Doch wie soll das gehen? *Wenn* die Denkformen durch eine unbewusste gesellschaftliche Praxis bedingt sind und reproduziert werden, dann besteht *immanent* im Denken keine Möglichkeit, den „Verblendungszusammenhang" zu durchbrechen.

Eben dies ist denn auch das Dilemma Adornos geblieben: Einerseits von der leninistisch-stalinistischen Konsequenz einer *gewaltsamen* Bekämpfung des „Idealismus" (d.h. der bürgerlichen Gesellschaft) zurückzuschrecken, andererseits an ihrem Impuls festhalten zu wollen. So suchte er denn diverse Ausflüchte, indem er der *Kunst* die Rolle zubilligte, den Verblendungszusammenhang in doppelter Reproduktion wenigstens zu reflektieren. Sohn-Rethel hat, einige seiner Äußerungen zu Lenin belegen das[273], am Ziel der *praktischen Überwindung* des Kapitalismus durch eine gewaltsame Revolution wohl festgehalten, auch wenn er sich selbst nicht an solchen Versuchen aktiv beteiligte, wie Georg Lukács in Ungarn oder Ernst Bloch in seinem Opportunismus gegenüber dem Stalinismus der DDR.[274] Gleichzeitig hielt Sohn-Rethel aber auch an dem gemeinsam mit Adorno formulierten Programm fest, den Idealismus aus seinen *historisch-genetischen* Bedingungen heraus „erklären" und damit „sprengen" zu wollen. Derartige Versuche mag man belächeln, denn weder die bürgerliche Ökonomie noch die Philosophie zeigte sich von diesem Unterfangen sonderlich beeindruckt, sondern reproduzierte ihren „Verblendungszusammenhang" unvermindert weiter. Es ist deshalb für ein faires Urteil erforderlich, durchaus am eigenen Anspruch Sohn-Rethels, zu überprüfen, weshalb die materialistische Ableitung der Denkformen aus der „Tauschabstraktion" scheitern muss. Das möchte ich nachfolgend kurz skizzieren.

Wenn man „Sein" und „Bewusstsein" als abstrakte Entitäten einander gegenüberstellt und die materialistische These vertritt, dass letzteres durch ersteres – bei Marx mit dem Attribut „gesellschaftlich" versehen – *bestimmt* werde, dann muss man die Tatsache begründen, weshalb die Menschen durchaus *mit* Bewusstsein handeln. Es gibt hier nur zwei Möglichkeiten: Entweder das Handlungsbewusstsein der Menschen hat mit ihren Handlungen *überhaupt* nichts zu tun, wie die als Preis entrichtete Geldsumme nichts mit der Köstlichkeit eines Menüs zu tun hat, das man dafür im Restaurant erhält; oder aber man benötigt eine *vermittelnde* Denkfigur, die die Formen des gesellschaftlichen Seins und die Bewusstseinsformen *verbindet*. Engels hat dieses Dilemma bemerkt und dadurch zu lösen versucht, dass er das Handlungsbewusstsein der Menschen ein ideologisches oder *falsches* nannte:

---

narchie ging in die Hände der Usurpatoren über, der Kommunisten", in: G. Hillmann (1967), S. 71. Das wurde noch *vor* Stalins Terror geschrieben.

[272] T. W. Adorno an A. Sohn-Rethel vom 17. November 1936; T. W. Adorno, A. Sohn-Rethel (1991), S. 32.

[273] Vgl. die Vorträge auf der bereits erwähnten CD.

[274] In seinem Hauptwerk „Prinzip Hoffnung" blieben die Stalin-Zitate auch noch nach seiner Übersiedlung nach Westdeutschland stehen, E. Bloch (1973), S. 637, 781 usw. Bloch reagierte in Interviews wie die Deutschen auf die Verbrechen der Nazis: Man habe es nicht gewusst: „wobei man erstens von den Schrecklichkeiten Stalins nicht viel wusste, und zweitens, was man wusste, wurde nicht geglaubt." In: R. Traub, H. Wieser (1975), S. 82. Diese Unschuldsbeteuerung straft sich selber Lügen, hält Bloch doch daran fest, dass „Stalin (…) der letzte Theoretiker des Marxismus gewesen ist", S. 78 – sogar ein von ihm immer noch zustimmend zitierter.

> „Die Ideologie ist ein Prozess, der zwar mit Bewusstsein vom sogenannten Denker vollzogen wird, aber mit einem falschen Bewusstsein. Die eigentlichen Triebkräfte, die ihn bewegen, bleiben ihm unbekannt; sonst wäre es eben kein ideologischer Prozess."[275]

Nun ist diese Antwort sehr merkwürdig, weil sie unterstellt, dass wenigstens die Marxisten den Trick durchschauen und die eigentlichen „Triebkräfte" kennen. Die Vergesellschaftung wird so beschrieben, dass sie von *Kräften* gelenkt wird, die blind wirken und einen „vom Denken unabhängigen Ursprung"[276] haben. Das *falsche* Bewusstsein hat mit diesen Kräften nur die Verbindung, eben *falsch* zu sein. Es ist also funktional ohne Bedeutung für das Zusammenleben. Wenn die Menschen gar nicht sprachfähig wären, so vollzöge sich die Gesellschaft auch ohne Sprache und gemeinsame Kenntnis von Handlungsumständen – dies jedenfalls wäre die logische Konsequenz dieses unhaltbaren Gedankens. Sohn-Rethel spricht ihn ungeniert auch so aus für die Kapitalisten, die auf bestimmende Weise die Vergesellschaftung im Kapitalismus vollziehen sollen:

> „Die Kapitalisten sind bloß Blinde, die sich in ihrer eigenen Ökonomie wie in einer verdunkelten Welt bewegen und sich nur durch ihre Zusammenstöße zurechtfinden können."[277]

Dass er diesen Gedanken nicht durchhalten kann, zeigt Sohn-Rethel eine Seite vorher, wo er im selben Text sagt:

> Die „Monopolkapitalisten (haben) aus der Erfahrung gelernt und rennen nicht mehr in derselben kopflosen Weise in die Widersprüche ihrer Ökonomie hinein."[278]

Dieser krasse Widerspruch auf engstem Raum ist der Ausdruck eines ungelösten Problems bei Sohn-Rethel, das er durch sein Festhalten am Materialismus der Marxisten und der Furcht, in einen Idealismus zu verfallen, als Erbschaft festhält. Sohn-Rethel sucht, wie das Marxisten immer tun, wenn sie Widersprüche nicht in ihrem Grund erkennen, eine „dialektische" Lösung. Tatsächlich gründen diese Widersprüche aber in der Ideologietheorie selbst und ihrer metaphysisch unhaltbaren Struktur, weil die Denkformen als *falsche* behauptet werden, gleichwohl aber soll sich durch sie hindurch die Vergesellschaftung vollziehen. Das Bewusstsein der Beteiligten am Marktprozess ist nicht falsch, weil es *dahinter* keine davon verschiedene, wahre Vergesellschaftung gibt. Vielmehr ist der Schein an ihm selbst der Vollzug der Vergesellschaftung. Falsch sind nur die *Erklärungen*, die Übersetzungsversuche der Ökonomen, weil sie eben gegen das Alltagsbewusstsein ein Dahinter behaupten (Wertgesetz, Naturgesetze des Marktes etc.).

---

[275] F. Engels: Engels an Franz Mehring vom 14. Juli 93, MEW 39, S. 97.

[276] F. Engels, MEW 39, S. 97. Das ideologische Denken habe „sich selbständig aus dem Denken früherer Generationen gebildet und im Gehirn dieser einander folgenden Generationen eine selbständige eigne Entwicklungsreihe durchgemacht", S. 97. Woher stammt wohl das Denken *früherer* Generationen? Und hat nicht das Gehirn seinen Ort in einem Körper, der zum Beispiel auch *handelt* und dabei die Wahrheit seiner Gedanken erprobt?

[277] A. Sohn-Rethel (1972b), S. 33.

[278] A. Sohn-Rethel (1972b), S. 32.

4.4.13 Gesellschaftliche Synthesis: Die Theorie Alfred Sohn-Rethels

Denken und Sein sind also keine fertigen Entitäten, die es zu vermitteln gilt und die durch *Übereinstimmung* wahr oder falsch wären: Die Vergesellschaftung durch Sprache und Tausch ist eine Sphäre der Bedeutung, eine *Relation*, in deren Prozess sich erst die Bedeutungen der Relate (Geldsubjekt und Geld) konstituiert. Setzt man die Relate als Entitäten voraus, bleibt die Relation ein Rätsel. Das zeigt sich als Widerspruch, wenn man es dennoch zu denken versucht. Und Sohn-Rethel versucht diesen Widerspruch dadurch zu lösen, dass er ein *objektives* Denken, eine objektive Abstraktion im Tauschprozess erkennen will, die er auch „Realabstraktion" nennt und die sich als *eine dritte Entität* zwischen Sein und Denken, zwischen Subjekt und Objekt als *objektive Abstraktion* einschieben soll. Der Tausch, die Synthesis des Geldes, in der geprägten Münze die „sichtbar gewordene Wertform"[279], soll leisten, was die Ideologietheorie von Marx und Engels nicht leisten kann: Die *Vermittlung* zwischen Denken und Sein:

> „Eine Bewusstseinsbildung aus dem gesellschaftlichen Sein setzt einen Abstraktionsprozess voraus, der Teil des gesellschaftlichen Seins ist."[280]

Der *Begriff der Abstraktion* soll also die Vermittlung zwischen Denken und Sein herstellen. Die Relation zwischen den Waren (nicht den Subjekten) sei neben dem jeweiligen Gebrauchswert und den Subjekten (Bewusstsein) ein Drittes, das dem bürgerlichen Denken unbegreifbar bleibe:

> „Mit andern Worten, der Ursprung der Warenabstraktion liegt (...) in einer Sphäre, die der Begriffssprache des traditionellen metaphysischen Denkens völlig entgeht. Im metaphysischen Denken werden wir von den Dingen auf das Bewusstsein und vom Bewusstsein auf die Dinge verwiesen, ein Drittes gibt es nicht. Die gesellschaftliche Relation, aus der die Wertabstraktion der Waren entspringt, ist gerade umgekehrt nicht auf die Dichotomie von Dingen und Bewusstsein aufteilbar. Das Phänomen der Warenabstraktion ist nach traditionellen Begriffsmaßstäben ein Unding, etwas, das es schlechterdings nicht geben kann."[281]

Das Bewusstsein sei mit dem Gebrauchswert beschäftigt, finde darin seinen primären Inhalt, während die Tauschhandlung eine *objektive Abstraktion* vollziehe, die zwar abstrakt, aber nicht bewusst sein soll. „Die Tauschhandlung hat in der Tauschabstraktion die Bestimmtheit abstrakter Bewegung, nämlich einer materiellen Handlung"[282]. Es sei aber eben diese objektive Abstraktion, in der sich die gesellschaftliche Synthesis vollziehe. Und diese Synthesis vollziehe sich durch die im Geld sichtbare Abstraktion des Tauschens. Darin sollen nun Denkformen gründen, die auf einer *objektiven Abstraktion* aufruhen, diese voraussetzen und schließlich zur subjektiven Form in den Wissenschaften und der Philosophie (= Ideologie) werden:

> „Während die Begriffe der Naturerkenntnis Denkabstraktionen sind, ist der ökonomische Wertbegriff eine Realabstraktion. Er existiert zwar nirgends anders als im menschlichen Denken, er entspringt aber nicht aus dem Denken. Er ist unmittelbar gesellschaftlicher Natur, hat seinen Ursprung in der raumzeitlichen Sphäre zwischenmenschlichen Verkehrs. Nicht die Personen erzeugen diese Abstraktion,

---

[279] A. Sohn-Rethel (1978), S. 125.
[280] A. Sohn-Rethel (1972a), S. 39.
[281] A. Sohn-Rethel (1978), S. 114.
[282] A. Sohn-Rethel (1978), S. 121.

sondern ihre Handlungen tun das, ihre Handlungen miteinander. ‚Sie wissen das nicht, aber sie tun es.'"[283]

Es ist zu bemerken, wie sich Sohn-Rethel um den *zentralen*, schon im Engelsschen Begriff sich zeigenden Widerspruch herumdrückt: Die Ideologie ist *zwar* ein Denken, *aber* es ist ein „falsches". Der ökonomische Wertbegriff, der im Geld erscheint, ist für Sohn-Rethel eine „Realabstraktion". Doch was ist der Sinn von „real" in dieser Abstraktion? Sohn-Rethel sagt, dass die Abstraktion durch die Handlungen (des Tauschens) „erzeugt" wird. Zugleich aber sagt er, dass der *Ort* dieser Abstraktion gleichwohl nur das Denken sei, er sei „nirgends anders als im menschlichen Denken". Damit wäre aber zu klären, *wie* er im Denken ist, ohne gedacht zu werden, und wie ein Vorkommnis des Bewusstseins gleichzeitig unbewusst sein kann.[284]

Sohn-Rethel erkennt aber nicht diese Aufgabe, sondern umkreist immer wieder denselben Gedanken, mal sich mehr der Seite des Seins, mal der Seite des Bewusstseins zuneigend, ohne deren *Vermittlung* zu verstehen, denn an anderer Stelle heißt es wieder:

„Die Tauschabstraktion *ist* nicht Denken, aber sie hat die *Form* des Denkens. Dieser Sachverhalt liefert den Schlüssel zum Verständnis der geschichtlichen Genesis des ‚reinen Verstandes' aus dem gesellschaftlichen Sein."[285]

Hier soll also die Tauschabstraktion doch nicht im Denken vollzogen sein, während Sohn-Rethel oben sagte, sie sei „nirgend anders als im menschlichen Denken". Bekräftigend sagt er an anderer Stelle:

„Also nur die Handlung, nicht das Bewusstsein der Handelnden ist abstrakt. Im Warentausch gehen somit Handlung und Bewusstsein, Tun und Denken der Menschen verschiedene Wege."[286]

Wiederum etwas anderes versucht Sohn-Rethel mit folgender Denkfigur:

„Die synthetische Gesellschaft selbst ist es, die, abgekürzt gesprochen, in Gestalt des abgesonderten Intellektes denkt." *Grund:* „Das Geld ist eben nicht nur Kapital, es ist auch das Apriori der abstrakten Verstandestätigkeit."[287]

Die Konfusion ist perfekt, auch wenn Marxisten solche Konfusion gerne „Dialektik" nennen. Am Ende steht dann doch nur die leninistische Vorstellung, die Denkfor-

---

[283] A. Sohn-Rethel (1972a), S. 42.

[284] Eine logisch-ontologisch vergleichbare Frage taucht im psychologischen Begriff des Unbewussten auf. Sartre sagt: „Entweder akzeptieren wir eine Theorie des Bewusstseins, das durch und durch Bewusstsein ist, und müssen das Unbewusste ablehnen; oder wir gehen von der entgegengesetzten Idee aus, und das Bewusstsein verschwindet, wird unerklärlich, wie in allen psychologischen Abhandlungen, die ich gelesen habe oder kenne." J. P. Sartre (1973), S. 78f. Diese Frage lässt sich nur lösen, wenn man aufhört, Bewusstsein und Unbewusstes als Entitäten zu fassen, *zu denen* man sich erkennend verhalten möchte. Das Bewusstsein ist kein *ego cogito*: Was A bemerkt, bleibt B verborgen, und umgekehrt. Auch das Bewusstsein ist *ein sozialer Prozess der Identität*, deshalb nicht „durch und durch Bewusstsein", keine identische Entität; vgl. auch K.-H. Brodbeck (2002a), Kapitel 8.8 und (2005a), S. 72ff.

[285] A. Sohn-Rethel (1972a), S. 99.

[286] A. Sohn-Rethel (1971a), S. 67.

[287] A. Sohn-Rethel (1972a), S. 115 und S. 112.

men seien „Widerspiegelungen der Formen, auf denen gesellschaftlicher Nexus aus bloßem Warentausch beruht."[288] Die Metapher der Spiegelung tritt an die Stelle der ursprünglichen Ankündigung, das Wesen gesellschaftlicher Relationen als ein Drittes neben Subjekt und Objekt erkennen zu wollen, um dann bei der traditionellen Vorstellung zu landen, es gäbe in der Wirklichkeit eben Formen (*eidolon*), die im Geist eingefangen würden. Hier waren die aristotelische und die scholastische Philosophie dann doch schon einige Schritte weiter, von Berkeley, Hume und dem Deutschen Idealismus zu schweigen.

Zweifellos *hat* Sohn-Rethel etwas sehr Wichtiges entdeckt, genauer, er hat eine Entdeckung von Marx erkenntnistheoretisch zu wenden versucht. Dieser Versuch ist gescheitert; die Widersprüche und die Rückkehr in den Schoß der Widerspiegelungstheorie zeigen die fehlende Durchführung des Arguments. Es ist aber erhellend zu erkennen, *woran* Sohn-Rethel gescheitert ist. Der Grund liegt in der von Marx in Fortführung des Materialismus der klassischen Ökonomik verwendeten Vorstellung, die Waren würden im Austausch ein objektiv-abstraktes Verhältnis zueinander entfalten, worin sich die lebendige Arbeit als ihr Gegenteil darstelle. Sohn-Rethel hat bemerkt, dass die durch Geld vermittelten Tauschprozesse nicht durch die Arbeit bestimmt werden, sondern gerade von ihr „abstrahieren". Doch wie vollzieht sich diese dunkle Abstraktion? Sie geht immer durch das Bewusstsein der Menschen hindurch. Das Bewusstsein der Menschen, die Subjektivität derer, die im Tausch Geld rechnend verwenden, verändert sich. Die Käufer und Verkäufer verwandeln sich im Kaufakt in rechnende Subjekte, und dieser durchaus empirisch zu konstatierende Vorgang produziert in der historischen Massenhaftigkeit seiner Wiederholung einen ebenso massenhaft vorkommenden Subjekttypus: Das Geldsubjekt. Die im Tausch vollzogene Abstraktion des Rechnens ist ein Denkprozess und kein „objektives" Aufeinanderprallen von „Triebkräften", kein Handeln von Blinden, die sich „in einer verdunkelten Welt bewegen". Das ist nicht nur eine schiefe Metapher, es ist einfach nur unsinnig. Nicht die *Verdunkelung* des Denkens ist das Ideologische daran, sondern die Helle der Rationalität, die sich als rechnende und berechnende allen Menschen und Dingen zuwendet, um sie über den Kamm einer fiktiven, reflexiv-zirkulär hervorgebrachten *Einheit* des Geldes zu scheren.

Der Mangel, der sich bei der Marxschen Tauschanalyse zeigte, wird hier von Sohn-Rethel und seinen Anhängern wie Adorno erkenntnistheoretisch reproduziert. Weil sie nicht die Tauschstruktur selbst untersuchen, die die Wertbedeutung immer als intersubjektiven Prozess zwischen *denkenden* Subjekten vollzieht und darin auch die Subjekte zu dem formt, was sie als Tauschende, Käufer und Verkäufer – durchaus bewusst – sind; deshalb kommt das Bewusstsein immer nur durch die Hintertür herein, ohne doch das „Sein" jemals wirklich zu berühren. So bleibt es als „falsches", „ideologisches", „verdunkeltes" usw. – alles, nur eines nicht: Die Form, in der sich die Menschen *denkend* bewegen und so das vollziehen, was Sohn-Rethel die gesellschaftliche Synthesis nennt.

Man könnte den Satz unterschreiben: „Die Menschen wissen nicht, woher die Formen ihres Denkens stammen und wie sie überhaupt in den Besitz solcher Formen gekommen sein können." Und Sohn-Rethel fährt fort mit einem Gedanken, der das eigentliche Problem durchaus umkreist:

> „Ihr Denken ist von seiner Basis abgeschnitten. Aber selbst mit einer formellen Identifikation von Denkabstraktion und Realabstraktion ist eine eindeutige Ursprungserklärung der ersteren aus der letzteren noch nicht gesichert. Gerade wegen

---

[288] A. Sohn-Rethel (1978), S. 128.

der Dualität von Tun und Denken, die hier herrscht, würde die formelle Identifikation unmittelbar nur eine Parallelität zwischen beiden Ebenen erweisen, die ebensogut ein bloßes Analogieverhältnis wie einen Begründungszusammenhang indizieren könnte. Um den Begründungszusammenhang zu beweisen, muss gezeigt werden können, auf welche Weise die Realabstraktion ins Denken übergeht, welche Rolle sie im Denken spielt und welche gesellschaftlich notwendige Aufgabe ihr zufällt."[289]

Er formuliert die Frage, kann sie aber nicht beantworten. Der Grund für seine Blockade ist ein implizit herumgeschleppter Denkfehler, wonach ontologisch gelten soll: „Tun" = „nicht Denken". Doch es gibt kein Handeln ohne Denken; allerdings gibt es *verschiedene* Handlungen und deshalb auch verschiedene Denkformen, die sich – wie die Handlungen – zueinander in einer teils hierarchischen, teils nur nebeneinander liegenden Relation wiederfinden. Erst eine entfaltete Handlungstheorie – und das ist eine Theorie sozialer Bedeutungsprozesse – kann die scheinbare Dualität von Tun und Denken aufheben und sie als Relate einer Relation erkennen lassen, die an ihr selbst zu verstehen ist. Die Menschen wissen davon schon immer, aber sie reflektieren ihr implizites Wissen nicht explizit – so, wie man Wörter und Sätze formuliert, ohne Grammatik zu betreiben. Die sozialen Formen *sind schon* im Denken, nur nicht reflektiert, nicht *beachtet*; sie sind – mit Hegel gesagt – *bekannt, aber nicht erkannt*. Und im Denken, das Handlungen lenkt, werden sie reproduziert, haben ihr „soziales Sein".

Was Sohn-Rethel konkret anbietet als Lösung zur Vermittlung der von ihm aufgemachten Dualitäten, das sind eben doch nur *Analogien* zwischen der angeblichen Tauschabstraktion und den Abstraktionen in Wissenschaft und Philosophie. Was immer man *als* Tauschabstraktion beschreibt, es bleibt eine Beschreibung, die als Text zu *übersetzen* ist, um eine Isomorphie mit wissenschaftlichen oder anderen Denkformen „nachzuweisen". Das beschreibende Ego des Beobachters Sohn-Rethel ist der *Ort*, worin die Form der Tauschabstraktion existiert und zur Sprache wird, die man dann in eine andere (z.B. die der Naturwissenschaften) übersetzt. Das, was Sohn-Rethel die „Analyse der Tauschabstraktion" nennt, geht also nur dann nicht in die Irre, wenn sie den Tausch *als Tun von Menschen* beschreibt, die in ihrem Tun durchaus ein Bewusstsein ihres Tuns haben. Es wird dann nicht ein Objekt beschrieben, sondern die Erfahrung der *Teilnahme* reflektiert. Wer Geld verwendet und damit rechnet, weiß das – schon Kinder verstehen diese Rechnung. Sie mag einfach und abstrakt sein, aber sie ist ein Akt des Bewusstseins. Und nur durch *diesen Akt hindurch* vollzieht sich die „Abstraktion" von allen konkreten Eigenschaften der getauschten Waren oder der materiellen Form des Geldes.

Wenn man aber die Subjekte aus diesem Akt ausschließt, wenn man gar nicht bemerkt, dass sich der Tausch nur als Bedeutung, als ein Akt des Bewusstseins vollzieht, nicht als etwas, das die Hände gleichsam blind „in einer verdunkelten Welt" nur faktisch-mechanisch vollziehen, dann steht man vor dem Rätsel, wie dieser bewusstlose Akt nun Formen des Bewusstseins hervorbringen und bestimmen soll. Marx sprach von „verhimmelten Formen", von „Nebelgebilden" und in ähnlichen Metaphern, die wie Sohn-Rethels „verdunkelte Welt" nicht nur einen recht trivialen Begriff des Bewusstseins verraten, sondern allesamt schlichtweg falsch sind: Niemand ist bewusst *nicht bewusst*. Wenn ein objektiver Vorgang sich *außerhalb* des Bewusstseins vollzieht, wie sollte er dann jemals die Form von Bewusstsein, und sei es nur eine falsche Form, erlangen? Außerbewusstes ist kein Unbewusstes, das derselben psychischen Sphäre ange-

---

[289] A. Sohn-Rethel (1972a), S. 57.

4.4.13 Gesellschaftliche Synthesis: Die Theorie Alfred Sohn-Rethels

hört. Das Nichtbewusstsein eines Steins kann nicht ins Bewusstsein aufgenommen werden, weder als falsches noch als richtiges Bewusstsein. Vielmehr haben wir von solchen Dingen das Bewusstsein, das unsere Handlungen im Umgang mit ihnen lenkt. Selbst bei technischen Prozessen ist also die darin behandelte Natur nichts „Außerbewusstes", weil sie im Wissen um die technischen Handlungen sich immer schon im Bewusstsein der Vielen, ihrem Kommunikationsprozess so zeigt, wie sie sich in die Formen ihrer technischen Bemächtigung einfügen.

Sohn-Rethels Metaphorik verrät die Naivität des unterlegten Gedankens: „Im Markt scheidet eine unsichtbare Schranke hart wie Glas Subjekt und Objekt voneinander."[290] Die erkenntnistheoretischen oder handlungslogischen Kategorien von Subjekt und Objekt kann man nicht *nebeneinander* stellen, auseinander schneiden oder durch eine Schranke trennen. Wer Subjekt sagt, denkt immer Objekt mit – und umgekehrt; diese Kategorien verhalten sich wie Vater und Kind. Nichts kann beide Kategorien trennen und einem *Vater* das Kind wegnehmen: Stirbt ein Kind, so bleibt der Vater nach wie vor der Vater des verstorbenen Kindes. Sohn-Rethel denkt Subjekt als eine eingrenzbare Entität, der Identität an sich zukomme, dieselbe Fiktion, die dem Privateigentum entspricht. Und diesen Fehler spricht Sohn-Rethel sogar explizit aus, durch eine unzulässige Gleichsetzung, nämlich die von Subjektivität = Privatheit = Privateigentum. Er sagt:

> Die „Vergesellschaftung durch Warenaustausch (...) geschieht objektiv als Kausalität von Handlungen, in deren Subjektivität die Vergesellschaftung negiert ist. Diese Subjektivität ist von der Exklusivität des Privateigentums beherrscht, von dem, was wir den praktischen Solipsismus der Tauschhandlungen genannt haben (mein – also nicht dein; dein – also nicht mein). Die Ausübung dieser Eigentumsexklusion im Verfolg ihrer Geschäftsinteressen ist, was das Bewusstsein der Tauschenden in Anspruch nimmt. Wenn dieses Interesse aussetzt, so auch der Tausch. Die Vergesellschaftung kann hier nur unbemerkt erfolgen. Bewusstsein von ihr würde eine mit der Tauschhandlung unvereinbare Reflexion erfordern; die Beobachtung des Vergesellschaftungsvorgangs würde dem Vorgang selbst den Faden abschneiden."[291]

Hier sind alle Denkfiguren versammelt, die die ungenügende Analyse der Tauschstruktur und den Fehlschluss auf die Bewusstseinsform erkennen lassen. Sohn-Rethel behauptet, dass die *Vergesellschaftung* objektiv im Tauschvorgang liege, während die Subjekte in ihrem falschen Bewusstsein in der Privatheit ihres Meinens verharren („Solipsismus"). Das ist unhaltbar und reproduziert nur den Bewusstseinsbegriff des subjektiven Idealismus, der Bewusstsein und Ich gleichsetzt. Hegel hat das ebenso aufgehoben wie der *linguistic turn* in der Philosophie des 20. Jahrhunderts. Niemand kann mehr ohne Erröten vergessen, dass Bewusstsein immer auch „Sprechen mit sich selbst", also die Reproduktion einer sozialen Form *als* subjektives Bewusstsein bedeutet. Zwar wird das nicht als sozialer Prozess erkannt, der im Meinen eine Privation erfährt. Doch verbietet diese Einsicht, das Bewusstsein und das Privateigentum zu analogisieren oder gar, wie Sohn-Rethel, faktisch gleichzusetzen.

Nun ist es sicher richtig, dass die „Eigentumsexklusion" dem Tausch vorausgeht. Doch Sohn-Rethel übersieht, dass sich im Kauf gleich eine *doppelte* Vergesellschaftung durchaus bewusst vollzieht: *Erstens* in der *Anerkennung* des Eigentums des je anderen; das Fehlen dieser Anerkennung (z.B. bei Diebstahl) wird sofort als Verstoß gegen eine

---
[290] A. Sohn-Rethel (1971a), S. 21.
[291] A. Sohn-Rethel (1972a), S. 57.

Form der Vergesellschaftung erkannt: Ein Verstoß gegen eine Moralregel oder ein Recht. Darin greifen die Tauschsubjekte jeweils *bewusst* über ihre Sphäre solipsistischer Privatheit hinaus, wie sie *performativ* ihr Meinen im Sprechen aufheben, weil sie in einer Äußerung das private Meinen gerade negieren. Hegel hat derartige Verhältnisse beim Tausch sehr viel klarer erkannt. Es gibt keine Eigentumsexklusion, die *im Tausch* konstituiert wäre; sie setzt immer die Inklusion gegenseitiger Anerkennung *als* Privateigentümer voraus, greift also darin über die Sphäre der Privatheit hinaus. *Zweitens* richtet sich das Interesse auf die Produkte des je anderen und ist darin weit von einem Solipsismus entfernt. Sohn-Rethel ignoriert wie Marx ganz einfach die Relationen R1, R5 und R6 der Tauschstruktur und reduziert das Ganze auf eine bloße *Kausalität*, die beim Handeln nie als bestimmende Funktion gegeben ist. Der Witz an der Tauschstruktur ist es gerade, dass sie über die Privatheit hinausweist. Man kann zwar sagen, dass die Anerkennung der Geldeinheit und die Anerkennung einer staatlichen Gewalt zur Sicherung der vorausgesetzten Eigentumsrechte an den je eigenen Produkten oder dem Geldbesitz nicht *Thema* des Tauschs sind und insofern auch nicht ins Bewusstsein vordringen. Es wäre aber einfach lächerlich, den bürgerlichen Wissenschaften das Bewusstsein davon abzusprechen, das sich seit der Erkenntnis einer darin liegenden *koinonia* bei Aristoteles philosophisch und wissenschaftlich vielfach ausgesprochen hat. Mit anderen Worten: Man kann den Tausch nicht verstehen, wenn man zuerst die Denkformen der beteiligten Subjekte aufgreift, dann von ihnen abstrahiert, um ihnen nachträglich die Tauschformen als widergespiegelte wieder ins Bewusstsein zu legen und dies „materialistische Ableitung" nennt.[292]

Sohn-Rethel hat wie auch schon Marx und die bürgerlichen Tauschtheoretiker den wichtigsten Hinweis übersehen, der auf die bestimmende Macht der Subjekte hinweist: Tauschakte *scheitern* immer wieder; Waren bleiben ohne Käufer und Kaufwünsche können nicht verwirklicht werden, weil Käufer oder Verkäufer bestimmten Bedingungen (z.B. einem Rabatt) nicht zustimmen. Daran zeigt sich ganz einfach, dass die beteiligten Subjekte *sehr wohl* ein Wissen davon haben, *dass sie es sind*, die den Kaufakt herstellen oder dies unterlassen. Hier vollzieht sich nichts „hinter dem Rücken der Beteiligten", weil die Beteiligten den Vollzug überhaupt erst ins Werk setzen – oder dies unterlassen. Denn wenn ein Akt scheitert, kann er keine Abstraktion vollbringen. Umgekehrt weist das Scheitern darauf hin, dass die Tauschakte offenbar einer Macht unterworfen sind, die sie nicht ihrerseits erst hervorbringen: Die symmetrische Macht der Subjekte, die darin ihre Vergesellschaftung in einer – das bleibt die richtige Erkenntnis hierbei – abstrakten, in der Geldeinheit berechneten Form vollziehen. Doch diese Abstraktionen sind immer solche des Denkens, schon in ihrem Ursprung. Deshalb wird das abstrakte Denken der Rechnung *mit* dem Geld geboren.

Die Tauschrelation ist logisch in der Vergesellschaftung früher als die Relate, die Waren und die Geldsubjekte. Und dennoch ist die Tauschrelation zirkulär wiederum völlig abhängig von diesen Subjekten. Das ist nur dem ein Widerspruch, der sich nicht *in der Tauschrelation* bewegt, sondern über ihr in cartesianischer Distanz mit dem Fernblick des marxistisch-leninistischen Durchblickers steht und darin metaphysisch *exakt* die Haltung reproduziert, die er von seinen bürgerlichen Gegnern übernommen

---

[292] In seiner Frühschrift hat dies Sohn-Rethel durchaus noch gewusst, wenn er sagt: „Die agierenden Subjekte der Volkswirtschaft, wenn sie über die wirtschaftlichen Bedingungen ihrer Existenz reflektieren, gehören selbst zu dem Gegenstand (!), den ihre Reflexion meint, und dies so lange, als ihre Reflexion über die Volkswirtschaft den Erkenntnisstandpunkt mit dem Wirtschaften selber gemein hat." A. Sohn-Rethel (1936), S. 34; das Rufzeichen hat Sohn-Rethel in den Text eingefügt.

hat. Es war dieser Denkfehler, der den Kommunismus schon im Augenblick seiner Geburt ruinierte und potenziell zu dem machte, als was er sich dann historisch entfaltet hat: Eine totalitäre Macht *über* den Vielen, nicht ihre Versöhnung untereinander und mit der Natur. Diese Versöhnung steht immer noch aus, und man sollte sich den Gedanken an die Möglichkeit solch einer Versöhnung nicht durch die mangelnde Kraft zu einem richtigen Gedanken weder von den Marxisten madig machen lassen, noch daraus folgern, dass der erneute Sieg der Geldherrschaft nun seinerseits bedingungslosen Marktgehorsam einfordert. Die Frage, ob sich eine Gesellschaft ohne Geld und Märkte organisieren lässt, ist keine Frage der apriorischen Geschichtskonstruktion, und es ist schon gar keine Frage, die *getrennt* von jenen, die auf solche Weise „organisiert" werden sollen, zu beantworten wäre. Eben *dies* war und ist der Fehler all jener, die die Weltveränderung auf ihre Fahnen geschrieben haben: Die Stellvertretung aus einer Position des vermeintlich Wissenden. Niemand kann für Milliarden Menschen stellvertretend deren Organisationsform entwickeln. Dies zu glauben, ist nichts anderes als die Reproduktion der abstrakten Position des Geldbesitzers gegenüber einem käuflichen Planeten. Das Bewusstsein ist keine Identität *vor* oder *neben* seiner sozialen Bewegungsform im Wissen. Deshalb ist es nicht *individuell* für andere als Geltung zu antizipieren. Auch die Identität des Bewusstseins ist ein sozialer Prozess. Durch die *lokale* Erkenntnis des Geldes ist noch nichts gewonnen; doch solange überhaupt noch gedacht wird, ist auch noch nichts verloren.

4.5 Die historisch-ethische Schule

4.5.1 Einleitung

Eine Analyse des Austausch findet sich in der historischen Schule der deutschen Nationalökonomik nur sehr spärlich, vergleicht man das Niveau der Fragestellung bei Marx oder Menger. Eine etwas ambitioniertere Geld*theorie* findet sich nur bei Carl Knies. Allerdings hat Schäffle einige Gedanken entwickelt, die vor allem deshalb von Interesse sind, weil er sich kategorial der *Bedeutung* wirtschaftlicher Prozesse mit durchaus semiotischen Gedanken genähert hat. Doch seine Ansätze, die Menger offenbar deutlich beeinflusst haben, bleiben fragmentarisch. Eine Reihe *historischer* Studien der genannten Schule geben allerdings auch heute noch einige bemerkenswerte Einblicke in die Geld- und Bankgeschichte, so z.B. Adolph Wagners „Beiträge zur Lehre von den Banken"[1]. Die historische Schule hat ein *analytisches* Interesse nur am Rand entfaltet. Ihre empirische Grundtendenz erreicht bei Schmoller einen Höhepunkt. Gleichwohl liegt gerade darin, wie sie im Vorbeigehen theoretische Fragen behandeln, gelegentlich die eine oder andere wichtige und richtige Einsicht, vielleicht gerade *weil* bei dieser Schule, vor allem aber bei Schmoller, „tatsächlich keine Spur eines Comteschen Einflusses festzustellen"[2] ist. Im Unterschied zur historischen Schule hat die von Smith herrührende deutsche Tradition – Hermann, Rau, Mangoldt und andere – in der Tausch- und Geldtheorie nichts vorzuweisen, das neue Einsichten über Tausch und Geld enthalten würde. Über die Vorstellung von „Geld als Kapital" oder seiner Funktion der „Übertragung und Bewahrung von Werten"[3] ist z.B. Hermann nicht hinausgelangt. Insgesamt ist die Tendenz erkennbar, *ökonomische Kategorien* gänzlich auf *natürliche* oder *technische* zurückzuführen. Das Geld ist nur ein Schein; wirklich ist die Arbeit, der Boden, das Kapital. Zu einer *Ahnung* der kategorialen Natur des Sozialen, die in der historischen Schule immer wieder aufblitzt, hat es die Smith-Schule kaum in Ansätzen gebracht.

4.5.2 Adolph Wagner

Methodisch, in Anlehnung an Macleod, macht Wagner einige interessante Bemerkungen zur Erforschung des Geldes. Im für das 19. Jahrhundert charakteristischen Verständnis stellt er die Wirtschaft zunächst als rein objektive Verflechtung zahlloser Ursachen dar. Die Wirtschaft gehört hier allerdings zu den „verwickelsten und zusammengesetztesten Tatsachen, welche in einem Kausalitätsverhältnis zu einander stehen." Es gibt nicht nur viele *verschiedene* Ursachen, ihre „Beobachtung" ist deshalb besonders schwierig, weil so viele „Wechselwirkungen (…) zwischen ihnen wieder Statt finden."[4]

Nicht nur weil die Ursachen so komplex sind und in Wechselwirkung stehen, ist ihre Erkenntnis schwierig, die *Beobachtung* selbst ist nicht neutral. Wagner ist einer der ganz wenigen Ökonomen, die überhaupt *bemerken*, dass Geld und Tausch immer *in Begriffen* analysiert werden, deren Verwendung durch Interessen vorbestimmt ist:

> „Sodann sind die Grundsätze, welche die Beobachtung und Erfahrung auf diesem Gebiete (der Banken und des Geldes, KHB) festsetzen soll, der Art, dass sie bei

---

[1] A. Wagner (1857).
[2] J. A. Schumpeter (1965), S. 991.
[3] F. B. W. Hermann (1832), S. 64.
[4] A. Wagner (1857), S. 1.

den einzelnen Beobachtern nach deren verschiedener Natur und Organisation von vorn herein immer verschieden sein werden, wozu noch das häufig gerade entgegengesetzte Interesse kommt, welches die Einzelnen bei der Feststellung verschiedener Resultate haben, oder glauben haben zu müssen. Es darf daher nicht auffallen, wenn die Ansichten innerhalb einer solchen politischen Wissenschaft sich so schroff gegenüber stehen, die nämlichen Sätze wieder und wieder bewiesen werden müssen und doch immer neue Zweifler finden, die Fortschritte so langsam, die Vorschritte so klein erscheinen."[5]

Wagner begreift also die Lehre vom Geld und den Banken als das, was Destutt de Tracy in der französischen Tradition als „Ideologie" definiert hatte: Die Lehre von den Meinungen über Empirisches.[6] Tatsächlich ist die Geldlehre der Engländer geprägt durch einen Gegensatz der *Schulen*, der Banking- und der Currency-Schule, ein Gegensatz, dessen Spuren bis in die Gegenwart im Streit zwischen Keynesianern und Monetaristen zu beobachten ist. Wagner hat hier sehr klar erkannt, dass diese Gegensätze nicht durch den *Sachverhalt* erklärbar sind. Gerade hier – in der Geldtheorie – wird sichtbar, dass Ökonomik stets eine *implizite Ethik* war. Der Versuch, von diesen „Erkenntnisinteressen" freizukommen, brachte im Resultat die Marxsche Kritik und Mengers analytischen Positivismus hervor.

Wagner verstand seine Untersuchung als Versuch einer Klärung der verschiedenen Positionen, die strittig „über die staatliche Kontrolle des Bankwesens"[7] geführt wurden. Wie sehr die Geldtheorie, damit auch die Lehre von den Banken, bereits in der Frühphase der kapitalistischen Entwicklung durch einen Gegensatz bestimmt wurde, der sich *nicht* auf den Gegensatz von Arbeit und Kapital „zurückverrechnen" lässt, macht Wagner deutlich. Denn der Ruf nach Kontrolle – damals wie heute – kommt durchaus auch von den *Betroffenen* Investoren auf den Finanzmärkten. So zeigt sich bis heute der Gegensatz zwischen „eifrigen Verteidigern der freiesten Bewegung in allen wirtschaftlichen Dingen für das Bankwesen" und den Befürwortern einer „mehr oder minder großen Beschränkung oder Beaufsichtigung durch den Staat"[8]. Das von Wagner zitierte Bonmot *„free trade in banking is synonymous with free trade in swindling"* könnte zweifellos aus dem Ende 90er Jahre des 20. Jahrhunderts stammen.

Ich kann hier Wagners Versuch einer Systematisierung der Erfahrung im Bankwesen, die vor allem „in dem Musterstaate wirtschaftlicher Erfahrungen, in Großbritannien"[9], gemacht wurden, nicht näher verfolgen. Er hat in der Manier deutscher Nationalökonomen vor allem *Definitionen* vorgeschlagen und seinen Vorschlag aus der Literatur begründet. Allerdings geht Wagner in seiner Definition „Banken sind Handelsunternehmen"[10] näher ein auf den *Gegenstand* dieses Handels: das Geld. Er geht auch hier zunächst vom *Wortstreit* aus, findet darin aber *zwei* Bestimmungen. D.h. er *definiert* das Geld über seine Funktion: Geld „als Preismaß und als Umlaufs- oder Tauschmittel"[11]. Man nennt aber nicht nur Dinge „Geld", die *beides* zugleich, sondern auch solche, wel-

---

[5] A. Wagner (1857), S. 1f.
[6] Windelband vermutet hier einen Einfluss der Wissenschaftslehre von Fichte; vgl. W. Windelband (1912), S. 383.
[7] A. Wagner (1857), S. 2.
[8] A. Wagner (1857), S. 2.
[9] A. Wagner (1857), S. 3.
[10] So ist Wagners Begriff der Banken als „Handelsunternehmen" denkbar allgemein: „Die Banken *handeln*, d.h. sie kaufen und verkaufen gewerbsmäßig, und mit der dem Handel wesentlichen Absicht des Gewinns." A. Wagner (1857), S. 30.
[11] A. Wagner (1857), S. 34.

che nur Umlaufsmittel oder „Preismaß" sind. Wagner referiert Fullarton, nach dessen Auffassung nur das Geld ist, was *beide* Funktionen erfüllt: „Also Metallgeld und uneinlösliches Papiergelb, auch Papiergeld schlechthin genannt."[12] Wagner unterscheidet hier zwischen eigentlichem Geld und „Geldsurrogaten", wobei letztere sich „immer auf Geld rückbeziehen, ein Versprechen auf Geld enthalten."[13]

Bemerkenswert ist hier die Erklärung von Wagner, die den *Wert* des Geldes nicht nur in einen Metallwert verlegt, sondern auch in eine *Beziehung* zwischen Subjekten: „Der Wert des Geldes liegt in ihm selbst, d.h. abgesehen von dem Material in der Überzeugung des Gebers und Empfängers in dem Gelde eine an sich um deswillen wertvolle Ware zu haben, weil dieselbe als Geld fungiert."[14] Nun ist diese Bestimmung reichlich kryptisch, ein buntes Sowohl-als-auch. Denn hier wäre die Stelle, zu erklären, inwiefern Geld *als* Geld fungiert. In der vorliegenden Form ist die Aussage eine Tautologie, denn Geber und Empfänger von Geld nehmen nur das als Geld, *was als Geld fungiert*. Tatsächlich ist aber der hier ausgedrückte Zirkel nicht zufällig. Denn Wagner scheint immerhin zu *ahnen*, dass das „Fungieren", also das *Gelten* von Geld zwar im „Material" einen sinnlichen Referenzpunkt hat, dass aber dieses Material eben nicht Geld bedeutet. Die *Bedeutung* von Geld liegt *nur* in der Anerkennung, also der Subsumtion der Tauschenden unter das Geld, und es ist diese Subsumtion, die ihm Geltung verleiht. Wagner möchte auf die Unterscheidung hinaus, dass Geldsurrogate von dem so „definierten" wirklichen Geld ihren Wert *ableiten*, also keinen originären Wert haben.

Er setzt aber seine Reflexion danach nochmals fort auf eine Weise, die modernen Auffassungen nahe kommt. Nachdem er den abgeleiteten Wert von Geldsurrogaten geschildert hat, bestimmt er nochmals den Geldbegriff:

> „Geld kursiert, weil die Geber und Empfänger von Geld die Überzeugung haben, dass der Besitz von Geld eine Anweisung auf Auszahlung eines bestimmten Quantums Waren enthält, dagegen Geldsurrogate kursieren, weil die Überzeugung herrscht, dass sie Anweisungen auf Auszahlungen von Geld sind, und dies wirklich ausgezahlt wird."[15]

Nur Geld ist ein Preismaß, Geldsurrogate sind nur *Umlaufmittel*. Wagner verzichtet darauf, dem Geldmaterial einen inneren Wert zuzuschreiben. Der Wert ist die Relation zu den Waren, die mit Geld gekauft werden. Das ist auch die Bestimmung, die Irving Fisher dem Geldwert in der Quantitätstheorie gibt. Geld ist soviel wert, wie seiner *Kaufkraft*, d.h. dem Kehrwert eines Preisindexes entspricht. Geldsurrogate müssen immer erst in Geld transformiert werden.

Diese Unterscheidung ist für alle Formen von abgeleiteten Wertpapieren nach wie vor wichtig – in heutiger Ausdrucksweise: „Derivate". Sie beschleunigen den Umlauf, müssen aber doch bei Fälligkeit in Geldwerten beglichen oder entgolten werden. Geldsurrogate sind „alle zusammen Schuldbescheinigungen"[16]. Ihr Wert hängt also vom Versprechen ab, dass sie *eingelöst* werden. Beim „eigentlichen Gelde" verhalte es sich, sagt Wagner, „ganz anders". Doch auch hier landet er nur wieder bei dem Zirkel, dass der Wert der verschiedenen Geldarten (Metall- und Papiergeld) „auf ihrer Verwendung zu Geld" beruhe. Und dann gleitet er doch wieder auf die klassische Auffassung zurück,

---

[12] A. Wagner (1857), S. 34.
[13] A. Wagner (1857), S. 35.
[14] A. Wagner (1857), S. 35.
[15] A. Wagner (1857), S. 35.
[16] A. Wagner (1857), S. 37.

4.5.2 Adolph Wagner

wonach das *Metallgeld* einen „eigenen Stoffwert" habe; „lange bevor die edlen Metalle als Geld gebraucht worden sind, haben sie Tauschwert besessen. Aber durch die Verwendung zu Gelde ist dieser Wert ein bedeutend höherer geworden".[17]

Hier berührt Wagner einen Punkt, den vor ihm Law ausgesprochen und nach ihm vor allem Mises eingehender untersucht hat. Ich behandle diese Frage im Kapitel über Mises genauer. Die Frage, die hierin verborgen liegt, ist allerdings auch bei Wagner erkennbar: Wenn Gold einen Metallwert hat – gleichgültig, durch welche *Werttheorie* man diesen Wert erklären mag –, so ist dieser Tauschwert im *Geldwert* nur ein Teilwert, da ja „dieser Wert ein bedeutend höherer" durch die Geldverwendung geworden ist. Die eigentliche Frage ist also nicht, wie viel Prozent des Geldwerts gleichsam auf den Metallwert zurückführbar sind, sondern wie die Wertdifferenz Geld- und Metallwert erklärt werden soll. Dieser Wert erwächst, sagt Wagner tautologisch, aus „ihrer Verwendung" als Geld. Was aber *diesen* Wert ausmacht, darüber gibt er nur unbestimmte Hinweise. Er *scheint* anzudeuten, dass die Geltung des Geldes tatsächlich nur im Anerkennungsverhältnis der Tauschenden liegt. So sagt er an einer späteren Stelle nochmals mit Nachdruck: Der Wert des Geldes „beruht auf der Autorität des Ausgebers und auf dem Vertrauen, es als Geld wieder im Verkehre loswerden zu können."[18]

Die dunkle Stelle in diesem Satz ist das „und"; es ist diese dunkle Stelle, die später in der Geldtheorie dazu führt, dass das, was sie verbindet, auseinander fällt. Das „Vertrauen" wird von späteren Geldtheoretikern *subjektiv* erklärt, durch den Nutzen des Geldes im Tausch. Dazu muss allerdings erst die Geldfunktion *im* Tausch aus diesem selbst näher erklärt werden. Das wird erst von Menger systematisch in Angriff genommen. Die andere Seite des dunklen „und", die „Autorität des Ausgebers", wird schließlich bei Knapp in dessen *staatlicher Theorie des Geldes* so gedeutet, dass er das staatlich emittierte Geld eigentliches, seinem Begriff entsprechendes Geld nennt. *Dessen* Geltung verleiht dann der Gesetzgeber. Und eben gegen diese These hat die subjektive Schule vehement Protest eingelegt. Hayek hat später die Forderung aufgestellt, die „Autorität des Ausgebers" – also die Bank, die *ihre* Noten ausgibt – einfach durch den *Wettbewerb* feststellen zu lassen, wenn viele Geldformen als Währung *nebeneinander* konkurrieren. Die Banken, die leichtsinnig die Papierzettel vermehren, erleben Abwertungen, und so soll sich ein Marktprozess einpendeln, der gar nicht *einen* Geldwert, sondern viele Geldwerte wie Währungen bei flexiblen Wechselkursen kennt.

Wagner schrieb nun zu einer Zeit, in der dies noch die Realität des Papiergeldes war. Die Verstaatlichung bzw. Zentralisierung der Geldemission erfolgte erst nach und nach und war erst kurz vor dem Ersten Weltkrieg auch in den USA abgeschlossen. Der Gedanke an eine „Autorität" ist so falsch nicht, auch wenn sie keineswegs *staatliche* Autorität sein muss. Was Wagner in seinem dunklen „und" andeutet oder ahnt, ist etwas ganz anderes: Der Wert des Geldes ist die reflexive Beziehung derer, die es verwenden, damit auch derer, die Geld und Geldsurrogate ausgeben. Die „Autorität" ist ein Relationsbegriff. Der Blick auf die *Quantität* hat das darin liegende qualitative Verhältnis verdeckt und auch für Wagner wohl unkenntlich gemacht. Jemand hat nur Autorität, wenn jemand anders diese Autorität *anerkennt*. Und darin besteht keine Differenz zwischen Geld und Waren, denn wenn jemand neue Produkte auf dem Markt anbietet, dann erhalten diese Produkte nur einen Marktwert, wenn es Nachfrager gibt, die sie kaufen. *Qualitativ* verbirgt sich also in jedem Wertphänomen ein intersubjektives Anerkennungsverhältnis, das in reiner Form nur aus der Tausch- bzw. der Kaufstruktur zu erschließen ist. Weder Gold, Waren noch Papierzettel haben von sich her einen Wert.

---

[17] A. Wagner (1857), S. 37; vgl. die Diskussion in Kapitel 4.6.4.7.
[18] A. Wagner (1857), S. 39.

Der Wert *ist* Relation. Diese Erkenntnis, die durchaus in der klassischen Ökonomik verbreitet war, reicht aber nicht hin. Denn die Frage lautet: Welcher Typus von Relation liegt hier vor? Was macht seine *soziale Charakteristik* aus? Und diese qualitative Dimension des Wertphänomens, das Marx erkannt hatte, durch seine Bindung an Ricardo und das damit unheilvoll verknüpfte Interesse, der *Arbeiterbewegung* eine wissenschaftliche Grundlage zu liefern, aber in die Bahnen der Substanzmetaphysik zurückführte – diese qualitative Dimension des Wertphänomens verweist auf ein intersubjektives Verhältnis *im Kaufakt*. Dort konstituiert und reproduziert sich das Vertrauen, von dem Wagner spricht. Vertrauen *ist* diese Wertrelation, genauer: Die *Bedeutung* des Werts ist eine reflexive Beziehung zwischen Personen. Diese Bedeutung liegt *nur* im intersubjektiven Tauschverhältnis, nicht in der Herkunft der Produkte, auch nicht in den Institutionen, die die Macht haben, Geld zu emittieren. Ein Missbrauch dieser Macht (= Inflation) erweist sehr rasch die Reflexivität dieses Verhältnisses.

Wagner hat derartige Konsequenzen nicht gezogen; sein eigenes Erkenntnisinteresse zielte auf eine Gestaltung des Bankwesens nach einigen Prinzipien, die er zu begründen versuchte und dabei auf das „Vertrauen" als zentrale Größe beim Geld stieß. Die *semiotische* Dimension dieses Vertrauens, die seltsame Natur einer *Rechnungseinheit*, blieb im dabei verborgen. Immerhin hat sich Wagner hier bis an den Rand einer wichtigen Einsicht vorgearbeitet, die in der Erkenntnis des Prozesses der *Bedeutung*, als Ahnung bei Schäffle vorhanden, einen vergessenen Grundzug innerhalb der Nationalökonomik offenbart. Dass Wagner die Konsequenz nicht zu ziehen wagte, zeigt sich in der Unterscheidung zwischen eigentlichem Geld und Geldsurrogaten. Denn auch Geldsurrogate *beruhen* nur auf dem reflexiven Anerkennungsverhältnis derer, die sich ihrer bedienen. Sie funktionieren, solange sie anerkannt werden, und sie werden anerkannt, weil sie funktionieren. Es erfordert einen Schritt der Loslösung von tradierten Substanzmetaphysiken, angesichts dieses Zirkels nicht nach einem verborgenen Grund zu fahnden, der diesen Zirkel *bedingt*, sondern seinen qualitativen, seinen *sozialen* Inhalt zu erkennen. Es ist in der logischen Struktur exakt jener von Marx nur *en passant* erwähnte Zirkel von König und Untertan, der den *Inhalt* des Gesellschaftlichen offenbart. Um hier nicht in falsche Fragen abzugleiten, ist es wichtig, die Prozesse der Bedeutungserzeugung in der sozialen Grundstruktur *als* Grundstruktur des Sozialen verstanden zu haben. Die Zirkularität, die besonders an der Sprache und am Geld erkennbar wird, macht das kategoriale *Novum* dessen aus, was Gesellschaft „ist".

4.5.3 Wilhelm Roscher

Roscher, Schuloberhaupt der frühen „historischen Schule", hat zur Analyse des Tauschs keinen wirklich originellen Beitrag geleistet. Allerdings wirkte sein Lehrbuch normierend für die deutsche Tradition; ich möchte deshalb kurz auf seine Überlegungen eingehen. Zum Geld findet sich bei Roscher eine naive Reflexion, die bis heute in fast allen Lehrbüchern der Ökonomie wiederkehrt:

> „Wie schwer wird es oft fallen, gerade denjenigen Menschen zu finden, welcher unserem Mangel abhelfen kann und zugleich unseres Überflusses bedarf! Wie noch viel seltener mag es vorkommen, dass sich Überfluss und Mangel in der Quantität genau entsprechen: dass also z.B. der Nagelschmied, welcher eine Kuh eintauschen will, einen Viehhändler antrifft, welcher genau soviel Nägel braucht, wie eine Kuh wert ist!"[19]

---

[19] W. Roscher (1906), S. 338.

4.5.3 Wilhelm Roscher

Anstatt kategorial den Austausch näher zu untersuchen oder *wenigstens* den indirekten Tausch für die Gelderklärung heranzuziehen – was bei Marx die „Äquivalentform" und bei Menger die Selektion der „absatzfähigsten" Ware leisten soll –, tritt bei Roscher eine bloß subjektive Wertschätzung, die „eine solche allgemein *beliebte* Ware"[20], – passender Weise erfüllt sie alle notwendigen Geldfunktion –, aus dem Tausch hervorgehen lässt durch die Erfindungsgabe der Tauschenden:

> „*Die klügeren Wirte* geraten allmählich *von selbst* darauf, sich in der jeweilig umlaufsfähigsten Ware bezahlen zu lassen."[21]

Das muss einem in der Tat erst einmal einfallen: Die Tauschenden sind ... *von selbst* auf das Geld gekommen! „Kommt die Anerkennung des Staates hinzu, dass dieselbe Ware als stillschweigend verstandenes Zahlungsmittel für alle Verbindlichkeiten gebraucht werden soll (...), so vollendet sich der Begriff des Geldes."[22]

Roscher unterscheidet zwischen dem spezifischen Nutzen, der aus den Edelmetallen als Gebrauchswerten und ihrer Tauschwertfunktion entspringt, denn man erwirbt Geld nicht „um es zu verzehren oder lange zu benutzen, sondern um es wieder auszugeben." Ferner differenziert er einen Tausch- und Gebrauchswert beim Geld. Der *Gebrauchswert* des Geldes besteht in dem, was als spezifische „Leistung" des Geldes für das Gemeinwesen von einem externen Beobachter unterstellt wird. In der Tradition von Hume, Smith und Mill sagt hier Roscher: „Am besten können wir das Geld mit den sonstigen Maschinen oder Werkzeugen des Handels vergleichen." Aufgrund dieser Leistung rechnet Roscher, wie Knies, das Geld begrifflich zum *Kapital*. Es gehört, „vom Standpunkte der Weltwirtschaft, zum stehenden Kapitale."[23]

Die *Funktionen* des Geldes sieht Roscher nüchterner als seine Vorgänger. Er formuliert durchaus eine ähnliche Kritik am Sayschen Gesetz wie Marx und später Keynes, wenn er betont, dass durch die tauschvermittelnde Funktion des Geldes Kauf und Verkauf zeitlich auseinanderfallen können: „Durch die Vermittelung des Geldes aber wird der Verkäufer in den Stand gesetzt, erst nach einiger Zeit zu kaufen, also die andere Hälfte des Tauschgeschäftes beliebig zu verzögern."[24] Diese Beobachtung, dass „die formelle Veräußerung des Gebrauchswerts durch den Verkauf und seine wirkliche Überlassung an den Käufer der Zeit nach auseinanderfallen"[25], wird bei Marx zur Grundlage seiner Krisentheorie, wobei Marx – anders als der „pragmatische" Roscher – gerade betont, dass hier Angebot und Nachfrage auch *begrifflich* auseinander fallen. Roscher greift diesen Gedanken auf, der sich bereits bei Marx in *Zur Kritik* findet, allerdings ohne auf Marx zu verweisen.[26]

---

[20] W. Roscher (1906), S. 338.
[21] W. Roscher (1906), S. 339; meine Hervorhebung.
[22] W. Roscher (1906), S. 339.
[23] W. Roscher (1906), S. 361.
[24] W. Roscher (1861), S. 297.
[25] K. Marx, MEW 23, S. 188.
[26] Marx betont die Trennung und das „Auseinanderfallen der Akte des Kaufs und Verkaufs": „Zunächst leuchtet ein, dass der Geldumlauf eine unendlich zersplitterte Bewegung ist, da sich in ihm die unendliche Zersplitterung des Zirkulationsprozesses in Käufe und Verkäufe und das gleichgültige Auseinanderfallen der sich ergänzenden Phasen der Warenmetamorphose widerspiegeln." K. Marx, MEW 13, S. 73 und 82. Bei all dem Weihrauch, den Streissler auf Roschers Aufsatz über die Absatzkrisen streut, ist ihm die weitaus gründlicher durchdachte Darstellung bei Marx glatt entgangen; vgl. E. W. Streissler (1994), S. 108ff.

Auch beim *Tauschwert* des Geldes blickt Roscher nur auf dessen *Höhe*, die er – wie später Irving Fisher – auf das Preisniveau bezieht; Roscher spricht aber nicht von einem „Durchschnitt" der Preise, sondern davon, ob „*die meisten* anderen Waren geldwohlfeil sind"[27]. In einer von Ricardo stammenden, später bei Marshall wiederkehrenden Reflexion versucht auch Roscher die Wertbestimmung durch Angebot und Nachfrage und die Produktionskosten zu verknüpfen. Denn der Wert des Edelmetalls, das Geldfunktion übernimmt, wird zwar durch die Nachfrage bestimmt, die Nachfrage bestimmt aber damit auch, welche Minen noch in Dienst genommen werden müssen: „so richtet sich der Tauschwert der edlen Metalle nach denjenigen der schlechtesten Mine, die man gleichwohl noch zu Hilfe nehmen muss, um den Gesamtbedarf zu befriedigen."[28]

Diese Reflexion steht allerdings vor der nämlichen Zirkularität, die bereits Ricardo bei seiner Suche nach einem *absolute value* umgetrieben hat. In der Gleichgewichtstheorie von Walras erscheint diese Frage als eine mathematische Aufgabe, die *zugleich* gelöst werden muss: Die Preise der Produktionsfaktoren, die die Produktionskosten bestimmen, müssen *simultan* mit den Güterpreisen erklärt werden, die wiederum die Höhe der Nachfrage festlegen, in Verbindung mit den als Einkommen bezogenen Faktorentgelten. Bekanntlich führt dieses Gleichungssystem bei Walras auf eine Unbestimmtheit, sofern die Rechnungseinheit des Systems, der *numéraire*, nicht zugleich mit dem Gleichungssystem festgelegt wird (vgl. 4.7.3.6). Doch eben diese „Rechnungseinheit" verbirgt das *Geld* in seiner kategorialen Besonderheit. Insofern kann man nicht den Tauschwert des Geldes durch seine Produktionskosten bestimmen, ohne das Geld als *Rechnungseinheit* schon vorauszusetzen. Diese Reflexion erklärt also weder den Geldwert noch die besondere Natur des Geldes.

Roscher setzt den Austausch von Gütern einfach voraus, ohne ihn näher zu untersuchen oder gar seine kategoriale Struktur zu ergründen. Mengers Theorie ist ihm bekannt gewesen[29], doch er hat sie für seine Analyse so wenig verwendet wie die Analyse von Karl Marx, dem er zwar als „Stärke" die „eingehende Kenntnis englischer Literatur, Gesetzgebung und Praxis"[30] attestiert, ihn aber – wie umgekehrt Marx ihn – ansonsten wenig freundlich charakterisiert: „Theoretisch freilich ist dieser geistreiche, aber nicht scharfsinnige Mann wenig geeignet, komplizierte Erscheinungen auf ihre einfachen Elemente zurückzuführen."[31] Roscher ist, wie viele seiner Zeitgenossen von Gossen bis Menger, von der Angst bewegt, die Lehren der Klassiker der Nationalökonomie – er erwähnt vor allem John St. Mill – würden den Sozialisten zuarbeiten. Er warnt davor, „für die Gefahren des Sozialismus völlig blind"[32] zu sein. Die Gegnerschaft Roschers vor allem zum Marxismus ist deshalb unübersehbar. Marx hält ihm im Gegenzug –

---

[27] W. Roscher (1906), S. 363; meine Hervorhebung.

[28] W. Roscher (1906), S. 363. Vgl. auch § 110, S. 320f. Diese Position findet sich später als *locus classicus* bei Alfred Marshall: Jevons hatte gesagt, dass die Produktionskosten das Angebot bestimmen, das Angebot aber den Grenznutzen der Güter. Marshall kehrt das um und sagt wie Roscher: „Utility determines the amount that has to be supplied, the amount that has to be supplied determines cost of production, Cost of production determines value"; A. Marshall (1961), S. 674. Vgl. K.-H. Brodbeck (1981), S. 174ff.

[29] Er erwähnt in seiner „Geschichte" den „Österreicher C. Menger, mit seiner sehr abstrakten, meist auf gründliche Dogmengeschichte gestützten, immer selbständigen und oft recht fruchtbaren Begriffsanalyse, die z.B. die Preisbildung zuerst beim isolierten Tausche, dann beim Monopolhandel und erst schlicht unter dem Einflusse beiderseitiger Konkurrenz erörtert." W. Roscher (1874), S. 1040.

[30] W. Roscher (1874), S. 1021.

[31] W. Roscher (1874), S. 1021.

[32] W. Roscher (1874), S. 844.

angesichts der oben zitierten Reflexionen wohl nicht ganz grundlos – „Kinderbegriffe" und die Unfähigkeit zu genauer begrifflicher Analyse vor[33].

Roscher nimmt im Gegensatz die Kritik der subjektiven Schule vorweg, wenn er bei Marx das Vorliegen einer *Gleichung* beim Tausch kritisiert und sagt, dass „bei jedem normalen Tausche beide Kontrahenten ihre Lage subjektiv verbessern"[34]. Auch ist seine Bemerkung durchaus zutreffend, dass bei Marx „eine fast mythologische Personifikation der Sachgüter" vorliegt, worin dieser „z.B. einem Rocke, der gegen Leinwand vertauscht werden soll, Bescheidenheit, der Leinwand Zwecke zuschreibt (...) Die einfache Tatsache, wenn ein Besitzer von Gold und ein Besitzer von Eisen mit einander tauschen wollen, formuliert Marx wohl dahin, das Gold habe den Wunsch, sich in Eisen, und das Eisen sich in Gold zu verwandeln."[35] Dass Roschers Kritik hier einen richtigen Punkt trifft, zeigte die Analyse der Tauschstruktur bei Marx und die darin vorliegende Elimination der Tauschsubjekte, die Marx diese schiefe Metaphorik selbst handelnder und sprechender Waren eingeflüstert hat (vgl. 4.4.4-5). Allerdings hat Roscher gar nicht erst versucht, die bei Marx deutlich herausgearbeitete *Kategorienanalyse* des Geldes aus der Struktur des Tauschs auch nur zur Kenntnis zu nehmen; ebenso wenig die Tauschanalyse von Menger. So ist der Vorwurf von Marx an Roscher, er bringe es bei seinem Verfahren, alle Theorien der Ökonomen mäßigend zu harmonisieren, gar nicht mehr dahin, eine wirkliche Erkenntnis zu gewinnen, zutreffend.[36]

4.5.4 Carl Knies

Auch Knies bewegt sich ganz in der Tradition jener ökonomischen Theoretiker, die das Geld aus den Schwierigkeiten des Naturaltauschs „erklären". Die „Güterübertragungen vollziehen sich sehr schwerfällig und mannigfach behindert, so lange sie ohne Hilfsleistung des *Geldes* durchgeführt werden müssen, also ‚naturalwirtschaftlich', auf dem Wege des Tausches, der unmittelbaren Hingabe des einen Produktions- oder Genussmittels gegen ein anderes."[37] Bis zur Fragestellung des *indirekten Tauschs*, wie sich das bei Menger oder Walras findet, gelangt Knies hierbei nicht. Er blickt völlig auf die bloß sinnlich wahrnehmbare Schwierigkeit des Tauschs und sieht darin den Ursprung des Geldes.

Knies lehnt dabei die Vorstellung einer konventionellen Gelderklärung ebenso ab wie den Gedanken, der Staat könne das Geld einführen. Der Gebrauch des Geldes

> „erwächst vielmehr überall als eine natürliche Frucht des Tauschverkehrs an sich. Inmitten des Tauschverkehrs selbst wird Jeder durch die tägliche Erfahrung, durch eine nächstliegende Überlegung, ja durch die Not des laufenden Lebens dahin ge-

---

[33] K. Marx, MEW 23, S. 174 und: „Welche Begriffsbestimmungen! Und dergleichen eklektische Professoralfaselei tauft Herr Roscher bescheiden ‚die anatomisch-physiologische Methode' der politischen Ökonomie!" K. Marx, MEW 23, S. 107, Note.

[34] W. Roscher (1906), S. 346. Diesen Gedanken greifen später R. Liefmann (1922), S. 140 und L. v. Mises (1940), S. 191 nachdrücklich wieder auf.

[35] W. Roscher (1874), S. 1021f.

[36] Marx bezeichnet auch Roscher als „Vulgärökonomen", geht aber dabei noch einen Schritt weiter mit Blick auf die „Historische Schule", und attestiert dieser ein noch tieferes Absinken der Reflexionshöhe auf das Niveau dessen, was Marx als „die Professoralform, die ‚historisch' zu Werke geht und mit weiser Mäßigung überall das ‚Beste' zusammensucht", bezeichnet; K. Marx, MEW 26.3, S. 492.

[37] K. Knies (1873), S. 60.

führt, sich nach gegebener Gelegenheit über die Hemmnisse seines Vorhabens hinauszuhelfen."[38]

Es sind also die *Umstände*, in die sich die Erfahrung beim Tauschen verwickelt sieht, die das Geld „natürlich" hervorbringen. Zudem ist es die *vereinzelte* Reflexion, die hier aus der Patsche helfen soll – Knies ahnt also nicht einmal, dass sich im Geld eine *intersubjektive* Bedeutung konstituiert („jeder wird durch die tägliche Erfahrung" usw.). Kurz und lamarckistisch: Das *Milieu* erzeugt teleologisch das Geld. Sofern die „Überlegung" hier eine Rolle spielen soll, so bleibt es völlig dunkel, was damit gemeint sein könnte, denn die Formulierung „*nächstliegende* Überlegung" besagt rein gar nichts. Soll damit gesagt sein: Wer Probleme beim Austausch bemerkt, wird „natürlich" zum Geld als der *nächstliegenden* Lösung geführt? Wenn *einer* Geld „erfindet", wäre das wenig hilfreich. Entdecken es alle zugleich?

Dass diese von Knies erfundenen Probleme einer Tauschwirtschaft – wie die Vergänglichkeit der Güter, das Problem, einen Tauschpartner zu finden usw. – allesamt nur als Probleme auftreten können, wenn man eine große Population von Tauschakten *voraussetzt*, ist hierbei Knies so wenig aufgefallen wie anderen Geldtheoretikern, die auf diese „Probleme" verweisen. Knies fügt hier nichts an neuer Analyse hinzu, was sich nicht schon bei Averroes, Smith, Mill oder in der deutschen Tradition der Nationalökonomie fände. Knapp führt hierin die deutsche Tradition nur fort. Rau gab die Bestimmung:

„Geld ist das allgemeine Umlaufmittel, welches im Güterverkehre alle anderen Güter vertritt (repräsentiert); es wird von Jedem darum als willkommener Gegenwert genommen, weil man weiß, dass Andere es ebenfalls wieder gerne annehmen werden. Ohne ein solches Hilfsmittel würde der Verkehr sehr beschwerlich und der Umlauf langsam sein, weil dann nur diejenigen Menschen einen Tausch oder einen anderen Vertrag über Güterleistungen mit einander schließen könnten, deren Anerbietungen und Begehr sich gerade gegenseitig entsprächen, so dass jeder von beiden eben das anböte, was der andere sucht. Auch das Abgleichen der Mengen macht eine Schwierigkeit, indem manche Gegenstände sich nicht zerstücken lassen".[39]

Und wie auch Menger und ihm nachfolgend Knies sagt auch Rau: Man muss vermuten, „dass eine allgemein beliebte und gesuchte Ware allmälig immer häufiger auch von solchen Personen im Verkehre angenommen wurde, die sie nicht selbst gebrauchen wollten, dass sie auf diese Weise nach und nach die Natur des Geldes erhielt."[40] Das Geld lässt sich also „ableiten" aus der Funktion des *indirekten Tauschs*, ein Punkt, den Knies anders als Rau nicht in den Vordergrund stellt, während er bei Menger und seinen Nachfolgern eine zentrale Rolle spielen sollte.

Anders auch als Roscher ignorierte Knies die Kategorienanalyse von Marx nicht einfach, sondern versuchte, sie im Sinn einer Gebrauchswerttheorie umzudeuten. Dabei hat allerdings Knies das bei Marx zerrissen, was dieser als sein Herzstück ansah, nämlich den Versuch, zwischen der Wertform der Waren im Austausch und dem *Geld* eine innere Verbindung herzustellen – ein Versuch, der auch Mengers Arbeit kennzeichnet. Knies betrachtet das Geld – wie am Eingang dieses Abschnitts zitiert – als ein „natürli-

---

[38] K. Knies (1873), S. 107f.
[39] K. H. Rau (1863), S. 315.
[40] K. H. Rau (1863), S. 317.

ches" Resultat des Austauschs, ohne dieses Resultat näher zu benennen. Wie Roscher rechnet Knies das Geld einfach zu den Kapitalgütern und schreibt ihm damit eine *ähnliche* Leistung zu wie die produktiven Dienste der sachlichen Produktionsmittel. Knies betont hierbei besonders – wie später Keynes – die angebliche Funktion des Geldes als „*Wertträger* durch *Zeit* (Wertbewahrung, Werterhaltung) und *Raum* (*Wert*transport)", auch der „Wertkonservierung"[41]. Und eben daraus erklärt Knies „die große Bedeutung der Einführung des Geldes für die Kapitalsammlung"[42].

Diese Reflexion ist wenig überzeugend. *Weil* das Geld eine Eigenschaft besitze, nämlich die, den Wert „aufzubewahren" (über Raum und Zeit), deshalb *eigne* es sich für Akkumulationszwecke. Der Witz an der Akkumulation von Kapital ist aber nicht das *Horten von Geld*, oder anders gesagt: Die Geldhorte setzen nicht nur allgemeinen Geldverkehr, sondern vor allem auch die Möglichkeit der Verzinsung voraus; Silvio Gesell und John Maynard Keynes haben das auf unterschiedlichen Wegen nachdrücklich betont. Ich werde diese Frage wieder aufgreifen bei der Behandlung des Zinses (vgl. 6.3.5-6). Ansonsten ist auch Knies damit beschäftigt, die „nützlichen" Funktionen des Geldes zu seinem allgemeinen Lob aufzuzählen und sich damit als ein ferner Beobachter der Wirtschaft zu bewähren, der ihr von außen Zwecke zuschreibt, die sie angeblich zu realisieren habe.[43] Doch hier steht Knies in einer Reihe mit zahllosen anderen Geldtheoretikern; ich klammere seine Darstellung hier aus.

Knies versucht allerdings, die Marxsche Tauschanalyse für seine Theorie fruchtbar zu machen. Er übernimmt von Marx die Denkfigur einer Gleichsetzung von zwei Waren im Tausch, worin sich ein gemeinsames Drittes konstituieren soll, deutet aber dieses „Dritte" anders:

„Wer, wie Marx, anerkennt, dass der Gebrauchswert des wildgewachsenen Holzes, des Grases auf den natürlichen Wiesen, des jungfräulichen Bodens, *ohne* Mitwirkung menschlicher Arbeit vorhanden ist, der darf nicht erklären, die menschliche Arbeit sei die maßgebende und ausschließliche Grundlage des *Tauschwertes*. Es ist innerhalb der Darlegung von Marx absolut kein Grund ersichtlich, weshalb nicht so gut wie die Gleichung: 1 Quarter Weizen = a Zentner im Forst produzierten Holzes, auch die zweite auftreten soll: 1 Quarter Weizen = a Zentner wildgewachsenen Holzes, = b Morgen jungfräulichen Bodens = c Morgen Weidefläche auf natürlichen Wiesen. Diese zweiten unleugbar erfahrungsmäßig auftretenden Gleichungen haben für Diejenigen, welche nicht bloß die *Entstehungsweise* der ‚Gebrauchswerte', sondern auch die Appropriierbarkeit und das Mengenverhältnis vorhandener ‚nützlicher Dinge' gegenüber dem Umfang des Begehrs in Betracht nehmen, nichts Anstößiges. (...) Es ist also auch nicht ein Arbeitsquantum, welches durch die Gleichungen gemessen wird."[44]

---

[41] K. Knies (1873), S. 206 und 207.

[42] K. Knies (1873), S. 207. Vgl. „Dagegen ist es eine Dienstleistung des Geldes für die Kapitalbildung, dass der dem Wirtschafter eventuelle später nötige Umtausch der in irgend einer Form aufbewahrten Naturalgüter im Voraus ganz sichergestellt und erleichtert ist, eben weil das Geld allgemein gehandhabtes Tauschgut ist." K. Knies (1873), S. 208. Damit wird nur gesagt, dass in einer Geldökonomie alle Waren wieder in Geld verwandelt werden *können*. Die darin liegende *Marktschranke*, wenn die Vergoldung der Waren misslingt, wird übersehen.

[43] K. Knies (1873), S. 215ff.

[44] K. Knies (1873), S. 121.

Er *teilt* also den Gedanken von Marx, dass eine solche Tauschgleichung Element der *Erfahrung* in entwickelten Marktwirtschaften sei (die „unleugnbar erfahrungsmäßig auftretenden Gleichungen"). Die Frage, *wo* und *von wem* derartige Gleichungen „beobachtbar" sein sollen, stellt er so wenig wie Marx. Während Marx dem Vorbild von Ricardo folgt, zunächst nur *reproduzierbare* Waren zu untersuchen, bezieht Knies auch nichtreproduzierbare Waren mit ein. Dann ist der Gedanke nicht weiter verwunderlich, dass nichtreproduzierbare Waren, getauscht gegen andere, nicht die für ihre Produktion aufgewendete Arbeitszeit verkörpern können. Und Knies zaubert flugs, wie Marx die „gesellschaftlich notwendige Durchschnittsarbeit", einen anderen abstrakten Durchschnitt herbei, den er – sprachlich an der Grenze des Verständlichen – „ein gemeinsames Gebrauchswertige"[45] nennt. Diese Gebrauchswertsubstanz will Knies nicht durch die Substituierung von etwas den getauschten Waren *als Gebrauchswerten* Fremdem entdecken, sondern „durch Rückgang auf ihre Artgemeinschaft"[46].

Dieser Gedanke, der von Böhm-Bawerk, Schüler von Knies und neben Menger ein Hauptvertreter der subjektiven Wertlehre, zustimmend als entscheidender Trumpf gegen die Marxsche Theorie begrüßt wurde[47], teilt aber nicht nur die Voraussetzung von Marx, sondern auch ihren Irrtum. Tatsächlich lässt sich aus der Tauschstruktur „1 Quarter Weizen" *getauscht gegen* „a Zentner wildgewachsenen Holzes" überhaupt keine *Gleichung* ableiten – genauer, eine solche Gleichung, wenn rekonstruiert aus den Güterpreisen, setzt bereits Geldgebrauch voraus. Ich brauche meine gegen Marx vorgebrachten Einwände an dieser Stelle nicht zu wiederholen, denn Knies *teilt* uneingeschränkt die Fehlinterpretation der Tauschstruktur als Gleichung.

Auch Böhm-Bawerk *folgt hier Knies* (und damit Marx) uneingeschränkt. Allerdings verfährt Böhm-Bawerk kategorial noch viel unbedarfter, indem er den „Fall des isolierten Tauschs" sofort als *Kauf und Verkauf* gegen das selbstverständlich vorausgesetzte Geld charakterisiert.[48] Er bemerkt hierbei gar nicht, dass er mit seiner eigenen Definition in Widerspruch gerät, wenn er sagt:

> „Ein Tausch ist ökonomisch möglich nur zwischen Personen, die Ware und Preisgut *abweichend*, ja entgegengesetzt schätzen. Der Kauflustige muss die Ware höher, der Andere niedriger schätzen als das Preisgut. Und zwar ist ihr Interesse am Tausch und auch ihr Tauschgewinn in dem Maße größer, je größer die Differenz ihrer Wertschätzungen ist"[49].

Hier geht einiges durcheinander: Auch Marx hätte nicht bestritten, dass die Tauschpartner den je anderen Gebrauchswert „höher" einschätzen als den der mitgeführten eigenen Ware. Doch diese Präferenz konstituiert keinen Tauschwert, zu schweigen von einem „Tauschgewinn". Worin soll dieser Gewinn gemessen werden? Wenn man allerdings schon Geld voraussetzt, dann mag die subjektive Reflexion, die eine höhere Zahlungsbereitschaft mit dem tatsächlichen Preis vergleicht („Konsumentenrente"), zutref-

---

[45] K. Knies (1873), S. 119 und 123.

[46] K. Knies (1873), S. 124.

[47] Vgl. E. v. Böhm-Bawerk (1973), S. 83, Note 22, wo Böhm-Bawerk von einem „treffenden" Einwand spricht. Vgl. auch E. v. Böhm-Bawerk (1921: I), S. 380ff.

[48] Böhm-Bawerk geht von folgendem „Beispiel" aus: „Ein Landmann A benötigt ein Pferd und zwar nach seinen individuellen Verhältnissen mit einem derartigen Grade von Dringlichkeit, dass er dem Besitz eines Pferdes eben so viel Wert beimisst, als dem Besitz von 300 fl." E. v. Böhm-Bawerk (1921: II.1), S. 269. Vgl. „Die Bedürfnisse der Menschen haben verschiedene Dringlichkeitsgrade", J. B. Say (1830: 3), S. 207.

[49] E. v. Böhm-Bawerk (1921: II.1), S. 267.

fend sein. Sie ist aber für die im isolierten Tausch erkennbaren kategorialen Verhältnisse völlig ohne Bedeutung.

Die Kritik von Knies an Marx, der Böhm-Bawerk zustimmt, teilt also nicht nur den Fehler des Gedankens bei Marx, dass hier eine *Gleichung* vorliege, sie bemerkt auch gar nicht, weshalb Marx in diese logische Falle getappt ist.[50] Marx geht es – das Kapitel über den Fetischcharakter der Ware zeigt das deutlich (vgl. 4.4.11) – darum, die im Geld vollzogene „Vergesellschaftung" als etwas zu beschreiben, das den vereinzelten Arbeiten *angetan* wird, als etwas Fremdes. Deshalb spricht er bereits in „Zur Kritik" von der „objektiven Gleichung, die der Gesellschaftsprozess gewaltsam zwischen den ungleichen Arbeiten vollzieht"[51]. Marx möchte zeigen, dass die Tauschprozesse die arbeitsteiligen Handlungen der Menschen auf eine fremde, gleichwohl *soziale* Weise zusammenbinden über das Geld. Anstatt allerdings diese Verhältnisse *direkt* an der Struktur des Geldes zu untersuchen, versucht er sie in einer Dualität der Ware im Tauschakt selbst zu entdecken. *Das* ist als Programm gescheitert. Gleichwohl ist bei Marx klar, dass er nicht von einem Austausch der Menschen mit der Natur spricht, sondern *untereinander*. Deshalb sind die von Knies alternativ herangezogenen „Gleichungen", die auf ein Verhältnis zwischen Mensch und Natur abzielen, kein Einwand[52], sondern nur der Ausdruck für ein völliges Missverstehen der im Geld vollzogenen Vergesellschaftung, von der Marx in der aristotelischen Tradition sehr genau wusste.

Man bemerkt unschwer, wie die Fehler, die Marx unterlaufen sind, seine eigentlichen Entdeckungen eher verdunkeln. Seine Kritiker (wie Knies und Böhm-Bawerk) übernehmen aber gerade seine *Fehler*, um sie – umgedeutet – gegen ihn zu wenden, wobei sie den verkehrten Gedanken, im Tausch läge eine Gleichung vor, fortspinnen und daraus das Phantasma einer „Gebrauchswertsubstanz" (das „Gebrauchswertige" bei Knies, der Nutzen bei anderen Autoren) konstruieren. Allesamt sind diese Konstrukte, die eine angebliche „Arteigenschaft" der Waren zum Ausdruck bringen, nur die Geldkategorien, die von dem Theoretiker als cartesianischer Beobachter je schon mitgebracht wurden und darin den „isolierten Tausch" zu beschreiben versuchen. Es ist von einiger Tragik, zu beobachten, wie gerade die *Denkfehler* eines der Großen bei den kleinen Denkern weitere Gedankenwucherungen hervorbringen, die sich vom Sachverhalt, der eigentlich untersucht werden sollte, nur immer weiter entfernen.

4.5.5 Albert Schäffle

4.5.5.1 Ethik als Evolutionstheorie

Auch Schäffle knüpft kritisch an Marx an. Der Stachel im Fleisch der bürgerlichen Nationalökonomie war ja der von Marx systematisch als *historische Notwendigkeit* formulierte Gedanke, dass Tausch, Geld und Kapitalismus nur *Übergangsformen* sind – Marx spricht von „transitorischen Formen" –, dass also die Auffassung der „Vulgärökonomie", diesen Kategorien komme ein Ewigkeitswert zu – eine bleibende Natur der

---

[50] Marx hat die Kritik von Knies gekannt und mit der ihm eigenen Häme überzogen: „Das Vieh (gemeint ist Karl Knies; KHB) glaubt, dass ich in der Wertgleichung die Gebrauchswerte auf Werte ‚reduzieren' will", K. Marx, MEW 34, S. 60f.
[51] K. Marx, MEW 13, S. 45.
[52] Insofern behält Hilferding in seiner Gegenkritik gegen Böhm-Bawerk recht, wenn er sagt: „Ausdruck von gesellschaftlichen Verhältnissen kann aber die Ware nur sein, sofern sie selbst als Produkt der Gesellschaft betrachtet wird, als Ding, dem die Gesellschaft ihren Stempel aufgedrückt hat." R. Hilferding (1973), S. 137.

Wirtschaft –, grundlegend erschüttert wurde. Schäffle, der sich früh kritisch mit dem Sozialismus auseinandergesetzt hat[53], begreift ökonomische Phänomene nachdrücklich als *ethische*, nicht als „Natur". Darin scheint er der Fragestellung bei Marx nahe zu stehen. Doch andererseits rekonstruiert er *moralische Regeln* wiederum durch einen reinen Naturprozess, genauer als Evolutionsprozess.[54] Schäffle bemüht sich, „die obersten Postulate der Ethik als *sozialdynamische Notwendigkeit* und als *unausbleibliche Ergebnisse* des Geschichtslaufes zu enträtseln."[55] Er versucht eine Ethik „ohne alle transzendentale Heischung."[56]

Schäffle entwickelt hier eine Theorie der Moral, die wesentliche Elemente von Hayeks Theorie der „Regelselektion" vorwegnimmt; Hayek hat Schäffles Theorie allerdings nie gewürdigt, während umgekehrt heute als Hayeks Erkenntnis gilt, was Schäffle gut ein halbes Jahrhundert früher entwickelt hat. Institutionen sind für Schäffle ein Resultat kultureller Evolution, somit auch Tausch und Geld, die sich innerhalb einer moralischen Ordnung vollziehen.

> „Die Daseinskämpfe führen gesetzmäßig das Ergebnis herbei, dass jene Gemeinwesen überleben, welche durch Recht und Sitte ihrem inneren und äußeren Ringen die am meisten und raschesten vervollkommnende, d.h. kräftigste, angriffs- und widerstandsfähigste Organisation geben und durch sie das Maximum aller die Lebensfähigkeit des Gesellschaftskörpers bedingenden Kräfte erreichen."[57]

Hier übersetzt Schäffle die Evolutionstheorie, allerdings mit einer Zielrichtung, die durchaus der schottischen Moraltheorie entspricht[58], in deren Tradition Schäffle sagt: „Der Mensch hat Recht und Sitte *ge*funden, nicht *er*funden, auch nicht vom Himmel geholt."[59] Im Wettbewerb der Gemeinwesen haben sich jene durchgesetzt, denen die innere moralische Organisation der Gesellschaft am besten gelungen ist:

> „Die am meisten ethisierten Gemeinwesen sind die stärksten."[60]

Schäffle widerspricht damit auch der Vertragstheorie, die eine Gesellschaft durch rationalen Vertragsschluss begründen möchte – ein Gedanke, der methodisch auch für ande-

---

[53] Schäffle kommt zu dem Ergebnis, „dass der Marxistisch-demokratische Kollektivismus, die ‚Sozialdemokratie', ein schlechterdings unausführbares, ins wirtschaftliche Chaos führendes Programm vertritt". A. E. F. Schäffle (1885), S. 65.

[54] „Am meisten fesselte mich die Literatur des Darwinismus, zuoberst die Schriften von Darwin und von Häckel selbst". A. E. F. Schäffle (1905: 2), S. 122. Vgl. als Überblick über Schäffles Lehre seine Selbstdarstellung, A. E. F. Schäffle (1905); auch E. Fabian-Sagal (1909).

[55] A. E. F. Schäffle (1877), S. 552.

[56] A. E. F. Schäffle (1878), S. 60.

[57] A. E. F. Schäffle (1878), S. 65. Vgl. „Die Gesellschaft kann daher nur bestehen, wenn sich durch einen Selektionsprozess Regeln entwickelt haben, die die Individuen dazu führen, sich in einer Weise zu verhalten, die gesellschaftliches Leben möglich macht." F. A. Hayek (1980-81: 1), S. 67.

[58] Vgl.: „(N)ations stumble upon establishments, which are indeed the result of human action, but not the execution of any human design", A. Ferguson (1767), Part III, Kapitel 2. Vgl. „... dass die Interaktionsmuster zwischen vielen Menschen eine Ordnung zeigen können, die niemand bewusst erzeugt hat", F. A. Hayek (1980-81: 1), S. 59.

[59] A. E. F. Schäffle (1878), S. 47.

[60] A. E. F. Schäffle (1878), S. 46.

4.5.5 Albert Schäffle

re Institutionen wie das Geld zutrifft: „Die naturrechtliche Zurückführung der rechtlich und moralisch geordneten Gesellschaft auf die Nutzerwägungen der den gesellschaftlichen Urvertrag schließenden Individuen hat soziologisch überhaupt keinen Sinn."[61]

Trotz der evolutionstheoretischen, teilweise auch biologischen Sprechweise verfällt Schäffle nicht in einen reinen Biologismus. Gerade den Tausch betrachtet er als Moment einer moralisch und kommunikativ bereits strukturierten Gesellschaft:

> „Geöffnet wird aller Verkehr durch irgend welche Mitteilung, welche, sei es mündlich, sei es durch Schrift oder andere Zeichen oder durch eine schlüssige Handlung vor sich geht. Es ist die Verkehrsansprache in Angebot und in Nachfrage, die öffentliche oder die private. Der Ansprache folgt die Verhandlung, dieser der Geschäftsabschluss. Das Ende ist die Erfüllung oder wirkliche Leistung: Lieferung und Zahlung."[62]

Hier beschreibt Schäffle Kauf und Verkauf als *eingebettet* in eine soziale Struktur, die kommunikative Beziehungen mit Tauschhandlungen verknüpft, damit als *ethische* Struktur.[63] Der sozialdarwinistische Terminus des „Daseinskampfs" hat bei Schäffle immer die Bedeutung einer *Gruppenselektion*[64], eine Evolution, in der sich mit der Sprache und Kommunikation auch die Vernunft entwickelt hat – jeweils als *innere Differenzierung* der Gesellschaft, die Schäffle deshalb einem „Organismus" vergleicht.

> „Die ächt menschlichen Daseinskämpfe führen eigentümliche Modifikationen in den Prozess der Auslese ein, nämlich die Nötigung der streitenden Interessen zu abweichender Anpassung im Wege des gewalt- und betruglosen *Austrages* (Vertrages) und die Entscheidung der *Rivalitäten* durch Käufer, Wählerschaften, obrigkeitliche Instanzen, Urteile der öffentlichen Meinung u.a.w. Der Kampf der Gewalt, Überlistung und Bedrückung geht nur gegen die äußere Natur ununterbrochen fort."[65]

Die letzte Bemerkung ist hier von besonderem Interesse: Die Zähmung der *inneren sozialen* Natur beruht weiter auf einer Gewalt nach außen gegenüber der Natur – eine Auffassung, die Schäffle mit nahezu allen Nationalökonomen, auch mit Böhm-Bawerk teilt. Die Frage, ob dieses äußere Gewaltverhältnis nicht einer inneren Gewalt korrespondiert, stellt Schäffle nicht.

Wichtig ist es, festzuhalten, dass Schäffle Moral, Recht, Austausch und Geld als eine *innere Differenzierung* einer bereits vorausgesetzten Gesellschaft begreift, nicht als eine *Vergesellschaftung* von sozialen Atomen – wie bei Menger und seinen Nachfolgern. Deshalb kann auch für Schäffle der Austausch nicht als ein Akt verstanden werden, der Gesellschaft erst *herstellt*. Seine Evolutionstheorie unterscheidet sich von der österreichischer Theoretiker darin, dass Schäffle nicht eine Evolution *innerhalb* der Gesellschaft untersucht, sondern eine Modifikation des „gesellschaftlichen Organismus" in

---

[61] A. E. F. Schäffle (1878), S. 49.
[62] A. E. F. Schäffle (1906), S. 168.
[63] „Der Mensch ist nach unserer Ansicht erst durch gemeinschaftliche Führung des Daseinskampfes zu höherer Beseelung, zur Apperzeption, Vernunft- und Sprachbildung gelangt." A. E. F. Schäffle (1878), S. 47f.
[64] Vgl. „Der Selektionsprozess in der kulturellen Entwicklung ist vor allem eine Gruppenselektion", F. A. Hayek (1996), S. 95.
[65] A. E. F. Schäffle (1877), S. 546.

seinem Wettbewerb mit anderen Gesellschaften. Somit besitzen Tausch und Geld eine innere, soziale und ethische Natur:

> „Recht und Sitte als gesellschaftlich gesetzte, nach den geschichtlichen Bedingungen der gesellschaftlichen Gesamterhaltung sich regelnde, aus der Erfahrung über Wohl und Wehe gewonnene, von den geschichtlich gegebenen Trägern der Macht im Bunde mit den idealistischen Gesellschaftskräften äußerlich und innerlich erzwungene, durch Vererbung und Gewohnheit befestigte Ordnungen des Tuns und Lassens"[66].

4.5.5.2 Die „Bedeutung" der Güter

Das Besondere an dieser Blickweise wird deutlich, wenn wir Schäffles frühe Schrift mit dem Titel „Die ethische Seite der nationalökonomischen Lehre vom Werthe" (1862) heranziehen, in der er diese Verhältnisse erstmals klar zum Ausdruck brachte. Bereits hier betrachtet er Ethik und Tausch gleichursprünglich auch als ein kommunikatives Phänomen, sofern er die *Bedeutung* in den Vordergrund rückt.

Schäffle unterscheidet im Anschluss an Hermann zwischen Gebrauchswert und Nützlichkeit (Brauchbarkeit).[67] Die Brauchbarkeit liegt in der Dienlichkeit einer Sache überhaupt; der *Gebrauchswert* enthält dazu ein Moment bewusster Reflexion. Und hier formuliert Schäffle eine Struktur, die Menger später – unter Hinweis auf Schäffle – übernommen hat:

> „Die Bedeutung des Gutes für das ökonomische Zweckbewusstsein des wirtschaftlichen Subjektes bestimmt sich unserer Anschauung nach nicht nach der Laune des Wirtschafters, sondern einerseits nach den nur teilweise willkürlichen Bedürfnissen der menschlichen Persönlichkeit, andererseits nach den gegebenen Verhältnissen des Objektes, welches in der Wirtschaft vom Subjekt auf die Bedürfnisse der Persönlichkeit nach allen seinen Lebensseiten tätig bezogen wird"[68].

Schäffle definiert hier ein ökonomisches Gut als eine *erkannte Brauchbarkeit*, und diese erkannte Brauchbarkeit konstituiert seine *Bedeutung*. Diese Bedeutung besteht für Schäffle in einer *Relation*, in der die „Intensivität des Begehrens (,Nachfrage, Bedarf' u.s.w.) und Intensivität der Schwierigkeit des Erlangens (,Seltenheit, Kargheit des Angebotes' u.s.w.) auf einander wirken". Je stärker diese Wirkung, „desto stärker tritt die Bedeutung des Gutes in das die wirtschaftliche Tätigkeit leitende Bewusstsein."[69] Der Wert erscheint hier erstens als ein besonderes Phänomen des Bewusstseins, worin sich *ökonomische Bedeutung* zeigt, zweitens aber kennt diese Bedeutung einen „Grad", in dem die ökonomische Tätigkeit zwischen das Bedürfnis und seine Befriedigung „eingespannt"[70] ist. Der Wert ist also weder eine subjektive Zutat noch eine objektive

---

[66] A. E. F. Schäffle (1878), S. 44f.
[67] Schon Baumgarten setzt einen Unterschied zwischen Nützlichkeit und Gebrauch: „Der Grad der Nützlichkeit ist der Wert (…) Wenn der Nutzen des Nützlichen wirklich gemacht wird, so wird es gebraucht. Der Gebrauch (ist) die Nutzung einer Sache". Er definiert: „Die Nützlichkeit ist eine Güte, welche einem Dinge beziehungsweise zukommt." A. G. Baumgarten (1783), § 238 und 239, S. 97f.
[68] A. E. F. Schäffle (1862), S. 12.
[69] A. E. F. Schäffle (1862), S. 12.
[70] A. E. F. Schäffle (1862), S. 13.

Eigenschaft, sondern die spezifische Bedeutung, die Güter in der Überwindung des Gegensatzes von Produktmenge und Bedürfnis erlangen.

Diese Spannungsbeziehung – die spätere Nationalökonomie nennt sie „Knappheit" – ist bei Schäffle der soziale Ort, an dem sich ökonomische Bedeutung objektiviert. Er vergleicht das durchaus der menschlichen Sprache:

> „Der Wert als der Charakter jedes Gutes in dem alles ökonomische Tun durchdringenden Zweckbewusstsein, bedarf wie alle anderen Formen des Bewusstseins bestimmter Mittel eines präzisen, gemeinverständlichen oder was beim Werte gleichbedeutend hiermit ist, allgemeingültigen Ausdruckes, gleichsam einer Sprache, um seine normierende Wirkung auf das Wirtschaftsleben der ganzen Gesellschaft üben zu können."[71]

Schäffle denkt also „Bedeutung" = Wert durchaus in Analogie zu einem semiotischen Prozess der Bedeutungserzeugung. Allerdings bleiben seine Hinweise rudimentär; Menger hat davon nur die *Sprechweise* übernommen, die Pointe aber insofern abgebrochen, als für ihn die Bedeutung wiederum einen rein *individuellen* Charakter besitzt. Schäffle bemerkt – wie Marx –, dass sich hier ein zwar bewusster, semiotischer Prozess vollzieht, der auf eine allgemeine, soziale Struktur zurückgeführt werden soll. Weder Schäffle noch Marx oder Menger ist es aber gelungen, die hier vorliegende Struktur (die soziale Grundstruktur) ganz in den Blick zu nehmen.

So bleibt Schäffles spätere Lehrbuchdefinition, die an diese Überlegungen anknüpft, dunkel:

> „Wir definieren den *privatwirtschaftlichen* Wert als *Bedeutung* (Geltung) einer beschränkt vorhandenen äußeren Brauchlichkeit mit Rücksicht auf das günstige quantitative Verhältnis des Nutzens und der Kosten dieser Brauchlichkeit."[72]

Ist diese Brauchlichkeit – wie Menger denkt – eine rein individuelle? Und was heißt „günstig"? Die subjektive Wertlehre führt den von Schäffle eröffneten Weg konsequent zu Ende, der sich der unklaren *intersubjektiven Natur* der Bedeutung in einem sozialen Verhältnis verdankt und worin „die Bedeutung des Gutes für das sittlich persönliche Leben"[73] über den Güterwert entscheidet. Indem Schäffle hierbei die Wertphilosophie von *Lotze* rezipiert, reimportiert er Gedanken, die ihren Ursprung der Nationalökonomie verdanken.

4.5.5.3 Schäffles schwankende Wertlehre

Obgleich sich bei Schäffle zahlreiche Hinweise finden, die jeweils über seine eigenen Schranken in der Fragestellung hinausweisen, so hat er doch diese Schranken nicht überwunden und in der *Geldtheorie* den Gedanken des Wertes als sozialen *Prozess der Bedeutung* nicht fruchtbar gemacht. Schäffle ist von der klassischen Arbeitswertlehre beeinflusst, gibt ihr aber eine psychologische und ethische Wendung. Wenn man, sagt Schäffle, auf die Vielfalt der Güter blickt, so sind sie „in Beziehung auf ihre objektive sachliche Brauchlichkeit quantitativ unvergleichbar, d.h. inkommensurabel. Aber zurückgeführt auf empfundene Mengen von Unlust der Arbeit, beziehungsweise der Ent-

---

[71] A. E. F. Schäffle (1862), S. 15.
[72] A. E. F. Schäffle (1873: 1), S. 168.
[73] A. E. F. Schäffle (1873: 1), S. 164.

behrung, (…), – *als Werte* sind sie vergleichbar."[74] In diesem Gedanken liegt eine *petitio principii*, denn selbst wenn man davon ausgeht, dass „2 Zentner Zucker, 3 Zentner Mehl, 4 Pfd. Stiefelwichse"[75] usw. von einer Person hergestellt werden und insofern individuell als Arbeitsmühe vergleichbar sein mögen, so ist damit doch keineswegs eine *intersubjektive* Vergleichbarkeit hergestellt.

Schäffle bemerkt, dass das Gesagte sich nur auf ein *Inneres*, eine subjektive Wertempfindung bezieht. Deshalb fährt er fort:

> „Die Wert*fest*stellung bleibt aber kein innerer Prozess. Sie führt zu einem symbolisierenden, *dar*stellenden Handeln. Neben der Wert*fest*stellung ist daher die äußere Wert*dar*stellung zu betrachten. Das *gesellschaftliche* Mittel quantitativer Darstellung des Wertes ist das *Geld*."[76]

Bei diesem Räsonnement kann der aufmerksame Leser nur den Kopf schütteln. Durch ein paar rhetorische Phrasen entledigt sich Schäffle des Kernproblems der Geldtheorie: Angenommen – für den Zweck des Arguments –, dem Wert liegt eine subjektive „Unlust des Arbeitenmüssens und des Entbehrenmüssens"[77] zugrunde, angenommen ferner, es gäbe so etwas wie ein „darstellendes" Handeln, worin Wertempfindungen geäußert werden. Wie soll aus diesem Strukturzusammenhang ein *gesellschaftliches Mittel quantitativer Darstellung des Werts* erklärt werden – ohne schon das Geld *vorauszusetzen*? Die Frage ist rhetorisch, denn Schäffle setzt, wie alle bislang besprochenen Nationalökonomen, *kategorial* die Allgemeinheit des Geldes schon voraus.

Immerhin macht Schäffles Reflexion die Analogie zur Sprache nochmals deutlich. Wenn jemand über eine individuelle, innere Vorstellung verfügt, so kann er diese Vorstellung nur dann in einem Urteil, einem Satz usw. äußern, wenn es schon *Sprache* gibt. Die Sprache lässt sich nicht aus den vereinzelten Vorstellungen *ableiten*. Ebenso beim ökonomischen Wert, beim Geld. Das verweist darauf, dass das, was Schäffle ganz richtig am Wertphänomen als Problem der *Bedeutung* erkannt hat, einen mit der Sprache, der Moral und anderen sozialen Formen gemeinsamen Grund hat. Dieser Grund ist jene Prozess-Struktur, in der sich sozial Bedeutung herstellt, und wie sich zeigte, kann diese Struktur nur verstanden werden, wenn die Bedeutung als Prozess der *Identitätsbildung* rekonstruierbar ist für jeden teilnehmenden Beobachter.

Die subjektive Redeweise vom „Arbeitsopfer" – die bei Jevons *disutility of labour* heißt[78] – ist bei Schäffle tatsächlich nur eine Wiederaufnahme der Arbeitswertlehre, wenn er sagt, dass der Wert der äußeren Darstellung im Geld gar nicht bedürfe, weil dasselbe Phänomen bereits bei Robinson auftreten müsse: „Der Einsiedler opfert etwa für 1 Liter Milch ½, für 10 Zentner Holz einen ganzen, für drei Pfund Fisch ¼ Tag. Nach dem Verhältnis der gebrachten Arbeitsopfer scheint ein ½ Liter Milch 5 Zentnern Holz oder sechs Pfund Fischen gleich zu gelten."[79] Es ist dies die – mit dem Begriff

---

[74] A. E. F. Schäffle (1873: 1), S. 160.
[75] A. E. F. Schäffle (1873: 1), S. 160.
[76] A. E. F. Schäffle (1873: 1), S. 161.
[77] A. E. F. Schäffle (1873: 1), S. 160.
[78] Vgl. W. St. Jevons (1888), S. 178ff. Jevons spricht auch von „painfulness of labour" W. St. Jevons (1888), S. 175 oder, wie Schäffle, von einer „painful exertion of mind or body" W. St. Jevons (1888), S. 168. Schäffle bezieht sich nicht auf diese Theorie von Jevons, obwohl er ihn im Zusammenhang der Geldwerttheorie erwähnt, vgl. A. E. F. Schäffle (1873: 1), S. 244. Der Gedanke eines „negativen Nutzens der Arbeit" findet sich bereits – worauf Jevons verweist, W. St. Jevons (1888), S. 169, Note – bei Gossen und analog bei Bentham.
[79] A. E. F. Schäffle (1873: 1), S. 161.

4.5.5 Albert Schäffle

„Arbeitsopfer" umbenannte – Reflexion, die sich auch bei Marx findet, wenn er die Einfachheit der Verhältnisse bei Robinson dem Fetisch des Geldverkehrs gegenüberstellt.

Schäffle versucht – das macht seine Sonderstellung aus –, zwischen einer objektiven Arbeitswertlehre und der sich abzeichnenden subjektiven Werttheorie, die später Menger formuliert, zu vermitteln:

> „Der Wert ist daher *subjektiv* betrachtet: die einem Gute beigelegte Bedeutung oder Geltung, – *objektiv* ist ‚ein Wert' das Gut, soferne es von Gefühl und Verstand um eines sittlichen Zwecks willen gewürdigt ist, das Gut in seiner Bedeutung für das sittliche Bewusstsein des handelnden Subjekts."[80]

Die Schwierigkeit hierbei ist die unklare Stellung der Kategorie „Bewusstsein". Was ist ein „sittliches Bewusstsein"? Ein *objektiver* Geist, wie bei Hegel? Schäffle sieht darin einen *Prozess*, wenn er „die millionenfältigen individuellen wirtschaftlichen Werturteile in eine gesetzmäßige gesellschaftliche Gesamtbewegung"[81] zusammengefasst sieht. Er beruft sich in dieser Vorstellung auf die „viel tiefer gehende" Wertlehre der Sozialisten „Proudhon, Karl Marx, Lassalle". Anders als diese Autoren, möchte Schäffle jedoch dafür letztlich eine *geistige Bewegung* verantwortlich machen. Für ihn ist der wirtschaftliche Prozess „schlechterdings der Herrschaft des Geistes unterworfen"[82]. Der Geist ist die innere Form der Gesellschaft, die äußerlich als Organismus einer Evolution, damit mechanischen Verhältnissen unterliegt. In seiner „Soziologie" spricht er von „geistigen Massenzusammenhängen"[83], die gleichartige Interessen, Gefühle, Vorstellungen und Erinnerungen umfassen sollen. Darin liegt für Schäffle der eigentliche „Massenzusammenhalt"; die ökonomischen Tatbestände, auch der wirtschaftliche Wert, sind nur eine *innere Modifikation* dieser ethischen Grundstruktur der Gesellschaft.

Der Wert ist somit der Vorschein eines sozialen Zusammenhangs. Und weil darin eine innere Form der Gesellschaft erscheint, ist für Schäffle die Nationalökonomie eine „durchaus ethische Disziplin, ein Teil der praktischen Philosophie". Wenn er weiter sagt, er sehe „das ökonomische Volksleben als ein Gebiet freitätigen Willens, durchwaltet von allen sittlichen und sinnlich Kräften der menschlichen Persönlichkeit, und mit Bewusstsein gerichtet auf die allseitige Erfüllung der sittlich vernünftigen Lebenszwecke"[84], so bleibt unklar, wie sich durch die Wertsetzung und das Geld *hindurch* die Freiheit gleichwohl bewährt. Menger hat letztlich die bittere Konsequenz gezogen – die sich *mutatis mutandis* auch bei Marx findet –, dass die Freiheit selbst durch ein Gesetz bestimmt wird. Schäffle bemerkt nicht, dass in dem, was er „Darstellung" des Wertes nennt, sich ein *Übergang* von individuellen Wertungen (Nutzen oder Arbeitsopfer) in eine *gemeinsame* Sphäre vollzieht, die als diese Sphäre nur durch leere Kategorien wie „sittliches Bewusstsein" erschlichen, nicht aber eigens betrachtet oder gar begründet wird. Wenn Schäffle vollmundig sagt: „Das Geld macht die individuelle Freiheit möglich", und: „Geldwirtschaft und Liberalismus hängen daher enge zusammen"[85], so bleibt das eine ebenso leere Versicherung wie der Liberalismus von Carl Menger. Die Aufga-

---

[80] A. E. F. Schäffle (1873: 1), S. 162.
[81] A. E. F. Schäffle (1873: 1), S. 163.
[82] A. E. F. Schäffle (1873: 1), S. 163.
[83] A. E. F. Schäffle (1906), S. 70.
[84] A. E. F. Schäffle (1862), S. 6f.
[85] A. E. F. Schäffle (1873: 1), S. 250.

be bestünde darin, *kategorial* zu sagen, wie sich die Bedeutung Wert als soziale *zwischen* freien Individuen intersubjektiv konstituiert.

Gumplowicz knüpft in seiner Soziologie an Schäffle an und stellt fest, dass „ein und dasselbe Individuum durch mehrfache Beziehungen an mehrere Gesellschaftskreise gebunden sein kann."[86] Ein ähnlicher Gedanke findet sich bei Schmoller:

> „Nicht einen objektiven, unabhängigen von den einzelnen und über ihnen waltenden, sie mystisch beherrschenden Volksgeist gibt es, wie die historische Rechtsschule lehrte; ebensowenig einen allgemeinen Willen, der in allem übereinstimmte, wie Rousseau träumte. Aber es gibt in jedem Volke eine Reihe zusammengehöriger, einander bedingender und nach einer gewissen Einheit drängender Bewusstseinskreise, die man als Volksgeist bezeichnen kann. Auch mit dem Namen des objektiven Geistes können wir die Gesamtheit dieser geistigen Massenzusammenhänge, die von den kleinsten Kreisen der Familie und der Freundschaft hinaufreicht bis zur Menschheit, bildlich und im Gegensatze zur Psyche der einzelnen benennen. Man muss ihn nur richtig verstehen, sich erinnern, dass er nicht außerhalb der Individuen, sondern in ihnen lebt, dass jedes Individuum mit einem größeren oder kleineren Teil seines Selbst Bestandteil mehrer oder vieler solcher Kreise, solcher Teile des objektiven Geistes ist."[87]

Es ist nicht schwer, hier eine Denkfigur wiederzuerkennen, die systemtheoretisch bei Luhmann reformuliert wurde. Die neuere Soziologie spricht nicht von „Bewusstseinskreisen", „Gesellschaftskreisen" oder „Massenzusammenhalt", sondern von *Subsystemen*. Kategorial ist damit aber dasselbe gedacht – und dasselbe Problem reproduziert, vor dem sich Schäffle und die anderen Geldtheoretiker gestellt sahen: Wie kann die Vermittlung von vereinzelter Wertentscheidung bezüglich eines Gegenstandes mit allgemeinen, sozialen Sachverhalten (wie Geld, Moral oder Sprache) gedacht werden? Und die Lösung sieht hier wie dort so aus, dass ein cartesianischer Beobachter seinem Gegenstand „Gesellschaft" als Entität eine Eigenschaft zuspricht, ihr von außen eine Bedeutung verleiht als „sittliches Bewusstsein", „Bewusstseinskreis", „Massenzusammenhalt" oder schlicht *Wert*, ohne zu bemerken, inwiefern in diesen vermeintlichen Entitäten von den Teilnehmern – nicht vom Beobachter – *Bedeutung* hergestellt oder reproduziert wird.

Schäffle hat hier einiges geahnt. Doch sein Bestreben nach einem *äußeren* Systembau, den er mehrfach versucht hat, lenkte seinen Blick weg von den kategorialen Verhältnissen jener Sachverhalte, die zu untersuchen ureigenste Aufgabe der Wirtschaftswissenschaften, aber auch der Soziologie sind. Erst wenn man erkennt, dass ökonomische Phänomene – wie ethische oder semiotische – nie von außen einer Entität „Gesellschaft" zugesprochen werden können, dann ist der Weg frei für eine *Selbstreflexion* dessen, was die Sozialphilosophie *als* soziales Handeln *ist*. Und erst aus diesem Wissen um die Teilnahme an dem, was man als „Gegenstand" eines Wissenschaftsegos *vorstellt*, ergibt sich die Erkenntnis, dass die *Zirkel* der Sozialwissenschaften nicht Denkfehler, sondern der Vorschein eben dieser Teilnahme sind. Weder das Geld noch die Sprache oder die Moral lassen sich „ableiten" oder „erklären" aus Voraussetzungen, die man *von außen* mit einer Entität „Gesellschaft" verbindet. Schäffle hat in seiner Formulierung vom Wert als einem Prozess der *Bedeutung* einen wichtigen Schritt auf eine Analyse

---

[86] L. Gumplowicz (1926), S. 137.
[87] G. Schmoller (1920: 1), S. 16.

der *ganzen* Tauschstruktur zu unternommen, auch wenn er *kategorial* und in den Details der Analyse deutlich hinter den Versuchen von Marx und Menger zurückbleibt.

4.5.6 Gustav Schmoller

Kein Satz könnte Schmoller besser charakterisieren, als seine Bemerkung: „Meine eigenen Untersuchungen sind über diesen Punkt keineswegs abgeschlossen."[88] Und das gilt für jeden Punkt seiner Untersuchungen. Der Kern seiner historischen Methode ist ein offener Prozess der Forschung. Schmoller lehnt es ab, von *a priori* konstruierten Modellen und Kategorien auszugehen. Er rückt die *Erfahrung* nicht nur an den Anfang der Forschung, sondern macht aus ihr eine bleibende Grundlage.

> „Wir verstehen unter der wissenschaftlichen Beobachtung einer Erscheinung eine solche, die oftmals von demselben oder von verschiedenen Beobachtern wiederholt immer dasselbe Resultat ergibt, aus der die Einflüsse subjektiver Täuschung und Meinung soweit als möglich entfernt sind. Eine solche Beobachtung deutet auf ein objektives Geschehen. Die Beobachtung soll objektive Gültigkeit, erschöpfende Genauigkeit, extensive Vollständigkeit besitzen. Das einzelne soll für sich und als Teil des Ganzen in seinen wahrnehmbaren Beziehungen zu diesem, im Vergleich mit Ähnlichem und Verschiedenen beobachtet werden. Die wissenschaftliche Fixierung der Beobachtung ist die Beschreibung; jede halbwegs brauchbare Beschreibung setzt aber schon ein geordnetes System von Begriffen und die Kenntnis der bekannten und selbstgestellten Formen und Kausalitätsverhältnisse voraus."[89]

In dieser Bemerkung steckt erkenntnistheoretisch das ganze Dilemma dessen, was die historische Schule in ihrem führenden Kopf zu bieten hatte. Schmollers *Wissenschaftsideal* ist das anderer Wissenschaften; er betrachtet die Erfahrungen des Individuums als „subjektive Täuschung", als bloßes „Meinen", und strebt nach etwas, das ein *objektives* Geschehen in der Wirtschaft beinhaltet. Unschwer ist hier die platonische Erkenntnistheorie erkennbar, die sich von dem Meinen der Vielen freimachen möchte, um die reinen Ideen zu schauen. Dieses Ideal *teilt* Schmoller mit jener „reinen Ökonomik", die er zeitlebens bekämpfte. Walras beruft sich sogar ausdrücklich auf die „Platonic philosophy"[90]: Wahrheit im Sinn der reinen Theorie zielt immer auf *Universalien*, nicht auf konkrete (materielle) Einzelobjekte.[91] Universalien sind zeitlos, körperliche Entitäten sind vergänglich. Nach dieser Haltung ist das Bleibende in der Vielfalt der Phänomene das Wahre, Objektive. Das individuelle Meinen muss im Forschungsprozess beseitigt werden.

Doch anders als die „reine Ökonomik", fühlt Schmoller den Mangel dieses Verfahrens, allerdings ohne ihn wirklich auf den Begriff zu bringen. Denn obgleich er auf ein induktives Verfahren der Erkenntnisgewinnung abzielt, gibt er zu, dass jeder Erfahrung ein „geordnetes System von Begriffen" vorausgeht. Er relativiert diese Einsicht, indem er sagt: „Diese Begriffsbildung (...) ist zunächst eine Fortsetzung oder Potenzierung der natürlichen Sprachbildung."[92] Gleichwohl teilt Schmoller das Ideal einer Wissenschaft,

---

[88] G. Schmoller (1904), S. 62, Note 1.
[89] G. Schmoller (1920: 1), S. 102.
[90] L. Walras (1954), S. 61.
[91] Menger hat dieselbe Differenz im Auge; C. Menger (1883), S. 12.
[92] G. Schmoller (1920: 1), S. 104.

die „ein relativ feststehendes Begriffssystem hat, definiert durch Angabe der nächsthöheren Gattung des Begriffes und durch den artbildenden Unterschied; die Nationalökonomie und das ganze Gebiet der Staatswissenschaft ist nur an einzelnen Stelle so weit, in dieser Weise definieren zu können"[93]. Vorläufig sieht er die Wirtschaftswissenschaft in einem doppelt fließenden Stadium: Erstens sind die grundlegenden Begriffe noch gar nicht festgelegt, zweitens fehlt es an empirischem Material, das eine verallgemeinernde Begriffsbildung erlauben würde. „Erschöpfende Genauigkeit" in diesem doppelten Wortsinn ist für Schmoller – wie für Walras und Menger – zwar ein Ideal, doch ein keineswegs schon erreichtes.

Schmollers eigentliche Kritik an einer *konstruierenden* Wirtschaftswissenschaft, wie sie – nach Anfängen bei Smith – vor allem von David Ricardo und später von Carl Menger und Léon Walras entwickelt wurde, ist ihr ahistorischer Charakter. Schmoller bemerkt nämlich eine dreifache Schwierigkeit: Erstens sind die jeweils *gegenwärtigen* Wirtschaftsformen äußerst komplex, zweitens haben sie sich historisch grundlegend gewandelt, und drittens hat sich damit auch die *Bedeutung der Begriffe*, in denen sie beschrieben werden, verändert.

> „Und deshalb hat Knies recht, wenn er sagt, die Befragung der Geschichte stehe mitten im eigensten Berufe der Nationalökonomie. Und der erheblichste Gegner der historischen Nationalökonomie, K. Menger, gibt zu, dass die wichtigsten Erscheinungen der Wirtschaft, wie Eigentum, Geld, Kredit, eine individuelle und eine Entwickelung ihrer Erscheinungsform aufweisen, so dass ‚wer das Wesen dieser Phänomene nur in einer bestimmten Phase ihrer Existenz kennt, sie überhaupt nicht erkannt hat'."[94]

Daraus ergibt sich ein ernstes Dilemma: Wenn sich die zu beschreibenden Phänomene vielfältig zeigen, von vielen Menschen unterschiedlich wahrgenommen sind, wenn sie sich zudem historisch unaufhörlich wandeln und mit ihnen auch die Sprache, in der sie beschrieben werden, dann ist eine objektive Wissenschaft der Gesellschaft unmöglich. Hält man an diesem Ideal dennoch fest, dann bleiben nur zwei Auswege: Entweder man konstruiert aus wenigen angenommenen Grundelementen (wie Nutzen, Individuum, Tausch usw.) ein Modell der Wirtschaft und hofft, damit Aspekte der *wirklichen* Ökonomie zu erfassen. Oder man erklärt die Entwicklung allgemeiner Modelle zu einer unendlichen Aufgabe und gelangt dann nur immer wieder zu der eingangs zitierten Feststellung: „Meine eigenen Untersuchungen sind über diesen Punkt keineswegs abgeschlossen."[95] Der erste Weg führte zu einer hoch entwickelten und spezialisierten „Wissenschaft" – der heutigen Neoklassik –, die aus ihrer Voraussetzung die Schmollersche Kritik bestätigt: Sie erklärt nichts und versagt laufend in Prognosen. Der zweite Weg führt zu einer Fülle an historischem Material, das – selbst bei höchster Vollständigkeit – die Gegenwart nicht erklären könnte, die sich zugestandenermaßen täglich verändert

---

[93] G. Schmoller (1920: 1), S. 105.

[94] G. Schmoller (1920: 1), S. 314. Vgl. „Der Zustand der Volkswirtschaft, welcher im konkreten Falle als Grundlage für die Darstellung der theoretischen Nationalökonomie gewählt werden muss, ist selbstverständlich nicht notwendig für alle Zeiten und Völker der nämliche. Seine Wahl ist nicht eine Frage der Forschung, sondern eine solche der zweckmäßigen Darstellung und somit durch zeitliche und örtliche Verhältnisse bedingt." C. Menger (1883), S. 109, Note 38. Von welchem Standpunkt aus wählt aber ein Forscher, was „zweckmäßig" ist? Der Zweck, damit eine *implizite* Ethik geht also der „reinen Ökonomik" voraus; vgl. K.-H. Brodbeck (2003b), S. 205ff.

[95] G. Schmoller (1904), S. 62, Note 1.

4.5.6 Gustav Schmoller

und nach neuer Untersuchung verlangt. Verfehlt die reine Ökonomik aus *prinzipiellen* Gründen die Fakten, so hinkt ihnen die historische Methode immer nach.

Nun zeigt sich neben dieser grundlegend methodischen Frage – die ich in ihren kategorialen Problemen schon allgemein untersucht habe (vgl. Teil 1) – bei Schmoller noch eine ganz andere Schicht, die sich der von Schäffle mit Nachdruck betonten *ethischen* Seite der Wirtschaft auseinandersetzt. Schmoller hat, wie Schäffle, immer betont, dass ökonomische Phänomene nur eingebettet in allgemeine gesellschaftliche Verhältnisse verstanden werden können. Auch Schmoller kennt einen Begriff der „Individualität", bezieht ihn aber auf jeweils ein ganzes Volk. Gesetze für *Individuen* kann es aber schon dem Begriff nach nicht geben, weil ein wirkliches Individuum sich von anderen unterscheidet; es ist kein Exemplar eines allgemeinen Falls. Deshalb sagt Schmoller:

> „Ein letztes einheitliches Gesetz volkswirtschaftlicher Kräftebetätigung gibt es nicht und kann es nicht geben; das Gesamtergebnis volkswirtschaftlicher Ursachen einer Zeit und eines Volkes ist stets ein individuelles Bild, das wir aus Volkscharakter und Geschichte heraus unter Zuhilfenahme allgemeiner volkswirtschaftlicher, sozialer und politischer Wahrheiten begreiflich machen, aber entfernt nicht restlos auf seine Ursache zurückführen können."[96]

In dieser Aussage kann man den schärfsten Gegensatz zu Menger und Marx sehen, die – je auf unterschiedlichen Wegen – bestrebt waren, eine *Gesetzeswissenschaft* zu formulieren.

Wenn die Volkswirtschaftslehre eine Beschreibung von „Individuen" ist, in der die „Bewusstseinskreise" eines Volkes charakterisiert werden, dann erhält auch jede Kategorie zur Beschreibung solch einer nationalen Individualität einen historisch und räumlich begrenzten Charakter und Inhalt. „Geld" im Athen zur Zeit Platons ist nicht „Geld" im London von 1867, als Marx sein „Kapital" vollendete, aber auch nicht das „Geld" des elektronischen Zahlungsverkehrs im Internet der Gegenwart. Das „Geld" ist immer eingebettet in eine auch ethisch zu beschreibende Gesellschaft, die sich *mit dem Geld* und damit auch in der Beschreibung dieses Begriffs wandelt. Schmoller hat versucht, ähnlich wie Schäffle, eine Evolutionstheorie der Sitten und damit der in den gesellschaftlichen Verkehrsformen sich wandelnden *ökonomischen* Kategorien zu formulieren. Er geht dabei nicht von allgemeinen Mustern oder Regeln aus, sondern von Individuen, deren Handeln das Vorbild für eine allgemeine Norm abgibt. Der normierten Sittlichkeit der Gewohnheit und Tradition steht eine *freie Sittlichkeit* gegenüber, die als kreativer Prozess die moralische Entwicklung vorantreibt:

> „Einzelne Individuen beginnen also, über die alte Sitte sich hinwegzusetzen, sie handeln anders als ihre Mitbürger, und indem sie es tun, beginnen sie einerseits selbst wieder neue Sitten zu schaffen, andererseits bedrohen sie mit subjektiven Einfällen, mit subjektivem Irrtum den sichern Bestand der Gesellschaft und des Staats. Das ganze Gebiet der Sitten kommt so in Fluss; das ist notwendig und heilsam; aber daneben entsteht dadurch eine Unsicherheit, ein Schwanken der hervorgebrachten Lebensordnung, das mit großen Gefahren und Störungen verbunden ist. Die Völker fühlen, dass das nicht geht; sie halten also den wichtigsten Teil ihrer

---

[96] G. Schmoller (1920: 1), S. 110.

Lebensordnung in strenger Form, in klaren, formulierten, aufgezeichneten Sätzen fest, sie fixieren einen Teil des Ethos durch den staatlichen Zwang."[97]

Schmoller präzisiert hier Gedanken, die bei Schäffle vorformuliert sind und gelangt so zu einer Evolutionstheorie moralischer Regeln. Die ökonomischen Strukturen entwickeln sich nur *innerhalb* dieser moralischen Regeln. Die „freie Sittlichkeit" der herausragenden – teils auch *gefährlichen*, weil die Moral der Gesellschaft durchbrechenden – Individuen ist „bis auf den heutigen Tag nur Sache weniger hochbegabter und bevorzugter Menschen. Die Menge wird von Sitte und Recht auch heute noch in der Mehrzahl besonders ihrer wirtschaftlichen Handlungen gelenkt."[98] Deshalb kann man die Wirtschaft und ihre Veränderung nur als Einbettung in einen *ethischen* Prozess begreifen, nicht als einen der Natur analogen, selbsttätigen Prozess, wie ihn Menger oder Marx beschreiben: „Ohne feste Sitten gibt es keinen Markt, keinen Tausch, keinen Geldverkehr, keine Arbeitsteilung, keine Kasten, keine Sklaven, kein Staatswesen."[99]

Welche Konsequenzen ergeben sich hieraus nun für das Verständnis der mit dem Geld verbundenen Wertphänomene und „Funktionen"? Schmoller bewegt sich hier auf den ersten Blick durchaus auf denselben Bahnen wie seine Gegner. Man könnte seine „Erklärung" als historische Illustration zu Smith', Roschers oder Mengers These lesen, dass sich Geld aus den Schwierigkeiten des Tauschverkehrs entwickelt hat:

„Jeder Naturaltausch musste den größten Schwierigkeiten begegnen, sofern der eine wohl das Gut des andern, aber nicht leicht dieser das des ersten brauchen konnte, sofern viele Güter nicht teilbar, nicht aufzubewahren waren; man kam über die Hauptschwierigkeit nur hinweg, wenn der das Stück Vieh, den Sklaven, das Schwert des andern Begehrende bereit und fähig war, ein Gegengut zu geben, das allgemein beliebt, immer leicht wieder anzubringen, allgemein ‚gangbar und marktfähig' war."[100]

Tatsächlich finden sich ähnliche Reflexionen zur Entstehung des Geldes in zahllosen Abhandlungen. Menger hat hier versucht, ein Evolutionsmodell der Institutionen zu formulieren, demzufolge das Geld „natürlich", ohne staatlichen Rahmen, ohne ethische Verfassung usw. sich entwickeln sollte (vgl. 4.6.3.4). Der grundlegende Denkfehler bei ihm ist die Voraussetzung der Konstruktion: Man benötigt eine *allgemeine Population* von Tauschakten, die aber der eigenen Modellvoraussetzung nach gar nicht existieren können, weil die Schwierigkeiten des Tauschs *ohne* Geld unüberwindlich sind. Als *rein logische* Konstruktion ist also dieser Gedanke unhaltbar. Ist nun Schmollers Beschreibung nicht eben dieselbe Konstruktion, nur auf die Geschichte als *realen* Prozess projiziert?

Es gibt hier eine entscheidende Differenz zu Menger. Schmoller ist sich durchaus bewusst, dass es *ohne Geld* überhaupt keinen umfangreichen Tauschhandel gegeben hat. Den Tauschverkehr „primitiver Menschen" nennt er „für lange Zeiträume hindurch" nur „gering".[101] Er schildert dann verschiedene Tauschformen, in denen das Vieh eine große

---

[97] G. Schmoller (1920: 1), S. 59f. Schumpeter übernimmt diese Idee für seine Theorie der Innovation, worin herausragende, „dynamische Unternehmer" jeweils neue Techniken durchsetzen.
[98] G. Schmoller (1920: 1), S. 60.
[99] G. Schmoller (1904), S. 47.
[100] G. Schmoller (1920: 2), S. 67.
[101] G. Schmoller (1920: 2), S. 67.

4.5.6 Gustav Schmoller

Rolle spielte, verweist auf die wichtige Entwicklung, in der Metalle mit Zeichen versehen werden. Seinen Untersuchungen im Abschnitt „Entstehung des Geldes und der Münze" setzt Schmoller einleitend Betrachtungen über „das Maß- und Gewichtswesen" voran. Er sieht im Geld als geprägte Münze, also als eine mit einem Zeichen versehene Ware, ein historisches Zusammenwachsen von Geldfunktion und Maßfunktion:

> „Indem Maß und Gewicht naturgemäß auf alle diese Metallstücke angewandt wird, indem erst Kaufleute, dann besondere private Probierer die Fundstücke Erz oder Silber mit einem Zeichen versehen, indem das Verlangen entsteht, das Zeichen müsse *publica fides* genießen, also von einer öffentlichen Autorität, dem Fürsten oder Gemeindebeamten herrühren, entsteht in langsamer Umbildung der Formen und Zeichen das eigentliche Geld, die Münze; es ist da vorhanden, wo diese Zeichen bestimmte Metallstücke ausschließlich oder ganz überwiegend zum Tausch- und Zahlmittel stempeln, ihnen die direkte Verwendung als Schmuckstück und Geräte nehmen."[102]

Schmoller sieht also im Geld nicht einfach nur die *marktfähigste* Ware, er betrachtet das *Zeichen* auf der Ware als entscheidenden historischen Schritt. Dieses Zeichen bedarf *als Zeichen* einer öffentlichen Anerkennung, die nicht die Ware selbst aus sich erzeugen kann. Die *Geltung* des Zeichens verdankt sich einer bereits bestehenden anderen Geltung (einer „öffentlichen Autorität"). Geld kann also – das ist die wichtige und richtige Schlussfolgerung daraus – nicht *induktiv* aus der Vielfalt des Tauschverkehrs hervorgehen, da ihm *kategorial* eine allgemeine Natur, eine allgemeine Geltung eignet.

Schmoller hat diese Verhältnisse in seiner Abneigung gegen eine Kategorienanalyse – die etwas anderes ist als die Modellkonstruktion eines cartesianischen Beobachters – nicht klar herausgearbeitet. Doch sie sind *implizit* in seiner Denkform enthalten. Damit wird auch der Unterschied zum Evolutionsmodell von Menger deutlich. Menger formuliert nur ein Modell, das voraussetzt, was es erklären müsste (die Möglichkeit einer großen Population von Tauschakten). Schmoller dagegen analysiert historisch und weiß, dass sich das Geld nur *innerhalb* der gesamten Gesellschaft, innerhalb ihres „ethischen Prozesses" herausbilden konnte. Anders gesagt: Die Vielfalt der Produkte, damit die Entstehung vielfältiger Märkte, kann sich nur *zusammen* mit dem Geld entwickeln als *innere soziale Differenzierung*: „Wir können so zugleich verfolgen, wie die ganze Ausbildung des wirtschaftlichen Wertbewusstseins sowie der höheren Arbeitsteilung und des großen Verkehrs dieser Stadien der Geldentwickelung *parallel ging*."[103] Ähnlich wie Polanyis Untersuchungen, zeigen auch Schmollers Analysen hierbei eines: Der *Sinn* der Kategorie „Geld" kann nicht auf den Tausch reduziert werden, weil „Geld" zusammen mit der jeweiligen Struktur der Gesellschaft jeweils einen anderen Inhalt erhält.

Doch man darf hier nicht in das andere Extrem verfallen. Schmoller bemerkt gar nicht, dass seine *Erklärungen*, auch im Streit mit Carl Menger, kategorial immer auch *allgemeine* Strukturen voraussetzen. Seine Erklärung der Durchsetzung von Sitten, der Ko-Evolution von Geld, Arbeitsteilung, Austausch und Sittlichkeit, erfolgt in einem durchaus strukturierten Muster – etwa wenn er auf die Wichtigkeit der *Zeichen* beim Geldverkehr abzielt und darin die Recheneinheit als zentrales Element eines *allgemeinen Geldbegriffs* betont. Kategorien verändern historisch ihren Inhalt als Sprachelemente, die sich mit den Handlungen und den behandelten Sachverhalten wandeln. Es gibt also durchaus so etwas wie einen „Wesenswandel" der Begriffe. Gleichwohl sprechen

---

[102] G. Schmoller (1920: 2), S. 68.
[103] G. Schmoller (1920: 2), S. 69; meine Hervorhebung.

wir über die historische Vergangenheit *jetzt*, als Teilnehmer einer Gesellschaft, die in jedem ihrer Mitglieder ein Verständnis der Kategorie „Geld" alltäglich als Erfahrung reproduziert. Niemand, auch kein Historiker, kann aus diesem Verständnis *aussteigen*, sich neben die Geschichte stellen und aus eigenen Kategorien das beschreiben, was er zu sehen vermeint. Vielmehr reproduziert der cartesianische Beobachter gerade das, was er vermeiden möchte: Dadurch, dass er aus der Gesellschaft konstruierend und beobachtend *heraustreten* möchte, um aus einer äußeren Beobachterposition *objektiv*, also jenseits des individuellen Meinens, die „Gesellschaft" zu beschreiben, nimmt er eine nur *individuelle* Position ein mit allen Mängeln des ihm eigenen Meinens und ihrer Überzeugungen.

Deshalb ist jede „reine Ökonomik" ein Humbug. Schmoller hat das mit Bezug auf die „klassische Schule" (vor allem Ricardo) und ihre liberalen Schüler (vor allem Carl Menger) mit erstaunlicher Klarheit ausgesprochen, die auch verständlich macht, dass die Gegnerschaft gegen seine Theorie sich seiner ethischen Grundhaltung verdankt:

> „Je weiter eine hohle Theorie von der Beobachtung und den Bedürfnissen des praktischen Lebens sich entfernte und in abstrakten Begriffsspielereien und dilettantischen Konstruktionen sich erging, desto wertloser wurden die Erzeugnisse der Schule. Der praktische Idealismus war einst ihr Rechtstitel. Sie endete als eine mammonistische Klassenwaffe der Kapitalisten und als ein gelehrtes Spielzeug weltflüchtiger Stubengelehrter. Der Bestand echter Wissenschaft, den sie geschaffen, lebt umgeformt fort in den Schriften anderer Richtungen."[104]

4.5.7 Exkurs: Die Genese der Lehre vom wirtschaftlichen Gut

4.5.7.1 Zum Güterbegriff

Die Lehre vom wirtschaftlichen Gut markiert eine Scheidelinie zwischen den ökonomischen Schulen. Die klassischen Ökonomen sprechen von *Waren*; ebenso Marx und die Marxisten. Schmoller hat den Güterbegriff im alltäglichen Sprachgebrauch verwendet, zugleich aber den Versuch von Menger, einen für alle Wirtschaftsformen gültigen Begriff des „Gutes" als *reine Theorie* zu formulieren, scharf kritisiert. Solch eine *apriorische* Güterlehre charakterisiert die Schule der subjektiven Wertlehre. Dazwischen stehen zahlreiche Vertreter, die den Übergang von der Lehre der Klassik zur historischen Schule markieren. Bei diesen Vertretern (Schäffle, Knies, Roscher u.a.) nimmt die Güterlehre schrittweise die Form einer *Ethik* an. Davon versucht sich die *subjektive* Wertlehre fernzuhalten; doch sie fällt – wie ich zeigen werde – in dieselbe Haltung zurück.

Das hat einen Grund. Und der Grund kann in der *Theorieform* selbst gesucht werden, die eine objektivierende Lehre vom „Gut" sein möchte, und solch objektivierende Aussagen macht auch noch Schmoller – um ihn als einleitendes Beispiel zu zitieren –, wenn

---

[104] G. Schmoller (1920: 1), S. 84. Diese Kritik erinnert an die der Sozialisten. Über das „Kapital" von Marx sagt Schmoller aber differenzierend: „In diesem historischen Kapitel ist sehr viel Wahres; aber das meiste ist stark übertrieben vorgetragen. Die Erscheinungen werden nicht aus ihrer Zeit heraus, sondern pessimistisch vom Standpunkt eines späteren Zeitideals und einer idealistischen Ethik verurteilt. Der materialistische Gesichtspunkt tritt nicht ganz, aber doch vielfach zurück. Hauptsächlich das Unrecht der höheren Klassen gilt es, an den Pranger zu stellen." G. Schmoller (1920: 2), S. 346.

4.5.7 Exkurs: Die Genese der Lehre vom wirtschaftlichen Gut

er zwar darauf verzichtet, „Gut" allgemein zu definieren, dann aber doch die Güter *einteilt*:

> „Die in unbegrenzter Menge von der Natur dem Menschen so gebotenen Güter, dass er sie ohne weiteres genießen und nutzen kann, nennen wir freie, die in begrenzter Menge vorkommenden, vom Menschen umgeformten nennen wir wirtschaftliche Güter oder Güter schlechtweg."[105]

Schmoller geht hier wie selbstverständlich davon aus, dass das Urteil darüber, was eine Sache zu einem Gut macht, durch *Definition* von außen als Metabeobachter verfügt werden kann. Der Gedanke, dass die Bedeutung „Gut" als sozialer Prozess *erzeugt* und reproduziert wird und deshalb nicht in der Verfügungsgewalt *eines* Mitglieds der Gesellschaft steht, davon ist weder bei Schmoller noch in anderen Güterlehren mehr als nur eine Ahnung zu bemerken.

In der Lehre vom wirtschaftlichen Gut kann man auf bemerkenswert einfache und *offensichtliche* Weise erkennen, wie und weshalb der cartesianische Standpunkt in die Irre führt. Die Ökonomen gehen hier wie folgt vor: Zunächst zählen sie einige Grundbegriffe auf, die für ihre Wissenschaft zentrale Gegenstände bezeichnen. Dazu gehört in aller Regel auch der Begriff „Gut" (oder „Gebrauchswert"). Sodann formulieren sie eine *Definition* des Begriffes „Gut". Diese Definition wird dann gegen andere abgegrenzt, polemisch verteidigt, ergänzt usw. Kurz: Die *Definition* als eine Sprachform kehrt (in der Lehre, in einem Buch) vielleicht zurück in die gesellschaftliche Kommunikationssphäre. Bei all diesem Geschäft – das ich auch *hier* aufnehme, um seine Absurdität *von innen* zu zeigen – bewegt sich der Theoretiker in einer aparten, getrennten Sphäre der „Wissenschaft", des „wissenschaftlichen Diskurses". Man kann dann *in diesem Diskurs* durchaus die These vertreten, dass die Natur eines Gutes darin besteht, von einem Individuum „bewertet" zu werden. Diese Versicherung bleibt aber solange leer, solange man *anschließend* daran geht, Aussagen über die *allgemeine Natur* von Gütern zu machen.

Die Pointe dieser Wissenschaftsform vom menschlichen Handeln wird dabei übersehen: Die Menschen, die Tauschenden, Käufer und Verkäufer verwenden *ihre* eigenen Bestimmungen, Wahrnehmungsmuster, Denkformen. Und gemäß diesen Denkformen erkennen sie in einem Tauschakt *performativ* einem Ding, einer Sache die Natur zu, ein „Gut" zu sein. Beim ersten Schritt den man unternimmt, um die hier vorliegende *Handlung* des Tauschens durch Begriffe zu klassifizieren – innere/äußere Güter, immaterielle/materielle Güter, private/öffentliche Güter usw. –, hat man diesen *Akt* bereits verlassen. Denn der Tauschakt, in dem sich die *Bedeutung* „Gut" herstellt, ist nur performativ wahr. Und da es sich prinzipiell um eine *freie Handlung* handelt, ist auch keine *allgemeine* Bestimmung dieses Akts möglich. Die „subjektive Wertlehre" hatte sicherlich die richtige Intuition, wenn sie immer wieder betonte, dass das Wertphänomen nicht vom „Subjekt" getrennt werden kann. Doch wenn das wirklich ernst gemeint ist, dann verbietet sich jede weitere Diskussion über das „Wesen" eines Gutes. Ich möchte dies durch einige charakteristische Erklärungen zur Natur des Gutes aus der überreichen Literatur hierzu genauer illustrieren und meinen Gedanken *kritisch* verdeutlichen.

Die erste Beobachtung, die hier zu machen ist, ist die einer offenkundigen Zirkularität des Erklärens. „Güter" werden definiert als etwas, das *Nutzen* stiftet. Doch „Nutzen" wiederum ist genau das, was nur *Güter* stiften. Man kann dieses zirkuläre Spiel auch mit dem Begriff des „Wertes" durchführen: Wenn etwas für jemand „Wert" hat,

---

[105] G. Schmoller (1920: 1), S. 3.

dann ist es ein „Gut". Doch *was* hat Wert? Antwort: Güter. Joan Robinson sagt deshalb zu Recht:

> „Der *Nutzen* ist ein metaphysischer Begriff von unüberwindbarer Zirkularität; *Nutzen* ist diejenige Eigenschaft der Güter, die den Individuen ihren Erwerb wünschenswert erscheinen lässt, und die Tatsache, dass die Individuen Güter zu kaufen wünschen, zeigt wiederum, dass sie *Nutzen* haben."[106]

Hat man derartige Begriffe aber erst einmal eingeführt, so lassen sie sich unschwer näher „definieren", klassifizieren usw. Und eben darin bestand zu einem großen Teil das Geschäft der Nationalökonomen im 19. Jahrhundert, vor allem in Deutschland.

4.5.7.2 Der doppelte Wertbegriff der Klassiker

Die klassische Nationalökonomie setzte in ihren Analysen mit dem Begriff des *Reichtums* ein. Im Unterschied zum Merkantilismus, der diesen Reichtum mit seiner Geldform identifizierte, blickten sie dabei aber vor allem auf die „reale Seite" der Wirtschaft. Damit wurde der Gedanke schon vorbereitet, dass es der Nationalökonomie *eigentlich* auf „Güter", nicht auf den „Geldschleier" ankomme.[107] Als Element des Reichtums betrachteten sie die *Ware*. Waren als gegen Geld vertauschte Sachen enthalten aber immer die Doppelbestimmung, dass sie einen Preis (Tauschwert) und eine physische oder immaterielle Entität unterscheiden. Es war deshalb durchaus ein konsequenter Schritt, wenn der Gedanke betont wurde, dass der Reichtum einen von der Geldrechnung verschiedenen *Inhalt* hat:

> „Die Nation ist reich, wenn sich die höchstmöglichste Zahl ihrer Glieder im Zustande des vollkommenen Genusses physischer Güter befindet."[108]

Ähnlich sagt Say vom Reichtum:

> „In weitester Bedeutung bezeichnet dies Wort die *Güter*, welche wir besitzen, und womit sich unsere Bedürfnisse, oder auch nur unsere Liebhabereinen, befriedigen lassen."[109]

Die Differenz von Geld und Gut erscheint bei den englischen Klassikern gleichfalls als doppelte Bestimmung des *Warenwerts*. Adam Smith sagt:

> „Man sollte zunächst bedenken, dass das Wort *Wert* zwei voneinander abweichende Bedeutungen hat. Es drückt manchmal die Nützlichkeit eines bestimmten Objekts aus, manchmal die Fähigkeit, mit Hilfe eines solchen Gegenstandes andere Güter im Tausch zu erwerben, eine Fähigkeit die sein Besitz verleiht. Die einen

---

[106] J. Robinson (1968), S. 60.

[107] Solche Fragen stellt sich die spätere Ökonomik nicht mehr; vgl. die völlig eklektische Definition von Fisher: „Der Ausdruck ‚Güter' wird (…) einfach als geeigneter Kollektivausdruck gebraucht, der Reichtum, Eigentum und Nutzleistungen umfasst." I. Fisher (1916), S. 5.

[108] J. Gr. v. Soden (1805), S. 30.

[109] J. B. Say (1830: 3), S. 262.

4.5.7 Exkurs: Die Genese der Lehre vom wirtschaftlichen Gut

> kann man ‚Gebrauchswerte' (*value in use*), den anderen ‚Tauschwert' (*value in exchange*) nennen."

Es ist die dieser Bestimmung angefügte Bemerkung von Smith, die Ökonomen lange in Atem hielt:

> „Dinge mit dem größten Gebrauchswert haben vielfach nur einen geringen oder keinen Tauschwert, umgekehrt haben solche mit dem größten Tauschwert häufig wenig oder keinerlei Gebrauchswert."[110]

Ein Beispiel sei der Diamant im Vergleich zu Wasser oder Luft. Man nannte dies in der Literatur das „Wertparadoxon".[111]

Tatsächlich ist hier gar nichts paradox, sondern es liegt nur ein verstecktes Werturteil des cartesianischen Beobachters vor. Ob ein Diamant oder Luft einen hohen oder niedrigen „Gebrauchswert" haben, ist eine völlig inadäquate Frage. *Erstens* liegt hier kein Maßverhältnis vor – man kann nicht sagen, dass das zum Leben notwendige Wasser einen niedrigeren oder höheren „Nutzen" habe als die Luft zum Atmen, und so mancher hat sein Leben geopfert, um an Diamanten zu gelangen; sie hatten also für ihn einen sehr hohen „Nutzen"[112]. *Zweitens* substituiert der Beobachter – es ist hier Adam Smith – stillschweigend sich selbst in *seinem* Werturteil mit dem Werturteil des Käufers oder des Tauschenden. John St. Mill hat *diesen* Fehler geahnt: Smith verwendet, sagt Mill, hier die Begriffe nicht in dem Sinn, die ihnen im Feld der ökonomischen Forschung zukommen.

> „Politische Ökonomie hat nichts zu tun mit der vergleichenden Bewertung von verschiedenen Verwendungen (der Güter) aus der Perspektive eines Philosophen oder eines Moralisten."[113]

Mill sieht hier ein Übergreifen einer anderen Wissenschaft auf das Gebiet der Ökonomie. Doch darin liegt noch etwas ganz anderes: *Keine* Wissenschaft kann die freie Entscheidung „erklären", in der im Tausch die Tauschpartner einer Sache die Eigenschaft, ein *Gut* zu sein, performativ zusprechen. Mill nähert sich diesem Gedanken, wenn er sagt, dass Güter einfach die Kapazität haben, einen *Wunsch* zu befriedigen. Hätten Diamanten diese Kapazität nicht, so würden sie nicht verkauft, man würde dafür „nicht irgendeinen Preis erhalten."[114] Wenn wir diesen Gedanken vorsichtig interpretieren,

---

[110] A. Smith (1974), S. 27 (Übersetzung leicht korrigiert). Tatsächlich wurde dieses Paradoxon schon von Law postuliert: „Das Wasser hat einen großen Gebrauchswert, hingegen nur geringen Wert", J. Law (1992), S. 12.

[111] Smith erklärt das „Wertparadoxon" durch den Rückgriff auf die Differenz zwischen Angebot und Nachfrage: „A thing which is hardly of any use, yet if the quantity be not sufficient to supply the demand, will give a high price", A. Smith (1978), S. 358. Vgl. zu den Vorläufern in der Formulierung dieses Wertparadoxons die Anmerkungen der Herausgeber in: A. Smith (1979a), S. 45f, Note 31.

[112] Es gibt von einem *medizinischen Standpunkt* aus sicher eine physiologische Dringlichkeit jener Dinge, die Ökonomen zu den „Gütern" rechnen. Doch dieser Standpunkt, der etwa in der Diskussion um Armut und physiologische Grundbedürfnisse eine wichtige Rolle spielt, ist für die Analyse von *Kauf und Verkauf* ohne Bedeutung. Es handelt sich hier um keine *ökonomische* Kategorie.

[113] J. St. Mill (1967), Book III, Ch. 1.2.

[114] J. St. Mill (1967), Book III, Ch. 1.2.

dann besagt er: Es sind die Käufer und Verkäufer von Diamanten, die darüber bestimmen, *ob* und welcher Gebrauchswert diesen Dingen zugesprochen werden kann.

Die Behauptung, es gäbe Dinge, die einen *hohen* Gebrauchswert, aber einen *niedrigen* Tauschwert hätten (oder umgekehrt), entbehrt also der begrifflichen Grundlage, weil die „Höhe" eines Gebrauchswerts (oder Nutzens) ein sinnloser Ausdruck ist. Man kann nur sagen, dass unter bestimmten Bedingungen Menschen für bestimmte Dinge Preise bezahlen oder andere eintauschen. *Darüber hinaus* lässt sich über die Faktizität der Natur der Güter – nämlich „Nutzen" zu stiften – nichts aussagen.

Übersetzt man „Gebrauchswert" oder „Nutzen" mit *Zahlungsbereitschaft*, dann liegt in der Behauptung ein Widerspruch, auf den Mill an der bereits zitierten Stelle ebenfalls hinweist[115]: Wenn jemand für ein Ding, das einen geringen „Gebrauchswert" hat, einen hohen Preis bezahlt, so heißt das, dass er faktisch mehr bezahlt als er bereit ist zu zahlen – eine unsinnige Vorstellung. Der umgekehrte Fall ist natürlich möglich – wie jeder Schnäppchenjäger weiß. Doch darin liegt kein Gegensatz, sondern einfach die Tauschstruktur und ihre jeweils individuelle Wahrnehmung durch die Teilnehmer – ein externer Beobachter kann darüber *nichts aussagen*; obgleich man gerne jemand glauben mag, wenn er sagt, er habe weniger bezahlen müssen, als er bereit gewesen wäre zu zahlen. Doch hier ist der Begriff „Gebrauchswert" bereits in einer Geldökonomie als *Zahlungsbereitschaft* übersetzt – ein durchaus sinnvoller Gedanke, doch sicher keine Grundlage für eine Nutzen- und Güterlehre.

Die in der klassischen Ökonomie und bei Mill in der *kategorialen Differenz* zwischen Gebrauchswert und Tauschwert („Wert") erreichte Erkenntnis wurde durch einen ganz anderen Einfluss wieder getrübt: Die Lehre von Jean-Baptist Say. Say spricht von „Produkten" und sagt, ein Produkt sei ein „zum Gebrauche des Menschen dienendes Ding"[116]. Diese Bestimmung ist zunächst eine leere Definition, ohne Folgen. Doch Say bringt hier sogleich ein *Maß* ins Spiel, das den Sachverhalt verdunkelt: Aus der Brauchbarkeit eines Produkts (aus seinem Nutzen) erwachse ein *Wert*, und der „hieraus erwachsene *Wert* ist bloß das Maß dieser Brauchbarkeit"[117]. Seine Bemerkung enthält den Gedanken, dass der *Nutzen* selbst ein Maß besitze. Einen vergleichbaren Gedanken finden wir in der englischen Tradition bei Jeremy Bentham, der auch schon den Gedanken eines Nutzens der „letzten Verwendung" kennt.

4.5.7.3 Julius von Soden

Es waren vermutlich diese Einflüsse, die viele Nationalökonomen auf die Abwege der Lehre vom Nutzen und vom Grenznutzen führten. Dazu war aber erforderlich, den *Güterbegriff* näher zu definieren, „und es ist im Laufe des 19. Jahrhunderts ein unendlicher ‚Scharfsinn' darauf verwendet worden, eine zweckmäßige Abgrenzung der wirtschaftlichen Güter zu finden"[118]. Vor allem die deutsche Nationalökonomie hat sich von Anfang an mit dieser Frage beschäftigt. Julius von Soden sagt in seiner „Nazional-Ökonomie":

---

[115] „ … it supposes that persons will give, to posses a thing, more than the utmost value which they themselves put upon it, as means of gratifying their inclinations." J. St. Mill (1967), Book III, Ch. 1.2.

[116] J. B. Say (1830: 3), S. 237.

[117] J. B. Say (1830: 3), S. 237.

[118] R. Liefmann (1917), S. 247f.

4.5.7 Exkurs: Die Genese der Lehre vom wirtschaftlichen Gut

> „Die Begriffe von *Wert* und *Preis* müssen aufs schneidendste gesondert werden, wenn es endlich in der Staats-Wirtschaft *Licht* werden soll. *Wert* ist die Bezeichnung des *Grads* der bald allgemeinen, bald individuellen *Genuss-Befriedigung*, die viele oder einzelne in dem Genusse eines bestimmten Gutes finden; also die Bezeichnung des Platzes und Ranges dieses einzelnen Gutes auf der allgemeinen Stufen-Leiter *aller Güter*. *Preis* dagegen, ist die Bezeichnung des *Grads* der *Genuss-Befriedigung*, die der Besitzer eines Guts (A) in dem Genusse *nicht dieses*, sondern eines *fremden* Guts (B-Z) findet."[119]

Hier erkennt man bereits wichtige Elemente der späteren Güterlehre. Soden versucht, die Natur des Gutes *als Gut* durch seine Beziehung auf eine „Genuss-Befriedigung", also als Kausalrelation zu definieren. Die Güter nehmen *von sich* her schon einen Rang ein; der Wert offenbart diese Rangstellung. Der Preis dagegen wird von Soden als *soziale* Relation gedeutet, sofern sich hier die Kausalität der „Genuss-Befriedigung" durch andere Güter vermittelt, an denen dann als Preis der Wert indirekt erscheint. Hier wird, anders als in der englischen Tradition der Klassiker, also bereits ein direkter Bezug zwischen dem „Gebrauchswert" und dem „Wert" hergestellt, auf den hinzuweisen die nachfolgende Tradition besonders stolz ist.

Allerdings betont Soden die Relativität des Wertes und bezieht sich in diesem Gedanken auf Überlegungen von Adam Smith:

> „Die Gradazionen des *verglichenen* Werts entstehen nicht aus dem Reize zu dessen Besitz, sondern aus der größeren oder geringern *Möglichkeit*, diesen Reiz *zu befriedigen*. Ein Gut kann unentbehrlich sein, ohne *selten* zu sein, z.B. Wasser. (…) Mangel an Seltenheit schließt den Begriff des positiven Werts nicht aus. (…) Aber die Seltenheit erhöht den Grad seines verglichenen Werts"[120].

Als Beispiel hält hier wieder der „Diamant" von Adam Smith her. Bei Soden ist der Begriff der „Knappheit" (Seltenheit) noch nicht tautologisiert, wie später bei Walras die *rarité* (ein Gut ist knapp, wenn es einen positiven Preis besitzt – und umgekehrt). Es gibt bei Soden also auch Güter, die nicht „selten" sind und dennoch gehandelt werden.

Soden bemerkt allerdings nicht, dass die Einbettung des Güterbegriffs in eine Relation zu einer „Genuss-Befriedigung" kategorial unbestimmt ist. Denn *worin* besteht diese Relation? Ist sie objektiv gegeben – hinter dem Rücken der Wahrnehmung und Entscheidung der Tauschsubjekte? Wenn das der Fall ist, dann ist „Genuss" selbst eine objektive Tatsache, also beobachtbar und messbar. Dieses Dilemma bewegt später die subjektive Wertlehre. Doch die deutsche Tradition ging zunächst daran, den Güterbegriff selbst näher zu klären. Bei Soden ist, zusammengefasst, ein Gut doppelt bestimmt: Einmal durch seine Stellung in einer (objektiven) Güterordnung des Staates, der Wirtschaft, zum anderen durch seine Tauschbeziehung. Diese Doppelbestimmung haben die Nachfolger getrennt und versucht, den Güterbegriff in einer Beziehung zur Natur zu suchen.

4.5.7.4 Karl-Heinrich Rau

Karl Heinrich Rau hat diesen Schritt vollzogen und entwickelt den Güterbegriff aus einem Verhältnis zwischen „Mensch" und „Natur" (Außenwelt, Sinnenwelt):

---

[119] J. Gr. v. Soden (1805), S. 50.
[120] J. Gr. v. Soden (1805), S. 44f.

4.5 Die historisch-ethische Schule

„Viele Bestandteile der den Menschen umgebenden Sinnenwelt, d.i. körperliche Sachen, dienen als Hilfsmittel für menschliche Zwecke und werden deshalb zu den *Gütern* gerechnet, d.h. zu den Gegenständen, auf die sich das Begehrungsvermögen des Menschen richtet, oder die den Absichten desselben entsprechen."[121]

Rau sagt nicht, *wer* hier etwas zu den Gütern „rechnet". Er definiert einen Sachverhalt *als* Gut, indem er eine teleologische Bestimmung einführt und dafür das „Begehrungsvermögen" als einen Grund anführt. Die Frage lautet: Was kann man mit solch einer Definition anfangen? Kann man anhand dieser Definition von einem beliebigen neuen Gegenstand sagen, ob er von „den Menschen" als ein Gut betrachtet wird? Wohl kaum, denn sonst gelänge es den Herstellern von neuen Produkten sehr einfach, vorherzusagen, ob die Kunden diese Produkte kaufen oder nicht – denn nur *dann* nämlich zeigen die Tauschenden performativ, ob ein „Bestandteil der Sinnenwelt" ein Gut *ist* oder nicht. Einem *Teilnehmer* an einem Tauschakt ist mit dieser Definition auch nicht geholfen, denn *er ist es*, der einkauft, wobei ihm kein kausales „Begehrungsvermögen" dazwischen kommt. All dies bleibt also eine bloße Erfindung des Metabeobachters Rau.

Doch eine ordentliche deutsche „Wissenschaft" wird aus einer Definition erst dann, wenn man ihr weitere Unterscheidungen überlagert, also teilt Rau ein in „Sachgüter" und „persönliche Güter", wobei die persönlichen Güter „in Zuständen oder Eigenschaften des Menschen bestehen"[122]. Die Sachgüter erkennt man daran, dass sie für „das Wohlbefinden der Menschen so notwendig (sind), dass sie nicht ohne wesentlichen Nachteil entbehrt werden können und der Mensch folglich in einer gewissen Abhängigkeit von ihrem Besitze und Gebrauche steht (d.h. sie sind ihm *Bedürfnis*), zum Teile erweisen sie sich wenigstens als nützlich oder angenehm"[123] etc. Dieser Einteilung werden dann Bemerkungen beigefügt, dass ein anderer Ökonom – Karl Heinrich Hagen – im Unterschied dazu „persönliche", „rein persönliche" und „wissenschaftliche" Güter unterscheide, während Platon göttliche und menschliche Güter differenziert habe, denen man, sagt Rau, auch noch „gesellschaftliche" hinzufügen könne, die intersubjektiver Natur sind, „deren Gesinnung oder Handlungen (dem Menschen) Vorteile bringen."[124] Derartige Einteilungen lassen also nur *eines* erkennen: Die *Willkür* desjenigen, der sie vornimmt. Zu diesen Einteilungen kann man *immer* weitere, beliebige andere Schemata ersinnen, über die sich dann trefflich streiten lässt, deren „Zweckmäßigkeit" für die vom wirklichen Tausch ohnehin ganz ferne Reflexion man dann einer Würdigung unterzieht usw. Vom gehandelten *Gut* auf den Märkten ist damit überhaupt nichts begriffen.

Nach den eben zitierten „Begriffsbestimmungen" fügt Rau immerhin noch eine Erläuterung hinzu:

„Zum Dasein eines sachlichen Gutes von einem gewissen Werte ist eine äußere (objektive) und eine in dem Denken der Menschen liegende innere (subjektive) Bedingung erforderlich (…). *Erst dieses Urteil erhebt die Dinge zu Gütern*, wenn sie auch schon lange vorher in ihrer bestimmten Beschaffenheit da waren."[125]

Hier ist der Versuch einer kategorialen Festlegung erkennbar. Güter werden erst durch die subjektiven Urteile zu Gütern, auch wenn sie „vorher" schon in *ihrer* bestimmten

---

[121] K. H. Rau (1863), S. 1.
[122] K. H. Rau (1863), S. 1.
[123] K. H. Rau (1863), S. 1.
[124] K. H. Rau (1863), S. 2.
[125] K. H. Rau (1863), S. 99; meine Hervorhebung.

Beschaffenheit „da" waren. Die Frage ist nur, was eine Beschaffenheit sein soll, die ein Gut *zum Gut* erhebt, die an ihm schon da ist. Dennoch soll aber gelten: erst das Urteil der Menschen „erhebt die Dinge zu Gütern". Hier ist naiv vereint, was bei Marx und Menger später auseinanderfällt: Behauptet Marx, dass die nützlichen Eigenschaften den Dingen einwohnen, so verlegt Menger den Nutzen völlig in die Beziehung zu einem Individuum.

Der Gedanke, dass erst das „Urteil der Menschen" Dinge zu Gütern mache, den Rau im hervorgehobenen Satz ausspricht, konsequent gedacht, kann aber nur heißen: Kein Metabeobachter kann sagen, *was* die Natur eines Gutes ist; das kann nur ein Marktteilnehmer; wenigstens jemand, der an einem *ökonomischen* Prozess teilnimmt, solange wir uns im Umfeld der „Politischen Ökonomie" oder der „Nationalökonomie" als Wissenschaft bewegen. Deshalb kann die einzig konsequente Antwort der Wissenschaft lauten: Es gibt nur ein Kriterium für die Güternatur der Dinge: Das Urteil der Menschen, *die mit ihnen umgehen*, nicht das Urteil eines Metabeobachters, der ein Begriffsschema ersinnt, Güter in verschiedene Arten einteilt und eine Kausalbeziehung der „äußeren Sinnesdinge" auf ein „Begehrungsvermögen" als Modell für die Natur des Gutes behauptet. Somit hebt Rau seine eigene Begriffsbestimmung, an ihrem eigenen Maß gemessen, selbst auf.

4.5.7.5 Friedrich B. W. Hermann und Wilhelm Roscher

Ähnlich wie Rau geht Hermann vor. Auch er versucht sich an einer Wesensdefinition, fasst sich aber kurz: „Was dem Menschen irgendein Bedürfnis befriedigt, heißt er ein Gut."[126] Die erkenntnistheoretische Stellung dieses Satzes bleibt völlig dunkel. Wodurch bestimmt sich, ob etwas ein Bedürfnis ist? Wird das *von außen* durch psychologische oder andere Untersuchungen definiert? Oder entscheidet „der Mensch" selbst, was ihm ein Bedürfnis ist? Ist er darin *frei*, oder sind Bedürfnisse objektiv ohne freien Willen einem Individuum zukommende Bestimmungen – wie Menger später behaupten wird? Kurz: *Wer* trifft diese Feststellung aufgrund welcher Voraussetzungen? Man braucht diese Fragen nur zu stellen, um die Unhaltbarkeit dieser Konstruktionen zu bemerken.[127] Doch Hermann hält sich mit solchen Fragen nicht auf, sondern – wie Rau – schreitet munter weiter, das so „definierte" Gut *einzuteilen*, nämlich in „innere" und „äußere" Güter.[128] Die Frage, weshalb *diese* Einteilung und nicht eine andere – z.B. „geistige und körperliche", „materielle und immaterielle", „produzierte und nicht produzierte", „dauerhafte und nicht dauerhafte" Güter usw. –, stellt sich Hermann nicht. *Er* entscheidet souverän ohne Anflug einer Begründung, wie *er* das einteilt, was *dem* Menschen ein Bedürfnis befriedigt. Diese totalitäre Haltung des cartesianischen Beobachters fällt Hermann so wenig auf wie seinen Nachfolgern.

Dass man das Spiel einer solchen Einteilung „von oben herab" natürlich auch *fortführen* kann, steht außer Frage, deshalb teilt nun Hermann die *äußeren* Güter ein in Naturgüter, Arbeitserzeugnisse („durch das Zusammenwirken der Natur mit dem Menschen") und Güter, die „in Diensten und Verhältnissen des Zusammenlebens" bestehen.[129] Und ebenso wie sich Rau auf Hermann vergleichend bezieht, vergleicht Hermann seine Einteilung mit der Raus.[130] Eine Diskussion über den *Grund* für ihre jewei-

---

[126] F. B. W. Hermann (1832), S. 1.
[127] Vgl. genauer Kapitel 5.2 zum Begriff des Bedürfnisses.
[128] F. B. W. Hermann (1832), S. 1.
[129] F. B. W. Hermann (1832), S. 1-2.
[130] F. B. W. Hermann (1832), S. 2; K. H. Rau (1863), S. 1.

ligen Begriffsschemata nennen beide nicht; es genügt ihnen, sie nebeneinander zu stellen als *souveränes* Verfügen über einen Gegenstand, dem man gleichgültig gegenübersteht und an dessen *Erkenntnis* man aufgrund der in dieser Gleichgültigkeit offenbaren Distanziertheit dasselbe Interesse zeigt: Man will über eine Sache von oben herab *verfügen*.

Roscher wiederum kommentiert Hermanns Leistung der „Klassifikation" nur dahingehend, dass er auf *andere* Einteilungen verweist, nämlich die Ansichten „von Say, Storch und Sismondi", die er immerhin „bis zu derjenigen Konsequenz weitergebildet, welcher die Arbeit als die Produktivste gilt"[131]. Das heißt, Roscher führt die Einteilung der Güter auf eine bestimmte *Erklärungsabsicht* zurück – „Was ist produktive Arbeit?" –, um sie *daran* zu messen. Diese *Funktionalisierung* der Erklärung dessen, was ein *Gut* ist (mag Roschers Erklärung zutreffen oder nicht), macht sie aber nicht besser. Denn um zu verstehen, was „Gut" im ökonomischen Kontext bedeutet, muss man das ökonomische Gut eben *als ökonomisches Gut* untersuchen, nicht als ein begriffliches Hilfsmittel für einen anderen Zweck. Sonst verfehlt man nichts weniger als all das, was ein „Gut" ausmacht. Insofern trifft Roschers Kritik an Hermann den Punkt, wenn er ihm vorwirft, dass „sein Rechnen mit Begriffen, sein Konstruieren aus dem Triebe der Selbsterhaltung besonders weiten Spielraum"[132] gefunden habe.

Doch was hat nun umgekehrt Roscher daraus gelernt? Er definiert so:

> „*Güter* nennen wir alles dasjenige, was zur mittelbaren oder unmittelbaren Befriedigung eines *wahren* menschlichen Bedürfnisses anerkannt brauchbar ist."[133]

Erläuternd fügt er hinzu:

> „Der Zusatz ‚wahr' scheidet nicht allein dasjenige, was nur unvernünftige und unsittliche Bedürfnisse befriedigen könnte, vom Reiche der Güter aus (…), sondern vindiziert auch gleich den Grundbegriff der ganzen Volkswirtschaftslehre als einen Gegenstand sowohl ethischer, wie psychologischer Untersuchung."[134]

Hier wird die Haltung des cartesianischen Beobachters ungeniert ausgesprochen: Was ein Gut ist, legt der *Nationalökonom* fest; es bestimmt sich keineswegs durch das Urteil der Menschen, es wird von außen definiert und damit als Moral vorgeschrieben. Die *anerkannte* Brauchbarkeit ruht im Auge dessen, der zu wissen vorgibt, was *wahre* menschliche Bedürfnisse sind. Hier kehrt das wieder, was Mill an der Feststellung von Smith kritisiert hatte. *Jedes* Urteil darüber, „was" ein Gut ist, wenn es von einem *Beobachter* des Tauschs, nicht von seinen Teilnehmern bestimmt wird, ist ein *ethisches* Urteil.

---

[131] W. Roscher (1874), S. 864.
[132] W. Roscher (1874), S. 865.
[133] W. Roscher (1906), S. 2.
[134] W. Roscher (1906), S. 4, Note 7. Der Herausgeber, der 24. Auflage, Robert Pöhlmann, ergänzt in einer Einfügung: „Nach A. Wagner (…) bedarf es zu diesem letzteren Zweck des Zusatzes nicht. Auch sind ihm die unsittlichen Mittel der Bedürfnisbefriedigung insofern ebenfalls Güter, als eben wohl oder übel das Bedürfnis besteht." W. Roscher (1906), S. 2.

4.5.7.6 *Hans von Mangoldt*

Mangoldt, wie Rau, bemerkt im Wert eine Relation. Er bereitet die Vorstellungen der subjektiven Schule unmittelbar vor, die Menger wenige Jahre später formuliert:

> „Kein Ding hat an sich einen Wert oder, was dasselbe sagen will, kein Ding ist an sich ein Gut; es wird zu einem solchen erst durch das Urteil, welches über dasselbe gefällt wird, und zwar durch dasjenige Urteil, welches sich auf die Befähigung der Dinge, zur Befriedigung der Bedürfnisse beizutragen, bezieht. Bedürfnisse setzen einen Bedürfenden voraus. Es ist die Beziehung zu dem Wohlbefinden eines gewissen Subjekts, welche den Wert ausmacht."[135]

Die Nähe zur Nutzentheorie wird deutlich, wenn Mangoldt sagt:

> „Wert erhalten die Gegenstände, wenn sie Jemand als *seinen* Zwecken dienlich erkennt. Immer aber muss an irgendein Subjekt, für welches eben der Wert bestehen soll, gedacht werden."[136]

Den Begriff „Nützlichkeit" oder „Brauchbarkeit" setzt Mangoldt direkt dem Wert gleich – womit die von den klassischen Ökonomen behauptete Differenz zwischen Wert und Gebrauchswert aufgehoben scheint. Bemerkenswert ist sein Gedanke, dass dieser Wert dennoch *negativ* bestimmt wird. Er bewegt sich hier sozusagen im Umkreis einer „Grenzwertvorstellung", wenn er sagt:

> „Der Wert ist die bestimmten Gegenständen im Hinblick auf die Übel, welche aus ihrem Wegfall hervorgehen würden, beigelegte Bedeutung; er ist der positive Gegensatz zu der Negation des Wohlbefindens."[137]

Der subjektiv empfundene *Verzicht* auf eine Einheit eines Gutes bestimmt seinen Wert. Er ist „der positive Gegensatz zu der Negation des Wohlbefindens, welche durch jenen Wegfall bezeichnet ist."[138] Güter bezeichnet man gewöhnlich ihrer „Nützlichkeit" wegen als Güter; die „Entbehrung der Abhilfe", die ein Gut gewährt, bestimmt seinen Wert, und er ist, wenn das Gut wiederbeschafft werden kann, dann gleich der Nützlichkeit.[139] Wie Schäffle und später Liefmann sieht Mangoldt den Wert in einem *Spannungsverhältnis* aus Nutzen und Opfer, wobei ihm zufolge die eine oder andere Seite überwiegen und so den Wert beeinflussen kann. Hier deutet sich jene neoklassische Synthese an, die Marshall später formuliert hat:

> „Würde das Maß der Opfer, welches die Beschaffung von Gütern gleicher Art erfordert, immer unveränderlich das gleiche bleiben, so würde Wert der ersetzbaren Güter durch die Opfer, welche für ihre Beschaffung gebracht worden sind, oder, was das Gleiche ist, durch ihre Produktionskosten bestimmt sein".[140]

---

[135] H. v. Mangoldt (1868), S. 131.
[136] H. v. Mangoldt (1868), S. 132.
[137] H. v. Mangoldt (1868), S. 132.
[138] H. v. Mangoldt (1868), S. 132.
[139] H. v. Mangoldt (1868), S. 132.
[140] H. v. Mangoldt (1868), S. 133.

Mangoldt bemerkt hier aber, dass diese psychische Wertbestimmung den Mangel besitzt, in keiner Beziehung zum Tausch zu stehen. Er formuliert hier erstmals sehr deutlich das *andere* Extrem zur Arbeitswertlehre, die die Güternatur auf ihre *Genese*, auf die hervorbringende Arbeit zurückführt: Der „verkörperte Wert" entfaltet dann im Tausch nur seine „innere Natur". Bei Mangoldt ist es umgekehrt. Bei ihm geht die *subjektiv* definierte Güternatur voraus; sie tritt im Tausch nur in Erscheinung. Der Gedanke, dass der Tausch *selbst* als soziale Beziehung eine Wirklichkeit mit eigenen Kategorien darstellt, dass das Wertphänomen *nur* in dieser sozialen Beziehung, genauer im *Geld* zu suchen sei, dass der Güterbegriff also ein treffliches Mittel ist, diese Struktur zu verdecken, davon ist bei Mangoldt so wenig zu bemerken wie bei Rau. Mangoldt sagt unumwunden: „Der Wert, in dem Sinne, wie wir ihn eben erklärt haben, enthält an sich noch keinerlei Beziehung auf den Tausch". Dieser Wert entspricht ganz dem, was die klassische Tradition *Gebrauchswert* nannte. Und die eigentliche Aufgabe bestehe darin, zu zeigen, ob und wie dieser „Wert" mit dem *Tauschwert* vermittelt ist. Doch Mangoldt behauptet hier eine einfache Kausalität, wonach „die Höhe des Tauschwertes im Allgemeinen nach der Höhe des Wertes der Güter"[141] bestimmt sei. *Ontologisch* entscheidend ist der Satz: Wert können die Güter „schon vor allem Verkehr besitzen".[142]

Die weiteren Bemerkungen von Mangoldt, der nun die vorausgesetzten Kategorien konkretisiert im Hinblick auf die Bedürfnisse, die Sparsamkeit usw., tragen zum Güterbegriff nichts mehr bei. Jedenfalls kommt Mangoldt sehr rasch vom Wert zur Sparsamkeit und dann zur „Ansammlung von Kapital"[143], ohne den Tausch als Tausch und das Geld als Geld näher zu untersuchen. Er bleibt, in der Tradition der deutschen Nationalökonomie, beim Klären, wohl besser Herumreiten auf „Definitionen" von Wörtern, die er verwendet. Kapital ist für ihn einfach ein Vorrat, eine Bestandsgröße. Ein Bezug zum *Geld* ist überhaupt nicht erkennbar. Alles wird rasch „real" definiert. Die stillschweigende Geld- und Rechenfunktion als Horizont aller „Additionen" beim Aufhäufen von Kapital, das durch das Geld vermittelte *Motiv* fehlt völlig. Vom subjektiven Güterbegriff hüpft Mangoldt in einem problemlosen Sprung zurück in die „reale" Welt, in der Personen, Produkte oder Bodenflächen gezählt und klassifiziert werden, um auf dieser Grundlage einige sozial gemeinte Ratschläge zu erteilen:

> „Sehr große Reichtümer in einzelnen Händen sind daher der Vermögensansammlung weniger förderlich als ein geringerer aber allgemeiner verbreiteter Wohlstand."[144]

4.5.7.7 Der moralische Unterton in der Güterlehre (Böhm-Bawerk)

Schäffle bewegt sich in derselben Tradition wie Rau oder Mangoldt, wenn es darum geht, den Begriff des Gutes zu bestimmen und betont dabei die ethische Dimension. Er versucht aber, die Definition von „Gut" so allgemein zu halten, dass Einwände scheinbar unmöglich werden. Er sagt:

> „Im weitesten Sinn heißt Gut: Alles, was dem Menschen in seinem natürlichen und sittlichen Leben förderlich, ‚zu Etwas gut' ist."[145]

---

[141] H. v. Mangoldt (1868), S. 133.
[142] H. v. Mangoldt (1868), S. 133.
[143] H. v. Mangoldt (1868), S. 142.
[144] H. v. Mangoldt (1868), S. 141.
[145] A. E. F. Schäffle (1873), S. 66.

4.5.7 Exkurs: Die Genese der Lehre vom wirtschaftlichen Gut

Doch der Eindruck der Allgemeinheit dieser Definition täuscht. Denn auch er maßt sich an, darüber zu befinden, *was* ein Gut ist. Es ist – tautologisch – das, was „zu Etwas gut ist", doch dieses Etwas wird sogleich vom Metabeobachter eingeschränkt und auf das „natürliche und sittliche Leben" des Menschen heruntergerechnet. Als allgemeine, d.h. leere Bemerkung wäre die Definition nicht weiter zu kritisieren. Doch Schäffle, wie die anderen Theoretiker der „Güter" auch, knüpft daran wieder das Recht, über Einteilungen und Kausalitäten verfügen zu wollen, die einer *freien Entscheidung beim Tausch* durch die Tauschsubjekte selbst fremd ist.

Dieser moralische Unterton bleibt also in der Güterlehre gewahrt – und darin liegt eine begriffliche Notwendigkeit. Denn wenn man über die Entstehung der ökonomischen Bedeutung beim Tausch von einem anderen logischen Ort aus als dem Tausch selbst urteilt, dann fällt man immer als Mitglied der menschlichen Gesellschaft *kategorial* über andere Mitglieder ein Urteil, das ihr *Handeln* bewertet. Jede Kategorisierung einer freien Handlung *ist* ein moralisches Urteil. Es gibt keine abstrakte Deskription des Tauschs, weil immer Menschen tauschen, die man, in einer Gemeinschaft mit ihnen lebend, als die *je anderen* zu betrachten hat. Deshalb kann man auch nicht sagen, dass der Tausch moralisch „neutral" sei oder aus den moralischen Vorstellungen der Gesellschaft herausfalle. Wer immer das sagt, sagt das nicht über einen dinglichen Gegenstand, sondern *zu* anderen und beurteilt damit *deren* Handeln. Das ist der *Kern* des Denkfehlers, die Märkte oder den Tausch als „amoralisch", „außerhalb der Moral" usw. zu beurteilen. Welche *Bedeutung* ein Gut im Tauschprozess hat, das bestimmt sich nur durch die an ihm beteiligten Menschen. Es wird darin in einem Akt ein ökonomischer Austausch vollzogen, ein ökonomischer „Wert" erzeugt und eine *moralische* Bedeutung offenbart. Die Tauschsubjekte bestimmen die Güternatur und die Tauschwerte gemäß *ihrer* Präferenzen. Es sind ihre „moralischen Werte", die hier bestimmend wirken – nicht die Moral des beobachtenden und beschreibenden Ökonomen; aber es liegt gerade deshalb auch kein *amoralisches* Verhältnis vor, wie das vom Markt immer wieder behauptet wird.

So kommt auch bei den Vertretern der subjektiven Wertlehre immer wieder eine implizite Ethik – die bei Roscher explizit formuliert ist – in der Theorie vom wirtschaftlichen Gut zur Geltung. Bei Menger und Marx (vgl. 4.6.3 und 4.4) ist es die Verdinglichung menschlicher Antriebe zu einem Naturprozess, einer natürlichen oder historischen Kausalität. Die Nachfolger von Menger haben das nicht weniger betont, teilweise tritt aber die implizite Ethik ihrer Theorie noch deutlicher hervor.

Bei Böhm-Bawerk purzeln derartige Bestimmungen kunterbunt durcheinander. Zunächst stellt er fest, „dass die Güter im wirtschaftlichen Sinne diejenigen Dinge sind, welche den Menschen als Mittel oder Werkzeuge zur Erreichung ihrer persönlichen Wohlfahrtszwecke dienen." Die persönliche Wohlfahrt – was das ist, bleibt dunkel – in der Definition von „Gut" wird dann aber dahingehend eingeschränkt, dass Güter nur „*alle* wahrhaften (!) Wohlfahrtsmittel der Menschen" seien, um dann bei der zirkulären Bestimmung zu landen,

> „denn von echten Gütern wird man doch immer fordern müssen, dass sie nützen, das ist, einen *Nutzen bewirken* können."[146]

Dass der Begriff des Mittels nicht bestimmt ist, wenn der *Zweck* – die „persönliche Wohlfahrt" – dunkel bleibt, ist der erste auffallende Mangel dieser Reflexion. Sie wird durch Böhm-Bawerks *von außen gefasstes* Werturteil einer weiteren Konfusion ausge-

---

[146] E. v. Böhm-Bawerk (1927), S. 16, 29 und 32.

setzt, wenn er – wie Roscher – ein „wahrhaft" hinzufügt, um dann wieder bei der utilitaristischen Trivialität zu landen, dass ein nützliches Ding = Gut eben nützlich sei.

Wenn Böhm-Bawerk Menger in dem Satz folgt, „dass jedes Ding *nur für ganz bestimmte Subjekte* ein Gut sein kann: kein Gut ist *absolut* ein Gut, sondern jedes nur für diejenigen Einzel- oder Gesamtsubjekte, rücksichtlich welcher sämtliche subjektive Voraussetzungen vereinigt zutreffen"[147], so zieht er daraus gleichfalls keine begrifflichen Konsequenzen. Denn *wenn* das zutrifft, dann liegt das Urteil darüber, ob ein Sachverhalt als Gut *oder* nur als „Recht" zu betrachten ist, ob es einem „wahrhaften" Bedürfnis entspreche etc. jedenfalls nicht in den Händen von Eugen von Böhm-Bawerk. Wenn *er* es ist, der „den Sachgütern jedenfalls *Güter der persönlichen Welt*, Innen- wie Außenwelt, an die Seite"[148] stellt, dann behauptet diese Aussage performativ das exakte Gegenteil dessen, was die von Menger übernommene Feststellung sagen wollte: Denn was an einer Situation denn nun „innen" oder „außen" ist, wer hier was und wem „zur Seite stellt", das entscheiden die Tauschenden, nicht ihr cartesianischer Beobachter. Entweder ist die Feststellung, „dass jedes Ding, welches auf den Namen Gut Anspruch erheben will, imstande sein muss, Nutzleistungen abzugeben, und dass mit der Erschöpfung dieser seiner Fähigkeit auch seine Gutsqualität erlischt: es tritt aus dem Kreise der *Güter* in den Kreis der einfachen *Dinge* zurück"[149], schlicht eine *dem Sachverhalt ferne*, vom Theoretiker angemaßte Behauptung, oder aber es gibt so etwas wie *objektive Kriterien* dafür, was ein Gut ist – Kriterien, von denen offenbar nur Böhm-Bawerk Kenntnis hat.

Die Bestimmung von Böhm-Bawerk fällt hinter Menger zurück, denn wenn es einem *Ding* als Ding zukommt, *Nutzleistungen* „abzugeben", dann wohnen die Nutzleistungen offenbar dem Ding inne. Eben das behauptet auch Karl Marx, der sagt, dass die Menschen die Gebrauchswerte der Dinge nur als historische Tat „entdecken" können. Wenn die Nutzleistungen aber dem Urteil des *Subjekts* angehören, dann ist Böhm-Bawerks Aussage im Rahmen seiner eigenen subjektiven Wertlehre schlicht unhaltbar. Wie man sich zudem zu etwas, das *im Urteil des Subjekts* liegt und nur durch dieses Urteil zum „Gut" wird, in ein *Gewaltverhältnis* setzen kann, bleibt darüber hinaus das Geheimnis Böhm-Bawerks:

> „Es liegt in der Natur der Dinge, dass die wirtschaftenden Menschen, wenn sie von ihren Gütern irgendeinen Gebrauch oder Nutzen ziehen wollen, sich zu ihnen in ein *Gewaltverhältnis* setzen müssen."[150]

Man urteilt über ein Ding, macht es durch sein Urteil überhaupt erst zu einem Gut – doch dann wird dieses Urteil plötzlich Teil eines *Gewaltverhältnisses*. Darin spricht Böhm-Bawerk das Geheimnis des cartesianischen Beobachters aus: Durch seine kategoriale Stellung dem „Gegenstand" Ökonomie gegenüber behandelt er die darin handelnden Menschen von außen, von oben herab – so, wie ein Gewaltherrscher seine Untertanen behandelt. Die *kategoriale* Struktur spricht sich hier in ihrem sozialen Verhältnis aus, auch wenn sie ganz unschuldig als „bloße wissenschaftliche Abstraktion" daher kommt. Wenn Adorno und Horkheimer zu Recht sagen: „Die Allgemeinheit der Gedanken, wie die diskursive Logik sie entwickelt, die Herrschaft in der Sphäre des Beg-

---

[147] E. v. Böhm-Bawerk (1927), S. 20.
[148] E. v. Böhm-Bawerk (1927), S. 29.
[149] E. v. Böhm-Bawerk (1927), S. 51.
[150] E. v. Böhm-Bawerk (1927), S. 34.

4.5.7 Exkurs: Die Genese der Lehre vom wirtschaftlichen Gut

riffs, erhebt sich auf dem Fundament der Herrschaft in der Wirklichkeit"[151], dann ist an den von Böhm-Bawerk verwendeten Kategorien erkennbar, dass die Allgemeinheit des Begriffs durchaus ein *Gewaltverhältnis* enthält, das sich bis in den Begriff des „Gutes" fortsetzt. Denn wenn man sich zu einem Naturding in ein „Gewaltverhältnis" begibt – auch das ist Lebewesen gegenüber keine bloße Metaphorik –, dann liegt in diesem Verhältnis *begrifflich* nur eine technische Beziehung. So endet die ökonomische Güterlehre auch bei den „reifen Vertretern" der subjektiven Wertlehre dort, wo sie begann: In Konfusion, gepaart mit einer je aparten, herangetragenen Moral – bis hin zur Gewalt.

---

[151] M. Horkheimer, T. W. Adorno (1968), S. 25.

4.6 Die Schule der subjektiven Wertlehre

4.6.1 Vorbemerkung

Die subjektive Wertlehre ist die Grundlage dessen, was heute als ökonomischer *Mainstream* gelehrt wird. Die Quellen haben den Rang von Klassizität. Als Väter der modernen Wirtschaftswissenschaften gelten Carl Menger, Léon Walras und William St. Jevons.[1] Für die subjektive Wertlehre kann man drei Charakteristika anführen: *Erstens* entwickeln ihre Hauptvertreter die Güterlehre weiter zu einer allgemeinen Nutzentheorie als *subjektive Wertlehre*[2]; *zweitens* kann man bei dieser Schule das Bestreben entdecken, eine *reine Ökonomik* zu formulieren, die unabhängig von historischen oder lokalen Besonderheiten Geltung beansprucht, und *drittens* lässt sich für alle Vertreter ein physikalistisches Ideal erkennen, das bei der Mehrzahl der Theoretiker (Ausnahmen sind Menger und Böhm-Bawerk, später Mises und Hayek) auch das Bestreben nach einer mathematischen Theorie beinhaltet. Die Kritiker attestierten dieser Schule zwar einerseits „eine recht fruchtbare Begriffsanalyse", Verdienste darin, dass sie „manches richtiger und schärfer gesehen"[3] hätten. Insgesamt störte man sich jedoch an einer gewissen Arroganz, am „gespreizten Selbstbewusstsein"[4] ihrer Vertreter, die keineswegs so originell seien, wie sie sich geben, denn zahlreiche Vorläufer können für diese Lehre ebenfalls genannt werden.[5]

Ich werde einige Hauptvertreter herausgreifen und kritisch diskutieren. Beginnen möchte ich meine Darstellung mit der wichtigsten Gestalt, die von den mathematischen Ökonomen als „Klassiker" betrachtet wird: Hermann Heinrich Gossen. Die *mathematischen Ökonomen* (Jevons, Walras, Edgeworth u.a.), die eigentlich auch zur subjektiven Schule zu rechnen sind, werde ich aufgrund der anderen Methoden im nächsten Kapitel (4.7) kritisch darstellen und hierbei auch näher auf psychologische Voraussetzungen eingehen. Gossen nimmt eine Zwischenstellung ein; trotz vieler Rechnungen ist bei ihm weniger die mathematische Struktur, vielmehr die archetypische Form der Begründung wichtig. Deshalb behandle ich Gossen trotz seiner formalen Zugehörigkeit zur mathematischen Schule zuerst. Auf zahlreiche Vorläufer und Nebenlinien verweise ich in

---

[1] Vgl. K. Wicksell (1922: 1), S. 77; L. v. Mises (1933), S. 67, 180 und 198. „Die Grundlagen der modernen Werttheorie sind bekanntlich durch die hierin kongenialen Arbeiten von C. Menger, Jevons und Walras geschaffen worden." Böhm-Bawerk fügt aber hinzu: „Unter ihnen nimmt durch Klarheit und Vollständigkeit die Darstellungen Mengers den ersten Platz ein." E. v. Böhm-Bawerk (1921: II.1), S. 164, Note 2. Schumpeter sieht das – wie die anglo-amerikanische Schule insgesamt – anders, für die die Theorie von Walras als „die Magna Charta der ökonomischen Theorie", J. A. Schumpeter (1965), S. 312, gilt. „Carl Menger is placed by almost every historian on a lower pedestal than either Walras or Jevons", N. Georgescu-Roegen (1971), S. 41. „The full recognition of the general equilibrium concept can be attributed unmistakably to Walras", K. J. Arrow, f. H. Hahn (1971), S. 3. „Menger did not conform to Walras's main criteria of a neoclassical theorist: He was not mathematical, he did not adhere to the norms of physical science, and therefore he was not ‚scientific'." P. Mirowski (1989), S. 259. Die respektive Wertschätzung von Menger trennt die mathematisch-neoklassische von der österreichischen Schule der subjektiven Wertlehre.

[2] „…the concept which gave the new school its special character, i.e. value in its subjective, personal sense", F. A. Hayek (1934), S. 399.

[3] W. Roscher (1874), S. 1040; G. Schmoller (1920: 2), S. 115.

[4] G. Schmoller (1920: 2), S. 115.

[5] G. Schmoller (1920: 2), S. 115; vgl. auch M. Pantaleoni (1898), S. 78f.; E. Schneider (1965), S. 216f.

4.6.2 Hermann Heinrich Gossen

4.6.2.1 Der „Vorläufer"

Gossen wird von der Schule der subjektiven Wertlehre einhellig als Urvater ihrer Lehre gepriesen – auch Ludwig von Mises, mathematischen Analysen sonst abhold, spricht von einer „Großtat"[6] Gossens. Walras sagt: „Gossen beanspruchte den Ruhm eines Kopernikus, der ihm wegen seiner Konzeption des mathematischen Gleichgewichts auf ökonomischem Gebiete zustehe. Nach meiner Ansicht gebührt ihm dank seiner Lösung der sozialen Frage nicht nur dieser, sondern auch der Ruhm Newtons. Besser kann ich meine Meinung über seine Verdienste nicht zum Ausdruck bringen."[7] Pantaleoni spezifiziert dieses Urteil: Gossen hat die „Theorie des Grenznutzen so perfekt entwickelt, dass sehr wenig hinzugefügt werden musste"[8]. Jevons war bemüht, herauszustreichen, dass er Gossens Arbeit zuerst nicht kannte, die doch so sehr mit der seinen übereinstimme.[9] Und sogar Bucharin, der einflussreiche Kritiker der subjektiven Wertlehre, schließt sich der Hochschätzung Gossens an: „Gossen forschte nicht nur nach ‚neuen Wegen', sondern gab auch seiner Theorie eine recht durchdachte und abgeschlossene Form."[10] Gossen hat auch Kritiker gefunden, die sich jedoch meist nur mit Stilfragen oder einer eher generellen Verurteilung begnügten. So bescheinigt ihm Lujo Brentano einen „unerhört schlechten Stil, der seine Sätze oft geradezu unverständlich macht", ein Stil, beim dem er „selbstverständliche Dinge gelegentlich breittritt".[11] Sombart meint, Gossen sei „der geniale Idiot" gewesen, dessen Werk „die Veranlassung zu allem möglichen Unfug geworden ist."[12] Man kann wohl sagen, dass Gossen gemessen an Jevons und Walras als ein „Klassiker" gelten kann[13]; das Verhältnis zu Menger ist weit weniger offensichtlich und beschränkt sich auf die Gemeinsamkeit, die auch zwischen Menger, Jevons und Walras entdeckt werden kann. Insgesamt trifft vermutlich das Urteil von

---

[6] L. v. Mises (1928), S. 1.

[7] L. Walras (1971), S. 286. Walras sagt, die „Originalität der Arbeit" Gossens sei durch „die mathematische Form" bedingt, L. Walras (1971), S. 288. Er bemerkt gar nicht, dass man das auch als *Kritik* lesen könnte. Vgl. „M.E. müssen wir ein für allemal die Idee aufgeben, dass die Sozialwissenschaften der Physik vor Newton gleichen, und dass wir derzeit gerade auf Newtonsche Gesetze für den Geist und die Gesellschaft warten." J. R. Searle (1986), S. 75.

[8] M. Pantaleoni (1898), S. 78f.

[9] „The coincidence (…) between the essential ideas of Gossen's system and my own is so striking that I desire to state distinctly (…) that I never saw nor so much as heard any hint of the existence of Gossen's book before August 1878", W. St. Jevons (1888), S. xxxi.

[10] N. Bucharin (1926), S. 32; Vgl. F. Behrens (1949).

[11] L. Brentano (1925), S. 410. Vgl.: „Gossen wrote in the unattractive style of the Prussian bureaucracy to which he belonged, and his mode of expression is by no means improved by his rather clumsy endeavour to clothe his ideas into high-sounding pathetic sentences which he regarded as particularly convincing und compelling." W. Stark (1943), S. 150, Note.

[12] W. Sombart (1930), S. 4.

[13] Vgl. G. Beyerhaus (1926); T. Bagiotti (1957).

Bousquet unverändert zu, „dass Gossens Gedanken in der Tat bis heute wenig bekannt sind"[14]; sein anhaltender Ruhm dürfte *auch* darauf beruhen, dass er nicht gelesen wird.

4.6.2.2 Der Theologe des Marktes

Gossen verfährt *methodisch* durchaus so, wie fast alle anderen analytisch orientierten Nationalökonomen: Er konstruiert als cartesianischer Beobachter eine Ökonomie *a priori*. Allerdings ist dabei eine deutliche *Zweckbestimmung* zu erkennen. Das formale mathematische Kleid, das Gossen wählt, darf nicht darüber täuschen, dass er auf eine *Kunstlehre*, eine „Lebenslehre", nicht auf ein reines, unparteiliches Begreifen abzielt. Die mathematische und mechanische Form, in die Gossen seine Theorie kleidet, steht in auffallendem Gegensatz zu der *Lehre*, die er der Menschheit zu erteilen trachtet. Eine Lehre, die sich gewiss ist, die innersten Absichten Gottes bei der Erschaffung der Menschen offenzulegen. Aus seinem Munde soll die Menschheit die „Vorschrift des Schöpfers" vernehmen: „Mensch! Erforsche die Gesetze meiner Schöpfung, und diesen Gesetzen gemäß handle!"[15] Der Anspruch Gossens, der Entdecker *der* Gesetze der Gesellschaft zu sein, verwundert bei dieser Zielsetzung nicht:

> „Was einem Kopernikus zur Erklärung des Zusammenseins der Welten im Raum zu leisten gelang, das glaube ich für die Erklärung des Zusammenseins der Menschen auf der Erdoberfläche zu leisten. Ich glaube, dass es mir gelungen ist, die Kraft, und in großen Umrissen das Gesetz ihrer Wirksamkeit zu entdecken, welche das Zusammensein der Menschen möglich macht, und die Fortbildung des Menschengeschlechts unaufhaltsam bewirkt." (V)

Nun ist gegen diese Selbstdarstellung nichts einzuwenden, wenn sie sich in der Durchführung bewährt. Tatsächlich macht Gossens Buch auf den ersten Blick eher einen ziemlich verworrenen Eindruck, ohne Kapiteleinteilung oder äußere Gliederung. Doch wenn man es durcharbeitet, bemerkt man durchaus eine innere Ordnung des Gedankens. Es mangelt Gossens Buch vielleicht an äußerer, nicht aber an innerer Systematik. Der *Titel* seines Buches verrät seine Absicht: Aus der Erforschung der Gesetze des menschlichen Verkehrs will er Regeln für das Handeln ableiten. Da diese Gesetze zugleich den Willen Gottes offenbaren, ist die eigentliche Absicht Gossens folglich eine *ethische* oder *theologische*.

Das, was Gossen als *Lehrsatz* des Handelns (dazu gleich mehr) zu formulieren versucht, zielt auf eine Moral, darauf, dass „der Einzelne, um seinen eigenen Lebenszweck in vollkommenster Weise zu erreichen, seine Handlungen so einrichten muss, dass bei ungehinderter Wirksamkeit das Endresultat das ist, *dass jener Lehrsatz sich in vollendetster Weise ausgeführt findet.*" (91) Anders als seine Nachfolger der Schule der subjektiven Wertlehre, besonders der *österreichischen Schule*, formuliert also Gossen eine *explizite Ethik* der Wirtschaft. Dass er dabei nicht frei von Vorurteilen vorgeht, lässt sich allerdings rasch erkennen. Denn offenbar dienen seine „Beweise" auch und vor allem dazu, „den hirnverbrannten Theorien des Kommunismus und Sozialismus" (91) entgegenzutreten.

Die „Sozialisten und Kommunisten" stehen in der aristotelischen Tradition der ausgleichenden Gerechtigkeit, worin sich *Menschen* ein Urteil anmaßen über die Leistun-

---

[14] G. H. Bousque (1971), S. 295.
[15] H. H. Gossen (1854), S. 4. Ich setze nachfolgend *im Text* jeweils nach einem Zitat die Seitenzahl in Klammer.

gen anderer. Dies widerspricht aber nach Gossen der göttlichen Ordnung der Gesellschaft. „Denn", hier nimmt er das Hauptmotiv der Theorie Hayeks vorweg, „nicht ein einzelner Mensch oder eine Mehrheit von Menschen, deren beschränkte Erkenntnis in der Regel ein unrichtiges Urteil zu Tage fördern würde, sitzt hier (auf dem Markt, KHB) zu Gericht, um das Verdienst des Einzelnen abzuwägen (...), die ganze Menschheit fällt hier in ihrer Gesamtheit ihr Urteil." (99)[16] Die demokratische Formulierung: vom „Urteil der ganzen Menschheit", bleibt allerdings eine rhetorische Phrase, denn was Gossen explizit anbietet, sind göttliche Naturgesetze:

> „Was daher Sozialisten und Kommunisten als das höchste und letzte Ziel ihres Strebens betrachten, wird hier durch das Zusammenwirken der Naturkräfte mit einer Vollkommenheit erreicht, wie wir eine solche Vollkommenheit immer, aber auch nur bei den Werken des Schöpfers wahrzunehmen Gelegenheit haben." (99)

Gossen wiederholt also nur in einer neuen Sprache, was Adam Smith mit etwas weniger theologischem Unterton in der *invisible hand* vermutete.[17] Die menschliche Gesellschaft in ihrer im Kapitalismus beobachtbaren Form ist die höchste Stufe ihrer Entwicklung und gottgewollt; die Lehre der Kommunisten ist deshalb wider die (göttliche) Natur. Die Kritik, die Mises und Hayek am Sozialismus geübt haben, wiederholt nur, was Gossen bereits formulierte. Denn der Schluss der Kommunisten „auf die Entbehrlichkeit des Privateigentums (ist) unzulässig", da

> „nur durch Feststellung des Privateigentums der Maßstab gefunden wird zur Bestimmung der Quantität, welche den Verhältnissen angemessen am Zweckmäßigsten von jedem Gegenstande zu produzieren ist. Darum würde denn die von Kommunisten projektierte Zentralbehörde zur Verteilung der verschiedenen Arbeiten und ihrer Belohnung selbst die Erfahrung machen, dass sie sich eine Aufgabe gestellt habe, deren Lösung die Kräfte einzelner Menschen weit übersteigt. Darum ist denn der größtmöglichste Schutz des Privateigentums, sei es, dass der Besitzer diese selbst genießen oder Anderen zum Genuss übertragen will, die unbedingteste Notwendigkeit für das Bestehen der menschlichen Gesellschaft." (231)

Doch damit nicht genug. Die *ethische Haltung*, die beim Kommunismus erkennbar ist, nämlich den Egoismus durch das Mitgefühl und solidarische Verhaltensweisen zu ersetzen, ist ebenso widergöttlich wie andere „hirnverbrannte Theorien" der Kommunisten. Der „Schöpfer" hat es so eingerichtet, dass „das Menschengeschlecht seine intellektuellen und materiellen Kräfte fortwährend so verwendet, dass sich durch dieselben fortwährend ein Größtes von Lebensgenuss" (101) ergibt. *Gegen* seine göttliche Einrichtung – Privateigentum, Geld, Austausch usw. – zu verstoßen, ist damit die eigentliche Sünde. Deshalb gilt für Gossen die Moralregel: „Hier zeigt sich denn auch, warum beim Verteilen der Belohnungen an die Produzenten dem Mitleid jede Einwirkung versagt werden musste. (...) Würde dem Mitleid dann Raum zu tatkräftigem Handeln ge-

---

[16] „Doch wenn der Einzelne in seiner Wahl frei sein soll, ist es unvermeidlich, dass er das Risiko trägt, das mit dieser Wahl verbunden ist und dass sich sein Entgelt infolgedessen nicht nach seinen Absichten, ob sie gut oder schlecht waren, sondern einzig und allein nach dem Wert des Ergebnisses für andere richtet." F. A. Hayek (1952), S. 35.
[17] Doch auch Smith sagt: „Dass unsere Achtung vor dem Willen der Gottheit das oberste Gesetz unseres Verhaltens sein soll, daran kann kein Mensch einen Zweifel hegen, der überhaupt an die Existenz Gottes glaubt." A. Smith (1977), S. 257.

währt" (101), so wäre – in der Sprache der modernen Ökonomie – die Effizienz der Faktorallokation nachhaltig gestört. Deshalb gilt die einfache Moralregel für jede Wirtschaft: „Was du genießest, verdienst du zu genießen, denn was du Anderen an Wert geschaffen hast, überwiegt vielfach die Beschwerde, die das Hervorbringen deiner Genussmittel ihnen verursacht." (102)[18]

4.6.2.3 Summierter Lebensgenuss

Soweit die Theologie des Marktes. Doch wie steht es um den *wissenschaftlichen* Anspruch, der Kopernikus der Sozialwissenschaften zu sein? Gossen war so sehr überzeugt von seiner Darlegung, dass er – trotz des deutlich empfundenen Unterschieds gegenüber allen anderen Ökonomen – nur nebenbei auf ihre Lehren einging: „Es würde indessen hier eine unfruchtbare Mühe sein, sowohl das Unterscheidende der Begriffsbestimmungen der National-Ökonomen von den hier gemachten Aufstellungen näher anzugeben, als auch zu zeigen, warum die letzten vor jenen den Vorzug verdienen. Dieses Letztere folgt von selbst, sobald die hier gemachten Aufstellungen als richtig erkannt werden; das Erstere würde eine fast endlose Arbeit ohne erheblichen praktischen Nutzen erheischen." (46) *Einen* Grund für die Irrtümer der National-Ökonomen sieht Gossen darin, dass ihnen „das Rechnen an und für sich schon unüberwindliche Schwierigkeiten verursacht" (47). Es ist diese mathematische Attitüde, die Jevons und Walras veranlasste, in Gossen einen Bruder im Geiste zu sehen. Doch es ist eine Sache, sich einer arithmetischen, teils mathematischen Sprache zu bedienen, eine ganz andere, damit einen Sach*verhalt* auch korrekt zu erfassen. Sehen wir also näher zu, wie Gossen argumentiert und rechnet – unabhängig von seiner *moralischen* Absicht und dem Versprechen, dass bei Befolgung seiner Lehrsätze „der Erde durchaus Nichts mehr zu einem vollendeten Paradiese" (276) fehlen würde.

Der Aufbau seines Buches und der Gang der Argumentation bei Gossen lässt sich verstehen, wenn man das stillschweigende Bild, das *ihm* vorschwebt, gleichfalls vor Augen hat. Obgleich der Titel seines Buches vom „menschlichen Verkehr" handelt, findet sich von *intersubjektiven* Beziehungen bei Gossen kaum eine Spur. Alles, was er beschreibt, vollzieht sich in *einem* Subjekt, das er sich gleichsam als „Gegenüber" vorstellt, und das er auch beim Namen nennt: „Robinson Crusoe" (45). Erst auf Seite 84 seines Buchs kommt er auf eine intersubjektive Relation zu sprechen: den Tausch. Doch auch hier herrscht eine totalisierende Vorstellung, worin der untersuchte Gegenstand immer schon als eine *Einheit* unterstellt ist, gleichsam eine innere Differenzierung in der Subjektivität Robinsons. Dieser Gedanke, dass immer schon eine Ganzheit gegeben ist, *in der* sich ein Bewertungs- oder Verteilungsproblem stellt, ist der Hauptgrund dafür, dass Gossen an keiner Stelle zu einer wirklich *intersubjektiven* Analyse gelangt.

Zudem ist damit auch schon *der* erkenntnistheoretische Fehler bei Gossen angesprochen. Seine Vorstellungen, an denen er seine Gedanken entwickelt, wenn sie das Bild Robinsons als implizite Voraussetzung verlassen, sind von kaum zu überbietender Naivität. Ein Beispiel: „Wie nahe dem Menschen die Entdeckung liegt (gemeint ist der Tauschgewinn, KHB), davon kann man sich täglich durch einen Versuch bei Kindern überzeugen. Man verteile zu diesem Zweck Butterbrot und Milch in einer solchen Quantität, dass es vollauf hinreicht, um zwei Kinder zu sättigen, unter diese der Art,

---

[18] Die Manager und Spekulanten, die ganze Regionen oder Länder ruinieren, haben ihr Einkommen in jedem Fall verdient. Die Schinderei des 12 bis 16-Stunden-Tages der Eingesperrten in den Blechhütten der Sonderproduktionszonen des Südens überwiegt die Genussmittel, die man mit ein bis zwei Dollar pro Tag erwerben kann, bei weitem. Ganz zweifellos.

dass das eine alles Butterbrot, das andere alle Milch erhält." (86) Die Antwort auf die einfache Frage, *warum* man diese alberne Verteilung wählen sollte, bleibt Gossen schuldig, will er doch daraus die Grundgesetze des Tauschens ableiten. Dass mit der vorausgesetzten Verteilung auch schon eine *soziale Struktur* festgelegt ist, geht Gossen überhaupt nicht auf.

Doch folgen wir den Hauptetappen der Gossenschen Darstellung, allerdings unter kritischer Reflexion auf die verwendeten *Grundkategorien* – sind es doch seine „Begriffsbestimmungen" (46), durch die er sich von den „National-Ökonomen" zu unterscheiden trachtet. Gossen setzt ein mit einem Axiom, das für sein kopernikanisches Auge die „Vorschrift des Schöpfers (...) mit unverkennbaren Schriftzügen offenbart!" (4) Das Axiom lautet: „Der Mensch wünscht sein Leben zu genießen und setzt seinen Lebenszweck darin, seinen Lebensgenuss auf die möglichste Höhe zu steigern." (1) Woraus auch sogleich eine Handlungsregel folgt: „Es muss das Genießen so eingerichtet werden, dass die Summe des Genusses des ganzen Lebens ein Größtes werde." (1) Bereits in diesen einleitenden Reflexionen ist die ganze Aufgeblasenheit in Gossens Anspruch erkennbar – denn eine *Begründung*, auch nur eine analytische Darstellung des Gesagten, hält er für völlig entbehrlich. Was heißt „Genießen"? Inwiefern ist ein „Lebenszweck" gegeben – und wem gegeben? Haben die Menschen Freiheit gegenüber ihrem Lebenszweck – auch wenn er von Gott als Moralregel vorgeschrieben ist, so kann jeder immer noch *nein!* sagen, selbst wenn er dann in der Hölle seinen Preis bezahlen muss. Und: Kann man „Genuss" *summieren*?

Dass das keine metaphorische Formulierung ist, wird bei Gossen bereits acht Seiten weiter deutlich, wenn er den „Genuss" in ein Diagramm einträgt und tatsächlich anfängt, zu *addieren*. (Und vorausgesetzt, der Genuss sei eine messbare Größe, so könnte man immer noch fragen, weshalb eine *Addition* richtig ist.) Vor allem aber: Wer kennt – außer Gott – die *Länge des Lebens*? Ist das Leben aber in seiner Dauer unsicher, heißt also *Sterblichkeit*, dass das Leben stets im Horizont auch eines *unvermuteten* Endes zu bewältigen ist, so ist eine „Summierung" einfach ein sinnloser Ausdruck. Es wäre bestenfalls ein *erwarteter*, ein *erhoffter* Genuss in der Zukunft. Wie lässt sich aber ein erhofftes Glas Rotwein, das man als 70jähriger in einer lauen Sommernacht zu trinken gedenkt, zur Tasse Kaffee addieren, die man 30jährig trinkt, um Gossens langweilige Arithmetik bei der Lektüre seines Buches ohne Ermüdung zu ertragen? Und wann setzt diese Maximierung ein? Maximiert der Säugling bereits den Genuss der Muttermilch, oder erst der Jugendliche die erste Cola? Weder der Anfang noch das Ende des Lebens sind in dieser Phrase vom „ganzen Leben", dessen Genuss zu maximieren sei, definiert. In der *fehlenden* Antwort auf diese einfachen Fragen liegt das Motiv für das, was Gossens Nachfolger dann in der Zinstheorie als „Zeitpräferenz", „abdiskontiertem Zukunftskonsum" und anderen Erfindungen eingeführt haben. Die Quelle „Gossen" ist unverkennbar.

4.6.2.4 Gesetze des Genießens

Der erste *analytische* Gedanke – ohne Natur und Maß des „Genusses" zu diskutieren – besteht nun darin, in der *zeitlichen Entfaltung* des Genießens ein Gesetz zu behaupten. Denn die – ungeklärte – „Größe eines und desselben Genusses nimmt, wenn wir mit Bereitung des Genusses ununterbrochen fortfahren, fortwährend ab, bis zuletzt Sättigung eintritt." (4f.)[19] Gossen spricht hier ausdrücklich von der *zeitlichen Dimension* des

---

[19] In die Literatur ist das als das *1. Gossensche Gesetz* eingegangen. Vgl. für eine sachlich identische Formulierung aber auch J. Bentham, EW 1, S. 113. Brentano hat vermutlich recht,

„Genießens". Seine *Beispiele*, um den Gedanken zu erläutern, sind aber mehr als abstrus. So glaubt er, dass der Genuss „beim Genießen des Kunstwerks erkalten" (5) wird. Man betrachtet ein Bild anfangs neugierig, später seltener, „während die Zeit des Genießens sich verkürzt." (5) Ähnlich ergeht es uns, nach Gossen, beim Genießen von Licht: Wer aus einer dunklen Zelle wieder ins Licht kommt, empfindet einen höheren Genuss als jener, der Tag für Tag in der Sonne sitzt. „Die Tageshelle an und für sich, abgesehen von den Gegenständen, die wir durch sie genießen, empfinden wir in der Regel nicht als Genuss. Nur wenn durch irgendwelchen Zufall das ununterbrochene Genießen aufhört, tritt der Genuss mit umso größerer Stärke ein, je länger er entbehrt wurde." (10)

Diese Reflexion, bei der sich Gossen nicht zu schade ist, sie auch auf die *Gedanken* auszudehnen[20], setzt vieles voraus, was einer kritischen Prüfung nicht standhält. *Erstens* ist das menschliche Leben in sich nicht linear, sondern zyklisch im Tag- und Nachtwechsel, in der Folge der Jahreszeiten, der Aufgaben im Beruf usw. gegliedert. Gossen malt Diagramme mit einer linearen Zeitachse (was ihm bis heute Ökonomen nachmachen), nicht gewahrend, dass Bedürfnisse *periodisch* auftreten und man ihren *zeitlichen* Kern fehldeutet, wenn man hier an ein lineares Nacheinander vom Säugling bis zum Greis denkt. Über lineare Zeiträume hinweg einen „Genuss" vergleichen zu wollen, ist unsinnig. Warum sollte ein gutes Menü, das heute einen Hunger stillt, in vier, sechs oder acht Wochen nicht denselben Genuss bereiten? Ein sinkender Genuss ist eine reine Erfindung, ja, nicht einmal ein nachvollziehbarer Gedanke. Denn *worin* wird denn hier verglichen und von *wem*: ich – heute, gestern oder morgen? Ist es im eigenen Gedächtnis eine Erinnerung verglichen mit einem aktuellen Sinnesgenuss? Die verblassende Erinnerung würde eher zu dem Schluss führen, dass immer nur der *aktuelle* Genuss in voller Intensität erfahrbar ist. Einem *Metabeobachter* von außen dagegen bleiben Genüsse in Qualität und Quantität ohnehin verschlossen.

Zweitens sind Bedürfnisse („Genüsse") nicht isolierbar, weil sie durch kognitive Akte vermittelt werden. Es sind in der Wirtschaft *erkannte* Bedürfnisse, die ihren Inhalt in einem Komplex von Erfahrungen und Gedanken vermitteln. Es „gibt keine isolierte Befriedigung einzelner Bedürfnisse."[21] Man kann Bedürfnisse wegen ihrer kommunikativen, kognitiven Vermittlung auch nicht auf eine „Natur des Menschen" zurückführen.[22] Bedürfnisse kommen den Menschen nicht *natürlich* zu; man kann sie nicht zu Produkten (als physischen Formen) in eine ein-eindeutige Relation bringen. Sie sind situativ eingebettet und kognitiv bestimmt.

Drittens, daraus folgend, sind „Genüsse" als Bedürfnisse vielfältig vermittelt. Man kann deshalb überhaupt nicht von einer einfachen Wiederholung sprechen. Warum sollte der Genuss eines Espresso auf einem Platz in Venedig weniger Genuss bereiten

---

wenn er sagt: „Ebensowenig kann ich denen beistimmen, die meinen, Gossen habe Bentham nicht gelesen. Vielmehr ist er ein so rigoroser Utilitarier und zeigt so viele Anklänge an Bentham, dessen Werke gerade damals ins Deutsche übersetzt wurden, dass die Übereinstimmung geradezu wunderbar wäre, wäre Bentham Gossen unbekannt geblieben." L. Brentano (1925), S. 396.

[20] „Das Nachdenken über einen und denselben Gegenstand, sei es, dass der Mensch dieses allein vollbringt, oder dass er hierbei unterstützt wird durch das Gespräch mit anderen, wird für ihn so lange an Interesse zunehmen, bis er den Gegenstand ganz erfasst hat. Wer erinnert sich nicht des Genusses, den ihm die wirkliche oder geglaubte Entdeckung einer neuen Wahrheit gewährte. (...) Das wiederholte Behandeln eines und desselben Gegenstandes erregt dann bei jeder neuen Wiederholung einen um so geringeren Genuss, je öfter und in je kürzeren Zeiträumen die Wiederholung stattfindet." (6)

[21] O. Spann (1928), S. 162.

[22] Vgl. T. W. Adorno, GS Bd. 8, S. 392.

als der Espresso nach einem guten Essen in Paris, nur weil ich *später* in Paris bin? Warum eigentlich nicht umgekehrt? Ein quantitatives Mehr oder Weniger ist schlicht eine völlig unsinnige *Kategorie*, um diesen Sachverhalt zu beschreiben.

Viertens sind die Fälle, an denen tatsächlich das Phänomen der Sättigung auftritt, keine einfachen Additionen. Wer kauft schon dasselbe Buch mehrmals – und dennoch hat man vielleicht eines Tages von George Simenon genug Krimis gelesen. Wer isst mittags genau den gleichen Bissen zweimal? Das Gleiche ist nicht das Selbe, und wenn einer Sache die definierte Einheit fehlt, dann ist jede Projektion von *Zahlen* auf den Sach*verhalt* nur schlechte Numerologie.

Fünftens gibt es unzählige Phänomene, bei denen gerade die *Wiederholung* des „Genießens" einen Lerneffekt beinhaltet, der jede Vergleichbarkeit aufhebt. Wer dasselbe Musikstück zum wiederholten Male spielt, wird davon ebenso einen Begriff haben wie ein Weinkenner oder jemand, der im Liebesakt durch dessen Wiederkehr seine Empfindungsstiefe zur/zum Geliebten erhöht. Gar, wie Gossen das „Licht" – warum nicht das Atmen? – als Beispiel heranzuziehen, ist von seltsamer Schrulligkeit, die man dem gelangweilten preußischen Beamten Gossen im Ruhestand gerne zubilligen mag – wenn aber darin die Begründung einer ganzen ökonomischen *Schule* liegt, wenn daraus das „Gesetz vom sinkenden Grenznutzen"[23] als Axiom der modernen Mikroökonomie entwickelt wird, dann hört auch der Genuss auf, den man für derlei Kanzlei-Phantasien aus dem 19. Jahrhundert empfinden mag.[24]

Gossen redet sofort von *Quantitäten* des Genießens, gibt aber unumwunden zu, dass seinen Abbildungen und Gleichungen *real* nichts korrespondiert: „Messungen beim Genießen vorzunehmen", dafür ist „noch kein Mittel gefunden". (9) Aber es *muss* scheinbar gerechnet werden, selbst wenn keine Maßeinheit definiert ist – und an dieser Denkform hat sich auch in der modernen Mikroökonomie nichts geändert.[25] Das Apriori dieser Denkform ist die *implizite* Recheneinheit *Geld*. Wodurch Gossen tatsächlich als „Klassiker" bezeichnet werden darf: Was immer als „Nutzen" behauptet wurde, noch niemand ist es gelungen, dafür eine psychologische oder andere empirische Begründung entdecken zu können – von *Messung* zu schweigen. Wie sollte man auch? Der Nutzen ist nichts anderes als eine aus der Geldverwendung vom cartesianischen Theoretiker aus seiner alltäglichen Teilnahme an einer Geldökonomie je schon projizierte Kategorie.

4.6.2.5 Die heimliche Horizont: Geld

Auch bei Gossen zeigt sich das unmittelbar. Auf der Seite 14 entwickelt er Gleichungen für eine Größe „e", die als die auf den jeweiligen Genuss „verwendete Zeit" interpretiert wird. Die Summe der e's ergibt E. Diese Zeiteinheiten werden zum Argument einer Funktion, in der die „Summe des Lebensgenusses ausgedrückt" (18) ist, von Gossen mit

---

[23] Dieses „Gesetz" bleibt *kategorial* in einer ordinalen Präferenztheorie gewahrt, z.B. in der Annahme der „Nichtsättigung" als Voraussetzung zur Ableitung von Marktgleichgewichten oder bei konvexen Präferenzmengen in Debreu's topologischer Interpretation von Gleichgewichten.

[24] Gossen wurde 1810 in Düren geboren, das zu diesem Zeitpunkt unter französischer Besatzung stand. Nach einem Studium in Bonn war er einige Jahre als Beamter im preußischen Staatsdienst (1844 Regierungsassessor in Magdeburg, später in Erfurt) tätig und setzte sich 1847 zur Ruhe.

[25] Dass sich dieses Müssen wiederum der durch das Geldsubjekt modifizierten Denkweise verdankt, lässt sich auch hier erahnen. Die Welt wie selbstverständlich einem Kalkül zu unterwerfen, dies wird sich durch die Analyse des Geldsubjekts als dessen Wesen zeigen; vgl. Teil 5.

W bezeichnet. Die Ableitung von W nach E bildet dann die Grundlage für das, was bei den Nachfolgern „Grenznutzen" heißt. Einige Reflexionen und viele Seiten weiter lässt Gossen aber ungeniert die *wahre* Vorstellung *hinter* diesem Modell erkennen: „Der Mensch erlangt also ein Größtes von Lebensgenuss, wenn er sein ganzes erarbeitetes *Geld*, E, der Art auf die verschiedenen Genüsse verteilt, die e so bestimmt, dass bei jedem einzelnen Genuss das letzte darauf verwendete Geldatom den gleich großen Genuss gewährt." (93f.) Das „Atom des Genusses" (29) hat sich in seinem vorausgesetzten Begriff zu erkennen gegeben: Es ist einfach eine Rechnungseinheit in *Geld*.[26]

Diese letztere Reflexion ist auch durchaus sinnvoll, denn jeder in einer Geldökonomie muss mit seinen Geldmitteln haushalten und sie auf verschiedene Käufe verteilen. Dass die gekauften Güter auch Bedürfnisse befriedigen, ist unbestritten. Doch kommt ihnen *von ihrer Seite her* kein Maß zu. Die *äußere* Quantität eines Produkts (z.B. 1 Pfund Zucker, 2 Ltr. Milch) steht zu einem Bedürfnis in keinem direkten *Maßverhältnis*. Zudem erschleicht Gossen durch die Umdeutung der „einzelnen Atome eines und desselben Genussmittels" (31) in „Geldatome" eine strukturelle Umkehrung: Die Genussatome wurden von ihm vorgestellt als *zeitliche Folge* des Genießens. Wer für seine Einkäufe mit einer bestimmten Geldsumme zu disponieren hat, verteilt aber das Geld auf einen Warenkorb zu einem bestimmten *Zeitpunkt*.

Falls Gossen allerdings – in dem zitierten Satz, in dem er vom „Lebensgenuss" redet – das *Lebenszeiteinkommen* meint, so wäre die schlichte Frage zu stellen, wer darüber ein Wissen hat. Natürlich ist diese Frage auch an Gossens Nachfolger (Milton Friedman und seine Theorie vom „permanenten Einkommen"[27]) zu richten. *Kategorial* hat sich seit Gossens Verwirrung über diesen Punkt kein wissenschaftlicher Fortschritt ergeben. Denn auch dann, wenn man künftiges Geldeinkommen mit gewissen „Wahrscheinlichkeiten" versieht, bleibt die Lebensspanne ungewiss – ich sage „ungewiss", nicht *unsicher* vom Standpunkt eines Metabeobachters aus, der in einer Lebensversicherungsgesellschaft Sterbetabellen für Versicherungsverträge zugrunde legt.[28] Gossen spricht von einer *Handlungsmaxime*, und diese Maxime beruht auf einer schlicht *unmöglichen* Voraussetzung, auch dann, wenn man den unklaren Begriff einer Größe des Genusses durch die tatsächliche Recheneinheit „Geldeinkommen" ersetzt. Gossen beginnt seine Reflexion nicht mit einem Geldeinkommen, er spricht abstrakt von „Genussatomen".

Aber lassen wir diesen Einwand auf sich beruhen und betrachten die logische Struktur seines Arguments: Das Genießen ist *in sich selbst* widersprüchlich, denn einmal strebt man nach größtmöglichem Genuss, andererseits nimmt der Genuss abhängig von der konsumierten Menge *ab*. Gossen geht davon aus, dass mit der Wiederholung desselben Genusses die zusätzliche Genuss*größe* abnimmt, „bei den geistigen Genüssen sowohl, wie bei den materiellen." (7) Das Ziel, den Genuss zu maximieren, sieht sich also einer entgegenwirkenden Gesetzmäßigkeit gegenüber. Dieses Gesetz wird von *Gott* teleologisch so festgelegt, denn „gerade dadurch, dass der Schöpfer die Kraft zu genießen, die Genusssucht, diesem Gesetze unterwarf" (7), verfolgt er eine tiefere Absicht.

---

[26] „Die Vorstellungen (…), die in Zahlen einen Ausdruck finden, sind etwas, das von jedem Individuum gelernt werden muss, jedes Individuum muss sich in diese Zahlenverhältnisse hineinleben, soweit sie seinem Bedürfniskreis betreffen. Es ist eine ganz irregeleitete Fiktion, dass die Preisziffern etwas allein aus der Psyche der Beteiligten heraus Erklärbares sind." O. v. Zwiedineck-Südenhorst (1955), S. 91.

[27] Vgl. M. Friedman (1957).

[28] Gossen war von 1849-1850 Leiter einer Anstalt Hagel- und Viehversicherung in Köln; vgl. E. Schneider (1965), S. 168, Note.

4.6.2.6 Bearbeitung der Außenwelt

Es gilt, die verfügbare Zeit zum Genießen auf *viele* Genüsse optimal zu verteilen. Aufgrund des abnehmenden Grenzgenusses wird jeder zunächst seine Zeit „auf den Genuss zu verwenden haben, der zuerst der größte ist, bis er so weit sinkt, dass er dem nächstfolgenden gleichkommt." (13) Schon diese Annahme ist völlig willkürlich: Viele erledigen Unangenehmes zuerst und sparen sich den höheren Genuss für später auf – das ist eine Frage der individuellen Disposition, sicher völlig ungeeignet, darin ein *allgemeines Gesetz* entdecken zu wollen. Ferner verschweigt Gossen, wie solche Grenzgenüsse, die doch sehr verschieden sind (z.B. der Genuss von Licht und Denken versus eine einfache Mahlzeit) *vergleichbar* sein sollen.

Bezieht man das Vergleichsmaß auf die *Zeitdauer*, die man für den Grenzgenuss verwendet, so ist das nur eine Scheinlösung, weil auch die *Zeit* subjektiv anders empfunden wird – wer intensiv nachdenkt, empfindet die Zeit anders als jemand, der gelangweilt und ohne Hunger ein häufig genossenes Gericht verzehrt. Die Uhr des Metabeobachters ist hier kein Bestimmungsgrund. Doch mit solchen Fragen hält sich Gossen nicht auf – denn die „Atome" des Genießens sind bei ihm, wie gezeigt, bereits in einer ganz anderen Einheit (dem Geld) stillschweigend vorgestellt. Was immer man sich bei dieser Konfusion auch denken mag: Die Grenzgenüsse werden nach Gossen so verteilt, bis sie gleich sind.[29]

Nun führt die so abgeleitete Regel vom Ausgleich der Grenzgenüsse allerdings zu einem Ruhezustand, der nicht die Absicht „des Schöpfers" gewesen sein könne. Wie lässt sich die „Genusssucht" dann noch weiter entfalten? Gossen antwortet: Nur durch „einen *neuen* Genus" (21). Ein neuer Genuss verschiebt, mag er auch noch so klein sein, die fallende Kurve der Genussatome *nach oben*, erhöht also den Gesamtgenuss. Diese Denkfigur und ihre formale Darstellung findet in der modernen Ökonomik ihre Entsprechung beim technischen Fortschritt. Auch der technische Fortschritt wird als *Verschiebung einer Produktionsfunktion* vorgestellt.[30] Gossen führt den „technischen Fortschritt" beim Konsum, bei den Genüssen ein. Doch *woher* kommt die Kenntnis neuer Genüsse? Sie ist ein Resultat des Forschungsdrangs der Menschen, meint Gossen, der sich damit als Streben nach neuen Genüssen interpretieren lässt. Durch seine „Gesetze des Genießens" kann der Mensch „seinen Lebenszweck" nur erreichen,

„wenn ihm die ganze Schöpfung mit allen in ihr wirksamen Kräften bekannt sein wird, weil er erst dann die Gewissheit erhält, alle dem Menschen möglichen Genüsse, sowie die Möglichkeit ihrer Steigerung zu kennen, daher die erste Regel für sein Handeln, mit allen Kräften danach zu streben, diese Kenntnis zu erlangen. Man sieht daher, wie der Schöpfer durch die Art und Weise, wie er die Gesetze des Genießens einrichtete, sich die unverbrüchliche Gewissheit schaffte, dass das Menschengeschlecht nicht rasten werde, in Kunst und Wissenschaft fortzuschreiten, bis es das Ziel erreicht haben wird, welches er in seiner unbegreiflichen Weisheit zu stecken für gut befunden hat." (23)

---

[29] In der heute geläufigen Ausdrucksweise kann dieser Gedanke so dargestellt werden: Ist $u(x_1, x_2,...x_n)$ eine Nutzenfunktion mit den Verwendungsarten $x_1, x_2,...x_n$ eines Gutes x_0, mit $u_i(.) > 0$; $u_{ii}(.) < 0$, $i = 1,...,n$ und $\sum_i x_i = x_0$, so werden die Verwendungsarten im Optimum gemäß ihrem Grenznutzen $u_1(.) = u_2(.) = ... = u_n(.)$ verteilt. Das Ergebnis erhält man durch eine Maximierung von $u(.)$ unter der Nebenbedingung $\sum_i x_i = x_0$.

[30] Vgl. „Wir wollen (.) die Innovation einfach als die Aufstellung einer neuen Produktionsfunktion definieren." J. A. Schumpeter (1961), S. 95.

Der Fortschritt ist eine notwendige Folge des Genussstrebens, das Gott unter das Gesetz sinkender Grenzgenüsse gestellt hat. „Streben nach Wissen" heißt bei Gossen also einfach „Genießen des Nachdenkens". Eine *Erklärung* des Fortschritts, der kreativen Prozesse der Forschung, ist damit nicht gefunden, wohl aber eine theologische Rhetorik mit mathematischen Mitteln.

Hier sieht nun Gossen den logischen Ort für die *Definition* des ökonomischen „Wertes". Aus der Erkenntnis der „Einwirkung auf die Außenwelt" ergibt sich die Möglichkeit, die Außenwelt in eine „in Beziehung zum Lebenszweck des Menschen verbesserte Gestalt" (24) zu verwandeln. Deshalb sei die Untersuchung der Außenwelt, ihre Erkenntnis, gezwungen, „einen Maßstab zu finden, mit dessen Hilfe verschiedene Zustände der Außenwelt mit einander verglichen werden können." (24) Die Zustände der Außenwelt haben damit „*für uns Wert*" (24). Dies nicht erkannt zu haben, so fährt der Kopernikus der Ökonomik fort, ist der Mangel aller Nationalökonomen. Der Wert ist keine *absolute* Größe, er besteht nur *relativ* zum Lebensgenuss. Für die Außenwelt gilt, „dass die Größe ihres Wertes demnach genau gemessen wird durch die Größe des Lebensgenusses, den sie uns verschafft." (24)

Der Außenwelt kommt also nach Gossens Anschauungsweise nur ein relativer Wert zu; für ihn gilt, dass „Nichts existiert, dem ein sogenannter absoluter Wert zukäme". (46) Nun verschweigt Gossen nur, welcher der von ihm befehdeten Nationalökonomen jemals die Auffassung vertreten hat, dass „der Außenwelt" ein absoluter Wert beizumessen sei. Wenn man mit Außenwelt – wie Gossen – „die Erdoberfläche" meint, dann haben Thünen und Ricardo gesagt, dass der Boden zwar eine Differentialrente abwirft, dies aber *relativ* zum Bedarf der Bevölkerung, die sich in der Nachfrage nach Getreide ausdrückt. Der fruchtbarere Boden erlaubt es dem Grundeigentümer, durch sein Eigentumsmonopol die Differenz zwischen dem Marktpreis und seinen – aufgrund der höheren Bodenfruchtbarkeit – Bebauungskosten als Bodenrente einzustreichen. Doch offenkundig hängt deren Höhe, damit auch der „Wert" des Bodens, vom Preis für Getreide ab, der wiederum von der Nachfrage, also auch von den „Genüssen der Konsumenten" abhängt, um in Gossens Jargon zu reden. Was Gossen also als kopernikanische Wende gegenüber den Nationalökonomen feiert (46ff.), das ist nur dem Mangel an Kenntnis der klassischen Literatur geschuldet. Wenigstens Thünens *Der isolierte Staat* wäre ihm auf Deutsch vorgelegen, um seine Selbstinszenierung etwas zu dämpfen.

Ist somit der Wert also pfiffig dadurch bestimmt, welchen *Lebensgenuss* die Außenwelt der Menschheit bereitet – hier eine kleine Differenzierung anzubringen: Welche Teile der Außenwelt welchen Menschen auf welchen Stellen der „Erdoberfläche" welche Genüsse bereiten, diese Frage hält Gossen für entbehrlich –, schreitet er weiter in der Ableitung seiner Grundbegriffe. Denn die Einsicht in die vielfältigen Genüsse der Außenwelt erfordert „das Vornehmen einer Bewegung, abgesehen davon, ob die Bewegung selbst genussbringend oder beschwerdeverursachend wirkt", und, man ahnt es, diese Bewegung stellt eine weitere ökonomische Grundkategorie dar: Uns etwas als „neues Genussbringendes d.h. Wertvolles zu schaffen, nennen wir nun bekanntlich ,arbeiten'". (38) Durch Arbeiten können „wir" unsere Lebensgenüsse erhöhen. Dann muss für die Wertbestimmung allerdings vom Genuss ein mögliches „Arbeitsleid"[31] (bei

---

[31] „Disutility of labour", W. St. Jevons (1888), S. 178. „Jede Art von Arbeit (…) schließt (…) ihrem Begriffe nach ein Opfer in sich", H. v. Mangoldt (1868), S. 26. Vgl. dagegen: „Nun gibt es seltnere Menschen, welche lieber zugrunde gehen wollen, als ohne Lust an der Arbeit arbeiten (…), und die schwerste, härteste Arbeit, wenn es sein muss." F. Nietzsche (1969: 2), S. 66.

4.6.2 Hermann Heinrich Gossen

Gossen die „Beschwerde", sich Genüsse zu verschaffen) subtrahiert werden (35), um zu einer korrekten Messung des Nettogenusses zu kommen.

Nachdem nun über viele Seiten ein Robinson genossen, neue Erkenntnisse gewonnen und auch gearbeitet hat – er taucht *kategorial* meist mit den Namen „wir", „die Menschheit" usw. auf –, entdeckt Gossen, dass sich der Genuss *für viele* Menschen noch steigern lässt: Durch Tausch. Denkt man sich – wie auf einem Schulhof – die Güter auf eine Menge von Menschen verteilt, so lässt sich deren jeweilige Genusshöhe noch steigern, wenn sie anfangen, ihre Güter auszutauschen, wodurch „eine außerordentliche Wertvermehrung bewirkt werden kann." (82) Dieser Wertzuwachs beim Tausch erwächst nicht aus einer Veränderung der Außenwelt, sondern wird „lediglich durch diesen (sc. den Tausch) hervorgebracht" (82). Hierbei wird je zwischen zwei Personen solange getauscht, bis „der Wert der verschiedenen Gegenstände für beide ein gleich großer sei." (82) Ein Gedanke, der sich unschwer wieder in einige Diagramme verpacken lässt, auf denen nun die Kurven mit sinkenden (Grenz-)Genüssen *verschiedener* Individuen problemlos nebeneinander gestellt werden. Gossen bemerkt, dass solch ein Vergleich auch gleiche Individuen voraussetzt, also Individuen „in gleichem Alter, in gleicher Lebenskraft, versehen mit gleichen Mitteln, auf gleicher Bildungsstufe, von gleichen Neigungen u.s.w." (83) Jedoch: „Diese Voraussetzung trifft in der Wirklichkeit selbstredend niemals genau zu; aber das Wegfallen derselben modifiziert das gewonnene Resultat nur quantitativ". Seine Zeichnungen (vgl. Abbildung 4.3) kommentierend, die die Genüsse verschiedener Individuen als fallende Linien („Dreiecke") zeigen, fährt Gossen fort: „denn durch dieses Wegfallen wird ja nur bewirkt, dass ein anderes Dreieck das Bild des Wertes für den anderen Menschen darstellt" (83).[32]

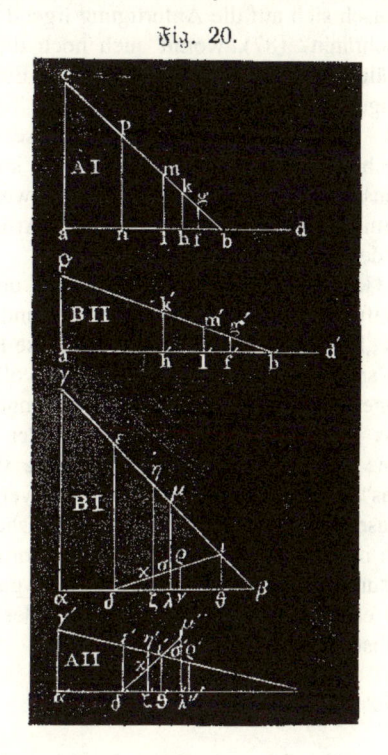

Abb. 4.3
Wertdreiecke verschiedener Individuen
Quelle: Gossen (1854), S. 83

In diesem Gedanken ist das grundlegende Unverständnis, der methodische Mangel der Gossenschen Robinson-Reflexion offenkundig. Die Verschiedenheit der Individuen wird auf ein *Quantum* reduziert, auf eine andere (in heutiger Sprechweise) Grenznutzenkurve. *Qualitativ* sind darin aber alle Individuen *gleich* gedacht als Wesen, deren

---

[32] In der Wohlfahrtsökonomik wird Gossens Problem uneingeschränkt reproduziert, auch wenn die Sprache sich etwas gewandelt hat: „In regard to the distribution of a fixed stock of goods among a number of individuals, classical welfare economics asserts that a necessary and sufficient condition for the distribution to be optimal (…) is that the marginal rate of substitution between any two commodities be the same for every individual." K. J. Arrow (1950), S. 507.

Genüsse man messen und vergleichen kann. Kaum könnte deutlicher werden, inwiefern Gossen hier *seinen impliziten* Geldmaßstab auf eine erfundene Tauschpopulation projiziert – exemplifiziert an seinem „Versuch bei Kindern" auf dem Schulhof (86). Doch Gossen leitet daraus unverdrossen sogar einen gesellschafts*bildenden* Effekt des Tauschs ab, sofern die Menschen entdecken, „dass im Zusammenleben der einzelne Mensch sich auf die Anfertigung irgend einer beliebigen Zahl bestimmter Gegenstände beschränkt" (87), womit auch noch die *Arbeitsteilung* ihre kategoriale Bestimmung erhält (88). Und da Gossen die ganze Erdoberfläche im Blick hat, werden diese arbeitsteiligen Produkte „in den entlegensten Teilen der Erde hergestellt" (88). Daraus erwachsen – selbstredend – große Hindernisse. Doch diese Hindernisse lassen sich beseitigen, durch eine *neue* Spezialisierung: „Es kann darum mit anderen Worten von einzelnen Menschen als Arbeit übernommen werden, diese Hindernisse wegzuräumen." (89) Damit ist „nach Einführung (!) der Arbeitsteilung" (89) zugleich auch die Bedingung für den *Handel* gesetzt.

Gossen übersetzt diese Reflexion und ihr „Ergebnis", die Ableitung von Wissenschaft, Wert, Arbeit, Arbeitsteilung und Handel, sogleich in den normativen Lehrsatz des „Freihandels". Bei ihm lautet diese Parole des Liberalismus so, „dass der Einzelne, um seinen eigenen Lebenszweck in vollkommenster Weise zu erreichen, seine Handlungen so einrichten muss, dass bei ungehinderter Wirksamkeit das Endresultat das ist, dass jener Lehrsatz sich in vollendeter Weise ausgeführt findet." (91). Er bewundert seine eigene Deduktion, erkennt „die wunderbare Schönheit der Gesetze des Genießens" (91), die sich hier zeigen, und vergleicht diese Schönheit und das darin liegende „Dasein der Aufgabe" (91) mit der bisherige Theorie der Nationalökonomen, die letztlich nur „zu den hirnverbrannten Theorien des Kommunismus und Sozialismus Veranlassung gegeben hat." (91) Dass seine ganze, mathematisch bebilderte Reflexion entweder eine Folge leerer Tautologien oder trivialer Wortdefinitionen war, trübt Gossens Selbsteinschätzung in keiner Weise.

4.6.2.7 Die Ableitung des Geldes

Tatsächlich führt er auf mustergültige Weise fast alle Denkfehler der späteren ökonomischen Theorie vor, die sich von der „subjektiven Wertlehre" beeindruckt zeigt. Das wird besonders deutlich, wenn wir schließlich noch seine „Ableitung des Geldes" betrachten. Allerdings zeigt sich gerade hier, dass sich seine Denkfiguren bereits bei jenen Ökonomen finden, die zu kritisieren (oder zu studieren) sich Gossen ersparte. Die Arbeitsteilung geht für ihn aus der Erkenntnis hervor, dass sich durch Tausch der Genuss steigern lässt, wie zuvor die „Arbeit" aus der nämlichen Erkenntnis „abgeleitet" wurde. Doch die „erhebliche Ausdehnung der Arbeitsteilung" bleibt nicht ohne Folgen; es wird sich „für den (!) Menschen bald die Schwierigkeit zeigen, welche, sobald sie in größerem Maß eintritt, die Einrichtung des Handels nötig macht, die Schwierigkeit nämlich, gerade den Menschen zu finden, der das eigene Produkt wünscht, und das gewünschte zum Austausch besitzt." (92) Doch wo Schwierigkeiten vorliegen, ergeben sich Lösungen. Die Menschen werden sich den „Besitz eines Gegenstandes von wirklichem Wert" (92) verschaffen, der die Wahrscheinlichkeit, einen Tauschpartner zu finden, erhöht, und sie werden diesen Gegenstand vorwiegend zum Tausch verwenden.

> Bei „häufigerer Wiederholung eines solchen Tausches unter verschiedenen Menschen muss (!) denn bald der Gegenstand gefunden werden, der jene Eigenschaften am längsten behält, und daher bei einem solchen Tausch am Wünschenswertesten ist, und diesen wird dann Jeder, wenn er keinen wirklichen Wert erlangen kann, im

Tausch um so mehr zu erlangen suchen, als die allgemeinere Anerkennung dieses Vorzugs einen Tausch gegen diesen Gegenstand auch dann leicht macht, wenn dieser selbst auch für den Mittauschenden keinen Wert hat. So muss (!) es denn bald dahin kommen, dass in der Regel bei jedem Tausch der vorgenommen wird, der eine der vertauschten Gegenstände in demjenigen besteht, bei welchem jene Eigenschaft zur Anerkennung gelangt ist, dass mithin dieser Gegenstand allgemein als Tauschmittel benutzt, zu Geld wird." (92f.)

Wenn an die Stelle eines Arguments die Versicherung eines *empirischen Müssens* – nicht zu verwechseln mit einer kategorialen Denknotwendigkeit – tritt, hat sich der erklärende Gedanke bereits verabschiedet und erspart fast einen Kommentar. Ein empirisches Müssen leitet sich immer aus einem vorausgesetzten *Zweck* ab, der eine Sache dadurch erklärt, dass sie eben so besonders „zweckmäßig" sich verhalte. Dieser Gedanke macht später Karriere durch diverse *Geldfunktionen*, die zu erfüllen sich das Geld anzuschicken habe, um zu sein, was es sei – die Fadheit teleologischer Erklärungen, von denen die scholastische Theologie nur so wimmelt.

Die ansonsten erkennbare *Zirkularität* von Gossens „Gelderklärung" möchte ich hier nicht kritisieren – sie findet sich in zahlreichen anderen „Geldableitungen". Gossen sieht so wenig wie seine Vorläufer und Nachfolger, dass das *Gelten* des Geldes, die „allgemeine Anerkennung" nicht vorausgesetzt werden kann, weil damit schon das Geld vorausgesetzt ist – zu schweigen davon, dass jede „häufige Wiederholung" eines Tauschs nichts weniger *als eben diesen vielfältigen Tausch* voraussetzt, der aber aufgrund der „Schwierigkeiten" gar nicht *ohne Geld* stattfinden kann. Das Geld wird von Gossen dafür in seiner Leistung gepriesen, „das gemeinschaftliche Maß zur Bestimmung der verschiedenen (Genussatome)" (93) zu werden. Doch ein *gemeinschaftliches* Maß kann man nicht ohne Zirkel aus einer „allgemeinen Anerkennung" einer Ware von „wirklichem Wert" ableiten – zu schweigen davon, dass Gossen hier „Wert" ganz anders bestimmt, nämlich bezüglich einer *intersubjektiven Anerkennung* der Dienlichkeit im Tausch bei verschiedenen Subjekten, nicht mehr, wie zuvor, als Dienlichkeit der Außenwelt „für uns" (24). Außer dem vagen Hinweis, dass hier alles irgendwie zusammenhänge, ergibt sich kein *Gedanke* in dieser Reflexion.

Es ist unschwer erkennbar, dass Gossen, bewegt von seinem Bestreben, gegen die „hirnverbrannten" Theorien der Kommunisten (die sich wiederum den „falschen Lehren der Nationalökonomen" verdanken) die tiefe Weisheit der göttlichen Schöpfung zu preisen, die *sozialen*, also *intersubjektiven* Strukturen hierbei überhaupt nicht zur Kenntnis nimmt. Auch der Vorteil des Tauschs bleibt auf den Gesichtspunkt des individuellen Vorteils beschränkt, woraus sich weder Arbeit noch eine Arbeitsteilung „ableiten", sondern nur als leere Worthülse *definieren* lassen. Verglichen mit der analytischen Fertigkeit eines Jevons, Walras oder Menger ist Gossens Theorie – entgegen der Auffassung seiner Nachfolger – eher ein hilfloser Versuch in einer umständlichen mathematischen Sprache. Gleichwohl ist Gossen ein *Klassiker*, sofern die ideologische Funktion, die *implizite Ethik* der später sich „positiv" oder „rein" nennenden Ökonomik bei ihm noch *explizit* erscheint. Seine ganze Anlage der Argumente zielt ungeniert auf Moralregeln, die als Ausfluss göttlicher Offenbarung zu bezeichnen, er sich nicht nehmen lässt.[33]

---

[33] „Not to weaken", sagt Stark über Gossen, „but to cultivate the selfish instinct, given to us by God – not to oppose but to further its operation, is, therefore, the proper end of all ethical action, and, in particular, of all scientific work." W. Stark (1943), S. 152.

Die „reine" oder „positive" Ökonomik hat später das göttliche Telos entfernt, aber die „Gesetze" beibehalten. An die Stelle des göttlichen Gesetzgebers tritt bei Jevons, Menger und Walras *die Natur*, genauer die Mechanik. Was bei Gossen als „Natur" erscheint, ist der Ausfluss einer göttlichen Weisheit. Ihr Inhalt dagegen ist reichlich profan und meint, man solle sich im egoistischen Wettbewerb der Geldökonomien ungeniert um seinen eigenen Genuss kümmern. Beim klassischen Dreigestirn Menger-Jevons-Walras, den Vätern der subjektiven Wertlehre, wird dies zu einer Mechanik der Natur: „The theory here given may be described as *the mechanics of utility and selfinterest*."[34] Das Ideal ist nunmehr völlig physikalistisch, und die Morallehre verpuppt sich in der Form einer „physisch-mathematischen Wissenschaft"[35] als *implizite Ethik*. Dass sich *kategorial* nichts ändert, wenn man als cartesianischer Beobachter von der Bewunderung der göttlichen Gesetze in der Schöpfung zur Bewunderung der Naturgesetze übergeht, liegt auf der Hand.

4.6.2.8 Die Wiederkehr der Wirklichkeit

Was Gossen an *Schlussfolgerungen* aus seinen begrifflichen Deduktionen bietet, ist allerdings der Rang von „Klassizität" *darin* nicht abzusprechen, dass er in archetypischer Weise alle ideologischen Phrasen späterer Ökonomen (allerdings teils auch nur in Reproduktion der Auffassungen der Klassiker) ausspricht. Er formuliert in seinen Handlungsmaximen das liberale Credo der Deregulierung: Eine Regierung „hat einzig dahin zu wirken, den Übergang von einer Produktion zur andern möglichst zu erleichtern, und muss darum nicht bloß jene künstlich und willkürlich gemachten Schranken wegräumen, sondern auch auf die Beseitigung der durch die Konstruktion der Schöpfung hervorgerufenen Hindernisse hinwirken." (158) Gott hat die Erde doch nicht ganz so vollkommen an die Menschen übergeben; er hat sie mit Disteln und Dornen versehen, die durch Arbeit zu überwinden sind. Dem von Gossen gepflegten Blick auf „*die* Menschheit" ist es hierbei entgangen, dass „unser Lebensgenuss" (38) zwar durch Arbeit zunimmt – vor allem aber durch die Ausbeutung der Arbeit *anderer*. Dass man die Macht des Geldes auch nutzen kann, die Märkte zu erpressen, sie zu reorganisieren mit dem Ziel, aus den Unternehmen und den dort Arbeitenden über Zins und Dividende einen maximalen Gewinn durch das Eigentumsmonopol abzuzweigen, das wollte Gossen so wenig bemerken wie seine Nachfolger.

Gossen ist – wie später die Neoklassiker oder jene Monetaristen, für die „Arbeitslosigkeit" nur eine Friktion der Märkte ist – davon überzeugt, dass es niemals „an Arbeit" mangeln wird. Er meinte sogar, es „ist ein Wahn (...), dass es der Menschheit, oder einem Teil derselben, einem bestimmten Volke, oder doch einem Einzelnen *jemals an lohnender Arbeit* fehlen könne, dass darum die Sorge, dergleichen Arbeit zu schaffen, mit zu den Pflichten der Regierung gehöre." (150)[36] Der Staat solle nur dahingehend eine Hilfe gewähren, „sobald wie möglich zu anderen Produktionszweigen überzugehen." (152) Doch – um Widersprüche wenig bekümmert – bemerkt Gossen kurz darauf, dass eine „temporäre Verdienstlosigkeit in einzelnen Produktionszweigen" dann doch ihren Grund „in dem Mangel an *lohnender* Arbeit" (157) habe. Woher bei einer göttli-

---

[34] W. St. Jevons (1888), S. xvi-xvii.
[35] L. Walras (1881), S. 3.
[36] Diese Behauptung wurde endlos wiederholt, unbekümmert um die Tatsachen: „(E)s kann nicht dazu kommen, dass Arbeitsfähige längere Zeit, viele Monate oder gar Jahre Arbeit suchen, ohne welche zu finden." L. v. Mises (1931b), S. 15. Man beachte das Erscheinungsjahr bei dieser Perle ökonomischer Reflexion in Gossens Tradition.

4.6.2 Hermann Heinrich Gossen

chen Ordnung der Märkte und völliger Zurückhaltung des Staates nun plötzlich ein *Mangel* an lohnender Arbeit herrühren soll, lässt Gossen im Dunkel. Ebenso bleibt die Herkunft von „schlechten Konjunkturen" (167) ein Rätsel.

Er betont immerhin, wie Adam Smith, dass die Arbeit an Maschinen die Menschen prägt und in eine bornierte Lebensweise zwingt. Er sieht hier sogar einen „irregeleiteten Egoismus" (167) – im Unterschied zum göttlich gewollten Egoismus, der auf Mitleid zu verzichten hat (101): „Menschen, die in einem so frühen Alter zu derartigen Arbeiten missbraucht werden, finden sich erwachsen von so mangelhafter geistiger und körperlicher Ausbildung, dass sie nur eben befähigt erscheinen, ihre Arbeitskraft im Fabrikwesen ihr ganzes Leben hindurch zu verwerten." (167) Es ergibt sich ein Teufelskreis, denn die mangelnde Ausbildung führt zu niedrigen Einkommen. Die niedrigen Einkommen zwingen die Familien, ihre Kinder arbeiten zu lassen, die darum bereits früh geistig und körperlich verkümmern und wiederum nur niedrige Einkommen erzielen. „Dieser Zwang setzt diese unglückseligen Menschen dann in die Lage, sich bei neu eintretenden schlechten Konjunkturen unausgesetzt eine Herabsetzung ihrer Belohnung gefallen lassen zu müssen". (167) Und dadurch wird „das Übel verewigt" (167). Dieser von Gossen korrekt beschriebene Sachverhalt, der schon Smith beunruhigt hat und den Friedrich Engels in seinem berühmten Buch zur „Lage der arbeitenden Klassen in England"[37] ausführlich schilderte, hat sich bis heute keineswegs gebessert, sondern nur globalisiert. Hier spricht Gossen also tatsächlich eine Struktur an, die sich im Kapitalismus beobachten und erfahren lässt; seine Diagnose ist in groben Zügen zutreffend. Und diese Diagnose widerspricht diametral dem, was er zuvor in Formeln und Bildchen konstruiert hatte. Dass also von einer „Lösung der sozialen Frage"[38] durch diese Theorie – wie Walras ihm schmeichelte – keine Rede sein kann, gibt Gossen selbst zu.

Wie aber geht er damit analytisch um? Er ist gezwungen zuzugestehen, dass die schöne Konstruktion, die er noch eben als wunderbare göttliche Ordnung lobte, doch mit hässlichen Flecken besudelt ist. Die Armut, die er hier *empirisch* konstatieren muss, ringt ihm ein erstaunliches Eingeständnis ab: „Auch diese Erscheinung hat daher mit dem Wohlstande im Allgemeinen nichts zu schaffen." (167) Es wäre also angebracht, seine ganze Konstruktion, die von der Fiktion eines sich innerlich differenzierenden Robinson-Bewusstseins des Strebens nach Genuss ausgeht, neu zu überdenken. Doch weit gefehlt. Gossen bleibt bei einer moralischen Empörung und *fordert* nun genau das, was er wenige Zeilen zuvor *analytisch* korrekt als *Verschärfung* der Situation der Armen beschrieb: Die Abschaffung der Kinderarbeit, „und dieses zu beanspruchen, heißt ja wahrlich für den Menschen nur das fordern, was wir freiwillig unsern Haustieren gewähren!" (167) Nun will ich ihm hier keineswegs widersprechen. Doch hat dies zur Voraussetzung, die eben gepriesene Freiheit der Märkte als ethischen Prozess zu *verstehen*. Verzichtet man darauf und errichtet nur Verbote, so ist der Effekt dieser Forderung Gossens nur die Vertiefung des Elends: Die Einkommen der Familien, deren Kinder nicht mehr arbeiten dürfen, würden sinken.

Das hier von Gossen diskutierte – global hoch aktuelle – Beispiel zeigt, dass die Durchführung seiner Theorie unfähig ist, sowohl die von ihm selbst beschriebenen empirischen Erscheinungen zu erklären, noch das heimliche Ideal eines egoistischen Kapitalismus einer wirklichen Kritik zu unterziehen. *Davon* hält ihn seine stramme Gegnerschaft gegen die „hirnverbrannten Theorien der Kommunisten" ab. Deshalb ist seine Empfehlung zur Lösung dieses Problems beredt. Er entdeckt, dass der in der Armut erkennbare Mangel durch die Einbeziehung *anderer* Länder zu beheben wäre.

---

[37] F. Engels, MEW 2, S. 226ff.
[38] L. Walras (1971), S. 286.

Denn es wäre „ein sonderbares Zusammentreffen, wenn unter den ungeheuren Landesstrecken, welche in anderen Weltteilen noch nicht für eine Produktion in Beschlag genommen sind, sich nicht diese weit besser geeignete finden sollten, wie so manche der hier in Europa benutzten." (168) So bleibt entweder – dem 19. Jahrhundert ein vertrauter Gedanke – die imperiale, koloniale Eroberung ... oder, wie Gossen empfiehlt, die „Auswanderung", und er kann sich gar nicht genug „darüber wundern, dass dieselbe nicht schon weit früher massenhaft stattgefunden hat." (168)

Damit bleibt es bei der Empfehlung an jene, denen die Märkte ein lebenswertes Leben nicht zu bieten vermögen, sie mögen doch bitte das System, das Gossens Theorie als harmonisch-gottgewollte Ordnung zu schildern trachtete, *einfach verlassen*. Darin hat er – wohl eher unfreiwillig – die Pointe der Effizienz des Kapitalismus, die aus der Grenzziehung durch das Geld auf den Märkten hervorgeht, ausgesprochen: Dieses System ist deshalb so erfolgreich, weil es ohne ethische Skrupel und unter dem nachhaltigen Pochen auf das Recht des Privateigentums darauf setzt, die sozialen Kosten der Gesellschaft und der Umwelt aufzubürden, die Gewinne aber zu privatisieren. Im Durchschnitt sei gleichwohl der Fortschritt unaufhaltsam, und es „weist die Statistik nach", dass „die Konsumtion von Genussmitteln, auf den Kopf der Bevölkerung gerechnet, in ununterbrochener Zunahme begriffen ist." (154) Auch in dieser Ideologie des Durchschnitts erweist sich Gossen als wahrer Klassiker seiner Zunft, die Aufschlüsse über das Glück der Menschen aus dem BIP *per capita* zu gewinnen versucht. Es fragt sich nur, wohin in einer globalen Ökonomie jenes Drittel der Menschheit auswandern soll, das auf ihren gänzlich unterdurchschnittlichen Kopf berechnet von zwei Dollar pro Tag ihr Leben fristen muss. Doch Gossen hat hier immerhin den heilsamen Gedanken der Theodizee parat, man lebe in der besten aller möglichen Welten, denn wenigstens der heilige Trost soll gelten: „Die Schöpfung ist vollkommen" (186).

Und damit wäre die Rückkehr aus der analytischen Ökonomik zur Theologie vollendet. Die „wahre Religion" findet sich in den „naturwissenschaftlichen Werken, zu denen", so Gossen über *sein* Werk, „auch das vorliegende im vollen Sinne des Wortes zu rechnen ist". (187)[39] Damit wird die Staffel an jene Ökonomen übergeben, die unter Verzicht auf einen göttlichen Gesetzgeber die „Gesetze der Wirtschaft" nach naturwissenschaftlichen Idealen proklamieren und sagen, „dass die Erscheinungen des wirtschaftlichen Lebens sich strenge nach Gesetzen regeln, gleich jenen der Natur"[40]. Auch bezüglich dieses grundlegenden Denkfehlers der Ökonomen kann man Gossen einen *Klassiker* nennen. Das theologische Selbstbewusstsein Gossens haben die zeitgenössischen Nationalökonomen dabei durchaus bewahrt, denn Gossen nennt die Ökonomik umstandslos eine „Religion" (188). Und jede Religion braucht ihre Priester: „Die Priester dieser Religion sind die Menschen, denen es gelingt, ein neues Gesetz zu entdecken, oder ein bekanntes näher zu bestimmen, oder seine Erkenntnis weiter zu verbreiten (...).

---

[39] „Gossen ist zunächst ein Prophet, der, wie viele andere, mehr oder weniger von Gott inspiriert ist, um, so scheint es, der Menschheit bedeutende Wahrheiten zu verkünden, im übrigen eine recht seltsame Religion, denn sie besteht aus reinem Egoismus." G. H. Bousque (1971), S. 294.

[40] C. Menger (1871), S. III. Vgl. „The laws of commerce, which are the laws of nature, and consequently the laws of God", E. Burke (1795), S. 81; „the laws of economics" W. St. Jevons (1888), S. 15, 46 und 89; „Very few of us are capable of reading Newtons's Philosophiae Naturalis Principia Mathematica or Laplace's Méchanique céleste; and yet, on the word of competent scientists, we all accept the current description of the universe of astronomical phenomena based on the principle of universal gravitation. Why should the description of the universe of economic phenomena based on the principle of free competition not be accepted in the same way?" L. Walras (1954), S. 428.

Sie bedürfen für die Ausübung dieses hohen Berufs keiner Weihe aus Menschenhand, sie sind durch den Schöpfer selbst so untrüglich bezeichnet, dass jeder Zweifel an ihrer Sendung schwindet." (188) Noch Fragen? Kaum einer der späteren Ökonomen hat das eitle Selbstverständnis dieser „orthodoxen Priester"[41] der Moderne ehrlicher und deutlicher beschrieben, als Heinrich Hermann Gossen. Insofern ist er wahrhaft ein Klassiker.

4.6.3 Carl Menger

4.6.3.1 Vorbemerkung

Das Werk Mengers wird in eine Reihe mit Jevons und Walras gestellt. Stigler sagt über Menger, was Bousquet analog zu Gossen formuliert hatte: „a famous but seldom read economist."[42] In den drei Autoren Jevons, Walras und Menger sieht man die Begründung eines einheitlichen, neuen ökonomischen Modells der Marginalanalyse und der subjektiven Wertlehre. Doch diese Betrachtung ist wenigstens schief, denn Menger verzichtete auf eine mathematische Darstellung, und in dieser kritischen Haltung sind ihm die Hauptschüler der von ihm begründeten österreichischen Schule gefolgt: Böhm-Bawerk, Wieser, Mises, Hayek und andere. Obwohl bei Menger – wie auf gleiche Weise bei Böhm-Bawerk – die *Kausalität* das zentrale metaphysische Prinzip ist, mit dem er wirtschaftliche Sachverhalte erklärt, so verwendet er doch keinen mathematisch-mechanischen Ansatz wie Jevons und Walras. Gleichwohl ist auch sein Begriff der Kausalität jener, der in der aristotelischen Kausalitätslehre nur *eine* Form der Ursache umfasste (die *causa efficiens*).

Auf der Grundlage dieses Kausalitätsmodells entwickelt Menger allerdings eine Denkform, die den Übergang von rationaler Konstruktion zu einer evolutionären Erklärung bedeutet. Seine Anhänger Mises und Hayek interpretieren deshalb Menger – neben der prinzipiellen Adaption seiner Wertlehre – vor allem *erkenntnistheoretisch* oder *methodologisch*. Mises stellt in seiner „Nationalökonomie" in einem Kapitel eigens „die methodologische Bedeutung der Mengerschen Lehre vom Ursprung des Geldes"[43] heraus. Während Mises darin eine Anwendung seiner (noch zu behandelnden) „Praxeologie" genannten Methode entdecken will, die eine praktische Umsetzung der menschlichen Vernunft sein will, interpretiert sein Schüler Hayek Mengers Theorie als eine *Evolutionstheorie der Institutionen* ohne Bewusstsein, vorgeführt und entwickelt am Geld. Von Menger wurde, sagt Hayek, „die für alle Sozialwissenschaften zentrale Bedeutung des Problems der spontanen Bildung von Institutionen und sein genetischer Charakter (...) entwickelt."[44] Inhaltlich sieht Hayek bei Menger in zentralen Fragen der Geldtheorie eine „wenig glückliche und recht irreführende"[45] Darstellung; Mengers eigentliche Bedeutung liege, sagt Hayek in Differenz zu Mises, auf soziologischem, weniger dem methodologischem Gebiet.[46]

Tatsächlich lassen sich für Mengers *Wertlehre* fast in allen Punkten Vorläufer finden – vor allem in Deutschland.[47] Seine Originalität liegt allerdings in einer, wie zu zeigen

---

[41] Mit diesem Begriff bezeichnet P. A. Samuelson (1966), S. 325, seinen Kollegen Robert Solow.
[42] G. S. Stigler (1937), S. 229.
[43] L. v. Mises (1940), S. 365-368.
[44] F. A. Hayek (1980-81: 1), S. 39.
[45] F. A. Hayek (1931), S. 30, Note.
[46] F. A. Hayek (1996), S. 18, Note 3.
[47] Vgl. die Beiträge in: B. P. Priddat (1997).

sein wird, tiefer gehenden Analyse des Tauschs und im Versuch, das Geld tatsächlich aus einem Evolutionsprozess in der Tauschgesellschaft abzuleiten. Menger selbst war bezüglich der Weiterentwicklungen seiner Theorie durch Wieser und Böhm-Bawerk sehr skeptisch. Es wäre deshalb verfehlt, die jeweils ganz anderen Ansätze bei Böhm-Bawerk, Mises und Hayek unter dem Titel „österreichische Schule" über einen Kamm zu scheren. Hayeks Anschauungen reichen zwar in viele Gebiete der Sozialwissenschaften hinein, stellen aber – entgegen den Anschauungen seiner treuen Fan-Gemeinde – kein einheitliches Denksystem dar; ich habe einige seiner Ansätze bereits aufgegriffen und werde weitere Bausteine jeweils an geeigneter Stelle kritisch skizzieren.[48] Mises' Theorie nahm eine eigenständige und geschlossene Form an; ich werde sie deshalb genauer und getrennt in einem eigenen Kapitel darstellen (4.6.5). Schumpeter – Schüler Böhm-Bawerks – ist bezüglich der Tausch- und Geldtheorie nur durch seinen *methodischen* Anspruch von Interesse, während ich Böhm-Bawerk später nur in seiner Zinstheorie näher diskutieren werde, denn seine Tauschtheorie enthält kaum eigenständiges, über Menger hinausreichendes Gedankengut (vgl. 4.5.7.7 und 6.2.3).[49]

Für die hier vorliegende Fragestellung – die Analyse von Tausch und Geld – konzentriere ich mich neben der Tauschanalyse bei Menger vor allem auf seine Ableitung des Geldes. Denn gerade sie soll ja – nach dem gemeinsamen Urteil von Mises und Hayek – das Musterbeispiel jener Methode beinhalten, die die „Österreicher" als ihre Innovation für sich reklamieren. An die Stelle abstrakter Methodenreflexion (vgl. auch Kapitel 1.3.3) möchte ich hier an der Analyse eines Sachverhalts (Tausch und Geld) den Mangel und das Scheitern der Mengerschen Theorie vorführen.

Bei Menger lassen sich bezüglich der Geldtheorie allerdings zwei unterschiedliche Antworten entdecken. Zwar versucht Menger, seine Analyse des Geldes auf seine Wert- und Tauschtheorie zurückzuführen. Wie sich aber zeigen wird, liegen bei ihm hier *kategorial* völlig verschiedene Problemstellungen vor. Weitere Fragen sind in diese beiden Hauptpunkte eingebettet; ich werde sie nur aufgreifen, sofern sie für die Analyse der Wert- und Geldtheorie von Bedeutung sind. Die über die hier untersuchte Fragestellung hinausgreifenden *erkenntnistheoretischen* oder methodischen Probleme in der Theorie und den Schriften Mengers habe ich zudem an anderer Stelle noch genauer untersucht.[50] Zusammengefasst kann man sagen, dass Menger in der Analyse der Tauschstruktur einige Entdeckungen machen konnte. Die Schlussfolgerungen bezüglich einer Evolution von Institutionen – wozu er auch das Geld rechnet – verwenden dann allerdings eine andere Denkstruktur, die sich als unhaltbar nachweisen lässt.

4.6.3.2 Mengers subjektive Wertlehre

Grundlage der methodischen Überlegungen ist für Menger eine rein subjektive Werttheorie. Der Wert ist für ihn eine Beziehung zwischen einem Individuum, *einem* Subjekt und einem „Gut":

---

[48] Vgl. 1.2.3; 2.1.2; 2.1.7, 4.6.4.1 und 6.3.5. Eine explizite Auseinandersetzung mit Hayeks Theorie findet sich in: K.-H. Brodbeck (2001a).

[49] Menger scheint Böhm-Bawerks Zinstheorie insgesamt abgelehnt zu haben, obwohl sie beansprucht, an Mengers Überlegungen unmittelbar anzuknüpfen. Schumpeter berichtet von einer Äußerung Mengers: „In seinem etwas pompösen Stil sagte er eines Tages zu mir: ‚Die Zeit wird kommen, wenn die Menschen Böhm-Bawerks Theorie als einen der größten jemals begangenen Irrtümer erkennen werden.'" J. A. Schumpeter (1965), S. 1033.

[50] K.-H. Brodbeck (2003b).

4.6.3 Carl Menger

„Der Wert ist demnach nichts den Gütern Anhaftendes, keine Eigenschaft derselben, eben so wenig aber auch ein selbstständiges, für sich bestehendes Ding. Derselbe ist *ein Urteil*, welches die wirtschaftenden Menschen *über die Bedeutung* der in ihrer Verfügung befindlichen Güter für die Aufrechterhaltung ihres Lebens und ihrer Wohlfahrt fällen, und demnach außerhalb des Bewusstseins derselben nicht vorhanden. Es ist demnach auch durchaus irrig, wenn ein Gut, welches für die wirtschaftenden Subjekte Wert hat, ein ‚Wert' genannt wird, oder aber die Volkswirte gar von ‚Werten', gleichwie von selbstständigen realen Dingen sprechen, und der Wert solcherart objektiviert wird. Denn das, was objektiv besteht, sind doch immer nur die Dinge, beziehungsweise die Quantitäten derselben, und ihr Wert ist etwas von denselben wesentlich verschiedenes, *ein Urteil nämlich, welches sich die wirtschaftenden Individuen über die Bedeutung bilden*, welche die Verfügung über dieselben für die Aufrechterhaltung ihres Lebens, beziehungsweise ihrer Wohlfahrt hat."[51]

Der *wirtschaftliche* Wert gründet also für Menger in einer Beziehung zwischen Individuum und äußerem Gegenstand. Mehr noch, ein Ding *wird* überhaupt nur ein Gut, sofern es in diese Relation eintritt. Daraus folgt, „dass die Güterqualität nichts den Gütern Anhaftendes, das ist keine Eigenschaft derselben ist, sondern sich uns lediglich als eine Beziehung darstellt, in welcher sich gewisse Dinge zu den Menschen befinden, eine Beziehung, mit deren Verschwinden dieselben selbstverständlich auch aufhören, Güter zu sein."[52]

Der Wert als *Bedeutung* eines äußeren Gegenstandes, der durch die subjektive Wertschätzung erst zum wirtschaftlichen Gut wird, stellt also formal eine Beziehung zwischen einem Individuum und einem Ding dar. Der Wert hat rein individuellen Charakter. Einen *objektiven Wert* gibt es für Menger nicht. Auch das Geld kann deshalb, wenn man es auf der Grundlage dieser Werttheorie erklärt, keinen objektiven Wert haben. Was im Preis erscheint, ist nur die subjektive Wertschätzung, die in Geld ausgedrückt wird. Der „Geldwert" ist nur ein *Tauschwert*. Dass durch das Geld eine *kardinale Vergleichbarkeit* von „Werten" gleichwohl auf den Märkten erscheint, ist für Menger kein Anlass, diesen Geldwert näher zu untersuchen – dies geschieht erst später durch Wieser und Mises.

Die Arbeiten Carl Mengers zur Geldtheorie verfolgen deshalb die Absicht, einen „Irrtum" zu beseitigen, eine „verderblich gewordene Lehrmeinung"[53]. Dieser „Irrtum" besteht für Menger darin, zu glauben, der „Nominal-Wert" des Geldes sei durch „willkürliche Regelung des Staates" festzulegen[54]; das Geld sei an sich etwas wertloses, sein „faktischer Tauschwert (gehe) lediglich auf die Übereinkunft der Menschen, auf Konvenienz oder auf staatliche Anordnung zurück"[55]. Dagegen stellt Menger die Aus-

---

[51] C. Menger (1871), S. 86; meine Hervorhebungen. Diese subjektive Grundlegung hat Tradition in der deutschen Nationalökonomie – was Menger ausdrücklich anerkannte: „Zum Dasein eines sachlichen Gutes von einem gewissen Werte ist eine äußere (objektive) und eine in dem Denken der Menschen liegende innere (subjektive) Bedingung erforderlich (...). *Erst dieses Urteil erhebt die Dinge zu Gütern*, wenn sie auch schon lange vorher in ihrer bestimmten Beschaffenheit da waren." K. H. Rau (1863), S. 99; meine Hervorhebung.

[52] C. Menger (1871), S. 3, Note.

[53] C. Menger (1909), S. 22.

[54] Vgl. „Money is a Value made by a Law; for the Conveniency of Exchange" N. Barbon (1664), S. 22.

[55] C. Menger (1909), S. 22.

sage, „dass das Geld eine Ware sei"[56]. Folglich gelte: „Geld wurde nicht durch das Gesetz erzeugt. In seinem Ursprung ist es eine soziale, nicht eine staatliche Institution."[57] Diese Aussage sei nicht trivial zu verstehen, indem man staatliche Regelungen oder die Besonderheiten des Geldes leugne. Vielmehr ziele diese *Gegenthese* darauf ab, das Geld als ein aus dem Wirtschaftsprozess ohne staatliche Hilfe selbst hervorgehendes Phänomen zu begreifen. Geld sei ein „Verkehrsobjekt, welches seinen Verkehrswert zunächst und unmittelbar aus den nämlichen Ursachen herleitet wie die übrigen Objekte des Verkehrs"[58].

Damit ist Mengers Programm formuliert: Der Preis als Geldausdruck soll als bloßer *Tauschwert* nachgewiesen werden. Tauschwerte wiederum sind für Menger das Ergebnis subjektiver Wertungen. Die letzte logische Einheit zur Erklärung wirtschaftlicher Phänomene ist für ihn das Individuum und seine Wertschätzungen. Das Individuum ist dabei wie selbstverständlich auch *Eigentümer*, ein Umstand, den Menger nicht näher untersucht in seiner Funktion für die Werttheorie. Die Wertschätzungen und das Streben nach höchstmöglicher Bedürfnisbefriedigung führen die Individuen zum Tausch. Und aus dem Tausch entsteht wiederum das Geld: „Es ist vielmehr klar, dass der Ursprung des Geldes uns in Wahrheit nur dadurch zum vollen Verständnisse gebracht zu werden vermag, dass wir die hier in Rede stehende *soziale* Institution als das unreflektierte Ergebnis, als die unbeabsichtigte Resultante spezifisch *individueller* Bestrebungen der Mitglieder einer Gesellschaft verstehen lernen."[59]

4.6.3.3 Die Analyse der Tauschstruktur bei Menger

Zur „Ableitung" des Geldes gelangt Menger durch ein Studium des *Tauschs* und seiner Beweggründe. Ich betrachte deshalb zunächst Mengers *Tauschtheorie*, die unmittelbar auf seiner Wertlehre beruht. Am Beispiel eines vereinzelten Tauschs möchte ich zeigen, inwieweit Menger hier tatsächlich die Tauschstruktur – wenn auch mit zwei wesentlichen Einklammerungen – analysiert hat. Er geht von einem Gedankenexperiment aus, worin er zwei isolierte Wirtschaften betrachtet, die in Austausch zueinander treten, „zwei Landleute A und B"[60]. Beide haben produziert und tauschen danach ihre Überschüsse; doch, wie Menger zu Recht sagt, der Austausch könnte auch erfolgen, wenn kein Überfluss bestünde. Dass Menger hierbei an zwei isolierte Wirtschaften denkt, die auch ihre Überschüsse bei ihren jeweiligen „Sklaven zur Anreizung ihrer Arbeitskraft"[61] verwenden könnten, sei nur als Kuriosität aus Mengers Vorstellungswelt erwähnt.

Hier ist nur die analytische Struktur seines Gedankens von Interesse, und Menger drückt das so aus:

„Ein wirtschaftendes Subjekt A verfügt über konkrete Quantitäten eines Gutes, welche für dasselbe einen geringeren Wert haben, als gewisse Quantitäten eines

---

[56] C. Menger (1909), S. 22. Vgl. „Jede Ware besitzt die beiden wesentlichen Eigenschaften des Geldes, jeden Wert zu messen und vorzustellen, und in diesem Sinne ist jede Ware Geld (...); alles Geld (ist) seinem Wesen nach Ware." A. R. J. Turgot (1903), S. 29; „Das Geld ist die allgegenwärtige Ware; die Ware ist nur lokales Geld." K. Marx (1953), S. 142. Jevons ergänzt immerhin: „(M)oney is simply any commodity *esteemed by all persons*", W. S. Jevons (1875), S. 13; meine Hervorhebung.
[57] C. Menger (1892), S. 255.
[58] C. Menger (1909), S. 23.
[59] C. Menger (1883), S. 177f.
[60] C. Menger (1871), S. 155.
[61] C. Menger (1871), S. 157.

anderen Gutes, die sich in der Verfügung eines anderen wirtschaftenden Subjektes B befinden, während bei diesem letzteren in Rücksicht auf die Wertschätzung derselben Güterquantitäten das umgekehrte Verhältnis eintritt, so zwar, dass die gleiche Quantität des zweiten Gutes für ihn einen geringeren Wert hat, als jene des ersteren in der Verfügung des A befindlichen Gutes."[62]

Hier blickt Menger also exakt auf die Tauschstruktur: Zwei Individuen A und B tauschen zwei Güter aufgrund subjektiver Wertschätzungen. In einer Note beschreibt Menger diese Struktur noch genauer:

„Nennen wir die beiden hier in Rede stehenden Personen A und B, die in der Verfügung des A befindliche Quantität des ersten Gutes 10a, die in der Verfügung des B befindliche Quantität des zweiten Gutes 10b. Nennen wir nun den Wert, den die Quantität 1a für A hat = W, den Wert, den 1b für ihn hätte, wofern er darüber verfügen könnte, = W + x; den Wert, den 1b für B hat = w und jenen, welchen 1a für ihn hätte = w + y; so ist sicher, dass durch die Übertragung von 1a aus der Verfügung des A in jene des B, und umgekehrt von 1b aus der Verfügung des B in jene des A, dieser letztere an Wert x, während B an Wert y gewinnt, oder mit anderen Worten, sich A nach dem Tausche in derselben Lage befindet, als ob ein Gut, dessen Wert für ihn gleich x ist, und B, als ob ein Gut, dessen Wert für ihn gleich y ist, neu zu seinem bisherigen Vermögen hinzugetreten wäre."[63]

Menger betrachtet hier eine spezifisch *reduzierte* Form der Tauschstruktur; zwei ihrer Relationen sind eingeklammert und werden nicht diskutiert. Es fällt zunächst ein *endogener* Fehler in Mengers Gedankenwelt auf. Menger spricht von „Gütermengen", zu denen er Einheiten addiert. Wenn es sich um *Produktmengen* handelt, die intersubjektiv vor dem Tausch bereits ein von A und B anerkanntes Maß besitzen, so ist das problemlos denkbar. Dann müsste man davon sprechen, dass sich die Produktquantitäten a und b respektive im Besitz der beiden Tauschpartner befinden. Dass darin je schon Eigentumsrechte anerkannt *vorausgesetzt* sind, die Menger nicht thematisiert, ist offenkundig; er teilt dieses Vergessen mit der vergleichbaren Tauschanalyse bei Marx. Der Punkt bei Menger ist noch ein anderer: Er selbst – ich habe das eben zitiert – sagt, dass ein Ding nur „Gut" ist in Relation zu einem Subjekt.[64] Wie kann Menger also davon ausgehen, dass A und B, wenn die Quantitäten 1a und 1b tauschen, von „denselben" Gütern ausgehen? Sie tauschen *Produktmengen* und schätzen diese Produktmengen subjektiv unterschiedlich ein; erst das macht die Produktmengen zu „Gütern" – ganz im Sinn von Mengers eigener Voraussetzung. Doch dann kann man nicht sagen, dass den *Gütern* intersubjektiv ein Mengenmaß zukommt, das für *beide Tauschsubjekte* A und B dieselbe Menge 1a bzw. 1b „bedeutet". Ich lasse für den Zweck des Arguments diesen Punkt vorläufig auf sich beruhen und komme am Ende des Abschnitts noch mal darauf zurück.

Wenn wir die Angaben aus dem Text übernehmen, so ergibt sich die Struktur der Abbildung 4.4. Menger interpretiert die Relation des Typs R3 und R4 bzw. R5 und R6 der Tauschenden kategorial als *Werte*: Eine Gütereinheit 1a hat für A nach Menger den

---

[62] C. Menger (1871), S. 157.
[63] C. Menger (1871), S. 157, Note.
[64] Liefmann hat diesen Denkfehler bei Menger bemerkt, auch wenn er nur eine Klammerbemerkung darauf verwendet: „Wert ist die Bedeutung, die jemand einem Gegenstande (Menger sagt unrichtig: Gut; durch die Bewertung wird aber ein Gegenstand erst ein Gut) (…) beilegt", R. Liefmann (1907), S. 39.

Wert „W", die Einheit 1b für B den Wert von „w". Welches *Maß* für „w" und „W" hier vorliegen soll, gibt Menger nicht an, obwohl er offenbar an Quantitäten denkt, zu denen etwas addiert werden kann. Nun betrachtet Menger die Relationen R5 und R6 (im Modell der Tauschstruktur) und sagt, dass die Einheiten 1a für B den Wert W+x und 1b für A den Wert w+y haben. Der „Tauschakt" wird dann als Änderung der Verfügung über je eine Einheit von Gut a und b erklärt. Durch diesen Besitzwechsel gewinnen beide, wenn man W und W+x bzw. w und w+y vergleicht. Beide gewinnen durch den Tausch, und deshalb findet er statt.

Man braucht, sagt Menger gegen Adam Smith, keine *Neigung* zum Tausch vorauszusetzen; es genügt anzunehmen, dass beide – A und B – nur ganz individuell danach streben „ihre Bedürfnisse möglichst vollständig zu befriedigen"[65]. Sie gelangen zum gegenseitigen Tausch, obwohl sie sich nicht zuvor absprechen müssen, einfach getrieben von ihren eigenen *individuellen* Bedürfnissen. Daraus entsteht dann die Institution „Tausch". Die Schwierigkeiten beim Tauschen wiederum führen die Individuen dazu, die Waren nach *Marktgängigkeit* zu vergleichen, wobei sie nach und nach die marktgängigste Ware selektieren und somit das Geld aus einem spontanen, von niemand geplanten Prozess hervorbringen. Die soziale Institution Geld erwächst aus dem rein individuellen Nutzenstreben, das zum Tausch bei gegenseitigem Vorteil und schließlich zu Geld führt. Wird das dann *nachträglich* gesetzlich normiert, so ändert dies nichts an der „spontanen Ordnung" (wie Hayek das später nennen wird).[66]

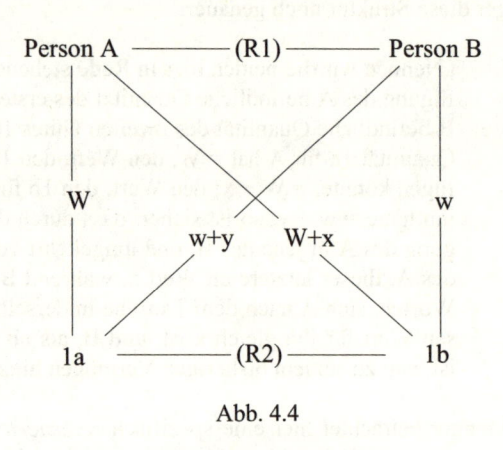

Abb. 4.4

Mengers Analyse der Tauschstruktur beruht auf dem konsequenten *Subjektivismus* der Wertsetzung. Die „Werte" W und w bzw. W+x und w+y existieren jeweils nur *individuell*, für A bzw. B. Doch kann man diesem Begriff „Wert" als Quantität, zu der etwas (nämlich x bzw. y) addiert wird, überhaupt einen Sinn beilegen? Aus der Tauschstruktur ist das jedenfalls nicht ersichtlich. Wenn man – wie Menger – strikt die Beobachterposition von außen, als cartesianisches Wissenschaftsego bewahrt, ist solch ein *Wert* nicht zu entdecken. Denn was Menger *eigentlich* sagt, entkleidet man seinen Gedanken von den auf den Tausch projizierten Wertquantitäten, ist in *dieser* Form trivial: B schätzt eine Einheit des Gutes, das A in Händen hält, *mehr* als das, was er selbst in Händen hält – dasselbe gilt symmetrisch für seinen Tauschpartner bezüglich dessen Gut. Darin liegt also nur die *Tautologie*, dass dann, wenn getauscht wird, offenbar die Präfe-

---

[65] C. Menger (1871), S. 158.
[66] Menger drückt das so aus: „(D)asselbe Prinzip also, das die Menschen dazu führt, die Nützlichkeiten in der äußeren Natur zu erforschen und ihrer Verfügung zu unterwerfen, dieselbe Sorge nach Verbesserung ihrer wirtschaftlichen Lage, führt nun dieselben auch dazu, die obigen Verhältnisse, wo immer sie vorliegen, auf das Eifrigste zu erforschen und zum Zwecke der besseren Befriedigung ihrer Bedürfnisse auszubeuten". C. Menger (1871), S. 158f. Vgl. denselben Gedanken bei Gossen im vorhergehenden Kapitel.

4.6.3 Carl Menger

renzen der Tauschpartner derart sind, dass beide mit dem Tausch einverstanden sind. Mehr enthält diese Präferenzrelation *allgemein*, als Kategorie des Tauschs, nicht.

Aus der Perspektive eines *Teilnehmers* am Tausch ist der Ausdruck „W" oder „w" *als eine Quantität* sinnlos. Niemand sagt zu sich selbst: „Dieses Glas Wein hat für mich den Wert 7 private Nutzeneinheiten, ein Glas Bier dagegen nur 5 Nutzeneinheiten". Man zieht Wein gegenüber Bier vor – mehr ist dazu nicht zu sagen, wenn man eine *freie Entscheidung* voraussetzt. Denn die Handlungsfreiheit bedeutet gerade das Fehlen einer inneren oder äußeren Determination. Entweder man verfügt über eine Theorie, die eine *faktische* Entscheidung vorherzusagen erlaubt, oder die Voraussetzung *freier* Entscheidungen bleibt die einzige Erklärung, die durch die eigene Erfahrung – *wenigstens* als heuristische Wahrheit – gestützt wird.

Das wird besonders deutlich, wenn *mehrere* Güter simultan getauscht werden, also nicht nur a gegen b, sondern z.B. a_1 *plus* a_2 gegen b. Hier liegen zwei Maßverhältnisse vor, die in der individuellen Nutzenkalkulation verglichen werden: a_1 wird gegen a_2 *und* gegen b als Mengen (Menger schreibt die Einheit „1" davor) abgewogen. Nun ist es auch in diesem Fall – anders als in der objektiven Vorstellung bei Marx – zwar möglich zu sagen, dass die Einheit von a_1 und a_2 im jeweiligen Subjekt liege und sich beide getauschten Güter in ihrer *internen* Bewertung zwischen beiden Subjekten unterscheiden mögen. Doch liegt hier überhaupt kein Maßverhältnis mehr vor, durch das man ein Mehr oder Weniger von a_1 *plus* a_2 mit einem Nutzenindex versehen könnte.[67] Der Nutzenbegriff wird unbestimmt, weil die eindeutige Kausalität zwischen Produktmenge und Nutzen aufgehoben ist.

Das wird – darauf habe ich in der Tauschanalyse hingewiesen (Kapitel 3.1.8) – schließlich unabweisbar, wenn dem Produkte überhaupt keine Quantität zukommt, die man eindeutig bestimmen und die *intersubjektiv* vorausgesetzt werden könnte. *Wie viel* a_1 und a_2 oder b „ist", wird im Tauschakt selbst festgelegt – wenn z.B. bestimmt wird, wie „Information", „Beratungsleistung", „Dienst" usw. konkret abgegolten werden soll. Die Tauschpartner bewegen sich nicht in einem gemeinsamen „Güterraum", den sie nur individuell bewerten, sondern sie bringen mit ihrem Tauschakt sowohl den gemeinsamen „Produktraum" durch die Tauschvereinbarung als Definition hervor, wie sich andererseits jeder Tauschpartner in einem je eigenen *Güter*raum bewegt. Wenn Nichtraucher Zigaretten gegen Brot eintauschen, machen sie keine Nutzenerwägungen, die *Präferenzen* bezüglich Rauch- und Brotgeschmack abwägen und damit ein inneres *Maß* des Nutzens verbinden. All dies verweist darauf, dass hier immer schon von Menger der Horizont des Geldmaßes vorausgesetzt wird, den er als Rechnung in die Seele verlegt und der Rechnung eine dem Subjekt je schon zukommende Ratio unterschiebt. Es wird sich zeigen, dass eben dies nur die *ökonomische* Selbstreflexion des Geldsubjekts ist (vgl. 5.2), eine als Utilitarismus von Bentham schon vollständig entwickelte Buchführung der Lust- und Leidempfindungen als seelische Kostenrechnung (vgl. 6.3.2).

Mengers Subjektivismus bleibt, wenn man schon seinem Impuls folgen will, auf halbem Wege stehen. Er hat nicht erkannt, dass nicht nur der „Wert" eine subjektive Zutat zu einem physischen Ding „Produkt" ist, sondern die physische Identität des getauschten Dings *selbst* im Tauschakt erst konstituiert wird. Doch gerade darin zeigt sich dann die Unhaltbarkeit des Subjektivismus, weil die Identität der getauschten Ein-

---

[67] In den Gleichgewichtsmodellen wird unterstellt, dass auf Märkten jeweils nur *ein* Gut gehandelt wird. Das ist nicht haltbar. Wenn aber mehrere Güter sowohl produziert werden („Kuppelprodukte") als auch simultan nachgefragt werden (wie man heute Produkte „im Paket" anbietet und kauft), dann existiert keine trennbare Angebots- und Nachfragefunktion und das gesamte theoretische Konstrukt erweist sich als unhaltbar.

heit eine *Vergesellschaftung* voraussetzt, die sich nicht auf das Hinzufügen von Werturteilen zu physisch intersubjektiv anerkannten Dingen bezieht, sondern die intersubjektive Anerkennung selbst erst *mit dem Tauschakt* als Identität herstellt. Was wie gemessen wird, was also im Kaufvertrag festgehalten wird, das legt der Akt des Tauschs überhaupt erst fest und erweist darin, dass es sich um eine *intersubjektive* Struktur handelt, nicht etwas, das einem Ich angehört. Es erweist sich also als grundlegender Mangel, die Relation R1 für die Tauschanalyse einzuklammern, sie gleichwohl implizit dennoch vorauszusetzen. Wollte Marx den Inhalt der Relation R1 aus dem vermeintlich in R2 vorliegenden „Äquivalent" materialistisch ableiten, so ignoriert Menger diese Relation überhaupt, setzt sie aber gleichwohl implizit in den erfundenen Rechenbeispielen als intersubjektive Maßeinheit für Produkte voraus.

4.6.3.4 Die Geldrechnung als ungedachter Horizont

In der freien Entscheidung der Auswahl der Produktmaße, des internen Vergleichs usw. liegt *subjektiv* kein vorauszusetzendes Rechnen. Weder rechnen die Tauschsubjekte, noch kann ein cartesianischer Wissenschaftler ihrem *Verhalten* von außen Zahlen zuordnen, die gültige Prognosen bezüglich der Ergebnisse ihrer Rechnungen liefern würden. Der Wert im Mengerschen System und in der „subjektiven Wertlehre" ist kategorial eine *rein individuelle* Vorstellung. Die beiden getauschten Produkte sind zwar – sonst fände kein Austausch statt – für *beide*, für A und B, je symmetrisch „Güter". Die damit verbundene individuelle *Bedeutung* ist aber unterschiedlich und unvergleichbar. Es gibt zwar immer auch *Vergleichbares* beim Güterkonsum zwischen verschiedenen Individuen; das sind die *öffentlich* bestimmten Eigenschaften der *Produkte*, die getauscht werden und die z.B. in Gebrauchsanweisungen stehen. Aber Produkte sind eben keine Güter – ein Gedanke, der durchaus mit Mengers Güterbegriff zu vereinbaren wäre. Auch das Vergleichbare wird individualisiert, in eine je individuelle Erfahrung eingebettet und ist damit unvergleichbar. Anders hätte die Aussage, dass die Individuen als Tauschende *verschieden* sind, gar keinen Sinn. Die Differenz wird *bestimmend*, ohne sie als etwas Absolutes zu behaupten. Mehr noch. Die Vorstellung, ein Subjekt würde neben seiner individuellen Wertsetzung in seinen Überlegungen eine Differenz zwischen der handelnd vollzogenen *Präferierung* einzelner Güter noch eine davon getrennte *Rechnung* aufmachen, ist eine reine Erfindung – oder aber es liegt die unzulässige Projektion einer *Geldwirtschaft* auf den vereinzelten Naturaltausch vor.

Und eben dies ist die Pointe dieser ganzen Überlegung: Weil in Tauschwirtschaften immer schon in Geldeinheiten gerechnet wird, sofern *mehrere* Güter miteinander verglichen werden, lässt sich aus einer individuellen Bewertung, einem individuellen Werturteil keine Schlussfolgerung ziehen bezüglich des Wertes von Gütern in einer Geldökonomie.[68] Was Menger nämlich nicht bemerkt, ist folgendes: Die Tauschstruktur ist ihrem Charakter nach eine *intersubjektive* Relation, in der ein *Mengenverhältnis* von Produkten erscheint (Relation R2). In diesem Mengenverhältnis tritt aber nicht die individuelle Präferenz sozial „in Erscheinung". Die Tauschstruktur besagt hier nicht, dass die individuellen und *unvergleichbaren* Bewertungen objektiviert werden. Die Tauschrelation – in Mengers Beispiel 1a/1b – konstituiert kategorial ein *soziales* Verhältnis *zwischen* Subjekten und stellt damit ein *Novum* gegenüber der bloß individuellen Wertsetzung dar. Die Präferenz, die sich im Werturteil äußert, *ist* überhaupt kein Phänomen, das zu solch einem quantitativen Verhältnis in Beziehung zu bringen wäre. Präferenzen zeigen sich für einen Beobachter nur im *Dass* des Tauschs, sie sind keine

---

[68] Vgl. die Kritik von F. Bendixen (1926), S. 57f.

beobachtbare Kausalität, die ihn hervorbringt. Man kann sagen: Wenn jemand eine Ware eintauscht, hat er einen Grund dafür, und man kann diesen „Grund" auch „Präferenz" nennen. Damit ist aber die Präferenz logisch dem Akt des Tauschens gleichrangig.[69]

Nur auf einem *Markt* steht man vor Wahlentscheidungen wie jenen, die von den Ökonomen immer wieder diskutiert werden: „Ziehe ich drei Bananen gegenüber vier Äpfeln vor?" – und auch das nur, weil das *Eigentum, der Geldbesitz* die Wahlmöglichkeiten *beschränkt*. Verweist man, um gegen dieses Argument einen Einwand zu formulieren, auf die Endlichkeit des Menschen in seiner körperlichen Existenz, eine „Daseinsnot" usw., so hat man die ökonomische Analyse durch einen anderen Gegenstand ersetzt. Die *physische Tatsache*, aufgrund der Endlichkeit des menschlichen Körpers und seiner Existenz in Zeit und Raum auch anderen Schranken unterworfen zu sein, hat mit dem ökonomischen Phänomen der Auswahl bei begrenzten Geldmitteln nichts zu tun. Auch wer genug Geld besitzt, wird zu Mittag nur eine Mahlzeit essen. Das ist zwar eine menschliche „Schranke", nicht aber ein wirtschaftlicher Sachverhalt.

Menger gelangt also nicht zu einer tiefer greifenden Analyse der Relation R2 im Modell der Tauschstruktur. Und in der Selbstverständlichkeit, mit der er die Tauschpartner in einem „Beispiel" zusammenführt – in einer Welt der Sklaverei –, belässt er die Relation R1 gänzlich ohne Kommentar. Dass zwei Tauschsubjekte (zumal offenbar Sklaventreiber) einander *friedlich* begegnen, dass die Tauschstruktur eine Abwesenheit von Gewalt bedeutet und damit auf *andere* Institutionen verweist, dass *kommunikative* Beziehungen zwischen A und B eben *auch* soziale Beziehungen sind – all dies ignoriert Menger in seiner Absicht, Institution aus individuellen Wertschätzungen „ableiten" zu wollen. Doch in diesen *eingeklammerten Voraussetzungen des Tauschs* ist in seinen Grundkategorien bereits eine gesellschaftliche Ordnung impliziert. Man kann also nicht aus Atomen (= Individuen) die Formen ableiten, in denen sie sich bewegen. Mengers methodisches Postulat, in seinen Untersuchungen von „konkreten Erscheinungen in ihrem individuellen Wesen und ihrem individuellen Zusammenhange"[70] auszugehen, hat ihn offenbar gegen die *soziale Natur*, die *in der Tauschstruktur* unmittelbar sichtbar wird – als *tatsächlich* „konkrete Erscheinung" –, blind gemacht.

4.6.3.5 Mengers Geldtheorie und ihr Fehler

Dieser Mangel macht sich in Mengers *Geldtheorie* noch weitaus gravierender bemerkbar. Er verleitete ihn hier zu einem kuriosen Fehlschluss, der aber offenbar doch so viel Suggestionskraft besaß, dass er von Ökonomen bis heute in seiner kategorialen Grundstruktur übersehen und deshalb wiederholt wird. Allein dieser Umstand nährt schon den Verdacht, dass einige der zentralen Aussagen der ökonomischen Theorie in einer Blindheit gründen, die vom Geld, vom Kapitalismus selbst als Denkform erzeugt werden.

Doch betrachten wir Mengers Argumentation zunächst genauer. Was Menger zu zeigen beabsichtigt, hat er in seinen *Grundsätzen* bereits klar als Programm formuliert; seine späteren geldtheoretischen Schriften arbeiten diesen Punkt nur noch genauer heraus, ohne die Struktur des Arguments zu verändern. Menger möchte folgendes zeigen:

---

[69] Sicher werden in der Kommunikation über den Tausch – in der von Menger ausgeklammerten Relation R1 – solche „Gründe" ausgetauscht oder vorgespielt. Das gehört zum Prozess des Feilschens. Doch gerade dieser Prozess ist nicht kausal determiniert, ein Aspekt, den Edgeworth später auch im beschränkten Rahmen der neoklassischen Analyse herausgearbeitet hat.
[70] C. Menger (1883),, S. 12.

"Das ökonomische Interesse der *einzelnen* wirtschaftenden Individuen führt sie demnach, bei gesteigerter Erkenntnis dieses ihres *Interesses, ohne alle Übereinkunft, ohne legislativen Zwang, ja ohne alle Rücksichtnahme auf das öffentliche Interesse* dazu, ihre Waren gegen andere, absatzfähigere Waren im Austausche hinzugeben"[71]. Es geht Menger also um eine *Evolutionstheorie*, in der heute üblichen Ausdrucksweise, oder um eine *genetische* Erklärung des Geldes, das in seinen Eigentümlichkeiten aus dem *Tausch* entwickelt werden soll. Menger fragt nicht: Was ist Geld? – Welche Kategorien charakterisieren seine Struktur? – Wie erscheint das Geld in alltäglichen Tauschsituationen? Mengers Frage lautet: „Wie ist das Geld entstanden?"[72] Und seine allgemeine Antwort lautet: Geld ist aus dem Tausch, aus den *„Schwierigkeiten des naturalen Tauschhandels"*[73] hervorgegangen.

Doch in dieser Antwort verbergen sich eigentlich *zwei* Fragen. Einmal kann man nach dem Tausch als einem sozialen Prozess fragen und nach den „Problemen", die *funktional* in diesem Prozess auftreten, z.B. die „oft hervorgehobene Schwierigkeit, dass unter der Herrschaft des Tauschhandels derjenige, der eine Ware feilbietet, wenig Aussicht habe, diejenigen Personen aufzufinden, deren Ware er bedarf und umgekehrt von den Personen gefunden zu werden, die einer Ware bedürfen"[74]. Diese Fragestellung ist jedoch eine völlig andere als die nach dem *Wert* des Geldes, die Menger an den Anfang seiner umfangreichen Arbeit zum Geld stellt. Die „verschiedene Gangbarkeit (Markgängigkeit)"[75] der Waren verweist auf andere Kategorien als sie dem *allgemeinen* Geldwert zugrunde liegen. Wenn man sagt, dass Geld nur eine *allgemeine* Ware ist, die in ihrer Geld*funktion* aus dem Tausch hervorgeht, hat man nicht erklärt, warum diese Ware für ganze Volkswirtschaften, ja sogar weltweit in einer identischen Einheit gerechnet wird. Andere Waren haben *einen* Marktpreis nur als Idealisierung, wie sie in Stanley W. Jevons „Gesetz von der Einheitlichkeit der Preise" (*law of indifference*) behauptet wird: Alle Teile einer homogenen Ware müssen „im selben Verhältnis ausgetauscht werden"[76].

Der *Tauschwert* ist immer eine Relation; ihm liegt überhaupt kein einheitliches *Wert*phänomen zugrunde; anders ein *Preis*, der immer in derselben Geldeinheit gerechnet wird. Man kann den „Tausch*wert*" einer Ware gar nicht in einer anderen Ware „ausdrücken", weil bei einem *relativen Preis* überhaupt kein Wert, sondern nur eine von Personen hergestellte Produktrelation in Erscheinung tritt – das ist gerade die Pointe, die in der Tauschsstruktur an der Relation R2 erkennbar wird. Zu sagen, dass ein „Gut" überall auf dem Markt denselben Wert hat, ist ein sinnloser Ausdruck. Wohl aber kann man sagen, dass ein Produkt in Geld gerechnet auf dem Markt einen vergleichba-

---

[71] C. Menger (1871), S. 253; Mengers Hervorhebung.

[72] C. Menger (1909), S. 4. Vgl. „Das Zusammenwerfen des genetischen und des analytischen Problems ist aller Geldforschung charakteristisch bis auf *Menger* inklusive." J. A. Schumpeter (1970), S. 18, Note 5.

[73] C. Menger (1909), S. 4; meine Hervorhebung. Vgl. eine ähnliche Argumentation bezüglich der Münze bei K. Helfferich (1903), S. 24f. Dieser Gedanke wird immer wieder Adam Smith nachgebetet: „In den Anfängen der Arbeitsteilung muss der Tausch häufig noch sehr schleppend und stockend vor sich gegangen sein. Nehmen wir an, jemand habe von einer Ware mehr als er selbst braucht, ein anderer dagegen zu wenig davon. Dann würde der erste froh sein, wenn er von dem Überschüssigen etwas abgeben, der zweite etwas davon kaufen könnte. Hat dieser aber gerade nichts zur Hand, was der erste braucht, kann kein Tausch unter ihnen zustande kommen." A. Smith (1974), S. 23.

[74] C. Menger (1909), S. 5.

[75] C. Menger (1909), S. 7.

[76] W. St. Jevons (1888), S. 211f.

4.6.3 Carl Menger

ren Preis hat, weil ein Euro überall auf der Welt eben *ein Euro* ist, und in dieser identisch vermeinten Einheit werden *andere* Tauschwerte gerechnet und verglichen. Diese Recheneinheit *ist* also kein Tauschwert. Menger hat diese zweite Frage gar nicht mehr *eigentlich* aufgegriffen; er glaubt sie durch die Erklärung der *Entstehung* des Geldes aus dem Tausch hinreichend beantwortet. Doch *kategorial* ist das im Geld erscheinende *soziale* Wertphänomen als Recheneinheit etwas ganz anderes als die Funktion des Tauschvermittlers. Ludwig von Mises hat diesen Mangel bei Menger bemerkt und zu beheben versucht; ich werde darauf noch genauer eingehen (vgl. 4.6.5.6).

Doch auch Mengers *genetische* Erklärung der Geldentstehung durch die schrittweise Selektion von immer marktgängigeren Waren beruht auf einem schlichten Denkfehler, der allerdings von einer Vielzahl von Theoretikern wiederholt wurde und wird. Ich fasse diesen Denkfehler in zwei Aspekten zuerst zusammen und werde ihn anschließend ausführlich anhand der Überlegungen Mengers und einiger neuerer Ansätze diskutieren: *Erstens* ist die Ableitung des Geldes als vorteilhafte Funktion im Tausch zirkulär, weil vorausgesetzt wird, was es aus logischen und historischen Gründen nie geben kann, nämlich eine große Population von Tauschprozessen *ohne* Geld. *Zweitens* setzt die Ableitung von Geld als allgemeine Rechnungseinheit in den hier vorgestellten Denkfiguren immer schon eine allgemeine Rechnungseinheit voraus – sie bleibt also logisch zirkulär.

Mengers ursprünglicher Gedanke erscheint zunächst suggestiv einfach: Man stellt sich eine Population von Tauschakten vor, konstatiert darin „Probleme", jeweils einen Tauschpartner zu finden. Die Lehrbücher illustrieren das bunt durch die Bilder, die Waren als unterschiedlich „dauerhaft" (Gemüse auf dem Markt verwelkt schnell) und unterschiedlich teilbar ausmalen, dass sich Gemüsehändler, die Schuhe eintauschen wollen, aber vor der unlösbaren Aufgabe sehen, einen entsprechenden Tauschpartner mit *symmetrischen* Wünschen zu finden usw. Das ganze Konstrukt sieht dann so aus: Eine große Zahl von Tauschakten verwickelt sich in Schwierigkeiten, weil noch kein Geld existiert, das als „allgemeiner Tauschvermittler" fungieren könnte.

Hier springt nun das Prinzip „Egoismus" in die Bresche und erlaubt eine evolutionäre Erklärung: Die Tauschenden machen früher oder später die Entdeckung des *indirekten Tauschs*. Man tauscht eine Ware ein, die man nicht benötigt, die sich aber für den weiteren Tausch eignet. *Motiviert* wird dieser indirekte Tausch durch das individuelle Gewinnstreben des *economic man*, der aus dem indirekten Tausch, durch „Arbitrage-Handel" einen Vorteil zieht.[77] Durch *Weitertausch* lässt sich ein zusätzlicher „Tauschgewinn" erzielen. Die später entwickelten Modelle[78] arbeiten hier meist ungeniert mit Nutzenfunktionen, die solch einen Gewinn „messen" sollen, oder man spricht von „Transaktionskosten" des Tauschs. Hier wird die Pointe übersehen: Wer von Nutzenvorteilen oder sinkenden Transaktionskosten durch den Tausch spricht, unterstellt bereits eine die Tauschakte *verbindende* gemeinsame Rechnungseinheit – also *Geld*.

---

[77] Der Gedanke, dass Geld mit einer Arbitrage beim Tausch in Verbindung zu bringen ist, wurde vielfach vorgetragen, etwa von Proudhon: „Gold und Silber erscheinen also zuerst im Handel als Waren; bald aber, kraft ihrer ausgezeichneten Tauschbarkeit als Mittel zur Vergleichung, als Münzen. Im einen und im anderen Falle gewährt das Gold und das Silber dem Tausche einen Ertrag"; P. J. Proudhon in: A. Mülberger (1896), S. 114. Vgl. auch L. Walras (1954), S. 164, K. Wicksell (1922: 2), S. 16-19; J. A. Schumpeter (1970), S. 19, Note 8.

[78] Vgl. K. Brunner, A. H. Meltzer (1974). Für die beiden Autoren bleibt „die Verwendung von Geld nicht mehr rätselhaft und stellt sich statt dessen als eine Implikation optimierenden Verhaltens heraus", S. 69.

Doch ganz unabhängig von der Frage der *Rechnungseinheit* (und selbst vorausgesetzt, dieses Problem sei ohne Geld lösbar) steckt in diesem Gedanken ein viel gravierenderer Denkfehler. Wenn sich durch einen evolutionären Prozess das Geld, wie Menger sagt, als „Gewohnheit", als Institution herausbilden soll, dann müssen die Tauschsubjekte *in den Tauschakten* selbst Erfahrungen sammeln.[79] Sie müssen die Erfahrung sammeln, dass einige Waren besonders marktfähig sind, sich für Arbitragegeschäfte eignen, durch Zwischenhändler vermittelt werden können usw. Kurz: Die Tauschsubjekte müssen massenhaft tauschen in je vollzogenen Akten, um die Vorzüge *marktfähiger Waren*, die evolutionären Vorläufer der Geldverwendung, überhaupt machen zu können. Wenn Menger den *Grad* der Marktfähigkeit (*degree of saleableness*) definiert und die Bedingungen dafür nennt, zeigt sich die Zirkularität seines Arguments besonders deutlich. Die Marktfähigkeit hänge, sagt Menger, „vom Grad der Entwicklung des Marktes und der Spekulation im besonderen"[80] ab. Doch der Entwicklungsgrad des Marktes, *besonders* der Spekulationsprozesse auf den Märkten, ist abhängig davon, inwieweit sich die Geldrechnung und -verwendung bereits durchgesetzt hat. Marktfähigkeit setzt logisch „Markt" voraus.

Wenn Menger deshalb die Frage stellt: „Warum ist der Wirtschaftsmensch (*economic man*) bereit, eine bestimmte Art von Ware zu akzeptieren, obwohl er sie nicht benötigt oder obwohl sein Bedarf danach bereits befriedigt ist"[81], dann setzt diese Frage gleich *doppelt* das Geld voraus. Denn erstens akzeptiert man solch eine Ware für einen *indirekten* Tausch nur, wenn man bereits vorgängig *weiß*, dass sie sich allgemeiner Geltung erfreut – also bereits Geld *ist*. Und zweitens ist die Denkform des *economic man* – also des von Geldgier motivierten *homo oeconomicus* – gar nicht denkbar, ohne eine vorausgesetzte Denk- und Wirtschaftsform, eine zugehörige Form der Rationalität, die sich der Geldrechnung überhaupt erst *verdankt*. Das kaufmännische Bestreben, durch wiederholten Tausch aus Geld *mehr* Geld zu machen, lässt sich nur in einer entfalteten Geldökonomie denken, nicht in einer inhomogenen Tauschwirtschaft mit gelegentlichen, vereinzelten *naturalen* Tauschakten, die durch das momentane, symmetrische Bedürfnis der Tauschenden bestimmt ist.

Die Undenkbarkeit der Mengerschen Argumente zeigt sich nicht nur bei der Idee des indirekten Tauschs und der Spekulation als Katalysatoren der Geldentstehung. Dasselbe Problem ergibt sich bezüglich dessen, was die mechanische Denkform als „Reibung" oder „Friktion" bezeichnet. Geld ist gleichsam das Schmiermittel, das die Reibung vermindert, „ist nicht eines der Räder des Handels, es ist das Öl, das die Räder leicht und glatt laufen lässt."[82] Bei Menger heißt diese Reibung etwas abstrakter „Schwierigkeiten beim Tauschen". Aber es gibt nur *Schwierigkeiten beim Tauschen* zwischen vielen Individuen bei vielen Gütern, wenn es vielfachen Tausch gibt. Mit der Behauptung, dass eben dieser Tausch *unmöglich* ist, weil sich die Probleme des allgemeinen Tauschs nicht ohne Geld abwickeln lassen, ist zugleich *zugegeben*, dass solch

---

[79] Auch Mill bestimmt die Geldverwendung als Prozess der Gewohnheitsbildung, weist dem Geld dabei aber nicht einfach nur die Rolle eines Tauschmediums zu, sondern zugleich die eines Mediums der Distribution: „Money, when its use has grown habitual, is the medium through which the incomes of the different members of the community are distributed to them, and the measure by which they estimate their possessions." J. St. Mill, CW III, S. 505.
[80] C. Menger (1892), S. 246.
[81] C. Menger (1892), S. 239.
[82] D. Hume (1988: 2), S. 205. Vgl. auch K. Marx (1970), S. 40. Wir nehmen „von den kleinen verwirrenden Nebenumständen vorläufig Abstand, wie dies auch in der Physik und Mechanik gelegentlich des Widerstands des Mediums, der Reibung usw. geschieht". L. Walras (1881), S. 7. Näheres dazu in Kapitel 4.4.7.

eine Population von Tauschprozessen *ohne Geldverwendung* nie existiert haben kann. Wie soll das Geld evolutionär aus einer Population von Tauschakten hervorgehen, wenn eben dieses Geld erst die Schwierigkeiten löst, ohne deren Lösung ein allgemeiner Tausch *unmöglich* ist? Es kann sich nicht aus etwas entwickeln, das *ohne Geld* nie existiert hat. Denn würde es diese Schwierigkeiten nicht beseitigen, dann wäre seine Einführung sinnlos. Es kann aber nicht in einer Tauschgesellschaft evolutionär entstehen, wenn solch eine soziale Form *aufgrund* der Probleme des Naturaltauschs gar nicht bestehen könnte. Wenn es praktisch *unmöglich* ist, dass zwischen n Waren bei n*(n-1)/2 möglichen Tauschrelationen auch *tatsächlich* ein allgemeiner Tausch stattfindet, *ohne Geldverwendung*, dann kann aus der fehlenden *Existenz* solch eines massenhaften Tauschs und den darin angeblich zu beobachtenden „Schwierigkeiten" nicht die Geldverwendung erklärt werden. Eine evolutionäre Theorie des Geldes aus dem Tausch ist also aus logischen Gründen unmöglich und kann deshalb auch nicht eine *historische* Entwicklung nachzeichnen. Der hier sichtbare negative logische Zirkel ist unaufhebbar.

Die Bezugnahme auf den vereinzelten Naturaltausch kann keine Hilfe bieten. Der vereinzelte Tausch kann gelingen oder misslingen. Er ist ja seinem Wesen nach vereinzelt. Deshalb können aus seiner *Einzelheit* keine *allgemeinen* Schlussfolgerungen gezogen werden. Das, was *zwei* Tauschende als Bedingung wechselseitig erfüllen müssen, das ist seiner Natur nach etwas ganz anderes als das, was *alle Tauschenden* durch eine Einheit verknüpft – nämlich das Geld.

4.6.3.6 Mengers Fehler in der Nachfolge

Der bei Menger sichtbare Mangel seiner Geldableitung kehrt auch bei inzwischen mathematisch oder technisch weit versierteren Modellen hervor. Clower und Howitt verwenden z.B. „geldlose" Wirtschaften, für die sie aber Zwischenhändler einführen, die – aus dem Streben nach „Arbitrage" – Tauschakte durch *zufällige* und beliebige Waren vermitteln. Eine Computersimulation zeigt dann, dass sich wenige Waren, meist sogar nur *eine* Ware als Geld schließlich durchsetzt.[83] In einem späteren Papier erläutert Clower diesen Gedanken und will zeigen, dass sich das Geld als „common sense consequence" eines fortgesetzten Handels privat organisierter Ökonomien unter der Voraussetzung von Privateigentum evolutionär ergibt.[84] Er stellt überhaupt nicht die Frage, ob der Zustand, von dem er logisch ausgeht – nämlich eine *allgemeine* Tauschwirtschaft ohne Geld, bei Existenz verschiedener Zwischenhändler – überhaupt *möglich* ist. Natürlich kann man „Regeln" des Verhaltens programmieren für eine große Population von Tauschpartnern; Jeshua M Epstein und Robert Axtell haben das ganz ähnlich versucht.[85] Doch derartige Welten existieren eben nur virtuell.

Diese Ansätze – denen man noch andere Überlegungen zur Seite stellen kann[86] – machen *kategorial* immer dieselbe Voraussetzung: Ein cartesianischer Beobachter formuliert ein Modell vieler Tauschakte (sei es eine Computer-Simulation, ein mathematisches Modell oder ein nur verbales Gedankenexperiment aus derselben Voraussetzung), führt dann in dieses Modell ein Selektionsprinzip ein („Reibung beim Tauschen", Streben nach Arbitrage, Transaktionskosten des Tauschs usw.), um am Ende festzustellen, dass sich *eine* besondere Ware „evolutionär" durchsetzt. Diese Denkform übersieht die Pointe: Wenn das Geld aus solchen Voraussetzungen *mathematisch*, also *tautolo-*

---

[83] P. Howitt, R. Clower (2000).
[84] R. W. Clower (1995), S. 525.
[85] J M. Epstein, R. Axtell (1996).
[86] K. Brunner, A. H. Meltzer (1974).

*gisch*⁸⁷ abgeleitet werden kann, dann steckt das Prinzip „Geld" kategorial schon in den Voraussetzungen. Es *kann* kein „System" von Tauschakten als Voraussetzung geben, in dem sich die Selektion von Waren vollzieht, aus der dann die „Geldware" aus einer „reinen Tauschökonomie" abgeleitet wird – weder logisch noch historisch. Denn logisch steckt es schon in den Voraussetzungen, und die Reflexion stellt somit eine *petitio principii* dar, oder sie führt auf den Widerspruch, dass man Schwierigkeiten des direkten Tauschs behauptet, aus denen das hervorgehen soll, was ihn empirisch überhaupt erst *ermöglicht*.⁸⁸

Der Fehler ist zugleich ein *erkenntnistheoretischer*. Weil „Erklärung" für diese Autoren heißt, als cartesianischer Beobachter einen fremden „Gegenstand" rekonstruieren zu wollen, muss man diesen Gegenstand *erfinden*, denn große Tauschpopulationen gibt es *erfahrbar* und historisch nachweisbar nur als Geldwirtschaften oder – wie in Babylon und Ägypten – als Subsystem anderer institutioneller Arrangements. *Erfahrbar* ist aber die Teilnahme an Marktwirtschaften, in denen diese Theoretiker leben. Wenn man die Kategorien, die in dieser sozialen Form *gelten*, wie immer abstrahiert, zur Konstruktion von Modellen verwendet, die einen Zustand *vor* ihrer Geltung denken oder simulieren sollen, so bewegt man sich in einem unerkannten Zirkel. Dieser Zirkel ist unerkannt, weil die meisten Ökonomen – so auch die hier diskutierten – offenbar überhaupt nicht *wissen*, welche Rolle Kategorien in der Erkenntnis und in einer Erklärung spielen. Schreibt man eine Vielzahl walrasianischer Tauschgleichungen auf ein Stück Papier oder programmiert sie als Simulationsmodell, so ist *kategorial* eine Entität „Tauschpopulation" schon vorausgesetzt, die es aber ohne Geldverwendung nicht gibt. Diese Entität verbirgt sich in der Vorstellung des Ökonomen, in den Gleichungen auf dem Papier oder im Computerprogramm. Dass sie *dort* existieren kann, steht außer Frage.

4.6.3.7 Die verschwundene Freiheit

Hier wird auch eine andere Crux in Mengers Argument deutlich: Die *Unabhängigkeit* der Individuen. Hebt man diese Annahme auf, dann kann man das Geld als *Modifikation* einer bereits bestehenden Sozialstruktur begreifen. *Kategorial* ist es genau das, was ich oben entwickelt habe. Es gibt eben keine Individuen vor oder außerhalb gesellschaftlicher Arrangements. Das zu denken, ist schon deshalb unmöglich, weil dieses Nachdenken darüber *performativ* selbst ein sozialer Prozess ist, an dem jeder Theoretiker teilnimmt. Das, was Menschen kategorial auszeichnet, was damit auch alle ökonomischen Institutionen bestimmt, ist *immer schon* sozialer Natur. Menschen sind – um es evolutionstheoretisch auszudrücken – in Populationen von Lebewesen, in Gesellschaften zu

---

[87] Analytische Urteile, wie Kant zeigte, enthalten keinen Erkenntnisgewinn; Wittgenstein hat diesen Gedanken für mathematische Beweise reproduziert.

[88] Eucken referiert einen Gedanken von Wilhelm Lautenbach, der einen Tausch ohne allgemeines Tauschmittel nicht nur für praktisch unmöglich, sondern überhaupt für „unvorstellbar" hält, W. Eucken (1959), S. 112. Eucken hält dem entgegen, dass es entwickelte „Naturaltauschwirtschaften" tatsächlich gegeben habe, im Altertum, im vorkolumbianischen Amerika. Aber: „Auch in der Naturaltauschwirtschaft besteht eine Rechnungsskala, etwa das Rind oder Einheiten eines anderen Standardgutes." W. Eucken (1959), S. 112. Eucken bemerkt gar nicht, dass eben dies das *kategoriale* Novum des Geldes ist: Das Gelten *einer* Rechnungsskala. Denn, wie Liefmann richtig sagt, Geld ist „die allgemeinste Rechnungseinheit" R. Liefmann (1919), S. 101. Vgl. Cassel: „Sobald der Tausch so große allgemeine Bedeutung gewonnen hat, dass man überhaupt von einer Tauschwirtschaft sprechen kann, ist auch die Sitte vorherrschend, alle Güter in einem gemeinsamen Gute zu schätzen." G. Cassel (1927), S. 39.

4.6.3 Carl Menger

Menschen geworden. Deshalb kann man *keine* soziale Institution, auch nicht das Geld, aus *individuellen* Bestrebungen und ihrer Wechselwirkung „erklären".

Mengers allgemeine Antwort, das Geld sei durch einen *Gewohnheitsprozess* entstanden, bei dem die Tauschpartner in einem evolutionären Prozess einige, später eine einzige Ware selektiert haben, die sich als die am leichtesten eintauschbare, also die marktgängigste Ware herausstellte, hat sich als unhaltbar erwiesen. Damit ist aber auch seine Erklärungsabsicht, die Hinfälligkeit einer Theorie zu erweisen, die den Geldwert *konventionell* erklärt, gescheitert. Es bleibt eine leere Behauptung, allerdings eine, die noch etwas genauer zu betrachten sich lohnt, weil sie noch einen weiteren und tieferen Einblick in Mengers, damit die österreichische Theorie gibt:

> „Die Tauschmittel sind ursprünglich nicht durch Gesetz oder Konvention, sondern durch ‚Gewohnheit', das ist durch ein gleichartiges, weil gleichartigen subjektiven Antrieben und Intelligenzfortschritten entsprechendes Handeln gesellschaftlich zusammenlebender Individuen (als das unreflektierte Ergebnis spezifisch-individueller Bestrebungen der Gesellschaftsglieder) entstanden und schließlich durch fortschreitende Nachahmung allgemein gebräuchlich geworden, ein Umstand, welcher in der Folge, gleich wie bei anderen auf ähnliche Art entstandenen Institutionen, die Entstehung, oder die Beeinflussung derselben durch den Staat, wie selbstverständlich, nicht ausschließt."[89]

Die „individuellen Bestrebungen" sind die Grundlage. Gesellschaft geht also aus einer Wechselwirkung der individuellen Handlungen hervor. Damit aber *eine* gesellschaftliche Form für *viele* Individuen „abgeleitet" werden kann, benötigt man *kategorial* auch *ein* Prinzip. Bei Menger und seinen Nachfolgern ist das die implizite Unterstellung der *Gleichartigkeit* der Individuen. Weil es „gleichartige subjektive Antriebe und Intelligenzfortschritte" bei den Individuen gibt, deshalb kann sich ein Gleiches für Viele, können sich *allgemeine* Institutionen herausbilden.[90] Wie man leicht erkennt, ist das *kategorial* eine erschlichene Erklärung. Wenn den Individuen allgemeine Eigenschaften zugesprochen werden, die zu einem allgemeinen Handlungsmuster führen, dann ist die „Ableitung" von für viele gültige, also *allgemeine* Sozialstrukturen daraus leicht; nur ist es keine *Erklärung*. Hinzu kommt bei Menger, dass die *individuellen* „Antriebe", die allen *Wertphänomenen* zugrunde liegen sollen, umstandslos mit der genetischen Ableitung des Geldes zusammengeworfen werden. Doch die „Schwierigkeiten des naturalen Tauschhandels" sind typischerweise *intersubjektive*, damit kategorial von ganz anderer Natur als die „individuell-subjektiven" Wertphänomene, von denen Menger ausgeht.

Wenn es zudem bei den Individuen „Gleichartigkeit" geben soll, weshalb bezieht sich das nicht auch auf das Phänomen der subjektiven Wertungen? Was zeichnet diese aus, dass sie nicht zu jenen „gleichartigen Handlungen" gehören, aus denen andererseits das Geld abgeleitet werden soll? Diese Fragen werden bei Menger deshalb noch ver-

---

[89] C. Menger (1909), S. 16f. Vgl.: „Von welcher hohen Bedeutung gerade die Gewohnheit für die Entstehung des Geldes ist, ergibt sich unmittelbar aus der Betrachtung des eben dargelegten Prozesses, durch welchen bestimmte Güter zum Geld werden." C. Menger (1871), S. 254.

[90] Die zirkuläre „Erklärung", dass eine für viele gleichartige Sozialstruktur aus „gleichartigen Antrieben" hervorgehe, findet sich immer wieder in der Ökonomik: „Der geldmäßige Gütergebrauch gründet sich auf psychischen Tatsachen, die zu einem übereinstimmenden Verhalten, zu einem gleichgerichteten Urteilen und Handeln der sozial Verbundenen in der Schätzung Verwendung solcher Güter, eben der Geldgüter führen." W. Gerloff (1952), S. 98.

wirrter behandelt, weil er *zugleich* noch eine strikte *Determination* sozialer Phänomene behauptet, die davon ausgeht, „dass die Erscheinungen des wirtschaftlichen Lebens sich strenge nach Gesetzen regeln, gleich jenen der Natur"[91]. Der „freie Wille" kann der subjektiven Wertschätzung jedenfalls nach Menger nicht zugrunde liegen. Denn:

> „Ob und unter welchen Bedingungen ein Ding mir nützlich, ob und unter welchen Bedingungen es ein Gut, ob und unter welchen Bedingungen es ein wirtschaftliches Gut ist, ob und unter welchen Bedingungen dasselbe Wert für mich hat, und wie groß das Maß dieses Wertes für mich ist, ob und unter welchen Bedingungen ein ökonomischer Austausch von Gütern zwischen zwei wirtschaftenden Subjekten statthaben, und die Grenzen, innerhalb welche die Preisbildung hierbei erfolgen kann u. s. f., all' dies ist von meinem Willen ebenso unabhängig, wie ein Gesetz der Chemie von dem Willen des praktischen Chemikers."[92]

Wenn Menger – die Formulierung suggeriert das – hier aus einer *Teilnehmerperspektive* argumentiert, dann kann man bestenfalls Mitleid für den Autor empfinden, der sich völlig von Zwängen und einer Determination seiner *Wertschätzungen* bestimmt sieht. Ob ein Ding wie ein Messer zum Gemüseschneiden oder für einen Mord zur Beseitigung eines Nebenbuhlers dient und darin seine „wirtschaftliche Güternatur" entfaltet, ist nach Menger vom Willen des Kochs oder des Mörders völlig unabhängig. Ähnlich unsinnige Argumente werden immer wieder vorgebracht, in jüngster Zeit durch Hirnforscher, die wie Menger eine *Bedingung* mit einer *Ursache* verwechseln.[93] Den mechanistischen Horizont dieser Denkweise habe ich an anderer Stelle ausführlicher diskutiert[94]; ich beschränke mich hier auf die für die *Kategorien* der Wirtschaft ungelösten Fragen, die sich als Denkfehler in der an Menger anschließenden Tradition ungebrochen fortsetzen.

Es wird aus den Zitaten deutlich, dass die Vorstellung dessen, was Menger die „gleichartigen subjektiven Antriebe" nennt, die die Individuen *kategorial* bestimmen, offenbar auf einem Determinismus beruht, der zugleich als Reduktionismus verstanden wird. Danach stellt die Subjektivität der Individuen überhaupt keine besondere Natur dar, sondern ist kategorial so zu beschreiben wie chemische Prozesse. Menger gerät hier allerdings in einen unaufhebbaren Konflikt mit seinem vorausgesetzten Individualismus der Werturteile, die immer auf einer *erkannten Bedeutung* beruhen, damit also das erkennende Bewusstsein voraussetzen und so bei Entscheidungen über die Bedeutung von Gütern (= Wert) einen Akt der Freiheit darstellen. Menger scheint das zu ahnen und windet sich hier sichtbar in seinen Argumenten. Da die Freiheit nicht *als* Kausalität beschrieben werden kann und damit das Ziel einer *Gesetzeswissenschaft* „Volkswirtschaftslehre" *ad absurdum* geführt wird, kann die Ausflucht, die Menger hier sucht, nur *absurd* sein:

> „(D)er Hinweis auf die Freiheit des menschlichen Willens *kann* wohl als ein Einwand gegen *die volle Gesetzmäßigkeit* der wirtschaftlichen Handlungen, niemals aber als ein solcher gegen die Gesetzmäßigkeit der von dem menschlichen Willen gänzlich unabhängigen Erscheinungen gelten, welche den Erfolg der wirtschaftli-

---

[91] C. Menger (1871), S. VIII.
[92] C. Menger (1871), S. IX.
[93] Vgl. K.-H. Brodbeck (2004a), S. 26ff.
[94] K.-H. Brodbeck (2000a).

chen Tätigkeit der Menschen bedingen. Es sind aber eben diese Letzteren der Gegenstand unserer Wissenschaft."[95]

Der Hinweis auf die Freiheit des menschlichen Willens ist ein *gültiger* Einwand gegen die Behauptung der „vollen" Gesetzmäßigkeit; das gibt Menger im ersten Satz zu. Was aber ist eine Gesetzmäßigkeit, die nicht „voll" ist? Ist sie nur halb? Und was soll das heißen? Ist das temporal gemeint: Gesetze gelten manchmal, manchmal nicht? Ist es funktional gemeint: Gesetze gelten nicht rein, sondern nur stochastisch? Wenn man diesen Gedanken wirklich ernst nehmen will, dann kann er eigentlich nur bedeuten: Ein Individuum *als* Individuum ist nie durch „Gesetze" bestimmbar.[96] Wenn aber ein Individuum als *soziales* Wesen betrachtet wird – und der Hinweis auf den „Erfolg wirtschaftlicher Handlungen" zielt offenbar bei Menger in diese Richtung –, dann werden seine Handlungen immer auch *von anderen* beurteilt, und es bilden sich so *gemeinsame Bedeutungen*. Auch das Geld und andere Institutionen gründen in diesem Prozess. Doch eben diese Überlegung würde zur Einsicht führen, dass die sozialen Grundformen immer schon *intersubjektive* sind.

Menger hat an anderer Stelle noch mit einer anderen Interpretation experimentiert, wenn er sagt, „dass ein Teil der Sozialphänomene das Ergebnis des auf ihre Begründung gerichteten *Gemeinwillens* (der Übereinkunft, der positiven Gesetzgebung u.s.f.), ein anderer Teil dagegen das unreflektierte Ergebnis der auf die Erreichung wesentlich *individueller* Zwecke gerichteten menschlichen Bestrebungen (die unbeabsichtigte Resultante dieser letzteren) ist."[97] Diese erneute Relativierung ist beredt. Sie würde zwar erklären, was „volle Geltung" von Gesetzen zu bedeuten hat: Es gibt eine Klasse von Phänomenen, für die kann man Gesetze formulieren, für eine andere Klasse ist das nicht möglich. Doch diese Lösung hebt endgültig das Mengersche Programm auf: Wodurch sind diese Klassen bestimmt? Welcher Beobachter legt fest, für welche Phänomene Gesetze gelten und für welche anderen Phänomene dagegen eine Teleologie, ein Wille bestimmend wird? Und woran erkennt ein Beobachter diese Differenz? Auf den Gedanken, dass jeder Theoretiker als Beobachter ein *Teilnehmer* der Gesellschaft, der Wirtschaft ist und deshalb über das Wissen verfügt, ob er von außen begrenzt wird in seinen Willensentscheidungen, auf diesen Gedanken kommt weder Menger noch einer der Theoretiker in seiner Nachfolge. Es ist immer *Menger* selbst, der darüber zu verfügen meint, was für die Gesellschaft zu gelten hat und was nicht. Dieses totalitäre Verhältnis zu seinem „Gegenstand", das zudem von einer kategorial diffusen Denkweise begleitet ist, straft jeden Anspruch, eine *liberale* Theorie, eine Theorie der *Freiheit* zu vertreten, Lügen. Und an diesen – widersprüchlichen – kategorialen und methodischen Voraussetzungen scheitert mit Mengers Geldtheorie die österreichische Theorie insgesamt.

4.6.4 Joseph A. Schumpeter

4.6.4.1 Die bewunderte Mathematik

Schumpeter ist in der grauen Monotonie der Ökonomen eine erfreulich bunte Figur. Man kann seine verschiedenen Ansätze und Gedanken nur um den Preis einer Verfäl-

---

[95] C. Menger (1871), S. IX; meine Hervorhebung. Vgl. K.-H. Brodbeck (2000a), 2.6.
[96] Das wurde von Windelband, Rickert und Schmoller immer wieder nachdrücklich betont.
[97] C. Menger (1871), S. 145.

schung zu einem einheitlichen System umdeuten.[98] Seine Tausch- und Geldtheorie entfaltet er vor dem Hintergrund sowohl der österreichischen Wertlehre wie der formalen Theorie von Walras – wobei er erstere durch die Form der letzteren ergänzte und letztere durch erstere in eine andere Sprache übersetzte. Seine dynamische Theorie (die ich an dieser Stelle gänzlich ausklammere und erst später aufgreifen werde, vgl. Kapitel 6.3.5) wiederum trennt sich in der Zinstheorie radikal von seinem Lehrer Böhm-Bawerk, wie sie sich in den logischen Voraussetzungen von Walras unterscheidet. Andererseits erkennt man, dass er in jeder Stufe seiner Denkentwicklung die Herkunft auch bewahrte, ohne freilich jemals zu einer *wirklichen Kritik* zu gelangen. Obwohl er das genaue Gegenteil dessen sagte, was Böhm-Bawerk vorgetragen hatte, formuliert er seine Kritik doch so vage, dass die Differenzen zu verschwinden scheinen. Er vermeidet jede präzise Festlegung und lässt sich immer ein Hintertürchen offen. Und eben dies charakterisiert sein Verhältnis zu allen formalen Theorien: Angezogen von der Strenge, wollte er sich doch nicht an ihre Form fesseln, sondern wähnte sich immer schon *darüber* stehend. Sein Motto ist das des *petit bourgeois*, übersetzt in eine wissenschaftliche Form: „Auch wir wollen uns nicht für die eine oder die andere Partei entscheiden."[99] Es ist aber eines, sich nicht entscheiden zu *können*, weil man den Grund der Gegensätze nicht durchschaut, ein anderes ist es, sich nicht entscheiden zu *wollen*, weil man nirgends anzuecken gedenkt. Letzteres hat in der Wissenschaft keinen Platz.

Obgleich Schumpeter deshalb mit der mathematischen Sprache kokettiert, so kann man ihn doch nicht zur mathematischen Schule der Ökonomik rechnen – weder in seiner Tausch- und Geldtheorie noch in seiner dynamischen Wirtschaftstheorie.[100] Schumpeter bewunderte die Mathematik vor allem als *Stil* (zur Mathematik als „Stil" vgl. Kapitel 4.7.1); er war fasziniert von der logischen Strenge mathematischer Systeme, selbst aber kein Mathematiker. „Er wusste, dass er als Lehrer kein großes Talent für die Mathematik besaß"[101]. Unter ein Foto seiner zweiten Frau Annie Reisinger notierte er: „Oh Mutter und Herrin – o seid über mir. Und lasst mich nicht blamieren in der Mathematik."[102] Dieses biografische Detail verrät Faszination und Angst, und aus dieser Spannung erwuchs Schumpeters distanzierte Bewunderung für alles Formale, das seine Urteile trübte.

---

[98] „Joseph Schumpeter hat, näher besehen, *zwei* verschiedene nationalökonomischen ‚Systeme' geschaffen, die eigentlich durch seine beiden theoretischen Hauptwerke dargestellt werden." H. Honegger (1925), S. 6; gemeint sind die beiden Bücher „Wesen und Hauptinhalt der theoretischen Nationalökonomie" (1908) und „Theorie der wirtschaftlichen Entwicklung" (1912). Tatsächlich, wie sich zeigen wird, ist aber keines dieser „Teilsysteme" in sich geschlossen. Sohn-Rethel beschränkt seine Beurteilung auf die *methodischen* Prämissen und vertritt die Gegenthese, dass Schumpeter „das axiomatische Grundprinzip der gesamten methodologischen Gattung am reinsten und konsequentesten durchführt", A. Sohn-Rethel (1978), S. 147.

[99] J. A. Schumpeter (1908), S. XIV. „So hat dieses Buch keine Parteistellung. Der Leser wird eine vollkommene Ruhe konstatieren." S. VII. Dieser Satz ist die gespielte Coolness des 25jährigen; er hat später herzhaft polemisiert, wenn auch, zugegeben, stets mit Stil.

[100] Surányi-Unger rechnet Schumpeter zur mathematischen Schule; vgl. T. Surányi-Unger (1926), S. 292; Liefmann entdeckt bei Schumpeter eine vorwiegend „materialistisch-quantitative Auffassung", R. Liefmann (1919), S. 515. Auch Salin stellt Schumpeter hier mit Walras in eine Reihe, E. Salin (1951), S. 162.

[101] R. Swedberg (1994), S. 162.

[102] Vgl. die Abbildung 5, R. Swedberg (1994), nach S. 192. Die Bemerkung bezieht sich auf seine zweite Frau Annie und seine Mutter.

4.6.4 Joseph A. Schumpeter

Zugleich führte dies Schumpeter zu einer verfehlten Einschätzung der mathematischen Methoden selbst. So sagt er zu jenen Ökonomen, die der mathematischen Wirtschaftswissenschaft eine *mechanistische* Auffassung vorwerfen:

> „Wonach man ausschaut, das sind viel weniger solche für die Praxis des Forschens tatsächlich in Betracht kommende Erwägungen, sondern vielmehr *Worte* wie ‚Mechanismus'. Und wo dieses Wort gebraucht wird, schließt man gleich auf das Vorhandensein verfehlter oder unsympathischer Sozialphilosophie, von naturalistischen Obersätzen usw. Nun kann aber in aller Regel der Stein des Anstoßes beseitigt werden, wenn man das Wort ‚Mechanismus' durch das ‚Organismus' ersetzt, ohne dass man sonst etwas zu ändern braucht."[103]

Hier wird erkennbar, *wie wenig* Schumpeter die mathematische Struktur durchschaut, über die und *mit der* er gleichwohl *redet*. Es lässt sich nämlich zeigen, dass und inwiefern die *logische Struktur* der modernen Gleichgewichtstheorie, auch des formalen Maximierungskalküls von Jevons bis Samuelson, *strukturell* Gleichungen der physikalischen Mechanik reproduziert.[104] Wer also die Mechanik „entfernt", entfernt die gesamte moderne Ökonomik. Ich erwähne dies einleitend, weil sich darin Schumpeters lässige Haltung den *begrifflichen* Grundlagen seiner eigenen Wissenschaft gegenüber ausspricht, die sich nachfolgend noch im Detail zeigen wird. Er scheint die Auffassung zu vertreten, dass man alles „irgendwie" sagen könne, wenn man nur das Rechte *meine*. Ansonsten gelte ohnehin: „Die Ökonomie beschäftigt sich nur mit Oberflächenformen." Um hier also noch *originell* sein zu können, gibt er den „Rat an den Ökonomen: kühn das Offensichtliche leugnen."[105] Das wäre in der Tat kein schlechtes Motto für die subjektive Schule der Nationalökonomie und deshalb auch für die zweifellos „ungemein geistreichen" Bemerkungen Schumpeters zu Tausch und Geld.

4.6.4.2 Alles Handeln ist ein Tauschen

Schumpeter hat seine theoretischen Auffassungen im Laufe seines Lebens teilweise erheblich modifiziert. Gleichwohl hielt er daran fest, dass durch die Theorie von Walras für die „reine Ökonomie"[106] ein absoluter Höhepunkt erreicht worden sei. Stets war Schumpeter bestrebt, Walras' Rang neben die Naturwissenschaften zu stellen:

> „Wer weiß, wie die exakten Naturwissenschaften entstanden und wie sie arbeiten, der weiß auch, dass deren große Leistungen methodisch und dem Wesen nach von jener Art sind, wie Walras'."[107]

Er betonte später die Leistung von Walras vor allem gegenüber Keynes und dessen Behauptung, eine *General Theory* formuliert zu haben. Für ihn war die Keynessche Theo-

---

[103] J. A. Schumpeter (1954), S. 264.
[104] Vgl. P. Mirowski (1989); K.-H. Brodbeck (2000a), Teil 2.
[105] J. A. Schumpeter: Aphorismen; in R. Swedberg (1994), S. 280 und 281.
[106] Der Begriff „reine Ökonomie" wurde von Walras, noch der englischen Tradition verpflichtet, mit dem Zusatz „politisch" verwendet („Éléments d'Économie *Politique* Pure", 1874); die englische Übersetzung von Jaffé lässt diesen Zusatz weg. Bei Maffeo Pantaleoni taucht der Terminus in seinem 1889 unter dem Titel „Manuale di Economia Pura" ohne das Adjektiv „politisch" auf; vgl. M. Pantaleoni (1898).
[107] J. A. Schumpeter (1954), S. 5.

rie „lediglich ein Sonderfall der tatsächlich allgemeinen Theorie von Walras"[108]. Die eigentliche Leistung von Walras lag für Schumpeter dabei darin, dass „er die Theorie des Geldes zu einem Bestandteil der allgemeinen Theorie des wirtschaftlichen Gleichgewichts machte."[109] Und in der Propagierung dieser Leistung kann man den analytischen Kern von Schumpeters früher Schrift „Das Wesen und der Hauptinhalt der theoretischen Nationalökonomie" sehen.

Hierbei handelt es sich um einen *methodischen* Text, und eben dies macht ihn für eine *Kategorienanalyse* von Tausch und Geld interessant. Doch man wird bald bemerken, wie sehr Schumpeter gerade in diesem Punkt enttäuscht. Denn anstatt tatsächlich die kategorialen Probleme selbst an den Sachverhalten zu erläutern, findet man über viele Seiten ein wortreiches Geplauder *über* den Sachverhalt, ohne *in ihn* einzudringen. Er stellt an den Ausgangspunkt seiner Theorie „die Tauschrelation". Aber der Leser sieht sich rasch enttäuscht, denn anstatt wie Marx, Menger, Walras oder Edgeworth eine Analyse der Tauschrelation zu versuchen, weist Schumpeter das ab, was er „Fehldeutungen" nennt, kommt aber kaum je zur *Sache*. Dieses Verständnis von „Methodenreflexion" – Schumpeter formuliert nicht zufällig im Anschluss an seine Tauschanalyse das berühmte Prinzip des „methodologischen Individualismus"[110] – bringt das Vorurteil des cartesianischen Beobachters in reiner Form zum Ausdruck, der sich – in Hegels Ausdrucksweise – über eine Sache stellt, ohne in ihr zu sein.

Schumpeter bemerkt zunächst, dass die zwischen „den ökonomischen Quantitäten" bestehenden Relationen bereits fertig dem Beobachter vorliegen: Es ist „der Preis, oder besser die *Tauschrelation*"[111]. Die Tauschrelation ist aber „nicht immer vorhanden, nicht in der isolierten Wirtschaft". Die anvisierte Theorie soll eine *allgemeine* sein. Es gibt Handlungen, die kein Tauschen sind, es gibt Wirtschaftsformen, in denen andere ökonomische Prinzipien regieren. Doch Schumpeter *will* eine allgemeine Theorie *als* Tauschtheorie darstellen. Also verwendet er einen terminologischen Trick: Er *definiert* einfach das menschliche Handeln so, dass es *immer* ein Tauschen sein muss.

„Um nun (.) nicht auf dieses schon bereitliegende Werkzeug oder auf Allgemeingültigkeit unserer Resultate verzichten zu müssen, wollen wir es auch dort ergänzen, wo es fehlt, indem wir *alles wirtschaftliche Handeln als Tauschen* auffassen und annehmen, dass auch dort, wo keine Tauschrelation vorhanden ist, die Wirtschaft ebenso abläuft, wie wenn eine solche vorhanden wäre."[112]

Natürlich bemerkt Schumpeter, wie konstruiert dieses „methodische" Verfahren ist. Es sei aber „keineswegs so paradox wie es aussieht". Wirtschaftliches Handeln verändert „*ökonomische Quantitäten*". Wer *arbeitet*, formt nicht etwa einen Gegenstand gemäß einer vorausgesetzten Formursache, er leistet aber auch nicht einfach mechanische Ar-

---

[108] J. A. Schumpeter (1965), S. 1314.
[109] J. A. Schumpeter (1970), S. 80.
[110] J. A. Schumpeter (1908), S. 88ff.
[111] J. A. Schumpeter (1908), S. 49.
[112] J. A. Schumpeter (1908), S. 49f. (Schumpeters Emphase!) Wicksell hatte ähnlich argumentiert, wenn er sagte, dass die individuelle Entscheidung, gegenwärtige für künftige Güter „aufzuopfern", nur „einen Tausch zwischen zwei Verwendungen desselben Gutes" darstelle; K. Wicksell (1893), S. 82. An anderer Stelle heißt es dagegen: „der Tausch setzt ja zwei miteinander tauschende Parteien voraus", K. Wicksell (1913: 1), S. 78. Was gilt nun? Der Begriff „Tausch" kann in einer Theorie nicht *beides* zugleich bedeuten: *Individuelle* Disposition und *intersubjektiven* Austausch, ohne einen Kategorienfehler zu machen.

4.6.4 Joseph A. Schumpeter

beit (wie bei Marx). Nein, sagt Schumpeter, wer arbeitet, der *tauscht*. Er vertauscht Arbeit mit dem Produkt der Arbeit:

> Wie „der isolierte Wirt, der ein Stück Wild erlegt, indem er etwa seinen Vorrat an Kugeln oder Arbeitskraft verringert und den an Nahrungsmitteln vergrößert. In dieser Weise kann man das Schema des Tausches auf jede wirtschaftliche Handlung anwenden und sogar darüber hinaus"[113].

Schumpeters Rabulistik ist durchsichtig, hat er doch den *Zweck*, weshalb er diese Definitionen vornimmt, eingangs genannt: Das „Schema" des Tauschs wird so „allgemein verwendbar". Dass damit aber schlichtweg der *Gegenstand* – nämlich der Tausch als ein *intersubjektives Phänomen* – „wegdefiniert" wurde, verwundert nicht mehr, wenn ich an Gossens ganz ähnliche Denkfigur erinnere, der die Wirtschaft als innere Selbstdifferenzierung Robinsons beschrieben hat. Der Tausch ist in seinen Kategorien eben kein „Begriffsschema", über das man beliebig verfügen könnte, weil die Handelnden selbst die Kategorien und ihre Bedeutung reproduzieren.

Erstaunlich ist aber, dass solch ein *unsinniges* Vorgehen Schule machen konnte: Ludwig von Mises hat diesen Gedanken ebenso übernommen wie Gary S. Becker. Schumpeter eliminiert durch seine „allgemeine Definition" nichts weniger als den gesamten kategorialen Inhalt dessen, was einen Tausch als *soziales* Phänomen charakterisiert. Nichtsdestotrotz beharrt er darauf: „In der Tauschrelation liegt alles Reinökonomische"[114]. Wenn aber *alles menschliche Handeln* ein Tauschen ist, dann hat die Ökonomik überhaupt keinen *spezifischen* Gegenstand mehr. Wen weiterhin die in der traditionellen Nationalökonomie behandelten Fragen interessieren, dem gibt Schumpeter den Ratschlag: „der lege dieses Buch aus der Hand."[115]

Ich möchte diesem Ratschlag nicht sofort folgen, sondern Schumpeter noch ein wenig auf den Fersen bleiben, wenn er seinen Gegenstand umkreist. Obwohl er über den *Inhalt* der Tauschrelation weiter kein Wort verloren hat – er hat ihn ja so allgemein „definiert", dass dazu auch nichts mehr zu sagen ist –, gerät er in den ersten Widerspruch: „Die Tauschrelation also charakterisiert unser Gebiet. Sie scheidet aus dem Tatsachenmaterial ab, was nicht reinökonomisch ist."[116] Es gibt also doch ein *spezifisches* Gebiet, eine Wissenschaft mit einem besonderen Gegenstand. Wie häufig, windet sich Schumpeter durch vage Formulierungen, um sich alle Möglichkeiten offen zu halten – hatte er doch schon in der Einleitung geschrieben, man dürfe „das Gebiet der Ökonomie nicht a priori abgrenzen wollen"[117]. Daraus leitet er offenbar das Recht ab, den Tausch als universalen (genauer: diffusen) Begriff einzuführen, um aber dann doch – im exakten Widerspruch dazu – „unser Gebiet" (= die Ökonomik) zu *definieren*. Doch wenn *alles Handeln ein Tauschen* sein soll, dann hätten Historie, Rechtslehre, Soziologie, Linguistik usw. alle denselben Gegenstand wie die Ökonomik, ja, es wäre auch *jede Wissenschaft* als Handlung ein Tauschen – vielleicht von Irrtum gegen Wahrheit? Und könnte man nicht auch ein göttliches *Creatio* als Vertauschen von Nichts durch das Sein „erklären"? Wie immer: Nach Schumpeters eigener Definition von „Tausch" hat die *reine* Ökonomik keinen *besonderen* Gegenstand mehr. Es handelt sich also um eine in

---

[113] J. A. Schumpeter (1908), S. 49f.
[114] J. A. Schumpeter (1908), S. 50.
[115] J. A. Schumpeter (1908), S. 52.
[116] J. A. Schumpeter (1908), S. 55.
[117] J. A. Schumpeter (1908), S. XIV.

jedem Fall sehr merkwürdige Wissenschaft, ohne abgegrenztes Gebiet im Reich des menschlichen Handelns.[118]

Nach dieser *Selbstaufhebung* seiner eigenen Disziplin als *besonderer* – als Lehre vom *wirtschaftlichen* Handeln –, fährt Schumpeter aber genau so fort, als hätte er die „Verallgemeinerung" gar nicht vorgenommen, als wäre der Tausch nun *doch* ein besonderes soziales Phänomen. Der *Begriff* des „Tauschs" bleibt damit völlig in der Schwebe, denn die oben zitierte *allgemeine Definition* grenzt die Wirtschaft gar nicht als besonderen Gegenstand ab, während die alltägliche Sprechweise vom „Tauschen" von Waren dies sehr wohl tut. Das Resultat solcher Konfusion kann nur weitere Konfusion sein. So kommt denn Schumpeter 37 Seiten nach gewundenen methodischen Reflexionen doch zur schlichten Verneinung des zuvor Gesagten:

> „Die exakte Ökonomie ist (…) keine Philosophie des menschlichen Handelns überhaupt."[119]

Wenn man also „das Schema des Tausches auf jede wirtschaftliche Handlung anwendet und sogar darüber hinaus"[120], dann philosophiert man nicht, man betreibt offenbar etwas anderes, das *reine Ökonomie* heißt. Schumpeter zeigt, was das ist: *Reine Konfusion*.

Schumpeter versucht alles auszugrenzen, was nicht „rein ökonomisch" ist, und „rein ökonomisch" ist nur die Tauschrelation. Darin spiele weder die Ethik noch die Motivation des Handelns (also die Psychologie) eine Rolle. Dafür werde ein anderer Vorteil gewonnen: Das Gelten der reinen Ökonomik erstrecke sich „über das Handeln der Menschen hinaus und lässt sich auch bei Tieren beobachten."[121] Schumpeter spricht hier vom *Tauschprinzip*, nicht – wie später Samuelson – vom Maximierungsprinzip, das tatsächlich in der Soziobiologie auch auf Tiergesellschaften angewendet wird. Für Schumpeter findet sich auch bei Tieren eine Tauschrelation. Der Satz von Adam Smith, dass es „nirgends in der Tierwelt" so etwas wie Tausch gibt, „noch eine andere Form gegenseitigen Übereinkommens"[122], bekümmert Schumpeter hierbei ebenso wenig, wie er sich nicht bemüßigt fühlt, Belege für seine willkürliche These anzuführen. Bei Smith ist immerhin noch deutlich, dass die Wirtschaftswissenschaften sich mit sozialen Formen *bei Menschen* beschäftigen, eine Erkenntnis, die den Nachfolgern Gossens, von Schumpeter bis Becker, völlig abhanden gekommen ist. Halten wir fest: Nach Schumpeter charakterisiert der Tausch *alles* menschliche Handeln, bezieht sich aber dennoch nicht auf das Handeln *überhaupt*. Der Tausch definiert das Gebiet der reinen Ökonomik als *Spezialgebiet*, erstreckt sich aber nicht nur auf alles menschliche Handeln (oder auch nicht), sondern auch auf das Tierreich. Ist es unhöflich, all dies *blanken Unsinn* zu nennen?

---

[118] Gäfgen rekonstruiert diesen Gedanken so, dass Modelle ökonomischen Handelns als Entscheidungsmodelle beschrieben werden. Es „sind nicht Modelle bestimmter Handlungstypen, sondern behandeln einen *Handlungsaspekt*, der bei vielen – wenn auch nicht allen – Handlungstypen vorhanden ist." G. Gäfgen (1968), S. 43. Später hat Becker Gäfgens einschränkenden Einschub „… wenn auch nicht allen" einfach durchgestrichen: „In der Tat bin ich zu der Auffassung gekommen, dass der ökonomische Ansatz so umfassend ist, dass er auf *alles menschliche Verhalten* anwendbar ist" G. S. Becker (1982), S. 7; meine Hervorhebung. Becker kehrt damit zu Schumpeters früher Auffassung zurück.

[119] J. A. Schumpeter (1908), S. 77.

[120] J. A. Schumpeter (1908), S. 50.

[121] J. A. Schumpeter (1908), S. 80.

[122] A. Smith (1974), S. 16. „No body every saw a dog make a fair and deliberate exchange of one bone for another with another dog." A. Smith (1978), S. 571.

4.6.4.3 Erfundene Wertfunktionen

Doch folgen wir Schumpeters Tausch- und Geldanalyse noch einige Gedankenschritte weiter. Was er in seiner Methodenreflexion indes zum *Inhalt* noch anbietet, geht in keinem Punkt über die Theorie seiner Vorläufer hinaus; sie ist nur weniger mathematisch versiert und durchdacht präsentiert. Er ergeht sich breit über den Grenznutzen, die Lösung des „Wertparadoxons" usw. All das ist *hier* ohne Interesse, weil Walras, Menger, Launhardt, Edgeworth, Wicksell usw. hier weitaus klarer dachten und schrieben. Ich greife nur einen Punkt auf, um das gedankliche Elend der von Schumpeter vorgelegten Reflexion zu verdeutlichen.

Schumpeter schließt aus der „Beobachtung", dass Menschen offenbar immer irgendwann aufhören, *eine Art* von Gut zu kaufen, um noch *andere* Güter zu erwerben, dass Güter nur bis zu einer *Grenze* erworben werden, etwas, was „von fundamentaler Bedeutung" sei: Es gebe so etwas wie ein „System von Grenzpunkten". Und wenn es Grenzen gibt, was läge näher, als *Grenzwerte* (mathematische Ableitungen) zu bilden? Die Frage ist nur: *Was* wird hier nach entsprechenden Gütermengen „abgeleitet"? Was *sind* eigentlich „Güter" – als Argumente objektivierender mathematischer Funktionen? In einer Geldökonomie ist die Frage trivial, weil *ohne jede Ableitung*: Wer einkauft, unterwirft seine Kaufentscheidung abhängig vom Inhalt seines Geldbeutels oder seines spezifischen Bedürfnisses einer Begrenzung. Jeder beendet irgendwann den Einkauf einer bestimmten Ware: Niemand kauft offenbar endlos Milch, Brot oder Segelboote (auch wenn es hier durchaus bei großem Reichtum allerlei Kuriositäten der Sammelleidenschaft zu bewundern gibt). Daraus *folgt* nichts, außer: Entweder ist die Geldsumme begrenzt oder das Bedürfnis. Doch Schumpeter knüpft daran eine tiefsinnige Methodenreflexion:

„Was wir brauchen, sind also nicht Theorien über die Gründe des wirtschaftlichen Handelns, sondern formale Annahmen, welche uns diese Grenzpunkte, kurz, einfach und formal ergeben, Funktionen, welche die Bedingung zum Ausdruck bringen, dass weiterer Erwerb eines Gutes aufhört, wenn seine Menge in einem bestimmten Verhältnisse zu den Mengen der andren Güter steht, die im wirtschaftlichen Bereiche des Wirtschaftssubjektes liegen. Diese Funktionen mögen etwas wirklich Existierendes versinnlichen oder nicht, dieses ‚Etwas' mögen wir nennen, wie wir wollen, das ist alles unwesentlich. Wesentlich ist nur, dass sie gewisse Eigenschaften haben, und was immer die Ökonomen darüber zu sagen haben mögen, ist nebensächlich."[123]

Wenn man je eine Formulierung dafür sucht, wie Wissenschaft *nicht zu betreiben ist* – dieses Zitat wäre ein guter Kandidat. Dass jemand, der das Handeln *als Tauschen* beschreibt, damit implizit etwas über die *Gründe* des Handelns sagt, bemerkt Schumpeter schon gar nicht mehr. Es soll gleichwohl das Handeln beschrieben werden, doch nicht *als* Handeln, auch nicht mehr als Tauschen, nein, nun möchte es Schumpeter *als Funktion* beschreiben. Man würde gerne wissen, *was für eine Funktion das sein soll*. Doch das zu fragen, sei „alles unwesentlich". Die Ökonomen mögen sich *denken*, was immer sie wollen. Hauptsache, sie *rechnen*. Wenn wir den *Inhalt* des Gesagten rekonstruieren, zeigt sich die ganze Verwirrung. Hier ist offenbar vom Einkauf von Waren die Rede. Dieser Einkauf – das wissen wir bereits – strebt einem „Grenzpunkt" zu. Dieser Grenzpunkt – da er so heißt, muss es sich auch um eine *Ableitung einer Funktion handeln* –

---

[123] J. A. Schumpeter (1908), S. 130.

wird erreicht, wenn je eine Gütermenge „in einem bestimmten Verhältnis zu den Mengen der anderen Güter steht". Was für eine grandiose Banalität: Wenn man eine *bestimmte Menge von Waren* einkauft, dann kann man sagen, dass die Warenmengen zueinander in einem bestimmten „Verhältnis stehen": zwei Pfund Zucker liegen tatsächlich in der Tasche z.B. neben drei Bananen, vier Äpfeln und einer Flasche Wein. Eine wirklich ganz erstaunliche Erkenntnis.

Etwas ganz anderes wäre die Frage: Warum kauft jemand *nur so viel ein*, obwohl er noch mehr Güter bräuchte? Hier wäre etwas darüber zu sagen, wie der Geldbesitz, zu dem man erst einmal durch Geldeinkommen gelangen muss, den Konsum der Menschen beschränkt. Die Mikroökonomie kennt diesen Sachverhalt als „Nebenbedingung", als Budgetrestriktion – ein zweifellos *richtig* beschriebener Sachverhalt, sofern er ausdrückt, dass das Geld nicht einfach nur ein pfiffiges Rechen- oder Tauschmittel ist, sondern vor allem eine *Schranke*. Bei Schumpeter taucht dies nur in einem unklaren Nebensatz auf: Güter, „die im wirtschaftlichen Bereiche des Wirtschaftssubjektes liegen". Was soll das heißen? Was ist ein „wirtschaftlicher Bereich"? Das, was sich jemand *leisten* kann? Das, was jemand überhaupt durch Kommunikationsprozesse *kennt*? Das, worüber man verfügen *kann* – oder vielmehr das, worüber man gerne verfügen *möchte*?

Wie auch immer. Schumpeter stellt solche lästigen Fragen nicht. Er will *rechnen*, und das geht bei ihm so:

„Dass die Zuwächse der Gütermengen an jenen Grenzpunkten verschwinden, heißt, dass die Differenzialquotienten unserer Funktion inbezug auf diese Mengen gleich Null sein müssen. Messen wir alle Güter mit einer und derselben Maßeinheit, z.B. (!) in Geld und seien q_a, q_b, q_c usw., die Mengen der Güter A, B, C, usw., so haben (!) wir die Gleichung:

$$\frac{d\varphi}{dq_a}dq_a + \frac{d\varphi}{dq_b}dq_b + \frac{d\varphi}{dq_c}dq_c + \ldots = 0$$

Diese Funktion φ ist nichts als eine Art Gesamtwertfunktion des Güterbesitzes unseres Wirtschaftssubjektes und diese Gleichung drückt einen Gleichgewichts- und Maximumzustand aus."[124]

Mathematisch ist diese Reflexion völlig unbrauchbar; doch das wäre nur ein historisch zu vermerkendes Detail. Schumpeter zielt ja auf eine *Methodenreflexion* der subjektiven Wertlehre. Und gerade in dieser Hinsicht erweist sich seine Reflexion als bloßes Gerede. Es gibt da also eine Funktion φ, über die nachzudenken Schumpeter ins Belieben der Ökonomen gestellt hat. Immerhin kann man diese Funktion offenbar differenzieren. *Inhaltlich* soll sie eine „Gesamtwertfunktion des Güterbesitzes" sein. Doch – wozu sollte man das benötigen? Den Gesamtwert der Güter in einer Geldökonomie wird jedes Wirtschaftssubjekt aus Gütermenge mal Güterpreis, summiert über alle Güter ermitteln. Weshalb *daneben* noch eine besondere Wertfunktion – Schumpeter denkt hier natürlich an eine Nutzenfunktion – notwendig sein soll, um etwas zu *erklären*, bleibt dunkel. Denn *wenn* man diese Funktion kennt, kann man daraus – das sind heute Übungen im Grundstudium der Nationalökonomie – problemlos durch eine Maximierung unter Nebenbedingungen die „optimalen Gütermengen" ableiten.

---

[124] J. A. Schumpeter (1908), S. 130; vgl. Kapitel 4.6, Note 29.

Doch *erkenntnistheoretisch* – das wäre die Aufgabe einer Methodenreflexion – ist zuvor eben zu klären, *was solch eine Funktion* besagt, welchen kategorialen Inhalt sie hat, wie sie schließlich, wenn sie denn überhaupt sinnvoll gedacht werden kann, empirisch zu erfassen wäre usw. Solche Überlegungen hat Schumpeter von vorneherein verboten – obwohl er im Vorwort noch verkündet hatte, dass er so „etwas wie eine *Erkenntnistheorie der Ökonomie*"[125] formulieren wolle. Ob Nutzenfunktion („Gesamtwertfunktionen" bei Schumpeter) logisch konsistent ist, ob sie „etwas wirklich Existierendes versinnlichen oder nicht", das interessiert einen *reinen Ökonomen* überhaupt nicht. Doch sei die schlichte Frage gestattet: Wenn etwas gar nicht existiert, wenn sogar die bloß *nominale* Existenz ganz „unwesentlich" sein soll („dieses ‚Etwas' mögen wir nennen, wie wir wollen, das ist alles unwesentlich"), was in Dreiteufelsnamen betreibt dann Schumpeter eigentlich? Wozu sollte solch eine Reflexion dienen – von der Schumpeter doch im obigen Zitat sagt: „... was wir *brauchen*". Wer ist „wir" und *wozu* braucht dieses Wir solch eine Absurdität? *Erklärt* wird hier sicher nichts mehr. Es ist eben doch nur *blanker Unsinn*.

Nun, *ein erkennbarer* Gedanke schimmert *doch* durch. Er verbirgt sich in einem Nebensatz des Zitats, das die „Wertfunktion" in ihrer abgeleiteten Form einführt: „Messen wir alle Güter in einer und derselben Maßeinheit, z.B. in Geld". Damit wäre die „Wertfunktion", die *Nutzenfunktion* aber eben keine *Nutzen*funktion, sondern doch nur ein seltsam konstruiertes Geldmaß. Im Alltag fügt niemand Gütermengen in differenzierbare Funktionen ein: Man multipliziert Mengen mit Preisen und erhält so einen Geldwert, den man mit dem Kontostand vergleicht, auf den die mitgeführte Kreditkarte lautet.[126]

Schumpeter bemerkt wenigstens, dass er sich hier *kategorial* völlig ins wissenschaftliche Abseits katapultiert hat. Deshalb fügt er folgende Fußnote hinzu: „Ohne das ‚Geld' bereits eingeführt zu haben, machen wir hier von einem Momente (?) Gebrauch, dessen Brauchbarkeit auf der Hand liegt und das leicht zu verstehen ist, ohne in die theoretischen Schwierigkeiten der Sache einzugehen."[127] Dieser Satz ist völlig unverständlich. Was ist ein „Moment"? Ein Aspekt? Ein methodisches Hilfsmittel? Eine Metapher? Nichts davon liegt auf der Hand, zu schweigen davon, dass die Messung von Nutzenfunktionen *in Geld* leicht verständlich sei – sie ist vielmehr völlig unverständlich, weil der Nutzen eines Gutes eine *subjektiv-private* Relation ausdrückt, während das Geld eine *intersubjektive* Recheneinheit darstellt und deshalb zu völlig anderen „Werten" führt.

4.6.4.4 Die Ableitung des Geldes

Was Schumpeter schließlich zur Einbettung des Geldes selbst in die allgemeine Gleichgewichtstheorie im nämlichen Werk sagt, ist inhaltlich völlig von Walras und Menger abhängig, ergänzt um die *historische* Erklärung des Geldwerts, den Mises entwickelt hat und den ich gleich anschließend kritisch darstellen werde.[128] Bemerkenswert ist auch

---

[125] J. A. Schumpeter (1908), S. XII.
[126] Zweifellos ist ein durch Preise p_i bewertetes Produktbündel x_i aus n Produkten $\sum_i p_i x_i$ (i = 1,...,n) auch eine „Funktion", und man kann sie formal nach x_i differenzieren. Der Inhalt besagt aber nur: Eine marginale Vermehrung der Produktmenge erhöht den Wert der Ausgabensumme in der Höhe des Preises. Vulgo: Wer eine Produkteinheit mehr kauft, muss den zugehörigen Stückpreis des Produktes begleichen. Zweifellos eine tiefe Erkenntnis.
[127] J. A. Schumpeter (1908), S. 130, Note 1.
[128] Schumpeter teilt die Auffassung, dass „der Gebrauchswert des Stoffgutes allerdings die geschichtliche Grundlage abgibt, auf der das Geld ein bestimmtes Tauschverhältnis zu den

hier nur die *Metareflexion* Schumpeters auf das Ergebnis. In der Darstellung der Grundlagen der Geldtheorie erreicht Schumpeter nämlich sein Haupterklärungsziel. Denn für ihn stellt sie so etwas wie den unwiderleglichen Beweis für die Gültigkeit der Gleichgewichtstheorie von Walras dar. Schumpeter behauptet, dass es dieser Theorie gelingt, das Geld *aus dem Tausch* zu erklären. Dieses Resultat stellt er im Rang nachdrücklich neben die physikalischen Erkenntnisse. Wir würden, sagt Schumpeter,

> „auf Grund dieses Resultates sagen können, dass unsere Theorie wenn auch nicht der Entwicklungsstufe, so doch dem Wesen nach neben dem Systeme der mathematischen Physik stehe, dessen Vertreter es ja auch als ihren stolzesten Erfolg betrachten, wenn ihre Theorie eine Erscheinung der Wirklichkeit, die sie bei Legung der Fundamente nicht im Auge hatten, unmittelbar ergibt. Darin liegt immer die beste Leistung einer Theorie, eine Bereicherung der Erkenntnis durch Zurückführung von ‚Unbekanntem' auf ‚Bekanntes', mag auch das ‚Unbekannte' in wissenschaftlichem Sinne des gewöhnlichen Lebens sehr gut ‚bekannt' sein."[129]

Bevor ich dieses so gefeierte Resultat kritisch prüfe, ein Hinweis auf das hier erkennbare Missverständnis dessen, was die Naturwissenschaften tatsächlich leisten. Wenn es ihnen nur gelänge, den Augenschein durch verborgene Fundamente zu „erklären", so wäre damit gar nichts gewonnen. Jeder Mythos führt die Erscheinungen auf „tiefer liegende Gründe" zurück: z.B. auf Götter, die in Geschichten Taten vollbracht haben, als deren Ergebnis die beobachtbare Welt erscheint. Die Differenz zu dieser Art von „Erklärung" ist nicht die *mathematische Form*, sonst wäre auch die neuere Astrologie eine Wissenschaft. Es gibt nichts, was sich nicht in eine mathematische Form bringen ließe – Herbart hat lange vor Gossen sogar Gedanken und Bewusstseinsakte durch Differentialgleichungen beschrieben.

Was all diesen pseudowissenschaftlichen Formen eigentümlich ist, lässt sich in einem einfachen Satz sagen: Sie mögen „erklären", was immer sie zu erklären vorgeben – eine gültige *Prognose* wird ihnen dadurch nicht gelingen. Eben das ist der Witz an den Naturwissenschaften, das Beeindruckende an der Physik, dass sie gültige *Prognosen* liefern kann. Eine Prognose kann durchaus auch durch Daten bestätigt werden, die bereits vorliegen – etwa die Merkurbewegung, die erst Einstein im Unterschied zu Newton erklären konnte. Doch auf der Grundlage solcher Erfahrungen kann man auch *künftige* physikalische (oder chemische) Ereignisse vorhersagen. Eben das kann die „reine Ökonomie" – die sich ja in einer *mechanischen* (d.h. physikalistischen) Form präsentiert und damit *implizit* den Anspruch dieser Wissenschaftsform ausdrückt – im Stil der von Schumpeter bewunderten Walrasschen Form nicht. Sie kann es natürlich auch bis heute nicht, obwohl sich die mathematische und statistische Technik sehr viel weiter entwickelt hat. Und gerade darin offenbart sich eine *kategoriale* Differenz zur Naturwissenschaft, keine Übereinstimmung „dem Wesen nach", wie Schumpeter formulierte.

Doch welcher Umstand hat Schumpeter zu dieser Erhebung „der ‚reinen' oder ‚theoretischen Ökonomie'"[130] in den „Wesensrang" der Naturwissenschaften veranlasst? Es ist die Ableitung des Geldes aus dem Tausch. Nun hat zwar Schumpeter den Tausch nicht analysiert; er hat nur *über ihn* geredet. Gleichwohl knüpft er an die Ergebnisse von

---

anderen Gütern gewinnt, dass aber sodann sein Wert für jedes Wirtschaftssubjekt und sein Preis auf dem Markte sich von dieser Grundlage entfernen kann und tatsächlich entfernt." J. A. Schumpeter (1952), S. 62.

[129] J. A. Schumpeter (1908), S. 278f.

[130] J. A. Schumpeter (1908), S. 29.

Walras und Menger an. Das Argument ist schon von Menger bekannt: Es läuft über den *indirekten Tausch*. Schumpeter behauptet, „dass indirekter Tausch etwas Notwendiges sei". Dies wiederum führt zu der Einsicht, dass es Güter gibt, die „man nicht um ihrer selbst willen, sondern nur deshalb eintauscht, um sie zu weiterem Tausche zu verwenden", und mithin hat man „das Phänomen des Geldes" erklärt. Dieses Ergebnis ergibt sich – nach Schumpeter – „lediglich auf Grund theoretischer Erwägungen, lediglich durch Diskussion der Gleichungen der Tauschtheorie"[131].

Ich habe schon gezeigt, dass diese „Gleichungen der Tauschtheorie" nichts weiter sind als die Bebilderung einer Population von Tauschakten, die man nicht einfach *voraussetzen* kann, denn – darauf geht Schumpeter gar nicht erst näher ein – die Gründe, die einen *indirekten Tausch* hervorrufen könnten, setzen einen massenhaften *Tausch* voraus, den der indirekte Tausch *vermittelt*. Dieser logische Zirkel wurde im Kapitel über Menger diskutiert; die zugehörigen Argumente brauchen hier nicht wiederholt zu werden. Schumpeters Darstellung ist denn auch weit von der Klarheit des Mengerschen Gedankengangs entfernt. Die „Banalität des Resultates"[132] der Geldableitung liegt aber nicht darin, dass wir das Ergebnis aus der Erfahrung des Geldgebrauchs schon kennen. Sie liegt vielmehr in der *zirkulären Voraussetzung* des Geldes in der Ableitung der Tauschgleichungen aus Nutzenfunktionen, die Schumpeter selbst zugesteht.

Denn wenn für diese Funktionen als Annahme, wie zitiert: „Messen wir alle Güter mit einer und derselben Maßeinheit, z.B. in Geld", vorausgesetzt wird, dann ist schon unterstellt, dass die Wirtschaftssubjekte über eine objektive Recheneinheit verfügen, in der sie Arbitragegeschäfte kalkulieren. Wenn man Arbitragegeschäfte einfach als *Abweichung* vom Gleichgewichtspreis definiert, der durch indirekten Tausch schrittweise erreicht wird, dann unterstellt man ein Gleichgewicht *in einer objektiven, intersubjektiven Recheneinheit*, die bei Walras zwar nur *numéraire* heißt, kategorial aber eben „Geld" bedeutet. Und wenn Schumpeter den *Wert des Geldes* auf den Grenznutzen zurückführt, dann bemerkt er gar nicht, wie er nur immer wieder erneut in den Zirkel der Erklärung eintaucht: „Der Tauschwert des Geldes für jedes Wirtschaftssubjekt hängt von dem Gebrauchswerte jener Genussgüter ab, die es sich für sein Einkommen verschaffen kann."[133] Der Begriff „Gebrauchswert" steht hier für den Grenznutzen. Doch Schumpeter spricht im *Plural*. Wie lassen sich die Grenznutzen der verschiedenen „Genussgüter" vergleichen? Man bezieht sie auf das Einkommen und die Preise, man rechnet *in Geld*. Die Preise vermitteln die Geldrechnung mit den Produktmengen, die jeder individuell unterschiedlich schätzen mag nach ihrer privaten Nützlichkeit. Insofern weiß jeder, wie viel er sich für sein Geld „leisten" kann, abhängig von den Preisen, und das mag man „subjektiven Wert des Geldes" oder seinen „Nutzen" nennen. Doch mit dieser Änderung der alltäglichen Sprechweise ist nichts erkannt.

Schumpeter hat keinen Begriff vom kategorialen *Novum*, das im Geld erscheint. Deshalb reflektiert er in seinen Erklärungen unaufhörlich im Zirkel, setzt voraus, was er erklären möchte, und erklärt, was er schon voraussetzte. *Dass* er hier einen Kreistanz aufführt, hat einen Grund: Es ist die zirkuläre Natur des Geldes, die jeden externen

---

[131] J. A. Schumpeter (1908), S. 277f. Vgl. „Schumpeter (…) irrt, wenn er meint, die Notwendigkeit des Geldes unmittelbar aus dem indirekten Tausche erweisen zu können." L. v. Mises (1924), S. 3, Note 1. Allerdings setzt Mises den Irrtum nur auf neuen Wegen fort; vgl. das nächste Kapitel.

[132] J. A. Schumpeter (1908), S. 278.

[133] J. A. Schumpeter (1952), S. 65. Vgl. „Money by definition cannot be enjoyed, consumed or made a physical tool of; it can, ultimately, only be exchanged." G. L. S. Shackle (1966), S. 229.

Beobachter vor ein Rätsel stellt. Schumpeter klammert sich an Walras fest, der glaubte, aus der Struktur seiner Gleichungen die *Notwendigkeit* einer – und *nur einer* – Rechnungseinheit ableiten zu können (vgl. 4.7.3.6). Geld ist dann nur ein rechentechnischer Trick, kein neues Sozialphänomen, und Schumpeter meint, dass „das Geld hier nur eine technische Hilfsfunktion ausfüllt, aber nichts Neues den Erscheinungen hinzufügt."[134] Es ist „Öl in der Wirtschaftsmaschine" und trägt nicht zur Erklärung der Maschine bei. Abgesehen davon, dass das auch *technisch* eine unsinnige Vorstellung ist – Autos laufen ohne Öl sowenig wie ohne Zündkerzen –, wird hier das *kategoriale Novum* des Geldes eskamotiert. Man übersieht das *Nächstliegende*, die Einheit, in der *alle* auf gleiche Weise rechnen und die geklärt werden müsste.

Seine späteren Arbeiten, die immer noch an Walras festhalten und ihn wiederholt referieren, haben diesen grundlegenden Mangel nicht beseitigen können: „Walras wählt erst eine beliebige Ware als ‚numéraire', d.h. er drückt alle Tauschverhältnisse in Einheiten dieser Ware aus, um das Ergebnis sodann in Einheiten des Geldgutes zu übertragen (!)."[135] Die Frage, mit welcher Voraussetzung ein cartesianischer Beobachter Tauschpopulationen die in einer Rechnungseinheit (im numéraire) gegebene *kategoriale Voraussetzung* des Geldes auf diese Weise beschreiben kann, all dies ist für Schumpeter (wie für Walras) keine Frage. Es ist dann kein Wunder, wenn Schumpeter die „Geldmethode" auch hier nur als einen „Sonderfall der Abrechnungstechnik, der durch einen besondern Kunstgriff ausgezeichnet ist"[136], charakterisiert. Ob Markt oder eine andere Form der „sozialen Buchhaltung" – der Blick auf den Sozialismus ist unübersehbar –, es handelt sich um dasselbe Prinzip, das bei Walras in seinem Gleichgewichtsmodell im *numéraire* schon enthalten sei. Das Geld sei dann nur „die Festlegung der kritischen Ziffer des Systems", die sich „einer besondern sozialen Instanz"[137] verdankt. Damit wäre das Geld am Ende doch nur eine kunstreiche Erfindung des Gesetzgebers, wäre doch *nomos*, und nicht *physis*, entgegen der innersten Intention der Lehrsätze von Walras, Menger oder Mises. Doch wie sagt Schumpeter: „Lehrsätze, die allgemein als falsch erkannt sind, wurden in der Vergangenheit dennoch zur Zufriedenheit der Urteilsfähigsten ‚bewiesen'."[138] Mit der allgemeinen Erkenntnis der Falschheit neoklassischer Lehrsätze wird es aber wohl noch seine Weile haben.

4.6.5 Ludwig von Mises

4.6.5.1 Zur Ethik eines Fundamentalisten des Marktes

Mises gilt neben Hayek als Vollender der österreichischen Schule der Nationalökonomie. Tatsächlich knüpft Mises direkt an Menger und Böhm-Bawerk an. In der Geldpolitik kommen Hayek und Mises auf ähnlichen Voraussetzungen weitgehend zu vergleichbaren Schlussfolgerungen. Diesen Aspekt der Geldtheorie – die Fragen einer möglichen Reform des Bank- und Zentralbanksystems[139] – klammere ich in der vorliegenden Untersuchung aus, da er in der Geldpolitik und auch in der geldtheoretischen Diskussion keine Rolle spielt, während andererseits die darin enthaltene Zinstheorie sich wesentlich in Wicksells Denkformen bewegt (vgl. Kapitel 6.2). Hier konzentriere ich mich auf die

---

[134] J. A. Schumpeter (1952), S. 66.
[135] J. A. Schumpeter (1970), S. 214, Note 9.
[136] J. A. Schumpeter (1970), S. 225.
[137] J. A. Schumpeter (1970), S. 224 und 219.
[138] J. A. Schumpeter: Aphorismen; in R. Swedberg (1994), S. 273.
[139] Vgl. F. A. Hayek (1977).

von Menger herrührenden Fragestellungen nach Tausch und Geldverwendung, sowie vor allem auf Mises' „Katallaktik" oder „Praxeologie". Das Urteil von Hayek: „Obwohl unzweifelhaft einer der bedeutendsten Nationalökonomen seiner Generation, blieb Ludwig von Mises (1881-1973) in einem gewissen Sinn bis an das Ende seiner ungewöhnlich langen wissenschaftlichen Tätigkeit doch ein Außenseiter in der akademischen Welt"[140], trifft nach wie vor zu, obwohl sich in den USA ein sehr aktiver Zirkel „libertinärer" Anhänger auf Mises als ihren großen Urvater beruft. Mises' besondere Rolle beruht nicht zuletzt auf seiner Ablehnung der mathematischen Ökonomik, die von seinen libertinären Schülern geteilt wird.[141]

Mit Mises zieht erneut – wie bei Gossen – ein fundamentalistischer Tonfall in der Ökonomik ein. Wie jeder Fundamentalismus, so verbindet auch Mises eine absolut geglaubte Wahrheit mit Endzeiterwartungen. Sein Hauptfeind war der Sozialismus in allen seinen (von ihm so interpretierten) Spielarten, denn dieser Hauptfeind *leugnete* die als fundamental behaupteten Wahrheiten und war deshalb auch *der* politische Gegner. So wird verständlich, wie der neben Hayek wichtigste ideologische Begründer des Neoliberalismus gleichwohl den *Faschismus* loben konnte:

> „Es kann nicht geleugnet werden, dass der Faschismus und alle ähnlichen Diktaturbestrebungen *voll von den besten Absichten* sind und dass ihr Eingreifen für den Augenblick die europäische Gesittung gerettet hat. Das Verdienst, das sich der Faschismus damit erworben hat, *wird in der Geschichte ewig fortleben.*"[142]

Gewiss war Mises ideologisch kein „Faschist"; doch als Marktfundamentalist heiligten für ihn hier die Mittel den Zweck – die Rettung des Kapitalismus –, worin er übrigens die „Faschismusanalyse" der Marxisten mit umgekehrtem Vorzeichen vorwegnahm. Die Beschwörung eines Untergangs, sollte man nicht die Weisheit der liberalen Ethik und der Freiheit von Markt und Eigentum erkennen, findet sich bei Mises mehrfach. Die Debatte um den „Wertbegriff", die Anfang der 30er Jahre geführt wurde und zu der Mises einen Sammelband mit gegensätzlichen Meinungen herausgegeben hatte, beschließt er in seinem Schlussbeitrag so:

> „Wissenschaftliches Denken hat zu allen Zeiten vereinsamt. Doch nie war es um eine Wissenschaft herum einsamer als um die moderne Nationalökonomie. Das Schicksal der Menschheit – Fortschreiten auf dem Wege, den die Gesittung des Abendlandes seit Jahrtausenden geht, oder jäher Absturz in ein wüstes Chaos, aus dem es keinen Ausweg gibt, aus dem kein neues Leben je erstehen wird – hängt davon ab, ob es dabei bleiben wird."[143]

---

[140] F. A. Hayek (1978), S. XI.

[141] Wenn Hoppe von der „totale(n) Belanglosigkeit der mathematischen Ökonomie" spricht und dies darauf zurückführt, dass „das Universitäts- und Forschungswesen aller westlichen Länder weitgehend verstaatlicht (steuerfinanziert)" und jeder „praktischen Rechtfertigung vollständig enthoben" sei, H.-H. Hoppe (1996), S. 77, Note 17, so ist das – geschrieben von ein Ökonomie-Professor, der ja ganz zweifellos jeden Dollar durch die praktische Rechtfertigung seiner Forschung am Markt verdienen muss – nicht nur unlauter, es ist auch sachlich unhaltbar: *Praktisch* belanglos ist die mathematische Ökonomie sicher nicht, *gerade weil sie falsch ist*, berät sie doch mit ihren Modellierungen zahlreiche Regierungen zu deren unheilvollem Tun.

[142] L. v. Mises (1927), S. 45; meine Hervorhebungen.

[143] L. v. Mises (1931a), S. 295.

Im selben Tonfall, mit der Berufung auf eine Rettung der europäischen Gesittung, sind übrigens viele deutsche Intellektuelle, auch die von Mises so verschiedenen Ökonomen wie Gottl-Ottlilienfeld oder Stackelberg, den Nazis in die Arme gelaufen. In einem Sammelband völlig gegensätzlicher Beiträge von „der" Nationalökonomie sowie von „der Gesittung *des Abendlandes seit Jahrtausenden*" zu sprechen, verrät etwas von der intellektuellen Redlichkeit solchen Denkens. Natürlich meint Mises mit „Nationalökonomie" *nur* die österreichische Schule, und „Gesittung" heißt für ihn „Ethik des Individualismus", also ethische Apologie des *Egoismus* – eine Apologie, die man in Europa schwerlich seit „Jahrtausenden" entdecken wird. Doch solche Sprüche zu machen oder den Faschismus zu loben, das ist für Mises gerechtfertigt, sofern der „Zweck" ein richtiger, ein heiliger ist, und das ist eben die Apologie von Markt und Privateigentum.

Eine kleine Illustration für diese durchsichtige Logik der Apologie bei Mises: Obgleich er zugesteht, dass die Werbung an niedere Instinkte appelliert und für jeden „Gebildeten" geschmacklos ist, verteidigt er sie uneingeschränkt, weil der *Zweck*, die Gewinnmaximierung, eben „heilig" ist: „Die Werbung des Unternehmers um die Gunst des Verbrauchers *muss, wenn sie ihren Zweck erreichen soll*, aufdringlich sein. (...) Um zu wirken, *muss* die Werbung so beschaffen sein, wie die Geistigkeit des Umworbenen sie *verlangt*."[144] Was soll das für ein Verlangen, für ein Müssen im Konsumentengeist sein? Der ethische Wert der Gewinnmaximierung *rechtfertigt* eben ein Mittel, das – wenigstens in der Formulierung, in der sich *von* Mises über solch niedriger Geistigkeit erhaben dünkt – offenkundig Menschen nicht als Subjekte, als Partner, sondern als Objekte, als Dinge unterstellt. Das ist der präzise Begriff für einen Totalitarismus der Märkte. Die intellektuellen Möglichkeiten der Menschen (die Opfer solcher Werbung) straft dieser Herrschaftsanspruch des Marktes aus dem Munde ihres fundamentalistischen Apologeten mit Verachtung und weiß sich darin mit *dem* Praktiker der Massenmanipulation – Edward L. Bernays – in der aristokratischen Attitüde einig: „Propaganda ist das moderne Instrument, mit welchem intelligente Menschen für ihre produktiven Ziele kämpfen können und so helfen, Ordnung in das Chaos zu bringen."[145] Der logische Gehalt und die Form der Aussage ist hier bei Mises identisch: Der Zweck der Gewinnmaximierung (als produktives Ziel) heiligt manipulative Mittel.

Mises stimmt – wie Bernays – also explizit der Formel „der Zweck heiligt die Mittel" zu, und auch diese seine Position rechtfertigt sich *letztlich* durch ihre Gegnerschaft zum Sozialismus.[146] Hayek teilt diese Gegnerschaft explizit, sagt aber im geraden Gegenteil: „Der Grundsatz, dass der Zweck die Mittel heiligt, erscheint nach der individualistischen Ethik als die Negierung jeder Moral, aber in der kollektivistischen Ethik wird er notwendigerweise zur obersten Norm. Es gibt buchstäblich keine Handlung, zu der der konsequente Kollektivist nicht bereit sein muss, wenn sie dem ‚Wohle des Ganzen' dient, denn das ‚Wohl des Ganzen' ist für ihn das einzige Kriterium des Sollens."[147] Der Widerspruch zu Mises in den ethischen Grundkategorien ist offensichtlich. Doch das bekümmert Hayek wenig; er hat Mises nie wegen dieser Haltung kritisiert, noch wäre es

---

[144] L. v. Mises (1940), S. 277; meine Hervorhebungen. Vgl. dagegen die Position von W. Röpke (1942), S. 232.

[145] E. Bernays (2005), S. 168 – eine geistige Haltung, die sich explizit auch bei Walter Lippmann, der gemeinsamen Quelle für solches Gedankengut (Mises, Bernays), findet.

[146] Der Mises-Schüler Rothbard hat diese den Jesuiten zugeschriebene Doktrin explizit vertreten: „In short, we are saying that the means must be justified by the end." M. N. Rothbard (1977), S. 292. Auch M. Friedman (1976a), S. 45, vertritt diese These; vgl.: K.-H. Brodbeck (1996a), S. 152-156.

[147] F. A. Hayek (1976a), S. 153.

ihm eingefallen, darin den Totalitarismus des Marktes zu erkennen. Vielmehr wird hier sichtbar, dass der gemeinsam verfolgte „heilige Zweck" – die Gegnerschaft gegen den Sozialismus und gegen jede Form „sozialer Gerechtigkeit" – selbst grundlegende philosophische Differenzen „zweckmäßig" nivelliert.

Ich möchte das etwas näher erläutern. Die individualistische Ethik der österreichischen Schule geht stets von den Zielen der Individuen aus. Mises teilt den berechnenden Standpunkt der utilitaristischen Ethik (vgl. 6.3.2); im Unterschied zum Utilitarismus Benthams bestimmt Mises die Ziele aber *strikt* individuell – sie sind nicht Teil einer kollektiven Summe des „Nutzens" aller. Bentham addiert individuelle „Nutzen" und kennt deshalb *Umverteilungen*[148]. Mises dagegen sieht in einem Kollektiv nur eine wechselseitige *Instrumentalisierung* der Egoisten untereinander und ihrer Institutionen. Es gibt prinzipiell keinen Zweck, der nicht Zweck eines Individuums wäre; genauer gesagt: Jedes Individuum akzeptiert nur dann Zwecksetzungen, die nicht unmittelbar die *seinen* sind, wenn es durch „rationale Berechnung" erkennt, dass diese anderen Ziele dennoch seinen eigenen förderlich sind. Es charakterisiert alle Texte von Mises, dass er das völlig ungeniert ausspricht:

„Indem er die gesellschaftlichen Zwecke zu seinen eigenen macht, ordnet er nicht seine Persönlichkeit und seine Wünsche einer anderen, über ihm stehenden höheren Persönlichkeit unter, verzichtet er nicht auf Erfüllung irgendwelcher eigener Wünsche zugunsten der Wünsche einer mystischen Allgemeinheit. Denn die gesellschaftlichen Ziele sind, vom Standpunkte seiner eigenen Wertung aus gesehen, nicht Endziele, sondern Zwischenziele in seiner eigenen Rangordnung der Ziele. Er muss die Gesellschaft bejahen, weil das gesellschaftliche Zusammenleben ihm selbst eine bessere Erfüllung seiner eigenen Wünsche gewährleistet."[149]

Der je andere Mensch ist stets nur *Mittel* des Egoisten, der sich *seine* Ziele setzt. Der Andere ist ein Es, kein kommunikatives oder soziales Du. Das ist exakt die ethische Formel für ein *totalitäres* Verhältnis zwischen Menschen – nur hier nicht durch einen Staat oder einen Fürsten, sondern durch die Struktur des Marktes. Alle gesellschaftlichen Arrangements werden von den Einzelnen – die ontologisch als nicht näher charakterisierte *letzte* Entitäten vorausgesetzt sind – nur akzeptiert, weil und sofern sie als „nützlich für je mich" erkannt sind. Selbst ein Mittel für andere und anderes zu sein, das wäre für Hayek *und* Mises ein Handeln wider eigene Einsicht und wider eigenen Willen, um einem fremden Zweck zu dienen. Der Liberalismus bekämpft den Totalitarismus des Staates, weil er die Totalisierung des Egoismus, die Universalisierung der wechselseitigen Reduktion der Menschen auf je ein Mittel des eigenen Egos vehement vertritt. Ayn Rand, die solches Gedankengut vulgarisiert und popularisiert hat, war deshalb nicht zufällig eine tiefe Bewunderin von Mises – eine Bewunderung, die durchaus auf Gegenseitigkeit beruhte, wenn Mises wiederum Frau Rand als den „mutigsten Mann Amerikas bezeichnete".[150] Der Kampf gegen den Sozialismus macht die Champions für ein „truly free-market system"[151] blind gegen die totalitäre Form, die gerade diesem System eignet.

---

[148] Vgl. J. Bentham, EW 1, S. 15.
[149] L. v. Mises (1922), S. 285f. Vgl. Jeder „dient dem andren, um sich selbst zu dienen; jede(r) bedient sich des andren wechselseitig als seines Mittels." K. Marx (1953), S. 155.
[150] Vgl. C. M. Sciabarra, L. J. Sechrest (2005), S. 242.
[151] M. N. Rothbard (1977), S. 82. Rothbard und andere *Liberals* bemerken nicht, dass die Freiheit eines *Marktsystems* die totalitäre Herrschaft *über* die Individuen – in der Geldform –

Wenn nun aber – so lässt sich Mises Vorstellungswelt rekonstruieren – jene Wirtschaftsform durch die „widernatürlichen" Forderungen des Sozialismus *gefährdet* wird, dann ist es durchaus im Sinn der individualistischen Ethik legitim, auch den Faschismus (der wenigstens die Grundlagen des Privateigentums nicht antastet) als entschiedenen Gegner des Sozialismus zu unterstützen und ihm sogar ein ewiges historisches Verdienst zuzuweisen.[152] In solche Ausreden verstrickt sich notwendig ein utilitaristischer, ein berechnender Standpunkt – zudem ein Standpunkt, der die berechnende, „praxeologische" Haltung als *Wesen des Menschen* deklariert. Man kann solch eine pekuniäre Moral nicht „logisch" widerlegen, ihr aber eine *ethische* Grundwahrheit entgegenstellen: Kein Zweck heiligt jemals unheilige Mittel. Und wenn der Markt sich als „unheiliges Mittel" offenbart, wenn er zwei Drittel der Individuen auf dem Planeten Erde der Armut subsumiert, dann ist damit auch das *ethische* Urteil gesprochen.

4.6.5.2 „Katallaktik" als apriorische Vernunft

Auch Ökonomen der subjektiven Schule, nicht zuletzt Enrico Barone[153] oder Josef A. Schumpeter, waren bei aller Skepsis davon überzeugt, dass der Sozialismus wenigstens *logisch* möglich sei, empirisch aber vermutlich scheitern werde: „Die reine Logik des Sozialismus ist durchaus in Ordnung."[154] *Diese* Aussage zu widerlegen, kann man als die *Motivation* hinter der Theorie von Mises' erkennen, eine Motivation, die Hayek vollständig teilte, auch wenn er Mises' Erklärung nicht akzeptierte. Mises war nämlich überzeugt, dass sich die Logik des Tauschs, der Märkte, des Geldes, der Preise, des Zinses usw. *a priori* deduzieren lässt. Und sein Hauptwerk „Nationalökonomie", später ins Amerikanische unter dem Titel „Human Action" übersetzt[155], verfolgt das Ziel, genau das zu zeigen. Doch eben *diese* Begründung lehnte Hayek ab:

> „Ich muss gestehen, dass ich selbst oft seine Argumente zunächst nicht völlig überzeugend fand und erst langsam lernte, dass er meistens Recht hatte und sich mit einigem Nachdenken eine Begründung finden ließ, die er nicht ausgesprochen hatte. Und es scheint mir heute auch *aus dem Charakter des Kampfes, den er führen musste*, verständlich, dass er zu gewissen überspitzten Behauptungen, wie der vom a priori Charakter der ökonomischen Theorie, getrieben wurde, bei denen ich ihm nicht folgen konnte."[156]

---

bedeutet, nicht etwa die Souveränität der Individuen *über* das System Markt. Die logische Struktur ist hier dieselbe, die Marx an einer Formel des Gothaer Programms kritisierte, worin ein „freier Staat" gefordert wurde, wogegen er sagte: „Die Freiheit besteht darin, den Staat aus einem der Gesellschaft übergeordneten in ein ihr durchaus untergeordnetes Organ zu verwandeln", K. Marx, MEW 19, S. 27. Ebenso ist ein freier Markt die Herrschaft *über* die Individuen und deshalb nicht weniger totalitär als ein totalitärer Staat. Deshalb lassen sich beide Systeme auch so prächtig vereinigen – von den neokonservativ regierten USA über Russland bis nach China.

[152] Dass der „Nationalsozialismus" nie ein „Sozialismus" war, hat Hitler deutlich gesagt: „Der Ausdruck Sozialismus ist an sich schlecht, aber vor allem heißt das nicht, dass diese Betriebe sozialisiert werden müssen, sondern nur, dass sie sozialisiert werden können, nämlich wenn sie gegen das Interesse der Nation verstoßen. So lange sie das nicht tun, wäre es einfach ein Verbrechen, die Wirtschaft zu zerstören." A. Hitler (1930), S. 6.

[153] Vgl. E. Barone (1935).
[154] J. A. Schumpeter (1970), S. 138.
[155] Vgl. L. v. Mises (1940); L. v. Mises (1996).
[156] F. A. Hayek (1978), S. XVI; meine Hervorhebung.

4.6.5 Ludwig von Mises

Wenn die „Zwecke des Kampfes" es rechtfertigen, wenn man damit ohnehin zu denselben Schlussfolgerungen gelangt – auch wenn man die Begründung nicht teilt –, dann ist die zugehörige Theorie „gerechtfertigt". Dass dieses Argument wissenschaftlich wertlos ist, brauche ich kaum zu betonen: Wenn aus unzutreffenden Voraussetzungen etwas gefolgert wird, das man gleichwohl als richtig ansieht, dann entbindet dies nicht von der wissenschaftlichen Pflicht, die Fehlschlüsse aufzudecken. Es *nicht zu tun, weil* man die Folgerungen politisch teilt, verrät etwas über die Art von „Wissenschaft", mit der man es hier zu tun hat.

Ich möchte im Gegensatz zu Hayek den Apriorismus von Mises sehr genau untersuchen. Der Gedanke, man müsse im Sinn der Transzendentalphilosophie ökonomische Grundbegriffe *a priori* der Vernunft zuschreiben, findet sich tatsächlich schon früher. Otto Schneider hat dazu in seiner „Transzendentalpsychologie" einige Überlegungen formuliert, die denen von Mises' durchaus analog sind. Schneider sagt: „Das auf Selbsterhaltung und den Nutzen gerichtete, handelnde (praktische) Leben in der Kulturgemeinschaft (...) ist ohne Zweifel der erste Lehrmeister in der Kunst des logischen Denkens."[157] Die Begriffe, *in denen* die Menschen denken, können hierbei aber nicht aus der Erfahrung entnommen sein: In der Natur gibt es kein Eigentum und keinen Wert. Schneider geht davon aus, dass die ökonomische Theorie „auf dem Grunde der Sittenlehre ruht"[158]. Für ihn sind die ökonomischen Kategorien nicht aus *eigenem* Recht gültig; gleichwohl müssen auch sie in ihrer Bedeutung aus der Selbstanalyse des transzendentalen Bewusstseins bestimmt werden. Schneider diskutiert einige ihm bekannte Ökonomen wie Cohn, Dühring, Roscher, ja, er kennt sogar Launhard, nicht aber Carl Menger. Diese von ihm genannten Ökonomen versäumten es, so sagt er, den eigentlich „apriorischen Charakter der Wirtschaftslehre"[159] klar herauszuarbeiten. Sie erkennen nicht, dass auch ökonomische Kategorien zu begreifen seien „in der Kantischen Bedeutung, d.h. im Sinne des Ursprünglichen, Stammbegrifflichen, den Stoff Formenden, als Gegensatz zu dem Erfahrenen, Erworbenen"[160].

Schneider meint, die *Erfahrung* könne diese Begriffe nicht liefern. Zwar „kommt der Mensch als wirtschaftlicher für uns ausschließlich in der Gesellschaft vor"[161]; er ist also ein sittliches Wesen, das mit dem Eintritt in die Gesellschaft (die Familie und ihre Haushaltung) eine pflichtgemäße Haltung „an Stelle des instinktiven, rein natürlichen"[162] Verhaltens einnimmt. Gleichwohl gewinnt er die Grundbegriffe des Wirtschaftens nicht aus dieser Erfahrung. Die „Ausnutzung der in der Außenwelt vorhandenen Dinge als Güter oder Werte behufs Ergänzung der individuellen, aber in der sittlichen Gemeinschaft allein berechtigten Bedürfnisse"[163] entspringt nicht der Erfahrung, sondern einem apriorischen Wertbewusstsein. Tiere haben „kein begriffliches Bewusstsein von dem *Werte* eines Dinges oder einer Tätigkeit, von der Eigenschaft eines *Gutes*"[164]. Schneider lehnt es auch ab, den Wert durch *Bedeutung* zu bestimmen, wie dies auch

---

[157] O. Schneider (1891), S. 124. Verwandt zu den Überlegungen von Schneider bis Mises ist die späteren Methodenreflexion von Robbins, vgl. L. C. Robbins (1935; 1938).
[158] O. Schneider (1891), S. 355.
[159] O. Schneider (1891), S. 358.
[160] O. Schneider (1891), S. 358.
[161] O. Schneider (1891), S. 361.
[162] O. Schneider (1891), S. 362.
[163] O. Schneider (1891), S. 362.
[164] O. Schneider (1891), S. 363.

Roscher unter Rückgriff auf Schäffle vornimmt, weil er darin einen Zirkel zu erkennen vermeint: „Wert ist Bedeutung! Und was ist Bedeutung? Wert!"[165]

Wie Mises später die Praxeologie der Mathematik an apriorischem Charakter gleichsetzt, es aber ablehnt, die wirtschaftliche Vernunft durch mathematische Modelle zu substituieren, so sieht auch Schneider eine Analogie, und auch er hält die *mathematische* Behandlung ökonomischer Sachverhalte, die er von Launhard kennt, für verfehlt.[166] Die in der Wirtschaft verwendeten Begriffe des Maßes und des Gewichts sind für ihn transzendentaler Herkunft. „Auch der *Tausch* ist nicht die Ursache, dass es Wertverhältnisse gibt"[167]. Die ökonomischen Kategorien sind nicht das Resultat einer *Entwicklung*. Wer, sagt Schneider, die Mathematik oder die Logik als Beispiel heranzieht, bemerkt, dass auch deren Begriffe erlernt werden und auch ihre Entdeckung eine Entwicklungsgeschichte kennt. Wir werden ihnen „aber trotz solcher Entwicklungsgeschichte apriorischen Ursprung zuschreiben müssen."[168] Im *Detail* hat Schneider die ökonomischen Kategorien nicht diskutiert. Die erkenntnistheoretische Grundhaltung ist aber genau jene, die Mises erkennen lässt. Ich verzichte deshalb auf eine Kritik seiner Vorstellungen und werde sie an den analogen Gedanken bei Mises entfalten.

Offenbar ohne Kenntnis, sicher aber ohne Bezugnahme auf Schneider findet man bei Mises zahlreiche Bemerkungen, wonach er als *philosophisch* zentrales Argument gegen den Marxismus und die Wissenssoziologie den von Schneider skizzierten Gedanken vorbringt: Wenn man in der Wirklichkeit etwas *erkennen* möchte, wenn man die empirischen Sachverhalte beschreiben will, dann muss man bereits über die dazu notwendigen Begriffe verfügen. Die Begriffe gehen der Wirklichkeit *voraus*, sind also insofern *a priori*. Dieses kantianische Argument dehnt nun Mises wie Schneider auf *gesellschaftliche* Tatbestände aus, wobei Mises tatsächlich versucht, eine *Deduktion* der Kategorien *a priori* vorzuführen.

Ich möchte das zunächst an seiner Auseinandersetzung mit Werner Sombart verdeutlichen. Sombart sagt, dass für die Wirtschaft (für die Gesellschaft überhaupt) nicht abstrakte, konstruierte Schemata anwendbar sind. Man versteht die Gesellschaft nur, wenn man sie aus dem *Sinn* versteht, den sie historisch selbst hervorgebracht hat:

> „Da es sich um die Einordnung einzelner Erscheinungen in einen verwirklichten Sinnzusammenhang handelt, also um einen Sinnzusammenhang in der Geschichte, so ist alles Sachverstehen historisches Verstehen. Wiederum eine wichtige Einsicht: dass die historische Betrachtungsweise ein Apriori jeder nationalökonomischen Theorie ist, sofern sie das Sachverstehn in ihrem Inhalte hat. Der Begriff ‚Tausch' etwa besagt gar nichts. Er bekommt seinen ‚Sinn' erst durch die Beziehung auf den geschichtlichen Zusammenhang, in dem der Tausch stattfindet. ‚Tausch' in der primitiven Wirtschaft (stummen Tauschhandel!), in der handwerkmäßigen Wirtschaft und in der kapitalistischen Wirtschaft sind himmelweit voneinander verschiedene Dinge."[169]

---

[165] O. Schneider (1891), S. 364. Schneider hat wohl recht, dass dann, wenn man versucht, Wert auf „Wert-Bedeutung" zurückzuführen, das Argument logisch zirkulär ist. Doch er hat kein Verständnis für den semiotischen Prozess der zirkulären Bedeutung, in dem sich „Werte" durch das Geld konstituieren, ein fehlendes Verständnis, das auch die gesamte österreichische Schule charakterisiert.

[166] O. Schneider (1891), S. 368.

[167] O. Schneider (1891), S. 364.

[168] O. Schneider (1891), S. 359.

[169] W. Sombart (1930), S. 210f.

4.6.5 Ludwig von Mises

Sombarts Argument ist, das sei zugestanden, weder sprachlich noch logisch ganz einwandfrei, kann aber dennoch sinnvoll rekonstruiert werden: Seine Position, durchaus der Tradition von Dilthey, Rickert und Windelband verpflichtet, die zwischen einem *historischen Verstehen* und einem naturwissenschaftlich-mathematischen Begreifen unterscheidet, bringt einen *temporalen Sinn* des Apriori zum Ausdruck: Wir verstehen – wörtlich – „aus dem Früheren her". Gadamer sagt: „Erkenntnis der Gegenwart ist Erkenntnis der unerkannt fortwirkenden Vergangenheit in dieser Gegenwart."[170] Und das heißt für Sombart, wir verstehen immer *in einem Sinnzusammenhang*, der sich historisch wandelt, gleichwohl aber unserem Verstehen vorausgeht. Deshalb meint Sombart in Anlehnung an Othmar Spann: Die Preise sind nur das, was sie sind, „sobald wir sie in ein ihnen zugehöriges Sinngebilde eingliedern."[171] Erst der Markt ist solch ein Sinngebilde, deshalb hat die Theorie des Marktes „der Theorie der Preisbildung vorauszugehen." Und Sombart erläutert diesen Gedanken: „Es genügt an dieser Stelle, wenn wir uns klarmachen, dass nur in Beziehung auf einen ganz bestimmten Marktzusammenhang ein Preis einen irgendwie vernünftigen Sinn erhält. Preis und Preis sind völlig verschiedene Dinge von Markt zu Markt. Die Preisbildung auf der Messe in Veracruz im 17. Jahrhundert und auf dem Weizenmarkte an der Chicagoer Börse im Jahre 1930 sind zwei überhaupt nicht vergleichbare Vorgänge."[172]

Mises sieht das völlig anders. Er geht davon aus, dass das Verstehen der ökonomischen Phänomene ebenso „der Vernunft" angehört wie die naturwissenschaftlichen Erscheinungen. Die Logik des Tauschs ist für Mises *vernunftimmanent*. Auch er zitiert den Satz Sombarts, aber mit einer bemerkenswerten Einschränkung, nämlich erst ab „… Der Begriff ‚Tausch' etc.". Gerade die Pointe bei Sombart, den Hinweis auf das *historische* Apriori, lässt er weg; er ergänzt das Zitat aber um die eben wiedergegebene Stelle der Unvergleichbarkeit der Märkte und knüpft daran folgende Überlegung:

> „Auch Sombart geht nicht soweit, zu behaupten, dass das Wort ‚Tausch' in Anwendung auf die primitive Wirtschaft mit dem Wort ‚Tausch' in Anwendung auf die kapitalistische Wirtschaft oder das Wort ‚Preis' in Anwendung auf die Messe in Veracruz im 17. Jahrhundert und das Wort ‚Preis' in Anwendung auf den Weizenmarkt der Chicagoer Börse im Jahre 1930 nichts weiter als homonym seien, etwa wie der ‚Bauer' und das ‚Bauer' oder wie ‚Niederlage' (dépôt) und ‚Niederlage' (défaite). Er spricht wiederholt von Tausch und Preis und Preisbildung ohne näheren Beisatz, was ganz sinnlos wäre, wenn es sich hier um Homonyma handeln würde."[173]

Mises verweist hier durchaus auf einen wichtigen Punkt, auch wenn seine Schlussfolgerungen den Sachverhalt verfehlen. Wenn man über *frühere* soziale Sachverhalte oder über Sachverhalte in anderen Kulturen spricht, so spricht man in einer Sprache, die eine bestimmte begriffliche Matrix voraussetzt. Das hier vorliegende Problem wurde von den Vertretern der historischen Schule der Nationalökonomie durchaus gesehen. Bücher macht das an einem Beispiel deutlich: „Wenn von den Geschichtsschreibern des Mittelalters in hohen Tönen vom Handel geredet wird, so offenbart sich darin die grenzenlose Übertreibung der Quellen, denen die Ausnahmen vor allem beachtenswert und preiswürdig erscheinen. Wenn aber Moderne darin Erscheinungen sehen, die der eignen Zeit

---

[170] H.-G. Gadamer (1955), S. XIII.
[171] W. Sombart (1930), S. 305.
[172] W. Sombart (1930), S. 305.
[173] L. v. Mises (1933), S. 130.

gleich bedeutsam erscheinen müssten, so geraten sie auf Irrwege und machen die Ausnahme zu einer Regel, der das ökonomische Denken des Mittelalters durchaus widerstreitet."[174] Niemand kann in seinem Denken die historische Herkunft, die Begriffe, über die er bereits verfügt, abschütteln.

Eben das ist es, was Sombart ein „Apriori" nannte. Es ist, so würde ich das übersetzen, die kategoriale Matrix, in die je ich als Theoretiker hineingeboren bin, sie mit dem Spracherlernen und der Ausbildung einzuüben (also zu *denken*) gelernt habe. Niemand kann das ungeschehen machen, wiewohl man diese kategoriale Matrix – wenn man sie einmal erkannt hat und sich dann denkend frei in ihr bewegt – kritisch auf das hin prüfen kann, was an *Ungedachtem* darin enthalten ist. Eben dies ist die Aufgabe des *philosophischen* Denkens.

Tatsächlich geht also die kategoriale Matrix, in der Begriffe wie „Tausch" beschrieben werden, jeder Beobachtung, jeder Interpretation historischer Dokumente *voraus*. Wenn Sombart das Wort Tausch „ohne näheren Beisatz" verwendet, dann verwendet er es *im Sinn der kategorialen Matrix*, in der er sich bewegt – und die ist durchaus nicht verschieden von jener, die Mises verwendet: Es ist die Redeweise der Nationalökonomen, in der sie den aktuell erlebten Kapitalismus, in seiner Welt denkend und handelnd eingebunden, beschreiben. Wenn man also im alten Griechenland oder bei einem bislang unbekannten Volksstamm so etwas wie „Tausch" identifiziert, so schreibt man dem Beobachteten die Bedeutung zu, die man aus seiner Erfahrung mitbringt. Das ist, wie Sombart – der diese Zusammenhänge sicher nur unvollständig erklärt hat – hier treffend sagt, ein „historisches Apriori". Die Matrix der Kategorien geht immer dem voraus, was man in ihr *neu* beschreiben möchte. In diesem Punkt könnten also, wenn man sich auf den Sachverhalt konzentriert, Mises und Sombart durchaus *übereinstimmen*. Doch Mises möchte etwas völlig anderes sagen. Er identifiziert das Apriori mit einer Eigenschaft „der" menschlichen Vernunft:

„Nicht aus der Erfahrung, sondern aus der Vernunft stammt aber das her, was wir über unser Verhalten den gegebenen Bedingungen gegenüber wissen. Nicht aus der Erfahrung stammt, was wir über die Grundkategorien des Handelns wissen, über Handeln, Wirtschaften, Vorziehen, über die Beziehung von Mittel und Zweck, und über alles andere, das mit diesem zusammen das System menschlichen Handelns ausmacht. Das alles erkennen wir wie die logischen und mathematischen Wahrheiten *aus uns heraus, a priori und ohne Bezug auf irgendwelche Erfahrung*. Und nie könnte Erfahrung jemand, der dies nicht aus sich heraus begreift, zur Erkenntnis dieser Dinge bringen."[175]

Formal behauptet hier Mises, dass die der „reinen Ökonomik" – bei ihm: „Katallaktik" oder „Praxeologie" – angehörigen Denkformen fähig sind, synthetische Urteile *a priori* zu formulieren, um eine Kantsche Ausdrucksweise zu verwenden. Diese Urteile sollen keinerlei empirischen Gehalt haben: Sie kommen „aus *uns* heraus", und Mises behauptet, dass „deren Gewissheit apodiktisch ist"[176]. Doch wer ist das: „uns"? Ist damit

---

[174] K. Bücher (1922), S. 223f. Vgl. auch N. Georgescu-Roegen (1976), S. 38, zu derartigen Vorurteilen der Ökonomen in Konfrontation mit „Fakten". Röpke spricht beim Nationalökonomen von einer „ihm eigenen geistigen Berufskrankheit"; vgl. W. Röpke (1958), S. 131f.

[175] L. v. Mises (1933), S. 13; meine Hervorhebung.

[176] L. v. Mises (1940), S. 61. Murray N. Rothbard, ein Mises-Schüler, drückt dies noch eindeutiger so aus: „(a) that the fundamental axioms and premises of economics are abso-

ein transzendentales Ego gemeint, das jeder „ist", seltsamerweise aber doch für alle *kategorial* dieselben Formen in sich trägt? Sind es angeborene Denkformen? Oder hat sie ein Schöpfer bei der Erschaffung der menschlichen Seele in „uns" gelegt, wie die mittelalterliche Schulphilosophie dachte? Man kann nicht den apriorischen Charakter dieser Erkenntnisse einfach *behaupten*, ohne diese *metaphysischen* Fragen geklärt zu haben.

4.6.5.3 Das metaphysische Ego des Wirtschaftens

Ein paar Überlegungen können aber die Behauptungen bei Mises sofort entzaubern. Ich formuliere sie zunächst einfach als Fragen: Wie gewinnt man den *Inhalt* der Kategorien „Tausch", „Handeln", „vorziehen" usw.? Wie hat man die Bedeutung dieser Begriffe erlernt? Ferner: Was ist von Völkern zu halten, die über vergleichbare Begriffe gar nicht verfügen; wenn es „Tausch" gar nicht gibt, wohl aber einen *potlatsch*? Was ist von Kulturen, wie den frühen buddhistischen, zu halten, die überhaupt keinen Begriff des Handelns als Tun eines Subjekts kennen: „Bloß Taten gibt es, doch kein Täter findet sich"[177]? Wenn es eine apriorische *Semantik* bezüglich ökonomischer Denkformen gibt, welche Bedeutung haben diese sprachlichen Ausdrücke? Und was garantiert ihre intersubjektive Geltung? – Ich breche diese Fragen ab, denn jede von ihnen zieht eine Antwort nach sich, die den Apriorismus bei Mises widerlegen könnte. Die Vorstellung vom apriorischen Charakter der Erkenntnis ist bezüglich der mathematischen Wahrheiten immerhin denkbar, gilt Mathematik doch als „zeitlose Wissenschaft". Wenigstens die Weise, wie diese Wahrheiten zu sich kommen, verweisen allerdings auf etwas ganz anderes und einen anderen Begriff der Vernunft (vgl. 5.3.4). Wie man auch immer das beurteilen mag, ein im transzendentalen Ego liegender Apriorismus gegenüber *sozialen Sachverhalten* ist völlig unplausibel. Auch Mises anerkennt performativ, dass es – und gerade in der Nationalökonomie – *widersprechende* Theorien gibt; er streitet ja wider andere. Ist das nach Mises „a priori falsche Denken der Sozialisten" dann so etwas wie der Freudsche Todestrieb der Menschheit? Führe doch deren Denken – wie eingangs zitiert – zum Untergang des Abendlandes und veranlasste es Mises, sogar die Faschisten zu loben, nur weil sie *auch* gegen den Sozialismus kämpfen. Wie soll es möglich sein, dass *eine* transzendentale Vernunftwahrheit zu einer Vielfalt von Theorien und politischen Strömungen führt, die sich untereinander widersprechen und als Todfeinde bekämpfen?

Mises gibt zu, dass sich auch das theoretische Denken bezüglich des menschlichen Handelns immer wieder selbst korrigieren muss – *an der Beobachtung*. Er gibt also „Beobachtungsfehler"[178] durchaus zu: „Die Nichtübereinstimmung von Theorie und Erfahrung muss uns daher veranlassen, die Probleme der Theorie immer wieder neu durchzudenken. Doch solange das theoretische Denken uns keine Denkfehler enthüllt, sind wir nicht befähigt oder berechtigt, an der Wahrheit der Theorie zu zweifeln."[179] Doch wie wird die Nichtübereinstimmung von Theorie und Erfahrung festgestellt – sind Urteile, die eine Übereinstimmung oder Nichtübereinstimmung feststellen, *apriorische*

---

lutely true; (b) that the theorems and conclusions deduced by the laws of logic from these postulates are therefore absolutely true; (c) that there is consequently no need for empirical ‚testing,' either of the premises or the conclusions; and (d) that the deduced theorems could not be tested even if it were desirable", M. N. Rothbard (1957), S. 314.

[177] Nyanatiloka (1952), S. 597; vgl. K.-H. Brodbeck (2005a), S. 72ff.
[178] L. v. Mises (1933), S. 29.
[179] L. v. Mises (1933), S. 29.

Urteile oder empirische?[180] Mathematische Wahrheiten werden durch die intersubjektiv je schon anerkannten Axiome und Rechenregeln begründet. Doch eine derartige *intersubjektive Wahrheit* liegt bei sozialen Sachverhalten gerade *nicht* vor – wie sonst hätte sich Mises ein Leben lang mit sozialistischen und anderen Theorien herumschlagen können?

Jede Theorie des Sozialen ist selbst ein sozialer Prozess, die *Teilnahme* an einem sozialen Prozess. In diesem Prozess *konstituiert* sich überhaupt erst die Bedeutung jener Kategorien, die dann in Theorien – immer noch *strittig* – konfrontiert werden. Man kann aus diesem Diskurs aussteigen und entweder für die eigene Position absolute Geltung beanspruchen (weil *a priori* einsichtig und vernünftig), oder man kann andere Positionen einfach ignorieren – wie etwa Mises die Position Liefmanns, der durchaus wie er und früher den an Kant angelehnten apriorischen Charakter des Rechnens in der Ökonomie betont hat. *In beiden Fällen* tritt man aus dem Diskurs *performativ* aus und nimmt die Position eines cartesianischen Beobachters ein, der *aus sich* die Kategorien *setzt*, in denen er dann die Gesellschaft, die Wirtschaft beschreibt. Darin drückt sich ein *totalitäres* Verständnis aus. Bei Kant ist diese Position nur für die Naturwissenschaften behauptet; bei ethischen Fragen, in seiner „Metaphysik der Sitten", argumentiert Kant durchaus anders. Kant ist hier also *kein* Kronzeuge für Mises.

Die Philosophie des 20. Jahrhunderts hat im *linguistic turn* den Begriff der Vernunft weitgehend verwandelt. Der noch in der kantianischen Schule verwendete Begriff der „Vernunft" ist cartesianischen Ursprungs und ontologisch an ein absolutes Ego geknüpft. Eben dieses Ego setzt Mises immer noch voraus: „Das Handeln, das ich als ein selbst handelndes Wesen erfasse, ist mein Handeln."[181] Dieses „Selbsterfassen" vollzieht sich *durch* mich in allgemeinen Begriffen, die sich auch in meinem Ego finden – *a priori*. Und dieses Ego wiederum ist ein Letztes, *logisch* Absolutes:

> „Das Ich ist die Einheit des handelnden Menschen. Es ist fraglos gegeben und kann durch kein Denken aufgelöst werden. Das Wir ist immer das Ergebnis eines gedanklichen Summationsverfahrens, das zwei oder mehrere Ich zusammenfasst. Wenn jemand Ich sagt, bedarf es keiner Rückfrage, um den Sachverhalt und den Sinn der Aussage klarzustellen; ebenso steht es mit dem Du und wofern die Person, auf die hingewiesen wird, eindeutig bezeichnet wird, auch mit dem Er. Doch wenn jemand Wir sagt, dann bedarf es der Feststellung, wer die Ich sind, die in diesem Wir zusammengefasst werden. Wir können immer nur Einzelne sagen; auch wenn sie es im Chor sagen, bleibt es doch Aussage von Einzelnen. Die Wir können nicht anders handeln, als indem jeder Einzelne von ihnen handelt. (...) Die Bemühungen der Psychologie, das Ich aufzulösen und als Schein zu entlarven, sind für die Praxeologie belanglos. Das praxeologische Ich lässt sich nicht wegdisputieren. Ein Ich ist der, der wählt. Was er auch immer früher gewesen sein mag und was in Zukunft noch aus ihm werden mag, im Akt der Wahl und der Entscheidung ist der Mensch ein Ich."[182]

---

[180] Diese Frage zielt auf jenen Kern, der die unhaltbare Wahrheitskonzeption des logischen Positivismus und des kritischen Rationalismus aufzudecken erlaubt – genau in dieser unbestimmten Zwischenstellung sind die „Protokollsätze" oder „Basissätze" angesiedelt, deren Status weder Carnap noch Popper stichhaltig zu erklären verstanden.
[181] L. v. Mises (1940), S. 23.
[182] L. v. Mises (1940), S. 34.

4.6.5 Ludwig von Mises

Es ist unklar, was Mises hier meint: Ist die Wahl ratio cognoscendi des Egos? Dann wäre es kategorial eine Substanz hinter der Wahl. Dieser kantianische Standpunkt ist aber nicht haltbar. Das „Wählen" ist das Ego als Prozess; die Wahl ist ratio essendi des Egos, denn jede „Wahl" ist ein freier, damit auch ein kreativer Akt: „Decision (...) is creative"[183], ein Kerngedanke bei Ramon Lull, Heidegger oder Sartre, die hinzufügen, das Menschen sich in Entscheidungen selbst entwerfen. Die Relation „Wahl" konstituiert die Relate – Ego und Güter –, nicht umgekehrt. Die „ökonomischen Güter" werden in den Wahlakten überhaupt erst intersubjektiv als Güter bestimmt; vor der Wahl sind es bloße Objekte, weder „gut" noch „knapp". Und vor der Wahl gibt es auch kein wählendes Ego – das Ego ist ontologisch als wählende Entität bestimmt, deren Wirklichkeit im Vollzug des Aktes liegt –, weshalb die Wahlhandlungen nie a priori sein können. Die Fraglosigkeit des Ichs stellt sich nur einem *cartesianischen* Beobachter so dar – eben dies ist das grundlegende Missverständnis bei Descartes, der „Gewissheit" und „intersubjektive Wahrheit" nicht unterschied. Mises folgt ganz dieser Tradition. Die Umlenkung des Blicks, die Schleiermacher eingeleitet hat, Wilhelm von Humboldt vertiefte, die Dilthey aufgriff und die dann von Husserls Zeichentheorie, dem besagten *linguistic turn* im Wiener Kreis, bei Wittgenstein und in der Sprach- und Bedeutungsphilosophie Heideggers sich entfaltete, ging an der Nationalökonomie völlig vorbei.

Insofern ist der radikale Apriorismus bei Mises eine wichtige Klarstellung, denn durch seine Fähigkeit, Sachverhalte deutlich auszusprechen und auf den Punkt zu bringen, macht er wie in einem Hohlspiegel *den* erkenntnistheoretischen Fehler der Ökonomen *weit über den Kreis der österreichischen Schule hinaus* deutlich. Wenn Mises im obigen Zitat von „Wir" spricht, das er *logisch* auf „viele Iche" zurückführt, während das Ich ein Absolutes und Letztes sein soll, das weder logisch noch *psychologisch* aufgelöst werden könne, so spricht er in dieser Formulierung den Irrtum in dankenswerter Klarheit aus. Mises erliegt hier übrigens dem häufig anzutreffenden Fehler, dass man *kategorial* etwas behauptet und anerkennt, was man dann an der *vereinzelten Form*, die sich durch die kategoriale Matrix bestimmt findet, zu *leugnen* versucht. Er setzt das Ich absolut voraus, bemerkt aber zugleich: „Der *isolierte* einzelne ist das Gebilde einer Fiktion."[184] Man kann aber nicht *ontologisch* von einem Ich sprechen und zugleich *ontisch* zugestehen, dass alle „Ich" (im Plural) sprechende, mitfühlende, tauschende usw. Lebewesen sind, dass also zu ihrem *Sein* jeweils schon ein „Mit-Sein" mit anderen gehört.

Bereits wenn Mises „Ich" sagt, hätte ihm auffallen können, dass er sich *in der Sprache* bewegt. Er kann nur „Ich" sagen, sofern er sich in einem Wir-Medium, einer intersubjektiven Sphäre der Bedeutung bewegt. Das Ich legt sich selbst von etwas anderem *her* aus. Jedes Wort, das Mises verwendet, verrät, dass er in seinem Denken *ganz und gar* ein soziales Wesen ist, kein „Individuum" mit „einer" Vernunft, die *ontologisch* als Ego ausgelegt werden könnte. Wenn man aus einer solipsistischen Position soziale Sachverhalte untersucht und dabei die *erlernte* soziale Begriffsmatrix vergisst, in der man sich *tatsächlich* „a priori" bewegt, dann sind Denkfehler unvermeidlich, weil *der Ausgangspunkt* sich als Fehler erweist: Niemand ist in seinem Denken ein „Ego", sondern ein *zoon logon*, ein *sprechendes Lebewesen*.

Mises war natürlich informiert genug, um dieses Problem wenigstens zu *ahnen*. Er hat durchaus erkannt, wohin die Sprache *kategorial* verweist:

---

[183] G. L. S. Shackle (1961), S. 6.
[184] L. v. Mises (1940), S. 135; meine Hervorhebung.

„In allen seinen Lebensäußerungen ist der Einzelne durch die Gesellschaft geformt. Auch sein Denken, an das gesellschaftliche Werkzeug der Sprache gebunden, ist durch das Leben in der Gesellschaft entwickelt worden. Kein Mensch kann sich daher der Gesellschaft und ihrem Einfluss entziehen. Auch der Einsiedler bleibt Gesellschaftsmensch; die Ideen, die ihn in die Einsamkeit treiben und die er in die Einsamkeit mitnimmt, sind im gesellschaftlichen Leben geformt worden."[185]

Doch wenn das *richtig* ist – und es ist richtig –, dann wäre zu klären, wie sich die Kategorien des Gesellschaftlichen, wie sich die *Bedeutung* jener unvermeidlich nur in Gemeinschaft erworbenen Begriffe konstituieren und im *individuellen* Denken reproduzieren. Davon will Mises aber nichts wissen. Er gibt diesen Hinweis nur, um sogleich wieder auf die Gefahr des Sozialismus zu zeigen, wenn er fortfährt: „Die Anerkennung dieser Tatsachen darf aber nicht dazu führen, nach dem Vorbild der universalistisch-kollektivistischen Lehren dem Einzelnen das echte Sein abzusprechen."[186] Nun braucht man nicht zu bestreiten, *dass* es kollektivistische Lehren gab und gibt. Doch Mises ist blind durch sein Vorurteil, das ihn hier alles in einen Topf werfen lässt, um eine Dualität aufzubauen, die in ihren *beiden* Extremen ein Irrtum ist – aus zwei Gründen:

Erstens ist es eine absurde Behauptung über die „universalistischen" Lehren eines Spann oder Gottl-Ottlilienfeld (darauf zielt dieser Begriff), sie hätten „das Sein" der Individuen bestritten. Das haben auch weder Marx noch Lenin, Trotzki, Stalin oder Mao getan. Der Kollektivismus zeigt sich als Totalitarismus in seiner *Gleich-Gültigkeit* gegenüber den Individuen, gemessen an ihrer reinen Funktionalisierung für „höhere Zwecke". Doch gerade dies ist dasselbe Prinzip, das sich auch im Totalitarismus der *Märkte* geltend macht, die auf der am Geld gemessenen Gleich-Gültigkeit den Individuen gegenüber beruht.

Zweitens ist die Bemerkung von Mises eine Ablenkung. Aus der Tatsache, dass es Lehren gibt, die die menschliche Individualität funktionalisieren und auch praktisch ignorant behandeln, folgt gerade nicht, dass man die *zuerst* gemachte Bemerkung, jeder „bleibt Gesellschaftsmensch", damit einfach vom Tisch wischen könnte. Diese richtige Erkenntnis ist eben *unverträglich* mit der Behauptung, die Sozialwissenschaften hätten von einem absolut gesetzten Ego mit einer ihm *a priori* einwohnenden Vernunft auszugehen. Mises polemisiert gegen Gemeinschaftslehren, die von der „Stimme des Blutes" usw. ausgehen und sagt zu Recht, dass die Rassenlehren – er bezieht dies auf den Rassismus der Nazis – die „Gemeinschaft" nicht erklären können. Er argumentiert hier gegen „Mystik" und das „Erleben der Gemeinschaft" etc. Doch damit ist nichts erklärt. Denn diese Lehren versuchen gerade, an die Stelle des Egos eine *andere* Identität, ein soziales Kollektiv zu setzen, das seinerseits kausal auf irgendetwas verrechnet wird (vgl. 4.8.4.7). Ob man vom individuellen oder vom sozialen Ego ausgeht, ist onto*logisch* gleichrangig, weil in jedem Fall die *besondere*, an der Sprache und am Tausch erkennbare intersubjektive Struktur sozialer Phänomene *verfehlt* wird.

Nur in einem individualistischen Ausgangspunkt liege der Charakter einer „wissenschaftlichen Gesellschaftslehre"[187], die selbstredend *wahre* Wissenschaft sei, im Gegensatz zum „wissenschaftlichen Sozialismus", der demgemäß nur „Wahn" sein kann, wie auch die Gesellschaftslehre von Othmar Spann, die Mises unter denselben Vorzeichen

---

[185] L. v. Mises (1940), S. 136.
[186] L. v. Mises (1940), S. 136.
[187] L. v. Mises (1940), S. 123.

kritisiert.[188] So steht es auch um die „auf den Ergebnissen der Wissenschaft vom menschlichen Handeln aufgebaute(n) Staatslehre des Liberalismus"[189]: Diese *politische Form* sei „wissenschaftlich" begründet. Es entbehrt nicht der Ironie, dass einer der glühendsten Anhänger der Lehre von Mises – Hans-Hermann Hoppe – aus den Individualprinzipien die Folgerung ableitet, dass die Demokratie nur ein Herrschaftsapparat sei, der dem wahren liberalen Prinzip widerspreche.[190] Mit der „wissenschaftlichen Deduktion" einer *Staatsform* herrscht also auch unter Liberalen nicht gerade eitel Harmonie.

Mises lehnt den Anarchismus ab, und er begründet dies mit der „Erfahrungstatsache, dass es Menschen gibt, denen die Einsicht oder die Kraft mangelt, ihr Handeln den Anforderungen der Gesellschaft gemäß einzurichten."[191] Nun möchte ich sicher Mises nicht widersprechen, dass es Arme, Kranke, Schwache usw. gibt, denen wir aus Mitgefühl *helfen* wollen und sollen. Ganz im Gegenteil. Doch hier zeigt Mises plötzlich selbst Mitgefühl, denn *anders* lässt sich sein Argument gegen den Anarchismus nicht begründen: Nur wer Mitgefühl mit jenen hat, denen es an Kraft oder Möglichkeiten mangelt, kann seine Interessen für sie einschränken. Die Puristen des Egoismus unter den Schülern der Mises-Schule wie Rothbard oder Hoppe ziehen dagegen anarchistische Konsequenzen. Hier wäre durchaus Mises gegen seine Epigonen zu verteidigen – doch dies aus *ethischen* Gründen, die weder eine apriorische noch eine andere Wissenschaft liefern kann. Die angebliche Folgerung von Mises, auch der politische Liberalismus sei wissenschaftlich deduziert, ist also nur erneut eine leere Behauptung und steht auch in Widerspruch zu dem *hier* ein wenig erkennbaren Mitgefühl, das offenbar auch Mises besaß, theoretisch aber ignorierte. *Reflektiert* hat Mises diese Struktur nicht; *bewusst* war ihm nur ein Gesellschaftsbegriff, der aus einer *Summe* von Egos besteht.

4.6.5.4 Der Tausch als Vergesellschaftungsprinzip

Mises lehnt den Gedanken ab, dass irgendeine *andere* Vergesellschaft als der Tausch zwischen *Individuen* logisch möglich sein soll. „Die Gesellschaft ist nirgends als in dem Handeln der Einzelnen."[192] So begreift Mises immer „Gesellschaft als Tauschgesellschaft"[193]. Der Tausch soll *das* Vergesellschaftungsprinzip sein: „Die Austauschrelation ist die fundamentale soziale Relation."[194] Gesellschaft ist immer *Tausch*gesellschaft: „Der zwischenmenschliche Austausch von Gütern und Dienstleistungen schlingt um die Menschen das Band, das sie zur Gesellschaft zusammenschließt."[195] Die menschliche Gesellschaft ist zwar ein „Zusammenhandeln", doch das Wort „zusammen" hat für Mises keinen anderen Sinn als den einer Instrumentalisierung des je anderen, „das im

---

[188] Vgl. L. v. Mises (1933), S. 41ff. Mises behauptet an dieser Stelle auch, dass man die Semantik a priori aus dem Begriff der „Arbeitsteilung" ableiten könne, L. v. Mises (1933), S. 42. Dass eine Teilung eine Einheit voraussetzt und „Arbeit" ein Leerbegriff bleibt, wenn man nicht ihre Zwecke (*causa formalis*) berücksichtigt, dass Zwecke aber wiederum Bedeutung voraussetzen und deshalb nicht geeignet sind, Bedeutung der Sprache zu begründen, sage ich nur zur Illustration von Mises' naiver Gedankenwelt, die von Rothbard, Hoppe u.a. weitergeführt wurde.
[189] L. v. Mises (1940), S. 120.
[190] Vgl. H.-H. Hoppe (2003).
[191] L. v. Mises (1940), S. 120.
[192] L. v. Mises (1940), S. 115.
[193] L. v. Mises (1940), S. 139.
[194] „The exchange relation is the fundamental social relation." L. v. Mises (1996), S. 194.
[195] L. v. Mises (1940), S. 180.

Erfolg des Partners ein Mittel zum eigenen Erfolg sieht."[196] Mises gibt sich unfähig, *soziale* Sachverhalte zu erkennen: „Die Gesellschaft ist nirgend als in dem Handeln der Einzelnen. Es ist ein Wahn, sie außerhalb der Einzelnen zu suchen."[197] Die *Vergesellschaftung* ist für Mises also gar kein erkennbarer Sachverhalt. Wenn ihn seine Mutter geboren hat, so ist das vermutlich ebenso deren „vereinzeltes Handeln" gewesen, wie seine Erziehung, später seine Lehrtätigkeit und das Erlernen des Sprechens.

Mises' Gesellschaftslehre entwickelt ihren Begriff aus dem radikal verstandenen Individuum, das seine Zwecke zur obersten Maxime macht und andere nur instrumentell darauf bezieht. Er knüpft dies an die Vorstellung der Arbeitsteilung, zu der stets der Tausch die logisch korrespondierende Kategorie sein soll. Die Gesellschaft besteht aus Individuen, die Individuen teilen sich gemäß ihren Fertigkeiten auf verschiedene Tätigkeiten auf, die wiederum nur durch Tausch vermittelt werden, der seinerseits durch egoistische Motive gelenkt wird. In dieser Denkfigur spielt die Vernunft für die Vergesellschaftung keine Rolle. Dennoch sagt Mises: „Vor jedem Handeln steht das Denken. Das Denken ist Vorbedenken künftigen Handelns und Nachbedenken vergangenen Handelns. (…) Es ist immer der Einzelne, der denkt. Die Gesellschaft denkt nicht, so wenig sie isst oder trinkt."[198] Das ist modal richtig, nicht aber kategorial. Denn jeder der denkt, bewegt sich in einer sozialen Form, nämlich der Sprache. Das weiß natürlich auch Mises: „Das Denken ist an die Sprache gebunden wie die Sprache an das Denken. (…) Doch das Denken bleibt darum doch durchaus ein Denken des einzelnen Menschen. Es mag sich am Denken anderer entzünden, wie es Anstoß und Anregung auch sonst von Äußeren Dingen empfangen kann, es ist immer ein Individuelles und Persönliches."[199]

Hier ist ein Fehlschluss erkennbar, der in der Theorie des Handelns vielfach anzutreffen ist. Letztlich gründet er darin, dass die *Kategorie* des Handelns vom Denken, von der Sprache *getrennt* wird. Man erkennt nicht den in der bloßen *Form* der Sprache, genauer der *Bedeutungsprozesse* liegenden *Handlungssinn*. Ich habe das an der Marxschen Handlungstheorie gezeigt, der *ontologisch* denselben Fehler macht wie Mises, nämlich das „Arbeiten" als *individuellen* Akt zu bestimmen, zugleich aber einsehen zu müssen, dass dem Arbeiten das Denken, die Ideen vorausgehen.[200] Die Ideen aber haben ihre Existenz in der Sprache, ihr Ort ist ein sozialer, weshalb sich der Denkprozess auch *modal* vom Arbeiten zwar trennen kann, gleichwohl in seinem *Sinn*, in der Bedeutung der Zeichen immer auf die Herstellung von Sinn im Handeln verwiesen bleibt.

Mehr noch: Das Sprechen und das Tauschen sind in ihrer Struktur *nur* als *intersubjektive* Kategorien zu verstehen. Wer „Sprechen" denkt, denkt jemand mit, *zu dem* man etwas *über etwas* sagt. Und wer „Tauschen" denkt, der denkt an ein Tauschen von *Etwas* mit *Jemand* – so jedenfalls hat sich die Bedeutung dieser Wörter historisch entwickelt, und sie werden von jedem so verwendet, der die Sprache erlernt hat. Um also den Tausch zu verstehen, bedarf es auch einer kategorialen Form, die stets Individuen *verknüpft*. Als intersubjektive Relation kann man den Tausch nicht auf je *ein* Individuum reduzieren, sowenig wie das Denken, die Sprache und das Sprechen. Wenn man diesen Sachverhalt gründlich analysiert, dann zeigt sich, dass beide Phänomene zum menschlichen Handeln gehören, dass jeder *Reduktionismus* des Handelns auf ein bloß dingliches Tun („Verausgabung von Hirn, Muskel, Nerv etc." bei Marx), als *isoliert-instrumen-*

---

[196] L. v. Mises (1940), S. 139.
[197] L. v. Mises (1940), S. 115.
[198] L. v. Mises (1940), S. 146.
[199] L. v. Mises (1940), S. 146 und 147.
[200] Vgl. Kapitel 1.1.3 und K.-H. Brodbeck (2000a), S. 218ff.

telles Tun, aber auch seit Descartes auf die *vereinzelte* Äußerung einer im Ego wohnenden „Vernunft", den Begriff des Handelns verfehlt.

Mises steht hier also vor einem Dilemma, das er aus der Tradition erbt und – durch sein Vor-Urteil gegen jede Form des „Kollektivismus" gefesselt – mit seinem Motiv der Verteidigung von Markt und Eigentum als *absolute Vernunftwahrheit* zu harmonisieren versucht. Wenn das Denken an die Sprache gebunden ist, dann lässt sich das *intersubjektive Handeln* beim Tausch nicht als Tun eines Egos rechtfertigen – es sei denn, man hebt den Sinn von „Tauschen" völlig auf. Und eben dies vollzieht Mises.

Er greift eine Denkfigur auf, die von Bischof Whately vorgeschlagen wurde, der die „Wissenschaft vom Tausch" als „Katallaktik" bezeichnete.[201] Mill kannte diesen Begriff[202], lehnte ihn aber aus der Erkenntnis ab, dass der Tausch nicht als die einzige Form der Vergesellschaftung begriffen werden kann. Whately vergesse, sagt Mill, Formen wie die Moral, das Recht, die Tradition usw., die für die *Verteilung* von Einkommen und Besitz ebenso Bedeutung hätten wie der Tausch, der logisch *nachrangig* sei. Schumpeter hingegen übernimmt von Whately diesen Gedanken und sagt, dass „für die Ökonomie der Mensch ein Wesen sei, das tauscht, und dass derselbe für sie (die Ökonomik, KHB) nur in diesem Punkte interessant sei."[203] Darauf gründet Schumpeter dann auch seine Auffassung vom „Handeln" als Tauschen, die ich bereits kritisch dargestellt habe. Mises ist ihm darin umstandslos gefolgt[204] und versucht gerade durch diese Auffassung sein Dilemma zu lösen. Auch Mises definiert das Handeln *als ein Tauschen*:

> „Jedes Handeln, auch das des isoliert gedachten Einzelnen oder das des ausnahmeweis in Vereinzelung handelnden Gesellschaftsmenschen, ist ein Tauschen. Man tauscht durch das Handeln einen weniger befriedigenden Zustand gegen einen besser befriedigenden ein."[205] Und: „Alles menschliche Handeln erscheint, sofern es rational ist, als ein Vertauschen eines Zustandes mit einem anderen."[206]

Mises meint ausdrücklich *alle* Handlungen; deshalb „ist auch der Mord Handeln und mithin (innerer) Tausch; der Mörder nimmt alles, was mit dem Morde für ihn verbunden ist, in Kauf, um sein Ziel zu erreichen."[207] Gary S. Becker entwickelt aus der Struktur dieses Gedanken sogar eine Theorie des Verbrechens[208]; alles ist Markt, alles ist Tausch – der Mörder tauscht gegen die Gesellschaft das Risiko der Todesstrafe.[209]

---

[201] „The name I should have preferred as the most descriptive, and on the whole least objectionable, is that of Catallactic, or the ‚Science of Exchanges.'" R. Whately (1932), I.9.

[202] „One eminent writer has proposed as a name for Political Economy, ‚Catallactics,' or the science of exchanges", J. St. Mill (1967), III.1 § 1.

[203] J. A. Schumpeter (1908), S. 50, Note.

[204] L. v. Mises (1922), S. 99, Note 1 zu Schumpeter; vgl. L. v. Mises (1940), S. 3, Note 2, und S. 224ff.

[205] L. v. Mises (1940), S. 180.

[206] L. v. Mises (1922), S. 99.

[207] L. v. Mises (1940), S. 181.

[208] G. S. Becker: Kriminalität und Strafe; in: G. S. Becker (1982), S. 39-96.

[209] Becker verwendet für denselben Gedanken die Theorie vom Erwartungsnutzen: Man maximiert bei einer Handlung verschiedene erwartete Nutzenströme, d.h. Nutzen multipliziert mit der erwarteten Wahrscheinlichkeit ihres Eintretens. Diese Theorie basiert nicht nur auf einem unhaltbaren Nutzenbegriff, sondern ist auch in ihren wahrscheinlichkeitstheoretischen Axiomen widersprüchlich; vgl. dazu das sehr klare Kapitel 12: „The utility of being hanged on the gallows", in: J. M. Blatt (1983), S. 245ff.

Man erkennt unschwer den logischen Trick dieses reichlich albernen Gedankens: Gewiss wird auch beim Tausch jemand einen weniger befriedigenden Zustand mit einem besseren „vertauschen". Doch es ist ein sehr großer Unterschied, ob ein Begriff in einer Situation *Sinn hat* oder nur *metaphorisch* verwendet wird. Mises setzt die metaphorische Verwendung als *Kategorie* und leitet daraus die *eigentliche* Bedeutung ab. Wer sich beim Schreiben aufrecht an den Tisch setzt, um *besser* schreiben zu können, der „vertauscht" eine unvorteilhafte Position mit einer anderen. *So kann man sagen.* Doch man kann auch sagen: „Er richtet sich auf", „Er setzt sich gerade hin" usw. All dies ist eben nicht der Witz, nicht der Begriff des Tauschs; hier wird die *Kategorie* nicht als wissenschaftliche bestimmt, sondern als bestenfalls „poetische". Das gilt auch von der Floskel „etwas *in Kauf nehmen*", die Mises auf den Mörder bezieht. Der Bergsteiger nimmt das Risiko eines Absturzes „in Kauf" – aber er tauscht nicht Geld gegen den Berg, sowenig der Mörder gegen die Gesellschaft tauscht, soll doch gelten, dass „Gesellschaft nirgend als in dem Handeln der Einzelnen"[210] zu finden sei. Mit wem also tauscht dann der Mörder: Mit dem Gesetzgeber (den Abgeordneten im Parlament), deren Wählern, dem Polizisten, der ihn fängt, dem Richter, der ihn verurteilt, oder dem privatisierten Gefängnisunternehmen, in dem er seine Strafe absitzt und deren Aktien vielleicht auch der Mörder besitzt?

Der Irrtum erwächst auch hier aus dem *Geldbegriff*. Im modernen Kapitalismus steht in der Tat jede Handlung gegen Geld zur Disposition und ist dem berechnenden Geist des Geldsubjekts unterworfen. Und ein platter Geist mag auf diesen Schein hereinfallen, um darin ein ewiges Prinzip der Berechenbarkeit = Tausch gegen Geld zu erblicken. Doch „Tausch" ist nicht seinem Begriff und seiner Natur nach „Rechnen in Geld", auch wenn man gegen *Geld* tauschen kann. Zum *Begriff des Tauschs* gehört immer ein *Tauschpartner*, auch wenn beide Tauschpartner im Tausch selbst *je* ihren Zustand verbessern (wollen). Der Mörder hat keinen Tauschpartner, und es findet auch kein Eigentumswechsel statt, ohne den der Begriff des ökonomischen Tauschs als ein *wissenschaftlicher* Begriff sinnlos wird. Menger hat das noch gewusst und gerade *darin* eine zu klärende wissenschaftliche Aufgabe gesehen. Mises fällt hier unter dem Einfluss von Schumpeter weit unter das Niveau der frühen österreichischen Theorie.

Doch Mises braucht diese uneigentliche Sprechweise, denn nur *so* ist es ihm möglich, den Tausch als *das Prinzip* der menschlichen Vergesellschaftung darzustellen und zugleich zu behaupten, man habe die Gesellschaft nur dann begriffen, wenn man von *Individuen* ausgehe. Die Vergesellschaftung ist ein Resultat der egoistischen Abwägung des Vorteils, eine Arbeitsteilung einzugehen, wobei Mises das Prinzip des komparativen Vorteils, das Ricardo für den auswärtigen Handel diskutiert hat, als allgemeines Vergesellschaftungsprinzip heranzieht. Weil für alle Tauschenden ein Vorteil im Tausch liegt, deshalb entschließen sie sich *bewusst* zu einer arbeitsteiligen Zusammenarbeit. Die Vergesellschaftung ist ein Resultat „der *Einsicht* in die höhere Ergiebigkeit des Zusammenhandelns und Zusammenwirkens durch Arbeitsteilung"[211]. Dieses Argument zielt einmal gegen die Hobbessche Tradition, die behauptet, dass der logische Ausgangspunkt beim Individuum notwendig zur Erkenntnis des Kampfs aller gegen alle führen müsse; das Vergesellschaftungsprinzip der Ricardoschen Arbeitsteilung zeige, dass Zusammenarbeit vorteilhafter ist. Dieses Argument zielt aber auch gegen Adam Smith, der einen eigenen „Tauschtrieb" im Menschen voraussetze, der sie zur Gesellschaft führt:

---

[210] L. v. Mises (1940), S. 115.
[211] L. v. Mises (1940), S. 128.

4.6.5 Ludwig von Mises

„Wir können auf die allzu einfache Zurückführung der gesellschaftlichen Bindung auf das Wirken eines Vergesellschaftungstriebes verzichten."[212]

Nun sind diese Überlegungen aber einfach an den Haaren herbeigezogen. Nichts von der wirklichen Erfahrung menschlichen Zusammenlebens fließt hier ein. Man unterstellt eine Idylle, in der einander fremd, ohne jegliche soziale Bande gegenüberstehende Individuen, die zudem über Erkenntnis- und Denkfähigkeit verfügen (die, nebenbei, an eine vorauszusetzende Sprache geknüpft ist), aus der Erkenntnis der Vorteile der Arbeitsteilung sich darauf einlassen, gemäß ihrer Talente spezifische Begabungen zu kultivieren, die Resultate zu Markte zu tragen und so komplementär zur Arbeitsteilung ihre Vergesellschaftung über den Tausch herzustellen. Das ist eine so konstruierte und alberne Robinsonade, dass ihre Widerlegung nicht lohnt. Auch innerhalb der „österreichische Schule" ist dieser Gedanke ein Fremdkörper, besagt er doch, dass Arbeitsteilung und Tausch *als soziale Institutionen* das Resultat von *Überlegungen* seien – ein direkter Widerspruch zum evolutionären Programm, das Menger formulierte.

Mises bemerkt zudem nicht die Zirkularität seiner Reflexion. Wenn der Austausch das Resultat einer *Erkenntnis*, einer Einsicht gewesen sein soll, dann muss diese Einsicht *gemeinsam* gewonnen werden. Es müssen also „Verhandlungen" darüber vorausgehen, wie man eine Gesellschaft einzurichten gedenkt.[213] Doch dieser Gedanke – ebenso wie alle Vertragstheorien – krankt daran, dass solche Verhandlungen immer schon eine Vergesellschaftung voraussetzen. Wenigstens müssten die Menschen miteinander in *einer* Sprache reden, deren Zustandekommen ein Rätsel bliebe. Arbeitsteilung gibt es aber in allen Stufen der Menschheit. Wo sollte also je ein Zustand der *Nichtarbeitsteilung* zwischen „Individuen" vorausgesetzt werden können?

Zudem verbleibt Mises – bei aller Differenz in der Schlussfolgerung – gänzlich bei den Vorstellungen von Hobbes. Es scheint, weder Hobbes noch er hätten Eltern gehabt. Kinder werden in eine soziale Struktur *hineingeboren* und nur *darin* zu Individuen. Das Leben beginnt in völliger Abhängigkeit und endet im Alter oft damit; Menschen haben Freunde, Lehrer wie Mises Zuhörer usw. All dies sind Sozialstrukturen, die zwar durch die Geldform und Tauschegoismen gelegentlich *gestört*, sicher aber nicht *gestiftet* werden. Zwischen Mann und Frau gibt es eine – sehr wandelbare und sehr verschiedene, aber immer erkennbare – *Arbeitsteilung*. Sie findet sich in größeren sozialen Gruppen, die durchaus arbeitsteilig ihre Güter erzeugen und ohne Verträge die Aufteilung zwischen Jagen und Kinderhüten herstellen – obwohl man darin, von außen beobachtet, durchaus einen „komparativen Vorteil" entdecken mag.

Der Arbeitsteilung korrespondieren zahllose andere Formen der Vergesellschaftung, die ich als Reduktionen der sozialen Grundstruktur beschrieben habe. Wo immer man historische Urkunden für die Entstehung von durch das Geld weiter entwickelten Tauschgesellschaften untersucht, man findet nahezu immer, dass der Tausch sich als *innere Modifikation* einer bereits erfolgten Vergesellschaftung hergestellt hat. Auf den Gedanken, autonome Individuen vorauszusetzen, die vor der Frage stehen, ob sie sich arbeitsteilig zusammenschließen sollen, kann nur jemand kommen, der die sehr späte Form des bürgerlichen Individuums zur Voraussetzung seiner Überlegung macht. Mit Wissenschaft haben solche *Fiktionen* nichts zu schaffen – auch wenn Mises (in einer

---

[212] L. v. Mises (1940), S. 128.

[213] James Buchanan hat sich wiederholt mit diesem Problem herumgeschlagen, das er *strukturell* ungelöst von Mises übernahm, ohne es zu lösen. Es finden sich in der Online-Ausgabe seiner Werke nicht zufällig in 61 Paragraphen Mises-Zitate; vgl. die Web-Seiten unter J. M. Buchanan (2006).

stillschweigenden Adaption Vaihingers[214]) meint: „Die Fiktion, d.i. das Handhaben von bewusst falschen Annahmen, ist dem Denken unentbehrlich"[215]. Was aus „falschen Annahmen" folgt, lässt sich bei Mises auf fast jeder Seite nachlesen (vgl. 1.3.4).

„Individuum" wird von ihm gleichgesetzt mit egoistischen Zielen, die die Zwecke je anderer Menschen nur als Mittel benutzen. Die Vernunft, aus der all dies folgen soll, wohnt gleichfalls nur im Individuum, dem Mises zwar zuerkennt, dass es sprechen kann, darin aber nicht bemerkt, dass man eben nur *modal*, nicht *kategorial* von einem „individuellen Denken" auszugehen hat. Zudem führt Mises auch diese seine Begriffsbestimmung in einen *logischen* Zirkel. Er sagt: Jedes Handeln ist individuell und beruht auf dem individuellen Nachdenken, dem Abwägen von Zwecken und Mitteln. Das ist ein Denken in Kategorien, die wie die Mathematik und Logik „der" menschlichen Vernunft angehören sollen. Wie die oben zitierte Polemik gegen Sombart zeigt, sieht Mises darin keinerlei *historischen Charakter*, sondern eine Eigenschaft der im unhinterfragbar gegebenen Ego liegenden Natur. Doch Mises behauptet auch das *genaue Gegenteil* – wie ich nun im folgenden Abschnitt zeigen möchte.

4.6.5.5 Die aus dem Markt entwachsene Ratio

Die Apriori-These von Mises lautet: Die Praxeologie sei eine eigenständige Vernunftwissenschaft (der Wahlhandlungen) und nicht auf die Mathematik oder andere Denkformen reduzierbar, ihnen aber im Typus als Wissenschaft gleichrangig. Sie liege *neben* diesen Formen und wurde durch die subjektive Schule der Nationalökonomie als neue Denkform erst entdeckt: „Nicht aus der Erfahrung können wir solche Erkenntnis schöpfen. So wenig Logik und Mathematik aus der Erfahrung stammen, so wenig stammt das, was wir über das Handeln in seiner reinen Form wissen, aus der Erfahrung. Es ist unsere menschliche Eigenschaft, dass wir denkende und handelnde Wesen sind, und als Menschen wissen wir, was Denken und Handeln bedeuten."[216] Und: „Das, worauf es ankommt, ist, dass die allgemeine Lehre vom menschlichen Handeln im logischen Charakter der Logik und Mathematik gleichzuhalten ist, und dass sie grundsätzlich verschieden ist von empirischer Naturwissenschaft und von Geschichte."[217] Eben darin liege der *apriorische* Charakter der Praxeologie in der Tradition der „Katallaktik".

Diesen Aussagen stehen ganz andere bei Mises *diametral* entgegen:

> „Die Geldrechnung ist ein geistiges Werkzeug des Handelns in der auf dem Sondereigentum an den Produktionsmitteln beruhenden, durch das Getriebe des Marktes gesteuerten arbeitsteiligen Gesellschaftsordnung. Sie hat sich in dem Maße entwickelt, in dem der Marktmechanismus sich verfeinert und immer weitere Kreise des Handelns in seinen Bereich gezogen hat. Erst durch die Ausbildung der Geldrechnung haben Maß und Zahl und Rechnen für menschliches Handeln und

---

[214] H. Vaihinger (1927); vgl. besonders den zweiten Teil § 3 und 4 zu den Fiktionen in der Nationalökonomie und den Staatswissenschaften (S. 341ff).

[215] L. v. Mises (1940), S. 189. W. Stark (1943), S. 211, nennt die von Gossen herrührende Schule zutreffend „an abstract fiction".

[216] L. v. Mises (1940), S. 16.

[217] L. v. Mises (1940), S. 16 und 19. Vgl. auch: „Nicht aus der Erfahrung stammt, was wir über die Grundkategorien des Handelns wissen, über Handeln, Wirtschaften, Vorziehen, über die Beziehung von Mittel und Zweck, und über alles andere, das mit diesem zusammen das System menschlichen Handelns ausmacht. Das alles erkennen wir wie die logischen und mathematischen Wahrheiten aus uns heraus, a priori und ohne Bezug auf irgendwelche Erfahrung." L. v. Mises (1930), S. 13.

4.6.5 Ludwig von Mises

Wirken Bedeutung erlangt. Alle Messungen der Physik und der Biologie erhalten für das Handeln erst durch die Geldrechnung Sinn; nur die Geldrechnung ermöglicht es, Rechnungen und Berechnungen anzustellen, die nicht bloß theoretisch, sondern praktisch sind, d.i. dem Handeln dienen. Das menschliche Handeln wird durch die Geldrechnung rechenhaft und rechenbar."[218]

Was wird hier behauptet? Ich möchte den *Gehalt* des hier Gesagten (das durchaus in gewisser, allerdings zu präzisierender Weise richtig ist – vgl. Teil 6) nicht kritisieren, sondern die logische Struktur des Arguments herausstellen. *Hier* sagt Mises, dass durch das Denken in den Geldeinheiten das menschliche Handeln überhaupt erst *rechenbar* werde. Die „Vernunft" nimmt also eine besondere Form an, und diese Form verdankt sie einem empirisch konstatierbaren, *historischen Umstand*, nämlich der Entwicklung der Geldökonomie. Wie soll aber eine ewige Vernunft mit zeitlosen, apriorischen Wahrheiten auf diese Weise grundlegend verwandelt werden können? Wie soll das Denken der Menschen *historisch* bedingt sein, wenn Mises ihm doch zugleich einen apriorischen Charakter zuschreibt? Wie soll für eine apriorische Ratio gelten:

„Geschichtlich ist der menschliche Rationalismus aus der Wirtschaft erwachsen. Wird er sich überhaupt noch halten können, wenn er von hier verdrängt sein wird?"[219]

Was ist nun richtig? Ist die ökonomische Ratio der Nutzenmaximierung, der Wahlhandlungen a priori, wohnt sie der „Vernunft" ein, oder ist die der Katallaktik eigene Berechnungsweise *historisch* entstanden, durch eine Entwicklung bedingt? Das *Motiv* von Mises ist klar, denn er wurde wiederum durch seine stramme Gegnerschaft zum Sozialismus zu dem Gedanken gedrängt, ohne Markt würde auch die Vernunft aussterben, weshalb er an den zitierten Satz die Frage anfügt: „Wird der Rationalismus sich überhaupt noch halten können, wenn er von hier verdrängt sein wird?" Die Frage ist rhetorisch, denn dem Nachweis des drohenden Untergangs der Sittlichkeit Europas durch den Sozialismus ist ja die gesamte Konstruktion der „Praxeologie" gewidmet. Dass hier Mises *genau* die Position der von ihm so heftig bekämpften Ideologietheorie, der Wissenssoziologie *reproduziert*, sei nur nebenbei gesagt.

Doch Mises geht in der Zurücknahme seiner eigenen Position noch weiter.[220] Es finden sich bei ihm nicht nur *beide* Aussagen nebeneinander (sogar im selben Buch „Nationalökonomie"), nämlich die Behauptung, dass die wirtschaftliche Rationalität als Tauschlogik a priori der menschlichen Vernunft angehöre und nicht durch äußere, empirische Umstände bedingt sei – neben der Aussage, dass eben diese ökonomische Vernunft erst aus dem Markt erwachsen sein soll, dass sich die Rationalität *historisch* dem Geld verdanke (was, wie gesagt, im Kern durchaus richtig ist und sich in der Darstellung des „Geldsubjekts" noch genauer zeigen wird). Mises hat zugleich auch noch *beide* Positionen faktisch zurückgenommen. Beide Thesen behaupten immerhin die *Tatsächlichkeit* der ökonomischen Rationalität im menschlichen Handeln. Doch Mises sagt an anderer Stelle: „Der Liberalismus sagt nicht: die Menschen handeln immer klug, sondern: sie *sollten* – in ihrem eigenen wohlverstandenen Interesse – stets klug handeln. Und das Wesen des Liberalismus ist gerade das, dass er die Vernunft in der Politik zu

---

[218] L. v. Mises (1940), S. 219.
[219] L. v. Mises (1920), S. 100.
[220] Ich spreche hier nicht von einer zeitlichen Abfolge, sondern von der inneren logischen Ordnung seiner Gedanken.

der Geltung bringen will, die man ihr unbestritten auf allen anderen Gebieten menschlichen Handelns einräumt."[221] Hier wird der Liberalismus nur noch zu einem leeren *Sollen*. Die Menschen, vor allem die Politiker, sollten doch – bitte – vernünftig handeln, im „eigenen wohlverstandenen Interesse". Sie *sollen als Norm* egoistisch ihre Ziele setzen, die Handlungen anderer nur als Mittel betrachten und „rational" Zwecke und Mittel abwägen, Nutzen und Kosten rechnend „vertauschen" usw.

Das ist schon deshalb ein Kuriosum – und ein Geständnis –, weil damit Mises zugibt, dass sich hinter all den wissenschaftlichen Floskeln und Ableitungen doch nur ein bestimmtes *Interesse* bekundet, eine moralische Forderung: Die Verwirklichung des Liberalismus als *politisches* Ziel (selbst wenn zu seiner Verwirklichung auch mal faschistische Mittel in Kauf genommen werden müssen, wie eingangs aus demselben Buch „Liberalismus" zitiert). Allerdings auch *performativ* ist dieser Satz bemerkenswert. Denn welches Interesse hat *Ludwig von Mises* daran, solch ein Sollen zu verkünden? Hofft er nur privat für sich, für seine individuellen Zwecke, dass eine Verwirklichung des Liberalismus seiner Nutzenmaximierung am meisten dient? Wie kann man überhaupt an Wissenschaft ein Interesse haben, das über das *eigene Wohl und Wehe* hinausgeht? Welches ist *genau* der „Charakter des Kampfes, den er führen musste" und von dem Hayek, wie oben zitiert, spricht? Ist es der egoistische Kampf um die Selbstbehauptung der je eigenen Theorie – um damit welche Vorteile zu erlangen?

Oder sollte sich darin gar etwas bekunden, das Mises und Hayek hartnäckig leugnen: Ein prinzipielles Interesse am Wohlergehen anderer Menschen als Grundlage menschlicher Vergesellschaftung? Ich würde das durchaus zu ihren Gunsten annehmen. Doch daraus ergibt sich ein unlösbares Dilemma: Entweder die individualistische Ethik hat Recht und jegliches Handeln ist *nur* bestrebt, *individuelle* Ziele zu verwirklichen. Wie sollte man dann aber jemals einem Theoretiker überhaupt nur *zuhören*, von dem man das weiß und für den jedes Theoretisieren immer nur Mittel für *seine* Zwecke sein kann, die sich – gemäß seiner Theorie – von den meinen grundlegend unterscheiden müssen? Gibt es aber so etwas wie Mitgefühl mit anderen, das Interesse an Erkenntnis *ohne jeden Nutzen*, die Bereitschaft, auf eigene Vorteile im Interesse dieser Erkenntnis zu verzichten, kurz, für eine Wahrheit auch *zu kämpfen*, dann ist der „Charakter solch eines Kampfes" performativ der Beleg für die Falschheit dessen, *wofür* gekämpft werden soll – nämlich die individualistische Moral des Primats eigener Zwecke. Das Eingeständnis, dass es sich bei der liberalen Theorie eigentlich doch nur um ein „Sollen" handelt, dass die Aussagen vom apriorischen Charakter der praxeologischen Vernunft gleichsam nur mit einem Augenzwinkern im ideologischen Kampf gegen den Sozialismus vorgetragen wurden, ist in der Tat für die Theorie von Mises, wenn man sie wirklich im *eigenen Anspruch* ernst nimmt, nichts weniger als deren Selbstaufgabe.

Mises hätte das natürlich vehement bestritten und auf seinen Anspruch als Wissenschaftler gepocht, der „ewige Wahrheiten" zu verkünden habe. Sagt Mises doch: „Wer Mensch sagt, wer vom Denken schlechthin spricht, wer überzeugen, beweisen oder widerlegen will, wer zu den Mitmenschen spricht oder auf der Mitmenschen Rede achtet, setzt stillschweigend die Allgemeinheit, Ewigkeit und Unwandelbarkeit der Struktur menschlichen Denkens voraus."[222] Doch erstens ist dieser Satz ein schlichter Fehlschluss, denn aus einer *allgemeinen* Voraussetzung folgt nicht deren „Ewigkeit und Unwandelbarkeit", und zweitens verrät gerade dieser Satz sein ethisches Dilemma: Woher kommt die Norm, auf „der Mitmenschen Rede zu achten"? Diese Norm erwächst gewiss nicht aus dem Bestreben, seine *eigenen* Ziele immer über die der anderen

---

[221] L. v. Mises (1927), S. 5; kursiv von mir.
[222] L. v. Mises (1940), S. 37.

4.6.5 Ludwig von Mises

zu stellen, die gesellschaftlichen Strukturen und Institutionen immer nur als ein *Mittel* für individuelle Ziele zu betrachten. Hier hätte Mises aufgehen können, dass sich wenigstens in der Kommunikation eine Form der Vergesellschaftung zeigt, die jedem Tausch vorausgeht und die darin auch eine *ethische Norm* enthält, nämlich das „Aufeinanderhören", „den Anderen respektieren" usw. All dies ist aus einer Tauschwirtschaft nicht abzuleiten – aber *ohne diese Normen* kann eine verallgemeinerte Tauschwirtschaft nicht existieren, die damit durch die liberale Theorie gerade *nicht erklärt* ist. Von einer „Ewigkeit und Unwandelbarkeit der Struktur menschlichen Denkens" ist hier natürlich nur dann die Rede, wenn man das cartesianische Ego, das sich hier ausspricht, als göttliche Schöpfung betrachtet, das irgendwann einmal vollkommen mit allen apriorischen Strukturen in die übrige Welt eingetaucht und seither unverändert vollkommen ist. Darin bleibt Mises ganz der gelehrige Schüler Gossens.

Eine kleine Ergänzung hierzu: Hoppe versucht, einige der genannten Mängel bei Mises durch einen Import diskurstheoretischer Denkfiguren ethisch zu unterlegen: „Jede Person weiß, was es bedeutet, eine Aussage als wahr zu behaupten. Da man, wollte man das Gegebensein solchen Wissens bestreiten, die Aussage des Gegenteils als wahr zu behaupten hätte, kann die entsprechende Kenntnis sogar als a priori gegeben vorausgesetzt werden."[223] Nun ist dieses in der Apel-Schule vorgebrachte Argument aus vielen Gründen unhaltbar: Die Logik ist nie eine *erzwingende* Kraft.[224] Wer das behauptet und ihr eine *Nötigung* des Gedanken zuschreibt, um damit die Nötigung der Anerkennung von Normen zu akkommodieren, hat nur die logische Norm *als* Gewalt interpretiert. Hoppes Anarcho-Kapitalismus ist eine totalitäre Marktherrschaft, der man – so seine Begründung – durch logische *Nötigung* zuzustimmen habe. Für einen Liberalen, der die individuelle Zwecksetzung als obersten Wert behauptet, ist indes der Import von Habermas und Apel absurd. Oberste Norm sind – Mises sagt das nachdrücklich – *individuelle* Zwecke, kein Sozialapriori.

Warum sollte man also in dieser verkommenen-liberalen Moral nicht lügen, um seine Ziele zu erreichen, warum nicht morden, wenn man nicht erwischt wird oder so stark ist, dass einen niemand anklagt? Die angloamerikanische Außenpolitik – die Musterländer dieser Ideologie – zeigt, wie die „Nötigung" zu Markt und „Demokratie" funktioniert. Seit wann hat sich ein rein privatwirtschaftlicher Betreiber von Fabriken für Kinderarbeit auf dem globalen Markt – der tatsächlich ein „*truly* free-market system"[225] ist – je darum gekümmert, dass Hoppe einen „Nachweis des rechtfertigbaren Charakters des Eigentumsrechts am eigenen Körper"[226] erbracht haben will? Der Zweck heiligt die Mittel der Gewalt über andere Körper – genau *so* geht Marktwirtschaft, wenn man ihre phänomenologische Beschreibung nicht anhand österreichischer Lehrbücher, sondern der Tageszeitung entnimmt. Weshalb sollte überhaupt jemand in etwas einstimmen, von dem ein cartesianischer Beobachter von außen behauptet, es sei eine Wahrheit a priori, der Gehorsam zu leisten sei, weil man sich sonst widerspreche? „The secrets of success in business are honesty and fair dealing. If you can fake those, you've got it made", sagt

---

[223] H.-H. Hoppe (2005), S. 131.

[224] Vgl. Kapitel 2.4.6 zur Widerlegung des performativen „Geltungsanspruchs" einer Wahrheit. „Apel bestreitet mit der Behauptung einer Letztbegründung die Bestreitbarkeit von a priori ‚geltenden' Diskursstrukturen. Also hat er damit – in seinem eigenen Verständnis – die universelle Geltung der Bestreitbarkeit performativ akzeptiert, wider seine explizite Behauptung, es gäbe unbestreitbare Argumente." K.-H. Brodbeck (2003a), S. 29. Vgl. „Was man von einem reinen Erkennen a priori redet, ist immer Irrtum", F. D. E. Schleiermacher (1981), S. 78.

[225] M. N. Rothbard (1977), S. 8.

[226] H.-H. Hoppe (2005), S. 97.

Graucho Marx. Mehr gibt die liberale Moral *a priori* nicht her, und ihre empirische Performation ist auch für Analphabeten kein Geheimnis: Sie bekommen sie meist am eigenen Leib zu spüren. Weshalb sollte es jemand in einer Marktwirtschaft kraft der aus dem Tausch selbst angeblich hervorgehenden Anerkennungsverhältnisse kümmern, ob er lügt oder betrügt – auch mordet (nicht nur im Drogenhandel) –, wenn doch gelten soll, „that the means must be justified by the end"[227]? *Das* Ziel, das die Mittel rechtfertigt, ist in der „Marktwirtschaft" nun einmal das Motiv „*mehr Geld!*" – die Geldgier –, frei und individualistisch entfaltet, und diesem Motiv legen Mises, Hayek, Rothbard und Hoppe nur einen roten Teppich aus, um sich dann darüber zu wundern, wie der reale Kapitalismus sich nicht an praxeologische Spielregeln hält, sondern alles – die Kommunikation, den Staat und den Krieg – gewinnbringend und blutig instrumentalisiert.

4.6.5.6 Der Tauschwert des Geldes bei Wieser

Doch zurück zur Tauschtheorie und zur Ableitung des Geldes. Wenn meine These richtig ist, dass sich ohne vorausgesetzte, *andere* Vergesellschaftung kein Tausch vollziehen kann, dann muss sich dies auch am Scheitern des Arguments von Mises zeigen. Und es zeigt sich, noch deutlicher als bislang, in seiner „Geldableitung", die von seinen Anhängern mit dem Weihrauch der Genialität umfangen wird.[228] Mises setzt hier mit einer stark verkürzten Analyse des isolierten Tauschs ein: „A und B tauschen gegenseitig eine Anzahl von Einheiten der Waren m und n aus. A erwirbt die Ware n wegen des Gebrauchswertes, den dieser für ihn hat; er beabsichtigt, sie zu konsumieren. Das gleiche gilt von B, der die Ware m für seinen unmittelbaren Gebrauch erwirbt. Hier liegt ein Fall des direkten Tausches vor."[229] Nun ist dies, wie sich zeigte, bereits eine sehr eingeschränkte Beschreibung der Tauschstruktur; doch für den Zweck des Arguments lasse ich diesen Punkt bei Mises hier unkommentiert. Weil der Bedarf sich immer auf die Ware im Besitz des je anderen richtet, wäre hier allerdings sehr einfach erkennbar gewesen, dass der Tausch *nie* als individuelles Handeln begriffen werden kann. Doch das bemerkt Mises an dieser Stelle gar nicht. Er will damit nur Mengers Argumente rekapitulieren. Mengers Ableitung des Geldes *akzeptiert* Mises, betrachtet sie aber als *unvollständig*.

Auch Mises sieht den entscheidenden Schritt im *indirekten* Tausch. Ausgangspunkt ist ein Markt, den Mises in einer Anspielung auf Karl Marx als *Anarchie*[230] beschreibt:

> „Es besteht Anarchie der Produktion. Die Eigentümer der Produktionsmittel entscheiden zunächst, was und wie produziert werden soll. Sie produzieren dabei nicht nur für ihren eigenen Bedarf, sondern auch für den Bedarf der anderen, und ihr Wertkalkül berücksichtigt nicht allein den Gebrauchswert, den sie selbst den

---

[227] M. N. Rothbard (1977), S. 292. „Worauf es ankommt, ist allein das Ziel; wenig oder gar nichts kommt auf die Mittel zu seiner Erreichung an." V. Pareto (2006), S. 22. Auch Lenin und Stalin haben das so gesehen.

[228] „The Austrian theory of money virtually begins and ends with Ludwig von Mises's monumental Theory of Money and Credit, published in 1912." M. N. Rothbard (1976), S. 160.

[229] L. v. Mises (1924), S. 2.

[230] Der Begriff „Anarchie" zur Charakterisierung des Kapitalismus stammt ursprünglich von Schulz, der von „der Anarchie der sogenannten freien Konkurrenz mit ihren immer wiederkehrenden Schwankungen und Stockungen" W. Schulz (1843), S. 65, spricht; vgl. „Anarchie der Produktion", K. Marx, MEW 23, S. 502; auch: K. Marx, F. Engels, MEW 2, S. 124.

Produkten beilegen, sondern auch den Gebrauchswert, der diesen in der Schätzung der anderen Mitglieder der Wirtschaftsgemeinschaft zukommt. Der Ausgleich zwischen Produktion und Konsumtion vollzieht sich auf dem Markte."[231]

Der Begriff „Anarchie" ist hier *wörtlich* gemeint: Die Produktion wird durch kein *Gesetz*, durch keine äußere Macht (*arche*) beherrscht. Mengers Absicht war es gerade, die Existenz des Geldes als sozialer Institution *trotz dieser* Abwesenheit einer gesetzlichen Normierung als spontanes Entstehen, als Evolutionsprozess zu beschreiben. Der Gedanke, dass im Kapitalismus die „Produzenten" den Gebrauchswert in der Schätzung der Konsumenten ihrer „anarchischen Produktion" zugrunde legen, ist indes eine reine Erfindung. Die Produktion mit dem Ziel, *Gewinn* zu erzielen, ist je schon am Geld orientiert; es ist also vorausgesetzt. Doch das sei hier nur nebenbei gesagt.

Menger leitet aus dem geldlos-indirekten Tausch die marktgängigste Ware und damit das Geld ab. Was Mises hier bei Menger offenbar vermisst, ist allerdings eine klare Begriffsbestimmung des *Geltens* des Geldes (wie ich das übersetzen würde); Mises spricht vom „objektiven Tauschwert". Diesen Begriff übernimmt er in diesem Kontext von Friedrich Wieser. Die klassischen Ökonomen haben von der Geltung des Geldes immerhin das Moment erkannt, dass sie den Werten (die sie vom Geld getrennt betrachten wollten) eine *objektive* Geltung zusprachen. Menger vollzieht eine subjektive Wende der Wertlehre, wonach mit dem Güterbegriff auch der Wert einzig in der *Relation* zwischen einem objektiven Ding und der Bedeutung, die ihm ein Subjekt zuspricht, liegen sollte. Beim Geld liegt nun aber typischerweise ein *intersubjektives* Gelten vor. Es ist nur Geld, sofern es *alle* Tauschpartner in einer Geldökonomie anerkennen. Diese Frage lenkte die Ökonomen zunächst auf das Problem des *Geld-Wertes*. Doch die eigentliche Frage verbirgt sich in der Natur dieses Geltens selbst.

Darauf gibt die subjektive Wertlehre nur eine schwankende, widersprüchliche Antwort. Wieser hat dieses Problem erkannt und in seiner Geldlehre eine Erklärung versucht. Er hält mit der subjektiven Schule daran fest, dass „der persönliche oder einzelwirtschaftliche Tauschwert des Geldes nach Maß des durch die subjektiven Verhältnisse gebotenen Grenznutzens zu bemessen" sei.[232] Das ist eine in jeder Hinsicht kryptische Formulierung. Der *subjektive* (Grenz-)Nutzen des Geldes bezieht sich, wie der Nutzen jedes anderen Gutes, auf eine Relation zwischen einem Subjekt und einem Ding, hier dem „Geld". Doch der Nutzen des Geldes kann *darin* gerade nicht liegen, zeigt er sich doch vielmehr erst dann, wenn man das Geld gegen andere Güter *eintauscht*. Der Nutzen des Geldes verweist also auf je andere Güter, offenbart darin einen über das Subjekt hinausweisenden „Nutzen". Wieser hat das durchaus gesehen. Gegen Menger, der alle Wertphänomene ins Subjekt verlegte, der allerdings *auch* den Begriff des „äußeren Tauschwerts" des Geldes verwendet hat, sagt Wieser, dass eine „vollständige Wertlehre den objektiven Wert so wenig beiseite lassen (darf), als den persönlichen."[233]

Doch was heißt das nun kategorial? Ist *der* Wert also doch objektiv? Wieser gibt darauf keine schlüssige, sondern in seinem Gesamtwerk eine vielfältige und widersprüchliche Antwort, obwohl er der Kategorie des Wertes für die Ökonomik eine *zentrale* Bedeutung zuschreibt:

„Wie man über den Wert urteilt, muss man aber, wenn man folgerichtig bleibt, letztlich über die Wirtschaft urteilen. Er ist der Charakter der Dinge in der Wirt-

---

[231] L. v. Mises (1924), S. 1.
[232] F. Wieser (1927), S. 695.
[233] F. Wieser (1927), S. 696.

schaft, seine Gesetze sind für die Politische Ökonomie das, was das Gesetz der Schwere in der Mechanik ist."[234]

Der Vergleich ist beredt. Der Wert wird in seinem Wesen als Relation zwischen Mensch und Natur bestimmt – man beachte die bellizistische Denkform, die sich zum mechanischen Vergleichshorizont fügt:

> „(D)ie Gabe der Wertschätzung (ist) ursprünglich nicht eine Waffe des einen Menschen wider den andern, sondern eine gemeinsame Ausstattung Aller im wirtschaftlichen Kampfe wider die Natur"[235].

Beim Geld aber versagt dieser *Begriff* des Wertes, weil das Geld seine Natur nur intersubjektiv entfaltet. Wieser behilft sich mit der Denkfigur, dass zwar dem Wert subjektive Schätzungen zugrunde liegen, beim Geld aber der Einfluss jedes Individuums so gering sei, dass sich ein *objektiver Tauschwert* herausbilde. Für den „volkswirtschaftlich objektiven Geldwert" ist also der je „verhältnismäßig kleine persönliche Ausschnitt aus dem Ganzen des Marktes"[236] zu vernachlässigen.

Diese Überlegung ist nicht haltbar, weil die *qualitative* Differenz zwischen subjektiver Wertung und objektiver Geltung als bloß *quantitative* eskamotiert, nicht aber erklärt wird. Das gilt aber für die meisten anderen Waren auch. Auch deren Preis ergibt sich – im Modell der subjektiven Wertlehre – aus einer Vielzahl von „Schätzungen". Die Differenz zwischen Geld und Gütern wird damit nicht klar, schon gar nicht die Differenz zwischen „subjektiv" und „objektiv" als Attribut von „Wert". Wieser sagt selbst:

> „Der objektive Tauschwert des Geldes hat wie der objektive Tauschwert überhaupt seinen Namen davon empfangen, dass er keine unmittelbare Beziehung zum Bedürfnisstande hat. In seinem Ausdruck sind nur die objektiven Mengen der realen Werte und der Geldpreise miteinander ins Verhältnis gesetzt, ohne dass die Beziehung zu den Bedürfnissen in Betracht käme."[237]

Es ist von hier aus nur ein kleiner Schritt, den Wert des Geldes dann im Sinn der Fisherschen Verkehrsgleichung *nur noch* als ein mechanisches Verhältnis zwischen der Geldmenge und den Güterpreisen zu definieren.[238] Wieser hat diesen Einwand gekannt; sein Versuch einer Entkräftung ist aber kaum überzeugend. Er verweist darauf, dass der objektive Tauschwert des Geldes „zwar keine unmittelbare Beziehung auf das Bedürfnis und auf den Grenznutzen" habe, aber durch seine Relation zu den Preisen stehe „er mit der Gesamtheit der Bedürfnisse in Beziehung"[239], die Preise aber wiederum stünden zum Grenznutzen in direkter Abhängigkeit.

Worin sich Wieser hier windet und dreht, ohne auf den Punkt zu kommen, ist folgendes Problem: Wenn man das Wertphänomen der individuellen Beziehung zwischen Subjekt und Ding (Produkt, „Gut") zuschreibt, dann hat jede *objektive Entität* so viele „Werte" wie es wertende Subjekte gibt. Auf dem Markt aber herrscht für jedes Produkt

---

[234] F. Wieser (1889), S. VI.
[235] F. Wieser (1884), S. 214.
[236] F. Wieser (1927), S. 696.
[237] F. Wieser (1927), S. 697.
[238] Fisher verdeutlicht seine mechanischen Vorstellungen auch ungeniert mit Bildchen von Waagen oder Wasserbehältern, I. Fisher (1916), S. 17-19 und S. 95.
[239] F. Wieser (1927), S. 698.

nur *ein* Preis für viele Subjekte. Der *eine* Preis gründet *nur* darin, dass alle Tauschwerte in Geld gerechnet werden. Dieser Geldwert ist aber *objektiv* und allgemein – also: allengemein, d.h. *intersubjektiv in seiner Geltung anerkannt*. Der Versuch, das Wertphänomen aus einer *individuellen* Schätzung abzuleiten, gerät hier also schlicht zur Unmöglichkeit. Es gibt keinen Weg von der subjektiven zur *intersubjektiven* Geltung. Umgekehrt gilt vielmehr: Die Subjekte passen sich in ihrer Wertung *an den Geldwert* (= Preis) der Waren an. Dass sie durch ihre *gesamte* Nachfrage wiederum den Preis auf den Märkten beeinflussen, steht außer Frage. Doch auch hier steht die *Gesamtnachfrage* einem *Gesamtangebot* gegenüber, und diese aggregierten Größen beziehen sich je schon auf eine *Rechnungseinheit*, also auf Geld. Der Geldwert lässt sich also nicht aus der subjektiven Wertschätzung ohne Kategorienfehler ableiten.

4.6.5.7 Das „Regressions-Theorem"

Mises knüpft an Wiesers Überlegungen an (die Wieser in etwas anderer Form bereits früh formulierte, worauf sich Mises bezieht[240]). Der Hauptgrund für Mises, die Wieserschen Ausführungen nicht umstandslos akzeptieren zu können, liegt vermutlich in der logischen Konsequenz, die zur einfachen *Quantitätstheorie* des Geldes im Stil der Fisherschen Verkehrsgleichung führt und die von Mises rundweg abgelehnt wird.[241] Sein Hauptargument gegen die Methode von Irving Fisher, durch einen Preisindex das *durchschnittliche* Preisniveau zu erfassen und den „Wert des Geldes" dann als *Kehrwert* dieses Index' zu definieren, ist durchaus zutreffend.[242] In statistischer Terminologie ausgedrückt, bestreitet Mises einfach, dass man so etwas wie einen *fixen Warenkorb* sinnvoll definieren könne.[243]

Er greift deshalb einen anderen Gedanken auf und spitzt die Fragestellung zu, die aus der Mengerschen Geldableitung und Wiesers gescheiterter Weiterführung hervorgeht. Der objektive Tauschwert des Geldes enthüllt für die je individuellen Wertschätzungen ein neues Phänomen: Wer in Geld rechnet, knüpft immer schon an eine bestimmte Vorstellung vom *Wert* des Geldes an. Mises sagt, dass „im objektiven Tauschwert des Geldes eine historisch überkommene Komponente enthalten ist"[244], gegeben im Marktwert des Goldes. Weshalb sollte sich aber ein historischer Goldwert als Konstante *in der Geldwertfunktion* „erhalten"? Es ist dies *metaphysisch* dieselbe Denkfigur, die es bei Marx in der Idee der Erhaltung der Wertsubstanz beim „konstanten Kapital" gibt. Bei Marx soll diese Wertsubstanz einer Seele gleich von Ware zu Ware wan-

---

[240] F. Wieser (1889).
[241] Er führt Fishers Darstellung ausdrücklich auf „die Irrtümer, die Wieser in der Behandlung dieses Grundproblems begangen hat", zurück; L. v. Mises (1940), S. 194, Note 1.
[242] L. v. Mises (1940), S. 209ff.
[243] L. v. Mises (1924), S. 172ff. Robert Liefmann hat diese Kritik ebenfalls vorgetragen und sagt erstens, dass der Warenkorb für Konsumgüter keineswegs alle Preise umfasst – weshalb sollten Löhne oder Aktienkurse ausgeschlossen werden, die ja auch in „Geld" bezahlt werden? –, und zweitens hat Liefmann erkannt, dass sich nicht eine abstrakte Geldmenge, sondern immer nur *Geldbesitz*, also *Einkommen* bei den Käufen entfaltet und insofern auf die Preise wirken kann; vgl. R. Liefmann (1916), S. 56ff. Er stimmt Mises zu, wirft ihm aber zu Recht vor, das eigentliche Problem, das in der *Einkommens- und Preisbildung* liege, nicht erkannt zu haben; R. Liefmann (1916), S. 99f.
[244] L. v. Mises (1924), S. 88.

dern.²⁴⁵ Bei Mises wandert die Seele des ursprünglichen Gebrauchswerts von Gold in den späteren Verkleidungen des Goldes *als Geld* von Jahr zu Jahr von einem Goldleib zum nächsten, um so dem Gold *als Geld* einen ursprünglichen Wert zu bewahren. Die Vorstellung, dass etwa der Goldwert des Jahres 564 v.u.Z. sich durch das Mittelalter bis in die Gegenwart als „Niveaukonstante" erhalten hat, ist einfach nur schlechte Metaphysik. Doch solches ficht Mises nicht an. Er glaubt, diese historische Komponente gründe darin,

> „dass der objektive Tauschwert des Geldes stets einer Anknüpfung an ein auf dem Markte zwischen dem Geld und den übrigen wirtschaftlichen Gütern bereits bestehendes Austauschverhältnis bedarf, da das wirtschaftende Individuum anders nicht in der Lage wäre, ein Werturteil über das Geld abzugeben"²⁴⁶.

Damit ist ein *Zirkel* benannt. Der objektive Wert des Geldes beruht auf einer Anerkennung, die zwar performativ durch die Entscheidungen der Subjekte jeweils bestätigt und darin reproduziert wird, die andererseits aber eben schon immer einen Geldwert als Rechnungseinheit voraussetzt, auf den sich die Tauschenden beziehen. Hier wäre der Punkt, an dem Mises hätte bemerken können, dass man das Geld eben *nicht* aus anderen Phänomenen „ableiten" kann, wie Menger dies versuchte. Es offenbart sich hier das *kategoriale Novum* des Geldes, das zeigt, dass Geld kein *Gut* im Sinn einer subjektiven Wertschätzung sein, deshalb auch nicht aus einer Konkurrenz der vielen Individuen um Güter entstehen kann.

Mises versucht den Zirkel anders zu durchbrechen. Logische Zirkel lassen sich entweder dadurch aufheben, dass man eine *Unterscheidung* einführt, genauer gesagt, dass man erkennt, die Zirkularität beruhte auf einem homonym verwendeten Wort, das in Wahrheit *zwei* Begriffe verbirgt. Oder man belässt den Zirkel und formuliert eine *funktionale* Beziehung. Wenn der Wert des Geldes w_t nicht durch Faktoren erklärbar ist, die in der Zeitperiode t wirksam sind, sondern schon eine Kenntnis des „objektiven Geldwertes" voraussetzt, so handelt es sich hierbei um den Wert des Geldes in der *Vorperiode*. Also kann man eine Funktion formulieren, die besagt: $w_t = f(w_{t-1})$. Diese Differenzengleichung hat, wenn man diese Fragen tatsächlich nicht nur verbal behandelt, evtl. eine Lösung für $w_t = w_{t-1} = w_0$, sofern die iterative Folge $w_t = f(w_{t-1})$ konvergiert. Nur dann ist es sinnvoll, von einer funktionalen Abhängigkeit zu sprechen. Doch diese Frage stellt Mises – mit mathematischen Methoden nicht vertraut – gar nicht. Tatsächlich umkreist seine Lösung aber verbal eben diesen Gedanken: Die Preise ändern sich nicht sehr rasch; ihre Beharrungstendenz beruht auf den Präferenzen, und sie ändern sich, sagt Mises, nur mit diesen. Wenn also diese Überlegung plausibel ist, so wäre bei konstant unterstellten Preisen zu zeigen, wodurch sich die Wertkonvergenz $w_t = w_{t-1} = w_0$ im Gleichgewichtswert erklären lässt. Doch davon ist Mises weit entfernt.

Er verwendet das, was Hegel die „schlechte Unendlichkeit" nannte, also eine historische Regression. Mises suchte „einen Ausweg aus diesem scheinbaren Zirkel"²⁴⁷ durch folgende Überlegung: Gold ist heute Geld. Zugleich ist Gold aber eine Ware. Der Tauschwert des Goldes *heute* erwächst aus seiner *Tauschfunktion*, da es für den indirekten Tausch dient, also als *Geld* fungiert. In dieser Funktion beziehen die Tauschsubjekte

---

²⁴⁵ „Aber diese Seelenwanderung ereignet sich gleichsam hinter dem Rücken der wirklichen Arbeit. (...) Es ist also eine Naturgabe der sich betätigenden Arbeitskraft, der lebendigen Arbeit, Wert zu erhalten, indem sie Wert zusetzt", K. Marx, MEW 23, S. 221.
²⁴⁶ L. v. Mises (1924), S. 87.
²⁴⁷ L. v. Mises (1924), S. 100.

4.6.5 Ludwig von Mises

den Geldwert aber immer schon auf einen *bestehenden* Goldwert. Dies ist der Wert der Vorperiode, doch auch dort ist es ein *objektiver* Tauschwert, nicht der Wert des Goldes als Gut, wie er – gemäß der subjektiven Wertlehre – aus dessen Grenznutzen, aus den subjektiven Wertschätzungen für die Nutzung von Gold *als Gut* hervorgeht. Mises Lösung sieht so aus:

> „Die Geldwerttheorie als solche kann den objektiven Tauschwert des Geldes nur bis zu jenem Punkte zurückführen, wo er aufhört Geldwert zu sein und nur noch Warenwert ist; dort muss sie die weitere Arbeit der allgemeinen Werttheorie übergeben, welcher die Lösung dieser Aufgabe keine Schwierigkeit mehr bereitet."[248]

Er behauptet also, dass die Reihe $w_t = f(w_{t-1}) = f(w_{t-2}) = $ *usw.* auf einen Anfangswert $w_{t=0}$ zuläuft, und *dieser* Wert sei dann dem „Warenwert" des Goldes, also seinem Grenznutzen gemäß der *subjektiven* Wertlehre gleich. In der Periode *t=0*, als die ersten Tauschenden dazu übergingen, Gold als *Zwischengut* für den indirekten Tausch zu benutzen, hatte Gold bereits einen Wert, nämlich wie alle anderen Güter einen Marktwert gemäß der subjektiven Wertlehre. Für Mises ist dieser *ursprüngliche* Wert des Geldes immer noch im gegenwärtigen Goldwert enthalten, gleichsam als erstes Wertatom seines *objektiven Wertes*. Und Mises meint das ganz wörtlich so:

> „Dieser Punkt ist aber kein lediglich gedankliches Hilfsmittel der Theorie; es ist in der Wirtschaftsgeschichte tatsächlich gegeben in dem Augenblick der Entstehung des indirekten Tausches."[249]

Nun ist diese Reflexion – die zeitgenössischen Anhänger dieser Theorie sprechen von einem „Regressions-Theorem"[250] – nicht haltbar, und sie ist, wider die Behauptung der treuen Mises-Gemeinde, nicht einmal *originell*. John Law hat ebenso argumentiert, wenn er den Geldwert auf den ursprünglichen Warenwert zurückführt:

> „Ist es nicht vielmehr vernünftig, davon auszugehen, dass man das Silber nach seinem Gebrauch, den man als Edelmetall davon machen konnte, bewertete und dass man es als Geld benutzte, weil es diesen Wert beim Tausch besaß. Der neue Gebrauch, der dem Geldsilber zuwuchs, erhöhte dessen Wert, weil es als Geld die Nachteile für den Handel und die damit verbundenen Unbequemlichkeiten beseitigte und weil sich als Folge davon die Nachfrage nach Silber erhöhte, so dass es einen zusätzlichen Wert empfing, welcher der Erhöhung der Nachfrage entsprach, die sich aus seinem Gebrauch als Geld ergab."[251]

Wenn man indes auf die historische Regression blickt, so ist diese Vorstellung keineswegs klar. Mises hat das *eigentliche* Problem damit nur *versteckt*, nicht gelöst. Der

---

[248] L. v. Mises (1924), S. 100.
[249] L. v. Mises (1924), S. 100f.
[250] L. v. Mises (1996), S. 409. Vgl. M. N. Rothbard (1976). Dieses Theorem hat bis in die Gegenwart treue Anhänger gefunden: „Mises brach aus dem Zirkel aus, indem er die Zeitdimension des Problems begriff. (...) Mises erkannte, dass dieser Rückgriff (der unter dem Namen Regressions-Theorem in die Theoriegeschichte eingegangen ist) an dem Tag endet, an dem Geld (Gold) noch keine Geldfunktion hatte, aber bereits ein begehrtes Gut auf Realtauschmärkten gewesen ist." R. Baader (2004), S. 58.
[251] J. Law (1992), S. 18

Wert in verschiedenen Perioden *unterscheidet* sich. Nehmen wir für den Zweck des Arguments einmal an, $w_{t=0}$ sei der Wert des Goldes in (fiktiven) Nutzeneinheiten; eine Art Durchschnittsnutzen der Schätzung aller Marktteilnehmer (wie Walras sie behauptet hat). In der *nächsten* Periode wird Gold auch *als Geld* für den *indirekten Tausch* benutzt. Es wird also *mehr* Gold benötigt als nur die für Gebrauchszwecke geplante Menge. Die Nachfrage nach Gold steigt, damit auch sein „objektiver Wert" $w_{t=1}$. Ich lasse diesen Gedanken einmal unkommentiert stehen (tatsächlich steckt darin bereits ein Denkfehler; dazu gleich mehr). Die Frage lautet nun doch, *wodurch* die Wertdifferenz $w_{t=1} - w_{t=0}$ erklärt werden soll? Es ist diese Differenz, die dem Gold durch seine *Geldfunktion* zuwächst. Und gerade *das* hätte eine Geldtheorie, die auf dieser Linie argumentiert, zu erklären. Selbst wenn der Wert des Goldes in der Ursprungsperiode Null gewesen wäre, also $w_{t=0} = 0$, so wäre doch die *Differenz* $w_{t=1} - w_{t=0} > 0$ nach wie vor positiv.[252] Sie drückt den „Nutzen" des Geldes für Austauschzwecke aus, um in der Terminologie dieser Schule zu reden. Doch wie ist dieser Differenzwert zu bestimmen?[253] Gerade *das* wäre zu erklären, nicht der „ursprünglich" im objektiven Goldwert enthaltene Wert von Gold als einem Gebrauchsding. Zudem wird Gold auch *weiterhin* als gewöhnliche Ware verwendet; die gesamte Goldnachfrage erwächst auch beim reinen Goldstandard nicht aus der bloßen Geldfunktion. Die Nachfrage nach Gold (für Schmuck oder industrielle Verwendung) verändert sich wie die nach anderen Waren laufend. Was an der Änderung des Goldpreises (damit der Differenz im Geldwert $w_{t=1} - w_{t=0}$) ist der Geldfunktion, was einer *relativen* Preisänderung von Gold als Gebrauchsware geschuldet? Nicht der *historische* Goldwert steckt im Geldwert, sondern der je *aktuelle*. Damit ist das „Regressions-Theorem" in seiner Unhaltbarkeit durchschaut: Die Regression verliefe *zugleich* durch die Historie jener Komponenten des Goldpreises, die sich aus Änderungen der Angebots- und Nachfragebedingungen der Verwendung von Gold als Gebrauchswert, nicht aus der Geldfunktion ergäbe.

Der Denkfehler beruht auf der Verwechslung von subjektiver Wertung und objektiver Geltung, die durch keinen methodischen Trick überbrückbar ist – es sind zwei völlig verschiedene Sachverhalte. Mises sagt mit Bezug auf Wieser: „Der subjektive Geldwert führt immer auf den subjektiven Wert der für das Geld im Austausch erhältlichen anderen wirtschaftlichen Güter zurück; er ist ein abgeleiteter Begriff."[254] Das bedeutet aber, dass die herkömmliche Wertlehre den *ursprünglichen* Preis für Gold gar nicht erklären kann, denn dabei handelt es sich *immer noch* um einen subjektiven Wert. Wie soll man die rein subjektiven Wertschätzungen von Gold *ohne Geld, ohne objektiven Geldwert* aggregieren? Die historische Regression hebt also die Differenz zwischen subjektiver Wertschätzung und objektiver Geltung gar nicht auf; sie kaschiert nur das Problem und

---

[252] „Deshalb kann man den Wert des Geldes als Gold vom Stoffwerte des Gutes, aus dem es besteht, gedanklich völlig trennen. Wohl ist der letztere die historische Quelle des ersteren. Aber man kann im Prinzip bei der Erklärung eines konkreten Geldwerts ebenso vom Stoffwerte absehen, wie man bei der Betrachtung des Unterlaufs eines großen Stromes von dem Beitrag absehen kann, den seine Wassermasse noch von seiner Quelle her enthält." J. A. Schumpeter (1952), S. 63. Der Gedanke ist prinzipiell richtig; die verwendete Metapher verrät aber zugleich eine naive und unhaltbare Substanzvorstellung des Wertes.

[253] Mises sagt nur: „That component of money's value which is an outcome of the services it renders as a medium of exchange is entirely explained by reference to these specific monetary services and the demand they create." L. v. Mises (1996), S. 409. Was heißt hier: „ist vollständig erklärt durch …"? Die Frage wäre, *wie* und *wodurch* erklärt, und eben diese Frage muss die Geldtheorie als *Geld*theorie leisten, nicht als Erklärung des Nutzens von Gütern außerhalb dieser Funktion.

[254] L. v. Mises (1924), S. 75.

4.6.5 Ludwig von Mises

verdeckt die *kategoriale* Differenz zwischen subjektivem Werten und objektiver Geltung hinter einer erfundenen zeitlich-funktionalen Abhängigkeit.

Deshalb zeigt sich das eigentliche Rätsel des Ausdrucks $w_t = f(w_{t-1}) = f(w_{t-2}) = usw.$ im Funktionszeichen *f(.)*: *Wer* bezieht sich hier *wie* auf *was* mit *welcher Vorstellung* und mit *welchem Zeithorizont*? Wer erklärt, wie die Subjekte am *früheren* objektiven Geldwert maßnehmen, von räumlichen und kulturellen Differenzen einmal ganz zu schweigen? Was Mises hier implizit voraussetzten müsste, ist das, was Friedman und die neueren Monetaristen in der „Theorie adaptiver Erwartungen" als These behaupten. Die Tauschsubjekte gehen von bestimmten Erwartungen bezüglich des Geldwertes aus, passen diese Erwartungen aber im Laufe der Zeit jeweils mit Bezug auf die Vorperiode an.[255] Doch wenn man das akzeptiert, dann erkennt man an, dass die *Erwartungen* die bestimmenden Größen für den Geldwert sind – er hört dann auf, ein *objektiver Tauschwert* zu sein.

Mises könnte sagen, dass er sich auf den *Goldpreis* beziehe. Doch damit ist wenig gewonnen, denn es ist nicht klar, *welcher* Goldpreis denn nun in die Erwartungen einfließt, die sich „historisch" anpassen. Der Goldpreis *in seiner bloßen Gebrauchswertfunktion* (Schmuck, industrielle Nutzung usw.) ist keineswegs konstant. Der Goldpreis schwankt, nicht aber die Rechnungseinheit als Einheit. Die Wirtschaftssubjekte rechnen doch in einer *unveränderlichen* Rechnungseinheit Geld. In ihrer Rechnung wird gerade *Konstanz* des Geldwertes vorausgesetzt. Eben dies war der Punkt, auf den Irving Fisher so nachdrücklich hingewiesen hat. Da stets in einer *konstanten Einheit* gerechnet wird, sehen die Tauschenden die Veränderung immer auf der Seite der *Preise*, nicht auf der Seite des Geldwertes. Dies nennt Fisher die „Geldillusion":

> „Wie schon betont, verleitet die ‚Geldillusion' zu der Annahme, dass Geld an und für sich stabil sei, und man blickt auf die Waren als die Ursache aller Preisschwankungen."[256]

Hierzu entgegnen Mises und Liefmann allerdings völlig zu Recht, dass man aus der Vielzahl *relativer* Preisänderung im Verlauf des Wirtschaftsprozesses nicht so etwas wie eine „durchschnittliche" Preisänderung destillieren kann, ohne willkürliche „Gewichte" im Preisindex einzuführen (zu schweigen von der von Liefmann zu Recht be-

---

[255] Sei e_t der erwartete Geldwert in der Periode t, so würden die Erwartungen z.B. folgender Funktion gehorchen: $e_t = \alpha + \beta\, e_{t-1} + \varepsilon_t$, wobei ε_t ein normalverteilter Störterm wäre mit $E(\varepsilon_t) = 0$. Die Frage würde hier die Form annehmen: Wodurch sind die Parameter α und β des Gleichgewichts ($e_t = e_{t-1} = e^* = \alpha/(1-\beta)$) bestimmt? Eben dies wäre der „objektive Geldwert". Bei Mises wäre aufgrund der impliziten Prämissen seines Regressionsmodells $\alpha = 0$ und $\beta > 1$, wobei $\beta-1$ die Rate des jährlichen Bedarfs nach zusätzlichen Geldeinheiten aus der reinen Tauschfunktion wäre. Ich mache diese Bemerkung hier nur zur immanenten Präzisierung des Arguments von Mises; natürlich gibt es keine Parameter α und β als Quasi-Naturkonstanten in der Wirtschaft. Die mathematische Form *expliziert* aber die immanente Unterstellung bei Mises.

[256] I. Fisher (1938), S. 11. Vgl. „Ist denn nun die Ware teuer, oder das Geld wohlfeil? Was ist denn der eigentliche Maßstab, der absolut bleibende Wert? Sie sagen gewöhnlich: das Geld, das ist aber ungeheuer schief. Alle diese Untersuchungen müssen ohne Rücksicht auf Geld abgemacht werden; das Geld ist an sich gar nichts", J. G. Fichte (1977), S. 275. Rieger macht aus der illusionären Annahme bei Fisher eine privatwirtschaftliche *Norm*: „Wenn ihr Geldrechung haben wollt, dann ist das oberste Gebot und die unerlässliche Voraussetzung die, dass ihre etwaige Schwankungen im Geldwert geflissentlich übersieht und den Geldwert als für die Ewigkeit dauernd in einer Ebene betrachtet", W. Rieger (1964), S. 253.

tonten *Unvollständigkeit* des Warenkorbes beim Preisindex und seine laufende Veränderung durch neue Güter und Dienste).

Doch welchen Sinn hat dann der „objektive Tauschwert" des Goldes, wenn man Fishers Lösung nicht akzeptiert? Es ist immer nur ein *relativer* Preis, bezogen auf die im Tausch (Kauf) erworbenen Güter. Nur *darin* erscheint das, was mit dem Begriff des „objektiven Tauschwertes" bezeichnet werden soll. Mises schwankt hier beständig zwischen der Behauptung eines objektiven Tauschwerts und der Einsicht, dass sich in der allgemeinen Bewegung der *relativen* Preise (auch der Goldpreis ist ein relativer Preis) keine *allgemeine* Bewegung zeigt, der von Fisher als Index versuchten Durchschnittsbildung also kein reales Phänomen entspricht. Doch zugleich verwendet Mises gleichwohl exakt *diese Denkform*: „Wenn von allgemeiner Teuerung oder von Teuerung schlechtweg gesprochen wird, so meint man Sinken der Kaufkraft (des objektiven Tauschwertes) des Geldes."[257] Das ist genau das, was Fisher nur sehr viel präziser ausdrückt, der das Wort „allgemein" und „objektiv" einfach mit „durchschnittlich" übersetzt und mittels eines Warenkorbes einen Durchschnitt bildet.

Was diese Überlegungen aber nur zeigen und worauf das Schwanken bei Mises in verschiedenen Phasen seiner Theoriebildung hinweist, ist etwas ganz Einfaches: *Es gibt keinen „Wert" des Geldes*. Das, was als Maß dient, kann nicht seinerseits wieder gemessen werden. Es ist eine ähnlich absurde Frage wie die: „Wie lang ist eigentlich das Urmeter in Paris?" Auch der „Urwert", solange Gold noch eine Ware gewesen sein soll, wäre nur ein tausendfach *relativer* Wertausdruck bezogen auf alle eingetauschten Güter. Dieser Urwert, den Mises als historisches Faktum behandelt, ist eine reine Fiktion. Denn *entweder* spielt Gold die Rolle eines allgemeinen Tauschmittels, dann ist es bereits *Geld*; oder es spielt diese Rolle nicht und ist nur ein Gebrauchsgegenstand (für Schmuck usw.). Spielt das Gold aber diese Rolle nicht, so kann gar keine Tauschpopulation bestehen, denn die Schwierigkeiten des Austauschs, die – nach Mengers Lehre – zur Einführung des indirekten Tauschs und damit zur schrittweisen Entfaltung der Geldfunktion von Gold führen, *verhindern*, dass überhaupt ein nennenswerter Markt existiert, auf dem Gold die Rolle von Geld spielen könnte. Gold *kann* also gar keinen (objektiven) Marktwert haben, *bevor* es die Rolle von Geld spielt, weil solch ein Markt ohne Gold oder ein anderes Ding *als Geld* gar nicht existiert. Die „Ableitung" von Mises scheitert also an der nämlichen Voraussetzung wie die von Menger und seiner modernen Nachfahren, die das Geld aus dem Sinken der Transaktionskosten hervorgehen lassen wollen.

Was sich hinter der Formel vom „objektiven Tauschwert" verbirgt, ist folglich etwas ganz anderes. Geld hat keinen Wert, denn Geld ist jene Einheit, in der die Tauschenden *rechnen*, und eben dieses Rechnen ist das „Werten". Die Rechnungseinheit erlaubt es, Relationen zu Produkten herzustellen, und diese Relationen – die Preise – sind dann die „Werte" der Güter. Nun kann man nicht *seinerseits* der Rechnungseinheit einen Wert andichten, ohne den Wert in etwas *anderem* zu sehen als eben in der Veranschlagung der Waren in Geld. Dieser Denkfehler führte zur Suche nach einem „absoluten Wert", für den dann *außerökonomische* Sachverhalte herhalten sollten: die Arbeitszeit oder die Nutzenschätzung. Doch diesen Größen mangelt allesamt das, was für das Geld charakteristisch ist: Das *allgemeine*, d.h. das *intersubjektive Gelten*. Diese besondere Struktur stellt sozial ein kategoriales Novum dar, das nicht aus dem Tausch, den subjektiven Schätzungen oder den objektiven Faktorleistungen bei der Produktion „abgeleitet" werden kann – so wenig man die menschliche Sprache aus den Stimmwerkzeugen oder aus den Lauten *Bedeutung* deduzieren kann. Das Gelten des Geldes ist eine an ihm als einer

---

[257] L. v. Mises (1913), S. 558; Klammerbemerkung von Mises.

4.6.5 Ludwig von Mises

sozialen Bedeutung selbst zu erklärende kategoriale Struktur. Und da jeder cartesianische Beobachter den Umgang mit Geld immer schon in seinem Denken mitbringt, gibt es hier allerlei Möglichkeiten, Fehler zu machen. Mises war nur einer von vielen, die an dieser Frage gescheitert sind. Allerdings lässt sich bei ihm der Denkfehler besonders klar erkennen. Der hochtönende Anspruch, eine Theorie *a priori* bieten zu wollen, endet in der schwierigsten Frage – der nach dem Wesen des Geldes – nur in der Zirkularität des Gedankens, die auch die anderen Ökonomen in Atem hielt und an der auch sie theoretisch gescheitert sind.

Eine letzte Bemerkung. Mises will in konsequenter Vollendung des österreichischen Theorieprogramms die Vergesellschaftung ausschließlich aus dem *Tausch* zwischen Individuen ableiten. Mengers Geldtheorie interpretiert er in diesem Sinn und will sie durch einen „historischen Kern" ergänzen. Doch wie sich zeigte, führt ihn das als cartesianischen Denker nur in unlösbare Zirkel, weil es ihm nicht gelingt, in der kategorialen Differenz zwischen subjektiver Wertschätzung der Individuen und objektiver Geltung der Geldeinheit eine logische *oder* historische Verknüpfung herzustellen. Damit ist in der zentralen Frage der Geldtheorie, an ihrer Durchführung selbst das Programm gescheitert, aus *individuellen Erwägungen* eine *gesellschaftliche* Institution ableiten zu wollen. Da Mises alles auf den Tausch setzt, der Tausch in großen Populationen aber ohne Geld unmöglich ist, ist damit auch die wissenschaftliche Begründung des Liberalismus – die Mises versuchte – gescheitert, gemessen an ihren eigenen Theorieansprüchen, die Argumente widerspruchsfrei vorzutragen. Dass damit auch der „methodologische Individualismus"[258] – das Programm, alle sozialen Sachverhalte auf individuelle Zwecksetzungen zurückzuführen – an seinen eigenen logischen Ansprüchen gemessen sich als unhaltbar erweist, ergibt sich als notwendige Konsequenz.[259]

Die globale Herrschaft des von Mises wesentlich mit geprägten neoliberalen Gedankenguts ruht also wissenschaftlich auf einem Konglomerat von Denkfehlern und Fehlschlüssen und zeigt damit, dass *Täuschungen* sehr mächtig sein können, obwohl sie explizit falsch sind. Es ist deshalb auch nicht erstaunlich, dass die Zurichtung des Planeten Erde auf solch einer illusionären Grundlage nur katastrophale Ausmaße haben kann. Und wie man sieht, ist die kritisch-philosophische Analyse keineswegs „außerstande, die Nationalökonomie logisch zu bekämpfen", keineswegs setzt sie „gegen Logik (...) Ethik, gegen Theorie Ressentiment, gegen Argumente den Hinweis auf den Willen des Staates"[260]. Die philosophisch-kritische Analyse zeigt vielmehr, dass die österreichische Schule auch in ihrem besten Kopf im Pathos der wirtschaftlichen Logik einen wohlfeilen Marktfundamentalismus formuliert, der als versteckte Moral doch nur aus antisozialistischem Ressentiment besteht und notfalls ohne Scheu auch einem faschistischen Staat Beifall zollt.

---

[258] Schumpeter definiert diesen Begriff so: Die Auffassung der Volkswirtschaft als „Resultante des wirtschaftlichen Handelns und Seins der Individualitäten" J. A. Schumpeter (1908), S. 93.

[259] Hayek hat das Scheitern des Rationalismus im österreichischen Theorieprogramm bemerkt. In Fortführung von Mengers Evolutionstheorie betont er deshalb, ganz gegen Mises, eine „antirationalistische Einstellung, die den Menschen nicht als ein äußerst verständiges und vernünftiges Wesen, sondern als ein sehr unverständiges und fehlbares Wesen betrachtet", F. A. Hayek (1948), S. 25. Bei aller Polemik wider die Anmaßung von Wissen, die Hayek entfaltet: *Er* maßt sich das Wissen an, diesen Prozess des Nichtwissens zu verstehen und politische Ratschläge geben zu dürfen. In diesem totalitären Gestus, der sich selbst nicht zu rechtfertigen braucht, trifft er sich wiederum mit Mises´ Apriorismus der Geltung.

[260] L. v. Mises (1932), S. 23.

4.7 Zur mathematischen Ökonomik

4.7.1 Mathematik und Ökonomie

Es war für die klassischen Ökonomen selbstverständlich, „dass die Wissenschaft der Politischen Ökonomie eine größere Ähnlichkeit mit der Wissenschaft der Moral und Politik besitzt denn mit jener der Mathematik."[1] Im Anschluss an Comte, mit Walras, Jevons und der mathematischen Schule hat sich diese Auffassung indes völlig gewandelt. Pareto, der selbst zu mathematischen Schule gerechnet wird, glaubte noch nicht daran, dass man ein Gleichgewichtsmodell tatsächlich lösen kann.[2] Er betrachtete die Mathematik als ein bloßes Denkmodell, nicht als ein Vorrat quantitativer Methoden wie in der Physik. Noch Röpke meinte: Auch bei Kenntnis der Daten wären „für eine einzige Preisbildung mehr Gleichungen höheren und höchsten (?) Grades zu lösen (.), als ein Mensch während seines ganzen Lebens bewältigen könnte."[3] Man rechnet, benützt die Mathematik, aber gar nicht um *eigentlich* etwas zu *be*rechnen. Man will in einer mathematischen Form *argumentieren*, ohne zu quantitativen Ergebnissen zu kommen.

Hayek hat diese Vernebelungstaktik, die eine mathematische Beschreibung der Wirtschaft vornimmt, aber doch nicht den Anspruch vertritt, *tatsächlich* die ökonomische Realität „auszurechnen", ungeniert ausgesprochen. Es sei, meint er, „ein für schlechte Mathematiker charakteristischer Irrglaube, dass die Mathematik notwendigerweise quantitativ sein müsse". Vielmehr seien „algebraische mathematische Formeln die herausragende Methode (.), um abstrakte Muster zu beschreiben, ohne bestimmte Informationen über die spezifischen beteiligten Größen anzunehmen."[4] Man bemerkt hier ein grundlegendes Unverständnis für mathematische Sachverhalte. Die moderne Mathematik als eine allgemeine Strukturtheorie umfasst weit mehr als die Algebra und die Arithmetik. Doch ein, wie Hayek sagt, „*algebraischer* Ausdruck" ist *immer* quantitativer Natur, auch wenn man keinen konkreten Zahlenwert einsetzt, so ist doch eine *Quantität* – und das heißt eine objektiv zuordenbare Zahl in einem Maß – als Kategorie gemeint.[5] Hayek hat nicht gesehen, dass man sich durch ein mathematisches Modell *kategorial* festlegt. Man sagt etwas über die Natur (das Wesen) der behandelten Gegenstände, die man ontologisch als etwas Vorhandenes interpretiert und so kraft der algebraischen (oder topologischen) Form sich auf totalitäre Denkformen festlegt. Etwas *algebraisch* zu berechnen, heißt, es *beherrschen* zu wollen, wie in der Physik: „Die *Beherrschung* des Naturgeschehens erfolgt durch mathematische Begriffe"[6]. Nicht die *Arithmetik* als praktische Erfüllung der allgemeinen algebraischen Ausdrücke durch

---

[1] T. R. Malthus (1836), S. 1. Vgl.: „(E)conomics is essentially a moral science and not a natural science." J. M. Keynes CW XIV, S. 297.

[2] Vgl. die Hinweise bei N. Georgescu-Roegen (1967), S. 118 und Note 81.

[3] W. Röpke (1949), S. 58; vgl. zur Kritik an diesem Gedanken: K.-H. Brodbeck (1986), S. 1, Note 3. Auch Georgescu-Roegen vertritt die These, dass die erfolgreiche Anwendung der Mathematik in den Sozialwissenschaften an der zu großen Zahl der Variablen scheitert: „The more complicated the model and the greater the number of the variables involved, the further it moves beyond our mental control, which in social sciences is the only possible control." N. Georgescu-Roegen (1971), S. 340.

[4] F. A. Hayek (1996), S. 312f.

[5] Vgl. zur kategorialen Natur der Mathematik und ihrer Herkunft genauer Kapitel 5.3.4.

[6] H. Reichenbach (1928), S. 124, meine Hervorhebung; vgl. T. W. Adorno, M. Horkheimer (1968), S. 41 und Kapitel 1.2.3.

Zahlen ist die Pointe, sondern die in der mathematischen *Form* implizierte kategoriale Struktur.

Sicher ist die Mathematik inzwischen eine allgemeine Strukturtheorie geworden; die Algebra und die Zahlentheorie sind nur noch ein Teilgebiet. Aber die mathematischen Ökonomen verwenden in der überwiegenden Mehrzahl *algebraische* Methoden, übrigens auch Hayek selber, sofern er nicht einfach bei Zahlenbeispielen oder Schaubildchen stehen bleibt[7]. Damit ist aber ausgesagt, dass die behandelten Probleme ein Maß, ein Mehr und Weniger kennen, ferner, dass die betrachteten Zusammenhänge *in ihrem Wesen* quantitativer Natur sind – und was eine quantitative Natur besitzt, kann man auch berechnen. Noch die topologischen Methoden zur Ableitung von Gleichgewichten zielen darauf ab, Werte für reelle Zahlen zu definieren. Wenn man allerdings etwas, was seiner Natur nach gar nicht messbar ist – wie „moralische und politische" Fragen im Sinn von Malthus –, in eine quantitative Sprache übersetzt, dann ist die Anwendung der Mathematik ein *Kategorienfehler*. Eben dieser Fehler wird von den Ökonomen aus einem durchsichtigen Grund begangen: Sie definieren dadurch ihre Expertennatur und reihen sich ein in die *science*, indem man mathematische Duftmarken verwendet. Und am Ende stehen mathematische Übungen, die die Wirtschafts*wissenschaft* ersetzen.[8]

Die naivste – oder soll ich sagen: ideologisch verbrämteste? – Vorstellung von Mathematik ist also die eines *Stils*. Man „muss auf ‚Wissenschaftlichkeit' achten, was nicht zuletzt eine Stilfrage ist."[9] Hierbei demonstriert man Kompetenz, grenzt sich zugleich gegen jene ab, die nicht diese Sprache sprechen. Reichbach sagt in diesem Sinn ungeniert: „Aber das Vorhandensein von Formeln *bezeugt*, dass die Philosophie den Schritt von der Spekulation zur Wissenschaft gemacht hat."[10] Eine Formel bezeugt rein gar nichts – die philosophische und pseudowissenschaftliche Literatur ist erfüllt mit wirren Zeichen und Symbolen, die sich sehr häufig nur dem Autor erschließen. Einige dieser Verwirrungen wurden durch Nachahmung zu einem allgemeinen Stil, andere werden als Schrullen abgetan. Die Astrologie ist voller Formeln und Symbole, und ihr eifert die mathematische Ökonomie vorzüglich nach – dass dies übrigens auch ganz wörtlich wahr ist, wird sich noch zeigen (vgl. Kapitel 7). Insgesamt gibt es kaum etwas weniger Erhellendes als die endlosen Reihen von Kalkülen, die sich in den Werken der Wissenschaftstheorie im Stil von Carnap oder Stegmüller finden. Vergleichbares füllt die mathematisch orientierten Journale der Ökonomik.

Der Grund für die geringe damit verknüpfte Einsicht ist eher selten das mangelnde Verständnis des Lesers; nachdem man sich abmüht, seitenlange Ableitungen zu verfolgen, erfährt man am Ende doch nur, was man schon wusste, nur ausgedrückt in gewöhnlicher Prosa. Die Pointe steckte eben schon im Axiom oder – bei den Ökonomen – in den *Annahmen*, im in der Literatur allgegenwärtigen „for convenience let us assume …". Der durch ein Kalkül gefesselte formale Geist ist zugleich der *bequeme* Geist, der die

---

[7] Vgl. F. A. Hayek (1931), S. 37, 42 u.ö. In einem Diagramm, Hayek (1994), S. 267, schreibt Hayek „Kapital" an die Abszisse – eine abgebildete Quantität –, ohne sich Rechenschaft über Fragen eines Maßes abzulegen. Man kann mit Bildchen daherreden, ohne etwas zu sagen.

[8] „… many a student has found it more comfortable to continue the formalism of mathematics, or, as this is often put, to substitute mathematical exercises for economics." N. Georgescu-Roegen (1976), S. 256.

[9] N. Luhmann (1997), S. 1129.

[10] H. Reichenbach (1953), S. 308; meine Hervorhebung. Reichenbach hat zweifellos recht, wenn er weiter sagt: „Wenn du einem Philosophen begegnest, der behauptet, dass er die letzte Wahrheit gefunden hat, sei misstrauisch," S.338 – vor allem dann, wenn diese letzte Wahrheit „im Vorhandensein von Formeln" bestehen soll.

Anstrengung des Denkens der Mechanik einzuhaltender Regeln übergibt. Es ist ein wesentliches Ergebnis der Kantschen Urteilslehre, dass analytische, mathematische Urteile keinen Erkenntnisgewinn beinhalten. Was Wittgenstein später als tautologischen Charakter aller logischen Schlussfolgerungen herausarbeitete, war als Einsicht durchaus auch einigen Ökonomen geläufig. So sagt Wicksteed: „Du kannst am Ende nichts herausbekommen, was du nicht implizit am Anfang hineingesteckt hast, und das, was du hineinsteckst, kann selten durch Mathematik erfasst werden."[11] Diese saloppe Formulierung enthält – wenn man das Wort „selten" durch „nie" ersetzt – eine wichtige Wahrheit: Durch die Befolgung von Regeln wird nichts erkannt, das *außerhalb* der Regel, also *unregelmäßig* ist.

Man hat Kants Urteilslehre auch bestritten – etwa Schopenhauer, der sagt: „Aus *einem* Satze kann nicht mehr folgen, als schon darin liegt (...); aber aus *zwei* Sätzen kann, wenn sie syllogistisch zu Prämissen verbunden werden, mehr folgen als in jedem derselben, einzeln genommen, liegt"[12]. Das ist *wenigstens* eine schiefe Ausdrucksweise. Schopenhauer verweist auf Beispiele aus der Chemie. Wenn man die Eigenschaften von Wasserstoff und Sauerstoff *beschreibt*, lassen sich aus keiner „syllogistischen" Kombination die Eigenschaften von Wasser „ableiten". Wasser ist chemisch ein *neuer* Gegenstand, zu dem zwar auch die Eigenschaft gehört, in Wasserstoff und Sauerstoff *aufspaltbar* zu sein. Doch kein Satzsystem, das die Eigenschaften der Bausteine logisch beschreibt, erlaubt, empirisch synthetische Eigenschaften zu deduzieren. Es tritt hier ein *kategoriales Novum* auf, das nur am Sachverhalt selbst beschreibbar ist oder experimentell erkannt wird. Das gilt auch und gerade für mathematische Sätze: Wenn ein *neuer* Beweis gefunden wird, dann ist dieses „Finden" eben kein Ableiten aus den „kombinierten" Sätzen, sondern ein *kreativer Akt*.

Gleichwohl besitzt auch die angewandte Mathematik einen Glanz, mit dem sich die *science* der Moderne gerne umgibt. Die suggestive Schönheit und Klarheit der mathematischen Denkform, die ihr einen scheinbar evidenten *Wert* verleiht, ist verführerisch. Die Mathematik gilt, auch den Ökonomen, als eine „Wissenschaft, die nicht trügt"[13]. Es war stets auch das Bestreben der *Logiker*, das Denken von Täuschungen durch strikte Regeln zu befreien, es seiner Subjektivität zu berauben, die bereits Platon als zu überwindende *Meinung* beschrieben hat. Der „Mechanismus der Logik"[14] soll subjektive Willkür ausschließen und Wissenschaftlichkeit garantieren. Die *science* erkennt man eben an ihrer Sprache: Der Mathematik, die sich diesem logischen Ideal verpflichtet sieht.[15]

---

[11] P. H. Wicksteed (1905), S. 434. In seinem *Essay* heißt es: „The whole question is whether he imports into his premises or exports out of his conclusions anything that is not definitely and exactly contained in them. If he has, he deserves (and will receive) no quarter. But it is easy to detect his fraud." P. H. Wicksteed (1894), S. 5. Wicksteed verschweigt, dass *die mathematische Form* selbst der *fraud* sein kann.

[12] A. Schopenhauer WW 9, S. 29.

[13] J. H. v. Thünen (1875: 2), S. 12.

[14] P. H. Wicksteed (1905), S. 434.

[15] Es gibt einen inneren Zusammenhang zwischen Mathematik und der durch das Geld vollzogenen Vergesellschaftung; ich werde die mathematische Denkform als adäquate Selbstreflexion des Geldsubjekts genauer beschreiben (vgl. 5.3.4). *Hier* spreche ich von den auf die Ökonomie *angewandten* mathematischen Methoden und den dort erkennbaren Irrwegen.

4.7.1.1 Mathematik und ihre Anwendung

Nun ist natürlich auch die Logik keine Maschine. Zwar lassen sich bestimmte Klassen von Schlussfolgerungen automatisieren durch Regeln; doch das *Denken* ersetzen sie nicht. Allerdings ist nur der ein guter „Mathematiker" (im Sinn der Anwendung), der sich strikt an die Regeln hält, die das mathematische Tun *definieren*. Der Inhalt der Mathematik ist die Anwendung ihrer Regeln; das Erfinden von Beweisen ist dagegen ein ganz anderer Sachverhalt, der Kreativität und Denken erforderlich macht. Wie immer – die Mathematik ist eine klare, präzise Form der Zeichenverwendung nach festen Regeln, so dass bestimmte Schlussfolgerungen intersubjektiv sehr einfach überprüft werden können. Ein möglicher Streit nimmt die Form an: „Rechnen wir nach!"[16]

Bei der Frage nach der Möglichkeit einer mathematischen Ökonomik geht es um *angewandte* Mathematik. *Innerhalb* der mathematischen Denkform verpflichtet sich jeder auf die Anerkennung bestimmter Regeln, an denen er sein Urteil intersubjektiv überprüfen lässt. Das Spiel mit diesen Regeln hat keinen Inhalt, genauer, der Inhalt ist das Spiel selbst. Deshalb kann dieses Spiel aus sich keine neue Erkenntnis hervorbringen; es gruppiert nur die Voraussetzungen gemäß tautologischer Regeln um. Zwar ist, wie gesagt, für mathematische Beweise einige Kreativität erforderlich; doch das Neue, das sich darin zeigt, bezieht sich *nur* auf die Ergänzung der Spielregeln durch neue, auf die Darstellungsform (man ersetzt ein lineares durch ein nichtlineares, ein algebraisches durch ein topologisches Modell usw.). Eine Parabel zu berechnen, hat nur den Inhalt: $y = a + bx^2$. Um daraus eine nichttautologische *Erkenntnis* zu machen, müssen die Konstanten und Variablen der Gleichung einem Sachverhalt *zugeordnet* werden. Das ist nur möglich, wenn dieser Sachverhalt von seiner Seite her quantitativ bestimmbar ist. *Dann* ist es möglich, eine am Sachverhalt vorliegende Struktur *als* eine mathematische zu beschreiben und *a priori* bestimmte Eigenschaften dieser Struktur abzuleiten, etwa die Flugbahn eines geworfenen Steins.

Das Problem liegt also in der *Anwendung*. Und die Anwendung ist wiederum etwas anderes als die *statistische* Überprüfung mathematisch (ökonometrisch) präzisierter Hypothesen. Um nämlich eine mathematische Variable einem realen, ökonomischen Sachverhalt zuordnen zu können, muss dieser Sachverhalt nicht nur in seiner Bedeutung klar definiert sein, er muss auch – wenigstens prinzipiell – ein *Maß* besitzen. Eine mathematische Variable erhält nur dann einen *Inhalt*, ist nur dann eine *Anwendung*, wenn ihre Eigenschaften im Modell auf eine Messoperation verweisen, worin ein (hier: ökonomischer) Sachverhalt durch ein Messverfahren mit einem Maß verknüpft wird. Erst durch ein Maß können wir in eine mathematische Struktur einen empirischen Inhalt einfügen. Was die Berechnung dann immer ergibt, ist nur eine *andere* Darstellung dieses Inhalts, aber kein Novum.

Ein Maß ist in der Physik und in den Naturwissenschaften eine kommunikative Größe; es verweist auf eine *intersubjektive* Bedeutung. Nur das kann ein gemessenes Objekt sein, was *für viele* Beobachter *als* identischer Gegenstand mit einer bestimmten Messvorschrift verknüpfbar ist. So verknüpft ein Maßband z.B. die Einheit des Urmeters (oder die Strecke, die Licht in Vakuum pro bestimmter Zeiteinheit zurücklegt) mit einem Messgegenstand. Die Messoperation stellt dann jedes Mal bei einer Längenmes-

---

[16] Leibniz setzte große Hoffnungen auf ein Logikkalkül: „Danach wird es zwischen zwei Philosophen nicht größerer Disputationen bedürfen als zwischen zwei Rechnern, denn es wird genügen, dass sie zu ihren Federn greifen, an ihren Rechenbrettern niedersitzen (wenn sie wollen, einen Freund hinzuziehen) und sich gegenseitig sagen: ‚Lass uns das nachrechnen!'." G. W. Leibniz (1890), S. 21, 200.

sung *implizit* eine Beziehung her zwischen der intersubjektiv vereinbarten Maßeinheit und einem konkreten, beobachteten Ding. Im Maß liegt also ein *Doppeltes* – wie jeder Schüler der Physik weiß: Die Maß*einheit* und der Zahlenwert. Eine Zahl wird mit einer *Einheit* verknüpft, und das Wesen dieser Einheit besteht darin, eine *intersubjektive Bedeutung* zu besitzen. Das äußere Objekt wird *durch das Maß* an die soziale Konvention rückgebunden. Die mathematischen Regeln und Gleichungen erfassen nur den Zahlenwert; sie bleiben gleichgültig gegen die Maßeinheit. Da sich mathematische Strukturen deshalb für *jeden* Inhalt eignen, eben weil sie nicht durch den Inhalt, sondern die Performation der Rechenoperationen definiert sind, liegt in ihrer Form die Verführung eines Fehlers, aus dem Vorliegen einer mathematischen Struktur auf einen Inhalt zu *schließen*.

4.7.1.2 Zur Metrisierung subjektiver Urteile

Hinzu kommt folgende Versuchung: Es gibt in der Alltagssprache eine Reihe komparativer Begriffe und Ausdrücke für Funktionsbeziehungen: „besser als", „schöner" oder „hängt ab von", „ist beeinflusst von" usw. Für Aussagen über die physische Wirklichkeit hat sich gezeigt, dass einige dieser unscharfen Ausdrücke metrisiert werden können. Der Grad der Erwärmung eines Gegenstands z.B., der der Sonne ausgesetzt wird, seine Temperatur, hängt ab von der Zeitdauer der Einstrahlung. Dieses „hängt ab von" lässt sich tatsächlich metrisieren. Es zeigt sich dann, dass die alltägliche Ausdrucksweise die unscharfe Form eines Naturgesetzes war. Doch das ist keineswegs für alle Abhängigkeitsbeziehungen, für alle komparativen oder quantitativen Urteile möglich. Die Ausdrücke „ich habe heute mehr Energie als gestern" oder „mehr Energie als du", „ich finde das linke Gemälde schöner als das rechte" usw. *bleiben* auf den Urteilenden verwiesen. Das Kriterium dafür, ob eine Urteilsform tatsächlich einen *objektiven* Zusammenhang ausdrückt, ist die intersubjektive Austauschbarkeit. Wenn das Urteil unabhängig ist vom Subjekt, das dieses Urteil ausspricht, dann liegt möglicherweise eine *objektive Maßbeziehung* vor. Ändert sich die Urteilsform mit dem Subjekt, dann bleibt es notwendig eine bloße „Meinung", d.h. abhängig von der Individualität des Urteilenden. Da beide Urteilsformen aber strukturell ähnlich scheinen, liegt die Versuchung nahe, auch rein *subjektive Urteile* zu metrisieren.

Es ist nicht schwer, zu sagen: Sei E die Energie, seien A und B Individuen, so soll gelten: $E(A) > E(B)$. Es lassen sich dann beliebige Modellvariationen denken, z.B. stochastische Modellierungen (E ist nur eine Zufallsvariable usw.), und rasch sieht man hinter einer Menge hoch polierter Orchesterinstrumente gar nicht mehr, dass es keine Musik gibt, die man darauf spielen könnte. Die formale Ausdrucksform erweckt den Anschein einer präzisen Theorie, bleibt aber nichts weiter als ein subjektives Meinen dessen, der solches sagt.

Nun mag es sein, dass viele faktisch *dasselbe* Urteil aussprechen. Die Bedingung der Intersubjektivität allein genügt also nicht. Weil viele Menschen Juden, Afrikaner, Nicht-Moslems oder Nicht-Christen für *minderwertig* halten, folgt aus diesem Vorurteil keine messbare *Eigenschaft*. Es fehlt diesem Urteil eine Entsprechung an dem Sachverhalt, auf den es sich bezieht. So wird es nicht gelingen, ein Maß für „Minderwertigkeit" zu finden. Dieser Fehler kann durchaus subtil sein. Ein Urteil darüber, ob jemand Hunger hat, sich glücklich fühlt etc., ist ein rein subjektives, keinem Maß zugängliches Urteil. Allerdings kann man natürlich den *Gegenstand* wechseln, den Menschen auf ein physiologisches System reduzieren und dann ein *medizinisches* oder *chemisches* Urteil fällen, z.B. durch das Messen des Blutzuckers. Doch damit hat man kein Maß für Hunger oder Glück gefunden, in dem Sinn, wie diese Wörter in der alltäglichen Kommunikation funktionieren. Wenn mit dem Messen ein Wechsel des *Gegenstands*, damit der bestimmenden *Kategorien* verbunden ist, dann ist das Gemessene etwas anderes als das Gemeinte. Gemessenes Glück ist nicht empfundenes Glück, sondern nur ein nachgewiesener Blutinhaltsstoff oder eine Typisierung von Gesichtszügen nach äußeren Merkmalen – so, wie auch ein vermessenes Gehirn kein subjektiv-denkendes „Gehirn" ist.

Eine dritte Möglichkeit, den Fehler des Rechnens bei einem fehlenden Maß zu begehen, besteht in einer *Befragung*. Man kann Menschen nach ihrem Urteil fragen, kann die Aussagen aus Fragebögen klassifizieren und statistisch auswerten. Für politische und andere Meinungsumfragen oder die Marktforschung ist das ein alltägliches Geschäft. Doch liegt darin gleichwohl ein Denkfehler. Man glaubt, damit eine Entität „Meinung" (z.B. Wahl- oder Kaufabsicht) zu „messen". Doch was man erfasst, ist nur die Tatsache, wie viele Menschen bestimmte Zeichen mit anderen verknüpfen, mit „sympathisch", mit „würde ich vielleicht kaufen" usw. Erstens – das weiß jeder, der mit empirischer Wirtschaftsforschung vertraut ist – werden solche Urteile durch die gestellten Fragen *präformiert*. Man misst also eigentlich die *Suggestibilität*, nicht eine Meinung. Zweitens sind Meinungen eben „Meinungen", keine begründeten Urteile. Sie beruhen, sofern sie längere Zeit stabil geäußert werden, nicht auf einem objektiven Sachverhalt, der erkannt wurde, sondern auf *Gewohnheiten*. Der nächste Tag kann eine *andere* Meinung bringen und Gewohnheiten aufheben. Deshalb folgt auf eine Erhebung ganz sicher auch schon bald die nächste.

Eigentlich liegt in der Meinungs- oder Marktforschung nichts weiter als ein durch *Interessen* verblendeter Versuch vor, einen *Dialog* zu führen.[17] Doch weil man als cartesianischer Beobachter sich gar nicht als *Gesprächspartner*, sondern als äußerlich verfügende Macht begreift, muss dieser klägliche Versuch eines Diskurses eben immer wieder scheitern. Es ist ein *totalitärer* Diskurs, worin der Gesprächspartner nie die Chance erhält, selbst zu fragen. Er wird auf den Status eines Objekts reduziert, das *antwortet*.[18] Da er dies aber nicht *ist*, da sich dies innerhalb der Kommunikationssphäre der Gesellschaft bewegt und diese nur ihrer *Möglichkeiten* beraubt durch die Privation von Interessen (politischen oder ökonomischen), deshalb ist die mathematische oder stochastische Form dieses einseitigen Diskurses durch ihre Form selbst eine Verfehlung des Gegenstandes.

Es werden hier also Diskurselemente, sprachliche Formen, entweder von einem Metabeobachter auf andere Menschen projiziert, oder diese Projektion wird durch Befragung in fertigen Begriffsrastern von diesen selbst vollzogen. Auf die *dadurch* vorliegenden Daten – nämlich ein Zahlenmaterial – kann man *dann* mathematische Begriffe auch anwenden. All dies sind aber nur Erfindungen, wie Keynes bemerkte:

---

[17] In Kontrast zu Edward Bernays hegten Befürworter von *polls* die Hoffnung, so etwas wie einen öffentlichen Dialog zwischen Publikum und Politik durch Meinungsumfragen herbeizuführen. Es wurde einfach übersehen, dass dies nur eine neue Form der Meinungs-*gestaltung* war: „Beyond measuring public opinion, polls were also powerful tools for misrepresenting, even forging, public opinion." S. Ewen (1996), S. 187.

[18] Porter sieht das unterscheidende Kennzeichen der quantitativ-mathematischen Beschreibung von Sachverhalten in der *Distanz* zum Gegenstand, wenn er sagt, „that quantification is a technology of distance", S. T. M. Porter (1995), ix. Hinter dieser „Distanz" verbirgt sich aber vielmehr eine ontologische Differenz, sofern ein beobachtetes Subjekt zum Ding gemacht wird. Jemand durch statistische Methoden zu klassifizieren und nach den Vorgaben dieser Klassifikation zu behandeln, kann durchaus die *Nähe* einer *Gewalt* haben, die – z.B. bei Minutenvorgaben für die Pflege in Heimen – den Menschen angetan wird.

„Ein viel zu großer Anteil der jüngeren ‚mathematischen' Ökonomik besteht nur aus einem Gebräu (*concoction*), ebenso unpräzis wie die ursprünglichen Annahmen, auf denen sie beruhen. Sie verführen den Autor dazu, den Überblick über die Komplexität und Interdependenz der wirklichen Welt in einem Labyrinth aufgeblasener und wenig hilfreicher Symbole zu verlieren."[19]

Der Versuch, die Alltagssprache durch geeignete *Maße* in eine mathematische Form zu überführen, scheitert hier schon an der Voraussetzung.

Diesen Fehler, umgangssprachliche Termini und Relationen in mathematische Relationen zu übersetzen – „hängt ab von" wird zu *f(.)*, „ändert sich mit" wird zu dx/dt usw. –, findet sich natürlich nicht nur in der Ökonomik, sondern auch in der Soziologie und Psychologie. Die soziologische Systemtheorie dreht den Spieß um: Sie benützt formale Theorien (Kybernetik, Logik, Synergetik usw.) als Jargon und wendet sie auf soziale Sachverhalte an, durch die Gleichsetzung sozialer Kategorien mit systemtheoretischen Ausdrücken. Dann scheinen die Relationen zwischen den Modellvariablen sozialen Sinn als „funktionalen Sinn" zu repräsentieren.

Es wird hier einfach nicht verstanden, dass der *Sinn* von Modellen nur das Operieren mit ihren Variablen ist. Mathematik, Kybernetik usw. haben keinen Sinn, wenn man nicht *rechnet*. Das Rechnen *ist der Sinn* – ein *leerer* Sinn –, darin liegt sein Wert, denn die tautologische Struktur bedarf einer *messenden Zuordnung*, um einen Inhalt zu bekommen, der zu den Zahlenwerten eine *Maßeinheit* hinzufügt. Wer dagegen, durchaus versiert, mit *nicht* messbaren Größen, die nur auf einem subjektiven Meinen oder Werten beruhen, operiert, der *rechnet zwar richtig*, hat aber nichts zu sagen.[20] Und wer nur im systemtheoretischen Jargon redet, aber nicht rechnet, hat nicht verstanden, dass die *Bedeutung* systemtheoretischer, also logisch-mathematischer Ausdrücke *immer nur das Operieren mit ihnen* ist. Hier gilt Whiteheads Satz: „The exactness is a fake", die Exaktheit ist ein Schwindel.[21] Es sind Kindereien im mathematischen oder systemtheoretischen Jargon.

4.7.1.3 Maße

Wenn man dagegen mathematische Modelle und ihre Grundbegriffe korrekt *anwenden*, wenn man methodisch dem Modell der *science* folgen will, so hat man *drei* Dinge vorab zu klären: (1) In welchem Begriffssystem – auch in der Informatik spricht man von „Ontologie" – wird ein Modell formuliert. (2) Welche *Regeln* will man für seine Begründungen und Ableitungen einführen oder voraussetzen. (3) Welche *intersubjektiv anerkannten Maßeinheiten* legt man seiner Reflexion zugrunde. Der Punkt (2) lässt sich bei der Anwendung von Mathematik in der Tat rasch klären durch die Norm: „Rechne korrekt gemäß den mathematischen Regeln!" – wobei in der *Auswahl* des mathematischen Modells – Punkt (1) – sich durchaus noch ein wichtiges Problem verbirgt. Doch *das* ist in *Methodendiskussionen* in der Regel noch bewusst; mehr noch, es ist häufig die *einzige* Diskussion über Methoden, die wenigstens unter Ökonomen noch geführt wird: Verwendet man ein lineares oder ein nichtlineares, ein statisches oder ein dynamisches,

---

[19] J. M. Keynes, CW VII, S. 297.

[20] Herbert Simon kennt z.B. eine „Intensität der Interaktion" in Gruppen, die als Funktion der Zeit I(t) notiert wird; Herbert A. Simon (1967). Um wie viele erfundene Intensitätseinheiten sich wohl ein Kuss von einer Ohrfeige unterscheidet? Eine Differenzialgleichung mit Stabilitätsdiagramm liefert sicher eine überzeugende Antwort.

[21] A. N. Whitehead; zit. nach J. Pieper (1966), S. 96.

ein deterministisches oder stochastisches Modell, maximiert man eine Zielgröße oder setzt man Verhaltensparameter voraus usw. Der *dritte* Punkt wird von den mathematischen Ökonomen fast durchweg ignoriert. Sie rechnen, bevor sie überhaupt wissen, *was* sie als Maßeinheiten ihrer Größen zugrunde legen – meist mit dem nie eingelösten Versprechen, man werde sich um *Anwendungsfragen* später kümmern. Walras und Schumpeter haben diese Denkform begründet und gepflegt. Hier wird der cartesianische Solipsismus wissenschaftlich zum Verhängnis: Der Theoretiker verwendet *seine* Vorstellungen über Werte, über Messbarkeit usw. – orientiert an einer impliziten Selbstbeobachtung –, legt sich aber keine Rechenschaft darüber ab, ob die Rechen- oder Maßeinheiten *objektiv = intersubjektiv* überhaupt existieren, ob also seine Ergebnisse *kommunikabel* sind.[22]

Wenn man glaubt, diese Klippe dadurch zu umschiffen, dass man nicht seine eigene Meinung, sondern eine aus Befragungen gewonnene „Mehrheitsmeinung" an die Stelle setzt, um so „Objektivität" zu erreichen, dann reproduziert man nur diesen Irrtum auf einer weiteren Stufe. Denn die erfragten Meinungen erweisen ihren subjektiven Charakter sofort, wenn man sie nicht nur *zählt* („19% mögen keine Schokolade" – wenigstens zum Zeitpunkt der Befragung; morgen mag das wieder ganz anders sein), sondern sie als Maß betrachtet, nämlich auf ihren *semantischen Gehalt* einlässt: Sie sind sofort strittig. Ein Diskurs kann keine Einigung über Geschmacksfragen, politische Fragen usw. erzielen. Diese Diskurse konvergieren nicht gegen *eine* Meinung, weil es keinen objektiven Sachverhalt gibt, auf den sie sich beziehen („Schokolade" erweist sich dann als leere Abstraktion, weil der eine *nur* „zartbitter" meinte und „weiße Schokolade" gar nicht dazurechnet, der andere sagt das Gegenteil usw.). Ihnen fehlt die Möglichkeit, eine Identität eines Gegenstands diskursiv festzulegen, weil sie auf der *Nichtidentität* der Subjekte beruht. Wenn also „empirisch" gearbeitet wird, wenn man Befragungspanels als Methode der Objektivierung verwendet, so versteckt man den hier vorliegenden Kategorienfehlern nur in einer noch größeren Masse an Daten, die nur *Meinungen* sind.

Qualitative Größen, Meinungen, subjektive Urteil etc. sind *ontologisch* nie vorhanden – also auch nicht mathematisch *be-handelbar*. Es sind keine operationalen *Größen*.[23] Eben deshalb scheitern Diskurse über diese Meinungen, und das wiederum ist ein Sachverhalt, den niemand zu überprüfen braucht, weil es den Alltag des Redens ebenso ausmacht wie das Gerede in den Medien – wer es *bestreiten* wollte, hat es damit schon bestätigt: Er tut, was er leugnet. Hier liegt für eine philosophisch geschulte Erkenntnis zweifellos eine sehr spannende Sozialstruktur vor – doch diese Struktur ist gänzlich ungeeignet, die Grundlage für ein *Messen* zu bilden. Der „gemessene" Gegenstand steht weder intersubjektiv entgegen, noch besitzt er eine Dauer. Beide Kriterien – räumliche Gegenständlichkeit und transsituative Dauer – sind in der abendländischen Wissenschaftstradition aber die Kennzeichen der *Gegenstände* einer *science*, einer Wissen-

---

[22] Oftmals werden Variablen für einen ökonometrischen Anhang zum Modell auch schlicht *beliebig* gewählt. Beispiel: Man modelliert einen durchschnittlichen Konsumenten, der einen abdiskontierten Güterstrom maximiert; zur Messung verwendet man dann den privaten Verbrauch pro Kopf – vergisst also, dass ein Aggregat, dividiert durch ein anderes, sich nicht „verhalten" und auch nichts maximieren kann. Daran ist dann nichts Objektives, außer der Meinung des cartesianischen Wissenschaftlers, geäußert in einer mathematischen Sprache und angefüllt mit einer *beliebigen* Zuordnung von Daten.

[23] Die physikalische Maßtheorie weiß um diese einfache Erkenntnis: „Von Größen kann man nur bei Phänomenen sprechen, die ein *Ausmaß* haben. Nicht durch eine Größe beschreibbar ist z.B. die Farbe. Die verschiedenen Farben unterscheiden sich nur qualitativ; man kann nicht sagen, dass die Farbe Blau größer oder kleiner als die Farbe Rot ist." W. H. Westphal (1971), S. 2.

schaft, die ontologisch für mathematische Urteile geeignet ist. Wenn sich der Gegenstand – das Meinen der Vielen – ebenso rasch oder sogar schneller ändert als seine wissenschaftliche Beschreibung, dann könnte *eigentlich* sogar ein Wirtschaftswissenschaftler etwas bemerken; vielleicht bei der nächsten *scheiternden* Prognose.

Als *objektives* Maß gibt es in der Ökonomik – neben den technischen Maßen für Produkte – nur *eine* intersubjektiv akzeptierte Recheneinheit: Das Geld. Das Geld ist kategorial gerade dadurch bestimmt, dass es für eine bestimmte Region, für bestimmte Märkte, Länder usw. *die* allgemein geltende, weil anerkannte Recheneinheit ist. Es gibt keine andere wirtschaftliche Dimension. Wie sich zeigte, sind alle anderen Einheiten *Erfindungen*, genauer gesagt: Projektionen des cartesianischen Beobachters, der je schon Geld kennt und verwendet, auf (oft erfundene) Sachverhalte. Und es ist diese Tatsache, die sich versteckt und zugleich eine große Illusion hervorbringt.

Es *wird* tatsächlich in der Geldökonomie gerechnet; auch historisch zeigt sich die „Ratio" (= kaufmännische Rechnungslegung) als *Urmodell* eines Denkens, das alles an *einer* Einheit bemisst und berechnet (vgl. 5.2). Und diese Beobachtung scheint zwingend den Schluss nahe zu legen, dass deshalb auch die *Wissenschaft* der Geldökonomie eine arithmetische, darauf gegründet eine *mathematische* Form annehmen müsse. Zudem spricht die Erfahrung dafür, *dass* auch viele andere gesellschaftliche Sachverhalte berechnet werden. Fraglos können *technische* Zusammenhänge in der Wirtschaft berechnet werden. Sofern mit technischen Faktoren in bestimmten Situationen *Preise* für verwendete Produkte, technische Geräte usw. verbunden sind und die Preise sich für den kalkulierten Zeitraum nicht ändern, ist jedes Kalkül möglich und hilfreich. Die Anfänge der mathematischen Ökonomie enthielten viele derartige Fragestellungen, z.B. das Problem der Transportkosten, das Thünen oder Launhard behandelt haben. Wenn pro zurückgelegter Strecke mit einem Transportmittel ein bestimmter Materialverbrauch stattfindet (Energiekosten, Verschleiß usw.), dann sind die *Kosten*, also der Materialverbrauch multipliziert mit den Einkaufspreisen, diesem Materialverbrauch direkt proportional. Auch wenn hierbei Rabatte eine Rolle spielen sollten oder die Preise entlang einer Transportstrecke variieren, so bleibt das Problem doch ein *technisches*. Die Kostensumme ist über die Preise direkt vom Materialverbrauch abhängig. Der Zusammenhang ist also ein *mechanischer* oder *dinglicher*. Diese Form ökonomischer Berechnung ist Teil der Ingenieurwissenschaften. Und ein Gutteil der mathematischen Ökonomik verdankt sich diesen Wissenschaften.[24]

Ein völlig anderer Sachverhalt liegt vor, wenn man auf analoge Weise menschliches Denken, Fühlen und Handeln mathematisieren möchte. Es ist ein Fehlschluss zu glauben, dass man das Tun eines Mathematikers, wenn er mit Zahlen umgeht, aus diesem Grund *berechnen* kann: Die Entdeckung von mathematischen Beweisen lässt sich ebenso wenig mathematisch beweisen wie sich das Rechnen eines Brokers berechnen lässt, nur weil er mit Zahlen hantiert. Das Verhältnis zwischen jemand, der technische Zusammenhänge durch die Verknüpfung mit bekannten Preisen berechnet, und den berechneten Sachverhalten selbst ist eine charakteristische Distanz zwischen Beobachter und Ding, zwischen Subjekt und Objekt. Der Benzinverbrauch eines Motors, abhängig von der Transportleistung und multipliziert mit einem gegebenen Benzinpreis, ist ein *dinglicher*, ein mechanischer Zusammenhang. Ein völlig anderer Sachverhalt liegt vor, wenn das Handeln anderer Menschen berechnet werden soll. Wenn man von einem cartesianischen Beobachterstandpunkt aus das *Verhalten* anderer Menschen berechnet, dann nimmt man zu diesen anderen Menschen ein bestimmtes, implizit *ethisches* Verhältnis ein. Es findet in dieser objektivierenden Wissenschaftsform ja kein Diskurs statt;

---

[24] Vgl. R. D. Theocharis (1994) und die umfangreiche Literaturliste zu diesem Beitrag.

die Beziehung zum anderen, jedes Mitgefühl mit ihm wurde durchtrennt. Man bezieht sich als cartesianischer Beobachter rein auf dinglich-objektive Sachverhalte. Doch eben solche Sachverhalte liegen beim Denken, Fühlen oder Handeln ontologisch nicht vor.

Es war aber genau dieser Schritt der Verdinglichung, der im 19. Jahrhundert von der Philosophie, Psychologie und Ökonomik vollzogen wurde. Man reduzierte menschliches Handeln auf ein bloßes *Verhalten*, das ein cartesianischer Beobachter beschreiben wollte. Auch bei nichtmathematischen Ökonomen liegt solch ein Reduktionismus vor – worauf ich mehrfach hingewiesen habe. Doch bei der Schule der mathematischen Ökonomik – wie analog bei einigen Psychologen – tritt diese methodische Verkehrung des Handelns zu einem dinglichen Verhalten besonders rein hervor. Denn bei dieser Schule ist die Analogie zu den Naturwissenschaften nicht nur offenkundig, sie wird auch von einigen Autoren direkt *gesucht* und als Ideal gepriesen.[25] Wer aber das Verhalten des je anderen *berechnen* möchte, für dieses Verhalten also *Regeln* oder *Gesetze* behauptet, der bleibt dennoch ein Mitglied der menschlichen Gesellschaft. Seine Theorie ist eine Kommunikationsform, die sich *an andere* richtet. Sofern aber der je andere zu einer solch behaupteten Regel einfach *nein* sagen kann, zeigt sich der Irrtum dieser Denkform. Sie ist keine objektiv-mechanische Wissenschaft, sondern eine implizite Ethik. Eben diesen Schritt von der Modellierung von *technischen* Zusammenhängen zur Modellierung von *Handlungen* vollzog die mathematische Schule. Und damit ist ihr *allgemeiner* Fehler auch schon benannt.

4.7.1.4 Der verführerische Schein quantitativer Phänomene

Es gibt ein Phänomen, das mit Blick auf die Differenz objektiv-natürlicher und subjektiver Phänomene eine seltsame Zwischenstellung einzunehmen scheint. Dies ist der *Tausch*, der *weder* als psychisches noch als technisches Phänomen erfasst werden kann. Vielmehr zeigte sich, dass die im Tausch konstituierten Kategorien ein Novum darstellen, das sich nicht auf andere Kategorien zurückführen lässt. Und eben das Tauschphänomen war auch der Anlass für viele mathematische Ökonomen, in der Wirtschaft quasi-physikalische Phänomene sehen zu wollen, die einer mechanisch-mathematischen Beschreibung fähig sein sollten.

Ich möchte das etwas genauer untersuchen. Für die mathematische Behandlung des Tauschs und der Preise, für mechanische Analogien – wie sie Jevons, Walras, Edgeworth, Pareto und andere verwenden – scheinen zwei Sachverhalte zu sprechen. *Erstens* zeigt sich beim Tausch ein Tauschverhältnis („Tauschwert") von Warenquantitäten[26], so z.B. die Relation:

$$\frac{1\,\text{kg Zucker}}{2\,\text{ltr. Milch}}$$

Dies erinnert an eine physikalische Messgröße, etwa eine Geschwindigkeit km/h. Wenn man *Preise für Waren* betrachtet, also Geldeinheiten je Gütereinheit, scheint die Analogie noch auffälliger zu sein. Und da sich diese Tauschrelation – z.B. 2,50 Euro pro Tasse Kaffee – auch *objektiv* zeigt, etwa bei einem Preisschild, scheint sogar ein *direkter* Vergleich zu physikalischen Messgrößen gegeben. *Zweitens* zeigen sich auf Märkten

---

[25] Vgl. W. Sombart (1930), S. 119-139; P. Mirowski (1989; 1994; 2002); K.-H. Brodbeck (2000a).
[26] „Every act of exchange thus presents itself to us in the form of a ratio between two numbers." W. S. Jevons (1875), S. 11.

im Wettbewerb von Anbietern und Nachfragern *Massenphänomene*. Selbst wenn man den vereinzelten Tausch als *unbestimmt* erkennt, so scheint doch mit zunehmender Zahl der Marktteilnehmer der Wettbewerb dafür zu sorgen, dass ein weiteres, determinierendes Element – die Masse der Marktteilnehmer – die Zufälligkeit des vereinzelten Tauschs aufhebt. Um eine Analogie zu gebrauchen: Man mag für ein einzelnes Auto nicht vorhersagen können, wie es sich auf einer Straße verhält; eine große Zahl von Autos zeigt dagegen eine wachsende Determination, nicht zuletzt bei Staus. Vielfach denken mathematische Ökonomen hier direkt an das Gesetz der großen Zahl aus der Statistik, das Quetelet als zentrale Denkform in die Sozialwissenschaften eingeführt hat.[27]

Diese beiden Überlegungen sind dennoch irreführend – und dies ist einem wesentlichen Sinn. Der Grund liegt auch hier in der nicht explizierten Position des Theoretikers, der diese Beobachtungen zu machen glaubt. Es ist zweifellos richtig, dass in der Tauschrelation auch das Verhältnis zweier Quantitäten vorliegen *kann*. Gleichwohl ist das *Maß* dieser Quantitäten keineswegs *einfach* gegeben. Man kann das sehr deutlich bei Produkten geistiger Arbeiten beobachten. Was kauft eigentlich jemand, der sich von einem Experten (gleich auf welchem Gebiet) *beraten* lässt? Es wird bezahlt, es werden Leistungseinheiten definiert – z.B. die Beratungsdauer. Doch diese Größen kann man nur schwerlich als eine objektivierbare Größe bezeichnen. Die getauschten Entitäten entbehren vielfach eines Maßes. Wer für eine Straße eine Maut entrichtet, der darf zwar die Schranke nur passieren, wenn die fällige Summe bezahlt wurde. Doch welche messbare Gegenleistung *genau* damit eingetauscht wird, bleibt völlig offen. Geld erweist sich hier zwar eindeutig als *Schranke*. Eine eingetauschte Gegenleistung lässt sich aber nicht physikalistisch objektivieren.

Die These, dass also beim Tausch objektive, messbare Quantitäten eingetauscht würden, ist nur eine Behauptung. Je entwickelter eine Geldökonomie ist, desto mehr Gegenleistungen gibt es, die sich jeder Messbarkeit entziehen. Was genau ist die Leistung einer Bank, die für eine Überweisung Gebühren verlangt? Was die Leistung eines Psychiaters? Eines Coachs? Und was *genau* erhält man, wenn man in einem großen Einkaufzentrum ein Paar Schuhe kauft, eine Tasse Kaffee trinkt und eine Werbeveranstaltung besucht, um sich über die Qualität von Plasmabildschirmen beraten zu lassen? Die Entität „Gegenleistung" ist nicht von ihrem Kontext abzulösen; aber ihr Kontext verleiht ihr erst das, wofür man bereit ist, die fragliche Geldsumme zu entrichten.

Ein weiteres kommt hinzu. Welcher Aspekt an einem Ding, das jemand einkauft, nun tatsächlich für sie oder ihn *individuell* wichtig ist und damit auch als *Quantität* zählt, hängt ab vom Urteil des Käufers. Kauft man ein Statussymbol, ein Fahrzeug zum täglichen Pendeln oder ein Transportmittel für Einkäufe, Schul- und Urlaubsfahrten, wenn man ein Auto kauft? Gewiss – irgendwie „alles zusammen". Doch dieses „alles zusammen" sind Nutzleistungen, die erst ein Ding zu einem *Gut* machen. Nur diese Nutzleistungen des Dings, je in individueller Wahrnehmung, sind es, wofür man bereit ist zu bezahlen. Diese Nutzleistungen sind also immer *subjektiver* Natur. Sie mögen für bestimmte Gruppen (Familien, Vereine, ja sogar Länder) durchaus eine vergleichbare Beurteilung erfahren. Dennoch ist kein Ding ein Gut ohne diese *Bedeutung*. Erst diese

---

[27] A. L. J. Quetelet (1914); zur Bedeutung dieses Gesetzes bei Cournot und Walras vgl. T. M. Porter (1995), S. 68ff. Zur Kritik dieses Gedankens vgl. K.-H. Brodbeck (2000a), Kapitel 1.4-1.6. Kurz gesagt: Man kann Handlungen nicht auf ein dingliches Verhalten reduzieren. Das Gesetz der großen Zahl (einzelne Abweichungen konvergieren in der großen Masse gegen einen Erwartungswertung) ist nicht anwendbar, wenn die betrachteten Elemente interagieren. Doch gerade das ist der Witz jeder Gesellschaft.

Bedeutung als nützliche Entität liegt aber dem Urteil im Kauf zugrunde. Und diese nützliche Bedeutung dessen, wofür man etwas anderes – also meist Geld – eintauscht, macht es zum Gut. Selbst wenn man derartige Größen definieren *könnte*, kein cartesianischer Beobachter könnte sagen, *was* er überhaupt „messen" soll.

Es ist also eine Illusion, dass beim Tausch, beim Kauf ein objektives, quantitatives Verhältnis konstituiert sei. Ein cartesianischer Beobachter kann – wenn überhaupt, denn nicht jeder Kauf betritt das Licht der Öffentlichkeit – nur die Faktizität des Tauschens oder Kaufens beobachten. *Was* darin tatsächlich getauscht wird, welcher je *individuellen Beurteilung* die getauschten Güter für die Tauschpartner unterliegen, all dies tritt nicht in ein äußeres, messbares Licht. Die Konkurrenz der vielen Marktteilnehmer wiederum hebt die in der Tauschstruktur gegebenen *kommunikativen* Verhältnisse nicht auf. Sie erhalten dadurch nur eine andere Form. Der Wettbewerb wird also ebenso erfahren wie hergestellt. Vor allem aber: Wettbewerb setzt umfangreiche Märkte voraus; umfangreiche Märkte kann es aber nur in *Geldökonomien* geben. Doch gerade die Vermittlung durch das Geld, durch Kredit und Zins einerseits, die spekulativen Manipulationen der Märkte und die Geldhorte andererseits zeigen ein völlig anderes Phänomen als eine mechanische Reibung großer Massen. Der Gedanke, ökonomische Prozesse mathematisch darzustellen, ist also keineswegs durch das *ursprüngliche* Phänomen des Tauschs nahe gelegt. Es war viel mehr die intellektuelle Konkurrenz zu den Naturwissenschaften, die den Mathematisierungsprozess beschleunigte.[28]

4.7.1.5 Die schrittweise Mathematisierung der Ökonomik

Die Wertlehre der klassischen Ökonomik verzichtete noch, trotz einiger Ansätze zu formaler Analyse, auf eine mathematische Darstellung ihrer Theorien. Allerdings kann man einige ihrer Überlegungen durchaus als *logische* Vorbereitung betrachten. Ricardo entwickelte wohl die einflussreichste Methode abstrakter Reflexion, die an Zahlenbeispielen theoretische Zusammenhänge zu erläutern versuchte.[29] Allerdings lehnte Ricardo selbst mathematische Methoden noch eher ab:

„Ich denke, die Wissenschaft der Politischen Ökonomie muss, gemäß ihrer Natur, eher der Moralwissenschaft oder der Politik ähneln als der Mathematik"[30].

Stets ging es den klassischen Ökonomen, in heutiger Ausdrucksweise, um *makroökonomische* Fragen. Die Klassiker erblickten mechanische Strukturen in der Wirtschaft als

---

[28] Dass es sich hier um eine *Wechselbeziehung* handelt, wird sich zeigen, wenn die Veränderung der Subjektivität durch die Geldrechnung genauer beschrieben ist; vgl.: „But do you really mean to say that physics is the dog and economics is the tail throughout the whole of the history of economic thought? The short, sharp, wicked answer would be ‚yes,‘ but that answer would not be worthy of an historian." P. Mirowski (1989), S. 396. Georgescu-Roegen sagt über die Begründung der Thermodynamik durch Sadi Carnot „that the nature of the problem in which Carnot was interested is economic", N. Georgescu-Roegen (1971), S. 276.

[29] J. K. Ingram schreibt über David Ricardo: „Er bewegt sich in einer Welt von Abstraktionen. Von mehr und weniger willkürlichen Voraussetzungen ausgehend, leitet er auf deduktive Art von diesen seine Folgerungen ab und verkündet dieselben als wahre, ohne auf den Umstand Rücksicht zu nehmen, dass die angenommenen Verhältnisse teilweise nicht der Wirklichkeit entsprechen, oder ohne die gewonnen Ergebnisse mit der Erfahrung zu vergleichen." J. K. Ingram (1890), S. 166.

[30] D. Ricardo, WW II, S. 450.

einer ganzen und sahen darin eine Maschine. Der mechanische Charakter war für sie durch den Wettbewerb und technisch-natürliche Verhältnisse bedingt, nicht durch *individuelle* Strukturen beim Konsum oder in der Produktion. Die Subjekte erschienen darin als *abhängige* Größen und traten als selbständige Entitäten nicht in Erscheinung. Sie waren gleichsam nur durch ihre abstrakte Geldgier präsent, die in der klassischen Ökonomie noch mit wenig idealisierenden Schleiern beschrieben wurde.

Aber die Abstraktionen der klassischen Ökonomie näherten sich schrittweise den Naturwissenschaften als einem heimlichen Ideal. John Stuart Mill meinte:

„Die Gesellschaftswissenschaft (...) ist daher eine deduktive Wissenschaft (...) *nach dem Vorbilde der (.) physikalischen Wissenschaften*".[31]

Ähnlich sagt John Elliott Cairnes:

„Die Politische Ökonomie ist eine Wissenschaft *im selben Sinn* wie die Astronomie, die Dynamik, die Chemie, die Physiologie Wissenschaften sind (...); ihre Methode, ihre Ziele, der Charakter ihrer Schlussfolgerungen ist derselbe wie dort."[32]

Auch in der deutschen Tradition melden sich ähnliche Stimmen zu Wort; so sagt Karl Heinrich Rau:

„Die Erscheinungen in der Volkswirtschaft (...) lassen sich auf gewisse Ursachen zurückführen. Hierdurch ergeben sich Gesetze (...). Diese einfachen Gesetze können, *wie die der Naturwissenschaft*, durch einen Ausdruck in mathematischer Form verdeutlicht werden"[33].

Graf von Buquoy hatte schon – unter Vorwegnahme eines Prinzips, das später Samuelson explizit aussprechen sollte – gesagt:

„In den nationalwirtschaftlichen Schriften wird von dem so wichtigen Werkzeuge, als die mathematische Analyse bei philosophischen Untersuchungen überhaupt ist, bei weitem der Gebrauch nicht gemacht, dessen es fähig wäre. Alle über Quantität in der Nationalwirtschaft ausgesprochene Sätze sind daher nur sehr dunkel und unbestimmt, indem sich dergleichen Bestimmungen nur in der Sprache der Algebra richtig angeben lassen. Die ganze Tendenz der Nationalwirtschaft geht auf ein Maximum hinaus, und die so fruchtbare Lehre vom Größten und Kleinsten aus der höhern Analyse wird dabei nicht angewendet."[34]

---

[31] J. S. Mill (1862: 2), S. 512f.; meine Hervorhebung.

[32] J. E. Cairnes (2001), S. 18; meine Hervorhebung. Cairnes lehnte allerdings wie Ricardo noch mathematische Methoden ab und kritisierte ihre Verwendung durch Jevons: „What I venture to deny is the doctrine which Professor Jevons and others have advanced – that economic knowledge can be extended by such means", aaO, S. 6. Gleichwohl bewahrt er *ontologisch* die cartesianische Haltung der Mathematiker.

[33] K. H. Rau (1863), S. 9; meine Hervorhebung.

[34] G. v. Buquoy (1815-18), S. 4. Vgl. P. A. Samuelson (1970); (1974), S. 5ff. Das Maximumprizip als übergeordnetes metaphysisches Prinzip hatte auch Edgeworth postuliert: „‚Méchanique Sociale' may one day take her place along with ‚Méchanique Céleste', throned each upon the double-sided height of the maximum principle." F. Y. Edgeworth (1881),

4.7.1 Mathematik und Ökonomie

Noch *vor* der Herausbildung der eigentlich mathematischen Schule wurde also das physikalische Ideal, das immer auch ein *mathematisches* war, mehr und mehr bestimmend. Walras sagt schließlich:

> „Alleinige Aufgabe der mathematischen Theorie des Tausches (...) ist der mathematische Ausdruck jenes *Mechanismus der freien Konkurrenz.*"[35]

Bei Walras bemerkt man das wichtigste Argument für die Möglichkeit einer Mathematisierung: Der *Wettbewerb* erscheint als ein *Massenphänomen*, das einen rein mechanischen Charakter zu haben scheint.

Das mechanische Ideal begründet auch die moderne Soziologie. Comte beruft sich ganz unmittelbar auf die naturwissenschaftliche Tradition, wenn er die Mathematik als Grundlage nicht nur der Philosophie, sondern des gesamten Wissens erklärt:

> „In der gegenwärtigen Entwicklung unseres Wissens kann die mathematische Wissenschaft nicht mehr als ein Teil der Philosophie aufgefasst werden, sondern seit Descartes und Newton als die Grundlage der ganzen Philosophie. Heutzutage ist die mathematische Wissenschaft vor allem deshalb wichtig, weil sie das stärkste Werkzeug ist, das der menschliche Geist bei der Auffindung der Gesetze von Vorgängen benutzen kann."[36]

Für Comte steht es fest, dass die Mathematik „an die Spitze der Philosophie" gehört, weil in mathematischer Form die „einfachsten, die abstraktesten und unabhängigsten" Wahrheiten ausgedrückt werden können, und das sind die „geometrischen und mechanischen Vorgänge"[37]. Comte drückt ein Ideal in reiner Form aus, das allerdings erst die Ökonomik auch tatsächlich umgesetzt hat. Die Soziologie ist in ihren mathematischen Mitteln kaum über kleine Anfänge hinausgelangt, die zudem durchwegs im Schlepptau der ökonomischen Theorie formuliert wurden. Das doppelte Comtesche Ideal wurde schließlich arbeitsteilig von Walras als *mechanische* und von Debreu als *geometrische* (topologische) Deutung der Grundlagen wirtschaftlicher Zusammenhänge umgesetzt. Comte war es auch, der die analytische Mechanik von Lagrange als methodisches Kompendium zum Studium der *Geschichte* empfahl.[38]

Marx, der in dieser Tradition stand, war, seine mathematischen Manuskripte belegen das[39], mit der in dieser Schule vorwiegend angewandten Differentialrechnung sehr gut vertraut, wendete diese Methode aber nicht auf die Ökonomik an – obgleich er nach dem Zeugnis Paul Lafargues seiner Wertschätzung Ausdruck verlieh:

> „(S)einer Meinung nach war auch eine Wissenschaft erst dann wirklich entwickelt, wenn sie dahin gelangt war, sich der Mathematik bedienen zu können."[40]

S. 12. Zur Analogie der Maximierungsprinzipien in der Ökonomik zur Mechanik vgl. P. Mirowski (1989); zur Herleitung der Gründe dafür: K.-H. Brodbeck (2000a), Kapitel 5.3.

[35] L. Walras (1881), S. 5; meine Hervorhebung. Vgl. „There is a close analogy between theoretical economics and theoretical physics." F. H. Knight (1936), S. 138.

[36] A. Comte (1974), S. 29f.

[37] A. Comte (1974), S. 30.

[38] Vgl. A. Comte (1974), S. 118; F. W. A. Murhard (1797).

[39] K. Marx (1974).

[40] P. Lafargue (1953), S. 155.

Marx war überzeugt, dass sich mathematische Gesetzmäßigkeiten nur für die Gesellschaft *insgesamt* anwenden ließen. So versuchte er, Engels hat das berichtet, die Bewegung der Profitrate und anderer *makroökonomischer* Größen durchaus formal darzustellen. Dort, wo er mit der Differenzialrechnung kokettiert, in seiner Mehrwerttheorie (er spricht von „Inkrement" und verwendet Differenzgrößen), verzichtet er gleichwohl auf eine explizite Anwendung. Sein Motiv dafür ist unschwer zu erraten: Immer dann, wenn soziale Relationen die ökonomischen Verhältnisse bestimmen, wenn also ökonomische Beziehungen durch das Tun der Menschen hindurchgehen ist, wendet er kein Kalkül an. Mathematik ist auch bei ihm die Sprache zur Beschreibung von Massenphänomenen.

4.7.2 Vorläufer in der Psychologie

4.7.2.1 Vorbemerkung

Die Schule der subjektiven Wertlehre vertrat eine ganz andere Auffassung. Die Vorläufer der mathematischen Schule in der Ökonomik – Gossen, Dupuit und Cournot – und ihre eigentlichen Begründer Jevons und Walras waren bemüht, gerade jene Beziehungen zu mathematisieren, die man unmittelbar als Gegenstand der *Psychologie* betrachten würde: Nutzenerwägungen, den Vergleich von Lust und Leid. Edgeworth hat diese Haltung in seinen *Mathematical Psychics* auf den Begriff gebracht und psychische Größen kategorial der physischen *Energie* gleichgesetzt.[41] Seine Theorie darf auch als die tatsächlich weitreichendste mathematische Tauschtheorie auf psychischer Grundlage gelten. Unabhängig von diesen Begründern hat Marshall auf eigenen Wegen eine Synthese der mathematisierten Psyche mit dem Objektivismus der ökonomischen Klassiker versucht und damit – dank seiner didaktischen Fähigkeiten[42] – für lange Zeit den Denkstil der anglo-amerikanischen Ökonomik bestimmt.

Edgeworth und Jevons nehmen in ihren Untersuchungen, wenn auch einen eher kursorischen, Bezug auf Entwicklungen in der Psychologie. Tatsächlich lässt sich beobachten, dass im 19. Jahrhundert das Bestreben einer Mathematisierung der Psychologie immer stärker wurde, während gleichzeitig der Versuch vorherrschte, die *Logik* auf die Psychologie zurückzuführen[43] – ein Versuch, den später Husserl im ersten Band seiner *Logischen Untersuchungen*[44] als grundlegenden Irrtum nachwies. Zugleich wurde auch die Mathematisierung der Logik, wenn auch erst etwas später (Boole, Frege, Schröder), im 19. Jahrhundert vorangetrieben (vgl. 5.3.4). Die bekannteste Form einer Mathematisierung der Psychologie ist Gustav Theodor Fechners *Psychophysik*. Sie geht auf Forschungen zu den Reizwirkungen durch Ernst Heinrich Weber zurück, der als Gesetzmäßigkeit das nach ihm benannte „Webersche Gesetz" entdeckte: Das Verhältnis aus empfundener Reizänderung ΔR zur Höhe des Ausgangsreizes R ist konstant: $\Delta R/R = const$. Diese Beziehung – häufig fälschlich Weber-Fechnersches Gesetz genannt[45] – wurde von

---

[41] „Pleasure is the concomitant of Energy", F. Y. Edgeworth (1881), S. 9. Edgeworth vertritt hier einen psycho-physischen Parallelismus. Von der *sozialen* Dimension des Bewusstseins, damit der *kategorialen* Besonderheit des Denkens und Erlebens herrscht hier nicht einmal der Vorschein einer Ahnung. Edgeworth gesteht nur zu, dass die Nutzenmessung dann doch „presents indeed peculiar difficulties. Atoms of pleasure are not easy to distinguish and discern", S. 8.
[42] The „greatest of all teachers of economics, Alfred Marshall", J. A. Schumpeter (1933), S. 9.
[43] Vgl. R. W. Göldel (1935), S. 18-43.
[44] Vgl. E. Husserl (1968: I).
[45] „Ein ,Weber-Fechnersches Gesetz' gibt es nicht!", P. R. Hofstätter (1957), S. 239.

4.7.2 Vorläufer in der Psychologie

Fechner erweitert. Er vermutete, dass das Verhältnis von Reizänderung zum Ausgangsreiz einem *Empfindungszuwachs* ΔE proportional sei: $\Delta E = c(\Delta R/R)$ (c = const.). Er verknüpft also als äußerer Beobachter einen objektiven (Reiz) mit einer subjektiven Größe (Empfindung) – gerade darin besteht ontologisch die These der Psychophysik: Man könne die Psyche als Komplex *verursachter* äußerer Reize erklären.

Offenkundig besteht in diesen vermuteten Gesetzmäßigkeiten der Psyche ein enger Zusammenhang mit dem, was die subjektive Wertlehre zu beschreiben versucht. Wenn im subjektiven Empfinden das Verhältnis aus Reizzuwachs zu Ausgangsreiz konstant bleibt, dann führt eine Integration des Fechnerschen Gesetzes – sofern wir differentiell kleine Werte dE und dR verwenden – zu der Formel $E = cln(R)$, eine Beziehung, die unmittelbar der von den Ökonomen verwendeten Nutzenfunktion $u = u(x)$ entspricht, wobei der konkrete Funktionswert bei Fechner die Form eines Logarithmus annimmt.

4.7.2.2 Herbarts Mathematik des Psyche

Weber und Fechner waren allerdings keineswegs – wie nach ihnen Helmholz und andere – die ersten Psychologen, die sich mathematischer Mittel bedienten. Johann Friederich Herbart hat in seiner 1824-25 erschienen Psychologie eine ausgefeilte mathematische Theorie der Psyche entwickelt. Herbart kritisiert die Psychologie Kants, der von einem Ich ausgeht, *in dem* sich alle psychischen Vorgänge abspielen. Kant „verwechselte das Ich, welches das *Behältnis* unserer sämtlichen Vorstellungen zu sein scheint, indem wir sie alle *uns* zuschreiben, – mit der *Durchdringung* dieser Vorstellungen *untereinander*, vermöge deren sie verschmelzen oder einander verdunkeln, sich gegenseitig als größer und kleiner, als ähnlich und unähnlich bestimmten."[46] Das, was „Ich" genannt wird, ist für Herbart ein dynamischer Komplex, in dem sich Wahrnehmungen aufeinander beziehen und untereinander dynamische Kräfte entfalten. Für ihn gibt es keine *einfache* Beziehung zwischen einem Reiz und der Dynamik der durch ihn ausgelösten Denkprozesse, das, was Ökonomen „Bewertung" nennen. Man könnte sagen, für Herbart ist der Nutzen eines äußeren Dings ein komplexer, dynamischer Prozess – eben das, was wir subjektiv als unser Nachdenken über Gegenstände, auch und gerade der *Güter*, wenn wir sie bewerten, aus der Erfahrung kennen.

Die mathematische Form, in der Herbart diesen Prozess darstellt, ist von erstaunlicher Versiertheit. Er formuliert Differenzialgleichungen der inneren Reaktion, worin sich Vorstellungskräfte *gegeneinander* wenden und sich hemmen oder verstärken. Für Herbart ist klar, dass man äußere Einwirkungen auf die Psyche nie *isolieren* kann; es gibt keine vereinzelte Ursache, die eine vereinzelte psychische Wirkung erzeugen würde. Vielmehr ist jede Wirkung eingebettet in Erfahrungen, also vorhergehende Ursachen, auf die sie bezogen werden. Der – um den Jargon der Ökonomen aufzugreifen – „Nutzen" *eines* Gutes ist ein Unbegriff, weil er sich nur im Konzert mit sehr vielen anderen Reizen („Gütern") dynamisch vermittelt.

> „Wollen, Fühlen, Urteilen mit Beifall oder Missfallen sind Zustände der zum Teil gehemmten und strebenden Vorstellungen. Es gehören dazu keine besonderen Seelenkräfte, wodurch die Vorgestellten erst müssten in Objekte der Begierden, der ästhetischen Urteile, usw. verwandelt werden."[47]

---

[46] J. F. Herbart (1993), S. 384.
[47] J. F. Herbart (1993), S. 373f.

Herbart war nun überzeugt, dass sich diese innere Dynamik mathematisch beschreiben lässt, „dass Mathematik auf Psychologie anzuwenden *möglich*, und dass es *notwendig* sei."[48] Und Herbart, der seine formalen Ableitungen sehr umfangreich und detailliert darstellte, war bestrebt, dabei zu Schlussfolgerungen zu kommen, die auch empirisch relevant sind. Er war überzeugt, „dass jede Theorie, die man mit der Erfahrung vergleichen will, erst soweit fortgeführt werden muss, bis sie die quantitativen Bestimmungen angenommen hat, die in der Erfahrung vorkommen oder bei ihr zum Grunde liegen."[49] Die Differenz zur naiven Psychologie der Nutzentheoretiker ist offenkundig.

Der Güterkonsum ist nur eine besondere Weise des Wahrnehmens, Fühlens, Denkens und Vorstellens. Reize haben nicht *eine* einfache Wirkung auf eine skalare Größe von fragwürdiger Dimension („Nutzen", „Glück"), noch sind sie *einfach* gegeben; sie überlagern sich dynamisch. Herbart hat lange vor der Kritik der kognitiven Psychologie am Behaviorismus[50] erkannt, dass die Vermittlung objektiver Eindrücke – z.B. beim Konsum von Gütern – nicht eine simple Reaktion auslöst, die durch eine jeweils bijektive Abbildung von Produkten auf Nutzeneinheiten darstellbar wäre. Vielmehr reagieren Menschen durch einen *denkenden* Bezug, d.h. sie vermitteln die aktuellen Reize mit ihrer Erfahrung, mit anderen sinnlichen Eindrücken. Dieser denkende Akt mag die Aufmerksamkeit auf einige Objekte konzentrieren, etwa beim Essen, beim Musikhören usw. Doch diese Objekte („Güter") bleiben immer *eingebettet* in einen Erfahrungszusammenhang. Zudem trennt sich der Denkprozess immer wieder von der äußeren Erfahrung – im inneren Dialog, im Träumen usw. –, und in dieser Trennung entfaltet er seine eigene Dynamik.

Herbart war davon überzeugt, dass sich diese Dynamik auch *mathematisch* darstellen lässt, und er hat dies nicht nur als Programm formuliert, sondern in mehreren Entwürfen ausgeführt.[51] Er drückt die Überzeugung des 19. Jahrhunderts sehr deutlich aus, wenn er sagt:

> „Die Mathematik ist die herrschende Wissenschaft unserer Zeit; ihre Eroberungen wachsen täglich, wiewohl ohne Geräusch; wer sie nicht *für* sich hat, der wird sie dereinst *wider* sich haben."[52]

Die von der Psychophysik, später von den Ökonomen – nach Vorarbeiten von Bentham und Dupuit – „wiederentdeckten" psychischen Gesetze nahmen bei Herbart eine sehr komplexe, damit wohl in seiner Zeit auch schwer rezipierbare Form an. Den Gedanken einer Sättigung durch Wiederholung – was dem sinkenden Grenznutzen als psychisches Äquivalent entspricht –, entwickelt Herbart als nur eines von vielen Resultaten seiner dynamischen Modelle gleichsam nebenbei. Er sagt etwa, „dass die sukzessiv erzeugten Elemente des Vorstellens nicht vollständig verschmelzen können; dass also die aus ihnen entspringende Totalkraft bei weitem nicht gleich kommt der ganzen Summe des Vorstellens"[53]. Weil also eine Vorstellung, die subjektive Erfahrung eines Reizes – z.B. beim Konsum von Gütern –, auf eine *Vorgeschichte* trifft, weil sich dabei bei Wiederholungen die Erfahrungselemente nicht völlig ineinander schieben – das wahrnehmende

---

[48] J. F. Herbart (1822a), S. 136.
[49] J. F. Herbart (1822a), S. 149f.
[50] Vgl. die Kritik des Reiz-Reaktions-Schemas bei G. A. Miller, E. Galanter, K. H. Pribram (1973), S. 34ff und 45ff. Zur historischen Entwicklung vgl. L. J. Pongratz (1984).
[51] Vgl. J. F. Herbart (1850).
[52] J. F. Herbart (1822b), S. 148.
[53] J. F. Herbart (1850: 1), S. 319f.

Bewusstsein ist nicht in jedem Augenblick erneut eine *tabula rasa*[54] –, deshalb entwickeln sich innere Verknüpfungen. Die Sättigung wäre davon nur *eine* Möglichkeit. Herbart stellt sich die Frage: „(W)ie groß ist am Ende der Zeit t der eigentliche Gewinn der Wahrnehmung, die aus den unendlich kleinen Elementen erwachsene endliche Stärke der gegebenen Vorstellung?"[55] Und er beantwortet seine Frage mit einem komplexen dynamischen Modell, das darzustellen den vorliegenden Rahmen übersteigen würde.

Ich erwähne dies auch nur als *ein* Beispiel dafür, dass die von der Psychophysik und den Ökonomen gestellten Fragen, auch in ihrer mathematischen Form, im Vergleich zu Herbarts mathematischer Psychologie einen doch eher bescheidenen Eindruck machen – wenn man sich auf das Ideal konzentriert, das Herbart, die Psychophysik und die Ökonomen *teilen*, nämlich die Mathematisierung von subjektiven Erlebnissen. Wobei sich zudem die Ökonomen nur auf eine sehr enge Klasse von Reizen beschränken, die sie „Güter" nennen. Herbart, dessen Pädagogik noch nachwirkt, ist als Psychologe heute völlig vergessen. Während die Ökonomen Gossen als ihren großen Helden feiern – gelegentlich wird noch auf Dupuit, Cournot oder Thünen verwiesen – und sie nur sehr gelegentlich und erst in neuerer Zeit den Kontakt zur Psychologie suchen, hat Herbart eine differenzierte Theorie entwickelt, die immerhin einige der Annahmen der subjektiven Wertlehre unschwer als Illusion oder als kaum relevanten Sonderfall nachweisen könnte.

Allerdings erliegt auch Herbart der Täuschung seines Jahrhunderts. Ein Grund, weshalb sich seine komplexe Theorie, obwohl er sie empirisch umsetzen wollte, nicht durchsetzen konnte, ist wohl die schlichte Tatsache, dass sich Denkformen, die subjektiven Urteile, die unser Handeln und Wahrnehmen begleiten, nicht in eine dinglich-quantitative Form bringen lassen. Herbarts Grundfehler, den er mit den subjektiven Ökonomen teilt, ist der Gedanke, dass sich psychische Entitäten erstens klar abgrenzen, zweitens aber – darauf gründend – auch mit einem *Maß* versehen lassen, das dann in einer mathematischen Form beschreibbar sein soll. Hier verwechselt Herbart wie die Ökonomen unaufhörlich das wissenschaftlich Beschriebene mit dem beschreibenden Subjekt, das *Psychische* mit den Zuschreibungen eines cartesianischen Beobachters.

4.7.2.3 Behaviorismus

Dieser erkenntnistheoretische Fehler wurde am Behaviorismus[56] besonders sichtbar, als Skinner versuchte, die *menschliche Sprache* durch Reiz-Reaktions-Modelle „abzuleiten". Skinner hat zuerst die Sprache auf ein *Verhalten* reduziert, das extern beobachtbar ist, und versucht dann, „verbales Verhalten als abhängige Variable"[57] zu beschreiben. Durch diesen Ansatz, Psychisches zu eliminieren und sich nur auf äußeres Verhalten zu

---

[54] Das ist übrigens der *psychologische* Kern der Theorie der rationalen Erwartungen von Muth, Lucas und anderen. Die Subjekte sind in jedem Augenblick völlig durch das *determiniert*, was sie als *augenblickliche* Information über die „Außenwelt" besitzen. Es sind Dummköpfe ohne Erinnerung, Erfahrung und Träume von der Zukunft.
[55] J. F. Herbart (1850: 1), S. 320.
[56] Der Behaviorismus wurde von Iwan P. Pawlow in Russland und John B. Watson in den USA auf der Grundlage der Psychophysik Fechners und Ergebnissen der experimentellen Schule im Stil von Helmholz zu Beginn des 20. Jahrhundert entwickelt und darf als wichtigste Form der „wissenschaftlichen" Psychologie gelten, die auch heute noch weitgehend gelehrt wird. Vgl. zu den Reiz-Reaktionssystemen besonders I. P. Pawlow (1972), S. 203ff. Eine leicht lesbare Einführung in einige Grundfragen bietet S. Schwartz (1988).
[57] B. F. Skinner (1957), S. 13f.

konzentrieren, hat Skinner allerdings nichts weniger als die *semantische* Ebene der Sprache eliminiert. Noam Chomsky hat dies in einer vernichtenden Kritik bei der Besprechung von Skinners Buch gezeigt[58] – „vernichtend" aber nur für jenes Urteil, das bereit ist, den Standpunkt des äußeren Beobachters aufzugeben und die eigene Subjektivität nicht als die *einzige* anzusetzen. Das ist auch hier die Pointe: Skinner bemerkt nicht, dass er Bücher schreibt, dass er für seine Theorie eine *Bedeutung* beansprucht. Er bewegt sich also in einer intersubjektiven Sprachsphäre, in der es nicht um Verhalten, sondern um *Bedeutung* geht. Das, was *als* Verhalten beschrieben wird, die verwendeten Begriffsschemata, sind selbst sprachlich vermittelte Denkformen.

Das Beispiel der Sprache zeigt die Unhaltbarkeit des behavioristischen Standpunkts nur besonders deutlich. Tatsächlich gilt dies für alle psychischen Phänomene, auch für *ethische* und *ästhetische* Urteile, die stets nur in ihrer *Bedeutung* relevant sind. Und eben dies ist der Vorgang, von dem auch die subjektive Schule der Ökonomik spricht: Die Bewertung von äußeren Produkten durch Subjekte, damit die Innenpersektive dieses Wertens, die in den Urteilen über die Nützlichkeit und Brauchbarkeit von Dingen ausgesprochen ist. Ein Teil dieser Urteile vollzieht sich in einer öffentlichen Sphäre der Kommunikation bei der durchaus oft strittigen Beurteilung der Eigenschaften von Produkten. Der moderne Kapitalismus hat hier eine Vielzahl von objektiven Normierungen erfahren, worin die Produktqualität *intersubjektiv* beschrieben wird. Diese intersubjektiv verfügbaren Informationen sind zweifellos auch häufig die Grundlage für subjektives Urteilen über diese Produkte. Doch diesem subjektiven Urteilen kommt *kategorial* die einfache Eigenschaft zu, nicht objektiv zu sein. Es klingt wie eine Tautologie; dennoch wird dies in den Versuchen, psychische Vorgänge behavioristisch zu objektivieren, ihre qualitativen Einheiten zu definieren und mathematisch zu beschreiben, gleichwohl hartnäckig ignoriert.

Was man als „Verhalten" beobachten kann, ist immer nur ein *geäußertes* Werturteil oder ein Werturteil, das sich in bestimmten Verhaltensweisen einem Beobachter zeigt. Zwar kennt jeder *seine eigene* innere Welt der Urteile und Wertungen. Doch wie schon die endlosen Streitgespräche des Alltags über Meinungen, die stets auch als Werturteile formuliert sind, zeigen können, bedeutet „Individuation", Ausbildung einer Persönlichkeit mit einer inneren Welt stets eine *Differenz* zu den anderen. Diese Differenz wird *vollzogen* im Prozess der Identitätsbildung, der Entwicklung eines eigenen Charakters usw. Gleichursprünglich damit bilden sich die Grundsätze, die Präferenzen der Individuen – sie sind *ihrem Begriff nach* das, was stets die Tendenz zur Unterscheidung enthält. Deshalb ist die Introspektion eines cartesianischen Beobachters für ein *Maß der Werte* so wenig geeignet wie die *Äußerungen* im beobachtbaren Verhalten.

Und eben diese *Unmöglichkeit* der Herstellung einer Identität der Bedeutungen über das Beurteilte zeigt, dass der Privatheit des Werturteils, der Zielsetzungen, der Motive immer ein *unveräußerlicher* (im Wortsinn) Inhalt angehört. Dieser Inhalt ist nichts weniger als das, was die Menschen als Genuss, als Glück, als Empfindung erfahren – das, wonach sie nach Auskunft der Utilitaristen auch angeblich nur streben. Und dieser Inhalt, der sich kommunikativ zwar immer wieder im alltäglichen Meinungsstreit zu äußern versucht, ist kategorial als unaufhebbare Differenz zu *intersubjektiven* (objektiven) Bedeutungen zu bestimmen. Gäbe es diese Differenz nicht, es gäbe keinen Meinungsstreit und keine Individualität. Der cartesianische Beobachter in seinem methodologischen Solipsismus, seiner fehlenden Erinnerung daran, selbst ein Mitglied der Gesellschaft zu sein, maßt sich aber in der behavioristischen Psychologie wie in der mathematischen Ökonomik das Urteil an, über die Subjektivität anderer *begrifflich*, in seinen

---

[58] N. Chomsky (1959); vgl. auch Merleau-Ponty (1966; 1976).

4.7.3 Jevons, Walras und Edgeworth

Modellen befinden und verfügen zu können: Der methodologische Solipsismus des cartesianischen Beobachters von Verhalten, anstelle der *Kommunikation mit* handelnden Menschen, ist die metaphysische und logische Voraussetzung für eine Mathematik der Wertungen und der menschlichen Entscheidungen.

4.7.3 Jevons, Walras und Edgeworth

4.7.3.1 Vorbemerkung

Die moderne *mathematische* Form der subjektiven Wertlehre wurde von Jevons und Walras in ihrer klassischen Gestalt formuliert.[59] Gemessen an ihrer Darstellung, kann man die früheren Formen (wie Gossens Theorie) tatsächlich als „Vorläufer" bewerten. Edgeworth schließlich hat vor allem der *Tauschtheorie* eine Form gegeben, die in wesentlichen Punkten über Jevons und Walras hinausgeht. Die klassischen Beiträge wurden ergänzt, teilweise auch selbständig und unabhängig entwickelt durch den lange Zeit wohl einflussreichsten Beitrag Alfred Marshalls, dessen Lehrbuch noch in den 50er Jahren in den USA verwendet wurde. Weitere Vertreter der mathematischen Schule, wie Wilhelm Launhardt, Vilfredo Pareto, Irving Fisher u.a. lassen sich sowohl im Stil der Darstellung wie in den Fragestellungen in eine einheitliche Entwicklungslinie einreihen, die in der modernen Gleichgewichtstheorie, wie sie in der mathematisch geschlossensten Gestalt von Gerald Debreu, Kenneth Arrow und Frank Hahn formuliert wurde, ihre moderne Form gefunden hat. Diese mathematische Form der Darstellung hat hier zu einer einheitlichen Sprache geführt, die es entbehrlich macht, individuelle Präsentationen hermeneutisch genauer zu analysieren.

Inzwischen wurden auch Systeme der *objektiven* Wertlehre oder rein funktionale Preistheorien wie die Gustav Cassels mathematisiert. Nach Vorläufern, die aus den Reproduktionsschemata im zweiten Band des „Kapital" von Karl Marx eine mathematische Theorie des Wirtschaftskreislaufs entwickelten, dessen Spuren bis zu John Maynard Keynes reichen (Bruno Bauer, Ladislaus Bortkiewicz, Vladimir K. Dimitriev, Henrik Grossmann etc.), hat sich seit den 60er Jahren des 20. Jahrhunderts im Anschluss an die Modelle John von Neumanns und Piero Sraffas in der neoricardianischen Theorie auch eine ganze Schule entwickelt, die auf die Bausteine der subjektiven Wertlehre weitgehend verzichtet (Michio Morishima, Pierangelo Garegnani, Bertram Schefold u.a.). Diese Schule, die mit der modernen Gleichgewichtstheorie in der „Aktivitätsanalyse" von Solow, Dorfman, Samuelson, Georgescu-Roegen und anderen eine gemeinsame Schnittmenge an Fragestellungen besitzt, ist in ihren methodischen Grundlagen anders zu beurteilen, sofern sie Preise überwiegend durch *technische* Beziehungen zu erklären versucht. Zunächst beschränke ich mich auf Klassiker des mathematischen Subjektivismus in der Wertlehre. Einige formale Fragen der modernen Gleichgewichtstheorie (kurz auch: „Neoklassik"), der Modelle der Neoricardianer und ihrer gemeinsamen Annahmen bezüglich des „Güterraums" greife ich später nochmals kritisch auf.

---

[59] Vgl. hierzu zum Einfluss des Ingenieurwesens auf die Mathematisierung der Ökonomik R. D. Theocharis (1994) und T. M. Porter (1995), S. 49-72. Schumpeter ignoriert diese Einflüsse und stellt Walras über alle anderen Ökonomen: „Léon Walras (.) the greatest of all economists", J. A. Schumpeter (1933), S. 9.

4.7.3.2 Die Lehre vom Grenznutzen

Die mathematischen Subjektivisten unter den Ökonomen beziehen sich nicht *explizit* auf eine psychologische Theorie. Vertreter der österreichischen Schule haben bedauert, dass die Fachdisziplin „Psychologie" für die Ökonomik bislang keine brauchbaren Grundlagen geschaffen habe, weshalb Grenzüberschreitungen unvermeidlich seien.[60] Gemeinsam ist der subjektiven Schule insgesamt die Hochschätzung Gossens. Walras hat viel für die Verbreitung von Gossens Ruhm unternommen – seine Wertschätzung habe ich im Abschnitt über Gossen zitiert. Jevons betont mehrfach, dass er *Gossens* Buch zunächst nicht kannte und seine Theorie selbständig entwickelt habe. Er beruft sich im Vorwort zur zweiten Auflage seines Hauptwerks auf „bestimmte Passagen von Bentham, Senior, Jennings und anderen Autoren, von denen ausgehend sich mein System, mehr oder minder bewusst, entwickelt hat."[61]

Worauf hier als gemeinsame Grundlage angespielt wird, ist die Lehre vom *Grenznutzen*. Die *Stellung* dieser Grenznutzentheorie ist indes auch unter ihren Anhängern fragwürdig. Selbst neoklassische Puristen wie Friedman melden hier pragmatische Bedenken an: „Aber ich glaube nicht, dass solch eine Formel (sc. vom Grenznutzen) eine reale Überzeugung oder ein reales Verständnis transportiert."[62] Diese Aussage Friedmans steht in der von Schumpeter begründeten Tradition, die sich bis zu Samuelsons pragmatischer Interpretation der Präferenztheorie fortsetzt, worin der Nutzen oder Grenznutzen nur als – wie Schumpeter sagt – „eine extrem nützliche heuristische Hypothese" betrachtet wird. Er fügt hinzu: „Aber weder Walras noch die Österreicher waren dieser Meinung. Im Gegenteil, für sie war die Nutzentheorie nichts weniger als eine absolute Wahrheit, die Entdeckung des Schlüssels zu allen Geheimnissen der reinen Ökonomik."[63] Noch für Puristen wie Ludwig von Mises galt das uneingeschränkt; er wirft im Gegenteil der mathematischen Ökonomen vor, den praxeologischen Inhalt dieser *Theorie a priori* nicht verstanden zu haben.

Der *Zweck* der Nutzentheorie ist allerdings zwischen diesen Schuldifferenzen unumstritten: Es kommt darauf an, nachzuweisen, dass unabhängige Individuen durch ihre egoistischen, als Nutzen modellierte Entscheidungen schließlich ein allgemeines *Gleichgewicht* herbeiführen. Denn sowohl die Praxeologie wie die mathematische Schule wollen eben dies als Ergebnis zeigen: „(D)as menschliche Handeln muss einer derartigen Gleichgewichtslage zustreben"[64]. Ungeachtet der Differenzen in der Begründung hat der *formale Apparat der Nutzentheorie* sich gegenüber nur verbalen Erläuterungen durchgesetzt und zudem alle mathematischen Verfeinerungen überstanden. Er bildet nach wie vor *die* Grundlage der neoklassischen, mikroökonomischen Theorie. Der *ideologische* Grund ist einfach: Die Nutzentheorie ist ein Baustein der Gleichgewichtstheorie, die wiederum die formale Explikation des Axioms von der *invisible hand* bei Adam Smith sein möchte – dem „Nachweis", dass der Egoismus der Vielen das Wohl aller herbeiführe.

---

[60] „Das Maß der Grenzüberschreitung wird durch Zweckmäßigkeit und Takt zu bestimmen sein." E. v. Böhm-Bawerk (1921: II.1), S. 242. Man beachte: Durch *Takt*, also *kollegiale* Rücksichten, nicht etwa aufgrund des *Sachverhalts* und der Frage, ob die Psychologie von derselben Sache spricht wie die Ökonomik.

[61] W. St. Jevons (1888), S. xxxvi. Jevons bezieht sich hier – neben den bereits zitierten Passagen von Bentham – auf R. Jennings (1855) und N. W. Senior (1836).

[62] „But I do not believe that such formulae carry real conviction or understanding." M. Friedman (1955), S. 902.

[63] J. A. Schumpeter (1949), S. 160.

[64] L. v. Mises (1940), S. 317; vgl. (1996), S. 355.

4.7.3 Jevons, Walras und Edgeworth

Dieses Motiv ist unübersehbar, auch wenn die Begründer der Nutzentheorie bereits ihre kategoriale Herkunft aus dem Blick verloren haben. Jevons hat ebenso wie Walras später zahlreiche Quellen für die Nutzentheorie genannt. Tatsächlich findet sich diese Lehre bereits wörtlich bei Bentham, der allerdings klar macht, dass er sich auf den *Geld*reichtum bezieht: „Die Quantität des Glücks, produziert von einem kleinen Partikel des Reichtums (jedes Partikel von derselben Größe) wird kleiner und kleiner mit jedem Partikel."[65] Eine verwandte Formulierung findet sich bei Jennings, den Jevons ausführlich zitiert:

> „Mit Bezug auf alle Waren zeigen alle unsere Gefühle, dass der Grad der Befriedigung nicht *pari passu* mit den konsumierten Quantitäten fortschreitet; sie nehmen nicht mit derselben Rate zu, mit der eine Ware unseren Sinnen dargeboten wird, um dann plötzlich aufzuhören, sondern sie nehmen graduell ab, bis sie schließlich ganz verschwinden"[66].

Dieses *Grundgesetz* der subjektiven Schule in all ihren Spielarten wird als allgemeines psychologisches Charakteristikum des Konsums von Gütern beschrieben. Jevons spricht von den Gesetzen menschlichen Wünschens (*the Laws of Human Want*) und schildert es durchaus auf jener Argumentationslinie, die bei Gossen zu finden ist. Seine formale Ausdrucksweise wird heute noch weitgehend verwendet. Demnach stiftet ein Gut x einen bestimmten Nutzen u. Wenn nun die Gütermenge von x auf $x+\Delta x$ erhöht wird, steigt auch der Gesamtnutzen auf $u+\Delta u$. Das *Verhältnis* von $\Delta u/\Delta x$ aber, Jevons nennt es „final degree of utility"[67], sinkt. Wieser spricht später vom „Grenznutzen". Und Jevons definiert: „Der Grad des Nutzens (*degree of utility*) ist, in mathematischer Sprache, der Differentialkoeffizient von u, betrachtet als Funktion von x, und er ist selbst eine Funktion von x."[68] Damit ist die *Nutzenfunktion* als Funktion u von x formal definiert; zu den *Maßeinheiten* von u und x sagt Jevons nichts Erhellendes.

Walras verwendet sachlich dieselbe Denkform; bei ihm heißt der Grenznutzen *rareté*. Die *rareté* wird als fallende Funktion der Güterquantität auch bei ihm eingeführt[69]. Walras bemerkt hier die Schwierigkeit, dass der intensive (subjektive) Nutzen nicht in Raum und Zeit, also *objektiv* existiert, wie die Ware, zu der eine Beziehung hergestellt werden soll. Doch, sagt er, diese „Schwierigkeit ist nicht unüberbrückbar. Wir müssen nur (!) annehmen, *dass* solch eine direkte und messbare Beziehung *existiert*"[70]. Ein sehr merkwürdiges Argument: Die Überlegung zeigt, dass eine Qualität „Nutzen" sich nicht objektiv erfassen lässt, im Unterschied zu den Waren. Doch es genüge, sagt Walras, die *Existenz* solch einer Beziehung einfach *anzunehmen*. Die spätere Schule der mathematischen Ökonomen greift diese Denkfigur begierig auf, weshalb es in ihren *Journals* auch nur so wimmelt von Phrasen wie „...let us assume", meist unter Hinzufügung von „for convenience". Die *Begründung* bei Walras besteht darin, dass sich bei *Preisen* und ihrer Beziehung zu Kaufentscheidungen diese Beziehung angeblich *zeige*. Und deshalb, so

---

[65] J. Bentham, EW 1, S. 113.
[66] W. S. Jevons (1888), S. 56. Jevons zitiert R. Jennings (1855), S. 96ff. Vgl. zu Jennings W. Stark (1843), S. 165-179.
[67] W. St. Jevons (1888), S. 51.
[68] W. St. Jevons (1888), S. 51.
[69] Vgl. L. Walras (1954), S. 118f.
[70] Vgl. L. Walras (1954), S. 117; meine Hervorhebung.

fährt er fort, „nehme ich die Existenz eines Standardmaßes oder Intensität der Wünsche oder der Nutzenintensität an"[71].

4.7.3.3 Die Objektivierung subjektiver Urteile

Sucht man nach einer tieferen Begründung für diese *zentrale* Voraussetzung der mathematischen Ökonomen, nämlich die Möglichkeit, *subjektive Urteile* objektivieren zu können, so findet sich dazu sehr wenig. Als rationeller Kern lässt sich bei Walras folgendes Argument finden: Das *zentrale Faktum*, der eigentliche Gegenstand der Ökonomik, ist der *Tauschwert*. Wenn Weizen zu 24 Franc verkauft wird, so ist diese Bewertung kein *ethisches*, sondern ein *natürliches* Phänomen, sagt Walras. Die Beziehung zwischen Preis und Ware ist eine *sachlich-faktische*: „Das ist es, wie das Phänomen des Wertes im Austausch erscheint." Als *rein quantitatives* sei es ein natürliches, kein ethisches Faktum. Es sind zwar Menschen bei diesem Akt beteiligt, aber der Preis ist nicht das Ergebnis individueller Entscheidungen; der Wert „resultiert nicht vom Willen des Käufers oder vom Willen des Verkäufers oder von irgendeiner Verhandlung zwischen ihnen." Vom Tauschwert als Phänomen muss aber die Wirtschaftswissenschaft ausgehen. „Deshalb nimmt jeder Tauschwert, wenn er erst einmal besteht, die Form eines *natürlichen* Phänomens an, natürlich in seinem Ursprung, natürlich in seinen Manifestationen und natürlich in seinem Wesen."[72] Und es ist damit für Walras klar, dass die Wirtschaftswissenschaft den Charakter einer *science*, einer quantitativen Naturwissenschaft besitzen muss.

Dieses Argument findet sich auch in anderer Form bei Jevons. Sein Argument ist etwas einfacher als das Walrassche. „Meine Theorie der Ökonomik ist rein mathematisch in ihren Charakter", sagt Jevons, und begründet dies so: „Für mich scheint es, dass unsere Wissenschaft mathematisch sein muss, einfach deshalb, weil sie sich mit Quantitäten befasst. Wann immer Dinge so behandelt werden, dass sie größer oder kleiner sein können, dann müssen die Beziehungen und Gesetze mathematischer Natur sein."[73] Während Walras auf den *objektiven Charakter* der Tauschwerte hinweist, die vom Willen der Tauschenden unabhängig seien, begnügt sich Jevons mit dem Gedanken, dass in der Wirtschaft mit *Quantitäten* hantiert werde, quantitative Urteile gefällt werden, und *deshalb* die Mathematik die adäquate Sprache sei.[74]

Nun ist der Gedanke von Jevons nicht zu halten; ich habe das im einleitenden Abschnitt dieses Kapitels dargestellt. Zunächst gelten die von Jevons genannten Urteilsformen nicht nur für die Ökonomik. Ästhetische oder moralische Urteile besitzen durchaus denselben Charakter, wenn man etwas „schöner" empfindet oder das Handeln eines Menschen als „besser", verglichen mit dem eines anderen, betrachtet. Richtig ist, dass *Ordnungsrelationen* durchaus einen formalen, mathematischen Charakter besitzen

---

[71] Vgl. L. Walras (1954), S. 117. Vgl. für einen Überblick über die unterschiedliche Terminologie in der Grenznutzenlehre I. Fisher (1918).

[72] Alle Zitate L. Walras (1954), S. 64.

[73] W. St. Jevons (1888), S. 3.

[74] Launhard sagt, es „ist ja die Mathematik nichts anderes als eine Sprache", W. Launhardt (1885), S. V, und deshalb in der Ökonomik anwendbar. Alfred Marshall schränkt das ein: es sei nicht die Frage, *ob* man eine mathematische Sprache benützt, sondern: „whether it is *profitable* to apply mathematical reasonings in the moral sciences. And this is a question which cannot be answered *a priori*", A. Marshall (1975), S. 266. Das ist aber keine Antwort, weil in der kritischen Beurteilung solcher Theorien deren kategoriale Grundlage zum Thema wird, und diese Grundlage geht der Anwendung mathematischer Begriffe auf ökonomische Sachverhalte logisch voraus.

können. Qualitative Urteile schreiten gleichsam im Grad der Konkretisierung über ordinale Urteilsformen zur Quantifizierung fort. Tatsächlich kann man zeigen – Debreu hat das für Präferenzrelationen entwickelt[75] –, dass sich Ordnungsrelationen durchaus mittels skalarer Funktionen (Nutzenindexfunktionen) ausdrücken lassen.

Doch das Problem, vor dem die subjektive Wertlehre steht, ist ein ganz anderes – Walras hat das klarer gesehen. Die Frage lautet, ob man ein subjektives Urteil *als* Urteilsform, als Wertung beobachten und *objektivieren* kann. Und diese Frage kann ganz einfach verneint werden. Werturteile von Subjekten sind – daran lassen auch die meisten Ökonomen keinen Zweifel – *bewusste*, rationale Urteile. Wer aus Gütern auswählt, *weiß*, was er tut. Es ist kein instinktartiges Verhalten. Wer aber über einen Sachverhalt urteilt und dies auch weiß, der kann sein Urteil jederzeit kritisch hinterfragen und *als Urteil* selbst reflektieren. Das Urteil ist kein Automat, sondern es wird frei vollzogen; eben deshalb sind Denkfehler möglich und durchaus häufig. Gründe können das Urteil *ändern*. Produkte subjektiv zu bewerten, ihre Nützlichkeit abzuwägen, sie dadurch in *Güter* zu verwandeln – all dies sind Denkprozesse. Denkprozesse haben in Geldökonomen eine *berechnende* Form. Doch der Prozess selbst bleibt eine semiotische Form, eine Sprach- und Denkform. Dieser Prozess lässt sich nicht *determinieren*. Die Urteilsbildung erfolgt situativ. Nur bei der Ausbildung unbewusst gewordener Gewohnheiten lässt sich ein Reiz-Reaktions-Muster feststellen, *ohne* dass eine Reflexion dazwischen tritt. In diesen Fällen deckt sich das äußerlich beobachtbare Verhalten mit der inneren Denkform. Bei Gewohnheiten ist das kontrollierende Bewusstsein weitgehend ausgeschaltet und durch äußere Reizfolgen ersetzt. In der Entdeckung solcher Gewohnheiten liegt auch der Erfolg der Marktforschung.

Doch die subjektive Wertlehre will etwas ganz anderes. Wie der frühe Utilitarismus soll hier eine universelle Reaktionstheorie auf äußere Reize formuliert werden, die man auf *quantitative Verhältnisse* reduziert. Darin liegt nun allerdings eine *petitio principii*. Wenn man sagt, dass sich Subjekte beim *Güterkonsum* auf eine bestimmte Weise verhalten, so ist im *Güter*begriff schon vorausgesetzt, dass es sich um *nützliche* Dinge handelt, die für den Konsum geeignet sind. Doch die wichtigste kognitive Leistung zeigt sich darin, dass *Produkte* vom Konsumenten *als* Güter überhaupt wahrgenommen und gewählt werden. Zu sagen, dass Güter einen Nutzen stiften, ist schlicht tautologisch, weil Güter immer jene Produkte sind, die in der subjektiven Bewertung *als* nützlich empfunden werden. Ob allerdings eines der zahllosen *Produkte* auf den Märkten in den Entscheidungsprozess einfließt, darin als Gut empfunden und mit Bezug auf andere Güter in seiner Quantität abgewogen wird, das lässt sich nicht vorhersagen.[76]

4.7.3.4 Das Maß des Nutzens

Was Walras und Jevons in ihren Nutzenfunktionen notieren, ist aber eine Beziehung zwischen einem (intersubjektiv in seinen Eigenschaften bekannten) Produkt und dem subjektiven Urteil über dieses Produkt, das dadurch zum Gut wird. Genau *das* wird in einer Nutzenfunktion $u = f(x)$ dargestellt: „u" ist eine subjektive Modalität, „x" als Produkt aber eine *objektive*, in ihren Eigenschaften *intersubjektiv* präsente Entität. Zwi-

---

[75] Vgl. G. Debreu (1954).
[76] Knight spricht den Dingen selbst die nützliche Eigenschaft zu, wie dies auch bei Marx zu beobachten war: „Economic theory deals with interests as abstract magnitudes (intensities) and hence 'naturally' considers them *as inhering in the objects of interest*, as attributes, and, also as measurable, which two considerations yield the familiar notion of 'utility'", F. H. Knight (1940), S. 18; meine Hervorhebung.

schen einer Größe, die ihre Bedeutung aber nur intersubjektiv, als Identität für *viele Menschen* gewinnt, und dem, was sich davon gerade unterscheidet – nämlich ein *einzelnes* Werturteil über die Produkteigenschaften –, kann es keine „mathematische" Beziehung geben. Noch anders gesagt: *Welche Modalität hat die Funktion f(.)?* Ist damit das Subjekt charakterisiert, das Produkte subjektiv bewertet? Das kann man so sehen – doch dann ist dieses *f(.)* als subjektive Größe nicht beobachtbar. Ist *f(.)* dagegen eine *objektive* Relation, die dem cartesianischen Beobachter Jevons, Walras und ihren mikroökonomischen Nachfolgern auch objektiv gegeben ist, dann entbehrt sie gerade der subjektiven Dimension des Werturteils. Die *mathematische Form* der Darstellung hat aber diese Frage längst entschieden: Quantitäten, die in einer Gleichung erscheinen, sind ihrem ontologischen Sinn nach immer objektiv beobachtete, gemessene Quantitäten. Damit verfehlt die subjektive Wertlehre in ihrer mathematischen Form in dem Augenblick, in dem ein *u = f(x) formuliert* wird, ihren Gegenstand: das subjektive Werturteil.

Die Begründer des mathematischen Subjektivismus in der Ökonomie, Jevons und Walras, schwanken bei dieser *kategorial* unaufhebbaren Differenz zwischen subjektivem Urteil oder objektivem Sachverhalt. Jevons überschreibt einen Abschnitt seines Buches mit „Nutzen ist keine intrinsische Qualität" der *Dinge* – ein Satz, der sich gegen die objektive Wertlehre richtet. Nutzen beruhe auf der *Relation* zu den Erfordernissen des Menschen.[77] Ob ein Gut Nutzen hat, hänge ab von den Umständen, der Menge usw. Doch wie soll eine innere Qualität – *wants and desires of man* – so zu äußeren Umständen in eine Relation eintreten, dass man sie *nebeneinander* schreiben kann? Anstatt hier eine *qualitative*, also eine *kategoriale* Differenz zu bemerken, reduziert Jevons diesen Sachverhalt auf einen *quantitativen* Unterschied: Ob ein Ding Nutzen hat und wie viel, hängt ab von der *Quantität der Ware*. Und dann ist die „Lösung" auch schon in Sicht: Es komme eben auf den *Grenznutzen*, den *final degree of utility* an. Diese Überlegung bei Jevons lässt den Kategorienfehler einerseits, die zentrale Bedeutung des Grenznutzens andererseits sehr gut erkennen: Der Grenznutzen soll die Brücke schlagen zwischen Subjekt und Objekt, ist er doch im Gleichgewicht bei den Modellen mit kardinalen Nutzenfunktion direkt dem Preis gleich. Die Quantität eines Gutes wird solange erhöht, bis der (mit der Erhöhung sinkende) Grenznutzen dem zu bezahlenden Preis gleich ist: $du/dx = p$. Diese Gleichung, wenn wir sie auf den Begriff bringen, soll besagen: „Subjektives Werturteil = objektiv gegebenes Faktum (Preis)".

Die Frage, ob es ein subjektives Maß „Nutzen" überhaupt gibt (von Fragen intersubjektiver Vergleichbarkeit ganz zu schweigen), wird hier einfach als bereits beantwortet vorausgesetzt. „Nehmen wir an...", sagt Walras, denn auch Walras hat mit dieser Schwierigkeit gekämpft, und er findet eine für die ökonomische Theorie *charakteristische* Scheinlösung:

„Wenn wir nach etwas Ausschau halten, das man *rareté* (sc. Knappheit = Grenznutzen) einer Ware (A) oder einer Ware (B) nennen könnte, sollten wir eine *durchschnittliche rareté* verwenden, die der arithmetische Durchschnitt der *raretés*

---

[77] Utility „is *no inherent quality*. It is better described as a *circumstance of things* arising from their relation to man's requirements." W. S. Jevons (1888), S. 43; Jevons Hervorhebungen. Jevons beruft sich hier auf N. W. Senior (1836), S. 7. Senior und Jevons stehen hier an der *Schwelle* einer Einsicht, die sie aber nicht überschreiten: Die Relation geht den Relaten voraus. Das Ding (Produkt) konstituiert sich *uno actu* mit dem Bedürfnis nach einem „Gut". Es gibt aber keine vorgängige, vorhandene Entität „Want" *u(.)*, auf die man eine mathematische Funktion bezüglich objektiver Produkte *x* definieren könnte: *u(x)*. Das ist *der* Kategorienfehler.

jeder dieser Waren für alle am Austausch beteiligten Parteien nach dessen Abschluss wäre."[78]

Das Problem, die freie Entscheidung in ihrer subjektiven Wertdimension *nicht* objektivieren zu können (ohne die Differenz zwischen Subjekt und Objekt aufzuheben), versucht Walras durch eine *Durchschnittsbildung* zu umgehen. Dass das *erkenntnistheoretisch* schlicht unmöglich ist, wird ihm offenbar nicht klar: „*Rareté* ist *personal* oder *subjektiv*"[79], sagt Walras zu Recht. Ein arithmetischer Durchschnitt über die Subjekte hinweg ist jedoch eine *objektive* Größe – es gibt keine „Durchschnittspersonalität", die im Durchschnitt nicht ihrer *subjektiv-personalen* Dimension *beraubt* würde. Es wird hier also stillschweigend die Position von Subjekt und Objekt im Argument vertauscht, ohne zu klären, ob und wie Personal-Subjektives *objektiv* werden kann.

Walras greift dieses Problem in der Analyse des Austauschs in seinen „Vier Denkschriften" nochmals auf: „Gegeben sind zwei Waren (A) und (B) und die Nützlichkeit einer jeden von beiden Waren für jeden der Tauscher, sowie auch der Vorrat eines jeden Besitzers von jeder Ware; es sollen die Nachfrage-Kurven bestimmt werden."[80] Die Faszination durch die mathematische Denkform, die aus gegebenen Konstanten die gesuchten Variablen ableiten möchte, vergisst völlig die einfache, *erkenntnistheoretisch* aber höchst wichtige Frage: *Für wen* und in *welchem Sinn* ist „die Nützlichkeit" einer Ware „gegeben"? Walras sagt: „für jeden der Tauscher". Doch gleich anschließend objektiviert er dieses vereinzelte und *subjektive* Gegebensein dadurch, dass er es mathematisch als Wert (Grenznutzen) notiert und in eine kausale Funktion einfügt. Durch diesen erkenntnistheoretischen Fehler ist die *subjektive Gegebenheit* (= Nutzen) verschwunden. Nun ist der Nutzen *dem Beobachter Walras* „gegeben", und das ist etwas völlig anderes als eine subjektive Wertung durch den Tauschenden. Die Nachfrage nach einem Gut ist das Resultat einer subjektiven *Entscheidung*. Wird diese Nachfrage nun durch eine (nur dem cartesianischen Beobachter) gegebene Nützlichkeit *kausal* bestimmt, so ist die Voraussetzung negiert, dass es sich um eine menschliche, eine *freie* Entscheidung handelt.[81]

Auch hier – wie schon bei Marx oder Menger – zeigt sich zudem, dass Walras und andere Neoklassiker den Tausch stets als Akt beschreiben, in dem je *eine* Ware gegen eine andere eingetauscht wird. Es wird nur *ein* Produkt hergestellt, weshalb es auch nur *eine* und dazu eine trennbare Angebotsfunktion gibt, und es wird nur jeweils *ein* Produkt nachgefragt und sein Nutzen abgewogen. Doch, wie sich zeigte (Kapitel 3.1.8, 4.4.6 und 4.6.3.2), diese Voraussetzung ist *auch rein empirisch* nicht zu halten. Kuppelprodukte, sowohl in der Produktion wie im Tausch, sind keine zu vernachlässigenden, seltenen Ausnahmen, sondern die Regel. Man produziert, verkauft und kauft vielfach „im Paket". Zwar könnte man prinzipiell sehr häufig diese Produktpakete physisch trennen; auch werden oft einzelne Teile von Produktpaketen vereinzelt gehandelt. Doch für die Kostenkalkulation der Produktion und die Käuferwägungen der Kunden spielt beim Kaufakt eben nicht das eine Rolle, was vielleicht auf anderen Märkten *auch* vereinzelt gehandelt wird, sondern nur das aktuell verhandelte Paket. Fast *jedes* etwas kompliziertere Produkt erweist sich als *zusammengesetztes*. Man kann einen Computer

---

[78] L. Walras (1954), S. 146.
[79] L. Walras (1954), S. 146.
[80] L. Walras (1881), S. 12.
[81] Bereits Bentham sagt: „By utility is meant that property in any object, whereby it tends to produce benefit, advantage, pleasure, good, or happiness"; J. Bentham, EW 1, S. 101f. Eine *objektive* Eigenschaft *produziert* also ein *subjektives* Phänomen?

mit Software, Bildschirm, Drucker etc. kaufen, oder die einzelnen Teile, schließlich auch die Bauteile und ihn selbst zusammenbasteln.

Das zeigt ganz einfach und unmittelbar, dass „Produkt" keine vorauszusetzende Einheit ist, sondern etwas, das *im Kaufakt* mit der Gegengabe des Geldes als Identität vereinbart wird. Bei Dienstleistungen, denen überhaupt kein natürliches Maß der Einheit zukommt (wie dies bei *einem* Bildschirm, *einem* Anschlusskabel der Fall ist), wird das noch viel offensichtlicher. Hier reproduziert sich das von Ricardo und Marx ungelöst hinterlassene Reduktionsproblem verschiedener Arbeitsarten aufeinander: Was ist die Produkteinheit der Leistungen eines Rechtsanwalts, einer Haushaltshilfe oder eines beratenden Professors der Volkswirtschaftslehre? Preise werden dadurch gleichwohl entrichtet und diese Leistungen damit als *Waren* ausgewiesen. Es gibt also, selbst all das vorausgesetzt, was Gossen, Jevons, Walras etc. annehmen (d.h. eine ein-eindeutige Relation zwischen Produktmenge und subjektivem Nutzenmaß), weder *eindeutige* Angebots- noch *eindeutige* Nachfragefunktionen. Ich verzichte darauf, dies auch algebraisch vorzuführen für Märkte, auf denen Produkte *in Paketen* von wechselnder Proportion gehandelt werden. Dass bei Kuppelproduktion keine eindeutig zuordenbaren Faktorpreise und keine eindeutigen Kostenfunktionen existieren, ist bekannt[82]. Auch wenn die *Bedeutung* dieser Tatsache ignoriert wird, bringt *sie allein* schon den gesamten Corpus der Mikroökonomie aus intern-logischen Gründen zu Fall.

4.7.3.5 Die Mechanik des Austauschs bei Jevons und Walras

Die Theorie des Austauschs, die Jevons und Walras entwickeln, scheitert also bereits an der Voraussetzung. Weil sie – anders als Menger – die Tauschstruktur gar nicht ganz in den Blick bekommen, weil ihnen das intersubjektive Verhältnis zwischen den beiden Tauschpartnern durch den *Tauschwert* gegeben scheint, womit die subjektive Dimension jede Bestimmungskraft verliert und objektiviert wird im Grenznutzen der beiden Tauschpartner, erkennen sie auch nicht das hier vorliegende kategoriale und damit empirische Problem. Die zitierte Tauschanalyse von Walras gleicht der – bei kleinen formalen Unterschieden – von Jevons in diesem Punkt völlig. Ich werde die hier vorliegende Schwierigkeit noch genauer untersuchen im nachfolgenden Abschnitt über einige mathematische Strukturen der Gleichgewichtstheorie. Von Jevons bis zur Tauschtheorie bei Böhm-Bawerk bemerkt man jedenfalls immer wieder, wie sich stillschweigend die Vorstellung einschleicht, dass die getauschten Güter *zuvor* in Geldpreisen veranschlagt und ihre Tauschwerte als Preise in Geld gerechnet werden. Doch dann ist die Tauschanalyse trivial; sie setzt voraus, was sie erklären soll.

---

[82] Marshall meinte: „we have no means of assigning the separate supply price of each of the joint products", A. Marshall (1920), S. 133. Stackelberg hatte durch die Einführung von Polarkoordinaten Kuppelprodukte das Problem zu lösen versucht, vgl. S. H. von Stackelberg (1932), 53ff. H. Möller und andere haben behauptet, dass damit das Problem der Kuppelproduktion allgemein für die Kostentheorie auch gelöst sei, H. Möller (1949), S. 69. Das ist nicht haltbar, weil Stackelberg kein *allgemeines Gleichgewichtsmodell* liefert; vgl. S. Baumgärtner (2001), S. 518ff. „To conclude, (...) as the firm changes its level of output and its product mix, costs will typically change in a variety of fashions (...) Thus, the global cost surface may often exhibit properties that cannot be represented by the traditional concepts designed to indicate the structure of costs in a single-product setting." E. E. Bailey, A. F. Friedlaender (1982), S. 1032f. Zudem ist eine Zurechnung der Faktorpreise allgemein nicht möglich: Ist B die Outputmatrix, A die Inputmatrix eines allgemeinen Gleichgewichtssystems, sind p die Güter-, v die Faktorpreise, so gilt $pB \leq vA$. Nur für empirisch irrelevante Spezialfälle existiert eine Inverse BA^{-1}, um v zu ermitteln.

4.7.3 Jevons, Walras und Edgeworth

All diese Fehler sind nur möglich, weil Jevons und Walras geradezu verzweifelt versuchen, ihrer Wissenschaft eine physikalistische Form zu geben, die sich an der Mechanik orientiert:

„Wie alle physischen Wissenschaften ihre Grundlage in den mehr oder minder offensichtlichen allgemeinen Prinzipien der Mechanik haben, so müssen alle Zweige und Abteilungen der ökonomischen Wissenschaft durchdrungen sein von bestimmten allgemeinen Prinzipien. Es ist die Untersuchung solcher Prinzipien, dem Nachforschen der Mechanik von Selbstinteresse und Nutzen, denen dieser Essay gewidmet ist". Und: „Der Gegenstand des vorliegenden Werkes, die Theorie, die hier entwickelt werden soll, kann man beschreiben als *Mechanik des Nutzens und des Selbstinteresses*."[83]

So sagt Jevons, und Walras bläst in dasselbe Horn:

„Die Elemente der Astronomie sind die Himmelskörper, welche sich infolge der gegenseitig wirkenden Anziehungskraft deren Größe dem Produkt ihrer Massen direkt, dem Quadrat ihrer Entfernung aber umgekehrt proportional ist, bewegen. Die Elemente der Wirtschaft sind Dienstleistungen, welche unter der Herrschaft der freien Konkurrenz stehen und daher bestrebt sein müssen, sich mit den Naturkräften zu vereinen, um das größtmögliche Maß der Bedarfsbefriedigung gewährleisten zu können."[84]

Dieser denkerische Horizont, der in der verschwiegenen Position eines cartesianischen Beobachters seinen Grund hat[85], verhindert gerade das, was sich diese Theorie auf ihre Fahnen geschrieben hat: Eine *subjektive* Wertlehre zu formulieren.

Dem möglichen Einwand, dass diese Theorie womöglich *empirische Sachverhalte* aufgrund ihrer mathematisch-abstrakten Form, ihren Definitionen in Einheiten der *rareté* usw. nicht erklären könne, setzt Walras ein entwaffnendes – gleichwohl von Ökonomen dankbar übernommenes – „Argument" entgegen: Die *reine Ökonomie* sei, da doch abstrakt, zunächst eben rein zu formulieren, als „Idealtyp".[86] Spätere *Anwendungen* mögen sich dann ergeben. Und in dieser erkenntnistheoretischen Haltung stimmt die mathematische Schule völlig mit der österreichischen Güterlehre überein. Menger sagt:

---

[83] „But as all the physical sciences have their basis more or less obviously in the general principles of mechanics, so all branches and divisions of economic science must be pervaded by certain general principles. It is to the investigation of such principles – to the tracing out of the mechanics of self-interest and utility, that this essay has been devoted." „To return, however, to the topic of the present work, the theory here given may be described as *the mechanics of utility and self-interest*." W. St. Jevons (1888), S. xi-xii.

[84] L. Walras (1922), S. 52. „Scarcely a writer on economics omits to make some comparison between economics and mechanics." I. Fisher (1892), S. 25.

[85] Friedman charakterisiert diese cartesianische Blickweise zutreffend – wenn auch ohne den Schatten einer Kritik: „His (sc. Walras') general equilibrium system gives a bird's-eye view of the economic system as a whole", M. Friedman (1955), S. 906. Ob man wohl die menschliche Sprache versteht, wenn man kommunizierende Menschen aus der Ferne eines Satelliten betrachtet? Nun, beim Wert ist es ebenso.

[86] L. Walras (1954), S. 71. Bei Jevons ist dieser Punkt übersprungen, wenn er sagt, diese Voraussetzungen „are known to us ready-made by other mental or physical sciences", W. St. Jevons (1888), S 18.

"Nichts ist so sicher, als dass die Ergebnisse der exakten Richtung der theoretischen Forschung (...) als unzureichend und unempirisch erscheinen. Dies ist indes selbstverständlich, indem die Ergebnisse der exakten Forschung (...) nur unter bestimmten Voraussetzungen wahr sind, unter Voraussetzungen, *welche in der Wirklichkeit nicht immer zutreffen.* Die Prüfung der exakten Theorie der Volkswirtschaft an der vollen Empirie ist eben ein methodischer Widersinn".[87]

Der Begriff „Immunisierungsstrategie" war zu Mengers Zeit noch nicht in Gebrauch. Wenn überhaupt, dann trifft aber diese Charakterisierung des kritischen Rationalismus auf diesen Theorietypus zu, der ja von sich her eine *Realtheorie* sein will.

Übrigens kehrt in der mathematisiert-mechanischen Form der Ökonomik das eben angerissenen Problem durchaus wieder: Wenn man in der theoretischen Form wenigstens das erlaubt, was „in der Wirklichkeit" sehr häufig zutrifft – Tauschakte von Güterbündeln, nicht von einzelnen Gütern –, dann ergeben sich keine einfachen mechanischen Gleichungen, sondern komplexere Strukturen, etwas, das dem „Dreikörperproblem" der Newtonschen Mechanik vergleichbar ist: Es existieren dann keine expliziten Lösungen mehr. Selbst wenn es wahr wäre, dass die Wirtschaft durch mechanischen Marktgleichgewichte beschreibbar ist, dann würden für reale Märkte keine Gleichgewichte existieren, sofern Kuppelprodukte erzeugt und nachgefragt werden und die *Komposition* des jeweils gehandelten Güterbündels *simultan* mit den Gütermengen und den Preisen bestimmt werden sollte. Es gibt nämlich beliebige Güterbündel, die kombinierbar sind im Kaufakt. Damit verschwinden alle einfachen Voraussetzungen, durch das Abzählen von Gleichungen und Variablen wenigstens die *mögliche* Existenz von Preisgleichgewichten abzuleiten.

4.7.3.6 Das Geld als heimlicher Horizont des numéraire

Konzentriert man sich auf die *innere Theorieform* bei Jevons und Menger, so zeigt sich, dass beide *implizit* immer schon die Institution des Geldes voraussetzen. Sie argumentieren dann, wenn sie vom Nutzen, vom Bewerten, vom Tausch (auch dem isolierten Tausch) sprechen, stillschweigend immer schon in einer Geldökonomie. Ich möchte das kurz bei Walras zeigen, bevor ich die durchdachtere Lösung bei Edgeworth diskutiere.

Walras löst die Ableitung des Geldes auf eine Weise, die von mathematischen Ökonomen als *elegant* gefeiert wurde. Dennoch verbirgt sich dahinter nichts weiter als eine *petitio principii*. Walras führt seine Analyse so weit, dass die Tauschprozesse *alle* Märkte umfassen, auch *Dienste* (dazu zählt er Kapitaldienste oder die Dienste des Faktors Arbeit und des Bodens). Ich will Details dieser Struktur hier nicht näher diskutieren, nur ihre *Grundform*. Das Walrassche Modell kommt schließlich dazu, für alle Güter auf den Märkten Angebots- und Nachfragefunktionen zu formulieren. Die jeweiligen Gleichgewichtsbedingungen auf allen Märkten führen dann zu 2n Gleichungen für n Güterarten und n Preise. Die Rechnungseinheit für die Preise nennt Walras *numéraire*. Da die Austauschbeziehungen geschlossen sind, muss die aggregierte Summe aller Käufe und Verkäufe Null ergeben (formal: die Summe aller bewerteten Überschussnachfragefunktion ist Null = „Walrassches Gesetz"). Einfach gesagt: Alles, was als Verkauferlös gewonnen wird, wird wieder ausgegeben. Diese Bedingung zeigt, dass die 2n Gleichungen voneinander linear abhängig sein müssen – was faktisch bedeutet, dass man das gesamte Walrassche Totalmodell, alle Preisgleichung durch einen beliebig gewählten Preis dividieren kann, ohne die Gleichgewichtsmengen zu verändern.

---

[87] C. Menger (1883), S. 54; meine Hervorhebung.

4.7.3 Jevons, Walras und Edgeworth

Diese Erkenntnis aus der Struktur der allgemeinen Gleichungen führt Walras zu der These, dass *notwendig* mit jedem System von Märkten auch je eine – und *nur eine* – Rechnungseinheit existiert, in der alle anderen Preise ausgedrückt werden. Die *Wahl* dieser Rechnungseinheit ist nicht festgelegt. Dividiert man alle Preise durch den Goldpreis, so erhält man alle Preise ausgedrückt in Goldeinheiten; definiert man pro Goldeinheit eine bestimmte Einheit *Papiergeld*, so ergibt sich dasselbe Ergebnis. Man kann das Walrassche Modell auch so ausdrücken, dass sich als Resultat für den Vektor aller Preise des gesamten ökonomischen Systems $p = (p_1,...,p_n)$ eine Funktion ψ ergibt, für die gelten muss: $\psi(p_1,...,p_n) = 0$, wobei $\psi(.)$ homogen vom Grade null ist. D.h. wenn man alle Preise mit einer Konstante λ multipliziert, bleibt der Wert von ψ unverändert: $\psi(\lambda p_1,..., \lambda p_n) = 0$, für $\lambda > 0$. Wählt man nun $\lambda = 1/p_n$, wobei p_n dann *numéraire* genannt wird, dann erfüllt p_n alle Funktionen des Geldes.

Die freie Konkurrenz führe also dazu, dass *implizit* in den Tauschgleichungen die Geldeinheit schon „verborgen" sein soll:

> „Aus der Darlegung, welche ich über die Mechanik der freien Konkurrenz, in betreff des Tausches und der Erzeugung gebracht habe, folgt wohl klarerweise die Notwendigkeit: 1. eine Ware zu besitzen, in der man die Preise der anderen Waren ausdrückt, oder auf deren Wert man die Werte der anderen bezieht, sei es auf dem Markte der Dienstleistungen, sei es auf dem Markte der Produkte. Diese Ware dient dann als *Wertmaßstab* (…); 2. eine Ware zu besitzen gegen deren Hingabe man Dienste auf dem Markte der Dienstleistungen und Erzeugnisse auf dem Markte der Erzeugnisse kaufen kann, die, mit anderen Worten, als *Tauschmittel* dient. (…) *Daher das notwendige Bestehen eines vermittelnden Tauschgutes oder Geldes.*"[88]

Was sagt hier Walras? Nachdem er ein Totalmodell für eine Wirtschaft mit beliebig vielen Gütern und Preisen durch Angebots- und Nachfragegleichungen formuliert hat, für dieses Modell einige „Annahmen" trifft – er schließt öffentliche Güter und natürliche Monopole aus und gesteht zu, dass die *Verteilung* der Güter damit nicht erklärt wird[89] –, daraus die Existenz von Gleichgewichtspreisen deduziert hat, kurz: nachdem er ein harmonisches Gleichgewicht einer Vielzahl von Märkten beschreibt, behauptet er, damit die „*notwendige Existenz*" einer allgemeinen Recheneinheit „bewiesen" zu haben. Weil Walras solch ein System *denken* kann, muss es außerhalb seines Kopfes auch Geld geben. Walras schließt aus einer *begrifflichen* Eigenschaft, einem *Wesen* der Sache, auf deren Existenz. Diese Denkfigur kennt man aus Anselms Gottesbeweis, der hier für den Gott der Märkte: das Geld, eine wenig ruhmreiche Auferstehung feiert. Noch Descartes verteidigt den Gedanken, dass das, was man klar und deutlich denken könne, auch existieren müsse. Doch aus der Tatsache, dass man ein System aus beliebig vielen Märkten *formal beschreiben* kann, lässt sich nicht deduzieren, dass es *Geld* geben muss, das diese Märkte allererst *empirisch* möglich macht.

---

[88] L. Walras (1922), S. 61; meine Hervorhebung.
[89] Der Grundsatz der freien Konkurrenz ist „nicht mehr anwendbar auf die Produktion der Gegenstände zum allgemein Besten." Er ist auch nicht „mehr notwendiger Weise anwendbar auf die Produktion der Dinge, die Gegenstand eines natürlichen und notwendigen Monopols sind". Sein Modell „beschränkt sich darauf, eine gewisse Verteilung der Produkte aus einer gewissen Verteilung der produktiven Dienste hervorgehen zu lassen, und die Frage dieser Verteilung bleibt noch vollständig zu beantworten." L. Walras (1881), S. 63.

Walras macht eine metaphysische Voraussetzung (das Wesen macht die Existenz notwendig), ohne davon etwas zu bemerken. Aber es hätte ihm immerhin auffallen können, dass die simultane Berechnung vieler Marktgleichgewichte *die Existenz dieser Märkte* voraussetzt. Die *Existenz einer großen Population von Tauschakten* (Märkten) aber hängt ab von der vorgängigen Existenz des Geldes. Walras wiederholt also nur in einer formalen Sprache den weit verbreiteten Denkfehler der Ökonomen, die sich erst bei einer Wirtschaft das Geld wegdenken, den Tausch (mathematisch) ohne Geld zu beschreiben versuchen, um dann zu bemerken, dass ohne Geld überhaupt keine Population von Tauschakten existieren könnte, weil Wettbewerb vieler Marktteilnehmer ohne eine Recheneinheit und faktisches Geld *empirisch* unmöglich ist. Wenn ein cartesianischer Beobachter eine Welt konstruiert, in der alle Größen je schon in Recheneinheiten vorgestellt werden – für Walras zunächst nur eine clevere Annahme –, dann bringt dieser Beobachter schon alle Kategorien, damit Maßeinheiten aus einer Geldökonomie mit. Eine logische Notwendigkeit für die *Existenz* von Geld geht aus einem Modell, das Geld empirisch schon voraussetzt, nicht hervor.

4.7.3.7 Der indeterminierte Tausch bei Edgeworth

Doch kehren wir nochmals zurück zur Analyse des Austauschs. Jevons stellt den Tausch zwischen zwei Individuen – mit bei ihm anderer Symbolik – so dar: Individuum A besitzt das Gut x und tauscht davon a Einheiten ein; Individuum B besitzt das Gut y und gibt davon b Einheiten her. Bei einem möglichen Tausch ergibt sich damit bei $u(.)$ als Nutzenfunktion für A und $v(.)$ als Nutzenfunktion für B: $u(x-a;b)$ und $v(a;y-b)$. Die Frage lautet nun: Welche Tauschrelation a/b wird sich ergeben? Jevons Antwort[90] verwendet das Argument der Marginalanalyse und betrachtet eine kleine Veränderung der beiden getauschten Güter *da* und *db*. Seine Lösung bleibt aber unbefriedigend, wie Edgeworth gezeigt hat.[91] Gemeint ist folgender Zusammenhang: Der Tauschende A verbessert seine Position, wenn durch den Tausch sein Nutzen steigt; er gibt *da* her und erhält *db*. Dadurch verändert sich sein Nutzen wie folgt: $du = u_x(-da) + u_y(db) > 0$. Die vergleichbare Bedingung für B (der *da* erhält und *db* dafür hergibt) lautet: $du = v_x(da) + v_y(-db) > 0$. Ein Tausch lohnt sich für beide, wenn die marginale Tauschrelation *da/db* folgende Bedingung erfüllt:

$$\frac{u_y}{u_x} > \frac{da}{db} > \frac{v_y}{v_x}$$

Die beiden Grenznutzenverhältnisse *vor dem Austausch* bilden die Grenze möglicher Tauschrelationen. Solange die Ungleichheitsrelation gilt, sind die Tauschverhandlungen noch nicht zu Ende. *Beide* können sich noch durch entsprechende Verhandlungen verbessern. Erst wenn

---

[90] W. St. Jevons (1888), S. 113.
[91] Vgl. F. Y. Edgeworth (1881), S. 20-42. Edgeworth knüpft unmittelbar an Jevons Analyse an; auf Walras Darstellung geht er nicht näher ein. Die Theorie von Edgeworth wurde erst in der jüngeren Zeit in ihrer ganzen Bedeutung wieder entdeckt; vgl. den Kommentarband hrsg. v. B. Schefold (1994) mit Beiträgen von Peter Newman, Werner Hildenbrand und Kenneth J. Arrow.

4.7.3 Jevons, Walras und Edgeworth

$$\frac{u_y}{u_x} = \frac{da}{db} = \frac{v_y}{v_x}$$

gilt, ist keine aktuelle Verbesserung der Tauschpartner mehr möglich. Das war das Ergebnis von Jevons und Walras. Doch sie sind stillschweigend davon ausgegangen, dass es nur *ein* Austauschverhältnis gibt. Dahinter verbirgt sich die Vorstellung, dass der betrachtete Tausch nur ein Element einer Wettbewerbswirtschaft mit Waren und Preisen ist, kein isolierter Tausch. Wenn man aus einer großen Anzahl von Tauschoperationen bei gegebenen Preisen zwei Tauschpartner herausgreift, dann muss die Tauschrelation da/dp immer gleich dem *Preisverhältnis beider Güter* p_y/p_x sein. Dann gibt es auch nur *einen* Tauschwert.

Edgeworth hat diese implizite Voraussetzung durchschaut und zeigt, dass die obige Bedingung eines Tauschgleichgewicht für *viele* (genauer: unendlich viele) Tauschrelationen erfüllt ist. Wenn Tauschpartner eine Vereinbarung getroffen haben, wenn sich die Grenznutzenverhältnisse ausgleichen, liegt ein möglicher Tauschpunkt vor, und davon gibt es ein Kontinuum an Relationen innerhalb zweier Grenzen („Kontraktkurve"). Das lässt sich aus der obigen Gleichung ableiten. Die Menge aller Tauschpunkte, bei denen ein Kontrakt möglich ist (bei dem sich *dann* kein Tauschpartner mehr verbessern kann) nennt Edgeworth „settlement"; heute wird dies „Pareto-Optimalität" genannt.[92] Bekannt ist besonders die grafische Variante dieser Theorie („Edgeworth-Box"), die ich weiter unten unter einem anderen Aspekt nochmals aufgreifen werde.

Allerdings gibt es zwei Grenzen, an denen sich je ein Tauschpartner nicht verbessert, während der andere einen Vorteil hat, von Edgeworth dargestellt durch Kurven, die er „lines of indifference"[93] nennt. Es ist dies jene Darstellung, die dann Pareto für seine „Indifferenzkurven" verwendet, mittels derer man heute gewöhnlich Edgeworths Analyse wiedergibt.[94] Die Steigung der Indifferenzkurven ergibt sich als Funktion je zweier Güter bei konstantem Nutzenniveau. Ihr entspricht, wie man leicht zeigen kann, das jeweilige Grenznutzenverhältnis u_x/u_y bzw. v_x/v_y der beiden Tauschsubjekte. Die Kontraktkurve (Kurve der paretooptimalen Tauschpunkte) ist aber abhängig von der jeweiligen Form der Nutzenfunktion; es lassen sich unschwer Formen denken, bei denen je ein Grenznutzen nahe null liegt. Deshalb können die beiden Grenzen u_x/u_y und v_x/v_y durchaus zwischen nahe Null und Unendlich liegen. Kurz: Es sind durch die mathematische Form, in der die Austauschbeziehung auf der Grundlage der Nutzentheorie formuliert wird, *a priori* keine sinnvollen Schranken für die Tauschrelation abzuleiten.

Man kann allerdings eine Lösung für dieses Problem finden, wenn man nicht zwei isolierte Tauschpartner unterstellt, sondern davon ausgeht, dass ein „Gesamtsub-

---

[92] Was heute allgemeine Gewohnheit der Ökonomen ist, hat Wicksell noch klar als Leerformel durchschaut: „Was soll nun aber eigentlich diese ganze Terminologie? Das, was Pareto als Maximum d´ophélimité zu bezeichnen beliebt, bildet ja eigentlich nur die Definition des freien Wettbewerbs. (…) Weshalb dann eine Terminologie verwenden, die dem allgemeinen Sprachgebrauch schroff widerspricht?" K. Wicksell (1913), S. 141f. Nun, derartige Termini sind eben die Duftmarken des *Experten*.

[93] F. Y. Edgeworth (1881), S. 22.

[94] Vgl. V. Pareto (1971), S. 391ff. Pareto verweist an dieser Stelle auch auf Edgeworth; ob er seine „Indifferenzkurven" unabhängig entwickelt hat, ist ungewiss. Wicksell wendet allerdings kritisch gegen Pareto ein, „dass Pareto niemals hinreichend hervorhebt, dass das ökonomische Gleichgewicht bei freiem Tausch immer zum Teil und, wenn nur zwei tauschende Personen vorhanden sind, zum größten Teil ein unbestimmtes Problem bildet." K. Wicksell (1913), S. 138.

jekt" (ein Zentralplaner, der Staat etc.) den Gesamtnutzen beider Tauschpartner zu maximieren trachtet. Die Maximierung der Nutzensumme

$$u(x\text{-}a;b) + v(a;y\text{-}b) \rightarrow max!$$

bezüglich der beiden Werte a und b liefert die Gleichungen: $-u_x + v_y = 0$ und $-u_y - v_b = 0$, woraus sich *dann* die optimalen Werte für *a* und *b* ermitteln ließen. Doch hier wäre unterstellt, was für Märkte nicht zutrifft: Ein *gemeinsames* Wertsystem, also intersubjektiv vergleichbare Nutzen und ein gemeinsam die Handlungen der Individuen übergreifend planendes Bewusstsein. Anders gesagt: Um die Unbestimmtheit der Austauschbeziehung auf einem Markt aufzuheben, müsste man die Märkte abschaffen und durch ein zentralgeplantes System ersetzen, das an die Stelle der Geldeinheit eine andere verbindende Norm setzt, in der die individuellen Nutzen vergleichbar wären. Als Modell für den Kapitalismus ist das selbstredend unbrauchbar. Allerdings lebt die Wohlfahrtsökonomik in wichtigen Teilen von der Vorstellung, man könne Märkte in einem Modell analysieren, das einen fiktiven Planer unterstellt. Verzichtet man auf intersubjektiven Nutzenvergleich, so bleiben nur recht dürftige Aussagen übrig, die allesamt auf der fragwürdigen Voraussetzung der hier diskutierten Nutzentheorie beruhen. Mit ihrer Widerlegung fällt damit auch diese Variante der Wohlfahrtsökonomik.[95]

So ergibt sich durch die Analyse von Edgeworth, bei allem Mangel ihrer Darstellungsform durch Nutzenfunktionen, eine wichtige Einsicht: Auch wenn man – für den Zweck des Arguments – einmal alle Einwände gegen Nutzenfunktionen einklammert, dann liefert selbst diese äußerst determinierte, restriktive Theorie *keine Erklärung* für den individuellen Austausch. Die Tauschrelation ist also „nicht determiniert"[96].

Dieses Ergebnis besagt damit auch, dass der Tauschwert durch die Verhandlungen der Subjekte bestimmt wird. Die angeblichen Gesetze der Wirtschaft, die überhaupt die mathematische Form rechtfertigen sollten, die strenge Analogie zur Mechanik – all dies, selbst genau kopiert und in einfache Gleichungen verwandelt, reicht nicht hin, die intersubjektiven Beziehungen festzulegen. Vielmehr erweisen sich die Subjekte als *bestimmend* – durch eine in der Theorie nicht erfasste intersubjektive Verhandlung zwischen ihnen. Dieses Ergebnis ist von fundamentaler Bedeutung. Daraus folgt, dass der Tausch gerade *kein* gesetzmäßiges, der Mechanik analog beschreibbares soziales Phänomen ist. Selbst die Mathematisierung führt zu der Einsicht: Ein zweiseitiger Tausch ist nicht determiniert, „das Problem ist *unbestimmt*."[97] Die Resultate von Jevons und Walras setzten implizit eine *Geldökonomie* voraus, bei denen nur für die *Darstellung* vom Geld abstrahiert wurde, während es für die Struktur der Märkte und Gleichgewichte implizit vorausgesetzt war. Wenn in der Gleichgewichtstheorie in der Nachfolge von Walras von *exchange economy* die Rede ist, dann ist implizit immer das Geld vorausgesetzt – freilich ohne die Geldverhältnisse selbst zu thematisieren. Man rechnet in einer Einheit, von deren *realer* Form (und Wirkung) man zugleich abstrahiert.

Damit ist nichts weniger gesagt als: Der Versuch, den Tausch durch physikalistische Modelle, durch *Gesetze* zu beschreiben, ist gescheitert. Individuen in ihrer intersubjektiven Beziehung bestimmen ihre Verhältnisse immer durch die Individualität hindurch. Diese Struktur ist nicht aufhebbar, weder in einem Gesamtbewusstsein noch in einem

---

[95] Vgl. hierzu vor allem die wesentlich von Samuelson mitbegründete „New Welfare Economics", P. A. Samuelson (1974), Kapitel VIII und I. M. D. Little (1957), Kapitel VI-IX.

[96] F. Y. Edgeworth (1881), S. 20. „(A)n equilibrium rate would have been reached; but it would be an arbitrary equilibrium." A. Marshall (1961), S. 653.

[97] K. Wicksell (1893), S. 36.

das Handeln der Individuen (bewusst oder verborgen) bestimmenden Gesetz. Wie Edgeworth andeutet, gibt es *auch empirisch* viele Tauschakte – wenn man Verhandlungen zwischen Gruppen, Kollektiven betrachtet –, die nicht im Wettbewerb stehen.[98] Alfred Marshall kommentiert diese Einsicht so, „dass Verträge zwischen Arbeitgebern und Beschäftigten, zwischen irischen *Landlords* und ihren Pächtern" diesen Charakter eines vereinzelten Tauschgeschäfts (*barter*) haben. Hier ist das „Verhandlungsgeschick der verschiedenen Parteien gefordert"[99]. Das bedeutet aber, dass der ökonomische Prozess nicht objektiviert werden kann durch Gesetze, sondern auf der zufälligen, individuellen Position („Verhandlungsgeschick") der Tauschpartner beruht. Eine Kategorienanalyse des Tauschs zeigt, dass auch bei Käufen in einer Geldökonomie, unter den Bedingungen von Wettbewerb, diese subjektive Vermittlung nicht verschwindet (vgl. 3.1.6 und 3.2.3). In dem Ergebnis, dass die Tauschrelation beim *barter* nicht determiniert ist, hat sich diese Einsicht im Tarnkleid der mathematischen Ökonomie als trojanisches Pferd eingeschlichen.

Die darin liegende Konsequenz, dass es keine *Gesetze* der Wirtschaft in einer physikalistischen Form geben kann, hat Edgeworth natürlich nicht gezogen. Er hat aber das negative Ergebnis seiner Analyse gesehen und versucht, die „Gesetzeswissenschaft" Ökonomik durch ein anderes Element zu retten: Durch den *Wettbewerb* als determinierende Kraft. Je mehr Marktteilnehmer zueinander in Wettbewerb treten, desto kleiner wird der – wie dies in der modernen Gleichgewichtstheorie genannt wird – „Kern", der durch die Individuen im Austausch frei bestimmt werden kann. Jevons und Walras haben den isolierten Tausch schon *rückwärts* aus der Perspektive einer Wettbewerbswirtschaft bei „vollkommener Konkurrenz" beschrieben. Hier sind die Tauschwerte Geldpreise geworden, die für alle Entscheidungsträger *gegeben* sein sollen. Für sehr viele Marktteilnehmer, so das Ergebnis dieser Überlegung, ist der Markt wieder determiniert, sind die Tauschrelationen bestimmt.[100]

4.7.3.8 Der Einbruch des Außerökonomischen

Doch diese Überlegung ist nur stichhaltig, wenn ein cartesianischer Beobachter alle Strukturelemente der Wirtschaft, vor allem den *Güterraum*, kennt und seine Topologie, die technischen Beziehungen, die Präferenzen usw. *objektivierend* bestimmen kann. Eben das aber ist mit *Notwendigkeit* nicht der Fall. Edgeworth glaubte an die Möglichkeiten der Psychophysik. Sie sollte eine Grundlage für intersubjektive Nutzenvergleiche schaffen und damit die Objektivierung von Wertentscheidungen ermöglichen. Doch eben dies hat sich oben als impliziter Kategorienfehler erwiesen. Der Wettbewerb schränkt zweifellos die Tauschmöglichkeiten ein, andererseits aber *erweitert* er auch die Alternativen. Damit steigt die Zahl der Produkte, die überblickt werden, die in Güter transformiert, also subjektiv beurteilt und bewertet werden müssen. Es ist völlig offen, in welchem *Güter*raum sich der Wettbewerb bewegt und *worum* konkurriert wird.

---

[98] F. Y. Edgeworth (1881), S. 96.
[99] A. Marshall (1975), S. 267. Vgl. auch A. Marshall (1961), Appendix F. Barter, besonders S. 632, worin Marshall auch das *Bargaining* zwischen Gruppen untersucht und auch hier zum Ergebnis kommt: „In each case *an* equilibrium would be attained, but not *the* equilibrium" (Marshalls Hervorhebungen).
[100] „Thus, proceeding by degrees from the case of two isolated bargainers to the limiting case of a perfect market, we see how contract is more or less indeterminate according as the field is less or more affected with the first imperfection, limitation of numbers." F. Y. Edgeworth (1881), S. 42.

Wettbewerb heißt immer: *Viele* beziehen sich konkurrierend auf eine bestimmte Quantität. Ergänzt man den Gedanken, dass immer auch *Pakete* von Güterbündeln simultan getauscht/gekauft werden, so *erhöht* sich mit der Zahl der Marktteilnehmer die Unbestimmtheit des Gesamtsystems; die Zahl der „Variablen" wird – formal ausgedrückt – unendlich. Denn es sind nicht nur jeweils die Tauschwerte zwischen *zwei* Gütern im Wettbewerb vieler Marktteilnehmer zu bestimmen, sondern auch die Komposition der *simultan* als Produktbündel (Pakete, Kuppelprodukte) gehandelten Waren.

Dass der Austausch hier überhaupt *möglich* ist, setzt voraus, dass die Produktmengen, ihre jeweils individuell gehandelte Komposition in Paketen usw. sich als *Voraussetzung* auf *eine* gemeinsame Vergleichseinheit beziehen können. All dies ist also nur möglich in einer *Geldökonomie*. Man kann nicht in einem Gedankenexperiment *quantitativ* die Zahl der Marktteilnehmer erhöhen, wie dies Edgeworth vorschlägt, ohne die gesamte Struktur der Ökonomie zu verändern, ihre Organisation und ihre Institutionen. Kurz und auf den Begriff gebracht: Man kann nicht schrittweise von einer vereinzelten Tauschwirtschaft durch die Erhöhung der Zahl der Tauschenden kontinuierlich in eine Geldökonomie hinübergleiten. Es gibt, um die englischen Termini zu verwenden, keinen graduellen Übergang von einer *Barter*- zu einer *Exchange*-Ökonomie. Die Differenz ist keine des Grades, sondern eine der unterschiedlichen ökonomischen *Institutionen*. Edgeworth sieht *implizit*, dass das Geld eine Struktureigenschaft der ganzen Ökonomie ist, nicht eine nur etwas andere Ware in einer Tauschökonomie. Was unter dem Begriff des „vollständigen Wettbewerbs" mit einer unbegrenzten Zahl von Marktteilnehmern immer mitgedacht wird, ist eine *Geldwirtschaft*. Diese qualitative Differenz reduziert Edgeworth auf eine *quantitative*. Er modelliert „vollständigen Wettbewerb" als asymptotische Eigenschaft einer *Folge* von Tauschökonomien mit einer zunehmenden Zahl der Marktteilnehmer.[101]

Was bei Menger immerhin als ein Evolutionsprozess einer Institution durch die schrittweise Selektion der marktgängigsten Ware beschrieben wurde – die Entwicklung des Geldes –, das erscheint bei den mathematischen Ökonomen entweder als implizite Voraussetzung, indem man ohnehin in einer Geldökonomie denkt (Jevons, Walras), oder es erscheint als *quantitative* Differenz bezogen auf die Zahl der Marktteilnehmer. Dass man die Zahl der „Tauschökonomien" (mit zunehmender Zahl der Marktteilnehmer) nicht einfach „erhöhen" kann durch die Bildung eines Limes für eine mathematische Funktion, wird hier übersehen: Wenn die Zahl der Tauschakte in einer Tauschpopulation erhöht wird, dann *enden* die Tauschmöglichkeiten beim *barter* sehr rasch, wenn sich nicht aus *anderen Gründen* Geld als Institution entwickelt hat.

Ein letzter Punkt: Die Tauschanalyse von Jevons, Walras *und* Edgeworth mag sich darin unterscheiden, ob beim isolierten Tausch nur *ein* Tauschwert existiert oder viele. Einig sind sich diese drei Entwürfe darin, *dass* eine Lösung zu Stande kommt. Den äußerst wichtigen Fall, dass Tauschverhandlungen zu *keinem Ergebnis* kommen, können diese Modelle überhaupt nicht abbilden. Doch das ist ein wesentliches Element des Wettbewerbs. Wer bei A kauft, kauft nicht bei B, C, D usw. Der Wettbewerb ist also nicht nur ein Kampf um die Höhe der Tauschwerte, er besteht vor allem darin, dass die *Tauschsubjekte* wählen können. In dieser Freiheit – falls die Märkte sie nicht durch monopolistische Strukturen unterbinden –, entfaltet sich der in der neoklassischen Tauschanalyse überhaupt nicht aufscheinende Fall *scheiternder* Tauschakte.

Man hat das in neueren Ansätzen durch „Suchprozesse" ergänzt. Doch hierbei unterstellt man wiederum nur ein weiteres Gut „Information", das neben anderen Kosten als Faktor bei Transaktionen zu berücksichtigen ist. Das ist durchaus richtig, verdeckt aber

---

[101] Vgl. W. Hildenbrand (1994), S. 67.

wiederum nur die eigentliche Frage: Was bedeutet es, dass Tauschakte immer wieder scheitern? Die Modellvoraussetzungen der Neoklassik, bei Jevons, Walras usw., liefern völlig *symmetrische* Strukturen des Tauschs. Das heißt, die Tauschpartner können hier jederzeit wieder „zurück- oder weitertauschen", falls ihnen ein Vorteil daraus entsteht – etwa, wenn sie bemerken, dass frühere Tauschakte auf unzureichenden Informationen beruhten. Doch das ist eine reichlich konstruierte, eine absurde Voraussetzung. Tauschakte können nicht nur scheitern, sie sind nicht „zeitinvariant", sie erfolgen in einer *historischen* Zeit, sind also vielfach unumkehrbar. Ob ein Tauschakt gelingt, ob er scheitert – *beides* sind reale historische Ereignisse, die für andere wiederum Fakten schaffen.

Die Modelle der mathematischen Ökonomen kennen eigentlich keine Individuen. Die Subjektivität der Wirtschaftssubjekte ist hinter einer Funktion $u(.)$ verschwunden. Das neoklassische Tauschsubjekt ist nicht nur namenlos, es existiert überhaupt nicht *als* Individuum. Geht man vom Tausch realer Individuen aus, so erhalten die Tauschakte mit diesen einen singulären, historischen Charakter. Der gelungene oder der gescheiterte Tauschakt ist ein Element der Wirtschaftsgeschichte, nicht ein logisches Element in einer formalen, mathematischen Struktur. Gerade der *Wettbewerb* wird erst dann verstanden, wenn der in ihm als Prozess entfaltete Gegensatz zwischen „Individuen" (Personen, Firmen, Verbänden, Staaten usw.) betrachtet wird. Die „vollkommene Konkurrenz" bei Walras, aber auch bei Edgeworth auf Märkten mit einem Limes gegen unendlich viele Marktteilnehmer, ist überhaupt kein Wettbewerb.

4.7.3.9 Spieltheorie des Tauschens

Ich schließe diesen Abschnitt, ergänzend zu der schon entwickelten Theorie des Spiels (vgl. 2.3), durch einen kleinen Hinweis auf die Spieltheorie, sofern sie als Weiterführung der Theorie von Edgeworth interpretiert wird. Diese Theorie liefert *kategorial* nur das, was bei den früheren Autoren bereits (unzureichend) beantwortet wurde. Hayek spricht zwar von einem „Spiel des Marktes"[102], hat diesen Gedanken aber nicht *als Spieltheorie* entwickelt. In der Spieltheorie im engeren Sinn (von Neumann, Morgenstern, Nash usw.) wird das *Spielen* auf die Regeln des Spiels reduziert. Der kategorial notwendig zum reinen Spiel gehörende Überstieg aller Regeln wird von den Theoretikern der Spieltheorie überhaupt nicht bemerkt. Ferner wird die Fragestellung völlig auf eine ökonomische Grundlage gestellt. Dabei fällt aber die spieltheoretische Rekonstruktion des Tausch hinter das bei Pareto immerhin Erkannte – die Ordinalität des Nutzens – sogar wieder zurück, auch wenn die mathematische Technik verfeinert wurde.

Die Fiktion, dass die Handlungsalternativen *definiert* sind – auch wenn sie nur dem Spieltheoretiker als cartesianischem Beobachter bekannt bleiben –, hebt die Voraussetzung, das Wissen sei auf zwei Spieler *getrennt* voneinander verteilt, bereits im Ansatz auf. Ob zwei Spieler einer Tauschverhandlung die Strategien des je anderen kennen (wie bei Nash) oder nicht (wie bei Harsanyi), ist hier gleichgültig: Die mathematische Form der Darstellung unterstellt ein *Metabewusstsein*, das die Informationen aller Beteiligten kennt und entsprechend modelliert. Damit ist der *Witz* der Intersubjektivität beim Tausch mit *verteiltem Wissen*, der Mengers Analyse noch bewegte und auch bei Hayek als bewegendes Moment erkennbar ist, völlig eliminiert. Was immer als Lösung eines

---

[102] F. A. Hayek (1996), S. 187. Hayek beruft sich auf die „Definition von Spiel" aus dem „Oxford Dictionary", wonach gilt: ein Spiel „ist ein Wettkampf nach Regeln, der durch überlegene Geschicklichkeit, Kraft *oder* auch durch Glück entschieden wird" F. A. Hayek (1996), S. 184, hat aber das Spiel als soziale Kategorie nicht rekonstruiert.

„Bargaining-Prozesses" behauptet wird, ist eine reine Erfindung, die sich der *fehlenden Teilnahme* am Tausch verdankt.

Ich will das nur kurz an einem von Nashs Beiträgen illustrieren. Nash verwendet in der Analyse des *Bargaining-Problems* zwar eine monoton transformierbare Nutzenfunktion[103], setzt aber für die formale Lösung dann in einem für zwei Personen definierten Nutzenraum (mit den Nutzenindizes u_1 und u_2) gleichen Nutzen voraus und bildet ungeniert Nutzensummen. Was man *addieren* kann, ist vergleichbar, also bereits im Horizont einer Geldökonomie gedacht, die durch die Geldrechnung eine völlig andere Struktur besitzt als ein isolierter, bilateraler Tausch. Reduziert man z.B. den Wettbewerb zweier Oligopolunternehmen auf *einen* Spielparameter (vielleicht den Marktanteil), so wird völlig ausgeblendet, dass in den meisten Fällen Lösungen durch einen *Überstieg* solcher Regeln gefunden werden: Fusionen mit anderen Firmen, Finanztricks oder Merger, Beeinflussung staatlicher Institutionen bis hin zu einer Änderung von Kartellgesetzen, schlichter Bilanzbetrug, Rufschädigung in den Medien usw. – und all dies sind keine extrem seltenen Ausnahmen, sondern täglich als „Spielstrategien" in den Wirtschaftsgazetten nachzulesen. Doch mit solchen *ökonomischen* Fragen beschäftigt sich Nash in einem seiner klassischen Aufsätze überhaupt nicht. Das von ihm untersuchte Tauschproblem (Bill tauscht gegen Jack eine Reihe von Gütern) erlaubt es ihm *a priori* die Nutzenmengen der beiden zu vergleichen. Zunächst unterstellt Nash, dass Bill und Jack ohne Geld tauschen, definiert aber jeweils Nutzenfunktionen mit einfachen linearen Eigenschaften. Nashs Argument: „let us assume for simplicity"[104].

Nun, diese „Simplizität" ist ökonomisch sinnlos, weil sie voraussetzt, was sie nicht voraussetzen möchte: Die Auflösung der kategorialen Differenz zwischen den Spielern durch ein schon vorausgesetztes, gemeinsames Maßverhältnis. Deshalb kommt diese implizite Annahme bei Nash dann auch kaum eine Seite weiter aus dem Versteck: „Wenn die Tauschpartner ein gemeinsames Tauschmedium besitzen, nimmt das Problem eine spezielle, einfache (!) Form an. In vielen Fällen wird das Geldäquivalent für ein Gut als befriedigende (!) annähernde (!) Nutzenfunktion dienen."[105] Dass damit dann *ökonomisch* alle interessanten Fragen der Tauschanalyse in einer „befriedigenden, annähernden Annahme" wegdefiniert sind, ist für Spieltheoretiker offenbar kein Hindernis, ihren Ansatz als *Lösung* des Bargaining-Problems zu betrachten.

Die Spieltheorie mag für Situationen anwendbar sein, in denen das menschliche Handeln durch Regeln so sehr beschränkt ist, dass man die Rationalität auf die Auswahl von wenigen „Strategien" reduzieren kann. Doch das sind – vielleicht *mathematisch* interessante – Randfragen, die zur Erklärung von Tausch und Geld nichts beitragen. Wenn es im Modell einen *definierten* Strategieraum gibt, der einem cartesianischen Beobachter bekannt ist – denn eben dies formuliert der Spieltheoretiker und setzt er

---

[103] J. F. Nash (2002), S. 39.

[104] J. F. Nash (2002), S. 44. Die axiomatischen Elemente dieser Theorie kann ich hier nicht darstellen. Ich danke Rudi Matzka für eine Aufklärung vieler Details. Seine wichtige und grundlegende Kritik der Axiomatik in der Nutzen- und Spieltheorie ist leider völlig unbeachtet geblieben; vgl. R. F. Matzka (1982). Sie bleibt ein bislang unerkannter Sprengstoff für diese Tradition.

[105] J. F. Nash (2002), S. 45. Harold Kuhn, der Herausgeber, schreibt in der Einleitung zum Wiederabdruck des zitierten Aufsatzes: Der Aufsatz „had been written at Carnegie Tech as a term paper in *the only course in economics that Nash ever took.*" H. W. Kuhn (2002), S. 35; meine Hervorhebung. Kuhn sagt auch, dass Nash „never read the works of Cournot, Bowley; and Fellner cited in the paper's introduction." aaO, S. 36. Diesen Wissenschaftsstil mit Blick auf die „mathematische Leistung" zu tolerieren, gilt als Ausweis von Genialität und verrät etwas über das analytische Niveau der amerikanisch dominierten Ökonomik.

4.7.3 Jevons, Walras und Edgeworth

voraus; auch dann, wenn die beteiligten Spieler selbst darüber begrenzte Informationen besitzen –, so wird vergessen, dass die *Theorie* selbst Teil des sozialen Prozesses ist. Und darin ist performativ ein unaufhebbarer Denkfehler enthalten: Wenn der Spieltheoretiker den Strategieraum und die möglichen Spielzüge kennt, dann existiert ein Wissen, das als dieses Wissen wieder Teil des gesellschaftlichen Prozesses werden kann. Einer der Spieler könnte dieses Wissen kaufen, womit die Voraussetzung dieses Modells dann aufgehoben wäre. Es ergäbe sich eine neue „Spielsituation", die wieder der Theoretiker als cartesianischer Beobachter, als allwissende soziale Gottheit kennt, mathematisch beschreibt, um sie dann wieder – auch Spieltheoretiker fallen unter ihre eigene Voraussetzung der „Rationalität" = Geldgier – zu verkaufen und somit den modellierten Gegenstand so zu verändern, dass die verkaufte Theorie wiederum notwendig falsch wäre – ad infinitum.

Das Dilemma ist offenkundig: Sagt man, dass die Kenntnis der Theorie das Spiel *nicht* verändert, dann ist solch eine Theorie nutzlos und erklärt nur, was entweder ohnehin alle wissen oder was niemanden interessiert. Ist die Theorie aber nützlich, dann verändert ihre Anwendung die Spielzüge, fügt neue hinzu und verändert damit den Charakter des Spiels und die von der Theorie formulierten Lösungen. Doch eben dieses Spiel sollte durch die als nützlich unterstellte Theorie beschrieben werden. Folglich führt die Anwendung der Theorie zu ihrer notwendigen Falsifikation. Die Spieltheorie darf also nie Element der Kommunikation von Spielern werden, soll die Theorie „wahr" bleiben. Daraus folgt aber: Die Spieltheorie ist – wie übrigens jede andere objektivierende Sozialtheorie – aus diesen Gründen entweder nutzlos oder notwendig falsch. Warum das so ist, lässt sich auch formal zeigen[106]; das hier nur in der Alltagssprache skizzierte Argument reicht allerdings völlig hin.

Wie die Analyse des Spiels zeigte (vgl. 2.3.2), wird in der Spieltheorie zudem nicht gesehen, dass die Spieler selbst unaufhörlich ihr Spiel durch ihr *Spielen* kreativ verändern; es gibt keine stellvertretende Kreativität durch den Spieltheoretiker, der das beschreiben könnte. „Kreativität" heißt nämlich vor allem, die Definition des Charakters eines Spiels und die Regeln des Spiels, damit den Strategieraum auf für andere *überraschende* und neuartige Weise neu definieren zu können. Im Unterschied zu einem „Spiel" ist das *Spielen* als menschliches Handeln nicht auf Regeln verpflichtet. Und neue Technologien, neue Marktstrategien, Finanzierungsformen, Beeinflussungen von Politikern usw. sind kreative Akte, die als Antwort auf einen Spielzug des Gegners mit einer *Neudefinition des Spiels* antworten. Ein cartesianischer Beobachter kann all das nicht erkennen; er bleibt auf das Modell festgelegt, *in dem* seine erfundenen Aktoren sich nach Regeln verhalten. Auch in der Sprache des „Spiels" zeigt sich eine undefinierte Offenheit der sozialen Situationen, die sich einer formalen Festlegung *prinzipiell* verweigert. Der Tausch ist nicht determiniert, auch nicht als Struktur eines Strategieraums. Insofern sind Nash-Gleichgewichte und ihre Weiterentwicklung zwar ihrerseits nette mathematische Spiele, aber keine Erklärungen für das *ökonomische Spiel*, das als *Handlung* in einem nicht-determinierten Raum der Bedeutung vollzogen wird, in dem Spiele durch das *Spielen* der Aktoren laufend *neu* definiert werden.

---

[106] Vgl. zu diesem Nachweis K.-H. Brodbeck (2002c), Anhang I; ferner (2000a), S. 70ff.

4.7.4 Die Theorie des Haushalts und der Grenznutzen des Geldes

4.7.4.1 Das Grundmodell der Haushaltstheorie

Die Darstellung der mathematischen Schule wäre ungenau und unvollständig, wenn nicht einige ihrer Theoreme auch im formalen Detail diskutiert würden. Das möchte ich tun, mit der Bitte an den mathematisch weniger geübten Leser, entsprechende Passagen im Text vielleicht einfach zu überschlagen. Hierbei verwende ich jene Form der Darstellung, die heute in den meisten Lehrbüchern der Mikroökonomie die gewöhnliche ist, wobei ich mich weitgehend auf die „Haushaltstheorie", die Theorie der Konsumentenentscheidung konzentriere. Es ist diese Theorie, hinter der sich die Fragen nach Tausch und Geld versteckt haben. Man verwendet hierbei eine Nutzenindex- oder Präferenzfunktion, in der die „Dringlichkeit" des Güterkonsums abgebildet werden soll. Diese Funktion ist monoton transformierbar, wenn man auf die Idee eines *messbaren*, intersubjektiv gegebenen Nutzens verzichtet. Diese Nutzenindexfunktion besitzt folgende Form:

$$u = u(x_1, x_2, ..., x_n); \ u_i > 0; \ u_{ii} < 0; \ \text{für alle } x_{i,j}; \ i,j = 1,...,n.$$

Hierbei ist u der Nutzenindex, $u(.)$ ist die Nutzenindexfunktion, die als stetig und wenigstens zweimal differenzierbar unterstellt wird, x_i mit $i = 1,...,n$ sind die Gütermengen für die betrachteten n Güter, u_i (die partielle Ableitung der Nutzenindexfunktion) wäre der „Grenznutzen" in einer kardinalen Interpretation. Die Güter gelten als unteilbar, werden durch reelle Zahlen modelliert. Die Annahme $u_{ii} < 0$ entspräche – wiederum kardinal interpretiert – dem „ersten Gossenschen Gesetz", d.h. der These, dass der Grenznutzen *ceteris paribus* bei vermehrtem Güterkonsum sinkt. Die Voraussetzung $u_i > 0$ für alle x_i impliziert auch „Nichtsättigung", d.h. es werden für die Nutzfunktion noch folgende Bedingungen angenommen: $u(0,...0) = 0$ und $\lim u_i(x_i) \to 0$ für $x_i \to \infty$, $x_{j \neq i} = const$. Damit ist gesagt, dass kein Güterkonsum auch keinen Nutzen stiftet („Askese hat keinen Nutzen"), und dass bei der Vermehrung eines Gutes *ceteris paribus* keine Sättigung eintritt („mehr ist immer besser"). Durch diese Annahmen ist ein internes Optimum bei den Konsumentscheidungen möglich. Das entscheidende Subjekt ist durch diese Annahmen *vollständig* beschrieben. Es tritt *als Subjekt* nicht mehr in Erscheinung, sondern ist identisch mit dem mathematischen Kalkül.

Wenn nun ein vereinzelt gedachtes Wirtschaftssubjekt in einer Geldökonomie das von ihm am meisten präferierte Güterbündel auswählen möchte, gibt es zwei Wege: Entweder man stattet den Haushalt mit einem Geldeinkommen y aus, oder man unterstellt eine Erstausstattung mit Gütern, jeweils symbolisiert durch eine hochgestellte kleine o: $x_1°, x_2°, ..., x_n°$, wobei einige Gütermengen auch null sein können. In einer Geldökonomie, so wird unterstellt, sieht sich der Konsument auf dem Markt gegebenen, von ihm nicht beeinflussbaren Preisen für diese Güter gegenüber: $p_1, p_2, ..., p_n$. Diese Preise haben die Maßeinheit: Rechnungseinheit (Geldeinheit oder *numéraire*) pro Gütereinheit, z.B. €/kg. Der Haushalt kann also durch den Verkauf seiner Güterbestände ein Einkommen erzielen, das er wiederum für seine gewünschten Güter eintauscht. Auf diese Weise transformiert er den Ausgangsbestand an Gütern in einen *erwünschten* Güterbestand. In Vektorschreibweise können wir die Preise und die Mengen jeweils als Vektoren – z.B. $p = (p_1, p_2, ..., p_n)$ – schreiben. Das Skalarprodukt aus Preisen und Mengen $px°$ bzw. px ergibt dann den Güterbestand vor bzw. nach dem Tausch des Haushalts. Definiert man $y = px°$, so kann man „y" als *Einkommen* betrachten. Ist dieses Einkommen *unmittelbar* in Geldform gegeben, so lässt sich sogleich mit dieser Größe

4.7.4 Die Theorie des Haushalts und der Grenznutzen des Geldes

operieren; der Haushalt muss dann nicht erst einen gegebenen Güterbestand verkaufen, um seinen Optimalbestand zu erreichen.

Unter diesen Voraussetzungen sieht sich der Haushalt der Restriktion gegenüber, nicht mehr ausgeben zu können als er einnimmt, es gilt also: $y \geq px$ bzw. in Güterbeständen ausgedrückt auch $px° \geq px$. Von Kreditbeziehungen wird hier abstrahiert; es wird nur jeweils eine Periode betrachtet. Nun optimiert der Haushalt seinen Güterbestand durch Maximierung unter dieser Nebenbedingung. Man verwendet hierzu eine in der Mechanik eingeführte mathematische Technik, die Langrangefunktion. Es wird eine Funktion gebildet:

(1) $\qquad L = u(x) + \lambda(y - px) \rightarrow max!$

Variablen sind hier die Gütermengen x und die Hilfsvariable λ („Lagrange-Variable"), die zum Zweck der Maximierung unter Nebenbedingungen eingeführt wird. Als Resultat dieser Maximierung erhält man für alle i Güter die notwendigen Bedingungen:

(2) $\qquad u_i - \lambda p_i = 0,$

(3) $\qquad y - px = 0.$

Die Bedingung zweiter Ordnung für ein Maximum $L_{ii} = u_{ii} < 0$ ist durch die Annahme „sinkender Grenznutzen" erfüllt.

Wie lässt sich dieses Ergebnis interpretieren? Die Gleichung (3) besagt, dass der Konsument sein verfügbares Budget auch tatsächlich ausschöpft. Wenn man den Nutzenindex *kardinal* interpretiert, wie Gossen, Jevons, Walras, Launhardt und andere, dann ist in diesem Kalkül die von Gossen formulierte Theorie zusammengefasst. Durch eine kleine Umformung erhält man aus Gleichung (2)

(4) $\qquad \dfrac{u_i}{p_i} = \dfrac{u_j}{p_j} \qquad i,j = 1,...,n$

Das heißt: Die Grenznutzen, dividiert („gewogen") durch die Preise, gleichen sich für alle Güter aus (2. Gossensches Gesetz). Man kann das auch durch kleine Umformung so ausdrücken: Die Grenznutzen der Güter verhalten sich wie die Preise.

(5) $\qquad \dfrac{u_i}{u_j} = \dfrac{p_i}{p_j}$

Noch anders gesagt: Der Haushalt gibt sein Einkommen y so aus oder er passt seine Güterbestände so an, dass die relativen Grenznutzen der Güter jeweils den relativen Preisen entsprechen.

Diese *reale* Interpretation, die weder ein Nutzenmaß definiert, noch in der Geldeinheit rechnen zu müssen glaubt, besitzt allerdings an der Darstellung selbst einen Mangel. Die Gleichung (5) zeigt tatsächlich das besonders von Pareto, später von Hicks, Stackelberg und anderen betonte Ergebnis, dass die *Recheneinheit* (Nutzenindex und Geldwert) sich herauskürzt, also nicht als Einheit benötigt wird, um dieses Ergebnis abzuleiten. Darin erblicken die Ökonomen den *realen* Charakter dieser Theorie. Die Resultate hängen scheinbar nicht ab von den Einheiten des gewählten Nutzenindexes. Man erhält dasselbe Ergebnis (4) auch, wenn man die ursprüngliche Nutzenfunktion

$u(x)$ z.B. einfach linear transformiert durch beliebige reelle Zahlen a und b mit der Gleichung: $u^* = au + b$. Damit scheint gezeigt, dass die *Kardinalität* des Nutzens und seine Messbarkeit für das Ergebnis keine Rolle spielen.

4.7.4.2 Der Grenznutzen des Geldes

Doch diese Überlegung besitzt einen Schönheitsfehler, und dieser Schönheitsfehler wurde in der Literatur unter dem Stichwort „Grenznutzen des Einkommens" oder „Grenznutzen des Geldes" vielfach diskutiert. Betrachten wir die Lagrangefunktion genauer. Aus (2) (traditionell gelesen als: „Preis proportional dem Grenznutzen") folgt:

(6) $$\frac{u_i}{p_i} = \lambda$$

für alle i. Die Langrangefunktion ändert sich mit dem Einkommen y, woraus nach einigen Umformungen folgt $du = \lambda dy$.[107] Die Hilfsvariable λ (Lagrangevariable) drückt also den Zuwachs des Nutzens mit der Recheneinheit aus, in der y gemessen wird. Daraus ergibt sich ganz einfach: Alle gewogenen Grenznutzen u_i/p_i sind im Haushaltsoptimum nicht nur λ gleich, sie sind damit qualitativ auch *in der Recheneinheit* der Lagrangevariablen ausgedrückt. Das in Gleichung (5) erzielte Ergebnis *beruht* also auf einer vorgängigen Identität der Recheneinheit, die in λ erscheint; λ erfüllt formal die Rolle, die *subjektive Nutzeneinheit* zur Messung des Grenznutzens u_i in die auf den *Märkten* verwendete Recheneinheit, in denen die Preise erfasst sind, *umzurechnen*. Das Geld als Recheneinheit ist also in dieser Rechnung nicht „verschwunden" oder als beliebiges Maß gesetzt; es taucht explizit als *Recheneinheit* auf in der Lagrangevariablen λ.

Samuelson bezeichnet die Langrangevariable λ als *marginal utility of income*; er fügt hinzu: Diese Variable „kann, natürlich, eliminiert werden, aber nur mit einem Verlust an Symmetrie".[108] Der klare mathematische Sinn hindert Samuelson also daran, die Lagrangevariable einfach zu ignorieren. Doch der „Grenznutzen des Einkommens" ist auf die *Recheneinheit* des Einkommens, also die Geldeinheit bezogen. Die Ökonomen können auf diese Interpretation der Langrangevariablen nicht verzichten, weil sonst einige ihrer Theoreme, z.B. die „Konsumentenrente"[109], hinfällig werden. Marshall, Pigou und andere sind von einem *konstanten Grenznutzen des Geldes* ausgegangen. Damit ist aber nichts weniger gesagt als eine eindeutige, konstante Beziehung zwischen gewogenem Nutzen und Geld. Tatsächlich gibt es für eine Geldökonomie die Voraussetzung einer Wertidentität des Geldes mit sich selbst – wenigstens als *Rechnungseinheit*.

Wenn man den Grenznutzen des Geldes als konstant betrachtet, dann hat man *eigentlich* nur – was wir mehrfach bemerken konnten – gesagt, dass *stillschweigend* immer der Nutzen als Geldeinheit gedacht wurde. Doch für die mathematische Durchführung erweist sich die Annahme λ = const. als äußerst restriktiv. Samuelson hat gezeigt, dass das nur unter sehr wenig plausiblen Annahmen denkbar ist, z.B. jener, „dass jeder

---

[107] Ist die Nebenbedingung $y = px$ erfüllt, so gilt $dL = du$: Bildet man von der Lagrangefunktion das totale Differential: $dL = \Sigma_i u_i dx_i + \lambda dy - \lambda \Sigma_i p_i dx_i$ und berücksichtigt man die Optimalbedingung (1), so folgt daraus mit $\Sigma_i(u_i - \lambda p_i) dx_i = 0$, somit $dL = du$ und $du/dy = \lambda$.

[108] P. A. Samuelson (1974), S. 100.

[109] Die Konsumentenrente ist der Nutzen, der einem Konsumenten mit höherer Zahlungsbereitschaft als dem aktuell bezahlten Marktpreis erwächst. Sie entspricht dem Integral des Grenznutzens oberhalb der Grenze von $u'(x) = p$ bei einem gegebenen Marktpreis p.

4.7.4 Die Theorie des Haushalts und der Grenznutzen des Geldes

Zuwachs des Einkommens nur für *ein* Gut ausgegeben wird", und Samuelson fügt hinzu, dass diese Hypothese „absurd" ist.[110] Der Grenznutzen des Geldes *als* Einkommen hängt, betrachtet man ihn als variabel, allgemein von den Preisen ab. Das würde bedeuten, dass die durch λ vollzogene Transformation des objektiven Geldmaßes in das subjektive Nutzenmaß nicht von den Präferenzen des Konsumenten allein abhängt, sondern auch von *objektiven* Bedingungen (Preisen). Was jemand subjektiv eine Einheit Geld wert ist, hängt dann – selbst bei gleichem subjektiven Nutzen – von den Preisen ab, eine Annahme, die den Vätern der Neoklassik wie Marshall nicht einleuchten wollte.[111] Weshalb sollte in zwei Situationen, die vom Konsumenten subjektiv mit einem identischen Nutzenindex bewertet werden, der Grenznutzen einer *zusätzlichen* Geldeinheit *anders* beurteilt werden, wenn andere *relative* Preise gegeben sind? Doch wenn gilt: „Der Grenznutzen des Einkommens *kann nicht* konstant bezüglich *allem* sein"[112], dann beruht dieses „nicht können" auf der im Modell der Haushaltstheorie gegebenen Struktur und ihren Voraussetzungen.

Tatsächlich ist aber die Geldeinheit *als Recheneinheit* mit sich identisch „bezüglich allem" und dies auch *intersubjektiv* – darin besteht kategorial ja gerade der *Witz* seiner Geltung. Wenn dort, wo diese Recheneinheit in einer Theorie erscheint, sich diese Identität der Einheit mit sich selbst als *Qualität* und *Quantität* nicht mit den in der mikroökonomischen Theorie als „gebräuchlich" vorausgesetzten Eigenschaften in Einklang bringen lässt, dann bedeutet das nur eines: Diese Theorie ist unhaltbar, gemessen an ihrem eigenen Ideal als empirische Wissenschaft. Konzepte wie die Konsumentenrente – also z.B. die Beurteilung eines äußeren Beobachters, welchen „Vorteil" ein Konsument aus einer bestimmten wirtschaftspolitischen Maßnahme wie einer Steuersenkung zieht –, *beruhen* auf der Annahme eines konstanten Grenznutzen des Geldes. „Wir sind gewarnt", sagt Samuelson, „diese Doktrin hält unqualifiziert nur, sofern der Grenznutzen des Einkommens konstant ist."[113] Es macht deshalb wenig Sinn, überhaupt im mikroökonomischen Jargon zu reden.

Sachlich verbirgt sich wiederum nur etwas recht Einfaches hinter diesem Gedanken: Wenn jemand prinzipiell bereit wäre, mehr für ein Produkt zu bezahlen, dieses Produkt aber wider seine Erwartungen *billiger* bekommt, so hat er einen Vorteil. Doch über diesen Vorteil lässt sich *quantitativ* und *qualitativ* nichts aussagen, wie sich gleich näher zeigen wird. Eine *messbare* Grundlage (im Sinn einer „Kosten-Nutzen-Analyse") lässt sich darin nicht finden. Was immer Ökonomen bei ihren Vorschlägen für Steuersysteme, öffentliche Projekte usw. hier *rechnen*, beruht auf *Erfindungen* – meist Annahmen über die „Nutzenfunktion" *der* Konsumenten. Diese totalitäre Manier, über die Subjektivität anderer *objektiv* zu befinden, anstatt in einen Diskurs mit ihnen einzutreten, ist der

---

[110] P. A. Samuelson (1942), S. 85.

[111] Böhm-Bawerk meinte vermittelnd: „Denn bekanntlich nimmt der Grenznutzen der Geldeinheit bei Zunahme der Zahl der verfügbaren Einheiten ungleich langsamer ab, als dies bei Vorräten an einer bestimmten Güterspezies der Fall ist – aus dem sehr einfachen Grunde, weil die meisten Güterspezies einer einzigen Art von Bedürfnissen zu dienen im Stande ist, und eine Häufung von Güterexemplaren innerhalb dieser einen Bedürfnisart meist sehr bar nur konkrete Bedürfnisse von abnehmender Wichtigkeit sich gegenüber findet, während das Tauschmittel ‚Geld' zur Befriedigung sämtlicher Arten von Bedürfnissen dient" E. v. Böhm-Bawerk (1921: II.1) S. 251, Note.

[112] P. A. Samuelson (1974), S. 191. Vgl.: „The marginal utility of income derived will hold only for a given set of prices. This limitation is inherent in the problem, since the concept has meaning only with reference to a fixed set of prices." P. A. Samuelson (1937), S. 155, Note 2.

[113] P. A. Samuelson (1974), S. 200.

moralische Kern dieser ganzen Verwirrung, den freilich der Gestus einer Herrschaftswissenschaft gar nicht erst bemerkt.

Was Alfred Marshall mit dem Grenznutzen des Geldes an Sachverhalten ausdrücken wollte, ist allerdings noch etwas ganz anderes: „Der Grenznutzen des Geldes ist für einen Armen größer als für einen Reichen."[114] Hier ist ganz klar die Rede von einem *interpersonalen Nutzenvergleich*, eine Frage, die auch bei der Ausgestaltung einer progressiven Einkommensteuer diskutiert wird. Immer dann, wenn also die subjektive Wertlehre tatsächlich angewandt werden soll, um ökonomische Sachverhalte zu beurteilen, fallen die Ökonomen sehr rasch wieder auf die *kardinale* Nutzenvorstellung zurück. Wenn man, wie in der Wohlfahrtsökonomik, verschiedene Individuen *ausdrücklich* aus der Position eines externen Beobachters – z.B. des Staates – vergleichen will, ist man immer gezwungen, *Individuen* zu bewerten. Die Rede vom Grenznutzen des Geldes bezüglich einer Größe, die nicht intersubjektiv vergleichbar ist – wenigstens halten die meisten Ökonomen daran fest –, bietet dann auch keine Entscheidungshilfe. Wenn es praktisch wird, taucht hinter dem eleganten Apparat der modernen Präferenztheorie und ihren ordinalen Voraussetzungen sehr rasch wieder die einfache Vorstellungswelt Gossens auf. Eher könnte man noch (ohne Nutzenmetaphysik) sagen: Bei konstanten Preisen ist der prozentuale Zuwachs der gekauften Produktmengen, gleichgültig um welche Produkte es sich handelt, bei einem Armen größer als bei einem Reichen. Der Reiche konnte sich zuvor sehr viel mehr Produkte leisten, so dass eine zusätzliche Geldeinheit *prozentual* seinen Konsum nur unwesentlich erhöht, während für einen wirklich Armen, der von einem Dollar pro Tag lebt, ein weiterer Dollar *sehr viel* bedeutet. Man kann also durchaus sinnvoll und in einer intersubjektiven Terminologie über Umverteilungen reden – auch wenn es *letztlich* immer ein Werturteil bleibt, ob man einige Geldeinheiten von Reich nach Arm umverteilen will oder nicht. Der Nutzenbegriff ist dazu völlig entbehrlich.

Hicks hat im Anschluss an Pareto den Gedanken betont, dass man den Grenznutzen auch durch die „Grenzrate der Substitution" ersetzen könne. Betrachten wir eine Nutzenindexfunktion mit zwei Gütern $u = u(x_1, x_2)$, so lässt sich das totale Differenzial bilden mit: $du = u_1 dx_1 + u_2 dx_2$. Bleibt der Nutzenindex gleich, verhält sich ein Wirtschaftssubjekt also *indifferent* gegenüber einer Änderung seines Güterbestandes, so lässt sich mit $du = 0$ ableiten:

$$(7) \qquad \frac{u_1}{u_2} = -\frac{dx_2}{dx_1}$$

Das Verhältnis auf der rechten Gleichungsseite heißt „Grenzrate der Substitution". Es ist die marginale Austauschbeziehung zwischen je zwei Gütern, die vom Wirtschaftssubjekt als „indifferent" bewertet wird. Der *subjektive Werthorizont* legt damit das Maß dieser Austauschbeziehung fest. Und tatsächlich erscheint *hier* keine Geldeinheit. Deshalb meint Hicks anhand dieser Beziehung: „Wenn der Gesamtnutzen nicht quantitativ definierbar ist, ist es der Grenznutzen auch nicht. Aber die Werttheorie braucht keine genaue Definition des Grenznutzens. Was sie braucht ist lediglich die Kenntnis der *Grenzrate der Substitution* zweier Güter, wenn ein Individuum eine gegebene Bedürfnisstruktur hat und irgendein gegebenes Sortiment von Gütern (...) hat."[115]

---

[114] A. Marshall (1961), S. 80.

[115] J. R. Hicks, R. G. D. Allen (1934), S. 119. Allen hat den zweiten, mathematischen Teil geschrieben; die Kommentare stammen von Hicks.

4.7.4 Die Theorie des Haushalts und der Grenznutzen des Geldes

Doch dieses Argument ist unhaltbar. *Erstens* verzichten die Ökonomen performativ nicht auf die Nutzenfunktion, sondern behalten sie bei – wenn auch, wie gesagt wird, nur aus Gründen der „Bequemlichkeit"[116]. Damit ist wenigstens zugegeben, dass man auf die Sprache der Nutzentheorie offenbar nicht verzichten kann. Noch Debreu hat sich bemüht, die Verwendbarkeit dieser Sprache zu begründen.[117] *Zweitens* wird die Indifferenzbeziehung als *rein subjektive Wertung* interpretiert. Dabei wird aber vergessen, dass sich diese Wertung auf *objektive Mengenverhältnisse* bezieht (x_1 und x_2 sind als *Produktmengen* intersubjektiv messbare Größen, keine *Güter*). Diese Mengenverhältnisse bleiben auch als *Quotient* erhalten; sie „kürzen sich nicht heraus". Die Grenzrate der Substitution hat also die Maßeinheit: α Einheiten des Gutes 1 bezogen auf β Einheiten des Gutes 2. Das, was die Wirtschaftssubjekte hier also *individuell*, rein subjektiv und „unvergleichbar" aufeinander beziehen, sind objektive Messgrößen von *Produkten*. Doch die Wertung bezieht sich auf *Güter*. Es bedarf also einer Transformation der objektiven Produktmaße in subjektive Gütermaße – das, was man als „individuellen Nutzen der Güter" bezeichnet. Ein Gut stiftet jemand einen subjektiven Nutzen, und erst *dies* macht es – dem Selbstverständnis dieser Theorie zufolge – zu einem *Gut*. Doch die Grenzrate der Substitution ist in rein *objektiven Produkteinheiten* formuliert. Wenn sie also eine subjektive Relation *ausdrücken* soll, wenn sich im objektiven Produktverhältnis ein subjektives Urteil verbergen soll, dann müssen *zuvor* die Produkte in subjektive Güter (qualitativ) transformiert werden. Und eben *das* sollte die Nutzenfunktion u(x) *leisten*. Man kann also nicht auf sie verzichten, wie jedes Lehrbuch auch ganz praktisch zeigt, sofern die Grenzrate der Substitution eben *aus* den Gütermengen „abgeleitet" wird. Die Aussage von Hicks, dass die Grenzrate der Substitution den Nutzen als Einheit entbehrlich macht, beruht also auf einem Denkfehler, der „Produkte" und „Güter" verwechselt.

4.7.4.3 Die Verwechslung von Gütern und Produkten

Damit ist der *Kernfehler* der modernen Nutzentheorie angesprochen. Sie verwechselt, kurz gesagt, unaufhörlich *Güter* und *Produkte*. Produkte haben intersubjektiv definierte Eigenschaften. Ihre Eigenschaften sind durch Normen, Gewohnheiten, Gebrauchsanleitungen usw. als *intersubjektive* Identität öffentlich zugänglich. Die Produkteigenschaften werden – außer in den leeren Aussagen oder Lügen der Werbung – durch intersubjektiv kommunizierte Größen definiert. Vieles davon ist auch gesetzlich normiert oder findet sich in diversen Beipackzetteln, technischen Daten usw. Und auch *Dienstleistungen* unterliegen dieser objektivierenden Klassifikation, wenn auch mit vielen Grauzonen. Meist wird hier durch Lizenzen für bestimmte Berufe objektive Vergleichbarkeit der Leistungen versucht (zugelassener Arzt versus Kurpfuscher). Bei Kaufverhandlungen werden entweder diese objektiven Produkteigenschaften vorausgesetzt oder durch die Vertragsvereinbarung in den dem Kaufakt vorausgehenden Verhandlungen näher definiert.

Güter sind aber, dem Selbstverständnis der subjektiven Wertlehre zufolge, etwas ganz anderes. Sie sind in ihrer Qualität (und damit auch den quantitativen Schätzungen) *rein subjektiver Natur*. Ob jemand ein Glas Wein als viel oder wenig empfindet, ob er

---

[116] Stackelberg, der auch das Haushaltsoptimum durch die Grenzrate der Substitution „ableitet", sieht in der Nutzenfunktion eine „Fiktion", die „zur Formulierung der Theorie *sehr bequem*" ist, die „darstellerische Vorzüge" besitzt; H. v. Stackelberg (1951), S. 116 und 117; meine Hervorhebung.

[117] Vgl. G. Debreu (1954).

den Wein als gut oder weniger gut betrachtet – die Quantität und Qualität des Weines ist als „Präferenz" eines Subjekts eine rein subjektive, individuelle, das heißt *anderen Beobachtern nicht zugängliche* Größe. Man kann also nicht sagen, dass ein Glas Wein, als *subjektives Gut* bewertet, zu der *objektiven Produktqualität* (Maßeinheit 1 cl, Weinqualität nach Jahrgang, Anbaugebiet, Sorte usw. klassifiziert) eine eindeutige Beziehung unterhält.

Eben dies versucht die Nutzen*funktion* aber herzustellen. Aus dem intersubjektiv vorliegenden Produktmaß „1 Glas Wein der Sorte X" macht diese Funktion den *Nutzen* dieses Produkts. Der Nutzen ist der *objektiven Produktmenge* ein-eindeutig, durch eine mehrfach differenzierbare Funktion zugeordnet. Die subjektive „Einheit" u hängt *bijektiv* von der objektiven Produktmenge x ab. Das ist, wie gesagt, eine *erkenntnistheoretisch* unhaltbare Vorstellung. Denn welchen Charakter hat nun die Funktion u(x)? Sie *verknüpft* ja Nutzen und Gütermenge. Doch welcher *Art* ist diese Verknüpfung, für die man eine *objektiv-mathematische* Sprache verwendet? Ist diese Verknüpfung subjektiver oder objektiv-intersubjektiver Natur? Man braucht die Frage nur zu stellen, um den grundlegenden *Denkfehler* hier zu erkennen.

Dieser Denkfehler lässt sich nach den bisherigen Ausführungen im vorliegenden Text einfach ausdrücken: Die mathematischen Ökonomen (allerdings auch die Vertreter der österreichischen Schule, die auf die mathematische Darstellungsform verzichten) lassen offen, *wer* von einer Beziehung zwischen objektiven Produkten und subjektiven Gütern spricht. *Wer* stellt hier eine Beziehung her? Die Antwort liegt auf der Hand: Es ist der Typus des *cartesianischen* Beobachters. Ein Individuum, das geben die Anhänger der Präferenztheorie in der Regel freimütig zu, *rechnet* nicht mit Nutzenfunktionen, Grenzraten der Substitution oder transitiven Präferenzordnungen. Ein gewöhnlicher Käufer hat davon kein Wissen und *vollzieht* auch kein vergleichbares Kalkül: Er kauft einfach die Güter, die *ihm* wichtig erscheinen. Das einzig *Objektive* an diesem Akt ist sein dazu verfügbarer Geldbesitz und die Produktpreise – „Güterpreise" ist schon ein sinnloser Ausdruck. Ein cartesianischer Beobachter, also der Ökonom, stellt die Beziehung zwischen Nutzen und Produktquantitäten, zwischen Produktmengen und Grenzraten der Substitution her. Doch ihm als externen Beobachter ist die subjektive Wertung des beobachteten Wirtschaftssubjekts nicht zugänglich. Der „Grenznutzen", wenn dieser Begriff überhaupt einen denkbaren Sinn hat, ist nicht in Qualität und Quantität einem externen Beobachter zugänglich – gemäß der *eigenen Voraussetzungen der subjektiven Wertlehre*.

Deshalb führen die mathematisierten Darstellungen immer wieder im Kreis herum, führen immer wieder nur auf die Einheit Geld als *der* intersubjektiv vollzogenen Rechnungseinheit. Niemand weiß, „wie viel" Nutzen ein Glas Wein für jemand anders besitzt. Die als „Nutzen", als „Gut" auf einer subjektiven Wertung beruhende Verwendung von Wein entzieht sich der Messbarkeit – auch der *subjektiven* Messbarkeit. Ob ein Glas Wein „viel" oder „wenig" ist, das hängt eben vom Subjekt ab. Den Gütern kommt *kein* Maß zu. Oder schwächer ausgedrückt: Was immer ihnen an Maß zukommen mag (im subjektiven Urteil „viel/wenig"), dieses Maß lässt sich nicht in eine *objektive* Beziehung zu intersubjektiv gültigen Produktmaßen bringen. Das verkaufte Produkt „Wein" ist *auf keine Weise*, weder qualitativ noch quantitativ, der subjektiven Wertschätzung vergleichbar, die *an diesem Produkt* von einem Individuum vollzogen wird. Produkt und Gut unterscheiden sich wie Objekt und Subjekt. Bei Produkten, die für verschiedene Menschen überhaupt keine Güter, sondern *Ungüter* sind, ist das ganz offensichtlich: Zigaretten kommen im privaten Güterraum eines Nichtrauchers nicht nur nicht vor, sie sind in ihrer Wirkung durch den Konsum anderer sogar etwas, wofür man andere Güter opfert: Z.B. durch einen weiteren Weg in ein Nichtraucherrestaurant, den Verzicht auf eine Party, auf der geraucht wird usw.

Die subjektive Wertlehre vollzieht also, *entgegen ihrer erklärten Absicht*, einen Reduktionismus des Subjektiven auf objektive Größen, und vollzogen wird dies jeweils durch einen *externen* Beobachter, der durch die cartesianische Position alle Sachverhalte in dingliche Gegenstände verwandelt. Eine *ordinale Nutzenfunktion*, die Beobachtung von Kaufverhalten, die Annahme konsistenter *und* stabiler Präferenzordnung – all dies sind äußere Zuschreibungen eines Beobachters an das Verhalten eines *ontologisch* wie ein Ding behandelten Menschen, dessen *Subjektivität* und Wertung *auf keine Weise* erscheinen kann in diesem Verhältnis. Das, was in der anglo-amerikanischen Literatur als „standpoint of positivistic behavioristic description"[118] bezeichnet wird, ist die Position des cartesianischen Beobachters, und dieser Beobachter kann bei allem behaupteten Subjektivismus *nichts* vom beobachteten Wirtschaftssubjekt *messen*, solange es um *dessen* Wertungen geht.

Sicher ist die Subjekt-Objekt-Differenz keine absolute. Jeder versteht auf *irgendeine* Weise den anderen – sonst wäre Gesellschaft unmöglich. Doch diese Beziehung ist keine, in der Subjektives und Objektives *funktional* eindeutig verknüpft werden könnte. Vor allem aber: Wenn man dies zugesteht – und wer wollte es bestreiten? –, dann gibt man zugleich zu, dass eine *private*, eine *individuelle* Zuordnung von Produkten und vereinzelter Person gar nicht möglich ist. „Externe Effekte" sind keine Ausnahme, sondern die Regel. Sonst wäre der Kleinkrieg der Anwohner mit Autofahrern, Rauchern und Nichtrauchern, Freunden und Feinden der Pornografie usw. gar nicht verständlich. Diese an sich trivialen Sachverhalte könnten aber auch dem schlichten Verständnis eines neoklassischen Ökonomen verraten, dass eine funktionale Zuordnung von Produkt und Gut, personalisiert für ein Individuum, schlicht unmöglich ist.

Die Nutzenfunktion *u(x)* bedeutet aber genau das: Sie unterstellt, dass Subjektives quantifizierbar ist und bijektiv mit objektiven Eigenschaften von Dingen *verknüpft* werden kann. Doch das ist unhaltbar. Ein Mensch mag in *seiner* Güterwelt leben, in der ein Glas Wein, ohnehin selten getrunken, „sehr viel" ist, während vielleicht Fruchtsäfte, selbst in großer Produktmenge, „normal" erscheinen. Bei einem anderen mag es genau andersherum sein. Die Güterwelt, in der beide leben, ist qualitativ und quantitativ verschieden. Die Entscheidungen werden aber *in je der eigenen Welt* getroffen. Zweifellos *zeigen* sich die Resultate dieser Entscheidung dann objektiv, in den Käufen, auch in den Äußerungen („ich mag Wein nicht besonders", „Fruchtsäfte sind gesünder" usw.). Es findet also durchaus eine *kommunikative* Objektivierung subjektiven Meinens statt. Doch wie die Analyse der Identität gezeigt hat, lässt sich *darüber* kein konvergierender Diskurs herstellen. Der Meinungsstreit offenbart die *grundlegend differente Weise* der Individuation zweier (oder mehrerer) Personen. In der Individuation liegt aber gerade der Vollzug einer *Differenz* zum anderen.

4.7.4.4 Zirkuläre Erklärung und Immunisierung

Hebt nun ein Ökonom als cartesianischer Beobachter die kategoriale Differenz zwischen Gütern und Produkten auf, so hebt er damit auch *jedes* Verständnis der subjektiven Entscheidung auf. Die Objektivierung macht sie unsinnig, beraubt sie ihres eigentlichen Charakters. Die liberalen Ökonomen, die mit mathematischen Modellen der Mikroökonomie arbeiten, verhalten sich performativ keineswegs als jemand, der die Individualität respektiert. Im genauen Gegenteil. Sie offenbaren ein totalitäres Verständnis

---

[118] P. A. Samuelson (1974), S. 173. Samuelson bezieht sich hier u.a. auf O. Lange (1934).

menschlichen Handelns. Die Anmaßung, zu *wissen*, wie jemand anderer eine Beziehung zwischen objektiven Produktmengen und seinem subjektiven Empfinden dieser Entitäten je *als Gut* herstellt, diese Beziehung selbst *objektiv* darstellen zu wollen, zu mathematisieren und daraus *Folgerungen* für politische, ethische oder ökonomische Entscheidungen zu ziehen, ist in ihrem Wesen totalitär, mag auch das Lippenbekenntnis von „ordinalem Nutzen" oder „intersubjektiver Unvergleichbarkeit" vorausgehen, gepaart mit dem unschuldigen Augenaufschlag, man betreibe nur wertfreie Wissenschaft von der Wirtschaft.

Dass jeder Käufer eine Beziehung zwischen seiner subjektiven Güterwelt und der objektiven Welt der Produkte herstellt, ist eine Erfahrung, über die jeder selbst verfügt. Aber *wie* diese Beziehung hergestellt wird, ist nicht objektivierbar. Darin besteht ja gerade die Individualität des Individuums als Käufer, als Konsument. „Individuum" heißt wörtlich das, was man nicht teilen kann. Einer empirischen Person kommt in *mancher*, keineswegs in jeder Hinsicht etwas *Unvergleichbares* zu. Wie jede Handlung hat auch die des Individuums in seinen Zielen eine innere, in seinem Handlungsvollzug eine äußere Seite. Der Witz liegt hier im Begriff des *Vollzugs*: Jeder *vollzieht* diese Überbrückung von Innen und Außen, von Subjekt und Objekt, von Produkt und persönlicher Nutzenbewertung; doch der Akt ist als Relation kein Relat eines externen Beobachters. Dass jeder eine Beziehung zwischen seiner (privaten) Güterwelt und der objektiven (intersubjektiven) Welt der Produkte herstellt, ist eine unbestreitbare Tatsache, nicht aber ein beobachtbares Ding. Das *Wie* dieses Vollzugs ist kein beobachtbarer oder modellierbarer Gegenstand – übrigens schon gar nicht, wenn man in dieser Beziehung sogar eine *Technologie* vermutet („Konsumtechnologie").[119]

Allerdings bringt die Vorstellung einer funktionalen Verbindung von Subjekt und Objekt im Begriff der „Konsumtechnologie" den Denkfehler besonders klar zum Ausdruck: Eine Technologie transformiert Inputs in Outputs. Darin ist *in der Produktionstechnik* ein objektiver Vorgang gemeint, der durch das Ingenieurwissen erkannt, beschrieben und gesteuert wird. Inputs und Outputs sind *ontologisch* gleichrangige Kategorien, Objekte eines lenkenden Subjekts (der Techniker und Ingenieure). *Überträgt* man diese Denkform nun auf die Beziehung zwischen objektiven Produkten und subjektiven Wertungen = Gütern, so vollzieht man ganz *explizit* einen Kategorienfehler. Es ist so, als wollte jemand aus der technischen Eigenschaft einer CD in einem CD-Player als Input den musikalischen Gehalt einer Beethoven-Sinfonie ableiten, die damit erklingt. Doch genau das wird bei einer Konsumtechnologie unterstellt, die Produkte als Input und „Güterqualitäten" als Output verwendet. Wenn, wie hier gezeigt, die Mikroökonomik in ihren diversen Spielarten auf einem Kategorienfehler aufgebaut ist, dann kann sie auch nichts erklären – das *muss* sich zeigen, und es zeigt sich.

Tatsächlich sind die Resultate, die man bezüglich der Nachfrage nach Gütern aus der Theorie der Konsumentennachfrage *allgemein gültig* ableiten kann, mehr als nur spärlich. Das Erklärungsziel war eigentlich, auf den Märkten zwischen Preisen und Mengen ein *inverses* Verhältnis, also fallende Nachfragefunktionen ableiten zu können. Die frühen Ökonomen (wie Rau) haben solche Funktion gleich angenommen und gezeichnet.[120] Dass die Marktnachfrage für ein Produkt *sinkt*, wenn ein Preis *steigt* (und umgekehrt), gilt auch als „Gesetz der Nachfrage". Allerdings haben einige empirische

---

[119] K. J. Lancaster (1966a; 1966b); G. J. Stigler, G. S. Becker (1977). Am Beispiel der Einführung neuer Güter habe ich gezeigt, weshalb diese Auffassung nicht zu halten ist: K.-H. Brodbeck (1981a), S. 165ff.

[120] Vgl. K. H. Rau (1863), S. 588.

4.7.4 Die Theorie des Haushalts und der Grenznutzen des Geldes 763

Beobachtungen auch das Gegenteil nahe gelegt.[121] Deshalb hätte eine Theorie, die den Anspruch erhebt, aus ihren Prämissen das Nachfrageverhalten ableiten zu können, die Aufgabe, Kriterien anzugeben, nach denen mit steigenden Preisen die Nachfragemengen sinken oder steigen.

In den Lehrbüchern finden sich die Beispiele zu Giffen-Gütern – Güter, die bei steigenden Preisen *vermehrt* nachgefragt werden, benannt nach den empirischen Ergebnissen Giffens bezüglich der Brotnachfrage im Irland des 19. Jahrhunderts.[122] Dieses Phänomen findet allerdings eine einfache Erklärung: Die Menschen konnten sich bei niedrigem Einkommen durch steigende Brotpreise einfach kein Fleisch oder andere Nahrungsmittel mehr *leisten*; sie griffen deshalb auf die für sie relativ billigste Weise zurück, ihren Hunger zu stillen, und kauften deshalb sogar noch *mehr* Brot, trotz gestiegener Preise. Wenn man versucht, aus den Annahmen der Präferenztheorie aber dieses Verhalten *abzuleiten*, macht man eine befremdliche Entdeckung: Sie kann nur dann erklärt werden, wenn die Präferenzen der Konsumenten eben *so angenommen werden, dass* sie zu dieser Reaktion führen. Das ist mathematisch eine kleine Übung; *erklärt* wird damit aber überhaupt nichts. Es werden nur die Studierenden der Wirtschaftswissenschaften damit geplagt, Kurven *so* zeichnen zu lernen, *dass* der erwünschte Effekt auch eintritt.

Erklärungen dieses Typs hat Popper durch ein hübsches Beispiel ironisiert: „Warum stürmt das Meer?" – „Weil Poseidon wütend ist." – „Woran erkennt man, ob Poseidon wütend ist?" – „Nun daran, *dass* das Meer stürmisch ist."[123] Von diesem Typus ist auch der Erklärungsgehalt der Mikroökonomie. Obwohl sie zahlreiche sehr restriktive mathematische Annahmen trifft, ist das allgemein ableitbare Ergebnis äußerst mager – um nicht zu sagen *völlig leer*. Varian, der das wohl einflussreichste Lehrbuch der Mikroökonomie in der Gegenwart geschrieben hat, kommt zu einem entwaffnenden Ergebnis:

> „In der Tat besitzt die aggregierte Nachfragefunktion im Allgemeinen keine anderen interessanten Eigenschaften als Homogenität und Stetigkeit. Deshalb legt die neoklassische Konsumtheorie keine Restriktionen auf das aggregierte Verhalten im Allgemeinen."[124]

Das heißt nichts weniger als: Die moderne Präferenztheorie, die Nutzentheorie *kann das Gesetz der Nachfrage* – zu schweigen von seinen Ausnahmen – nicht erklären. Das Problem liegt natürlich auch hier noch tiefer: Um eine Marktnachfrage zu definieren, muss man individuelle Nachfragefunktionen aggregieren.[125] Doch das setzt die Existenz

---

[121] Ein Blick auf den Aktienmarkt zeigt, dass Anleger gerade bei steigenden Kursen vermehrt kaufen. Doch ein derart *spekulatives* Verhalten wird bei der „reinen Theorie" ausgeklammert. Eine walrasianische Preisanpassung an eine Diskrepanz zwischen Nachfrage- und Angebotsmenge setzt voraus, „that no household can change its wealth by exchange", K. J. Arrow, F. H. Hahn (1971), S. 326.

[122] Der Hinweis auf Giffen stammt ursprünglich von Marshall: „There are however some exceptions. For instance, as Sir R. Giffen has pointed out, a rise in the price of bread makes so large a drain on the resources of the poorer labouring families and raises so much the marginal utility of money to them, that they are forced to curtail their consumption of meat and the more expensive farinaceous foods: and, bread being still the cheapest food which they can get and will take, they consume more, and not less of it. But such cases are rare; when they are met with, each must be treated on its own merits." A. Marshall (1961), S. 109f.

[123] Vgl. K. R. Popper (1964), S. 74; vgl. auch H. Albert (1967b).

[124] H. R. Varian (1994), S. 153. Vgl. zu dieser Kritik auch: S. Keen (2001), Kapitel 2.

[125] Diese Frage wurde in der ökonomischen Theorie auch als Frage nach der *Stabilität* von Marktgleichgewichten und der dafür notwendigen Eigenschaften von Nachfragefunktionen

von Geld voraus; nur wenn alle Konsumenten in einer Recheneinheit faktisch rechnen, lassen sich ein Preis und damit ein Markt definieren. Ohne Geld müsste man kardinal vergleichbaren Nutzen (Grenznutzen) annehmen und damit kategorial wiederum Geld. Folglich ist die Behauptung, die Mikroökonomie sei eine *Realtheorie* schlicht falsch. Die Ökonomen wissen ganz einfach nicht, was sie tun und damit implizit voraussetzen, wenn sie „nur" rechnen. All die vielen Aussagen über Präferenzordnungen, Nutzenfunktionen usw. erweisen sich deshalb im Sinn einer dem cartesianischen Wissenschaftsideal verpflichteten empirischen Wissenschaft als wertlos. Diese Theorie hat ganz einfach *empirisch* nichts zu sagen.

Samuelson hat in dieser Situation – ohne sie auszusprechen und dieser Theorie Lebewohl zu sagen – durch eine Umdeutung einen Rettungsversuch unternommen.[126] Er konzentriert sich *nur* darauf, was ein Metabeobachter als Verhalten der Konsumenten behavioristisch, also im Ideal dieser Wissenschaft „empirisch" beobachten kann. Das sind nur Kaufakte von Waren. Hier konnte nun Samuelson zeigen, dass man den negativen Verlauf von Nachfragefunktionen aus einigen Axiomen, den Axiomen der *revealed preference theory*, tatsächlich ableiten kann. An die Stelle eines ganzen Apparats der Nutzenfunktionen, Präferenzordnungen usw. tritt bei ihm ein schlichtes Axiom für eine Theorie über empirische Muster. Ich möchte auf eine formale Darstellung dieser Theorie hier verzichten.[127] Die Axiome dieser Theorie beziehen sich darauf, wie Bündel von eingekauften Waren bei verschiedenen Preisen und konstantem Einkommen bevorzugt werden. Nutzenfunktionen werden hierzu nicht benötigt.

Wissenschaftstheoretisch ist dieses Verfahren für empirische Wissenschaften in Ordnung – wenn man unter „Wissenschaft" das Ideal der *science* versteht, wie es im Wiener Kreis und bei Karl Popper gepflegt wurde (vgl. 1.2.3). Aus bestimmten Axiomen werden Hypothesen abgeleitet, und diese Hypothesen werden empirisch so spezifiziert, dass sie – im Ideal Popperscher Wissenschaftstheorie – falsifizierbar sind. Doch damit wird nur „erklärt", welche logischen Voraussetzungen man braucht, um *negativ geneigte* Nachfragefunktionen tautologisch ableiten zu können. Von diesen „Funktionen" selbst kann man wiederum nur Punkte empirisch beobachten, die sich in aller Regel nicht von vielen anderen Änderungen trennen lassen, die in dieser Theorie *ceteris paribus* als unveränderlich vorausgesetzt werden.[128] Wie auch immer man dies interpre-

---

ausführlich diskutiert – mit negativem Ergebnis; vgl. H. Sonnenschein (1972), R. Mantel (1974), G. Debreu (1974). Sonnenschein zeigt, dass „die auf der Basis der mikroökonomischen Verhaltensannahmen abgeleiteten individuellen Überschussnachfragefunktionen nicht ausreichen, um die Struktur der aggregierten Überschussnachfragefunktionen, welche die Stabilitätseigenschaften des Tâtonnement-Prozesses charakterisieren, hinreichend zu bestimmen", S. Hoppe (2004), S. 132. Vergleichbare Probleme gibt es in der Wachstumstheorie auf der Produktionsseite; vgl. die duale Instabilität bei multisektoralen Modellen; J. M. Blatt (1983), S. 131, oder die unrealistischen Stabilitätsannahmen in Zwei-Sektoren-Modellen, H. Uzawa (1964). Ich kann diese Fragen hier nicht vertiefen, verweise aber auf die darin liegende *endogene* Aufhebung des neoklassischen Modells, das von den Lehrbüchern einfach ignoriert wird; vgl. zum Zusammenhang von Stabilität und der Gültigkeit der Grenzproduktivitätstheorie eine einfache Modelldarstellung in: K.-H. Brodbeck (1984).

[126] Er hat zu Recht die Annahmen bezüglich der Grenzrate der Substitution bei Hicks und Allen kritisiert: „Why should one believe in the increasing rate of marginal substitution, except in so far as it leads to the type of demand functions in the market which seem plausible?" P. A. Samuelson (1938), S. 61.

[127] Vgl. P. A. Samuelson (1948); (1974), S. 111f.; N. Georgescu-Roegen (1967), S. 216ff; Eine einfache Darstellung bieten: J. M. Henderson, R. E. Quandt (1983), S. 45-48.

[128] Vgl. zur Kritik dieser Methode K.-H. Brodbeck (2000a), erstes Kapitel.

tiert: *Sollte* es gelingen, jemals für Märkte längerfristig stabile Korrespondenzen zwischen Preis- und Mengenänderungen nachzuweisen, so würde das in diesem Zeitraum stabile Gewohnheiten des Kaufens signalisieren. Das ist durchaus nicht ohne Interesse. Doch solch ein Ergebnis *beruht* eben kategorial darauf, dass die Gewohnheiten unveränderlich *sind*. Vor allem aber: Es sind empirische Regelmäßigkeiten auf Märkten in einer *Geldökonomie*, keine Bausteine für mathematische Gleichgewichtsmodelle, *aus denen* das Geld erklärt werden könnte.

Samuelson selbst hat die Sache mit einiger Ironie betrachtet. Nachdem er seine Theorie vorgestellt, die Ergebnisse und zwei Bedingungen (für die Nachfragefunktion) daraus abgeleitet hat, schließt er seine Untersuchung mit der Bemerkung:

> „Ich frage mich, wie sehr sich die ökonomische Theorie ändern würde, wenn eine dieser beiden Bedingungen empirisch falsch wäre. Ich vermute, sehr wenig."[129]

Das ist ein beherztes Geständnis aus dem Munde eines der bekanntesten zeitgenössischen Wirtschaftswissenschaftlers: Es bekümmert die Ökonomen in ihrem *Tun* überhaupt nicht – trotz der Propagierung ihres Anspruchs, empirische Wissenschaft zu betreiben –, wenn ihre Vorhersagen sich als empirisch falsch erweisen. Weshalb sollte sie diese Tatsache auch betrüben, ist das doch auf keine Weise die Absicht dieser impliziten Ethik im Kleide einer mathematischen Form, die nur jene beeindruckt, die in der Anwendung mathematischer Mittel weniger geübt sind. Die Mathematik der Sozialwissenschaftler hat im sozialen Diskurs dieselbe Funktion wie ein aufgeputzter Kopfschmuck oder die Kriegsbemalung bei vormodernen Kulturen: Sie soll andere beeindrucken. In Wahrheit sind es nur Federn und Farbe, eine alberne Kostümierung.

4.7.5 Fiktionen im Güterraum

4.7.5.1 Vorbemerkung

Hier ergänze ich die Darstellung durch einige kritische Anmerkungen zum Güterbegriff in der modernen *Gleichgewichtstheorie*. Was dort ein „Gut" genannt wird – übrigens häufig ohne sachliche Unterscheidung auch „Ware" –, ist dem Sachgehalt nach ein *Produkt*. Produkte sind in ihrer Definition intersubjektiv, nach öffentlichen Kriterien bestimmte Entitäten. Sie haben als Kategorien denselben objektiven Rang wie physikalisch beschriebene Sachverhalte, und viele ihrer Eigenschaften werden durchaus in einer physikalischen, chemischen oder einer anderen naturwissenschaftlichen Sprache beschrieben. Wie bei anderen objektivierten Sachverhalten können solche Definitionen strittig sein; auch sie haben keine Identität von ihrer eigenen Seite her, sondern finden ihre Identität nur im Prozess der sozialen Kommunikation. Es sind jedoch stets *intersubjektive* Inhalte, von denen hier die Rede ist. *Güter* dagegen in dem Verständnis, wie dies von den Theoretikern der subjektiven Wertlehre intendiert ist, haben nur eine *individuelle* Bedeutung. Ein Produkt erscheint vielen Subjekten in der Form vieler Güter, während für ein Individuum verschiedene Produkte durchaus ein Gut bestimmter Art sein können. A mag es gleichgültig sein, welchen Wein er trinkt, während B Jahrgang, Traubensorte und Anbaugebiet in allen Nuancen herausschmeckt. A und B

---

[129] P. A. Samuelson (1974), S. 117. Samuelson sagte später zu der Methode, die in seinen *Foundations* zur Anwendung kam: „My approach looked backward in summarizing 'economically' (in the Mach-Vienna Circle sense) the 'meaningful' (testable and, in principle, refutable) core of constrained-budged demand theory." P. A. Samuelson (1998), S. 1380. Vgl. den *methodisch* verwandten Versuch von Cassel, 4.8.3.3.

bensorte und Anbaugebiet in allen Nuancen herausschmeckt. A und B treffen ihre Kaufentscheidungen in völlig verschiedenen Güterwelten, auch wenn sie sich in ihrem Verhalten gelegentlich durchaus auf denselben Produkttypus beziehen mögen.

Von dieser Differenz, die in der österreichischen Theorie zwar immer wieder aufblitzt, bei Menger (wie sich zeigte) aber keineswegs konsequent herausgearbeitet wurde, hat die moderne Gleichgewichtstheorie kein Wissen. Hier herrscht ein kruder Physikalismus, der nicht einmal bemerkt, inwiefern subjektive und objektive Aspekte durcheinandergehen. Unter der Gesamtüberschrift „Goods" definiert Gerald Debreu wie folgt: „Der Begriff einer Ware kann durch Beispiele eingeführt werden. Das einfachste ist das eines ökonomischen Gutes wie Weizen"[130]. Debreu sagt weiter, dass ein Gut durch eine bestimmte *Quantität* in einer Maßeinheit (z.B. Scheffel Weizen), durch seinen *Ort* und den *Zeitpunkt* seiner Verfügbarkeit *bestimmt* ist. Somit ist für Debreu – und die Vertreter der allgemeinen Gleichgewichtstheorie – ein Gut,

„eine Ware definiert durch eine Spezifikation all ihrer physischen (!) Charakteristika."[131]

Debreu unterscheidet „Goods" von „Services"; doch diese Unterscheidung erfolgt rein formal durch die Zeit, sofern Dienste sich über eine Zeitspanne erstrecken. Er fasst deshalb beides unter dem Begriff *Commodities* zusammen:

„Zusammenfassend gesagt, ist eine Ware ein Gut oder eine Dienstleistung, die vollständig (!) physisch, zeitlich und räumlich spezifiziert ist."[132]

Es gibt dann eine endliche Anzahl solcher auf diese Weise definierten Waren (Güter), die man in einem entsprechend dimensionalen *Güterraum* repräsentieren kann. Dieser Güterraum ist ein n-dimensionaler Vektorraum, dessen Achsen jeweils eine auf diese Weise spezifizierte Ware darstellen.

Doch diese physikalistische Definition der Güter ist unhaltbar. Einen im Modell *endogenen* Einwand habe ich schon mehrfach vorgebracht: Auf Märkten werden vielfach *Bündel* von Gütern gehandelt, nicht einzelne Güter. Es gibt also weder für jedes Gut isoliert eine Angebots- noch eine Nachfragefunktion, weil die Komposition eines Güterbündels, genauer eines Pakets von Produkten oder Produktelementen *simultan* mit dem Kaufakt festgelegt wird. Damit ist aber der Ort des „Marktes" nicht mehr dadurch bestimmbar, dass logisch Angebots- und Nachfragemengen *je eines Produkts* verglichen werden. Das gälte auch dann, wenn alle nachfolgenden Einwände gegen die Fiktion des Güterraums unzutreffend wären. Wenn es tatsächlich einen gemeinsamen Güterraum für Produzenten und Konsumenten *gäbe* – was, wie zu zeigen sein wird, nicht der Fall ist und nicht sein *kann* –, dann wäre dieser Güterraum jedenfalls nicht in *Märkte* aufteilbar als den regionalen Segmenten für lokale und globale Gleichgewichte.

---

[130] „The concept of a commodity can now be introduced by means of examples. The simplest is that of an economic *good* like wheat", G. Debreu (1959), S. 29.

[131] G. Debreu (1959), S. 29. Vgl. „Mit eurer Güterwelt wollt ihr die Materie zur Selbständigkeit erheben – darin liegt euer ganzer Irrtum. Ihr seziert uns tote Körper und zeigt uns den Bau und die Bestandteile seiner Glieder, aber diese Gliedmaßen wieder zu einem Körper verbinden, ihm Geist einhauchen, ihn in Aktion setzen, das könnt ihr nicht – eure Güterwelt ist eine Chimäre!" F. List (1928), S. 29f.

[132] „Summing up, a commodity is a good or a service completely specified physically, temporally, and spatially." G. Debreu (1959), S. 32.

Es gäbe vielmehr – formal gesprochen – unendlich viele Märkte aus Kombinationen von Güterbündeln, auf denen jeweils für *Produktpakete* Preise ausgehandelt werden, nicht für Einzelgüter. Die Preise für *Einzelgüter* werden *daneben* noch auf getrennten Märkten ermittelt – ich habe das am Beispiel des Computerkaufs kurz skizziert (vgl. 4.7.3.4). Die Preise oder Kosten für Produktpakete ergeben sich nicht als Summe der Preise für Einzelmärkte, sondern besitzen eine völlig andere Produktions- und Verkaufsform. Dieser Einwand ist – nebenbei bemerkt und wissenschaftstheoretisch gesprochen – ein *hinreichender* Grund, den gesamten Corpus der Mikroökonomie und der neoricardianischen Seitenpfade als unhaltbare Theorien abzulehnen. Um im Geist der positivistischen Wissenschaft zu reden: Eine Welt, in der auf Märkten je ein Produkt von einem Unternehmen (gleichgesetzt mit Betrieb) angeboten und vereinzelt von Konsumenten nachgefragt wird, ist wohl *logisch* denkbar; *empirisch* ist sie ganz einfach durch einen Blick ins Internet oder den Besuch eines Kaufhauses als unhaltbar nachzuweisen. *Dazu* bedarf es weder ausgeklügelter Ökonometrie noch einer Marktforschung. Ungeachtet dieser auch einer einfachen Reflexion zugänglichen Widerlegung ist aber die Theorie vom Güterraum als dem logischen Ort der Wirtschaft in den Modellen verschiedenster ökonomischer Schulen der mathematischen Ökonomie aus tiefer liegenden Gründen unhaltbar, denen ich mich nachfolgend zu wenden möchte.

4.7.5.2 Die Fiktionen in der Edgeworth-Box

Ich möchte das zunächst an einem in der ökonomischen Analyse häufig verwendeten Modell erläutern, der *Edgeworth-Box*, und zwar in der Darstellung, die sich so nicht bei Edgeworth, im Anschluss an Pareto aber in vielen Lehrbüchern der Mikroökonomie findet[133] – es geht mir hier nur um den Aspekt des darin unmittelbar erkennbaren *Güterraums*. Man geht von folgender Modellvorstellung aus, die ich in ihrer Lehrbuchform wiedergebe: Zwei Subjekte A und B besitzen – aus Darstellungsgründen sind es nur zwei Güter – von zwei Gütern je eine bestimmte Anfangsausstattung. Addiert man über die beiden Subjekte je die beiden Gütermengen, so ergibt sich in einem Diagramm, in dem man an den Achsen die beiden Güterquantitäten abträgt, der für den Tausch verfügbare Raum der Tauschmöglichkeiten. Man zeichnet für beide Tauschsubjekte solch ein Koordinatensystem, wendet dabei allerdings den Trick an, dass man sich gleichsam ein Koordinatenkreuz auf den Kopf gestellt vorstellt. Es ergibt sich dann das in Abbildung 4.5 gezeichnete Bild: die „Edgeworth-Box".

Die mit Pfeilen gekennzeichneten Achsen stellen jeweils die Güterquantitäten der Güter 1 und 2 dar, deren *Mengen* man durch Kleinbuchstaben x charakterisiert. Am Punkt A befindet sich der Koordinatenursprung. Die Länge der X-Achsen entspricht dem *gemeinsamen* Güterbestand der Tauschsubjekte A und B. Deshalb kann man den Punkt „B" als Koordinatenursprung eines symmetrischen Koordinatensystems bezüglich B interpretieren. Die Achsenlänge dieser Box entspricht also dem Gesamtbestand der beiden Güter 1 und 2. Dieser Gesamtbestand ist am Anfang zufällig (durch eine nicht erklärte Vorgeschichte) auf die beiden Subjekte verteilt und im Punkt P dargestellt. Der horizontale Achsabschnitt im Punkt P bedeutet den Güterbesitz von A an Gut 1, der vertikale Abschnitt den Güterbesitz von A an Gut 2. Da die gesamte Box-Länge den Gesamtgüterbestand bedeutet, ist die jeweilige Differenz vom Ursprung B aus gedacht der Güterbesitz von B.

---

[133] Vgl. V. Pareto (1971), S. 138.

Dieser Güteranfangsbestand im Besitz von A und B wird von beiden subjektiv bewertet durch eine Indifferenzkurve. Auf der konvex zum Ursprung, durch P verlaufenden Indifferenzkurve sind alle Güterbündel abgetragen, die A als „gleich" bewertet. Entsprechend repräsentiert die konkav verlaufende Kurve (konvex zum Ursprung B) die Indifferenzkurve von B, die das Güterbündel in Händen von B bewertet. Da durch jeden Punkt eine solche Indifferenzkurve

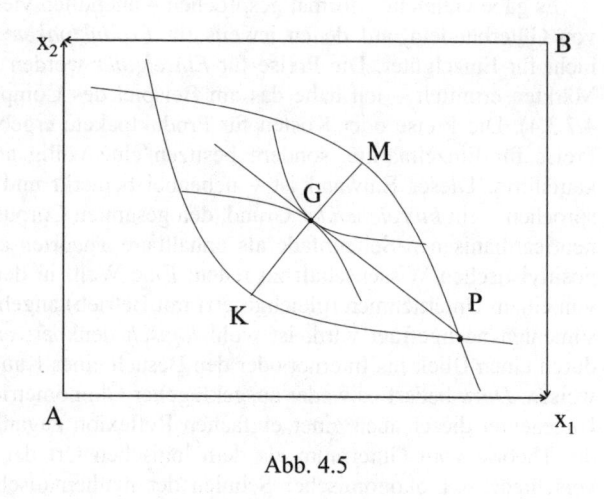

Abb. 4.5

verläuft (hier nicht eingezeichnet), werden alle Güterbündel, die auf Indifferenzkurven *oberhalb* der durch P verlaufenden liegen, von A höher bewertet, umgekehrt werden alle Güterbündel durch die unterhalb von P verlaufenden konkaven Kurven von B höher bewertet. Die sich abzeichnende „Linse" drückt also Güterbündel aus, die prinzipiell von *beiden Tauschpartnern* höher bewertet werden. Die hier vorgestellte Theorie besagt nun, dass so lange zwischen A und B durch *trial and error* (denn niemand kennt die Indifferenzkurve des je anderen) getauscht wird, bis sich aus je individueller Sichtweise keine Verbesserung mehr erreichen lässt. Das ist im Punkt G der Fall, in dem beide Indifferenzkurven Tangenten bilden.[134] Bei anderem Verhandlungsverlauf wird jedoch ein anderes Gleichgewicht erreicht. Jeder Punkt auf der Kurve K-M drückt eine Gleichgewichtssituation aus (durch Tausch kann von hier aus keine je individuelle Verbesserung mehr erreicht werden). In der neueren Terminologie nennt man diese Punktmenge K-M auch den „Kern" einer Tauschwirtschaft.[135] Ich habe auf dieses Modell in der Sprache von Edgeworth schon hingewiesen.

Es ist hier, das betonen die Vertreter dieser Theorie nachdrücklich, *nicht* vorausgesetzt, dass man die in den Indifferenzkurven ausgedrückten subjektiven Präferenzen („Nutzenindex") kardinal vergleichen kann. Der Gleichgewichtspunkt G bedeutet also – obwohl wir hier zwei Indifferenzkurven eingezeichnet haben – nicht, dass hier eine *Wertgleichheit* vorliegen soll. Vielmehr besagt diese Theorie, dass das Güterbündel, das von A und B (als jeweilige Differenz aus Gesamtbestand minus dem Besitz von A) subjektiv bewertet wird, nur einen Punkt bezeichnet, von dem aus sich durch *Tausch* keine „Verbesserung" (= höhere Indifferenzkurve) mehr erreichen lässt. Da allerdings alle Punkte in der Tauschlinse mögliche Gleichgewichtspunkte sind – es gibt ja beim isolierten Tausch keine Preise –, lässt durch einen externen Beobachter nicht vorhersa-

---

[134] Dass solch ein Tangentialpunkt, selbst bei den üblichen Annahmen über die Form von Indifferenzkurven, *innerhalb* der Edgeworth-Box liegt, ist eine bloße Annahme. „Nothing in our assumptions garantees that this should be so." F. M. Bator (1957), S. 391 – ein weiterer, hier nicht vertiefter Einwand, der hinreicht, das Modell *ad absurdum* zu führen.

[135] Wie im vorherigen Abschnitt kurz skizziert, versuchte Edgeworth zu zeigen, dass eine Wirtschaft mit Geld und freiem Wettbewerb mit dem Kern *einen* Punkt gemeinsam hat. Für eine neuere Darstellung vgl. R. Auman (1964); W. Hildenbrand (1994), S. 68ff.

4.7.5 Fiktionen im Güterraum

gen, welcher Punkt erreicht wird. Es gibt also für einen vereinzelten Tausch – das ist das wichtigste Ergebnis hierbei – keinen *einheitlichen* Tauschwert zwischen den Gütern 1 und 2.

Nun ist *dieses* Ergebnis, wie schon beschrieben (vgl. 4.7.3.7), nicht zu bestreiten und gibt einen wichtigen Sachverhalt wieder: Die vereinzelte Tauschform besitzt kein *objektives* Gesetz. Es gibt keinen vorhersagbaren „Tauschwert" zwischen zwei Gütern beim isolierten Gütertausch. Doch dieses Ergebnis wird auf der Grundlage einer unhaltbaren Voraussetzung gewonnen, die in der Edgeworth-Box unmittelbar *anschaulich* geworden ist. Man kann in der Edgeworth-Box den mathematischen Schatten der oben analysierten *Tauschstruktur* erkennen, worin die beiden Tauschsubjekte A und B in ihrer Subjektivität durch Indifferenzkurven expliziert werden. Vergleicht man dieses Modell mit der Tauschstruktur, so wird auch sogleich der Mangel des Gedankens deutlich. In dieser Box treffen zwei Subjekte mit je unterschiedlichen *Präferenzen* („Indifferenzkurvensystemen") im Tausch aufeinander. Der *Ort*, worin sie aufeinander treffen, wird durch die Box markiert. Der Umfang der Box besteht im *gemeinsamen Güter*bestand – so jedenfalls die Aussage dieser Theorie. Doch eben diese Aussage ist unverständlich. Zwar kann man unschwer je zwei Produktmengen addieren, die im Besitz von zwei Personen sind. Das lässt sich auch als eine Box der gezeichneten Form darstellen. Ein *Punkt* in dieser Box drückt dann die jeweiligen *Eigentumsanteile* der beiden Subjekte am gemeinsamen Bestand der Produkte aus.

Doch die subjektiven Wertentscheidungen, die durch Indifferenzkurven dargestellt werden, beziehen sich gerade nicht auf das, was intersubjektiv in den Kriterien zur Beschreibung der Produkte unstrittig gegeben ist. Sie beziehen sich auf *Güter*, d.h. auf den *Nutzen*, der ihnen durch die Verwendung der Produkte subjektiv erwächst. Dieser Nutzen ist die *innere, subjektive* oder *individuelle* Seite der Produkte und damit qualitativ und quantitativ nicht vergleichbar.[136] Hier mag man – wenn man an diesen Gedanken festhalten will – die Frage stellen, ob bei einer Austauschbeziehung alternative Güterbündel, Gütermengen *subjektiv* „gleich" geschätzt werden, obwohl solch eine Fragestellung nur der Spiegel der Kaufentscheidungen in einer Geldökonomie wäre, keine psychische Realität. Wenn man aber daraus dann „Indifferenzkurven" bezüglich der *Gütermengen* formuliert, dann bezieht sich die subjektive Wertung der Gleichheit von Gütermengen im Werturteil auch *qualitativ* auf *Güter*, nicht auf Produkte. Die Gleichheit zweier Güterbündel bezüglich ihrer subjektiven Nützlichkeit ist in rein individuellen Kategorien bestimmt – in Quantität *und* Qualität.

Ich greife nochmals das obige Beispiel auf: Nennen wir beide Produkte „Mineralwasser" und „Wein". Als *Produkte* mögen auf zwei Individuen bestimmte Mengen verteilt werden, die – wenn man das Spiel dieses konstruierten Modells mitspielt – getauscht werden, weil sich die beiden Besitzer der Güter von einem Tausch eine Verbesserung der Situation erwarten. Doch für diese Tauschüberlegungen nimmt jeder der beiden Tauschpartner die beiden Güter *in ihrer Qualität* völlig unterschiedlich wahr, bis hin zum Grenzfall, dass eines der beiden Güter für jemand *überhaupt* keinen Nutzen hat. Es gäbe dann überhaupt keine Indifferenz bezüglich zweier Güterbündel, damit keine

---

[136] „Curiously, none of the respective authors seem to be aware that a proposition based upon the continuity of a mathematical system cannot be tested empirically any more than the irrationality of √2 can be established on the workbench. Whether the consumer can be indifferent between two different commodity combinations is an issue that can be settled only by general introspection, not by testing theorems on lower and upper continuity through laboratory experiments on behavior." N. Georgescu-Roegen (1976), S. 257.

Indifferenzkurve, weil für einen der Tauschpartner eines der beiden Produkte überhaupt kein Gut ist.

A trifft seine Entscheidungen in seiner subjektiven Wein-Mineralwasser-Welt, die sich von der B´s in aller Regel unterscheiden wird. Für den, sagen wir, Weinliebhaber A hat eine Produktquantität „Wein" – über die A und B intersubjektiv übereinstimmen (durch die Aufschrift der auf den Flaschenetiketten objektivierten Qualitäts- und Mengenangaben) – eine völlig andere Bedeutung als für den (zum Zweck des Arguments angenommenen) Liebhaber von Mineralwasser und wenig oder gar keinen Alkohol trinkenden Tauschpartner B. Wir können nun zwar eine Box bezüglich der beiden Produkte Wein und Mineralwasser zeichnen, worin die gegebenen Anfangsverteilung erscheint, aber wir können nicht in *dieselbe Box* Indifferenzkurven eintragen. Was immer diese Kurven tatsächlich bedeuten mögen, sie beziehen sich *auf jeden Fall* auf Güterqualitäten und -quantitäten. Und „Wein" ist für den Liebhaber ein ganz anderes Gut – von dem er anderes weiß *und* wahrnimmt, also völlig andere Beschreibungen liefern würde – als für den Gelegenheitstrinker von Wein, der darüber wenig weiß und kaum Erfahrung hat, während er verschiedenen Mineralwassersorten sehr genau kennt, bis hin zum Grenzfall des Antialkoholikers, der Alkohol für sich generell ablehnt.

Subjektiv existiert also das Produkt „Wein" in einem Wahrnehmung- und Denkrahmen, der sich in der Regel gravierend von dem anderer unterscheidet und insofern *unvergleichbar* ist. Die Nichtvergleichbarkeit von Nutzen als der *subjektiven Seite* der Produkte bezieht sich also nicht nur auf eine ohnehin nur fiktive und erfundene *Maßgröße* „Nutzen", sondern auf die *Argumente* der Nutzenfunktion, die *Gütermengen*. Beide Tauschpartner tauschen *subjektiv* bei aller Einigkeit über die physischen Eigenschaften der Produkte in zwei kategorial gänzlich verschiedenen „Boxen". *Es gibt keine gemeinsame Edgeworth-Box bezüglich der Güter.*

Damit sind alle Aussagen über Punkte und Strukturen im Güterraum, die Debreu, Arrow, Hahn und andere Gleichgewichtstheoretiker als topologische Strukturen beschreiben, schlicht *sinnlos*. Die tauschenden Subjekte begegnen sich nicht in einem Güterraum, weil jedes dieser Subjekte sich in seiner eigenen Güter- und Nutzenwelt bewegt. Zwar bezieht sich jedes Individuum auf die *intersubjektiv* und kommunikativ als Identitäten definierten *Produkte* im öffentlichen, sozialen Raum – und dort findet auch der *reale* Tausch statt. Doch dies geschicht gerade so, dass sich *darin* jeder ganz anders auf die äußere Realität der Produkte bezieht. Man könnte so sagen: Es gibt einen Raum der Produkte, aber es gibt so viele Güterräume wie es Individuen gibt.

Das wird vor allem deutlich, wenn wir „Ungüter" betrachten. Zigaretten, Fleisch, Alkohol, aber auch bestimmte Zeitschriften, Filme, Musik, Restaurants usw. sind für einige Menschen unentbehrliche Güter, für andere eine Qual, also Nichtgüter. Und dieses Urteil bezieht sich auf die *Produkte* in ihrer bloßen Existenz – also auch in Händen anderer Menschen. Es gibt sicher Menschen, die nicht nur keine Pornofilme oder Zigaretten kaufen würden, sie würden sie auch nicht, so sie welche besäßen, zum Tausch anbieten. Aus diesen einfachen Beispielen erhellt, dass zwei Axiome der mikroökonomischen Theorie ohne reale Grundlage sind: Erstens bewegen sich nicht nur die Wirtschaftssubjekte nicht im selben Güterraum, sie treffen ihre Entscheidungen auch nicht als unabhängige Monaden, sondern als *soziale Subjekte*, die in ihrem Urteil über Produkte durchaus die Grenzen privater Eigentumsrechte je schon überstiegen haben. Die Werturteile über Produkte nehmen keine Rücksicht darauf, wer diese Produkte *besitzt*. Der je individuelle Güterraum, der aus der Beurteilung der objektiv gegebenen Produktqualitäten durch subjektive Werturteile (Nutzenerwägungen) hervorgeht, ist darin ein je privater Raum; das *Objekt* aber, das beurteilt wird, ist *intersubjektiv* gegeben. Das Werturteil macht nicht an Eigentumsschranken halt.[137] Der „Güterraum" ist also einerseits sehr viel enger als der Güterraum der Gleichgewichtstheorie – es gibt ihn je nur für ein Individuum oder eine geschlossene, sehr homogene Gruppe –, er ist aber zugleich auch sehr viel weiter, weil er sich sehr wohl auf Produkte erstreckt, die bei *anderen* als Güter fungieren.

Nichts könnte das besser illustrieren als der Streit zwischen Rauchern und Nichtrauchern. Zigaretten als Produkte, die auch als Waren verkauft werden, sind nur für einen Teil der Menschen *Güter*. Der Güterraum zwischen Rauchern und Nichtrauchern ist also kein *gemeinsamer* Ort der *Güter*, in dem Tauchverhandlungen stattfinden könnten. Zum anderen greift aber das subjektive Werturteil durchaus auf den Konsum anderer über: Die Nichtraucher haben schließlich mehr und mehr rauchfreie Räume öffentlich durchgesetzt, beeinflussen also durch ihre Präferenzen unmittelbar die Raucher. Daran zeigt sich, dass die mathematische Form, die „Gütermengen" über viele Subjekte hin addiert – in der Edgeworth-Box sind es zwei „Güter" –, um auf dieser Grundlage Tauschverhältnisse und Preise abzuleiten, auf einer reinen Fiktion gründet, auf einer Fiktion durch *Verwechslung* von Gütern mit Produkten. Dahinter verbirgt sich allerdings wiederum der Fehler, der aus der Position des cartesianischen Beobachters erwächst. Die mathematisch formulierten „Güterräume" sind die subjektive Sphäre von Debreu, Arrow, Hahn usw.; für die wirkliche, die *intersubjektive* soziale Realität haben sie keine deskriptive Bedeutung. Allerdings können Handlungsempfehlungen, die auf dieser fiktiven Grundlage formuliert werden, durchaus wieder *kommunikativ* in die wirkliche soziale Sphäre zurückkehren und darin allerlei Unheil stiften.

4.7.5.3 Leben und Sterben im Güterraum

Der Fehler, Güter und Produkte zu verwechseln, führt allerdings auch *innerhalb* der Theorie zu allerlei absurden Konsequenzen, die ich noch in Umrissen skizzieren möchte. Nimmt man die physikalistische Definition für Güter – wie sie Debreu, Arrow und Hahn formulieren – ernst, so ist ein Gut ein Ding in der sozial objektivierten Raumzeit, das durch eine reelle Zahl quantitativ bestimmt ist: „2 Ltr. Milch am 13.5.2005 in München"; 4 Ltr. sind doppelt so viel, ein Liter ist halb so viel – aber 2 Ltr. am 15.5.2005 sind ein *anderes* Gut, ebenso 2 Ltr. Milch am 13.5.2005 in Berlin. So weit scheint die *Produkt*logik, die auf die Güter übertragen wird, wenigstens *in sich* konsistent zu sein. Der Güterraum besitzt sehr viele „Dimensionen", die jeweils quantitativ durch die reellen Zahlen gemessen werden, die man auch auf den Achsen der Edgeworth-Box abträgt.

Doch wie steht es um Güter wie Häuser oder Dienstleistungen wie einen Haarschnitt? Kann man hier auch nur sinnvoll sagen, dass die zwei-, drei- oder vierfache Menge dieses Gutes *am selben Ort zur selben Zeit* überhaupt denkbar ist? Ein einfaches mechanisches Prinzip lautet: An einem Ort können nicht zwei Körper zugleich sein. Zwei, drei oder zehn Häuser können nicht auf demselben Platz in der Lindenstrasse Nr. 7 in München stehen. Und zwei Haarschnitte kann es nicht zur selben Zeit vom selben Friseur geben. Solche Güter (der Alltag kennt davon zahllose) sind *raum-zeitliche Unikate* und nicht vermehrbar. Die von der Gleichgewichtstheorie getroffenen Annahmen können sich deshalb nicht auf diese Dinge der Alltagserfahrung beziehen – entgegen der ausdrücklichen Erklärungsabsicht.

Darauf geben die Gleichgewichtstheoretiker keine Antwort. In ihrem fiktiven Güterraum können nicht nur an einem Ort zur selben Zeit beliebig viele Häuser stehen, Ökonomen sind auch allwissende, weil cartesianische Beobachter des Güterraums. Sie ste-

---

[137] Vgl. dazu auch A. Sen (1970).

hen außerhalb der Welt, die sie beschreiben. Varian sagt: „Wie sehr wir bei der Definition der Input- und Outputgüter ins Detail gehen, hängt jeweils vom Gegenstand unserer Analyse ab", und fügt hinzu, „dass ein bestimmtes Input- oder Outputgut in beliebig feinen Einzelheiten definiert werden kann."[138] Hier wäre schon zu fragen: Wer ist „wir"? Und *wem* ist der „Gegenstand unserer Analyse" ein Gegenstand? Dem Ökonomen oder dem Konsumenten? Und wer kennt von einem Gut – wie Debreu definiert – „*alle* seine physischen Charakteristika"[139]?

Rückt man von der unsinnigen Annahme ab, dass Güter immer beliebig teilbar sind und ihr Konsum nie zur Sättigung führt, so ergäbe sich bereits eine erheblich modifizierte Modellstruktur. Fügt man hinzu, dass Konsumenten aus Unkenntnis oder aus direkter Ablehnung (dazu gleich mehr) bestimmter Produkte im *allgemeinen* Güterraum Teilräume überhaupt nicht mit Präferenzen überdecken, dass also die Präferenzmenge realistischerweise immer „Löcher" hat, so lassen sich überhaupt keine vernünftigen *allgemeinen* Aussagen mehr ableiten, wenigstens keine, die eine große Ähnlichkeit mit den Diagrammen der mikroökonomischen Lehrbücher hätten. Konsumentscheidungen führen immer auch dazu, dass von bestimmten Produkten die Menge „Null" nachgefragt wird – das trifft für die allermeisten Produkte auf dem Weltmarkt zu. Es ergeben sich dann „Randoptima", bei denen die oben abgeleitete Optimalbedingung (Grenznutzenverhältnis = Preisverhältnis) nicht mehr gilt. Ferner kann der Konsum dann, wenn die Präferenzmenge nicht vollständig ist, wenn die Urteile der Konsumenten über die Produkte auf den Märkten also eher wie ein „Schweizer Käse" aussehen – mit Löchern, die die *Abwesenheit* eines Urteils signalisieren –, dann verlieren die Resultate alle Eigenschaften, auf die die mathematische Ökonomie so stolz ist: Differenzierbarkeit, Stetigkeit oder topologisch: kompakte, konvexe Mengen in Güterräumen.

Bezüglich der „Nichtsättigungsannahme" könnte man ja immerhin sagen: Wir leben nicht im Schlaraffenland, sondern in einer Welt der Knappheit. Also ist die Annahme „mehr ist besser" für die meisten Menschen durchaus realistisch. Doch das ist nicht der Punkt. Die Sättigung tritt – außer für die keineswegs wenigen Armen auf diesem Globus – *temporär* ein. Der Durst ist gelöscht, der Film, der Urlaub oder der Zoobesuch ist zu Ende, die Wohnzimmergarnitur gekauft und mit Wohlgefallen genutzt. Damit ist jedenfalls *temporär* eine Sättigung eingetreten. Hier zeigt sich, dass die mikroökonomische Theorie die *Zeitverhältnisse* des Konsums nahezu völlig ausklammert. Man denkt in „Zeitscheiben", Sequenzen von Zeitintervallen – Debreu hat das so beschrieben. In einer Zeitsequenz werden alle ökonomisch relevanten Handlungen ausgeführt. Doch diese Vorstellung ist unhaltbar. Die Dauer des Güterkonsums ist bei verschiedenen Gütern höchst unterschiedlich.

Wie das Denken sich auf vergangene Erfahrungen bezieht und erst so die *Bedeutung*, damit auch den subjektiven Wert von Gütern als inneren Prozess erzeugt, ebenso stehen die Produkte, auf die sich die Werturteile beziehen, in einem komplexen *zeitlichen* und situativen Verhältnis. Wein im Urlaub ist eben nicht gleich Wein in der halbstündigen Mittagspause. Die langfristige Nutzung von dauerhaften Konsumgütern, ein Haus, eine Wohnung, die Einrichtungsgegenstände usw. stehen in einer unmittelbaren, gerade auch *zeitlichen* Beziehung zu den jeweils täglich konsumierten Produkten. Die Produkte, die heimisch verwendeten Güter (wie übrigens auch deren produktive Nutzung in Unternehmen) findet in einer Komplexion der temporalen Verhältnisse statt, worin Vergangenheit und Zukunft, Erwartungen und aktueller Konsum miteinander verknüpft sind.

---

[138] H. R. Varian (1994), S. 2.
[139] G. Debreu (1959), S. 50.

4.7.5 Fiktionen im Güterraum

Diese komplexe Struktur lässt sich nicht in Zeitscheiben einteilen, die durch monotone Wiederholbarkeit der strukturellen Verhältnisse gekennzeichnet sind.

Aber auch ganz formal ist das nicht haltbar. Die Lehrbücher – z.B. Varian oder Henderson/Quant – gehen davon aus, dass man die „Analyseperiode" frei wählen könne und anhand pragmatischer Erwägungen vorzugehen habe. Sie soll nicht zu lang (sonst ändern sich womöglich die Präferenzen selbst), aber auch nicht zu kurz sein (weil dann einige Güter gar nicht erfasst werden können). Damit wird aber vorausgesetzt, dass der Nutzen je Zeiteinheit in gewissen pragmatischen Grenzen beliebig definiert werden kann. Man kann eine Nutzenfunktion für einen Tag, eine Woche oder ein Jahr definieren. Das bedeutet *mathematisch* allerdings eine gravierende Einschränkung. Der Nutzen an zwei Tagen ist doppelt so groß wie der Nutzen des Güterkonsums an einem Tag. Es gibt in dieser Theorie keine *historischen* Verhältnisse. Jeder Tag, jede Zeitscheibe ist wieder völlig neu – dies ist auch der Kern der Theorie der *rationalen Erwartungen*. Man unterstellt, ein Subjekt maximiere also am ersten Tag seinen Nutzen u_1^* bezüglich eines Güterbündel x_1^* (die tiefgestellte Zahl ist der Zeitindex), ebenso am zweiten, am dritten usw. Tag.

Also können wir unschwer über die Zeit addieren: An zwei Tagen beträgt der Nutzen $u_1^*+u_2^*$, entsprechend haben sich die Gütermengen addiert: $x_1^*+x_2^*$ usw. für den dritten, vierten Tag. Daraus ergibt sich, dass der jeweils maximierte Nutzen u^* nicht nur mit den Gütermengen (nach den Gesetzen des sinkenden Grenznutzens), sondern notwendig *linear* mit der Zeit wächst. Es gilt für einen Zeitindex t mit $x = (x_1, ..., x_n)$ für den konsumierten Gütervektor dann: $u^*t = u(x_1^*t, ..., x_n^*t)$. Also muss jede Nutzenfunktion *linear homogen* sein. Man beachte: Es handelt sich hier um die Nutzenfunktion, beschrieben vom cartesianischen Beobachter, dem Ökonomen, nicht um die *subjektive Beurteilung* eines Wirtschaftssubjekts selbst. Das modellierte Subjekt *selbst* mag den Nutzen an verschieden Tagen verschieden beurteilen, Künftiges geringer schätzen (wie die These von der Zeitpräferenz besagt). Hier handelt es sich um den Standpunkt des Beobachters, der die Zeit *für Analysezwecke* einteilt, um ein *Verhalten* von außen zu beschreiben. Dazu verwendet er Nutzenfunktionen und Gütermengen. Die behauptete Beliebigkeit der Zeiteinteilung, der freien Wahl der Analyseperiode *impliziert* deshalb logisch Addierbarkeit des Nutzens über die Zeitscheiben: Wenn man frei ist, die Zeitscheibe so zu wählen, dass sich ein Nutzen von 10 Einheiten ergibt, ist man auch frei, sie anders zu wählen, dass dieser Nutzen 20 Einheiten beträgt; entsprechend die Gütermengen.

Daraus ergibt sich: Wenn die Modell-Menschen *insgesamt* reicher werden, bleibt der Grenznutzen ihres gesamten Reichtums konstant. Anders gesagt: Der Grenznutzen des Einkommens muss aufgrund der Voraussetzung der Zeitscheibenvorstellung konstant sein – eine Konsequenz, deren Implikationen ich oben skizziert habe. *Hier aber* ergibt sich diese Konsequenz aus den stillschweigenden Annahmen über die *zeitliche Struktur* des Güterkonsums und der darauf bezogenen Definitionen des Nutzens.[140] Die Position des cartesianischen Beobachters verrennt sich hier in eine Sackgasse *aufgrund dieser Position*, die behauptet, eine *subjektive* Güterwahl *objektiv* zu beschreiben, dabei sich die Freiheit der Wahl der Rahmenbedingungen herausnimmt, die aber für ein han-

---

[140] Tatsächlich verbirgt sich sowohl in der Annahme, Entscheidungen könne man in Zeitscheiben aufspalten, als auch der Unersättlichkeitsannahme die Struktur des *Geldes*. Das Geld *als Recheneinheit* ist *intertemporal* als konstante Entität unterstellt (Inflation ist eine ganz andere Frage, denn sie bezieht sich auf die Relation von Geld- und Warenpreisen, nicht auf die Identität des Geldes mit sich selbst). Die Unersättlichkeit wiederum ist bezüglich des Geldes als Geldgier definiert.

delndes Subjekt nicht gegeben sind. Entscheidende Menschen handeln *in der Zeit* als *historischer* Zeit, mit den durch Sachverhalte determinierten Zeitverhältnissen – sie sind weder *einfach* wiederholbar, noch sind sie umkehrbar oder zeigen die Eigenschaften der beliebigen Teilbarkeit in der Zeit. *Allein* die ungeklärte Zeitstruktur des Handelns erweist die neoklassische Ökonomik als *logische Fehlkonstruktion*.[141]

Die Konstruktion des Güterraums zeigt sich aber erst in ihrer ganzen Absurdität, wenn wir die *Zeitdimension* noch genauer betrachten. In den Modellen der Gleichgewichtstheorie wird für die Konsumenten ein *Konsumplan* definiert. Ein Konsumplan ergibt sich als Ergebnis der oben skizzierten Maximierungsaufgabe. Allerdings kommt auch hier wieder die Zeit ins Spiel:

> „Ein Konsument ist typischerweise ein Individuum, sei es ein Haushalt, es kann sogar eine große Gruppe mit einer gemeinsamen Zielsetzung sein. Seine Rolle besteht darin, einen Konsumplan zu wählen und durchzuführen, der *jetzt* gemacht wird für *die ganze Zukunft*, d.h. eine Spezifikation der Quantitäten all seiner Inputs und Outputs."[142]

Ein Konsumplan ist die Wahl eines Punktes im Güterraum, ein Güterbündel mit den konsumierten Gütern und geleisteten Diensten. Wie kommt hier die Zeit ins Spiel? Offenbar ist es die Zeit des Planers selbst, nicht die objektiv gemessene Zeit des Beobachters – doch dieser Unterschied ist Debreu offenbar nicht bewusst. Er sagt über das von ihm beobachtete Wirtschaftssubjekt, der Plan erstrecke sich auf die gesamte Zukunft, und er ist konsequent, wenn er diesen Gedanken zu Ende denkt und sagt:

> „Die Wahl, die vom i-ten Konsumenten bezüglich von x_i (dem Güterbündel, KHB) in X_i (im Raum der Konsummöglichkeiten, ein Teilraum des Güterraums, KHB) getroffen wird, determiniert *implizit* seine Lebensspanne."[143]

Becker übersetzt diese Vorstellung in folgenden Gedanken:

> „Entsprechend dem ökonomischen Ansatz sind daher die *meisten* (wenn nicht alle!) Todesfälle bis zu einem gewissen Grade ‚Selbstmorde', in dem Sinne, dass man sie hätte hinausschieben können, wenn man mehr Ressourcen in die Lebensverlängerung investiert hätte."[144]

Hier wird konsequent die Logik der Wahl im Güterraum zu Ende gedacht: Wer die Güter im Konsumplan für die gesamte Zukunft wählt, der kennt *und* wählt seine eigene Lebensspanne als *endogene Variable*.

Dieser *homo oeconomicus* wählt nicht nur ein Güterbündel, mit der Wahl des Güterbündels zieht er sich selber wie Münchhausen am eigenen Schopf *in die Dauer seiner Existenz*. Debreu und Becker haben nur vergessen, eine einfache Frage zu stellen: *Wann* entwirft *wer* eigentlich gemäß *seiner* Präferenzen seinen Lebenskonsumplan? Der Säugling im Mutterbauch kurz vor der Geburt? Nur das wäre der richtige Zeitpunkt, weil mit der ersten Windel oder der Dienstleistung einer Hebamme auch schon der Konsum dieses Konsumenten innerhalb seiner Lebensspanne einsetzt. Diese lächerliche Karika-

---

[141] Vgl. K.-H. Brodbeck (2000a), Teil 3 „Zeit"; K.-H. Brodbeck (1999c).
[142] G. Debreu (1959), S. 50; meine Hervorhebung.
[143] G. Debreu (1959), S. 50, S. 52; meine Hervorhebung.
[144] G. S. Becker (1982), S. 9. Die Klammerbemerkung stammt von Becker!

tur eines Existenzialismus, in dem der Mensch sich qua Konsumplan (sprich: Präferenz) selbst in seinem Leben, seiner ganzen Existenz *entwirft*, ist die implizite Logik des Modells der rationalen Wahl im Güterraum.

4.7.5.4 Eigentumsrechte und Produktion im Güterraum

Ich habe mich in diesem Kapitel bislang auf die Darstellung der *Konsum*entscheidungen beschränkt. Eine analoge Kritik lässt sich für die Produktionstheorie formulieren, die im selben „Güterraum" operiert.[145] Generell taucht eine Spur der hier diskutierten Frage in der neoklassischen Ökonomik auf im Begriff der „öffentlichen Güter" und der „externen Effekte". Im Güterraum gibt es keine Grenze des Subjekts, der subjektiven Sphäre und auch kein objektiv definiertes Eigentumsrecht. Als *Substitut* dafür erscheinen die Präferenzfunktion und die Produktionsfunktion.[146] Die Denkform „Güterraum" als Objekt eines cartesianischen Beobachters kann weder die Sphäre des Konsumenten noch des Unternehmers beschreiben. Dieser Beobachter kennt nur ein *Verhalten* und dessen Syntax. Doch Präferenzen und Eigentumsschranken sind *semantische* Größen, sie gehören zur Sphäre der sozial vermittelten Bedeutung und sind deshalb als Objekte nicht zugänglich. Daraus ergeben sich die genannten Fehler der Modellierungen im „Güterraum".

Wenn man nun versucht, diese fiktiven Modelle auf die Erfahrungswelt zu projizieren, entdeckt man sehr rasch, dass die objektivierenden Grenzziehungen nicht greifen. Die subjektive Beurteilung von Produkten, die sie zu Gütern macht, bezieht sich keineswegs nur auf das, was innerhalb der *Eigentumsschranken* liegt. Der Rauch des Nebenmanns oder die Gülle auf den Feldern sind – wiewohl als physische Objekte in einer öffentlichen Sphäre bewusst und bewertet – nicht in definierte Grenzen einzuschließen. Bei anderen öffentlichen Gütern wie „Rechtssicherheit" oder dem Weltklima ist dies unübersehbar. „Externalitäten" und „öffentliche Güter" sind also nur der Ausdruck dafür, dass der bornierte Blick auf die Welt der Produkte, des Konsums und der Produktion in seiner internen Verflechtung und der Verflechtung mit der Natur nicht in Güter digitalisierbar ist. Es gibt – als Beziehung von Produkten gedeutet – *nur* Externalitäten. Kein Prozess ist je völlig isolierbar, genauer, die in seiner versuchten Isolierung liegende Abstraktion ist gerade *durch* die Abgrenzung von anderen Prozessen deren Beeinflussung. Wer um eine Fabrikanlage einen Zaun errichtet, hindert andere. Jede Produktion und jeder Akt des Konsums ist eine *Privation*, die aber nur dadurch eine Grenzziehung vollzieht, dass sie sich *negativ* gegen andere Prozesse verhält. Nur das *Eigentumsrecht* lebt von dieser Fiktion der individuellen Entität. Und diese Fiktion wird mit der Definition von „Gütern" verknüpft, die ihnen als physischen Gegenständen fremd bleiben muss.

Der rationale Inhalt des Begriffs der „Knappheit" ist das, was die Ökonomik nur für individuelle Entscheidungen kennt und dort als „Opportunitätskosten" bezeichnet. Wer sich für die Alternative A entscheidet, schließt damit die Alternativen B, C, D etc. aus. Die Fiktion des individuellen Entscheidungszentrums veranschlagt in Geldökonomien diese entgangenen Gelegenheiten als „Kosten". Doch Produktionsprozesse und Konsum verlaufen nicht in einem leeren Raum, der erfüllt ist von Alternativen, die man nur zu

---

[145] Zur Kritik der erkenntnistheoretischen Voraussetzungen in der Produktionstheorie vgl. K.-H. Brodbeck (2000a), Kapitel 4.4.-4.8; K.-H. Brodbeck (2004b), S. 221ff.

[146] Produktionsfunktionen wurden als mathematische Form von Wicksteed in die Ökonomik eingeführt; vgl. „The Product being a function of the factors of production we have P = f(a, b, c, ...)", P. H. Wicksteed (1894), S. 4.

wählen hätte. Vielmehr bedeutet immer das Ergreifen einer Alternative A den Ausschluss der Möglichkeit *für andere*, diese Alternative zu ergreifen. Das ist als Knappheit jedem Ökonomen geläufig. Doch der Punkt ist ein anderer: Weil die Privation – auch rechtlich als Proklamation eines durch staatliche Gewalt geschützten Eigentumsrechts normiert – eines Produkts, eines Prozesses *notwendig andere ausschließt*, erweist dieser Zusammenhang ... einen Zusammenhang. Dieser Gedanke ist nur auf den ersten Blick eine Tautologie. Dahinter verbirgt sich *real* die Erkenntnis, dass alle Prozesse und Produkte *gegenseitig abhängig* sind. Man kann nicht eine Sache, einen Prozess ergreifen (= privatisieren), ohne *andere* dadurch auszuschließen. Sonst wären die Ressourcen dieser Erde nicht begrenzt, also knapp. Wenn A ein Produkt konsumiert, dann schließt er B, C, D etc. aus. Dieser Ausschluss ist *der* externe Effekt und erweist alle Produktion und allen Konsum in gegenseitiger Abhängigkeit *als* „öffentliches Gut".[147]

Was die Ökonomik also in den individuellen Entscheidungen als Opportunitätskosten erkennt, das ist in Wahrheit eine *intersubjektive*, eine *soziale* Struktur. Ich lasse einmal für den Zweck des Arguments die Verwechslung von Gütern und Produkten auf sich beruhen und folge der unscharfen Sprechweise der Ökonomen, die beides identifizieren, um meinen Punkt deutlich machen zu können: Wenn Amerikaner und Europäer sehr viel Erdöl verbrauchen, dann *hindern sie* sehr viele Menschen in Asien oder Afrika daran, dasselbe zu tun. Auf Märkten erscheint das scheinbar objektiviert in hohen Preisen. *Faktisch* verbirgt sich dahinter die Untrennbarkeit der Produktionsprozesse und des globalen Konsums. Der Konsum der Amerikaner und Europäer verursacht für die Afrikaner „Opportunitätskosten" – und das *ist* ein „externer Effekt". Man kann diesen Effekt nur übersehen, wenn man in der Fiktion eines leeren Raumes denkt, der von Produkten erfüllt ist, denen nur jeweils eine völlig *unabhängige* Existenzweise zukommt. Das trifft aber nur für „freie" Güter zu. Alle *knappen* Güter, d.h. die korrespondierenden Produkte, haben sozial den Inhalt, dass der *als Gütermenge* ergriffene Vektor x_i° durch Individuum i alle *anderen* Individuen von diesem Ergreifen, vom Eigentum *ausschließt*. Das ist ein *Akt*, kein passives Vorliegen eines Sachverhalts. Und dieser Akt wird *geltend gemacht* – entweder durch die Schranke des Geldes (man kann nur Güter im Eigentum eines anderen erwerben, wenn man dafür bezahlt), des Gesetzes (was – fast – jeder Dieb zu spüren bekommt) oder international die Verübung unmittelbarer Gewalt der Aneignung in diversen Kriegen um Rohstoffe.

Wenn man also im Güterraum einen Vektor an „Gütern" x_i° definiert, so *ist die bloße Definition* bereits ein Akt der Ausgrenzung, wenn man ihn in realen Geldökonomien suchen wollte. Das Eigentumsrecht ist gerade der *Beweis* für die Existenz universeller „externer Effekte", die bei knappen Ressourcen *immer* vorliegen. Im „Güterraum" also einen bloßen *Punkt* zu definieren, ihn einem Konsumenten oder Produzenten zuzuordnen – z.B. als Vektor von Inputgütern x_i° in der Produktion oder beim Konsum –, *impliziert* notwendig, dass andere ausgeschlossen sind. Alle Produkte sind öffentlich, sind in einem öffentlichen Raum verknüpft, dem physisch die Einbettung in das globale Ökosystem und kulturell die Standardisierung der Produktnormen entspricht. Und alle Prozesse – der Produktion und des Konsums – sind durch Externalitäten voneinander ab-

---

[147] Schaltet „man also durch die Institution des Eigentums den freien Zugang zu den vorhandenen Gütern aus, so entsteht ein System von Anreizen (...) Die Ausschaltung des freien Zugriffs auf das einzelne Gut auf der untersten (Konsum-) Ebene schafft die Voraussetzung für die Bildung von Märkten." C. C. v. Weizsäcker (1981), S. 351.

4.7.5 Fiktionen im Güterraum

hängig – die Dualität extern/intern besteht relativ zu den *Eigentumsrechten*, ist nicht bezüglich objektiv-physischer Sachverhalte definiert.[148]

Die *Privation* dieser Prozesse, besonders durch Preise und den Geldbesitz, der Eigentumsrechte an Produkten zu erlangen erlaubt, zerschneidet diese Struktur gegenseitiger Abhängigkeit und kommunikativer Öffentlichkeit – den *realen Produktraum*. Als Resultat ergibt sich eine atomisierte Vielfalt von „Güterräumen", wobei jeder einzelne davon – in dem ein Konsument oder ein Unternehmen wahrnimmt, denkt und handelt – wiederum durchaus viele Projektionen von Produkten und deren subjektive Wertungen enthält. In *diesen* Güterräumen gibt es dann nur insofern „Externalitäten", als Entscheidungen anderer *unmittelbar* eigene Entscheidungen beeinflussen durch Übergriffe, die die vorgängig vorausgesetzte Atomisierung durch Eigentumsrechte *missachten* (bewusst oder einfach nur performativ, wie eine Firma, die stinkende Abgase für die Anwohner erzeugt). *Diese* „externen Effekte" sind aber stets Missachtungen der *Eigentumsrechte* oder deren stillschweigender Fiktion als Voraussetzung. Und die Diagnose der *Property Rights-Theorie*, dass Externalitäten immer auf einer fehlenden Definition von Eigentumsrechten beruhen, ist durchaus richtig. Es wird nur übersehen, dass die Abbildung des öffentlichen Produktraums auf den privaten Güterraum durch die Proklamation von Eigentumsrechten eine *Störung* der gegenseitig-abhängigen Struktur aller Prozesse bedeutet.

Nicht das fehlende Eigentumsrecht stört einen reibungslosen Ablauf der Prozesse, vielmehr *ist das Eigentumsrecht* selbst diese Störung. Es trennt die öffentliche, gemeinsame Sphäre der Produkte und der Produktion in *private Gütersphären*, die je einem eigenen Kalkül unterliegen. Und *diese Privatheit* totalisiert das Modell vom Güterraum, indem fiktiv alle anderen Prozesse und Individuen *in einen Güterraum* (der seiner Natur nach nur *einem* Individuum oder einer „homogenen Gruppe mit einheitlicher Zielsetzung", wie Debreu sagt, entspricht) beschrieben werden, in dem sie gar nicht zu finden sind. Das ist möglich, weil sich der Theoretiker als cartesianischer Beobachter mit einem Individuum (oder Prozess) fiktional identifiziert und aus dieser Perspektive alle anderen als Dinge, als Objekte beschreibt. Der Akt der Ausgrenzung, der darin liegt, wird dann gar nicht mehr erkannt, weil man sich nur noch im Binnenreich seiner Fiktion bewegt.

Das lässt sich an der Theorie der Firma exemplifizieren. Der Begriff der „Firma" in der mikroökonomischen Theorie ist ein Unbegriff. Als *physische* Entität ist keine Firma abgrenzbar. Wo sollte diese Grenze liegen? Es ist ein vielfach vermittelter Prozess, der Inputs aus vielen Quellen verwendet und vielfältige Wirkungen als Outputgrößen entfaltet. Nur ein kleiner Teil dieser Inputs und Outputs sind „Güter", unterliegen also dem Kalkül der Kostenrechnung der Firma. Firmen (als „Individuen") werden im Modell durch Produktionsfunktionen definiert, wie Konsumenten durch Präferenzfunktionen. Diese Individualisierung ist aber eine rein fiktive, der real vielfältige Produktionsprozesse verteilt auf viele Betriebe entsprechen.

Das gilt gerade dann, wenn man die Produktion als einen Prozess auf der Grundlage von *technischem Wissen* beschreibt. Was die Gleichgewichtstheorie „Menge der Produktionsmöglichkeiten" (*production possibility set*) nennt, eine Menge der Produkti-

---

[148] In der Neoklassik sind Externalitäten durch die *stillschweigende Norm* des Preissystems definiert – durch Negation: „In fact, not all the effects of the economic behavior of others are mediated through the price system. In general, it is usually held that the utility of a household and the production possibility set of a firm is itself affected by the allocation of resources among other households and firms. Such effects are usually termed, 'externalities.'" K. J. Arrow, F. H. Hahn (1971), S. 132.

onsmöglichkeiten im Güterraum, ist als *Wissensform* charakterisiert. Arrow und Hahn sagen:

> „Das Wort ‚möglich' (...) bezieht sich auf das technische Wissen, nicht auf verfügbare Ressourcen."[149]

Nun ist aber das Wissen in seiner Form – als Teil des Wissens der Gesellschaft, der Kommunikation – das, was die Ökonomen ein „öffentliches Gut" nennen. Die Privation von Wissen kann nur durch fiktive Eigentumsrechte (Urheber- und Patentrechte) *künstlich* erzeugt werden. Wissen ist also nicht *besitzbar*, um daraus einen *anerkannten* Besitz (= Eigentum) zu machen. Vielmehr verläuft hier der Prozess umgekehrt: *Nur* durch die Rechtsform, die Anerkennung durch den abstrakt Anderen, kann man Wissen besitzen und ökonomisch verwerten.

Nun charakterisieren Arrow und Hahn aber mit diesem Wissensbegriff das Wesen einer Firma in einer Geldökonomie, im Kapitalismus:

> „Die Menge der Produktionsmöglichkeiten ist die Beschreibung des Wissensstandes einer Firma über die Möglichkeiten, Waren zu transformieren."[150]

Im Rahmen dieser Produktionsmöglichkeiten treffen Firmen Entscheidungen, und es sind diese Entscheidungen, die eine Firma *begrifflich* definiert: Firmen „treffen Produktionsentscheidungen"[151]. Wenn eine Firma nicht physisch definiert ist durch das Eigentum an Ressourcen, sondern durch das Treffen von Entscheidungen im Rahmen eines Wissens, das seiner Natur nach gar nicht privatisiert werden kann, wenn man darauf bezogen „Güterräume" definiert, die man mit „Waren" gleichsetzt – also einer *ökonomisch* definierten Einheit: gegen Geld getauschte Produkte – und Produktion als *deren* Transformation gemäß von Mengen an Produktionsmöglichkeiten bestimmt, dann ist die Konfusion perfekt.

Die Einheit einer „Firma" – im Englischen ist die Konfusion schon im Begriff enthalten, denn *firm* wird mit „Firma", „Unternehmen" *und* „Betrieb" übersetzt – *als ein Unternehmen*, also eine durch das Eigentumsrecht definierte Einheit, ist nicht ökonomisch bestimmt, sondern durch die Einbettung in das Rechtssystem, vor dem Horizont staatlicher Gewalt zur Sicherung der Eigentumsrechte.[152] Es ist keine *technische* Einheit. Nun ist das Wort „Technik" selbst doppeldeutig. Das griechische *techne* bezieht sich

---

[149] K. J. Arrow, F. H. Hahn (1971), S. 52.

[150] K. J. Arrow, F. H. Hahn (1971), S. 53.

[151] K. J. Arrow, F. H. Hahn (1971), S. 17.

[152] Coase, in späteren Arbeiten mit der Frage der Allokation von Eigentumsrechten befasst, erkennt dieses Problem in seinem klassischen Aufsatz „The Nature of the Firm" nur ansatzweise. Er sagt: „The legal concept of 'employer and employee' and the economic concept of a firm are not identical, in that the firm may imply control over another person's property as well as over their labor." Doch er führt dies nicht weiter zu dem Gedanken, dass hier *Grundkategorien* auseinanderfallen, sondern fährt fort: „But the identity of these two concepts is sufficiently close for an examination of the legal concept to be of value in appraising the worth of the economic concept." R. Coase (1937), S. 403, Note 3. Sein Kostenbegriff operiert dann völlig auf der Basis einer impliziten Gleichsetzung von Unternehmung und Betrieb. Die koordinierende Funktion des Managers („co-ordinating function of the ‚entrepreneur'", R. Coase (1937), S. 389) eines Betriebs ist aber etwas ganz anderes als die Zielsetzung eines Eigentümers, der *mehrere Betriebsstätten* seiner Gewinnmaximierung subsumiert, zu schweigen von den Anlegern als Eigentümer und deren Zielen.

4.7.5 Fiktionen im Güterraum

immer auf das *Wissen* beim Vollzug einer Handlung, nicht auf die technischen Dinge. Insofern verbleiben Arrow und Hahn durchaus korrekt in dieser Tradition. Doch eben dieses Wissen ist kein Besitz und deshalb nur durch spezifische Rechtsformen einer Privation zu unterwerfen. Wenn Eigentumsrechte definiert sind als Patent- oder Urheberrecht (*copyright*), dann umfassen die so rechtlich definierten Einheiten nur einen kleinen Bruchteil des Wissens, der der wirklichen Produktion in einem *Betrieb* zugrunde liegt. Das Betriebswissen, vielfach ein *tacit knowledge*, ist durchaus eine „Individualität"; aber diese Individualität ist keine, die mit der *Rechtsform* der Firma, des Unternehmens identisch wäre: Es liegt hier also nicht *eine* Kategorie vor, wenn man mit Blick auf die Gewinnmaximierung von Firma spricht, sondern deren drei: Unternehmen, Betrieb, patentiertes Wissen. Ein Betrieb = viele Wissensformen, darunter einige auch als Eigentum definiert (Patentrecht); ein Unternehmen als ökonomisch kontrollierte und geplante *rechtliche* Einheit der Eigentümer = viele Betriebe. Versucht man, diese Begriffe einfach unter der *einen* Abstraktion „Firma" oder „Unternehmen" (*firm*) durch eine Input-Output-Korrespondenz zu beschreiben, so zeigt sich unter dem Deckmantel formaler Exaktheit nur die eigene Begriffskonfusion, das eigene Nichtwissen als *mathematisierter Unsinn*. Das Denken ist ersetzt durch das Rechnen.[153]

Ich möchte die Konsequenzen dieser mehrfachen Verwechslung an einem einfachen formalen Beispiel darstellen. Die mikroökonomische Lehrbuchliteratur unterstellt also – wie bei Arrow und Hahn gezeigt – für die Firma, als deren *principium individuationis*, eine bestimmte Produktionsfunktion. Eine Produktionsfunktion verknüpft vermeintliche „Güter" oder „Waren" (*commodities*) im Güterraum durch bestimmte funktionale Beziehungen, wobei einige Güter als Inputs, andere Güter als Outputs definiert werden. Zwischen Input und Output besteht eine bestimmte Korrespondenz (die Produktionsfunktion). Und durch diese besondere Korrespondenz soll die Firma als *Wissen und als ökonomische Einheit*, also logisch als *Modell-Element* charakterisiert sein.

Betrachten wir einen simplen Fall: Die Menge des Input-Guts sei v, die des Outputs x, verknüpft durch die Produktionsfunktion $x = f(v)$, mit $f'(v) > 0, f''(v) < 0$. Das ist also eine Funktion, die dem meist unterstellten „Gesetz vom abnehmenden Ertragszuwachs" entspricht: mit zunehmendem Faktoreinsatz v nimmt der Ertrag x zu, aber in abnehmender Proportion. Wenn nun mikroökonomisch auf Märkten mit vollkommenem Wettbewerb die Preise für die einzelne Firma gegeben sind (p als Outputpreis, q als Inputpreis), dann ergibt sich eine Gewinnfunktion (π = Gewinn) mit: $\pi = px - qv$ oder $pf(v) - qv$. Ein Gewinnmaximum liegt vor, wenn das Preisverhältnis q/p dem Grenzprodukt des Faktors v gleich ist: $q/p = f'(v)$. Durch diese Gleichung für das Grenzprodukt ist zugleich die Faktormenge mit v^* und damit die angebotene Produktmenge mit x^* festgelegt. Sie hängt ab von den Preisen und der „Technologie", repräsentiert durch die Produktionsfunktion. Man spricht von einem „internen Optimum". Man kann auch aus den angegebenen Informationen eine Kostenfunktion, die die Gesamtkosten K mit der Outputmenge x ein-eindeutig verknüpft ableiten. Im vorliegenden Beispiel ist das recht

---

[153] Ein Beispiel für eine völlige Begriffskonfusion: Krelle fängt seine „Produktionstheorie" an mit dem Satz: „Unternehmen sind wirtschaftlich selbständige Einheiten, deren Zweck es ist, Güter (einschließlich Dienstleistungen) zu erstellen." In einer Note merkt er an: „Wir verwenden (…) die Ausdrücke Unternehmung und Firma synonym." Dann fährt er nach einem Einschub fort: „Der *Betrieb* ist die Produktionsstätte, in der die Güter erstellt werden. Wenn der gesamtwirtschaftliche Zweck der Unternehmung die Produktion von Güter ist" etc., W. Krelle (1969), S. 1 und Note 1. Der *Zweck* kapitalistischer Unternehmen = Betriebe = Firmen sei es also, *Güter* zu erzeugen. Dass die Kapitaleigner auf „Einkommensbeschaffung" abzielen, sei eine „optische Täuschung" – vom „Standpunkt der Gesamtwirtschaft" aus. Dieser cartesianische Blick irrt also gleich dreifach.

einfach. Definiert man $K = qv$ und verwendet man die inverse Produktionsfunktion $v = f^{-1}(x)$, so folgt daraus eine Kostenfunktion $K(x)$. Bei sinkenden Grenzerträgen der Produktionsfunktion ergibt sich eine Kostenfunktion mit steigenden Grenzkosten $K''(x)$.[154]

Nun ist diese Überlegung mit Blick auf die private Organisation kapitalistischer Unternehmen aber unhaltbar. *Unternehmen* als rechtliche, durch das Eigentumsrecht definierte Einheiten sind verschieden von Betrieben. Selbst wenn ein Betriebstyp z.B. steigende Grenzkosten (aufgrund sinkender Grenzerträge, dem korrespondieren Begriff zum sinkenden Grenznutzen) aufweisen würde, so könnte *ein* Unternehmen *viele* Betriebsstätten desselben Typs errichten, wodurch sich notwendig konstante oder – durch Synergieeffekte – sinkende Grenzkosten für das Unternehmen ergeben. Steigende Angebotsfunktionen können somit nicht abgeleitet werden.

Die „Individuation" der Unternehmung ist nicht die technische Produktionsbeziehung im Güterraum, sondern die *rechtliche* Einheit. Also kann ein Unternehmen, wenn ich das obige Beispiel nochmals aufgreife, viele Betriebsstätten besitzen, die jeweils – weiterhin gegebene Marktpreise vorausgesetzt – individuell gewinnmaximierend operieren und je Betriebsstätte j die optimale Produktmenge x_j^* nach der eben skizzierten Regel ermitteln. Der *Gesamtoutput* x_g der Unternehmung ergibt sich damit als *Summe* individueller Outputs der Betriebsstätten:

$$x_g = \sum_{j=0}^{m} x_j^*$$

mit $j = 1,...,m$ und m = Zahl der Betriebsstätten. Aufgrund vermutlicher Synergieeffekte wird sogar gelten:

$$x_g > \sum_{j=0}^{m} x_j^*$$

Die entsprechende Gesamtkostenfunktion der Unternehmung würde dann *sinkende* Grenzkosten aufweisen. Das Unternehmen – anders als die einzelne Betriebsstätte – besitzt somit gar kein „internes Optimum", und das Gleichgewicht ist für *Unternehmen* unbestimmt oder führt tendenziell zu monopolistischen Marktformen. Das ergibt sich nicht durch eine *äußere* Kritik, sondern einfach als logische Konsequenz der Differenz zwischen technisch definierter Betriebsstätte und *eigentumsrechtlich* definiertem Unternehmen. Es ist ein Skandal, dass die verwendeten Lehrbücher der Mikroökonomie nicht einmal *diese* einfache Differenz kennen und berücksichtigen.[155]

Der „Aktor" Unternehmen agiert nicht im objektiven Produktraum, der für die technische Beschreibung von Produktionskorrespondenzen stillschweigend vorausgesetzt wird, weil Eigentumsrechte dort so wenig vorkommen, wie subjektive Präferenzen in der öffentlichen Kommunikation über Produkte objektiviert sind. Eine Präferenz ist

---

[154] Bei Einsatz vieler Faktoren geht man wie folgt vor: Man minimiert die Kostensumme für einen gegebenen Output und erhält dann die effizienten Einsatzverhältnisse („Minimalkostenkombination"), woraus sich dann wiederum eine Kostenfunktion – geometrisch als Spiegelung der Produktionsfunktion – ableiten lässt. Für die vorliegende Frage enthält dieser Fall keine zusätzliche Information, die von Bedeutung wäre.

[155] Zur Ehrenrettung der Zunft: Eine der ganz wenigen Ausnahmen findet sich bei C. Burda, C. Wyplosz (1994), S. 201. Allerdings entgeht diesen Autoren, dass damit auch die Gültigkeit der Grenzproduktivitätstheorie aufgehoben ist, selbst deren übrige Annahmen als gültig vorausgesetzt; vgl. K.-H. Brodbeck (1996a), S. 327, Note 89.

4.7.5 Fiktionen im Güterraum

ebenso eine Beziehung zwischen einer subjektiven Wertung und einem objektiven Ding (Produkt), wie ein Eigentumsrecht eine *personale* Beziehung zwischen Subjekt und Gegenstand. Die Theorie der „Unternehmung", das lässt sich damit deduzieren, ist zur Erklärung des Angebots ebenso wertlos wie die Präferenztheorie zur Erklärung der Nachfrage.

Logisch herrscht in der Produktionstheorie derselbe Typus von Denkfehler wie in der Konsumtheorie vor, der nicht bemerkt, dass ein Produkt für viele Individuen ein unterschiedliches „Gut" sein kann, wie ein Individuum zugleich über viele Produkte als individualisierte Güter entscheidet. Ebenso kann ein Unternehmen viele Produkte unter der Regie eines Eigentümers in unterschiedlichen Betriebsstätten erzeugen, wie auch ein Produkt in vielen Betriebsstätten gefertigt werden kann. Die Tatsache, dass „Kuppelprodukte" in der ökonomischen Theorie als Stiefkinder behandelt werden, hat einen formalen und einen kategorialen Grund. Formal ist bei Vorliegen von Kuppelprodukten für „Schattenpreise" von Inputfaktoren keine allgemeine Lösung mehr garantiert. Die Zurechnung der Produktpreise zu Faktoraufwendungen lässt sich nur für Spezialfälle sicherstellen. Dieser eher *analytisch-technische* Aspekt der Theorie – der schon ausreicht, diesen Fall in den Standardlehrbüchern überhaupt nicht zu erwähnen – verdeckt aber den eigentlichen Kategorienfehler.

In diesem Fall, der sich rein auf den technisch-betrieblichen Produktionsprozess konzentriert, übersieht man die tatsächliche Organisation der Fertigung. Der Fall, dass ein Betrieb nur einen Produkttypus herstellt, ist eher selten, selbst für kleine Betriebe. Wenn aber in einem Betrieb verschiedene Produktionsprogramme nebeneinander realisiert werden, gibt es immer zahlreiche Faktoren, die von verschiedenen Prozessen *gleichzeitig* genutzt werden. Auf dieser Tatsache beruht ja die von Platon bis Smith beschriebene Arbeitsteilung; in der Gegenwart spricht man in der Übernahme einer Kategorie aus der Systemtheorie modischer von „Synergieeffekten", ohne diesen Begriff tatsächlich formal zu präzisieren.[156] Damit ist gesagt, dass die arbeitsteilige Organisation und die Kooperation von Prozessen zu *neuen* Prozessen führen, die man analytisch nicht mehr trennen kann. Der Gesamtprozess ist *einer*, und dieser Gesamtprozess bringt häufig eine Vielzahl von Produkttypen hervor.

Doch dieser *technische* Aspekt, für den es im betriebswirtschaftlichen Rechnungswesen durch lineare Modelle des *Operation Research* durchaus Lösungen gibt, ist für eine Analyse des „Güterraums" nicht zentral – obgleich sich bereits hier ergibt, dass eine Reihe von Modellbedingungen der Mikroökonomik nicht *zugleich* erfüllt werden können (einheitliche und positive Preise für alle Faktoren, konsistente Maximierungslösungen usw.) Neben die *technisch* durch die Synthese von Prozessen in Betrieben zu beschreibenden Kuppelprodukte tritt eine ganz andere Verkopplung von Betrieben und Prozessen: Unter dem Dach des *Eigentums* in einer Unternehmung. Die Zusammenfassung von Betriebsabläufen unter der Regie eines Eigentümers verkoppelt technische Prozesse, gelenkt von einer einheitlichen Kostenrechnung, auf eine für kapitalistische Unternehmen typische Weise. Und diese so entstehenden „Kuppelprodukte" unter dem Dach eines Eigentümers lassen sich auf keine Weise als *technische* Prozesse modellieren.

Zudem gilt, dass das Eigentumsrecht und die auf seiner Grundlage organisierten Produktionsabläufe *ihrerseits* eine Abstraktion in einer Vernetzung von Prozessen untereinander und mit der Natur vollziehen, eingebettet in eine Vielzahl kultureller Voraussetzungen. Der Güterraum oder der durch das Eigentumsrecht privatisierte Ausschnitt aus der sozialen Produktion verweisen auf eine Privation einer öffentlichen

---

[156] Vgl. H. Haken (1990).

Sphäre der Produkte, die eine intersubjektive und kommunikative Existenzweise besitzt. Diese *öffentliche* Sphäre ist gerade durch das charakterisiert, was sie *kategorial* vom *privaten* Bereich unterscheidet (der Raum, der von Eigentümern kontrolliert wird), im Konsum und in der Produktion. Was durch die Eigentumsrechte in einem Unternehmen als kontrollierter Güterprozess wahrgenommen wird, ist etwas ganz anderes als das, was Konsumenten schließlich durch *ihre* Entscheidungen als Güter aus den Produkten auswählen. Weder Eigentumsrechte noch Präferenzen lassen sich in einem *gemeinsamen* Produktraum definieren. All dies miteinander zu vermengen und im Begriff des „Güterraums", der dies umfassen soll und zugleich doch rein physikalistisch definiert wird durch die „*physischen* Charakteristika"[157] der Produkte, zu modellieren, ist das gedankenlose Markenzeichen einer Ökonomik, deren mathematische Cleverness nur die glänzende Vorderseite einer borniertеn Rückseite ist, die nicht einmal mehr *ahnt*, was Kategorien der Erkenntnis eigentlich *sind*. Der Glanz der technisch-rechnenden Fertigkeit verdeckt eine Wüste der Gedankenlosigkeit.

4.7.5.5 Die Wiederkehr des Kategorienfehlers bei den Neoricardianern

Auch bei jenen Ökonomen, die den Anspruch vertreten, eine *kritische Ökonomik* zu entwickeln, herrscht exakt dieselbe Konfusion bezüglich der Differenz technischer und ökonomischer bzw. eigentumsrechtlicher Kategorien wie bei den Stars der Neoklassik (Debreu, Arrow, Hahn u.a.). Marx hat in seiner Analyse zwei Sektoren unterschieden (Konsum- und Akkumulationsgüter). Stellt man diese Sektoren formal dar, so ergibt sich ein reproduktives System. Bei Marx ist völlig klar, dass es sich hier bei beiden Sektoren um *Aggregate* handelt, die also nur über *vorausgesetzte* Werte (Preise) als ökonomische Größen einen Sinn haben. Sie zeigen die strukturelle Verflechtung von *Märkten*, nicht technische Abhängigkeiten. Nun haben eine Reihe von Autoren diese Marxschen Reproduktionsschemata, teilweise unter Rückgriff auf Ricardo, weiter formalisiert (Bruno Bauer, Ladislaus von Bortkiewicz, Vladimir K. Dmitriev u.a.)[158]. John von Neumann hat in seinem Wachstumsmodell diese zirkulär verflochtene Produktionsstruktur aus zwei oder drei Sektoren in beliebig viele Sektoren weiter differenziert, und Wassily W. Leontief hat auf diese Weise disaggregierten Modelle dann auch empirisch geschätzt („Input-Output-Analyse").[159]

Der darauf aufbauende Gedanke ist nahe liegend und dennoch in einem gravierenden Sinn falsch: Wenn man, ausgehend vom aggregierten Niveau von in Preisen bewerteten Warenströmen, schrittweise immer weiter disaggregiert, beginnend mit zwei Sektoren bei Marx bis zu beliebig vielen Sektoren in der Input-Output-Analyse, dann erreicht man – so der Gedanke – auf diese Weise *elementare Prozesse*, die nur noch *reale „Güter"* abbilden. Man erhält eine Input-Output-Matrix vom Typ m x n, wobei die Zahl der Prozesse m größer oder gleich der Zahl n der Güter ist – gibt es pro Gut mehrere Prozesse (technische Alternativen), so kann man deren Auswahl in einem Optimierungskalkül auf die Zahl der produzierten Güter reduzieren und so das Modell „schließen".[160] Die *elementaren Prozesse* seien, so die These, aber rein *technisch* definiert. Die

---

[157] „... defined by its *physical* characteristics, its location in space, and the date of its delivery." K. J. Arrow, F. H. Hahn (1971), S. 17.

[158] O. Bauer (1912/13); L. v. Bortkiewicz (1907); V. K. Dmitriev (1898).

[159] J. v. Neumann (1975); W. W. Leontief (1951).

[160] Ist A die Input-Matrix der Produktionsfaktoren, q der Vektor der Faktorpreise, p der Vektor der erzeugten Produkte, so gilt $qA \geq p$. Sind die Preise z.B. nach Gossen durch die Grenznutzen der Produkte $u_i(x)$ ($u_i(x)$ = partielle Ableitung der Nutzenfunktion $u(x)$ nach x_i,

4.7.5 Fiktionen im Güterraum

von Leontief usw. verwendeten Input-Koeffizienten a_{ij} (a Einheiten des Gutes i fließen in die Herstellung des Gutes j ein) – gleichgültig, ob man annimmt, dass sie konstant sind oder nicht – sind als *Einheiten* definiert in Produktgrößen. Sie haben die Dimension „Produkteinheit i pro Produkteinheit j", z.B. „Tonnen Stahl pro Auto des Typs j".

Doch dieser Gedanke ist sowohl empirisch wie kategorial verfehlt. Leontief verwendet für seine empirischen Studien immer noch *aggregierte* Sektoren; er erreicht nie eine elementare Ebene der Produktherstellung – ganz abgesehen davon, dass (wenn man schon so zu denken versucht) die „Produktion" der Ware Arbeitskraft in Haushalten produziert wird durch eine je personale „Haushaltstechnologie" des privaten Verbrauchs. Eine konsequente Disaggregation müsste also auch den Konsum mit einbeziehen und das, was die Neoklassiker in den Präferenzen exogen einführen, als Produktionsakt endogenisieren. Das wird nur selten so gesehen (Ricardo dachte wohl in dieser Linie, ohne es wirklich zu explizieren), im sicheren Gespür dafür, dass die Produktion von „Arbeitsqualifikation", dargestellt in einer Input-Output-Matrix, doch eine abgeschmackte Vorstellung bleibt, die Bewusstseins-, Konsum- und Lernprozesse völlig fehldeutet. Das bleibt bei der subjektiven Schule der durchaus richtige Kritikpunkt an den mechanischen Objektivierungen der Ricardianer. Doch ohne Disaggregation auch des Konsums wird die wirklich *zirkuläre* Struktur des ökonomischen Prozesses verfehlt.[161]

Wenn man dennoch – auf welchem Wege man dies auch versucht – immer kleinere Einheiten von Warenströmen bildet, so *bleibt* man bei einer *Wertgröße*, d.h. bei einer über Preise aggregierten Größe. Der Gedanke, dass man aus Input-Koeffizienten, die zu ihrer Ermittlung immer schon Preise voraussetzen, ihrerseits wieder „Preise" errechnen oder ableiten könne, ist zirkulär. Versucht man diese Koeffizienten aber tatsächlich rein *technisch* zu definieren – ich spreche nur von einer Denkmöglichkeit, gar nicht vom Versuch, so etwas für eine Gesamtwirtschaft empirisch zu erfassen –, so sitzt man dem schon genannten Kategorienfehler auf: Die Preis- und Kostenrechnungen erfolgen pro Unternehmen, nicht bezüglich eines betrieblichen Teilprozesses, der *technisch* definiert ist. Die Inputprodukte und die erzeugten Outputs eines Unternehmens – es sind in der Regel eine Vielzahl von Produktarten – sind Verknüpfungen pro Eigentumseinheit, nicht Ausdruck eines *technischen* Verhältnisses. Eine Änderung der Eigentumsverhält-

---

x = Vektor der produzierten Güter, i = *1,...,n*) bestimmt mit $p_i = u_i(x)$, so ist *A* nur zufällig quadratisch und würde nicht allgemein zu einer Lösung des „Zurechnungsproblems", der Ermittlung der Preise *q* führen. Die Neoricardianer lösen dieses Problem dadurch, dass sie alle Faktoren als produzierte Güter interpretieren, die wiederum mit dem Preisvektor *p* bewertet werden. Es ergibt sich dann $pA \geq p$. Die Matrix *A* besitzt hier die Ordnung m (= Zahl der Prozesse) mal n (= Zahl der Produkte), m ≥ n. Es gibt dann eine quadratische n x n Matrix, für die z.B. der Wert des Outputs *px* (*x* = Vektor der Produkte) maximal wird. John von Neumann maximiert eine Wachstumsrate und führt dauerhafte Produkte als Kuppelprodukte durch die Matrix *B* ein mit $Ax(1+g) \leq Bx$, wodurch auch die Zahl der Prozesse im Optimum gleich der Zahl der Produkte wird.

[161] Auch hier ist ein Kategorienfehler der eigentliche Grund: Man verwechselt objektiv-mechanische Entitäten mit Gewohnheiten und erkennt nicht, dass sowohl beim Konsum, wie in der Produktion Produkte verkettet werden, die gleichwohl durch Bewusstseinsprozesse, durch die menschliche Subjektivität hindurch verlaufen. Das lässt sich nicht mechanisch objektivieren, auch wenn es sich um relative stabile *Gewohnheiten* handelt, die *von außen*, für einen cartesianischen Beobachter dann als „Mechanismus" oder in technischen Koeffizienten erscheinen. Die technische Verknüpfung von Produkten ist aber keine Frage der Naturwissenschaft, sondern eine *Handlung*. Vgl. zur Kritik hierzu K.-H. Brodbeck (2002a), Kapitel 4.6-4.12.

nisse – Verkauf von Unternehmensteilen, Zukauf anderer – ergibt völlig neue Input-Output-Beziehungen, die zwar jeweils auf betrieblicher Ebene *auch* technische Verknüpfungen sind, nicht aber für die Gesamtheit aller Betriebsstätten oder Abteilungen eines Unternehmens eine einheitliche „Technologie-Matrix" zum Ausdruck bringen.

Man kommt also nicht von *Wertgrößen*, die in Geld gerechnet werden und Input- und Outputströme von Unternehmen im Rahmen von bestimmten Eigentumsrechen durchaus zutreffend charakterisieren, durch Disaggregation zu *naturalen* (= technischen) Einheiten. Man kommt nicht vom Geld zurück zur Natur, nur indem man die Einheiten immer kleiner definiert. Auch der elementare Teil einer in Geld gerechneten Größe bleibt eine *Geldgröße* im Rahmen definierter Eigentumsrechte, ein ökonomischer Wert, keine *natural-technische* Größe. Man kommt nicht durch einen analytischen Atomismus von den Waren in der Hand von Eigentümern zu realen Produkten – vielmehr wird hier die *ökonomische*, auf der Geldrechnung und den Eigentumsrechten der Unternehmen beruhende Verflechtung von Prozessen mit einer *technischen* Verflechtung kategorial verwechselt. Zwar sind Betriebe in ihren technischen Abläufen jeweils in die monetären Leistungsströme eingebettet und werden auch an monetären Kennzahlen einem *Controlling* unterworfen. Doch die *Verknüpfung* von Prozessen kann gerade nicht aus technischen Rücksichten erklärt werden, sondern ist – wie *outsourcing* oder Standortverlagerungen tausendfach alltäglich zeigen – nur durch die auf der Grundlage von Eigentumsrechten hergestellten Betriebsabläufe, also der Buchhaltung, eine äußere Zusammenfassung im Horizont der Geldrechnung, deren Stabilität nur in einer sehr zerbrechlichen Gewohnheit des Produzierens besteht.

Auch die kritische Absicht einiger Autoren kann diesen Kategorienfehler nicht beseitigen. Piero Sraffa gibt seinem berühmten Buch *Production of Commodities by Means of Commodities* den programmatischen Untertitel: „Prelude to a Critique of Economic Theory".[162] Sraffa, der durchaus sehr stark von der marxistischen Tradition beeinflusst wurde, hat die zentrale Bedeutung der *Eigentumsrechte* so wenig erfasst wie die kritisierte neoklassische Produktionstheorie. Im Paragraph 3 seines Buches geht er davon aus, dass eine Reihe von Gütern produziert werde, „jedes von ihnen ist produziert durch eine separate Industrie". In diese Grundvoraussetzung werden dann weitere Annahmen eingeführt, wie uniforme Preise, eine einheitliche Profitrate oder homogene Arbeitsinputs. Man erhält dann bei einer quadratischen Input-Output-Matrix $n \cdot n$ vom Leontief-Typ A mit dem Preisvektor p, r als Profitrate, ℓ als Vektor der Arbeitsinputs und w als Lohnsatz das Preissystem: $p = pA(1+r) + w\ell$.[163] Sraffa definiert dieses System für eine Periode (z.B. ein Jahr) und fügt dann dauerhafte Kapitalgüter – wie schon John von Neumann in seinem Wachstumsmodell vor ihm – als *Kuppelprodukte* ein.[164] Wie die walrasianische Welt, ist auch diese Modellierung eine Welt ohne Geld und Eigentumsrechte. Die n Prozesse sind als Betriebe gedeutet, die *zugleich* kapitalistisch kalkulieren, also wie *Unternehmen* beschrieben werden. Die darin liegende kategoriale Differenz wird einfach eskamotiert, wie in der Neoklassik.

Vor allem Bertram Schefold hat derartige Systeme mathematisch genauer untersucht. Schefold schreibt: „Betrachten wir das klassische Modell einer sich selbst reproduzierenden kapitalistischen Wirtschaft. Zweckmäßigerweise (!) werden konstante Skalener-

---

[162] P. Sraffa (1960).
[163] Wie Walras denkt Sraffa in einer geldlosen Ökonomie mit einer erfundenen Rechnungseinheit („Standardware"). Sie wird durch die Eigengleichung $Aq = \lambda q$ (λ = maximaler Eigenwert Matrix A) gefunden mit $pq = 1$ als Rechnungseinheit, und besitzt die Eigenschaft, die Lohn-Profit-Kurve zu linearisieren.
[164] Vgl. J. v. Neumann (1975).

träge angenommen. Es existieren n Güter produziert durch m Prozesse"[165]. Welchem Zweck *gemäß* ist aber der Gedanke, der Kapitalismus sei durch *natural* definierte Prozesse ohne die Berücksichtigung von Eigentumsrechten charakterisierbar? Auf die formalen Details seiner Darstellung brauche ich hier nicht einzugehen. Bemerkenswert bleibt, dass Schefold hier wie die von ihm kritisierte Neoklassik Debreus sich in einem abstrakten „Güterraum" bewegt, der kapitalistische Unternehmen durch Prozesse technischer Produktionskorrespondenzen repräsentiert, ohne auch nur einen Gedanken daran zu verschwenden, dass die *Einheit* der kapitalistischen Produktion durch das Eigentumsrecht und die Geldrechnung *auch im Unternehmen*, nicht durch „die Technik" hergestellt wird.

Unter dem Dach eines Eigentümers vollziehen sich *viele* Prozesse, die auch in der Kostenrechnung zusammengefasst werden. Selbst wenn man annimmt, dass es zwischen den Prozessen keine Querfinanzierung gibt – was in der Regel der Fall ist, weil ein erheblicher Teil der Inputfaktoren von verschiedenen Prozessen *gemeinsam* genutzt wird –, so bleibt doch die Tatsache bestehen, dass viele Unternehmen durchaus gleichartige Produkte unter einem jeweils anderen Dach von Eigentümern herstellen, wobei unterschiedliche Prozesstypen koordiniert werden. Das Sraffa-Modell, von Schefold präziser beschrieben und formal durchaus analog dem von-Neumann-Modell[166], unterstellt eine Wirtschaft wie die Neoklassik, in der *notwendig* Industrie bzw. Betrieb mit „Unternehmen" bedeutungsgleich ist. Durch diesen Trick können zwei Sprachen vermischt werden: Die *technischen* Beziehungen zwischen Produkten und die *ökonomischen* Beziehungen zwischen Waren, die jeweils im Eigentum von Unternehmen sind oder als Inputs gekauft werden.

Dass diese Annahme auch dann nicht haltbar ist, wenn man auf eine Güterlehre verzichtet und den Begriff einfach unbestimmt lässt – faktisch stimmen Sraffa und Debreu in der diffusen Sprechweise Güter = Waren = (technische) Produkte völlig überein –, wenn man ferner nur *lineare* Prozesse postuliert, wodurch man bei Additivität der Prozesse keine Synergieeffekte berücksichtigen muss, lässt sich leicht zeigen. Wenn ein Unternehmen jeweils *mehrere* Prozesse mit heterogenen Outputs herstellt, dann müssen für die Kostenrechnung die Prozesse addiert werden und der Output lässt sich nicht in *einem* Preis abbilden. Es liegen dann bezüglich der Kosten stets *echte* Kuppelprodukte vor, was noch dadurch verstärkt wird, dass faktisch jedes Unternehmen beim Betreiben verschiedener Prozesse in unterschiedlichen Abteilungen immer auch Faktoren *gemeinsam* nutzt. Das Preissystem ist dann unbestimmt und *keine* der von Sraffa und seinen Anhängern abgeleiteten Schlussfolgerungen ist weiter haltbar.

Wenn zwei, drei usw. Prozesse als *ein* Unternehmen betrieben werden, erhält man durch Addition von Prozessen formal ein System mit Kuppelproduktion, wobei sich die Zahl der Gleichungen reduziert. Das ökonomische Modell erhält damit zusätzliche Freiheitsgrade, und es lassen sich keine Aussagen mehr machen. Da im Kapitalismus bei privat-dezentraler Produktion jedes Produkt durch einen Eigentümer hergestellt wird, zahlreiche Produkte aber zugleich von *einem* Unternehmen erzeugt werden, ist die Zahl der Produkte notwendig deutlich größer als die Zahl der Unternehmen bzw. der Kostenkalkulationseinheiten. Das walrasianische „Abzählen von Gleichungen" funktioniert also nicht – gleichgültig, ob man wie Walras oder wie Sraffa verfährt. Es gibt immer

---

[165] B. Schefold (1979), S. 205.
[166] Vgl. für eine Darstellung M. Morishima (1964); M. Morishima (1970), besonders Part II. Auch von Neumann spricht abstrakt von Gütern und Prozessen; Morishima übernimmt wie Schefold diese Sprechweise.

mehr Preise als Prozesse. Die *Erklärung* der Preise lässt sich also weder neoklassisch noch neoricardianisch im Güterraum finden.

Man kann deshalb auch nicht viel von einer „Kritik der ökonomischen Theorie" erwarten, die auf einer *falschen kategorialen Grundlage* die Identität von Produkten, Waren und Gütern behauptet, die also Unternehmen und Prozesse, die technische Abhängigkeiten mit auf Eigentumsrechten basierenden Systemen verwechselt. In ihren Grundlagen – den Fiktionen bezüglich des Güterraums – ist sich die Neoklassik in ihrer reifen Form (bei Debreu) durchaus mit ihren neoricardianischen Kritikern einig: Sie wiederholen den von Aristoteles zuerst erkannten Fehler, das, was sich unter der Regie der Geldrechnung und der darauf definierten Eigentumsrechte vollzieht (*nomos*) nicht als kategoriales Novum zu erkennen und diese monetären Prozesse statt dessen auf *technisch-natürliche* Zusammenhänge (*physis*) reduzieren zu wollen.

Unternehmen verknüpfen durch die Macht der Eigentumsrechte unaufhörlich Prozesse zu unterschiedlichsten Konstellationen, entfernen alte Produkte und führen neue ein. Der „Raum der Produkte" existiert nicht einmal als Momentaufnahme, weil zwischen alten Gütern und den vielen Versuchen, neue Produkte am Markt zu platzieren, keine *Kausalrelation* besteht, wie dies in der Produktionstheorie unterstellt ist. Ob Produkte *Waren* sind, entscheidet sich immer nur am Markt und nachträglich – wenn auch unter kräftiger Mithilfe von Werbung und PR.[167] Viele produzierte Güter verschwinden, obwohl produziert, unkonsumiert wieder vom Markt. Unternehmen fusionieren oder verlegen Betriebsstätten oder Prozesse wieder aus dem Dach der Eigentumskontrolle in andere Hände. Dadurch wird jeweils die Verknüpfung zwischen Inputs und Outputs neu definiert. Nichts an diesem Prozess lässt sich in einem statischen Raum der Produkte darstellen. Was sich hier als „dauerhaft" erweist, ist nur die *Eigentumsordnung*, die Illusion der Geldeinheit und der stets erneuerte Zwang, sich dem Markt und seinen unkalkulierbaren Bewegungen unterordnen zu müssen.

4.7.6 Das unmögliche Geld in der Gleichgewichtstheorie

Die moderne Gleichgewichtstheorie – Hand in Hand mit ihren Kritikern – beschreibt, wie sich zeigte, alle Marktprozesse in einem physikalisch definierten „Güter"raum. Mathematisch handelt es sich um einen n-dimensionalen Vektorraum, für den Debreu bestimmte *topologische* Eigenschaften eingeführt hat, um auf deren Grundlage (durch trennende Hyperebenen je konvexer Produktions- und Präferenzmengen) die Existenz von Preisgleichgewichten beschreiben zu können. Wie unsere Diskussion ergeben hat, ist diese Modellierung *unmöglich* eine Beschreibung wirklicher Wirtschaftsprozesse; sieht man von den paradoxen *temporalen* Eigenschaften ab, auf die ich hingewiesen habe, so beinhaltet das Modell vom Güterraum im Kern zwei Denkfehler:

Erstens wird damit der Unterschied zwischen „subjektivem Gut" (für das Präferenzen definiert sind) und einem objektiven, intersubjektiv gemessenen Produkt aufhoben – ein Unterschied, der den Kern der Diskussion um die Natur der wirtschaftlichen Güter seit der Mitte des 19. Jahrhunderts ausmachte. Die „Präferenzmengen" im „Güterraum" sind deshalb niemals Ausdruck *subjektiver* Präferenzen, sondern schlichte Erfindungen der Ökonomen, die als Metabeobachter *ihr Kalkül* an die Stelle der vielfältig

---

[167] Während die mikroökonomischen Lehrbüchern das Märchen von *gegebenen* Präferenzen erzählen, stellen PR-Fachleute die schlichte Frage: „Under what circumstances can preferences be altered?" E. L. Bernays (1952), S. 220. Da auch in diesen Versuchen ein Wettbewerb besteht, ist das Gesamtergebnis der Präferenzmanipulationen nicht vorhersagbar – sicher ist nur, *konstant* (= gegeben – *wem* gegeben?) ist hier definitiv nichts.

4.7.6 Das unmögliche Geld in der Gleichgewichtstheorie

individuierten Subjektivität der Handelnden gesetzt haben. Dieser Fehler wird sofort dann sichtbar, wenn *neue* Produkte auf den Märkten auftauchen. Ob neue Produkte akzeptiert werden und in welchem Umfang, ist ein kognitiv vermittelter Prozess, der ohne wirkliche Subjekte, also ihre *Teilnahme* völlig unverständlich bleibt. Deshalb scheitert die Gleichgewichtstheorie auch *logisch* am Problem der Einführung neuer Güter. Die damit verbundene *Variation* der Dimension des Güterraums ist nicht objektivierbar, sondern vollzieht sich nur durch die realen Individuen hindurch. Deren Individualität und Spontaneität – auch bei den kreativen Prozessen, die zur Entwicklung neuer Güter führen – ist dem Begriff nach etwas, das man nicht objektiv modellieren kann: Gäbe es ein Modell für die Produktion neuer Güter oder die konsumtive Adaption an solche Innovationen, dann müsste das Modell identisch sein mit den handelnden Subjekten. Doch dann wäre das Modell fähig, selbst die Neuerungen zu generieren, die auf den Märkten erscheinen und akzeptiert werden – wer Neues prognostiziert, müsste es selbst *erfinden*.

Zweitens beruhen alle Marktprozesse auf der gegenseitigen Anerkennung von Eigentumsrechten. Ein Eigentumsrecht ist eine Relation zwischen einem Individuum und einem Produkt („Gut" oder „Besitz" im umgangssprachlichen Sinn). Die Aktoren des Wirtschaftsprozesses im Kapitalismus sind immer *Eigentümer*. Durch den Verkauf von Produkten, Diensten oder das Geltendmachen von Eigentumsrechten erzielen sie *Geldeinkommen*. Die Relation zwischen einem Produkt und einer (natürlichen oder juristischen) Person *definiert* die wirtschaftlichen Entitäten (Haushalte, Unternehmen). Wer auf einem Markt einkauft, hat als Person durch Geldbesitz eine „Eintrittskarte" für den Markt. Doch durch die „Elimination der wirtschaftenden Person"[168] in den Gleichgewichtsmodellen ist es unmöglich, Personen (Haushalte) oder Unternehmen – also Entitäten, die durch eine *Relation* zwischen Person und Produkt definiert sind – zu beschreiben.

Das *Geld* ist nicht begreifbar, wenn man nur auf seine *Produktform*, auf seine natürliche Erscheinung blickt (Gold, Münze, Geldschein, Zahl auf dem Computerbildschirm usw.). Das Hantieren mit Geld ist ein Prozess der Produktion und Reproduktion intersubjektiver Bedeutung – und das heißt: Es ist ein Verhältnis zwischen *Personen*, also jenen „Entitäten", die *im Güterraum* überhaupt nicht in Erscheinung treten können. So wenig es also in einem Güterraum als objektiv-mathematischer Struktur Präferenzen, Unternehmen oder Eigentum geben kann, so wenig kann man *Geld* darin beschreiben. Geld ist kein *Produkt*, aber die Modelle vom Güterraum kennen nur physikalistisch definierte „Güter" = Produkte.

Deshalb verhindert die *Form des Modells* vom Güterraum selbst, dass damit jemals das Geld erkannt oder in seinen Funktionen beschrieben werden könnte. Wenn man Geld als eine Struktur im Güterraum modelliert, dann ist das etwa so, als wollte man aus den Tasten, den Pedalen und den aufgezogenen Saiten eines Konzertflügels *Musik* „ableiten". Sicher mag ein naiver Beobachter sagen, dass doch die Musik *auf diesem Flügel* erklingt. Ebenso scheinen die Ökonomen zu glauben: Auf den Märkten wird doch Geld als ein physisches Ding gehandhabt (Münze, Schein, Zahl auf dem Kontoauszug etc.) und zu anderen Produkten in Beziehung gesetzt. *Also*, so scheint diese Logik zu suggerieren, muss man doch die Geldfunktionen als Relation, als Korrespondenz zwischen Produkten und den physischen Formen der Geldzeichen beschreiben können. Es ist aber auch klar, dass damit niemals die „Musik der ökonomischen Erkenntnis" erklingen kann. So lässt sich bereits an dieser Stelle als *kategorial bedingte Notwendigkeit* deduzieren, dass die Gelderklärungen *im* Güterraum des walrasianischen Gleichgewichtsmodells

---

[168] J. v. Kempski (1964), S. 245.

allesamt scheitern *müssen*. Die Neoricardianer haben noch nicht einmal diese Frage nach dem Geld als Problem erkannt – oder sie verweisen stillschweigend und ausweichend implizit auf die (falsche) Geldtheorie von Marx.

Die Logik des Walrasschen Gleichgewichts im Güterraum lässt für die Einführung des Geldes nur zwei Wege offen: Entweder man erklärt das Geld *als ein Gut* im Güterraum (bzw. eine Funktion von mehreren Gütern), oder man behauptet, das (externe) Geld stünde in einer eindeutigen Beziehung zu einer Maßeinheit, in der das Modell beschrieben wird (*numéraire*). Definiert man das Geld *als* Gut im Güterraum, so geht man von klassifizierten Gütern aus; meist werden Konsum- und Kapitalgüter unterschieden. So hatte schon Knies das Geld als „Kapital" beschrieben, ein Gedanke, den auch Milton Friedman wiederholt, wenn er sagt, dass „Geld ein Vermögensgegenstand ist"[169]. Friedman betont, dass es den Wirtschaftssubjekten nicht auf die Beschreibung der Münzen oder Geldscheine ankomme, sondern auf „die Verfügungsgewalt, die jene Papierscheine ihnen über Güter und Dienste verleihen."[170] Er greift hier einen Gedanken auf, der bei Wieser und Mises ausführlich beschrieben wurde:[171] Das Geld offenbart seine Funktion nur im *Kauf*, also in der Ausübung der von Friedman genannten Verfügungsgewalt; ein Gedanke, der auch bei Adam Smiths Begriff der *kommandierten Arbeit* anklingt, womit eine Verfügungsmacht über die *hervorbringenden Ursachen* der Produkte gemeint ist.

Wie auch immer gedeutet, diese Definitionen von Geld verweisen auf eine Relation zwischen einem Individuum und einem Produkt. Friedman, der diese Definition ausdrücklich verwendet, glaubt aber dennoch, er könne die Wirkungen von Geldmengenänderungen in einem Güterraum untersuchen, einem „Walrasianischen Gleichgewichtssystem"[172]. Er reduziert das Geld also auf *mechanische* Beziehungen:

„Das Geld ist in der Tat nur ein Mechanismus"[173].

Ihm geht nicht auf, dass das, was er als *Definition* des Geldes eingeführt hat – ein Vermögensgegenstand, der Subjekten Verfügungsgewalt verleiht –, weder mechanisch zu beschreiben ist, noch sich in einem „Walrasianischen Gleichgewichtssystem" modellieren lässt. „Verfügungsgewalt" ist eine Relation zwischen einem konkreten historischen Individuum und einem Produkt oder einem Naturgegenstand; im „Güterraum" gibt es keine historischen Individuen mit Eigentumsrechten oder einer Verfügungsgewalt. Dass dieser Kategorienfehler bereits völlig hinreicht, den Friedmanschen „neuen Monetarismus" zu widerlegen, sei nur am Rande vermerkt.

Durch Friedmans Konfusion war aber ein Grundstein gelegt für zahlreiche Nachahmer, die nun daran gingen, das Stichwort aufzugreifen und das Geld in ein Gleichgewichtsmodell einzubauen. Der naheliegendste Gedanke bestand darin, einfach ein „Realmodell" zu formulieren, in dem man ein bestimmtes Produkt – z.B. Gold – *als Geld definiert*. Wenn man alle Preise, die zunächst im Gleichgewichtsmodell in einer *fiktiven Recheneinheit* ermittelt wurden, durch den Goldpreis dividiert, so erhält man mit Gold

---

[169] M. Friedman (1976), S. 106.

[170] M. Friedman (1976), S. 107.

[171] „Der Tauschwert des Geldes ist der antizipierte Gebrauchswert der für das Geld anzuschaffenden Dinge." F. v. Wieser (1889), S. 40; vgl. „Der subjektive Geldwert führt immer auf den subjektiven Wert der für das Geld im Austausch erhältlichen anderen wirtschaftlichen Güter zurück; er ist ein abgeleiteter Begriff." L. v. Mises (1924), S. 75.

[172] M. Friedman (1976), S. 144.

[173] M. Friedman (1976), S. 149.

4.7.6 Das unmögliche Geld in der Gleichgewichtstheorie

als *numéraire* Preisausdrücke in der Dimension „Gold pro Produkteinheit". So war Walras vorgegangen. Doch die Weiterentwicklung der Gleichgewichtstheorie hat gezeigt, dass die Sache doch nicht so einfach ist.

Ganz auf den Spuren von Walras und Friedman bewegt sich zunächst noch Don Patinkin, mit einer bemerkenswerten Änderung: Patinkin führt *Papiergeld* als Gut in den Güterraum ein. „Betrachte eine Wirtschaft mit n Gütern, das n-te Gut ist Papiergeld."[174] Nicht mehr ein Gut ist Rechnungseinheit, das Geld ist ein Gut. Durch diesen „Trick" wird das Geld Element der Märkte und des auf ihnen diskutierten allgemeinen Gleichgewichts. Patinkin verwendet *nebeneinander* zwei Rechnungseinheiten, nämlich erstens „eine abstrakte Rechnungseinheit, die nur zum Zweck der Rechnung" dient und keine „physische Existenz besitzt, das heißt, es fällt mit keinem der Güter der Ökonomie zusammen." Patinkin nennt es „ghost money"[175]. Daneben gibt es noch das, was die Ökonomen *fiat money* nennen, also Geld, das durch eine Institution in seiner Einheit und realen Existenz durch die Ausgabe von Banknoten definiert wird. Patinkin nennt dies *outside money*[176], ein Begriff, der inzwischen zum *terminus technicus* unter den Ökonomen geworden ist. Entsprechend gibt es für ihn auch zwei Arten von Preisen: Preise in der abstrakten Rechnungseinheit und Preise in Einheiten des Austauschmediums, die „Geldpreise". Durch diese Unterscheidung erhält nun die „Geldware" selbst einen Preis, in abstrakter Rechnungseinheit oder in Geld. „Papiergeld hat auch einen Geldpreis; aber, ungleich dem Preis in der Rechnungseinheit, ist dieser Preis per Definition immer gleich Eins."[177]

Hier ist jede *begriffliche* Klärung der Geldverwendung unter einer Reihe formaler Spiele im Güterraum verschüttet.[178] Papiergeld soll also das Gut Nr. n im Güterraum sein. Doch wer sagt, dass es sich bei Papier *als einem physischen Produkt* um ein Gut handelt? Wer käme auf die Idee, bedrucktes Papier als Gut zu betrachten? Papier stiftet (als Geldschein) keinerlei Nutzen; es ist bestenfalls Überträger von Bakterien. Sofern sich nicht ein ästhetischer Inhalt mit seinem Aufdruck verbindet, ist ein Geldschein völlig nutzlos – wenn man ihn so definiert, wie die Güter im Güterraum definiert werden, woran ich hier nochmals erinnere: „Zusammenfassend gesagt ist eine Ware ein Gut oder eine Dienstleistung, die vollständig physisch, zeitlich und räumlich spezifiziert

---

[174] D. Patinkin (1965), S. 403.

[175] D. Patinkin (1965), S. 15 und Note 3. Die Idee dieser zwei Geldarten findet sich bereits bei Pareto: „A good which serves to express the prices of other goods is an *ideal money* (*numéraire*), or a *concrete money* (or simply money). The latter plays a physical role in exchanges; the former does not." V. Pareto (1971), S. 330. Pareto spricht auch eine Seite weiter von *false money* und nähert sich damit dem *ghost money* von Patinkin.

[176] Er bezieht sich dabei auf J. G. Gurley, E. S. Shaw (1960), S. 72; D. Patinkin (1965), S. 15 und Note 4.

[177] D. Patinkin (1965), S. 16.

[178] Patinkin vermeidet das, was in der Literatur als „Zirkelschlussargument" genannt wird, durch einen Trick. Helfferich hatte der Grenznutzentheorie vorgeworfen, dass der Grenznutzen des Geldes durch seinen Verkehrswert bestimmt wird, dieser aber eben in seinem Grenznutzen bestehe; vgl. K. Helfferich (1903), S. 577. Veit lobt Patinkin dafür, diesen Zirkel aufgelöst zu haben, indem er „die mikroökonomische Betrachtung von der makroökonomischen" unterscheide, O. Veit (1966), S. 77. Das „Preisniveau" sei makroökonomisch zu bestimmen, während in der Mikroökonomie das Geld als gegeben vorausgesetzt werde. Das ist natürlich keine Lösung, weil die *Übersetzung* der Mikro- in die Makrotheorie den Zirkel reproduziert. Zudem übersieht Veit ganz einfach, dass Patinkin in die Nutzenfunktion die *reale* Geldhaltung einfügt, d.h. den Geldbestand durch den Preisindex – eine *makroökonomische* Größe – dividiert.

ist"[179], sagt Debreu; und Kenneth Arrow und Frank Hahn sagen: Ein Gut ist „definiert durch seine *physischen* Charakteristika, sein Ort im Raum und den Zeitpunkt seiner Verfügbarkeit."[180] Die *physischen* Charakteristika von Geldscheinen mögen interessant sein – sie sind allesamt nur eines nicht: *Geld*. Also ist Patinkins Definition von Geld = Papiergeld = Gut Nr. n im Güterraum schlichtweg unverständlich.

All das, was Papiergeld zu *Geld* macht, seine *Bedeutung* für das Bewusstsein der Tauschenden, ist genau das, was es von seinen physischen Eigenschaften unterscheidet. So zeigt sich beim Geld nur im Hohlspiegel, was ich oben zur Fiktion des Güterraums schon feststellen musste: Es gibt so viele Güterräume wie Marktteilnehmer. Und in der *intersubjektiven* Sphäre der Produkte und ihren physischen Eigenschaften, ihrer Lokalisation in Zeit und Raum gibt es keine „Güter" – schon gar kein „Geld". Was immer also Patinkin und andere als Eigenschaften für das „Gut Nr. n" im Güterraum einführen mögen, welche Funktionen sie immer definieren, sie reden dabei über etwas *völlig Sinnloses*. Sie verwenden Worte und mathematische Zeichen, die aber *nichts besagen*.

Doch ich möchte für den Zweck des Arguments diesen Einwand einklammern und den Gleichgewichtstheoretikern noch einige Schritte weiter folgen. Führt man Geld als Gut in ein mikroökonomisches Modell ein, so bieten sich zwei Wege an[181]: Entweder man betrachtet Geld *selbst* als eine Art „Konsumgut" und fügt es einfach in die Nutzenfunktion ein, oder man definiert es als eigenes Gut („Kapitalgut"), das *nur* für Tauschzwecke als Bestand gehalten wird. Patinkin geht den ersten Weg. Da es sich um ein Gleichgewichtsmodell handelt, verwendet er – einem Vorschlag von Pigou folgend[182] – die *reale* Geldmenge *M/P*, wobei *M* die vom Konsumenten gewünschte Geldmenge bedeutet, P ist ein Preisindex in der Rechnungseinheit des Gleichgewichtssystems (es könnte auch nur ein Gut wie Gold sein; dann wäre die reale Geldmenge M/P in Goldeinheiten ausgedrückt). Die anderen Güter (1 bis n-1) bezeichnen wir wiederum mit x_i, $i = 1, ..., n-1$, $x_n = M$. Der Gütervektor ohne Geld sei $x = (x_1, ..., x_{n-1})$. Die Güterpreise sind gleich dem Vektor $p = (p_1, ..., p_{n-1})$, wobei der Preise des Gutes Nr. n (= Geld) der Einheit entspricht, also als *numéraire* fungiert.

Sei die „Anfangsausstattung" mit Gütern durch $x^0 = (x_1^0, ... x_{n-1}^0)$ und M^0 gegeben, so maximiere das betrachtete Wirtschaftssubjekt nun folgende Nutzenfunktion:

(1) $\qquad u(x_1, ..., x_{n-1}, M/P) \rightarrow max!$

unter der Budgetrestriktion mit Geldhaltung:

(2) $\qquad p(x^0 - x) + M - M^0 = 0$

Das formale Maximierungsspiel brauche ich hier nicht vorzuführen; in diesem Modell wird unmittelbar deutlich, dass die Lagrange-Variable λ, die für die Maximierung eingeführt wird, dem *Grenznutzen der realen Kassenhaltung* gleich sein muss. Wie immer, das Ergebnis führt zur „optimalen Güternachfrage" des Haushalts, nun mit der Besonderheit, dass aus dem Modell die *optimale Geldhaltung* M* ermittelt werden kann und daraus folgend die *Nachfragefunktion nach Geld*. Wählt man einen Warenkorb q^0, um

---

[179] G. Debreu (1959), S. 32
[180] K. J. Arrow, F. H. Hahn (1971), S. 17.
[181] Vgl. R. W. Clower (1967); K. J. Arrow, F. H. Hahn (1971), S. 339f.
[182] A. C. Pigou (1943).

4.7.6 Das unmögliche Geld in der Gleichgewichtstheorie

einen Preisindex P zu definieren[183], z.B. durch pq^0, so folgt unmittelbar aus der Restriktion 2, dass mit einer allgemeinen Erhöhung von M keine reale Änderung verbunden wäre (man braucht nur p und die M-Werte mit einer beliebigen positiven Konstanten zu multiplizieren, die (2) nicht verändern wird). Multiplizieren wir M und alle p mit einer Konstanten $\beta > 0$, so erhöht sich mit pq^0 auch P, folglich bleibt die Realkasse M/P unverändert. Dies drückt die Abwesenheit von Geldillusion durch Konsumenten aus. Damit soll gezeigt werden, dass das Gleichgewicht einer rein *natural* definierten Tauschwirtschaft zum selben Ergebnis wie eine Geldökonomie kommt (= klassische Dichotomie). Aber eine Realwirtschaft, die Geld als Gut definiert, hätte den Preis dieses Gutes zu erklären, hier versteckt im Ausdruck M/P, der ja ein *reales Gut* als Argument der Nutzenfunktion sein soll. Solche Güter haben *Preise*, die Null sein können. Dann wird die Absurdität des Arguments aber offenkundig: Ein Realmodell müsste „die Determination des realen Wertes von Geld erklären; folglich ist die Dichotomie unmöglich."[184]

Der Trick bestand also darin, dass die Realkasse zu einem Element der Nutzenfunktion machte: „Patinkins Integration von Geld- und Werttheorie gründete sich auf eine besondere Art, das Geld in den allgemeinen Gleichgewichtsrahmen einzubeziehen, nämlich den Dienstleistungen der Realkasse ‚Nutzen' zuzuerkennen."[185] Damit wird aber gerade das, was den traditionellen Geldtheoretikern Kopfzerbrechen bereitet hat, einfach *vorausgesetzt*. Für Menger war es noch ein große Frage: „Warum ist der Wirtschaftsmensch (*economic man*) bereit, eine bestimmte Art von Ware zu akzeptieren, obwohl er sie nicht benötigt oder obwohl sein Bedarf danach bereits befriedigt ist"[186]. Erinnert sei auch an die Überlegungen von Wieser: „Der Tauschwert des Geldes ist der antizipierte Gebrauchswert der für das Geld anzuschaffenden Dinge"[187], oder Mises: „Jeder Schätzung des Geldes liegt so eine bestimmte Ansicht von seiner Kaufkraft zugrunde"[188]. Vor dem Hintergrund dieser Fragestellungen wird die Unsinnigkeit von Patinkins Modell deutlich: Eben das, was es zu *erklären* gilt, wird einfach „angenommen", indem man M/P als Argument einer Nutzenfunktion mit den „üblichen Eigenschaften", also $du/d(M/P) > 0$ voraussetzt. Die Erklärung hat sich völlig von der Theorie verabschiedet. Man rechnet ein wenig herum, um das zu *sagen*, was man ohnehin schon sagen *wollte*: Geld ist (langfristig) neutral und hat keine realen Effekte (wie der ideologische Gegner Keynes und seine Schule behaupten).

Nun kann man ganz ähnliche Ergebnisse ableiten, wenn man darauf verzichtet, das Geld als Argument einer Nutzenfunktion zu verwenden. Das ist der Weg, den Arrow-Hahn, Hahn oder Grandmond vorschlagen.[189] Als Resultat lässt sich auch hier – bei „geeigneten Annahmen" – das ableiten, was Walras in seinem *numéraire* stets schon voraussetzt: Die Invarianz der Gleichgewichtslösung gegenüber der „Rechnungseinheit". Eine *sorgfältige* und weniger ideologisch ausgerichtete Analyse bringt jedoch hier, allein durch die Modelllogik selbst, neue Fragen an den Tag. Arrow und Hahn sagen:

---

[183] Meist verwendet man hierzu die jeweilige Einheit einer Koordinate des Güterraums mit $q_0 = (1, ..., 1)$, den sog. „Einheitssimplex".

[184] M. Morishima (1977), S. 184. Morishimas eigene Lösung ist aber ein Witz: „we obtain the monetary equilibrium simply (!) by substituting equilibrium solutions to the equations of the real economy into those of the monetary economy and the determining the price level so as to equate the demand for money with its supply", S. 172. Die Frage, ob das Geld solche *solutions* erlaubt oder verhindert, taucht gar nicht auf. Vgl. J. R. Hicks (1946), S. 159ff.

[185] H. G. Johnson (1974), S. 35.

[186] C. Menger (1892), S. 239.

[187] F. v. Wieser (1889), S. 40.

[188] L. v. Mises (1924), S. 75.

[189] F. H. Hahn (1979), S. 56ff; J.-M. Grandmont (1983), S. 16ff.

4.7 Zur mathematischen Ökonomik

„Natürlich besitzt unser Modell keine Gestalt, die eine befriedigende formale Erklärung der Rolle des Geldes liefern könnte. Im Besonderen ist es sehr schwer, die Geldhaltung zu ‚erklären' oder zu sagen, weshalb es (sc. das Geld) als Medium des Austauschs dient."[190] Das logische Dilemma ist klar: Wenn man eine wirklich *allgemeine* Gleichgewichtstheorie formuliert, die sich nicht auf das Abzählen von Gleichungen und Variablen á la Walras beschränkt (man suche n-1 Gleichungen für n Unbekannte und wähle die n-te Unbekannte als *numéraire*), dann sind auch Fälle mit einzubeziehen, in denen bestimmte Güter einen Preis von Null erhalten. Gerade darin sollte ja die Aufgabe der Gleichgewichtsanalyse bestehen, die Existenz von *positiven* Preisen zu erklären – wozu immer gehört, dass man die Bedingungen angeben kann, unter denen Preise Null werden können. Diese Fälle möchte ich hier nicht näher untersuchen; es ist jedenfalls nicht schwer, sich entsprechende Beispiele für Gleichgewichtsmodelle auszudenken. Und was *logisch möglich* ist, kann empirisch dann nicht ausgeschlossen werden, wenn die Gleichgewichtstheorie *irgend etwas* mit der erfahrbaren Welt zu tun haben soll.

Nun kann Geld als Gut im Güterraum in der Logik der Gleichgewichtstheorie durchaus einen „Nutzen" haben – als Argument einer Nutzenfunktion; diese Eigenschaft garantiert aber nicht, dass das Gut Geld auch im Gleichgewicht einen positiven Preis erhält. Doch da die Transaktionen über Geld abgewickelt werden, ergibt sich ein ernstes Dilemma: Das, was Patinkin „ghost money"[191] nennt, ist die Rechnungseinheit, die der Theoretiker benötigt, um Preise darin ausdrücken zu können. In dieser Reichnungseinheit (dem frei gewählten *numéraire*) werden die Angebots- und Nachfragegleichungen formuliert. Doch was geschieht, wenn das „Gut Geld" *in dieser Gespenster-Recheneinheit gerechnet* den Preis von Null erhält? Dann hat der Theoretiker als Metabeobachter seiner fiktiven Güterwelt zwar Gleichgewichte für massenhaften Tausch ermittelt, das Medium, in dem sich dieser Tausch aber nur *real vollziehen könnte*, ist wertlos: Es ist ein Papierfetzen, aber kein *Geld*. Und es ist auch gar nicht schwer, historische Beispiele heranzuziehen, in denen solch eine Situation auch *tatsächlich* zu beobachten war (wie in der deutschen Inflation 1923). Die eingenommene Position des cartesianischen Beobachters, der sein Modell in „ghost money" rechnerisch elegant gelöst hat, führt auf die Paradoxie, dass er einen Geldpreis von Null für eine Welt des Tauschgleichgewichts ermittelt, die gar nicht existieren *kann*. Solange dieser Fall aber nicht aus logischen Gründen auszuschließen ist, kann die Gleichgewichtstheorie *mit einem Gut Geld* schwerlich *irgend etwas* erklären.

Tatsächlich liegt hier eben jene *petitio principii* vor, die bei fast allen Ökonomen zu entdecken war, die so etwas wie eine „Ableitung des Geldes" versucht haben. Was sich, wie ich im ersten Teil meiner Untersuchung über Tausch und Geld zeigen konnte (Teil 3), aus logischen und erkenntnistheoretischen Gründen verbietet (die Deduktion eines kategorialen Novums), muss sich in *jeder* theoretischen Gestalt immer nur in öder Monotonie desselben unhaltbaren Gedankens wiederholen. Eben auch hier in der Gleichgewichtstheorie.

Clower hat die Modellform von Patinkin noch aus anderen Gründen in Frage gestellt. Es handelt sich um ein zentrales Tauschproblem, das Clower so formuliert: „Tauschrelationen brauchen nicht transitiv zu sein."[192] Wenn es Geld bereits eingeführt auf einem Markt gibt, dann sind alle Preise in der Geldeinheit ausgedrückt und können transitiv formuliert werden: Eine bestimmte Geldeinheit entspricht dann x Gütereinheiten X, y Gütereinheiten Y, z Gütereinheiten Z etc. (sofern diese Gütereinheiten beliebig teilbar

---

[190] K. J. Arrow, F. H. Hahn (1971), S. 338.
[191] D. Patinkin (1965), S. 15.
[192] R. W. Clower (1967), S. 206.

4.7.6 Das unmögliche Geld in der Gleichgewichtstheorie

sind). Für eine reine Tauschwirtschaft ist das nicht anzunehmen. Mehr noch, aus der *Abwesenheit* der Transitivität der Tauschrelationen ergibt sich die Möglichkeit, durch *erneuten* Tausch, durch Zwischenhandel „Arbitrage-Geschäfte" zu machen. Gerade daraus wollten einige Geldtheoretiker (z.B. Menger, Wicksell oder Schumpeter) das Geld ableiten.[193] Wie sich zeigte, beruht auch dieser Gedanke auf einer unhaltbaren Voraussetzung: Solche Geschäfte setzen nichts weniger als eine große Population von Tauschakten voraus, um einen *indirekten* Tausch überhaupt sinnvoll und möglich zu machen. Clower versucht hier die Struktur zu klären, indem er feststellt: Nennt man eine Geldware ein Gut, das *tatsächlich* gegen *alle* Waren eintauschbar ist, dann kann man sagen: „Eine Tauschökonomie (*barter economy*) ist eine, in der alle Waren Geldwaren sind."[194] Nur *dann* ist eine transitiv geschlossen Tauschökonomie möglich.

Wenn es Waren gibt, die nicht gegen bestimmte andere eingetauscht werden können, dann kann auch keine Tauschökonomie existieren. Geld muss *alle* Waren kaufen können; andere Waren haben nicht von sich her die Eigenschaft, alle anderen Waren kaufen zu können. Deshalb ist es ein Charakteristikum von *Geldökonomien*, dass nicht alle Waren „Geld" sind. Und Clower zieht hier eine zentrale, richtige und wichtige Schlussfolgerung: „Die Unterscheidung zwischen Geld und anderen Waren ist deshalb nicht eine Sache des Grades, sondern der Art."[195] Was Clower hier als Konsequenz seiner kritischen Untersuchung des Versuchs von Patinkin, Geld als ein „nützliches Gut" wie jedes andere einzuführen, formuliert, enthält implizit eine Kritik all jener Geldtheorien, die das Geld schrittweise, evolutionär durch den Tausch immer *marktfähigerer* Waren zu erklären versuchten. Clower untersucht Mengers Theorie hier nicht im Detail; er erwähnt Menger überhaupt nicht. Doch sein Ergebnis lässt nur einen Schluss zu: Wenn das Geld nicht aus einer *barter economy* abgeleitet werden kann, dann ist das Geld auch nicht in einem Modell des allgemeinen Gleichgewichts analysierbar. Clower sagt dies so: *„Money buys goods and goods buy money; but goods do not buy goods."*[196]

Anders gesagt: Wenn Güter nicht selbstverständlich Güter kaufen, dann ist ein Gleichgewicht in „Rechnungseinheiten", das nur auf dem Papier des Theoretikers existiert, nur eine Fiktion. Da alle Tauschwirtschaften von nennenswertem Umfang auch immer *Geldökonomien* waren und sind, lässt sich das Geld auch nicht aus dem Tausch erklären. Leider hat Clower nicht den Mut gehabt, die in seinem Satz aufscheinende Erkenntnis, dass Geldökonomien *kategorial* etwas anderes sind als der Nutzen- und Güterbegriff enthält, in eine wirkliche Kritik zu transformieren. So fährt er nach seiner Kritik ungeniert fort, ein *modifiziertes* Modell zu formulieren, in dem Geld als Argument von Nutzenfunktionen erscheint. Seine Untersuchung war dann übrigens der Anlass, die allgemeine Gleichgewichtstheorie durch Mengenrestriktionen und fixe Preise

---

[193] Wicksell hat dieses Problem wohl zuerst klar erkannt. „Wenn sowohl Kredit- und Geldgeschäfte wie Zwischenhandel aus irgend einer Ursache ausgeschlossen sind (z.B. deshalb, weil es noch gar keine entwickelte Tauschwirtschaft gibt, KHB), dann freilich müssen die gegenseitig abgetretenen Warenquantitäten je zwei und zwei gegen einander direkt vertauscht werden. Dann aber werden auch die drei Tauschverhältnisse (…) in keinerlei Beziehung zu einander stehen", K. Wicksell (1893), S. 51; vgl. auch K. Wicksell (1922: 2), S. 16ff; K. Wicksell (1898), S. 20ff.
[194] R. W. Clower (1967), S. 206.
[195] R. W. Clower (1967), S. 207.
[196] R. W. Clower (1967), 207f. Clower fährt fort: „Our aphorism automatically rules out the standard budget constraints of neo-Walrasian equilibrium analysis as accurate descriptions of planning alternatives open to transactors in a money economy." R. W. Clower (1967), S. 208.

zu reformulieren. Clower hat einen Weg beschritten[197], an den sich dann eine Flut von Modellen mit Mengenrationierung bzw. mit fixen Preisen anschloss.[198] Dass sich durch *andere* Annahmen für die Strukturen im Güterraum, dessen bloße Struktur eine Fiktion ist, das Verständnis der Geldverwendung vertiefen ließe, ist allerdings nur eine weitere Illusion in der Illusion des Güterraums.[199]

Auf anderen Wegen als Malinvaud hat Grandmond gezeigt, wie sich innerhalb von Gleichgewichtsgewichtsmodellen mit einem definierten „Gut Geld" bei dessen *Vermehrung* reale Effekte ergeben, was die keynesianische Vermutung stützen soll, dass Geld *nicht* nur eine neutrale Recheneinheit ist, die auch *in der Wirklichkeit* langfristig neutral wirke, also nur die absolute (nominale) Höhe der Preise beeinflusse.[200] Bezüglich der Geld*verwendung* kommt auch Grandmont zu dem Ergebnis, dass die walrasianische Theorie des allgemeinen Gleichgewichts einen positiven Preis für die Ware Geld nicht als Notwendigkeit erklären könne. Grandmont sagt, „dass die Existenz eines kurzfristigen walrasianischen Gleichgewicht, in dem Geld einen positiven Wert hat, einigermaßen problematisch in wirklichen Marktwirtschaften ist, im Gegensatz zu dem, was neoklassische Ökonomen glauben."[201] (Dass Grandmont hier problemlos sein Denkmodell mit „wirklichen Marktwirtschaften" identifiziert, sei als interessantes Detail für den hier gepflegten Denkstil am Rande vermerkt.)

Frank Hahn kommt zu einem ganz ähnlichen Ergebnis, wenn er für die allgemeine Gleichgewichtstheorie, die versucht, das *wichtigste* Phänomen einer Tauschwirtschaft zu erklären, die einigermaßen vernichtende Schlussfolgerung zieht, „dass Geldwirtschaften sich nicht in geeigneter Weise als Modelle des Walrasschen allgemeinen Gleichgewichts modellieren lassen, nicht einmal dann, wenn diese einfache Sequenzwirtschaften sind."[202] Damit ist das Urteil über die Neoklassik, die ihre vollendete Gestalt in der modernen Gleichgewichtstheorie gefunden hat, *aus ihrer eigenen Logik* gesprochen. Diese Theorie kann das Geld nicht erklären, und da es ohne Geld keine entfalteten Märkte gibt, ist dies auch keine Theorie für reine Tauschmärkte. Methodisch lässt sich bei einem – nun tatsächlich *distanzierten* – Überblick über die Vielfalt der Modelle mit und ohne Geldverwendung und den aus ihnen abgeleiteten, teils völlig gegensätzlichen Ergebnissen nur eines lernen: Diese Theorie erklärt gerade deshalb *alles*, weil sie *nichts* erklärt, also leer ist.

Die merkwürdige Erfahrung hierbei, dass im selben kategorialen Rahmen (der Gleichgewichtstheorie) nahezu *jedes* Ergebnis bei „geeigneten Annahmen" erzeugt werden kann, fällt den Aktoren dieses Geschäfts, den mathematischen Ökonomen, gar nicht mehr auf. Da Geld in seiner institutionalisierten Form ein politischer Streitgegenstand ist, da die *Geldpolitik* damit in den Streit der Standpunkte und Interessen geraten ist, hat die Theorie hier nur noch die Funktion, den *Anschein* einer Begründung zu liefern. Die Frage nach der Natur des Geldes wird überhaupt nicht mehr gestellt. Es genügt, wenn man durch „geeignete Annahmen" für die öffentliche Diskussion formal präpa-

---

[197] Vgl. R. W. Clower (1965).

[198] Vgl. E. Malinvaud (1977); für einen Überblick: J. Muellbauer, R. Portes (1978).

[199] Es ist nicht ohne Ironie, dass Clower, der in seinen frühen Texten die Differenz zwischen Geld und Ware als eine *kategoriale* bestimmte, später in der Nachfolge Mengers sich dann doch an einer „Evolutionstheorie" des Geldes versuchte – ich habe sein Modell im Kapitel über Carl Menger diskutiert (vgl. 4.6.4.5).

[200] J.-M. Grandmont (1983), S. 38ff. Grandmont erreicht dieses Ergebnis durch unterschiedliche *intertemporale* Substitutionsraten zwischen Gütern, die ich hier nicht näher diskutieren möchte.

[201] J.-M. Grandmont (1983), S. 27.

[202] F. Hahn (1979), S. 65.

4.7.6 Das unmögliche Geld in der Gleichgewichtstheorie

riert „zeigen" kann, *dass* dies oder jenes geschieht, wenn man diese oder jene geldpolitische Maßnahme ergreift. Die Abgeschmacktheit dieses Verfahrens tritt gar nicht mehr ins Bewusstsein, in dieser neoklassischen Abteilung der Grabesstätte des ökonomischen Denkens.

Die Pointe mathematischer Modelle besteht in dem, was Wicksteed – wie eingangs zitiert – gesagt hat: „Du kannst am Ende nichts herausbekommen, was du nicht implizit am Anfang hineingesteckt hast"[203]. Das bedeutet: Man kann jedes gewünschte Resultat erzeugen durch das, „was du in die Annahmen hineinsteckst". Dazu dreht man den Spieß einfach um: Sage mir, welches politisch wünschenswerte Resultat du haben möchtest, ich wähle dazu eine Modellform mit „geeigneten Annahmen". Der Vorrat an Modellen ist inzwischen so groß, dass sich für jedes Ergebnis sogar mehrere Ansätze anbieten. Wenn walrasianisch gestrickte Modelle nicht sofort leisten, was man gerne hätte, kann man Transaktionskosten, Erwartungsfunktionen, asymmetrische Informationen oder stochastische Elemente einfügen. Und wenn das nicht ausreicht, bietet die Spieltheorie einen reichen Vorrat an Beliebigkeit der Ergebnisse.[204] Die werden dann das, was man haben möchte, schon erreichen. All dies lässt sich dann auch noch entsprechend aufplustern, indem man einige Lemmas und tautologische Theoreme beweist, oder einfach nur auf geschickte Weise Schaubilder verwendet.

Nun mag man – im Geist von Poppers Wissenschaftstheorie – einwenden: Es kommt doch darauf an, welche Theoreme man zu *getesteten empirischen Hypothesen* spezifiziert hat. Dann kann man aus den vielen möglichen Aussagen eben jene auswählen, die richtig sind und *darauf* seine wirtschaftspolitischen Empfehlungen stützten. Doch das ist ein reichlich naiver Einwand. Der Umgang mit Daten, ihre Erhebung, statistische Aufbereitung usw. *beruht* auf der *Fragestellung*. Und eben die Fragestellung, die dann mathematisch spezifiziert wird, um einen Rahmen für empirische Erhebungen zu schaffen, ist schon durch und durch von jenen Werthaltungen eingefärbt, die ein Modell „beweisen" möchte. Deshalb ist der jeweils ökonometrische Anhang zu den zahllosen Aufsätzen – eine Pflichtübung in der Zunft – so wertlos wie die Ableitungen selbst. Oder höflicher gesagt: Es sind eben nur *Meinungsäußerungen*, ebensoviel wert wie die jedes anderen Bürgers, der sich am öffentlichen Diskurs beteiligt, weil ebenso schlecht *begründet*. Denn die mathematische Darstellung eines Vorurteils hebt es nicht auf, sondern macht es nur schlimmer.

Hinzu kommt eine Besonderheit der empirischen Überprüfung ökonomischer Modelle, also etwa der Wirkungen der Geldpolitik. Die Daten sind in der Regel *historisch*, d.h. sie bilden Zeitreihen. Da aber keine historischen Gesetze durch die Entscheidungen der Subjekte hindurch wirken, liegen die Daten in einer Form vor, die durch „geeignete ökonometrische Annahmen" sich ebenso „anpassungsfähig" erweisen wie die Modellaussagen. Ich schließe meine hier nur kursorische Kritik mit einem Altmeister dieser Zunft, der auf seine späten Tage recht offenherzig die schlichte Wahrheit der Ökonometrie zum Ausdruck gebracht hat. Robert Solow sagt:

---

[203] P. H. Wicksteed (1905).

[204] Es ist geradezu rührend, wie naiv hier *erkenntnistheoretisch* argumentiert wird; ein Beispiel: „Die große Zahl denkbarer Fälle vermittelt vielfach den Eindruck scheinbarer Beliebigkeit der Resultate. Doch ein wesentlicher Beitrag der Spieltheorie besteht gerade darin, deutlich zu machen, in welch starkem Maße das Ergebnis jeweils von *konkreten institutionellen Details* abhängt." G. Illing (1995), S. 126; seine Hervorhebung. „Institutionelle Details" sind *empirische* Sachverhalte, die es zu *erklären* gilt. Wenn man sie immer schon voraussetzen muss, um das geeignete *Modell* zu wählen, dann *erklärt* man nichts mehr. Eine modelltheoretische Kasuistik ist das schlichte Eingeständnis für das Versagen einer *allgemeinen* Theorie.

„Sobald Zeitreihen lang genug sind, um Anlass zu geben, zwischen verschiedenen komplexen Hypothesen auswählen zu können, nimmt zugleich die Wahrscheinlichkeit ab, dass die Bedingungen stationär bleiben und Zufallseinflüsse sind entsprechend hoch. Unter diesen Umständen bedarf es nur einer gewissen Cleverness und Ausdauer, um jedes beliebige Resultat zu erhalten, das man sich wünscht. Das ist, wie ich denke, der Grund, weshalb so wenige Ökonometriker jemals von den Fakten veranlasst wurden, ihre jeweiligen Glaubensüberzeugungen aufzugeben."[205]

Solow wiederholt hier nur, was sein Freund Samuelson in seinem klassischen Buch „Foundations" auf die selbst gestellte Frage, was sich bei einer empirischen Widerlegung an den Aussagen der Ökonomen denn ändern würde, antwortete: „Ich vermute, sehr wenig."[206] Dass dies auch hier der Selbstaufgabe einer Wissenschaft gleichkommt, braucht man eigentlich nicht zu betonen. So endet auch die *mathematische* Tausch- und Geldtheorie dort, wo sie bei Gossen begann, nämlich beim formal höchst exakten Glaubensbekenntnis an den Markt, dem nur eines fehlt: der zureichende Grund.

4.7.7 Effizienzmärkte, Eigentumsrechte und Transaktionskosten

Die Modelle des Güterraums in der Ökonomik sind ein Substitut für das grundlegende Versäumnis der Frage: *Worin* vollzieht sich eigentlich die ökonomische Vergesellschaftung über das Geld und die Märkte? Ich habe einleitend in der Darstellung der *Logik* der Vergesellschaftung darauf hingewiesen, wie sich dieser blinde Fleck für die Wissenschaft von der Gesellschaft überhaupt auswirkt. Die Vorstellung vom Güterraum ist die verdunkelte und verblendete Antwort auf die Frage: Worin vollzieht sich ökonomische Vergesellschaftung? Diese Antwort *muss* scheitern, unabhängig von den konkreten Denkfehlern, auf die ich hingewiesen habe, weil sich die Menschen ökonomisch nicht in einem Raum der Produkte „vergesellschaften". Die Analyse der Tauschstruktur kann das unmittelbar *am zentralen Phänomen* einer Tauschgesellschaft aufdecken (in der Relation R1 der Tauschstruktur).

Die ökonomische Theorie versteht sich – ohne dies explizit herauszuarbeiten – als Theorie der Vergesellschaftung, durch die meist *nur implizit formulierte These*: Gesellschaft wird hergestellt durch Tauschprozesse. Das Versäumnis der Frage nach dem *Ort* der Vergesellschaftung führt, wie sich zeigte, hier auf eine doppelte Antwort: Die Einheit dessen, was er analysiert, liegt für den cartesianischen Beobachter der Wirtschaft immer schon in der Einheit seines *ego cogito*. So fraglos ihm dies als Voraussetzung gegeben ist, so fraglos findet er die Einheit seiner erfundenen Entitäten. Nur auf dieser Grundlage kann die Tauschpopulation als *eine* vorgestellt werden, in der sich dann allerlei Prozesse abspielen, die ihre synthetische, die Vergesellschaftung herstellende Struktur immer schon durch das *ego cogito* garantiert sehen. In der mathematischen Ökonomik findet dar cartesianische Beobachter seinen idealisierten Gegenstand im

---

[205] R. M. Solow (1985), S. 328. Keynes hat das noch sehr genau verstanden: „Is it claimed that there is a likelihood that the equations will work approximately next time? With a free hand to choose coefficients and time lags, one can, with enough industry, always cook a formula to fit moderately well a limited range of past facts. But what does this prove? (...) Is it assumed that the future is a determinate function of past statistics? What place is left for expectation and the state of confidence relating to the future?" J. M. Keynes, CW XIV, S. 287.

[206] P. A. Samuelson (1974), S. 117.

4.7.7 Effizienzmärkte, Eigentumsrechte und Transaktionskosten

„Güterraum". Dessen Einheit ist die Einheit der mathematischen Struktur. Der Beobachter befindet sich sozusagen im Nullpunkt des Güterraums, *dessen* Ort nie Thema wird. In diesem fiktiven Raum werden dann ökonomische Prozesse modelliert, die mit dem Begriff des Gleichgewichts und seiner Effizienz (Pareto-Optimalität) zu charakterisieren sind.

Die *Effizienz* der Märkte ist hierbei eine ebenso fiktionale Struktur wie der Raum, in dem sie durch Marktgleichgewichte definiert ist. Ein Marktgleichgewicht, das hat die Theorie von Debreu, Arrow, Hahn und anderen gezeigt, ist eine *statisch-geometrische* Eigenschaft. Man definiert konvexe Produktions- und Präferenzmengen und die Hyperebene, die beide Mengen trennt; dies liefert dann die topologische Definition von „Gleichgewicht" und „Effizienz". In der neoricardianischen Variante bzw. in von-Neumann-Welten werden keine Präferenzmengen verwendet; statt dessen führt man hier aus der kapitalistischen Konkurrenz die Vorstellung ein, dass die in Preisen bewerteten Kapitalgüter im Gleichgewicht in allen Sektoren (gleichgesetzt mit Firmen und Unternehmen) gleiche Profite pro Kapitalwert abwerfen. Daraus ergeben sich dann „Produktionspreise", deren Eigenschaften wiederum durch die Topologie der Produktionskorrespondenzen im Güterraum definiert werden.

All diese Definitionen sind zwar formal präzise, sie haben mit dem Kapitalismus, der Konkurrenz von Wirtschaftseinheiten, die definiert sind durch die mittels staatlicher Gewalt geschützten Eigentumsrechte, schlicht nichts gemeinsam. Das zeigt sich an einer einfachen Beobachtung: Wirkliche Wirtschaftseinheiten, also Unternehmen oder Haushalte, verändern die Handlungs- und Produktionsprogramme in einem permanenten Innovationsprozess. Neue Produkte sind nicht seltene, singuläre Ereignisse, sondern gehören vielmehr zum wichtigsten Mittel im Wettbewerbsprozess. Die Innovation ist die Kampfansage an den jeweiligen Wettbewerber, und die Verbraucher passen nachträglich ihre Verbrauchsstrukturen an das an, was die Unternehmen ihnen auf Märkten anbieten. Der – wenn man schon so reden möchte – „Raum der Produkte" ist also nicht nur einer permanenten Veränderung unterworfen, diese Veränderung ist selbst ein *Mittel* dafür, den Wettbewerb zu realisieren. Das werde ich noch genauer darzustellen haben. Hier dient mir der Hinweis darauf nur zur Illustration, dass der Begriff von „Gleichgewicht" und „Effizienz" als statisch-topologische Eigenschaft in einem unveränderlichen Güterraum kein Modell für die kapitalistisch organisierte Konkurrenz sein kann. Selbst dann nicht, wenn man auf dem cartesianischen Standpunkt verbleibt, dass ein Modell „die Realität" mehr oder weniger genau abbilden soll. Es gibt keine Ähnlichkeit zwischen einem im Güterraum definierten effizienten Gleichgewicht und den Handlungen der Marktteilnehmer in wirklichen Geldökonomien.

Nun ist das durchaus einigen Ökonomen, auch Nichtmarxisten, aufgefallen. Konzentriert man sich auf den *erkenntnistheoretischen* Fehler, dann kann man sagen, dass die mathematisch präzisierte Gleichgewichtstheorie effizienter Märkte es versäumt, ihren *Ort* zu definieren. Dieses Versäumnis haben Ökonomen dadurch zu beseitigen versucht, dass sie die idealisierten Prozesse mit *realen* Institutionen verglichen haben. Die von diesen frühen Institutionalisten vorwiegend in den USA formulierte Kritik enthält durchaus eine Reihe von richtigen Argumenten gegen die mathematische Schule.[207] Tatsächlich gewannen die Arbeiten vor allem von T. Veblen einen gewissen Einfluss auf die Soziologie, berührten den ökonomischen Mainstream aber so gut wie gar nicht. Gleichwohl blieb der grundlegende Mangel offenkundig, dass die Effizienzmärkte der Modellwelten der Gleichgewichtsökonomie nichts erklären.

---

[207] Vgl. N. Reuter (1996) für einen Überblick über den amerikanischen Institutionalismus.

Hierauf reagierte die ökonomische Theorie in einer bemerkenswerten Weise: Anstatt sich nun einer kategorialen *Kritik* der mathematischen Ökonomik zuzuwenden[208], behielt man den Effizienzbegriff als Ideal, als Referenzpunkt bei und erklärte die Realität einfach zur *Abweichung* vom Ideal durch die Einführung zweier Hilfsbegriffe: „Transaktionskosten" und „Eigentumsrechte". Die Frage, ob Eigentumsrechte selbst ökonomische Güter sein können, hatte Böhm-Bawerk mit einem klaren Nein beantwortet.[209] Sein Argument lautete, dass man dann, wenn man Eigentumsrechte als *Güter* definiere, eine Verdopplung des Güternutzens behaupte. Ein Recht beinhalte einen Anspruch auf eine bestimmte Güternutzung. Diese Nutzung sei auf den Güterbegriff zu beziehen; dem Recht *als* Recht komme nur die Eigenschaft zu, diese Güternutzung zu erlauben, nicht daneben noch einen zweiten Nutzen zu definieren. Mit dieser Überlegung war das Eigentum *als Gut* aus dem Blickwinkel der Ökonomen geraten. Allerdings bemerkte nun eine Reihe von Autoren, dass mit der Definition von Eigentumsrechten zwar kein neues Gut, wohl aber die *Institutionen* der Wirtschaft definiert werden. Werden die Eigentumsrechte *anders* oder gar nicht definiert, dann kann der Markt nicht nach dem Modell der Effizienzmodelle funktionieren.

In der *Property-Rights-Theorie*[210] wurden diese Fragen diskutiert, allerdings unter einer bemerkenswerten Voraussetzung: Das Referenzmodell der Vergesellschaftung *bleibt* das Effizienzgleichgewicht im vorausgesetzten Güterraum. Der Güterraum selbst wird überhaupt nicht hinterfragt, man stellt nur die Frage, wie der Prozess *in ihm* durch Eigentumsrechte und Transaktionskosten verändert wird. Transaktionskosten werden definiert als Kosten, die bei dem entstehen, was in der Gleichgewichtstheorie als abstrakte Preisbewegung definiert wird oder nur implizit – nämlich beim Tausch als Vertragsabschluss – erscheint. Diese Behauptung, die Transaktionskosten neu entdeckt zu haben und damit die Originalität dieser Schule zu begründen[211], ist dogmengeschichtlich einfach unhaltbar. Karl Marx hatte immer wieder auf diese Fragen hingewiesen, weil ihm selbstredend das neoklassische Ideal einer reibungslos funktionierenden Maschine weitgehend fremd war.[212] Marx sprach von den *faux frais* der kapitalistischen Produktion, die unvermeidlich sind, um die Funktionsweise dieses Gesellschaftssystems aufrechtzuerhalten. Der Begriff *faux frais* und die Grundidee stammt schon aus der physiokratischen Tradition, die Marx kritisch aufgreift.[213]

Er verwendet den Begriff der *faux frais* allerdings in einem sehr viel weiteren und zugleich präziseren Sinn als Schule des neuen Institutionalismus. Sie haben für ihn eher

---

[208] Coase beginnt seine Überlegungen durchaus mit einer zutreffenden Feststellung: „Economists in building up a theory have often omitted to examine the foundations on which it was erected." R. H. Coase, (1937), S. 386. Allerdings liegt bereits in dieser Feststellung die im einleitenden Kapitel kritisierte Naivität, man könne für die Erklärung der Wirtschaft frei über Begriffe verfügen und brauche sich als cartesianisches Subjekt um deren Wirklichkeitsgeltung bestenfalls *nachträglich* zu bekümmern.

[209] „Rechte und Verhältnisse vom Standpunkte der Volkswirtschaftlichen Güterlehre" (1881); abgedruckt in: E. v. Böhm-Bawerk (1927); vgl. auch C. C. v. Weizsäcker (1981).

[210] Vgl. A. A. Alchian, H. Demsetz (1970).

[211] Als Geburtsstunde gilt ein Aufsatz von Coase *The Natur of the Firm*; R. Coase (1937).

[212] Auch bei Marx spukt gelegentlich das Ideal des 19. Jahrhunderts: „Um die Gesetze der politischen Ökonomie rein darzustellen, wird von den Friktionen abstrahiert, wie in der reinen Mechanik abstrahiert wird von den besondern Friktionen, die in jedem besondern Fall ihrer Anwendung zu überwältigen sind." K. Marx (1970), S. 40. Den „Gesetzen" entspricht in der Neoklassik der friktionsfreie Effizienzbegriff bzw. die Paretooptimalität; die metaphysische *Denkform* ist die gleiche (vgl. Kapitel 4.4.1).

[213] Vgl. den Hinweis auf die „faux frais de production", K. Marx, MEW 23, S. 351f.

4.7.7 Effizienzmärkte, Eigentumsrechte und Transaktionskosten

die Bedeutung, die für Militärs der Begriff des *Kollateralschadens* besitzt. Es sind soziale Kosten, auch der *gescheiterten* Transaktionen, wenn der Marktzutritt misslingt. Derartiges „gehört zu den faux frais der kapitalistischen Produktion, die das Kapital jedoch großenteils von sich selbst ab auf die Schultern der Arbeiterklasse und der kleinen Mittelklasse zu wälzen weiß."[214] Auch die Kosten der Administration als *faux frais* kennt Marx und vergleicht sie mit den Kosten der Produkte auf den Märkten[215] – eine „Entdeckung", die sich Coase zugute schreibt. Das, was die Property-Rights-Theorie ferner „Transaktionskosten" nannte – die Kosten für Vertragsabschlüsse, Versicherungen, Suchkosten usw. – heißen bei Marx „Zirkulationskosten, die nur aus der gesellschaftlichen Form der Produktion entspringen. Es sind faux frais der Warenproduktion überhaupt"[216]. Seine Definition der „Transaktionskosten" lautet: „Kosten also, die die Ware verteuern, ohne ihr Gebrauchswert zuzusetzen, für die Gesellschaft also zu den faux frais der Produktion gehören", er fügt allerdings eine wichtige Pointe hinzu: Es sind Kosten, die gleichwohl „für den individuellen Kapitalisten (eine) Quelle der Bereicherung bilden (können)."[217]

Von diesem durchaus richtigen Begriff der *faux frais* sind die Vorstellungen der Autoren, die aus der Chicago-Schule hervorgegangen sind, nur das neoklassische Ideal des Effizienzmarktes kennen und als Referenzmodell verwenden, weit entfernt. Marx beschreibt einfach den faktischen Verlauf der Marktprozesse und die dabei anfallenden Kosten, ohne diesem Verlauf *vorausgesetzt* ein Ideal des reinen Funktionierens zu unterlegen, um dagegen dann die Transaktionskosten als *Abweichung* zu begreifen. Die Schule der *Neuen Institutionenökonomik* – wie die zusammengeführten Ansätze der *Property-Rights-Theorie* genannt werden – trägt in den Güterraum als nicht hinterfragten und unbestrittenen *logischen* Ort ökonomischer Prozesse einfach ein weiteres Element hinein: Ein Tausch ist aufgrund der Eigentumsrechte ein realer Vorgang des Vertragsabschlusses, und Verträge abzuschließen, verursacht Kosten. Jeder weiß das; nur die Gleichgewichtstheoretiker stellen sich dumm und setzen die Brille der Bequemlichkeit auf: „(I)t will be convenient to assume that ..."[218] Wenn nun die Neue Institutionenökonomik diese „Annahme" als unrealistisch beiseite schiebt, so schiebt sie doch nicht die kategoriale Matrix, *in der gedacht wird*, beiseite und bewegt sich weiterhin im fiktionalen Güterraum der Gleichgewichtsökonomen.

Indem er die ökonomische Theorie des Rechts von Posner referiert, sagt A. Mitchell Polinsky: „Wenn die Transaktionskosten null sind, spielt die Struktur des Rechts keine Rolle, da Effizienz in jedem Falle erreicht wird. Wenn der Markt wegen hoher Transaktionskosten nicht zu effizienten Ergebnissen führt, ist das Recht so zu gestalten, dass diese Kosten minimiert werden."[219] Der zweite Satz ist hierbei besonders bemerkenswert, weil er die Grundhaltung dieser Theorieform sehr klar zum Ausdruck bringt. Es gilt, die *wirkliche* Gestaltung des Rechts nach einem Ideal einzurichten, das sich an der *Effizienz* orientiert. Diese Effizienz ist nur definiert in der fiktionalen Welt des Güterraums, die sich oben als unsinnige Konstruktion erwiesen hat.

Man betrachtet also die Spur der Realität – ohnehin auf die Trivialität reduziert, dass wirtschaftliche Handlungen des Tauschens *als Handlungen in einer Geldökonomie* selbst Geld kosten –, die man in die Modellwelt der Effizienz eingeführt hat, als *Abwei-*

---

[214] K. Marx, MEW 23, S. 673.
[215] K. Marx, MEW 24, S. 133.
[216] K. Marx, MEW 24, S. 138.
[217] K. Marx, MEW 24, S. 139.
[218] K. J. Arrow, F. H. Hahn (1971), S. 53.
[219] A. M. Polinsky (1978), S. 121.

chung vom Ideal, als Sünde der Transaktionskosten, die man realistischerweise nicht vermeiden kann und deshalb berücksichtigen muss. Wenn es aber darum geht, selbst Handlungen zu formen und zu gestalten, dann orientiert sich der von den Ökonomen belehrte Rechtswissenschaftler oder potenzielle Gesetzgeber an der Fiktion der Effizienz. Diese falsche Abstraktion der Wirklichkeit wird also nicht als diese erkannt und kritisiert in der Theorie der *Property Rights*. Ganz im Gegenteil, sie wird in ihrer Geltung noch *verstärkt* – als Ideal.

Das *Coase-Theorem* bringt genau das zum Ausdruck. Coase sagt, dass Rechtsvorschriften, besonders die Zuweisung von Eigentumsrechten und Haftungsregeln, die wirtschaftliche Effizienz nicht beeinflussen. Das Privateigentum ist nur der Garant jener abstrakten Welt der Effizienzmärkte.[220] Es hat darin selbst keinen ökonomischen Inhalt, ist also im Güterraum nicht „wirklich", sondern nur dessen vorausgesetzter Schatten. Coase bestätigt damit *negativ* genau jene Kritik, die ich oben entwickelt habe. Denn dass diese Voraussetzung völlig unhaltbar ist, dass die Wirtschaftsprozesse *durch* den Handel mit Eigentumsrechten z.B. an den Börsen, durch Fusionen von Firmen usw. sehr wirksam bestimmt, nicht nur nebenbei „beeinflusst" werden, ist jedem Teilnehmer an einer kapitalistischen Ökonomie bekannt. Ökonomen wissen das scheinbar nicht.

Doch auch für einen Ökonomen ergibt sich die Notwendigkeit, Rücksicht darauf zu nehmen, dass es außerhalb seiner Güterräume noch eine andere Welt gibt. Er bewältigt dieses Problem dadurch, dass er in die Welt des Güterraums als *Realitätsprinzip* „Transaktionskosten" einführt. Die Transaktionskosten stehen für alles, was die Fiktion der Effizienzmärkte vom Handlungsvollzug des *Tauschens* unterscheidet. Wenn Transaktionskosten anfallen, sagt Coase, dann ist die Zuteilung von Eigentumsrechten *nicht* mehr neutral. Dann sind aber auch die Märkte nicht mehr effizient. Übersetzt man diesen Gedanken, so besagt er einfach und schlicht: Berücksichtigt man Eigenschaften der realen Wirtschaft, dann erweist sich das Gleichgewichtsmodell der reinen Effizienz als *falsch*. Doch man kann diesen Begriff „reparieren", ohne die vorausgesetzte kategoriale Matrix zu verlassen. Das Argument verläuft dann etwa so: Transaktionen benötigen Ressourcen, um sie durchzuführen. Diese Ressourcen sind damit von der Güterproduktion abzuziehen, wodurch die Gesamtproduktion verringert wird.

Da man nun aber mit der Hypothese arbeitet, dass Transaktionen notwendig Kosten verursachen, andererseits aber eine Handlungskoordination über Märkte zu erfolgen habe und man deshalb Transaktionskosten in Kauf nehmen müsse, ergibt sich ein *Optimierungsproblem*, für das man leicht Funktionen im Güterraum aufstellen und optimieren kann.[221] Beliebt sind zwei Kurven, eine fallende mit zunehmender Verbesserung der Transaktionen durch Institutionalisierung, eine andere, steigende, die die Kosten dieser Institutionalisierung abbildet. Addiert man beide Kurven, so ergibt sich eine U-förmige Gesamtkurve, die ein Minimum besitzt – und *voi lá*, man hat das Problem im Rahmen der ursprünglichen Denkmatrix bewältigt. Dass der *Verlauf* solcher Kurven völlig fiktiv

---

[220] Vgl. R. H. Coase (1960); A. M. Polinsky (1978), S. 124.

[221] Coase verwendet diese Denkfigur: „(A) point must be reached where the loss through the waste of resources is equal to the marketing costs of the exchange transaction in the open market or to the loss if the transaction was organized by another entrepreneur". „(T)hat a firm will tend to expand until the costs of organizing an extra transaction within the firm become equal to the costs of carrying out the same transaction by means of an exchange on the open market or the costs of organizing in another firm." R. H. Coase, (1937), S. 394 und 395. Diese Optimierung soll dann auch die Größe der Firma (= Betrieb oder Unternehmen?) bestimmen. Wer so die Trusts der Vergangenheit und die *Mergers and Aquisitions* in der Gegenwart erklären wollte, würde von den Aktoren wohl nur ein lächelndes Kopfschütteln ernten.

4.7.7 Effizienzmärkte, Eigentumsrechte und Transaktionskosten

bleibt – die Messung der Kosten, die Erfassung von „Transaktionen" als konkrete, operationalisierbare Entität ist unmöglich: Was ist die Leistung eines Rechtsanwalts, eines Staatsbeamten, eines Juristen, der Parlamentarier bei ihrer Gesetzgebung berät usw.? –, mindert aber nicht ihre *Funktion* im ökonomischen Diskurs. Man rettet durch die Einführung der Transaktionskosten und ihre Minimierung das Ideal des Marktes als unhinterfragtes Prinzip der Vergesellschaftung, auch dann, wenn man ihm zähneknirschend einige nichtmarktliche Regelungen oder Organisationsformen zur Seite stellen muss. Es sind jedenfalls *optimierte* Institutionen, die Ökonomen anbieten.

„Transaktionskosten" sind also *kategorial* ein völliger Leerbegriff, in den sich alles packen lässt, was man erklären möchte. Die diversen Varianten von Modellen der Neuen Institutionen Ökonomik legen von diesen Leererklärungen beredtes Zeugnis ab. Zwei Beispiele. Die Ökonomen können das Geld in Gleichgewichtsökonomien nicht erklären – das hat sich in den vorherigen Abschnitten gezeigt. Lösung: Man berücksichtigt Transaktionskosten des Tauschs und schon hat man das Geld erklärt.[222] Man braucht nur folgendes Argument: Tauschen verursacht Transaktionskosten (gemeint sind die „Kleinigkeiten", in einer Tauschökonomie Partner, geeignete Tauschmedien für den indirekten Tausch, Sicherung der Eigentumsrechte durch Schutz usw. zu entdecken). Wenn man Geld verwendet, dann *senkt* das die Transaktionskosten. Folglich verwendet man eben Geld, und man *musste* es einfach erfinden, *weil* es Kosten senkt.

Oder: Die Ökonomen argumentieren in ihren Güterräumen mit wirtschaftlichen Einheiten, genannt „Firmen". Innerhalb einer Firma werden Prozesse durch Weisung und Ausführung abgewickelt. Alternativ könnte man aber, argumentiert Coase, auch Leistungen oder Güter einfach auf dem Markt kaufen, anstatt sie durch interne Institutionalisierung selbst zu erstellen. Warum also gibt es überhaupt Firmen? Die Erklärungen: Weil es ohne Produktion keine Produkte gäbe (kausal); oder: Weil Eigentümer im Kapitalismus die Firmen als Mittel benutzen, um ihr Kapital zu vermehren (teleologisch), wären für einen Ökonomen viel zu trivial, orientierten sie sich doch nicht an Effizienzmärkten. Also gibt Coase die entwaffnend einfache Antwort: Es gibt Firmen, weil ihre Existenz Transaktionskosten spart.[223]

Die *allgemeine* Antwort der Neuen Institutionenökonomik kann also in folgende logische Form gebracht werden: Die Gleichgewichtswelt effizienter Märkte berücksichtigt Institutionen nur als kostenneutralen Hintergrund. Die wirtschaftliche Wirklichkeit *unterscheidet* sich von dieser Modellwelt. Die Differenz zwischen Effizienzmodell und Wirklichkeit wird aber nicht erkenntnistheoretisch untersucht, bezüglich der vorliegenden Kategorien erklärt und damit als *ontologische* Differenz erkannt. Vielmehr reduziert man diese Differenz auf „Transaktionskosten". Nur bleibt die Frage: Sind die Transaktionskosten nun Teil der Modellwelt, also wiederum nur als Modifikation in den Güterraum und die darin beschriebenen Prozesse eingeführt, oder sind *reale* „Transaktionskosten" – *faux frais* – gemeint, d.h. alles, was man an Beispielen darunter anführt im empirischen Sinn? Dass man neoklassische Modelle mit neuen Annahmen modifizieren kann, ist keine Erkenntnis, die überraschen würde. Sie beschäftigt den Alltag der Ökonomen in ihren Aufsätzen und Dissertationen.

Was also zunächst erkenntniskritisch daherkommt, erweist sich in der *Durchführung* selbst wieder als unbestimmte Modellierung, die nun *ihrerseits* einen Realitätstest bestehen muss. Wenn z.B. Richter und Furubotn sagen: „Das neoklassische Denken unter-

---

[222] Vgl. K. Brunner, A. H. Meltzer (1974).
[223] Coase kommt zu dem Ergebnis, „that the operation of a market costs something and by forming an organization and allowing some authority (an ‚entrepreneur') to direct the resources, certain marketing costs are saved." R. H. Coase (1937), S. 392.

stellt, dass das Wirtschaftsleben in einem bemerkenswert spezialisierten Umfeld, weit entfernt von der Realität stattfindet"[224], so versuchen sie zwar, eine *erkenntnistheoretische* Kritik zu formulieren, bemerken aber gar nicht, *dass* sie es tun. Denn das „spezialisierte Umfeld", worin die neoklassischen Homunculi agieren, ist der *Güterraum*. Dieser Güterraum ist eine reine Fiktion, die nicht „weit von der Realität entfernt" ist, sondern selbst in ihren begrifflichen Grundlagen einfach *nichts* mit dem zu tun hat, was *teilnehmende Marktsubjekte* täglich in ihrem Denken und Handeln vollziehen. Wenn man nun in dieses „spezialisierte Umfeld" eine *neue* Abstraktion einführt – die Transaktionskosten –, so bleibt der *Ort*, in dem man argumentiert, völlig unverändert.

Man erkennt dies an den Gegenüberstellungen von Coase. Coase stellt sich nie die Frage, *worin* er eigentlich argumentiert, wenn er fallweise eine Welt mit und ohne Transaktionskosten annimmt und daraus dann das ableitet, was als „Coase-Theorem" bekannt wurde. Der Ort, an dem man einen Vergleich zieht, ist die Modellwelt der Neoklassik, von Coase in nette Geschichten von Farmern und den Kühen der Rinderzüchter als Nachbarn verpackt und so der Illusion dienend, man spreche über *Teilnahme an Geldökonomien*. Für einen Teilnehmer sind die Fiktionen des Güterraums schon deshalb nicht nachvollziehbar, weil – wie sich zeigte – sich jedes Subjekt zwar in einer Welt öffentlicher Produkte, nicht aber der nur je subjektiv definierten Güter bewegt. Die *Entitäten*, von denen also die Rede ist, haben nicht die Identität, die ihnen der cartesianische Beobachter (Coase und seine Nachfolger) zuschreiben – was sich ganz empirisch im Streit um Patentrechte und die Identität einer „Technik" unmittelbar zeigt. Man kann eine rechtsfreie Welt der „Güter" überhaupt nicht sinnvoll *denken*, ohne sich in die oben gezeigten Widersprüche zu verwickeln. Folglich ist der um Transaktionskosten modifizierte Güterraum der Gleichgewichtstheorie selbst nur eine Fiktion – ganz so, als würde jemand in einem Kinofilm den Satz aussprechen: „Das hier ist aber wirklich die Realität". Auch ein Güterraum mit Transaktionskosten bleibt ... ein Güterraum, eine Fiktion, mehr noch, ein nicht einmal denkbarer Gedanke, wenn man Begriffe als Denkprozess wirklich *vollziehen* möchte. Was also Richter und Furubotn „die Realität" nennen, entspricht exakt dem Beispielssatz in einem schlechten Film.

Wenn man Institutionen über die leere Abstraktion der Transaktionen in der fiktionalen Modellwelt „als endogene Variable"[225] behandelt, dann reduziert man nicht die Differenz zwischen Modell und Realität. Das ist deshalb offenkundig, weil die Vertreter der Neuen Institutionenökonomik die transaktionskostenfreien Märkte immer als *Sonderfall* ihrer vermeintlich allgemeineren Theorie darstellen. Doch die Effizienz dieser transaktionskostenfreien Märkte (= „Pareto-Optimalität"), bleibt ein *Ideal*, das man bei allen Einschränkungen und Vorbehalten dann letztlich *doch* beibehält.

In dieser Frage verbirgt sich indes ein sehr viel grundlegenderes Problem, als dies im Denkraster der Neuen Institutionenökonomik erkennbar ist. Es war ein Axiom des frühen Neoliberalismus, dass Privatrechtsordnung und Wirtschaftsordnung identisch gesetzt wurden. Durch die richtige Definition des Privateigentums soll auch die Wirtschaft dem Ideal freier Märkte entsprechend alle Leistungen hervorbringen, die seit Adam Smith versprochen wurden. Weit davon entfernt, die Märkte zu *gestalten*, hat der Neo- oder Ordoliberalismus sich darauf verpflichtet, institutionelle Rahmenbedingungen so zu gestalten, dass sie *den Märkten* dienen. Dieses Ideal wird in der mathematischen Gleichgewichtstheorie nur formal anders definiert; es bleibt der schlichte physiokratische Gedanke, dass es eine Naturordnung (*ordre naturel*) gebe, die von der von Menschen gemachten Ordnung (*ordre positif*) nicht in ihrem Verlauf gestört werden

---

[224] R. Richter, E. G. Furubotn (1999), S. 10.
[225] R. Richter, E. G. Furubotn (1999), S. 12.

4.7.7 Effizienzmärkte, Eigentumsrechte und Transaktionskosten

dürfe. Hayek bewegt sich in seinem Neoliberalismus im selben Fahrwasser, verwendet nur eine andere Terminologie.[226]

Wenn nun die *Property-Rights-Theorie* die Transaktionskosten einführt, um zu zeigen, inwiefern institutionelle Regelungen einerseits Kosten ersparen, andererseits die Organisation des Marktes nicht kostenlos sein kann, dann reproduziert sie denselben Denkhorizont. Die Naturordnung wird nun durch den Begriff der Effizienz oder der Pareto-Optimalität ersetzt, die rechtlichen Normierungen erscheinen als menschliche Eingriffe in den Naturprozess des Marktes, unterwerfen sich aber dessen Ideal: Die Transaktionskosten gilt es zu *minimieren*, damit Effizienz erreicht wird.[227] Wenn Richter und Furubotn vorsichtig und zögerlich die Kritik wagen, dass der Begriff der Effizienz seinen Sinn verlieren könnte und es deshalb besser sein dürfte, „auf das neoklassische Effizienzkriterium bei der Beurteilung von Institution zu verzichten und es beim Vergleich der (z.B.) produktiven Ergebnisse von Institutionen oder Organisationen bewenden zu lassen – wie das in der Praxis ja auch geschieht"[228], dann bemerken sie offenbar gar nicht, *was* sie hier fordern.

Der Verzicht auf die Pareto-Optimalität, den neoklassischen Effizienzbegriff beraubt die Ökonomen gerade des Kriteriums, das ihre Existenz als Berater für die Gestaltung von Institutionen rechtfertigt. Wenn die beiden Autoren von „produktiven Ergebnissen" sprechen, dann ersetzen sie einen fiktionalen Begriff durch eine noch dünnere Leerformel – denn wer definiert, *was* überhaupt ein Ergebnis z.B. von rechtlichen Regelungen ist; die Steuerinzidenztheorie hat sich damit weidlich herumgeschlagen. Vor allem aber: Was soll das sein, ein *produktives* Ergebnis? Deshalb nimmt es nicht Wunder, wenn die beiden Autoren nach ihrem mutigen Anflug von Kritik kleinlaut fortfahren: „Das sollte man im Auge behalten, wenn hier, der Literatur folgend, auch weiterhin neoklassische Effizienzkriterien im Sinne von erst- oder zweitbesten Optima bzw. Pareto-Effizienz Anwendung finden"[229]. Die Nase kurz in den Wind gestreckt und vor dem erkennbaren Sturm zurückgeschreckt, kehren die Autoren doch brav zurück zur neoklassischen Schafherde.

So bleibt *erkenntnistheoretisch* definitiv nichts von der Kritik, die scheinbar im Transaktionskostenbegriff an der Neoklassik geübt wird. In der kategorialen Grundform führt die Berücksichtigung von Transaktionskosten keinen Schritt aus der Wüste fiktionaler und falscher Gedanken der Neoklassik. Walras hatte diesen Punkt eigentlich schon vollständig erfasst, wenn er sagte, er nehme „von den kleinen verwirrenden Nebenumständen vorläufig Abstand, wie dies auch in der Physik und Mechanik gelegentlich des Widerstands des Mediums, der Reibung usw. geschieht"[230]. Die Reibung – das sind die

---

[226] Vgl. hierzu genauer K.-H. Brodbeck (2001a).

[227] Buchanan verwendet zur Ableitung von Institutionen spieltheoretische Überlegungen, worin der Kampf auf den Märkten zuvor in die Menschennatur verlegt wird und man sich eine *nicht* durch Eigentum, Geld und Märkte organisierte Gesellschaft gar nicht anders denn als Hobbesschen Dschungel vorstellen kann. Buchanan betrachtet z.B. Sklaverei begründet in Persönlichkeitsmerkmalen (es sind die „Schwachen" gegenüber den „Starken", die ihnen ungleiche Verträge aufnötigen), J. Buchanan (1984), S. 86ff. Man kann nur schwach *innerhalb* einer Gesellschaft sein, relativ zum Starken. Deshalb ist die Vergesellschaftung von Schwachen und Starken schon *vorausgesetzt* im *Begriff* des Sklaven. Buchanan bewegt sich zudem in seinen Argumenten immer schon im neoklassischen Güterraum, vgl. J. Buchanan (1984), S. 86ff und Abbildung 4.1; sein Modell ist mit der Kritik des neoklassischen Güterraums hinreichend kritisiert; vgl. auch U. Thielemann (1996).

[228] R. Richter, E. G. Furubotn (1999), S. 108.

[229] R. Richter, E. G. Furubotn (1999), S. 108.

[230] L. Walras (1881), S. 7.

„Transaktionskosten" der mechanisch-ökonomischen Modellwelten. Die Reibung von *konkreten* mechanischen Objekten kann genau berechnet werden, und somit kann das mechanische System, das ein Ingenieur entwirft, *trotz* Reibung exakt seinem vorausgesetzten Zweck entsprechend funktionsfähig gemacht werden. Der Markt ist aber auf keine Weise zu instrumentalisieren, vielmehr ist es ein Ideal aller bürgerlichen Ökonomen, dass Institutionen am Ideal des Marktes (wie immer man dieses Ideal dann konkret begreift und beschreibt) zu orientieren seien.

Ich möchte das abschließend kurz an der Darstellung von Weizsäckers illustrieren, die an Böhm-Bawerks Rechtetheorie anknüpft und ähnliche Vorstellung wie Buchanan verwendet. Ich gebe seinen Gedanken interpretierend wieder: Weizsäcker führt „drei Ebenen" der Gesellschaft ein.[231] (1) Auf der untersten, der Ebene des Hobbesschen Dschungels sind keine Eigentumsrechte definiert; es herrscht Anarchie. Jeder greift durch beliebige Gewalt auf die „Güter" zu. (2) Mit der Einführung der Eigentumsrechte können *Märkte* entstehen. Doch diese Märkte sind für Weizsäcker wie für fast alle Ökonomen *identisch* mit dem, was die Modelle als Gleichgewicht und Effizienz im *gegebenen* Güterraum beschreiben. Ich wiederhole hier nicht die oben formulierte Kritik an dieser unmöglichen Voraussetzung, sondern lasse die Verwechslung von „privaten Gütern" und „öffentlichen Produkten" für den Zweck des Arguments auf sich beruhen. (3) Nun unterscheidet Weizsäcker aber noch eine dritte Ebene, auf der – unter Voraussetzung der bestehenden Eigentumsverhältnisse – Innovationen getätigt werden. Weizsäcker verwechselt hier wie Hayek konsequent Entdeckung und Erfindung, indem er Innovationen als „Suchprozess" beschreibt – die Unternehmer schlendern über die Märkte und „suchen" nach Neuerungen, die sie dann „finden" und Eigentumsrechte daran erwerben. Menschliche Kreativität ist kein „Suchen", bei dem man Grenzkosten und Grenzerträge vergleichen könnte, wie Weizsäcker meint – auch wenn er einschränkt, dass dieses Rationalkalkül hier nicht besonders „fruchtbar" sei.[232]

Auf der dritten Ebene entstehen durch „Suchen" neue Eigentumsrechte bei Innovationen. Weizsäcker ignoriert völlig die kategoriale Differenz zwischen seinen Ebenen II (effiziente Märkte im gegebenen Güterraum) und Eben III. Die dritte Ebene überlagert nicht die zweite als deren ontologische „Grundlage", sondern ist eine völlig andere Welt, in der der Effizienzbegriff – eben weil es den Güterraum als Referenzort dafür gar nicht gibt – völlig sinnlos wird. In einer Welt der permanenten *Variation* des Güterraums, unter vielfältigem Einsatz von Eigentumsrechten – an den Börsen oder durch alle Tricks des Patentrechts – *gibt es keine Effizienz*, eben weil es keinen statischen Güterraum gibt, *in dem* (und *nur* in dem) sie definierbar ist. Wie sich eine Welt reiner Gewalt – ein Bürgerkrieg („Hobbesscher Dschungel") – von einer organisierten Marktwirtschaft unterscheidet, so unterscheidet sich eine Welt der Innovationen und der *wirklichen Eigentumsrechte* von den Fiktionen eines statischen Güterraums und der darin definierten Pareto-Optimalität. Die aus Innovationen hervorgehenden Rechte sind ein Moment

---

[231] C. C. v. Weizsäcker (1981), S. 351-354.

[232] „(D)ie Suche wird fortgesetzt, bis der Erwartungswert des Grenzertrags weiteren Suchens den Grenzkosten entspricht", C. C. v. Weizsäcker (1981), S. 354. Weizsäcker schränkt aber nur die Effizienzvorstellung ein, nicht das Kalkül selbst, das er in Anschluss an Simon als „bloß" *satisficing behaviour* interpretiert: „Mit dem Suchen nach zufriedenstellenden Lösungen ist der mehr oder weniger ‚kreative' Prozess der Erfindung, Innovation, Entwicklung neuer Produkte wohl adäquater beschrieben als mit dem Maximierungsgedanken", aaO. Damit ist indes rein *gar nichts* von der menschlichen Kreativität verstanden, von der die neoklassischen Ökonomen kein Wissen haben oder zeigen; vgl. K.-H. Brodbeck (2000a), Teil 2 und Kapitel 5.7.

4.7.7 Effizienzmärkte, Eigentumsrechte und Transaktionskosten

des permanenten Wandels der Dimensionen des Produktraumes, keine überlagerte Ebene eines gegebenen Güterraums mit definierter Effizienz.

In einer Hinsicht ist allerdings das ansonsten verfehlte Bild dreier Ebenen durchaus beredt: Wie sich im Eigentumsrecht, geschützt durch staatliche Gewalt, durchaus das Moment der *Gewalt* reproduziert, ebenso reproduziert sich die Gewalt der *Ausschließung* kraft des Eigentumsrechts in einer globalen Ökonomie. Wenn man das nachgewiesen *falsche Ideal* als leere Abstraktion zur Maxime wirtschaftspolitischen Handelns macht, dann realisiert man nicht die Struktur der „an sich" vorhandenen Ebene II auf der Oberfläche der Ebene III.[233] Das wiederum ist keine Frage, die man erst empirisch untersuchen müsste, ist es doch die tägliche Erfahrung von Milliarden Menschen, die sich mit der Abstraktion des Marktes und des Geldes als Gewalt des *Ausschlusses* konfrontiert sehen.

Die totalitäre Brutalität, die darin liegt, die aus einer cartesianischen Perspektive entwickelte Modellvorstellung von Effizienz – mit oder ohne einbezogene Transaktionskosten – den Menschen als Abstraktion anzutun, davon ahnen die durch viele Schreibtische getrennten Schreibtischtäter ökonomischer Wissenschaften nur gelegentlich etwas, wenn die Erfahrung der *angewandten* Effizienzvorstellungen durch Weltbank, WTO und andere ihre hässliche soziale Fratze zeigen. Dass das Ideal, das die Neue Institutionenökonomik teilt, einfach darin besteht, die Gestaltung von Normen in der Gesellschaft nicht konkreten Bedürfnissen, sondern „dem" Markt als *ordre naturel* anzupassen, wurde bereits früh von Kritikern des Neoliberalismus ausgesprochen: „Der Imperativ für die Realisierung der Wirtschaftsordnung wird aus der Grundstruktur der vorgegebenen Naturordnung abgeleitet."[234] Wenn man eine logische Fiktion als Ort wirtschaftlicher Prozesse definiert, in dieser Abstraktion dann Kriterien wie die Effizienz entwickelt, und an diesem Ideal Handlungsempfehlungen gibt, dann reproduziert sich darin der in dieser cartesianischen Denkform enthaltene Totalitarismus einer „Sozialtechnik". Erweitert man dies um eine „Gesetzgebungstechnik", mit der Maßgabe, für den Markt, für die auf ihm wirksame Geldgier die Kosten der Transaktionen zu minimieren, so wird *wirklichen* Menschen Gewalt angetan. Es wird deren Lebenswelt verheert, der Globus mit Hunger überzogen, und bei all dem kann man sich das gute Gewissen mathematischer Deduktion bewahren. Ob eine Abstraktion nun *reine Effizienz*, *Pareto-Optimalität* oder Minimierung von Transaktionskosten heißt, stets ist sie geeignet, die Wirklichkeit, in der sie realisiert wird, zu zerstören. Das Etikett macht für die Opfer dieser impliziten Unmoral keinen Unterschied.

---

[233] C. C. v. Weizsäcker ist sich treu geblieben. In seinem „Globalisierungsbuch" C. C. v. Weizsäcker (1999) referiert er ungeniert das Effizienzmodell als Handlungsempfehlung, konstruiert erfundene Kausalitäten und klatscht am Ende lauten Beifall, blickt dabei auf seine erfundene Welt des Güterraums, *meint* aber die Welt, in der täglich eine fünf- bis sechsstellige Zahl an Menschen als Opfer jener Prozesse verhungert, die er mit falschen Gedanken beweihräuchert.

[234] E. E. Nawroth (1962), S. 304. Diese Kritik wurde vertieft von Peter Ulrich und an neueren Varianten dieses Gedankens kritisch rekonstruiert; vgl. P. Ulrich (2001), Teil IV.

4.8 Wertkritiker

4.8.1 Vorbemerkung

Der Begriff des „Wertes" hat in der Ökonomik im 19. Jahrhundert eine wachsende Bedeutung gewonnen. Gleichwohl verlief die Entwicklung in zwei gänzlich differierende Richtungen, die durch die beiden Klassiker Marx und Menger ihren Höhepunkt erreichten. In England stehen andere Namen für diese Aufspaltung der Wertlehre; sie ist dort auch nicht zu dem im deutschsprachigen Raum scharfen Gegensatz entfaltet worden. Dort repräsentierte die Tradition Ricardos, wie sie in John St. Mills klassischen Lehrbuch zusammengefasst wurde, die objektive Schule, während mit Jevons und später mit Marshall die subjektive Schule ihre Hauptvertreter fand. Vor allem Marshall bemühte sich, beide Traditionen zu versöhnen, eine Lehrtradition, die über Cambridge noch für Keynes bestimmend geblieben ist. Auch in anderen Ländern finden sich Ansätze zu Synthesen.[1]

Mill war noch der Auffassung, dass zum Wert eigentlich schon alles gesagt sei, während *nach* dem Erscheinen seiner *Principles* (1848) die eigentliche Debatte um die Wertlehre erst einsetzte. Marx versuchte, den Wert als falsche Form der Vergesellschaftung zu entschlüsseln, während die subjektive Schule den Wert in eine Relation zwischen Individuum und Gut auflöste. Beide Versuche scheiterten aber am Übergang vom Wert auf seine alltäglich erscheinende Form: den in Geld ausgedrückten Preis. Aristoteles hatte eine ganz andere Lösung gefunden, die im Geld eine soziale Klammer der Bedürfnisse sah, die aus dieser Funktion, Güter- und Bedürfnisteilung zu vermitteln, abgeleitet wurde. Bei ihm gibt es keinen „Wert", sondern nur sozial vermittelte Relationen zwischen Tauschenden und ihrem Bedarf. Diese aristotelische Lösung wurde immer wieder umkreist, ohne in ihrer einfachen Struktur rekonstruiert zu werden. Zu sehr hatte das *ethische* Moment, das durch die Festlegung eines *justum pretium*, eines gerechten Preises an das Preisphänomen eine ihm *fremde* Bestimmung herangetragen, die sich als Wert schrittweise verselbständigte. Als dann auch noch die Philosophie den Wertbegriff aus der Ökonomik übernahm und als säkularisierte Kategorie der *spirituellen Dimension* des menschlichen Zusammenlebens einführte, war die ursprüngliche Fragestellung bei Aristoteles gänzlich aus dem Blick geraten.

Der Begriff des „Wertes" erfuhr allerdings einen doppelten Angriff. In der Philosophie hat Nietzsche nach dem „Tod Gottes" die Kritik aller Werte – die für ihn am Gottesbegriff angehängt waren – und damit die Periode des *Nihilismus* eingeläutet, also eine historische Epoche des Übergangs, in der die alten Werte ihren Inhalt verloren und neue noch nicht gefunden waren. Die Religion wurde auf Gefühle, Gefühle auf die Psyche reduziert. In der Politik wandelten sich die „Werte" in Ideologien, während eine Vielzahl ethischer Entwürfe versuchte, das aufgebrochene Vakuum zu füllen. In der Ökonomik trat durch das Vordringen der mathematischen Schule mehr und mehr die *Funktion* an die Stelle des Wertes. So erstaunt es nicht, dass aus dieser Schule auch eine *explizite* Kritik am Wertbegriff hervorgegangen ist (die von Gustav Cassel). Die Auflösung des Wertes in ein *subjektives Urteil* andererseits führte Robert Liefmann dazu, nach einer Kritik dieses Begriffs und dem Verzicht auf den Wert als ökonomischer Kategorie eine rein subjektive Theorie ohne Wertbegriff zu formulieren. Die radikalste Kritik aber stammt von Gottl-Ottlilienfeld, der in der subjektiven und objektiven Variante der Wertlehren als *tertium comparationis* einen ungedachten *Begriff* zu entschlüsseln versuchte, der sich nur äußerlich am *Wort* „Wert" festmachte, in Wahrheit aber ein

---

[1] Vgl. dazu den Überblick über zahlreiche Länder von T. Surányi-Unger (1927).

ganz anderes Phänomen verbergen sollte, das Gottl die „Wirtschaftliche Dimension" nannte.

Eine eigentlich *philosophische* Kritik der ökonomischen Wertlehren findet sich allerdings kaum; man muss davon bereits einen Begriff haben, um wenigstens Spuren zu entdecken. Max Weber, zweifellos eine philosophische Begabung, blieb in der Werttheorie völlig abhängig von der österreichischen Schule. Auch Simmel, der sich bemüht hatte, in seiner „Philosophie des Geldes" den ökonomischen Wert kritisch zu durchleuchten, erweist sich nahezu völlig abhängig von Carl Mengers Wertbegriff und dessen Fassung durch Böhm-Bawerk.[2] Die mathematische Ökonomik wurde ohnehin kaum rezipiert, wenn man hier Otto Neurath, selbst Wirtschaftswissenschaftler und von starken sozialistischen Neigungen geprägt, einmal ausnimmt. Ich werde auf die „Geldphilosophen" noch näher eingehen (vgl. 5.4); unter den Marxisten hat sich außer Alfred Sohn-Rethel kaum einer der Philosophen die Mühe gemacht, wenigstens einen der Ökonomen gründlich zu studieren und die darin liegenden kategorialen Verhältnisse aufzudecken (vgl. 4.4.13). Es sei jedoch ausdrücklich darauf hingewiesen: Der Streit um den Wertbegriff bildet die Grundlage für jede ethische Diskussion, denn die Logik des Wertens erfolgt nach dem Modell ökonomischer Werte.

Es waren fast immer Ökonomen, die versuchten, die Grundlagen ihrer Disziplin näher zu reflektieren.[3] Neben Gottls Erkenntniskritik, die Max Weber sehr stark beeinflusst hat, wäre hier vor allem Othmar Spann und Rudolf Stolzmann zu nennen (vgl. 1.3.11). Den Höhepunkt der Diskussion um den Wertbegriff kann man in einer Konferenz des Vereins für Socialpolitik sehen, für die ein vorbereitender Konferenzband 1931 erschien, der die Spektren der Werttheorie und ihrer Kritik innerhalb der Ökonomik noch einmal dokumentierte. Nach dem Zweiten Weltkrieg begann die mathematische Schule ihren eigentlichen Siegeszug, ausgehend von den USA. Vom Wert*begriff* blieb dann nur das übrig, was sich in Debreus *Theory of Value* findet: Der Wert sei einfach Preis mal Gütermenge in einer „frei gewählten Rechnungseinheit".[4] Dass im alten Europa dazu doch ein wenig mehr gedacht wurde, möchte ich in diesem Kapitel zeigen.

4.8.2 Robert Liefmann

4.8.2.1 Vorbemerkungen

Robert Liefmann, in den 20er Jahren des vorigen Jahrhunderts noch in zahlreiche Auseinandersetzungen mit Fachkollegen verwickelt, „die erhebliche Beachtung fanden"[5], ist heute weitgehend vergessen.[6] Als objektiven Grund kann man eigentlich nur anführen,

---

[2] In zwei Briefen an Rickert vom 10. Mai 1898 und vom 15. August 1898 beklagt sich Simmel über die großen Schwierigkeiten, die ihm das Eindenken in diese Werttheorien bereitet hatte; vgl. W. Jung (1990), S. 57f.

[3] „Philosophisches Interesse ist bei einem deutschen Nationalökonomen beinahe selbstverständlich, aber meist geht es nicht tief", meint Schumpeter. Er nahm hier jedoch Max Weber aus: „Bei ihm war das anders." J. A. Schumpeter (1954), S. 116. Gottl allerdings hat Schumpeter nach eigenem Bekunden ebenso wenig gelesen wie Spann.

[4] „Money (...) has no place in the value-construct." G. L. S. Shackle (1992), S. 164.

[5] K. Pribram (1998), S. 444.

[6] Edgar Salin erwähnt ihn in seiner „Geschichte der Volkswirtschaftslehre" nicht mehr. Ausführlich besprochen wurde er noch von H. Honnegger (1925), S. 53ff, und T. Surányi-Unger (1927), S. 71ff. Auch A. Weber (1928) verweist mehrfach auf Liefmann, betrachtet dessen psychologische Begründung der Preistheorie jedoch nur als allgemeine, unspezifische

dass seine Theorie bei oberflächlicher Lektüre nur als eine Vertiefung und Erläuterung der subjektiven Wertlehre erscheint. Tatsächlich hat er viele Elemente, vor allem der Theorie Gossens, aufgegriffen und in einem radikalen Subjektivismus umgeformt.

Blickt man nur auf diesen Aspekt seiner Theorie, so mag das Urteil nahe liegen, dass seine „Theoreme bloße Umformulierungen bestimmter Aspekte der Grenznutzenanalyse darstellten."[7] Auch Schumpeter, der ihn einen „verdienstvollen Ökonomen" nannte, sieht seine Leistung in diesem Licht: „Sein grundsätzliches Prinzip des Ausgleichs der Grenz-Gelderträge (und seine gesamte ‚subjektive' Preistheorie) ist, von Fehltritten abgesehen, nichts anderes als eine besonders schwerfällige Darstellung des Hauptinhaltes der österreichischen Theorie."[8] Nun, ich möchte zeigen, dass die „Fehltritte" nicht nur interessant sind, sondern auch wichtige Elemente einer *Kritik* eben der genannten österreichischen Theorie enthalten. Seine *Geldtheorie*, die Schumpeter fast ganz übergeht, enthält wichtige Einsichten, auf die ich mich in einigen Punkten im obigen Geldkapitel bereits positiv bezogen habe. Insgesamt verbleibt aber Liefmann, das ist der richtige Kern an Schumpeters Kritik, im Horizont eines Individualismus, den er mit anderen österreichischen Autoren als unhinterfragte Metaphysik seines Denkens teilte. Die Ablehnung seiner Theorie dürfte nicht zuletzt in seiner teilweise erfrischenden, dem akademischen Tonfall aber oft zuwiderlaufende Lust an der Polemik zu suchen sein. Seine Selbstinterpretationen *bescheiden* zu nennen, wäre sicher unangebracht. Doch spielte dies für die Beurteilung der Gültigkeit seiner Theorie keine Rolle, wenn er tatsächlich einen zureichenden Grund dafür gehabt hätte. Sehen wir also etwas genauer zu.

4.8.2.2 Die Kritik des Wertbegriffs

Liefmann hat versucht, den Zusammenhang zwischen Geld und Tausch auf subjektive Bestimmungsgründe zurückzuführen, ohne auf Mengers Geldableitung zu rekurrieren. Bei keinem anderen der „bürgerlichen" Theoretiker ist dabei die Denkform so klar entwickelt. Er kommt fast immer bis an den Punkt, an dem die Analyse des Geldes auf ihren wirklichen kategorialen Inhalt verweist – um dann, in deutlich artikuliertem apologetischem Interesse, die Analyse abzubrechen. Liefmann bezieht sich nur wenig auf die Tradition; auch die österreichische Schule rechnet er zur „materialistischen" Wirtschaftslehre – was für Menger, kaum aber für Mises zutrifft. Gelten lässt Liefmann eigentlich nur Gossen, auf den er sich einige Male kritisch bezieht.

> „Die Vorstellung, dass man nicht nur den Wertbegriff, sondern auch den Begriff der Wirtschaft subjektiv, psychisch, nicht technisch-materialistisch auffassen könne, ist fast nie aufgetaucht und hat, wenn sie gelegentlich im Anfange der Erörterung zutage tritt, doch nie zu einer subjektiven psychischen Theorie (mit alleiniger Ausnahme von Ansätzen bei Gossen) geführt. Von einer ‚rein subjektiven Wert-

---

Voraussetzung, nicht als eigentliche Erklärung. Zum tragischen persönlichen Schicksal vgl. R. Liefmann (1924); D. Freudenberg-Hübner, E. R. Wiehn (1993).

[7] K. Pribram (1998), S. 444. Karl Pribram sagt an anderer Stelle, dass Liefmann nur „eklektizistische Lehren" verkündet habe, für die er „absolute Gültigkeit beanspruchte", K. Pribram (1998), S. 694.

[8] J. A. Schumpeter (1965), S. 1043. Schumpeter zählt ansonsten Liefmanns Theorie zu den „autochthonen Botschaften" eines Oppenheimer oder Gottl, J. A. Schumpeter (1965), S. 1402.

4.8.2 Robert Liefmann

lehre', einer wirklichen psychischen Wirtschaftstheorie kann bei der Grenznutzentheorie in ihren verschiedenen Abarten keine Rede sein."[9]

Insofern gehört Liefmann zu den entschiedenen Kritikern der tradierten Wertlehren. Er geht von der Diagnose aus: „Weder für die subjektiven noch für die objektiven Wirtschaftstheorien ist der Wertbegriff heute noch wesentlich. Meine Lehre (…), ein spezifisch subjektives, von individuellen Zwecken ausgehendes theoretisches System, fragt nicht mehr nach den Bestimmungsgründen des Güterwertes"[10].

Für Liefmann lösen sich alle Werte in Geldpreise auf[11], die ihrerseits wiederum auf subjektiven *Schätzungen* beruhen. Funktionale Preistheorien auf der anderen Seite *erklären* die Preise nicht: „Von den Preisgleichungen Cassels oder anderer Mathematiker führt kein Weg zur Erklärung der Einkommen. Diese kann man nur als Zwecke und aus Zwecken erklären, jede andere Theorie führt die Bezeichnung naturwissenschaftlich zu Recht."[12] Ich möchte seine Theorie hier nicht näher, d.h. in seiner ihm eigenen Begrifflichkeit, darstellen, sondern greife nur jene Gedankenlinie auf, die für unsere Analyse des Geldes wichtig ist. Seine Tauschtheorie wendet sich gegen die Vorstellung *intersubjektiver* Strukturen, die in anderen soziologischen Kategorien vorliegen:

> „Der Tauschverkehr ist nicht eine Wirtschaft, in der Menschen das Bewusstsein der Zusammengehörigkeit und des Zusammenwirkens, gemeinsamer Zwecke haben."[13]

Es ist, wie Hayek – der Liefmann nicht erwähnt – später sagen wird, eine Struktur mit „verteiltem Wissen". Deshalb darf Nationalökonomie, so Liefmann, nie „Soziologie" oder „Gesellschaftslehre" werden. Die Soziologie geht immer von *gemeinsamen* Bewusstseinsformen aus, die hier gerade fehlen. Auch ein *philosophischer* Zugang verbietet sich – wobei Liefmann einen sehr seltsamen Begriff von Philosophie hat, wenn er ihr den Zugang der Wirtschaftstheorie entgegenhält, die „von der Erfahrung und Beobachtung auszugehen"[14] habe. Erfahrung heißt für ihn – das wird sich gleich zeigen – das, was er als Beobachter der Wirtschaft einem idealisierten Individuum („Robinson") zuschreibt. Er bemerkt aber sehr genau, dass er zu seiner besonders betonten „Kausalerklärung" der Wirtschaft ein „Identitätsprinzip der Wissenschaft"[15] *voraussetzt*. Der Gedanke, dass die Identität seiner kausalen Entitäten, auch der *Individuen*, ein Prozess ist, der sich nicht einem cartesianischen Ego verdankt, sondern als Prozess der Bedeutung nur teilnehmend bestimmt werden kann, ist ihm so wenig gekommen wie den von ihm kritisierten Ökonomen. Die These jedenfalls, dass die Kausalbetrachtung „heute in der Wirtschaftstheorie in merkwürdiger Weise vernachlässig"[16] werde, ist z.B.

---

[9] R. Liefmann (1917), S. 234.
[10] R. Liefmann (1931), S. 111f.
[11] „Ein ‚Wert' des Apfels, oder der Äpfel, der vom ‚Preise' verschieden ist, lässt sich nicht bestimmen." R. Liefmann (1919), S. 252.
[12] R. Liefmann (1931), S. 127.
[13] R. Liefmann (1929), S. 45.
[14] R. Liefmann (1929), S. 46.
[15] R. Liefmann (1929), S. 11.
[16] R. Liefmann (1929), S. 10. Liefmann ist überzeugt, dass man eine teleologische Betrachtung *als* Kausalanalyse betreiben kann, sofern man eben *alle* Wirtschaftsphänomene auf subjektive Zwecke kausal zurückführe. Ihm fällt aber die Differenz nicht auf zwischen einem beobachtenden und einem beobachteten Subjekt. Gerade *das* lehrt erst ein philoso-

mit Blick auf Mengers oder Walras' Determinismus eine gänzlich unbegründete Diagnose.

Doch folgen wir seinen Gedanken, die er „die schlichte Betrachtung wirtschaftlicher Erscheinungen"[17] nennt, in einigen Grundzügen. Liefmann sagt über den Zusammenhang zwischen Wert, Bedürfnis und Geld etwa folgendes:[18] Die eigentliche wirtschaftliche Tätigkeit besteht im Abwägen der Dringlichkeit von Bedürfnissen. Bedürfnisse sind nur ein anderer Ausdruck für unsere Abhängigkeit von Dingen der Außenwelt. Die Dinge der Außenwelt sind nicht beliebig verfügbar. Also entsteht daraus die Sorge um die Verfügbarkeit über diese Güter. Diese Sorge wird durch die Tatsache geleitet, dass die Dinge der Außenwelt mit unterschiedlicher Dringlichkeit begehrt werden. Das veranlasst uns, zu disponieren, also die dringlichsten Bedürfnisse zuerst zu befriedigen, dann die weniger dringlichen usw.

Nun kommt komplizierend hinzu, dass die Bedürfnisse keineswegs situativ und zeitlich konstant vorliegen. Sie wechseln und beeinflussen sich gegenseitig: Ist ein Bedürfnis weitgehend befriedigt, so tritt ein anderes stark hervor. Doch viele Bedürfnisse treten nach einem zeitlichen Muster auf, sie wiederholen sich. Deshalb kann wirtschaftliche Vorsorge geleistet werden. Und diese Vorsorge ist eine *technische* Tätigkeit, in der zum rechten Zeitpunkt Dinge der Außenwelt in Produkte verwandelt werden, die dem Gebrauch immer näher rücken, bis schließlich Gebrauchsdinge des unmittelbaren Bedarfs erzeugt werden. Diese technische Produktionstätigkeit ist – so sagt Liefmann – kein eigentlich wirtschaftlicher Akt. Er mag wirtschaftlich motiviert sein, muss es aber nicht. Es gibt auch ein Produzieren um des Produzierens willen (wie ein Hobbygärtner Blumen aus Freude an der Gartenarbeit pflegt).

4.8.2.3 Die Rolle des Geldes

Zum Geld führt Liefmann nun weiter aus: Die technische Entwicklung hat dazu geführt, dass in der Arbeitsteilung und dem Tausch durch das Geld auch *funktional* eine *Trennung* vollzogen wurde. Wer über Geld verfügt, der ist von der eigentlich „wirtschaftlichen" Aufgabe befreit, nämlich der Disposition über die Dringlichkeit der eigenen Bedürfnisse. Wer Geld hat, kann sich einfach gegen Geld immer dann, wenn ihn die Bedürfnislaune dazu veranlasst, die arbeitsteilig produzierten Güter besorgen. Die Abwägung von Dringlichkeiten, die Kalkulation ihres zeitlichen Auftretens, die Koordination der eigenen Handlungen mit diesen Dringlichkeiten – all dies entfällt für einen Geldbesitzer in einer Marktwirtschaft. Liefmann teilt den Denkfehler anderer Ökonomen, derartige Verhältnisse in einem konstruierten Robinson-Modell verdeutlichen zu wollen – es ist ein Denkfehler, weil hier *ein* Aspekt des wirtschaftlichen Handelns herausgegriffen wird (das individuelle Disponieren), die in ihm liegenden und *vorausgesetzten* sozialen Inhalte aber gar nicht eigens untersucht werden. Damit dichtet man dem isolierten Individuum soziale Sachverhalte an, ohne sie *als* soziale herauszuarbeiten – allein das Denken und Rechnen in einer Sprache, um *disponieren* zu können, bringt Robinson aus der Gesellschaft fertig mit.

Doch man kann alternativ eine bäuerliche Dorfstruktur betrachten, wie sie weltweit noch vielfach zu beobachten ist. Hier müssen die jährlichen Bedürfnisse mit den notwendigen Handlungen der Anpflanzung, der Pflege von Tieren usw. koordiniert und

---

phisch geschulter Blick, nicht die Einnahme einer Beobachterposition, die irrtümlich glaubt, wertneutral Phänomene zu beschreiben.

[17] R. Liefmann (1929), S. 10.
[18] R. Liefmann (1907), S. 40ff.

geplant werden. Im Mikrokosmos solch einer Planwirtschaft besteht die wirtschaftliche Aufgabe in der Koordination der anfallenden Bedürfnisse mit den technischen Verfahren, um die nötigen Güter zu erzeugen. In einer Geldwirtschaft sind die Verhältnisse anders geworden. Die durch immer weiter getriebene Arbeitsteilung erzeugten Güter werden auf den Märkten angeboten. Die Verfügbarkeit dieser „Dinge der Außenwelt" ist also zu einem sozialen Binnenphänomen geworden, das demjenigen, der über ausreichend Geld verfügt, der Sorge um die zeitliche Synchronisation von anfallenden Bedürfnissen und der Bereitstellung von Gütern enthebt. Eben in dieser Leistung sieht Liefmann den tiefsten Rechtfertigungsgrund für den Kapitalismus:

> „Es ist die größte Wirkung der Geldwirtschaft und des sogenannten *Kapitalismus*, dadurch, dass er die technische Seite der Güterversorgung von der wirtschaftlichen, der des Kalkulierens und Disponierens getrennt und für die letztere den feinen Mechanismus des *Marktes* geschaffen hat, dem einzelnen Menschen die Bedarfsbefriedigung auf Grund des wirtschaftlichen Prinzips ganz außerordentlich erleichtert zu haben. Kapitalismus und Unternehmertum, Handel und Spekulation finden in diesem Gedanken ihre tiefste Rechtfertigung."[19]

Und Liefmann bezieht das durchaus auch auf den „modernen Arbeiter", der am Ende der Woche, mit seinem Wochenlohn in der Tasche, in der „Vorsorge für seine Bedürfnisse", also in der „eigentlich wirtschaftlichen Tätigkeit" nach Liefmann, „ganz unendlich erleichtert gegenüber dem Menschen der isolierten Wirtschaft" ist, denn dieser musste „die Intensität seiner Bedürfnisse auf längere Zeit voraus abschätzen und sich bei jeder Handlung fragen (.), ob er dieselbe auch zur Sicherstellung seiner Bedarfsbefriedigung vornehmen darf."[20]

4.8.2.4 Die Sorge um den Geldbesitz und die Marktzutrittsschranke

Was ergibt sich nun aber bezüglich der Veränderung der *Struktur des Handelns* durch diese, in der Arbeitsteilung getrennte und durch das Geld vermittelte Form der Gesellschaft? Die von Liefmann genannte unendliche Erleichterung der „eigentlichen Wirtschaftstätigkeit" des Disponierens hat gleichwohl einen Nachteil, und Liefmann spricht ihn klar aus:

> „An die Stelle der Sorge für die Bedarfsbefriedigung ist also die Sorge für den Geldbesitz getreten. Damit erschien die Geldbeschaffung allein als wirtschaftliche Tätigkeit".[21]

An dieser Stelle wird nun Liefmanns Argumentation plötzlich ungenau und verweist darauf, dass der hier vorliegende Sachverhalt von ihm nicht in seiner eigentlichen Struktur gesehen wurde. Auch liegt ist seiner Aussage eine *Totalisierung*, die sich bereits in dem obigen Zitat zu den „Leistungen des Kapitalismus" als blinder Fleck zeigte, wenn Liefmann umstandslos Unternehmertum, Handel und Spekulation als logisch gleichrangige Beschreibungen seiner Formen nebeneinander aufzählte.

Die These Liefmanns ist in ihrer Grundform zunächst unbestreitbar: In entwickelten Marktwirtschaften tritt die unmittelbare Disposition über Bedürfnisse fast völlig zurück.

---

[19] R. Liefmann (1907), S. 43f.
[20] R. Liefmann (1907), S. 43.
[21] R. Liefmann (1907), S. 45.

Die Produktion wird nicht mehr durch Pläne oder Handlungsprogramme, die aus dieser Disposition *abgeleitet* werden, gelenkt. An ihre Stelle tritt der Markt. Für den Geldbesitzer entfällt diese Dispositionstätigkeit, weil der Markt zugleich jene Produkte bereitstellt, die zum jeweils aktuellen Bedürfnis eines Nachfragers auf dem Markt gehören: Wer Geld besitzt, braucht sich in der Regel keine Sorgen darüber zu machen, Güter zur Befriedigung seiner Bedürfnisse zu finden. Bis zu diesem Punkt ist diese entscheidende Differenz zwischen einer durch Disponieren gelenkten Produktion und einer Produktion für Märkte völlig korrekt beschrieben und für jedermann als Erfahrung zugänglich.

Auch ist Liefmann darin zuzustimmen, dass die „Sorge" um den Geldbesitz an die Stelle der *unmittelbaren* Sorge um Güter getreten ist. Im Kapitalismus kommt es damit zu einer Verwandlung der – mit Heidegger gesagt – „Sorge-Struktur", also der Motivation. Doch die *Sorge* um „Geldbesitz" wird zum Euphemismus, wenn sie am Wochenlohn eines Arbeiters erläutert wird. Darin liegt eine Spitze gegen die sozialistischen Theoretiker, und eben diese Absicht ist der Punkt, an dem die klare Argumentation Liefmanns durch eine *ideologische* Legitimationsfunktion, Kapitalismus und Spekulation zu loben, den Gedanken verführt und in die Irre leitet. Liefmann umgeht die hier vorliegende Frage dadurch, dass er die „Sorge um den Geldbesitz" *unmittelbar* ins Subjekt als dessen ureigenste Natur verlegt. Selbst das *Geld* in seiner Rechenfunktion wird konsequent ins Subjekt verlegt:

„Denn Wirtschaften ist eben nicht Produktion, sondern Rechnen, und zwar ein Disponieren, ein vorsorgliches Rechnen mit abstrakten, erwarteten Größen."[22]

So richtig es ist, dass in einer Geldwirtschaft Handlungen als Rechnen vollzogen werden und dass sich dies auch als Wandel der *Subjektstruktur* zeigt, so wenig ist damit das Geld als *äußere Schranke* des Marktzutritts verstanden, „denn das Geld ist nicht der Schlüssel, sondern der Riegel des Marktes, eine Schildwache, die die Tore des Marktes besetzt und deren Losung es ist, niemand durchzulassen".[23]

Die „Sorge um den Geldbesitz" wird bei Liefmann zu einem subjektiven Tun und die Wirtschaft „eine besondere Erscheinungsform menschlichen *Denkens*"[24]. Das, was sich in der ursprünglichen Ableitung als spezifisches Ergebnis eines *Marktprozesses* zeigt, die „Sorge um den Geldbesitz" und das Disponieren mit *Geld* an Stelle der Disposition über die Produktionsabläufe, das erscheint hier nun zementiert und ideologisch eingemauert als „Natur des Subjekts", als *menschliches* Denken. Zwar stellt Liefmann als Kernpunkt seines „wirtschaftstheoretischen Systems" den Gedanken in den Mittelpunkt, „dass es ausdrücklich *Gelderscheinungen* als das zu Erklärende hinstellt". Man könnte ihm auch noch einen weiteren Schritt weit folgen, wenn er fortfährt, dass diese Gelderscheinungen „auf menschliche Zwecke" zurückzuführen seinen; doch dann biegt der Gedanke ins Ideologische ab und folgt dem Axiom der Neuzeit, dass Zwecke nur *Individuen* zukämen, dass die Gelderscheinungen auf „individuelle psychische Erwägungen"[25] zurückzuführen seien. Wie andere Ökonomen und Philosophen auch – wie Mises und Marx, um zwei sonst völlig gegensätzliche Autoren zu nennen –, akzeptiert

---

[22] R. Liefmann (1919), S. 124.

[23] Pierre Joseph Proudhon, zit. nach: F. Haber (1926), S. 34. In der modernen Ökonomik wird diese Funktion des Geldes problemlos unter dem Begriff der „Transaktionskosten" verbucht: „... two sources of transaction costs: (1) *exclusion costs* and (2) costs of communication and information", K. J. Arrow (1977), S. 77.

[24] R. Liefmann (1919), S. 101.

[25] R. Liefmann (1930), S. 76.

Liefmann uneingeschränkt die Interpretation der Zwecksetzung als ein individuelles Verhältnis Ich ↔ Objekt (vgl. 4.4.8 und 4.6.5.3). Auch er führt kein Argument dafür an, und versichert nur, dass man so verfahren *müsse*, dass man stets „auf individuelle Erwägungen zurückgehen *muss*"[26]. Dass das Geld gegenüber individuellen Motiven oder Bedürfnissen aber *kategorial* ein ebenso andersartiges Phänomen ist wie die Sprache im Verhältnis zur individuellen Vorstellung, dass man Geldverhältnisse ebenso wenig aus der individuellen Motivation ableiten kann wie die Grammatik der Sprache aus der vereinzelten, mit einem Wort verbundenen Vorstellung, davon fehlt jede Einsicht, obwohl Liefmann ausdrücklich Sprache und Wirtschaft strukturell vergleicht.[27]

Liefmann ist allerdings – und dies hebt ihn aus dem Meer der Marktapologeten heraus – auch bereit, uneingeschränkt zu akzeptieren, dass der *Ausgangspunkt* in der Analyse des Geldes nicht konstruierte physische oder psychische Entitäten sein dürfen, nicht ein Wesen hinter dem Schein, sondern der Schein des Geldes selbst. Gegen die These der klassischen und neoklassischen Ökonomie, auch gegen den Marxismus, die alle hinter einem Schleier des Geldes die „wahren" ökonomischen Prozesse vermuten, sagt Liefmann mit aller wünschenswerten Klarheit:

> „(D)er ‚*Schleier*' selber ist unser Objekt. Das feine Netzwerk des Geldschleiers verknüpft allerdings nicht Sachgütermengen, die das für ein geistiges Sehen nicht geschulte Auge im wirtschaftlichen Verkehr allein erblickt, sondern es verknüpft und wird zusammengehalten – gewoben, wenn wir im Bilde des Schleiers bleiben wollen – durch Erwägungen der *Menschen*"[28].

Die korrekte Beschreibung, dass auf den Märkten das unmittelbare Disponieren über Produkte entfällt und durch die „Sorge um den Geldbesitz" ersetzt wird, spricht Liefmann so aus, dass er diese Sorge schließlich ins Subjekt verlegt, als Eigenart des menschlichen Geistes, des Denkens begreift und damit das aufscheinende *Problem* völlig eskamotiert. Liefmann vollzieht das Beiseiteschieben der hier unmittelbar sichtbaren Frage auf besonders „reine" Weise, und eben dies macht ihn auch auf eine ausgezeichnete Weise zum „reinen Denker" von Markt und Kapitalismus, der deren Verständnis dadurch verhindert, dass er es in einer völligen Verkehrung *ausspricht*, d.h. ins Subjekt verlegt.

So richtig es ist, den „Geldschleier" zuerst in seiner reinen Funktion verstehen zu müssen, ihn also als Phänomen – so, wie es sich für die Beteiligten an Märkten erfahrbar zeigt – aufzunehmen und nicht reduktionistisch wegzuerklären als *bloßen* Schleier, so wenig kann man behaupten, dass sich das Geld auf das Rechnen mit ihm reduzieren lässt. Nur durch die Teilnahme an den Märkten verwandelt sich das Denken in ein Rechnen. Diese Teilnahme ist aber im Kaufakt stets auch eine, die „Geld" *als Besitz* voraussetzt. Die Sorge um den Geld*besitz* ist eine völlig andere als die Möglichkeit, durch das Geld leicht rechnend über Waren verfügen zu können. Und der *Besitz* erwächst aus sozialen Verhältnissen und entfaltet sich als *intersubjektive* Relation im Tausch. Er *ist* kategorial etwas völlig anderes als das Rechnen mit Geld.

Die „Sorge um den Geldbesitz" ist eine Sorge um das Geld als *Einkommen*. Diese Sorge ist aber kein Unvermitteltes, kein Letztes, schon gar nicht etwas, das der Menschennatur an sich zukommt. Diese Sorge ist *erstens* das Ergebnis einer spezifischen

---

[26] R. Liefmann (1930), S. 76.
[27] R. Liefmann (1917), S. 191.
[28] R. Liefmann (1919), S. 100. Vgl. zum traditionellen Begriff des Geldschleiers (veil of money) J. M. Keynes, CW IX, S. 151; A. Pigou (1949).

Struktur der Gesellschaft, die durch Geld und Märkte vermittelt ist. Und die *Sorge* darüber, an Geld zu kommen, ist *zweitens* die Sorge um Markt*teilnahme*, nicht die Sorge um eine bestimmte Bewegung der Preise auf den Märkten. Sie hat also mit Spekulation überhaupt nichts zu tun. Man darf sie deshalb nicht mit dem Streben nach *mehr* Geld (was die Spekulation oder den Zins charakterisiert) verwechseln. Die Sorge um Marktteilnahme ist für die übergroße Mehrzahl von Menschen auf diesem Planeten ein alltäglicher Kampf. Setzt man sie mit einigen *spezifischen* Geldfunktionen *auf den Märkten* gleich, so ist dieser Gedanke unverhohlen ein ideologischer, d.h. einer, der durch mangelnde Differenzierung zu einem wissenschaftsfernen Lob des Kapitalismus geeignet ist, das Liefmann ausdrücklich formuliert hat.

Dem Umstand, der Sorge um das Disponieren mit Gütern enthoben zu sein, die wirtschaftliche *Priorität* einzuräumen, grenzt zudem an Zynismus. Zwar ist jemand, der von ein oder zwei Dollar pro Tag sein Leben fristet, der Sorge enthoben, für Geld auch die gewünschten Güter erhalten zu können – tatsächlich braucht sich niemand darum zu sorgen, im Kaufhaus das Nötige zu finden. Doch die Pointe des Marktes ist keineswegs darin zu sehen, dass man sich in dieser Wahlentscheidung erleichtert sieht und durch Werbung zu allerlei Auswahl sogar genötigt werden soll; die Pointe ist schlicht die, dass es den meisten Menschen an der *Voraussetzung* für diese Wohltat der Märkte mangelt: dem Geld. Der Sorge *auf dem Markt* enthoben zu sein, darf nicht übersehen lassen, dass die Sorge um Markt*teilnahme* vorausgeht. Letztere ist *die* Sorge, denn in den Besitz von Geld gelangt man nur durch *Einkommen*, wie Liefmann sehr klar erkannt hat. Doch zu einem Einkommen – so man nicht zu den wenigen Menschen gehört, die, aus welchen Quellen immer, bereits im Besitz eines Geldvermögens sind und durch Zins oder Dividenden die Märkte zum Abwerfen von Einkommen ohne Zutat nötigen können – muss man erst einmal *gelangen*. Man gelangt zu einem Einkommen nur dann, wenn man *zuvor* dem Markt ein Produkt anbieten kann, das der Markt auch *nachfragt*, vor allem Arbeit von bestimmter oder fehlender Qualifikation.

Die Sorge um den Geldbesitz ist also vor allen anderen die Sorge um die Möglichkeit der *Marktteilnahme*. All die dem Markt eigentümlichen Annehmlichkeiten – zweifellos bedeutet für viele Menschen ein großes Kaufhaus die Möglichkeit zur Erfüllung sehr vieler materieller Wünsche – haben eben diesen einen, gewaltigen Haken: Sie setzen entweder Geldvermögen schon voraus, oder sie setzen voraus, dass man sich durch Marktteilnahme Geld als *Einkommen* verschaffen kann. Und *diese* Sorge – mag man sie auch als „Nachfolgeproblem" der Sorge um die Disposition der Produktionspläne ansehen – ist keineswegs etwas, das in der Erklärung dieser Phänomene gleichsam nur am Rande Erwähnung finden kann, ohne eine andere Absicht als die *Erkenntnis* des Kapitalismus als Motiv beim jeweiligen Autor vermuten zu müssen.

4.8.2.5 Das Geld als seelische Struktur

Aus einer sozialen Struktur einen *seelischen* Vorgang zu machen, wie das Liefmann nach Gossens Vorbild unternimmt, enthält den richtigen Gedanken, dass in kapitalistischen Gesellschaften tatsächlich die *Subjektivität* eine Modifikation erfährt durch die verändernde Rolle des Geldes und damit das Einfügen in andere Funktionen in dieser Wirtschaftsform. Es ist allerdings reichlich kurios, in der Fortführung des Benthamschen Utilitarismus daraus eine „Lustbilanz" zu machen, worin der ökonomische Wert „nur der Grad des Lustgefühls"[29] sein soll. Der Gedanke, dass „das Prinzip, das in der Psyche des einzelnen Wirtschafters wirkt und dort die Verteilung der Kosten bestimmt,

---

[29] R. Liefmann (1907), S. 57.

auch das Organisationsprinzip des ganzen Tauschverkehrs ist"[30], lässt sich durchaus verteidigen. Doch man kann der Psyche nicht eine apriorische Struktur andichten, die man zuvor am Markt als *intersubjektive* abgelesen hat. Seelische Strukturen formt die spezifische Denkform, die auf den Märkten gepflegt wird, ohne Zweifel – doch eben nur dadurch, dass die Psyche sich in den Marktstrukturen *als* Denkform bewegt. Insofern hat Marx völlig Recht zu sagen, dass die seelische Struktur der Subjekte im Kapitalismus als „Personifikation ökonomischer Kategorien"[31] zu begreifen sei. Wie das Denken als inneres Sprechen eine Sprache voraussetzt, so jedes Kalkulieren von Ertrag und Kosten – die Liefmann als innerseelischen Vorgang beschreibt – den Geldverkehr und die ihm eigentümlichen Schranken.

Der Markt als *erfahrbare* Schranke seiner eigenen Zutrittsmöglichkeit, gemessen an der Höhe des Geldbesitzes, kann nicht aus einer individuell-subjektiven Struktur deduziert werden. Er ist seinem Wesen nach ein *intersubjektives* Verhältnis, zudem eines, das die soziale Grundstruktur auf spezifische Weise reduziert und als Population typischer Marktsituationen reproduziert. Liefmann dreht die Frage um und sagt,

> dass „man die Gelderscheinungen, die ja die Probleme der ökonomischen Theorie bilden, nicht durch Quantitätsgleichungen, sondern nur dadurch erklären kann, dass man auf die hinter den Geldausdrücken stehenden *psychischen Schätzungen und Erwägungen* zurückgeht."[32]

Hier genügt es, die einfache Frage zu stellen: Warum eigentlich? Liefmanns richtige Kritik an der neoklassischen Theorie, wie sie Walras, Schumpeter und Cassel formuliert haben, worin Preise in *Gleichungssystemen* bestimmt werden sollen, die durch die Subjekte hindurch zur Geltung kommen, sein richtiger Hinweis darauf, dass jeder Wert – als Prozess der *Bedeutung* – auf Subjekte verwiesen bleibt, die darin keiner Objektivierung fähig sind, diese richtigen Erkenntnisse bedeuten keineswegs, dass das *Geld* und die dem Geld geschuldeten Maßverhältnisse der Güter auf die *vereinzelte Subjektivität* reduzierbar sein müssen.[33]

Zwar werden auf den Märkten alle Geldrechnungen von Subjekten als subjektive Erwägungen, als Rechnungen durchgeführt; zwar sind diese Rechnungen zugleich ein Prozess einer Semiose, worin *ökonomische Bedeutungen* (= Werte) konstituiert werden. Aber dieser Prozess ist seinem *kategorialen* Charakter nach ein Prozess *zwischen* Tauschsubjekten, nicht etwas, das *individuell* aus einer aparten Seele hervorgeht. Dieser semiotische Prozess findet – wie jede Denkform oder eine soziale Rolle – eine subjektive Entsprechung, einen subjektiven Modus, denn es handelt sich immer auch um einen Denkprozess. Aber die in diesem Prozess erzeugten *Bedeutungen*, die Identitäten von Preisen zwischen verschiedenen Subjekten, die Identität der Rechnungseinheit Geld –

---

[30] R. Liefmann (1924), S. 175.
[31] K. Marx, MEW 23, S. 16.
[32] R. Liefmann (1917), S. 29.
[33] Auch Gerloff schreibt in dieser Tradition: „Der geldmäßige Gütergebrauch *gründet* (!) sich auf psychische Tatsachen, die zu einem übereinstimmenden Verhalten, zu einem gleichgewichteten Urteilen und Handeln der sozial Verbundenen in der Schätzung der Verwendung solcher Güter, eben der Geldgüter führen. Hier ist die Antwort auf die Frage, welche Voraussetzungen gegeben sein müssen, damit ein Gut als Geld gebraucht wird, zu geben: Es sind nicht nur die Eignung dieses Gutes oder gewisse Eigenschaften, die seine Eignung bedingen, sondern auch eine gewisse Gesinnung der sich des Gutes bedienenden Menschen, der Geldgesellschaft." W. Gerloff (1952), S. 98.

all dies sind Phänomene, die Situationen jeweils verbinden, also einer Population von reduzierten sozialen Grundstrukturen angehören.

Die Erklärung der Preise, die Liefmann vorträgt, ist deshalb schon dem einfachen Wortsinn nach unverständlich:

> „Die Preise sind, trotz aller Bedingtheit durch gesellschaftliche Momente, für den Wirtschaftstheoretiker, der ihr Wesen und ihre Entstehung untersucht, nicht anders als individualistisch zu erklären. Es ist und bleibt das Zentralproblem der Wirtschaftstheorie, zu zeigen, wie durch ein allgemeines Tauschmittel die wirtschaftlichen Erwägungen der einzelnen enorm erleichtert und die Möglichkeiten individueller Bedarfsbefriedigung gewaltig gesteigert werden."[34]

Der zweite Satz verrät den Zweck, dem der im ersten ausgesprochene Irrtum dienen soll. Wenn man die Wirtschaftstheorie als Grundlagenforschung, nicht als Kunstlehre für Marktteilnehmer begreift, dann ist der *Zweck*, den das Geld für die individuelle Kalkulation erfüllt, zunächst ohne näheres Interesse. Das Geld ist eine über Güter vermittelte Relation *zwischen* verschiedenen Individuen – und eben dies ist ein „gesellschaftliches Moment", das sein Wesen charakterisiert, nicht eine pragmatische Zutat zu einer dinglichen Eigenschaft, die individuell „nützlich" sein mag. Das Geld ist eine „rein abstrakte Rechnungseinheit"[35], doch diese Einheit wird in ihrer Bedeutung *intersubjektiv* reproduziert, nicht nur durch das vereinzelte Rechnen als subjektives Tun (das an äußeren Verkörperungen wie Geldscheinen oder Münzen nur einen sinnlichen Anhalt besitzt, wie der Bleistift beim Rechnen auf einem Zettel); das Geld ist *als Quantum* zugleich *aneigenbar*. Es ist immer auch *Geldbesitz* in den Händen des Eigentümers, worin sich nicht nur die intersubjektive *Bedeutung* der Recheneinheit, sondern auch die Anerkennung eines Besitzes darstellt.

Deshalb ist es schon dem Wortsinn nach unverständlich, wie ein „Preis", eine Tauschrelation aus einer vereinzelten (cartesianischen) Subjektivität, einem *Individuum* abgeleitet werden soll. Hier rächt sich die fehlende Klärung der Kategorie des Individuums, auf die ich mehrfach verwiesen habe. Vollends unsinnig wird diese Vorstellung, wenn man vermutet, dass die Geldgier fähig sein soll, den Tausch als soziale Struktur zu erzeugen, dass „das *private Gewinnstreben* es ist, welches den Tauschverkehr organisiert."[36] Wie aus einer *vereinzelten* Begierde eine Struktur hervorgehen oder erklärt werden soll, die vielen Individuen angehört, ist eine Frage, die allein zu *stellen* schon müßig ist. Der Preis ist ein soziales Verhältnis, ein semiotischer Prozess, worin der Wert als Bedeutung entsteht. Dieser Prozess ist seinem innersten Wesen nach ein sozialer. Das Geld wiederum – damit auch die auf ihm aufbauende Formung einer menschlichen Leidenschaft zur Geld*gier* – gewinnt seinen Sinn nur in einer Population von Tauschakten, weder aus einem vereinzelten Tauschakt noch gar aus einem innerseelischen Verhältnis eines „Robinsons". Sofern das Geld Tauschakte *vermittelt*, vermittelt es auch *Tauschende*. Dies ist stets auch ein sprachlicher Prozess. Doch sowenig die Sprache und, mit Saussure gesagt, die „Werte" der Sprache, also die Bedeutungen der Wörter aus einem einsamen Individuum erklärt werden können, so wenig kann man Bewertungen in Geld daraus erklären. Allerdings ist das Geld auch – das ist der richtige Kern an den Überlegungen von Schumpeter, Liefmann oder Mises – keine rein *objekti-*

---

[34] R. Liefmann (1917), S. 37.
[35] R. Liefmann (1916), S. 94.
[36] R. Liefmann (1917), S. 43.

ve Struktur. Sie vollzieht sich immer durch die Subjekte hindurch als Zuschreibung von Bedeutungen, die sich (als Preise) in vielfältigen Situationen auf den Märkten bilden.

4.8.2.6 Wirtschaften heißt Rechnen

Bei Liefmann ist leicht erkennbar, dass er völlig von Kant, damit von der Vorstellung eines cartesianischen Subjekts abhängt, in dem und aus dem alle Kategorien ihre Erklärung finden sollen. Liefmann drückt das so aus, dass er den „materialistischen Theoretikern" vorwirft:

> „Ihnen allen fehlt in der Tat die Unterweisung durch Kant, das Verständnis dafür (...), dass wie Raum und Zeit, so auch die Zahl nicht den Dingen der Außenwelt an sich anhaftet, sondern nur eine Vorstellung des menschlichen Intellekts ist, dass es also Verhältnisse zwischen Güterquantitäten nur in der Vorstellung des Menschen gibt."[37]

Hier bemerkt man, wie sehr die stillschweigenden – von Liefmann dankenswerter Weise offen ausgesprochenen – Voraussetzungen der Ökonomik alle Folgefehler nach sich ziehen, die man bei der „subjektiven Wertlehre" entdecken kann. Die Aussagen, dass es beim Tauschen immer auch um ein Rechnen geht, dass dieses Rechnen sich durch das Denken der Individuen hindurch vollzieht und dass Zahlen keine sinnlichen Gegenstände sind – all dies ist völlig zutreffend. Doch so wenig aus der Tatsache, dass individuelles Nachdenken sich in Formen der gesprochenen Sprache bewegt, gefolgert werden kann, dass „Sprache" ein dem vereinzelten Subjekt exklusiv angehöriges Phänomen sei, so wenig kann man sagen, dass die Quantitäten, in denen auf den Märkten *gerechnet* wird, im vereinzelten Individuum begründet sind. Das, womit auf den Märkten gerechnet wird, sind vielmehr in jeder Hinsicht *intersubjektive* Bedeutungen, damit aber auch ihrer kategorialen Natur nach etwas, das nur aus einer *sozialen* Struktur verständlich wird.

Tatsächlich geht Liefmann so weit, auch die *Sprache* individualistisch erklären zu wollen: „Sowohl Sprache als auch Tauschverkehr sind also ein Produkt individueller Zwecke, sie bewirken auch wohl eine gewisse soziale Verknüpfung der Individuen, sind aber nie ein ‚soziales Zweckgebilde'."[38] Auch hier führt die Abweisung eines anderen Systems – er bezieht sich auf Stolzmann[39] – zu einem Fehlschluss. Sein Individualismus beruht durchaus auf der richtigen Einsicht, dass man durch das Adjektiv „sozial" überhaupt nichts erklärt: „Die Auffassung solcher Sozialbegriffe wird schließlich so zur fixen Idee, dass ihre Vertreter gar nicht mehr erkennen, dass nur die *Individuen* es sind, die wirtschaften"[40]. Und genau hier bemerkt man, wie Liefmann das Kind mit dem Bade ausschüttet. Weil *äußere Bezeichnungen* eines „sozialen" Charakters *Zuschreibungen* eines cartesianischen Beobachters sind, während sich soziale Beziehungen durch die Handlungen und das Denken der Individuen hindurch vollziehen, folgt daraus nicht, dass man von einem fiktiven „Individuum" als Baustein ausgehen kann.

Liefmann hat auch das teilweise gesehen. Doch hier bemerkt er wieder in seiner Kritik – sie zielt auf Mengers Vorstellung eines sozialen Atomismus – etwas Richtiges, um dann an einer positiven Darstellung zu scheitern:

---

[37] R. Liefmann (1919), S. 207.
[38] R. Liefmann (1917), S. 191.
[39] Vgl. R. Stolzmann (1909); K. Diehl (1941), S. 82ff.
[40] R. Liefmann (1917), S. 38.

„Das Ausgehen von der Einzelwirtschaft statt vom ‚sozialen Gesamtkörper' als atomistisch zu bezeichnen, ist ganz unzutreffend. Denn die individualistische Betrachtungsweise untersucht das Individuum *nur insoweit, als es nötig ist, um die allgemeinen Gesichtspunkte zu finden, unter denen es mit anderen in Verkehr tritt.*"[41]

Diese „Notwendigkeit" besteht aber gerade darin, das Individuum *als soziales* Wesen aus seiner Beziehung zu anderen – also in meiner Ausdrucksweise: in der sozialen Grundstruktur – zu untersuchen. Der Tausch ist wie die Sprache oder das Geld *nur* als intersubjektive Relation zu verstehen. Jede „individualistische" Theorie schreibt dem Individuum nachträglich Eigenschaften zu, die *kategorial* nur intersubjektiv konstituiert sind. Das gilt auch dann, wenn man „die" Gesellschaft oder Gruppen als Entitäten betrachtet; stets sind solche erfundenen Gegenstände (die Liefmann zu Recht kritisiert) nur die Projektion des beobachtenden Egos, das sie erfindet, auch bei Liefmanns teils reichlich schrulligen Beispielen für *das* Urteilen eines Wirtschaftssubjekts.[42]

Liefmann hat die traditionelle Theorie richtig darin kritisiert, dass man den Preis nicht aus einem Wert „ableiten" kann, weil dieser Wert nur das subjektive Urteil *über* das Geld und die Preise ist. Die wichtigste Differenz Liefmanns zur subjektiven Schule besteht darin, zu leugnen, dass „der Preis ein Wertausdruck sei."[43] Für Liefmann war klar, „dass dieser durch den Grenznutzen bestimmte subjektive Wert eine *absolut willkürliche Konstruktion* ist, dass es ganz unmöglich ist, irgendein ‚Maß' oder einen Bestimmungsgrund eines wirklich subjektiven Wertes oder Nutzens anzugeben."[44] Liefmanns Theorie markiert paradoxerweise gerade durch seinen konsequenten Subjektivismus und Individualismus seine eigentliche Distanz zur Schule der subjektiven Wertlehre – nicht ohne sich selbst immer wieder zu widersprechen.

„Die Vorstellung, dass man nicht nur den Wertbegriff, sondern auch den Begriff der Wirtschaft subjektiv, psychisch, nicht technisch-materialistisch auffassen könne, ist fast nie aufgetaucht und hat, wenn sie gelegentlich im Anfange der Erörterung zutage tritt, doch nie zu einer subjektiven psychischen Theorie (mit alleiniger Ausnahme von Ansätzen bei Gossen) geführt. Von einer ‚rein subjektiven Wertlehre', einer wirklichen psychischen Wirtschaftstheorie kann bei der Grenznutzentheorie in ihren verschiedenen Abarten keine Rede sein."[45]

In seinem Ansatz kann deutlich werden, weshalb die Grenznutzenschule – ganz entgegen ihrem eigenen Selbstverständnis – eine objektivierende, physikalistische Theorie

---

[41] R. Liefmann (1917), S. 220; meine Hervorhebung.

[42] So z.B. erläutert Liefmann den Kern seines Gedankens, Wirtschaften sei stets subjektives Abwägen von Nutzen und Kosten: „Wie schwierig kommt man oft des Nachts zu einem Entschluss, ob man aufstehen und einen klappernden Fensterladen schließen oder nicht lieber das Unlustgefühl des Geräusches in Kauf nehmen und abwarten soll, ob man nicht trotzdem wieder einschläft oder dass es von selber aufhört? So gibt es zweifellos Tausende von Fällen, in denen man Nutzen und Kosten, Lust- und Unlustgefühle genau einander gegenüberstellt, und zwar auch mit dem Streben, ein möglichst hohes Maß von Nutzen mit möglichst wenig Kosten zu erlangen." R. Liefmann (1917), S. 289. Und was soll dieses *Maß* von Nutzen und Kosten beim Schließen eines Fensterladens sein, der des Nachts Liefmann den Schlaf raubte?

[43] R. Liefmann (1919), S. 204.

[44] R. Liefmann (1917), S. 27.

[45] R. Liefmann (1917), S. 234.

geblieben ist. Ebenso hat Liefmann zentrale Schwächen im Objektivismus der Marxschen „Wertgleichung" aufgedeckt, die ich im Abschnitt über Marx bereits zitiert habe. So bleibt vor allem diese *Kritik* ein wichtiges Verdienst dieses heute zu Unrecht vergessenen Ökonomen.

4.8.3 Gustav Cassel

4.8.3.1 Die positivistische Wertkritik

Wie Robert Liefmann, mit dem ihn sonst kaum etwas verbindet, kritisiert Gustav Cassel den Wertbegriff als Grundlage der Tauschtheorie. Cassel spricht die Sprache der mathematischen Ökonomik, vor allem der von Walras – weshalb auch in der Literatur vom „Walras-Cassel-Modell" gesprochen wird. Doch zugleich treibt er den Funktionalismus sehr viel weiter. Für unsere vorliegende Fragestellung ist vor allem seine Kritik des Wertbegriffs von Interesse.

Cassel teilt die methodologische Auffassung der anderen Ökonomen, die als cartesianische Beobachter der Wirtschaft gegenübertreten und nach einfachen Modellen zu ihrer Beschreibung suchen. Hierbei bemerkt Cassel, dass die so konstruierte Welt sich von der Welt der Erfahrung unterscheidet. „Der Gegenstand unserer Wissenschaft ist die Wirtschaft einer gewissen sozialen Einheit. Die Natur dieser Wirtschaft ist einigermaßen von der bestehenden Gesellschaftsordnung beeinflusst, aber sie ist auch in gewissem Grade von diesem Faktor unabhängig."[46] Auf diesen diffusen Begriff vom „Grad der Unabhängigkeit" des Modells von der Wirklichkeit reduziert sich bei Cassel die *kategoriale* Differenz zwischen Theorie und Realität. Er teilt die Auffassung – wobei er auf seine Herkunft aus der Mathematik verweist – jener Ökonomen, die glauben, man könne die Grundbegriffe der Modellwelt einfach konstruieren, wobei nur Machs Ökonomie-Prinzip (das Cassel nicht ausdrücklich erwähnt) zur Geltung kommen soll, dass man bei Untersuchungen „immer nur ein Minimum von Voraussetzungen inbezug auf die Organisation und Einrichtungen der Gesellschaft einzuführen"[47] habe.

Auf diesem Ökonomie-Prinzip beruht auch seine Auseinandersetzung mit der Wertlehre, besonders in der Grenznutzentheorie. Er wendet das an, was in der positivistischen Wissenschaftstheorie *Occam's Razor* genannt wird, ein Prinzip, durch das „überflüssige Wesenheiten" aus der Wissenschaft entfernt werden sollen, die für die Erklärung von Sachverhalten überflüssig sind. Man kann in Samuelsons *revealed preference theory* eine späte Nachwirkung dieses Standpunkts erkennen. Cassel sagt zur Wertlehre:

> „Die erste Einwendung gegen diese vielumstrittene Theorie ist, dass sie für die Wirtschaftslehre unnötig ist."[48]

Er formuliert keine eigentlich kategoriale Kritik am Wertbegriff, sondern betrachtet ihn schlicht als entbehrlich. Cassels Absicht war es also, „ohne Hilfe einer besonderen Werttheorie eine Preistheorie aufzubauen"[49], denn solch eine Preistheorie lässt sich auch, so Cassel, ohne „eine schwerverständliche und zeitraubende Werttheorie"[50] formulieren.

---

[46] G. Cassel (1926), S. 8.
[47] G. Cassel (1926), S. 9.
[48] G. Cassel (1927), S. 69.
[49] G. Cassel (1926), S. 23.
[50] G. Cassel (1926), S. 24.

Wie die systemtheoretische Soziologie ihre Sachverhalte, versucht auch Cassel die Preise aus *funktionalen* Prinzipien zu erklären. Die Nachfragefunktionen, in denen subjektive Entscheidungen erscheinen, werden rein als funktionaler Zusammenhang bestimmt, wie sich dies übrigens als Tendenz auch bei Rau entdecken lässt. Dennoch ist die *Kritik*, die Cassel an der Wertlehre formulierte, in einigen Punkten durchaus treffend, auch wenn er selbst in der Durchführung seiner Theorie Werte durch die Hintertür seiner funktionalen Preistheorie (durch „subjektive Koeffizienten") wieder einführte. In der Kritik an der Werttheorie und der Beobachtung, dass man das Geld nicht aus einem reinen Tausch „ableiten" könne, hat Cassel – wie Liefmann – allerdings durchaus wichtige Elemente einer Kritik der ökonomischen Wertlehren formuliert:

„Der Wert sollte etwa die relative wirtschaftliche Bedeutung der Güter bezeichnen, aber eben weil es an jedem arithmetischen Maß dieser Bedeutung fehlte, musste der Begriff des Wertes unklar bleiben, konnte niemals die Schärfe des arithmetisch ausgedrückten Größenbegriffs erreichen. Freilich hat man diesem Mangel in neuerer Zeit dadurch abzuhelfen versucht, dass man die wirtschaftliche Bedeutung der Güter mit der Intensität menschlicher Bedürfnisgefühle zu messen suchte. Auf solchen Fiktionen wollte man die ganze ökonomische Theorie aufbauen, und diese sogenannte subjektive Wertlehre wurde als ein großer Fortschritt der ökonomischen Wissenschaft gepriesen. Der vollständige Mangel jeder arithmetischen Grundlegung dieser vielfach in arithmetischen Formen und sogar in mathematischen Formeln auftretenden Theorie machte jedoch, dass dieselbe die innere Festigkeit, die man von einer wissenschaftlichen Theorie fordert, entbehren musste, und zeigte zugleich, worin der wesentliche Fehler der Theorie lag. Dieser Fehler war nämlich eben die Abweisung des tatsächlich von den wirtschaftenden Menschen benutzten Maßstabs ihrer Schätzungen, die Ausschließung des Geldes von der ganzen Untersuchung der Tauschwirtschaft. Die menschlichen Werturteile sind ihrer Natur nach relativ, und die Menschen haben es immer praktisch notwendig gefunden, dieselben auf einen gemeinsamen Nenner zurückzuführen, d.h. in Geld auszudrücken. Die Wissenschaft kann in dieser Beziehung keinen anderen Weg als die Praxis gehen. Die ökonomische Theorie, die die Vorgänge des wirklichen Wirtschaftslebens darstellen will, muss von Anfang an einen solchen gemeinsamen Nenner aller Werturteile, also das Geld, einführen."[51]

Der Versuch, den Nutzen zu metrisieren, gibt der Nutzentheorie zwar den Anschein einer quantitativen Wissenschaft. Doch der Nutzenbegriff ist darin keineswegs plausibel. Das Problem liegt darin, „wie der Nutzen gemessen wird."[52] Nun teilt Cassel durchaus die Vorstellung der Theoretiker der subjektiven Wertlehre, die sich mathematischer Mittel bedienen (Gossen, Jevons, Walras, Launhard u.a.): „In der Wirtschaftslehre handelt es sich hauptsächlich um quantitative Beziehungen. Wir müssen daher immer versuchen, uns über alles, was im Wirtschaftsleben unseres Interesses wert ist (!?), quantitativ genau bestimmte Vorstellungen zu bilden."[53] Also ist auch Cassel der Auffassung, dass die mathematische Sprache deshalb die angemessene sei, weil es sich in der Wirtschaft um *quantitative Verhältnisse* handle. Ich habe diesen Fehlschluss im Kapitel über die mathematische Schule schon genauer diskutiert (vgl. 4.7.1). Cassel jedenfalls knüpft daran ein schlichtes Argument, das der Einfachheit den Vorzug gibt:

---

[51] G. Cassel (1927), S. 41.
[52] G. Cassel (1926), S. 25.
[53] G. Cassel (1926), S. 16.

„Der Preisbegriff ist hier dem Wertbegriff wesentlich überlegen. Denn Preise werden in Geldeinheiten gemessen und sind deshalb immer von bestimmten Zahlen vertreten."[54]

Vor diesem Hintergrund formuliert Cassel seine Kritik an der Vorstellung des Grenznutzens als Grundlage zur Erklärung von Tauschprozessen und der Preisbildung, und er führt hierbei drei Hauptgründe an:

1. „Eine abstrakte, in irgendeiner Rechnungsskala ausgedrückte Schätzung des Nutzens der verschiedenen Stufen der Bedürfnisbefriedigung in allen ihren Zweigen ist dem wirtschaftenden Menschen nicht möglich. Er braucht für solche Schätzungen zum mindesten die Stütze der gegebenen Preislage".
2. „Ferner ist aber der Satz, dass der Grenznutzen gleich dem Preise ist, durchaus nicht allgemein gültig. (...) Für die Bedürfnisse, die bis zur Sättigung befriedigt werden, ist es im Gegenteil (die) Regel, dass auch der Nutzen der letzten Dose (sc. Dosis) höher geschätzt wird als zu ihrem Preis, was sich darin zeigt, dass diese Bedürfnisse auch bei einem etwas höheren Preis in demselben Umfang befriedigt werden, mit anderen Worten, dass die Elastizität derselben gleich Null ist."
3. „Dazu kommt, dass die verschiedenen Stufen der Bedürfnisbefriedigung nicht immer eine kontinuierliche Reihe bilden, welche die Theorie voraussetzt. Ein Mieter, der eine Wohnung zu 2000 Mark hat, wird, wie die Erfahrung oft zeigt, diese Wohnung behalten, auch wenn der Preis bis 2100 Mark erhöht wird. Der ‚Grenznutzen' ist also hier höher als der Preis."[55]

In dieser Kritik werden richtige, wenngleich rein *empirische* Gegenargumente vorgetragen. Cassel hält die Grenznutzentheorie offenbar für kategorial durchaus möglich, ja, er verwendet den Begriff Grenznutzen durchaus in einem *positiven* Sinn, der darauf verweist, dass er einen *Inhalt* damit verbindet. Darin liegt eine Inkonsequenz, die sich auch in seinen drei genannten Punkten zeigt. Spricht er im ersten davon, dass ein *einstimmiger* Begriff des Grenznutzens gar nicht möglich ist, so verwendet er ihn im zweiten und dritten Punkt gleichwohl als Kategorie, die für Cassel offenbar einen sinnvollen Inhalt besitzt. Diese Inkonsequenz lässt sich dadurch auflösen, dass man seinen „Grenznutzen" einfach mit „Zahlungsbereitschaft" übersetzt. Doch auch und gerade diese rein subjektive Größe ist nicht objektivierbar, kann nicht neben die tatsächlich bezahlten Preise gesetzt werden; Liefmann hat das sehr viel klarer gesehen.

4.8.3.2 Cassels gescheiterte Ableitung des Geldes

An seiner Kritik der Wertlehre als überflüssigem Umweg zu einer rein funktionalen, auf dem Begriff der Knappheit aufgebauten Preislehre, sind zwei Elemente zu unterscheiden: Erstens betrachtet Cassel die Frage nach der Geldeinheit rein funktional; sie ist ein Axiom der Wirtschaftstheorie. Ihre *praktische* Festlegung zu erklären, ist Sache der Geldtheorie, die von der Preistheorie strikt getrennt ist. Zweitens – durchaus konsequent nach dieser Voraussetzung – sagt Cassel, dass man deshalb die Geldeinheit nicht *umgekehrt* aus dem Tausch erklären kann.

Cassel argumentiert hier wie Walras – was ich anhand von dessen Theorie schon dargestellt habe –, dass man nämlich nur eine Rechnungseinheit als Geld voraussetzen

---

[54] G. Cassel (1926), S. 25.
[55] G. Cassel (1927), S. 70; meine Einfügungen.

müsse, um dann das System interdependenter Gleichungen für Angebots- und Nachfragemengen formulieren zu können. Die Recheneinheit ist für Cassel einfach ein Axiom im Sinn der Mathematik, über das nachzudenken ihm überflüssig erscheint: „Natürlich müssen wir jeden Gedanken an eine Bewertung der Einheit selbst aufgeben."[56] Damit wird all das einfach über Bord geworfen, was eine *Kategorienanalyse des Geldes* zu klären hätte. „Wir haben eine festgelegte Einheit vorausgesetzt und müssen in unserer allgemeinen Behandlung der Wirtschaftslehre an dieser Voraussetzung festhalten." Die Frage nach einer *Veränderung* der Einheit wird der Geldtheorie überantwortet, die somit die „Voraussetzung einer bestimmten Einheit zu erklären"[57] habe.

Für den eigentlichen Marktprozess spiele die Geldeinheit, so Cassel, überhaupt keine Rolle. Und eben *deshalb*, weil die Preise auf rein mathematische Funktionsbeziehungen reduzierbar sind, ist auch ein *Wertbegriff* überflüssig. Cassel ist also auch darin konsequent, dass er in einem positivistischen Purismus den Wertbegriff zunächst (durchaus richtig) mit dem Hinweis kritisiert, dass in der wirklichen Wirtschaft ohnehin immer nur in der Geldeinheit gerechnet werde. Doch diese Geldeinheit *selbst* zu klären, hält Cassel dann für gleichfalls entbehrlich. Sie spielt nur die Rolle eines mathematischen Axioms, eine Einheit, in der die Preise gerechnet werden müssen, nach deren Natur aber zu fragen, für die Markttheorie selbst überflüssig sei.

Die von Cassel formulierte *Geldtheorie*, die nun arbeitsteilig die Recheneinheit zu erklären hätte – als Nachfolgeproblem der Frage nach dem Wert – wird nun aber (übrigens darin in der logischen Struktur wiederum Walras durchaus verwandt, der noch am Wertbegriff festhielt) doch nur darauf reduziert, die *Festlegung* der Einheit als *quantitatives Problem* zu diskutieren. Der Inhalt der Geldtheorie besteht nun nicht etwa darin – wie man aus dem Titel seines Hauptwerkes schließen könnte –, die *sozialen Prozesse* zu diskutieren, durch die diese Geldeinheit bestimmt oder verändert wird; Cassel nennt seine Theorie ja ausdrücklich „Sozialökonomie". Nein, die Geldtheorie soll nur das „Moment der Unbestimmtheit" beseitigen, das darin in der Tauschtheorie zu entdecken ist, dass man die Tauschgleichungen vollständig durch *relative* Preise erklären kann. Das heißt aber nur, dass man *irgendeinen* Preis als Rechnungseinheit auswählen und seine Höhe festlegen kann, ohne die *realen Gütermengen* zu verändern. Dieses von Walras zuerst gewonnene Ergebnis scheint einen Freiheitsgrad der „Festlegung" zu liefern, den nun der cartesianische Beobachter durch *seine Diskussion* der möglichen Festlegungen der Einheit zu füllen trachtet.

Wenn sich Cassel von den *logischen* Anforderungen an das Geld aus seinem Modell der Knappheit und der Preise zuwendet, unterscheidet er *zwei* Geldfunktionen. Die erste ist abstrakter Natur: Die Einheit der Rechnung, die Cassel auch „die Vorstellung einer Äquivalenz zwischen gewissen Quantitäten verschiedener Güter"[58] nennt. Die Frage, die Aristoteles, Marx und auch noch Knies umgetrieben hat, ob es so etwas wie eine *Gleichheit* bei qualitativ verschiedenen Dingen überhaupt geben kann oder welcher Aspekt solch einer (vermeintlichen) Gleichheit in der Recheneinheit gemessen wird, hat Cassel nicht einmal als Problem erkannt. Er setzt die Recheneinheit sofort mit einem Ding gleich, *in dem* gerechnet wird, ohne sich über die soziale und logische Natur dieser merkwürdigen Struktur Rechenschaft abzulegen.

Und hier verwickelt sich seine Wertkritik in Widersprüche. Denn in seinem Versuch, eine Genesis des Geldes als konkrete soziale Form nachzuzeichnen, benötigt er dann doch den Begriff des Wertes, wenn er sagt: So „wurde der von der Geldeinheit darge-

---

[56] G. Cassel (1926), S. 34.
[57] G. Cassel (1926), S. 34.
[58] G. Cassel (1926), S. 29.

4.8.3 Gustav Cassel

stellte Wert mehr und mehr vom Werte der Tauschmittel, d.h. von der Knappheit der Versorgung der Gesellschaft mit diesen abhängig."[59] Im Geld ist also *doch* ein Wert dargestellt? Was aber ist der Sinn dieses Wertes? Cassel flüchtet sich hier in eine Vorstellung, die sich im Übergang zur klassischen Ökonomik bei Barbon und Locke herausgebildet hat: die Knappheit. Dem Geld *erwächst* der Wert durch seine Knappheit. Cassel bestimmt das Geld durch zwei *Bedürfnisse*, die es befriedigt. Es ist „Mittel zur Befriedigung der beiden elementaren (?) Bedürfnisse, desjenigen nach einer Werteinheit und desjenigen nach einem Tauschmittel."[60] Damit wird das Geld auf ein (soziales) Bedürfnis zurückgeführt. Dieses Bedürfnis bestimmt Cassel durchaus zirkulär: Es entsteht, „wo der Tausch allgemeine Bedeutung gewonnen hat"[61] – denn dann muss auch allgemein *gerechnet* werden in einer Einheit.

Doch zugleich sagt Cassel:

> „Die ganze Vorstellung von der Entwickelung des Wirtschaftslebens aus einer Tauschwirtschaft ohne Geld zu einer Geldwirtschaft ist ohne Zweifel im wesentlichen falsch. (...) Es hat sicher nie in der Geschichte eine geldlose Gesellschaft gegeben, in der der Tausch eine normale Erscheinung war."[62]

Das ist zweifellos richtig. Und eben daraus ergibt sich zunächst das *logische* Problem, wie man Tausch und Geld aufeinander beziehen kann *als soziale Institutionen*. In seiner „Sozialökonomie" vertieft Cassel diesen Gedanken: „Die Entstehung des Geldes ist auf das innigste mit der Entwicklung des Tausches verknüpft. Der Tausch selbst ist aber ein verhältnismäßig spätes Ergebnis der wirtschaftlichen Entwicklung. Lange bevor ein Austausch von Gütern sich als normale Gewohnheit ausgebildet hatte, war ein Erwerb von Gütern aus fremden Wirtschaften in verschiedenen Formen möglich." Und er erwähnt *gewaltsame* Formen des Gütererwerbs durch „Raub oder an die durch Machtstellung irgendwelcher Art erzwungene mehr oder weniger regelmäßige Abgabe", oder er verweist auf Geschenke und Gegengeschenke, von denen in der älteren Edda die Rede ist.[63]

Hier wird die eigentliche Frage, welche Natur die *Einheit* der Geldrechnung besitzt, zunächst auf ihre Verwendung im Tausch zurückgeführt. Dann bemerkt Cassel, dass es einen allgemeinen Tausch *ohne* diese allgemeine Recheneinheit nicht geben kann, verweist völlig zu Recht auf *andere* Formen der Vergesellschaftung – und unterwegs in diesem Gedankengang hat der seine *Ausgangsfrage* einfach vergessen. Er beschreibt dann wie viele andere Autoren, wie zunächst eine Vielzahl von Waren im Tausch nebeneinander als „Wertmesser" fungierten, wie sie schrittweise zu „einer vollständigen Bewertungsskala zusammengefasst"[64] wurden. Doch eben *dies* ist ja das Rätsel der Geldverwendung: Wie kommt es zu *einer* Skala, worin die verschiedenen Maße *transitiv* aufeinander bezogen werden? Marx versucht dieses Problem zu lösen durch die Wertformanalyse, erschleicht sich aber in der *logischen Form* der „allgemeinen Äquivalentform" die Antwort auf die Frage, *wie* sich eine Folge von vereinzelten Tausch*akten* zu einem zirkulären Maßsystem in einer Einheit verwandelt. Menger versucht diesen

---

[59] G. Cassel (1926), S. 31.
[60] G. Cassel (1926), S. 31.
[61] G. Cassel (1927), S. 333.
[62] G. Cassel (1926), S. 28 und 29.
[63] G. Cassel (1926), S. 28 und 29.
[64] G. Cassel (1926), S. 30.

Übergang in einer Logik der Evolution, worin er das schon voraussetzt, was es *ohne* Geld nicht geben kann: Einen allgemeinen Tausch.

Cassel hat das richtig bemerkt. Er vermengt beide Methoden, die von Marx und Menger. Er sagt am Ausgang ganz korrekt:

„Das Geld ist keine Neuerfindung, die in eine Gesellschaft, in der schon regelmäßiger Warentausch besteht, eingeführt und von dieser Gesellschaft überlegt aufgenommen wird."[65]

Doch dann gibt er diesen Gedanken auf, verzichtet auf seine Wertkritik und wiederholt *logisch* alle Fehler, die auch seine Vorgänger Marx und Menger begangen haben, allerdings alle auf einmal. Er übernimmt Mengers Gedanken, der die kategoriale Differenz zweier sozialer Verhältnisse – Tausch und Geld – durch ein „Nach-und-Nach" der Evolution zu überwinden versucht, wobei er strukturell in seiner Voraussetzung das Ergebnis schon antizipiert. Marx bemerkt immerhin die Notwendigkeit, die *kategorialen Verhältnisse* klären zu müssen, begeht aber den Fehler, in den einzelnen Tausch schon Kategorien hineinzuprojizieren, die ihm nur als *Kauf* in einer Geldökonomie zukommen: Die Vorstellung einer Äquivalenz, einer Gleichsetzung. Cassel übernimmt diesen Gedanken der „Vorstellung einer Äquivalenz", zerlegt ihn aber in kleine *historische* Häppchen, worin es viele Maße gegeben habe, die schließlich zu *einem* Maß führten. Mengers erfundenen Übergang von einer Kategorie (= geldlose Wirtschaft) auf eine andere (= Geldökonomie) durch einen *Prozess* – die Geldgier soll von der geldlosen zur Geldwirtschaft führen beim indirekten Tausch –, übersetzt Cassel in:

„(A)llmählich, wahrscheinlich sehr langsam, hat es sich eingebürgert, solche Äquivalenzen in der Form auszudrücken, dass die Werte verschiedenartiger Güter so und so vielen Einheiten einer gewissen, als allgemeiner Wertmesser gewählten Ware gleichgesetzt wurden."[66]

Der Absturz des Gedankens ist unübersehbar: Zunächst sagt Cassel ganz richtig, dass der Wert *ohne* das Geld keinen Sinn hat – er geht allerdings nicht so weit, zu bemerken, dass man einen ökonomischen Wert schon als *Begriff* nicht denken kann, ohne in der Geldform zu denken. Dann bemerkt er weiter ganz richtig, dass empirisch eine allgemeine Tauschgesellschaft ohne Geld nicht bestehen kann und sieht darin nur naive Bilder eines konstruierten Naturzustands á la Rousseau. Doch beim Versuch, Tausch und Geld *logisch*, d.h. durch eine Erkenntnis ihrer kategorialen Verfassung zu vermitteln, begeht er alle Fehler zugleich, die er eben noch kritisierte. Zuerst geht er von einer Tauschgesellschaft aus, in der er aber – wie Menger – viele „Äquivalente" nebeneinander vermutet. Dann fügt er eine Reflexion der Tauschsubjekte *und* ein Bedürfnis als Grund *nebeneinander* ein. Beides soll sich auf der Grundlage eines weiter verbreiteten Tauschs (den es ohne Geld gar nicht als allgemeine Erfahrungsgrundlage geben kann), durch ein Nach-und-Nach, „langsam" entwickelt haben. Wie? Einmal durch einen mysteriösen Vorgang, der an Marx und Sohn-Rethel gemahnt: Durch die „Zusammenfassung" vieler partieller Wertformen zu *einer* „Bewertungsskala" entwickele sich die „Vorstellung einer Werteinheit, in der alle anderen Werte angegeben werden konnten." Und woher stammt diese Vorstellung? Antwort: „Die Gesellschaft gelangte dahin". Mehr noch. Nun wird der zuvor negierte Wert *selbst* generativ tätig:

---

[65] G. Cassel (1926), S. 29.
[66] G. Cassel (1926), S. 29f.

„Diese Werteinheit hat stets starke Neigung gezeigt, immer abstrakter zu werden und sich aus dem Zusammenhange mit dem materiellen eine Einheit ursprünglich darstellenden Gegenstand loszumachen."[67]

Der zuvor negierte Wert zeigt nun sogar eine Neigung, *abstakt* zu werden und so die *allgemeine*, abstrakte Recheneinheit „hervorzubringen". Wie? Nach und nach gelangte die Gesellschaft eben dazu.

Diese „Argumente" brauche ich in ihrer logischen Qualität kaum mehr zu kommentieren. Es wird allerdings in diesen Reflexionen eines positivistisch-reduktionistischen Denkens deutlich, dass der Irrweg von Marx oder Sohn-Rethel, dem Wert eine *objektive*, vor dem Denken liegende abstrakte Qualität zuzuschreiben, durchaus kein *zufälliger* Fehler ist. Tatsächlich zeigt das Geld eine *besondere* Qualität, dies zugleich in einem realen Akt – dem Kauf – und in einem Gedanken – der begleitenden Rechnung in der Einheit. Darin liegt in der Tat ein Rätsel, und die Neigung der cartesianischen Denkform legt den Fehler nahe, entweder dem Denken das Rechnen in Geld schon *a priori* in den Schoß zu legen, oder aber die Gedanken erst im Objekt anzusiedeln, aus dem sie dann ins Bewusstsein aufgestiegen sind. Cassels Kritik des Wertes auf positivistischen Bahnen von *Occam's Razor* ist also in jeder Hinsicht gescheitert: Sie reproduziert, um die Kritik vortragen zu können, eine unklare Mixtur der klassischen Geldableitungen: der Knappheit des Geldmaterials (Barbon, Locke), der logischen Form des Äquivalents (Marx) und der Evolution des Zahlungsmittels (Menger), ohne die kategorialen Strukturen darin zu ahnen.

4.8.3.3 Subjektive und objektive Preiserklärung: Cassel versus Böhm-Bawerk

Ich möchte noch einen Aspekt in Cassels Geld- und Tausch- oder Preistheorie aufgreifen, der es mir erlaubt, sein Verhältnis zur subjektiven Wertlehre und der dort vorliegenden Erklärung von Wert und Preis ins Verhältnis zu setzen. Cassel ist nämlich skeptisch gegenüber dem zweiten Kernargument der subjektiven Schule, mit der sie die Anwendung mathematischer Mittel begründet: Der Beobachtung der freien Konkurrenz. Walras setzt sie in direkte Analogie zur Mechanik und spricht von einem *Mechanismus der Konkurrenz*. Doch dieser Mechanismus entfaltet sich erst dann, wenn die menschlichen Handlungen dies *zulassen*, ihn also nicht faktisch oder durch die begleitenden kommunikativen Prozesse begrenzen. Cassel führt hier pragmatische Argumente an:

„Auf großen und wichtigen Gebieten des Wirtschaftslebens hat die neuere Entwicklung die freie Konkurrenz vollständig ausgeschlossen."

Die Realität weicht „vom Ideal der *freien* Konkurrenz ab. Selbst der Begriff der freien Konkurrenz ist durchaus unklar."[68] Für Cassel – wie für Ricardo – bestimmen im Wesentlichen die *Kosten* der Produktion die Preisbildung, bei vielen Formen der Konkurrenz. In der Kostenstruktur der Unternehmungen, der Produktion sieht Cassel wie die klassische Ökonomik ein *objektives* Prinzip, so dass „das Kostenprinzip gewissermaßen einen Normalzustand darstellt, um welchen die wirkliche Preisbildung oszilliert. Jede beträchtliche Abweichung der Preisbildung vom Kostenprinzip ruft im allgemeinen entgegenwirkende Kräfte hervor."[69]

---

[67] G. Cassel (1926), S. 30.
[68] G. Cassel (1927), S. 109.
[69] G. Cassel (1927), S. 110.

Cassel sieht hinter den Kosten, die für die Preisbildung verantwortlich sind, *objektiv-technische* Bedingungen, „Koeffizienten", und durch diese Koeffizienten werden die Preise bestimmt, ganz so, wie dies Ricardo, Mill und später Piero Sraffa, aber auch das „Non-Substitution-Theorem"[70] der linearen Ökonomie behaupten. Wichtig ist für die Tauschtheorie vorläufig nur der Gedanke, dass Cassel mit der ricardianischen Ökonomik in der Wirtschaft eine *verflochtene Struktur* erblickt, die über die Köpfe der Menschen, ihre Entscheidungen hinweg die Tauschwerte bestimmt. Die vereinzelten Tauschakte haben nur die Macht, vorübergehende *Abweichungen* von dieser Struktur zu bewirken. Die zwingende Macht des Wettbewerbs offenbart also nur eine dahinter liegende, objektive Struktur, die wesentlich *technischer* Natur ist.

Für die vorliegende Fragestellung ergibt sich daraus: Bei Cassel wird Walras' Theorie von dessen Nutzenmetaphysik befreit, während seine Beschreibung des Produktionsprozesses durch Koeffizienten, die den Stückverbrauch der Produktionsfaktoren ausdrücken, als objektiv-technischer Hintergrund für die Preisbildung übernommen wird.[71] Cassel treibt die Formalisierung noch nicht so weit, dass bei ihm eine dem Begriff des Güterraums analoge Vorstellung auftauchen würde. Tatsächlich vermengt er aber wie Walras, die Neoklassik und die Neoricardianer technische und ökonomische Fragestellungen, sofern er die *Einheit* der Produktion im durch Eigentumsrechte bestimmten Unternehmen mit technischen Input-Output-Strukturen verwechselt.

Zunächst kritisiert Cassel völlig zu Recht, dass es „in der Wirtschaftslehre üblich gewesen (sei), die Produktion gewissermaßen von einem technologischen Gesichtspunkt aus zu betrachten, als ob es die Aufgabe der Wirtschaftslehre wäre, den Ursprung der materiellen Güter zu erforschen und die verschiedenen Stadien ihrer Umwandlung im Produktionsprozess zu verfolgen"[72]. Doch diese richtige Bemerkung wendet sich vor allem gegen die zeitliche Aufgliederung vieler Produktionsstufen, die man als historische Inputs interpretierte, wie dies von Böhm-Bawerk in seinem Begriff der Produktionsperiode entwickelt wurde. Cassel bemerkt nicht, dass der technische Standpunkt nicht nur hinsichtlich der *historischen* Folge von Inputs an Arbeit, Bodenleistungen und Kapitalgütern keine ökonomische Fragestellung ist, gegen die eine Periodenanalyse oder Sequenzanalyse zu verteidigen wäre – ihm fällt so wenig wie anderen mathematisch orientierten Ökonomen auf, dass *Produkte* keine Güter sind. Sie werden zu Gütern durch ihre Vereinigung unter dem Dach eines *Unternehmens*, das durch Eigentumsrechte, nicht aber durch technische Abläufe als Entität bestimmt ist. Was einem Eigentümer an Waren zufließt, was aus dem Unternehmen wieder als Ware verkauft wird, das bildet eine Funktionseinheit unter der Regie des Eigentumsrechts, des „Managements", die auf Optimierung der Kosten pro Produkteinheit abzielt. Diese Einheit ist nur durch das Eigentumsrecht synthetisiert, nicht als *ein* technischer Prozess.

Wenn Cassel deshalb wie Walras und nach ihm die Input-Output-Analyse, die Aktivitätsanalyse oder die Neoricardianer den Produktionsprozess formalisiert, fällt er auf

---

[70] Vgl. die beiden Beiträge von P. A. Samuelson und N. Georgescu-Roegen in T. C. Koopmans (Hg.) (1951); abgedruckt in: P. A. Samuelson (1966), S. 515-519; N. Georgescu-Roegen (1967), S. 316-337. Dieses Theorem besagt, dass bei nur einem Primärfaktor und der Abwesenheit von Kuppelproduktion die Nachfrage keinen Einfluss auf die technischen Beziehungen (Produktionskoeffizienten) hat. Die Preise hängen dann nur ab von der (konstanten) Input-Matrix und der Höhe der Profitrate.

[71] Ohne nachdrücklichen Bezug auf Cassel hat Samuelson dieses Programm später unter den positivistischen Vorzeichen wieder aufgenommen. Er wollte die Nachfragetheorie völlig von der Nutzentheorie befreien; vgl. Kapitel 4.4.7.4, allerdings mit anderen Prämissen als Cassel. *Methodisch* liegt die Priorität allerdings zweifellos bei Cassel.

[72] G. Cassel (1927), S. 19.

4.8.3 Gustav Cassel

den eben kritisierten „technologischen Gesichtspunkt" zurück. Die von ihm verwendeten „technischen Koeffizienten a_{ij} (i, j = 1,...,n/m) gehen von der Fiktion einer Ein-Produkt-Unternehmung aus, „fertige Güter von n verschiedenen Arten", jeweils charakterisiert durch die „Herstellung einer Einheitsmenge eines fertigen Gutes"[73]. Die Preiskalkulation erfolgt dann jeweils für ein vereinzeltes Gut – inwiefern dieses Gut mit einer Wirtschaftseinheit identisch gedacht wird, bleibt völlig offen. An die Stelle des Begriffs „Unternehmen" tritt bei Cassel die Abstraktion eines Prozesses in einer Einheitsperiode. Wenn die Funktionsgleichungen bei ihm also das eigentliche ökonomische Gerüst der Wertbildungsprozesse darstellen, mit denen er den Streit zwischen der subjektiven und der objektiven Werterklärung als „Unsinn"[74] dechiffrieren möchte, so verkennt Cassel, dass er in seiner „Erklärung" Güter und Produkte verwechselt, und darin verwechselt er technische Prozesse mit Unternehmen unter dem Dach eines Eigentumsrechtes. Die technische Synthese von Prozessen ist aber eine völlig andere als die unter dem Gesichtspunkt der Geld- bzw. Kostenrechnung vollzogene Zusammenfassung unter dem Dach einer einheitlichen Buchhaltung.

Auch seine Integration „subjektiver" Faktoren scheitert an dem nämlichen Mangel, Güter und Produkte zu verwechseln. Diesen letzteren Aspekt, die Beziehung zwischen „objektiver" und „subjektiver" Erklärung der Wertbildung, will ich kurz noch etwas genauer skizzieren. Sieht die subjektive Schule *im Wettbewerb* im Wechselspiel mit subjektiven Nutzenerwägungen die bestimmende Größe für die Preisbildung, so hält Cassel mit der Klassik daran fest, dass sich dahinter objektiv-technische Produktionsbeziehungen verbergen sollen. Es lässt sich hier unschwer ein Motiv wiedererkennen, das bei Marx klar ausgesprochen wird, sich aber auch bei Thünen findet. Marx sagt:

„Wenn Nachfrage und Zufuhr sich decken, hören sie auf zu wirken"[75].

Böhm-Bawerk entgegnete darauf, dass die Kräfte der „Abweichung" selbst das Gleichgewicht bestimmen:

„Im Gegenteil, ihre Wirkung ist eben der erzielte Gleichgewichtszustand"[76].

Doch was sind das für „Kräfte", die in der „Konkurrenz" wirken? Böhm-Bawerk sagt:

„Die ‚Konkurrenz' ist (...) eine Art Sammelname für all die psychischen Antriebe und Motive, von denen sich die Marktparteien bei ihrem Benehmen leiten lassen"[77].

---

[73] G. Cassel (1927), S. 121.
[74] G. Cassel (1927), S. 124.
[75] K. Marx, MEW 25, S. 199. Vgl. auch: „But it is a metaphysical impossibility that Supply and Demand (...) could ever affect price except by a secondary force. Always there must be a modificabile (i.e. an antecedent price, arising from some other cause) before any modification from Supply against Demand can take effect." T. De Quincy (1844), S. 8. „In einem solchen Zustand sind Nachfrage und Angebot im Gleichgewicht; beide heben sich gewissermaßen auf, oder erscheinen als ruhend – und es geht schon hieraus hervor, dass in einem solchen Zustande ein anderer Bestimmungsgrund für die Höhe des Arbeitslohns vorhanden sein muss." J. H. v. Thünen (1875: 2), S. 53.
[76] E. v. Böhm-Bawerk (1973), S. 107.
[77] E. v. Böhm-Bawerk (1973), S. 103.

Böhm-Bawerk behauptet, um es in einer Metapher auszudrücken, dass die Windkräfte auch bei Windstille die Höhe des Meeres*spiegels* determinieren, während die Klassiker die Höhe des Meeresspiegels durch objektive Kräfte determiniert sehen, während sie die „Wellenbewegungen" als zufällige und subjektiv bedingte Abweichungen interpretieren (das Spiel von Angebot und Nachfrage). In diesem Denkmodell – metaphorisch: die Bewegungen der Winde, nicht die Schwerkraft der Erde bestimmt das Niveau des Wasserspiegels – formuliert Böhm-Bawerk die Grenznutzentheorie der österreichischen Schule: Preise werden durch die Konkurrenz *nur von* Angebot und Nachfrage bestimmt; hinter dieser Konkurrenz stehen aber rein subjektive Faktoren.

Eben dies bestreitet Cassel in seiner Kritik der Grenznutzentheorie, und die neoricardianische Schule ist ihm auf den Spuren von Ricardo und Marx darin gefolgt. Was hier unter der Oberfläche des Streits um Lehrmeinungen verborgen ist, erweist sich für die Tauschtheorie und die Theorie des Geldes als von fundamentaler Bedeutung. Beide Schulen, die subjektive und die objektive Erklärung der Preise, die Grenznutzenlehre und die funktionale Preistheorie Cassels, stimmen nämlich überein in der Vorstellung, dass man Preise durch ihr *Gleichgewicht* erklären müsse – also durch das, was *Liefmann* als zentralen Denkfehler jener Schulen bezeichnete, die er „materialistisch" nannte. Das Gleichgewicht in der objektiven Wertlehre ist bestimmt durch die Struktur der Produktion; das Gleichgewicht der Grenznutzenschule, wie sie Böhm-Bawerk vertritt, ist durch den Ausgleich der Grenznutzen, durch jene mechanischen Kräfte verursacht, die nach Menger die menschliche Psyche determinieren. Bei Marx und bei Menger wird die menschliche Freiheit eliminiert. Cassel wandert hier zwar sozusagen auf den Spuren von Ricardo und Marx, *ontologisch* ist seine Preiserklärung aber durchaus dieselbe wie bei Menger, der sagt, es sei „die Gesetzmäßigkeit der von dem menschlichen Willen gänzlich unabhängigen Erscheinungen (.), welche den Erfolg der wirtschaftlichen Tätigkeit der Menschen bedingen."[78] Ist es bei Menger und Böhm-Bawerk eine Nutzenmechanik, die durch den Wettbewerb ins Gleichgewicht kommt, so sind es bei Ricardo und Marx die objektiven Arbeitsaufwendungen. Marx und Böhm-Bawerk stimmen bezüglich des darin liegenden *Gleichgewichtsbegriffs* überein. So sagt Marx, gleichsam in Entgegnung zu Böhm-Bawerks Kritik:

„Der Austausch oder Verkauf der Waren zu ihrem Wert ist das Rationale, das natürliche Gesetz ihres Gleichgewichts; von ihm ausgehend, sind die Abweichungen zu erklären, nicht umgekehrt aus den Abweichungen das Gesetz selbst."[79]

Böhm-Bawerk hatte dagegen gesagt, dass das Gesetz der *Abweichungen* auch das Gesetz ihrer Übereinstimmung sei.[80]

Cassel versucht hier, unter dem Eindruck der subjektiven Schule, eine *vermittelnde* Position zwischen den Schulen unter Verzicht auf einen Wertbegriff einzunehmen. Er kritisiert die Mechanik des Nutzens, glaubt aber auch, dass die Preisbildung langfristig

---

[78] C. Menger (1871), S. IX.

[79] K. Marx, MEW 25, S. 197.

[80] Im Apparat der Marshallschen Angebots- und Nachfragekurven wird das Niveau des Gleichgewichts durch die *Lage* dieser Kurven bestimmt. Dabei ist aber unterstellt, dass die Nachfrage- und Angebotsfunktionen in ihrer Lage *unabhängig* von der Bewegung der aktuellen Preise sind. Das ist unhaltbar, weil alle Preise verknüpft sind und so aufeinander zurückwirken. Die Antwort von Debreu wiederum, dass dies durch die Topologie der Produktionsmengen im Güterraum und die Präferenzmengen determiniert sei, unterstellt dafür aber, dass sich Präferenzen und Technologie durch die *aktuellen* Marktpreise nicht ändern. Dafür gibt es keinen Grund; wie sich im Kapitel 4.7.5 ergeben hatte.

4.8.3 Gustav Cassel

– nicht nur als Abweichung – von den Koeffizienten der Nachfrage bestimmt wird. Diese Koeffizienten sind für ihn rein funktionale Größen. Die „Nachfrage nach jedem der in Betracht kommenden Güter (ist) bestimmt, sobald sämtliche Preise dieser Güter gegeben sind."[81] Dann gilt im Gleichgewicht:

> „Die Bestimmungsgründe der Preise sind die verschiedenen gegebenen Koeffizienten unserer Gleichungen. Diese Koeffizienten können in zwei Hauptgruppen eingeteilt werden, die wir als die objektiven und die subjektiven Bestimmungsgründe der Preise bezeichnen können."[82]

Hinter diesen „subjektiven Bestimmungsgründen" verbirgt sich für Cassel durchaus das, was auch die Nutzentheoretiker ansprechen. Doch die Konsumenten verknüpfen, meint Cassel, einfach *faktisch* und rein funktional Preise und Gütermengen. Dahinter liegen zwar psychologisch zu beschreibende Vorgänge. Ihr „Studium fällt aber offenbar außerhalb der Domäne der eigentlichen ökonomischen Theorie."[83]

Doch das ist offenbar ein Trick. Indem Cassel die psychologischen Vorgänge einer anderen Wissenschaft zuweist – die übrigens dieses Forschungsgebiet mit dieser spezifischen Fragestellung erst in jüngster Zeit als ihren Gegenstand entdeckt hat –, verschiebt er die Erklärungsaufgabe und verliert damit die eigentlich ökonomische Fragestellung aus dem Blick. Der blinde Fleck ist bei Cassel das, was ihn sowohl mit der subjektiven Schule der Österreicher wie der Ricardos *verbindet*: Es ist die Vorstellung, dass die Preise *objektiv*, wie Marx sagt, „hinter dem Rücken der in sich selbst reflektierten Sonderinteressen"[84] bestimmt sind. Die tauschenden *Subjekte* kommen in der subjektiven Schule nur dem *Namen* nach vor; *faktisch* sind sie ersetzt durch die Logik des Grenznutzens und seine Mathematik. Cassel setzt an dessen Stelle einfach einen *funktionalen Zusammenhang* zwischen Preisen und Mengen, den er durchaus *objektiv* interpretiert. Doch zum selben Ergebnis kommt auch die Mathematisierung der Haushaltstheorie, die aus Präferenzannahmen bestimmte Typen von Nachfragefunktion ableitet, die *objektiv aggregiert* werden – inzwischen eine elementare Übung in den Grundkursen der Volkswirtschaftslehre.[85]

So zeigen die gegensätzlichen Schulen und Cassels Synthese *kategorial* dieselbe Grundlage. Der Tausch, damit die Preise sind nicht das Ergebnis von menschlichen *Handlungen*. Die Menschen handeln nicht, sie verhalten sich je als homo oeconomicus oder als „Charaktermaske", nicht aus subjektiver Freiheit, sondern als gesteuerte Roboter ihrer ökonomischen Programmierung. Die Erkenntnis, dass sich im Tauschprozess selbst immer wieder gerade diese Subjektivität *geltend* macht, wie wir das in der Analyse der Tauschstruktur finden konnten – ein vergleichbares Ergebnis hat die Darstellung der Analyse von Edgeworth ergeben –, ist bei Cassel wieder völlig verschwunden. Seine *Kritik am Wertbegriff* hat deshalb für ihn selbst nur eine wissensökonomische Funktion im Sinn von *Occam's Razor*. Gleichwohl ist darin ein sehr viel weiterreichender Gedanke enthalten, der sich allerdings nur zeigt, wenn man den Gleichgewichtsbegriff aufgibt.

---

[81] G. Cassel (1927), S. 69.
[82] G. Cassel (1927), S. 123f.
[83] G. Cassel (1927), S. 69.
[84] K. Marx (1953), S. 156.
[85] Dass durch die Aggregation die These von der subjektiven Bestimmtheit der Nachfrage aufgehoben und durch eine objektive Marktfunktion ersetzt wird, fällt allerdings den Lehrbüchern der Mikroökonomie nicht auf.

Tatsächlich verbirgt sich nämlich hinter dem Gleichgewichtsbegriff bei Böhm-Bawerk, Marx und Cassel (um nur die drei eben zitierten Autoren zu erwähnen) etwas ganz anderes. Es ist darin die Vorstellung der *Ganzheit* der Wirtschaft versteckt, ein Einheitsprinzip, das sich durch die Individualität hindurch manifestieren soll. Die Rede davon, dass die ökonomischen Prozesse nicht Ausdruck von *Willensentscheidungen* sind, dass die Individuen nicht handeln, sondern in ihrem Verhalten durch eine Marktmechanik gesteuert werden, dieser Gedanke ist nur möglich, wenn die Theorie gegenüber ihrem „Gegenstand" die objektivierende Haltung des cartesianischen Beobachters einnimmt. Seine Identität als Ego und die in ihm liegenden Kategorien oder Modelle „verbürgen" die Einheit der Gesellschaft. Doch diese Einheit gibt es nicht als etwas, das sich in *einem* Bewusstsein darstellt. Vielmehr vollziehen sich die gesellschaftlichen Prozesse unaufhebbar durch *viele* Individuen hindurch. Sie sind kategorial etwas anderes als Aspekte von Sozialatomen. Die Gesellschaft ist aber auch nicht etwas von den menschlichen Handlungen verschiedenes, etwas „Drittes". Es waren diese Fragen, mit denen sich vor allem die *holistischen* Theoretiker, und unter ihnen mit der größten kategorialen Klarheit Othmar Spann, herumgeschlagen haben, auf die ich im einleitenden Kapitel verwiesen habe (vgl. 1.3.11). Die hier diskutierten Probleme sind nämlich *Kategorienprobleme*, die jeder Beschreibung wirtschaftlicher Sachverhalte *vorausgehen*: Wie ist Teil und Ganzes zu denken? Was ist gesellschaftliche „Allgemeinheit", was das spezifisch „Wirtschaftliche" etc.? Die letztere Frage hat vor allem Gottl-Ottlilienfeld gestellt, dem ich mich im nächsten Abschnitt zuwende.

Zum Geld *als* Geld sagt Cassel kaum etwas, das nicht von den Vorläufern schon bemerkt wurde. Die in diesem Punkt sehr viel klarere Darstellung bei Liefmann kehrt bei Cassel nur insofern wieder, als auch er im Geld zunächst nur eine „abstrakte Rechnungsskala"[86] sieht. Doch es ist eines, in einer abstrakten Skala zu *rechnen* – und diese Rechnung als sozialen Akt auch zu rekonstruieren –, etwas anderes, Geld als Eigentum zu besitzen. Geld besitzt immer eine bestimmte „materielle" Verkörperung: als Gold, Papier oder als Datenmenge auf einem Server einer Bank. Wichtig ist die daran geknüpfte doppelte Bedeutung: Man rechnet in dieser Einheit und man *besitzt* ein bestimmtes Quantum von in dieser Einheit gerechneten Geldeinheiten.

Das abstrakte Eigentumsrecht an Geld ist aber ein völlig anderes Phänomen, das man nur versteht, wenn man untersucht, wie man durch Marktprozesse in den Besitz von Geld durch Marktteilnahme gelangt. Liefmann wusste das; bei Cassel reduziert sich die Frage auf den dünnen Begriff der Knappheit, der sich der Sache nach völlig mit dem deckt, was von Oresme, Kopernikus und Ricardo dazu formuliert wurde. Es sei, sagt Cassel, die „Knappheit der Zahlungsmittelversorgung, die demnach zur Aufrechterhaltung eines stabilen Geldwertes erforderlich ist"[87]. Er stimmt hier völlig mit Fishers Mechanismus überein, der einfach die Geldmenge in eine Waagschale, das Volumen der in Preisen bewerteten umlaufenden Güter in die andere Waagschale legt (und das auch so bebildert). Der Ausgleich der Waage wird dann durch die „Umlaufgeschwindigkeit" hergestellt. „Wert" des Geldes und davon abgeleitet ein Wert der Güter über die Preise, hängt demnach ab von der „Begrenzung der Zahlungsmittelversorgung"[88]. Wie bei der Produktion die Frage des Eigentums einfach vergessen wurde, so auch hier die Frage, wie man *Eigentümer* einer bestimmten Menge an Zahlungsmitteln wird, wie also durch Leistungen für den Markt Geld als Einkommen gewonnen werden kann. So fällt Cassels Kritik am Wert doch wieder nur auf die Fragen zurück, die Theoretiker vor

---

[86] G. Cassel (1927), S. 398.
[87] G. Cassel (1927), S. 398.
[88] G. Cassel (1927), S. 398.

ihm veranlasst hat, sich auf die vergebliche Suche nach einem Wert *hinter dem Geld* zu machen.

4.8.4 Friedrich v. Gottl-Ottlilienfeld

4.8.4.1 Der Umstrittene

Der wichtige Beitrag von Gottl-Ottlilienfeld zur Kritik der Wertlehre wird durch zwei Tatsachen verdeckt, die nach dem Zweiten Weltkrieg zu seinem weitgehenden Vergessen führten:[89] *Erstens* war dies Gottls spätere Parteinahme für den Nationalsozialismus:

> „Die traditionelle Wirtschaftstheorie wurde von den glühenden Anhängern des nationalsozialistischen Glaubens als nutzlos und veraltet angesehen. (…) Derjenige Wirtschaftsphilosoph, dessen ökonomische Konzeption am besten geeignet war, der verschwommenen Phraseologie der nationalsozialistischen Autoren Ausdruck zu verleihen, war Gottl-Ottlilienfeld"[90].

Zweitens war dies seine für viele Ökonomen offenbar schwer verständliche Sprache. „Was Professor von Gottl-Ottlilienfeld betrifft, so kann man ihn nur würdigen – oder wie ich, ausklammern –, wenn man ihn gelesen hat"; und Schumpeter spricht von den hohen „psychischen ‚Kosten' eines solchen Unterfangens"[91].

Auch Max Weber äußert sich kritisch über Gottls[92] Stil, zitiert ihn aber an vielen Stellen gleichwohl zustimmend.[93] Ebenso stimmt Adolf Weber der Kritik an der traditionellen Ökonomik durch Gottl teilweise zu, stört sich aber gleichfalls an dessen Sprache, an der „undurchsichtigen Art, wie er Wortrekruten gegen die alten Worte glaubt ins Feld führen zu müssen". Adolf Weber beklagt hier zugleich, dass Gottl zwar in seiner Kritik einige wichtige „Warnungstafeln" aufgestellt habe, insgesamt gelte aber, dass „Gottl im wesentlichen in der Kritik stecken bleibt."[94] Gottl hat später – Adolf Webers Urteil stammt aus dem Jahre 1928 – zahlreiche „positive" Vorschläge entwickelt. Doch gerade *darin* zeigt sich der Bruch in seiner Theorie. Ich komme deshalb genau zur umgekehrten Auffassung: Als Kritiker ist Gottl ein in seiner Tragweite unentdeckter Autor; seine „positiven" Vorschläge fallen dagegen weit hinter das Niveau seiner Kritik zurück. Die Vorstellungen einer „seinsrichtigen" Wirtschaft, einer „ewigen Wirtschaft" oder „Allwirtschaft" usw., die der „Vernunft" entsprechen soll – worin seine Vorstellungen übrigens dem ansonsten von ihm heftig bekämpften Marxismus gleichen –, werde ich am Ende dieses Abschnitts nur insoweit aufgreifen, als sie für das Verständnis des Mangels in seiner Theorie erforderlich ist.

In einem Lexikon-Artikel, den Gottl mit größter Wahrscheinlichkeit selbst verfasst hat, heißt es:

---

[89] Vgl. aber G. Weipert (1964); L. Averkorn (1996); H. Rauchenschwandtner (2002).

[90] K. Pribram (1998), S. 727.

[91] J. A. Schumpeter (1961), S. 1042 und Note 47.

[92] Gottl änderte seinen Namen nach der Nobilitierung des Vaters im Jahre 1907 in Friedrich von Gottl-Ottlilienfeld genannt.

[93] Max Weber sagt über Gottls „Die Herrschaft des Wortes": Das Buch sei „etwas schwer verständlich geschriebenen und wohl nicht überall ganz zu Ende gedanklich durchgeformt", M. Weber (1980), S. 1. Vgl. aber M. Weber (1985), S. 72, 92 und öfter, wo Max Weber sich auf Gottl positiv bezieht, z.B.: „knüpfen wir nun zweckmäßigerweise zunächst an die Ansichten von Gottl an", M. Weber (1985), S. 95.

[94] A. Weber (1928), S. 18.

„Das Werk v. Gottls atmet den kämpferischen Geist, mit dem seit der Jahrhundertwende in wachsender Kraft die nicht-naturwissenschaftlichen Wissenschaftsgruppen sich gegen die im 19. Jahrhundert fast übermächtige Herrschaft blindlings übernommener und meist nur oberflächlich analogisch verwandter, naturwissenschaftlicher Methoden zu eigener Methodik und dem Bewusstsein eigenen Wesens als Wissenschaft durchgearbeitet haben."[95]

Hier reiht sich Gottl ein in die auch in der Historischen Schule erkennbare Tradition, gleichfalls der „romantischen Nationalökonomie" und ihrer Liberalismuskritik. Doch anders als diese Tradition, sieht sich Gottl durchaus als Philosoph, der von Kant ausgeht, „nachbarlich zu Max Weber", sich aber

„vielmehr in der Nähe der Phänomenologie in ihrer ersten Form (Husserl, Logische Untersuchungen), während von ihrer zweiten, mehr absolutistischen Ausgestaltung (Husserl, Ideen zu e. reinen Phänomenologie) ihn die Richtung auf das Leben und von ihrer dritten Gestalt (Scheler) ihn seine kritische Vorsicht gegen dogmatisierende ‚Wert'-schau grundsätzlich unterscheidet. Erst zu der vierten Form von Phänomenologie (Heideggers Existenzialphilosophie) sind tiefgreifende Parallelen da."[96]

Dieser hohe methodische Anspruch, das Niveau seiner Argumente, erlebte durch Gottls Parteinahme für die Nazis einen jähen Absturz, der sich nicht nur an Titeln wie „Wirtschaft als Wissen, Tat und Wehr"[97] als Plattheit bekundet, sondern auch *inhaltliche* Anpassungen bedeutete, die weit über die opportunistische Verbeugung in den Vorworten und Fußnoten der Werke anderer Zeitgenossen hinausging.[98] Doch darf diese Tatsache andererseits nicht dazu verleiten, das in seinen früheren Schriften richtig Erkannte einfach zu ignorieren. Inwiefern sich darin allerdings – wie Gottl ja selbst behauptet – ein auf Späteres zulaufender Zug findet, wird sich zeigen. Die Sache liegt hier ähnlich wie im „Fall Heidegger", bei Heinrich Freiherr von Stackelberg[99] oder Arnold Gehlen.

4.8.4.2 Kritik der Standpunktwissenschaft

Gottls anfängliches Hauptbestreben zielt auf eine grundlegende Erkenntniskritik, die man mit dem Titel seines 1901 erschienen Buches als Kritik der „Herrschaft des Wortes" umschreiben kann. Er formuliert keine *Theorie* in der Tradition der herkömmlichen

---

[95] F. v. Gottl-Ottlilienfeld (1949), S. 408.

[96] F. v. Gottl-Ottlilienfeld (1949), S. 408. Herbert Marcuse, damals Schüler von Heidegger, übernimmt noch 1933 Gottls Begriff der „Lebensnot" für seinen Entwurf einer „Ontologie des Menschen"; H. Marcuse (1968), S. 27; vgl. F. v. Gottl-Ottlilienfeld (1923b), S. 11. Die „Lebensnot" bleibt auch später ein Grundbegriff bei Gottl.

[97] F. v. Gottl-Ottlilienfeld (1940).

[98] „Wer aber ohne Vorurteil meine jetzigen Ausführungen mit jenen vor fünf Jahren vergleicht, wird wohl selbst dessen gewahr, wieviel meine Lehre an *folgerichtiger* Vertiefung dem Gedankengut des Nationalsozialismus verdankt, aus dem Geiste unseres Führers." Vorwort zu: F. v. Gottl-Ottlilienfeld (1936).

[99] Vgl. H. Möller (1992), S. 17*ff. Stackelberg entwickelte z.B. eine Währungstheorie für den „Führungsraum" Deutschlands in Europa und darüber hinaus, worin die Geldpolitik zum Instrument der Eroberung würde, vgl. H. v. Stackelberg (1992), S. 748ff und 751ff. Die USA sind später durchaus vergleichbaren Überlegungen gefolgt.

4.8.4 Friedrich v. Gottl-Ottlilienfeld

Ökonomik, sondern zielt auf eine *begriffliche Grundlegung*, sofern er hinter dem bloßen „Wortgebrauch" in der Wissenschaft die *Kategorien* zu entdecken versucht. Es geht ihm um „*Erkenntniskritik* gegenüber einem Sondergebiet der Wissenschaft"[100] – besonders der Nationalökonomie und ihren Grundkategorien.

Dass Gottl eine *Kategorienanalyse* im Auge hat – und wohl nicht zuletzt deshalb positivistischen Ökonomen wie Schumpeter „unverständlich" bliebt, die im Horizont der mechanistischen Tradition von Walras dachten –, wird aus vielen seiner Bemerkungen deutlich. So bestimmt er den „Wertgedanken" als einen Begriff, der „für das Denken im Geiste der herkömmlichen Anschauung eine unbewusste, gleichsam verborgene Grundlage bedeuten will."[101] Die „*Kritik* am Wertgedanken"[102] zielt also auf die Entfaltung jener Begriffe, die das Denken unbewusst lenken. Die Aufgabe der Wissenschaft besteht für Gottl darin, die allgemeinsten Kategorien des Denkens, die jedem vereinzelten Nachdenken ebenso wie in der Alltagssprache je als *gegebene Voraussetzung* erscheinen müssen (insofern also a priori sind), ins Bewusstsein zu heben durch eine *Kritik* der damit verbundenen *unbegründeten* Vorstellungen. Es ist nicht schwer, darin die Struktur von Kants Vernunftkritik wiederzuerkennen. Für Gottl kommt es zunächst nicht darauf an, die vorgestellten Inhalte einer Wissenschaft systematisch zu ordnen oder „methodologisch" zu behandeln.

> „Der Wissenschaft muss es vielmehr darum zu tun sein, für die Forschung (…) das zu finden, was Kant den ‚königlichen Weg' nennt."[103]

Er rekonstruiert Kants Kritik so, dass er im „Wortdenken" des Alltags, das die Wissenschaft teilweise unreflektiert übernimmt, jene Trübung des wissenschaftlichen Bewusstseins erkennt, die es vor aller „Methodologie" zu beseitigen gilt. Das teils mimetische Nachsprechen der Wörter des Alltags verhindert, die darin sich zeigenden, gleichzeitig aber darunter verborgenen *Begriffe* für die Kategorien des Sozialen zu erkennen. „Bloße Worte vertreten die Probleme, begraben sie unter sich." Dies wiederum zieht erhebliche „Schäden" nach sich; „darum muss Kritik eingreifen."[104] Die Bemühungen der bisherigen Wertlehre gehen „schuldlos in die Irre", weil sie „dem Trug des Wortes zum Opfer"[105] fallen.

Es geht der Blick auf die Kategorien verloren, und „weniger das Quantum, das Quale der Erkenntnis (…) leidet durch diese Naivität Schaden."[106] Damit spielt Gottl auch auf die mathematische Nationalökonomie an, die aus der Alltagssprache ihre Begriffe in Gleichungen übersetzt, ohne den *qualitativen Inhalt* ihrer Kategorien geklärt zu haben. Weil die Theorie an der *Sachstruktur* keinen Anhalt mehr hat, verliert sich das Beliebige des Konstruierens in ein subjektives Tun, das mit seinen „Werturteilen" dann den Inhalt der Sache substituiert:

---

[100] F. v. Gottl-Ottlilienfeld (1925), S. IX.
[101] F. v. Gottl-Ottlilienfeld (1925), S. 36.
[102] F. v. Gottl-Ottlilienfeld (1925), S. 37.
[103] F. v. Gottl-Ottlilienfeld (1925), S. 15. Kant bezeichnet als „königlichen Weg" jenen, auf dem „die Vernunft es nur mit sich selbst zu tun hat", I. Kant, WW 3, S. 22.
[104] F. v. Gottl-Ottlilienfeld (1923a), S. 2.
[105] F. v. Gottl-Ottlilienfeld (1923a), S. 2.
[106] F. v. Gottl-Ottlilienfeld (1923a), S. 2.

„Unter der Herrschaft des Wortes entartet alle Theorie zu wirtschaftspolitischer Stellungnahme. Sie verfällt der strengen Bindung an den ‚Standpunkt'!"[107]

Hier zeigt sich eine gewisse Nähe der Kritik Gottls zu Max Weber – die von Gottl auch immer so gesehen wurde. Doch eine zugleich erkennbare Distanz Webers gegenüber Gottl hat wohl auch darin seinen Grund, dass dessen Kritik weit tiefer oder radikaler zielte, als eine Bezähmung von „Kathederwertungen", die Max Weber im Auge hatte in seiner Forderung nach „Wertfreiheit" der Wirtschaftswissenschaften.[108] Webers Konzept der „Wertfreiheit" hat sich umgekehrt bemüht, Gottls „hier stark schillernde Terminologie"[109] zu präzisieren. Gottl zog keineswegs die Schlussfolgerung, dass aus der Tatsache der Standpunktbezogenheit „Werturteile" für den Nationalökonomen auszuschließen seien, denn aus Fehlern in einer Theorie, die aus einem verborgenen Standpunkt erwachsen, folgt nicht, dass nur eine „wertfreie" Wissenschaft zu fehlerfreien Resultaten gelangt.

Gottl zielt darauf ab, bereits in den Grundbegriffen, in den Kategorien selbst einen „Standpunkt", ein „Werturteil" nachzuweisen, das *in der verabsäumten kategorialen Kritik* zu suchen ist, die jeder Wissenschaft vorausgehen sollte. Was Gottl – ohne das allerdings explizit herauszuarbeiten – als Frage aufwirft, lässt sich so formulieren: Kann man eine kategoriale Matrix für soziale Sachverhalte überhaupt „wertfrei" formulieren? Die Forderung nach „Wertfreiheit" ist ja selbst ein Werturteil. Aus diesem Zirkel gibt es nur den Ausweg, die zentralen Kategorien in ihrer sozialen Verknüpfung so zu entwickeln, wie sie im Bewusstsein der Marktteilnehmer verknüpft ist – und davon kann ein Theoretiker deshalb wissen, weil er selbst Teilnehmer, nicht externer Beobachter ist. Die Kritik führte Gottl in die Richtung dieser Frage; doch *sein* mitgebrachter Standpunkt – der sich dann später verhängnisvoll gegen seine eigene Analyse wenden sollte – verhinderte diesen grundlegenden Blick auf eine Kritik.

Allerdings hat er gleichwohl sehr klar erkannt, *dass* die Ökonomik gerade in ihrer scheinbar wertfreien, „mathematischen" Form, eine Standpunktwissenschaft geblieben ist, von der sich Menger *und* Walras trennen wollten. So sagt Gottl zutreffend:

„Kurz, alle nationalökonomische Theorie der hergebrachten Art ist gleichsam schon in der Wolle gesinnungstreu gefärbt!"[110]

Gottl fährt fort, an Kants Darstellung analytischer Urteile erinnernd: „Wie ja überhaupt dabei nichts herauskommt, was nicht hineingesteckt wäre, und allein schon das Rechnen auf solchen Gebieten selbst das Urteil fällt"[111]. Die Theorien der Ökonomen *als Theorien* machen ihren Standpunkt nicht unmittelbar geltend (wie politische Parteien); sie haben keine *reale* Macht, weshalb gilt:

„Den wirtschaftspolitischen Kampf selber schafft natürlich auch die reifste Theorie nicht aus der Welt." Aber: „Just in unserer Wissenschaft ist es immer noch der sicherste Weg zum ‚Namen', dass man irgendeiner gesinnungsmäßigen Entwicklung laut schreiend vorausläuft. Bald dem ‚Freihandel', bald dem ‚Schutzzoll', bald der

---

[107] F. v. Gottl-Ottlilienfeld (1923a), S. 3.
[108] Beide, Gottl und Weber waren Schüler von Karl Knies, auch wenn W. Hennis (1996), S. 122, Note 16, meint, dass Weber kein Schüler „im engeren Sinn" gewesen sei.
[109] M. Weber (1985), S. 100.
[110] F. v. Gottl-Ottlilienfeld (1923a), S. 3.
[111] F. v. Gottl-Ottlilienfeld (1923a), S. 4.

‚Hebung der unteren Klassen', bald der ‚Erhaltung der Substanz'. Mit Wissenschaft hat dies nichts zu schaffen. Wissenschaft steht zu hoch, um bloß das Megaphon für Gesinnungen zu spielen."[112]

Es ist nicht ersichtlich, was an diesen Formulierungen schwierig oder unverständlich sein sollte, wohl aber kann man verstehen, dass Vertreter der „reinen Ökonomik" wie Schumpeter sich hier ertappt sehen – Gottls Beispiele ließen sich leicht in der Gegenwart durch andere Beispiele vorauseilenden Marktgehorsams ergänzen, die überall nur „Sachzwänge der Globalisierung" verkünden, die „Freiheit der Kapitalmärkte" preisen oder die „unerträglich hohen Lohnkosten" geißeln. Gottl hat als einer der ganz wenigen Theoretiker bemerkt, dass sich in den Lehrsätzen der Ökonomik eine *gehorsame Moral* verbirgt, mag sie auch – ohne „böse Absicht" – auf bloßer Denkfaulheit (*for convenience let us assume*, lautet dafür die Formel in den Journalen der Neoklassik in der Gegenwart) beruhen. Dass Gottl aus seiner kritischen Opposition gegenüber der „reinen Ökonomik", dem Marxismus und der Grenznutzenschule *politisch* in den Nationalsozialisten eine Alternative erblickte, bedeutete für die Entwicklung der Ökonomik als Theorie eine tiefe Tragik. Wie übrigens Liefmanns Theorie auf ganz andere Weise, auf „der anderen Seite" des historischen Wahnsinns der 30er und 40er Jahre – er floh als Jude vor den Nazis und starb 1941 auf der Flucht –, ein Opfer dieser Entwicklung wurde.

4.8.4.3 Der Wert als ungedachte Kategorie, als „Wort"

Doch zurück zu Gottl-Ottlilienfelds *Theorie*. Er entwickelte, darin besteht theoretisch seine wichtigste Leistung für die Ökonomik, Ansätze zu einer *kategorialen Kritik* der Wertlehre in allen ihren Spielarten. Er setzt in seiner Kritik zunächst ein mit einer ganz einfachen Beobachtung: Es gibt eine nahezu unüberschaubare Fülle von ökonomischen Wertdefinitionen. Gottl zitiert auf zwei Seiten zahlreiche verschiedene Definition von „Wert".[113] Einig sind sich die Ökonomen nur darin, dass die Wertlehren die Aufgabe hätten, die *Preise* zu erklären. Er knüpft hieran die Frage, ob dieser phänomenologisch aufgenommenen Vielfalt einer an Wörtern haftenden Vorstellung vom „Wert" tatsächlich *ein Gegenstand* entspricht. Was sich zeigt, ist – wie es bei Kant heißen würde – ein „transzendentaler" Gedanke, den Gottl als eine bloß „ruhende *Behauptung*, die als *wahr* behandelt wird"[114], dechiffriert. Er hält dem Wertgedanken in der Nationalökonomie, dem „herkömmlichen Denken seine Befangenheit in jenem Selbstverständlichen"[115] vor.

Diese Kritik ist tatsächlich für einen Ökonomen, der in dieser Selbstverständlichkeit *denkt*, unverständlich. Das ist auch das ganze Geheimnis der Gottl vorgeworfenen Unverständlichkeit – die nur an einer durchaus maniert zu nennenden Schreibweise Gottls gemessen eine gewisse Berechtigung findet. Er enthüllt in der Ökonomik die Selbstverständlichkeit „der stillen Geltung des Wertgedankens", und gerade diese Gel-

---

[112] F. v. Gottl-Ottlilienfeld (1923a), S. 5 und S. 6. Vgl.: Man kann „das Bewusstsein einer Zeit, eine Zeit selbst, nicht theoretisch-wissenschaftlich argumentierend ‚widerlegen'" M. Heidegger, GA 61, S. 75; siehe auch K.-H. Brodbeck (2000a), S. 185.

[113] F. v. Gottl-Ottlilienfeld (1925), S. 53-54. Rudolf Streller wirft Gottl vor, er ergehe sich nur in „summarischer Kritik"; R. Streller (1930), S. 23ff. Streller trifft einiges Richtige am Wissenschaftsstil Gottls, erkennt aber in der Tat nichts von dem, worauf Gottls „wirtschaftliche Dimension" abzielt, R. Streller (1930), S. 48ff. Man muss Gottl tatsächlich *gegen* „Gottl" lesen, vgl. R. Streller (1930), S. 70. Was sich dann zeigt, ist etwas, das bei ihm nach einem Begriff erst *sucht*, immerhin als Tendenz aber *da* ist.

[114] F. v. Gottl-Ottlilienfeld (1925), S. 43.

[115] F. v. Gottl-Ottlilienfeld (1925), S. 43, Note.

tung will er „auf seine *Gültigkeit* (hin) prüfen"[116]. Wie kann man nur das „Selbstverständliche" einer Kritik unterziehen? – diese implizite Frage an Gottl verrät die Differenz zwischen einem erkenntniskritischen, philosophisch geschulten Kopf und einem „normalen Wissenschaftler" im Sinne Kuhns, der in seinem Paradigma zuhause ist. Doch Gottls Kritik am Wertbegriff zielt noch eine Etage tiefer, auf die *kategorialen Voraussetzungen* der *alternativen* ökonomischen Erklärungen des Tauschs. Bis in die Wirtschaftspolitik hinein bekämpf(t)en sich Liberalismus und Marxismus, nicht zuletzt in den 20er Jahren des vorigen Jahrhunderts, als Gottl seine Theorie formulierte. Arbeits*wert*lehre auf der marxistischen und subjektive *Wert*lehre auf der liberalen Seite bewegten sich aber *in einer gemeinsamen kategorialen Matrix*, die durch den *Wert*begriff gestiftet wurde. Und diese Matrix liegt den verschiedenen Wertparadigmata *voraus*. Alle Preistheorien, alle Tauschtheorien gründen in einer kategorialen Voraussetzung:

> „Abseits von aller Rederei vom Gebrauchswert konnte man jenes letzte Warum der Preise in etwas ersehen, dessen eigene Größe sich gleichsam über die Köpfe der Tauschenden hinweg in den Preisen durchzusetzen wüsste, in der Art eines Naturgesetzes. Damit schlägt die naiv versuchte Kausalerklärung der Preise förmlich schon ins Metaphysische hinaus. Für diese Theorien der Wertmetaphysik liefert der Marxsche Wertbegriff das Beispiel. Dem Tauschwert gegenüber liege der Wert als Substanz mit jenem, die Preise beherrschenden, selber gesellschaftlich notwendigen Ausmaß einfachster, von jedermann zu bewältigender Arbeit vor, die sich zu dem betreffenden Objekt als Ware gleichsam kristallisiert hätte. (…)
> In der zweiten Richtung behalf man sich bei der Suche nach dem letzten Warum der Preise, die hier ins Seelische hineinging, zunächst in jener Weise, dass man zwei rettende Worte vertauschte und für Gebrauchswert nun Nutzen setzte. (…) Jedenfalls wird dann die Größe des Wertes der Höhe jenes Nutzens gleichgesetzt, die im Angesicht einer verfügbaren Gütermenge (…) der letzten Teilmenge daraus zukäme. (…) Darin nun, was man dann den Grenznutzen nennt, wäre recht eigentlich das letzte Warum der Preise gefunden."[117]

Das sind die sich bekämpfenden Paradigmata der Wertlehre, begleitet von einer Vielzahl von vermittelnden oder eklektischen Theorien. Allen diesen Theorien liegt aber ein „Wertgedanke" (die Kategorie „Wert"), den alltäglichen Vorstellungs- und Redeweisen entnommen, zugrunde: „Dahinter, wenn auch verhohlen, steht doch immer die Frage, was der Wert sei."[118]

Die Schwierigkeiten der Marxschen Theorie zeigen sich offenkundig darin, dass die Geldpreise der Waren eine ganz andere Dimension besitzen als die Arbeitswerte, die gesellschaftlich durchschnittlich verausgabte Arbeitsmenge. Die subjektive Schule steht – auf der anderen Seite der Erklärung – vor dem nämlichen Problem: Sie setzt die „subjektive" (Gottl sagt auch ganz richtig „seelische") Größe Nutzen, genauer „Grenznutzen" den Preisen gleich. Beide Theorien bewegen sich aber in einem Zirkel, weil das Erklärende (der jeweilig definierte „Wert") sich immer nur am Erklärten (den „Preisen") zeigt. Gottl verdeutlicht dies an einem hübschen Beispiel: Man stelle sich vor, dass die Höhe einer Tür durch den Aufmarsch mehrerer, der Größe nach geordneter Männer „gemessen" werden soll. Man lässt alle durch die Tür gehen, bis ein Mann gefunden

---

[116] F. v. Gottl-Ottlilienfeld (1925), S. 50.
[117] F. v. Gottl-Ottlilienfeld (1937), S. 10f.
[118] F. v. Gottl-Ottlilienfeld (1937), S. 11.

ist, dessen Größe sich mit der Türhöhe deckt. Die unbekannte Türhöhe wird nun mit der Größe des Mannes „erklärt", der gerade noch aufrecht durch die Tür gehen kann.

Also „bin ich doch bei meiner Frage nach einer Unbekannten X mit dem Hinweise auf eine Unbekannte Y gleich X abgespeist worden. Redensarten lassen sich nun machen, aber in der Sache weiß ich genau so viel wie vorher, nämlich nichts! Was hilft es auch, wenn ich nun für diese zweite Unbekannte Y einen zahlenmäßigen Ausdruck einsetze, indem ich mir dazu Einheiten des Nutzens erschleiche, um von da aus eine Rechnerei zu beginnen, die doch nur eine Spielerei in Zahlen ist. Mit diesem Zahlengeflitter kann man dann natürlich alle möglichen Zusammenhänge umkleiden"[119].

Selten hat die Voraussetzung der Nutzentheorie eine so klare und einfache Kritik erfahren; wiederum „unverständlich" nur jenem, dem hier mit dem festen Griff des Erwachsenen das mathematische Kinderspielzeug aus der Hand genommen wird. Es gilt, was Mill in einem vergleichbaren Zusammenhang so formulierte: „Es sieht aus wie die kruden Phantasien der Kindheit, die augenblicklich durch das Wort einer erwachsenen Person korrigiert werden."[120] Die „erwachsene Person" ist hier der Philosoph, der um die *kategorialen Verhältnisse* der mathematischen Kindereien weiß und die ungedachten Voraussetzungen, die ungedachte Wertdimension zu Bewusstsein bringt. Die in der neueren Ökonomik als rechnender „Selbstbetrug des Denkens und mit dieser Vorspiegelung eines Erklärens, wo in Wahrheit nur Worte klingen"[121], in tausend Modellvarianten wuchernde Denkform *beruht* auf *einer* ungedachten Kategorie: dem Wert.

4.8.4.4 Die wirtschaftliche Dimension

Doch diese Kritik bliebe unbefriedigend, wenn Gottl nicht versucht hätte, den *Grund* für diese Denkform zu enthüllen. Und diese Enthüllung versucht Gottl anhand einer Kategorie, die er „wirtschaftliche Dimension" nennt. Das, was in der ökonomischen Theorie als dunkle Voraussetzung, als ungeklärter metaphysischer Begriff verwendet wird – der „Wert" –, *erscheint* in der Tat auch in der wirtschaftlichen Wirklichkeit, wenn auch ganz anders, als ihn die Werttheoretiker, und dies höchst unterschiedlich, bestimmten. Gottl geht also von einem Phänomen aus, das sich alltäglich zeigt. „Für den Alltag des Wirtschaftslebens ist der Wert einer Sache zunächst wenigstens eine sehr eindeutige Tatsächlichkeit: ihr Anschlag in Geld!"[122] Alltäglich nimmt das Werten die Form des Taxierens an. Gottl geht nicht konsequent von Geldökonomien aus; er bestimmt den Tausch zunächst durchaus wie die Tradition:

„Beim Tausch selber paaren sich allemal zwei bestimmte Mengen artverschiedener Dinge. Diese gepaarten Mengen sind dem Sprachgebrauch nach einander wechselseitig die Preise, solange nicht beim geldbewegenden Tausche, beim Kauf, dem Kaufgut gleich die dafür gezahlte Geldsumme als Preis gegenübertritt. Im schärfs-

---

[119] F. v. Gottl-Ottlilienfeld (1937), S. 11f.
[120] „It looks like one of the crude fancies of childhood, instantly corrected by a word from any grown person." J. St. Mill, CW II, S. 4.
[121] F. v. Gottl-Ottlilienfeld (1937), S. 13.
[122] F. v. Gottl-Ottlilienfeld (1937), S. 4. Es handelt sich beim zitierten Aufsatz um den Wiederabdruck von Gottls Beitrag „Meine ‚Ablehnung der Wertlehre'" in: L. v. Mises, A. Spiethoff (1931).

ten Sinne aber wird als Preis das Verhältnis der gepaarten Mengen ausgesagt, berechnet auf die Einheit des einen Tauschgutes, beim Kauf auf die Einheit des Kaufgutes, der Ware, als der in Geldeinheiten ausgedrückte, der Geldpreis."[123]

Hier bemerkt man in der *Sprachform* – auf die Gottl so viel Wert legt –, dass er den Tausch nicht wie Menger als Verhältnis von Individuen bestimmt, sondern als Verhältnis „artverschiedener Dinge", wie sich dies bei Marx findet. Ich werde auf die hier erkennbare Haltung, Individuen in größere „Gebilde" aufzulösen, gleich zurückkommen. Jedenfalls sieht Gottl im Tausch einen *Zusammenhalt*, der *in Etwas* verbunden ist. Dieses Etwas, worin der Tausch, die getauschten Güter verbunden sind, worin sich die Menschen denkend je schon bewegen und was im Geld seine Erscheinung hat, das nennt Gottl die „wirtschaftliche Dimension".

„Dimension nenne ich es, denn bildlich kann man darin wohl eine Erstreckung ersehen, die zu sonstigen Dimension des Objektes, gleich etwa jenen technischen des Gewichts, der Länge und Breite, des Raum- und Flächeninhalts und so weiter, noch als die wirtschaftlich belangvolle hinzutritt."[124]

Die Denkform Gottls wird hier deutlich: Das Soziale ist verbunden in einem Raum, der verschiedene Dimensionen besitzt – technische, ökonomische und andere. Die wirtschaftliche Dimension ist nicht auf andere Dimensionen zurückführbar. Sie ist kategorial eigenständig. Diese Dimension hat je eine konkrete Erscheinungsweise. Ihr Wesen ist diese Erscheinungsweise selbst: das Geld. Das Geld *misst* nicht einen verborgenen Wert, bringt ihn zum Ausdruck usw. Gegen diese Redeweisen grenzt sich Gottl streng ab:

„Das Geld also ‚misst' da absolut nichts, es liefert bloß mit seiner Einheit einfach die Einheit für den zahlenmäßigen Ausdruck dieser Dimension."[125]

Die wirtschaftliche Dimension ist das Bleibende im Wechsel der Tauschakte als „in der Vorstellung gleichsam (.) stete Gegenwart", als das „stetig Gegenwärtige". Die wirtschaftliche Dimension ist „kraft ihrer Geltung gleichsam die geistige Brücke zwischen Vergangenheit und Zukunft der Preise."[126]

Das sieht Gottl als Begriff hinter dem, was der Alltag und die Wissenschaft den „Wert" nennt: Eine bleibende Vorstellung, erstreckt auf die ganze Wirtschaft, von stetiger Geltung. Die Wirklichkeit dieses Begriffs ist das Geld, so dass „man über das Geld gerade nur soviel sagen muss, als es die Aussprache über die Wirtschaftliche Dimension erheischt"[127]. Die wirtschaftliche Dimension ist also kein Wert *hinter* dem Geld, sie ist vielmehr der Begriff des Geldes, seine Natur. Und diese Natur besteht nur darin, dass in einer dauerhaft vorgestellten Dimension gerechnet wird: „Aber dass in Geld gezählt wird, indem die wirtschaftliche Dimension aus Geldeinheiten zahlenhaft sich aufbaut, das macht ihre grundsätzliche Daseinsbedingung aus. Gleichwie umgekehrt das Geld wieder nur als Ausdrucksmittel der Wirtschaftlichen Dimension in die Welt tritt, beide also ‚kongenial' verknüpft, Zwillingsbrüder sind."[128]

---

[123] F. v. Gottl-Ottlilienfeld (1937), S. 5.
[124] F. v. Gottl-Ottlilienfeld (1937), S. 4.
[125] F. v. Gottl-Ottlilienfeld (1937), S. 5.
[126] F. v. Gottl-Ottlilienfeld (1937), S. 5.
[127] F. v. Gottl-Ottlilienfeld (1923a), S. 39.
[128] F. v. Gottl-Ottlilienfeld (1923a), S. 40.

Der Sinn dieser Metapher ist nicht klar. Offenbar will Gottl die metaphysische Sprechweise ebenso wie die positivistische vermeiden. Die wirtschaftliche Dimension ist kein – aus anderen Gründen abgeleitetes – Wesen *hinter* dem Geldphänomen, noch ist sie eine subjektive Zurechnung in den Denkformen des Theoretikers, der die wirtschaftliche Wirklichkeit in seine Kategorien verpackt. Geld als soziale Wirklichkeit ist die Faktizität des Rechnens in einer nur der Wirtschaft angehörigen Dimension, also eine nur ihr angehörige, eigene *Kategorie*. Das Geld ist auch für Gottl ein *kategoriales Novum*, auch wenn er diese Einsicht nur umkreist und nicht expliziert. Es muss in seinem begrifflichen Inhalt aus dem bestimmt werden, was in der sozialen Handhabung mit dem Geld geschieht. Und hier zeigt sich, dass *in einer Recheneinheit*, die Gottl „wirtschaftliche Dimension" nennt, gerechnet wird.

Gottl formuliert damit unabhängig von Liefmann denselben Geldbegriff: Das Wesen des Geldes ist das Rechnen mit einer Einheit. „Denn Wirtschaften ist eben nicht Produktion, sondern Rechnen"[129], sagt auch Robert Liefmann. Der *Unterschied* zu Gottl wird deutlich, wenn Liefmann sagt, dass man auf „die hinter den Geldausdrücken stehenden *psychischen Schätzungen und Erwägungen*"[130] zurückgehen müsse, um die Natur dieses Rechnens in Geld zu verstehen. Gleichwohl ist beiden gemeinsam, dass sie es ablehnen, *hinter* der Geldrechnung ein *von diesem Rechnen selbst* verschiedenes Maß, den „Wert", anzusetzen. Das Geld ist durch sein Gelten seine eigene Maßeinheit. Und die ökonomische Theorie muss deshalb von den Gelderscheinungen, nicht vom Wert ausgehen – auch darin stimmen beide überein. Wie von dieser gemeinsamen und gegenüber der Tradition ganz anderen Blickweise aus sich völlig gegensätzliche Auffassungen der Wirtschaft ergeben können, möchte ich am Ende dieses Abschnitts nochmals als Frage aufgreifen.

Aus der Einsicht, dass das Geld eine eigene Dimension des Sozialen darstellt, ergibt sich die Schlussfolgerung, dass man das Geld auch nicht aus anderen Sachverhalten – den „Wertphänomenen" der anderen Ökonomen – in seinem historischen Werden logisch rekonstruieren kann, wie dies Marx und Menger auf einem gänzlich unterschiedlichen, *kategorial* aber gleichen Denkhorizont versuchen: Beide sehen im Geld ein *abgeleitetes* Phänomen (die „verkehrte Erscheinungsform der gesellschaftlichen Arbeit" versus eine „allgemeine, die marktgängigste Ware" als Definition). Hinter der Erscheinung verbirgt sich aber kein *anderes* Wesen als das, das sich im Geld zeigt, weshalb Liefmann – wie zitiert – sagt: „der ‚Schleier' selber ist unser Objekt"[131], während Gottl davon spricht, dass das Zählen, Rechnen in Geld zugleich die „Daseinsbedingung" der wirtschaftlichen Dimension sei.

4.8.4.5 Kritik der Mengerschen Geldtheorie

Gottl hat aus seiner Einsicht deshalb Mengers Ableitung des Geldes nachdrücklich kritisiert. Er skizziert zuerst Mengers Idee, dass sich aus dem Tausch der Individuen selbst, ohne andere institutionelle Bindung, durch die Selektion der marktgängigsten Ware, die „Institution Geld" entwickelt habe. Der entscheidende Übergang dazu liegt in der Idee des *indirekten Tauschs*. Man kann auch auf Umwegen einen Tauschpartner finden, indem man zunächst etwas eintauscht, das für einen selbst keinen Nutzen hat, das aber dazu dient, die erwünschte Ware auf dem Markt erlangen zu können. In dieser Darstellung bemerkt Gottl vor allem die „Ausmalung" eines Zustandes – und einer

---

[129] R. Liefmann (1919), S. 124.
[130] R. Liefmann (1917), S. 29.
[131] R. Liefmann (1919), S. 100.

Ausmalung kann man nur eine andere entgegenstellen, denn jede vorstellende Modellierung bleibt zunächst ein Bild. Bilder aber für längst vergangene Zeiten lassen sich kaum überprüfen. Es bleibt also, sagt Gottl, nur „der Maßstab der *inneren Widerspruchslosigkeit*"[132].

Hier muss sich zeigen, inwiefern man „den Übergang aus der ‚geldlosen' in die ‚geldbeglückte' Zeit plausibel"[133] machen kann. Und Gottl bemerkt bei Menger bereits hier einen versteckten, nicht explizierten Maßstab des Denkens. Es handelt sich nämlich darum, dass das Geld als „marktgängigste Ware" implizit eine Maximierung enthält: das „Maximum an ‚Marktgängigkeit'". Um Geld zu werden, müssen sich die Marktteilnehmer dieses Maximums aber *bewusst* werden, sagt Gottl. Er stellt dann mit gehöriger Ironie die naive Denkfigur vor, wie die Tauschenden sich auf Suche begeben, für ihre Waren je den geeigneten Tauschpartner zu finden. Das fehlende Geld führt dann zu einer Stockung des Tausches: „Aber er muss doch stocken, woher denn sonst die alles entscheidende Wendung, die allgemeine Entdeckung ‚indirekten' Tausches?"[134] Doch damit verwickelt sich Mengers Erklärung in einen Widerspruch, denn mit der Stockung hört der Tausch auf und es entfällt damit die Notwendigkeit, überhaupt einen Tauschpartner *suchen* zu müssen. Wenn man „sich zu dieser böse endenden Deutung nicht verstehen will", sagt Gottl weiter, dann bleibt nur die Erkenntnis, dass nicht erst eine besondere Ware (die marktgängigste) zum indirekten Tausch führt, sondern „dass sie schon vorher dem ‚indirekten' Tausch Gevatter stund!" Doch dann ist die innere Natur dieser „besonderen Ware" nicht aus dem Tausch entstanden, vielmehr muss „sie *vorher schon* etwas an sich haben, um als stetes Mittel des ‚indirekten' Tausches zum Vermittler regeren Tauschverkehrs"[135] dienen zu können.

Gottl bemerkt hier, wenn auch nur in einem Nebensatz, das, was ich oben ausführlich anhand des Begriffs der Tauschpopulation darzustellen versuchte: Um das Geld aus den *Funktionen* des Tauschens „ableiten" zu können, muss man die *Existenz* umfangreicher Tauschgesellschaften voraussetzen. Doch diese Existenz ist *ohne* das Geld unmöglich. Bevor sich die Tauschenden der marktgängigsten Ware in deren Funktion bewusst werden können, „muss erstens bisher schon ein ziemliches Markttreiben im Gang sein."[136] Gottl führt diesen Gedanken nicht weiter aus. Ihm kommt es auf die mit der Geldrechnung verbundene *Rationalität* an. Denn das Rechnen in der „marktgängigsten" Ware setzt diese schon voraus – woran sonst sollte sich denn dieses Rechnen in einer Recheneinheit entfalten? Um den Übergang – hier knüpft Gottl an die Begriffsbildung von Max Weber an – „von traditionaler zu rationaler Wirtschaft"[137] einzuleiten, muss sich auch eine Änderung der Denkformen der am Markt beteiligten Wirtschaftssubjekte vollziehen. Die marktgängigste Ware müsste *mit ihrer Entstehung* zugleich das Wissen hervorbringen, wie man in ihrer Einheit rechnet. Ihre *bloße Verwendung* setzt dieses Rechnen schon voraus. „Was immer der Entwicklung über ihren toten Punkt hinaus hilft, Entdeckung des ‚indirekten' Tausches oder was sonst noch, es muss irgendwie zusammenhängen mit dem *Einbruch des Rationalen in die traditional gebundene Wirtschaft!*"[138] Man verweist hier dann auf den *fremden* Kaufmann als Zwischen-

---

[132] F. v. Gottl-Ottlilienfeld (1923a), S. 66.
[133] F. v. Gottl-Ottlilienfeld (1923a), S. 66.
[134] F. v. Gottl-Ottlilienfeld (1923a), S. 67.
[135] F. v. Gottl-Ottlilienfeld (1923a), S. 67.
[136] F. v. Gottl-Ottlilienfeld (1923a), S. 66.
[137] F. v. Gottl-Ottlilienfeld (1923a), S. 68.
[138] F. v. Gottl-Ottlilienfeld (1923a), S. 68.

händler; doch damit erweitert man offenbar nur den Zirkel des Arguments um eine weitere Gruppe, weil dann offen bleibt, „wie dieser in die Welt tritt".

Gottl bemerkt – und das ist für das Verständnis des Geldsubjektes von fundamentaler Bedeutung –, dass man die ins Spiel gebrachte Zielsetzung, durch indirekten Tausch *mehr* zu erlangen, einen Tauschgewinn zu machen, doch nur verstehen kann, wenn sich diese Zielsetzung des *homo oeconomicus* auf eine Einheit bezieht. Und eben diese Einheit mit dieser Zielsetzung ist schon vorausgesetzt und kann deshalb nicht aus ihrer *Anwendung* abgeleitet werden. Man muss also verstehen, dass mit dem Geld, mit dem, was Gottl die wirtschaftliche Dimension nennt, in der Gesellschaft „etwas ganz Neues" auftaucht, ein *kategoriales* Novum, mit dem auch eine „neue Wissenschaft"[139] verknüpft ist. Gottl sieht hier die besondere Rolle durchaus bei den Händlern. Sie bilden aber zunächst nur eine geschlossene Gruppe, eine getrennte Gemeinschaft innerhalb der „prävaloren Tauschsitte". Sie sind die Träger der neuen Verkehrssitte, die im Geld dann erscheint. Gottl spricht von einem „Urhändler"[140] als Träger dieses Prozesses. Es sind Ur-Händler, eine „Ur-Händlersippe":

> „Mit vollstem Bewusstsein richtet sich die Ur-Händlersippe auf den neuen Stil der eigenen Wirtschaftsführung ein, mit vollstem Bewusstsein greift sie zu seinen Gunsten in die Umwelt ein, tritt später auch ihre Rolle als Erzieher zum Rationalen an."[141]

Ich breche die Darstellung seiner weiteren Überlegungen hier ab, denn offenkundig fällt Gottl, nachdem er seine – völlig richtige – Kritik an der Geldableitung Mengers vorgetragen hat, nachdem er die besondere und neuartige mit dem Geld verknüpfte Rationalität herausgehoben hat, in den Denkfehler zurück, den er seinen Gegnern vorwirft, die die „wirtschaftliche Dimension" aus etwas *anderem* ableiten wollen. Man kann immer sagen, dass irgendwann irgendjemand mit der Geldverwendung „angefangen" haben muss, dass – das ergibt sich aus der Erkenntnis der kategorialen Verschiedenheit von Geldwirtschaft und „prävalorem" Tausch (*barter*) – sie die Pioniere der Geldwirtschaft gewesen sind. Dafür gibt es auch durchaus historische Belege. Doch gerade diese Belege ergeben kein einheitliches Bild. Man kann die Geldentstehung nicht einer besonderen Menschennatur, einer besonderen sozialen Gruppe zuschreiben, ohne erneut in einen Zirkel zu geraten. Denn wodurch ist die neue Gruppe, wodurch sind die Pioniere der Geldwirtschaft (die Händler, die Kaufleute) *kategorial* zu bestimmen? Woran *erkennt* sie z.B. ein Historiker in seinen Dokumenten und seinem Material? Die Antwort lautet: Er erkennt die Kaufleute dann, wenn er den Begriff des Geldes auf bestimmte soziale Formen *anwendet* und diese Begriffe dann am Material „erfüllt" findet. Der Witz besteht darin, dass man gar nicht *weiß*, was man *als Geld* suchen soll, wenn man nicht seinen Begriff schon *hat*. Deshalb weiß man erst, wer ein „Kaufmann", was „kaufmännische Rationalität" ist, wenn man weiß, was *Geld* ist. Es ist dann nicht schwer, etwas in den mitgebrachten Geldbegriff „einzupassen". Wenn Gottl die Sache umkehrt und einen Ur-Händler sucht, der *zuerst* die Ratio der wirtschaftlichen Dimension verkörperte, dann verfährt er in der logischen Struktur genau so, wie er dies den Grenznutzentheoretikern vorwirft: Man passt eine Sache der anderen an, um dann umgekehrt jene aus dieser zu erklären. Geld lässt sich nur *an ihm selbst* erkennen, nicht aus anderem.

---

[139] F. v. Gottl-Ottlilienfeld (1923a), S. 70 und 74.
[140] F. v. Gottl-Ottlilienfeld (1923a), S. 79.
[141] F. v. Gottl-Ottlilienfeld (1923a), S. 75.

4.8.4.6 Grundlagenforschung

Gottls Erklärung liegt allerdings auf der Linie seiner allgemeineren Sozialtheorie, die er auch „Metasoziologie"[142] nennt. Diese besondere Perspektive möchte ich abschließend noch kritisch beleuchten, denn sie macht verständlich, wie aus einer erkenntniskritischen Haltung ein Denksystem folgen konnte, das sich in der Konsequenz dann im Nationalsozialismus aufgehoben fand. Dieser Punkt ist deshalb so wichtig, weil die richtige Fragestellung bei Gottl eben dadurch in eine Form eingetaucht ist, mit der auch der Inhalt verschwand. Tatsächlich ist der Nationalsozialismus für die Wissenschaft und Philosophie auch deshalb zum Verhängnis geworden, weil viele richtige Ansätze und Fragestellungen aus dem ersten Drittel des 20. Jahrhunderts sich historisch *später* unter sein Dach flüchteten und nach seiner Beseitigung mit diesem entfernt wurden. Für die flacheren Geister genügte dann die bloße Tatsache, dass ein Gedanke von einem (späteren) „Nazi" vorgetragen wurde, um sich der Mühe zu entheben, vorgetragene Argumente zu prüfen und gegebenenfalls zu widerlegen.

Hier fand keine *radikale* Kritik statt, sondern nur ein *äußeres* Beiseiteschieben mit einem begleitenden Kotau vor den amerikanischen Denkstil, das mit der Instrumentalisierung von Gedanken auch deren Gehalt eliminierte. So erging es Gottl, Spann, aber auch vielen Ansätzen in der Zinskritik, nicht zuletzt auch der Philosophie Heideggers. Übrigens lässt sich ein vergleichbares Phänomen in Japan beobachten bezüglich der Kyoto-Schule. Ich möchte es auf eine einfache Formel bringen: Nur weil ein Nazi für seine Verbrechen auch Rechnungen anstellt, wird dadurch die Wahrheit „4+9 = 13" nicht falsch. Kein Zweck heiligt die Mittel – aber auch kein Zweck *verunheiligt* sie. Die Mittel sind *ontologisch* eben etwas ganz anderes als ein Zweck und stehen zu ihm nicht in der Beziehung einer logischen oder semantischen Notwendigkeit. Diese Bemerkungen scheinen mir an dieser Stelle notwendig, um nicht die automatische Blindheit in Gang zu setzen, die da lautet: „Gottl ist Faschist gewesen; was gibt es da noch zu sagen." Die Ablehnung *Liefmanns* durch seine Fachkollegen, dessen Berührung mit der Theorie Gottls ich in der Geldtheorie herausgestellt habe, mag umgekehrt durchaus auch damit zusammenhängen, dass er Jude war. Man muss immer wieder an die triviale Wahrheit erinnern: Vorurteile machen blind und haben in der Wissenschaft nichts zu suchen.

Gottls Absichten waren anfangs *erkenntniskritische*; das galt es am Eingang dieses Abschnitts zu zeigen. Darin spielte die Kantsche Vorstellung eine zentrale Rolle, nach der die Reflexion auf die Grundbegriffe einer Wissenschaft – das, was ursprünglich den Inhalt der Metaphysik ausmachte – zugleich die *Möglichkeit* eines in diesen Begriffen gedachten Gegenstandes bedingt. Nun gibt es nahezu von allen Wissenschaftlern das Lippenbekenntnis, sie wolle sich „nach der Wirklichkeit" richten, ziele auf „Anwendung" oder suche nach einer „empirisch bestätigten" Theorie. Das Problem liegt nur darin, dass das, was man das „Empirische" nennt, stets schon in einer bestimmten *Form* erscheint. Es gibt keine formlose Wirklichkeit, und jede Deskription von Erfahrungen *formt* bereits. Gottl drückt diesen Sachverhalt so aus, dass die Erfahrung dem „Wortdenken" verhaftet bleibt und deshalb trügerisch ist; seine Kritik am Wertbegriff hat das zu zeigen versucht.

Es kommt also darauf an, für jeden Bezirk der Erfahrung *dessen* eigentümliche Grundkategorien vorab zu klären, denn erst nach dieser Klärung vermag man zu sagen, was man in der Erfahrungswelt, im „Chaos der Impressionen"[143] überhaupt beobachtet.

---

[142] F. v. Gottl-Ottlilienfeld (1937), S. 66.
[143] F. D. E. Schleiermacher (1942), S. 144.

4.8.4 Friedrich v. Gottl-Ottlilienfeld

Erinnert man sich an Goethes Mephistopheles: „Denn eben wo Begriffe fehlen, / Da stellt ein Wort zur rechten Zeit sich ein", so führt diese Einsicht zu einer Erkenntnis- oder Wortkritik, um den Blick auf die Begriffe, die sozialen Kategorien freizulegen. Eben dies hat Gottl in seiner „wirtschaftlichen Dimension" durchzuführen versucht. Dahinter steckt aber eine weitaus umfassendere soziologische Konzeption.

Diese Konzeption, die Gottl eng mit den Absichten Max Webers verknüpft sah[144], versuchte er in zwei Denkschritten zu begründen. Die Soziologie überschreitet die Fragestellung der Nationalökonomie, weil die Wirtschaft eine Form der Gesellschaft ist, folglich in ihren Grundkategorien auch darauf bezogen werden muss. Nun erhebt aber die englische Tradition der Nationalökonomie – Gottl nennt sie die „ricardianische Haltung"[145] – und ihre Transformation zur „reinen Ökonomie" durch Menger und Walras durchaus den Anspruch, eine *universelle* Gesellschaftslehre zu bieten, sofern „Gesellschaft" mit „Tauschgesellschaft" gleichgesetzt wird.

Diesen universalistischen Standpunkt haben zahlreiche Ökonomen, nicht zuletzt die historische Schule, aber auch der Marxismus kritisiert. Gottl knüpft an diese Erkenntnis an und bemerkt, dass die *Theorieform* selbst schon den Standpunkt zum Ausdruck bringt. Wenn man erst einmal verstanden hat, dass die klassische und die neoklassische Nationalökonomie eine *Standpunktwissenschaft* ist – wie Gottl sagt –, dann scheint folgender Schluss nahe zu liegen: Es handelt sich hier um eine *englische* Nationalökonomie, der man eine *deutsche* Nationalökonomie, gleichfalls standpunktbezogen, entgegenstellen müsse. Deshalb sagt Gottl, „dass sich mit der Zeit und nach dem Vorbilde einer deutschen nicht weniger als ebenso viele Wirtschaftswissenschaften nebeneinander ausgestalten würden, als Völker eine ihnen rassisch und geschichtlich arteigene Wirtschaft treiben." Doch eben dies lehnt Gottl ab, und zwar aus „wissenschaftstheoretischen Erwägungen"[146] heraus. Man kann nicht eine Standpunktwissenschaft durch einen *anderen* Standpunkt überwinden – eben dies war aber z.B. der Fall beim Marxismus, bei dem der „liberalen Ideologie" die „Ideologie des Proletariats" entgegengestellt wurde[147]; wissenschaftlich derselbe Fehler wird bei allen *nationalen* „Nationalökonomien" gemacht.

Wie lässt sich dieses Dilemma lösen? Gottl sieht als einzigen Weg den einer „Grundlagenforschung", die darauf abzielt, nach einer Kritik positiv soziologische Grundbegriffe zu entwickeln. Hierbei zielt er nicht auf eine „Theorie der ewigen Wirtschaft", sondern auf eine Formenlehre für die „Theorie der gewordenen Wirtschaft".[148] Was Gottl hier genau im Blick hat, lässt sich vor allem durch seine Abgrenzungen erkennen. Da es ihm um *soziologische* Grundlagenforschung zu tun ist, lehnt er jeden Import von Kategorien aus anderen Disziplinen (Psychologie, Biologie usw.) ab – damit aber, nebenbei bemerkt, auch das Programm einer „rassistischen" Fundierung. Die soziologischen Grundkategorien müssen aus „eigenem" Recht stammen. Für Gottl wird hier das „Leben" zum Leitbegriff. Das Leben der Gesellschaft ist kein biologisches, sondern ein den Menschen eigentümliches. *Hier* nun begibt sich aber Gottl wie die Soziologie Webers oder die Nationalökonomen der Tradition in eine charakteristische erkenntnistheoretische Position, die ihm nicht bewusst war: Er blickt als cartesianischer

---

[144] F. v. Gottl-Ottlilienfeld (1925), S. 627ff. Gottl bezieht sich hier auch die die Vorarbeiten von Albert Eberhard Schäffle, Georg Simmel und Leopold v. Wiese.

[145] Friedrich v. Gottl-Ottlilienfeld: Aufsätze aaO., S. 60.

[146] F. v. Gottl-Ottlilienfeld (1937), S. 59.

[147] J. W. Stalin (1952), S. 151.

[148] Vgl. F. v. Gottl-Ottlilienfeld (1925), S. 643.

Beobachter auf die Gesellschaft. Aus dieser Perspektive macht er dann „Befunde", er *sieht* etwas:

> „Der erste von ihnen (den Befunden, KHB) stellt uns (?) die Wirklichkeit des Lebens gegenständlich als das *menschliche Zusammenleben* vor Augen. Mit ihm wälzt sich ein ungeheurer Strom erlebten Geschehens durch die Jahrtausende. (...) Als Zusammenlebende aber treten nicht etwa nur die Einzelnen auf, die Einheiten des persönlichen Lebens; dazu zählen an erster Stelle sogar die Einheiten des Zusammenlebens, von der Sippe oder Familie bis zum Volk, von der Gemeinde oder dem Stamm bis zum Staate, von der Haushaltung oder der Unternehmung bis zur Volkswirtschaft. Das sind jene *Sozialen Gebilde*, mit denen immer nur *zugleich* der Einzelne selber wirklich ist, in straffster (?) Daseinsverbundenheit mit ihnen lebend."[149]

Sieht man ab vom adaptierten martialischen Tonfall der „straffsten Daseinsverbundenheit" – kategorial eine völlig unsinnige Bestimmung –, so lässt sich als *Ontologie des Sozialen* die These erkennen, dass die Gesellschaft aus Elementen zu erklären sei, die ein ferner Beobachter „erschaut"[150]. Diese Elemente sind nicht Individuen, sondern „Gebilde", die lebendig miteinander verflochten sind. Deshalb müsse man nicht in Gütern, „sondern ‚in Gebilden' denken"[151]. Eucken, obwohl als Liberaler scheinbar am anderen Ende der politischen Extreme angesiedelt, macht daraus sein „Denken in Ordnungen"[152]. Gottl stellt seine „Gebilde" gleichsam zwischen die Extreme des (englischen) Individualismus und des Universalismus eines Othmar Spann, wenn er sagt:

> „Das lebenstheoretische Denken hingegen, als ein problembewusstes *Denken in Gebilden*, weiß ebensowohl den hohlkonstruktiven ‚Individualismus' zu vermeiden wie auch die flachmetaphysische Verstiegenheit des ‚Universalismus'."[153]

In diesem System gibt es drei Klassen von Gestalten, die Gottl die „Gemeinschaft", die „Machtschaft" und die „Wirtschaft" nennt. Ihm kommt es darauf an zu zeigen, dass Wirtschaft und „Machtschaft" (wozu Politik und Militär gehören würden) aber durch die Gemeinschaft finalisiert werden; es gibt sie nur „um der grundlegenden Gestaltung zu Gemeinschaft willen"[154]. Die Individuen sind vorgängig bestimmt als Gemeinschaftswesen in „Lebenseintracht" – ökonomisch interpretiert als Einklang von Bedarf und Deckung –, in einer „von der Natur selber gegebenen Wirgruppe", in „Blutsbanden" usw.[155] Es ist nicht schwer zu erkennen, wie das Denken hier rasch abgleitet, sich wider den eigenen Befund ideologisch angliedert und genau das *tut*, was es fordert, nämlich „Einklang im Wollen"[156] in der vorgegebenen Gemeinschaft.

---

[149] F. v. Gottl-Ottlilienfeld (1937), S. 66.
[150] F. v. Gottl-Ottlilienfeld (1937), S. 67.
[151] F. v. Gottl-Ottlilienfeld (1937), S. 67.
[152] W. Eucken (1959b), S. 26ff. Eucken bezieht sich in anderem Zusammenhang durchaus positiv auf Gottl, war also mit dessen Theorie vertraut; vgl. W. Eucken (1959), S. 261, Note 47. Die Brisanz dieser Nähe Euckens im oft zitierten „Denken in Ordnungen" zu einem bekennenden Antiliberalen ist den ordoliberalen Anhängern offenbar entgangen.
[153] F. v. Gottl-Ottlilienfeld (1925), S. 707.
[154] F. v. Gottl-Ottlilienfeld (1937), S. 67.
[155] F. v. Gottl-Ottlilienfeld (1937), S. 68; vgl. F. v. Gottl-Ottlilienfeld (1928).
[156] F. v. Gottl-Ottlilienfeld (1937), S. 69.

4.8.4.7 Gottls Denkfehler und die Rückkehr zur Weltanschauung

Gottl bemerkt gar nicht, wie er *metaphysisch* auf den Schultern der von ihm so sehr bekämpften liberalen Ökonomik stehen bleibt und ihre Blickbahn „von oben herab" teilt. Die Tatsache, Mitglied einer Gesellschaft zu sein, wenn man über sie nachdenkt, muss bei jedem Schritt des Gedankens *präsent* bleiben, will man nicht in die totalitäre Haltung eines externen Beobachters verfallen, der kategorial verkündet, wie sich sein Gegenstand zu gestalten habe. Für Gottl ist der Andere nur aus der Einbindung in die „Gestalt" erkennbar; er löst sich auf in ein Allgemeines, das er als cartesianischer Beobachter von ihm nur konstruiert, „so dass wir ein Ander-Ich auch nur so anerkennen, dass wir einer wirkenden Einheit, einem Knotenpunkt erlebten Geschehens einräumen, es fände sich im Geflechte des erlebten Allzusammenhanges gerade so vor wie wir selber."[157]

Vor diesem Hintergrund kritisiert Gottl die „Affenliebe zum Ich", die sich „selber weltanschaulich zum ‚Individuum'" übersteigert. Wird die Haltung „zum Wahn selbstherrlich wirklichen Ichs, dann liegt es freilich vorweg ganz anders. Denkt man vom Boden dieser Weltanschauung der Ichbesessenheit aus, dann erübrigt sich eigentlich alle Grundlagenforschung! Von der Wirklichkeit des Lebens glaubt man dann im voraus zu wissen, dass da einfach lauter ‚Individuen' einander gegenüberstehen."[158] Hier ist leicht erkennbar, wie eine zutreffende Kritik am liberalen Individualismus dennoch *kategorial* die Situation nicht erfasst. Denn wenn man nur das, was gemeinhin *empirisch* als „Ich" aufgefasst wird – die ich-sagende Person –, als Ich-Entität interpretiert, dann bemerkt man nicht, dass jedes *Gebilde*, jede „Wirgruppe" *ontologisch* wie ein Ego zu bestimmen ist.[159]

Die Einheiten dessen, was Gottl hier im „Lebensstrom der Geschichte", des „Schicksals" usw. alles beobachten will, verhalten sich *ontologisch* zueinander immer wieder nur so, wie auch die liberale Ökonomik behauptet. So kann er den Tausch aus dieser Perspektive nur so denken, dass hier „stets ein Kampf zweier Gestaltungen" vorliegt, nämlich der Gegensatz zwischen Haushalt und Unternehmung. Was ihn an der liberalen Beschreibung dieses Vorgangs, der gleichfalls als *Wettbewerb der Individuen* (Kampf um den Tauschwert), als „Spiel gegeneinander" dargestellt wird, nur stört, ist der Gedanke an einen *Gütertausch*. Individuen tauschen Güter, bei Gottl treten *Gebilde* in Wettbewerb.

Gerade erkenntniskritisch muss man sagen, dass sich onto*logisch* nichts ändert, wenn man bei einer Aussage die Subjekte einfach austauschen kann (Individuen versus Gebilde), ihre Beziehung zueinander aber kategorial gleichlautend als Kampf bestimmt. Der Kampf von Gottls „Urhändlern" mit der „prävaloren Tauschsitte" ist nur eine Erfindung, nicht weniger als die zu Recht kritisierte „marktfähigste Ware" bei Menger. Was bei Gottl im Begriff der „Gemeinschaft" zum Ziel wird, heißt bei den Neoklassikern schlicht „Pareto-Optimum". Auch eine „Wirgruppe", sofern sie gegen eine andere gestellt wird, ist *kategorial* ein Individuum. Die Beziehung zwischen den Gebilden bei

---

[157] F. v. Gottl-Ottlilienfeld (1925), S. 702.
[158] F. v. Gottl-Ottlilienfeld (1937), S. 63.
[159] Heidegger, zu dem Gottl „tiefgreifende Parallelen" sieht, F. v. Gottl-Ottlilienfeld (1949), S. 408, hat diesen Fehler so ausgedrückt: „Jede Idee von ‚Subjekt' macht noch (...) den Ansatz des subjectum (hypokeimenon) ontologisch mit" M. Heidegger (1972a), S. 46. Mag man die „Affenliebe zum Ich" abweisen, man bleibt *kategorial* in derselben Denkfigur, wenn man ein „Gebilde" ontologisch wie ein Ich behandelt, das gegen andere Gebilde antritt; vgl. K.-H. Brodbeck (2002a), Kapitel 4.11.

Gottl und jene zwischen den Individuen in der liberalen Tauschtheorie sind gerade keine „erlebten", „erfahrenen", wie beide Traditionen glauben.

Die Beziehungen zwischen diesen *ontologisch* äquivalenten „Individuen" werden durch den cartesianischen Beobachter und *dessen* Kategorien gestiftet. Die Einheit der Gesellschaft ist stets schon vorausgesetzt durch die vermeinte Selbstidentität des Wissenschaftsegos, das diese Einheit als Gedanke, als Modell konstruiert. Hier wird einfach vergessen, dass solches Konstruieren gleichwohl nur eine *Teilnahme* ist. Eben dieses *Vergessen* teilt Gottl mit den liberalen Autoren, auch mit Liefmann. Die Beziehung zwischen den „Individuen" – Personen oder „Gebilden" – bewegen sich real in *Kommunikationsprozessen*, mögen diese auch die Form von Anweisung, Befehl, Richterspruch usw. annehmen. Hier wird also immer erst jene Bedeutung erschaffen, die den Kategorien zugrunde liegt. Nur wenn der Theoretiker darum weiß und sich selbst in Beziehung zu seinem „Gegenstand" als ein *Teilnehmer* begreift, wenn er darin den Zugang zum Verständnis der sozialen Kategorien sieht – ein Zugang, den jeder, der als Wissenschaftler ein Buch schreibt, einen Vortrag hält usw., praktisch exekutiert –, kann er vermeiden, sich von dem immer schon getrennt zu haben, was er zu verstehen trachtet.

Umgekehrt gilt: Nur wenn auch die theoretische Form die Teilnahme am sozialen Prozess kategorial aufnimmt, wird eine Theorie vor totalitären Anmaßungen bewahrt. Diesen Mangel seiner theoretischen Form wohl ahnend, ergänzte Gottl seine Theorie durch einen *politischen Standpunkt*, der sich der oberflächlichsten Gemeinschaftsparolen bediente, um Verbrechen zu begehen. Die Blindheit der kategorialen Form seiner Theorie machte ihn auch politisch blind und zum Parteigänger. Bei ihm fällt dies heute jedermann auf, während sich die Parteinahme für den Totalitarismus des Marktes immer noch in derselben kategorialen Struktur bewegt und die nämliche Blindheit für die Gegenwart erzeugt, die Gottl verblendete.

In seiner „wirtschaftlichen Dimension" hat Gottl auf etwas geblickt, das sich ihm auf der Grundlage seines Fernblicks auf das Soziale nicht vollständig erschließen konnte. Er sieht darin zu Recht eine Öffnung, einen sozialen Ort. Doch dieser Ort hat kein Sein aus eigenem Recht, sondern ist eingebettet in den sozialen Prozess der *Bedeutung*. Gottl sieht, dass die verschiedenen Wertlehren den „Wertgedanken" selbst nicht erhellen. Er sieht auch, dass sich alle ökonomische Wertung nur im *Geld* zeigt. Doch dass das im Geld sozial vollziehende *Rechnen* eine Privation der Kommunikation darstellt und nur auf ihrer Grundlage, als deren innere Modifikation, verstanden werden kann, das hat sich ihm nicht erschlossen. Ein wirklich ungetrübter phänomenologischer Blick bemerkt nämlich zweierlei: Erstens die im Rechnen vollzogene Subsumtion unter das Geld – das gerade dadurch *gilt* –, zweitens die Einbettung allen Rechnens in Sprachprozesse als deren Besonderheit, nicht etwas, das sich *daneben* vollzieht. Also gehört die von Gottl mit Max Weber betonte besondere *Ratio* des Geldes in einen Prozess sozialer Bedeutungserzeugung.

Das von ihm zeitlebens bekämpfte „Wortdenken" ist der Ort dieses Prozesses der Bedeutung. Man findet die Kategorien nicht hinter oder neben dem „Wortdenken", sondern *in ihm* – wie man die „wirtschaftliche Dimension" nur *im* Geld findet. Doch hierzu dürfen die sprechenden, tauschenden und rechnenden Individuen nicht ausgeklammert werden, durch die hindurch sich all dies vollzieht. Weder sind die Individuen ontologisch selbständige Entitäten; tatsächlich gibt diesen „Wahn selbstherrlich wirklichen Ichs" eben nur als eine *Besonderung* aus dem Sozialen auf der Grundlage von Geld und Eigentumsrechten. Noch lassen sich die Individuen in Ganzheiten, „Wirgruppen", „Gebilde" usw. auflösen, als deren Schnittmengen sie dann erscheinen. Die hier von mir formulierte doppelte Abweisung hört auf, nur eine *leere Kritik* zu sein, wenn man die sozialen Grundformen wie Diskurs, Tausch, Spiel usw. aus einer erfahrend-teilnehmenden Perspektive untersucht. Eben dies habe ich in der Analyse der sozialen Grundstruktur als Auflösung des Gegensatzes von Individualismus und Universalismus dargestellt. *Ethisch* bedeutet dies, dass man die cartesianische Haltung des Von-oben-herab aufgibt und das Mitfühlen, vermittelt über das Mitdenken als Teilnehmer der Gesellschaft, auch in den *Kategorien des Sozialen* entfaltet. Die Anmaßung von „Werturteilen über das Seinsrichtige" und das totalitäre Gerede vom „Füreinander des Gemeinschaftsgebildes mit dem Attribut der Wirgruppe"[160] ist davon allerdings nicht nur durch die „Herrschaft des Wortes" getrennt. Es war für Gottl dann nur noch ein kleiner Schritt, sich in einer „durch Blut geheiligten Wendung" des Gedankens einzureihen in den „Krieg auf Leben und Tod"[161] und den Geist aufzugeben, über den er in jüngeren Jahren zweifellos einmal verfügte.

---

[160] F. v. Gottl-Ottlilienfeld (1949), S. 413.
[161] F. v. Gottl-Ottlilienfeld (1940), S. 67.

5 Geldsubjekt und Geldgier

Der nachfolgende Teil wird die grundlegende Veränderung der menschlichen Subjektivität durch die Vergesellschaftung über das Geld systematisch entfalten. Die Begriffe zur Charakterisierung dieser Veränderung sind das „Geldsubjekt" und die „Geldgier". Die der Geldrechnung eigentümlich berechnende Form wird zur bestimmenden im Denken und Handeln, „denn die Geldrechnung ist das geistige Fundament der Marktwirtschaft."[1] Diese Denkform ordnet sich nicht nur mehr und mehr alle Handlungsweisen unter, diese Subsumtion geht durch die menschliche Subjektivität hindurch und erscheint darin als *Rationalisierung* der Leidenschaften, ihre Beherrschung durch ein abstraktes „Interesse". Dieser Begriff des Interesses, das sich *über* die anderen menschlichen Leidenschaften erhebt und sie beherrscht, unterscheidet sich grundlegend von der Vernunft, die sich im Medium des Logos, der Sprache und des inneren Sprechens bewegt. Das, was von Ökonomen und Philosophen als *höchste* Form der Ratio gepriesen wird, die berechnende Haltung allen Dingen gegenüber, führt zu einer neuen, anderen Leidenschaft: Der Geldgier. Diese Leidenschaft stellt sich über alle anderen in der menschlichen Seele. Sie scheint von höchst rationaler Natur, weil sie sich auf eine Abstraktion, eine leere und fiktive Einheit bezieht, weil sie ihr Motiv als „Zahl" bestimmt. Abgeleitet aus der abstrakten Begierde nach einem bloßen *Mehr*, taucht die Geldform sozial in allen erdenklichen Verkleidungen auf, sofern sie sich von der quantitativen Zunahme einer beliebigen, gleichwohl dem Geld dienstbaren Sache die Realisierung ihres Ziels erwartet. Alle Superlative vom „größer", „weiter", „schneller" „höher", „besser", „genauer" etc. über das „Häufigste", „Meiste" bis ins Mikroskopische des „Kleinsten" werden zur Allgegenwart einer Denkform, die ihren Ursprung in der reinen Quantität einer fiktiven Einheit hat.

Darin liegt die tiefe Verblendung der Moderne, die im Herz ihrer beherrschenden Ratio eine irrationale Leidenschaft verbirgt und ihr die Herrschaft über das Subjekt und die Vergesellschaftung einräumt. Ich nenne diese Leidenschaft *irrational*, weil sie die Ratio als *Motiv* bewegt und sich gleichwohl in ihr verbirgt, d.h. *als* Ratio erscheint. Insofern bleibt die Diagnose der „Dialektik der Aufklärung" richtig: „(D)ie Vernunft ist ihre eigene Krankheit."[2] Die Menschen, die an dieser Krankheit leiden – „Globalisierung" heißt die verbreitete Diagnose dieser Krankheit –, verhalten sich auch genau so: „Sie können wie Kranke nur von ihrer Krankheit sprechen."[3] Die Berechnung, die Sorge ums Geld erfüllt den Geist und den Alltag, und jeder noch so ferne Gedanke findet früher oder später sein monetäres Aber.

Die Ratio steht durch die logische Form der Geldrechnung nicht *neben* dem Irrationalen. Im Geldsubjekt wird eine *irrationale Ratio* geboren. Sie kleidet sich in der Form

---

[1] L. v. Mises (1940), S. 252.

[2] T. W. Adorno; in: M. Horkheimer (1985), S. 602. Adorno hat unter dem Einfluss von Sohn-Rethel sehr viel deutlicher betont, dass diese Diagnose untrennbar ist von der Geldform, auch wenn er hierbei dem kategorialen Rahmen von Marx verhaftet blieb; vgl. Kapitel 1.3.8 und 4.4.13. Es ist der Frankfurter Schule nie gelungen, die Formen *sprachlicher* und *pekuniärer* Ratio in ihrer Differenz aus einem gemeinsamen Grund abzuleiten. Gleichwohl wurden in ihrem Umkreis richtige Fragen gestellt, auch wenn einseitige Reduktionen auf das eine (die Tauschabstraktion bei Adorno) oder andere (die Sprache, Kommunikation bei Habermas) den Prozess der Bedeutung als Vergesellschaftung im Dunkeln ließ.

[3] T. W. Adorno, M. Horkheimer; in: T. W. Adorno, GS 3, S. 259.

strenger Berechnung, verbirgt aber darin nur ihren blinden und dürftigen Inhalt.[4] Diese Leidenschaft der Geldgier gerät zu moralischen Formen der Vergesellschaftung in Gegensatz. Andere, tradierte soziale Formen und Institution werden durchdrungen von der Ratio der Geldrechnung, der darin gründenden Geldgier und dieser untergeordnet. Dies vollzieht sich stets *uno actu* auch als seelischer Prozess, als Veränderung der menschlichen Subjektivität. Die Geldrechnung subsumiert sich die Handlungen, macht dort ihre berechnende Herrschaft geltend, sie unterwirft und formt aber auch die Leidenschaften, formt die menschlichen Bedürfnisse. In der abstrakten Herrschaft über die menschliche Arbeit entfaltet das Geldsubjekt auch zur Natur ein neues, ein berechnendes Verhältnis. Die Kontrolle der Produktion durch rationale Buchhaltungstechniken wird zur abstrakten Form der modernen Naturwissenschaft und führt zu einem völlig verwandelten Bild der Natur.

Das Geld ist ein soziales *Binnenphänomen*, eine Form, in der die Menschen ihre Vergesellschaftung vollziehen. Darin verändert sich aber zugleich ihr Denkprozess, in dem sich die anderen, kommunikativen Formen der Vergesellschaftung bewegen. Dies, wie die Menschen sich selbst, die anderen und die bearbeitete Natur denken und interpretieren, wird bestimmt durch die Form, wie sie ihren sozialen Verkehr untereinander abwickeln. Das Geld als Denkform erobert die menschliche Psyche, die sozialen Binnenformen wie die Sprache, die Moral, das Recht usw. und verwandelt grundlegend die Interpretation des äußeren Bezugspunktes aller Handlungen: das Naturverständnis. Um diese von der Geldrechnung veränderten Prozesse, die sich historisch auf spezifische, wenn auch keineswegs unmittelbare Weise durchgesetzt haben, genauer beschreiben zu können, ist vorab zu klären, wie – *unabhängig* von der spezifischen Form – die Beziehung der Menschen zur Natur in Bedürfnissen und Handlungen, Denkformen und Erkenntnissen verfasst ist.

Auch hier bewährt sich der Satz von der Priorität der Relation vor den Relaten in der Beziehung zwischen Mensch und Natur. Die Relation Ich ↔ Du kann, das hat die Analyse der sozialen Grundstruktur gezeigt, nicht von der Relation Ich ↔ Es, die Vergesellschaftung nicht von der Beziehung zur Natur getrennt werden – und umgekehrt. Die Relation Ich ↔ Es ist eine *Aktivität*, die durch ihre spezifischen Formen sowohl die Subjekte, die sie einleiten und kontrollieren, wie auch die Objekte (die Natur) als Denkform prägt. Der Wandel der Subjektivität und der Wandel in der Auslegung der Objekte – des je Anderen und der Natur – gründet in der *intersubjektiven Beziehung*, durch die alle Handlungen vermittelt sind. In der Geldrechnung verändert sich diese intersubjektive Beziehung grundlegend, wird zu einem berechnenden Denken, einer neuen Form von Subjektivität, in der sich eine gleichfalls neue, dominierende Leidenschaft formt, die als *Leidenschaft* verborgen bleibt, weil ihr Inhalt abstrakt ist und sie als „kühle Berechnung" vollzogen wird. Das Geheimnis der Moderne, der Sieg der Ratio, ist in Wahrheit die Herrschaft einer abstrakten, leeren und deshalb beinahe unsichtbaren Irrationalität.

Diese abstrakte Leidenschaft der Geldgier findet ihre *ökonomische* Form im Gewinn des Kaufmanns und wiederum darin eingebettet im Zins des Wucherers. Der Wucherer hat nur andere Namen (Bankier, Mafiosi, Fondsmanager etc.) erhalten in seinem Siegeszug und der Eroberung nahezu aller Gesellschaften auf diesem Planeten. Die kategoriale Entwicklung des Zinses, seine Ableitung aus der veränderten Ratio, der Geldgier im kaufmännischen Handeln, das über Kredit und Verschuldung zu einer unüberschaubaren Vielfalt von Formen der Verzinsung geführt hat – die Erkenntnis all dieser Sach-

---

[4] Es greift also zu kurz, nur das Fehlen von anderen Werten zu beklagen: „Die Marktwirtschaft ist wertblind, das heißt, die Rationalität ihrer Mittel entspricht keiner Rationalität der Ziele." M. Wöhlcke (2003), S. 204. Die Ratio des Geldsubjekts *ist* vielmehr das Irrationale.

verhalte erlaubt, den Schein einer mächtigen, rationalen und nur Sachzwängen gehorchenden Herrschaft des Geldes über die Gesellschaft zu entzaubern und ihren Grund zu benennen. Vor dem Hintergrund dieser Kritik möchte ich die wichtigsten Zinstheorien und die Entwürfe zu einer Theorie des Geldsubjekts und der Geldgier – unter dem Namen des *homo oeconomicus*, des „kapitalistischen Geistes", des „automatischen Subjekts" usw. – durchleuchten. Dies wird in diesem und im nächsten, dem sechsten Teil dargestellt.

Die nachfolgenden Kapitel des vorliegenden – des fünften – Teils sind wie folgt eingeteilt: Zunächst wende ich mich, um eine Grundlage für die weitere Darstellung zu legen, einer genaueren Diskussion des allgemeinen Verhältnisses zwischen Menschen und Natur (Ich ↔ Es) zu, die passiv durch die Kategorie „Bedürfnis", aktiv als „Arbeit" beschrieben wird. Auf dieser Grundlage lässt sich dann bestimmen, *welche Veränderungen* sich durch die Vergesellschaftung über das Geld, der Ich-Du-Relation, hier im menschlichen Denken und Fühlen vollzogen haben. Ich werde in der Darstellung deshalb zunächst einen Umweg gehen, der vor der *spezifischen Form* der Vergesellschaftung der Bedürfnisse und Handlungen im Geld deren *allgemeine Form* darstellt. Auf dieser Grundlage wird dann leichter erkennbar, *was* sich durch die Geldform verändert und neu konstituiert. Ich greife hier auch eine Fragestellung wieder auf, die sich als Problem am Ausgang der antiken Wirtschaftslehre in der Diskussion der aristotelischen Theorie ergeben hat (vgl. 4.2.3.4) und werde eine allgemeine Antwort formulieren.

5.1 Die Ordnung der Bedürfnisse

5.1.1 Bedürfnis als Mangel

Die Menschen vermitteln ihre Ich-Es-Relation, ihre Beziehung zur Natur *erstens passiv* durch deren Erkenntnis und ihre bedürftige Abhängigkeit von den Naturformen, *zweitens aktiv* durch die Veränderung der Natur in der menschlichen Arbeit. Der Prozess dieser doppelten Vermittlung vollzieht sich *drittens zugleich* als Vergesellschaftung der Menschen. Daraus erhellt, dass die grundlegenden Relationen zwischen Subjekt und Objekt immer durch das je andere Subjekt, den sozialen Genossen, vermittelt sind. Dies, *wie* sich die Natur den Menschen zeigt, wie sich ihre Formen für jeden einzelnen darstellen, beruht auf der sozialen Vermittlung, der Erkenntnis und Produktion, in der Menschen und Natur aufeinander bezogen sind. Wir erkennen die Natur in Formen, in denen wir zugleich unsere Vergesellschaftung in den unterschiedlichen Denkformen und Handlungen vollziehen.

Daraus ergeben sich für eine Grundkategorie der Wirtschaftswissenschaften – das menschliche Bedürfnis – wichtige Schlussfolgerungen. Die in der Ökonomik seit Platon gebräuchliche Übung, Bedürfnisse zu klassifizieren[1], sie auf abstrakte Kalküle wie die Nutzenfunktion zu reduzieren oder durch Anleihen aus der Psychologie modifiziert zu betrachten, will ich hier nicht wiederholen; ausführliche Anmerkungen dazu finden sich in der obigen Darstellung der Geschichte der Tausch- und Geldtheorie (vgl. 4.6 und 4.7.3). *Hier* ist es mein Ziel, die kategoriale Veränderung der im menschlichen Bedürfnis vorliegenden doppelten Relation Mensch ↔ Mensch und Mensch ↔ Natur durch die Vergesellschaftung in der Geldrechnung herauszuarbeiten. Sie dient mir als Grundlage zur Erklärung der „Geldgier", als einer im Kapitalismus universell befreiten Leidenschaft und den sich daraus ergebenden Konsequenzen.

Hegel hat zur Erklärung der menschlichen Bedürfnisse in seiner Darstellung des „Systems der Bedürfnisse" einen wichtigen Schritt unternommen, scheiterte aber auf halber Strecke, weil er die gesellschaftliche Vermittlung der Bedürfnisse mit ihrer spezifisch bürgerlichen Form verwechselte. Seinen Irrtum, von Marx zutreffend kritisiert, teilen fast alle Nationalökonomen. Dieser allgemeine Fehler besteht darin, die Bedürfnis- mit der Besitz- oder Eigentumsrelation zu vermengen oder ganz zu verwechseln. Seine *konkrete Bebilderung* findet dieser Fehler im Denkmodell des einsamen Robinsons. Hier deshalb zunächst dazu einige Hinweise aus der Literatur.

Der trivialste Gedanke über menschliche Bedürfnisse ist die schlichte Feststellung, dass die Menschen sie *haben*:

> „Jeder Mensch hat zahllose Bedürfnisse, leibliche und geistige, deren Gesamtheit sein Bedarf heißt."[2]

Bedürfnisse sind, als Besitz, hier der begriffliche Spiegel des Eigentums: Man *hat* sie, wie man Güter besitzt. Rau definiert „Bedürfnis" als „Abhängigkeit von ihrem (sc. der Güter) Besitze und Gebrauche", weshalb Güter dem Menschen „Bedürfnis" seien.[3]

---

[1] „Aber das erste und größte aller Bedürfnisse ist die Herbeischaffung der Nahrung des Bestehens und Lebens wegen. (...) Das zweite aber die Wohnung; das dritte Bekleidung und dergleichen." Platon: Politeia 369a, WW 3, S. 107. Vgl. „It has long since been observed that human needs and wants are hierarchized." N. Georgescu-Roegen (1976), S. 194.

[2] W. Roscher (1906), S. 1.

[3] K. H. Rau (1863), S. 1.

Alfred Marshall fügt hinzu, dass Bedürfnisse zahllos und sehr verschieden sind; dennoch seien sie begrenzt und man könne sie im Allgemeinen befriedigen.[4] In ihrer verfeinerten Variante besagt diese Theorie, dass „Bedürfnis" eine *innersubjektive* Relation sei, gleichsam eine besondere Zustandsbeschreibung des Subjekts. Mises lehnt deshalb den Begriff des Bedürfnisses überhaupt ab und verweist dieses Phänomen in die apriorische Struktur der menschlichen Vernunft. Der Begriff des Bedürfnisses sei sinnlos; er sei „nicht weniger eine Hypostasierung als der Begriff Trieb." Die *transzendente* Beziehung des Subjekts zum Objekt existiert hier gar nicht und erscheint als *innersubjektives* Verhältnis:

> „Für die Lehre vom Handeln bedeutet der Bedürfnisbegriff nichts, was nicht schon im Begriffe Behebung des Unbefriedigtseins enthalten wäre. (…) Die Irrtümer beginnen dort, wo man anfängt, die Bedürfnisse von den Zielen des Handelns zu sondern."[5]

Doch Handlungsziele verweisen auf ein *Außen* und sind *motiviert*. Es bleibt hier bei Mises ein Rätsel, weshalb überhaupt jemand *handeln* sollte.

In den reflektierteren Formen nationalökonomischen Denkens wird das Bedürfnis deshalb als transzendente Spannungsbeziehung zwischen Subjekt und Objekt beschrieben, die in den ökonomischen Modellen dann als *Knappheit* erscheint. Wirz, der sich an einer „Ontologie der Wirtschaft" versucht hat, erklärt „Bedürfnis" so: Es wird „bestimmt als Empfindung eines Mangels, verbunden mit dem Verlangen, den Mangel zu beseitigen."[6] Die Bedürfnisse zielen auf äußere Dinge (Produkte), die *durch* ihre Beziehung zu einem Bedürfnis nach Gütern werden. Die objektive Seite der Bedürfnisrelation wird auch der „Bedarf" genannt, wobei die Begriffsbestimmung schwankt, weil man mit Bedarf einmal die Summe der Bedürfnisse, zum anderen die Summe der Güter zu ihrer Befriedigung bezeichnet. Daraus ergibt sich die „Robinson-Definition" von Bedürfnissen:

> „Als Summe der Bedürfnüsse wäre der Bedarf also eine Summe subjektiver psychischer Empfindungen."[7]

Wird dieser Robinson von einem cartesianischen Beobachter beschrieben, so erscheinen Robinsons Bedürfnisse als eine objektive Spannungsbeziehung zwischen Subjekt und Gütern.

> „Das Bedürfnis ist ein objektiver Mangelzustand im Subjekt oder (…) ein in der Natur des Menschen liegendes Angewiesensein auf bestimmte Güter."[8]

---

[4] „Human wants and desires are countless in number and very various in kind: but they are generally limited and capable of being satisfied." A. Marshall (1969), S. 73. Das Handeln leitet Marshall *daraus* tautologisch ab: „*the desire* for the exercise and development of activities", A. Marshall (1969), S. 75. Die Menschen *haben* also Bedürfnisse; und das Handeln erwächst aus dem *Bedürfnis* nach … Handlung.

[5] L. v. Mises (1940). S. 71.

[6] L. Wirz (1965), S. 37.

[7] L. Wirz (1965), S. 37.

[8] L. Wirz (1965), S. 37.

5.1.1 Bedürfnis als Mangel

Bedürfnisse werden aber *empfunden*, deshalb bestimmt sie Dietzel als das „*Empfinden eines Zustandes des Mangels oder der Unlust*"[9].

Auch Gottl-Ottlilienfeld hat dieses Angewiesensein auf bestimmte Güter als Grundkategorie des Menschlichen bestimmt und den Mangelzustand als *Spannung* definiert:

> „Somit ist jene Spannung, jene Unzulänglichkeit in der Deckung unseres Bedarfs, ein Grundverhältnis des Handelns überhaupt; es ist als Lebensnot bezeichnet."[10]

Dieses besondere Spannungsverhältnis zwischen Subjekt und Objekt ist der Grund für das Handeln, zugleich auch der allgemeine Begriff der Knappheit, aus dem die subjektive Wertlehre dann sofort dazu übergeht, diese Knappheit messen zu wollen, um daraus ökonomische *Werte* abzuleiten. Insofern gilt das Bedürfnis als ökonomische Grundkategorie:

> „Ausgang aller Wirtschaft ist das Bedürfnis. Der Mensch empfindet Bedürfnisse. Diese rufen seine wirtschaftliche Tätigkeit hervor. Ihr Ziel ist die Befriedigung der Bedürfnisse"[11],

schreibt Lujo Brentano in seinem *Versuch einer Theorie der Bedürfnisse*. Was Brentano dann jedoch anbietet, ist nur eine Kalkulation von Schmerz und Lust nach Benthamschem Muster. Mit dem Eintritt ins Leben empfinden Menschen Schmerz und Lust; sie versuchen ersteres zu meiden und suchen letzteres. Der Schmerz wird als negative Lust bestimmt, als „Unlustempfindung". Diese Unlustempfindung wurzelt, sagt Brentano, „in einem Mangel, in dem Mangel dessen, was die Störung aufhebt oder das ersehnte Glück schafft."[12]

Die genannten Beispiele für eine Theorie des Bedürfnisses beruhen also alle auf dem cartesianischen Standpunkt, der dem Begriff nach einen *Einzelmenschen* (einen Robinson) ins Verhältnis zu einer Welt der Objekte setzt. Diese Theorie enthält richtige Elemente, wenn man sie in ihrer kategorialen Grundstruktur klar durchdenkt; ihr *Mangel* lässt sich dann anschließend genauer bestimmen bzw. die Theorie entsprechend kritisieren und modifizieren. Ich möchte diese Denkbewegung nachfolgend rekonstruieren, frei von tradierter Zutat, rein in ihrer kategorialen Grundstruktur. Die Punkte zu ihrer Kritik bzw. Weiterführung ergeben sich dann im Vollzug der Argumente.

---

[9] C. Dietzel (1864), S. 74. Er fügt aber *sofort* in die Begriffsbestimmung des Bedürfnisses die Aktivität, das Handeln ein, wenn er dem Empfinden eines Mangels hinzufügt: „... *und zugleich des Strebens, diesen Zustand zu beseitigen*". Damit wäre aber das *Empfinden* gleichbedeutend mit der *Handlung*, was offenkundig unhaltbar ist. Denselben Fehler macht Böhm-Bawerk: Er leitet den Bedürfnisbegriff ab vom „Streben nach Glück", „denn die der nationalökonomischen Terminologie so geläufigen Ausdrücke Bedürfnis und Bedürfnisbefriedigung bedeuten im letzten Grund nichts anderes, als einerseits das noch ungestillte Verlangen nach Versetzung in einen wünschenswerten oder wünschenswerteren Zustand, andererseits die erfolgreiche Herbeiführung eines solchen." E. v. Böhm-Bawerk (1921: II.1), S. 5. Wie Dietzels „und" identifiziert Böhm-Bawerks „andererseits" zwei heterogene Begriffsinhalte: Die passive Relation Bedürfnis = Objekt → Subjekt wird mit der aktiven Relation Subjekt → Objekt amalgamiert.

[10] F. v. Gottl-Ottlilienfeld (1923b), S. 10f.

[11] L. Brentano (1925), S. 103.

[12] L. Brentano (1925), S. 104. Schmoller sagt: „Die Lust- und Unlustgefühle weisen den Menschen über sich hinaus" G. Schmoller (1920: 1), S. 22. Das Bedürfnis wäre damit, parallel zur Erkenntnis, als *transzendenter Akt* bestimmt.

5.1.2 Die vereinzelte Handlung

Der Ausgangspunkt in der traditionellen Theorie ist: Man unterstellt eine vom Menschen ausgehende *aktive* Relation zu den Objekten, die ihm gleichsam von Natur zukommt. In der Psychologie verwendet man dafür den Begriff des „Triebs". Es ist eine Art gelenkte Energie, die sich auf die Naturformen und andere Objekte richtet. Dieses *allgemeine Streben* findet aber nicht immer Erfüllung; es scheitert, weil sich die Objekte aus vielen Gründen dem Trieb entziehen. Die Empfindung des Triebs ohne Objekt zu seiner Befriedigung wird als *Unlustempfindung* oder als *Mangel* – ökonomisch: Knappheit – beschrieben. Die Unlustempfindung ist zugleich eine Triebkraft des Handelns.

An dieser Stelle geht die Bedürfnistheorie über in eine Theorie des Handelns. Das Streben nach einem Objekt, das an der Objektivität, der Erfahrungssituation sich nicht erfüllen kann, wird entweder zum passiven *Wunsch* – damit beschäftigen sich dann Psychologen in diversen Theorien der Wunschverarbeitung oder -verdrängung –, oder aber die Erfahrung des Mangels eines Objekts wird zur Motivation des Handelns. Diese Motivation besitzt die Modalität einer Vorstellung: Der Mangel wird *bewusst*.[13] Man handelt, wenn man *weiß*, woran es einem mangelt. Der Wunsch, ein Objekt zu erlangen, wird zur *Begierde*.[14] Die Begierde ist das unerfüllte Bedürfnis, der gefühlte Mangel, der durch – mit Kant gesagt – *Einbildungskraft* die Gegenwart eines Objekts ideell herstellt und es mit dem Trieb verknüpft, das ideelle Objekt zu realisieren. Die modale Trennung des ideellen Objekts vom realen Gegenstand, die in der Denkfähigkeit gründet, verweist auch auf einen offenen Raum, in dem sich das Denken – nicht durch die Anschauung des Erfahrungsgegenstandes gefesselt – frei entfalten kann. Traditionell spricht man von „Phantasie". Hier ist der Ort menschlicher Kreativität, im Licht der Achtsamkeit als Vorstellung Dinge verändern zu können, ohne sich durch die negierende Kontrolle der Sinnlichkeit zu fesseln. Die interpretierte Sinnlichkeit selektiert diese Anschauungsformen nach „zutreffend" und „nicht zutreffend"; die Phantasie befreit sie davon.

Hier kann sich also das Objekt des Bedürfnisses von bisher vorliegenden Anschauungsformen emanzipieren und in dieser Emanzipation auch *neue* Objekte erträumen, sie mit der je eigenen emotionalen Energie aufladen und in einen Wunsch verwandeln. Unabhängig, ob also die Phantasie die vorgestellten, unbefriedigten Objekte der Bedürfnisse verändert oder sie aus der Erfahrung einfach als Abbild bewahrt – die modale Trennung des Denkens, die der Erfahrung des Mangels korrespondiert und von diesem als Raum überhaupt erst eingeräumt wird, führt zu einem Handlungsimpuls, zum Wunsch, die Vorstellung zu realisieren. Darin wird der Wunsch zum *Motiv*. In der aristotelischen Handlungstheorie ist dies die *causa finalis*, die Zielursache, „die in die Außenwelt verlegte Projektion innerer Vorgänge"[15]. Doch dieses unerfüllte Bedürfnis, als Trieb oder Unlust empfunden, besitzt auch eine bestimmte *Form*; es ist kein blinder, leerer Naturtrieb, sondern hat die Gestalt des als Mangel empfundenen Objekts. Somit wird das Bedürfnis kraft seiner Form zur *Formursache* des Handelns, zur *causa formalis*. Ein Bedürfnis hat eine bestimmte *Gestalt*; es ist weder blinder Trieb noch ist sein Inhalt beliebig oder leer.

---

[13] „Dieses bewusste Empfinden von Bedürfnissen ist wesentlich dem Menschen eigen und daher die Grundlage seiner ganzen schaffenden Tätigkeit", C. Dietzel (1864), S. 74f.

[14] Kant definiert in seiner *Anthropologie*: „Begierde (appetitio) ist die Selbstbestimmung der Kraft eines Subjekts durch die Vorstellung von etwas Künftigem als einer Wirkung derselben. Die habituelle sinnliche Begierde heißt *Neigung*. Das Begehren ohne Kraftanwendung zur Hervorbringung des Objekts ist der Wunsch." I. Kant, (1902: VII), S. 251.

[15] G. Schmoller (1920: 1), S. 25.

5.1.2 Die vereinzelte Handlung

Das durch die Bedürfnisspannung erzeugte Gefühl, einen Mangel aufheben zu wollen, ist das *allgemeine*, wenn auch nicht immer unmittelbare Ziel der Handlungen. Eckhart bezeichnet dieses Ziel als *Ruhe*, wie auch das Ziel des göttlichen Werks nach sechs Tagen als Ruhe bestimmt wurde:

„Fragte man mich, ich sollte bündig Auskunft darüber geben, worauf der Schöpfer abgezielt habe, damit, dass er alle Kreaturen erschuf, so würde ich sagen: auf Ruhe."[16]

Deshalb gilt: „(A)ber dass man Ruhe habe *im* mühevollen Leben, *das* ist das allerbeste."[17] Dieser Gedanke überdauert die Aufklärung, denn auch Kant sagt:

„Der größte Sinnengenuss, der gar keine Beimischung von Ekel bei sich führt, ist im gesunden Zustande *Ruhe nach der Arbeit*."[18]

Diese formale Bestimmung bleibt auch für die Aufhebung der Bedürfnisspannung richtig, die in ein Handeln und schließlich in ein Produkt mündet – sofern man den Akt des *Konsumierens* noch zu der Arbeit rechnet, die die Bedürfnisspannung aufhebt. Das *allgemeine* Ziel des Handelns ist also der *Frieden* der Bedürfnisse: ihre *Be-Friedigung*, das Zur-Ruhe-Kommen. Den Zustand der Ruhe wieder herzustellen, veranlasst die Menschen zu handeln.

Diese klassische Form der Handlungstheorie sagt dann weiter: Das Bewusstsein des Mangels enthält zugleich die Bestimmung, das Bedürfnis *in der Zeit* zurückstellen zu müssen. Dieses Bewusstsein wird zur Disziplin des Handelns: Der Handelnde *beherrscht* sein Bedürfnis temporär, unterdrückt seinen Trieb oder – energetisch gedeutet – *verwandelt* diesen Trieb in Tätigkeit, in Arbeit, die sich dem erstrebten Ziel als Handlungsprogramm unterordnet, um die Handlung zum Erfolg zu führen. Der Trieb, das temporär unterdrückte Bedürfnis, ist die Energie des Handelns, das sich dabei aber auch technischer Hilfsmittel bedient. Der Trieb „gibt den Anstoß zum Handeln"; er „ist der organische, von unserm Gefühlsleben und bestimmten Darstellungen ausgehende Reiz zum Handeln."[19]

In der Lehre von den vier Ursachen, der Keimform aller Handlungstheorien, ist dies die Wirkursache, die *causa efficiens*. Das Ziel, ein bestimmtes Bedürfnis zu befriedigen, richtet sich nicht – wie das Verharren beim bloßen Wünschen, Klagen oder Hoffen als rein psychischer Reaktion auf einen Mangel – an ein unbestimmtes, leeres Gegenüber. Um als Handlung *effizient* zu sein, um die beabsichtigte Wirkung hervorzubringen, muss sich das Ziel (die vorgestellte, ideelle Form des Bedürfnisses) aus der konkreten Situation, in der das Bedürfnis entstanden ist, herausarbeiten. Das Ziel richtet sich also auf etwas, das als *mögliches* Objekt eines Bedürfnisses bestimmt wird, sich aber nicht in der *Form* vorfindet, die dem Bedürfnis entspricht. In der einfachsten Gestalt ist die Handlung die Überwindung einer räumlichen Differenz: Man geht z.B. zum Brunnen, um Wasser zu schöpfen und zu trinken.

Die allgemeine, hier vorliegende Struktur möchte ich etwas genauer untersuchen. Um in einer für den Handelnden vorfindlichen Umgebung, seiner Umwelt, ein Ziel realisieren zu können, muss der Handelnde die Umgebung *verändern* – denn „Man-

---

[16] Meister Eckhart (1978), S. 324.
[17] Meister Eckhart (1978), S. 366. Vgl.: „Das Ziel ist Ruhe." T. Haecker (1935), S. 28.
[18] I. Kant, (1902: VII), S. 276.
[19] G. Schmoller (1920: 1), S. 26 und 27.

gel" heißt ja gerade für ihn, dass sein Bedürfnis in seiner Umgebung nicht das geeignete Objekt vorfindet. Er muss also, das ist der *Sinn* des Handelns, diese Umgebung verändern, sie so umgestalten, dass die gesuchte, die bedurfte Form darin *wirklich* wird. Die aristotelische Handlungstheorie beschreibt die Umwelt, worauf sich das Handeln des Bedürftigen richtet, als bloßes „Material". Die Umwelt ist Material, das zu einer Form umgestaltet wird, die dem Bedürfnis entspricht. Das Material selbst wird nur begriffen als reines Vorhandensein, ein abstraktes, unbegrenztes Objekt (für Ökonomen: Ressource), das als totale Verfügbarkeit gedeutet wird.[20] Das umgestaltete Material ist dann das „Produkt". Wie gesagt, der einfachste Produktionsakt ist der Ortswechsel: Man *holt* sich, was man braucht, muss dazu aber den Ort aufsuchen, an dem sich das bedurfte Objekt befindet. Die moderne Welt der Kaufhäuser hat diese ursprüngliche, archaische Form des Handelns wieder verallgemeinert, und in den Online-Bestellungen über das Internet zeigt sich eine Technik, die die unmittelbare Umwelt mehr und mehr in eine der völligen Verfügbarkeit der gewünschten Objekte transformiert – vorausgesetzt, man verfügt über einen Computeranschluss und Geld. Was in Frühformen des Handelns die Schranke der eigenen Möglichkeiten, der Kraft, Ausdauer und Intelligenz war, die die Erreichbarkeit möglicher Objekte eines Bedürfnisses begrenzte, das wird in der universalisierten Geldökonomie vollständig durch die *Geldschranke* ersetzt. Man erkennt eine Wiederkehr der elementaren Handlungsstruktur auch hier, was zeigt, dass tatsächlich *in jeder Wirtschaftsweise* die skizzierte abstrakte Form der Handlungsbeschreibung *auf bestimmte Weise* zutrifft.

Wesentliche Momente bleiben aber in der obigen Handlungserklärung aus der Struktur des Bedürfnisses verborgen – und gerade die Vergesellschaftung über das Geld macht aus dieser Verbergung eine geradezu hermetische Verborgenheit. Die Umwelt, auf die sich das Handeln richtet, um darin die Form des Bedürfnisses als *causa formalis* durch klug eingesetzte Techniken (*techne* ist im Griechischen der Begriff für die Klugheit bei der Realisierung von Handlungen im Sinn der *poiesis*), ist kein leerer, neutraler Stoff. Dies ist eine *Fiktion* des aristotelischen Handlungsmodells, das zur Metaphysik entfaltet wurde. Zwar ist die Form, in der das Bedürfnis in *Ermangelung eines Objekts* vorgestellt wird und zum Handeln motiviert, tatsächlich *getrennt* von der Umwelt, in der sie realisiert werden soll. Sie besitzt in der Mangelempfindung die Modalität einer Vorstellung, vielleicht konkretisiert zu einem Handlungsprogramm. Darin reproduziert sich *ideell*, was *real* existiert in der *Differenz* zwischen dem bedürftigen Subjekt in seiner Verkörperung und der Umwelt, von der es sich unterscheidet. Aber diese Umwelt, die Außenwelt des Bedürfnis- und Handlungssubjekts, *ist* keine formlose, empfängliche Materie. Sie ist von ihrer Seite her – auch für einen cartesianischen Beobachter des Handelnden sichtbar – vorgeformt. Die Naturdinge sind nicht als Materie oder Energie

---

[20] Diese qualitative Gleichgültigkeit, die metaphysisch im Begriff der „Materie" ausgedrückt ist, wird in der Moderne *quantitativ* so reproduziert, dass man von *prinzipiell* unendlich verfügbaren Ressourcen ausgehen könne. Von ihrer Seite her habe die Natur keine Form oder Grenze: „(T)here are always an infinite number of natural forces which are capable of being turned to some human use, and which are in this sense potential or latent resources", F. A. Hayek (1941), S. 60. „Even the total weight of the earth is not a theoretical limit to the amount of copper that might be available to earthlings in the future. Only the total weight of the universe", sagt der Hayek-Schüler J. Simon (1980), S. 1435. Auf maoistisch-marxistisch lautet dieser Gedanke: „Das Wesen der Energie ist die Bewegung der Materie. Da die materielle Welt wie die Bewegung der Materie ewig ist, sind die Energiequelle in der Natur unerschöpflich, und daher auch die Erforschung und Nutzbarmachung der Energie durch die Menschen.", T. Hua (1976), S. 10. Was politisch als Gegensatz erscheint, ist metaphysisch die Kumpanei *eines* Totalitarismus gegenüber der Natur.

in abstrakter Reinheit gegeben. Vielmehr reproduzieren sie sich auf ihre Weise, die wir als *Widerstand* im Handeln erfahren. Der allgemeine Begriff dafür ist das Naturgesetz.

Man kann das auch so interpretieren: Im Bedürfnis wird ein *Mangel* offenbar. Der Mangel besteht darin, dass das handelnde Subjekt in seiner Umwelt das bedurfte Objekt nicht vorfindet. Die Umwelt, die Natur verhält sich darin *negativ* zum Subjekt, sie *verweigert*, was das Bedürfnis erlangen möchte. Dieses negative Verhältnis reproduziert sich nun im Handeln. Wenn die Dinge in der Umwelt als bloßes Material für das Handeln betrachtet werden, die es gemäß der gewünschten Form umzugestalten gilt, dann verhält sich nun seinerseits der Handelnde *negativ* gegenüber der Natur: Er vernichtet am Naturobjekt dessen Form, um ihm die Form des Bedürfnisses aufzuprägen. Der Handelnde *in-formiert* (= verleiht ihnen Form) im präzisen, scholastischen Wortsinn die Dinge seiner Umwelt, so, dass am Ende ein Produkt entsteht, das geeignet ist, sein Bedürfnis durch seine Form zu befriedigen. Der Akt des Konsums ist nur der *Abschluss* des negativen Verhältnisses zur Natur, der sich im Handlungsmotiv vorbereitet, im Produktionsakt realisiert und im Konsum seine Voraussetzung – den Mangel – aufhebt.

5.1.3 Technik und Natur

Darin liegt ein wichtiges strukturelles Verhältnis, das in dieser einfachen Form herauszuarbeiten ist, weil sonst die *Technik* nicht als Vermittlungsprozess zwischen Menschen und Natur verstanden wird. Die technischen Geräte, die *Mittel zur Realisierung von Zwecken*, sind ontologisch als Überwindung des Naturwiderstands zu interpretieren. Die Technik erlaubt uns, den *Mangel*, der im Bedürfnis empfunden wird, also das negative Verhalten der Natur zu den Menschen – indem sie die bedurften Objekte immer wieder auch entzieht –, durch eine negierende Antwort zu überwinden. In der Technik entreißen wir Teile der Natur ihrer *natürlichen* Einbettung und Form und setzen sie darin ontologisch auf den Rang eines bloßen *Stoffs*, einer Materie herab, die *unsere* Formen tragen soll. Aristoteles hat das in seiner Metaphysik als allgemeinen Begriff der „Natur" bestimmt. Darin liegt der Irrtum, das, was sich nur *in der Relation zur Natur* zeigt, im Bedürfnis und im Handeln, als Eigenschaft der Natur selbst auszulegen. Die Natur besteht nicht aus Form und Materie. Das ist unmittelbar daran erkennbar, dass jede Materie ihre Form bewahrt: Zwar entfernt man bei einem Baum dessen natürliche Form, um daraus Bretter für Tische oder Schränke zu machen – darin besteht der *negative Akt* der Zweckrealisierung. Aber das Material „Holz" besitzt immer noch eine Form, ist nicht eine leere Materie. Diese Dualität aus Form und Materie, von Attribut und Substanz ließe sich auch noch in den modernen Naturwissenschaften, allerdings in einigen „Übersetzungen", nachweisen, was ich hier nicht zeigen kann.[21]

Im vorliegenden Zusammenhang ist folgende Einsicht wichtig: Die Technik realisiert ein *negatives* Verhältnis zu den Naturformen, um dies, worin sich die Natur den Bedürfnissen im Mangel *entzieht*, zu überwinden. Doch diese vermeintliche „List der Vernunft", von der Hegel spricht, hat einen metaphysischen Haken, der im *Begriff der Technik* verborgen bleibt. Um ihre Ziele zu realisieren, bedienen sich die Menschen klug erdachter Techniken; sie überwinden darin den je spezifischen Naturwiderstand, der zu einem bestimmten Bild oder Modell der Natur führt. Doch als *Faktum* bleibt die Technik bestehen; sie löst sich nicht auf durch die vernünftige List. Um wirken, um die Naturformen aktiv negieren zu können, muss das technische Gerät selbst eine materielle Wirklichkeit sein. Die „vernünftige List" bedarf eines materiellen Trägers, der sich nun neben und in die Naturprozesse einfügt in seiner transformierten Gestalt, aber auch als

---

[21] Vgl. K.-H. Brodbeck (2002a), Kapitel 8.4-8.5.

Wirklichkeit gegenwärtig ist in der Lebenswelt der Menschen. Wir holen in den technischen Geräten damit zugleich eine *Naturwirklichkeit* – denn technische Geräte sind nur ihrerseits real als umgeformte Naturdinge – in die Menschenwelt herein, sind gezwungen, uns *ihrer* Form anzupassen. Und wir müssen mit ihrem *Versagen* als „Katastrophe", „technischer Defekt" usw. leben. Die scheinbar in der Technik überwundene Natur *kehrt wieder*, in einer sozialen Gestalt, inmitten der Gesellschaft. Die Technik ist die gesellschaftliche Form des Widerstands der Natur *inmitten* der Vergesellschaftung der Menschen. Der Sieg über die Natur hat also seinen Preis: Den Preis der Anpassung an die Technik, die in die Mitte unserer Lebenswelt hereinragt.[22] Die Technik ist in ihren Wirkungen eine gesellschaftliche Wirklichkeit.

Darin liegt nun eine tiefe Paradoxie, mehr noch, ein *Verhängnis*. Die Technik sollte dazu dienen, als List der Vernunft den Naturwiderstand zu überwinden, um die Natur in ein bloßes Material zu verwandeln, dem die Menschen die Formen aufprägen können, die ihren *Bedürfnissen* entsprechen. Dieses Modell der Technik verdankt sich der aristotelischen Metaphysik des Handelns, ist nur ihre Fortführung und Spezifikation. Es wird meist in der Form ausgedrückt, dass die Technik „neutral" sei, dass ihre Form *vollständig* durch die menschlichen Zwecke bestimmt sei, dass die Menschen damit über alle Aspekte der Technik auch Kontrolle ausüben, sei doch die Technik der Begriff dieser Kontrolle der Naturprozesse. Doch dieses Modell wurzelt in einem tiefen und grundlegenden *Missverständnis* des Wesens der Technik, sofern die Wiederkehr des Naturwiderstands *inmitten der Gesellschaft* übersehen wird. Hier rächt es sich, Bedürfnisse und Objekte als *Entitäten* zu betrachten, denen jeweils eine eigene Identität zukommen soll. Bedürfnisse einerseits, Handlungen andererseits – vermittelt durch die Denkformen, die Bedeutungen, das Worin – sind *Relationen*. Das, was sich *als* Subjektivität und widerständige Objektivität zeigt, wird bestimmt durch die aktive Relation zur Natur.

Da die Technik ein Wissen *funktionierender* Handlungen ist, da in ihr also jeweils die Antwort der Natur auf das menschliche Ansinnen, sie beherrschen zu wollen, im Wissen und den technischen Geräten verkörpert ist, zeigt sich in der Organisation der Technik „Natur". Die Natur offenbart in der Technik *ihre* Ordnung *inmitten der menschlichen Gesellschaft*. Der Versuch, durch die Technik die Natur beherrschen zu wollen, sich damit von ihr zu trennen, erweist sich als Illusion, weil die Natur in den technischen Prozessen sich nun *als* gesellschaftliche Form offenbart. Das wird *unmittelbar* sichtbar, wenn die Natur *ihre* Seite zeigt, weil die Kontrolle ihrer Prozesse, die in der Technik immer unterstellt ist, *versagt*. In jeder Katastrophe, in der die Kontrolle der Naturprozesse misslingt, offenbart sich, welche Gewalt wir in unserer Technik in die Menschenwelt *hereingeholt* haben. Das Innere der Natur liegt also nicht verborgen draußen, auf der Rückseite des Mondes oder hinter den fernsten Quasaren, vielmehr offenbart sich dieses Innere inmitten der Menschenwelt *als* Technik und auf ihrer Grundlage als das Wissen von der Natur, das eine soziale Form besitzt, keine natürliche. In der Relation zur Natur zeigt sich also – hier könnte man sagen – „dialektisch" die Natur nicht als das *Andere*, sondern in den Denkformen und den Mitteln des Handelns, die den sozialen Alltag ausmachen. Das Relat Natur ist in der Relation Gesellschaft ↔ Natur selbst gesellschaftliche Form geworden.

Doch es gilt, da auch hier die *Relation*, nicht das Relat das Primäre ist, auch exakt das Umgekehrte: Das, was wir *als* Natur erkennen, die Formen, in denen wir sie denken, sind immer *zugleich* gesellschaftliche Formen – Formen, in denen die Menschen ihre Vergesellschaftung als Denken und Handeln in einem Prozess der Bedeutung, des Wis-

---

[22] „Je mehr Apparate wir zur Naturbeherrschung erfinden, desto mehr müssen wir ihnen dienen", M. Horkheimer (1974), S. 97.

5.1.3 Technik und Natur

sens vollziehen. Sie können die Natur nur in der Bedeutung denken, die ihren Denk-, Handlungs- und Erkenntnisformen entspricht. Das ist das einfache Geheimnis der seltsamen Tatsache, dass man die Natur wie eine soziale Form, also anthropomorph beschreibt: Die Vielheit der Naturphänomene wird durch *Gesetze* regiert. Die Natur scheint zu *handeln*, sofern Ursachen Wirkungen hervorbringen; Kant spricht von einer „Naturhandlung"[23], und er denkt auch die Zeitfolge als Handlungsmodell:

> „(D)ie Ursache muss *angefangen* haben zu *handeln*, denn sonst ließe sich zwischen ihr und der Wirkung keine Zeitfolge denken."[24]

Die zentralen Naturbegriffe sind Kategorien der menschlichen Arbeit: Die Energie leitet sich ab von *energeia*, dem „Werk" oder der „Arbeit", und für längere Zeit konkurrierten „Arbeit" und „Energie" als Grundbegriffe für die Natursubstanz in der Physik.

Die aristotelische Physik übernimmt ihr Modell aus der menschlichen Arbeit, genauer der handwerklichen Zweckrealisierung. Die Physik der Moderne und die anderen Naturwissenschaften haben von den aristotelischen Begriffen nur einige entfernt, so die *Formursache*. Doch der Begriff der „Materie" ist ohne dualen Bezug auf eine Form gar nicht denkbar, weshalb die Physiker die Materie in eine soziale Vielfalt von Teilchen aufspalten, deren Individualität sich aber in der modernen Physik so wenig eindeutig bestimmen lässt wie die Identität des Subjekts in der Moderne. Die Formursache der aristotelischen Physik erlebte in der Genetik eine Wiedergeburt, nun gedeutet als „Information", also als eine *formende Kraft*, was ziemlich genau der aristotelischen *causa formalis* entspricht. Darwin hat, wie er bekennt, die Grundstruktur seines Evolutionsgedankens von Malthus, einem Ökonomen übernommen, und die Soziobiologie verwendet zur Ableitung ihrer Ergebnisse Modelle der Nutzentheorie aus der Ökonomik.[25]

Das Wissen um die Natur und seine praktische Konkretisierung in der Technik ist also weder der Ausfluss eines Geistes, der dem Menschen als Idee schon einwohnt, noch entnehmen wir die Naturbeschreibungen der Natur selbst – die Natur *ist* keine Sprache. Was *als* Natur allerdings in einer sprachlichen, gedachten Form erscheint, das wiederum hat seinen Ort inmitten der Gesellschaft, in unmittelbarer Nachbarschaft zu jener umgeformten Natur, die als Technik, in den Produkten, der daran angepassten Form der Städte, Verkehrswege usw. in die Mitte der Lebenswelt hereingeholt wird. Es ist hier von besonderer Bedeutung, die Priorität der Relation zur Natur in der Form zu verstehen, in der sie sich vollzieht und gedacht wird: Die Relation zur Natur ist die Vergesellschaftung, wie sie auch in der Wirtschaft erscheint. Und eben deshalb unterliegt die Naturauslegung demselben Wandel wie die Selbstauslegung der vergesellschafteten Menschen.

Ich möchte diesen wichtigen Gedanken noch kurz daran illustrieren, wie Marx seinen früheren feuerbachschen Standpunkt überwunden hat. Marx ging mit Feuerbach zunächst von einer Ontologie aus, die das, was als „Natur" erscheint, ins menschliche Wesen verlegte – eine materialistische Übersetzung des Hegelschen Gedankens, dass die Natur der objektivierte Geist sei, der im menschlichen Denken als System der Begriffe gegeben ist. In den ökonomisch-philosophischen Manuskripten aus dem Jahre 1844 schreibt Marx:

---

[23] I. Kant, WW 4, S. 499.
[24] I. Kant, WW 5, S. 216.
[25] Vgl. C. Darwin (1982), S. 93; T. R. Malthus (1826); K.-H. Brodbeck (2000a), S. 174-179.

Die „*Empfindungen*, Leidenschaften etc. des Menschen (sind) nicht nur anthropologische Bestimmungen im engeren Sinn, sondern wahrhaft *ontologische* Wesens-(Natur-)bejahungen."[26].

Die Leidenschaften gründen im *Wesen* des Menschen. Dieses Wesen *entfaltet* sich in der Technik nur nach außen; es offenbart, was schon in ihm war. Das „ontologische Wesen der menschlichen Leidenschaft"[27] offenbart sich wie Hegels Weltgeist in der Geschichte. Bei Marx wird dieser Gedanke nur insofern „materialistisch", als er diese Offenbarung zunächst als *Technik* bestimmt:

> „Man sieht, wie die Geschichte der *Industrie* und das gewordne *gegenständliche* Dasein der Industrie das *aufgeschlagne* Buch der *menschlichen Wesenskräfte*, die sinnlich vorliegende menschliche *Psychologie* ist, die bisher nicht in ihrem Zusammenhang mit dem *Wesen* des Menschen, sondern immer nur in einer äußern Nützlichkeitsbeziehung gefasst wurde"[28].

Die Technik sei nicht nur menschliches Gemächte, sie sei in ihren Strukturen schon in das menschliche Wesen eingebettet. Im Unterschied zu Hegel bestimmt der junge Marx dieses Wesen nicht durch den Geist, sondern mit Feuerbach durch die Sinnlichkeit, die Bedürfnisse, die Leidenschaften.

In seinen Thesen über Feuerbach hat Marx aber diese frühere Haltung kritisiert und revidiert, wenn er sagt, Feuerbach „fasst die Sinnlichkeit nicht als praktische menschlich-sinnliche Tätigkeit."[29] Feuerbach bleibt in der Position des Beobachters in Platons Höhle, an Händen und Füßen gefesselt, zwar nicht mehr nur reiner Beobachter, sondern mit sinnlichen Empfindungen, mit Bedürfnissen und Leidenschaften ausgestattet, aber nach wie vor gefesselt. Marx hat das erkannt, und er kritisiert, dass bei Feuerbach „der Gegenstand, die Wirklichkeit, Sinnlichkeit nur unter der Form des Objekts oder der Anschauung gefasst wird; nicht aber als sinnlich menschliche Tätigkeit, Praxis, nicht subjektiv."[30]

Marx hat diese Schlussfolgerung aber nur gleichsam *halb* gezogen. Ihm kam es auf die *revolutionäre Veränderung* der Gesellschaft an. Auch die Technik fasste er unter diesem *revolutionären* Horizont: „Dampf, Elektrizität und Spinnmaschine waren Revolutionäre von viel gefährlicherem Charakter als selbst die Bürger Barbes, Raspail und Blanqui."[31] Hier wird die Natur als etwas zu Eroberndes begriffen, als Material der revolutionären Eingriffe des menschlichen Geistes. Es sind die „Siege der Wissenschaft", in denen „die Menschheit die Natur *bezwingt*"[32]. Die Bezwingung der Natur ist das *Modell* der Revolution in der Gesellschaft: „Die Arbeiterklasse hat die Natur *erobert*; jetzt muss sie die Menschen *erobern*."[33] Zwar ist der feuerbachsche Standpunkt passiver Sinnlichkeit darin überwunden, die *aristotelische Metaphysik* bleibt aber gewahrt. Denn Marx betrachtet die Gesellschaft als „Material" für Veränderungen, weshalb er immer wieder von den „materiellen Voraussetzungen" der Revolution spricht.

---

[26] K. Marx, MEW 40, S. 562.
[27] K. Marx, MEW 40, S. 563.
[28] K. Marx, MEW 40, S. 542.
[29] K. Marx, MEW 3, S. 6.
[30] K. Marx, MEW 3, S. 6.
[31] K. Marx, MEW 12, S. 3.
[32] K. Marx, MEW 12, S. 3; meine Hervorhebung.
[33] K. Marx, MEW 10, S. 126; meine Hervorhebungen.

Diese Voraussetzungen werden als *passive Materie* bestimmt[34], also ganz so, wie im aristotelischen Handlungsmodell die Naturformen ontologisch auf eine Materie reduziert werden. Zwar erkennt Marx, dass die Technik eine *Relation* darstellt. Doch er bestimmt diese Relation als „Revolution", was nichts weiter ist als die Übersetzung der *causa efficiens*, die ein vorfindliches Material bearbeitet.[35]

5.1.4 Die Produktion der Bedürfnisse

Der richtige Gedanke darin ist folgender: Die Technik ist *menschliche*, d.h. *gesellschaftliche* Praxis. In ihr offenbart sich aber weder das „ontologische Wesen menschlicher Leidenschaften", noch ist die Technik eine bloß listige Anwendung der menschlichen Vernunft. Die *Relation* der Praxis zur Natur bestimmt vielmehr sowohl unser Bild von der Natur wie die Subjektivität, damit auch die Leidenschaften und Bedürfnisse. Das meinte ich oben mit dem Hinweis, in der menschlichen Technik zeige sich ein tatsächliches Verhängnis. Die traditionelle Ontologie bestimmte das Bedürfnis als *subjektive Disposition*, die als Mangel bewusst wird; Feuerbach und der junge Marx sahen darin eine menschliche Wesensnatur. Doch die Vermittlung der Naturdinge durch die Technik ist erstens eine gesellschaftliche Praxis (worauf Marx in seiner Feuerbachkritik verwies), zweitens aber und daraus folgend ein Prozess, *in dem sich die Subjekte* überhaupt erst in ihrer Subjektivität ausbilden. Die Bedürfnisse „sind" also nicht, sie erwachsen aus der *Relation* zur Natur. Und diese Relation ist eine *tätige*. Wer mit einer anderen Technik hantiert, entfaltet auch andere Bedürfnisse.

Eben *dies* ist ein Verhängnis, weil das Mittel, das die Bedürfnisse befriedigen soll – die technische Praxis –, selbst zur Quelle für die Formung und Erzeugung von Bedürfnissen wird. Die Technik ist nicht „neutral", passt sich nicht jedem Zweck an. Sie ist *erstens* die Offenbarung des Naturwiderstands *inmitten der Gesellschaft*, und sie ist *zweitens* immer eingebunden in eine menschliche Praxis. Diese menschliche Praxis verbirgt durch ihre technische Formung – durch den Zwang, sich den jeweiligen technischen Geräten und der *ihnen* adäquaten Umgebung im Handeln *anpassen* zu müssen, damit sie *funktionieren* – ihren Charakter als *Relation*, die die Relate (die handelnden Subjekte und die erkannte Natur) *in deren Form* hervorbringt. Die Technik offenbart nicht, was im „ontologischen Wesen der menschlichen Leidenschaften" oder der „List der Vernunft" je schon verborgen ist, sie *vermittelt* als Praxis Menschen und Natur. Und in dieser Vermittlung erweist sich erneut die Priorität der Relation vor den Relaten. Die *Vermittlung* als gesellschaftlicher Prozess bringt nicht nur unsere Naturerkenntnis hervor, sondern formt auch die menschlichen Bedürfnisse. Es gibt keine *Form* angeborener Bedürfnisse. Niemand wird geboren mit einem Bedürfnis nach Handys, Autos, Hamburgern oder der Gier nach mehr Geld.

Die menschliche Produktion produziert nicht nur Produkte zur Befriedigung menschlicher Bedürfnisse, die gesellschaftliche Form dieser Produktion produziert auch die Bedürfnisse. Adam Smith hat das in einem wenig rezipierten Teil seines ökonomischen Hauptwerkes herausgestellt. Er sagt, dass durch die Arbeitsteilung auch die Tätigkeiten vereinseitigt werden:

---

[34] „Die Revolutionen bedürfen nämlich eines passiven Elementes, einer materiellen Grundlage." K. Marx, MEW 1, S. 586; vgl. MEW 19, S. 17; (1953), S. 77; MEW 25, S. 161.

[35] Dass diese Instrumentalisierung, auf zu „erobernde" Menschen bezogen, sich ebenso gewalttätig äußern *muss* wie gegenüber der Natur, ist eine schlichte Konsequenz dieser falschen Denkform, die Marx mit anderen totalitären, im Cartesianismus gründenden Denkformen des 20. Jahrhunderts teilt (vgl. 1.2.3).

„Mit fortschreitender Arbeitsteilung wird die Tätigkeit der überwiegenden Mehrheit derjenigen, die von ihrer Arbeit leben, also der Masse des Volkes, nach und nach auf einige wenige Arbeitsgänge eingeengt, oftmals auf nur einen oder zwei. Nun formt aber die Alltagsbeschäftigung ganz zwangsläufig das Verständnis der meisten Menschen. Jemand, der tagtäglich nur wenige einfache Handgriffe ausführt, die zudem immer das gleiche oder ein ähnliches Ergebnis haben, hat keinerlei Gelegenheit, seinen Verstand zu üben. (...) So ist es ganz natürlich, dass er verlernt, seinen Verstand zu gebrauchen, und so stumpfsinnig und einfältig wird, wie ein menschliches Wesen nur eben werden kann. (...) Seine spezifisch berufliche Fertigkeit, so scheint es, hat er sich auf Kosten seiner geistigen, sozialen und soldatischen Tauglichkeit erworben."[36]

Wenn man diesen Gedanken etwas abstrakter fasst, lautet er: Das, was die menschliche Subjektivität ausmacht, ihre Wahrnehmung, aber auch ihre Bedürfnisse, wird – auf einer zweifellos biologischen Grundlage – wesentlich durch das geformt, was die Menschen in ihren Handlungen *tun*. Damit ist gerade nicht gesagt, dass die Subjektivität durch die äußeren Umstände, durch das *Milieu* determiniert wird. An dieser lamarckistischen oder soziologischen These ist nur ein *Moment* richtig: Die Tätigkeiten der Menschen werden durch die soziale Situation, durch die verwendeten Techniken usw. *formal* festgelegt. Die Handlungsprogramme müssen zudem, sollen die Handlungen gelingen, als Autorität des Handelns, als das, was die Handlung regiert, anerkannt werden.

Doch diese Subsumtion unter die dynamische Form des Handelns, das Handlungsprogramm, die *causa formalis*, ist keine *äußere Prägung* einer formlosen Subjektmaterie. Vielmehr vollziehen die Menschen diese Handlungen *als Denkprozesse*. Smith beklagt gerade, dass die Denkprozesse, die das arbeitsteilig zerlegte Handeln bei einfachen Tätigkeiten lenken, durch ihre Simplizität und Wiederholung das *Denken* verändern. Auch hier gilt: Man muss es *tun*, um die Bedeutung solch einfacher Handlungen zu erfassen. Die Bedeutung ist aber die Denkform, die das Handeln lenkt und begleitet. Es ist also gerade *umgekehrt* jener Aspekt des Handelns, der in der *aktiven*, mehr oder weniger freiwilligen Subsumtion unter die Handlungszwecke im eigenen Denken vollzogen wird, der das Denken und damit die Empfindungen, die Bedürfnisse und Leidenschaften formt – nicht eine äußere Prägung durch eine Umwelt. Und ist dieses Denken durch das Handeln reduziert und vereinseitigt, so reduziert und vereinseitigt dies auch das menschliche Empfinden und Wahrnehmen. Das, *als was* diese Umwelt erscheint, ist vielmehr abhängig von der Denkform, die den Akt, mit dem die Umwelt (technisch) verändert wird, lenkt. In den Aktformen ist die Naturform erkannt – als Aktform, als „Wirklichkeit" (*energeia*).

Hegel hat bislang wohl den tiefsten Einblick in die Vermittlung von Handlungen, Denkformen und Bedürfnissen zu Papier gebracht. Nur seine Fesselung an die bürgerlichen Besitz- und Eigentumsbegriffe hatte ihn gehindert, diese Struktur frei von Projektionen des bürgerlichen Egos zu entfalten. Hegel sagt: „Die Besonderheit der Personen begreift zunächst ihre Bedürfnisse in sich. Die Möglichkeit der Befriedigung derselben ist hier in den gesellschaftlichen Zusammenhang gelegt, welcher das allgemeine *Vermögen* ist, aus dem alle ihre Befriedigung erlangen."[37] Hier sieht Hegel nur die *eine* Seite sozial vermittelt, nämlich die *Befriedigung* der Bedürfnisse durch die Produkte der je anderen Genossen der Gesellschaft, die arbeitsteilig erzeugt und auf Märkten ausgetauscht werden. Weil Hegel dies immer schon in dieser Form des Austauschs mitdenkt,

---

[36] A. Smith (1974), S. 662f.
[37] G. W. F. Hegel, WW 10, S. 321.

5.1.4 Die Produktion der Bedürfnisse

bleibt sein Blick auf die einfache Struktur des hier vorliegenden Verhältnisses teilweise verdeckt. Er ahnt mehr als es zu sagen, dass auch die Bedürfnisse *als* Bedürfnisse sozial vermittelt sind.

Hegel rezipiert die Smithsche Arbeitsteilung als *Tätigkeit* auf zweifache Weise. Er sieht in der Abstraktion des vereinfachten Tuns die Grundlage für den Übergang zur Maschine: Wenn die Tätigkeiten einfacher, wenn sie also mehr und mehr des Geistigen beraubt werden, dann kann ein geistloser *Mechanismus* an ihre Stelle treten.[38] Zugleich übernimmt er damit von Smith den Gedanken, dass die Arbeitsteilung nicht nur die Arbeit objektiv abstrakter macht – die Handlungsprogramme werden einfacher –, sondern dass dies auch die Subjektivität der Arbeiter beeinflusst: Das „Bewusstsein der Fabrikarbeiter wird zur letzten Stumpfheit herabgesetzt"[39]. Darin liegt der Gedanke, dass die Handlungen, die Form der Produktion und der Vergesellschaftung und damit zugleich das *System der Bedürfnisse*, die Ordnung der Leidenschaften bestimmen. Es sind die Gedanken, die diese Handlungen in deren Verlauf lenken, die ihrerseits auch die Subjektivität, die Innerlichkeit des Handelnden als Selbstinterpretation formen. Hegel hat, wie die bürgerlichen Ökonomen, die Bedürfnisse zunächst als *Definitionsmerkmal* der Individualität bestimmt, die dann über den Tausch und das Eigentumsrecht eine soziale Form erhalten:

> „Die Besonderheit zunächst als das gegen das Allgemeine des Willens überhaupt Bestimmte (…) ist subjektives Bedürfnis, welches seine Objektivität, d.i. Befriedigung durch das Mittel a) äußerer Dinge, die nun ebenso das Eigentum und Produkt anderer Bedürfnisse und Willen sind, und b) durch die Tätigkeit und Arbeit, als das die beiden Seiten Vermittelnde, erlangt. Indem sein Zweck die Befriedigung der subjektiven Besonderheit ist, aber in der Beziehung auf die Bedürfnisse und die freie Willkür anderer die Allgemeinheit sich geltend macht"[40].

Hegel setzt hier die allgemeine Struktur der Vermittlung menschlicher Bedürfnisse in ihrer sozialen Form mit deren *Besonderheit* in Geldökonomien gleich. Er verkennt deshalb, dass das „subjektive Bedürfnis" selbst schon sozial vermittelt ist, nicht erst durch den Tausch und das Eigentumsrecht hindurch sich auf die arbeitsteilig erzeugten Produkte anderer bezieht. Hegel verbleibt hier im Horizont der Ökonomen, die „Vergesellschaftung" gar nicht anders als durch den Austausch von Privateigentümern denken können. Marx kritisiert diese Voraussetzung, verkennt aber gleichwohl die doppelte Vergesellschaftung der Handlungen *und* Bedürfnisse, wenn er die den Bedürfnissen entsprechenden nützlichen Dinge so bestimmt, dass deren Nützlichkeit in den Dingen haust und er insofern die Individualität des Bedürfnisses als bloß bürgerlichen Schein zu entlarven versucht. An die Stelle des subjektiven Bedürfnisses tritt bei ihm und Engels der je schon gesellschaftliche „Nutzeffekt" – ich habe das im Kapitel zur Kritik des Marxismus dargestellt (vgl. 4.4.4 und 4.4.12).

Bedürfnisse sind aber schon in ihrer innersten Natur – die Analyse des Handelns und der Technik hat das zeigen können – „sozial", sind Teil eines Systems der Bedürfnisse. Die Bedürfnisse der Menschen formen sich durch ihre Handlungen und Gedanken, die ihrerseits in einem System der gesellschaftlichen Arbeitsteilung eine je besondere Form

---

[38] „Die Abstraktion des Produzierens macht das Arbeiten ferner immer mehr mechanisch und damit am Ende fähig, dass der Mensch davon wegtreten und an seine Stelle die Maschine eintreten lassen kann." G. W. F. Hegel, WW 7, S. 352f. Vgl. WW 10, S. 322.
[39] G. W. F. Hegel (1974), S. 334.
[40] G. W. F. Hegel, WW 7, S. 346 (§ 189: „System der Bedürfnisse").

annehmen. Das System der Bedürfnisse ist deshalb zugleich das System der Vergesellschaftung der Handlungen. Wie sich mit der Technik das Bild von der äußeren Natur verändert, so verändert sich mit den Handlungen – die die Technik handhaben und darin zugleich die Vergesellschaftung dieser Handlungen vollziehen durch die Subsumtion unter die Struktur der Handlungsprogramme – auch die Subjektivität der Menschen, damit ihre Bedürfnisse und Leidenschaften.

Das mehrfach kritisierte Robinsonmodell, das gepaart mit dem cartesianischen Solipsismus der Erkenntnis auch dem oben skizzierten Verhältnis zwischen Bedürfnis und Handlung noch in der Tradition der Philosophie und Nationalökonomie zugrunde lag, hat damit seinen Mangel offenbart: Die Bedürfnisse, die dem Handeln als idealisierte, weil unerfüllte Form vorschweben und, aktiv gewendet, in *Handlungszwecke* transformiert werden, gehören nicht einem Individuum an. Bedürfnisse werden, wie Gefühle oder Gedanken, zwar als *vereinzelte, subjektive* Phänomene vergegenwärtigt. Doch ihre *Form* ist je schon sozial vermittelt. Es gibt keinen Zweck eines vereinzelten Individuums. So wenig ein Robinson, wäre er allein auf seiner Insel, als Säugling vom Himmel gefallen, für sich selbst sprechen, denken oder handeln könnte – schon dies, ein *Erwachsener* zu sein, ist das Ergebnis eines sozialen Prozesses der Selbstbestimmung durch Teilnahme an der Gesellschaft –, so wenig kommt den Bedürfnissen eine vereinzelte, subjektive Struktur zu.

Damit ist allerdings nicht umgekehrt das andere Extrem, ein kruder Objektivismus des Bedarfs behauptet. Zwar kann man *objektiv* Bedingungen für den menschlichen Körper angeben, die er zu seiner alltäglichen Reproduktion benötigt und diese Bedingungen auch in der Sprache der Biologie, Chemie oder Medizin ausdrücken: Wasser, Ruhe, Licht, Kalorienzufuhr usw. Doch diese *äußerlich* erscheinenden Prozesse, die jedes Individuum als biologisches System beschreiben, für das man Input- und Outputgrößen definieren kann, sind keine *Bedürfnisse*.[41] Wohl ist es richtig, dass die *körperliche Einbettung* seit unserer Geburt uns Menschen auch diesen objektiven Abhängigkeiten unterwirft, doch *die Form*, in der diese Abhängigkeiten erscheinen, die *Erlebnisweise* dieser Abhängigkeiten gründet im Handlungs- und Denkvollzug. Nur *darin* gewinnt die biologische Notwendigkeit ihre Form. Es ist ja auch nicht so, dass Menschen abstrakt „Flüssigkeit" oder „Kalorien" zu sich nehmen könnten; diese Dinge finden sich immer schon in einer *Form* vor, ursprünglich einer natürlichen, später einer immer mehr durch viele arbeitsteilige Hände vermittelten als *Produkt*. Adorno hat das in seinen *Thesen über Bedürfnis* so beschrieben:

„Bedürfnis ist eine gesellschaftliche Kategorie. Natur, der ‚Trieb', ist darin enthalten. Aber das gesellschaftliche und das natürliche Moment des Bedürfnisses lassen sich nicht als sekundär und primär voneinander abspalten, um danach eine Rangordnung von Befriedigungen aufzustellen. Hunger, als Naturkategorie begriffen,

---

[41] Noch weniger lässt sich die *Person* auf den menschlichen Körper reduzieren, zu dem ein handelndes Ego die Relation eines *Eigentümers* unterhält, als „Personen-Körper", H.-H. Hoppe (2005), S. 95. Die „Deduktionen" Hoppes sind von nämlichem philosophischem Kaliber. Die Ideologie der „Anarcho-Kapitalisten" (Rothbard, Hoppe u.a.) zehrt vom Idyll eines ländlichen Wochenmarktes, der das Modell für den *Kapitalismus* abgeben soll – ganz so, als gäbe es nur ein paar tauschende Bauern, nicht globale Konzerne als „Tauschpartner", die in ihrer inneren Organisation totalitäre Systeme von Befehl und Gehorsam sind. Längst beherrschen sie die Staaten *kraft* der Anarchie des Marktes. Die „Körper" der Hungernden weltweit sind die Friedhofsstätte dieser Anarchie. Sie zeigen *empirisch*, was es heißt, sich ontologisch wechselseitig als *Körper* zu instrumentalisieren und sich nicht als mitfühlendes *Subjekt* zu begreifen.

5.1.4 Die Produktion der Bedürfnisse

kann mit Heuschrecken und Mückenkuchen gestillt werden, die viele Wilde verspeisen. Zur Befriedigung des konkreten Hungers der Zivilisierten gehört, dass sie etwas zu essen bekommen, wovor sie sich nicht ekeln, und im Ekel und in seinem Gegenteil wird die ganze Geschichte reflektiert. So verhält es sich mit jedem Bedürfnis."[42]

Adorno hat den gesellschaftlichen Charakter der Bedürfnisse sehr klar erkannt und ausgesprochen; er hat dabei allerdings versucht – durchaus verwandt den Entwürfen von Herbert Marcuse –, aus einer externen Position dennoch so etwas wie „richtige" und „falsche" Bedürfnisse zu unterscheiden. Darin liegt der zutreffende Gedanke, dass die Vergesellschaftung der Menschen zugleich ihr System der Bedürfnisse ausmacht, weshalb eine „falsche" Praxis auch die Bedürfnisse affiziert. Doch die Schwierigkeit liegt darin – Adorno hat das durchaus gesehen –, dass hier nur ein externes Urteil gefällt wird, keineswegs die Beteiligten selbst ihren Handlungsvollzug und die darin liegende Bestimmung ihrer Bedürfnisse, auch ihrer Technik, erkennen und verändern.

Hier wird deutlich, dass man in dem Augenblick, in dem man die Bedürfnisse als *sozial vermittelt* bestimmt, sofort zu der Erkenntnis zurückgeführt wird, dass Sozialwissenschaft immer zugleich *Ethik* ist.[43] Schon der *Begriff* des Bedürfnisses enthält das *Dürfen*, also etwas, das im Horizont einer Norm bestimmt wird. Auch das althochdeutsche *bidurfan* hat eher die objektive Bedeutung des „nötig habens". Als „Verlangen" enthält der alternative Begriff für „Bedürfnis" diese soziale Form, die eher ein *Recht* oder eine *rechtmäßige Forderung* denn ein subjektives Befinden ist. Der subjektive Begriff des „Bedürfnisses" ist erst eine spätere Ableitung. Der *Subjektivierung* eines sozialen Verhältnisses folgt dann die Naturalisierung durch die *Rechnung* im Nutzen. Auch Marx hatte durch die Naturalisierung der Bedürfnisse als ein gesellschaftliches „Ansich", gemessen am Nutzeffekt, den auch eine Zentrale per Plan kommandieren kann, die *soziale* Dimension getilgt, *gerade* durch das vorgeschobene Adjektiv „gesellschaftlich".

Man muss eben zeigen, wie sich die Vergesellschaftung im Denken, Handeln und dadurch als System der Bedürfnisse vermittelt; es genügt nicht, einer Entität „Nutzeffekt" schlicht das leere Adjektiv „gesellschaftlich" zu verpassen. Die bürgerlichen Ökonomen haben diesen Mangel – angeschaut im stalinistischen Zentralplan der Kommandowirtschaft – durchaus erkannt und kritisiert. Doch sie ziehen daraus die gegenteilige und falsche Schlussfolgerung, dass Bedürfnisse *nur* individuellen und subjektiven Charakter besitzen, über den der Theoretiker nicht zu urteilen habe. Man formuliert dies auch so, dass „der Akt der Bedürfnisbefriedigung selbst nicht als eine wirtschaftliche Tätigkeit"[44] zu interpretieren sei. Dies ist das bei Mises oder Robbins in Fortführung der Max Weberschen Wertfreiheitsforderung formulierte Grundprinzip der „reinen Ökonomik".

---

[42] T. W. Adorno, GS 8, S. 392.

[43] Unter den Nationalökonomen hat vor allem *Schäffle* diesen ethischen Charakter betont; vgl. A. E. F. Schäffle (1862). Er bestimmt deshalb den Begriff des *Bedürfnisses* als einen sittlichen, den er aber zugleich *naturalisiert*: „Das Bedürfen ist der jedem organischen Wesen, also auch der menschlichen Gesellschaft und dem menschlichen Individuum natürlich (!) innewohnende Drang zur bestimmungsgemäßen sinnlich (!) sittlichen (!) Entfaltung und Erhaltung mit Hilfe der Güter der Außenwelt." A. E. F. Schäffle (1873: 1), S. 4f. Ist die Sittlichkeit also sinnlich, natürlich?

[44] G. Cassel (1927), S. 1.

Adorno hat von diesen beiden Extremen gewusst und versucht, die soziale Vermittlung der Bedürfnisse weder einer Abstraktion „gesellschaftlich" preiszugeben noch die Individualität als notwendig je schon dem Markt subsumierte zu interpretieren. Er konnte dieses Dilemma aber nur beschreiben, nicht auflösen. Adorno verbleibt in der marxistischen Perspektive der Notwendigkeit einer Revolution – auch wenn er deren aktuelle Möglichkeit bestreitet:

> „Wenn die Produktion unbedingt, schrankenlos sogleich auf die Befriedigung der Bedürfnisse, auch und gerade der vom Kapitalismus produzierten, umgestellt wird, werden sich eben damit die Bedürfnisse selbst entscheidend verändern."[45]

Die unbedingte Bedürfnisbefriedigung ist aber selbst nur eine bürgerliche Utopie, die aus der Geldform erwächst – das wird gleich im Anschluss zu zeigen sein.

Wenn man schon im Jargon der Revolution sprechen möchte, so könnte man sagen, dass die Revolutionäre der Technik und die Revolutionäre der Bedürfnisse sich unterscheiden, oft auch in ihrer sozialen Klasse: Die Kultivierung der Bedürfnisse ist ein Geschäft der Herren, die Erfindungsgabe für technische Veränderungen liegt bei jenen, die die Arbeit verrichten. Diese Trennung hat auch noch in der Entstehung des Kapitalismus als Motor gewirkt. Petty und Mandeville hatten schon darauf hingewiesen; Sombart hat daraus seine These von der generativen Funktion des Luxus entwickelt[46]. Der Kapitalismus hat beide Funktionen unter *einem Dach* vereinigt und die Gesellschaft dadurch totalisiert: Über neue Techniken und neue Bedürfnisse, die den Menschen durch Werbung, PR und Überredung aufgenötigt werden, entscheiden weder demokratisch gewählte Regierungen noch die Menschen selbst. Beides ist der Kontrolle durch ein Management unterworfen, das in seinen Handlungen durch die Geldgier regiert wird. Man kann deshalb diese Struktur, die totalitäre Kontrolle über Technik und Bedürfnisse durch die verrückte Ratio der Geldgier, nicht einfach von ihren Zielen befreien, um dann die Welt in ein Paradies der Bedürfnisse zu verwandeln.

Mit der Vergesellschaftung der Produktion durch die Geldrechnung wird auch das System der Bedürfnisse organisiert – und eben diese spezifische Struktur einer veränderten Subjektivität durch die Geldrechnung möchte ich anschließend darstellen. Es wird sich dann beurteilen lassen, woran die Realisierung der einfachen Möglichkeit, wenigstens alle *Nahrungsbedürfnisse* auf dem Globus zu befriedigen, die durch die Produktionsmöglichkeiten weltweit *mehrfach* objektiv gegeben ist, scheitert. Adornos feingeistige Erörterungen über den spezifischen *Inhalt* der Bedürfnisse in einer Gesellschaft, die ihre Einheit *nicht mehr* durch illusionäre Gedanken und eine – gemessen an den Bedürfnissen von Milliarden – falsche Praxis herstellt, können wir, wenn erst einmal alle auf unserem Planeten hinreichend über Nahrung, Wasser, Unterkunft und eine vernünftige Bildung verfügen, einer künftigen Generation überlassen werden.[47]

---

[45] T. W. Adorno, GS 8, S. 394. Vor allem Herbert Marcuse hat das nachdrücklich behauptet; vgl. H. Marcuse (1967a; 1967b).

[46] „I have endeavour'd to prove, that Luxury, thought depending upon the Vices of Man, is absolutely necessary to render a great Nation formidable, opulent and polite at the same Time." B. Mandeville (1954), S. 18; vgl. W. Petty (1986), S. 41, W. Sombart (1992).

[47] „Der Gedanke aber, dass eine revolutionäre Gesellschaft nach der schlechten Schauspielerei von Hedy Lamarr oder den schlechten Suppen von Campbell schriee, ist absurd. Je besser die Suppe, um so lustvoller der Verzicht auf die Lamarr." T. W. Adorno, GS 8, S. 394.

5.1.5 Die Moral als soziale Ordnung der Leidenschaften

Die Einheit der Wirtschaft als Prozess der Tätigkeiten und Bedürfnisse ist nicht eine verborgene Identität, die man voraussetzen könnte. Es ist gerade dieser Punkt, für den der cartesianische Beobachter der Gesellschaft in seiner Projektion – Robinson – notwendig blind bleiben muss. Man hat Robinson zwar in viele Subjekte differenziert, dies aber nur so, dass aus ihnen unbewusste Rädchen im Räderwerk der Wirtschaftsmaschine gemacht wurden, *deren* Einheit wiederum nur in der nicht thematisierten Anschauung des Egos eines Ökonomen liegt. Tatsächlich muss jede Gesellschaft ihre Einheit als Prozess vermitteln – durch die Verschiedenheit ihrer Tätigkeiten und Bedürfnisse hindurch. Das System der Bedürfnisse ist weder statisch noch auf eine verborgene Weise determiniert (angeboren, gottgewollt usw.).

Nun erfordert jede Handlung, die durch Bedürfnisspannungen letztlich motiviert sein mag, wie dies die traditionelle Handlungstheorie vermutet, eine bestimmte Disziplin, die Subsumtion unter den Handlungszweck. Diese Subsumtion ist verbunden mit einem Zurückstellen anderer Bedürfnisse. Zwar ist teilweise die Handlung selbst für den Handelnden vergnüglich, ihm vielleicht sogar notwendige Lebensäußerung. Doch das trifft nur für einen kleinen Teil der in der Gesellschaft insgesamt zu erledigenden Aufgaben zu, die aus der impliziten Forderung der Bedürfnisse erwachsen. Zudem nimmt mit der Zahl und Vielfalt der Bedürfnisse auch die Zahl der notwendig zu realisierenden Handlungsprogramme zu. Und wie gezeigt, bedeutet die Verwendung von Maschinen zwar eine *Substitution* von lebendiger Arbeit durch technische Hilfsmittel und *erleichtert* somit objektiv die Arbeit. Zugleich jedoch verändert der Umgang mit der Technik, ihr Hineinragen in den Alltag der Menschenwelt, auch die Bedürfnisse und ihre Reproduktion. Deshalb produziert jede Erleichterung von Arbeit wenigstens immer auch *andere* und neue Bedürfnisse.

Damit steht jede Gesellschaftsform vor der Aufgabe, die verschiedenen, zur Befriedigung der Bedürfnisse notwendigen Aufgaben nicht nur den Bedürfnissen zuzuordnen, sondern sie auf die Individuen zu verteilen. Nun umfasst die Produktion viele, zirkulär vermittelte Stufen von Zwischenschritten, die in der Ökonomik vielfach beschrieben wurden unter dem Say-Marxschen Begriff der *indirekten Bedürfnisbefriedigung* durch Maschinen, dem Mengerschen Begriff der Güter „höherer Ordnung", die letztlich dazu dienen, Konsumgüter herzustellen, ein Gedanke, den Böhm-Bawerk wiederum im Begriff der „Produktionsumwege" ausdrückte. Ich habe auf den Irrtum in diesen Vorstellungen hingewiesen (vgl. 3.1.1), der sich aus der oben entwickelten Struktur der Technik nun unschwer erläutern lässt: Technische Mittel *dienen* zwar der Produktion, erleichtern die Arbeit, sind aber *als technische Mittel* in ihrem unmittelbaren Gegebensein etwas ganz anderes. Die Technik ist der in die Gesellschaft hineinragende Naturwiderstand, also etwas Fremdes, eine Negation der Bedürfnisse – nicht etwa eine Form von konsumierbaren Gütern.

Richtig bleibt an dem Bild einer vielfach gestuften Produktion, das durch *zirkuläre* Modelle wie der *Input-Output-Analyse* in dieser Hinsicht korrigiert wurde, der Gedanke: Die Produkte, die eine Gesellschaft erzeugt und die durch Handlungen hervorgebracht werden, bilden in ihrem Herstellungs*prozess* eine rein sachliche Struktur, die für die Menschen, die darin arbeitend eingebunden sind, als etwas Fremdes erscheint. Die von den Menschen darin vollzogenen Handlungen sind sachlich und sequentiell gegliedert. Eine solche sequentielle Folge ist ein Handlungsprogramm. Man kann also den sozialen Produktionsprozess unter der Perspektive des Handelns als vielfach vernetzte Struktur von Handlungsprogrammen beschreiben. Diese Matrix der Handlungsprogramme ist in der Regel nicht personal gebunden, genauer gesagt, die moderne Technik hat schrittweise die Funktion der Handlungsprogramme so weit abstrahiert, dass austauschbare Individuen in diese Struktur eintreten und darin ihre Arbeit verrichten können.

Dass dies nicht vollständig gelingt, ist ein Zeichen dafür, dass das Handeln auch in der sachlich organisierten Arbeit stets noch ein *subjektiver Vollzug* bleibt. War früher die Form der Handlungsprogramme als technisches Wissen im Handwerker individuell als Erfahrung verkörpert, so trennte die Arbeitsteilung mehr und mehr Elemente des Arbeitsprozesses von dieser personalen Bindung – bis hin zur „wissenschaftlichen Betriebsführung" im Kapitalismus.[48] Man musste aber erkennen, dass *in jeder Organisation* in den beteiligten Menschen ein Wissen *verkörpert* ist (*tacit knowledge*), das sich nicht von den Individuen trennen und explizieren lässt. Darin zeigt sich, dass das Arbeiten keine rein „zweckrationale" Tätigkeit ist, sondern ein *Handeln* bleibt, das seine Bedeutung nur im Vollzug, also auch in der Nachahmung, in der Lehrer-Schüler-Beziehung usw. entfaltet.

Gleichwohl bleibt richtig, dass die Matrix der Handlungsprogramme eine sachliche Struktur darstellt, die dem System der Bedürfnisse korrespondiert und sich mit diesem verändert. Beide Strukturen sind *funktional* getrennt, wie man schon bei einer einfachen Handlung beobachten kann, die die Bedürfnisbefriedigung aufschiebt und als Handlungsphase sich der Disziplin der Zwecksetzung (dem antizipierten Bedürfnis) unterwirft: Wer sich Tee kocht, muss für die kurze Zeit der Zubereitung sein Trinkbedürfnis zurückstellen und sich der Disziplin der Teebereitung als Handlungsprogramm subsumieren.[49] Diese funktionale Trennung muss nun in jeder Gesellschaft auch *sozial*, d.h. *intersubjektiv* vermittelt werden. Es gibt in jeder Gesellschaft eine Ordnung, die Individuen in die Matrix der Handlungsprogramme und das System der Bedürfnisse auf je *spezifische* Weise eingliedert. Menschen werden Gesellschaftsmitglieder durch Geburt. Der Ort ihrer Geburt bestimmt zugleich den Weg, durch den sie die Matrix der Handlungsprogramme und der Bedürfnisse betreten. Viele Gesellschaften haben diese erste Wegmarkierung der Familie überlassen, später arbeitsteilig anderen Organisation übergeben (Klöstern, Schulen, Handwerksmeistern, Unternehmen usw.).

Es kommt noch ein weiteres Moment hinzu. Die Menschen entfalten Bedürfnisse nicht nur gegenüber unmittelbaren oder transformierten Naturgegenständen; sie haben auch Bedürfnisse *aneinander*. Die Formen, in der diese Bedürfnisse der Menschen aneinander – von dem einfachen Bedürfnis nach Nähe, nach einem Gespräch bis zur sexuellen Leidenschaft – geordnet und organisiert erscheinen, sind vielfach durch ihre Einbettung in andere Handlungen vermittelt. In frühen Gesellschaftsformen mögen die Verwandtschaftsbeziehungen eine dominierende Rolle besessen haben; das Vordringen der Märkte und die Rationalisierung der Produktion haben diese Verhältnisse schritt-

---

[48] Die Lenin unverändert für den Sozialismus übernahm: Im Jahre 1913, d.h. vor der Machtübernahme, kommentiert Lenin z. B. den Taylorismus als „eine Schweißauspressung nach allen Regeln der Wissenschaft" W. I. Lenin, WW 18, S. 589. 1922, selbst mit der Aufgabe der Organisation der Arbeit und Produktion betraut, empfiehlt er das Taylorsystem mit den Worten: „Arbeiten lernen, das ist gegenwärtig die Hauptaufgabe wirklich des ganzen Volkes in der Sowjetrepublik." W. I. Lenin, WW 33, S. 354; vgl. K.-H. Brodbeck (1983a), S. 57ff.

[49] Jede Handlung kann allerdings ihrerseits in ein Ritual, in ein Bedürfnis verwandelt werden, wie in der japanischen Kunst der Teebereitung (*sadō*) die Handlung rein achtsam ausgeführt und jeder Zwecksetzung entkleidet wird. In der achtsamen Ausübung von Handlungen, ihrer Ritualisierung liegt ein im Kapitalismus weitgehend unbekanntes Potenzial, notwendige Arbeiten zu transformieren und sie von der impliziten Gewalt der Subsumtion, die durch die Geldrechnung erzeugt wird, zu emanzipieren.

5.1.5 Die Moral als soziale Ordnung der Leidenschaften

weise durchdrungen und aufgehoben. Gleichwohl bleiben diese Bedürfnisse erhalten und werden durch veränderte Handlungsformen, Techniken usw. darin gleichfalls verändert reproduziert.

Jede Gesellschaft vermittelt also nicht nur abstrakt die Matrix der Handlungsprogramme und Bedürfnisse; sie ordnet durch ihren sozialen Prozess auch die *Individuen*, ihr Heran- und Hineinwachsen in diese Strukturen ein (Erziehung und Ausbildung). Diese Zuordnung erfolgt durch den Zufall des sozialen Ortes der Geburt, kann aber durch die Handlungen der Individuen teilweise verändert werden. Der Grad, in dem die Individuen ihren sozialen Ort selbst verändern können, charakterisiert die Freiheit der Einzelnen in der Gesellschaft. Um aber sogleich einer eifrig gepflegten Legende zu widersprechen: Der Markt gewährt nur wenigen eine Freiheit der Wahl, denn die Lebenswelt an den Rändern der Märkte verhindert dies. Wer durch Geburt in einen der zahllosen Slums des totalen Weltmarktes geworfen wird, hat kaum je eine Chance, diesen sozialen Ort wieder zu verlassen.[50] Von Zeichen des Hungers geprägt, mit einer Lebenserwartung von kaum mehr als 40 Jahren, vollzieht die Geburt für Milliarden Menschen eine Zuordnung in die Weltorganisation der Tätigkeiten und Bedürfnisse, aus denen es innerhalb der Marktschranken kaum einen Ausweg gibt. Es gehört also sehr viel mehr dazu als ein formales Freiheitsrecht, sich von den vorgefundenen Lebensumständen und den impliziten Vorzeichnungen des eigenen Lebensweges tatsächlich durch freie Entscheidung emanzipieren zu können: Nichts weniger als die objektive *Möglichkeit* zur Freiheit. Das Recht gewährt, die Geldschranke verhindert diese Freiheit.

Als allgemeine Bezeichnung für die Zuordnung von *Individuen* in die Matrix der Handlungsprogramme und das System der Bedürfnisse kann man den traditionellen Begriff „Moral" verwenden. Die Moral organisiert nicht die Gesellschaft *als* Prozess; sie organisiert die je *individuelle Einordnung in diesen* Prozess. Die Moral einer Gesellschaft definiert keine Handlungsprogramme, sondern ordnet Handlungsprogramme Individuen zu als erlaubte oder verbotene. Was für einen Soldaten als akzeptabel gilt – auch „Zivilisten" im Krieg zu ermorden (= Kollateralschaden) –, ist für andere Menschen alltäglich ein schlichtes Verbrechen. Die Moral ordnet Individuen, und sie ordnet sie den sozialen Funktionen zu. Hierbei werden Individuen in Typen klassifiziert, und jedem Typus wiederum werden erlaubte oder verbotene Handlungsprogramme und Bedürfnisse zugeordnet. Was Männern in immer noch vielen Gesellschaften erlaubt ist, ist Frauen verboten; was Bankmanagern zur Ehre gereicht – durch Spekulation zur Steigerung der Rendite ganze Landstriche, Städte oder sogar Länder in eine Krise zu stürzen und Menschen ins Elend der Armut und Auswegslosigkeit zu verstoßen –, gilt für viele andere Menschen als Verbrechen.

Allgemein kann man sagen, dass die Moral die Leidenschaften *ordnet*, hierbei aber die Individuen ungleich behandelt und so in ein System einordnet, in dem sie auch ihre Handlungen als Aufgaben erhalten und worin bestimmte Bedürfnisse als erlaubt, andere als verboten gelten. Die Anfänge dieser Moralstruktur von Gesellschaften beziehen sich zunächst vorwiegend auf die Ordnung der Sexualbeziehungen durch Tabus und Definitionen der Geschlechtsreife, der Heiratsfähigkeit usw. Andere Gesellschaften verbinden ihre Moral unmittelbar mit der Organisation der Handlungen (der Arbeit); die Denkformen, die dies jeweils zum Ausdruck bringen, sind vielfach religiöser Natur – oder umgekehrt gesagt: Die religiösen Denkformen ordnen in einer Gesellschaft implizit die Leidenschaften und ihre Zuordnung zu Individuen. Ich habe die durchsichtige und sichtbar falsche Ableitung der „Natur" eines Sklaven bei Aristoteles auch als Beispiel dafür beschrieben, wie die implizite Ethik der nachträglich „wissenschaftlich" genann-

---

[50] Darüber informieren im Detail UN-Habitat (2003); J. Ziegler (2005); M. Davis (2007).

ten Erklärungen funktioniert (vgl. 4.2.3.1). Die Vielfalt der moralischen, religiösen und gesellschaftlichen Formen macht es mir hier allerdings unmöglich, den einfachen, abstrakten Gedanken zur Charakterisierung dieses Zusammenhangs hier durch weitere und zahlreiche historische Beispiele zu illustrieren.

Die moralische Ordnung kann auch als Recht normiert und durchgesetzt werden. Die Differenz liegt in der staatlichen Gewalt; doch der Übergang ist fließend. Wer gegen die moralische Ordnung einer Gesellschaft verstößt, erfährt vielleicht keine Sanktion durch eine Exekutive; die Sanktion aufgrund entzogener Anerkennung durch andere, die Verminderung der Möglichkeiten der Teilnahme an Handlungen, der Ausschluss von bestimmten Bedürfnissen durch jene, die die Moralregel als geltend akzeptieren – all dies sind Vor- oder Begleitformen jener Sanktionen, die staatliche Gewalt durch rechtliche Normierung verübt. Es ist also keineswegs so, dass ein Verstoß gegen eine Moralregel nur durch jenseitige Strafen oder ein schlechtes Gewissen sanktioniert wäre. „Moral" ist hier auch ganz und gar nicht als hohe Form einer Ethik zu verstehen, sondern als Summe aller in einer Gruppe geltenden Regeln und Normen, in die sich Individuen *einfügen* müssen, um Teilnehmer an dieser Form der Vergesellschaft zu sein.

Ich fasse meine Skizze in der These zusammen: Die Moral oder ihre institutionalisierte Form als Recht ordnet die Individuen in ihren Handlungen und Leidenschaften in der Gesellschaft. Sie erlegt bestimmten Individuen Tätigkeiten als Pflicht auf, erlaubt anderen bestimmte Bedürfnisse und ordnet auch die wechselseitigen Leidenschaften der Menschen untereinander. Der Begriff der „Leidenschaft" ist hierbei durchaus „neutral" verwendet, d.h. ich folge nicht der moralischen Sitte, die Leidenschaften zu klassifizieren und damit zu be- oder verurteilen. Allerdings kann man die Struktur der Leidenschaft dahingehend beschreiben, dass sie sich an einem konkreten Objekt oder Menschen entfaltet. Leidenschaften und Bedürfnisse haben jeweils einen definierten Inhalt, eine Form. Sie mögen zwar kraft der menschlichen Phantasie unendlicher Verwandlung fähig sein – auch die Sexualität bewegt sich, abhängig von der Selbstbindung an die eigene Phantasie, zwischen den Polen der mönchischen Askese und der Perversion eines de Sade –, aber die Leidenschaften haben jeweils eine konkrete Gestalt. Jede einzelne Leidenschaft, jedes Bedürfnis kann deshalb an dieser konkreten Gestalt auch wenigstens temporär gestillt und befriedigt werden.

Wenn eine Leidenschaft ihr Objekt erreicht und ihre vorgestellte Form sich an einem konkreten Objekt beruhigt, dann wird das *eigentliche* Ziel der Bedürfnisbefriedigung, der Beruhigung der Begierde realisiert: Als eingekehrte, wie auch immer wieder vergängliche Ruhe. Sowohl die Handlungen wie die Leidenschaften oder Bedürfnisse, die menschlichen Begierden haben ein definiertes Objekt oder Ziel. Dieses Ziel unterscheidet sich von anderen, hat also einen konkreten Inhalt. Es mag immer wieder vorkommen, dass sich eine Begierde auf etwas *Unmögliches* richtet und deshalb nie ihren Frieden findet. Dennoch ist der *Inhalt* stets ein konkreter. Und wenn Menschen Jahrhunderte unerfüllt vom Fliegen träumten, so kam doch der Tag, an dem diese Leidenschaft ihre Erfüllung fand und die Seele ihre vorübergehende Ruhe. Bei allen konkreten Bedürfnissen ist die Befriedigung *möglich*, weil sie einen konkreten Inhalt haben – auch wenn äußere Umstände diese Befriedigung (z.B. den Wunsch, gesund zu sein, während man an Krebs leidet) verhindern können –, weil sie einen *Inhalt* haben. Ihr Inhalt enthält eine Grenze und ist dadurch bestimmt. Man kann also allgemein sagen: Die Struktur der Moral einer Gesellschaft ordnet die Leidenschaften und hat *deshalb* auch stets einen konkreten Inhalt, worin bestimmte Handlungstypen oder Bedürfnisse klassifiziert und moralisch begrenzt werden.

5.2 Das Geld als Denkform

5.2.1 Die Vergesellschaftung durch das Geld

Die menschliche Gesellschaft wird hergestellt und reproduziert als ein Prozess der Bedeutung. Um Bedeutungen zu erfassen, muss man an diesem Prozess teilnehmen. Und am Prozess der Bedeutung teilzunehmen heißt, als gesellschaftliches Wesen zu handeln und zu denken. Der Bedeutungsprozess ist in sich vielfältig differenziert, doch seine wichtigsten historischen Formen sind die Vergesellschaftung durch Sprache und Geld. In der Sprache und im Geld tritt unmittelbar das intersubjektive Dasein des Bedeutungsprozesses hervor. Regeln und Gewohnheiten beruhen auch auf Bedeutungsprozessen, sind aber meist individualisierbar. Robinson kann in seinem Verhalten selbst formulierte Regeln befolgen, aber er kann nicht das Sprechen erlernen, sofern er es nicht schon auf seine einsame Insel als Fähigkeit mitgebracht hat. Ebenso wenig wird Robinson Dinge in Geld rechnen und vergleichen. Denn: Im sprachlichen Austausch und im ökonomischen Tausch ist mit jedem Ding stets auch je ein *anderer* thematisiert: der Gesprächspartner, der Tauschpartner. Sprache und Geld offenbaren also auf eine hervortretende Weise soziale Bedeutungsprozesse.

Ein Weiteres haben Sprache und Geld gemeinsam. Das, was sie kennzeichnet – nämlich ein sozialer Prozess der Bedeutung zu sein – findet immer wieder an dinglichen, materiellen Formen einen Anhalt. In der Sprache ist es die Schrift, der Text, beim Geld ist es das Geldmaterial: Gold, Papier oder die elektronische Realisierung von Zahlen auf einem Computer. Durch diese Materialisierung scheint die Bedeutung *greifbar* zu werden. Sie wird anschaulich; der *Prozess* der Bedeutung gerinnt zu einer dinglichen Entität mit einem räumlichen Dasein, dem Wort, der Münze. Doch was hier erscheint, ist nicht die Bedeutung. Gleichwohl ist mit der Materialisierung der Bedeutungsprozesse die unendliche Verführung verbunden, Bedeutungen *als* Dinge, die Bewegung des Gedankens und des Handelns als erstarrten Gegenstand zu betrachten. Jeder semiotische Prozess bedient sich immer *auch* eines Trägers, an dem Bedeutung gedacht und gehandhabt wird. Die Veränderung des Trägers verändert nicht unmittelbar den semiotischen Prozess, beeinflusst aber gleichwohl seine Dynamik und die mit ihm verbundenen Denkformen: Das Denken, das sich an der *Schrift* orientiert, ist ebenso ein anderes, wie eine Geldrechnung, die nur noch elektronisch Konten abgleicht. Darin zeigt sich: Auch die Bedeutung der *hier* verwendeten Begriffe „Sprache" und „Geld" korrespondiert nicht einer mit sich identischen Entität, sondern sie reproduzieren ihre Bedeutung in Abhängigkeit vom sozialen Bedeutungsprozess der Gegenwart. Man kann deshalb nicht sagen, was die spezifische Form künftiger Sprachmedien und Geldformen sein wird. In der *gegenwärtigen* Gesellschaft sind die Kategorien Sprache und Geld jedoch hinreichend genau bestimmt, um *verständliche* Beschreibungen formulieren zu können.

Das Geld ist in seinen sozialen Formen in die sprachlichen Prozesse, in die Kommunikationsprozesse *eingebettet*. Doch es stellt *innerhalb* dieser Kommunikationsprozesse ein kategoriales Novum dar, das gegenüber anderen Denkformen immer auch seinen Unterschied reproduziert. Das Rechnen ist zwar auch ein Sprechen und Kommunizieren, gleichwohl eine eingebettete, besondere Form dieser Akte. Als *Handlung* weist die Geldverwendung zudem über die sprachliche Interaktion hinaus, sofern Waren getauscht, Forderungen und Eigentumsrechte Subjekten zugeordnet oder Institutionen bezüglich der Geldformen errichtet werden. Deshalb ist die Sprache kein vollständiges Modell des Geldes, wie umgekehrt der Austausch durch Geld kein geeignetes Modell der Sprache sein kann. Beide sind *in sich* zu erkennende soziale Phänomene, die allerdings *dies* gemeinsam haben, soziale Bedeutungsprozesse zu sein. Bedeutungsprozesse haben ihre Wirklichkeit in den mit ihnen verbundenen intersubjektiven Akten, dem Denken und Handeln, dem Sprechen und Tauschen, dem inneren Dialog und dem privaten Rechnen in Geld oder abstrakteren Entitäten. Das „Sein" der Bedeutung ist eine soziale Denkbewegung, die Handlungen formt und lenkt.

Die Bedeutung ist nicht ein separates Ding „Geist" neben anderen Dingen („Materie"). Soziale Bedeutungsprozesse sind zwar immer auch *Handlungen*, und jede Handlung ist immer *auch* eine *körperliche* Bewegung. Der körperliche Träger der Bedeutungsbewegung ist aber nicht die Bedeutung, noch kann die Bedeutung von einem bewegten Körper gänzlich getrennt werden. Dass Bedeutung aber nicht durch körperliche Träger *erzeugt* wird, dass sie deshalb auch nicht darauf *reduziert* werden kann, erkennt man daran, dass die Bedeutung erhalten bleibt, wenn die körperlichen Träger *wechseln*. Das ist im Dialog offenkundig, wenn ein Gedanke zwischen zwei Gesprächspartnern ausgetauscht oder entwickelt wird. Offenbar ist es nicht das vereinzelte Gehirn, das diese *intersubjektive* Bedeutung hervorbringt. Und die so ausgedrückte Bedeutung kann aufgeschrieben, in Zeitungen gedruckt oder auf elektronischen Datenträgern aufbewahrt werden. Der im Rechenakt „Wurzel aus 4 ist 2" vollzogene Prozess der Bedeutung bleibt erhalten und wird reproduziert, gleichgültig, ob ihn das Gehirn von Müller oder Maier oder deren Taschenrechner aktualisiert, ob er in einem alten Buch gefunden und denkend reproduziert oder in einer Schulklasse im Unterricht eingeübt wird. Dennoch: Das Buch ohne Leser bleibt stumm, und der Taschenrechner ist ohne seinen Benutzer nur ein blinkendes Lämpchen. Deshalb ist die Wirklichkeit von Sprache und Geld zwar stets auch materialisiert; doch die Bedeutung ist von anderer Natur, ist ein sozialer Prozess, der nur durch eigene, ihm spezifisch zukommende Kategorien erklärbar ist.

Die Erinnerung an dieses Ergebnis unserer Diskussion im zweiten und dritten Teil dieses Buches scheint mir wichtig, wenn ich nun daran gehe, die Veränderung der Subjektivität durch die Geldverwendung näher darzustellen. Als These formuliert: Das Geld ist kein materielles Ding, das auf dunklen Wegen in das Bewusstsein der Menschen diffundiert. Es verändert das Bewusstsein dadurch, dass es in seiner sozialen Funktion *vollzogen* und als Rechnung *gedacht* wird.[1] Dieser Vollzug der Bedeutung reproduziert sich durch die vielen Köpfe hindurch in einem zirkulären Prozess als Denkbewegung. Die dem Geld eigentümliche Täuschung, der es umgebende Schein, ist nicht der Schatten eines Dings in den Köpfen der Menschen, sondern eine *besondere* Denkbewegung, das Rechnen mit den dem Geld zugeordneten Zahlen während verschiedenster Tauschprozesse. Dass dieses mehr und mehr universalisierte Tun das Denken der Menschen, die *denkende* und *fühlende* Reproduktion ihrer Subjektivität, also ihren *Ego-Prozess* beeinflusst, bedarf deshalb keines Nachweises. Schon Kinder begreifen als *tacit knowledge* sehr rasch und ungeachtet schlechter Schulnoten im Rechnen die Struktur des Geldes. Es ist jedem Teilnehmer einer Gesellschaft ebenso offenkundig, wie er sprechend bemerkt, dass er eine Sprache beherrscht.

Das Geld ist also *zunächst* in den als Phänomen sich aufdrängenden Momenten, die im alltäglichen Hantieren und Rechnen mit Geld sich als Gewohnheit am Rande der Aufmerksamkeit vollziehen, nicht schwer zu erfassen. Jeder versteht die darin liegenden Momente: Preisforderungen von Verkäufern sind mit dem eigenen Geldbesitz zu vergleichen durch Multiplikation von Preis und Menge; ohne Geld gibt es keinen Marktzutritt, was bedeutet, dass Geld stets auch in einer bestimmten materialisierten Form als

---

[1] „Es ist ein Fehler aller modernen Geldtheorien, dass sie von den Wertzeichen oder sogar vom Stoff der Zahlungsmittel statt von der Form des wirtschaftlichen Denkens ausgehen. Aber Geld ist wie Zahl und Recht eine Kategorie des Denkens." O. Spengler (1971: 2), S. 1163.

Eigentum bestimmt und für andere erkennbar festgehalten wird. Geld ist ein *universelles* Maß, es lässt sich auf *alle* Waren beziehen und alles lässt sich in Geld schätzen. Dieses Einfache am Phänomen des Geldes, dessen Momente sich in der Analyse des Kaufaktes durchaus als in sich differenzierte Struktur erwiesen haben, besitzt gerade *kraft* dieser Einfachheit eine große Macht. Jeder vollzieht diese Denkform individuell. Dabei ist das *Wichtigste*, was das Geld zu einem kollektiven Schein macht, *unsichtbar*. Gerade und *nur* weil alle dieses Einfache vollziehen und einer bestimmten materialisierten Geldform einen universellen Wert als Recheneinheit zuschreiben, weil sie den Geldbesitz als selbstverständliche Voraussetzung für den Marktzutritt durch das Streben nach Geld reproduzieren, deshalb *hat* das Geld die Bedeutung als Wert, die ihm zugesprochen wird.

Jeder spiegelt sich im Handeln des anderen, der sich wiederum in dessen Handeln spiegelt. Der *Gesamtprozess* des Geldwertes, die in ihm liegende Zirkularität, bleibt darin gerade verborgen. Das Geld „hat" nur Wert, weil die Vielen auf den Märkten – an diesen Wert *handelnd*, d.h. in Geld rechnend *glauben* – das hervorbringen, wovor sie sich verneigen. Und das erscheint nicht am Geld als Ding, noch erscheint es am Handeln des je anderen. Es ist eine gewohnte Selbstverständlichkeit, die nur in Krisen, bei Inflationen, bei politischen Umbrüchen, beim Vordringen fremden Geldes usw. unmittelbar ins Bewusstsein dringt. Doch auch dann erscheint das Geld *nicht* als zirkulärer Bedeutungsprozess, den alle hervorbringen durch die Unterwerfung unter ihn, sondern die *Störung* dieser Unterwerfung wird als ein fremdes, schicksalhaftes Ereignis erlebt. Was aber darin erfahren wird, ist nur dies, dass sich auch bei funktionierender Geldverwendung die Menschen *wechselseitig* die Bedingungen setzen, die sie *insgesamt* als globalen Sachzwang erleben. Weil jeder symmetrisch in seinem Denken und Handeln stets die Geldvermittlung voraussetzt, deshalb vergesellschaften sich die Menschen über das Geld in ihrer Geldrechnung und ihren Tauschakten.

Dass es sich um eine *besondere* Form der Vergesellschaftung durch das Geld handelt, ist gleichwohl immer noch erfahrbar. Jeder, der als Obdachloser eine der öffentlichen Suppenküchen aufsucht, *weiß*, dass es noch andere Formen der Vergesellschaftung gibt, in denen Güter ausgetauscht werden, die nur auf Kommunikationsprozessen und Moral beruhen. Viele über das Geld vermittelte Prozesse sind durch andere, kommunikative Prozesse oder durch allgemein anerkannte Moralregeln substituierbar. Was in der Moderne als Dienstleistung auf dem Markt gekauft wird, ist in anderen Gesellschaften etwas, das durch die Familie, Nachbarn, Freunde oder religiöse Organisationen vermittelt wird. Die Erinnerung an diese Phänomene zeigt ganz einfach, dass das Geld nicht *universelles* Instrument der Vergesellschaftung der Menschen ist. Es ist also ein Denkprozess, eine Denkgewohnheit, wenn man mehr und mehr dazu neigt, sich gesellschaftliche Interaktion nur noch als über das Geld vermittelt vorzustellen. Diese Totalisierung – von der ökonomischen Theorie propagiert und vermittelt – wird *hergestellt*. Sie kommt nicht einer Gesellschaft als deren innere Notwendigkeit zu. Gleichwohl hat der am Geld vollzogene *Denkprozess* diese Totalisierung antizipierend und in den Alltag diffundierend als universelle Struktur der allgemeinen Subjektivität bereits vollzogen – im *Geldsubjekt*.

5.2.2 Die Verschuldung aller Dinge: Das Geld der Philosophie

Das Geldsubjekt ist in sich keine subjektive Ganzheit; es *bewohnt* – als Metapher gesagt – eher das Subjekt, beherrscht es, aber es ist auf andere Faktoren der Psyche, des Bewusstseins angewiesen. Diese seltsame Struktur ist nur der *innere* Vollzug dessen, was die Menschen handelnd in einer vom Geld dominierten Alltagswelt tun. Wie das innere

Sprechen („Nachdenken") sich dem sozialen Verkehr, dem sprachlich vermittelten Handeln mit anderen verdankt, zugleich aber dieses sprachlich vermittelte Handeln auch sozial reproduziert, ebenso reproduziert die *innere Denkform* des Umgangs mit Geld die äußere soziale Struktur. Das teilnehmende Subjekt, sich darin als Ort dieser Bewegung vergessend, beobachtet die Dinge verändert, weil es auf andere Weise im Geldkosmos mit den Dingen umgeht.

Das Geldsubjekt bewegt sich in folgender Erfahrung: Das Geld bezieht sich auf einen potenziell unendlichen Warenkosmos. Die Beziehung zu den einzelnen Waren ist dabei einerseits *beherrschend* – das Geld lenkt die Warenströme –, andererseits ist das Geld vollkommen *abhängig* von dem, was es rechnend vermittelt. Es subsumiert sich in den Kaufakten zahllose Waren, setzt sie aber andererseits immer voraus. Das Geld ist in dieser Vermittlungsfunktion vollständig abhängig und unproduktiv. Es bringt nichts hervor, lässt aber gleichsam alles durch sich hindurch, nachdem es gewogen und bewertet (also mit einem Preis versehen) wurde. Gleichwohl ist das Geld in dieser Funktion ein sozialer Prozess, der ausgrenzt und einschließt. Das Geld vollzieht durch die Rechnung der Subjekte hindurch, durch die Anerkennung des Eigentums am Geldbesitz beim Tauschpartner, eine *tätige Unterscheidung*. Die *Rechnung* in Geld setzt die Trennung und Unterscheidung voraus. Jedem Preis geht die Einschätzung voran, ob eine Ware *überhaupt* verkäuflich ist. Diese analytische Grenzziehung, die auf dem Markt tätig rechnend und alltäglich vollzogen wird, tritt nicht als *gesonderter* Akt hervor. Sie zeigt sich durch den Eintritt oder Nichteintritt in eine Tauschrelation. Der begleitende Denkakt setzt also die tätige *Unterscheidung*, die Einwilligung in die Teilnahme immer schon *voraus*.

Eine bestimmte Geldsumme, deren Eigentümer jemand ist und der dadurch Marktzutritt erhält, wird im Kaufakt in der Regel auf mehrere oder viele Waren verteilt. Diese Aufteilung ist aber keine *qualitative*. Welche Zwecke immer durch welche Waren als mögliche Mittel realisiert werden sollen, der dem *Geld* angehörige Akt ist nur die *quantitative* Aufteilung einer Summe auf verschiedene Teile. Die *Verschiedenheit* der Teile – der gekauften Waren – reduziert sich auf je nur *eine* Eigenschaft, nämlich die, käuflich zu sein, also einen *Preis zu besitzen*. Die Teilbarkeit der Waren seinerseits orientiert sich wiederum am Geld als der abstrakten Rechnungseinheit, die nur gleiche Teile kennt. Kurz: Der Denkform des reinen Geldsubjekts ist es eigentümlich, Teile als *gleichartige* (nämlich an der Geldeinheit gemessene) vorzustellen, die ein Ganzes nur als *Summe* ergeben.

Das Geldsubjekt blickt auf alle Dinge nur hinsichtlich ihrer Teilbarkeit in gleiche Teile, in Atome als Bezugspunkte der Geldeinheit. Ein Ding ist „verstanden" (also in Geld berechnet), wenn es in Geldeinheiten ausgedrückt werden kann. Der *Horizont* dieses Verstehens ist aber die eine, leere Abstraktion der Geldeinheit, die *als diese* Einheit nie zum Gegenstand des Denkens wird, ist sie doch stets schon in den Rechnungen vorausgesetzt. Das Eine des Vielen ist eine leere Einheit, ebenso ein Rätsel, wie dennoch selbstverständlich vorausgesetzt. Verglichen mit allen anderen natürlichen Eigenschaften der Waren ist die Geldeinheit auch das *ganz Andere*. Und da Waren gegen Geld getauscht werden, sind alle Dinge auf seltsame Weise doch in dieses Eine verwandelbar.

Diese allgemeine Austauschbarkeit, in der das Geldsubjekt hier rechnet, ist aber keine beliebige und keine symmetrische. Durch den Kaufakt, in dem eine Ware W gegen eine Geldsumme G getauscht wird, entsteht zugleich ein *Schuldverhältnis*. Der Käufer muss die allgemeine Rechnungseinheit in einer anerkannten Verkörperung als Zahlung leisten, der Verkäufer muss die ausgehandelte Warenmenge liefern. Die begleitende *Denkform* ist in ihrer abstrakten Struktur also dies, dass eine *Verwandlung* stets ein

5.2.2 Die Verschuldung aller Dinge: Das Geld der Philosophie

Schuldverhältnis erzeugt, das als dieses Schuldverhältnis auch ausgeglichen werden muss, soll die Verwandlung vollzogen werden. Da der Kaufakt sich aber auf die dingliche Form von Ware und Geldmaterie bezieht, scheint im Austausch zugleich ein Schuldverhältnis der *Dinge* vorzuliegen.

Das griechische Wort für „verursachen" – *aitia* – bedeutet zugleich auch „verschulden". Die Wirkung ist die Schuld der Ursache; die Ursache *verschuldet* die Wirkung. Aristoteles bestimmt die Ursache begrifflich als Antwort auf die Warum-Frage. Die sachliche Ursache ist eine von einem personalen Motiv getrennte Form des „Verschuldens". Ihr Begriff bestimmt das, was im Geldverhältnis vollzogen ist: Die *versachlichte* Form eines Schuldverhältnisses. Aus dem abstrakten Begriff *der* Ursache ist jede konkrete Bestimmung entfernt, sofern man alle Dinge *als* verursacht betrachtet. Die situative Einbettung der Erfahrung, der Bezug auf die Waren als konkrete sinnliche Dinge, ist in der Geldrechnung getilgt. Die gegenseitige Abhängigkeit aller Dinge erscheint in der Form von Waren und Geld als ein abstraktes Schuldverhältnis, dessen naturalisierter Begriff später „Kausalität" genannt wird.[2]

Diese Form des Denkens, die im Kaufakt vollzogen wird, ist inzwischen völlig selbstverständlich geworden. Das ihr eigentümliche kategoriale Novum wird durch die Gewöhnlichkeit ihres Vorkommens unsichtbar. Als derartige Denkformen sich in andere Denkprozesse erstmals einbetteten, waren sie noch als Novum erkennbar. Deshalb kann man vermuten, dass die frühsten philosophischen Versuche dieses Novum auch noch als *neue* Erkenntnis aussprechen. Da das Denken des Geldsubjekts – als das Denken von jedermann, der kauft oder verkauft und darin die dem Geld eigentümliche Bedeutungsstruktur *vollzieht* – sich *in andere* Denk- und Kommunikationsprozesse einnistet, ist es, wie jede Sprachform, zugleich auch allgemeines Modell, universelle Metapher. Und eben diese Totalisierung lässt sich bei den frühen griechischen Philosophen entdecken.

Nietzsche hat das genau beobachtet. Er stellt die Frage:

> „Woher diese uralte, tiefgewurzelte, vielleicht jetzt nicht mehr ausrottbare Idee ihre Macht genommen hat, die Idee einer Äquivalenz von Schaden und Schmerz? Ich habe es bereits verraten: in dem Vertragsverhältnis zwischen *Gläubiger* und *Schuldner*, das so alt ist, als es überhaupt ‚Rechtssubjekte' gibt, und seinerseits wieder auf die Grundformen von Kauf, Verkauf, Tausch, Handel und Wandel zurückweist."[3]

Das Rätsel einer *abstrakten* Einheit, in die sich die Dinge verwandeln und aus der sie hervorgehen, ist die Erfahrung der Rechnung in der Geldeinheit. *Als Einheit* ist sie darin tatsächlich unsichtbar, beruht die Bedeutung dieser Einheit doch auf der zirkulären Verwendung der Vielen in ihren alltäglichen Kaufakten und Geldrechnungen. Damit enthält die Geldform – als Denkform des Subjekts – den leeren Inhalt, dass eine abstrak-

---

[2] Bei Aristoteles ist die Abstraktion der Ursache noch immer eingebettet in das konkrete handwerkliche Handeln, das die Vorstellung in seiner *Metaphysik* bestimmt. Deshalb kennt er auch nicht *einen* Begriff der Ursache, sondern verwendet *vier* Typen von Ursachen, die später die scholastische Philosophie als *causa finalis, formalis, efficiens* und *materialis* bestimmt. Die Abstraktion *der* Ursache, die zudem physikalisch als Funktion, als mathematische Gleichung beschrieben wird, ist die späte und rein wissenschaftlich durchgeführte Form dessen, was im Verhältnis der sachlichen „Verschuldung" von Waren und Geld als reine Quantität gedacht wird.

[3] F. Nietzsche (1969: 2), S. 805.

5.2 Das Geld als Denkform

te Einheit zu den vielen Dingen in einer Wechselwirkung von Schuld, Entstehen und Vergehen steht. Bei Anaximander tritt solch eine abstrakte Einheit als das *Unbegrenzte* (*apeiron*) auf. Das, was alles andere rechnend vermittelt, sich potenziell auf *alles* bezieht, weil alles durch es hindurch geht im Tausch Ware gegen Geld gegen Ware usw., ist gleichwohl das *Maß* aller Dinge:

> „Anfang und Ursprung der seienden Dinge ist das Apeiron. Woraus aber das Werden ist den seienden Dingen, in das hinein geschieht auch ihr Vergehen nach der Schuldigkeit; denn sie zahlen einander gerechte Strafe und Buße für ihre Ungerechtigkeit nach der Zeit Anordnung."[4]

Die „Ungerechtigkeit", die im Kaufakt eröffnete Schuld, wird durch den Kauf selbst wieder getilgt und ausgeglichen, und dies ist ein *Prozess*, der sich ohne Grenze von innen vollzieht in der Einheit der Rechnung. Das eigentliche Rätsel im kategorialen Novum des Geldes liegt in der Rechnung, im Preis, seiner Grenzziehung, im Setzen von Maßverhältnissen; während andererseits das Geld selbst als Einheit keine Grenze kennt. Die Einheit, die Eins, ist maß-*gebend*, selbst aber ohne Maß oder Grenze. Die Ware, in ihrer Menge begrenzt, ist im Preis durch das Unbegrenzte, das Geld beschränkt. So scheint am Begrenzten im Preis der vorübergehende Schatten des Unbegrenzten. In der Selbstreflexion dieser Erfahrungen tritt also das Unbegrenzte auf dunkle Weise neben das Begrenzte – wobei das Unbegrenzte die Grenzen setzt, sich selbst aber darin nicht festhalten lässt. In der pythagoreischen Schule, in Philolaos Schrift „Über das Weltall", wird gesagt:

> „Es ist notwendig, dass die seienden Dinge insgesamt entweder begrenzend oder unbegrenzt oder sowohl begrenzend als auch unbegrenzt sind. Nur unbegrenzt oder nur begrenzend können sie jedoch nicht sein. Da also offenkundig die Dinge weder aus einer Gesamtheit von Begrenzenden noch aus einer Gesamtheit von Unbegrenzenden bestehen, so ist doch klar, dass die Welt sowie das, was sich in der Welt befindet, sowohl aus Begrenzenden als auch Unbegrenzten besteht."[5]

Die *scheinbare Evidenz*, in der hier gedacht wird, wird in einem Denken gewonnen, das sich schon in dieser Struktur bewegt. Es gibt wichtige andere Quellen, an denen diskrete Sachverhalte (wie der nächtliche Sternhimmel und die Jahreszeiten), also eine Vielheit wohlunterschiedener Einheiten erscheint. Offenbar hat der Blick darauf frühere Kulturen (Ägypten, Mesopotamien, China, Mittelamerika) bereits zu einer teils sehr entwickelten mathematischen Form geführt. Allerdings ist der Gedanke – auch mit Blick auf diese Erfahrungen – doch befremdlich und in Europa neuartig, dass die Vielheit eine *abstrakte* Einheit sein soll. Das Eine war z.B. bei den Mayas stets konkrete Einheit einer kosmischen oder irdischen Form.[6] Wenn Pythagoras dagegen sagt: „*Alles* entspricht der

---

[4] Fragment des Anaximander, in der Übersetzung von Hermann Diels: Die Fragmente der Vorsokratiker, Hamburg 1957, S. 14. Vgl. „Noch an Hegel bewährt sich jenes Philosophem, dass dem, was zugrunde geht, sein eigenes Recht widerfährt; als urbürgerlicher Denker untersteht er dem urbürgerlichen Spruch des Anaximander." T. W. Adorno, GS 5, S. 323. Adorno kritisiert die mythologisierende Interpretation des Spruchs von Anaximander durch Heidegger, verfällt aber dann selbst in eine solche Deutung; vgl. GS 13, S. 112 und M. Heidegger (1972b), S. 305ff.

[5] J. Mansfeld (1983), Fragment 23, S. 143.

[6] Vgl. die G- und T-Form bei den Mayas, H. Men (1990).

5.2.2 Die Verschuldung aller Dinge: Das Geld der Philosophie 877

Zahl"[7], so findet dieser als *Selbstreflexion* vollzogene Gedanke mit der ihm offenbaren Evidenz seine Form an einer Rechnung, in der „alles" in einer „Einheit der Zahl" gerechnet wird, wobei der Inhalt dieser Einheit für den Akt der Rechnung je schon vorausgesetzt ist und ungedacht bleibt. Als Selbstreflexion der in der Geldverwendung vollzogenen Rechnung bleibt damit die reine Abstraktion der Einheit, die an allem Maß nimmt, selbst aber unbegrenzt bleibt.

Pythagoras reflektiert das je schon vollzogene rechnende Denken an ihm selbst, unabhängig vom sozialen Ort des Vollzugs dieses Denkens. Gestützt auf die im inneren Sprechen reproduzierte soziale Form wird daraus die philosophische Reflexion auf das Rechnen selbst. Die *Einheit* dieses Rechnens, getrennt vom sozialen Ort seines Vollzugs, verliert darin jeden Inhalt, und diese Abstraktion wird durch die Geldform im Denkprozess vollzogen, denn die Einheit des Geldes in der Rechnung hat keinen anderen Inhalt *als den sozialen Prozess* reflexiver Anerkennung. Im reflektierten, individuellen Nachvollzug ist dieser Bezug gänzlich abgeschnitten (wie auch beim Nachdenken und inneren Sprechen das Du, der andere, verschwunden scheint). Darin liegt eine *Trennung*, die sich am Begriff der Einheit der Zahl dann einerseits als philosophisches Rätsel auftut (*das* Eine, das alles Seiende begrenzt, sich aber darin entzieht *als* das Eine); andererseits emanzipiert sich das Denken von der konkreten Rechnung mit Gegenständen, mit Waren, und kann die abstrakten Zahlenverhältnisse *an ihnen selbst* untersuchen. Hierbei zeigen sich unerwartete, neue Eigenschaften, die in der konkreten Geldrechnung zwar impliziert, nicht aber offenbar sind.

Die Zahlenverhältnisse *erscheinen* also am Geld, in der Rechnung mit einer leeren und illusionären Einheit; aber sie werden nicht vom Geld ontisch hervorgebracht. Man könnte auch sagen: In der Geldrechnung offenbart sich die Struktur quantitativer Verhältnisse in einer Reinheit, die als Selbstreflexion des in eine soziale Handlung eingebetteten Rechnens dann zur reinen Mathematik wird.[8] Getragen von der Sprache, die zum Ausdruck beliebiger Inhalte fähig ist, können die Zahlenverhältnisse selbst hervortreten. Die *Anschauung* wird dann auf der Grundlage dieser reinen Quantitätsverhältnisse selbst zu einer konstruierten, von der Zeichnung auf Sand bis zur CAD-Konstruktion auf dem Bildschirm eines PCs. Zudem kann sich diese abstrakte Anschauung auf der Grundlage des Bewusstseins der Einheit der Zahlen mit jenen Naturformen verbinden, die in der einfachen Sinnlichkeit schon als diskrete Einheiten erscheinen, z.B. im nächtlichen Sternenhimmel oder bei den diskreten Tönen. Pythagoras hat die Einheit und Struktur der Zahlen in der Sinnenwelt *wiedererkannt*: In den Planetenbewegungen oder in den harmonischen Verhältnissen der erklingenden Saite des Monochords (Oktave, Quinte, Quarte usw.).

Die Selbstreflexion dessen, was man bereits denkend je schon in der Geldrechnung vollzogen hat, trennt sich von den sozialen Formen, an denen dieses Denken als unmittelbare Erfahrung gewonnen wird. Der *Ort* der Abstraktion ist dann nur noch das innere

---

[7] J. Mansfeld (1983), Fragment 30, S. 147.

[8] Das Wort „Offenbarung" verweist auf *das Worin* der Bedeutung, in dem sich Denken und Handeln als Gesellschaft vollziehen und darin auch ihr Verhältnis zum Seienden als Einheit der Tätigkeiten austragen; Offenbarung heißt also auch, dass inmitten der Menschenwelt *als deren Form der Vergesellschaftung* sich zugleich die innere Natur dieses Seienden *als Bedeutung* offenbart. Darin liegt ein Geheimnis, das man nicht sieht, wenn man sich in der Relation von „Mensch und Sein" immer schon auf eine Seite geschlagen und diese als *Mein* ergriffen hat, um in diesem Ver-Meinen sich als Ego selbst auszulegen; vgl. K.-H. Brodbeck (1995); (2002a); (2005a). Insofern offenbart das Geld durchaus eine Struktur, die über seine soziale Bedeutung hinausweist: Im Geld tritt die Einheit, die Zahl im sozialen Kleid ins Bewusstsein.

5.2 Das Geld als Denkform

Sprechen, oder – sozial besondert – der philosophische Dialog, das Gespräch, der *logos*. Heraklit, der Pythagoras erwähnt und kritisiert, bemerkt dies: Was auch immer wir rechnend vollziehen, es sind *Denkprozesse*. Und diese Denkprozesse gehören keinem Individuum. Heraklit bemerkt auch, dass sich *im Denken* etwas mitvollzieht, das *als dieser* Sachverhalt nicht reflektiert wird. Wenn er im Fragment 101 sagt, er habe sich selbst nachgeforscht, so ist darin das Spezifische des Philosophischen ausgesprochen: Philosophisches Denken bedeutet, das, was in der Alltagserfahrung des Denkens und Sprechens je schon *mitvollzogen* wurde, eigens zu reflektieren: „Den anderen Menschen aber bleibt unbewusst, was sie nach dem Erwachen tun", die „unsichtbare Fügung (ist) stärker als sichtbares (Fügen)"[9]. Gleichwohl gibt es auch bei Heraklit eine *Fügung*, die sich in der Sprache zeigt, nicht aber die Fügung der Sprache ist.

Heraklit betont, dass sich das Denken in der Reflexion auf sich selbst in einem Medium bewegt (der Sprache), das nicht dem Einzelnen gehört. Er bemerkt aber auch, dass sich in diesem Denken etwas Anderes, Neues einnistet, und *gegen* dieses Neue betont Heraklit den Vorrang des Logos als eine Norm[10]:

„Darum ist es *Pflicht*, dem Logos (dem Gemeinschaftlichen) zu folgen (sich ihm anzuschließen), denn der gemeinschaftliche *Logos* ist allen gemeinsam; dennoch sondern sich die Vielen ab von dem, was ihnen jeden Tag begegnet"[11].

Nicht eine abstrakte Einheit der Zahl (des Geldes) verbindet die Vielen zur Einheit, sondern das Denken in der Sprache, der *Logos*:

„Gemeinsam ist allen das Denken."[12]

Trotz dieser Abwehr und der Betonung der *sprachlichen* Vergesellschaftung vor dem neuen Phänomen einer „rechnenden Einheit" der Zahl, reflektiert auch Heraklit das Geldsubjekt in seinem Denken. Die Einheit erscheint bei ihm als das Erleuchtende, als Kraft. Er verwendet den Begriff „Feuer", das die Dinge ineinander verwandeln kann. Im Fragment 90 sagt er:

„Wechselweiser Umsatz: des Alls gegen das Feuer und des Feuers gegen das All, so wie der Waren gegen Gold und des Goldes gegen Waren."[13]

Hier ist die Denk*form* am Modell des kategorialen Novums selbst unmittelbar bezeichnet.

Aber auch im *Inhalt* des Gedankens bei Heraklit, der Erkenntnis einer transitorischen Form aller Dinge, spricht sich dieses kategoriale Novum des Geldes aus. Das Rätsel, das hier sichtbar war, liegt in der Frage der Vergesellschaftung selbst: Wie kann die veränderliche Vielheit eine Einheit sein? Im Vollzug der Geldverwendung ist diese

---

[9] Fragment 1 und 54, H. Diels (1957), S. 23; Übersetzung leicht verändert.

[10] Daher wohl auch Heraklits Gegnerschaft zu Pythagoras; er nennt ihn in Fragment 81 einen „Schwindler" oder „Prahler". Im Fragment 40 sagt er, Pythagoras sei der Vielwisserei ergeben und habe keinen Verstand; vgl. H. Diels (1957), S. 28 und S. 26.

[11] Fragment 1 und 54, H. Diels (1957), S. 23; Übersetzung leicht verändert.

[12] Fragment 113; vgl. auch Fragment 116: „Den Menschen ist allen zuteil geworden, sich selbst zu erkennen und gesund zu denken.", H. Diels (1957), S. 30.

[13] Fragment 2 in der Zählung von H. Diels (1957), S. 29; interpretierend übersetzt nach; J. Mansfeld (1983), S. 245;

5.2.2 Die Verschuldung aller Dinge: Das Geld der Philosophie

Frage *neu* gestellt, sofern der permanente Wandel im Kaufakt, worin sich das Subjekt in einem Augenblick im Besitz der rätselhaften Einheit des Geldes vorfindet, im nächsten Augenblick aber sich diese Einheit wieder entzieht und neu erlangt werden muss. Zugleich ist darin ein zirkuläres Verhältnis verborgen, das Heraklit wie kaum ein anderer der griechischen Denker bemerkte. Die Harmonie (die Einheit der Vielen) liegt für ihn im Gegensatz, in dem, was sich begrifflich und real widerstreitet. Das Geld hat hier gleichsam im Denken seine Visitenkarte hinterlassen:

„Ganzes und Nichtganzes, Einträchtiges Zwieträchtiges, Einklang Zwieklang, und aus Allem Eins und aus Einem Alles."[14]

Die Form des Abstrakten, Einheit des Vielen zu sein, erhält in der rechnenden Vergesellschaftung eine neue Form, die neben die traditionelle tritt. Die erste Erfahrung der Vergesellschaftung ist die über Sprache hergestellte Einheit der Tätigkeiten. Das Eine ist darin das Befehlende, das Herrschende, das die vielen Tätigkeiten in der Sprache anweist. Die erste Einheit der Vielen durch die sprachliche Koordination der Handlungen ist die Anweisung, der Befehl.[15] Die Schöpfungsmythen sprechen diese soziale Form aus als Struktur einer Gottheit, die *spricht*, woraufhin etwas „ist", wobei die Gottheit selbst nur dieses „ist" *ist* (sie ist, was sie ist). Der Sinn von Sein ist der Seinsbefehl, reflektiert im Befehlenden, dem Herren: Es sei, und es ward. Die philosophische Denkform dieser Struktur ist die *Herrschaft* des Prinzips. Im „Prinzip", der *arche*, der Herrschaft des Einen über die Vielen, hat die Abstraktion eine soziale Form gefunden, die weiterhin das Denken in Prinzipien, in Abstraktionen bestimmt. Auch das Subjekt selbst bestimmt sich durch diese innere Hierarchie von denkender Herrschaft über die Vielheit der Sinnlichkeit, der Triebe, der inneren Natur im Ich-Gedanken, der sich im inneren Dialog bewegt, in der Herrschaft des Über-Ich über das Es in Freudscher Diktion, deren *Ort* (bei Freud = Ich) die Denkbewegung selbst ist. Diese soziale Form reproduziert sich auch semiotisch, in der Struktur des Zeichens, das sich auf etwas anderes, das Bezeichnete, nicht gleichrangig, sondern unterordnend bezieht. Auch beim Namen wird das Einzelne in eine Form gebracht, die sich *anderen* abstrakten Formen einfügen lässt und so *aussprechbar* wird. Andere Zeichen beherrschen je viele Einzelheiten als sprachliche Universalien.

Diese sprachliche Form der Abstraktion, worin Eines sich *über* das Viele erhebt, die zur Subjektform selbst geworden ist, wird im Geldsubjekt nicht aufgehoben, sondern *überlagert* oder *innerlich neu durchdrungen*. Das Novum des Geldes ist als subjektiver Akt durch das allgemeine Rechnen charakterisiert, durch die Teilung in *gleiche* Teile, die aber trotz ihrer Differenz eben *gleich* sind in der berechneten Einheit. Dies stiftet eine in die Kauferfahrung eingebettete Denkform, die durchaus ihr eigenes Recht und ihre eigene Selbstreflexion besitzt. Sie konstituiert – wie sich der innere Dialog modal im Denkprozess vom Gespräch trennt und das denkende Ich konstituiert, gleichwohl aber gerade darin die soziale Form bewahrt – durch das rechnende Denken in der subjektiven Reproduktion der Individuen die Individuierung einer neuen sozialen Form. Die Geldrechnung bettet sich in den inneren Dialog als mehr und mehr beherrschender Teil ein – „mehr und mehr", das heißt mit der Zunahme jener alltäglichen Kauferfahrungen, damit der zunehmenden Vergesellschaftung über das Geld. Das ist kein Verhältnis der Kausalität, sondern eines von gegenseitiger Abhängigkeit: Der wachsende

---

[14] Fragment 10, H. Diels (1957), S. 24.
[15] Vgl. Hobbes, der sagt: Die „größte Wohltat der Sprache ist, dass wir befehlen und Befehle verstehen können." T. Hobbes (1918), S. 19.

Umfang der Märkte vermehrt die berechnenden Denkprozesse; die innere Veränderung des Denkprozesses liefert einen veränderten Wahrnehmungshorizont, der auch andere, bislang marktferne Prozesse als berechen- und bewertbar, kurz als *verkäuflich* einbezieht.

Der Geldverwendung ist dieses seltsame Rätsel eigentümlich, dass die *Einheit*, in der gerechnet wird, sich ebenso entzieht – an ihr erscheint der permanente Durchgang durch das Viele –, wie diese Einheit ebenso nur darin erscheint. Die ruhende Einheit ist nur im Denken vollzogen, und zugleich zeigt sich darin der Wandel. „Das nämlich Selbe sind Denken und Sein", heißt es im Fragment 3 des Parmenides. Die von ihm betonte ruhende Einheit, die sich durch allen Schein des Wandels hindurch erhält, ist als Einheit doch nur im Denken. An der Einheit der Vergesellschaftung in der Geldrechnung gleiten die Denkformen ab, die aus dem handwerklichen Umgang mit den Dingen vertraut sind. Dort ist ein Ding der Widerstand, der sich im Wirken zeigt, und nur insofern ist das Ding „wirklich". Der Kosmos der Dinge eine „Wirklichkeit". Das Denken im Handwerk geht dem Ding *voraus*. Das Ding setzt sich zusammen aus (1) der Idee, die in der sozialen Kommunikation, im *Dialog*, ihren Ort besitzt, also der *causa formalis*, und (2) der *überwundenen* Natur (*causa materialis*), die ihrer Formen beraubt durch menschliches Handeln geprägt wird. Die Wirklichkeit des Handwerkers ist Einheit von Form und Materie, wie dies in der aristotelischen Philosophie auf den Begriff gebracht wurde. Das *Denken*, der Logos scheint hier real geworden zu sein, mit den Dingen verschwistert. Das Sein, die Kopula „ist" des Satzes wird als *Wirklichkeit* interpretiert: Es ist das, was sich *nach* dem Denken nur *an den Dingen* als deren Form zeigt. Die Wirklichkeit *ist* nicht das Denken.

Im Geld taucht aber ein völlig anderes Sein auf. Es ist in ontologischer Differenz *neben* den Dingen, dem Seienden, zugleich aber gegen sie vertauschbar. Das *Worin* dieses Vertauschens, das Offene des Tauschvollzugs bleibt dunkel oder unerkannt – es ist die je schon vorausgesetzte *andere* Vergesellschaftung der Menschen im Sprechen, in den anderen sozialen Formen (Staat, Moral, Religion usw.). Die Einheit des Geldes ist nur im Denken, bezieht sich aber zugleich auf die Vielheit der Dinge. Diese Einheit ist also auf völlig andere Weise „abstrakt", als eine Idee im Verhältnis zu ihren Realisierungen, z.B. die Form (das Modell) eines Hauses und ihre Wirklichkeit in vielen Häusern. Wenn man auf den Wandel der vielen Dinge, vermittelt durch die Einheit blickt, dann erscheint das Ganze als Wandel. Blickt man auf die Einheit selbst, so erscheint der Wandel als das Nichtige und nur die Einheit als Wahrheit des Seins. Die Dualität der Philosophien Heraklits und von Parmenides ergibt *zusammen* die Wahrheit dieser neuen Weise, in der sich die Menschen denken und darin vergesellschaften. Die Einheit wird als reale ungreifbar; ergreift man sie in der Münze, so geht das an ihr verloren, was das Geld als Einheit ausmacht. In der Hochzeit mit den alten „Prinzipien", den alten regierenden Formen wird dadurch ein neuer Horizont des Denkens eröffnet, der nun die Prinzipien selbst in abstrakte verwandelt und von den Dingen trennt (*chorismus*).

Ich belasse es bei dieser Skizze. Sie mag hinreichen, zu zeigen, dass die im Geld als kategorialem *und* historischem Novum konstituierten Begriffe sich nicht als *Gegenstand* zeigten, sondern als veränderte *Bewegungsform* des Denkens selbst. Die Philosophie ist in ihrem Begriff als *abstrakte* Denkbewegung die Selbstreflexion dessen, was sich als Denkprozess der Vergesellschaftung zeigt und verändert. Es ist also tatsächlich eine soziale Praxis, die in einer besonderen *Denkweise* vollzogen wird und die darin eine Form ausprägt, die sowohl die Subjektivität, das Denken oder Bewusstsein, wie auch die Handlungen verändert hat.

Diese Veränderung vollzieht sich *als Akt* des Denkens in den Formen, in denen sich das Handeln bewegt. Die modale Trennung des Denkens vom Handeln und die unendli-

5.2.2 Die Verschuldung aller Dinge: Das Geld der Philosophie

che Möglichkeit des Denkens, sich auf sich selbst, d.h. die Vorstellung und die Erfahrungsgeschichte in allen Subjekten zu beziehen, reproduziert sich in der Geldverwendung *anders*. Dass die Selbstreflexion dieser Denkbewegung dann getrennt von der Handlung auch „fremd" erscheint, als philosophischer Gedanke, ist keine *Übertragung*, keine bloße Metapher, sondern nur das Selbstbewusstsein des Denkenden *im Akt* seines Denkens. Gleichwohl kann diese modale Trennung auch zu *Modellen* führen, die in *anderen* Handlungen gleichfalls funktionieren und darin eine kreative Veränderung bewirken. Wer das Rechnen, das Hantieren mit Quantitäten, die aktive Beziehung von Zahl und Ding als Quantitätsverhältnis aus seinen Handlungen kennt und als Gewohnheit einübt, der kann diese Denk- und Handlungsformen auch *übertragen*, etwa auf die häusliche Verwaltung, die Verwaltung eines Staates, aber auch auf überlieferte *Texte*.

Die Denkform des Geldsubjekts führt dann auch zu einer völlig anderen *Auslegung* tradierter Texte, zu einer neuen Funktionalisierung und daraus auch zu ihrer Neuformulierung. Mythen werden zu *Quellen*, die normierende Aussagen treffen. Sie sind nicht länger erzählte Erbauung. Nicht nur äußerlich durch die Rechtsform der Anklage (*kategorein*) bei der Klärung von Schuldverhältnissen tritt das Sprechen neben die schriftliche Form. Das Recht als berechnendes Abwägen von Handlungen, die abstrakt klassifiziert werden, zeigt sich als Denkform aus demselben Horizont wie das abstrakte Verhältnis zwischen Rechnungseinheit und Warenvielfalt, der jeweils situativ Bedürfnisse korrespondieren. Die *Logik* und *Metaphysik* als Kategorienanalyse der Sprache in ihrer geronnenen, schriftlichen Form tritt darin zugleich neben die *gesprochene* Sprache, die in der *Rhetorik* auf neue Weise bewusst wird durch diese Differenzierung und so ihren Begriff findet. In der Kritik von Platon und Aristoteles an den Sophisten reibt sich die Tradition des *Sprechens* mit jener der berechnenden Analyse *vorhandener* Texte auf ihren logisch-metaphysischen (= kategorialen) Gehalt hin. Aristoteles hat – darin zeigt sich sein umfassendes Genie – allerdings selbst noch die kategorialen Formen der *gesprochenen* Rede einer Analyse als verdinglichter Form unterworfen.[16] Dies, sich zur Sprache als zu einem Ding mit einer berechnenden Haltung des Zählens und Nach-Erzählens zu verhalten, die darin liegende *Abstraktion* von allen situativen Inhalten, ist eine Folge dieser inneren Transformation der Denkbewegung durch die Geldform. Die konkrete Herrschaft der Prinzipien, die formende Kraft im Handwerk (*causa formalis*) wird durch die Geldform transformiert in eine abstrakte Zurechnung aller nur erdenklichen Sachverhalte.

Zugleich trennt sich dadurch *historisch* die Geldökonomie von früheren ökonomischen Formen, die ihre Wirtschaft administrativ, aber nicht abstrakt-berechnend abwickelte. Der Rationalisierungsprozess durch die Geldrechnung trennt die alte häusliche, bäuerliche Wirtschaft von den Märkten. Wie es im *Büttnerbauer* von Wilhelm von Polenz heißt: „Was a richtiger Pauer is, der kann nich rechnen. Und wer nich rechnen kann, der versteht och von Geld nischt, und zu'n Geschäfte taugt er dann schon gar nischt. Heitzutage muß eener rechnen kennen; das is die Hauptsache."[17] Die Grenzziehung, die Geldrechnung und der Markt im Kapitalismus *in einem Staat* durchsetzen, hat sich auch historisch als Grenzziehung vollzogen. Doch diese Grenzziehung ist keine bloß *äußere*, sondern eine der veränderten Funktionen der menschlichen Subjektivität, der inneren Überformung der Kommunikation durch die Rechnung, die sich potenziell auf *alle* Objekte bezieht.

---

[16] Vgl. Aristoteles (1959).
[17] Zitiert nach H. Schack (1927), S. 80.

5.2.3 Zur Psychologie des Geldsubjekts

So tritt die Denkform des Geldsubjekts in viele andere Bereiche der Gesellschaft ein, ohne als *äußere Metapher* zu funktionieren, fälschlich gedeutet als „Widerspiegelung" objektiver Verhältnisse. Vielmehr findet sich im Geldsubjekt selbst stets der *Vollzug* jener Bedeutungen, die man *am Geld* als Objekt verdinglicht. Nicht das Geld oder den Tausch kann man in Beziehung zu einem Subjekt als objektive Entität voraussetzen, die sich im Subjekt „irgendwie" handelnd eingebettet findet. Vielmehr konstituiert sich das Subjekt in seinem Denken als ein *rechnendes*, die dunkle Geldeinheit voraussetzendes und *darin* auf unerkannte Weise reproduzierendes Wesen. Das Geld als vermeintes Objekt *erwächst* nur aus dem Vollzug dessen, was das Geldsubjekt tut. Die *Relationen* des Aktvollzugs bringen die Bedeutung des Objektes „Geld" hervor, nicht umgekehrt.

Deshalb ist es kein Rätsel, wie die Geldstruktur in das menschliche Denken gelangt. Sie existiert nie außerhalb dieses Denkens und stellt historisch eine Veränderung des Denkprozesses dar, der sich *uno actu* mit den Tauschhandlungen vollzieht und sich nicht aus diesen oder einer fiktiven Entität „Geld" (einer Substanz mit entsprechenden Attributen) ableiten lässt. Deshalb *überträgt* auch das Denken nicht eine dunkle Gelderfahrung in andere Bereiche des Denkens, z.B. in die philosophische Reflexion. Vielmehr ist die philosophische Reflexion immer die Selbstreflexion des Denkens. Und wenn das Denken durch die Geldrechnung sich wandelt, dann denkt auch die philosophische Reflexion, sofern sie nur *sich selbst* in ihrem Denkprozess reproduziert, in dieser Form, im kategorialen Novum des Geldes. Welchen *Namen* sich diese Selbstreflexion gibt, ist hierbei belanglos. Auch in den *wissenschaftlichen* Anwendungen dieser Denkform bleibt dieses logisch-ontologische Verhältnis erhalten. Die Relation geht den Relaten voraus – dieser Satz bewährt sich hier so, dass das Denken als Aktvollzug, der das Kaufen und Verkaufen als *Rechnen* bestimmt, auch das rechnende Subjekt und das berechnete Ding als Formen hervorbringt. Im Denken der frühen griechischen Philosophie reflektiert sich diese neue, andere Denkform einfach in dem, was sie schon *ist*: Die Offenbarung der Vergesellschaftung im Geld durch das Rechnen in einer Einheit. Heraklit spricht diese Herkunft im Fragment 90 noch unmittelbar als *Metapher* aus. Doch man missversteht die Metaphorik, wenn man glaubt, dass hier *Fremdes* aufeinander bezogen werde. Vielmehr erlaubt die Offenheit, in der sich das Denken bewegt, auch die getrennte, reflexive Selbstformung dessen, was ein in den Handlungen konkret eingebundenes Denken ist. Wie sich das *Selbst* denkend in der Sprache, also einer sozialen Form bewegt und dennoch darin seine Individualität *ausspricht*, ebenso bewegt sich das rechnende Denken im eigenen Binnenbereich und verändert dadurch die denkende Selbstreproduktion als *rechnendes Selbst*. Es ist deshalb wichtig, das Geldsubjekt und die ihm angehörigen Denkformen *an ihm selbst*, nicht in der übertragen-fremden Gestalt moderner Wissenschaften zu entwickeln.

Die *Selbstreflexion* des Geldsubjekts hat sich in vielen Formen ausgesprochen. Die frühen griechischen Denkformen sind dem Ursprung gleichsam noch sehr nahe, weil dort das *kategoriale Novum* auch ein *historisches* Novum war und in der Differenz deshalb auch *als dieses Novum* benannt wurde. Es galt als ein *Ereignis*, das wahrgenommen und aufgeschrieben wurde.[18] Seine *reife Form* erhält die Selbstreflexion des Geldsubjekts allerdings erst in seiner modernen, cartesianischen Denkform. Um diese Form aus dieser Herkunft zu verstehen, um die mit dieser Subjektform einhergehende

---

[18] Z.B. in der offenbar aufbewahrens- und mitteilenswerten Bemerkung von Xenophanes aus Kolophon: „Die Lyder prägten zuerst Geld."; in: H. Diels (1957), S. 18.

5.2.3 Zur Psychologie des Geldsubjekts

Ungewissheit, den Zweifel und die Angst als zentrales Moment des Ego-Prozesses zu verstehen, ist noch an einen wichtigen Aspekt des Umgangs mit der Geldeinheit zu erinnern.

Das eigentliche Rätsel des Geldes ist die Einheit selbst – denn diese Einheit ist eine *massenhafte* Geltung in einer großen Population von Kaufakten. Das, was die Menschen immer nur *gemeinsam* als zirkuläre Bedeutung reproduzieren, erscheint dem *Einzelnen* als etwas Fremdes, Anderes. Deshalb sind nicht alle an der Geldverwendung beteiligten kategorialen Aspekte in ihrer Geltung bewusst, sondern werden durch andere Bedeutungen repräsentiert. Deren wichtigste ist der *Wert* des Geldes, den man einem Ding, einer Münze, einem Geldschein, einem Bankkonto usw. zuschreibt. An diesen sinnlich zugänglichen Entitäten kristallisiert sich die *soziale* Geltung, die nur dadurch gilt, dass die Vielen sie zirkulär vollziehen. Die Tatsache, dass alltäglich nicht die für das Geld charakteristischen Kategorien in reflektierter Form dem vereinzelten Bewusstsein vorliegen, ist dem Umstand geschuldet, dass sich diese Kategorien erst dann in ihrer Geltung zeigen, wenn sehr viele am Marktprozess beteiligte Subjekte sich in der Geldform bewegen.

Das Geld scheint also in seiner Geltung über den je vereinzelten Kaufakt hinauszuweisen. Man akzeptiert selbstverständlich, dass die verwendeten Münzen, Papierzettel oder Zahlen auf Kontoauszügen einen „Wert" verkörpern oder wenigstens ausdrücken – all dies unabhängig von Ort und Kultur. Das Geld ist überall zuhause: „Hoch lebe einzig nur das Geld, vermöge dessen sogar die Fremde dem Menschen zur Heimat und sogar Unbekannte zu Verwandten werden", heißt es in einem frühen indischen Spruch.[19] Diese Vertrautheit mit dem Geld bedingt seine Geltung und beruht zirkulär auf der Anerkennung durch *viele* Menschen, durch alle am Marktprozess Beteiligten. Diese Geltung wird aber nicht als etwas gewusst, das den *Menschen* und ihrem Denken zukommt, sondern sie erscheint am *Ding* „Geld" – an der Münze, dem Papierzettel oder den Zahlen auf Kontoauszügen. Und die Vertrautheit mit Fremden ist eben die Vertrautheit mit der *Anerkennung des Geldes*. Die Anderen werden durch die Brille der Geldrechnung zu Dingen. Und diese Verdinglichung des Wertes entzieht sich der Alltagsperspektive, obwohl die zugrunde liegende kategoriale Struktur sich immer wieder der Erfahrung aufdrängt: Bei raschen Geldentwertungen, bei Crashs an Börsen, bei der Erfahrung *wertloser* Geldscheine auf Auslandsreisen usw. Die Erfahrung plötzlicher *Entwertungen* von Werten – Maschinen, Gebäude, Kunstgegenstände oder Aktien – verweist unmittelbar und gleichsam sinnlich darauf, dass „Werte" durch fehlende Anerkennung sich auflösen können. Hier erscheint an dem Schatten, den die Geldrechnung wirft, die scheinhafte Natur des Wertes, der durch das Geld gestiftet wird.

Der Bezug auf den Wert des Geldes in einer bestimmten Verkörperung, in den verschiedenen Abstufungen von „Liquiditätsnähe", d.h. der gewöhnlich leichten Veräußerbarkeit von Gegenständen, ihre Verwandlung in die anerkannte und gebräuchliche Form von Geld, ist vor dem Hintergrund solcher Erfahrungen ambivalent. Der Wertschätzung, die dem Geld oder einer geldgleichen Wertgröße entgegengebracht wird, korrespondiert immer zugleich das beständige Misstrauen in diesen Wert, korrespondiert die Angst, das Geld oder ein geldnaher Wert könnte seinen Wert *verlieren*. Das Wissen darum in der Erinnerung der Bevölkerung eines Landes ist keineswegs permanent präsent; die Erfahrungen in Deutschland mit den Inflationen von 1923, nach dem Zweiten Weltkrieg, oder international die Erfahrungen mit den Börsencrashs 1929, 2000 und der Subprime-Krise 2007/2008 prägen sich nur unterschiedlich im Bewusstsein ein. Dennoch ist mit der verdinglichten Zuschreibung eines Werts an das Ding Geld in seiner Verkörperung stets

---

[19] O. Böthlingk (1966: 2), S. 25.

ein *latentes* Bewusstsein gegeben, dass diese Zuschreibung illusionär ist, dass sie durch ungünstige Umstände aufgehoben werden kann, dass das Vertrauen auf den Wert des Dings auch enttäuscht werden kann.

In dieser *fundamentalen Ungewissheit* im Vertrauen auf den Wert von Geld *zeigt sich* die Natur der zirkulären Geltung durch die Anerkennung der Vielen als *erfahrbares Moment* im Bewusstsein des Geldes.[20] Das Geldsubjekt glaubt an die Illusion des Geldwertes, die Zuschreibung der *gemeinsamen*, sozialen Anerkennung der Geltung als *Verdinglichung* im Wert irgendeiner Geldform. Doch dieser Glaube ist eben ein Glaube, keine Gewissheit. Jeder weiß mit dem Glauben an den Wert des Geldes zugleich um die Möglichkeit der Enttäuschung dieses Glaubens. Man kann also nicht sagen, dass der mit dem Geld verbundene Schein der Geltung eines Dings *hermetisch* wäre, dass sich dieser Schein gleichsam nur wenigen auserwählten Genies erschlösse, die *hinter* die Hülle des Geldscheins vorzudringen vermögen. Vielmehr bricht die Einsicht in die scheinhafte Natur der durch das Geld gestifteten ökonomischen Werte immer wieder auf und ist als Haltung dem Geldwert gegenüber stets als *Angst* um diesen Geldwert, als *fundamentale Ungewissheit* der Geldrechnung präsent. Das Geld ist also weit davon entfernt, für das Geldsubjekt, das sich rechnend in seiner Sphäre bewegt, ein verlässliches Fundament zu sein. Stets gibt es Versuche, das als kollektive Illusion gewusste Scheinen des Geldwerts durch eine *andere* Geltung zu stützen, abzusichern. Von den Sicherheitsmaßnahmen des Banksystems bis zur Beinahe-Vergötterung von Zentralbankchefs reichen die psychologischen Mechanismen der Geldsubjekte, der fundamentalen Ungewissheit im Geldgebrauch einen Schein der Sicherheit entgegenzustellen.

Ein zweites Moment kommt zur fundamentalen Ungewissheit hinzu. Der je Andere im Tausch, vermittelt durch die Geldrechnung, ist nur ein *abstraktes* Subjekt. Das Geldsubjekt erkennt im Anderen nur die abstrakte Person, anerkennt ihn nur als den *abstrakt Anderen* (vgl. 3.1.5). Der „abstrakt Andere" ist zugleich der Begriff, der die Geltung der Eigentumsgrenze in Geldwirtschaften ausdrückt. Das Eigentum in früheren Gesellschaftsformen ist stets eingebettet in eine lokale Gemeinschaft; die Anerkennung von Eigentumsrechten ist zugleich die Anerkennung der anderen in ihrer spezifischen Handlungsweise in der gesellschaftlichen Ordnung. Durch die Vermittlung des Geldes verschwinden alle konkreten Inhalte aus dem Eigentumsbegriff; es sind nicht länger konkreter Grund und Boden, ein Haus, Werkzeuge etc. als besonderer, anerkannter Inhalt, dem bezüglich des Eigentümers zugleich eine je *besondere* soziale Stellung korrespondiert.

Das Eigentum enthält in Geldwirtschaften nur mehr die abstrakte Bestimmung: Der Andere, der Tauschpartner im Kauf hat über das gewünschte Ding *Verfügungsgewalt*. Diese Verfügungsgewalt drückt sich darin aus, dass sie *gegen Geld* aufgehoben werden kann. Vom Eigentümer bleibt also nur diese einfache Bestimmung, dass er über etwas verfügt, das im Horizont der Geldrechnung aufhebbar definiert ist. Der Eigentumswechsel wird durch das Geld vollzogen, und dieser Horizont prägt den Eigentumsbegriff und damit auch die Subjektivität, die Person des Eigentümers. Der Eigentümer ist nur noch anerkannt als der *abstrakt Andere*; sein ganzer Inhalt ist die *leere Andersheit*, so, wie sich die Zwei von der Eins nur durch die leere Einheit unterscheidet. Das Subjekt der Geldwirtschaft ist also ein rechnendes, gleichwohl beständig zweifelndes, in seiner Ungewissheit um die Geltung der Rechnungseinheit sich ängstigendes Subjekt, das *von Anderen* nur das weiß und kennt, was sich in diesem Horizont von ihm durch das Geld

---

[20] „Ja wahrlich, es ist ein herrliches Glück, das menschlicher Reichtum gewährt! Bist du in seinen Besitz gelangt, so hat das Gefühl der Sicherheit dich damit für immer verlassen!" Boethius (1883), S. 46.

5.2.3 Zur Psychologie des Geldsubjekts

hindurch zeigt. Der abstrakt Andere ist kein *Du* mehr, sondern ein Es, das auf ein Mittel reduziert wird, im Tausch das zu erlangen, was man sich wünscht.

In seiner Selbstreflexion bleibt also dem Geldsubjekt nur ein *abstraktes Ego*, das sich durch Rechnung definiert, sich darin aber gleichwohl auf einem dunklen Hintergrund des Zweifels, der Ungewissheit und der Angst bewegt, die *als diese* nicht durchschaut werden. Sie erscheinen als überraschender Einbruch in die Welt der Rechnung. Aber niemand vermag zu sagen, *woher* dieser Einbruch kommt, gründet er doch in der Ungewissheit des Maßes, *worin* gerechnet wird (der Geldeinheit). Die Geldrechnung ist die Ratio, das helle Licht der Vernunft, das alle Dinge gleichförmig in einem abstrakten Ego *mathematisch* aufeinander bezieht. In dieser hermetischen Oberfläche der Rationalität kann das, *worin sie sich bewegt* – die Sphäre der Geld- oder Recheneinheit – nicht zeigen, ist sie doch je schon vorausgesetzt. Die Geldeinheit bleibt in ihrer Wahrheit verborgen, die ein sozialer Bedeutungsprozess ist. Und deshalb erscheinen Ungewissheit, Angst, die Nichteinwilligung des Anderen in einen Vertrag usw. als das schlechthin Unberechenbare, das *Irrationale*.

Die vom Geld modifizierte Subjektivität findet in sich weder Wahrheit, Wissen noch Gewissheit. Das Wissen um in Geld gemessene Werte ist seinem Wesen nach Schein; seine Wahrheit ist der zirkuläre Glaube an einen Wert. Doch dieser Glaube ist ohne Grund. Deshalb ist das Geldsubjekt als *zweifelndes* bestimmt. Das zweifelnde Subjekt, das nach einigen Anklängen bei Augustinus von Descartes auf den modernen Begriff gebracht wurde, ist die Selbstreflexion des Geldsubjekts (vgl. 1.2). Jede bewusste *Reflexion* ist aber als Denkbewegung eine innere *Sprachform*, ein innerer Dialog mit einem allgemeinen Du als Gegenüber. Deshalb ist die Gewissheit, die hier zu finden ist, im *Denken* auf eine andere Weise der Vergesellschaftung verwiesen: auf die Sprache.[21] Die Sprache wiederum transzendiert das Subjekt, das sich zweifelnd eine Gewissheit verschaffen möchte. Als bürgerliches, als Geld-Subjekt findet es sich aber immer schon *getrennt* vom je anderen, als Ego, das sein Eigentumsterritorium verteidigt. Der aus der Denkbewegung in der Geldform permanent erwachsende Zweifel, die fundamentale Ungewissheit, kann einerseits nicht aus der Denkform des Rechnens behoben werden: Das Festhalten an der Einheit der Zahl ist ja gerade der Grund des Zweifels, weil diese Einheit als Geldeinheit fundamental ungewiss ist. Die Gewissheit andererseits durch *Denken* in der Sprache herzustellen, bewegt sich aber in einem anderen Medium der Vergesellschaftung, die ihrerseits das Rätsel der Einheit der Geldrechnung nie erreicht, weil sich die Rechnung neben der Sprachform als besondere Denkform reproduziert. Die cartesianische Ratio enthält also einen unaufhebbaren kategorialen Widerspruch: Durch denkende Reflexion im Medium der Sprache ist die Bedeutung der (ungewissen) Einheit des Geldes, der Reflexionsgrund, nicht logisch zu rekonstruieren. Die Formel

---

[21] Descartes gewinnt die Gewissheit über den Gottesbegriff. Hier allerdings fällt er auf seltsame Weise in jenen Autoritätsglauben zurück, den er als Quelle aller Irrtümer an den Anfang seiner Philosophie setzte. Denn dass Gott kein Betrüger sein könne, darin stimme er „mit allen Metaphysikern und Theologen in Vergangenheit und Zukunft überein", R. Descartes (1915), S. 129. Sieht man davon ab, dass gnostische und indische Theologen ganz anderes behaupteten, ist sein Argument rein dogmatisch, wenn er sagt, „dass das Wesen der Täuschung ein Nichtseiendes ist", S. 371. Ist hier das Wesen, oder ist die Täuschung „nichtseiend"? Und wenn die Täuschung nichtseiend ist, wie kann es dann einen Zweifel (an „nichts") geben? Descartes schreibt dem Wissen ein *nicht-reflexives* Sein zu (S. 365) und scheint den Aktvollzug des Denkens als dessen Wesen zu betrachten. Dem wäre zuzustimmen; doch dann geht die Relation den Relaten voraus und die Identität des Bewusstseins und der Dinge darf nicht mehr dogmatisch vorausgesetzt werden (vgl. dagegen S. 366f).

von der *denkenden* (= im inneren Sprechen versicherten) Gewissheit *des Egos* ist also eine grundlegende Fehlkonstruktion der Moderne.

Der Zweifel an der Geltung der monetären Vergesellschaftung im fiktiven Wert des Geldes gründet darin, dass es sich um ein *kollektives Phänomen* des zirkulären Vertrauens handelt, das Individuen übersteigt. Der tägliche Umgang mit Geld vollzieht sich aber in einer abgegrenzten Privatheit, im individuellen Ergreifen des Geldes als Wert, das seine kollektive und zirkuläre Natur verdeckt. *Erfahren* wird dies als tägliche Sorge um Geld oder geldgleiche Werte. Auf alle anderen und deren Anerkennung der Werteinheit faktisch angewiesen, zugleich in der Privation des Eigentums, das an Geldwerten definiert und formuliert wird, bewegt sich das Geldsubjekt in einem aktiven Widerspruch, den es nur dadurch lösen kann, dass es ihn in einen *Prozess* verwandelt. Und dieser Prozess zeigt sich darin, dass das Geldsubjekt die Sorge um den Geldbesitz zum Zentrum seines Tuns macht. Die darin liegende *Ungewissheit*, der beständige Zweifel, mit etwas umzugehen, das sich über Nacht in Nichts auflösen kann wie Aktienkurse oder Immobilienwerte in einem Crash, wie einst florierende Unternehmen im globalen Wettbewerb, wie scheinbar sichere Jobs als Geldquelle, wenn das eigene Arbeitsvermögen nicht mehr den Wünschen der Eigentümer entspricht – all dies macht die Angst zur Grundemotion und den Zweifel zum Grundgedanken, psychisch bewältigt nur durch *die Transformation in die permanente Sorge um den Geldbesitz*.

Descartes nimmt den Zweifel als Motiv zum selbstverständlichen Ausgangspunkt, ohne sich zu fragen, ob nicht zunächst der Zweifel *als Zweifel* einer Kritik zu unterziehen wäre. Wer alles in Frage stellt, darf philosophisch redlich vor der Infragestellung nicht Halt machen. Doch für Descartes, der das Geldsubjekt philosophisch auf den Begriff brachte, ist der Zweifel fraglos gegeben. Wendet man nun den Zweifel auf das eigene Denken an, so vollzieht man eine Aufhebung der Voraussetzung (den allgemeinen Zweifel), sofern nun die *Sprache*, das Selbstgespräch, als *verlässliche*, unbezweifelte Grundlage vorausgesetzt wird, um eine sichere Basis zu finden. Das ist *performativ*, als vollzogener Denkprozess, eine *petitio principii*. Wer im Selbstgespräch an allem zweifeln möchte, muss zuerst den inneren Dialog beenden, denn wie sollte ausgerechnet *durch ihn* Gewissheit erlangt werden? Ist dieser Dialog aber beendet – das tatsächlich *vollziehen* zu können, bedarf allerdings einer Erfahrung und Übung, die dem Abendland weitgehend fremd geblieben ist[22] –, dann ist der Zweifel verschwunden, der sich nur als *Sprachform* artikulieren kann.

Zudem zeigt sich: Das philosophisch reflektierende Geldsubjekt erkennt die Reflexionsgrundlage (die *Sprache*) nicht nur nicht, es setzt etwas voraus, das der Sprache als sozialer Form widerspricht: Das *ich*-denke. Dieses Ego leiht sich aber seinen Begriff aus einer anderen Sphäre. Es ist vom je anderen, von Alter getrennt, wie das konkurrierende Geldsubjekt sich gegen den je anderen stellt. Dieses Subjekt ist leer *in sich selbst*. Und es ist einsam. Der Andere ist stets nur der *abstrakt Andere*, kein Du. Das Geldsubjekt hat für sich keinen Inhalt außer dem der Tätigkeit des *Rechnens*. Es kann die Welt nur durch die Brille der Zahl erkennen, wobei alle Gegenstände ihrer natürlichen Form entkleidet und auf die eine, fiktive Geldeinheit bezogen werden. Darin wird eine Denk-

---

[22] Es wäre – was hier nicht zu leisten ist – zu prüfen, inwiefern man die quietistische Bewegung in der katholischen Kirche im 17. Jahrhundert, die die Askese in der Sprache, das „stille Gebet" praktizierte, als wirkliche Vollendung des Zweifels an den weltlichen Dingen interpretieren kann; vgl. H. Heppe (1875). Der Protestantismus als Religion des *Wortes*, die den Zweifel durch *Glauben* beendet, ist dagegen unschwer als religiöse Form dessen erkennbar, was Descartes philosophisch formulierte: Die in der Sprache gefundene Gewissheit bei Descartes ist in religiöser Sprache die Gewissheit im Wort der Bibel.

form sozial programmiert, die das Modell liefert sowohl für das abstrakte Subjekt der Moderne wie für die moderne Naturwissenschaft, die alle Qualitäten eliminiert und sie unter das Diktat des endlos Gleichen – der Zahl – stellt.

Die schließlich klassische Form seiner Selbstreflexion, die Philosophie Descartes, vereint in sich all die Gegensätze und Widersprüche, die dem Geldsubjekt eignen. Die beiden Weisen der Vergesellschaftung durch Sprache und Geld werden bei Descartes synthetisiert. Das rechnende Geldsubjekt ist ein *getrenntes Individuum*. Es ist vom anderen nur *abstrakt* unterschieden durch die Definition einer Eigentumsgrenze, die keine physische Entsprechung hat. Alle körperlichen Differenzen fallen hier weg. Was bleibt, ist nur das Selbstbewusstsein des Rechnens. Der entgegenstehende Körper ist der idealisierte Warenkörper: Gewogen, gemessen, *klar und deutlich* abgegrenzt, damit Eigentumsrechte darauf bezogen werden können. Aller Qualitäten beraubt, verbleiben nur „die Größe oder die Ausdehnung nach Länge, Breite und Tiefe, Gestalt, Bewegung, Lage und die Teilbarkeit der einzelnen Teile"[23]. Descartes' große Tat bestand darin, dass er diese *geometrische* Reduktion aller Körper noch weiter führte und zeigte, wie man die so abstrakt aufgefassten Körper auf Zahlen ein-eindeutig abbilden kann.

Damit wird das *rein rechnende Subjekt* zum Zentrum aller Weltorientierung und die Welt selbst im Gegenzug als *das Berechenbare* ausgelegt: „Unter rationeller Erkenntnis vielmehr verstehe ich Berechnung"[24], sagt auch Hobbes durchaus im Einklang mit Descartes. Das ist die exakte Darstellung des Geldsubjekts, das rechnend die Warenwelt auf sich als fiktives Zentrum der Welt bezieht und auf deren Verfügbarkeit pocht. Zugleich verschwindet mit der Elimination aller *qualitativen Eigenschaften* allerdings nichts weniger als all das, was Menschen ausmacht als sprechende, empfindende, wahrnehmende Lebewesen. Für jemand, der Glück empfindet oder leidet, besteht weder Anlass noch Grund, an seinen Gefühlen zu zweifeln. Erst die kollektive Täuschung des Geldwertes, der zirkuläre Glaube an einen fiktiven Wert, lässt die Denkfigur eines bösen Gottes entstehen, dessen Absicht es ist, je *mich* zu täuschen in allem, was ich wahrnehme. Descartes' „böser Geist, der zugleich höchst mächtig und verschlagen ist, allen seinen Fleiß daran gewandt habe, mich zu täuschen"[25], kann als Metapher des Geldes gelesen werden, das für jedes Individuum einen Schein von Wert hervorruft und darin gleichwohl „höchst mächtig und verschlagen" eine unerkannte *Macht* darstellt. Der Blick durch die Geldrechnung auf die Welt überzieht alles mit einer Einheit der Zahl, macht andererseits aber alles zugleich *daran gemessen* zu einer möglichen Täuschung. Das rechnende Ego findet seine Gewissheit nur wieder im Akt des Rechnens selbst, der reinsten Form des Denkens im Verstand eines Geldsubjekts. Die so berechneten Menschen und Dinge verwandeln ihren Charakter, verlieren alle Qualität und werden zu seelenlosen Maschinen: *L'homme machine*. „Der menschliche Körper ist eine Uhr"[26].

5.2.4 Leidenschaften und „Interesse"

Ich möchte noch einen weiteren Aspekt des Geldsubjekts als Subjekt der Moderne herausarbeiten, indem ich einige Entwicklungslinien skizziere, in denen sich die Ordnung der Leidenschaften von ihrer ursprünglichen Begrenzung durch die Moral in eine innere Ordnung verwandelt, in der Bedürfnisse, Triebe und Leidenschaften der nüchter-

---

[23] R. Descartes (1955), S. 16.
[24] T. Hobbes (1949), S. 6. Vgl. dagegen: „Rechnen (ist) nicht Verstehn und liefert an sich kein Verständnis der Sachen", A. Schopenhauer, WW 5, S. 94.
[25] R. Descartes (1915), S. 16.
[26] Vgl. La Mettrie (2001).

nen *Berechnung* unterworfen werden. Zugleich leitet diese Reflexion über zur *besonderen* Leidenschaft der Geldgier. Diese als berechnendes Denken, als *Ratio* erscheinende Leidenschaft erhält in der frühen Entwicklung des Kapitalismus den Namen „Interesse". Das Interesse ist zunächst noch ein durchaus qualitativ gedeuteter Begriff, der aber schrittweise die Logik der Geldrechnung, mehr noch der Zinsrechnung adaptiert und als neue subjektive Form interpretiert wird, in der die Leidenschaften individuell und damit auch sozial kontrolliert wurden.

Die moralische Ordnung des Mittelalters war der Nährboden und die Voraussetzung, aus der sich die moderne Subjektivität durch das Vordringen der Geldlogik in das Alltagsdenken entwickelte. Die christlich-scholastische Morallehre baute durchaus auf der römisch-stoischen Morallehre auf, veränderte sie aber in einem wesentlichen Punkt. Es war die Auffassung der Stoa, dass eine Beherrschung von Leidenschaften (*pathe*) nur durch deren Auslöschung möglich sei (*apathie*). Thomas von Aquin pflichtet diesem asketischen Gedanken keineswegs aus mönchischer Perspektive bei, sondern hält ihm die Vorstellung entgegen, dass die sittliche Tugend die Leidenschaften, „den strebenden Teil der Seele", nicht auslöscht, sondern *formt*, also *vervollkommnet*, indem „sie ihn auf das vernunftgemäße Gut hinordnet."[27] Die Leidenschaften werden nach seiner Auffassung durch die Vernunft nicht ausgelöscht, sondern ihr nur unterworfen. Dieser Gedanke, der auf der metaphysischen Dualität von Vernunft und Leidenschaft beruht, bleibt auch in späteren Denkformen erhalten, wird dort allerdings erheblich modifiziert. Die Vernunft wird noch weitgehend *logisch* gedeutet, durch ihre Herkunft aus der Sprache. Ihr höchster Inhalt sind die metaphysischen Kategorien, ihre Bewegung ist das *Gespräch* mit der Tradition.

Mit Descartes und Hobbes erobert das Geldsubjekt das Denken. Der oberste Begriff ist nun die Ordnung der Zahl und die abstrakte *Regel*, wie sie die Operationen der Mathematik, die Selbstreflexion der Rechnung in einer abstrakten Einheit, bestimmt. Dieses abstrakte Kalkül beherrscht alle anderen Gedanken und auch die Leidenschaften. Die Natur wird ganz im Horizont dieser formalen Logik ausgelegt. Ihr adäquater Begriff ist die Mechanik. Hobbes holt das, was Descartes als Naturgegenstand vor ein sich selbst denkend vergewisserndes Ego stellt, ins Subjekt selbst herein. Hobbes mechanisiert die Psyche. Er sieht in den Leidenschaften nur noch *Kräfte*. Damit wird die Frage gelöst, was die Moralregel, die Vorstellung von einem Regelverstoß *als Sünde*, ablösen kann. Doch es ergibt sich nun im neuen, berechnenden Horizont ein neues Problem, das in der Mechanik als *Gleichgewichtsproblem* bekannt wurde. Hobbes kommt aufgrund dieser Mechanisierung zu der bekannten „Schlussfolgerung aus den Leidenschaften"[28], wonach im sozialen Verkehr die individuierten Kräfte sich begegnen und gegeneinander wirken. Daraus ergibt sich die Frage nach der mechanischen Ordnung der als Kräfte konkurrierenden Leidenschaften.

Hobbes kommt zu dem Ergebnis, dass die rein mechanische Wechselwirkung der individuierten und somit egoistisch verfolgten Leidenschaften einen *instabilen* Zustand herbeiführt, den er „Kriegszustand" nennt. Nur der „Todesfurcht" schreibt Hobbes die Wirkung zu, Menschen friedfertig zu machen.[29] Hobbes orientiert sich am Ideal der *berechnenden Kontrolle*, die das Geldsubjekt charakterisiert. Der Geist ist dann in seinem Element, wenn er diese Kontrolle ohne Störung ausüben kann. In diesem Horizont sind die Leidenschaften zwar auch gegen die Vernunft gerichtet – wie in der scholastischen Lehre des Thomas von Aquin –, doch dieser Gegensatz bekommt einen anderen

---

[27] Thomas v. Aquin, WW 11, S. 195.
[28] T. Hobbes (1984), S. 96.
[29] T. Hobbes (1984), S. 98.

5.2.4 Leidenschaften und „Interesse"

Charakter. Es sind nun „Gleichgewichtsstörungen". Die Leidenschaften oder Affekte betrachtet Hobbes als „Störungen des Geistes". Sie heißen Störungen, „weil sie zumeist die ruhige und richtige Überlegung aufheben, indem sie, entgegen unserem wahren Besten, ein Gut uns vorgaukeln, das sich gewöhnlich, nach allseitiger und ruhiger Überlegung, als Übel erweist."[30]

Die Leidenschaften sind ihrem Wesen nach irrational. Sie subsumieren, sich selbst überlassen und massenhaft gegeneinander wirkend, den *Logos*, aber sie widerstreiten auch der berechenbaren Kontrolle, der *Ratio*. Eine von Leidenschaften bewegte Masse von Menschen führt deshalb zum Chaos des Bürgerkriegs, weil sich hier private Interessen gegeneinander richten. Hobbes denkt in einem Gegensatz der menschlichen Körper, die von mechanischen Kräften (Leidenschaften) bewegt werden. Das ist als logische Form die ökonomische *Konkurrenz* in einer philosophischen Begriffswelt. Ich werde dies anschließend aus der Struktur der Geldgier näher plausibel machen. Für Hobbes jedenfalls bilden Privatinteresse und öffentliches Interesse einen Gegensatz, der überwunden werden muss. „Interesse" und „Leidenschaft" sind hier bei Hobbes noch austauschbare Kategorien. Nur in einer Monarchie, sagt Hobbes, fällt „das Privatinteresse mit dem öffentlichen zusammen."[31] Weil ein Monarch „jeden, wann und wo er will, zu Rate ziehen und folglich die Meinung von Menschen anhören"[32] kann, garantiert die Monarchie eine Herrschaft der Vernunft über die Leidenschaften. Trotz der mechanischen Sprache verbleibt damit Hobbes in der mittelalterlichen Denkfigur, sofern es sich um die vernünftige Beherrschung von Leidenschaften handelt; genauer, Hobbes denkt die *Ordnung* der Leidenschaften noch in vorbürgerlichen Kategorien, wenn er die Einheit der mechanischen Kräfte nur als *Gegensatz* und *Instabilität* denken kann.

Descartes teilt mit Hobbes den mechanischen Horizont, versucht aber gleichwohl eine andere Begründung für die Begrenzung der Leidenschaften. Er betrachtet die „Wallungen des Blutes" – die Leidenschaften – nicht als Wirkung mechanischer Ursachen, die sich *außerhalb* und *gegen* die Vernunft bewegen. Descartes versucht, den Leidenschaften ihren irrationalen Charakter zu nehmen. Für ihn sind Leidenschaften das Erleiden des Körpers durch die Seele(nsubstanz).[33] Die Moral hat für ihn eine *Regelfunktion* für die Leidenschaften, vor allem für die Leidenschaft des Begehrens:

> „Da aber diese Leidenschaften uns nur zu irgendeiner Handlung veranlassen können vermittelst des Begehrens, das sie hervorrufen, ist es besonders das Begehren, das wir bemüht sein müssen zu regeln. Darin besteht der hauptsächliche Gebrauch der Moral."[34]

Wie diese „moralische Regelung" sich vollzieht, bleibt offen. Die Hinordnung auf die Vernunft – die Lösung des Moralproblems bei Thomas – findet sich auch noch bei Descartes, der die „Weisheit" als Mittel empfiehlt, „ihrer Herr zu werden".[35] Wie aber die Vernunft, also eine in der cartesianischen Metaphysik von der Körperwelt *getrennte* Substanz, auf die *körperlichen* Affekte wirken soll, bleibt dunkel; zu schweigen davon, dass die *Form* der Vernunft nicht klar bestimmt ist: Handelt es sich um ein inneres Sprechen oder berechnende Kontrolle? Die Wechselwirkungen zwischen Geist und

---

[30] T. Hobbes (1918), S. 33.
[31] T. Hobbes (1984), S. 98.
[32] T. Hobbes (1984), S. 98.
[33] R. Descartes (1984), S. 43ff.
[34] R. Descartes (1984), S. 221.
[35] R. Descartes (1984), S. 325.

5.2 Das Geld als Denkform

Körper als *mechanische* zu deuten, durch die „Zirbeldrüse", hat selbst jene nicht überzeugt, die sonst der Denkform von Descartes weitgehend gefolgt sind.[36] Erst Spinoza löst diese Frage durch eine neuartige logische Denkfigur:

> „Ein Affekt kann nur gehemmt oder aufgehoben werden durch einen Affekt, der entgegengesetzt und der stärker ist, als der zu hemmende Affekt."[37]

Der Geist kann die Leidenschaften nicht „von oben" zähmen, er kann aber ihren Widerspruch erkennen und nutzen (ein Vorgriff auf Hegels „List der Vernunft"). Damit wird zugleich ein zentraler Satz ausgesprochen, der in Newtons Physik so formuliert wird:

> „Einem Wirken ist immer ein Gegenwirken entgegengesetzt und gleich: d.h. die Wirkungen zweier Körper aufeinander sind immer gleich und auf entgegenliegende Teile gerichtet."[38]

Mechanische Physik und mechanische Sozialphilosophie haben auf diesem Wege ein gemeinsames Denkmodell zur Lösung ihrer Probleme gefunden, deren Isomorphie zugleich die Grundlage des Physikalismus der modernen Wirtschaftswissenschaften bildet. Ferner zeigt sich, wie sich die Auslegung der Natur mit der veränderten Form der Vergesellschaftung und der dadurch veränderten Subjektform, in der sich die sozialen Bedeutungsprozesse vollziehen, im selben Denkhorizont wandelt. Für die Sozialphilosophie ergab sich durch Spinozas Einsicht allerdings erst durch die Unterscheidung von Leidenschaft (Affekten) und Interesse ein brauchbares Modell.

Die politische Philosophie in der Frühzeit des Kapitalismus kann als schrittweise Entdeckung der besonderen Rolle des *Interesses* und der Trennung dieser Kategorie von jener der Leidenschaft beschrieben werden, wie dies Albert O. Hirschman in seiner glänzenden Untersuchung „Leidenschaften und Interessen"[39] gezeigt hat. Für Machiavelli und die frühneuzcitliche Staatsphilosophie stellte sich die Frage, wie die Leidenschaften des Fürsten reguliert werden konnten – war doch der Fürst selbst als Gesetzgeber der Herr der Regelsetzung. Die Lösungsformel lautete, dass der Fürst zwar die übrigen (wirtschaftlichen) Handlungen regiere, er selbst aber vom *Interesse* regiert werde: *Le princes commandent aux peuples, et l'interêt commande aux princes.*[40] Durch die kategoriale Differenzierung zwischen „Leidenschaft" und „Interesse" ergaben sich völlig neue Erklärungsmöglichkeiten. Im Begriff des „Interesses" spricht sich aber eine spezifische Denkform des Geldsubjekts aus, sofern das berechnende Denken alle anderen Leidenschaften kontrolliert. Dass sich in dieser inneren Herrschaft allerdings nur eine *neue* Leidenschaft – die Geldgier – konstituiert, das wird sich später noch genauer ergeben. Jedenfalls bewährt sich hier Spinozas Satz, dass die menschlichen Leidenschaften nur durch eine *andere* Leidenschaft beherrscht werden können, wenn man „Leidenschaft" schon stillschweigend in abstrakter Differenz zur rationalen Kontrolle des Geldsubjekts und seiner Rechnung denkt. Berkeley – der Mandeville später scharf kritisierte – sagt in diesem Sinn schon gleichsam selbstverständlich: „Ich würde niemals

---

[36] Vgl. zu dieser Frage K.-H. Brodbeck (2002a), S. 433f.
[37] B. de Spinoza, Ethik (1905), S. 180.
[38] Isaac Newton, 3. Axiom der Bewegung; I. Newton (1988), S. 115; vgl. E. Mach (1921), S. 197f. Auf die Geldmärkte hat Newton dieses Prinzip noch nicht angewandt; vgl. I. Newton (1856), anders als Kopernikus, vgl. Kapitel 4.3.1.2.
[39] A. C. Hirschman (1987).
[40] So der Herzog Rohan, zitiert in: A. C. Hirschmann (1987), S. 42.

5.2.4 Leidenschaften und „Interesse"

einen Menschen dafür tadeln, dass er nach seinem Interesse handelt. Wer aufgrund eines anderen Prinzips handelt, ist ein Narr."[41]

Der Gedanke, dass die menschlichen Handlungen zwar von Leidenschaften angetrieben, aber von *Interessen* regiert werden, charakterisiert diese vordringende Subjektform der Geldrechnung; sie wurde schrittweise auch zum theoretischen Schema der Sozialwissenschaften. Das „Interesse" trat damit das Erbe der moralischen Regulierung an. Die Leidenschaft wandelte sich zum energetischen Inhalt, das Interesse zur regelnden Form. Diese Denkfigur erreicht bei Adam Smith ihre klassische Gestalt, wonach es der mechanische Gegensatz im Wettbewerb sein sollte, der die Interessen wechselseitig zu einem Gleichgewicht verknüpfte. Wie der Fürst vom Interesse des Gemeinwohls, so wurde nun die einzelne wirtschaftliche Handlung so analysiert, dass sie vom „Selbstinteresse" regiert werde.[42]

Noch Smith hat die Selbstliebe als *hässlich* bezeichnet und in seiner *Theory of Moral Sentiments* keineswegs gebilligt. Er sah aber, wie Kant das später ausdrücken sollte, im *Mechanismus der Natur*, also im mechanischen Wettbewerb, die Durchsetzung einer *Regelung* der Leidenschaften durch den Gegensatz der Interessen. Sein *Wealth of Nations* liefert also das ökonomische Modell, die abstrakten Erfordernisse der Morallehre praktisch umzusetzen. Die letzte Instanz war für Smith die Gewohnheit, mit der sich Handlungsregeln reproduzieren, die wiederum von der Vernunft durch „Induktion" in ihrem ethischen Gehalt erkannt werden.[43] Die wirtschaftliche Mechanik, der „Mechanism der Natur"[44], wie Kant sagt, wird zum Exekutivorgan der Moral. Den Endpunkt dieser Entwicklung bildet Hegels „List der Vernunft", in der sich im Widerstreit aller Interessen eine Vernunft, der „Weltgeist" durchsetzen soll:

> „Diese unermessliche Masse von Wollen, Interessen und Tätigkeiten sind die Werkzeuge und Mittel des Weltgeistes, seinen Zweck zu vollbringen, ihn zum Bewusstsein zu erheben und zu verwirklichen; und dieser ist nur, sich zu finden, zu sich selbst zu kommen und sich als Wirklichkeit anzuschauen."[45]

Dieser Gedanke, dass die Leidenschaften moralisch durch das *Interesse* als Begriff für das Subjekt des berechnenden Denkens, das Geldsubjekt, gezähmt werden, wenn dieses Interesse in massenhafter Form gegeneinander wirkt und sich damit selbst so kompensiert, dass ein „höheres" Interesse, das Gemeinwohl oder gar die Absichten des Weltgeistes, realisiert werden, findet im Vordringen einer anderen, dem Geldsubjekt angehörigen und nur durch es möglichen *neuen* Leidenschaft ihren Begriff. Die Leidenschaft der Geldgier erhält den abstrakten Namen „Interesse": *interest*. Bei Adam Smith

---

[41] G. Berkeley (1976), § 542, S. 73.

[42] Durch diese *Individualisierung* des Interesses wird auch ein *Gegensatz* zwischen Gemeinwohl und Privatinteresse überhaupt erst möglich, der Mandeville sagen lässt: „They are silly People who imagine, that the Good of the Whole is consistent with the Good of every Individual", B. Mandeville (1954), S. 49.

[43] „Wenn es uns einmal zur Gewohnheit geworden ist, an jene allgemeinen Regeln des Verhaltens zu denken, und wenn sie sich dadurch unserem Geiste fest eingeprägt haben, dann sind sie sehr nützlich dazu, um die falschen Angaben unserer Selbstliebe in betreff der Frage, wie gerade in unserer Lage vom sittlichen Standpunkte aus gehandelt werden sollte, richtigzustellen." A. Smith (1977), S. 239.

[44] I. Kant (1902: 8), S. 366. Vgl.: „Obgleich sie also eigentlich nur ihr eigenes Interesse dabei im Auge haben oder durch Gewalt gezwungen werden, stellen sie sich gleichwohl, als ob sie sich durch Vernunftgründe hätten überzeugen lassen." J. J. Rousseau (1910: 1), S. 126.

[45] G. W. F. Hegel, WW 12, S. 40.

5.2 Das Geld als Denkform

finden sich beide Bedeutungen von „Interesse" – oft in aufeinander folgenden Sätzen – ununterschieden nebeneinander. Diese Identifikation von „Geldgier" (Wucher) und „Interesse" war in der Frühphase des Kapitalismus, als die Geldgier schrittweise auch die *Produktion* eroberte, noch durchaus bewusst. Matheus Schwar, der Hauptbuchhalter der Fugger, übersetzt die im Deutschen damals noch ungebräuchlichen Begriffe *interest* (Zins) und *Finanzen* (Kreditgeschäfte) wie folgt in die deutsche Sprache:

> „Interesse, das ist höflich gewuchert; Finanzen (d.h. Kreditgeschäfte) ist gleich höflich gestohlen."[46]

Von diesem noch einfachen und klaren Begriff für den Zins und der Einsicht in die Herkunft des Interessenbegriffs bis zur abstrakten Diskussion um die bestimmende Macht der „Interessen", dem Einfluss von „Interessengruppen" usw. in der Soziologie hat der Siegeszug des Geldsubjekts das Denken völlig verwandelt und ihm bereits in seinen Grundkategorien eine ideologische Form gegeben. Diese Form führte dann zur naturalisierten Geld- und Zinstheorie in der Ökonomik, die schließlich Max Weber auf dem Tiefpunkt philosophischen Nachdenkens über das „Interesse" sagen lässt:

> „Das *Höchstmaß von Rationalität* als rechnerisches Orientierungsmittel des Wirtschaftens erlangt die Geldrechnung in der Form der Kapitalrechnung"[47].

Die in den Zins eingekleidete Geldgier als Leidenschaft wird zum *Triumph* der Aufklärung und der kühlen Erwägung von Interessen, die sich *über* alle menschlichen Leidenschaften stellen wollen.

> „Kühl bis ans Herz hinan, wie der Kaufmann seinen Waren gegenüber, so betrachtet jeder den Geldstoff."[48]

Wie es um diese „Kühle" und die im Zins erreichte „Höhe" der berechnenden Rationalität bestellt ist, dieser Frage gehen die nächsten Kapitel systematisch auf den Grund.

---

[46] Zitiert nach: J. Strieder (1925), S. 66.
[47] M. Weber (1980), S. 58; meine Hervorhebung.
[48] S. Gesell (1931), S. 143.

5.3 Die Herrschaft der Geldgier

5.3.1 Begriff und Psycho-Logik der Geldgier

Im Reigen der menschlichen Leidenschaften wurde schon von alters her *eine* besondere Leidenschaft anders beurteilt, weil sie dem Denken einige Rätsel aufgibt: Die Geldgier. In der geldtheoretischen Literatur spielt sie fast keine Rolle. Als „psychologische" Beschreibung einer besonderen menschlichen Verhaltensweise scheint sie ein Randphänomen zu sein. *Ökonomen* nehmen solch garstig Wort erst gar nicht in den Mund und schicken dafür ihr höchst rationales, in mathematische Formeln gepacktes Wesen namens *homo oeconomicus* ins Feld, das gelegentlich auch einfach als Verkörperung *der* „Rationalität" vorgestellt wird. Schopenhauers ungeschminkte Beschreibung der Mehrzahl der Personen, die ein älterer Mensch in der Erinnerung Revue passieren lässt und dabei in einen Abgrund blickt, ist unter den Philosophen eine Ausnahme, wenn er sagt: „War nicht niederträchtiger Eigennutz, gränzenlose Geldgier, wohlversteckte Gaunerei, dazu giftiger Neid und teuflische Schadenfreude, so allgemein herrschend, dass die kleinste Ausnahme davon mit Bewunderung aufgenommen wurde?"[1] Das Bewusstsein von der Herrschaft dieser Untugend ist gleichwohl zu keiner Zeit geschwunden; auch heute ist es im Alltag gegenwärtig.[2] Ihren *Begriff* hat die Geldgier gleichwohl auch in drei Jahrtausenden Praxis, durch moralische Verurteilung und wiederholte Definitionsversuche noch nicht gefunden, weil ihr Grund – das Geldsubjekt – im Dunkeln geblieben war. Obgleich in Form und Inhalt höchst trivial, ist die Geldgier doch als soziales Phänomen nicht in ihren vielfältigen Verkleidungen unmittelbar erkennbar.

Die Geldgier ist eine *Leidenschaft*, allerdings mit einem völlig anderen Inhalt als andere menschlichen Affekte. Das Ziel der Geldgier ist nicht der *Genuss der aufgehobenen Leidenschaft in ihrer Erfüllung*. Sie findet nicht in der Vereinigung mit dem begehrten Objekt ihre Ruhe, weil ihr Inhalt nicht der Genuss – wie bei der Genusssucht –, sondern das Objekt selbst ist. Zutreffend wurde die Geldgier auch als *Habsucht* bezeichnet, die Begierde, ein Objekt bloß *haben* zu wollen. Deshalb wird diese Form der Begierde immer wieder als Krankheit, als *Wahnsinn* beschrieben. Seneca spricht vom „Wahnsinn der Alles umkehrenden Habsucht". Im ersten Brief an Timotheus [6,10] heißt es:

„Denn die *Wurzel aller Übel* ist die Habsucht."

Als Grund benennt Boethius, dass „die Natur mit sehr wenigem, die Habsucht aber mit nichts zufrieden ist"; es ist also als eine *widernatürliche* Neigung, die der Vernunft der je eigenen Natur widerspricht. Auch Spinoza charakterisiert die Habsucht als Form „des

---

[1] A. Schopenhauer, WW 4, S. 749.
[2] „Die Geldgier von wenigen darf nicht länger Weltkrisen auslösen" (Die Zeit 42/1998); „Der ewiggleiche Antrieb: Geldgier" (stern.de 20. 2. 2003); „Geldgier, Machtrausch, gute Kontakte" (Berliner Zeitung, 15.5.2006); „Korruption, Geldgier, Selbstmord" (ZEIT online 7.2.2006); „Geldgier - die andere Dimension" (Hamburger Abendblatt 16.3.2006); „Das Motiv: Geldgier" (ZDFheute.de 9.7.2002); „Geldgier war es auf jeden Fall" (stern.de 2.6.2005); „Und immer wieder Geldgier" (Die Tagespost 23.10.2003); „Geldgier ersetzt die Kultur" (Die Welt 20.4.2006); „Gier ohne Grenzen" (SPIEGEL online 17.8.2007); „Es ist niederschmetternd. Die Wall Street dreht sich wirklich um Habgier" (Bear-Stearns Broker Stephen Raphael in: SPIEGEL online 18.3.2008).

Irrsinns, obgleich sie nicht zu den Krankheiten gezählt" wird.³ Kant fasst die Geldgier unter dem Begriff der Habsucht und nennt sie eine „ganz geistlose, wenn gleich nicht immer moralisch verwerfliche, doch bloß mechanisch geleitete Leidenschaft"⁴. Er stellt die Habsucht mit dem Neid, der Ehrsucht und Herrschsucht in eine Reihe.⁵ Tocqueville sah in der Liebe zum Reichtum einen spezifisch demokratischen, genauer amerikanischen Wesenszug, der durch eine Verkehrung der Werte charakterisiert ist:

> „Was unsere Vorväter des Mittelalters knechtische Habgier nannten, bezeichnet der Amerikaner als edlen und achtungswürdigen Ehrgeiz"⁶.

Friedrich Engels charakterisiert den Handel dagegen allgemein durch sein „unsittliches Wesen", weil „es seine gemeine Habsucht offen zur Schau" trägt⁷. Der junge Marx bestimmt diesen Begriff so, dass darin „die Habsucht über die Genusssucht" gestellt werde und leitet den Neid aus der Habsucht ab:

> „Der allgemeine und als Macht sich konstituierende Neid ist die versteckte Form, in welcher die Habsucht sich herstellt und nur auf eine andre Weise sich befriedigt."⁸

Treffend heißt es an anderer Stelle mit Blick auf das, was die Ökonomen davon erfassen:

> „Die einzigen Räder, die der Nationalökonom in Bewegung setzt, sind die *Habsucht* und der *Krieg unter den Habsüchtigen, die Konkurrenz.*"⁹

Der Begriff der Habsucht drückt diesen verrückten Aspekt, ein Ding *haben*, nicht es genießen zu wollen, korrekt aus; gleichwohl ist er als allgemeiner Name für die Geldgier ungeeignet. Die Habsucht kann sich auf *vielerlei* Objekte beziehen. Und frühe Herrscher zeigen in ihrer Gier eine durchaus differenzierte Neigung: Nach Land, Pferden, Frauen, Waffen usw. Die Geldgier erbt diese Habsucht als *formale* Struktur, entleert sie aber ihrer spezifischen Inhalte.

Platon lieferte die erste explizite Reflexion der Geldgier, indem er sie als einen von drei Seelenteilen, den untersten, bestimmte. Der erste Seelenteil ist der vernünftige, der zweite ist charakterisiert durch heftige Erregung, vor allem durch den Zorn. Den dritten Seelenteil, sagt Platon im neunten Buch seiner *Politeia*, konnte er „wegen seiner Vielgestaltigkeit mit einem ihm eigentümlichen Namen nicht benennen". Doch als das charakteristische Beispiel dafür nennt er die Geldgier: Dieser dritte Seelenteil heißt „bekanntlich auch der ‚geldgierige'"¹⁰. Platon findet in der Namensgebung der „Geldgier" die zutreffendste Charakterisierung, weil auch Lust und Liebe auf *Gewinn* aus sind und insofern schon im Horizont der Geldrechnung ausgelegt werden. Der adäquate Begriff der Gier ist für Platon hier bereits durch die Geldgier bestimmt; deshalb,

---

[3] Seneca (1867), S. 68; Boetius (1883), S. 65; Spinoza (1975), S. 307.
[4] I. Kant, (1902: VII), S. 274.
[5] Vgl. I. Kant, WW 8, S. 752 und WW 10, S. 391.
[6] A. de Tocqueville (1976), S. 727.
[7] F. Engels, MEW 1, S. 503.
[8] K. Marx, MEW 40, S. 528 und 534.
[9] K. Marx, MEW 40, S. 511.
[10] Platon (1940: 2), S. 346f.

5.3.1 Begriff und Psycho-Logik der Geldgier

„sooft wir diesen Seelenbestandteil ausdrücken wollen, und wenn wir ihn daher den geld- und gewinngierigen nennen, so hat diese Benennung ihre Richtigkeit"[11].

Die Vernunft, der erste Seelenteil, ist von dieser Geldgier weit entfernt. Das vernünftige Denken, die Suche nach Wahrheit ist es, der es „unter jenen Seelenteilen am wenigsten an Geld und Ruhm gelegen ist"[12]. Das Geldsubjekt, das die Geldrechnung, das bloße *Mehr* an Geld, in eine Leidenschaft verwandelt hat, ist für die Vernunft nicht mehr empfänglich.

„Der Geldgierige wird behaupten, dass im Vergleiche mit dem Vergnügen bei dem Gewinnen das Vergnügen des Geehrtseins und das des Studierens gar nichts wert sei, ausgenommen wenn eins davon Geld eintrage."[13]

Hier taucht ein Motiv auf, das bei Heraklit bestimmend war; nun in der Auseinandersetzung mit den Sophisten in einem neuen, nunmehr schon am Geld selbst bewusst reflektierten Zusammenhang. Die Sophisten ließen sich für ihre rhetorischen Dienste bezahlen. Man kann sagen, dass die Rhetorik als das berechnende Sprechen bereits Ausdruck der ersten Subsumtion der menschlichen Kommunikation, der sprachlichen Vergesellschaftung unter die Geldökonomie war. Bei Heraklit ist dieses Motiv noch weitgehend implizit, sofern er sich gegen die leere Vielheit des Wissens von den Zahlen (die „Vielwisserei" des Pythagoras) wendete und die soziale Einheit der Vielen im Denken, im Logos betonte. Bei Platon nimmt diese Denkform eine konkretere und begrifflich durchdachtere Gestalt an, sofern er sich gegen ein Denken wendet, das sich der Geldrechnung, der Geldgier unterordnet. Man kann sagen, dass die Idee der reinen Logik, die dann Aristoteles entwickelt hat, sich zwar ebenfalls gegen die Sophisten richtete, gleichwohl – *omnis determinatio est negatio* – darin die *abstrakt-berechnende* Haltung gegenüber der Sprache gerade *formal* zur Geltung brachte. Was bei den Sophisten ein Geschäft, der Verkauf einer Dienstleistung gegen Geld war und darin die Wahrheit der Geldgier unterordnete, das erscheint in der abstrakten Logik als *formale Subsumtion des Sprechens* unter das berechnende Kalkül:

„Die *Logik* – das *Geld* des Geistes"[14].

Trotz zahlreicher Hinweise ist die Geldgier kaum jemals als verwandelte Begierde, als abstrakte Leidenschaft in *ihrer* Logik untersucht worden. Die aristotelische Logik kann man zwar zutreffend als das Geld des Geistes bestimmen; gleichwohl hat die subjektive Form des Geldes ihre eigene Logik – die wir im Geldsubjekt entdecken konnten. Die Transformation der menschlichen Leidenschaften durch dieses „Geld des Geistes" weist eine eigene, innere Logik auf, der ich mich nun zuwende.

Die Geldgier ist eine *Begierde*, eine Leidenschaft; aber diese Leidenschaft hat eine besondere Struktur, und diese Struktur verdankt sich dem Objekt – dem Geld –, an dem sie sich entzündet und in das die handelnden Subjekte in ihren Denkformen eingebettet sind. Es gibt in der Geldverwendung objektive Elemente, die diese Leidenschaft *begünstigen*; sie bringen sie aber nicht kausal hervor. Auch ist die Geldgier nicht nur die „Widerspiegelung" dieser objektiven Strukturen. Im *Vollzug der Geldrechnung* im

---

[11] Platon (1940: 2), S. 347.
[12] Platon (1940: 2), S. 347.
[13] Platon (1940: 2), S. 347f.
[14] K. Marx, MEW 40, S. 571.

Tauschprozess zeigt sich indes ein objektives Moment, das zur Grundlage der Geldgier wird.

Im Kauf- und Verkaufsakt spielt das Geld als Besitz eine Durchgangsrolle. Wie beim Tausch überhaupt, findet auch beim Kauf ein *Eigentumswechsel* statt. Durch den Geldbesitz wird zwar der Marktzutritt ermöglicht, zugleich realisiert sich dieser Marktzutritt nur durch die Paradoxie, dass beim Kauf die Voraussetzung des Marktzutritts – der Geldbesitz – wieder partiell aufgehoben wird: Der Käufer, eben noch stolzer Geldbesitzer, wird als Warenbesitzer wieder in der Höhe der bezahlten Geldsumme der Voraussetzung beraubt, die ihm zuvor den Marktzutritt gestattete. Nun ist der Geldbesitz etwas, das dem Kaufakt *voraus liegt*. Sofern also ein Geldbesitzer über andere Quellen des Gelderwerbs verfügt, als seine eigene Haut zu Markte tragen zu müssen, schlägt sich dieser Verlust durch den beglichenen Preis kaum für ihn nieder: Der Reiche gibt jeweils nur ein kleines Quäntchen jener Kaufmacht ab, die ihm sein Geldbesitz verleiht. Der Arme muss den Geldbesitz dagegen immer wieder neu erwerben.

Man kann also sagen – wenn ich die von Marx eingeführten Formeln verwende (vgl. 4.2.3.3) –, dass beim Kaufakt G-W der Geldbesitzer zwar zum Warenbesitzer wird, aber zugleich seines Geldbesitzes verlustig geht. Reduziert man die Kaufakte auf den formalen Vorgang G-W, so bleibt diese für die beteiligten Subjekte *wesentliche* Differenz allerdings verborgen. Da der Geldbesitz indes die Voraussetzung für die Marktteilnahme ist, kann man sagen, dass der Marktprozess selbst, also die kontinuierliche Fortsetzung von Kauf und Verkauf, die Käufer wieder hinter die Schranke des Geldes zurückwirft in den Zustand eines verminderten Geldbesitzes. Und da Waren in Geldökonomien nur durch den Geldbesitz erlangt werden können, schiebt diese Vergesellschaftungsform *vor die Begierde nach Produkten eine Schranke*: Zunächst muss jeder Geld erwerben, ehe er den Markt betreten und sich dafür Waren kaufen kann. Darin liegt also ein *objektiver Zwang* der Geldökonomie: Er zwingt alle Beteiligten dazu, sich Geld zu verschaffen. Der Geldbesitz von bestimmter Höhe *allein* zählt auf dem Markt[15] – und der Markt ist wiederum nichts anderes als der Prozess der Vergesellschaftung durch das Geld, durch Kauf und Verkauf. Es ist allerdings für den Kaufakt völlig gleichgültig, *wie* der Einzelne in den Besitz der beglichenen Geldsumme gelangt ist.

Die Organisation der Gesellschaft durch das Geld und die Waren, durch Märkte, zwingt also jedes Mitglied dieser Gesellschaft, *vor* das Streben nach Produkten, nach den individuellen Bedürfnissen dienenden Gütern, das Streben nach Geldbesitz als allgemeinen Zwang zu setzen. Dieser Zwang beruht darauf, dass die Bedürfnisse *anders* nicht zu befriedigen sind als dadurch, *vor* jedem Akt der Befriedigung durch die Erlangung der gewünschten Güter einen anderen Akt zu schieben: Den Erwerb von Geld. *Wie* dieser Gelderwerb aussieht, spielt für seine formale Funktion im Marktprozess keine Rolle. Das Streben nach Geld ist völlig unabhängig von den konkreten Bedürfnissen, die man mit dem Geld später durch gekaufte Waren zu befriedigen hofft.

Es gibt also in jeder Geldökonomie das wiederkehrende Streben nach Geldbesitz als ihre allgemeine Voraussetzung. Und dieses Streben formt für die Teilnehmer an den Märkten zugleich einen spezifischen Aspekt ihrer Subjektivität: Die Subjekte werden *genötigt*, durch die Form der Vergesellschaftung, jeder erstrebten Bedürfnisbefriedigung eine abstrakte Kalkulation in der Geldeinheit voranzustellen. Jeder kalkuliert individuell, in einem je privaten, in der Geldeinheit aber allgemeinen Identitätsprozess,

---

[15] Das Geld ist darin „vollkommen unbestimmt, rücksichtlich der Qualität, und bloß bestimmt rücksichtlich der Quantität", G. v. Buquoy (1815-18), S. 237. Es charakterisiert das Wesen des Geldes, sagt auch Simmel, „dass seine Qualität ausschließlich in seiner Quantität besteht", G. Simmel (1977), S. 269.

indem er seine Bedürfnisse in Relation zur abstrakten Geldeinheit setzt und *daran* deren Möglichkeit ihrer Befriedigung misst. Über alle *konkreten* Leidenschaften legt sich damit der Mehltau der abstakten Geldrechnung, der im Bewusstsein ein allgemeines Kalkül, ein berechnendes Denken auch bezüglich der eigenen Empfindungen, Gelüste, Triebe und Begierden als psychischen und Denkprozess überlagert. Dieses berechnende Denken nistet sich in andere Denkprozesse ein, die privaten Wünschen und Träumen gewidmet sind. Das Geld wird als Kategorie Teil der menschlichen Seele – nicht als fremde Überwältigung, sondern als inneres Streben der Marktteilnehmer selbst, die alltäglich in Geld ihre Handlungen und Bedürfnisse kalkulieren.

Darin liegt *das objektive Moment* der Geldgier. Die Marktteilnahme *fordert* als *conditio sine qua non* das vorgängige Streben nach Geldbesitz. Zugleich entlastet aber die Form des Marktes – der anonyme Kaufakt, die allgemeine Präferenz beim Tausch und die anderen, an der Tauschstruktur entwickelten Bestimmungen (vgl. Teil 3) – dieses besondere Streben nach Geld von allen *anderen* Bedingungen. Die nackte Faktizität des Geldbesitzes zählt, nicht die *Herkunft* des Geldes, das ein Käufer in Händen hält. Das Streben nach Geldbesitz als notwendiges Durchgangsmoment für alle Teilnehmer an Geldökonomien *entbindet* von allen moralischen Reflexionen, mit denen sonst Handlungen umgeben sind. Die abstrakte Form des Geldes, die beim Kauf nur der *leeren Präferenz* des Warenverkäufers gegenübersteht, ist jedes Inhalts entkleidet, der auf die Herkunft, die spezifische Handlung des Gelderwerbs verweisen würde. Der Tugendsame ist auf dem Markt neben dem Verbrecher *moralisch* gleichgestellt. „Geld ist Macht, Ruhm, Würde, Vorrang, Einfluss; Geld macht jetzt das große oder kleine moralische Vorurteil für einen Menschen, je nachdem er davon hat!"[16]

Zur inhaltlichen *Gleichgültigkeit* gegenüber den Bedürfnissen und der Moral kommt allerdings noch ein *aktives* Moment hinzu, das die moralische Ordnung der Leidenschaften schrittweise außer Kraft setzt: Die Konkurrenz. Man kann ihre Struktur wie folgt bestimmten: Die Vergesellschaftung der Handlungen und Bedürfnisse durch die endlose Wiederkehr von Kauf und Verkauf ist durch die jeweils temporäre Phase des Geldbesitzes charakterisiert. Nun treten auf dem Markt die Geldbesitzer nicht *allein* auf, sondern in Vielzahl nebeneinander. Sie anerkennen sich darin in entfalteten Geldökonomien *als* Geldbesitzer – wie sie andererseits den Warenbesitzer als Eigentümer anerkennen. Im Geldbesitz, dem jeweils temporären Eigentum an einem bestimmten Quantum der Geldeinheit, wird das je andere Subjekt im Marktprozess *nur* bezüglich dieses Quantums an Geldbesitz anerkannt. Tritt der Warenbesitzer auf als jemand, der die besonderen Vorzüge des von ihm feilgebotenen Produkts, dessen *qualitative* Merkmale betont, um damit das Interesse eines Geldbesitzers zu wecken, so besitzt umgekehrt das Interesse am Geldbesitzer nur eine abstrakte Form: Es *zählt* nur die Zahlungsfähigkeit. Alles andere ist gleichgültig. Die Geltung der Geldeinheit, die im Rechnen mit ihr zum verallgemeinerten Bewusstseinsprozess wird und sich darin reproduziert, ist nur eine abstrakte und quantitative. Sofern also jemand auf dem Markt als *ökonomisches* Subjekt anerkannt ist, ist er dies nur hinsichtlich der Verfügung über eine Quantität.

Darin liegt aber zugleich eine *Grenze*. Die Grenze des Subjekts ist die Schranke seines Geldbesitzes. Nun ist zugleich mit der Verallgemeinerung der Geldrechnung als Prinzip der Vergesellschaftung auch das Streben nach Geldbesitz verallgemeinert. Da der Marktzutritt nur durch den verfügbaren Geldbesitz begrenzt wird, treten die Subjekte zueinander in einen Gegensatz: Die Möglichkeiten, an Geldbesitz zu gelangen, werden von dem geltend gemachten Eigentumsrecht der Geldbesitzer selbst begrenzt. Im zirkulären Prozess von Kauf und Verkauf bilden die Besitzer von Geld eine Schranke

---

[16] F. Nietzsche (1969: 1), S. 1151.

für jene, die durch den Verkauf von Waren Marktzutritt suchen. Das im durch staatliche Gewalt geschützten Eigentumsrecht geltend gemachte Verbot, an Geld *anders* als durch einen freiwilligen Tausch Ware gegen Geld zu gelangen, *begrenzt* die Möglichkeiten, Geldbesitz zu erlangen auf die Bedürfnisse der Geldbesitzer. Nur sofern sie nach Waren verlangen, sind sie bereit, sich von ihrem Geldbesitz zu trennen. Darin liegt erstens ein Gegensatz der Subjekte, dessen *Inhalt* einzig die abstrakte Quantität des Geldes ist, und zweitens entfaltet sich dieser Gegensatz als Konkurrenz der Warenbesitzer *gegeneinander*. Das Streben nach Geld zeigt sich damit sozial immer *zugleich* als ein Gegensatz gegen andere, die ebenfalls nach Geld auf den Märkten streben.

Die Geldsubjekte sind sich in ihrem Streben nach Geld in der Konkurrenz wechselseitig Schranke und *definieren* so ihre Subjektivität *negativ* durch den Gegensatz zum je anderen. Der *Inhalt* des Gegensatzes ist denkbar einfach: Es soll Geld erlangt werden. Da sich dieses Streben aber im je anderen Geldsubjekt gleichsam selbst begegnet, verwandelt sich sein Inhalt: Man versucht den je anderen daran zu *hindern*, selbst Geldbesitzer zu werden. Der Wettbewerb um Geld enthält also nur das abstakte und negative Moment, den anderen zu begrenzen, ihn in seinem Streben nach Geldbesitz einzuschränken. Es zeigt sich hier in der Form des Geldes eine Struktur, die auch am allgemeinen *Spiel* zu beobachten war: Beim ungeregelten Spiel wird aus dem Streben nach einem gemeinsamen Ziel ein *Gegensatz* der Spieler, die sich wechselseitig an der Erreichung des Ziels hindern (vgl. 2.3.3). Dadurch erhält die Gegnerschaft gegen andere in der Konkurrenz eine neue Vielfalt an Inhalten, die der Vielfalt der Mittel entspricht, durch die man versucht, jeweils sein Streben nach Geld zu realisieren.

Aus dieser doppelten Bestimmung – das Streben des Geldsubjekts nach einem abstrakten Inhalt, der Quantität „Geld", und das *negative* Verhalten der Begrenzung des je anderen in seinem Bestreben – ergibt sich ein prinzipiell offener Prozess, der sich in seinem Inhalt jeglicher Bestimmung verweigert. Diese Einheit aus Streben nach Geldbesitz und das Ziel, den je anderen daran zu hindern, dasselbe zu tun, führt dazu, alles, was hier *hemmend* hervortreten könnte, als bestimmende Macht *über dem Markt* aufzuheben. Sofern jemand in seinen Handlungen noch von etwas *anderem* als dem reinen Streben nach Geld bestimmt wird, kann er von einem Konkurrenten, der solche Skrupel nicht kennt, verdrängt werden. Die Konkurrenz selektiert damit alle Formen, die nicht dem reinen Begriff eines Strebens nach Geld und dessen abstraktem Inhalt entsprechen. Darin liegt ein *aktives Moment*, das moralische Regeln selektiert, sofern sie dem reinen Streben nach Geldbesitz hinderlich sind. Das Streben nach Geldbesitz führt im Wettbewerb zu einer De-Moralisierung der Gesellschaft.

Zwar treten hier vielfach Kaufleute oder Händler als Pioniere auf. Doch sie sind nicht die personale *Ursache* dieser Veränderung der Bewusstseinsformen in der Gesellschaft, sondern nur deren Kristallisation. Es liegt hier logisch dasselbe Problem wie bei der Ableitung des Geldes vor, die immer wieder an Zirkeln gescheitert war. Geld kann nicht die „Probleme" entfalteter Tauschpopulationen durch eine neue Funktion „lösen", weil es solche Probleme außerhalb einer Geldökonomie gar nicht geben kann: Ohne Geld gibt es keine entfalteten Tauschpopulationen. Ebenso können Händler nur *in* einer entwickelten Geldökonomie auftreten; deren besondere Moral oder Denkform ist dann aber schon strukturell mit der Geldverwendung bei allen Marktteilnehmern gegeben. Verdinglicht man in der Erklärung die mit dem Geld verbundene veränderte Moral in der besonderen Rolle von Personen außerhalb der bestehenden Moralordnung (z.B. Juden), von Fremden oder von neuen Religionen als Träger dieser De-Moralisierung (vgl. 5.3.6), so verkennt man, dass sich die demoralisierenden Denkformen des Geldsubjekts immer nur *innerhalb* einer Geldökonomie entwickeln können, sie aber nicht

5.3.1 Begriff und Psycho-Logik der Geldgier

hervorbringen. In den Händlern kommt nur sozial etwas zuerst zu sich, was die gesamte Gesellschaft durch die Geldverwendung strukturell verändert.[17]

Einen Rest an Bewusstsein dieser De-Moralisierung der Gesellschaft durch die Geldrechnung, das Streben nach Geldbesitz, haben sich alle Völker bewahrt und in der Frühzeit der Geldökonomien auch noch sehr ungeniert ausgesprochen. Noch die klügeren unter den *Apologeten des freien Marktes* in der Gegenwart wussten darum. Die klassischen Ökonomen hatten den Wettbewerb der Egoisten als eine *moralische* Erziehung gepriesen.[18] Doch diese Naivität lässt sich im entfalteten Kapitalismus nur noch als leere Ideologie behaupten. Röpke sagt:

> „Man war (…) der Meinung, dass die auf Konkurrenz und Arbeitsteilung beruhende Marktwirtschaft eine ausgezeichnete moralische Erziehungsanstalt sei und durch den Appell an den Egoismus die Menschen zu Frieden, Anstand und allen bürgerlichen Tugenden anhalte. Während wir heute wissen (was man immer hätte wissen können), dass die Konkurrenzwirtschaft ein *Moralzehrer* ist und daher Moralreserven außerhalb der Marktwirtschaft voraussetzt, war man verblendet genug, sie für einen Moralanreicherer zu halten."[19]

Ganz zu Recht sagt hier Röpke: „… was man immer hätte wissen können". Man konnte es immer schon wissen (und wusste es über Jahrhunderte durchaus in fast allen religiösen Systemen), dass der Markt *in seiner Struktur* eine demoralisierende Wirkung auf das Bewusstsein der Beteiligten ausübt – nicht durch etwas *Fremdes*, das die Begierden von außen unterdrückt oder beherrscht (wie die Moralregel), sondern als das *Eigenste*, als eine innere Modifikation des *Begehrens* selbst. Das Streben nach Geld demoralisiert die Vergesellschaftung der Menschen und führt zur schrittweisen Emanzipation von der Frage nach der *Herkunft* des Geldbesitzes.

Das Geld verwandelt also die Struktur der Moral, in der die Leidenschaften jeder Gesellschaft auf spezifische Weise organisiert sind, auf eine grundlegende Weise: Wie immer eine Geldökonomie auch sonst in tradierte Moralvorstellungen, „ethische Werte" oder besondere *rechtliche* Normierungen von Moralregeln eingebettet sein mag, *in ihrem Zentrum* vollzieht sich alltäglich ein Prozess, in dem die übrigen Moralregeln bezüglich *eines* Handlungstypus außer Kraft gesetzt sind: dem Gelderwerb. Dem Geldbesitzer sieht man nicht an, ob er das Geld durch ehrliche Arbeit, durch spekulative Erpressung auf einem anderen Markt, durch Diebstahl oder durch die hoheitlichen Funktionen des Staates und des Rechts, seine Bürger um einen Teil ihres Geldbesitzes durch Steuern zu erleichtern, gewonnen hat. Sie alle stehen *gleichberechtigt* nebeneinander vor den Zurschaustellungen der Waren, die mit ihrer konkreten Gestalt Bedürfnisbefriedigung verheißen und in ihren Preiszetteln ihr monetäres Aber verkünden.

Das Streben nach Geldbesitz entzieht sich der moralischen Form; die auf das Geld bezogene Leidenschaft ist von vornherein jeder moralischen Schranke entkleidet – in ihrer reinen, in Geldökonomien verwirklichten Form. Das Streben nach Geldbesitz be-

---

[17] Das von H-D. Evers behauptete „Händlerdilemma" ist eine Konstruktion. Er geht von der Rolle der Händler in einer moralischen Ordnung aus und betrachtet diese so, als wären sie an die tradierte Moralordnung gebunden. Hier wird übersehen, dass die entfaltete – nicht die sporadische – Geldverwendung in den Städten die Subjektivität *aller* Marktteilnehmer transformiert hat; vgl. H.-D. Evers (1994); siehe Gottl-Ottilienfelds vergleichbare These von der „Ur-Händlersippe", Kapitel 4.8.4.5.

[18] Vgl. K.-H. Brodbeck (1996a), S. 31ff; (2004e); (2006a), S. 86ff.

[19] W. Röpke (1942), S. 88.

wahrt dieses dynamische Element einer *De-Moralisierung* der Gesellschaft, nach einer Entkräftung der wie immer noch traditionellen Geltung moralischer Regeln. Genauer gesagt: Die Veränderung der Subjektivität durch das sich vor alle anderen Bedürfnisse drängende Streben nach Geldbesitz als notwendige Voraussetzung, seine körperliche und soziale Existenz durch die benötigten Produkte zu reproduzieren, unterwirft alle anderen Bestrebungen im Bewusstsein einem rationalen Kalkül. Die Moralregeln werden *als* Moralregeln ebenso wenig bekämpft wie andere Bedürfnisse und Leidenschaften: Sie werden der Geldrechnung, dem berechnenden Denken einfach *subsumiert*.

Der Gelderwerb bewegt sich also *außerhalb* der anderen Moralregeln und ist insofern in seiner Struktur *amoralisch*. Denn der Markt errichtet im reinen Kaufakt keine moralische Schranke – außer der *Händlermoral der Zahlungsfähigkeit*, also des hinreichenden Geldbesitzes. Er ist *a*moralisch, nicht *anti*moralisch.[20] Die Moral wird nur als Hindernis selektiert, wenn sie sich *von ihrer Seite her* dem Gelderwerb entgegenstellt. Das ist in vielen tradierten Moralsystemen durchaus der Fall gewesen; nur insofern ergibt sich ein *Gegensatz*, der noch näher zu klären sein wird. Gleichwohl drängt sich mit der Universalisierung der Geldökonomie faktisch auch die *Amoral* der Geldgier als dominantes Streben vor alle anderen Bestrebungen, und *darin* werden dann auch andere Moralformen *strukturell* entkräftet. Wobei diese Entkräftung auch endlos als *subjektiver Prozess* der Marktteilnehmer ins je schon „entschuldigte" Bewusstsein gehoben wird: *Pecunia non olet*. Mit Blick auf die *Urteilsform* ist allerdings gerade die amoralische Neutralität der berechnenden Haltung anderen Menschen und Dingen gegenüber durchaus eine *ethisch* zu qualifizierende Handlungsweise, die sich bis in die vorgeblich wertneutrale Sozialwissenschaft fortsetzt und sich darin dann als totalitäre Haltung entpuppt (vgl. 1.2.3 und 1.3.12).

Das Geldsubjekt ist damit in seiner aus der Geldrechnung stammenden subjektiven Form als ein *amoralisches* Wesen charakterisiert, das aus seiner Verfassung heraus jederzeit eine *antimoralische* Handlungsweise entfalten kann, wenn es in seinem Streben auf moralischen Widerstand stößt. In seinem Denken und Handeln ersetzt das Geldsubjekt die moralischen Schranken durch ein *Kalkül der Bedürfnisse* in der Abstraktion einer illusionären Einheit. Dort, wo dieses Geldsubjekt sich selbst in seinem Denken und Empfinden reflektiert, wo es also zum *Philosophen* wird, spricht es seine innere Struktur als *Norm* aus. Das ist auch schon das ganze Geheimnis der Forderung nach einer „Wertfreiheit" in den Sozialwissenschaften. Das *Streben* nach der Abstraktion der Geldeinheit ist als soziale Handlung aber *durchaus* eine moralische Form. In diesem Streben ordnen sich die Geldökonomie und der Kapitalismus. Doch dieses Streben ist je schon von allen *anderen* Moralregeln entbunden, oder, genauer gesagt, es kann solche Moralregeln nun *seinerseits* für sein Ziel (Steigerung des Geldbesitzes) instrumentalisieren. In einer Geldökonomie verschwindet also nicht die moralische oder religiöse Ordnung der Gesellschaft; sie wird nur schrittweise transformiert in die Ordnung der Geldrechnung, die unterschiedliche kulturelle und moralische Reste durchaus gewinnbringend zu verwerten weiß. Die monetäre Funktionalisierung der Religionen, die in den USA in Form und Inhalt „klassisch" vollendet wurde, hebt die Religion und die tradierte Moral nicht als *Inhalt* auf, sondern sie subsumiert sie wie alle anderen Dinge

---

[20] Man hat die Ökonomik „atheistisch" genannt: „economics is fundamentally atheistic. Religious beliefs, practices, and behavior play no role in the life of homo economicus." N. Tomes (1985), S. 245. Vgl. auch Iannaccone (1998), S. 1491f. „Die Ökonomie ist eine atheitische Disziplin; die Ökonomie ist eine Disziplin ohne Gott", sagt auch M. Foucault (2006), S. 38. Sie kommt aber nur ohne den Gott der Theologen aus, weil sie an seine Stelle andere Gottheiten setzt, die nicht minder unkritisch geglaubt werden.

als Waren dem Streben nach Geldbesitz. Was sich allerdings der Subsumtion *verweigert*, bekommt die hochgerüstete Gewalt institutionalisierter Geldgier zu spüren.

Die dem Streben nach Geld selbst allein adäquate „Moral" ist die des abstrakten *Habens*. Moral erscheint als Faktizität; wer „hat", der ist auf dem Markt legitimiert, denn nur das ist die „Moral des Marktes". Alle anderen Moralregeln erhalten im Streben nach Geld ihr Maß – aber sie brauchen deswegen nicht als nützliche Hilfen zu verschwinden, wenn sie sich pekuniär ausbeuten lassen. Dass hierbei die tradierten Moralsysteme einen *Wandel* durchmachen, dass die Religionen und kulturellen Traditionen sich an die Geldökonomie anpassen und endogen ihre eigenen Lehren neu formulieren, das ist unbestritten. Doch weder wird eine tradierte Religion, eine tradierte Moral in ihren *Inhalten* durch die Geldökonomie erzeugt, noch gilt umgekehrt, dass irgendeine der traditionellen moralischen oder religiösen Systeme die Logik der Geldökonomie *hervorgebracht* hat. Marx und Max Weber erliegen *beide* dem Irrtum der kausalen Denkweise, wenn sie die Religion als Produkt des Kapitalismus oder exakt umgekehrt den Kapitalismus als Produkt einer (besonderen) Religion (dem Protestantismus) beschreiben.[21] Weder „Kapitalismus" noch „Religion" sind in sich definierte Entitäten, deren Inhalte man aufeinander in einer kausalen Relation verrechnen könnte. Vielmehr verändert das Streben nach Geldbesitz die tradierten moralischen Inhalte durch eine *Überlagerung* des Kalküls, der Berechnung, und dazu lassen sich prinzipiell fast alle Traditionen funktionalisieren.

Wenn die überkommene Religion an ihren Inhalten, wenn sie an der Geltung einer moralischen Ordnung der Leidenschaften aus den Quellen der Religion oder Tradition festhält, dann gerät sie *sehr häufig* in einen Gegensatz zu der einer Geldökonomie eigentümliche Denkform. Der *Schauplatz* dieser Auseinandersetzung, die ich später noch genauer betrachten möchte, ist die Diskussion um die Legitimität des Zinses. Doch die Differenz gründet bereits in der Verallgemeinerung der Geldrechnung und der darin liegenden Konstitution des Geldsubjekts. Sofern Religionen oder tradierte Moralsysteme bereit sind, sich der *berechnenden Denkform* unterzuordnen, die dem Geld eignet und die alle Bedürfnisse und Handlungen gegen eine abstrakte Einheit taxiert, sofern können sie durchaus in bester Weise mit dem Kapitalismus harmonieren und ihm sogar zusätzliche Kraft verleihen. Zudem finden sich in verschiedenen Religionen sehr deutliche Spuren, worin ein sehr irdischer Gott seine innere Natur offenbart hat. So gibt es wohl keine treffendere Charakterisierung der in der Herrschaft des Geldes in der Welt gründenden Täuschung als jene, die das Geld als fremdes *Subjekt* bestaunt und verehrt: „Du aber hast alles nach Maß, Zahl und Gewicht geordnet. Denn du bist immer imstande, deine große Macht zu entfalten." (Weish 11, 21-22). Insofern mag die eine oder andere religiöse Form durchaus die Befreiung von der Moral eher begünstigen als eine andere, auch wenn ihr *originärer* Inhalt sich aus ganz anderen Erfahrungen speist.

Sofern also die tradierten Religionen auf ihren je *besonderen*, von der Logik des Geldsubjekts verschiedenen Inhalten beharren und sich solch einer berechnenden Instrumentalisierung verweigern, entfalten sie aus ihrer ureigensten Tradition durchaus ein *revolutionäres* Potenzial, das sich *negierend* gegen den Kapitalismus oder die Geldökonomie wendet. In frühen Formen der Geldökonomie bestand dieser Widerstand in dem Versuch, ihrerseits die Geldökonomie *moralisch* zu unterwerfen. *Darin* zeigt sich dann ein wirklicher Gegensatz, weil das Geld nur funktioniert als Recheneinheit, sofern von allen Inhalten als *bestimmenden Größen* abstrahiert wird. Doch fast alle Religionen haben vor dem Geld kapituliert. Die katholischen Adaptionen an die Denkform des Geldsubjekts, worin man das Heilsziel in ein ökonomisches Kalkül, ein Geschäft mit

---

[21] K.-H. Brodbeck (2006d), S. 18ff.

Gott, zahlbar an die Kirche, verwandelt hat, sind in Europa dafür kennzeichnend. Der Lutherische Protestantismus gebärdete sich zunächst noch als *Widerstand* gegen diese Subsumtion der Glaubensinhalte unter das Kalkül der Geldrechnung. Doch dieser Widerstand hielt nicht lange; schließlich musste auch Luther in seinem Zettel zum Brief an den Danziger Rat vom 5. Mai 1525 „den Danziger Kaufleuten einen Zinsgewinn bis zu 5% zugestehen"[22]. Mehr hatte Calvin auch nicht eingeräumt. Im protestantischen Sektenwesen schließlich hat sich diese Gegnerschaft in innigste Partnerschaft verwandelt, die es glänzend versteht, die Religion nicht nur selbst zur Quelle des Gelderwerbs zu machen, sondern im falschen Schein des fundamentalistischen Inhalts sich auch global in einem Verdrängungswettbewerb neben tradierte Religionen zu stellen. Darin erfüllen diese Sekten neben der medialen Programmierung des globalen Bewusstseins auf die Geldrechnung die nützliche Aufgabe, den *tradierten* Widerstand, der lokal immer noch viele Länder prägt und sich darin dem Geldkalkül widersetzt, zu überwinden und als Ersatz die Erbaulichkeit des Gemeinschaftsgefühls in Freikirchen bei gleichzeitiger Anbetung des Marktes anzubieten. Gelegentlich werden „Bekehrungen" auch einfach gekauft – wie z.B. in Afrika, Sri Lanka, Südamerika usw. –, um die Betroffenen anschließend in die Logik des Marktzutritts durch Gelderwerb zurückzuwerfen.

Diese Logik des Gelderwerbs hebt also nicht die tradierte Moral einfach auf, sie *subsumiert* sie ihrem Kalkül. Das gilt auch für nicht-religiöse ethische Traditionen. Und das ist auch schon das ganze Geheimnis der *business ethics*, die entdeckt hat, dass sich moralische „Werte" durchaus gewinnbringend fruchtbar machen lassen. Andererseits zeigt sich sehr rasch, dass dann, wenn tradierte Moral- oder Religionsformen auf ihren *Inhalten* beharren, sich in der Logik des Gelderwerbs eine negierende, abstrahierende Funktion des Kalküls vor alle Bedürfnisse, Leidenschaften und auch den moralischen Inhalt als *eigentliche „Gottheit"* schiebt. Insofern kann man sagen, dass der Kapitalismus selbst eine „Religion" ist, wie das Walter Benjamin in einem berühmten Fragment formulierte. Er bezeichnet den „Kapitalismus als Religion" und spricht von einer „*essentiell* religiösen Erscheinung".[23] Dieses Urteil ist insofern nachvollziehbar, als die Geldrechnung eine abstrakte Einheit und herrschendes Bewusstsein der Geldsubjekte setzt, die *formal* alle anderen konkreten Inhalte unterordnet und insofern die Rolle einer „inneren Gottheit" spielt. Verweigert sich eine tradierte religiöse, ethische oder nur „humanistische" Form diesem Herrschaftsanspruch, indem sie auf die *bestimmende* Rolle ihrer Inhalte und Regeln pocht, so entpuppt sich die Gegnerschaft zum Kapitalismus tatsächlich als *Wertgegensatz*, als *moralischer Gegensatz*. Der Atheist, dem die anderen Menschen nicht gleichgültig sind, sieht sich dann mitunter urplötzlich Seite an Seite mit einem Islamisten in gemeinsamer Gegnerschaft zum Kapitalismus. Die Abstraktion der Geldherrschaft ist der einfache Inhalt dessen, was man in der „westlichen Wertegemeinschaft" als wirkliches *tertium comparationis* der noch sichtbaren unterschiedlichen Nationalstile des Kapitalismus finden kann.

5.3.2 Kaufmannsseele, Kapital und Gewinn

Das Streben nach Geldbesitz, das durch die objektive Struktur der Geldökonomie ermöglicht und immer wieder ermutigt wird, das sogar die diesem Streben entgegenstehenden moralischen Hemmnisse als Tendenz beseitigt, wird zu einer *neuen*, einer *abstrakten* Leidenschaft. Der ganze Inhalt des Strebens nach Geldbesitz ist das reine *Quantum*. Mit der Quantität des Geldbesitzes ist der Grad der Marktteilnahme garantiert,

---

[22] G. Wünsch (1927), S. 321.
[23] W. Benjamin, GS VI, S. 100.

zugleich verkörpert eine bestimmte Geldsumme den *Ausschluss* der Konkurrenten, die darüber nicht verfügen, gleichwohl aber nach demselben Inhalt streben. Weil die Geltung der Geldeinheit *allgemein* ist – darauf beruht gerade die zirkulär-reflexive Form der allgemeinen Anerkennung –, ist der Geldbesitz von jedermann prinzipiell zum Objekt des allgemeinen Strebens nach Geld geworden. Jeder wird zum „interessanten" Objekt für den anderen – doch der Inhalt dieses Interesses ist *nur* dessen Geldbesitz. Umgekehrt besteht die wichtigste Waffe in der Verteidigung des eigenen Geldbesitzes darin, über *sehr viel* davon zu verfügen. Der Wettbewerb und die Kaufakte entziehen unaufhörlich Geld, vermindern also den Geldbesitz. Damit erhält das Streben nach Geld einen zusätzlichen, wenn auch äußerst dürftigen Inhalt: Es kommt nicht nur darauf an, überhaupt Geldbesitz für die Marktteilnahme zu erstreben, der Wettbewerb und die transitorische Form der Kaufakte, die unaufhörlich wieder Geld entziehen, bedroht den Geldbesitz. Die Verteidigung gegen diese Bedrohung ist *das Streben nach mehr Geld*, ohne nun auf einen bestimmten Verwendungszweck abzuzielen.

Der Prozess der Vergesellschaftung durch das Geld bringt also nicht nur das Streben nach Geldbesitz hervor, die Subjekte verändern darin zugleich in der Konkurrenz untereinander auch ihre Leidenschaften. Alle anderen Leidenschaften treten zurück, werden der *einen* neuen Begierde subsumiert: Dem Streben nach *mehr* Geld. Da dieses Streben nur in einer dynamischen *Relation* besteht, die vom bereits erreichten Geldbesitz gar nicht abhängig ist und sich nur auf das Geld in Händen der anderen und den dazu auszutragenden Wettbewerb richtet, hört diese neue, besondere Leidenschaft – die Geldgier – auf, der Struktur der Begierde oder des Bedürfnisses zu gehorchen, die für andere Leidenschaften gilt.

Die Geldgier emanzipiert sich nicht nur schrittweise von allen hemmenden moralischen Banden, sie *verliert* damit zugleich die Möglichkeit, jemals *Ruhe* zu finden. Alle anderen Leidenschaften des Menschen kehren zwar wieder, finden aber gleichfalls immer wieder die Ruhe ihrer Stillung, die Befriedigung der Bedürfnisse. Auch ohne Geld sind die Menschen immer neu gehalten, die periodisch wiederkehrende Bedürfnisspannung durch Handlungen zu überbrücken. Doch diese Endlosigkeit der Wiederkehr des Begehrens ist stets durch ebenso periodische Phasen der Stille, des Friedens, der *Befriedigung* abgelöst. Die Geldgier bekommt durch ihren abstrakten Inhalt und ihre wechselseitige Anstachelung – sie begegnet sich im je anderen Konkurrenten täglich auf dem Markt selbst – eine neue dynamische Form: Sie wird zur *unendlichen*, das heißt in ihrem Wesen nicht befriedigungsfähigen Leidenschaft. Die *zyklische Wiederkehr* von Bedürfnisspannung und Befriedigung wird durch eine *lineare Unendlichkeit* subsumiert und erfährt darin eine fremde, dem Rhythmus des Lebendigen entgegengesetzte Bestimmung. Der gesamte Lebens- und Tagesrhythmus wird der Berechnung unterworfen, worin Ruhe nur die verpasste Gelegenheit bedeutet, *noch mehr* Geld zu erlangen. Die Geldgier erobert so die Zeit und unterwirft sie ihrer einfachen linearen Logik.

Zugleich wird die Geldgier in der Konkurrenz *objektiv*. Was vereinzelt für ein Individuum, eine Gruppe oder Organisation als deren Motivation erscheint – also als ein subjektiver Bestimmungsgrund des Handelns –, das wird in der Konkurrenz objektiv. Die Geldgier des je anderen ist ein erfahrener Widerstand im Wettbewerb, ein Sachzwang, den er durch seine Geldgier setzt. Diese Objektivierung ist nicht eine alchemistische Transformation des Subjekts ins Objekt. Vielmehr ist die Geldgier stets schon auf die abstrakte Vergesellschaftung der Menschen – die Geldrechnung – bezogen und darin in ihrer Intention objektiv. Mehr noch, die Geldgier wird je im Konkurrenten durch die von ihm durch seine abstrakte Leidenschaft gesetzten Sachzwänge nicht nur objektiviert, sie ist in der Geldform auch universalisiert. Das Geld als abstraktes Objekt dieser Begierde setzt ihr keinen Widerstand entgegen. Deshalb ist es die Konkurrenz, die unaufhörlich die Geldverwendung für die Geldgier funktionalisiert, kraft der Form, die dem Geld in universeller Geltung eignet. Während sich andere Handlungen nur dadurch universalisieren können, dass sie erlernt oder nachgeahmt werden und zugleich *andere Handlungen* substituieren, erfährt die Entfaltung der Geldgier an der Geldform selbst keinen Widerstand: Diese Form besteht ja nur durch ihre universelle Geltung und die darauf bezogenen Handlungen.

Darin liegt ein innerer Gegensatz zwischen der Geldgier als Handlungsziel und den von ihr gelenkten oder funktionalisierten anderen Handlungen. Dies ist zugleich der Grund aller Probleme und Leiden, die durch die Herrschaft der Geldgier über die Vergesellschaftung der Menschen erzeugt wird. Der unendliche Inhalt dieses Strebens, der seine jeweilige Subjektform tendenziell in *allen* Individuen verwirklicht, die an den Märkten teilnehmen *müssen*, steht zur Endlichkeit und Verschiedenartigkeit aller Handlungen, zur Endlichkeit aller Bedürfnisse und Fähigkeiten der Menschen in Widerspruch. Eine unendliche Begierde kann in einer endlichen Subjektivität nur um den Preis einer destruktiven Dynamik verwirklicht werden. Die *Bewegungsform* dieser Dynamik ist die Konkurrenz, worin die Gier als Motiv zugleich in Aggression, in Gegnerschaft *gegen die Gier des je anderen* verwandelt wird. Der universalisierten Geldgier tritt deshalb eine ebenso universalisierte Aggression und Gegnerschaft zur Seite, die wiederum im Spiegel des je anderen Geldsubjekts Angst und Unsicherheit auslösen. Das auf diese Weise vielfältig gehetzte und genötigte Geldsubjekt ist das Subjekt der Moderne, das eine ihm gemäße Wirklichkeit unaufhörlich aufbaut und wieder zerstört. Die Geldgier kann sich deshalb nicht anders als durch das verwirklichen, was die öffentliche Wahrnehmung als Zustand der Dauerkrise, der Herrschaft der „Probleme", der „Herausforderungen" mit variablen Inhalten und an wechselnden Standorten in öder Monotonie des Erleidenmüssens registriert.[24]

Tendenziell erfasst die Geldgier *alle* Subjekte, die sich über die Kauf- und Verkaufsakte vergesellschaften. Dennoch ist *historisch* eine soziale Gruppe als *Pionier* dieser neuen Begierde aufgetreten und hat sie zunächst noch als *besonderes* Streben in einer moralischen Ordnung der Leidenschaften entfaltet: Die Kaufleute. Wilhelm Weitling beschreibt diesen Prozess der Durchsetzung der spezifischen Subjektform des Geldsubjekts, ausgehend von den Kaufleuten, so:

> „Der kaufmännische Geist bläst in alle Adern des gesellschaftlichen Körpers die Verdorbenheit und den Eigennutz; er zernagt und zerstört das Nationalgefühl (dies ist seine nützlichste und wohltätigste Eigenschaft); er bringt alle niedrigen, eigennützigen und verderblichen Gefühle in Gärung; er entthront Alles, was edel und groß ist; er misst mit der Elle und wiegt mit der Waage seines Comptoirs die Kunst und die Poesie; er begreift den Menschen nur als eine Maschine, welche zählt, multipliziert, addiert und subtrahiert."[25]

Es handelt sich hierbei um eine säkulare, ebenso äußere wie psychische Revolution, die erst in der globalen Geldökonomie des Kapitalismus ihre Vollendung gefunden hat. Ursprünglich taucht diese veränderte Subjektivität in einem besonderen Stand innerhalb der alten Gesellschaften auf. Max Weber nannte in einer glücklichen Wortprägung diese

---

[24] Vgl. zur psychologischen Struktur dieser Prozesse K.-H. Brodbeck (2002b), Kapitel 2.2.3 und 4.2; (2004e).
[25] W. Weitling (1974), S. 109. Vgl.: „(D)ie Amerikaner hingegen lieben es, fast sämtliche Handlungen ihres Lebens aus dem wohlverstandenen Eigennutz abzuleiten", A. de Tocqueville (1976), S. 611.

5.3.2 Kaufmannsseele, Kapital und Gewinn

veränderte Subjektivität deshalb zutreffend die „Kaufmannsseele"[26]. In den Kaufleuten realisierte sich historisch *zuerst* eine veränderte Subjektivität, die ihre Leidenschaften *einer* Leidenschaft unterordnete, nicht um diese aufzuheben, wohl aber um sie *berechnend* zu beherrschen. Die berechnende Ordnung der Leidenschaften, der Bedürfnisse, ist die *erste Form* der durch das Geldsubjekt veränderten Vergesellschaftung.

Das Geldsubjekt kommt also *zunächst* als *besondere soziale Klasse*, als besonderer *Stand* oder *Kaste* zur Welt – je nach Kulturraum. Die Kaufleute wurden die ersten *Träger*, die Vorhut nicht nur einer neuen Form der Vergesellschaftung, sie zeigten auch zuerst all jene Eigenschaften, die als *allgemeine Natur des Geldsubjekts* aus der Struktur des Kaufaktes und seiner Universalisierung zu erschließen war. Formal erscheint das Bestreben des Kaufmanns als eines der *Bemächtigung* einer sozialen Form: Des über das Geld vermittelten Tauschs. Sie vollziehen darin im präzisen Wortsinn eine *Privation des Geldes* als eines *sozialen* Mittels der Vergesellschaftung.[27] In einer Ordnung der Tätigkeiten und Bedürfnisse, die sich der Moral, dem Herkommen, der Unterordnung unter die Herrschaft einer Klasse von Kriegern, Priestern oder Königen als hierarchische Vergesellschaftung reproduziert, ist die Geldverwendung zunächst innerhalb des Gemeinwesens durch andere Regeln bestimmt. Ich habe allgemein von einer moralischen Ordnung gesprochen, wenn man „Moral" ganz allgemein als die Regelung von Handlungen und Bedürfnissen begreift – gleichgültig, ob es sich hierbei um Regeln der Religion, die Anordnungen eines Herrschers, ein Gewohnheitssystem, eine Tradition oder die formalen Festlegung in einem fixierten Rechtssystem handelt.

Die Moral in diesem allgemeinen Sinn subsumiert in einem Gemeinwesen alle Handlungen, damit auch die ursprünglichen Formen der Geldrechnung, die in Babylon, Griechenland oder Rom noch unmittelbar zugleich *rechtliche* Normierungen waren. Platon und Aristoteles haben in dieser moralischen Ordnung die Funktion des Geldes untersucht und in den Handlungen der Kaufleute zunächst eine – vom Standpunkt der moralischen Ordnung aus betrachtet – nur dienende, vermittelnde Rolle gesehen. Zugleich waren sie mit der Tatsache konfrontiert, dass sich hierbei eine *neue*, für Platon und Aristoteles zutiefst verabscheuungswürdige Begierde entfaltete. Sie entdeckten, dass die Quelle dessen, was heute als globaler Kapitalismus entfaltete Wirklichkeit ist, zunächst ein *seelischer* Prozess war, auch wenn sie die mit diesem Prozess verbundene Veränderung der *Denkformen* nicht durchschauten – fanden doch diese Denkformen erst in der mathematischen Form, den neuen arabischen Zahlen und schließlich in der von Descartes bestimmten Subjektivität ihren adäquaten Ausdruck.

In den Anfängen zeigte sich – auch in China und Indien – in der neuen Rolle der Kaufleute jedenfalls der Beginn der veränderten Form der Vergesellschaftung zunächst als neue Denkform und als neue Leidenschaft. Diese neue Denkform, die wir heute allgemein mit „Ratio" bezeichnen und die in der römischen Rechtsliteratur ihren frühen Begriff gefunden hat, hat zugleich einen völlig leeren, einen *verrückten* Inhalt, sofern sie sich als *Leidenschaft der Seele* zeigt. Dieser Inhalt der Geldgier, *mehr* Geld besitzen zu wollen, unabhängig davon, wie viel man bereits besitzt, findet als Zielsetzung der Kaufleute ihre erste, zunächst noch als soziale Klasse besonderte Verwirklichung.

Der *formale Ausdruck* der kaufmännischen Leidenschaft, der Geldgier als Streben nach jeweils *mehr* Geld, ist der *kaufmännische Gewinn*. Eine nachfolgend noch genauer zu betrachtende *besondere* Form dieses Gewinns ist der Zins. Während der Gewinn aus dem Kauf und Verkauf von *Waren* hervorgeht, ist im Zins diese Vermittlung ver-

---

[26] M. Weber (1968), S. 394.
[27] Dempsey verwendet den Ausdruck „privation of money", B. W. Dempsey (1948), S. 189.

schwunden und er erscheint nur mehr als reines Geldquantum und dessen Vermehrung. Seine Formel, in der Marxschen, sachlich bei Aristoteles bereits vorliegenden Begriffssprache lautet: $G' - G = \Delta G$, d.h. die durch Warenverkauf erworbene *größere* Geldsumme G', abzüglich der ursprünglich vorgeschossenen Geldsumme G, ist gleich dem Gewinn ΔG. Der Gewinn oder – abstrakter ausgedrückt – Geldüberschuss ist die grundlegende Form; der Zins kristallisiert sich als Besonderung in dieser Gewinnform und prägt auch einen anderen, vom Kaufmann durchaus unterschiedenen Handlungstypus. Die *Tätigkeit* des Zinserwerbs trägt den alten Namen „wuchern".

Ich wende mich zunächst der ursprünglichen Form des Gewinns, erzielt durch das kaufmännische Handeln und den darin zur Geltung kommenden Denkformen und Leidenschaften zu. Das Geld wird hierbei in seiner Funktion, auf dem Markt Bedürfnisse und Handlungen miteinander zu vermitteln, je schon *vorausgesetzt*. Die Geldgier oder der Zins *erschaffen* nicht das Geld und das mit ihm verbundene formale Eigentumsrecht, sondern stellen dessen *erste Privation* dar. Die Geldgier der Kaufleute *überlagert* sich dem einfachen Marktprozess, dem Austausch von Waren durch die Geldrechnung, und geht von einer dienenden Funktion über in eine *Beherrschung* der Marktprozesse.

Vorausgesetzt dazu ist ein Geldbesitz, der die Geldsummen übersteigt, die gewöhnlich im Durchgang des Verkaufs von Waren oder Diensten anfallen und relativ rasch wieder ausgegeben werden. Die positive Voraussetzung eines bestimmten Mindestbetrags an Geldbesitz, um sich als Kaufmann betätigen zu können, ist durch die *zeitliche Struktur* des Kaufakts bedingt. Der Kaufakt selbst ist außerzeitlich; es ist ein bestimmtes Vertragsverhältnis, das in einer Entscheidung gründet. Der zeitliche Ablauf ist hierbei gleichgültig, wichtig ist nur der „Handschlag", die Einwilligung in den Kauf. Dieser Augenblick setzt den Kaufvertrag in Geltung. *Zwischen* verschiedenen Kauf- und Verkaufsakten gibt es keine zeitliche Ordnung. Allerdings muss die negative Bedingung erfüllt sein, dass auch während der Zeit, in der ein Geldbesitzer seinen Geldbesitz für sich behält, seine Bedürfnisbefriedigung sichergestellt ist. Ein Kaufmann benötigt so viel Geld, dass er, während er Waren kauft, an denen er nur *ein Interesse hegt*, das sich auf den späteren *Weiterverkauf* richtet, mit anderen, für ihn lebensnotwendig definierten Gütern versorgt ist. Bis durch erneuten Verkauf der erworbenen Waren in der Zwischenphase, während er Eigentümer der für seine Bedürfnisse fremden Waren ist, sein Geld (vermehrt) zurückfließt, muss seine Existenz gesichert sein.

Die frühen Kaufleute machten also die Entdeckung, dass es neben dem Versuch, sich Marktzutritt durch den Verkauf einer selbst hergestellten Ware oder durch den Verkauf des eigenen Körpers als Dienstleistung zu verschaffen, um *dadurch* in Geldbesitz zu gelangen, einen anderen, sehr viel direkteren Weg gibt. Voraussetzung für diesen alternativen Weg ist eine ursprüngliche Anhäufung von Geldbesitz, der deutlich über das hinausgeht, was für die laufende Befriedigung der eigenen Bedürfnisse notwendig ist. Marx hat diese Frage unter dem Begriff der „ursprünglichen Akkumulation" zu klären versucht. Seine Antwort lautet, wenn man sie von historischen und begrifflichen Details befreit und auf den eigentlichen Kern reduziert: Die *ursprüngliche Akkumulation* eines Geldbesitzes, der deutlich höher ist als das, was man durch den Verkauf einfacher Produkte oder der eigenen Arbeitsleistung erwerben kann, beruht auf *Raub und Diebstahl*. Niemand kann in einer Geldökonomie, die *nur* ihre Arbeitsprozesse und Bedürfnisse über den durch Geld vermittelten Tausch abwickelt, durch eigene Arbeit zu einem größeren Geldbesitz gelangen. Was immer jemand schafft, sein Arbeitsvermögen ist nicht ein Vielfaches dessen, was andere leisten. Allerdings lassen sich z.B. durch Kriege, Beutezüge usw. erworbene Waren auf den Markt bringen und dadurch ein Geldvermögen erwerben, das weit jenen Geldbesitz übersteigt, der durch „ehrliche Arbeit" zu gewinnen ist. An der Marxschen Überlegung stört eigentlich nur der Gedan-

5.3.2 Kaufmannsseele, Kapital und Gewinn

ke, es handle sich hier um eine *nur ursprüngliche* Akkumulation von Geldbesitz. Tatsächlich ist diese Methode, vermittelt über staatliche Gewalt, sich Reichtümer – unmittelbar in Geldform oder in wichtigen Produkten wie Rohstoffen usw. – zu verschaffen, eine im globalen Kapitalismus alltäglich praktizierte Form, Geld zu vermehren.

Wie aber auch immer die Kaufleute ursprünglich zu einem hohen Geldbesitz gelangt sein mögen – sie haben jedenfalls etwas Neues entdeckt. Aristoteles oder Nicolas von Oresme verteidigen den Gedanken, dass das Geld dem Tausch *dient*. Es ist eine von der Gemeinschaft geschaffene, kontrollierte und ihr dienende, d.h. den anderen Formen der Vergesellschaftung *subsumierte* Form, die, wie Nicolas von Oresme sagte, „der Gemeinschaft gehört". In der Terminologie der zeitgenössischen Ökonomik kann man sagen: Geld ist in seiner Funktion des Tauschvermittlers ein „öffentliches Gut". Doch dieses öffentliche Gut funktioniert nur dadurch, dass es immer wieder, wenn auch nur temporär, in privatem Besitz gerät. Die Vermittlungsfunktion des Geldes besteht darin, sich von diesem privaten Besitz immer wieder im Rhythmus der Arbeitsprozesse und der auftauchenden Bedürfnisse, von diesen gelenkt, zu trennen, um Produkte zu kaufen, also den Marktprozess wieder zu verlassen.

Was nun Aristoteles den Kaufleuten vorwarf und mit dem Namen der *Chrematistik*, der Gelderwerbskunst bezeichnete, ist der *Missbrauch* der sozialen Funktion des Geldes; sie privatisieren die soziale Funktion eines „öffentlichen Gutes". Die Kaufleute haben entdeckt, dass sich die notwendig immer im Wechsel von Ware-Geld-Ware durchgehende Phase des Geldbesitzes auch als *Ausgangspunkt* verwenden lässt, um nicht Waren zu verkaufen und den Markt zu verlassen, sondern um Waren nur als *Durchgang* zu kaufen, um damit *mehr* Geld zu erwerben, also eine ursprünglich vorgeschossene Geldsumme zu *verzinsen*. Die Kaufleute entdeckten, dass ihre mit diesen Handlungen entstehende *Geldgier* sich entfalten – wenn auch nie wirklich *befriedigt* werden – kann, wenn man die Geldfunktion in der öffentlichen Anerkennung der Rechnungseinheit und ihrer für die Vergesellschaftung allgemein verwendete Bedeutung bei den je anderen Tauschpartner zwar voraussetzt, sie aber für die *eigenen, privaten Zwecke* missbraucht. Man muss jene Prozesse, die dem Gelderwerb dienen, mehr und mehr der Geldgier unterwerfen. In einem alten indischen Spruch wird diese Erkenntnis so ausgedrückt: „Ein Armer, dem es um Geld zu tun ist, kann nicht daran denken, sich Geld zu machen: Geld fängt man mit Geld, wie große Elefanten mit andern Elefanten."[28] Hier ist die „Innovation" der Kaufleute – ihre in der Struktur historisch *einzige* – klar erkannt. Der Begriff des Kaufmanns ist die prozessierende Geldgier, die sich zur Befriedigung dieser abstrakten Leidenschaft der *Privatisierung des Geldes*, der sich durch die Rechnung in seiner Einheit vollziehenden Vergesellschaftung der Vielen, bedient.

Die Kaufmannsseele ist zugleich die allgemeine Struktur des *Kapitals*.[29] „Kapital" ist keine besondere körperliche Eigenschaft eines Dings, sondern eine *Relation*, genauer ein Geld*prozess*. Die „Substanz" des Kapitals ist das Geld und die in ihm gegebene allgemeine Subsumtion der Tauschsubjekte unter die Geldrechnung *durch ihren Vollzug*. Nur ist das Geld als Kapital, als Geldsumme, anders *funktionalisiert*. Geld wird der Geldgier untergeordnet und der Privation des Kaufmanns unterworfen, ist also seinem Begriff nach der Missbrauch der *sozialen Funktion* des Geldes als Vergesellschaftungsform. Deshalb ist die einfache Formel, die Marx für das Kapital angegeben hat, als

---

[28] O. Böthlingk (1966: 1), S. 40.
[29] Marx verwendet für diese Subjektform den Ausdruck „Kapitalist": „Als bewusster Träger dieser Bewegung wird der Geldbesitzer Kapitalist." K. Marx, MEW Bd. 23, S. 167.

formale Struktur von uneinholbarer, einfacher Klarheit. Kapital ist definiert durch die Formel: Geld – Waren – *mehr* Geld; oder: G-W-G', mit G' = G+Δ G.

Dass dies *möglich* ist, wenn man die soziale Funktion des Geldes als Tauschvermittler W-G-W' *missbraucht,* das ist der ganze Inhalt jener Revolution, die in Griechenland, in Indien, China und im Nahen Osten einsetzte und seither in der Umwälzung aller anderen Vergesellschaftungsformen (bei vielfältigen Rückschlägen, wie es Revolutionen so an sich haben) heute den ganzen Planeten beherrscht. Nach dem Zusammenbruch des letzten Versuchs, ein großes Bollwerk dagegen zu errichten – dem Sowjetimperium –, nach der inneren kapitalistischen Transformation Chinas erweist sich dies als historisch ungebrochene Tendenz, die sich bereits im 19. Jahrhundert deutlich abzeichnete; Marx ging davon ebenso aus wie Nietzsche.[30]

Wenn ein Subjekt von der Geldgier gelenkt handelt, wenn also die abstrakte Leidenschaft der Geldvermehrung der berechnende Horizont des Handelns wird und wenn es *zudem* über die notwendige Voraussetzung einer ausreichenden Geldsumme („Kapitalminimum") verfügt, dann wird ein solches Subjekt zur Kaufmannsseele, zum *Kapitalisten.* Die *allgemeine* Quelle für jenes Mehr an Geld, das aus der Privatisierung des Gemeingutes Geld immer wieder neu hervorgeht, kann leicht entdeckt werden: Es ist die immer wieder neu vollzogene Ausbeutung aller Handlungen, die sich der Geldrechnung freiwillig unterwerfen, weil sie darin *und nur darin* die Möglichkeit sehen, ihre Bedürfnisse über die Märkte und die dort angebotenen Produkte zu befriedigen: „Alle stehen ja in der Gewalt des Geldes."[31] Und im Ge- und Missbrauch dieser durch die Unterordnung in der Geldrechnung von allen Marktteilnehmern reproduzierten Gewalt des Geldes bekundet sich die Geldgier schon früh als Ratio, als Vernunft: „Gibt es doch Nichts, was sich nicht durch Geld machen ließe; darum soll der Verständige alles Ernstes darauf bedacht sein, einzig nur Geld zu machen."[32] Geld zu machen *aus Geld* – diese alchemistische Kunst entdeckt zu haben, ist das historische Verdienst der Kaufleute. Dass darin die ganze Gesellschaft, die ihre Vergesellschaftung durch das Geld vermittelt, ausgebeutet wird durch die Privatinteressen weniger, ist das darin verborgene Geheimnis.

Der gewöhnliche Marktteilnehmer beobachtet in einem Kaufakt, wie wir das in der Kaufstruktur erkennen konnten, nur eben diesen vereinzelten Kaufakt. Das heißt, der Eigentumswechsel von Ware und Geld wird dem Marktteilnehmer, der Geld für Käufe verwendet und andererseits nur seine Dienstleistung, sein Arbeitsvermögen als Ware anzubieten hat, erscheint jeweils nur *einmal* und *isoliert.* Deshalb bleibt für jeden Marktteilnehmer die durch das Geld hindurch laufende Kapitalform *unsichtbar.* Wer Geld für eine Ware erhält oder bezahlt und *nur* den Nutzen dieser Ware im Auge hat, der beobachtet oder erkennt nicht, wie *durch seine Kaufakte hindurch* die eingebetteten Geldprozesse G-W-G' zu einer *Vermehrung* des Geldvermögens in den Händen des Kaufmanns, der diesen Prozess nur zu vermitteln scheint, führt. Am einzelnen Kaufakt bleibt kraft seiner Form der Vereinzelung, die wir als dessen Strukturmerkmal entdecken konnten, die darin eingebettete *Geldform* verborgen. Die Kaufleute haben entdeckt, wie man auf dem Markt *präsent* bleiben und diese Präsenz nutzen kann, um jene Prozesse einzuleiten, die zu einer *Vermehrung* des Geldbesitzes führen und darin die endlose Begierde der Geldgier befriedigen, ohne jemals einen *Frieden* zu finden.

---

[30] Vgl. F. Nietzsche (1969: 1), S. 393.

[31] O. Böthlingk (1966: 3), S. 31. Vgl. die griechische Entsprechung dieses indischen Spruches: „Das Geld ist bei den Menschen höchst geschätzt, es schließt die stärkste Macht ein, die es unter Menschen gibt." Euripides (1979: 2), S. 313.

[32] O. Böthlingk (1966: 2), S. 264.

5.3.2 Kaufmannsseele, Kapital und Gewinn

Menschen können sich der Geldform als Instrument zur Beherrschung anderer Menschen nur bedienen, weil das Geld in der reflexiv-zirkulären Subsumtion der Vielen schon herrscht. Nicht eine herrschende Klasse erschafft das Geld als Instrument, als Mittel zur Durchsetzung ihrer Herrschaft. Vielmehr kristallisiert sich durch die Unterordnung der Vielen unter die Geldform als Herrschaft eines Scheins immer wieder aufs Neue eine *darin* eingebettete Herrschaft der Geldbesitzer. Deren Herrschaft ist sofort beendet, wenn die Vielen aufhören, sich der abstrakten Geldeinheit *berechnend* zu unterwerfen, um ihr so Macht zu verleihen. Jene, die in der Geldform herrschen, können andererseits ihre darauf beruhende Macht nutzen, die Denkformen so zu beeinflussen, dass sich an *dieser* Grundlage der Herrschaft des Geldes nichts ändert. Dies wird vor allem dadurch gewährleistet, dass sich diese Herrschaft bei jedermann – auch bei den Opfern – ins Innere als berechnendes Denken fortsetzt und so *als vervielfachter, berechnender Egoismus* reproduziert. Die Geldherrschaft spielt auf der Klaviatur eines Bewusstseins, das an ihm selbst jene Sachzwänge vollzieht, die es beherrschen.

Das Geld ist in seiner Herrschaft nur *Relation*, die nur „ist", sofern sie alltäglich denkend und handelnd reproduziert wird. Und diese Herrschaft – darin liegt ihre Absurdität – beruht auf einer Unmöglichkeit, gleichsam auf dem Versuch, aus dem Wasser einer Fata Morgana zu trinken. Weil das Geld im Tauschprozess nur eine transitorische Form besitzt[33], also nur *anderes* vermittelt, bedeutet die Okkupation dieser Relation als ein Ding, als Gegenstand einer Begierde, als Ziel einer Handlung eine objektive Unmöglichkeit, „denn das Geld ist an und für sich selbst gar nichts"[34]. Man kann Prozesse, man kann Relationen nicht als Dinge besitzen. Der Geldbesitz ist seiner Natur nach nur temporär. Trennt man einen Geldbesitz vom Markt, so wird er völlig nutzlos. Doch die Geldgier versucht diesen Prozess der Vermittlung zu ergreifen. Das muss misslingen, oder anders gesagt, dieser Versuch gelingt nur durch seine permanente Wiederholung: „Durch Geld hört das Wünschen nicht auf, eben so wenig wie der Durst dadurch, dass man sich zum Feuer begibt."[35] Dieser indischen Erkenntnis entspricht die satirische Weisheit Roms aus dem Mund von Juvenal: „Während der Geldsack indes dir schwillt, überhäufend die Öffnung, wächst auch die Gier nach dem Geld mit der steigenden Höhe des Kontos."[36] Das Herz des Kapitalismus beruht auf einer Dynamik, die sich einer Unmöglichkeit verdankt: Dem Streben nach einem Ziel, das nie erreicht werden kann, weil ein „Erreichen" dem Begriff dieses Ziels widerspricht. Eine bestimmte Geldsumme in Händen, ist die Geldgier schon wieder darüber hinaus, denn sie strebt nach *mehr* – gleichgültig welche Summe bereits besessen wird. Das ist zweifellos, wie immer wieder von Kritikern gesagt wurde, ein hässliches und geistloses Unterfangen – bereits Solon spricht von der „hässlichen Gier nach dem Geld"[37] –, das Äußerste an Dummheit, zu dem menschliche Leidenschaft ein Subjekt versklaven kann. Dennoch ist es diese Struktur, die kraft ihrer inneren Leerheit die Tendenz besitzt, sich *endlos* fortzusetzen. Ihr Sinn besteht ja *nur* in der Fortsetzung. Und gerade *weil* der Inhalt der Geldgier so einfach ist, kontaminiert er in einer Inflation der Dummheit das Bewusstsein der Milliarden von Menschen in zunehmender Tendenz. Es ist eine Dummheit im Kleide der Ratio:

---

[33] „Geld ist eine Sache, deren Gebrauch nur dadurch möglich ist, dass man sie veräußert.", I. Kant, WW 8, S. 400.

[34] J. G. Fichte, WW 3, S. 434.

[35] O. Böthlingk (1966: 3), S. 285.

[36] Juevnal (1984), S. 437. Vgl.: „Wie nämlich die Sucht nach Geld in gleichem Maß wie das Geld selbst wächst", M. Luther, WW 1, S. 390.

[37] D. Ebener (1980), S. 72.

„Es wäre ganz einfach eine Beleidigung, ihm zu sagen, dass er ein Dummkopf ist. Jeder sieht es ein; er aber wird es niemals wissen. Das ist also schon ein furchtbares Geheimnis (...), das sie niemals erraten werden, und das ihnen zu sagen unnütz wäre, das Geheimnis ihrer eigenen Dummheit."[38]

5.3.3 Kontrolle der Produktion: Buchführung und Naturwissenschaft

In der Rolle, den Kauf und Verkauf zu vermitteln, waren die frühen Kaufleute noch selbst in einen vorgängigen Prozess der Vergesellschaftung von Handlungen und Bedürfnissen eingebunden. Sie trugen dazu als *Transporteure*, als *Distributeure* von Waren aktiv bei. In dieser vermittelnden, distributiven Rolle gehören die Kaufleute *ursprünglich* noch ganz in das Netzwerk der Handlungen und Bedürfnisse, das durch eine moralische Ordnung geformt und begrenzt war. Die wichtigste Quelle des kaufmännischen Gewinns war der *Fernhandel*. Hierbei wurden Gemeinwesen, die *intern* bereits partiell als Geldökonomien organisiert waren, untereinander vernetzt. Die darin sichtbar werdenden Differenzen in Fertigkeiten, Rohstoffen, Produktarten und einem je unterschiedlichen System der Bedürfnisse wurden durch Austausch gewinnbringend überbrückt. Weil die Produkte in verschiedenen Gemeinwesen sich einer in der Geldrechnung je unterschiedlichen Wertschätzung (= Preis) erfreuen, konnte diese Differenz gewinnbringend genutzt werden. Sofern dadurch Seide, Porzellan, Salz, Pfeffer, andere Gewürze, Hausrat usw. aus anderen Weltgegenden einer je heimischen Bevölkerung zugänglich gemacht wurden, erfüllten die Kaufleute sozial durchaus eine *produktive* Funktion: Sie vermehrten die Produkte und weckten neue Bedürfnisse. Dass dieses Geschäft immer auch von Gewalt, Betrug einerseits, Verlust durch Räuber und Unwetter auf See andererseits begleitet wurde, führte zum heroischen Bild vom Kaufmann als Abenteurer und wagemutigen Vorkämpfer des Fortschritts, des *Fort-Schreitens* aus dem eigenen System der Bedürfnisse in ein erweitertes, modifiziertes System.

Doch dieses Bild des friedlichen Fortschrittsmannes ist naiv. Denn vielfach war der von den Kaufleuten organisierte Fernhandel ein einseitiges Geschäft, das als *frühste* Technik zur Effizienzsteigerung die *Kriegstechnik* verwendete; wenigstens aber die Sitten der eroberten Länder wurden verdorben.[39] Die spanischen Eroberer, die den gesamten südamerikanischen Kontinent mit Mord und Totschlag überzogen, boten der einheimischen Kultur die Segnungen christlicher Redewendungen gegen unzählige Tonnen Gold. Schon für Aristoteles war es selbstverständlich, „dass, wie man sagt, das im Kriege Besiegte Eigentum des Siegers wird."[40] Vor allem die *Römer* waren Meister in der wirtschaftlichen Kriegsführung.

Man hat oft gerätselt, weshalb aus der hoch entwickelten römischen Kultur kein moderner Kapitalismus hervorgegangen ist. Die Antwort ist einfach: Das Römische Reich *war* eine kapitalistische Gesellschaft. Allerdings waren die Methoden, derer sich die Geldgier bediente, andere. Hegel sagt von den Römern zu Recht, dass sie „durch die

---

[38] E. Levi (1925), S. 79. Es war Sokrates, der in seiner Verteidigungsrede den Athenern diese Kritik der Geldgier als Dummheit ethisch wendete: „Wie, bester Mann (...), schämst du dich nicht, für Geld zwar zu sorgen, wie du dessen aufs meiste erlangest, und für Ruhm und Ehre; für Einsicht aber und Wahrheit und für deine Seele, dass sie sich aufs beste befinde, sorgst du nicht, und hierauf willst du nicht denken?" Platon (1940: 1), S. 22 (29d ff).

[39] „Viel andere Völker mehr ließen die Kaufleute nicht zu sich kommen, weil sie sich befurchten, dass sie ihren guten Sitten und Gebräuchen möchten Schaden bringen." Agrippa von Nettesheim (1913: 2), S. 5.

[40] Aristoteles (1973), Politik 1254b, S. 54.

5.3.3 Kontrolle der Produktion: Buchführung und Naturwissenschaft

Kleinkrämerei der Kriege zu den Kapitalisten der eigentümlichen Stärke geworden waren"[41]. Anstelle der heute verwendeten Lohn-Arbeiter und Maschinen fanden sich in Rom Lohn-Soldaten und Waffen. Vom zweiten Punischen Krieg an treffen wir auf römische *Söldner*heere; die Kaufmannsseele ergreift zunächst die mächtigste Form der Erwerbskunst und organisiert die Kriegsführung unter einträglichen Gesichtspunkten: Kriegsmaterialien werden gekauft, Heeresstraßen werden gebaut, und „bald wird der Ruhm der Generäle nach der Menge Geldes geschätzt, die sie nach Rom bringen, und Generäle, Statthalter, Zöllner wetteifern, fremde Völker und die Provinzen zu plündern. Der große Reichtum Roms war das Ergebnis des kapitalistisch organisierten Kriegs."[42] Wachsende Knappheit der Beute in eroberten Provinzen und wachsende Knappheit neuer Provinzen selbst bereiteten dieser Wirtschaftsweise allerdings ein Ende, machten sie selbst zur Beute der germanischen Räuber.

Nicht nur die römische Methode, aus anderen Gesellschaften einen Gewinn zu erpressen, auch der Fernhandel stieß an Grenzen: Mit der wachsenden Institutionalisierung der Handelswege wurde diese Gewinnquelle knapp oder es standen ihr – im kaufmännischen Kalkül – zu hohe Kosten durch Transport, Schutz, Bestechung usw. gegenüber. Die Geldgier der Kaufleute suchte deshalb mehr und mehr auch die jeweilige Binnenwirtschaft unter ihre profitable Kontrolle zu bringen. Dieser Prozess ist vielfach beschrieben worden; ich kann mich hier den Untersuchungen von Marx, Roscher, Sombart, Büchner, Schmoller, Braudel und zahlreichen anderen Autoren einfach anschließen, ohne ihre Ergebnisse nochmals zu referieren. Marx brachte diesen Prozess in die begrifflich schärfste und genauste Form: Er sprach von der *Subsumtion des Arbeitsprozesses unter den Verwertungsprozess.*[43] Das heißt: Die Kaufleute begannen, nicht mehr die fertig auf den Weltmarkt gebrachten Waren als gegebene Voraussetzung hinzunehmen, sondern sie griffen auf den Prozess ihrer Entstehung selbst über. Die römisch-imperiale Methode war auf die vorgefundenen Reichtümer angewiesen, auch wenn sich bereits früh Verwaltungsformen zeigten, die die Ausbeutung rationalisierten und selbst organisierten – heute heißt das auf gut Amerikanisch *nation building*. Doch diese Methode beließ die eigentliche Produktion – z.B. die Agrarwirtschaft – in der Regel unberührt und forderte, wie die Fürstenherrschaft im Mittelalter, nur Abgaben. Die Kaufleute versuchten dagegen – und das Gelingen und Scheitern dieses Versuchs charakterisiert die Frühgeschichte des Kapitalismus in den Städten Norditaliens, Deutschlands, in Portugal, Spanien oder Holland –, die Produktionsprozesse immer mehr *direkt* ihrer Kontrolle zu unterwerfen. Damit wurde das Betreten des Marktes durch neue Waren nicht mehr als zufälliger, dem Marktprozess voraus liegender Prozess aufgefasst. Vielmehr übernahmen die Kaufleute *selbst* die Kontrolle über die Produktion.

Dieser Prozess beschränkte und beschränkt sich *keineswegs* nur auf das Streben nach Gewinn, nach einer Verzinsung des hierzu eingesetzten Kapitals. Vielmehr muss hierbei als *Voraussetzung* die gesamte Produktion, alle menschlichen Handlungsprogramme von ihrer traditionellen, moralischen oder durch unmittelbare Herrschaft und Gewalt abgewickelten Organisation *befreit* werden. Hier bewährte sich die strukturelle De-Moralisierung der Geldgier zugleich als Akt der *Befreiung* von traditionellen Banden und Fesseln. Teilweise konnten und können tradierte Formen der Organisation menschlichen Handelns, konnten traditionelle Produktionsmethoden und Techniken einfach einer *berechnenden* Kontrolle unterworfen werden – wie in der Manufaktur.

---

[41] G. W. F. Hegel, WW 12, S. 370.
[42] L. Brentano (1923), S. 219.
[43] Vgl. K. Marx (1970), S. 45ff.

Doch in der Mehrzahl der Fälle erfordert eine *berechnende Lenkung* der Handlungen zugleich auch ihre völlige Neuorganisation.

Was vollzieht sich hier, wenn wir auf die einfachen kategorialen Verhältnisse blicken? Das menschliche Handeln, die Produktion der Produkte für den Bedarf, all dies ist, wie sich zeigte, in seinem *Inhalt* durch die Relation von Handlungsprogramm und Bedürfnis strukturiert. Die Subsumtion unter den Zweck (das ideell vorweggenommene Bedürfnis) in der Arbeit erscheint als hierarchische Organisation und Funktionalisierung aller Tätigkeiten. Der Ablauf dieser Arbeitsorganisation liegt in der Macht derer, die die Kontrolle darüber ausüben, die also den Einzelnen in seine Rolle kommandieren. Dieses Kommando reproduziert sich auf gesellschaftlicher Ebene durch die Eingliederung in bestimmte Berufe, Kasten oder Stände, die Aufteilung der Neugeborenen durch ihren Geburtsort auf die Matrix sozialer Handlungsprogramme. Bevor die Geldökonomie die Organisation dieses Prozesses übernahm, blieb hier vieles dem Zufall oder dem Herkommen überlassen – neben der Willkür der Herrschenden.

Wenn nun die Kaufleute die berechnende Organisation der Handlungen, der Produktionsprozesse übernehmen, so können sie dabei auf die innere Hierarchie der Arbeitsorganisation unmittelbar zurückgreifen und sie übernehmen. Dies wird unverändert auch im gegenwärtigen Kapitalismus reproduziert: Kapitalistische Unternehmen sind, auch in ihrer internationalen und interkulturellen Organisation als *global players*, intern traditionell totalitäre Hierarchien von Befehl und Gehorsam, Kommando und Ausführung. Alle luftigen Wortmarken diverser Management„philosophien" haben diese einfache Wahrheit kaum umnebeln können. Diese Organisationsform, die formal an militärische Verbände gemahnt, wurde teilweise von den Kaufleuten aus anderen Kontexten übernommen, teilweise selbst geschaffen. Die interne Kommandowirtschaft in einem Unternehmen widerspricht der *Marktorganisation* des Verkaufs der Produkte auf keine Weise: Unternehmen sind *intern* keine *Märkte*, weil sie Produkte herstellen, die erst als fertige den Markt betreten. Die Reorganisation der Herstellung durch die Kaufleute bedeutet also nicht, dass etwa *Marktformen* auf die Produktion projiziert und angewendet wurden. Gleichwohl kehrt die Marktform als *Denkform* in der Neuorganisation der Produktion wieder.

Die Geldgier des Geldsubjekts stößt alle Inhalte als Bestimmungsgrund von sich ab und setzt an ihre Stelle als Ziel die reine Quantität im berechnenden Modell des Geldes. Dieses Ziel *überlagert* sich der menschlichen Arbeit in der Produktion, aber auch in anderen Handlungen in der Gesellschaft, sofern sie für die Märkte Bedeutung haben – und das sind potenziell *alle* Handlungen, gleichgültig, ob privaten, religiösen, kulturellen oder sonstigen Inhalts. Die gesamte Produktion, darüber hinaus aber auch alle anderen Handlungen der Menschen werden dem Ziel der Geldvermehrung untergeordnet. Das gelingt dadurch, dass die am Produkt im Preis durch die Geldrechnung vollzogene *Bewertung*, das Maßnehmen an der Verkäuflichkeit einer Ware, sich mehr und mehr auch auf die *Ursachen*, die Produkte hervorbringen, erstreckt. Die Ursachen werden identifiziert und daraufhin taxiert, *wie viel* sie zum Ergebnis, also der durch den Verkauf der Produkte erzielten Geldsumme, beitragen.[44] Formal erscheint das in der Buchfüh-

---

[44] Es bedürfte einer eigenen kritischen Untersuchung metaphysischer Grundkategorien – die ich hier nicht leisten kann –, inwiefern sich der abstrakte Begriff *der* Ursache oder *der* Kausalität eben diesem Geldkalkül verdankt, das sich gleichgültig gegenüber besonderen Ursachen – z.B. den vier Ursachen der aristotelischen Physik – verhält, weil auch die Wirkung (die am Markt erlöste Geldsumme) nur einer abstrakten Einheit entspricht. Die griechische und die indische Philosophie kannten zunächst nur *konkrete* und differenzierte Ursachenformen, wie sie dem menschlichen Handeln entsprechen. Die retrospektive Auslegung

5.3.3 Kontrolle der Produktion: Buchführung und Naturwissenschaft

rung, also in dem, was heute „Controlling" heißt. Die auf die Ursachen der Produkte umgelegte Geldrechnung wird durch den Begriff der „Kosten" ausgedrückt.

Die Buchführung war die erste Form einer durch die Geldrechnung organisierten Denkform, die sich anschickte, die Produktion zu beherrschen. Obwohl sich Anfänge hierzu bereits in der babylonischen und ägyptischen Tempelwirtschaft und bei der chinesischen Verwaltung entdecken lassen, so findet das Rechnungswesen erst im 14. und 15. Jahrhundert seine moderne Gestalt in der italienischen Buchhaltung in Genua, Venedig, vor allem aber in der Toskana in den Geschäftsbüchern der Peruzzi, Bardi und Medici. Ihre reife Form erhält diese Rechnung durch die *doppelte* Buchführung, worin sich das Bewusstsein ausdrückt, dass die Beherrschung der Produktion jeweils in der Zuordnung einer konkreten Handlungsweise oder Ware und dem damit verbundenen, zu kalkulierenden Geldbetrag besteht. Im 14. Jahrhundert entwickelte Francesco di Marco, 1335 geboren, 1358 nach Avignon als Kaufmann gezogen, nach seiner Rückkehr in seine Niederlassungen in Genua, Valenzia, Barcelona und Majorca eine Buchhaltungstechnik, die später systematisiert wurde. Ihre theoretische Form findet sie in den Abhandlungen über Buchhaltung von Luca Pacioli aus dem Jahr 1494.[45]

Die durch die Buchhaltung kontrollierten Produktionsprozesse setzten fort, was sich im Denken als Unterordnung der Leidenschaften und Wahrnehmung unter die *Rechnung in einer abstrakten Einheit*, im Geldsubjekt, vorbereitete. Diese Denkform wurde über Jahrhunderte eingeübt und fand in der Philosophie und Mathematik einen reflektierten Niederschlag. Nunmehr kehrte diese im Mittelalter zunächst durch Mönche tradierte Form (Pacioli war Mönch und Mathematiker) als in Teilen schon fertiges Denkmodell in die menschliche Produktion zurück, um darin als Instrument einer berechnenden Kontrolle von unter der Leitung von Menschen beherrschten Naturprozessen durch technische Mittel zu funktionieren. Die *institutionalisierte* Form dieser in der Vergesellschaftung vollzogenen Veränderung ist die moderne, mathematische Naturwissenschaft.

Jahrtausende kamen die Menschen kaum auf die Idee, die Natur *berechnen* zu wollen und darin deren *Wahrheit* zu finden. Eine Ahnung dieser Projektion findet sich allerdings bereits früh, in der ägyptischen und babylonischen Tempelwirtschaft, in der chinesischen Verwaltung, die jeweils ihre Produktion besonders durch den Wechsel der Jahreszeiten, ablesbar am veränderten Sternhimmel, bestimmt sah. Die Vorformen einer buchhalterischen Kontrolle dieser Prozesse verwendeten bereits früh *quantitative* Methoden. Pythagoras erkannte, dass Naturprozesse in ihrer Wiederholung der Musik, den Zahlen gleichen. Es ist also keineswegs so, dass in der modernen Naturwissenschaft in ihrer ontologischen *Grundthese*, dass die Natur durch *Zahlen* und deren Verhältnisse bestimmt sei, den Naturprozessen eine *völlig fremde* Auslegung übergestülpt worden wäre. Galileis berühmte Formel: *natura scritta in lingua matematica* ist keine falsche *Projektion* auf die Natur. Gleichwohl liegt darin eine berechnende Vereinseitigung.

Ich möchte das durch einen kleinen Exkurs zum Verhältnis von Wirtschaft und Naturerkenntnis erläutern. In der wachsenden Emanzipation der endogenen Logik der Vergesellschaftung der Menschen von der dynamischen Ordnung der Naturformen (der Ökologie) formte sich eine spezifisch menschliche Ordnung der Reproduktion von

---

der früheren Systeme unter *einem* Begriff des „Determinismus" (z.B. durch Schopenhauer) ist ein Missgriff. Erst *nach* Descartes, mit Hobbes und Spinoza setzt sich der *reine* Determinismus als Vorstellung durch, als objektiver Widerpart des „reinen Egos", des Geldsubjekts.

[45] Vgl. L. Pacioli (1933), vor allem auch die ausgezeichnete Einleitung „Die italienische Buchhaltung im 14. und 15. Jahrhundert und Paciolis Leben und Werk" von B. Penndorf, S. 1-87.

Tätigkeiten und Bedürfnissen, ihre Wirtschaft. Das galt auch für die Vergesellschaftung der Menschen, *bevor* sich die Geldgier und die berechnende Subjektivität des Geldsubjekts der Wahrnehmung der Natur, auch der eigenen, menschlichen Natur (den Trieben und Leidenschaften) überlagerten. Die Ordnung der Wirtschaft ist in keiner ihrer Formen eine *Naturordnung*, kein mechanischer Körper (Smith, Neoklassik), kein darwinistischer Dschungel (Hobbes, Spencer, Hayek), kein Organismus (Schäffle), kein sich differenzierender Genpool (Wilson, Dawkins). Diese aus der jeweiligen Naturerklärung entnommenen Modelle sind vielmehr nur die Denkformen, in denen die Natur *in der gesellschaftlichen Reproduktion* auf der Grundlage unterschiedlicher *Techniken* begriffen wird. Die Gesellschaft wird bestimmt durch *neue* Kategorien, die ihrer endogenen Reproduktion entsprechen. Diese Kategorien sind keine Naturkategorien oder auf Naturgesetze zurückführbar. Die Ordnung der Wirtschaft ist ja gerade das, was sich *im Denken und Handeln* von den Natursystemen tätig und begrifflich *unterscheidet*.

Die Wirtschaft ist aber auch nicht durch ein *fremdes* Prinzip *außerhalb* der Natur in ihrer endogenen Reproduktion bestimmt. Die Erkenntnis, dass die Vergesellschaftung durch Prozesse der Bedeutung sich in *neuen* Kategorien (*nomos*), unterschieden von den Naturkategorien (*physis*), reproduziert, führte den philosophischen Gedanken auch auf das andere Extrem, die Wirtschaft werde durch gegenüber der Natur *transzendente* Prinzipien geordnet: Durch die Ideen eines Welthandwerkers (*Creator, Demiurg*), der die Natur von der Menschenwelt *unterschieden* formte und ordnete; aus einer getrennten Welt der Ideen (Platon), durch einen sich schrittweise offenbarenden Weltgeist (Hegel), ein raum- und zeitloses, überindividuelles *ego cogito* (Descartes), objektiven Strukturen des Geistes (Lévi-Strauss), ein in der Genetik sich geltend machender objektiver Geist der Grammatik (Chomsky) usw. Hier wird zwar gesehen, dass das kategoriale *Novum* eine von Naturkategorien *unterschiedene* Form ist. Diese Kategorien werden aber nicht *als Vergesellschaftungsformen* erkannt. Vergesellschaftung heißt aber als Ordnung der Wirtschaft immer *tätige, begreifende, denkende* Unterscheidung von Natürlichem.

Man kann in einer Beziehung – Gesellschaft ↔ Natur – nicht einen Pol abschneiden, zu einer selbständigen Entität erklären und die *Relation* auf ihn reduzieren. Man kann die denkende und handelnde Beziehung zwischen Mensch und Natur weder auf den Menschen noch auf die Natur reduzieren. Vielmehr gilt auch hier: Die *Relation*, also der in der Wirtschaft aktiv vollzogene Prozess der Produktion, des Konsums und die darin vollzogene intersubjektive Ordnung von Tätigkeiten und Bedürfnissen, bringt die Relate *als Bedeutungen* hervor. Die Selbstauslegung des Menschen erwächst ebenso wie die Auslegung der Natur aus ihrer *Vermittlung*. Die Produktion, die aktive Veränderung der Natur durch das jeweilige Wissen und die technischen Geräte, bedarf als Prozess ebenso einer dynamischen Ordnung wie die Leidenschaften, die sich auf andere Menschen und die Produkte der aktiven Beziehung zur Natur richten. Diese Ordnung ist ein Prozess der Bedeutung, in dem die Beziehungen der Menschen zueinander stets von den veränderten Beziehungen zur Natur abhängen, wie sie andererseits die Natur *aus den Kategorien* der Vergesellschaftung auslegen. Die Relation ist das Primäre. Man wird immer wieder eine große, teilweise vollkommene Analogie finden zwischen der menschlichen Selbstinterpretation und der Naturauslegung. Der Grund ist nicht ein sich entfaltender Geist, der die Natur erobert, noch bestimmen unbewusste Produktionsakte die Denkformen als Ideologie. Vielmehr ist die Vergesellschaftung der Menschen *uno actu* ihr Denkprozess und ihre aktive Auseinandersetzung mit der Natur. Ihre Vergesellschaftung vollzieht sich als Bedeutungsprozess *in den Denkformen*, die die Technik und damit das Verhältnis zur Natur bestimmen (vgl. 5.1.3).

5.3.3 Kontrolle der Produktion: Buchführung und Naturwissenschaft

Durch die Unterordnung der menschlichen Produktion und die *darin* erfahrbare Natur unter die Geldrechnung verwandelt sich nun allerdings die Vielfalt der Naturauslegungen grundlegend. Wie die Geldgier alle Handlungen durch eine illusionäre, abstrakte Einheit kontrolliert, so erscheint nun die Natur *zuinnerst* durch Quantitäten regiert. Diese berechnende Perspektive, aus der die Naturprozesse ausgelegt werden, hat bei Descartes ihre philosophische Denkform gefunden, worin die Natur als räumlich erstrecktes Phänomen in der Gleichsetzung von Raum und Zahl (cartesianisches Koordinatensystem) gänzlich durch die mathematische Form regiert erscheint. Dass man in dieser Denkform tatsächlich *funktionierende* Prozesse entdecken kann, steht völlig außer Frage. Die moderne Technik ist der sichtbare Beweis für die These, dass sich die Natur mit *einer Seite* dieser berechnenden Beherrschung, erkannt in der Mathematik der Naturgesetze, fügt. Die mathematische Naturwissenschaft, die universalisierte Buchhaltungstechnik zur Kontrolle technischer Prozesse, ist *wahr*, weil wir – wie Vico sagt – diese Wahrheit *herstellen* können. Mit jeder funktionierenden Maschine offenbart die Natur, dass sie sich in diese Berechnung einfügt und ihrer Logik gehorcht. Dieser Gehorsam ist aber nur *in der Technik* als dieser Gehorsam erfahrbar. Es ist unsinnig, von dieser technischen, der berechnenden Beherrschung unterworfenen Seite der Natur zu abstrahieren, um der „Natur an sich" ein zahlenförmiges, durch Gesetze strukturiertes Wesen zuzuschreiben.

Die Natur fügt sich zwar der Umdeutung aller früheren, qualitativen Naturbeschreibungen; vom Licht bis zu komplexen chemischen Strukturen abstrahiert die Physik von allen qualitativen Bestimmungen, um sie auf die Identität der illusionären Einheit der Zahl, dem „Geld des Geistes", zu reduzieren. Aber es ist unschwer erkennbar, dass darin eine *Vereinseitigung* der Natur liegt. Ich habe auf die Wiederkehr der Natur in der Gesellschaft als Technik hingewiesen. Schon jede *misslingende* technische Funktion zeigt das: Das Funktionieren der Technik ist ein Selektionsprodukt wiederholten Scheiterns. Man kann das „Funktionieren" der Technik – „sie funktioniert, das ist der Beweis für die Wahrheit der Naturwissenschaft" – gar nicht anders als *in Differenz zu einem Scheitern* denken. Das Funktionieren der Technik, die *praktizierte* Relation Gesellschaft ↔ Natur, vollzieht diese Relation in einem Offenen, das *weder* Gesellschaft noch Natur ist.

Das ist keine spekulativ-metaphysische Behauptung, sondern *unmittelbar* am Scheitern der Technik selbst erkennbar. Das Funktionieren, also die Kontrolle der Natur durch die ökonomische Denkform der Zahl, ist ein häufiger, aber eben nicht der einzige Fall. Das aktive Verhältnis zur Natur besteht aus einem Geflecht scheiternder und gelingender Handlungen, und nur das *ganze* Geflecht offenbart den Charakter der Relation Gesellschaft ↔ Natur. Schon die einfachste handwerkliche Verrichtung bewegt sich in einer unaufhörlichen Auswahl von Schritten, Werkzeugen, erprobten Ansatzpunkten usw. Die gelingende Handlung ist das Ergebnis einer wiederholten Auswahl, und an den Rändern der technischen Fertigkeiten findet sich eine Vielzahl *nicht* gelungener Handlungen.

Wenn die Technik versagt, wenn also die berechnende Relation Gesellschaft ↔ Natur *missglückt*, dann, so besagt der cartesianische Wissenschaftsglaube, liegt der Mangel beim Subjekt. Die Naturgesetze, die Unterordnung aller Naturphänomene unter die Logik der Zahl gelten als unumstößlich. In der unbedingten Geltung der Naturgesetze, d.h. der unbedingt behaupteten Geltung der Herrschaft der Zahl über die Naturformen *als* Gesetz, spricht sich zugleich die Selbstgewissheit des Geldsubjekts aus. Die mathematische Naturwissenschaft ist die Form, in der das Geldsubjekt die Natur beschreibt. Diese Beschreibungsweise gilt als *unbezweifelbare* Gewissheit des Wissenschaftsegos, des *ego cogito*. Wenn also eine Technik versagt, dann liege der Grund nicht in der Relation Gesellschaft ↔ Natur, sondern in der *Unvollkommenheit*, in der die menschliche Subjektivität ihre Unterordnung unter die berechnete Handlung vollzogen hat; übersetzt als „menschliches Versagen".

Tatsächlich zeigt sich hier aber etwas ganz anderes, nämlich die doppelte Erschütterung einer metaphysischen Grundüberzeugung: *Erstens* wird bei jeder versagenden Technik offenbar, dass die Relation Gesellschaft ↔ Natur sich *in einem Offenen* herstellt, das von keiner Seite determiniert ist. Dieses Offene ist der Raum, in den dann das *Versagen* der Funktion diese als *ausgewählten, besonderen* Fall in einer Klasse von scheiternden *und* gelingenden Techniken ausweist. Niemand käme auf die Idee, bei einer *funktionierenden* Technik gleichfalls die Schuld dem Relat „Mensch" in der Relation Gesellschaft ↔ Natur zuzuschreiben. Die *funktionierende* Technik beruhe auf einer Identität der Natur mit sich selbst, auf den Naturgesetzen; die *scheiternde* Technik beruhe auf der Identität des Menschen mit sich selbst, seinen „Unvollkommenheiten", d.h. seiner mangelhaften Fähigkeit, seine Handlungen der Berechnung zu unterwerfen. In dieser Technik-Metaphysik wird übersehen, dass die *funktionierenden Techniken* nur eine kleine *Auswahl* darstellen aus einer Vielzahl von Experimenten, die in der Mehrzahl *gescheitert* sind. Also *ist* das Funktionieren, die auf dem Funktionieren gründende Haltung der berechnenden Kontrolle *selbst* nur ein Teil eines allgemeinen Funktionierens, das keineswegs *immer* effizient ist, also auch scheitert.

Zwar selektieren durch immer weiter verfeinerte Meßmethoden und eine verfeinertes Experimentaldesign die Wissenschaftler die in einer statistischen Fehlerrechnung immerhin *erkannten* Mängel der berechnenden Kontrolle. Doch das Ideal der reinen Kontrolle durch die Zahl, die man der Natur als *Ansich* zuschreibt, realisiert sich dennoch nie, denn mit jeder neuen Technik tauchen neue Katastrophen, ein neues Scheitern auf. Dies, dass sich das Funktionieren der Technik in einem Offenen bewegt, das dieses Funktionieren *als berechnende Herrschaft* keineswegs garantiert, sondern nur *einräumt*, zeigt sich noch auf viel unmittelbarere Weise. Die Naturformen, wie sie in der Wahrnehmung, in der Sinnlichkeit gegeben sind, wie sie auch die Gefühle der Menschen bestimmen und anregen – die Gefühle sind offenbar ein völlig anderes Verhältnis zur eigenen und fremden Natur, als dies in der Abstraktion berechnenden Denkens erscheint –, die konkrete, lebendige Vielfalt der Naturformen also lässt sich auch ganz praktisch nicht auf ihre Subsumtion unter die berechnende Abstraktion einer leeren Einheit der Zahl reduzieren.

Dies zeigt sich in dem, was als „ökologische Krise", als Störung des Ökosystems usw. beschrieben und erfahren wird. Nicht nur holen wir Menschen durch die Technik eine ganz andere, nicht zahlenförmige Seite der Natur in unsere Menschenwelt – erfahrbar an dem, was die Produktionsprozesse den Menschen an Handlungen aufnötigen, was ihr Alltag als Rückseite der „Güter" zeigt im Verkehrslärm der Autos, der stinkenden Gülle auf den Feldern, den vielfältigen gesundheitlichen Belastungen durch das, was Ökonomen als „externe Effekte" glauben begreifen zu können usw. Die konkrete, lebendige Einheit der Naturformen in „ökologischen Systemen" zeigt in dem, was als deren *Störung* durch die berechnenden Eingriffe menschlicher Technik interpretiert wird, eine durchaus „der" Natur zukommende Seite, die sich unserem berechnenden Blick immer nur dann offenbart, wenn sich die Natur verweigert.

Naturprozesse sind charakterisiert durch ihre gegenseitige Abhängigkeit. Der berechnende Eingriff der Technik bewahrt die dem Geld eigentümliche leere Abstraktheit und Einseitigkeit: Die Kontrolle im Modell der Zahl lässt diese Abhängigkeit nicht oder nur vereinseitigt erkennen. Man erblickt in der Natur das, was man in der Gesellschaft alltäglich als Denkform praktiziert: die gegenseitige Abgrenzung fiktiv getrennter Egos als Eigentümer. Die Natur besteht aber nicht aus einem Nebeneinander von „Naturegos",

5.3.3 Kontrolle der Produktion: Buchführung und Naturwissenschaft

also Individuen = Atome, Elementarteilchen. Vielmehr musste die Physik die Erfahrung machen, dass der Versuch, solch eine Reduktion auf Atome vorzunehmen, an der Beobachtung ihrer gegenseitigen Abhängigkeit (Feld, Schwerkraft, andere Wechselwirkungen usw.) *scheitert*.

Dieser an der innersten Struktur der Physik erkennbare Widerspruch zwischen dem Versuch, in der Natur diskrete Objekte finden zu wollen, und der tatsächlich gegenseitigen Abhängigkeit aller Naturformen, zeigt sich auf noch viel unmittelbarere Weise in dem, was als Antwort der Natur auf den abstrakten technischen Zugriff interpretiert werden kann. Der Horizont der auf der Grundlage der Eigentumsordnung vollzogenen Geldrechnung – in den Patenten für Lebewesen oder genetischen Sequenzen von Molekülen auf die Spitze der Perversion getrieben – *versagt* bei Natursystemen. Sie lassen sich nicht in aparte Stücke aufteilen und Eigentümern zuordnen, um dann berechnend nach menschlichen Wünschen beherrschbar zu sein. Bei diesem abstrakten Zugriff auf die Natur wird der Natur *abstrakte Gewalt* angetan. Produktionsprozesse benötigen eine immer wieder hergestellte und kontrollierte *Grenzziehung* gegenüber Naturprozessen, vom einfachen Gehäuse bis zum überwachten künstlichen Klima in der chemischen Produktion, bei der Halbleiterproduktion usw. Es wird getrennt und einer berechnenden Kontrolle unterworfen, was von einer *anderen* Seite der Natur aus betrachtet ein Geflecht gegenseitiger Abhängigkeit ist.

Die Antwort der Natur auf diese kaufmännische Zumutung, alle Prozesse einer berechnenden Kontrolle unterwerfen zu wollen, bis hinauf in ihre arbeitsteilig ausgegliederten höchsten Formen der Naturwissenschaft und anderer Wissenschaften, diese Antwort ist unmittelbar erfahrbar: Die Stadtluft macht nicht frei, sie verursacht als Smog Lungenkrebs; die Beherrschung der Wachstumsprozesse in der Landwirtschaft ruiniert langfristig die Böden, senkt den Grundwasserspiegel und durchzieht den Kreislauf des Wassers mit chemischen Giften; die Energiegewinnung zerstört – mit oder ohne Katastrophe – die Lebenswelt der Menschen durch als berechnende Abstraktion über die Lebensräume hinweg durchgesetzte Staudämme, Straßen, Flughäfen oder auch durch die mehr oder minder starke Kontaminierung mit Elektrosmog und radioaktiven Abfällen (neben anderen Giften). Diese Liste ist beliebig zu verlängern; man braucht nur eine aktuelle Tageszeitung aufzuschlagen, um daraus aktuelle Beispiele zu ergänzen.

All diese Phänomene besagen nur eins: Der historische Triumphzug der kaufmännischen Subsumtion der Handlungen, der Produktion unter die Abstraktion der Geldrechnung und das Ziel der Geldvermehrung, sichtbar in der *funktionierenden* Technik in der Gesellschaft, wird von einem immer breiter werdenden Strom der Zerstörung des Lebensraums unseres Planeten begleitet. Darin offenbart sich die einfache Wahrheit, dass die Abstraktion der Zahl zwar eine Seite der Natur als Funktion zutreffend beschreibt, zugleich aber die *menschliche Natur*, die in die übrigen Naturformen eingebettet bleibt, und die natürliche Umwelt langfristig zerstört. Es wäre also völlig naiv, zu glauben, man könnte die Form der Naturbeherrschung durch die berechnende Technik gleichsam von ihrer kaufmännischen Beherrschung befreien und *unmittelbar* sowohl menschlichen Bedürfnissen zugänglich machen wie die Natur in ihren Formen bewahren. Eine andere Gesellschaft, die sich von der totalitären Versklavung der Geldgier und der Geldrechnung zu befreien trachtet, kommt nicht umhin, auch eine neue Wissenschaft von der Natur zu entwickeln. In dieser Wissenschaft wäre die Erkenntnis, dass sich die Natur *auch* berechenbaren Gesetzen fügt, zwar ein unverzichtbarer Teil, nicht aber die *beherrschende* Motivation der Forschung.

5.3.4 Mathematik als Selbstreflexion des Geldsubjekts

Die Alltagsvorstellung geht davon aus, dass das, was man durchaus in der Geldgier und der berechnenden Gleichgültigkeit am Subjekt der Moderne entdeckt, den Menschen von *Natur* zukomme. Das Geldsubjekt, übersetzt als „Rationalität", sei nur eine besondere Erscheinungsform einer allgemein-menschlichen Natur. Selbst dann, wenn diese These nicht auf diese Weise expliziert wird, zeigt sich doch, dass bestimmte *Momente*, die wir am Geldsubjekt und der abstrakten Leidenschaft der Geldgier entdecken konnten, mit *der* menschlichen Vernunft identifiziert werden. Die gewichtigste unter diesen Vorstellungen ist der bei Leibniz und Kant ausgesprochene Gedanke, dass bestimmte Denkformen der menschlichen Vernunft inhärieren und deshalb auch nur *a priori* aus dieser erkannt und abgeleitet werden können.

Tatsächlich ist die Logik des Geldsubjekts *so nahe gerückt*, dass man seinen spezifischen Dialekt, der sich in die gewöhnliche Sprache eingeschlichen hat, geflissentlich oder unachtsam überhört. Mit etwas „rechnen", auf etwas „zählen", sind alltägliche Sprachformen einer Weltbeherrschung geworden, die sich berechnend in das Subjekt und *als* Subjektivität fortsetzt. Zuordnungen, Relationen werden im Horizont der Geldabstraktion gedacht; doch fast niemand bemerkt das. Weshalb „rechnen" oder „zählen" wir einen Sachverhalt zu einem anderen als Definitionsleistung („A *zählt* zur Klasse B"), drücken Formen des Vertrauens als Zählen und Rechnen aus („ich *zähle* auf dich", „ich *rechne* mit dir")? Und sogar das Sprechen wird zum *Zählen* – zum *Er-Zählen*. Ebenso wird der Tausch zur universellen Metapher, von den Körpersäften bis zum Energieaustausch. Das Subjekt der Moderne spricht nicht mit jemand, es *tauscht sich aus*. Dass darin eine Gleichgültigkeit ausgesagt wird, die die eigene *Austauschbarkeit* signalisiert, wird überhört. Vom „Kapital", das man in allerlei Dingen habe[46], bis zur Begriffsbarbarei des *Humankapitals*[47] auf der Grundlage der Ideologie des „Sachzwangs der Kostenrechnung" als einer Fortsetzung der Geldlogik in die Lebenswelt des Alltags, ganz zu schweigen. Rudolf Goldscheid hatte all dies schon vorweggenommen, in einer wenigstens *ehrlich-totalitären* Sprache, wenn er die Frage stellt: „(W)elcher Typus Mensch wird heute in den einzelnen Ländern produziert und fabriziert, wie vollzieht sich der Aufbau, Umsatz und Zerfall der Arbeitskräfte"[48]? Auf die vielfältigen Versuche, Geld und Sprache zu analogisieren, habe ich hingewiesen (vgl. 2.1.2). Sie

---

[46] In diesem Begriffsdiktat des Geldsubjekts parliert auch die moderne Soziologie: „Das Prinzip der primären, die Hauptklassen der Lebensbedingungen konstituierenden Unterschiede liegt im Gesamtvolumen des Kapitals als Summe aller effektiv aufwendbaren Ressourcen und Machtpotentiale, also ökonomisches, kulturelles und soziales Kapital." P. Bourdieu (1987), S. 196. Wie wohl Bourdieu Erdöl, Straßen und Machtpotenziale zu einer Summe addiert und dabei *einen* Begriff denkt? Zur wohlfeilen Nachahmung ist solcher Unsinn allemal geeignet: Die Begriffskarriere von „soziales Kapital" in den letzten Jahren kann als Indikator für das kategoriale Niveau der Soziologie und Ökonomik heute gelten.

[47] Der Begriff stammt von Gary S. Becker; doch schon Irving Fisher sagte: „Von allem Reichtum ist der Mensch gleichfalls eine Spezies. Seinen Pferden oder Rindern gleich (!) ist er selbst ein materieller Gegenstand und gleich diesen der Aneignung unterworfen; denn ist er Sklave, so gehört er einem anderen an, und ist er frei, sich selbst." I. Fisher (1916), S. 2.

[48] R. Goldscheid (1911), S. 520. „Ein solid gearbeiteter Mensch ist ein solcher, der aus einem gesunden Mutterboden hervorwächst, von gesunden Vätern gezeugt, und wo das jugendliche Individuum eine Pflege erhält, die ebenso sorgfältig ist, wie die Pflege, welche dem Nachwuchs in der Viehzucht heute zuteil wird. Die Prinzipien der Menschenökonomie können in einem sehr weiten Umfange einfach der rationellen Viehzucht entnommen werden". R. Goldscheid (1908), S. 214.

5.3.4 Mathematik als Selbstreflexion des Geldsubjekts

sind der Ausdruck eines Wandels der Subjektivität, die das innere Sprechen bereits als Zählen und Rechnen auslegt, Wörter oder Informationen „austauscht" und darin eine abstrakte Perspektive der Gleichgültigkeit aller Dinge einführt.

Die Denkformen bekommen mehr und mehr einen Zahlencharakter, in sich leer, aber wohl voneinander unterschieden wie die 0 von der 1. Die *Identität* der Dinge, ihre Selbigkeit wird – seit Aristoteles sogar ein philosophischer Begriff – zur *numerischen*.[49] Im Horizont der numerischen Identität erscheint nun auch jede Differenz als numerische Verschiedenheit. Und deshalb wird die mathematische *Gleichung* zum tiefen Rätsel menschlichen Denkens. Wie kommen die Menschen dazu, unterschiedliche Erscheinungen oder Sachverhalte im Horizont einer *gleichen Geltung* zu interpretieren? In der mathematischen Gleichung der logischen Form x = y ruht die Aufmerksamkeit auf der gleich gesetzten Verschiedenheit von x und y. Ihre *Gleichheit* ist ein seltsames Apriori, und die Frage nach der *Einheit*, dem *Worin* dieser Gleichheit wird so wenig gestellt wie in der Geldrechnung, die verschiedene Waren gleichsetzt. Die Gleichheit der *Quantitäten* ist aber eine Qualität, und diese Qualität ist eine ungedachte Einheit, die in der *Zahl* als Rätsel erscheint. Jede natürliche Zahl kann durch Zählen, durch das Hinzufügen einer Einheit zu einem Vorläufer gewonnen werden. Doch die *Einheit* bleibt bei diesem Zählen verborgen und ist in der Mathematik ein ungedachtes Axiom.

Dass also das Geld in der menschlichen Subjektivität, in ihren Denkformen vielfältige Spuren hinterlassen hat, ist kaum zu bezweifeln.[50] Erstaunlich ist vielmehr, wie wenig Aufmerksamkeit die Philosophen *dem* Phänomen gewidmet haben, an dem sie *unmittelbar* die Denkbewegung jener abstrakten Formen erkennen und vollziehen könnten: Dem Geld. Es waren die *Mathematiker*, die jene dem Geldsubjekt eigentümliche rechnende Denkform zuerst *an diesem Rechnen selbst* untersuchten – als (mit Husserl gesagt) *noesis* ohne *noema*, als Rechnen ohne den intentionalen Gehalt des Geldwertes. Der wirkungsmächtigste unter den Begründern der Mathematik war Leonardo Pisano, auch Fibonacci genannt. Sombart schreibt:

„Mit Leonardo Pisano, der selbst aus kaufmännischem Geiste heraus sein unsterbliches Werk geschaffen hat, wird die Grundlage für die exakte Kalkulation gegeben. Es liegt nahe, die Genesis des ökonomischen Rationalismus an die Entwicklung des Positionssystems zu knüpfen und die geringere Entfaltung kapitalistischer Wirtschaft in früherer Zeit mit dem Fehlen eines Ziffersystems in Zusammenhang zu bringen. Sicher ist, dass das Jahr 1202 einen Wendepunkt in der Weltgeschichte bedeutet. Und will man schon ein Geburtsjahr des modernen Kapitalismus ansetzen, so würde ich nicht zögern, das Jahr 1202 (das Erscheinungsjahr des *Liber Abaci*; KHB) als solches zu bezeichnen."[51]

Kaum bei einem anderen Denker oder Mathematiker kann man so genau beobachten, wie aus dem praktischen Umgang mit Geld und den dabei vollzogenen Rechnungen Probleme entstanden, die eine besondere Reflexion auf diesen Akt des Denkens selbst notwendig machten, um gelöst zu werden.

Im Rahmen der im Nahen Osten und in Europa verbreiteten Zahlensysteme stießen kaufmännische Rechnungen auf große Hindernisse. Erst die arabischen Händler brach-

---

[49] „Das Identische entspricht dem Einen." Averroes (1960), S. 210.

[50] „Am nächsten aber steht dem Denken in Geld die Mathematik. Geschäftlich denken heißt rechnen. Der Geldwert ist ein Zahlenwert, der an einer Rechnungseinheit gemessen wird." O. Spengler (1971: 2, S. 1163).

[51] W. Sombart (1902: 1), S. 392.

ten aus Indien ein im Buddhismus und Hinduismus entwickeltes Zahlensystem mit, das jene heute gebräuchliche verallgemeinerte Form des Rechnens mit beliebig teilbaren und vergrößerbaren Zahlen erlaubte. Fibonacci war der erste, der entdeckte, dass sich all die ihm wohlbekannten Probleme, Warenmengen und Geldarten ineinander umrechnen und ins Verhältnis setzen zu müssen, auf eine wirklich handhabbare und einheitliche Weise erst durch das aus Indien stammende Zahlensystem lösen lassen. Sein *Liber Abaci* (1202) – Laurence Sigler, der erste Übersetzer des lateinischen Manuskripts in eine moderne Sprache, bezeichnet es zu Recht als eines der wichtigsten Bücher über Mathematik überhaupt[52] – beginnt mit den Zeilen:

„Die neun indischen Zahlen sind:
9 8 7 6 5 4 3 2 1.
Mit diesen neun Ziffern und mit dem Zeichen 0, das die Araber *zephir* nennen, kann jede Zahl, welche auch immer, geschrieben werden".[53]

Pisano (Fibonacci) führt dann in vielen Einzelschritten vor, wie das neue Zahlensystem zu handhaben ist und welche Vorteile es bietet. Hier erreicht die Selbstreflexion des Rechnens eine ihr adäquate Form. Es wäre naiv zu sagen, dass der Umgang mit Geld diese Art zu Rechnen *kausal hervorgebracht* hätte. Doch ganz offensichtlich stellt sich diese Form der frühen Mathematik *selbst* dar aus und in einem Kontext der Geldrechnung.

Die Null, die eigentliche Innovation dieses indischen, durch Araber vermittelten Zahlensystems, stammt aus einem philosophischen Kontext, der im Abendland tatsächlich unbekannt war. In der griechisch tradierten Substanzphilosophie steht der Abstraktion des Seins nur ein Nichts gegenüber, und dieses Nichts, die Negation, bewegt sich im Denken nur als *Begrenzung*, als Mangel. Das Problem der Leere, des Nichts und des Vakuums – drei völlig verschiedene Kategorien – hat das frühe Renaissance-Denken bewegt. Leonardo da Vinci hat sich in seinen Tagebüchern mit dem Problem des „Nichts" herumgeschlagen, das er allerdings offenbar immer schon in Beziehung zur *Natur* und darin zur Frage der Möglichkeit eines völlig leeren Raumes sah: „Wenn es ein Vakuum gäbe, so gäbe es auch einen Raum, der es umgibt, und das Nichts besteht doch ohne Raumausfüllung."[54] Leonardo ordnet das Nichts deshalb nicht dem Raum (dem vermeintlichen Ort der Natur) zu, sondern der Zeit und der Sprache: „Das, was als Nichts bezeichnet wird, ist nur in der Zeit und in den Worten zu finden. Es liegt in der Zeit zwischen der Vergangenheit und der Zukunft, ohne etwas von der Gegenwart zu enthalten, und ebenso in den Worten, wenn die Dinge, von denen die Rede ist, nicht bestehen oder unmöglich sind. Im Reich der Natur ist das Nichts nicht zu finden. Es gehört zu den unmöglichen Dingen, so dass es kein Sein hat."[55]

---

[52] L. Sigler (2003), S. 3.

[53] L. Pisano (2003), S. 17. Bockelmann will die Differenz zwischen 0 und 1 aus den Warenwerten, „als Quanta absoluten Werts" ableiten; das Geld sei den Waren gegenüber die „große, diese neue Eins" aus dem funktionellen Bezug der Waren aufeinander, E. Bockelmann (2004), S. 309. Das ist, wie bei Marx, *nur Rhetorik*, die nichts über das Geld aussagt, weil die „absoluten Quanta" nichts anderes sind als die Geldform, die man auf den Warenkosmos projiziert. Es gibt keine *Äquivalenz* der Waren – vor dem Geld und außerhalb des Geldes als *vollzogene Rechnung der Subjekte*. Deshalb spielen Zahlen durchaus eine konstituierende Rolle hierbei, sind sie doch die reflektierte Bewegungsform des rechnenden Denkens – nicht aber Emanation eines Wertes.

[54] Leonardo da Vinci (1940), S. 4.

[55] Leonardo da Vinci (1940), S. 10.

5.3.4 Mathematik als Selbstreflexion des Geldsubjekts

Leonardo wiederholt und tradiert hier einen Aspekt der eleatischen Philosophie, die besagt, dass nur das Sein ist; das Nichts ist nicht. Indem Leonardo das Nichts der Zeit und der Bewegung des Denkens, der Sprache zuordnet, gibt er einen Fingerzeig darauf, dass sich in der Negation etwas ganz anderes als die Anschauung und Vorstellung der Natur zeigt. Er bleibt allerdings hängen an der tauto*logischen* Ontologie, dass Nichts eben nicht *sein* könne. In der Gesellschaft, in der Sphäre der Bedeutung gilt aber nicht die Anschauung, sondern die Bewegung des Denkens, des Handelns. All dies ist nicht *nichts*. Es ist nur keine Natur, liegt aber jeder Naturanschauung schon zugrunde und voraus. Mit anderen Worten: Das, *worin* die Gesellschaft als Prozess der Bedeutung (Denken, Handeln, Tauschen, Rechnen etc.) erscheint, ist keine *Substanz*, keine Natur, aber auch kein *Nichts*. Ebendeshalb kann auch eine Ontologie von Sein und Nichts keinen Begriff der *Offenheit*, die *Bedeutung einräumt*, hervorbringen. Obgleich das Geld und der Tausch sich vorwiegend in Europa entwickelt haben in jenen Formen, die heute den Planeten Erde beherrschen, fehlte doch der europäischen Denktradition ein Begriff für den *Ort* der Bedeutung.

Eben dies ist im buddhistischen Begriff der *shunyata* (der Leerheit) ausgedrückt und enthalten. Die Leere ist der Ort, der das einräumt, was dann als Bedeutung ergriffen und als Akt vollzogen wird. In der indischen Kaufmannstradition wurde die Stelle auf dem Rechenbrett, an der *kein* Wert verzeichnet war, auch *shunya* genannt. Erst aus dieser praktischen Erfahrung und der Verfügbarkeit eines Begriffs der Offenheit, der kein Nichts und kein Sein ist, der aber *etwas einräumt* oder eine Stelle zuweist, ergab sich die Zahl „Null" als Grundzeichen des Rechnens.

Die indischen Zahlen wurden als *An-Ordnung* verstanden, und die Null spielt hierbei die Rolle der *Zuordnung* einer Zahl.[56] Es ist nicht, wie bei einer gewöhnlichen Addition oder Subtraktion, die Beziehung zweier Zahlen *aufeinander*, sondern die Einordnung der konkreten Ziffer in einen Ort, die der Null ihre Bedeutung verleiht. Die Ziffer 2 bedeutet die Zahl 2, durch die Verbindung mit der ordnenden Funktion der 0 ergibt sich daraus aber eine *andere* Zahl: 20, 200, 2000 etc. Die Null gibt den Ziffern eine Stellung, die nicht aus der natürlichen Zahlenfolge 1 bis 9 hervorgeht, sondern an sie herangetragen wird. Die Zahlen erhalten damit eine *Einordnung* in ein System des Zählens, und die Null spielt dabei die Rolle des Platzanweisers. Der Zahlenwert erwächst aus der *Stellung*. Dadurch ist es möglich, mit wenigen Grundziffern beliebig weit, *unendlich* weit zu zählen ohne Schranke. Die Unendlichkeit des Zählens hat sich durch die wiederholte Zuordnung der Ziffern durch die Zahl Null in einen einfachen, alltäglichen Akt verwandelt. Es ist dieser Vorzug, den Pisano gleich im ersten Kapitel seines *Liber Abaci* hervorhebt: „Eine Zahl ist eine Summe von Einheiten, oder eine Sammlung von Einheiten, und durch ihre Addition nehmen die Zahlen schrittweise zu ohne Ende."[57]

Was dem modernen Bewusstsein eine Selbstverständlichkeit geworden ist, stellt als *Differenz* zu anderen Denkformen einen ungeheuren Schritt dar. Damit ist erstmals eine mechanische Bewegung des Zählens möglich, das *an ihm selber* keine Schranke mehr

---

[56] Die Null in ihrer Funktion in einem Stellenwertsystem entstand wohl zuerst ca. 1900 v.u.Z. in Mesopotamien; wenige Jahrhunderte vor Christus begann man in Babylon damit, die Null zu notieren durch einen Haken. „Am Ende einer Zahl schrieb man diese Haken allerdings nie, und so blieben geschriebene Zahlen trotz Null mehrdeutig. Die heute weltweit im Dezimalsystem benutzte Null stammt aus Indien." A. Cauty, J.-M. Hoppan (2006), S. 22. Die Maya entwickelten unabhängig davon eine doppelte, ordinale und kardinale Null. Vgl.: „Das Zeichen 0 hat keinerlei Substanzwert. Es dient lediglich zur Stellenangabe und als Symbol absoluter Leere." H. Domizlaff (1946), S. 114.

[57] L. Pisano (2003), S. 17.

besitzt und ohne Ende fortgesetzt werden kann. Darin hat die *Geldgier* ihren Bewegungsraum und ihren Begriff gefunden: Denn die Geldgier ist die abstrakte Leidenschaft des *leeren Mehr*. Als Subjektform findet die Geldgier ihre adäquate Entsprechung in den indischen (später „arabisch" genannten) Zahlen.

Pisano lässt keinen Zweifel daran, an welchem sozialen Ort sich diese Form des abstrakten Denkens bewegt und bewährt. Der größte Teil seines Buches entfaltet die arithmetischen Operationen an Beispielen des Kaufmannsalltags. Zugleich aber hat sich in seinem Buch das rechnende Denken von diesen Inhalten emanzipiert; Leonardo Pisano reflektiert die Zahlen *getrennt* von den Einheiten, für die sie stehen, auch wenn ihm diese Einheiten (es sind Waren- und Geldquantitäten) in schier unüberschaubarer Fülle als Beispiele dienen. Man bemerkt an seinem Text, dass sich das Geldsubjekt nur schwer von der Anschauung ablösen kann, um sein eigenes rechnendes Denken zu reflektieren *als reine Zahl*. Und der *Liber Abaci* kann sowohl als Dokument einer Mathematik gelten, in der sich das Rechnen vom konkreten Objekt des *Vollzugs* (der kaufmännischen Rechnung) schrittweise trennt, als auch als Selbstbewusstsein der vollzogenen Trennung. Pisano wiederholt für die Zahlen, was Euklid für die *Anschauung* in seinen „Elementen" bereits formuliert hatte.

Pisano erlernte die Mathematik in einer Handelsenklave (in Bugia), die von der Stadt Pisa in Afrika im westlichen muslimischen Reich gegründet worden war. Er reiste in Geschäftsangelegenheiten nach Ägypten, Syrien oder Byzanz, kam in Kontakt mit anderen, vor allem auch arabischen Wissenschaftlern, studierte dabei Euklids „Elemente" und die griechische Mathematik, die Methode des Denkens durch Definition, Theorem und Beweis. Diese aus einer *anderen* Form der Vergesellschaftung – der Kommunikation, der Gerichtsrede – stammenden Denkformen verband Pisano unter dem Einfluss der arabischen Mathematik (vor allem dem Werk al-Khwarizmi's) mit der indischen Zahlenlehre. Die von den Indern übernommene arabische Mathematik drang auch auf anderen Kanälen nach Europa vor, doch erst das Werk Pisanos schuf einen reifen Standard dieses Wissens, der fortan allgemein verfügbar war in der Wissenschaftssprache der Zeit (Latein).[58] Vor allem schuf er wichtige Grundlagen zur Ermittlung von „Unbekannten"; Pisano verwendete dafür den Begriff „Elchataym". Gemeint ist das Rechnen mit „falschen" Zahlen zur Bestimmung von Unbekannten in einer Gleichung.[59]

Damit war es möglich, die Umrechnung auch mehrerer Währungen oder Maßsysteme beim Kauf zu bewerkstelligen. Zugleich wurde hierdurch inmitten der Verwendung unterschiedlicher im Handel und Fernhandel aufeinander treffender Maßsysteme und Geldeinheiten das Rechnen in *einer abstrakten Geldeinheit* möglich. Durch die algebraische Gleichung im Rechnen mit einer oder mehreren Unbekannten und ihre Vorformen im Elchataym oder der *Regula de tri* (Dreisatz) konstituiert sich durch viele Geldeinheiten *hindurch* die Kategorie der *einen* Geldeinheit, die als Abstraktion die Rechnung beherrscht. Pisano widmet in seinem Buch zwei Kapitel ausschließlich der „Ermittlung des Werts von Handelsgütern durch eine prinzipielle Methode" (Kapitel 8), vertieft im Kapitel 9: „Über den Tausch von Handelsgütern und ähnlicher Dinge". Was Leonardo Pisano hierbei vorführt, sind vor allem Umrechnungen von verschiedenen Maßeinheiten, Mengen und Preisen ineinander. Hierbei taucht das zentrale Problem der Geldrechnung auf, das Pisano so benennt: „Wenn du einige Waren auszutauschen gedenkst gegen andere Waren, d.h. Tauschhandel (*barter*) betreiben möchtest, dann erinnere dich an den Preis jeder Ware, wobei der Preis immer in derselben Währung be-

---

[58] Vgl. genauer L. Sigler (2003).
[59] Vgl. dazu die Erläuterungen des Herausgebers in: L. Pisano (2003), S. 628, Note 1.

5.3.4 Mathematik als Selbstreflexion des Geldsubjekts

rechnet werden muss".[60] Der Tausch wird also auch als Tauschhandel immer schon in einer *Geld*einheit gerechnet, und Pisanos System erlaubt, im Währungschaos des frühen Kapitalismus durch Umrechnung auch tatsächlich in *einer* Geldeinheit zu rechnen.

Da das Geld im Fern- und dem interregionalen Handel in mehreren Formen (Währungen) vorliegt und da zudem die Waren durch unterschiedliche Maßsysteme gemessen werden, ist für die Geldrechnung und den Tausch das erste Erfordernis jenes, das Pisano als Voraussetzung anführt: Man muss zuerst alle Preise in *einer* Währung ausdrücken. Diese Forderung, *eine* Währung als *tertium comparationis* der vielen Währungen zu verwenden, ist der entscheidende Schritt in der praktischen Durchsetzung der Einheit des Geldes und ihrer reflektierten Form. Abstrakt ausgedrückt erscheint dies als ein Problem des Dreisatzes: „Deshalb ergeben sich immer vier proportionale Zahlen in allen Tauschverhandlungen, von welchen drei bekannt und eine als wirklich unbekannt zurückbleibt; die erste dieser tatsächlich bekannten Zahlen ist die Zahl des Umfangs jeder Ware, oder eine fixierte Anzahl, oder Gewicht, oder Maß."[61] Diese Umrechnung enthält die Urform der algebraischen Gleichung. Pisano verwendet ein Vierer-Schema, das dem bekannten Dreisatz mit der Unbekannten x entspricht: $x/a = b/c$.

Was in der mathematischen Denkform für das Geldsubjekt erreicht wird, ist damit von grundlegender Bedeutung für den Handel und die Geldrechnung. Das große Geheimnis des Geldes – die *Identität der Einheit*, in der gerechnet wird – kehrt in der Mathematik wieder als Axiom. In Pisanos arithmetischem System – also unserem heute gebräuchlichen Zahlensystem – sind es *zwei* Größen, die *nicht* durch Operationen (Axiom, Definition, Beweis, Theorem) gewonnen, sondern immer schon *vorausgesetzt* sind: Die Einheit der Zahl 1 und die Null. Die Einheit der Zahl 1 bleibt undefiniert und unerklärbar. Bei Zahlen kann man zwar immer sagen, *um wie viele Einheiten* sie sich unterscheiden; ihr Inhalt ist ja nur die fortgesetzte *Zählung*, d.h. die *Hinzufügung* jeweils einer Einheit. Nun kommen im Tauschakt *Verhältnisse* von Zahlen ins Spiel, wodurch *neue* Zahlen, Verhältniszahlen, Brüche auftauchen, die aber alle aus der ursprünglichen Einheit abgeleitet werden können, als *Verhältnis* einer unterschiedlichen Anzahl von Einheiten. Doch auch sie werden jeweils auf *eine* Einheit zurückgeführt. Das gilt auch dann noch, wenn man durch die Übertragung von Zahlen auf *geometrische Formen* die irrationalen Zahlen wie die Zahl π oder die Wurzel aus 2 entdeckt, der Vorschein der räumlichen Anschauung im Zahlenkosmos, der aus den natürlichen Zahlen gewonnen wird. Stets wird alles auf eine ursprüngliche, nicht explizierte Einheit „1" zurückgeführt.

Die Einheit besitzt in der praktischen Rechnung immer eine konkrete, gleichsam materialisierte Form: Eine Einheit einer bestimmten Währung, einer Maßeinheit usw. Im *Umrechnen*, im Bezug verschiedener Geldeinheiten aufeinander an internationalen Marktplätzen, offenbart sich aber eine ganz andere Einheit: Die Einheit aller *konkreten* Einheiten. Diese Einheit liegt aber nicht *hinter* den verschiedenen Währungen. Diese Substanzvorstellung hat die Ökonomen immer wieder irregeleitet. Sie bemerken nicht am einfachen Tun der Händler, was die Einheit ausmacht: Es ist die *Anerkennung in der Rechnung*, die je schon vorausgesetzte Geltung, die zirkulär-reflexiv nur dadurch gilt, *dass* allgemein in ihr gerechnet wird. Pisano hat diesen Akt in seiner abstrakten Form der Rechnung erkannt, das Allgemeine der darin vollzogenen Operation entdeckt und als mathematische Form beschrieben, die sich dann auf *beliebige* Umrechnungen anwenden ließ. Das soziale Rätsel der Geldeinheit kehrt wieder in der Einheit der Rechnung, der Einheit der Zahl 1, die jeweils für jede beliebige konkrete Einheit des Tauschens steht, indem man ein Währungssymbol oder eine Methode der Messung, die

---

[60] L. Pisano (2003), S. 179.
[61] L. Pisano (2003), S. 127.

Maßeinheit für ein Gewicht usw. hinzufügt. Das soziale Rätsel der Geldeinheit bleibt in der Mathematik gewahrt als rätselhafte Einheit der Zahl „1".

Auch in der modernen mengentheoretischen und logischen Grundlegung der Mathematik durch Russell und Whitehead bleibt die Einheit dunkel. Deshalb sagt Russell, man könne die „Mathematik als den Gegenstand definieren, bei dem wir niemals wissen, worüber wir reden, noch ob das, was wir sagen, wahr sei."[62] Die Schwierigkeit dieses seltsamen Gegenstands „Mathematik" wird noch dadurch gesteigert, dass es sich zwar um eine jeweils individuell vollzogene Folge von Denkoperationen handelt, dass aber deswegen die erkannten Strukturen *keineswegs* „subjektiv" sind. Wie sich die Geldrechnung von allen anderen sozialen Formen *trennt*, obwohl sie als deren Form erscheint, so trennt sich auch die mathematische Selbstreflexion von allen besonderen Gegenständen. Und wie das Geld seine Wahrheit nur in der *intersubjektiven Anerkennung* findet und sich darin als je schon anerkannte Welt der Rechnung zeigt, so auch die Mathematik: „Nicht allein, dass die Mathematik von uns und unseren Gedanken unabhängig ist, in einem anderen Sinne sind auch wir und das ganze Universum der existierenden Dinge von der Mathematik unabhängig. Die Erfassung dieses rein ideellen Charakters ist unentbehrlich, wenn wir die Stellung der Mathematik als einer der Künste richtig verstehen wollen."[63] Die Mathematik lässt sich weder aus dem konkreten Objekt, das berechnet wird, noch aus dem rechnenden Subjekt „ableiten".

Diese Trennung nennt Russell „ideell". Hierbei widerspricht sich Russell, weil er der Mathematik einen Ort jenseits des Individuums und jenseits des Kosmos zuweist, sie *zugleich* aber in die *menschlichen Künste* einordnet und damit in einen *sozialen Ort* zurückverweist. Dieser Widerspruch ist verständlich, wenn man die Mathematik als Selbstreflexion des Rechnens in Geld erkennt. Der Ort dieser Rechnung ist von jeder Natur – auch der menschlichen – getrennt und besitzt einen rein gesellschaftlichen Charakter. Das darin vollzogene Denken und Handeln ist *verschieden* von allen anderen Formen des Denkens und Handelns, weil eine abstrakte Entität auftaucht, *in der* intersubjektiv gerechnet wird. Was Russell in die Reihe der *Künste* einordnet, das hat die moderne Mathematik – nicht zuletzt durch die Arbeit Russells und Whiteheads – vollendet. Die größte mathematische Leistung des 19. und 20. Jahrhunderts bestand darin, die Logik und die verschiedenen Gebiete der Mathematik auf einer einheitlichen Grundlage zu rekonstruieren, die in den Werken von Russell/Whitehead und der französischen Autorengruppe von „Nikolas Bourbaki"[64] systematisiert wurde, wobei die natürlichen Zahlen und der Begriff der Menge als Grundbegriffe dienen.[65]

Die Hochzeit der Logik mit der Mathematik hat das Rätsel der Einheit noch weiter verdunkelt, zugleich aber einen Hinweis geliefert. Die Logik ist zunächst die Selbstreflexion der *sprachlichen* Vergesellschaftung, die Mathematik die Selbstreflexion der *monetären* Vergesellschaftung. Beide Formen vollziehen sich in einer offenen Sphäre der Bedeutung. Das Rätsel darin ist die *Einheit der Vielen*, die sich als Prozess der

---

[62] B. Russell (1952), S. 77.

[63] B. Russell (1952), S. 72.

[64] Nicolas Bourbaki ist das Pseudonym einer Gruppe überwiegend französischer Mathematiker, die seit 1934 an einem Lehrbuch der Mathematik, den *Éléments de mathématique*, arbeitete. So geht z.B. das Zeichen für die leere Menge ø auf diese Gruppe zurück.

[65] Die „axiomatischen Untersuchungen des 19. und 20. Jahrhunderts (haben) allmählich den anfänglichen Pluralismus der Vorstellung von diesem Wesen (sc. der Mathematik) – die man zuerst als ideale ‚Abstraktionen' heterogener Sinneserfahrungen auffasste – ersetzt durch eine einheitliche Vorstellung, indem allmählich alle mathematischen Begriffe zuerst auf den Begriff der natürlichen Zahl und dann, in einem zweiten Stadium, auf den Begriff der Menge zurückgeführt wurden." N. Bourbaki (1974), S. 148.

5.3.4 Mathematik als Selbstreflexion des Geldsubjekts

Bedeutung vollzieht. In der Kommunikation, in der Sprache erscheint dieses Rätsel der Einheit im Satz der Identität, dem ich mich ausführlich im Kapitel 2.1 zugewandt hatte. Hier zeigte sich, dass die logische Fixierung der Identität sich nur als Selbstvergewisserung des cartesianischen Subjekts zweifelsfrei behaupten lässt. Im Satz A = A kann nur *ein* anschauendes, denkendes Subjekt – das *ego cogito* – die Identität von A simultan *mit* der *eigenen Identität* als denkendes Ego vollziehen.[66] Das gilt auch für den Grundbegriff der *Menge*, der nur für einen cartesianischen Beobachter mit sich identisch und klar definiert ist. Sozial gilt für keinen Begriff der Satz der Identität, was sich auch noch in der Mathematik dadurch zeigt, dass die Grundbegriffe, wie jener der Menge, keineswegs *einheitlich* definiert werden. *Sozial* gilt weder der Satz der Identität noch der Satz vom Widerspruch; hier gilt nur ein *lebendiges* Einander-Widersprechen.

Die Einheit der Rechnung hat ihren sozialen Ort in der Geldverwendung, die aus der Perspektive eines cartesianischen Egos unverständlich bleibt. Es hat sich gezeigt, dass diese Einheit ein *sozialer Bedeutungsprozess* ist, der sich logisch nicht als lineare Bedeutung explizieren lässt, denn er ist *zirkulär* und *reflexiv*. Es gibt keine Einheit, auf die man sich wie auf eine vorhandene Entität beziehen könnte. Die Einheit ist *Relation*, und die Relation geht ihren Relaten voraus. Zwar kann man sich auf ein *Ding* (Geldmünze etc.) beziehen und es sogar besitzen. Doch im Ergreifen der Besitzrelation ist die Einheit als Bedeutung schon wieder verschwunden. Eben dies reproduziert sich in der Selbstreflexion der monetären Vergesellschaftung durch die Mathematik. Dort ist die Einheit ein Zeichen – die „1" –, mit dem Operationen ausgeführt werden, wie man mit Münzen hantiert. Die Bedeutung ist aber nicht die Operation oder das Zahlzeichen, sondern die Relation zu anderen Zahlen. Was in der algebraischen Gleichung formuliert wird – z.B. der Dreisatz zur Ermittlung von Preisen beim Umrechnen von Währungen –, hat die *Einheit* immer schon vorausgesetzt. Diese Einheit ist im Geld die Einheit der vielen Geldsubjekte, die in der Rechnung ihren sozialen Prozess, ihre Vergesellschaftung, damit die *Einheit der Vielen* als Akt immer wieder neu vollziehen.

In der Selbstreflexion dieser Akte – etwa im *Liber Abaci* von Fibonacci – ist die soziale Einheit ebenso verschwunden, wie die Gesellschaft beim Sprechen je mit mir selbst dem individuellen Denkakt gewichen ist. Was im ersten Fall die verschwundene Einheit der monetären Vergesellschaftung im Geld, das ist im zweiten Fall die verschwundene Einheit in der Kommunikation. Diese beiden Formen der Einheit der Vielen erscheinen im Rechnen in der Zahl „1", der „Recheneinheit", in der Logik im Satz der Identität. Die Eroberung der Subjektivität in der Moderne durch das Geldsubjekt fand *wissenschaftlich* seine Vollendung in der Vereinheitlichung der Logik im Geist der Mathematik, in der Begründung der „reinen" Mathematik: „Die reine Mathematik wurde von Boole entdeckt, und zwar in einem Werke, das er *Laws of Thought* (1854) nannte."[67] Im *Kalkül* erobert das rechnende Denken auch die Sphäre der abstrakten Sprache, der Logik und vollendet damit die wissenschaftliche Form der Subjektivität des Geldsubjekts.

Doch in der konsequenten Vollendung der Mathematik als allgemeine Strukturtheorie hebt diese Denkform ihre eigene Voraussetzung auf und befreit sich sowohl von der

---

[66] Allerdings kann man sagen, dass die Form des Satzes der Identität als A = A, als *Gleichung,* bereits eine Überlagerung des rechnenden Denkens darstellt. Hier wird die Zeichenidentität am Horizont der Einheit des Rechnens im Geld reflektiert. Dies bereitet die Subsumtion der Logik unter die Mathematik vor, die für die Logistik seit Boole, Frege, Russell und Whitehead charakteristisch ist. Als explizit *tautologischen* Satz bezeichnet diesen Satz Satz bereits Friedrich Ueberweg; vgl. R. W. Göldel (1935), S. 96.

[67] B. Russell (1952), S. 76.

Zahl wie dem Mengenbegriff als Grundlage. Es ist bemerkenswert, dass erst durch die *Beseitigung* des fiktiven Mengenbegriffs eine Vereinheitlichung der Mathematik gelang, wie sie Bourbaki vornehmen, indem sie ausdrücklich darauf verzichten, die Natur der Elemente einer Menge festzulegen. Hier zeigt sich in der reinen Abstraktion mathematischer Strukturen, dass eine Vergesellschaftung von Elementen (= Menge) logisch nicht bewältigt werden kann, wenn man von bestimmten Eigenschaften dieser Elemente oder der Einheit ausgeht; es findet eine „fortschreitende Emanzipation vom Größenbegriff"[68] statt. Die Mathematik befreit sich darin in einem ersten Schritt von der Fiktion der ontologischen Einheit, vom „Geld des Geistes", und ihre Fragestellung konvergiert hier mit den Problemen, vor die eine logisch adäquate Theorie der Vergesellschaftung gestellt ist.[69] Die reine Denkform des Geldsubjekts enthält damit in ihrer äußersten Abstraktion die Kraft, sich von ihrer Herkunft zu befreien und eröffnet darin die Möglichkeit, auf dem Umweg über andere logische Formen den Wahn der Ratio der Einheit und der Ontologie der Identität zu überwinden – als Vorschein einer anderen Form der Vergesellschaftung.

5.3.5 Kredit und Zins

Das Geldsubjekt in seinen reinen, logischen Formen, die in der Logik, Mathematik und Naturwissenschaft ihre arbeitsteilige soziale Besonderung erhalten haben, bleibt die allgemeine Grundlage für die Vergesellschaftung in Geldökonomen. Wie sich zeigte, führt die Veränderung der Subjektivität durch die Geldform auch zu einem Wandel in der Struktur menschlicher Leidenschaften – sowohl in ihrer inneren, psychischen Organisation, als auch in allen intersubjektiven Formen. Unterwirft die Geldgier nach innen alle anderen Leidenschaften der berechnenden Kontrolle und errichtet die innere Herrschaft eines zahlenförmigen Über-Ichs, so unterwirft die Geldgier nach außen den Verkehr der Menschen und ihrer Institutionen. Neben dem Geld in seinen verschiedenen Formen institutionalisiert sich die Geldgier durch Kredit und Zins zu einer totalen Herrschaft über alle anderen Formen menschlicher Vergesellschaftung.

Die einfache logische Form für diese Herrschaft findet sich in der Subsumtion der Tauschakte, wie sie in der Kapitalformel G-W-G′ ausgedrückt wird. Die Kapitalformel als Handlungsprogramm des Kaufmanns hat sich logisch und historisch noch vereinfacht. Inmitten des Kaufmannsstands, der das Geld im Tausch von Ware und Geld jeweils als Ausgangspunkt nimmt, um einen *Überschuss*, also *mehr* Geld zu erwerben, bildet sich bereits in früher Zeit in den Geldökonomien eine weitere Überlagerung der Tauschprozesse heraus, die einer *höheren* Stufe ihrer privaten Bemächtigung sozialer Prozesse entspricht. Dies ist der Geldkredit, formal scheinbar ein Tausch Geld gegen Geld: G-G′. Der ursprüngliche Kaufmann, der heute den Namen „Unternehmer" trägt, bleibt stets eingebunden in den Markt, ist darin auch dessen treibende Kraft. Doch stets

---

[68] O. Spengler (1971: 2), S. 1175.

[69] Der neue Grundbegriff ist jener der *mathematischen Struktur*: „Den verschiedenen Vorstellungen, die mit diesem Gattungsnamen bezeichnet werden, ist gemeinsam, dass sie angewandt werden können auf *Mengen von Elementen*, deren Natur nicht festgelegt ist; um eine mathematische Struktur zu definieren, nimmt man *eine oder mehrere Relationen* zwischen diesen (nicht weiter definierten) Elementen als gegeben an", N. Bourbaki (1974), S. 148. Es ist bemerkenswert, dass die konsequente Reflexion über eine allgemeine Strukturtheorie damit gleichfalls zu dem Ergebnis kommt, dass die Relation logisch den Relaten vorausgeht, ein Ergebnis, das im einleitenden Kapitel als Grundvoraussetzung für das Verständnis der Vergesellschaftung benannt wurde.

5.3.5 Kredit und Zins

muss er sich die Hände noch schmutzig machen, muss Waren kaufen und verkaufen, um damit eine Verzinsung seines Kapitals zu erreichen.

Der reine Geldkapitalist, der Wucherer oder – heute vornehm ausgedrückt – der Kreditvermittler oder Bankier stellt sich nicht nur *über* die Tauschprozesse, um schließlich auch noch die Produktionsprozesse berechnend zu beherrschen, er stellt sich über den Geldprozess selbst, setzt die fließenden Transaktion je schon voraus und versucht, sich auf vielfältige Weise ihrer zu bemächtigen. Die Formen, in denen das geschieht, sind unendlich vielfältig geworden im globalen Kasino der Finanzmärkte; ihr Inhalt bleibt von trivialer Einfachheit: Es sind nur immer neue Formen des Schuldenmachens, des Kredits und der darin liegenden Möglichkeit, Transaktionen *unmittelbar* zu steuern.[70] Geld tritt im Kaufakt immer in bestimmter Quantität auf, unabhängig davon, wer individuell die Nachfrage nach Produkten durch seinen Geldbesitz entfaltet. Ein Markt ist einfach die lokale Summe, die sich aus den Geldbeträgen ergibt, die Nachfrager für Waren eines bestimmten Typs – das unterscheidet die Märkte – aufzubringen geneigt sind. Der Markt ist also wesentlich *Prozess*, darin ein Prozess der Konkurrenz der Eigentümer, genauer der Geldbesitzer.

Diese formale Struktur, dass eine in Geld verkörperte Nachfrage der Warenmenge eines bestimmten Typs gegenübertritt, bestimmt auf durchaus *mechanische* Weise die Preise, die pro Ware erzielt werden können. Die Mechanik dieses Prozesses liegt darin, dass sich hier in der Konkurrenz der Geldbesitzer und der Warenanbieter als Eigentümer *nur* die reine Quantität des Geldes bestimmend auswirkt. Insofern ist in den mechanischen Modellen der Ökonomen durchaus ein Körnchen Wahrheit enthalten. Doch dieses Körnchen Wahrheit wird falsch ausgelegt, wenn man vergisst, dass es sich hierbei immer um durch menschliche Akte gelenkte Prozesse handelt. Der Preis wird jeweils individuell verhandelt, doch die *Masse* der Verhandlungen, abhängig von der nachfragenden Geldmasse und der angebotenen Warenmasse, beeinflusst durch die Konkurrenz dieser Verhandlungen den Marktpreis. Dass es sich aber hierbei um Handlungen, nicht um eine unbewusste Mechanik der Angebots- und Nachfragefunktionen handelt, zeigt sich an der in diesen Prozess eingebetteten Spekulation.

Weit davon entfernt, den Marktpreis als etwas *Naturgegebenes* durch demütigen Marktgehorsam zu akzeptieren – wie die neoliberale Apologetik dies beschreibt[71] –, *wissen* die Spekulanten um diesen Zusammenhang von nachfragender Geldmasse und Warenangebot. Der objektive Prozess vollzieht sich eben nur durch das Bewusstsein hindurch und wird darin als spezifische Bedeutung *erkannt*. Diese Erkenntnis kann nun wieder von der Geldgier ergriffen werden, als „Markttechnologie". Tatsächlich wird solches Praxiswissen im Studium der Betriebswirtschaftslehre teilweise ganz ungeniert als „Wissenschaft" erworben. Das bedeutet: Wenn Kaufleute dies erkennen und über ausreichenden Geldbesitz verfügen, dann können sie diesen Geldbesitz strategisch einsetzen, also Käufe hinauszögern oder plötzlich und massenhaft tätigen: Nicht mit der Absicht, *Waren* zu erwerben, sondern mit der expliziten Absicht, dadurch die *Preise* zu beeinflussen. Ist p_t der Preis eines Warenquantums x zum Zeitpunkt t, p_{t+T} der Preis zu einem späteren Zeitpunkt T, dann lassen sich durch geschickte Marktmanöver die Preise

---

[70] Eine Struktur des Wuchers, die keine Erfindung des letzten Jahrhunderts ist, vgl. Agrippa von Nettesheim (1913: 2), S. 4; J. K. Galbraith (1992), S. 24.

[71] Vgl. „Der Markt regelt diese Akte und *erteilt allen Beteiligten diejenigen Direktiven*, die für eine Abstimmung der Produktion auf die Verbrauchswünsche der Nachfragenden sorgen." W. Röpke (1942), S. 146. Die zweite Satzhälfte ist Ideologie, die erste erlebter Alltag – hier wird die Dazwischenkunft der Geldgier und der Finanzmärkte einfach eskamotiert.

so beeinflussen, dass durch Kauf und Verkauf zu verschiedenen Zeitpunkten ein Gewinn realisiert wird. Die Differenz $G' - G = \Delta G$ nimmt dann die unmittelbar an den Preisen ablesbare Form an: $\Delta G = p_{t+t}x - p_t x$. Dieser Spekulationsgewinn ist nun aber nicht ein zufälliges Ergebnis, weil die Spekulanten die Bewegung der Marktpreise richtig „erraten" hätten. Dass ihnen neoklassische Modelle solch eine Preisbewegung zu *prognostizieren* erlauben, glauben kaum noch Erstsemester beim Studium der Volkswirtschaftslehre; die Praktiker der Spekulation haben für diese Naivitäten der Volkswirte nur ein Lächeln übrig. Sie wissen, dass hier nichts *berechenbar* ist, wie sich etwas in der Natur ereignet und berechnet werden kann. *Sie selbst* sind es, die das Ereignis *herstellen*, indem sie durch den gezielten – oft durch Kredite (= „Hebel") vervielfachten – Einsatz von Finanztiteln (Futures, Derivate etc.) den Preis so manipulieren, dass das gewünschte Ergebnis erreicht wird. Es versteht sich von selbst, dass der höhere Preis auch von jemand bezahlt werden muss, der dadurch seines wie auch immer sonst erworbenen Geldes um den Spekulationsgewinn verlustig geht. Die Manipulation der Preise produziert also zugleich ihre eigene Quelle und ihre eigenen Opfer.

In der Spekulation, aber auch beim einfachen Kauf und Verkauf von Waren durch die Hand der Kaufleute, findet also eine Unterordnung eines *öffentlichen Prozesses* unter private Interessen statt. Der allgemeine Name für dieses hier zur Geltung gebrachte Interesse hat dem Zins auch seinen *Namen* gegeben: interest. Im Begriff des Interesses liegt die abstrakte Gleich-Gültigkeit des Geldhorizonts, zugleich verbirgt er aber die latente Gewalt, die sich in der Bemächtigung der sozialen Tauschprozesse durch diese personalisierte Form der Geldgier zeigt. Diese Gewalt nutzt *formal* etwas aus, das im Kredit noch viel offenbarer wird: Das zeitliche Auseinanderfallen von Kauf und Verkauf, vom Entstehen eines Bedürfnisses und der Handlung, die marktfähige Produkte herstellt. Diese Zeitdifferenz, in der sich die Bedürfnisspannung aufbaut und durch Handlungen aufgehoben wird, wird bei traditionellen Wirtschaftsformen durch *Vorratsbildung* überwunden.

Ihre klassische Gestalt findet diese Organisationsform von Handlungen und Bedarf in der landwirtschaftlichen Produktion. Der Rhythmus der Jahreszeiten, damit der Produktionszyklus, wie ihn die Natur selbst auferlegt, und das periodische Auftreten der menschlichen Bedürfnisse fallen auseinander. Sie werden nicht nur durch das Arbeiten synchronisiert, sondern durch Vorratsbildung. Eine Alternative entsteht, wenn verschiedene Gemeinschaften die Tatsache nutzen können, dass auch natürliche Bedingungen, Produktionszyklen unterschiedlich verlaufen. Hier bietet der Austausch eine Alternative zur Vorratsbildung an: Man überbrückt eine Phase des Mangels durch Produkte, die anderswo mit anderer zeitlicher Organisation der Produktion in der Zeit des Mangels als relativer Überschuss anfallen, um sie mit eigenen Überschüssen später zu begleichen. Darin liegt eine naturale Vorform des Kredits. Die Tatsache, dass derartige Kreditformen in alten Gesetzbüchern wie dem Codex Hammurabis schon rechtlich normiert erscheinen, verweist darauf, dass der Austausch und die darin liegende naturale Form eines Kredits hier durchaus eingebettet ist in eine moralisch-rechtliche Ordnung der Vergesellschaftung. Der Austausch, damit auch die Kreditform, hatte ursprünglich noch keineswegs eine primäre und bestimmende Macht.

Gleichwohl liegt in solchen zeitlichen Verhältnissen, im immer wiederkehrenden Auseinanderfallen von Produktionszyklen und Bedürfniszyklen, eine Quelle, derer sich die Geldgier durch den Geldkredit bemächtigt. Wenn erst einmal die meisten der Bedürfnisse durch Waren in einer Geldökonomie befriedigt werden, dann kann bei einem großen Markt, das heißt bei der Einbeziehung vieler Regionen, dieses naturale Kreditbedürfnis auch durch einen *Geldkredit* befriedigt werden. Die Nachfrage nach dieser Kreditform ist nicht durch den Markt, sondern durchaus durch außerhalb des Marktes

5.3.5 Kredit und Zins

vorliegende zeitliche Verhältnisse bedingt. Insofern entsteht der Kredit erst dann in umfassender Weise, wenn diese Verhältnisse einen gewissen Umfang angenommen haben, der ihre pekuniäre Ausbeutung erlaubt. Dadurch konstituiert sich aber innerhalb des Kaufmannsstandes eine *besondere*, spezialisierte Klasse von Geldkapitalisten, die als Wucherer *nur noch* Geldkredite vermitteln.

Die formale Struktur des Geldkredits nimmt eine besondere Form an. Da der Gewinn hier nicht abhängig gemacht wird von den Marktprozessen des Kaufs und Wiederverkaufs von Waren – das alltägliche Geschäft der Kaufleute –, sondern bestimmt ist durch die Überbrückung der *zeitlichen* Differenz zwischen auftretendem Bedürfnis und der Möglichkeit, es durch den Verkauf von marktfähigen Produkten oder Diensten zu befriedigen, rückt die *Zeit* als scheinbar bestimmende Größe bei dieser Form der Geldgier in den Mittelpunkt: „Zeit ist Geld". Formal erscheint das Kreditgeschäft als ein *unmittelbarer Geldtausch*. Dieses Geschäft hat keinen Inhalt, weil Geld nur eine fiktive Recheneinheit ist. Sein Inhalt kann deshalb nur eine *Quantität* sein, die als einzigen inhaltlichen Grund für eine Differenz zwischen Kredit und Rückzahlung die *Zeit* kennt. Die Differenz von G und G′, die sich beim Warenverkauf ergibt (auch dabei zeigt sich schon eine Zeitdifferenz), nimmt beim reinen Kreditgeschäft die Form an: G′ - G = Zins, abzugelten pro Zeiteinheit, für die der Kredit gewährt wurde. *Formal* erscheint dann die Zeitdifferenz dem gefesselten Geist des Geldsubjekts als „Ursache" für diesen „Preis des Wartens". Und die ökonomische Theorie hat diesen Schein durch allerlei erfundene psychologische Motive bebildert und daraus „Theorien" gebastelt.

Die reine Form des Zinses, also die Differenz $\Delta G = G' - G$ *pro Zeiteinheit* T, $\Delta G/T$ ist der *Zinssatz*. Hier werden in *einer* Größe beide Momente vereinigt. Das Kreditgeschäft nimmt dann die Form an: Vereinbarte Kreditsumme, Rückzahlungszeitpunkt und Zinssatz. Die *Quelle* zur Begleichung der Zinsen, ja die Quelle zur Begleichung der geliehenen Geldsumme bleibt in der äußersten Verfremdung der Vergesellschaftung durch die Geldgier gänzlich getilgt. Gleichwohl ist diese Quelle offensichtlich: Der Kreditnehmer muss in der fraglichen Zeit die Kreditsumme plus Zins für den Wucherer auftreiben, gleichgültig wie. Der moralische Inhalt der Handlungen, die zum Erzielen der Geldsumme führen, ist hier völlig ausgeblendet und wird durch das formale Ziel der Verzinsung explizit aufgehoben. Der Zins ist die reine, objektivierte Form der Geldgier.

Die abstrakte Gewalt, die im Kreditvertrag vorliegt und die den Kreditnehmer zwingt, um jeden Preis die vereinbarte Kreditsumme und den Zins zum richtigen Zeitpunkt zurückzuerstatten, *ist im Zinssatz zu einer sozialen Institution geworden*. Die begleitende und lenkende Denkform der Geldgier überlagert die vorausgesetzte Veränderung der Subjektivität durch die Geldrechnung mit der „natürlichen" Selbstverständlichkeit, dass der Zins eine rein formale, dem Geld *selbst* zukommende Eigenschaft sei. Wie man diese Eigenschaft dann bebildert oder „erklärt", ist völlig sekundär. Der Glaube, dass Geld sich im Zins natürlich vermehrt, ist nicht nur einfach der Glaube an eine leicht widerlegbare Tatsache; dieser Glaube ist ein *Handlungsprogramm*, das sich gewalttätig äußert und sich zu seiner Realisierung wiederum Institutionen schafft, von den Banken und Börsen bis zu internationalen Organisationen wie IMF, Weltbank usw.

Tatsächlich *scheint* das Geld selbst zu einer kreativen Macht zu werden – wie auch das griechische Wort für Zins, *tokos*, das *Gebären*, dieses Phänomen bereits früh in einen ideologischen Begriff bringt. Doch sozial zeigt sich in den vom Zins gelenkten Handlungen etwas weitaus Einfacheres: Das Geldkapital und die Geldkapitalisten bemächtigen sich nicht nur der Tauschprozesse, sondern darin der einseitigen Geldtransaktionen – ungeachtet ihrer Zweckbestimmung und Zielsetzung. So diskriminiert auch ein Geldkapitalist, ein Wucherer nicht zwischen Armen, Handwerkern oder Kaufleuten: Jeder ist ihm gleich-gültig darin, nach einer vereinbarten Frist den vereinbarten Zins abzugelten mit der Kreditsumme. Dieses *innere* Verhältnis innerhalb der Klasse der Kaufleute lässt sich historisch in vielen Formen beobachten, die teilweise sehr wirksam miteinander verflochten waren. Im gegenwärtigen Kapitalismus erscheint die ursprüngliche kaufmännisch organisierte Geldgier G-W-G' als Zielsetzung der *Unternehmen*. Die reduzierte, überlagerte Form des Wuchers, G-G', reproduziert sich in den Finanzmärkten, den Banken und Fonds, also bei den reinen Geldkapitalisten, und gerinnt sozial zur Institution. Es ist die private Aneignung der Geltung des Geldes, geschützt als Eigentumsrecht durch staatliche Gewalt, gleichwohl von eben dieser Anerkennung abhängig, wie Crashs und Bankenzusammenbrüche historisch immer wieder zeigen.

Im System der Zentralbanken, des Banksystems, verbunden mit verschiedenen Börsen wird diese Form zur globalen sozialen Institution. Die institutionalisierte Geldherrschaft hat sich dabei von den lokalen politischen Kontrollen weitgehend emanzipiert; umgekehrt, sie hat sich, wie in der Frühphase ihrer Durchsetzung die Moralsysteme, so heute die politischen Systeme untergeordnet. Dies geschieht nicht durch Gewalt, sondern durch die Verschuldung der Privaten und des Staates, worin sich auf effektivste Weise die Abhängigkeit vom kollektiv geschaffenen Schein der Geltung des Geldes kontrollieren lässt. Die Armen anerkennen die Macht des Geldes in der permanenten Suche nach Gelegenheiten des Marktzutritts, die Reichen durch die Verschuldung. Und in dieser selbst geschaffenen und reproduzierten Unterwerfung liegt die Macht des Geldes. Das Geld herrscht aus „eigenem Recht", leiht sich seine Macht nicht von anderen Sozialstrukturen. Doch die Institutionalisierung der Geldgier schafft und verdichtet ihre eigenen Bedingungen, erobert aber auch andere soziale Institutionen, um schließlich als universeller Sachzwang und Naturverhängnis geglaubt zu werden und sich mittels dieser Täuschung zu reproduzieren: Durch faktische Unterwerfung, indem sich jeder in dieser Täuschung bewegt.

Auch die Institutionen der Finanzmärkte und des Geldsystems entfalten ihre Macht nur auf der Grundlage dieser Unterwerfung: Der Anerkennung der Geldeinheit durch die Verwendung aller, verbunden mit der unaufhörlichen Suche, in ihren Besitz zu gelangen, und die Unterwerfung unter den Wucher, dem schönen Schein folgend, auf dem Kreditwege *unmittelbar* Geldbesitz erlangen zu können und das „Aber" des Zinses zu vergessen. Was für jene ein gutes Geschäft ist, die *andere* ausbeuten können, um den Zins zu begleichen. Nur den Letzten – d.h. fünf bis sechs Milliarden Menschen – beißen die Hunde. Gleichwohl *beruht* all diese Macht ausschließlich auf der Unterwerfung aller Marktteilnehmer und ihrer verblendeten Psyche als Geldsubjekte. Das Geld herrscht nicht aus anderen Quellen der Macht als jenen, die in der Relation zwischen der Kristallisation des Geld-Scheins in den Finanzinstitutionen und der Unterwerfung unter sie (durch Geldverwendung und Verschuldung) gründen.

Es ist deshalb eine große Illusion zu glauben, dass die Zentralbanken einer *staatlichen* Kontrolle unterliegen, d.h. sich einer *anderen* Form der Vergesellschaftung als der im Geld vollzogenen unterwerfen. Vielmehr hat sich die im Bankensystem institutionalisierte Geldgier durchaus ihre eigene Machtgrundlage geschaffen. Entweder sind Zentralbanken faktisch private Institutionen, oder sie sind kraft ihrer „Autonomie", die von Ökonomen sogar noch gepriesen wird, der *demokratischen* Lenkung weitgehend entzogen. Unmittelbar sichtbar hat sich in den USA im Jahr 1913 durch die Konstituierung des Federal-Reserve-Systems das Banksystem fast völlig von jeder demokratischen und staatlichen Kontrolle emanzipiert und ein unabhängiges Monopol der Notenausgabe geschaffen. Die US-Notenbank ist ein Kartell, *de facto* kontrolliert vom Bankensystem; das Recht der Politik, den Zentralbankchef zu bestimmen, ist ein rein formaler Akt, vergleichbar dem Recht der Queen, die Regierungserklärung verlesen zu dürfen. Hier wird sinnfällig, was Wucher von Anfang an bedeutete: Privatisierung eines sozialen

Verhältnisses (des Geldsystems). Es ist eine Legende der ökonomischen Lehrbücher, dass die Geldpolitik und deren Ziele durch die in den demokratischen Staaten konstituierte Regierungsform festgelegt werden. Die „Sorge" der Zentralbanker gilt stets nur den Voraussetzungen, in der Geldeinheit ungehindert die Geldgier entfalten zu können: Sinkende Aktienkurse oder Kreditknappheit führen zu sofortiger Intervention, Armut und Arbeitslosigkeit werden ignoriert, begleitet vom Ruf nach angeblicher „Preisstabilität", die man bei *Wertpapieren* völlig übersieht und als „Kursgewinn" verbucht.[72]

In der Regel ist eine stabile Rechnungseinheit das *tertium comparationis* der in eine konkurrierende Vielfalt von Cliquen (Rackets[73]) zersplitterten Geldgier; gelegentlich erweisen sich aber auch Inflationsprozesse als Quelle der Bereicherung und können mit politischer Hilfe durchgesetzt werden. Der Streit zwischen den geldpolitischen Schulen dreht sich stets um das *Wachstum* in der Abstraktion der Geldeinheit, was nur ein anderer Name für dauerhafte Verzinsung von Investitionen bedeutet. Dass es hierin wie in der Konkurrenz Interessengegensätze gibt, ist kein Geheimnis. Insgesamt kann man aber den Übergang vom Keynesianismus zum Monetarismus als Vorbereitung und Begleitung der wachsenden Macht der Finanzmärkte über die Unternehmen erkennen: Der Keynesianismus repräsentiert einen Unternehmer-, der Monetarismus einen Finanzkapitalismus. Die Kumpanei zwischen Zentralbanken, Banksystem und Börse ist unübersehbar, und es war von Anfang an eine Naivität zu glauben, dass man die „Geldpolitik" für andere Zwecke instrumentalisieren könne als jene, die durch die Geldgier diktiert sind.[74] Allerdings wandelt sich mit der Geldgier (der Übergang von der Dominanz der Gewinn- auf die Renditenmaximierung) auch diese Geldpolitik. Bei den internationalen Finanzorganisationen (Weltbank, IMF) ist unübersehbar, dass sich hier die Herrschaft der Geldgier völlig von jeder anderen Kontrolle durch Gremien oder gar eine demokratische Wahl befreit hat. Wenn hier Regierungen – allen voran die US-Regierung – scheinbar die Richtlinien vorgeben, so setzt sich dadurch nur deren Abhängigkeit vom Finanzkasino in globale Politik um.

Das in der Institutionalisierung der Geldgier liegende *Subsumtionsverhältnis* zeigte sich in historisch unterschiedlicher Gestalt, wobei die einfache kategoriale Form nur in immer neuer Verkleidung reproduziert wurde. Die Wucherer, die einfache Leute, kleine Produzenten oder auch Manufakturen in Abhängigkeit von den Schwankungen der Preise teils finanzierten, teils ruinierten – oftmals kombiniert mit *bewusster* Preismanipulation –, tragen in der Gegenwart Nadelstreifenanzüge, beherrschen ganze Stadtviertel und errichten sich selbst gewaltigere Paläste als antike Tempel – indes völlig monotheistisch dem *einen* pekuniären Gott und seiner Allmacht gewidmet. Wie ihre weniger sichtbaren monetären Klassengenossen in diversen Mafia-Organisationen, nennen sie sich allesamt *Ehrenmänner* – mit gleichem Recht. Wenn sich die Geldgier unmittelbar in ihrer reinen, emanzipierten Form zeigt – an Wertpapier- und Warenterminbörsen –, erweist sich zugleich die Brutalität und Banalität dieser Begierde, die alle anderen menschlichen Leidenschaften berechnend beherrscht. Es genügt schon, ohne Voreinge-

---

[72] Vgl. für die Politik der Deutschen Bundesbank: K.-H. Brodbeck (1998c).

[73] Horkheimer hat eine Theorie des Rackets, eine allgemeine Herrschaftstheorie entwickelt, die diesen Aspekt der Cliquenherrschaft „als Okkupation der Schlüsselposition in der gesellschaftlichen Apparatur", M. Horkheimer (1985), S. 287 beschreibt; vgl. auch „Dialektik der Aufklärung", T. W. Adorno, GS 3, S. 176 und 197 und GS 9.1 an vielen Stellen.

[74] Ein Beispiel für die US-Notenbank wäre die Aktion der US-Notenbank beim Zusammenbruch des Fond *Long Term Capital Management* 1998; vgl. K.-H. Brodbeck (2006a), S. 56-58, oder die Interventionen der Zentralbanken in der Finanzkrise 2007ff.

nommenheit zu beobachten, was das Börsenparkett an Verhaltensweisen, psychischen Reaktionen und Kommunikationsformen der *rational fools*[75] hervorbringt.

Wenn man im Treiben der Börsen, der Finanzmärkte und ihren globalen Kasinos kein Tollhaus erblickt, dann nicht deshalb, weil die Ärzte fehlen, sondern weil diese Verrücktheiten in den von den Wucherern beherrschten Medien als *Normalität* reproduziert werden. Diese Geisteskrankheit ist keine Frage der Klasse – sie kann periodisch fast alle Bevölkerungsschichten ergreifen. Der Widerstand, den die Philosophie seit Platon und Aristoteles dagegen formulierte, hat historisch den Kampf verloren oder aufgegeben und einem Wahn des *Mehr* die Herrschaft über den Planeten überlassen, der sich selbst mit dem Namen „Ratio" schmückt.

Tatsächlich ist im Kapitalismus mit dem ausgehenden 20. Jahrhundert ein Wandel zu beobachten. Die latent immer wieder geltend gemachte Herrschaft der Wucherer, der Banken und des Finanzkasinos, ist in den 80er Jahren des vorigen Jahrhunderts dazu übergegangen, zur Realisierung ihrer reinen Geldgier auch die Kontrolle der Unternehmen selbst zu übernehmen. Wie die frühen Kaufleute schrittweise die den Märkten vorgelagerten Produktionsstätten und handwerklichen Betriebe eroberten, in Manufakturen und später in Fabriken reorganisierten, um sie dem Kalkül der Geldrechnung, der Kostenrechnung gewinnbringend zu unterwerfen, so eroberten die reinen Wucherer, die Geldkapitalisten in der jüngsten Entwicklung des globalen Kapitalismus die Unternehmen. Die logische Form G-G′ übernahm mehr und mehr die Herrschaft über die bereits organisierten kaufmännischen Unternehmen, die durch den Warenkauf, Produktion und Warenverkauf hindurch ihre Gewinne maximierten, gemäß der Formel: G-W-G′.

Die Wucherer wollen ihre Hände im unternehmerischen Geschäft, der Unternehmensführung, der Organisation der Produktion, des Verkaufs und Einkaufs nicht mehr durch die Arbeit mit Menschen und Maschinen befleckt sehen. Sie kontrollieren aus der Distanz und nur noch mit Blick auf den PC-Monitor. Sie unterwerfen die Unternehmensprozesse nicht *unmittelbar* durch berechnendes Management und Organisation, sondern kontrollieren nur noch die *Verschuldung* der Unternehmen, um dadurch nicht den Gewinn, sondern die *Rendite* (also die Kapitalverzinsung) zu maximieren. Die wichtigste Form des Schuldenmachens im entwickelten Kapitalismus ist die Ausgabe von Aktien. Man beteiligt formal den Aktienkäufer am Eigentum der Unternehmung, und verspricht ihm dafür im Gegenzug eine regelmäßige, wenn auch in der Höhe mit den Märkten schwankende Gewinnbeteiligung, die Dividende. Die modernen Wucherer haben, wie die Spekulanten der Gütermärkte, entdeckt, dass diese Form des Schuldenmachens in der Preisbildung der Aktien (den Aktienkursen) wiederum ein beherrschbarer, ein manipulierbarer Prozess ist, wenn man nur über genügend Geldkapital verfügt oder es durch exzessives Schuldenmachen in allerlei dubiosen Fonds einsammelt, um durch gezielte Käufe die Kurse zu beeinflussen und schließlich die Unternehmen auszuschlachten. Da andererseits die Unternehmen auf diese Form der Verschuldung – neben den traditionellen Bankkrediten („Fremdfinanzierung") – angewiesen sind, hat die reine Geldgier, die Maximierung der Rendite, das Verhältnis von Dividende plus Kursgewinn dividiert durch den Kurswert der Aktie, die Zielsetzung der Unternehmen selbst reprogrammiert.

Eingefädelt meist durch Bestechung – man nennt das vornehm „Aktienoption" als Entlohnungsform für das Management –, sind die Manager großer Unternehmen mehr und mehr dazu übergegangen, ihre Produktion nicht mehr im Horizont der Gewinn-, sondern der Renditenmaximierung zu reorganisieren. In dieser Phase vollendeter Geld-

---

[75] Vgl. A. Sen (1997).

gier, in dieser „stillen Revolution im modernen Kapitalismus"[76], in dem nicht mehr die Menschen und die Natur, sondern nun sogar die *kapitalistische Unternehmung* selbst ausgebeutet wird, beginnt der Kapitalismus zugleich sich selbst, seine *eigenen organisatorischen Grundlagen* zu verzehren. Die in der Phase des Keynesianismus aufgebauten Unternehmen, weit davon entfernt, Einrichtungen zur Beglückung der Armen weltweit zu sein, werden selbst noch in ihrer eher spärlichen globalen Funktion begrenzt, Produkte *für menschliche Bedürfnisse* unter der Regie der Geldgier herzustellen. Das Finanzkasino benötigt vor allem eine stabile, gleichwohl reichlich sprudelnde Geldquelle, wofür die Zentralbanken im Geist des neuen Monetarismus sorgen: Stabile, d.h. kalkulierbare Preisverhältnisse auf den Produktmärkten[77], reichlich neues Geld zur Verschuldung an den Wertpapiermärkten, deren Kursanstieg nicht als Inflation, sondern als Zeichen für „Erfolg" gilt.[78] Das, was die Unternehmen durch ihre Güterproduktion und die spärlicher werdenden oder schlechter bezahlten Jobs als Einkommensquellen für die kapitalistische Gesellschaft „leisten", ist nun *nur* noch eine Nebenbedingung für den Wucher. Die schlichte Tatsache, dass sich für wenige konzentrierte Vermögen dieses Geschäft mehr denn je lohnt, ist der Grund für die beschleunigte Reproduktion dieser Unterwerfung des Planeten unter die Herrschaft der Geldgier – gepaart mit einem unaufhörlichen Zuwachs an Macht und Einfluss auf alle sozialen Prozesse und eine ohnehin nur noch am Gängelband geführte Politik.

Eine kleine Ergänzung: Eine explizite *Theorie des Staates* ist im vorliegenden Text nicht beabsichtigt. Sie hätte zu zeigen, inwieweit sich die Reproduktion der politischen Formen, die sich ursprünglich auf andere Formen der Vergesellschaftung stützte, durch die Transformation der Subjektivität in das Geldsubjekt auch in ein Instrument der Geldgier verwandelt hat. Dass die Nationalstaaten schon lange aufgehört haben, die Konkurrenz der großen Unternehmen zu *regeln* und vielmehr unter dem Diktat der Finanzmärkte stehen, die ihrerseits auch die Unternehmen beherrschen, ist eine empirische Tatsache. Die Reste einer *anderen* Vergesellschaftung, als der durch das Geld vollzogenen, wurden mit der Machtübernahme des Wuchers im globalen Finanzkasino außer Kraft gesetzt, auch wenn Verfassungspatrioten diesseits und jenseits des Atlantiks von der guten alten Zeit träumen, als demokratische Bewegungen den Unternehmen einige Zugeständnisse abtrotzen konnten (= Sozialstaat). Dies war nur möglich vor dem Hintergrund einer militärischen Drohkulisse im Systemwettbewerb mit der untergegangenen Sowjetunion. Die nachkommunistische Epoche kann sich solche Nebenkosten der Reproduktion nicht mehr leisten beim Versuch, der globalen Macht des Geldes auch eine globale Gewalt zur Seite zu stellen. Während aber die Macht der Geldgier im Wettbewerb nur reproduziert und vervielfältigt wird, sieht sich die Durchsetzung einer planetarisch herrschenden *Gewalt* vor die Konkurrenz der Gewaltmittel gestellt, über die auch andere potenzielle Anwärter auf Weltherrschaft verfügen und leitet deshalb eine neue Epoche der Kriege um imperiale Vormacht ein, die sich aller neuen Techniken – nicht zuletzt der medialen Lüge – bedient.

---

[76] K.-H. Brodbeck (2006e).

[77] Die Erde (durch begrenzte Bodenflächen, *peak oil*, erschöpfbare Rohstoffe etc.) bildet indes eine Schranke und setzt durch steigende Rohstoffpreise der Geldgier eine Grenze.

[78] Der Preisanstieg bei Aktien ist kein *bloß* nominaler Prozess, sondern eine durchaus *reale Geldherrschaft*; man erkennt dies daran, dass mit dem Anstieg des nominalen Werts von Aktienbesitz im Verhältnis zu „Realkapital" *relativ* mehr monetäre Macht entfaltet wird. Der selbstinduzierte Kursanstieg an den Börsen, geschürt von den Zentralbanken, bedeutet eine permanente Umverteilung von Geldvermögen relativ zu anderen Vermögensformen und ist eine Ausbeutung der ganzen Gesellschaft (vgl. Kapitel 6.1.2-3).

5.3.6 Wucherverbot: Der Kampf der Moral mit der Geldgier

In der Kaufmannsseele wurde das Geldsubjekt zuerst geboren und entfaltete in der berechnenden inneren Organisation der Leidenschaften die Geldgier als systematisch verfolgtes Handlungsziel. Dass es sich hier primär nicht um einen äußeren Klassengegensatz, sondern um eine Veränderung der Subjektivität des Menschen handelt, wurde bereits in den Anfängen der Geldökonomie deutlich: Platon und Aristoteles betrachteten zwar die Kaufleute als niedrigsten Stand unter den Freien und wiesen ihnen eine rein dienende Rolle zu. Zugleich aber bemerkten sie in ihrer Zinskritik, dass sich im Kaufmann eine *seelische* Veränderung vollzog, die in ihrer allgemeinen Natur potenziell *jeden* Menschen betreffen kann. Sie verteidigten die moralische Ordnung der Leidenschaften als *innere Ordnung*, worin die hohen Ideale die „unteren Seelenteile" beherrschen sollten.

Eine ähnliche Vorstellung findet sich nahezu in allen Weisheitstraditionen auf dem Planeten. Und noch die klassische Philosophie auf dem Höhepunkt ihrer Entwicklung im Deutschen Idealismus erkannte die „schlechte Unendlichkeit" der Geldgier, die, wie Aristoteles sagte, als Handlung entfaltet und im Unterschied zu diesen keine innere Grenze in der Form eines erreichbaren Ziels kennt. Hegel hat diese der Geldgier entsprechende Denkform logisch sublimiert, gleichwohl äußerst zutreffend den endlosen Wandel der leeren Quantität der Geldeinheit, die immer wieder Waren kauft, um ihr unendliches Streben durch die einzelnen (endlichen) Käufe hindurch zu realisieren, so charakterisiert: „Der Progress ins Unendliche ist (.) nur die sich wiederholende Einerleiheit, eine und dieselbe langweilige *Abwechslung* dieses Endlichen und Unendlichen."[79] Kant hatte diese leere Wiederholung eine „mechanisch geleitete Leidenschaft"[80] genannt und damit die entfaltete Form des berechnenden Denkens eines Geldsubjekts charakterisiert.

In der Gegenwart ist die langwierige, historische Reprogrammierung der menschlichen Subjektivität durch die Geldrechnung und die darauf gegründete Geldgier, mit all den anderen, das Geldsubjekt charakterisierenden Formen, tendenziell in fast allen Menschen verwirklicht worden. Die globale Notwendigkeit, sich – durch welch erniedrigende Tätigkeit auch immer – nur durch immer wieder erneuten Marktzutritt reproduzieren zu können, auch wenn man arm und ein Habenichts bleibt, die mediale Bebilderung und Allgegenwart der Borniertheit dieser Leidenschaft in den Medien und das täuschende Bewusstsein der Mächtigen, Regierenden und ihrer medialen Sprachrohre, all dies hat den einfachen Gelderwerb in den Herzen einer Weltbevölkerung zur universellen Geldgier gewandelt. Sie ist als Bewusstseinsprozess und mechanische Leidenschaft längst von der besonderen Klasse der Kaufleute, in der sie historisch zuerst auftauchte, auf tendenziell alle Marktteilnehmer übergesprungen. Ihre objektive *Ermöglichung*, gepaart mit der Spiegelung dieser Untugend im Handeln derer, die die Posten der Macht in noch durchaus verschiedenen Gesellschaftsformen innehaben, finden im Bewusstsein der Abhängigen eine unheilvolle Wiedergeburt und Reproduktion.

Was in den Anfängen der Geldökonomie als ein *äußerer*, sozialer Gegensatz erschien, was im Frühkapitalismus sich nochmals vermeintlich im Gegensatz von Kapitalisten und Proletariat zu einem Klassengegensatz verdichtete, das ist in der Reifephase des globalen Kapitalismus zu einem Siegeszug einer allgemeinen Denkform geworden. Die planetarische Ausbeutung zur Vermehrung des jeweils erreichten Geldbesitzes hat in vielen sozialen Klassen die Form der Selbstausbeutung angenommen, die der Herr-

---

[79] G. W. F. Hegel, WW 5, S. 155.
[80] I. Kant, (1902: VII), S. 274.

5.3.6 Wucherverbot: Der Kampf der Moral mit der Geldgier

schaft des Geldsubjekts in der Seele jedes einzelnen korrespondiert. Der „Feind" ist nicht länger ein Klassenfeind; er wohnt in jedem Ich, im eigenen Denkprozess und spricht sich selbst als Geldsubjekt aus, auch wenn der Träger dieser falschen Gedanken in Lumpen am Rand der Städte haust: Der Zwang, *irgendwie* einen Marktzutritt zu erreichen, schafft die seelische Energie zur Reproduktion einer Denkform, die ihn zugleich nur versklavt.

Diese Herrschaft des Geldes diktiert allen Lebensbereichen ihr Gesetz: Wer leben will, muss *zuerst* an Geld kommen. Dies geschieht für den angeblich glücklicheren Teil der Menschheit durch entlohnte Arbeit in den Fabriken oder Büros des Nordens, für die größere Mehrheit durch weit weniger harmlose Erwerbsformen, entweder durch Raub, Erpressung, Diebstahl, oder mittels der Versklavung des eigenen Körpers durch Prostitution, die Einwilligung in die erniedrigendsten Arbeiten schon von Kindesbeinen an oder den verzweifelten Versuch, die von der Gesellschaft als *Abfall* ausgestoßenen Produktreste auf irgendeine Weise zu sammeln, zu bearbeiten und durch Verkauf wenigstens einen minimalen Marktzutritt zu erwerben. Da dies bei der absoluten Mehrheit der Erdbevölkerung ebenso massenhaft versucht wird, ist die Konkurrenz die Garantie dafür, dass die unteren Vielen von pekuniären Überschüssen nichts abzweigen können – was den oberen Wenigen durch die schiere Finanzmasse ihrer Geldvermögen spielend gelingt. Gleichwohl teilen sie *eine* bornierte Denkform und Leidenschaft.

Das unmittelbar sichtbare Ergebnis dieser allgemeinen Eroberung der menschlichen Seele und des Denkens durch das Geld ist eine moralische Verrohung; das Wuchern wird alltäglich, auch durch Verbrechen oder die skrupellose Instrumentalisierung *anderer*, vor allem staatlicher, aber auch religiöser, sportlicher usw. Machtverhältnisse. Es vollzieht sich im reifen Kapitalismus jener Prozess als Alltag, der sich historisch *als äußerer Gegensatz* im Kampf von Kaufmannsseele und der moralischen Ordnung der Leidenschaften zeigte. „Ehemals sah man mit ehrlicher Vornehmheit auf die Menschen herab, die mit Geld Handel treiben, wenn man sie auch nötig hatte; man gestand sich ein, dass jede Gesellschaft ihre Eingeweide haben müsse. Jetzt sind sie die herrschende Macht in der Seele der modernen Menschheit, als der begehrlichste Teil derselben."[81]

Der *bewusste* Ort, an dem der historische Kampf zwischen Moral und Geldgier geführt wurde und die menschliche Seele als bestimmende Macht eroberte, waren die in allen frühen Gesellschaften erkennbaren Formen des *Wucherverbots*. „Wucher" ist ursprünglich der einfache Name für die Geldgier; keine *besondere* Geldgier, die gleichsam erst ab einem bestimmten Prozentsatz für den Zins moralisch gewertet würde, sondern *jede Form* des Strebens nach *mehr* Geld.

„Wuker is wat eyn man uphevet mer wen he utlech, id sy kleyne oder grot"[82],

heißt es im Berlinischen Stadtbuch aus dem 14. Jahrhundert. Der Wucher galt *prinzipiell* als Verstoß gegen die moralische Ordnung, als *Untugend*. Die Geldgier setzt sich durch ihren Versuch, alle Bedürfnisse, alle Handlungen ihrem berechnenden Kalkül zu unterwerfen, direkt in Gegensatz zu dem tradierten Ansinnen, Handlungen und Bedürfnisse *moralisch* zu ordnen durch *andere* Formen der Herrschaft als jene abstraktsachliche der freiwilligen Unterordnung unter die Vergesellschaftung durch die Geldrechnung.

Die *Erscheinungsweise* des historischen Kampfs gegen die Geldgier war und ist ebenso verschieden wie die Bewusstseinsformen, in die die Geldgier als herrschende

---

[81] F. Nietzsche (1969: 1), S. 393.
[82] E. Klingenberg (1977), S. 23, Note 74.

Macht vordringt. Doch es lässt sich eine *allgemeine* Form im Kampf gegen den Wucher erkennen. In diesem Kampf sind sich Juden, Christen, Moslems und andere Religionen[83], aber auch andere Moral- oder Weisheitssysteme, durchaus einig. Sie haben entweder aus der Erkenntnis der Borniertheit des Strebens nach Geld oder aus der Erkenntnis der *seelischen* Veränderung, die davon ausgeht, die äußere Erscheinung des Wuchers bzw. die innere Form der Geldgier bekämpft.

Aus ihrer je unterschiedlichen Herkunft ist allerdings die Bekämpfung des Wuchers vielstimmig und in ihrer Reichweite zunächst keineswegs universell. Im 5. Buch Mose (Dtn 23,20) heißt es über den Bedürftigen:

„Du darfst von deinem Bruder keine Zinsen nehmen: weder Zinsen auf Geld noch Zinsen für Getreide noch Zinsen für sonst etwas, wofür man Zinsen nimmt."

Allerdings wurde bei den Juden das Zinsverbot auf die *eigene moralische Vergesellschaftung* beschränkt:

„Von einem Ausländer darfst du Zinsen nehmen" (Dtn 23,21).

Jesus generalisiert dieses Verbot in seinem schlichten: „Ihr sollt nicht Schätze sammeln auf Erden" (Matth 6,19). Auch der Koran universalisiert das Wucherverbot. Im Koran findet sich in der Sure 2,276 aber eine andere Differenzierung:

„Diejenigen, die Zins nehmen, werden dereinst nicht anders dastehen als wie einer, der vom Satan erfasst und geschlagen ist, so dass er sich nicht mehr aufrecht halten kann. Dies wird ihre Strafe dafür sein, dass sie sagen: ‚Kaufgeschäft und Zinsleihe sind ein und dasselbe.' Aber Gott hat nun einmal das Kaufgeschäft erlaubt und die Zinsleihe verboten."[84]

Hier wird eine *Wesensdifferenz* zwischen Geld als Mittel für den Tausch und Geld als Selbstzweck in der Geldgier bzw. im Zins behauptet, die in ihrem begrifflichen Gehalt aristotelischen Ursprungs ist.

Dieser von Aristoteles herrührenden, auch im Koran formulierten Differenz zwischen gerechtem Tausch, gerechter Geldverwendung und eigentlichem *Wucher* ist auch die christlich-scholastische Lehre gefolgt. Die der Geldform eigentümliche Veränderung der menschlichen Subjektivität wurde erst an jener Form erkannt, in der sie zur Leidenschaft und damit scheinbar zum unmittelbar moralischen Gegenstand wurde. Der Gedanke hierbei lautet: Der Tausch ist eine notwendige soziale Form, der Wucher ist der Missbrauch dieser Form. Auf diese Formel kann man die scholastische Lehre vom Zins bringen. Der Kampf gegen den Wucher, in dem historisch die moralische Ordnung gegen die Vergesellschaftung durch die Geldgier geführt wurde, hat die objektiven Bedingungen dieser Veränderung in der Geldform selbst nicht aufzudecken vermocht. Vielmehr teilte man das Urteil des Aristoteles, dass durch eine „Marktaufsicht", also durch die moralisch-rechtliche Kontrolle der Käufe und Verkäufe, sich die Geldgier in Zaum halten ließe.

Thomas von Aquin und die scholastische Lehre vom gerechten Preis (vgl. 4.2.4) besaßen allerdings eine gute Ahnung von der Einsicht, dass der durch die Geldrechnung

---

[83] Die Beurteilung des Geldes und des Zinses aus einer buddhistischen Perspektive habe ich an anderer Stelle ausführlich dargestellt, vgl. K.-H. Brodbeck (2001c); (2002b); (2004e).

[84] Vgl. die Übersetzung von R. Paret (1996), S. 167.

5.3.6 Wucherverbot: Der Kampf der Moral mit der Geldgier

vermittelte Marktprozess *aus sich selbst* dazu neigt, kraft seiner eigenen Form den Wucher, damit die Geldgier hervorzubringen. Eben deshalb forderten sie die Überwachung der Preise, die *moralische* Beschränkung der Preisbewegungen durch das Ideal vom *gerechten* Preis. Damit ist der Ort, aus dem die Geldgier unaufhörlich neu erwächst und ihr Material findet, durchaus richtig benannt: Es ist der Marktprozess selbst, die Käufe und Verkäufe, vermittelt über die Geldrechnung. Inwiefern allerdings das Geldsubjekt selbst als Denkform bereits in das religiöse und philosophische Bewusstsein vorgedrungen war, konnte Thomas schon nicht mehr erkennen, wie seine Lehre vom *unendlichen Willen* und dem hierzu ganz selbstverständlich herangezogenen Beispiel vom unendlichen Gelderwerb erkennen lässt.[85]

Die christliche Scholastik hat das Verbot des Wuchers, des Zinses, religiös begründet, aus der darin liegenden besonderen Sünde, also einer Abwendung von göttlichem Gebot. Als *Argumentationsgrundlage* lässt sich die vermutete innere Beziehung zwischen Zins und Zeit erkennen. Die am häufigsten vorgebrachte Denkfigur ist deshalb der „Zeitdiebstahl".[86] Die Zeit gehört Gott und ist menschlichem Handeln unverfügbar. Wer eine verliehene Geldsumme *später* mit einem Zins zurückfordert, macht die Zeit zum Kriterium für seine Forderung und eignet sich dadurch an, was nur Gott gehört. Streift man von diesem Argument die theologische Form ab, so bleibt darin erhalten, dass der Wucherer etwas *benutzt*, über etwas *verfügt*, was sich seiner (leeren, zirkulären) Natur nach jeder Privation entzieht – und eben darin liegt der allgemeine Grund für alle Krisen in Geldökonomien. Betrachtet man das Geld, wie Aristoteles, als bloßes *Mittel*, um den Tausch abzuwickeln, so privatisiert der Wucherer dieses „öffentliche Gut" Geld. Anders als bei der Zeit liegt darin keine Aneignung von etwas, was niemand *besitzen* kann – man kann eine gesellschaftliche Funktion nicht „besitzen" –, gleichwohl aber materialisiert sich das, was sich einem Besitz entzieht, stets in einer konkreten Gestalt. Bei der Zeit ist dies nicht etwa die Uhr, sondern die zeitliche Erstreckung jedes Produktionsprozesses oder das Auseinanderfallen verschiedener Konsumakte. Beim Geld ist es dessen materialisierte Form, die tatsächlich *besessen* werden kann, und über diesen Besitz lässt sich eine soziale Funktion beeinflussen, wenn auch nicht völlig beherrschen.

Thomas von Aquin bewegt sich in einer ähnlichen Vorstellung, begründet seine Ablehnung des Wuchers aber etwas anders. Er entwickelt eine besondere Güterlehre, worin er Ge- und Verbrauchsgüter unterscheidet. Beim Wein kann man, sagt Thomas, nicht den Gebrauch des Weines vom Wein selbst trennen, und wer „den Gebrauch des Weines für sich verkaufen wollte, würde (.) dieselbe Sache zweimal verkaufen, oder er würde etwas verkaufen, was nicht ist."[87] Bei Gebrauchsgütern ist das anders, z.B. bei einem Haus. Wenn jemand für den Gebrauch einen Preis verlangt, so ist das „gerecht", sofern eine Sache für diesen Gebrauch vorgesehen wurde. Das Geld aber, sagt Thomas im Anschluss an Aristoteles, wurde

> „erfunden, um Tauschhandlungen zu tätigen. Und so besteht der eigentliche und hauptsächliche Gebrauch des Geldes in seinem Verbrauch oder im Ausgeben des Geldes, sofern es für Tauschgegenstände aufgewandt wird. Und deshalb ist es an

---

[85] Vgl. zum Wandel des Denkens und der Transformation der Rationalität zur Unendlichkeit der Geldgier: K.-H. Brodbeck (2000a), S. 209ff. Im vorliegenden Text konzentriere ich mich auf die *Geldform*.

[86] Vgl. die ausgezeichnete Darstellung bei J. Le Goff (1988), S. 33ff.

[87] Thomas v. Aquin, WW 18, S. 366 (= s.th. II-II 78,1).

sich unerlaubt, für den Gebrauch des geliehenen Geldes eine Belohnung zu nehmen, die man Zins nennt."[88]

In der Sprache der modernen Ökonomik könnte man sagen, dass Thomas *Geldhorte* als Missbrauch der Zirkulationsfunktion betrachtet und deshalb den darauf begründeten Zins ablehnt. Es ist also keineswegs nur eine *moralische* Verurteilung des Zinses, aus einer wissenschaftlich nicht zugänglichen Norm oder einem Glaubensakt. Thomas argumentiert gegen den Wucher durchaus *vernünftig* und reproduziert im Kern das aristotelische Argument, dass Zins zu nehmen den Missbrauch einer sozialen Funktion darstellt. Als Begründung beruft sich Thomas wohl auf ein Bibelwort (Ex 22,25); doch spielt dies für sein Argument keine tragende Rolle. Er greift nur darauf zurück, sofern er einen *Einwand* aus der eigenen religiösen Tradition entkräftet. Das ist etwa der Fall beim Satz im Alten Testament, dass den Juden das Zinsnehmen *von Fremden* erlaubt ist. Thomas sagt hier, dass zwar auch dort schon zu verstehen gegeben wurde, dass „Zinsnehmen von irgendeinem Menschen schlechthin böse ist"[89]; durch die Universalisierung der Lehre für alle Menschen durch das Evangelium wird aber zugleich auch ein eingeschränktes Gebot generalisiert.

Bei Thomas steht der Tausch noch ganz im Horizont seiner Einbettung in andere, moralische Formen der Vergesellschaftung. Deshalb ist es für ihn noch selbstverständlich, die Geldverwendung an einem *außerhalb des Geldverkehrs* liegenden Zweck zu messen. So erlaubt Thomas durchaus eine Gegenleistung, sofern sie freiwillig gegeben wurde und jenseits der Geldrechnung liegt: „Eine Gegenleistung jedoch, die man durch Geld nicht messen kann, darf man für das Geliehene erwarten, zum Beispiel das Wohlwollen oder die Liebe dessen, dem man geborgt hat, oder sonst etwas dergleichen."[90] Die Gegenseitigkeit des sozialen Verkehrs stiftet aber gerade kein Argument für eine Zinsforderung, im Gegenteil, die Einbettung in die moralische Vergemeinschaftung verbietet es, das Geld anders als für Tauschzwecke zu nutzen.

Dennoch liegt in der Argumentation von Thomas schon ein Element seiner eigenen Aufhebung. Thomas sagt, dass derjenige, der Geld borgt, verpflichtet ist, die *Summe* „ohne Abzug zurückzugeben." Es ist ein *Besitzwechsel*, der hier zugrunde liegt. Der Schuldner besitzt das Geld für die vereinbarte Zeit ganz und überträgt den Besitz nach einer Periode wieder an den Gläubiger zurück. Davon unterscheidet Thomas allerdings den Miteigentümer. Wer Geld bei einem Kaufmann oder Handwerker investiert und damit sein Kapital – wie man heute sagt – „riskiert", der darf „erlaubterweise einen Teil des daraus entstehenden Gewinns fordern, als von seiner eigenen Sache"[91]. Hier bemerkt man, dass sich Thomas nicht die Frage nach einer *Differenz* zwischen Gewinn und Zins stellt. Der Gewinn erscheint als legitimer Preis für eine Handlung, ohne dass Thomas schon über einen Begriff dafür verfügt. Demnach wäre eine Beteiligung an einem Weiterverkauf und dem daraus fließenden Gewinn *legitim* und kein Wucher, der vereinbarte Zins bei einem Kredit für dasselbe Geschäft dagegen ein mit Höllenstrafen bedrohtes Vergehen.

Thomas rettet sich hier durch die Denkfigur des „gerechten" Preises. Wenn ein Geschäft zu einem gerechten Preis abgewickelt wird, ist ein daraus hervorgehender Gewinn auch gerecht. Der Wucher wird dann formal einfach definiert als *Abweichung* (nach oben) vom gerechten Preis:

---

[88] Thomas v. Aquin, WW 18, S. 366f.
[89] Thomas v. Aquin, WW 18, S. 367.
[90] Thomas v. Aquin, WW 18, S. 373.
[91] Thomas v. Aquin, WW 18, S. 376.

5.3.6 Wucherverbot: Der Kampf der Moral mit der Geldgier

„Was immer also über den gerechten Preis (…) gefordert wird, hat die Bewandtnis des Wuchers"[92].

Nun hat sich gezeigt, dass im Begriff des gerechten Preises die Vorstellung einer *reproduktiven*, einer statischen Gesellschaft als moralische Norm, als antizipierter „Gleichgewichtspreis" verborgen ist (vgl. 4.2.4). Also bleibt die Bestimmung des Wuchers durch den gerechten Preis eine *äußere* Norm, denn die konkrete Höhe eines solchen Preises muss immer wieder *kasuistisch* festgelegt werden. Dem Wucherverbot liegt also einerseits die Vorstellung zugrunde, dass eine gemeinschaftliche (= göttliche) Einrichtung nicht privatisiert werden darf, zum anderen aber – und hier schon unter der Voraussetzung der Geldrechnung – ist Wucher eine Abweichung der im gerechten Preis ausgedrückten Vorstellung eines statischen Gleichgewichts, einer *ständischen Ordnung*.

Diese Vorstellung ist nicht haltbar, und eben dies macht den strukturellen Mangel des Versuchs aus, den Wucher unter der Voraussetzung der Geldrechnung, der Anerkennung der partiellen Vergesellschaftung über Märkte, moralisch begrenzen zu wollen. Die Rückzahlung derselben Geldsumme, die Thomas als Norm bei einem Kredit fordert, setzt voraus, dass die Verhältnisse unverändert geblieben sind. In Zeiten allgemeiner Teuerung enthält diese Norm die Verletzung der Gleichheit von Gabe und Gegengabe, und bei sinkenden Preisen ist der eintauschbare Gegenwert höher, wodurch implizit ein Zins realisiert wird. Zudem ist unklar, was den gerechten Preis für die Nutzung eines Gutes ausmacht. Thomas zielt hier auf die unterschiedlichen Eigentumsverhältnisse: Die Gewinnbeteiligung bei geteiltem Risiko ist legitim, ein Kreditvertrag mit fest vereinbartem Zins ist Wucher. Darin liegt durchaus der nachvollziehbare Gedanke, dass von einem formellen Kreditvertrag mit vereinbartem Zins ein abstrakter Zwang ausgeht, der keinerlei Rücksicht auf die konkreten Umstände des Handelns, auf die Situation des Schuldners nimmt. Doch im Fall einer Gewinnbeteiligung stellt sich eine verwandte Frage, die nach den *Quellen* des Gewinns: Weshalb sollte jemand, der Geld übrig hat, um es zu investieren, *dafür* einen Preis fordern können?

Thomas fragt nicht danach, wie jemand in solch einen Geldbesitz gelangt, dass die Summe seinen Bedarf übersteigt, um als „freies Kapital" investiert werden zu können. Darin liegt objektiv eine Heuchelei: Wer sich in der Norm des gerechten Preises bewegt, der erzielt einen *legitimen* Gewinn auch dann, wenn dieser Gewinn durch die Ausbeutung von Arbeitskräften zustande kommt. Man kann also nicht den Wucher, den Zins verbieten und den Gewinn erlauben, ohne etwas Widersprüchliches zu fordern. Wer Geld übrig hat, um es investieren zu können, hat auf bestimmte Weise bereits eine soziale Institution – die Geldrechnung – einer Privation unterworfen und missbraucht. Thomas bemerkt nicht den Widerspruch zum eigenen Argument: Wer Geld investiert, hat *zuvor* offenbar Geld gehortet und damit seiner Bestimmung als Verbrauchsgut, das auf dem Markt wieder ausgegeben werden muss, zuwider gehandelt. Zudem liegt der Investition als Motiv die *Bereicherungssucht* ohne Arbeit zugrunde, also die Geldgier. Die Geldgier aber geht aus dem Geldsubjekt hervor und kann nicht als eine getrennte Entität verboten werden, ohne die Voraussetzung – die Geldrechnung – aufzuheben. Die moralische Einschränkung der Geldverwendung durch das Wucherverbot versucht also, die Geldökonomie von der Geldgier zu befreien oder die Entstehung von Geldgier zu verhindern, ohne die Konstitution des Geldsubjekts und damit den Grund für die Entstehung der Geldgier zu erkennen.

Die moralische Herrschaft der Wucherlehre, des Wucherverbots ist in Europa identisch mit der Macht der Kirche gewesen.[93]

---

[92] Thomas v. Aquin, WW 18, S. 377.

„Die kanonische Wucherlehre ist eben nichts Anderes, als die Herrschaft der kirchlichen Autorität, welche sich auch über die Welt der äußeren Güter erstreckt."[94]

Mit dem vordringenden Kapitalismus hob die in vielen sozialen Formen wirksam werdende Denkform des Geldsubjekts auch die Macht der Kirche schrittweise auf, worauf die Kirche in deutlich erkennbaren Anpassungsschritten antwortete und damit ihre *moralische* Macht über die „äußeren Güter" aufgab: Man kann den Siegeszug des Kapitalismus in Europa deshalb zugleich als moralische Niederlage der Kirche beschreiben.

Die Reformation bedeutet hier durch die Kirchenspaltung historisch ein wichtiges Signal, auch wenn sich – wie gleich zu zeigen sein wird – der Abschied vom Wucherverbot durchaus *innerhalb* der katholischen Kirche vorbereitete. Die radikalen Katholiken zeigten aber vor allem auf den Protestantismus, ein Fingerzeig, den Max Weber später positiv umdeutete. Vogelsang beschreibt – sachlich durchaus richtig, wenn auch im Dialekt des radikalen Katholiken – diesen Prozess so:

„Luther blieb zwar bei der Zinslehre der Kirche, und wollte ausdrücklich nur in gewissen Ausnahmefällen ein ‚Notwücherlein' gestattet wissen. Calvin jedoch räumte mit allen diesbezüglichen Traditionen vollständig auf und errichtete in Genf die erste christliche Wucherbank. Ein protestantischer Staat nach dem andern hob das gesetzliche Verbot des Zinsnehmens auf und 1654 führte ein Reichsgesetz einen allgemeinen Zinsfuß von 5 Prozent ein. Auch in England hob Heinrich VIII. das Wucherverbot auf. Als in Frankreich, das so lange treu am Zinsverbot gehalten und dessen Sorbonne den Versuch Colberts zur Umgehung desselben gehindert hatte, die *Assemblée constituante* 1789 das gesetzliche Zinsverbot aufhob, war der letzte westliche Damm gegen den Wucher gefallen."[95]

Die katholische Kirche hat sich allerdings, entgegen der Idealisierung durch Vogelsang, zwar nur in langsamen, aber doch früh einsetzenden Schritten auch *theoretisch* vom generellen Wucherverbot getrennt. Der *erste* Schritt wurde noch rein theologisch vollzogen durch die Lehre vom Fegefeuer. Solange der Wucher als Todsünde galt, stand der christliche Wucherer in seiner Religion vor einer klaren Alternative: Irdischer Reichtum musste mit ewiger Verdammnis bezahlt werden. Der Preis war hoch; nach Pascals im Geist des Geldsubjekts konstruierter Wette war der Erwartungswert der Höllenstrafe selbst bei einer geringen Wahrscheinlichkeit so unendlich groß, dass er selten als Alternative gewählt wurde. Eben dies schuf die objektive Voraussetzung dafür, dass *Nichtchristen*, also vor allem Juden, denen das Alte Testament die Zinsnahme von „Fremden" erlaubte, in die soziale Rolle der Wucherer gedrängt wurden. Doch mit der Theorie vom Fegefeuer als der eingeschalteten Zwischenstufe zwischen irdischem Leben und endgültigem jenseitigen Lohn oder jenseitiger Strafe wurde der Höl-

---

[93] Ich verfolge hier die *theoretische Reflexion* des Kampfes gegen den Wucher und seine Niederlage; praktisch hatten christliche Organisationen schon viel länger kapituliert: Einmal durch korrupte Päpste und Könige, zum anderen aber – wirtschaftlichsgeschichtlich bedeutsam und damit verbunden – durch die internationale Organisation des Templer-Ordens, der zugleich ein Geld- und Kreditsystem aufbaute, bis hin zum bargeldlosen Zahlungsverkehr. Das Wucherverbot spielte für diesen Orden keine Rolle.

[94] W. Endemann (1866), S. 8.

[95] Vogelsang in der Zusammenfassung bei A. Orel (1924), S. 29f.

lendrohung die Kraft genommen. Durch Reue und eine großzügige Spende konnte der Wucherer sich das Fegefeuer erkaufen.

> „Das Fegefeuer ist nur ein Augenzwinkern von vielen, welches das Christentum im 13. Jahrhundert für den Wucherer bereithält; aber es ist das einzige, das ihm das Paradies ohne Einschränkung verheißt. Das Fegefeuer ist, wie Cäsarius von Heisterbach sagte, eine *Hoffnung* (...). In einer Gesellschaft, in der jedes Bewusstsein religiöses Bewusstsein ist, sind Hindernisse zuerst – oder zuletzt – religiöser Natur. Die Hoffnung, der Hölle zu entkommen, erlaubte es dem Wucherer, Wirtschaft und Gesellschaft des 13. Jahrhunderts auf ihrem Weg zum Kapitalismus voranzutreiben."[96]

Die *zweite* Stufe der Loslösung von der tradierten Lehre knüpft durchaus an die Unterscheidung von Thomas an, sofern sie den Zins auf einen *Konsumentenkredit* verbietet, den *Produzentenkredit* dagegen davon ausnimmt, weil in der Produktion angeblich ein Mehrwert geschaffen werde, der nur durch den Kredit ermöglicht sei und deshalb auch ein Entgelt erlaube, ohne gegen die Gerechtigkeit zu verstoßen.[97] Die *dritte* Abschwächung in der Bekämpfung des Wuchers erfolgte durch eine Ausdehnung des Begriffs „gerechter Preis" auf den Zinssatz selbst. Man bezeichnete demnach nur noch *überhöhte* Zinssätze als Wucher. Viele Formen staatlich festgelegter Zinssätze – die dann von Bentham oder Ricardo bekämpft wurden – gehen von dieser Vorstellung aus. Damit schleicht sich in den Begriff des staatlich fixierten Höchstzinssatzes die Idee des gerechten Preises ein, folglich, nach der Naturalisierung der Ökonomik, die Gleichsetzung mit einem *natürlichen* Preis, wie er sich bei Wicksell und in der österreichischen Schule der Zinstheorie findet.[98] *Ermöglicht* wurde dieser Übergang, weil der Wucher nicht als Struktur der Geldgier aus dem Geldsubjekt abgeleitet und erkannt wurde. Nicht ein bestimmter Zahlenwert oder die besondere Funktion des Kredits, der bei der Ausbeutung von Armen „Wucher" genannt wird, bei einer Investition aber als legitimer Preis erscheint – auch wenn der Gewinn durch eine Ausbeutung eben derselben Armen zustande kommt –, ist die Form, in der die Herrschaft der Untugend „Geldgier" ausgeübt wird. Sie erscheint, wie der ursprüngliche Begriff für „Wucher" besagt, in *jedem* quantitativen Mehr durch den Missbrauch der Tauschfunktion. Der Zins ist nicht eine *missbräuchliche* Funktion in einer Geldökonomie, die den Wucher ausmacht, sondern die Veränderung der menschlichen Subjektivität, die Konstitution des Geldsubjekts – also der *Gebrauch* des im Geld konstituierten Scheins. Man kann nicht Pistolen gutheißen und das Schießen verbieten.

Einige katholische Schriftsteller sahen in den Kompromissen der Kirche nicht ein Abweichen von der prinzipiellen Lehre, sondern ein Zugeständnis an die Schwäche der Menschen. So argumentierte Vogelsang:

---

[96] J. Le Goff (1988), S. 96 und 97.

[97] Vgl. zu dieser Diskussion W. Endemann (1883); G. Ratzinger (1895), S. 251ff.

[98] Dempsey hat diesen Schluss gezogen und Wicksells „natürlichen Zinssatz" als Maß mit dem gerechten Preis analogisiert: „Thus it may be concluded that these conjunctures have notable points in common: conjunctures under which Schoolmen would say a gain from a loan would be usury and the conjunctures which the Wicksell-Schumpeter train of thought sees as the source of a disequilibrium." B. W. Dempsey (1948), S. 212. Der Gedanke, dass der Wucher nur in einem *überhöhten* Zins bestehe, wird von Calvin, Carl Molinäus (Dumoulin) und Claude de Sumaise formuliert; vgl. B. W. Dempsey (1948), S. 114f.; W. Endemann (1883: 1) S. 62ff.

„Denn es ist gewiss, dass jeder Einzelne, der in einer antichristlichen Gesellschaftsordnung zu leben gezwungen ist, heroische Tugenden beweisen müsste, wenn er den idealen Anforderungen der christlichen Moral gerecht werden sollte. (...) Anders ist es mit der Wissenschaft. (...) Sie kennt nur die Wahrheit, welche nur eine sein kann. Die praktische Anwendung derselben überlässt sie der Pastoralklugheit. Die Wissenschaft darf um der milden Praxis willen, welche die Not der Zeit erzwungen, die ewigen Prinzipien des Moralgesetzes nicht verleugnen; sie muss sie, hoch über die Versunkenheit des Augenblicks, rein und unverfälscht in eine bessere Zukunft hinüber retten."[99]

Vogelsang und später Orel haben – durchaus in erkennbarem Einfluss durch den Marxismus – als Lehre der Kirche rekonstruiert, dass nur Arbeit Werte schaffen könne und deshalb eine auf Geldeigentum und Ausbeutung gegründete Gesellschaft der reinen Lehre Jesu Christi widerspreche, die wenigstens *theoretisch* einen kompromisslosen Kampf gegen den Wucher zu führen habe.[100] Durchaus wie Marx sieht Vogelsang den Kapitalismus dem Untergang geweiht. Als eigentlichen Gegenpol behauptet er aber den Katholizismus, der dem Kapitalismus strikt widerspreche:

„Ein dauerndes Nebeneinanderbestehen beider entgegengesetzten Systeme ist unmöglich."[101]

Der Kapitalismus *beruht* auf dem Wucher und dem Zins, die Kirche hat beides verboten. Deshalb gilt, dass „der Zinswucher der Kardinalpunkt der ganzen sozialen Frage und die Wurzel des herrschenden sozialwirtschaftlichen Verderbens ist."[102] Weiter sagt Vogelsang:

„Wir wissen ja (...), *wie es mit nichten der Wille Gottes auf Erden ist, dass eine ‚abscheuliche Fruchtbarkeit' des Kapitals die Arbeit des redlich verdienten Lohnes beraubt, um denselben üppigen Müßiggängern in den Schoß zu werfen*. Die Zinsfrage ist der Kardinalpunkt der sozialen Reform und indem die Kirche vor bald 2000 Jahren diese Frage beantwortet hat, ist sie für alle Zeiten die Vorkämpferin für die soziale Reform geworden."[103]

Hier empfiehlt sich ein radikaler Flügel des Katholizismus in der Fortsetzung des Kampfes gegen den Wucher als Alternative zum Marxismus. Darin ist nun allerdings, anders als in der Tradition, unter dem Einfluss des Marxismus erkannt, dass man nicht den Kapitalismus vom „Übel" des Wuchers befreien kann, ohne ihn *insgesamt* als System aufzuheben. Vogelsang hat hier auch bemerkt, dass man den Zins nicht verbieten kann, ohne die zugrunde liegende Motivation zu ändern:

„Die menschliche Habsucht ist ohne Zweifel das bestimmende Motiv des Wucherers."[104]

---

[99] C. v. Vogelsang (1884), S. 2 und 3f.
[100] Vgl. zur zusammenfassenden Darstellung der Lehre Vogelsangs: A. Orel (1924).
[101] C. v. Vogelsang (1884), S. 1.
[102] C. v. Vogelsang (1884), S. 91.
[103] C. v. Vogelsang (1884), S. 49; Vogelsangs Hervorhebung.
[104] C. v. Vogelsang (1884), S. 56.

5.3.6 Wucherverbot: Der Kampf der Moral mit der Geldgier

Doch er sagt dies mit Bezugnahme auf Aristoteles, kann aber den Zusammenhang zwischen der von ihm bekämpften Wirtschaftsform und der Geldgier nicht auf den Begriff bringen. Allerdings hat Vogelsang insofern Recht, als er den Wucher als ein *zeitloses* Phänomen beschreibt, der nicht historisch relativiert werden kann und in seiner Beurteilung „daher nicht abhängig von der größeren oder geringeren Entwicklung des Verkehrs- und Wirtschaftslebens eines einzelnen Volkes oder eines bestimmten Zeitalters, sondern für alle Völker und Zeiten gleichmäßig gültig"[105] ist.

Dies unterscheidet die Beurteilung des Wuchers bei radikalen Katholiken und im Marxismus. Marx betrachtete den Wucher als historisches Phänomen des Frühkapitalismus; ich werde das noch genauer untersuchen in der Darstellung seiner Ausbeutungstheorie. Wenn man den Wucher als ein mit *jeder Form* einer Geldökonomie notwendig verknüpftes Phänomen erkennt und dessen Zusammenhang mit dem Geldsubjekt begreift, dann kann man zwar sagen, dass der Wucher in der Gegenwart unter dem Begriff „Kapitalmarkt" eine historische Blüte erreicht, doch sein *Charakter* – darin hat Vogelsang durchaus Recht – unterscheidet sich nicht von frühen Zeiten, die schon Perioden wucherischer Dominanz kannten.[106]

Anton Orel, ein Schüler von Vogelsang, hat dessen Position übernommen und weiter radikalisiert, wobei sich durchaus eine Nähe zur marxistischen Arbeiterbewegung erkennen lässt, wenn er sagt:

> „Begründet das Sondereigentum einen Anspruch auf Kapitalzins, dann haben die Kommunisten Recht, wenn sie die Abschaffung des Sondereigentums als notwendig für die Herstellung einer gerechten Wirtschaft ansehen."[107]

Wie die romantische Schule der Nationalökonomie verklärt allerdings auch Orel das Mittelalter als Zeit großer Gerechtigkeit, gerade aufgrund der uneingeschränkten Herrschaft der Wuchergesetze.[108] Der kapitalistische Geist – Orel bezieht sich auch auf Sombart – ist für ihn, als Abfall vom Katholizismus, „der moderne neuheidnische Wirtschaftsgeist"[109]. Er schreibt wie Sombart diesen Geist den Juden zu, eine Auffassung, die sich auch bei Vogelsang findet.[110] Diese Bemerkungen drücken das traditionelle Vorurteil des Katholizismus gegen die Juden aus, sind aber nicht der Kern der Begründung, die sich durchaus auf den Bahnen von Thomas von Aquin bewegt.

Orel kommt allerdings dem Problem insofern näher, als er im Kapitalismus vor allem eine *geistige* Haltung erblickt, die zugleich zu einer Zersetzung der alten moralischen Ordnung führt. Er betrachtet die Infiltration des Denkens durch den kapitalistischen Geist als „die allgemeine moderne Infektion des Abendlandes"[111]. Orel übernimmt die Vorstellung von Sombart, dass für die Wirtschaftsform „der Geist das Entscheidende für das Wesen ist"[112], und Orel beruft sich ausdrücklich auf die „theologische Grundlage der gesamten Staatswissenschaften", die Adam Müller formuliert hatte.

---

[105] C. v. Vogelsang (1884), S. 71.
[106] „So sehen wir die Christenheit wieder in den Zustand vor dem Jahre 787 zurückgeworfen. Der Wucher herrscht allgemein", C. v. Vogelsang (1884), S. 14.
[107] A. Orel (1930: 1), S. 299.
[108] „(T)rotz all seiner Unvollkommenheiten die glänzendste und glücklichste Periode in der Kulturgeschichte der Menschheit", A. Orel (1930: 1), S. 49. Er schränkt dieses Urteil aber auch ein, vgl. S. 83.
[109] A. Orel (1930: 1), S. 56.
[110] Vgl. A. Orel (1930: 1), S. 57 und das Vogelsang-Zitat (1930: 2), S. 13.
[111] A. Orel (1930: 1), S. 60.
[112] A. Orel (1930: 1), S. 77.

Im radikalen Katholizismus ist damit eine seltsame Konvergenz von Strömungen erkennbar, die sowohl in der Romantik wie im Marxismus ihre Quelle besitzt, auch wenn Orel – gut katholisch – den Kommunismus als „häretisch" ablehnt.[113] Doch damit drückt sich Orel wie Vogelsang um die Kernfrage: Ist eine Vergesellschaftung durch das Geld unter moralischer Kontrolle überhaupt möglich? Kann man die vom Geld beherrschten Märkte vom Zins befreien, indem man die Wirtschaft wieder moralisch einbettet und durch *Gesetze* den Wucher verbietet? Eben die Kompromisse und Widersprüche bei Thomas zeigen, dass es gerade *diese* Vorstellung war, die im Schoß der christlichen Religion – im Calvinismus – selbst die Legitimation des Zinses hervorbrachte.

Die katholische Kirche hat schließlich ebenfalls ihren Frieden mit den Geldmärkten gemacht, auch wenn sich immer wieder oder immer noch einige verbale Radikalität in päpstlichen Äußerungen findet. Das *Eingeständnis der Kapitulation vor dem Kapitalismus* wird vorbereitet bei Pesch, dem noch mit vielen Skrupeln behafteten katholischen Sozialethiker, dann explizit ausgesprochen bei Oswald von Nell-Breuning. Nell wendete sich in seinem Buch *Grundzüge der Börsenmoral* ausdrücklich gegen die Vogelsang-Schule und setzte maßgebend in der Kirche die Auffassung durch, dass „die kapitalistische Wirtschaftsordnung (...) der sittlichen Regelung zugänglich, also nicht *im Wesen* widersittlich ist." Die Kirche *dulde* nicht nur den Kapitalismus, sondern nimmt an ihm teil, sie „duldet nicht nur den Zins, sondern sie nimmt Zins und gibt Zins"[114]. Nell-Breuning verwendet dabei in seinen Begründungen die Sprache der modernen Nationalökonomie. Auch im Protestantismus wurde die „wertfreie" Lehre der Ökonomen akzeptiert: „(D)ie Nationalökonomie (ist) für uns Theologen belehrende Autorität"[115]. Darin haben sich *beide* Kirchen in ihrer ökonomisch relevanten Morallehre vollständig der Herrschaft des Geldes unterworfen, mehr noch, sie gingen in großen Schritten dazu über, diese Herrschaft sogar ideologisch zu unterstützen und zu begleiten. Insofern ist es der amoralischen Tendenz des Geldsubjekts hier gelungen, die tradierten Morallehren zu instrumentalisieren und in deren *Selbstunterwerfung* auch ihre Inhalte zu reprogrammieren.

Dennoch blieben in den Kirchen wenigstens Reste eines Misstrauens. Noch Heinrich Pesch, neben Nell-Breuning der Vater der *Katholischen Soziallehre*, sagte:

> „Vor dem ‚Kapitalismus' aber müssen wir unser Volk bewahren. Seine Überwindung bleibt ein wichtiges ethisches, volkswirtschaftliches, gesellschaftliches Problem."[116]

---

[113] A. Orel (1930: 1), S. 62.

[114] O. v. Nell-Breuning (1928), S. 4ff; vgl. S. 18ff. In Nell-Breuning (1924) wurden diese Argumente vorbereitet. Er wirft dort als Begründung für den Zins eine Vielzahl von Theorien bunt durcheinander: Eine Produktivitätstheorie und eine Theorie des Risikos, der „Unternehmungskraft (sic!)" (S. 179), der Kapitaldienste (S. 182), vermengt mit einer von Marx oder Clark bekannten Substanztheorie des Kapitalwerts (S. 180). Man beachte auch die durchsichtigen Tricks jesuitischer Rhetorik: „In Kreisen der wissenschaftlichen (!) Theologie besteht nun wohl nirgends ein Zweifel, dass unter den heutigen Verhältnissen das Zinsnehmen erlaubt sei", S. 173. Die „nichtwissenschaftliche" Theologie erhält kein Argument, sondern eine Drohung: Sie wolle „katholischer sein (...) als die katholische Kirche", S. 184.

[115] G. Wünsch (1927), S. 280.

[116] H. Pesch (1922), S. 561.

5.3.6 Wucherverbot: Der Kampf der Moral mit der Geldgier

Unverkennbar ist also bei ihm noch ein *Wert*gegensatz zwischen Kapitalismus und christlicher Moral, denn „moralische Bedenken treten bei all dem (sc. im Kapitalismus) zurück."[117] Und Pesch spitzt diese Frage bezüglich der „ökonomischen Gesetze" zu:

> „,Gesetze' will man haben, ja, wo alle Wissenschaft ,Gesetze' hat, – doch nur nicht das Moralgesetz!"[118]

Aber auch Pesch sagt, wie Wünsch:

> „Die Volkswirtschaftslehre hat also ein anderes Formalobjekt wie die Moralwissenschaft. Es ist nicht die Aufgabe des Volkswirtes, festzustellen, was sittlich gut oder verwerflich ist."[119]

Die Enzyklika *Quadragesimo anno* (1931) von Papst Pius XI. spitzt diesen Gedanken im § 42 zu – der Text stammt wohl aus der Feder von Nell-Breuning: „Die sogenannten Wirtschaftsgesetze, aus dem Wesen der Sachgüter wie aus dem Geist-Leib-Wesen des Menschen erfließend, besagen nur etwas über das Verhältnis von Mittel und Zweck und zeigen so, welche Zielsetzungen auf wirtschaftlichem Gebiet *möglich*, welche nicht möglich sind." Eingeleitet wird dieser Paragraph mit der Feststellung, dass „Wirtschaft und Sittlichkeit jede in ihrem Bereich eigenständig sind"[120]. Damit wird gesagt, dass der Wirtschaft *objektive*, jenseits der Ethik liegende Gesetze zukommen. Diese Gesetze *begrenzen* die ethischen Möglichkeiten, denn sie zeigen, welche (ethischen) Ziele möglich, welche *nicht* möglich sind. Darin liegt der Gedanke, dass die Ergebnisse der *Nationalökonomie* als wissenschaftliche Ergebnisse zu akzeptieren seien. Denn es sei diese *Wissenschaft*, die sage, was möglich und was unmöglich an moralischen *Zielsetzungen* sei – nicht zuletzt in der Zinstheorie. Für die kirchliche Praxis hat sich also weitgehend der für hohe Würdenträger durchaus profitable Opportunismus von Nell-Breuning in der Beurteilung von Zins und Wucher durchgesetzt. Es ist sicher auch viel bequemer, in einer kapitalistischen Umwelt durch staatliche Gewalt eingetriebene Steuern zu kassieren, als für eine Kritik des Wuchers die Armut der Stifter in Kauf zu nehmen.

Nell-Breuning ist der – selbst durchaus bescheiden bleibende – Vordenker dieser Anpassung, die historisch fortsetzt, was den Katholizismus als Institution in seinem Wesen charakterisiert: Komplizenschaft mit der jeweilig herrschenden Macht, seien es Fürsten, Faschisten oder Finanzmärkte – nach dem Wort von Paulus: „Denn es gibt keine staatliche Gewalt, die nicht von Gott stammt; jede ist von Gott eingesetzt. Wer sich der staatlichen Gewalt widersetzt stellt sich gegen die Ordnung Gottes" (Röm 13, 1-2). Auf diesen Weg vollzieht das Christentum für die Epoche der vollendeten Geldherrschaft die *wissenschaftliche* Anpassung durch die eklektische Übernahme von Theoriestücken der bürgerlichen Nationalökonomie. Vogelsang hatte die *Praxis* des Kompromisses noch für erlaubt erklärt, in der Wissenschaft aber jeden Kompromiss untersagt. Nell-Breuning vollzieht auch die *inhaltlich-wissenschaftliche* Preisgabe der Begründung der Wuchergesetze und damit – wie im Protestantismus zuvor Calvin – die Kapitulation vor dem Kapitalismus. *Faktisch* bedeutet dies die Preisgabe der Moral an die Geldgier. Wenn man die Geldgier als *Institution* nicht mehr erkennt und *daneben*

---

[117] H. Pesch (1918), S. 145.
[118] H. Pesch (1918), S. 131.
[119] H. Pesch (1918), S. 122.
[120] Quadragesimo anno § 42; in: KAB (1977), S. 106.

5.3 Die Herrschaft der Geldgier

einige moralische Regeln tradiert, so teilt man den Irrtum der Welt, die den Zins wie die Ökonomen als *physis* betrachtet.

Das Geldsubjekt hat die Theologie damit unter seine Kontrolle genommen, und die Kirchen haben ihren moralischen Biss gegen die Geldgier vollständig verloren[121] – eher schon holen sie sich „Berater" unter den Ökonomen, die sich ob des Weihrauchs auch noch geschmeichelt fühlen. Die Kapitulation lautet dann so:

> „Wenn die Soziallehre der Kirche – besonders in unserer Zeit – ihre Aufgaben sachgerecht (!) erfüllen soll, bedarf es der intensiven Mitwirkung von Wirtschaftsexperten."[122]

Dass die *sachgerechte* Aufgabe einmal die Verteidigung der Moral *gegen* den Wucher – den „Wirtschaftsexperten" als natürlichen Zins, Risikoprämie, Ergebnisverbesserung oder Grenzprodukt des Kapitals je schon anerkannt haben – gewesen ist, haben diese auf Expertenrat angewiesenen Verwalter einer einstmals mächtigen Tradition vergessen. Der Wucher ist *sozialethisch* – wenn man so sprechen will – die Gretchenfrage und zugleich der Übergang von der Moral in die Ko-Produktion der herrschenden Geldideologie. Es ist kein Wunder, dass der in diesem Punkt weitaus orthodoxere Islam global einen ideologischen Wettbewerbsvorteil bei den Armen verbuchen kann.[123]

---

[121] In der jüngsten Zusammenfassung der kirchlichen Soziallehre lautet die moralische Kapitulation vor dem Wucher so: „The social doctrine of the Church recognizes the proper (!) role (!) of profit as the first indicator (!) that a business is functioning (!) well", Compendium of the Social Doctrine of the Church, § 340. Ob die Sünden dieser intellektuellen Prostitution der eigenen Tradition wohl noch durch ein Fegefeuer zu tilgen sind?

[122] Sekretariat der Deutschen Bischofskonferenz (1993), S. 5. Man vergleiche auch den eingeholten Rat von neoklassischen Ökonomen in dem zitierten Band oder die Indienstnahme von Unternehmensberatungen durch die evangelische Kirche in Deutschland. Wünsch sagte schon ahnungsvoll, dass auch im Protestantismus „Geschäftsgeist und Religion sich vermengten und schließlich unvermerkt die Ethik in den Dienst des Geschäfts trat." G. Wünsch (1927), S. 340.

[123] Vgl. zur islamischen Wirtschaftslehre T. Kuran (2004).

5.4 Theorien über das Geldsubjekt

5.4.1 Vorbemerkung

Die Theorien über das Geldsubjekt, die eher selten und sporadisch, doch immerhin mit einer gewissen Beharrlichkeit wiederkehrten, haben meist nicht die wirkliche Tragweite der durch die Geldrechnung und die abstrakte Leidenschaft der Geldgier veränderten Subjekte bemerkt. Das hat zwei Gründe: *Erstens* ist das *Ausmaß* der durch die Geldrechnung veränderten Subjektivität ebenso total wie die Weltherrschaft des Geldes eine totale geworden ist. Man weicht instinktiv zurück vor dem Abgrund, der sich dann auftut, wenn sich die Einsicht der Durchdringung auch der vermeintlich *reinen* Wissenschaften wie Mathematik oder Physik vom Geist des Geldes nicht abweisen lässt. Dort, wo sich die Menschen in der höchsten, von der konkreten Anschauung am weitesten entfernten Ratio, im reinen Reich des Gedankens wähnten, dort bewegen sie sich in einer *spezifischen* Weise der Vergesellschaftung und der *ihr* eigentümlich berechnenden Form. *Zweitens* wird die universelle Herrschaft der Geldrechnung und der Geldgier meist deshalb nicht erkannt, weil sie sich auch dort, wo man ihr sehr nahe zu kommen scheint – in der Ökonomik –, trefflicher Tarnkleider bedient. Das wichtigste dieser Tarnkleider ist die *Naturalisierung* gesellschaftlicher Verhältnisse, die aufgedeckt zu haben, das bleibende Verdienst der Marxschen Theorie darstellt. Eben in dieser Tarnung verbirgt sich die keineswegs zufällige *Nähe* ökonomischer und physikalischer (genauer: mechanischer) Modelle.

Die bedeutendste Täuschung, die sich das Geldsubjekt als *moralische* Verkleidung zugelegt hat, ist der Utilitarismus.[1] In dieser Theorie übt das Geldsubjekt seine *innere* psychische Herrschaft als „moralische" Kalkulation aus. Die Buchführung ist zur Subjektform geworden, der alle anderen Formen der inneren Natur ebenso subsumiert werden wie sich die Kaufmannsseele der äußeren Natur in der Produktion durch ein *wissenschaftliches Management* bemächtigt. Alle qualitativen Erlebnisse und sinnlichen Wahrnehmungen werden in *einer* abstrakten Einheit berechnet, die zwar den Namen „Lust" trägt – sofern ein Guthaben berechnet wird, bei einer erlittenen Verschuldung heißt sie „Unlust" oder „Leid" –, aber in dieser philosophischen Abstraktion keinen Inhalt besitzt.

Die soziale Gewohnheit von Jahrtausenden, alle Dinge in einer unerkannten, dennoch ganz alltäglichen Abstraktion zu kalkulieren, findet hier ihren dürftigen Begriff. Noch in der Psychoanalyse taucht diese Abstraktion als „psychische Energie" auf, die wie ein Carnot-Prozess sich in verschiedenen Formen erhält und zu allerlei „Austauschprozessen" in der Seele führen soll: von der „Verdrängung" bis zur „Sublimierung. In der an eine These Freuds anschließenden „Kot-Theorie" wird dann sogar das Streben nach Geld als sublimierte Empfindung des Kleinkindes gedeutet, das aus der Zurückhaltung von Kot Lustempfindungen zu gewinnen versucht: „Aus der Lust am Darminhalt wird Freude am Gelde"[2]. Dieser Blödsinn füllt tatsächlich Bücher über „Kot-Visio-

---

[1] Ich werde den Utilitarismus Benthams bei der Darstellung von dessen Zinstheorie noch einmal vertiefend aufgreifen; vgl. Kapitel 6.3.2.
[2] Ferenczi fährt fort: „Soziale Probleme werden erst durch Aufdeckung der wirklichen Psychologie des Menschen lösbar; Spekulationen über die ökonomischen Bedingungen allein werden nie zum Ziele führen." S. Ferenczi (1973), S. 101. Da die tägliche Darmentleerung nun allerdings zur *Natur* des Menschen gehört, ist damit auch das Geld und die Liebe zu ihm höchst einleuchtend naturalisiert.

nen" und „Schmutzige Habgier"[3]; ihn zu kritisieren ist ebenso müßig, wie er andererseits ein Symptom für die Verkommenheit der Reflexion über das Geld ist: Alles – sogar Scheiße – wird eher für eine „Erklärung" des Zinses gehalten als die *offensichtliche* Geldgier, die sehr genau *an ihr selbst* zu verstehen ist und auch *nur* dort – *am Geld* – eine Erklärung findet. Und diese Geldgier ist durchaus nicht, wie Psychoanalytiker behaupten, ursprünglich „schmutzig", weshalb sie einer „Sublimierung" bedürfe; sie verstand es von Anfang an, sich *prächtig* zu kleiden und den aufgehäuften Reichtum *unmittelbar* zur Schau zu stellen.

Nachfolgend greife ich drei Denkformen auf, in denen das Geldsubjekt – wenn auch nicht unter diesem Begriff – *als* spezifisch ökonomische *Denk*form reflektiert wurde. Die erste Form gehört im engeren Sinn in die Ökonomik und knüpft an das an, was John St. Mill als Denkfigur des *economical man* eingeführt hat, ein Begriff, den später Pareto unter dem Titel des *homo oeconomicus* populär gemacht hat. Dieser zunächst als Rollentypus gedachte Begriff wird bei Marx auf eine objektive Grundlage zurückgeführt, während die bürgerliche Ökonomik in ihrer Verfallsform, wie sie gegenwärtig als „Neoklassik" und „ökonomischer Ansatz" gelehrt wird, den *economical man* zu einem allgemeinen Verhaltensmodell generalisiert. Um eine historische Klärung der nicht allgemein einem Subjekt, sondern der historischen Wirtschaftsform des Kapitalismus zuzurechnenden Subjektivität, haben sich Werner Sombart und Max Weber bemüht. Schließlich finden sich in der Soziologie von Georg Simmel viele Hinweise für eine *Phänomenologie* des Geldsubjekts. Allen genannten Theorien ist gemeinsam, dass sie sich nicht um eine *Kategorialanalyse* des Geldsubjekts bemühen und deshalb beständig zwischen der These, die das Subjektive jeweils einer abstrakten Vernunft und der Gegenthese, die den Grund in einer ökonomischen Objektivität sieht, schwanken. Der kritische Durchgang durch die genannten Denkformen erlaubt es mir zugleich, wichtige Momente der spezifischen Natur des Geldsubjekts weiter zu vertiefen und die Stellung einer allgemeinen Theorie des Geldsubjekts in ihrem Verhältnis zur Tradition herauszuarbeiten. Den verschiedenen Formen einer *spezifischen* Zinstheorie wende ich mich im nächsten – dem sechsten – Teil zu.

5.4.2 Homo Oeconomicus

Die Ökonomen haben die Geldgier zunächst durchaus richtig als *besonderen* Subjekttypus charakterisiert, im „Streben nach Reichtum". Allerdings gilt dieser Typus für die klassischen Ökonomen nur als eine *Modalität* der Psyche, nicht als ein sozial besonderes Subjekt. Der *economical man*, der *homo oeconomicus*[4], ist kein konkretes, sozial getrenntes Individuum, sondern eine *Funktion* in der menschlichen Subjektivität selbst. Das wurde ursprünglich von Mill sehr klar verstanden. Ich habe Mills Reflexion und ihre Adaption durch Menger in der Einleitung zu den Methoden in den Sozialwissenschaften vorgestellt (vgl. 1.3.2 und 1.3.5). Der *economical man* führt als Gedanke erst in die Irre, wenn man die Logik der Rechnung, die dem Geldsubjekt eignet, als psychische Kalkulation von der Geldrechnung trennt, als Lust-Leid-Kalkül oder als Nutzenrech-

---

[3] N. O. Brown (1962), S. 225 und S. 291; vgl. die Beiträge in E. Bornemann (1973).

[4] Der Begriff des *homo oeconomicus* stammt von Pareto. Es ist bemerkenswert, durch welche Analogie er diesen Begriff einführt: „Rational mechanics, when it reduces bodies to simple physical points, and pure economics, when it reduces real men to the *homo oeconomicus*, make use of completely (!) similar abstractions, imposed by similar necessities (!)." V. Pareto (1971), S. 12.

nung *in die Natur des Individuums verlegt* und aus der Wechselwirkung solch mechanischer Kalküle dann die Wirtschaft als Gleichgewicht zu rekonstruieren versucht.

Der *homo oeconomicus* enthält eigentlich *zwei* Bedeutungselemente, die in der modernen Wirtschaftswissenschaft nicht mehr unterschieden werden: Einmal liegt in diesem Begriff die rationale Form, die Rechnung in einer fiktiven Einheit, zum anderen wird aber mit der Kategorie des „ökonomischen Prinzips" diese Kalkulation schon als *Maximierung* nach dem Modell des Gewinns vorgestellt. Wenn die vielen *homines oeconomicii* das Residuum einer abstrakten Bilanz maximieren, dann ist dies nur die psychologische Übersetzung der *Kapitalformel*, die durch äußeren Austausch nach vermehrtem Geldrückfluss strebt: G-W-G′. In der Nutzentheorie bleibt der offensichtliche Buchhaltungscharakter dadurch verdeckt, dass man *zwei* Kalküle nebeneinander stellt: Die Maximierung des Nutzens durch den Güterkonsum und die Minimierung des Nichtnutzens (*disutility*) durch die Ausübung von Arbeit.[5] Wie kann man die Unlust des Arbeitens in die Lust des Genießens „umrechnen"? Die Frage ist müßig, weil die Voraussetzung nur eine Erfindung ist.

Es gibt aber in der Tat eine Größe, die beides miteinander zu vergleichen erlaubt: das Geld, das man für Produkte auf den Märkten bezahlt und umgekehrt als Lohn erhält. Jeder Haushalt macht solch eine einfache Einnahmen-Ausgaben-Rechnung, woher immer die Einnahmen stammen mögen. Und in dieser einfachen Gegenüberstellung jedes Haushalts liegt, wie sich zeigte, die Notwendigkeit in einer Geldökonomie, nach Geld streben zu müssen. Deshalb wird die Bilanzierung von Ausgaben und Einnahmen zur Grundlage einer Kalkulation, die sich dann auf den Märkten im Streben nach Gewinn, schließlich nach Zins als Geldgier überlagert. Doch ist dieser Zwang zur Buchhaltung keine *Emanation* innerpsychischer Vorgänge, worin Individuen ihre Kalkulation so externalisieren, dass daraus *intersubjektive* Abhängigkeiten, Tauschprozesse oder Kreditverträge entstehen. Der Zwang zur Kalkulation im Alltag der Geldökonomie formt eine Subjektivität der Geldrechnung, die *latent* stets schon den objektiven Grund für die Geldgier enthält.

Der *homo oeconomicus* ist ein Denkmodell, das die Buchhaltung und die Sorge, „dass nämlich nie die Ausgaben die Einnahmen übersteigen dürfen"[6], in Eins setzt und als *psychische Eigenschaft* verdinglicht, die angeblich jedem Menschen von Natur aus zukomme, sofern er Lust und Leid bilanziere. Es ist nicht schwer, die darin liegende Täuschung und damit *Verdunkelung* der Verhältnisse, in denen gehandelt, deshalb auch *gerechnet* und maximiert wird, zu erkennen. Insofern ist der *homo oeconomicus* eine rein ideologische Formel, die in der Analyse des Geldes, der Geldeinheit und der Geldgier systematisch entzaubert wird. Zu sagen, dass *der* Mensch eben immer auch schon ein *homo oeconomicus* sei, ist ebenso unsinnig wie die These, *der* Mensch sei immer schon aus seiner ureigensten Natur ein „Rechtssubjekt" oder ein „Autofahrer".

Versucht man den *homo oeconomicus* als Wahlhandlungsmodell zu rekonstruieren, wobei zwischen verschiedenen Situationen (Güterkonsum, Arbeit etc.) unterschieden wird, so macht man zwar einen Schritt zurück in die Handlungstheorie, muss damit aber auch den Gedanken aufgeben, dass hierbei eine *Kalkulation* vorliege. Benedetto Croce

---

[5] Böhm-Bawerk hat sich mit diesen *beiden* verschiedenen Bewertungen herumgeschlagen: „Will man eine genauere Aussage treffen, dann muss man zwei Maßstäbe nennen, welche prinzipiell koordiniert, aber wegen der verschiedenen Häufigkeit der tatsächlichen Voraussetzungen, an die ihre Geltung geknüpft ist, von sehr ungleicher praktischer Bedeutung sind; den Nutzen der Güter und die mit ihrer Erwerbung verbundenen persönlichen Opfer." E. v. Böhm-Bawerk (1927), S. 469.

[6] Aristoteles: Oikonomikos 46a (1947), S. 26.

hat in Briefen an Pareto dessen *homo oeconomicus* in diesem Punkt richtig kritisiert.[7] Wenn man, sagt Croce, zwischen einer Folge möglicher Handlungen a, b, c, d, e, f, ..., etc. wählen muss, dann ist es unerfindlich, weshalb man diesen einzelnen Handlungen *Zahlen* zuordnen könne oder solle. Nun bemerkt Croce nicht, dass schon die bloße Reduktion des Handelns auf *Wahl*handlungen eine Projektion der Entscheidungsform in Geldgesellschaften ist: Man wählt, mit mehr oder weniger Geld ausgerüstet, auf den Märkten Produkte aus. Doch lasse ich diesen Punkt hier auf sich beruhen. Was Croce gegen Pareto betont, ist folgendes: Wenn man die Handlungsalternative a wählt, dann ergibt sich eine neue Situation, und in dieser neuen Situation sind die Alternativen b, c, usw. *nicht mehr* gegeben.

„Der homo oeconomicus ist nicht im selben Moment in a, b, c, d, e, f..., sondern wenn er in b ist, ist er nicht länger in a, ist er in c, dann nicht länger in b. Er hat vor sich nur eine einzelne Handlung, die er ausführen kann. Die Handlung schließt alle anderen unendlich vielen anderen Handlungen aus; sie sind für ihn nicht präferierte Handlungen (Nicht-Werte)."[8]

Croce zielt darauf ab, dass eine Zuordnung von Zahlen zu den Handlungen, selbst wenn man so etwas voraussetzte, durch den Akt der Handlung selbst aufgehoben wird. Man kann Handlungen nicht als physische Objekte betrachten und ihnen deshalb auch nicht Maßzahlen zuordnen. Deshalb, schreibt Croce an Pareto, „ist die mechanische Konzeption des ökonomischen Prinzips unhaltbar"[9].

Der Grund für den *nichtmechanischen* Charakter ökonomischer Kalkulation liegt darin, dass die *Zuordnung* einer Recheneinheit zu einem Ding oder einer Handlung immer eine *vorgängige* Entscheidung bleibt. Im *homo oeconomicus* wird diese Zuordnung immer schon vorausgesetzt, und eben dies erweist dieses Modell als ideologische Form: Waren haben tatsächlich immer schon Preise, denn wer den Markt betritt, hat die Einheit der Geldrechnung und ihre Funktion in der Vergesellschaftung schon anerkannt. Dennoch bleibt, das hat unsere Tausch- und Kaufanalyse gezeigt, jeder Kaufakt eine *vereinzelte* Handlung. Wenn darin eine Ware einen realisierten Preis erhält, dann ist daraus keine Beziehung zu *anderen* Kaufakten abzuleiten. Der Gedanke, man könne über alle Waren hinweg ein Kalkül der subjektiven Zuordnung von Zahlen als ein mathematisches System formulieren, verkennt völlig, dass mit jedem *vollzogenen* Kaufakt die *Voraussetzungen* für solch ein System verändert werden. Aus einer Preiserwartung ist ein wirklicher Preis geworden, und die vollzogene Ausgabe hebt die „Gleichverfügbarkeit" der übrigen Waren auf.

Wer über 100 Euro verfügt, kann dafür als Möglichkeit viele Waren kaufen, deren Preis nicht höher als 100 Euro pro Stück beträgt. Doch hat man einen Kaufakt vollzogen, so *sinken* die Kaufmöglichkeiten, und die subjektiven Bewertungen – wie immer zuvor vollzogen – *verändern* sich. Nur ein sehr reicher Mensch wäre von dieser Einschränkung nicht betroffen. Aber auch für diesen gilt die Voraussetzung nicht, denn mit dessen Geldgier wachsen auch die begehrten Objekte, und aus der gewünschten Kaufhausware wird dann rasch der nach der Aktienmehrheit einer Kaufhaus-AG. Auch dann verschwinden die „bewerteten Alternativen" nach dem vollzogenen Kaufakt. Und es verschwindet damit auch die *Rangordnung* der Alternativen. Denn sobald unter vielen Möglichkeiten eine *Wirklichkeit* wurde, verändern sich auch die Möglichkeiten, die

---

[7] Vgl. V. Pareto (1971), S. 12f.
[8] B. Croce (2004), S. 102.
[9] B. Croce (2004), S. 103.

5.4.2 Homo Oeconomicus

„Nutzenfunktion". Wenn eine Schöne aus einer Reihe von Verehrern, die ihr den Hof machen, einen auswählt und heiratet, dann verändert sich damit auch die „Rangordnung ihrer Alternativen". Sie hat, ohne Scheidung, für eine Heirat keine Alternativen mehr. Also selbst dann, wenn man akzeptiert, dass die Nutzenlogik des *homo oeconomicus* nur in einer Geldökonomie als antizipierte Kalkulation betrachtet wird (was übrigens auch Hochzeiten in der Moderne charakterisiert, sonst gäbe es keine Eheverträge), so ist die Voraussetzung doch unhaltbar, dass jeder *economical man* über eine Skala von Bewertungen über Güter verfügt, die *unabhängig* von den tatsächlich vollzogenen Käufen in der Subjektivität individuell verankert wäre.

Am *homo oeconomicus* ist also nur das richtig, was ihn als Namen für das Geldsubjekt auszeichnet. Doch um das Geldsubjekt zu verstehen, bedarf es einiger intellektueller Anstrengung mehr als bloß die mathematische Bebilderung der Vorstellung, in der Seele vollzöge sich eine vermutlich angeborene Kalkulation von Lust und Leid unter Verwendung von Rangordnungen und Zahlen. Wenn man, wie Gary S. Becker, aus einer partiellen Subjektform allerdings *den* Begriff des Menschen macht und *alle* Handlungen nur noch nach der Nutzen-Logik des *homo oeconomicus* modellieren möchte, dann wird der dem Geldsubjekt eigene Wahn hermetisch geschlossen. Für Becker sind Präferenzen bezüglich verschiedenster Objekte *natürliche, angeborene* Eigenschaften:

„Die Präferenzen, die von den Ökonomen als gegeben vorausgesetzt werden, und die sie vage der ‚menschlichen Natur' oder etwas ähnlichem (…) zuschreiben, können weitgehend durch die allmähliche Selektion von Merkmalen, die größere Überlebenswerte besitzen, erklärt werden."[10]

Ich habe die Haltlosigkeit der Präferenztheorie in der mathematischen Ökonomik schon aufgedeckt, was ihre Voraussetzungen – den Güterraum, die implizite Maßeinheit – anlangt (vgl. 4.7.3-4.7.5). Diese Denkform erweist sich hier in der von Becker präsentierten Gestalt als eine Selbstreflexion des Geldsubjekts, das in sich nur noch „Natur" entdeckt und in der „Nutzenmaximierung"[11] zugleich die Geldgier als *Maximierung* gemäß einer evolutionär entstandenen, angeborenen Struktur behauptet.

Es ist dann nicht verwunderlich, dass Becker diese biologische Grundlage universalisiert und als cartesianischer Beobachter nur noch in jeder menschlichen Regung ein *Maximierungsverhalten* erblicken möchte: „Ich behaupte, dass der ökonomische Ansatz einen wertvollen, einheitlichen Bezugsrahmen für das Verständnis *allen* menschlichen Verhaltens bietet"[12], oder, wie Becker ausführlicher illustriert:

„In der Tat bin ich zu der Auffassung gekommen, dass der ökonomische Ansatz so umfassend ist, dass er auf alles menschliche Verhalten anwendbar ist, sei es nun Verhalten, das monetär messbar ist oder unterstellte ‚Schatten'-Preise hat, seien es wiederkehrende oder seltene Entscheidungen, seien es wichtig oder nebensächliche Entscheidungen, handele es sich um emotionale oder nüchterne Ziele, reiche oder arme Menschen, Männer oder Frauen, Erwachsene oder Kinder, kluge oder dumme Menschen, Patienten oder Therapeuten, Geschäftsleute oder Politiker, Lehrer oder Schüler. Die Anwendungsmöglichkeiten eines so aufgefassten öko-

---

[10] G. S. Becker (1982), S. 332.
[11] G. S. Becker (1982), S. 332.
[12] G. S. Becker (1982), S. 15; Beckers Hervorhebung.

nomischen Ansatzes sind ebenso breit wie es der Reichweite der Ökonomie (...) entspricht, die auf knappe Mittel und konkurrierende Ziele abstellt."[13]

Hier wird die Geldgier als Herrscherin der berechnenden Denkform des *homo oeconomicus* totalisiert und naturalisiert.[14] Schränkten Mill und Menger den Gedanken noch ein auf einen *Aspekt* menschlichen Handelns, der neben anderen Subjektformen nur deshalb herausgehoben wird, weil er die *Wirtschaft* zu erklären erlaube, so ist Becker der ungenierte Parteigänger und Propagandist einer *totalen Unterwerfung* der menschlichen Gesellschaft unter die Geldrechnung.[15]

Wenn alle Beziehungen zu anderen Menschen als *Kalkül* vorgeführt werden, wenn das Leben der anderen nur das ist, was in einer Nutzenfunktion auf angeborener Grundlage berechenbar bleibt, wenn für Eltern, nach Becker, „Kinder dauerhafte Konsumgüter"[16] sind, Altruismus als das Ergebnis eines rationalen (= egoistischen) Kalküls betrachtet wird, Kriminalität keine *Untugend*, sondern das Resultat rationaler Abwägung von Lohn und Strafe ist, kurz, wenn alles *Menschliche* und *Zwischenmenschliche* dem totalitären Regime des Geldsubjekts nicht nur *faktisch*, sondern auch als theoretische Form unterworfen wird, dann kann man als letzten Zug des Menschlichen nur noch die Liebe zum Kapitalismus selbst entdecken, die als Pflicht des *homo oeconomicus* eingefordert wird. Deshalb erhebt Becker am Ende doch noch den moralischen Zeigefinger: „Die Liebe zur Marktwirtschaft ist abgekühlt."[17] Hier sind die Praktiker der Geldgier allerdings deutlich weiter als ihre theoretische Nachhut, denn sie verstehen sich sehr versiert darauf, die fehlende Liebe zum Kapitalismus durch imperiale Gewalt zu substituieren. Aber bekanntlich lassen sich Substitutionseffekte trefflich in einem Nutzenkalkül beschreiben, womit auch das Mordgeschäft noch rational vereinnahmbar bleibt.

Die Totalisierung des *homo oeconomicus* zu *der* Philosophie vom Wesen des Menschen ist zugleich der Endpunkt des Niedergangs der Ökonomik als Wissenschaft, auch wenn vielleicht einige auf die mathematische Sprache dieser totalisierten Amoral hereinfallen, die Becker im lässigen Chicago-Jargon formuliert. Mill glaubte noch, dass Ökonomen niemals so töricht sein könnten, das Geldsubjekt, den *economical man* als allgemeine Menschennatur zu behaupten.[18] Er irrte sich. Marx diagnostizierte in der „Professoralform" der Ökonomik zu seiner Zeit den tiefsten Punkt der Reflexion und meinte, dass „derartige Arbeiten erst auftreten, sobald der Kreis der politischen Ökono-

---

[13] G. S. Becker (1982), S. 7.

[14] Die Universalisierung des *homo oeconomicus*, die schon Max Weber als „Rationalisierung" der Gesellschaft verdunkelte, wird vielfach von Ökonomen auch so wahrgenommen, dass er als *besondere* Form verschwunden ist und man ökonomische Theorie deshalb auch ohne *explizite* Thematisierung eines *economical man* betreiben kann: „Den homo oeconomicus braucht die theoretische Forschung nicht." W. Eucken (1954), S. 23. Sie braucht ihn nicht, weil er durch die logisch-mathematische Form schon omnipräsent ist.

[15] Wenn alles menschliche Verhalten, auch das von Becker, durch den Egoismus seiner Nutzenmaximierung bestimmt ist, dann ist seine Theorie ein Produkt dieser individuellen Maximierung, ebenso eitel wie uninteressant. Da ferner wahr und falsch im Nutzenkalkül ununterscheidbar sind, ist eine *richtige* Theorieproduktion unbestimmt, also auch Beckers Theorie ununterscheidbar wahr *und* falsch. Ideologisch „nützlich" ist sie allemal. Vgl. K.-H. Brodbeck (2003b).

[16] G. S. Becker (1982), S. 190.

[17] G. S. Becker, Interview in: Süddeutsche Zeitung v. 22.10.1998.

[18] „Nicht, dass jemals ein politischer Ökonom so töricht gewesen wäre, anzunehmen, die Menschheit sei wirklich so beschaffen", J. St. Mill (1976), S. 162.

5.4.3 Der „Geist des Kapitalismus": Marx, Weber und Sombart

mie als Wissenschaft sein Ende erreicht hat"[19]. Auch er irrte sich. Wie man sieht, kann sich solch ein Ende sehr lange hinziehen, und was Marx als Tiefpunkt erschien, das ließ sich noch deutlich unterbieten.

5.4.3 Der „Geist des Kapitalismus": Marx, Weber und Sombart

Die ökonomische Theorie war in der Zeit vor ihrem unrühmlichen Nachleben in der mathematisierten Grabesstätte durchaus fähig, das Geldsubjekt noch in wesentlichen Grundzügen und vor allem als ein *historisches* Phänomen zu erkennen, das durch ein kategoriales Novum zu charakterisieren ist. Zwar neigten, Marx hat das betont, die bürgerlichen Ökonomen immer dazu, ihre Denkformen durch die Behauptung zu überhöhen, sie brächten nur Naturgesetze zum Ausdruck. Doch blieb zugleich ein *kritischer Grundzug* in der Ökonomik der Klassiker unübersehbar, der im Marxismus nur seine Reife auf der Grundlage der Arbeitswert- und Eigentumslehre von Adam Smith erlangte. Eine *soziologische* Interpretation des Geldsubjekts entwickeln dann später Sombart, Weber und Simmel. Allerdings findet sich beim frühen Marx bereits *in nuce* vieles, was spätere Interpretationen nur umständlicher formulierten. Unglücklicherweise hat Marx dies später nie wieder in dieser Klarheit und Schärfe aufgegriffen. Die ausgiebige Adoption der englischen Ökonomik verdarb später nicht nur seinen Stil, sondern auch teilweise den Gedanken.

In den Ökonomisch-philosophischen Manuskripten von 1844 dagegen liefert Marx ein brillantes Portrait des sich als Subjekt aussprechenden Geldes – in einer Interpretation von Shakespeares „Timon von Athen" (4. Akt, 3. Szene):

> „Was durch das Geld für mich ist, was ich zahlen, d.h., was das Geld kaufen kann, das bin ich, der Besitzer des Geldes selbst. So groß die Kraft des Geldes, so groß ist meine Kraft. Die Eigenschaften des Geldes sind meine – seines Besitzers – Eigenschaften und Wesenskräfte. Das, was ich bin und vermag, ist also keineswegs durch meine Individualität bestimmt. Ich bin hässlich, aber ich kann mir die schönste Frau kaufen. Also bin ich nicht hässlich, denn die Wirkung der Hässlichkeit, ihre abschreckende Kraft ist durch das Geld vernichtet. Ich – meiner Individualität nach – bin lahm, aber das Geld verschafft mir 24 Füße; ich bin also nicht lahm; ich bin ein schlechter, unehrlicher, gewissenloser, geistloser Mensch, aber das Geld ist geehrt, also auch sein Besitzer. Das Geld ist das höchste Gut, also ist sein Besitzer gut, das Geld überhebt mich überdem der Mühe, unehrlich zu sein; ich werde also als ehrlich präsumiert"[20].

Marx sagt *hier* sehr klar, dass das Geld „das Band aller *Bande*"[21] ist. Es bildet „die Gesellschaft", also *die* Form der Vergesellschaftung, die Marx in Anlehnung an Shakespeare „die sichtbare Gottheit"[22] nennt. Und die dem Geld eigentümliche abstrakte Unendlichkeit fasst Marx so zusammen:

> „Was ich qua *Mensch* nicht vermag, was also alle meine individuellen Wesenskräfte nicht vermögen, das vermag ich durch das *Geld*."[23]

---

[19] K. Marx, MEW Bd. 26.3, S. 492.
[20] K. Marx, MEW 40, S. 584f.
[21] K. Marx, MEW 40, S. 585.
[22] K. Marx, MEW 40, S. 585.
[23] K. Marx, MEW 40, S. 585.

Der Bezug auf die feuerbachschen Wesenskräfte verhindert indes bereits hier den Blick darauf, dass nicht nur das Subjekt verwandelt wird, sondern auch die *kraft dieser Verwandlung* vollzogene Vergesellschaftung. In seinem späteren Werk hat Marx dann im Geist der englischen Klassiker diese soziale Relation „materialisiert" und auf die menschliche Arbeit zurückgeführt, die im Geld abstrakte Objektivität werden soll. Die eigentümlich verwandelte Subjektivität rückt damit *als Ort der Vergesellschaftung* aus dem Blickfeld und weicht der cartesianischen Form einer Beziehung von Objekten.

In der Periode des „Kapital" reduziert Marx den Inhalt der Kategorie des Geldsubjekts, das er in der Kapitalformel in seinem sozialen Grund klar bestimmt, auf den Begriff „automatisches Subjekt"[24]. Die konkreten Menschen spielen – zuletzt in der Vergesellschaftung – darin keine tragende Rolle, sondern sind völlig abhängig in ihrem falschen Bewusstsein, das Marx als Rollenspiel, als „ökonomische Charaktermaske"[25] beschreibt. Ich habe diese Charakterisierung des reifen Denkens bei Marx und ihre Weiterentwicklung durch Lukács und Sohn-Rethel dargestellt (vgl. 4.4). Die nachfolgende marxistische Tradition hat die *Subjektivität* des Geldsubjekts kaum mehr beachtet und den Blick vorwiegend auf die vermeintlich rein objektiven Determinanten der „Tauschabstraktion" gerichtet; deshalb war der systematische Ort zur Darstellung dieser Theorie auch die Kritik der Tauschanalyse.

Für die Theorie des Geldsubjekts enthält diese Form der Begründung gleichwohl das richtige und kritische Moment, dass die eigentümlichen, mit dem Geld verknüpften Denkformen weder natürliche und angeborene noch aus einer idealistischen Vernunft entspringende sind. Sie haben ihre Wahrheit in einer bestimmten Form der *Vergesellschaftung*. Allerdings geht diese Vergesellschaftung diesen Denkformen nicht voraus als eine objektive Abstraktion, als ein „gesellschaftlicher Prozess hinter dem Rücken"[26] der Kapitalisten, der Arbeiter, der Warenbesitzer usw. Die Wirklichkeit ist in der Gesellschaft nicht durchzogen von einer vorbewussten Matrix, deren „Fäden hinter dem Rücken der Warenproduzenten gewebt wurden und sich fortweben", ein Austausch von Substanz, gar eine „Seelenwandrung (...) hinter dem Rücken der wirklichen Arbeit", „hinter dem Rücken der handelnden Personen"[27].

Auch gibt es keine Entwicklung, gar einen im Kapitalismus „hinter dem Rücken" seiner alten Form vollzogenen gesellschaftlichen Fortschritt"[28], der wie eine unbewusste Frucht unter dem Mantel des *homo oeconomicus* heranreifte und dessen falsche Hülle dann nur noch abgeschält werden müsste, um die historische Ernte einzufahren. Vielmehr vollzieht sich die Vergesellschaftung durch das Subjekt hindurch als bewusster Akt, als Veränderung seiner Subjektform. Der Kapitalismus ist also nicht ein von einem ideologischen Nebel überzogener unbewusster Gärprozess. Was immer es an täuschender Vergesellschaftung darin zu kritisieren gilt, ist immer auch und zugleich und wesentlich ein irrender Gedanke. Die bei Marx wiederkehrende Phrase von etwas, das sich „hinter dem Rücken" vollzieht, zeigt schon als Metapher den Denkfehler: Niemand vergesellschaftet sich durch Tausch und Sprache gleichsam Rücken an Rücken, noch gibt es „dahinter" in einem Irgendwo eine objektive Welt, die nicht zugleich eine erkannte, gedachte und erlebte Welt wäre. Nicht dies, dass ein Prozess, der hinter dem Rücken – also unbewusst – vorgeht, nicht adäquat „abgebildet" wäre, sondern weit

---

[24] K. Marx, MEW 23, S. 169; vgl. auch S. 167.
[25] K. Marx, MEW 23, S. 591. Er spricht auch von der „gesellschaftlichen Charaktermaske", K. Marx, MEW Bd. 23, S. 635; vgl. K. Marx, MEW Bd. 8, S. 149.
[26] K. Marx, MEW 23, S. 59; vgl. MEW 13, S. 127.
[27] K. Marx, MEW 23, S. 121, 221 und 385.
[28] K. Marx, MEW 23, S. 632.

5.4.3 Der „Geist des Kapitalismus": Marx, Weber und Sombart

verhängnisvoller, dass das Inadäquate sich ins Bewusstsein als dessen ureigenste Form der Subjektivität eingenistet hat, macht die monetäre Vergesellschaftung und die Herrschaft des Geldes aus.[29]

Diese Einsicht, dass der Kapitalismus ein *besonderes*, ein neues *geistiges Phänomen* darstellt, hat – durchaus auf den Schultern von Karl Marx – Werner Sombart systematisch zu entfalten versucht. Auch Max Weber übernimmt diese Denkfigur in seiner Darstellung der protestantischen Ethik; er pocht aber darauf, sie unabhängig von Sombart entdeckt zu haben.[30] Die wechselseitigen Vorwürfe beider Autoren – durchaus begleitet von positiven Bezugnahmen – sind hier nicht von Interesse. Sombart hatte insgesamt ein klareres Verständnis vom „kapitalistischen Geist" als Weber. Allerdings, das wird sich ergeben, reproduziert er in dessen Erklärung denselben kausalen Denkfehler wie dieser, nämlich diesen Geist aus einem *anderen* geistigen Phänomen ableiten zu wollen (Sombart aus der jüdischen, Weber aus der protestantischen Religion). Zwar folgen beide Autoren *ontologisch*, d.h. in der kategorialen Struktur ihrer Begründung, den Vorgaben von Marx, denn auch (der späte) Marx führt die Subjektivität des Geldsubjektes auf etwas *anderes* zurück, entwickelt sie nicht aus dem Bewusstsein des Geldes *als Geld*, was er noch in den Frühschriften versucht hatte. Allerdings entledigen sich Sombart und Weber des ungelösten materialistischen Problems, Geistiges auf einen Nicht-Geist (etwas angeblich „hinter dem Rücken" des Bewusstseins) zurückführen zu müssen, durch die These, die Subjektivität des Geldsubjekts sei auf einen *anderen*, vor dem Geldsubjekt liegenden Geist zurückzuführen.

Auch wenn Sombarts und Webers Rede vom „Geist" für viele Ohren in der Moderne anstößig klingt, so ist darin doch ein richtiger und wichtiger Sachverhalt sehr klar ausgedrückt: *Erstens* vollzieht sich die Vergesellschaftung nicht unterhalb des Geistes, „hinter dem Rücken" der Käufer und Verkäufer oder der Diskurspartner, sondern durch ihr Denken hindurch. Weil der Denkprozess als Sprachprozess zugleich eine Form der Vergesellschaftung ist, deshalb bedeutet die schrittweise Eroberung des rechnenden Denkens zuerst eine Veränderung der Subjektivität und damit der Vergesellschaftung der Subjekte. *Zweitens* ist das, was sich im kapitalistischen Geist zeigt, nicht auf etwas Nichtgeistiges (Natürliches, Angeborenes etc.) zurückzuführen. Sombarts Denkweg beschreibt gerade darin einen Niedergang, dass er seine ursprüngliche Einsicht in späteren Jahren opportunistisch zurücknahm und nach „rassischen" Quellen forschte.[31]

Woran es beiden, Weber *und* Sombart, mangelt, ist eine präzise *Formalanalyse* des Geldsubjekts, also dessen, was den *Inhalt* des Strebens nach Geld (die Rechnung in einer Einheit) anlangt. Sie ignorieren beide sowohl die aristotelische wie die Marxsche Analyse der Tausch- oder Kaufform W-G-W´ und ihre Abwandlungen – zu schweigen von einer Analyse der in der Tauschform erkennbaren sozialen Grundstruktur.

---

[29] Vgl. die schon zitierte Formel von Engels, auf die sich Marx ausdrücklich bezog: „Es ist eben ein Naturgesetz, das auf der Bewusstlosigkeit der Beteiligten beruht", F. Engels, MEW 1, S. 514. Noch Habermas reproduziert diese verkehrte Metaphysik, wenn er z.B. sagt, es gäbe einen „intuitiv gewussten, unproblematischen und unzerlegbaren holistischen *Hintergrund im Rücken*", während „sich Sprecher und Hörer frontal miteinander über etwas in einer Welt verständigen", J. Habermas (1985), S. 348. Jeder Hintergrund, wenn man schon so reden will, liegt hinter dem, was vor Augen liegt, und er ist *im Sprechen* als Form der Sprache da, wenn auch vielleicht nicht als *Thema*.

[30] „Meine Arbeiten über diese Dinge, die ich z. T. schon vor 12 Jahre (1897) im Kolleg vortrug, sind nicht (wie Rachfahl nach Troeltsch annimmt) erst durch Sombarts ‚Kapitalismus' veranlasst worden". M. Weber (1972), S. 150.

[31] Vgl. W. Sombart (1934), S. 189ff; (1938), S. 137ff und 352ff.

Weber übernimmt in seinen ökonomischen Anschauungen die Theorie der subjektiven Wertlehre. Wie Menger sieht Weber den Wert im Subjekt verankert; die Frage, wie individuelle Wertung zu allgemeiner Geltung gelangt, wird von Weber nicht als Problem erkannt [32]: Geld entstehe zweckmäßigerweise aus dem Tausch und diene als Tauschmittel. Zum Zins gibt er nur den Fehler Böhm-Bawerks wieder, ihm liege ein Tausch gegen Zukunftsgüter zugrunde.[33] Zudem akzeptiert Weber die Vorstellung vom *homo oeconomicus*, wie sie Mill entwickelt und Menger methodisch systematisiert haben. Die „abstrakte Theorie der Wirtschaft" arbeite mit Fiktionen: „Zu diesem Zweck legt sie ein konstruiertes ‚Wirtschaftssubjekt' zu Grunde". Dieses Wirtschaftssubjekt ist nicht im „empirischen Menschen" realisiert; die Ökonomik arbeitet mit „fingierten" Eigenschaften wie „wirtschaftliche Allwissenheit", „absolute Wirtschaftlichkeit" und „trägheitsloser Erwerbstrieb".[34] Das sollen Bestimmungen *des* wirtschaftlichen Handelns vom „modernen okzidentalen Typus" sein, die erlauben, „die elementaren Lebensphänomene des wirtschaftlich *voll erzogenen* Menschen" zu ermitteln.[35]

Weber untersucht später – in seinem soziologischen Hauptwerk *Wirtschaft und Gesellschaft* – die „Marktvergesellschaftung"[36]. Er ist hier gezwungen, einige neue Momente aufzunehmen, die in der tradierten Nationalökonomie überhaupt nicht vorkommen. Doch gelangt er an keiner Stelle zu einer Kategorienanalyse von Markt und Geld und bleibt bei Beobachtungen zur Rationalisierung durch den Tausch stehen, die sich weitgehend Simmel verdanken. Gottls Arbeiten, die Weber kannte und zitierte, macht er hier kaum fruchtbar. So bleibt festzuhalten, dass Weber durch die seine Darstellungen charakterisierende Breite und Umständlichkeit, einen wissenschaftlichen Gegenstand fassen zu wollen, nicht zu einem *Begriff* gelangt, und es ist dieser Mangel, der seinen Untersuchungen zum „kapitalistischen Geist" den Stempel aufprägt.

Sombart schreibt im Schatten von Marx und Engels, befreit sich davon teilweise methodisch und von den Traditionen der bürgerlichen Ökonomie in seinen „Drei Nationalökonomien" (1930); doch auch er entwickelt keine Geldtheorie. Er hat allerdings deutlich mehr vom Geldsubjekt erkannt als Weber. In seinem Buch über den „modernen Kapitalismus" entfaltet er die Entstehung des Kapitals *historisch*, von der handwerklich organisierten Wirtschaft über den Kleinkredit im Mittelalter usw. Sombart blickt auf die *innere Struktur* des Erwerbstriebs und die durch das Geld bedingte abstrakte Rechenhaftigkeit aller Waren. Allerdings vermochte es auch Sombart nicht, die Kategorien des Geldes zu entwickeln, weder kritisch gegen Marx und die österreichische Tauschtheorie noch positiv als eigene Darstellung. Somit bleibt bei Weber *und* Sombart der Begriff des „kapitalistischen Geistes" eine Abstraktion ohne theoretische Fundierung, auch wenn sie – vor allem aber Sombart – unter dieser Abstraktion wichtige Momente bemerkt und reflektiert haben. Die Lücke der fehlenden theoretischen Grundlage in der

---

[32] Als *Begriff* des Geldes bietet Weber an: „Geld ist jedes als allgemeines Tauschmittel gebrauchte und begehrte Gut." M. Weber (1990), S. 47. Wie kann jemand etwas *als* allgemeines Tauschmittel gebrauchen, wenn es nicht schon allgemein *gilt*? Zum Begriff der Geltung sagt er an anderer Stelle: „Handeln, insbesondre soziales Handeln und wiederum insbesondere eine soziale Beziehung, können von seiten der Beteiligten an der Vorstellung vom Bestehen einer legitimen Ordnung orientiert werden. Die Chance, dass dies tatsächlich geschieht, soll ‚Geltung' der betreffenden Ordnung heißen." M. Weber (1980), S. 16. Und wie konstituiert sich solch eine „Vorstellung"? Das wäre zu beantworten gewesen. Der Begriff der „Legitimität" erklärt hier nichts.
[33] M. Weber (1990), S. 61.
[34] M. Weber (1990), S. 30.
[35] M. Weber (1990), S. 29.
[36] M. Weber (1980), S. 382ff.

5.4.3 Der „Geist des Kapitalismus": Marx, Weber und Sombart

Analyse des Geldes wird dann durch kausale Zuschreibungen ersetzt, die man an anderen sozialen Formen dingfest machen möchte.

Tatsächlich haben sowohl der Marxismus wie der Liberalismus eine Kluft aufgerissen, die nicht überbrückt wurde. Marxens Theorie von der Charaktermaske und der Vergesellschaftung „hinter dem Rücken", die sich geistig in einem *falschen* Bewusstsein artikuliert, nimmt eine kausale Zuschreibung vor, die doch nur auf eine Tautologie hinausläuft: Denn was immer er als Struktur der Gesellschaft *außerhalb des Bewusstseins* (z.B. in der „Warensprache") metaphorisch umschreibt, das *sind* jeweils schon Bewusstseinsformen. Ebenso findet sich, um auf der Gegenseite einen wichtigen Vertreter der bürgerlichen Ökonomik zu nennen, bei Mises ein unklares Nebeneinander von apriorischer Rationalität der Wahlhandlung, durch die Märkte erklärt werden sollen, und daneben die Behauptung, die Rationalität sei überhaupt erst aus den Märkten erwachsen. Eine Vergesellschaftung ohne *reales* Geld sei unmöglich. Ich habe beide Positionen jeweils in den ihnen gewidmeten Kapiteln dargestellt und kritisiert (vgl. 4.4.13 und 4.6.5.5). Hier erinnere ich daran, weil Weber und Sombart in ihrer Theorie des kapitalistischen Geistes als Versuch einer Theorie des Geldsubjekts das Gemeinsame der Haltung von Marx und von Mises *metaphysisch* reproduzieren. Auch sie stellen eine „kapitalistische Wirklichkeit" einer „geistigen Verfassung" gegenüber und stehen dann vor der nämlichen Frage, wie diese mit sich identischen Entitäten miteinander vermittelt sind. Als Relation fällt auch ihnen nur, wie Marx und Mises, die Kausalität ein, wobei man dann streiten mag, welche Entität wie auf welche andere zu beziehen sei.

Hier offenbart sich der Mangel, die *logischen Grundlagen* der Sozialwissenschaften nicht geklärt zu haben, also nicht zu verstehen, dass die Relationen den Relaten vorausgehen, dass die Relation keine Kategorie *geringeren Seins* (wie bei Aristoteles) ist, sondern vielmehr in ihrer sozialen Entfaltung zugleich das hervorbringt, was in den Entitäten einander gegenüberzustehen scheint: Die soziale Denkform und die soziale Wirklichkeit. Die Vergesellschaftung als Relation *ist* ein Denkprozess, der die Handlungen formt und lenkt. Die darin liegende Beziehung zwischen den Menschen und der Natur durch veränderliche Techniken gilt es *primär* herauszuarbeiten. Dann verschwindet das Scheinproblem, was denn nun früher bestehe, das Denken oder das Sein, weil das Denken der Prozess der Vergesellschaftung und diese Vergesellschaftung das Sein der Gesellschaft sind. Weil die Wissenschaft der Vergesellschaftung nicht erarbeitet wurde, muss als Ersatz eine *besondere* soziale Form diese Aufgabe übernehmen, und das gesellschaftliche Sein wird ontisch auf eine besondere Religionsform zurückgeführt, während sie *ontologisch* als Primat der Relation vor der Ausformung der spezifischen Subjektivität, die auch die religiöse Sprache erlernt hat, zu erklären hätte.

Weber geht methodisch so vor: Erst betont er die „von niemandem bisher bezweifelte Tatsache der auffällig starken Kongruenz von Protestantismus und modernem Kapitalismus", greift dann als *tertium comparationis* den „Beruf" heraus und betont, dass das Arbeitsethos sowohl Bedingung des Kapitalismus wie Inhalt des Protestantismus ist, um damit zu zeigen, dass der „Begriff des Berufs irgendwie (!) religiös fundiert sei"[37]. Doch Weber übersieht, dass die Betonung des Arbeitsethos keineswegs einen zureichenden Begriff der *Geldgier* oder des Kapitals liefert, bestenfalls einen Hinweis darauf, weshalb die ausgebeuteten Arbeitskräfte ihre Mühsal auch noch religiös rechtfertigen. Methodisch stellt Weber die „Theorie" des Kapitalismus ganz naiv dem „wirklichen Kapitalismus" gegenüber und will dann – methodisch gesagt – eine Form von „empirischer Wissenschaft" betreiben. Die besondere Rolle der *Denkform* in der Vergesell-

---

[37] M. Weber (1972), S. 305; meine Einfügung.

schaftung ist hier wieder völlig eskamotiert. Ich setze Webers erläuternde Reflexion ganz hier her, um ihren Mangel zu verdeutlichen:

„(W)as kann man unter dem ‚Geist' des Kapitalismus im Verhältnis zum ‚Kapitalismus' selbst verstehen? Was den ‚Kapitalismus' selbst anlangt, so kann darunter nur ein bestimmtes ‚Wirtschaftssystem', d.h. eine Art des ‚ökonomischen' Verhaltens zu Menschen und Sachgütern gelten, welches ‚Verwertung' von ‚Kapital' ist und welches in seiner Gebarung von uns ‚pragmatisch', d.h. durch Feststellung des nach der typisch gegebenen (objektiven) Sachlage ‚unvermeidlichen' ‚besten' Mittels, analysiert wird, – wie gesagt, entweder: alles, was solchen Wirtschaftsystemen zu allen Zeiten gemeinsam war, oder aber: die Spezifika eines bestimmten historischen Systems dieser Art. Hier geht uns der letztere Fall allein an. Eine historisch gegebene Form des ‚Kapitalismus' kann sich mit sehr verschiedenen Arten von ‚Geist' erfüllen; sie kann aber auch – und wird meist – zu bestimmten historischen Typen desselben in sehr verschieden abgestuften, ‚Wahlverwandtschaftsverhältnissen' stehen: – der ‚Geist' kann der ‚Form' mehr oder minder (oder: gar nicht) ‚adäquat' sein. Kein Zweifel, dass der Grad dieser Adäquanz auf den Gang der historischen Entwicklung nicht einflusslos bleibt, dass auch ‚Form und ‚Geist' von untereinander besonders hohem ‚Adäquanzgrade' aufeinanderstoßen, eine Entwicklung von auch innerlich ungebrochener Einheitlichkeit einsetzt, von der Art, wie diejenige, die ich zu analysieren begonnen hatte."[38]

Was sagt hier Weber, wenn man seine wie immer umständliche Redeweise, die vor lauter Vorsicht es nicht hinbekommt, einen klaren Begriff zu formulieren, übersetzt? *Erstens* geht er von der *Dualität* von Theorie und Realität aus (Geist ↔ Kapitalismus). *Zweitens* diskutiert er dann das *Verhältnis beider*, indem er eine Beschreibung und Definition von „Kapitalismus" versucht, um dann die Frage zu stellen, inwiefern der unabhängig davon definierte „Geist" in diese Beschreibung übersetzbar ist. Hinter seinem abwägenden „mehr oder minder" an Übereinstimmung gehen die *erkenntnistheoretisch* wichtigen Fragen völlig unter: Was macht den *Begriff* des Kapitalismus aus? Wie kann dieser Begriff so bestimmt werden, dass er ganz *ohne (s)einen Geist* auskommt? Weber unterstellt ja ontologisch, dass man den Kapitalismus als Wirklichkeit „irgendwie" – ein von Weber inflationär verwendetes Wort – beschreiben könne, um dann *äußerlich* noch dazu eine Denkform in Beziehung zu setzen, um deren „Wahlverwandtschaft" zum Begriff des Kapitalismus als cartesianischer Beobachter zu erwägen.

Darin ist aber schon die *Voraussetzung* unhaltbar, und sie ist identisch mit der Grundthese von Marx, gegen die sich Webers Protestantismusthese wendet, wie sich überhaupt die österreichische Zinstheorie auf dem theoretischen Feld der Ökonomik stillschweigend immer an der Marxschen Ausbeutungsthese orientiert. Auch bei Weber gilt hier Spinozas *omnis determinatio est negatio*. Weber *teilt* die Vorstellung, dass die „kapitalistische Wirklichkeit" ohne ihren „Geist" beschreibbar sei, auch wenn er sagen möchte: Es gibt nur eine besondere, historische Form von kapitalistischem Geist – den Geist des Protestantismus –, die für die kapitalistische Entwicklung förderlich ist und den Kapitalismus damit auch historisch *ermöglicht* (wenn auch nicht kausal erzeugt) hat. Wenn Weber „eine reine spiritualistische Konstruktion" ablehnt[39], dann entspringt dies seinem modifizierten Realismus. Der protestantische Geist liefert die *Form*, der Kapitalismus als Ding an sich fügt sich dann in diese Form. Aber wenn sich der Kapitalismus

---

[38] M. Weber (1972), S. 170f.
[39] M. Weber (1972), S. 303.

5.4.3 Der „Geist des Kapitalismus": Marx, Weber und Sombart

nur in die protestantische Form einfügt, dann muss er bereits von sich her eine Form besitzen. Und in dieser Voraussetzung liegt die These, dass der Kapitalismus seine ihm adäquate Weise der Vergesellschaftung schon gefunden hat, *ohne* sich in einer protestantischen Form zu bewegen.

Dass das *nicht* zutreffe, möchte Weber andererseits und im Widerspruch dazu gerade zeigen. Er reproduziert hier also das Kantsche Dilemma: Ist der Kapitalismus ein Ding an sich, das nur durch einen Geist in Form gebracht wird, an sich aber formlos und unerkennbar sei, dann gelangt man nur zu der Tautologie, die als Voraussetzung einer „auffällig starken Kongruenz von Protestantismus und modernem Kapitalismus" schon ausgesprochen wurde. Erst wenn es *mehrere* Formen des Kapitalismus gibt, kann man prüfen, welche von ihnen dessen „Geist" am adäquatesten verkörpert. Doch dazu muss man erstens diese Form der Vergesellschaftung als Theorie entwickelt haben und zweitens andere kapitalistische Formen überprüfen.

Nun hat Max Weber in seinem umfangreichen religionssoziologischen Werk den Versuch unternommen, *negativ* zu zeigen, weshalb Katholizismus, Islam, Hinduismus, Buddhismus und andere asiatische Religionen den Kapitalismus *ausschließen*. Doch einmal sind seine Untersuchungen hier sachlich oft von zahlreichen handwerklichen Fehlern durchsetzt – besonders seine Darstellung des Buddhismus zeigt kaum ein tieferes Verständnis. Und zum anderen sind seine Schlussfolgerungen – wenn auch, zugegeben, erst heute klar erkennbar – empirisch einfach unhaltbar. Der Kommunismus war in China ebenso kapitalistischer Umprogrammierung fähig wie der Konfuzianismus Korea, wie auch der Schintoismus und Buddhismus in Japan oder der Buddhismus in Taiwan oder der Hinduismus und Islam in Indien.[40] Weber gesteht zu, dass es auch in Asien Ansätze zu einem Kapitalismus gegeben habe.

> „Aber keine Entwicklung, auch *keine Ansätze* einer solchen, zum *modernen* Kapitalismus und vor allem: keinen ‚kapitalistischen Geist' in dem Sinn, wie er dem asketischen Protestantismus eignete."[41]

Das ist nun aber eine schlichte *petitio principii*. Weber *definiert* den kapitalistischen Geist hier durch den asketischen Protestantismus, um dann erstaunt zu bemerken, dass Katholizismus, Islam, Hinduismus, Buddhismus und Konfuzianismus kein asketischer Protestantismus sind.

An anderer Stelle erklärt Max Weber den kapitalistischen Geist allerdings auch anders, auf eine nicht zirkuläre Weise, durch die Ratschläge Benjamin Franklins an einen jungen Handwerker, worin sich auch die berühmte Formel findet: Bedenke, „dass *Zeit Geld ist*"[42]. Hier sieht Weber den Geist des Kapitalismus in seiner reifen Form, die sich von allen Vorläufern unterscheide.

> Was „dort als Ausfluss kaufmännischen Wagemuts und einer persönlichen, sittlich indifferenten, Neigung geäußert wird, nimmt hier den Charakter einer spezifisch *ethisch* gefärbten Maxime der Lebensführung an. In diesem spezifischen Sinne wird hier der Begriff ‚Geist des Kapitalismus' gebraucht. Natürlich: des *modernen* Kapitalismus. Denn dass hier nur von diesem westeuropäisch-amerikanischen Ka-

---

[40] Vgl. zu einer aktuellen Überprüfung der Thesen Webers bezüglich asiatischer Länder K.-H. Brodbeck (2006d). Dort finden sich auch Verweise auf die neuere Literatur, die sich mit Max Webers Protestantismusthese kritisch auseinandersetzt.
[41] M. Weber (1980), S. 378.
[42] B. Franklin (1748), S. 20.

pitalismus die Rede ist, versteht sich angesichts der Fragestellung von selbst. ‚Kapitalismus' hat es in China, Indien, Babylon, in der Antike und im Mittelalter geben. Aber eben jenes eigentümliche Ethos fehlte ihm"[43].

Nun ist sehr leicht erkennbar, dass Weber hier *keinen* Begriff von Kapitalismus hat, sondern nur eine weitere leere Aussage hinzufügt. Was haben denn all die verschiedenen Formen von „Kapitalismus", die er aufzählt, gemeinsam? Worin sind sie wenigstens verwandt? Marx hatte die immerhin klare These formuliert: Es gibt in den frühen Formen des Kapitalismus wohl Wucher- und Kaufmannskapital, aber keine „freien Arbeiter", keine kapitalistische Subsumtion der Produktionsprozesse. Weber hält dem ein „Ethos" entgegen, das dort fehle, weil dieser Kapitalismus noch keinen amerikanisch-europäischen Dialekt spreche. Der Marxsche Gedanke, dass es *faktisch* enteignete Bauern als freie Arbeiter zur Ausbeutung von Mehrwert geben muss, verdünnt Weber zu der Formulierung, es müsse ein „Berufsethos" geben, das im Protestantismus erst seine Formulierung gefunden habe. Welche *Form* dieser Geist als *kapitalistischer* Geist besitzt (sofern er in vielen Gesellschaftsformen erscheint), bleibt bei Weber völlig dunkel. Auch Marx erkennt nicht im Wucher die *allgemeine* Form der Geldgier, die in *jeder kapitalistischen* Form erscheint und nur unterschiedliche Grade der Herrschaft ausübt (vgl. 6.3.3). Ihre Wiederkehr im jüngeren Kapitalismus als *herrschende* belegt gerade, dass es sich nicht um eine frühe historische Form, sondern um den *Begriff* des Kapitalismus als institutionalisierter Geldgier handelt.

Wenn Max Weber also betont, dass es durchaus eine *geistige* Form sei, die den Kapitalismus charakterisiere, so könnte man dem zustimmen. Nur ginge es darum, diese Form an ihr selbst zu entwickeln, nicht sich in vagen Analogien zu ergehen: *Erstens* spricht Benjamin Franklin in einem Geist, der durch die protestantische Umwälzung Europas und ihre Vorformen der Aufklärung wesentlich mitgeprägt ist; es ist also kein Wunder, darin Analogien zu entdecken. Übrigens wäre dies noch weit mehr, wenn man dies geistesgeschichtlich rekonstruieren will, anhand der Freimaurerei näher zu entwickeln, der Franklin und andere die USA bestimmende Gründungsväter maßgeblich zuzurechnen sind. *Zweitens* ist das von Franklin entwickelte Berufsbild zwar durchaus schon an einer Geldökonomie orientiert und besitzt keinen – das ist richtig – mittelalterlich-ständischen Charakter. Doch darin liegt nur eine *Anpassung* an die Verhältnisse der Geldökonomien, die von der Geldgier regiert werden, nicht etwa die *Quelle* dieser Form der Vergesellschaftung.

Weber reproduziert hier ontologisch denselben Fehler, den die Nutzentheorie, von der er völlig abhängig ist, formuliert hat: Wie diese Theorie erst die Geldform ins Subjekt als Präferenz (= Nutzenfunktion) verlegt, um dann aus dieser Subjektivität Handlungen und schließlich Märkte, sogar das Geld „abzuleiten", ebenso verlegt Weber Formbestimmungen der Geldökonomien in moralische Aussagen wie die von Franklin, um dann aus diesen ein „Ethos" herauszulesen, das den „kapitalistischen Geist" ausmache und das man dann mit religiösen Formen vergleichen könne. Hier wie dort ist es ein abgeschmacktes und erkenntnistheoretisch unhaltbares Geschäft. Es ist der nämliche Denkfehler, den Fichte gegenüber Schelling in seinem Brief vom Dezember 1800 geltend macht. Schelling leitet aus dem Unbewussten der Natur schließlich das transzendentale Ego ab. Fichte hält dem entgegen:

---

[43] M. Weber (1969), S. 43.

5.4.3 Der „Geist des Kapitalismus": Marx, Weber und Sombart

„Nun kann nicht umgekehrt das Ich wieder aus dem erklärt werden, was anderswo durchaus *aus ihm* erklärt wird."[44]

Man ersetze „Ich" durch „Geld" oder „kapitalistischer Geist", und man erkennt denselben erkenntnistheoretischen Fehler bei Weber oder in der Nutzentheorie. Der Geist des Kapitalismus kommt nicht von außen zum Kapitalismus hinzu, er liegt in dessen Form der Vergesellschaftung, und diese Vergesellschaftung vollzieht sich in der spezifischen Denkform des Geldsubjekts, die *an ihr selbst* beim Umgang mit Geld zu erkennen ist, auch wenn sie von dort aus alle nur erdenklichen anderen Denkformen durchdringt – auch religiöse. Das Geldsubjekt erlernt im Rechnen eine neue Sprache, die universell anzuwenden der Alltag auf den Märkten nötigt; aber es gibt nicht eine vorsprachliche Vergesellschaftung, zu der dann der kapitalistische Dialekt von außen hinzukäme oder die sich in jenen einfügte.

Die begriffliche Unbestimmtheit bei Max Weber, die sich auch bei Sombart fortsetzt, zeigt sich völlig ungetrübt am Begriff des „Erwerbstriebs". Weber ist bestrebt – und darin sucht er einen ethisch-religiösen Kern – diesen Erwerbstrieb, den er in einer durchaus glücklichen Wortprägung auch „Kaufmannsseele"[45] nennt, als moderne Form der Ratio zu *verteidigen*, um sie von der blanken Habgier des Wuchers als eine *zivilisierte* Form der Geldgier zu unterscheiden. Und eben darin liegt bei Weber ein zutiefst ideologisches Element. Ich setze Webers Reflexion aus dem Vorwort zu seiner „Protestantischen Ethik" ganz hierher:

„‚Erwerbstrieb', ‚Streben nach Gewinn', nach Geldgewinn, nach möglichst hohem Geldgewinn hat an sich mit Kapitalismus gar nichts zu schaffen. Dies Streben fand und findet sich bei Kellnern, Ärzten, Kutschern, Künstlern, Kokotten, bestechlichen Beamten, Soldaten, Räubern, Kreuzfahrern, Spielhöllenbesuchern, Bettlern: – man kann sagen: bei ‚all sorts and conditions of men', zu allen Epochen aller Länder der Erde, wo die objektive Möglichkeit dafür irgendwie gegeben war und ist. Es gehört in die kulturgeschichtliche Kinderstube, dass man diese naive Begriffsbestimmung ein für allemal aufgibt. Schrankenloseste Erwerbsgier ist nicht im mindesten gleich Kapitalismus, noch weniger gleich dessen ‚Geist'. Kapitalismus *kann* geradezu identisch sein mit *Bändigung*, mindestens mit rationaler Temperierung, dieses irrationalen Triebes. Allerdings ist Kapitalismus identisch mit dem Streben nach *Gewinn*, im kontinuierlichen, rationalen kapitalistischen Betrieb: nach immer *erneutem* Gewinn: nach ‚*Rentabilität*'. Denn er muss es sein. Innerhalb einer kapitalistischen Ordnung der gesamten Wirtschaft würde ein kapitalistischer Einzelbetrieb, der sich nicht an der Chance der Erzielung von Rentabilität orientierte, zum Untergang verurteilt sein. – *Definieren* wir zunächst einmal etwas genauer als es oft geschieht. Ein ‚kapitalistischer' Wirtschaftsakt soll uns heißen zunächst ein solcher, der auf Erwartung von Gewinn durch Ausnützung von *Tausch*-Chancen ruht: auf (formell) *friedlichen* Erwerbschancen also."[46]

Dieser Text kann als klassische Form jenes rationalen Lobpreises genommen werden, mit dem sich die Geldgier im Kapitalismus umgibt. Hier wird erkennbar, weshalb Weber umstandslos die Theorie vom *homo oeconomicus* als theoretische Fiktion übernehmen konnte: Ihm schien diese Subjektform die *höchste* zu sein, der Begriff des „voll

---

[44] Fichte-Schelling (1968), S. 114.
[45] M. Weber (1985), S. 394.
[46] M. Weber (1969), S. 12f.; Webers Hervorhebungen.

erzogenen wirtschaftlichen Menschen"[47]. Deshalb erkennt Weber auch die Geldform nicht in ihrer Geltung, denn er hat sie immer schon als „legitime Ordnung" vorausgesetzt. Die „Rentabilität" des Unternehmens, das Streben nach Gewinn, das ist nicht zunächst eine zu erkennende Form der Vergesellschaftung für Weber. An Stelle einer Erkenntnis der Gewinnformen, ihrer Quelle und ihrer konkreten Realisierung bietet Weber eine *Norm*: Gewinn *muss sein*. Punkt.

Um diese kapitalistische Moral zu begründen, unternimmt er – was nun als innerstes Motiv seiner Theorie erkennbar ist – seine religionssoziologischen Untersuchungen. Denn mit dem Protestantismus als Quelle der Ratio des Kapitalismus ist *zugleich* das normative Moment schon vorbereitet. Die Menschen subsumieren sich der Religion, die sie erzieht, um sich schließlich vor dem Kapitalismus zu verbeugen, in einer Haltung, die Sombart treffend als „Markthörigkeit"[48] bezeichnet. Das ist denn auch der *eigentliche* Unterschied zwischen Webers und Sombarts „kapitalistischem Geist": Sombart hat den Kapitalismus nie als Gesellschaftsform akzeptiert und sich vor ihr verneigt, wie Weber, der die Sprachregelungen für die normative Hochzeit mit der Religion „westlicher Völker" geliefert hat.

Rein *sachlich* ist Webers zitierte Formulierung ebenso unhaltbar wie die These von Marx über den Wucher – der allerdings sicher den Kapitalisten nicht bescheinigt hätte, sie würden ihre Geldgier durch institutionelle Arrangements „in Zaum halten". Beide behaupten, es handle sich bei der *reinen Geldgier* des Wuchers, der Habgier, um eine *vor*kapitalistische Form, die ihren adäquaten Begriff noch nicht gefunden habe. Was bei Marx die vorkapitalistischen Gesellschaftsformen sind, das heißt bei Weber „kulturgeschichtliche Kinderstube". Damit endet natürlich auch schon jede Ähnlichkeit zwischen Weber und Marx, denn Weber hatte nicht einmal den Vorschein eines Begriffs, was *Kategorienanalyse des Geldes* bedeutet, die Marx ins Werk setzte. Die Fehler bei Marx kann man heute nur erkennen und kritisieren, weil wir – so auch meine theoretischen Bemühungen in diesem Text – auf seinen Schultern stehen. Der cartesianische Blick von Weber ist dagegen durch den Absturz geprägt, den die ökonomische Wissenschaft zuvor in der subjektiven Wertlehre vollzogen hatte, ebenso ideologisch in den Grundkategorien wie sachlich kurzsichtig und empirisch unhaltbar.

Warum ist Webers zitierte Vorstellung *immanent* unhaltbar? *Erstens* verwendet Weber implizit *zwei* Rationalitätsbegriffe: Auf der einen Seite verteidigt er das Streben nach Gewinn als rationales Handeln rein normativ: es „muss sein". Anderseits aber spricht er davon, dass die reine Geldgier darin *rational gebändigt* sei. Eine Bändigung der Geldgier ist eine *Moral*, die sie beschränkt, z.B. durch die Wuchergesetze. Wenn man die moralische Begrenzung eines grenzenlosen Strebens – das ist die Gewinnmaximierung allemal – als „rational" bezeichnet, dann kann die Gewinnmaximierung nicht *im selben Sinn* „rational" heißen. Weber hat nicht gesehen, dass das spezifisch berechnende Denken durch das Geldsubjekt den Kern – worauf schon das *Wort* Ratio in seiner römischen Herkunft verweist[49] – der modernen Rationalität ausmacht, die ihre Ausprägung vor allem in der Mathematik und Naturwissenschaft findet. Die *Geldgier* ist eine

---

[47] M. Weber (1990), S. 29.

[48] W. Sombart (1930), S. 269.

[49] Das Wort *ratio* hat nach Auskunft des Wörterbuchs von Karl Ernst Georges ursprünglich die Bedeutungen von: Rechnung, Liste, Zahl, Geschäftsangelegenheit, Rechnung im Verkehr etc. und daraus abgeleitet erst die Bedeutung von Denken, vernünftige Überlegung usw. Die Etymologie liefert hier durchaus eine Begriffsgeschichte, und Hobbes' schon zitierte Definition: „Unter rationeller Erkenntnis vielmehr verstehe ich Berechnung", T. Hobbes (1949), S. 6, erweist sich als adäquater Begriff.

5.4.3 Der „Geist des Kapitalismus": Marx, Weber und Sombart

irrationale Leidenschaft, die sich in dieser rationalen *Form* verkleidet und sie instrumentalisiert. Sie ist nicht *definierbar*, d.h. begrifflich eingrenzbar, weil ihr Begriff die Schrankenlosigkeit ist; deshalb „ergibt sich die Unmöglichkeit, diesem Gewinnstreben begriffliche Grenzen zu ziehen."[50] Die formale Struktur der Geldgier ist: *Mehr Geld* zu erwerben, als ausgegeben wurde (= Gewinn). Wer das „rational" nennt und Rationalität mit „Maximierungsverhalten" identifiziert, hat die rationale *Form* des berechnenden Denkens immer schon als „natürlich" vorausgesetzt. Ich habe deshalb die Geldgier eine *verrückte* Ratio genannt, um diese Differenz zu kennzeichnen.

Zweitens versteht Weber – wie übrigens viele andere Ökonomen auch – nicht den vollen Wortsinn von „Rentabilität"; er setzt dies mit der Gewinnmaximierung gleich und bezieht auch die Kapitalrechnung als Zinsrechnung umstandslos hier ein, ohne die *kategoriale* Differenz zu bemerken.[51] All das, was Aristoteles und Marx hier herausgearbeitet haben, die Differenz der Formen G-W-G′ im Unterschied zum reinen Zins und Wucher G-G′, bleibt Weber unbekannt. Weber setzt beide Formen gleich und behauptet sogar, die erste Form des kaufmännischen Gewinns sei nicht nur identisch mit der Rentabilität (die immer die Differenz G′ minus G auf die Ausgangsgeldsumme = Kapital als *Verhältnis* bezieht), sie stelle sogar deren Beschränkung und „Rationalisierung" dar. Das ist, wie die jüngste Entwicklung des Kapitalismus zeigt, empirisch völlig unhaltbar. Doch auch zu Webers Zeit war die reine Geldgier an den Börsen unübersehbar, und man muss schon mit sehr naiver Haltung auf den Kapitalismus blicken, um nicht die faktische Herrschaft der Finanzmärkte über die Unternehmen (in den Börsen, den Banken) zu sehen, die z.B. Rudolf Hilferding ausführlich beschrieben hat. Wenn Weber zugesteht: „Die Börse ist Monopol der Reichen"[52], dann wäre es nur ein kleiner Schritt zu der Einsicht, dass das Geltendmachen eines *spezifischen Eigentumsmonopols* sich durchaus *gegen* die Rationalität der Unternehmensführung wenden kann, die Weber als Vollendung moderner Subjektivität preist. Weber sieht also nicht die in der Geldform liegende kategoriale Struktur, die – das kann man durchaus so sagen – die Subjekte zur Geldrechnung „erzogen" hat, damit aber alle Denkformen durch das berechnende Denken unterjocht und im Subjekt ein Herrschaftsverhältnis fortsetzt, das sich in der Wirtschaft als Monopol des Geldbesitzes geltend macht.

Werner Sombart teilte nie diesen naiv-verklärenden Blick auf den Kapitalismus, der sich bei Weber ungeniert offenbart. Sombart hat vor allem verstanden, dass die Grundbewegung des Kapitalismus auch die *Emanzipation* von früheren Formen der Vergesellschaftung darstellt, nicht deren bloße „Rationalisierung". Mit Weber teilt er die Einsicht, dass sich diese Emanzipation nicht durch die Vernichtung früherer Denkformen vollzieht; sie werden *in Dienst* genommen. Gleichwohl teilt Sombart in dieser richtigen Einsicht Webers These, dass es *historisch* besondere Religionsformen gab, die den kapitalistischen Geist besonders begünstigten und teilweise sogar hervorbrachten. Er widerspricht Weber nur inhaltlich darin, dass dies der Protestantismus gewesen sei:

---

[50] W. Rieger (1964), S. 44.

[51] Vgl. den schon zitierten Satz: „Das Höchstmaß von Rationalität als rechnerisches Orientierungsmittel des Wirtschaftens erlangt die Geldrechnung in der Form der Kapitalrechnung", M. Weber (1980), S. 58.

[52] M. Weber (1988), S. 287.

„Der Protestantismus bedeutet zunächst auf der ganzen Linie eine ernste Gefahr für den Kapitalismus und insbesondere die kapitalistische Wirtschaftsgesinnung."[53]

Sombart sieht dagegen im *Judentum* den adäquaten Vorläufer des Kapitalismus, denn die „jüdische Moraltheologie lehrte jenen rabiaten und extremen Rationalismus, als in den Gemütern der Christen noch die paulinisch-augustinische Liebesreligion lebte."[54]

Diesen Gedanken hat er dann systematisch zu entfalten versucht, *methodisch* ganz unter Webers Einfluss: „Max Webers Untersuchungen über die Zusammenhänge zwischen Puritanismus und Kapitalismus mussten mich notwendig dazu führen, dem Einflusse der Religion auf das Wirtschaftsleben mehr nachzuspüren, als ich es bisher getan hatte, und dabei kam ich zuerst an das Judenproblem heran."[55] Wenn sich heute Autoren über diese These Sombarts erregen, während sie Webers These verteidigen, so übersehen sie die erkenntnistheoretische Gemeinsamkeit. Sombart hat, weit klarer als Weber, erkannt, dass der Kapitalismus durch eine besondere *Denkform* charakterisiert ist. Auch hat er – darin übereinstimmend mit Weber und im Gegensatz zu Marx – dieser Denkform durchaus eine *bestimmende* Rolle zugeschrieben. War es bei Weber die *normativ* gedeutete Ratio des Erwerbstriebs, so hat Sombart weit mehr Mühe darauf verwandt, diese Denkform an ihr selbst zu untersuchen. Dennoch teilt er Webers Fehlschluss, dass eine *Denk*form durch eine *andere* Denkform kausal erklärt werden müsse.[56]

In beiden Fällen wird behauptet, die religiösen Systeme seien als Ursache auszulegen für die Erklärung der spezifischen Form des kapitalistischen Geistes. Hier spukt die cartesianische Ontologie, dass „Geistiges" nur auf anderes „Geistiges" zurückgeführt werden könne. Richtig ist darin erkannt, dass es tatsächlich Marx und den Marxisten nicht gelungen ist, das, was sie in der Kategorie der „Bestimmung" (das Sein *bestimmt* das Bewusstsein) metaphysisch behaupteten, auch plausibel zu machen.[57] Man kann das Bewusstsein *als* Bewusstsein nicht auf ein Nicht-Bewusstsein, man kann also die *Bedeutung* nicht auf Nicht-Bedeutung zurückführen. Die Inhalte des „kapitalistischen Geistes" sind aber *als Inhalte* deshalb auch nicht auf *andere* Inhalte zu reduzieren. Zwar sind auch religiöse Denkformen eben *Denkformen*; deshalb gibt es wie zu anderen Denkformen auch mannigfaltige *Analogien*, auf die man verweisen kann. Doch damit wird der *spezifische Inhalt* der Denkformen nicht erklärt, sondern eben immer schon vorausgesetzt.

Man entdeckt in der jüdischen oder christlichen Religion nur dann Elemente des kapitalistischen Geistes, wenn man diesen Geist schon *kennt*. Es bedarf nur einiger hermeneutischer Spiele, um durch geeignete Abstraktion (also Entleerung der Inhalte) zwischen allen möglichen Denkformen Analogien herzustellen. Doch das ist immer eine *nachgelagerte* Bewegung des Denkens. Sie kann vielleicht erklären, weshalb in einigen

---

[53] W. Sombart (1923), S. 323.
[54] W. Sombart (1923), S. 339.
[55] W. Sombart (1920), S. V.
[56] Auch Simmel bringt übrigens die Denkweise des Geldsubjekts mit dem Judentum in Zusammenhang: „Der tiefe Zug der jüdischen Geistigkeit: sich viel mehr in logisch formalen Kombinationen als in inhaltlich schöpferischer Produktion zu bewegen, muss mit dieser wirtschaftsgeschichtlichen Situation in Wechselwirkung stehen. Dass der Jude ein Fremder war, ohne organische Verbindung mit seiner Wirtschaftsgruppe, das wies ihn auf den Handel und dessen Sublimierung im reinen Geldgeschäft hin." G. Simmel (1977), S. 224f.
[57] Die Wissenssoziologie hat diese Problem geerbt; Max Scheler machte hier den interessantesten Vorschlag, doch auch seine Lösung lässt sich wohl nicht halten; vgl. zur Kritik K.-H. Brodbeck (2002a), Kapitel 7.9.

5.4.3 Der „Geist des Kapitalismus": Marx, Weber und Sombart

Religionen bestimmte Momente im Umkreis der kapitalistischen Gesellschaft besonders hervorgetreten sind und von Theologen umgedeutet wurden. Doch all dies setzt die *Kategorien* von Geld, Eigentum, Einheit der Geldrechnung, Geltung dieser Einheit und den Strukturen des Kaufaktes als objektive Voraussetzung für die Entfaltung der Geldgier schon voraus. Man *erkennt* nichts, wenn man bemerkt, dass bei Calvin, Luther oder im Judentum und im Islam die dem Geldsubjekt zukommenden Denkformen *auch zu* entdecken sind. Darüber wundert sich nur, wer an eine Bedeutung religiöser Texte glaubt, die von *außerhalb* der Gesellschaft durch ein transzendentes Wesen offenbart worden sein sollen, das zufälligerweise dafür auch die gerade lokal gepflegte Sprache und Bilderwelt benutzte und trotz seiner Allmacht auf *menschliche* Autoren angewiesen war. Die *Verrechnung* einer Denkform auf eine andere ist vielmehr nur die Bewegungsform, in der das Geldsubjekt auch *geistige Gegenstände* in eine berechenbare Ordnung zu bringen versucht.

Während jedoch bei Weber das apologetische Interesse immer wieder durchschimmert und mit seinem Streben nach Vollständigkeit und einer redlichen Buchführung über die gesammelten Fakten in Widerspruch gerät, ist bei Sombart ein *antikapitalistischer Zug* unübersehbar. Er ging dabei aus vom Marxismus, behielt die Kritik der Ausbeutung im Kapitalismus bei, deutete sie aber schließlich völlig um in einen *nationalen Sozialismus*, um sich auch politisch schließlich der gleichnamigen Partei in Deutschland zuzuwenden. Er greift auf eine Marxsche Formulierung zurück, wenn er sagt: „Für den ‚Sprung aus dem Reich der Notwendigkeit in das der Freiheit' brauchen wir nicht auf den Kommunismus zu warten."[58] Sombart leugnete wie Schmoller die Existenz von *Gesetzen* in der Wirtschaft und zog daraus den Schluss, dass man Wirtschaft *willentlich gestalten* kann. Dieser Gedanke wendet sich gegen die Marxsche Vorstellung, dass erst die gesetzmäßig erzeugten Krisen im Kapitalismus, der Fall der Profitrate und die wachsende Verelendung der Proletarier jenes Potenzial erzeugen, das dann nur noch den revolutionären Ausweg übrig lässt. Sombart hat offenbar von Lenin und den Bolschewiki gelernt, dass man eine „Reife" nicht passiv abwarten müsse, sondern herbeiführen und *unmittelbar* die Gestaltung der Wirtschaft einleiten könne.

Wie die russischen Kommunisten, hat aber Sombart hierbei die Rolle der Recheneinheit, in der verschiedene Produktionszweige durch Pläne beherrscht werden, nicht verstanden und ihre innere Abhängigkeit von der Geldform, die Mises zu Recht betonte, gar nicht als Problem erkannt. Er wollte auch nicht, wie Othmar Spann, zurück zu einer ständischen Ordnung, sondern glaubte an einen besonderen *deutschen* Auftrag, einen „deutschen Sozialismus".[59] Sombart hat seine spätere Auffassung zu einer umfassenden Anthropologie auszubauen versucht.[60] Neben dem Opportunismus gegenüber den Nazis, der für zahlreiche deutsche Wissenschaftler charakteristisch war, macht sich bei Sombart immer auch ein rein wissenschaftlicher Impuls geltend. Das genauer darzustellen, würde von der hier vorliegenden Erklärungsaufgabe allerdings zu weit abführen, weshalb ich darauf verzichte.

---

[58] W. Sombart (1932), S. 5.

[59] W. Sombart (1934).

[60] Vgl. W. Sombart (1938). Sombart war – wie Heidegger, Gottl-Ottlilienfeld und Gehlen – durchaus davon überzeugt, dass seine eigene Theorie ihn zu Schlussfolgerungen führte, die sich in das Nazi-Gedankengut einpassen würden. Wie die anderen genannten Autoren, entwickelte auch er eine Art „Privatnationalsozialismus", der auf die Parteidoktrin nur äußerlich passte, was Kritiker als Feigheit und Opportunismus anprangern. Eine nicht-personalisierte Kritik ist aber nur dann ehrlich, wenn z. B. die geistige Kumpanei mit dem totalen Markt *heute* als dieselbe psychologische Struktur erkannt wird.

Was Sombart dagegen in seinen *früheren* Texten formulierte – von „Der Moderne Kapitalismus" (1902) bis zu „Der Bourgeois" (1923) –, lässt sich in wichtigen Grundzügen als eine Phänomenologie des Geldsubjekts lesen. Sehr viel klarer als Weber und sicher unter dem Einfluss von Marx erkennt Sombart, wie das, was die ökonomische Tradition und Max Weber das „Erwerbsstreben" oder den „Erwerbstrieb" nennen, in der Struktur des Kapitalismus selbst seine Quelle hat:

> „In der Seele des modernen Wirtschaftsmenschen arbeitet, wie wir wissen, der Drang nach dem unendlich Großen, der hin zu immer neuen Werken und immer größerem Wirken treibt. Fragen wir, woher dieser Drang kommt, so finden wir natürlich als ursprüngliche Triebkraft das Erwerbsstreben. Nicht weil es notwendig das hervorstechende Motiv in der Seele des Unternehmers ist. Sondern weil es sich durch die kapitalistischen Zusammenhänge dem einzelnen Unternehmer als objektiv zwingende Macht gegenüber stellt. Ich habe die Entstehung dieses Zwangsverhältnisses die Objektivierung des Gewinnstrebens genannt und habe gezeigt, wie diese notwendig dadurch eintritt, dass alle erfolgreiche kapitalistische Wirtschaft Überschusswirtschaft ist."[61]

Hier betont Sombart ein objektives Moment – Marx sprach von einer Nötigung der Kapitalisten bei „Strafe des Untergangs" –, und es bleibt zu klären, wie sich diese äußere Form der Konkurrenz, die ihrerseits schon die Geldeinheit und die in ihr abstrakt artikulierte Leidenschaft der Geldgier voraussetzt, zur „seelischen Struktur" verhält. Sombart sagt zwar: „(D)ie Psyche des modernen Wirtschaftsmenschen ist uns kein Geheimnis mehr."[62] Gleichwohl verrät er nicht, wie sich diese Psyche als *Denkprozess* in der Form der monetären Vergesellschaftung konstituiert als Geldsubjekt.

Eben dieses Versäumnis verleitet ihn dazu, nun seinerseits nach Ursachen für diese seelische Verfassung zu suchen. Wenn sich die „zwingende Macht" in der Konkurrenz nur als „Objektivierung des Gewinnstrebens" darstellt, dann bleibt das Gewinnstreben in der Schwebe: Ist es etwas, das zur „Seele des Unternehmers" hinzukommt, oder ist vielmehr diese „Seele", die Weber „Kaufmannsseele" nennt, nur eine innere Modifikation der Denkprozesse *aller* Menschen, die an Märkten durch die Geldrechnung teilnehmen? Meine Frage ist natürlich rein rhetorisch, denn letzteres zu zeigen, ist die Aufgabe des vorliegenden Buches. Sombart erkennt den inneren Zusammenhang zum Geld, zur Geldrechnung, auch wenn er nicht in der Lage ist, diese Einsicht wirklich auf den Begriff zu bringen.

Er versucht sich an einer *historischen* Antwort, die er auch „Psychogenese des Kapitalismus"[63] nennt. Was Sombart hierbei feststellt, trifft in der Regel durchaus den Sachverhalt, so vor allem seine Erkenntnis, dass die Entwicklung der Zahlsysteme hier eine weitaus wichtigere Rolle spielt als andere Formen:

> „Wir können die *Schöpfungsperiode der neuen Geschäftstechnik* mit den Jahreszahlen 1202 und 1494, mit den Namen Leonardo Pisano und Luca Pacioli umgrenzen."[64]

---

[61] W. Sombart (1923), S. 448f.
[62] W. Sombart (1923), S. 456.
[63] W. Sombart (1902: 1), S. 391.
[64] W. Sombart (1902: 1), S. 392.

5.4.3 Der „Geist des Kapitalismus": Marx, Weber und Sombart

Darin liegt indes ein Hinweis, den Sombart nicht aufnimmt. Was später Schumpeter im „Unternehmer" als dynamisch-personales Motiv verdinglicht, das möchte auch Sombart in einer besonderen *Klasse* von Subjekten lokalisieren. Die Psychogenese des Kapitalismus ist zugleich die Genese der Kapitalisten. Hier folgt er durchaus den Vorgaben des Marxismus:

> „Nur die Motivreihen der führenden Wirtschaftssubjekte kommen in Betracht: in einer kapitalistischen Wirtschaft beispielsweise nicht diejenigen der Lohnarbeiter, sondern lediglich diejenigen der Unternehmer, nicht diejenigen der Konsumenten, sondern der Produzenten und Händler."[65]

Damit soll das logische Dilemma gelöst werden, dass Sombart die Subjektivität des Geldsubjekts einerseits als *geistiges* Phänomen erkennt, andererseits möchte er ihm aber einen historischen und sozialen Platz einräumen. An die Stelle der kategorialen Klärung tritt die Analogie, wobei er die neue, zu erklärende Denkform bei *wenigen* Subjekten identifiziert und *deren* Stellung in der Gesellschaft dann als stillschweigende Voraussetzung dafür nimmt, dass auch die *Denkform* eine herrschende ist. Kapitalisten oder Händler beherrschen aber nur deshalb die Gesellschaft ökonomisch, weil sie sich in einer *sozialen Form* denkend bewegen, an der alle anderen von den genannten Wirtschaftssubjekten (Konsumenten, Lohnarbeiter) teilhaben und deren Verblendung durch ihr Denken und Handeln auf Märkten *reproduzieren*. Sombart versteht unter kapitalistischem Geist folgendes:

> „Darunter sind also alle jene Seelenstimmungen zu verstehen, die wir als dem kapitalistischen Unternehmer eigentümliche kennen gelernt haben: das Gewinnstreben, der kalkulatorische Sinn, der ökonomische Rationalismus. Damit Kapitalismus möglich sei, ist kein geringeres Wunder zuvor nötig als die Menschwerdung eben dieses ökonomischen Rationalismus in der Gestalt des economical man der klassischen Nationalökonomie."[66]

Sombart identifiziert also den *homo oeconomicus*, den Weber zunächst wie Mill und Menger als abstrakten Idealtypus fasst, mit einer konkreten historischen Gestalt, die sich in einer *besonderen* Klasse materialisiert:

> „Derjenige Geist, der diese Wandlung vollbringt, der die Alte Welt in Trümmer schlägt, ist der kapitalistische Geist, wie wir ihn nennen nach dem Wirtschaftssystem, in dem er haust. Es ist der Geist unserer Tage. Derselbe, der jeden amerikanischen Dollarmenschen wie jeden Flieger beseelt, der unser ganzes Wesen beherrscht, und der die Geschicke der Welt leitet."[67]

Diese Formulierung ist kryptisch. Sombart sagt, dass dieser Geist „unser ganzes Wesen beherrscht". Doch wer ist „uns"? Sind es nun doch alle an den Märkten beteiligten Menschen, also auch die „Konsumenten und Lohnarbeiter"? Dann wäre dieser Geist aber als allgemeine Form der Vergesellschaftung erst vorab zu bestimmen. Oder soll dieser Satz bedeuten, dass „unser ganzes Wesen" nur indirekt beherrscht wird, weil

---

[65] W. Sombart (1902: 1), S. XXII.
[66] W. Sombart (1902: 1), S. 208.
[67] W. Sombart (1923), S. 23 ; was ein „Flieger" hier begrifflich zu suchen hat, bleibt Sombarts Geheimnis; vermutlich aber spielt er auf den Kapitalisten als Abenteurer an.

dieser Geist in einem Subjekttypus als soziale Klasse zur Herrschaft gelangt ist – wie die Kapitalisten die Proletarier und die ganze Gesellschaft nach der Marxschen Auffassung beherrschen? Ist gemeint, dass *jeder* Marktteilnehmer von diesem Geist beherrscht wird, so ist die Herrschaft einer herrschenden Klasse nur auf der Grundlage dieser *inneren Macht* des „kapitalistischen Geistes" in jedem Subjekt zu erklären – die Herrschaft der Denkform geht der sozialen Herrschaft dann voraus und begründet jene. Sombart beantwortet diese Frage nicht; er sieht gar nicht das Problem, sondern fährt so fort, dass er den kapitalistischen Geist sich in einer besonderen Personengruppe verkörpern lässt, in Wiederaufnahme des Marxschen Denkhorizonts der Klassenherrschaft, die nur einen anderen Namen erhält.

Die *Identifizierung* des kapitalistischen Geistes, der „Gier nach Gold und Geld"[68], mit seiner konkreten Verkörperung in einem besonderen Träger, legt den Fehlschluss nahe, dass diese Inkarnation sich nur in bestimmten Menschen*typen* vollzieht. Fasst Weber diesen besonderen Menschentypus als jenen, den die protestantische Ethik hervorbringt und gleichsam zur Empfängnis bereit macht, so schwankt Sombart. Zunächst folgt er durchaus noch der allgemeinen Bestimmung einer Charaktermaske, die sich bei Marx findet, die er nur psychologisch vertieft und *als* geistiges Phänomen zu erfassen versucht. Hier fällt für Sombart der Begriff des kapitalistischen Geistes mit dem des Bourgeois zusammen, der in sich die Geldgier und den Bürger vereinigt, die Umschreibung dessen, was seit der französischen Revolution als *citoyen* und *bourgeois* bezeichnet wird:

> „In jedem vollkommenen Bourgeois wohnen, wie wir wissen, zwei Seelen: eine Unternehmerseele und eine Bürgerseele, die beide vereinigt erst den kapitalistischen Geist bilden."[69]

Doch mit der Personalisierung einer allgemeinen Subjektform liegt die Versuchung nahe, den kapitalistischen Geist nun in *besonderen* Personengruppen zu vermuten. Noch in Schumpeters „Unternehmer" klingt dieser Denkfehler nach, der zwar nicht rassisch bestimmt wurde, aber doch als herausragendes Genie, als Führernatur, begabt mit dem Willen zur Macht. Und auch Schumpeter leitet das Streben nach einer Revolutionierung der Produktion aus einem *anderen* psychologischen Faktor ab. Bei Max Weber wird diese Ableitung so vollzogen, dass die protestantische Religion ein Umfeld biete, in dem sich der kapitalistische Geist (den er sowenig wie Schumpeter oder Sombart *kategorial* bestimmt) entfalte, eine Art Hefe für die Bakterienkultur des *economical man*.

Sombart findet die These Webers nicht überzeugend, verbleibt aber *logisch* in derselben Denkfigur, wenn er das Judentum alternativ als Quelle identifiziert. Sein Schwanken und Relativieren ist hierbei beredt und verrät den fehlenden Begriff des Geldsubjekts und der Geldgier. So sagt er an einer Stelle:

> „Niemals können Wirtschafts*formen* aus sittlichen Bestrebungen irgendwelcher Art entspringen. Gegen dieses Missverständnis hat sich schon Max Weber mit Entschiedenheit gewendet, als man ihm unterschieben wollte, er habe den gesamten Kapitalismus aus religiösen Motiven abzuleiten versucht."[70]

---

[68] W. Sombart (1923), S. 29.
[69] W. Sombart (1923), S. 256.
[70] W. Sombart (1923), S. 357.

5.4.3 Der „Geist des Kapitalismus": Marx, Weber und Sombart

Weber bewegt sich tatsächlich in einer kantianischen Tradition, die zwar die geistigen *Formen* aus einer geistigen (ethischen, religiösen) Quelle ableitet, damit aber nicht behauptet, dass die *Inhalte* dieser Formen jeweils so gemeint seien: Die protestantische Ethik *ist* nicht eine Theorie des Kapitalismus, wohl aber fügt sich der kapitalistische Geist – meint Weber – in diese Ethik ein. Es ist ein *Bedingungsverhältnis* im ontologischen Sinn einer *Möglichkeit*, keine Kausalität.

Wenn nun Sombart alternativ dazu „die *Bedeutung* der Juden für das moderne Wirtschaftsleben aufdecken"[71] möchte, so wird die *ontologische* Unklarheit über die Einbettung des Denkens in das Handeln als Schwanken des Gedankens sichtbar. Was heißt hier „Bedeutung"? Ist eine empirische Häufigkeit gemeint, im Sinn von Webers „Chance" (= Wahrscheinlichkeit)? Ist, wie bei Max Scheler, eine *Form* gemeint, in die sich die wirklichen Prozesse einfügen und die somit eine selektive Funktion ausübt? Wie bei Weber, kommt auch bei Sombart letztlich ein *normatives Urteil*, ein *Vorurteil* hinzu. Ist es bei Weber die immer wieder durchscheinende prinzipielle Parteinahme für den Kapitalismus, so ist es bei Sombart eine als *Ranküne* erkennbare Ablehnung, die durch die Identifikation von „kapitalistischem Geist" und „Judentum" den Antikapitalismus mit einem latenten Antisemitismus ermöglicht – wie sich, politisch nur weniger auffällig, bei Weber eine antikatholische Ranküne beobachten lässt. Weber setzt dabei dem Denktypus nach vielfach Momente des Katholizismus mit Buddhismus, Hinduismus und einigen Formen des Islam gleich.[72] Seine Gleichung ist einfach: Die Ratio vollendet sich in der Moderne, in den kapitalistischen Unternehmen, denn, wie zitiert, das Streben nach „immer *erneutem* Gewinn: nach ‚Rentabilität' (…) muss sein"[73]. Der Katholizismus ist dagegen *vormodern*, ihm eignet eine „Weltfremdheit"[74]. Allein dieser *Terminus* ist durch und durch ideologisch, weil das, was *Welt* ausmacht, von vornherein mit der Welt der Geldökonomie, des Kapitalismus und des ihm eigenen berechnenden Denkens und der Geldgier gleichgesetzt, aber nicht begründet wird. Hier zeigt sich wiederholt, dies nur nebenbei bemerkt, wie wenig sich das „Wertfreiheitspostulat" in Webers eigenen Untersuchungen bewährt.

Sombart hat andere Vorurteile; er spricht sie nur klarer und unverblümter aus als Weber, nicht zuletzt in seinem persönlichen Absturz in eine geistige Komplizenschaft mit den Nazis. Doch auch seine Denk*form*, ungeachtet aller Ranküne, ist unhaltbar. Die Kausalverrechnung des kapitalistischen Geistes auf *jüdische* Denk- und Lebensformen scheitert, und Sombarts Schwanken verrät, dass er das genau spürte. Wie Weber stellt auch er zunächst eine Frage nach dem *Wert* des Kapitalismus, der gleichsam seinen Schatten auf den Grund – bei ihm der jüdische, nicht der protestantische Geist – zurückwirft: „Die Juden haben den Kapitalismus in seiner heutigen Gestalt möglich gemacht. Eine dankenswerte Leistung? Auch diese Frage wird ganz und gar verschieden beantwortet werden je nach dem persönlichen Verhältnis, das der einzelne zur kapitalistischen Kultur hat."[75] Was bei Weber als *Norm* erscheint („Gewinn muss sein"), das wird bei Sombart zum kleinbürgerlichen Geschmacksurteil.

Der jüdische Geist, seine Intellektualität, die „überragende Geistigkeit"[76], der Vorrang des Geistes vor dem Körper, die Betonung der Bildung – „Unterricht und Gottes-

---

[71] W. Sombart (1920), S. X ; meine Hervorhebung.
[72] Als Beispiele seien genannt: M. Weber (1969), S. 33ff; (1980), S. 297f.; (1986,) S. 235f. usw.
[73] M. Weber (1969), S. 12f.
[74] M. Weber (1969), S. 33.
[75] W. Sombart (1920), S. XIIf.
[76] W. Sombart (1920), S. 313.

dienst sind bei diesem Volke eins"[77] –, all dies begünstige die Rationalität des Kapitalismus, meint Sombart. Doch wie haltlos diese Zuschreibung als jüdische Singularität ist, ungeachtet der Frage, ob tatsächlich die jüdischen Händler aus der „Schul" (dem jüdischen Gotteshaus) hervorgegangen sind, ist schon daran erkennbar, dass die Bedeutung der klaren Rationalität im alten Indien, in den logischen Schulen, in den buddhistischen Klöstern, aber auch in der Bedeutung des konfuzianischen Schulsystems *wenigstens* denselben Rang einnimmt, wie die Intellektualität im Judentum. Ferner kann man sagen, dass sowohl die Griechen bereits sehr früh eine hohe formale Rationalität entwickelt haben, die sich weniger im Judentum, viel eher im Islam fortsetzte und dort – was Sombart sehr wohl wusste – zur Entwicklung einer mathematischen Form führte, die in der römischen und jüdischen Welt unmöglich war. Die historische Quelle dafür verweist nach Indien und in die arabischen Handelszentren, nicht in die jüdische „Schul", aber auch ganz und gar nicht in die fundamentalistische Raserei protestantischer Sekten, die sich von Anfang an als *Bürgerkrieg* offenbarte. Luther und Calvin zeigen keinerlei Anzeichen jener Ratio, die sich dem *berechnenden Denken* verdankt, und die jüdische Kabbala ist eher ein *Resultat* des Geldsubjekts (sie stellt eine späte jüdische Schule dar), kaum historische Quelle solcher Denkformen.

Vor allem aber ist folgendes zu bedenken: Es gibt eine *logische* Rationalität, die sich der Sprache verdankt: das klare Argument, die Selbstreflexion des Gedankens usw. Es ist diese Form der Rationalität, die sich in Griechenland und in Asien zuerst zeigte und herausbildete. Sie entzündete sich vielfach auch an Fragen der Vergesellschaftung – der Geltung von Moral und Religion, der Gerichtsrede –, besaß aber in den logischen und rhetorischen Traditionen eine eigene Form, die sich in der Text-Hermeneutik des Mittelalters reproduzierte. Die dem Geldsubjekt eigentümliche Ratio des *berechnenden Denkens*, die ich als schrittweise Eroberung des Subjekts, damit auch des *Sprachsubjekts*, beschrieben habe, ist ganz anders zu bestimmen. Was Sombart jüdische Geistigkeit nennt und was bei Weber in anderen Beschreibungen gleichfalls immer wieder durchscheint, ist die Rationalität der Sprache, des inneren Sprechens, also das, was die philosophische Tradition meist „Vernunft" nannte. Auch der Protestantismus ist als Buch-Religion eine Hermeneutik, d.h. von anderer Rationalität als die Ratio des Geldsubjekts. Deshalb verbietet es sich, die Formen der Vergesellschaftung durch das Geld aus den Sprachformen der Vergesellschaftung kausal abzuleiten, seien es nun protestantische oder jüdische Sprachspiele. Und deshalb ist Sombarts und Webers ganze Reflexion schon *kategorial* verfehlt. Sie liefert vielleicht einige Hinweise darauf, in welcher Umgebung das Geldsubjekt *günstigere* Denkformen zur Entwicklung des rechnenden Denkens vorfand. Doch, wie sich zeigte, findet sich dies weder in der römisch-christlichen noch in der jüdischen Tradition, sondern vor allem in den von den Arabern entlang der Handelsrouten nach Asien mitgebrachten *indischen* Rechentechnik.

Es ist deshalb kein Wunder, dass sich Sombart in einem Dschungel von Banalitäten und Vorurteilen verwickelt, wenn er zwar die jüdische Intellektualität preist, den Juden aber ein ordentliches Gefühlsleben abspricht:

> Der Jude „empfindet vor allem seine Umgebung nicht als Lebendiges. Und darum geht ihm auch der Sinn ab für die Eigenart des Lebendigen, für dessen Ganzheit, für seine Nichtteilbarkeit, für das organisch Gewordene, für das natürlich Gewachsene."[78]

---

[77] W. Sombart (1920), S. 314.
[78] W. Sombart (1920), S. 318.

5.4.3 Der „Geist des Kapitalismus": Marx, Weber und Sombart

Das ist ein billiges Vorurteil, und es bereitet den mentalen Absturz vor, der die späteren Schriften Sombarts charakterisiert. Sätze wie: „Der Jude trieft förmlich von guten Händlereigenschaften"[79], sind nur die Fortführung der Projektion auf eine Minderheit in den mittelalterlichen Städten, die wissenschaftlich wertlos ist. Die Sonderrolle der Juden erwuchs nicht deren besonderer „Geistigkeit", sondern ihrer sozialen Funktion als einer ausgestoßenen Gruppe im christlichen Umfeld, das sich schrittweise durch Märkte organisierte, dabei aber zugleich das Wucherverbot geltend machte. Juden war – endogen in ihrer Religion – das Zinsnehmen von Andersgläubigen erlaubt, und nur aus dieser Konstellation erwuchs die Rolle einiger Juden als Wucherer. Das einzig religiöse und spezifisch jüdische Moment, das sich hier festmachen lässt, ist das fehlende Zinsverbot den Christen gegenüber.

Nun steht Sombart mit seiner These nicht allein – was sie natürlich nicht besser macht. Der junge Karl Marx sagt über die Juden und das Geld:

> „Der Jude hat sich auf jüdische Weise emanzipiert, nicht nur, indem er sich die Geldmacht angeeignet, sondern indem durch ihn und ohne ihn das Geld zur Weltmacht und der praktische Judengeist zum praktischen Geist der christlichen Völker geworden ist. Die Juden haben sich insoweit emanzipiert, als die Christen zu Juden geworden sind."[80]

Und Marx fährt fort:

> „Das Geld ist der eifrige Gott Israels, vor welchem kein andrer Gott bestehen darf. Das Geld erniedrigt alle Götter des Menschen – und verwandelt sie in eine Ware. Das Geld ist der allgemeine, für sich selbst konstituierte Wert aller Dinge. (…) Der Gott der Juden hat sich verweltlicht, er ist zum Weltgott geworden. Der Wechsel ist der wirkliche Gott des Juden. Sein Gott ist nur der illusorische Wechsel."[81]

Es ist nicht schwer, hier Sombarts These – nur eloquenter und intelligenter – aus der Feder eines *jüdischen* Autors wiederzuerkennen.[82] Derartige Sätze, die heute allerlei automatisierte Reaktionen politisch-korrekter Empörung auslösen, sind für die Erkenntnis der Geldgier, des kapitalistischen Geistes ohne Bedeutung – ich werde deshalb diese Gedanken hier nicht weiter verfolgen. Es genügt, sie als Irrweg erkannt zu haben.

Zu Sombart ist allerdings zu ergänzen, dass sich bei ihm viele Ansätze für weiterführende Überlegungen finden, deren ausführliche Darstellung in einer Spezialuntersuchung zu Sombarts Ökonomik ihren Platz hätte, was ich hier nicht vorführen kann. Ich erwähne als Beispiel, dass er sich sehr viel näher an eine Erklärung der *Quellen* des Zinses herantastete als andere Ökonomen (zu schweigen von Max Weber, der auf dem Stand von Böhm-Bawerk verharrte). Auch Schumpeters These, also die Wiederaufnah-

---

[79] W. Sombart (1920), S. 332.
[80] K. Marx, MEW 1, S. 373.
[81] K. Marx, MEW 1, S. 374f.
[82] Marx sieht die Lösung in der *Überwindung der beiden Religionen*, Judentum und Christentum und der Anerkennung der *Wissenschaft* – man könnte hinzufügen: „als Religion": „Die starrste Form des Gegensatzes zwischen dem Juden und dem Christen ist der religiöse Gegensatz. Wie löst man einen Gegensatz? Dadurch, dass man ihn unmöglich macht. Wie macht man einen religiösen Gegensatz unmöglich? Dadurch, dass man die Religion aufhebt. (…) Die Wissenschaft ist dann ihre Einheit. Gegensätze in der Wissenschaft lösen sich aber durch die Wissenschaft selbst." K. Marx, MEW 1, S. 348f. Es ist aber gerade die Ratio des Geldsubjekts, die *als* Wissenschaft alle religiösen Inhalte analysierend subsumiert.

me des Gedankens von Bentham, dass durch Innovationen, durch Projektemacherei eine wesentliche Bewegungsform des kapitalistischen Geistes erkannt wird, ist bei Sombart durchaus klar herausgearbeitet. Vor allem hat Sombart den engen Zusammenhang zwischen Projektemacherei und Börse betont[83], eine Einsicht, die ihre umfassende Gültigkeit in den 90er Jahren des 20. Jahrhunderts offenbarte und die bei Schumpeter kaum von Bedeutung ist.[84] Sombart beschreibt die Börse als ein *Spiel* (er spricht vom „Börsenspiel"[85]), das gerade deshalb weitaus zutreffender ist als die späteren Überlegungen der „Spieltheorie", weil er sich nicht durch eine mathematische Fessel den Blick auf die wirkliche Börse verstellen ließ und Spekulationsprozesse als kapitalistische Normalität beschrieb, was sich so erst wieder bei Keynes finden lässt.

Seine Bemerkung, dass sich „die Spielwut in der Form des Börsenspiels schließlich doch in den Unternehmungsgeist (der einen Bestandteil des kapitalistischen Geistes bildet) gleichsam hineinverarbeitet"[86], antizipiert vieles von der Dynamik des Kapitalismus am Ende des 20. Jahrhunderts, das Keynes später in dem Satz vom „Kapitalismus als Kasino" charakterisierte.[87] Hier wird erkennbar, dass der kapitalistische Geist keineswegs eine in sich homogene, rationale Form darstellt, die von Weber unterstellt wurde. Vielmehr erweist sich, dass die Geldgier sich von den Schranken der Fesselung an die Organisation der Produktion in kapitalistischen Unternehmen seinerseits emanzipiert und eine Herrschaft *über* den Unternehmen durch das „Börsenspiel" errichtet. So nähert sich Sombart auf vielen Wegen durch seine Phänomenologie des kapitalistischen Geistes den Einsichten, die sich auf dem Wege einer kategorialen Analyse gewinnen lassen. Und darin überragt er deutlich Max Weber, der mit ihm hier immer noch oftmals in einem Atemzug genannt oder auch hinter Webers großem Schatten verschwiegen wird.

Um dieses Kapitel versöhnlich mit der Betonung einer Gemeinsamkeit zu beenden: Eine innere Berührung zwischen den im vorliegenden Buch entwickelten Gedanken zur Theorie des Geldsubjekts und den Anschauungen von Sombart und Weber lässt sich in dem folgenden Zitat zusammenfassen, in dem Weber sehr treffend sagt:

> „Die heutige kapitalistische Wirtschaftsordnung ist ein ungeheurer Kosmos, in den der einzelne hineingeboren wird und der für ihn, wenigstens als einzelnen, als faktisch unabänderliches Gehäuse, in dem er zu leben hat, gegeben ist. Er zwingt dem einzelnen, soweit er in den Zusammenhang des Marktes verflochten ist, die Nor-

---

[83] „Diese Projektenmacherei hätte aber nicht annähernd die Wirkung ausüben können, wenn sie nicht mit dem um dieselbe Zeit auftauchenden Börsenspiel zusammengekoppelt worden wäre." W. Sombart (1923), S. 66.

[84] In seinem Hauptwerk *Business Cycles* behandelt Schumpeter die Börse nur unter der naiv-statistischen Frage, ob sich hier konjunkturelle Trends abzeichnen, vgl. J. A. Schumpeter (1961), Kapitel XIII. Ansonsten findet sich bei ihm nur die Note (Nr. 18, S. 630): „Die Börse (...) ist für uns einfach eine Institution zur Durchführung von Geschäften, die zum Teil dem Geldmarkt und zum Teil dem offenen Markt angehören." Das besagt nun aber (fast) gar nichts und lässt die Beziehung zu Kredit und Innovation gänzlich außer Acht.

[85] W. Sombart (1923), S. 61.

[86] W. Sombart (1923), S. 66.

[87] Keynes sagt in dunkler Vorahnung: „When the capital development of a country becomes a by product of the activities of a casino, the job is likely to be ill done. The measure of success attained by Wall Street, regarded as an institution of which the proper social purpose is to direct new investment into the most profitable channels in terms of future yield, cannot be claimed as one of the outstanding triumphs of laissez faire capitalism". J. M. Keynes (1973a), S. 159.

5.4.3 Der „Geist des Kapitalismus": Marx, Weber und Sombart

men seines wirtschaftlichen Handelns auf. Der Fabrikant, welcher diesen Normen dauernd entgegenhandelt, wird ökonomisch ebenso unfehlbar eliminiert, wie der Arbeiter, der sich ihnen nicht anpassen kann oder will, als Arbeitsloser auf die Straße gesetzt wird."[88]

Sombart sieht an einigen Stellen noch schärfer als Weber, wie sehr dieser Geist in den Alltag der Menschen eingedrungen ist, wenn er nach dem Referat dieser Weberschen Aussage fortfährt:

„Der einzelne steht aber auch einem ungeheuren Berg von Erfahrungen gegenüber, die ihn zu erdrücken drohen: die Methoden der Buchführung, des Rechnungswesen, der Löhnung, der Betriebsorganisation, der Geschäftstechnik usw. sind so verfeinert, dass ihre Anwendung allein Arbeit und Mühe macht, während sie selbst längst von Berufsmenschen für den kapitalistischen Unternehmer weitergebildet werden."[89]

Damit ist die Herrschaft des Geldsubjekts wenigstens erahnt. Diese „erdrückende Erfahrung" durchzieht alle anderen Denkformen, auch und gerade die der Wissenschaft im Sinn der neuzeitlichen *science*. Was Sombart deshalb zu den Möglichkeiten sagte, den Kapitalismus durch eine letztlich moralisch verankerte Ordnung steuern zu wollen, erwächst aus seiner Erkenntnis, dass der kapitalistische Geist als Geist die Subjektform selbst auf eine Weise verändert, die den Versuch einer *moralischen Zähmung* des Kapitalismus, ohne diesen Geist zu verändern, zur Donquichoterie macht. Ich kenne keine prägnantere Zurückweisung der ordoliberalen *und* sozialdemokratischen Hoffnung, damit aber auch – nimmt man seinen Gedanken im *Begriff* ernst und denkt ihn zu Ende – der Grundfesten des Keynesianismus, man könne die Geldgier in Dienst nehmen und damit indirekt beherrschen, als die folgende:

„Wer der Meinung ist, dass der Riese Kapitalismus Natur und Menschen zerstört, wird hoffen, dass man ihn fesseln und wieder in die Schranken zurückführen könne, aus denen er ausgebrochen ist. Und man hat dann gedacht, ihn mit ethischen Räsonnements zu Vernunft zu bringen. Mir scheint, solche Versuche werden kläglich scheitern müssen. Er, der die eisernen Ketten der ältesten Religionen zersprengt hat, wird sich gewiss nicht mit den Seidenfäden einer Weimarisch-königsbergischen Weisheitslehre binden lassen."[90]

Wenn es richtig wäre, dass der kapitalistische Geist durch Religionen geformt und ermöglicht wurde – gleichgültig, welche Ethik oder Religion man hier anführen mag –, so wäre es unerfindlich, weshalb man ihn nicht nach demselben Prinzip wieder „fesseln" oder „kontrollieren" könnte. Was Sombart hier – ganz zu Recht und wider die Implikation seiner eigenen These – schreibt, führt zugleich zu der Erkenntnis, dass man weder die Geldgier vom Geld trennen (eine von Proudhon bis Gesell gehegte Illusion), noch die dem Geldsubjekt eigene Logik einer *anderen* Logik subsumieren kann. Das ist deshalb unmöglich – und eben dies zeigt sich nur bei einer genauen kategorialen Analyse der Struktur des Geldsubjekts –, weil das Geldsubjekt und die abstrakte Leidenschaft der Geldgier nur funktionieren *als* „rationale Herrschaft". Ihr Wesen besteht darin, alle

---

[88] M. Weber (1969), S. 45.
[89] W. Sombart (1923), S. 250.
[90] W. Sombart (1923), S. 462.

anderen Leidenschaften und sozialen Formen ihrer Herrschaft zu unterwerfen; nicht als äußerer Akt der Versklavung, sondern als innere Transformation der menschlichen Subjektivität – tendenziell *aller* Menschen und Lebensbereiche.

Die Geldgier ist in ihrer innersten Struktur amoralisch, und sie bewährt sich solange als *antimoralische* Tendenz, als „Zersprengung der ältesten Religionen", solange diese Religionen noch Widerstand leisten, solange eine Moral sich nicht der berechnenden Kontrolle unterwirft. Nur wenn eine Religion, eine Moral zur *Dienerin* des Marktes, wenn die Ordnung so eingerichtet wird, dass sich die Ratio der Geldrechnung und die Logik der Geldgier darin *entfalten* können, endet der Gegensatz des Geldsubjekts zu anderen sozialen Formen. Er endet aber nur, weil diese anderen Formen vollkommen vom Geldsubjekt durchdrungen werden und dessen Herrschaft selbst dann fortsetzen, wenn man die Geldform abstreift und die totalitäre Kontrolle der Geldrechnung auf den Märkten durch einen *staatlichen Plan* oder durch *Gesetze* substituiert.

Das ist das Geheimnis, weshalb es nicht nur eine antikapitalistische Revolution geben kann, wie in Russland, sondern auch umgekehrt durchaus eine kapitalistische Revolution inmitten einer sozialistischen Gesellschaft wie wiederum in Russland oder in China. Hier vollzog sich – bei aller äußeren Gewalt und all dem mörderischen Wahnsinn, der diese Prozesse begleitet hat – nur eine *innere* Bewegung in der Sphäre des vollendeten Geldsubjekts. Dieser Verblendungszusammenhang ist nur deshalb nicht hermetisch, also unaufhebbar, weil es sich um eine *Subjektform* handelt, der *keine* Natur zukommt. Der kapitalistische Geist ist allerdings so allgegenwärtig geworden, er tritt in so vielen Verkleidungen auf, dass man ihn nur dann wiedererkennt, wenn man seine *reine Form* als Geldgier durchschaut hat. Es bedarf einer *denkenden* Anstrengung, die innere Herrschaft der Ratio als Denkbewegung an ihr selbst zu beherrschen. Dann allerdings entpuppt sich der „kapitalistische Geist" in seiner ganzen Nacktheit und Lächerlichkeit. Und es wird dann die Verblendung offenkundig, mit dem Pochen auf „Modernität" doch nur die Reproduktion jener Denkform zu garantieren.

5.4.4 Soziologie des Geldes: Georg Simmel

Die bekannteste Theorie der durch das Geld veränderten Denk- und Gefühlsformen stammt von Georg Simmel. Seine „Philosophie des Geldes" (1900) versucht jene Momente herauszuarbeiten, die durch den Geldverkehr die Vergesellschaftung der Menschen anders und neu bestimmte. Der große *Mangel* seiner Geldphilosophie ist seine Weigerung, eine *Theorie* des Geldes zu entwickeln, die als *Grundlage* seiner soziologischen Reflexionen dienen könnte. Stattdessen übernimmt Simmel weite Teile der Ökonomik, darin aber nachgerade vor allem die *bürgerliche* Schule, genauer die Theorie Mengers, ohne *deren* Geltung kritisch zu reflektieren. In der Trennung von „Theorie" und „Philosophie" ist bereits vorprogrammiert, dass die wichtigsten Kategorien des Geldes unbestimmt bleiben. Wenn sich die Philosophie als *Nachhut* einer Wissenschaft begreift, ohne die Aufgabe ernst zu nehmen, ihrem kritischen Beruf nachzugehen und die *Kategorien* dieser Wissenschaft zu reflektieren, dann entschwindet beides: Der wissenschaftliche Gegenstand und die philosophische Reflexion. Was dann übrig bleibt, sind vielleicht feingeistige oder scharfsinnige Beobachtungen, nicht aber eine *Philosophie* der Wirtschaft. Es ergibt sich eine Philosophie für das *Feuilleton* einer Zeitung, das als Freiraum kritischer Reflexion eingeräumt wird, solange der Wirtschaftsteil derselben Zeitung ohne Kritik bleibt.

Simmel begründet seine methodische Einseitigkeit in seiner Geldphilosophie durch folgende Eingangsfeststellung:

„Keine Zeile dieser Untersuchungen ist nationalökonomisch gemeint. Das will besagen, dass die Erscheinungen von Wertung und Kauf, von Tausch und Tauschmittel, von Produktionsformen und Vermögenswerten, die die Nationalökonomie von einem Standpunkte aus betrachtet, hier von einem anderen aus betrachtet werden. Nur dass ihre, der Nationalökonomie zugewandte Seite die praktisch interessierendste, die am gründlichsten durchgearbeitete, die am exaktesten darstellbare ist – nur dies hat das scheinbare Recht begründet, sie als ‚nationalökonomische Tatsachen' schlechthin anzusehen."[91]

Darin liegt vorausgesetzt eine metaphysische These: Die Dinge bestehen objektiv außerhalb der Matrix ihrer Erkenntnis; man kann aber jeweils individuell einen „Standpunkt" der Betrachtung hinzufügen. Der nationalökonomische Standpunkt ist einer, zudem der vermeintlich „praktische" Standpunkt, der philosophische ein anderer. Dieser Gedanke ist naiv. Denn *erstens* macht sich auch ein soziologischer Standpunkt praktisch geltend, beeinflusst Wahrnehmung und Handlungen; *zweitens* ist das, was die theoretische Nationalökonomie formuliert hat, alles andere als eine „praktische Betriebswirtschaftslehre"; *drittens* beruht eben diese Nationalökonomie auf kategorialen Voraussetzungen; und *viertens* können diese Kategorien von der Philosophie nur um den Preis der Nichtigkeit der eigenen Reflexionen ignoriert werden. „Philosophie" bedeutet eben nicht, zu einem beliebigen Gegenstand einen Standpunkt *hinzuerfinden* zu können, den man plaudernd im Salon austauscht, der aber – Gott bewahre! – sich nicht anmaßt, in die praktischen Geschäfte eingreifen zu wollen. Gar die Nationalökonomie *als Disziplin* einer *Kritik* zu unterwerfen, davon ist solche Standpunkt-Philosophie weit entfernt.

Deshalb braucht sich Simmel auch gar nicht um den *Gegensatz* der Ökonomen untereinander zu kümmern, wie er zwischen Marxisten, Neoklassikern, der historischen oder der österreichischen Schule formuliert und ausgetragen wurde. In seiner Reflexion zum Wert sichtbar von Menger abhängig, bei theoretischen Gegensätzen unbekümmert, glaubt Simmel *zugleich*, dem Marxismus ein tieferes Stockwerk einbauen zu können:

„In methodischer Hinsicht kann man diese Grundabsicht so ausdrücken: dem historischen Materialismus ein Stockwerk unterzubauen, derart, dass der Einbeziehung des wirtschaftlichen Lebens in die Ursachen der geistigen Kultur ihr Erklärungswert gewahrt wird, aber eben jene wirtschaftlichen Formen selbst als das Ergebnis tieferer Wertungen und Strömungen, psychologischer, ja, metaphysischer Voraussetzungen erkannt werden. Für die Praxis des Erkennens muss sich dies in endloser Gegenseitigkeit entwickeln: an jede Deutung eines ideellen Gebildes durch ein ökonomisches muss sich die Forderung schließen, dieses seinerseits aus ideelleren Tiefen zu begreifen, während für diese wiederum der allgemeine ökonomische Unterbau zu finden ist, und so fort ins unbegrenzte."[92]

Metaphysisch fasst Simmel diesen Eklektizismus in der Kategorie der „Wechselwirkung". Nicht etwa, dass er aufzeigte, weshalb in der Wirtschaft ideelle Faktoren und ökonomischer Unterbau gerade *als* Relationen von Interesse sind. Vielmehr setzt er Ideelles und Materielles als fertige Entitäten voraus und betrachtet beide in ihrer „Wechselwirkung". Simmel sagt über die sozialen Formen noch ganz zutreffend: „Es handelt sich um die Prozesse der Wechselwirkung, die für das Individuum die – zwar nicht abstrakte, aber doch des abstrakten Ausdrucks fähige – Tatsache bedeuten, verge-

---

[91] G. Simmel (1977), S. VII.
[92] G. Simmel (1977), S. VIII.

sellschaftet zu sein."⁹³ Auf den Gedanken, dass diese Vergesellschaftung als Wechselwirkung durch die Individuen hindurch sich auch auf die Kategorien der *Wissenschaft* von der Wirtschaft bezieht, verfällt Simmel jedoch nicht.

Dass sich eine *philosophische* Reflexion aber zur Wissenschaft in *Gegenposition* begibt, sobald sie kategoriale Urteile fällt, wird sofort dann klar, wenn man philosophisch zu „denselben" Gegenständen, die auch die Nationalökonomie behandelt, seinen „Standpunkt" hinzuerfindet. So sagt Simmel vom Wert:

> „Die Wertung, als ein wirklicher psychologischer Vorgang, ist ein Stück der natürlichen Welt; das aber, was wir mit ihr meinen, ihr begrifflicher *Sinn*, ist etwas dieser Welt unabhängig Gegenüberstehendes, und so wenig ein Stück ihrer, dass es vielmehr die ganze Welt ist, von einem besonderen Gesichtspunkt angesehen."⁹⁴

Nun ist das eben eine Frage des Standpunkts *innerhalb der Nationalökonomie*, wenn man solches behauptet. Weder Marx hätte dem zugestimmt noch auch die „subjektiven" Ökonomen Wieser und Mises bezüglich des *Geldwertes*, dem sie durchaus einen objektiven Status zuschreiben. Man kann also nicht einfach daherplaudern, ohne zuvor zu klären, warum Ökonomen auf bestimmte Weise vom Wert sprechen, eine Weise, die erst später von Philosophen in ihrem Wertbegriff übernommen wurde.

Zu sagen, dass der „Wert (...) gleichzeitig mit dem begehrenden Ich und als sein Korrelat in einem und demselben Differenzierungsprozess auftritt"⁹⁵, ist weder eine phänomenologische Klärung des Wertbegriffs in der Wirtschaft noch philosophisch haltbar: Am Geld wird gerade das *Gegenteil* deutlich, nämlich die Anerkennung einer Wertung durch die Verinnerlichung der Rechnung durch das Subjekt, das sich darin überhaupt erst *als* ein besonderes Ich, als Geldsubjekt konstituiert. Der kantianische Standpunkt, das Ich sei „die allgemeine Quelle der Werte überhaupt"⁹⁶, wird von Simmel einfach eingeführt, ohne auch nur den Versuch zu unternehmen, die *ökonomische Wertung* – gerade das wäre der Inhalt einer Philosophie des Geldes – am Geld begrifflich zu entwickeln. Wenn Simmel hier über den objektiven Wert sagt, er bedeute „das prinzipielle Hinausgehen seiner Gültigkeit über das Einzelsubjekt"⁹⁷, so ist das nur eine tautologisches Rede: Der intersubjektiv geltende Wert ist immer schon über das Einzelsubjekt „hinausgegangen". Der Witz bestünde gerade darin zu zeigen, was jenes „Transzendieren" kategorial bedeutet. Auch seine Auskunft, es sei „die Lebendigkeit der Wechselwirkung, die gleichsam der Körper des wirtschaftlichen Wertes ist"⁹⁸, formuliert keine Erkenntnis, sondern begnügt sich mit einer Metapher.

Obwohl Simmel immer wieder verspricht, zu einer begrifflichen Klärung zu kommen, reproduziert er doch nur die naiven Vorstellungen, die aus der Ökonomik in den Alltag diffundiert sind. So macht er die erstaunte Entdeckung einer „Doppelrolle des Geldes", die darin bestehe, dass „es einerseits die Wertverhältnisse der austauschenden Waren untereinander misst, andrerseits aber selbst in den Austausch mit ihnen eintritt und so selbst eine zu messende Größe darstellt; und zwar misst es sich wiederum einerseits an den Gütern, die seine Gegenwerte bilden, andrerseits am Gelde selbst". Doch

---

⁹³ G. Simmel (1992a), S. 47.
⁹⁴ G. Simmel (1977), S. 4; Simmel meint vermutlich Wertung als *psychischer* Vorgang.
⁹⁵ G. Simmel (1977), S. 13.
⁹⁶ G. Simmel (1977), S. 28.
⁹⁷ G. Simmel (1977), S. 33.
⁹⁸ G. Simmel (1977), S. 60.

5.4.4 Soziologie des Geldes: Georg Simmel

anstatt nun jene Fragen aufzugreifen, die von Ricardo über Bailey bis zu Marx diskutiert wurden, setzt er seine Reflexion so fort:

„Das Geld gehört also zu denjenigen normierenden Vorstellungen, die sich selbst unter die Norm beugen, die sie selbst sind."[99]

Die *Frage*, wie die Relation einer Norm hier auszusehen hätte, um das, was im Satz gesagt wurde, überhaupt denken zu können, stellt Simmel nicht. Geld sei eine *normierende Vorstellung* = Norm. Diese Norm beuge sich selbst unter die Norm, die sie ist. Ein Ego hat aber keine intersubjektiv-normierenden Macht, ist es doch als vorsoziales Atom gedacht. Gerade darin liegt das Grundproblem der subjektiven Schule. Das Geld ist zudem kein Ding, das sich einer „Norm" beugt, weil es nur in der rechnenden Vorstellung der beteiligten Wirtschaftssubjekte seine Wirklichkeit reproduziert. Das Geld *misst* nichts; das ist ein ebenso verbreiteter wie falscher Gemeinplatz, auch wenn man im Tauschverhältnis Ware ↔ Geld die Reihenfolge vertauschen und das Geld in Wareneinheiten ausdrücken kann.

Ich habe einige Passagen zum Wert bei Simmel herausgegriffen, um damit die Berechtigung meines Urteils zu illustrieren, dass hier *weder* wissenschaftlich gearbeitet noch kategorial gründlich philosophiert wird. Simmels Darstellung erscheint als Kaleidoskop von Einfällen, die – anders als bei Nietzsche – in einem fließenden Text nur den äußeren Eindruck einer konsequenten Gedankenfolge machen. Ich verfolge Simmels Wertreflexionen deshalb nicht weiter. Sie zeigen den allgemeinen Mangel, der kantianische Projektionen mit einer mangelhaften Kenntnis der nationalökonomischen Literatur schöpferisch vereinigt. Zu seiner Wert- und Geld*theorie* offenbart Simmel in einem Brief an Rickert selbst: „Gerade das Allerelementarste macht mir bisher unüberwundene Schwierigkeiten."[100] Das *Allerelementarste*, das sind aber jene „Selbstverständlichkeiten" in den kategorialen Voraussetzungen, die aufzudecken das Geschäft der Philosophie jenseits der geistreichen Plauderei ist.[101]

In der Soziologie, die wesentlich von ihrer Abgrenzung zur Ökonomik lebt, gleichzeitig aber das Ignorieren dieser Wissenschaft als Stil pflegt, konnte Simmel ebenso zum Klassiker werden wie in einer Universitätsphilosophie, die sich mit so profanen Gegenständen wie dem Geld gar nicht erst die Hände schmutzig macht und es damit sein Bewenden haben lässt, dass man in den eigenen Reihen *einen* Geldphilosophen zu verzeichnen habe. Es ist deshalb eher erstaunlich und ein Zeichen für Simmels ungenutzte philosophische Möglichkeiten, dass er trotz dieses grundlegenden Mangels seiner Reflexionen gleichwohl wichtige *psychologische* Beobachtungen zum Geldsubjekt notiert hat, die ich in einigen Grundzügen skizzieren möchte.

Gerade dort, wo Simmel *nicht* den Anspruch erhebt, begriffliche Grundlagen für die Ökonomen zu entwickeln, erweisen sich seine Beschreibungen phänomenologisch als weitaus triftiger. Seine Reflexionen zur *Veränderung* der Subjektivität durch die Geldrechnung sind das Beste an seiner „Philosophie des Geldes", die, streift man den An-

---

[99] G. Simmel (1977), S. 90.
[100] G. Simmel, zitiert nach: W. Jung (1990), S. 57f.
[101] Eben der Zug zu einem *antisystematischen* Denken wird Simmel immer wieder hoch als Verdienst angerechnet: „Simmel, dem Antisystematiker, ist verwandt sein Bestreben, Philosophie aus der ‚Eiswüste der Abstraktion' herauszuführen und den Gedanken in konkrete geschichtliche Bilder hineinzutragen." T. W. Adorno, GS 11, S. 571. Gedanken sind leider transportunfähig; so bleiben „konkrete Bilder" eben doch nur ungenau gedachte Begriffe.

spruch einer kategorialen Klärung ab, wichtige Einsichten liefern. So beobachtet Simmel, dass die scheinbar heftige Form, in der Wettbewerbskriege (um einen heute geläufigen Terminus zu verwenden) ausgetragen werden, der abstrakten Form der Geldverwendung keineswegs widerspricht; im Gegenteil:

> „Gegen derartige Züge der Geldwirtschaft ist die Heftigkeit der modernen Wirtschaftskämpfe, in denen kein Pardon gegeben wird, doch nur eine scheinbare Gegeninstanz, da sie durch das unmittelbare Interesse am Gelde selbst entfesselt werden. Denn nicht nur, dass diese in einer objektiven Sphäre vor sich gehen, in der die Persönlichkeit nicht sowohl als Charakter, sondern als Träger einer bestimmten sachlichen Wirtschaftspotenz wichtig ist und wo der todfeindliche Konkurrent von heute der Kartellgenosse von morgen ist"[102].

Hier charakterisiert Simmel das Geldsubjekt präzise als völlige Subsumtion anderer Leidenschaften unter das nackte Kalkül der Berechnung eines Vorteils. Persönliche Bande und Gegnerschaften treten hinter einer Rationalisierung zurück, die nicht durch *Klugheit*, sondern durch *Herrschaft* besticht, was Simmel darin ausdrückt, dass die Wettbewerbsverhältnisse selbst durch die Geldform erzeugt werden. Und Simmel spricht den wichtigen Gedanken aus, dass gerade durch die Gegensätze des Wettbewerbs hindurch die *Geldverwendung* (als Form der Vergesellschaftung) reproduziert, keineswegs aufgehoben wird.

Obgleich all dies auch bei Marx nachzulesen ist, so war es doch Simmel, der die *Gleich-Gültigkeit* des Geldes und die davon veränderten Subjekte gleichsam für eine bürgerliche Öffentlichkeit rezeptionsfähig ausgesprochen hat. Er sagt: „Das Geld hat jene sehr positive Eigenschaft, die man mit dem negativen Begriffe der Charakterlosigkeit bezeichnet."[103] Darin liegt allerdings – das herauszuarbeiten gehört zu einer der Hauptaufgaben einer Philosophie des Geldes – ein *negierendes* Verhältnis gegenüber tradierten Moralsystemen, die sich gerade im *Zins* und in den Wuchergesetzen zeigten. Simmel erkennt auch – was Silvio Gesell zu einer Zinstheorie ausgebaut hat – die *Asymmetrie* zwischen den Subjekten beim Geldtausch, auch wenn seine Schlussfolgerung sich dann doch auf die eher blasse Beobachtung beschränkt:

> „Dieses Übergewicht des Geldes drückt sich zunächst in der angeführten Erfahrung aus, dass der Verkäufer interessierter und beeiferter ist als der Käufer."[104]

Simmel entdeckt die dem Geldsubjekt eigene Abstraktheit der Rechnung, doch er kann diese Entdeckung nicht eigentlich fruchtbar machen, wie seine Reflexionen zum Wert zeigen. Wie Marx und später Sohn-Rethel betont er dabei allerdings zu Recht, dass diese Abstraktion nicht eine Zutat des cartesianischen Beobachters ist, sondern ein im Wirtschaftsprozess durch die Geldverwendung selbst vollzogener Abstraktionsprozess; so dass „nicht nur die Betrachtung der Wirtschaft, sondern die Wirtschaft selbst sozusagen in einer realen Abstraktion aus der umfassenden Wirklichkeit der Wertungsvorgänge besteht"[105]. Wie die Diskussion dieser Überlegungen bei Marx, Sohn-Rethel, Liefmann und Mises zeigte, ist dies allerdings nur der *Einstieg* in eine Fragestellung, nicht die Antwort. An einigen Stellen allerdings blickt Simmel hier tiefer, sofern er

---

[102] G. Simmel (1977), S. 485f.
[103] G. Simmel (1977), S. 213.
[104] G. Simmel (1977), S. 213.
[105] G. Simmel (1977), S. 32.

bemerkt, dass das Verhältnis von Denkabstraktion und Wirklichkeit auf einer *logischen* Voraussetzung beruht, die in der Gesellschaft keine Gültigkeit besitzt. Die zentrale Rolle, die bei ihm die „Wechselwirkung" spielt, kann man als Ahnung jener völlig anderen logischen Form lesen, die für die Analyse der Gesellschaft vorauszusetzen ist. Doch an einer konsequenten Durchführung dieses Gedankens hindert Simmel der immer noch mitgeschleppte Kantianismus in seiner Philosophie und die – dem eben zitierten Gedanken schroff widersprechende – Vorstellung eines mit sich identischen Egos, das aus sich alle Wertungsvorgänge hervorbringt.

Simmel hat hierbei auch sehr fein beobachtet, dass das Geld als *Rechnungseinheit* keinen Inhalt besitzt und dass es gerade diese Leere ist, die eine scheinbare Vertrautheit und Nähe erzeugt, die dem Geld sozusagen besonders leichten Eingang in die menschliche Subjektivität gewährt. Es gelingt ihm so eine prägnante Charakterisierung der Geldgier:

„Das Geld als solches kennen wir genauer, als wir irgendeinen Gegenstand sonst kennen; weil nämlich überhaupt nichts an ihm zu kennen ist, so kann es uns auch nichts verbergen. Als absolut qualitätsloses Ding kann es nicht, was doch sonst das armseligste Objekt kann: Überraschungen oder Enttäuschungen in seinem Schoße bergen. Wer also wirklich und definitiv nur Geld will, ist vor diesen absolut sicher. Die allgemeine menschliche Unzulänglichkeit, dass das Gewonnene anders aussieht als das Ersehnte, erreicht einerseits ihren Gipfel in der Geldgier, sobald diese das Zweckbewusstsein pur in illusionärer und nicht haltbarer Weise erfüllt; sie ist aber andrerseits völlig ausgelöscht, sobald der Wille wirklich definitiv am Geldbesitz haltmacht."[106]

Simmel betont immer wieder die *innere* Nähe zwischen Intellektualität und Geld. Er stolpert gleichsam beständig darüber in seinem Bestreben, den *Stil* des Lebens konkret zu beschreiben, so, wie er durch das Geld verändert wird. Immer wieder taucht hierbei die Intellektualität, der kühle Verstand als zentrale Kategorie auf. Wie der (kantianisch) interpretierte Verstand der Sinnlichkeit bedarf, um einen *Inhalt* zu erhalten, so bleibt auch das Geld in seiner abstrakten Form leer, wenn es sich nicht in konkrete Waren verwandelt. Mit Blick auf die Lebensform erscheint der intellektuell vorherrschende Charakter, den das Geld begünstigt, deshalb nicht als *neuer* Inhalt, sondern als Abstraktion von allem Inhalt, und das Subjekt wird charakterisiert „durch eine gewisse Charakterlosigkeit":

„Wenn Charakter immer bedeutet, dass Personen oder Dinge auf eine individuelle Daseinsart, im Unterschiede und unter Ausschluss von allen anderen, entschieden festgelegt sind, so weiß der Intellekt als solcher davon nichts: denn er ist der indifferente Spiegel der Wirklichkeit, in der alle Elemente gleichberechtigt sind, weil ihr Recht hier in nichts anderem als in ihrem Wirklichsein besteht. Gewiss sind auch die Intellektualitäten der Menschen charakteristisch unterschieden: allein ge-

---

[106] G. Simmel (1977), S. 249. Insgesamt verbleibt Simmel bei einem psychologischen Begriff der Geldgier, die er vom Geiz unterscheidet, beide Phänomene allerdings auf einen Grund zurückführt: Obwohl er an einer Stelle von „geiziger Geldgier", S. 256 spricht, betont Simmel doch, „dass Geldgier und Geiz keineswegs zusammenfallende Erscheinungen sind, wenn sie auch die gleiche Grundlage, die Wertung des Geldes als absoluten Zweckes, teilen." S. 242. Tatsächlich ist der Geiz nur die Erfahrung der Eigentumsschranke des Anderen für die eigene, am anderen gespiegelte Geldgier.

nau angesehen, sind dies entweder Unterschiede des Grades: Tiefe oder Oberflächlichkeit, Weite oder Beschränktheit – oder solche, die durch den Beisatz anderer Seelenenergien, des Fühlens oder Wollens, entstehen. Der Intellekt, seinem reinen Begriff nach, ist absolut charakterlos"[107].

Damit beschreibt Simmel nicht nur die dem Geldsubjekt immanente Gleichgültigkeit gegenüber der Moral – sofern diese sich nicht in Dienst nehmen lässt –, er bemerkt tatsächlich eine *strukturelle* Gleichheit zwischen der Subjektivität des Geldsubjekts (was er „Intellektualität" nennt) und der Geldform selbst. Trotz solcher Hinweise auf *Analogien* gelingt es Simmel aber nicht, die *innere* Verwandtschaft wirklich aufzudecken. Diese Verwandtschaft beruht auf dem *rechnenden Denken*, das mit dem Geld in die Welt kommt und die Subjektivität in eine Ratio der Rechnung verwandelt.

Dieser von Nietzsche geahnte, von Sohn-Rethel und Adorno explizit behauptete Zusammenhang, ist auch bei Simmel gegenwärtig; er bleibt aber mehr eine *Ahnung*, weil Simmel es nicht wagt, den letzten und wirklichen Schritt über Kant hinaus zu tun und sich von der Vorstellung einer *gegebenen* Entität namens „Intellekt" zu verabschieden, die als *bedingt*, nicht als transzendental *bedingend* zu entschlüsseln wäre. Simmel sagt:

„Das Leben vieler Menschen wird von solchem Bestimmen, Abwägen, Rechnen, Reduzieren qualitativer Werte auf quantitative ausgefüllt. Eine viel größere Genauigkeit und Grenzbestimmtheit musste in die Lebensinhalte durch das Eindringen der Geldschätzung kommen, die jeden Wert bis in seine Pfennigdifferenzen hinein bestimmen und spezifizieren lehrte. (...) Die Exaktheit, Schärfe, Genauigkeit in den ökonomischen Beziehungen des Lebens, die natürlich auf seine anderweitigen Inhalte abfärbt, hält mit der Ausbreitung des Geldwesens Schritt (...). Erst die Geldwirtschaft hat in das praktische Leben – und wer weiß, ob nicht auch in das theoretische – das Ideal zahlenmäßiger Berechenbarkeit gebracht."[108]

Hier ist besonders Simmels eingeschobene Bemerkung: „... und wer weiß, ob nicht auch in das theoretische" von Interesse. Er beschreibt das Phänomen sehr genau, wie sich die Subjektivität durch die Geldrechnung verändert. Doch, indem er an der Scheidung von theoretischer und praktischer Philosophie festhält, kann er sich nicht von der Tradition lösen. Der fragende Einschub ist aber genau das, was die Philosophie des Geldes zu leisten hätte, und Simmel sieht ganz richtig im *Rechnen* das entscheidende Moment, worin die Subjektivität sich wandelt und die Ratio als *moderne Form des Intellekts* ausbildet. Gerade dies, wie sich durch den Wandel der Subjektivität im Umgang mit der Geldrechnung auch das *theoretische* Subjekt verändert, macht den Kern jener ungeheuerlichen Entdeckung aus, die sich Simmel nur als Klammerbemerkung auszusprechen getraut.

Simmel stand vor dem Eingang zu einer wichtigen Erkenntnis – die Abhängigkeit der höchsten, von Kant gepriesenen Ratio der mathematischen Naturwissenschaft, von der Geldform –, wagte aber nicht, die Tür zu öffnen:

---

[107] G. Simmel (1977), S. 483.
[108] G. Simmel (1977), S. 499. Vgl.: „Die Geldwirtschaft bringt die Notwendigkeit fortwährender mathematischer Operationen im täglichen Verkehre mit sich. Das Leben vieler Menschen wird von solchem Bestimmen, Abwägen, Rechnen, Reduzieren qualitativer Werte auf quantitative ausgefüllt." G. Simmel (1992b), S. 192.

„Dem Ideale der Naturwissenschaft, die Welt in ein Rechenexempel zu verwandeln, jeden Teil ihrer in mathematischen Formeln festzulegen, entspricht die rechnerische Exaktheit des praktischen Lebens, die ihm die Geldwirtschaft gebracht hat; sie erst hat den Tag so vieler Menschen mit Abwägen, Rechnen, zahlenmäßigem Bestimmen, Reduzieren qualitativer Werte auf quantitative ausgefüllt. Durch das rechnerische Wesen des Geldes ist in das Verhältnis der Lebenselemente eine Präzision, eine Sicherheit in der Bestimmung von Gleichheiten und Ungleichheiten, eine Unzweideutigkeit in Verabredungen und Ausmachungen gekommen, wie sie äußerlich durch die allgemeine Verbreitung der Taschenuhren bewirkt wird."[109]

Simmel bewegt sich in jener Tradition, die der Anschauung, dem konkreten Erfassen einen *höheren* Stellenwert in der philosophischen Erkenntnis einräumt. Gleichwohl bewahrt er den Gedanken, dass der rationale Intellekt einen eigenen Ursprung im Ego besitzt, nicht als Subjektform des Geldes – bei aller immer wieder betonten strukturellen Ähnlichkeit – zu verstehen sei. Wie Feuerbach und Marx sieht Simmel eine direkte Analogie auch zur Abstraktion in der Religion; doch wie die beiden Materialisten bleibt auch er vor dem Rätsel einer Ähnlichkeit der Form stehen, die in ihrer Zuordnung dunkel scheint. Wenn Simmel sagt: „So erheben sich die Gebilde der Religion ihrem Begriff nach über alle Besonderheit irdischer Gestaltung zum Absolut-Allgemeinen und gewinnen eben dadurch die Beziehung zu dem Allgemeinsten und alle Individuen Verbindenden in der Menschenwelt"[110], dann bleibt das einleitende „so" das Rätsel. Marx sprach von Projektion oder verwendete die bei ihm unklare Kategorie der „Bestimmung"; eine ähnliche Dunkelheit fand sich bei Sombart und Weber.

Der Grund für das hier erscheinende Rätsel liegt im Festhalten an dem logischen und metaphysischen Axiom, dass Intellekt, Religion und Geldform je für sich eine Identität besitzen, die man zwar aufeinander beziehen könne – als Kausalität, Bestimmung, Wechselwirkung –, die aber in ihren dann aufscheinenden *ähnlichen Inhalten* nicht erklärt werden. Zu sagen, dass die Intellektform A einer realen sozialen Form A* „ähnlich" sei, dass ihre Struktur – logisch strenger ausgedrückt – *isomorph* ist und man deshalb einen „Zusammenhang" vermutet, den Materialisten als *Widerspiegelung*, Idealisten als *Emanation* der Idee und schwankende Philosophen wie Simmel als *Wechselwirkung* beschreiben, all dies geht an dem hier auftauchenden Phänomen vorbei. Tatsächlich ist es nicht so, dass die Entität „Geldform" einer anderen Entität „Intellekt" abstrakt gegenüberstünde, auch können beide, da es sich nicht um natürliche Phänomene handelt, in kein Kausalitätsverhältnis eintreten (weder als Ursache und Wirkung noch als Wechsel-*Wirkung*). Vielmehr sind beide Formen *in ihrem Vollzug* nicht zwei unterschiedliche Entitäten, sondern eine *Relation*. Nur ein cartesianischer Beobachter teilt beide in zwei Phänomengruppen.

Wer mit dem Geld *rechnet*, vollzieht handelnd und als Intellektform das, was dem Geld *und* der Ratio zukommt. Ihre „Identität" ist der Vollzug einer Denkbewegung, in der sich die Menschen rechnend im Geld vergesellschaften. Und deshalb ist das Verhältnis von *Theorie und Praxis* hier kein Rätsel, weil beide gar nicht getrennt sind: Die Rechnung mit dem Geld ist der praktische Vollzug des theoretischen Aktes der Abstraktion, nämlich eine leere, fiktive Einheit auf viele Erscheinungsformen durch ein Kalkül zu beziehen. Es ist diese Einsicht, die das *Herzstück* der Philosophie des Geldes ausmacht, und an dieser Erkenntnis sind sowohl Marx und seine Nachfahren (Sohn-Rethel, Adorno) wie die bürgerlichen Ökonomen (unter ihnen haben nur Liefmann und Mises

---

[109] G. Simmel (1984), S. 194f.
[110] G. Simmel (1977), S. 497.

etwas geahnt) und ihre philosophischen Dolmetscher wie Simmel gescheitert. Der *logische* oder *metaphysische* Grund des Scheiterns liegt darin, dass sie allesamt an der aristotelischen Logik der Identität festgehalten haben. Trotz einiger dialektischer Sprachspiele, die sich bei Adorno finden, ist die Identität nie als Prozess erkannt worden, in dem die Relationen die Relate in ihrer Bedeutung *als sozialen Akt* alltäglich hervorbringen und denkend-handelnd reproduzieren.

Wenn Simmel die Wechselwirkung in seiner Soziologie und Erkenntnistheorie in den Vordergrund rückt, so ist er dieser Einsicht stets bis *vor* den letzten, entscheidenden Schritt gefolgt, den er dann nicht mehr machte. Er wollte die Relation offenbar vor allem in der Anschauung, der ästhetischen Konkretion finden, während ihm die logische Struktur dieser Form rätselhaft blieb – obwohl er sich dieser Erkenntnis näherte, wenn er sagt: „Unsere Seele besitzt keine substantielle Einheit, sondern nur diejenige, die sich aus der Wechselwirkung des Subjekts und des Objekts ergibt, in welche sie sich selbst teilt."[111] Der Mangel liegt hier in der ungemäßen Kategorie der „Wechselwirkung". Zwischen Subjekt und Objekt waltet kein Verhältnis der Kausalität, die man nur *rückkoppelt* und ihr eine Vorzugsrichtung abspricht. Vermutlich kannte Simmel Schopenhauers Kritik der Kategorie der Wechselwirkung[112].

Doch diese Kritik lässt sich nicht dadurch überwinden, dass man der *metaphysischen* Kategorie ein zusätzliches Attribut verpasst, wie die „*Lebendigkeit* der Wechselwirkung"[113]. Allerdings verraten diese Verrenkungen des Gedankens, dass Simmel offenbar etwas *anderes* sagen wollte, es aber nicht konnte. Es ist eben ein kategorialer Unterschied in der Erkenntnis, wenn man den Vater *als Ursache* eines Kindes betrachtet und nicht über Heraklits und Nagarjunas Einsicht verfügt, dass ebensosehr das Kind den Vater zeugt. Das ist offenbar keine „rückgekoppelte Kausalität" (= Wechselwirkung), sondern eine völlig andere kategoriale Struktur. Es ist hier von einer *logischen* Zeugung die Rede, der real keinerlei Kausalität entspricht, weil das, was hier in ein Verhältnis eintritt, stets *zugleich* auftritt und nur durch die Relation einen Inhalt erhält.

Eben dies ist das Rätsel der Geldrechnung: Man bewegt sich mit der vermeintlichen Intention auf ein Ding zu (Geld ist als Münze oder Schein anzufassen, ist also wörtlich ein *scheinbares Ding*) und vollzieht an ihm eine Rechnung. Doch in Wahrheit ist es diese Rechnung, die dem Ding erst die *Bedeutung* verleiht, Einheit der Geldrechnung zu sein. Das ist ebenso ein sozialer, realer Vorgang wie ein intellektueller Prozess. Und wenn Simmel die Veränderung der Subjektivität durch diesen Prozess vielfach zutreffend beschreibt, so fehlt ihm doch wie allen anderen Theoretikern des Geldsubjekts die Einsicht in die Priorität der *Relation*, die gerade *keine* Wechselwirkung ist.

Er charakterisiert das Geldsubjekt treffend als den „rein verstandesmäßigen Menschen", der „gegen alles eigentlich Individuelle gleichgültig" ist,

---

[111] G. Simmel (1977), S. 84. An anderer Stelle sagt Simmel dagegen wiederum: „So hat die Neuzeit Subjekt und Objekt gegeneinander verselbständigt, damit jedes die ihm eigene (!) Entwicklung reiner und voller fände." G. Simmel (1983), S. 78. Und wieder an anderer Stelle heißt es: „Wie uns die Einheit eines Objekts überhaupt so zustande kommt, dass wir die Art, wie wir unser ‚Ich' fühlen, in das Objekt hineintragen, es nach unserem Bilde formen" G. Simmel (1983), S. 105. Hier zeigt sich, dass es Simmel fern lag, ein kategoriales Urteil wirklich systematisch zu Ende zu denken. Der vereinzelte Einfall genügte ihm.

[112] Vgl. A. Schopenhauer, WW 2, S. 563. Schopenhauer kritisiert den versteckt-kausalen Inhalt der Kategorie „Wechselwirkung"; er verkennt aber das „dialektische" Moment einer *real-zirkulären* Beziehung wie König-Untertan, Mutter-Kind etc., die, das ist richtig, keine *Kausalität* ausdrückt, gleichwohl aber eine soziale Wirklichkeit.

[113] G. Simmel (1977), S. 60.

„weil aus diesem sich Beziehungen und Reaktionen ergeben, die mit dem logischen Verstande nicht auszuschöpfen sind – gerade wie in das Geldprinzip die Individualität der Erscheinungen nicht eintritt. Denn das Geld fragt nur nach dem, was ihnen allen gemeinsam ist, nach dem Tauschwert, der alle Qualität und Eigenart auf die Frage nach dem bloßen Wieviel nivelliert. Alle Gemütsbeziehungen zwischen Personen gründen sich auf deren Individualität, während die verstandesmäßigen mit den Menschen wie mit Zahlen rechnen, wie mit an sich gleichgültigen Elementen, die nur nach ihrer objektiv abwägbaren Leistung ein Interesse haben"[114].

Dieses Portrait bleibt gültig, auch wenn es bei dieser impressionistischen Skizze bleibt. Und wenn Simmel sagt: „Geldwirtschaft aber und Verstandesherrschaft stehen im tiefsten Zusammenhange"[115], so ist auch dieser Satz völlig richtig, obgleich das *Wie* und die innere Tiefe dieses Zusammenhangs offen bleibt.

Sein Satz, dass „niemand zu sagen wüsste, ob zuerst jene seelische, intellektualistische Verfassung auf die Geldwirtschaft hindrängte, oder ob diese der bestimmende Faktor für jene war"[116], ist gleichwohl deshalb verkehrt, weil die *Frage* falsch gestellt ist. Die erste Version der Antwort lieferte die subjektive Wertlehre als Theorie von der ökonomischen Vernunft, die man sich kantianisch transzendental oder evolutionstheoretisch „angeboren" zurechtlegte; die zweite Version einer Antwort findet sich auf der Grundlage der Marxschen Theorie bei Sohn-Rethel und Adorno. Simmel steht schwankend am Übergang zwischen beiden Auffassungen. Man mag es als sympathisches Denken wider das System charakterisieren oder als schlichte Inkonsequenz, aber Simmel sagt nur zwei Seiten nach dem eben zitierten Satz ganz eindeutig:

„Das Wesen der Blasiertheit ist die Abstumpfung gegen die Unterschiede der Dinge. (...) Diese Seelenstimmung ist der getreue subjektive Reflex der völlig durchgedrungenen Geldwirtschaft; in dem das Geld alle Mannigfaltigkeiten der Dinge gleichmäßig aufwiegt, alle qualitativen Unterschiede zwischen ihnen durch Unterschiede des Wieviel ausdrückt, indem das Geld, mit seiner Farblosigkeit und Indifferenz, sich zum Generalnenner aller Werte aufwirft, wird es der fürchterlichste Nivellierer, es höhlt den Kern der Dinge, ihre Eigenart, ihren spezifischen Wert, ihre Unvergleichbarkeit rettungslos aus."[117]

Was für den Intellekt bei Simmel fraglich scheint, ist für „Seelenstimmungen" oder „Gemütszustände" als Kausalität verrechnet (= „der subjektive Reflex"). Der Fehler hierbei ist die Voraussetzung, die Simmels Philosophie mit anderen Theorien teilt: Das „Geld" ist keine Entität, die etwas tut oder vollbringt. Erst wenn das Handeln und Denken der Menschen ihm seine illusorische Identität durch jene gesuchte, rätselhafte Tätigkeit des *rechnenden Intellekts* verleiht, entfaltet es die von Simmel beschriebene Veränderung der menschlichen Subjektivität. Die kategorial fundierte Theorie des Geldes setzt dort ein, wo Simmels „Philosophie des Geldes" endet.

---

[114] G. Simmel (1984), S. 193f.
[115] G. Simmel (1984), S. 193.
[116] G. Simmel (1984), S. 194.
[117] G. Simmel (1984), S. 196.

6 Theorie und Kritik des Zinses

6.1 Zur Lösung des Zinsrätsels

6.1.1 Vorbemerkung

Das im Zins erscheinende *Mehr* an Geld ist das eigentliche Rätsel der Theorie der Wirtschaft. Und dieses Rätsel ist ungelöst geblieben. Dennoch lässt sich dieses Rätsel leicht auflösen, auch wenn die Antwort zunächst befremden muss. In einem Satz gesagt: *Nur weil die Quelle der Zinszahlungen ein Rätsel bleibt, gibt es einen Zins.* Der Zins gründet im Nichtwissen der Vielen, und dieses Nichtwissen realisiert sich als irrationale Leidenschaft, die die Gesellschaft immer wieder neu umwälzt, um aus diesen Umwälzungen jenes *abstrakte Mehr* zu erpressen, das nie an ein Ende kommt. Nur weil die Quelle der Zinszahlungen als eine *natürliche* Ursache behauptet wird, kann sich eine Ökonomie durch die Untugend der Geldgier reproduzieren. Das Undurchsichtigmachen, die *Täuschung*, ist ein Hauptbestandteil jenes ungleichen Tauschs, der in der Kaufstruktur als Möglichkeit angelegt und durch die Geldgier in eine Wirklichkeit verwandelt wird.

Das Nichtwissen, in dem der Zins gründet, die Täuschung des Geld-Scheins, vollzieht eine Form der Vergesellschaftung, in der die pekuniäre Ausbeutung der ganzen Gesellschaft sich durch die wiederkehrende Umwälzung, als *Zerstörung* eben dieser Vergesellschaftung, durch Krisen und wirtschaftliche Katastrophen hindurch bewegt. In diesen Krisen werden periodisch, aber auch in einem langfristigen Trend, Menschen aus der Vergesellschaftung herausgeschleudert, beginnend mit dem Verlust ihrer ökonomischen Grundlage und nicht selten endend im Herausbrechen aus allen anderen sozialen Formen – *social exclusion* lautet dafür das politische Stichwort.[1] Das langfristige Anwachsen der Slums rund um den Globus ist das sichtbare Kennzeichen dieses entropischen Prozesses, der zur Organisation von pekuniären Verwertungszentren eine immer breitere Schneise an Zerstörung von tradierten Sozialsystemen nach sich zieht.[2]

Zins auf eingesetztes Kapital, Wirtschaftskrisen und globale Armut sind also nur die Vorder- und Rückseite *eines* Prozesses. Jede neu vollzogene Form der Vergesellschaftung über Märkte, organisiert durch die Wucherer, hebt in der Konkurrenz, worin die Geldgier sich in Vielfalt selbst begegnet, die erworbenen Zinsfrüchte wieder auf und erzwingt eine immer wieder erneute Umwälzung – nicht ohne beständig Menschen an die Ränder ihrer Gesellschaften zu verstoßen. Diese immer wieder erneute Indienstnahme menschlicher Kreativität zur Gestaltung neuer Produkte, Märkte oder Organisationsformen und der daraus fließende Gewinn zerrinnt im Wettbewerb unter den Händen und nötigt die Sklaven der Geldgier zu erneutem Abriss und Wiederaufbau.

Schumpeter bezeichnete diesen Prozess als „kreative Destruktion" (schöpferische Zerstörung). Doch sie umfasst weit mehr, als ihr Namensgeber bemerkte, und diese kreative Destruktion ist durch zwei Merkmale gekennzeichnet: Sie wird erstens von

---

[1] Vgl. die Beziehung dieser Kategorie zur „Armut" K.-H. Brodbeck (2005b).

[2] „Es ist, als ob die globale, durchgängig verwebte zivilisatorische Welt Barbaren aus sich selbst heraus produzierte, indem sie in einem inneren Zersetzungsprozess ungezählte Millionen von Menschen in Lebensumstände stößt, die essentiell die gleichen sind wie die wilder Volksstämme oder außerhalb aller Zivilisation lebender Barbaren." H. Arendt (1955), S. 484. Arendt spricht hier von „Barbaren" im antiken Wortsinn: Menschen außerhalb jeder Polis. Man kann diesen Begriff unschwer durch „Slumbewohner" und „Flüchtlinge" ersetzen; vgl. zum entropischen Trend in diesem Prozess M. Wöhlcke (2003).

einer systematischen Dummheit gelenkt, einem Nichtwissen, das nur die Differenz zwischen Weniger und Mehr kennt und sich deshalb nicht anders denn als anarchischer Prozess vollziehen kann. Dieser Prozess umfasst zweitens prinzipiell *alle* Formen der Vergesellschaftung, kommt also weder zeitlich noch sachlich je an eine Grenze, die nicht als nur *vorläufige* wahrgenommen würde. Man kann sagen, dass der Zins das Resultat einer *Exploitation* ist, wie dies Marx in einer Fortführung der Argumente der klassischen Nationalökonomie formuliert hat. Doch anders als er glaubte, ist die Geldgier hier nicht daran gebunden, nur die *Arbeiter* auszubeuten; ihr Objekt ist stets die ganze Gesellschaft und die durch die Menschen angeeigneten Naturformen. Auch wenn man die Arbeitswertlehre als Irrtum durchschaut (vgl. 4.3.3-4; 4.4.8-11), so hebt dies aber die bereits bei Aristoteles formulierte Einsicht nicht auf, dass der Zins auf einem Missbrauch sozialer Funktionen beruht. Die Blindheit der Geldgier, die nur Mehr und Weniger unterscheiden kann, macht weder vor dem Leben der Menschen, vor kulturellen Traditionen, noch vor dem Staat Halt, von dem immer noch viele die Illusion hegen, er wäre fähig, die Geldgier durch Gesetze zu *bändigen*. In Wahrheit hat die Geldgier längst auch die juristischen Formen erobert und für ihre Bedürfnisse umgestaltet.

Die Universalisierung der Geldgier in allen Formen der Vergesellschaftung hat die Staaten instrumentalisiert und setzt alle Möglichkeiten zur Realisierung ihres Zwecks ein, die fallweise Demokratien oder eine Tyrannenherrschaft jeweils lokal bieten, von der Ausbeutung über Steuern, Inflationen bis zum imperialen Eroberungsfeldzug. Der Krieg war bereits in den frühen Formen des Kapitalismus ein *Mittel* zur Entfaltung des Wuchers; er ist es, nachdem die sowjetische Schranke für solches Tun gefallen ist, heute wieder in einer ungenierten Offenheit geworden. Der bekannte Satz von Thomas L. Friedman: „Die unsichtbare Hand des Marktes kann ohne eine unsichtbare Faust nicht arbeiten"[3], verweist zu Recht auf die Gewalt, die Märkte stets begleitet hat; der Gedanke enthält aber dennoch eine gleich doppelt verkehrte Unterstellung. *Erstens* ist die unsichtbare Hand, die den Markt beherrscht, längst auf Pressekonferenzen von Vorstandsvorsitzenden, Betreibern von Hedgefonds oder Private-Equitiy-Firmen für jedermann sichtbar geworden, wobei auch das *Ziel* „Rendite" nur noch selten hinter Floskeln wie „Ergebnisverbesserung" oder „nachhaltiger Ertrag" versteckt wird: Ungeschminkt redet man von „Rendite-Benchmarks", die man zu übertreffen, „verschärften Renditevorgaben", denen ein Arbeitsplatzabbau auf dem Fuße zu folgen habe. *Zweitens* spricht sich die instrumentalisierte militärische Gewalt inzwischen wieder offen imperial aus, und auch vormals zurückhaltende Länder geraten in den Wahnsinn, den das US-Imperium als höhere Form schöpferischer Zerstörung mit hoher Rendite inszenierte. Andere, aufsteigende Imperien sind drauf und dran, es diesem Verhalten in verschärfter globaler Konkurrenz gleichzutun.

Wenn man vom Zins redet, von seinen Quellen und Ursachen, dann hat man von der *Vergesellschaftung* und ihrer permanenten irrationalen Umwälzung in einem anarchischen Prozess verrückter Märkte und einer ihnen angepassten Politik zu reden. Die traditionellen Zinstheorien sprechen dagegen von ganz anderen Dingen. Da wird das „Risiko" ins Feld geführt, das zu tragen für jene, die sich an den Finanzmärkten ihrer abstrakten Gier hingeben, doch so unendlich verantwortungsvoll und schwer sei. Diese durchsichtige Ideologie wird aber nicht kritisiert, vielmehr verwandelt man das Risiko in eine *Ursache* und schreibt diesem „Produktionsfaktor" sogar die geheimnisvolle Eigenschaft zu, Gewinne kausal hervorzubringen.[4] Die älteren Zinstheorien des ausge-

---

[3] T. L. Friedman (1999), S. 441.
[4] Das hatte schon Eucken kritisiert: „Risiko ist nicht – wie behauptet worden ist – ein ‚Produktionsfaktor'. Es ist auch kein Datum und keine Erfahrungsregel." W. Eucken (1959),

henden 19. und im ersten Drittel des 20. Jahrhunderts bemühten *physische* und *psychische* Ursachen, die in der Regel auf dem Fehlschluss beruhen, „Zeit" sei kausal zu interpretieren und bringe monetäre Früchte, also den *Zins* hervor. Die bunte Bebilderung dieses Gedankens in den theoretischen Abhandlung dient als Argument: die wachsenden Bäume eines Waldes und der reifende Wein im Keller brächten, so lautet der Gedanke bei Böhm-Bawerk oder Fisher, offenbar das Zinsphänomen unmittelbar zur Anschauung. Die platteste Form an Zinstheorie präsentieren die Lehrbücher der Mainstream-Neoklassik. Der Zins hat für diese Perle unter den intellektuellen Errungenschaften der Ökonomik eine einfache Ursache: das Kapital. Das Kapital hat ihn einfach *hervorgebracht*, weil es „produktiv" sei. Diese herzhafte Tautologie kann man mathematisch bebildern, wodurch nichts verstanden, aber viel gerechnet wird.[5] Der bürgerliche Geist fühlt sich einfach wohler bei dem Gedanken, das Risiko, die Zeit oder ein produktives Kapital würde die Objekte zur Befriedigung seiner abstrakten Leidenschaft liefern, als jene Prozesse zur Kenntnis zu nehmen, die als *Praxis* der Herstellung von hohen Renditen in den Medien durchaus nicht verborgen sind.

Die nachfolgenden Kapitel sind in zwei Gruppen eingeteilt: In einem ersten systematischen Teil diskutiere ich einige charakteristische Denkformen, die eine Begründung des Zinses aus Ursachen erklären wollen und werde die dabei unbewältigten Widersprüche aufdecken. Im Zentrum steht hierbei der einzige ernsthafte Versuch einer *bürgerlichen* Zinstheorie, die Böhm-Bawerk als Antwort auf die Marxsche Ausbeutungstheorie entwickelte und die in vielen Varianten und Verzweigungen bei anderen Ansätzen wiederkehrt. Ich gehe hier allerdings nicht *historisch* zu Werke und werde mich nicht eng an die Darstellung bei Böhm-Bawerk, Wicksell und anderen halten, sondern stelle einige systematisch zu betrachtende Denkfiguren heraus, um sie einer kritischen Prüfung zu unterziehen. In einem zweiten historischen Teil greife ich einige Zinstheorien auf, die teilweise wichtige Bausteine zum Verständnis des Zinses liefern und die in der Regel abseits der österreichischen Theorie liegen. Als Einstieg verwende ich die Kritik Benthams an Adam Smith, die in der Zinstheorie kaum rezipiert wurde. Benthams Theorie stellt den Wendepunkt dar, an dem die mittelalterliche Wucherlehre als normative Ethik überwunden wird und das Geldsubjekt im Utilitarismus seine selbstbewusste Denkform gefunden hat. Zugleich findet sich bei Bentham eine Skizze zu Überlegungen, die erst in der Marxschen Theorie vom „Extramehrwert" und in Schumpeters dynamischer Zinstheorie wieder aufgegriffen wurden – auch wenn beide Benthams Schrift über den Wucher nicht zitierten. Die kritische Durchsicht der Kreislauftheorien und der bekanntesten monetären Zinstheorien (Schumpeter und Keynes) schließen sich an. Ich beende den zweiten Teil mit einem kritischen Seitenblick auf eine Zinskritik, die außerhalb des Marxismus sich als Reformbewegung und Utopie einer neuen Gesellschaft präsentiert: Die Theorie von Silvio Gesell, auf den sich Keynes ebenso bezog wie später Irving Fisher.[6]

Zunächst werde ich aber eine kategorial entfaltete und systematische Antwort auf die Frage geben, wie der Zins erklärt werden kann bzw. welche Formen der Vergesellschaftung untrennbar mit dem Zinsphänomen verknüpft sind. Im Zentrum stehen hierbei die vier Modalitäten einer Kontrolle der Gesellschaft durch das Geld, die zu verstehen

---

S. 141. Das hindert Ökonomen, Soziologen und Wirtschaftsethiker in der Gegenwart nicht, dennoch „Theorien" der Risikogesellschaft und vom „Risiko als Produktionsfaktor" zu produzieren.

[5] Vgl. J. B. Clark (1899); neuere Varianten diskutiert bei E. Burmeister (1980), Ch. 4-5. Zur Kritik vgl. die Beiträge in G. C. Harcourt, N. F. Lang (1971).

[6] J. M. Keynes (1973a), S. 353-358; I. Fisher (1933).

unerlässlich sind, um einige der wichtigsten Fragen der Dynamik des Kapitalismus beantworten zu können. Es wird sich zeigen, dass der Zins die *Institutionalisierung* der Geldgier, damit die Ablösung der moralischen Vergesellschaftung ist, die sich auf die abstrakte Norm beschränkt, alle Lebensbereiche und die Natur *einer Begierde* auszuliefern. Gerade die Naturalisierung des Zinses in der Ökonomik erweist sich damit als implizite Moraltheorie, die das Nichtwissen um die Vergesellschaftung unter der Herrschaft einer irrationalen Leidenschaft als Kapitulation vor *Gesetzen der Wirtschaft* interpretiert, auch wenn der „natürliche Zins" nur ebenso natürlich ist wie ein Handy oder Wimperntusche.

6.1.2 Die vier Modalitäten der Kontrolle durch das Geld

Der Zins im gewöhnlichen Wortsinn (= Geldzins) ist nicht die einzige Form eines Einkommens, das funktional aus dem *Besitz* von Geld erwächst. Ich verwende den Begriff „Zins" zunächst für alle Formen, in denen durch Geldgeschäfte ein *Mehr* an Geld erzielt wird. Dass der Geldzins hierbei nur ein *Teil* eines allgemeinen sozialen Überschusses ist, der an die Geldbesitzer als deren Gewinn zurückfließt, ist eine wichtige Einsicht der klassischen Ökonomik gewesen – eine Einsicht, die in der ideologischen Reformulierung dieser Theorie durch die österreichischen Theoretiker dann unter dem Fetisch einer natürlichen Kausalität begraben wurde. Im kapitalistischen Alltag herrscht diese Naturalisierung des Zinses ohnehin allgemein vor. „Geld arbeitet", ist die geläufige Formel für diesen Denkfehler, der keineswegs nur außerhalb der ökonomischen Wissenschaft zuhause ist. Im Begriff der *Opportunitätskosten* machen die Ökonomen ihren Kotau vor einem Markt, der *selbstverständlich* als Quelle für Zinserträge betrachtet wird: Vom Gewinn aus einer Investition wird das immer schon abgezogen, was eine „sichere" Geldanlage als Zinsertrag einbringen würde. *Dass* Geld auf Zeit gefälligst einen Zins abzuwerfen habe, hat den Rang eines Volksvorurteils angenommen.

Diese Tatsache, *dass* das Geldsubjekt seine Geldgier als *Selbstverständlichkeit* in allen Köpfen einer Geldökonomie reproduziert, ist schon eine Teilantwort auf die Frage, aus welchen *Quellen* Zinszahlungen fließen. Um das genauer beschreiben zu können, fasse ich die obige Diskussion zu den Formen der Geldgier und ihren objektiven Voraussetzungen zusammen: Wir konnten sehen, dass sich zunächst auf den Märkten, auf denen durch die Geldverwendung Produkte ausgetauscht werden, eine Funktion *überlagert*. Es ist der Warenkauf nur zu dem Zweck, beim Wiederverkauf *mehr* Geld zu erlangen, ausgedrückt in der Marxschen Formel: G-W-G´. Diese allgemeine Formel für das „Kapital" – Geldbesitz, der durch die Verwandlung in Waren zu einem *vermehrten* Geldbesitz führt – besitzt ihre Subjektform in einer abstrakten Leidenschaft, die als Denkform des Geldsubjekts sich in andere Denkprozesse der Vergesellschaftung einbettet und darin die Geldgier als *Ratio* reproduziert. In dieser Einlagerung einer ganz anderen Zielsetzung als dem Kauf von Waren, um die so erlangten Produkte der Befriedigung von Bedürfnissen zuzuführen, innerhalb dieser *Kaufmannsseele* also formt sich eine noch abstraktere Einlagerung der Geldgier, die *unmittelbar* durch verschiedene Formen des Schuldenmachens aus dem Geldbesitz *mehr* Geld zu erpressen trachtet, ausgedrückt in der allgemeinen Zinsformel: G-G´, mit $\Delta G = G´$ minus $G > 0$.

Was sich hier formal als parasitäre Einlagerung, als Einbettung in einen Prozess der Vergesellschaftung zeigt, erweist sich in ihrer *Funktion* im Vergesellschaftungsprozess als *Hierarchie* der Machtverhältnisse. Jede Gesellschaft muss die Herstellung ihrer Produkte durch eine Matrix der Handlungsprogramme so organisieren und als Produktionsprozess vermitteln, dass sie sich schließlich einfügen in ein System der Bedürfnisse. Diese soziale Organisation der Bedürfnisse und Handlungen besitzt in den Sprachformen bereits eine abstrakte Form. Das bedeutet: Die Form der Produktion und die Struktur der Bedürfnisse hängen nicht an *Individuen*. Vielmehr werden Individuen in die Produktions- und Handlungsstrukturen hineingeboren, „hineingeworfen"[7], und durch ihre Sozialisation, abhängig vom sozialen Ort, an dem sie sich wiederfinden, werden sie in das System der Bedürfnisse und die Matrix der Handlungsprogramme eingefügt. Dies vollzieht sich zugleich als Prozess der Identitätsbildung durch die schrittweise Einfügung und denkende Reproduktion jener Sprach- und Handlungsformen, die mit den Bedürfnissen und Handlungen verknüpft sind.

Zwei Sachverhalte bilden die erste und grundlegende Überlagerung über diesen Prozess. Die Handlungsprogramme können nur realisiert werden, wenn sie sich entsprechender Mittel bedienen. Diese technischen Mittel der Produktion sind aber nicht frei verfügbar, sondern befinden sich in entwickelten Geldökonomien in Privateigentum. Die Matrix der Handlungsprogramme und das System der Bedürfnisse sind also *keine bestimmende Grundlage* der durch das Geld organisierten Gesellschaften, sondern werden beherrscht durch die Verteilung von *Eigentumsrechten*. Ein Zweites kommt hinzu. Durch die Entfaltung der Geldrechnung werden mehr und mehr *alle* Prozesse – die Produktion und der Konsum – einer berechnenden Kontrolle unterworfen. Das Eigentumsrecht selbst nimmt deshalb hierdurch eine *abstrakte Form* an, sofern es die Abstraktion einer „verwertbaren Entität" mit der Abstraktion eines Geldsubjekts verknüpft: Das Subjekt wird „Person" in der Legaldefinition der Juristen, das Objekt wird „Eigentum", eine Entität, deren Qualität und Identität im Streitfall durch ihre juristische Definition bestimmt wird.

Beide Pole des Eigentumsrechts in Geldökonomien bilden Identitäten, die jeweils nur durch einen *Prozess* schrittweiser Durchsetzung der Anerkennung in der Konkurrenz gegen andere oder durch Gerichtsentscheidungen bestimmt werden. Die Person und das Eigentum sind dabei nicht notwendig im physischen Sinn „Individuen". So können zugleich viele Individuen Eigentümer sein, wie andererseits auch allgemeine Entitäten („geistige Güter") zu etwas Besitzbarem werden – kraft der Rechtsform und der dahinter stehenden staatlichen Gewalt. Nun *erzeugt* weder das Eigentumsrecht, damit auch das abstrakte Recht, Geld besitzen zu können, noch die Geldrechnung *per se* die Geldgier. Sie bilden aber eine objektive Voraussetzung für deren Reproduktion.

Die faktische Kontrolle der Produktionsabläufe und die Zuweisung der Produkte an Bedürfnisse vollziehen sich – das ist die hier zu gewinnende wichtige Einsicht – nicht über eine kommunikative Verständigung der Individuen. Diese Form der Vergesellschaftung ist zwar immer noch die Grundlage – und wie sich zeigte, fallen alle Vergesellschaftungsformen auf die soziale Grundstruktur zurück, wenn sie in anderer Form misslingen. Doch in sie eingelagert funktioniert das berechnende Denken des Geldsubjekts, das die Welt durch Maß und Zahl taxiert und dabei in aparte Entitäten einteilt, die jeweils abstrakten Individuen – den Eigentümern – zugeordnet werden.

All dies bleibt kein *bloßer* Denkprozess, sondern findet seinerseits eine Realisierung in Institutionen, den sozialen Kristallisationen von Denk- und Handlungsgewohnheiten als Regelsystemen. Darin wiederum bilden die jeweils eintretenden Individuen ihre Gewohnheiten als Profession, Charakter oder als alltägliches Vorurteil. Die Geldökonomie hebt also die bestimmende Macht *kommunikativer* Prozesse bezüglich der Organisation der Produktion auf, übernimmt die Zuweisung von Individuen in die Matrix der Handlungsprogramme und der dadurch erworbenen Geldeinkommen, um auf Märkten durch Käufe Bedürfnisse befriedigen zu können. Wenn in Demokratien sich *daneben*

---

[7] Menschen sind durch Geburt in die Mitte „des Seienden geworfen", M. Heidegger (1973), S. 261f.

6.1.2 Die vier Modalitäten der Kontrolle durch das Geld

noch eine kommunikative Vergesellschaftung als *getrennter* Prozess öffentlicher Debatte, der Wahlen usw. erhält, dann wird auch *diese* Form der Vergesellschaftung mehr und mehr vom Geldsubjekt erobert[8]: Die Inhalte von Gesetzen werden durch „Interessen" bestimmt – die Übersetzung der Geldgier für je besondere Bereiche gesellschaftlichen Handelns –, und die Organisation der Herrschaft durch Wahlen wird zu einem medial vermittelten Prozess, der seinerseits der Geldgier subsumiert ist durch die Steuerung veröffentlichter Meinungen oder durch eine Lobby, die Meinungen einkauft. Insgesamt werden die Individuen in keine dieser Strukturen durch *Gewalt* gezwungen; vielmehr besteht die Macht des Geldes und seiner abgeleiteten institutionellen Formen gerade darin, dass jeder *in sich* diese Geldverhältnisse als subjektive Form des Denkens und seiner Leidenschaften reproduziert.

Die Vergesellschaftung durch das Geld und die in dieser berechnenden Ratio sich artikulierende Geldgier totalisiert also eine *Herrschaft* über andere Prozesse, die sich jeweils *durch* das Geldsubjekt und die ihm eigentümlich täuschenden Formen hindurch entfaltet. Ich möchte, um das zu verdeutlichen, hier die vier modal zu unterscheidenden, gleichwohl ineinander verschlungenen Prozesse der monetären Vergesellschaftung formal genauer darstellen.

(i) Unter einem *technischen Aspekt* organisiert die Geldökonomie die Handlungsprogramme zur Produktion der vielen, später auf den Märkten auftauchenden Produkte. Man kann dies als Verknüpfung von Produktprogrammen P beschreiben: $P_1 - P_2 - P_3 -$ etc. Ich notiere diese Beziehung in einer Zeile, betone aber, dass diese Struktur jeweils *zirkulär* ist. Ein Beispiel: Um Computer zu produzieren, benötigt man Kunststoffe, Metalle, Kabel, Chips, Schrauben usw. Alle diese Produkte wiederum werden durch die funktionale Mithilfe oder als Rohstoff fungierende andere Produkte erzeugt, und in der Produktion dieser Produkte werden wiederum Computer verwendet. Die Kette $P_1 - P_2 - P_3 -$ etc. ist also jeweils funktional geschlossen, wenn wir „P" als Produktions- oder Handlungsprogramm lesen, als Beschreibung einer Form, so dass z.B. gelten wird: $P_1 - P_2 - P_3 - (\ldots) - P_1$. Die *Verknüpfung* der Produkte gehorcht einer *technischen* Logik: Sie müssen bestimmte Eigenschaften besitzen, um sowohl in der Produktion als auch zur Bedürfnisbefriedigung zu funktionieren. Man kann also sagen, dass unter dieser Perspektive die Produkte durch *technisches* und *psychologisches* Wissen miteinander verknüpft sind. Zwischen die einzelnen Produkte tritt unter diesem Aspekt jeweils eine *technische* Vermittlung, ein handlungsleitendes Wissen, das ich mit „T" abkürze und formal diesen Prozess damit so darstellen kann: $P_1 - T - P_2 - T' - P_3 - T''-$ etc. Man kann auch sagen: Die Produktionsprozesse, die Handlungsprogramme werden durch *Kommunikationsprozesse* und das darin artikulierte technische Wissen verbunden.

Die technische Verknüpfung der Produkte vollzieht sich tatsächlich vielfach unter der Herrschaft eines technisch-organisatorischen Produktionsplans – innerhalb eines Unternehmens, das mehrere Betriebsstätten (oft in vielen Ländern) in einem logistischen Gesamtplan miteinander als Prozess verbindet. Unternehmen sind *intern* reine Planwirtschaften, allerdings gelenkt nicht durch Bedürfnisse, durch die Kommunikation der Beteiligten oder von Menschen außerhalb des Betriebs, sondern durch ihre Subsumtion unter Marktprozesse. Die jüngste Form dieser Organisation von Handlungsprogrammen *ohne* unmittelbaren Rückgriff auf Märkte sind virtuelle Verknüpfungen, die

---

[8] „In den Demokratien gibt es nichts Größeres und Glanzvolleres als den Handel; er zieht die Blicke der Öffentlichkeit auf sich und erfüllt die Einbildungskraft der Menge; ihm wenden sich alle entschlossenen Leidenschaften zu." A. de Tocqueville (1976), S. 645.

ihre Prozesse über das Internet organisieren und hierbei oft weltweit als eine vernetzte Produktionsstruktur agieren.

(ii) Viele Produkte werden aber *nicht* durch Plan, Logistik, Kommunikation oder Zuweisung verknüpft, sondern über *Märkte*. Zugleich vollzieht sich darin die Zuordnung der Produkte auf menschliche Bedürfnisse. Durch die arbeitende Teilnahme an den Unternehmen (unterschiedlichster Größe) werden aus den erlösten Umsätzen Geldeinkommen erzielt, die auf die Mitarbeiter des Unternehmens und die formalen Eigentümer verteilt werden. Diese Einkommen wiederum dienen dazu, Produkte auf den Märkten zu kaufen. Hier erscheint also – im Korsett der Höhe des Geldbesitzes gefesselt – die Vielzahl der Bedürfnisse auf dem Markt als bestimmende Größe. Es stehen *hier* die Produkte – als *Waren* auf dem Markt –, je individuell als Güter wahrgenommen und in das private System der Bedürfnisse eingeordnet, nicht die auf dem Markt erkennbare vermittelnde Funktion des Geldes im Vordergrund. Der Prozess geht aus von den Waren: W_1–G–W_2–G–W_3 usw.

Doch diese Marktprozesse werden eben nicht von Bedürfnissen oder technischen Erwägungen gesteuert, sondern durch die Geldgier der Eigentümer, die Unternehmen organisieren und alle technischen und auch viele Kommunikationsprozesse ihrer Ratio der Geldvermehrung unterwerfen. *In den* Tauschprozess eingebettet oder eingelagert funktioniert also noch eine ganz andere Logik, die nicht einfach auf die abstrakte Qualität der Recheneinheit im Tausch abstellt, sondern diese abstrakte Einheit selbst als *Ziel* formuliert und diesem Ziel die anderen Prozesse unterordnet. Doch dieses Ziel realisiert sich nicht *außerhalb* der reinen Tauschprozesse, in denen das Geld als vermittelnde Rechnung funktioniert, sondern *in ihnen selbst*. Es ist also *derselbe* Markt, der von den Eigentümern, von den Kapitalisten unter einer völlig anderen Perspektive wahrgenommen wird. Die konkreten Eigenschaften der Waren – für die Käufer die Hauptsache, der Inhalt ihrer Marktteilnahme – sind nur eine *Nebenbedingung*, der nur insofern Aufmerksamkeit geschenkt wird, als man dadurch die Zahlungsbereitschaft von Nachfragern *als Kunden* weckt. Ich drücke diese eingebettete Überlagerung so aus: Die „gewöhnlichen" Marktteilnehmer am Markt konzentrieren ihre Aufmerksamkeit auf die *Waren*, gekennzeichnet durch Hervorhebung:

$$\mathbf{W_1}\text{–G–}\mathbf{W_2}\text{–G–}\mathbf{W_3}\text{– etc.}$$

Das Geld erscheint nur als *Mittel*, diesen Austausch zu organisieren.

(iii) Doch in eben diesen selben Prozess eingebettet vollzieht sich ein ganz anderer: Die Kapitalisten blicken nur auf die darin eingelagerten Geldprozesse, die von ihren Händen ausgehen und als vermehrte Summe zurückfließen. Was beim vereinzelten Kaufakt notwendig verborgen bleibt, ist der *nachfolgende* Kaufakt. Aus der Einzelheit eines Kaufakts – das hatte unsere Analyse der Kaufstruktur ergeben (vgl. 3.1.6) – lässt sich nicht auf *andere* Kaufakte schließen. Dennoch sind alle Kaufakte verknüpft durch das Geld. Sofern nun die eingebettete Funktion der Geldgier sich diesem Prozess überlagert, zeigt sich plötzlich dessen soziale Natur: Was als Kette von Einzelhandlungen aus der Perspektive der gewöhnlichen Marktteilnehmer erscheint, nämlich als W_1–G–W_2–G–W_3– etc., das erkannten die frühen Kaufleute, später die kapitalistischen Eigentümer unter einer anderen einseitigen Perspektive. Es ist ein Vorgang, in dem das Geld immer wiederkehrt, und wenn dieser Prozess nun nur unter dem Blickwinkel der Wiederkehr des Geldes durch die Geldgier *organisiert* wird, dann wird eine *soziale* Verknüpfung *privatisiert*. Zugleich ist für die Kaufleute *unmittelbar* sichtbar und auch als

6.1.2 Die vier Modalitäten der Kontrolle durch das Geld

Ziel erstrebt, was für den vereinzelten Käufer unsichtbar bleibt. Der vereinzelte Käufer sieht nur die beiden Seiten des Aktes G–W_1. Seine *Fortsetzung* ist für ihn ein *anderer* Lebensprozess, entweder der Konsum der gekauften Ware im Raum seiner Privatheit, oder der erneute Versuch, Marktteilnahme durch Arbeit zu erlangen – in der Regel die Rückkehr zu einem Unternehmen, das die Arbeit entlohnt. Auch *dort* erscheint dem gewöhnlichen Marktteilnehmer wiederum nur der vereinzelte Akt: Er liefert seine Arbeit als Dienstleistung ab – eine Ware wie jede andere – und erhält dafür Geld.

In Wahrheit sind aber alle diese Akte *verkettet*, und die Kaufleute haben früh diese Verkettung erkannt und jeweils für ihre Geldgier fruchtbar gemacht. Für einen Kaufmann oder einen Kapitalisten erscheint der Prozess W_1–G–W_2–G–W_3– etc. ganz anders. Er *bemerkt*, dass sich darin jeweils ein *Mehr* an Geld erzielen lässt, so dass „G" nicht einfach die qualitative Einheit ist, die die verschiedenen Waren im Tausch vermittelt, sondern sich als wachsende Geldsumme durch diesen Prozess hindurch zeigt. Derselbe Prozess, in den ein gewöhnlicher Marktteilnehmer eingebunden ist, wird aus der Perspektive derer, die diese Prozesse durch Unternehmen in Produktion und Vertrieb *organisieren*, ein eingelagerter Prozess der Geldvermehrung G, G′, G′′, etc.:

$$W_1-G-W_2-G'-W_3-G'' \text{ etc.}^9$$

(iv) Doch damit nicht genug. Inmitten der Klasse der Geldeigentümer, die als Kapitalisten, als *Unternehmer* Produktions- und Vertriebsprozesse im Interesse ihrer Geldgier organisieren, lagert sich eine andere Klasse von reinen Geldkapitalisten, von *Wucherern* ein. Sie machen sich, wie wir feststellen konnten, die Finger nicht schmutzig durch die durchaus anstrengende Arbeit, ein Unternehmen *technisch* und *personal* im Interesse der eigenen Geldvermehrung zu organisieren. Sie betrachten *unmittelbar* das Geld als Erwerbsquelle. Eine Vorform davon ist die Warenspekulation. Hier kauft man Waren oder Zertifikate darauf nur zu dem Zweck, durch entsprechendes *Timing* aus Preisdifferenzen am Markt bei Wiederverkauf einen Profit zu schlagen. Die *direkte* Form, aus Geld wieder Geld zu machen, wird schließlich durch alle Formen des Kredits, der *Verschuldung* erreicht. Der Preis für verliehenes Geld ist der Zins.

Hier gibt es unüberschaubare, beständig wachsende Anzahl von Formen des Schuldenmachens. Die wichtigste orientiert sich an der Kreditaufnahme von Aktiengesellschaften durch die Ausgabe von Anteilsscheinen (Aktien) und an den Staatskrediten. Die Kursbewegungen dieser Wertpapiere durch Kauf- und Verkauf erlauben vielfache Spekulationen bezüglich der Preisänderungen. Und diese Preis- bzw. Kursänderungen werden nicht zufällig *erraten*, sondern sie werden aktiv herbeigeführt oder beeinflusst. Dazu dienen viele „Derivate", also abgeleitete Schuldtitel. Schon ein einfacher Wechsel, also ein zeitlich definiertes Zahlungsversprechen eines Warenkäufers, lässt sich auf viele Weise zu Geld machen. Ähnlich lassen sich nun überlagert bezüglich Kaufsumme und Zeitpunkt bei *Wertpapieren* oder bei Rohstoffen und Immobilien Metakontrakte definieren – die *Derivate* – und darauf wieder Metakontrakte, Zertifikate, Indextitel usw. All diese Formen sind Geld unterschiedlicher „Liquiditätsnähe" – d.h. sie können unter-

---

[9] Die „Form, in der Geld als Kapital zirkuliert, (ist) die Umkehrung derjenigen Form, in der es als allgemeines Warenäquivalent zirkuliert. Der einfache Warenbesitzer verkauft, um zu kaufen; er verkauft, was er nicht braucht, und kauft mit dem erhandelten Gelde das, was er braucht. Der angehende Kapitalist kauft von vornherein das, was er nicht selbst braucht; er kauft, um zu verkaufen, und zwar um teurer zu verkaufen, um den ursprünglich in das Kaufgeschäft geworfnen Geldwert zurückzuerhalten", F. Engels, MEW 20, S. 188.

schiedlich leicht verkauft werden. Verkaufbar sind Schuldtitel fast immer, wenn auch gelegentlich unter einem gewichtigen Preisabschlag. Derivate, also Schuldformen, Zahlungs- oder Kaufversprechen, die wie Waren gehandelt werden und ihrerseits einen Preis (Kurswert) erhalten, sind die Instrumente, um durch das mit diesen Schuldtiteln und den auf diese fiktiven Entitäten definierten Eigentumsrechten *mehr* Geld aus den Kreditnehmern, Käufern, Anlegern usw. zu erpressen.

Diese Erpressung geschieht nicht so, dass hier *Gewalt* verübt würde. Vielmehr überlässt man die Ausübung dem Markt, den „Kursen". Doch diese Kurse wiederum stellen sich für unterschiedliche Marktteilnehmer ebenso unterschiedlich dar wie die Geldverwendung für einen gewöhnlichen Käufer und einen Kaufmann. Was für ein Unternehmen eine Finanzierungsform darstellt, ist für einen Spekulanten am Aktienmarkt nur ein *vorausgesetztes* Instrument, seine Geldgier zu befriedigen. Was für den Kapitalisten der Gewinn, ist für den Wucherer der Zins; für den modernen Finanzkapitalisten in der Form der *Rendite* (also eine Größe, die aus den ausgeschütteten Gewinnanteilen – den Dividenden – und den Kursgewinnen zusammen ermittelt wird). Während für ein Unternehmen eine Aktie das Mittel ist, um aus durch Aktienverkauf erzielten Geldeinkommen Maschinen zu kaufen, um daran Arbeiter zu beschäftigen, die später marktfähige Produkte erzeugen, die sich insgesamt teurer verkaufen lassen als die Summe der anfallenden Kosten ausmacht, ist eine Aktie für einen Finanzkapitalisten, für einen Fondsmanager usw. als Wertpapier *seinerseits* nur ein Mittel, in einem überlagerten und eingebetteten Prozess aus dem Kauf und Verkauf dieser Wertpapiere *unmittelbar* einen Gewinn zu schlagen. Was auf der Ebene der Unternehmen also eingebettete Geldgeschäfte durch Wertpapiere oder Schuldverschreibungen, was für Händler Kurssicherungsgeschäfte sind, das wird für den Finanzkapitalisten durch multiplizierten Kredit („Hebel") und Derivate zur *unmittelbaren* Quelle des Gewinns.

Der Marktform W_1–G–W_2–G´–W_3–G´´ etc. überlagert sich darin auf höherer Stufenleiter ein derivativer Prozess, der die *Geldvermehrung* als *unmittelbares* Ziel betrachtet, wodurch eine faktische Kontrolle entsteht, die die verschiedenen anwachsenden Geldbeträge durch abgeleitete Eigentumstitel oder Schuldformen als Instrument verwendet, Gewinne aus Produktion und Handel *seinerseits* zu privatisieren. Wir erhalten hier eine andere Form der Vergesellschaftung durch Derivate, Zertifikate usw., die ich kurz mit „R" (für „Rendite") bezeichne. Diese derivativen Geldformen ziehen aus den als sozialem Überschuss erwirtschafteten Gewinnen nun ihrerseits eine Kette von Renditen R, R´, R´´, R´´´ etc. Es ergibt sich der eingelagerte Prozess:

$$G–R–G´–R´–G´´–R´´–G´´´ \text{ etc.}$$

Derivate sind jeweils nur *intern* eingelagerte, höher gestufte Prozesse, eine Rendite zu erzielen. So bestehen Fonds aus Aktien. Die Einnahmen des Fonds ergeben sich aus Dividenden und Kursgewinnen. Nun kann der Fondstitel *seinerseits* als Wertpapier gehandelt werden, das in einen *Dachfonds* eingeht (nachdem die Einkommen der Fondsmanager abgezogen wurden), fortsetzbar in beliebigen Stufen. Bezüglich solcher Wertpapiere lassen sich dann auch zu einem bestimmten Zeitpunkt als Kauf- oder Verkaufsgarantie Papiere definieren (Futures, Swaps usw.). Und Wertpapiere verschiedenster Art kann man wieder in Portfolios bündeln, dafür Indizes oder Zertifikate definieren, bezüglich dieser abgeleiteten Wertpapiere Wetten formulieren usw. Die Erfindungsgabe der Geldgier ist *in diesem Punkt* schier unbegrenzt.[10]

---

[10] Bei Krisen auf den Finanzmärkten schiebt man die Schuld dann den jeweils jüngsten „Finanzinnovationen" zu – die Pensionsfonds, Lebensversicherer machen Hedgefonds, diese

6.1.2 Die vier Modalitäten der Kontrolle durch das Geld

Hier wird die gesamte Finanzstruktur hermetisch und zur institutionalisierten Gewissheit, dass die totale Herrschaft der Geldgier ihre Macht auf *Nichtwissen* der Vielen stützen und reproduzieren kann: Ein cartesianischer *Beobachter* kann von außen, als Nichtteilnehmer, diese Masse an Geldtiteln nicht mehr überblicken und ihren Zusammenhang nur durch Formeln der Finanzmarkttheorie, durch Charts und die seichte Metaphysik von „Trendlinien" als erfundene Oberfläche dieser Prozesse rekonstruieren. Die *Teilnehmer* sind, in der Dummheit ihrer Geldgier gefesselt, zwar „genial" als Experten darin, durch derivative Tricks andere um ihr Geld zu erleichtern; das Geld selbst als soziales Verhältnis ist ihnen aber ein bleibendes Rätsel. Und diese Undurchsichtigkeit einerseits, die Unmöglichkeit der Teilnahme, ohne selbst ein leidenschaftlicher Wucherer zu werden und sich das nötige *tacit knowledge* durch verblendetes Handeln selbst zu erwerben, schafft eine *kognitive Distanz*, in deren Raum die Geldgier sich eine kognitiv geschlossene Festung erbaut hat. Der Wucherer ist zum anerkannten „Experten" für Finanzgeschäfte geworden, nicht ohne das mathematische Rüstzeug, das ihm die clevere Borniertheit der Finanzmarkttheorie zur Verfügung stellt. An der Spitze der Pyramide dieser totalen Marktbeherrschung stehen nicht Despoten, sondern traurige Dummköpfe des rechnenden Denkens, die ihre Intelligenz als „Finanzgenies" feiern und die „trügerische Vorstellung, Geld und Intelligenz müssten miteinander einhergehen"[11], als öffentliche Gewissheit medial selbst inszenieren. Ihr Credo lautet: „(I)ch bin *geistlos*, aber das Geld ist der *wirkliche Geist* aller Dinge, wie sollte sein Besitzer geistlos sein? Zudem kann er sich die geistreichen Leute kaufen, und wer die Macht über die Geistreichen hat, ist der nicht geistreicher als der Geistreiche?"[12]

Überblicken wir die umrissenen Momente (i) – (iv) der Vergesellschaftung in kapitalistischen Geldökonomien, so ergibt sich die nachfolgend gezeichnete hierarchische Struktur (Abbildung 6.1). Die Namen für die vier Ebenen verstehen sich von selbst; mit Markt (1) und Markt (2) bezeichne ich *denselben* Markt, nur jeweils aus der Perspektive der Marktteilnehmer anders wahrgenommen oder funktionalisiert. Auch das Ziel der Marktteilnahme ist jeweils aus der Perspektive des Teilnehmers beschrieben. Einer Produktbeschreibung P korrespondiert – das Produkt auf den Markt gebracht – jeweils ein Typus von Ware W.

	Ebene	Ziel	formale Struktur					
1	Finanzmarkt	Rendite	**R**	– G –	**R′**	– G′ –	**R′′** – G′′	etc.
2	Markt (2)	Gewinn	W_1	– **G** –	W_2	– **G′** –	W_3 – **G′′**	etc.
3	Markt (1)	Bedürfnis	W_1	– G –	W_2	– G –	W_3 – G	etc.
4	Produktion	Funktionalität	P_1	– **T** –	P_2	– **T′** –	P_3 – **T′′**	etc.

Abb. 6.1

---

die Banken verantwortlich, und alle zusammen „den Staat" oder „die Zentralbank". Man erkennt die eigene Geldgier eben immer nur *am je anderen* wie in einem Spiegel. Vom *System* der Geldgier hat man keinen blassen Schimmer.

[11] J. K. Galbraith (1992), S. 19.
[12] K. Marx, MEW 40, S. 564f.

Man bemerkt in der Struktur der vier Ebenen einen Bruch: von der Ebene (4) bis zur Ebene (2) lässt sich jeweils den Produkten (den Waren) eine durchgängige Perspektive zuordnen (jeweils durch P und W in Spalten untereinander charakterisiert). Hier bleiben Wissen und Bedürfnis, wenn auch artikuliert auf Märkten, durchaus noch funktional verknüpft. Auf der ersten, der obersten Ebene der Herrschaft des Geldes tritt an die Stelle dieses durchgängigen Zusammenhangs allerdings die abstrakte Zielsetzung der Rendite, die Kristallisation der Geldgier des Wucherers in reiner Form. Und durch dieses kognitive Fenster der Rendite (der Verzinsung) wird die Gesellschaft beherrscht, in maximaler Distanz zum qualitativen Inhalt von Produkten, Bedürfnissen und dem sie verknüpfenden Wissen. Diese vier Ebenen oder Modalitäten des durch das Geld vergesellschafteten Systems der Handlungen und Bedürfnisse lassen sich deshalb kurz, von unten beginnend, so charakterisieren:

(4) *Produktion*. Auf der untersten, der technischen Ebene tritt modal – wenn auch nicht letztlich bestimmend – die technische Funktionalität in den Vordergrund. Die Produkte müssen durch geeignete Handlungs- bzw. Produktionsprogramme realisierbar sein und in ihrer Form den für die öffentliche Identität eines Produkts definierten Eigenschaften entsprechen, sich also in bestimmte Standards einfügen, die Bedürfnissen korrespondieren. Als Denkform entspricht diese Ebene den Ingenieurwissenschaften – abstrakter den Naturwissenschaften –, der Psychologie, der Kreativitätsforschung, der Logistik, den Organisationswissenschaften usw.

(3) *Markt (1)*. Durch ihren Verkauf, den Eintritt in eine Kaufstruktur, werden diese Produkte zu Waren, darin *zugleich* auch je privat zu Gütern, die einen bestimmten individuellen oder auf eine Organisation bezogenen Nutzen haben. Sind die Käufer Unternehmen, so bestimmen die Techniker diese Qualität der Produkte, abgeleitet aus der Funktion, die solche Produkte in der Produktion erfüllen müssen. Bestimmend auf den Märkten ist das beim Kauf artikulierte oder vorausgesetzte Bedürfnis bzw. die technische Eigenschaft. Nach ihrer Maßgabe trennen sich die Geldbesitzer von ihrem Geld. Voraussetzung ist hier die Möglichkeit des Marktzutritts durch vorgängigen Geldbesitz. Ist diese Voraussetzung erfüllt, dann ist damit die Freiheit der Wahl verbunden, die wiederum für die Unternehmen als Nebenbedingung oder als Schranke ihrer Entscheidungen auftritt.

(2) *Markt (2)*. Die Unternehmer bewegen sich in *denselben* Prozessen, doch üben sie über die technische Funktionalität und den Markt eine *spezifisch* berechnende Kontrolle aus: Alles wird so gesteuert und kontrolliert, dass das Ziel „Gewinn" realisiert und *maximiert* wird. Die Prozesse der modalen Stufen 4 und 3 sind nicht etwas Fremdes, keine „Umwelt" für das kaufmännische Maximierungskalkül. Vielmehr realisiert sich dieses Ziel durch die *Einbettung* und die *aus der Einbettung* ermöglichte Kontrolle. Für die Techniker erscheint dies jeweils als Nebenbedingung, z.B. durch die Wertanalyse eines Produkts (man optimiert eine bereits erprobte Funktion hinsichtlich der *Preise* für die verwendeten Produktteile). Für die gewöhnlichen Marktteilnehmer erscheint die durch die Geldeigentümer ausgeübte Kontrolle in den *Preisen* und dadurch in der Marktzutrittsschranke. Doch Unternehmen *entscheiden*, welche Arbeitskräfte sie einstellen oder entlassen und steuern damit *indirekt* die Geldströme, die für Milliarden Menschen global den Marktzutritt erlauben oder verbieten.

(1) *Finanzmarkt*. Während die Aufmerksamkeit der Unternehmen auf die anfallenden Kosten der Produktion, ihre Beeinflussung durch die Wahl von Techniken usw. gerich-

6.1.2 Die vier Modalitäten der Kontrolle durch das Geld

tet ist und sie dabei immer als Nebenbedingung auf die Präferenzen der Kunden blicken müssen, die schließlich die erzeugten Produkte durch ihre Kaufentscheidung erst in *Waren*, damit in Geldquellen verwandeln, bewegt sich der Finanzmarkt der obersten modalen Ebene in einer eigenen Welt. Die Distanz zur Ebene der technischen Funktionalität und ihrer Einbettung in kommunikative Prozesse (Ausbildung, Wissenschaft usw.) ist maximal. Sie steuern nicht die Produktion durch eine direkte Anweisung, sie steuern vielmehr die *Kreditfähigkeit* der Unternehmen durch ihre Bewegung auf den Finanzmärkten. Sie kontrollieren die Möglichkeit der *kaufmännischen* Funktionalisierung der Austauschprozesse durch die Kontrolle der begleitenden Geldströme. Angriffspunkt dieser Kontrolle ist das Eigentumsrecht, die temporäre Überlassung von Geldsummen als Kredit und die daran geknüpften Bedingungen. Die dem Geld inhärente Gleich-Gültigkeit erreicht hier ihre höchste Form. Das Verhältnis zu den Bedürfnissen der Menschen und dem technischen Wissen, obgleich dies ihrerseits schon durch das Geldsubjekt geprägte Formen sind, ist das maximaler Entfremdung und Gleichgültigkeit. Die Geldgier hat in den Finanzmärkten ihr eigenes, endogenes Reich geschaffen, das mit der übrigen Gesellschaft nur über die faktischen Käufe und Verkäufe von Finanzierungsformen für Händler und Unternehmen, die direkte Vergabe von Krediten, den Handel mit Aktien oder durch Kredite an den Staat in Beziehung tritt. Dass diese fremde Überformung der Gesellschaft gleichwohl bis in den Alltag durchgreift, dass die hier rein entfaltete Geldgier ihre Denkform *kraft* ihrer faktischen Herrschaft allen anderen Denkformen aufnötigt, ergibt sich aus dieser hierarchischen Struktur.

Die beiden Ebenen der Kontrolle durch die Geldgier – als Gewinnmaximierung (2) und als Maximierung der Renditen (1) – haben durchaus unterschiedliche Konsequenzen auch für die Preisbildung. Ich möchte das durch einen analytischen Einschub mit Blick auf die Erklärung der Preise illustrieren. Das neoklassische Modell geht von gegebenen Anfangsbeständen von Kapitalgütern aus, jeweils im Eigentum eines Unternehmers. Sie werden durch „Knappheitspreise" bewertet (auch „Kapitalrenten" oder „Schattenpreise" in der Modellsprache der Ökonomen genannt). Der *Wert* des eingesetzten Kapitals bleibt hier ohne Berücksichtigung. Es ist also implizit nicht nur unterstellt, dass Betriebsstätten und Unternehmen identisch sind, sondern auch, dass bezüglich des investierten Kapitals in der Form vieler Kapitalgüter kein Wettbewerb herrscht. Marx hat dagegen gezeigt, dass tendenziell sich die Preise für *Kapital* (in der Geldform, z.B. als Aktienkapital eines Unternehmens) ausgleichen, oder, in seiner Sprache, dass eine uniforme Profitrate herrscht. Auch die klassischen Ökonomen (Ricardo, Mill) kannten die Idee eines Ausgleichs der Profitraten. Das neoklassische, das Walrassche Preismodell entspricht dagegen der Vorstellung, dass die Preise „von unten" determiniert werden durch die Präferenzen und die Technologie. Die Gewinnmaximierung (Ebene 2) sei nur ein „Mittel" zur effizienten Gestaltung der Produktion. Selbst wenn man alle vorgebrachten Einwände zur Walrasschen Theorie (vgl. 4.7.3) beiseite schiebt, so liegt darin eine für kapitalistische Wirtschaften unhaltbare Voraussetzung. Die Konkurrenz bezieht sich für die Neoklassiker nur auf die *Preise* bzw. die „Güter". Hier sorge der Wettbewerb dafür, dass – nach Jevons „Gesetz der Unterschiedslosigkeit der Preise" – für jedes Gut nur *ein* Preis auf dem Markt herrsche. Aus den Güterpreisen, gleich ihrem „Grenznutzen", ergäben sich abgeleitet auch alle Preise für Produktionsmittel („Kapitalgüter"). Doch das hieße nur, dass z.B. Maschinen denselben Preis auf dem Markt erhalten, nicht aber, dass das in Maschinen, Rohstoffe, Gebäude usw. investierte *Geldkapital* die gleiche Verzinsung erhält.

Wenn aber auch bezüglich des eingesetzten Kapitals ein Wettbewerb herrscht, wenn das gilt, was Marx behauptet hat: Ein tendenzieller Ausgleich der Kapitalverzinsung, der Profitraten pro eingesetztem Geldkapital, dann resultiert ein ganz anderes als das walrasianische Gleichgewicht. Es ergibt sich ein „Produktionspreis"[13], wie Marx ihn nannte. John von Neumann oder Piero Sraffa legen ihren Modellen dieselbe Vorstellung zugrunde, und diese Vorstellung ist – unabhängig von der ungenügenden Realisierung in den Modellen der linearen Ökonomik – offensichtlich richtig: Es gibt, sobald es einen Wettbewerb um *Kapital* in Geldform gibt, einen Wettbewerbsdruck, der zur Reallokation von Geldkapital führt, sobald eine unterschiedliche Kapitalverzinsung bei verschiedenen Unternehmen besteht. Ganz offensichtlich entspricht *diese* Konkurrenz dem Prozess, der sich durch die Kontrolle der Ebene (1) vollzieht. Die Kapitalanleger achten nicht auf individuelle Unternehmen, sondern nur auf die Rendite pro gehaltenen Eigentumsanteil an investiertem Kapital. Ein Ausgleich wird durch Aktien- oder ganze Unternehmenskäufe und -verkäufe immer wieder *als Tendenz* hergestellt.

Wenn deshalb Böhm-Bawerk Marx vorwirft[14], dass er sich widerspreche, da er einmal behaupte, die Preise würden durch die Arbeitswerte, zum anderen aber durch die Produktionspreise (also durch den in der Konkurrenz des eingesetzten Kapitals entstehenden „Produktionspreis") bestimmt, so ist dieser Einwand nur insofern zutreffend, als sich Werte und Preise bei Marx unterscheiden. Aber dasselbe gilt für das Walrassche oder ein vergleichbares österreichisches Preismodell: Dort wird nicht der Arbeitswert, sondern der Grenznutzen als preisbestimmend behauptet. Was sich dann als Gleichgewicht ergibt, ignoriert aber die Überlagerung durch die Ebene (1), die Konkurrenz der Kapitalanleger. Nur sie sorgt dafür, dass Kapitalanlagen in verschiedenen Sektoren in Wettbewerb geraten und so als idealisierte Tendenz einen Ausgleich der „Kapitalverzinsung" hervorbringen. Doch Preise, die man mit jeweils gleicher Kapitalverzinsung berechnet, unterscheiden sich notwendig von neoklassischen Güterpreisen, die aus den Präferenzen der Verbraucher und beliebigen Anfangsbeständen an Kapitalgütern in den mikroökonomischen Modellen abgeleitet werden. Böhm-Bawerk bemerkt also *seinen* Widerspruch nicht, wenn er voraussetzt: „Die Erfahrung zeigt aber, dass vermöge des Gesetzes der Gewinnausgleichung die Kapitalien ohne Unterschied ihrer Zusammensetzung auf die Dauer gleich hohe Profitraten tragen."[15] Wenn die Preise durch den Wettbewerb des investierten Kapitals bestimmt werden, dann hören die Präferenzen auf, preisbestimmend zu sein; die Kosten werden mit der Höhe der Profitrate (dem langfristigen Kapitalzins) zur allein bestimmenden Größe.[16]

---

[13] Vgl. zur Rekonstruktion des Marxschen Arguments K.-H. Brodbeck (1980).

[14] Vgl. E. v. Böhm-Bawerk (1973).

[15] E. v. Böhm-Bawerk (1921: II.1), S. 394. Zur Illustration des Gesagten: Man betrachte als Beispiel ein rein reproduktives System mit n Produkten, für die der Vektor der Marktpreise p gelte (indirekt abgeleitet aus den Grenznutzen der damit produzierten Güter); A sei die $n \times n$ Inputmatrix für diese Kapitalgüter, die Schattenpreise v erhalten, mit $p \leq vA$ und im Gleichgewicht $v = pA^{-1}$. Es ergeben sich hier Schattenpreise für die Kapitalgüter mit: $v_i/p_i \neq v_j/p_j$, mit: $i \neq j; i, j = 1,...,n$. Dies entspricht der walrasianischen Vorstellungswelt. Gilt hingegen $v_i/p_i = v_j/p_j = 1+r$ für alle i, j, wird Kapital also einheitlich mit der Zinssatz r verzinst, so ergibt sich ein Preisvektor von $p = pA(1+r)$, mit $v \neq p(1+r)$. Knappheitspreise widersprechen also einer einheitlichen Kapitalverzinsung. Das gilt verstärkt auch dann, wenn weitere Faktoren einbezogen werden.

[16] Für ein neoklassisches Preismodell habe ich den Nachweis dazu auch formal geliefert, was hier darzustellen den gesteckten Rahmen sprengen würde; vgl. K.-H. Brodbeck (2006e).

6.1.2 Die vier Modalitäten der Kontrolle durch das Geld

Diese Tendenz zum Ausgleich der Kapitalverzinsung, der Profitraten[17], ergibt sich aus der Überlagerung der Kapitalmärkte, der Ebene (1), über die von Unternehmen kontrollierten Märkte der Ebene (2). Sie führen durch die Orientierung an der Rendite aber zu ganz anderen als den vielgerühmten „Knappheitspreisen". Wenn die Nachfrage und das Angebot auf einem Markt den Produktpreis bestimmen, dann ergeben sich unterschiedliche Profitraten. Kalkulieren Unternehmen, die von den Kapitaleignern kontrolliert werden, jeweils für alle Anlageformen *tendenziell* gleiche Profitraten (Renditen) als Benchmark, so führt dies zu einer veränderten Zielsetzung der Unternehmen und zu anderen Preisen. Marx' Arbeitswertlehre und das Walrassche Totalmodell bewegen sich logisch auf der Ebene (2), der Marxsche Produktionspreis oder Sraffas Preismodell gehen dagegen implizit von der Ebene (1) aus, worin eine ausgeglichene Kapitalverzinsung in idealer Tendenz schon als realisiert vorausgesetzt wird.[18]

Die Ökonomen haben versucht, diesen Widerspruch zwischen beiden Preismodellen durch eine Begriffsdiremtion zu lösen: Das walrasianische Modell sei mit gegebenen Beständen an Ressourcen *kurzfristig*, während das John-von-Neumann-Modell (= Produktionspreis) ein langfristiges Wachstumsmodell sei, bei dem alle Sektoren gleichschrittig wachsen; auch Sraffas Preismodell haben Neoricardianer so rekonstruiert. Diese Vorstellung ist aber nicht zu halten: Der „Mechanismus", der zu einem Ausgleich der Profitraten führen würde, wäre selbst die Ursache, diesen Ausgleich immer wieder zu verhindern.[19] Die Pointe ist eben eine andere, durchaus kurzfristig wirksame: Die faktische Herrschaft der Finanzmärkte und der Rendite als Benchmark für den Preis von „Kapital" schlägt sich als Herrschaftsform in der Unternehmenspolitik unmittelbar nieder. Technische Änderungen, Reorganisationen, Einstellungen und Entlassungen gehorchen nicht der Maßgabe kurzfristig gegebener Bestände und einer Knappheitskalkulation in Abhängigkeit von den Kundenpräferenzen, sondern beziehen sich *unmittelbar* auf Quartalsgewinne und das Maß der Marktkapitalisierung.

Was sich also in der ökonomischen Theorie *nebeneinander* durch differente Modellformen entwickelt hat, entspricht durchaus in der Struktur der kapitalistischen Wirtschaft jeweils einem realen Phänomen; nur ist dieses reale Phänomen nicht im Modellhorizont der langen oder kurzen Frist mit gegebenem Güterraum zu beschreiben. Historisch kann man sagen: Eine einfache bäuerliche Gesellschaft, in der kein Kapitalmarkt existiert, könnte man auf der Ebene (2) beschreiben, sofern die Bauern sich schon in ihrer Produktion und ihrem Austausch am Geld und der Kostenrechnung orientieren, nicht aber das eingesetzte Kapital als Dispositionsobjekt betrachten, das auch in andere Sektoren fließen kann. Dieser einfachen Wirtschaft überlagern die Wucherer aber bereits früh einen Geldmarkt durch Kredite und realisieren somit schrittweise etwas, das im modernen Kapitalismus dann seine reife Gestalt gefunden hat in den Aktienmärkten.

Das Marxsche Arbeitswertmodell wie das walrasianische Preisgleichgewicht sind auch aus internen Gründen nicht zu verteidigen (vgl. 4.4 und 4.7); dasselbe gilt für die Modelle der Neoricardianer (vgl. 4.7.5.5), die wie die Neoklassiker Produkte und Güter, technische Betriebe und Unternehmen als Eigentumsformen verwechseln. Marx hat das

---

[17] „(A)s the movement of capital is always from points of less profit to points of greater profit and equal safety, there is a general and constant tendency towards an equalization of the rate of interest", W. Brough (1896), S. 122.

[18] „Sraffas Modell ist vom Walrasschen Modell ebenso verschieden wie die Wall Street vom Marktplatz im alten Athen." K.-H. Brodbeck (2002c), S. 369.

[19] „Jener Prozess, der den *Ausgleich* der Profitraten in den Sektoren bewirken ‚soll', vollzieht sich *durch* technischen Wandel und braucht deshalb keineswegs in Richtung auf diesen Ausgleich hin zu wirken." K.-H. Brodbeck (1981a), S. 213.

zwar gewusst; ihm ist aber wider seine eigene Erkenntnis nicht aufgefallen, dass die *Tendenz* zu einem Ausgleich der Profitraten[20] sich nur durch eine Konkurrenz vollzieht, deren *Mittel* jeweils andere und neue Produktionsmethoden oder Organisationsformen sind. Was also den Ausgleich der Profitraten bewirken könnte, schafft zugleich deren Ungleichheit. Niemand zieht abstrakt „Kapital" aus einem Sektor ab, sondern immer nur *Geld*, das nach Verkäufen von Eigentumstiteln neu investiert wird. Dahinter steht also jeweils der Verkauf von Investitionsgütern – mit oder ohne Insolvenzverwaltung – und die Neuinvestitionen in anderen Sektoren, stets begleitet von *Innovationen* und einer Reorganisation der Produktion. Eben diese Innovationen schaffen aber wiederum *ungleiche* Bedingungen, verhindern also den Ausgleich der Profitraten.

Das gilt auch dann noch, wenn sich die Reinvestitionen aufgrund unterschiedlich rentabler Unternehmen oder Unternehmensteile über die Aktienmärkte (auf der Ebene 1) vollzieht. Hier wird zunächst nur die Kreditfähigkeit durch steigende oder fallende Aktienkurse verändert, dadurch aber werden auch die realen Investitionen begrenzt oder tendenziell ausgeweitet bzw. die Unternehmen reorganisiert. Das „Instrument", das den Ausgleich der Profitraten also herbeiführen könnte, die Veränderung der Eigentumsverhältnisse durch Käufe und Verkäufe von Kapitalgütern oder Unternehmensteilen, ist selbst die *Ursache* für eine weitere Folge *ungleicher* Kosten und Gewinne. Es ergibt sich weder durch Preiskonkurrenz ein walrasianisches Gleichgewicht in einem erfundenen Güterraum noch ein Produktionspreis mit *ausgeglichener* Profitrate (vgl. dazu genauer 6.2.5) als Gleichgewicht. Gleichwohl drückt sich in beiden Modellvorstellungen noch ein gewisses Verständnis für die Verschiedenheit der Ebenen (2) und (1) im kapitalistischen Konkurrenzprozess aus. In *keinem* Fall allerdings bestimmen die technischen Verhältnisse (Ebene 4) und die artikulierten Präferenzen auf den Märkten (Ebene 3) „von unten nach oben" die faktische Organisation der kapitalistischen Vergesellschaftung.[21] Es ist ein Verhältnis gestufter Indienstnahme, wobei die jeweils beherrschte Ebene nur als *zu beachtende Nebenbedingung* in die Zielsetzung einfließt.

Auf den Märkten erscheint nur, was technisch auch produzierbar ist; die Wünsche erschaffen keine Produkte. Die Unternehmen müssen sowohl die technischen wie die Marktrestriktionen beachten, wenn sie jene Produktions- und Vertriebsformen wählen, die den Gewinn maximieren. Und die Finanzkapitalisten müssen den Unternehmen einen Spielraum gewähren, in dem sie Gewinne erzielen können. Allerdings zeigt sich gerade hier eine wachsende Distanz und die Emanzipation der Geldgier von solchen Restriktionen – teils durch *erfundene* Unternehmen in Phasen des Aktienbooms, teils durch manipulierte Informationen (vulgo: Lügen). Die Herrschaft funktioniert von oben nach unten, und die Dummheit der Geldgier ist durchaus dabei, die *eigenen Voraussetzungen* zu unterminieren. Was nur als *Nebenbedingung* eingeräumt wird, ist aber nichts weniger als das Leben der großen Mehrzahl der Menschen auf diesem Planeten und einer nur dann beachteten Natur, wenn sie sich in ihrer Verfügbarkeit entzieht.

---

[20] Ricardo beschreibt diesen Ausgleich rein mechanisch: „Der hohe Profit auf das in der Produktion dieser Ware angelegte Kapital wird selbstverständlich Kapital in diesen Zweig ziehen, und sobald der erforderliche Fonds vorhanden und die Warenmenge entsprechend erhöht ist, wird der Preis fallen und der Profit dieses Zweiges wird sich dem allgemeinen Niveau angleichen." D. Ricardo (1959), S. 104f.

[21] Diese ideologische Umkehrung der Geldherrschaft im Kapitalismus charakterisiert die österreichische Schule: „Ein Geschäft ist rentabel, wenn es der bestmöglichen Versorgung der Verbraucher dient." L. v. Mises (1959), S. 132. Daran gemessen wäre der globale Kapitalismus tatsächlich völlig „unrentabel" – denn die Versorgung des Planeten mit Lebensmitteln ließe sich *sofort* verbessern; die Mittel sind da. Dies geschieht nicht, weil die Herrschaft der Rendite die Märkte zum Gegenteil versklavt.

6.1.3 Zins: Die Macht der Geldgier

Mit diesen hinführenden Bemerkungen bin ich nun in der Lage, die eingangs gestellte Frage *allgemein* zu beantworten und damit das Zinsrätsel aufzulösen. Ich hatte die These formuliert: *Nur weil die Quelle der Zinszahlungen ein Rätsel bleibt, gibt es einen Zins*. Diese Aussage lässt sich jetzt genauer explizieren. Die allgemeine Erläuterung zu dieser Antwort lautet: Die Kaufleute, die Wucherer steuern über die von ihnen kontrollierten Geldtransaktionen die in den Tausch und die Produktion eingebetteten Handlungen und Bedürfnisse jeweils so, dass sie dadurch ihr Ziel – die Erzielung eines Gewinns als Quelle von Zinszahlungen – realisieren können. Sie steuern nicht *gegen* die Tauschprozesse und die auf den Märkten artikulierten Bedürfnisse, sondern durch die darin vollzogene Geldrechnung *hindurch*. Es gibt einen positiven Zins, weil es in Geldökonomien eine überlagerte (auf den Ebenen (1) und (2) angesiedelte) und *zugleich* eingebettete Kontrolle der Geldströme nach Maßgabe der Geldgier gibt. Diese Kontrolle ist *möglich* durch die in den Kaufakten implizierte Form G-W-G´; sie wird *wirklich* durch die abstrakte Leidenschaft der Geldgier, die diese Form als Subjektform alltäglich realisiert. Die Kaufmannsseele privatisiert eine soziale Funktion, die im vereinzelten Tauschakt unerkannt bleibt. Somit beruht der Zins auf dem Nichtwissen der Vielen und wird nur durch dieses ermöglicht.

Was hier *herrscht*, ist indes nicht eine Klasse von Menschen, sondern eine *Denkform*, denn auch der Kaufmann und der Wucherer sind nur ein *Sklave* der bornierten Subjektivität des Geldsubjekts und der dadurch ermöglichten abstrakten Leidenschaft der Geldgier. Deshalb ist das herrschende Nichtwissen, das den Zins ermöglicht und reproduziert, *hermetisch*; man kann keine Ursache und kein Individuum dafür verantwortlich machen. Vielmehr erfasst diese abstrakte Leidenschaft – teils alltäglich, teils periodisch – durchaus *alle* Marktteilnehmer: Nicht nur in Boomphasen an den Börsen, wenn jeder glaubt, rasch reich werden zu können, sondern in allen in Geld kalkulierten Forderungen, vom Lohn über die umverteilten Steuern bis zur Feilscherei um einen Rabatt bei einem Händler. Der Unterschied besteht nur in der *Stellung* im Zusammenhang der monetären Vergesellschaftung: Die Wucherer können sehr viel mehr Macht ausüben als ein paar Konsumenten, die auf Prozente als Nachlass hoffen. Es ist aber strukturell derselbe Typus einer verblendeten Subjektivität, der durch Rechnung und Gier die Beziehung zu anderen Menschen abwickelt: Nicht *face to face*, sondern *face to money*.

Die durch das Geld vollzogene Vergesellschaftung, die Veränderung der menschlichen Subjektivität zum Geldsubjekt, die im Horizont der Geldrechnung stets weiter vertiefte Organisation aller Handlungen und die Einbeziehung der Bedürfnisse und Leidenschaften erlaubt es also einer *besonderen* Leidenschaft, sich in die durch die Geldrechnung vermittelnden Prozesse einzunisten. Sie nutzt dabei das Moment des *lokalen Nichtwissens*: Jeder Kaufakt bleibt durch die Bindung an die darin vollzogene lokale Transaktion vereinzelt; ebenso der Verkauf von Produkten durch kleine Eigentümer oder von Dienstleistungen durch jene, die Fähigkeiten ihres Körpers verkaufen müssen, um Marktzutritt zu erlangen. Gleichwohl besteht ein zirkulärer Zusammenhang aller Tauschakte über das Geld. Die Kaufleute bemächtigen sich dieser zirkulären Beziehung – nicht indem sie sie außer Kraft setzen; im Gegenteil, indem sie ihre eingebettete Funktion, in der das Geld immer wieder zurückkehrt durch die verschiedenen Warenformen hindurch, *nutzen*.

Aus dieser Privatisierung der Formen sozialer Interaktionen in der Geldrechnung, die ermöglicht wird durch die Tatsache, dass Geld immer auch eine besitzbare, materielle Form annehmen muss, geht die schrittweise durchgesetzte Kontrolle aller Produktionsprozesse unter der Regie der Kaufleute hervor. Hierbei wird einfach ein Moment der *technischen* Funktionalität unter der Regie der Kostenrechnung genutzt: Techniken werden zunächst erprobt und jene ausgewählt, die *funktionieren*. Diese technische Funktionalität bleibt unerlässliche Nebenbedingung der Produktion auch unter der Regie der Geldgier. Es gibt aber fast immer *viele* Wege, einen Zweck technisch zu realisieren. Die Regie der Geldgier, der Gewinnmaximierung, ändert hierbei einfach das *Selektionsverfahren*. Es werden jene unter den funktionierenden Techniken, Handlungs- oder Vertriebsformen gewählt, die beim Einkauf der dazu notwendigen Produkte bei den aktuell herrschenden Preisen die *niedrigsten* Kosten ergeben.

Auf den allgemeinen Begriff gebracht, kann man sagen: Die von der Geldgier gelenkten Geldsubjekte gehen daran, in der Gesellschaft alle Prozesse, die durch Märkte verknüpft werden, so zu reorganisieren, dass die Kosten minimal werden oder gegebene Kosten zu maximalen Umsätzen führen. Prinzipiell *alle* Mittel sind hier recht und werden realisiert, die diese permanente Reorganisation der Gesellschaft durch die Geldgier ermöglichen.

Ich möchte die hier vorliegende allgemein beschriebene Struktur noch näher beschreiben. Wenn man einfach abstrakt verschiedene Prozesse bei einem gegebenen System der Bedürfnisse über Marktpreise vergleicht, so lassen sich darin zweifellos idealisierte Preisgleichgewichte denken, wie das in der neoklassischen Ökonomik durch die Fiktion des Güterraums versucht wird. Das richtige Moment daran ist: Es gibt immer auf der Grundlage einer bestimmten Organisation der Produktion, einer Bedürfnisstruktur, den Verhältnissen auf den Märkten (die Zahl der Anbieter und Nachfrager), einer gegebenen Verteilung von Eigentumsrechten und der Notwendigkeit von Millionen, durch den Verkauf ihrer Fertigkeiten Geld für den Marktzutritt erwerben zu müssen, ein den Waren und verkauften Arbeitsarten entsprechendes System aus Preisen und Löhnen: Dieses System ist zirkulär geschlossen, worin die Geldrechnung ein in sich konsistentes Handlungssystem vermittelt. „Konsistent" heißt, es ist sowohl technisch möglich, wie es die Bedürfnisse zu einer – wie auch immer kärglichen – Reproduktion der Menschen befriedigt. Durch eine Veränderung der Eigentumsrechte, der Technik, durch die Überredung zu neuen Bedürfnissen, durch Einstellungen und Entlassungen usw. ergeben sich andere Preisverhältnisse (vgl. 4.2.3.4). Für jedes System der Preise lassen sich in einem Unternehmen Erlöse und Kosten saldieren.

Es gibt unter diesen *möglichen* – ich bewege mich hier für den Zweck des Arguments vorläufig in einer möglichen, konstruierten Welt – Preissystemen einige, die hohe Profite abwerfen, andere, bei denen niedrige Profite oder Verluste realisiert werden. Wenn man nun davon ausgehen würde, dass die Geldökonomien durch Techniken und Bedürfnisse „von unten" gesteuert würden, so wären die Profite, die unmittelbare Quelle zur Begleichung von Zinsforderungen, das Ergebnis eines *Zufalls*. Zufällige Änderungen der Präferenzen oder des technischen Wissens (*manna from heaven* nennen das neoklassische Wachstumstheoretiker) würden zu ebenso zufälligen Profiten führen. Ein positiver Zins wäre damit mehr oder weniger ein *zufälliges* Ergebnis *anderer* Formen der Vergesellschaftung: der Technik und des Systems der Bedürfnisse. Das wäre auch dann der Fall, wenn man in die Präferenzen allerlei Annahmen (wie z.B. die Zeitpräferenz usw.) einbauen würde: Erst der tatsächliche Marktprozess würde erweisen, ob *faktisch* ein positiver Zins realisiert wird oder nicht.

Doch solch eine Annahme zu treffen, ist haltlos mit Blick auf die historische Entwicklung von Geldökonomien und die Gegenwart des globalen Kapitalismus. In diesem konstruierten Gedanken ist die *wichtigste* Voraussetzung eliminiert, die Geldökonomien charakterisiert. Wenn ich an das oben skizzierte Schema der vier Modalitäten der Kontrolle durch das Geld erinnere, so beruht dieses „Zufallsargument" auf der Voraussetzung, dass die *unteren beiden Ebenen* (3) und (4) die oberen Geldprozesse faktisch

6.1.3 Zins: Die Macht der Geldgier

kontrollieren. Die Ökonomen sprechen naiv von einem „Geldschleier", der die realen Prozesse nur „verdecke", während in Wahrheit die *realen Bedingungen* (Bedürfnisse, Technik, knappe Ressourcen) die Preise und damit auch die Profite bestimmten.[22] Dabei wird die Pointe übersehen: Faktisch werden Unternehmen, Vertriebssysteme, Forschungseinrichtungen für neue Produkte usw. *nicht* kommunikativ durch die Verbraucher oder Techniker organisiert, sondern von Kapitalisten, also von Menschen, die über einen hinreichend großen Geldbesitz verfügen, der es erlaubt, mit dem Ziel der Gewinnmaximierung das, was sich auf den Ebenen (3) und (4) vollzieht, *direkt und indirekt* zu kontrollieren. Sie wählen eben jene Prozesse aus, die den Gewinn maximieren.

Es gibt einen positiven Gewinn, weil durch die Preise hindurch die ganze Gesellschaft immer wieder neu *mit dem Ziel reorganisiert wird*, einen positiven Gewinn zu erzielen. Was wie eine Tautologie klingt, verbirgt eine teleologische Struktur im Zinsphänomen. Dieses *teleologische Element* im Begriff des Zinses lässt sich nicht wegdiskutieren; es macht die schlichte Pointe einer nicht naturalisierenden Erklärung aus. Der Zins oder Gewinn ist als Geldphänomen etwas, das zu seiner Wirklichkeit der Denkform eines Subjekts bedarf. Dieses Subjekt ist das Geldsubjekt, das sich in der Herrschaft des Geldes in seiner zirkulär-reflexiven Form konstituiert. Im Geldsubjekt bildet sich die Leidenschaft der Geldgier als ein abstraktes Ziel, das am Geld hängt, also nicht induktiv aus der menschlichen Psyche, als angeborener Trieb usw. erklärt werden kann. „Teleologie" in der Erklärung des Zinses heißt also nicht, dass man ein natürliches Individuum unterstellt, das aus sich bestimmte Ziele hervorbringt und realisiert, mit der Folge, dass eine ganze Gesellschaft dadurch zum Kapitalismus geformt würde. „Teleologie" heißt hier die sich auf vielfältige Weise im Geldsubjekt immer wieder neu konstituierende Geldgier als Zielsetzung, die andere Handlungen und Denkformen beherrscht und Veränderungen so lenkt, dass am Ende das Ziel *mehr Geld* realisiert wird. Und die Herrschaft des Geldsubjekts besitzt auch eine äußere, institutionalisierte Form: den Finanzsektor.

Nicht eine herrschende *Klasse* bringt das Geld als Mittel hervor, um in ihm seine Leidenschaft der Geldgier entfalten zu können. Sondern die Geldgier *subjektiviert* sich in vielen Formen; Subjekte herrschen, weil das Geld als soziale Struktur herrscht. Sie herrschen *in der Geldform* und werden von ihr zu jenen Charaktermasken geformt, die Individuen in einer abstrakten Leidenschaft versklavt. Diese Herrschaft ist eine totale, weil sie tendenziell *alle* Marktteilnehmer erfasst, auch jene, die bislang keinen Marktzutritt gefunden haben. Gleichwohl kann man diese Form der Herrschaft als teleologische charakterisieren, weil tatsächlich ein *Ziel* sich die ganze Gesellschaft als Mittel subsumiert. Dieses Ziel wird in vielen Verkleidungen, Rollen und Masken immer wieder neu geboren. Es ist nicht an bestimmte Individuen geknüpft, noch geht es aus deren natürlicher Form hervor. Und es ist dieses Ziel, das – blind gegenüber anderen Sachverhalten als jene, die sich in Geld rechnen – unaufhörlich eine chaotische, anarchische Umwälzung der ganzen Gesellschaft initiiert, um darin *Möglichkeiten* herzustellen, einen Gewinn daraus zu schlagen. Aus diesen Möglichkeiten werden dann die profitablen realisiert, während die unbrauchbaren, d.h. nicht verwertbaren Elemente sich an den Rand der Märkte verbannt sehen. Teleologie heißt also weder „Gesamtbewusstsein" noch eine „rationale Planung" der Gesellschaft, sondern nur dies, *in der Herrschaft des Geldsubjekts* das Ziel der Geldvermehrung als universalisierte Borniertheit zu verfolgen und die

---

[22] „There cannot, in short, be intrinsically a more insignificant thing, in the economy of society, than money; except in the character of a contrivance for sparing time and labour. It is a 'machine' for doing quickly and commodiously, what would be done, though less quickly and commodiously, without it", J. St. Mill, CW 3, S. 506

Subsumtion der Vielen unter die Geldrechnung als Mittel zu nutzen, durch einen Prozess von *trial and error* die profitablen Handlungsweisen zu selektieren.

Weil die Geldbesitzer, gelenkt von ihrer Geldgier, auf den Ebenen (1) und (2) – mit durchaus differenzierter, ihrerseits hierarchischer Funktionalisierung – die unteren Ebenen faktisch *beherrschen*, also unter den möglichen (technisch funktionierenden und auf dem Markt sich an den Bedürfnissen spiegelnden) Bedingungen *jene* auswählen, die einen maximalen Gewinn zu erzielen erlauben, *eben deshalb gibt es einen positiven Gewinn*. Und eben deshalb können aus diesem Gewinn auch Zinsforderungen beglichen werden. Hier herrscht ein System der Geldgier vermittels einer in Eigentumsrechte aufgeteilten Gesamtproduktion der Gesellschaft *durch die Märkte hindurch*, aber nicht *passiv abhängig* von diesen.

6.1.4 Gewinn und Konkurrenz

Nun mag man hier einwenden, dass die Herrschaft der Geldgier durch die *Konkurrenz* aufgehoben werde, so dass sich im Gleichgewicht doch wieder die Bedürfnisse und die Technik als die bestimmenden Ursachen mit „unsichtbarer Hand" durchsetzen. Der Schein, dass die Märkte die Geldgier in der Konkurrenz begrenzen, ist leicht verständlich. Dem individuellen Eigentümer, der durch einen bestimmten Geldbesitz versucht, an irgendeiner Stelle der vergesellschafteten Produktions- und Kommunikationsprozesse oder deren staatlicher Normierung durch Investitionen, Manipulation von Meinungen oder Korruption eine solche Reorganisation der vorgefundenen Bedingungen zu erreichen, dass für ihn *mehr* Geld zurückfließt als investiert wurde, treten *andere* zur Seite, die ähnliche Ziele verfolgen. Und wenn sich an irgendeiner Stelle der Gesellschaft zeigt, dass die Reorganisation bestimmter Strukturen sich profitabel vermarkten lässt, dann strömen Nachahmer herbei und versuchen, dem Pionier solcher Geschäfte Teile der Beute zu entreißen. Was der genannte Einwand übersieht: Diese Konkurrenz hebt nicht auf, was sie *voraussetzt*, nämlich die gelungene Reorganisation bestimmter Teile der Vergesellschaftung in profitabler Absicht, also den bereits *erzielten* Gewinn. Sie führt nur zu einer anderen *Verteilung* der Profite.

Man muss sich hier klarmachen, dass die Konkurrenz nur ein anderer Begriff für die *Durchsetzung* von Handlungen auf der Grundlage der Geldgier ist. Niemand konkurriert mit Verlierern oder gescheiterten Existenzen, die an den Rand der Märkte verdrängt wurden. Konkurrenz setzt immer als positiven Inhalt ein *Worum* voraus, um das konkurriert wird. Das gilt für den allgemeinen Wettbewerbsbegriff – wenn Sportler um den Sieg konkurrieren – nicht weniger als in der Wirtschaft. Das, *worum* sich aber die vervielfältigte Geldgier streitet, ist eben das *vermehrte* Geld, der Gewinn. Zudem ist das *Mittel*, um sich in der Konkurrenz zu betätigen, selbst die *Veränderung* der vorgefundenen Bedingungen, damit die Schaffung *neuer* Voraussetzungen für den Gewinn. Wenn ein Innovator einen Pioniergewinn realisiert und Nachahmer anlockt, so liegt in der Nachahmung in der Regel bereits wieder eine *erneute* Verbesserung: Man kann auf Erfahrungen mit einer neuen Produktionstechnik zurückgreifen, Fehler vermeiden, die Kosten verursachen, und gestärkt in die Wettbewerbsschlacht eintreten. Das Mittel, einem Wettbewerber etwas von dessen Gewinn abzujagen, schafft vielfach die Voraussetzung für *neuen* Gewinn. Selbst reine Nachahmer von Markenprodukten verdrängen nur bedingt diese Produkte – kein betuchter Käufer erwirbt eine Rolex an einem der asiatischen Strände vom fliegenden Händler; sie schaffen *neue* Kundenkreise.

Wenn Liberale hier auf den „Preismechanismus" verweisen, der besage, dass die Konkurrenz die *Preise* senke und dies einerseits den Verbrauchern zugute käme, andererseits die Gewinne der Unternehmen schmälere, so verkennen sie die hier erkennbare

Macht des Geldbesitzes. *Erstens* wird eine sich am Markt ergebende Preissenkung nicht einfach hingenommen, sondern entweder durch Markteingriffe „reorganisiert" – Kartelle, Unternehmensaufkäufe, durch staatliche Intervention bei Preisen usw. –, oder durch *neue* Produkte oder Vertriebswege unterlaufen: „(D)er todfeindliche Konkurrent von heute (ist) der Kartellgenosse von morgen"[23]. Der Wettbewerb arbeitet unaufhörlich an seiner eigenen Aufhebung im Monopol. *Zweitens* bleibt die Macht der Kontrolle über die Produktionsprozesse *mit dem Ziel der Gewinnmaximierung* jeweils erhalten und kann flexibel so eingesetzt werden, dass eine *erneute* Reorganisation der Produktion durch neue Herstellungstechniken und/oder neue Produkte die Wirkung der Konkurrenz wieder aufhebt. Der Wettbewerb kennt als Mittel der Konkurrenz eben nicht nur den Preis – das ist eher die Ausnahme –, sondern setzt vor allem die Technik und Organisation ein, auch die „Organisation" von Beziehungen zu anderen Organisationen (staatlichen und nichtstaatlichen). *Drittens* reagieren Unternehmen, die durch die Konkurrenz bedroht werden, durch eine *Externalisierung* ihrer Kosten: Sie entlassen Arbeitskräfte, zwingen die verbliebenen Mitarbeiter zu höherer Leistung, belasten die Umwelt durch „funktionierende" Techniken, die privaten Vorteil mit öffentlichem Nachteil verknüpfen usw. *Viertens* werden diese Verteidigungsstrategien begleitet durch den immer wieder erneuerten Versuch, *staatliche* Einrichtungen für private Zwecke zu nutzen, um im Zweifel Subventionen bei gesunkenen Preisen aus dem Steuersäckel zu erpressen oder lukrative Staatsaufträge, finanziert aus Steuern, zu erlangen: Durch Wahlhilfe, Lobbyisten, die Personalunion von Management und Politik („Drehtüreffekt") oder schlichte Korruption.

Zins und Rendite werden bezahlt aus einem Überschuss, der sich in am Markt tätigen Unternehmen als Gewinn ergibt und nur durch Verschuldungs- oder gehandelte Eigentumsrechte *umverteilt* wird. Doch dieser Gewinn ergibt sich nicht zufällig oder gleichsam *nebenbei*. Die Geldsubjekte, gelenkt von ihrer Geldgier, durchforsten *alle nur denkbaren* gesellschaftlichen Bereiche, um sie durch geeignete Techniken so zu beeinflussen, dass deren Reorganisation sich in der Kostenrechnung als Gewinn niederschlägt. Mag die Geldgier sich hierbei auch in der Konkurrenz in verschiedensten Formen ihrer Individuation selbst begegnen, sie hebt sich dadurch nicht selber auf. Ganz im Gegenteil, sie *beschleunigt* die Reorganisation der Gesellschaft auf eine Weise, die immer wieder neue Gewinnmöglichkeiten erschließt und universalisiert, gerade durch die Konkurrenz ihrer Geltung.

Zwar *scheitern* immer wieder auch Versuche, durch Reorganisationen, neue Produkte usw. Gewinne zu erzielen; daraus hat die Rechtsordnung durch Insolvenzverfahren eine geordnete Normalität gemacht. Die Teleologie der Gewinnerzielung ist also keine lineare Kausalität, sondern ein vielfach blinder Prozess von Suche und Irrtum. Doch darf man auch hier die Pointe nicht übersehen: Die Widerholung eben dieses Prozesses, der die Verluste eliminiert, ist die *Durchsetzung* des Ziels der Gewinnmaximierung in der Konkurrenz, nicht etwa seine Aufhebung. Und vor allem: Mit Verlusten, Insolvenzen und gescheiterten Projekten souverän umzugehen – wobei es gelegentlich, wenn die Geldgier kriminell wird, auch rechtliche Sanktionen gibt –, das *ist* gerade das Zeichen der ungetrübten Herrschaft der Geldgier, die ihre Versuche und Experimente zur Reorganisation der Gesellschaft in pekuniärer Absicht und die dabei verursachte periodische Verwüstung ganzer Regionen und Städte oder Länder ganz wertneutral als „Kosten" verbucht. Die Geldgier nimmt sich die Freiheit der Beurteilung und taxiert alle sozialen Formen danach, durch geeignete Techniken die Märkte so zu reorganisieren,

---

[23] G. Simmel (1977), S. 486.

dass die Bilanz aus lokalen Verlusten und Gewinn stets positiv bleibt, in völliger Gleichgültigkeit gegenüber den Opfern.

Ich habe zur Charakterisierung der Teleologie in der Gewinnerzielung den Ausdruck „durch geeignete Techniken" verwendet und interpretiere diesen Begriff sehr allgemein. Er hat zunächst den einfachen und unmittelbaren Sinn, den man mit „Technik" verbindet. Die Unternehmen reorganisieren immer wieder ihre Produktion durch neue Techniken so, dass ein neuerlicher Gewinn entsteht. Zudem wird eine Vielzahl von Produkten auf den Märkten getestet, und es werden jene ausgewählt, die eine gewinnträchtige Reproduktion erlauben. Ein neues oder nur neu beworbenes Produkt wirft sicher nur einen zufälligen, nicht antizipierbaren Ertrag ab. Doch die Unternehmen sind nicht darauf verpflichtet, in einem vorgegebenen „Güterraum" zu agieren, wie die neoklassische Theorie meint. Sie *gestalten* den Güterraum, d.h. sie sortieren unter den am Markt getesteten Produkten die Flops aus und produzieren nur die *cash cows*, wie dies im Beraterjargon heißt. Durch permanente Neugestaltung des Raums der Produkte, in dem agiert wird, werden mit Blick auf die Höhe der schwarzen Zahlen in der Bilanz jene gewählt, die Profite maximieren.

Dieser Prozess ist zwar anarchisch insofern, als dabei keine vorgängige Kommunikation (Planung) – weder zwischen Unternehmen noch mit Arbeitskräften oder Verbrauchern – stattfindet. Dennoch ist er nicht *zufällig*. Wenn immer wieder neu Produktionsmengen, verwendete Produktionsmittel und Produktsortiment so adaptiert werden, dass die Gewinne positiv sind, dann *sind* die Gewinne auch positiv. Nicht die Gewinne können unmittelbar vereinzelt geplant werden – hier gibt es genug Fehlprognosen und nachfolgende Insolvenzen. Aber die Prozesse, die Kosten beeinflussen (die Produktionstechnik, der Arbeitseinsatz) und die Erlöse generieren (die Produktarten und Produktmengen), unterliegen der Kontrolle der Eigentümer. Wenn solch eine Kontrolle alle Prozesse beherrscht, dann ergibt sich auch *insgesamt* ein sozialer Überschuss, der von den Eigentümern privatisiert wird. Die Verbraucher sind als Objekte des Verkaufs auf ein passives Ja oder Nein reduziert, das sie durch ihren mehr oder minder spärlichen Geldbesitz hindurch aussprechen, und die Arbeiter müssen mit dem „Stellenangebot" vorlieb nehmen, das sich ihnen bietet.

Das fügt sich zu folgendem Gesamtbild: Die Organisation der ganzen Produktion und der daran angebundenen Handlungen und Bedürfnisse unter der Regie der Geldgier erprobt solche „Techniken", die einen Gewinn abwerfen. Da sich dieses „Erproben" aber in viele Eigentumszellen parzelliert und im Wettbewerb gegeneinander vollzieht, ist ein einmal erreichter Gewinn ständig durch die Wettbewerber bedroht. Was also der Wettbewerb faktisch nur verwirklicht, ist die Intensivierung der Geldgier als Zielsetzung, sofern sich die Wettbewerber beständig die Voraussetzungen der Gewinnerzielung – ein temporäres Monopol durch neue Produktionsmethoden oder Produkte – durch Nachahmung oder Alternativen streitig machen. Damit heben sie also die Geldgier nicht nur nicht auf, sondern die Konkurrenz erweist sich als der *Modus*, in dem sich die Geldgier als Kommando über die permanente Reorganisation von Produktion und Bedürfnissen durchsetzt. Das, was den konkurrierenden Eigentümern in der Konkurrenz jeweils gegenübertritt, ist nur die *objektive* Form jener Geldgier, die sie *subjektiv* umtreibt. Also hebt die Konkurrenz die Geldgier nicht nur nicht auf und entfaltet – als Erbe der moralischen Ordnung, wie Smith meinte – eine begrenzende Macht. Im Gegenteil: Die Konkurrenz ist nur die *Form*, in der sich die Geldgier als Vielheit der Eigentümer durchsetzt.

Der Begriff „Konkurrenz" ist in diesem Zusammenhang allerdings durchaus eine euphemistische Verniedlichung. Denn das Mittel im Konkurrenzprozess ist die immer wieder erneute Umwälzung von Produktionsprozessen an verschiedensten Standorten.

Dies zwingt die gesamte Gesellschaft, unaufhörlich im Schlepptau der ökonomischen Reorganisation ihre *Lebenswelt* den jeweils veränderten Bedingungen anzupassen: Von der Entlassung ganzer Wohnbezirke in der Folge einer Reorganisation von Unternehmen, den Auswirkungen auf die Stadtstruktur durch lockende Standortangebote an Unternehmen, einer ruinierten Natur darum herum, bis zur laufenden Reparatur der über den Staat durch Steuern und Schulden abgewickelten Bewältigung der Kosten des permanenten Umbaus von Produktion und Bedürfnissen reicht die Palette der Auswirkungen. Gelegentlich entzieht der Geldbesitz auch ganzen Nationen oder Landstrichen seine Gunst, sie profitabel nutzen zu wollen, und hinterlässt soziale und ökologische Wüsten. Die Bewegungsform der Konkurrenz ist die permanente Krise. Was die Ökonomen „Krise" nennen – eine durch gegenseitige Abhängigkeit von Finanzierung und Investition erzeugte Kettenreaktion von *gescheiterten* Versuchen –, ist nur der auffällige Gipfel dieser Konkurrenz. Auch in Boomphasen verändern die ökonomischen Rahmenbedingungen unaufhörlich die Alltagswelt der Menschen, zwingen zu Flexibilität und lassen jene, die gar keinen Marktzutritt erreichen, gänzlich außer Acht, d.h. an den Rändern der Märkte verelenden. Eine Krise bedeutet sinkende Einkommen; jene, die gar nicht erst den Marktzutritt erlangen, erscheinen gar nicht im kognitiven Fenster des Marktes und werden von Statistikern deshalb auch gar nicht als Teil des ökonomischen Prozesses erfasst, der *zusätzlich* seine Höhen und Tiefen durchlebt.

Im Prozess der permanenten Umwälzung und Konkurrenz ist allerdings, wie in der Technik, *ein* passives Element vorausgesetzt, weil keine Geldrechnung die *Kreativität*, die neue Produkte oder Techniken hervorbringt, kontrollieren kann. Kreativität hat keine Ursache. Sie erweist sich als das schlechthin *nicht Kontrollierbare*. Gleichwohl räumt der kapitalistische Wettbewerb der Kreativität einen Freiraum ein, der die Kaufleute bereits in ihren historisch frühen Formen durch ein aufgeschlossenes, für Neues offenes Wesen charakterisierte. Die Kreativität kann also *partiell* Hand in Hand gehen mit der Geldgier, auch wenn ihre Quelle eine völlig andere ist als das berechnende Denken. Natürlich versucht man, die Kreativität berechnend kontrollieren zu wollen; doch alle diese Versuche sind historisch letztlich gescheitert – ein Punkt, auf den ich hier nicht näher eingehen kann.[24] Festzuhalten ist: Die Kreativität ist eine *Voraussetzung* für die Möglichkeit permanenter Umgestaltung der Produktion, der Märkte und damit der Bedürfnisse, für die Kontrolle durch die Geldgier. Diese Voraussetzung kann nicht im Sinn einer Kausalität hervorgebracht werden. Man kann Bedingungen schaffen, die sie begünstigen. Doch gerade darüber herrscht in der Regel kein Wissen. Hier offenbart sich eine innere Grenze der Methode, der Geldgier die Kontrolle über die Veränderung der Gesellschaft anzuvertrauen, die sich auch auf die Verwertungsprozesse selbst auswirkt.

Es zeichnet sich hier die prinzipielle Möglichkeit einer in Geldökonomien unüberwindlichen Schranke ab. Die Kontrolle aller sozialen Prozesse durch die Geldgier verändert zwar unaufhörlich die Inhalte der Vergesellschaftungsformen und der technischen Beziehung zur Natur. Doch sie vollzieht dies durch die Selektion und Förderungen jener Denkformen, Techniken und Organisationsweisen, die einen Gewinn abwerfen. Darin liegt eine kognitive Schranke. Die praktizierte Geldökonomie, gelenkt vom Wucher, kann nur Techniken oder soziale Verhältnisse *erkennen* oder kreative Prozesse begünstigen, die seinem Zweck dienen. Alles, was nicht bewältigt werden kann, wird externalisiert: In den global anwachsenden Slums in den Hungerregionen, durch Auslagerung der Abfälle usw. Diese Methode, im engen kognitiven Fenster der Geldgier profitable Lösungen für Veränderungen zu suchen und andere Probleme zu externalisie-

---

[24] Vgl. K.-H. Brodbeck (1999a); (2006f).

ren, stößt an Grenzen. Die wachsende Weltbevölkerung, die Umweltzerstörung, sich erschöpfende Ressourcen, der Umfang der Städte und der Slums produzieren Probleme, deren *Lösung* im Rahmen dieser kognitiven Bornierung und Fesselung der Kreativität systematisch verhindert wird: Es ist einfach „kein Geld dafür da".

6.1.5 Die Profitabilität der medial erlogenen Wirklichkeit[25]

Mehr noch, die Geldökonomien kennen Mittel, die von ihnen erzeugten Tatsachen nicht nur einfach nicht wahrzunehmen, sondern deren Wahrnehmung auch systematisch zu verändern. Hier zeigt sich ein weiter reichender Inhalt des oben eingeführten Begriffs „geeignete Techniken" bei der Schaffung neuer Bedingungen zur Erzielung von Gewinn. Denn in *einer* Hinsicht ist die Geldgier noch immer kreativ genug gewesen, Hemmnisse – sei es durch staatliche Gesetze, moralische Regeln oder die von der Konkurrenz selbst verursachten exogenen Bedingungen – zu überwinden. Allerdings werden die *Formen* dieser Überwindung sehr selten als systematische Reorganisation jener Voraussetzungen erkannt, die zu einer gewinnträchtigen Ausbeutung der ganzen Gesellschaft durch die Marktprozesse hindurch führen. Um die darin liegende *Ungeheuerlichkeit* dieses Prozesses zu verstehen, muss ich an eine Voraussetzung erinnern, die im zweiten Kapitel diskutiert und entwickelt wurde (vgl. 2.4.10).

Die Formen der Vergesellschaftung sind *Bedeutungsprozesse*. Darin vollzieht sich ein immer wieder erneuerter Prozess der *Identitätsbildung*. Alle Produkte, alle Wissensformen, alle Rechts- und Eigentumsformen und die *personale* Identität der Menschen sind das Ergebnis eines nur tendenziell konvergenten sozialen Prozesses. Die wichtigste Bewegungsform dieses Prozesses ist die Kommunikation. In diese Kommunikationsprozesse lagert sich durch die Geldrechnung allerdings eine fremde, neue Bedeutung ein. Einige Formen dieser Veränderungen habe ich an Beispielen der griechischen Philosophie umrissen und gezeigt, wie auch die *Naturwissenschaft* in ihrer quantitativen Form sich dieser Einlagerung der Geldrechnung verdankt. Mit Blick auf die institutionalisierte Geldgier auf den Märkten greift nun dieser Prozess noch sehr viel weiter und tiefer in die Vergesellschaftung durch Kommunikationsprozesse ein.

Kommunikation vollzieht sich über *Medien*. Medien sind Techniken, die für die Kommunikation funktionalisiert werden: Von der Schrift und dem Buchdruck, über Telefon, Radio, Fernsehen, Internet und alle neueren Formen medialer Verflechtung zeigt sich die einfache Voraussetzung, dass alle Medien einer materiellen Grundlage bedürfen, also ihrerseits *Produkte* sind. Medienprodukte werden hergestellt wie andere Produkte auch – nämlich unter der Regie der Geldgier im Kapitalismus. Fast niemand verkauft Bücher, dreht Filme oder betreibt Fernsehsender, weil er sich der Wahrheit verpflichtet sieht und dies performativ durch persönliche Integrität garantiert. Ich sage *fast* niemand – natürlich gibt es noch den Wissenschaftler, der sich *nur* der Wahrheit verpflichtet, den Verleger, der *nur* kostendeckend arbeitet, den Jungfilmer, der *nur* ästhetische Interessen artikulieren möchte. Doch diese – Habermas würde vermutlich sagen – „lebensweltlich" bestimmten Interessen sind erstens immerhin schon *Interessen*

---

[25] „Schließlich müssen wir fragen – und dies ist sicher die beunruhigendste Frage –, wenn die modernen Lügen sich nicht mit Einzelheiten zufrieden geben, sondern den Gesamtzusammenhang, in dem die Tatsachen erscheinen, umlügen und so einen neuen Wirklichkeitszusammenhang bieten, was hindert eigentlich diese *erlogene Wirklichkeit* daran, zu einem vollgültigen Ersatz der Tatsachenwahrheit zu werden, in den sich nun die erlogenen Einzelheiten ebenso nahtlos einfügen, wie wir es von der echten Realität her gewohnt sind?" H. Arendt; in: H. Arendt, P. Nanz (2006), S. 46; meine Hervorhebung.

6.1.5 Die Profitabilität der medial erlogenen Wirklichkeit

(und was „Interesse" bedeutet, habe ich oben erläutert), zweitens sind sie gleichwohl notwendig in eine ökonomische Reproduktion eingebunden, auch wenn sie gelegentlich noch auf vom Staat eröffnete Freiräume zurückgreifen können (einige der Forschungen an Hochschulen, Filmförderung, Druckkostenzuschüsse).

In der Hauptsache sind diese medial vermittelten Kommunikationsprozesse aber genau das, was auch andere Produktionsprozesse im globalen Kapitalismus auszeichnet: Von der Geldgier gelenkte und organisierte, im Wettbewerb zu immer weitergehenderer Kosteneffizienz wechselseitig genötigte *Verwertungsprozesse*. Der Inhalt der Nachricht oder des Wissens ist sekundär, sofern er nur die *Aufmerksamkeit* eines zahlungsfähigen Kunden weckt und den Verschluss der Geldbörsen lockert. Doch mit dieser *Gleichgültigkeit* gegenüber dem Inhalt der Produkte, die für alle Produktion im Kapitalismus zutrifft, ist die Besonderheit der Medien unter Steuerung der Geldgier erst erahnt. Dazu ist daran zu erinnern, was Medien vermitteln: Sie vermitteln *Informationen*, also Formen, die kraft ihrer bloßen Natur einen *allgemeinen* Charakter besitzen. Man kann Informationen, Elemente der *sozialen Kommunikation*, so wenig „besitzen" wie man die Sprache besitzen oder privatisieren kann. Das wirft für die Medienproduzenten Probleme auf, wie sie ihr *Eigentum* an einem allgemeinen Produkt überhaupt durchsetzen können. Die einfache Antwort: Es ist bezüglich der Inhalte unmöglich (ein Gedanke ist beliebig „kopierbar"), ist zwar richtig, verkennt aber die Möglichkeiten der Kontrolle der Geldgier über die Produktion. Das für die Geldgier *funktionalisierte Privatrecht* bedient sich der Mithilfe der *staatlichen Gewalt*. Sofern es möglich ist, die Nutzung von Informationen als Handlung zu erfassen, kann der Akt der Nutzung selbst als verwertbare Ware definiert und mittels staatlicher Gewalt im Urheberrecht geschützt werden.

Doch auch damit ist das wirkliche Geheimnis der Medienproduktion unter der Kontrolle der Geldgier noch nicht ausgesprochen; die Frage der Urheberrechte und ihrer profitablen Verwertung – wie die der Patentrechte – erweist sich als *immanente* Schwierigkeit, die Geldgier bei diesen besonderen Produktformen realisieren zu können, eine Schwierigkeit, die sich in aller Regel unter staatlicher Mithilfe bewältigen lässt zum Vorteil der Eigentümer. Das ist aber hier nicht weiter von Belang für die vorliegende Fragestellung.

Die Privation des Geldes durch den Wucher benutzt die Tatsache, dass Geldwerte zugleich *Bedeutungen* sind. Die neoliberalen Ökonomen wollen in den Preisen überhaupt nur „Informationsträger" sehen. Dieser Gedanke ist, entsprechend präzisiert, durchaus richtig: Steigende oder sinkende Preise *signalisieren* etwas über die Verfügbarkeit von Waren. Sie signalisieren *zugleich* das Interesse der Käufer an den Waren. Es ist eben diese Eigenschaft, die zur systematischen Ausbeutung von Marktprozessen durch *inszenierte* Spekulationen von Wucherern genutzt wird. Der Rothschild-Coup vom 20. Juni 1815 ist ein bekanntes historisches Beispiel dafür. Napoleon hatte gegen Wellington die Schlacht von Waterloo verloren. Der private Nachrichtendienst von Nathan Rothschild hatte ihm diese Nachricht überbracht; die Börse wusste davon noch nichts. Er *verkaufte* daraufhin massenhaft englische Consols (eine Zusammenfassung mehrerer Anleihen) und erweckte dadurch an der Börse den Eindruck, er verfüge über die Information, dass Napoleon gesiegt habe und manipulierte so die Kurse nach unten. Nachdem dadurch eine panische Verkaufswelle ausgelöst wurde (die Börsianer glaubten an eine Niederlage Wellingtons) und die Kurse ein sehr niedriges Niveau erreicht hatten, kaufte Rothschild massenhaft Consols zu einem Spottpreis zurück. Beim Eintreffen der *wahren Information* stiegen die Kurse und machten Rothschild über Nacht zum mächtigsten Finanzmagnaten Englands.

Hier erweist sich die inszenierte Kursmanipulation als *performative Lüge*, denn das Verkaufen suggeriert eine Information, die das Gegenteil dessen enthält, was Rothschild wusste. Dieser Trick der Kursmanipulation durch massenhafte Käufe oder Verkäufe großer Bankhäuser oder Unternehmen erfreut sich an den Wertpapiermärkten unverminderter Beliebtheit.[26] Es ist die alltägliche Praxis der Lüge durch Spekulanten, die das öffentliche Vertrauen in die impliziten Informationen der Preise *systematisch* ausbeutet. In einer von der Geldgier beherrschten Welt haben die Preise längst aufgehört, die „Wahrheit" über die Präferenzen und Angebotsmengen zu signalisieren. Die Lüge ist je schon „eingepreist" und *institutionalisiert* – vielfach multipliziert durch die Kredithebel spekulativer Fonds, die nicht mit Waren, sondern mit Futures handeln. Bezahlt wird dieser Spekulationsgewinn von den Warenkäufern, die überhöhte Preise entrichten. Den hohen Renditen solch spekulativer Fonds steht die Verarmung, gar das Verhungern von Millionen von Menschen als *Preis dieser Lügen in den Preisen* gegenüber.

Doch das Spektrum der Manipulation von Informationen zur gewinnträchtigen Ausbeutung ist damit keineswegs schon erschöpft. Langfristig weitreichender noch ist der folgende Sachverhalt: Mit dem Eigentum an der Informationsproduktion in den Medien ist auch die Möglichkeit gegeben, den *Inhalt* der Informationen so zu manipulieren, ihr den richtigen *spin* zu geben, dass sich die *allgemeine Nutzung* dieser Information profitabel ausbeuten lässt. Damit greift die Geldgier unmittelbar in den Kommunikationsprozess ein, genauer, sie verändert den Prozess der Identitätsbildung. Was ein Ding, eine Sache, eine Handlung, eine Person als Entität *ist*, was ihr für eine Identität zukommt, das ergibt sich nicht mehr aus einem wechselseitigen, durch Kritik kontrollierten kommunikativen Prozess, wie er in der sozialen Grundstruktur fundiert und in einer investigativen Presse und einer kritischen Wissenschaft institutionalisiert ist. Vielmehr wird dieser Prozess nicht nur überlagert, sondern einseitig *aufgehoben*. Die Definition der Entitäten, die in den Medien erscheinen, wird selbst der Geldgier und den abgeleiteten politischen Interessen unterworfen. Was *ist*, ist nur das, wird nur als das konstruiert, was sich profitabel als allgemeines Wissen auch *ausbeuten* lässt.

Diese inhaltliche Veränderung der Wissens- und Informationsprozesse hat eine tiefgreifende und weitreichende Dimension, die sich im 20. Jahrhundert systematisch entfaltet hat. Man kann es auch so ausdrücken: Die Medien als Produzenten fiktiver Entitäten wurden als Mittel ihrer profitablen Ausbeutung erkannt. Die wichtigsten Impulsgeber dafür waren die *Spin-Doctors*, allen voran Edward L. Bernays, ein Neffe Sigmund Freuds, der systematisch die „Propaganda" – später ersetzt durch „PR" – auf psychologischer Grundlage entwickelte. In der Mehrzahl der Fälle, sagt Bernays, „ist das Wissen um das öffentliche Bewusstseins und der Formen, in der es auf Werbung reagiert, eine spezialisierte Funktion, die von einem professionellen Experten übernommen werden muss." Das *big business*, sagt Bernays in seinem 1928 erschienen Buch *Propaganda* weiter, versteht das immer besser; und je größer die Industrie wird, desto größer wird die Nachfrage nach „Experten der Manipulation".[27] Die Verwandlung einer Produktinformation in erfundene Eigenschaften, die auf das Lebensgefühl der Konsumenten zielen, die systematische Verdrehung (*spin*[28]) ist seither mehr und mehr Alltag des

---

[26] Ein Beispiel aus der Kreditkrise 2008: „Britischen Zeitungen zufolge hat ein erfundenes Gerücht den Aktienkurs der britischen Hypothekenbank Halifax Bank of Scotland (HBOS) am Mittwoch um 17 Prozent gedrückt. Hintergrund der Attacke ist offenbar betrügerische Spekulation. (…) Die Finanzaufsicht FSA (…) beziffert den Tagesgewinn eines einzelnen Spekulanten laut ‚Telegraph' auf 100 Millionen Pfund (130 Millionen Euro)." Erfundene Gerüchte: Betrüger schickt Bankaktie auf Talfahrt – und macht 130 Millionen Euro Gewinn; SPIEGEL-Online vom 20. März 2008; http://www.spiegel.de/wirtschaft/ (download 22. März 2008).

[27] E. Bernays (2005), S. 91.

[28] Vgl. S. Ewen (1996).

6.1.5 Die Profitabilität der medial erlogenen Wirklichkeit

Geschäftslebens, aber auch der Politik geworden. Man gruppiert um eine *Marke* oder einen *Namen* eine Aura der Scheinidentität, die mit allen Tricks der Psychotechnik Emotionen anspricht oder auf mythische Denkfiguren zurückgreift. Die Werbung wird zur *systematischen* Lüge, und Marketing, PR oder Markentechnik werden zu Wissenschaften der systematischen *Produktion* von Lügen. Es sind *Lügen*, keine Irrtümer oder Illusionen.[29] Es geht bei der Markentechnik darum, „dass die Untertanennatur in der Mehrzahl der Menschen mit einer Begeisterung für kritiklose Eingliederung jeden Widerstand aufgibt."[30] Die Marktforschung verschafft zunächst (weitgehend objektivierte) Information über Bedürfnisse und Handlungsweisen möglicher Kunden. Dieses Wissen wird dann aber nicht etwa genutzt, um eine maximale Befriedigung der so erfassten Bedürfnisse zu erreichen. Die Geldgier benutzt dieses Wissen nur, um Möglichkeiten zu erproben, vor dem Hintergrund dieses Wissens solche Lügen über Produkte konstruieren und entsprechend bebildern oder musikalisch vermarkten zu können, dass die dadurch erweckte Kaufbereitschaft wiederum die Gewinne maximiert.

Doch die systematische Produktion von Lügen geht noch sehr viel weiter. Was die Beteiligten von den Märkten *wahrnehmen*, welche Preise, welche Produkte, welche zeitlichen Zusammenhänge usw. sie *sehen*, das hängt ab von der *Präsentation* dieser Entitäten in den Medien. Hier lässt sich durch systematisches Verschweigen, zeitlich verzögerte Präsentation ansonsten richtiger Informationen, durch veränderte Bilder und Videos oder die Multiplikation von als „Meinungen" präsentierten Denkformen eine Scheinwelt erzeugen, die wiederum solche Bedingungen schafft, die der Geldgier maximale Bewegungsfreiheit und maximale Profite einräumen. Das, was in den von Privateigentümern hergestellten Weltbildern in den Medien – denen sich auch prinzipiell auf Wahrheit verpflichtete öffentliche Medien im Wettbewerb häufig anpassen – erscheint, ist keine „Abbildung" der Wirklichkeit. So etwas gibt es ohnehin nicht. Jede Darstellung ist Interpretation und Konstruktion. Doch der Prozess kommunikativer Identitätsbildung erlaubt die wechselseitige Korrektur von Gedanken und Erfahrungen, so dass sich ein *bewährtes* Wissen herausbildet, auf das Handelnde wiederum zurückgreifen können. Die Wissenschaft ist nur die reflektierte und organisierte Form dieses Prozesses; eine kritische Presse deren öffentliche Bewegungsform.

Die Kontrolle der Medieninhalte durch das Privateigentum und die darin artikulierte Geldgier erschafft aber eine *systematisch* verfälschte Welt, worin sich die Medien im Wettbewerb selbst die Bedingungen setzen und kritische Korrekturen ausschalten. Es ist sicher nicht zu erwarten, dass die Produktion von Informationen in den Medien Inhalte einräumt, die ihre eigenen Produktionsbedingungen gefährden; „so kann einer, der Geld und Einfluss hat, jede Meinung zur öffentlichen machen"[31]. Die „Nachrichten" als pekuniär verwertetes Produkt formen das Weltbild; *einmal* durch die Bilder und ihre Präsentation – die auch ohne am Computer manipuliert zu sein, durch ihre Auswahl wiederum bestimmte Inhalte lancieren. *Zum anderen* zielen Nachrichten wiederum nur darauf, die Medienkonsumenten *als Konsumenten* an den Bildschirm, die Zeitschrift oder ein anderes Medium zu fesseln. Dabei verbieten sich langwierige Argumente ebenso wie sich eine Kritik am *raison d'être* der gesamten Medienproduktion verbietet. Man kann durchaus über korrupte Medienproduzenten, verkommene Politiker usw. in Hol-

---

[29] Und dies sei auch kein Zynismus, meint der PR-Berater Klaus Kocks in einem „Lügner reden immer nur von Notlügen" betitelten Interview: „(D)as ist der Zustand des Aufgeklärtseins. Die Wahrheitskategorie hat mit Geschäften nichts zu tun." K. Kocks (2007).
[30] H. Domizlaff (1982), S. 362. Vgl.: „Das Blindkaufen ist erst ein Ergebnis der Markentechnik", S. 94f.
[31] F. Nietzsche (1969: 1), S. 670.

lywoodfilmen berichten und daraus „spannende" Unterhaltung machen – wichtig ist nur, dass diese Unterhaltung *nur* als Unterhaltung konsumiert wird und jeglicher Gedanke daran fehlt, dass man die *Voraussetzungen*, das gesamte System der auf Lüge aufbauenden Produktion, kritisieren und *aufheben* könnte. Auch die Helden dieser Film-Streifen kapitulieren stets vor dem *System*, indem sie *in ihm* siegen. Man wird in Hollywood-Filmen alle möglichen und unmöglichen Albernheiten ausgemalt finden, nur eines nicht: Eine Welt ohne Geldgier, Börsen, Kapital, Eigentum und Gewalt.

Ein letzter Punkt zur pekuniären Ausbeutung der systematisch erzeugten, nur der Geldgier dienenden Weltinterpretation: Da die demokratischen Formen, die ursprünglich wenigstens eine Vergesellschaftung durch Kommunikation und Kritik als bewegendes Element kannten, mit der Entwicklung des globalen Kapitalismus selbst zu Hilfsorganen zur profitablen Ausbeutung der Gesellschaft im Interesse der Geldgier geworden sind – das Modell hierzu liefern in unüberbietbarer Reinheit die amerikanische Medien und ihre Demokratie –, deshalb wird auch die *staatliche* Reproduktion schließlich der Geldgier unterworfen. Diese Einsicht ist keineswegs neu, doch ihre Dimensionen wachsen rascher als die Einsichtsmöglichkeiten.

Staatliches Handeln wird systematisch für die privaten Interessen funktionalisiert, von der Umlenkung von Steuergeldern bis zu dem, was Dwight D. Eisenhower als „militärisch-industriellen Komplex" bezeichnet hat.[32] Die *Kriegsführung* dient kaum mehr „übergeordneten" nationalen Interessen, die ohnehin fast immer nur eine gewalttätige Fiktion waren und nur spärliche Elemente der Notwendigkeit der Bevölkerung enthielten, das eigene Leben bewältigen zu müssen. Vielmehr wird der Krieg zu einem bloßen Mittel, auf neuen Wegen Produkte erlangen, erzeugen und verkaufen zu können – zudem in einer von Konkurrenz nur wenig bedrohten Monopolposition. Smedley Butler sagt: „Der Krieg ist ein Betrug (*war is a racket*). Er ist es immer gewesen. Er ist vermutlich der älteste, einfachste und profitabelste und sicher der scheußlichste. Er ist der einzig wirklich internationale in seiner Reichweite. Er ist der einzige, bei dem Profite in Dollars und Verluste in Leben gerechnet werden."[33] Das, was in den Medien heute als Massenmord auch an Frauen und Kindern im Zuge von Militäroperationen in Afrika, Asien, in Südamerika oder im Nahen Osten präsentiert wird, die begleitende Häme der Journalisten, dass „Kriegsziele" nicht erreicht worden seien und ähnlich barbarische Gedanken – all dies spielt für die Initiatoren kaum eine Rolle. Jene, die Kriege anzetteln, dazu Wahrheiten als „Anlässe" erfinden[34] (wie US-Regierungen die Anlässe für den Vietnamkrieg und den Irak-Krieg medial als inzwischen aufgedeckte Lügen inszeniert haben), erweisen sich in jedem Fall als Sieger. Die Gleichgültigkeit der Geldform gegenüber allen Inhalten erreicht hier ihren brutalen und zynischen Höhepunkt: Das Geld missachtet strukturell alle ihm wesensfremden Menschenrechte und geht sprichwörtlich über Leichen, wobei die *Informationen* über diesen Prozess inzwischen gezielt produziert und geeignet präsentiert werden. Die Lüge ist zum politische Stil geworden, und

---

[32] „In the councils of government, we must guard against the acquisition of unwarranted influence, whether sought or unsought, by the military-industrial complex. The potential for the disastrous rise of misplaced power exists and will persist." D. D. Eisenhower (1961).

[33] Meine Übersetzung; Butler fährt fort: „A racket is best described, I believe, as something that is not what it seems to the majority of the people. Only a small 'inside' group knows what it is about. It is conducted for the benefit of the very few, at the expense of the very many. Out of war a few people make huge fortunes." S. D. Butler (1933).

[34] Das „klassische" Beispiel ist die PR-Kampagne und Kriegspolitik gegen Guatemala 1954, die Bernays als politische Lüge inszenierte; vgl. L. Tye (1998), S. 155ff für Details. Heute dienen andere fabrizierte Anlässe als Kriegsgründe oder man erfindet „Kriege", wie jenen gegen den „Terror"; vgl. D. R. Griffin (2004; 2005); D. R. Griffin, P. D. Scott (2006).

6.1.5 Die Profitabilität der medial erlogenen Wirklichkeit

man braucht seine pekuniären Motive kaum noch zu verschweigen; es genügt, wenn sie sich durch einen inszenierten Patriotismus oder eine religiöse Ummantelung so mit einer Aura zu umgeben vermögen, dass die Möglichkeit für ein richtiges Urteil einem bloßen Medienkonsumenten nahezu unmöglich wird – nahezu, aber nicht völlig unmöglich für ein Denken, das seinen eigenen Möglichkeiten vertraut.

Man darf nie vergessen, was die Verzinsung von Geld ihrer Natur nach ist: *private Aneignung* eines sozialen Verhältnisses, zunächst der Geldform auf den Märkten, daraus abgeleitet aller Bedingungen, die Produkte erzeugen, diese Märkte umgeben und organisieren, bis hin zu staatlichen Einrichtungen. Da die allgemeinen Denkformen in die des Geldsubjekts transformiert wurden – das ist der Inhalt der „Modernisierung" –, wählen auch freie Bürger aus und in einem Bewusstsein, das ihrer innigsten Voraussetzung nicht widerstrebt. Zugleich anerkennen sie nicht nur die faktische Herrschaft des berechnenden Denkens über alle Dinge, sie räumen zugleich der jeweiligen Verkörperung der Geldgier freien Bewegungsspielraum ein. Dies schlägt sich auch *institutionell* nieder, nicht nur in der faktischen Herrschaft von Zentralbanken, WTO, Weltbank und IMF, sondern auch in der Funktionalisierung politischer Herrschaft.

Darin liegt auch der rationale Kern der immer wieder aufgemachten „Verschwörungstheorien". Sicherlich betätigen sich in der Drehtüre zwischen politischen und privaten Jobs bei Banken oder großen Unternehmen Menschen, die allerlei anzetteln, Lügen verbreiten, Medien manipulieren usw. Doch welche Insider sich hier auch immer in welchen Vereinen, *think tanks*, Geheimtreffen usw. zusammenschließen, welcher mehr oder weniger verrückten Religion oder Überzeugung sie immer anhängen mögen – *keiner* Gruppe gelingt es, die Gesellschaft *völlig* zu privatisieren, d.h. im Interesse der eigenen Geldgier zu kontrollieren. Welche politische Totalisierung hier immer versucht wird und wie weit solche Versuche auch immer temporär erfolgreich sein mögen: Es liegt im Wesen der Geldgier, sich *in Konkurrenz* zu sich selbst zu realisieren. So geraten eben auch „Verschwörungen" in Wettbewerb zueinander, selbst vorausgesetzt, sie seien zu nennenswertem Einfluss gelangt. Die Geldgier regiert nicht durch ein *kausales* Verhältnis, das man auf Rassen, Zirkel, Gruppen usw. zurückrechnen könnte. Vielmehr realisiert sich ihre Herrschaft auch politisch durch Konkurrenz, innerhalb einzelner Staaten nicht minder als zwischen Staaten.

Welche kleine Gruppe aus Industriellen, Bankiers, politischen Zirkeln etc. auch immer in den USA oder den europäischen Länder faktisch herrschen mag – in Japan, China, im Nahen Osten und Russland regieren andere Cliquen oder eine andere Mafia. Jede produziert auch ihr mediales Weltbild, und heute kann jeder den Wettbewerb dieser produzierten Weltbilder als adäquaten Rahmen zur Artikulation der eigenen Interessen im Internet vergleichen. Gerade das Internet und die um es herum entwickelten neuen Medien zeigen, dass sich die Kommunikation immer Wege sucht, wie die Totalisierung der Ideologien, der Lügen zur Durchsetzung der letztlich doch reichlich banalen (wenn auch unfassbar brutalen) Interessen unterlaufen werden kann. Jede Revolution war zuerst eine Revolution des Wissens, die Herstellung einer *Gegenöffentlichkeit*, vorbei an Zensur oder – wie heute – den Leitmedien und ihren hermetischen Weltdeutungen. Auch hier reicht die soziale Grundstruktur durch die Geschlossenheit von produzierten Weltbildern hindurch. Worauf immer sich die konstruierte Wirklichkeit der Herrschaft der Geldgier auch stützen mag, sie bezieht ihre *Macht* nur aus dem Nichtwissen der Vielen. Das Nichtwissen hat, wie die Lüge, einen strukturellen Mangel: Wenn man ihre Formen konsequent denkend nachvollzieht, entdeckt man rasch Fehler, Widersprüche und schlichte Undenkbarkeiten. Darin liegt, zu jeder Zeit und in jeder politischen Verkleidung, eine Möglichkeit, die Herrschaft der Lügen aufzubrechen.

6.2 Kritik der Zinstheorien I: Systematische Fragen

6.2.1 Der Zins in der sozialen Grundstruktur

Der Zins erscheint nicht, wie eine bezahlte Geldsumme, als Gegenleistung für eine Ware, in *einem* Tauschvorgang und *einem* darauf gegründeten Vertrag. Vielmehr zerfällt beim Zins der ganze Vorgang in zwei, zeitlich und situativ getrennte Tauschakte, die innerlich durch die Identität der anerkannten Schuld bzw. Forderung verknüpft werden. Diese Verknüpfung lässt sich nicht auf *einen* Tauschvorgang zu reduzieren, weder formal noch in seinen Inhalten. Da aber umgekehrt von den Marktteilnehmern der Zins jeweils nur in einem Vertragsverhältnis unmittelbar erkennbar ist, liegt gerade *in der Trennung* der Akte die eigentliche Verbergung des Zinsphänomens.

Der Zins ist ein Phänomen, das sich in der Vernetzung der Tauschprozesse und der für diese Prozesse zugerichteten und organisierten Handlungen zeigt, von der Produktion über die Medien bis zu staatlichen Organisationen. Seine an *einzelnen* Verträgen erscheinende Form trennt sich kognitiv und faktisch von dieser Vernetzung und erzeugt den Schein, der Zins sei ein einer Person, einem einzelnen Prozess, einem besondern Faktor usw. *kausal* zuzuordnendes Phänomen. So wenig man einen Preis, den Tausch von Geld gegen eine Ware, aus dem vereinzelten Tauschverhältnis erklären kann, so wenig kann man ein *darauf aufgebautes* Phänomen – den Zins und Gewinn – verstehen, wenn man einzelne Produktionsprozesse, individuelle Präferenzen oder einen Kreditvertrag betrachtet. Doch auch dieser Mangel muss sich *an der vereinzelten Form* selbst zeigen. Da viele Überlegungen beim Kreditvertrag anknüpfen, möchte ich die hier vorliegenden kategorialen Verhältnisse in der sozialen Grundstruktur rekonstruieren und damit eine Grundlage legen für die nachfolgende Kritik diverser Zinstheorien. Hierbei gehe ich vor allem auf die *zeitlichen Verhältnisse* im Kreditvertrag genauer ein.

Nicht nur bei einem Kredit, auch beim einfachen Tausch oder Kauf können Leistung und Gegenleistung zeitlich auseinander fallen. Darin liegt bereits die *Möglichkeit* einer Struktur, die dann durch den Kreditvertrag systematisch verwirklicht und zugleich vereinseitigt wird. Betrachten wir einen Kauf, bei dem die zu liefernde Leistung im Augenblick des Vertragsschlusses noch nicht vorliegt (vgl. Abbildung 6.2). Darin ist das Versprechen des Verkäufers enthalten, die Leistung zu einem bestimmten Zeitpunkt zu liefern. Was hier kategorial vorliegt, ist das Verhältnis von Möglichkeit und Wirklichkeit, von Handlungsprogramm und Realisierung. Ein Architekt verpflichtet sich z.B. in einem Vertrag zum Bau eines Hauses, einschließlich der gesamten Organisation des Bauvorgangs. Die spätere Leistung – das Haus – besitzt hier vorläufig die Form einer *causa formalis*, eines Handlungsprogramms. Die genaue Erfüllung der Leistung und damit die Erfüllung des Vertrages fällt mit zwei Momenten zusammen: Erstens mit der faktischen Herstellung der Leistung, dem Bau des Hauses,

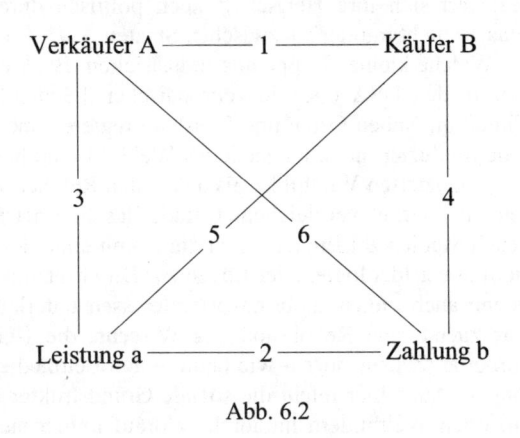

Verkäufer A ——— 1 ——— Käufer B

3   5 6   4

Leistung a ——— 2 ——— Zahlung b

Abb. 6.2

zweitens mit der Zustimmung des Auftraggebers, des Bauherrn, der die fertige Leistung bewertet und sie als erfüllt oder mangelhaft bewertet.

Die Erfüllung des Kaufvertrages zeigt hier die Besonderheit, dass bei Vertragsabschluss der Käufer die Bewertung des gekauften Objekts noch nicht vornehmen kann. Der Plan ist für ihn noch kein ökonomisches Gut, das Handlungsprogramm für den Hersteller noch kein Produkt. Für die *Erfüllung* des Vertrags bei einem Kauf, bei dem die Leistung erst später erfolgt, sind also die sechs Relation der sozialen Grundstruktur in der Abbildung 6.2 *verdoppelt* hinsichtlich der Modalitäten möglich-wirklich zu lesen. Der Vertrag kommt zustande unter einem *doppelten* Versprechen: Dem Versprechen, dass die Leistung gemäß dem vereinbarten Handlungsprogramm (z.B. Bauplan) erstellt wird, und dem Versprechen, die Leistung bei der erfolgreichen Verwirklichung des Handlungsprogramms auch in der vereinbarten Höhe durch eine Zahlung zu entlohnen.

Das zeitliche Auseinanderfallen ist hier also ein Schein, der durch die Vertragsgestaltung erzeugt wird. Erfolgt z.B. eine *Anzahlung* oder gar vorab die Begleichung der vereinbarten Geldsumme für die Leistung a, so ändert dies formal nichts an der hier vorliegenden Struktur. Denn: Falls die Leistung a nicht wie vereinbart erbracht wird, so kann die bereits vorgeschossene Zahlung b zurückgefordert werden. Die Abbildung 6.2 zur Charakterisierung der Grundstruktur im Fall eines Kaufs ist also zeitlich *verdoppelt* zu lesen: Sie bezieht sich einmal auf die *mögliche Leistung* (das Leistungsversprechen); dieser korrespondiert die *mögliche Zahlung* oder das Zahlungsversprechen – eine wie immer erbrachte Vorleistung der einen oder anderen Seite kann bei Nichterfüllung des Vertrags wieder zurückgefordert werden, ist also faktisch nur ein Versprechen. Sodann kehrt dieselbe Form wieder, nun aber zu lesen als *verwirklichte* Leistung und *verwirklichte* Zahlung. Es sind also zwei verschiedene Tausch- oder Kaufvorgänge. Sie sind miteinander verbunden durch Zahlungs- und Leistungsversprechen, die bei staatlich garantiertem Eigentumsrecht auch im Horizont staatlicher Gewalt einklagbar sind. Das Eigentumsrecht *zwingt* also die Beteiligten bei Vertragsabschluss zugleich zur Vertragserfüllung unter Androhung staatlicher Gewalt – von der Schadenserstattung bis zu härteren Strafen.

Es ist aber nicht so, dass durch das zeitliche Auseinanderfallen von Zahlung und Leistung ein *intertemporaler* Tausch zustande käme. Vielmehr sind Leistungs- bzw. Zahlungsversprechen und Leistungs- bzw. Zahlungserfüllung jeweils *zwei* getrennte Akte (vgl. 3.2.8.2). Die Relationen der zugehörigen sozialen Grundstruktur erhalten hier einen jeweils durchaus anderen Sinn. Die Leistungsbeurteilung R5 durch B bezieht sich im ersten Fall auf ein Handlungsprogramm, im zweiten Fall auf eine erbrachte, verwirklichte Leistung. Ebenso bezieht sich die Beurteilung der Zahlung R6 durch A auf zwei verschiedene Sachverhalte: Einmal die Erfüllbarkeit des Zahlungsversprechens (Kreditwürdigkeit, Liquidität, Bürgschaften usw.) und zum anderen auf die faktisch geleistete Zahlung. Das sind zwei verschiedene Tauschvorgänge, die nur durch die Kontinuität des Eigentumsrechts und die Möglichkeit, staatliche Gewalt zur Erfüllung der Leistungen in den Gerichten anrufen zu können, zu einer formalen Identität werden. Die Identität: Leistung als Programm und realisierte Leistung wird durch einen juristisch jeweils spezifisch definierten Vorgang hergestellt (Einverständnis des Käufers, Sachverständigengutachten usw.). Es *ist* keine Identität im ökonomischen Sinn. Ein Zahlungsversprechen ist keine Zahlung – wiewohl durch die Differenzierung der Geldwirtschaft Zahlungsversprechen ihrerseits wiederum als Waren gehandelt werden können. *Ontologisch* besteht hier die Differenz zwischen Möglichkeit und Wirklichkeit; ein mögliches Ding ist kein wirkliches Ding, weshalb man im vorliegenden Fall auch nicht von *einer* sozialen Grundstruktur, sondern von zwei sozialen Grundstrukturen ausgehen muss.

Die juristische oder in der (expliziten oder impliziten) Vertragsvereinbarung liegende *Gleichsetzung* von Programm und erbrachter Leistung, von Bauplan und fertigem Haus, von beauftragter und erbrachter Handwerkerleistung etc. ist eine Fiktion. Diese Identität in vertraglicher Form, dieser *juristisch vermittelte Prozess der Identität* der gehandelten Dinge und Leistungen, vollzieht sich auf dem Grund der ontologischen Differenz zwischen Plan und Verwirklichung, Möglichkeit und Wirklichkeit. Der Schein, dass hier nur *ein* Tauschprozess vorliegt, wenn Leistungsversprechen und Zahlungsversprechen konfrontiert werden, gründet in diesem juristisch vermittelten Prozess der Identität, dem *real* ein Produktions- und Handlungsprozess entspricht, für den es immer die Möglichkeit des Auseinanderfallens von Versprechen und Realisierung gibt.

Die Differenz zwischen Leistungsversprechen und Leistung ist keineswegs immer oder gar notwendig ein Mangel, ein ethischer Defekt auf der Seite des Verkäufers. Hier zeigt sich vielmehr, dass *jeder Zweck*, wenn er realisiert wird, wenn er von der Möglichkeit in die Wirklichkeit übergeht, zugleich die innere Differenz von abstrakter Struktur und wirklicher Form überbrückt. Dieser Übergang ist *notwendig* unvollständig. Weder kann im Handlungsprogramm die ganze Fülle des realen Objekts antizipiert werden, noch lassen sich alle antizipierten Formen bruchlos verwirklichen. Dieses Phänomen ist unter dem Begriff der *Heteronomie der Zwecke* diskutiert worden: Die Realisierung eines Zwecks führt immer zu Nebenfolgen oder Unvollkommenheiten, die im Handlungsprogramm nicht antizipiert wurden. Das ist einfach der Ausdruck dafür, dass sich in der menschlichen Zwecktätigkeit eine *Abstraktion* gegenüber den vorliegenden Naturformen oder früher gefertigten Produkten zeigt. Ich habe diesen Unterschied auch *teleologische Differenz* genannt.[1] Die im Vertrag geforderte Identität von Leistung und Leistungserfüllung ist also ontologisch und handlungstheoretisch eine Unmöglichkeit. Auch *diese* Identität wird deshalb nur als Prozess hergestellt, der niemals vollständig konvergiert. Der Käufer, der es darauf anlegt, kann immer eine teleologische Differenz, eine Soll-Ist-Abweichung feststellen und darauf beharren. Scheitert aus diesem Grund die Vertragserfüllung, so kann wiederum nur staatliche Gewalt die Identität entweder juristisch definieren oder den Leistenden verpflichten, einer Zahlungsminderung, einem Preisnachlass zuzustimmen.

Der durch die teleologische Differenz eröffnete Spielraum der Nichtidentität zwischen Leistungsversprechen und Leistung, auch zwischen Zahlungsversprechen und Zahlung, wird durch eine Vielzahl von Rechtsnormen oder Geschäftspraktiken überbrückt. Andererseits kann er aber auch zur systematischen Erpressung von Zahlungsdifferenzen, also von *Zins* genutzt werden. Da zwischen Plan und Realisierung, Leistungsversprechen und Leistung durch die teleologische Differenz auch eine *zeitliche* Differenz eröffnet wird, hat man dieses Phänomen zur Erklärung des Zinses herangezogen. Doch das beruht auf einer schlichten Verwechslung, weil – wie gesagt – hier nicht *ein* Tausch, sondern vielmehr zwei Tauschvorgänge aufeinander bezogen werden. Der Austausch von Versprechen ist etwas ganz anderes als das Erbringen einer Leistung und einer Zahlung. Wenn man deshalb den für das Zinsphänomen wichtigen Kreditvertrag betrachtet, so weist er zwar einige strukturelle Ähnlichkeiten zum eben genannten Phänomen auf; doch erst der Unterschied hierzu erlaubt ein wirkliches Verständnis. Gemeinsam ist dem Kreditvertrag und dem Auseinanderfallen von Leistungsversprechen und Leistung beim gewöhnlichen Kauf dies, dass auch beim Kreditvertrag nicht eine soziale Grundstruktur, sondern zwei vorliegen.

Es gibt generell keine soziale Grundstruktur, die die historische Zeit überbrücken könnte. Die soziale Grundstruktur modelliert *eine* Situation, d.h. *einen* historischen Ort.

---

[1] Vgl. K.-H. Brodbeck (1986), S. 20, Note 1.

6.2.1 Der Zins in der sozialen Grundstruktur

Die Identität der Personen und Objekte konstituiert sich nur *in diesem situativen Prozess*. Deshalb kann man prinzipiell keine Identität von Sachverhalten über die Zeit unterstellen, ohne den Prozess, der sie konvergent realisiert, näher zu untersuchen. Wie die Differenz von Leistungsversprechen und Leistung zeigt, wird die Identität in der Geldökonomie auf der Grundlage von Eigentumsrechten durch die staatliche Gewalt – eine *faktische, abstrakte* Definitionsgewalt – realisiert. Ein Richter entscheidet auf der Grundlage von Zeugenaussagen und Expertenurteilen, ob eine erbrachte Leistung mit der vereinbarten Leistung identisch ist. Diese unmögliche, gleichwohl täglich vollzogene Überbrückung der teleologischen Differenz offenbart den gewaltsamen, abstrakten Charakter der Identität, die sich bezüglich der Produkte und der Geldeinheit alltäglich vollzieht. Doch diese hergestellte, fiktive Identität erlaubt es nicht, verschiedene historische Situationen *begrifflich* zu überbrücken.

Der heutige Vertragsabschluss und die Leistung von übermorgen sind nicht durch die Identität *eines* Vertrags, *eines* Tauschs verbunden. Es gibt keinen *intertemporalen Tausch*.[2] Die Situation, in der ein Kreditvertrag geschlossen wird, unterscheidet sich notwendig von der Situation, in der der Kreditvertrag *erfüllt* wird. Es sind *zwei* völlig verschiedene soziale Ereignisse, die in *verschiedenen Personen* gleichwohl massenhaft *nebeneinander* vorkommen: Es werden an einem Tag vielfach Kreditverträge geschlossen und andere durch Tilgung und Zins erfüllt. Doch hier liegen eben jeweils *andere* Vertragsparteien vor, die gleichwohl *in einer Periode* auch untereinander Geschäfte machen können – darauf beruht die Möglichkeit von *Futures* an den Finanzmärkten.

Es wird sich noch genauer zeigen, dass darin kein *intertemporales*, sondern ein *interpersonales* Verhältnis konstituiert wird. Es ist ein Irrtum zu glauben, ein Kreditvertrag vermittle gegenwärtige und zukünftige *Güter* und bilde somit die Grundlage für den Zins. Man kann dies auch unmittelbar formal zeigen – z.B. in den Modellen mit überlappenden Generationen (vgl. 6.2.5). Dieser formale Aspekt ist aber nur ein Hinweis darauf, dass man nicht *heute* in einer sozialen Grundstruktur über Produkte oder Güter von *morgen* verfügt, sondern sich hier ein Verhältnis von Möglichkeit und Wirklichkeit zeigt, das in zwei verschiedene Situationen auseinander fällt. Es ist auch hier die *Relation*, die den Inhalt der Relate bestimmt. Eine *gegenwärtige* Vertragsvereinbarung hat nur das zum Inhalt, was gegenwärtig vorliegt (Zahlung und Leistungsversprechen versus Zahlung und Tilgungs- plus Zinsversprechen).

Das faktische Auseinanderfallen beider Situationen kann *individuell* oder auch *kollektiv* erfolgen – letzteres bei Wirtschaftskrisen, in denen *massenhaft* Zahlungsversprechen nicht realisiert werden. Die *Möglichkeit* dazu liegt eben darin, dass im Kreditvertrag *zwei* Strukturen vorliegen, nicht *eine*, die zeitlich auseinander liegende Ereignisse real überbrückt. Weder der Vertrag noch der Zins ist also ein *vor* den wirklichen Zahlungen und Leistungen liegendes *intertemporales* Phänomen. Dagegen zeigt sich, dass Zins und Wirtschaftskrisen in denselben Grund verweisen: Die monetäre Vergesellschaftung, die immer wieder aufs Neue vollzogen werden muss, sollen die sich darin

---

[2] Bailey hat diesen Zusammenhang sehr klar erkannt; er sagt, anknüpfend an seine Untersuchung des Austauschs zwischen zwei Waren, in einem nachfolgenden Kapitel: „Es ist eine direkte Schlussfolgerung aus der Erklärung des Wertes in dem vorhergehenden Kapitel, der als Relation zwischen zwei Waren beschrieben wurde – eine Relation, die nicht existieren kann, wenn es nur eine Ware gibt und keine Relation zwischen einer Ware in einer Periode und derselben Waren in einer anderen Periode besteht. Wir können nicht eine Relation von Kleidung zu einer Zeit und Kleidung zu einer anderen (Zeit) festlegen, wie wir die Relation zwischen Kleidern und Getreide am heutigen Tag bestimmen können. Alles, was wir tun können, ist die Relation zu untersuchen, in der Kleider und Getreide an einem gegebenen Tag zueinander stehen." S. Bailey (1825), S. 71f.; meine Übersetzung.

bewegenden Motive verwirklichen. Die Atomisierung der Gesellschaft in die ewige Wiederholung des Gleichen – von Kauf und Verkauf – ist also eine *personale* und eine *temporale*. So wenig aus einem Kaufakt heute die Garantie erneuten Marktzutritts morgen gefolgert werden kann, so wenig verbirgt sich hinter dem Zins eine intertemporale Struktur, die Gegenwart und Zukunft verbindet.

Dass im Kreditvertrag das Zahlungsversprechen und die faktische Zahlung, das Geben und Zurücknehmen einer Geldsumme nicht *einen* Tauschvorgang charakterisieren, sondern etwas ganz anderes verbergen und offenbaren, ist schon an der Tatsache erkennbar, dass die Zahlung keineswegs von derselben Person erbracht werden muss, die den Kreditvertrag abschließt. Schulden sind handelbar und übertragbar. Das bedeutet, sie haben ihren Sinn nicht in *einem* intertemporalen Tausch, sondern zeigen etwas völlig anderes. Was, das hat sich bei der Lösung des Zinsrätsels ergeben: Der Zins erwächst aus der systematisch sich vertiefenden Subsumtion der Vergesellschaftung im Geld unter die institutionalisierten Formen der Geldgier. Alle mit dem Zins verbundenen rätselhaften Phänomene hellen sich erst auf, wenn man den Blick vom vereinzelten Kaufakt oder Kreditvertrag auf die Vernetzung der Tauschhandlungen durch die Geldrechnung richtet – ein Blick, der jenem Verhältnis zu den Märkten entspricht, die ihre Nutznießer einnehmen, wenn sie die Geldformen zum Ausgangs- und Endpunkt ihrer Entscheidungen machen und dabei systematisch die Vergesellschaftung und die menschliche Produktion so reorganisieren, dass jeweils in *jeder Periode* sich ein Gewinn ergibt, aus dem Zinszahlungen finanziert werden können.

6.2.2 Der mechanische Schein der Verzinsung

Das Zinsphänomen wird immer wieder in direkte *formale* Analogie zu Wachstumsprozessen gebracht. Richtig daran ist eher die Umkehrung: Am Phänomen von Zins und Zinseszins wurde wohl auch historisch erstmals die logische Struktur eines zirkulär vermittelten Wachstumsprozesses deutlich. Die Darstellung von *Wachstumsphänomenen* oder die exponentiellen Eigenschaften der Zinseszinsrechnung finden sich meist in folgender Form: Man betrachtet eine bestimmte Ausgangsgröße x_0 (Anfangskapital, eine Population usw.) und unterstellt eine *konstante* Zuwachsrate pro Zeiteinheit t. Sei diese Zuwachsrate r, so ist sie formal definiert durch:

$$r = \frac{x_{t+1} - x_t}{x_t},$$

wobei x_t die Größe der betrachteten Einheit in der Periode t ist. Ist x eine Geldsumme, so wäre r der Zins*satz* und $x_{t+1} - x_t$ der (jährliche oder monatliche) Zins.

Um die exponentiellen Eigenschaften der Größe x zu beschreiben, muss man annehmen, die Zuwachsrate (= „Zinssatz") r sei *konstant*. So ergibt sich eine Differenzengleichung der Form

$$x_{t+1} = x_t(1+r)$$

mit der expliziten Lösung:

$$x_t = x_0(1+r)^t$$

6.2.2 Der mechanische Schein der Verzinsung

Eine interessante Eigenschaft dieser Funktion sind die Verdopplungszeiträume – sie sind wie der unterstellte Zinssatz oder die Wachstumsrate gleichfalls *konstant*.[3] Einer Wachstumsrate von 3% entspricht z.B. ein Verdopplungszeitraum von 23,4 Jahren. Folgende kleine Tabelle illustriert diesen Zusammenhang zwischen der Zinshöhe und dem Verdopplungszeitraum in Jahren:

Zinssatz (%)	1%	2%	3%	4%	5%	6%	7%	8%	9%	10%
Verdopplungszeitraum	69,7	35,0	23,4	17,7	14,2	11,9	10,2	9,0	8,0	7,3

Es ist vor allem dieser Zusammenhang, der zu allerlei Rechnungen und mechanischen Kalkulationen Anlass gegeben hat[4], wie der bekannten Überlegung, dass ein Euro, der im Jahre 0 unserer Zeitrechnung investiert worden wäre, bei einem Zinssatz von – nehmen wir an – 3% heute ein Kapital von

$$K_t = 1\,€\,*(1+0{,}03)^{2008} = 59.861.446.638.505.200.000.000.000\,€ = 5{,}986*10^{25}\,€$$

ergeben würde. Derartige Reflexionen sind ebenso mechanisch wie albern. Sie enthalten als *richtiges* Moment nur den Gedanken an einen Zwang, der vom Zins für die ganze Gesellschaft als Institution ausgeht, von dem permanenten Terror, mit dem die totalisierte Geldgier die Wirtschaft überzieht. Dennoch *verbirgt* die Zinsformel der Kapitalrechnung gerade das, was den Zins als Phänomen ausmacht.

Was beim Zins in der Regel verwechselt wird, ist die Differenz zwischen einer zirkulären Struktur und einer historischen Folge. Wenn in einer zirkulär verflochtenen Wirtschaft – *jede* Wirtschaft ist zirkulär verflochten – die Ware A zur Produktion von Ware B, diese zur Produktion von C usw. eingesetzt wird, so dass schließlich eine Ware Z wiederum in die Produktion von Ware A einfließt, dann ergibt sich aus den damit zugleich verflochtenen Kostenstrukturen der einzelnen Produktionsprozesse eine implizit kumulierte Verzinsung. Wenn in der kapitalistisch organisierten Produktion für jeden Produktionszweig in der Herstellung der Waren A, B, C usw. jeweils ein Zins veranschlagt wird, so fließt in die Preise der Güter jeweils ein Zinsanteil als Kostenfaktor ein. Daraus ergibt sich aber nicht eine kausale Folge von Verzinsungen, sondern nur eine zirkuläre Preisstruktur. Die Erkenntnis solcher Strukturen, auch wenn sie meist unter mechanischen Voraussetzungen entwickelt wurden, verdanken wir Ricardo, Marx, von Neumann, Sraffa und anderen. Ich möchte das kurz skizzieren, weil immer wieder durch die Addition von Zinszahlungen durch die Verflechtung in der Volkswirtschaft falsche Bilder entworfen werden.

Legt man die einfachste, von Ricardo diskutierte und von Sraffa rekonstruierte Vorstellung zugrunde, wonach in einer Wirtschaft nur Getreide produziert wird, das eine Profitrate r abwirft und wiederum zur Aussaat verwendet wird, so kann man bei einem Lohnsatz von w, einem durchschnittlichen Arbeitseinsatz pro Zentner geerntetes Getreide von a_0 und einem Aussaatanteil von a_1 bei einem Getreidepreis von p folgende Kostenstruktur ableiten: $p = pa_1(1+r) + wa_0$. Es ergibt sich damit nach p aufgelöst: $p = wa_0[1-(1+r)a_1]^{-1}$. Entwickelt man die Inverse als Reihe, so ergibt sich: $p = wa_0[1 + (1+r)a_1 + (1+r)^2 a_1^2 + (1+r)^3 a_1^3 + etc.]$. Das entspricht der Formel für den Kapitalwert,

---

[3] Man kann sie formal leicht ableiten durch die Gleichung $2 = (1+r)^T$, wobei die Zahl „2" für die Verdopplung und T jeweils für den Verdopplungszeitraum in Abhängigkeit vom Zinssatz (der Wachstumsrate) r steht. Es gilt: $ln2 = Tln(1+r)$, d.h. $T = f(r) = ln2/ln(1+r)$.

[4] Vgl. z.B. B. Senf (1997), S. 87f; H. Creutz (1997), S. 99ff.

den „Zinseszins". Die scheinbar unendliche Reihe von Verzinsungen erweist sich als Ausdruck einer *zirkulären* Produktionsstruktur; die Reihe konvergiert für *1+r < 1/a₁*. Zwar steigt mit jeder weiteren Vorleistung der kumulierte Zinsanteil; zugleich nimmt aber – da die Vorleistungen nur ein *Teil* der Gesamtkosten sind (hier: a_1) – das relative Gewicht ab. Beide Momente saldieren sich zu einer konvergenten Reihe. Eine sich durch alle Produktionszweige hindurchziehende Verzinsung besitzt also einen endlichen, für jede Produktionsstruktur gegebenen konkreten Wert. Damit ist gesagt, dass es für jedes Preissystem einer bestimmten Form der Vergesellschaftung von Produktionsprozessen eine *maximale* durchschnittliche Verzinsung gibt, die nur erhöht werden kann durch eine *Umwälzung* der Produktionsstruktur.[5]

Wenn man die Formel für den Kapitalwert $x_t = x_0(1+r)^t$ betrachtet, so werden hier scheinbar Jahre (oder Perioden) mechanisch verknüpft. Doch was immer eine so ermittelte Formel auch für eine „Forderung" begründen mag, sie muss aus der Gesamtproduktion bei den jeweils gegebenen Kosten bzw. Preisen beglichen werden. Und diese Gesamtproduktion wirft in jedem Jahr nur einen durch ihre *aktuelle* Struktur der Technik, der Eigentumsrechte, dem Grad der Ausbeutung von Mensch und Natur gegebene Verzinsung ab. Zwischen den Produktionsprozessen der Jahre 1, 2, 3 usw. gibt es nicht eine mechanische, sondern nur eine *historische* Verknüpfung. Die Situationen, in denen die Menschen tauschen, produzieren, Entscheidungen treffen und ihrer Geldgier nachgehen, sind untereinander zwar verbunden, aber nur jeweils als *Voraussetzung*. Das, was im Jahr 1 produziert wurde, ist, wenn die Güter dauerhaft sind, im Jahre 2 verfügbar usw. Alle Beziehungen, die *über die Zeit hinweg* Handlungen verknüpfen, haben keine mechanische Verbindung, worin eine Kausalität zur Geltung kommt. Vielmehr sind es immer *Handlungen*, d.h. soziale Formen, die durch Denk- und Bewusstseinsprozesse verknüpft und vergesellschaftet werden. Ein Kreditvertrag hat zwar eine Laufzeit, aber er kann nur eine Forderung begründen, nicht die Möglichkeit, sie auch zu erfüllen.

Hierin liegt einer der wichtigsten Irrtümer der mechanischen Denkweisen, die durch die Veränderung des Denkens in der Geldrechnung und seine Subsumtion unter die Ratio der Geldgier, der rein quantitativen Vermehrung, bedingt sind. Die Formel für den Kapitalwert ist nur eine ihrer Ausdrucksformen. Sie suggeriert, dass es eine über die Zeit greifende mechanische Macht gebe, die eine Vervielfachung erzeugt. Faktisch bedeutet aber eine über die Zeit reichende Zinsforderung nur die endlose Wiederholung *in jeder Periode*, die jeweils *aktuelle* Produktions- und Marktstruktur so auszubeuten, dass die Zinszahlung beglichen werden kann. Diese Forderungen antizipierend, werden die Schuldner gezwungen, alles zu tun, um ihre Lebensweise, die Produktionsprozesse usw. so zu verändern, dass ein Gewinn entsteht – sei es durch neue Techniken und die Ausbeutung von Menschen und Natur, sei es (bei Konsumenten und Kleinbetrieben) durch Selbstausbeutung. Die Zinsforderung ist nur *insofern* mechanisch, als sie vor dem Hintergrund des gewaltbewährten Eigentumsrechts die Erpressung der verschiedenen Stufen des Wirtschaftsprozesses zu Zinszahlungen *rechtens* durchsetzen kann.

Handlungen werden in einer Geldökonomie über Tauschprozesse, also über die Geldrechnung verknüpft. Die Direktiven für die Handlungen entnehmen die Subjekte nicht einer gemeinsamen Absprache, Kommunikation oder einem gemeinsamen Plan, sondern den durch die Marktprozesse, durch die in Preissignalen erscheinenden Sachzwänge. Diese Sachzwänge wiederum werden inszeniert durch diejenigen, die als Eigentümer über die Produktions- und Kommunikationsprozesse (= Medien) verfügen und auch ihren Einfluss bei staatlichen Regelungen zur Geltung bringen. Zwar reagieren die Marktteilnehmer auf Preissignale, doch die Preissignale sind ein Resultat der Planungen

---

[5] Vgl. dazu genauer: K.-H. Brodbeck (1996a), S. 214ff.

6.2.2 Der mechanische Schein der Verzinsung

und Kalkulationen vieler Unternehmen und Spekulanten, die im Wettbewerb zueinander sich wechselseitig auf Gewinnmaximierung verpflichten. All diese Prozesse benötigen eine bestimmte Zeit, und auf diese Weise sind die Handlungsprogramme, die Preisanpassungen, die Änderungen der Eigentumsverhältnisse usw. auch *temporal* miteinander verknüpft. Doch, wie gesagt, diese Verknüpfung wird *hergestellt* durch die Entscheidungen der Subjekte, durch deren Denken hindurch sich diese Handlungen vollziehen und ihre Form erhalten, nicht durch eine objektive Mechanik.

Die Tauschprozesse sind – wie die Untersuchung der Kreditrelation im vorherigen Abschnitt ergeben hat – punktuelle Ereignisse, worin sich die Vergesellschaftung vereinzelt reproduziert. Eine Relation zu einer für die gesamte Gesellschaft verbindlichen Zeitorientierung dieser Einzelpunkte existiert nicht, obwohl sich alle einzelnen Handlungen – auch die Handlungen in Organisationen – an Uhren orientieren und sie mit Uhren synchronisieren. Was die Gesellschaft hier an Synchronisation insgesamt leistet, bildet nur einen äußeren *Rahmen* für individuelle Zeitdispositionen (wie die Wochen- oder Feiertage, die Zeiteinteilung in Stunden, Tage, Jahre usw.), nicht aber eine *Kausalität*, worin gleichsam Uhren die sozialen Handlungen so verursachen, wie der Zeitgeber einer Maschine oder die Taktfrequenz eines Computers.

Zwar kann, wie gesagt, ein cartesianischer Beobachter *von außen* all diese Handlungen an einer Uhr messen und so in eine vermeintlich „objektive Zeit" einordnen. Doch unterhalten die vielen Handlungen untereinander keine *innere* Relation zu einer Uhr, selbst dann nicht, wenn sie in Routine erfolgen und als Gewohnheitsmuster einen *beinahe* (d.h. für einen cartesianischen Beobachter so erscheinenden) mechanischen Charakter annehmen. Es genügen geringe Veränderungen in den Informationsprozessen, um selbst eingefleischte Routinen aufzuheben. Zudem ist der Wettbewerb der Geldgier dafür verantwortlich, dass die Gesamtheit der in einer Geldökonomie koordinierten Handlungen *nie* gegen ein Gleichgewicht, weder des materiellen Austauschs noch der Identität der Bedeutungen in der Kommunikation, konvergieren.

Daraus ergibt sich: Die zeitliche oder auch räumliche Struktur der Matrix sozialer Handlungen, wie sie durch die Geldrechnung verknüpft und die Geldgier motiviert sind, bildet insgesamt weder ein mechanisches noch sonst ein formales System. Diese Gesamtheit wird durch kein *Gesetz* regiert. Was sich als Wiederkehr des Gleichen darin zeigt, ist die unveränderte Herrschaft der Geldgier und die Subsumtion der Vielen unter den Schein der Geldeinheit. Jeder Versuch, die Gesamtheit dieser Handlungen also durch eine Systemfunktion – und die Formel für den Kapitalwert ist solch eine einfache Funktion – zu charakterisieren, beruht auf einem grundlegenden Kategorienfehler. Ich habe diesen Kategorienfehler in seinen vielfältigen Formen in den Formulierungen der mathematischen Ökonomik systematisch kritisiert und z.B. an der Verwechslung von Betrieb und Unternehmen bzw. an der Fiktion des „Güterraums" gezeigt, weshalb derartige Modellierungen scheitern (vgl. 4.7.5).

Was am Zins als *mechanischer* Aspekt erscheint, ist nur die Institutionalisierung der Geldgier. Die Zinsrechnung als *Selbstverständlichkeit*, die bei allen Geldgeschäften direkt oder indirekt (durch die Kalkulation von Opportunitätskosten) Anwendung findet, ist eine das Geldsubjekt und seine Ratio strukturierende Gewohnheit, medial reproduziert und wechselseitig am Verhalten anderer gespiegelt. Als massenhafte Denkform, die als rationale Form auch die nichtökonomischen Wissenschaften durchdrungen hat, ist sie allgegenwärtig und kann insofern als unbewusste Gewohnheit beschrieben werden. Gewohnheiten haben, von außen betrachtet, in der Tat eine mechanische Erscheinungsform. Und nur darin liegt das Körnchen Wahrheit in den Bebilderungen der Zinseszinsrechnung als mechanische Vervielfachung.

6.2.3 Zins und Zeit: Robinsonaden in der Zinstheorie

Die bürgerliche Ökonomik hat aus dem Zins in der Spätform ihrer Entwicklung – der subjektiven Wertlehre der österreichischen Schule in Abwehr des Marxismus – ein völlig *naturalisiertes* Phänomen gemacht. Ich möchte diese Vorstellungen kritisch überprüfen und zeigen, worin der Denkfehler liegt, wenn man versucht, den Zins als *natürliches*, formal von der Zeit abhängiges Phänomen zu begreifen. Besonders deutlich wird dies bei den auch hier beliebten Robinsonaden. Mit einem Lächerlichmachen oder mit Ignoranz wird diese – tatsächlich alberne – Theorie aber nicht widerlegt. Man muss verstehen, *an welcher Stelle* auch klügere Köpfe wie Knut Wicksell, der fähig war, seine quantitativen Modellvorstellungen auch mathematisch zu präzisieren, in die Irre gingen. Bei den Begründern Menger, Böhm-Bawerk, aber auch bei Mises oder Hayek bemerkt man oft doch Mängel in den mathematischen Fertigkeiten. Nun bräuchte das niemand zum Vorwurf gemacht zu werden, wenn man sich in einem Feld bewegte, das solche Fähigkeiten durch die Struktur der eigenen Gedanken auch gar nicht erforderlich machte. Doch wer in *Rechenbeispielen*, in einfachen Schaubildern oder in verbal quantitativen Argumenten räsoniert, der muss es sich schon gefallen lassen, wenn man seine scheinbar formalen Argumente schlicht *nachrechnet*.

Die Robinsonaden in der Zinstheorie lassen sich anhand einer Überlegung von Böhm-Bawerk verdeutlichen, auf der Wicksell aufbaute.[6] Zunächst macht Wicksell den expliziten, schon von Bailey kritisierten Fehler, den Zins als *intertemporalen* Tausch vorzustellen. Wicksell sagt:

> Das bei Böhm-Bawerk „neu hinzutretende Element liegt in dem Worte *Tausch*: das Zinsproblem wird nunmehr als ein echtes Tauschproblem behandelt werden können. (...) Wer gegenwärtige Güter aufopfert, um dafür in irgend einer Weise künftige Güter derselben Art zu erwerben, macht eigentlich einen Tausch zwischen zwei Verwendungen desselben Gutes, vollzieht also denselben Akt, den wir am Anfang unserer Erörterung über den Tausch als dessen einfachste Spielart hingestellt haben"[7].

Was versteht Wicksell unter der „einfachsten Spielart" des Tauschs? Er sagt:

> „Als einfachste Form von Tausch könnte man es bezeichnen, wenn der Besitzer einer Gütermenge von verschiedenen Teilen derselben verschiedene Anwendungen machen kann und will."[8]

Was Wicksell hier nur gleichsam beiläufig erwähnt, wird später von Schumpeter übernommen und von Mises als allgemeine Theorie des Handelns ausgebaut – beruhend auf einem einfachen Denkfehler: Die Disposition über verschiedene Güter durch *ein* Individuum oder innerhalb eines Haushalts ist etwas ganz anderes als ein *intersubjektiver* Tausch, was Wicksell an einer anderen Stelle des zitierten Buches durchaus zugesteht: „(D)er Tausch setzt ja zwei miteinander tauschende Parteien voraus".[9] Was soll nun

---

[6] „Ich kann nur bedauern, dass mir, als Nicht-Mathematiker, die mathematischen Darlegungen Wicksells nicht völlig zugänglich sind"; E. v. Böhm-Bawerk (1921: II.1), S. 426, Note 1.
[7] K. Wicksell (1893), S. 82.
[8] K. Wicksell (1893), S. 82.
[9] K. Wicksell (1913: 1), S. 78.

6.2.3 Zins und Zeit: Robinsonaden in der Zinstheorie

also ein Tausch sein: Disposition *eines* Subjekts oder Austausch *zwischen* Subjekten, also ein *sozialer* Akt? Der Gedanke, dass sich auch die *zeitliche* Disposition – damit eine vermeintlich objektive Grundlage für den Zinssatz als *innersubjektiver* Prozess – als Handlung *eines* Robinson denken lassen könne, ist der Kern dieser österreichischen Zinstheorie und ihres Fehlers. Ihre Behauptung, der Zins sei ein rein *innerpsychischer* Vorgang, der darauf beruhe, dass künftige Güter systematisch mit einem geringeren Nutzen als gegenwärtige bewertet werden (= Zeitpräferenz), wird bei Fisher in dem Satz kondensiert: „Der Zins ist, wie die Sache einmal steht, Ungeduld, kristallisiert in einem Marktpreis."[10] Wie es die durchaus verschiedene Ungeduld verschiedener Subjekte fertig bringen soll, sich in *einem* Preis zu objektivieren, bleibt Fishers Geheimnis.

Doch bevor ich derartige Argumente kritisch durchleuchte, möchte ich – Hegels Ratschlag folgend, man solle den Gegner erst stark machen, bevor man seine Argumente angreift – eine mögliche Verteidigung des Gedankens formulieren, dass der Zins als *innersubjektives* Phänomen begründet werden könne. Man könnte nämlich auch vor dem Hintergrund der hier vorliegenden Kategorienanalyse folgendes einwenden: Die soziale Grundstruktur ist eine intersubjektive Form, wie sie z.B. bei einem Dialog zwischen A und B auftritt. Und auch diese Struktur kann selbst zum Modell der Subjektstruktur eines Individuums werden, etwa beim inneren Dialog. Könnte man nicht ganz analog sagen, dass bei jeder Disposition über Güter die Entscheidungssubjekte einfach die soziale Struktur des Tauschs je *individuell* reproduziert wird? So könnte man sagen, und in einer Geldökonomie wird jeder zu dieser Art von vereinzelter Disposition gezwungen. Doch so wenig beim *inneren Dialog* die Identität einer besprochenen Sache zu einem *intersubjektiven Prozess* werden kann, so wenig kann bei einer individuellen Disposition über die Verwendung von Gütern die zentrale Frage des Tauschs, wie differente subjektive Wertungen sozial vermittelt werden, beobachtet werden.

Die individuelle Disposition über Güter ist in Geldökonomien aus dem Tausch verstehbar, wenn man die Veränderungen der Subjektivität durch die Geldrechnung beachtet; nicht aber ist umgekehrt der Tausch aus individuellen Dispositionen ableitbar, die *ohne* Geldrechnung gar nicht vollzogen würden. Bei einer individuellen Disposition werden Prioritäten einfach durch *individuelle Entscheidung* festgelegt. Die Wertung der Güter entspricht einer privaten Rangordnung oder einer augenblicklichen Laune, in der eine für viele Individuen *gemeinsame* Instanz notwendig *fehlt*. Der Tausch konstituiert aber kategorial eine völlig andere Struktur. Deshalb stellt sich ein *allgemeiner* Tausch auch erst über die Geldrechnung her, sofern die beteiligten Subjekte die Geldrechnung auch je individuell als Prozess der Bewertung von Gütern reproduzieren.

Der *Zins* ist jedoch noch aus ganz anderen Gründen auf keine Weise als ein individuelles Dispositionsproblem zu begreifen. Böhm-Bawerk und Wicksell gehen davon aus, dass man *heute* über zukünftige Güter auf dem Weg der *gegenwärtigen* Entscheidung verfügen könne. Doch die Beispiele dafür, dass man etwa Getreide heute gegen Getreide in einem Jahr abwägen würde, berühren das dem Zins zugrunde liegende Problem überhaupt nicht, tragen aber wohl dazu bei, den Zins mit dem Nebel einer quasinaturalen Scheinbegründung zu umgeben und damit aus der Schusslinie moralischer Kritik zu nehmen.

---

[10] I. Fisher (1911), S. 387. Vgl. auch I. Fisher (1977), S. 86. Böhm-Bawerk leitet die Zeitpräferenz, die Minderschätzung künftiger Güter, aus einem unklaren Güterbegriff ab, der Inner- und Intersubjektives vermengt und besagt, dass „die wirtschaftliche Bedeutung, welche die Güter für uns (!) haben, in der Tat auf der wirtschaftlichen Bedeutung beruht, welche ihre Nutzleistungen für uns (!) besitzen." E. v. Böhm-Bawerk (1927), S. 54. Was heißt hier *uns* – genau? Vgl. zur Zeitpräferenz: E. v. Böhm-Bawerk (1921: II.1), S. 318ff.

Um welche Frage geht es hier? Folgen wir den Denkbahnen der österreichischen Theoretiker und unterstellen einen Robinson. Bei Böhm-Bawerk wird „Robinson" – passend für einen Ökonomen und Finanzminister seines imperialen Kaisers – zu einem „Kolonisten": „Ein Kolonist, dessen Blockhütte abseits von allen Verkehrsstraßen einsam im Urwalde steht, hat soeben fünf Säcke Korn geerntet" usw. Wicksell übernimmt dieses Modell und versucht Böhm-Bawerks Zahlenbeispiele zu formalisieren.[11] Ich knüpfe an das Robinson-Beispiel an und verwende auch eine einfache Mathematik zur Darstellung der Zusammenhänge dieser Robinsonwirtschaft.

Sei x_t die durchschnittlich geerntete Menge Getreide eines Jahres, beginnend im Jahre Null (Robinson bringt Getreide in der Menge x_0 im gestrandeten Schiff oder als Kolonist mit auf seine Insel). Abstrahiert man vom Arbeitsaufwand, so ergibt sich folgendes Problem: x_t kann als Nahrung c_t im selben Jahr oder als Saatgut s_t verwendet werden. Bei einer Reifeperiode für Getreide von einem Jahr ergibt bei gleich bleibendem Klima bei einer Aussaat von s_t ein Jahr später eine Ernte von $x_{t+1} = as_t$, wobei a die Produktivität des Saatguts bezeichnet. Um die Sache einfach zu halten, nehmen wir an, dass der Boden von homogener, durchschnittlicher Fruchtbarkeit a ist. (Die Annahme abnehmender Ertragszuwächse ließe sich leicht integrieren, ohne weiteren Erkenntnisgewinn in der vorliegenden Frage.) Daraus ergibt sich: $x_{t+1} = a(x_t - c_t)$. Nun besteht offenbar zwischen der neuen Ernte x_{t+1} und dem Verbrauch c_t im laufenden Jahr ein inverser Zusammenhang, und es ist dieser Zusammenhang, den die österreichische Schule vor allem betont. Man kann diesen Zusammenhang auch so ausdrücken, dass ein Konsumverzicht *heute* zu einem Mehrertrag *morgen* führt.

Doch was ist mit dieser Einsicht gewonnen? Robinson kennt diesen Zusammenhang oder lernt ihn nach einigen Jahren aus der Erfahrung kennen. Er wird auf der Grundlage dieser Erfahrung dann entscheiden, wie viel er arbeiten und konsumieren will, und nach einigen Jahren wird sich ein Gleichgewicht ergeben, bei dem Konsum, Aussaat und Ernte dem entsprechen, was Robinson plant. Vielleicht wird er, um ein weiteres Beispiel von Böhm-Bawerk aufzugreifen, für einige Jahre weniger Schnaps aus Getreide brennen, um seine Ernte zu vergrößern. Doch ist das neue Niveau erreicht, so kann er genau das ernten, was er wünscht – wie immer er diese Entscheidung individuell treffen mag. Es gilt dann $x_{t+1} = x_t = x^*$ oder:

$$c^* = \frac{a-1}{a}x^*$$

Die Ernte x^* hängt dann ab von a (der Produktivität), also von Robinsons Arbeitswillen, der Bodenfläche und ihrer Fruchtbarkeit usw. Der Konsumwert ergibt sich aus der Produktivität des Saatguts. Will er pro Jahr mehr konsumieren, dann muss er eben mehr arbeiten. Und nur *hier* taucht eine intertemporale Kalkulation bei Robinson auf, denn dass der *Übergang* vom alten zu einem höheren Ernteniveau $x^{**} > x^*$ (vorausgesetzt es ist genügend fruchtbarer Boden vorhanden) *vorübergehend* einen Konsumverzicht bedeutet, ist der rationelle Kern dieser ganzen Überlegung. Doch er zeigt ganz andere Eigenschaften, als die von den österreichischen Zinstheoretikern behaupteten.

Wann die gewünschte Erntemenge erreicht wird, hängt ab vom gewählten Konsumniveau und der Produktivität des Bodens bzw. (hier nicht explizit) dem Arbeitseinsatz, den Geräten usw. Wählt Robinson α % von der jeweiligen Ernte als seinen Konsum, so ergibt sich für die jeweilige Ernte pro Jahr: $x_t = x_0[a(1-\alpha)]^t$. Um die abstrakt-formale Beziehung durch ein Beispiel zu illustrieren, folgende Rechnung: Sei die Getreidemen-

---

[11] Vgl. E. v. Böhm-Bawerk (1921: II.1), S. 185ff; K. Wicksell (1913: 1), S. 79f.

6.2.3 Zins und Zeit: Robinsonaden in der Zinstheorie

ge, die Robinson von Bord des untergegangenen Schiffes mitbringt, gleich der Einheit 1. Wählt er für die Übergangsperiode einen Konsum von 70% des verfügbaren Getreides und wünscht Robinson langfristig einen Konsum von 2 Einheiten, so hat er bei einer Bodenfruchtbarkeit von $a = 4$ sein Ziel nach 6 Jahren erreicht. Es zeigt sich folgende Entwicklung:

Jahr	x_t	c_t	s_t
0	1	0,7	0,3
1	1,2	0,84	0,36
2	1,44	1,01	0,43
3	1,73	1,21	0,52
4	2,07	1,45	0,62
5	2,49	1,74	0,75
6	2,99	2,09	0,9

Es gibt eine natürliche Voraussetzung für diese Entwicklung: Die Bodenproduktivität muss groß genug und die Konsumneigung α klein genug sein; genauer, es muss gelten $x_1 > x_0$, oder mit $x_0(1-\alpha)a = x_1$ gilt: $x_0(1-\alpha)a > x_0$ oder: $a(1-\alpha) > 1$.

Wählt Robinson an Stelle eines prozentualen Anteils einen absoluten Mindestkonsum c_u für die Übergangszeit, so zeigt sich ein rascherer Verlauf des Übergangs zu einem höheren Konsumniveau; doch auch in diesem Fall ergibt sich durch temporären Konsumverzicht dieselbe formale Bedingung: Die Ernte des ersten Jahres x_1 muss größer sein als die ursprüngliche Getreidemenge x_0 minus den konsumierten Teil c_u, also $x_1 > x_0 - c_u$. Da $x_1 = a(x_0 - c_u)$, ergibt sich: $ax_0 - ac_u > x_0$ oder $(a-1)x_0 > ac_u$, also: $(a-1)/a > c_u/x_0$. Da aber $\alpha = c_u/x_0$, folgt daraus wiederum $a(1-\alpha) > 1$. Ist diese Voraussetzung erfüllt, so könnte Robinson bei hinreichender Anbaufläche und Arbeitszeit seinen Konsum weiter wachsen lassen. Doch warum sollte er das tun? Warum sollte er *mehr* produzieren als er zu konsumieren wünscht? Er erzeugt im obigen Beispiel bei einer Ernte von rund 3 Einheiten genug Getreide für seinen gewünschten Konsum (den er mit seiner Arbeit vergleicht) und *verbleibt dann* bei dieser Ernteweise. Was als Rest übrig bleibt, bewahrt er vielleicht als Vorrat für schwankende Ernteergebnisse durch das Wetter oder braut daraus Schnaps.

Ein *intertemporales* Verhältnis taucht hier nur für die Übergangsperiode auf. Was die österreichischen Theoretiker einfach übersehen: Es werden nicht entlang einer linearen Zeit gleichartige Güter von einem abstrakten, cartesianischen Subjekt verglichen, sondern es wird bei einfacher Reproduktion oder bei den geschilderten Übergangsprozessen in Jahresrhythmen, also in *zyklischen Zeiten* geplant; es werden keine Bedürfnisse an einer linearen Zeitachse geordnet. Robinson legt seinen Konsumplan fest und wägt ihn gegen seinen Arbeitsaufwand, die natürlichen Bedingungen usw. ab. Er bezieht sich dabei aber immer auf einen *geschlossenen* Kreislauf der Produktion. Für die Böhm-Bawerksche These, dass er künftige Güter abwäge gegen seinen heutigen Konsum, gibt es auch unter seinen eigenen Voraussetzungen keinen Hinweis. Für *Übergangsphasen* zwischen zwei Erntezyklen muss Robinson berücksichtigen, dass ein Konsumverzicht heute eine höhere Ernte morgen erbringt; das ist durchaus richtig. Und es mag sein, dass er hierbei allerlei Erwägungen ins Spiel bringt bezüglich der Sicherheit künftiger Güter usw. Doch er weiß – so rational berechnend, wie ihn die Ökonomen unterstellen –, dass er in künftigen Perioden dann auf einem höheren Konsumniveau operieren kann. Einzig die Entscheidung, ob er dies möchte oder nicht, liegt seiner Planung zugrunde.

Und ein *rationaler* Robinson wird wissen, dass es *unvernünftig* ist, gegenwärtige Leidenschaften völlig die Oberhand gewinnen zu lassen. Der Rationalitätsbegriff auch einer einfachen Zweckrationalität enthält dies. Warum handelt Robinson *überhaupt*? Warum stellt er während der Arbeit seine Leidenschaften zurück und gibt sich nicht etwa der Faulheit hin – vorausgesetzt, die Arbeit ist anstrengend und kein Vergnügen? Allein die Tatsache, dass Menschen *handeln* und darin sich einem Zweck unterordnen, der erst später zu einem Ergebnis führt, das der Bedürfnisbefriedigung oder der Stillung von Leidenschaften dient, ist der einfache (wenn man will: „empirische") Hinweis darauf, dass zum Handeln stets auch ein Zurückstellen von Bedürfnissen gehört. Diese Handlungsweise wird in der Regel überhaupt nicht auf ein *künftiges* Ereignis bezogen. Jeder Tag hat seinen bestimmten Rhythmus, in dem sich Arbeit und Konsum abwechseln. Das Gewicht beider Zeitanteile mag die soziale Stellung eines Individuums charakterisieren, doch gilt diese Aufteilung immer. Also reproduzieren sich hier *zyklische* Zeiten. Und – sofern die Freiheit überhaupt als Möglichkeit gegeben ist – auch hier kann jeder unterschiedliche Zeiteinteilungen vornehmen, also für eine bestimmte Periode mehr arbeiten, um zu einem späteren Zeitpunkt über mehr Güter zu verfügen. Darin liegt wohl ein Abwägen, nicht aber eine *Kalkulation* von Mengenverhältnissen in einer abstrakten Einheit.

Erst für das Geldsubjekt, das sich je schon am Markt orientiert und das Geld auch als *Kredit* kennt, entsteht hier ein Kalkulationsproblem: Wie lange muss jemand arbeiten, um einen aufgenommenen Kredit tilgen und die Zinsforderungen begleichen zu können? Hierbei mag man vielleicht das Vergnügen, heute schon durch den Kredit in den Genuss einer vorgezogenen Bedürfnisbefriedigung zu gelangen, mit künftigen Mühen oder künftigem Konsumverzicht zur Tilgung und Zinszahlung abwägen. Doch diese *Kalkulation* erfolgt auf der *Grundlage* eines Geldmarktes, also der Existenz von Kredit und Zins – nicht umgekehrt erzeugt eine fiktive Kalkulation der Einzelsubjekte als äußere Emanation die *sozialen* Größen „Kredit" und „Zins". Das Robinsonbeispiel kann das sehr gut zeigen.[12]

Insgesamt liegt dem Räsonnement eine völlige Verkehrung der Verhältnisse in einer Geldökonomie zugrunde. Wenn ich an das Schema des fünften Kapitels erinnern darf, so behaupten die Zinstheoretiker der österreichischen Schule, die individuelle intertemporale Abwägung von gegenwärtigen und zukünftigen Gütern bringe eine psychische Grundstruktur zum Ausdruck – künftige Güter werden systematisch „unterbewertet" –, determiniere von unten die *intersubjektiven* Verhältnisse des Austauschs. Die Geldgier spiele keine Rolle als irrationale Leidenschaft im Gewand der Ratio, sondern sei vielmehr nur der Vorschein einer „Zeitpräferenz", in der die Gegenwart gegenüber der Zukunft vorgezogen würde. Ich habe den grundlegenden Kategorienfehler in diesem Gedanken schon anhand der Tausch- und Geldtheorien kritisiert: Man kann aus einem *innersubjektiven* Vorgang nicht einen *intersubjektiven* Tauschvorgang ableiten. Die Psyche kennt keine natürlichen Maßverhältnisse, keine rationale Berechnung von Größen, all dies ist nur die Projektion der Geldrechnung *auf* die menschliche Subjektivität. Und wie die angeblichen Nutzenkalküle, deren *interne* Undenkbarkeit sich in den historischen Exkursen zur Tausch- und Geldtheorie zeigte, nur das Rechnen des *Geldsubjekts* mit ungeeigneten Mitteln zu modellieren versuchen, ebenso verlegt die These von

---

[12] „Die Wirtschaft Robinson's kennt den uns geläufigen Zinsbegriff nicht." E. Sax (1916), S. 97.

6.2.3 Zins und Zeit: Robinsonaden in der Zinstheorie

der *Zeitpräferenz*, die künftige Güter systematisch niedriger schätzen soll, die *Zinsrechnung* ins Subjekt.

Durch diese These wird am Zinsphänomen alles, was es empirisch auszeichnet – es ist ein Phänomen von *Geldökonomien* – eskamotiert. Als einziger Bestimmungsgrund bleibt der Gedanke, dass der Zinssatz *ontologisch* durch die *Zeit* verursacht sei, wobei man die Zeit nicht als Abstraktion fasst, sondern dem Subjekt eine besondere *Präferenz* zuschreibt, deren Sinn *nur* ein zeitlicher ist. Hierbei – das habe ich an anderer Stelle schon ausführlicher diskutiert[13] – wird dem unmöglichen Gedanken, dass die Zeit auf irgendeine Weise *Ursache* sein könne, der weitere Kategorienfehler hinzugefügt, der eine *Vorstellung* mit einer *Sinnlichkeit* verwechselt.[14] Künftige „Güter" existieren heute, wenn man die Robinson-Individuen in den Modellen der österreichischen Theorie kalkulieren lässt, nur *als Vorstellungen*. Gegenwärtige Güter sind deshalb *Güter*, weil sie in ihrer Funktion, Bedürfnisse zu befriedigen, sinnlich erfahren oder erlebt werden. Dass ein sinnliches Erlebnis etwas anderes ist als die erträumte Vorstellung eines solchen Erlebnisses, ist völlig unbestritten. Doch darin liegt keine *temporale* Differenz, sondern eine *kategoriale*. Es wäre allerdings reichlich albern zu sagen: „Ich vergleiche den Nutzen eines nur *vorgestellten* Glases Rotwein mit einem aktuell *getrunkenen* Glas Rotwein so, dass ich der Vorstellung als einer *künftigen* Bedürfnisbefriedigung einen geringen *Wert* zuschreibe, den man auch noch *berechnen* kann."

Böhm-Bawerk und Wicksell – wie auch alle anderen Theoretiker dieser Schule (Mises, Hayek, Fisher u.a.) drücken das so aus, dass man von dem künftigen (= vorgestellten) Gut aufgrund der Gegenwartspräferenz *mehr* erhalten müsse, um gegenwärtiges und zukünftiges Gut als „gleichwertig" zu betrachten. Doch niemand kann zwischen einem getrunkenen Glas Rotwein heute und mehreren Gläsern Rotwein in einem Monat „indifferent" sein oder sie *als* Güter aktuell vergleichen: Vorstellung und Sinnlichkeit bleiben modal different. Und wenn jemand vor der Entscheidung steht, ob er *in naher Zeit* etwas konsumiert oder erst *später*, wenn also zwei Vorstellungen verglichen werden, dann werden zwei *künftige* Güter verglichen, nicht ein *gegenwärtig konsumiertes* als sinnliche Erfahrung mit einer Vorstellung. Ob bei zwei *Vorstellungen* die mitgedachte unterschiedliche zeitliche Distanz für die Entscheidung eine Rolle spielt (Urlaub im August oder im September), ist ebenso möglich wie eine willkürliche Behauptung. Wer allerdings *heute* Durst hat, wägt nicht seinen Durst morgen dagegen ab, sondern trinkt heute, sofern er über Wasser oder Anderes verfügt.

Die kategoriale Voraussetzung von Böhm-Bawerks Reflexion und der seiner Nachfolger über die „Zeitpräferenz", die „Gegenwartsvorliebe", die *impatience to consume* etc. ist also nicht nur dürftig, sie wird überhaupt nicht als Problem erkannt: Welche Verrücktheiten auch immer die Geldrechnung mit der menschlichen Subjektivität anstellen mag, *so* verrückt ist niemand, dass er ein sinnliches Erlebnis mit einer *Vorstellung* qualitativ gleichsetzt, nur weil in der *Vorstellung* eine größere Menge enthalten ist. Sicher zieht jedermann, wenn er Durst hat, ein Glas Mineralwasser, das sofort getrunken werden kann, einem ganzen Kühlschrank voll mit vorgestellten, in einem Monat konsumierbaren Flaschen Mineralwasser vor. Doch das hat mit einer „Gegenwartspräferenz", einem Abdiskontieren künftiger Genüsse und ähnlichen Erfindungen einfach nichts zu tun. So kommt die ganze Sache am Ende doch nur darauf hinaus, dass man einen *Kreditvertrag* abschließt, und dabei abwägt, ob die als Kredit erhaltene Geld-

---

[13] Vgl. K.-H. Brodbeck (2000a), Kapitel 3.4 und die Belege zu Böhm-Bawerk.

[14] „(A)lle diese Ereignisse der Zukunft veranlassen ein bestimmtes Begehren und ein dementsprechendes Handeln doch nur, insofern sie Unlust- und Lustempfindungen in der Gegenwart auslösen." L. Brentano (1925), S. 111.

summe und das daraus heute schon erwachsende „Vergnügen" die künftigen Mühen der Rückzahlung aufwiegen.

Dieses Kalkül gibt es tatsächlich und es ist keine Böhm-Bawerksche Erfindung – auch wenn die Schuldenfalle, in die viele geraten, hier wenig Rationalität verrät, eher schon den Zwang aktueller *Not*. Doch alles an diesem Kalkül ist nur eine *Anpassung* des Denkens an den Geldmarkt. Nichts am Phänomen des Zinses oder des Kredits ist damit „erklärt". Wohl aber kann die falsche Theorie der österreichischen Theoretiker den – möglichst mathematisierten – falschen Schein erwecken, es gäbe eine Wissenschaft vom Zins und darin plausible, richtige, d.h. nachvollziehbare und *verbindliche* Schlussfolgerungen. Derartige Theorien waren insgesamt nur ideologische Fabrikationen, um die Kritik der Marxisten am Kapitalismus zu entkräften und zugleich sich dessen zu versichern, dass die Jahrtausende des *Zinsverbots* nicht auf der Höhe des österreichischen Erkenntnisstandes waren.

6.2.4 Inflation und „Real"-Zins

Die zentrale, mit der Geldrechnung verbundene Illusion ist die Einheit der Geldrechnung selbst. Geldökonomien wickeln ihre Prozesse, den Tausch, die Organisation der Produktion unter der Maßgabe der Kostenrechnung usw. unter *einer* Voraussetzung ab: Die Einheit, in der gerechnet wird, ist eine allgemeine, von allen anerkannte Wertgröße, der „Wert des Geldes". Doch, wie sich zeigte, ist das Geld keine *Entität*, zu der man sich handelnd oder denkend verhalten könnte. Das Geld *funktioniert* als Prozess, und die in ihm stillschweigend vorausgesetzte Identität ist nur die zirkuläre Unterordnung der Teilnehmer einer Geldökonomie unter diese fiktive Einheit, indem man mit ihr *rechnet*. Man kann, mit anderen Worten, die *Bedeutung* der Rechnungseinheit auf keine Weise von dem trennen, was diese Bedeutung in der alltäglichen, tausendfachen Geldrechnung massenhaft *hervorbringt*. Es gibt nicht hinter oder unter dem Geld eine reale Sphäre, die *ökonomisch* funktioniert *ohne* die Geldrechnung. Die Vielheit aller Prozesse in einer Geldökonomie, also die milliardenfache Rechnung in der Geldeinheit, der unaufhörliche Transfer von Eigentumsrechten an Geldeinheiten und das universelle Maßnehmen aller Dinge am Geld – all dies *ist* die „Einheit" des Geldes. Ebenso ist die Vielheit des Sprechens, Denkens und Schreibens die „Einheit" der Sprache. Beides sind keine Entitäten, *zu denen* man sich wie zu einem Ding verhalten könnte; Bedeutungen und Identitäten liegen nicht vor, sind nicht vorhanden.

Weil aber das Geld immer auch eine *materielle* Realisation besitzt, deshalb hat sich – nachdrücklich mit Blick auf das Gold – die Illusion festgesetzt, dass die Menge des materiellen Geldträgers gleich oder proportional der Menge des Geldes sei. Doch die Menge des Geldes – das hat unsere Analyse ergeben – ist eine Fiktion (vgl. 3.2.8.2). Alles, was in einer Geldfunktion anerkannt und getauscht wird, *ist* Geld. Und alles, was *in* Geld gerechnet wird, entspricht dem „Transaktionsvolumen". Dazu gehören imaginäre Dienstleistungen von Beratern ebenso wie andere immaterielle Güter oder allerlei erfundene Waren, die genau *deshalb* Waren sind, die gegen Geld getauscht werden, *weil* sich jemand findet, der einen geforderten Preis dafür entrichtet. Es ist also eine grundlegend falsche Vorstellung, einer Menge an Produkten auf der einen Seite stünde eine definierte Geldmenge gegenüber, und die *Relation* dieser beiden Entitäten sei wahlweise das „Preisniveau" oder der „Geldwert". Auch hier geht die Relation den Relaten voraus: Durch die vielfältigen Rechnungen in der Geldeinheit, durch die Tauschhandlungen und Kalkulationen wird überhaupt erst das hergestellt, was in einem Akt als *Geld* und was als *Ware* fungiert. Man kann Aktien gegen Geld kaufen oder man kann Unternehmen durch ein Aktienpaket kaufen; man kann für Euros Produkte kaufen oder mit Dollars Euros. Was jeweils *als* Geld fungiert, ergeben die vielfältigen Kaufakte. Tatsächlich wird hier stets in einer *Einheit* gerechnet. Doch man erkennt, dass diese Rechnung einerseits den Wert des Geldes durch die Handlung der Rechnung ebenso hervorbringt wie voraussetzt.

Diese Erinnerung an die Illusion, die das Geld als soziale Bedeutungsfunktion *ist*, kann hilfreich sein, die mit dem Verhältnis von Geldwert und Zins verbundenen Fragen und Täuschungen aufzudecken. Die einfache Kapitalformel der Verzinsung – Geld G_t zum Zeitpunkt *t* fließt vermehrt zurück als Summe G_{t+1} zum Zeitpunkt *t+1*, woraus sich der Zins ergibt als Differenz (Zins = $G_{t+1} - G_t$)[15] –, verdeckt in der Tat vollständig, ob der vermehrte Rückfluss an Geld rein *nominal* ist (also nur durch eine allgemeine Preissteigerung zustande kam), oder ob sich darin eine „reale" Komponente, z.B. ein Zuwachs an Produktmengen verbirgt. Die Ökonomen behelfen sich hier durch die Unterscheidung von Nominal- und Realzins. Der *Nominalzins* i ergibt sich als Summe von *Realzins* r und Inflationsrate π: $i = r + \pi$.[16] Diese einfache, von Fisher entwickelte Formel verdeckt durch ihre Einfachheit das hier vorliegende Problem.

Erstens gibt es so wenig *einen* Zinssatz auf den Finanzmärkten wie eine *allgemeine* Preissteigerung. Beide Größen sind *Konstrukte*, die durch bestimmte statistische Verfahren entwickelt werden. So kann man – wie häufig geschehen – *einen* Zinssatz repräsentativ auswählen, etwa den für 10jährige Staatsanleihen. Einen *Durchschnitt* zu bilden, ist schon weitaus komplizierter, genauer gesagt *unlösbar*, weil die Zinssätze eine unterschiedliche *Fristigkeit* haben, und man kann über verschiedene Zeitperioden, in denen sich Entscheidungen und Handlungen verändern, nicht einen Durchschnitt bilden, der das als Einheit suggeriert, was nicht vorliegt: Eine über die Zeit durchgehende mechanische Verknüpfung der Prozesse in der Wirtschaft.[17]

Zweitens ist die Inflationsrate als Index, der „die" Geldwertänderung signalisieren soll, eine Fiktion, und sie steht überhaupt nicht zur Frage der Verzinsung in einem *inneren* Zusammenhang. Wenn jemand in eine bestimmte Ware *x* mit dem Preis *p* zum Zeitpunkt *t* spekulativ investiert und nach einer Periode beim Verkauf in Geld einen Rückfluss erhält, so sind in diesem Geldrückfluss zwei Komponenten enthalten: Preis und Menge. Es gilt für den Zins z in diesem einfachen Fall: $z = p_{t+1}x_{t+1} - p_t x_t$. Wird die Ware einfach ge- und wieder verkauft und geht während der Spekulationsperiode nichts verloren, so gilt $x_{t+1} = x_t = x_0$; der Zins ist dann identisch mit dem spekulativen Preisanstieg. Nun scheint der Gedanke nahe zu liegen: Das *Mehr* des Rückflusses an Geld ($p_{t+1} - p_t$) $x_0 = z$ ist nur dann „mehr Geld", wenn nicht zugleich auch die Preise aller übrigen Güter gestiegen sind. Doch das lässt sich nur für den konstruierten Fall eindeutig behaupten, bei dem alle Preise *gleichschrittig* gestiegen sind. Es hat solche Fälle in der Wirtschaftsgeschichte gelegentlich als Näherung gegeben: Bei Hyperinflationen. Dann ist die Preisänderung *jeder* Ware ein hinreichender Index für alle anderen. Doch in den

---

[15] Vgl. „But interest itself, as it accrues, is capital gain" I. Fisher (1977), S. 57.

[16] Diese Formel wurde von Irving Fisher entwickelt; vgl. I. Fisher (1896), S. 9. Diese Formel ist eine Näherung der Gleichung: $(1+i) = (1+r)(1+\pi)$ d.h. $i = r + \pi + r\pi$; $r\pi$ ist meist vernachlässigbar klein.

[17] Die von Hicks vorgeschlagene Lösung ist eine beliebige Konstruktion: „The long rate is the arithmetic average between the current short rate and the relevant forward short rates.", J. R. Hicks (1946): S. 145. Sie setzt eine völlig statische Welt voraus, in der sich die Kredite mit unterschiedlicher Fristigkeit in einem „Gleichgewicht" befinden, die es deshalb nicht geben kann, weil Kredite zu Investitionen, diese aber zu einer Veränderung der Produktionsstruktur und damit der Struktur der Zinssätze führen.

meisten Phasen wirtschaftlicher Entwicklung verlaufen Preissteigerungen höchst unterschiedlich, oft begleitet von gleichzeitigen Preissenkungen.

Wenn also ein Zins erworben wurde in Höhe der allgemein anerkannten Geldeinheit, so kann diese dem Zins entsprechende Kaufmacht höchst unterschiedlich entfaltet werden. Und je nach Ausgabe, je nach erworbenem Warenbündel ergibt sich eine ganz andere Wirkung der bezüglich der erworbenen Produkte zu verzeichnenden Preissteigerungen. Das ist keine Frage *subjektiver Einschätzung*, sondern durchaus eine *intersubjektiv* entfaltete Kaufmacht. Der wieder ausgegebene, dem nominalen Zins entsprechende Geldbetrag entfaltet also eine höchst unterschiedliche Nachfragewirkung und damit Beeinflussung der über die Märkte vollzogenen Handlungen. Sagt man dagegen, dass aber „im Durchschnitt" alle Zinserträge sich als Ausgaben auf potenziell alle Waren beziehen und deshalb eine durchschnittliche Messzahl wie eine Inflationsrate gerechtfertigt sei, so ist dieser Einwand unzutreffend. Denn: Es sind die *vereinzelten* Ausgaben, die jeweils einzelne Produkte oder Märkte in ihren *relativen Preisen* verändern, ungeachtet dessen, was ein künstlicher Index signalisieren mag.

Diese Frage ist deshalb noch weitaus verwickelter, weil in jeder Periode neue Produkte die Märkte betreten, während alte verschwinden. Bei anderen Produkten wurde die Qualität verändert, oder ihre Verfügbarkeit wandelt sich durch neue Vertriebswege usw. Man kann also nicht einen Warenkorb als durchschnittlichen Referenzpunkt definieren, der geeignet wäre, *durchschnittliche* Preisänderungen zu ermitteln. Was auch immer da statistisch gerechnet wird, ist mehr oder weniger beliebig – vor allem dann, wenn die Auswahl der Produkte selbst extrem selektiv vorgenommen wird, wie in der gewöhnlichen Preisstatistik. Obwohl die Änderungen der Kurswerte von Wertpapieren auch nur *Preisänderungen* sind, zu schweigen von Löhnen, Gehältern von Managern oder staatlichen Leistungen, die *auch* über Steuern indirekt „gekauft" werden, verwendet die Preisstatistik nur jene Produkte, die ein „durchschnittlicher Haushalt" (evtl. differenziert in mehrere Haushaltstypen) verwendet – ohne Aktienkurse, Grundstückspreise, Preise für Waffen, die der Staat kauft, usw. zu berücksichtigen.

Man erkennt unschwer, dass das Wissen darüber, *welche* Produkte tatsächlich in einer Periode gegen Geld getauscht wurden, welche Geldformen hierbei eine Rolle spielten, einfach nicht vorliegt. Es kann *prinzipiell* gar nicht vorliegen, weil mit den Tauschakten zugleich neue Produkte auftauchen, die nur dann *Waren* werden, wenn sie auf eine Nachfrage stoßen. Doch diese am Markt durch Kaufakte bestimmte Festlegung ist *vor* dem Kaufakt nicht erkennbar – sonst könnten Firmen vorhersagen, welche Produkte ein Flop sind und welche sich als *cash cow* bewähren. Dasselbe gilt für alte Produkte, die vom Markt verschwinden. Sie verschwinden, teilweise, weil Unternehmen sie nicht mehr anbieten, teilweise weil sie nicht mehr nachgefragt werden. Das besagt also: *Welche Entitäten* jeweils *als* Waren auf dem Markt erscheinen, welche den verschiedenen Geldformen im Eigentumswechsel gegenübertreten, das wird erst durch den *Prozess* des Kaufens und Verkaufens selbst bestimmt.

Das Geld und die Waren haben *außerhalb* dieses Prozesses überhaupt keine ökonomische *Bedeutung*. Nur die ökonomischen Bedeutungsprozesse – die Kauf- und Verkaufsakte – legen jeweils punktuell fest, was als Identität eines Produkts von Käufern anerkannt und was als materialisierte Geldeinheit akzeptiert wurde (Bargeld, Kreditkarte, Zahlungsversprechen, Aktien, geldnahe Werte, die in Zahlung gegeben werden, usw.). Der Marktprozess legt also immer wieder neu fest, *was* als materialisierte Geldeinheit und *was* als mit sich identisches Produkt erkannt und anerkannt wurde. Die „Geldmenge" und die Menge des „Verkehrsvolumens" werden *in einem Akt* – genauer: in der Vielzahl von Kaufakten in einer Periode – festgelegt. Es gibt davon unabhängig weder einen Geldwert noch „Güter"mengen.

6.2.4 Inflation und „Real"-Zins

Damit erweist sich die Trennung von Nominal- und Realzins als eine *überlagerte* Täuschung, die zur Täuschung der Rechnung in der Geldeinheit *als Wert* hinzukommt. Die Idee, es gäbe unter dem „Geldschleier" so etwas wie einen objektiv determinierten Realzins, der durch das Geld nicht verändert werde, ist eine reine Illusion. Was als „Realzins" erscheint, ergibt sich rechnerisch erst aus der Differenz aus Nominalzins und Inflationsrate (nicht umgekehrt); das ist deshalb gewiss, weil es *den* Nominalzins als Durchschnitt so wenig gibt wie *die* Inflationsrate – was sich eben gezeigt hat. Folglich kann auch die *Differenz* nicht eindeutig determiniert sein, ist diese Größe doch nicht einmal als Entität *definiert*.

Prinzipiell gilt, dass die Geldgier aus *allen* Veränderungen einen Gewinn schlagen kann, wenn es gelingt, diese Prozesse so zu steuern, *dass* am Ende ein nominaler Zinsertrag entsteht. Eben das ist das ganze Geheimnis dieses vermeintlichen Rätsels. Der Zins „entsteht" nicht als mehr oder weniger zufällige, empirische Wirkung von unter dem Schleier des Geldes liegenden realen Verhältnissen. Auch hat der Geldzins unter diesem Schleier keinen realen Bruder, von dem er nur durch eine Änderung des Geldwertes getrennt wäre. Vielmehr hat die Geldgier in all den zahllosen finanziellen Institutionen, im Banksystem, den Brokerhäusern, bei *mutual funds* usw. sich geeignete Instrumente der Kontrolle der Geldprozesse geschaffen, die es erlauben, aus jedem durch Geld vermittelten Prozess tendenziell einen Zins abzuzweigen oder durch das Monopol des Kreditgebers einfach zu *erpressen*. Man kann deshalb den Zins nicht aus „realen Ursachen" (= *physisch + psychisch*) erklären.

Ich will das noch etwas genauer entwickeln und vertiefen. Diese Frage hängt eng mit der eben erläuterten zusammen, worin eine fiktive Größe namens „Realzins" als *außerhalb* der Geldrechnung gegebene Entität unterstellt wird. Die neoklassischen Ökonomen übersetzen das Böhm-Bawerksche Zinsmodell meist wie folgt – ich skizziere nur die Grundstruktur: Ein „durchschnittlicher Konsument" – das ist der Name für die Gesellschaft, die *als* Robinson, als Einzelwesen modelliert wird – besitzt eine intertemporale Nutzenfunktion $u(.)$, deren Argumente sich aus dem gegenwärtigen Konsum c_0 und dem Konsum der nächsten Periode c_1 zusammensetzen: $u = u(c_0; c_1)$. Dieser *subjektiven* Seite der als Robinson modellierten Gesellschaft steht eine *objektive* Seite gegenüber, in der die Güter produziert werden. Man kann dies – normiert man den Arbeitseinsatz auf die Einheit – durch eine Produktionsfunktion $y = f(k)$ ausdrücken; y ist das erzeugte Produkt, k der Kapitaleinsatz, jeweils pro Arbeitsstunde. Im statischen Gleichgewicht wird y vollständig konsumiert: $y = c$. Vernachlässigen wir die Abschreibungen oder betrachten wir nur die Nettoproduktion, so kann der Kapitalstock k nur erhöht werden durch einen Konsumverzicht. Also muss der durchschnittliche Konsument seinen Konsum um marginal dc reduzieren, wodurch der Kapitalstock – es gibt nur eine Sorte Produkt (z.B. Getreide) – um diesen Betrag steigen kann. Der höhere Kapitalstock erlaubt es, in der nächsten Periode das Produkt y um dy zu erhöhen, das wiederum dem Konsum zugeführt wird.

Formal, wenn wir marginale Veränderungen betrachten, ergibt sich: $dc_1 = f'(k)dk$. Mit $dk = dc_0$ folgt: $dc_1/dc_0 = f'(k)$. Da nun diese Rate dc_1/dc_0 zugleich als *Zeitpräferenzrate* definiert wird, die aus der Nutzenfunktion $u = u(c_0; c_1)$ ableitbar ist, folgern die Ökonomen: Das intertemporale Gleichgewicht ergibt sich aus der Gleichsetzung von subjektiver Zeitpräferenzrate dc_1/dc_0 und dem Grenzprodukt des Kapitals – bei Böhm-Bawerk entspricht dies der Verlängerung der „durchschnittlichen Produktionsperiode".[18] Diese Gleichgewichtsraten sind dann zugleich die objektiven und subjektiven Bestimmungsgründe des *Zinssatzes*. Wie man sehen soll, ist dieser Zinssatz ausschließ-

---

[18] Vgl. zur vertiefenden Kritik dieser Vorstellung K.-H. Brodbeck (1983c).

lich „real" determiniert; durch die Präferenzen der Nutzenfunktion und die Eigenschaften der Produktionsfunktion.

Nun ist dieses Räsonnement allerdings schlicht unhaltbar – was die gegenwärtige Neoklassik nicht daran hindert, damit ihre Lehrbücher zu füllen. Der wichtigste Einwand ist offensichtlich: Der Zins ist ein *intersubjektives* Phänomen, er kommt keiner Sache als Eigenschaft („Produktivität") zu. Ob ein positiver Gewinn als Quelle für Zinszahlungen durch Kapitaleinsatz und den Verkauf der Produkte entsteht, hängt vom *Markt* für Produkte ab und von den Produktionsbedingungen der Konkurrenten. Wird ein Produkt nicht gekauft, so ist das investierte Kapital zu seiner Produktion ebenso unproduktiv wie dann, wenn die Konkurrenten eine bessere Technik einsetzen und deshalb bei niedrigeren Preisen alle Kunden an sich binden. Die Kapitalkontroverse der 60er und 70er Jahre hat weitere *endogene* Fehlschlüsse in der Grenzproduktivitätstheorie aufgedeckt. Ich brauche das hier nicht im Detail darzustellen.[19] Nur einige Hinweise: Die Größe K (= „Kapital") ist eine statistische Fiktion, keine *kausale* Größe. Es handelt sich um *aggregierte* Kapitalgüter; um Kapitalgüter zu aggregieren, benötigt man Preise, in die Preise fließen die Zinssätze als Kosten ein. Folglich kann das Aggregat K nicht den Zins kausal erklären. Ferner: Die Nutzenfunktion eines „repräsentativen" Konsumenten gibt es nicht. Um einen Durchschnitt zu bilden, müsste man Subjekte in ihren Präferenzen kennen und aggregieren *ohne* Preisgewichte, ein nämlicher Zirkel. Versucht man, Präferenzfunktionen natural zu aggregieren zu einer gesamtwirtschaftlichen Wohlfahrtsfunktion, so ergeben sich – Arrow hat das gezeigt – bei verschiedenen Individuen mit unterschiedlichen Präferenzen Paradoxien, die schlicht zu dem Ergebnis führen: Eine Aggregation, eine Durchschnittsbildung für Präferenzen ist unmöglich. Die aus Präferenzfunktionen ermittelten Zeitpräferenzraten sind ebenso vielfältig wie die Subjekte. Der auf diesem Weg im genannten Modell ermittelte „Realzins" ist also eine reine Fiktion; ebenso „plausibel" als mathematisches Symbol, wie leer an Bedeutung.

Das hat allerdings die Ökonomen nicht gehindert, aus der Fiktion von Modellen mit homogenem Kapital, durchschnittlichen Konsumenten und normalverteilten Risiken Modelle zu entwickeln, die nicht nur die Finanzmärkte von außen *beschreiben* wollen, sondern unmittelbar als Grundlage für Investitionsentscheidungen verwendet werden. Ich möchte diese Finanzmarktmodelle und ihr – gemessen an wissenschaftstheoretischen Erfolgskriterien wie Zuverlässigkeit und Prognosefähigkeit – grandioses Scheitern hier nicht näher diskutieren[20], sondern greife nur die *zinstheoretische* Grundlage dieser im alltäglichen Beratungsgeschäft der Banken und Fondsmanager nach wie vor angewandten Modelle auf. Da diese Modelle bei Banken und Fondsmanagern allgegenwärtig sind, ist es kein Wunder, dass das *Verhalten* von Anlegern durch diese Modelle oft durchaus treffend beschrieben wird: Sie „erklären", was für Anlageentscheidungen als Grundlage verwendet wird. Andererseits führen sie zu einem gleichschrittigen Verhalten, das in Crash-Phasen die Krisen noch vertieft, wenn nicht gelegentlich sogar auslöst.

---

[19] Vgl. die Beiträge in G. C. Harcourt, N. F. Lang (Hg.) (1971); G. C. Harcourt (1972); E. K. Hunt, J. G. Schwartz (Hg.) (1972); K.-H. Brodbeck (1981a), Anhang II. Schon Alfred Marshall hatte darauf hingewiesen, dass „Grenzprodukte" (für Arbeit oder Kapital) nichts erklären: „But illustrations of this kind merely indicate part of the action of the great causes which govern values. They cannot be made into a theory of interest, any more than into a theory of wages, without reasoning in a circle." A. Marshall (1961), S. 430.

[20] Vgl. zur Kritik: B. B. Mandelbrot, R. L. Hudson (2004); K.-H. Brodbeck (2006a), S. 53-86.

6.2.4 Inflation und „Real"-Zins

Diese Modelle verwenden eine äußerst dürftige, auf wenige Abstraktionen reduzierte Variante der österreichischen Theorie. Robert E. Lucas hat in einem Aufsatz über Wertpapierpreise auf effizienten Märkten dafür ein vielfach reproduziertes, angewandtes und erweitertes Modell formuliert.[21] Er betrachtet folgende Robinsonwirtschaft: *Ein Konsument wird als Repräsentant „einer großen Zahl identischer Konsumenten" vorausgesetzt.* Dieser Konsument maximiert den Erwartungswert eines Nutzenstroms von der gegenwärtigen Periode bis „unendlich". Der Strom von Konsumgütern wächst entlang eines Pfades mit normalverteilten Abweichungen ohne „überraschende" Ereignisse, die einer anderen Verteilungsfunktion gehorchen würden. Der Nutzen $u(c_t)$ ist definiert bezüglich eines einzelnen Konsumgutes c_t, konsumiert in der Periode t, wobei dieser Nutzen *abdiskontiert* wird mit einem Faktor β – dem „Diskontfaktor", also dem Kehrwert der Verzinsung: $1/(1+i)$. Dieser Diskontfaktor wird als konstant über eine unendliche Zeit unterstellt. Damit erhält die Zielfunktion des repräsentativen (von vielen gleichen) Konsumenten die Form: Maximiere den Erwartungswert

$$E\{\sum_{t=0}^{\infty}\beta^t u(c_t)\}!$$

Die weitere Verwendung dieses Ansatzes ist für die Zinstheorie ohne Interesse; alle Fehler und Abstraktionen stecken schon in dieser Voraussetzung. *Erstens* unterstellt Lucas identische Konsumenten, umgeht damit das – von Arrow erkannte – Problem, dass eine Aggregation von Präferenzen für eine gesamte Wirtschaft nicht möglich ist, wenn sich diese Präferenzen erheblich unterscheiden. Wenn man dem Begriff „Präferenz" wenigstens den einfachen Sinn von „individuelles Geschmacksurteil über Güter" gibt, dann ist eine Gesellschaft identischer Konsumenten schlicht Unsinn, oder aber man bewegt sich stillschweigend in der Fiktion einer Robinsonwelt: Der repräsentative Konsument ist Robinson, und das Modell steht und fällt mit dieser Voraussetzung. *Zweitens* besitzt dieser Robinson in seiner psychischen Struktur schon eine implementierte „subjektive Zeitpräferenzrate"[22]; er wird gleichsam je schon als Geldsubjekt geboren und kalkuliert alle Handlungen nach dem Modell der Kreditaufnahme auf Geldmärkten. *Drittens* ist unterstellt, dass dieser Robinson seinen Nutzen über eine *unendliche Zeitspanne* maximiert. Wenn man sagt, dass der Durchschnittskonsument eben so lange lebe wie die Gattung der Menschen, so ist selbst das ein immanenter Fehler: Lucas formuliert ja eine *Zielfunktion*. Wenn später geborene Menschen „maximieren", dann beginnen sie nicht in der Periode „0". Bei *überlappenden* Generationen ergibt sich aber im statischen Gleichgewichtsmodell nach Samuelson – ich werde das gleich anschließend skizzieren – ein Zinssatz von Null. *Viertens* trifft Lucas bezüglich der Nutzenfunktion höchst simplifizierende Annahmen – nur so kann man das Modell vernünf-

---

[21] R. Lucas (1978).
[22] Mehra und Prescott, die das Modell von Lucas übernehmen, um damit ein *empirisches Phänomen* beschreiben und ableiten zu können (das „Equity-Premium-Puzzle"), beschreiben das β in Lucas' Formel als „the subjective time discount factor", R. Mehra, E. C. Prescott (1985), S. 150. Das sogenannte „Puzzle" besteht im Kern darin, dass die Differenz zwischen dem Zinsertrag einer sicheren Anlage in Staatspapieren und der langfristigen durchschnittlichen Rendite an den Aktienmärkten größer ist als zu „erwarten" sei. Zu „erwarten" heißt: Auf der Grundlage des hier in seinen Voraussetzungen diskutierten Modells. Der Schluss, dass das eben deshalb der Fall ist, weil diese *Voraussetzungen unsinnig sind*, rückt nicht in die Reichweite möglicher Erkenntnis jener Ökonomen, die sich seit Jahren mit Verve an die Lösung dieses „Puzzle" machen.

tig rechnen –, die wiederum all das antizipieren, was im Ergebnis dann als „Ableitung" präsentiert wird: Es wird konstante relative Risikoaversion vorausgesetzt, um den Erwartungsoperator handhabbar zu machen. *Fünftens* schließlich unterstellt man, dass die Konsumströme von jetzt (t = 0) bis in alle Ewigkeit *normalverteilt* sind und ansonsten mit einer konstanten Rate wachsen.

Hier wird in eine mathematisierte Voraussetzung all das gepackt, was das Geldsubjekt als Illusion über sich selbst reproduziert. Alle Menschen leben unendlich lange und sind völlig gleich: Sie sind geldgierig, kalkulieren ihren Nutzen stets schon so, als sei er durch Kredit finanziert, glauben aber daran, dass ihre Welt „normal" sei, d.h. bei allen kleinen Schwankungen ist der Erwartungswert und die Varianz aller Größen *versicherbar*. Die bürgerliche Welt, in der so gedacht wird, lebt ewig und wächst mit konstanter Rate, und jeder wähnt sich mit seiner endlosen Geldgier auch physisch unsterblich. Alle Fragen der Zinstheorie sind hier eliminiert durch eine algebraische Trivialität (ein konstanter „subjektiver" Diskontfaktor). Jedes *intersubjektive* Problem ist ausgeklammert, und vor allem: Man glaubt an all diesen Unsinn so sehr, dass er in der Anlageberatung der Banken heute eine weitestgehende Verbreitung gefunden hat im CAPM, dem *Capital Asset Pricing Model*, das William Sharpe entwickelte und das andere verfeinerten. Dieses CAPM-Modell führt zu einigen simplifizierten Kennzahlen (z.B. der Sharpe Ratio), anhand derer sich jene, die zur Befriedigung ihrer Geldgier keine besonderen Risiken eingehen wollen, ein Bündel von Wertpapieren auswählen können.[23]

Alles, was in diesen Modellen der modernen Finanzmarkttheorie an zinstheoretischen Voraussetzungen einfließt, sind längst widerlegte Theorien. Man müsste nur über einige Kenntnis der Literatur verfügen. Die Verkleidung in eine stochastisch hochgerüstete Mathematik, vor allem bei Formeln für Derivate (wie der Black-Scholes-Formel), ist nichts als ein leerer Popanz. Grund: Die Voraussetzung, dass Märkte durch „normalverteilte Risiken" charakterisiert seien – einige Fonds gingen auf der Grundlage dieser Annahme pleite, wie LTCM, ein von zwei Nobelpreisträgern geleiteter Fonds –, sind als empirische Modelle schlicht falsifiziert.[24] Doch dieses Problem des Geldsubjekts, nicht über eine *sichere Möglichkeit der Berechnung* zu verfügen, wie man die Märkte maximal auf Verzinsung des eigenen Kapitals hin erpressen kann, mache ich mir hier gewiss nicht als Sorge zueigen. Wichtig ist die darin erkennbare Denkform: Die Geldgier ist zur mathematischen Form geronnen, die ihre Ausbeutung der Gesellschaft, die Herrschaft der Finanzmärkte durch einige Modelle organisiert, bei denen es nicht auf Wahrheit, sondern den pekuniären Effekt in der Anwendung ankommt.

Selbst deren Albernheit und empirische Falsifikation als Prognosemodelle reicht offenbar völlig hin, um gleichwohl regelmäßig aus den Finanzmärkten eine hohe Rendite institutionell zu erlangen. Nichts könnte deutlicher zeigen als dies, dass die faktische Herrschaft über die Märkte so mächtig geworden ist, dass noch jeder Dummkopf mit einem PC dabei reich werden kann. Vorausgesetzt ist nicht Wissen und Intelligenz, sondern ein hinreichendes Kapitalminimum und einige Fondsmanager, die rechtzeitig auf Marktbewegungen reagieren und durch ihre Käufe und Verkäufe *hervorbringen*, was sie aus ihnen zu ziehen hoffen: Eine hohe Rendite. Dass dieses Ansinnen auch immer einmal wieder in großen Crashs scheitert, steht außer Frage. Die Herrschaft einer abstrakten, irrationalen Leidenschaft im Kleid einer mathematisierten Ratio ist nicht bruchlos auszuüben und muss sich stets gegen Wettbewerber behaupten.

---

[23] Etwa drei Viertel der US-Unternehmen und Finanzchefs in Europa verwenden CAPM; vgl. B. B. Mandelbrot, R. L. Hudson (2004), S. 97.

[24] Vgl. K.-H. Brodbeck (2006a), S. 48, 56-57 und 69.

Der Zwang zur profitablen Umwälzung der Gesellschaft, um immer wieder neu einen Zins daraus zu ziehen, bewegt sich deshalb als Form der Vergesellschaftung nur durch *Katastrophen* hindurch.[25] Doch in diesen Katastrophen, die immer einmal wieder Reiche auch arm machen und Arme reich, bewegt sich die Herrschaft der Geldgier in ihrer kognitiven Beschränktheit, die einem in den cleversten, nobelpreisgekürten ökonomischen Modellen entgegentritt, ihre Dürftigkeit aber offenbart, wenn man die mathematische Verkleidung abzieht und in einfaches Deutsch übersetzt. In einer Welt der Täuschung funktionieren nicht *auch* Täuschungen in Form von falschen Gedanken, sondern sogar *nur* sie. Der Höhepunkt der Herrschaft der Geldgier ist auf dem Tiefpunkt der Wissenschaft von der Wirtschaft errichtet. Wer die Floskel liebt, könnte hier von einem dialektischen Verhältnis sprechen. Verglichen mit der klassisch-bürgerlichen Zinstheorie – die Marx schon als *Grabesstätte* ökonomischer Wissenschaft betrachtete – sind die Theorien von Lucas, Mehra, Prescott, Markowitz, Sharpe, Black, Scholes und anderen ebenso mathematisch versiert wie unsinnig. Als Selbstbewusstsein der globalen Herrschaft der Geldgier allerdings eignen sie sich prächtig und leisten eine ideologische Arbeit, die man nicht durch erkennenden Nachvollzug ihrer Wahrheit, sondern nur durch *Preise* ehren kann.

6.2.5 Heterogene Zinssätze und die Quelle des Zinses

Die Annahme „realer" Zinssätze beruht also auf einer bloßen Fiktion. Am Zins ist nichts im *physischen* Sinn real („*natürlicher* Zinssatz"), noch verbirgt sich dahinter überhaupt eine fassbare Entität. *Wirklich* ist der Zins immer nur in den Handlungszwängen, die die Wucherer den übrigen Handlungen auferlegen. Ich möchte diese Einsicht durch eine kritische Überprüfung weiterer, stillschweigender Voraussetzung vertiefen, die in den Denkwelten der neueren ökonomischen Modelle entwickelt wurden. Denn tatsächlich haben durchaus einige Ökonomen die eigenen Voraussetzungen richtig kritisiert. Ich greife einige dieser Argumente auf, die vom *sozialen*, d.h. intersubjektiven Phänomen „Zins" wenigstens die Robinson-Fiktion außer Kraft gesetzt haben, die als zinstheoretischer Unterbau die Modellwelt der Finanzmärkte fest im Griff hat.

Wenn sich die Wirtschaft in vielen Sektoren entwickelt, dann ändern sich immer zugleich mit dem Wirtschaftswachstum die *relativen* Preise. Nun lässt sich der *Zinssatz* für jede einzelne Ware als deren relative Wertänderung darstellen. Dies ist der *Eigenzins* einer Ware.[26] Der industrielle Profit ergibt sich aus dem Vergleich der laufenden Kosten, Käufe von Vorleistungen in früheren Perioden, mit den aktuellen Umsätzen zu gegenwärtigen Preisen. In dieser Gewinnrechnung sind also vielfältige Eigenzinssätze impliziert, wenn man die Kette der Lieferbeziehungen durch eine Wirtschaft verfolgt und die Preise vergleicht. Das gilt auch für jeden einzelnen Prozess, und es gilt für Unternehmen, die verschiedenste Prozesse zusammenfassen. Solange die Wirtschaft eine dynamische Entwicklung erlebt, verändern sich zugleich die relativen Preise, damit die Eigenzinssätze aller Kapitalgüter. Anders gesagt: Gleichgültig, wie immer die Eigentumsrechte die Gewinne verteilen, die Profitraten verschiedener Prozesse, Unternehmen oder die Eigenzinssätze von Waren sind verschieden.

Nun hatten die klassischen Ökonomen das durchaus bemerkt und dennoch behauptet, dass sich die Profitraten *tendenziell* angleichen müssen; das sei ein Resultat des Wettbewerbs. Die idealisierte Form eines Systems ausgeglichener Profitraten (Raten für den „Kapitalzins") wurde zuerst von Marx entwickelt in seiner Theorie vom *Produktions-*

---

[25] Vgl. unten Kapitel 6.3.4.
[26] Vgl. hierzu J. M. Keynes (1973a), S. 223ff.; P. Sraffa (1932a), S. 50f.

preis, die ich schon aufgegriffen habe (vgl. 6.1.2). Richtig ist in dieser Theorie erkannt, dass die Konkurrenz sich auch auf das eingesetzte *Kapital* bezieht, ungeachtet sonstiger Preisbestimmungsgründe, die bei Marx auf die durchschnittlichen Arbeitseinsätze reduziert werden. Die große Schwäche dieser Tradition ist aber die Arbeitswertlehre. Denn sie setzt etwas voraus, was nicht haltbar ist: Eine Wertsubstanz, die *vor* dem Wettbewerb gegeben und durch ihn nur jeweils anders *verteilt* wird, bis schließlich sich die Profitraten (das Verhältnis von Unternehmensgewinn und Kosten) in allen Sektoren ausgleichen soll. Diese These, die sich auch in anderer Form bei Ricardo und J. St. Mill findet, selbst wenn sie nur als *Tendenz* formuliert wird, verkennt den Charakter der kapitalistischen Konkurrenz. Nur wenn alle Unternehmen *einem* Eigentümer gehören würden, könnte eine interne Kostenrechnung alle Erträge ausgleichen, was offenbar nicht nur eine empirisch unrealistische Voraussetzung ist, sondern auch *logisch* unhaltbar bleibt, weil diese Rechnung bloße Fiktion wäre: Für nur *ein* Unternehmen existieren keine Märkte, damit keine Geldeinheit als Rechengrundlage. (Das war, nebenbei bemerkt, der Kern aller Probleme, die bei der sozialistischen Planung diskutiert wurden, für die man ein „sozialistisches Wertgesetz" bemühte.)

Scheinbar könnte man argumentieren: Die dominierenden Unternehmen sind Aktiengesellschaften, und die Börse und die Anleger sorgen durch Käufe und Verkäufe bei unterschiedlichen Renditen dafür, dass als Trend die Renditen verschiedener Wertpapiere (Unternehmen) sich angleichen müssen. Hier würde man aber die Kostenrechnung der Unternehmen mit Aktienkursen und Renditen verwechseln. Die Rendite einer Aktie wird ermittelt aus ausgeschütteter Dividende und Kursänderung. Die Marktkapitalisierung eines Unternehmens unterscheidet sich aber von dem Kostenwert, der in der Gewinnkalkulation der Unternehmen vorausgesetzt wird. Nicht nur, weil sich Nennwert und Kurswert unterscheiden, sondern auch, weil das investierte Kapital teilweise auch fremdfinanziert ist (durch Bankkredite und andere Finanzierungsformen). Selbst *wenn* sich die Renditen für Wertpapiere angleichen würden, so folgte daraus keineswegs eine einheitliche Profitrate für alle Unternehmen, also eine ausgeglichene Kapitalverzinsung.

Das, was die Klassiker im Auge hatten, ist noch weniger plausibel. Zwar wird in Sektoren, die höhere Profitraten realisieren, tendenziell tatsächlich Kapital zufließen – die Geldgier der Investoren sorgt dafür. Doch die Investoren müssen, um reale Effekte zu erzielen, entweder alte Unternehmen aufkaufen, sich daran beteiligen, neue Unternehmen gründen oder in bereits bestehenden Unternehmen neue Produkte ins Sortiment aufnehmen, von denen sie sich höhere Profitraten versprechen. All diese Wettbewerbsprozesse haben aber vor allem einen Effekt: Sie verändern *wiederum* die relativen Preise, sorgen also erneut für ungleiche Eigenzinssätze der Waren. Die Vorstellung, dass eine überlagerte *Spekulation* für einen Ausgleich der Profitraten sorgen würde, verkennt, dass die Spekulation wiederum neue Bedingungen für die Unternehmen setzt, auf die diese mit Veränderungen ihres Angebots reagieren, was *wiederum* die Preise verändert – zu schweigen davon, dass bei *neuen* Produkten spekulative Prozesse (z.B. Warenterminsgeschäfte) gar nicht möglich sind, weil es zu ihrem Begriff gehört, dass sie nur von *einem* Unternehmen angeboten werden, sonst wären sie nicht neu.

Aus alledem folgt, dass weder Preisgleichgewichte noch ausgeglichene Profitraten oder Eigenzinssätze von Waren in einer dynamischen, d.h. aber einer von der Geldgier immer wieder umgewälzten Wirtschaft, möglich sind – weder als Tendenz noch als Zustand. Böhm-Bawerks Behauptung[27], einheitliche Profitraten seien eine „Erfahrungstatsache", ist durch keine empirische Tatsache gestützt. Doch auch die Neoricardianer stellen schlicht eine *Behauptung* auf und wischen Einwände vom Tisch. Schefold sagt:

---

[27] E. v. Böhm-Bawerk (1921: I), S. 394.

6.2.5 Heterogene Zinssätze und die Quelle des Zinses

„Die Darstellung des Ausgleichsmechanismus und die Differenzierung der Profitraten infolge von Eintrittsbarrieren und anderen Phänomenen der unvollkommenen Konkurrenz geben zu zahlreichen Modellen Anlass. Die grundlegende *Theorie* geht von der uniformen Profitrate aus."[28]

Sieht man ab von der wissenschaftstheoretischen Sinnlosigkeit dieser Aussage – jede mathematisch formulierte Theorie *ist* ein Modell –, so fehlen für diese Aussage sowohl empirische Hinweise wie ein zureichender Grund.[29] Es sind nicht Eintrittsbarrieren und ähnliche Reibungen, die Walras bekannt waren, sondern es ist schon etwas mehr zur Beschreibung dieser Phänomene vorausgesetzt: die Erkenntnis der Vergesellschaftung durch Geldrechnung und Geldgier. Man muss verstehen, dass es keine „reale Wirklichkeit" *hinter* dieser monetären Vergesellschaftung gibt, die ein cartesianischer Beobachter auf der Plattform seiner „Theorie" als Geheimnis durchschaut, während es denen, die in der Geldrechnung die Wirtschaft faktisch organisieren, ebenso unbekannt wie *gleichgültig* ist: Sie wälzen einfach diese „reale Wirklichkeit" immer wieder *so* um, *dass* ein positiver Zins herauskommt.

Das Argument, um einzusehen, dass es keine einheitlichen Gleichgewichtspreise und keine ausgeglichene Profitrate im Kapitalismus geben *kann*, ist ganz einfach: Gleichgewichte werden nur durch Wettbewerbsprozesse erreicht, die vom *Ziel* maximaler Kapitalverzinsung angetrieben werden. Doch die *Mittel* zur Realisierung dieses Ziels, bestehen gerade in einer *Veränderung, Umwälzung* oder permanenten Revolutionierung der Produktionsprozesse, Märkte und Institutionen. Es gibt also *hinter* diesem Prozess der Umwälzung keine reale, statische oder objektive Struktur, an die sich Preise und Profitraten *anpassen* könnten. Ein Gleichgewicht kann deshalb nicht erreicht werden, weil es – falls es so etwas überhaupt gäbe – nicht *außerhalb* der monetären Beziehungen zwischen den verschiedenen Unternehmen und Individuen bestehen könnte. Diese Beziehungen aber werden verknüpft und hergestellt über Märkte, die eben unter der Regie der Geldgier die *Veränderung* dieser Beziehungen als Mittel in der Konkurrenz zu einem Prozess permanenten Wandels machen. Es gibt weder eine objektive, konstante Produktionsstruktur, ausgedrückt in Input-Output-Matrizen, noch ein unveränderliches System der Bedürfnisse, das *hinter* all den monetären Prozessen als Wirklichkeit existierte. Vielmehr ist die Vergesellschaftung durch die Illusion der Geldrechnung diese schwankende, veränderliche und sich durch Katastrophen und Krisen hindurch realisierende Wirklichkeit selbst.

Auch rein immanent in den Denkformen der Ökonomen sind diese Vorstellungen widerlegbar: Wenn es, wie ich für den Zweck des Arguments für einen Augenblick mit den Neoklassikern und Neoricardianern annehmen möchte, einen „objektiven Güterraum" gäbe, in dem Prozesse und Preise definiert sind, wenn es weiter in der Topologie dieses Güterraums Fixpunkte gäbe, die einem Gleichgewicht entsprechen, dann wäre

---

[28] B. Schefold (1995), S. 77f.
[29] P. Sraffa sagt: Die Profitrate „must be uniform for all industries", P. Sraffa (1960), § 4. Es gibt aber in der Wirtschaft keinen „mechanism" (§ 4), der eine einheitliche Profitrate herstellen würde; vgl. K.-H. Brodbeck (1983b) – nicht zuletzt deshalb, weil die Wirtschaft kein *Mechanismus* ist. Wenn man dagegen behauptet, dass der *Geldzinssatz* die Kostenstruktur der Unternehmen determiniert, P. Sraffa (1960), § 44, dann verwechselt man nicht nur Unternehmen (= „Industrie") und betriebliche Prozesse, sondern unterstellt implizit, dass Profite und Zinsen identisch sind, dass Unternehmen ausschließlich fremdfinanziert werden und dass der Geldmarkt identisch ist mit dem sektoralen Allokationsprozess durch Investitionen in reale Kapitalgüter. In seiner Polemik gegen Hayek – P. Sraffa (1932a; 1932b) – hatte Sraffa die Sache schon einmal sehr viel besser verstanden.

ein System mit *positiver* Profitrate nicht erklärbar. Man beschreibt den Prozess, der ein Gleichgewicht erreichen soll, als Konkurrenzprozess, abgewickelt über die Preise: Unternehmen dehnen durch Preissenkungen ihren Marktanteil aus. Nimmt man weiter an, es gäbe einen Mechanismus, der über Preissenkungen Profite zu steigern erlaubte, so würde dieser Prozess gegen ein Gleichgewicht *ohne Profite* konvergieren, wie Walras vermutete:

„Deshalb machen in einem Zustand des Gleichgewichts der Produktion die Unternehmer weder einen Gewinn noch einen Verlust."[30]

Bestünde eine einheitliche Profitrate im fiktiven Gleichgewicht, so könnten einzelne Unternehmen ihren Marktanteil ausdehnen durch Preissenkungen, um dadurch *höhere* Profite zu erlangen, wobei sie beliebig Prozesse (= Betriebe oder Betriebsteile) rekombinieren können. Da andere Unternehmen aber durch den Wettbewerb gezwungen würden, dieses Verhalten nachzuahmen, ginge der relative Vorteil verloren; die Profitrate wäre gesunken – solange, bis sie den Wert von Null annehmen muss. In einem allgemeinen Gleichgewicht, in dem jeder Prozess einem Unternehmen gleichgesetzt wird, ist dieser Prozess überhaupt nicht abbildbar; dies ist eine einfache logische Konsequenz der Verwechslung von Gütern und Produkten, von Unternehmen und technisch definierten Betrieben. Anders gesagt: Unterstellt man eine „objektive Produktionsstruktur", bei der sich eine positive Profitrate bei vollkommenem Wettbewerb ergibt, so *kann* dieses Modell nicht der Endpunkt eines Wettbewerbsprozesses sein.

Deshalb sind diese Überlegungen, die auf einer realen, technischen Grundlage eine einheitliche Profitrate (Kapitalverzinsung) bei gegebenen Lohnsätzen erklären sollen, unhaltbar; es gibt hinter der Konkurrenz, der permanenten Revolution der Verhältnisse nach Maßgabe der Geldgier, keine Objektivität, die ihr in den Preisen und Zinssätzen die *Form* ihres Vollzugs durch eine „gegebene Technologie" vorschreiben würde. Nur in der Geldform und durch die Eigentumsrechte vollzieht sich die Verknüpfung der Prozesse. Der Güterraum ist eine Fiktion (vgl. 4.7.5). Auch wenn man ihn als *Produktraum* rekonstruiert, so ist seine *Veränderung* das Mittel, das herbeiführen soll (ein Gleichgewicht mit positiver Profitrate bzw. Kapitalverzinsung), was nur *in ihm* definiert ist – mathematisch ein Fixpunkt im Güterraum der n Güter. Noch weniger kann man – was Neoklassiker und Neoricardianer gemeinsam versuchen – die Topologie des Güterraums dazu verwenden, ein objektives Maß für die Geldeinheit zu definieren (*numéraire*, Sraffas Standardware oder ein Simplex zur Definition trennender Hyperebenen). Die Geldeinheit *definiert* sich durch einen sozialen Akt, der jedem Produkt vorausgeht und der andererseits das Maß abgibt zur *Veränderung* der Prozesse, die eine blinde mathematische Ökonomik „im Güterraum" einfangen möchte (vgl. 4.7.6).

Es gibt also weder überhaupt einen definierten noch einen *einheitlichen* Zinssatz bei gegebener Produktions- und Bedürfnisstruktur, noch gibt es einen objektiven Maßstab für den Geldwert. All dies ist das Ergebnis eines Prozesses, der jeden selbst temporären Maßstab *deshalb* verändert, weil seine Veränderung *das* Mittel ist, immer wieder die notwendige Voraussetzung zur Aktualisierung der Geldgier zu schaffen. Es gibt keine „Natur" hinter der intersubjektiv reproduzierten Illusion der Geldrechnung. Deshalb kann man den Zins auch nie vom Geldwert separieren, ist doch der Zins *das* Phänomen seiner vielfältigen Änderungen in den Preisen, realisiert durch das Auftauchen und Verschwinden von Produkten und Organisationsformen auf den Märkten. Niemand

---

[30] „(I)n a state of equilibrium in production, entrepreneurs make neither profit nor loss". L. Walras (1954), S. 225.

kann sagen, ob ein vermehrtes Kreditvolumen, das eine Zentralbank bereitstellt durch die Senkung der Leitzinsen oder Offenmarktpolitik, nur die Aktienkurse erhöht, den Geldbesitz zum Kauf bereits auf den Märkten eingeführter Waren erhöht und damit die Preise treibt (Quantitätstheorie), ob durch die vermehrte Nachfrage (wie Law, Petty und Keynes dachten) nur freie Kapazitäten besser genutzt und Lager geräumt werden, oder ob das Geld zur Finanzierung von Projekten dient, die bislang ungenutzte Ressourcen einbeziehen und neue Güter auf den Markt bringen (wie Hume und Albert Hahn glaubten), oder ob schließlich durch Unternehmenskäufe die Eigentumsverhältnisse und damit die zusammengefasste Kostenrechnung von Betrieben so verändert werden, dass am Ende *mehr* produziert wird, gemessen mit einem der üblichen Indikatoren (BIP).

Kredite werden im Kapitalismus *immer* in Geldform gegeben, nicht in ausgeliehenen Gütern. Die Fiktion ausgeliehener Güter, die real angespart und über das Banksystem als Kredit an potenzielle Investoren weitergegeben werden, ist einfach nur absurd.

„Es werden eben auf den Kreditmärkten tatsächlich niemals Güter, sondern es wird etwas hiervon Verschiedenes nachgefragt."[31]

Wenn man die Fiktion einer „realen Wirtschaft" in relativen Preisen, wie die Neoklassiker und Neoricardianer, voraussetzt, also vom Geld abstrahiert, so abstrahiert man nicht von einem bloßen Schein, sondern von der *faktischen Vergesellschaftung im Kapitalismus*. Und selbst unter dieser unsinnigen Voraussetzung ergäbe sich bei einer dynamischen Entwicklung der Ökonomie mit neuen Produkten, Produktionsverfahren und relativen Preisänderungen nicht *ein Realzins*, sondern ebenso viele Eigenzinssätze wie es Produkte gibt. Weder lassen sich also die Individuen in ihren Präferenzen „aggregieren" zu einem Durchschnittsindividuum, noch lässt sich – selbst unter der Abstraktion von dem, was die Vergesellschaftung im Kapitalismus faktisch vollzieht: dem Geld – ein einheitlicher Realzins postulieren.

Deshalb sind alle Modelle, die mit dieser Fiktion arbeiten, alle wirtschaftspolitischen Ratschläge, die darauf beruhen, ohne nachvollziehbare Begründung. Es ist damit müßig, die vielfältigen gedanklichen Experimente näher zu untersuchen, die Wicksell, Mises, Hayek und die Vertreter der neoösterreichischen Kapitaltheorie in ihren Texten unternommen haben, um den Widerspruch zwischen *einem* determinierenden „Realzinssatz" und der realen Marktdynamik variabler Preise zu vermitteln. Auf weiten Strecken wurden diese Ansätze bereits in der kapitaltheoretischen Diskussion widerlegt. Keines der Kronjuwelen der österreichischen Theorie – der Lohnfonds, die durchschnittliche Produktionsperiode, die intersubjektive Zeitpräferenz, die Umwegproduktivität – hält dem Versuch stand, diese Theoriebausteine in einer Form zu rekonstruieren, die dem eigenen formal-exakten Anspruch genügt. Die formal eleganteste Version, die M. Faber und einige Theoretiker aus seinem Umkreis vorgelegt haben, hat Berge kreisen lassen und nur ein Mäuslein geboren: Es lässt sich – auch hier in einem unveränderlichen Güterraum – formal nur zeigen, dass beim Vorliegen von Gegenwartspräferenz und einer formal definierten „Umwegproduktivität" *eine* Ware in *einer* Periode einen positiven Eigenzinssatz aufweist.[32]

---

[31] A. Hahn (1930), S. 15.
[32] Vgl. M. Faber (1979) und meine Kritik K.-H. Brodbeck (1983d). Ich verdanke wichtige Aufschlüsse über die neoösterreichische Kapitaltheorie und die Schwierigkeiten ihrer Modellierung der Korrespondenz mit Gunter Stephan und Malte Faber aus den 80er Jahren; vgl. auch G. Stephan (1980).

Das hindert freilich die *praktische* Geldpolitik keineswegs, weiterhin mit der Fiktion „natürlicher Raten" – des Zinssatzes und der Arbeitslosigkeit – zu arbeiten und auf der Grundlage dieser Fiktionen eine Geldpolitik zu betreiben, die von der Geldgier an den Wertpapiermärkten sicher goutiert wird, als Maxime global realisiert aber die Ursache für Hunger und Elend in vielen Ländern ist. Friedmans Monetarismus enthält als erkennbaren Gedanken nur diese Idee eines „natürlichen" Zinssatzes[33], der für die Politik das Maß der Handlungsmöglichkeiten vorgibt und als ein unverrückbares Faktum gilt – mit einem kleinen Haken: Niemand weiß, was das sein soll. „Die in einem Lande herrschende Durchschnittsrate des Zinses – im Unterschied von den beständig schwankenden Marktraten – ist durchaus durch kein Gesetz bestimmbar. Es gibt in dieser Art keine natürliche Rate des Zinses"[34]. Praktisch *ermittelt* wird dieser vermeintlich „natürliche" Zins immer nur durch einen ausgewählten Nominalzins (selbst hier findet sich kein vernünftiger Durchschnitt, der alle Branchen, Sektoren und Fristigkeiten abbilden könnte), abzüglich einer konstruierten Inflationsrate. Und da diese Differenz ebenso schwankt wie die Preise und Zinssätze, kann man sich nur durch „Trends" und allerlei ökonometrische Tricks behelfen, an die nur glaubt, wer daran glauben *will*.

Wenn man den Geldzinssatz mit dem Leitzins der Zentralbanken deshalb gleichsetzt, dann *kann* die Zentralbank diesen Geldzinssatz gar nicht – wie Wicksell, Mises, Hayek oder Friedman annehmen – unter den natürlichen Zinssatz senken, weil es erstens einen natürlichen oder realen Zinssatz überhaupt nicht gibt (außer man ermittelt ihn durch eine *petitio principii* aus dem Geldzinssatz und der Inflationsrate) und weil zweitens die sektorale Kapitalverzinsung ebenso unterschiedlich ist wie die Eigenzinssätze der Waren bei Änderungen der relativen Preise. Damit verfügen die Zentralbanken – wider diese Behauptung – nur über die *Illusion* einer Theorie. Eine falsche Theorie als Abstraktion aber in der Wirtschaft durchgesetzt, mag zwar der Geldgier auf den Wertpapierbörsen durch berechenbare Regeln schmeicheln, sie führt aber ebenso dazu, den Opfern der Marktprozesse noch die Lüge zuzumuten, man habe sich nur an Naturgesetze der Zinsbildung gehalten, wenn Weltbank und IMF traditionelle Wirtschaftsformen im Interesse ausländischer Investoren durch solch eine Geldpolitik ruinieren.

Die in der ökonomischen Literatur deshalb umfänglich diskutierte Frage, ob *„die Geldpolitik"* oder *„das Geld" den* Zinssatz beeinflusst oder nicht, ist sinnlos, weil eine Kausalität zwischen fiktiven Größen eben nur eine Fiktion ist.[35] Das platonische Bild von einer realen Welt unter dem schwankenden Schein der Oberfläche des Geldes ist deshalb schon aus dem einfachen Grund unhaltbar, weil die *Identität* der hier zur Sprache kommenden Entitäten überhaupt nicht bestimmbar ist (*der* Zinssatz, *die* Geldmenge, *die* Inflationsrate, *der* durchschnittliche Diskontsatz usw.). Alfred Marshall drückt diese platonische Projektion für den Goldstandard ungeniert aus:

---

[33] „Dank Wicksell sind wir alle mit dem Konzept eines ‚natürlichen' Zinssatzes und der Möglichkeit einer Diskrepanz zwischen dem ‚natürlichen' und dem ‚Markt'-Zins vertraut. Die vorausgegangene Analyse der Zinssätze (d.h. Friedmans Theorie, KHB) kann ziemlich genau in die Wicksellsche Begriffswelt übertragen werden." M. Friedman (1976), S. 144. Friedmans Monetarismus ist folglich mit der Widerlegung der logischen Möglichkeit eines Realzinssatzes widerlegt; es ist nichts weiter hinzuzufügen.

[34] K. Marx, MEW Bd. 25, S. 374.

[35] Tatsächlich wird die Frage aber in dieser Abstraktion diskutiert, als „Einfluss des (!) Geldes auf den (!) Zinsfuss", F. A. Lutz (1967), S. 114. Es nimmt dann nicht wunder, wenn unter diesen Voraussetzungen nur Verwirrung im Denken entstehen kann, die sich schließlich eingestehen muss, dass „über die Funktion des Gleichgewichtszinses in einer sich entwickelnden (‚dynamischen') Wirtschaft noch recht unklare Vorstellungen bestehen." F. A. Hayek (1929), S. 119. Daran hat sich seit 1929 nichts geändert.

„Das Angebot an Gold übt keinen dauernden Einfluss auf den Diskontsatz aus. Der durchschnittliche Diskontsatz wird auf die Dauer durch den Ertrag der Unternehmungen bestimmt. Der Goldeinstrom verursacht nur eine kleine Welle auf der Oberfläche des Wassers. Der durchschnittliche Diskontsatz wird meiner Meinung nach durch den durchschnittlichen Zinssatz bestimmt und dieser wieder wird ausschließlich durch den Ertrag der Unternehmungen bestimmt; Gold und Silber spielen dabei nur die Rolle von Tauschmitteln."[36]

Die Fragen, in welcher *Einheit* der Ertrag (Marshall meint wohl den Gewinn) anfällt, inwiefern unternehmensspezifische Profitraten (nicht: Ertragssummen) überhaupt *eine* sein können, dies wird gar nicht erst zum Problem. Der neuere Monetarismus ist hier keinen Schritt weiter.

Dass die Zentralbanken durch die Refinanzierung des Banksystems auch das Zinsniveau bei den Geldkrediten beeinflussen – nicht: beherrschen – können, steht damit außer Frage. Es gibt aber auch hier nicht *einen* wirksamen Geldzinssatz, auch wenn die *prime rate*, der Leitzins prinzipiell festgelegt werden kann. Wie sich diese Festlegung im Banksystem fortsetzt im Wechselspiel mit der Kreditnachfrage, wie sich dadurch die verschiedenen Geld- und Anlageformen von Wertpapieren verändern, das lässt sich nicht steuern. Zudem sind die Zentralbanken auch nur scheinbar frei in der Festlegung der Leitzinsen, weil sie ihrerseits im internationalen Wettbewerb der Währungen stehen und deshalb unaufhörlich Binnen- und Außenwert von Währungen abwägen müssen, wollen sie nicht die wenigstens partielle Kontrolle über Zahlungsströme aufgeben. Es wäre also eine abgeschmackte Theorie, den Geldzins einfach als teleologischen Akt zu beschreiben: Er sei das, was eine Zentralbank festlege.[37] Die vielfältigen Dilemmata, die für die Geldpolitik aufgemacht und modelliert werden, die „Sorge um den Geldwert", die „Stabilitätskultur" vor allem der Deutschen Bundesbank und der EZB – all dies verbirgt in ihrer äußeren Vielfalt nur *einen* Inhalt: Die Sorge, der Geldgier möglichst dauerhafte Bedingungen ihrer Entfaltung zu garantieren.

Dass in dieser „Sorge" widersprüchliche Forderungen zugleich erfüllt werden sollen, verrät nur erneut, dass es für eine irrationale Leidenschaft keine rationale Form gibt: Sinkende Leitzinsen verbilligen Kredite, senken damit auch Investitionskosten. Höhere Investitionen, eine vermehrte Nachfrage nach Maschinen etc. sind aber in ihrer Wirkung unkalkulierbar: Während die Keynesianer auf höhere Beschäftigung hoffen, rechnen österreichische Theoretiker Verwerfungen in den relativen Preisen aus, die zu Fehlallokationen führen sollen. Dabei können die Gewinne bei den meisten Unternehmen steigen oder sinken, ebenso die Preise. All das ist *möglich* – das heißt nur: Hier liegt keine rationale Form vor, sondern ein nicht antizipierbarer Prozess, der sich aus der Reaktion der Investoren ergibt, und für diese Reaktion lässt sich nur eines sicher vorhersagen: Sie wird bestimmt sein von der Geldgier. Weder ein Realzins noch eine Investitionsfunktion, eine objektive Struktur der Produktion oder die beschränkende Wirkung von Produktionstechniken begrenzt diesen Prozess „von unten". Es sind jene, die in der Herrschaft des Geldes herrschen, die sich immer wieder die Freiheit herausnehmen, die

---

[36] A. Marshall, Official Papers, zitiert nach F. A. Lutz (1967), S. 115.

[37] Vor allem im Umkreis der Keynesianer, aber auch bei Kapitaltheoretikern wie Sraffa findet sich diese Vorstellung, dass die Zentralbank einfach die Höhe des Zinssatzes *definiert* und damit zugleich die Struktur der relativen Preise bestimmt: „It is accordingly susceptible of being determined from outside the system of production, in particular by the level of the money rates of interest." P. Sraffa (1960), § 44.

Bedingungen so zu setzen, wie es *ihrer* bornierten Leidenschaft entspricht, und diese Leidenschaft ist in ihrem Ergebnis trotz ihrer rationalen Form unberechenbar.

Ich ergänze noch einen weiteren Aspekt, der nun nicht auf die *objektive* Seite der Verzinsung abzielt und der Widerlegung der These eines natürlichen Zinssatzes und *einheitlicher* Verzinsung über die Unternehmen und Märkte hinweg diente, sondern der die *Subjekte*, die nach österreichischer Auffassung auf dem Kreditmarkt nur ihre Zeitpräferenz artikulieren, disaggregiert und damit die Voraussetzung eines „repräsentativen Durchschnittskonsumenten" ad absurdum führt. Selbst angenommen, die Individuen seien in ihren Präferenzen alle gleich und somit Arrows Paradox ausgeschlossen, so sind sie dennoch nicht als Markt aggregierbar, weil diese Vielzahl gleichartiger Individuen, die Gegenwarts- und Zukunftskonsum abwägen und darauf bezogen Kreditverträge abschließen, *wenigstens* in ihrem Alter unterschiedlich sein müssen. Wicksell hat sich durch eine Annahme dieser schlichten Voraussetzung menschlicher Sterblichkeit entzogen, indem er „ein weder alterndes, noch je sterbendes Individuum betrachtet"[38]. Samuelson hat diese absurde Annahme in seinem Modell mit *überlappenden Generationen* aufgehoben, das ich hier kurz skizziere.

Sind Menschen sterblich, so ist in der neoklassischen Logik über eine Lebensspanne und ohne Vererbung von Kapital das Einkommen und der Konsum entsprechend abzudiskontieren. Diese auf Gossen zurückgehende Idee firmiert auch unter „Lebenszyklushypothese". Gemeint ist folgendes: Sei y_t das Einkommen in t Lebensphasen und c_t der entsprechende Konsum, ferner sei $R = 1/(1+r)$ der Diskontfaktor, so muss für n Lebensphasen von 0 bis $n-1$ gelten:

$$\sum_{t=0}^{n-1}(y_t - c_t)R^t = 0$$

Die abdiskontierte Ersparnis über eine durchschnittliche Lebensspanne muss Null sein. Nun sei unterstellt, dass die Bevölkerung mit einer Rate v wächst; wir definieren $V = 1/(1+v)$. Auf dem Markt treffen nun die verschiedensten *überlappenden* Generationen zusammen: die in Periode 0 geborenen mit jenen aus den Perioden 1, 2 usw. Faktisch machen (direkt oder indirekt) alle Altersgruppen Tauschgeschäfte miteinander. Bei unverändertem Pro-Kopf-Einkommen und Pro-Kopf-Konsum y und c pro Individuum, ist die Ersparnis einer Periode gegeben durch die aggregierte Nettoersparnis jeder Altersgruppe, die mit der Rate n zunimmt. Von der Generation 1 ist also um den Faktor N weniger Ersparnis $y - c$ verfügbar (weil diese Generation um N mal kleiner war als die gegenwärtige Generation), von der Generation 2 sind es N^2 weniger usw. Summiert man über die gesamte Ersparnis aller Generationen, die in einer (in jeder) Periode zugleich leben, so ergibt sich

$$\sum_{t=0}^{n-1}(y_t - c_t)V^t = 0$$

Daraus ergibt sich als Gleichgewichtsbedingung $R = V$, oder: Der Zinssatz muss gleich sein der Wachstumsrate der Bevölkerung.[39]

---

[38] K. Wicksell (1913: 1), S. 218.

[39] P. A. Samuelson beansprucht, mit seinem Modell auch eine neue Zinstheorie formuliert zu haben: „(E)very geometrically growing consumtion-loan economy has an equilibrium rate of interest equal to ist biological percentage growth rate." P. A. Samuelson (1958), S. 472;

6.2.5 Heterogene Zinssätze und die Quelle des Zinses

Nun sind die besonderen Eigenschaften dieses Modells hier ohne Interesse, das *Ergebnis* verweist aber auf einen wichtigen Punkt: Da das „repräsentative Individuum" eine Fiktion ist, bedeutet die Berücksichtigung der *intergenerationellen* Kontrakte die Aufhebung jener Voraussetzungen, die in der österreichischen Zinstheorie gemacht wurden. Bei einer *konstanten* Bevölkerung wäre der Zinssatz hier im Gleichgewicht Null. Samuelsons „biologische Zinstheorie" setzt den Zinssatz mit der Wachstumsrate der Bevölkerung gleich. Darin liegt nun in der Tat ein richtiges Moment: Wenn die Bevölkerung wächst, dann wächst auch bei sonst unveränderten Bedingungen der Geldwert aller produzierten Güter, sofern der Pro-Kopf-Konsum und die Pro-Kopf-Produktion konstant bleiben. Wächst also die Geldmenge mit dem Bevölkerungszuwachs, so wäre *formal* diese Wachstumsrate gleich dem Zinssatz.

Doch diese Überlegung sagt gerade *nichts* über den Zins *als* Zins. Wenn eine Gemeinschaft, die mit einer Rate von v wächst, in der Geld und Zins in ihrer Vergesellschaftung aber überhaupt keine Rolle spielten, so müsste diese Gemeinschaft in jedem Jahr nicht nur Nahrung für die bestehende Bevölkerung, sondern auch zusätzlich für die Neugeborenen erzeugen. Man könnte sagen: Jede Generation gewährt durch ihre höhere Ernte einige Jahre den Neugeborenen einen Realkredit in Höhe der vom zusätzlichen Bevölkerungsteil benötigten Güter. Das ist unstrittig. Nur hat dieses reale Wachstumsphänomen – ohnehin nur eine leicht modifizierte Robinsonade – keinerlei Bezug zu einem *Kreditvertrag*, zur Geldrechnung und darauf gegründet zum Zinsphänomen. Dieser Schein kommt nur zustande, weil die Ökonomen ungeniert Durchschnitte und aggregierte Größen so behandeln, als handelte es sich um reale Größen wie Liter Milch oder Zentner Getreide. Weil aus diesen Größen jedes *intersubjektive* Moment getilgt ist, kann die intersubjektive Tauschrelation, der intersubjektive Kreditvertrag hier gar nicht in Erscheinung treten. Zudem gilt, was ich nun schon mehrfach als Kritik vorzubringen hatte: Die wirkliche *Herrschaft* der Geldrechnung und der Geldgier kann nicht „von unten" durch vermeintlich davon unabhängige und reale Vorgänge „unter der Oberfläche des Geldscheins" erklärt werden – eben *weil* die faktische Organisation und Kontrolle der Produktion, der Vergesellschaftung durch die Geldrechnung genau umgekehrt von *oben nach unten* ausgeübt wird: Durch das totalitäre Regiment des Geldsubjekts.

Immerhin kann man aus Samuelsons impliziter Kritik der österreichischen Zinstheorie lernen, dass auf den Märkten nicht nur abstrakt „Individuen" Kreditverträge abschließen, sondern Individuen unterschiedlichen Alters – und allein *diese* Heterogenität reicht hin, die Fiktion einer bestimmenden Ursache namens „Zeitpräferenz" zu widerlegen, sieht man einmal ab von den oben genannten *Kategorienfehlern* in dieser Vorstellung. Samuelson geht weiterhin von *einem* Zinssatz und einem erreichten Gleichgewicht aus. Das ist unhaltbar, wie gezeigt. Die Struktur der Geldgier verbietet es, von Gleichgewichten auszugehen. Der Zins ist immer Teil eines Überschusses, der das Resultat einer permanenten Veränderung der Produktionsstrukturen, der Bedürfnisse und der institutionellen Arrangements ist.

---

vgl. K.-H. Brodbeck (1985; 1986) zur Kritik. Eine formale Konsequenz dieses Modells wäre übrigens die Erkenntnis, dass bei einer *sinkenden* Bevölkerung mit $V > 1$ auch $R > 1$ wäre, also ein negativer Zinssatz herrschen müsste, um ein neoklassisches Gleichgewicht herzustellen. Das hieße, immanent interpretiert: Die Besitzer von Geldkapital müssten einen Preis dafür bezahlen (= negativer Zins), dass überhaupt jemand dieses Geld investiert und somit über die Zeit erhält. Das wäre formal der Vorstellung vom „Schwundgeld" bei Gesell analog; vgl. 6.3.6. Fisher schloss einen negativen Zinssatz *a priori* aus, vgl. I. Fisher (1896), S. 30: „(I)t is clear that negative interest is impossible". Warum das *klar* sein soll, verrät Fisher nicht.

Ich ergänze meine Bemerkungen zum Versuch, „realen und nominalen" Zins zu trennen, deshalb noch durch eine etwas differenziertere Analyse von hier zu beobachtenden Wachstumsprozessen und vergleiche folgende Struktur, worin zunächst nur reale *Produktmengen* (die ein öffentliches, objektives Maß besitzen) verglichen werden. Hierbei sei k die Anzahl der alten, ausscheidenden Produkte, m die Zahl der in zwei Perioden gemeinsam vorkommenden Produkte und n die Zahl der neuen Produkte. Der hochgestellte Index a bedeutet „alt" oder „ausgeschieden", der Index e bedeutet „erhalten" und der Index n steht für „neu". Es ergibt sich folgende Struktur:

Periode 0	$x^a_1, x^a_2, \ldots, x^a_k$	$x^e_1, x^e_2, \ldots, x^e_m$	
Periode 1		$x^e_1, x^e_2, \ldots, x^e_m$	$x^n_1, x^n_2, \ldots, x^n_n$

Fassen wir die drei Produktmengen als Vektoren mit demselben hochgestellten Index zusammen, bezeichnen wir ferner mit p die jeweilig zugehörigen Preisvektoren, so gilt für einen möglichen Überschuss:

$$z = p^e_1 x^e_1 + p^n_1 x^n_1 - (p^a_0 x^a_0 + p^e_0 x^e_0)$$

Ein *reiner*, nur durch Innovation erzeugter Wandel wäre zu charakterisieren bei konstanten Preisen für die unverändert bleibenden Güterarten, die zudem auch konstant bleiben. Also mit $p^e_1 = p^e_0$ und $x^e_1 = x^e_0$:

$$z = p^n_1 x^n_1 - p^a_0 x^a_0$$

Dieser Ausdruck lässt sofort die fehlende Notwendigkeit für einen positiven Überschuss z erkennen: die Preise der neuen Güter lassen sich nicht einfach auf die Preise der alten Güter zurückführen, womit logisch möglich $z > 0$ oder $z < 0$ gelten kann. Man kann gewiss formal und aggregiert folgendes sagen: Wenn die zur Herstellung der alten, ausscheidenden Güter aufgewendeten Kosten K^a höher oder gleich den Kosten K^n der neu produzierten Produkte sind, wenn ferner die Kosten und Umsätze der unverändert produzierten Produkte gleichfalls unverändert bleiben und einen Überschuss von $z^e = 0$ ergeben, dann ist z *netto* (ohne die tradierten, unveränderten Produktionszweige) positiv, sofern $p^n_1 x^n_1 - p^a_0 x^a_0 \geq 0$, d.h. sofern die neuen Umsätze größer sind als die alten. Doch das ist nur eine tautologische Redeweise, die nichts erklärt. Immerhin ist erkennbar, dass Innovationen *möglicherweise* einen sozialen Überschuss erzeugen. Dasselbe ergäbe sich aber auch bei einem nur *quantitativen* Wachstum.

All diese Größen *erklären* also *nicht* kausal das Vorkommen eines positiven Überschusses als Notwendigkeit. Innovationen ebenso wie ein quantitatives Wachstum der Produkte *und/oder* der Bevölkerung *können* als Möglichkeit eine Quelle von Überschüssen sein, die dann in den vielen Zinsformen gemäß der Eigentumsrechte verteilt werden. *Erklärt* ist damit der Zins nicht. Stets erhält man nur die Tautologie: Wenn monetäre Überschüsse dieser Prozesse positiv sind, dann gibt es eine positive Quelle für Zinszahlungen. Die Kategorie der Kausalität kann also nicht soziale Bedeutung erklären – das ist in philosophischer Kurzform gesagt hierbei die kategoriale Pointe. Der Zins, abgeleitet aus einem monetären Überschuss, dem Profit, ist als Phänomen eine sozial anerkannte *Bedeutung*, und Bedeutungen haben keine Ursachen. Sie müssen durch die menschliche Subjektivität hindurch laufen, um soziale Wirklichkeit zu werden. Das heißt: Der Zins hat seine Quelle in den Subjekten und ihrer Vergesellschaftung, genauer, in der Herrschaft der Geldabstraktion, in der wiederum die Geldgier in vielfacher Verkörperung regiert. Man kann aus Innovationen immer nur die objektive *Möglichkeit*

6.2.5 Heterogene Zinssätze und die Quelle des Zinses

eines Überschusses ableiten – was übrigens auch, wären diese Kategorien überhaupt sinnvoll zu denken, für eine „Umwegproduktivität" oder die „Zeitpräferenz" gelten würde. Wie aber wird diese Möglichkeit soziale Wirklichkeit? Die Antwort lautet: Durch eine besondere Form der Subjektivität, die hier *teleologisch* wirkt, d.h. aus den Möglichkeiten immer das auswählt, was als abstraktes Ziel diese Subjektivität beherrscht und diese Herrschaft auch faktisch umsetzen kann. Beides ist durch die Struktur des Geldes gegeben: Das Geldsubjekt herrscht in der zirkulär-reflexiven Herrschaft des Geldes, und in dieser Herrschaft reproduziert sich als Ziel die Geldgier.

Umwälzungen der Produktion, Innovationen eröffnen *mögliche* Überschüsse. Fügt man nun ein *teleologisches* Element hinzu, wonach nur jene Prozesse ausgewählt werden, die *tatsächlich* Überschüsse abwerfen, aus denen auch Zinszahlungen zu leisten sind, dann wird sofort verständlich, inwiefern Innovationen für positive Zinsen verantwortlich sind. Der Innovationsprozess wird *gelenkt*, und diese Lenkung und die in ihr geltend gemachte Absicht ist der Grund, weshalb jene von den möglichen Prozessen, die Gewinne abwerfen, auch tatsächlich verwirklicht werden. Es ist also die *Regie der Geldgier*, nicht ein von unten determinierter, gleichsam natürlicher Fortschrittsprozess, der als *Quelle von Zinszahlungen* zu identifizieren ist. Die Konkurrenz sorgt dafür, dass diese Quelle immer wieder auch vernichtet wird durch massenhafte Nachahmung – sofern nicht Monopole oder Kartelle, staatliche Eingriffe usw. dies für längere Zeit verhindern. Deshalb ist dieser Umwälzungsprozess auch als permanenter gesetzt. Es gibt für den Zins keine objektive, physische Ursache. Alles, was die Zinstheorien dafür anführen, sind bestenfalls *Möglichkeiten* eines Überschusses, keine Wirklichkeiten. Aus der Möglichkeit wird aber eine Wirklichkeit, wenn man die faktische Herrschaft der Geldgier als jenes Moment identifiziert, das Möglichkeiten selektiert und so in Wirklichkeit verwandelt. Objektive *Notwendigkeit* kommt diesem Prozess nicht zu, weil er sich nur relativ zur vorausgesetzten Geldgier teleologisch gelenkt vollzieht.

Die Sache hat zudem einen „Haken" für die große Masse der an diesem Prozess beteiligten Menschen: Um zu wissen, was die reale Möglichkeit eines Veränderungsprozesses ist, die einen Profit abwirft, muss man ihn an den Märkten erst erproben. Produkte verwandeln sich nur auf Märkten in Waren, wenn mögliche Käufer diese Produkte als *Güter* anerkennen. Temporäre, kurzfristige Vorteile können sich im Konkurrenzprozess rasch als Nachteile, Innovationen als Flops, Reorganisationen als Ort, viel Geld ohne Ergebnis zu versenken, Bestechungen als unwirksam erweisen. Aus den *möglichen* Veränderungen eine Wirklichkeit zu machen, ist formal ein Prozess von *trial and error*. Doch die Pointe wird hier leicht übersehen: Die Objekte dieser Versuche, durch Innovationen und Reorganisationen einen Profit zu realisieren, sind die Menschen, die sich durch diese Permanenz des Wandels von einer Krise zur nächsten schleppen und so ihre Vergesellschaftung unter der Blindheit einer irrationalen Leidenschaft vollziehen. Was als Flop, als Fehlinvestition, als veraltete Produktionsform usw. vom Markt ausgeschieden wird, daran hängen jeweils *Lebenswelten* von Menschen, die in der Arbeit an diesen Experimenten ihren Lebensunterhalt verdienen wollen, ihre Familien an den Standorten dieser Experimente einrichteten und sich so in die völlige Abhängigkeit der Regie durch die Geldgier ergeben haben. Der Profit ist das Resultat von *trial and error*. Doch die *Fehler* sind die permanenten Krisen und Umwälzungen, die ganze Gesellschaften, die eine globale Wirtschaft erleiden.

Für die Zinstheorie kann man also zusammenfassend sagen: Aus der Struktur der Güterproduktion und ihrer Veränderung lässt sich der Zins nicht *induktiv* ableiten, gleichsam als ein Phänomen, das aus der realen Welt der Produktion stammt und durch den Schleier des Geldes hindurch seine Konturen zeigte. All diese Reflexionen beruhen auf dem von der Geld- und Zinsrechnung erzeugten illusionären Schein. Sie sind nur geeignet, von der tatsächlich beobachtbaren faktischen *Macht* der Geldgier durch die Entscheidungen in den Unternehmen und auf den Finanzmärkten abzulenken, von der die Opfer besser als die Ökonomen wissen, wem sie ihr Elend zu verdanken haben. Wenn sich z.B. eine *Inflationspolitik* dazu eignet, Profite zu realisieren und jener Gruppe nützt, die sie initiiert, dann ist eine Theorie, die dieser Politik vorrechnet, dass die „realen" Größen sich nicht geändert hätten, weil der Geldwert gesunken sei, nur absurd. Jene, die die ökonomische Macht besitzen, ihre Geldgier durch geeignete Instrumente auch zu *realisieren*, haben für cartesianische Beobachter, die Lehrbuchkommentare abgeben, vermutlich nicht einmal die Zeit, sie zu belächeln.

Allerdings muss ich dieses Urteil in einer Hinsicht modifizieren: *Wenn* die Modelle der Ökonomen in der Öffentlichkeit beachtet werden, wenn die Börsen auf wie immer fiktiv berechnete Inflationsraten, Durchschnittslöhne, Arbeitslosenzahlen, Wachstumsraten usw. blicken, *dann* verändert die Einbeziehung dieser Größen die Entscheidungen der Finanzinvestoren und hat *deshalb doch* eine reale Wirkung. Tatsächlich beobachtet sich das fiktive Tun der Geldanleger selbst nicht nur mit Blick auf ihre unmittelbaren Erfahrungen, sondern auch mit Blick auf das, was sie als die *geglaubten Entitäten*, mit denen man „Wirtschaft" charakterisiert, bei den je anderen als Entscheidungsgrundlage vermuten. *Deshalb* beeinflusst nicht die „wirkliche" Inflationsrate (die es als diese Abstraktion nicht gibt) die Entscheidungen an den Börsen, wohl aber die Veröffentlichung der *gemessenen* Inflationsrate. Dasselbe gilt für wichtige Zinssätze wie die Leitzinsen der Zentralbanken.

Doch dieser Einfluss von falschen Gedanken auf Erwartungen und Entscheidungen besitzt seinerseits einen irrationalen Charakter. Niemand kann sagen, wie eine veröffentlichte Kennzahl oder eine Prognose die Erwartungen derer verändert, die durch ihre Geldgeschäfte die reale Ökonomie beeinflussen. Dieser Prozess der Bedeutung, aus dem sich in der fiktiven Geldeinheit Überschüsse als Rendite und Gewinn erzielen lassen, ist nichts, was sich als ein Objekt, als ein *Gegenstand* einer wissenschaftlichen Beobachtung beschreiben ließe. Gerade das Nichtwissen also produziert die permanente Möglichkeit, durch den Schein der rationalen Form hindurch die einfache Herrschaft der Geldgier fortzusetzen. Die Zinstheorien, die in Zentralbankentscheidungen oder durch Finanzmarktmodelle durchaus bestimmend wirken, *erklären* also nichts, aber sie bilden die fiktive Entscheidungsgrundlage für ein Handeln, das der Täuschung des Geldes unterliegt und deshalb herrscht, weil die Vielen das Nichtwissen durch die Brille fiktiver Kennzahlen hindurch teilen und sich ihm faktisch unterwerfen.

6.2.6 Sinkende Zinssätze und die Wiederkehr der Moral

Dass der Zinssatz formal einer Wachstumsrate, die auch in den Naturwissenschaften verwendet wird, entspricht, darauf hatte ich eingangs schon hingewiesen. Die Zinsrechnung hat auch hier eher umgekehrt erlaubt, Denkformen zu entwickeln, die sich auf biologische und andere Wachstumsprozesse anwenden lassen bzw. sich als isomorphe Strukturen erweisen, wenn man experimentell damit umgeht. Das natürliche Wachstum entspricht allerdings in der Regel einer *logistischen* Form. Betrachtet man gleichartige Lebewesen, die sich in einer endlichen Umgebung reproduzieren, so folgt der Wachstumsprozess einem charakteristisch S-förmigen Verlauf: Einer Anfangsphase hohen Wachstums folgt ein kontinuierlicher Rückgang der Wachstumsrate, bis schließlich Sättigung eintritt, bis also die endliche Umgebung, eine endliche Ressource usw. die maximale Menge an Individuen festlegt, die sich reproduzieren können.

Die Grundform ist eine relativ einfache Beziehung, die sich leicht modellieren lässt. Wichtig bleibt dabei die Einsicht, dass die *Wachstumsrate* keine konstante Größe ist,

6.2.6 Sinkende Zinssätze und die Wiederkehr der Moral

sondern sich aus der gesamten Systemstruktur ergibt. Systeme mit konstanten Wachstumsraten gibt es in der Natur nicht, weil jeder Wachstumsprozess sich auf Ressourcen bezieht, die ihn bedingen und durch ihre Quantität begrenzen.[40] Alle *exponentiellen* Formen des Wachstums mit vorübergehend fast konstanten Verdopplungszeiträumen der betrachteten Größen führen früher oder später zu einer Erschöpfung der Ressourcen und damit einem Ende des Wachstums. Vollziehen sich mehrere Wachstumsprozesse miteinander verkoppelt, so ergeben sich formal komplexere Strukturen, wie sie in der theoretischen Ökologie untersucht werden.[41] Es ist dann möglich, dass ein lokales Wachstumssystem durch höhere Wachstumsraten das *Gesamtsystem* gefährdet oder sogar vernichtet. Das Wachstum von Krebszellen ist hierfür das markanteste Beispiel.

Wenn man, wie die klassischen Ökonomen, die Natur als Vorbild für die Wirtschaft preisen wollte, dann wären *sinkende* Wachstumsraten für stabile, gleichwohl dynamische Systeme zu postulieren. Begreift man einen repräsentativen Zinssatz oder – unter Zusammenfassung aller Einkommen aus Geldeigentum – die Profitrate einer Wirtschaft als eine solche Systemgröße, so wäre zu erwarten, dass die durchschnittliche Profitrate bzw. der Zinssatz im Trend *sinken* müsste, soll das Gesamtsystem Wirtschaft langfristig stabil bleiben. Eine Wirtschaft mit konstantem Zinssatz, der zugleich einem andauernden *Wachstumsprozess* entspricht, könnte in einer endlichen Umgebung auf Dauer so wenig existieren, wie sich das Krebszellenwachstum auf Dauer fortsetzen kann.

Die klassischen Ökonomen hatten dafür offenbar noch ein untrügliches Gespür; sie haben in ihren Modellstrukturen stets Voraussetzungen implementiert, die einen *langfristig* sinkenden Zinssatz oder eine sinkende Profitrate, – den man glaubte auch aus den historischen Daten entnehmen zu können – suggerieren.[42] Tatsächlich lässt sich kein eindeutiger Trend bei den Zinssätzen im engeren Sinn erkennen. Verwendet man z.B. als Indikator den Zinssatz für 10jährige Staatspapiere (vgl. Abbildung 6.3), so ergibt sich für die USA in 200 Jahren kein erkennbarer langfristiger Trend (durchgezogene Linie). Der Wert für den langfristigen Trend liegt nominal etwa bei 5%.[43]

---

[40] Sei x_t die Zahl von Lebewesen in einer endlichen Umgebung in der Periode t. Es gibt dann eine maximale Anzahl R von Individuen, die sich in dieser Umgebung reproduzieren können. Der Nettozuwachs der Lebewesen ist $x_{t+1} - x_t$; die Zuwachsrate g_t beträgt $(x_{t+1} - x_t)/x_t$. Diese Zuwachsrate setzt sich zusammen aus einer konstanten Vermehrungsrate a, korrigiert durch den Nahrungswettbewerb, der abhängig ist von der erreichten Sättigung: $R - x_t$. Es ergibt sich als Anpassung: $g_t = a(R - x_t)$. Mit der Definition der Zuwachsrate g erhält man eine quadratische Differenzengleichung, deren Lösung einige bemerkenswerte Eigenschaften besitzt, die in der Chaostheorie diskutiert werden. Für relative kleine Werte von a ergibt sich jedoch eine logistische, S-förmige Anpassung von x_t, die schließlich in ein Gleichgewicht mündet mit: $x_{t+1} = x_t = R$. Die Wachstumsrate sinkt hierbei tendenziell auf Null.

[41] Vgl. A. J. Lotka (1956); J. Hofbauer, K. Sigmund (1984); C. Wissel (1989).

[42] „Die natürliche Tendenz des Profits ist also zu fallen", D. Ricardo (1959), S. 106.

[43] Die statistisch erfassten Kapitalverzinsungen zeigen kein einheitliches Bild im langfristigen Trend. Die Entwicklung der Renditen auf Aktien und Staatspapiere in den letzten 100 Jahren verlief unterschiedlich. Von 1900 bis 2001 betrug die Ertragsrate für Aktien in den USA (inflationsbereinigt) 6,7% und in Großbritannien 5,8%. Staatspapiere (*long-term government bonds*) ergaben inflationsbereinigt in den USA 1,6%, während in Deutschland, Japan, Italien, Frankreich und Belgien die Ertragsraten für Staatspapiere in 100 Jahren negativ waren; E. Dimson, P. Marsh, M, Staunton (2002), S. 220f. Diese Studie untersuchte 16 Länder und kommt zu dem Ergebnis: „Across all sixteen countries, the mean real rate of interest over the first eighty years of the twentieth century was negative, at -0.7 percent, while over the twenty-one years since 1980, the mean has been +3.7 percent", S. 71.

Die Argumente, um eine sinkende Profitrate bzw. einen im Trend sinkenden Zinssatz zu begründen, beruhen bei den klassischen Ökonomen auf einer Vorstellung, die durchaus jener der Ökologen gleicht. Mehr noch, Darwins Evolutionstheorie und die Ökologen haben diesen Gedanken direkt oder indirekt von einem Ökonomen übernommen: von Malthus. Ricardo hatte die Argumente seines Freundes Malthus akzeptiert, zugleich aber modifiziert. Die konkreten Begründungen von Malthus selbst brauchen uns hier nicht zu beschäftigen. Die *logische Struktur* seines Arguments ist einfach: Wenn sich eine Population wie die Menschen auf der Grundlage einer konstanten Bodenfläche vermehrt, so begrenzt die Möglichkeit der Nahrungsmittelproduktion die Größe der Population.

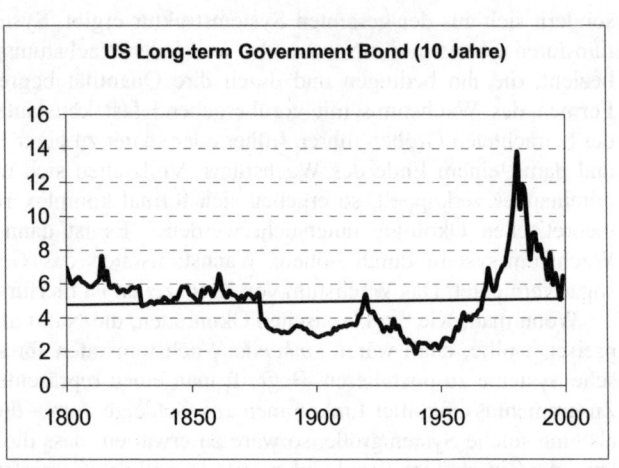

Abb. 6.3 Zinssatz langfristiger US-Staatspapiere in Prozent
Quelle: www.globalfinancialdata.com; eigene Berechnung

Ricardo hat das ökonomisch verfeinert und übersetzt; ein ähnliches Argument findet sich auch bei Thünen: Da (als Voraussetzung) zunächst die fruchtbarsten Böden bebaut werden, sehen sich die Menschen gezwungen, mit wachsender Bevölkerung zu immer weniger fruchtbaren Böden überzugehen. Dieser Prozess vollzieht sich aber in einer Geldökonomie. Das angebaute Getreide wird gegen Lohn erzeugt und über den Markt verkauft. Sieht man sich mit wachsender Bevölkerung gezwungen, zu weniger ertragreichen Böden überzugehen, so sinkt der Ertrag pro Quadratmeter. Dadurch steigen die Kosten und die Getreidepreise, schließlich auch die Löhne. Der Profit sinkt.

Nun ist dieses Argument aus vielen, hier nicht zu diskutierenden Gründen nicht haltbar. Die neoklassischen Ökonomen haben gleichwohl den Grundgedanken übernommen und in ihre Voraussetzungen mit aufgenommen. Ich greife nur diesen Aspekt im neoklassischen Modell auf und lasse die oben kritisierten weiteren Voraussetzungen hier auf sich beruhen. Man kann das Modell etwa so skizzieren: Aggregiert man über eine ganze Volkswirtschaft, so ergibt sich eine makroökonomische Produktionsfunktion $Y = F(K, L)$, Y = reales Sozialprodukt (BIP), K = realer Kapitalstock und L = eingesetzte Arbeitsmenge. Bezieht man diese Größen auf die Gesamtbevölkerung, so ergibt sich für einen durchschnittlichen Unternehmer die Zielgröße $pY - rK - wL$ = Gewinn. Dabei ist r der zu bezahlende Zins (man unterstellt, K wurde durch einen Kredit fremdfinanziert), w ist der Lohnsatz und p der Preisindex des Sozialprodukts. Maximiert man diesen Gewinn, so ergibt sich mit den Grenzprodukten F_K (= partielle Ableitung von $F(.)$ nach K) für Kapital und F_L für Arbeit für den Zinssatz die Formel: $r = pF_K(K, L)$. Der Zinssatz ist bestimmt durch das Grenzprodukt des Kapitals.

Die neoklassischen Ökonomen übernehmen nach dem Vorbild von Alfred Marshall von Ricardo die Vorstellung abnehmender Ertragszuwächse und extrapolieren dieses „Gesetz" auf die Gesamtwirtschaft, d.h. man unterstellt, dass $F_K(.)$ mit zunehmendem Kapitaleinsatz *sinkt* („sinkendes Grenzprodukt des Kapitals"). Dadurch wird für das

6.2.6 Sinkende Zinssätze und die Wiederkehr der Moral

Wachstum des Kapitals implizit eine Grenze definiert. Denn wenn immer mehr Kapital eingesetzt wird, um einen höheren Gewinn zu erzielen, so findet diese Geldgier in den *sinkenden* Grenzprodukten jeweils eine Grenze. Ricardo und J. St. Mill haben diesen Gedanken dann soweit extrapoliert, dass es in der Zukunft einen Zustand geben müsse, in dem Kapital *so* reichlich vorhanden ist, dass sein Preis – der Zinssatz – auf *Null* sinke. Es werde dann ein *stationärer Zustand* erreicht.

Nun kann man leicht erkennen, dass dieses Argument – bei Mill schon getragen von der Erkenntnis, dass ein Wachstum bei konstantem Zinssatz in einer endlichen Umwelt auf Grenzen stoßen müsse – nicht haltbar ist.[44] Man glaubt, der Zins sei eine kausal verursachte Größe (gleich dem Grenzprodukt des Kapitals), und das ökonomische Gesamtsystem sei von jener immanenten Vernunft, die man bei natürlichen Systemen beobachten kann, die sich jeweils in eine gegebene Umwelt einfügen. Der sinkende Zins oder die sinkende Profitrate soll sicherstellen, dass die Geldgier langfristig durch die eigene Logik des Systems begrenzt wird. Keynes hat Mills Gedanken übernommen und das ausdrücklich so ausgesprochen: Der gegenwärtige Kapitalismus sei nur eine *historische Übergangsphase*. Er erfülle die Aufgabe, gelenkt von Geldgier, genügend Kapital aufzuhäufen, das dann aber – überreich geworden – aufhöre, knapp zu sein, damit einen positiven Preis zu besitzen. Wodurch langfristig der Zinssatz wieder aus der Wirtschaft verschwinde. Die Geldgier findet kein Objekt mehr, keine objektiven Bedingungen, um sich zu artikulieren; Moral und Tugend könnten wieder einkehren nach den wilden Jahren kapitalistischer Dynamik: „Wenn die Akkumulation von Reichtum nicht mehr länger von hoher sozialer Bedeutung ist, dann wird es große Änderungen in der Moral geben."[45]

Keynes hat den Zusammenhang zwischen Moral, Geldgier und Wachstum gesehen; auch war er einer der wenigen Ökonomen, die bezüglich dieser mechanischen Leidenschaft kein Blatt vor den Mund nahmen. Er sagte:

„Die Liebe zum Geld als Besitz – unterschieden von der Liebe zum Geld als Mittel für die Freuden und Realitäten des Lebens – wird als das erkannt werden, was es ist, als ekelhafte Krankheit, eine dieser halb-kriminellen, halb-pathologischen Eigenschaften, die man mit einem Schauer den Spezialisten für Geisteskrankheiten übergibt."[46]

Obgleich er das sehr klar erkennt, steht Keynes doch in der Tradition von Mandeville, der die seltsame Dialektik aufmachte, dass das Schlechte dem Guten – dem Gemeinwohl – förderlich sei. Keynes sah in dieser Geisteskrankheit der Geldgier ein listiges Mittel, um in der Akkumulation des Kapitals schließlich eine Fülle zu erreichen, die die Grundlage, das Objekt dieser Geldgier – den Zins –, auf Null reduziere, weil Kapital dann nicht mehr knapp sein werde.

Der Gedanke ist ebenso dialektisch wie unhaltbar. Zunächst kann ein Ding nur knapp sein, wenn es *ein* Ding ist. „Kapital" ist aber auch im Verständnis der traditionellen Theorie kein Ding, sondern ein fiktives Aggregat, gewonnen durch Addition der verschiedenen Vermögenswerte durch Bewertung mit Preisen. Die Wahl der Preise ändert das Aggregat. Man müsste annehmen, dass die Preise aller Kapitalgüter *Null* würden, damit „Kapital" nicht mehr knapp wäre. Doch diesen Einwand beiseite gelegt zum Zweck des Arguments und mit Blick auf die logische Struktur der Denkfigur ge-

---

[44] Vgl. für eine Analyse der Millschen Theorie K.-H. Brodbeck (2006c).
[45] J. M. Keynes, CW IX, S. 329.
[46] J. M. Keynes, CW IX, S. 329.

sagt: Wie Smith hält auch Keynes daran fest, dass ein Mechanismus die Leidenschaften begrenzen soll, um so die *moralische Vergesellschaftung* zu erreichen. Keynes ist nicht so naiv und blauäugig wie die Liberalen (sofern diese nicht nur ohnehin als ideologische Frontkämpfer einiger *think tanks* agieren), zu glauben, dass der *Wettbewerb* die Moral durchsetzt. Allerdings bewahrt er die Denkform: Es ist der Mechanismus der Kapitalakkumulation, der ganz nach dem Drehbuch von Ricardo, Mill und der Neoklassik die *Voraussetzungen* für den Zins aufheben solle. Damit würde dann auch die pathologische Geldgier verschwinden. Die Geldgier wird also nicht durch eine *Moral* beschränkt; sie bleibt entfesselt. Man vertraut aber einem Wachstumsmechanismus, dem sinkenden Grenzprodukt des Kapitals, der die *moralische Arbeit* erledigt und die Lebenden von der Aufgabe entlastet, *selbst* diese Krankheit zu bekämpfen. Die Spezialisten für diese Geisteskrankheit – es ist die Leidenschaft des universalisierten Geldsubjekts – sind keine Ärzte in Kliniken, sondern *die Ökonomen*. Doch Keynes macht in seinem Satz deutlich, dass er nicht im Traum daran denkt, diese Krankheit *als* Krankheit zu bekämpfen. Das sollte ein historischer Mechanismus der Kapitalakkumulation übernehmen.

Nun macht der Zins nicht nur empirisch keine Anstalten, im Trend zu sinken, die Ökonomen haben selbst entdeckt, dass ihre Voraussetzungen einfach falsch sind. Selbst wenn man im fiktiven Modell einer aggregierten Produktionsfunktion denkt, so muss man bemerken, dass die *Annahme* sinkender Erträge mit steigendem Kapitaleinsatz völlig willkürlich ist. Versucht man tatsächlich Produktionsfunktionen aus aggregierten Daten zu schätzen, so zeigt sich in den Zeitreihen immer ein Trend, der die Funktion selbst *verschiebt*. Das bedeutet für einen redlichen Wissenschaftler nichts weniger als dies: Die Funktion *ist empirisch falsifiziert*. Nicht so für neoklassische Ökonomen. Sie fügen einfach der Produktionsfunktion $F(K, A)$ einen *weiteren* Faktor hinzu, der zufällig genau mit der *Zeit t* korreliert sein soll. Dadurch wird formal die *Zeit* zu einer Ursache – die messende Uhr bringt etwas hervor –, auch wenn man dies so umschreibt, dass *mit der Zeit* das technische Wissen „wachse". Dieses Wissen ist aber keine messbare Quantität, so dass die Behauptung leer bleibt. Die modifizierte Produktionsfunktion $F(K, A, t)$ lässt sich dann jeder Zeitreihe durch etwas clevere Ökonometrie anpassen und somit der Zusammenhang „erklären".

Dieser *wissenschaftstheoretische Unfug* enthält immerhin *eine* Erkenntnis: Die These, dass die Kapitalakkumulation zu *sinkenden* Erträgen führt, die letztlich eine mechanische Ursache für sinkende Zinssätze seien, ist nicht haltbar. Man hatte schon im 19. Jahrhundert bemerkt, dass die Bodenfruchtbarkeit durch die Agrarchemie erhöht werden kann, womit die doch nur erfundene Tendenz, mit wachsender Bevölkerung auf nicht urbares, weniger fruchtbares Land übergehen zu müssen, aufgehoben wird.

Was zeigt sich hier, rückblickend auf den Gedanken, dass in der Wirtschaft, analog zu Natursystemen, eine interne Stabilisierung wirksam sei, die den Zins langfristig senke und somit die Aufgabe der *Ethik* einem Mechanismus der Kapitalakkumulation überantworten könne? Man erkennt unschwer, dass die Geldgier, die die ganze Gesellschaft und ihre Denkformen überlagert und unterordnet, sich von *nichts* begrenzen lässt. Keynes hat recht: Das ist eine krankhafte, eine ekelhafte Begierde. Die meisten Ökonomen brauchen ihren Ekel nicht erst zu überwinden, weil sie ihn gar nicht *empfinden*, erkennen sie doch die Struktur dieser irrationalen Leidenschaft gar nicht mehr: Für sie ist das „Maximierungsverhalten" selbst eine natürliche Eigenschaft der menschlichen *Vernunft*, der sie den Namen „Rationalitätspostulat" oder *homo oeconomicus* gegeben haben. Keynes überragt sie alle in diesem Punkt an Einsicht. Doch auch er bleibt gefesselt von der mechanischen Tradition, die er vergeblich abzuschütteln trachtete und kann seine Erkenntnis, dass Ökonomie eine *Moralwissenschaft* geblieben ist, nicht als Wissenschaft in sauberer Kategorienarbeit durchführen.

6.2.6 Sinkende Zinssätze und die Wiederkehr der Moral

Deshalb blieb ihm auch verborgen, dass die Geldgier es sich nicht nehmen lässt, unaufhörlich all jene Bedingungen, die ihr Objekt – den Gewinn und Zins oder die Rendite – schmälern, *so verändert*, dass sie außer Kraft gesetzt werden. Sie bedient sich dazu *aller* Mittel und macht sich bestimmt nicht abhängig von irgendwelchen erfundenen Mechanismen. Selbst das *Wissen* über die Wirklichkeit wird durch die beherrschten Medien so instrumentalisiert, dass die Geldgier inzwischen auch den sozialen Prozess der *Bedeutung* an seiner Quelle – den Kommunikationsstrukturen – verändert hat. All dies lässt sich nicht verstehen, wenn man dem Irrtum anhängt, die Geldgier sei nur ein Oberflächenphänomen, das letztlich von physischen Bedingungen getragen und kontrolliert werde. Es ist der Irrtum im oben wiedergegebenen Schema, dass die untere Ebene der *technischen Funktionalität*, ausgedrückt in mechanischen Beziehungen, letztlich die Märkte und damit die Geldrechnung und die darin artikulierte, als Rationalität verkleidete *Gier* „von unten" beherrsche. Das genaue Gegenteil ist richtig: Selbst die *Veränderung* des immer noch objektiven Wissens in den Naturwissenschaften ist längst der Geldgier subsumiert worden, die sich Forschung und Hochschulen untertan macht durch selektive Förderung und Finanzierung.[47]

Der auf Ricardo und Mill zurückgehende Gedanke, die Mechanik des Wachstums würde die Zinssätze schließlich auf Null bringen und in einem stationären Zustand eine neue Moral erlauben, findet sich – entsprechend übersetzt – auch im Marxismus. Marx war besonders stolz darauf, das von Ricardo nur durch Fehlschlüsse oder beliebige Voraussetzungen begründete Gesetz der sinkenden Profitrate *bewiesen* zu haben. Nun beruht auch das Argument bei Marx auf einem Fehlschluss, wie ich an anderer Stelle nachgewiesen habe.[48] Ich greife nur die Grundstruktur seines Gedankens hier auf: Die durch das Profitstreben beständig umgewälzte Produktion erhöht die Kapitalintensität; dadurch wird zwar die Arbeit besser ausgebeutet, doch wächst das Kapital schneller als der zusätzliche Gewinn; die Profitrate sinkt. Zugleich führt für Marx diese Steigerung der Arbeitsproduktivität durch erhöhten Kapitaleinsatz zu einer *Freisetzung* von Arbeitskräften, die das Elend der Arbeiter vergrößert. Damit hat der Kapitalismus eine objektive Schranke (sinkende Profitrate) und erzeugt in der potenziellen Empörung bis zur Revolution auch die subjektive Voraussetzung zu seiner Aufhebung. Was bei den bürgerlichen Ökonomen als Wiederkehr der Moral erscheint, ist bei Marx die revolutionäre Umwälzung der alten und der Aufbau einer neuen Gesellschaft (Kommunismus). Hier sprechen die Marxisten zwar nicht von „Moral", doch der *Zentralplan* beerbt die moralische Ordnung der Handlungen und Leidenschaften der vorkapitalistischen Welt.

Viele Marxisten haben den Gedanken einer *objektiven Aufhebung* des gesamten kapitalistischen Systems als dessen *Niedergangsepoche* näher zu bestimmen versucht. Die russischen Kommunisten (Bolschewiki) wurden von dieser Überzeugung getrieben. Sie übersetzten in dieser Überzeugung einen Gedanken von Marx, den ich zum Vergleich mit der Keynesschen These ganz hier her setze:

---

[47] „Die Fachwissenschaft hat im Verlauf des 19. Jahrhunderts den Charakter einer Industrie angenommen", M. Heidegger (1961: 1), S. 267.

[48] Das Argument geht so: Die Profitrate r ist definiert durch den Mehrwert M, das konstante Kapital C (= Abschreibungen, Betriebskosten etc.) und das variable Kapital V (= Lohnkosten) mit $r = M/(C+V)$. Nun sieht Marx die Dialektik der historischen Entwicklung darin, dass der Profit durch eine laufend verbesserte Maschinerie gesteigert wird, was zu einer Erhöhung des Verhältnisses von Kapital zu lebendiger Arbeit führe. Die lebendige Arbeit ist $M+V$, die im Verhältnis zu C deshalb sinken müsse (Marx nennt das „organische Zusammensetzung" des Kapitals). Sein Argument lautet: Weil $(M+V)/C$ sinkt, deshalb muss $M/(C+V)$ sinken; vgl. MEW 25, S. 223. Das ist ein mathematischer Fehlschluss, wie sich auch formal zeigen lässt; vgl. K.-H. Brodbeck (1980), S. 51-54.

„Die *wahre Schranke* der kapitalistischen Produktion ist *das Kapital selbst,* ist dies: dass das Kapital und seine Selbstverwertung als Ausgangspunkt und Endpunkt, als Motiv und Zweck der Produktion erscheint; dass die Produktion nur Produktion für das *Kapital* ist und nicht umgekehrt die Produktionsmittel bloße Mittel für eine stets sich erweiternde Gestaltung des Lebensprozesses für die *Gesellschaft* der Produzenten sind. Die Schranken, in denen sich die Erhaltung und Verwertung des Kapitalwerts, die auf der Enteignung und Verarmung der großen Masse der Produzenten beruht, allein bewegen kann, diese Schranken treten daher beständig in Widerspruch mit den Produktionsmethoden, die das Kapital zu seinem Zweck anwenden muss und die auf unbeschränkte Vermehrung der Produktion, auf die Produktion als Selbstzweck, auf unbedingte Entwicklung der gesellschaftlichen Produktivkräfte der Arbeit lossteuern. Das Mittel – unbedingte Entwicklung der gesellschaftlichen Produktivkräfte – gerät in fortwährenden Konflikt mit dem beschränkten Zweck, der Verwertung des vorhandnen Kapitals. Wenn *daher die kapitalistische Produktionsweise ein historisches Mittel ist, um die materielle Produktivkraft zu entwickeln* (meine Hervorhebung, KHB) und den ihr entsprechenden Weltmarkt zu schaffen, ist sie zugleich der beständige Widerspruch zwischen dieser ihrer historischen Aufgabe und den ihr entsprechenden gesellschaftlichen Produktionsverhältnissen."[49]

Der Kapitalismus erscheint dem cartesianischen Beobachter in einer Weltgeistperspektive als eine historische *List*. Durch diese List ist die Phase des Kapitalismus nur ein *Mittel*, einen höheren Zweck (die Entwicklung der Produktivkraft) zu realisieren. Das Mittel hebt sich aber selbst auf, durch die dialektische Logik, worin ihr eigentliches Ziel – der Profit – sich als wahre Schranke erweist. Die dem Kapitalismus eigentümliche Verblendung der Denkformen, die Marx nicht in der Geldgier sieht, sondern in einem objektiv das Bewusstsein bestimmenden Fetischismus (vgl. 4.4.11), hat in der Profitrate ihr Herzstück. Die *Verwertung* des Kapitals ist eigentliches Ziel; um dieses Ziel zu erreichen, müssen als Mittel die Produktivkräfte historisch entwickelt werden. Dies führt aber schließlich dazu, dass die *Voraussetzungen* der Verwertung sich selbst aufheben. Die Profitrate sinkt, und der Kapitalismus schafft sich gleichsam selbst kraft eines historischen Mechanismus' ab. Der cartesianische Beobachter schaut hier nur zu und entnimmt aus der „stetig unter unseren Augen vorgehende Zersetzung der herrschenden Gesellschaftsordnung" die Gewissheit, dass die Bedingungen für jene, die eine Revolution der Verhältnisse durchführen, „auch die Bedingungen ihres (wenn auch sicher nicht idyllischen) unmittelbaren, nächsten Modus operandi"[50], objektiv vorhanden sind.

Die Marxisten haben versucht, diese objektiven Bedingungen, die in der sinkenden Profitrate ihren letzten Grund finden, als allgemeine Voraussetzung näher zu bestimmen. In diversen Rechnungen versuchten sie zu zeigen, wann der Kapitalismus an seine endgültige Schranke stoße, die ein Chaos der Gesellschaft auslöse und nur durch eine Revolution überwunden werden könne. Vor allem Henryk Grossmann hat die Marxschen Ansätze in eine allgemeine Zusammenbruchstheorie übersetzt, die von den Leninisten nur eher vage und allgemein als „Tendenz der Epoche" behauptet wurde.[51] Seine

---

[49] K. Marx, MEW 25, S. 260.
[50] K. Marx, MEW 35, S. 161.
[51] Vgl. H. Grossmann (1929). Vgl. dagegen: „Es hat also mit dem Untergang des Kapitalismus am Fall der Profitrate noch gute Wege, so etwa bis zum Erlöschen der Sonne." R. Luxemburg (1923), S. 411.

6.2.6 Sinkende Zinssätze und die Wiederkehr der Moral

durchweg fehlerhaften Ableitungen möchte ich hier nicht rekonstruieren.[52] Wichtig ist nur die Grundstruktur des hier erkennbaren Gedankens.

Wie Keynes die Geldgier für die Kapitalakkumulation *funktionalisiert* dachte, sie also gleichsam in eine List des Weltgeistes verwandelte, ebenso sehen die Kommunisten in den *objektiven* Aufhebungstendenzen eine Dialektik am Werke, die den Kapitalismus nach getanem historischem Dienst (Akkumulation von Reichtum) aufhebt und durch eine andere Form der Vergesellschaftung ersetzt. Für beide Traditionen steht hierbei eine *mechanische Tendenz* als Garant für diese Entwicklung in der Mitte: Die sinkende Profitrate oder der sinkende Zinssatz. Beide Traditionen, die marxistische und die bürgerliche von Mill bis Keynes, hegen die Illusion, die Geldgier sei nur ein *Mittel* in einem Prozess. Sie als Untugend *moralisch* zu begrenzen, ist für Marx nur eine Donquichoterie und für Keynes eine Unmöglichkeit, solange noch nicht genügend Kapital aufgehäuft ist. Gleichsam um eine *ethische Zumutung* abzuweisen, sagt Keynes am Ende seiner oben zitierten Überlegung:

> „Aber gemach! Die Zeit für all dies ist noch nicht reif. Für wenigstens weitere hundert Jahre müssen wir uns selbst und andere darauf verpflichten, dass Betrügen fair ist und Fairness Betrug, denn Betrug ist nützlich und Fairness ist es nicht. Gier, Wucher und Sicherheitsstreben müssen noch für ein wenig länger unsere Götter sein. Nur sie können uns aus dem Tunnel der ökonomischen Notwendigkeit hinaus ins Tageslicht führen."[53]

Die Leninisten hatten trotz ihrer Behauptung einer Zusammenbruchsepoche – anders als Rosa Luxemburg und einige „linke" Kommunisten – verstanden, dass man kaum hoffen dürfe, der Kapitalismus werde sich selbst abschaffen und auf der Grundlage eines Mechanismus kommunistische Verhältnisse herstellen. Sie gingen unabhängig von der angeblichen objektiven Reife des Kapitalismus unmittelbar zur Gewalt über und lieferten den Nachweis, dass aus einer gewaltsamen Organisation der Revolution nur die Gewalt als Vergesellschaftungsprinzip übrig bleibt. Keynes fand den Kommunismus abstoßend; er ergriff eindeutig Partei.[54] Gleichwohl erlag er derselben Illusion wie die Marxisten, die im Kapitalismus – wie immer seine „Reife" aktuell diagnostiziert werden mochte – ein listiges Mittel der Vernunft (oder der Natur) erblickten, menschlichere Verhältnisse bei einer reichlicheren Güterversorgung letztlich auch unter einer moralischen Ordnung herstellen zu können.

Der Fehler dieses Gedankens beruht in der völligen Fehleinschätzung der Geldgier. Sie lässt sich nicht in Dienst nehmen. Wie die Gewalt nicht ein Mittel ist, weil durch gewaltsame Veränderungen sich auch die *Subjekte* selbst in jene brutalen Sklaven der eigenen Verblendung verwandeln, die totalitäre Staaten kennzeichnet – ebenso ist die Entfesselung einer irrationalen Leidenschaft kein *Mittel*. Diese Entfesselung führt viel-

---

[52] Vgl. auch zur Rekonstruktion einiger Argumente anderer Zusammenbruchstheoretiker (Rosa Luxemburg, Otto Bauer und Paul Sweezy): N. Georgescu-Roegen (1967), Kapitel 12.

[53] J. M. Keynes, CW IX, S. 331. Die Moral ist auch bei Keynes *bedingt* durch die materiellen Verhältnisse. Das ist aber exakt die materialistische These: „Das Vorstellen, Denken, der geistige Verkehr der Menschen erscheinen hier noch als direkter Ausfluss ihres materiellen Verhaltens. Von der geistigen Produktion, wie sie in der Sprache der Politik, der Gesetze, der Moral, der Religion, Metaphysik usw. eines Volkes sich darstellt, gilt dasselbe." K. Marx, F. Engels, MEW 3, S. 26. Vgl. „Die Kommunisten predigen überhaupt keine Moral", S. 229 – wie Keynes: „Ich bin und bleibe ein Immoralist", J. M. Keynes (2004), S. 118.

[54] „I can be influenced by what seems to me to be justice and good sense; but the *class* war will find me on the side of the educated *bourgeoisie*." J. M. Keynes, CW IX, S. 297.

mehr zu einer grundlegenden Veränderung aller Denkprozesse und Formen der Vergesellschaftung. Die Geldgier dringt in alle Ritzen der Lebenswelt ein und gestaltet sie *von innen* um, auch durch eine psychische Reorganisation der Subjekte. Sie bewegen sich in einer fiktiven Welt, die immer wieder neu *so* als Bedeutung und als wirksame Produktion reorganisiert wird, dass die Veränderungen der Geldgier dienen, also einen Profit oder Zins abwerfen – unter völliger Blindheit gegenüber den angerichteten Verwüstungen der Lebensverhältnisse, der Psyche, des Intellekts und der Natursysteme.

Die letzte stille Revolution im Kapitalismus seit den 90er Jahren des ausklingenden 20. Jahrhunderts, die *politisch* unter dem dunklen Stern des Neoliberalismus steht, hat diesen Nachweis unmittelbar erbracht.[55] Seither geht die sich auf den Finanzmärkten bewegende Geldgier daran, die Unternehmen nicht nur – wie die Kaufleute im Früh- und Hochkapitalismus – der berechnenden Logik des Geldes zu unterwerfen und dabei sogar eine völlig neue Wissenschaft zu begründen (die mathematische Naturwissenschaft). Die Geldgier subsumiert sich den Verwertungsprozess selbst *unmittelbar*, diktiert dem Management eine Unternehmensorganisation, die *unmittelbar* zu einer Maximierung der *Rendite* führt. Weit davon entfernt, abhängig von einer mechanischen Kapitalakkumulation, sich sinkenden Profitraten gegenüberzusehen, geht das Finanzkapital daran, die gesamte Gesellschaft auf maximale Renditen umzuprogrammieren, Eigentumsrechte so einzusetzen, dass dieses Ziel jeweils erreicht wird und dabei – gleichsam nebenbei – sich auch der Reste verstaatlichter Sozialsysteme zu bedienen. Eine von dieser globalen Untugend infiltrierte Medienwelt ventiliert dies als „Reform", als *Deregulierung* und setzt dies durch die Propagierung der bloß erfundenen höheren Effizienz privater Ausbeutung auch erfolgreich in der Politik um.

Die von Keynes diagnostizierte Geisteskrankheit wird heute als *Normalität* definiert und das öffentliche, medial vermittelte Wissen so reinterpretiert – unter kräftiger Mithilfe neoliberaler Ökonomen –, dass alles, was sich nicht der Logik von Privateigentum und Geldgier (der Renditemaximierung) fügt, als *verrückt* oder als Ausdruck von Neid diffamiert wird. Die Keynesianer träumen von einer Rückkehr zur Illusion, man könnte die Geldgier freilassen, aber durch staatliche Wirtschaftspolitik in Dienst nehmen. Die wenigen Marxisten, die noch ihre Stimme erheben, sind von der leninistischen Gewaltdoktrin so grundlegend geprägt, dass sie an der kapitalistischen Wirklichkeit zwar gelegentlich die Phänomene klarer durchschauen, ansonsten aber nur die theoretischen Schranken ihrer Meister Marx und Lenin teilen. Der Zins hat alle Theorien, die ihn von einer *physis* gesteuert sahen, Lügen gestraft und die einfache Wahrheit offenbart, dass eine von einer *irrationalen Gier* gelenkte Welt auch genau *so* aussieht.

Eine wichtige und notwendige Ergänzung: Aus der Einsicht, dass die Geldgier sich nicht von einer mechanischen Schranke begrenzen lässt, ergibt sich keineswegs, dass die schlechte Unendlichkeit des *Mehr!* nicht *faktisch* auf Grenzen, vor allem auf begrenzte Ressourcen stößt. Das von Erdöl befeuerte Zeitalter geht zur Neige – gleichgültig, ob sich diese Schranke durch ein Fördermaximum (*peak oil*) oder die Unmöglichkeit, das Erdklima noch weiter mit steigendem CO_2 aus der Erdölverbrennung zu belasten, zeigen wird. Andere Ressourcen offenbaren gleichfalls in Relation zum steigenden Bedarf der Weltbevölkerung ihre Schranke. Der Glaube, dass dieser objektive Zwang zur Begrenzung des Ressourcenverbrauchs allerdings *die Moral* automatisch wieder in ihr Recht setzt, ist naiv. Der von der Geldgier befeuerte Verbrauch hat sich in seiner Dynamik dem abstrakten Mehr der Geldform untergeordnet und programmiert weiter weltweit die Bedürfnisse fern aller moralischen Begrenzung auf Wachstum – bis an die Schranken der Erde. Ungeachtet dieser immer mehr und überdeutlich in den

---

[55] Vgl. ausführlich dazu K.-H. Brodbeck (2006e).

6.2.6 Sinkende Zinssätze und die Wiederkehr der Moral

Blick geratenden *äußeren* Schranken hat dies noch keinen inneren Wandel des Geldsubjekts herbeigeführt. Das *destruktive* Potenzial der Geldgier, das sich mehr und mehr auch militärischer Mittel bedient, ist noch keineswegs ausgeschöpft, falls die Menschen nicht sehr bald und in globalem Akkord ihr Bewusstsein von der Herrschaft der Geldgier befreien. *Möglich* ist solch ein Wandel, eben weil das Geld auf der kollektiven Täuschung des Denkens beruht. Jeder globale Crash an den Finanzmärkten oder im Bankensystem erteilt hier eine überdeutliche Lektion. Und Kriege, Wirtschaftskrisen und weltweiter Hunger produzieren durchaus auch subjektiv ein Potenzial bei Betroffenen, die sich nicht mehr jede Zumutung gefallen lassen werden. Die Menschen sind lernfähig. Nicht eine *fremde* Macht beherrscht sie. Sie handeln *selbst* in der Geldform und im Wahn der Geldgier – also können sie es auch *lassen*.

6.3 Kritik der Zinstheorien II: Zur Geschichte der Zinstheorien

6.3.1 Vorbemerkung

Der allgemeine Fehler der Zinstheorien, ihre *strukturelle* Illusion, die sie andererseits zum Mitwirken am *Gelten* dieser Illusion befähigt, ist die von Aristoteles schon kritisierte und erkannte Verwechslung gesellschaftlicher Kategorien (*nomos*) mit Naturkategorien (*physis*). Faktisch läuft dieser Versuch immer wieder auf den Fehler hinaus, das Zinsphänomen vom Geld, von den Geldsubjekten *trennen* zu wollen, um etwas *hinter* der tatsächlich ausgeübten Herrschaft der Geldgier zu suchen, das sie angeblich „rational" und damit auch *entschuldbar* mache. Die schlichte, von Platon über die Scholastiker bis zu Keynes ausgesprochene Erkenntnis, dass die Geldgier eine *Untugend* ist, dass – wenn man schon Kategorien des Natürlichen als Maß heranzieht – das ihr eigentümliche Denken, Fühlen und Handeln eine *Erkrankung* dessen darstellt, was Menschen *natürlich* zukommt, bleibt unerkannt, wenn das Geldsubjekt seine eigene Leidenschaft in der ihm nur zugänglichen Form reflektiert.

Die Geldgier ist eine *mechanische, unmenschliche* Leidenschaft. Deshalb sieht die Welt, die von ihr organisiert wird, auch so aus: Jenen, die sich in die Macht der Prozesse einfügen können, die die Geldgier zur Institution gemacht hat, eröffnet die Gewalt über die Produktion, die Bedürfnisse und die ausgebeutete Natur eine privilegierte Stellung in der Gesellschaft; alle übrigen bleiben Dispositionsmasse an den Rändern der globalen Märkte. Die totalitäre Herrschaft dieser Irrationalität im Königskleid der Ratio braucht den Vergleich mit den Opfern anderer totalitärer Herrscher nicht zu scheuen. Die ihr eigene Mischung aus Cleverness und Dummheit hat zugleich die Wahrnehmung dieser Welt mehr und mehr so manipuliert, dass noch die Informationsprozesse nur solche fiktiven Entitäten schaffen, die ihrer Entfaltung dienen. Dabei macht die Geldgier weder vor den täglich ca. 100.000 Menschen Halt, die *trotz der objektiven Produktionsmöglichkeiten, deren Bedürfnisse befriedigen zu können*, an den Schranken des Weltmarkts verhungern oder an den unmittelbaren Folgen von Hunger sterben; zu schweigen von Kriegen und Bürgerkriegen, motiviert durch alle Varianten der Geldgier.

Was ist aber auch von einer Leidenschaft zu erwarten, die Keynes zu Recht *pathologisch* nennt? Das *Offensichtliche* ist zur Gewohnheit geworden; es genügt, mit einem ruhigen Blick Händlern an den Wertpapierbörsen zuzuschauen, um einen unmittelbaren Eindruck dieser mechanischen Verrücktheit zu gewinnen. Die Ökonomen haben in ihrer klassischen Zeit – von Petty bis zu Mill und Marx – kein Blatt vor den Mund genommen und das *Offensichtliche*, soweit es in ihrer Zeit schon sichtbar wurde, auch benannt. Man erkennt bei den Klassikern in der Erklärung des Zinses noch ein wirkliches Bemühen, das Rätsel zu lösen.

Auch hier hat Marx neben Aristoteles mit weitem Abstand die fruchtbarste Theorie entwickelt, die zwar unter seiner falschen Werttheorie leidet, gleichwohl aber viele richtige Einsichten enthält. Was nachfolgte an Zinstheorien – von denen ich die wichtigsten und heute wirksamsten Formen (die Theorie von Böhm-Bawerk und Wicksell) bereits umrissen und kritisiert habe –, kann nicht nur als Ausweichen vor allen wirklich wichtigen Fragen gelesen werden, sondern trägt unverkennbare Züge einer *Abwehr* der Marxschen Kritik. Die apologetische Absicht steht den meisten Theorien ins Gesicht geschrieben.¹ An dem, was eine Theorie zum Zins zu sagen hat, ist zu erkennen, wie tief sie bei der Erkenntnis der Wirtschaft vorgedrungen ist.² Ich werde deshalb nachfolgend nur wichtige Wegmarken in der Zinstheorie beschreiben, die von Benthams Verteidigung des Wuchers bis zu den Kritikern des Zinses die Frage nach seinen Quellen im Auge hatten und jeweils einige wichtige Aspekte herausarbeiteten.³

Im Anschluss an die Darstellung der Benthamschen Theorie greife ich zentrale Aspekte der Marxschen Exploitationsthese auf und werde sie von einigen Beschränkungen befreien, die einen ungetrübten Blick auf das Rätsel des Zinses verhindern und zugleich die Marxsche Fragestellung radikalisieren. Es schließt sich eine kritische Durchleuchtung der Kreislauftheorien des Zinses an, die als Brücke von der Marxschen zur Keynesschen Theorie gelesen werden können. Den Keynessche Entwurf selbst untersuche ich parallel zu Schumpeters Zinstheorie, die beide als komplementäre Erklärungen gelesen werden können und sich beide an einer monetären Zinserklärung versuchten. Ich schließe meine Darstellung mit einer Diskussion der Geld- und Zinstheorie von Silvio Gesell ab, die Keynes inspiriert hat und die neben dem Marxismus die einzig nennenswerte Zinskritik im reifen Kapitalismus formulierte. Die kritische Bezugnahme auf diese Ansätze dient nicht nur dazu, die historische Denkbewegung nach der moralischen Zinskritik des Mittelalters zu ergänzen, diese Darstellung erlaubt es mir zugleich, die oben entwickelte Analyse von Zins und Gewinn im Kontrast zu weniger oder mehr bekannten modernen Zinserklärungen zu vertiefen und zu ergänzen.

6.3.2 Benthams Verteidigung des Wuchers

In der 1787 erschienen Schrift von Jeremy Bentham *Defence of Usury*⁴ hat die Geldgier des Geldsubjekts ihr volles Selbstbewusstsein erreicht. Benthams in der Geschichte der Zinstheorie an Bedeutung kaum zu überschätzende Schrift – erreicht die Geldgier doch hier jene Denkform, in der sich die Gegenwart immer noch kategorial bewegt – besteht aus Briefen an verschiedene Personen. Bentham reiste im August 1785 nach Russland, um seinen Bruder zu besuchen und erfuhr von George Wilson davon, dass die englische Regierung durch Gesetze den Zinssatz zu beschränken versuche. In einer Folge von Briefen, der bekannteste davon richtete sich an Adam Smith, entwickelte er seine Argumente zur Verteidigung des Wuchers.⁵ Smith, so kann man aus einigen Zeugnissen entnehmen, zeigte sich von Benthams Argumenten sehr beeindruckt⁶, und es wird sog-

---

¹ „Konsequent müssen wir auch in der Lehre Böhm´s eine unzweideutige Rechtfertigung des Zinses erblicken." E. Sax (1916), S. 237.

² „For much of our outlook on economic life and on its most pressing practical problems depend upon the views about the nature and function of interest which we happen to hold." J. A. Schumpeter (1948), S. viii.

³ Ich habe an anderer Stelle einen kritischen Überblick über alternative Zinserklärungen und ihre Kritik bereits vorgelegt, auf die ich interessierte Leserinnen und Leser verweisen darf; K.-H. Brodbeck (1996a), Kapitel 17: „Zur Geschichte der Zinstheorien"; vgl. auch (1981), Anhang B, und (1983a; 1983d; 2002c).

⁴ Vgl. J. Bentham, EW 1, S. 123-218; vgl. auch die dritte Auflage: J. Bentham (1817).

⁵ Vgl. die Dokumentation der Herausgeber im Appendix C „Jeremy Bentham´s Letters´ to Adam Smith (1787, 1790); A. Smith (1987), S. 386-404. Der Text ist identisch mit der Ausgabe von W. Stark: J. Bentham, EW 1. Die Diskussion mit Smith und die Rolle des Wucherers analysiert auch R. Cumming (1981).

⁶ „Apparently Adam Smith agreed in the main. Wilson wrote again to Bentham about his book on 4 December 1789: 'Did we ever tell you what Dr Adam Smith said to Mr William Adam, the Council M.P., last summer in Scotland. The Doctor's expressions were that 'the

art vermutet, dass er in einer Neuauflage von *Wealth of Nations* diese Einwände berücksichtigen wollte.

Bevor ich auf Benthams Smith-Kritik eingehe, skizziere ich in Umrissen die Ethik, die er entwickelte, den *Utilitarismus*. Die von Bentham vorgetragenen Argumente zur Verteidigung des Wuchers enthalten alles, was die anglo-amerikanische Ökonomik nachhaltig in ihrem nachklassischen Stil prägte: Die oberflächliche Cleverness des rechnenden Denkens, unter deren Hülle sich eine Moral der Ignoranz gegenüber den Opfern der Geldgier verbirgt. Der Totalitarismus des Marktes, die *Gleich-Gültigkeit* der Geldrechnung gegenüber allen qualitativen Inhalten, findet bei Bentham sein Selbstbewusstsein, das sich von letzten Skrupeln, von denen die klassische Ökonomik noch geplagt war und die schließlich im Marxismus als logische Konsequenz zu sich kamen, befreit.

Bentham hebt die Herrschaft der Moral über die Leidenschaft dadurch auf, dass er die Moral selbst in eine Berechnung nach dem Modell der Buchführung verwandelt. Hatten die Kaufleute zuerst sich die menschliche Produktion untergeordnet, indem sie die technischen Abläufe mehr und mehr der Kostenrechnung unterwarfen und in der *berechnenden Kontrolle* natürlicher Prozesse zugleich die Grundlage für die moderne Naturwissenschaft legten, so hat schrittweise die Geldform auch die *menschliche Seele* erobert und ihr die Formen des rechnenden Denkens überlagert. Dadurch emanzipierte sich das Geldsubjekt, das alle Laster in dem einen – der Geldgier – konzentrierte und alle übrigen Formen menschlicher Subjektivität der Berechnung unterwarf. Bentham vollzog diesen letzten Schritt, indem er auch die *Reflexion* über moralisches Handeln durch ein Kalkül ersetzte. Die interne Buchhaltung der Psyche wägt in einer in ihrer Qualität nicht explizierten Einheit (Lust und Unlust genannt) bei allen Handlungen, Wahrnehmungen und psychischen Phänomenen Nutzen und Kosten gegeneinander ab. Und diese Kalkulation nennt Bentham *Ethik*; in der Nachfolge: *utilitaristische Ethik*.

Es ist hier nicht der Ort, die verschiedenen Formen von Utilitarismus – von Mills kritischer Reformulierung über Henry Sidgwicks Kanonisierung bis zu John Rawls Neuauflage – genauer darzustellen. Die *Grundelemente* dieser Denkform sind zu einem allgemeinen Volksvorurteil geworden, entsprechen sie doch *exakt* der Selbstreflexion des Geldsubjekts. Zudem hat die Diskussion über den Utilitarismus, sobald Philosophen sich seiner annahmen, dessen *eigentliche* kategoriale Matrix kaum jemals in den Blick bekommen: Die als seelischer Prozess interpretierte Buchhaltung des Geldsubjekts. Die Ökonomen, weniger von begrifflichen Skrupeln geplagt, haben Benthams oberflächliche Cleverness in das übersetzt, was sie von ihrer Geburtsstunde an war: eine Gewinn- und Verlustrechnung. Der Handelnde wägt die Kosten seines Handelns jeweils in einer fiktiven Einheit gegen ihren Nutzen ab. Die dunkle, unentschlüsselte Natur der Geldeinheit kehrt hier wieder als metaphysische Entität „Nutzen", in der man Güter gegen den Un-Nutzen (*disutility*) des Handelns abwägt.

Alle *kategorialen* Verhältnisse sind hier in einer hermetischen Oberfläche der Rechnung ausgelöscht. Das Geldsubjekt kennt keine Qualitäten, weil es *alle* Qualitäten auf eine, ihm selbst als notwendiges Rätsel vorausgesetzte Einheit in Gleich-Gültigkeit bezieht. Das ist der einfache Grund für die Metaphysikfeindschaft jener Denkform, die für die anglo-amerikanisch geprägte Welt charakteristisch ist. Metaphysik ist die Selbst-

---

Defence of Usury was the work of a very superior man, and that tho' he had given [Smith] some hard knocks, it was done in so handsome a way that he could not complain,' and seemed to admit that you were right." Appendix C in: A. Smith (1987), S. 387. Ricardo hat, ohne sich ausdrücklich auf *Defence of Usury* zu berufen, Benthams Argumente teilweise wiederholt; vgl. D. Ricardo, WW 6, S. 97, 110 und 342.

reflexion der Kategorien, in denen man sich je schon denkend bewegt, also der Versuch, sie in eine begrifflich genaue Form zu fassen. Und diese Selbstreflexion wird zunächst vom Geldsubjekt und seinem berechnenden Denken überlagert, später ersetzt. Die vollständige Substitution heißt *Science*, die zugehörige Ethik *Utilitarismus*, die *kulturelle* Form ist englisch und ihr Klassiker heißt Jeremy Bentham.

> „Jeremias Bentham ist ein rein englisches Phänomen. (...) Bentham macht kein Federlesens. Mit der naivsten Trockenheit unterstellt er den modernen Spießbürger, speziell den englischen Spießbürger, als den Normalmenschen. Was diesem Kauz von Normalmensch und seiner Welt nützlich, ist an und für sich nützlich."[7]

Bentham hat das mit sich noch zerrissene Subjekt bei Adam Smith einer monetären Psychoanalyse unterworfen und die Dualität von Sympathie und Eigennutz beseitigt. Bentham hebt zuerst die klassische Arbeitswertlehre auf und erklärt, dass der Wert eines Dings im Austausch „vollständig abhängig und proportional ist zu seinem Wert auf dem Wege seiner Nutzung".[8] Die aristotelische *eudaimonia* wird von Bentham mit *Happiness* übersetzt, als Streben nach *Happiness*, „und diese Tendenz in jeder Handlung ist es, was wir *Nutzen* (*utilitiy*) nennen."[9] Handeln heißt dann einfach, die Summe des Nutzens zu maximieren, der sich als buchhalterisch verzeichnete Differenz aus der Summe der *pleasures* und der Summe der *pains* eines Individuums ergibt. Bentham nennt das auch „the happiniess-numeration principle"[10]. Der Nutzen ist auf den ersten Blick ein neues Prinzip. Es soll eine Eigenschaft irgendeines Objekts sein (*property of any object*), den *Objekten* also offenbar sachlich zukommen. Als Beispiele für Nutzen nennt Bentham „Gewinn" und „Vorteil" (*benefit, advantage*) noch vor Freude und Glück, nicht ohne hinzuzufügen: „alles dies läuft auf dasselbe hinaus"[11].

Die *qualitative* Seite dieses buchhalterischen Verhältnisses zu allen Dingen und zur eigenen Seele zeigt sich bei Bentham in einem konsequenten Nominalismus der Beliebigkeit: Er definiert munter drauf los, um Wissenschaften und ihre Teile einzuteilen, verpasst ihnen eine Vielzahl neuer Namen, ohne auch nur einmal zu versuchen, den darin gefassten *Begriff* in ein Argument zu bringen. Die Waren des Wissenschaftsmarktes müssen nur sauber *gekennzeichnet* sein; das genügt.[12] Das einzig *qualitative Prinzip* in seiner nominalen Verrechnung bleibt die *Rechnung*, die Kalkulation von Handlungselementen. Alles zusammen ergibt die Summe des Reichtums, und „jedem Partikel der Materie von Reichtum korrespondiert ein Partikel der Materie von Glück (*happiness*)", weshalb das Handeln der Regierung sich darauf beschränken kann, die Summe des

---

[7] K. Marx, MEW 23, S. 636, Note.

[8] J. Bentham, EW 1, S. 108.

[9] J. Bentham, EW 1, S. 101.

[10] J. Bentham, EW 1, S. 102 und 91. Bentham verweist unmittelbar auf die Herkunft seines Gedankens, wenn er sagt, Motive rührten von einer Kalkulation her, die sich direkt auf das Geld bezieht, sowohl in ihrer inneren Form wie ihren äußeren Ursachen: „1. The *internal* perception of any individual lot of pleasure and pain, the expectation of which is looked upon as calculated to determine you to act in such or such a manner; as the pleasure of acquiring such a sum of money, the pain of exerting yourself on such an occasion, and so forth: or, 2. Any *external* event, the happening whereof is regarded as having a tendency to bring about the perception of such pleasure or such pain; for instance, the coming up of a lottery ticket, by which the possession of the money devolves you", J. Bentham (1823), S. 99.

[11] J. Bentham (1823), S. 2.

[12] Vgl. die Vielzahl von Definitionen, die Bentham ohne eine Spur von Kategorienanalyse hintereinander einfach *zählt*, auf-zählt; J. Bentham, EW 1, S. 82-91.

Glücks zu maximieren.¹³ Doch was *als Glück* erscheint, ist nur das, was ein cartesianischer Beobachter erkennt: den Geldwert von Waren.

Die Inhalte der Moral haben keine Bedeutung; es sind nur „Wolken, die vor der Relation zwischen Ursache und Wirkung hängen", und diese Relation bezieht nur die „Elemente einer Kalkulation" aufeinander.¹⁴ All dies macht die *natürlichen* Eigenschaften der Menschen aus, „the common constitution of man's nature"¹⁵. Doch hinter all den Neudefinitionen, dem erfundenen „Nutzen", einer Reichtumsmaterie, die man addieren kann, all den Kalkulationen, die Bentham vornimmt und die bis heute die Köpfe der Ökonomen verhexen und verwirren, steht nur *ein* einfaches Prinzip, das in dieser idealtypischen Selbstreflexion des Geldsubjekts immer schon vorausgesetzt ist: „Geld ist das Instrument, die Quantität von Leid oder Freude zu messen." Entweder, so Bentham, man findet ein besseres Messinstrument, oder man habe sich gefälligst aus der Politik und der Moralwissenschaft zu verabschieden.¹⁶

Alle Einsicht, dass das Geld als Form der Vergesellschaftung und die daraus hervorsprießende Geldgier im Wucher eine von der Moral zu bekämpfende, wenigstens sie zu begrenzende *Untugend* sei – Gemeingut der aristotelischen Tradition in der Ökonomik –, diese Einsicht ist hier nun völlig ausgetilgt, schon als bloße Möglichkeit. Geld wäre nur *dann* als Recheneinheit zu ersetzen, wenn man ein *besseres* Geld dafür vorschlüge. Das Geldsubjekt ist bereits hermetisch in seiner eigenen Logik gefangen, setzt sie mit „der menschlichen Natur" gleich und verwandelt die Subjektivität in einen Rechenautomaten, der alles über einen Kamm schert und Ursache und Wirkung mit Buchhaltung verwechselt. In dieser Verwandlung der menschlichen Psyche und der ethischen Reflexion in die Borniertheit einer simplen Kalkulation erscheint die Geldgier vollendet als *berechnende Ratio*. Deshalb war es auch Bentham, der die Beurteilung des *Wuchers* vollständig revolutionierte. Die vielen Skrupel, in denen sich in zaghaften Schritten sowohl bei den Ökonomen wie den Rechtswissenschaftlern durch eine Kasuistik der Ausnahmen eine Loslösung vom mittelalterlichen Zinsverbot vorbereitete, fegt Bentham mit einem Streich vom Tisch.

Smith hatte sich vom Wettbewerb und einer liberalen Gesetzgebung nicht die *Freisetzung* des Wuchers, sondern dessen Begrenzung erwartet. Er spricht noch vom „evil of usury"¹⁷. Den Wucher wie den Zins beschreibt Smith als *Teil* des Profits; vom Wucher sagt er, er verzehre in vielen Fällen große Teile des Profits („eat up the greater part of those profits"¹⁸). Smith argumentiert nicht gegen den Wucher *als* Wucher; er kritisiert nicht die Sache, den Zweck, und bezieht auch keine *moralische* Position. Er *rechnet* aber anderen vor, dass sie ihre Absichten, ihren Zweck durch ihre eingesetzten Mittel gar nicht erreichen. Smith sagt über die Wuchergesetze:

---

¹³ J. Bentham, EW 1, S. 113.

¹⁴ Vgl. J. Bentham, EW 1, S. 95.

¹⁵ J. Bentham, EW 1, S. 101. Vgl. „Nature has placed mankind under the governance of two sovereign masters, *pain* and *pleasure*. It is for them alone (!) to point out what we ought to do, as well as to determine what we shall do." J. Bentham (1823), S. 1.

¹⁶ „The Thermometer is the instrument for measuring the heat of the weather (…). Money is the instrument of measuring the quantity of pain or pleasure. Those who are not satisfied with the accuracy of this instrument must find out some other that shall be more accurate, or bid adieu to politics and morals." J. Bentham, EW 1, S. 101.

¹⁷ A. Smith (1979a), S. 106.

¹⁸ A. Smith (1979a), S. 111.

6.3.2 Benthams Verteidigung des Wuchers

„Diese Regelung, anstatt ihn zu verhindern, hat, wie die Erfahrung zeigt, nur das Übel des Wuchers vergrößert."[19]

Man kann also sagen, dass Smith am Wucherverbot aus einem undurchsichtigen Grund festhielt, der nicht aus der Grundstruktur seines Systems rekonstruiert werden kann.

Bentham hat diese *Inkonsequenz* sehr klar erkannt und aufgedeckt. Wenn man eine Vergesellschaftung über freien Tausch und Geldverkehr als „natürliches System der Freiheit" verteidigt – wie Adam Smith –, so muss in logischer Konsequenz *jede* gesetzliche Einschränkung dieser Freiheit verurteilt werden. Er wendet Smith' Axiom gegen Smith selbst und fordert für jeden die „Freiheit, seine eigenen Bedingungen in Geldgeschäften festlegen zu können". Bentham sagt:

> „Niemand in reifen Jahren und einem gesunden Geist, frei und mit offenen Augen handelnd, sollte gehindert werden, mit Blick auf seinen eigenen Vorteil, solche Geschäfte durchführen zu können, um Geld zu erhalten, wie er es für richtig findet, noch – was eine logische Konsequenz darstellt – sollte jemand gehindert werden, (Geld) anzubieten auf der Grundlage welcher Bedingungen auch immer, die ihm angemessen erscheinen und denen er zustimmt."[20]

In diesem Argument ist *kategorial* die konsequente Oberflächlichkeit des Geldsubjekts ausgedrückt. Bentham betrachtet die Tauschformen auf den Märkten ohne jeden Unterschied, ob sie nun die Form W-G-W' annehmen oder als G-W-G' bzw. G-G' erscheinen. Auf der Oberfläche der frei ausgehandelten Kontrakte sind all diese Geschäfte gleichwertig, und die Freiheit der Eigentümer, beliebige Verträge zu schließen, sofern nur *beide* einwilligen – so lautet das Argument –, darf auf keine Weise gehindert werden.

Die *kategoriale* Differenz zwischen den Formen W-W' und G-G', die Aristoteles erkannte und die zu seiner Verurteilung des Zinses führte, also die Differenz zwischen Geld als Mittel und Geld als Zweck, bleibt dem *common sense* des Geldsubjekts verborgen. Es kennt nur ein Mehr oder Weniger, keine qualitative Differenz wie die zwischen Zweck und Mittel. Smith hatte offenbar – sonst wäre er von Benthams Einwand nicht beeindruckt worden – die oberflächliche Gleich-Gültigkeit der Denkform des cartesianischen Subjekts schon akzeptiert; eben deshalb findet sich bei ihm auch kein wirkliches *Argument* gegen den Wucher, sondern nur die *Gewohnheit*, mit den tradierten Rechtsformen den Wucher unreflektiert als „Übel" zu beschreiben. Hier hatte also Bentham nicht nur leichtes Spiel; er brachte die im Smith-System vorliegende Struktur nur zur logischen Konsequenz.[21]

Doch Bentham ging noch weiter. Er hat – und darin besteht wohl ökonomisch sein wichtigster, wenn auch kaum rezipierter Beitrag – auch zugleich eine *Begründung* versucht, weshalb vom Wucher nicht nur kein *Schaden*, sondern eine *wohltätige* Wirkung ausgehe. Ähnliche Gedanken finden sich, genauer durchgearbeitet, erst deutlich später wieder bei Fichte, Thünen, implizit bei Marx und vor allem dann bei Schumpeter. All-

---

[19] A. Smith (1979a), S. 356.
[20] J. Bentham, EW 1, S. 102 und 91. In seinen *Principles of Morals and Legislation* ergänzt Bentham: „Usury, which, if it must be an offence, is an offence committed with consent, that is, with the consent of party supposed to be injured, cannot merit a place in the catalogue of offences, unless the consent were either unfairly obtained or unfreely", J. Bentham (1823), S. 252, Note 1.
[21] Übrigens finden sich in der französischen Freihandelsschule schon Vorläufer für ähnliche, wenn auch nicht so klar und konsequent wie von Bentham formulierte Argumente.

gemein gesagt kann man diesen Gedanken so zusammenfassen: Der Wucher ist erlaubt und sogar erwünscht, weil durch die hohen Wucherzinsen *neue Projekte* ermöglicht werden, die insgesamt den Fortschritt vorantreiben und die wirtschaftliche Entwicklung fördern. Auch darin übernimmt Bentham durchaus ein Motiv von Smith, der den *progressive state* als den überlegenen bezeichnet. Allerdings hat sich Smith nicht wirklich klar gemacht, inwiefern dieser Prozess *vorwiegend* von Neuerungen, von Innovationen getragen wird. Und in diesem Gedanken liegt zugleich der Versuch, eine Antwort auf die Frage nach den *Quellen* des Zinses zu geben.

Bentham hat die bereits vor ihm auch in der Gesetzgebung entwickelte Vorstellung übernommen, dass „Wucher" nicht das Zinsnehmen überhaupt charakterisiert, sondern nur die überhöhten Zinsen. Lässt man sich auf diese Umdefinition ein – Wucher bedeutet ursprünglich *jeder* Zins –, dann haben die Verteidiger des Wuchers leichtes Spiel: Denn welches sollte das richtige Maß für einen „wucherfreien" Zinssatz sein.[22] Smith übernimmt, wenn auch mit erkennbarem Zögern, die Vorstellung, dass die gesetzlichen Höchstgrenzen für Zinssätze zugleich die Grenze darstellen, ab der das *evil of usury* einsetzt. Als rationellen Kern kann man bei Smith entdecken, dass die bei der „Projektemacherei" bezahlten hohen Zinsen deshalb abzulehnen seien, weil sie volkswirtschaftlich Kapital fehlleiten und in unsinnigen Projekten vernichten. Er hat hier so wenig wie viele späteren Ökonomen verstanden, dass Kosten für Innovationen nicht kausal kalkulierbar sind. Man weiß nicht, welches von zahlreichen Projekten erfolgreich sein wird, *bevor* man dieses Projekt durchführt. Die erfolgreichen Projekte sind nicht antizipierbar, und die hohen dafür bezahlten Zinsen enthalten zugleich die Kosten für die gescheiterten Projekte. Dies kann jedenfalls als rationeller Kern der Benthamschen Reflexion rekonstruiert werden. Bentham entdeckt und betont den Zusammenhang zwischen Innovation und Zins, denn, sagt er, was wir heute als institutionalisierte Produktionsmethoden betrachten, „war das nicht, zu einer bestimmten Zeit, Innovation?"[23]

Smith wusste, dass neue Manufakturbetriebe den Innovatoren (*projectors*) außergewöhnliche Profite erbringen:

> „Die Gründung irgendeiner neuen Manufaktur, irgend einer neuen Branche des Handels oder irgend einer neuen Technik in der Agrikultur, ist immer eine Spekulation, von der sich der Innovator selbst außergewöhnliche Profite verspricht. Diese Profite sind manchmal sehr groß, und manchmal, vielleicht viel häufiger, ganz anders (...). Wenn ein Projekt überlebt, sind die Profite zuerst sehr hoch. Wenn der Handel oder die Technik gründlich eingeführt und allgemein bekannt ist, dann reduziert der Wettbewerb diese Profite auf das Niveau anderer Handelszweige."[24]

---

[22] Indem Bentham auf verschiedenste Zinssätze in unterschiedlichen Wuchergesetzen verweist, kommt er zum Ergebnis: „Now, of all these widely different rates, what one is there that is intrinsically more proper than another? What is it that evidences this propriety in each instance? What but the mutual convenience of the parties, as manifested by their consent? It is convenience then that has produced whatever there has been of custom in the matter: What can there then be in custom, to make it a better guide than the convenience which gave it birth? And what is there in convenience, that should make it a worse guide in one case than in another? It would be convenient to me to give 6 per cent. for money: I wish to do so. 'No,' (says the law) 'you shan't.' – Why so? 'Because it is not convenient to your neighbour to give above 5 for it.' Can any thing be more absurd than such a reason?" J. Bentham, EW 1, S. 132.

[23] J. Bentham, EW 1, S. 172.

[24] A. Smith (1979a), S. 131f.

6.3.2 Benthams Verteidigung des Wuchers

Bentham, der diese Stelle zitiert, verweist Smith höflich auf die Inkonsistenz in seinem Argument: Weshalb sollte man durch ein *Gesetz* die Profite und damit den Zinssatz begrenzen, wenn Smith selbst das Gegenargument – die sinkenden Profite durch die Verallgemeinerung der neuen Technik – anführt?

Smith hatte gesagt, dass die Menschen zwar von einer Leidenschaft getrieben würden, von der Selbstliebe; doch er betonte gleichzeitig, dass der *Wettbewerb* der Leidenschaften untereinander diese begrenzen würde. Dieses Argument der „Freiheit" kehrt nun Bentham auch bezüglich des Zinses gegen Smith. Weshalb, fragt Bentham, sollte deshalb eine Regierung „versuchen, das Handeln der Menschen zu kontrollieren, das sichtbar und unleugbar unter der Herrschaft einer *Leidenschaft* steht"[25]? Und er bringt hier ein Argument vor, das später vom Neoliberalismus Hayeks endlos wiederholt wurde: Woher sollte die Regierung über das nötige *Wissen* verfügen, das die Handlungen aus Leidenschaft auf ein richtiges Maß begrenzen würde? Eine *moralische* Vergesellschaftung (so kann man diesen Gedanken rekapitulieren) unterstellt die Allwissenheit der Regierung. Wir dürfen, sagt Bentham, „nicht vergessen, dass auf der Seite der Individuen in ihrem harten Wettbewerb es perfektes und genaues Wissen und Informationen gibt, die von Interesse sind", während auf der Seite des Gesetzgebers „das vollkommenste Nichtwissen herrscht. Alles, was er weiß und wissen kann, ist nur, dass ein Unternehmen ein *Projekt* (sc. eine Innovation) ist", die ihm befremdlich erscheint. Und Bentham fasst diesen Gedanken so zusammen: „Sollen die Blinden die Blinden leiten?"[26]

Für die Zinstheorie zieht nun Bentham aus diesen Überlegungen seine entscheidenden Schlussfolgerungen. Er macht sie nie wirklich explizit, gleichwohl sind sie in seinen Briefen, abgedruckt in *Defence of Usury*, als Argument implizit enthalten. (1) Wie spätere Ökonomen, lässt sich auch Bentham vom „Zeitargument" blenden, d.h. von der Tatsache, dass der Zinssatz *formal* pro Zeiteinheit gerechnet wird.

„Geld zu gewinnen auf Zins, ist ein Austausch gegenwärtigen Geldes für einen Zins, ist ein Austausch gegenwärtigen Geldes für zukünftiges."[27]

Jene, sagt Bentham polemisch gegen das christliche Zinsverbot, „die die Gegenwart für die Zukunft opfern, sind das natürliche Objekt der Missgunst für andere, die die Zukunft der Gegenwart opfern."[28] Hier schlummert gleichsam schon Böhm-Bawerks Zeitpräferenz und wartet darauf, als „Theorie" ausgearbeitet zu werden.[29] (2) Ferner findet sich bei Bentham der Gedanke, dass der Zins eine „Risikokomponente" enthalte. Höhere Zinssätze sind gleichsam von selbst gerechtfertigt bei jenen Projektemachern, die auch höhere Risiken tragen. (3) Ferner, auf den Spuren des von Smith schon vorgetragenen Arguments, sagt Bentham weiter, dass die höheren Profite bei den Projektemachern es deshalb auch *erlauben*, höhere als die gewöhnlichen Zinssätze zu bezahlen. Sie nehmen also Wucherzinsen in ihrem eigenen Interesse in Kauf, und keine Regierung darf ihnen hier dreinreden. Mit Blick auf die 5%, die im Gesetz als Höchstgrenze festgeschrieben

---

[25] J. Bentham, EW 1, S. 178.
[26] J. Bentham, EW 1, S. 178; es sollte aus dem vorhergehenden Gedanken erschlossen wohl richtig heißen: ‚Sollen die Blinden die Sehenden leiten?'
[27] J. Bentham, EW 1, S. 132.
[28] J. Bentham, EW 1, S. 159.
[29] Böhm-Bawerk hat bei Bentham eine Vorform seiner Theorie von der Zeitpräferenz gesehen; die Pointe in dessen Wucherkritik blieb ihm offenbar verschlossen, vgl. E. v. Böhm-Bawerk (1921: I), S. 300ff.

sind, sagt Bentham deshalb: „Insofern die Situation für jemand so ist, dass er aus dem Gebrauch von Geld z.B. 11% herausholen kann, so sind sechs Prozent ebenso adäquat wie fünf Prozent" als Kreditzinsen. Und wenn jemand „einen Verlust von 11% macht, sind gleichfalls 6% ebenso angemessen wie 5%."[30]

Bentham liefert zwar keine ausgearbeitete Zinstheorie, aber er hat alle wesentlichen Voraussetzungen für die späteren Entwürfe einer der marxistischen Kritik entgegengestellten Zinstheorie geliefert. Genauer gesagt, er hat alles am Zinsphänomen, was sich nicht an der Oberfläche der bürgerlichen Eigentumsillusionen über den Tausch und das Geld zeigt, konsequent eliminiert. Gleichwohl hat Bentham darin die *Quelle* des Zinses in *einem Aspekt* durchaus zutreffend erkannt: Nur aus der permanenten Veränderung durch Innovationen erwachsen Profite, aus denen dann auch hohe Kreditzinsen getilgt werden können. In der Projektemacherei, heute „Innovationsprozess" genannt, zeigt sich unmittelbar, was die berechnende Geldgier faktisch unternimmt, um sowohl bezüglich der je vorgefundenen alten Organisation der Produktion und der Märkte wie auch in der Konkurrenz untereinander ihr Ziel zu erreichen: Geld aus Geld zu gewinnen.

Dass dies unter dem Mäntelchen der *Freiheit* der Eigentümer abgehandelt wird, versteht sich von selbst für die bei Smith erreichte Position, Vergesellschaftung vollziehe sich in einem Wettbewerbssystem der natürlichen Freiheit. Bentham *teilt* die Smithsche Metaphysik, die einen „natural course of things"[31] postuliert. Doch bezüglich des Zinssatzes zeigt sich im Gegensatz zu dieser These, dass hier keinerlei „Natur" am Werke ist. Die von einer Leidenschaft, der Geldgier, getriebenen Projektemacher, gehen hohe Risiken ein. Aber die Wirtschaft ist keine Lotterie mit einem vorher schon natürlich definierten Erwartungswert für das durchschnittliche Ergebnis. Benthams eigenes Beispiel macht es deutlich: Wenn 11% Gewinn ebenso wahrscheinlich sind wie 11% Verlust, dann bleibt es *nach wie vor* ein Rätsel, wie aus der permanenten Umwälzung der Gesellschaft durch eine der Geldgier subsumierte Kreativität insgesamt doch über viele Jahre hinweg durchwegs ein *positiver* Zinssatz zustande kommen soll.

Das ist nur dann kein Rätsel, wenn man bemerkt, dass auf den Märkten nicht freie, gleichberechtigte Eigentümer Verträge zu gegenseitigem Vorteil und Risiko abschließen, sondern dass das Geldsubjekt *systematisch* daran geht, die Produktion zu reorganisieren im Horizont der Geldrechnung – stets aber so, dass von den technischen Möglichkeiten jene gewählt werden und sich auch im Wettbewerb behaupten, die eine *Vermehrung* von Geld erlauben. Nur durch die Erkenntnis der faktischen *Macht* der berechnenden Ratio kann verstanden werden, dass stets auch genau die Absicht verwirklicht wird, die tendenziell alle Handlungen in der Gesellschaft dominiert. Betrachtet man Projekte als Zufallsprodukte, die auf den Märkten in dem von Smith beschriebenen Prozess ihre zufälligen Wirkungen entfalten durch den *natural course of things*, so bleibt es ein Rätsel, weshalb die übergroße Mehrzahl kapitalistischer Unternehmen schwarze Zahlen schreibt. Nur wenn bei allen Handlungen die *berechnende Absicht* als lenkende Kraft erkannt wird, ist es kein Rätsel mehr, dass am Ende das herauskommt, was als Motiv berechnende Kontrolle ausübt, indem Zweck und Mittel auf den Märkten vertauscht werden.

Dass es sich bei der Ratio des rechnenden Individuums, das im 19. Jahrhundert schrittweise auch den Staat und dessen Handlungslogik und Gesetzgebung durchdrungen hat und überall profitable Objekte der Geldgier suchte, nicht um eine philosophische Schrulle handelt, die man unter allerlei anderen englischen Kuriositäten abhandeln könnte, sondern um eine äußerst brutale, totalitäre Macht, wenn sie den Benthamschen

---

[30] J. Bentham, EW 1, S. 138f.
[31] J. Bentham, EW 3, S. 286.

6.3.2 Benthams Verteidigung des Wuchers

Utilitarismus in Aktionen umsetzt, zeigte die englische Außenpolitik. Die Parole von der völligen Kontraktfreiheit, mit der Bentham seine Verteidigung des Wuchers gegen Smith vortrug, wurde durchaus *konsequent* umgesetzt. Dabei wurde deutlich, dass auf Märkten nur jene Kontrakte abschließen können, die am Markt *teilnehmen*. Das Geldsubjekt, das in Benthams Theorie seine eigene utilitaristische Logik reflektiert, *kann* gar nichts erkennen, was sich außerhalb seines Kalküls befindet. Darin liegt eine totalitäre Logik gegenüber jenen, die nicht nur kognitiv, sondern *real* durch dieses borniertes Erkenntnisraster fallen.

Wenn im Fall einer Nahrungsmittelknappheit z.B. durch Missernten oder ein ungünstiges Klima Hunger entsteht, wenn also den Menschen beides fehlt: Nahrung und vor allem das Geld, um Getreide zu kaufen, dann kommt der Utilitarismus zu grausamen Konsequenzen: Jedes Leid-Lust-Kalkül derer, die auf den Märkten ihre Marktteilnahme fortsetzen und über zu hohe Steuern klagen, verbietet, diesen Hunger ins Kalkül zu ziehen. Adam Smith schrieb in seinem Opportunismus gegenüber der Geldgier:

> „Ordnet die Regierung zur Behebung der mit einer Teuerung verbundenen Schwierigkeiten an, dass alle Händler ihr Getreide zu einem Preis verkaufen, den sie für angemessen hält, so erreicht sie damit nur, dass die Händler das Getreide zurückhalten, was bisweilen sogar gleich zu Beginn der Ernte zu einer Hungersnot führen kann, oder aber, dass die Bevölkerung, wird es auf den Markt gebracht, zu einem raschen Verbrauch angeregt wird, wodurch eine Hungersnot vor der Anschlussernte unausbleiblich ist."[32]

Hier ist scheinbar überhaupt nicht vom Zins die Rede. Doch dieser Eindruck täuscht. Smith verwendet hier exakt das von Bentham vorgetragene Argument bezüglich der freien Preisbildung, nicht auf dem Geldmarkt, wohl aber auf dem Getreidemarkt. Andere Rücksichten, die sich durch *Eingriffe* hier moralische Geltung verschaffen wollen, seien – so argumentiert Smith – unwirksam oder sie würden das angestrebte Ziel (den Hunger zu mindern) ohnehin verfehlen. Beide, Smith und Bentham, haben so auch bezüglich der Wuchergesetze argumentiert, auch wenn nur Bentham die logische Konsequenz gezogen und *völlige* Kontraktfreiheit gefordert hat. Was Smith in seinem Argument – das übrigens immer wieder von liberalen Ökonomen wiedergekäut wird – einfach vertuscht, ist das Wichtigste: *Die Geldgier der Händler*. Es ist diese Geldgier, die moralische Erwägungen, Hungernden Getreide zu überlassen, gar nicht erst aufkommen lässt. Die vorgeschobene Preismechanik, falls die Regierung niedrigere Preise anordne, so würden die Märkte leer gekauft und der Hunger nur sofort verwirklicht, ist bar jeder Logik. *Wenn* die Märkte leer gekauft würden, dann verfügten ja die Konsumenten in der Konsequenz offenbar über Getreidevorräte, und sie könnten sie sich *selbst* einteilen, was ihnen bei hohen Marktpreisen mangels Marktzutritt verwehrt bleibt. Ferner verschweigt Smith die vielfach zu beobachtende Spekulation: Weil die Händler mit erhöhter Nachfrage aufgrund einer erwarteten schlechteren Ernte rechnen, horten sie Getreide oder verknappen das Angebot, um durch spekulativ überhöhte Preise ihre Geldgier zu verzinsen. Der Marktausschluss der Ärmsten wird dadurch total.[33]

---

[32] A. Smith (1974), S. 438.
[33] Wie A. Sen (1984) gezeigt hat, war bei keiner der großen Hungersnöte im 20. Jahrhundert ein *absoluter* Nahrungsmangel die Ursache für Millionen Hungertote, sondern stets der verhinderte Marktzutritt. Diese Frage wurde am Beginn des 21. Jahrhunderts erneut brennend aktuell. Das zeigt, dass die hier zu beobachtende Struktur der Märkte und der Spekula-

England erprobte die „Gesetze des Marktes" und den Benthamschen Utilitarismus durchaus *praktisch*, zuerst in Irland, dann in Indien, mit verheerenden Konsequenzen:

„Ähnlich wie Irland wurde Indien per offiziellem Dekret zu einem Laboratorium des Utilitarismus, in dem der dogmatische Glaube an omnipotente Märkte zur Überwindung der ‚Bürde der Armut' Millionen von Menschenleben gefährdete. Zwischen 1877 und 1878 exportierten die Getreidehändler lieber die Rekordmenge von 6,4 Millionen Zentnern Weizen nach Europa, anstatt den Hunger in Indien zu lindern."[34]

Das ist, an einem frühen, heute beliebig zu vermehrenden Beispiel, die *Wirklichkeit* jener Geldgier, der im Kampf gegen den Wucher „Freiheit" einzuräumen, den englischen Ökonomen als humaner Akt erschien. Die totalitäre Verblendung des Geldsubjekts kommt gar nicht auf den Gedanken, dass eine von Geldgier getriebene spekulative Manipulation der Märkte, die zu Hunger und anderen Katastrophen führt, *unmittelbar* beschränkt werden könnte, indem man ihre Verursacher an ihren Schreibtischmordtaten hindert. Das ist der *eigentliche* Witz des Kampfs gegen den Wucher gewesen. Sicher ist es naiv zu glauben, durch eine staatliche Festlegung von Höchstzinssätzen oder Höchstpreisen könnte man die fatalen Wirkungen der berechnenden Organisation einer Wirtschaft verhindern. Der durch Smith und Bentham begründete Marktliberalismus, der jeglichen Eingriff in die Preisbildung als „wider die menschliche Freiheit" gerichtet interpretiert, ist durch eine kognitive Beschränktheit gepaart mit der Gleichgültigkeit gegenüber den Opfern der Märkte gekennzeichnet, die nicht anders als *totalitär* genannt werden kann. Der Wucher zeigt sich eben nicht nur im Kreditvertrag, sondern ist der herrschende Grund der Bewegungen aller Preise auf den Märkten. Diesen Wucher nicht mehr zu bekämpfen, heißt intellektuelle Mittäterschaft mit all jenen, die ihre Gewaltakte und Tötungsdelikte in dunklen Anzügen oder auch lässigen Kaschmir-Pullovern an Schreibtischen vor Computern durch Geldtransaktionen indirekt ausüben. Dies erkannt zu haben, ist das bleibende Verdienst der Exploitationstheorie.

6.3.3 Exploitationstheorie (I): Arbeit und Eigentum

Die klassischen Ökonomen kennen im engeren Sinn so wenig eine „Zinstheorie" wie Marx. Wie die französische Lehre der Physiokraten gingen sie davon aus, dass der Reichtum ein *gemeinsames* Produkt ist, von dem Kosten abzuziehen sind und das anschließend *verteilt* wird. In dieser Verteilung spielen Preise eine wichtige, wenn auch *nachgelagerte* Rolle. Vergleicht man den Standpunkt der Klassiker mit den Physiokraten, so bemerkt man zwar eine verwandte Blickweise auf die Wirtschaft. Auch die Physiokraten fragen nach den letzten Quellen des Reichtums und seiner Verteilung; es ist ihnen aber noch nicht gelungen, die in der Geldform erscheinenden *Einkommen* auf *eine* Quelle zurückzuführen und damit auch den Zins nur als abgeleitete Form zu begreifen.

Die Physiokraten hatten allerdings bereits vor der englischen Klassik ihre Skrupel abgelegt und einen rein bürgerlichen Standpunkt der Gleich-Gültigkeit erreicht. Was Bentham in der Auseinandersetzung mit Smith erst als Konsequenz des liberalen Systems nachtragen musste, das ist bei Turgot schon eine Selbstverständlichkeit: Der Zins beruht auf dem freien Kontrakt zwischen Marktteilnehmern; eine moralische Reflexion

---

tion nicht einen historisch vergänglichen Charakter besitzt, sondern der Geldherrschaft überhaupt eigentümlich ist, die stets Armut und Hunger in ihrem Schoß erzeugt.

[34] M. Davis (2004), S. 41.

6.3.3 Exploitationstheorie (I): Arbeit und Eigentum

kommt gar nicht in den Horizont der Betrachtung. Die Geldgier ist für die Franzosen schon selbstverständlich, auch wenn sie sich nicht damit aufhalten, daraus auch noch eine *Ethik* der seelischen Buchhaltung zu machen.[35] Der Zins ist ein Preis und führt wiederum zu einem Geldeinkommen, „weil das Geld das Äquivalent eines Einkommens ist und ein Mittel, sich ein Einkommen zu verschaffen."[36] Doch Turgot hat diesen Gedanken nicht konsequent zu Ende geführt. Er erkennt sehr deutlich die Gleichgültigkeit der Geldgier und der Geldform gegenüber einem *spezifischen* Inhalt; doch er folgert daraus im wörtlichen Sinn nur „oberflächlich" das, was er sieht: *Jeder* kann Kredit aufnehmen, aus verschiedensten Motiven. Die Zinszahlung hat deshalb nicht *eine* Quelle, sondern viele. Was jemand mit entliehenem Geld macht und woraus er die Zinsen begleicht, das spielt keine Rolle im Kreditvertrag: „Aber alle diese Gründe, welche den Entleiher bestimmen, sind für den Verleiher sehr gleichgültig."[37] Turgot schließt daraus auch auf die Unmöglichkeit, den Zins einer Quelle zuzuordnen.

Die klassischen Ökonomen haben die zentrale Schwäche dieses Arguments erkannt. Wenn man die Summe aller Zinszahlungen in einem Jahr betrachtet, dann gibt es als Quelle für diese Zahlungen nur das *Geldeinkommen* der Kreditnehmer. Geldeinkommen kann entweder aus dem laufenden Einkommen, das in der Produktion erwirtschaftet wird – also aus Löhnen und Gewinnen –, oder durch den Verkauf von Vermögen erzielt werden. Letzteres ruiniert in größerem Umfang die Eigentümer, die ihres nicht-monetären Vermögens dadurch verlustig gehen, und das ist immer noch eine wichtige Quelle von Zinszahlungen an Wucherer. Nur Ersteres erlaubt eine mehr oder weniger gleichgewichtige Reproduktion. Hier ist weiter zu differenzieren: Werden Zinsen aus Lohneinkommen bezahlt, dann vermindert der Zins das Lohneinkommen nur so lange, wie Zinsen und Kredit getilgt werden. So verbleiben also die Gewinne als *dauerhafte*, d.h. immer wieder neu auftretende Quelle für Zinszahlungen. Die eigentliche Frage lautet also nicht: Woher kommen die Zinsen? sondern: Wie entstehen Gewinne (*profits*)?

So haben die klassischen Ökonomen diese Frage formuliert. Für sie sind alle Einkommensformen einer Gesellschaft auf *eine* Quelle, den gesamten jährlich erzeugten Überschuss zurückzuführen. Dieser Überschuss einer Volkswirtschaft – so die Vorstellung – muss *gemessen* werden, *bevor* er über die Märkte, d.h. die Geldverwendung verteilt wird. Der Zins spielt hierbei nur eine *nachgelagerte* Rolle. Nun sahen die Klassiker bis Marx in der in den Produkten verkörperten *Arbeitszeit* das eigentliche Wertmaß. Also ist die Form des Überschusses, aus der der Zins als ein Teil beglichen wird, als gesamtwirtschaftliche Arbeitssubstanz gegeben, die über die Märkte und verkleidet als Geldpreis nur verteilt wird.

In diesem Gedanken lag natürlich ein ungeheurer *moralischer* Sprengstoff. Wenn der Zins nur ein *umverteilter* Wert ist, der letztlich durch Arbeit hervorgebracht wird, dann ist jeder Zins, aber auch jeder Gewinn, kausal auf die lebendige, geleistete Arbeit zurückzuführen. Wenn das erzielte Einkommen aber nicht vollständig in die Hände der Arbeiter zurückfließt, dann kann das nur daran liegen, dass eine *rechtliche* Form, ge-

---

[35] „Der Gewinn, den man sich vermittelst Geldes verschaffen kann, ist ohne Zweifel eines der häufigsten Motive, die den Entleiher bestimmen, auf Zins zu borgen; denn jener vor allem erleichtert es ihm, den Zins zu zahlen; aber keineswegs ist er es, der dem Verleiher das Recht gibt, den Zins zu fordern. Hierfür genügt, dass das Geld ihm gehört, und dieses Recht ist untrennbar vom Eigentum." A. R. J. Turgot (1903), S. 55. Die Privation des – traditionell gesagt – „öffentlichen Gutes" *Geld* ist hier schon ganz selbstverständlich; die aristotelische Kritik ist völlig vergessen.

[36] A. R. J. Turgot (1903), S. 55.

[37] A. R. J. Turgot (1903), S. 54.

stützt auf staatliche Gewalt, ein künstliches Monopol zu errichten erlaubt, das sich Werte aneignet. Dieses künstliche Monopol ist das *Eigentumsrecht* an Produktivvermögen (Eigentumsmonopol). Weil die Arbeiter nicht selbst in Eigenregie die Produktion kontrollieren und damit Eigentümer ihrer eigenen Produkte sind, sondern sich die Eigentümer der Produktionsmittel und von Grund und Boden diese Produkte *legal* aneignen dürfen, können sie unter Ausnutzung dieses Monopols den Lohn der Arbeiter unter den Wert der von ihnen neu hergestellten Produkte drücken und die Differenz als Gewinn einstreichen. Die Finanzkapitalisten wiederum *überlagern* sich diesem Prozess und beuten ihrerseits die Unternehmen und deren Gewinn durch den *Zins* aus.

Nun ist diese Überlegung der ökonomischen Klassiker, die Marx in seiner Theorie konsequent vollendet hat, in ihrem zentralen Kern – der Bedeutung des Eigentumsmonopols – für eine Erklärung der *Quelle* des Gewinns und der Zinsen richtig und notwendig (wenn auch nicht hinreichend). Adam Smith hat das durchaus auch so gesehen, wenn er – ich habe diesen Satz bereits zitiert – sagt: „Wird also eine Regierungsgewalt zu dem Zwecke eingerichtet, das Eigentum zu sichern, so heißt das in Wirklichkeit nichts anderes, als die Besitzenden gegen Übergriffe der Besitzlosen zu schützen."[38] Eigentum ist eine Methode, die Armen zu erpressen und sie auszubeuten durch den Hebel des Gesetzes.[39] Dieser Gedanke, in der Form, in der Smith im Rahmen des klassischen Liberalismus ihn vorträgt und der sich in der von Marx betonten Rolle des Eigentums wiederfindet, bleibt richtig, auch *ohne* Arbeitswertlehre. Und er gehört auch zu den theoretischen Errungenschaften der sozialistischen Literatur: „*Das Eigentum* ist der Diebstahl."[40] Denn die Einsicht, dass das Eigentumsmonopol der Geldgier sowohl die Grundlage wie den Handlungsspielraum einräumt, die Produktion, die Vertriebswege, aber auch die Preise und die Nachrichten über die Wirtschaft einschließlich der Politik (durch ein Monopol in der Nachrichtenindustrie) jeweils *so* zu organisieren und zu reorganisieren, dass die monetäre Kontrolle dieser Prozesse beim Vergleich von Erlös und Kosten einen *Gewinn* ergibt, ist völlig unabhängig von der Arbeitswertlehre. Auch einsichtige unter den „bürgerlichen" Ökonomen haben das erkannt.

Die Kritik der Arbeitswertlehre, die ich mit Bezug auf Smith, Ricardo und Marx vorgetragen habe, berührt also gerade *nicht* diese zentrale Einsicht der klassischen Schule, dass die Geldgier einer objektiven Grundlage bedarf, in der sie sich entfalten kann. Eine zentrale Grundlage ist das Eigentumsrecht, eine andere die, dass Menschen zur Realisierung dieser Gier auf eine Weise funktionalisiert werden, die *Ausbeutung* zu nennen allerdings zu kurz greift, weil die Veränderung der Subjektivität, damit die darin liegende Selbstunterjochung notwendige Voraussetzung dieser Exploitation sind. Obgleich also hier in der Veränderung der menschlichen Subjektivität durch die Geldgier noch sehr viel mehr hinzukommt, um dieses Phänomen vollständig erfassen zu können, so kann das die ursprüngliche Einsicht weder schmälern noch aufheben.

Sie bleibt auch bei jenen Theoretikern – wie bei Stolzmann – als Teilmoment gewahrt, die in der Wirtschaft ein *Machtverhältnis* für die Verteilung des Reichtums zwischen Arm und Reich ins Spiel bringen. Gegen dieses Argument hat Böhm-Bawerk mit dem sicheren Instinkt des Apologeten die These formuliert, dass die Verteilung durch

---

[38] A. Smith (1974), S. 605.

[39] „Laws and government may be considered in this and indeed in every case as a combination of the rich to oppress the poor, and preserve to themselves the inequality of the goods which would otherwise be soon destroyed by the attacks of the poor, who if not hindered by the government would soon reduce the others to an equality with themselves by open violence." A. Smith (1985), S. 208.

[40] P. J. Proudhon; in: A. Mülberger (1896), S. 98.

6.3.3 Exploitationstheorie (I): Arbeit und Eigentum

die Preisbildung bei Arbeit und Kapital durch von Menschen letztlich nicht kontrollierbare Naturgesetze beherrscht sei. Niemand könne langfristig den bei „völlig freier Konkurrenz sich ergebenen ‚natürlichen' Zinssatz herabdrück(en)"[41]. Sein Argument beruht erstens auf der schon widerlegten These einer Zeitpräferenz und ihrer Funktion in der Bildung eines Zinssatzes, zweitens verwendet er die Vorstellung einer „durchschnittlichen Produktionsperiode" – die bis in den sprachlichen Ausdruck hinein ebenso als ideologische Antwort auf Marxens „durchschnittlich verausgabte Arbeitskraft" zu lesen ist wie das „gemeinsame Gebrauchswertige"[42] seines Lehrers Knies. Beides lässt sich ebenso wenig denken wie die als Aggregat einer Kapitalsubstanz der Neoklassiker.

Doch auch Böhm-Bawerk musste hierbei zugeben, dass – was auch am Walrasschen Totalmodell nicht zu übersehen ist – die Preisbildung wiederum von der ursprünglichen Verteilung des Vermögens, damit der vorausgesetzten Verteilung der *Eigentumsrechte* abhängt. Also sind es doch durch das Eigentum vermittelte Machtverhältnisse, die Preise und damit die Löhne bestimmen. Er versucht den Widerspruch durch eine Begriffsdiremtion zu lösen, die sich bis heute gehalten hat. Böhm-Bawerk unterscheidet die *funktionelle* Verteilung zwischen Zins und Lohn von einer *persönlichen* Vermögensverteilung. Während letztere sich auf Bestände und die dafür definierten Eigentumsrechte beziehe, sei erstere davon ganz unabhängig und durch die Naturgesetze der Wirtschaft gegeben. Die *funktionelle* Verteilung könne durch „Macht" deshalb nicht dauerhaft verändert werden, wohl aber die personelle:

„Indem durch Macht auch die ‚Daten' bleibend verschoben werden können, in die die funktionellen Verteilungsregeln einspielen, sind auf dem Feld der personellen Verteilung Eingriffe möglich, deren Wirkung keinerlei zeitliche Grenzen gesteckt sind."[43]

Dieser Gedanke ist heute weitgehend *common sense* der Ökonomen und wird als zentrales Gegenargument gegen die Klassiker und ihre Vorstellung angeführt, dass auch die Verteilung von Lohn und Profit auf Eigentumsverhältnissen *beruht* und durch diese erzeugt wird. Dass nun aber die Klassiker in diesem Punkt dennoch Recht behalten, ist leicht zu zeigen, auch ohne Rückgriff auf die Metaphysik einer angeeigneten Arbeitssubstanz.[44] Rein modellendogen – darauf hat auch Erich Preiser hingewiesen[45] – ist Böhm-Bawerks Vorstellung eines „natürlichen Preises" bei Lohn und Zins unhaltbar. Löhne werden, jedermann weiß das, durch Lohnverhandlungen, Streiks, Aussperrungen usw. in einem immer wiederholten Arbeitskampf bestimmt. Die „Marktform" dieser Auseinandersetzung ist alles, nur keine vollkommene Konkurrenz. Dem Eigentumsmonopol der Arbeitsplatzanbieter steht (im besten Fall) ein Gewerkschaftsmonopol gegen-

---

[41] E. v. Böhm-Bawerk (1975), S. 47.

[42] K. Knies (1873), S. 119.

[43] E. v. Böhm-Bawerk (1975), S. 66f.

[44] Wie widerlegt man die Ausbeutungstheorie, auf gut amerikanisch? So: „An investor who gets his income from railroads, ships, or factories, all of which are products of labour, is reaping what past labour has sown. But the investor is not, as a necessary consequence, a robber. He has bought and paid for the right, economic and moral as well as legal, to enjoy the product ascribable to the capital goods he owns." I. Fisher (1977), S. 50f. Woher hat wohl der Investor das Geld für sein moralisch einwandfreies Geschäft? Anders gefragt: Wie macht man die erste Million? Vielleicht durch die Finanzierung moralisch einwandfreier, sicher sehr patriotischer Gewaltakte im In- und Ausland? Für Details zu dieser Methode vgl. G. Myers (1916); M. Chossudovsky (2002); J. Perkins (2005); N. Klein (2007).

[45] Vgl. E. Preiser (1961), S. 233ff.

über, wenn solch ein Monopol nicht in Befolgung der Ratschläge neoliberaler Ökonomen von Politikern schlicht durch *staatlichen Eingriff* aufgehoben wird. Und dass bei einem bilateralen Monopol sich kein eindeutiger Preis ergibt, ist bekannt (vgl. 4.7.3.7).

Hier endet zudem die Illusion vom Markt als einem Ort, an dem freie und gleiche Partner einander gegenübertreten, sehr rasch. Durch die in ihrer Formulierung und Wirkung nur für Ideologen nicht als parteiliche Gesetzgebung erkennbaren Staatseingriffe wird dieser Markt so für die Geldgier reguliert, dass die Verluste der Eigentümer bei Lohnverhandlungen minimiert werden. Hier ist aber auch umgekehrt der Ort, an dem sich die Geldgier der Gewerkschaften einen Bewegungsspielraum verschaffen kann, sofern es ihr gelingt, eine Gegenmacht gegen die durch staatliche Gewalt und ein Bündel von Gesetzen, die Arbeiter um Teile ihres Lohnes zu erleichtern mittels Abgaben und Steuern, aufzubauen und in Streiks durchzusetzen. Die Geldgier macht keinen Halt vor Klassengrenzen; man zielt auf „das *Geld*: man hat keinen Stand mehr!"[46] Und so reduziert sich auch der Inhalt der gewerkschaftlichen Forderungen auf die Gleich-Gültigkeit der Geldform, selbst wenn sie in der Regel den Kürzeren ziehen. Die Geldgier und das Rechnen in der Geldeinheit, also die Universalisierung der Geldgier ist *keine* Frage der Klassen oder Kulturen und Rassen. Niemand bleibt unschuldig, wenn er am Markt teilnimmt und darin seinen Lebenserwerb gewinnt.

Deshalb findet die Geldgier auch einen institutionellen Niederschlag in staatlichen oder anderen Normierungen: Sie ist zur *Selbstverständlichkeit* geworden, nicht zur Klassenangelegenheit. Nur *innerhalb dieser Selbstverständlichkeit* kann sich die Macht des Eigentums entfalten. Insofern ist also die Diagnose von Adam Smith zu korrigieren: Der Staat muss die Eigentümer nicht vor den Übergriffen der Armen schützen – außer vor Dieben, die sich allerdings gerne auch als Politiker tarnen. Die Armen haben das Eigentumsrecht als Voraussetzung der Kalkulation aller Lebensprozesse in der Geldform schon lange in eine Form ihrer Subjektivität transformiert. Die „Mühseligen und Beladenen" werden fraglos durch eine äußere Gewalt beherrscht, bei der es gleichgültig ist, ob sie sie per Stimmzettelakklamation formal ermächtigt haben oder nicht. Doch diese Gewalt funktioniert nur als *Macht*, weil alle Subjekte in ihrem Denken, ihren Kategorien und der sich darin entfaltenden abstrakten Leidenschaft der Geldgier je schon vom Geldsubjekt regiert werden, noch bevor sie dieser inneren Regierung eine *äußere* Form geben.

Dass das Eigentumsrecht auch für die „funktionale" Verteilung von Profit und Lohn verantwortlich ist, begründet also keinen Gegensatz der *Motive*. Dennoch ist die Erkenntnis der Klassiker und von Karl Marx richtig, dass Gewinn und Zins nicht nur ein Eigentumsrecht überhaupt voraussetzten, sondern eine höchst *ungleiche Verteilung* der Eigentumsrechte. Ich möchte den Kern dieses Gedankens an einer sehr einfachen Überlegung verdeutlichen. In der Hochphase eines Aktienbooms (wie vor 1929 oder am Ende der 1990er Jahre) wird *in allen Bevölkerungsschichten* die Illusion genährt, alle könnten durch Spekulation reich werden. Ich greife diese Illusion einmal auf und führe sie konsequent als Gedanken zu Ende, um das Argument der ökonomischen Klassiker in einem neuen Kontext zu rekonstruieren.

Unterstellen wir also eine Wirtschaft, nur bestehend aus Aktiengesellschaften. Als Ausgangspunkt denken wir uns folgenden Zustand: Die Unternehmen sind – über Aktienbesitz – vollständig im Eigentum der breiten Bevölkerung. Alle arbeiten aber zugleich in diesen Unternehmen; es gebe – außer Alten und Kindern in den Familien – niemand, der nicht zugleich Eigentümer *und* Arbeiter wäre. Arbeitsmenge und Eigentumsrecht stehen in einem fixen Verhältnis. Die Aktiengesellschaften werden in ihrer

---

[46] F. Nietzsche (1969: 1), S. 1151; Nietzsches Hervorhebung.

6.3.3 Exploitationstheorie (I): Arbeit und Eigentum

Geschäftspolitik durch demokratische Abstimmungen in den Hauptversammlungen gelenkt. In der Hauptversammlung legen die Eigentümer die Höhe der jeweils ausgeschütteten Gewinne (Dividenden) fest. *Zugleich* bestimmen sie, wie hoch die Löhne sind, mit denen sie die eigene geleistete Arbeit abgelten. Da – gemäß der Voraussetzung dieses Volkskapitalismus – die Arbeiter zugleich die Eigentümer sind, nimmt ihre Entscheidung eine triviale Form an: Sie legen nur fest, in welcher *Form* ihnen der erwirtschaftete Überschuss zufließt, den jedes Unternehmen als Nettoertrag verbucht: Als Lohn oder Gewinnanteil. Offenbar spielt die Lohnform und das Eigentumsrecht *hier* überhaupt keine Rolle. Eine „Umverteilung" durch Beschluss der Hauptversammlungen wäre für niemand ein Vor- oder Nachteil, weil die insgesamt ausgeschütteten Gelder (Löhne plus Dividenden) in der Summe gleich blieben und es für die Käufe auf den Märkten gleichgültig ist, aus welcher Quelle der jeweilige Geldbesitz stammt.

Doch nun nehmen wir weiter an, dass sich in diesem Volkskapitalismus eine Klasse von Eigentümern entwickelt, die *weniger* oder gar nicht mehr gegen Lohn arbeitet. Wie sich diese kapitalistische Revolution konkret ereignet, spielt in dieser völlig hypothetischen Überlegung keine Rolle. Wer ein Bild vorzieht, kann sich einen Zusammenschluss von Söhnen aus verschiedenen Familien vorstellen, die mit Billigung der Eltern gar nicht arbeiten, aber Eigentumsrechte erben. Wie gesagt, dieses Bild ist hier gleichgültig. Halten wir einfach die logische Voraussetzung fest, dass nunmehr Eigentum an den Unternehmen besteht, das pro Person nicht mehr *proportional* ist zu der geleisteten Arbeit. Wenn jemand *relativ* mehr Eigentum besitzt – gemessen an den ausgeschütteten Dividenden im Verhältnis zu den erhaltenen Löhnen –, als er Arbeit leistet, dann wird die Gruppe derjenigen bei der Hauptversammlung dafür stimmen, die Löhne zu senken und dafür die Dividenden zu erhöhen. Für die *anderen* bedeutet dies keinen Nachteil, für die Eigentümer aber einen Vorteil.

Insgesamt ist das aber nur möglich, wenn die Zahl der Arbeiter, die proportional zu ihrer Arbeit auch Eigentümer sind, abnimmt – vorausgesetzt, die Zahl der insgesamt verfügbaren Arbeiter sei konstant. (Das Beispiel ließe sich leicht für andere Fälle konstruieren und formalisieren, ohne weiteren Erkenntnisgewinn.) Die insgesamt in den Unternehmen geleistete Arbeit wird abnehmen. Unterstellen wir, dieser Rückgang wirke sich nicht auf die Produktion aus, weil er durch Produktivitätsfortschritte, die Arbeit einsparen, ausgeglichen werde. Die erzeugten Produkte können damit gleich bleiben, während sich das Eigentum in wenigen Händen konzentriert. Wie man dieses Beispiel zu Ende führen kann, ist offenkundig: Es muss den Eigentümern gelingen, die faktische *Herrschaft* über die Produktion zu gewinnen, nicht durch Arbeit, sondern durch ihr bloßes Eigentumsrecht und die damit verbundenen Privilegien. Schrittweise entsteht dann ein *Gegensatz* zweier Klassen: Die Eigentümer, die ein Interesse an niedrigen Löhnen, allgemein niedrigen Lohnkosten haben (sie werden also auch immer weiter Innovationen fördern, die Lohnkosten senken), auf der anderen Seite der kombinierten Arbeiter plus Eigentümer, die beide Einkommensformen erhalten.

Nun kann man sich viele Szenarien ausmalen, wie die Machtergreifung des Eigentums, die Herrschaft über die Produktion die „kombinierten" Arbeiter-Eigentümer schrittweise von ihrem Eigentum trennt, etwa durch *Kredite*: Man kauft den Arbeitern ihre Aktien ab durch Kredite, die aus angesammelten Gewinnen pro reinem Eigentümer finanziert werden und „befreit" somit die Kleineigentümer von ihrem Besitz. Hier erreicht meine fiktive Überlegung einen Punkt, der sich – jenseits der Modellkonstruktion – auch historisch so vollzogen hat. Die Bauern waren historisch beides: Eigentümer und Arbeiter. Solange sie weitgehend autark wirtschafteten, trat kein Gegensatz hervor. Sobald sie aber mehr und mehr für die Märkte produzierten und ihre Produktion dadurch der Logik des Geldes unterwarfen, ergaben sich viele Möglichkeiten, im Auf und

Ab der Preisbewegungen bei Ernteschwankungen den temporären Geldbedarf durch Kredite zu befriedigen. So wurden schrittweise die kombinierten Arbeiter-Eigentümer vom Eigentum zu befreit und in freie Lohnarbeiter verwandelt, die – sozusagen – ihr „Stimmrecht" verloren haben bei der Machtausübung der Geldbesitzer über die Produktion.

In dieser Form kann man auch das Argument von Marx rekonstruieren. Und wie man sieht, lässt sich dieser Gedanke ohne „Wertsubstanz" sehr gut nachvollziehen bzw. in einer historischen Bewegung wiedererkennen. Die Macht des Geldbesitzes, der sich die Produktion unterordnet und der abstrakten Leidenschaft der Geldgier, dem *homo oeconomicus* ausliefert, lässt sich mit all ihren Konsequenzen *direkt* aus dieser Machtentfaltung verstehen, ohne dass hier sich etwas „hinter dem Rücken der Beteiligten" vollziehen müsste. Was „hinter dem Rücken" geschieht, kann durch eine *Umwendung* des Blicks erkannt werden; das wäre erkenntnistheoretisch eine „Revolution der Verhältnisse". Doch was sich *als* Subjektivität in jedes Denken einnistet und als *Ich* ausspricht, das ist weder hinter dem Rücken als eine metaphysische Wertsubstanz wirksam, noch ist es *unbewusst*. Die Herrschaft der Geldgier beruht auf der ureigensten Ratio des Denkens, das in der Marktteilnahme alltäglich reproduziert wird, nicht auf etwas dahinter oder darunter, das man als Wesen für den Schein bemühen müsste. Der Schein selbst ist es, der *west*.

Marx wurde auf den Spuren Ricardos zu der unhaltbaren Vorstellung verleitet, es gäbe in jeder Periode die Summe eines aggregierten Wertes, der – abzüglich der Vorleistungen und der Ausgaben für Kapitalgüter („konstantes Kapital" bei Marx) – zur Verteilung verfügbar sei, aber kraft der Marktform von den Kapitalisten als Eigentümern angeeignet würde. Das Eigentum an Geld, der Geldbesitz, ist zwar für einen cartesianischen Beobachter immer auch ein Verhältnis zwischen Münze und Subjekt, zwischen Kontostand und Individuum. Doch das macht nicht das aus, wie die Geldrechnung ihre fiktiven Einheiten auch als Aggregate hervorbringt. Es gibt keine zu verteilende Wertsumme, weil sowohl die Produktion unter der Regie der Buchhaltung des Geldsubjekts wie die Verteilung über Kauf und Verkauf durch die Geldrechnung *uno actu* erst das hervorbringt, was man als Wert „addieren" kann. Doch dann, wenn man es addiert, ist es auch schon verteilt und funktioniert als Geld in den Taschen der Lohnempfänger oder der Finanzkapitalisten auf *anderen* Märkten.

Dieser Zusammenhang ist eine logische Konsequenz der Einsicht, dass im Tauschakt weder eine Äquivalenz noch ihr Gegenteil vorliegt, weshalb es auch kein Rätsel ist, wo sich im Kreislauf des Äquivalententauschs eine „Lücke" findet, die einen *Mehrwert* zu erklären erlaubt. Die Ausbeutung der Menschen ist weit mehr als dies, ihnen eine „Wertdifferenz" vorzuenthalten, abgesehen davon, dass sich das, was sich als Wert berechnen und addieren lässt, immer erst im Akt der Exploitation selbst konstituiert. Es gibt keinen messbaren Beitrag der einzelnen Arbeitskraft zum realisierten Umsatz eines Unternehmens, weder als geleistete, durchschnittliche gesellschaftliche Arbeitszeit noch als Grenzprodukt. Vielmehr wird ein Lohn vereinbart für eine Leistung, die sich zwar genau definieren, nicht aber *bewerten* lässt. Die Bewertung der Leistung ist ein synthetisches Ergebnis, wenn die Gesamtproduktion auf dem Markt abgesetzt wird und im Wettbewerb ihren Preis findet. Dieser Wert ist *zuvor* in keiner Arbeitsleistung, noch gar in einer Maschine „verkörpert".

Man erkennt das unschwer, wenn der Verkauf misslingt und die Unternehmung insolvent wird. Dass die Rechtsform einer *nachträglichen* Zahlung von Löhnen dafür sorgt, dass in diesem Fall den Letzten die Hunde beißen – die Beschäftigten und die kleinen Gläubiger –, steht außer Frage. Doch eben dies zeigt, wie Ausbeutung ohne metaphysische Substanzen von Arbeitswerten oder Grenzprodukten unter der Regie der

6.3.3 Exploitationstheorie (I): Arbeit und Eigentum

Geldgier *faktisch* durchgesetzt wird: Man selektiert einfach die Prozesse, die Profit abwerfen; ein permanentes Tasten und Probieren zu Lasten derer, die die Arbeit tun. Es gibt darin keine zu verteilende, per Eigentum anzueignende „Wertsubstanz". Die Macht des Kapitals über den Produktionsprozess ist sehr viel einfacher und konkreter, nämlich *unmittelbar*: Nicht durch Vorenthalten eines durch die Eigentumsgesetze ermöglichten, angeeigneten Wertes, sondern durch das beliebige Verfügen über Menschen nach Maßgabe dessen, was das Geldsubjekt sich als vorteilhaft ausrechnet.

Die Klassiker und Marx sind vor dem Gedanken zurückgewichen, dass die ganze Veranstaltung der Preisbildung, von Kauf und Verkauf, die Kreditverträge und der Wucher – dass all dies nicht auf einem festen, materiellen Fundament ruht, sondern *nur* im Denken und Handeln der sich darin vergesellschaftenden Individuen seinen Zusammenhang findet. Sie suchten nach einer objektiven Grundlage für all dies und fanden sie in der Wertsubstanz der Arbeit. Doch was Marx hier als seine große Erkenntnis feiert – die Arbeiter liefern die gesamte Wertquelle, die geleistete Arbeit ab, erhalten dafür aber nur als Lohn den Wert zur Reproduktion ihrer Arbeits*kraft* zurück –, dieser Gedanke beruht auf einer falschen Metaphysik des Wertes. Er enthält gleichwohl *ein* richtiges Element, doch dieses Element ist ganz unabhängig von der Arbeitswertlehre: Die Arbeiter, aber auch alle anderen Käufer und Verkäufer, bewegen sich beim *Verkauf* auf der einfachen Ebene und Vorstellungswelt von Leistung und Gegenleistung. Die *Geldeigentümer* bewegen sich *performativ* auf derselben Ebene, operieren darin aber mit einer völlig anderen Absicht. Sie kaufen und verkaufen nur mit Blick auf die implizite Ebene G-G′ als ihren Zweck, *der die Vermittlung von Waren W-G-W′ voraussetzt*. Darin liegt aber einerseits eine faktische Machtausübung durch das bloße *Benützen* der Geldform in der Funktion auf den Produkt- oder Arbeitsmärkten, andererseits konstituiert sich darin eine neue Form der Subjektivität, die prinzipiell *alle* Marktteilnehmer entwickeln und deren *Universalisierung* gerade die Ausübung der Macht *durch das Geld hindurch* möglich macht. Deshalb ist der Satz richtig, dass jeder Profit, jeder Zins auf dem Nichtwissen der Beteiligten beruht – etwas, das Marx in seinem Fetischbegriff geahnt, wenn auch nicht klar verstanden hat.

Beide, Arbeiter und Kapitalist, verfolgen im Arbeitsvertrag dieselbe Zielsetzung: Sie wollen damit *Geld* erwerben. Niemand arbeitet schwer aus reiner Freude, und kein Unternehmer stellt Arbeitskräfte aus Sympathie ein. Der Zweck ist derselbe, und gerade *deshalb* kann dieser Zweck realisiert werden auf einer *freiwilligen* Grundlage des Vertrags. Richtig an der Marxschen Denkfigur ist aber – befreit man sie von der Metaphysik der Wertsubstanz –, dass der mit dem Arbeitsvertrag wahrgenommene *Inhalt* (die Arbeitsleistung) für beide Tauschsubjekte ein völlig anderer ist. Das ist aber nur eine Eigenschaft, die der Tauschstruktur *ganz allgemein zukommt*. Eben darin liegt die Möglichkeit, dass der Nutzen einer gehandelten Entität (ob Produkte, Arbeitsleistung oder ein fiktives Gut wie ein Recht) sich auch höchst unterschiedlich entfaltet. Und da ein kapitalistisches Unternehmen durch die Geldgier kontrolliert und organisiert wird, kann der Nutzen, zum Gewinn des Unternehmens über den bezahlten Lohn hinaus beizutragen, auch beim Eigentumswechsel ungleich verteilt sein – ganz ohne Wertsubstanz, sondern als faktische Funktion der gewinnbringenden Produktionsorganisation. Tatsächlich liefert auch der Arbeiter ein Eigentum ab: die erbrachte Leistung, die per Vertrag dem Unternehmen gehört. Genau das ist die richtige Einsicht bei Marx. Das dafür erhaltene Geldeigentum (der Lohn) erweist sich aber erst über einen, von den Kapitalisten kontrollierten und deshalb meist erfolgreichen Prozess der Kostenkontrolle und des Vertriebs als *geringerer* Geldbetrag, verglichen mit den erzielten Gewinnen durch die Macht des Eigentumsmonopols.

6.3.4 Exploitationstheorie (II): „Extramehrwert" und Innovation

Die logische Inkonsistenz des Versuchs, den Profit – den angeeigneten „Mehrwert" – auf eine zuvor verausgabte Arbeitssubstanz zurückzuführen, zeigt sich bei Marx im Begriff des „Extramehrwerts". Marx verwendet hier eine Denkfigur, die sich in Ansätzen auch bei Smith und Bentham findet.[47] Sein Argument geht so: Werte werden durch die durchschnittlich aufgewendete Arbeitszeit bestimmt, und diese Werte sind zugleich das Gesetz des Gleichgewichts der Waren. Nun treibt aber die Konkurrenz die Kapitalisten dazu, nicht einfach nur die Arbeiter auszubeuten, sondern auf dem Markt durch neue Produktionsverfahren einen *zusätzlichen* Profit zu realisieren. Der Kapitalist, der ein neues, arbeitssparendes Verfahren einführt, kann seine Kosten senken und dadurch niedrigere Preise kalkulieren. Zwar bedeutet die Verminderung des Preises pro Produkt einen geringeren Stückerlös; doch da sich die niedrigeren Preise auch im Wettbewerb durchsetzen und anderen Unternchmen Marktanteile abnehmen, ist die Summe der realisierten Profite *größer* als bei den eingeführten, alten Produktionsmethoden. Hier ist offenkundig eine *Marktstruktur* die Quelle des Profits, erzielt durch einen *geringeren* Arbeitseinsatz – denn die neue Maschine darf insgesamt nicht teurer sein als das, was sie an Arbeitskosten erspart, sonst würde sie nicht gekauft.

Marx sagt ausdrücklich, dass sich hier zwar ein Prozess zunächst nur bei einem einzelnen Kapitalisten zeige, dass sich dadurch zugleich aber ein *gesamtwirtschaftlicher* Prozess durchsetze. Zur Charakterisierung der Ausbeutung verwendet Marx die *Mehrwertrate*: die Summe aller Profite M dividiert durch die Lohnkosten V oder $m' = M/V$. Die Mehrwertrate dient für Marx als Kenngröße für die Ausbeutung der Arbeiter durch verbesserte Produktionsmethoden, also pro Lohneinheit *mehr* Mehrwert herauszuholen (im Unterschied zu der auch in der Gegenwart wieder populär gewordenen Methode, den *absoluten* Mehrwert durch eine Verlängerung des Arbeitstages zu vergrößern). Marx also sieht in der individuellen Durchsetzung neuer Produktionsmethoden in der Konkurrenz nur die kapitalistische Form, die Mehrwertrate durch verbesserte Techniken zu erhöhen:

> Der Innovator, der Kapitalist „tut im einzelnen, was das Kapital bei der Produktion des relativen Mehrwerts im großen und ganzen tut. Andrerseits aber verschwindet jener Extramehrwert, sobald die neue Produktionsweise sich verallgemeinert und damit die Differenz zwischen dem individuellen Wert der wohlfeiler produzierten Waren und ihrem gesellschaftlichen Wert verschwindet. Dasselbe Gesetz der Wertbestimmung durch die Arbeitszeit, das dem Kapitalisten mit der neuen Methode in der Form fühlbar wird, dass er seine Ware unter ihrem gesellschaftlichen Wert verkaufen muss, treibt seine Mitbewerber als Zwangsgesetz der Konkurrenz zur Einführung der neuen Produktionsweise."[48]

Marx sagt wie Smith, dass die Innovation nur ein *vorübergehender* Prozess sei. Im Zwang, die Preise senken zu müssen, zeige sich das Wertgesetz (also die Bestimmung der Preise durch den Wert, d.h. die durchschnittlich verausgabte, gesellschaftlich notwendige Arbeitszeit). Doch dieses Argument funktioniert nicht. Wie soll „dasselbe (?) Gesetz der Wertbestimmung durch die Arbeitszeit" die Preise festlegen, die sich gerade nur durch die *Abweichung* vom bislang regierenden Arbeitswert auf dem Markt durchsetzen? Welche Werte bestimmen diese Konkurrenz – die vor oder nach der Universali-

---

[47] Vgl. K. Marx, MEW 23, S. 336f.
[48] Vgl. K. Marx, MEW 23, S. 337.

6.3.4 Exploitationstheorie (II): „Extramehrwert" und Innovation

sierung der neuen Produktionsmethode herrschenden? Das Gesetz eines ruhenden *Gleichgewichts* kann nicht die Bewegung von einem zum anderen Gleichgewicht regieren – selbst wenn man sich in dieser mechanischen Denkform bewegt. Das Mittel, um erneut ein Gleichgewicht herzustellen, die durch Konkurrenz vollzogene Durchsetzung neuer Techniken, ist vielmehr der Grund für die endlose *Störung* eben dieses Gleichgewichts.

Was sich hier objektiv zeigt, ist nur dies, dass die Konkurrenten in ihrer Geldgier *wechselseitig* eine Schranke bilden, dass die Anbieter nicht *allein* auf dem Markt sind. Man muss den Wettbewerber also durch eine – tatsächlich mechanische – Operation, die Preissenkung, verdrängen. Die Unhaltbarkeit des Gedankens bei Marx wird sofort erkennbar bei Produktinnovationen, die er gar nicht betrachtet. Wer neue Produkte auf den Markt bringt, ist *Alleinanbieter* (sonst wäre das Produkt nicht neu). Also kann er den Preis *diktieren*, wird dabei allerdings – das ist der durchaus richtige Kern der Monopoltheorie von Cournot – die Reaktion der Nachfrager auf Preisänderung einkalkulieren; die Marktforschung tut heute ein Übriges, die Entscheidung berechenbarer zu machen. Hier herrscht also kein „Gesetz", sondern nur die als Maximierungsprinzip ausgesprochene Geldgier des temporären Monopolisten. Wie soll hier eine Kostenstruktur oder die Arbeitszeit wertbestimmend wirken?

Aber auch *endogen* ist das Marxsche, schon von Smith ganz ähnlich vorgetragene Argument nicht haltbar. Beschränkt man sich auf Prozessinnovationen, so müsste man davon ausgehen, dass nach einer singulären, einmaligen Störung des alten Gleichgewichts ein neues Gleichgewicht sich durch die Verallgemeinerung der neuen Produktionsmethode bald wieder einstellte. Dann würde das „Wertgesetz" als anderer Ausdruck für ein Gleichgewicht wieder gelten:

> „Der Austausch oder Verkauf der Waren zu ihrem Wert ist das Rationale, das natürliche Gesetz ihres Gleichgewichts; von ihm ausgehend, sind die Abweichungen zu erklären, nicht umgekehrt aus den Abweichungen das Gesetz selbst."[49]

Doch wie soll man den *Extramehrwert* als „Abweichung" eines Gleichgewichts „erklären", wenn diese Abweichung ein *neues* Gleichgewicht schafft, also über neue Preise nicht nur die Mehrwertrate, sondern auch die Löhne neu festlegt? Im Phänomen der Innovation verbirgt sich also nicht eine *Abweichung* von einem Gesetz oder einem Gleichgewicht, sondern vielmehr *zeigt* sich darin, wie die Geldgier die Produktion umwälzt und darin Profite erzielt, auf die sie es abgesehen hat. Die Innovationen folgen nicht punktuell, langsam aufeinander, um nach gehöriger Diffusionsdauer der neuen Verfahren einem neuen „Gleichgewicht" Platz zu machen. Man kann unschwer erkennen, dass bei Marx – in einer anderen Sprache – dieselbe Vorstellung wie bei den Neoklassikern herrscht, die auch von Gleichgewichten ausgehen, die gelegentlich durch neue Verfahren „gestört", dann aber rasch wieder hergestellt werden.[50]

---

[49] K. Marx, MEW 25, S. 197.
[50] Grossman und Stiglitz haben für die Finanzmärkte durchaus ein vergleichbares Problem entdeckt, das für alle walrasianischen Märkte generalisierbar ist: Wenn erst das Streben nach Arbitrage Preisbewegungen hin zum Gleichgewicht auslöst, dann kann es nie ein Gleichgewicht (oder „Effizienz") geben, weil mit dem Erreichen des Ziels der Grund wegfällt, der es herstellt: „If competitive equilibrium is defined as a situation in which prices are such that all arbitrage profits are eliminated, is it possible that a competitive economy always be in equilibrium? Clearly not, for then those who arbitrage make no (private) return from their (privately) costly activity. Hence the assumptions that all markets, including that for information, are always in equilibrium and always perfectly arbitraged are inconsistent when arbitrage is

Weder kehrt das neoklassische Gleichgewicht in einem fiktiven Güterraum wieder, noch kehren die Märkte zu Preisen (oder Werten) zurück, die dem *alten* Gleichgewicht entsprechen. Die Vorstellung eines Gleichgewichts als einem bestimmenden Gesetz *hinter* den „Abweichungen" – durch Angebot und Nachfrage oder Innovationen – ist nur eine Erfindung. Wenn die Innovationen, wie im modernen Kapitalismus, aber auch schon im 19. Jahrhundert, durchaus in relativ rascher Folge aneinander anschließen, dann befindet sich die Wirtschaft *nie* im Gleichgewicht. Die – in der Sprache von Marx ausgedrückt – „Differenz zwischen dem individuellen Wert der wohlfeiler produzierten Waren und ihrem gesellschaftlichen Wert" verschwindet *niemals*, weil es diese Differenz überhaupt nicht gibt. Wie kann es einen Unterschied zu etwas geben, das aus kategorialen Gründen eine Fiktion ist und sich nie als Gleichgewicht *herstellt*?

Hier zeigt sich der grundlegende *logische* Mangel, der Marx hierin mit den bürgerlichen Ökonomen verbindet: Sie können eine Relation, eine Differenz nur als etwas denken, das von einer mit sich identischen Entität *abhängt*. Der Extramehrwert sei eine „Abweichung" vom gesellschaftlichen Wert der Waren, werde aber kraft der Gesetzmäßigkeit dieser Entität auch wieder nivelliert. Dass es die *Relation* ist, die die Relate erzeugt, ist in dieser Metaphysik denkunmöglich. Doch eben dies ist die *Pointe* der Quelle des Zinses: Es ist die *Differenz* zum Wettbewerber, die einen Profit abwirft und darin zugleich die Vergesellschaftung der Produktion verändert. Diese Differenz entfaltet sich in zwei anderen, bestimmenden Relationen: Dem Tausch und der Geldrechnung der Marktteilnehmer. Die *Bewegung* dieser Differenz, also der permanente Innovationsprozess, allgemeiner: die permanente Umwälzung der alten Form der Vergesellschaftung, um aus dieser Dynamik und Preisbewegung einen Gewinn zu ziehen, ist es, die für die objektive Ermöglichung zur Befriedigung der Geldgier sorgt.

Wenn ein Extramehrwert entstanden ist, so wird dieser Mehrwert auch wieder *ausgegeben*. Darin verlagert sich in anderen Sektoren die Nachfrage, die Preise werden teilweise erhöht (für alte Produkte sinken sie mitunter rapide), und somit ziehen auch *andere* aus dem Extramehrwert einen Gewinn. Der Extramehrwert wird nicht erst durch die Diffusion der neuen Produktionsmethode verallgemeinert und sozialisiert, sondern schon sehr viel früher. Dadurch setzt aber der Innovator für andere Sektoren *neue Bedingungen*, auf die sie reagieren müssen, wenn sie der Logik ihrer Geldgier folgen und nun *ihrerseits* eine Veränderung, eine Innovation versuchen. Die Innovation breitet sich also nicht *mechanisch* dadurch aus, dass „die neue Produktionsweise sich (!) verallgemeinert". Das handelnde Subjekt sind die jeweils auf Preisänderungen reagierenden Konkurrenten, und diese Reaktion ist *kreativ*, d.h. sie führt *ihrerseits* zu Innovationsprozessen. Es gibt also keine mechanische Anpassung an ein Gleichgewicht, wie die neoklassischen Lehrbücher mit Kügelchen versinnbildlichen, die in einer Schale immer wieder der Mitte zurollen. Es gibt keine „Repulsion und Attraktion"[51], weder von Arbeitskräften noch von Kapitalien, die von einer imaginären Mitte gelenkt würden. Derartig mechanische Vorstellung haben im Begriff des Geldes so wenig etwas zu suchen wie im Verständnis der Quelle des Profits. Hier macht sich der im Kapitel über die Marxsche Tausch- und Geldtheorie herausgearbeitete Mangel schmerzlich dadurch bemerkbar, dass Marx die Subjekte des Handelns als bloße Roboter behandelt, nicht als den Ort, an dem sich nicht nur die Vergesellschaftung *durch das Denken hindurch*

---

costly." S. J. Grossman, J. E. Stiglitz (1980), 393. Dieses Problem ist verwandt mit den Fragen nach der Funktion eines Auktionators im walrasianischen Gleichgewicht und seiner Stabilität; vgl. vgl. H. Sonnenschein (1972), R. Mantel (1974), G. Debreu (1974) und die Diskussion in Kapitel 4.7.4.4.

[51] K. Marx, MEW 23, S. 470.

6.3.4 Exploitationstheorie (II): „Extramehrwert" und Innovation

vollzieht, sondern auch als den Ort, aus dem Neuerungen hervorgehen, die in kreativer Reaktion auf Veränderungen, die ihnen die Konkurrenten diktieren, jedes „Gleichgewicht" immer wieder aufheben würden – vorausgesetzt, es hätte je existiert. Die Erpressung von Profit, von „Mehrwert", ist ein unaufhörlicher Prozess der *Veränderung* aller Bedingungen der Vergesellschaftung.

Marx konnte sich so wenig wie die bürgerlichen Ökonomen auch nur vorstellen, dass die Konkurrenz der Geldgier selbst jene Veränderungen der Vergesellschaftung hervorbringt, die die Quelle für alle Zinszahlungen abgibt. Er bemerkte, dass der Geldzinssatz tatsächlich empirisch keine „Gesetzmäßigkeit" erkennen lässt. Und er sagt durchaus richtig:

> „Wo hier die Konkurrenz als solche entscheidet, ist die Bestimmung an und für sich zufällig, rein empirisch, und nur Pedanterie oder Phantasterei kann diese Zufälligkeit als etwas Notwendiges entwickeln wollen."[52]

Doch er erfasst nicht die Pointe in diesem Gedanken: Die Zufälligkeit und die begleitende Verrücktheit der Geldgier *ist* auch schon das ganze „Gesetz". Der Zins ist nicht nur ein Teil des gesamtwirtschaftlichen Profits, dieser Profit ist *insgesamt* nur eine von Zufällen durchsetzte Anarchie. Allerdings: *Eine* Regel lässt sich darin erkennen: Diejenigen, die ihrer Geldgier freien Lauf lassen und darin Prozesse kontrollieren, wählen aus Zufälligem immer genau das aus, was ihnen Profit einträgt, so dass das Gesamtergebnis, keineswegs zufällig, immer so ausfällt, dass die Geldeigentümer reicher werden – bei allen Rückschlägen, die Crashs und andere Krisen auch für sie mit sich bringen.

Es ist natürlich richtig, wenn Marx hier betont, dass sich die Konkurrenten jeweils wechselseitig in diesem Prozess die Bedingungen diktieren, „bei Strafe des Untergangs"[53]. Doch in dieser Konkurrenz gibt es kein hinter dem Rücken der Beteiligten wirksames Gesetz, das sich unterhalb des Denkens und Handelns der Subjekte hindurch realisiert. Es ist die im Geldsubjekt verwandelte Denkform und die abstrakte Leidenschaft der Geldgier, die das Handeln der Vielen durchaus bewusst lenkt und motiviert. Was hier an Objektivität entdeckt werden kann, ist – neben dem zweifellos in der Technik immer wieder hervortretenden Widerstand der Natur – nur der je *andere*, der dasselbe will wie man selbst: *Mehr Geld*. Die Objektivität, die auf dem Markt als Sachzwang erlebt wird, ist nur die mechanische Leidenschaft, die sich selbst begegnet und den je anderen auf die Verkörperung einer Geldsumme und die damit verbundene Kaufmacht reduziert.

Marx´ mechanische Fessel, die er sich selbst im Studium der englischen Klassiker und wider einige Einsichten seiner Jugend übergezogen hat, führt nicht nur zu einem systematischen Fehlurteil über die Rolle der menschlichen Subjektivität in der Gesellschaft – darin Hand in Hand mit den Klassikern und der österreichischen Schule argumentierend –, sie verstellt ihm auch den Blick auf wichtige Elemente der kapitalistischen Dynamik. Diese Dynamik wird *nicht* kausal durch „Produktivkräfte" hervorgebracht, die sich – mit einigen Windungen und revolutionären Zuckungen – die jeweils adäquaten „Produktionsverhältnisse" selbst verschaffen. „Produktionsverhältnisse" ist der irreführende Begriff für „Vergesellschaftung" bei Marx. Diese Verhältnisse sind *nicht* abhängig von dem, was sie organisieren; ganz im Gegenteil. Es ist die Kontrolle der Geldrechnung über die Produktion, die Maximierung der Differenz von Input und Output, die sogar die allgemeine *Wissenschaft* von der Produktion (die Physik) in ihren

---

[52] K. Marx, MEW 25, S. 375.
[53] K. Marx, MEW 25, S. 255.

Kategorien bestimmt. Die Theorie der Dampfmaschine brachte die Thermodynamik hervor, und die Fragen nach der Kostensenkung produzierten die Antworten nach Wirkungsgrad, Energieverlust und schließlich dem parallel zur ökonomischen Klassik entwickelten Gedanken einer allgemeinen „Energiesubstanz", die nur ihre Form verändert, nicht ihren energetischen Gehalt.[54]

Der Kapitalismus ist deshalb auch nicht *inhaltlich* durch eine bestimmte „Reife" der Produktivkräfte zu charakterisieren. Dieses historische Muster verkennt die innere Kraft der Geldgier, die sich durchaus in *jeder* Produktionsweise, die durch eine Vergesellschaftung über das Geld organisiert wird, gemäß der im globalen Kapitalismus nur *verallgemeinerten* Form realisiert. Der wichtige und richtige Begriff für das Kapital, den Marx mit anderen Worten nach Aristoteles ein zweites Mal entdeckte und ihm eine adäquate Form gab: G-W-G′, diese Formel ist die Grundlage für den *Wucher* G-G′, der sich zu allen Zeiten der Geldökonomie als beherrschende Macht überlagerte. Ob die Wucherer römische Raubzüge mit Söldnern finanzierten, ob sie im Mittelalter zunächst Handwerker und Bauern ausbeuteten und später Fürsten, oder ob sie sich ganze Staaten im neuen Kleid der Finanzmärkte unterwerfen und auch noch Medien und öffentliche Zahlungsströme (Steuern, Staatsausgaben und Staatskredite), durchaus kreativ durch eine Vielfalt von Lügen und Halbwahrheiten, miteinander vermitteln, stets bleibt die formale Struktur dieselbe und die ausbeuterische Wirkung für die Beteiligten ein Schrecken ohne Ende. Gerade die *Wiederkehr* der unmittelbaren Herrschaft des Wuchers in der Subsumtion der globalen Unternehmen unter die Finanzmärkte zeigt dies deutlich.

Marx hat den *Wucher* nur als *Vorläufer* der kapitalistischen Finanzmärkte interpretiert. Auch bleibt bei ihm dunkel, was denn Wucher nun eigentlich ist: Ein objektiver Marktprozess oder eine veränderte Subjektform durch eine abstrakte Leidenschaft. Marx wollte auch den Wucher als *historisches* Phänomen relativieren, wobei er seine eigene Erkenntnis der formalen Struktur der Kapitalformel ignorierte und nicht die Form der Vergesellschaftung, sondern das, was sie historisch an Produktion vergesellschaftete, als das Bestimmende behauptete:

> „Das Wucherkapital als charakteristische Form des zinstragenden Kapitals entspricht dem Vorherrschen der kleinen Produktion, der selbst arbeitenden Bauern und kleinen Handwerksmeister."[55]

Die sprachliche Unbestimmtheit dieses Satzes verweist auf einen unklaren Begriff: Was heißt „entspricht", was „vorherrschen"? Heißt „Entsprechung": angepasst-an-… oder hervorgebracht-von-… oder notwendig-verbunden-mit-…? Heißt „vorherrschen" eine Herrschaft ausüben durch die Geldform hindurch? Oder ist nur die Menge des Vorkommens neben anderen (welchen?) Produktionsformen gemeint? Marx *sieht*, dass es der Wucher ist, der die Verhältnisse beherrscht, aber sein Materialismus flüstert ihm ein, dass die Produktions*verhältnisse* nur ein „Überbau" sein können über der Basis der Produktivkräfte.

Was Marx konkret historisch beobachtet, ist deshalb oft zutreffend; seine fehlende Interpretation des Wuchers *als* Wucher (als für jede Geldökonomie mit unterschiedlicher Macht bestimmende Herrschaft *über* die Kapitalformel G-W-G′ durch die Funktionalisierung der Einbettung von G-G′) bleibt aber gerade dadurch verdeckt. So ist es zweifellos richtig, dass der Wucher vorkapitalistische Produktionsweisen zerstörte, dass er dabei Geldkapital zentralisierte und die Bedingung für eine größere, im Kapitalismus

---

[54] Vgl. hierzu N. Georgescu-Roegen (1971; 1976) und P. Mirowski (1989).
[55] K. Marx, MEW 25, S. 608.

6.3.4 Exploitationstheorie (II): „Extramehrwert" und Innovation

dann entfaltete Macht schuf.[56] Doch diese Form der Bewegung der Geldgier wiederholt sich durchaus auch im entwickelten Kapitalismus bei Mergers, Hedgefonds oder Private-Equity-Firmen, auch „Heuschrecken" genannt. Es ist dieselbe logische Struktur, die sich hier reproduziert und Formen scheinbar vergangener Epochen auf anderer Stufe nur in neuer Gestalt zeigt. Marx dagegen kehrt die Verhältnisse um:

> „Im großen und ganzen wird das zinstragende Kapital im modernen Kreditsystem den Bedingungen der kapitalistischen Produktion angepasst."[57]

Ähnlich sagte, wie gezeigt, Max Weber, dass die Rationalität des kapitalistischen Unternehmens die Geldgier „bändige"[58], also den Wucher an die Bedürfnisse des modernen Kapitalismus anpasse. Faktisch kommen Marx und Weber zur gleichen, falschen Schlussfolgerung: Was bei Weber ein Prozess der Rationalisierung sein soll, der sich „im Überbau" vollzieht, erscheint bei Marx als materialistische Determination: Die *Produktion* bleibt letztlich die bestimmende Macht, die sich auch die Form ihrer Finanzierung subsumiert. Weil Marx nicht erkennt, dass es genau die *umgekehrte* Subsumtion ist, nämlich die aller Verhältnisse unter die abstrakte Logik der Geldrechnung und Geldgier, die einen permanenten Prozess von Wandel und Veränderung induziert, der in seinem Ungleichgewicht die Wiederkehr der *Quelle* für jeden Mehrwert bildet, deshalb muss er in seinem Materialismus auch den Wucher an die Fessel einer historischen Macht legen, die die Geldverhältnisse determiniert – nicht umgekehrt. Wenn Marx sagt: „Der Wucher wie der Handel exploitieren eine gegebne Produktionsweise, schaffen sie nicht, verhalten sich äußerlich zu ihr"[59], dann drückt sich dieses Unverständnis der Herrschaft der Geldgier aus.

Gewiss, die Kontrolle der gesellschaftlichen Verhältnisse, der Weise der Vergesellschaftung durch Wissenschaft, Kommunikation, Produktion, Politik und Tausch, ist eine von der Geldgier *abstakt* und fremd ausgeübte. Alles, was sie subsumiert, ist ihr gleichgültig. Aber das heißt keineswegs, dass sie einfach vorgefundene Bedingungen so belässt, wie sie sie vorfindet. Es ist deshalb unhaltbar, wenn Marx sagt:

> „Der Wucher sucht sie direkt zu erhalten, um sie stets von neuem ausbeuten zu können, ist konservativ"[60].

Vielmehr sind es die von der Geldrechnung kontrollierten *und immer wieder umgewälzten* Verhältnisse, die dem Wucher stets neuen Raum für die abstrakte Leidenschaft der Geldgier schaffen. Von der Bestechung in der Politik, aus Profitgründen einen Krieg anzuzetteln, bis zum *venture capital* initiiert die Geldgier durchaus unmittelbar die Veränderungen, die eine bürgerliche Ideologie „Fortschritt" nennt. Dass hierbei die Verhältnisse eher zufällig und das nur für wenige verbessert werden, dass der Wucher die Verhältnisse meist „nur miserabler"[61] macht, darin möchte ich Marx keineswegs widersprechen.

Seine Interpretation des Wuchers teilt das Vorurteil der Moderne, dass alle ökonomischen Formen *letztlich* einen Fortschritt vorantreiben, der sie selbst – das ist Marxens

---

[56] K. Marx, MEW 25, S. 610f.
[57] K. Marx, MEW 25, S. 613.
[58] M. Weber (1969), S. 12f; vgl. Kapitel 5.4.3.
[59] K. Marx, MEW 25, S. 623.
[60] K. Marx, MEW 25, S. 623.
[61] K. Marx, MEW 25, S. 623.

dialektische Umdeutung – schließlich überflüssig macht und zu ihrer Überwindung veranlasst, also in die proletarische Revolution mündet, die aus der Geschichte das Wissen der Naturwissenschaften und die entwickelten Techniken übernimmt, um eine Gesellschaft „ohne das Wertgesetz" aufzubauen. Diese Linearität, die dem Wucher einen historischen Platz zuweist, wie dies auch die bürgerlichen Ökonomen oder Max Weber tun, die seine Verteidigung für einen Fortschritt ausgeben, ist nur die Projektion eines cartesianischen Subjekts. Weder hat die Ratio der Geldrechnung die alten Religionsformen aufgehoben – sie hat sie nur instrumentalisiert oder sie in das Ghetto einer antikapitalistischen Gegnerschaft zurückgeworfen (wie den Islamismus) –, noch hat sie sich jemals den „Produktivkräften" angepasst und ist von ihnen beherrscht worden. Das genaue Gegenteil ist richtig, und dieses Gegenteil – die Herrschaft der Geldgier in ihren Subjektformen als Vergesellschaftung über die Gesellschaft – ist das bei Marx, trotz vieler wichtiger Erkenntnisse, ungelöst gebliebene Rätsel.

6.3.5 Kreislauftheorien des Zinses

Der Zins ist eine Geldform, also ein Einkommen für den Eigentümer, der aus einem in Geld gerechneten Besitz einen Profit herausziehen kann. Diese Geldform bleibt nur erhalten, wenn der Zins auch wieder *verausgabt* wird. Was immer jemand gewinnt, irgendwann wird er das gewonnene Geld auch wieder ausgeben. Darin liegt zweifellos eine Zirkularität. Es liegt darin allerdings auch eine Versuchung zu einem systematischen Denkfehler. Wenn ein cartesianisches Ego in einem bestimmten Kategoriensystem auf die Wirtschaft blickt, dann erscheint ihm die verwendete Struktur von der nämlichen Gewissheit wie das eigene Ich. Was immer es dann als Notwendigkeit erkennt, erwächst aus der logischen Struktur der Form, *in der* gedacht wird. Und da in dieser Form wirtschaftliche Wirklichkeit beschrieben wird, erscheint in ihr eine scheinbare Notwendigkeit, Gesetzmäßigkeit oder Identität, die sich *nur* der cartesianischen Perspektive verdankt. Das ist das Geheimnis für die auf den ersten Blick so überzeugende und suggestive Wahrheit dessen, was in verschiedenen Formen als Wirtschaftskreislauf beschrieben wurde.

Die vielleicht reflektierteste Form dieser Theorie findet sich bei Wolfgang Stützel. Er versucht einen Gedanken systematisch zu entfalten, der sich bei Marx mehrfach findet und dort auch in dessen Reproduktionsschemata eine erste, klassische Modellform gefunden hat. Marx verweist z.B. darauf, dass jeder Kapitalist *individuell* niedrige Löhne wünscht, um seine Kosten zu senken, gleichzeitig aber sollen alle *anderen* Kapitalisten hohe Löhne bezahlen, damit mehr seiner eigenen Produkte gekauft werden. Stützel sieht hier eine allgemeine logische Struktur. Er verwendet die Sprache der Mengenlehre, um dies auszudrücken, bemerkt aber dabei nicht, dass er als *das Apriori* seiner Reflexion *einen* cartesianischen Beobachter (sich selbst) immer schon als logische Notwendigkeit für seine Urteile voraussetzt. Ich möchte seinen Gedanken genauer skizzieren, um darin das richtige Element herauszuarbeiten.

Stützel spricht von einer „Globalmenge" – das, was in der Statistik entsprechend als „Grundgesamtheit" festgelegt wird: Die Menge aller Objekte eines Untersuchungsbereiches. Diese Globalmenge ist nicht Element ihrer selbst, meint Stützel, wohl aber kann man alle Teilmengen zusammenfassen und darüber dann Urteile bilden. Er erläutert seinen Gedanken an folgenden beiden Sätzen[62]:

---

[62] W. Stützel (1953), S. 18. Vgl. die Proposition 4 bei Proklos: „Alles, was vereinigt ist, ist etwas anderes als die Einheit selber." Proklos (2004), S. 10.

Partialsatz: Alle Wirtschafter (= jede beliebige echte Teilmenge von Wirtschaftern) können mit Übrigen in Beziehung treten.
Globalsatz: Alle Wirtschafter (= Menge selbst) können nie mit Übrigen in Beziehung treten.

Stützel bemerkt hier durchaus eine wichtige Differenz, die er an einem Beispiel erläutert, das in seiner logischen Struktur auch *The Tragedy of the Commons* genannt wurde.[63] Wenn in einem Konzert einer oder einige aufstehen, können sie besser sehen. Versucht man daraus den generalisierenden Satz abzuleiten: „Wenn *man* aufsteht in einem Konzert, sieht man besser", so erliegt man einem Fehlurteil, denn die Generalisierung des Satzes *als generalisiertes Verhalten* hebt ihn auf.

Es war diese seltsame Dialektik, die Smith und Marx stillschweigend schon auf den Profit angewandt haben, genauer auf das, was Marx „Extramehrwert" nannte und was von Schumpeter später mit „Pioniergewinn" bezeichnet wurde. Der Satz ist als Partialsatz richtig: Wenn man eine bestimmte neue Produktionsmethode anwendet, erhöht man seinen Gewinn. Doch universalisiert, wird der Satz falsch: Wenn *alle* die neue Produktionsmethode zugleich anwenden, dann hebt die Konkurrenz den Vorteil wieder auf.[64] Diese Logik gilt auch für alle Varianten von Innovationen, die zur Gewinnsteigerung als neue Managementtechnik angeboten werden. Darin liegt auch die Tragik der *Nachahmung*. Wenn man entdeckt, dass jemand anders mit einer bestimmten Handlungsweise *erfolgreich* ist und man diesen Erfolg nachzuahmen versucht, verkennt man die Situation: man ist bloßer Teil einer gleichartigen Menge. Die Crux des Arguments ist allerdings die „Universalisierung". Man kann das logisch durchspielen, erhält damit aber keine Aussage, die reale Handlungen als durch ein Gesetz genötigt erklären würde. In der Wirtschaft gibt es empirisch nie ein Gleichgewicht, bei dem alle dieselbe Technik anwenden würden; das höbe ja gerade auf, was das Argument für die Nachahmung voraussetzt: Die Geldgier, die durch Veränderungen einen Vorteil zu erlangen sucht.

Nun hat Stützel diese logische Struktur mit dem gleichgesetzt, was er „Saldenmechanik" nennt. Das ist aber ein Fehlurteil. Die genannten Beispiele beziehen sich auf die Universalisierung von *Handlungen*. Diese Handlungen sind keine Ganzheit; sie vergesellschaften sich in bestimmten Formen (Sprache, Geld, Moral etc.). Eine Einheit als Ganzheit kommt ihnen nur als konvergente *Tendenz* der Identitätsbildung zu, nicht als Entität, auf die man gegenständlich verweisen könnte. Es ist die Illusion des cartesianischen Beobachters, der in einer kategorialen Matrix eine Ganzheit durch Einsortieren von Elementen je schon voraussetzt. Die Einheit des Ganzen liegt im Apriori des *Beobachters*, nicht in den sozialen Akten. Ob also eine Handlungsweise durch Nachahmung, Gewohnheit, Zwang usw. *real* universalisiert wird, ist keine Frage der Kategorien der Beobachtung, sondern eine des *wirklichen Vollzugs der Handlungen*.

Die volkswirtschaftliche Gesamtrechnung als soziale Buchführung ist auch ein derartiges Begriffsschema. Doch es unterscheidet sich von den Handlungen dadurch, dass hier tatsächlich *ein Subjekt* (bzw. eine Behörde wie die statistischen Ämter) nach einem Schema Daten erfasst und in ein Gesamtsystem einfügt. Die erfassten Daten sind keine *Handlungen*, die untereinander in Beziehung treten könnten (wie Konkurrenten, die sich wechselseitig Marktanteile streitig machen), sondern Handlungs*resultate*, die verbucht wurden – z.B. auf der Grundlage der Steuerstatistik. Die Einheit des ganzen Systems wird hier nicht durch universalisiertes *Handeln* als bloße Tendenz hergestellt – wie eine bestimmte Verhaltensweise, die man nachahmen kann. Vielmehr ist die Einheit jeweils

---

[63] G. Hardin (1968).
[64] Vgl. K. Marx, MEW 25, S. 197; W. Stützel (1978), S. 34.

schon durch das System der Erfassung hergestellt. Handlungsweisen sind keine Ganzheit von sich her; der Prozess ihrer Vergesellschaftung vollzieht sich vielmehr durch vielfältige Akte – nicht durch das, was ein cartesianischer Beobachter als Ganzheit in ein Schema einsortiert. Ein Buchhaltungssystem für eine Volkswirtschaft ist durch die eigene Voraussetzung und die logische Struktur ganz und in sich geschlossen. Hier zeigt sich zwar *auch* die Differenz zu den vollzogenen Handlungen; dies aber nur in der Frage, wie *vollständig* etwas erfasst wurde. Wie bei einem betrieblichen Buchhaltungssystem, ergeben sich *Kreislaufzusammenhänge* oder auch *Kreislaufaxiome*. Stützel sagt:

> „Sobald für Gesamtheiten ein derartiger notwendiger (arithmetischer) Größenzusammenhang besteht, können sich die fraglichen Teilgrößen bei den einzelnen nur im Rahmen ganz bestimmter wechselseitig voneinander abhängiger Bedingungen verändern."[65]

Woran Stützel hier *zuerst* denkt (er verwendet dies auch als Illustration), ist die berühmte Keynessche Identität von Ersparnis und Investitionen *ex post*. In der Volkswirtschaftlichen Gesamtrechnung wird das Bruttonationalprodukt so in einem Begriffsschema ermittelt, dass die darin vorkommenden Teile in einem logisch-notwendigen Zusammenhang stehen, der als formale *Identität* erscheint. Verbucht man alle Investitionen so, dass damit Transaktionen erfasst werden, die *nicht* Konsumgüter sind, so ist diese Größe logisch identisch mit jenem verbuchten Einkommensteil, der *nicht* für Konsumgüter ausgegeben wurde. Da alle Nettotransaktionen (abzüglich der Vorleistungen) zugleich *Einkommen* sind, bedeutet jedes als Investitionsgut verbuchte Ding zugleich „Nichtkonsum", also „Ersparnis". Dann ergibt sich tautologisch aus $Y = C + I$ und $Y = C + S$ notwendig $I = S$ (Y = Nationalprodukt, C = Konsum, I = Investitionen – jeweils brutto oder netto, d.h. mit oder ohne Abschreibungen verbucht). Da auch einbehaltene Gewinne „nicht konsumiertes Einkommen" = Ersparnis und nicht verkaufte Produkte auf Lager = „nicht konsumiertes Einkommen" sind, kann man alle Produkt- und Einkommensarten in diesem Schema verbuchen.

Erkannt wird hier allerdings gar nichts. Was als logische Notwendigkeit erscheint, ist im Begriffsapparat des Schemas, in dem ein cartesianischer Beobachter die Wirtschaft einsortiert und auf der Grundlage dieses Schemas auch Daten erhebt, je schon enthalten. Darin erkennt man keine Notwendigkeit, die die *Handelnden* prinzipiell oder empirisch beschränken würde. Ist M ein Modell, in dem eine Wirtschaft als zirkuläres Schema dargestellt wird, so sind zwar die Elemente von M untereinander durch die implementierten Regeln verknüpft, nicht aber die Individuen oder Organisationen, deren Handlungen oder Handlungsresultate mit den Elementen von M bezeichnet werden. Die Bedeutung der Zeichen in M wird nicht als sozialer Prozess, sondern durch den Beobachter, den Theoretiker (bzw. durch eine Institution, die sich der Modellform M bedient) gestiftet. Man kann nur erkennen, dass man *innerhalb* einer Denkform genötigt ist, die Identität von bestimmten Aggregaten zu denken, wenn das Begriffsystem in sich logisch konsistent sein soll. Die logische Konsistenz ist keine *reale Ganzheit*, was sich an ganz einfachen Beispielen zeigt. Wenn man alle Handelsbilanzsaldos global saldiert, so fordert die „Saldenmechanik", dass die Summe Null sein muss. Die tatsäch-

---

[65] W. Stützel (1978), S. 52. Faktisch verbirgt sich hinter *dieser* Kreislaufvorstellung der Gedanke einer Substanzerhaltung: „Der Kreislauf der wirtschaftlichen Dinge dreht sich immer um dieselbe Achse. Der *Stoff* der Güter wechselt und erneuert sich, aber ihr *Wert* bleibt auf allen Stufen erhalten." R. Stolzmann (1909), S. 259; zur Kritik vgl. 4.4.

lich ermittelte Summe ist aber keineswegs Null. Die Wirklichkeit hat sich offenbar nicht bruchlos in den Begriffsapparat einsortieren lassen.

Nun haben verschiedene Autoren, wie Kalecki, Kaldor, Pasinetti und andere, versucht, aus Kreislaufbeziehungen einige *interne* Zusammenhänge von Begriffssystemen aufzudecken, die man logisch mitzudenken gezwungen ist, *sobald* man als Beobachter das Begriffssystem adaptiert hat. Hier lassen sich einige formale Identitäten ableiten, die auch als „Zins- oder Profittheorie" interpretiert wurden. Unterstellt man, wie die ökonomischen Klassiker, dass die Arbeiter ihre Lohnsumme W vollständig und dass die Kapitalisten aus ihrem Profiteinkommen P den Anteil c_P konsumieren, so gilt im geschlossenen Kreislauf mit $Y = C + I$ und $Y = W + P$ folglich: $C = c_P P + W$. Daraus folgt $I = Y - C = W + P - c_P P - W$ oder: $I = s_P P$ ($s_P = 1 - c_P$). Würden die Kapitalisten von Luft leben und nur die Arbeiter konsumieren, so ergäbe sich mit $Y = C + I$ und $Y = W + P$ die formale Identität: $I = P$. Mit Kalecki kann man diese Gleichung in den Satz kleiden: *Workers spend what they get; capitalists get what they spend.*[66] Hier zeigt die Kreislaufbeziehung, dass die *individuelle* Planung von Investitionen zugleich die Geldströme der Vergesellschaftung festlegt: Die Investitionen, also die Umwälzung der Produktion ist aggregiert als Geldwert identisch mit dem Profit. Dieses Ergebnis ist durchaus eine hilfreiche Illustration des Satzes, dass ein monetärer Überschuss nur durch eine permanente Umwälzung der Produktion erzielt werden kann.

Man hat auf ähnlichen Wegen auch direkt eine Zinstheorie zu entwickeln versucht, die allerdings wiederum nur eine formale Identität im vorausgesetzten Begriffsschema abzuleiten erlaubt. Ist K der im Begriffsschema der VGR erfasste Kapitalstock, so gilt mit g für die Wachstumsrate des Kapitalstocks ($g = I/K$) und $r = P/K$ für die Profitrate, nach kleinen Umformungen deshalb die Beziehung: $g = s_P r$. Die Wachstumsrate einer Volkswirtschaft ist gleich der Profitrate multipliziert mit der Sparneigung der Kapitalisten (der Anteil der ausgeschütteten und daraus konsumierten Gewinne). Diese Gleichung $g = s_P r$ wurde vielfältig interpretiert und in andere Modelle einbezogen. Man kann eine modifizierte Variante dafür ableiten, wenn man in einer Zwei-Klassen-Ökonomie vererbbaren Kapitalstock und überlappende Generationen unterstellt.[67]

Derartige Zusammenhänge sind nicht ohne Interesse, bleiben aber Spiele im endogenen Begriffssystem eines cartesianischen Beobachters; jede Modellvariation ergibt ein anderes Ergebnis. Nur eines ist darin nicht erkennbar: Die *reale* Quelle für Zinszahlungen. Wenn man die Gleichung $g = s_P r$ *kausal interpretiert*, entsprechend reformuliert (z.B. in Solows neoklassischem Wachstumsmodell) und behauptet, dass in einem Modellgleichgewicht die Wachstumsrate „gegeben" ist (durch das Bevölkerungswachstum und/oder einen erfundenen „technischen Fortschritt" als *manna from heaven*), dann folgt: $r = g/s_P$. Der Zinssatz wäre dann *determiniert* durch einen objektiven Faktor (Wachstumsrate) und einen sozialen Faktor (Verteilung der Eigentumsrechte und das daraus erzielte Einkommen). Doch solche Folgerungen sind keine Begründungen, sondern immer Urteilsformen, die ihre Gewissheit aus *vorausgesetzten* Urteilen ableiten. Man kann im Modell die Kausalität immer umkehren und behaupten, der Zinssatz sei durch eine „natürliche Rate" vorgegeben und die *Wachstumsrate* sei die endogene Größe. Die Vielfalt der Modellvarianten ist hier groß – *erklärt* wird dadurch der Zins nicht.

Das, was Kreislaufmodelle also an Wissen über den Zins liefern können, sind entweder Begriffsexplikationen dessen, was man schon in anderen Begriffen weiß und vorausgesetzt hat, oder aber sie sind *Zeichen* für Handlungsweisen, die die Konkurrenz der Geldsubjekte illustrieren, nicht aber *erklären* können. In der Beschreibung der Kon-

---

[66] Vgl. M. Kalecki (1966), S. 47ff.
[67] K.-H. Brodbeck (1987).

kurrenz und ihrer Wirkung auf den Zinssatz ist allerdings immer schon zweierlei vorausgesetzt: Erstens die monetäre Vergesellschaftung und ihre Bewegung durch die abstrakte Leidenschaft der Geldgier, zweitens die technisch und kreativ entdeckten Möglichkeiten, durch eine Veränderung und Reorganisation der Produktionsstruktur, der Informationen und Bedürfnisse einen *Gewinn* erzielen zu können.

Die Kreislaufidee enthält jedoch durchaus auch ein *kritisches* Element. Sie verweist darauf, dass der Individualismus des Geldsubjekts, seine monetäre Abgrenzung in Konkurrenz zu anderen Subjekten in allen Sphären der Ökonomie, ein grundlegendes *Nichtwissen* voraussetzt und performativ entfaltet. Was als „Kreislauf" beschrieben wird, ist *kategorial* der Vorschein der Tatsache, dass die Individuen *in der Geldform* je schon vergesellschaftet sind, wenn sie *in dieser Form* ihre Privatheit und ihre abstrakte Leidenschaft entfalten. Im Konkurrenten erfährt ein Innovator weder eine „Saldenmechanik" noch das Wirken des „Wertgesetzes". Er bemerkt aber unmittelbar, dass er sich in einer *sozialen Form* bewegt, nicht einer gleichgültigen, beliebig verformbaren Materie gegenübersteht. Was in Kreislaufbeziehungen illustriert werden kann, ist genau *diese vorausgesetzte Vergesellschaftung*. Das geschieht im Kreislaufmodell nicht in einer kategorial reifen Form, immerhin aber als richtige Ahnung, die der liberalen Vorstellung, die Gesellschaft sei eine mehr oder weniger von außen geformte Menge von Individuen, von Atomen, richtig widerspricht.

Ich möchte dieses kritische Potenzial kurz erläutern und dabei zugleich an einen völlig vergessenen Ökonomen erinnern, der wichtige Aspekte der Kreislauftheorie des Keynesianismus antizipierte: Hans Marzell. Seine vom Mainstream und auch von umfassenderen Darstellung völlig ignorierte kleine Schrift „Das Kapitalzinsproblem im Lichte des Kreislaufs der Waren und des Geldes" (1927) reiht sich formal in zahlreiche Untersuchungen ein, die von Böhm-Bawerks und Wicksells Zinstheorie ausgingen und sie teilweise kritisch rezipierten oder erweiterten.[68] Böhm-Bawerk und Wicksell haben in ihrer Zinstheorie – auch die anderen österreichischen Theoretiker traten dieses unheilvolle Erbe an – gleich *zwei* methodische Fehler vereinigt: Dem cartesianischen Beobachterego und seinen vermeintlichen Gewissheiten stellten sie die Projektion einer Robinsonökonomie gegenüber, in der sie Gründe für den „natürlichen" Zins aufzudecken versuchten. Die darin gemachten Denkfehler habe ich skizziert. *Innerhalb* der österreichischen Tradition hat sich Emil Sax wenigstens in einem Punkt vom gröbsten Unfug der Robinsonaden entfernt, wenn er zwar an der Auffassung festhält, der Zins sei ein Problem des intertemporalen Güteraustauschs, aber immerhin bemerkt, dass hierzu ein wirklicher *Tausch* notwendig ist:

„Der Zins, den die isolierte Einzelwirtschaft nicht kennt, kommt erst in der Privatwirtschaft der Wirklichkeit zur Erscheinung. (…) Er entspringt aus einer entgegengesetzten Wertung bestimmter gegenwärtiger und künftiger Güter seitens verschiedener Wirtschaftssubjekte, die in einem Umsatze solcher Güter zwischen diesen zutage tritt."[69]

Erst Marzell hat aber unter Rückgriff auf Karl Marx bemerkt, dass der Zins als Phänomen *vergesellschafteter* Individuen nur mit dem Austauschprozess der Güter *zugleich* erkannt und verstanden werden kann. Er stellt deshalb die wichtige Frage: „Wie wird der Zins realisiert?"[70] Marx hat in seinen Reproduktionsschemata aufgezeigt, wie – vom

---

[68] H. Marzell (1927); vgl. z.B. E. Sax (1916); E. v. Sivers (1924); A. Mahr (1929).
[69] E. Sax (1916), S. 98.
[70] H. Marzell (1927), S. 28.

6.3.5 Kreislauftheorien des Zinses

Standpunkt eines cartesianischen Beobachters aus – sich der „Gesamtwert" einer Wirtschaft, dessen Aufteilung schon Smith diskutiert hat, nicht nur klassifizieren lässt in die drei Einkommensformen Profit, Lohn und Bodenrente, sondern er untersuchte ihre Kreislauflogik als Austauschprozess zweier Sektoren.[71] Die hier aus dem Kreislauf abzulesenden Ergebnisse – ähnlich wie jene, die später von Kalecki, Kaldor, Pasinetti, Stützel und anderen in der keynesianischen Formelsprache entwickelt wurden –, besitzen allesamt tautologischen Charakter. Aber sie eignen sich, auf die Tatsache zu verweisen, dass man über den Zins nichts sagen kann, ohne über die *Realisierung* der jeweiligen Gewinngrößen im Austausch von Waren und Geld zu sprechen. Marzell beruft sich auf Gottls Kritik an der Wertlehre, hält also nicht an der Marxschen Arbeitswertlehre fest, übernimmt aber gleichwohl die Kreislaufvorstellung, die er umformuliert. Er kehrt darin modifiziert zur klassischen Auffassung zurück:

> „In der Geldgestalt müssen demnach die Zinsen aus den in der Volkswirtschaft gemachten Umsätzen bzw. den bei diesen Umsätzen erzielten Preisen hervorgehen und werden somit realisiert von den Unternehmern als den Personen, die bei diesen Umsätzen als Verkäufer fungieren. Erst dieser Sachverhalt ermöglicht den Unternehmern, all den Zinsverpflichtungen nachzukommen, die sie ihrerseits eingegangen und die deshalb so groß sind, weil die Unternehmer im Kreditverkehr die Hauptschuldner sind und also auch den überwiegend größten Teil aller Bankzinsen bezahlen."[72]

Sowohl die *gelungene* Realisierung von Gewinnen als auch deren Verhinderung wird dann als ein Phänomen gegenseitiger Abhängigkeit erkennbar, das auch dann richtig bleibt, wenn man nicht – wie Marx oder Marzell – Kreislaufschemata entwickelt und mit Zahlenbeispielen nachrechnet, dass in diesem Schema jeder ausgegebene Euro auch wieder eingenommen wird, auch bezüglich jener Geldbestandteile, die als Gewinn oder Zins verbucht werden. Gerade dann, wenn das Schema *nicht* zutrifft, weil die je schon vorausgesetzte *gelungene* Transaktion auch *scheitern* kann (weil sich keine Käufer finden), erweist sich der soziale Zusammenhang, in dem der Zins durch die *Realisierung* von Käufen „erwirtschaftet" wird.

So sieht Marzell, dass „Absatzstockungen immer das Unterbleiben des Rückflusses vorgeschossener Gelder der Unternehmungen bedeuten und daher als privatwirtschaftliche Konsequenz Bankrotte und, wenn die sich häufen, allgemeine Krisen im Gefolge haben"[73]. Die Zinstheorie ist deshalb, das betont Marzell auf den Spuren von Marx, immer zugleich eine *Krisentheorie*. Derselbe Prozess, der die Realisierung der Gewinne

---

[71] Der Sektor I, die „Produktion der Produktionsmittel", erzeugt einen Wert von y_I, der sich verteilt auf die jeweils neu gekauften Produktionsmittel c_I (= „konstantes Kapital"), die ausbezahlten Löhne v_I (= „variables Kapital") und den Profit, den Mehrwert m_I. Es gilt für den Sektor I: $y_I = c_I + v_I + m_I$. Die gleiche Beziehung gilt für den Sektor II, der Konsumgüter produziert: $y_{II} = c_{II} + v_{II} + m_{II}$. Nun untersucht Marx verschiedene Reproduktionsformen der gesamten Gesellschaft unter Aufdeckung einiger Kreislaufbeziehungen. Konsumieren die Kapitalisten ihren gesamten Mehrwert, so wird das Produkt des Sektors I in diesem Sektor selbst (c_I) und im Sektor II (c_{II}) realisiert. Es gilt also $c_I + v_I + m_I = c_I + c_{II}$, oder $v_I + m_I = c_{II}$. Der Nettowert der Produktion im Sektor I wird also im geschlossenen Kreislauf genau von den Abschreibungen im Sektor II gekauft. Werden Teile des Mehrwerts akkumuliert („investiert"), so ergibt sich eine erweiterte Reproduktion, deren Eigenschaften vielfach diskutiert wurden; vgl. R. Hickel (1973); J. Glombowski (1973).
[72] H. Marzell (1927), S. 38.
[73] H. Marzell (1927), S. 42.

erlaubt, ist es, der in Krisen das temporäre Scheitern dieser Realisierung initiiert. Daran wird deutlich, dass das, was ein Kreislaufschema erfasst, nichts ursprünglich erklärt, sondern immer nur etwas *ex post* in das vorausgesetzte Begriffsschema einsortiert. Was sich im Kreislaufschema von Waren und Geld *kategorial* allerdings zeigt, ist dies, dass die Vergesellschaftung über das Geld und die Geldgier immer wieder neu durch konkurrierende Eigentümer vollzogen wird. Darin liegt zwar eine teleologische Absicht – die Abstraktion der Geldgier –, nicht aber ein reales Prinzip, das *vor* dem faktischen Vollzug der Tauschakte die Individuen verbindet. Der Witz an der Vergesellschaftung durch die Geldrechnung besteht ja gerade darin, dass sie alle anderen Formen als *bestimmende* aufgehoben hat und sie nur insofern reproduziert, als sie der Verwirklichung der abstrakten Leidenschaft der Geldgier dienlich sind: Von den Kommunikationsprozessen über die Moral bis zu staatlichen „Rahmenbedingungen", die eben ihren Inhalt *als Rahmen* durch das gewinnen, *was* sie „einrahmen", also ordnen. Und weil kein anderes Prinzip der Vergesellschaftung als der Kauf und Wiederverkauf von Waren auf Märkten, weil man also nur als Vergesellschaftung akzeptiert, was durch die Geldrechnung vermittelt wird, weil ferner der Ort dieser Berechnung ein *je isolierter* Vorgang des vereinzelten Kaufakts ist, eben deshalb kann das Ansinnen, die Gesellschaft profitabel zu reorganisieren, auch immer wieder einmal *scheitern*.

Weder in der *gelingenden* Kapitalverzinsung noch in deren vereinzeltem Scheitern in Krisen zeigt sich allerdings eine Naturnotwendigkeit. Der Versuchung, mechanische Zyklen als Naturgesetze ausmachen zu wollen, der auch Marx erlegen ist, ist in allen Spielarten von „Konjunkturtheorie" schlicht misslungen. Man kann nur mit sehr großer Wahrscheinlichkeit vermuten, dass der atomisierte Versuch immer auch wieder scheitert, durch Umwälzung der tradierten Formen von Produktion, Vergesellschaftung und dem System der Bedürfnisse, immer aufs Neue Gewinne zu realisieren, dass sich dieses Scheitern – eben weil es sich um einen Prozess der *Vergesellschaftung* handelt – auch durch die ganze Wirtschaft, ja durch die ganze Weltwirtschaft verallgemeinern kann. Zwar hat sich das Geldsubjekt hier vielfältige Sicherungen und Kontrollen geschaffen, deren wichtigste die Zentralbankpolitik oder die Intervention des Staats durch Steuern und Ausgaben ist – Sicherungen, die wenigstens den Geldbesitzern dienen, auch wenn sie die ärmeren Klassen dafür bezahlen lassen. Doch kein Sicherungssystem kann die Tatsache aufheben, dass die Vergesellschaftung nach wie vor *über die Geldrechnung* und die vereinzelten Kaufakte vollzogen wird.

Insofern ist es also wichtig und richtig, wenn Marzell in der *Zinstheorie* darauf hinweist, dass sich hinter der „Kreislaufbeziehung" der *Realisierung* von Zinszahlungen sehr viel mehr verbirgt, als nur ein ergänzendes Schema, wie das Walrasche Gesetz, das einfach Ausgaben und Einnahmen auf Null saldiert. Dieses jeweils gewählte Schema offenbart dann, wenn nicht nur *ein Beobachtungsego* die Erfassung vornimmt und in einem Buchungssystem tautologisiert, immer seine Lücken. Wie schon erwähnt: In den Fehlbeträgen saldierter Handelsbilanzen zeigt sich ganz einfach, dass nur *ein* mit sich *identisch* vermeinter Beobachter, nicht aber die Anwendung des *gleichen* Begriffsschemas, die Garantie dafür liefert, dass auch alle erfassten Entität *eine* Identität (nämlich diejenige, die sich aus diesem tautologischen Erfassungsschema als Projektion ergibt) haben. Für verschiedene Länder oder Subjekte ist ein Produkt keineswegs notwendig als „Konsumgut" oder „Investitionsgut", als definierte Geldsumme oder als Wertpapier eindeutig gekennzeichnet. Die fehlende vorausgesetzte Identität – die sich in der sozialen Grundstruktur als *Prozess* der Identität mit bestenfalls konvergenter *Tendenz* offenbarte – zeigt sich hier in einer unterschiedlichen Ein- und Zuordnung von Sachverhalten in Begriffe des Schemas. Die diversen Rechensysteme behelfen sich hier praktisch mit

„Ausgleichsposten" oder Namen für Schlupfvariable, die Fehlbeträge positiv zu definieren scheinen.

Was daraus folgt, ist einfach: Auch die Entdeckung, dass Zahlungen wie die Realisierung von Zinsen zirkulär auf den Märkten miteinander vermittelt sind, bedeutet nicht, dass dieser Vermittlungsprozess eine *Natur* besäße, die *vor oder außerhalb* der faktischen Akte des Kaufs oder Verkaufs definiert, erkannt oder beschrieben werden könnte. Die Vergesellschaftung durch die Geldrechnung und die Geldgier bleibt die Herrschaft einer irrationalen Leidenschaft; ihre rationale *Form* vollzieht zwar Rechnungen, doch die Gesamtheit der Rechnungen ist nicht seinerseits in einem Kreislaufschema berechenbar. Als *kritisches* Korrektiv der naiven Robinsonaden ist allerdings ein Herumprobieren mit formalen Kreislaufbeziehungen und die Einordnung von Zinszahlungen – die nicht nur bei Marx den 2. Band seines „Kapital" füllen, sondern bis zur Input-Output-Analyse Heerscharen von Theoretikern auf den Plan gerufen hat, die sich auf die abstraktere mathematische Form und die Anwendung der Sätze über positive Matrizen einiges zugute halten – durchaus ein hilfreicher Wink. So sagt Marzell gegen Böhm-Bawerks Theorie, dass Güter von der Gegenwart in die Zukunft – wie Wein in Fässern gelagert oder wie Bäume eines Waldes – in ihren „Vollwert" hineinreifen und dass in diesem zeitlichen Reifeprozess der objektive Grund für einen von Wicksell dann „natürlich" genannten Zins liege, völlig zu Recht:

> „Wo bleibt denn der ‚Vollwert der Gegenwartsgüter' beim Bankrottmacher, der doch auch Zukunftsgüter in Gegenwartsgüter umgesetzt hat und dem das Geld, welches für ihn viel wichtiger ist als der ‚Vollwert', nicht zurückfließen will? In welcher Weise wird denn der ‚Vollwert der Gegenwartsgüter' realisiert, d.h. in Geld verwandelt und wo kommt das Geld her, das zu seiner Versilberung nötig ist? Fragen dieser Art hat Böhm-Bawerk niemals berührt. Dagegen hat sich Marx veranlasst gesehen, um ihretwillen den 2. und 3. Bd. des „Kapital" zu schreiben. Er hätte wohl seinen Gegner darauf aufmerksam gemacht, dass dieser einen ähnlichen kleinen Nachtrag noch liefern müsse, bevor er mit ihm diskutiere."[74]

Es war wohl Marzells Verhängnis, an Karl Marx mehr als ein gutes Haar zu lassen, ihn gegen die Phalanx österreichischer Platzhirsche in der Zinstheorie als Kronzeugen ins Feld zu führen und daraus eine *richtige* Kritik zu formulieren, zudem auf dem provokativ engen Raum von nur 63 Druckseiten. Der Dank des völligen Vergessens war ihm dafür gewiss, verstand er es doch nicht, seine kritische Haltung nachdrücklich genug mit einem antimarxistischen Glaubensbekenntnis einzuleiten und stattdessen – immer noch höflich abgeschwächt – von einer „Wahrheit" zu sprechen, die sich aus seiner Kreislaufanalyse ergab und die am Ende sogar „einer gewissen Richtigkeit der Ausbeutungstheorie"[75] das Wort redet. Marzell kommt zu dem Ergebnis:

> Das arbeitslose Einkommen „(ist) nur eine notwendige Folge der Existenz des Zinses, dieser (ist) aber im Eigentum, und darüber hinaus in den gesamten Verhältnissen und Bedingungen der kapitalistischen Wirtschaftsordnung, dermaßen verankert, dass er aus dieser gar nicht hinweggedacht werden kann, da ferner Zusammenhänge wie: ohne Zins kein Kredit – ohne Kredit keine Produktion – ohne Produktion keine Lebensmöglichkeit, so sehr auf der Hand liegen, dass man mit Blindheit geschlagen sein müsste, um sie nicht zu sehen, so kann man vernünfti-

---

[74] H. Marzell (1927), S. 59.
[75] H. Marzell (1927), S. 62.

gerweise den Zins nur vom Standpunkt einer anderen ‚besseren' Gesellschaftsordnung verurteilen."[76]

Wenn man also den Zins als zentrales Bewegungszentrum der kapitalistischen Geldökonomie erkennt, wenn man in ihm ein *Prinzip der Vergesellschaftung* entdeckt, dann impliziert diese Erkenntnis immer schon die Möglichkeit einer *anderen* Vergesellschaftung. Diesen *qualitativen* Inhalt der Einsicht in die zirkuläre Vernetzung der Handlungen und Bedürfnisse im Kapitalismus kann man in der Tat nur sehen, wenn man das falsche Apriori des Geldsubjekts als Urteilsvoraussetzung selbst als Illusion durchschaut hat. Die Kreislauftheorie hat sich in ihrer Betonung des *Zusammenhangs* aller wirtschaftlichen Handlungen, auch in ihren naiven Formen einer Saldenmechanik, damit ein kritisches Potenzial bewahrt, das allerdings nur in den dünnen sozialdemokratischen Formen eines „linken Keynesianismus" sich in der Gegenwart in den Gewerkschaften und bei einigen Randgruppen erhalten hat. Als *mechanisches Schema* ist die Kreislauftheorie Teil jener Verblendung geworden, in der die Geldgier in einem strukturellen Nichtwissen über die Gesellschaft herrscht.

6.3.6 Monetäre Zinstheorie: Keynes und Schumpeter

Dass der Zins ein *monetäres* Phänomen ist, konnte in der Ökonomik des frühen 20. Jahrhunderts als neuer Gedanke erscheinen, weil es den österreichischen Theoretikern – also Böhm-Bawerk, Wicksell, Fisher, Mises und Hayek – gelungen war, die Ökonomik mit der Theorie von „Realzins" weitgehend zu dominieren. Schumpeter hatte bereits früh in direkter Auseinandersetzung mit seinem Lehrer Böhm-Bawerk und in der Tradition von Walras betont, dass in einer stationären Wirtschaft überhaupt kein Zins existieren könne. Seine *dynamische Zinstheorie* ist auf weiten Strecken als Gegenthese zur österreichischen Theorie eine monetäre Zinstheorie, die besonders die Rolle des Kredits und seine Verbindung zur innovativen Umwälzung der Produktion aufweist. Keynes hat sich gleichfalls, wenn auch langsamer und mit anderen Argumenten, von der Wicksellschen Tradition gelöst und auf diesem Wege später eine rein monetäre Zinstheorie formuliert, die besonders jene Aspekte betont, die in Schumpeters Theorie nicht bedacht werden, während er sich umgekehrt über die *Quelle der Zinszahlungen* kaum nennenswerte Gedanken macht, auch wenn er die Produktivitätstheorie der Neoklassiker für das Kapital ablehnte.

Schumpeter hat die Keynessche Theorie (*The General Theory of Employment, Interest and Money, 1936*) stets mit einer Mischung aus Neid und Ranküne kommentiert. Sie sei „lediglich ein Sonderfall der tatsächlich allgemeinen Theorie von Walras"[77]. In seiner Besprechung der *General Theory* widerspricht sich Schumpeter aber selbst, wenn er zugesteht, dass Keynes eine *monetäre* Theorie des Zinses entwickelt habe, was man gewiss von der Walrasschen Theorie nicht behaupten kann. Doch dieses Zugeständnis an Keynes nimmt Schumpeter sofort wieder zurück, um sich selbst an die erste Stelle zu rücken, von der er Keynes nie verzieh, dass dieser sie im Urteil der Zeitgenossen un-

---

[76] H. Marzell (1927), S. 62.

[77] J. A. Schumpeter (1965), S. 1314. Dieser Hinweis war nicht originell, wie Schumpeter selbst zugibt: „Lange hat auch die Theorie von Léon Walras als die einzige jemals aufgestellte wirklich allgemeine Theorie entsprechend gewürdigt. Er weist sehr anschaulich nach, dass in der Walrasianischen Theorie die Keynes'sche Theorie als Spezialfall enthalten ist." J. A. Schumpeter (1954), S. 330, Note 32; vgl. O. Lange (1938).

6.3.6 Monetäre Zinstheorie: Keynes und Schumpeter

streitig einnahm (Schumpeter dachte, wie zahlreiche Äußerungen und Bonmots von ihm bezeugen, in solchen Kategorien):

> „Ich möchte jedoch seine rein monetäre Theorie des Zinses gutheißen, die – wenn ich es recht sehe – als erste meiner eigenen nachfolgt. Leider muss ich hinzufügen, dass jede Ähnlichkeit hier endet; ich glaube nicht, dass meine Argumentation jenen Einwänden ausgesetzt ist, auf die jene sicher stoßen wird."[78]

Was hier im Tonfall des verkannten Genies anklingt, ist dennoch richtig. Schumpeter hat tatsächlich in seiner *Theorie der wirtschaftlichen Entwicklung* den Zins als ein *wesentlich* monetäres Phänomen beschrieben. Wie einige der Monetaristen, betrachtete auch Schumpeter das erste geldtheoretische Buch von Keynes, die beiden Bände von *A Treatise on Money*, durchaus noch wohlwollend. Er schrieb am 29. November 1930 an Keynes: „I believe it will ever stand out as a landmark in its field."[79] Keynes hat sich umgekehrt über Schumpeter nur am Rande, allerdings *zustimmend*, zu dessen Konjunkturtheorie geäußert. In seinem *Treatise* schreibt er:

> „Professor Schumpeters Erklärung der wichtigsten Bewegungen (sc. der Konjunktur) kann uneingeschränkt akzeptiert werden."[80]

Allerdings zitiert Keynes Schumpeter nicht im Original, sondern nur die Darstellung in Wesley Mitchells Buch *Business Cycles*.

Schumpeter stand bei der Ausarbeitung seiner dynamischen Theorie zunächst noch völlig im Bann der Theorie seines Lehrers. Er gibt dessen Auffassung in einer Schilderung von Böhm-Bawerks wissenschaftlichem Werk 1914 noch so wieder, als wäre es seine eigene. Ich greife hier einen Gedanken auf, der als eine immer wieder und immer noch vorgebrachte Begründung für den Zins in *allen* Wirtschaftsformen gilt und für die Theorie der österreichischen Tradition charakteristisch ist. Schumpeter sagt hier:

> Man sieht „sofort, dass, weil wenn es keinen Zins gäbe, schlechthin jede Produktionsausdehnung in der Zeit vorteilhaft wäre, offenbar eine Tendenz nach grenzenloser Ausdehnung und damit ein Mangel an Gegenwartsgütern eintreten müsste, der zur Gegenwartsproduktion, damit aber auch wieder zur Entstehung des Zinses, führen würde. Daraus ergibt sich die Funktion des Zinses in der Volkswirtschaft."[81]

Hier ist hier eine Vorstellung erkennbar, die auf Menger zurückgeht und von Böhm-Bawerk systematisch entfaltet wurde als *Theorie der Produktionsumwege*. Demnach bedeutet eine Investition das Hinausschieben des Konsums in die Zukunft durch das

---

[78] J. A. Schumpeter (1987), S. 84.

[79] In: J. M. Keynes (1987: 1), S. 201. Als Schumpeter dies schrieb, hatte er gerade den Hauptteil seines Buches *Das Wesen des Geldes* fertig gestellt, das erst 1970 aus dem Nachlass veröffentlicht wurde. Darin zitiert er Keynes' *Treatise* mehrfach zustimmend. Später, in seinen *Business Cycles*, die er *nach* der *General Theory* von Keynes veröffentlichte, kündigte er ein geldtheoretisches Buch unter dem Titel „Treatise on Money" wohl als Spitze gegen Keynes an; vgl die Einleitung von Fritz Karl Mann zu J. A. Schumpeter (1970), S. XXVI, Note 68.

[80] J. M. Keynes (1971: 2), S. 85.

[81] J. A. Schumpeter (1954), S. 72.

Einschlagen von Umwegen durch die Herstellung von Zwischenprodukten, die nach einigen Stufen zukünftige Konsumgüter erzeugen.

Man könnte diese Vorstellung auch einfach – so geschieht dies in der walrasianischen Tradition ebenso wie in der Vorstellungswelt von Alfred Marshall – so ausdrücken, dass die Nachfrage nach Kapital *ohne* den Zins als Preis unendlich sein müsse. Die Unternehmen würden ihre Investitionen kostenlos ausdehnen können, weil „Kapital" einen Preis von Null hätte. Schumpeter interpretiert hier Böhm-Bawerk so, dass dadurch aber das Angebot an Konsumgütern sinken, deren Preis also steigen müsse, woraus sich dann wieder ein Zins ergeben soll. Man könnte das vielleicht so begründen, dass auch die Produktion von Maschinen neue Arbeitskräfte benötigt, die dann mehr Konsumgüter nachfragen würden. Steigende Nachfrage nach Konsumgütern und sinkendes Angebot (weil Ressourcen durch den Preis für Kapital von Null in die Produktion von Investitionsgütern umgelenkt werden) führten zu steigenden Preisen, damit zu Gewinnen in der Konsumgüterindustrie, folglich wieder einem positiven Zins.

Dieses Argument ist in seiner Voraussetzung – selbst endogen betrachtet und wohlwollend rekonstruiert – alles andere als verständlich.[82] Man könnte es nur vertreten, wenn „Kapital" in Form von *Kapitalgütern* auch unendlich reichlich verfügbar wäre. Ist das nicht der Fall, *dann* gibt es – so lautet das neoklassische Argument – einen Marktmechanismus, bei dem das knappe Kapitalangebot bei entsprechender Nachfrage zu einem steigenden Zinssatz führen müsste – vorausgesetzt, der Zins wäre der Preis für Kapital*güter*. Doch eben dies ist die *endogene* Crux des Gedankens. Marshall formuliert ein vergleichbares Argument:

> „Ein extensiver Anstieg in der Nachfrage nach Kapital im Allgemeinen wird deshalb für eine Zeit nicht so sehr durch einen Anstieg des Angebots erreicht, sondern durch einen Anstieg des Zinssatzes". Und: „Deshalb tendiert der Zins, der einen Preis für die Kapitalnutzung auf irgendeinem Markt darstellt, zu einem Gleichgewichtsniveau, so dass die aggregierte Nachfrage nach Kapital auf diesem Markt bei diesem Zinssatz gleich ist dem aggregierten Kapitalstock bei dieser Rate."[83]

Keynes zitiert den ersten Satz in seiner *General Theory* und fügt in einer Fußnote dem Gedanken, dass ein extensiver Anstieg der Nachfrage nach Kapital durch einen steigenden Zinssatz begrenzt werde, folgenden Kommentar hinzu: „Warum nicht durch einen Anstieg des Angebotspreises für Kapitalgüter?"[84] Dieser Satz verweist auf den Kern des Denkfehlers, der sich durch alle jene Zinstheorien zieht, die glauben, der Zins sei ein Preis für Angebot und Nachfrage nach einer Abstraktion namens „Kapital".

Unternehmen fragen nicht „Kapital" nach, sondern *Geld* oder *Produkte*. Sie können bei einer Bank einen Kredit aufnehmen und mit dem so erhaltenen Geld Maschinen kaufen. Wenn dies vielfältig geschieht und die Produktion an Maschinen darauf nicht sofort mit einem vermehrten Angebot reagieren kann, dann steigen die *Preise für Ma-*

---

[82] Die Frage läuft darauf hinaus, ob man versucht, den Zins zu verbieten, während die Märkte weiter als Geldökonomien herrschen. *Das* funktioniert nicht (vgl. 6.3.6). Wenn man aber mit dem Zins auch das Geld als Vergesellschaftungsform abschafft, dann verschwindet der Markt, der im Argument als „Natur" selbstverständlich vorausgesetzt wird. Damit wäre auch das Argument aufgehoben.

[83] „Thus then interest, being the price paid for the use of capital in any market, tends towards an equilibrium level such that the aggregate demand for capital in that market, at that rate of interest, is equal to the aggregate stock forthcoming there at that rate." A. Marshall (1961), S. 443.

[84] J. M. Keynes (1973a), S. 187, Note 2.

6.3.6 Monetäre Zinstheorie: Keynes und Schumpeter

schinen („Kapitalgüter"). Fragen umgekehrt gleichzeitig viele Unternehmen bei Banken Kredite nach, so *kann* durchaus der Zinssatz steigen, muss es aber nicht. Das hängt ab vom Geldangebot der Zentralbank. Sie kann das Zinsniveau durchaus niedrig halten. Es gilt damit keineswegs ein kausaler Zusammenhang zwischen Geldpolitik, Zinssatz und den Preisen für Kapitalgüter, wie Wicksell und auch Keynes noch im *Treatise* vermuteten. Keynes hat seinen Denkfehler später erkannt und zur Grundlage einer *neuen* Theorie gemacht, seiner *General Theory*. Er sagte, er habe in seinem früheren Buch (dem *Treatise*) übersehen, dass ein Gleichgewicht auf dem Kapitalmarkt, das angeblich der Zinssatz herbeiführt, gültig wäre „für jedes hypothetische Niveau der Beschäftigung."[85]

Wenn die Investitionsgüterindustrie ihre Kapazitäten *nicht* voll ausgelastet hat und bei erhöhter Nachfrage auch auf dem Arbeitsmarkt rasch neue Arbeitskräfte gefunden werden können, dann senkt eine vermehrte Nachfrage nach Kapitalgütern die Stückkosten (durch Fixkostendegression), so dass für eine Preiserhöhung kein Mechanismus existiert. Der sinkende Zinssatz, der zu einer vermehrten Investition führte, zieht dann nicht steigende Preise nach sich, wohl aber sind steigende Absatzmengen die Folge. Es gibt für die vielfältigen und ihrerseits veränderlichen Konstellationen der Produktion, der Auslastung von Kapazitäten, der reichlichen oder auch einmal knappen Verfügbarkeit von Arbeitskräften usw. nicht *ein* richtiges Zinsniveau, das man sinnvoll definieren könnte, aber auch kein *Preisniveau*, das einen „Wert des Geldes" ausdrücken würde. Einige Sektoren werden bei einer vermehrten Nachfrage vor anderen ihre Kapazitätsgrenzen erreichen und somit auf dem Markt auch im Wettbewerb höhere Preise realisieren können, während andere bei besserer Kapazitätsauslastung und einer Fixkostendegression sich vielleicht sogar Wettbewerbsvorteile durch Preissenkungen versprechen. Diesen differenzierten Prozess, der den Konjunkturverlauf der kapitalistischen Wirtschaft in jeder Phase mehr oder weniger charakterisiert – auch im Boom senken einige Firmen (z.B. PC-Hersteller) die Preise, während die meisten anderen Preise steigen (z.B. für Autos) –, lässt sich nicht durch einen Preisindex in einen *realen* Prozess umdefinieren. Damit macht weder ein „Realzinssatz" noch ein „natürlicher Zinssatz" einen Sinn.[86]

Keynes hat diesen Sachverhalt erkannt, und er kritisiert in seinem Hauptwerk deshalb sowohl die Theorie von einem vormonetären „natürlichen" oder „realen Zins", als auch die Möglichkeit, einen eindeutigen Preisindex zu definieren, wobei er sich auf Wicksells, Hayeks und seine eigenen früheren Anschauungen kritisch bezieht. Sein Hauptargument ist die in der neoklassischen und österreichischen Theorie stets stillschweigend vorausgesetzte Vollbeschäftigung aller Produktionsfaktoren.[87] Bezüglich des Preisniveaus sagt Keynes in einem für seinen Denkstil charakteristischen Satz:

> „Zu sagen, dass der Netto-Output heute größer, das Preisniveau aber niedriger ist als zehn Jahre oder ein Jahr zuvor, ist eine Aussage von vergleichbarem Charakter wie die Feststellung, dass Königin Victoria eine bessere Königin aber keine glück-

---

[85] J. M. Keynes (1973a), S. 242.

[86] Cassel spricht von jenem Zinssatz, der ein „Gleichgewicht zwischen Angebot und Nachfrage nach Kapitaldispositonen" herstellt und fordert von den Banken, sie sollen „ihre Zinssätze auf eine denjenigen Zinssätzen entsprechende Höhe festsetzen, die den Kapitalmarkt in Gleichgewicht zu halten geeignet sind" G. Cassel (1926), S. 71. Doch Cassel fügt achselzuckend hinzu, diese Regel „kann jedoch in der Praxis nicht direkt angewandt werden, und zwar einfach deshalb, *weil wir den Zinssatz nicht kennen*, der den Kapitalmarkt in Gleichgewicht halten würde", S. 71; meine Hervorhebung. An Stelle des Zinssatzes soll die Beobachtung des Preisniveaus treten; doch auch hier gilt ein „leider": „In Bezug auf die Wirkung der Zinssätze auf die Preise gehen die Ansichten sehr auseinander." S. 72.

[87] J. M. Keynes (1973a), S. 242ff.

lichere Frau war wie Königin Elisabeth; eine Feststellung nicht ohne Bedeutung und ohne Interesse, aber ungeeignet als Material für die Differentialrechnung."[88]

Diese Rechnung ist aber auch ungeeignet, durch ein Maß für das Preisniveau aus einem Geldzinssatz einen *Realzinssatz* zu ermitteln. Das Ergebnis ist immer nur ein Konstrukt, das für Teilnehmer an Marktprozessen von gelegentlich *praktischem* Interesse sein mag; für die *Erklärung* des Zinssatzes ist das bedeutungslos und eine leere Übung in einfacher Arithmetik. Ein aus Geldzins und Inflationsrate ermittelter Realzins ist aber auch nur deshalb von praktischer Bedeutung, weil derartige Größen *veröffentlicht* werden und bei Vertragsabschluss von Kreditverträgen oder an den Wertpapierbörsen die Entscheidungen und Vertragsformen der Beteiligten beeinflussen: Weil sich alle nach solch artifiziellen Größen als nur geglaubten *Zeichen* (diese Zeichen haben kein Bezeichnetes, sind also leer) richten, deshalb verursacht auch der so erfundene „Realzins" eine *Wirkung*, darin nicht unterschieden von Informationen, einer Medienlüge oder einer richtigen Nachricht, die Handlungspläne beeinflusst.

Keynes blieb viel zu sehr mit beiden Beinen noch in der Marshallschen Tradition der Neoklassik stecken, um derartige Einsichten – die er sehr wohl schon formulierte – wirklich konsequent zu Ende zu denken. Gleichwohl liegt in seinem Begriff der *Erwartungen* eine grundlegend neue und wichtige Entdeckung. Keynes' Haupteinwand bezog sich auf die Unbestimmtheit des Gleichgewichts, das keinen „natürlichen" Zinssatz zu definieren erlaube aufgrund des unbestimmten Beschäftigungsgrades. Dies war eine Ergänzung im Rahmen der traditionellen Neoklassik; diese hatte einfach etwas als gegeben vorausgesetzt in der Vorstellung, alle Güter seien schon irgendwie „knapp" und deshalb immer optimal (paretooptimal) bewirtschaftet. Das ist im Marktprozess nicht gegeben: Pläne und ihre Realisierung fallen notwendig immer wieder auseinander, weshalb das neoklassische Gleichgewicht nur die Fiktion harmonischer Pläne aller Wirtschaftssubjekte ist. Ich möchte zur Klärung der Bedeutung des Keynesschen Erwartungsbegriffs seine Vorstellung mit der Hayeks vergleichen.

Hayek hatte die klassische Theorie des Preismechanismus' zur These umdefiniert, dass durch diesen Prozess nicht Güter, sondern *die Pläne* der Wirtschaftssubjekte koordiniert würden. Die Veränderung der Preise, die Hayek als totalitäre Befehlsgeber mit der Pflicht zu Marktgehorsam deutet (vgl. 1.2.3), führt zu Reaktionen eines Wirtschaftssubjekts: „Jede Veränderung, die ihn zu einer Planänderung veranlasst, stört die Gleichgewichtsrelation zwischen seinen Aktionen, die er vor, und jenen, die er nach dieser Änderung seines Wissens vornimmt."[89] Es gab darüber keinen Austausch zwischen Hayek und Keynes in ihrem kurzen Briefwechsel. Doch es ist dieser Punkt, an dem sich die zentrale Differenz zwischen der österreichischen und walrasianischen Tradition einerseits, der Keynesschen Neubegründung andererseits zeigt. Hayek sieht, dass das Gleichgewicht auf den Märkten nur eine Übereinstimmung *subjektiver Handlungsprogramme* sein kann („Pläne"). Darin liegt ein wichtiger Schritt weg von der mechanischen Vorstellung, das Gleichgewicht sei eine natürliche, objektive Struktur im Güterraum. Auch Marx, der durchaus behauptete, dass sich auf den Märkten ein Gesetz (das

---

[88] J. M. Keynes (1973a), S. 40. Keynes wiederholt hier nur, was Robert Liefmann an Irving Fisher schon kritisiert hatte: „Aber ob das ‚Handelsvolumen' und das ‚Preisniveau' im ganzen gestiegen oder gesunken ist, was will das besagen? Diese Begriffe sind absolute Willkür, Phantasiekonstruktionen ohne reale Unterlage, willkürliche Additionen von Größen, die sich eben nicht addieren und auf einen zahlenmäßigen Ausdruck bringen lassen." R. Liefmann (1916), S. 60.

[89] F. A. Hayek (1937), S. 36.

Wertgesetz) „hinter dem Rücken der Beteiligten" durchsetze, sah in einem Gleichgewicht implizit eine *Subjektform*, eine Form der *Ratio*, wenn er – wie schon zitiert – sagt: „Der Austausch oder Verkauf der Waren zu ihrem Wert ist das *Rationelle*, das *natürliche Gesetz* ihres Gleichgewichts; von ihm ausgehend, sind die Abweichungen zu erklären, nicht umgekehrt aus den Abweichungen das Gesetz selbst."[90] Auch hier wird das Gleichgewicht als übereinstimmende *Ratio* beschrieben.

Die Differenz der Marxschen Auffassung zu der Hayeks liegt darin, dass letzterer als *Ort* dieser Ratio nur das individuelle Bewusstsein kennt, während Marx die Ratio wie Hegel – *kategorial* ausgedrückt – als objektiven transsubjektiven Geist deutet. Wissen ist für Hayek stets *individuell*. Das ist, wie sich im zweiten Kapitel dieses Buches zeigte, naiv und verkennt sowohl das Wissen wie die Sprache in ihrer sozialen Struktur. Es ist aber wichtig, dies klar hervorzuheben, denn darin liegt intellektuell der Kernfehler der Hayekschen (und überhaupt der österreichischen) Theorie. Als für die Märkte relevante *intersubjektive* Wissensform anerkennt Hayek nur die Preise, die er als Zeichen, als *Handlungssignale* deutet. Die Wechselwirkung dieser Preissignale mit den Handlungen, die darum zu einem veränderten Güterangebot führen, ergibt dann einen Marktprozess, in dem ein „Gleichgewicht" die durch die Preise hergestellte *Übereinstimmung* der individuellen Wissensformen darstellt.

Darin ist zweierlei als These enthalten: Erstens ist das Wissen ontologisch etwas *Individuelles*, zweitens gibt es aber gleichwohl so etwas wie ein durch das Wissen hindurch wirkendes *objektives* Gleichgewicht, das aber seiner Natur nach nicht von einem einzelnen Bewusstsein erfasst werden kann, ist Wissen doch – das war die Voraussetzung des Arguments – nur auf ein Individuum begrenzt. Nun ist diese Wissensontologie weder in sich konsistent denkend nachvollziehbar, noch trifft es *empirisch* zu, dass auf den Märkten *nur* die Preise in der Koordination der Handlungen von Interesse wären. Hayek verwechselt, auf der Grundlage der Erfahrung der *bestimmenden Natur* von Geldrechnung und Geldgier, die Unterordnung aller sozialen Prozesse unter die Geldform mit dem *Wissen*. Tatsächlich werden intersubjektiv viele kommunikative Prozesse auf und neben den Märkten realisiert. Zwar dringt, wie wir sahen, hier überall die Abstraktion der Geldrechnung als beherrschendes Prinzip vor, doch unterscheidet sich diese Herrschaft ebenso, wie sich das Kostencontrolling von den technischen Prozessen unterscheidet. Jede Rechnung bezieht sich auf einen *Inhalt*, und dieser Inhalt besitzt zugleich eine soziale und kommunikative Form, die in der monetären Vergesellschaftung nur *beherrscht*, aber nicht hergestellt wird. Die Preise „erzeugen" nicht die Kommunikation über die Waren vor und beim Vertragsabschluss. Dieser beinahe triviale, angesichts der systematischen Blindheit der neoliberalen Ökonomen aber notwendige Hinweis zeigt ganz einfach, dass die Preise nicht die einzige intersubjektive Koordinationsform, gar die einzige intersubjektive Form von *Wissen* sind.

Wenn Keynes nun von *Erwartungen* spricht und damit gleichfalls ein spezifisch subjektives Element in die ökonomische Theorie einführt, so unterscheidet sich dieser „Subjektivismus" – man hat Keynes' Theorie immer wieder auch als „psychologische" zu charakterisieren versucht – grundlegend von dem Hayeks oder seiner Nachfolger wie Hicks, der Hayeks Gleichgewichtsbegriff adaptierte und den Keynesschen Begriff der „Erwartungen" dadurch zugleich all seiner Pointen beraubte. Hayek behauptet implizit, dass die Preise ein Wissen zum Ausdruck bringen, das sich *individuell* jeweils auf „wahre Sachverhalte" bezieht, auch wenn es als Kollektiv in keinem Einzelbewusstsein vorhanden ist. Die handelnden Individuen „wissen", worüber sie entscheiden; nur der je andere weiß es nicht. Er redet nun nicht etwa mit dem anderen, sondern

---

[90] K. Marx, MEW 25, S. 197; meine Hervorhebung.

blickt nur auf die Preise, die auf magische Weise in einer Zahl die vielfältigen Wissensformen repräsentieren und den Individuen befehlen, was sie tun sollen. Der Gedanke, dass das, was die Individuen „wissen", nicht nur Teil eines sozialen Wissensprozesses ist, dass dieses Wissen nicht in naivem Realismus als individuell gespiegelte Abbildung der Wirklichkeit zu begreifen ist, all dies bleibt bei Hayek verborgen. Selbst innerhalb seines Individualismus hätte ihm auffallen können, dass sich das Wissen der Individuen *widerspricht* und dass es für diese Widersprüche einen Prozess gibt, worin als Tendenz in einem Diskurs identische Meinungen hergestellt werden. Faktisch trennt sich der Prozess, worin diese Identitätsprozesse kommunikativ und medial vermittelt verlaufen, von dem, worauf sich individuelle Handlungen unmittelbar beziehen. Und in der abstrakten Ferne des Meinens entsteht dann eine *vermeinte* Wirklichkeit als soziales Konstrukt, das gleichwohl die Handlungen lenkt (vgl. 2.4.10).[91]

Keynes hat einiges davon erkannt und bemerkt, dass die Wirtschaft sich immer als Prozess der *Bedeutung* reproduziert. Was wirklich wird in der Wirtschaft, beruht auf Plänen – doch diese Pläne werden nicht erst über die Märkte vergesellschaftet, sondern auf und neben diesen durch vielfältige Kommunikationsprozesse. In diesen Kommunikationsprozessen bilden sich „Erwartungen", d.h. Konstruktionen sozialer Wirklichkeit, die sich keineswegs nur auf *Preise* beziehen. Diese Erwartungen sind sozial verknüpft *neben* den Marktprozessen, und eben dies erlaubt es Keynes, von einem „Zustand" der Erwartungen zu jedem Zeitpunkt zu sprechen.

Keynes untersucht nun diese Struktur nicht genauer als Prozess des Wissens, er reduziert ihn in pragmatischer Absicht auf einen einzigen Begriff: die *Ungewissheit*. Das Wissen ist *weder* rein individuell, noch ist es – wie der naive Realismus der Neoklassiker unterstellt – einfach ein Abbild der „Realität". Diese Struktur muss näher erläutert werden, denn hier zeigt sich erneut, wie im sozialen Bedeutungsprozess *Sprache und Geld* miteinander vermittelt sind. Ich habe dies durch die Analyse der sozialen Grundstruktur und den daraus abgeleiteten Prozessen der Identitätsbildung, des Dialogs, des Tauschs und des Kaufakts systematisch dargestellt. Keynes wie Hayek haben gleichsam von Ferne auf diese Struktur geblickt; sie haben dabei aber nur Bruchstücke erkannt, wobei Keynes wenigstens einige der gröbsten Fehler Hayeks vermieden hat und die *soziale* Natur der mit den Erwartungen verknüpften Wissensformen ebenso erkannte wie die kognitive Differenz zwischen dem erwarteten Inhalt und dem, was die Neoklassiker „Gleichgewicht", also objektive Übereinstimmung von Ressourcen und Bedürfnissen bei gegebener Technik nennen. Keynes fasst diese kognitive Differenz im Begriff des unsicheren Wissens, das er so erläutert:

> „Mit ‚unsicherem' Wissen, lass´ mich das erklären, unterscheide ich nicht nur was man sicher weiß von dem, was nur wahrscheinlich ist. Das Spiel ‚Roulette' ist nicht ein Objekt dessen, was man in diesem Sinn Unsicherheit nennt. Ebenso ist es nicht der Erwartungswert eines gezogenen Victory-Bonds. Oder, noch anders gesagt: Die Lebenserwartung ist nur ein wenig unsicher. Sogar das Wetter ist nur moderat unsicher. Der Sinn, in dem ich diesen Begriff verwende, ist dies, wie die Erwartung eines europäischen Krieges unsicher ist, oder der Preis von Kupfer und der Zinssatz in 20 Jahren, oder das Veralten einer neuen Innovation, oder die Position eines Privateigentümers im sozialen System von 1970. Über diese Dinge gibt es keine wissenschaftliche Grundlage, um eine berechenbare Wahrscheinlichkeit

---

[91] Dieses soziale Konstrukt ist *seinerseits* in der Produktion von Meinungen wiederum der berechnenden Geldgier subsumiert, wodurch die Meinungen nicht nur durch Abstraktion von der Erfahrung getrennt werden, sondern auch durch profitable *Lügen*.

wie auch immer ermitteln zu können. Wir wissen es einfach nicht. Dennoch zwingt die Notwendigkeit uns praktische Männer zu handeln und zu entscheiden, unser Bestes zu tun, um diese peinliche Tatsache zu übersehen und genau so zu handeln, als ob wir hinter uns eine gute Benthamsche Kalkulation einer Serie von erwarteten Vor- und Nachteilen hätten, jeden multipliziert mit entsprechender Wahrscheinlichkeit, die addiert werden."[92]

Dieses Zitat – deshalb habe ich es ausführlich wiedergegeben und übersetzt – ist für das Verständnis der Keynesschen Theorie grundlegend. Weil sein Begriff der Ungewissheit von Erwartungen nicht verstanden wurde, war es möglich, seine Theorie (nicht ohne dessen eigenes Mitwirken) in den sicheren Hafen neoklassischer Illusionen als Sonderfall zurückzuführen. Das Unverständnis dieses Sachverhalts, der *ungewissen Erwartungen*, ist der sachliche Hauptgrund, weshalb auch Schumpeter Keynes als „Sonderfall" des Walrasschen Totalmodells mit einigen kurzfristigen, zu pragmatischen Zwecken getroffenen Annahmen missverstehen konnte.

Dabei gibt Keynes selbst einen entscheidenden Hinweis, der es erlaubt, seine und die Schumpetersche Zinstheorie als zwei Aspekte *eines* Sachverhalts zu erkennen, der in sich noch sehr viel mehr umfasst, darin aber durchaus richtig charakterisiert wurde. Dieser Hinweis findet sich im eben wiedergegebenen Zitat von Keynes: Er verweist zur Illustration seines Begriffs der Ungewissheit auf einige Beispiele, darunter das „Veralten einer neuen Innovation" („Innovation" hätte genügt). Schumpeter sieht darin gerade den Kern seiner Zinserklärung, während umgekehrt Keynes in der daraus abgeleiteten *Ungewissheit* den Kern seiner monetären Zinstheorie erblickt.

Bevor ich diesem Hinweis genauer nachgehe, noch eine andere Beobachtung. Ich habe Keynes Auffassung zur Geldgier bereits zitiert. Auch im obigen Zitat, in dem er die gute alte Kalkulation von Lust und Leid bei Bentham erwähnt, zeigt sich eine grundlegende theoretische Haltung bei ihm: Er durchschaut die Albernheit dieser Kalkulation, lässt sie aber dennoch zu als Handlungsnotwendigkeit. Wenn man diesen Gedanken übersetzt, dann lautet er: Obwohl Keynes erkennt, was Vergesellschaftung durch das Geld auf der Grundlage von Illusionen („unsicheren Erwartungen") bedeutet, hält er an der „praktischen" Notwendigkeit fest, sich als Geldsubjekt dieser Form und der im Bentham-Kalkül erscheinenden Ratio der Geldgier *unterzuordnen*. Der Gedanke, dass eine Vergesellschaftung, die nur um den Preis eines *systematisch erzeugten Nichtwissens* sich reproduzieren kann und – Keynes schrieb inmitten der Weltwirtschaftskrise – dabei unsägliches Elend über die Menschen zu bringen vermag, hindert ihn nicht, diese Wirtschaftsweise dennoch als vermeintliche *Notwendigkeit* zu akzeptieren. Als Alternative sah er nur den russischen Kommunismus, vor dem er sich mit Abscheu abwandte. Zwar ist das durchaus verständlich mit Blick auf Lenins und Stalins Terror; es entbindet jedoch niemand in wissenschaftlicher Redlichkeit davon, die Gewalt der Geldgier – um die Keynes wusste – einer nicht minder rigoros-ehrlichen Kritik zu unterwerfen. Hier siegte, wie übrigens bei seinem Widerpart Schumpeter, der Opportunismus, es siegte der Politiker über den Wissenschaftler.[93]

---

[92] J. M. Keynes (1987: 2), S. 113.

[93] Schumpeters politischer Opportunismus ist bekannt, hat er sich doch „sowohl für demokratische als auch für aristokratische Regierungs- und Gesellschaftsformen" erwärmt, und er hat „bald sozialistische, bald kapitalistische, bald autoritäre Ideale verklärt", F. K. Mann, Einführung zu: J. A. Schumpeter (1970), S. XII. Auch bei Keynes legte er zunächst die auch gegenüber Böhm-Bawerk gezeigte vollmundige Schmeichelei an den Tag, die dann, als Keynes mit Ruhm überschüttet wurde, ins Gegenteil umschlug. Keynes wiederum betonte –

Was verbirgt sich *sachlich* hinter dem von Schumpeter und Keynes in ihrer respektiven Zinstheorie *gemeinsam* erblickten Phänomen? Schumpeter entwickelt einen Gedanken, der sich angedeutet schon bei Smith, Bentham und weitgehend fertig vorgeformt bei Fichte[94] findet, um den Zins zu erklären. Sein unmittelbarer Anknüpfungspunkt, obwohl er dies nur indirekt erkennen lässt, war wohl Marx und dessen bereits diskutierte Theorie vom „Extramehrwert". In Schumpeters *Theorie der wirtschaftlichen Entwicklung*, 1912 in erster Auflage vorgestellt, später in weiteren seiner Bücher und Aufsätze verfeinert[95], entwickelt Schumpeter eine Zinstheorie, die einerseits an die Klassiker anschließt, sofern sie den Zins nur als Teil des Unternehmergewinns betrachtet, andererseits gibt Schumpeter für die Entstehung des Unternehmergewinns eine spezifisch *dynamische* Erklärung, wodurch er auch die logische Konsequenz der Klassik – der Gewinn als Teil des produzierten Gesamtwertes beruht auf dem Eigentumsmonopol, auf Ausbeutung – vermeiden konnte. Schumpeter fasst seine Ansicht so zusammen:

> „Zins aus Darlehen, die zu produktiven Zwecken Verwendung finden, ist (...) eine Erscheinung der ‚Entwicklung' in unserem Sinn und entsteht grundsätzlich bei der Durchsetzung von Neuerungen im Wirtschaftsprozess, wenngleich er sich von da aus über den ganzen Wirtschaftskörper hin ausdehnt. Er ist ein Derivat des Unternehmergewinns, den er verringert."[96]

Schumpeter schließt an seine frühe Parteinahme für Walras an (vgl. 4.6.3), dessen Modell er nach wie vor als gültig ansieht, diese Gültigkeit aber auf einen Zustand des statischen Gleichgewichts beschränkt. Er deutet allerdings das Walrassche Gleichgewicht als ein *Gewohnheitssystem*, nicht als primär mechanischen Prozess, freilich nicht, ohne immer wieder in die Geleise mechanischen Denkens zurückzufallen.[97] Schumpeter umkreiste die Einsicht, dass sich der Wirtschaftsprozess als Wechselspiel von Gewohnheit und Kreativität entfaltet; seine Bindung an Walras und ein seltsamer Kult für „Führungspersönlichkeiten" in vermutlicher Adaption Nietzsches hinderten ihn aber daran, diesen Zusammenhang kategorial genauer zu entfalten.

Auch sein Grundgedanke orientiert sich als Referenz immer noch am Walraschen Totalmodell. Würde eine Wirtschaft nur von „gewöhnlichen" Menschen, risikoscheu und frei von Kreativität, bevölkert, so würde sie in ein Gleichgewicht fallen, das Schumpeter zugleich als toten Zustand beschreibt, genauer, als Talsohle einer Wirtschaftskrise. Im Gleichgewicht sind alle Zinsen verschwunden; in einer stationären Wirtschaft sorgt der Wettbewerb dafür, dass alle durch das Eigentum geltend gemachten Ansprüche an Kreditgeber eliminiert werden. Deshalb kann der Zins nur auf einen Prozess zurückgeführt werden, der das Gleichgewicht nachhaltig und – da der Zins, wie Schumpeter sagt, eine „Dauererscheinung" ist – zugleich dauerhaft stört. Für Schumpe-

---

ich habe seinen Immoralismus schon zitiert (vgl. 1.3.7) – keineswegs immer eine Gegnerschaft gegen den Nationalsozialismus; zunächst schmeichelte auch er im Vorwort zur deutschen Übersetzung der *General Theory* dem Totalitarismus. Seine Parteinahme für die Geldgier, die noch für zwei oder drei Generation regieren müsse – vgl. J. M. Keynes (1984), S. 331 – kann also nicht pragmatisch auf die Gegnerschaft zu den Nazis zurückgeführt werden.

[94] Ich habe Fichtes Zinstheorie von 1844 und ihre große Ähnlichkeit zu der Schumpeters an anderer Stelle dargestellt; vgl. K.-H. Brodbeck (1986a), Kapitel 17; vgl. zum Verhältnis von Schumpeter und Keynes auch K.-H. Brodbeck (1996b). Auf den Zusammenhang von neuen Produktionsmethoden und Gewinn verweist auch H. Mangoldt (1855), S. 57ff.

[95] Vgl. die 5. Auflage J. A. Schumpeter (1952), auch (1961) und die Aufsätze in: (1987).

[96] J. A. Schumpeter (1970), S. 133.

[97] Vgl. dazu genauer K.-H. Brodbeck (1996a), S. 292ff; (1996b); (2000a), S. 243ff.

6.3.6 Monetäre Zinstheorie: Keynes und Schumpeter

ter ist hierbei das Gleichgewicht im Walrasschen Sinn aber nicht nur ein idealer, nie erreichter Zustand, sondern die den Wirtschaftsprozess *als Reaktion* auf eine Gleichgewichtsstörung nach wie vor unverändert bestimmende ökonomische Kraft. Die Gleichgewichtstheorie ist deshalb für ihn „die Beschreibung eines Reaktionsapparats"[98]. Obwohl „ein solcher Zustand in der Wirklichkeit nie erreicht wird", hält Schumpeter für „Zwecke der Analyse und Diagnose als ein Bezugspunkt" am Walraschen Modell fest und nennt diesen Bezugspunkt „sogar unentbehrlich".[99]

In ihrer logischen und analytischen Struktur ist damit die Theorie Schumpeters auf weiten Strecken durchaus neoklassisch und traditionell, eine Haltung, die er auch in seiner Beurteilung anderer Ökonomen – in seiner „Geschichte der ökonomischen Analyse" – immer wieder mit fast notorischer Parteilichkeit und Einseitigkeit zum Ausdruck bringt. Was Schumpeter über Marx und sein Verhältnis zu Ricardo sagte, spiegelt weniger *dessen* Schüler-Lehrer-Verhältnis, sie ist vielmehr als Projektion der eigenen Beziehung zu Walras zu lesen:

> „Er (sc. Marx) war Schüler nicht nur in dem Sinn, dass seine eigene Beweisführung offensichtlich von den Behauptungen Ricardos ausgeht, sondern auch in dem weit bedeutungsvolleren Sinn, dass er die Kunst des Theoretisierens von Ricardo gelernt hatte. Er benützte stets Ricardos Werkzeuge, und jedes theoretische Problem stellte sich ihm in der Form von Schwierigkeiten, auf die er in seinem eingehenden Studium Ricardos gestoßen war"[100].

Man braucht hier tatsächlich nur „Ricardo" durch „Walras" zu ersetzen, und man hält den wichtigsten Hinweis für das Verständnis der Schumpeterschen Theorie in Händen.

Zwar beschreibt Schumpeter die Wirtschaft als *Dynamik*, doch diese Dynamik wird durchaus im Denkhorizont von Walras als *permanente Gleichgewichtsstörung durch einen exogenen Faktor* beschrieben, auch wenn Schumpeter diesen Faktor – die innovative Führungspersönlichkeit des „dynamischen Unternehmers" – selbst als Teil des volkswirtschaftlichen Mechanismus interpretiert, auch darin *methodisch* ganz im Geiste von Walras: Auch für Schumpeter „arbeitet der Mechanismus der Verkehrswirtschaft mit großer Präzision."[101] Und sein „dynamischer Unternehmer" ist selbst nur ein Teil der Wirtschaftsmaschine:

> „(D)er ‚Unternehmer' ist hier kein Veränderungsfaktor, sondern Träger des Veränderungsmechanismus"[102],

wie er nachdrücklich in der zweiten Auflage seiner *Theorie* zur Klarstellung auf neoklassische Kritik hin betonte. Schumpeter wollte damit den Unterschied zur österreichischen Tradition herausstellen, die auch vielfältige Störungen des Gleichgewichts kennt, diese aber als *Datenänderungen* interpretiert, nicht als eine notwendig zum kapitalistischen Prozess gehörige Eigenschaft der Dynamik.

In seiner Erstlingsschrift zur Wirtschaftsdynamik hängt Schumpeter noch an der Sprache Böhm-Bawerks und versucht immer den Unternehmergewinn auch im Horizont eines „Wertagios" zu interpretieren; seine späteren Texte haben diesen Horizont weit-

---

[98] J. A. Schumpeter (1961), S. 75.
[99] J. A. Schumpeter (1961), S. 76.
[100] J. A. Schumpeter (1950), S. 44f.
[101] J. A. Schumpeter (1952), S. 5.
[102] J. A. Schumpeter (1952), S. 93; Note 3 zur 2. Auflage.

gehend – und völlig zu Recht – verabschiedet.[103] Man kann die Grundstruktur seines Gedankens etwa so rekonstruieren: Es gibt in der Wirtschaft „zwei Typen von Wirtschaftssubjekten"[104], einerseits die Ratio des gewöhnlichen, risikoscheuen Verbrauchers oder des Kapitalisten, der Geld verleiht, und andererseits die kreative Innovationskraft des Unternehmers, der durch *Führungsqualitäten* ausgezeichnet sei: „Während in gewohnten Bahnen dem normalen Wirtschaftssubjekt sein eigenes Licht und seine Erfahrung genügt, so bedarf es Neuem gegenüber einer Führung."[105]

Wer eine Neuerung auf dem Markt durchsetzt, besitzt *zunächst* darin eine Monopolposition. Er kann also entweder bei Prozessinnovationen die Kosten für die gegebenen Marktpreise senken und dadurch einen Extragewinn realisieren, oder es wird durch neue Produkte Kaufkraft von alten Produkten abgezogen, während der Innovator als temporärer Monopolist die Preise so setzen kann, dass auch er einen „Pioniergewinn" realisiert. Durch die Diffusion der Neuerung würde – die Walrasschen Angebots- und Nachfragemechanismen sollen ja weiter wirksam sein – früher oder später der Wettbewerb dafür sorgen, dass dieser Pioniergewinn egalisiert wird und schließlich ganz verschwindet. Deshalb kann nur ein *permanenter* Neuerungsprozess für die gesamte Wirtschaft einen Überschuss erzeugen, aus dem Kreditzinsen – wenn ein Kapitalist durch Kredit eine Innovation finanziert gegen einen fest vereinbarten Zinssatz – bedient werden. Der Zins ist für Schumpeter in seiner *Funktion* hier „wie eine Steuer auf den Unternehmergewinn"[106] zu betrachten.

Der Zins ist also ein *sekundäres* Phänomen gegenüber dem Gewinn, ein Gedanke, der den Vorstellungen der Klassiker entspricht, die davon ausgingen, dass jährlich in der Gesamtwirtschaft ein Nettoprodukt erzeugt wird, das man erst *nachträglich* auf die verschiedenen Einkommensformen verteilt. Schumpeters Theorie unterscheidet sich von diesen Vorstellungen dadurch, dass in seiner Vorstellung ein Überschuss *nur* durch die kreative Dynamik einer besonderen sozialen Klasse der *Unternehmer* als Gewinn erzeugt wird. Er bezeichnet den *Kapitalisten* als risikoscheues, gewöhnliches Wirtschaftssubjekt. Das aktive Zentrum liegt eindeutig beim innovativen Unternehmer, der primär gar nicht so sehr durch Geldgier geprägt ist, sondern durch die Lust zu *führen*; der „Herrenwille" oder „Wille zur Macht" sind ihm hier *primäre* Prinzipien.[107] Damit wird aber die wirtschaftliche Dynamik auf eine *nichtökonomische* Kategorie zurückgeführt, die *weder* die menschliche Kreativität noch die Geldgier erklärt.

Allerdings betont Schumpeter wiederholt und mit Nachdruck die rein *monetäre Natur* des Zinses. Ohne Geld kann es kein Zinsphänomen geben.

„Der Zins haftet nicht an konkreten Gütern."[108]

Der Unternehmergewinn ergibt sich in einer *monetären* Form, also ist auch der Teil, der als Zins bezahlt wird, eine Geldform. Ausdrücklich gegen Böhm-Bawerk, Mises, Hayek und andere sagt Schumpeter deshalb:

---

[103] Man vergleiche die terminologischen Verbiegungen, mit denen Schumpeter zunächst noch arbeitet, J. A. Schumpeter (1952), S. 287ff.

[104] J. A. Schumpeter (1952), S. 122.

[105] J. A. Schumpeter (1952), S. 118. „Führerschaft hat nur dort eine Funktion, wo es Neues, nicht schon erfahrungs- und routinegemäß zu Erledigendes durchzusetzen gibt." J. A. Schumpeter (1987), S. 149.

[106] J. A. Schumpeter (1952), S. 261.

[107] J. A. Schumpeter (1908), S. 618.

[108] J. A. Schumpeter (1952), S. 261.

6.3.6 Monetäre Zinstheorie: Keynes und Schumpeter

„In einem kommunistisch organisierten oder überhaupt verkehrslosen Gemeinwesen gäbe es keinen Zins als selbständige Werterscheinung. Selbstverständlich würde kein Zins *gezahlt*. Selbstverständlich würde es jene Werterscheinungen geben, aus denen der Zins auch in der Verkehrswirtschaft fließt. Aber als besonderes Wertphänomen, als eine ökonomische Quantität, selbst als Begriff würde er dort fehlen."[109]

Mit anderen Worten: Es gäbe im Kommunismus zwar Innovationen, nicht aber als *Wert*quelle für einen Unternehmergewinn. Dies deckt sich übrigens mit Überlegungen von J. St. Mill zum Sozialismus und zum stationären Zustand, für den Mill auch weiterhin Innovationsprozesse postulierte.[110]

Beim Zins ist die Geldform, in der er bezahlt wird, nicht eine bloße Erscheinung, ein äußerer Ausdruck eines realen Phänomens. Wir können „uns also nicht von der Geldbasis des Zinses entfernen". Schumpeter vertritt deshalb die Auffassung, „dass diese Geldform nicht Schale, sondern Kern ist."[111] Und er nähert sich hier *beinahe* der Erkenntnis, dass in der Zinsform die als Ratio verkleidete Geldform eine *Herrschaft* ausübt, verdünnt diese Herrschaft aber eher zu einer metaphorischen Phrase:

„Der Zins ist ein Preiselement der Kaufkraft als Herrschaftsmittel über Produktionsgüter."[112]

Schumpeter schwächt alles, was ihn darauf stoßen könnte, dass im Zins eine Herrschaft des Wuchers erkennbar ist, die schließlich – wie schon in alter Zeit – auch die Unternehmen und den Gewinn systematisch als Mittel der Geldgier instrumentalisiert, immer wieder *theoretisch* in Anhänglichkeit an Walras und Böhm-Bawerk, *praktisch* im Kotau gegenüber dem Kapitalismus ab. So verteidigt er wider die eigene Einsicht, dass der Zins immer nur *faktisch* aus dem laufenden Überschuss der Unternehmen beglichen werden kann, ein *intertemporales Verhältnis* bei diesem Phänomen, wenn er behauptet, es gäbe einen Austausch von Kaufkraft, „gegenwärtige gegen künftige"[113]. Ein Wertagio, eine künftig höhere Kaufkraft kann nur *realisiert* werden, wenn Gewinne erzielt wurden, um den Zins zu begleichen. Sonst zeigt sich, dass die im Kreditvertrag vorliegende Fiktion eines Austauschs von Gegenwart und Zukunft, leer war: Die Insolvenz der Unternehmung verweist unmittelbar darauf, dass „Zins" oder „Gewinn" und „Wirtschaftskrise" auf dieselbe Grundstruktur verweisen. Marzell hatte diesen Gedanken sehr klar und vor dem Keynesianismus herausgearbeitet.

Bei Schumpeter lässt sich, wie bei allen „Österreichern", erkenntnistheoretisch ein naiver Realismus beobachten, den Keynes, bei aller Pragmatik oder gerade deshalb, nicht teilte. Was Schumpeter bei Keynes – wie viele andere, die keynesianische Modelle durch Fixpreis- oder Rationierungsannahmen aus dem walrasianischen Totalmodell als Sonderfall „ableiten" wollen – einfach nicht verstand, ist das, was sich in dessen Begriff der „unsicheren Erwartungen" verbarg. Keynes sagte, dass Wirtschaftssubjekte nicht auf der Grundlage einer *wahren* Kenntnis von Preisen, Produktionsbedingungen usw. handeln, sondern auf der Grundlage von durchaus *kollektiv* gebildeten und medial reproduzierten Erwartungen – man vergleiche Keynes' berühmtes Beispiel eines Schön-

---

[109] J. A. Schumpeter (1952), S. 262.
[110] Vgl. hierzu K.-H. Brodbeck (2006c), S. 239-244.
[111] J. A. Schumpeter (1952), S. 273.
[112] J. A. Schumpeter (1952), S. 273.
[113] J. A. Schumpeter (1952), S. 281.

heitswettbewerbs in einer Tageszeitung.[114] Erwartungen stehen für Keynes, ontologisch übersetzt, zwischen Tatsachenaussagen und künftigen Ereignissen. Gegenwärtige Tatsachen, daran glaubt Keynes noch, kann man korrekt erkennen, nicht aber die Zukunft. Erwartungen – bei Investitionen, aber auch bei anderen Handlungen – spannen eine Brücke zwischen sicherer Gegenwart und ungewisser Zukunft.

Diese Erwartungen sind aber nicht einfach nur subjektive Zustände, die im neoklassischen Denkschema an die Wirklichkeit angeglichen werden, so dass es hinter jedem *erwarteten* Preis Verhältnisse gibt, an die sich die Preise objektiv anpassen und die ein Theoretiker – z.B. ein Vertreter der „Theorie der rationalen Erwartungen" – durch die „Beschreibung eines Reaktionsapparats" (Schumpeter) auch als Abbild errechnen könnten. Vielmehr bildet der „Zustand unserer Erwartungen" eine *eigene* soziale Wirklichkeit, eine Sphäre der Bedeutung, aus der sich Handlungen und Entscheidungen kristallisieren, durchaus individuell unterschiedlich gedeutet; sie sind aber doch eine intersubjektive Grundlage, die *weder* mit einer aktuellen noch mit einer zukünftigen „realen Wirklichkeit" übereinstimmt.

Bei Keynes deutet sich hier eine für die Sozialwissenschaften grundlegende Erkenntnis an, auch wenn er sie nicht kategorial entfaltet hat. Ontologisch gesagt: Die Zukunft wird nie erreicht (vgl. Teil 7). Was immer wir heute als Zukunft erwarten, ist eben seiner Natur nach eine Erwartung, nicht die Blaupause einer zukünftigen Wirklichkeit. Nicht nur, weil jede Handlung durch eine teleologische Differenz zu charakterisieren ist, sondern auch deshalb, weil sich die Umweltbedingungen jeder Handlung *mit der Handlung* selbst durchaus in eigenwilliger Logik ändern. Es gibt immer nur *heute* eine Zukunft; das Morgen hat wieder eine neue Zukunft und unterscheidet sich von dem, was heute als Zukunft erwartet wird. Das bedeutet, dass auch „Zukunftsgüter" immer nur in der Gegenwart existieren, als Vorstellungen, Hoffnungen, Erwartungen oder als Wunsch. Diese Güter werden nie als diese vorgestellten, erwarteten Güter faktisch zu einem späteren Zeitpunkt erreicht. Sie unterscheiden sich noch mehr, wie sich ein Bauplan heute vom fertigen Haus übermorgen unterscheidet. Es mag manchmal eine große Ähnlichkeit geben, doch es gibt kein Durch- oder Vorgreifen in die Zukunft durch die Erwartungen. *Deshalb* sind Erwartungen „ungewiss", d.h. kategorial präzisiert: Erwartungen sind zwar als Bedeutungsprozess eine soziale Wirklichkeit, sie lenken Handlungen, sind die Sphäre, in der Handlungsprogramme erdacht, kommuniziert und in Geld geplant werden, aber sie besitzen nie ontologisch den Rang einer *vorhandenen Wirklichkeit*. Man kann sich zu erwarteten Gütern nicht *sinnlich* verhalten wie zu realen Produkten.

Was ergibt sich nun aus dieser Erkenntnis für die Zinstheorie? Keynes leitet einen ganz einfachen Gedanken ab. Er sagt, dass das Geld nicht darauf reduziert werden kann, ein bloßes Medium des Austauschs zu sein, auf das man in Kenntnis der Gleichungen eines walrasianischen Totalmodells auch verzichten könnte – man ersetzt die faktische Rechnung in Geld durch die Kalkulation im *numéraire*. In der Ablehnung *dieser* Vorstellung trifft sich die Keynessche durchaus mit der Anschauung von Mises oder Hayek. Doch die Begründung ist eine völlig andere: Mises und Hayek meinen mit anderen

---

[114] „(P)rofessional investment may be likened to those newspaper competitions in which the competitors have to pick out the six prettiest faces from a hundred photographs (…). It is not a case of choosing those which, to the best of one's judgment, are really the prettiest, nor even those which average opinion genuinely thinks the prettiest. We have reached the third degree where we devote our intelligences to anticipating what average opinion expects the average opinion to be. And there are some, I believe, who practise the fourth, fifth and higher degrees." J. M. Keynes (1973a), S. 156.

6.3.6 Monetäre Zinstheorie: Keynes und Schumpeter

neoliberalen Autoren (z.B. Röpke), dass das verteilte, nur individuell existierende Wissen viel zu komplex und vielfältig sei, um in einem Metasubjekt und in der Form von Daten für Gleichungen versammelt zu werden. Das Wissen erfasse eine objektive Realität, sei aber individuell atomisiert und deshalb einem Beobachter = Theoretiker nicht verfügbar, auch nicht einem Zentralplaner. Erkenntnistheoretisch gesagt: Das *individuelle* Wissen stimme jeweils mit der lokalen Realität überein, könne aber nicht gesammelt oder kommuniziert werden, weil sich das soziale Wissen nur in den Preisen zeige.

Hierbei wird verkannt, dass die Kommunikation, die Medien usw. eine *eigene Sphäre* der Vergesellschaftung des Wissens darstellen, zu denen sich ein Wissenschaftler als Teilnehmer ganz anders – nämlich als Gesprächspartner – verhalten kann, denn als blinder Metabeobachter, der durch seine *Position* der Objektivierung gerade das ausschließt, was ihm das soziale Wissen zugänglich machen würde: Die Kommunikation (das Gespräch, das Lesen von Büchern oder Forschungsberichten, die Information aus Medien usw.). Weil der Wissensprozess aber eine *getrennte* Form der Vergesellschaftung vollzieht, kann und wird er sich von den Handlungen und Erfahrungen zugleich auch *trennen* (zu schweigen von der medialen Manipulation des Wissens). Folglich ist das Wissen, worin sich Erwartungen bilden, eine *getrennte* Sphäre der Vergesellschaftung mit einer durchaus eigenen Logik. Das hat Keynes im Unterschied zu Mises, Hayek und anderen erkannt und zieht daraus deshalb eine ganz andere Schlussfolgerung. Um diese Schlussfolgerung in ihrer Bedeutung zu verstehen, möchte ich auf das zurückgreifen, was oben über die monetäre Vergesellschaftung schon gesagt wurde: Wenn niemand die soziale Struktur kennt, die durch das Geld vergesellschaftet wird, dann ist diese Vergesellschaftung *ohne* das Geld überhaupt nicht vollzogen, weder ideell antizipierbar, noch als eine Realität *hinter* den Kaufakten. Das Geld hat eine *wirkliche*, d.h. unaufhebbare Funktion in dieser Vergesellschaftung.

Paart man nun diese grundlegende Erkenntnis mit dem Gedanken, dass Kaufakte stets vor dem Hintergrund *unsicherer Erwartungen* getätigt werden, dann zeigt sich zugleich eine Bedeutung des Geldes, die der reinen Tauschtheorie notwendig entgehen muss. Das Geld fungiert nicht einfach als Rechnungseinheit; wer Geld besitzt, dem ist der Marktzutritt ermöglicht. Da sich die ökonomische Vergesellschaftung aber über das Geld vollzieht, wird – das hat sich gerade als eine objektive Grundlage der Geldgier gezeigt – der Geldbesitz individuell und für Unternehmen *überlebensnotwendig*. Kein Geld zu besitzen, heißt zahlungsunfähig (insolvent) zu sein – und das wiederum bedeutet, den Marktzutritt verwehrt zu bekommen. Deshalb erzeugt der Marktprozess immer das Motiv, durch einen geeigneten Geldbestand diese Zahlungsfähigkeit auch stets aktuell sicherzustellen – wenn sie nicht durch Kreditfähigkeit zu gewährleisten ist.

Das ist der rationelle Kern an dem, was man als „Wertaufbewahrung" oder als „Geldhort" bezeichnet. Der Geldbesitz ist eine Versicherung gegen allgemeine Unsicherheit in einer Ökonomie, die ihre Vergesellschaftung durch das lokale, atomisierte Zusammentreffen vereinzelter Kaufakte abwickelt – eine Vergesellschaftung, die zwar profitabel ausbeutbar ist (das ist der Begriff des „Zinses"), zugleich aber immer Gefahr läuft, an eben jenem vermeintlichen „Mechanismus" des Geldes und der Preise auch *zu scheitern*. Von der schlecht laufenden Konjunktur, unverkauften Waren, der Notwendigkeit, demütigende Billigjobs annehmen zu müssen bis zur verallgemeinerten Wirtschafts- und Gesellschaftskrise enthält die Vergesellschaftung über das Geld, gelenkt von der Geldgier, stets *beides*, die Möglichkeit, einen Zins zu erzielen, und die auf demselben Grund aufruhende Möglichkeit einer Wirtschaftskrise.

Deshalb ist der Besitz von Geld in einer *notwendig* unsicheren Vergesellschaftung durch das Geld eine *Versicherung*. Das war es, was Keynes bemerkt hat. Für ihn ist der Zins ein rein monetäres Phänomen, der Preis, den ein Geldbesitzer dafür verlangt, auf

Liquidität zu verzichten und damit das Risiko einer gescheiterten Marktteilnahme zu erhöhen. Der Geldbesitz ist das objektive Moment zum Verständnis der Geldgier, hatte ich oben gesagt, denn jeder Marktteilnehmer muss *formal* zuerst nach Geld streben, ehe er Produkte kaufen kann. Das ist die *allgemeine und objektive* Formel für die Geldgier, die im Geldsubjekt einen subjektiven Niederschlag findet. Diese objektive Struktur entfaltet sich aber auch so, dass Geldbesitzer am Geldbesitz *festhalten*, ihn also nicht ohne Grund aufgeben. Ein Grund ist der Kauf von Waren, ein anderer das Kreditersuchen eines anderen. Und eben deshalb entfaltet sich dann, wenn auf Geldbesitz verzichtet wird, darin auch *subjektiv* die Geldgier.

Insofern verweist also Keynes, wenn man diese Strukturen in ihrer kategorialen Form reflektiert, in seiner Zinstheorie genau in dasselbe Phänomen, das oben als *abstrakte Leidenschaft*, als *Geldgier* auf den Begriff gebracht wurde. Für Keynes ist der Zins *essentiell* ein Phänomen der Unsicherheit.[115] Nicht nur eine Randbedingung, die bei einem Geschäft als Risikofaktor berücksichtig wird wie die Varianz (Volatilität) eines Aktienkurses, sondern die Zinsforderung ist der Preis für den Verzicht auf Liquidität, auf Zahlungsfähigkeit in einer von unsicheren Erwartungen erfüllten *und* geprägten Wirklichkeit. Erwartungen führen zu Investitions- und Kaufentscheidungen, diese wiederum *bilden* die ökonomische Wirklichkeit. Keynes führt das, was ich formal als „Geldgier" bestimmt habe und was sich als Moment jedes Kaufakts objektiv ankündigt, auf einen „Wunsch, Geld zu halten" zurück, und er begründet diesen Wunsch durch „unser Misstrauen in unsere eigenen Rechnungen und Konventionen mit Blick auf die Zukunft. Auch wenn man annimmt, dieses Gefühl bezüglich des Geldes sei in sich konventionell oder instinktiv, so operiert es doch, sozusagen, auf einer tieferen Ebene unserer Motivation."[116]

Was Keynes hier als „tiefere Ebene unserer Motivation" beschreibt, ist weit eher die *Einbettung* der Subjektivität in die durch das Geld vermittelte Vergesellschaftung und die in dieser Struktur liegenden Momente, die man durchaus *als Erfahrung* durch die Begriffe „Unsicherheit" und „Streben nach Geld" bezeichnen kann. Doch kein *allgemeines Misstrauen* in die Zukunft begründet das Horten von Geld und damit den Geldzins. Vielmehr entfaltet sich dieses Misstrauen nur, wenn eine Vergesellschaftung durch das Geld immer schon vorausgesetzt und als unhinterfragbare Wirklichkeit einfach akzeptiert wird. Es ist durchaus richtig, dass diese Voraussetzung in die innerste Motivation der Menschen eingedrungen ist; das rechnende Denken hat die Subjektivität von innen kolonisiert und spricht sich nun im modernen, bürgerlichen Subjekt als dessen „Apriori" aus. Doch gerade bei der Analyse der Geld- und Zinsformen stößt man unvermeidlich darauf, dass es *diese* Formen sind, die solch eine Veränderung der Motivation überhaupt erst ermöglicht und hervorgebracht haben – nicht etwa umgekehrt, wie die Hypostasierung eines *homo oeconomicus* oder einer „vernunftimmanenten Tauschrationalität" (Mises) behauptet. Keynes war hier sozusagen an der Schwelle zu einer *grundlegenden* Kritik des Geldes, hat sie aber nicht überschritten. Er blickt nur in einigen Aufzeichnungen durch diese Tür ins Freie, die er nicht als *Möglichkeit* erkannte und deshalb auch nicht durchqueren konnte.

---

[115] „(M)y theory of the rate of interest is essentially based on uncertainty", J. M. Keynes (1987: 1), S. 601.

[116] „... our desire to hold money as a store of wealth is a barometer of the degree of our distrust of our own calculations and conventions concerning the future. Even thought this feeling about money is itself conventional or instinctive, it operates, so to speak, at a deeper level of our motivation. It takes charge at the moments when the higher, more precarious conventions have weakened." J. M. Keynes (1987: 2), S. 116.

6.3.6 Monetäre Zinstheorie: Keynes und Schumpeter

Damit bleibt mir ein letzter, zentraler Hinweis auf einen *inneren* Zusammenhang zwischen den monetären Zinstheorien von Schumpeter und Keynes. Ich habe diesen Zusammenhang mehrfach dargestellt[117]; hier mag eine Skizze genügen. Keynes hat sich nie wirklich die Frage gestellt, *woraus* eigentlich Zinszahlungen erfolgen. Er lehnte zwar die Vorstellung ab, dass das Kapital „produktiv" sei und somit einen Kapitalzins kausal erzeuge, doch er bot keine Alternative an. Noch sein enger Mitarbeiter P. Sraffa kann in seinem Preismodell die Profitrate erst *dann* bestimmen, wenn der Lohnsatz „gegeben" ist. Schumpeter umgekehrt hat die Frage nach der Quelle des Zinses im Unternehmergewinn bemerkt und diesen auf die kreative Umwälzung der Ökonomie zurückgeführt; ihm blieb allerdings der Zugang zu einem Verständnis unsicherer Erwartungen und der dadurch motivierten Geldhaltung verborgen.

Keynes hat zwar die Kreativität in den Innovationsprozessen als „Normalform" des Konjunkturverlaufs unter Rückgriff auf Schumpeter anerkannt, sich darüber aber weiter keine Gedanken gemacht. Schumpeter umgekehrt hat durch seine von den Österreichern ererbte Kausalitätsgläubigkeit im dynamischen Unternehmer einen Kausalfaktor erblickt, eine Verkörperung des „Willens zur Macht", der aus dunklen, exogenen Quellen Neuerungen aus sich hervorbringt und aktiv umsetzt. Beide, Keynes und Schumpeter, waren blind gegenüber der *sozialen Struktur* des mit kreativen Prozessen verbundenen Wissens. Morishima hat an einer Stelle in einer kleinen Nebenbemerkung auf diese Struktur verwiesen, wenn er sagt: „Profite von Unternehmen sind letztlich der Unsicherheit zuzuschreiben, und, umgekehrt, Unternehmer ihrerseits produzieren Unsicherheit durch die Innovationen, die sie kreieren."[118] Damit ist auf einen wichtigen Punkt dieses Verhältnisses verwiesen: Das, was Schumpeter als letztliche Erklärung für den Zins anführt – die Innovationsdynamik –, ist objektiv der Hauptgrund, weshalb *für je andere* Wirtschaftssubjekte die Zukunft unkalkulierbar bleibt, weshalb also *Ungewissheit* herrscht. Damit zeigen sich beide Theorien – die von Schumpeter und Keynes – durchaus als ergänzendes Verhältnis. Die Gemeinsamkeit bleibt dunkel, weil beide den kreativen Prozess nicht als sozialen Prozess erkannten und analysierten.

Doch der permanente Neuerungsprozess ist im Kapitalismus nun nicht *seinerseits* eine autonome Macht. Er wird gelenkt und initiiert – wenn auch nicht kausal verursacht, was logisch unmöglich ist – von der Geldgier, die sich je schon im Medium der Geldrechnung bewegt. Dieser kreative Prozess, den Schumpeter als *creative destruction* beschrieben hat, beschränkt sich aber keineswegs auf die Innovationsprozesse in Unternehmen. Das ist bei Schumpeter eine Verengung seines Blickfeldes. Keynes hat zwar in seinen Begriff der Unsicherheit auch andere Formen einbezogen (Kriege usw.). Doch er hat dabei nicht bemerkt, dass in der jüngeren kapitalistischen Vergangenheit die Vielzahl der „Unsicherheitsfaktoren" – von der Sozialreform, ihrer Rücknahme, über den medialen Informationszirkus bis hin zur *politisch* organisierten Ausbeutung und schließlich der von Geldgier gelenkten Kriegsführung – doch nur *einen* einfachen Grund haben: Das Streben danach, die gesellschaftlichen Verhältnisse in Produktion, Konsum, Kommunikation und Politik *so* umzuwälzen und diese kreative Destruktion so zu steuern, dass am Ende für die Geldbesitzer *mehr* Geld zurückfließt.

Die „Kreativität" hat unter der Regie der Geldgier ein *hässliches* Gesicht bekommen, und die daraus hervorgehende universell gewordene Unsicherheit ist durchaus *hergestellt*, wenn auch nicht von einem Zentrum aus geplant. Es ist – sieht man von Erdbeben, Vulkanausbrüchen etc. ab – eine *von Menschen*, unter dem Vorzeichen einer irrationalen Leidenschaft und der in ihr gründenden Dummheit des allgemeinen Nichtwissens

---

[117] K.-H. Brodbeck (1996a); (1996b); (2000c); (2002c).
[118] M. Morishima (1977), S. 209.

bezüglich der eigenen Vergesellschaftung gemachte und immer wieder erneuerte Unsicherheit. Selbst die *Natur* ist in ihren Reaktionen, ihrem Widerstand hier einbezogen in einen gewaltigen Akt kreativer Destruktion, der sich gegen die äußere *und* die menschliche Natur richtet. Die von der Geldgier initiierte kreative Dynamik und das darin liegende *systematische* Nichtwissen der Teilnehmer, die all dies als *Sachzwang* erleben, die allgemeine Ungewissheit des eigenen Lebens – all dies „erklärt" zwar auch den Zins und die Wirtschaftskrisen (das war es, was sich Keynes und Schumpeter als wissenschaftliche Aufgabe vornahmen), doch es macht noch viel mehr deutlich, dass es die über das Geld vollzogene *Vergesellschaftungsform* ist, die hier in Frage steht, nicht die eine oder andere Krise des Kapitalismus, wie brutal sie sich auch immer auswirken mag und wie gewaltsam die Reaktionen darauf durch die mit dem Wucher eng verschwisterten politischen Machteliten auch sein mögen. Diese Orgie aus Hunger, Elend, endlosem Töten und der gleichzeitigen Vernichtung der natürlichen Voraussetzungen für die Reproduktion der Menschen, die Kontaminierung der Erde, ist kein göttliches Geschick, kein „Armageddon", das Staatsterroristen im Amt gerne mit Augenaufschlag als Erklärung bieten. Es ist ein produziertes Leiden, das *noch* objektiv zu beseitigen wäre.

6.3.7 Silvio Gesell – die Zinskritik des Kaufmanns

Die Zinstheorie nahm ihren Ausgangspunkt in der aristotelischen Ethik und wurde für viele Jahrhunderte vor allem als *Rechtslehre* vorgetragen: im Wucherverbot. Darin war immerhin, trotz der schwankenden Positionen jener, die den Wucher kritisierten, noch ausgesprochen, dass sich im Zins der *Missbrauch* einer sozialen Funktion zeigte, gepaart mit einer Untugend, die im Christentum lange Zeit als Todsünde galt. Die Theorie vom Fegefeuer, die Unterscheidung zwischen Produzenten- und Konsumentenkredit, die Umdeutung des Wuchers als nur *zu hoher* Zinssatz, schließlich die innerchristliche Spaltung und die calvinistische Billigung des Wuchers als irdischen Gotteslohn – all dies löste die innere moralische Klammer, mit der die vorkapitalistischen Gesellschaften die Geldökonomie in Zaum zu halten versuchten. Im 19. und 20. Jahrhundert wurde die Wucherkritik – wenn man von den wenigen radikalen Katholiken wie Vogelsang und Orel absieht – aufgegeben.

An ihre Stelle trat einmal die Kritik von Marx, der wie die klassischen Ökonomen den Zins nur als ein abgeleitetes Phänomen betrachtete und im Profit, im Mehrwert die Quelle aller Zinszahlungen als Aneignung fremder Arbeit dechiffrierte. Zum anderen wurde die Lehre vom „gerechten Preis" als eine implizite Gleichgewichtstheorie in eine Theorie vom *natürlichen Zins* verwandelt, wobei der scholastische Hauptkritikpunkt, wonach der Wucherer sich die Zeit aneigne, die doch Gott gehöre, produktiv umgedeutet wurde in eine *Ursache* (in Böhm-Bawerks Zeitpräferenz und die Produktivität von Produktionsumwegen). Der Zins erschien der bürgerlichen Welt fortan als ein *natürliches* Phänomen. Das Naturgesetz in der Wirtschaft wurde zum Erben des göttlichen Gesetzes, das im gerechten Preis realisiert schien. Damit waren sowohl die scholastische Wucherlehre wie die Lehre der Klassiker, die den Zins implizit schon als durch das Eigentumsmonopol angeeignete Arbeit deutete, aufgehoben.

Gleichwohl bewahrte auch die bürgerliche Zinstheorie die Dualität ihrer Herkunft. Bis in die Gegenwart wird der Zins als besonderes Phänomen neben der Preisbildung für Güter betrachtet. Die Versuche zu einer Synthese, von Wicksells Theorie bis zu Debreus impliziter Definition des Zinses als Preisdifferenz für zwei *zeitlich* verschieden verortete Güter, scheitern allesamt an der Unfähigkeit, das Geld erklären zu können. Das konnte im vierten Teil, der sich den verschiedenen Tausch- und Geldtheorien widmete, deutlich werden. Das im Geld liegende *zirkuläre* Anerkennungsverhältnis, das

6.3.7 Silvio Gesell – die Zinskritik des Kaufmanns

sich konstituierende Geldsubjekt und die daraus hervorgehende Geldgier kann man weder naturalisieren, noch lässt sich das Geld als *Norm* auf einen Akt der Gesetzgebung reduzieren. Unbestimmt blieb in allen Theorien, die zwischen einer Preis- und einer Geldtheorie wohl unterschieden, das Verhältnis von Zinsforderung und den „Funktionen" des Geldes im Austauschprozess.

Vor die Alternative gestellt, einerseits den Kapitalismus – wie Marx dies fordert – *insgesamt* durch einen revolutionären Akt abzuschaffen und durch eine kommunistische Gesellschaft zu ersetzen, sich damit auch des Problems der Geldgier und des Zinses zu entledigen, und andererseits der Parteinahme für den Kapitalismus, wie dies liberale und neoliberale Autoren als intellektuellen Kotau vor dem Markt fordern, versuchten immer wieder Autoren einen „dritten Weg". Der wohl erste und immer wieder erneuerte Versuch stammt von Proudhon:

> „In erster Linie bestreiten wir (…) in Übereinstimmung mit dem Christentum und dem Evangelium die Rechtmäßigkeit des Zinsdarlehens an sich; wir bestreiten sie in Übereinstimmung mit dem Judentum und dem Heidentum, mit allen Philosophen und Gesetzgebern des Altertums. (...) (S)obald irgendwo in der Welt der Zins auftrat, ist er auch bestritten worden. Die Gesetzgeber und Moralisten haben ihn unablässig bekämpft(,) und wenn es ihnen auch nicht glückte, ihn zu unterdrücken, so ist es ihnen doch wenigstens bis zu einem gewissen Grade gelungen, ihm die Nägel zu beschneiden, indem sie ihm eine *Schranke* zogen, einen gesetzlichen Zinsfuss festsetzten."[119]

Silvio Gesell knüpft an Proudhons Vorstellungen an und präzisiert sie durch einen Reformvorschlag für das Geld. Keynes hat Gesell respektvoll in seinem Hauptwerk referiert; er hat ihm zwar Fehler in der Begründung des Zinses vorgeworfen, stellte seine Theorie aber über viele andere Zinstheorien und räumte Gesells Reformvorstellungen durchaus eine Chance ein. Vor allem schrieb Keynes Gesell gegenüber Marx eine deutliche Vorrangstellung zu. Auch wenn man darin nur einen polemischen Seitenhieb erblicken möchte, der zudem auf einer mangelhaften Kenntnis der Marxschen Theorie durch Keynes beruht, so ist das in vielerlei Hinsicht ein unhaltbares Urteil.[120]

Silvio Gesells Theorie des Zinses setzt in neuem Gewand die Wucherkritik der christlichen Tradition fort. Er hat keine Preistheorie und nur im uneigentlichen Sinn eine Geldtheorie entwickelt. In der Wertlehre verweist er auf Gottl-Ottlilienfeld und dessen Wertkritik. Man kann seinen Grundgedanken, der sich so auch bei Proudhon findet und der bei Marx schon eine eingehende Kritik erfahren hat, so ausdrücken: Gesell erkennt die destruktive Wirkung von Geld und Zins im Kapitalismus. Doch er sucht nicht nach einem Grund in der Struktur der Vergesellschaftung durch das Geld für diese Wirkung, sondern sieht – wie die scholastische Wuchertheorie – die Ursache in einem *Missbrauch* des Geldes. Sein Grundgedanke lautet:

> „Die gefährlichste Bestie ist heute unbestreitbar das Geld. Sollten wir diese Bestie nicht töten? Ja, ja, rufen heute viele. – Früher war man gescheiter. Man hat die Bestien gezähmt und sie zu Haustieren gemacht. Wie die verheerenden Wildwasser fing man sie ein und gewann gewaltige Kräfte. Die Bestie Geld wollen wir

---

[119] P. J. Proudhon: Erste Antwort; in: A. Mülberger (1896), S. 71.
[120] Schumpeter sagt durchaus zutreffend: „Ich bin kein Marxist. Ich anerkenne jedoch die Größe von Marx in einer Weise, dass ich mich beleidigt fühle, wenn er ihn auf eine Stufe mit Silvio Gesell und Major Douglas gestellt sehe." J. A. Schumpeter (1987), S. 81, Note 2.

auch zähmen. Wir drücken sie auf die Stufe der Ware hinab, und sofort wird aus der Bestie das wertvollste Haustier."[121]

Dieser Satz enthält die Grundvorstellung über den Kapitalismus, wie sie auch im Ordoliberalismus oder bei der an Keynes anknüpfenden Sozialdemokratie zu finden ist. Hier wird auch deutlich, weshalb Keynes eine große Nähe zu Gesell fühlte. Sagte Keynes, er stünde im Fall einer Klassenauseinandersetzung auf der Seite der aufgeklärten Bourgeoisie, so stellt sich Gesell in der Auseinandersetzung zwischen Liberalen und Marxisten abstrakt auf die Seite des „reinen Marktes", befreit vom Zins – ein sozialer Ort, der sich unschwer als jener des Kleinbürgers, des kleinen Kaufmanns dechiffrieren lässt.

Die Fehlentwicklungen des Kapitalismus gründen nicht in der Form der Vergesellschaftung durch das Geld und allen daraus hervorgehenden Strukturen, sondern setzen nach Gesell – wie auch für die ordoliberalen Autoren – gleichsam eine Stufe höher ein. Ist es für die Ordoliberalen und die Freiburger Schule (Eucken, Rüstow, Röpke u.a.) der Missbrauch von Marktmacht durch Monopole, der den Markt an seinen wohltätigen Wirkungen hindere, so sieht Gesell – und Keynes ist ihm hierin gefolgt – die Ursache in einem Missbrauch des Geldes. Der Markt ist für Gesell falsch *organisiert*. Er sieht zwar, dass der Geldbesitz untrennbar vom Austauschprozess immer wieder als Durchgangsmoment notwendig erscheint, doch er möchte verhindern, dass das Geld als Besitz seiner Tauschfunktion entkleidet wird. Die Möglichkeit, Geld zu horten, erlaubt es den Geldbesitzern, über den Markt Macht auszuüben. Diese Macht, die sich in „falschen Preisen" niederschlägt, ist der Grund für den Zins.

Man erkennt hier in der logischen Struktur unschwer die Tradition der Wucherlehre wieder. Auch die Wucherlehre wurde als Theorie vom *gerechten Preis* interpretiert. Wucher heißt, vom *gerechten* Preis abzuweichen. Die Liberalen im Umkreis von Eucken deuteten diese Abweichung als *Monopolpreis* und als Verzerrung der reinen Marktfunktion; die katholische Soziallehre lässt sich durchaus als eine Quelle des Ordoliberalismus identifizieren, was ich hier nicht darstellen kann. Gesell denkt *metaphysisch* im selben Horizont. Auch er tastet die Vergesellschaftung über Märkte nicht an und billigt prinzipiell die Rolle des Geldes als Rechnungseinheit und Tauschmittel. Was bei den Ordoliberalen ein starker Staat durch Kartellgesetze bewirken soll, das erledigt für Gesell ein monetärer Automatismus, den er als „rostende Banknoten"[122] bezeichnet.

Man kann seine Überlegung so zusammenfassen: Gesell möchte die Geldverfassung so einrichten, dass der Geldgier in der Form des Zinses die *objektive Möglichkeit* einer Entfaltung genommen wird. Auf den kapitalistischen Märkten besitzt das Geld eine Übermacht. Es kann, so lässt sich mit Blick auf die obige Analyse sagen, sich dem einfachen Tausch die Ebene der reinen Geldvermehrung G-G′ als Macht überlagern. Nach Gesell beruht diese Möglichkeit darauf, dass dem Geld ein unveränderlicher, fiktiver Wert als Gold zugeschrieben oder dieser Wert staatlich garantiert wird. Der Geldbesitzer, der das Geld abwartend aus dem Verkehr zieht und vorübergehend hortet, um damit auf dem Markt *Macht* über die Preise zu entfalten, benutzt eine Fehlkonstruktion des Geldsystems, sagt Gesell, da er für seinen Missbrauch des Geldes keine „Strafe" bezahlen muss. Was im Christentum bei der Sünde des Wuchers ein *moralisches* Verbot war, was die Ordoliberalen als staatliches Recht gegen Monopole realisieren wollten – den Missbrauch des Marktes und des Geldes –, das möchte Gesell durch eine Veränderung des Geldsystems, durch „rostendes Geld" als Automatismus durchsetzen.

---

[121] S. Gesell (1948), S. 65; vgl. dagegen W. Sombart (1923), S. 462.
[122] S. Gesell (1948), S. 67.

Bevor ich seinen Vorschlag genauer betrachte, möchte ich die bei Gesell formulierte durchaus *richtige* Erkenntnis unterstreichen: Gesell erkennt, dass im Tauschakt ein *asymmetrisches* Verhältnis vorliegt.[123] Der Warenbesitzer muss die Marktteilnahme erst suchen; der Geldbesitzer dagegen kann frei entscheiden, wann und unter welchen Umständen er den Markt betritt oder auch nach seinen Zwecken ge- oder missbraucht (z.B. bei Preisspekulationen). Gesell bemerkt aber nicht, dass die von ihm – wie zuvor schon von Marx – erkannte Asymmetrie im Tauschakt selbst liegt; er schreibt sie nur einer besonderen Form des Geldes zu, das von einer konstanten Rechnungseinheit ausgeht. Eben die Konstanz der Rechnungseinheit ist bei den Ordoliberalen das höchste Gut neben der Freiheit des Marktes und dessen Schutz vor monopolistischem Missbrauch. Gesell sieht dagegen gerade in der Konstanz der Rechnungseinheit die Fehlkonstruktion des Geldsystems. Sie erlaube es nämlich, gehortetes Geld zu jeder Zeit ohne Abstriche auf den Markt zu bringen.

Dem hält er den Gedanken entgegen, dass man dem Geld die Macht über die Märkte dann nehmen kann, wenn man für die *Benutzung der sozialen Geldfunktion* einen Preis bezahlen muss. Wer Geld für längere Zeit besitzt, soll dafür eine Gebühr bezahlen. Das Geld soll unter der Hand weniger wert werden durch einen Entwertungsautomatismus, der den Geldbesitzer zwingt, zur Erhaltung eines konstanten Geldwerts periodisch neue Geldeinheiten hinzukaufen zu müssen (*stamp script*). Dadurch wird, sagt Gesell, die Symmetrie im Kaufakt wieder hergestellt. Auch der Geldbesitzer muss nun, durch Entwertung unter Druck gesetzt, den Marktzutritt so bald als möglich suchen, um der automatischen Entwertung seines Geldes zu entgehen. „Mit dem heutigen Gelde muss der Wareninhaber den Geldinhaber suchen, mit rostenden Banknoten tritt das Gegenteil ein."[124] Geld ist für Gesell unerlässlich, die arbeitsteiligen Tätigkeiten zu vermitteln. Doch der Missbrauch durch das Horten von Geld beraubt es dieser Funktion. Die Folge sind Absatzstockungen, weil der jeweils einbehaltene Geldbesitz, der dem Markt entzogen wird, die Nachfrage reduziert und somit Krisen herbeiführt. Das Streben nach einer *Verzinsung* des Geldes, der Vorteil, bei einer konstanten Geldeinheit den Markt so ge- oder missbrauchen zu können, dass das Geld *vermehrt* wird, beruht nach Gesell auf der Einseitigkeit der Marktmacht durch die Geldbesitzer.

> „Die Ware muss also gegen Geld verkauft werden, d.h., es besteht eine Zwangsnachfrage nach Geld, die genau ebenso groß ist, wie der Vorrat an Waren, und der Gebrauch des Geldes ist darum für alle genau ebenso unentbehrlich, wie die Arbeitsteilung für alle vorteilhaft ist. Je vorteilhafter die Arbeitsteilung, um so unentbehrlicher das Geld. Mit Ausnahme des Kleinbauers, der fast alles, was er erzeugt, selber verzehrt, unterliegen alle Bürger bedingungslos dem wirtschaftlichen Zwang, ihre Erzeugnisse gegen Geld zu verkaufen: Das Geld ist Voraussetzung der Arbeitsteilung, sobald der Umfang, den sie angenommen, den Tauschhandel ausschließt."[125]

---

[123] „Wir können also sagen: unser heutiges Geld vermittelt der Regel nach (also kaufmännisch) den Austausch der Waren nur unter Erhebung einer Abgabe. Ist der Markt die Straße, auf der die Waren ausgetauscht werden, so ist das Geld der Schlagbaum, der nur nach Zahlung des Wegegeldes gehoben wird. Das Wegegeld, der Profit, die Abgabe, der Zins, oder wie man es nennen mag, ist die allgemeine Voraussetzung des Warenaustausches. Ohne diese Abgabe kein Tausch." S. Gesell (1931), S. 183.
[124] S. Gesell (1948), S. 67.
[125] S. Gesell (1931), S. 119.

Gesell hat gesehen, dass die Marktprozesse, die von den Geldbesitzern ausgenutzt werden, auch *jeden* Menschen als Subjekt durchdringen. Er bemerkt also durchaus, dass die Geldgier aus den Geldverhältnissen erwächst:

> „Diese handelnden Personen bewirken die Preisverschiebungen, und als Werkzeug dienen ihnen die Marktverhältnisse. Die handelnden Personen aber sind wir, wir alle, das Volk. Jeder, der etwas zu Markte trägt, ist von demselben Geist beseelt, so hohe Preise zu fordern, wie es die Marktverhältnisse irgend gestatten. Und jeder sucht sich zu entschuldigen (wie auch jeder durch die hier stattfindende Wechselseitigkeit entschuldigt wird), indem er sich auf die unpersönlichen Marktverhältnisse beruft."[126]

Doch als Mittel für die Beschränkung der Geldgier – und darin liegt Gesells „Modernität" – pocht er nicht auf eine begrenzende Moral wie die Wuchergesetze, sondern er vertraut einem Mechanismus, der verhindern soll, dass sich so etwas wie Geldgier und Zins überhaupt entwickeln können, eben die „rostende Banknote". Realisiert wird dies durch den Zwang, Geld nach einer bestimmten Zeit „nachkaufen" zu müssen, weil Geldscheine mit einem Ausgabedatum versehen werden und an Wert verlieren.[127] Oder man führt eine Benutzungsgebühr für die Geldverwendung ein – wodurch allerdings wiederum für eine Institution reines Geldeinkommen ohne Gegenleistung geschaffen würde.

Gesell sieht sich in seinen Vorschlägen in der christlichen Tradition und greift dessen moralischen Impuls auf. Er sagt wie Vogelsang oder Orel: „Christentum und Zins sind glatte Widersprüche."[128] Doch vertraut er nicht einer *moralischen* Schranke, sondern nur einem Automatismus. Gesell teilt damit prinzipiell die Auffassung jener bürgerlichen Ökonomen, die im Streben nach Geld ein allgemeines „Erwerbsstreben", einen *homo oeconomicus* behaupten, der nicht moralisch, sondern durch den Marktmechanismus in Zaum zu halten sei. Er verteidigt das Selbstinteresse, führt jedoch eine Differenzierung ein: „Eigennutz darf nicht mit Selbstsucht verwechselt werden. Der Kurzsichtige ist selbstsüchtig, der Weitsichtige wird in der Regel bald einsehen, dass im Gedeihen des Ganzen der eigene Nutzen am besten verankert ist."[129]

Hier ist unterstellt, dass der Eigennutzen schon die moralische Form in sich reflektiert. Das ist naiv. Gesell verkennt ganz offensichtlich die Veränderung der menschlichen Subjektivität durch die Geldrechnung, indem er den Egoismus wie den Markt oder den Geldgebrauch *naturalisiert*, zudem mit reichlich absurden Beispielen: „Welche Frau würde für sich den hässlichen Hut auswählen, damit für ihre Nachbarin der hübsche übrig bliebe? Das Umgekehrte ist die Regel. Das hat mit dem Kapitalismus nichts zu tun. Das kommt aus unserem Herzen"[130] – will sagen: Es sei eine menschliche *Natur*. Nun kann man sicher behaupten, dass die Ichzentrierung keineswegs ein Produkt der Geldökonomie ist. Doch wenn man verstehen will, wie die Geldökonomie das menschliche Denken und die menschlichen Leidenschaften *verwandelt*, ist es notwendig,

---

[126] S. Gesell (1931), S. 131.
[127] Vgl. S. Gesell (1931), S. 244f für Muster der Gesellschen Geldvorschläge („Freigeld").
[128] S. Gesell (1948), S. 56.
[129] S. Gesell (1948), S. 68.
[130] S. Gesell (1948), S. 69.

6.3.7 Silvio Gesell – die Zinskritik des Kaufmanns

die spezifische *Form* zu verstehen, in der sich ein (wie immer als „natürlich" deklarierter) Eigennutzen entfaltet.[131]

In der eigentlichen Erklärung des Zinses knüpft Gesell an Marx an, nicht ohne zuvor eine ziemlich falsche Interpretation von dessen Geldtheorie geliefert zu haben, die ich unkommentiert hierher setze, verrät sie doch einiges über die gedanklichen Möglichkeiten, über die Gesell verfügte:

> „Marx findet am Geld nichts auszusetzen. So wie wir es von den alten Babyloniern und Israeliten, von den Griechen und Römern übernommen haben, ist das Geld nach Marx ein vollkommenes, tadelloses Tauschmittel, das von Anbeginn seine Aufgabe glänzend erfüllt hat. Dass im Mittelalter wegen Geldmangels Geldwirtschaft und Arbeitsteilung sich nicht entfalten konnten, dass das Zinsverbot der Päpste die Geldwirtschaft aufhob – obschon dieses Zinsverbot doch eigentlich nichts anderes bedeutete, als die gewaltsame Herstellung der von Marx vorausgesetzten Äquivalenz von Geld und Ware – das alles kann Marx in seinem Urteil nicht stutzig machen, dass das Geld ein vollkommenes Tauschmittel, ein wirkliches, allseitiges ‚Äquivalent' sei. Eine besondere Geldmacht kennt Marx selbstverständlich nicht."[132]

Nun kann man die Marxsche Theorie zweifellos kritisieren; ich habe im Kapitel 4.4 in diesem Punkt wenig Zurückhaltung gezeigt. Doch ist dabei vorausgesetzt, dass man ihre Aussagen auch zur Kenntnis nimmt. Es gibt bei Marx eine Äquivalenz, aber nicht zwischen „Geld und Ware", sondern der Waren untereinander. Gerade in *dieser* Äquivalenz als *tertium comparationis* suchte er den Begriff des Geldes in der verborgenen gesellschaftlichen Form, der abstrakten Arbeit. Marx war sich also wenigstens des *kategorialen* Gehalts der vorliegenden Frage bewusst. Bei Gesell fehlt dafür auch nur eine Ahnung. Er weiß gar nicht, wovon bei Marx die Rede ist.

Auch Gesell knüpft an die Marxsche Kapitalformel G-W-G' an, und entgegen der Marxschen These, dass der darin sichtbare Mehrwert nicht aus der Zirkulation stammen kann, sondern eine andere Quelle haben muss, möchte Gesell an dieser Formel den Zins „unmittelbar im Tauschvorgang enthüllen."[133] Geld ist für ihn *kein* Äquivalent. Er sieht in der Marxschen Kapitalformel eine Kraft, die das Geld umlaufen lässt. Das Geld sei „unbedingte Voraussetzung entwickelter Arbeitsteilung". Der *Mangel* bestehe aber darin, dass man das Geld vom Tausch zurückhalten könne. In dieser gehorteten Liquidität „vermag der Kaufmann von den Warenbesitzern eine besondere Vergütung dafür zu erzwingen, dass er darauf verzichtet, den Austausch der Waren durch Festhalten des Geldes willkürlich hinauszuziehen"[134]. Und eben darin liege eine Vergütung, der „Zins des Handelskapitals"[135].

Man erkennt hier unschwer eine frühe Form der Keynesschen Liquiditätspräferenz wieder. Doch so wenig wie Keynes stellt Gesell die Frage, woraus denn die so entstehende Zinsforderung *beglichen* wird. Er fällt darin hinter die klassische Ökonomik

---

[131] Der Egoismus ist keine angeborene Natur, sondern eine Form der verblendeten Subjektivität, die auf Nichtwissen beruht. Das Nichtwissen kann indes viele Formen annehmen, und eben diese Formen zu verstehen, ist die Aufgabe einer Wissenschaft, auch von der Wirtschaft. Vgl. zum Ego-Prozess K.-H. Brodbeck (2002b), S. 25ff.

[132] S. Gesell (1931), S. 331.
[133] S. Gesell (1931), S. 332.
[134] S. Gesell (1931), S. 332.
[135] S. Gesell (1931), S. 333.

zurück und haftet am Standpunkt der späteren bürgerlichen Ökonomik, die den Zins und den Unternehmergewinn als *differente* Einkommensformen behandeln, den auch er jeweils unterschiedlichen Quellen als Ursachen zuschreibt. So bleibt „der Kaufmann Silvio Gesell"[136] ganz auf dem Standpunkt seines sozialen Standes, der sich oberflächlich zusammenfügt, was ihm unmittelbar erscheint. Sein Schwundgeld wird, nach seiner Beurteilung, vor allem vom Krämer und vom traditionellen (Klein-)Unternehmer bejubelt, denn diese „brauchen regelmäßigen, gesicherten Absatz"[137]. Von deren *primärem* Streben nach Gewinn schweigt Gesell, gleichsam augenzwinkernd. Dagegen ist die Zinsforderung des Wucherers der natürliche Feind des Kaufmanns, während dieser Kaufmann sich mit den Arbeitern darin brav kleinbürgerlich verbunden sieht, um von diesen im Gegenzug Anerkennung für sein Tun einzufordern:

„Die Arbeiter brauchen auch einen Kaufmann, der ihre Erzeugnisse kauft und ihnen das verkauft, was sie selber benötigen. Auch diesem Arbeiter (Kaufmann) müssen sie in Form von Handelsgewinn einen Lohn bewilligen, der irgendeinen geeigneten Mann veranlasst, sich diesem sorgenreichen (!) Erwerbszweig zu widmen."[138]

Diese biedere Haltung zieht sich durch Gesells gesamte Reflexion, die von den Errungenschaften der klassischen Ökonomik gar keine Notiz nimmt.[139]

Zudem verkennt Gesell, dass auch die *Geldbesitzer* untereinander in Wettbewerb stehen. Sie können ihre Macht also nicht unmittelbar auf dem Markt als Monopol geltend machen. Der wichtigste Punkt ist aber: Gesell sieht zwar richtig, dass beim Kauf der Geldbesitz prinzipiellen Marktzutritt gewährt und insofern eine asymmetrische Macht darstellt; doch ist die Nachfrage nach diesem Geld *allgemeiner Natur*, wie sie in der transitorischen Form des Austauschs liegt: Jeder ist temporär „Geldbesitzer". Weshalb fordern nicht *alle* Marktteilnehmer eine Liquiditätsprämie, einen „Urzins"? Gesell sagt: „(D)ie zinszeugende Kraft musste dem (traditionellen, KHB) Gelde als Eigenschaft anhaften"[140]. Diese angebliche „Kraft" sei also die Eigenschaft einer *Substanz* des Geldes – das ontologisch als Ding gedacht wird –, nicht Ergebnis seiner Stellung und Funktion im *Handeln der Subjekte*. Deshalb hat die Lösung des Problems für Gesell auch einen *mechanischen* Charakter: das durch eine mechanische Regel zu entwertete Schwundgeld. *Jeder Marktteilnehmer* ist aber temporärer Geldbesitzer, kann also *formal* frei über Liquidität verfügen. Doch ein expliziter Zins – sieht man ab von dem, was Gesell unschuldig „Handelsgewinn" nennt, also teurer zu verkaufen als einzukaufen – taucht sozial nur lokal und zeitlich erst dann auf, wenn Geld als *Kredit* nachgefragt wird. Dazu muss Geld *in den Händen Weniger* akkumuliert sein, die genügend davon übrig

---

[136] W. Schmid (1954), S. 37.

[137] S. Gesell (1931), S. 269.

[138] S. Gesell (1931), S. 42 – in Differenz zum gänzlich sorgenfreien Leben der Lohnabhängigen, die in Saus und Braus leben. Oder wie ist das zu verstehen?

[139] Von Smith zitiert Gesell nur einige Zahlenangaben (1931, S. 382 und 384); Ricardo erwähnt er überhaupt nicht; von den übrigen bürgerlichen Ökonomen kennt Gesell wohl nur Jevons und Fisher als Statistiker, wie er überhaupt vieles affirmativ aufgreift, ohne es auch nur im Ansatz begrifflich durchzuarbeiten. Darin allerdings unterscheidet er sich nicht von jenen Ökonomen, die Marx „Vulgärökonomen" nannte. Marx ist für Gesell bei aller Kritik neben Proudhon die Hauptquelle, an die er anschließt. Er erwähnt in seinem Hauptwerk *Die natürliche Wirtschaftsordnung* Proudhon 64 mal, in der Regel zustimmend, Marx 72 mal, in der Regel ablehnend.

[140] S. Gesell (1931), S. 296.

6.3.7 Silvio Gesell – die Zinskritik des Kaufmanns

haben, um es als Kredit verleihen zu können. Für alle anderen temporären Geldbesitzer besteht dagegen ein *Zwang*, das Geld rasch wieder ausgeben zu müssen; die periodisch wiederkehrenden Bedürfnisse und der karge Lohn sorgen dafür.[141] Es ist also keine *Eigenschaft des Geldes als Ding*, die Macht entfalten zu können, einen Zins gegen Kredit zu fordern, sondern Resultat einer besonderen Sozialstruktur, die sich auf die allgemeine Geldverwendung stützt.

Also wäre zu erklären, wie der Geldbesitz sozial seine besondere Funktion erhält, so dass die daraus erwachsende Macht des Eigentums an Geldbesitz auch eine monopolistische Forderung – den „Urzins" – erlauben kann. Anders gesagt: Es ist zu erklären, wie sich in den gewöhnlichen Warenaustausch über das Geld eine Funktion G-W-G' *einlagert* oder einnistet, wie also die *Geldgier* aus dieser Formbewegung des Geldes hervorgeht und sich auch sozial als *besondere Funktion* etabliert. *Dass* jemand mehr Geld fordert, wenn er nur kann, das ist dem „Kaufmann" Gesell so sehr selbstverständlich, wie ihm der Eigennutz menschlicher Urtrieb ist. Damit eine Zinsforderung überhaupt als *Forderung* auftreten kann, muss sich offenbar die Struktur der Tauschprozesse durch das Geld schon so weit verwandelt haben, dass die Geldgier aus dem Geldsubjekt als gewöhnliche Haltung hervorgegangen ist. Gesell erkennt zwar die auf den Tauschmärkten entfaltete Macht der Geldgier, doch er bringt unentwegt den im Tausch immer anfallenden, temporären Geldbesitz durch den Warenverkauf mit einem funktional völlig anders eingesetzten Geldbesitz in der überlagerten Kreditform G-G' durcheinander.

Wie sich die Konzentration von Geldbesitz in wenigen Händen historisch konkret durchsetzte, ist eine zweifellos wichtige Frage. Zum Verständnis der Funktionen des akkumulierten Geldbesitzes ist aber diese Kenntnis nicht vorausgesetzt. Marx sprach hier vom Problem der „ursprünglichen Akkumulation des Kapitals". In der Regel erwächst dieser ursprüngliche Geldbesitz aus vorgängigen *anderen* Macht- oder Klassenverhältnissen. Vorausgesetzt ist jeweils, dass derjenige, der seinen Geldbesitz *strategisch* zur Ausbeutung gesellschaftlicher Verhältnisse einsetzen kann, sofern diese über den Markt abgewickelt werden, aus anderen Quellen seinen Lebensunterhalt immer schon gewonnen hat. Es ist die nackte Notwendigkeit, die sonst die temporären Geldbesitzer (Lohnarbeiter, kleine Handwerker und Händler) zwingt, einen erfolgreichen, d.h. versilberten Marktzutritt sofort wieder in Waren einzutauschen.

Wenn Gesell also darauf verweist, dass gehorteter Geldbesitz die Entfaltung einer Machtposition auf den Märkten erlaubt, so ist das zweifellos richtig; auch kann man in diesem Gedanken ein richtiges Element der Kritik an Marx entdecken. Um eine vorausgesetzte Geldsumme so strategisch auf den Märkten einzusetzen, dass daraus ein Zins erpresst werden kann, ist keineswegs erfordert, dass dabei nur – wiewohl meist *auch* – *Lohnarbeiter* ausgebeutet werden. Die im Wucher artikulierte Geldgier beutet *jede* Möglichkeit als Quelle aus, Handwerker, Bauern, Könige, den Staat oder – wie in der jüngsten Phase der kapitalistischen Entwicklung – ganze Unternehmen durch das Bankensystem, Hedgefonds oder Private-Equity-Firmen. Der Prozess dieser Ausbeutung vollzieht sich durch die Preisbildung und die Neuverteilung von Eigentumsrechten hindurch, und erst diese Preisbildung erzeugt darin ein Aggregat „Wert", das nicht *vor* dem Marktprozess schon verteilt werden könnte. Preisbildung, Verzinsung und Umwälzung der Produktion vollziehen sich nicht als Verteilung einer Wertsumme, sondern als Akt, in dem mit der gelungenen Ausbeutung der Wert, d.h. der Preis, auch schon wieder aufgehoben wird und neuen Verhältnissen, neuen Kalkulationen Platz macht.

Gesell knüpft an Gottls Wertkritik an, kann daraus aber keinen selbständigen Gedanken formulieren. Wollte man die Einsicht von Gesell also wirklich fruchtbar machen,

---

[141] Vgl. hierzu auch Habers Kritik an Gesell, F. Haber (1926), S. 60.

so müsste man zur aristotelischen Auffassung zurückkehren, dass der Zins die Privatisierung einer *sozialen Institution* bedeutet, also den privaten Missbrauch dessen, was der Form nach rein gesellschaftlicher Natur ist. Zu solch einer wirklichen Kritik ist Gesell nicht vorgedrungen. Die teilweise radikale Sprache ist doch nur die Oberfläche einer umgedeuteten Kaufmannsgesinnung, die an den Markt und das Geld glaubt und alle beobachtbaren Verwerfungen nicht in dieser Form der Vergesellschaftung als ihren Grund erkennt, sondern eine „Fehlfunktion" der Wirtschaftsmaschine erblickt, die durch ein clever gestaltetes Schmiermittel – das Schwundgeld – *besser* funktionieren soll.

Gesell verbleibt, bei vielen erkennbaren Ausbruchsversuchen, insgesamt also im Horizont der bürgerlichen Ökonomik, die den Markt als eine ewige, in der Menschennatur verankerte Erscheinung sieht, die allerdings durch verschiedene *Verfassungen* in „Ordnung" zu bringen und damit zu beherrschen sei. Es ist kategorial dieselbe Idee, die auch Keynes oder mit ganz anderen Vorzeichen die Ordoliberalen in ihrem Denken bestimmte. Gesell und die Ordoliberalen glauben, im Markt eine Natur am Werke zu sehen, die allerdings durch die menschliche *Ordnung* gestaltet werden könne – Gesell sprach von einer gezähmten Bestie. Wie die Liberalen lehnt Gesell eine kommunistische, eine „Zentralverwaltungswirtschaft" ab. Und wie Gesell eine ewige Menschennatur als Voraussetzung akzeptiert, so sehen die Ordoliberalen diese Voraussetzung in einem Marktgesetz, im Unterschied zur Planwirtschaft, in der „alle wirtschaftlichen Akte von der Verwaltungsbehörde angeordnet" werden. „Das ist in der Marktwirtschaft anders. Hier folgt jeder Akt des wirtschaftenden Menschen einer unwiderstehlichen Gesetzmäßigkeit, die *über* dem Menschen steht und die der Wirtschaft ihre ‚innere Koordination' auferlegt."[142] Der Liberalismus spricht sich hier ungeniert als Totalitarismus des Marktes aus, der sich hinter dem Begriff des „Gesetzes" verbirgt.

Eben gegen jenen Totalitarismus wenden sich in ihrer *ursprünglichen Motivation* die sozialistischen und kommunistischen Theoretiker. Sie leugnen, mit anderen Worten, dass die Vergesellschaftung über Geld und Märkte einer „Natur" gehorcht und halten an der Möglichkeit fest, dass die monetäre Vergesellschaftung durch eine *kommunikative* ersetzbar ist. Dass sich im „Zentralplan" die Abstraktion des Geldes nur in neuer Form durchsetzte und im Leninismus-Stalinismus nur zu einer verwandelten Form des Totalitarismus führte, ist ein historisch unbestreitbares, nicht aber als *Notwendigkeit* ableitbares Ergebnis der sozialistischen Kritik am Geld. Die Sozialdemokraten flüchteten sich in eine der Hoffnung Gesells verwandte Vorstellung, wonach man die Märkte staatlich beherrschen und für das Gemeinwohl einspannen könne. Keynes lieferte dafür die notwendige Theorie. Die Ordoliberalen lehnen solch eine Vorstellung ab, weil sie nur im *rein entfalteten* Markt die Verwirklichung der menschlichen Wesensnatur sehen. Vergleicht man diese Positionen, so lässt sich Gesells Reformvorschlag eher dem Ordoliberalismus zuordnen. Er will den Markt nicht kontrollieren, sondern von der nach seiner Vorstellung falschen Lenkung durch den Zins und der einseitigen Macht des Geldbesitzes befreien. Doch dies soll durch ein mechanisches Zwangsgesetz geschehen, das zwar von Menschen selbst errichtet wird, für jeden einzelnen aber mit ebenso totalitärer Macht wirkte wie jedes andere durch den Markt gelenkte Handeln.

Allerdings ist Gesells Vorstellung – ungeachtet ihrer gar nicht so originellen Denkform im Kontext bürgerlicher, d.h. antimarxistischer Theorien – auch *als Denkform* immanent nicht haltbar. Gesell wird gerne als ein alternativer Klassiker eines *Anarchismus* interpretiert, der staatliche Zwangsgesetze verneint.[143] Diese Vorstellung ist offenbar eine Illusion. Zwar betont Gesell den Markt, organisiert durch „rostende Bank-

---

[142] O. Veit (1953), S. 42; Veits Hervorhebung.
[143] Vgl. die Texte in: G. Bartsch, K. Schmitt (1989).

6.3.7 Silvio Gesell – die Zinskritik des Kaufmanns

noten", doch eben die Durchsetzung und Aufrechterhaltung des mechanischen Zwangs der Entwertung ist ein *staatlicher Akt*, nicht minder gewaltträchtig als es andere staatliche Akte potenziell auch sind.[144] Der Kaufmann Gesell teilt die Grundillusion seiner Zunft, die Smith als Theorie artikulierte und Gesell in den Begriff fasst:

„Wir werden das Geld betrachten, wie man etwa eine Maschine betrachtet"[145].

Man bräuchte von Gesell nur diesen Satz zu kennen, um seinen *prinzipiellen* Irrtum aufdecken zu können. Die Anhänger von Gesell bemerken nicht, wenn sie mechanische Bildchen mit Zahnrädern usw. malen, dass sie damit *Menschen in einen Mechanismus* zwängen, der nicht minder totalitär ist als der Zinsterror, eine staatliche Despotie oder der globale Markt.[146]

Nun könnte man einwenden, dass dieser mechanische Zwang zur Geldentwertung von allen als Vorteil erkannt und deshalb auch die darin liegende Gewalt anerkannt werde. Diesem Argument zuzustimmen oder es abzulehnen ist keineswegs nur eine empirische Frage, die ein soziales Experiment entscheiden könnte. Vielmehr zeigt sich *endogen* ein grundlegender Denkfehler bei Gesell. Das Streben nach *Gewinn* verdammt Gesell keineswegs, nur die mechanische Form der fixen Zinsforderung als Schranke der Geldverwendung. Nun setzt aber das Streben nach Gewinn eben nichts weniger als *Geldgier* voraus, jenen Eigennutzen, den Gesell ausdrücklich als Menschennatur verteidigt hat. Damit wird also der *Grund* für den Wucher nicht aufgehoben, sondern nur in eine andere Form gegossen. Sofern es weiterhin freie Kreditvergabe in einer „Gesell-Ökonomie" gibt, kann ein erzielter Geldgewinn sehr wohl strategisch genutzt werden zur Erpressung von mehr Geld. Gesell entledigt sich dieser Frage, indem er wie Fisher oder Wicksell einen „Realzins" in Freigeld vom Geldzins („Urzins") unterscheidet, ohne sagen zu können, was ersteres sein soll. Die Gesell-Ökonomie wäre also fern davon, eine *zinsfreie Wirtschaft* zu sein, nach seinem eigenen Eingeständnis.[147]

Ist die Vertragsform zudem weiterhin frei in Geldgeschäften, so lässt sich in jeden Kreditvertrag eine Inflationsklausel einfügen, die der Umlaufgebühr für Geld Rechnung trägt. Eine „Geldbenutzungsgebühr" entspricht schlicht einer *Steuer*, eine Einnahme, deren Empfänger damit durchaus *Begehrlichkeiten* verbinden können: Eine neue Möglichkeit zur Entfaltung der Geldgier, die sicher nicht ohne Entfaltung bleiben würde. Wählt man den Weg über eine automatische Geldentwertung, so entspricht dies formal – wie schon Petty analysiert hatte (vgl. 4.3.1.3) – einfach einer Besteuerung.

Zudem sind viele *abgeleitete* Geldformen von Gesell überhaupt nicht berücksichtigt oder nicht *als* Geld erkannt. So werde beim „Welthandelsverkehr", behauptet Gesell,

---

[144] W. Harburger hat – ohne expliziten Bezug auf Gesell – in umfangreicher mathematischer Form zu zeigen versucht, wie durch permanente Geldentwertung der Staat seine Schulden tilgen könne, ohne die Bürger durch Steuern zu belasten, allein durch permanente Geldentwertung, vgl. W. Harburger (1919). Erst Keynesianer haben Elemente davon dann praktisch zum Programm gemacht. Doch auch Gesell sagte: „Das Geld läuft schneller um, wenn die Preise steigen" S. Gesell (1931), S. 188.

[145] S. Gesell (1931), S. 240.

[146] Vgl. H. Creutz (1997), S. 454f. und öfter. Creutz gilt bei Gesell-Anhängern in Deutschland als „Klassiker". Sein Buch enthält zahlreiche begrifflich verwirrte und widersprüchliche Vorstellungen, die die Wirtschaft als ingenieurtechnisches Planungsproblem missverstehen.

[147] „Darlehen in Freigeld werden also so lange verzinst werden müssen, wie die Realkapitalien Zins abwerfen." S. Gesell (1931), S. 364. Nur, warum und wie „werfen Realkapitalien Zins ab"? *Das* zu erklären, wäre die Aufgabe gewesen. Es gibt eben keinen *Realzins*. Es gibt aber viele vom Geld verwirrten Ökonomen; Gesell entpuppt sich als einer von ihnen.

"Ware mit Ware bezahlt, und ein etwaiger Saldo kann nur in verschwindend kleinem Maßstab mit Barmitteln bezahlt werden." Fragt sich nur, *in welcher Währung*? Gesell meint, dieser „Saldo" werde durch „Stundungen, Wechsel, Anleihen, Aktien vermittelt"[148]. Er verschweigt aber, in welcher *Rechnungseinheit*? In einem global ausgegebenen Schwundgeld? Zudem: Für alle denkbaren Preis- und Geldbewegungen lassen sich Zukunftskontrakte formulieren, in denen sich die Geldgier weiterhin schamlos halten kann. Nun kann man sagen, dass derartige Vertragsformen *zusätzlich* verboten werden müssen. Doch dann reduziert sich die Gesell-Ökonomie auf die mittelalterliche Wirtschaft des Wucherverbots, das mehr und mehr in eine Kasuistik der Vertragsformen ausartete, die auch in islamischen Ländern mit prinzipiellem Zinsverbot zu beobachten ist. Es darf dann nur nicht mehr „Zins" heißen, was dennoch kraft eines Privateigentums angeeigneter Geldwert ist.

Wenn eine mechanische Geldentwertung den wirksamen Geldzins aufheben soll, dann ist zudem eine *gleichschrittige* Änderung „des" Geldwertes unterstellt. Doch dieser Wert ist, wie sich zeigte, eine Fiktion. Es gibt weder einen konstanten Geldwert, noch gibt es eine konstante Entwertung „des" Geldes. So wenig wie jene österreichischen Theoretiker, die *einen* natürlichen Zins behaupten, versteht Gesell, dass sich mit dem Marktprozess die *relativen* Preise ändern; damit entsteht aber unaufhörlich *sektoral* eine spezifische, ungleiche Verzinsung, ein differenter *Eigenzins* in der Sraffa-Keynesschen Terminologie – gleichgültig, ob ein konstruierter Index für den „Geldwert" nun durchschnittlich steigende oder fallende Preis signalisiert. Zudem denkt Gesell nur an Geldscheine, vergisst aber all die liquiditätsnahen Titel, die in Markttransaktionen *als* Geld fungieren können, z.B. Zahlungsversprechen zu einem späteren Zeitpunkt, die die Geldentwertung oder eine Geldbenutzungsgebühr einberechnen.

Man kann nicht Eigentümer frei Verträge schließen lassen und deren Vergesellschaftung über Märkte abgewickelt denken, ohne nicht damit die unendliche Möglichkeit zu eröffnen, die jeder Geldrechnung und dem Geldverkehr eigentümliche Subjektform des Geldsubjekts zu reproduzieren, damit auch die Geldgier und die Grundlage für den Zins. Wollte man den Zins als *Norm* – wie in den Wuchergesetzen – verbieten, so wäre dazu eine genaue Kenntnis aller nur denkbaren „Zinssätze" oder „Renditen" notwendig. Doch kaum erfasst, hätte die darin schier unendliche Cleverness der Geldgier einen Weg gefunden, ein Verbot oder eine Norm zu umgehen. Man kann nicht das „Geld" als Tauschmittel freilassen und den Zins verbieten. Eben dies war die große Illusion der Wuchergesetze, die an eine Trennung des reinen Marktes von der Geldgier glaubten. Ich habe schon an der Quelle, bei der Darstellung der Theorie von Aristoteles, zu zeigen versucht, wie „Marktaufseher" oder später das mittelalterliche *justum pretium* mit einer monetären Vergesellschaftung unvereinbar sind. Man kann nicht dem Geld die Rolle der Vergesellschaftung durch die freien Individuen und durch die Ungleichheit des Eigentums einräumen, um die *Formen*, in der sich diese Vergesellschaftung jeweils ausgestaltet, dann vorausschauend oder nachträglich zu verbieten.

Ein *Mechanismus* des rostenden Geldes, eine Gebühr für Geldbenutzung oder ein Zwang, Geld nach einer relativ kurzen Zeit immer nachkaufen zu müssen, was Gesell vorgeschlagen hatte, ist und bleibt eine *Zwangsnorm*. Normen kann man umgehen, wenn allgemeine Vertragsfreiheit herrscht. Zudem wäre dadurch sicher nicht verhindert, dass lokale Anbieter eine Monopolposition dafür nutzen, die Kosten für die Geldhaltung einfach auf die Preise zu überwälzen und gleichwohl ihren Gewinn zu realisieren, gegen den der Kaufmann Gesell ja nichts einzuwenden hatte. Ferner kann man *jede* Norm bei Vertragsfreiheit und einer ungeschmälerten Macht des Privateigentums durch andere

---

[148] S. Gesell (1931), S. 268.

6.3.7 Silvio Gesell – die Zinskritik des Kaufmanns

Formen von Kontrakten umgehen; die Geldgier war in diesem Punkt noch zu allen Zeiten kreativ genug, unvorhersehbare Wege zu gehen. Will man all dies vermeiden, so wäre die Schwundgeldbehörde genötigt, mehr und mehr alle Formen individueller Vertragsvereinbarung einzubeziehen und zu regeln. Doch damit wäre am Ende die Marktwirtschaft als monetäre Vergesellschaftung aufgehoben, und Gesells Utopie des von der Geldknechtschaft befreiten Marktes hätte sich in eine Planwirtschaft verwandelt.

Der Gedanke also, man könne den Kapitalismus *zähmen*, ohne ihn abzuschaffen, hat zwar das ganze 20. Jahrhundert in vielen Formen bewegt, sich aber ebenso wie der Bolschewismus im Wettbewerb zum *realen Kapitalismus* blamiert. Die frühe Ideologie des Nationalsozialismus, die Gottfried Feder formulierte, bewegte sich in Vorstellungen der „Brechung der Zinsknechtschaft des Geldes"[149] durchaus auf denselben Geleisen wie Gesell oder im 19. Jahrhundert schon Proudhon, der von der Abschaffung des Zinses unter Beibehaltung des Geldes träumte, wenn er die rhetorische Frage an Bastiat stellte:

> „Ist es, ja oder nein, möglich, den Zins des Geldes abzuschaffen und folglich die Rente des Bodens, den Mietzins der Häuser, das Produkt der Kapitalien, indem man auf der einen Seite die Steuer vereinfacht und auf der anderen eine Bank für die Zirkulation und den Kredit im Namen und auf Rechnung des Volkes organisiert?"[150]

Und schon Proudhon sprach den Widerspruch aus, der seine Vorstellungen zugleich aufhob, wenn er die Quelle des Zinses in einer Ungleichheit der Wertschätzungen, der Preise sieht: „Die Unmöglichkeit, die Objekte mit Genauigkeit abzuschätzen ist es, welche im Anfang die Rechtmäßigkeit des Zinses begründet"[151]. Doch wie sollte – außer in einer toten, sich vollständig unter einer Zwangsherrschaft mechanisch reproduzierenden Gesellschaft – auf Märkten *nicht* immer wieder eine solche Wertdifferenz ergeben, die eine findige Geldgier zu nutzen vermag?

Der Kapitalismus lässt sich nicht durch *Regeln* zähmen, weder Regeln für das Geld noch für die Märkte. Sein Wesen ist eine im Geldsubjekt gründende Veränderung der menschlichen Subjektivität, die als Motiv „Geldgier" immer wieder Wege findet, einen *geregelten* Markt oder entwertetes Geld gewinnträchtig durch viele Formen der Erpressung aufgrund ungleicher Eigentumsverhältnisse zu umgehen. Wenn die Vergesellschaftung über die Geldrechnung vollzogen wird, damit alle Subjekte in diesen mechanischen Zwang der Suche nach Marktzutritt durch den Verkauf von Produkten treibt, dann wird in solch einer Struktur immer wieder neu die „Urzeugung" des Zinses erfolgen, die sich aus dem formalen Streben nach temporärem Geldbesitz ergibt.[152] Es war jene *innere und logische* Inkonsistenz, die auch den *stationären Zustand* in der Ökonomik von J. St. Mill als utopisches Ziel charakterisierte. Auch dieser Zustand sollte Mill zufolge eine Marktwirtschaft ohne Zins, mit einer Profitrate von Null sein, was die noch sehr viel strengere Bedingung bedeutet, weil der Zins als *Zahlung* immer aus einem als

---

[149] G. Feder: „Das Manifest zur Brechung der Zinsknechschaft des Geldes", in: A. Bolz (1996), S. 43-73.
[150] P. J. Proudhon: Dritter Brief, in: A. Mülberger (1896), S. 111.
[151] P. J. Proudhon: Dritter Brief, in: A. Mülberger (1896), S. 115.
[152] Ein deutscher Betriebswirt sagt das so: „(D)ie Zielstrebigkeit des Wollens (...) kann nur auf den geldlichen Anschluss an die Gemeinschaft abgestellt sein", W. Rieger (1964), S. 34.

Gewinn erwirtschafteten Überschuss hervorgeht.[153] Auch Mill hat übersehen, dass Marktprozesse, bei denen Individuen frei und kreativ über Investitionen entscheiden, in denen sich also *Innovationen* vollziehen, auch immer die Möglichkeit eines Gewinns hervorbringen. Damit erzeugen Märkte die Grundlage dessen immer wieder neu, was als Zins verboten oder abgeschafft sein sollte.

Wenn sich heute weltweit lokale Formen der Vergesellschaftung durch *Regionalwährungen* bilden[154], so liegt es mir gänzlich fern, die Praxis derartiger Experimente *a priori* zu kritisieren, nur weil hier vielleicht Gesell Pate stand. Sie sind für die Betroffenen der Geldökonomie vermutlich eine echte Hilfe und Verbesserung, *vorausgesetzt, die daran Beteiligten entscheiden über die Verwendung ihrer Tauschformen selbst und bleiben somit deren Macht.* Die Kritik an solchen Formen kommt denn auch in der Regel direkt oder indirekt von Zentralbankern, weil sie *ihre Macht* über die Gelddefinition gefährdet sehen. Allein diese Tatsache ist ein guter Grund *für* Regionalwährungen als *Moment* im langfristigen Kampf für die Aufhebung der blinden Geldherrschaft. Wenn sich an Regionalwährungen allerdings die Illusion knüpft, man könnte dadurch der Teilnahme an den globalen Märkten und den dort regierenden Geldverhältnissen entgehen, so ist das eine perspektivische Illusion. Das wäre nur um den Preis der totalen Autarkie möglich, die auch auf alle anderen Produkte auf den Weltmärkten – z.B. jene Computer, auf denen in Regio-Währungen Geschäfte kalkuliert werden – verzichtet. Es kann durchaus sein, dass eine globale Finanzkrise oder eine De-Globalisierung z.B. aufgrund von Erdölknappheit Länder auf solche Stufen der Autarkie zurückwirft, wodurch bereits eingespielte lokale Geldsysteme zweifellos für die Betroffenen einen Vorteil böten. Doch der entscheidende Punkt ist nicht die *Geldform*, sondern die Rückeroberung der auf *anderen Wegen* vollzogenen Vergesellschaftung außerhalb der Tauschprozesse – traditionell gesagt: Die Rückeroberung des Geldes durch die Bürger.

Lokale Systeme haben auf den ersten Blick immer den Charme der Überschaubarkeit, der Nähe. Gleichzeitig liegt darin aber auch jene Borniertheit, die der globale Markt schon zur Zeit des Handels entlang der Seidenstraße aufgebrochen hat. Dieser Borniertheit nachzutrauern, gibt es wahrlich keinen Grund. Die Überwindung der Geldgier kann nicht so gelingen, dass man all das, was sich im Geldsubjekt an Möglichkeiten entwickelt hat – z.B. die mathematisch formulierten Naturwissenschaften – einfach preisgeben würde. Da die Illusion des Geldes auf einem *kollektiven* Schein, auf der Unterordnung der Vielen unter ihn beruht, kann dieser Bann nur durch jene gebrochen werden, die diese Unterordnung vollziehen. Dazu ist aber die *Erkenntnis* dieser Vergesellschaftungsform vorausgesetzt, nicht der Mechanismus einer *alternativen* Abstraktion, die sie neu beherrscht – seien dies ein Zentralplan oder rostende Banknoten.

---

[153] Vgl. K.-H. Brodbeck (2006c), S. 239ff.
[154] Vgl. M. Kennedy (1994).

7 Kritik der Zukunft

„Kritik der Zukunft" ist der Titel eines Buches von Erwin Chargaff. Er meint einleitend, dieser Titel sei Ausdruck einer Verlegenheit, weil ihm „nichts Besseres eingefallen"[1] sei. Ich wüsste jedoch in der Tat keine bessere Überschrift, um das zusammenfassend abzuschließen, was im vorliegenden Buch entwickelt wurde, auch wenn sich mein Begriff der Zukunft von dem Chargaffs unterscheidet. Er meint: „Wer die Zukunft kritisieren will, sollte die Gegenwart verstehen." Und wie später Habermas, diagnostizierte auch Chargaff für die Gegenwart „die völlige Undurchschaubarkeit des öffentlichen Lebens, die gänzliche Vernichtung des privaten."[2] Obwohl ich dem zweiten Satz zustimmen kann, ist der erste Satz doch nur der Ausdruck dafür, dass die Produktion des öffentlichen Nichtwissens selbst bei kritischen Geistern funktioniert. Tatsächlich ist, wenn man einmal die Struktur des Geldsubjekts in seiner Banalität erkannt hat, am öffentlichen Leben wenig undurchschaubar. Vielmehr fügt sich alles in denselben Wahnsinn, der darin besteht, einer irrationalen und abstrakten Leidenschaft die Herrschaft über den Planeten und die Produktion der zugehörigen Denkformen anzuvertrauen.

Ein wesentliches Element des Wahns dieser abstrakten Leidenschaft ist die Vorstellung, die Welt bedürfe einer permanenten Umwälzung und Neuerung, eines unaufhörlichen Fortschritts. Das *Wohin* dieses Fortschreitens vom je Gegenwärtigen bleibt fraglos dunkel; wichtig ist nur, dass durch ein jeweiliges Hinaus über das Bestehende profitable Umstände produziert werden, der Geldgier immer neue Nahrung zu verschaffen. Deshalb ist „Zukunft" die leere Abstraktion für die endlose Unruhe der Gegenwart, der Antrieb und die Ausrede für jede nur erdenkliche Zumutung für die Menschen. Sich diesem Spiel zu verweigern, ist deshalb die letzte theoretische Aufgabe, die sich als Resultat meiner Untersuchung festhalten lässt; es ist zugleich der Schritt zur Praxis: Erst wenn die Herrschaft der Zukunft in der Gegenwart beseitigt wird, kann eine andere Gesellschaft realisiert werden, von der uns nur der Irrtum trennt, sie sei nicht möglich. Die *Form* dieses Irrtums ist der unaufhörliche Neuentwurf einer Zukunft, die niemand will – außer jenen, die daran verdienen –, die aber dennoch allen als Sachzwang zugefügt wird.

Die Vielen erleiden diese Sachzwänge, weil sie die darin liegende *Inszenierung* nicht erkennen, sondern sich vor ihr als objektiver Macht verneigen.[3] Es ist aber gerade diese Verneigung, die den Blick auf das verdunkelt, was „oben" ist, den Blick auf das, was nur kraft dieser Verneigung und *in ihr herrscht*. Die „Verneigung" – das ist nur die Metapher für die Denkform, die von den Vielen als *ihr Selbst* reproduziert wird: als *innere Herrschaft* des Geldsubjekts. Weil das Geldsubjekt seine Gier immer nur im quantitativen *Mehr* befriedigen möchte, kommt es nie an. Es ist immer schon über alles hinaus. Um in der abstrakten Einheit des Geldes ein *Mehr*, einen Profit, einen Zins zu erzielen, muss alles, was *heute* ist, überwunden, verändert, reorganisiert, erneuert, zerstört, neu aufgebaut und neu berechnet werden. Diese endlose Unruhe, die immer über

---

[1] E. Chargaff (1983), S. 11.
[2] E. Chargaff (1983), S. 96.
[3] Weisser hat den ideologischen Gehalt von „Sachzwang" durchschaut: „Auch die modische Rede von ‚Sachzwängen' ist logisch unbrauchbar, soweit sie nicht naturgesetzlich Unvermeidbares betrifft. Die Sache ist eine Sache, vielleicht eine extrem unangenehme. Ob ich mich von ihr zu einem bestimmten Verhalten bewegen lasse, ist Inhalt einer Entscheidung." G. Weisser (1978), S. 111. Die kognitiven Formen solcher Entscheidungen sind allerdings mehr und mehr präformiert und verdecken so die darin liegende Freiheit. Deshalb bedarf die *Befreiung* von Sachzwängen vorgängig der Kritik irriger Denkformen.

das hinaus treibt, was heute ist, haust in einer abstrakten Zukunft, die nie erreicht werden kann: Jede Geldsumme ist verglichen mit der abstrakten Gier, *mehr* davon haben zu wollen, zu wenig. Das „Mehr wollen" ist deshalb in allen Inhalten, die von der Geldrechnung in der Gesellschaft beherrscht werden, immer schon über die Gegenwart hinaus, ohne doch jemals anzukommen. Eine irrationale, d.h. *unendliche* Begierde findet keinen Frieden. Kein Wunder, dass die von ihr beherrschte Welt ihr aufs Haar gleicht. Und der Begriff dafür ist die Herrschaft der Zukunft in der Gegenwart.

Seit Generationen werden Menschen für eine Zukunft geopfert, die nie erreicht wird. Die größte Täuschung, die sich durch alle Philosophien der Wirtschaft hindurchzieht, liegt in der Behauptung, sie wüssten etwas über die wirtschaftliche Zukunft, und aus diesem Wissen ergehe eine Forderung an das aktuelle Handeln. In aller Regel ist dies dann verbunden mit der weiteren Forderung, man müsse *heute* Verzicht leisten, um diese Zukunft auch zu erreichen und nicht auf dem Weg dorthin unterzugehen. An jede Theorie der Wirtschaft wird die mehr oder weniger explizite Forderung gerichtet, auch sie solle „Alternativen" vorschlagen, wenn sie denn schon „Kritik" übe, und diese Alternativen sind in aller Regel Entwürfe einer Zukunft der Wirtschaft oder der Gesellschaft. Ich schließe meine Untersuchung, die der Ent-Täuschung der Geldillusion gewidmet ist, mit der systematischen Zurückweisung dieser impliziten Forderung. Ich stelle hier keinen Katalog möglicher Zukünfte auf, formuliere kein neues Weltprogramm, um die globale Maschine neu zu programmieren[4], kurz, ich formuliere keine *Moral*, der die Menschheit zu folgen hätte, um eine ausgemalte Zukunft zu erreichen oder ihr finsteres Negativbild zu vermeiden. Diese Weigerung hat einen guten Grund, und diesen Grund möchte ich etwas genauer erläutern.

Was hier zur Kategorie der „Zukunft" zu sagen ist, ließe sich durchaus analog am Begriff „Fortschritt" demonstrieren. Doch ist dieser Begriff selbst angesichts der Brutalität der gegenwärtigen Weltordnung in der Diskussion weitgehend abhanden gekommen.[5] Wer heute noch naiv von „Fortschritt" redet, gilt als einer von vorgestern. Die Post-Postmoderne gefällt sich darin, wenn schon kein Vertrauen auf einen ewigen Fortschritt, so doch wenigstens noch eine Zukunft zu haben. Wer heute die Fortschrittsfloskeln der Aufklärung und des frühen Liberalismus liest, den überkommt ein ebensolches Unwohlsein wie bei der Lektüre der Vorworte zu Büchern aus realsozialistischer Zeit. Kaum wurde der Fortschrittswahn der Aufklärung besser tradiert als durch die Kommunisten. „Die Welt schreitet vorwärts", meinte Mao Tse-tung, „die Zukunft ist glänzend, und niemand kann diese allgemeine Tendenz der Geschichte ändern."[6] Und *wann* wird diese glänzende Zukunft erreicht? „In einigen Jahrzehnten, Jahrhunderten, spätestens in

---

[4] „Wenn der Versuch, die Welt neu zu programmieren, bislang immer wieder gescheitert ist, ist dann nicht die Frage zu stellen, ob nicht das bloße Ansinnen bereits der Fehler ist, der jedes Gelingen vereitelt? (…) Die Weltwirtschaft, die Erde insgesamt ist kein Mechanismus. Weder wird sie von einem Programm beherrscht, noch ist sie künftig durch ein Programm beherrschbar. Wie viele ‚neue Weltordnungen' wurden schon verkündet? Und mit wieviel Elend überzogen diejenigen, die sie realisierten wollten, das menschliche Geschlecht?" K.-H. Brodbeck (1996a), S. 313.

[5] Hatten Adorno und Horkheimer in der „Dialektik der Aufklärung" dem Fortschritt einen ambivalenten Charakter bescheinigt, so sieht der späte Adorno nur noch eine Umkehrung, wenn er konstatiert, dass „das Schlechtere und Niedrigere gegenüber dem Besseren und Menschenwürdigeren sich durchsetzt. Und das ist eine primäre Erfahrung", T. W. Adorno (2006), S. 47. „Die Verdüsterung der Welt schreitet beängstigend fort", schreibt Adorno am 5. 4. 1957 an Horkheimer: T. W. Adorno, M. Horkheimer (2006), S. 431.

[6] Mao Tse-tung (1967), S. 85.

zehntausend Jahren werden dann die roten Fahnen wieder überall flattern."[7] Und was geschieht unterdessen? Auch darauf gibt Mao eine entwaffnend einfache Antwort, die sich von den Antworten der Herren des amerikanischen Imperiums nur durch ihre Ungeschminktheit unterscheidet: „Krieg mit der Wasserstoffbombe, mit Atombomben wäre natürlich fürchterlich. Die Menschen würden sterben. (…) Doch (…) wenn die Hälfte der Bevölkerung umkäme, wäre das auch nicht so fürchterlich."[8]

Zukunft oder Fortschritt sind im hier untersuchten Zusammenhang *ideologische*, keine deskriptiven Kategorien. Ihre ideologische Funktion liegt darin, dass sie mit „Wandel", „Offenheit für Veränderungen" und „Kreativität" gleichgesetzt werden. Nichts könnte verkehrter sein. Wirkliche Kreativität ist weder fortschrittlich noch zukunftsfähig.[9] Denn „Zukunft" ist der Name für die Herrschaft von Abstraktionen in der Gegenwart, die jegliche Kreativität schon vorab zensiert und einer bestimmten – auf Märkten sehr banalen – Zielsetzung subsumiert haben. Nur was der Abstraktion einer Herrschaft von Geld oder Gewalt *dient*, ist „zukunftsfähig" oder „fortschrittlich". Die Kreativität, die Herrschaft solcher Abstraktionen selbst zu kritisieren, wie sie in den Denkformen des Geldsubjekts kristallisiert sind, gilt als undenkbar. Der *Rahmen*, worin sich Zukunft oder Fortschritt zu ereignen haben, ist *die* fraglose Moral und *das* unhinterfragte Axiom aller Veränderungen, jeder Funktionalisierung menschlicher Kreativität.[10] Man darf eine Taktik, vielleicht sogar eine Strategie, nie aber *den Krieg* kritisieren – gleichgültig, ob es sich um diplomatische Erpressung, Militäroperationen oder um Wettbewerbsschlachten auf den Märkten handelt.[11]

Damit ist die Dimension der Frage umrissen, wie es um die Gegenwart der Zukunft in der Gesellschaft steht. Was in der politischen oder militärischen Form nahe zu liegen scheint, kehrt in der Ökonomik durchaus wieder – ist letztere doch der Grund für die erstere, welcher Ursachen und lokalen Traditionen auch immer sich die Geldgier bedienen mag. Nur ist in der Wirtschaft die Verneigung vor der Zukunft von einem rationalen Schein umgeben. Die Gegenwärtigkeit der Zukunft erscheint hier einfach als verlängerter Trend auf einem Chart. Die *Zumutungen*, die aus den Zukunftsentwürfen für die potenziellen Opfer abgeleitet werden, sind darum nicht minder tödlich. Nur wird die Opferzahl nicht *endogen*, sondern als äußeres Ereignis, als „Hungerkatastrophe", als „strukturelles Defizit des Südens" oder auch einfach als Ausdruck korrupter Regierungen verbucht; wobei die Geldgier der *Anderen* stets anstößig erscheint, fühlt man sich doch wie im Spiegel in seinem innersten Antrieb ertappt. Es ist also notwendig, das Gerede von der Zukunft einer Kritik zu unterwerfen, und ich bleibe damit auch dem dieses Buch bestimmenden Motiv treu, dass es nicht darauf ankommt, den moralischen Angeboten und der bunten Vielfalt von Alternativprogrammen für den Globus Weiteres hinzuzufügen, sondern in solchen Programmierungsversuchen die Täuschung und die darin liegenden Folgen zu dechiffrieren.

---

[7] Mao Tse-tung (1976), S. 2.
[8] Mao Tse-tung (1974), S. 59.
[9] Vgl. „To give to *decision* the meaning of a creative act, a *source* of history, we have to assert the non-existence of the future", G. L. S. Shackle (1966), S. 100.
[10] Vgl. K.-H. Brodbeck (1996a), Kapitel 18; (1999a); (2006a).
[11] In einer dankenswerten Klarstellung der Begriffe heißt eine Schule zur Ausbildung zu solchem Tun auch *École de guerre économique* („Schule für Wirtschaftskrieg", EGE), gegründet 1997 in Paris von General Jean Pichot-Duclos, Christian Harbulot und Benoît de Saint-Sernin.

Die erste Voraussetzung zum Verständnis dessen, was mit „Zukunft" gedacht wird, ist die Erkenntnis: Es gibt *nur in der Gegenwart* eine Zukunft.[12] Der Ort der Zukunft ist die Gegenwart. Niemand kann die Zukunft „erreichen". Welche Situationen die Menschen immer morgen erleben werden, welche immer sie partiell herbeiführen, es wird nicht die Zukunft von heute sein. „Zukunft" gilt als eine der drei Dimensionen der Zeit: Vergangenheit – Gegenwart – Zukunft. Die grundlegende, mit der Zeit verknüpfte Illusion ist hier der Gedanke, dass die Vergangenheit *ist*, die Zukunft *noch nicht* sei, während die Gegenwart, unerkannt im Dunkel des Augenblicks, als fließender Übergang erscheint. Ernst Bloch hat aus dieser Vorstellung eine ganze Philosophie gemacht – ebenso wortgewaltig wie verkehrt.

Die drei Dimensionen der Zeit sind eine gegenwärtige, perspektivische Illusion. Alle Zeitvorstellungen sind Formen des *Wissens*. Sie sind also Teil des sozialen Prozesses der Bedeutung, und diese Bedeutung wird *erzeugt*. Sagt man, dass ein Ereignis der Vergangenheit festliegt, dass es *ist*, während die Zukunft durch ein Noch-nicht-Sein zu charakterisieren sei, so ist der blinde Fleck in diesen Aussagen die jeweils ungedachte *Identität* der Sachverhalte, von denen gesprochen wird. Wenn etwas vergangen *ist*, dann schreibt man dieser Sache eine Identität zu, die gleichsam unveränderlich im Grab der Geschichte geborgen liege. Doch das ist eine uneigentliche Redeweise, die sich, genau gedacht, nicht aufrechterhalten lässt. Wenn nur das Vergangene *ist*, dann ist die Vergangenheit dasselbe wie die *objektive Realität*. Man denkt „Realität" als das, was von sich her als Identität besteht und sich dem Versuch, es beliebig zu denken oder handelnd zu manipulieren, *widersetzt*. Realität ist Widerstand, also *Gegenstand*. Alles Gegenständliche wäre demnach das *Vergangene*.

Wenn man die Vergangenheit so denkt, dann ist sie identisch mit dem, was man als physische Realität bezeichnet. Doch diese Interpretation lässt sich nicht durchhalten. Denn die physische Gegenständlichkeit bestimmt sich nur durch das, was sich *als* Gegenstand für ein Denken zeigt, das sich in einer bestimmten Form des Wissens bewegt und aus diesem Wissen Handlungen definiert und Geräte baut, um die „objektive Realität" *technisch* zu erfassen. Hier erscheint aber eine Offenheit, eine Nichtdeterminiertheit, die zur objektiven Realität selbst gehört und als Denkform heute Teil der naturwissenschaftlichen Erkenntnis ist. Wäre die Welt so mechanisch determiniert, wie sich das Laplace dachte, so wäre jede Entwicklung, jedes Leben, vor allem auch – denkt man im Horizont des physikalistischen Reduktionismus – jedes Denken unmöglich. Die Existenz eines funktionierenden Wissens von der Natur ist an ihm selbst – denn die Bedeutung des Wissens *ist* keine Natur – der Beleg für die Offenheit des Gegenständlichen, des Physischen, der Natur. Also nicht einmal die *Natur* „ist" im Sinn einer Identität mit sich selbst.

Menschliche Handlungen in der Vergangenheit sind nun auf noch viel offenkundigere Weise nicht mit sich identisch. Man könnte, metaphysisch formuliert, sagen: Weil das Handeln *seiner* Natur nach durch Freiheit, also Nichtdetermination bestimmt ist, deshalb bewahrt sich jedes Handlungsresultat, das sich physisch verkörpert, *als Bedeutung* diese Offenheit der Freiheit. Um vergangene Handlungen zu verstehen, muss man sie *auslegen*, und diese Hermeneutik offenbart zwar etwas an diesen Handlungen, nicht aber eine *definierte* Identität. Auch Artefakte sind deshalb vielfältig interpretierbar. Jede Gegenwart erschafft sich ihre eigene Vergangenheit als Bedeutung. Auch die Vergangenheit ist nur im gegenwärtigen Prozess des Wissens eine Konstruktion der Gegenwart.

---

[12] Zum Zeitbegriff in der Ökonomik („Zeit ist Geld") siehe ausführlich: K.-H. Brodbeck (2000a), Teil 3 und (1999c). Zur Philosophie der Zeit, die ich hier nicht diskutieren kann, vgl. als sehr gute Einführung im Anschluss an Augustinus: K. Flasch (1993).

Zwar gibt es im jeweils gegenwärtigen Wissen immer Denkformen oder Theorien, die physisch konkretisierte Ereignisse in eine zeitliche Ordnung bringen, und aus dieser zeitlichen Ordnung kann man dann von der Vergangenheit auf die Zukunft schließen. Doch diese Denkform besteht immer nur in einer *Abstraktion* von der gegenwärtigen Situation. Naturwissenschaftlich wird diese Abstraktion so durchgesetzt, dass man die Bedingungen für ein erfolgreiches Experiment *herstellt*, also Fehlerquellen aktiv ausschließt. Die Produktion unter der Kontrolle der Geldrechnung bewahrt diese Struktur und schließt Störgrößen von dieser Kontrolle aus – technisch durch Gebäude, Gehäuse, Filter, Schutzräume usw., ökonomisch durch ein definiertes Eigentumsrecht. Durch diese Abstraktionen, die für das Handeln als genaue Vorschrift oder als Handlungsprogramm erscheinen, wird eine mechanische, sequentielle Folge von Prozessabschnitten ermöglicht, die mit der mechanischen Uhr synchronisierbar ist.

Doch die *Gesamtheit* der Naturprozesse, der Ökologie, der menschlichen Handlungen besitzt keine mechanische Gesamtstruktur, und deshalb ist eine Synchronisation mit einer idealisierten Uhr auch nicht möglich. Man muss sich klarmachen, was es ontologisch bedeuten würde, wenn Ereignisse entlang einer Zeitachse auf einer genau definierten, räumlich gedeuteten Zeitstelle zu verorten wären. Es würde bedeuten, dass die Zeit eine *räumliche* Struktur besäße. Diesen Gedanken hat Descartes durch seine analytische Geometrie tatsächlich als Axiom in die Physik eingeführt, und er ist von dorther wieder in die menschliche Gesellschaft als Vorstellung zurückgekehrt. Für die Physik sind die Dimensionen Raum und Zeit *ontologisch* gleichrangig; sie werden durch dieselbe topologische Mathematik abgebildet. Auch das Denken in der Ökonomik ist von solchen Physikalismen bestimmt, wenn historische Ereignisse – z.B. der Index für das BIP des Jahres 2008 – in einem *Raum* als Zahl eingeordnet werden, worin die Abszisse den Index „t" für Zeit trägt. Diese Anschauungsform – auf dem Börsenparkett als „Chartanalyse" bekannt – ist eine *gegenwärtige, räumliche* Anschauung. Die Zeit *als Zeit* ist darin je schon eliminiert.

Wenn man nun in derartigen Modellen der Verräumlichung der Modellzeit eine *historische*, d.h. situative und erlebte Zeit zuordnet, so glaubt man dadurch eine Erkenntnis der *Zeit* gewonnen zu haben. Doch man blickt immer nur *heute* auf ein Diagramm. Auf diesem Diagramm kann man natürlich auch die Wörter „Vergangenheit" und „Zukunft" notieren, und man mag der Illusion erliegen, durch eine Fülle solcher Diagramme könne man ein Bild der Zukunft entwerfen, gleichsam heute schon ins Morgen hinüber greifen. Die *metaphysische* Illusion dieses Gedankens – der sich in den Sozialwissenschaften an den alltäglich scheiternden Prognosen als Unfug erweist – liegt in der Anmaßung eines cartesianischen Egos, es könnte die Gesamtheit aller die Erde und die Gesellschaft umfassenden Prozesse in sich konzentrieren, sie entlang einer verräumlichten Uhrzeit ordnen und so die Zukunft vorhersagen.

Für *einfache* Phänomene, die ihrer Natur nach durch Trägheit charakterisiert sind, ist eine Prognose möglich, weil es schon in ihrem Begriff liegt, dass sie sich qualitativ nicht verändern. Die mechanische Bewegung von Körpern lässt sich in vielen Situationen sehr gut prognostizieren, auch wenn schon etwas komplexere mechanische Systeme merkwürdige Eigenschaften aufweisen (vom Drei-Körper-Problem bis zum deterministischen Chaos) und zeigen, dass die Wirklichkeit sich offenkundig nicht bruchlos durch eine einfache Beziehung zu einer Uhr bestimmen lässt. Uhren sind lokale mechanische Vorgänge, die durch einen Beobachter mit anderen Vorgängen verkoppelt werden in der Zeitmessung. Das gelingt, wenn auch die gemessenen Vorgänge strukturell einer Uhr, einer Maschine ähneln. So ließen sich bereits früh Planetenbewegungen sehr gut als System modellieren, ist doch die Uhr als mechanisches System aus den Modellen für Planetenbewegungen hervorgegangen. Diese Vorstellung, dass Ereignisse entlang der mechanischen Bewegung einer Uhr geordnet sind, reproduziert sich in jeder Messung, in jedem Weltbild, das *Bedeutungen* entlang einer linear ausgebreiteten Uhr-Zeit ordnen möchte.

Wenn die so gemessenen Sachverhalte menschliche *Handlungen* sind, dann liegt in dieser Messung die metaphysische These, dass Menschenwerk und Planetenbewegungen als Ur-Uhr mechanisch verknüpft sind. Anders gesagt: Die Gestirne lenken das Geschick der Menschen. In jedem Modell der Sozialwissenschaftler, das Entscheidungen und Handlungsresultate mathematisch mit der Kalenderzeit verknüpft, in den Charts der Modelle, die Indizes, Wertpapierkurse, Preise oder Zinssätze entlang einer Zeitachse abtragen, um die Zukunft zu prognostizieren – wobei allerlei Cleverness darauf verwendet wird, die erscheinenden Zeitreihen stochastisch oder durch Trendlinien zu traktieren – reproduziert sich deshalb nur die Trivialität einer *astrologischen* Vorstellung. Der Glaube, dass hier Höheres waltet, wird durch den Gedanken ersetzt, eine Macht namens „Zufall" ordne die Tatsachen wie ein Spiel, das sich durch eine Gauß-Kurve (Normalverteilung) in die Karten schauen lässt. Jedenfalls herrscht diese Vorstellung immer genau solange, bis der prognostizierte Wert der Modellzeit mit der Kalenderzeit verglichen werden kann und sich wieder einmal der Blick in die Zukunft – der *heute* schon Entscheidungen beeinflusst und Tatsachen geschaffen hat – als Fehlprognose erweist. Es ist deshalb in keiner Weise eine Übertreibung, zu sagen, dass die ökonomischen oder sozialwissenschaftlichen Prognosemodelle für menschliche Handlungen *strukturell* Astrologie, keine Wissenschaft sind.

Ich brauche meine vielfach – auch im vorliegenden Text – vorgebrachten Argumente zu den mechanischen Illusionen der Ökonomik und der unverstandenen Zeit hier nicht weiter zu vertiefen.[13] Als Ergebnis der hier skizzierten Überlegung lässt sich aber festhalten: Die „Zukunft", interpretiert als „Ereignis zu einem späteren Zeitpunkt", kann man nicht in die Gegenwart hereinholen. Was immer man dabei auch zu tun vermeint, es ist nur eine *gegenwärtige* Konstruktion; in den Wirtschaftswissenschaften oder der Soziologie in der Regel eine reine Erfindung. Weil das Wissen – und nur *im Wissen* „befindet" sich „Zukunft" – vom Handeln der Vielen, von der umgebenden Natur ontologisch verschieden ist und sich *getrennt* reproduziert als endogener Prozess der Bedeutung, deshalb unterscheidet sich die als Gegenwart erlebte „Zukunft" immer von späteren Ereignissen.

Damit ist eine erste wichtige Eigenschaft des Geredes von der Zukunft dechiffriert: Hinter diesem fiktiven Begriff *in den Sozialwissenschaften* verbirgt sich nicht eine Relation der gegenwärtigen Situation der Gesellschaft zu einer zukünftigen, sondern ein gegenwärtiges soziales Verhältnis zwischen einer herrschenden Denkform und denen, die ihr gehorchen. Wenn man also die Forderung aufstellt, gemäß solch einer erfundenen Zukunft handeln zu sollen, dann verbirgt sich in dieser Forderung immer die *gegenwärtige* Hierarchie der Wissensformen, die *heute* die Handlungen lenkt und beherrscht. Die Rede von der „Zukunft", die zu beachten sei und der man deshalb „folgen" müsse, ist nur die Übersetzung für eine *Herrschaft* in der gegenwärtigen Gesellschaft. Jene, die *heute* aus einem „Zukunftsentwurf" Bedingungen für das Handeln setzen können, sind die jeweils Herrschenden *heute*, und es ist kein Geheimnis, dass *deren* Zukunft vor allem darin besteht, die bestehenden Sozialverhältnisse erhalten und die eigene Herrschaft ausweiten zu wollen.

Durch die universalisierte Herrschaft der Geldgier hat die „Zukunft" deshalb eine doppelte Form angenommen: Sie verlangt von jenen, die in der Gegenwart die Herrschaft der Geldverhältnisse erleiden, heute Opfer, verspricht ihnen dafür aber Wohltaten

---

[13] Vgl. K.-H. Brodbeck (2000a), Teil 3.

in der Zukunft. Meist wird das dann durch einen Appell an Familieninstinkte ergänzt und man spricht von „unseren Enkelkindern", denen es doch einmal besser gehen soll. Das Herzstück aller neoliberalen „Reformen", die Privatisierung öffentlichen Eigentums zur Verfügung für die private Geldgier, ist das Versprechen, man „sichere dadurch die Zukunft von X" – für „von X" schreibe man dann wahlweise „der Sozialsysteme", „des Staatshaushalts", „der Wettbewerbsfähigkeit" oder einfach gleich: „Deutschlands", „Amerikas" oder „der Menschheit". Sich der *gegenwärtigen* Herrschaft der Geldgier zu unterwerfen, das nennt man dann Herstellung von „Zukunftsfähigkeit", ein schlichter Euphemismus für die Produktion von Opfern *heute*.

Als Beispiel verweise ich auf die Staatsschulden. Sie werden in aller Regel kritisiert als unverantwortliche Anleihe bei „unseren Enkelkindern".[14] Unsere Kinder müssen, so wird gesagt, unser verschwenderisches Leben in der Gegenwart zurückbezahlen; wir lebten auf ihre Kosten. Nun ist an dieser Reflexion so ziemlich alles verkehrt, vor allem aber die hier aufgemachte Abstraktion von „wir" und „unsere Kinder". *Erstens* kann die *Gesamtheit* einer lebenden Generation nicht ein Geschäft mit einer noch nicht existierenden Generation machen, und die heute lebende Jugend ist immer nur *aktueller* Vertragspartner der älteren Generation, nicht ihr späterer Zustand als selbst alt gewordene Menschengruppe. *Zweitens*: welche Veränderungen der Produktion immer die Staatsverschuldung auch aktuell bewirken mag, z.B. die Umlenkung von Ressourcen in die Produktion von Rüstungsgütern, es lässt sich durch keine Neuverteilung von Eigentumsrechten (das sind Staatspapiere) der in einem bestimmten Zeitmoment gegebene physische Bestand von Produkten in einer Periode vermehren. Nur weil sich ein Staat verschuldet, stehen nicht plötzlich mehr Konsumgüter, Straßen, Gebäude, Maschinen oder Rohstoffe *aktuell* zur Verfügung. Was Verschuldung bewirkt, ist nur eine Neuverteilung der *Eigentumsrechte* an existierenden Dingen der Gegenwart.

Daraus folgt: Wenn der Staat zur Finanzierung seiner Geschäfte einen Kredit aufnimmt oder Staatspapiere ausgibt mit einem bestimmten Zinssatz, dann liegt dieser Transaktion *heute* ein Kaufakt zugrunde. Wer Staatspapiere kauft, aus welchen Motiven immer, der tauscht heute Geldbesitz gegen den Besitz solcher Papiere. Das ist kein *intergenerationelles* Verhältnis zu künftig lebenden Menschen, sondern ein *intersubjektives* Verhältnis in der Gegenwart. In den nächsten Jahren werden die mit diesen Papieren verknüpften *Forderungen* auf Zinsen geltend gemacht. Der Teil der Bevölkerung, der Staatspapiere besitzt oder – wenn man schon von künftigen Generationen spricht – erbt, erhält damit eine Forderung an den Staat auf Zinszahlungen. Diese Zinszahlungen sind völlig *unproduktive* Ausgaben des Staates; ihnen steht keine Leistung gegenüber. Allerdings müssen entsprechende Staatseinnahmen dafür reserviert werden, was zu erheblichen *Umverteilungen* führt. Das heißt: Eine Gruppe der Bevölkerung wird mit höheren Steuern belastet, damit ein anderer Teil der Bevölkerung *Zinsen* erhält. Auch hier also keine Spur von „Zukunft" – einer angeblich dunklen Zukunft der Ausbeutung unserer Enkel –, sondern ein *gegenwärtiges* Verhältnis zwischen jenen, denen durch Eigentumsrechte an Staatspapieren Zinsforderungen gegen die Gesellschaft rechtmäßig eingeräumt werden, die das Staatsvolk in der Form von Steuern (oder weiterer Verschuldung) aufzubringen hat.

Steigt die Staatsschuld, so steigt damit auch die Zinslast. Da künftige Generationen die Staatsverschuldung als Staatsvolk erben, wächst die Zinsbelastung – das ist völlig richtig. Aber sie wächst als Last nur für jene, die Steuern für Zinsen aufzubringen haben, während ein anderer Teil der künftigen Generation, der die Staatspapiere als Forderun-

---

[14] „Staatsschulden sind Wechsel, welche die gegenwärtige Generation auf die künftige Generation zieht." F. List (1928), S. 404.

gen von den Eltern übertragen bekommt, das Recht auf Empfang dieser umverteilten Steuern über den Zins erbt. Wie auch immer man das interpretiert, die künftigen Zinszahlungen für die Staatspapiere fließen in der künftigen Gegenwart zwischen den *dann* bestehenden Klassen von Eigentümern, nicht aber *rückwärts* an die gegenwärtige Generation als deren Einkommen. Es sind in *künftigen Perioden* jeweils aktuelle Umverteilungen, die an Staatspapiere geknüpft sind.

Was man den Enkelkindern als Schuld vererbt, ist also nicht der Gegenwert für etwas, das „wir" heute konsumieren, sondern die öde Fortsetzung der Herrschaft der Geldgier, die es für *selbstverständlich* hält, dass man Zinsen fordern kann. Nur *insofern* bürden sich also gegenwärtige Generationen eine „Schuld" auf, als sie durch ihre Verschuldung *die Herrschaft der Geldgier als Institution,* die sie nicht in ihrer Struktur und Täuschung erkannt haben, weitergeben und Kinder im selben Nichtwissen erziehen, das auch ihre Gegenwart beherrschte. Man streiche z.B. das Recht, Staatspapiere vererben zu dürfen, streiche damit den Kindern reicher Eltern das Recht auf Steuern, die andere künftig aufbringen müssen (um die Zinsen auf Bonds zu begleichen), – das „Problem der Staatsverschuldung" wäre verschwunden. Die Identität des Begriffs „Schulden" setzt die Identität eines Gläubigers voraus. Ist dessen Lebensspanne, wie die aller Menschen, endlich, so setzt sich die Identität als *Erbrecht* fort. Darin liegt als Inhalt aber nur die Fortsetzung einer sozialen Relation der Eigentümer über die Individuen hinweg. Wer also dem Gedanken, dass die Staatsverschuldung nicht ein *intergenerationelles*, sondern ein intersubjektives Problem in jeder Gegenwart ist, widersprechen möchte, braucht sich nur selbst in seinem Denken im inneren Dialog beim Widersprechen zu beobachten: Alle „Argumente", die dabei vorgebracht werden, sind Argumente *für die abstrakte Herrschaft* des Geldsubjekts über konkrete Individuen hinweg, für eine immer wieder neu hergestellte Identität des Gläubigers durch das Eigentums- und Erbrecht, nicht ein Verhältnis zwischen Generationen.

Derselbe logische Zusammenhang, wie eben bei der Staatsverschuldung diskutiert, zeigte sich bei der Analyse der zeitlichen Struktur beim Zins (vgl. 6.2.1). Der Zins ist kein Tausch von gegenwärtigen gegen zukünftige Güter; die Theorie, die solches behauptet, ist eine bloße Fiktion oder eine ideologische Denkfigur, die in der *Zeitmessung* eine Kausalität für Wertgrößen erblicken möchte. Es gibt keine soziale Grundstruktur, die gegenwärtige Subjekte mit künftigen Subjekten verknüpfen könnte. Das gilt auch negativ: Künftige Generationen können *heute* keinen Widerspruch einlegen gegen den Raubbau an der Natur, den die gegenwärtige Generation betreibt. Auch hier ist die Zukunft nur als *gegenwärtig* herrschende Moral oder Unmoral unserer Handlungen wirksam.

Auf keine Weise ist die ökonomische Zukunft ein *Zustand*, der erreichbar wäre, weil das, was heute als Zukunft gilt, stets eine *abstrakte Einseitigkeit* bleibt. Gewiss, man kann solche abstrakten Einseitigkeiten sehr wohl richtig vorhersagen: „Morgen wird die Sonne aufgehen", „im nächsten Jahr werden Menschen geboren, andere werden sterben". Spezifiziert man solche Sätze sachlich und nach Zeit und Ort, so erweist die heutige Aussage sehr rasch, dass sie *keine Beschreibung* eines künftigen Ereignisses, sondern eine aus gegenwärtigen Faktoren konstruierte Erfindung war. Vor allem aber: Die Konstruktion solcher Zukunftsdaten wird als Argument zur Gestaltung von Handlungen *heute* verwendet, und eben darin macht sich dann rasch bemerkbar, dass der Inhalt der konstruierten Zukunft durch das Interesse diktiert war, *heute* der abstrakten Leidenschaft der Geldgier zu frönen. Lohnsenkungen heute werden durch erfundene Beschäftigungswunder „begründet" – jeder Ökonom kann dazu ein Diagramm zeichnen, woran man das *sehen* könne. Doch „morgen" haben sich die Umstände wieder geändert, denn auch andere Länder kennen den Trick und muten ihrer Bevölkerung dasselbe zu, und dies macht eine neue Zukunft notwendig, der aber – „die ökonomischen Gesetze sind nun mal hart" – erst einmal ein *neuer* Verzicht heute vorangestellt sein wird. Sicher ist an dieser professionellen Verdunkelung des Denkens in der Ökonomik nur eines: Sie nützen immer nur *heute* der Geldgier.

Wenn man nun mit Blick auf die bedrohlichen Veränderungen der natürlichen Systeme, des Klimas, der Weltmeere, die Ausbreitung von Wüsten, die Kontaminierung des Wassers, das beschleunigte Artensterben usw. entgegenhält, dass es doch gerade der *Mangel* eines Blicks in die Zukunft sei, der künftigen Generationen die Erde als ökologische Wüste übergibt, dann beruht gerade dieses Argument auf einer Täuschung. Denn *erstens* ist all dies das Ergebnis des Versuchs, die Erde der berechnend-gewalttätigen Abstraktion einer Kostenrechnung zu unterwerfen. Dabei ist es gleichgültig, ob dies durch Aktiengesellschaften oder eine sozialistische Zentralplanung geschieht; der Sozialismus bürdete die Umweltlasten der eigenen Bevölkerung auf, das kapitalistische Imperium externalisiert Umweltbelastungen häufig und mutet sie anderen, armen Ländern durch Standortverlagerung mit „sozialen und ökologischen Kostenvorteilen" zu. Das schlägt *natürlich* irgendwann global zurück: Als „Rache der Natur", als „Gaias Rache"[15], denn die Erde ist ein sich selber regulierendes System des Klimas, der Weltmeere usw., nicht ein der Geldratio willfährig dargebotenes Stück Materie. Doch dies nicht zu erkennen, gehört zur strukturellen Blindheit des Geldsubjekts. *Zweitens* bedarf es zur Bekämpfung der Umweltzerstörungen nicht einer *alternativen Zukunft*, sondern vielmehr der Kritik der genannten Zukunftsentwürfe, die nur den einen Inhalt haben: Heute *mehr* von einem Abstraktum ohne Rücksicht auf Mensch und Natur realisieren zu wollen.[16] Es ist zweifellos ein unmittelbares Bedürfnis der Menschen, für sich, die eigene Lebensspanne, die Kinder, Freunde, Mitmenschen, vielleicht sogar für Fremde zu sorgen – die spontane Hilfe vieler bei Katastrophen straft jeden Tag die Behauptung Lügen, die egoistische Geldgier sei eine menschliche *Natur*, nicht vielmehr deren Unterjochung. Wirtschaften heißt durchaus *Vorsorge*. Doch der Vorsorge liegt ein völlig anderer Zeitbegriff zugrunde als der Zuwachs einer Abstraktion entlang einer linearen Zeitachse. Es ist eine zyklische Zeit der Wiederkehr, also damit auch der Erhaltung eines in die Natur eingebetteten Kreislaufs.

Es sind die falschen „Zukünfte" der Investitionserwartungen, der Zinserträge, der Umwälzung der Produktion in profitabler Absicht, die die Menschen aus diesen zyklischen Kreisläufen eines Lebens heraus- und der Fiktion einer *anderen* Zukunft unterwerfen. Natürliche und kulturelle Grundlagen für die Enkelkinder zu bewahren, ist gerade keine in die Gegenwart hereingeholte *abstrakte* Zukunft des ganz Anderen, des

---

[15] „Schmeicheln wir uns indes nicht zu sehr mit unsern menschlichen Siegen über die Natur. Für jeden solchen Sieg rächt sie sich an uns. Jeder hat in erster Linie zwar die Folgen, auf die wir gerechnet, aber in zweiter und dritter Linie hat er ganz andre, unvorhergesehene Wirkungen, die nur zu oft jene ersten Folgen wieder aufheben." F. Engels, MEW Bd. 20, S. 452f; vgl. K.-H. Brodbeck (1979), S. 41; J. Lovelock (2007). Die Erde hat dabei kein Motiv – ihre „Rache" ist nur der Spiegel *unserer* abstrakten Gewalt dem Lebendigen gegenüber.

[16] Marx sagt: „Selbst eine ganze Gesellschaft, eine Nation, ja alle gleichzeitigen Gesellschaften zusammengenommen, sind nicht Eigentümer der Erde. Sie sind nur ihre Besitzer, ihre Nutznießer, und haben sie als boni patres familias den nachfolgenden Generationen *verbessert* zu hinterlassen." K. Marx, MEW Bd. 25, S. 784; meine Hervorhebung. Diese Norm des „Verbesserns" ist immer noch der Schatten des Geldsubjekts, das sich hier durch die Hintertür hereinschleicht. Erstens wissen wir nicht, was für künftige Generationen „besser" ist, und zweitens bedeutete dies für jede weitere Generation den Zwang zum „Fortschritt"; eben das ist die Ideologie des Geldsubjekts im sozialistischen Kleid. Es reichte hin, auf Zerstörung zu verzichten und Schäden zu reparieren, sofern das noch möglich ist.

Neuen, stets gelenkt von der mechanischen Leidenschaft, aus Umwälzungen einen Profit zu schlagen. „Bewahrung der natürlichen Lebensgrundlagen" vollzieht sich nur so, dass die vielen Zukunftsentwürfe, die eben auf der *Zerstörung* dieser Lebensgrundlagen in abstrakter und berechnender Einseitigkeit abzielen, kritisiert werden. Bewahren heißt, das zu reproduzieren, was Gegenwart ist, nicht eine Aufbereitung für die Abstraktion einer Zukunft.

Vieles von dem, was den gegenwärtigen Lebensstil in den USA, Europa und den kapitalistisch hoch organisierten Teilen von Asien und Südamerika ermöglicht, ist eine schon *heute* unmittelbar erkennbare Form der wirtschaftlichen Reproduktion, die für 6, 10 oder mehr Milliarden Menschen nicht universalisierbar ist. Die Schranken der Rohstoffe – wie immer spekulativ ausgebeutet – sind heute klar erkennbar. Man muss schon sehr naiv sein, die Demokratie- und oder Terror-Märchen zu glauben, die zur Begründung der Kriege um Öl, Wasser und andere Rohstoffe erfunden wurden – sofern nicht Geheimdienste oder Regierungsbeauftragte ohnehin die erforderlichen Anlässe zur Produktion von Empörung selbst herstellten.[17] Die Verwüstung fruchtbaren Bodens, die Klimaänderung, die Verschmutzung der Flüsse und Meere, des Grundwassers, der Luft etc. – all dies sind keine *zukünftigen* Ereignisse, die es durch eine kluge Politik heute zu verhindern gälte. Dagegen ist die täglich neu erfundene Zukunft einer Wirtschaftsentwicklung und die Zurichtung der Nationen für den globalen Wettbewerb exakt jener Nebel, der die Erkenntnis all dessen verhindert.

Es ist keine „Prognose" zu sagen, dass permanentes Wachstum – die höfliche Formel der Kapitalverzinsung für die Wucherer – in einer endlichen Umwelt zur Erzeugung von Zins und Profit aus einfachen *logischen* und *physischen* Gründen unmöglich ist. Es bedarf wirklich nur algebraischer Grundkenntnisse, um einzusehen, dass endliche Rohstoffvorräte als Bestandsgröße sich bei wachsender Ausbeutung einer Grenze nähern müssen, dass die Atmosphäre und die Meere als Müllhalden nur eine begrenzte Kapazität besitzen. All dies liegt in der *gegenwärtigen* Struktur der kapitalistischen Dynamik, die durch eine blinde Leidenschaft versklavt auch die Medien darin beherrscht, dieses jedem Fachmann längst bekannte Wissen, sofern es öffentlich wird, entweder lächerlich zu machen, gleich zu unterbinden oder profitabel auszunutzen, indem man sich mit „alternativen Techniken" an die Spitze einer Bewegung stellt, um das Wachstum mit neuen Mitteln fortzusetzen. Zugleich werden im Gegenzug „Knappheiten" erfunden, die nicht in natürlichen oder geologischen Verhältnissen ihre Ursache haben, sondern in Marktpositionen und radikal ungleich verteilten Eigentumsrechten. Durch die Geldform hindurch erscheinen nicht natürliche Verhältnisse, sondern die Binnenstruktur der kapitalistischen Wirtschaftsorganisation. Der gegenwärtige Zustand der Herrschaft der Geldgier enthält heute bereits so viele Gegensätze und produziert *aktuell* so viele Opfer, dass es keiner alternativen, dunklen Zukunft bedarf, um gute Gründe zu finden, diese Herrschaft des Geldes zu kritisieren. Und zweifellos besitzt diese Herrschaft das Potenzial, viele weitere Menschen zu versklaven oder zu töten und die Erde noch mehr zu verwüsten – man muss ihr nur weiter die Macht über die Köpfe einräumen.

Die Beschwörung einer finsteren Zukunft wird, medial bebildert und reproduziert, nur ein Instrument, um den *eigentlichen Grund* für den Zustand des Planeten, der sich einem erkennenden Blick keineswegs verschließt, zu verdecken und zu tabuisieren: Die Geldgier, das unantastbare Axiom bei allen Vorschlägen, die Welt zu verändern. Man

---

[17] Vgl. G. Myers (1916); E. Bernays (2005); M. Chossudovsky (2002), Teil VII; J. Perkins (2005); D. R. Griffin (2004); (2005); D. R. Griffin, P. D. Scott (2006); F. W. Engdahl (2006) und die Texte und Filme von John Pilger, besonders: „The War on Democracy" (2007).

müsse etwas für die Umwelt tun, wird verlautet, aber auf keinen Fall unter *Einschränkung* der Herrschaft des Geldes, der Macht einer verrückten Subjektivität, alle Veränderungsprozesse *profitabel* zu gestalten – „Wirtschaftsverträglichkeit" im politischen Jargon genannt. Und so sind die „Opfer", die man heute zu bringen habe, um die Zukunft der Erde zu retten, wiederum nur Dienstleistungen zur Produktion von Gewinn. Man kann sicher sein: Wenn sich die neoliberale Ökonomik und die Medien als Dolmetscher der Geldgier eines „brennenden" Themas annehmen, so wird darin nur wieder die Möglichkeit gesucht, *profitable* Lösungen zu entdecken. Diese Lösungen haben – wie z.B. Umweltzertifikate – ungeachtet technischer Inhalte nur ein Motiv: Sie schaffen *neue* Möglichkeiten der Kapitalverzinsung und vertiefen ansonsten munter das Desaster weiter, das sie andererseits zum Anlass nehmen, *neue* Opfer einzufordern.

Falls sich dadurch irgendein Effekt der Reduzierung von Umweltschäden einstellen sollte, so ist es notwendig nur ein *Nebeneffekt*, denn nur profitable Lösungen sind in der Welt der Sachzwänge möglich. Die Menge der profitablen technischen Lösungen zur Verhinderung des ökologischen Desasters ist sicher sehr viel kleiner als die Menge der *technisch möglichen* und *ökologisch notwendigen* Lösungen. Man muss deshalb – auch jemand, der nur in Marktlösungen denkt – die Frage stellen, ob aus der Menge der technisch möglichen Lösungen zur Eindämmung der planetaren Verwüstungen, zur Beseitigung des Hungers usw. jene Teilmenge davon, die sich *profitabel* ausbeuten lässt, hinreichend ist, die erkennbar katastrophalen Trends umzukehren. Und diese Frage zu stellen, heißt sie zu beantworten: Wie sollte die Ursache für all dies, wie sollte also die Blindheit der Geldgier das geeignete Instrument sein, seine eigenen Wirkungen zu beseitigen? Auch wer es nicht vermag, die Marktbrille abzunehmen, müsste eigentlich erkennen, dass die monetären Kosten immer der Ausdruck eines *Binnenverhältnisses* zwischen den Menschen sind, völlig ungeeignet, die Beziehung zur Natur und die Reproduktion der Natursysteme abzubilden. *Die Natur* ist nicht nach den Prinzipien der Geldrechnung vergesellschaftet und kann deshalb nicht in der Form der Geldrechnung als System rekonstruiert werden. Die Erde funktioniert nicht nach einer der monetären Ratio zugänglichen Weise. Der „Wert der Natur", die „ökologische Kosten" usw. sind nur Fiktionen, also das, was sich durch die Brille der Geldrechnung *innerhalb* der menschlichen Gesellschaft als Schatten der Wirkungen menschlichen Handelns zeigt.

Die *logische Form* der Ausrede, man müsse der Zukunft heute Opfer bringen, ist allerdings eine ideologische Denkform, die keineswegs nur der Geldgier zuzuschreiben ist; sie kennt keine ideologischen und philosophischen Parteigrenzen. Die äußerste Forderung von Opfern heute im Namen der Zukunft ist der Krieg. Heidegger übersetzte Nietzsches Diktum, es sei „der gute Krieg (…), der jede Sache heiligt"[18], durch seinen Kotau vor den Nazis in die Formel: „Die Sucht nach Zwecken verwirrt die Klarheit der angstbereiten Scheu des Opfermutes"[19]. Ideologieübergreifend findet sich hierbei exakt derselbe Mangel an einem hellen Geist bei den Kommunisten. Lukács sieht den Kern für eine Ethik des Handelns in der Bereitschaft zum Opfer und sagt folgerichtig, sein „Maßstab heißt: Opfer."[20] Dieser Maßstab erlaube, „die richtige Wahl" zu treffen, wenn

---

[18] F. Nietzsche (1969: 2), S. 312.
[19] M. Heidegger (1978), S. 308. Ähnlich tönte auch Spengler in seinem bekannten Diktum: „Optimismus ist Feigheit", das fortgesetzt wird mit: „Wir sind in diese Zeit geboren und müssen tapfer den Weg zu Ende gehen, der uns bestimmt ist. Es gibt keinen andern. Auf dem verlorenen Posten ausharren ohne Hoffnung, ohne Rettung, ist Pflicht." O. Spengler (1931), S. 88f.
[20] G. Lukács (1975), S. 53.

einer „auf dem Altar der höheren Idee sein minderwertigeres Ich opfert"[21]. Was Lukács von einem kommunistischen Kämpfer fordert, das fordert jede Form des gewalttätigen Wahnsinns, die sich heute auf dem Planeten tummelt: „Die Philosophie des Klassenkampfes (...) hat die letzte Selbstaufopferung als selbstverständliche Pflicht von all ihren Kämpfern verlangt"[22]. Wenn man „Philosophie des Klassenkampfes" durch eine Variable X ersetzt, so lässt sich für dieses X alles einfügen, was die letzten 100 bis 150 Jahre an Verrücktheiten hervorgebracht haben, auch und nicht zuletzt unter der Herrschaft des US-Imperiums. Jene, die solches fordern, nehmen sich selbst in cartesianischer Metaposition von der Forderung aus. Stets sind es die *anderen*, von denen „Selbstaufopferung" verlangt wird: Der tapfere Soldat, der Selbstmordattentäter, der amerikanischen GI und auf der größten Stufenleiter jene zwei bis drei Milliarden Armer, die sich selbst täglich als Menschenmaterial für die globalen Märkte bereitzuhalten haben für allerlei Führer und Führungskräfte in Wirtschaft und Politik.

Stets sind diese Zumutungen für die Opfer mit dem heiligen Versprechen eines ganzen Spektrums künftiger Wohltaten garniert, vom Arbeitsplatz spätestens *übermorgen* (als ob dies, für ein paar Euro schuften zu dürfen, ein *Versprechen* wäre) bis zu 72 Huris im Paradies. In der Gegenwart solle man nicht so pingelig sein; hier seine Bedürfnisse zur Geltung bringen zu wollen, *das* sei Egoismus. Diesen Verzicht, den Vorstandsvorsitzende und als Dolmetscher die neoliberalen Ökonomen alltäglich einfordern, kennen auch jene, die früher einmal ihre asiatischen Gegner waren und heute zu Vorbildern mutieren. Auch hier hat Mao die Sache in unübertrefflicher Einfachheit auf den Punkt gebracht: „Der Mensch lebt nur ein Leben, und das mag 60, 70, 80 oder 90 Jahre währen, je nachdem. Solange ihr noch in der Lage dazu seid, solltet ihr arbeiten, so gut ihr eben könnt. Und ihr solltet mit revolutionärer Begeisterung und dem Geist der Todesverachtung arbeiten."[23] Die „leuchtende Zukunft" des Sozialismus konnte man dann als Theateraufführung bewundern. Der Kapitalismus verwendet eine ähnliche Methode: In den Slums rund um den Globus kommt das Theater als Fernsehbild einer nie erreichten Zukunft täglich in verlogen-sentimentalen Soaps aus dem oberen Mittelklassemilieu auf dem flimmernden TV-Schirm noch in die kleinste Holz- oder Blechhütte. Darin bewahrt sich strukturell ein Moment, das sich durch das ganze christliche Abendland als Motiv zieht, wenn es im irdischen Jammertal für die Opfer jenseitigen Lohn in Aussicht stellte. Wer heute auf den Islam zeigt, könnte sich wenigstens daran erinnern.

Das Geldsubjekt hat auch dieses moralische Motiv rationalisiert. Hierbei ist die Vokabel „langfristig" das besonders häufig verwendete Heilsversprechen der ökonomischen Zukunft.[24] Das peinliche Detail, dass man möglicherweise langfristig – nach Keynes' Bonmot – *tot* ist, gilt mit einem Augenzwinkern als Selbstverständlichkeit. Für einen gestandenen Liberalen wie Hayek ist das durchaus eine normative Forderung an andere, die sich nichts weiter haben zu schulden kommen lassen, als im verkehrten Weltteil geboren zu sein, z.B. in der Sahel-Zone. Es ist deren Schuld, wenn „zuviel Leute dort leben, als Folge äußerer Umstände. Wenn wir ihnen daher jetzt noch helfen, sich aufgrund von uns beigetragenen Mitteln weiter zu vermehren, übernehmen wir eine

---

[21] G. Lukács (1975), S. 53.
[22] G. Lukács (1975), S. 85.
[23] Mao Tse-tung (1978), S. 496.
[24] Tocqueville hatte den Demokratien ins Stammbuch geschrieben, es „müssen die Philosophen und die Regierenden stets darauf bedacht sein, dem Blick der Menschen das Ziel menschlichen Tuns in die Ferne (!) zu rücken; das ist ihre große Aufgabe." A. de Tocqueville (1976), S. 639. Mandeville drückte dies noch sehr viel ungeschminkter und ehrlicher aus.

schreckliche Verantwortung (!)."[25] Wer Mitgefühl mit den Opfern in eine wirksame Hilfe umsetzt, habe nicht nur die Mechanik der Märkte nicht verstanden, sondern versündige sich an der Zukunft und handle „verantwortungslos". Die Verantwortungsethik des Geldsubjekts sieht die Sünde wider die Marktwirtschaft darin, die Opfer daran zu hindern, sich in ihr Schicksal der Selbstaufopferung zu ergeben und elend zu krepieren.

Es ist die Tragik des 20. Jahrhunderts gewesen, dass die Kommunisten diese Zukunftsideologie vollständig von ihrem bürgerlichen Widerpart übernommen haben. Ganz so, wie auf der Schlachtbank an den Rändern der globalen Märkte heute Zehntausende täglich einen Hungertod sterben, weil ihnen die Eintrittskarte zum Markt verwehrt wird, ebenso opferten die kommunistischen Schergen Millionen Arbeiter und Bauern für eine erfundene Zukunft. Stets ist die Wahrheit hinter der Zukunftsfiktion nur die *gegenwärtige* Herrschaft. Hinter allen sozialen Tatsachen stehen Entscheidungen, also der Wille von Menschen, die um die Folgen ihres Handelns wissen. Aber selbst jene, die naiv der *Denkform* folgen und auch glauben, man müsse heute opfern, um in Zukunft eine bessere Welt zu erreichen, sind dadurch nicht entschuldigt. Denn das, was *heute* als Zukunft gedacht und ausgemalt wird, ist als Wissensform wenigstens eine *Einseitigkeit*. Niemand kann und will *alles* gleichzeitig verändern. Verändert man aber an einer Situation nur wenige Sachverhalte, so wirkt diese Veränderung als *Abstraktion*, die man in der Situation *verwirklichen* möchte. Darin liegt stets eine *Negation*. Jeder Zukunftsentwurf, unabhängig von der Intention, dem Grad an Borniertheit oder dem Zynismus, der ihn trägt, ist als *Handlungsanleitung* eine tätige Abstraktion. Und auch hier gilt Hegels Satz: „Abstraktionen in der Wirklichkeit geltend machen, heißt Wirklichkeit zerstören."[26]

Wer *heute* einen notwendig abstrakten Zweck formuliert und ihn realisieren, wer also teleologisch auf ein künftiges Ereignis vorgreifen möchte, der vergisst die Mittel, die notwendig sind, diesen Zweck zu realisieren. Was sich in den vielen Zukunftsvisionen zeigt, ist ein ontologisches Verhängnis: Wer die Zukunft in die Gegenwart als Ziel holen möchte, der *negiert* die Gegenwart. Aus diesem Dilemma des Handelns gibt es nur den Ausweg, nicht eine positiv definierte Abstraktion „Zukunft" heute geltend machen zu wollen, was immer einen gewaltsamen Akt bedeutet, sondern einfach das zu unterlassen, was *heute* erkennbar durch falsche Gedanken eine falsche Praxis nach sich zieht. Es ist ein unendlicher Unterschied, ob man für die Realisierung des Ideals heute Mittel in Kauf nimmt, die diesem Ideal strikt widersprechen, oder ob man in solchem Tun den Grund erkennt, weshalb die Welt von Zukunftsentwürfen tyrannisiert wird. Nicht: Das Schlechte in Kauf nehmen als Preis für das künftig Gute, sondern das Schlechte heute – *jetzt* – unterlassen, heilt die Wunden der Welt.

Es sind die *Opfer*, die den zureichenden Grund liefern, einen beliebigen Zweck zu kritisieren. Ist das bei Gewaltakten noch jedem Menschen unmittelbar einsichtig, wenn er seine Empfindungen nicht durch berechnende Gedanken zensiert, so hat das Geldsubjekt in seiner Weltherrschaft die Schreibtischtäter und die Opfer fast unerkennbar weit voneinander entfernt. Auf den Bildschirmen der Nachrichtensender erscheinen Grund und Folge gleichwohl nebeneinander: Im unteren Laufband die Börsenkurse, darüber die Bilder von Hunger, Krieg, Elend und Zerstörung. Den durchgesetzten *Visionen* der Vorstandsvorsitzenden von großen Unternehmen und der Politiker, die mit ihnen regieren, also der *Gewalt ihrer Zukunftsentwürfe* als abstrakte Herrschaft heute, ist nicht eine *andere* Zukunft entgegenzustellen. Wer diesen Fehler der Sozialisten wiederholt, wird erneut nur das spiegeln, wogegen er sich wendet. Wohl aber kann man hinreichend

---

[25] F. A. Hayek (1996), S. 110.
[26] G. W. F. Hegel, WW 20, S. 331.

genau identifizieren, welche Denkformen verhängnisvoll sind und sie kritisieren, um die aus ihnen und in ihnen konzipierten Handlungen zu *lassen*.

Niemand kann die Zukunft im Sinn der *künftigen Ereignisse* erraten oder errechnen. Aber zugleich ist niemand mit der Gegenwart glücklich – weshalb sonst wollen die, die mehr als genug haben, immer noch mehr? Die Geldgier ist ein *unglückliches Bewusstsein*, weil es, einmal, nach Hegels Wort, die „Gegenwart nicht besitzt"[27], weil es immer schon über die sinnliche Gegenwart in berechnender Ratio hinaus ist, zum anderen aber, weil es seinen Inhalt nur an einer Abstraktion hat, die unter den Händen sich stets als Mangel, als *zu wenig* erweist und das Bewusstsein über jede erreichte Geldsumme hinaustreibt. „Das unglückliche Bewusstsein aber findet sich nur als begehrend und arbeitend"[28], ohne je das Begehrte zu erreichen, um die Frucht seiner Rastlosigkeit zu genießen, während die Arbeit ohnehin die je anderen machen. Auch wer nichts vom Geldsubjekt weiß, erkennt unschwer den Wahnsinn in dieser Denkform, die als Leidenschaft alle anderen menschlichen Regungen gängelt und versklavt.

Weil das unglückliche Bewusstsein der Geldgier die Gegenwart nicht besitzt, treibt es die Handlungen in eine fiktive Zukunft, in der man nie ankommt und die zugleich das *gegenwärtige* Leben der Menschen und anderer Lebewesen in immer wieder neuen Formen ruiniert. Solange die Kritik am Gängelband des Geldsubjekts und seiner Logik hängen bleibt, scheint die schlechte Gegenwart nur um den Preis einer besseren Zukunft erkauft. Nun wissen Sozialwissenschaftler vielfach um die Unmöglichkeit, die Zukunft errechnen oder erraten zu können; zugleich halten sie aber an der Logik der Geldgier fest, die Gegenwart sei nur durch Zukunftsentwürfe zu verändern. Dieser innere Gegensatz zieht sich durch zahlreiche Texte der Sozialtheoretiker, die darin eine seltsam verdoppelte Haltung zeigen, unabhängig vom jeweiligen ideologischen Lager. Man will die schlechte Gegenwart beseitigen, entwickelt einen Zukunftsentwurf, von dem man aber zugleich weiß, dass man ihn gar nicht entwickeln kann, weil das Wissen nicht in die Zukunft greift.

Marx glaubte einerseits zu wissen: „Der Kommunismus ist die *notwendige Gestalt* und das energische Prinzip der nächsten Zukunft"[29]. Doch sobald er *konkrete* Reflexionen anstellte, war ihm sehr wohl klar, dass das Wissen nicht auf *künftige Ereignisse* vorgreifen kann: „Was in einem bestimmten, gegebnen Zeitmoment der Zukunft zu tun ist, *unmittelbar* zu tun ist, hängt natürlich ganz und gar von den gegebnen historischen Umständen ab, worin zu handeln ist." Die Frage nach der Form der künftigen Gesellschaft, sagt Marx, „stellt sich in *Nebelland*, stellt also in der Tat ein Phantomproblem (dar), worauf die einzige Antwort – die *Kritik der Frage* selbst sein muss."[30] Damit ist aber auch die vermeintliche Gewissheit, die nächste Zukunft gehöre dem *Kommunismus*, nur eine Vernebelung der eigenen Erkenntnis. Marx *will* die Zukunft als Notwendigkeit beschreiben, vermag aber dann über ihren Inhalt doch nichts zu sagen außer einer leeren Abstraktion und Behauptung.

Die neoliberale Ökonomik bewegt sich im selben Gegensatz. Hayek sagt: „Die menschliche Vernunft kann ihre eigene Zukunft weder voraussagen noch absichtlich gestalten"[31]. Obgleich er also Vorhersagen und sogar die Planbarkeit von Handlungen ausschließt, hindert ihn dies nicht daran, gleichwohl *Forderungen* zu stellen, etwa die nach der Abschaffung bestimmter Eingriffe in den Markt. Und auch er glaubt darin, die

---

[27] G. W. F. Hegel, WW 3, S. 168.
[28] G. W. F. Hegel, WW 3, S. 170.
[29] K. Marx, MEW 40, S. 546; meine Hervorhebung.
[30] K. Marx, MEW 35, S. 160.
[31] F. A. Hayek (1991), S. 51.

Zukunft vorhersagen zu können – wider die eigene Behauptung. Schränkt Hayek zunächst noch ein: „nur *selten* können wir einen Blick in die Zukunft werfen", so fährt er gleichwohl fort: „Und doch können wir (...) in gewissem Umfange von der Vergangenheit lernen, um eine Wiederholung desselben Ablaufs der Ereignisse zu vermeiden."[32] Wer die Vergangenheit erkennt, kennt die Zukunft – diese Behauptung beruht erstens auf der ontologischen Voraussetzung, dass die Geschichte durch Gesetze determiniert ist, zweitens darauf, wider die eigene Behauptung, diese Gesetze seien erkennbar und drittens habe nur er, *Hayek*, die „richtigen" Gesetze erkannt, nicht etwa die Vertreter des Historischen Materialismus, die solche Kenntnis *auch* für sich beanspruchen. Unabhängig von dieser erkenntnistheoretischen Konfusion: Hayek forderte Deregulierung, und dieses politische Programm der Deregulierung *ist ein Eingriff*, der einem behaupteten Zukunftsentwurf folgt und auf der simplen Umkehrung der sozialistischen These beruht: Märkte sind besser als staatliche Planung.

Mises versucht den Widerspruch zwischen der Unmöglichkeit, die Zukunft zu kennen, und der impliziten These, *Wissenschaft* bestehe darin, prognostisch die Zukunft vorhersagen zu können, durch eine Unterscheidung zu lösen: Er differenziert zwischen „wissenschaftlicher Voraussage" und „Prophetie". „Keine Wissenschaft kann die Frage beantworten, ob wir am Anfange neuer ungeahnter Kulturfortschritte stehen oder am Anfange eines Rückfalls in die Barbarei. Wissenschaftliche Voraussicht ist eben nicht Prophetie. Voraussagen ist nicht Wahrsagen."[33] Aber *was* sagt dann die wissenschaftliche Voraussicht „voraus"? Sie könne „die Folgen künftigen Handelns voraussagen"[34], meint Mises. Also kann die Wirtschaftswissenschaft z.B. voraussagen, ob eine künftige Technik, eine Reorganisation der Wirtschaft usw. zu einem Wirtschaftsboom oder einer Krise, einer ökologischen Katastrophe oder einer sozialen Revolution führt? Antwortet man mit „ja", so ist die Ökonomik bislang jeden Beweis für diese Behauptung schuldig geblieben. Antwortet man mit „nein" – zu Recht –, so gesteht man zu, dass jede Vorhersage eben nur *ein abstrakter, auf die Gegenwart projizierter Aspekt* der gegenwärtigen Situation war. Mises meint: „Was die Zukunft birgt, wird uns immer unbekannt bleiben." Wie sollte eine Wissenschaft dann aber die „Wirkungen künftigen (!) Handelns"[35] voraussehen können?

Mises verteidigt die *Ceteris-Paribus-Logik* der Ökonomik[36] und versteht dies als „wissenschaftliche Voraussage": Man hält (in Gedanken) alle situativen Momente bis auf einen Faktor konstant, um die Wirkungen von dessen Veränderung „vorauszusagen". Dieses methodische Verfahren ist die *Grundlage* der ökonomischen Prognosen. Was aber heißt es, solch eine Einseitigkeit als wirtschaftspolitische Empfehlung umzusetzen? Es bedeutet, eine *Abstraktion* zur Geltung zu bringen, also jeweils die gegenwärtige Situation zu zerstören. Das „Konstanthalten" aller anderen Umstände ist eine leere Fiktion; das wird auch von Ökonomen kaum bezweifelt, die sich wenigstens an die Interdependenz der Preise in einem Walrasschen Totalmodells erinnern – zu schweigen von Ökologen, die nichtlineare System kennen. Doch wenn man auf der Grundlage solch einer Ceteris-Paribus-Fiktion *Handlungsempfehlungen* gibt, wenn die leere Abstraktion zur *Geltung* gebracht wird, dann zerstört sie das, was in der Gegenwart lebendig und vielfältig verflochten ist. Dieser methodischen Einseitigkeit liegt die Abstraktion des Geldsubjekts zugrunde, das *alle Phänomene* nur hinsichtlich ihrer einseitigen

---

[32] F. A. Hayek (1976), S. 13.
[33] L. v. Mises (1940), S. 750.
[34] L. v. Mises (1940), S. 750.
[35] L. v. Mises (1940), S. 750.
[36] L. v. Mises (1933), S. 87, 104 und 115.

Kalkulierbarkeit betrachtet und in der Realisierung der Geldgier keine Skrupel kennt, die Produktion, die Bedürfnisse, die Politik und auch die Medien so zu reorganisieren, dass sich diese einseitige Abstraktion als *Vermehrung* realisiert.

Also auch noch hinter dem abstrakt-methodischen Prinzip, das Mises als „wissenschaftliche Vorhersage" verteidigt, verbirgt sich die triste Wahrheit einer irrationalen Leidenschaft: Man erzwingt Veränderungen, die *ceteris paribus* durchgespielt eine Vermehrung des Geldes erlauben. Die Abstraktion der isolierten Veränderung, die über die Kausalitäten der Situation theoretisch verfügt, diese „Allgemeinheit der Gedanken, wie die diskursive Logik sie entwickelt, die Herrschaft in der Sphäre des Begriffs, erhebt sich auf dem Fundament der Herrschaft in der Wirklichkeit."[37] Der Entwurf einer *systematisch einseitigen Zukunft*, worin die profitablen Faktoren variiert werden, ist die von der Ökonomik angebotene Dienstleistung an die Zumutungen der Geldgier.

Der in den Sozialwissenschaften zu entdeckende Widerspruch, die Erkennbarkeit der Zukunft einerseits zu leugnen, dennoch unentwegt Zukunftsentwürfe zu produzieren, lässt sich auch durch die darin verborgene *erkenntnistheoretische* Voraussetzung charakterisieren. Aussagen über die Zukunft beruhen auf der ungeklärten Position des jeweiligen Theoretikers *als cartesianischer Beobachter*. Wenn man die menschliche Gesellschaft in einem strukturellen Mangel an Mitgefühl cartesianisch vergegenständlicht, wenn man sich auf den Standpunkt der abstrakten Herrschaft des Geldsubjekts stellt, das sich die Gesellschaft *unterordnet* als berechenbares Objekt, dann behandelt man auch die je anderen Menschen als Naturgegenstände. Doch deren vermeintliche „Natur" ist nur der Widerstand, den in der Konkurrenz die Geldgier am je anderen erfährt. Darin liegt nichts Berechenbares, auch wenn sich die Konkurrenz unentwegt in der Sphäre der Berechnung bewegt. Die Gesamtheit der irrationalen Leidenschaften in ihrem Wettbewerb ist nicht *ihrerseits* einem rationalen Beobachter als *berechenbare Natur* zugänglich. Man kann die Wechselwirkung einer irrationalen Leidenschaft nicht deshalb berechnen, weil sie sich in eine rationale Form kleidet: Es ist gerade *die Konkurrenz der Geldgier*, die in wiederkehrenden Krisen, Gegensätzen, Widersprüchen und der Allgegenwart selbst geschaffener „Probleme" offenbart, dass die rationale Form durch einen irrationalen Inhalt getrieben wird. Was deshalb das als cartesianischer Beobachter verkleidete Geldsubjekt in Modellen der Gesellschaft „wissenschaftlich" berechnet, ist nicht nur einseitig und durch „erkenntnisleitende Interessen" kontaminiert, es ist eine grundlegende Täuschung über das, was in der globalen Ökonomie täglich geschieht.

Dieses Nichtwissen herrscht, weil es *produziert* und *reproduziert* wird, nicht weil es einen „objektiven Zustand" nur widerspiegelt. Genau umgekehrt: Dieser Zustand *ist nur eine objektive „Wirklichkeit"*, weil irrige Gedanken ihn hervorbringen. In diesem Produktionsakt des Nichtwissens spielt die Mehrheit der Ökonomen eine traurige Rolle, an vorderster Front, um Öffentlichkeit und Medien immer wieder neu mit verkehrten Argumenten zu versorgen. Sie besäßen allesamt wenigstens die prinzipielle Möglichkeit, durch das, was sie wenig üben – die Verwendung ihrer kritischen Vernunft – die Grundlagen und Folgen der Gedanken zu durchschauen, die sie an ihren Schreibtischen und vor ihren Computern reproduzieren. Die kritische Vernunft argumentiert nicht auf der Grundlage einer *Prognose* für alternative Handlungsentwürfe, sondern erkennt die einfache Wahrheit, dass Gedanken auf der Grundlage eines strukturellen Mangels an Mitgefühl nichts *Hilfreiches* für die vielen Menschen auf diesem Planeten hervorbringen *können* – obgleich sie durchaus nichts weniger als die wirtschaftliche „Wirklichkeit" erzeugen. Viel ist vom Gebrauch dieser kritischen Vernunft indes nicht zu entde-

---

[37] M. Horkheimer, T. W. Adorno (1968), S. 25.

cken. Es war deshalb die zentrale Absicht des vorliegenden Textes, durch eine Versammlung von nachvollziehbaren Argumenten und eine detaillierten Kritik der ökonomischen Denkformen das herrschende Nichtwissen in der Ökonomik ihrer *ideellen* Grundlage zu berauben.

Falsche Theorien sind wie Waffen, mit denen Dummköpfe oder Kinder herumspielen; sie sind gefährlich und tödlich. Doch es gibt für *falsche Theorien* ein wirksames Gegenmittel: Ihre Kritik. Was immer man auch Negatives über den Zustand der heute herrschenden Wirtschaftswissenschaft sagen mag, sie behauptet immer noch, *Wissenschaft* zu sein, d.h. sich kritischen Argumenten nicht zu verweigern. Nun ist es kein Geheimnis, dass dies nur das eigene Ideal, nicht die Praxis dieser Wissenschaft ist. Wenn sich jemals eine Theorie nach Kuhnschem Muster in einem Paradigma verbarrikadiert, dieses Paradigma durch Zitationskartelle, universitäre Berufungslisten und verhinderte Berufschancen für kritische Geister hermetisch abgeschlossen hat, dann ist es die moderne Wirtschaftswissenschaft. Doch sie kann dies nur, solange die „Laien" ausgeschlossen und als Opfer dieses falschen Wissens unbewaffnet bleiben. Es kommt also darauf an, sie mit Argumenten und einer richtigen Kritik zu versorgen, indem man das eigene Ideal jeder Wissenschaft in der Ökonomik selbst zur Geltung bringt: Die kritische Prüfung ihrer Denkformen.

Das endogene Reich einer Denkform scheint, von außen betrachtet, oftmals schier unendlich mächtig. Das ist vor allem deshalb der Fall, weil sich auf der Grundlage der *Macht des Nichtwissens* eine faktische *Gewalt* reproduziert, die alle Spielarten kennt: Von der Ausgrenzung, Nichtbeachtung bis zu direkten Gewaltmitteln wie Verboten oder – wenn eine gefährliche Denkform die Massen ergriffen hat – die militärische Aktion. Doch die Gewalt blendet und verblendet, weil man auf den Schein ihrer Wirkung hereinfällt. Das war und ist der große Denkfehler vieler revolutionärer Bewegungen gewesen, die aus der Erkenntnis, dass sich herrschende Verhältnisse der Gewalt bedienen, den Schluss zogen, man müsse diese Gewalt ebenso gewaltsam beseitigen. Hierbei spielt es keine Rolle, ob die ausgeübte Gewalt von einem *Staat* getragen wird oder andere Gruppen bewaffnet.

Der Denkfehler einer „legitimen Gewalt", den allerlei revolutionäre Bewegungen übernehmen, beruht auf der Verwechslung von Macht und Gewalt, auf die Hannah Arendt nachdrücklich hingewiesen hat. Wer eine *Macht* durch Gewalt zu beseitigen versucht, indem er Gewalt gegen die Gewaltmittel dieser Macht richtet, der hebt die Macht nicht auf, sondern stärkt sie. Entfällt bei einer erfolgreichen Umwälzung die wirkliche Macht als Stütze, so etabliert sich eine neue Herrschaft *nur* auf der Grundlage der verübten Gewalt, nicht auf der Grundlage einer neuen Macht. Eben dies war der Geburtsfehler des Kommunismus. Er hat sich vorzeitig bewaffnet, ohne auf ein Wissen der breiten Bevölkerung als *Macht* vertrauen zu können, und somit blieb *nur noch* die Gewalt als Organisationsprinzip. In dieser Form der Gewaltherrschaft konnten sich dann Figuren wie Stalin oder Mao an die Spitze setzen.

Dieser grundlegende Fehler der Moderne herrscht wiederum ideologieübergreifend und wurde von Carl Schmitt in einem bekannten Satz so formuliert: „Die spezifisch politische Unterscheidung, auf welche sich die politischen Handlungen und Motive zurückführen lassen, ist die Unterscheidung von *Freund* und *Feind*."[38] Die Differenz von Freund und Feind ist eine im Horizont der Gewalt ausgelegte Unterscheidung, wie immer man *nachträglich* diese Kategorien dann auch beschönigen mag. Mao hat denselben Denkfehler im Geist Lenins sehr viel einfacher ausgesprochen: „Die politische

---

[38] C. Schmitt (1963), S. 26. Vgl.: Man muss sich „vor allen Dingen darüber klar werden, was unter ‚Volk' und was unter ‚Feind' zu verstehen ist"; Mao Tse-tung (1967), S. 55f.

Macht kommt aus den Gewehrläufen."[39] Macht erwächst aber *nie* aus Gewalt. Wer also auf Gewalt vertraut, wer die Kritik der Worte durch die Kritik der Waffen ersetzt, der hat damit die Grundlage einer *Änderung* der Macht verkehrter Gedanken schon aufgehoben. Macht ist eine soziale, eine semiotische Kategorie und drückt kein mechanisches Verhältnis aus wie die Gewalt. Wer zum Gewehr greift, hat sich schon zum Dummkopf gemacht, auch wenn die Opfer daraus kaum einen Trost ziehen werden.

Wer auf die Gewalt als Mittel zur Aufhebung einer *Macht* vertraut, der erzeugt nur Gewalt, erreicht die Dimension des Wissens, also der sozialen Reproduktion von Bedeutung, überhaupt nicht. Dadurch verkehren sich dann notwendig die Verhältnisse, und aus dem, was zuvor intellektuell bekämpft wurde, wird in der Hexenküche der Gewalt plötzlich ein *Mittel*. Kämpften die Bolschewiki zunächst gegen den Kapitalismus, die Geldrechnung, dann hat die Etablierung ihrer Macht auf der Grundlage von Gewalt und Terror sehr bald eben diese Formen als Mittel der Zentralplanung entdeckt und damit das ursprüngliche Ziel *ad absurdum* geführt. Diese seltsame Dialektik von Macht und Gewalt wiederholt sich als borniert Struktur in fast allen politischen Bewegungen. Die Nähe von Schmitt und Mao, von Faschismus und Kommunismus in diesem Punkt wiederholt sich heute, nur militärisch vervielfacht, in der imperialen Gewaltpolitik verschiedener US-Administrationen und europäischer Regierungen, „Vorbild" für künftige Aktionen asiatischer oder südamerikanischer Staaten. Die gegenwärtige und bislang brutalste Variante – die neokonservative Ideologie, die in ihrem *ökonomischen* Inhalt identisch ist mit dem Neoliberalismus – ist die erneute Verkehrung von Macht und Gewalt. Man will die Welt durch *Gewalt* beherrschen und für die eigene Geldgier verfügbar machen.

Durch alle diese Verkleidungen und Gewaltmetamorphosen hindurch herrscht aber auf unserem Planeten eine *Macht im strikten Wortsinn*, eine Denkform, die ihre Souveränität aus der Unterwerfung unter eine Fiktion gewinnt: Es sind die Denkformen des Geldsubjekts, die immer mehr Köpfe verhexen. Diese Macht funktioniert durchaus konkret, obwohl ihre Form nur einen leeren, abstrakten Inhalt besitzt. Sie inszeniert jährlich einen Holocaust, den Medien und Wirtschaftswissenschaft ebenso leugnen, wie revisionistische Historiker die Shoah; dies obwohl die Millionen von Toten, die von den eleganten Schreibtischen der oberen Stockwerke der Finanztempel durch inszenierte „ökonomische Gesetze" und politische Schocks[40] jährlich als Kollateralschaden des Marktes herbeigeführt werden, jedermann bewusst sind. Sie erscheinen nur in denselben Medien präsentiert als „fernes", „fremdes" Ereignis. Es besteht wohl ein teleologischer, aber kein faktischer Unterschied zwischen dem, was einerseits an den globalen Marktschranken an Hunger, Tod und Elend erzeugt wird und andererseits in den Lagern von Hitler, Stalin, Mao, sowie den Einzäunungen und Camps des US-Imperiums und seiner Satelliten. Gewiss, in Lagern herrscht *nackte und beabsichtigte* Gewalt, gelenkt von der *Intention*, zu foltern und gezielt zu töten. Die Opfer der Märkte werden – wenigstens abseits der von einer lokalen Mafia beherrschten Rauschgift-Subkulturen in den Elendsvierteln der Städte – wohl *nicht beabsichtigt*, aber sie werden, präzise und wörtlich, *in Kauf genommen*. Der Wahnsinn beider Handlungsweisen, der *Herstellung* von Opfern oder ihre *Inkaufnahme*, besitzt gleichwohl eine gemeinsame Form: Die Durchsetzung einer Abstraktion ohne Rücksicht auf die Mittel, gelenkt vom dummen Stolz eines herrschenden Nichtwissens. Es ist deshalb kein Zufall, dass sich mehr und mehr auch eine *instrumentelle Konvergenz* zwischen totalitärer Gewalt und der abstrakten

---

[39] Mao Tse-tung (1967), S. 74.
[40] Vgl. F. W. Engdahl (2006; 2007), N. Klein (2007).

7 Kritik der Zukunft

Herrschaft des Geldes herausbildet und die Differenz zwischen dem Elend in den Slums und dem Terror in den modernen Folterkammern nivelliert wird.

Die Macht dieser Herrschaft, die zu erhalten immer mehr verschiedenste Formen der Gewalt bewusst inszeniert werden, ist durch *die Erfahrungen* der Opfer beständig bedroht: Denn in diesen Erfahrungen schlummert das Potenzial zu einem globalen Widerstand. Doch hier hat sich eine Medienindustrie entwickelt, die dafür sorgt, dass auch noch in der ärmsten Lehm-, Holz- oder Blechhütte nur in Kategorien gedacht wird, die der Reproduktion der abstrakten Herrschaft des Geldsubjekts dienen. Allerdings fällt an der *sichtbaren* Gewalt der Staaten der verlogene Charakter dieser Weltkonstruktion unmittelbar auf – nicht zufällig enden deshalb Kriege oftmals mit Revolutionen. In der Niederlage unterliegt auch jeweils eine Weltkonstruktion. Deshalb ist seit dem Ende des 2. Weltkriegs die Propagandamaschinerie der USA und ihrer befreundeten Staaten längst dazu übergegangen, auch die *Macht* dadurch zu reproduzieren, dass sie eine erlogene und erfundene „Wirklichkeit" in den Medien präsentiert. Hier wird totalisiert, was für die *kapitalistische Wirtschaft* immer schon charakteristisch war: Da die Zukunft nicht *erkannt* werden kann, wird sie *hergestellt*.[41] Und mit den produzierten Zukünften verbinden die Betroffenen, denen diese Propaganda gilt, jeweils Ängste und Hoffnungen: Sie nehmen sie ernst und handeln *in diesen* Zukunftsentwürfen.

Darin liegt nun allerdings auch eine „Dialektik", denn das Wissen lässt sich nie vollständig privat aneignen und damit kontrollieren, sondern es besitzt kraft seiner Form eine Tendenz zur Universalisierung. Hierbei stößt früher oder später jede Lüge auf Erfahrungen, die die Reproduktion der Macht durch das Nichtwissen verhindern. Man kann durch *shock and awe* zwar Frauen und Kinder ermorden, nicht aber ihren *Geist* erobern. Die verhängnisvolle Seite dieser Gewalt zur Verteidigung der „freien Wirtschaft des Westens" besteht also nicht darin, dass das *Denken* durch imperiale Gewaltmittel vollständig beherrscht werden könnte; auch die Medienlügen haben kurze Beine. Nicht zuletzt entwickeln die aufstrebenden Staaten in Asien und Südamerika schrittweise ihre eigene Medienmaschinerie, die konkurrierende Weltbilder produziert: Die Produktion von Propaganda ist billig geworden, nicht nur ihr Inhalt.

Die wirkliche Tragik dieser Entwicklung liegt also nicht nur in der Beherrschung der Nachrichtenmärkte; für diese Märkte gilt wie für andere auch das tautologische Gesetz der Konkurrenz: Die *siegende* Meinung *herrscht*. Als wahr gilt etwas, weil eine Mehrheit daran glaubt; sie glaubt umgekehrt daran, weil sie es für wahr hält (man könnte diesen Zirkel als *Machttheorie der Wahrheit* bezeichnen). Solch eine „Wahrheit" beherrscht auch die Weltwahrnehmung und bildet die Begriffsmatrix für das Handeln. Wirklich verhängnisvoll ist aber die Tatsache, dass die Betroffenen der erwähnten, als Wahrheit ideologisierten Gewalt diese Haltung in *ihre* tradierten Denkformen transformieren, diese selbst gewaltsam umdeuten und sich damit der Möglichkeit verschließen, das Nichtwissen als Grundlage der eigenen Handlungen zu durchschauen. Was die Gewaltexzesse seit dem ersten Weltkrieg erreicht haben, ist die schrittweise „Militarisierung" der Denkformen, die als Ideologien einander gegenüber treten, ohne Fähigkeit, die eigenen Voraussetzungen und die der je anderen zu erkennen. Noch bis in die subti-

---

[41] Adolf Weber sagt: „Die Volkswirtschaft muss aber auch die Zukunft berücksichtigen (…) Daher muss möglichst viel Erkenntnis der Zukunft ‚produziert' werden." A. Weber (1961), S. 39f. Wie kann man „berücksichtigen", was man nicht kennt? Tatsächlich wird nicht die *Erkenntnis* der Zukunft produziert (das ist unmöglich), sondern die Zukunft selbst wird erzeugt. „Propaganda" ist nur ein anderer Begriff für die fiktive „Produktion von Zukunft"; vgl. E. Bernays (2005), S. 113ff.

len Verästelungen zeitgenössischer Philosophie findet diese Adaption statt, und die Gewalt erhält Eingang in die Denkformen.

Falls sich die Geldgier in den kommenden Jahrzehnten global anschickt, einen chinesischen statt einen amerikanischen Dialekt zu sprechen, so ändert sich an ihrer durch alle Denkformen hindurchgereichten abstrakten Gewalt nichts. Mao Tse-tung erweist sich auch hier durchaus als ein „Klassiker", nachdem die chinesische Gesellschaft erfolgreich monetär reprogrammiert wurde. Die chinesische Politik hat das sehr schnell verstanden, auch wenn westliche Medien verständnislos die Köpfe schütteln, weil sie ihr eigenes Märchen glauben, der Kapitalismus sei seiner Natur nach „demokratisch". Wenn „Demokratie" ohnehin nur das heißt, was in den USA und zunehmend, dem Modell folgend, weltweit praktiziert wird – die Privatisierung der Politik in den Händen der größten Wertpapierfonds, die Wahlkämpfe und Medien nach ihren Bedürfnissen organisieren –, dann könnten sich die Schurkenstaaten transkontinental die Hand reichen, hinderte sie nicht die Konkurrenz ihrer Geldgier daran.

Das Geldsubjekt bedient sich eben jeder Denk- oder Organisationsform, die sich in ihren abstrakten Willen zur Umwälzung des jeweils Erreichten einfügen lässt. Und es hat zudem die berechnende Herrschaft seiner Kontrolle längst auch auf die militärischen Mittel ausgedehnt und ist höchst versiert darin, sie in erfundenen medialen Wirklichkeiten auch zu nutzen. In letzterem hat der Leninismus Pionierarbeit geleistet: Die bolschewistische Propagandatechnik war nicht nur das Vorbild für die faschistischen Meisterschüler, auch Klassiker des Marketings gingen hier in die Schule. Dass also eine kommunistische Partei wie in China die kapitalistische Modernisierung effizienter organisieren kann als der kritisch-rationale Totalitarismus der „Sozialtechnik", darf nicht verwundern.

Da sich ökonomisch die Geldgier als Zerstörung jeweils tradierter Formen der Vergesellschaftung – auch jener, die sie kurz zuvor selbst geschaffen hat – reproduziert, erwächst ihr allerdings immer wieder erneut auch ein Widerstand, in dem sich frühere moralische Organisationsformen der Gesellschaft ihrer Umwälzung widersetzen. In Ländern, in denen das Geldsubjekt seine abstrakte Herrschaft noch nicht in den Köpfen der Menschen vollständig als Subsumtion tradierter Moralsysteme durchsetzen konnte, wiederholt sich der europäische Kampf der Moral gegen den Wucher, der tradierten Kultur und Religion gegen die Herrschaft der militärisch bewaffneten Märkte. Verblieben ist vor allem der Islam, der sich als organisierende moralische Denkform hier bewährt, nicht zuletzt deshalb, weil diese Tradition wenigstens am Prinzip der Bekämpfung des Wuchers festgehalten hat. Andere religiöse Formen in Asien haben ihr kritisches Potenzial meist einem Opportunismus geopfert, und wie man bemerkt, lässt sich noch der Maoismus für die Realisierung der Geldgier instrumentalisieren.

Abhängig vom Grad der Verwüstung, der jeweils bei den Menschen angerichtet wird, die das Opfer der Durchsetzung der Abstraktion des Geldes werden, bergen aber Religionen und Nationalismen immer wieder aufs Neue das Potenzial, der Vereinnahmung durch Markt und Geld eine moralische Form als Widerstand entgegenzusetzen. So wiederholt sich heute der Kampf zwischen Wucher und Moral auf globaler Ebene mit wechselnden Schlachtfeldern. Allerdings hat dabei die Moral ihre ethische Form verloren und verwandelt sich im Spiegel der Gewalt streitender Imperien selbst in eine gewaltsame Form. Hierin wiederholt sich, was der Kommunismus als Transformation einer *Kritik des Kapitalismus* in einen Voluntarismus vormachte: Die Preisgabe der Ethik im Dienst der Gewalt. Dass das US-Imperium und seine europäischen Partner dabei sind, die eigene ethische Tradition, die demokratischen Ideale und eine Toleranz gegenüber anderen Denkformen, über Bord zu werfen, liegt auf der Hand. China, Taiwan, Korea, Japan und Indien sind dabei, mit ihren Traditionen auf die nämliche Weise zu verfahren und reproduzieren so den immer wieder erneuerten Sieg des Wuchers über die tradierte Moral.

Doch was auch immer dieser Prozess für seltsame Masken des Geldsubjekts mit jeweiligem Lokalkolorit hervorbringen mag, was immer all diese bis an die Zähne und bis in die subtilsten Bewusstseinsformen bewaffneten Denkformen auch für Handlungen programmieren mögen und im Wettbewerb gegeneinander jeweils ihre eigene Weltbeschreibung ins Spiel bringen – sie alle bleiben *Denkformen*. Sie haben nur Macht kraft ihrer endogenen Bedeutung. Der erste Schritt, die in diesen Denkformen liegenden Fehler aufzudecken, besteht in der Kritik der Zukunft, die sie jeweils und durchaus gegensätzlich entwerfen. Diese Kritik ist eine Kritik der *Machtverhältnisse*, die sich in diesen „Zukünften" offenbart. Die Waffen dieser Kritik sind das Argument und die *prinzipielle Verweigerung*, beim Wahnsinn der globalen Gewalt mitzumachen. Es gibt keinen Weg in die Zukunft, weil die Zukunft immer nur *heute* als Denkform besteht, sagte ich eingangs zu diesem Kapitel. Und daraus erwächst die notwendige Kritik der *Gewalt*, die die Abstraktionen gegenwärtiger Zukunftsentwürfe realisieren will. Radikale Kritik bewährt sich deshalb nur als bedingungsloser *Pazifismus* im Handeln, gepaart mit der Macht richtiger Argumente.

Die Frage – um abschließend eine Gretchenfrage zu stellen –, ob sich „in der Zukunft" eine globale Wirtschaft *ohne* Geld organisieren lässt, kann nicht beantwortet, nur kritisiert werden. Das zu entscheiden, liegt nicht in der Macht einer Theorie, die den Menschen vorschreiben will, wie sie ihre Vergesellschaftung verändern oder neu organisieren. Ob also Engels Recht hat, wenn er sagt: „Die Leute machen alles sehr einfach ab ohne Dazwischenkunft des vielberühmten ‚Werts'"[42], ob sie sich alternativer Formen eines Regionalgeldes bedienen, um *lokale* Wirtschaften zu organisieren oder kreativ genug sind, völlig neue Wege zu gehen – all dies lässt sich nicht deduzieren und noch weniger moralisch kommandieren. Allerdings zeigte unsere Analyse des Geldes und des Geldsubjekts, dass eine *andere*, kommunikative oder sprachliche Form der Vergesellschaftung ebenso möglich wie organisierbar ist[43], erweist doch die Geldform an ihr selbst, dass es sich bei ihr nur um einen Prozess der *Bedeutung* handelt, nicht um ein physisches oder historisches Gesetz.

Bedeutungsprozesse setzen die Anerkennung ihrer Entitäten voraus, und nichts spricht dagegen, diese Anerkennungsverhältnisse zu durchschauen und die darauf gründenden verkehrten Handlungen aufzugeben. Die Forderung Weitlings, *„das Geld muss abgeschafft werden"*[44], ist jedenfalls nicht dadurch als Möglichkeit aus der Welt zu räumen, dass man die Wirksamkeit einer „Natur" in der Wirtschaft behauptet. Das Geld kann zwar nicht per Dekret „abgeschafft", wohl aber kann die ihm eigentümliche Form der Gesellschaft grundlegend und auf vielfältige Weise *verwandelt* werden. Es gibt Tausende von Wegen zur Einschränkung der Geldherrschaft – man muss sie nur beschreiben. Zur Vermeidung von Sackgassen ist allerdings die Erkenntnis der Geldstruktur unerlässlich. Alles, was in den vorhergehenden Kapiteln über das Geld zu sagen war, verweist auf diese Möglichkeit einer Verwandlung, und schon aus der aristotelischen

---

[42] F. Engels, MEW 20, S. 288.

[43] Vgl. die gründliche Untersuchung von A. W. Cohn (1920), der eine Naturalwirtschaft ohne Eigentümer anhand zahlreicher (damals) zeitgenössischer Vorschläge diskutiert. Sein Ergebnis: „Bei nur theoretischer Untersuchung ihrer grundsätzlichen Eigenart erkennen wir die Geldwirtschaft und die geldlose Wirtschaft (Naturalwirtschaft) als zwei selbständige, gegensätzliche Typen von Wirtschaftsordnungen: jene als Verkehrs-, diese als Verwaltungswirtschaft", S. 133.

[44] W. Weitling (1971), S. 68; meine Hervorhebung.

Ethik kann man lernen, dass Geld *nomos*, nicht *physis*, also von Menschen auch wieder aufheb- und veränderbar ist. Allerdings gilt es zu bedenken, dass das Geldsubjekt seit über zweieinhalb Jahrtausenden die Denkformen der Menschen verwandelt und beherrscht hat, bis hinein in die fernen Verästelungen religiöser Überzeugungen. Solch eine *historische Gewohnheit* lässt sich nicht per Beschluss oder gar von einem Zentrum aus beseitigen.

Ein – notwendig globales – Programm zur Beseitigung des Geldes wäre nicht nur angesichts der Verhältnisse auf diesem Planeten schlicht absurd, es wäre kraft seiner Form *als Programm* nicht minder totalitär wie die Herrschaft des Geldes selbst. Es war der grundlegende Denkfehler der Kommunisten, ein „rationaler Plan" könne die Ratio der Geldrechnung ersetzen – und dies auch noch als *staatliche* Planung in der Absorderung von Nationalstaaten, die erst durch die Geldära als Instrumente globaler Konkurrenz geschaffen wurden. Die Kommunisten bemerkten nicht, dass ein rationaler Plan für die gesamte Wirtschaft nur eine alternative Form der *Buchhaltung* ist, die durch das Geld die Produktion erobert hat, obwohl Marx keinen Zweifel daran ließ, dass im Kommunismus die „Buchführung (…) wesentlicher denn je wird."[45]

Der Punkt ist indes nicht, Objekt einer Rechnung, vielmehr nicht zugleich ihr Subjekt zu sein. Da „Geld" keine mit sich identische Entität ist, auf die man wie auf ein vorhandenes Ding *zeigen* könnte, so lässt sich nicht sagen, wie eine Wiedergewinnung der kommunikativen, auf Mitgefühl und Erkenntnis gründenden Vergesellschaftung die Denkformen des Geldsubjekts selbst erneut verändert und transformiert. Eine Zukunft „ohne Geld" ist deshalb eine ebenso leere Abstraktion wie das Versprechen, die Rückkehr zum Goldstandard, eine manipulationsfreie Währung oder Gesells Schwundgeld werde durch einen geheimnisvollen Mechanismus universellen Wohlstand garantieren. Nichts nimmt der Menschheit die Arbeit ab, ihre Verhältnisse durch ihr Denken hindurch selbst zu verändern. Doch ist auch „die Menschheit" keine Entität. Die Einheit der Vielen muss sich als *andere* Vergesellschaftung erst herstellen, und diese Herstellung *ist* die Veränderung ihrer Denkprozesse. Es kommt immer darauf an, wer und welche Verhältnisse *jetzt* über die Zuordnung der Individuen zu notwendigen Handlungen entscheidet, wie sich das System der Bedürfnisse dabei konstituiert und mit den Handlungsprogrammen vermittelt wird. Traditionale Gesellschaften organisierten dies über eine „Moral", d.h. über Gewohnheit und Tradition, allerdings getragen von vielfach illusionären Denkformen. Der Kapitalismus hat die Moral entmachtet, um die Welt einer irrationalen Leidenschaft auszuliefern, in der sich die Vergesellschaftung durch den Wahn des permanenten Wandels, der nie ankommt, also – mit anderen Worten – durch wiederkehrende Krisen hindurch vollzieht. Auch die Krisen sind also nicht das Ende der Herrschaft des Geldes – eine vergebliche Hoffnung der „Zusammenbruchstheoretiker" des Kapitalismus –, sondern nur seine *Bewegungsform*. Der Kapitalismus ist keine Entität, kein Lebewesen, auf dessen natürliches Ende man hoffen könnte. Nichts und niemand erspart den Vielen, sich selbst und ihr Denken zu verändern, denn die Geldform ist schon längst zu einer seelischen Struktur geworden.

Im vorliegenden Text habe ich mich bemüht, eine Vielzahl von Argumenten zu entwickeln, um die durch das Geld vollzogene Vergesellschaftung und die auf der Grundlage des Geldsubjekts entwickelten Täuschungen zu verstehen, zugleich die Interpreten und Dolmetscher dieser Täuschungen zu kritisieren. Darin hat sich gezeigt, dass die über das Geld vollzogene Vergesellschaftung täglich neu reproduziert werden muss durch die Reproduktion der verkehrten Gedanken, die sie ermöglicht. Von einer anderen, besseren Gesellschaft trennt uns nur die Herrschaft des Nichtwissens, die der großen

---

[45] K. Marx, MEW 25, S. 859.

Mehrheit der Menschen das vorenthält, worüber sie objektiv als Fähigkeit und Möglichkeit längst verfügen. Gewiss – dieses „nur" kann man einen Euphemismus nennen. Das Geldsubjekt hat sich zu einer umfassenden Wissenschaft gemausert, auf deren Grundlage die Welt funktioniert, und aus dem Alptraum, den Globus einer abstrakten Leidenschaft auszusetzen, müssen die Vielen *gemeinsam* aufwachen, wenigstens doch die meisten.

Doch es ist *eine* Sache, um die prinzipielle Möglichkeit zu wissen, dass das Geld nicht von Natur regiert, sondern nur deshalb, weil sich alle vor ihm verneigen. Eine ganz *andere* Sache ist es, dieses Wissen durch eine Transformation des Wahnsinns aus Krieg, Hunger, Elend und Gewalt in einer halbwegs ökologisch verantworteten und menschlichen Gesellschaft zur Geltung zu bringen. Das kann kein cartesianischer Beobachter als Führer, als Avantgarde, als Kaderpartei, als Partei Gottes usw. stellvertretend vollbringen. An die Zukunftsvisionen solcher Figuren zu glauben, ist vielmehr der Grund, weshalb die Veränderungsversuche immer nur neue Gewaltorgien produzierten und stets *zuerst* Opfer für die Zukunft einforderten. Kautsky, Lenin und noch der frühe Horkheimer reproduzierten die Auffassung des Katholizismus, die Massen bedürften, unwissend wie sie seien, der geistigen Führung; das Bewusstsein müsse ihnen von außen beigebracht werden. Derselbe Gedanke findet sich in den USA bei Lippmann und Bernays als *engineering of consent*.[46] Das ist exakt die Form, in der sich das vermeintlich antizipierende Wissen um eine abstrakte Zukunft als Herrschaft über die Vielen reproduziert.

Die Sache verhält sich genau anders herum: Die Aufgabe besteht darin, die „Vordenker" und „Führer" durch die Kritik ihrer Visionen daran zu *hindern*, den „Massen" die Köpfe mit falschen, d.h. *für die Vielen nachteilige* Gedanken zu füllen. Das Problem besteht nicht darin, dass „die Massen" nicht von sich aus ein richtiges Bewusstsein erlangen können, sondern dass die *Führer* ein Bewusstsein produzieren, das die Massen als Opfer und als Menschenmaterial fremder Ziele behandelt und diese Behandlung praktisch durchsetzt.[47] Jede abstrakte Zukunft, die zum Ziel und Kommando einer Bewegung wird, ist insofern ein getäuschtes Bewusstsein. Was in der Politik die Massen („die Mehrheit") zur Realisierung abstrakter Ziele sind, das heißt im Krieg „Menschenmaterial" oder „Kollateralschaden" und in den Wettbewerbsschlachten auf dem Weltmarkt wahlweise „Humankapital" oder menschlicher „Wohlstandsmüll" (Helmut Maucher, Vorstandsvorsitzender der Nestlé AG).

Niemand, der noch einen Schatten des Wissens darüber besitzt, dass er von der Wiege bis zur Bahre vollständig von anderen Menschen abhängig und ihnen deshalb prinzipiell *verpflichtet* ist, wird sich beim Versuch – so gut er eben kann – weigern, das globale Leiden als Folge der Irrtümer der Denkformen des Geldsubjekts zu vermindern. Verrückt ist nicht das Mitgefühl – Mitgefühl ist die umgesetzte *Erkenntnis* gegenseitiger Abhängigkeit –, verrückt ist der Egoismus des *homo oeconomicus*. Selbst *wenn* dieser Egoismus eine Naturform wäre, spräche nichts dagegen, sie auf geeignete Weise

---

[46] „The Making of a Common Will", W. Lippmann (1997), Part V; E. Bernays (1952), S. 157ff.

[47] Vgl.: „Die Massenmenschen sind noch immer ohne Verantwortung wie die Tiere ihren Triebleidenschaften unterworfen, unerziehbar, unbelehrbar und nur mit einem physischen oder psychischen Zwange lenkbar." H. Domizlaff (1957), S. 108. Das ist phänomenologisch schlicht falsch, denn auch die Menschen *in der Masse* erkennen z.B. Moralregeln durchaus bewusst an, sind deshalb lernfähig gewesen durch die Jahrhunderte. Die Funktionalisierung von Massen – z.B. im Faschismus, mit dem Domizlaff noch im zitierten Text offen sympathisiert – und ihre Gleichbehandlung als Objekte der Geldgier allerdings bringt erst das hervor, was *PR-Mittäter* wie Domizlaff dann als „Naturtrieb" zu beobachten behaupten.

moralisch zu begrenzen; auch eine Blinddarmentzündung kommt „von Natur" und kann geheilt werden. Doch das Pochen auf die Rationalität des Egoismus ist eben nur eine Erfindung. Deshalb spricht *nichts* dagegen, eine Gesellschaft mit weniger Leiden zu organisieren. Nicht *morgen*, in ferner Zukunft, sondern *immer nur in der Gegenwart*. Niemand zweifelt wohl ernsthaft daran, dass das verfügbare technische und logistische Wissen völlig ausreicht, die real bestehende Möglichkeit, alle Menschen auf diesem Planeten *wenigstens* ernähren zu können, sofort in Praxis umzusetzen. Genauer gesagt: Der Zweifel daran ist nur das Geltendmachen jener pekuniären Eigentumsrechte und irrigen Gedanken, die eben diese vernünftige Praxis jenseits der Geldgier verhindern.

Der vorliegende Text hat deshalb, zusammengefasst gesagt, das einfache Motiv, jenen, die das bestreiten, die Argumente aus der Hand zu nehmen. Denn all das Gerede von „Sachzwängen", „Gesetzen" der Wirtschaft, „historischer Notwendigkeit", „Natur des Menschen" und wie die Ausreden alle lauten mögen, ist nur die Bewegungsform der intellektuellen Selbstversklavung, in der die Menschheit es zur wahren Meisterschaft gebracht hat. Nicht in der Zukunft, in der Gegenwart liegt – verdeckt durch einen globalen Verblendungszusammenhang – das andere, das bessere Leben. Die religiösen, politischen und ökonomischen Fundamentalisten sehen das ganz anders und fordern weiter Opferdienste für die „Zukunft". Sie sind, gelenkt von einer freigelassenen Untugend, unentwegt dabei, die Welt zu verändern und halten sich als geführte Führer für unentbehrlich. Die Philosophie hat nur zugeschaut. Es käme darauf an, dass die Philosophen das Geld und die Sprache zureichend interpretieren, die herrschenden Täuschungen kritisieren und dem Denken das Bewusstsein seiner eigenen Macht zurückgeben. Wie die Vielen, befreit vom Fieberwahn einer erfundenen Zukunft und in Wiederentdeckung des Mitgefühls, die Welt dann gestalten werden, kann man getrost ihnen selbst überlassen.

Literatur

Mehrbändige Werke werden zitiert durch (Jahr: Bandnummer)

Achermann, Eric (1997): Worte und Werte, Tübingen

Adler, Max (1936): Das Rätsel der Gesellschaft, Wien (Reprint Aalen 1975)

Adorno, Theodor W. (1978): Notizen von einem Gespräch zwischen Th. W. Adorno und A. Sohn-Rethel am 16.4.1965; in: Alfred Sohn-Rethel: Warenform und Denkform. Mit zwei Anhängen, Frankfurt a.M., S. 137-141

Adorno, Theodor W. (2006): Zur Lehre von der Geschichte und von der Freiheit, hrsg. v. Rolf Tiedemann, Frankfurt a.M.

Adorno, Theodor W., Max Horkheimer (2006): Briefwechsel Band IV, 1950-1969, Frankfurt a.M.

Adorno, Theodor W.: Gesammelte Schriften, hrsg. v. Rolf Tiedemann, Frankfurt a.M. 1986 (= GS)

Adorno, Theodor W.; Alfred Sohn-Rethel (1991): Briefwechsel 1936-1969, München

Agrippa von Nettesheim (1913): Die Eitelkeit und Unsicherheit der Wissenschaften und die Verteidigungsschrift, hrsg. v. Fritz Mauthner, 2 Bände, München

Akerlof, George (1970): The Market for „Lemons": Qualitative Uncertainty and the Market Mechanism, Quarterly Journal of Economics, 84, S. 488-500

Akerlof, George; Rachel E. Kranton (2000): Economics and Identity, The Quarterly Journal of Economics, 115, S. 715-753

Albert, Hans (1967a): Marktsoziologie und Entscheidungslogik, Neuwied-Berlin

Albert, Hans (1967b): Modell-Platonismus: Der neoklassische Stil des ökonomischen Denkens in kritischer Beleuchtung; in: H. Albert (1967a), S. 331-367.

Albert, Hans (1971): Theorie und Prognose in den Sozialwissenschaften; in: Ernst Topitsch (Hg.), Logik der Sozialwissenschaften, Köln-Berlin, S. 126-143

Albert, Hans (1991): Traktat über kritische Vernunft, 5. Aufl., Tübingen

Albert, Hans (Hg.) (1964): Theorie und Realität, Tübingen

Albert, Hans; Ernst Topitsch (Hg.) (1979): Werturteilsstreit, Darmstadt

Albert, Hans; Karl Popper (2005): Briefwechsel, hrsg. v. Martin Morgenstern und Robert Zimmer, Frankfurt a.M.

Alberti, Leon Battista (1912): Zehn Bücher über die Baukunst, übersetzt v. Max Theuer, Wien-Leipzig (Original: De Re Aedificatoria, Florenz 1485)

Alberti, Leon Battista (1962): Über das Hauswesen (Della Famiglia), übers. v. W. Kraus, Zürich-Stuttgart

Alchian, Armen A.; Harold Demsetz (1970): The Property Rights Paradigm, The Journal of Economic History, XXXIII, S. 16-27; deutsch in: Das Paradigma der Eigentumsrechte; in: Hans Möller, Rigmar Osterkamp, Wolfgang Schneider (Hg.) (1982): Umweltökonomik, Hain-Hanstein, S. 174-183

Althusser, Louis; Etienne Balibar (1972): Das Kapital lesen, 2 Bände, Reinbek bei Hamburg

Altvater, Elmar (1969): Einleitung zu: E. Varga (1969), S. IX-XXXIV

Amonn, Alfred (1927): Objekt und Grundbegriffe der Theoretischen Nationalökonomie, 2. Aufl., Leipzig-Wien

Amonn, Alfred (1944): Volkswirtschaftliche Grundbegriffe und Grundprobleme. Einführung in das volkswirtschaftliche Denken, 2. Aufl., Bern

Amonn, Alfred (1953): Der Begriff des Geldes und das Geldwertproblem, Zeitschrift für die gesamte Staatswissenschaft, 109, S. 665-690

Amonn, Alfred (1961): Nationalökonomie und Philosophie, Berlin

Apel, Karl Otto (1976): Transformation der Philosophie, zwei Bände, Frankfurt a.M.

Apel, Karl-Otto (1989): Das Sokratische Gespräch und die gegenwärtige Transformation der Philosophie; in: Dieter Krohn, Detlef Horster, Jürgen Heinen-Tenrich (Hg.): Das Sokratische Gespräch. Ein Symposion, Hamburg 1989, S. 55-77

Apel, Karl-Otto (1997a): Ein Gespräch der Sic et Non mit Karl-Otto Apel (Juli 1997); Online-Text: http://www.sicetnon.cogito.de (12.11.2003)

Apel, Karl-Otto (1997b): Diskurs und Verantwortung, Frankfurt a.M.

Apel, Karl-Otto (2000): Das cartesianische Paradigma der Ersten Philosophie: Eine kritische Würdigung aus der Perspektive eines anderen (des nächsten?) Paradigmas; in: Wilhelm Friedrich Niebel, Angelica Horn und Herbert Schnädelbach (Hg.): Descartes im Diskurs der Neuzeit, Frankfurt a.M., S. 207-229

Arendt, Hannah (1955): Elemente und Ursprünge totalitärer Herrschaft, Frankfurt a.M.

Arendt, Hannah (1970): Macht und Gewalt, München-Zürich

Arendt, Hannah; Patrizia Nanz (2006): Wahrheit und Politik, Berlin

Aristophanes (1963): Komödien in zwei Bänden, übers. v. Ludwig Seeger, Weimar

Aristoteles (1853): Über die Theile der Thiere, übers. v. A. v. Franzius, Leipzig

Aristoteles (1922): Topik, hrsg. v. Eugen Rolfes, 2. Aufl., Hamburg

Aristoteles (1925): Kategorien. Lehre vom Satz (Organon I/II), hrsg. v. Eugen Rolfes, 2. Aufl., Hamburg

Aristoteles (1947): Oikonomikos (Über Hauswirtschaft), übers. v. Paul Gohlke, Paderborn

Aristoteles (1954): Eudemische Ethik, übers. v. Paul Gohlke, Paderborn

Aristoteles (1959): Rhetorik, übers. v. Paul Gohlke, Paderborn

Aristoteles (1969): Nikomachische Ethik, übers. v. Franz Dirlmeier, Stuttgart

Aristoteles (1969a): Protreptikus, hrsg. v. Ingemar Düring, Frankfurt a.M.

Aristoteles (1970): Der Staat der Athener, übers. v. Peter Dams, Stuttgart

Aristoteles (1970a): Metaphysik, Stuttgart, übers. v. Franz F. Schwarz, Stuttgart

Aristoteles (1973): Politik, übers. v. Olof Gigon, München

Aristoteles (1985): Nikomachische Ethik, übers. v. Günther Bien, Hamburg

Aristoteles (1989): Politik, übers. v. Franz F. Schwarz, Stuttgart

Aristoteles (1994): Politik, übers. v. Franz Susemihl, Reinbek bei Hamburg

Arrow, Kenneth J. (1950): An Extension of the Basic Theorems of Classical Welfare Economics; in: Jerzy Neyman (Hg.), Proceedings of the Second Berkeley Symposium on Mathematical Statistics and Probability, Berkeley, S. 507-532

Arrow, Kenneth J. (1971): Economic Welfare and the Allocation of Resources for Invention; in: D. M. Lamberton (ed.) (1971), S. 21-36

Arrow, Kenneth J. (1977): The Organization of Economic Activity: Issues Pertinent to the Choice of Market Versus Nonmarket Allocation; in: Robert Haveman, Julius Margolis (Hg.): Public Expenditure and Policy Analysis, Boston, S. 67-81

Arrow, Kenneth J. (1994): Methodological Individualism and Social Knowledge, The American Economic Review 84, Papers and Proceedings of the Hundred and Sixth Annual Meeting of the American Economic Association, S. 1-9

Arrow, Kenneth J.; Frank H. Hahn (1971): General Competitive Analysis, San Francisco-Edinburgh

Assmann, Heinz-Dieter; Christian Kirchner, Erich Schanze (Hg.) (1978): Ökonomische Analyse des Rechts, Kronberg/Ts.

Atlas, S. (1957): Über das Wirken des Geldumlaufsgesetzes im Sozialismus, Sowjetwissenschaftschaft. Gesellschaftswissenschaftliche Beiträge 3, S. 275-296

Augustinus, Aurelius (1877): De doctrina christina, übers. v. Remigius Storf; in: Ausgewählte Schriften des hl. Aurelius Augustinus, 4. Band, Kempten

Augustinus, Aurelius (1952): Bekenntnisse, hrsg. v. H. Schiel, Freiburg

Augustinus, Aurelius (1985): Vom Gottesstaat, übers. v. Wilhelm Thimme, zwei Bände, München

Auman, Robert (1964): Markets with a Continuum of Traders, Econometrica, 32, S. 39-50

Aure, Andreas Harald (2002): Theorie der Strafe bei Albert Friedrich Berner, Erste europäische Internetzeitschrift für Rechtsgeschichte, http://www.rewi.hu-berlin.de/FHI, 16. April 2002

Austin, John L. (1972): Zur Theorie der Sprechakte, deutsch v. E. von Savigny, Stuttgart

Averkorn, Laurenz (1996): Sorge und Verschwendung, Münster

Averroes (1960): siehe Max Horten (1960)

Averroes (1991): Philosophie und Theologie von Averroes, hrsg. v. Marcus Joseph Müller, Weinheim

Averroes (1996): siehe Sosenthal, Erwin I. J. (Hg.) (1996)

Avicenna (1907): Die Metaphysik Avicennas, hrsg. v. Max Horten, Halle, Saale 1907 (Reprint Frankfurt a.M. 1960)

Ayer, Alfred Jules (1970): Sprache, Wahrheit und Logik, übers. v. Herbert Herring, Stuttgart

Baader, Roland (2004): Geld, Gold und Gottspieler. Am Vorabend der nächsten Weltwirtschaftskrise, 2. Aufl., Gräfelfing

Babbage, Charles (1999): Die Ökonomie der Maschine, übers. v. G. Friedenberg, Berlin

Backhaus, Hans-Georg (1969): Zur Dialektik der Wertform; in: Alfred Schmidt (Hg.) (1969), S. 128-152

Backhaus, Hans-Georg (1974): Materialien zur Rekonstruktion der Marxschen Werttheorie 1; in: Gesellschaft: Beiträge zur Marxschen Theorie 1, Frankfurt a.M., S. 52-77

Backhaus, Hans-Georg (1975): Materialien zur Rekonstruktion der Marxschen Werttheorie 2; in: Gesellschaft: Beiträge zur Marxschen Theorie 3, Frankfurt a.M., S. 122-159

Backhaus, Hans-Georg (1978): Materialien zur Rekonstruktion der Marxschen Werttheorie 3; in: Gesellschaft: Beiträge zur Marxschen Theorie 11, Frankfurt a.M.; S. 16-117

Bacon, Franz (1783): Über die Würde und den Fortgang der Wissenschaften, Pest

Bagehot, Walter (1885): The Postulates of English Political Economy, New York-London

Bagiotti, Tullio (1957): Reminiszenzen anläßlich des hundertsten Jahrestages des Erscheinens des Buches von Gossen. Zeitschrift für Nationalökonomie, 17, S. 39-54

Bailey, Elizabeth E.; Ann F. Friedlaender (1982). Market structure and multiproduct industries, Journal of Economic Literature, 20, S 1024–48

Bailey, Samuel (1825): A Critical Dissertation on the Nature, Measures and Causes of Value, London

Bakunin, Michail (1969): Gott und der Staat und andere Schriften, hrsg. v. Susanne Hillmann, Reinbek bei Hamburg

Bakunin, Michail (1972): Staatlichkeit und Anarchie, Frankfurt a.M.-Berlin-Wien

Baloglou, Christos P. (1994): Die geldtheoretischen Anschauungen Platons, Jahrbuch für Wirtschaftsgeschichte 1994/2, S. 177-187

Barbon, Nicholas (1664): A Discourse of Trade, hrsg. v. Jacob H. Hollander, Baltimore 1905 (Reprint der Ausgabe London 1664)

Barone, Enrico (1935): The Ministry of Production in the Collectivist State; in: Friedrich A. Hayek (Hg.): Collectivist Economic Planning, London, S. 245-290

Bartsch, Günter, Klaus Schmitt et al. (Hg.) (1989): Silvio Gesell. ‚Marx' der Anarchisten?, Berlin

Bateson, Gregory; Don D. Jackson, Jay Haley und John W. Weakland (1984): Auf dem Weg zu einer Schizophrenie-Theorie; in: Schizophrenie und Familie, Frankfurt a.M., S. 11-43

Bator, Francis M. (1957): The Simple Analytics of Welfare Maximation, American Economic Review, 47; Reprint in: Harry Townsend (Hg.): Price Theory, Harmondsworth 1971, S. 372-420

Bauer, Otto (1912/13): Die Akkumulation des Kapitals, Die Neue Zeit, 31 (1912/13), S. 831-838 und 862-874

Baumgarten, Alexander Gottlieb (1783): Metaphysik, neue vermehrte Auflage, Halle

Baumgärtner, Stefan (2001): Heinrich von Stackelberg on joint production, The European Journal of the History of Economic Thought 8, S. 509–525

Bayertz, Kurt (Hg.) (2002): Warum moralisch sein? Paderborn et al.

Becker, Gary S. (1982): Der ökonomische Ansatz zur Erklärung menschlichen Verhaltens, übers. v. Monika und Viktor Vanberg, Tübingen

Beckmann, Martin J.; Günter Menges, Reinhard Selten (Hg.) (1979): Handwörterbuch der Mathematischen Wirtschaftswissenschaften, drei Bände, Wiesbaden

Behrens, Fritz (1949): Hermann Heinrich Gossen oder die Geburt der ‚Wissenschaftlichen Apologetik' des Kapitalismus. Leipzig

Bendixen, Friedrich (1926): Das Wesen des Geldes, 4. Aufl., München-Leipzig

Benjamin, Walter (1972): Ursprung des deutschen Trauerspiels, Frankfurt a.M.

Benjamin, Walter (1977): Gesammelte Schriften, hrsg. von Rolf Tiedemann und Hermann Schweppenhäuser, Frankfurt a.M. (= GS)

Bentham, Jeremy (1817): Defence of Usury, to which is also added, 3. ed., A Protest Agains Law-Taxes, London

Bentham, Jeremy (1823): An Introduction to the Principles of Morals and Legislation, Oxford

Bentham, Jeremy: The Philosophy of Economic Science; in: Jeremy Benthm's Economic Writings, hrsg. v. W. Stark, drei Bände, London 1952-1954 (= EW)

Benz, Ernst (1955): Der Mensch und die Symapthie aller Dinge am Ende der Zeiten, Eranos Jahrbuch XXIV, Zürich, S. 133-197

Berger, Peter L.; Thomas Luckmann: Die gesellschaftliche Konstruktion der Wirklichkeit. Eine Theorie der Wissenssoziologie, Frankfurt a.M. 1980

Berkeley, George (1735): The Querist, Dublin (Internet-Text); http://socserv2.socsci.mcmaster.ca/~econ/ugcm/3ll3/berkeley/querist (11. 8. 2008)

Berkeley, George (1975): Philosophical Works, hrsg. v. Michael R. Ayers, London

Berkeley, George (1979): Philosophisches Tagebuch, übers. v. Wolfgang Breidert, Hamburg

Berkeley, George (1996): Aleiphron oder der Kleine Philosoph, hrsg. v. Wolfgang Breidert, Hamburg

Bernays, Edward (1952): Public Relations, University of Oklahoma Press

Bernays, Edward (2005): Propaganda, New York (1. Auflage New York 1928)

Bernhard, Elisabeth (1918): Theorie der Güteräquivalenz und der Güterbilanz des Giammaria Ortes, Heidelberg

Beyerhaus, Gisbert (1926): Hermann Heinrich Gossen und seine Zeit. Zeitschrift für Volkswirtschaft und Sozialpolitik N. F. 5, S. 522-539.

Birnbacher, Dieter; Dieter Krohn (Hg.) (2002): Das sokratische Gespräch, Stuttgart

Blatt, John M. (1983): Dynamic Economic Systems, New York-Sussex

Bloch, Ernst (1973): Das Prinzip Hoffnung, Frankfurt a.M.

Bloor, David (1981): Durkheim und Mauss neu betrachtet; in: Nico Stehr, Volker Meja (Hg.) (1981): Wissenssoziologie, Opladen, S. 20-51

Blumenthal, James (2004): The Ornament of the Middle Way, New York

Bochenski, Jósef Maria (1959): Wege zum philosophischen Denken, Freiburg-Basel-Wien

Bockelmann, Eske (2004): Im Takt des Geldes. Zur Genese modernen Denkens, Springe

Boden, Margaret A. (1992): Die Flügel des Geistes, München

Boetius (1883): Die Tröstungen der Philosophie, übers. v. Richard Scheven, Leipzig

Böhm, Franz (1937): Die Ordnung der Wirtschaft als geschichtliche Aufgabe und rechtschöpferische Leistung, Stuttgart-Berlin

Böhm-Bawerk, Eugen von (1886): Grundzüge der Theorie des wirtschaftlichen Güterwerts, Conrads Jahrbücher für National-ökonomie und Statistik XIII N. F., S. 1-82 und 477-541

Böhm-Bawerk, Eugen von (1914): Macht oder ökonomisches Gesetz?, Zeitschrift für Volkswirtschaft, Sozialpolitik und Verwaltung 23, S. 205-271 (Reprint Darmstadt 1975)

Böhm-Bawerk, Eugen von (1921): Kapital und Kapitalzins, drei Bände, 4. Aufl., Jena

Böhm-Bawerk, Eugen von (1927): Rechte und Verhältnisse vom Standpunkte der Volkswirtschaftlichen Güterlehre; in: Gesammelte Schriften, hrsg. v. F. X. Weiss, Wien-Leipzig

Böhm-Bawerk, Eugen von (1973): Zum Abschluß des Marxschen Systems; in: Friedrich Eberle (Hg.): Aspekte der Marxschen Theorie I, Frankfurt a.M., S. 85-129

Böhm-Bawerk, Eugen von (1975): Macht oder ökonomisches Gesetz?, Zeitschrift für Volkswirtschaft, Sozialpolitik und Verwaltung (1914) 23, S. 205-271 (Reprint Darmstadt)

Böhme, Hartmut (2001): Das Fetischismus-Konzept von Marx und sein Kontext; in: Volker Gerhardt (Hg.): Marxismus. Versuch einer Bilanz, Magdeburg, S. 289-319

Bois-Reymond, Emil Du (1974): Vorträge über Philosophie und Gesellschaft, Hamburg

Boland, Lawrence (1979): A Critique of Friedman's Critics, Journal of Economic Literature 17, S. 503-522

Bollnow, Otto Friedrich (1980): Das Wesen der Stimmungen, 6. Aufl., Frankfurt a.M.

Bolz, Alexander (1996): Der Zins. Quellen und Hintergründe, Lüneburg

Borck, Cornelius (2005): Hirnströme. Eine Kulturgeschichte der Elektroenzephalographie, Göttingen

Borneman, Ernst (1973): Psychoanalyse des Geldes, Frankfurt a.M.

Bortkiewicz, Ladislaus von (1907): Wertrechnung und Preisrechnung im Marxschen System, Archiv für Sozialwissenschaft und Sozialpolitik, 25, S. 445 – 488

Botero, Giovanni (1606): The Greatness of Cities, übers. v. Robert Peterson (Internet-Text); http://socserv2.socsci.mcmaster.ca/~econ/ugcm/3ll3/botero/cities (11. 8. 2008)

Böthlingk, Otto (Hg.) (1966): Indische Sprüche. Sanskrit und Deutsch, hrsg. v., Osnabrück-Wiesbaden, drei Bände

Boulding, Kenneth E. (1971): The Economics of Knowledge and the Knowledge of Economics, American Economic Review 56, S. 1-13; in: D. M. Lamberton (1971), S. 21-36

Bourbaki, Nikolas (1974): Die Architektur der Mathematik; in: Michael Otte (Hg.) (1974), S. 140-159

Bourdieu, Pierre (1987): Die feinen Unterschiede. Kritik der gesellschaftlichen Urteilskraft, übers. von Bern Schwibs und Achim Russer, Frankfurt a.M.

Bousque, G. H. (1971): Un Centenaire: l'oeuvre de Hermann Heinrich Gossen (1810 bis 1858) et sa véritable structure, Revue d'économie politique, Bd. 68 (1958); übersetzt in: Horst Claus Recktenwald (Hg.): Geschichte der Politischen Ökonomie, Stuttgart, S. 293-297

Braudel, Fernand (1986): Sozialgeschichte des 15.-18. Jahrhunderts. Der Handel, München

Bravo, Gian Mario (1981): Ritorno a Marx, Milano

Brentano, Lujo (1923): Der wirtschafende Mensch in der Geschichte, Leipzig

Brentano, Lujo (1925): Konkrete Grundbedingungen der Volkswirtschaft, Leipzig

Brodbeck, Karl-Heinz (1979): Theorie der Arbeit, München

Brodbeck, Karl-Heinz (1980): Wertsubstanz, Exploitation und tendentieller Fall der Profitrate, Jahrbuch der Wirtschaft Osteuropas, 9,1, S. 35-60

Brodbeck, Karl-Heinz (1981a): Produktion, Arbeitsteilung und technischer Fortschritt, Düsseldorf

Brodbeck, Karl-Heinz (1981b): Der Fehler der Marxschen Wertlehre, München (Papiere der Dienstagsarbeitsgruppe)

Brodbeck, Karl-Heinz (1983a): Arbeit, Arbeitsteilung, Technologie. Kritisches zu neueren Publikationen aus dem Nachlaß von K. Marx, Osteuropa-Wirtschaft 27, S. 52-61

Brodbeck, Karl-Heinz (1983b): Neue Kapitalgüter, unvollkommene Konkurrenz und Profitrate, Zeitschrift für die gesamte Staatswissenschaft 139, S. 131-145

Brodbeck, Karl-Heinz (1983c): Zur Theorie des Geldes: Geldrätsel und Geldform, München (Papiere der Dienstagsarbeitsgruppe)

Brodbeck, Karl-Heinz (1983d): Zins und technischer Wandel in Planungssystemen, Zeitschrift für Wirtschafts- und Sozialwissenschaften 103, S. 27-41

Brodbeck, Karl-Heinz (1984): Faktorknappheit, Grenzprodukte und Stabilität des Gleichgewichts in einem Linearen Zwei-Sektoren-Modell, Universität München (Mimeo)

Brodbeck, Karl-Heinz (1985): Stabilität und Effizienz multipler Gleichgewicht in Modellen mit überlappenden Generationen, Münchener Wirtschaftswissenschaftliche Beiträge Nr. 85-09

Brodbeck, Karl-Heinz (1986): Transrationalität. Prozeßstrukturen wirtschaftlichen Handelns, Münchener Wirtschaftswissenschaftliche Beiträge Nr. 86-09, München

Brodbeck, Karl-Heinz (1987): Two Class Economies with overlapping Generations and heritable Capital Stock, Journal of Institutional and Theoretical Economics 143, S 643-651

Brodbeck, Karl-Heinz (1989): Diffusion multipler Techniken in Systemen evolutionären Wachstums, Münchener Münchener Wirtschaftswissenschaftliche Beiträge Nr. 89-10, München, S. 1-37

Brodbeck, Karl-Heinz (1991): Wirtschaft als autopoietisches System? Anmerkungen zu N. Luhmanns Buch ‚Die Wirtschaft der Gesellschaft', Zeitschrift für Politik 38, S. 317-326

Brodbeck, Karl-Heinz (1992): Autopoietische Systeme und ökonomische Systeme. Anmerkungen zur Entgegnung von Niklas Luhmann, Zeitschrift für Politik 39, S. 436-439

Brodbeck, Karl-Heinz (1995): Der Spiel-Raum der Leerheit, Solothurn-Düsseldorf

Brodbeck, Karl-Heinz (1996a): Erfolgsfaktor Kreativität. Die Zukunft unserer Marktwirtschaft, Darmstadt

Brodbeck, Karl-Heinz (1996b): Kreativität und Unsicherheit. Zur Synthese der Theorien von Schumpeter und Keynes, praxis-perspektiven, Bd. 1, S. 107-112

Brodbeck, Karl-Heinz (1998a): Grundlagen der Wirtschaftspolitik, 2. Aufl., Würzburg

Brodbeck, Karl-Heinz (1998b): Zur Aktualität der Geldtheorie von David Hume, praxisperspektiven, Bd. 3, S. 59-61

Brodbeck, Karl-Heinz (1998c): Spekulation und Arbeitslosigkeit. Zur Ethik der Geldpolitik, Ethik-Letter/LayReport, 4, S. 2-11

Brodbeck, Karl-Heinz (1999a): Entscheidung zur Kreativität, 2. Aufl., Darmstadt

Brodbeck, Karl-Heinz (1999b): Neoliberalismus, Ethik Letter/LayReport, 2, S. 5-9

Brodbeck, Karl-Heinz (1999c): Die Nivellierung der Zeit in der Ökonomie; in: J. Manemann (Hg.), Befristete Zeit, Jahrbuch Politische Theologie, Band 3, S. 135-150

Brodbeck, Karl-Heinz (2000a): Die fragwürdigen Grundlagen der Ökonomie. Eine philosophische Kritik der modernen Wirtschaftswissenschaften, 2. Aufl., Darmstadt (1. Auflage 1998; 3., unveränderte Auflage Darmstadt 2007)

Brodbeck, Karl-Heinz (2000b): Zur Theorie der Internet-Ökonomie, praxis-perspektiven, Bd. 4, S. 47-59

Brodbeck, Karl-Heinz (2000c): Die Macht des Scheins in der Wirtschaft; in: C. Urban, J. Engelhardt (Hg.), Wirklichkeit im Zeitalter ihres Verschwindens, Münster-Hamburg-London 2000, S. 129-147

Brodbeck, Karl-Heinz (2001a): Die fragwürdigen Grundlagen des Neoliberalismus. Wirtschaftsordnung und Markt in Hayeks Theorie der Regelselektion, Zeitschrift für Politik, 48, S. 49-71

Brodbeck, Karl-Heinz (2001b): Ethik der Intelligenz, Ethik Letter/LayReport, 4, S. 2-5

Brodbeck, Karl-Heinz (2001c): Die Jagd nach dem Schein. Wie die buddhistische Ökonomie zu Lebensperspektiven im Umgang mit der Nahrung führt, Ethik Letter/LayReport, 2, S. 2-9

Brodbeck, Karl-Heinz (2002a): Der Zirkel des Wissens. Vom gesellschaftlichen Prozeß der Täuschung, Aachen

Brodbeck, Karl-Heinz (2002b): Buddhistische Wirtschaftsethik. Eine vergleichende Einführung, Aachen

Brodbeck, Karl-Heinz (2002c): Wirtschaft als kreativer Prozeß. Beiträge zu einer postmechanischen Ökonomie; in: Walter Ötsch, Stephan Panther (Hg.) (2002), S. 353-387

Brodbeck, Karl-Heinz (2002d): Warum Prognosen in der Wirtschaft scheitern, praxisperspektiven, Bd. 5, S. 55-61

Brodbeck, Karl-Heinz (2003a): Ethik und Moral. Eine kritische Einführung, Würzburg

Brodbeck, Karl-Heinz (2003b): Ökonomische Theorie als implizite Ethik. Erkenntniskritische Anmerkungen zur ‚reinen Wirtschaftswissenschaft'; in: M. Breuer, A. Brink, O. J. Schumann (Hg.), Wirtschaftsethik als kritische Sozialwissenschaft, Bern-Stuttgart-Wien, 191-220

Brodbeck, Karl-Heinz (2003c): Wort-Spiele in der offenen Weite. Heideggers Denken im Licht der lullischen Kunst; in: Wolfgang Ullrich (Hg.): Verwindungen. Arbeit an Heidegger, Frankfurt a.M., S. 123-137

Brodbeck, Karl-Heinz (2003d): Der kreative Dialog. Musik als Kommunikationssystem, Österreichische Musikzeitschrift 8-9, S. 17-21

Brodbeck, Karl-Heinz (2003e): „Interest will not lie". Zur impliziten Ethik der Zinstheorie, praxis-perspektiven, Bd. 6, S. 65-76

Brodbeck, Karl-Heinz (2004a): Hirngespinste. Zur unüberbrückbaren Differenz zwischen Neurowissenschaft und Ethik, EthikJahrbuch 2004, 17-31

Brodbeck, Karl-Heinz (2004b): Kritische Wirtschaftsethik; in: Peter Ulrich, Markus Breuer (Hg.): Wirtschaftsethik im philosophischen Diskurs, Würzburg, S. 211-225

Brodbeck, Karl-Heinz (2004c): Wirklichkeit und Schein. Zum Dialog zwischen westlicher und buddhistischer Tradition; in: H. R. Yousefi, K. Fischer (Hg.): Interkulturelle Orientierung. Grundlegung des Toleranz-Dialogs, Teil II, Nordhausen, S. 133-147

Brodbeck, Karl-Heinz (2004d): Das Spiel mit den Gewohnheiten: Neuronale Strukturen und kreative Prozesse; in: Festschrift zum 20jährigen Bestehen der Gesellschaft der Lehrer/innen der F.M. Alexander-Technik e.V. (G.L.A.T.), Freiburg, S. 43-75

Brodbeck, Karl-Heinz (2004e): Erhard irrte, Financial Times Deutschland vom 14. 09. 2004, S. 26

Brodbeck, Karl-Heinz (2004e): Illusionen in einer globalisierten Welt. Ein buddhistischer Blick auf die Wirtschaft, Tibet und Buddhismus, Heft 71 (2004), 32-35

Brodbeck, Karl-Heinz (2005a): Buddhismus interkulturell gelesen, Nordhausen

Brodbeck, Karl-Heinz (2005b): Ökonomie der Armut; in: Clemens Sedmak (Hg.): Option für die Armen, Freiburg-Basel-Wien, S. 59-80

Brodbeck, Karl-Heinz (2005c): Fairness und Kreativität im Wettbewerb, praxis-perspektiven, Bd. 7, S. 71-80

Brodbeck, Karl-Heinz (2006a): Gewinn und Moral. Beiträge zur Ethik der Finanzmärkte, Aachen

Brodbeck, Karl-Heinz (2006b): Gelten ökonomische Gesetze in allen Kulturen? Zur ideologischen Funktion der Wirtschaftswissenschaften im interkulturellen Dialog; in: H. R. Yousefi, K. Fischer, I. Braun (Hg.): Wege zur Kommunikation. Theorie und Praxis interkultureller Toleranz, Nordhausen, S. 263-288

Brodbeck, Karl-Heinz (2006c): John Stuart Mills „Stationärer Zustand" als soziales Modell; in: P. Ulrich, M. Aßländer (Hg.): John Stuart Mill, Bern-Stuttgart-Wien, S. 211-251

Brodbeck, Karl-Heinz (2006d): Religion und Wirtschaft. Asien im Vergleich zum westlichen Kulturraum, praxis-perspektiven, Bd. 8 (2006), S. 17-27

Brodbeck, Karl-Heinz (2006e): Gewinn- versus Renditenmaximierung. Zu einer „stillen Revolution" im modernen Kapitalismus, praxis-perspektiven, Bd. 8, S. 93-101

Brodbeck, Karl-Heinz (2006f): Neue Trends in der Kreativitätsforschung, Psychologie in Österreich 26 4&5, S. 246-253

Brodbeck, Karl-Heinz (2007): Der Ort der Natur. Eine buddhistische Perspektive; in: H. R. Yousefi (Hg.): Orthafte Ortlosigkeit der Philosophie, Festschrift für Ram Adhar Mall zum 70. Geburtstag, Nordhausen, S. 453-466

Brodbeck, Karl-Heinz (2007a): Die Differenz zwischen Wissen und Nicht-Wissen", in: A. Zeuch (Hg.): Management von Nichtwissen in Organisation, Heidelberg 2007, S. 30-60

Brodbeck, Karl-Heinz (Hg.) (2008): Der Preis des Risikos, Aachen

Brodbeck, Karl-Heinz; Rudolf F. Matzka (1985): Evolutionary Production Systems, Quality and Quantity. European-American Journal of Methodology, 19, S. 145-153

Brodbeck, May (1968): Methodological Individualisms: Definition and Reduction; in: May Brodbeck (Hg.): Readings in the Philosophy of the Social Sciences, New York-London 1968, S. 269-280

Brosses, Charles de (1988): Du culte des Dieux fétiches, Paris (Original 1760)

Brough, William (1894): The Natural Law of Money, New York-London

Brown, Norman O. (1962): Zukunft im Zeichen des Eros, übers. v. Melitta Wiedermann, Pfullingen

Brunner, K.; A. H. Meltzer (1974): Die Verwendung von Geld: Geld in der Theorie einer Tauschwirtschaft; in: K. Brunner, H. G. Monissen, M. J. M. Neumann (Hg.) (1974), S. 50-73

Brunner, Karl; Hans G. Monissen, Manfred J. M. Neumann (Hg.) (1974): Geldtheorie, Köln

Buber, Martin (1973): Das dialogische Prinzip, Heidelberg

Buchanan, James M. (1984): Die Grenzen der Freiheit, Tübingen

Buchanan, James M. (2006): The Collected Works of James M. Buchanan (Online-Ausgabe), http://www.econlib.org/library/classicsauB.html#buchanan (8. Februar 2006)

Bucharin, Nikolai (1922): Theorie des Historischen Materialismus, übers. v. Frida Rubiner, Hamburg

Bucharin, Nikolai (1926): Das Elend der subjektiven Wertlehre, 2. Aufl., Wien-Berlin

Bucharin, Nikolai (1970): Ökonomik der Transformationsperiode, Reinbek bei Hamburg

Bücher, Karl (1909): Arbeit und Rhythmus, Leipzig-Berlin

Bücher, Karl (1922): Die Entstehung der Volkswirtschaft. Vorträge und Aufsätze, 1. Band, 16. Aufl., 2. Band, 7. Aufl., Tübingen

Bühler, Karl (1976): Die Axiomatik der Sprachwissenschaft, hrsg. v. Elisabeth Ströker, 2. Aufl., Frankfurt a.M.

Buhr, Manfred (1972): Vorbemerkung des Herausgebers; in: Peter Reichel: Verabsolutierte Negation, Frankfurt a.M., S. 5-6

Buquoy, Georg von (1815-18): die Theorie der Nationalwirthschaft nach einem neuen Plane und mehreren eigenen Ansichten dargestellt, Leipzig; Reprint hrsg. v. C. Bagloglou, B. Schefold, Hildesheim-Zürich-New York 2005

Burda, Michael C., Charles Wyplosz (1994): Makroökonomik. Eine europäische Perspektive, München

Burke, Edmund (1795): Thoughts and Details on Scarcity; in: Miscellenious Writings, Liberty Fund 1999 (Neudruck der Payne-Edition), S. 51-92

Burmeister, Edwin (1980): Capital Theory and Dynamics, London et al.

Burmeister, Edwin; A. Rodney Dobell (1970): Mathematical Theories of Economic Growth, London

Bury, Ernst (Hg.) (1999): In medias res, Lexikon lateinischer Zitate und Wendungen, Berlin

Butler, Major General Smedley D. (1933): War is a Racket, A speech delivered in 1933, : http://www.ratical.org/ratville/CAH/warisaracket.pdf (20. Mai 2007)

Cairnes, John E. (1854): An Examination Into the Principles of Currency, Dublin (Reprint Hg. Rod Hay, McMaster)

Cairnes, J. E. (1888): The Character and Logical Method of Political Economy, New York-London (Reprint Kitchener 2001)

Cannan, Edwin: (Hg.) (1925): The Paper Pound of 1797-1821, The Bullion Report. 2. Aufl. London (Reprint New York 1969)

Cantillon, Richard (1959): Essai sur la nature du commerce en géneral, hrsg. v. Henry Hicks, London

Carey, Henry C. (1870): Lehrbuch der Volkswirtschaft und Sozialwissenschaft, übers. v. K. Adler, 2. Aufl., Wien

Carnap, Rudolf (1974): Der logische Aufbau der Welt, 4. Aufl., Frankfurt a.M.-Berlin-Wien

Carter, Robert E. (1989): The Nothingness beyond God. An Introduction to the Philosophy of Nishida Kitaro, New York

Cartwright, Nancy (1983): How the Laws of Physics Lie, Oxford-New York

Cassel, Gustav (1926): Grundgedanken der theoretischen Ökonomie. Vier Vorlesungen, Leipzig-Erlangen

Cassel, Gustav (1927): Theoretische Sozialökonomie, 4. Aufl., Leipzig

Cathrein, Viktor (1924): Moralphilosophie, 6. Aufl., Bd. II, Leipzig

Cauty, André; Jean-Michel Hoppan (2006): Die zwei Nullen der Maya; Spektrum der Wissenschaft Spezial: Ethnomathematik, 2, S. 22-25

Chomsky, Noam (1959): A Review of B. F. Skinners ,Verbal Behavior', Language 35, S. 26-58; deutsch in: H. Holzer, K. Steinbacher (Hg.) (1972), S. 60-85

Chomsky, Noam (1971): Cartesianische Linguistik, übers. v. Richard Kruse, Tübingen

Chomsky, Noam (1973): Aspekte der Syntax-Theorie, Frankfurt a.M.

Chomsky, Noam (1991): Linguistics and Adjacent Fields: A Personal View; in: Asa Kasher (Hg.): The Chomskyan Turn, Mass.-Oxford 1991, S. 3-25

Chossudovsky, Michel (2002): Global Brutal. Der entfesselte Welthandel, die Armut, der Krieg, Frankfurt a.M.

Clark, John Bates (1899): The Distribution of Wealth, London

Clausewitz, Carl von (1980): Vom Kriege, Frankfurt a.M.-Berlin-Wien

Cloeren, Hermann-Josef (Hg.) (1971): Philosophie als Sprachkritik im 19. Jahrhundert, Stuttgart-Bad Cannstatt

Clower, Robert W. (1965): The Keynesian Counterrevolution; in: F. Hahn, F. Brechling: The Theory of Interest Rates, London, S. 103-125

Clower, Robert W. (1967): A Reconsideration of the Microfoundations of Monetary Theory; Western Economic Journal 6, S. 1-9; in: Robert W. Clower (Hg.) (1969), S. 202-211

Clower, Robert W. (1995): On the Origin of Monetary Exchange, Economic Inquiry 33, S. 525-536

Clower, Robert W. (Hg.) (1969): Monetary Theory, Harmondsworth

Coase, Ronald H. (1937): The Nature of the Firm, Economica, New Series, 4, S. 386-405

Coase, Ronald H. (1960): The Problem of Social Cost, Journal of Law & Economics 5, S. 1-44 (deutsch in: Assmann/Kirchner/Schanze (Hg.) (1978), S. 146-202

Cohn, Arthus Wolfgang (1920): Kann das Geld abgeschafft werden?, Jena

Coleman, James C. (1991): Grundlagen der Sozialtheorie, drei Bände, München

Collingwood, Robin George (1955): Denken, übers. v. Hans-Joachim Fineldei, Stuttgart

Comte, Auguste (1915): Abhandlung über den Geist des Positivismus, übers. v. Friedrich Sebrecht, Leipzig

Comte, Auguste (1974): Die Soziologie, hrsg. v. Friedrich Blaschke, 2. Aufl., Stuttgart

Cornelius, Hans (1916): Transcendentale Systematik, München

Coseriu, Eugenio (2003): Geschichte der Sprachphilosophie, Tübingen-Basel

Cranston, Maurice (1953): Freedom: A New Analysis, London

Creutz, Helmut (1997): Das Geld-Syndrom, 5. Aufl., Berlin

Croce, Benedetto (2004): Historical Materialism and the Economics of Karl Marx, Kessinger Publishing (Online-Book; 8.8.2006)

Cumming, Robert (1981): Strukturen des Wissens: Dinge, Geld, Personen; in: Nico Stehr, Volker Meja (Hg.) (1981), S. 407-427

Curry-Stevens, Ann (2001): When Markets Fail People. Exploring the widening gap between rich and poor in Canada, http://www.socialjustice.org/pdfs/WhenMarketsFail.pdf (29. 4. 2007)

Damaschke, Adolf (1921): Geschichte der Redekunst, Jena

Darwin, Charles (1982): Autobiographie; in: Charles Darwin – ein Leben. Autobiographie, Briefe, Dokumente, München

Davidson, Donald (1986): Wahrheit und Interpretation, Frankfurt a.M.

Davidson, Donald (1993): Der Mythos des Subjektiven, übers. v. Joachim Schulte, Stuttgart

Davies, Paul; Julian R. Brown (Hg.) (1992): Superstrings, München

Davis, Mike (2004): Die Geburt der Dritten Welt. Hungerkatastrophen und Massenvernichtung im imperialistischen Zeitalter, Berlin-Hamburg-Göttingen

Davis, Mike (2007): Planet der Slums, übers. v. Ingrid Scherf, Berlin

De Quincy, Thomas (1844): The Logic of Political Economy, Boston

Debreu, Gerald (1954): Representation of a Preference Ordering by a Numerical Function; in: R.M. Thrall, C.H. Coombs, R. L. Davis (eds.): Decision Process, New York, S. 159-166

Debreu, Gerard (1959): Theory of Value, New Haven-London

Debreu, Gérard (1974): Excess Demand Functions, Journal of Mathematical Economics 1, S. 15-21

Decker, Peter; Karl Held (1989): DDR kaputt, Deutschland ganz. Eine Abrechnung mit dem „Realen Sozialismus" und dem Imperialismus deutscher Nation, München

Dempsey, Bernard W. (1948): Interest and Usury, London

Descartes, René (1915): Meditationen, mit sämtlichen Einwänden und Erwiderungen, hrsg. v. Artu Buchernau, Leipzig

Descartes, René (1955): Die Prinzipien der Philosophie, hrsg. v. A. Buchenau, Hamburg

Descartes, René (1972): Regeln zur Ausrichtung der Erkenntniskraft, hrsg. v. Lüder Gäbe, Hamburg

Descartes, René (1984): Die Leidenschaften der Seele, übers. v. K. Hammacher, Hamburg

Descartes, René (2001): Discours de la Méthode (Bericht über die Methode), übers. v. Holger Ostwald, Stuttgart

Diehl, Karl (1941): Die sozialrechtliche Richtung in der Nationalökonomie, Jena

Diels, Hermann (1957): Die Fragmente der Vorsokratiker, Hamburg

Dietzel, Carl (1864): Die Volkswirthschaft und ihr Verhältnis zu Gesellschaft und Staat, Frankfurt a.M.

Dilke, O. A. W. (1991): Mathematik, Maße und Gewichte in der Antike, Stuttgart

Dilthey, Wilhelm (1958): Der Aufbau der Geschichtlichen Welt in den Geisteswissenschaften, Gesammelte Schriften Bd. VII, 2. Aufl., Stuttgart-Göttingen

Dilthey, Wilhelm: Gesammelte Schriften, hrsg. v. Bernhard Groethuysen u. a., Leipzig et al. 1914 ff. (= GS)

Dimson, Elroy; Paul Marsh, Mike Stuanton (2002): Triumph of the Optimists. 101 Years of Global Investment Returns, Princeton-New Jersey-Oxford

Diogenes Laertius (1967): Leben und Meinungen berühmter Philosophen, übers. v. Otto Apelt, 2. Aufl., Hamburg

Dixon, Keith (2000): Die Evangelisten des Marktes, Konstanz

Dmitriev, Vladimir K. (1898): David Ricardos Werttheorie. Versuch einer strengen Analyse; in: Bertram Schefold (Hg.): Ökonomische Klassik im Umbruch, Frankfurt a.M. 1986, S. 63-136.

Dobb, Maurice (1977): Wert- und Verteilungstheorien seit Adam Smith, übers. v. Cora Stephan, Frankfurt a.M.

Dogen Zenji (1975): Shobogenzo, übers. v. Kosen Nishiyana und John Stevens, Band I, Zürich

Domizlaff, Hans (1946): Analogik. Denkgesetzliche Grundlagen der naturwissenschaftlichen Forschung, Hamburg

Domizlaff, Hans (1957): Die Seele des Staates, als Manuskript gedruckt

Domizlaff, Hans (1982): Die Gewinnung des öffentlichen Vertrauens, Hamburg

Dreyfus, Georges B. J. (1997): Recognizing Reality, New York

Driesch, Hans (1954): Alltagsrätsel des Seelenlebens, Zürich

Dunne, John D. (2004): Foundations of Dharmakīrti's Philosophy, Boston

Durkheim, Emile (1976): Die Regeln der soziologischen Methode, hrsg. v. René König, 5. Aufl., Neuwied

Durkheim, Emile (1977): Über die Teilung der sozialen Arbeit, übers. v. Ludwig Schmidts, Frankfurt a.M.

Durkheim, Emile; Marcel Mauss (1963): Primitive Classification, London

Ebener, Dietrich (Hg.) (1980): Griechische Lyrik in einem Band, 2. Aufl., Berlin-Weimar

Ebner, Ferdinand (1963): Schriften, erster Band, München

Eckermann, Johann Peter (1884): Gespräche mit Goethe, Leipzig

Eckhart, Meister (1978): Deutsche Predigten und Traktate, hrsg. v. Josef Quint, 5. Aufl., München

Eco, Umberto (2002): Einführung in die Semiotik, hrsg. v. Jürgen Trabant, 9. Aufl., München

Edgeworth, Francis Ysidro (1881): Mathematical Psychics, London (Reprint Düsseldorf 1994)

Eichhorn, Wolfgang; Joachim Voeller (1976): Theory of the Price Index, Berlin-Heidelber-New York

Einstein, Albert (1993): Aus meinen späten Jahren, Frankfurt a.M.-Berlin

Eisenhower, Dwight D. (2006): Farewell Radio and Television Address to the American People, 17. 1. 1961, http://www.presidency.ucsb.edu/ws/print.php?pid=12086 (11. 8. 2008)

Endemann, Wilhelm (1866): Die Bedeutung der Wucherlehre, Berlin

Endemann, Wilhelm (1883): Studien in der romanisch-kanonischen Wirthschafts- und Rechtslehre, zwei Bände, Berlin

Engdahl, F. William (2006): Mit der Ölfwaffe zur Weltmacht. Der Weg zur neuen Weltordnung, übers. v. Helmut Böttiger und Andreas Zantop, Rottenburg

Epikur (1949): Von der Überwindung der Furcht, hrsg. v. Olof Gigon, Zürich

Epstein, Joshua M.; Robert Axtell (1996): Growing Artificial Societies, Washington-Cambridge/Mass.

Ernst, Paul (1922): Zusammenbruch und Glaube, München

Eschbach, Achim (1977): Einleitung zu: Charles W. Morris: Pragmatische Semiotik und Handlungstheorie, Frankfurt a.M., S. 11-76

Euchner, Walter; Alfred Schmidt (Hg.) (1972): Kritik der Politischen Ökonomie heute. 100 Jahre ‚Kapital', Frankfurt a.M.

Eucken, Walter (1947): Nationalökonomie wozu?, Godesberg

Eucken, Walter (1954): Kapitaltheoretische Untersuchungen, Tübingen-Zürich

Eucken, Walter (1959a): Die Grundlagen der Nationalökonomie, 7. Aufl., Berlin-Göttingen-Heidelberg

Eucken, Walter (1959b): Grundsätze der Wirtschaftspolitik, Hamburg

Euripides (1979): Werke in drei Bänden, übers. v. Dietrich Ebener, 2. Aufl., Berlin-Weimar

Evers, Hans-Dieter (1994): The Trader's Dilemma: A Theory of the Social Transformation of Markets and Society; in: H.-D. Evers, H. Schrader (Hg.) (1994): The Moral Economy of Trade. Ethnicity and Developing Markets, London, S. 7-14

Ewen, Stuart (1996): PR! A Social History of Spin, New York

Faber, Malte (1979): Introduction to Modern Austrian Capital Theory, Berlin-Heidelberg-New York

Fabian-Sagal, Eugenie (1909): Albert Schaeffle und seine theoretisch-nationalökonomischen Lehren, Inaugural-Dissertation Zürich

Fehr, Johannes (2003): Einleitung zu: Saussure, Ferdinand de: Linguistik und Semiologie, Frankfurt a.M.

Ferenczi, Sándor (1973): Zur Ontogenie des Geldinteresses; in: Ernst Bornemann (1973), S. 96-104

Ferguson, Adam (1782): Essay on the History of Civil Society, 5. Aufl., London

Ferguson, Adam (1986), Versuch über die Geschichte der bürgerlichen Gesellschaft, Frankfurt a.M.

Feuerbach, Ludwig (1950): Grundsätze der Philosophie der Zukunft, in: Kleine philosophische Schriften (1842-1845), hrsg. v. Max Gustav Lange, Leipzig

Fichte, Johann Gottlieb: Fichtes sämtliche Werke, hrsg. v. I. H. Fichte, Berlin 1845/1846 (= WW)

Fichte, Johann Gottlieb (1977): Ausgewählte Politische Schriften, Frankfurt a.M.

Fichte-Schelling (1968): Briefwechsel, hrsg. v. Walter Schulz Frankfurt a.M.

Finley, Moses I. (1971): Aristoteles und ökonomische Analyse, Jahrbuch für Wirtschaftsgeschichte, Teil 2, S. 87-105

Finley, Moses I. (1977): Die antike Wirtschaft, übers. v. Andreas Wittenburg, München

Finley, Moses I. (1979): Die Welt des Odysseus, übers. v. Anna-Elisabeth Berve-Glauning u.a., München

Fischer, Kuno (1865): Geschichte der neuern Philosophie, Erster Band, zweiter Teil: Baruch Spinzoa, Heidelberg

Fisher, Irving (1892): Mathematical Investigations in the Theory of Value and Prices (Reprint New York 2006)

Fisher, Irving (1896): Appreciation and Interest, New York 1998; Reprint in: I. Fisher (1892)

Fisher, Irving (1906): Economics as a Science, Science Vol. 24 No. 609, S. 257-261

Fisher, Irving (1911): The 'Impatience Theory' of Interest, "Scientia" Rivisti di Scienza, IX, Reprint Bologna-London-Paris-Leipzig o.J.

Fisher, Irving (1916): Die Kaufkraft des Geldes, übers. v. Ida Stecker, Berlin

Fisher, Irving (1918): Is 'Utility' the Most Suitable Term for the Concept it is Used to Denote? The American Economic Review 8, S. 335-337

Fisher, Irving (1928): The Money Illusion, New York

Fisher, Irving (1933): Stamp Script, New York

Fisher, Irving (1938): Von der Illusion des Geldes zur wahrhaft festen Währung, Weimar-Leipzig

Fisher, Irving (1977): The Theory of Interest, Philadelphia

Flasch, Kurt (1993): Was ist Zeit?, Frankfurt a.M. (2. Aufl. 2004)

Flasch, Kurt (2004): Nikolaus von Kues in seiner Zeit, Stuttgart

Fleck, Ludwik (1980): Entstehung und Entwicklung einer wissenschaftlichen Tatsache, hrsg. v. Lothar Schäfer und Thomas Schnelle, Frankfurt a.M.

Forguson, L. W. (1985): Austins Handlungstheorie; in: Georg Meggle (Hg.) (1985), S. 43-68

Forum für Philosophie Bad Homburg (Hg.) (1988): Kants transzendentale Deduktion und die Möglichkeit von Transzendentalphilosophie, Frankfurt a.M.

Foucault, Michel (2006): Die Geburt der Biopolitik. Geschichte der Gouvernementalität II, hrsg. v. Michel Sennelart, übers. v. Jürgen Schröder, Frankfurt a.M. 2006

Frank, Jürgen (1976): Kritische Ökonomie, Reinbek bei Hamburg

Frank, R. H.; T. Gilovich, D. T. Regan (1993): Does studying economics inhibit cooperation? Journal of Economic Perspectives 7, 2, S. 159-171

Franklin, Benjamin (1748): Guter Rath an einen jungen Handwerker (1748), Leben und Schriften, zweiter Band, Hamburg-Leipzig-St. Petersburg o.J.

Frege, Gottlob (1969): Funktion, Begriff, Bedeutung. Fünf logische Studien, hrsg. v. G. Patzig, Göttingen

Frege, Gottlob (1980): Gottlob Freges Briefwechsel, Hamburg

Frege, Gottlob (1987): Die Grundlagen der Arithmetik, Stuttgart

Freud, Sigmund (1965a): Das Unbehagen in der Kultur, Frankfurt a.M.-Hamburg

Freud, Sigmund (1965b): Abriß der Psychoanalyse, Frankfurt a.M.-Hamburg

Freud, Sigmund (1970): Der Humor; in: Studienausgabe Band IV, Frankfurt a.M.

Freud, Sigmund (1972): Massenpsychologie und Ich-Analyse; in Werke Bd. XIII, 7. Auflage, Frankfurt a.M.

Freudenberg-Hübner, Dorothee; Erhard Roy Wiehn (Hg.) (1993): Abgeschoben. Jüdische Schicksale aus Freiburg 1940-1942. Briefe der Geschwister Liefmann, Konstanz

Friedman, Milton (1953): The Methodology of Positive Economics; in: Essays in Positive Economics, Chicago; S. 3-43

Friedman, Milton (1953a): Choice, Chance, and the Personal Distribution of Income, The Journal of Political Economy 61, S. 277-290

Friedman, Milton (1955): Review: Leon Walras and His Economic System, The American Economic Review 45, S. 900-909

Friedman, Milton (1957): A Theory of the Consumption Function, Princeton

Friedman, Milton (1976): Die optimale Geldmenge, Frankfurt a.M.

Friedman, Milton (1976a): Kapitalismus und Freiheit, München

Friedman, Thomas L. (1999): Globalisierung verstehen, Berlin

Gabrielli, Maria Florencia; George McCandless, Maria Josefina Roillett (2004): The intertemporal Relation between Money and Prices: Evidence from Argentina, Cuadernos de Economia 41, S. 199-215

Gadamer, Hans-Georg (1955): Einleitung; in: Robin George Collingwood: Denken, übers. v. Hans-Joachim Fineldei, Stuttgart, S. V-XIV

Gadamer, Hans-Georg (1975): Wahrheit und Methode, 4. Aufl., Tübingen

Gadamer, Hans-Georg (1999): Der Anfang des Wissens, Stuttgarrt

Gäfgen, Gérard (1968): Theorie der wirtschaftlichen Entscheidung, 2. Aufl., Tübingen

Gahlen, Bernhard (1972): Der Informationsgehalt der modernen Wachstumstheorie für die Wirtschaftspolitik, Tübingen

Galbraith, John Kenneth (1992): Finanzgenies, Frankfurt a.M.

Galilei, Galileo (1987): Einführung in die Schrift ‚Die Mechanik'; in: Schriften, Briefe, Dokumente, hrsg. v. Anna Mudry, zwei Bände, Berlin

Galison, Peter (1997): Die Ontologie des Feindes. Norbert Wiener und die Vision der Kybernetik; in: Hans-Jörg Rheinsberger, Michael Hagner, Bettina Wahrig-Schmidt (Hg.): Räume des Wissens, Berlin, S. 281-324

Gasset, José Ortega y (1956): Der Aufstand der Massen, Reinbek bei Hamburg

Gehlen, Arnold (1976): Der Mensch, 11. Aufl., Wiesbaden

Gehlen, Arnold (1980): Philosophische Schriften, 2 Bände, Frankfurt a.M.

Gehlen, Arnold (2004): Urmensch und Spätkultur. Philosophische Ergebnisse und Aussagen, 6. Auflage, Frankfurt a.M.

Gelesnoff, Wladimir (1918): Grundzüge der Volkswirtschaftslehre, Berlin

Georgescu-Roegen, Nicholas (1967): Analytical Economics. Issues and Problems, Cambridge/Mass.

Georgescu-Roegen, Nicholas (1971): The Entropy Law and the Economic Process, Cambridge Mass.-London

Georgescu-Roegen, Nicholas (1976): Energy and Economic Myths, New York et al.

Gerloff, Wilhelm (1947): Die Entstehung des Geldes und die Anfänge des Geldwesens, 3. Aufl., Frankfurt a.M.

Gerloff, Wilhelm (1952): Geld und Gesellschaft. Versuch einer gesellschaftlichen Theorie des Geldes, Frankfurt a.M.

Gesell, Silvio (1931): Die natürliche Wirtschaftsordnung durch Freiland und Freigeld, 11. Auflage, Hochheim

Gesell, Silvio (1948): An die Überlebenden, Heidelberg

Geue, Heiko (1997): Evolutionäre Institutionenökonomik. Ein Beitrag aus Sicht der österreichischen Schule, Schriften zu Ordnungsfragen der Wirtschaft, Band 55, Stuttgart

Geyser, Joseph (1922): Erkenntnistheorie, Münster

Glombowski, Jörg (1973): Gleichgewichtige erweiterte Reproduktion mit variablen Wachstumsraten des Kapital, mehrwert 2, S. 110-123

Gödel, Kurt (1931): Über formal unentscheidbare Sätze der Principia Mathematica und verwandter Systeme I, Monatshefte für Mathematik und Physik 38 (1931), S. 173-198; in: K. Berka, L. Kreiser (Hg.): Logik-Texte, Darmstadt 1983, S. 347-370

Goff, Jacques le (1988): Wucherzins und Höllenqualen, Stuttgart

Gokhale, Pradeep P. (Hg.) (1993): Vādanyāya of Dharmakīrti, Delhi

Göldel, Rolf W. (1935): Die Lehre von der Identität in der deutschen Logik-Wissenschaft sei Lotze, Leipzig

Goldman, Alvin I. (1985): Die Identität von Handlungen; in: Georg Meggle (Hg.) (1985), S. 332-353

Goldscheid, Rudolf (1908): Entwicklungswerttheorie, Entwicklungsökonomie, Menschenökonomie. Eine Programmschrift, Leipzig

Goldscheid, Rudolf (1911): Höherentwicklung und Menschenökonomie. Grundlegung der Sozialbiologie, Leipzig

Gomberg, J.; M. Moschenksi (1975): Zu einigen strittigen Fragen der Theorie der Reduktion der Arbeit, Sowjetwissenschaftschaft. Gesellschaftswissenschaftliche Beiträge 3, S. 304-314

Gomperz, Heinrich (1905): Weltanschauungslehre. Erster Band: Methodologie, Jena und Leipzig

Goodheart, Charles A. E. (1984): Monetary Theory and Practice: the UK Experience, London

Gorgias von Leontinoi (1989): Reden, Fragmente und Testimonien, hrsg. v. Thomas Buchheim, Hamburg

Gossen, Hermann Heinrich (1854): Entwickelung der Gesetze des menschlichen Verkehrs, und der daraus fließenden Regeln für menschliches Handeln, Braunschweig 1854 (Reprint Amsterdam 1967)

Gottl-Ottlilienfeld, Friedrich v. (1923a): Die wirtschaftliche Dimension. Eine Abrechnung mit der sterbenden Wertlehre, Jena

Gottl-Ottlilienfeld, Friedrich v. (1923b): Wirtschaft und Technik; in: Grundriss der Sozialökonomie, II. Abteilung, II. Teil, Tübingen

Gottl-Ottlilienfeld, Friedrich v. (1925): Wirtschaft als Leben, Jena

Gottl-Ottlilienfeld, Friedrich v. (1928): Bedarf und Deckung, Jena

Gottl-Ottlilienfeld, Friedrich v. (1936): Volk, Staat, Wirtschaft und Recht, Berlin

Gottl-Ottlilienfeld, Friedrich v. (1937): Wirtschaft. Gesammelte Aufsätze, Jena

Gottl-Ottlilienfeld, Friedrich v. (1940): Wirtschaft als Wissen, Tat und Wehr. Über Volkswirtschaftslehre, Autarkie und Wehrwirtschaft, Berlin

Gottl-Ottlilienfeld, Friedrich von (1949): Lexikon-Artikel in: Werner Ziegenfuss (Hg.): Philosophen-Lexikon, Erster Band, Berlin, S. 408-413

Grandmont, Jean-Michel (1983): Money and Value, Cambridge et al.

Granger, Clive W. J. (1969): Investigating Causal Relations by Econometric Models and Cross-Spectral Methods, Econometrica 37, S. 424-438

Graupe, Silja (2005): Der Ort ökonomischen Denkens, Heusenstamm

Grewendorf, Günther; Georg Meggle (1974): Zur Struktur des metaethischen Diskurses; in: Seminar: Sprache und Ethik. Zur Entwicklung der Metaethik, Frankfurt a.M., S. 7-31

Griffin, David Ray (2004): The New Pearl Harbor, Northampton/Mass.

Griffin, David Ray (2005): The 9/11 Commission Report. Omissions and Distortions, Northampton/Mass.

Griffin, David Ray, Peter Dale Scott (2006): 9/11 and American Empire. Intellectuals Speak Out, Nothampten/Mass.

Grill, Wolfgang, Hans Percynski (1993): Wirtschaftslehre des Kreditwesens, 28. Aufl., Bad Homburg

Grossman; Stanford J., Joseph E. Stiglitz (1980): On the Impossibility of Informationally Efficient Markets, American Economic Review 70, S. 393-407

Grossmann, Henryk (1929): Das Akkumulations- und Zusammenbruchsgesetz des kapitalistischen Systems, Leipzig

Grunberg, Emile; Franco Modigliani (1954): The Predictablity of Social Events, Journal of Political Economy 62, S. 465-478

Guenther, Herbert V. (1976): Philosophy & Psychology in the Abhidharma, London

Gumplowicz, Ludwig (1926): Grundriss der Soziologie, Innsbruck

Günther, Gotthard (1975): Kritische Bemerkungen zur gegenwärtigen Wissenschaftstheorie; in: Soziale Welt, Heft 3/4, S. 328-341

Günther, Gotthard (1975); in: Ludwig J. Pongratz (Hg.) (1975)

Günther, Gotthard (1976): Beiträge zur Grundlegung einer operationsfähigen Dialektik, erster Band, Hamburg

Günther, Gotthard (1978): Idee und Grundriß einer nicht-Aristotelischen Logik, 2. Aufl., Hamburg

Günther, Gotthard (1980): Beiträge zur Grundlegung einer operationsfähigen Dialektik, dritter Band, Hamburg

Gurley, John G.; Edward S. Shaw (1960): Money in a Theory of Finance, Washington, D.C.

Haas, Wilhelm (1921): Die psychische Dingwelt, Bonn

Haber, Franz (1926): Untersuchungen über Irrtümer moderner Geldverbesserer, Jena

Habermas, Jürgen (1969): Technik und Wissenschaft als ‚Ideologie', Frankfurt a.M.

Habermas, Jürgen (1971): Vorbereitende Bemerkungen zu einer Theorie der kommunikativen Kompetenz, in: Jürgen Habermas, Niklas Luhmann: Theorie der Gesellschaft oder Sozialtechnologie, Frankfurt

Habermas, Jürgen (1973): Zur Logik der Sozialwissenschaften, 3. Aufl., Frankfurt a.M.

Habermas, Jürgen (1975): Sprachspiel, Intention und Bedeutung. Zu Motiven bei Sellars und Wittgenstein; in: Rolf Wiggershaus (Hg.) (1975), S. 319-340

Habermas, Jürgen (1976): Zur Rekonstruktion des Historischen Materialismus, Frankfurt a.M.

Habermas, Jürgen (1979): Erkenntnis und Interesse; in: Albert, Hans; Ernst Topitsch (Hg.): Werturteilsstreit, Darmstadt, S. 334-352

Habermas, Jürgen (1980): Handlung und System – Bemerkungen zu Parsons' Medientheorie; in: Wolfgang Schluchter (Hg.) (1980): Verhalten, Handeln und System, Frankfurt a.M., S. 68-105

Habermas, Jürgen (1981): Theorie des kommunikativen Handelns, zwei Bände, Frankfurt a.M.

Habermas, Jürgen (1985): Der philosophische Diskurs der Moderne, Frankfurt a.M.

Habermas, Jürgen (1991): Erläuterungen zur Diskursethik, Frankfurt a.M.

Habermas, Jürgen (1998): Faktizität und Geltung, Frankfurt a.M.

Habermas, Jürgen (1999): Die Einbeziehung des Anderen, Frankfurt a.M.

Habermas, Jürgen (2000): Globalism, Ideology and Traditions. Interview with Jürgen Habermas, Thesis Eleven, Number 63, November, S. 1–10

Habermas, Jürgen (2004): Wahrheit und Rechtfertigung, Frankfurt a.M.

Habermas, Jürgen (2005): Zwischen Naturalismus und Religion, Frankfurt a.M.

Hacking, Ian (1999): Was heißt ‚soziale Konstruktion'?, Frankfurt a.M.

Haecker, Thomas (1935): Der Christ und die Geschichte, Leipzig

Hahn, Albert (1930): Volkswirtschaftliche Theorie des Bankkredits, 3. Aufl., Tübingen

Hahn, Frank (1979): Geldtheorie; in: Martin J. Beckmann, Günter Menges, Reinhard Selten (Hg.): Handwörterbuch der Mathematischen Wirtschaftswissenschaften 1, Wiesbaden, S. 41-67

Hahn, Hans (1930): Überflüssige Wesenheiten (Occams Rasiermesser); wiederabgedruckt in: H. Schleichert (Hg.): Logischer Empirismus – der Wiener Kreis, München 1975, S. 95-116

Haken, Hermann (1990): Synergetik, 3. Aufl., Berlin-Heidelberg-New York et al.

Hamann, Johann Georg (1997): Vermischte Anmerkungen über die Wortfügung in der französischen Sprache; in: Eric Achermann: Worte und Werte, Tübingen, S. 328-336

Hampe, Michael (2007): Eine kleine Geschichte des Naturgesetzbegriffs, Frankfurt a.M.

Harburger, Walter (1919): Der Staat ohne Steuern, München

Harcourt, G. C. (1972): Some Cambridge Controversies in the Theory of Capital, Cambridge et al.

Harcourt, G. C., N. F. Lang (Hg.) (1971): Capital and Growth, Harmondsworth

Hardin, Gerrett (1968): The Tragedy of the Commons, Science, 162, S. 1243-1248

Harrod, Roy F. (1951): The Life of John Maynard Keynes, London

Hartmann, Heinz (Hg.) (1967): Moderne Amerikanische Soziologie, Stuttgart

Hartmann, Nicolai (1935): Ethik, 2. Aufl., Berlin-Leipzig

Hartmann, Nicolai (1940): Der Aufbau der realen Welt, Berlin

Hartmann, Nicolai (1949): Das Problem des geistigen Seins, 2. Aufl., Berlin

Hartmann, Nicolai (1957): Diesseits von Idealismus und Realismus; in: Kleinere Schriften, Band II: Abhandlungen zur Philosophie-Geschichte, Berlin, S. 278-322

Hartmann, Nicolai (1966): Teleologisches Denken, 2. Aufl., Berlin

Haveman, Robert; Julius Margolis (Hg.) (1977): Public Expenditure and Policy Analysis, Boston

Hayek, Friedrich A. (1929): Geldtheorie und Konjunkturtheorie, Wien

Hayek, Friedrich A. (1931): Preise und Produktion, Wien

Hayek, Friedrich A. (1934): Carl Menger, Economica, New Series 1, S. 393-420

Hayek, Friedrich A. (1937): Economics and Knowledge, Economica IV, S. 33-54

Hayek, Friedrich A. (1941): The Pure Theory of Capital, London

Hayek, Friedrich A. (1943): The Facts of the Social Sciences, Ethics 54, S. 1-13

Hayek, Friedrich A. (1948): Wahrer und falscher Individualismus, Ordo Bd. 1, S. 19-55

Hayek, Friedrich A. (1952): Individualismus und wirtschaftliche Ordnung, Erlenbach-Zürich

Hayek, Friedrich A. (1952a): The Counter-Revolution of Science, Glencoe

Hayek, Friedrich A. (1967): Studies in Philosophy, Politics and Economics, London and Henley

Hayek, Friedrich A. (1971): The Use of Knowledge in Society; in: H. Townsend (Hg.), Price Theory, Harmondsworth, S. 17-31

Hayek, Friedrich A. (1976a): Der Weg zur Knechtschaft, München

Hayek, Friedrich A. (1976b): The Sensory Order. An Inquiry into the Foundations of Theoretical Psychology, Chicago-Illinois

Hayek, Friedrich A. (1977): Entnationalisierung des Geldes, Tübingen

Hayek, Friedrich A. (1978): Einleitung zu: Margit v. Mises (Hg.): Erinnerungen von Ludwig v. Mises, Stuttgart-New York

Hayek, Friedrich A. (1983): Markt, Plan, Freiheit; Franz Kreuzer im Gespräch mit Friedrich von Hayek und Ralf Dahrendorf, Wien 1983

Hayek, Friedrich A. (1980-1): Recht, Gesetzgebung und Freiheit, drei Bände, Landsberg

Hayek, Friedrich A. (1991): Die Verfassung der Freiheit, 3. Aufl., Tübingen

Hayek, Friedrich A. (1994): Freiburger Studien, Tübingen

Hayek, Friedrich A. (1996): Die Anmaßung von Wissen, Tübingen

Hegel, Georg Wilhelm Friedrich (1953): Briefe, drei Bände, hrsg. v. Johannes Hoffmeister, Hamburg

Hegel, Georg Wilhelm Friedrich (1971): Werke, hrsg. v. Eva Moldenhauer und Karl Markus Michel, Frankfurt a.M. (= WW)

Hegel, Georg Wilhelm Friedrich (1974): Anhang zur Jenaer Realphilosophie; in: Frühe politische Systeme, hrsg. v. Gerhard Göhler, Frankfurt a.M.-Berlin-Wien

Hegel, Georg Wilhelm Friedrich (2005): Die Philosophie des Rechts. Vorlesung von 1821/22, hrsg. v. Hansgeorg Hoppe, Frankfurt a.M.

Heidegger, Martin (1957): Identität und Differenz, Pfullingen

Heidegger, Martin (1960): Der Ursprung des Kunstwerkes, Stuttgart

Heidegger, Martin (1961): Nietzsche, zwei Bände, Pfullingen

Heidegger, Martin (1969): Zur Sache des Denkens, Tübingen

Heidegger, Martin (1971): Schellings Abhandlung über das Wesen der menschlichen Freiheit (1809), Tübingen

Heidegger, Martin (1971a): Unterwegs zur Sprache, 4. Aufl., Pfullingen

Heidegger, Martin (1971b): Was heißt Denken?, 3. Aufl., Tübingen

Heidegger, Martin (1972a): Sein und Zeit, 12. Aufl., Tübingen

Heidegger, Martin (1972b): Holzwege, 5. Aufl, Frankfurt a.M.

Heidegger, Martin (1973): Kant und das Problem der Metaphysik, 4. Aufl., Frankfurt a.M.

Heidegger, Martin (1976a): Die Technik und die Kehre, 3. Aufl., Pfullingen

Heidegger, Martin (1976b): Einführung in die Metaphysik, 4. Aufl., Tübingen

Heidegger, Martin (1977): Vier Seminare, Frankfurt a.M.

Heidegger, Martin (1978): Wegmarken, 2. Aufl., Frankfurt a.M.

Heidegger, Martin (1983a): Die Selbstbehauptung der deutschen Universität, Frankfurt a.M.

Heidegger, Martin (1983b): Denkerfahrungen, Frankfurt a.M.

Heidegger, Martin (1987): Zollikoner Seminare, hrsg. v. Medard Boss, Frankfurt a.M.

Heidegger, Martin (1991): Die Bedrohung der Wissenschaft; in: Dietrich Papenfuss, Otto Pöggeler (Hg.): Zur philosophischen Aktualität Heideggers, Bd. 1, Frankfurt a.M.

Heidegger, Martin: Gesamtausgabe, Frankfurt a.M. verschiedene Jahre und Herausgeber (= GA)

Heinemann, Klaus (1969): Grundzüge einer Soziologie des Geldes, Stuttgart

Heinsohn, Gunnar; Otto Steiger (2004): Eigentum: Zins und Geld. Ungelöste Rätsel der Wirtschaftswissenschaft, 3. Aufl., Marburg

Heisenberg, Werner (1965): Das Naturbild der heutigen Physik, Hamburg

Helfferich, Karl (1903): Das Geld, Leipzig

Henderson, James M.; Richard E. Quandt (1983): Mikroökonomische Theorie, 5. Aufl., München

Hennis, Wilhelm (1996): Max Webers Wissenschaft vom Menschen, Tübingen

Heppe, Heinrich (1875): Geschichte der quietistischen Mystik in der katholischen Kirche, Berlin (Reprint: Hildesheim-New York 1978)

Herbart, Johann Friederich (1822a): Kleinere Abhandlungen zur Psychologie (Reprint Amsterdam 1969)

Herbart, Johann Friederich (1822b): Über die Möglichkeit und Nothwendigkeit, Mathematik auf Psychologie anzuwenden; in: Kleinere Abhandlungen zur Pschologie (Reprint Amsterdam 1969)

Herbart, Johann Friederich (1850): Psychologie als Wissenschaft, neu gegründet auf Erfahrung, Metaphysik und Mathematik, 2 Bände, (Reprint Amsterdam 1968)

Herbart, Johann Friederich (1993): Lehrbuch zur Einleitung in die Philosophie, hrsg. v. Wolfhart Henckmann, Hamburg

Herder, Johann Gottfried von (1978): Abhandlung über den Ursprung der Sprache; in: Sturm und Drang. Weltanschauliche und ästhetische Schriften; hrsg. v. Peter Müller, Bd. 1 Berlin-Weimar

Hermann, Conrad (1858): Philosophische Grammatik; in: Hermann-Josef Cloeren: Philosophie als Sprachkritik im 19. Jahrhundert, Stuttgart-Bad Cannstatt 1971, S. 209-241

Hermann, Friedrich B. W. (1832): Staatswirthschaftliche Untersuchungen, München (Reprint Düsseldorf 1987)

Herodot (1961): Historien, übers. v. Eberhard Richtsteig, München

Hickel, Rudolf (1973): Zur Interpretation der Marxschen Reproduktionsschemata, mehrwert 2, S. 33-122

Hicks, John R. (1937): Mr Keynes and the 'Classics'; a Suggested Interpretation, Econometrica 5, S. 147-159

Hicks, John R. (1946): Value and Capital, 2. Aufl., Oxford

Hicks, John R.; Roy G. D. Allen (1934): A Reconsideration of the Theory of Value, Economica NS 1, S. 52-76 und S. 196-219; Übersetzung in: A. E. Ott (Hg.) (1965), S. 117-161

Hildebrand, Bruno (1922): Die Nationalökonomie der Gegenwart und Zukunft, Jena

Hildenbrand, Werner (1994): Francis Ysidro Edgeworth: Der ‚Kern' einer Tauschwirtschaft und vollständiger Wettbewerb; in: B. Schefold (Hg.) (1994), S. 67-86

Hilferding, Rudolf (1973): Böhm-Bawerks Marx-Kritik; in: Friedrich Eberle (Hg.): Aspekte der Marxschen Theorie I, Frankfurt a.M., S. 130-192

Hillmann, Günther (Hg.) (1967): Selbstkritik des Kommunismus. Texte der Opposition, Reinbek bei Hamburg

Hirschberger, Johannes (1991): Geschichte der Philosophie, 13./14. Aufl., Freiburg

Hirschman, Albert O. (1987): Leidenschaften und Interessen, Frankfurt a.M.

Hirschman, Albert O. (1993): Entwicklung, Markt und Moral, Frankfurt a.M.

Hitler, Adolf (1930): Ministersessel oder Revolution? Hitler-Strasser. Das historische Gespräch vom 21./22. Mai 1930, Zeitungs-Sonderdruck April-Mai '83 (Reprint)

Hobbes, Thomas (1918): Grundzüge der Philosophie. Zweiter und dritter Teil: Lehre vom Menschen und Bürger, übers. v. Max Frischeisen-Köhler, Leipzig

Hobbes, Thomas (1949): Grundzüge der Philosophie. Erster Teil: Lehre vom Körper, übers. v. Max Frischeisen-Köhler, Leipzig

Hobbes, Thomas (1984): Leviathan, übers. v. Walter Euchner, Frankfurt a.M.

Hodgskin, Thomas (1827): Popular Political Economy, London

Hofbauer, Josef; Karl Sigmund (1984): Evolutionstheorie und dynamische Systeme, Berlin-Hamburg

Höffe, Otfried (Hg.) (1977): Über John Rawls' Theorie der Gerechtigkeit, Frankfurt a.M.

Höffe, Otfried (Hg.) (2005): Aristoteles-Lexikon, Stuttgart

Hofstätter, Peter R. (1957): Psychologie, Frankfurt a.M.

Hofstätter, Peter R. (1957a): Gruppendynamik. Kritik der Massenpsychologie, Reinbek bei Hamburg

Holzer, Horst; Karl Steinbacher (Hg.) (1972): Sprache und Gesellschaft, Hamburg

Homann, Karl (2003): Taugt die abendländisch-christliche Ethik noch für das 21. Jahrhundert?; in: Anreize und Moral, hrsg. v. Christoph Lütge, Münster

Honegger, Hans (1925): Volkswirtschaftliche Systeme der Gegenwart, Karlsruhe

Hopp, Stefan (2004): Die unsichtbare Hand – und vier Versuche, sie sichtbar zu machen, Dissertation, Bamberg

Hoppe, Hans-Hermann (1996): Die Österreichische Schule und ihre Bedeutung für die moderne Wirtschaftswissenschaft; in: K.-D. Grueske (Hg.): Ludwig von Mises' „Die Gemeinwirtschaft", Düsseldorf

Hoppe, Hans-Hermann (2003): Demokratie. Der Gott, der keiner ist, Waltrop-Leipzig

Hoppe, Hans-Hermann (2005): Eigentum, Anarchie und Staat. Studien zur Theorie des Kapitalismus, Waltrop und Leipzig

Horkheimer, Max (1968): Kritische Theorie, zwei Bände, hrsg. v. A. Schmidt, Frankfurt a.M.

Horkheimer, Max (1974): Zur Kritik der instrumentellen Vernunft, Frankfurt a.M.

Horkheimer, Max (1985): Nachgelassene Schriften 1931-1949; Gesammelte Schriften, Band 12, hrsg. v. Gunzelin Schmid-Noerr, Frankfurt a. M.

Horkheimer, Max; Theodor W. Adorno (1968): Dialektik der Aufklärung, Amsterdam (Reprint von 1944)

Horten, Max (1960): Die Metaphysik des Averroes, Frankfurt a.M. (Reprint)

Howitt, Peter; Robert W. Clower (2000): The Emergence of Economic Organization, Journal of Economic Behavior & Organization 41, S. 55-84

Hua, Tjin (1976): Die Erforschung und die Nutzbarmachung von Energiequellen durch die Menschen kennen keine Grenzen, Peking Rundschau 5, S. 10

Huang Po (1983): Der Geist des Zen, München-Wien

Huizinga, Johan (1956): Homo Ludens. Vom Ursprung der Kultur im Spiel, Hamburg

Humboldt, Wilhelm von (1980): Werke in fünf Bänden, hrsg. v. Andreas Flitner und Klaus Giel, 3. Aufl., Darmstadt (= WW)

Hume, David (1826): Philosophical Works, 4 Bände, Edinburgh 1826

Hume, David (1962; 1972): A Treatise of Human Nature, zwei Bände, hrsg. v. P. S. Árdal, London

Hume, David (1967): Eine Untersuchung über den menschlichen Verstand, hrsg. v. Herbert Herring, Stuttgart

Hume, David (1972): Eine Untersuchung über die Prinzipien der Moral, übers. v. C. Winckler, Hamburg

Hume, David (1988): Politische und ökonomische Essays, hrsg. v. Udo Bermbach, zwei Bände, Hamburg

Hunt, E. K.; Jesse G. Schwartz (Hg.) (1972): A Critique of Economic Theory, Harmondsworth

Husserl, Edmund (1968): Logische Untersuchungen, fünfte Auflage, Tübingen

Husserl, Edmund (1969): Cartesianische Meditationen, hrsg. v. E. Ströker, Hamburg

Hutcheson, Francis (1755): A System of Moral Philosophy, Glasgow-London (Reprint Hildesheim 1969)

Iannaccone, Laurence R. (1998): Introduction to the Economics of Religion, Journal of Economic Literature, 36, S. 1465-1496

Illing, Gerhard (1995): Spieltheorie; in: Norbert Berthold (Hg.): Allgemeine Wirtschaftstheorie, München, S. 107-128

Ingram, John Kells (1890): Geschichte der Volkswirtschaftslehre, Tübingen

Issing, Otmar (1993): Einführung in die Geldtheorie, 9. Aufl., München

Issing, Otmar (1993a): Einführung in die Geldpolitik, 5. Aufl., München

James, William (1899): Talks to Teachers, New York (Reprint: Dover-Edition 1961)

Jaspers, Karl (1948): Philosophie, 2. Aufl., Berlin-Göttingen-Heidelberg

Jennings, Richard (1855): Natural Elements of Political Economy, London (Reprint: New York 1969)

Jevons, W. Stanley (1875): Money and the Mechanism of Exchange, New York

Jevons, W. Stanley (1888): The Theory of Political Economy, 3. Aufl., London

Joas, Hans; Wolfgang Knobl (2004): Sozialtheorie, Frankfurt a.M.

Johnson, Harry G. (1974): Neue Entwicklungen in der Geldtheorie: Ein Kommentar, übers. v. Sabine Neumann; in: K. Brunner, H. G. Monissen, M. J. M. Neumann (Hg.) (1974): S. 26-48

Jöhr, Walter Adolf (1946): Das Modell der vollkommenen Konkurrenz und seine Funktion und seine Stellung in der Nationalökonomie, in: Konkurrenz und Planwirtschaft, Bern, S. 19-66

Jung, Werner (1990): Georg Simmel zur Einführung, Hamburg

Jünger, Friedrich Georg: Die Spiele, München 1959

Juvenal (1984): Satiren; in: Werner Krenkel (Hg.): Römische Satiren, übers. v. W. Binder, H. Düntzer, W. Krenkel, J. von Siebold, C. M. Wieland, 3. Aufl. Berlin-Weimar

KAB (Hg.) (1977): Texte zur katholischen Soziallehre, 4. Aufl., Kavelaer

Kahl-Furthmann, Gertrud (1968): Das Problem des Nichts, 2. Aufl., Meisenheim am Glan

Kaldor, Nicholas (1983): Grenzen der ‚General Theory', hrsg. v. Betram Schefolg, Berlin-Heidelberg et al.

Kalecki, Michal (1966): Theorie der wirtschaftlichen Dynamik, übers. v. Egon Matzner, Wien

Kant, Immanuel (1902): Kants Werke. Akademie-Textausgabe, hrsg. v. d. Preußischen Akademie der Wissenschaften, Berlin (= Jahr: Band)

Kant, Immanuel (1966): Werke in sechs Bänden, hrsg. v. Wilhelm Weischedel, Wiesbaden (= WW)

Kant, Immanuel (1990): Eine Vorlesung über Ethik, hrsg. v. Gerd Gerhardt, Frankfurt am Main

Kapp, Ernst (1877): Grundlinien einer Philosophie der Technik, Braunschweig

Katechismus der Katholischen Kirche (1993), München et al.

Kautsky, Karl (1904): Karl Marx' Ökonomische Lehren, 9. Aufl., Stuttgart

Keen, Steeve (2001): Debunking Economics. The naked Emperor of the Social Sciences, London-New York

Kelsen, Hans (1923): Hauptprobleme der Staatsrechtslehre, 2. Aufl., Tübingen

Kempski, Jürgen von (1964): Handlung, Maxime und Situation, in: Hans Albert (Hg.): Theorie und Realität, Tübingen, S. 233-247

Kennedy, Margrit (1994): Geld ohne Zinsen und Inflation, München

Keynes, John Maynard (1936): Allgemeine Theorie der Beschäftigung, des Zinses und des Geldes, übers. v. Fritz Waeger, Berlin

Keynes, John Maynard (1971ff): The Collected Writings, London-Basingstoke (= CW)

Keynes, John Maynard (1971): A Treatise on Money, The Collected Writings, Vol. V und VI, London-Basingstoke

Keynes, John Maynard (1973a): The General Theory of Employment, Interest and Money, Collected Writings Vol. VII, London-Basingstoke

Keynes, John Maynard (1973b): A Treatise on Probability, Collected Writings Vol. III, London-Basingstoke

Keynes, John Maynard (1984): Essays in Persuasion, Collected Writings Vol. IX, London-Basingstoke

Keynes, John Maynard (1987): The General Theory and After, The Collected Writings, Vol. XIII, XIV und XXIX, London-Basingstoke (= Jahr: 1,2,3)

Keynes, John Maynard (2004): Freund und Feind. Zwei Erinnerungen, übers. v. Joachim Kalka, Berlin

Keynes, John Neville (1917): The Scope and Method of Political Economy, 4. Aufl. (Reprint New York 1965)

Klaus, Georg (1972): Semiotik und Erkenntnistheorie, 3. Aufl., Berlin

Klaus, Georg (Hg.) (1968): Wörterbuch der Kybernetik, Berlin

Klein, Naomi (2007): The Shock Doctrine: The Rise of Disaster Capitalism, New York 2007

Kleutgen, Joseph (1878): Die Philosophie der Vorzeit, 2. Aufl., zwei Bände, Innsbruck

Klingenberg, Eberhard (1977): Das israelitische Zinsverbot in Torah, Mišnah und Talmud, Mainz-Wiesbaden

Knapp, Georg Friedrich (1921): Staatliche Theorie des Geldes, 3. Aufl., München-Leipzig

Knies, Karl (1873): Das Geld, Berlin (Reprint Düsseldorf 1996)

Knight, Frank H. (1935): The Ethics of Competition and other Essays, London

Knight, Frank H. (1940): 'What is Truth' in Economics?, The Journal of Political Economy 48, S. 1-32

Knight, Frank H. (1961): Methodology in Economics: Part I+II, Southern Economic Journal 27, S. 185-193 und 273-282

Knight, Frank H. (1971): Risk, Uncertainty and Profit, Chicago-London

Kocks, Klaus (2007): „Lügner reden immer nur von Notlügen", Interview in: Spiegel-Online vom 17. Januar 2007, http://www.spiegel.de/wirtschaft/0,1518,459450,00.html

Koerner, Ernst Frideryk Konrad (1973): Ferdinand de Saussure. Origin and Development of his linguististic though in Western Studies of Language, Braunschweig

König, Ingemar (2007): Der römische Staat, Stuttgart

König, René (Hg.) (1967): Handbuch der empirischen Sozialforschung, Band 1, Stuttgart

Koopmans Tjalling Charles (Hg.) (1951): Activity Analysis, Cowles Commission for Research in Economics, Monograph 13

Kopernikus, Nikolaus (1948): Erster Entwurf seines Weltsystems, übers. v. Fritz Rossmann, München

Korzybski, Alfred (1958): Science and Sanity, 4. Aufl., Lakeville

Kosiol, Erich (1962): Organisation der Unternehmung, Wiesbaden

Kôyama, Iwao (1990): Das Prinzip der Entsprechung und die Ortlogik; in: Ryôsuke Ohashi (Hg.): Die Philosophie der Kyôto-Schule, München S. 306-348

Kraus, Otto (1962): Grundfragen der Wirtschaftsphilosophie, Berlin

Krause, Ulrich (1977): Die Logik der Wertform; in: mehrwert 13, Berlin, S. 141-164

Krause, Ulrich (1979): Geld und abstrakte Arbeit. Über die analytischen Grundlagen der Politischen Ökonomie, Berlin-New York

Krause, Ulrich (1981): Hetergeneous Labour and the Fundamental Marxian Theorem, Review of Economic Studies 48, S. 173-178

Krelle, Wilhelm (1969): Produktionstheorie, Tübingen

Krings, Hermann; Hans Michael Baumgartner, Christoph Wild (Hg.) (1973): Handbuch philosophischer Grundbegriff, Studienausgabe in sechs Bänden, München

Krohn, Dieter; Detlef Horster, Jürgen Heinen-Tenrich (Hg.) (1989): Das Sokratische Gespräch. Ein Symposion, Hamburg

Kuhn, Harold W.; Silvia Nasar (Hg.) (2002): The essential John Nash, Princeton-Oxford

Kuhn, Thomas S. (1967): Die Struktur wissenschaftlicher Revolutionen, übers. v. Hermann Vetter, 2. Aufl., Frankfurt a.M.

Kuran, Timur (2004): Islam & Mammon, Princton-Oxford

Kurz, Robert (1999): Schwarzbuch Kapitalismus. Ein Abgesang auf die Marktwirtschaft, Frankfurt a.M.

La Mettrie, Julien Offray de (2001): Der Mensch eine Maschine, übers. v. Theodor Lücke, Stuttgart

Lafargue, Paul (1953): Karl Marx. Persönliche Erinnerungen; in: Erinnerungen an Karl Marx, Berlin

Lamberton, D. M. (Hg.) (1971): Economics of Information and Knowledge, Harmondsworth

Lancaster, Kelvin J. (1966a): A new Approach to Consumer Theory, Journal of Political Economy 74, S. 132-157

Lancaster, Kelvin J. (1966b): Change and Innovation in the Technology of Consumtion, American Economic Review. Papers and Proceedings 56, S. 14-33

Lange, Oscar (1934): The Determinateness of the Utility Function, Review of Economics Studies 1, S. 218-225

Lange, Oskar (1938): The rate of Interest and the Optimum Propensity to Consume, Economica N.S. 5, S. 12-32

Lange, Oscar (1967): The computer and the market; in: Charles Hilliard Feinstein (Hg.) (1967): Socialism, capitalism and economic growth. Essays presented to Maurice Dobb, S. 158-161

Langholm, Odd (1995): Oresme als ein klassischer Vertreter des mittelalterlichen Denkens über Geld und Münzverschlechterung; in: Bertram Schefold (Hg.): Vademecum zu einem Klassiker der mittelalterlichen Geldlehre, Düsseldorf, S. 97-124

Langley, Pat; Herbert A. Simon, Gary L. Bradshaw, Jjan M. Zytkow (1987): Scientific Discovery, London

Laughlin, Robert B. (2007): Abschied von der Weltformel, übers. v. Helmut Reuter, München-Zürich

Laum, Bernhard (1924): Heiliges Geld, Tübingen

Launhardt, Wilhelm (1885): Mathematische Begründung der Volkswirthschaftslehre, Leipzig (Reprint Düsseldorf 1994)

Law, John (1992): Betrachtungen über das Geld und den Handel; in: Handel, Geld und Banken, übers. v. Achim Toepel, Berlin

Le Bon, Gustave (1938): Psychologie der Massen, 6. Aufl., Stuttgart

Lefèbvre, Henri (1969): Zum Begriff der ‚Erklärung' in der politischen Ökonomie und in der Soziologie; in: A. Schmidt (Hg.) (1969), S. 153-175

Leibniz, Georg Wilhelm (1890): Die philosophischen Schriften, Berlin (Reprint Hildesheim 1961)

Leibniz, Georg Wilhelm (1961): Hauptschriften zur Grundlegung der Philosophie, zwei Bände, übers. v. A. Buchenau, Hamburg

Leibniz, Georg Wilhelm (1971): Neu Abhandlungen über den menschlichen Verstand, übers. v. Ernst Carrirer, Hamburg

Lenin, Wladimir I. (1964): Philosophische Hefte, Werke Bd. 38, Berlin

Lenin, Wladimir I. (1970a): Ausgewählte Werke in drei Bänden, Berlin

Lenin, Wladimir I. (1970b): Materialismus und Empiriokritizismus, Werke Bd. 14, Berlin

Lenin, Wladimir I.: Gesammelte Werke, Berlin mehrere Jahre (= WW)

Leonardo da Vinci (1940) Tagebücher und Aufzeichnungen, Leipzig

Leontief, Wassily W. (1951): The Structure of American Economy, 1919-39, Oxford

Levi, Eliphas (1925): Das große Geheimnis, München-Planegg

Lévi-Strauss, Claude (1973): Das wilde Denken, übers. v. Hans Naumann, Frankfurt

Lévi-Strauss, Claude (1980): Mythos und Bedeutung. Vorträge, Frankfurt

Libet, Benjamin (2004): Mind Time. The Temporal Factor in Consciousness, Cambridge/Mass.-London

Liebrucks, Bruno (1964): Sprache und Bewußtsein, fünf Bände, Frankfurt a.M.

Liefmann, Robert (1907): Ertrag und Einkommen auf der Grundlage einer rein subjektiven Wertlehre, Jena

Liefmann, Robert (1916): Geld und Gold. Ökonomische Theorie des Geldes, Stuttgart-Berlin

Liefmann, Robert (1917, 1919): Grundsätze der Volkswirtschaftslehre, zwei Bände, Stuttgart-Berlin

Liefmann, Robert (1922): Geschichte und Kritik des Sozialismus, Leipzig

Liefmann, Robert (1924): Selbstdarstellung; in Felix Meiner (Hg.): Die Volkswirtschaftslehre der Gegenwart in Selbstdarstellungen, Leipzig

Liefmann, Robert (1927): Neuere Literatur über H. H. Gossen. Zeitschrift für die gesamten Staatswissenschaften 83, S. 500-517

Liefmann, Robert (1929): Wirtschaftstheorie und Wirtschaftsbeschreibung, Tübingen

Liefmann, Robert (1930): Das Gelderagsstreben als Organisationsprinzip des Tauschverkehrs, Zeitschrift für Nationalökonomie 1, S. 75-98

Liefmann, Robert (1931): Von der Wert- zur Grenzertragslehre; in: Ludwig Mises, Arthur Spiethoff (Hg.) (1931), S. 109-145

Lippmann, Walter (1945): Die Gesellschaft freier Menschen, übers. v. E. Schneider; mit einer Einführung von Wilhelm Röpke, Bern

Lippmann, Walter (1997): Public Opinion, New York (1. Aufl. 1922)

List, Friedrich (1928): Das nationale System der Politischen Ökonomie, 5. Aufl., Jena

Little, I. M. D. (1957): A Critique of Welfare Economics, London-Oxford-New York

Locke, John (1923): Some Considerations of the Consequences of Lowering the Interest, and Raising the Value of Money (1691), Werke Bd. IV, London

Locke, John (1977): Zwei Abhandlungen über die Regierung, hrsg. von Walter Euchner, Frankfurt a.M.

Lommel, Pim van; P. R. van Wees, V. Meyers, I. Elfferich (2001): Near-death experience in survivors of cardiac arrest: a prospective study in the Netherlands, Lancet 358, 2039-2045

Lotka, Alfred J. (1956): Elements of Mathematical Biology, New York

Lotze, Rudolf Hermann (1912): Logik, hrsg. v. G. Misch, Leipzig

Lotze, Rudolf Hermann (1923): Mikrokosmos. Ideen zur Naturgeschichte und Geschichte der Menschheit, hrsg. v. Raymund Schmidt, 6. Aufl., drei Bände, Leipzig

Lovelock, James (2007): Gaias Rache. Warum die Erde sich wehrt, übers. v. Hartmut Schickert, Berlin

Lucas, Robert E. (1969): Real Wages, Employment, and Inflation, Journal of Political Economy 77, S. 721-764

Lucas, Robert E. (1978): Asset Prices in an Exchange Economy, Econometrica 6, S. 1429-1445

Lucas, Robert E. (1981): Studies in Business-Cycle Theory, Massachusetts

Lucas, Robert E. (1993): Ethik, Wirtschaftspolitik und das Verstehen wirtschaftlicher Entwicklung; in: Sekretariat der Deutschen Bischofskonferenz (Hg.) (1993), S. 75-85

Lucas, Robert E.; Thomas J. Sargent (Hg.) (1988): Rational Expectations and Econometric Practice, Volume I, Minneapolis

Luhmann, Niklas (1973): Zweckbegriff und Systemrationalität, Frankfurt a.M.

Luhmann, Niklas (1987a): Soziale Systeme, Frankfurt a.M.

Luhmann, Niklas (1987b): Archimedes und wir, Berlin

Luhmann, Niklas (1988): Die Wirtschaft der Gesellschaft, Frankfurt a.M.

Luhmann, Niklas (1992): Wirtschaft als autopoietisches System. Bemerkungen zur Kritik von Karl-Heinz Brodbeck, Zeitschrift für Politik, 39, S. 191-194

Luhmann, Niklas (1996): Die Realität der Massenmedien, 2. Aufl., Opladen

Luhmann, Niklas (1997): Die Gesellschaft der Gesellschaft, Frankfurt a.M.

Luhmann, Niklas (2003): Soziologie des Risikos, Berlin-New York

Luhmann, Niklas (2004): Einführung in die Systemtheorie, hrsg. v. Dirk Baecker, 2. Aufl., Heidelberg

Lukács, Georg (1968): Geschichte und Klassenbewusstsein, Neuwied-Berlin

Lukács, Georg (1971): Zur Ontologie des gesellschaftlichen Seins, Neuwied-Berlin

Lukács, Georg (1972): Ontologie – Marx, Neuwied-Berlin

Lukács, Georg (1973): Ontologie – Arbeit, Neuwied-Berlin

Lukács, Georg (1975): Taktik und Ethik, Darmstadt-Neuwied

Lull, Ramon (1998): Das Buch vom Heiden und den drei Weisen, übers. v. Theodor Pindl, Stuttgart

Lullus, Raimundus (1999): Ars brevis, übers. v. Alexander Fidora, Hamburg

Luther, Martin (1917): Luthers Werke, hrsg. v. A. E. Berger, drei Bände, Leipzig-Wien

Luther, Martin: Luther deutsch, hrsg. v. Kurt Aland, Göttingen 1991 (= WW)

Lutz, Friedrich A. (1967): Zinstheorie, 2. Aufl., Zürich-Tübingen

Luxemburg, Rosa (1923): Die Akkumulation des Kapitals, Berlin

Mach, Ernst (1921): Die Mechanik in ihrer Entwicklung, Leipzig

MacIntyre, Alasdair (1975): Die Idee der Sozialwissenschaft; in: Rolf Wiggershaus (Hg.): Sprachanalyse und Soziologie, Frankfurt a.M.

Magueijo, João (2005): Schneller als die Lichtgeschwindigkeit, München

Mahr, Alexander (1929): Untersuchungen zur Zinstheorie, Jena

Malebranche, Nicolas (1914): Erforschung der Wahrheit, Ersten Band, München

Malinowski, Bronislaw (1986): Schriften zur Anthropologie, hrsg. v. Fritz Kramer, Frankfurt a.M.

Malinvaud, Edmond (1977): The Theory of Unemployment Reconsidered, Oxford

Malthus, Thomas Robert (1826): An Essay on the Principle of Population, 6. Aufl., zwei Bände, London

Malthus, Thomas Robert (1836): Principles of Political Economy, 2. Aufl., London

Mandel, Ernest (1970): Marxistische Wirtschaftstheorie, Frankfurt a.M.

Mandelbrot, Benoit B., Richard L. Hudson (2004): Fraktale und Finanzen, München-Zürich

Mandeville, Bernard (1954): A Letter to Dion (1732), Liverpool (Reprint)

Mandeville, Bernard (1980): Die Bienenfabel, mit einer Einleitung von Walter Euchner, Frankfurt a.M.

Mangoldt, Hans von (1855): Die Lehre vom Unternehmergewinn, Leipzig

Mangoldt, Hans von (1868): Volkswirthschaftlehre, Stuttgart

Mansfeld, Jaap (1983): Die Vorsokratiker I, Stuttgart

Mantel, Rolf (1974): On the Characterisation of Aggregate Excess Demand, Journal of Economic Theory 7, S. 348-353

Mao Tse-tung (1967): Worte des Vorsitzenden Mao, Peking

Mao Tse-tung (1968): Über Praxis und Widerspruch, Berlin

Mao Tse-tung (1974): Mao intern. Unveröffentlichte Schriften, Reden und Gespräche Mao Tse-tungs 1949-1971, hrsg. v. Helmut Martin, Erice

Mao Tse-tung (1976): „Testament"; in: Die Welt, Nr. 42, 17. Oktober 1976, S. 2.

Mao Tse-tung (1978): Ausgewählte Werke Band V, Peking

Marcuse, Herbert (1968): Über die philosophischen Grundlagen des wirtschaftswissenschaftlichen Arbeitsbegriffs; in: Kultur und Gesellschaft 2, Frankfurt a.M., S. 7-48

Marcuse, Herbert (1967a): Triebstruktur und Gesellschaft, Frankfurt a.M.

Marcuse, Herbert (1967b): Der eindimensionale Mensch, Neuwied-Berlin

Marshall, Alfred (1920): Industry and Trade, 3. Auflage, Online-Text (11. 8. 2008): http://socserv.mcmaster.ca/econ/ugcm/3ll3/marshall/Industry&Trade.pdf

Marshall, Alfred (1961): Principles of Economics, 8. Aufl., London

Marshall, Alfred (1965): Money, Credit & Commerce, Reprint New York

Marshall, Alfred (1975): Review of F. Y. Edgeworth's Mathematical Psychis; in: John K. Whitaker (Hg.): Early Economic Writing of Alfred Marshall, 1867-90, London, S. 266

Marx, Karl (1867): Das Kapital, 1. Aufl., Hamburg (Reprint: Hildesheim 1980)

Marx, Karl (1953): Grundrisse der Kritik der politischen Ökonomie (Rohentwurf), Berlin

Marx, Karl (1970): Resultate des unmittelbaren Produktionsprozesses, Frankfurt a.M.

Marx, Karl (1972): Über Friedrich Lists Buch „Das nationale System der politischen Ökonomie"; in: Beiträge zur Geschichte der Arbeiterbewegung (3) 14, S. 423-446

Marx, Karl (1974): Mathematische Manuskripte, hrsg. v. Wolfgang Endemann, Kronberg Ts.

Marx, Karl (1976): Zur Kritik der Politischen Ökonomie (Manuskript 1861-1863), MEGA II.3, Berlin

Marx, Karl (1979): Zur Kritik der Politischen Ökonomie (Manuskript 1861-1863), MEGA II.3.4, Berlin

Marx, Karl; Friedrich Engels: Werke, hrsg. v. Institut für Marxismus-Leninismus beim ZK der SED, Berlin 1956ff. (= MEW Bandnummer)

Marzell, Hans (1927): Das Kapitalzinsproblem im Lichte des Kreislaufs der Waren und des Geldes, Jena

Mattick, Paul (1970): Der Leninismus und die Arbeiterbewegung des Westens; in: Lenin. Revolution und Politik, Frankfurt a.M.

Matzka, Rudolf F. (1982): Struktur und Interpretation der elementaren Nutzen- und Verhandlungstheorie. Eine metaökonomische Analyse, Berlin

Mauss, Heins (1967): Zur Vorgeschichte der empirischen Sozialforschung; in: René König (Hg.): Handbuch der empirischen Sozialforschung, Band 1, Stuttgart, S. 21-56

Mauss, Marcel (1978): Die Gabe. Form und Funktion des Austausch in archaischen Gesellschaften; in: Soziologie und Anthropologie, hrsg. v. Wolf Lepenies und Hennign Ritter, Band II, München, S. 11-144

Mayer, Thomas (1993): Friedman's methodology of positive economics: a soft reading, Economic Inquiry, 31, S. 213-223

Mayo, Elton (1950): Probleme industrielle Arbeitsbedingungen, Frankfurt

McCandless Jr., George T.; Warren E. Weber (1995): Some Monetary Facts, Federal Reserve Bank of Minneapolis Quarterly Review 19, S. 2–11

McCloskey, Donald (1989): Why I am no longer a Positivist, Review of Social Economy 47, S. 225-238

McLuhan, Marshall (1969): Gespräch mit Gerald E. Stearn; in: Gerald E. Stearn (Hg.): McLuhan. Für und Wider, Düsseldorf-Wien

Mead, George H. (1968): Geist, Identität und Gesellschaft, übers. v. Ulf Pacher, Frankfurt a.M.

Meggle, Georg (Hg.) (1985): Analytische Handlungstheorie, Band 1, Frankfurt a.M.

Mehra, Rajnish, Edward C. Prescott (1985): The Equitiy Premium. A Puzzle, Journal of Monetary Economics, 15, S. 145-161

Meikle, Scott (1994): Aristotle on Money, Phronesis, XXXIV, S. 26-44

Meikle, Scott (1995): Aristotele´s Economic Thought, Oxford

Melitz, Jack (1965): Friedman and Machlup on the Significance of Testing Economic Assumptions, The Journal of Political Economy 73, S. 37-60

Men, Hunbatz (1990): Secrets of Mayan Science/Religion, Santa Fe

Menander / Herondas (1980): Werke in einem Band. Aus dem Griechischen übertragen von Kurt und Ursula Treu. Berlin-Weimar

Menger, Carl (1871): Grundsätze der Volkswirtschaftslehre, Wien

Menger, Carl (1883): Untersuchungen über die Methode der Socialwissenschaften und der Politischen Oekonomie insbesondere, Leipzig

Menger, Carl (1892): On the Origin of Money, The Economic Journal 2, S. 239-255

Menger, Carl (1909): Geld; in: Schriften über Geldtheorie und Währungspolitik, Gesammelte Werke Bd. IV, S. 1-116

Menger, Carl (1970): Gesammelte Werke, hrsg. v. F. A. Hayek, 2. Aufl., Tübingen

Merleau-Ponty, Maurice (1966): Phänomenologie der Wahrnehmung, übers. v. Rudolf Boehm, Berlin

Merleau-Ponty, Maurice (1976): Die Struktur des Verhaltens, übers. v. Bernhard Waldenfels, Berlin-New York

Merleau-Ponty, Maurice (1986): Das Sichtbare und das Unsichtbare, übers. v. R. Guiliani u. B. Waldenfels, München

Merton, Robert K. (1967): Funktionale Analyse; in: Heinz Hartmann (Hg.), Moderne Amerikanische Soziologie, Stuttgart, S. 119-150

Merton, Robert K. (1995): The Thomas Theorem and the Matthew Effekt, Social Forces, 74, S. 379-424

Meyer, Wilhelm (2000): Der Wohlstand der Nationen und die Moral der Wirtschaftssubjekte, Ordo Bd. 51, S. 127-167

Michelitsch, Anton (1910): Einleitung in die Erkenntnislehre, Graz und Wien

Michelitsch, Anton (1922): Einleitung in die Metaphysik, Graz und Wien

Michelitsch, Anton (1930): Allgemeine Religionsgeschichte, Graz

Milgram, Stanley (1974): Das Milgram-Experiment. Zur Gehorsamsbereitschaft gegenüber Autorität, Reinbek

Mill, John Stuart (1865): Auguste Comte and Positivism, London

Mill, John Stuart (1868): System der deductiven und inductiven Logik, übers. v. J. Schiel, 3. deutsche Aufl. nach der 5. Aufl. des Originals, Braunschweig

Mill, John Stuart (1874): Essays on Some Unsettled Questions of Political Economy, 2. Auflage, Batoche Books Kitchener 2000

Mill, John Stuart (1976): Einige ungelöste Probleme der politischen Ökonomie, hrsg. v. Hans G. Nutzinger, Frankfurt-New York

Mill, John Stuart (1976a): Der Utilitarismus, übers. v. Dieter Birnbacher, Stuttgart

Mill, John Stuart (1989): Autobiography, London

Mill, John Stuart (1997): Zur Logik der Moralwissenschaft, übers. v. Arno Mohr, Frankfurt a.M.

Mill, John Stuart: Collected Works, ed. Committee: J. M. Robson, Toronto et al. 1963ff. (= CW)

Miller, Georg A.; Eugene Galanter, Karl H. Pribram (1973): Strategien des Handelns. Pläne und Strukturen des Verhaltens, übers. v. Paul Bärschl, Stuttgart

Mipham, Ju (2004): Speech of Delight. Mipham's Commentary on Santaraksita's Ornament of the Middle Way, übers. v. Thomas H. Doctor, Ithaca-Boulder

Mirowski, Philip (1989): More Heat than Light. Economics as Social Physics, Physics as Nature's Economics, Cambridge

Mirowski, Philip (2002): Machine Dreams. Economics becomes a Cyborg Science, Cambridge

Mirowski, Philip (Hg.) (1994): Natural Images in Economic Thought, Cambridge

Mises, Ludwig von (1913): Die allgemeine Teuerung im Lichte der theoretischen Nationalökonomie, Archiv für Sozialwissenschaft und Sozialpolitik 37, S. 557-77

Mises, Ludwig von (1920): Die Wirtschaftsrechnung im sozialistischen Gemeinwesen, Archiv für Sozialwissenschaft und Sozialpolitik 47, S. 86-121

Mises, Ludwig von (1922): Die Gemeinwirtschaft. Untersuchungen über den Sozialismus, Jena

Mises, Ludwig von (1924): Theorie des Geldes und der Umlaufsmittel, 2. Aufl., München-Leipzig

Mises, Ludwig von (1927): Liberalismus, Jena

Mises, Ludwig von (1928): Geldwertstabilisierung und Konjunkturpolitik, Jena

Mises, Ludwig von (1931a): Die psychologischen Wurzeln des Widerstandes gegen die nationalökonomische Theorie; in: L. Mises, A. Spiehoff (Hg.) (1931), S. 275-295

Mises, Ludwig von (1931b): Die Ursachen der Wirtschaftskrise, Tübingen

Mises, Ludwig von (1931c): Vom Weg der subjektivistischen Wertlehre; in: L. Mises, A. Spiehoff (Hg.): Probleme der Wertlehre, Erster Teil, München-Leipzig, S. 73-93

Mises, Ludwig von (1932): Der internationale Kapitalismus und die Krise; in: Siegfried Kardorff (Hg.): Festschrift für Julius Wolf, Frankfurt a.M., S. 23

Mises, Ludwig von (1933): Grundprobleme der Nationalökonomie, Jena

Mises, Ludwig von (1940): Nationalökonomie. Theorie des Handelns und Wirtschaftens, Genf

Mises, Ludwig von (1959): Markt; in: Handwörterbuch der Sozialwissenschaften, Bd. 7, S. 131-36

Mises, Ludwig von (1996): Human Action. A Treatise on Economics, 4. Aufl., San Francisco

Mises, Ludwig von; Arthur Spiehoff (Hg.) (1931): Probleme der Wertlehre, Erster Teil, München-Leipzig

Mises, Margit v. (Hg.) (1978): Erinnerungen von Ludwig v. Mises, Stuttgart-New York

Möhl, Wolfgang; Theo Wentzke (2007): Das Geld. Von den vielgepriesenen Leistungen des schnöden Mammons, München

Moll, Bruno (1922): Die Logik des Geldes, 2. Auflage, München-Leipzig

Möller, Hans (1949). Heinrich Freiherr von Stackelberg und sein Beitrag für die Wirtschaftswissenschaft, Zeitschrift für die gesamte Staatswissenschaft 105, S. 395-428

Möller, Hans (1992): Einleitung; in: Heinrich Freiherr von Stackelberg: Gesammelte wirtschaftswissenschaftliche Abhandlungen in zwei Bänden, Band 1, S. 1*-82*

Montaner, Antonio (Hg.) (1967): Geschichte der Volkswirtschaftslehre, Köln-Berlin

Montesquieu (1891): Der Geist der Gesetze, übers. v. A Fortmann, Leipzig

Mookerjee, Satkari (1935): The Buddhist Philosophy of Universal Flux, Calcutta

Moore, George Edward (1970): Principia Ethica, übers. v. Burkhard Wisser, Stuttgart

Morgenstern, Oskar (1950): Die Theorie der Spiele und des wirtschaftlichen Verhaltens, Jahrbuch für Sozialwissenschaft 1, S. 113-139; in: Alfred E. Ott (Hg.): Preistheorie, Köln-Berlin 1965, S. 437-464

Morgenstern, Oskar (1965): On the Accuracy of Economic Observations, 2. Aufl., Princeton

Morishima, Michio (1964): Equilibrium, Stability, and Growth, Oxford

Morishima, Michio (1970): Theory of Economic Growth, Oxford

Morishima, Michio (1973): Marx's Economics, Cambridge et al.

Morishima, Michio (1977): Walras' Economics. A pure Theory of Capital and Money, Cambridge et al.

Morris, Charles W. (1977): Pragmatische Semiotik und Handlungstheorie, Frankfurt a.M.

Morris, Charles W. (1979): Grundlagen der Zeichentheorie, übers. v. Roland Posner, Frankfurt a.M.-Berlin-Wien

Muellbauer, John; Richart Portes (1978): Macroeconomic Models with Quantity Rationing, The Economic Journal 88, S. 788-821

Mülberger, Arthur (Hg.) (1896): Kapital und Zins. Die Polemik zwischen Bastiat und Proudhon, Jena

Müller, Adam (1839): Gesammelte Schriften, 1. Bd., München

Müller, Adam (1922): Versuche einer neuen Theorie des Geldes, hrsg. v. Helene Lieser, Jena

Müller, Adam (1931): Ausgewählte Abhandlungen, hrsg. v. Jakob Baxa, Jena

Müller, Adam (1936): Die Elemente der Staatskunst, Berlin

Müller, Adam (1967): Die Lehre vom Gegensatze; in: W. Schroeder, W. Siebert (1967: 2), S. 195-248

Müller, Adam (1967): Kritische, ästhetische und philosophische Schriften, hrsg. v. Walter Schroeder und Werner Siebert, zwei Bände, Neuwied-Berlin

Müller-Armack, Alfred (1990): Wirtschaftslenkung und Marktwirtschaft, München

Münch, Richard (1982): Theorie des Handelns, Frankfurt a.M.

Münsterberg, Hugo (1908): Philosophie der Werte, Leipzig

Murhard, Friedrich Wilhelm August (Hg.) (1797): Analytische Mechanik von Herrn LaGrange, Göttingen

Muth, John F. (1988): Rational Expectations and the Theory of Price Movements; in: R. E. Lucas, T. J. Sargent (Hg.), S. 3-22

Myers, Gustavus (1916): Geschichte der großen amerikanischen Vermögen, 2 Bände, Berlin

Myrdal, Gunnar (1976): Das politische Element in der nationalökonomischen Doktrinbildung, 2. Aufl., Bonn-Bad Godesberg

Nagarjuna (1997): Mulamadhyamaka-Karika; siehe: B. Weber-Brosamer, D. M. Back (1997)

Nagarjuna (1998): Vigrahavyavartani, übers. v. Kamaleswar Bhattcharya, Delhi

Nagel, Ernest (1963): Assumption ins Economic Theory, American Economic Review. Papers and Proceedings 53, S. 211-219

Nagel, Ernest; James R. Newman (1992): Der Gödelsche Beweis, Oldenburg

Nash, John (1950): Equilibrium Points in n-Person Games; in: Proceedings of the National Academy of Sciences of the USA 36 (1950), S. 48-49; in: H. W. Kuhn, S. Nasar (Hg.), S. 49-50

Nash, John (1951): Non-Cooperative Games, Annals of Mathematics, 54, S. 286-295; in: H. W. Kuhn, S. Nasar (Hg.), S. 85-98

Nash, John F. (2002): The Bargaining Problem; in: H. W. Kuhn, S. Nasar (Hg.), S. 37-46

Natorp, Paul (1912): Psychologie nach kritischer Methode, Tübingen

Natorp, Paul (1921): Platons Ideenlehre, 2. Aufl., Leipzig

Natorp, Paul (1921a): Die logischen Grundlagen der exakten Wissenschaften, 2. Aufl., Leizig-Berlin

Nau, Heino Heinrich (Hg.) (1996): Der Werturteilsstreit, Marburg

Nawroth, Ego Edgar (1962): Die Sozial- und Wirtschaftsphilosophie des Neoliberalismus, 2. Aufl., Heidelberg

Negt, Oskar (1981): Zurück zu Marx und Engels! Oder: Was können wir von Korsch lernen? In: Michael Buckmiller (Hg.) (1981): Zur Aktualität von Karl Korsch, Frankfurt, S. 37-54

Nell-Breuning, Oswald von (1924): Kredit und Zins, Stimmen der Zeit 55. Jg. 3. Heft, S. 161-240

Nell-Breuning, Oswald von (1928): Grundzüge der Börsenmoral, Freiburg im Breisgau

Nelson Richard (Hg.) (1962): The Rate and Direction of Inventive Activity: Economic and Social Factors National Bureau of Economic Research, Princeton

Nelson, Robert H. (2001): Economics as Religion from Samuelson to Chicago and Beyond, The Pennsylvania State University Press, University Park Pennsylvania

Neske, Günther (Hg.) (1977): Erinnerung an Martin Heidegger, Pfullingen

Neumann, John von (1974): Der Mathematiker; in: Otte, Michael (Hg.) (1974), S. 29-46

Neumann, John von (1975): Über ein ökonomisches Gleichungssystem und eine Verallgemeinerung des Brouwerschen Fixpunktsatzes; in: Martin J. Beckmann, Ryuzo Sato (Hg.): Mathematische Wirtschaftstheorie, Köln, S. 171-181

Neumann, John von; Oskar Morgenstern (1961): Spieltheorie und wirtschaftliches Verhalten, Würzburg

Newton, Isaac (1856): Representations of Sir Isaac Newton on the Subjet of Money, 1712-1717; in: A select Collection or Scarce and Valuable Tracts on Money, hrsg. v. J. R. McCulloch, London

Newton, Isaac (1988): Über die Graviation. Texte zu den philosophischen Grundlagen der klassischen Mechanik, Frankfurt a.M.

Nietzsche, Friedrich (1969): Werke, hrsg. v. Karl Schlechta, drei Bände, 6. Aufl., München

Nietzsche, Friedrich (1988): Kritische Studienausgabe (KSA) in 15 Bänden, hrsg. v. Giorgio Colli und Mazzino Montinari, 2. Aufl., München-Berlin-New York

Nikolic, Tomislav Z. (1988): Vratimo se Marksu; in: Socijalizam: casopis Saveza komunista Jugoslavije, 31, S. 38-41

Nishida, Kitaro (1999): Logik des Ortes. Der Anfang der modernen Philosophie in Japan, übers. v. Rolf Elberfeld, Darmstadt

Nöth, Winfried (2000): Handbuch der Semiotik, 2. Aufl., Stuttgart-Weimar

Nutzinger, Hans. G.; Elmar Wolfstetter (1974): Die Marxsche Theorie und ihre Kritik, zwei Bände, Frankfurt-New York

Nyanatiloka (1995): Handbuch der buddhistischen Philosophie. Abhidhammattha-Sangaha, Uttenbühl

Nyanatiloka (Hg.) (1952): Visuddhi-Magga oder: Der Weg zur Reinheit, übers. v. Nyanatiloka, 2. Aufl., Konstanz

Ockham, Wilhelm von (1984): Texte zur Theorie der Erkenntnis under Wissenschaft, hrsg. v. Ruedi Imbach, Stuttgart

Ogden, Charles K.; Ivor A. Richards (1972): The Meaning of Meaning, 10. Aufl., London

Ohno, Junichi (1931): Sozialökonomische Theorie des Geldes, Leipzig

Oncken, August (1902): Geschichte der Nationalökonomie, Leipzig

Orel, Anton (1924): Vogelsangs Leben und Lehren, Wien

Orel, Anton (1930): Oeconomia Perennis, zwei Bände, Mainz

Oresme, Nicolas von (1937): Traktat über Geldabwertungen, übers. v. Edgar Schorer, Jena; mit Varianten abgedruckt in: Bertram Schefold (Hg.): Vademecum zu einem Klassiker der mittelalterlichen Geldlehre, Düsseldorf 1995, S. 149-195

Oresme, Nicolas von (1994): Traktat über Geldabwertungen, übers. v. Wolfram Burckhardt, Berlin

Ormerod, Paul (1994): The Death of Economics, New York-Chichester et al.

Ötsch, Walter; Stephan Panther (Hg.) (2002): Politische Ökonomie und Sozialwissenschaft. Ansichten eines in Bewegung geratenen Verhältnisses, Marburg

Ott, Alfred E. (1972): Grundzüge der Preistheorie, Göttingen

Ott, Alfred E. (Hg.) (1965): Preistheorie, Köln-Berlin

Otte, Michael (Hg.) (1974): Mathematiker über die Mathematik, Berlin-Heidelberg-New York

Pacioli, Luca (1933): Abhandlung über die Buchhaltung. 1494, hrsg. v. Balduin Penndorf, Stuttgart (Reprint Stuttgart 1992)

Pantaleoni, Maffeo (1898): Pure Economics, transl. by T. Boston Bruce, London

Paret, Rudi (Hg.) (1996): Der Koran, 7. Aufl., Stuttgart-Berlin-Köln

Pareto, Vilfredo (1971): Manual of Political Economy, übers. v. Ann S. Schwier, London-Basingstocke

Pareto, Vilfredo (1976): Ausgewählte Schriften, hrsg. v. Carlo Mongardini, Frankfurt a.M.-Berlin-Wien

Pareto, Vilfredo (1991): The Rise and Fall of Elites. An Application of Theoretical Sociology, New Brunswick-London

Pareto, Vilfredo (2006): Allgemeine Soziologie, ausgewählt und übersetzt von Carl Brinkmann, München

Parsons, Talcott (1937): The Structure of Social Action. New York

Parsons, Talcott (1967): Einige Grundzüge der allgemeinen Theorie des Handelns; in: Heinz Hartmann (Hg.): Moderne Amerikanische Soziologie, Stuttgart, S. 153-171

Parsons, Talcott (1994): Aktor, Situation und normative Muster, hrsg. v. Harald Wenzel, Frankfurt a.M.

Parsons, Talcott (1999): Sozialstruktur und die symbolischen Tauschmedien; in: Claus Pias, Joseph Vogl et al. (Hg.): Kursbuch Medienkultur. Die maßgeblichen Theorien von Brecht bis Baudrillard, Stuttgart, S. 34-44

Parsons, Talcott; Neil J. Smelser (1966): Economy and Society, London

Pascal, Blaise (1840): Gedanken über die Religion und einige andere Gegenstände, übers. v. Karl Adolf Blech, Berlin

Patinkin, Don (1965): Money, Interest, and Prices, 2. Aufl., New York-Tokyo

Patzig, Günther (1973): Relation; in: Krings, Hermann; Hans Michael Baumgartner, Christoph Wild (Hg.): Handbuch philosophischer Grundbegriffe, Studienausgabe in sechs Bänden, München, Band 4, S. 1220-1231

Pawlow, Iwan P. (1972): Die bedingten Reflexe, München

Peirce, Charles S. (1991): Schriften zum Pragmatismus und Pragmatizismus, hrsg. v. Karl Otto Apel, Frankfurt a.M.

Peirce, Charles S. (2000): Semiotische Schriften, 3 Bände, hrsg. v. C. J. W. Kloesel und H. Pape, Frankfurt a.M.

Peirce, Charles S. (CP): Collected Papers of Charles S. Peirce, acht Bände, Cambridge/Mass. 1931-1960

Peitz, Detlef (2006): Die Anfänge der Neuscholastik in Deutschland und Italien (1818–1870), Bonn

Perkins, John (2005) Bekenntnisse eines Economic Hit Man, München

Pesch, Heinrich (1918): Ethik und Volkswirtschaft, Freiburg i. Br.

Pesch, Heinrich (1922): Lehrbuch der Nationalökonomie, Bd. IV, Freiburg i. Br.

Pesch, Heinrich (1924): Selbstdarstellung; in Felix Meiner (Hg.): Die Volkswirtschaftslehre der Gegenwart in Selbstdarstellungen, Leipzig

Petersen, Jens (1978): Die Entstehung des Totalitarismusbegriffs in Italien; in: Manfred Funke (Hg.): Totalitarismus, Düsseldorf, S. 105-128

Petronius Arbiter, Titus (1984): Satyrgeschichten. Aus dem Lateinischen übertragen von Volker Ebersbach, Leipzig

Petrović, Gajo (1967): Wider den autoritären Marxismus, Frankfurt a.M.

Petry, Franz (1916): Der soziale Gehalt der Marxschen Werttheorie, Jena

Petty, William (1986): Schriften zur Politischen Ökonomie und Statistik, übers. v. Willy Görlich, Berlin

Pfänder, Alexander (1921): Logik, Halle a.d.S.

Phillips, Stephen H. (1997): Classical Indian Metaphysics, Delhi

Piaget, Jean (1976): Sprechen und Denken des Kindes, Düsseldorf

Pias, Claus; Joseph Vogl et al. (Hg.) (1999): Kursbuch Medienkultur. Die maßgeblichen Theorien von Brecht bis Baudrillard, Stuttgart

Pichler, J. Hanns (1988): Othmar Spann: Persönlichkeitsbild, Lebensstationen und der Gang innerwissenschaftlicher Entfaltung seines Werkes; in: J. Hanns Pichler (Hg.): Othmar Spann oder: Die Welt als Ganzes, Wien 1988, S. 17-69

Pieper, Josef (1951): Wahrheit der Dinge, München

Pieper, Josef (1966): Verteidigungsrede der Philosophie, München

Pigou, Arthur C. (1943): The Classical Stationary State, Economic Journal 53, S. 343-351

Pigou, Arthur C. (1949): The Veil of Money, London

Pisano, Leonardo (Fibonacci) (2003): Liber Abaci, übers. v. Laurence Sigler, New York

Platon (1940): Sämtliche Werke, Berlin

Platon (1957): Werke, herausgegeben nach der Übesetzung von Friedrich Schleiermacher von Walter F. Otto, Ernesto Grassi und Gert Plambök, Hamburg (= WW)

Platon (1982): Der Staat, übers. v. Karl Vretska, Stuttgart

Platon (1990): Sophistes, übers. v. H. Meinhardt, Stuttgart

Polanyi, Karl (1976): Reziprozität, Redistribution und Tausch; in: Ekkehart Schlicht (Hg.) (1976), S. 66-72

Polanyi, Karl (1979): Ökonomie und Gesellschaft, Frankfurt a.M.

Polanyi, Michael (1983): The Tacit Dimension, Glucester, Mass.

Polinsky, A. Mitchel (1978): Ökonomische Analyse als ein potentiell mangelhaftes Produkt: Eine Verbraucherinformation zu Posners ‚Ökonomische Analyse des Rechts'; in: Assmann/Krichner/Schanze (Hg.) (1978), S. 113-145.

Pongratz, Ludwig J. (1984): Problemgeschichte der Psychologie, 2. Aufl., München

Pongratz, Ludwig J. (Hg.) (1975): Philosophie in Selbstdarstellungen, Band II, Hamburg

Pöppel, Ernst (2004): Zum freien Willen geboren, Süddeutsche Zeitung Nr. 117, 17. 5. 2004, S. 11

Popper, Karl R. (1964): Die Zielsetzung der Erfahrungswissenschaft; in: Hans Albert (Hg.): Theorie und Realität, Tübingen, S. 73-86

Popper, Karl R. (1971a): Das Elend des Historizismus, 3. Aufl., Tübingen

Popper, Karl R. (1971b): Prognose und Prophetie in den Sozialwissenschaften; in: Ernst Topitsch (Hg.): Logik der Sozialwissenschaften, Köln-Berlin, S. 113-125

Popper, Karl R. (1973): Falsche Propheten. Die offene Gesellschaft und ihre Feinde, zwei Bände, Bern-München

Popper, Karl R. (1989): Logik der Forschung, 9. Aufl., Tübingen

Popper, Karl R. (1994): The Myth of the Framework, London

Popper, Karl R. (2002): Alles Leben ist Problemlösen, München

Porter, Theodore M. (1995): Trust in Numbers. The Pursuit of Objectivity in Science and Public Life, Princeton

Poser, Hans (2005): Gottfried Wilhelm Leibniz, Hamburg

Prajnanananda, Swami (1995): A Historical Study of Indian Music, Calcutta

Preiser, Erich (1961): Bildung und Verteilung des Volkseinkommens, 2. Aufl., Göttingen

Pribram, Karl (1998): Geschichte des ökonomischen Denkens, übers. v. Horst Brühmann, Frankfurt a.M.

Priddat, Birger P. (Hg.) (1997): Wert, Meinung, Bedeutung. Die Tradition der subjektiven Wertlehre in der deutschen Nationalökonomie vor Menger, Marburg

Projektgruppe zur Kritik der Politischen Ökonomie (1973): Zur Logik des Kapitals, Hannover

Proklos (2004): Elemente der Theologie, übers. v. Ingeborg Zurbrügg, Remscheid

Proudhon, Pierre J. (1963): Ausgewählte Texte, hrsg. v. T. Ramm, Stuttgart

Ptolemäus (1963): Handbuch der Astronomie, zwei Bände, übers. v. K. Manitius, Leipzig

Pulak, Cemal; George F. Bass (2008): Bronze Age Shipwreck Excavation at Uluburun, Internet-Text (http://ina.tamu.edu/ub_main.htm) (27. Januar 2008)

Putnam, Hilary (1979): Die Bedeutung von ‚Bedeutung', Frankfurt a.M.

Putnam, Hilary (2002): The Collapse of the Fact/Value Dichotomy, Cambridge/Mass.-London

Quetelet, Adolphe L. J. (1914): Soziale Physik, zwei Bände, übers. v. Heinrich Waentig, Jena

Radbruch, Gustav (1970): Rechtsphilosophie, Stuttgart

Rand, Ayn (1957): Atlas Shrugged, New York o.J.

Raphael, D. D. (1975): The Impartial Spectator; in: Andrew S. Skinner, Thomas Wilson (Hg.) (1975), S. 83-99

Rapoport, Anatol (1972): Bedeutungslehre, übers. v. Günther Schwarz, Darmstadt

Ratzinger, Georg (1895): Die Volkswirtschaft in ihren sittlichen Grundlagen, 2. Aufl., Freiburg im Breisgau

Rau, Karl Heinrich (1863): Grundsätze der Volkswirthschaftslehre, 7. Ausg., Leipzig-Heidelberg

Rauchenschwandtner, Hermann (2002): Wirtschaft zwischen Erkenntniskritik, Hermeneutik und Ontologie am Leitfaden der Bedarfsdeckungswirtschaft von Friedrich v. Gottl-Ottlilienfeld; Universität Wien (Dissertation)

Raupach-Strey, Gisela (2002): Das Sokratische Paradigma und seine Bezüge zur Diskurstheorie; in: D. Birnbacher, D. Krohn (Hg.), S. 106-139

Rawls, John (1975): Eine Theorie der Gerechtigkeit, übers. v. Hermann Vetter, Frankfurt a.M.

Rawls, John (2001): Justice as Fairnes. A Restatement, Cambridge/Mass.-London

Recktenwald, Horst Claus (Hg.) (1971): Geschichte der Politischen Ökonomie, Stuttgart

Reichenbach, Hans (1928): Philosophie der Raum-Zeit-Lehre, Berlin-Leipzig (Reprint in: Werke Bd. 2, Braunschweig 1977)

Reichenbach, Hans (1953): Der Aufstieg der wissenschaftlichen Philosophie, Braunschweig

Reichenbach, Hans (1983): Erfahrung und Prognose, Werke Bd. 4, Braunschweig-Wiesbaden

Reuß, Karl-Heinz; Hans Maskos (Hg.) (1972): Ökonomische Semiotik, Berlin

Reuter, Norbert (1996): Der Institutionalismus. Geschichte und Theorie der evolutionären Ökonomie, 2. Aufl., Marburg

Ricardo, David: The Works and Correspondence of David Ricardo, hrsg. v. Piero Sraffa, Cambridge 1951-1973 (= WW)

Ricardo, David (1959): Über die Grundsätze der Politischen Ökonomie und der Besteuerung, übers. v. G. Bondi, Berlin

Richter, Rudolf; Eirik G. Furubotn (1999): Neue Institutionenökonomik, 2. Aufl., Tübingen

Rickert, Heinrich (1921): Allgemeine Grundlegung der Philosophie, Tübingen

Rickert, Heinrich (1926): Kulturwissenschaft und Naturwissenschaft, 6. Aufl., Tübingen

Rickert, Heinrich (1999): Vom System der Werte (1913); in: Heinrich Rickert: Philosophische Aufsätze, hrsg. v. Rainer A. Bast, Tübingen, S. 73-105

Rieger, Wilhelm (1964): Einführung in die Privatwirtschaftslehre, 3. Aufl., Erlangen

Riese, Hajo (1987): Aspekte eines monetären Keynesianismus. Kritik der postkeynesianischen Ökonomie und Gegenentwurf; in: Postkeynesianismus. Ökonomische Theorie in der Tradition von Keynes, Kalecki und Sraffa, Marburg, S. 189-206

Robbins, Lionel C. (1930): The Present Position of Economic Science, Economica 28, S. 14-24

Robbins, Lionel C. (1934): The Great Depression, London

Robbins, Lionel C. (1935): On the Nature and Significance of Economic Science, 2. Aufl., London

Robbins, Lionel C. (1938): Live and Dead Issues in the Methodology of Economics, Economica, New Series 5, S. 342-352

Robinson, Joan (1968): Doktrinen der Wirtschaftswissenschaft, übers. v. A. Jeck, 2. Aufl., München

Robinson, Joan (1972): Die Akkumulation des Kapitals, übers. v. Erwin Weissel, Wien

Röpke, Wilhelm (1942): Die Gesellschaftskrisis der Gegenwart, 4. Aufl., Erlenbach-Zürich

Röpke, Wilhelm (1949): Civitas Humana, 3. Auflage, Erlenbach-Zürich

Röpke, Wilhelm (1958): Jenseits von Angebot und Nachfrage, 2. Aufl., Erlenbach-Zürich und Stuttgart

Röpke, Wilhelm (1961): Die Lehre von der Wirtschaft, 9. Aufl., Erlenbach-Zürich und Stuttgart

Rorty, Richard (1988): Solidarität oder Objektivität?, übers. v. Joachim Schulte, Stuttgart

Rorty, Richard (2003): Wahrheit und Fortschritt, übers. v. Joachim Schulte, Frankfurt a.M.

Rosa Luxemburg (1974): Gesammelte Werke Bd. 1.2, Berlin

Roscher, Wilhelm (1861): Ansichten der Volkswirthschaft aus dem geschichtlichen Standpunkte, Leipzig-Heidelberg (Reprint Düsseldorf 1994)

Roscher, Wilhelm (1863): Ein großer Nationalökonom des vierzehnten Jahrhunderts, Zeitschrift für die gesamte Staatswissenschaft 19, S. 305-318

Roscher, Wilhelm (1870): Die romantische Schule der Nationalökonomik in Deutschland, Zeitschrift für die gesamte Staatswissenschaft 26, S. 57-105

Roscher, Wilhelm (1874): Geschichte der National-Ökonomik in Deutschland, München

Roscher, Wilhelm (1906): Grundlagen der Nationalökonomie, 24. Aufl., Stuttgart-Berlin

Rosdolsky, Roman (1968): Zur Entstehungsgeschichte des Marxschen ‚Kapital', Frankfurt a.M.

Rosenzweig, Franz (1988): Der Stern der Erlösung, Frankfurt a.M.

Rothbard, Murray N. (1951): Mises' 'Human Action': Comment, The American Economic Review 41, S. 181-185

Rothbard, Murray N. (1957): In Defense of ‚Extreme Apriorism', Southern Economic Journal 23, S. 314-320

Rothbard, Murray N. (1976): The Austrian Theory of Money; in: The Foundations of Modern Austrian Economics, Kansas City, S. 160-184

Rothbard, Murray N. (1977): Power and Market. Government and the Economy, Institute for Humane Studies

Rothbard, Murray N. (1992): Dissent on Keynes: A Critical Appraisal of Keynesian Economics, New York

Rousseau, Jean Jacques (1910): Emil oder Über die Erziehung. Frei aus dem Französischen übersetzt von Hermann Denhardt, zwei Bände, Leipzig

Russell, Betrand (1952): Mystik und Logik, übers. v. Erwin Heinzel, Wien-Stuttgart

Russell, Betrand (1976): The Impact of Science on Society, London

Salin, Edgar (1951): Geschichte der Volkswirtschaftslehre, 4. Aufl., Bern-Tübingen

Salin, Edgar (Hg.) (1948): Synopsis. Festgabe für Alfred Weber, Heidelberg

Samhaber, Ernst (1945): Der Magier des Kredits. Glück und Unglück des John Law of Lauriston, 2. Aufl., München

Samuelson, Paul A. (1937): A Note on Measurement of Utlity, The Review of Economic Studies 4, S. 155-161

Samuelson, Paul A. (1938): A Note on the Pure Theory of Consumers's Behaviour, Economica 5, S. 61-71

Samuelson, Paul Anthony (1942): Constancy of the Marginal Utility of Income; in: Oskar Lange et al. (eds.): Studies in Mathematical Economics and Econometrics, in Memory of Henry Schultz, Chicago, S. 75-91

Samuelson, Paul Anthony (1948): Consumption Theory in Terms of Revealed Preference, Economica 15, S. 243-253

Samuelson, Paul Anthony (1951): Abstract of a Theorem Concerning Substitutability in open Leontief Models; in: Tjalling Charles Koopmans (Hg.) (1951), S. 142-146

Samuelson, Paul Anthony (1958): An Exact Consumption-Loan Model of Interest with or without the Social Contrivance of Money, Journal of Political Economy 66, S. 467-482

Samuelson, Paul Anthony (1966): Parable and Realism in Capital Theory: The Surrogate Production Function; in: J. E. Stiglitz (Hg.) (1966), S. 325-338

Samuelson, Paul Anthony (1966): The Collected Scientif Papers of Paul A. Samuelson, hrsg. v. Joseoph E. Stigliz, Cambridge Mass.-London

Samuelson, Paul Anthony (1970): Maximum Principles in Analytical Economics, Nobel Memorial Lecture, December 11, 1970, Internet-Text http://nobelprize.org/nobel_prizes/economics/laureates/1970/samuelson-lecture.pdf (18. August 2007)

Samuelson, Paul Anthony (1974): Foundations of Economic Analysis, New York

Samuelson, Paul Anthony (1998): How *Foundations* came to be, Journal of Economic Literatur 36, S. 1375-1386

Sartre, Jean-Paul (1965): Existenzialismus und Marxismus; in: Existenzialismus und Marxismus. Eine Kontroverse zwischen Sartre, Garaudy, Hyppolite, Vigier und Orcel, übers. v. Elisabeth Schneider, Frankfurt a.M.

Sartre, Jean-Paul (1966): Drei Essays, Frankfurt a.M.

Sartre, Jean-Paul (1973): Bewusstsein und Selbsterkenntnis, Reinbek bei Hamburg

Sartre, Jean-Paul (1993): Das Sein und das Nichts, hrsg. v. Traugott König, Reinbek bei Hamburg

Sartre, Jean-Paul (2005): Entwürfe für eine Moralphilosophie, übers. v. Hans Schöneberg und Vincent van Wroblewsky, Reinbek bei Hamburg

Saussure, Ferdinand de (1967): Grundfragen der allgemeinen Sprachwissenschaft, hrsg. v. Charles Bally und Albert Sechehaye, übers. v. Herman Lommel, 2. Aufl., Berlin

Saussure, Ferdinand de (2003): Wissenschaft der Sprache, hrsg. v. Ludwig Jäger, Franfurt a.M.

Sax, Emil (1916): Der Kapitalzins, Berlin

Say, Jean-Baptiste (1830): Nationalökonomie, übers. v. Carl Eduard Morstadt, 3. Aufl., drei Bände, Heidelberg

Schack, Herbert (1927): Wirtschaftsformen. Grundzüge einer Morphologie der Wirtschaft, Jena

Schäffle, Albert E. F. (1862): Die ethische Seite der nationalökonomischen Lehre vom Werthe, Tübingen

Schäffle, Albert E. F. (1873): Das gesellschaftliche System der menschlichen Wirthschaft, zwei Bände, 3. Aufl., Tübingen

Schäffle, Albert E. F. (1877): Über die Entstehung der Gesellschaft nach den Anschauungen einer sociologischen Zuchtwahltheorie, Vierteljahrsschrift für wissenschaftliche Philosophie 1, S. 540-553

Schäffle, Albert E. F. (1878): Über Recht und Sitte vom Standpunkt der sociologischen Erweiterung der Zuchtwahltheorie, Vierteljahrsschrift für wissenschaftliche Philosophie 2, S. 38-67

Schäffle, Albert E. F. (1885): Die Quintessenz des Sozialismus, 8. Aufl., Gotha

Schäffle, Albert E. F. (1905): Aus meinem Leben, zwei Bände, Berlin

Schäffle, Albert E. F. (1906): Abriß der Soziologie, Tübingen

Scheel, H. v.: (1866) Der Begriff des Geldes in seiner historisch-ökonomischen Entwickelung, Jahrbücher für Nationalökonomie und Statistik, 6, S. 12-30

Schefczyk, Michael (1998): Unberechenbarkeit. Eine philosophische Kritik der Wirtschaftswissenschaften, Neue Züricher Zeitung Nr. 207, 08.09.1998, S. 48

Schefer, Christina (2005): Platons unsagbare Erfahrung. Ein anderer Zugang zu Platon, Basel

Schefold, Bertram (1979): Fixes Kapital als Kuppelprodukt und die Analyse der Akkumulation bei unterschiedlichen Formen des technischen Fortschritt; in: Gesellschaft. Beiträge zur Marxschen Theorie 13, Frankfurt a.M., S. 203-305

Schefold, Bertram (1983): Rede zur 1. Merton-Lesung an der Johann Wolfgang Goethe-Universität; in: Nicholas Kaldor: Grenzen der ‚General Theory', hrsg. v. Bertram Schefold, Berlin-Heidelberg et al., S. 15-21

Schefold, Bertram (1995): Wirtschaftsstile, Band 2, Frankfurt a.M.

Schefold, Bertram (1995b): Nicolaus Oresmius – Die Geldlehre des Spätmittelalters; in: Bertram Schefold (Hg.) (1995a), S. 19-72

Schefold, Bertram (Hg.) (1986): Ökonomische Klassik im Umbruch, Frankfurt a.M.

Schefold, Bertram (Hg.) (1994): Vademecum zu einem Klassiker der Vertragstheorie, Düsseldorf

Schefold, Bertram (Hg.) (1995a): Vademecum zu einem Klassiker der mittelalterlichen Geldlehre, Düsseldorf

Scheler, Max (1948): Wesen und Formen der Sympathie, 5. Aufl., Frankfurt a.M.

Schelling, Friedrich Wilhelm Joseph (1927): Vom Ich als Prinzip der Philosophie, Schellings Werke, hrsg. v. Manfred Schröter, erster Hauptband, München, S. 73-168

Schleiermacher, Friedrich (1911): Grundriss der philosophischen Ethik, hrsg. v. August Twesten, Leipzig

Schleiermacher, Friedrich D. E. (1942): Dialektik, herausgegeben von Rudolf Odebrecht, Leipzig

Schleiermacher, Friedrich D. E. (1981): Brouillon zur Ethik (1805/06), hrsg. v. Hans-Joachim Brikner, Hamburg

Schlicht, Ekkehart (Hg.) (1976): Einführung in die Verteilungstheorie, Reinbek bei Hamburg

Schmalenbach, Eugen (1961): Kapital, Kredit und Zins, 4. Aufl., Köln-Opladen

Schmelzer, Franz-Leopold; Gerhard J. Rekel (2008): Das Bronzekartell: Wirtschaftsboom am Mittelmeer, Arte, Samstag, 26. Januar 2008 um 21.00 Uhr (Dokumentation); http://www.arte.tv/de/wissen-entdeckung/abenteuer-arte/1871746.html (26. Januar 2008)

Schmid, Werner (1954): Silvio Gesell. Die Lebensgeschichte eines Pioniers, Bern

Schmidt, Alfred (1968): Nachwort des Herausgebers: Zur Idee der kritischen Theorie; in: Max Horkheimer: Kritische Theorie, hrsg. v. Alfred Schmidt, Band II, Frankfurt a.M., S. 333-358

Schmidt, Alfred (Hg.) (1969): Beiträge zur marxistischen Erkenntnistheorie, Frankfurt a.M.

Schmidt, Max (1921): Grundriß der ethnologischen Volkswirthschaftslehre, zwei Bände, Stuttgart

Schmitt, Carl (1963): Der Begriff des Politischen, 4. Aufl., Berlin

Schmölders, Günter (1962): Volkswirtschaftslehre und Psychologie, Berlin

Schmoller, Gustav (1904): Über einige Grundfragen der Sozialpolitik und der Volkswirtschaftslehre, 2. Aufl., Leipzig

Schmoller, Gustav (1920): Grundriß der Allgemeinen Volkswirtschaftslehre, 13. und 14. Tausend, zwei Teile, Leipzig

Schneider, Erich (1965): Einführung in die Wirtschaftstheorie, IV. Teil, Tübingen

Schneider, Otto (1891): Transcendentalpsychologie, Leipzig

Schönberg, Arnold (1911): Harmonielehre, Leipzig-Wien

Schomandl, Alexander (1985): Wert, Geld und Kredit in der Theorie von Karl Marx, Neuried

Schopenhauer, Arthur (1977): Züricher Ausgabe. Werke in zehn Bänden, hrsg. v. Arthur Hübscher, 3. Aufl., Zürich (= WW)

Schrödinger, Erwin (1961): Meine Weltansicht, Hamburg-Wien

Schrödinger, Erwin (1979): Was ist ein Naturgesetz?, Wien

Schultze, Fritz (1871): Der Fetischismus. Ein Beitrag zur Anthropologie und Religionsgeschichte, Leipzig

Schulz, Wilhelm (1843): Die Bewegung der Produktion, Zürich-Winterthur

Schumacher, Ernst Friedrich (1995): Small is Beautiful, 2. Aufl., Heidelberg

Schumpeter, Josef A. (1908): Das Wesen und der Hauptinhalt der theoretischen Nationalökonomie, Berlin

Schumpeter, Josef A. (1933): The Common Sense of Econometrics, Econometrica 1, S. 5-12

Schumpeter, Josef A. (1948): Introduction; in: Bernard W. Dempsey (1948), S. vii-x

Schumpeter, Josef A. (1949): Vilfredo Pareto (1848-1923), The Quarterly Journal of Economics 63, S. 147-173

Schumpeter, Josef A. (1950): Kapitalismus, Sozialismus und Demokratie, übers. v. Susanne Preiswerk, München

Schumpeter, Josef A. (1952): Theorie der wirtschaftlichen Entwicklung, 5. Aufl., Berlin

Schumpeter, Josef A. (1954): Dogmenhistorische und biographische Aufsätze, Tübingen

Schumpeter, Josef A. (1961): Konjunkturzyklen, Göttingen

Schumpeter, Josef A. (1965): Geschichte der ökonomischen Analyse, hrsg. v. Elizabeth B. Schumpeter, Göttingen

Schumpeter, Josef A. (1970): Das Wesen des Geldes, hrsg. v. Fritz Karl Mann, Göttingen

Schumpeter, Josef A. (1987): Beiträge zur Sozialökonomik, Wien

Schütz, Alfred (1971): Gesammelte Aufsätze, drei Bände, Den Haag

Schwartz, S. (1988): Wie Pawlow auf den Hund kam... Die 15 klassischen Experimente der Psychologie, Weinheim-Basel

Sciabarra, Chris Matthew; Larry J. Sechrest (2005): Ayn Rand Among the Austrians, The Journal of Ayn Rand Studies 6, no. 2, S. 241–50

Searle, John R. (1969): Speech Acts, Cambridge

Searle, John R. (1986): Geist, Hirn und Wissenschaft, übers. v. Harvey P. Gavagai, Frankfurt a.M.

Sekretariat der Deutschen Bischofskonferenz (Hg.) (1993): Päpstlicher Rat. Justitia et Pax, Gesellschaflichte und ethische Aspekte der Ökonomie. Ein Kolloquium im Vatikan, 1. April 1993, Bonn

Selten, Reinhard (1990): Bounded Rationality, Journal of Instituional and Theoretical Economics 146, S. 649-658

Sen, Amartya (1970): The impossibility of a Paretian liberal, Journal of Political Economy 78, 152-157

Sen, Amartya (1984): Ingredients of Famine Analysis: Availability and Entitlements; in: Resources, Values and Development, Cambridge Mass.-London 1984, S. 452-484

Sen, Amartya (1997): Rational Fools. A Critique of the Behavioural Foundations of Economic Theory; in: Choice, Welfare and Measurement, Chambridge/Mass.-London, S. 84-106

Seneca (1867): Ausgewählte Schriften, übers. v. Albert Forbiger, Stuttgart

Senf, Bernd (1997): Der Nebel um das Geld, Lütjenburg

Senior, Nassau William (1836): An Outline of the Science of Political Economy, London (Reprint 1965)

Shackle, Georg Lennox Sharman (1961): Dicision, Order and Time in Human Affairs, Cambridge

Shackle, Georg Lennox Sharman (1966): The Nature of Economic Thought. Selected Papers 1955-1964, Cambridge

Shackle, Georg Lennox Sharman (1992): Epistemics and Economics. A Critique of Economic doctrines, New Brunswick-London

Shantideva (2005): Bodhicaryavatara, übers. v. Diego Hangartner, Frankfurt a.M.

Shell, Marc (1993): Money, Language, and Thought, Baltimore-London

Sheppard, Robert (2008): Rice riots and empty silos: Is the world running out of food?, cbc-Online vom 28.03.2008, http://www.cbc.ca/news/background/food/prices.html

Sidgwick, Henry (1907): Methods of Ethics, 7. Auflage, London

Sigler, Laurence (2003): Introduction; in: L. Pisano (2003), S. 3-11

Simmel, Georg (1890): Über soziale Differenzierung. Soziologische und psychologische Untersuchungen, Leipzig

Simmel, Georg (1977): Philosophie des Geldes, 7. Aufl., Berlin

Simmel, Georg (1983): Schriften zur Soziologie, Frankfurt a.M.

Simmel, Georg (1984): Das Individuum und die Freiheit, Berlin

Simmel, Georg (1992a): Soziologie, Gesamtausgabe Bd. 11, Frankfurt a.M.

Simmel, Georg (1992b): Aufsätze und Abhandlungen 1894-1900, Frankfurt a.M.

Simon, Julian (1980): Resources, Population, Environment: An Oversupply of False Bad News, *Science* 208, S. 1431-1437

Singer, K. (1958): Oikonomia: An Inquiry into Beginning of Economic Thought and Language, Kyklos 11, S. 29-57

Sivers, Erik von (1924): Die Zinstheorie Eugen v. Böhm-Bawerk's im Lichte der deutschen Kritik, Jena

Skinner, Andrew S.; Thomas Wilson (Hg.) (1975): Essays on Adam Smith, Oxford

Skinner, Burrhus F. (1957): Verbal Behavior, New York

Skinner, Burrhus F. (1978): Was ist Behaviorismus? Reinbek bei Hamburg

Smith, Adam (1795): Essays on Philosophical Subjects, London (Reprint Hildesheim-New York 1982)

Smith, Adam (1974): Der Wohlstand der Nationen, übers. v. Horst Claus Recktenwald, München

Smith, Adam (1976): The Glasgow Edition of the Works and Correspondence of Adam Smith, Oxford 1976ff.; (Reprint with minor corrections in 1979)

Smith, Adam (1977): Theorie der ethischen Gefühle, übers. v. W. Eckstein, Hamburg

Smith, Adam (1978): Lectures on Jurisprudence, hrsg. v. R. L. Meek, D. D. Raphael, P. G. Stein, Werke Bd. 5, Oxford

Smith, Adam (1979a): An Inquiry into the Nature and Causes of the Wealth of Nations, hrsg. v. R. H. Campbell, A. S. Skinner, Werke Bd. 2, Oxford

Smith, Adam (1979b): The Theory of Moral Sentiments, hrsg. v. D. D. Raphael, A. L. Macfie, Werke Bd. 1, Oxford

Smith, Adam (1980): Essays on Philosophical Subjects, hrsg. v. W. P. D. Wightman, J. G. Bryce, Werke Bd. 3, Oxford

Smith, Adam (1985): Lectures on Rhetoric and Belles Lettres, Werke Bd. 4, Oxford

Smith, Adam (1987): The Correspondence of Adam Smith, hrsg. v. E. C. Mossner, I. S. Ross, Werke Bd. 6, Oxford

Snow, C. P. (1998): The Two Cultures, Cambridge

Soda, Kiichiro (1911): Die logische Natur der Wirtschaftsgesetze, Stuttgart

Soden, Julius Gr. v. (1805): Die Nazional-Ökonomie, erster Band, Leipzig

Sohn-Rethel, Alfred (1936): Von der Analytik des Wirtschaftens zur Theorie der Volkswirtschaft, Emsdetten

Sohn-Rethel, Alfred (1971a): Materialistische Erkenntniskritik und Vergesellschaftung der Arbeit, Berlin

Sohn-Rethel, Alfred (1971b): Warenform und Denkform, Frankfurt a.M.-Wien,

Sohn-Rethel, Alfred (1972a): Geistige und körperliche Arbeit. Zur Theorie der gesellschaftlichen Synthesis, 2. Aufl., Frankfurt a.M.

Sohn-Rethel, Alfred (1972b): Die ökonomische Doppelnatur des Spätkapitalismus, Darmstadt-Neuwied

Sohn-Rethel, Alfred (1976): Das Geld, die bare Münze des Apriori; in: P. Mattick, A. Sohn-Rethel, H. G. Haasis: Beiträge zur Kritik des Geldes, Frankfurt a.M., S. 35-117

Sohn-Rethel, Alfred (1978): Warenform und Denkform. Mit zwei Anhängen, 2. Aufl., Frankfurt a.M.

Soljus, G. (1973): Bewahrt das Gold seine frühere Rolle?, Sowjetwissenschaftschaft. Gesellschaftswissenschaftliche Beiträge 1, S. 77-83

Solow, Robert M. (1957): Technical Change and the Aggregate Production Function, Review of Economics and Statistics 39, S. 312-320

Solow, Robert M. (1985): Economic History and Economics, American Economic Review, Papers and Proceedings 75, S. 328-331

Sombart, Werner (1902): Der moderne Kapitalismus, 2. Bände, Leipzig

Sombart, Werner (1920): Die Juden und das Wirtschaftsleben, München-Leipzig

Sombart, Werner (1923a): Der Bourgeois, München-Leipzig

Sombart, Werner (1930): Die drei Nationalökonomien, Berlin

Sombart, Werner (1932): Die Zukunft des Kapitalismus, Berlin-Charlottenburg 2

Sombart, Werner (1934): Deutscher Sozialismus, Berlin-Charlottenburg 2

Sombart, Werner (1938): Vom Menschen. Versuch einer Geisteswissenschaftlichen Anthropologie, Berlin-Charlottenburg

Sombart, Werner (1992): Liebe, Luxus und Kapitalismus, Berlin (Text der 2. Auflage von 1922)

Sommerfeld, Erich (Hg.) (1978): Die Geldlehre des Nicolaus Copernicus, Berlin

Sonnenschein, Hugo (1972): Market Excess Demand Functions, Econometrica 40, S. 549-563

Sophokles (1995): Werke in zwei Bänden, hrsg. v. Dietrich Ebener, Berlin

Sosenthal, Erwin I. J. (Hg.) (1996): Kommentar des Averroes zu Platons Politeia; übers. v. Simon Lauer, Zürich

Spann, Othmar (1923): Gesellschaftslehre, 2. Aufl., Leipzig

Spann, Othmar (1928a): Der Schöpfungsgang des Geistes, Jena

Spann, Othmar (1928b): Die Haupttheorien der Volkswirtschaftslehre, 18. Aufl., Leipzig

Spann, Othmar (1928c): Gesellschaftsphilosophie, München-Berlin

Spann, Othmar (1929a): Tote und lebendige Wissenschaft, 3. Aufl., Jena

Spann, Othmar (1929b): Fundament der Volkswirtschaftslehre, 4. Aufl., Jena

Spann, Othmar (1931): Geleitwort zur ersten Auflage; in: Adam Müller: Ausgewählte Abhandlungen, hrsg. v. Jakob Baxa, Jena, S. VII-XI

Spann, Othmar (1934): Kämpfende Wissenschaft, Jena

Spann, Othmar (1937): Naturphilosophie, Jena

Spann, Othmar (1938): Der wahre Staat, 4. Aufl., Jena

Spann, Othmar (1939): Kategorienlehre, 2. Aufl., Jena 1939

Spann, Othmar (1957): Ganzheitliche Logik, fünf Bände, hrsg. v. Walter Heinrich, Salzburg-Klosterneuburg

Speck, Josef (Hg.) (1980): Handbuch wissenschaftstheoretischer Begriffe, Göttingen

Spencer-Brown, George (1997): Gesetze der Form, Lübeck

Spengler, Oswald (1931): Der Mensch und die Technik. Beitrag zu einer Philosophie des Lebens, München

Spengler, Oswald (1971): Der Untergang des Abendlandes, 2. Bände, München

Spiegel, Henry W. (1968): Gossen, Hermann Heinrich. International Encyclopaedia of the Social Sciences 6, S. 209-210.

Spiethoff, Arthur (1948): Anschauliche und reine volkswirtschaftliche Theorie und ihr Verhältnis zueinander; in: Edgar Salin (Hg.) (1948), S. 567-664

Spinoza, Baruch (1975): Ethik, übers. v. Jakob Stern, Leipzig

Spinoza, Baruch (1977): Briefwechsel, hrsg. v. Carl Gebhardt, Hamburg

Spranger, Eduard (1996): Die Stellung der Werturteile in der Nationalökonomie; in: Heino Heinrich Nau (Hg.): Der Werturteilsstreit, Marburg, S. 122-146

Sraffa, Piero (1926): The Laws of Returns under Competitive Conditions, Economic Journal, 26, S. 535-550

Sraffa, Piero (1932a): Dr. Hayek on Money and Capital, Economic Journal 42, S. 42-53

Sraffa, Piero (1932b): A Rejoinder, Economic Journal 42, S. 249-251

Sraffa, Piero (1960): Production of Commodities by Means of Commodities, Cambridge

Stackelberg, Heinrich Freiherr von (1932): Grundlagen einer reinen Kostentheorie, Wien

Stackelberg, Heinrich Freiherr von (1951): Grundlagen der Theoretischen Volkswirtschaftslehre, 2. Aufl., Bern-Tübingen

Stackelberg, Heinrich Freiherr von (1992): Gesammelte wirtschaftswissenschaftliche Abhandlung, hrsg. v. Hans Möller, zwei Bände, Regensburg

Stalin, Josef W. (1947): Fragen des Leninismus, Berlin

Stalin, Josef W. (1952): Anarchismus oder Sozialismus, Werke Bd. 1, Berlin, S. 151-186

Stark, Werner (1943): The Ideal Foundation of Economic Thought, London

Stark, Werner (Hg.): Jeremy Benthm's Economic Writings, drei Bände, London 1952-1954

Stcherbatsky, Theodore (1924): Erkenntnistheorie und Logik nach der Lehre der späteren Buddhisten, München-Neubiberg

Stcherbatsky, Theodore (1984): Buddhist Logik, zwei Bände, New Delhi

Stearn, Gerald E. (Hg.) (1969): McLuhan. Für und Wider, Düsseldorf-Wien

Steenberghen, Fernand Van (1950): Erkenntnislehre, übers. v. Alois Guggenberger, Einsiedeln-Zürich-Köln

Stegmüller, Wolfgang (1969): Hauptströmungen der Gegenwartsphilosophie, 4. Aufl., Stuttgart

Stegmüller, Wolfgang (1974): Wissenschaftliche Erklärung und Begründung; Probleme und Resultat der Wissenschaftstheorie und Analytischen Philosophie, Band I, Berlin-Heidelberg-New York

Stehr, Nico; Volker Meja (Hg.) (1981): Wissenssoziologie, Kölner Zeitschrift für Soziologie und Sozialpsychologie, Opladen

Stephan, Gunter (1980): Preise und Zinsen in Modellen mit unendlichem Horizont, Frankfurt a.M.

Steuart, James (1767): An Inquiry into the Principles of Political Economy, http://socserv2.socsci.mcmaster.ca/~econ/ugcm/3ll3/steuart/princi1 (12.4.2005)

Steuart, James (1769; 1772): Untersuchung der Grundsäze von der Staats-Wirthschaft als ein Versuch über die Wissenschaft von der Innerlichen Politik bei freyen Nationen; übers. v. von Christoph Friedrich Schott, zwei Bände, Hamburg

Steward, Dugald (1980): Account of the Life and Writings of Adam Smith; in: Adam Smith (1980), S. 253-351

Stigler, George J. (1937): The Economics of Carl Menger, The Journal of Political Economy 45, S. 229-250

Stigler, George J.; Gary S. Becker (1977): De Gestibus Non Est Disputandum, Americal Economic Review 67, S. 76-90

Stiglitz, J. E. (Hg.) (1966): The Collected Scientific Papers of Paul A. Samuelson, Vol. 1, Cambridge Mass.-London

Stoltenberg, Hans Lorenz (1930): Friedrich Schleiermacher als Soziologe, Zeitschrift für die gesamte Staatswissenschaft 88, S. 71-113

Stolzmann, Rudolf (1909): Der Zweck in der Volkswirtschaft. Die Volkswirtschaft als sozial-ethisches Zweckgebilde, Berlin

Stolzmann, Rudolf (1923): Wesen und Ziele der Wirtschaftsphilosophie, 2. Aufl., Jena

Stolzmann, Rudolf (1925a): Die Krisis in der heutigen Nationalökonomie, Jena

Stolzmann, Rudolf (1925b): Grundzüge einer Philosophie der Volkswirtschaft, Jena

Streissler, Erich W. (1994): Wilhelm Roscher als führender Wirtschaftstheoretiker; in: B. Schefold (Hg.): Vademecum zu einem Klassiker der Historischen Schule, Düsseldorf, S. 37-121

Streller, Rudolf (1930): Unter der Herrschaft des Wortes. Eine Auseinandersetzung mit v. Gottl-Ottlilienfeld, Zeitschrift für die gesamte Staatswissenschaft 88, S. 22-70

Strieder, Jakob (1925): Studien zur Geschichte kapitalistischer Organisationsformen, München-Leipzig

Strohmaier, Gotthard (1999): Avicenna, München

Struwe, W. W. (Hg.) (1955): Der Alte Orient, Berlin

Stützel, Wolfgang (1953): Paradoxa der Geld- und Konkurrenzwirtschaft, Tübingen (Reprint Aalen 1979)

Stützel, Wolfgang (1978): Volkswirtschaftliche Saldenmechanik. Ein Beitrag zur Geldtheorie, 2. Aufl., Tübingen

Suarez, Francisco (1976): Über die Individualität und das Individuationsprinzip, übers. v. Rainer Sprecht, Hamburg

Surányi-Unger, Theo (1923): Philosophie in der Volkswirtschaftslehre, 1. Band, Jena

Surányi-Unger, Theo (1926): Philosophie in der Volkswirtschaftslehre, 2. Band, Jena

Surányi-Unger, Theo (1927): Die Entwicklung der theoretischen Volkswirtschaftslehre im ersten Viertel des 20. Jahrhunderts, Jena

Surányi-Unger, Theo (1931): Geschichte der Wirtschaftsphilosophie, Berlin

Surányi-Unger, Theo (1967): Wirtschaftsphilosophie des 20. Jahrhunderts, Stuttgart

Swedberg, Richard (1994): Joseph A. Schumpeter. Eine Biographie, Stuttgart

Sweezy, Paul M. (1970): Theorie der kapitalistischen Entwicklung, hrsg. v. Gisbert Rittig, Frankfurt a.M.

Theocharis, Reghionos D. (1994): Die Ökonomen aus dem Ingenieurwesen und die Entwicklung von Launhardts mathematisch-ökonomischem Denken; in: Vademecum zu einem Klassiker der Theorie der Raumwirtschaft, Düsseldorf, S. 55-83

Theunissen, Michael (1981): Der Andere, Berlin-New York

Thielemann, Ulrich (1996): Das Prinzip Markt. Kritik der ökonomischen Tauschlogik, Bern-Stuttgart-Wien

Thomas v. Aquin (1993): Prologe zu den Aristoteleskommentaren, hrsg. v. Francis Cheneval, Ruedi Imbach, Frankfurt a.M.

Thomas v. Aquin (1996): Summe gegen die Heiden, vierter Band, hrsg. v. Markus H. Wörner, Darmstadt

Thomas v. Aquin: Deutsche Thomas-Ausgabe, Salzburg-Leipzig 1934ff. (= WW)

Thomas, W. I.; D. S. Thomas (1928): The Child in America: Behavior Problems and Programs, New York

Thomson, George (1960): Frühgeschichte Griechenlands und der Ägäis, Berlin

Thünen, Johann Heinrich von (1875): Der isolierte Staat, 3. Aufl., Berlin

Tietmeyer, Hans; Dieter Lindenlaub (1995): Nicolaus Oresmius und die geldpolitischen Probleme von heute; in: Bertram Schefold (Hg.) (1995a), S. 125-146

Tocqueville, Alexis de (1976): Über die Demokratie in Amerika, aus dem Französischen übers. v. Hans Zbinden, München

Tomes, Nigel (1985): Religion and the Earnings Function, American Economic Review 75, S. 245–50

Tönnies, Ferdinand (1979): Gemeinschaft und Gesellschaft. Grundbegriff der reinen Soziologie, Neudruck der 8. Aufl., Darmstadt

Topitsch, Ernst (1971): Das Verhältnis zwischen Sozial- und Naturwissenschaften. Eine methodologisch-ideologiekritische Untersuchung; in: Ernst Topitsch (Hg.): Logik der Sozialwissenschaften, Köln-Berlin, S. 57-71

Topitsch, Ernst (Hg.) (1971a): Logik der Sozialwissenschaften, Köln-Berlin

Townsend, Harry (Hg.) (1971): Price Theory, Harmondsworth

Trabant, Jürgen (1996): Elemente der Semiotik, Tübingen-Basel

Traub, Rainer; Harald Wieser (Hg.) (1975): Gespräche mit Ernst Bloch, Frankfurt a.M.

Trepl, Ludwig (1987): Geschichte der Ökologie, Frankfurt a.M.

Trotzki, Leo (1920): Terrorismus und Kommunismus. Anti-Kautsky, Hamburg

Trotzki, Leo (1923): Die neue ökonomische Politik Sowjetrusslands und die Weltrevolution, Hamburg

Tucker, Josiah (1931): A Selection from His Economic and Political Writings, hrsg. v. Robert Livingston Schuyler, New York

Turgot, Anne Robert Jacques (1903): Betrachtungen über die Bildung und die Verteilung des Reichtums, übers. v. V. Dorn; hrsg. v. Heinrich Waentig, Jena

Tye, Larry (1998): The Father of Spin. Edward L. Bernays and the Birth of Public Relations, New York

Yalcin, Ünsal; Cemal Pulak, Rainer Slotta (2005) (Hg.): Das Schiff von Uluburun – Welthandel vor 3000 Jahren, Deutsches Bergbaumuseum, Bochum

Ullrich, Wolfgang (Hg.) (2003): Verwindungen. Arbeit an Heidegger, Frankfurt a.M.

Ulrich, Peter (1993): Transformation der ökonomischen Vernunft, 3. Aufl., Bern-Stuttgart-Wien

Ulrich, Peter (2001): Integrative Wirtschaftsethik, 3. Aufl., Bern-Stuttgart-Wien

UN-Habitat (2003): The Challenge of Slums. Global Report on Human Settlements 2003, London-Sterlin (United Nations Human Settlements Programme)

Uzawa, Hirofumi (1964): Optimal Growth in a Two-Sector Model of Capital Accumulation, Review of Economic Studies 31, S. 1-24

Vaihinger, Hans (1927): Die Philosophie des Als Ob, 10. Aufl., Leipzig

Varga, Eugen (1969): Die Krise des Kapitalismus und ihre politischen Folgen, hrsg. v. Elmar Altvater, Wien

Varian, Hal R. (1994): Mikroökonomie, 3. Aufl., München-Wien

Vasubandhu (1989): Abhidharma-Kosa; hrsg. v. L. M. Pruden, vier Bände, Berkeley

Veit, Otto (1953): Ordo und Ordnung. Versuch einer Synthese, Ordo 5, S. 3-47

Veit, Otto (1966): Reale Theorie des Geldes, Tübingen

Vico, Giambattista (1979): Risposte; in: Liber metaphysicus. Risposte, übers. v. S. Otto u. H. Viechtbauer, München

Vogelsang, Carl von (1884): Zins und Wucher, Wien

Vries, Josef de (1980): Grundbegriffe der Scholastik, Darmstadt

Wagner, Adolph (1857): Beiträge zur Lehre von den Banken, Leipzig (Reprint Frankfurt a.M. 1977)

Wagner, Ferdinand (1969): Das Bild der frühen Ökonomik, Salzburg-München

Waldenfels, Bernhard (2000): Das leibliche Selbst, Frankfurt a.M.

Waldenfels, Bernhard (2006): Schattenrisse der Moral, Frankfurt a.M.

Walker, Francis A. (1892): Political Economy, 3. Aufl., London

Walpen, Bernhard (2004): Die offenen Feinde und ihre Gesellschaft, Hamburg

Walras, Léon (1881): Mathematische Theorie der Preisbestimmung der wirthschaftlichen Güter. Vier Denkschriften, Stuttgart

Walras, Léon (1922): Theorie des Geldes, übers. v. Richard Kerschagl u. Stephan Raditz, Jena

Walras, Léon (1954): Elements of Pure Economics or the Theory of Social Wealth, übers. v. William Jaffé, London

Walras, Léon (1971): Un économiste inconnu: Hermann-Henri Gossen. Journal des économistes, 4. Aufl. Bd. 30, 60-90; deutsch in: Horst Claus Recktenwald (Hg.) (1971)

Watzlawick, Paul; Janet H. Beavin, Don D. Jackson (1969): Menschliche Kommunikation, Bern-Stuttgart-Wien

Wayss-Giacosa, Paola von (Hg.) (1999): Exotische Währungen, Zürich

Weber, Adolf (1928): Allgemeine Volkswirtschaftslehre, München-Leipzig

Weber, Adolf (1961): Schein und Wirklichkeit in der Volkswirtschaft, Berlin

Weber, Christian Egbert (1958): Die Kategorien des ökonomischen Denkens, Berlin

Weber, Max (1969): Die protestantische Ethik I, 2. Aufl., Hamburg

Weber, Max (1972): Die protestantische Ethik II, 2. Aufl., Hamburg

Weber, Max (1980): Wirtschaft und Gesellschaft. Grundriß der verstehenden Soziologie. 5. Aufl., hrsg. v. Johannes Winckelmann, Tübingen

Weber, Max (1985): Gesammelte Aufsätze zur Wissenschaftslehre, hrsg. v. Johannes Winckelmann. 6. Aufl., Tübingen 1985

Weber, Max (1986): Gesammelte Aufsätze zur Religionssoziologie. 8. Aufl., Tübingen

Weber, Max (1990): Grundriss zu den Vorlesungen über: Allgemeine (‚theoretische') Nationalökonomie, Tübingen

Weber-Brosamer, Bernhard; Dieter M. Back (1997): Die Philosophie der Leere, Wiesbaden

Weinberger, Otto (1948): Zur Würdigung Karl Mengers; in: Antonio Montaner (1967), S. 176-190

Weinert, Friedel (1995): Laws of Nature – Laws of Science; in: F. Weiner (Hg.): Laws of Nature. Essays on the Philosophical, Scientific, and Historical Diemensions, Berlin, S. 3-64

Weippert, Georg (1964): Gottl von Ottlilienfeld, Friedrich; in: Neue Deutsche Biographie Bd. 6, Berlin, S. 681-682

Weiss, Franz X. (1928): Wert; in: Handwörterbuch der Staatswissenschaften Bd. 8, 4. Aufl., Jena, S. 988-1017

Weisser, Gerhard (1978): Beiträge zur Gesellschaftspolitik, Göttingen

Weitling, Wilhelm (1971): Das Evangelium des armen Sünders. Die Menschheit wie sie ist und wie sie sein sollte, Reinbek bei Hamburg

Weitling, Wilhelm (1974): Garantien der Harmonie und Freiheit, Stuttgart

Weizsäcker, Carl Christian v. (1981): Rechte und Verhältnisse in der modernen Wirtschaftslehre, Kyklos Bd 34, S. 345-376

Weizsäcker, Carl Christian v. (1999): Logik der Globalisierung, Göttingen

Weizsäcker, Carl Friedrich v. (1958): Zum Weltbild der Physik, 7. Aufl., Stuttgart

Weizsäcker, Carl Friedrich v. (1992): Die Geschichte der Natur, 9. Aufl., Göttingen

Westphal, Wilhelm H. (1971): Die Grundlagen des physikalischen Begriffssystems, 2. Aufl., Braunschweig

Wetter, Gustav A. (1953): Der dialektische Materialismus, 2. Aufl., Freiburg

Whately, Richard (1932): Introductory Lectures on Political Economy, 2. Aufl., London

Whitehead, Alfred N. (1984): Prozeß und Realität, Frankfurt a.M.

Whorf, Benjamin Lee (1963): Sprache, Denken, Wirklichkeit, übers. v. Peter Krausser, Reinbek bei Hamburg

Wicksell, Knut (1893): Über Wert, Kapital und Rente, Jena

Wicksell, Knut (1898): Geldzins und Güterpreise, Jena

Wicksell, Knut (1913): Vilfredo Paretos Manuel d'économie politique, Zeitschrift für Volkswirtschaft, Sozialpolitik und Verwaltung, 22, S. 132-151

Wicksell, Knut (1922): Vorlesungen über Nationalökonomie, zwei Bände, Jena (Reprint Aalen 1969)

Wicksteed, Philip H. (1894): An Essay on the Co-ordination of the Laws of Distribution, London

Wicksteed, Philip H. (1905): Jevons's Economic Work, Economic Journal 15, S. 432-436

Wiener, Norbert (1968): Kybernetik, übers. v. E. H. Serr, Reinbek bei Hamburg

Wiener, Norbert: Mensch und Menschmaschine, übers. v. Gertrud Walther, Berlin 1958

Wieser, Friedrich (1884): Über den Ursprung und die Hauptgesetze des wirthschaftlichen Werthes, Wien

Wieser, Friedrich (1889): Der natürliche Wert, Wien

Wieser, Friedrich (1927): Geld; in: Handwörterbuch der Staatswissenschaften, 4. Aufl., vierter Band, Jena, S. 681- 717

Wieser, Friedrich (1929): Gesammelte Abhandlungen, hrsg. v. Friedrich A. v. Hayek, Tübingen

Wiggershaus, Rolf (Hg.) (1975): Sprachanalyse und Soziologie, Frankfurt a.M.

Wightman, W. P. D. (1975): Adam Smith and the History of Ideas; in: Andrew S. Skinner, Thomas Wilson (Hg.) (1975), S. 44-67

Wilhelm, Hellmut (1972): Sinn des I Ging, Düsseldorf-Köln

Willmann, Otto (1907): Geschichte des Idealismus, drei Bände, 2. Aufl., Braunschweig

Willmann, Otto (1922): Pythagoreische Erziehungsweisheit, aus dem Nachlass hrsg. v. Wenzel Pohl, Freiburg im Breisgau

Willmann, Otto (1959): Abriss der Philosophie, 5. Aufl., Freiburg

Winch, Peter (1974): Die Idee der Sozialwissenschaft und ihr Verhältnis zur Philosophie, übers. v. Roland Pelzer, Frankfurt a.M.

Windelband, Wilhelm (1912): Lehrbuch der Geschichte der Philosophie, 6. Aufl., Tübingen

Windelband, Wilhelm (1923): Einleitung in die Philosophie, 3. Aufl., Tübingen

Wirth, Max (1884): Das Geld, Leipzig-Prag

Wirz, Ludwig (1965): Wirtschaftsphilosophie. Rekonstruktion der Wirtschaftsteorie, Heidelberg-Löwen

Wissel, Christian (1989): Theoretische Ökologie, Berlin-Heidelberg-New York

Wittgenstein, Ludwig (1980): Schriften 1, Frankfurt a.M.

Wöhlcke, Manfred (2003): Das Ende der Zivilisation. Über soziale Entropie und kollektive Selbstzerstörung, München

Wolf, Dieter (1985): Ware und Geld, Hamburg

Wolowski, M. L.: Traictie de la première invention des monnoies de Nicole Oresme, Paris 1864

Wundt, Wilhelm (1903): Ethik, zwei Bände, 3. Aufl., Stuttgart

Wundt, Wilhelm (1907): System der Philosophie, zwei Bände, 3. Aufl., Leipzig

Wünsch, Georg (1927): Evangelische Wirtschaftsethik, Tübingen

Wyss-Giacosa, Paola von; Susanne Privitere (1999): Die Raphiaplüsche der Kuba; in: Paola von Wayy-Giacosa (Hg.): Exotische Währungen, Zürich

Xenophon (1956): Oikonomikos (Hauswirtschaftslehre); in: Die sokratischen Schriften, übers. v. Ernst Bux, Stuttgart, S. 238-302

Zeilinger, Anton (2003): Einsteins Schleier. Die neue Welt der Quantenphysik, München

Ziegenfuss, Werner (Hg.) (1949): Philosophen-Lexikon, zwei Bände, Berlin

Ziegler, Jean (2005): Das Imperium der Schande, München

Žmavc, Johann (1902): Die Geldtheorie und ihre Stellung innerhalb der wirtschafts- und staatswirtschaftlichen Anschauungen des Aristoteles, Zeitschrift für die gesamte Staatswissenschaft 58, S. 48-79

Zwiedineck-Südenhorst, Otto von (1955): Mensch und Wirtschaft, Berlin

Detailverzeichnis

VORWORT 1

1 ZUR ALLGEMEINEN THEORIE DER GESELLSCHAFT 14

1.1 DIE LOGIK DER VERGESELLSCHAFTUNG 14
1.1.1 Vorbemerkung 14
1.1.2 Syntax und Semantik des Sozialen 17
1.1.3 Der Fehler der erkenntnistheoretischen Robinsonaden 20
1.1.4 Verdoppelte Vielheiten: Handlungen und Bedürfnisse 23
1.1.5 Der Ort (das Worin) der Gesellschaft 25
1.1.6 Die Theorie der Relation und die Metaphysik der Kategorien 29
1.1.7 Logik, Mathematik und Naturwissenschaft als sozialer Prozess 36
1.1.8 Die Priorität der Relation vor den Relaten 40
1.1.9 Zirkuläre Beziehungen und menschliche Freiheit 44

1.2 DIE CARTESIANISCHE DENKFORM UND IHR MANGEL 50
1.2.1 Descartes´ Denkmodell 50
1.2.2 Die ptolemäische Spur im cartesianischen Denken 56
1.2.3 Der ethische Mangel der cartesianischen Denkform 60
1.2.4 Zwei- oder dreiwertige Logik? Günthers Kritik an Descartes 73

1.3 ZUR KRITIK SOZIALWISSENSCHAFTLICHER METHODEN 79
1.3.1 Vorbemerkung 79
1.3.2 John Stuart Mill 81
1.3.3 Menger, Pareto, Eucken und Ammon 85
1.3.4 Methode heißt, Fehler machen: Milton Friedman 92
1.3.5 Die Zerlegung der „ethischen Welt" in Subsysteme 96
1.3.6 Menschen ohne „Hier": Alfred Schütz 101
1.3.7 Keynes, Hayek und die zirkuläre Logik der Modelle 106
1.3.8 Kritische Theorie und die Totalität des Verblendungszusammenhangs 118
1.3.9 Habermas´ Theorie des kommunikativen Handels 123
1.3.10 Bemerkungen zur Dialektik 131
1.3.11 Die Logik der Ganzheit: Adam Müller und Othmar Spann 147
1.3.12 Die Moral der Wertfreiheit 161

2 BEDEUTUNG ALS SOZIALER PROZESS 171

2.1 IDENTITÄTSBILDUNG UND VERGESELLSCHAFTUNG 171
2.1.1 Die Bedeutung der Bedeutung 171
2.1.2 Sprache und Geld 174
2.1.3 Der Mangel triadischer Strukturen 185
2.1.4 Das Modell der sozialen Grundstruktur 193
2.1.5 Der „Satz der Identität" und die soziale Grundstruktur 196
2.1.6 Handeln und Bedeutung 200
2.1.7 Arbeitsteilung und die Identität des Wissens 204
2.1.8 Abstraktion, Identität und Herrschaft 211

2.2 ASPEKTE DER SOZIALEN GRUNDSTRUKTUR 216
2.2.1 Formale Eigenschaften der sozialen Grundstruktur 216
2.2.2 Befehl, Rolle, Handlungsprogramm 221
2.2.3 Verhaltensbeobachtung 226
2.2.4 Transsituative Bedeutung, Zeichen und abstrakte Geltung 234
2.2.5 Identität und Differenz von Kategoriensystemen: Saussure und Simmel 239

2.3 ZUR THEORIE DES SPIELS 248

Detailverzeichnis

    2.3.1 Der Begriff des Spiels und der Spiel-Raum 248
    2.3.2 Spielstruktur und die Dynamik des Spielens 253
    2.3.3 Spiele ohne Regeln 255
    2.3.4 Das Spiel mit der Natur 258
  2.4 VERGESELLSCHAFTUNG DURCH DAS SPRECHEN 263
    2.4.1 Handeln und gemeinsames Wissen 263
    2.4.2 Situationsdefinition 265
    2.4.3 Gesprächsabbruch 266
    2.4.4 Das Schweigen und die Offenheit 267
    2.4.5 Das Meinen 269
    2.4.6 Der Geltungsanspruch und die Bestreitbarkeit 272
    2.4.7 Die Interpretation illokutionärer Akte 274
    2.4.8 Saussures Interpretation des Dialogs 277
    2.4.9 Platonischer Dialog und aristotelischer Widerspruch 281
    2.4.10 Ego-Prozess und innerer Dialog 284
    2.4.11 Kommunikation und die „soziale Konstruktion der Welt" 290

3 TAUSCH UND GELD 296

  3.1 DER EINFACHE TAUSCH 296
    3.1.1 Voraussetzungen und Grundbegriffe 296
    3.1.2 Das Grundmodell der Tauschstruktur 303
    3.1.3 Güter, Produkte und Informationen 306
    3.1.4 Gewaltfreiheit des Tauschs 310
    3.1.5 Eigentumsrecht, Macht und Gewalt 314
    3.1.6 Tausch als Eigentums- oder Besitzwechsel 322
    3.1.7 Die leere Präferenz 325
    3.1.8 Die Tauschrelation und die Illusion des Tausch„werts" 327
  3.2 DIE ZIRKULÄRE STRUKTUR DES GELDES 334
    3.2.1 Zur Kategorialanalyse des Geldes 334
    3.2.2 Populationen von Tauschstrukturen 343
    3.2.3 Das Geld im Kaufakt 345
    3.2.4 Geldvermögen und Geld„wert" 355
    3.2.5 Anmerkungen zu den „Funktionen" des Geldes 361
        3.2.5.1 Zum Begriff der „Funktion" 361
        3.2.5.2 Geld als „Tauschmittel" 362
        3.2.5.3 Geld als „Medium" 363
        3.2.5.4 Geld als „technisches Hilfsmittel" 367
        3.2.5.5 Geld als „Zahlungsmittel" 368
        3.2.5.6 Geld als „Recheneinheit" 368
        3.2.5.7 Geld als „Zeichen" 369
        3.2.5.8 Geld als „Maß der Werte" 372
        3.2.5.9 Geld als Schranke 374
        3.2.5.10 Geld als „Wertaufbewahrungsmittel" 376
    3.2.6 Exkurs: Zur Lehre vom Wert 378
    3.2.7 Das Gelten des Geldes 385
    3.2.8 Das „Geldmaterial" und die Zahlungsversprechen 390
        3.2.8.1 Zur Geltung von Geldmaterialien 390
        3.2.8.2 Zahlungsversprechen, „Geldmenge" und Preise 394

4 ZUR KRITIK UND GESCHICHTE DER TAUSCH- UND GELDTHEORIEN 398

  4.1 ÜBERBLICK 398
  4.2 PLATON, ARISTOTELES UND DIE SCHOLASTIK 402
    4.2.1 Zur Hermeneutik tradierter Texte 402

4.2.2 Platon 408
4.2.3 Aristoteles 412
   4.2.3.1 Staat, Haushalt und Sklaverei 412
   4.2.3.2 Tausch und Geld 419
   4.2.3.3 Der Zins und der Missbrauch des Geldes 427
   4.2.3.4 Offene Fragen der antiken Theorie 436
4.2.4 Die scholastische Tausch- und Geldtheorie 441
   4.2.4.1 Vorbemerkungen 441
   4.2.4.2 Avicenna und Averroes 442
   4.2.4.3 Wert und Preis in der scholastischen Lehre 446
   4.2.4.4 Die scholastische Geldlehre und das Münzrecht 452
   4.2.4.5 Nicolas von Oresme 455
4.3 DIE WERT- UND GELDLEHRE DER KLASSIKER 460
  4.3.1 Vorläufer 460
    4.3.1.1 Die Grundfragen 460
    4.3.1.2 Nikolaus Kopernikus 463
    4.3.1.3 William Petty, John Locke und John Law 466
    4.3.1.4 Die Fragestellungen am Übergang zur klassischen Ökonomik 475
  4.3.2 Adam Smith 482
    4.3.2.1 Smith´ cartesianischer Blick 482
    4.3.2.2 Arbeitsteilung und natürliche Tauschneigung 490
    4.3.2.3 Egoismus und Sympathie als Menschennatur 494
    4.3.2.4 Die Bewegungen der Wirtschaftsmaschine 496
    4.3.2.5 Tausch, Wert und Preis 498
  4.3.3 David Ricardo 502
    4.3.3.1 Der Modelltheoretiker: Ricardos Methode 502
    4.3.3.2 Wert und Geldwert 503
    4.3.3.3 Gold und Papiergeld 506
    4.3.3.4 Arbeit – der Widerspruch im absoluten Wertmaß 508
    4.3.3.5 Der konkurrierende Wertbegriff 513
4.4 KARL MARX UND DER MARXISMUS 517
  4.4.1 Vorbemerkung 517
  4.4.2 Gesetz, Wesen und Oberfläche 518
  4.4.3 Wert als Reflexion der Tauschsubjekte 521
  4.4.4 Gebrauchswert und Wertform: Die durchgestrichenen Subjekte 523
  4.4.5 Die Wiederkehr der Subjekte 528
  4.4.6 Tauschwerte und die „unmögliche Gleichung" 532
  4.4.7 Marx´ Substanzmetaphysik und die falsche Kritik an Aristoteles 536
  4.4.8 Der Arbeitswert und der Begriff der Arbeit 543
  4.4.9 Der Fehler in der Geldableitung 551
  4.4.10 Der Zirkel im Marxschen Gesellschaftsbegriff 558
  4.4.11 Der „Fetischcharakter der Waren" 564
  4.4.12 Robinson Crusoe und der Kommunismus 570
  4.4.13 Gesellschaftliche Synthesis: Die Theorie Alfred Sohn-Rethels 586
4.5 DIE HISTORISCH-ETHISCHE SCHULE 602
  4.5.1 Einleitung 602
  4.5.2 Adolph Wagner 602
  4.5.3 Wilhelm Roscher 606
  4.5.4 Carl Knies 609
  4.5.5 Albert Schäffle 613
    4.5.5.1 Ethik als Evolutionstheorie 613
    4.5.5.2 Die „Bedeutung" der Güter 616
    4.5.5.3 Schäffles schwankende Wertlehre 617

4.5.6 Gustav Schmoller · 621
4.5.7 Exkurs: Die Genese der Lehre vom wirtschaftlichen Gut · · · · · · · · · · · · · · 626
    4.5.7.1 Zum Güterbegriff · 626
    4.5.7.2 Der doppelte Wertbegriff der Klassiker · 628
    4.5.7.3 Julius von Soden · 630
    4.5.7.4 Karl-Heinrich Rau · 631
    4.5.7.5 Friedrich B. W. Hermann und Wilhelm Roscher · · · · · · · · · · · · · · · · · 633
    4.5.7.6 Hans von Mangoldt · 635
    4.5.7.7 Der moralische Unterton in der Güterlehre (Böhm-Bawerk) · · · · · · · · · · · · · 636
4.6 DIE SCHULE DER SUBJEKTIVEN WERTLEHRE · 640
  4.6.1 Vorbemerkung · 640
  4.6.2 Hermann Heinrich Gossen · 641
    4.6.2.1 Der „Vorläufer" · 641
    4.6.2.2 Der Theologe des Marktes · 642
    4.6.2.3 Summierter Lebensgenuss · 644
    4.6.2.4 Gesetze des Genießens · 645
    4.6.2.5 Die heimliche Horizont: Geld · 647
    4.6.2.6 Bearbeitung der Außenwelt · 649
    4.6.2.7 Die Ableitung des Geldes · 652
    4.6.2.8 Die Wiederkehr der Wirklichkeit · 654
  4.6.3 Carl Menger · 657
    4.6.3.1 Vorbemerkung · 657
    4.6.3.2 Mengers subjektive Wertlehre · 658
    4.6.3.3 Die Analyse der Tauschstruktur bei Menger · · · · · · · · · · · · · · · · · · · 660
    4.6.3.4 Die Geldrechnung als ungedachter Horizont · · · · · · · · · · · · · · · · · · · 664
    4.6.3.5 Mengers Geldtheorie und ihr Fehler · 665
    4.6.3.6 Mengers Fehler in der Nachfolge · 669
    4.6.3.7 Die verschwundene Freiheit · 670
  4.6.4 Joseph A. Schumpeter · 673
    4.6.4.1 Die bewunderte Mathematik · 673
    4.6.4.2 Alles Handeln ist ein Tauschen · 675
    4.6.4.3 Erfundene Wertfunktionen · 679
    4.6.4.4 Die Ableitung des Geldes · 681
  4.6.5 Ludwig von Mises · 684
    4.6.5.1 Zur Ethik eines Fundamentalisten des Marktes · · · · · · · · · · · · · · · · · 684
    4.6.5.2 „Katallaktik" als apriorische Vernunft · 688
    4.6.5.3 Das metaphysische Ego des Wirtschaftens · 693
    4.6.5.4 Der Tausch als Vergesellschaftungsprinzip · 697
    4.6.5.5 Die aus dem Markt entwachsene Ratio · 702
    4.6.5.6 Der Tauschwert des Geldes bei Wieser · 706
    4.6.5.7 Das „Regressions-Theorem" · 709
4.7 ZUR MATHEMATISCHEN ÖKONOMIK · 716
  4.7.1 Mathematik und Ökonomie · 716
    4.7.1.1 Mathematik und ihre Anwendung · 719
    4.7.1.2 Zur Metrisierung subjektiver Urteile · 720
    4.7.1.3 Maße · 722
    4.7.1.4 Der verführerische Schein quantitativer Phänomene · · · · · · · · · · · · · 725
    4.7.1.5 Die schrittweise Mathematisierung der Ökonomik · · · · · · · · · · · · · · 727
  4.7.2 Vorläufer in der Psychologie · 730
    4.7.2.1 Vorbemerkung · 730
    4.7.2.2 Herbarts Mathematik des Psyche · 731
    4.7.2.3 Behaviorismus · 733
  4.7.3 Jevons, Walras und Edgeworth · 735

        4.7.3.1 Vorbemerkung ·· 735
        4.7.3.2 Die Lehre vom Grenznutzen ·· 736
        4.7.3.3 Die Objektivierung subjektiver Urteile ································ 738
        4.7.3.4 Das Maß des Nutzens ·· 739
        4.7.3.5 Die Mechanik des Austauschs bei Jevons und Walras ········· 742
        4.7.3.6 Das Geld als heimlicher Horizont des numéraire ················· 744
        4.7.3.7 Der indeterminierte Tausch bei Edgeworth ························· 746
        4.7.3.8 Der Einbruch des Außerökonomischen ······························· 749
        4.7.3.9 Spieltheorie des Tauschens ·· 751
    4.7.4 Die Theorie des Haushalts und der Grenznutzen des Geldes ········· 754
        4.7.4.1 Das Grundmodell der Haushaltstheorie ······························ 754
        4.7.4.2 Der Grenznutzen des Geldes ··· 756
        4.7.4.3 Die Verwechslung von Gütern und Produkten ···················· 759
        4.7.4.4 Zirkuläre Erklärung und Immunisierung ······························ 761
    4.7.5 Fiktionen im Güterraum ·· 765
        4.7.5.1 Vorbemerkung ·· 765
        4.7.5.2 Die Fiktionen in der Edgeworth-Box ··································· 767
        4.7.5.3 Leben und Sterben im Güterraum ······································· 771
        4.7.5.4 Eigentumsrechte und Produktion im Güterraum ················· 775
        4.7.5.5 Die Wiederkehr des Kategorienfehlers bei den Neoricardianern ········· 782
    4.7.6 Das unmögliche Geld in der Gleichgewichtstheorie ···················· 786
    4.7.7 Effizienzmärkte, Eigentumsrechte und Transaktionskosten ········· 796
4.8 WERTKRITIKER ·· 806
    4.8.1 Vorbemerkung ·· 806
    4.8.2 Robert Liefmann ·· 807
        4.8.2.1 Vorbemerkungen ·· 807
        4.8.2.2 Die Kritik des Wertbegriffs ··· 808
        4.8.2.3 Die Rolle des Geldes ··· 810
        4.8.2.4 Die Sorge um den Geldbesitz und die Marktzutrittsschranke ············ 811
        4.8.2.5 Das Geld als seelische Struktur ··· 814
        4.8.2.6 Wirtschaften heißt Rechnen ·· 817
    4.8.3 Gustav Cassel ··· 819
        4.8.3.1 Die positivistische Wertkritik ·· 819
        4.8.3.2 Cassels gescheiterte Ableitung des Geldes ·························· 821
        4.8.3.3 Subjektive und objektive Preiserklärung: Cassel versus Böhm-Bawerk ·· 825
    4.8.4 Friedrich v. Gottl-Ottlilienfeld ··· 831
        4.8.4.1 Der Umstrittene ·· 831
        4.8.4.2 Kritik der Standpunktwissenschaft ······································ 832
        4.8.4.3 Der Wert als ungedachte Kategorie, als „Wort" ·················· 835
        4.8.4.4 Die wirtschaftliche Dimension ·· 837
        4.8.4.5 Kritik der Mengerschen Geldtheorie ··································· 839
        4.8.4.6 Grundlagenforschung ·· 842
        4.8.4.7 Gottls Denkfehler und die Rückkehr zur Weltanschauung ·············· 845

5 GELDSUBJEKT UND GELDGIER ··· 848
5.1 DIE ORDNUNG DER BEDÜRFNISSE ·· 851
    5.1.1 Bedürfnis als Mangel ·· 851
    5.1.2 Die vereinzelte Handlung ··· 854
    5.1.3 Technik und Natur ··· 857
    5.1.4 Die Produktion der Bedürfnisse ·· 861
    5.1.5 Die Moral als soziale Ordnung der Leidenschaften ······················ 867
5.2 DAS GELD ALS DENKFORM ·· 871
    5.2.1 Die Vergesellschaftung durch das Geld ······································· 871

5.2.2 Die Verschuldung aller Dinge: Das Geld der Philosophie · 873
5.2.3 Zur Psychologie des Geldsubjekts · 882
5.2.4 Leidenschaften und „Interesse" · 887
5.3 DIE HERRSCHAFT DER GELDGIER · 893
5.3.1 Begriff und Psycho-Logik der Geldgier · 893
5.3.2 Kaufmannsseele, Kapital und Gewinn · 902
5.3.3 Kontrolle der Produktion: Buchführung und Naturwissenschaft · 910
5.3.4 Mathematik als Selbstreflexion des Geldsubjekts · 918
5.3.5 Kredit und Zins · 926
5.3.6 Wucherverbot: Der Kampf der Moral mit der Geldgier · 934
5.4 THEORIEN ÜBER DAS GELDSUBJEKT · 947
5.4.1 Vorbemerkung · 947
5.4.2 Homo Oeconomicus · 948
5.4.3 Der „Geist des Kapitalismus": Marx, Weber und Sombart · 953
5.4.4 Soziologie des Geldes: Georg Simmel · 974

6 THEORIE UND KRITIK DES ZINSES · 984

6.1 ZUR LÖSUNG DES ZINSRÄTSELS · 984
6.1.1 Vorbemerkung · 984
6.1.2 Die vier Modalitäten der Kontrolle durch das Geld · 987
6.1.3 Zins: Die Macht der Geldgier · 999
6.1.4 Gewinn und Konkurrenz · 1002
6.1.5 Die Profitabilität der medial erlogenen Wirklichkeit · 1006
6.2 KRITIK DER ZINSTHEORIEN I: SYSTEMATISCHE FRAGEN · 1012
6.2.1 Der Zins in der sozialen Grundstruktur · 1012
6.2.2 Der mechanische Schein der Verzinsung · 1016
6.2.3 Zins und Zeit: Robinsonaden in der Zinstheorie · 1020
6.2.4 Inflation und „Real"-Zins · 1026
6.2.5 Heterogene Zinssätze und die Quelle des Zinses · 1033
6.2.6 Sinkende Zinssätze und die Wiederkehr der Moral · 1044
6.3 KRITIK DER ZINSTHEORIEN II: ZUR GESCHICHTE DER ZINSTHEORIEN · 1054
6.3.1 Vorbemerkung · 1054
6.3.2 Benthams Verteidigung des Wuchers · 1055
6.3.3 Exploitationstheorie (I): Arbeit und Eigentum · 1064
6.3.4 Exploitationstheorie (II): „Extramehrwert" und Innovation · 1072
6.3.5 Kreislauftheorien des Zinses · 1078
6.3.6 Monetäre Zinstheorie: Keynes und Schumpeter · 1086
6.3.7 Silvio Gesell – die Zinskritik des Kaufmanns · 1102

7 KRITIK DER ZUKUNFT · 1115

LITERATUR · 1139

DETAILVERZEICHNIS · 1188